ABC Thumb Index

With the help of the ABC Thumb Index at the edge of this page you can quickly find the letter you are looking for in the German-English or English-German section of this dictionary.

You place your thumb on the letter you want at the edge of this page, then flick through the dictionary till you come to the appropriate pages in the German-English or English-German section.

Left-handed people should use the ABC Thumb Index at the end of the book.

A B C D E F G H IJ K L M NO P QR S T UV W Z

Langenscheidt Pocket German Dictionary

German – English
English – German

includes new German spelling

edited by the
Langenscheidt editorial staff

Langenscheidt

Berlin · Munich · Vienna · Zurich
London · Madrid · New York · Warsaw

Neither the presence nor the absence of a designation indicating that any entered word constitutes a trademark should be regarded as affecting the legal status thereof.

This dictionary uses the standardised German spelling system valid as of 2006.

Printed in Germany

11010 (98135)

Contents

Preface

This new dictionary of English and German is a tool with more than 55,000 references for those who work with these languages at beginner's or intermediate level.

Languages are in a constant process of change. Therefore many words which have entered German and English in the last few years have been included in the vocabulary, e.g. *abgasfrei*, *Blog*, *chatten*, *DVD-Player*, *Handynummer*, *Kanzlerin*, *Lauschangriff*, *SMS*, *Vogelgrippe*; *blog*, *cell (phone)*, *chat*, *coach class*, *digital camera*, *Internet access*, *low-calorie*, *snowboarding*, *text message*.

The easy-to-read, clearly laid out typography with all the headwords in blue makes for good readability and allows the user to find words and expressions and their translations more quickly. The **new German spelling** has been used and detailed notes for the user have been included.

The A–Z part of this dictionary contains many important German and English proper names and abbreviations. Another feature is the special quick-reference sections listing the States of Germany and Austria and the Cantons of Switzerland, German weights and measures, examples of German declension and conjugation and alphabetical lists of German and English irregular verbs.

Designed for the widest possible variety of uses, this dictionary will be of great value to students, teachers and tourists, and will find a place in home and office libraries alike.

How to use this dictionary

This dictionary endeavors to do everything it can to help you find the words and translations you are looking for as quickly and as easily as possible.

To enable you to get the most out of your dictionary, you will be shown exactly where and how to find the information that will help you choose the right translation in every situation – whether at school or at home, in your profession, when writing letters, or in everyday conversation.

1. German and English headwords

1.1 When you are looking for a particular word it is important to know that the dictionary entries are arranged in strict **alphabetical order:**

A**a**l – a**b**
b**e**ugen – b**i**egen
ha**y** – ha**z**e

In the German-English section the letters **ä**, **ö** and **ü** are treated on the same basis as **a**, **o** and **u**. **ß** is treated as **ss**.

1.2 Besides the headwords and their derivatives and compounds, the past tense and past participle of irregular German verbs are also given as individual entries in alphabetical order in the German-English section, e.g. **ging, gegangen.**

1.3 Many German and English proper names and abbreviations are included in the vocabulary.

1.4 How then do you go about finding a particular word? Take a look at the words in bold print at the top of each page. These are the so-called **catchwords** and they serve as a guide to tracing your word as quickly as possible. The catchword on the top left gives you the first headword on the left-hand page, while the one on the top right gives you the last word on the right-hand page, e.g.

Griechenland – gut

1.5 What about entries comprising hyphenated expressions or two or more words, such as **DVD-Player, left-handed** or **mass media?** Expressions of this kind are treated in the same way as single words and thus appear in strict alphabetical order. Should you be unable to find a compound in the dictionary, just break it down into its components and look these up separately. In this way the meaning of many compound expressions can be derived indirectly.

When using the dictionary you will notice many 'word families', or groups of words stemming from a common root, which have been collated within one article in order to save space:

Einkaufs... – ~bummel – ~preis – ~wagen – ~zentrum
amend – amendment – amends

2. Spelling

2.1 Where American and British spelling of a word differs, the American spelling is given first as in

center, *Br* **centre**
center (*Br* **centre**) **forward**
dialog, *Br* **dialogue**
analy|ze, *Br* **-se** etc.

or in the English-German section as a separate headword, e.g. **theater, defense** etc.

A 'u' or an 'l' in parentheses in a word also indicates variant spellings:

colo(u)red means: American **colored,** British **coloured**
travel(l)er means: American **traveler,** British **traveller**

2.2 Word division in a German word is possible after each syllable, e.g.

ein-hül-len, Zu-cker, ba-cken, tes-ten

In the English-German section the centered dots within a headword indicate syllabification breaks.

3. The different typefaces and their functions

3.1 Bold type is used for the German and English headwords and for Arabic numerals separating different parts of speech (nouns, transitive and intransitive verbs, adjectives and adverbs etc.) and different grammatical forms of a word:

bieten 1. *v/t* ... **2.** *v/i* ...
hängen 1. *v/i* (*irr, ge-, h*) hang (***an*** *dat* on...); **2.** *v/t* (*ge-, h*) hang (***an*** *acc* on)
feed 1. Futter *n* ; ... **2.** *v/t* füttern

3.2 *Italics* are used for

a) grammatical and other abbreviations: *v/t, v/i, adj, adv, appr, fig* etc.
b) gender labels (masculine, feminine and neuter): *m, f, n*
c) grammatical references in brackets in the German-English section
d) any additional information preceding or following a translation (including dative or accusative objects):

knacken *v/t and v/i* ... *twig*: snap; *fire, radio*: crackle
Etikett *n* ... label (*a. fig*)
Gedanke *m* (*-n; -n*) ...
geben (*irr, ge-, h*) ...
befolgen ... follow, take (*advice*); observe (*rule etc*)
file ... *Briefe etc* ablegen
labored schwerfällig (*style etc*); mühsam (*breathing etc*)

3.3 *Boldface italics* are used for phraseology etc., notes on German grammar and prepositions taken by the headword:

Lage *f* ... ***in der ~ sein zu*** *inf* be able to *inf*
BLZ ... *abbr of* ***Bankleitzahl***
abheben (*irr,* ***heben****, sep, -ge-, h*)
abfahren ... (*irr,* ***fahren****, sep, -ge-, sein*) leave, depart (*both*: ***nach*** for)
line ... ***hold the ~*** TEL bleiben Sie am Apparat
agree ... sich einigen (***on*** über *acc*)

3.4 Normal type is used for translations of the headwords.

4. Pronunciation

When you have found the headword you are looking for in the German-English section, you will notice that very often this word is followed by certain symbols enclosed in square brackets. This is the phonetic transcription of the word, which tells you how it is pronounced. And one phonetic alphabet has come to be used internationally, namely that of the International Phonetic Association. This phonetic system is known by the abbreviation **IPA.** The symbols used in this dictionary are listed in the following tables on page 9 and 10.

4.1 The length of vowels is indicated by [ː] following the vowel symbol.

4.1.1 Stress is indicated by ['] or [ˌ] preceding the stressed syllable. ['] stands for strong stress, [ˌ] for weak stress:

Kabel ['kaːbəl] – **Kabine** [ka'biːnə]
'nachsehen – Be'sitz – be'sprechen
Jus'tizminis,terium – Mi'nisterpräsi,dent

4.1.2 The glottal stop [ʔ] is the forced stop between one word or syllable and a following one beginning with a vowel, as in

Analphabet [anʔalfa'beːt]
beeindrucken [bə'ʔaindrʊkən]

4.2 No transcription of compounds is given if the parts appear as separate entries. Each individual part should be looked up, as with

'Blumenbeet (= **Blume** and **Beet**)

4.3 Guide to pronunciation for the German-English section

A. Vowels

[a] as in French *carte*: ***Mann*** [man]
[aː] as in *father*: ***Wagen*** ['vaːgən]
[e] as in *bed*: ***Tenor*** [te'noːɐ]
[eː] resembles the first sound in English [eɪ]: ***Weg*** [veːk]
[ə] unstressed e as in *ago*: ***Bitte*** ['bɪtə]
[ɛ] as in *fair*: ***männlich*** ['mɛnlɪç], ***Geld*** [gɛlt]
[ɛː] same sound but long: ***zählen*** ['tsɛːlən]
[ɪ] as in *it*: ***Wind*** [vɪnt]
[i] short, otherwise like [iː]: ***Kapital*** [kapi'taːl]
[iː] long, as in *meet*: ***Vieh*** [fiː]
[ɔ] as in *long*: ***Ort*** [ɔrt]
[o] as in *molest*: ***Moral*** [mo'raːl]
[oː] resembles the English sound in *go* [gəʊ] but without the [ʊ]: ***Boot*** [boːt]
[øː] as in French *feu*. The sound may be acquired by saying [e] through closely rounded lips: ***schön*** [ʃøːn]
[ø] same sound but short: ***ökumenisch*** [øku'meːnɪʃ]
[œ] as in French *neuf*. The sound resembles the English vowel in *her*. Lips, however, must be well rounded as for [ɒ]: ***öffnen*** ['œfnən]
[ʊ] as in *book*: ***Mutter*** ['mʊtɐ]
[u] short, otherwise like [uː]: ***Musik*** [mu'ziːk]
[uː] long, as in *boot*: ***Uhr*** [uːɐ]
[ʏ] short, opener than [yː]: ***Hütte*** ['hʏtə]
[y] almost like the French u as in *sur*. It may be acquired by saying [ɪ] through fairly closely rounded lips: ***Büro*** [by'roː]
[yː] same sound but long: ***führen*** ['fyːrən]

B. Diphthongs

[aɪ] as in like: ***Mai*** [maɪ]
[aʊ] as in *mouse*: ***Maus*** [maʊs]
[ɔʏ] as in *boy*: ***Beute*** ['bɔʏtə], ***Läufer*** ['lɔʏfɐ]

C. Consonants

[b] as in *better*: ***besser*** ['bɛsɐ]

[d] as in *dance*: ***du*** [duː]

[f] as in *find*: ***finden*** ['fɪndən], ***Vater*** ['faːtɐ], ***Philosoph*** [filo'zoːf]

[g] as in *gold*: ***Gold*** [gɔlt]

[ʒ] as in *measure*: ***Genie*** [ʒe'niː]

[h] as in *house* but not aspirated: ***Haus*** [haʊs]

[ç] an approximation to this sound may be acquired by assuming the mouth-configuration for [ɪ] and emitting a strong current of breath: ***Licht*** [lɪçt], ***Mönch*** [mœnç], ***lustig*** ['lʊstɪç]

[x] as in Scottish *loch*, Whereas [ç] is pronounced at the front of the mouth, [x] is pronounced in the throat: ***Loch*** [lɔx]

[j] as in *year*: ***ja*** [jaː]

[k] as in *kick*: ***keck*** [kɛk], ***Tag*** [taːk], ***Chronik*** ['kroːnɪk], ***Café*** [ka'feː]

[l] as in *lump*. Pronounced like English initial "clear l": ***lassen*** ['lasən]

[m] as in *mouse*: ***Maus*** [maʊs]

[n] as in *not*: ***nein*** [naɪn]

[ŋ] as in *sing*, *drink*: ***singen*** ['zɪŋən], ***trinken*** ['trɪŋkən]

[p] as in *pass*: ***Pass*** [pas], ***Trieb*** [triːp], ***obgleich*** [ɔp'glaɪç]

[r] as in *rot*. There are two pronunciations: the frontal or lingual r: ***rot*** [roːt] and the uvular r [ʁ] (unknown in the

English language): ***Mauer*** ['mauɐ]

[s] as in *miss*. Unvoiced when final, doubled, or next a voiceless consonant: ***Glas*** [gla:s], ***Masse*** ['masə], ***Mast*** [mast], ***nass*** [nas]

[z] as in *zero*. S voiced when initial in a word or syllable: ***Sohn*** [zo:n], ***Rose*** ['ro:zə]

[ʃ] as in *ship*: ***Schiff*** [ʃɪf], ***Charme*** [ʃarm], ***Spiel*** [ʃpi:l], ***Stein*** [ʃtaɪn]

[t] as in *tea*: ***Tee*** [te:], ***Thron*** [tro:n], ***Stadt*** [ʃtat], ***Bad*** [ba:t], ***Findling*** ['fɪntlɪŋ], ***Wind*** [vɪnt]

[v] as in *vast*: ***Vase*** ['va:ze], ***Winter*** ['vɪntɐ]

[ã, ɛ̃, õ] are nasalized vowels. Examples: ***Ensemble*** [ã'sã:bəl], ***Terrain*** [tɛ'rɛ̃:], ***Bonbon*** [bõ'bõ:]

4.3.1 Phonetic changes in plurals

singular		plural		example
-g	[-k]	-ge	[-gə]	Flug – Flüge
-d	[-t]	-de	[-də]	Grund – Gründe, Abend – Abende
-b	[-p]	-be	[-bə]	Stab – Stäbe
-s	[-s]	-se	[-zə]	Los – Lose
-ch	[-x]	-che	[-çə]	Bach – Bäche
-iv	[-i:f]	-ive	[-i:və]	Stativ – Stative

4.3.2 The German alphabet

a [a:], b [be:], c [tse:], d [de:], e [e:], f [ɛf], g [ge:], h [ha:], i [i:], j [jɔt], k [ka:], l [ɛl], m [ɛm], n [ɛn], o [o:], p [pe:], q [ku:], r [ɛr], s [ɛs], t [te:], u [u:], v [fau], w [ve:], x [ɪks], y ['ʏpsilɔn], z [tsɛt]

4.3.3 List of suffixes

The German suffixes are not transcribed unless they are parts of headwords.

-bar	[-ba:ɐ]	-isch	[-ɪʃ]
-chen	[-çən]	-ist	[-ɪst]
-d	[-t]	-keit	[-kaɪt]
-de	[-də]	-lich	[-lɪç]
-ei	[-aɪ]	-ling	[-lɪŋ]
-en	[-ən]	-losigkeit	[-lo:zɪçkaɪt]
-end	[-ənt]	-nis	[-nɪs]
-er	[-ɐ]	-sal	[-za:l]
-haft	[-haft]	-sam	[-za:m]
-heit	[-haɪt]	-schaft	[-ʃaft]
-icht	[-ɪçt]	-sieren	[-zi:rən]
-ie	[-i:]	-ste	[-stə]
-ieren	[-i:rən]	-tät	[-tɛ:t]
-ig	[-ɪç]	-tum	[-tu:m]
-ik	[-ɪk]	-ung	[-ʊŋ]
-in	[-ɪn]	-ungs-	[-ʊŋs-]
		-wärts	[-vɛrts]

5. The tilde (~)

5.1 A symbol you will repeatedly come across in the dictionary articles is the so-called tilde (~), which serves as a replacement mark. For reasons of space, related words are often combined in groups with the help of the tilde. In these cases, the tilde represents either the complete headword or that part of the word up to a vertical line (|):

Ski ... **~fahrer(in)** (= ***Skifahrer***, ***Skifahrerin***)
Ess|löffel ... **~stäbchen** (= ***Essstäbchen***)
jet ... **~ engine** (= ***jet engine***)
natural| resources ... **~ science** (= ***natural science***)

5.2 In the case of the phrases in boldface italics, the tilde represents the headword immediately preceding, which itself may also have been formed with the help of a tilde:

kommen ... ***zu spät ~*** (= ***kommen***)
ange|bracht ... **~gossen** ... ***wie ~*** (= ***angegossen***) ***sitzen***
foreign ... ***~*** (= ***foreign***) ***affairs***
break ... ***take a ~*** (= ***break***)

6. Abbreviations of grammatical terms and subject areas are designed to help the user choose the appropriate headword or translation of a word.

Words which are predominantly used in British English are marked by the abbreviation *Br*:

Bürgersteig *m* sidewalk, *Br* pavement
girl guide *Br* Pfadfinderin *f*

List of abbreviations

a.	*also*, auch
abbr	*abbreviation*, Abkürzung
acc	*accusative* (*case*), Akkusativ
adj	*adjective*, Adjektiv
adv	*adverb*, Adverb
AGR	*agriculture*, Landwirtschaft
Am	*American English*, amerikanisches Englisch
ANAT	*anatomy*, Anatomie
appr	*approximately*, etwa
ARCH	*architecture*, Architektur
art	*article*, Artikel
ASTR	*astrology*, Astrologie; *astronomy*, Astronomie
attr	*attributively* , attributiv
AVIAT	*aviation*, Luftfahrt
BIOL	*biology*, Biologie
BOT	*botany*, Botanik
Br	*British English*, britisches Englisch
CHEM	*chemistry*, Chemie
cj	*conjunction*, Konjunktion
coll	*collectively*, als Sammelwort
comp	*comparative*, Komparativ
contp	*contemptuously*, verächtlich
cpds	*compounds*, Zusammensetzungen
dat	*dative* (*case*), Dativ
ECON	*economy*, Wirtschaft
e-e	*a*(*n*), eine
e.g.	*for example*, zum Beispiel
ELECTR	*electrical engineering*, Elektrotechnik
e-m	*einem*, to a(n)
e-n	*einen*, a(n)
e-r	*einer*, of a(n), to a(n)
e-s	*eines*, of a(n)
esp.	*especially*, besonders
et., *et.*	etwas, *something*
etc	*et cetera*, *and so on*, usw., und so weiter
F	*colloquial*, umgangssprachlich
f	*feminine*, weiblich
fig	*figuratively*, übertragen
GASTR	*gastronomy*, Kochkunst
gen	*genitive* (*case*), Genitiv
GEOGR	*geography*, Geografie
GEOL	*geology*, Geologie
ger	*gerund*, Gerundium
GR	*grammar*, Grammatik
h	*haben*, have
hist	*historically*, historisch
HIST	*history*, Geschichte
HUMOR	*humorous*, humorvoll
impers	*impersonal*, unpersönlich
indef	*indefinite*, unbestimmt
inf	*infinitive* (*mood*), Infinitiv
int	*interjection*, Interjektion
interr	*interrogative*, fragend
irr	*irregular*, unregelmäßig
IT	*information technology*, Informationstechnologie
j-m	*jemandem*, to someone
j-n	*jemanden*, someone
j-s	*jemandes*, someone's
JUR	*jurisprudence*, Recht
LING	*linguistics*, Sprachwissenschaft
lit	*literary*, nur in der Schriftsprache vorkommend
m	*masculine*, männlich
MAR	*maritime term*, Schifffahrt
MATH	*mathematics*, Mathematik
m-e	*my*, meine
MED	*medicine*, Medizin
METEOR	*meteorology*, Meteorologie
MIL	*military term*, militärisch
MOT	*motoring*, Kraftfahrwesen
m-r	*meiner*, of my, to my
mst	*mostly* , *usually*, meistens
MUS	*music*, Musik
n	*neuter*, sächlich
neg!	*negative*, *usually considered offensive*, kann als beleidigend empfunden werden
nom	*nominative* (*case*), Nominativ
num	*numeral*, Zahlwort

OPT	*optics*, Optik
O.S., *o.s.*	*oneself*, sich
PAINT	*painting*, Malerei
PARL	*parliamentary term*, parlamentarischer Ausdruck
pass	*passive voice*, Passiv
PED	*pedagogy*, Schulwesen
pers	*personal*, persönlich
PHARM	*pharmacy*, Pharmazie
PHIL	*philosophy*, Philosophie
PHOT	*photography*, Fotografie
PHYS	*physics*, Physik
pl	*plural*, Plural
POET	*poetry*, Dichtung
POL	*politics*, Politik
poss	*possessive*, besitzanzeigend
POST	*post and telecommunications*, Postwesen
pp	*past participle*, Partizip Perfekt
pred	*predicative*, prädikativ
pres	*present*, Präsens
pres p	*present participle*, Partizip Präsens
pret	*preterit(e)*, Präteritum
PRINT	*printing*, Druckwesen
pron	*pronoun*, Pronomen
prp	*preposition*, Präposition
PSYCH	*psychology*, Psychologie
RAIL	*railroad*, *railway*, Eisenbahn
refl	*reflexive*, reflexiv
REL	*religion*, Religion
RHET	*rhetoric*, Rhetorik
s-e	*seine*, his, one's
sep	*separable*, abtrennbar
sg	*singular*, Singular
sl	*slang*, Slang
s-m	*seinem*, to his, to one's
s-n	*seinen*, his, one's
s.o., *s.o.*	*someone*, jemand(en)
SPORT	*sports*, Sport
s-r	*seiner*, of his, of one's, to his, to one's
s-s	*seines*, of his, of one's
s.th., *s.th.*	*something*, etwas
su	*substantive*, Substantiv
subj	*subjunctive* (*mood*), Konjunktiv
sup	*superlative*, Superlativ
TECH	*technology*, Technik
TEL	*telephony*, Telefon; *telecommunications*, Telekommunikation
THEA	*theater*, Theater
TV	*television*, Fernsehen
u., *u.*	*und*, and
UNIV	*university*, Hochschulwesen
V	*vulgar*, vulgär, unanständig
v/aux	*auxiliary verb*, Hilfsverb
vb	*verb*, Verb
VET	*veterinary medicine*, Veterinärmedizin, Tiermedizin
v/i	*intransitive verb*, intransitives Verb
v/refl	*reflexive verb*, reflexives Verb
v/t	*transitive verb*, transitives Verb
ZO	*zoology*, Zoologie
→	*see*, *refer to*, siehe
®	*registered trademark*, eingetragene Marke

7. Translations and phraseology

After the boldface headword in the German-English section, the phonetic transcription of this word, its part of speech label, and its grammar, we finally come to the most important part of the entry: **the translation(s).**

7.1 It is quite rare for a headword to be given just one translation. Usually a word will have several related translations, which are separated by a **comma.**

7.2 Different senses of a word are indicated by

a) **semicolons:**

Fest ... celebration; party; REL festival
balance ... Waage *f*; Gleichgewicht *n*

b) italics for **definitions:**

Läufer ... runner (*a . carpet*); *chess*: bishop
call ... Berufung *f* (***to*** in *ein Amt*; auf *einen Lehrstuhl*)
cake ... Tafel *f Schokolade*, Stück *n Seife*

c) **abbreviations** of subject areas:

Bug *m* ... MAR bow; AVIAT nose
Gespräch *n* talk (*a.* POL); ... TEL call
daisy BOT Gänseblümchen *n*
duck ... ZO Ente *f*

7.2.1 Where a word has fundamentally different meanings, it very often appears as two or more separate entries distinguished by **exponents** or raised figures:

betreten¹ *v/t* ... step on; enter
betreten² *adj* embarrassed
Bauer¹ *m* ... farmer
Bauer² *n*, *m* ... (bird)cage
chap¹ ... Riss *m*
chap² ... *Br* F Bursche *m*

This does not apply to senses which have directly evolved from the primary meaning of the word.

7.3 When a headword can be several different parts of speech, these are distinguished by boldface **Arabic numerals** (see also the section on p.7, paragraph 3.1 concerning the different typefaces):

geräuschlos 1. *adj* noiseless (*adjective*)
2. without a sound (*adverb*)

work 1. Arbeit *f* (*noun*)
2. *v/i* arbeiten (*verb*)

green 1. grün (*adjective*)
2. Grün *n* (*noun*)

7.3.1 In the German-English section boldface Arabic numerals are also used to distinguish between transitive, intransitive and reflexive verbs (if this affects their translation) and to show that where there is a change of meaning a verb may be differently conjugated:

fahren (*irr, ge-*) **1.** *v/i* (*sein*) go; *bus etc*: run; ... **2.** *v/t* (*h*) drive (*car etc*) ...

If grammatical indications come before the subdivision they refer to all translations that follow:

bauen (*ge-, h*) **1.** *v/t* build ...; **2.** *fig v/i*: ***~ auf*** ...

7.3.2 Boldface Arabic numerals are also used to indicate the different meanings of nouns which can occur in more than one gender and to show that where there is a change of meaning a noun may be differently inflected:

Halfter 1. *m, n* (*-s; -*) halter; **2.** *n* (*-s; -*), *f* (*-; -n*) holster

7.4 Illustrative phrases in boldface italics are generally given within the respective categories of the dictionary article:

baden 1. *v/i* ... ***~ gehen*** go swimming; **2.** *v/t* ...
good 1. ... ***real ~*** F echt gut (= *adjective*); **2.** ... ***for ~*** für immer (= *noun*)

8. Grammatical references

Knowing what to do with the grammatical information available in the dictionary will enable the user to get the most out of this dictionary.

8.1 verbs (see the list of irregular German verbs on page 654).

Verbs have been treated in the following ways:

a) **bändigen** *v/t* (*ge-, h*)

The past participle of this word is formed by means of the prefix *ge-* and the auxiliary verb *haben*: ***er hat gebändigt.***

b) **abfassen** *v/t* (*sep*, *-ge-*, *h*)

In conjugation the prefix *ab* must be separated from the primary verb *fassen*: ***sie fasst ab***; ***sie hat abgefasst.***

c) **finden** *v/t* (*irr*, *ge-*, *h*)

irr following a verb means that it is an irregular verb. The principal parts of this particular word can be found as an individual headword in the main part of the German-English section and in the list of irregular German verbs on page 654: ***sie fand***; ***sie hat gefunden.***

d) **abfallen** *v/i* (*irr*, ***fallen***, *sep*, *-ge-*, *sein*)

A reference such as *irr*, ***fallen*** indicates that the compound word ***abfallen*** is conjugated in exactly the same way as the primary verb ***fallen*** as given in the list of irregular German verbs on page 654: ***er fiel ab***; ***er ist abgefallen.***

e) **senden** *v/t* ([*irr*,] *ge-*, *h*)

The square brackets indicate that ***senden*** can be treated as a regular or an irregular verb: ***sie sandte*** or ***sie sendete***; ***sie hat gesandt*** or ***sie hat gesendet.***

8.2 nouns

The inflectional forms (*genitive singular*; *nominative plural*) follow immediately after the indication of gender. No forms are given for compounds if the parts appear as separate headwords.

The horizontal stroke replaces the part of the word which remains unchanged in the inflection:

Affäre *f* (*-*; *-n*)
Keks *m*, *n* (*-es*; *-e*)
Bau *m* (*-*[*e*]*s*; *Bauten*)
Blatt *n* (*-*[*e*]*s*; *Blätter* ['blɛtɐ])

The inflectional forms of German nouns ending in ***-in*** are given in the following ways:

Ärztin *f* (*-*; *-nen*)
Chemiker(in) (*-s*; *-/-*; *-nen*) = **Chemiker** *m* (*-s*; *-*) and **Chemikerin** *f* (*-*; *-nen*)

8.3 Prepositions

If, for instance, a headword (verb, adjective or noun) is governed by certain prepositions, these are given in boldface italics and in brackets together with their English or German translations and placed next to the appropriate translation. If the German or English preposition is the same for all or several translations, it is given only once before or after the first translation and then also applies to the translations which follow it:

abrücken ... **1.** *v/t* (*h*) move away (***von*** from)
befestigen *v/t* (*no -ge-*, *h*) fasten (***an*** *dat* to), fix (to), attach (to)
dissent ... **2.** anderer Meinung sein (***from*** als)
dissimilar (***to***) unähnlich (*dat*); verschieden (von)

With German prepositions which can take the dative or the accusative, the case is given in brackets:

fürchten ... ***sich ~*** ... be afraid (***vor*** *dat* of)
bauen ... ***~ auf*** (*acc*) rely *or* count on

We hope that this somewhat lengthy introduction has shown you that this dictionary contains a great deal more than simple one-to-one translations, and that you are now well-equipped to make the most of all it has to offer.

GERMAN – ENGLISH

A

à [a] *prp* ***5 Karten ~ 20 Euro*** 5 tickets at 20 euros each *or* a piece
Aal [aːl] *m* (-[*e*]*s*; -*e*) zo eel
aalen [ˈaːlən] *v/refl* (*ge-*, *h*) ***sich in der Sonne ~*** bask in the sun
ˈ**aalˈglatt** *fig adj* (as) slippery as an eel
Aas [aːs] *n* (-[*e*]*s*) *no pl* carrion; F *contp pl* ***Äser*** beast, *sl* bastard
ˈ**Aasgeier** *m* zo vulture (*a. fig*)
ab [ap] *prp and adv*: ***München ~ 13.55*** departure from Munich (at) 1.55; ***~ 7 Uhr*** from 7 o'clock (on); ***~ morgen*** (***1. März***) starting tomorrow (March 1st); ***von jetzt ~*** from now on; ***~ und zu*** now and then; ***ein Film ~ 18*** an X (-rated) film; ***ein Knopf ist ~*** a button has come off
ˈ**abarbeiten** *v/t* (*sep*, *-ge-*, *h*) work out *or* off (*debts*); ***sich ~*** wear o.s. out
Abart [ˈapʔart] *f* (-; *en*) variety
abartig [ˈapʔartɪç] *adj* abnormal
Abb. *abbr of* ***Abbildung*** fig., illustration
ˈ**Abbau** *m* (-[*e*]*s*; *no pl*) mining; TECH dismantling; *fig* overcoming (*of prejudices etc*); reduction (*of expenditure, staff etc*); ˈ**abbauen** *v/t* (*sep*, *-ge-*, *h*) mine; TECH dismantle; *fig* overcome (*prejudices etc*); reduce (*expenditure, staff etc*); ***sich ~*** BIOL break down
ˈ**abbeißen** *v/t* (*irr*, ***beißen***, *sep*, *-ge-*, *h*) bite off
ˈ**abbeizen** *v/t* (*sep*, *-ge-*, *h*) remove *old paint etc* with corrosives
ˈ**abbekommen** *v/t* (*irr*, ***kommen***, *sep*, *no -ge-*, *h*) get off; ***s-n Teil*** *or* ***et. ~*** get one's share; ***et. ~*** *fig* get hurt, get damaged
ˈ**abberufen** *v/t* (*irr*, ***rufen***, *sep*, *no -ge-*, *h*), ˈ**Abberufung** *f* recall
ˈ**abbestellen** *v/t* (*sep*, *no -ge-*, *h*) cancel one's subscription (*or* order) for
ˈ**Abbestellung** *f* cancellation
ˈ**abbiegen** *v/i* (*irr*, ***biegen***, *sep*, *-ge-*, *sein*) turn (off); ***nach rechts*** (***links***) ***~*** turn right (left)
ˈ**abbilden** *v/t* (*sep*, *-ge-*, *h*) show, depict
ˈ**Abbildung** *f* (-; *-en*) picture, illustration
ˈ**Abbitte** *f* apology; ***j-m ~ leisten wegen*** apologize to s.o. for
ˈ**abblasen** F *v/t* (*irr*, ***blasen***, *sep*, *-ge-*, *h*) call off, cancel
ˈ**abblättern** *v/i* (*sep*, *-ge-*, *sein*) *paint etc*: flake off
ˈ**abblenden** **1.** *v/t* (*sep*, *-ge-*, *h*) dim **2.** *v/i* MOT dim (*Br* dip) the headlights
ˈ**Abblendlicht** *n* MOT dimmed (*Br* dipped) headlights *pl*, low beam
ˈ**abbrechen** *v/t* (*irr*, ***brechen***, *sep*, *-ge-*) **1.** *v/t* (*h*) break off (*a. fig*); pull down, demolish (*building etc*); strike (*camp, tent*) **2.** *v/i* (*sein*) break off; (*h*) *fig* stop; ˈabbremsen *v/t* (*sep*, *-ge-*, *h*) slow down;
ˈ**abbrennen** *v/t* (*irr*, ***brennen***, *sep*, *-ge-*) **1.** *v/i* (*sein*) burn down **2.** *v/t* (*h*) burn down (*building etc*); let *or* set off (*fireworks*); ˈ**abbringen** *v/t* (*irr*, ***bringen***, *sep*, *-ge-*, *h*) ***j-n von e-r Sache ~*** talk s.o. out of (doing) s.th.; ***j-n vom Thema ~*** get s.o. off a subject
ˈ**Abbruch** *m* (-[*e*]*s*; *no pl*) breaking off; demolition; ˈ**abbruchreif** *adj* derelict, due for demolition
ˈ**abbuchen** *v/t* (*sep*, *-ge-*, *h*) debit (***von*** to); ˈ**Abbuchung** *f* debit
ˈ**abbürsten** *v/t* (*sep*, *-ge-*, *h*) brush off (*dust etc*); brush (*coat etc*)
Abc [aːbeːˈtseː] *n* (-; *no pl*) ABC, alphabet; **ABC-Waffen** *pl* MIL nuclear, biological and chemical weapons
ˈ**abdanken** *v/i* (*sep*, *-ge-*, *h*) resign; *king etc*: abdicate; ˈ**Abdankung** *f* (-; *-en*) resignation; abdication
ˈ**abdecken** *v/t* (*sep*, *-ge-*, *h*) uncover; untile (*roof*); unroof (*house*); clear (*the table*); ECON cover (up)
ˈ**abdichten** *v/t* (*sep*, *-ge-*, *h*) TECH seal
ˈ**abdrängen** *v/t* (*sep*, *-ge-*, *h*) push aside
ˈ**abdrehen** **1.** *v/t* (*sep*, *-ge-*, *h*) turn *or* switch off (*light, water etc*) **2.** *v/i* (*a. sein*) *ship, plane*: change one's course
ˈ**Abdruck** *m* print, mark
ˈ**abdrucken** *v/t* (*sep*, *-ge-*, *h*) print
ˈ**abdrücken** (*sep*, *-ge-*, *h*) **1.** *v/t* fire (*gun*) **2.** *v/i* pull the trigger
Abend [ˈaːbənt] *m* (-*s*; -*e*) evening; ***am ~*** in the evening, at night; ***heute ~*** tonight; ***morgen*** (***gestern***) ***~*** tomorrow (last) night; → ***bunt, essen***; **~brot** *n* (-[*e*]*s*; *no pl*), **~essen** *n* supper, dinner, *Br a.* high tea; **~kasse** *f* THEA *etc* box

office; **~kleid** *n* evening dress *or* gown; **~kurs** *m* evening classes *pl*

'**Abendland** *n* (-[*e*]*s*; *no pl*) West, Occident; '**abendländisch** ['aːbəntlɛndɪʃ] *adj* Western, Occidental

'**Abendmahl** *n* (-[*e*]*s*; *no pl*) *the* (Holy) Communion, *the* Lord's Supper; ***das ~ empfangen*** receive Communion

abends ['aːbənts] *adv* in the evening, at night; ***dienstags ~*** (on) Tuesday evenings

'**Abendschule** *f* evening classes *pl*, night school

Abenteuer ['aːbəntɔʏɐ] *n* (-*s*; -) adventure (*a. in cpds …ferien, …spielplatz*)

'**abenteuerlich** *adj* adventurous; *fig* risky; fantastic

Abenteurer ['aːbəntɔʏrɐ] *m* (-*s*; -) adventurer; '**Abenteurerin** ['aːbəntɔʏrərɪn] *f* (-; -*nen*) adventuress

aber ['aːbɐ] *cj and adv* but; ***oder ~*** or else; ***~, ~!*** now then!; ***~ nein!*** not at all!

'**Aberglaube** *m* superstition

abergläubisch ['aːbɐglɔʏbɪʃ] *adj* superstitious

'**aberkennen** *v/t* (*irr*, ***kennen***, *sep*, *no -ge-*, *h*) ***j-m et. ~*** deprive s.o. of s.th. (*a.* JUR); '**Aberkennung** *f* (-; -*en*) deprivation (*a.* JUR)

abermalig ['aːbɐmaːlɪç] *adj* repeated

abermals ['aːbɐmaːls] *adv* once more *or* again

'**aber'tausend** *adj*: ***tausende und ~e*** thousands upon thousands

'**abfahren** (*irr*, ***fahren***, *sep*, *-ge-*) **1.** *v/i* (*sein*) leave, depart (*both*: ***nach*** for); F (***voll***) ***~ auf*** (*acc*) really go for **2.** *v/t* (*h*) carry *or* cart away

'**Abfahrt** *f* departure (***nach*** for), start (for); *skiing*: descent

'**Abfahrts|lauf** *m* downhill skiing (*or* race); **~zeit** *f* (time of) departure

'**Abfall** *m* waste, refuse, garbage, trash, *Br a.* rubbish; **~beseitigung** *f* waste disposal; **~eimer** *m* → ***Mülleimer***

'**abfallen** *v/i* (*irr*, ***fallen***, *sep*, *-ge-*, *sein*) fall (off); *terrain*: slope (down); *fig* fall away (***von*** from); *esp* POL secede (from); ***vom Glauben ~*** renounce one's faith; ***~ gegen*** compare badly with

'**abfällig 1.** *adj* derogatory **2.** *adv*: ***~ von j-m sprechen*** run s.o. down

'**Abfallpro,dukt** *n* waste product

'**abfälschen** *v/t* (*sep*, *-ge-*, *h*) SPORT deflect; '**abfangen** *v/t* (*irr*, ***fangen***, *sep*, *-ge-*, *h*) catch, intercept; MOT, AVIAT right; '**abfärben** *v/i* (*sep*, *-ge-*, *h*) *color etc*: run, *material*: *a.* bleed; *fig* ***~ auf*** (*acc*) rub off on; '**abfassen** *v/t* (*sep*, *-ge-*, *h*) compose, word, write

'**abfertigen** *v/t* (*sep*, *-ge-*, *h*) dispatch; *customs*: clear; serve (*customers*); check in (*passengers etc*); ***j-n kurz ~*** be short with s.o.; '**Abfertigung** *f* dispatch; clearance; check-in

'**abfeuern** *v/t* (*sep*, *-ge-*, *h*) fire (off); launch (*rocket*)

'**abfinden** *v/t* (*irr*, ***finden***, *sep*, *-ge-*, *h*) ECON pay off (*creditor*); buy out (*partner*); compensate; ***sich mit e-r Sache ~*** put up with s.th.; '**Abfindung** *f* (-; -*en*) ECON satisfaction; compensation

'**abflachen** *v/t and v/refl* (*sep*, *-ge-*, *h*) flatten; '**abflauen** *v/i* (*sep*, *-ge-*, *sein*) *wind etc*: drop (*a. fig*); '**abfliegen** *v/i* (*irr*, ***fliegen***, *sep*, *-ge-*, *sein*) AVIAT leave, depart; '**abfließen** *v/i* (*irr*, ***fließen***, *sep*, *-ge-*, *sein*) flow off, drain (off *or* away)

'**Abflug** *m* AVIAT departure

'**Abfluss** *m* (-*es*; *Abflüsse*) *no pl* flowing off; TECH drain

'**Abflussrohr** *n* wastepipe, drain(pipe)

'**abfragen** *v/t* (*sep*, *-ge-*, *h*) quiz *or* question *s.o.* (***über*** *acc* about), test *s.o.* orally

Abfuhr ['apfuːɐ] *f* (-; -*en*) removal; ***j-m e-e ~ erteilen*** rebuff (F SPORT lick) s.o.

'**abführen** (*sep*, *-ge-*, *h*) **1.** *v/t* lead *or* take away; ECON pay (over) (***an*** *acc* to); **2.** *v/i* MED move one's bowels; act as a laxative; '**abführend** *adj*, '**Abführmittel** *n* MED laxative

'**abfüllen** *v/t* (*sep*, *-ge-*, *h*) bottle; can

'**Abgabe** *f* (-; -*n*) *no pl* handing in; SPORT pass; ECON rate; duty

'**abgabenfrei** *adj* tax-free

'**abgabenpflichtig** *adj* dutiable

'**Abgang** *m* (-[*e*]*s*; *Abgänge*) *no pl* departure; *Am* graduation, *Br* school-leaving; THEA exit (*a. fig*); SPORT dismount; **Abgänger** ['apgɛŋɐ] *m* (-*s*; -) *Am* graduate, *Br* school-leaver

'**Abgas** *n* waste gas; *pl* emission(s *pl*); MOT exhaust fumes *pl*

'**abgasfrei** *adj* emission-free

'**Abgasuntersuchung** *f* MOT *Am* emissions test, *Br* exhaust emission test

'**abgearbeitet** *adj* worn out

'**abgeben** *v/t* (*irr*, ***geben***, *sep*, *-ge-*, *h*) leave (***bei*** with); hand in; deposit (*one's baggage etc*), hand over (*ticket etc*) (**an** *acc* to); cast (*vote*); pass (*ball*); *give* off, emit (*heat etc*); make (*offer, statement etc*); ***j-m et. ~ von*** share s.th. with s.o.; ***sich ~ mit*** concern o.s. with *s.th.*, associate with *s.o.*

'**abge|brannt** *adj* burnt down; F *fig* broke; **~brüht** *fig adj* hard-boiled; **~droschen** *adj* hackneyed; **~fahren** *adj tires*: worn out; **~griffen** *adj* worn; **~hackt** *fig adj* disjointed; **~hangen** *adj*: ***gut ~es Fleisch*** well-hung meat; **~härtet** *adj* hardened (***gegen*** to)

'**abgehen** *v/i* (*irr*, ***gehen***, *sep*, *-ge-*, *sein*) *train etc*: leave; *mail*, *goods*: get off; THEA go off (stage); *button etc*: come off; *path etc*: branch off; ***von der Schule ~*** leave school; ***~ von*** drop (*plan etc*); ***von s-r Meinung ~*** change one's mind *or* opinion; ***ihm geht ... ab*** he lacks ...; ***gut ~*** end well, pass off well

'**abge|hetzt**, **~kämpft** *adj* exhausted, worn out; **~kartet** ['apgəkartət] F *adj*: ***~e Sache*** put-up job; **~legen** *adj* remote, distant; **~macht** *adj* fixed; ***~!*** it's a deal!; **~magert** *adj* emaciated; **~neigt** *adj*: ***e-r Sache ~ sein*** be averse to s.th.; ***ich wäre nicht ~, et. zu tun*** I wouldn't mind doing s.th.; **~nutzt** *adj* worn out

Abgeordnete ['apgəʔɔrdnətə] *m*, *f* (*-n*; *-n*) *Am* representative, congress|man (-woman), *Br* Member of Parliament (*abbr* MP); '**Abgeordnetenhaus** *n* *Am* House of Representatives, *Br* House of Commons

'**abgepackt** *adj* prepack(ag)ed

'**abgeschieden** *adj* secluded

'**Abgeschiedenheit** *f* (-; *no pl*) seclusion

'**abge|schlossen** *adj* completed; ***~e Wohnung*** self-contained apartment (*Br* flat); **~sehen** *adj*: ***~ von*** aside (*Br a.* apart) from; ***ganz ~ von*** not to mention, let alone; **~spannt** *adj* exhausted, weary; **~standen** *adj* stale; **~storben** *adj* dead (*tree etc*); numb (*leg etc*); **~stumpft** *adj* insensitive, indifferent (***gegen*** to); **~tragen**, **~wetzt** *adj* worn out; threadbare, shabby

abgewöhnen *v/t* (*sep*, *-ge-*, *h*) ***j-m et. ~*** make s.o. give up s.th.; ***sich*** (*dat*) ***das Rauchen ~*** stop *or* give up smoking

'**Abgott** *m* idol (*a. fig*); **abgöttisch** ['apgœtɪʃ] *adv*: ***j-n ~ lieben*** idolize s.o.

'**abgrasen** *v/t* (*sep*, *-ge-*, *h*) graze; *fig* scour

'**abgrenzen** *v/t* (*sep*, *-ge-*, *h*) mark off; delimit (***gegen*** from)

'**Abgrund** *m* abyss, chasm, gulf (*all a. fig*); ***am Rande des ~s*** *fig* on the brink of disaster; '**abgrund'tief** *adj* abysmal

'**abgucken** F *v/t* (*sep*, *-ge-*, *h*) ***j-m et. ~*** learn s.th. from (watching) s.o.; → ***abschreiben***

'**Abguss** *m* cast

'**abhaben** F *v/t* (*irr*, ***haben***, *sep*, *-ge-*, *h*) ***willst du et. ~?*** do you want some (of it)? '**abhacken** *v/t* (*sep*, *-ge-*, *h*) chop *or* cut off; '**abhaken** *v/t* (*sep*, *-ge-*, *h*) check (*Br* tick) off; F forget; '**abhalten** *v/t* (*irr*, ***halten***, *sep*, *-ge-*, *h*) hold (*meeting etc*); ***j-n von der Arbeit ~*** keep s.o. from his work; ***j-n davon ~, et. zu tun*** keep s.o. from doing s.th.

'**abhandeln** *v/t* (*sep*, *-ge-*, *h*) treat (*subject etc*); ***j-m et. ~*** make a deal with s.o. for s.th.; '**Abhandlung** *f* treatise (***über*** *acc* on)

'**Abhang** *m* slope

'**abhängen**[1] *v/t* (*sep*, *-ge-*, *h*) take down (*picture etc*); RAIL *etc* uncouple; F shake *s.o.* off

'**abhängen**[2] *v/i* (*irr*, ***hängen***, *sep*, *-ge-*, *h*) ***~ von*** depend on; ***das hängt davon ab*** that depends

abhängig ['aphɛŋɪç] *adj*: ***~ von*** dependent on; *a.* addicted to *drugs etc*

'**Abhängigkeit** *f* (-; *-en*) dependence (***von*** on); addiction (to)

'**abhärten** *v/t* (*sep*, *-ge-*, *h*) ***sich ~*** harden o.s. (***gegen*** to)

'**abhauen** (*irr*, ***hauen***, *sep*, *-ge-*) **1.** *v/t* (*h*) cut *or* chop off **2.** F *v/i* (*sein*) make off (***mit*** with), run away (with); ***hau ab!*** beat it!, scram!

'**abheben** (*irr*, ***heben***, *sep*, *-ge-*, *h*) **1.** *v/t* lift *or* take off; pick up (*receiver*); (with)draw (*money*); cut (*cards*); ***sich ~*** stand out (***von*** among, from), *fig a.* contrast with **2.** *v/i* cut the cards; answer the phone; *plane*: take (*esp rocket*: lift) off

'**abheften** *v/t* (*sep*, *-ge-*, *h*) file

'**abheilen** *v/i* (*sep*, *-ge-*, *sein*) heal (up)

'**abhetzen** *v/refl* (*sep*, *-ge-*, *h*) wear o.s.

out
'**Abhilfe** *f* remedy; ~ ***schaffen*** take remedial measures
'**Abholdienst** *m* pickup service
'**abholen** *v/t* (*sep*, *-ge-*, *h*) pick up, collect; ***j-n von der Bahn*** ~ meet s.o. at the station; '**abholzen** *v/t* (*sep*, *-ge-*, *h*) fell, cut down (*trees*); deforest (*area*); '*abhorchen v/t* (*sep*, *-ge-*, *h*) MED auscultate, sound; '**abhören** *v/t* (*sep*, *-ge-*, *h*) listen in on, tap (*telephone conversation*), F bug; → ***abfragen***
'**Abhörgerät** *n* bugging device, F bug
Abitur [abi'tuːɐ] *n* (*-s*; *-e*) school-leaving examination (qualifying for university entrance)
'**abjagen** *v/t* (*sep*, *-ge-*, *h*) ***j-m et.*** ~ recover s.th. from s.o.; '**abkanzeln** F *v/t* (*sep*, *-ge-*, *h*) tell *s.o.* off; '**abkaufen** *v/t* (*sep*, *-ge-*, *h*) ***j-m et.*** ~ buy s.th. from s.o.
Abkehr ['apkeːɐ] *f* (*-*; *no pl*) break (***von*** with); '**abkehren** *v/refl* (*sep*, *-ge-*, *h*) ***sich*** ~ ***von*** turn away from
'**abklingen** *v/i* (*irr*, ***klingen***, *sep*, *-ge-*, *sein*) fade away; *pain etc*: ease off
'**abklopfen** *v/t* (*sep*, *-ge-*, *h*) MED sound
'**abknallen** F *v/t* (*sep*, *-ge-*, *h*) pick off
'**abknicken** *v/t* (*sep*, *-ge-*, *h*) snap *or* break off; bend
'**abkochen** *v/t* (*sep*, *-ge-*, *h*) boil
'**abkomman,dieren** *v/t* (*sep*, *no -ge-*, *h*) MIL detach (***zu*** for)
'**abkommen** *v/i* (*irr*, ***kommen***, *sep*, *-ge-*, *sein*) ~ ***von*** get off; drop (*plan etc*); ***vom Thema*** ~ stray from the point; → ***Weg***
'**Abkommen** *n* (*-s*; *-*) agreement, treaty; ***ein*** ~ ***schließen*** make an agreement
Abkömmling ['apkœmlɪŋ] *m* (*-s*; *-e*) descendant
'**abkoppeln** *v/t* (*sep*, *-ge-*, *h*) uncouple (***von*** from); undock (*spacecraft*)
'**abkratzen** (*sep*, *-ge-*) **1.** *v/t* (*h*) scrape off **2.** F *v/i* (*sein*) kick the bucket
'**abkühlen** *v/t and v/refl* (*sep*, *-ge-*, *h*) cool down (*a. fig*)
'**Abkühlung** *f* cooling
'**abkürzen** *v/t* (*sep*, *-ge-*, *h*) shorten; abbreviate; ***den Weg*** ~ take a short cut
'**Abkürzung** *f* abbreviation; short cut
'**abladen** *v/t* (*irr*, ***laden***, *sep*, *-ge-*, *h*) unload; dump (*waste etc*)
'**Ablage** *f* (*-*; *-n*) *no pl* filing; filing tray; *Swiss* → ***Zweigstelle***
'**ablagern** (*sep*, *-ge-*, *h*) **1.** *v/t* season (*wood*); let *wine* age; GEOL *etc* deposit; ***sich*** ~ settle, be deposited **2.** *v/i* (*a. sein*) season; age; '**Ablagerung** *f* (*-*; *-en*) CHEM, GEOL deposit, sediment
'**ablassen** (*irr*, ***lassen***, *sep*, *-ge-*, *h*) **1.** *v/t* drain off (*liquid*); let off (*steam*); drain (*pond etc*) **2.** *v/i*: ***von et.*** (***j-m***) ~ stop doing s.th. (leave s.o. alone)
'**Ablauf** *m* (*-[e]s*; *Abläufe*) course; process; order of events; *no pl* expiration, *Br* expiry; → ***Abfluss***
'**ablaufen** (*irr*, ***laufen***, *sep*, *-ge-*) **1.** *v/i* (*sein*) *water etc*: run off; *performance etc*: go, proceed; come to an end; *period*, *passport etc*: expire; *time*, *record*, *tape*: run out; *clock*: run down; ***gut*** ~ turn out well **2.** *v/t* (*h*) wear down
'**ablecken** *v/t* (*sep*, *-ge-*, *h*) lick (off)
'**ablegen** (*sep*, *-ge-*, *h*) **1.** *v/t* take off (*clothes*); file (*letters etc*); give up (*habit etc*); take (*examination*, *oath*); ***abgelegte Kleider*** cast-offs *pl* **2.** *v/i* take off one's (hat and) coat; MAR put out, sail
'**Ableger** *m* (*-s*; *-*) BOT layer; offshoot (*a. fig*)
'**ablehnen** *v/t* (*sep*, *-ge-*, *h*) refuse; turn down (*application etc*); PARL reject; object to; condemn; ~**d** *adj* negative
'**Ablehnung** *f* (*-*; *-en*) refusal; rejection; objection (*gen* to)
'**ableiten** *v/t* (*sep*, *-ge-*, *h*) divert; LING, MATH derive (***aus*** *dat*, ***von*** from) (*a. fig*)
'**Ableitung** *f* diversion; LING, MATH derivation (*a. fig*)
'**ablenken** *v/t* (*sep*, *-ge-*, *h*) divert (***von*** from); *soccer*: turn away (*ball*); deflect (*rays etc*); ***j-n von der Arbeit*** ~ distract s.o. from his work; ***er lässt sich leicht*** ~ he is easily diverted
'**Ablenkung** *f* diversion
'**ablesen** *v/t* (*irr*, ***lesen***, *sep*, *-ge-*, *h*) read
'**abliefern** *v/t* (*sep*, *-ge-*, *h*) deliver (***bei*** to, at); hand over (to)
'**ablösbar** *adj* detachable; '**ablösen** *v/t* (*sep*, *-ge-*, *h*) detach; take off; take *s.o.'s* place, take over from *s.o.*; *esp* MIL relieve; replace; ***sich*** ~ take turns (*driving etc*); '**Ablösesumme** *f* SPORT transfer fee; '**Ablösung** *f* relief
'**abmachen** *v/t* (*sep*, *-ge-*, *h*) remove, take off; settle, arrange
'**Abmachung** *f* (*-*; *-en*) arrangement, agreement, deal

'**abmagern** *v/i* (*sep*, *-ge-*, *sein*) get thin
'**Abmagerung** *f* (-; *-en*) emaciation
'**Abmagerungskur** *f* slimming diet
'**abmähen** *v/t* (*sep*, *-ge-*, *h*) mow
'**abmalen** *v/t* (*sep*, *-ge-*, *h*) copy
'**Abmarsch** *m* (-[*e*]*s*; *no pl*) start; MIL marching off; '**abmar,schieren** *v/i* (*sep*, *no -ge-*, *sein*) start; MIL march off
'**abmelden** *v/t* (*sep*, *-ge-*, *h*) cancel the registration of (*car etc*); cancel s.o.'s membership (*in a club etc*); give notice of s.o.'s withdrawal (from school); ***sich*** ~ give notice of change of address; report off duty; '**Abmeldung** *f* notice of withdrawal; notice of change of address
'**abmessen** *v/t* (*irr*, ***messen***, *sep*, *-ge-*, *h*) measure; '**Abmessung** *f* measurement; *pl* dimensions
'**abmon,tieren** *v/t* (*sep*, *no -ge-*, *h*) take off; take down; TECH dismantle
'**abmühen** *v/refl* (*sep*, *-ge-*, *h*) work very hard; try hard (*to do s.th.*); struggle (***mit*** with)
'**abnagen** *v/t* (*sep*, *-ge-*, *h*) gnaw (at)
Abnahme ['apnaːmə] *f* (-; *-n*) reduction, decrease; loss (*a. of weight*); ECON purchase; TECH acceptance
'**abnehmbar** *adj* removable
'**abnehmen** (*irr*, ***nehmen***, *sep*, *-ge-*, *h*) **1.** *v/t* take off (*a.* MED), remove; pick up (*receiver*); TECH accept; ECON buy; ***j-m et.*** ~ take s.th. (away) from s.o. **2.** *v/i* decrease, diminish; lose weight; answer the phone; *moon*: wane
'**Abnehmer** *m* (-*s*; -) buyer; customer
'**Abneigung** *f* (***gegen***) dislike (of, for); aversion (to)
abnorm [ap'nɔrm] *adj* abnormal; exceptional, unusual; **Abnormität** [apnɔrmi'tɛːt] *f* (-; *-en*) abnormality
'**abnutzen**, '**abnützen** *v/t and v/refl* (*sep*, *-ge-*, *h*) wear out
'**Abnutzung**, '**Abnützung** *f* (-; *no pl*) wear (and tear) (*a. fig*)
Abonnement [abɔnə'mã:] *n* (-*s*; -*s*) subscription (***auf*** *acc* to); **Abonnent** [abɔ'nɛnt] *m* (-*en*; -*en*) subscriber; THEA season-ticket holder; **abonnieren** [abɔ'niːrən] *v/t* (*no -ge-*, *h*) subscribe to
Abordnung *f* (-; *-en*) delegation
Abort [a'bɔrt] *m* (-[*e*]*s*; -*e*) lavatory, toilet

'**abpassen** *v/t* (*sep*, *-ge-*, *h*) watch *or* wait for (*s.o.*, *s.th.*); waylay *s.o.* (*a. fig*)
'**abpfeifen** *v/t and v/i* (*irr*, ***pfeifen***, *sep*, *-ge-*, *h*) SPORT blow the final whistle; stop the game
'**abplagen** *v/refl* (*sep*, *-ge-*, *h*) struggle (***mit*** with)
'**abprallen** *v/i* (*sep*, *-ge-*, *sein*) rebound, bounce (off); *bullet*: ricochet
'**abputzen** *v/t* (*sep*, *-ge-*, *h*) wipe off; clean
'**abraten** *v/i* (*irr*, ***raten***, *sep*, *-ge-*, *h*) ***j-m*** ~ ***von*** advise *or* warn s.o. against
'**abräumen** *v/t* (*sep*, *-ge-*, *h*) clear away; clear (*the table*)
'**abrea,gieren** *v/t* (*sep*, *no -ge-*, *h*) work off (*one's anger etc*) (***an*** *dat* on); ***sich*** ~ F let off steam
'**abrechnen** (*sep*, *-ge-*, *h*) **1.** *v/t* deduct, subtract; claim (*expenses*) **2.** *v/i*: ***mit j-m*** ~ settle accounts (*fig a.* get even) with s.o.; '**Abrechnung** *f* settlement; F *fig* showdown
'**abreiben** *v/t* (*irr*, ***reiben***, *sep*, *-ge-*, *h*) rub off; rub down (*body*); polish
'**Abreise** *f* departure (***nach*** for)
'**abreisen** *v/i* (*sep*, *-ge-*, *sein*) depart, leave, start, set out (*all*: ***nach*** for)
'**Abreisetag** *m* day of departure
'**abreißen** (*irr*, ***reißen***, *sep*, *-ge-*) **1.** *v/t* (*h*) tear *or* pull off; pull down (*building*) **2.** *v/i* (*sein*) break; *button etc*: come off
'**Abreißka,lender** *m* tear-off calendar
'**abrichten** *v/t* (*sep*, *-ge-*, *h*) train (*animal*), *a.* break *a horse* in
'**abriegeln** *v/t* (*sep*, *-ge-*, *h*) block off, cordon off
'**Abriss** *m* (-*es*; -*e*) (*no pl*) demolition; outline, summary
'**abrollen** *v/i* (*sep*, *-ge-*, *sein*) *and v/t* (*h*) unroll (*a. fig*)
'**abrücken** (*sep*, *-ge-*) **1.** *v/t* (*h*) move away (***von*** from); **2.** *v/i* (*sein*) draw away (***von*** from); MIL march off
'**Abruf** *m*: ***auf*** ~ ECON on call
'**abrufen** *v/t* (*irr*, ***rufen***, *sep*, *-ge-*, *h*) call away; IT recall, fetch, retrieve
'**abrunden** *v/t* (*sep*, *-ge-*, *h*) round (off)
'**abrupfen** *v/t* (*sep*, *-ge-*, *h*) pluck (off)
abrupt [ap'rʊpt] *adj* abrupt
'**abrüsten** *v/i* (*sep*, *-ge-*, *h*) MIL disarm
'**Abrüstung** *f* (-; *no pl*) MIL disarmament
'**abrutschen** *v/i* (*sep*, *-ge-*, *sein*) slide down; slip (off) (***von*** from)

ABS [aːbeːˈɛs] → ***Antiblockiersystem***
Absage [ˈapzaːgə] *f* (-; *-n*) refusal; cancellation; ˈ**absagen** (*sep*, *-ge-*, *h*) **1.** *v/t* call off, cancel (*event etc*) **2.** *v/i* call off; ***j-m* ~** *a.* cancel one's appointment with s.o.; decline (the invitation)
ˈ**absägen** *v/t* (*sep*, *-ge-*, *h*) saw off; F *fig* oust, sack *s.o.*
ˈ**absahnen** F *v/i* (*sep*, *-ge-*, *h*) cash in
ˈ**Absatz** *m* paragraph; ECON sales *pl*; *shoe*: heel; *stairs*: landing
ˈ**abschaben** *v/t* (*sep*, *-ge-*, *h*) scrape off
ˈ**abschaffen** *v/t* (*sep*, *-ge-*, *h*) do away with, abolish; repeal (*law*); put an end to (*abuses etc*); ˈ**Abschaffung** *f* (-; *no pl*) abolition; repeal
ˈ**abschalten** (*sep*, *-ge-*, *h*) **1.** *v/t* switch *or* turn off **2.** F *v/i* relax, switch off
ˈ**abschätzen** *v/t* (*sep*, *-ge-*, *h*) estimate; assess; size up; **abschätzig** [ˈapʃɛtsɪç] *adj* contemptuous; derogatory
Abschaum *m* (*-s*; *no pl*) scum (*a. fig*)
ˈ**Abscheu** *m* (*-s*; *no pl*) disgust (***vor, gegen*** at, for); ***e-n ~ haben vor*** abhor, detest; ***~ erregend*** → ***abscheuerregend***; ˈ**abscheuerregend** *adj* revolting, repulsive
abˈ**scheulich** *adj* abominable, despicable (*a. person*), *a.* atrocious (*crime*)
ˈ**abschicken** *v/t* (*sep*, *-ge-*, *h*) → ***absenden***
ˈ**abschieben** *fig v/t* (*irr*, ***schieben***, *sep*, *-ge-*, *h*) push away; get rid of; deport; ***et. auf j-n ~*** shove s.th. off on (to) s.o.
Abschied [ˈapʃiːt] *m* (*-[e]s*; *-e*) parting, farewell; ***~ nehmen*** (***von***) say goodbye (to), take leave (of); ***s-n ~ nehmen*** resign, retire
ˈ**Abschiedsfeier** *f* farewell party
ˈ**Abschiedskuss** *m* goodbye kiss
ˈ**abschießen** *v/t* (*irr*, ***schießen***, *sep*, *-ge-*, *h*) shoot off (AVIAT down); launch (*rocket*); shoot, kill (*deer*); F pick *s.o.* off; *fig* oust; get rid of *s.o.*
ˈ**abschirmen** *v/t* (*sep*, *-ge-*, *h*) shield (***gegen*** from); *fig* protect (***gegen*** against, from); ˈ**Abschirmung** *f* (-; *-en*) shield, screen; *fig* protection
ˈ**abschlachten** *v/t* (*sep*, *-ge-*, *h*) slaughter (*a. fig*)
ˈ**Abschlag** *m* SPORT kickout; ECON down payment; ˈ**abschlagen** *v/t* (*irr*, ***schlagen***, *sep*, *-ge-*, *h*) knock off; cut off (*head*); cut down (*tree*); refuse (*request etc*), turn *s.th.* down
ˈ**abschleifen** *v/t* (*irr*, ***schleifen***, *sep*, *-ge-*, *h*) grind off; sand(paper), smooth
ˈ**Abschleppdienst** *m* MOT emergency road (*Br* breakdown) service
ˈ**abschleppen** *v/t* (*sep*, *-ge-*, *h*) MOT (give *s.o.* a) tow; *police*: tow away
ˈ**Abschlepp|seil** *n* towrope; **~wagen** *m* *Am* tow truck, *Br* breakdown lorry
ˈ**abschließen** (*irr*, ***schließen***, *sep*, *-ge-*, *h*) **1.** *v/t* lock (up); close, finish; complete; take out (*insurance*); conclude (*research etc*); ***e-n Handel ~*** strike a bargain; ***sich ~*** shut o.s. off; → ***Wette*** **2.** *v/i* close, finish; **~d 1.** *adj* concluding; final **2.** *adv*: ***~ sagte er*** he concluded by saying
ˈ**Abschluss** *m* conclusion, close; **~prüfung** *f* final examination, finals *pl*, *esp Am a.* graduation; ***s-e ~ machen*** graduate (***an*** *dat* from); **~zeugnis** *n* *Am* diploma, *Br* school-leaving certificate
ˈ**abschmecken** *v/t* (*sep*, *-ge-*, *h*) season
ˈ**abschmieren** *v/t* (*sep*, *-ge-*, *h*) TECH lubricate, grease
ˈ**abschminken** *v/t* (*sep*, *-ge-*, *h*) ***sich ~*** remove one's make-up
ˈ**abschnallen** *v/t* (*sep*, *-ge-*, *h*) undo; take off (*skis*); ***sich ~*** MOT, AVIAT unfasten one's seat belt
ˈ**abschneiden** (*irr*, ***schneiden***, *sep*, *-ge-*, *h*) **1.** *v/t* cut (off) (*a. fig*); ***j-m das Wort ~*** cut s.o. short **2.** *v/i*: ***gut ~*** come off well
ˈ**Abschnitt** *m* passage, section (*of book etc*); paragraph; MATH, BIOL segment; period (*of time*), stage (*of journey*), phase (*of development*); coupon, slip, stub (*of check etc*)
ˈ**abschnittweise** *adv* section by section
ˈ**abschrauben** *v/t* (*sep*, *-ge-*, *h*) unscrew
ˈ**abschrecken** *v/t* (*sep*, *-ge-*, *h*) deter (***von*** from); GASTR douse *eggs etc* with cold water; **~d** *adj* deterrent; ***~es Beispiel*** warning example
ˈ**Abschreckung** *f* (-; *-en*) deterrence
ˈ**abschreiben** *v/t* (*irr*, ***schreiben***, *sep*, *-ge-*, *h*) copy; PED crib; ECON write off (*a.* F *fig*); ˈ**Abschrift** *f* copy, duplicate
ˈ**abschürfen** *v/t* (*sep*, *-ge-*, *h*) graze
ˈ**Abschürfung** *f* (-; *-en*) abrasion
Abschuss *m* launch(ing) (*of rocket*); AVIAT shooting down, downing; kill;

~basis *f* MIL launching base
abschüssig ['apʃʏsɪç] *adj* sloping; steep
'**Abschussliste** F *f*: ***auf der ~ stehen*** be on the hit list
'**Abschussrampe** *f* MIL launching pad
'**abschütteln** *v/t* (*sep*, *-ge-*, *h*) shake off
'**abschwächen** *v/t* (*sep*, *-ge-*, *h*) lessen, diminish
'**abschweifen** *fig v/i* (*sep*, *-ge-*, *sein*) digress (***von*** from)
'**Abschweifung** *f* (-; *-en*) digression
absehbar ['apze:ba:ɐ] *adj* foreseeable; ***in ~er*** (***auf ~e***) ***Zeit*** in the (for the) foreseeable future
'**absehen** *v/t* (*irr*, ***sehen***, *sep*, *-ge-*, *h*) foresee; ***es ist kein Ende abzusehen*** there is no end in sight; ***es abgesehen haben auf*** (*acc*) be after; ***~ von*** refrain from
'**abseilen** *v/refl* (*sep*, *-ge-*, *h*) descend by a rope, *Br a.* abseil; F make a getaway
abseits ['apzaɪts] *adv and prp* away *or* remote from
'**Abseitsfalle** *f soccer*: offside trap
abseitsstehen *v/i* (*irr*, ***stehen***, *sep*, *-ge-*, *h*) *soccer*: be offside; *fig* be left out
'**absenden** *v/t* ([*irr*, ***senden***,] *sep*, *-ge-*, *h*) send (off), dispatch; mail, *esp Br* post (*letter etc*)
'**Absender** *m* (*-s*; -) sender
absetzbar ['apzɛtsba:ɐ] *adj*: ***steuerlich ~*** deductible from tax
'**absetzen** (*sep*, *-ge-*, *h*) **1.** *v/t* take off (*hat*, *glasses etc*); set *or* put down (*bag etc*); drop (*passenger*); dismiss (*employee*); THEA, *film*: take off; deduct (*from tax*); depose (*king etc*); ECON sell; ***sich ~*** CHEM, GEOL settle, be deposited **2.** *v/i*: ***ohne abzusetzen*** without stopping
'**Absetzung** *f* (-; *-en*) dismissal; deposition; THEA, *film*: withdrawal
'**Absicht** *f* (-; *-en*) intention; ***mit ~*** on purpose; '**absichtlich 1.** *adj* intentional **2.** *adv* on purpose
'**absitzen** (*irr*, ***sitzen***, *sep*, *-ge-*) **1.** *v/i* (*sein*) dismount (***von*** from); **2.** *v/t* (*h*) serve (*sentence*); F sit out (*play etc*)
absolut [apzo'lu:t] *adj* absolute
Absolvent [apzɔl'vɛnt] *m* (*-en*; *-en*), **Absol'ventin** *f* (-; *-nen*) graduate; **absolvieren** [apzɔl'vi:rən] *v/t* (*no -ge-*, *h*) attend (*school*); complete (*studies*); graduate from (*college etc*)
'**absondern** *v/t* (*sep*, *-ge-*, *h*) separate; MED, BIOL secrete; ***sich ~*** cut o.s. off (***von*** from); '**Absonderung** *f* (-; *-en*) separation; MED, BIOL secretion
absorbieren [apzɔr'bi:rən] *v/t* (*no -ge-*, *h*) absorb (*a. fig*)
'**abspeichern** *v/t* (*sep*, *-ge-*, *h*) IT store, save
abspenstig ['apʃpɛnstɪç] *adj*: ***j-m die Freundin ~ machen*** steal s.o.'s girlfriend
absperren *v/t* (*sep*, *-ge-*, *h*) lock; turn off (*water*, *gas etc*); block off (*road*); cordon off; '**Absperrung** *f* (-; *-en*) barrier; cordon
'**abspielen** *v/t* (*sep*, *-ge-*, *h*) play (*record etc*); SPORT pass (*the ball*); ***sich ~*** happen, take place
'**Absprache** *f* agreement
'**absprechen** *v/t* (*irr*, ***sprechen***, *sep*, *-ge-*, *h*) agree upon; arrange; ***j-m die Fähigkeit*** *etc* ***~*** dispute s.o.'s ability *etc*
'**abspringen** *v/i* (*irr*, ***springen***, *sep*, *-ge-*, *sein*) jump off; AVIAT jump, bail out; *fig* back out (***von*** of)
'**Absprung** *m* jump; SPORT take-off; *fig* ***den ~ schaffen*** make it
'**abspülen** *v/t* (*sep*, *-ge-*, *h*) rinse; wash up
abstammen *v/i* (*sep*, *no past participle*) be descended (***von*** from); CHEM, LING derive; '**Abstammung** *f* (-; *no pl*) descent; derivation; '**Abstammungslehre** *f* theory of the origin of species
'**Abstand** *m* distance (*a. fig*); interval; ***~ halten*** keep one's distance; *fig* ***mit ~*** by far
abstatten ['apʃtatən] *v/t* (*sep*, *-ge-*, *h*) ***j-m e-n Besuch ~*** pay a visit to s.o.
'**abstauben** *v/t* (*sep*, *-ge-*, *h*) dust; F *fig* sponge; swipe
'**Abstauber** F *m* (*-s*; -), '**Abstaubertor** *n* SPORT opportunist goal
'**abstechen** (*irr*, ***stechen***, *sep*, *-ge-*, *h*) **1.** *v/t* stick (*pig etc*) **2.** *v/i* contrast (***von*** with); '**Abstecher** *m* (*-s*; -) side-trip, excursion (*a. fig*)
'**abstecken** *v/t* (*sep*, *-ge-*, *h*) mark out
'**abstehen** *v/i* (*irr*, ***stehen***, *sep*, *-ge-*, *h*) stick out, protrude; → ***abgestanden***
'**absteigen** *v/i* (*irr*, ***steigen***, *sep*, *-ge-*, *sein*) get off (*a horse etc*); climb down;

stay (***in*** *dat* at); SPORT *Am* be moved down to a lower division, *Br* be relegated; **'Absteiger** *m* (*-s*; -) SPORT *Br* relegated club

'abstellen *v/t* (*sep*, *-ge-*, *h*) put down; leave (*s.th. with s.o.*); turn off (*gas etc*); park (*car*); *fig* put an end to *s.th.*

'Abstellgleis *n* RAIL siding; ***j-n aufs ~ schieben*** F push s.o. aside

'Abstellraum *m* storeroom

'abstempeln *v/t* (*sep*, *-ge-*, *h*) stamp

'absterben *v/i* (*irr*, ***sterben***, *sep*, *-ge-*, *sein*) die off; *limb*: go numb

Abstieg ['apʃtiːk] *m* (*-[e]s*; *-e*) descent; *fig* decline; SPORT *Br* relegation

'abstimmen *v/i* (*sep*, *-ge-*, *h*) vote (***über*** *acc* on)

'Abstimmung *f* vote; *radio*: tuning

Abstinenzler [apsti'nɛntslɐ] *m* (*-s*; -) teetotal(l)er

'Abstoß *m* SPORT goal-kick

'abstoßen *v/t* (*irr*, ***stoßen***, *sep*, *-ge-*, *h*) repel; MED reject; push off (*boat*); F get rid of *s.th.*; **~d** *fig adj* repulsive

abstrakt [ap'strakt] *adj* abstract

'abstreiten *v/t* (*irr*, ***streiten***, *sep*, *-ge-*, *h*) deny

'Abstrich *m* MED smear; *pl* ECON cuts; *fig* reservations

'abstufen *v/t* (*sep*, *-ge-*, *h*) graduate; gradate (*colors*)

'abstumpfen (*sep*, *-ge-*) **1.** *v/t* (*h*) blunt, dull (*a. fig*) **2.** *fig v/i* (*sein*) become unfeeling

'Absturz *m*, **'abstürzen** *v/i* (*sep*, *-ge-*, *sein*) fall; AVIAT, IT crash

'absuchen *v/t* (*sep*, *-ge-*, *h*) search (***nach*** for)

absurd [ap'zʊrt] *adj* absurd, preposterous

Abszess [aps'tsɛs] *m* (*-es*; *-e*) MED abscess

Abt [apt] *m* (*-[e]s*; *Äbte* ['ɛptə]) REL abbot

'abtasten *v/t* (*sep*, *-ge-*, *h*) feel (for); MED palpate; frisk; TECH, IT scan

'abtauen *v/t* (*sep*, *-ge-*, *h*) defrost

Abtei [ap'tai] *f* (-; *-en*) REL abbey

Abteil [ap'tail] *n* (*-[e]s*; *-e*) RAIL compartment

'abteilen *v/t* (*sep*, *-ge-*, *h*) divide; ARCH partition off

Ab'teilung *f* (-; *-en*) department (*a.* ECON); ward (*of hospital*); MIL detachment; **Ab'teilungsleiter** *m* head of (a) department; *Am* floorwalker, *Br* shopwalker

Äbtissin [ɛp'tɪsɪn] *f* (-; *-nen*) REL abbess

'abtöten *v/t* (*sep*, *-ge-*, *h*) kill (*bacteria etc*); *fig* deaden (*feelings etc*)

'abtragen *v/t* (*irr*, ***tragen***, *sep*, *-ge-*, *h*) wear out (*clothes*); clear away (*dishes etc*); pay off (*debt*)

'Abtrans,port *m* transportation

'abtreiben (*irr*, ***treiben***, *sep*, *-ge-*) **1.** *v/i* MED (*h*) have an abortion; MAR, AVIAT (*sein*) be blown off course **2.** *v/t* (*h*) MED abort; **'Abtreibung** *f* (-; *-en*) abortion; ***e-e ~ vornehmen*** perform an abortion

'abtrennen *v/t* (*sep*, *-ge-*, *h*) detach; separate; MED sever

'abtreten (*irr*, ***treten***, *sep*, *-ge-*) **1.** *v/t* (*h*) wear down (*heels*); wipe (*one's feet*); *fig* give up (***an*** *acc* to); **2.** *v/i* (*sein*) resign; THEA; exit; **'Abtreter** *m* (*-s*; -) doormat

'abtrocknen (*sep*, *-ge-*, *h*) **1.** *v/t* dry; ***sich ~*** dry o.s. off **2.** *v/i* dry the dishes, *Br a.* dry up

abtrünnig ['aptrʏnɪç] *adj* unfaithful, disloyal; **'Abtrünnige** ['aptrʏnɪgə] *m*, *f* (*-n*; *-n*) renegade, turncoat

abtun *v/t* (*irr*, ***tun***, *sep*, *-ge-*, *h*) dismiss (***als*** as), brush *s.o.*, *s.th.* aside

abwägen ['apvɛːgən] *v/t* (*irr*, ***wägen***, *sep*, *-ge-*, *h*) weigh (***gegen*** against)

'abwählen *v/t* (*sep*, *-ge-*, *h*) vote out

'abwälzen *v/t* (*sep*, *-ge-*, *h*) ***et. auf j-n ~*** shove s.th. off on (to) s.o.

'abwandeln *v/t* (*sep*, *-ge-*, *h*) vary, modify

'abwandern *v/i* (*sep*, *-ge-*, *sein*) migrate (***von*** from; ***nach*** to); **'Abwanderung** *f* migration

'Abwandlung *f* modification, variation

'Abwärme *f* TECH waste heat

Abwart ['apvart] *m* (*-s*; *-e*) *Swiss* → ***Hausmeister***

'abwarten (*sep*, *-ge-*, *h*) **1.** *v/t* wait for, await **2.** *v/i* wait; ***warten wir ab!*** let's wait and see!; ***wart nur ab!*** just wait!

abwärts ['apvɛrts] *adv* down, downward(s)

Abwasch ['apvaʃ] *m* (*-[e]s*; *no pl*) ***den ~ machen*** do the washing-up

'abwaschbar *adj* washable

'abwaschen (*irr*, ***waschen***, *sep*, *-ge-*, *h*) **1.** *v/t* wash off **2.** *v/i* do the dishes, *Br a.*

wash up
'**Abwaschwasser** *n* dishwater
'**Abwasser** *n* TECH waste water, sewage; **~aufbereitung** *f* TECH sewage treatment
'**abwechseln** *v/i* (*sep*, *-ge-*, *h*) alternate; ***sich mit j-m ~*** take turns (***bei et.*** at [doing] s.th.); **~d** *adv* by turns
'**Abwechslung** *f* (-; *-en*) change; ***zur ~*** for a change; '**abwechslungsreich** *adj* varied; colo(u)rful
'**Abweg** *m*: ***auf ~e geraten*** go astray
abwegig ['apve:gıç] *adj* absurd, unrealistic
'**Abwehr** *f* (-; *no pl*) defen|se, *Br* -ce (*a.* SPORT); warding off (*of blow etc*); save (*of ball*)
'**abwehren** *v/t* (*sep*, *-ge-*, *h*) ward off (*blow etc*); beat off; SPORT block
'**Abwehr|fehler** *m* SPORT defensive error; **~kräfte** *pl* MED resistance; **~spieler** *m* SPORT defender; **~stoffe** *pl* MED antibodies
'**abweichen** *v/i* (*irr*, ***weichen***, *sep*, *-ge-*, *sein*) deviate (***von*** from); digress
'**Abweichung** *f* (-; *-en*) deviation
'**abweisen** *v/t* (*irr*, ***weisen***, *sep*, *-ge-*, *h*) turn away; rebuff; decline, turn down (*request*, *offer etc*); **~d** *adj* unfriendly
'**abwenden** *v/t* ([*irr*, ***wenden***,] *sep*, *-ge-*, *h*) turn away (*a.* ***sich ~***) (***von*** from); avert (*tragedy etc*)
'**abwerfen** *v/t* (*irr*, ***werfen***, *sep*, *-ge-*, *h*) throw off; AVIAT drop; BOT shed (*leaves*); ECON yield (*profit*)
'**abwerten** *v/t* (*sep*, *-ge-*, *h*) ECON devalue; **~d** *fig adj* disparaging
'**Abwertung** *f* ECON devaluation
'**abwesend** *adj* absent
'**Abwesenheit** *f* (-; *no pl*) absence
abwickeln *v/t* (*sep*, *-ge-*, *h*) unwind; ECON handle; transact (*business*)
'**abwiegen** *v/t* (*irr*, ***wiegen***, *sep*, *-ge-*, *h*) weigh (out)
'**abwimmeln** F *v/t* (*sep*, *-ge-*, *h*) ***j-n ~*** get rid of s.o., give s.o. the elbow
'**abwischen** *v/t* (*sep*, *-ge-*, *h*) wipe (off)
'**Abwurf** *m* dropping; *soccer*: throw-out
'**abwürgen** F *v/t* (*sep*, *-ge-*, *h*) MOT stall; *fig* stifle; '**abzahlen** *v/t* (*sep*, *-ge-*, *h*) make *monthly etc* payments for; pay off; '**abzählen** *v/t* (*sep*, *-ge-*, *h*) count
'**Abzahlung** *f*: ***et. auf ~ kaufen*** *Am* buy s.th. on the instalment plan (*Br* on hire purchase)
'**abzapfen** *v/t* (*sep*, *-ge-*, *h*) tap, draw off
'**Abzeichen** *n* badge; medal
'**abzeichnen** *v/t* (*sep*, *-ge-*, *h*) copy, draw; sign, initial; ***sich ~*** (begin to) show; stand out (***gegen*** against)
'**Abziehbild** *n* *Am* decal, *Br* transfer
'**abziehen** (*irr*, ***ziehen***, *sep*, *-ge-*) **1.** *v/t* (*h*) take off, remove; MATH subtract; strip (*bed*); take out (*key*); ***das Fell ~*** skin **2.** *v/i* (*sein*) go away; MIL withdraw; *smoke*: escape; *storm*, *clouds*: move off
'**Abzug** *m* ECON deduction; discount; MIL withdrawal; PRINT copy; PHOT print; *gun*: trigger; TECH vent, outlet; cooker hood
abzüglich ['aptsy:klıç] *prp* less, minus
'**abzweigen** (*sep*, *-ge-*) **1.** *v/t* (*h*) divert (*resources etc*) (***für*** to); **2.** *v/i* (*sein*) *path etc*: branch off
'**Abzweigung** *f* (-; *-en*) junction
ach [ax] *int* oh!; ***~ je!*** oh dear!; ***~ so!*** I see; ***~ was!*** *surprised*: really?, *annoyed*: of course not!, nonsense!
Achse ['aksə] *f* (-; *-n*) TECH axle; MATH *etc* axis; F ***auf ~ sein*** be on the move
Achsel ['aksəl] *f* (-; *-n*) ANAT shoulder; ***die ~n zucken*** shrug one's shoulders
'**Achselhöhle** *f* ANAT armpit
'**Achsenbruch** *m* MOT broken axle
acht [axt] *adj* eight; ***heute in ~ Tagen*** a week from today, *esp Br* today week; (***heute***) ***vor ~ Tagen*** a week ago (today)
Acht *f*: ***~ geben*** → ***achtgeben***; ***außer ~ lassen*** disregard; ***sich in ~ nehmen*** be careful, look *or* watch out (***vor*** *dat* for)
achte ['axtə] *adj* eighth
'**achteckig** *adj* octagonal
Achtel ['axtəl] *n* (*-s*; -) eighth (part)
achten (*ge-*, *h*) **1.** *v/t* respect **2.** *v/i*: ***~ auf*** (*acc*) pay attention to; keep an eye on; watch; be careful with; ***darauf ~, dass*** see to it that
ächten ['ɛçtən] *v/t* (*ge-*, *h*) ban; *esp* HIST outlaw
Achter ['axtɐ] *m* (*-s*; -) *rowing*: eight
'**Achterbahn** *f* roller coaster
'**achtfach** *adj and adv* eightfold
achtgeben *v/i* (*irr*, ***geben***, *sep*, *-ge-*, *h*) be careful; pay attention (***auf*** *acc* to); take care (***auf*** *acc* of); ***gib acht!*** look *or* watch out!, be careful!
'**achtlos** *adj* careless, heedless
'**Achtung** *f* (-; *no pl*) respect (***vor*** *dat*

for); *~! look out!; MIL attention!; *~! ~!* attention please!; ***~! Fertig! Los!*** On your marks! Get set! Go!; ***~ Stufe!*** *Am* caution: step!, *Br* mind the step!
'**achtzehn** *adj* eighteen
'**achtzehnte** *adj* eighteenth
achtzig ['axtsɪç] *adj* eighty; ***die ~er Jahre*** the eighties; **~ste** *adj* eightieth
ächzen ['ɛçtsən] *v/i* (*ge-*, *h*) groan (***vor*** *dat* with)
Acker ['akɐ] *m* (*-s*; *Äcker* ['ɛkɐ]) field; **~bau** *m* (*-[e]s*; *no pl*) agriculture; farming; ***~ und Viehzucht*** crop and stock farming; **~land** *n* (*-[e]s*; *no pl*) farmland
'**ackern** F *v/i* (*ge-*, *h*) slog (away)
Adapter [a'daptɐ] *m* (*-s*; -) TECH adapter
addieren [a'di:rən] *v/t* (*no -ge-*, *h*) add (up); **Addition** [adi'tsio:n] *f* (*-*; *-en*) addition, adding up
Adel ['a:dəl] *m* (*-s*; *no pl*) aristocracy
'**adeln** *v/t* (*ge-*, *h*) ennoble (*a. fig*); *Br* knight
Ader ['a:dɐ] *f* (*-*; *-n*) ANAT blood vessel, vein
Adjektiv ['atjɛkti:f] *n* (*-s*; *-e*) LING adjective
Adler ['a:dlɐ] *m* (*-s*; -) ZO eagle
adlig ['a:dlɪç] *adj* noble; **Adlige** ['a:dlɪgə] *m*, *f* (*-n*; *-n*) noble|man (-woman)
Admiral [atmi'ra:l] *m* (*-s*; *-e*) MAR admiral
adoptieren [adɔp'ti:rən] *v/t* (*no -ge-*, *h*) adopt; **Adoptivkind** [adɔp'ti:fkɪnt] *n* adopted child
Adressbuch [a'drɛsbu:x] *n* directory
Adresse [a'drɛsə] *f* (*-*; *-n*) address
adressieren [adrɛ'si:rən] *v/t* (*no -ge-*, *h*) address (***an*** *acc* to)
Advent [at'vɛnt] *m* (*-[e]s*; *no pl*) REL Advent; Advent Sunday
Ad'ventszeit *f* Christmas season
Adverb [at'vɛrp] *n* (*-s*; *Adverbien* [at'vɛrbĭən]) LING adverb
Aerobic [ɛ'ro:bɪk] *n* (*-s*; *no pl*) aerobics
Affäre [a'fɛ:rə] *f* (*-*; *-n*) affair
Affe ['afə] *m* (*-n*; *-n*) ZO monkey; ape
Affekt [a'fɛkt] *m* (*-[e]s*; *-e*) ***im ~*** in the heat of passion (*a.* JUR)
affektiert [afɛk'ti:ɐt] *adj* affected
Afrika ['a:frika] Africa; **Afrikaner** [afri'ka:nɐ] *m* (*-s*; -), **Afri'kanerin** [afri'ka:nərɪn] *f* (*-*; *-nen*), **afri'kanisch** *adj* African
After ['aftɐ] *m* (*-s*; -) ANAT anus
AG *abbr of* ***Aktiengesellschaft*** *Am* (stock) corporation, *Br* PLC, public limited company
Agent [a'gɛnt] *m* (*-en*; *-en*), **A'gentin** *f* (*-*; *-nen*) agent; POL (secret) agent
Agentur [agɛn'tu:ɐ] *f* (*-*; *-en*) agency
Aggression [agrɛ'sĭo:n] *f* (*-*; *-en*) aggression; **aggressiv** [agrɛ'si:f] *adj* aggressive; **Aggressivität** [agrɛsivi'tɛ:t] *f* (*-*; *no pl*) aggressiveness
Agitator [agi'ta:to:ɐ] *m* (*-s*; *-en* [agita'to:rən]) agitator
ah [a:] *int* ah!
äh [ɛ:] *int* er; *disgusted*: ugh!
aha [a'ha] *int* I see!, oh!
A'ha-Erlebnis *n* aha-experience
Ahn [a:n] *m* (*-[e]s*; *-en*; *-en*) ancestor, *pl a.* forefathers
ähneln ['ɛ:nəln] *v/i* (*ge-*, *h*) resemble, look like
ahnen ['a:nən] *v/t* (*ge-*, *h*) suspect; foresee, know
ähnlich ['ɛ:nlɪç] *adj* similar (*dat* to); ***j-m ~ sehen*** look like s.o.
'**Ähnlichkeit** *f* (*-*; *-en*) likeness, resemblance, similarity (***mit*** to)
'**Ahnung** *f* (*-*; *-en*) presentiment, *a.* foreboding; notion, idea; ***ich habe keine ~*** I have no idea; '**ahnungslos** *adj* unsuspecting, innocent
Ahorn ['a:hɔrn] *m* (*-s*, *-e*) BOT maple
Ähre ['ɛ:rə] *f* (*-*; *-n*) BOT ear; spike
Aids [eɪdz] *n* (*-*; *no pl*) MED AIDS
'**Aids|-Kranke** *m*, *f* MED AIDS victim *or* sufferer; **~test** *m* MED AIDS test
Airbag ['ɛəbæg] *m* (*-s*; *-s*) MOT airbag
Akademie [akade'mi:] *f* (*-*; *-n*) academy, college; **Akademiker(in)** [aka'de:mikɐ, aka'de:mikərɪn] *m(f)* (*-s*; *-/-*; *-nen*) university graduate; **akademisch** [aka'de:mɪʃ] *adj* academic
akklimatisieren [aklimati'zi:rən] *v/refl* (*no -ge-*, *h*) acclimatize (***an*** *acc* to)
Akkord [a'kɔrt] *m* (*-[e]s*; *-e*) MUS chord; ***im ~*** ECON by the piece *or* job; **~arbeit** *f* ECON piecework; **~arbeiter(in)** ECON pieceworker
Akkordeon [a'kɔrdeɔn] *n* (*-s*; *-s*) MUS accordion
Ak'kordlohn *m* ECON piece wages
Akku ['aku] F *m* (*-s*; *-s*), **Akkumulator** [akumu'la:to:ɐ] *m* (*-s*; *-en* [akumula'to:rən]) TECH (storage) battery, *Br a.*

accumulator
Akkusativ ['akuzatiːf] *m* (*-s*; *-e*) LING accusative (case)
Akne ['aknə] *f* (*-*; *-n*) MED acne
Akrobat [akro'baːt] *m* (*-en*; *-en*), **Akro'batin** *f* (*-*; *-nen*) acrobat; **akro'batisch** *adj* acrobatic
Akt [akt] *m* (*-[e]s*; *-e*) act(ion); THEA act; PAINT, PHOT nude
Akte ['aktə] *f* (*-*; *-n*) file; *pl.* files, records; ***zu den ~n legen*** file
'**Akten|deckel** *m* folder; **~koffer** *m* attaché case; **~ordner** *m* file; **~tasche** *f* briefcase; **~zeichen** *n* reference (number)
Aktie ['aktsĭə] *f* (*-*; *-n*) ECON share, *esp Am* stock; '**Aktiengesellschaft** *f Am* corporation, *Br* joint-stock company
Aktion [ak'tsĭoːn] *f* (*-*; *-en*) campaign, drive; MIL *ect* operation; ***in ~*** in action
Aktionär [aktsĭo'nɛːɐ] *m* (*-s*; *-e*), **Aktio'närin** *f* (*-*; *-nen*) ECON shareholder, *esp Am* stockholder
aktiv [ak'tiːf] *adj* active
Aktiv ['aktiːf] *n* (*-s*; *no pl*) LING active voice; **aktivieren** *v/t* (*no -ge-*, *h*) activate; **Aktivist** [akti'vist] *m* (*-en*; *-en*) *esp* POL activist
Ak'tivurlaub *m* activity vacation
aktualisieren [aktŭali'ziːrən] *v/t* (*no -ge-*, *h*) update
aktuell [aktŭ'ɛl] *adj* topical; current; up-to-date; TV, *radio*: ***e-e ~e Sendung*** a current affairs *or* news feature
Akupunktur [akupʊŋnk'tuːɐ] *f* (*-*; *-en*) MED acupuncture
Akustik [a'kʊstɪk] *f* (*-*; *no pl*) acoustics
a'kustisch *adj* acoustic
akut [a'kuːt] *adj* urgent (*problem etc*); *a.* MED acute
Akzent [ak'tsɛnt] *m* (*-[e]s*; *-e*) accent; stress (*a. fig*)
akzeptabel [aktsɛp'taːbəl] *adj* acceptable; reasonable (*price etc*)
akzeptieren [aktsɛp'tiːrən] *v/t* (*no -ge-*, *h*) accept
Alarm [a'larm] *m* (*-[e]s*; *-e*) alarm; ***~ schlagen*** sound the alarm; **~anlage** *f* alarm system; **~bereitschaft** *f*: ***in ~*** on standby, on the alert
alarmieren [alar'miːrən] *v/t* (*no -ge-*, *h*) call; alert; **~d** *adj* alarming
albern ['albɐn] *adj* silly, foolish
Album ['albʊm] *n* (*-s*; *Alben* ['albən]) album (*a. record*)
Algebra ['algəbra] *f* (*-*; *no pl*) MATH algebra
Algen ['algən] *pl* BOT algae; **~pest** *f* plague of algae, algal bloom
Alibi ['aːlibi] *n* (*-s*; *-s*) JUR alibi
Alimente [ali'mɛntə] *pl* JUR alimony
Alkohol ['alkohoːl] *m* (*-s*; *no pl*) alcohol; '**alkoholfrei** *adj* nonalcoholic, soft; **Alkoholiker(in)** [alko'hoːlikɐ, alko'hoːlikərɪn] *m(f)* (*-s*; *-/-*; *-nen*) alcoholic; **alko'holisch** *adj* alcoholic; **Alkoholismus** [alkoho'lɪsmʊs] *m* (*-*; *no pl*) alcoholism; **alkoholsüchtig** *adj* addicted to alcohol; **Alkoholtest** *m* alcohol test, *Br* breathalyser® test
All *n* (*-s*; *no pl*) universe; (outer) space
alle[1] ['alə] *indef pron and adj* all; ***~s*** (***Beliebige***) anything; ***~*** (***Leute***) everybody; anybody; ***~ beide*** both of them; ***wir ~*** all of us; ***~s in ~m*** all in all; ***auf ~ Fälle*** in any case; ***~ drei Tage*** every three days; → ***Art, Gute, vor***;
alle[2] ['alə] F *adj*: ***~ sein*** be all gone; ***mein Geld ist ~*** I'm out of money
Allee [a'leː] *f* (*-*; *-n*) avenue
allein [a'lain] *adj and adv* alone; lonely; by o.s.; ***ganz ~*** all alone; ***er hat es ganz ~ gemacht*** he did it all by himself; ***~ stehend → alleinstehend***
Al'lein|erziehende *m*, *f* (*-n*; *-n*) single parent; **~gang** *m*: ***im ~*** single-handedly, solo
alleinig [a'lainɪç] *adj* sole
Al'leinsein *n* (*-s*; *no pl*) loneliness
alleinstehend *adj* single
Allerbeste ['alɐ'bɛstə]: ***der*** (***die, das***) ***~*** the best of all, the very best
allerdings ['alɐ'dɪŋs] *adv* however, though; ***~!*** certainly!, *esp Am* F sure!
'**aller'erste** *adj* very first
Allergie [alɛr'giː] *f* (*-*; *-n*) MED allergy (***gegen*** to); **allergisch** [a'lɛrgɪʃ] *adj* allergic (***gegen*** to)
'**aller'hand** F *adj* a good deal (of); ***das ist ja ~!*** that's a bit much!
'**Aller'heiligen** *n* REL All Saints' Day
allerlei ['alɐ'lai] *adj* all kinds *or* sorts of
'**aller|'letzte** *adj* last of all, very last; **~'liebst 1.** *adj* (most) lovely **2.** *adv*: ***am ~en mögen*** like best of all; **~'meiste** *adj* (by far the) most; **~'nächste** *adj* very next; ***in ~r Zeit*** in the very near future; **~'neu(e)ste** *adj* very latest

'Aller'seelen *n* REL All Souls' Day
allerseits ['alɐ'zaits] *adv* F: ***Tag~!*** hi, everybody!
'aller'wenigst *adv*: ***am ~en*** least of all
alles everything
allesamt ['alə'zamt] *adv* all together
'allge'mein **1.** *adj* general; common; universal **2.** *adv*: ***im Allgemeinen*** in general, generally; ***~ verständlich*** intelligible (to all), popular
Allge'mein|arzt *m*, **Allge'meinärztin** *f* *Br* GP, *Am* family practitioner; **~bildung** *f* general education
'Allge'meinheit *f* (-; *no pl*) (general) public
allgemeinver'ständlich *adj* → ***allgemein***
All'heilmittel *n* cure-all (*a. fig*)
Allianz [a'ljants] *f* (-; *-en*) alliance
Alligator [ali'ga:to:ɐ] *m* (*-s*; *-en*) alligator
Alliierte [ali'i:ɐtə]: ***die ~n*** *pl* POL the Allies
'all|'jährlich *adv* every year; ***~ stattfindend*** annual; **~'mächtig** *adj* omnipotent; Almighty (*God*)
allmählich [al'mɛ:lɪç] **1.** *adj* gradual **2.** *adv* gradually
'Allradantrieb *m* MOT four-wheel drive
allseitig ['alzaitɪç] *adv*: ***~ interessiert sein*** have all-round interests
'Alltag *m* everyday life
'all|'täglich *adj* everyday; *fig a.* ordinary; **~'wissend** *adj* omniscient
'allzu *adv* (all) too; ***~ viel*** too much
Alm [alm] *f* (-; *-en*) alpine pasture, alp
Almosen ['almo:zən] *n* (*-s*; -) alms
'Alpdruck *m* (*-[e]s*; *no pl*) nightmare (*a. fig*)
Alphabet [alfa'be:t] *n* (*-[e]s*; *-e*) alphabet; **alpha'betisch** *adj* alphabetical
alpin [al'pi:n] *adj* alpine
'Alptraum *m* nightmare (*a. fig*)
als [als] *cj time*: when; while; *after comp*: than; ***~ ich ankam*** when I arrived; ***~ Kind*** (***Geschenk***) as a child (present); ***älter ~*** older than; ***~ ob*** as if, as though; ***nichts ~*** nothing but
also ['alzo] *cj* so, therefore; F well, you know; ***~ gut!*** very well (then)!, all right (then)!; ***~ doch*** so ... after all; ***du willst ~ gehen*** *etc?* so you want to go *etc?*
alt [alt] *adj* old; HIST ancient; classical (*language*); ***ein 12 Jahre ~er Junge*** a twelve-year-old boy
Alt *m* (*-s*; *no pl*) MUS alto
Altar [al'ta:ɐ] *m* (*-s*; *Altäre* [al'tɛ:rə]) REL altar
'Alte *m*, *f* (*-n*; *-n*) ***der ~*** the old man (*a. fig*); the boss; ***die ~*** the old woman (*a. fig*); ***die ~n*** *pl* the old
'Altenheim *n* → ***Altersheim***
'Altenpfleger(in) geriatric nurse
Alter ['altɐ] *n* (*-s*; *no pl*) age; old age; ***im ~ von ...*** at the age of ...; ***er ist in deinem ~*** he's your age
älter ['ɛltɐ] *adj* older; ***mein ~er Bruder*** my elder brother; ***ein ~er Herr*** an elderly gentleman
'altern *v/i* (*ge-*, *sein*) grow old, age
alternativ [altɛrna'ti:f] *adj* alternative; POL ecological, green; *a.* counter-culture (*movement etc*)
Alternative[1] [altɛrna'ti:və] *f* (-; *-n*) alternative; option, choice
Alterna'tive[2] *m*, *f* (*-n*; *-n*) ecologist, member of the counterculture movement
'Alters|grenze *f* age limit; retirement age; **~heim** *n* old people's home; **~rente** *f* old-age pension; **~schwäche** *f* (-; *no pl*) infirmity; ***an ~ sterben*** die of old age; **~versorgung** *f* old age pension (scheme)
'Altertum *n* (*-s*; *no pl*) antiquity
'Altglascon,tainer *m* *Am* glass recycling bin, *Br* bottle bank
'altklug *adj* precocious
'Altlasten *pl* residual pollution
'Altme,tall *n* scrap (metal)
'altmodisch *adj* old-fashioned
'Altöl *n* waste oil
'Altpa,pier *n* waste paper
'altsprachlich *adj*: ***~es Gymnasium*** *appr* classical secondary school
'Altstadt *f* old town; **~sa,nierung** *f* town-cent|er (*Br* -re) rehabilitation
'Altwarenhändler *m* second-hand dealer
Alt'weibersommer *m* Indian summer; gossamer
Aluminium [alu'mi:njʊm] *n* (*-s*; *no pl*) alumin(i)um
am [am] *prp* at the (*window etc*); *time*: in the (*morning etc*); at the (*weekend etc*); on (*Sunday etc*); ***~ 1. Mai*** on May 1st; ***~ Tage*** during the day; ***~ Himmel*** in the sky; ***~ meisten*** most; ***~ Leben*** alive

Amateur [ama'tøːɐ] *m* (*-s*; *-e*) amateur; **~funker** *m* radio amateur, F radio ham
Amboss ['ambɔs] *m* (*-es*; *-e*) anvil
ambulant [ambu'lant] *adv*: ***~ behandelt werden*** MED get outpatient treatment
Ambulanz [ambu'lants] *f* (*-*; *-en*) MED outpatients' department; MOT ambulance
Ameise ['aːmaizə] *f* (*-*; *-n*) ZO ant
'Ameisenhaufen *m* ZO anthill
Amerika [a'meːrika] America
Amerikaner [ameri'kaːnɐ] *m* (*-s*; *-*), **Ameri'kanerin** [ameri'kaːnərɪn] *f* (*-*; *-nen*), **ameri'kanisch** *adj* American
Amnestie [amnɛs'tiː] *f* (*-*; *-n*), **amnes'tieren** *v/t* (*no -ge-, h*) JUR amnesty
Amok ['aːmɔk] *m*: ***~ laufen*** run amok
Ampel ['ampəl] *f* (*-*; *-n*) traffic light(s)
Amphibie [am'fiːbjə] *f* (*-*; *-n*) ZO amphibian
Ampulle [am'pʊlə] *f* (*-*; *-n*) ampoule
Amputation [amputa'tsjoːn] *f* (*-*; *-en*) MED amputation; **amputieren** [ampu'tiːrən] *v/t* (*no -ge-, h*) MED amputate
Amsel ['amzəl] *f* (*-*; *-n*) ZO blackbird
Amt [amt] *n* (*-[e]s*; *Ämter* ['ɛmtɐ]) office, department, *esp Am* bureau; position; duty, function; TEL exchange
'amtlich *adj* official
'Amts|arzt *m* medical examiner (*Br* officer); **~einführung** *f* inauguration; **~geheimnis** *n* official secret; **~geschäfte** *pl* official duties; **~zeichen** *n* TEL dial (*Br* dialling) tone; **~zeit** *f* term (of office)
Amulett [amu'lɛt] *n* (*-[e]s*; *-e*) amulet, (lucky) charm
amüsant [amy'zant] *adj* amusing, entertaining
amüsieren [amy'ziːrən] *v/t* (*no -ge-, h*) amuse; ***sich ~*** enjoy o.s., have a good time; ***sich ~ über*** (*acc*) laugh at
an [an] **1.** *prp*: ***~ der Themse*** (***Küste, Wand***) on the Thames (coast, wall); ***~ s-m Schreibtisch*** at his desk; ***~ der Hand*** by the hand; ***~ der Arbeit*** at work; ***~ den Hausaufgaben sitzen*** sit over one's homework; ***et. schicken ~*** (*acc*) send s.th. to; ***sich lehnen ~*** (*acc*) lean against; ***~ die Tür*** *etc* ***klopfen*** knock at the door *etc*; ***~ e-m Sonntagmorgen*** on a Sunday morning; ***~ dem Tag, …*** on the day …; ***~ Weihnachten*** *etc* at Christmas *etc*; → ***Mangel, Stelle, sterben*** **2.** *adv* on (*a. light etc*); ***von jetzt*** (***da, heute***) **~** from now (that time, today) on; ***München ~ 16.45*** arrival Munich 4.45 p.m.
Anabolikum [ana'boːlikʊm] *n* (*-s*; *-ka*) PHARM anabolic steroid
analog [ana'loːk] *adj* analogous
Ana'log… *in cpds* analog(ue) (*computer etc*)
Analphabet [anˀalfa'beːt] *m* (*-en*; *-en*), **Analpha'betin** *f* (*-*; *-nen*) illiterate (person)
Analyse [ana'lyːzə] *f* (*-*; *-n*) analysis
analysieren [analy'ziːrən] *v/t* (*no -ge-, h*) analy|ze, *Br* -se
Ananas ['ananas] *f* (*-*; *-*, *-se*) BOT pineapple
Anarchie [anar'çiː] *f* (*-*; *-n*) anarchy
Anatomie [anato'miː] *f* (*-*; *-n*) anatomy
anatomisch [ana'toːmɪʃ] *adj* anatomical
'anbahnen *v/t* (*sep, -ge-, h*) pave the way for; ***sich ~*** be developing; be impending
'Anbau *m* (*-[e]s*; *-ten*) AGR (*no pl*) cultivation; ARCH annex, extension
'anbauen *v/t* (*sep, -ge-, h*) AGR cultivate, grow; ARCH add (***an*** *acc* to), build on
'anbehalten *v/t* (*irr*, ***halten***, *sep, no -ge-, h*) keep on
an'bei *adv* ECON enclosed
'anbeißen (*irr*, ***beißen***, *sep, -ge-, h*) **1.** *v/t* take a bite of **2.** *v/i fish*: bite; *fig* take the bait; **'anbellen** *v/t* (*sep, -ge-, h*) bark at; **'anbeten** *v/t* (*sep, -ge-, h*) adore, worship (*a. fig*)
'Anbetracht *m*: ***in ~*** (***dessen, dass***) considering (that)
'anbetteln *v/t* (*sep, -ge-, h*) ***j-n um et. ~*** beg s.o. for s.th.; **anbiedern** ['anbiːdɐn] *v/refl* (*sep, -ge-, h*) curry favo(u)r (***bei*** with); **'anbieten** *v/t* (*irr*, ***bieten***, *sep, -ge-, h*) offer; **'anbinden** *v/t* (*irr*, ***binden***, *sep, -ge-, h*) tie up; ***~ an*** (*acc or dat*) tie to
'Anblick *m* sight; **'anblicken** *v/t* (*sep, -ge-, h*) look at; glance at
'anbohren *v/t* (*sep, -ge-, h*) tap
'anbrechen (*irr*, ***brechen***, *sep, -ge-*) **1.** *v/t* (*h*) break into (*supplies*); open **2.** *v/i* (*sein*) begin; *day*: break; *night*: fall
'anbrennen *v/i* (*irr*, ***brennen***, *sep, -ge-, sein*) burn (*a.* ***~ lassen***)
'anbringen *v/t* (*irr*, ***bringen***, *sep, -ge-, h*)

fix (**an** *dat* to)
'**Anbruch** *m* (-[*e*]*s*; *no pl*) beginning; **bei ~ der Nacht** at nightfall
'**anbrüllen** *v/t* (*sep*, *-ge-*, *h*) roar at
Andacht ['andaxt] *f* (-; *-en*) REL (*no pl*) devotion; service; prayers
andächtig ['andɛçtɪç] *adj* REL devout
'**andauern** *v/i* (*sep*, *-ge-*, *h*) continue, go on, last; **~d** *adj and adv* → **dauernd**
'**Andenken** *n* (*-s*; -) keepsake; souvenir (*both*: **an** *acc* of); **zum ~ an** (*acc*) in memory of
andere ['andərə] *adj and indef pron* other; different; **mit ~n Worten** in other words; **am ~n Morgen** the next morning; **et.** (**nichts**) **~s** s.th. (nothing) else; **nichts ~s als** nothing but; **die ~n** the others; **alle ~n** everybody else
andererseits ['andərɐ'zaits] *adv* on the other hand
ändern ['ɛndɐn] *v/t* (*ge-*, *h*) change; alter (*clothes*); **ich kann es nicht ~** I can't help it; **sich ~** change
'**andern'falls** *adv* otherwise
anders ['andɐs] *adv* different(ly); **jemand ~** somebody else; **~ werden** change; **~ sein** (**als**) be different (from); **es geht nicht ~** there is no other way; **~herum 1.** *adv* the other way round **2.** F *adj* queer; **~wo**(**hin**) *adv* elsewhere
anderthalb ['andɐt'halp] *adj* one and a half
'**Änderung** *f* (-; *-en*) change; alteration
'**andeuten** *v/t* (*sep*, *-ge-*, *h*) hint (at), suggest; indicate; **j-m ~, dass** give s.o. a hint that
'**Andeutung** *f* (-; *-en*) hint, suggestion
'**Andrang** *m* (-[*e*]*s*; *no pl*) crush; ECON rush (**nach** for), run (**zu, nach** on)
'**andrehen** *v/t* (*sep*, *-ge-*, *h*) turn on; F **j-m et. ~** fob s.th. off on s.o.
'**androhen** *v/t* (*sep*, *-ge-*, *h*) **j-m et. ~** threaten s.o. with s.th.
'**aneignen** *v/refl* (*sep*, *-ge-*, *h*) acquire; *esp* JUR appropriate
anei'nander *adv tie etc* together; **~ denken** think of each other; **~geraten** *v/t* (*irr*, **geraten**, *sep*, *sein*) clash (**mit** with)
Anekdote [anɛk'do:tə] *f* (-; *-n*) anecdote
'**anekeln** *v/t* (*sep*, *-ge-*, *h*) disgust, sicken; **es ekelt mich an** it makes me sick
'**anerkannt** *adj* acknowledged, recognized
'**anerkennen** *v/t* (*irr*, **kennen**, *sep*, *no -ge-*, *h*) acknowledge, recognize; appreciate; **~d** *adj* appreciative
'**Anerkennung** *f* (-; *-en*) acknowledg(e)ment, recognition; appreciation
'**anfahren** (*irr*, **fahren**, *sep*, *-ge-*) **1.** *v/i* (*sein*) start **2.** *v/t* (*h*) deliver; MOT *etc* hit, *car etc*: *a.* run into; *fig* **j-n ~** jump on s.o.; '**Anfahrt** *f* journey, ride
'**Anfall** *m* MED fit, attack
'**anfallen** *v/t* (*irr*, **fallen**, *sep*, *-ge-*, *h*) attack, assault; *dog*: go for
'**anfällig** *adj* delicate; **~ für** susceptible to
'**Anfang** *m* beginning, start; **am ~** at the beginning; **~ Mai** early in May; **~ nächsten Jahres** early next year; **~ der neunziger Jahre** in the early nineties; **er ist ~ 20** he is in his early twenties; **von ~ an** from the beginning *or* start; '**anfangen** *v/t and v/i* (*irr*, **fangen**, *sep*, *-ge-*, *h*) begin, start; do; '**Anfänger** *m* (*-s*; -), '**Anfängerin** *f* (-; *-nen*) beginner
'**anfangs** *adv* at first
'**Anfangs|buchstabe** *m* initial (letter); **großer ~** capital (letter); **~stadium** *n*: **im ~** at an early stage
'**anfassen** *v/t* (*sep*, *-ge-*, *h*) touch; take (hold of); **sich ~** take each other by the hands; F **zum Anfassen** everyman's
'**anfechtbar** *adj* contestable; '**anfechten** *v/t* (*irr*, **fechten**, *sep*, *-ge-*, *h*) contest; '**Anfechtung** *f* (-; *-en*) contesting
'**anfertigen** *v/t* (*sep*, *-ge-*, *h*) make, manufacture
'**anfeuchten** *v/t* (*sep*, *-ge-*, *h*) moisten
'**anfeuern** *fig v/t* (*sep*, *-ge-*, *h*) cheer
'**anflehen** *v/t* (*sep*, *-ge-*, *h*) implore
'**anfliegen** *v/t* (*irr*, **fliegen**, *sep*, *-ge-*, *h*) AVIAT approach; fly (regularly) to
'**Anflug** *m* AVIAT approach; *fig* touch
'**anfordern** *v/t* (*sep*, *-ge-*, *h*) demand; request; '**Anforderung** *f* (-; *-en*) demand; request; *pl* requirements, qualifications
'**Anfrage** *f* (-; *-n*) inquiry
'**anfragen** *v/i* (*sep*, *-ge-*, *h*) inquire (**bei j-m nach et.** of s.o. about s.th.)
'**anfreunden** *v/refl* (*sep*, *-ge-*, *h*) make friends (**mit** with)
'**anfühlen** *v/refl* (*sep*, *-ge-*, *h*) feel; **es**

fühlt sich weich an it feels soft
'anführen *v/t (sep, -ge-, h)* lead; state; F fool; **'Anführer(in)** leader
'Anführungszeichen *pl* quotation marks, inverted commas
'Angabe *f (-; -n)* statement; indication; F big talk; *tennis*: service; *pl* information, data; TECH specifications
'angeben *(irr,* ***geben****, sep, -ge-, h)* **1.** *v/t* give, state; *customs*: declare; indicate; quote *(price)* **2.** *v/i* F *fig* brag, show off; *tennis*: serve; **'Angeber** F *m (-s; -)* braggart, show-off; **Angeberei** [ange:bə'rai] F *f (-; no pl)* bragging, showing off
angeblich ['ange:plıç] *adj* alleged; ***~ ist er …*** he is said to be …
'angeboren *adj* innate, inborn; MED congenital
'Angebot *n (-[e]s, -e)* offer *(a.* ECON); ***~ und Nachfrage*** supply and demand
'ange|bracht *adj* appropriate; **~bunden** *adj*: ***kurz ~*** curt; **~gossen** F *adj*: ***wie ~ sitzen*** fit like a glove; **~heitert** *adj* tipsy, *Br a.* (slightly) merry
'angehen *(irr,* ***gehen****, sep, -ge-, sein)* **1.** F *v/i light etc*: go on **2.** *v/t* concern; ***das geht dich nichts an*** that is none of your business; **~d** *adj* future; ***~er Arzt*** doctor-to-be
'angehören *v/i (sep, no -ge-, h)* belong to; **'Angehörige** *m, f (-n; -n)* relative; member; ***die nächsten ~n*** the next of kin
'Angeklagte *m, f (-n; -n)* JUR defendant
Angel ['aŋəl] *f (-; -n)* fishing tackle; TECH hinge
'Angelegenheit *f (-; -en)* matter, affair
angelehnt *adj door etc*: ajar
'angelernt *adj* semi-skilled *(worker)*
'Angelhaken *m* fishhook
'angeln *(ge-, h)* **1.** *v/i* (***nach*** for) fish, angle *(both a. fig)* **2.** *v/t* catch, hook
'Angelrute *f* fishing rod
Angelsachse ['aŋəlzaksə] *m (-n; -n)*, **angelsächsisch** ['aŋəlzɛksıʃ] *adj* Anglo-Saxon
'Angelschein *m* fishing permit
'Angelschnur *f* fishing line
angemessen *adj* proper, suitable; just *(punishment)*; reasonable *(price)*
'angenehm *adj* pleasant, agreeable; ***~!*** pleased to meet you
'ange|nommen *cj* (let's) suppose, supposing; **~regt** *adj* animated; lively; **~schrieben** *adj*: ***bei j-m gut (schlecht) ~ sein*** be in s.o.'s good (bad) books; **~sehen** *adj* respected
'angesichts *prp (gen)* in view of
'Angestellte *m, f (-n; -n)* employee (***bei*** with), *pl* the staff
'ange|tan *adj*: ***ganz ~ sein von*** be taken with; **~trunken** *adj* (slightly) drunk; ***in ~em Zustand*** under the influence of alcohol; **~wandt** *adj* applied; **~wiesen** *adj*: ***~ auf*** *(acc)* dependent (up)on
'angewöhnen *v/t (sep, no -ge-, h)* ***sich (j-m) ~, et. zu tun*** get (s.o.) used to doing s.th.; ***sich das Rauchen ~*** take to smoking; **'Angewohnheit** *f* habit
Angina [aŋ'gi:na] *f (-; -nen)* MED tonsillitis
'angleichen *v/t (irr,* ***gleichen****, sep, -ge-, h)* adjust (***an*** *acc* to)
Angler ['aŋlɐ] *m (-s; -)* angler
Anglist [aŋ'glıst] *m (-en; -en)*, **An'glistin** *f (-; -nen)* student of (*or* graduate in) English
'angreifen *v/t (irr,* ***greifen****, sep, -ge-, h)* attack *(a.* SPORT *and fig)*; affect *(health etc)*; touch *(supplies)*
'Angreifer *m (-s; -)* attacker, SPORT *a.* offensive player; *esp* POL aggressor
'angrenzend *adj* adjacent (***an*** *acc* to)
'Angriff *m* attack *(a.* SPORT *and fig)*; MIL assault, charge; ***in ~ nehmen*** set about
'angriffslustig *adj* aggressive
Angst [aŋst] *f (-; Ängste* ['ɛŋstə]) fear (***vor*** *dat* of); ***~ haben (vor*** *dat)* be afraid *or* scared (of); ***j-m ~ einjagen*** frighten *or* scare s.o.; ***(hab) keine Angst!*** don't be afraid!; **~hase** F *m* chicken
ängstigen ['ɛŋstıgən] *v/t (ge-, h)* frighten, scare; ***sich ~*** be afraid (***vor*** *dat* of); be worried (***um*** about)
ängstlich ['ɛŋstlıç] *adj* timid, fearful; anxious
'anhaben F *v/t (irr,* ***haben****, sep, -ge-, h)* have on *(a. light etc)*, *a.* wear, be wearing *(dress etc)*
'anhalten *(irr,* ***halten****, sep, -ge-, h)* **1.** *v/t* stop; ***den Atem ~*** hold one's breath **2.** *v/i* stop; continue; **~d** *adj* continual
'Anhalter *m (-s; -)* hitchhiker; F ***per ~ fahren*** hitchhike
'Anhaltspunkt *m* clue
an'hand *prp (gen)* by means of
'Anhang *m* appendix; *(no pl)* relations;
'anhängen *v/t (sep, -ge-, h)* add; hang

up; RAIL, MOT couple (***an*** *acc* to); '**Anhänger** *m* (*-s*; -) follower, supporter (*a.* SPORT); pendant; label, tag; MOT trailer; '**anhänglich** *adj* affectionate; *contp* clinging

'**anhäufen** *v/t and v/refl* (*sep*, *-ge-*, *h*) heap up, accumulate

'**Anhäufung** *f* (*-*; *-en*) accumulation

'**anheben** *v/t* (*irr*, ***heben***, *sep*, *-ge-*, *h*) lift, raise (*a. price*); MOT jack up

'**anheften** *v/t* (*sep*, *-ge-*, *h*) attach, tack (*both*: ***an*** *acc* to)

Anhieb *m*: ***auf ~*** on the first try

'**anhimmeln** F *v/t* (*sep*, *-ge-*, *h*) idolize, worship

'**Anhöhe** *f* rise, hill, elevation

anhören *v/t* (*sep*, *-ge-*, *h*) listen to; ***mit ~*** overhear; ***es hört sich ... an*** it sounds ...; '**Anhörung** *f* (*-*; *-en*) hearing

animieren [ani'mi:rən] *v/t* (*no -ge-*, *h*) encourage; stimulate

'**ankämpfen** *v/i* (*sep*, *-ge-*, *h*) ***~ gegen*** fight *s.th.*

'**Ankauf** *m* purchase

Anker ['aŋkɐ] *m* (*-s*; -) MAR anchor; ***vor ~ gehen*** drop anchor

'**ankern** *v/i* (*ge-*, *h*) MAR anchor

'**anketten** *v/t* (*sep*, *-ge-*, *h*) chain up

'**Anklage** *f* (*-*; *no pl*) JUR accusation, charge (*a. fig*); '**anklagen** *v/t* (*sep*, *-ge-*, *h*) JUR accuse (***wegen*** of), charge (with) (*both a. fig.*)

'**anklammern** *v/t* (*sep*, *-ge-*, *h*) clip *s.th.* on; ***sich ~*** (***an*** *acc*) cling (to)

Anklang *m*: ***~ finden*** meet with approval

'**ankleben** *v/t* (*sep*, *-ge-*, *h*) stick on (***an*** *dat or acc* to)

'**anklicken** *v/t* (*sep*, *-ge-*, *h*) IT click

'**anklopfen** *v/i* (*sep*, *-ge-*, *h*) knock (***an*** *dat or acc* at)

'**anknipsen** *v/t* (*sep*, *-ge-*, *h*) switch on

'**anknüpfen** *v/t* (*sep*, *-ge-*, *h*) tie (***an*** *acc* to); *fig* begin; ***Beziehungen ~*** (***zu***) establish contacts (with)

'**ankommen** *v/i* (*irr*, ***kommen***, *sep*, *-ge-*, *sein*) arrive; ***nicht gegen j-n ~*** be no match for s.o.; ***es kommt*** (***ganz***) ***darauf an*** it (all) depends; ***es kommt darauf an, dass*** what matters is; ***darauf kommt es nicht an*** that doesn't matter; ***es darauf ~ lassen*** take a chance; ***gut ~*** (***bei***) *fig* go down well (with)

'**ankündigen** *v/t* (*sep*, *-ge-*, *h*) announce; advertise; '**Ankündigung** *f* announcement; advertisement

Ankunft ['ankʊnft] *f* (*-*; *no pl*) arrival

'**anlächeln**, '**anlachen** *v/t* (*sep*, *-ge-*, *h*) smile at

'**Anlage** *f* arrangement; facility; plant; TECH system; (stereo *etc*) set; ECON investment; enclosure; *fig* gift; *pl* park, gardens; ***sanitäre ~n*** sanitary facilities

Anlass ['anlas] *m* (*-es*; *Anlässe* ['anlɛsə]) occasion; cause

'**anlassen** *v/t* (*irr*, ***lassen***, *sep*, *-ge-*, *h*) MOT start; F keep on, leave on (*a. light etc*); '**Anlasser** *m* (*-s*; -) MOT starter

anlässlich ['anlɛslɪç] *prp* (*gen*) on the occasion of

'**Anlauf** *m* SPORT run-up; *fig* start

'**anlaufen** (*irr*, ***laufen***, *sep*, *-ge-*) **1.** *v/i* (*sein*) run up; *fig* start; *metal*: tarnish; *glasses etc*: steam up **2.** *v/t* (*h*) MAR call *or* touch at

'**anlegen** (*sep*, *-ge-*, *h*) **1.** *v/t* put on (*dress etc*); lay out (garden *etc*); build (*road etc*); invest (*money*); found (*town etc*); MED apply (*dressing etc*); lay in (*supplies*); ***sich mit j-m ~*** pick a quarrel with s.o. **2.** *v/i* MAR land; moor; ***es ~ auf*** (*acc*) aim at; '**Anleger** *m* (*-s*; -) ECON investor; MAR landing stage

'**anlehnen** *v/t* (*sep*, *-ge-*, *h*) lean (***an*** *acc* against); leave *door etc* ajar; ***sich ~ an*** (*acc*) lean against, *fig* lean on *s.o.*

Anleihe ['anlaiə] *f* (*-*; *-n*) ECON loan

'**Anleitung** *f* (*-*; *-en*) guidance, instruction; *written* instructions

'**Anliegen** *n* (*-s*; -) request; message (*of a film etc*)

Anlieger ['anli:gɐ] *m* (*-s*; -) resident

'**anlocken** *v/t* (*sep*, *-ge-*, *h*) attract, lure

'**anmachen** *v/t* (*sep*, *-ge-*, *h*) light (*fire etc*); turn on (*light etc*); dress (*salad*); F chat *s.o.* up; turn *s.o.* on

'**anmalen** *v/t* (*sep*, *-ge-*, *h*) paint

'**Anmarsch** *m*: ***im ~*** on the way

anmaßen *v/t* (*sep*, *-ge-*, *h*) ***sich ~*** assume; claim (*right*); ***sich ~, et. zu tun*** presume to do s.th.; ***~d*** *adj* arrogant

'**anmelden** *v/t* (*sep*, *-ge-*, *h*) announce (*visitor*); register (*birth etc*); *customs*: declare; ***sich ~*** enrol(l) (*for classes etc*); register (*at a hotel*); ***sich ~ bei*** make an appointment with (*doctor etc*)

'**Anmeldung** *f* announcement; registration, enrol(l)ment

'**anmerken** *v/t* (*sep*, *-ge-*, *h*) ***j-m et.*** **~** notice s.th. in s.o.; ***sich et.*** (***nichts***) **~ *lassen*** (not) let it show; '**Anmerkung** *f* (-; *-en*) note; annotation, footnote
Anmut ['anmu:t] *f* (-; *no pl*) grace
'**anmutig** *adj* graceful
'**annähen** *v/t* (*sep*, *-ge-*, *h*) sew on (***an*** *acc* to)
'**annähernd** *adv* approximately
'**Annäherung** *f* (-; *-en*) approach (***an*** *acc* to); '**Annäherungsversuche** *pl* advances, F pass
Annahme ['anna:mə] *f* (-; *-n*) (*no pl*) acceptance (*a. fig*); assumption
'**annehmbar** *adj* acceptable; reasonable (*price etc*); '**annehmen** *v/t* (*irr*, ***nehmen***, *sep*, *-ge-*, *h*) accept; suppose; adopt (*child*, *name*); take (*ball*); take on (*color*, *look etc*); ***sich e-r Sache*** *or* ***j-s*** **~** take care of s.th. *or* s.o.; '**Annehmlichkeiten** *pl* comforts, amenities
Annonce [a'no͂:sə] *f* (-; *-n*) advertisement
annullieren [anʊ'li:rən] *v/t* (*no -ge-*, *h*) annul; ECON cancel
anöden ['anˀø:dən] F *v/t* (*sep*, *-ge-*, *h*) bore *s.o.* to death
anonym [ano'ny:m] *adj* anonymous
Anonymität [anonymi'tɛ:t] *f* (-; *no pl*) anonymity
Anorak ['anorak] *m* (*-s*; *-s*) anorak
'**anordnen** *v/t* (*sep*, *-ge-*, *h*) arrange; give order(s), order; '**Anordnung** *f* (-; *-en*) arrangement; direction, order
'**anorganisch** *adj* CHEM inorganic
'**anpacken** F *fig* (*sep*, *-ge-*, *h*) **1.** *v/t* tackle **2.** *v/i*: ***mit*** **~** lend a hand
'**anpassen** *v/t* (*sep*, *-ge-*, *h*) adapt, adjust (*both a.* ***sich*** **~**) (*dat*, ***an*** *acc* to)
'**Anpassung** *f* (-; *-en*) adaptation, adjustment
'**anpassungsfähig** *adj* adaptable
'**Anpassungsfähigkeit** *f* adaptability
'**Anpfiff** *m* SPORT starting whistle; F *fig* dressing-down
'**anpflanzen** *v/t* (*sep*, *-ge-*, *h*) cultivate, plant; '**Anpflanzung** *f* cultivation
'**anpöbeln** *v/t* (*sep*, *-ge-*, *h*) accost; shout abuse at; **anprangern** ['anpraŋɐn] *v/t* (*sep*, *-ge-*, *h*) denounce; '**anpreisen** *v/t* (*irr*, ***preisen***, *sep*, *-ge-*, *h*) push; plug; 'anpro,bieren *v/t* (*no -ge-*, *h*) try on; '**anpumpen** F *v/t* (*sep*, *-ge-*, *h*) touch *s.o.* (***um*** for); '**anraten** *v/t* (*irr*, ***raten***, *sep*, *-ge-*, *h*) advise; '**anrechnen** *v/t* (*sep*, *-ge-*, *h*) charge; allow
'**Anrecht** *n*: ***ein*** **~ *haben auf*** (*acc*) be entitled to
'**Anrede** *f* address; '**anreden** *v/t* (*sep*, *-ge-*, *h*) address (***mit Namen*** by name)
'**anregen** *v/t* (*sep*, *-ge-*, *h*) stimulate; suggest; **~d** *adj* stimulating
'**Anregung** *f* stimulation; suggestion
'**Anregungsmittel** *n* PHARM stimulant
'**Anreise** *f* (*Anfahrt*) journey; (*Ankunft*) arrival
'**anreisen** *v/i* (*sep*, *-ge-*, *sein*) arrive
'**Anreisetag** *m* day of arrival
'**Anreiz** *m* incentive
'**anrichten** *v/t* (*sep*, *-ge-*, *h*) GASTR prepare, dress; cause, do (*damage etc*)
anrüchig ['anrʏçɪç] *adj* disreputable
'**Anruf** *m* call (*a.* TEL); **~beantworter** *m* TEL answering machine
'**anrufen** *v/t* (*irr*, ***rufen***, *sep*, *-ge-*, *h*) TEL call *or* ring up, phone
'**anrühren** *v/t* (*sep*, *-ge-*, *h*) touch; mix
'**Ansage** *f* announcement; '**ansagen** *v/t* (*sep*, *-ge-*, *h*) announce; **Ansager** ['anza:gɐ] *m* (*-s*; -), **Ansagerin** ['anza:gərɪn] *f* (-; *-nen*) announcer
'**ansammeln** *v/t and v/refl* (*sep*, *-ge-*, *h*) accumulate; '**Ansammlung** *f* collection, accumulation; crowd
'**Ansatz** *m* start (***zu*** of); attempt (***zu*** at); approach; TECH attachment; MATH set--up; *pl* first signs
'**anschaffen** *v/t* (*sep*, *-ge-*, *h*) get; ***sich et.*** **~** buy *or* get (o.s.) s.th.
'**Anschaffung** *f* (-; *-en*) purchase, buy
'**anschauen** *v/t* (*sep*, *-ge-*, *h*) → ***ansehen***; '**anschaulich** *adj* graphic (*account etc*); '**Anschauung** *f* (-; *-en*) (***von***) view (of), opinion (about, of)
'**Anschauungsmateri,al** *n* PED visual aids
'**Anschein** *m* (-[*e*]*s*; *no pl*) appearance; ***allem*** **~ *nach*** to all appearances; ***den*** **~ *erwecken, als*** (***ob***) give the impression of …; '**anscheinend** *adv* apparently
'**anschieben** *v/t* (*irr*, ***schieben***, *sep*, *-ge-*, *h*) give a push (*a.* MOT)
'**Anschlag** *m* attack; poster; bill, notice; *typewriter*: stroke; MUS, *swimming*: touch; ***e-n*** **~ *auf j-n verüben*** make an attempt on s.o.'s life; **~brett** *n* bulletin (*esp Br* notice) board

'**anschlagen** (*irr*, ***schlagen***, *sep*, *-ge-*, *h*) **1.** *v/t* post; MUS strike; chip (*cup etc*) **2.** *v/i dog*: bark; take (effect) (*a.* MED); *swimming*: touch the wall

'**anschließen** *v/t* (*irr*, ***schließen***, *sep*, *-ge-*, *h*) ELECTR, TECH connect; ***sich ~*** follow; agree with; ***sich j-m*** *or* ***e-r Sache ~*** join s.o. or s.th.; **~d 1.** *adj* following **2.** *adv* then, afterwards

'**Anschluss** *m* connection; ***im ~ an*** (*acc*) following; ***~ finden*** (***bei***) make contact *or* friends (with); ***~ bekommen*** TEL get through

'**anschmiegen** *v/refl* (*sep*, *-ge-*, *h*) snuggle up (***an*** *acc* to)

'**anschmiegsam** *adj* affectionate

'**anschnallen** *v/t* (*sep*, *-ge-*, *h*) strap on, put on (*a. ski*); ***sich ~*** AVIAT, MOT fasten one's seat belt; '**anschnauzen** F *v/t* (*sep*, *-ge-*, *h*) tell *s.o.* off, *Am a.* bawl *s.o.* out; '**anschneiden** *v/t* (*irr*, ***schneiden***, *sep*, *-ge-*, *h*) cut; *fig* bring up; '**anschrauben** *v/t* (*sep*, *-ge-*, *h*) screw on (***an*** *acc* to); '**anschreiben** *v/t* (*irr*, ***schreiben***, *sep*, *-ge-*, *h*) write on the (black)board; ***j-n ~*** write to s.o.; (***et.***) ***~ lassen*** buy (s.th.) on credit; → ***angeschrieben***; '**anschreien** *v/t* (*irr*, ***schreien***, *sep*, *-ge-*, *h*) shout at

'**Anschrift** *f* address

'**Anschuldigung** *f* (-; *-en*) accusation

'**anschwellen** *v/i* (*irr*, ***schwellen***, *sep*, *-ge-*, *sein*) swell (*a. fig*); '**anschwemmen** *v/t* (*sep*, *-ge-*, *h*) wash ashore

'**ansehen** *v/t* (*irr*, ***sehen***, *sep*, *-ge-*, *h*) look at, have *or* take a look at; watch; see (*all a.* ***sich*** [*dat*] ***~***); ***~ als*** look upon as; ***et. mit ~*** watch *or* witness s.th.; ***man sieht ihm an, dass …*** one can see that …; '**Ansehen** *n* (*-s*; *no pl*) reputation

ansehnlich ['anze:nlıç] *adj* considerable

'**anseilen** *v/t and v/refl* (*sep*, *-ge-*, *h*) rope

'**ansetzen** (*sep*, *-ge-*, *h*) **1.** *v/t* put (***an*** *acc* to); put on, add; fix, set (*date etc*); ***Fett*** *etc* ***~*** put on weight *etc* **2.** *v/i*: ***~ zu*** prepare for (*landing etc*)

'**Ansicht** *f* (-; *-en*) view, *a.* opinion, *a.* sight; ***der ~ sein, dass …*** be of the opinion that …; ***meiner ~ nach*** in my opinion; ***zur ~*** ECON on approval

'**Ansichts|karte** *f* picture postcard; **~sache** *f* matter of opinion

'**anspannen** *v/t* (*sep*, *-ge-*, *h*) strain

'**Anspannung** *f* (-; *-en*) strain, exertion

'**anspielen** *v/i* (*sep*, *-ge-*, *h*) *soccer*: kick off; ***~ auf*** (*acc*) allude to, hint at

'**Anspielung** *f* (-; *-en*) allusion, hint

'**anspitzen** *v/t* (*sep*, *-ge-*, *h*) sharpen

'**Ansporn** *m* (*-[e]s*; *no pl*) incentive

'**anspornen** *v/t* (*sep*, *-ge-*, *h*) encourage, spur *s.o.* on

'**Ansprache** *f* address, speech; ***e-e ~ halten*** deliver an address

'**ansprechen** *v/t* (*irr*, ***sprechen***, *sep*, *-ge-*, *h*) address, speak to; *fig* appeal to; **~d** *adj* attractive

'**Ansprechpartner** *m* s.o. to talk to, contact

'**anspringen** (*irr*, ***springen***, *sep*, *-ge-*) **1.** *v/i* (*sein*) *engine*: start **2.** *v/t* (*h*) jump (up)on

'**anspritzen** *v/t* (*sep*, *-ge-*, *h*) spatter

'**Anspruch** *m* claim (***auf*** *acc* to) (*a.* JUR); ***~ haben auf*** (*acc*) be entitled to; ***~ erheben auf*** (*acc*) claim; ***Zeit in ~ nehmen*** take up time

'**anspruchslos** *adj* modest; light, undemanding (*reading etc*); *contp* trivial

'**anspruchsvoll** *adj* demanding; sophisticated, refined (*tastes etc*)

Anstalt ['anʃtalt] *f* (-; *-en*) establishment, institution; mental hospital; ***~en machen zu*** get ready for

'**Anstand** *m* (*-[e]s*; *no pl*) decency; manners; '**anständig** *adj* decent (*a. fig*)

'**anstandslos** *adv* unhesitatingly; without difficulty

'**anstarren** *v/t* (*sep*, *-ge-*, *h*) stare at

an'statt *prp* (*gen*) *and cj* instead of

'**anstechen** *v/t* (*irr*, ***stechen***, *sep*, *-ge-*, *h*) tap (*barrel*)

'**anstecken** *v/t* (*sep*, *-ge-*, *h*) stick on; put on (*ring*); light; set fire to; MED infect; ***sich bei j-m ~*** MED catch s.th. from s.o.; **~d** *adj* MED infectious, contagious, catching (*all a. fig*)

'**Anstecknadel** *f* pin, button

'**Ansteckung** *f* (-; *no pl*) MED infection, contagion

'**anstehen** *v/i* (*irr*, ***stehen***, *sep*, *-ge-*, *h*) (***nach*** for) stand in line, *Br* queue up

'**ansteigen** *v/i* (*irr*, ***steigen***, *sep*, *-ge-*, *sein*) rise

'**anstellen** *v/t* (*sep*, *-ge-*, *h*) engage, employ; TV *etc*: turn on; MOT start; F be up to (*s.th. illegal etc*); make (*inquiries etc*);

sich* ~** line up (nach*** for), *Br* queue up (for); F (make a) fuss

'Anstellung *f* job, position; ***e-e* ~ *finden*** find employment

Anstieg ['anʃtiːk] *m* (-[*e*]*s*; *no pl*) rise, increase

'anstiften *v/t* (*sep*, *-ge-*, *h*) incite

'Anstifter *m* instigator

'Anstiftung *f* incitement

'anstimmen *v/t* (*sep*, *-ge-*, *h*) MUS strike up

'Anstoß *m soccer*: kickoff; *fig* initiative, impulse; offen|se, *Br* -ce; ***~ erregen*** give offense (***bei*** to); ***~ nehmen an*** take offense at; ***den ~ zu et. geben*** start s.th., initiate s.th.; **'anstoßen** (*irr*, ***stoßen***, *sep*, *-ge-*) **1.** *v/t* (*h*) nudge *s.o.* **2.** *v/i* (*sein*) knock, bump; (*h*) clink glasses; ***~ auf*** (*acc*) drink to *s.o. or s.th.*

anstößig ['anʃtøːsɪç] *adj* offensive

'anstrahlen *v/t* (*sep*, *-ge-*, *h*) illuminate; beam at *s.o.*

'anstreichen *v/t* (*irr*, ***streichen***, *sep*, *-ge-*, *h*) paint; PED mark (*mistakes etc*)

'Anstreicher *m* (house)painter

'anstrengen *v/refl* (*sep*, *-ge-*, *h*) try (hard), make an effort; **~d** *adj* strenuous, hard

'Anstrengung *f* (-; *-en*) exertion, strain; effort

Ansturm *fig m* (-[*e*]*s*; *no pl*) rush (***auf*** *acc* for)

'Anteil *m* share (*a.* ECON), portion; ***~ nehmen an*** (*dat*) take an interest in; sympathize with; **~nahme** ['annaːmə] *f* (-; *no pl*) sympathy; interest

Antenne [an'tɛnə] *f* (-; *-n*) antenna, *Br* aerial

Anti..., anti... *in cpds* anti...

Anti|alko'holiker *m* teetotal(l)er; **~'babypille** F *f* birth control pill, F the pill; **~'biotikum** *n* MED antibiotic; **~blo'ckiersys,tem** *n* MOT anti-lock braking system

antik [an'tiːk] *adj* antique, HIST *a.* ancient; **An'tike** *f* (-; *no pl*) ancient world

'Antikörper *m* MED antibody

Antilope [anti'loːpə] *f* (-; *-n*) ZO antelope

Antipathie [antipa'tiː] *f* (-; *-n*) antipathy

Antiquariat [antikva'rjaːt] *n* (-[*e*]*s*; *-e*) second-hand bookshop

antiquarisch [anti'kvaːrɪʃ] *adj and adv* second-hand

Antiquitäten [antikvi'tɛːtən] *pl* antiques; **~laden** *m* antique shop

Antisemit [antize'miːt] *m* (*-en*; *-en*) anti-Semite; **antise'mitisch** *adj* anti-Semitic; **Antisemitismus** [antizemi'tɪsmʊs] *m* (-; *no pl*) anti-Semitism

Antrag ['antraːk] *m* (-[*e*]*s*; *Anträge* ['antrɛːgə]) application; PARL motion; proposal; ***~ stellen auf*** (*acc*) make an application for; PARL move for; **~steller(in)** ['antraːkʃtɛlɐ, 'antraːkʃtɛlərɪn] *m* (*-s*; *-/-*; *-nen*) applicant; PARL mover

'antreiben (*irr*, ***treiben***, *sep*, *-ge-*) **1.** *v/t* (*h*) TECH drive; urge *s.o.* (on) **2.** *v/i* (*sein*) float ashore

'antreten (*irr*, ***treten***, *sep*, *-ge-*) **1.** *v/t* (*h*) enter upon (*office etc*); take up (*position*); set out on (*journey*) **2.** *v/i* (*sein*) take one's place; MIL line up

'Antrieb *m* TECH drive (*a. fig*), propulsion; *fig* motive, impulse; ***aus eigenem ~*** of one's own accord

'antun *v/t* (*irr*, ***tun***, *sep*, *-ge-*, *h*) ***j-m et. ~*** do s.th. to s.o.; ***sich et. ~*** lay hands on o.s.

Antwort ['antvɔrt] *f* (-; *-en*) answer (***auf*** *acc* to), reply (to)

'antworten *v/i* (*ge-*, *h*) answer (***j-m*** s.o., ***auf et.*** s.th.), reply (to s.o. *or* s.th.)

'anvertrauen *v/t* (*sep*, *no -ge-*, *h*) ***j-m et. ~*** (en)trust s.o. with s.th.; confide s.th. to s.o.

'anwachsen *v/i* (*irr*, ***wachsen***, *sep*, *-ge-*, *sein*) BOT take root; *fig* increase

Anwalt ['anvalt] *m* (-[*e*]*s*; *Anwälte* ['anvɛltə]) → ***Rechtsanwalt***

'Anwärter *m* candidate (***auf*** *acc* for)

'anweisen *v/t* (*irr*, ***weisen***, *sep*, *-ge-*, *h*) instruct; direct, order

'Anweisung *f* instruction; order

'anwenden *v/t* ([irr, ***wenden***,] *sep*, *-ge-*, *h*) use; apply (***auf*** *acc* to)

'Anwendung *f* use; application

'anwerben *v/t* (*irr*, ***werben***, *sep*, *-ge-*, *h*) recruit (*a. fig*)

'Anwesen *n* (*-s*; -) estate; property

'anwesend *adj* present

'Anwesenheit *f* (-; *no pl*) presence; PED attendance; ***die ~ feststellen*** call the roll; **'Anwesenheitsliste** *f* attendance record (*Br* list)

anwidern ['anviːdɐn] *v/t* (*sep*, *-ge-*, *h*) make *s.o.* sick

'Anzahl *f* (-; *no pl*) number, quantity

'anzahlen *v/t* (*sep*, *-ge-*, *h*) pay on account; **'Anzahlung** *f* down payment
'anzapfen *v/t* (*sep*, *-ge-*, *h*) tap
'Anzeichen *n* symptom (*a.* MED), sign
Anzeige ['antsaigə] *f* (-; *-n*) advertisement; announcement; JUR information; IT display; TECH reading
'anzeigen *v/t* (*sep*, *-ge-*, *h*) announce; report to the police; TECH indicate, show
'anziehen *v/t* (*irr*, ***ziehen***, *sep*, *-ge-*, *h*) put on (*dress etc*); dress *s.o.*; *fig* attract, draw; tighten (*screw*); pull (*lever etc*); ***sich ~*** get dressed; dress; **~d** *adj* attractive
'Anziehung *f* (-; *no pl*), **'Anziehungskraft** *f* (-; *no pl*) PHYS attraction, *fig a.* appeal
'Anzug *m* suit
anzüglich ['antsy:klıç] *adj* suggestive (*joke*); personal, offensive (*remark etc*)
'anzünden *v/t* (*sep*, *-ge-*, *h*) light; set on fire
apart [a'part] *adj* striking
Apartment [a'partmənt] *n* (*-s*; *-s*) studio (apartment *or Br* flat)
apathisch [a'pa:tıʃ] *adj* apathetic
Apfel ['apfəl] *m* (*-s*; *Äpfel* ['ɛpfəl]) BOT apple; **~mus** *n* GASTR apple sauce
Apfelsine [apfəl'zi:nə] *f* (-; *-n*) BOT orange
'Apfelwein *m* cider
Apostel [a'pɔstəl] *m* (*-s*; -) REL apostle
Apostroph [apo'strɔf] *m* (*-s*; *-e*) apostrophe
Apotheke [apo'te:kə] *f* (-; *-n*) pharmacy, drugstore, *Br* chemist's
Apotheker [apo'te:kɐ] *m* (*-s*; -), **Apo'thekerin** *f* (-; *-nen*) pharmacist, druggist, *Br* chemist
App. *abbr of* **Apparat** TEL ext., extension
Apparat [apa'ra:t] *m* (*-[e]s*; *-e*) apparatus; device; (tele)phone; radio; TV set; camera; POL *etc* machine(ry); ***am ~!*** TEL speaking!; ***am ~ bleiben*** TEL hold the line
Appell [a'pɛl] *m* (*-s*; *-e*) appeal (***an*** *acc* to); MIL roll call
appellieren [apɛ'li:rən] *v/i* (*no -ge-*, *h*) (make an) appeal (***an*** *acc* to)
Appetit [ape'ti:t] *m* (*-[e]s*; *no pl*) appetite (***auf*** *acc* for); ***~ auf et. haben*** feel like s.th.; ***guten ~!*** enjoy your meal!
appe'titanregend *adj* appetizing
Appe'tithappen *m* GASTR appetizer
appe'titlich *adj* appetizing, savo(u)ry, *fig a.* inviting
applaudieren [aplau'di:rən] *v/i* (*no -ge-*, *h*) applaud; **Applaus** [a'plaus] *m* (*-es*; *no pl*) applause
Aprikose [apri'ko:zə] *f* (-; *-n*) BOT apricot
April [a'prıl] *m* (*-[s]*; *no pl*) April; ***~! ~!*** April fool!
Aqua|jogging ['akvadʒɔgıŋ] *n* (*-s*; *no pl*) SPORT aqua jogging; **~planing** [akva'pla:nıŋ] *n* (*-[s]*; *no pl*) MOT hydroplaning, *Br* aquaplaning
Aquarell [akva'rɛl] *n* (*-s*; *-e*) watercolo(u)r
Aquarium [a'kva:rjum] *n* (*-s*; *-ien*) aquarium
Äquator [ɛ'kva:to:ɐ] *m* (*-s*; *no pl*) equator
Ära ['ɛ:ra] *f* (-; *no pl*) era
Araber ['arabɐ] *m* (*-s*; -), **Araberin** ['arabərın] *f* (-; *-nen*) Arab
arabisch [a'ra:bıʃ] *adj* Arabian; Arabic
Arbeit ['arbait] *f* (-; *-en*) work, ECON, POL *a.* labo(u)r; employment, job; PED test; *scientific etc* paper; workmanship; ***bei der ~*** at work; ***zur ~ gehen** or **fahren*** go to work; ***gute ~ leisten*** make a good job of it; ***sich an die ~ machen*** set to work; **'arbeiten** *v/i* (*ge-*, *h*) work (***an*** *dat* at, on)
'Arbeiter *m* (*-s*; -), **'Arbeiterin** *f* (-; *-nen*) worker
'Arbeitgeber *m* (*-s*; -) employer
'Arbeitnehmer *m* (*-s*; -) employee
'Arbeits|agentur *f Am* (un)employment agency, *Br* employment agency; **~amt** *n Am* employment office, *Br* job centre; **~blatt** *n* PED worksheet; **~erlaubnis** *f* green card, *Br* work permit
'arbeitsfähig *adj* fit for work
'Arbeits|gang *m* TECH operation; **~gemeinschaft** *f* work *or* study group; **~gericht** *n* JUR labor court, *Br* industrial tribunal; **~hose** *f* overalls; **~kleidung** *f* working clothes; **~kräfte** *pl* workers, labo(u)r
'arbeitslos *adj* unemployed, out of work; **'Arbeitslose** *m*, *f* (*-n*; *-n*) ***die ~n*** *pl* the unemployed
'Arbeitslosengeld *n* unemployment compensation (*Br* benefit); ***~ beziehen*** F be on the dole
'Arbeitslosigkeit *f* (-; *no pl*) unemploy-

ment

'**Arbeits|markt** *m* labo(u)r market; **~mi|nister** *m Am* Secretary of Labor; *Br* Minister of Labour; **~niederlegung** *f* strike, walkout; **~pause** *f* break, intermission; **~platz** *m* workplace; job

'**arbeitsscheu** *adj* work-shy

'**Arbeits|speicher** *m* IT main memory; **~suche** *f*: ***er ist auf ~*** he is looking for a job; **~süchtige** *m, f* workaholic; **~tag** *m* workday

'**arbeitsunfähig** *adj* unfit for work; *permanently* disabled

'**Arbeits|weise** *f* method (of working); **~zeit** *f* (***gleitende*** flexible) working hours; **~zeitverkürzung** *f* fewer working hours; **~zimmer** *n* study

Archäologe [arçεo'lo:gə] *m* (*-n*; *-n*) arch(a)eologist; **Archäologie** [arçεolo'gi:] *f* (*-*; *no pl*) arch(a)eology; **Archäo'login** *f* (*-*; *-nen*) arch(a)eologist

Arche ['arçə] *f* (*-*; *-n*) ark; ***die ~ Noah*** Noah's ark

Architekt [arçi'tεkt] *m* (*-en*; *-en*), **Archi'tektin** *f* (*-*; *-nen*) architect; **architektonisch** [arçitεk'to:nɪʃ] *adj* architectural; **Architektur** [arçitεk'tu:ɐ] *f* (*-*; *-en*) architecture

Archiv [ar'çi:f] *n* (*-s*; *-e*) archives; record office

Arena [a're:na] *f* (*-*; *-nen*) ring

Ärger ['εrgɐ] *m* (*-s*; *no pl*) anger (***über*** *acc* at); trouble; F ***j-m ~ machen*** cause s.o. trouble; '**ärgerlich** *adj* angry (***über, auf*** *acc* at *s.th.*; with *s.o.*); annoying; '**ärgern** *v/t* (*ge-*, *h*) annoy; ***sich ~*** be annoyed (***über*** *acc* at, about *s.th.*, with *s.o.*); '**Ärgernis** *n* (*-ses*; *-se*) nuisance

arglos ['arklo:s] *adj* innocent

Argwohn ['arkvo:n] *m* (*-[e]s*; *no pl*) suspicion (***gegen*** of)

argwöhnisch ['arkvø:nɪʃ] *adj* suspicious

Arie ['a:rjə] *f* (*-*; *-n*) MUS aria

Aristokratie [arɪstokra'ti:] *f* (*-*; *-n*) aristocracy

arm [arm] *adj* poor; ***die Armen*** the poor

Arm *m* (*-[e]s*; *-e*) ANAT arm; GEOGR branch; F ***j-n auf den ~ nehmen*** pull s.o.'s leg

Armaturen [arma'tu:rən] *pl* TECH instruments; (plumbing) fixtures; **~brett** *n* MOT dashboard

'**Armband** *n* bracelet

'**Armbanduhr** *f* wrist-watch

Armee [ar'me:] *f* (*-*; *-n*) MIL armed forces; army

Ärmel ['εrməl] *m* (*-s*; *-*) sleeve

ärmlich ['εrmlɪç] *adj* poor (*a. fig*); shabby

'**Armreif(en)** *m* bangle

'**armselig** *adj* wretched, miserable

Armut ['armu:t] *f* (*-*; *no pl*) poverty; ***~ an*** (*dat*) lack of

Aroma [a'ro:ma] *n* (*-s*; *-men*) flavo(u)r; aroma

Arrest [a'rεst] *m* (*-[e]s*; *-e*) PED detention; ***~ bekommen*** be kept in

arrogant [aro'gant] *adj* arrogant, conceited

Arsch [arʃ] V *m* (*-es*; *Ärsche* ['εrʃə]) ass, *Br* arse; **~loch** V *n* asshole, *Br* arsehole

Art [art] *f* (*-*; *-en*) way, manner; kind, sort; BIOL species; ***auf diese ~*** (in) this way; ***e-e ~ ...*** a sort of ...; ***Geräte aller ~*** all kinds *or* sorts of tools

'**Artenschutz** *m* protection of endangered species

Arterie [ar'te:rjə] *f* (*-*; *-n*) ANAT artery

Ar'terienverkalkung *f* MED arteriosclerosis

Arthritis [ar'tri:tɪs] *f* (*-*; *-tiden*) MED arthritis

artig ['artɪç] *adj* good, well-behaved; ***sei ~!*** be good!, be a good boy (*or* girl)!

Artikel [ar'ti:kəl] *m* (*-s*; *-*) article

Artillerie ['artɪləri:] *f* (*-*; *no pl*) MIL artillery

Artist [ar'tɪst] *m* (*-en*; *-en*), **Ar'tistin** *f* (*-*; *-nen*) acrobat, (circus) performer

Arznei [a:ɐts'nai] *f* (*-*; *-en*), **~mittel** *n* medicine, drug

Arzt [a:ɐtst] *m* (*-es*; *Ärzte* ['ε:ɐtstə]) doctor, physician; **Ärztin** ['ε:ɐtstɪn] *f* (*-*; *-nen*) (lady) doctor *or* physician

'**ärztlich** *adj* medical; ***sich ~ behandeln lassen*** undergo treatment

As [as] *n* (*-*; *-*) MUS A flat

Asbest [as'bεst] *m* (*-[e]s*; *-e*) asbestos

Asche ['aʃə] *f* (*-*; *-n*) ash(es)

'**Aschen|bahn** *f* SPORT cinder-track, MOT dirt track; **~becher** *m* ashtray

Ascher'mittwoch *m* Ash Wednesday

äsen ['ε:zən] *v/i* (*ge-*, *h*) HUNT feed, browse

Asiat [a'zja:t] *m* (*-en*; *-en*), **Asi'atin** *f* (*-*; *-nen*) Asian; **asi'atisch** *adj* Asian, Asi-

atic; **Asien** ['a:zjən] *n* (*-s*; *no pl*) Asia
Asket [as'ke:t] *m* (*-en*; *-en*), **as'ketisch** *adj* ascetic
'asozial *adj* antisocial
Asphalt [as'falt] *m* (*-s*; *-e*) asphalt
asphaltieren [asfal'ti:rən] *v/t* (*no -ge-*, *h*) (cover with) asphalt
Ass [as] *n* (*-es*; *-e*) ace (*a. tennis and fig*)
aß [a:s] *pret of* ***essen***
Assistent [asɪs'tɛnt] *m* (*-en*; *-en*), **Assis'tentin** *f* (-; *-nen*) assistant
Assis'tenzarzt *m Am* intern, *Br* houseman
Ast [ast] *m* (*-es*; *Äste* ['ɛstə]) BOT branch
Astronaut [astro'naut] *m* (*-en*; *-en*), **Astro'nautin** *f* (-; *-nen*) astronaut
Astronom [astro'no:m] *m* (*-en*; *-en*) astronomer; **Astronomie** [astrono'mi:] *f* (-; *no pl*) astronomy
ASU ['a:zu] *abbr of* ***Abgas-Sonder-Untersuchung*** MOT *Am* emissions test, *Br* exhaust emission test
Asyl [a'zy:l] *n* (*-s*; *-e*) asylum; **Asylant** [azy'lant] *m* (*-en*; *-en*), **Asy'lantin** *f* (-; *-nen*) asylum seeker, (political) refugee
A'syl|bewerber(in) asylum seeker; **~recht** *n* right of (political) asylum
Atelier [ate'lje:] *n* (*-s*; *-s*) studio
Atem ['a:təm] *m* (*-s*; *no pl*) breath; ***außer~*** out of breath; ***(tief) ~ holen*** take a (deep) breath; **'atemberaubend** *adj* breathtaking; **'Atemgerät** *n* MED respirator; **'atemlos** *adj* breathless; **'Atempause** *f* F breather; **'Atemzug** *m* breath
Äther ['ɛ:tɐ] *m* (*-s*; *no pl*) CHEM ether; *radio etc*: air
Athlet [at'le:t] *m* (*-en*; *-en*), **Ath'letin** *f* (-; *-nen*) SPORT athlete
ath'letisch *adj* athletic
Atlas ['atlas] *m* (*-ses*; *-se*, *Atlanten*) atlas
atmen ['a:tmən] *v/i and v/t* (*ge-*, *h*) breathe
Atmosphäre [atmo'sfɛ:rə] *f* (-; *-n*) atmosphere
'Atmung *f* (-; *no pl*) breathing, respiration
Atoll [a'tɔl] *n* (*-s*; *-e*) atoll
Atom [a'to:m] *n* (*-s*; *-e*) atom
A'tom... *in cpds -energie*, *-forschung*, *-kraft*, *-krieg*, *-müll*, *-rakete*, *-reaktor*, *-waffen etc* nuclear ...
atomar [ato'ma:ɐ] *adj* atomic, nuclear
A'tombombe *f* MIL atom(ic) bomb
A'tomkern *m* PHYS (atomic) nucleus
a'tomwaffenfrei *adj* nuclear-free
Attentat ['atənta:t] *n* (*-[e]s*; *-e*) assassination attempt, attempt on *s.o.'s* life; ***Opfer e-s ~s werden*** be assassinated
'Attentäter *m* (*-s*; -) assassin
Attest [a'tɛst] *n* (*-[e]s*; *-e*) (doctor's) certificate
Attraktion [atrak'tsjo:n] *f* (-; *-en*) attraction; **attraktiv** [atrak'ti:f] *adj* attractive
Attrappe [a'trapə] *f* (-; *-n*) dummy
Attribut [atri'bu:t] *n* (*-[e]s*; *-e*) LING attribute (*a. fig*)
ätzend ['ɛtsənt] *adj* corrosive, caustic (*a. fig*); F gross; ***das ist echt ~*** it's the pits
au [au] *int* ouch!; ***~ fein!*** oh, good!
Aubergine [obɛr'ʒi:nə] *f* (-; *-n*) BOT eggplant, *Br* aubergine
auch [aux] *cj* also, too, as well; ***ich ~*** so am (*or* do) I, F me too; ***~ nicht*** not ... either; ***wenn ~*** even if; ***wo ~ (immer)*** wherever; ***ist es ~ wahr?*** is it really true?
Audienz [au'djɛnts] *f* (-; *-en*) audience (***bei*** with)
auf [auf] *prp* (*dat and acc*) *and adv* on; in; at; open; up; ***~ Seite 20*** on page 20; ***~ der Straße*** on (*Br* in) the street; on the road; ***~ der Welt*** in the world; ***~ See*** at sea; ***~ dem Lande*** in the country; ***~ dem Bahnhof*** *etc* at the station *etc*; ***~ Urlaub*** on vacation; ***die Uhr stellen ~*** (*acc*) set the watch to; ***~ deutsch*** in German; ***~ deinen Wunsch*** at your request; ***~ die Sekunde genau*** to the second; ***~ und ab*** up and down
'auf|arbeiten *v/t* (*sep*, *-ge-*, *h*) catch up on (*backlog*); refurbish; **~atmen** *v/i* (*sep*, *-ge-*, *h*) heave a sigh of relief
'Aufbau *m* (*-[e]s*; *no pl*) building (up); structure; **'aufbauen** *v/t* (*sep*, *-ge-*, *h*) build (up) (*a. fig*); set up; construct
'auf|bauschen *v/t* (*sep*, *-ge-*, *h*) exaggerate; **~bekommen** *v/t* (*irr*, ***kommen***, *sep*, *no -ge-*, *h*) get *door etc* open; be given (*a task etc*); **~bereiten** *v/t* (*sep*, *no -ge-*, *h*) process, clean, treat; **~bessern** *v/t* (*sep*, *-ge-*, *h*) raise (*salary etc*); **~bewahren** *v/t* (*sep*, *no -ge-*, *h*) keep; **~bieten** *v/t* (*irr*, ***bieten***, *sep*, *-ge-*, *h*) muster; **~blasen** *v/t* (*irr*, ***blasen***, *sep*,

-ge-, h) blow up; **~bleiben** v/i (irr, **bleiben**, sep, -ge-, sein) stay up; door etc: remain open; **~blenden** v/i (sep, -ge-, h) MOT turn the headlights up; **~blicken** v/i (sep, -ge-, h) look up (**zu** at) (a. fig); **~blitzen** v/i (sep, -ge-, h, sein) flash (a. fig)

'**aufbrausen** v/i (sep, -ge-, sein) fly into a temper; **~d** adj irascible

'**aufbrechen** (irr, **brechen**, sep, -ge-) **1.** v/t (h) break or force open **2.** v/i (sein) burst open; fig leave (**nach** for)

'**aufbringen** v/t (irr, **bringen**, sep, -ge-, h) raise (money); muster (courage etc); start (fashion etc); → **aufgebracht**

'**Aufbruch** m (-[e]s; no pl) departure, start

'**auf|brühen** v/t (sep, -ge-, h) make; **~bürden** v/t (sep, -ge-, h) **j-m et. ~** burden s.o. with s.th.; **~decken** v/t (sep, -ge-, h) uncover; **~drängen** v/t (sep, -ge-, h) **j-m et. ~** force s.th. on s.o.; **sich j-m ~** impose on s.o.; **sich ~** fig suggest itself; **~drehen** F (sep, -ge-, h) **1.** v/t turn on **2.** v/i MOT step on the gas

'**aufdringlich** adj obtrusive

'**Aufdruck** m imprint; on stamps: overprint, surcharge

aufei'nander adv on top of each other; one after another; **~folgend** adj successive

Aufenthalt ['aufɛnthalt] m (-[e]s; -e) stay; RAIL stop

'**Aufenthalts|genehmigung** f residence permit; **~raum** m lounge, recreation room

'**auferstehen** v/i (irr, **stehen**, sep, no -ge-, sein) rise (from the dead)

'**Auferstehung** f (-; -en) REL resurrection

'**aufessen** v/t (irr, **essen**, sep, -ge-, h) eat up

'**auffahren** v/i (irr, **fahren**, sep, -ge-, sein) crash (**auf** acc into); fig start up; '**Auffahrt** f approach; driveway, Br drive; '**Auffahrunfall** m MOT rear-end collision; pileup

'**auffallen** v/i (irr, **fallen**, sep, -ge-, sein) attract attention; **j-m ~** strike s.o.

'**auffallend**, '**auffällig** adj striking; conspicuous; flashy (clothes)

'**auffangen** v/t (irr, **fangen**, sep, -ge-, h) catch (a. fig)

'**auffassen** v/t (sep, -ge-, h) understand (**als** as)

'**Auffassung** f view; interpretation

'**auffinden** v/t (irr, **finden**, sep, -ge-, h) find, discover

'**auffordern** v/t (sep, -ge-, h) **j-n ~, et. zu tun** ask (or tell) s.o. to do s.th.

'**Aufforderung** f request; demand

'**auffrischen** v/t (sep, -ge-, h) freshen up; brush up

'**aufführen** v/t (sep, -ge-, h) THEA etc perform, present; state; **sich ~** behave

'**Aufführung** f THEA etc performance; film: showing

'**Aufgabe** f task, job; duty; PED task, assignment; MATH problem; fig surrender; **es sich zur ~ machen** make it one's business

'**Aufgang** m staircase; AST rising

'**aufgeben** (irr, **geben**, sep, -ge-, h) **1.** v/t give up; mail, send, Br post; check (baggage); PED set, give, assign (homework etc); ECON place (order etc) **2.** v/i give up or in

'**aufge|bracht** adj furious; **~dreht** F adj excited; **~dunsen** ['aufgədʊnzən] adj puffed(-up)

'**aufgehen** v/i (irr, **gehen**, sep, -ge-, sein) open; sun, dough etc: rise; MATH come out even; **in Flammen ~** go up in flames

'**aufge|hoben** fig adj: **gut ~ sein bei** be in good hands with; **~legt** adj: **zu et. ~ sein** feel like (doing) s.th.; **gut** (**schlecht**) **~** in a good (bad) mood; **~regt** adj excited; nervous; **~schlossen** fig adj open-minded; **~ für** open to; **~weckt** fig adj bright

'**aufgreifen** v/t (irr, **greifen**, sep, -ge-, h) pick up

auf'grund (gen) because of

'**auf|haben** F v/t (irr, **haben**, sep, -ge-, h) have on, wear; PED have homework etc to do; **~halten** v/t (irr, **halten**, sep, -ge-, h) stop, hold up (a. traffic, thief etc); keep open; **sich ~** (**bei j-m**) stay (with s.o.); **~hängen** v/t (sep, -ge-, h) hang (up); **j-n ~** hang s.o.; **~heben** v/t (irr, **heben**, sep, -ge-, h) pick up; keep; abolish (law etc); break up (meeting etc); **sich gegenseitig ~** neutralize each other; → **aufgehoben**

'**Aufheben** n (-s; no pl) **viel ~s machen** make a fuss (**von** about)

'**auf|heitern** v/t (sep, -ge-, h) cheer up;

sich* ~** *weather*: clear up; **~helfen** *v/i* (*irr*, ***helfen, *sep*, *-ge-*, *h*) help *s.o.* up; **~hellen** *v/t and v/refl* (*sep*, *-ge-*, *h*) brighten; **~hetzen** *v/t* (*sep*, *-ge-*, *h*) ***j-n* ~ *gegen*** set s.o. against; **~holen** (*sep*, *-ge-*, *h*) **1.** *v/t* make up for **2.** *v/i* catch up (***gegen*** with); **~horchen** *v/i* (*sep*, *-ge-*, *h*) prick (up) one's ears; **~ *lassen*** make *s.o.* sit up; **~hören** *v/i* (*sep*, *-ge-*, *h*) stop, end, finish, quit; ***mit et.* ~** stop (doing) s.th.; ***hör(t) auf!*** stop it!; **~kaufen** *v/t* (*sep*, *-ge-*, *h*) buy up

'aufklären *v/t* (*sep*, *-ge-*, *h*) clear up, *a.* solve (*crime*); ***j-n* ~ *über*** (*acc*) inform s.o. about; ***j-n* (*sexuell*) ~** F tell s.o. the facts of life; **'Aufklärung** *f* (-; *no pl*) clearing up, solution; information; sex education; PHILOS Enlightenment; MIL reconnaissance

'aufkleben *v/t* (*sep*, *-ge-*, *h*) paste *or* stick on; **'Aufkleber** *m* (*-s*; -) sticker

'aufknöpfen *v/t* (*sep*, *-ge-*, *h*) unbutton

'aufkommen *v/i* (*irr*, ***kommen***, *sep*, *-ge-*, *sein*) come up; come into fashion *or* use; *rumo(u)r etc*: arise; **~ *für*** pay (for)

'Aufladegerät *n* charger

'aufladen *v/t* (*irr*, ***laden***, *sep*, *-ge-*, *h*) load; ELECTR charge; (*prepaid card etc*) top up

'Auflage *f* edition; circulation

'auf|lassen F *v/t* (*irr*, ***lassen***, *sep*, *-ge-*, *h*) leave *door etc* open; keep *one's hat etc* on; **~lauern** *v/i* (*sep*, *-ge-*, *h*) ***j-m* ~** waylay s.o.

'Auflauf *m* crowd; GASTR soufflé, pudding

'auf|laufen *v/i* (*irr*, ***laufen***, *sep*, *-ge-*, *sein*) MAR run aground; **~leben** *v/i* (*sep*, *-ge-*, *sein*) *a.* (***wieder***) **~ *lassen*** revive; **~legen** (*sep*, *-ge-*, *h*) **1.** *v/t* put on, lay on **2.** *v/i* TEL hang up

'auflehnen *v/t and v/refl* (*sep*, *-ge-*, *h*) lean (***auf*** *acc* on); ***sich* ~** rebel, revolt (***gegen*** against); **'Auflehnung** *f* (-; *-en*) rebellion, revolt

'auf|lesen *v/t* (*irr*, ***lesen***, *sep*, *-ge-*, *h*) pick up (*a. fig*); **~leuchten** *v/i* (*sep*, *-ge-*, *h*) flash (up); **~listen** *v/t* (*sep*, *-ge-*, *h*) list (a. IT); **~lockern** *v/t* (*sep*, *-ge-*, *h*) loosen up; *fig* liven up

'auflösen *v/t* (*sep*, *-ge-*, *h*) dissolve; solve (*a.* MATH); disintegrate; **'Auflösung** *f* (dis)solution; disintegration

'aufmachen F *v/t* (*sep*, *-ge-*, *h*) open; ***sich* ~** set out; **'Aufmachung** *f* (-; *-en*) get-up

'aufmerksam *adj* attentive (***auf*** *acc* to); thoughtful; ***j-n* ~ *machen auf*** (*acc*) call s.o.'s attention to

'Aufmerksamkeit *f* (-; *-en*) (*no pl*) attention; (*gift*) small present

'aufmuntern *v/t* (*sep*, *-ge-*, *h*) encourage; cheer up

Aufnahme ['aufna:mə] *f* (-; *-n*) taking up; reception (*a.* MED *etc*); admission; photo(graph); recording; *film*: shooting

'aufnahmefähig *adj* receptive (***für*** of)

'Aufnahme|gebühr *f* admission fee; **~prüfung** *f* entrance exam(ination)

'aufnehmen *v/t* (*irr*, ***nehmen***, *sep*, *-ge-*, *h*) take up (*a. post etc*); pick up; put *s.o.* up; hold; take *s.th.* in; receive; PED *etc* admit; PHOT take a picture of; record; take (*the ball*); ***es* ~ *mit*** be a match for

'aufpassen *v/i* (*sep*, *-ge-*, *h*) pay attention; take care; **~ *auf*** (*acc*) take care of, look after; keep an eye on; ***pass auf!*** look out!

'Aufprall *m* (-[*e*]*s*; *no pl*) impact

'aufprallen *v/i* (*sep*, *-ge-*, *sein*) **~ *auf*** (*dat or acc*) hit

'aufpumpen *v/t* (*sep*, *-ge-*, *h*) pump up

'aufputschen *v/t* (*sep*, *-ge-*, *h*) pep up

'Aufputschmittel *n* PHARM stimulant, pep pill

'auf|raffen *v/refl* (*sep*, *-ge-*, *h*) ***sich* ~ *zu*** bring o.s. to *do s.th.*; **~räumen** *v/t* (*sep*, *-ge-*, *h*) tidy up; clear

'aufrecht *adj and adv* upright (*a. fig*); **~erhalten** *v/t* (*irr*, ***halten***, *sep*, *no -ge-*, *h*) maintain, keep up

'aufregen *v/t* (*sep*, *-ge-*, *h*) excite, upset; ***sich* ~** get excited *or* upset (***über*** *acc* about); **~d** *adj* exciting

'Aufregung *f* excitement; fuss

'aufreiben *fig v/t* (*irr*, ***reiben***, *sep*, *-ge-*, *h*) wear down; **~d** *adj* stressful

'aufreißen *v/t* (*irr*, ***reißen***, *sep*, *-ge-*, *h*) tear open; fling *door etc* open; open *one's eyes* wide; F pick *s.o.* up

'aufreizend *adj* provocative

'aufrichten *v/t* (*sep*, *-ge-*, *h*) put up, raise; ***sich* ~** straighten up; sit up

'aufrichtig *adj* sincere; frank

'Aufrichtigkeit *f* (-; *no pl*) sincerity; frankness

'Aufriss *m* (*-es*; *-e*) ARCH elevation

'**aufrollen** *v/t and v/refl* (*sep*, *-ge-*, *h*) roll up
'**Aufruf** *m* call; appeal (***zu*** for)
'**aufrufen** *v/t* (*irr*, ***rufen***, *sep*, *-ge-*, *h*) call on
Aufruhr ['aufru:ʁ] *m* (*-s*; *no pl*) revolt; riot; turmoil; '**Aufrührer** *m* (*-s*; -) rebel; rioter; **aufrührerisch** ['aufry:rərɪʃ] *adj* rebellious
'**aufrunden** *v/t* (*sep*, *-ge-*, *h*) round off
'**aufrüsten** *v/t and v/i* (*sep*, *-ge-*, *h*) (re)-arm; '**Aufrüstung** *f* (re)armament
'**auf|rütteln** *fig v/t* (*sep*, *-ge-*, *h*) shake up, rouse; **~sagen** *v/t* (*sep*, *-ge-*, *h*) say; *a.* recite (*poem*)
aufsässig ['aufzɛsɪç] *adj* rebellious
'**Aufsatz** *m* PED essay, *Am a.* theme; (*newspaper etc*) article; TECH top
'**auf|saugen** *v/t* (*sep*, *-ge-*, *h*) absorb (*a. fig*); **~scheuern** *v/t* (*sep*, *-ge-*, *h*) chafe; **~schichten** *v/t* (*sep*, *-ge-*, *h*) pile up; **~schieben** *fig v/t* (*irr*, ***schieben***, *sep*, *-ge-*, *h*) put off, postpone; delay
'**Aufschlag** *m* impact; ECON extra charge; lapel; cuff, *Br* turnup; *tennis*: service; '**aufschlagen** (*irr*, ***schlagen***, *sep*, *-ge-*, *h*) **1.** *v/t* open (*book*, *eyes etc*); pitch (*tent*); cut (*one's knee etc*); ***Seite 3 ~*** open at page 3 **2.** *v/i tennis*: serve; ***auf dem Boden ~*** hit the ground
'**auf|schließen** *v/t* (*irr*, ***schließen***, *sep*, *-ge-*, *h*) unlock, open; **~schlitzen** *v/t* (*sep*, *-ge-*, *h*) slit *or* rip open
'**Aufschluss** *m* information (***über*** *acc* on)
'**auf|schnappen** F *fig v/t* (*sep*, *-ge-*, *h*) pick up; **~schneiden** (*irr*, ***schneiden***, *sep*, *-ge-*, *h*) **1.** *v/t* cut open; GASTR cut up **2.** F *fig v/i* brag, boast, talk big
'**Aufschnitt** *m* (*-[e]s*; *no pl*) GASTR cold cuts, *Br* (slices of) cold meat
'**auf|schnüren** *v/t* (*sep*, *-ge-*, *h*) untie; unlace; **~schrauben** *v/t* (*sep*, *-ge-*, *h*) unscrew; **~schrecken** (*sep*, *-ge-*) **1.** *v/t* (*h*) startle **2.** *v/i* (*sein*) start (up)
'**Aufschrei** *m* yell; scream, outcry (*a. fig*)
'**auf|schreiben** *v/t* (*irr*, ***schreiben***, *sep*, *-ge-*, *h*) write down; **~schreien** *v/i* (*irr*, ***schreien***, *sep*, *-ge-*, *h*) cry out, scream
'**Aufschrift** *f* inscription
'**Aufschub** *m* postponement; delay; adjournment; respite
'**Aufschwung** *m* SPORT swing-up; *esp* ECON recovery, upswing; boom
'**Aufsehen** *n* (*-s*; *no pl*) ***~ erregen*** attract attention; cause a sensation; ***~ erregend*** → ***aufsehenerregend***; '**aufsehenerregend** *adj* sensational
'**Aufseher** *m* (*-s*; -), '**Aufseherin** *f* (-; *-nen*) guard
'**aufsetzen** (*sep*, *-ge-*, *h*) **1.** *v/t* put on; draw up (*letter etc*); ***sich ~*** sit up **2.** *v/i* AVIAT touch down
'**Aufsetzer** *m* (*-s*; -) SPORT awkward bouncing ball
'**Aufsicht** *f* (-; *no pl*) supervision, control; ***~ führen*** PED *etc* be on (break) duty; proctor, *Br* invigilate
'**Aufsichts|behörde** *f* supervisory board; **~rat** *m* ECON board of directors; supervisory board
'**auf|sitzen** *v/i* (*irr*, ***sitzen***, *sep*, *-ge-*, *sein*) mount; **~spannen** *v/t* (*sep*, *-ge-*, *h*) stretch; put up (*umbrella*); spread; **~sparen** *v/t* (*sep*, *-ge-*, *h*) save; **~sperren** *v/t* (*sep*, *-ge-*, *h*) unlock; F open wide; **~spielen** *v/refl* (*sep*, *-ge-*, *h*) show off; ***sich ~ als*** play; **~spießen** *v/t* (*sep*, *-ge-*, *h*) spear, skewer; *animal*: gore; **~springen** *v/i* (*irr*, ***springen***, *sep*, *-ge-*, *sein*) jump up; *door etc*: fly open; *lips etc*: chap; **~spüren** *v/t* (*sep*, *-ge-*, *h*) track down; **~stacheln** *v/t* (*sep*, *-ge-*, *h*) goad (*s.o. into doing s.th.*); **~stampfen** *v/i* (*sep*, *-ge-*, *h*) stamp (one's foot)
'**Aufstand** *m* revolt, rebellion
'**Aufständische** *m*, *f* (*-n*; *-n*) rebel
'**auf|stapeln** *v/t* (*sep*, *-ge-*, *h*) pile up; **~stechen** *v/t* (*irr*, ***stechen***, *sep*, *-ge-*, *h*) puncture, prick open; MED lance; **~stecken** *v/t* (*sep*, *-ge-*, *h*) put up (*hair*); F *fig* give up; **~stehen** *v/i* (*irr*, ***stehen***, *sep*, *-ge-*, *sein*) get up, rise; **~steigen** *v/i* (*irr*, ***steigen***, *sep*, *-ge-*, *sein*) rise (*a. fig*); get on (*horse*, *bicycle*); be promoted; SPORT *Am a.* be moved up to a higher division
'**aufstellen** *v/t* (*sep*, *-ge-*, *h*) set up, put up; post (*guard*); set (*trap*, *record etc*); nominate *s.o.*; draw up (*table*, *list etc*)
'**Aufstellung** *f* putting up; nomination; list; SPORT line-up
Aufstieg ['aufʃti:k] *m* (*-[e]s*; *-e*) ascent, *fig a.* rise
'**auf|stöbern** *fig v/t* (*sep*, *-ge-*, *h*) ferret out; **~stoßen** (*irr*, ***stoßen***, *sep*, *-ge-*,

h) **1.** *v/t* push open **2.** *v/i* belch; **~stützen** *v/refl* (*sep*, *-ge-*, *h*) lean (***auf*** *acc or dat* on); **~suchen** *v/t* (*sep*, *-ge-*, *h*) visit; see

'Auftakt *m* MUS upbeat; *fig* prelude

'auf|tanken *v/t* (*sep*, *-ge-*, *h*) fill up; MOT, AVIAT refuel; **~tauchen** *v/i* (*sep*, *-ge-*, *sein*) appear; MAR surface; **~tauen** *v/t* (*sep*, *-ge-*, *h*) thaw; GASTR defrost; **~teilen** *v/t* (*sep*, *-ge-*, *h*) divide (up)

Auftrag ['auftra:k] *m* (-[*e*]*s*; *Aufträge* ['auftrɛ:gə]) instructions, order (*a.* ECON); MIL mission; ***im ~ von*** on behalf of; **auftragen** *v/t* (*irr*, ***tragen***, *sep*, *-ge-*, *h*) serve (up) (*food*); apply (*paint*); ***j-m et. ~*** ask (*or* tell) s.o. to do s.th; F ***dick ~*** exaggerate; **'Auftraggeber** *m* (*-s*; -) principal; customer

'auf|treffen *v/i* (*irr*, ***treffen***, *sep*, *-ge-*, *sein*) strike, hit; **~treiben** F *v/t* (*irr*, ***treiben***, *sep*, *-ge-*, *h*) get hold of; raise (*money*); **~trennen** *v/t* (*sep*, *-ge-*, *h*) undo (*seam*), cut open; **~treten** *v/i* (*irr*, ***treten***, *sep*, *-ge-*, *sein*) THEA *etc* appear (***als*** *as*); behave, act; occur

'Auftreten *n* (*-s*; *no pl*) appearance; behavio(u)r; occurrence

'Auftrieb *m* (-[*e*]*s*; *no pl*) PHYS buoyancy (*a. fig*); AVIAT lift; *fig* impetus

'Auftritt *m* THEA entrance

'auf|tun *v/refl* (*irr*, ***tun***, *sep*, *-ge-*, *h*) open (*a. fig*); *abyss*: yawn; **~türmen** *v/t* (*sep*, *-ge-*, *h*) pile *or* heap up; ***sich ~*** pile up; **~wachen** *v/i* (*sep*, *-ge-*, *sein*) wake up; **~wachsen** *v/i* (*irr*, ***wachsen***, *sep*, *-ge-*, *sein*) grow up

Aufwand ['aufvant] *m* (-[*e*]*s*; *no pl*) expenditure (***an*** *dat* of), *a.* expense; pomp

aufwändig ['aufwɛndɪç] *adj* costly; extravagant (*lifestyle*)

'aufwärmen *v/t* (*sep*, *-ge-*, *h*) warm up; F *fig contp* bring up

aufwärts ['aufvɛrts] *adv* upward(s); **~*gehen*** *v/i* (*irr*, ***gehen***, *sep*, *-ge-*, *sein*) *fig* improve

'auf|wecken *v/t* (*sep*, *-ge-*, *h*) wake (up); **~weichen** *v/t* (*sep*, *-ge-*, *h*) soften; soak; **~weisen** *v/t* (*irr*, ***weisen***, *sep*, *-ge-*, *h*) show, have; **~wenden** *v/t* ([*irr*, ***wenden***,] *sep*, *-ge-*, *h*) spend (***für*** on); ***Mühe ~*** take pains

aufwendig → ***aufwändig***

'aufwerfen *v/t* (*irr*, ***werfen***, *sep*, *-ge-*, *h*) raise (*question etc*)

'aufwerten *v/t* (*sep*, *-ge-*, *h*) ECON revalue; *fig* increase the value of

'Aufwertung *f* revaluation

'aufwickeln *v/t and v/refl* (*sep*, *-ge-*, *h*) wind up, roll up; put *hair* in curlers

aufwiegeln ['aufvi:gəln] *v/t* (*sep*, *-ge-*, *h*) stir up, incite, instigate

'aufwiegen *v/t* (*irr*, ***wiegen***, *sep*, *-ge-*, *h*) make up for

Aufwiegler ['aufvi:glɐ] *m* (*-s*; -) agitator; instigator

'Aufwind *m* upwind; ***im ~*** *fig* on the upswing

'auf|wirbeln *v/t* (*sep*, *-ge-*, *h*) whirl up; *fig* (***viel***) ***Staub ~*** make (quite) a stir; **~wischen** *v/t* (*sep*, *-ge-*, *h*) wipe up; **~wühlen** *fig v/t* (*sep*, *-ge-*, *h*) stir, move

'aufzählen *v/t* (*sep*, *-ge-*, *h*) name (one by one), list; **'Aufzählung** *f* enumeration, list

'aufzeichnen *v/t* (*sep*, *-ge-*, *h*) TV, *radio etc*: record, tape; draw; **'Aufzeichnung** *f* recording; *pl* notes

'aufzeigen *v/t* (*sep*, *-ge-*, *h*) show; demonstrate; point out (*mistake etc*)

'aufziehen (*irr*, ***ziehen***, *sep*, *-ge-*) **1.** *v/t* (*h*) draw *or* pull up; (pull) open; bring up (*child*); wind (up) (*clock*); mount (*photo etc*); ***j-n ~*** tease s.o. **2.** *v/i* (*sein*) come up; **'Aufzug** *m* elevator, *Br* lift; THEA act; F *contp* get-up

'aufzwingen *v/t* (*irr*, ***zwingen***, *sep*, *-ge-*, *h*) ***j-m et. ~*** force s.th. upon s.o.

Augapfel ['auk'apfəl] *m* ANAT eyeball

Auge ['augə] *n* (*-s*; *-n*) ANAT eye; ***ein blaues ~*** a black eye; ***mit bloßem ~*** with the naked eye; ***mit verbundenen ~n*** blindfold; ***in meinen ~n*** in my view; ***mit anderen ~n*** in a different light; ***aus den ~n verlieren*** lose sight of; ***ein ~ zudrücken*** turn a blind eye; ***unter vier ~n*** in private; F ***ins ~ gehen*** go wrong

'Augenarzt *m* eye specialist

'Augenblick *m* moment, instant

'augenblicklich 1. *adj* present; immediate; momentary **2.** *adv* at present, at the moment; immediately

'Augen|braue *f* eyebrow; **~licht** *n* (-[*e*]*s*; *no pl*) eyesight; **~lid** *n* eyelid; **~maß** *n*: ***ein gutes ~*** a sure eye; ***nach dem ~*** by the eye; **~merk** *n*: ***sein ~ richten auf*** (*acc*) turn one's attention to, *fig a.* have in view; **~schein** *m* (*-s*; *no pl*) appearance; ***in ~ nehmen*** examine, inspect; **~zeuge** *m* eyewitness

August [au'gʊst] *m* (-; *no pl*) August

Auktion [auk'tsjo:n] *f* (-; *-en*) auction

Auktionator [auktsjo'na:to:ɐ] *m* (*-s*; *-en* [auktsjona'to:rən]) auctioneer

Aula ['aula] *f* (-; *-s*, *Aulen*) auditorium, *Br* (assembly) hall

aus [aus] *prp* (*dat*) *and adv mst* out of, from; of (*silk etc*); out of (*spite etc*); *light etc*: out, off; *play etc*: over, finished; SPORT out; ***~ dem Fenster*** *etc* out of the window *etc*; ***~ München*** from Munich; ***~ Holz*** (made) of wood; ***~ Mitleid*** out of pity; ***~ Spaß*** for fun; ***~ Versehen*** by mistake; ***~ diesem Grunde*** for this reason; ***von hier ~*** from here; F ***von mir ~!*** I don't care!; ***~ der Mode*** out of fashion; F ***~ sein*** be over; be out; ***~ sein auf*** (*acc*) be out for; be after (*s.o.'s money etc*); ***die Schule*** (***das Spiel***) ***ist ~*** school (the game) is over; ***einl~*** TECH on / off

Aus *n*: ***im ~*** *ball*: out of play

'**aus|arbeiten** *v/t* (*sep*, *-ge-*, *h*) work out; prepare; **~arten** *v/i* (*sep*, *-ge-*, *sein*) get out of hand; **~atmen** *v/t and v/i* (*sep*, *-ge-*, *h*) breathe out; **~baden** F *v/t* (*sep*, *-ge-*, *h*) ***et. ~ müssen*** take the rap for s.th.

'**Ausbau** *m* (-[*e*]*s*; *no pl*) extension; completion; removal; '**ausbauen** *v/t* (*sep*, *-ge-*, *h*) extend; complete; remove; improve; '**ausbaufähig** *adj*: ***et. ist ~*** there is potential for growth *or* development

'**ausbessern** *v/t* (*sep*, *-ge-*, *h*) mend, repair, F *a.* fix; '**Ausbesserung** *f* (-; *-en*) repair(ing)

'**Ausbeute** *f* (-; *no pl*) gain, profit; yield; '**ausbeuten** *v/t* (*sep*, *-ge-*, *h*) exploit (*a. contp*); '**Ausbeutung** *f* (-; *no pl*) exploitation

'**ausbilden** *v/t* (*sep*, *-ge-*, *h*) train, instruct; ***j-n ~ zu*** train s.o. to be

'**Ausbilder** *m* (*-s*; -) instructor

'**Ausbildung** *f* (-; *-en*) training, instruction

'**ausbleiben** *v/i* (*irr*, ***bleiben***, *sep*, *-ge-*, *sein*) stay out; fail to come; ***es konnte nicht ~*** it was inevitable

'**Ausblick** *m* view (***auf*** *acc* of); *fig* outlook (*for*)

'**ausbrechen** *v/i* (*irr*, ***brechen***, *sep*, *-ge-*, *sein*) break out (*a. fig*); ***in Tränen ~*** burst into tears; '**Ausbrecher** *m* (*-s*; -) escaped prisoner

'**ausbreiten** *v/t* (*sep*, *-ge-*, *h*) spread (out); ***sich ~*** spread; '**Ausbreitung** *f* (-; *no pl*) spreading

'**ausbrennen** *v/t* (*irr*, ***brennen***, *sep*, *-ge-*, *sein*) burn out

'**Ausbruch** *m* escape, breakout; outbreak (*of fire etc*); eruption (*of volcano*); (out)burst (*of resentment etc*)

'**ausbrüten** *v/t* (*sep*, *-ge-*, *h*) hatch (*a. fig*)

'**Ausdauer** *f* perseverance, stamina, *esp* SPORT *a.* staying power; '**ausdauernd** *adj* persevering; SPORT tireless

'**ausdehnen** *v/t and v/refl* (*sep*, *-ge-*, *h*) stretch; *fig* expand, extend

'**Ausdehnung** *f* expansion; extension

'**ausdenken** *v/t* (*irr*, ***denken***, *sep*, *-ge-*, *h*) think *s.th.* up; invent (*a. fig*)

'**Ausdruck** *m* expression, term; IT printout; '**ausdrucken** *v/t* (*sep*, *-ge-*, *h*) IT print out

'**ausdrücken** *v/t* (*sep*, *-ge-*, *h*) stub out (*cigarette etc*); *fig* express

ausdrücklich ['ausdrʏklɪç] *adj* express, explicit

'**ausdrucks|los** *adj* expressionless, blank; **~voll** *adj* expressive

'**Ausdrucksweise** *f* language, style

'**Ausdünstung** *f* (-; *-en*) exhalation; perspiration; odo(u)r

auseinander [ausʔai'nandɐ] *adv* apart; separate(d); ***~bringen*** *v/t* (*irr*, ***bringen***, *sep*, *-ge-*, *h*) separate, ***~gehen*** *v/i* (*irr*, ***gehen***, *sep*, *-ge-*, *sein*) part; *meeting etc*: break up; *opinions etc*: differ; *married couple*: separate; ***~halten*** *v/t* (*irr*, ***halten***, *sep*, *-ge-*, *h*) tell apart; ***~nehmen*** *v/t* (*irr*, ***nehmen***, *sep*, *-ge-*, *h*) take apart (*a. fig*); ***~setzen*** *v/t* (*irr*, ***setzen***, *sep*, *-ge-*, *h*) explain; ***sich ~ setzen mit*** *v/refl* deal with; argue with *s.o.*

Ausei'nandersetzung *f* (-; *-en*) argument

'**auserlesen** *adj* choice, exquisite

'**ausfahren** (*irr*, ***fahren***, *sep*, *-ge-*) **1.** *v/i* (*sein*) go for a drive *or* ride **2.** *v/t* (*h*) take *s.o.* out; AVIAT extend (*landing gear*); '**Ausfahrt** *f* drive, ride; MOT exit

'**Ausfall** *m* TECH, MOT, SPORT failure; loss

'**ausfallen** *v/i* (*irr*, ***fallen***, *sep*, *-ge-*, *sein*) fall out; not take place, be cancelled; TECH, MOT break down, fail; ***gut*** *etc* ***~*** turn out well *etc*; ***~ lassen*** cancel;

die Schule fällt aus there is no school
'**ausfallend**, '**ausfällig** *adj* insulting
'**ausfertigen** *v/t* (*sep*, *-ge-*, *h*) draw up (*contract etc*); make out (*check etc*)
'**Ausfertigung** *f* drawing up; copy; ***in doppelter ~*** in duplicate
'**ausfindig** *adj*: ***~ machen*** find
ausflippen ['ausflɪpən] F *v/i* (*sep*, *-ge-*, *sein*) freak out
Ausflüchte ['ausflʏçtə] *pl* excuses
'**Ausflug** *m* trip, excursion, outing
Ausflügler ['ausfly:klɐ] *m* (*-s*; *-*) day tripper
'**Ausfluss** *m* TECH outlet; MED discharge
'**aus|fragen** *v/t* (*sep*, *-ge-*, *h*) question (***über*** *acc* about); sound out; **~fransen** *v/i* (*sep*, *-ge-*, *sein*) fray; **~fressen** F *v/t* (*irr*, ***fressen***, *sep*, *-ge-*, *h*) ***et. ~*** be up to no good
Ausfuhr ['ausfu:ɐ] *f* (*-*; *-en*) ECON export (-ation); '**ausführbar** *adj* practicable; '**ausführen** *v/t* (*sep*, *-ge-*, *h*) take *s.o.* out; carry out (*task etc*); ECON export; explain
ausführlich ['ausfy:ɐlɪç] **1.** *adj* detailed; comprehensive **2.** *adv* in detail; '**Ausführlichkeit** *f*: ***in aller ~*** in great detail
'**Ausführung** *f* execution, performance; type, model, design
'**ausfüllen** *v/t* (*sep*, *-ge-*, *h*) fill out (*Br* in) (*form*)
'**Ausgabe** *f* distribution; edition; expense; issue; IT output
'**Ausgang** *m* exit, way out; end; result, outcome; TECH, ELECTR output, outlet
'**Ausgangs|punkt** *m* starting point; **~sperre** *f* POL curfew
'**ausgeben** *v/t* (*irr*, ***geben***, *sep*, *-ge-*, *h*) give out; spend; F ***j-m e-n ~*** buy s.o. a drink; ***sich ~ als*** pass o.s. off as
'**ausge|beult** *adj* baggy; **~bildet** *adj* trained, skilled; **~bucht** *adj* booked up; **~dehnt** *adj* extensive; **~dient** *adj*: ***~ haben*** *fig* have had its day; **~fallen** *adj* odd, unusual; **~glichen** *adj* (well-) balanced
'**ausgehen** *v/i* (*irr*, ***gehen***, *sep*, *-ge-*, *sein*) go out; end; *hair*: fall out; *money*, *supplies*: run out; ***leer ~*** get nothing; ***~ von*** start from *or* at; come from; ***davon ~, dass*** assume that; ***ihm ging das Geld aus*** he ran out of money
'**ausge|kocht** *fig adj* cunning; out-and-out (*villain etc*); **~lassen** *fig adj* cheerful; hilarious; ***~ sein*** be in high spirits; **~macht** *adj* agreed(-on); downright (*nonsense*); **~prägt** *adj* marked, pronounced; **~rechnet** *adv*: ***~ er*** he of all people; ***~ heute*** today of all days; **~schlossen** *adj* out of the question; **~storben** *adj* extinct; **~sucht** *adj* select, choice; **~wachsen** *adj* fullgrown; **~wogen** *adj* (well-)balanced; **~zeichnet** *adj* excellent
ausgiebig ['ausgi:bɪç] *adj* extensive, thorough; substantial (*meal*)
'**ausgießen** *v/t* (*irr*, ***gießen***, *sep*, *-ge-*, *h*) pour out
'**Ausgleich** *m* (*-[e]s*; *no pl*) compensation; SPORT even score, *Br* equalization; *tennis*: deuce; '**ausgleichen** *v/t and v/i* (*irr*, ***gleichen***, *sep*, *-ge-*, *h*) compensate; equalize (*Br a.* SPORT); ECON balance; SPORT make the score even
'**Ausgleichs|sport** *m* remedial exercises; **~tor** *n*, **~treffer** *m* SPORT tying point, *Br* equalizer
'**ausgraben** *v/t* (*irr*, ***graben***, *sep*, *-ge-*, *h*) dig out *or* up (*a. fig*)
'**Ausgrabungen** *pl* excavations
'**ausgrenzen** *v/t* (*sep*, *-ge-*, *h*) isolate
'**Ausguss** *m* (kitchen) sink
'**aushalten** (*irr*, ***halten***, *sep*, *-ge-*, *h*) **1.** *v/t* bear, stand; keep (*mistress etc*); ***nicht auszuhalten sein*** be unbearable **2.** *v/i* hold out
aushändigen ['aushɛndɪgən] *v/t* (*sep*, *-ge-*, *h*) hand over
'**Aushang** *m* notice; bulletin
'**aushängen** *v/t* (*sep*, *-ge-*, *h*) hang out, put up; unhinge (*door*)
'**aus|heben** *v/t* (*irr*, ***heben***, *sep*, *-ge-*, *h*) dig (*trench*); raid (*place etc*); **~helfen** *v/i* (*irr*, ***helfen***, *sep*, *-ge-*, *h*) help out
'**Aushilfe** *f* (temporary) help
'**Aushilfs...** *in cpds -kellner etc*: temporary
'**aus|holen** *v/i* (*sep*, *-ge-*, *h*) ***zum Schlag ~*** swing (to strike); *fig* ***weit ~*** go far back; **~horchen** *v/t* (*sep*, *-ge-*, *h*) sound (***über*** *acc* on); **~hungern** *v/t* (*sep*, *-ge-*, *h*) starve out; **~kennen** *v/refl* (*irr*, ***kennen***, *sep*, *-ge-*, *h*) ***sich ~*** (***in*** *dat*) know one's way (about); *fig* know a lot (about); **~klingen** *v/i* (*irr*, ***klingen***, *sep*, *-ge-*, *sein*) draw to a close; **~klopfen** *v/t* (*sep*, *-ge-*, *h*) knock out; **~kom-**

men *v/i* (*irr*, ***kommen***, *sep*, *-ge-*, *sein*) get by; **~ *mit*** manage with *s.th.*; get along with *s.o.*

Auskunft ['auskʊnft] *f* (-; *Auskünfte* ['auskʏnftə]) information; (*no pl*) information desk; TEL inquiries

'aus|lachen *v/t* (*sep*, *-ge-*, *h*) laugh at (***wegen*** for); **~laden** *v/t* (*irr*, ***laden***, *sep*, *-ge-*, *h*) unload

'Auslage *f* window display; *pl* expenses

'Ausland *n* (-[*e*]*s*; *no pl*) ***das ~*** foreign countries; ***ins ~***, ***im ~*** abroad

Ausländer ['auslɛndɐ] *m* (*-s*; *-*) foreigner; **~feindlichkeit** *f* hostility to foreigners, xenophobia

Ausländerin ['auslɛndərɪn] *f* (-; *-nen*) foreigner

ausländisch ['auslɛndɪʃ] *adj* foreign

'Auslands|gespräch *n* international call; **~korrespondent(in)** foreign correspondent

'auslassen *v/t* (*irr*, ***lassen***, *sep*, *-ge-*, *h*) leave out; melt (*butter etc*); let out (*seam*); ***s-n Zorn an j-m ~*** take it out on s.o.; ***sich ~ über*** (*acc*) express o.s. on

'Auslassung *f* (-; *-en*) omission

'Auslassungszeichen *n* LING apostrophe

'Auslauf *m* room to move about; *dog*: exercise; **'auslaufen** *v/i* (*irr*, ***laufen***, *sep*, *-ge-*, *sein*) MAR leave port; *pot etc*: leak; *liquid etc*: run out; **'Ausläufer** *m* METEOR ridge, trough; *pl* GEOGR foothills; **'Auslaufmo͵dell** *n* ECON close-out (*Br* phase-out) model

'auslegen *v/t* (*sep*, *-ge-*, *h*) lay out; carpet; line (*with paper etc*); display (*goods*); interpret (*text etc*); advance (*money*)

'Auslegung *f* (-; *-en*) interpretation

'aus|leihen *v/t* (*irr*, ***leihen***, *sep*, *-ge-*, *h*) lend (out), loan; ***sich*** (*dat*) ***et. ~*** borrow s.th.; **~lernen** *v/i* (*sep*, *-ge-*, *h*) complete one's training; ***man lernt nie aus*** we live and learn

'Auslese *f* choice, selection; *fig* pick

'auslesen *v/t* (*irr*, ***lesen***, *sep*, *-ge-*, *h*) pick out, select; finish (*book etc*)

'ausliefern *v/t* (*sep*, *-ge-*, *h*) hand *or* turn over, deliver (up); POL extradite; **'Auslieferung** *f* delivery; extradition

'aus|liegen *v/i* (*irr*, ***liegen***, *sep*, *-ge-*, *h*) be laid out; **~löschen** *v/t* (*sep*, *-ge-*, *h*) put out; *fig* wipe out; **~losen** *v/t* (*sep*, *-ge-*, *h*) draw (lots) for

'auslösen *v/t* (*sep*, *-ge-*, *h*) TECH release; ransom, redeem; cause, start, trigger *s.th.* off; **'Auslöser** *m* (PHOT shutter) release; trigger

'ausmachen *v/t* (*sep*, *-ge-*, *h*) put out (*fire*); turn off (*light etc*); arrange (*date etc*); agree on (*price etc*); make up; amount to; settle (*dispute*); sight, spot; ***macht es Ihnen et. aus*** (, ***wenn…***) **?** do you mind (if …)?; ***es macht mir nichts aus*** I don't mind; ***das macht*** (***gar***) ***nichts aus*** that doesn't matter (at all)

'ausmalen *v/t* (*sep*, *-ge-*, *h*) paint; ***sich et. ~*** imagine s.th.

'Ausmaß *n* extent; *pl* proportions

aus|merzen ['ausmɛrtsən] *v/t* (*sep*, *-ge-*, *h*) eliminate; **~messen** *v/t* (*irr*, ***messen***, *sep*, *-ge-*, *h*) measure

Ausnahme ['ausnaːmə] *f* (-; *-n*) exception; **~zustand** *m* POL state of emergency

'ausnahmslos *adv* without exception

'ausnahmsweise *adv* by way of exception; just this once

'ausnehmen *v/t* (*irr*, ***nehmen***, *sep*, *-ge-*, *h*) clean (*chicken etc*); except; F *contp* fleece *s.o.*; **~d** *adv* exceptionally

'aus|nutzen *v/t* (*sep*, *-ge-*, *h*) use; take advantage of (*a. contp*); exploit; **~packen** (*sep*, *-ge-*, *h*) **1.** *v/t* unpack **2.** F *v/i* talk; **~pfeifen** *v/t* (*irr*, ***pfeifen***, *sep*, *-ge-*, *h*) boo, hiss; **~plaudern** *v/t* (*sep*, *-ge-*, *h*) blab out; **~plündern** *v/t* (*sep*, *-ge-*, *h*) plunder, rob; **~pro͵bieren** *v/t* (*sep*, *no -ge-*, *h*) try (out), test

'Auspuff *m* MOT exhaust; **~gase** *pl* MOT exhaust fumes; **~rohr** *n* MOT exhaust pipe; **~topf** *m* MOT muffler, *Br* silencer

'aus|quar͵tieren *v/t* (*sep*, *no -ge-*, *h*) move out; **~ra͵dieren** *v/t* (*sep*, *no -ge-*, *h*) erase; *fig* wipe out; **~ran͵gieren** *v/t* (*sep*, *no -ge-*, *h*) discard; **~rauben** *v/t* (*sep*, *-ge-*, *h*) rob; **~räumen** *v/t* (*sep*, *-ge-*, *h*) empty; clear out (*room etc*); *fig* clear up (*doubt etc*); **~rechnen** *v/t* (*sep*, *-ge-*, *h*) work out

'Ausrede *f* excuse

'ausreden (*sep*, *-ge-*, *h*) **1.** *v/i* finish speaking; ***j-n ~ lassen*** hear s.o. out **2.** *v/t*: ***j-m et. ~*** talk s.o. out of s.th.

'ausreichen *v/t* (*sep*, *-ge-*, *h*) be enough; **~d** *adj* sufficient, enough; *grade*: (barely) passing, only average, weak, D

ˈ**Ausreise** *f* departure; ˈ**ausreisen** *v/i* (*sep*, *-ge-*, *sein*) leave (a *or* one's country); ˈ**Ausreisevisum** *n* exit visa
ˈ**ausreißen** (*irr*, ***reißen***, *sep*, *-ge-*) **1.** *v/t* (*h*) pull *or* tear out **2.** F *v/i* (*sein*) run away; ˈ**Ausreißer** *m* (*-s*; *-*) runaway
ˈ**aus|renken** *v/t* (*sep*, *-ge-*, *h*) MED dislocate; **~richten** *v/t* (*sep*, *-ge-*, *h*) tell *s.o. s.th.*; deliver (*message*); accomplish; arrange (*party etc*); ***richte ihr e-n Gruß von mir aus!*** give her my regards!; ***kann ich et. ~?*** can I take a message
ˈ**ausrotten** *v/t* (*sep*, *-ge-*, *h*) exterminate
ˈ**Ausrottung** *f* (*-*; *-en*) extermination
ˈ**ausrücken** *v/i* (*sep*, *-ge-*, *sein*) F run away; MIL march out
ˈ**Ausruf** *m* cry, shout; ˈ**ausrufen** *v/t* (*irr*, ***rufen***, *sep*, *-ge-*, *h*) cry, shout, exclaim; call out (*name*); POL proclaim; ˈ**Ausrufung** *f* (*-*; *-en*) POL proclamation; ˈAusrufungszeichen *n* LING exclamation mark
ˈ**ausruhen** *v/i*, *v/t and v/refl* (*sep*, *-ge-*, *h*) rest
ˈ**ausrüsten** *v/t* (*sep*, *-ge-*, *h*) equip; ˈ**Ausrüstung** *f* equipment
ˈ**ausrutschen** *v/i* (*sep*, *-ge-*, *sein*) slip
ˈ**Aussage** *f* statement; JUR evidence
ˈ**aussagen** *v/t* (*sep*, *-ge-*, *h*) state, declare; JUR testify
ausschalten *v/t* (*sep*, *-ge-*, *h*) switch off; *fig* eliminate
ˈ**Ausschau** *f*: ***~ halten nach*** → ˈ**ausschauen** *v/i* (*sep*, *-ge-*, *h*) ***~ nach*** look out for, watch out for
ˈ**ausscheiden** (*irr*, ***scheiden***, *sep*, *-ge-*) **1.** *v/i* (*sein*) be ruled out; SPORT *etc* drop out (***aus*** *dat* of); retire (***aus*** *dat* from *office etc*); ***~ aus*** (*dat*) leave (*a firm etc*) **2.** *v/t* (*h*) eliminate; MED *etc* secrete, exude; ˈ**Ausscheidung** *f* elimination (*a.* SPORT); MED secretion
ˈ**Ausscheidungs...** *in cpds ...spiel etc*: SPORT qualifying ...
ˈ**aus|schlachten** *fig v/t* (*sep*, *-ge-*, *h*) salvage, *Br a.* cannibalize; *contp* exploit; **~schlafen** (*irr*, ***schlafen***, *sep*, *-ge-*, *h*) **1.** *v/i* sleep in **2.** *v/t* sleep off
ˈ**Ausschlag** *m* MED rash; TECH deflection; ***den ~ geben*** decide it
ˈ**ausschlagen** (*irr*, ***schlagen***, *sep*, *-ge-*, *h*) **1.** *v/t* knock out (*tooth etc*); *fig* refuse, decline (*offer etc*) **2.** *v/i horse*: kick; BOT bud; TECH deflect
ˈ**ausschlaggebend** *adj* decisive
ˈ**ausschließen** *v/t* (*irr*, ***schließen***, *sep*, *-ge-*, *h*) lock out; *fig* exclude; expel; SPORT disqualify
ˈ**ausschließlich** *adj* exclusive
ˈ**Ausschluss** *m* exclusion; expulsion; SPORT disqualification; ***unter ~ der Öffentlichkeit*** in closed session
ˈ**aus|schmücken** *v/t* (*sep*, *-ge-*, *h*) decorate; *fig* embellish; **~schneiden** *v/t* (*irr*, ***schneiden***, *sep*, *-ge-*, *h*) cut out
ˈ**Ausschnitt** *m clothing*: neck; (*press*) clipping (*Br* cutting); *fig* part; extract; ***mit tiefem ~*** low-necked
ˈ**ausschreiben** *v/t* (*irr*, ***schreiben***, *sep*, *-ge-*, *h*) write out (*a. check etc*); advertise (*post etc*); ˈ**Ausschreibung** *f* advertisement
ˈ**Ausschreitungen** *pl* violence, riots
ˈ**Ausschuss** *m* committee, board; TECH (*no pl*) refuse, waste, rejects
ˈ**aus|schütteln** *v/t* (*sep*, *-ge-*, *h*) shake out; **~schütten** *v/t* (*sep*, *-ge-*, *h*) pour out (*a. fig*); spill; ECON pay; ***sich vor Lachen ~*** split one's sides
ˈ**ausschweifend** *adj* dissolute
ˈ**Ausschweifung** *f* (*-*; *-en*) debauchery, excess
ˈ**aussehen** *v/i* (*irr*, ***sehen***, *sep*, *-ge-*, *h*) look; ***krank*** (***traurig***) **~** look ill (sad); ***~ wie ...*** look like ...; ***wie sieht er aus?*** what does he look like? ˈ**Aussehen** *n* (*-s*; *no pl*) look(s), appearance
außen [ˈausən] *adv* outside; ***nach ~*** (***hin***) outward(s); *fig* outwardly
ˈ**Außenbordmotor** *m* outboard motor
aussenden *v/t* ([*irr*, ***senden***,] *sep*, *-ge-*, *h*) send out
ˈ**Außen|dienst** *m* field service; **~handel** *m* foreign trade; **~miˌnister** *m Am* Secretary of State, *Br* Foreign Secretary; **~minisˌterium** *n Am* State Department, *Br* Foreign Office; **~poliˌtik** *f* foreign affairs; foreign policy
ˈ**außenpoˌlitisch** *adj* foreign-policy
ˈ**Außenseite** *f* outside
Außenseiter [ˈausənzaitɐ] *m* (*-s*; *-*) outsider
ˈ**Außen|spiegel** *m* MOT outside rearview mirror; **~stände** *pl* ECON receivables; **~stelle** *f* branch; **~stürmer** *m* SPORT winger; **~welt** *f* outside world
außer [ˈausɐ] **1.** *prp* (*dat*) out of; aside

from, *Br* beside(s); except; **~ sich sein** be beside o.s. (**vor Freude** with joy); **alle ~ e-m** all but one; → **Betrieb, Gefahr** **2.** *cj*: **~ dass** except that; **~ wenn** unless
'**außerdem** *cj* besides, moreover
äußere ['ɔʏsərə] *adj* exterior, outer, outward; '**Äußere** *n* (*-n*; *no pl*) exterior, outside; (outward) appearance
'**außergewöhnlich** *adj* unusual
'**außerhalb** *prp* (*gen*) *and adv* outside; out of; beyond
'**außerirdisch** *adj* extraterrestrial
'**äußerlich** *adj* external, outward
'**Äußerlichkeit** *f* (-; *-en*) formality; minor detail
äußern ['ɔʏsɐn] *v/t* (*ge-*, *h*) utter, express; **sich ~** say s.th.; **sich ~ zu** *or* **über** (*acc*) express o.s. on
'**außer'ordentlich** *adj* extraordinary
'**außerplanmäßig** *adj* unscheduled
äußerst ['ɔʏsɐst] **1.** *adj* outermost; *fig* extreme; **im ~en Fall** at (the) worst; at (the) most **2.** *adv* extremely
außer'stande *adj*: **~ sein** be unable
'**Äußerung** *f* (-; *-en*) utterance, remark
'**aussetzen** (*sep*, *-ge-*, *h*) **1.** *v/t* abandon; expose (*dat* to); **et. auszusetzen haben an** (*dat*) find fault with **2.** *v/i* stop, break off; MOT, TECH fail
'**Aussicht** *f* view (**auf** *acc* of); *fig* prospect (of), chance (**auf Erfolg** of success); '**aussichtslos** *adj* hopeless, desperate; '**Aussichtspunkt** *m* vantage point; '**aussichtsreich** *adj* promising; '**Aussichtsturm** *m* lookout tower
'**Aussiedler** *m* resettler, evacuee
'**aussitzen** *v/t* (*irr*, **sitzen**, *sep*, *-ge-*, *h*) sit *s.th.* out
aussöhnen ['auszø:nən] *v/refl* (*sep*, *-ge-*, *h*) **sich ~** (**mit**) become reconciled (with), F make it up (with)
'**Aussöhnung** *f* (-; *-en*) reconciliation
'**aus|sor,tieren** *v/t* (*sep*, *no -ge-*, *h*) sort out; **~spannen** (*sep*, *-ge-*, *h*) **1.** *v/t* unharness **2.** *fig v/i* (take a) rest, relax
'**aussperren** *v/t* (*sep*, *-ge-*, *h*) lock out (*a.* ECON); '**Aussperrung** *f* (-; *-en*) ECON lock-out
'**aus|spielen** (*sep*, *-ge-*, *h*) **1.** *v/t* play; **j-n gegen j-n ~** play s.o. off against s.o. **2.** *v/i card game*: lead; **er hat ausgespielt** *fig* he is done for; **~spio,nieren** *v/t* (*sep*, *no -ge-*, *h*) spy out
'**Aussprache** *f* pronunciation; discussion; *private* heart-to-heart (talk)
'**aussprechen** *v/t* (*irr*, **sprechen**, *sep*, *-ge-*, *h*) pronounce; express; **sich ~ für** (**gegen**) speak for (against); **sich mit j-m gründlich ~** have a heart-to-heart talk with s.o.
'**Ausspruch** *m* saying; remark
'**aus|spucken** *v/i and v/t* (*sep*, *-ge-*, *h*) spit out; **~spülen** *v/t* (*sep*, *-ge-*, *h*) rinse
'**Ausstand** *m* strike, F walkout
'**ausstatten** *v/t* (*sep*, *-ge-*, *h*) fit out, equip, furnish; '**Ausstatung** *f* (-; *-en*) equipment, furnishings; design
'**aus|stechen** *v/t* (*irr*, **stechen**, *sep*, *-ge-*, *h*) GASTR cut out (*a. fig*); put out (*eyes*); **~stehen** (*irr*, **stehen**, *sep*, *-ge-*, *h*) **1.** *v/t* stand, endure; F **ich kann ihn** (**es**) **nicht ~** I can't stand him (it) **2.** *v/i*: (**noch**) **~** be outstanding *or* overdue
'**aussteigen** *v/i* (*irr*, **steigen**, *sep*, *-ge-*, *sien*) get out (**aus** *dat* of); (*a.* **~ aus** *dat*) get off *a bus, train*; F *fig* drop out; '**Aussteiger** F *m* (*-s*; -) drop-out
'**ausstellen** *v/t* (*sep*, *-ge-*, *h*) exhibit, display, show; make out (*check etc*); issue (*passport*); '**Aussteller** *m* (*-s*; -) exhibitor; issuer; drawer (*of check*)
'**Ausstellung** *f* exhibition, show
'**aussterben** *v/i* (*irr*, **sterben**, *sep*, *-ge-*, *sein*) die out, become extinct (*both a. fig*)
'**Aussteuer** *f* trousseau; dowry
'**aussteuern** *v/t* (*sep*, *-ge-*, *h*) ELECTR modulate; '**Aussteuerung** *f* ELECTR modulation; level control
Ausstieg ['ausʃti:k] *m* (*-[e]s*; *-e*) exit; *fig* withdrawal (**aus** *dat* from)
'**ausstopfen** *v/t* (*sep*, *-ge-*, *h*) stuff; pad
'**Ausstoß** *m* TECH, PHYS discharge, ejection; ECON output
'**ausstoßen** *v/t* (*irr*, **stoßen**, *sep*, *-ge-*, *h*) TECH, PHYS give off, eject, emit; ECON turn out; give (*cry, sigh*); expel
'**aus|strahlen** *v/t* (*sep*, *-ge-*, *h*) radiate (*happiness etc*); TV, *radio*: broadcast, transmit; '**Ausstrahlung** *f* radiation; broadcast; *fig* magnetism, charisma
'**aus|strecken** *v/t* (*sep*, *-ge-*, *h*) stretch (out); **~streichen** *v/t* (*irr*, **streichen**, *sep*, *-ge-*, *h*) strike out; **~strömen** *v/i* (*sep*, *-ge-*, *sein*) escape (**aus** *dat* from); **~suchen** *v/t* (*sep*, *-ge-*, *h*) choose, pick
'**Austausch** *m* (*-[e]s*; *no pl*) exchange
'**austauschbar** *adj* exchangeable

'**austauschen** *v/t* (*sep*, *-ge-*, *h*) exchange (***gegen*** for)
'**Austauschschüler(in)** exchange student
'**austeilen** *v/t* (*sep*, *-ge-*, *h*) distribute, hand out; deal (out) (*cards*, *blows*)
Auster ['austɐ] *f* (-; *-n*) zo oyster
'**austragen** *v/t* (*irr*, ***tragen***, *sep*, *-ge-*, *h*) deliver (*mail*); settle (*dispute etc*); hold (*contest etc*); ***das Kind ~*** have the baby
'**Austragungsort** *m* SPORT venue
Australien [aus'tra:ljən] Australia
Australier [aus'tra:ljɐ] *m* (*-s*; -), **Australierin** [aus'tra:ljərɪn] *f* (-; *-nen*), **aust'ralisch** *adj* Australian
'**aus|treiben** *v/t* (*irr*, ***treiben***, *sep*, *-ge-*, *h*) exorcise; F ***j-m et. ~*** cure s.o. of s.th.; **~treten** (*irr*, ***treten***, *sep*, *-ge-*) **1.** *v/t* (*h*) tread *or* stamp out (*fire*); wear out (*shoes*) **2.** *v/i* (*sein*) escape (***aus*** *dat* from); F go to the bathroom (*Br* toilet); **~ *aus*** (*dat*) leave (*a club etc*); resign from; **~trinken** *v/t* (*irr*, ***trinken***, *sep*, *-ge-*, *h*) drink up; empty
'**Austritt** *m* leaving; resignation; escape
'**austrocknen** *v/t* (*sep*, *-ge-*, *h*) *and v/i* (*sein*) dry up
'**ausüben** *v/t* (*sep*, *-ge-*, *h*) practi|ce, *Br* -se; hold (*office*); exercise (*power etc*); exert (*pressure etc*); '**Ausübung** *f* (-; *no pl*) practice; exercise
'**Ausverkauf** *m* ECON (clearance) sale
'**ausverkauft** *adj* ECON, THEA sold out; ***vor ~em Haus spielen*** play to a full house
'**Auswahl** *f* choice, selection (*both a.* ECON); SPORT representative team
'**auswählen** *v/t* (*sep*, *-ge-*, *h*) choose, select
'**Auswanderer** *m* emigrant
'**auswandern** *v/i* (*sep*, *-ge-*, *sein*) emigrate; '**Auswanderung** *f* emigration
auswärtig ['ausvɛrtɪç] *adj* out-of-town; POL foreign
'**auswärts** *adv* out of town
'**Auswärts|sieg** *m* SPORT away victory; **~spiel** *n* SPORT away game
'**auswechseln** *v/t* (*sep*, *-ge-*, *h*) exchange (***gegen*** for); change (*tire*); replace; ***A gegen B ~*** SPORT substitute B for A; ***wie ausgewechselt*** (like) a different person; '**Auswechselspieler** *m* SPORT substitute
'**Ausweg** *m* way out; '**ausweglos** *adj* hopeless; '**Ausweglosigkeit** *f* (-; *no pl*) hopelessness
'**ausweichen** *v/i* (*irr*, ***weichen***, *sep*, *-ge-*, *sein*) make way (*dat* for); *fig* avoid *s.o.*; evade (*question*); **~d** *adj* evasive
'**ausweinen** *v/refl* (*sep*, *-ge-*, *h*) have a good cry
Ausweis ['ausvais] *m* (*-es*; *-e*) identification (card); card
'**ausweisen** *v/t* (*irr*, ***weisen***, *sep*, *-ge-*, *h*) expel; ***sich ~*** identify o.s.
'**Ausweispa,piere** *pl* documents
'**Ausweisung** *f* (-; *-en*) expulsion
'**ausweiten** *fig v/t* (*sep*, *-ge-*, *h*) expand
'**auswendig** *adv* by heart; ***et. ~ können*** know s.th. by heart; ***~ lernen*** memorize; learn by heart
'**auswerfen** *v/t* (*irr*, ***werfen***, *sep*, *-ge-*, *h*) throw out; cast (*anchor*); TECH eject
'**auswerten** *v/t* (*sep*, *-ge-*, *h*) evaluate, analyze, interpret; utilize, exploit; '**Auswertung** *f* evaluation; utilization
'**auswickeln** *v/t* (*sep*, *-ge-*, *h*) unwrap
'**auswirken** *v/refl* (*sep*, *-ge-*, *h*) ***sich ~ auf*** (*acc*) affect; ***sich positiv ~*** have a favo(u)rable effect; '**Auswirkung** *f* effect
'**auswischen** *v/t* (*sep*, *-ge-*, *h*) wipe out
'**auswringen** *v/t* (*irr*, ***wringen***, *sep*, *-ge-*, *h*) wring out
'**Auswuchs** *m* (*-es*; *Auswüchse* ['ausvy:ksə]) excrescence; *fig pl* excesses
'**aus|wuchten** *v/t* (*sep*, *-ge-*, *h*) TECH balance; **~zahlen** *v/t* (*sep*, *-ge-*, *h*) pay (out); pay *s.o.* off; ***sich ~*** pay; **~zählen** *v/t* (*sep*, *-ge-*, *h*) count; *boxing*: count out
'**Auszahlung** *f* payment; paying off
'**auszeichnen** *v/t* (*sep*, *-ge-*, *h*) price, mark (out) (*goods*); ***sich ~*** distinguish o.s.; ***j-n mit et. ~*** award s.th. to s.o.; '**Auszeichnung** *f* marking; *fig* distinction, hono(u)r; award; decoration
'**ausziehen** (*irr*, ***ziehen***, *sep*, *-ge-*) **1.** *v/t* (*h*) take off (*coat etc*); pull out (*table etc*); ***sich ~*** undress **2.** *v/i* (*sein*) move out
'**Auszubildende** *m*, *f* (*-n*; *-n*) apprentice, trainee
'**Auszug** *m* move, removal; extract, excerpt; statement (of account)
authentisch [au'tɛntɪʃ] *adj* authentic, genuine
Autismus [au'tɪsmʊs] *m* PSYCH autism
autistisch [au'tɪstɪʃ] *adj* PSYCH autistic

Auto ['auto] *n* (-*s*; -*s*) car, auto(mobile); (***mit dem***) ~ ***fahren*** drive, go by car
'**Autobahn** *f Am* expressway, *Br* motorway; ~**dreieck** *n* interchange; ~**gebühr** *f* toll; ~**kreuz** *n* interchange
Autobiogra'phie *f* autobiography
'**Auto|bombe** *f* car bomb; ~**bus** *m* → ***Bus***; ~**fähre** *f* car ferry; ~**fahrer(in)** motorist, driver; ~**fahrt** *f* drive; ~**friedhof** F *m* car dump, auto junkyard
Autogramm [auto'gram] *n* autograph; ~**jäger** *m* autograph hunter
'**Auto|karte** *f* road map; ~**kino** *n* drive-in theater (*Br* cinema)
Automat [auto'ma:t] *m* (-*en*; -*en*) vending (*Br a.* slot) machine; TECH robot; → ***Spielautomat***; **Automatik** [auto'ma:tɪk] *f* (-; *no pl*) automatic (system *or* control); MOT automatic transmission; automatic; **Automation** [automa'tsjo:n] *f* (-; *no pl*) automation; **auto'matisch** *adj* automatic
'**Automechaniker** *m* car mechanic
autonom [auto'no:m] *adj* autonomous
'**Autonummer** *f* license (*Br* licence) number
Autor ['auto:ɐ] *m* (-*s*; -*en* [au'to:rən]) author
'**Autoreparaturwerkstatt** *f* garage, car repair shop
Autorin [au'to:rɪn] *f* (-; -*nen*) author(ess)
autorisieren [autori'zi:rən] *v/t* (*no -ge-*, *h*) authorize; **autoritär** [autori'tɛ:ɐ] *adj* authoritarian; **Autorität** [autori'tɛ:t] *f* (-; -*en*) authority
'**Auto|telefon** *n* car phone; ~**vermietung** *f* car rental (*Br* hire) service; ~**waschanlage** *f* car wash
Axt [akst] *f* (-; *Äxte* ['ɛkstə]) ax(e)

B

Baby ['be:bi] *n* (-*s*; -*s*) baby; ~**bett** *n* crib, *Br* cot; ~**fläschchen** *n* baby's bottle; ~**nahrung** *f* baby food; ~**sitter(in)** babysitter; ~**sitz** *m* child seat; ~**wickelraum** *m* baby-changing room
Bach [bax] *m* (-[*e*]*s*; *Bäche* ['bɛçə]) brook, stream, *Am a.* creek
'**Backblech** *n* baking sheet
'**Backbord** *n* (-*s*; *no pl*) MAR port
Backe ['bakə] *f* (-; -*n*) ANAT cheek
backen *v/t and v/i* ([*irr*, ***backen***,] -*ge*-, *h*) bake
'**Backenzahn** *m* ANAT molar (tooth)
Bäcker ['bɛkɐ] *m* (-*s*; -) baker; ***beim*** ~ at the baker's; **Bäckerei** [bɛkə'rai] *f* (-; -*en*) bakery, baker's (shop)
'**Back|form** *f* baking tin; ~**hendl** ['bakhɛndl] *Austrian n* (-*s*; -*n*) fried chicken; ~**obst** *n* dried fruit; ~**ofen** *m* oven; ~**pflaume** *f* prune; ~**pulver** *n* baking powder; ~**stein** *m* brick
backte ['baktə] *pret of* ***backen***
'**Backwaren** *pl* breads and pastries
Bad [ba:t] *n* (-[*e*]; *Bäder* ['bɛ:dɐ]) bath; swim; bathroom; → ***Badeort***; ***ein*** ~ ***nehmen*** → ***baden*** *1*
'**Bade|anstalt** *f* swimming pool, public baths; ~**anzug** *m* swimsuit; ~**hose** *f* bathing trunks; ~**kappe** *f* bathing cap; ~**mantel** *m* bathrobe; ~**meister** *m* pool *or* bath attendant
baden ['ba:dən] (*ge-*, *h*) **1.** *v/i* bathe, take *or* have a bath; swim; ~ ***gehen*** go swimming **2.** *v/t* bathe (*a.* MED); *Br a.* bath
'**Bade|ort** *m* seaside (*or* health) resort; ~**sachen** *Pl* swimming things; ~**schaum** *m* bubble bath, bath foam; ~**tuch** *n* bath towel; ~**wanne** *f* bathtub; ~**zeug** *n* swimming gear; ~**zimmer** *n* bathroom
Badminton ['bɛtmɪntn] *n* (-; *no pl*) badminton
baff [baf] *adj*: F ~ ***sein*** be flabbergasted
Bagatelle [baga'tɛlə] *f* (-; -*n*) trifle
Baga'tellschaden *m* superficial damage
Bagger ['bagɐ] *m* (-*s*; -) TECH excavator; dredge(r); '**baggern** *v/i* (*ge-*, *h*) TECH excavate; dredge
Bahn [ba:n] *f* (-; -*en*) railroad, *Br* railway; train; way, path, course; SPORT track; ***mit der*** ~ by rail; ~ ***frei!*** make way!; *cpds* → *a.* ***Eisenbahn***
'**bahnbrechend** *adj* epoch-making
BahnCard® [ba:n'ka:t] *f* (-; -*s*) rail card (*allowing 50% or 25% reduction on*

tickets)
'**Bahndamm** *m* railroad (*Br* railway) embankment
'**bahnen** *v/t* (*ge-*, *h*) ***den Weg ~*** clear the way (*dat* for *s.o. or s.th.*); ***sich e-n Weg ~*** force *or* work one's way
'**Bahn|hof** *m* (railroad, *Br* railway) station; **~linie** *f* railroad (*Br* railway) line; **~steig** ['baːnʃtaik] *m* (-[*e*]*s*; *-e*) platform; **~übergang** *m* grade (*Br* level) crossing
Bahre ['baːrə] *f* (-; *-n*) stretcher; bier
Baisse ['bɛːsə] *f* (-; *-n*) ECON fall, slump
Bakterien [bak'teːrjən] *pl* MED bacteria, germs
balancieren [bala‿'siːrən] *v/t and v/i* (*no -ge-*, *h*) balance
bald [balt] *adv* soon; F almost, nearly; ***so ~ wie möglich*** as soon as possible
baldig ['baldıç] *adj* speedy; ***~e Antwort*** ECON early reply; ***auf*** (***ein***) ***~es Wiedersehen!*** see you again soon!
balgen ['balgən] *v/refl* (*ge-*, *h*) scuffle (***um*** for)
Balken ['balkən] *m* (*-s*; -) beam
Balkon [bal'kɔŋ] *m* (*-s*; *-s*, *-e* [bal'koːnə]) balcony; **~tür** *f* French window
Ball [bal] *m* (-[*e*]*s*; *Bälle* ['bɛlə]) ball; dance; ***am ~ sein*** SPORT have the ball; ***am ~ bleiben*** *fig* stick to it
Ballade [ba'laːdə] *f* (-; *-n*) ballad
Ballast ['balast] *m* (-[*e*]*s*; *no pl*) ballast, *fig a.* burden; **~stoffe** *pl* MED roughage, bulk
ballen ['balən] *v/t* (*ge-*, *h*) clench (*fist*)
'**Ballen** *m* (*-s*; -) bale; ANAT ball
Ballett [ba'lɛt] *n* (-[*e*]*s*; *-e*) ballet
Ballon [ba'lɔŋ] *m* (*-s*; *-s*) balloon
'**Ballungs|raum** *m*, **~zentrum** *n* congested area, conurbation
Balsam ['balzaːm] *m* (*-s*; *no pl*) balm
Bambus ['bambʊs] *m* (*-ses*, *-*; *-se*) BOT bamboo; **~rohr** *n* BOT bamboo (cane)
banal [ba'naːl] *adj* banal, trite
Banane [ba'naːnə] *f* (-; *-n*) BOT banana
Banause [ba'nauzə] *m* (*-n*; *-n*) philistine
band [bant] *pret of* ***binden***
Band[1] *n* (-[*e*]*s*; *Bänder* ['bɛndɐ]) ribbon; tape; (*hat*) band; ANAT ligament; *fig* tie, link; ***auf ~ aufnehmen*** tape; ***am laufenden ~*** *fig* continuously
Band[2] *m* (-[*e*]*s*; *Bände* ['bɛndə]) volume
Bandage [ban'daːʒə] *f* (-; *-n*) bandage
bandagieren [banda'ʒiːrən] *v/t* (*no -ge-*, *h*) bandage (up)
'**Bandbreite** *f* ELECTR bandwidth; *fig* range
Bande ['bandə] *f* (-; *-n*) gang; *billiards*: cushions; *ice hockey*: boards; *bowling*: gutter
'**Bänderriss** *m* MED torn ligament
bändigen ['bɛndigən] *v/t* (*ge-*, *h*) tame (*a. fig*); restrain, control (*children etc*)
Bandit [ban'diːt] *m* (*-en*; *-en*) bandit, outlaw
'**Band|maß** *n* tape measure; **~scheibe** *f* ANAT (intervertebral) disk (*Br* disc); **~scheibenschaden** *m*, **~scheibenvorfall** *m* MED slipped disk; **~wurm** *m* ZO tapeworm
bange ['baŋə] *adj* afraid; anxious
'**Bange** *f*: ***j-m ~ machen*** frighten *or* scare s.o.; ***keine ~!*** (have) no fear!
'**bangen** *v/i* (*ge-*, *h*) be anxious *or* worried (***um*** about)
Bank[1] [baŋk] *f* (-; *Bänke* ['bɛŋkə]) bench; F ***durch die ~*** without exception; ***auf die lange ~ schieben*** put off
Bank[2] *f* (-; *-en*) bank; ***auf der ~*** in the bank
'**Bankangestellte** *m*, *f* bank clerk *or* employee
'**Bankauto,mat** *m* → ***Geldautomat***
Bankett [baŋ'kɛt] *n* (-[*e*]*s*; *-e*) banquet
'**Bankgeschäfte** *pl* banking transactions
Bankier [baŋ'kjeː] *m* (*-s*; *-s*) banker
'**Bank|konto** *n* bank(ing) account; **~leitzahl** *f* A.B.A. number, *Br* bank (sorting) code; **~note** *f* bill, *Br* (bank) note; **~raub** *m* bank robbery
bankrott [baŋ'krɔt] *adj* ECON bankrupt
Bank'rott *m* (-[*e*]*s*; *-e*) ECON bankruptcy; ***~ machen*** go bankrupt
'**Bankverbindung** *f* account(s), account details
Bann [ban] *m* (-[*e*]*s*; *no pl*) ban; spell
'**bannen** *v/t* (*ge-*, *h*) ward off; (***wie***) ***gebannt*** spellbound
Banner ['banɐ] *n* (*-s*; -) banner (*a. fig*)
bar [baːɐ] *adj* (in) cash; ***gegen ~*** for cash
Bar *f* (-; *-s*) bar; nightclub
Bär [bɛːɐ] *m* (*-en*; *-en*) ZO bear
Baracke [ba'rakə] *f* (-; *-n*) hut; *contp* shack
Barbar [bar'baːɐ] *m* (*-en*; *-en*) barbarian; **barbarisch** [bar'baːrıʃ] *adj* barbarous, *a.* atrocious (*crime etc*)

'**Bardame** *f* barmaid
'**barfuß** *adj and adv* barefoot
barg [bark] *pret of* ***bergen***
'**Bargeld** *n* cash
'**bargeldlos** *adj* noncash
'**Barhocker** *m* bar stool
Bariton ['ba:ritɔn] *m* (*-s*; *-e* ['ba:ri-to:nə]) MUS baritone
Barkasse [bar'kasə] *f* (*-*; *-n*) MAR launch
barm'herzig *adj* merciful; charitable
Barm'herzigkeit *f* (*-*; *no pl*) mercy; charity
'**Barmixer** *m* barman
Barometer [baro'me:tɐ] *n* (*-s*; *-*) barometer
Baron [ba'ro:n] *m* (*-s*; *-e*) baron
Ba'ronin *f* (*-*; *-nen*) baroness
Barren ['barən] *m* (*-s*; *-*) bar, ingot, *a. gold, silver* bullion; SPORT parallel bars
Barriere [ba'rje:rə] *f* (*-*; *-n*) barrier
Barrikade [bari'ka:də] *f* (*-*; *-n*) barricade
barsch [barʃ] *adj* rough, gruff, brusque
Barsch *m* (*-*[*e*]*s*; *-e*) ZO perch
'**Barscheck** *m* (negotiable) check, *Br* open cheque
barst [barst] *pret of* ***bersten***
Bart [ba:ɐt] *m* (*-*[*e*]*s*; *Bärte* ['bɛ:ɐtə]) beard; TECH bit; ***sich e-n ~ wachsen lassen*** grow a beard
bärtig ['bɛ:ɐtɪç] *adj* bearded
'**Barzahlung** *f* cash payment
Basar [ba'za:ɐ] *m* (*-s*; *-e*) bazaar
Base ['ba:zə] *f* (*-*; *-n*) cousin; CHEM base
basieren [ba'zi:rən] *v/i* (*no -ge-, h*) ***~ auf*** (*dat*) be based on
Basis ['ba:zɪs] *f* (*-*; *Basen*) basis; MIL, ARCH base
Baskenmütze ['baskənmʏtsə] *f* beret
Bass [bas] *m* (*-es*; *Bässe* ['bɛsə]) MUS bass
Bassin [ba'sẽ:] *n* (*-s*; *-s*) basin; (swimming) pool
Bassist [ba'sɪst] *m* (*-en*; *-en*) MUS bass singer *or* player
Bast [bast] *m* (*-*[*e*]*s*; *-e*) bast; HUNT velvet
Bastard ['bastart] *m* (*-s*; *-e*) BIOL hybrid; mongrel; V bastard
basteln ['bastəln] (*ge-, h*) **1.** *v/i* make *or* repair things o.s. **2.** *v/t* build, make
Bastler ['bastlɐ] *m* (*-s*; *-*) home handyman, do-it-yourselfer
bat [ba:t] *pret of* ***bitten***
Batik ['ba:tɪk] *m* (*-s*; *-en*), *f* (*-*; *-en*) batik
Batist [ba'tɪst] *m* (*-*[*e*]*s*; *-e*) cambric
Batterie [batə'ri:] *f* (*-*; *-n*) ELECTR, MIL battery
Bau [bau] *m* (*-*[*e*]*s*; *Bauten*) (*no pl*) building, construction; build, frame; building; ZO (*pl Baue*) hole, den; ***im ~*** under construction; **~arbeiten** *pl* construction work; road works; **~arbeiter** *m* construction worker; **~art** *f* style (of construction); type, model
Bauch [baux] *m* (*-*[*e*]*s*; *Bäuche* ['bɔʏçə]) belly (*a. fig*); ANAT abdomen; F tummy
'**bauchig** *adj* bulgy
'**Bauch|landung** *f* AVIAT belly landing; **~redner** *m* ventriloquist; **~schmerzen** *pl* stomachache; **~tanz** *m* belly dancing
bauen ['bauən] (*ge-, h*) **1.** *v/t* build, construct, *a.* make (*furniture etc*) **2.** *fig v/i*: ***~ auf*** (*acc*) rely *or* count on
Bauer[1] ['bauɐ] *m* (*-n*; *-n*) farmer; *chess*: pawn
'**Bauer**[2] *n, m* (*-s*; *-*) (bird)cage
Bäuerin ['bɔʏərɪn] *f* (*-*; *-nen*) farmer's wife; farmer
bäuerlich ['bɔʏɐlɪç] *adj* rural; rustic
'**Bauern|fänger** *contp m* trickster, conman; **~haus** *n* farmhouse; **~hof** *m* farm; **~möbel** *pl* rustic furniture
'**baufällig** *adj* dilapidated
'**Bau|firma** *f* builders and contractors; **~genehmigung** *f* building permit; **~gerüst** *n* scaffold(ing); **~herr** *m* owner; **~holz** *n* lumber, *Br a.* timber; **~inge,nieur** *m* civil engineer; **~jahr** *n* year of construction; ***~ 1995*** 1995 model; **~kasten** *m* box of building blocks (*Br* bricks); TECH construction set; kit; **~leiter** *m* building supervisor
'**baulich** *adj* structural
Baum [baum] *m* (*-*[*e*]*s*; *Bäume* ['bɔʏmə]) BOT tree
'**Baumarkt** *m* do-it-yourself superstore
baumeln ['bauməln] *v/i* (*ge-, h*) dangle, swing; ***mit den Beinen ~*** dangle one's legs
'**Baum|schule** *f* nursery; **~stamm** *m* trunk; log; **~wolle** *f* cotton
'**Bau|plan** *m* architectural drawing; blueprints; **~platz** *m* building site
Bausch [bauʃ] *m* (*-*[*e*]*s*; *-e*) wad, ball; ***in ~ und Bogen*** lock, stock and barrel
'**Bausparkasse** *f* building and loan association, *Br* building society
'**Bau|stein** *m* brick; (building) block; *fig*

B

element; **~stelle** *f* building site; MOT construction zone, *Br* roadworks; **~stil** *m* (architectural) style; **~stoff** *m* building material; **~techniker** *m* engineer; **~teil** *n* component (part), unit, module; **~unternehmer** *m* building contractor; **~vorschriften** *pl* building regulations; **~werk** *n* building; **~zaun** *m* hoarding; **~zeichner** *m* draftsman, *Br* draughtsman

Bayer ['baiɐ] *m* (*-n*; *-n*), **Bayerin** ['baiərɪn] *f* (*-*; *-nen*), **bay(e)risch** ['bai(ə)rɪʃ] *adj* Bavarian; **Bayern** ['baiɐn] Bavaria

Bazillus [ba'tsɪlʊs] *m* (*-*; *-len*) MED bacillus, germ

beabsichtigen [bə'ʔapzɪçtɪgən] *v/t* (*no -ge-*, *h*) intend, plan; ***es war beabsichtigt*** it was intentional

be'achten *v/t* (*no -ge-*, *h*) pay attention to; observe, follow (*rule etc*); ***~ Sie, dass ...*** note that ...; ***nicht ~*** take no notice of; disregard; **be'achtlich** *adj* remarkable; considerable

Be'achtung *f* (*-*; *no pl*) attention; consideration; observance

Beamte [bə'ʔamtə] *m* (*-n*; *-n*), **Be'amtin** *f* (*-*; *-nen*) official; (*police etc*) officer; civil servant

be'ängstigend *adj* alarming

beanspruchen [bə'ʔanʃprʊxən] *v/t* (*no -ge-*, *h*) claim; take up (*time etc*); TECH stress; **Be'anspruchung** *f* (*-*; *-en*) claim; TECH stress, strain (*a. fig*)

beanstanden [bə'ʔanʃtandən] *v/t* (*no -ge-*, *h*) complain about; object to

beantragen [bə'ʔantra:gən] *v/t* (*no -ge-*, *h*) apply for; JUR, PARL move (for); propose

be'antworten *v/t* (*no -ge-*, *h*) answer, reply to

be'arbeiten *v/t* (*no -ge-*, *h*) work; AGR till; hew (*stone*); process; be in charge of (*a case etc*); treat (*subject*); revise; THEA adapt (***nach*** from); *esp* MUS arrange; F ***j-n ~*** work on s.o.

Be'arbeitung *f* (*-*; *-en*) working; revision; THEA adaptation; *esp* MUS arrangement; TECH processing, treatment

be'atmen *v/t* (*no -ge-*, *h*) MED give artificial respiration to *s.o.*

beaufsichtigen [bə'ʔaufzɪçtɪgən] *v/t* (*no -ge-*, *h*) supervise; look after; **Be'aufsichtigung** *f* (*-*; *-en*) supervision; looking after

be'auftragen *v/t* (*no -ge-*, *h*) commission; instruct; ***~ mit*** put *s.o.* in charge of; **Beauftragte** [bə'ʔauftra:ktə] *m*, *f* (*-n*; *-n*) agent; representative; commissioner

be'bauen *v/t* (*no -ge-*, *h*) build on; AGR cultivate

beben ['be:bən] *v/i* (*ge-*, *h*) shake, tremble; shiver (*all*: ***vor*** with); *earth*: quake

bebildern [bə'bɪldɐn] *v/t* (*no -ge-*, *h*) illustrate

Becher ['bɛçɐ] *m* (*-s*; *-*) cup, mug

Becken ['bɛkən] *n* (*-s*; *-*) basin, bowl; pool; ANAT pelvis; MUS cymbal(s)

bedacht [bə'daxt] *adj*: ***darauf ~ sein zu*** *inf* be anxious to *inf*

bedächtig [bə'dɛçtɪç] *adj* deliberate; measured

bedang [bə'daŋ] *pret of* ***bedingen***

be'danken *v/refl* (*no -ge-*, *h*) ***sich bei j-m für et. ~*** thank s.o. for s.th.

Bedarf [bə'darf] *m* (*-[e]s*; *no pl*) need (***an*** *dat* of), want (of); ECON demand (for); ***bei ~*** if necessary

Be'darfshaltestelle *f* request stop

bedauerlich [bə'dauɐlɪç] *adj* regrettable; **be'dauerlicher'weise** *adv* unfortunately

be'dauern *v/t* (*no -ge-*, *h*) feel *or* be sorry for *s.o.*, pity *s.o.*; regret *s.th.*; **Be'dauern** *n* (*-s*; *no pl*) regret (***über*** *acc* at); **be'dauernswert** *adj* pitiable, deplorable

be'decken *v/t* (*no -ge-*, *h*) cover

be'deckt *adj* METEOR overcast

be'denken *v/t* (*irr*, ***denken***, *no -ge-*, *h*) consider, think *s.th.* over; **Be'denken** *pl* doubts; scruples; objections

be'denkenlos *adv* unhesitatingly; without scruples

be'denklich *adj* doubtful; serious, critical; alarming

Be'denkzeit *f*: ***e-e Stunde ~*** one hour to think it over

be'deuten *v/t* (*no -ge-*, *h*) mean; **~d** *adj* important; considerable; distinguished

Be'deutung *f* (*-*; *-en*) meaning; importance; **be'deutungslos** *adj* insignificant; meaningless; **be'deutungsvoll** *adj* significant; meaningful

be'dienen (*no -ge-*, *h*) **1.** *v/t* serve, wait on *s.o.*; TECH operate, work; ***sich ~*** help o.s.; **~ Sie sich!** help yourself! **2.** *v/i* serve; wait (at table); *card games*: follow suit; **Be'dienung** *f* (-; *-en*) (*no pl*) service; waiter, waitress; shop assistant, clerk; TECH operation, control; **Be'dienungsanleitung** *f* operating instructions

bedingen [bə'dɪŋən] *v/t* ([*irr*,] *no -ge-*, *h*) require; cause; imply, involve; **be'dingt** *adj*: **~ durch** caused by, due to

Be'dingung *f* (-; *-en*) condition; *pl* ECON terms; requirements; conditions; **unter einer ~** on one condition

be'dingungslos *adj* unconditional

be'drängen *v/t* (*no -ge-*, *h*) press (hard)

be'drohen *v/t* (*no -ge-*, *h*) threaten, menace; **be'drohlich** *adj* threatening; **Be'drohung** *f* threat, menace (*gen* to)

be'drücken *v/t* (*no -ge-*, *h*) depress, sadden

bedungen [bə'dʊŋən] *pp of* **bedingen**

Bedürfnis [bə'dʏrfnɪs] *n* (*-ses*; *-se*) need, necessity (**für, nach** for); **~anstalt** *f* comfort station, *Br* public convenience (*or* toilets)

be'dürftig *adj* needy, poor

be'eilen *v/refl* (*no -ge-*, *h*) hurry (up)

beeindrucken [bə'ˀaindrʊkən] *v/t* (*no -ge-*, *h*) impress

beeinflussen [bə'ˀainflʊsən] *v/t* (*no -ge-*, *h*) influence; affect

beeinträchtigen [bə'ˀaintrɛçtɪgən] *v/t* (*no -ge-*, *h*) affect, impair

be'end(ig)en *v/t* (*no -ge-*, *h*) (bring to an) end, finish, conclude, close

beengen [bə'ɛŋən] *v/t* (*no -ge-*, *h*) make *s.o.* (feel) uncomfortable; **be'engt** *adj*: **~ wohnen** live in cramped quarters

be'erben *v/t* (*no -ge-*, *h*) **j-n ~** be s.o.'s heir

beerdigen [bə'ˀeːɐdɪgən] *v/t* (*no -ge-*, *h*) bury; **Be'erdigung** *f* (-; *-en*) burial, funeral

Beere ['beːrə] *f* (-; *-n*) BOT berry; grape

Beet [beːt] *n* (-[*e*]*s*; *-e*) bed, patch

befähigen [bə'fɛːɪgən] *v/t* (*no -ge-*, *h*) enable; qualify (**für, zu** for); **be'fähigt** *adj* (cap)able; **zu et. ~** fit *or* qualified for s.th.; **Be'fähigung** *f* (-; *no pl*) qualification(s), (cap)ability

befahl [bə'faːl] *pret of* **befehlen**

be'fahrbar *adj* passable, practicable; MAR navigable

be'fahren *v/t* (*irr*, **fahren**, *no -ge-*, *h*) drive *or* travel on; MAR navigate

be'fallen *v/t* (*irr*, **fallen**, *no -ge-*, *h*) attack, seize (*a. fig*)

be'fangen *adj* self-conscious; prejudiced, JUR *a.* bias(s)ed

Be'fangenheit *f* (-; *no pl*) self-consciousness; JUR bias, prejudice

be'fassen *v/refl* (*no -ge-*, *h*) **sich ~ mit** engage *or* occupy o.s. with; work on *s.th.*; deal with *s.o.*, *s.th.*

Befehl [bə'feːl] *m* (-[*e*]*s*; *-e*) order; command (**über** *acc* of); **be'fehlen** *v/t* (*irr*, *no -ge-*, *h*) order; command

Be'fehlshaber *m* (*-s*; -) MIL commander

be'festigen *v/t* (*no -ge-*, *h*) fasten (**an** *dat* to), fix (to), attach (to); MIL fortify; **Be'festigung** *f* (-; *-en*) fixing, fastening; MIL fortification

be'feuchten *v/t* (*no -ge-*, *h*) moisten, damp

be'finden *v/refl* (*irr*, **finden**, *no -ge-*, *h*) be (situated); **Be'finden** *n* (*-s*; *no pl*) (state of) health

be'flecken *v/t* (*no -ge-*, *h*) stain; *fig a.* sully

befohlen [bə'foːlən] *pp of* **befehlen**

be'folgen *v/t* (*no -ge-*, *h*) follow, take (*advice*); observe (*rule etc*); REL keep; **Be'folgung** *f* (-; *no pl*) following; observance

be'fördern *v/t* (*no -ge-*, *h*) carry, transport; haul, ship; promote (**zu** to)

Be'förderung *f* (-; *-en*) (*no pl*) transport(-ation); shipment; promotion

be'fragen *v/t* (*no -ge-*, *h*) question, interview

be'freien *v/t* (*no -ge-*, *h*) free, liberate; rescue; exempt (**von** from); **Be'freiung** *f* (-; *no pl*) liberation; exemption

Befremden [bə'frɛmdən] *n* (*-s*; *no pl*) irritation, displeasure; **be'fremdet** *adj* irritated, displeased

befreunden [bə'frɔʏndən] *v/refl* (*no -ge-*, *h*) **sich ~ mit** make friends with; *fig* warm to; **be'freundet** *adj* friendly; **~ sein** be friends

befriedigen [bə'friːdɪgən] *v/t* (*no -ge-*, *h*) satisfy; **sich selbst ~** masturbate; **~d** *adj* satisfactory; *grade*: fair

befriedigt [bə'friːdɪçt] *adj* satisfied, pleased

Be'friedigung *f* (-; *no pl*) satisfaction

be'fristet *adj* limited (**auf** *acc* to), tem-

B

porary
be'fruchten *v/t* (*no -ge-, h*) BIOL fertilize, inseminate; **Be'fruchtung** *f* (-; *-en*) BIOL fertilization, insemination
Befugnis [bə'fu:knɪs] *f* (-; *-se*) authority; *esp* JUR competence; **befugt** [bə'fu:kt] *adj* authorized; competent
be'fühlen *v/t* (*no -ge-, h*) feel, touch
Be'fund *m* finding(s) (*a.* MED, JUR)
be'fürchten *v/t* (*no -ge-, h*) fear, be afraid of; suspect; **Be'fürchtung** *f* (-; *-en*) fear, suspicion
befürworten [bə'fy:ɐvɔrtən] *v/t* (*no -ge-, h*) advocate, speak *or* plead for; **Be'fürworter** *m* (*-s*; -) advocate
begabt [bə'ga:pt] *adj* gifted, talented
Be'gabung *f* (-; *-en*) gift, talent(s)
begann [bə'gan] *pret of* ***beginnen***
be'geben *v/refl* (*irr*, ***geben***, *no -ge-, h*) ***sich in Gefahr ~*** expose o.s. to danger
Be'gebenheit *f* (-; *-en*) incident, event
begegnen [bə'ge:gnən] *v/i* (*no -ge-, sein*) meet (*a. fig* ***mit*** with); ***sich ~*** meet
Be'gegnung *f* (-; *-en*) meeting, encounter (*a.* SPORT)
be'gehen *v/t* (*irr*, ***gehen***, *no -ge-, h*) walk (on); celebrate (*birthday etc*); commit (*crime*); make (*mistake*); ***ein Unrecht ~*** do wrong
begehren [bə'ge:rən] *v/t* (*no -ge-, h*) desire; **be'gehrenswert** *adj* desirable
be'gehrlich *adj* desirous, covetous
begehrt [bə'ge:ɐt] *adj* (very) popular, (much) in demand
begeistern [bə'gaistɐn] *v/t* (*no -ge-, h*) fill with enthusiasm; carry away (*audience*); ***sich ~ für*** be enthusiastic about
be'geistert *adj* enthusiastic
Be'geisterung *f* (-; *no pl*) enthusiasm
Begierde [bə'gi:ɐdə] *f* (-; *-n*) desire (***nach*** for), appetite (for)
be'gierig *adj* greedy; eager (***nach, auf*** *acc* for; ***zu*** *inf* to *inf*)
be'gießen *v/t* (*irr*, ***gießen***, *no -ge-, h*) water; GASTR baste; F *fig* celebrate *s.th.* (with a drink)
Beginn [bə'gɪn] *m* (-[*e*]*s*; *no pl*) beginning, start; ***zu ~*** at the beginning
be'ginnen *v/t and v/i* (*irr, no -ge-, h*) begin, start
beglaubigen [bə'glaubɪgən] *v/t* (*no -ge-, h*) attest, certify; **Be'glaubigung** *f* (-; *-en*) attestation, certification
be'gleichen *v/t* (*irr*, ***gleichen***, *no -ge-, h*) pay, settle
be'gleiten *v/t* (*no -ge-, h*) accompany (*a.* MUS ***auf*** *dat* on); ***j-n nach Hause ~*** see s.o. home; **Be'gleiter(in)** (*-s*; *-/-*; *-nen*) companion; MUS accompanist
Be'gleit|erscheinung *f* concomitant; MED side effect; **~schreiben** *n* covering letter
Be'gleitung *f* (-; *-en*) company; *esp* MIL escort; MUS accompaniment
be'glückwünschen *v/t* (*no -ge-, h*) congratulate (***zu*** on)
begnadigen [bə'gna:dɪgən] *v/t* (*no -ge-, h*), **Be'gnadigung** *f* (-; *-en*) JUR pardon; amnesty
begnügen [bə'gny:gən] *v/refl* (*no -ge-, h*) ***sich ~ mit*** be satisfied with; make do with
begonnen [bə'gɔnən] *pp of* ***beginnen***
be'graben *v/t* (*irr*, ***graben***, *no -ge-, h*) bury (*a. fig*); **Begräbnis** [bə'grɛ:pnɪs] *n* (*-ses*; *-se*) burial; funeral
begradigen [bə'gra:dɪgən] *v/t* (*no -ge-, h*) straighten
be'greifen *v/t* (*irr*, ***greifen***, *no -ge-, h*) comprehend, understand
be'greiflich *adj* understandable
be'grenzen *v/t* (*no -ge-, h*) limit, restrict (***auf*** *acc* to); **be'grenzt** *adj* limited
Be'griff *m* (-[*e*]*s*; *-e*) idea, notion; term (*a.* MATH); ***im ~ sein zu*** *inf* be about to *inf*; **be'griffsstutzig** *contp adj* F slow on the uptake
be'gründen *v/t* (*no -ge-, h*) give reasons for; **be'gründet** *adj* well-founded, justified; **Be'gründung** *f* (-; *-en*) reasons, arguments
be'grünen *v/t* (*no -ge-, h*) landscape
be'grüßen *v/t* (*no -ge-, h*) greet, welcome (*a. fig*); **Be'grüßung** *f* (-; *-en*) greeting, welcome
begünstigen [bə'gʏnstɪgən] *v/t* (*no -ge-, h*) favo(u)r
be'gutachten *v/t* (*no -ge-, h*) give an (expert's) opinion on; examine; ***~ lassen*** obtain expert opinion on
begütert [bə'gy:tɐt] *adj* wealthy
be'haart *adj* hairy
behäbig [bə'hɛ:bɪç] *adj* slow; portly
be'haftet *adj*: ***mit Fehlern ~*** flawed
behagen [bə'ha:gən] *v/i* (*no -ge-, h*) ***j-m ~*** please *or* suit s.o.; **Be'hagen** *n* (*-s*; *no pl*) pleasure, enjoyment; **behaglich** [bə'ha:klɪç] *adj* comfortable; cozy,

snug

be'halten *v/t* (*irr*, ***halten***, *no -ge-*, *h*) keep (*fig* ***für sich*** to o.s.); remember

Behälter [bəˈhɛltɐ] *m* (*-s*; -) container, receptacle

be'handeln *v/t* (*no -ge-*, *h*) handle; treat (*a.* MED); ***sich*** (***ärztlich***) **~** ***lassen*** undergo (medical) treatment

Be'handlung *f* (-; *-en*) handling; *a.* MED treatment

beharren [bəˈharən] *v/i* (*no -ge-*, *h*) insist (***auf*** *dat* on)

be'harrlich *adj* persistent

behaupten [bəˈhauptən] *v/t* (*no -ge-*, *h*) claim; pretend; **Be'hauptung** *f* (-; *-en*) statement, claim

be'heben *v/t* (*irr*, ***heben***, *no -ge-*, *h*) repair (*damage etc*)

be'heizen *v/t* (*no -ge-*, *h*) heat

be'helfen *v/refl* (*irr*, ***helfen***, *no -ge-*, *h*) ***sich*** **~** ***mit*** make do with; ***sich*** **~** ***ohne*** do without

Be'helfs... *in cpds mst* temporary

beherbergen [bəˈhɛrbɛrgən] *v/t* (*no -ge-*, *h*) accommodate

be'herrschen *v/t* (*no -ge-*, *h*) rule (over), govern; ECON dominate, control; have (a good) command of (*language*); ***sich*** **~** control o.s.; **Be'herrschung** *f* (-; *no pl*) command, control

beherzigen [bəˈhɛrtsɪgən] *v/t* (*no -ge-*, *h*) take to heart, mind

be'hilflich *adj*: ***j-m*** **~** ***sein*** help s.o. (***bei*** with, in)

be'hindern *v/t* (*no -ge-*, *h*) hinder; obstruct (*a.* SPORT); **be'hindert** *adj* MED handicapped; disabled

Be'hinderung *f* (-; *-en*) obstruction; MED handicap

Behörde [bəˈhøːɐdə] *f* (-; *-n*) authority, *mst the* authorities; board

be'hüten *v/t* (*no -ge-*, *h*) guard (***vor*** *dat* from)

behutsam [bəˈhuːtzaːm] *adj* careful; gentle

bei [bai] *prp* (*dat*) near; at; with; by; *time*: during; at; **~** ***München*** near Munich; ***wohnen*** **~** stay (*or* live) with; **~** ***mir*** (***ihr***) at my (her) place; **~** ***uns*** (***zu Hause***) at home; ***arbeiten*** **~** work for; ***e-e Stelle*** **~** a job with; **~** ***der Marine*** in the navy; **~** ***Familie Müller*** at the Müllers'; **~** ***Müller*** c/o Müller; ***ich habe kein Geld*** **~** ***mir*** I have no money with *or* on me; **~** ***e-r Tasse Tee*** over a cup of tea; ***wir haben Englisch*** **~** ***Herrn X*** we have Mr X for English; **~** ***Licht*** by light; **~** ***Tag*** during the day; **~** ***Nacht*** (***Sonnenaufgang***) at night (sunrise); **~** ***s-r Geburt*** at his birth; **~** ***Regen*** (***Gefahr***) in case of rain (danger); **~** ***100 Grad*** at a hundred degrees; → ***Arbeit, beim, weit***

'beibehalten *v/t* (*irr*, ***halten***, *sep*, *no -ge-*, *h*) keep up, retain

'beibringen *v/t* (*irr*, ***bringen***, *sep*, *no -ge-*, *h*) teach; tell; inflict (*dat* on)

Beichte [ˈbaiçtə] *f* (-; *-n*) REL confession

'beichten *v/t and v/i* (*ge-*, *h*) REL confess (*a. fig*)

'Beichtstuhl *m* REL confessional

beide [ˈbaidə] *adj and pron* both; ***m-e*** **~*****n*** ***Brüder*** my two brothers; ***wir*** **~** the two of us; both of us; ***keiner von*** **~*****n*** neither of them; ***30*** **~** *tennis*: 30 all

beiei'nander *adv* together

'Beifahrer *m* front(-seat) passenger

'Beifall *m* (-[*e*]*s*; *no pl*) applause; *fig* approval

'Beifallssturm *m* (standing) ovation

'beifügen *v/t* (*sep*, *-ge-*, *h*) enclose (*dat* with)

beige [beːʃ] *adj* beige

'beigeben (*irr*, ***geben***, *sep*, *-ge-*, *h*) **1.** *v/t* add **2.** F *v/i*: ***klein*** **~** knuckle under

'Bei|geschmack *m* smack (***von*** of) (*a. fig*); **~hilfe** *f* aid, allowance; JUR aiding and abetting

Beil [bail] *n* (-[*e*]*s*; *-e*) hatchet; ax(e)

'Beilage *f* supplement; GASTR side dish; vegetables

'beiläufig *adj* casual

'beilegen *v/t* (*sep*, *-ge-*, *h*) add (*dat* to); enclose (with); settle (*dispute*)

'Beilegung *f* (-; *-en*) settlement

'Beileid *n* (-[*e*]*s*; *no pl*) condolence; ***herzliches*** **~** my deepest sympathy

'beiliegen *v/i* (*irr*, ***liegen***, *sep*, *-ge-*, *h*) be enclosed (*dat* with)

beim [baim] *prp*: **~** ***Bäcker*** at the baker's; **~** ***Sprechen*** *etc* while speaking *etc*; **~** ***Spielen*** at play; → *a.* ***bei***

'beimessen *v/t* (*irr*, ***messen***, *sep*, *-ge-*, *h*) attach *importance etc* (*dat* to)

Bein [bain] *n* (-[*e*]*s*; *-e*) ANAT leg; bone

beinah(e) [ˈbainaː(ə)] *adv* almost, nearly

'Beinbruch *m* MED fracture of the leg

'beipflichten *v/i* (*sep*, *-ge-*, *h*) agree (*dat*

with)
be'irren *v/t* (*no -ge-*, *h*) confuse
beisammen [bai'zamən] *adv* together
Bei'sammensein *n*: ***geselliges ~*** get-together
'Beischlaf *m* JUR sexual intercourse
bei'seite *adv* aside; ***~schaffen*** *v/t* (*sep*, *-ge-*, *h*) remove; liquidate *s.o.*
'beisetzen *v/t* (*sep*, *-ge-*, *h*) bury
'Beisetzung *f* (*-*; *-en*) funeral
'Beispiel *n* (*-[e]s*; *-e*) example; ***zum ~*** for example, for instance; ***sich an j-m ein ~ nehmen*** follow s.o.'s example
'beispiel|haft *adj* exemplary; **~los** *adj* unprecedented, unparalleled
'beispielsweise *adv* such as
beißen ['baisən] *v/t and v/i* (*irr*, *-ge-*, *h*) bite (*a. fig*); ***sich ~*** *colors*: clash; **~d** *adj* biting, pungent (*both a. fig*)
'Beistand *m* (*-[e]s*; *no pl*) assistance
'bei|stehen *v/i* (*irr*, ***stehen***, *sep*, *-ge-*, *h*) ***j-m ~*** assist *or* help s.o.; **~steuern** *v/t* (*sep*, *-ge-*, *h*) contribute (***zu*** to)
Beitrag ['baitra:k] *m* (*-[e]s*; *Beiträge* ['baitrɛ:gə]) contribution; dues, *Br* subscription; **'beitragen** *v/t* (*irr*, ***tragen***, *sep*, *-ge-*, *h*) contribute (***zu*** to)
'beitreten *v/i* (*irr*, ***treten***, *sep*, *-ge-*, *sein*) join; **'Beitritt** *m* (*-[e]s*; *-e*) joining
'Beiwagen *m* MOT sidecar
bei'zeiten *adv* early, in good time
beizen ['baitsən] *v/t* (*ge-*, *h*) stain (*wood*); pickle (*meat*)
bejahen [bə'ja:ən] *v/t* (*no -ge-*, *h*) answer in the affirmative, affirm; **~d** *adj* affirmative
be'kämpfen *v/t* (*no -ge-*, *h*) fight (against)
bekannt [bə'kant] *adj* (well-)known; familiar; ***et. ~ geben*** announce s.th.; ***j-n mit j-m ~ machen*** introduce s.o. to s.o.; **Be'kannte** *m*, *f* (*-n*; *-n*) acquaintance, *mst* friend
be'kanntgeben *v/t* (*irr*, ***geben***, *sep*, *-ge-*, *h*) → ***bekannt***
be'kanntlich *adv* as you know
be'kanntmachen *v/t* (*sep*, *-ge-*, *h*) → ***bekannt***; **Be'kanntmachung** *f* (*-*; *-en*) announcement
Be'kanntschaft *f* (*-*; *-en*) acquaintance
be'kehren *v/t* (*no -ge-*, *h*) convert
be'kennen *v/t* (*irr*, ***kennen***, *no -ge-*, *h*) confess (*a.* REL); admit; ***sich schuldig ~*** JUR plead guilty; ***sich ~ zu*** profess *s.th.*; claim responsibility for; **Be'kennerbrief** *m* letter claiming responsibility
Be'kenntnis *n* (*-ses*; *-se*) confession, REL *a.* denomination
be'klagen *v/t* (*no -ge-*, *h*) deplore; ***sich ~*** complain (***über*** *acc* about)
be'klagenswert *adj* deplorable
be'kleben *v/t* (*no -ge-*, *h*) stick (*or* paste) on *s.th.*; ***mit Etiketten ~*** label *s.th.*
be'kleckern F *v/t* (*no -ge-*, *h*) stain; ***sich ~ mit*** spill *s.th.* over o.s.
Be'kleidung *f* (*-*; *-en*) clothing, clothes
be'kommen (*irr*, ***kommen***, *no -ge-*) **1.** *v/t* (*h*) get, receive; MED catch; be having (*baby*) **2.** *v/i* (*sein*) ***j-m*** (***gut***) **~** agree with s.o.; **bekömmlich** [bə'kœmlıç] *adj* wholesome
be'kräftigen *v/t* (*no -ge-*, *h*) confirm
be'kreuzigen *v/refl* (*no -ge-*, *h*) cross o.s.
bekümmert [bə'kʏmɐt] *adj* worried
be'laden *v/t* (*irr*, ***laden***, *no -ge-*, *h*) load, *fig a.* burden
Belag [bə'la:k] *m* (*-[e]s*; *Beläge* [bə'lɛ:gə]) covering; TECH coat(ing); MOT lining; (*road*) surface; MED fur; plaque; GASTR topping; spread; (sandwich) filling
be'lagern *v/t* (*no -ge-*, *h*) MIL besiege (*a. fig*); **Be'lagerung** *f* (*-*; *-en*) MIL siege
be'langlos *adj* irrelevant
be'lassen *v/t* (*irr*, ***lassen***, *no -ge-*, *h*) leave; ***es dabei ~*** leave it at that
be'lastbar *adj* resistant to strain *or* stress; TECH loadable; **be'lasten** *v/t* (*no -ge-*, *h*) load; *fig* burden; JUR incriminate; pollute; damage; ***j-s Konto ~ mit*** charge *s.th.* to s.o.'s account
belästigen [bə'lɛstıgən] *v/t* (*no -ge-*, *h*) molest; annoy; disturb, bother; **Be'lästigung** *f* (*-*; *-en*) molestation; annoyance; disturbance
Be'lastung *f* (*-*; *-en*) load (*a.* TECH); *fig* burden; strain; stress; JUR incrimination; pollution, contamination
Be'lastungszeuge *m* JUR witness for the prosecution
be'laufen *v/refl* (*irr*, ***laufen***, *no -ge-*, *h*) ***sich ~ auf*** (*acc*) amount to
be'lauschen *v/t* (*no -ge-*, *h*) eavesdrop on
be'leben *fig v/t* (*no -ge-*, *h*) stimulate; **~d** *adj* stimulating
belebt [bə'le:pt] *adj* busy, crowded

Beleg [bəˈleːk] *m* (-[*e*]*s*; -*e*) proof; receipt; document; **be'legen** *v/t* (*no -ge-, h*) cover; reserve (*seat*); prove; enrol(l) for, take (*classes*); GASTR put s.th. on; ***den ersten*** *etc* ***Platz ~*** SPORT take first *etc* place

Be'legschaft *f* (-; -*en*) staff

be'legt *adj* taken, occupied; *hotel etc*: full; TEL busy, *Br* engaged; MED coated; ***~es Brot*** sandwich

be'lehren *v/t* (*no -ge-, h*) teach, instruct, inform; ***sich ~ lassen*** take advice

beleidigen [bəˈlaidɪgən] *v/t* (*no -ge-, h*) offend (*a. fig*), insult; **~d** *adj* offensive, insulting

Be'leidigung *f* (-; -*en*) offense, *Br* offence, insult

be'lesen *adj* well-read

be'leuchten *v/t* (*no -ge-, h*) light (up), illuminate (*a. fig*); *fig* throw light on

Be'leuchtung *f* (-; -*en*) light(ing); illumination

Belgien [ˈbɛlgjən] Belgium; **Belgier** [ˈbɛlgjɐ] *m* (-*s*; -), **Belgierin** [ˈbɛlgjərɪn] *f* (-; -*nen*), **'belgisch** *adj* Belgian

be'lichten *v/t* (*no -ge-, h*) PHOT expose

Be'lichtungsmesser *m* PHOT exposure meter

Be'lieben *n*: ***nach ~*** at will

beliebig [bəˈliːbɪç] *adj* any; optional; ***jeder ~e*** anyone

beliebt [bəˈliːpt] *adj* popular (***bei*** with)

Be'liebtheit *f* (-; *no pl*) popularity

be'liefern *v/t* (*no -ge-, h*) supply, furnish (***mit*** with); **Be'lieferung** *f* supply

bellen [ˈbɛlən] *v/i* (*ge-, h*) bark (*a. fig*)

be'lohnen *v/t* (*no -ge-, h*) reward

Be'lohnung *f* (-; -*en*) reward; ***zur ~*** as a reward

be'lügen *v/t* (*irr*, ***lügen***, *no -ge-, h*) ***j-n ~*** lie to s.o.

belustigen [bəˈlʊstɪgən] *v/t* (*no -ge-, h*) amuse; **belustigt** [bəˈlʊstɪçt] *adj* amused; **Be'lustigung** *f* (-; -*en*) amusement

bemächtigen [bəˈmɛçtɪgən] *v/refl* (*no -ge-, h*) get hold of, seize

be'malen *v/t* (*no -ge-, h*) paint

bemängeln [bəˈmɛŋəln] *v/t* (*no -ge-, h*) find fault with

bemannt [bəˈmant] *adj* manned

be'merkbar *adj* noticeable; ***sich ~ machen*** draw attention to o.s.; begin to show; **be'merken** *v/t* (*no -ge-, h*) notice; remark; **be'merkenswert** *adj* remarkable; **Be'merkung** *f* (-; -*en*) remark (***über*** *acc* about)

be'mitleiden *v/t* (*no -ge-, h*) pity, feel sorry for; **be'mitleidenswert** *adj* pitiable

be'mühen *v/refl* (*no -ge-, h*) try (hard); ***sich ~ um*** try to get *s.th.*; try to help *s.o.*; ***bitte ~ Sie sich nicht!*** please don't bother; **Be'mühung** *f* (-; -*en*) effort; ***danke für Ihre ~en!*** thank you for your trouble

be'muttern *v/t* (*no -ge-, h*) mother *s.o.*

be'nachbart *adj* neighbo(u)ring

benachrichtigen [bəˈnaːxrɪçtɪgən] *v/t* (*no -ge-, h*) inform, notify

Be'nachrichtigung *f* (-; -*en*) information, notification

benachteiligen [bəˈnaːxtailɪgən] *v/t* (*no -ge-, h*) place *s.o.* at a disadvantage; discriminate against *s.o.*; **benachteiligt** [bəˈnaːxtailɪçt] *adj* disadvantaged; ***die Benachteiligten*** the underprivileged; **Be'nachteiligung** *f* (-; -*en*) disadvantage; discrimination

be'nehmen *v/refl* (*irr*, ***nehmen***, *no -ge-, h*) behave (o.s.); **Be'nehmen** *n* (-*s*; *no pl*) behavio(u)r; manners

be'neiden *v/t* (*no -ge-, h*) ***j-n um et. ~*** envy s.o. s.th.

be'neidenswert *adj* enviable

BENELUX [ˈbeːnelʊks] *abbr of* ***Belgien, Niederlande, Luxemburg*** Belgium, the Netherlands and Luxembourg

be'nennen *v/t* (*irr*, ***nennen***, *no -ge-, h*) name

Bengel [ˈbɛŋəl] *m* (-*s*; -) (little) rascal, urchin

benommen [bəˈnɔmən] *adj* dazed, F dopey

be'noten *v/t* (*no -ge-, h*) grade, *Br* mark

be'nötigen *v/t* (*no -ge-, h*) need, want, require

be'nutzen *v/t* (*no -ge-, h*) use

Be'nutzer *m* (-*s*; -) user

be'nutzerfreundlich *adj* user-friendly

Be'nutzeroberfläche *f* IT user interface

Be'nutzung *f* use

Benzin [bɛnˈtsiːn] *n* (-*s*; -*e*) gasoline, F gas, *Br* petrol

beobachten [bəˈʔoːbaxtən] *v/t* (*no -ge-, h*) watch; observe

Be'obachter *m* (-*s*; -) observer

B

Be'obachtung *f* (-; *-en*) observation
be'pflanzen *v/t* (*no -ge-*, *h*) plant (***mit*** with)
bequem [bə'kveːm] *adj* comfortable; easy; lazy; **be'quemen** *v/refl* (*no -ge-*, *h*) ***sich ~ zu*** *inf* bring o.s. to *inf*
Be'quemlichkeit *f* (-; *-en*) comfort; ***alle ~en*** all conveniences; (*no pl*) laziness
be'raten *v/t* (*irr*, ***raten***, *no -ge-*, *h*) advise *s.o.*; debate, discuss *s.th.*; ***sich ~*** confer (***mit j-m*** with s.o.; ***über et.*** on s.th.); **Be'rater** *m* (*-s*; -) adviser, consultant; **Be'ratung** *f* (-; *-en*) advice (*a.* MED); debate; consultation, conference; **Be'ratungsstelle** *f* counsel(l)ing center (*Br* centre)
be'rauben *v/t* (*no -ge-*, *h*) rob
be'rauschend *adj* intoxicating; F *fig* ***nicht gerade ~!*** not so hot!; **be'rauscht** *fig adj*: ***~ von*** drunk with
be'rechnen *v/t* (*no -ge-*, *h*) calculate; ECON charge (***zu*** at); **~d** *adj* calculating
Be'rechnung *f* calculation (*a. fig*)
berechtigen [bə'rɛçtɪgən] *v/t*: ***j-n ~ zu*** entitle (*or* authorize) s.o. to; **berechtigt** [bə'rɛçtɪçt] *adj* entitled (***zu*** to); authorized (to); legitimate; **Be'rechtigung** *f* (-; *no pl*) right (***zu*** to); authority
Beredsamkeit [bə'reːtzaːmkait] *f* (-; *no pl*) eloquence
beredt [bə'reːt] *adj* eloquent (*a. fig*)
Be'reich *m* (-[*e*]*s*; *-e*) area; range; field
bereichern [bə'raɪçɐn] *v/t* (*no -ge-*, *h*) enrich; ***sich ~*** get rich (***an*** *dat* on); **Be'reicherung** [bə'raiçərʊŋ] *f* (-; *no pl*) enrichment
Be'reifung *f* (-; *-en*) (set of) tires (*Br* tyres)
be'reinigen *v/t* (*no -ge-*, *h*) settle
be'reisen *v/t* (*no -ge-*, *h*) tour; cover
bereit [bə'rait] *adj* ready, prepared; willing; **be'reiten** *v/t* (*no -ge-*, *h*) prepare; cause; **be'reithalten** *v/t* (*irr*, ***halten***, *sep*, *-ge-*, *h*) have *s.th.* ready; ***sich ~*** stand by; **be'reits** *adv* already; **Be'reitschaft** *f* (-; *no pl*) readiness; ***in ~*** on standby; **Be'reitschaftsdienst** *m*: ***~ haben*** *doctor etc*: be on call; **be'reitstellen** *v/t* (*sep*, *-ge-*, *h*) provide; **be'reitwillig** *adj* ready, willing
be'reuen *v/t* (*no -ge-*, *h*) repent (of); regret
Berg [bɛrk] *m* (-[*e*]*s*; *-e*) mountain; ***~e von*** F loads of; ***die Haare standen ihm zu ~e*** his hair stood on end
berg'ab *adv* downhill (*a. fig*)
'Bergarbeiter *m* miner
berg'auf *adv* uphill
'Berg|bahn *f* mountain railroad (*Br* railway); **~bau** *m* (-[*e*]*s*; *no pl*) mining
bergen ['bɛrgən] *v/t* (*irr*, *ge- h*) rescue, save *s.o.*; salvage *s.th.*; recover (*body*)
'Bergführer *m* mountain guide
bergig ['bɛrgɪç] *adj* mountainous
'Berg|kette *f* mountain range; **~mann** *m* (-[*e*]*s*; *-leute*) miner; **~rutsch** *m* landslide; **~schuhe** *pl* mountain(eering) boots; **~spitze** *f* (mountain) peak; **~steigen** *n* mountaineering, (mountain) climbing; **~steiger** *m* (*-s*; -) mountaineer, (mountain) climber
'Bergung *f* (-; *-en*) recovery; rescue
'Bergungsarbeiten *pl* rescue work; salvage operations
'Bergwacht *f* alpine rescue service
'Bergwerk *n* mine
Bericht [bə'rɪçt] *m* (-[*e*]*s*; *-e*) report (***über*** *acc* on), account (of)
be'richten *v/t and v/i* (*no -ge-*, *h*) report (***über*** *acc* on); ***j-m et. ~*** inform s.o. of s.th.; tell s.o. about s.th.
Be'richt|erstatter *m* (*-s*; -) reporter; correspondent; **~erstattung** *f* (-; *-en*) report(ing)
berichtigen [bə'rɪçtɪgən] *v/t* (*no -ge-*, *h*) correct; **Be'richtigung** *f* (-; *-en*) correction
be'rieseln *v/t* (*no -ge-*, *h*) sprinkle
Bernstein ['bɛrnʃtain] *m* (*-s*; *no pl*) amber
bersten ['bɛrstən] *v/i* (*irr*, *-ge-*, *sein*) burst (*fig* ***vor*** *dat* with)
berüchtigt [bə'rʏçtɪçt] *adj* notorious (***wegen*** for)
berücksichtigen [bə'rʏkzɪçtɪgən] *v/t* (*no -ge-*, *h*) take into consideration; ***nicht ~*** disregard
Be'rücksichtigung *f*: ***unter ~*** (*gen*) in consideration of
Be'ruf *m* (-[*e*]*s*; *-e*) job, occupation; trade; profession; **be'rufen** *v/t* (*irr*, ***rufen***, *no -ge-*, *h*) appoint (***zu*** [as] *s.o.*; to *s.th.*); ***sich ~ auf*** (*acc*) refer to
be'ruflich *adj* professional; ***~ unterwegs*** away on business
Be'rufs… *in cpds …sportler etc*: profes-

sional ...; **~ausbildung** *f* vocational (*or* professional) training; **~berater** *m* careers advisor; **~beratung** *f* careers guidance; **~bezeichnung** *f* job designation *or* title; **~kleidung** *f* work clothes; **~krankheit** *f* occupational disease; **~schule** *f* vocational school

be'rufstätig *adj*: ***~ sein*** (go to) work, have a job; **Be'rufstätige** *m, f* (*-n; -n*) working person, *pl* working people

Be'rufsverkehr *m* rush-hour traffic

Be'rufung *f* (*-; -en*) appointment (***zu*** to); JUR appeal (***bei*** to); ***unter ~ auf*** (*acc*) with reference to; on the grounds of

be'ruhen *v/i* (*no -ge-, h*) ***~ auf*** (*dat*) be based on; ***et. auf sich ~ lassen*** let s.th. rest

beruhigen [bə'ruːɪgən] *v/t* (*no -ge-, h*) quiet(en), calm, soothe; reassure *s.o.*; ***sich ~*** calm down; **~d** *adj* reassuring; MED sedative

Be'ruhigung *f* (*-; -en*) calming (down); soothing; relief; **Be'ruhigungsmittel** *n* MED sedative; tranquil(l)izer

berühmt [bə'ryːmt] *adj* famous (***wegen*** for); **Be'rühmtheit** *f* (*-; -en*) (*no pl*) fame; celebrity, star

be'rühren *v/t* (*no -ge-, h*) touch (*a. fig*); concern; **Be'rührung** *f* (*-; -en*) touch; ***in ~ kommen*** come into contact

Be'rührungs|angst *f* fear of contact; **~punkt** *m* point of contact

besänftigen [bə'zɛnftɪgən] *v/t* (*no -ge-, h*) appease, calm, soothe

Be'satzung *f* (*-; -en*) AVIAT, MAR crew; MIL occupying forces

Be'satzungs|macht *f* MIL occupying power; **~truppen** *pl* MIL occupying forces

be'saufen F *v/refl* (*irr*, ***saufen***, *no -ge-, h*) get drunk, get bombed

be'schädigen *v/t* (*no -ge-, h*) damage

Be'schädigung *f* (*-; -en*) damage

be'schaffen *v/t* (*no -ge-, h*) provide, get; raise (*money*); **Be'schaffenheit** *f* (*-; no pl*) state, condition

beschäftigen [bə'ʃɛftɪgən] *v/t* (*no -ge-, h*) employ; keep *s.o.* busy; ***sich ~*** occupy o.s.; **beschäftigt** [bə'ʃɛftɪçt] *adj* busy, occupied; **Be'schäftigte** *m, f* (*-n; -n*) employed person, *pl* employed people; **Be'schäftigung** *f* (*-; -en*) employment; occupation

be'schämen *v/t* (*no -ge-, h*) shame *s.o.*, make *s.o.* feel ashamed; **~d** *adj* shameful; humiliating

be'schämt *adj* ashamed (***über*** *acc* of)

be'schatten *fig v/t* (*no -ge-, h*) shadow, F tail

Bescheid [bə'ʃait] *m* (*-[e]s; -e*) answer; JUR decision; information (***über*** *acc* on, about); ***sagen Sie mir ~*** let me know; (***gut***) ***~ wissen über*** (*acc*) know all about

be'scheiden *adj* modest (*a. fig*); humble; **Be'scheidenheit** *f* (*-; no pl*) modesty

bescheinigen [bə'ʃainɪgən] *v/t* (*no -ge-, h*) certify

Be'scheinigung *f* (*-; -en*) (*no pl*) certification; certificate

be'scheißen V *v/t* (*irr*, ***scheißen***, *no -ge-, h*) cheat; ***j-n ~ um*** do s.o. out of

be'schenken *v/t* (*no -ge-, h*) ***j-n*** (***reich***) ***~*** give s.o. (shower s.o. with) presents

Be'scherung *f* (*-; -en*) distribution of (Christmas) presents; F *fig* mess

be'schichten *v/t* (*no -ge-, h*) TECH coat

Be'schichtung *f* (*-; -en*) TECH coat

be'schießen *v/t* (*irr*, ***schießen***, *no -ge-, h*) MIL fire *or* shoot at; bombard (*a.* PHYS), shell

be'schimpfen *v/t* (*no -ge-, h*) abuse, insult; swear at; **Be'schimpfung** *f* (*-; -en*) abuse, insult

be'schissen V *adj* lousy, rotten

Be'schlag *m* TECH metal fitting(s); ***in ~ nehmen*** *fig* monopolize *s.o.*; bag; occupy; **be'schlagen** (*irr*, ***schlagen***, *no -ge-*) **1.** *v/t* (*h*) cover; TECH fit, mount; shoe (*horse*) **2.** *v/i* (*sein*) *window etc*: steam up **3.** *adj* steamed-up; *fig* well-versed (***auf, in*** *dat* in)

Be'schlagnahme [bə'ʃlaːknaːmə] *f* (*-; -n*) confiscation; **be'schlagnahmen** *v/t* (*no -ge-, h*) confiscate

beschleunigen [bə'ʃlɔʏnɪgən] *v/t and v/i* (*no -ge-, h*) accelerate, speed up; **Be'schleunigung** *f* (*-; -en*) acceleration

be'schließen *v/t* (*irr*, ***schließen***, *no -ge-, h*) decide (on); pass (*law*); conclude; **Be'schluss** *m* decision

be'schmieren *v/t* (*no -ge-, h*) smear, soil; scrawl all over; cover *wall etc* with graffiti; spread (*toast etc*)

be'schmutzen *v/t* (*no -ge-, h*) soil (*a.*

B

fig), dirty
be'schneiden *v/t* (*irr*, ***schneiden***, *no -ge-*, *h*) clip, cut (*a. fig*); prune; MED circumcise
be'schönigen [bə'ʃøːnɪgən] *v/t* (*no -ge-*, *h*) gloss over
beschränken [bə'ʃrɛŋkən] *v/t* (*no -ge-*, *h*) confine, limit, restrict; ***sich ~ auf*** (*acc*) confine o.s. to; **be'schränkt** *adj* limited; *contp* dense; narrow-minded
Be'schränkung *f* (-; *-en*) limitation, restriction
be'schreiben *v/t* (*irr*, ***schreiben***, *no -ge-*, *h*) describe; write on
Be'schreibung *f* (-; *-en*) description
be'schriften *v/t* (*no -ge-*, *h*) inscribe; mark (*goods*); **Be'schriftung** *f* (-; *-en*) inscription
beschuldigen [bə'ʃʊldɪgən] *v/t* (*no -ge-*, *h*) blame; ***j-n e-r Sache ~*** accuse s.o. of s.th. (*a.* JUR); **Be'schuldigung** *f* (-; *-en*) accusation
be'schummeln F *v/t* (*no -ge-*, *h*) cheat
Be'schuss *m*: ***unter ~*** MIL under fire
be'schützen *v/t* (*no -ge-*, *h*) protect, shelter, guard (***vor*** *dat* from)
Be'schützer *m* (*-s*; -) protector
Beschwerde [bə'ʃveːɐdə] *f* (-; *-n*) complaint (***über*** *acc* about; ***bei*** to); *pl* MED complaints, trouble
beschweren [bə'ʃveːrən] *v/t* (*no -ge-*, *h*) weight *s.th.*; ***sich ~*** complain (***über*** *acc* about; ***bei*** to)
be'schwerlich *adj* hard, arduous
beschwichtigen [bə'ʃvɪçtɪgən] *v/t* (*no -ge-*, *h*) appease (*a.* POL), calm
be'schwindeln *v/t* (*no -ge-*, *h*) tell a fib *or* lie; cheat
beschwingt [bə'ʃvɪŋt] *adj* buoyant; MUS lively, swinging
beschwipst [bə'ʃvɪpst] F *adj* tipsy
be'schwören *v/t* (*irr*, ***schwören***, *no -ge-*, *h*) swear to; implore; conjure up
beseitigen [bə'zaitɪgən] *v/t* (*no -ge-*, *h*) remove (*a. s.o.*), *a.* dispose of (*waste etc*); eliminate; POL liquidate
Be'seitigung *f* (-; *no pl*) removal; disposal; elimination
Besen ['beːzən] *m* (*-s*; -) broom
'Besenstiel *m* broomstick
besessen [bə'zesən] *adj* obsessed (***von*** by, with); ***wie ~*** like mad
be'setzen *v/t* (*no -ge-*, *h*) occupy (*a.* MIL); fill (*post etc*); THEA cast; trim; squat in; **be'setzt** *adj* occupied; *seat*: taken; *bus etc*: full up; TEL busy, *Br* engaged; **Be'setztzeichen** *n* TEL busy signal, *Br* engaged tone; **Be'setzung** *f* (-; *-en*) THEA cast; MIL occupation
besichtigen [bə'zɪçtɪgən] *v/t* (*no -ge-*, *h*) visit, see the sights of; inspect
Be'sichtigung *f* (-; *-en*) sightseeing; visit (*gen* to); inspection (of)
be'siedeln *v/t* (*no -ge-*, *h*) settle; colonize; populate; **be'siedelt** *adj*: ***dicht*** (***dünn***) ~ densely (sparsely) populated; **Be'siedlung** *f* (-; *-en*) settlement; colonization; population
be'siegeln *v/t* (*no -ge-*, *h*) seal
be'siegen *v/t* (*no -ge-*, *h*) defeat, beat; conquer (*a. fig*)
besinnen *v/refl* (*irr*, ***sinnen***, *no -ge-*, *h*) remember; think (***auf*** *acc* about); ***sich anders ~*** change one's mind
be'sinnlich *adj* contemplative
Be'sinnung *f* (-; *no pl*) MED consciousness; (***wieder***) ***zur ~ kommen*** MED come round; *fig* come to one's senses
be'sinnungslos *adj* MED unconscious
Be'sitz *m* (*-es*; *no pl*) possession; property; ***~ ergreifen von*** take possession of; **be'sitzanzeigend** *adj* LING possessive; **be'sitzen** *v/t* (*irr*, ***sitzen***, *no -ge-*, *h*) possess, own; **Be'sitzer** *m* (*-s*; -) possessor, owner; ***den ~ wechseln*** change hands
besoffen [bə'zɔfən] F *adj* drunk, plastered, stoned
besohlen [bə'zoːlən] *v/t* (*no -ge-*, *h*) ***~ lassen*** have (re)soled
Be'soldung *f* (-; *-en*) pay; salary
besondere [bə'zɔndərə] *adj* special, particular; peculiar
Be'sonderheit *f* (-; *-en*) peculiarity
be'sonders *adv* especially, particularly; chiefly, mainly
be'sonnen *adj* prudent, level-headed
be'sorgen *v/t* (*no -ge-*, *h*) get, buy; → ***erledigen***; **Be'sorgnis** [bə'zɔrknɪs] *f* (-; *-se*) concern, alarm, anxiety (***über*** *acc* about, at); ***~ erregend*** → ***besorgniserregend***; **be'sorgniserregend** *adj* alarming; **besorgt** [bə'zɔrkt] *adj* worried, concerned; **Be'sorgung** *f* (-; *-en*) ***~en machen*** go shopping
be'spielen *v/t* (*no -ge-*, *h*) make a recording on
be'spitzeln *v/t* (*no -ge-*, *h*) spy on *s.o.*

be'sprechen *v/t* (*irr*, ***sprechen***, *no -ge-*, *h*) discuss, talk *s.th.* over; review (*book etc*); **Be'sprechung** *f* (-; *-en*) discussion, talk(s); meeting, conference; review

be'spritzen *v/t* (*no -ge-*, *h*) spatter

besser ['bɛsɐ] *adj and adv* better; ***es ist ~, wir fragen ihn*** we had better ask him; ***immer ~*** better and better; ***es geht ihm ~*** he is better; ***oder ~ gesagt*** or rather; ***es ~ wissen*** know better; ***es ~ machen als*** do better than; ***~ ist ~*** just to be on the safe side

'bessern *v/refl* (*ge-*, *h*) improve, get better; **'Besserung** *f* (-; *no pl*) improvement; ***auf dem Wege der ~*** on the way to recovery; ***gute ~!*** get better soon

Besserwisser ['bɛsɐvɪsɐ] *m* (*-s*; -) F smart aleck

Be'stand *m* (*no pl*) (continued) existence; stock; ***~ haben*** last, be lasting

be'ständig *adj* constant, steady (*a. character*); settled; ***...beständig*** *in cpds* ...-resistant, ...proof

Be'standsaufnahme *f* ECON stocktaking (*a. fig*); ***~ machen*** take stock (*a. fig*)

Be'standteil *m* part, component

be'stärken *v/t* (*no -ge-*, *h*) confirm, strengthen, encourage (***in*** *dat* in)

bestätigen [bə'ʃtɛːtɪgən] *v/t* (*no -ge-*, *h*) confirm; certify; acknowledge (*receipt*); ***sich ~*** prove (to be) true; come true; ***sich bestätigt fühlen*** feel affirmed; **Be'stätigung** *f* (-; *-en*) confirmation; certificate; acknowledg(e)ment; letter of confirmation

bestatten [bə'ʃtatən] *v/t* (*no -ge-*, *h*) bury; **Be'stattungsinsti,tut** *n* funeral home, *Br* undertakers

be'stäuben *v/t* (*no -ge-*, *h*) dust; BOT pollinate

beste ['bɛstə] *adj and adv* best; ***am ~n*** best; ***welches gefällt dir am ~n?*** which one do you like best?; ***am ~n nehmen Sie den Bus*** it would be best to take a bus; **Beste** *m*, *f* (*-n*; *-n*), *n* (*-n*; *no pl*) *the* best; ***das ~ geben*** do one's best; ***das ~ machen aus*** make the best of; (***nur***) ***zu deinem ~n*** for your own good

be'stechen *v/t* (*irr*, ***stechen***, *no -ge-*, *h*) bribe; fascinate (***durch*** by)

be'stechlich *adj* corrupt

Be'stechung *f* (-; *-en*) bribery, corruption; **Be'stechungsgeld** *n* bribe

Besteck [bə'ʃtɛk] *n* (*-[e]s*; *-e*) (set of) knife, fork and spoon; cutlery

be'stehen (*irr*, ***stehen***, *no -ge-*, *h*) **1.** *v/t* pass (*examination etc*) **2.** *v/i* be, exist; ***~ auf*** (*dat*) insist on; ***~ aus*** (***in***) (*dat*) consist of (in); ***~ bleiben*** last, survive

Be'stehen *n* (*-s*; *no pl*) existence

be'stehlen *v/t* (*irr*, ***stehlen***, *no -ge-*, *h*) ***j-n ~*** steal s.o.'s money *etc*

be'steigen *v/t* (*irr*, ***steigen***, *no -ge-*, *h*) climb; get on *a bus etc*; ascend (*the throne*)

be'stellen *v/t* (*no -ge-*, *h*) order; book (*room etc*); reserve (*seat etc*); call (*taxi*); give, send (*message etc*); AGR cultivate; ***kann ich et. ~?*** can I take a message?; ***~ Sie ihm bitte, ...*** please tell him ...

Be'stellschein *m* ECON order form

Be'stellung *f* (-; *-en*) booking; reservation; ECON order; ***auf ~*** to order

'bestenfalls *adv* at best

'bestens *adv* very well

bestialisch [bɛs'tjaːlɪʃ] *adj fig* bestial

Bestie ['bɛstjə] *f* (-; *-n*) beast, *fig a.* brute

be'stimmen *v/t* (*no -ge-*, *h*) determine, decide; define; choose, pick; ***zu ~ haben*** be in charge, F be the boss; ***bestimmt für*** meant for; **be'stimmt** **1.** *adj* determined, firm; LING definite (*article*); ***~e Dinge*** certain things **2.** *adv* certainly; ***ganz ~*** definitely; ***er ist ~ ...*** he must be ...; **Be'stimmung** *f* (-; *-en*) regulation; destiny

Be'stimmungsort *m* destination

'Bestleistung *f* SPORT (personal) record

be'strafen *v/t* (*no -ge-*, *h*) punish

Be'strafung *f* (-; *-en*) punishment

be'strahlen *v/t* (*no -ge-*, *h*) irradiate (*a.* MED); **Be'strahlung** *f* (-; *-en*) irradiation; MED ray treatment, radiotherapy

be'streichen *v/t* (*irr*, ***streichen***, *no -ge-*, *h*) spread; **be'streiten** *v/t* (*irr*, ***streiten***, *no -ge-*, *h*) challenge; deny; pay for, finance; **be'streuen** *v/t* (*no -ge-*, *h*) sprinkle (***mit*** with); **be'stürmen** *v/t* (*no -ge-*, *h*) urge; bombard

be'stürzt *adj* dismayed (***über*** *acc* at); **Be'stürzung** *f* (-; *no pl*) consternation, dismay

Besuch [bə'zuːx] *m* (*-[e]s*; *-e*) visit (*gen*, ***bei***, ***in*** *dat* to); call (***bei*** on; ***in*** *dat* at); attendance (*gen* at); ***~ haben*** have company *or* guests; **be'suchen** *v/t*

B

(*no -ge-, h*) visit; call on, (go to) see; look *s.o.* up; attend (*meeting etc*); go to (*pub etc*); **Be'sucher(in)** (*-s; -/-; -nen*) visitor, guest; **Be'suchszeit** *f* visiting hours; **be'sucht** *adj*: ***gut*** (***schlecht***) **~** well (poorly) attended; much (little) frequented

betagt [bə'ta:kt] *adj* aged

be'tasten *v/t* (*no -ge-, h*) touch, feel

be'tätigen *v/t* (*no -ge-, h*) TECH operate; apply (*brake*); ***sich*** **~** be active

Be'tätigung *f* (*-; -en*) activity

betäuben [bə'tɔʏbən] *v/t* (*no -ge-, h*) stun (*a. fig*), daze; MED an(a)esthetize

Be'täubung *f* (*-; -en*) MED an(a)esthetization; an(a)esthesia; *fig* daze, stupor

Be'täubungsmittel *n* MED an(a)esthetic; narcotic

Bete ['be:tə] *f* (*-; -n*) ***rote*** **~** BOT beet, *Br* beetroot

beteiligen [bə'tailɪgən] *v/t* (*no -ge-, h*) ***j-n*** **~** give s.o. a share (***an*** *dat* in); ***sich*** **~** take part (***an*** *dat*, ***bei*** in), participate (in) (*a.* JUR); **beteiligt** [bə'tailɪçt] *adj* concerned; **~ *sein an*** (*dat*) be involved in; ECON have a share in; **Be'teiligung** *f* (*-; -en*) participation (*a.* JUR, ECON); involvement; share (*a.* ECON)

beten ['be:tən] *v/i* (*ge-, h*) pray (***um*** for), say one's prayers; say grace

beteuern [bə'tɔʏɐn] *v/t* (*no -ge-, h*) protest (*one's innocence etc*)

Beton [be'tɔŋ] *m* (*-s; -s, -e* [be'to:nə]) concrete

betonen [bə'to:nən] *v/t* (*no -ge-, h*) stress, *fig a.* emphasize

betonieren [beto'ni:rən] *v/t* (*no -ge-, h*) (cover with) concrete

Be'tonung *f* (*-; -en*) stress; *fig* emphasis

betören [bə'tø:rən] *v/t* (*no -ge-, h*) infatuate, bewitch

Betr. *abbr of* ***betrifft*** re

Betracht [bə'traxt] *m*: ***in ~ ziehen*** take into consideration; ***nicht in ~ kommen*** be out of the question

be'trachten *v/t* (*no -ge-, h*) look at, *fig a.* view; **~ *als*** look upon *or* regard as, consider; **Be'trachter** *m* (*-s; -*) viewer

beträchtlich [bə'trɛçtlɪç] *adj* considerable

Be'trachtung *f* (*-; -en*) view; ***bei näherer ~*** on closer inspection

Betrag [bə'tra:k] *m* (*-[e]s; Beträge* [bə'trɛ:gə]) amount, sum; **be'tragen** (*irr,* ***tragen***, *no -ge-, h*) **1.** *v/t* amount to **2.** *v/refl* behave (o.s.); **Be'tragen** *n* (*-s; no pl*) behavio(u)r, conduct

be'trauen *v/t* (*no -ge-, h*) entrust (***mit*** with)

be'treffen *v/t* (*irr,* ***treffen***, *no -ge-, h*) concern; refer to; ***was ... betrifft*** as for ..., as to ...; ***betrifft*** (*abbr* ***Betr.***) re; **~d** *adj* concerning; ***die ~en Personen*** *etc* the people *etc* concerned

be'treiben *v/t* (*irr,* ***treiben***, *no -ge-, h*) operate, run; go in for (*sport etc*)

be'treten[1] *v/t* (*irr,* ***treten***, *no -ge-, h*) step on; enter; ***Betreten*** (***des Rasens***) ***verboten!*** keep out! (keep off the grass!)

be'treten[2] *adj* embarrassed

betreuen [bə'trɔʏən] *v/t* (*no -ge-, h*) look after, take care of; **Be'treuung** *f* (*-; no pl*) care (*gen* of, for)

Betrieb [bə'tri:p] *m* (*-[e]s; -e*) business, firm, company; (*no pl*) operation, running; (*no pl*) rush; ***in ~ sein*** (***setzen***) be in (put into) operation; ***außer ~*** out of order; ***im Geschäft war viel ~*** the shop was very busy

Be'triebs|anleitung *f* operating instructions; **~berater** *m* business consultant; **~ferien** *pl* company (*Br a.* works) holiday; **~fest** *n* annual company fête; **~kapi,tal** *n* working capital; **~klima** *n* working atmosphere; **~kosten** *pl* operating costs; **~leitung** *f* management; **~rat** *m* works council

be'triebssicher *adj* safe to operate

Be'triebs|störung *f* TECH breakdown; **~sys,tem** *n* IT operating system; **~unfall** *m* industrial accident; **~wirtschaft** *f* business administration

be'trinken *v/refl* (*irr,* ***trinken***, *no -ge-, h*) get drunk

betroffen [bə'trɔfən] *adj* affected, concerned; dismayed, shocked; **Be'troffenheit** *f* (*-; no pl*) dismay, shock

betrübt [bə'try:pt] *adj* sad, grieved (***über*** *acc* at)

Betrug [bə'tru:k] *m* (*-[e]s; no pl*) cheat; JUR fraud; deceit; **be'trügen** *v/t* (*irr,* ***trügen***, *no -ge-, h*) deceive; cheat (***beim Kartenspiel*** at cards); swindle, trick (***um et.*** out of s.th.); be unfaithful to; **Be'trüger(in)** (*-s; -/-; -nen*) swindler, trickster

betrunken [bə'trʊŋkən] *adj* drunken; **~**

B

sein be drunk
Be'trunkene *m, f (-n; -n)* drunk
Bett [bɛt] *n (-[e]s; -en)* bed; ***am ~*** at the bedside; ***ins ~ gehen (bringen)*** go (put) to bed; **~bezug** *m* comforter case, *Br* duvet cover; **~decke** *f* blanket; quilt
betteln ['bɛtəln] *v/i (ge-, h)* beg (***um*** for)
'Bettgestell *n* bedstead
bettlägerig ['bɛtlɛːgərɪç] *adj* bedridden
'Bettlaken *n* sheet
Bettler ['bɛtlɐ] *m (-s; -)* beggar
Bett|nässer ['bɛtnɛsɐ] *m (-s; -)* MED bed wetter; **~ruhe** *f* bed rest; ***j-m ~ verordnen*** tell s.o. to stay in bed; **~vorleger** *m* bedside rug; **~wäsche** *f* bed linen; **~zeug** *n* bedding, bedclothes
beugen ['bɔʏgən] *v/t (ge-, h)* bend; LING inflect; ***sich ~ (vor*** *dat* to) bend, bow
Beule ['bɔʏlə] *f (-; -n)* MED bump; MOT dent
beunruhigen [bə'ʔʊnruːɪgən] *v/t (no -ge-, h)* alarm, worry
beurlauben [bə'ʔuːɐlaubən] *v/t* give *s.o.* leave *or* time off; suspend; ***sich ~ lassen*** ask for leave; **beurlaubt** [bə'ʔuːɐlaupt] *adj* on leave
be'urteilen *v/t (no -ge-, h)* judge (***nach*** by); rate; **Be'urteilung** *f (-; -en)* judg(e)ment; evaluation
Beute ['bɔʏtə] *f (-; no pl)* booty, loot; ZO prey *(a. fig)*; HUNT bag; *fig a.* victim
Beutel ['bɔʏtəl] *m (-s; -)* bag; pouch
bevölkern [bə'fœlkɐn] *v/t (no -ge-, h)* populate; **be'völkert** *adj* → ***besiedelt***; **Be'völkerung** *f (-; -en)* population
bevollmächtigen [bə'fɔlmɛçtɪgən] *v/t (no -ge-, h)* authorize
be'vor *cj* before
bevor|munden [bə'foːɐmʊndən] *v/t (no -ge-, h)* patronize; **~stehen** *v/i (irr,* ***stehen***, *sep, -ge-, h)* be approaching; lie ahead; be imminent; ***j-m ~*** be in store for s.o., await s.o.
bevorzugen [bə'foːɐtsuːgən] *v/t (no -ge-, h)* prefer; favo(u)r; **Be'vorzugung** *f (-; -en)* preferential treatment
be'wachen *v/t (no -ge-, h)* guard, watch over; **Be'wacher** *m (-s; -)* guard; SPORT marker; **Be'wachung** *f (-; -en) (no pl)* guarding; SPORT marking; guard
bewaffnen [bə'vafnən] *v/t (no -ge-, h)* arm *(a. fig)*; **Be'waffnung** *f (-; -en)* armament; arms
be'wahren *v/t (no -ge-, h)* keep; ***~ vor*** *(dat)* keep *or* save from
be'währen *v/refl (no -ge-, h)* prove successful; ***sich ~ als*** prove to be
bewährt [bə'vɛːɐt] *adj* (well-)tried, reliable; experienced; **Be'währung** *f (-; -en)* JUR probation
Be'währungs|frist *f* JUR (period of) probation; **~helfer** *m* JUR probation officer; **~probe** *f* (acid) test
bewaldet [bə'valdət] *adj* wooded, woody
bewältigen [bə'vɛltɪgən] *v/t (no -ge-, h)* manage, cope with; cover *(distance)*
be'wandert *adj* (well-)versed (***in*** *dat* in)
be'wässern *v/t (no -ge-, h)* irrigate; **Be'wässerung** *f (-; -en)* irrigation
bewegen [bə'veːgən] *v/t and v/refl (no -ge-, h)* move *(a. fig)*; ***nicht ~!*** don't move!; *(irr)* ***j-n zu et. ~*** get s.o. to do s.th.
Be'weggrund *m* motive
beweglich [bə'veːklɪç] *adj* movable; agile; flexible; TECH moving *(parts)*; **Be'weglichkeit** *f (-; no pl)* mobility; agility; **be'wegt** *adj* rough *(sea)*; choked *(voice)*; eventful *(life)*; *fig* moved, touched; **Be'wegung** *f (-; -en)* movement *(a.* POL*)*; motion *(a.* PHYS*)*; exercise; *fig* emotion; ***in ~ setzen*** set in motion; **Be'wegungsfreiheit** *f (-; no pl)* freedom of movement *(fig a.* of action*)*; **be'wegungslos** *adj* motionless
Beweis [bə'vais] *m (-es; -e)* proof (***für*** of); **~(e)** evidence *(esp* JUR*)*
be'weisen *v/t (irr,* ***weisen***, *no -ge-, h)* prove; show
Be'weismittel *n* JUR (piece of) evidence
Be'weisstück *n* (piece of) evidence, JUR exhibit
be'wenden *v/i*: ***es dabei ~ lassen*** leave it at that
be'werben *v/refl (irr,* ***werben***, *no -ge-, h)* ***sich ~ um*** apply for; **Be'wer-ber(in)** *(-s; -/-; -nen)* applicant; **Be'werbung** *f (-; -en)* application; **Be'werbungsschreiben** *n* (letter of) application
be'werten *v/t (no -ge-, h)* assess; judge; **Be'wertung** *f (-; -en)* assessment
bewilligen [bə'vɪlɪgən] *v/t (no -ge-, h)* grant, allow; **be'wirken** *v/t (no -ge-,*

h) cause; **bewirten** [bə'vɪrtən] *v/t* (*no -ge-, h*) entertain
be'wirtschaften *v/t* (*no -ge-, h*) run; AGR farm; **be'wirtschaftet** *adj* open (to the public)
Be'wirtung *f* (-; *-en*) catering; service; hospitality
bewog [bə'vo:k] *pret of* ***bewegen***
bewogen [bə'vo:gən] *pp of* ***bewegen***
be'wohnen *v/t* (*no -ge-, h*) live in; inhabit; **Be'wohner(in)** (*-s*; *-/-*; *-nen*) inhabitant; occupant; **be'wohnt** *adj* inhabited; occupied
bewölken [bə'vœlkən] *v/refl* (*no -ge-, h*) METEOR cloud over (*a. fig*); **be'wölkt** *adj* METEOR cloudy, overcast
Be'wölkung *f* (-; *no pl*) METEOR clouds
Bewunderer [bə'vʊndərɐ] *m* (*-s*; -) admirer; **be'wundern** *v/t* (*no -ge-, h*) admire (***wegen*** for); **be'wundernswert** *adj* admirable; **Be'wunderung** *f* (-; *no pl*) admiration
bewusst [bə'vʊst] *adj* conscious; intentional; ***sich e-r Sache ~ sein*** be conscious *or* aware of s.th., realize s.th.; ***j-m et. ~ machen*** make s.o. realize s.th.
be'wusstlos *adj* MED unconscious
be'wusstmachen *v/t* → ***bewusst***
Be'wusstsein *n* (*-s*; *no pl*) MED consciousness; ***bei ~*** conscious
be'zahlen *v/t* (*no -ge-, h*) pay; pay for (*a. fig*); **be'zahlt** *adj*: ***~er Urlaub*** paid leave; ***es macht sich ~*** it pays; **Be'zahlung** *f* (-; *no pl*) payment; pay
be'zaubern *v/t* (*no -ge-, h*) charm; **~d** *adj* charming, F sweet, darling
be'zeichnen *v/t* (*no -ge-, h*) ***~ als*** call, describe as; **~d** *adj* characteristic, typical (***für*** of)
Be'zeichnung *f* (-; *-en*) name, term
be'zeugen *v/t* (*no -ge-, h*) JUR testify to
be'ziehen *v/t* (*irr*, ***ziehen***, *no -ge-, h*) cover; put clean sheets on (*bed*); move into; receive; subscribe to (*paper etc*); ***~ auf*** (*acc*) relate to; ***sich ~*** cloud over; ***sich ~ auf*** (*acc*) refer to; **Be'ziehung** *f* (-; *-en*) relation (***zu*** to *s.th.*; with *s.o.*); connection (***zu*** with); relationship; respect; ***~en haben*** have connections
be'ziehungsweise *cj* respectively; or; or rather
Bezirk [bə'tsɪrk] *m* (-[*e*]*s*; *-e*) precinct, *Br a.* district
Bezug [bə'tsu:k] *m* (-[*e*]*s*; *Bezüge* [bə'tsy:gə]) cover(ing); case, slip; (*no pl*) ECON purchase; subscription (*gen* to); *pl* earnings; ***~ nehmen auf*** (*acc*) refer to; ***in ~ auf*** (*acc*) → ***bezüglich***
bezüglich [bə'tsy:klɪç] *prp* (*gen*) regarding, concerning
Be'zugs|per,son *f* PSYCH person to relate to, role model; **~punkt** *m* reference point; **~quelle** *f* source (of supply)
be'zwecken *v/t* (*no -ge-, h*) aim at, intend; **be'zweifeln** *v/t* (*no -ge-, h*) doubt, question; **be'zwingen** *v/t* (*irr*, ***zwingen***, *no -ge-, h*) conquer, defeat
Bibel ['bi:bəl] *f* (-; *-n*) Bible
Biber ['bi:bɐ] *m* (*-s*; -) ZO beaver
Bibliothek [biblio'te:k] *f* (-; *-en*) library
Bibliothekar [bibliote'ka:ɐ] *m* (*-s*; *-e*), **Bibliothe'karin** *f* (-; *-nen*) librarian
biblisch ['bi:blɪʃ] *adj* biblical
bieder ['bi:dɐ] *adj* honest; square
biegen ['bi:gən] *v/t* (*irr, ge-, h*) *and v/i* (*sein*) bend (*a.* ***sich ~***), *road*: *a.* turn; ***um die Ecke ~*** turn (round) the corner
biegsam ['bi:kza:m] *adj* flexible
'Biegung *f* (-; *-en*) curve
Biene ['bi:nə] *f* (-; *-n*) ZO bee
'Bienen|königin *f* ZO queen (bee); **~korb** *m*, **~stock** *m* (bee)hive; **~wachs** *n* beeswax
Bier [bi:ɐ] *n* (-[*e*]*s*; *-e*) beer; ***~ vom Faß*** draft (*Br* draught) beer; **~deckel** *m* coaster, beer mat; **~krug** *m* beer mug, stein
Biest [bi:st] F *fig n* (-[*e*]*s*; *-er*) beast; (***kleines***) ~ brat, little devil, stinker
bieten ['bi:tən] (*irr, ge-, h*) **1.** *v/t* offer; ***sich ~*** present itself **2.** *v/i auction*: (make a) bid
Bigamie [biga'mi:] *f* (-; *-n*) bigamy
Bikini [bi'ki:ni] *m* (*-s*; *-s*) bikini
Bilanz [bi'lants] *f* (-; *-en*) ECON balance; *fig* result; ***~ ziehen aus*** (*dat*) *fig* take stock of
Bild [bɪlt] *n* (-[*e*]*s*; *-er* ['bɪldɐ]) picture; image; ***sich ein ~ machen von*** get an idea of; **~ausfall** *m* TV blackout; **~bericht** *m* photo(graphic) essay (*Br* report)
bilden ['bɪldən] *v/t* (*ge-, h*) form (*a.* ***sich ~***); shape; *fig* educate (***sich*** o.s.); be, constitute
'Bilderbuch *n* picture book

'**Bildfläche** *f*: F ***auf der ~ erscheinen*** (***von der ~ verschwinden***) appear on (disappear from) the scene
'**Bildhauer** *m* (*-s*; -), '**Bildhauerin** *f* (-; *-nen*) sculptor
'**bildlich** *adj* graphic; figurative
'**Bildnis** *n* (*-ses*; *-se*) portrait
'**Bildplatte** *f* videodisk (*Br* -disc)
'**Bildröhre** *f* picture tube
'**Bildschirm** *m* TV screen, IT *a.* display, monitor; **~schoner** *m* (*-s*; -) screen saver; **~text** *m* videotext, *Br* viewdata
'**bild'schön** *adj* most beautiful
'**Bildung** *f* (-; *-en*) (*no pl*) education; formation
'**Bildungs...** *in cpds ...chancen, ...reform, ...urlaub etc*: educational ...; **~lücke** *f* gap in one's knowledge
'**Bildunterschrift** *f* caption
Billard ['bɪljart] *n* (*-s*; *-e*) billiards, pool; **~kugel** *f* billiard ball; **~stock** *m* cue
Billett [bɪl'jɛt] *n* (*-[e]s*; *-e*) *Swiss* ticket
billig ['bɪlɪç] *adj* cheap (*a. contp*), inexpensive
billigen ['bɪlɪgən] *v/t* (*ge-*, *h*) approve of; '**Billigung** *f* (-; *no pl*) approval
Billion [bɪ'ljoːn] *f* (-; *-en*) trillion
bimmeln ['bɪməln] F *v/i* (*ge-*, *h*) jingle; TEL ring
binär [bi'nɛːɐ] *adj* MATH, PHYS *etc* binary
Binde ['bɪndə] *f* (-; *-n*) bandage; sling; → ***Damenbinde***; **~gewebe** *n* ANAT connective tissue; **~glied** *n* (connecting) link
'**Bindehaut** *f* ANAT conjunctiva; **~entzündung** *f* MED conjunctivitis
binden (*irr*, *ge-*, *h*) **1.** *v/t* bind (*a. book*), tie (***an*** *acc* to); make (*wreath etc*); knot (*tie*); ***sich ~*** bind *or* commit o.s. **2.** *v/i* bind
'**Bindestrich** *m* LING hyphen
'**Bindewort** *n* LING conjunction
Bindfaden ['bɪntfaːdən] *m* string
'**Bindung** *f* (-; *-en*) tie, link, bond; *skiing*: binding
Binnen|hafen ['bɪnənhaːfən] *m* inland port; **~handel** *m* domestic trade; **~markt** *m*: ***Europäischer ~*** European single market; **~schifffahrt** *f* inland navigation; **~verkehr** *m* inland traffic *or* transport
Binse ['bɪnzə] *f* (-; *-n*) BOT rush
'**Binsenweisheit** *f* (-; *-en*) truism
Bio..., **bio...** [bio-] *in cpds ...chemie, ...dynamisch, ...sphäre etc*: bio...
Biografie, **Biographie** [biogra'fiː] *f* (-; *-n*) biography
bio'grafisch, **bio'graphisch** *adj* biographic(al)
Bioladen ['biːolaːdən] *m* health food shop *or* store
Biologe [bio'loːgə] *m* (*-n*; *-n*) biologist
Biologie [biolo'giː] *f* (-; *no pl*) biology
Bio'login *f* (-; *-nen*) biologist
biologisch [bio'loːgɪʃ] *adj* biological; AGR organic; ***~ abbaubar*** biodegradable
'**Biorhythmus** *m* biorhythms
'**Biotechnik** *f* (-; *no pl*) biotechnology
Biotop [bio'toːp] *n* (*-s*; *-e*) biotope
Birke ['bɪrkə] *f* (-; *-n*) BOT birch (tree)
Birne ['bɪrnə] *f* (-; *-n*) BOT pear; ELECTR (light) bulb
bis [bɪs] *prp* (*acc*) *and adv and cj time*: till, until, (up) to; *space*: (up) to, as far as; ***von ... ~ ...*** from ... to ...; ***~ auf*** (*acc*) except; ***~ zu*** up to; ***~ später!*** see you later!; ***~ jetzt*** up to now, so far; ***~ Montag*** by Monday; ***zwei ~ drei*** two or three; ***wie weit ist es ~ ...?*** how far is it to ...?
Bischof ['bɪʃɔf] *m* (*-s*; *Bischöfe* ['bɪʃœfə]) REL bishop
bisexuell [bizɛ'ksuɛl] *adj* bisexual
bis'her *adv* up to now, so far; ***wie ~*** as before
bisherig [bɪs'heːrɪç] *adj* previous
Biskuit [bɪs'kviːt] *n* (*-[e]s*; *-e*) sponge cake (mix)
biss [bɪs] *pret of* ***beißen***
Biss *m* (*-es*; *-e*) bite (*a. fig*)
bisschen ['bɪsçən] *adj and adv*: ***ein ~*** a little, a (little) bit (of); ***nicht ein ~*** not in the least
Bissen ['bɪsən] *m* (*-s*; -) bite; ***keinen ~*** not a thing
bissig ['bɪsɪç] *adj fig* cutting; ***ein ~er Hund*** a dog that bites; ***Vorsicht, ~er Hund!*** beware of the dog!
Bistum ['bɪstuːm] *n* (*-s*; *Bistümer* ['bɪstyːmɐ]) REL bishopric, diocese
bis'weilen *adv* at times, now and then
Bit [bɪt] *n* (*-[s]*; *-[s]*) IT bit
bitte ['bɪtə] *adv* please; ***~ nicht!*** please don't!; ***~ (schön)!*** that's all right, not at all, you're welcome; here you are; (***wie***) ***~?*** pardon?; ***~ sehr?*** can I help you?; '**Bitte** *f* (-; *-n*) request (***um*** for);

B

ich habe e-e ~ (an dich) I have a favo(u)r to ask of you; ˈ**bitten** *v/t* (*irr, ge-, h*) ***j-n um et. ~*** ask s.o. for s.th.; ***darf ich ~?*** may I have (the pleasure of) this dance?; → ***Erlaubnis***
bitter [ˈbɪtɐ] *adj* bitter (*a. fig*), *a.* biting (*cold*); **~ˈkalt** *adj* bitterly cold
blähen [ˈblɛːən] *v/refl* (*ge-, h*) swell
ˈ**Blähungen** *pl* MED flatulence, *Br a.* wind
blamabel [blaˈmaːbəl] *adj* embarrassing; **Blamage** [blaˈmaːʒə] *f* (-; -*n*) disgrace, shame; **blamieren** [blaˈmiːrən] *v/t* (*no -ge-, h*) ***j-n ~*** make s.o. look like a fool; ***sich ~*** make a fool of o.s.
blank [blaŋk] *adj* shining, shiny, bright; polished; F broke
Blanko… [ˈblaŋko] *in cpds* ECON blank
Bläschen [ˈblɛːsçən] *n* (-*s*; -) MED vesicle, small blister
Blase [ˈblaːzə] *f* (-; -*n*) bubble; ANAT bladder; MED blister
ˈ**Blasebalg** *m* (pair of) bellows
ˈ**blasen** *v/t* (*irr, ge-, h*) blow (*a.* MUS)
ˈ**Blas|instruˌment** *n* MUS wind instrument; **~kaˌpelle** *f* brass band; **~rohr** *n* blowpipe
blass [blas] *adj* pale (***vor*** with); ***~ werden*** turn pale; **Blässe** [ˈblɛsə] *f* (-; *no pl*) paleness, pallor
Blatt [blat] *n* (-[*e*]*s*; *Blätter* [ˈblɛtɐ]) BOT leaf; piece, sheet (*a.* MUS); (news)paper; *card games*: hand; **blättern** [ˈblɛtɐn] *v/i* (*ge-, h*) ***~ in*** (*dat*) leaf through
ˈ**Blätterteig** *m* puff pastry
blau [blau] *adj* blue; F loaded, stoned; ***~es Auge*** black eye; ***~er Fleck*** bruise; ***Fahrt ins Blaue*** mystery tour
blauäugig [ˈblauɔʏgɪç] *adj* blue-eyed; *fig* starry-eyed
ˈ**Blaubeere** *f* BOT blueberry, *Br* bilberry
ˈ**blaugrau** *adj* bluish-gray (*Br* -grey)
ˈ**Blauhelme** *pl* MIL UN soldiers
bläulich [ˈblɔʏlɪç] *adj* bluish
ˈ**Blaulicht** *n* (-[*e*]*s*; -*er*) flashing light(s)
ˈ**blaumachen** F *v/i* (*sep, -ge-, h*) stay away from work *or* school
ˈ**Blausäure** *f* CHEM prussic acid
Blech [blɛç] *n* (-[*e*]*s*; -*e*) sheet metal; *in cpds …dach, …löffel etc*: tin …; *…instrument*: MUS brass …
ˈ**Blech|büchse**, **~dose** *f* can, *Br a.* tin
ˈ**blechen** F *v/t and v/i* (*ge-, h*) shell out
ˈ**Blechschaden** *m* MOT bodywork damage
Blei [blai] *n* (-[*e*]*s*; -*e*) lead; ***aus ~*** leaden
Bleibe [ˈblaibə] *f* (-; -*n*) place to stay
ˈ**bleiben** *v/i* (*irr, ge-, sein*) stay, remain; ***~ bei*** stick to; F ***et. ~ lassen*** not do s.th.; ***lass das ~!*** stop that!; ***das wirst du schön ~ lassen!*** you'll do nothing of the sort!; → ***Apparat, ruhig***; **~d** *adj* lasting, permanent
ˈ**bleibenlassen** *v/i* → ***bleiben***
bleich [blaiç] *adj* pale (***vor*** *dat* with)
ˈ**bleichen** *v/t* ([*irr,*] *ge-, h*) bleach
bleiern [ˈblaiɐn] *adj* lead(en *fig*)
ˈ**bleifrei** *adj* MOT unleaded
ˈ**Bleistift** *m* pencil; **~spitzer** *m* pencil sharpener
Blende [ˈblɛndə] *f* (-; -*n*) blind; PHOT aperture; (***bei***) ***~ 8*** (at) f-8
ˈ**blenden** *v/t* (*ge-, h*) blind, dazzle (*both a. fig*); **~d** *adj* dazzling (*a. fig*); brilliant; ***~ aussehen*** look great
ˈ**blendfrei** *adj* OPT antiglare
blich [blɪç] *pret of* ***bleichen***
Blick [blɪk] *m* (-[*e*]*s*; -*e*) look (***auf*** *acc* at); view (of); ***flüchtiger ~*** glance; ***auf den ersten ~*** at first sight; ˈ**blicken** *v/i* (*ge-, h*) look, glance (*both*: ***auf*** *acc*, ***nach*** at)
ˈ**Blickfang** *m* eye-catcher
ˈ**Blickfeld** *n* field of vision
blieb [bliːp] *pret of* ***bleiben***
blies [bliːs] *pret of* ***blasen***
blind [blɪnt] *adj* blind (*a. fig* ***gegen, für*** to; ***vor*** *dat* with); dull (*mirror etc*); ***~er Alarm*** false alarm; ***~er Passagier*** stowaway; ***auf e-m Auge ~*** blind in one eye; ***ein Blinder*** a blind man; ***e-e Blinde*** a blind woman; ***die Blinden*** the blind
ˈ**Blinddarm** *m* ANAT appendix; **~entzündung** *f* MED appendicitis; **~operatiˌon** *f* MED appendectomy
Blinden|hund [ˈblɪndənhʊnt] *m* seeing eye (*Br* guide) dog; **~schrift** *f* braille
Blindgänger [ˈblɪntgɛŋɐ] *m* (-*s*; -) MIL dud
ˈ**Blindheit** *f* (-; *no pl*) blindness
blindlings [ˈblɪntlɪŋs] *adv* blindly
ˈ**Blindschleiche** *f* ZO blindworm
blinken [ˈblɪŋkən] *v/i* (*ge-, h*) sparkle, shine; twinkle; flash (a signal); MOT indicate; **Blinker** [ˈblɪŋkɐ] *m* (-*s*; -) MOT turn signal, *Br* indicator
blinzeln [ˈblɪntsəln] *v/i* (*ge-, h*) blink (one's eyes)

Blitz [blɪts] *m* (*-es*; *-e*) (flash of) lightning; PHOT flash; **~ableiter** *m* (*-s*; -) lightning conductor
ˈ**blitzen** *v/i* (*ge-*, *h*) flash; ***es blitzt*** it's lightening
ˈ**Blitz|gerät** *n* PHOT (electronic) flash; **~lampe** *f* PHOT flashbulb; flash cube; **~licht** *n* (-[*e*]*s*; *-er*) PHOT flash(light); **~schlag** *m* lightning stroke
ˈ**blitzˈschnell** *adj and adv* like a flash; *attr* split-second
Block [blɔk] *m* (-[*e*]*s*; *Blöcke* [ˈblœkə]) block; POL, ECON bloc; (*writing*) pad
Blockade [blɔˈkaːdə] *f* (-; *-n*) MAR, MIL blockade
ˈ**Blockflöte** *f* recorder
ˈ**Blockhaus** *n* log cabin
blockieren [blɔˈkiːrən] *v/t and v/i* (*no -ge-*, *h*) block; MOT lock
ˈ**Blockschrift** *f* block letters
blöde [ˈbløːdə] F *adj* silly, stupid
ˈ**blödeln** *v/i* (*ge-*, *h*) fool *or* clown around
Blödheit [ˈbløːthait] *f* (-; *no pl*) stupidity
ˈ**Blödsinn** F *m* (-[*e*]*s*; *no pl*) rubbish, nonsense
ˈ**blödsinnig** F *adj* stupid, idiotic
Blog [blɔk] *m*, *n* (*-s*; *-s*) blog
blöken [ˈbløːkən] *v/i* (*ge-*, *h*) ZO bleat
blond [blɔnt] *adj* blond, fair
Blondine [blɔnˈdiːnə] *f* (-; *-n*) blonde
bloß [bloːs] **1.** *adj* bare; naked (*eye*); mere; ***~ legen*** *v/t* (*sep*, *-ge-*, *h*) lay bare, expose **2.** *adv* only, just, merely
Blöße [ˈbløːsə] *f* (-; *-n*) nakedness; ***sich e-e ~ geben*** lay o.s. open to attack *or* criticism
ˈ**bloß|legen** *v/t* → ***bloß***; **~stellen** *v/t* (*sep*, *-ge-*, *h*) expose, compromise, unmask; ***sich ~*** compromise o.s.
blühen [ˈblyːən] *v/i* (*ge-*, *h*) (be in) bloom; (be in) blossom; *fig* flourish
Blume [ˈbluːmə] *f* (-; *-n*) flower; GASTR bouquet; head, froth
ˈ**Blumen|beet** *n* flowerbed; **~händler** *m* florist; **~kohl** *m* BOT cauliflower; **~laden** *m* flower shop, florist's; **~strauß** *m* bunch of flowers; bouquet; **~topf** *m* flowerpot; **~vase** *f* vase
Bluse [ˈbluːzə] *f* (-; *-n*) blouse
Blut [bluːt] *n* (-[*e*]*s*; *no pl*) blood
ˈ**blutarm** *adj* MED an(a)emic (*a. fig*)
ˈ**Blut|armut** *f* MED an(a)emia; **~bad** *n* massacre; **~bahn** *f* ANAT bloodstream; **~bank** *f* (-; *-en*) MED blood bank
ˈ**blutbefleckt** *adj* bloodstained
ˈ**Blut|bild** *n* MED blood count; **~blase** *f* MED blood blister; **~druck** *m* MED blood pressure
Blüte [ˈblyːtə] *f* (-; *-n*) flower; bloom (*a. fig*); blossom; *fig* height, heyday; ***in*** (***voller***) **~** in (full) bloom
ˈ**Blutegel** *m* ZO leech
ˈ**bluten** *v/i* (*ge-*, *h*) bleed (***aus*** *dat* from)
ˈ**Blüten|blatt** *n* petal; **~staub** *m* pollen
Bluter [ˈbluːtɐ] *m* (*-s*; -) MED h(a)emophiliac
ˈ**Blut|erguss** *m* bruise; MED h(a)ematoma; **~gefäß** *n* ANAT blood vessel; **~gerinnsel** *n* MED blood clot; **~gruppe** *f* MED blood group; **~hund** *m* ZO bloodhound
ˈ**blutig** *adj* bloody; ***~er Anfänger*** rank beginner, F greenhorn
ˈ**Blut|körperchen** *n* MED blood corpuscle; **~kreislauf** *m* MED (blood) circulation; **~lache** *f* pool of blood
ˈ**blutleer** *adj* bloodless
ˈ**Blutprobe** *f* MED blood test
blutrünstig [ˈbluːtrʏnstɪç] *adj* bloodthirsty, gory
ˈ**Blutschande** *f* JUR incest
ˈ**Blutspender** *m* blood donor
ˈ**Blutsverwandte** *m*, *f* blood relation
ˈ**Blutübertragung** *f* MED blood transfusion
ˈ**Blutung** *f* (-; *-en*) MED bleeding, h(a)emorrhage
ˈ**blutunterlaufen** *adj* bloodshot
ˈ**Blut|vergießen** *n* (*-s*; *no pl*) bloodshed; **~vergiftung** *f* MED blood poisoning; **~wurst** *f* black sausage (*Br* pudding)
BLZ [beːɛlˈtsɛt] *abbr of* ***Bankleitzahl*** A.B.A. number, *Br* bank (sorting) code
Bö [bøː] *f* (-; *-en*) gust, squall
Bob [bɔp] *m* (*-s*; *-s*) bob(sled); **~bahn** *f* bob run; **~fahrer** *m* bobber
Bock [bɔk] *m* (-[*e*]*s*; *Böcke* [ˈbœkə]) ZO buck; he-goat, billy-goat; ram; SPORT buck; F ***e-n ~ schießen*** (make a) blunder; F ***keinen*** (*or* ***null***) ***~ auf et. haben*** have zero interest in s.th.
ˈ**bocken** *v/i* (*ge-*, *h*) buck; sulk
ˈ**bockig** *adj* obstinate; sulky
ˈ**Bockspringen** *n* leapfrog
Boden [ˈboːdən] *m* (*-s*; *Böden* [ˈbøːdən]) ground; AGR soil; bottom; floor; attic

B

'**Boden|perso,nal** *n* AVIAT ground crew; **~schätze** *pl* mineral resources; **~stati,on** *f* AVIAT ground control; **~turnen** *n* floor exercises
Body ['bɔdi] *m* (*-s*; *-s*) bodysuit
bog [bo:k] *pret of* ***biegen***
Bogen ['bo:gən] *m* (*-s*; *Bögen* ['bø:gən]) bend, curve; MATH arc; ARCH arch; *skiing*: turn; bow; sheet; **~schießen** *n* archery; **~schütze** *m* archer
Bohle ['bo:lə] *f* (-; *-n*) plank
Bohne ['bo:nə] *f* (-; *-n*) BOT bean; ***grüne ~n*** green (*Br a.* French) beans
'**Bohnenstange** *f* beanpole (*a.* F)
bohnern ['bo:nɐn] *v/t* (*ge-*, *h*) polish, wax; '**Bohnerwachs** *n* floor polish
bohren ['bo:rən] *v/t* (*ge-*, *h*) bore, drill (*a. dentist*); **~d** *fig adj* piercing (*look*); insistent (*questions etc*)
Bohrer ['bo:rɐ] *m* (*-s*; -) TECH drill
'**Bohr|insel** *f* oil rig; **~loch** *n* borehole, well(head); **~ma,schine** *f* (electric) drill; **~turm** *m* derrick
'**Bohrung** *f* (-; *-en*) drilling; bore
Boje ['bo:jə] *f* (-; *-n*) MAR buoy
Bolzen ['bɔltsən] *m* (*-s*; -) TECH bolt
bombardieren [bɔmbar'di:rən] *v/t* (*no -ge-*, *h*) bomb; *fig* bombard
Bombe ['bɔmbə] *f* (-; *-n*) bomb; *fig* bombshell
'**Bomben|angriff** *m* air raid; **~anschlag** *m* bomb attack; **~erfolg** F *m* roaring success; THEA *etc* smash hit; **~geschäft** F *n* super deal
'**Bombenleger** *m* (*-s*; -) bomber
'**bombensicher** *adj* bombproof
Bomber ['bɔmbɐ] F *m* (*-s*; -) MIL bomber (*a.* SPORT)
Bon [bɔŋ] *m* (*-s*; *-s*) coupon, voucher
Bonbon [bɔŋ'bɔŋ] *m*, *n* (*-s*; *-s*) candy, *Br* sweet
Boot [bo:t] *n* (*-[e]s*; *-e*) boat
'**Bootsmann** *m* (*-[e]s*; *-leute*) boatswain
Bord[1] [bɔrt] *n* (*-[e]s*; *-e*) shelf
Bord[2] *m*: ***an ~*** AVIAT, MAR on board; ***über ~*** MAR overboard; ***von ~ gehen*** MAR disembark
Bordell [bɔr'dɛl] *n* (*-s*; *-e*) brothel, F whorehouse
'**Bordkarte** *f* AVIAT boarding pass
'**Bordstein** *m* curb, *Br* kerb
borgen ['bɔrgən] *v/t* (*ge-*, *h*) borrow; ***sich et. von j-m ~*** borrow s.th. from s.o.; ***j-m et. ~*** lend s.th. to s.o.
Borke ['bɔrkə] *f* (-; *-n*) BOT bark
borniert [bɔr'ni:ɐt] *adj* narrow-minded
Börse ['bœrzə] *f* (-; *-n*) ECON stock exchange
'**Börsen|bericht** *m* market report; **~kurs** *m* quotation; **~makler** *m* stockbroker; **~speku,lant** *m* stock-jobber
Borste ['bɔrstə] *f* (-; *-n*) bristle
'**borstig** *adj* bristly
Borte ['bɔrtə] *f* (-; *-n*) border; braid, lace
bösartig ['bø:sartɪç] *adj* vicious; MED malignant
Böschung ['bœʃʊŋ] *f* (-; *-en*) slope, bank; RAIL embankment
böse ['bø:zə] *adj* bad, evil, wicked; angry (***über*** *acc* about; ***auf j-n*** with s.o.), mad (***auf*** *acc* at); ***er meint es nicht ~*** he means no harm
'**Böse** *n* (*-n*; *no pl*) (the) evil
'**Bösewicht** *m* (*-[e]s*; *-er*) villain
boshaft ['bo:shaft] *adj* malicious
Bosheit ['bo:shait] *f* (-; *no pl*) malice
'**böswillig** *adj* malicious, JUR *a.* wil(l)ful
bot [bo:t] *pret of* ***bieten***
Botanik [bo'ta:nɪk] *f* (-; *no pl*) botany
Bo'taniker *m* (*-s*; -) botanist
bo'tanisch *adj* botanical
Bote ['bo:tə] *m* (*-n*; *-n*) messenger
'**Botengang** *m* errand; ***Botengänge machen*** run errands
Botschaft ['bo:tʃaft] *f* (-; *-en*) message; POL embassy
'**Botschafter** *m* (*-s*; -) POL ambassador (***in*** *dat* to); '**Botschafterin** *f* (-; *-nen*) POL ambassadress (***in*** *dat* to)
Bottich ['bɔtɪç] *m* (*-s*; *-e*) tub, vat
Bouillon [bʊl'jɔŋ] *f* (-; *-s*) consommé, bouillon, broth
Boulevard|blatt [bulə'va:ɐblat] *n*, **~zeitung** *f* tabloid
Bowle ['bo:lə] *f* (-; *-n*) (cold) punch; bowl
boxen ['bɔksən] (*ge-*, *h*) **1.** *v/i* box **2.** *v/t* punch; '**Boxen** *n* (*-s*; *no pl*) boxing; **Boxer** ['bɔksɐ] *m* (*-s*; -) boxer
'**Box|handschuh** *m* boxing glove; **~kampf** *m* boxing match, fight; **~sport** *m* boxing
Boykott [bɔʏ'kɔt] *m* (*-[e]s*; *-e*), **boykottieren** [bɔʏkɔ'ti:rən] *v/t* (*no -ge-*, *h*) boycott
brach [bra:x] *pret of* ***brechen***
brachliegend *adj* AGR fallow
brachte ['braxtə] *pret of* ***bringen***

Branche ['bra͜ːʃə] *f* (-; *-n*) ECON line (of business); '**Branchenverzeichnis** *n* TEL yellow pages
Brand [brant] *m* (-[*e*]*s*; *Brände* ['brɛndə]) fire; ***in ~ geraten*** catch fire; ***in ~ stecken*** set fire to; **~blase** *f* MED blister
branden ['brandən] *v/i* (*ge-*, *sein*) surge (***gegen*** against)
'**Brand|fleck** *m* burn; **~mal** *n* brand
'**brandmarken** *fig v/t* (*ge-*, *h*) brand, stigmatize
'**Brand|mauer** *f* fire wall; **~stätte** *f*, **~stelle** *f* scene of fire; **~stifter** *m* arsonist; **~stiftung** *f* arson
'**Brandung** *f* (-; *no pl*) surf, surge, breakers
'**Brandwunde** *f* MED burn; scald
brannte ['brantə] *pret of* ***brennen***
'**Branntwein** *m* brandy, spirits
braten ['braːtən] *v/t* (*irr*, *ge-*, *h*) roast; grill, broil; fry; ***am Spieß ~*** roast on a spit, barbecue
'**Braten** *m* (-*s*; -) roast (meat); joint; **~fett** *n* dripping; **~soße** *f* gravy
'**Brat|fisch** *m* fried fish; **~huhn** *n* roast chicken; **~kar͵toffeln** *pl* fried potatoes; **~ofen** *m* oven; **~pfanne** *f* frying pan
Bratsche ['braːtʃə] *f* (-; *-n*) MUS viola
'**Bratwurst** *f* grilled sausage
Brauch [braux] *m* (-[*e*]*s*; *Bräuche* ['brɔʏçə]) custom; habit, practice
'**brauchbar** *adj* useful
'**brauchen** *v/t* (*ge-*, *h*) need; require; take (*time*); use; ***wie lange wird er ~?*** how long will it take him?; ***du brauchst es nur zu sagen*** just say the word; ***ihr braucht es nicht zu tun*** you don't have to do it; ***er hätte nicht zu kommen ~*** he need not have come
brauen ['brauən] *v/t* (*ge-*, *h*) brew
Brauerei [brauə'rai] *f* (-; *-en*) brewery
braun [braun] *adj* brown; (sun)tanned; ***~ werden*** (get a) tan
Bräune ['brɔʏnə] *f* (-; *no pl*) (sun)tan
'**bräunen** (*ge-*, *h*) **1.** *v/t* brown, tan **2.** *v/i* (get a) tan
'**Braunkohle** *f* brown coal, lignite
'**bräunlich** *adj* brownish
Brause ['brauzə] *f* (-; *-n*) shower; → ***Limonade***; '**brausen** *v/i* (*ge-*, *h*) roar; (*sein*) rush; (*h*) → ***duschen***
Braut [braut] *f* (-; *Bräute* ['brɔʏtə]) bride; fiancée; **Bräutigam** ['brɔʏtɪgam] *m* (-*s*; -*e*) (bride)groom; fiancé
'**Braut|jungfer** *f* bridesmaid; **~kleid** *n* wedding-dress; **~paar** *n* bride and (bride)groom; engaged couple
brav [braːf] *adj* good; honest; ***sei(d) ~!*** be good!
BRD [beːˀɛr'deː] *abbr of* ***Bundesrepublik Deutschland*** FRG, Federal Republic of Germany
brechen ['brɛçən] (*irr*, *ge-*) **1.** *v/t* (*h*) break (*a. fig*); MED vomit; ***sich ~*** OPT be refracted; ***sich den Arm ~*** break one's arm **2.** *v/i* (*h*) MED vomit, F throw up, *Br a.* be sick; ***mit j-m ~*** break with s.o; ***~d voll*** crammed, packed; (*sein*) break, get broken, fracture
'**Brechreiz** *m* MED nausea
'**Brechstange** *f* crowbar
'**Brechung** *f* (-; *-en*) OPT refraction
Brei [brai] *m* (-[*e*]*s*; -*e*) pulp, mash; pap; porridge; pudding
'**breiig** *adj* pulpy, mushy
breit [brait] *adj* wide; broad (*a. fig*)
'**breitbeinig** *adj* with legs (wide) apart
Breite ['braitə] *f* (-; *-n*) width, breadth; ASTR, GEOGR latitude
'**breiten** *v/t* (*ge-*, *h*) spread
'**Breiten|grad** *m* degree of latitude; **~kreis** *m* parallel (of latitude)
breitmachen *v/refl* (*sep*, *-ge-*, *h*): ***sich ~*** F spread o.s., take up room
'**Breitwand** *f film*: wide screen
Bremsbelag ['brɛmsbəlaːk] *m* brake lining
Bremse ['brɛmzə] *f* (-; *-n*) TECH brake; ZO gadfly; '**bremsen** (*ge-*, *h*) **1.** *v/i* MOT brake, put on the brake(s); slow down **2.** *v/t* MOT brake; *fig* curb
'**Brems|licht** *n* (-[*e*]*s*; -*er*) MOT stop light; **~pe͵dal** *n* MOT brake pedal; **~spur** *f* MOT skid marks; **~weg** *m* MOT stopping distance
'**brennbar** *adj* combustible; (in)flammable; **brennen** ['brɛnən] (*irr*, *ge-*, *h*) **1.** *v/t* burn; distil(l) (*whisky etc*); bake (*bricks*) **2.** *v/i* burn; be on fire; *wound*, *eyes*: smart, burn; F ***darauf ~ zu inf*** be dying to *inf*; ***es brennt!*** fire!; **Brenner** ['brɛnɐ] *m* (-*s*; -) burner
'**Brenn|holz** *n* firewood; **~materi͵al** *n* fuel; **~nessel** *f* BOT (stinging) nettle; **~punkt** *m* focus, focal point; **~spiritus** *m* methylated spirit; **~stab** *m* TECH fuel rod; **~stoff** *m* fuel

B

brenzlig ['brɛntslɪç] *adj* burnt; *fig* hot
Bresche ['brɛʃə] *f* (-; *-n*) breach (*a. fig*), gap
Brett [brɛt] *n* (-[*e*]*s*; *-er*) board
'**Bretterzaun** *m* wooden fence
'**Brettspiel** *n* board game
Brezel ['bre:tsəl] *f* (-; *-n*) pretzel
Brief [bri:f] *m* (-[*e*]*s*; *-e*) letter; **~beschwerer** *m* (*-s*; -) paperweight; **~bogen** *m* sheet of (note)paper; **~freund(in)** pen pal (*Br* friend); **~kasten** *m* mailbox, *Br* letterbox
'**brieflich** *adj and adv* by letter
'**Brief|marke** *f* (postage) stamp; **~markensammlung** *f* stamp collection; **~öffner** *m* letter opener, *Br* paper knife; **~pa,pier** *n* stationery; **~tasche** *f* wallet; **~taube** *f* zo carrier pigeon; **~träger(in)** (*-s*; -/-; *-nen*) mailman (mailwoman), *Br* postman (postwoman); **~umschlag** *m* envelope; **~wahl** *f* postal vote; **~wechsel** *m* correspondence
briet [bri:t] *pret of* ***braten***
Brikett [bri'kɛt] *n* (*-s*; *-s*) briquet(te)
brillant [brɪl'jant] *adj* brilliant
Bril'lant *m* (*-en*; *-en*) (cut) diamond
Bril'lantring *m* diamond ring
Brille ['brɪlə] *f* (-; *-n*) (pair of) glasses, spectacles; goggles; toilet seat
'**Brillen|etui** *n* eyeglass (*Br* spectacle) case; **~träger(in)** (*-s*; -/-; *-nen*) ***~ sein*** wear glasses
bringen ['brɪŋən] *v/t* (*irr*, *ge-*, *h*) bring; take; cause; make (*sacrifice*); yield (*profit*); ***j-n nach Hause ~*** see (*or* take) s.o. home; ***in Ordnung ~*** put in order; ***das bringt mich auf e-e Idee*** that gives me an idea; ***j-n dazu ~, et. zu tun*** get s.o. to do s.th.; ***et. mit sich ~*** involve s.th.; ***j-n um et. ~*** deprive s.o. of s.th.; ***j-n zum Lachen ~*** make s.o. laugh; ***j-n wieder zu sich ~*** bring s.o. round; ***es zu et.*** (***nichts***) ***~*** go far (get nowhere); F ***es ~*** make it; ***das bringt nichts*** it's no use
Brise ['bri:zə] *f* (-; *-n*) breeze
Brite ['brɪtə] *m* (*-n*; *-n*), '**Britin** *f* (-; *-nen*) Briton; ***die Briten*** *pl* the British
'**britisch** *adj* British
bröckeln ['brœkəln] *v/i* (*ge-*, *h*, *sein*) crumble
Brocken ['brɔkən] *m* (*-s*; -) piece; lump; rock; GASTR chunk; morsel; ***ein paar ~ Englisch*** a few scraps of English; F ***ein harter ~*** a hard nut to crack
Brombeere ['brɔmbe:rə] *f* BOT blackberry
Bronchitis [brɔn'çi:tɪs] *f* (-; *-tiden* [brɔnçi'ti:dən]) MED bronchitis
Bronze ['bro͂:sə] *f* (-; *-n*) bronze; **~zeit** *f* (-; *no pl*) HIST Bronze Age
Brosche ['brɔʃə] *f* (-; *-n*) brooch, pin
broschiert [brɔ'ʃi:ɐt] *adj* paperback
Broschüre [brɔ'ʃy:rə] *f* (-; *-n*) pamphlet; brochure
Brot [bro:t] *n* (-[*e*]*s*; *-e*) bread; sandwich; ***ein*** (***Laib***) ***~*** a loaf (of bread); ***e-e Scheibe ~*** a slice of bread; ***sein ~ verdienen*** earn one's living
Brötchen ['brø:tçən] *n* (*-s*; -) roll
'**Brot|rinde** *f* crust; **~(schneide)ma,schine** *f* bread cutter
Bruch [brʊx] *m* (-[*e*]*s*; *Brüche* ['brʏçə]) break; MED fracture; hernia; MATH fraction; GEOL fault; *fig* breach (*of promise etc*); JUR violation; ***zu ~ gehen*** be wrecked; **~bude** F *f* dump, hovel
brüchig ['brʏçɪç] *adj* brittle
'**Bruch|landung** *f* AVIAT crash landing; **~rechnung** *f* MATH fractional arithmetic, F fractions
'**bruchsicher** *adj* breakproof
'**Bruch|strich** *m* MATH fraction bar; **~stück** *n* fragment; **~teil** *m* fraction; ***im ~ e-r Sekunde*** in a split second; **~zahl** *f* MATH fraction(al) number
Brücke ['brʏkə] *f* (-; *-n*) bridge (*a.* SPORT); rug; '**Brückenpfeiler** *m* pier
Bruder ['bru:dɐ] *m* (*-s*; *Brüder* ['bry:dɐ]) brother (*a.* REL); **~krieg** *m* civil war
brüderlich ['bry:dɐlɪç] **1.** *adj* brotherly **2.** *adv*: ***~ teilen*** share and share alike
'**Brüderlichkeit** *f* (-; *no pl*) brotherhood
'**Brüderschaft** *f*: ***~ trinken*** *agree to use the familiar 'du' form of address*
Brühe ['bry:ə] *f* (-; *-n*) broth; stock; F dishwater; slops; F filthy water, bilge
'**Brühwürfel** *m* beef cube
brüllen ['brʏlən] *v/i* (*ge-*, *h*) roar (***vor Lachen*** with laughter); zo bellow; F bawl; ***~des Gelächter*** roars of laughter
brummen ['brʊmən] *v/i* (*ge-*, *h*) growl; zo hum, buzz (*a. engine etc*); *head*: be buzzing; '**brummig** *adj* grumpy
brünett [bry'nɛt] *adj* brunette, dark-haired
Brunnen ['brʊnən] *m* (*-s*; -) well, spring,

fountain
Brunstzeit ['brʊnsttsait] *f* ZO rutting season
Brust [brʊst] *f* (-; *Brüste* ['brʏstə]) ANAT (*no pl*) chest; breast(s), bosom; **~bein** *n* ANAT breastbone; **~beutel** *m* neck pouch, *Br* money bag
brüsten ['brʏstən] *v/refl* (*ge-*, *h*) boast, brag (***mit*** of)
'**Brust|kasten** *m*, **~korb** *m* ANAT chest, thorax; **~schwimmen** *n* breaststroke
'**Brüstung** *f* (-; *-en*) parapet
'**Brustwarze** *f* ANAT nipple
Brut [bru:t] *f* (-; *-en*) ZO brooding; brood (*a.* F), hatch; fry
brutal [bru'ta:l] *adj* brutal; **Brutalität** [brutali'tɛ:t] *f* (-; *-en*) brutality
'**Brutappa,rat** *m* ZO incubator
brüten ['bry:tən] *v/i* (*ge-*, *h*) ZO brood, sit (on eggs); **~ *über*** (*dat*) *fig* brood over
'**Brutkasten** *m* MED incubator
brutto ['brʊto] *adv* ECON gross
'**Brutto|einkommen** *n* ECON gross earnings; **~sozi,alpro,dukt** *n* ECON gross national product
Bube ['bu:bə] *m* (*-n*; *-n*) boy, lad; *card game*: knave, jack
Buch [bu:x] *n* (*-[e]s*; *Bücher* ['by:çɐ]) book; **~binder** *m* (*-s*; -) (book)binder; **~drucker** *m* printer; **~druckerei** *f* print shop, *Br* printing office
Buche ['bu:xə] *f* (-; *-n*) BOT beech
'**buchen** *v/t* (*ge-*, *h*) book; ECON enter
Bücherbord ['by:çɐbɔrt] *n* bookshelf
Bücherei [by:çə'rai] *f* (-; *-en*) library
'**Bücherre,gal** *n* bookshelf
'**Bücherschrank** *m* bookcase
'**Buch|fink** *m* ZO chaffinch; **~halter(in)** bookkeeper; **~haltung** *f* (-; *no pl*) bookkeeping; **~händler(in)** bookseller; **~handlung** *f* bookstore, *Br* bookshop; **~macher** *m* bookmaker
Büchse ['bʏksə] *f* (-; *-n*) can, *Br* tin; box; rifle
'**Büchsen|fleisch** *n* canned (*Br* tinned) meat; **~öffner** *m* can (*Br* tin) opener
Buchstabe ['bu:xʃta:bə] *m* (*-n*; *-n*) letter; ***großer*** (***kleiner***) **~** capital (small) letter; **buchstabieren** [bu:xʃta'bi:rən] *v/t* (*no -ge-*, *h*) spell; **buchstäblich** ['bu:xʃtɛ:plɪç] *adv* literally
'**Buchstütze** *f* bookend
Bucht ['bʊxt] *f* (-; *-en*) bay; creek, inlet
'**Buchung** *f* (-; *-en*) booking; ECON entry
Buckel ['bʊkəl] *m* (*-s*; -) hump, hunch; ***e-n ~ machen*** hump *or* hunch one's back
bücken ['bʏkən] *v/refl* (*ge-*, *h*) bend (down), stoop
bucklig ['bʊklɪç] *adj* hunchbacked
Bucklige ['bʊklɪgə] *m*, *f* (*-n*; *-n*) hunchback
Bückling ['bʏklɪŋ] *m* (*-s*; *-e*) smoked herring, *Br* kipper
Buddhismus [bʊ'dɪsmʊs] *m* (-; *no pl*) Buddhism; **Buddhist** [bʊ'dɪst] *m* (*-en*; *-en*), **bud'dhistisch** *adj* Buddhist
Bude ['bu:də] *f* (*-n*; *-n*) stall, booth; hut; F pad, *Br* digs; *contp* shack, dump, hole
Budget [bʏ'dʒe:] *n* (*-s*; *-s*) budget
Büfett [by'fɛt] *n* (*-[e]s*; *-s*, *-e*) counter, bar, buffet; sideboard, cupboard; ***kaltes*** **~** GASTR cold buffet (meal)
Büffel ['bʏfəl] *m* (*-s*; -) ZO buffalo
'**büffeln** F *v/i* (*ge-*, *h*) grind, cram, swot
Bug [bu:k] *m* (*-[e]s*; *-e*) MAR bow; AVIAT nose; ZO, GASTR shoulder
Bügel ['by:gəl] *m* (*-s*; -) hanger; bow; **~brett** *n* ironing board; **~eisen** *n* iron; **~falte** *f* crease
'**bügelfrei** *adj* no(n)-iron
'**bügeln** *v/t* (*ge-*, *h*) iron, press
buh [bu:] *int* boo!
buhen ['bu:ən] *v/i* (*ge-*, *h*) boo
Bühne ['by:nə] *f* (-; *-n*) stage, *fig a.* scene
'**Bühnen|bild** *n* (stage) set(ting); **~bildner(in)** (*-s*; *-/-*; *-nen*) stage designer
'**Buhrufe** *pl* boos
Bullauge ['bʊlaugə] *n* MAR porthole
'**Bulldogge** *f* ZO bulldog
Bulle ['bʊlə] *m* (*-n*; *-n*) ZO bull (*a. fig*); F *contp* cop, *pl the* fuzz
Bummel ['bʊməl] F *m* (*-s*; -) stroll; **Bummelei** [bʊmə'lai] *f* (-; *no pl*) F *contp* dawdling; slackness; '**bummeln** F *v/i* (*ge-*, *sein*) stroll, saunter; (*ge-*, *h*) *contp* dawdle; ECON go slow; '**Bummelstreik** *m* ECON slowdown, *Br* go-slow (strike); **Bummler** ['bʊmlɐ] F *m* (*-s*; -) stroller; *contp* dawdler, slowpoke, *Br* slowcoach
bumsen ['bʊmzən] *v/i and v/t* (*ge-*, *h*) F → ***krachen***; V screw
Bund[1] [bʊnt] *m* (*-[e]s*; *Bünde* ['bʏndə]) union, federation, alliance; association; (waist)band; ***der ~*** POL the Federal Government; F → ***Bundeswehr***

Bund[2] *n* (-[*e*]*s*; -*e*) bundle; bunch
Bündel ['bʏndəl] *n* (-*s*; -) bundle
'**bündeln** *v/t* (*ge*-, *h*) bundle (up)
Bundes... ['bʊndəs-] *in cpds* Federal ...; German ...; **~bahn** *f* Federal Railroad(s); **~genosse** *m* ally; **~kanzler(in)** Federal Chancellor; **~land** *n appr* (federal) state, Land; **~liga** *f* SPORT First Division; **~präsi͵dent** *m* Federal President; **~rat** *m* Bundesrat, Upper House of German Parliament; **~repu͵blik** *f* Federal Republic; **~staat** *m* federal state; confederation; **~straße** *f* Federal Highway; **~tag** *m* (-[*e*]*s*; *no pl*) Bundestag, Lower House of German Parliament; **~trainer** *m* coach of the (German) national team; **~verfassungsgericht** *n* Federal Constitutional Court, *Am appr* Supreme Court; **~wehr** *f* (-; *no pl*) MIL (German Federal) Armed Forces
bündig ['bʏndɪç] *adj* TECH flush; ***kurz und ~*** terse(ly); point-blank
Bündnis ['bʏntnɪs] *n* (-*ses*; -*se*) alliance
Bunker ['bʊŋkɐ] *m* (-*s*; -) air-raid shelter, bunker
bunt [bʊnt] *adj* colo(u)red; multicolo(u)red; colo(u)rful (*a. fig*); varied; ***~er Abend*** evening of entertainment; F ***mir wird's zu ~*** that's all I can take
'**Buntstift** *m* colo(u)red pencil, crayon
Bürde ['bʏrdə] *f* (-; -*n*) burden (***für j-n*** to s.o.)
Burg [bʊrk] *f* (-; -*en*) castle
Bürge ['bʏrgə] *m* (-*n*; -*n*) JUR guarantor (*a. fig*); '**bürgen** *v/i* (*ge*-, *h*) ***für j-n ~*** JUR stand surety for s.o.; ***für et. ~*** guarantee s.th.
Bürger ['bʏrgɐ] *m* (-*s*; -), '**Bürgerin** *f* (-; -*nen*) citizen; **~initia͵tive** *f* (citizen's *or* local) action group; **~krieg** *m* civil war
'**bürgerlich** *adj* civil; middle-class; *esp contp* bourgeois; ***~e Küche*** home cooking; '**Bürgerliche** *m*, *f* (-*n*; -*n*) commoner
'**Bürger|meister** *m* mayor; **~rechte** *pl* civil rights; **~steig** ['bʏrgɐʃtaik] *m* (-[*e*]*s*; -*e*) sidewalk, *Br* pavement
'**Bürgschaft** *f* (-; -*en*) JUR surety; bail
Büro [by'roː] *n* (-*s*; -*s*) office; **~angestellte** *m*, *f* (-*n*; -*n*) clerk, office worker; **~klammer** *f* (paper) clip
Bürokrat [byro'kraːt] *m* (-*en*; -*en*) bureaucrat; **Bürokratie** [byrokra'tiː] *f* (-; -*n*) bureaucracy; *contp* red tape
Bü'rostunden *pl* office hours
Bursche ['bʊrʃə] *m* (-*n*; -*n*) fellow, guy
burschikos [bʊrʃi'koːs] *adj* (tom)boyish, pert
Bürste ['bʏrstə] *f* (-; -*n*) brush
'**bürsten** *v/t* (*ge*-, *h*) brush
'**Bürstenschnitt** *m* crew cut
Bus [bʊs] *m* (-*ses*; -*se*) bus; coach
Busch [bʊʃ] *m* (-[*e*]*s*; *Büsche* ['bʏʃə]) BOT bush, shrub
Büschel ['bʏʃəl] *n* (-*s*; -) bunch; tuft
'**buschig** *adj* bushy
Busen ['buːzən] *m* (-*s*; -) ANAT bosom, breast(s)
'**Busfahrer** *m* bus driver
'**Bushaltestelle** *f* bus stop
Bussard ['bʊsart] *m* (-*s*; -*e*) ZO buzzard
Buße ['buːsə] *f* (-; -*n*) REL penance; repentance; ***~ tun*** do penanc
büßen ['byːsən] *v/t* (*ge*-, *h*) pay *or* suffer for *s.th.*; REL repent
'**Bußgeld** *n* fine, penalty
'**Bußtag** *m* REL day of repentance
Büste ['byːstə] *f* (-; -*n*) bust
'**Büstenhalter** *m* bra
Butter ['bʊtɐ] *f* (-; *no pl*) butter; **~blume** *f* BOT buttercup; **~brot** *n* (slice *or* piece of) bread and butter; F ***für ein ~*** for a song; **~brotpa͵pier** *n* greaseproof paper; **~dose** *f* butter dish; **~milch** *f* buttermilk
b.w. *abbr of* ***bitte wenden*** PTO, please turn over
bzw. *abbr of* ***beziehungsweise*** resp., respectively

C

C *abbr of* ***Celsius*** C, Celsius, centigrade
ca. *abbr of* ***circa*** approx., approximately
Café [ka'feː] *n* (*-s*; *-s*) café, coffee house
Cafeteria [kafetə'riːa] *f* (*-*; *-s or -ien*) cafeteria
campen ['kɛmpən] *v/i* (*ge-*, *h*) camp
Camper ['kɛmpɐ] *m* (*-s*; *-*) camper
Camping... ['kɛmpɪŋ-] *in cpds ...bett*, *...tisch etc* camp ...; **~bus** *m* camper (van *Br*); **~platz** *m* campground, *Br* campsite
Cappuccino [kapu'tʃiːno] *m* (*-[s]*; *-[s]*) cappuccino
Casino [ka'ziːno] *n* → ***Kasino***
Catcher ['kɛtʃɐ] *m* (*-s*; *-*) wrestler
C'D [tseː'deː] *f* (*-*; *-s*) CD, compact disk (*Br* disc); **C'D-Brenner** *m* CD burner, CD writer; **C'D-Player** *m* CD player; **CD-'ROM** CD-ROM; **CD-'ROM-Laufwerk** *n* CD-ROM drive; **C'D-Spieler** *m* CD player
Cellist [tʃɛ'lɪst] *m* (*-en*; *-en*), **Cel'listin** *f* (*-*; *-nen*) MUS cellist
Cello ['tʃɛlo] *n* (*-s*; *-s*, *Celli*) MUS Cello
Celsius ['tsɛlzjʊs] ***5 Grad ~*** (*abbr* ***5° C***) five degrees centigrade *or* Celsius
Cembalo ['tʃɛmbalo] *n* (*-s*; *-s*, *-li*) MUS harpsichord
Champagner® [ʃam'panjɐ] *m* (*-s*; *-*) champagne
Champignon ['ʃampɪnjɔŋ] *m* (*-s*; *-s*) BOT mushroom
Chance ['ʃaːsə] *f* (*-*; *-n*) chance; ***die ~n stehen gleich*** (***3 zu 1***) the odds are even (three to one); **'Chancengleichheit** *f* equal opportunities
Chaos ['kaːɔs] *n* (*-*; *no pl*) chaos
Chaot [ka'oːt] *m* (*-en*; *-en*) chaotic person; POL anarchist, *pl a.* lunatic fringe
cha'otisch *adj* chaotic
Charakter [ka'raktɐ] *m* (*-s*; *-e* [karak'teːrə]) character, nature; **charakterisieren** [karakteri'ziːrən] *v/t* (*no -ge-*, *h*) characterize, describe (***als*** as); **charakteristisch** [karakte'rɪstɪʃ] *adj* characteristic, typical (***für*** of); **Cha'rakterzug** *m* trait
charmant [ʃar'mant] *adj* charming
Charme [ʃarm] *m* (*-s*; *no pl*) charm
Charterflug ['tʃartərfluːk] *m* (*-[e]s*; *-flüge*) charter flight
chartern ['tʃartɐn] *v/t* (*ge-*, *h*) charter
Chassis [ʃa'siː] *n* (*-*; *-*) TECH chassis
Chat [tʃɛt] *m* (*-s*; *-s*) IT chat
chatten ['tʃɛtən] *v/t* (*ge-*, *h*) IT chat
Chauffeur [ʃɔ'føːɐ] *m* (*-s*; *-e*) chauffeur, driver
Chauvi ['ʃoːvi] *m* (*-s*; *-s*) F male chauvinist (pig)
Chauvinismus [ʃovi'nɪsmʊs] *m* (*-*; *no pl*) chauvinism, POL *a.* jingoism
checken ['tʃɛkən] *v/t* (*ge-*, *h*) check; F (*understand*) get
Chef [ʃɛf] *m* (*-s*; *-s*) head, chief, F boss; **~arzt** *m* medical director, *Br* senior consultant; **~sekre,tärin** *f* executive secretary
Chemie [çe'miː] *f* (*-*; *no pl*) chemistry; **~faser** *f* synthetic fiber (*Br* fibre)
Chemikalien [çemi'kaːljən] *pl* chemicals; **Chemiker(in)** ['çeːmikɐ, 'çeːmikərɪn] *m*(*f*) (*-s*; *-/-*; *-nen*) (analytical) chemist; **chemisch** ['çeːmɪʃ] *adj* chemical; ***~e Reinigung*** dry cleaning
Chemothera'pie [çemotera'piː] *f* MED chemotherapy
Chiffre ['ʃɪfrə] *f* (*-*; *-n*) code, cipher; box (number); **chiffrieren** [ʃɪ'friːrən] *v/t* (*no -ge-*, *h*) (en)code
China ['çiːna] China; **Chinese** [çi'neːzə] *m* (*-n*; *-n*), **Chi'nesin** *f* (*-*; *-nen*), **chi'nesisch** *adj* Chinese
Chinin [çi'niːn] *n* (*-s*; *no pl*) PHARM quinine
Chip [tʃɪp] *m* (*-s*; *-s*) *a.* IT chip; GASTR *pl* chips, *Br* crisps
Chirurg [çi'rʊrk] *m* (*-en*; *-en*) surgeon
Chirurgie [çirʊr'giː] *f* (*-*; *-n*) surgery
Chirurgin [çi'rʊrgɪn] *f* (*-*; *-nen*) surgeon
chirurgisch [çi'rʊrgɪʃ] *adj* surgical
Chlor [kloːɐ] *n* (*-s*; *no pl*) CHEM chlorine
chloren ['kloːrən] *v/t* (*ge-*, *h*) chlorinate
Cholera ['koːlera] *f* (*-*; *no pl*) MED cholera; **cholerisch** [ko'leːriʃ] *adj* choleric
Cholesterin [çolɛste'riːn] *n* (*-s*; *no pl*) MED cholesterol
Chor [koːɐ] *m* (*-[e]s*; *Chöre* ['køːrə]) MUS choir (*a.* ARCH); ***im ~*** in chorus
Choral [ko'raːl] *m* (*-s*; *Choräle* [ko-

'rɛːlə]) MUS, REL chorale, hymn
Christ [krɪst] *m* (*-en*; *-en*) REL Christian; **~baum** *m* Christmas tree
'**Christenheit** ***die ~*** REL Christendom
'**Christentum** *n* (*-s*; *no pl*) REL Christianity
D
Christin ['krɪstɪn] *f* (-; *-nen*) REL Christian
'**Christkind** *n* Infant Jesus; Father Christmas, Santa Claus
'**christlich** *adj* REL Christian
Christus ['krɪstʊs] REL Christ; ***vor ~*** B.C.; ***nach ~*** A.D.
Chrom [kroːm] *n* (*-s*; *no pl*) chrome, CHEM *a.* chromium
Chromosom [kromo'zoːm] *n* (*-s*; *-en*) BIOL chromosome
Chronik ['kroːnɪk] *f* (-; *-en*) chronicle
chronisch ['kroːnɪʃ] *adj* MED chronic
chronologisch [krono'loːgɪʃ] *adj* chronological
circa → ***zirka***
City ['sɪtɪ] *f* (-; *-s*) downtown, (city) center, *Br* centre
Clique ['klɪkə] *f* (-; *-n*) F group, set; *contp* clique
Clou [kluː] F *m* (*-s*; *-s*) highlight, climax; ***der ~ daran*** the whole point of it
Compact Disc, **Compact Disk** ['kɔmpæktdɪsk] *f* (-; *-s*) compact disk (*Br* disc)
Computer [kɔm'pjuːtɐ] *m* (*-s*; -) computer; **~ausdruck** *m* computer printout
com'puter|gesteuert *adj* computer-controlled; **~gestützt** *adj* computer-aided
Com'putergrafik *f* computer graphics
computerisieren [kɔmpjutəri'ziːrən] *v/t* (*no -ge-*, *h*) computerize
Com'puter|spiel *n* computer game; **~virus** *m* computer virus
Conférencier [koˉferaˉ'sjeː] *m* (*-s*; *-s*) master of ceremonies, F emcee, MC, *Br* compère
Cord *etc* → ***Kord*** *etc*
Couch [kautʃ] *f* (-; *-s*) couch
Coupé [ku'peː] *n* (*-s*; *-s*) MOT coupé
Coupon → ***Kupon***
Cousin [ku'zɛˉː] *m* (*-s*; *-s*), **Cousine** [ku'ziːnə] *f* (-; *-n*) cousin
Creme [kreːm] *f* (-; *-s*) cream (*a. fig*)
Curry ['kari] *m* (*-s*; *-s*) curry powder
Cursor ['kɜːsə] *m* (*-s*; *-s*) IT cursor

D

da [daː] **1.** *adv space*: there; here; *time*: then, at that time; ***~ drüben*** (***draußen***, ***hinten***) over (out, back) there; ***von ~ aus*** from there; ***das … ~*** that … (over there); ***~ kommt er*** here he comes; ***~ bin ich*** here I am; ***~ sein*** be there; exist; ***ist noch … ~?*** is any … left?; ***noch nie ~ gewesen*** unprecedented; ***er ist gleich wieder ~*** he'll be right back; ***von ~ an*** *or* ***ab*** from then on **2.** *cj* as, since, because
'**dabehalten** *v/t* (*irr*, ***halten***, *sep*, *no -ge-*, *h*) keep; ***j-n ~*** keep s.o. in
dabei [da'bai] *adv* there, present; near *or* close by; at the same time; included with it; ***~ sein*** be there; take part; be in on it; ***ich bin ~!*** count me in!; ***er ist gerade ~ zu gehen*** he's just leaving; ***es ist nichts ~*** there's nothing to it; there's no harm in it; ***was ist schon ~?*** (so) what of it?; ***lassen wir es ~!*** let's leave it at that!; **~bleiben** *v/i* (*irr*, ***bleiben***, *sep*, *-ge-*, *sein*) stick to it; **~haben** F *v/t* (*irr*, ***haben***, *sep*, *-ge-*, *h*) have with (*or* on) one
'**dableiben** *v/i* (*irr*, ***bleiben***, *sep*, *-ge-*, *sein*) stay
Dach [dax] *n* (*-[e]s*; *Dächer* ['dɛçɐ]) roof
'**Dach|boden** *m* attic; **~decker** ['daxdekɐ] *m* (*-s*; -) roofer; **~fenster** *n* dormer window; **~gepäckträger** *m* MOT roof-rack
'**Dachgeschoss** *n*, '**Dachgeschoß** *Austrian n* attic; **~wohnung** *f* loft apartment, *Br* attic flat
'**Dach|kammer** *f* garret; **~luke** *f* skylight; **~pappe** *f* roofing felt; **~rinne** *f* gutter
Dachs [daks] *m* (*-es*; *-e*) ZO badger
'**Dachstuhl** *m* roof framework
dachte ['daxtə] *pret of* ***denken***
'**Dachter,rasse** *f* roof terrace

'Dachverband *m* ECON *etc* umbrella organization
Dackel ['dakəl] *m* (*-s*; *-*) ZO dachshund
'dadurch *adv and cj* this *or* that way; for this reason, so; **~, dass** due to the fact that
dafür [da'fyːɐ] *adv* for it, for that; instead; in return, in exchange; **~ *sein*** be in favo(u)r of it; ***er kann nichts ~*** it is not his fault; **~ *sorgen, dass*** see to it that
da'gegen *adv and cj* against it; however, on the other hand; **~ *sein*** be against (*or* opposed to) it; ***haben Sie et. ~, dass ich ...?*** do you mind if I ...?; ***wenn Sie nichts ~ haben*** if you don't mind; ***... ist nichts ~*** ... can't compare
da'heim *adv* at home
'daher *adv and cj* from there; that's why
da'hin *adv* there, to that place; gone, past; ***bis ~*** till then; up to there
da'hinten *adv* back there
da'hinter *adv* behind it; ***es steckt nichts ~*** there is nothing to it; F **~ *kommen*** find out (about it)
'dalassen F *v/t* (*irr*, ***lassen***, *sep*, *-ge-*, *h*) leave behind
damalig ['daːmaːlɪç] *adj* then
damals ['daːmaːls] *adv* then, at that time
Dame ['daːmə] *f* (*-*; *-n*) lady; partner; *cards*, *chess*: queen; checkers, *Br* draughts
'Damen... *in cpds* ladies' ...; SPORT women's ...; **~binde** *f* sanitary napkin (*Br* towel)
'damenhaft *adj* ladylike
'Damen|toi,lette *f* ladies' room (*Br* toilet), *the* ladies; **~wahl** *f* ladies' choice
damit 1. ['daːmɪt] *adv* with it *or* that; by it, with it; ***was will er ~ sagen?*** what's he trying to say?; ***wie steht es ~?*** how about it?; **~ *einverstanden sein*** have no objections **2.** [da'mɪt] *cj* so that; in order to *inf*; **~ *nicht*** so as not to *inf*
Damm [dam] *m* (*-[e]s*; *Dämme* ['dɛmə]) dam; embankment
dämmerig ['dɛmərɪç] *adj* dim
'Dämmerlicht *n* (*-[e]s*; *no pl*) twilight
dämmern ['dɛmɐn] *v/i* (*ge-*, *h*) dawn (*a.* F ***j-m*** on s.o.); get dark *or* dusky
'Dämmerung *f* (*-*; *-en*) dusk; dawn
Dämon ['dɛːmɔn] *m* (*-s*; *-en* [dɛ'moːnən]) demon; **dämonisch** [dɛ'moːnɪʃ] *adj* demoniac(al)
Dampf [dampf] *m* (*-[e]s*; *Dämpfe* ['dɛmpfə]) steam; PHYS vapo(u)r
'dampfen *v/i* (*ge-*, *h and sein*) steam
dämpfen ['dɛmpfən] *v/t* (*ge-*, *h*) deaden; muffle (*voice*); soften (*light*, *sound*, *blow*); GASTR steam, stew; steam-iron; *fig* put a damper on; curb (*a.* ECON)
Dampfer ['dampfɐ] *m* (*-s*; *-*) steamer, steamship
'Dampf|kochtopf *m* pressure cooker; **~ma,schine** *f* steam engine; **~schiff** *n* steamer, steamship
da'nach *adv* after it *or* that; afterwards; for it; according to it; ***ich fragte ihn ~*** I asked him about it; F ***mir ist nicht ~*** I don't feel like it
Däne ['dɛːnə] *m* (*-n*; *-n*) Dane
da'neben *adv* next to it, beside it; besides, as well, at the same time; beside the mark; **~benehmen** F *v/refl* (*irr*, ***nehmen***, *sep*, *no -ge-*, *h*) step out of line; **~gehen** F *v/i* (*irr*, ***gehen***, *sep*, *-ge-*, *sien*) miss (the target); F misfire
'Dänemark Denmark
Dänin ['dɛːnɪn] *f* (*-*; *-nen*) Danish woman *or* girl; **'dänisch** *adj* Danish
dank [daŋk] *prp* (*gen*) thanks to
Dank *m* (*-[e]s*; *no pl*) thanks; ***Gott sei ~!*** thank God!; ***vielen ~!*** many thanks!
'dankbar *adj* grateful (***j-m*** to s.o.); rewarding (*task etc*)
'Dankbarkeit *f* (*-*; *no pl*) gratitude
'danken *v/i* (*ge-*, *h*) thank (***j-m für et.*** s.o. for s.th.); ***danke*** (***schön***) thank you (very much); (***nein***,) ***danke*** no, thank you; ***nichts zu ~*** not at all
dann [dan] *adv* then; **~ *und wann*** (every) now and then
daran [da'ran] *adv* on it; *die*, *think etc* of it; *believe etc* in it; *suffer etc* from it; → ***liegen***
darauf [da'rauf] *adv* on (top of) it; after (that); *listen*, *drink etc* to it; *proud etc* of it; *wait etc* for it; ***am Tage ~*** the day after; ***zwei Jahre ~*** two years later; **~ *kommt es an*** that's what matters
darauf'hin *adv* after that; as a result
daraus [da'raus] *adv* from (*or* out of) it; ***was ist ~ geworden?*** what has become of it?; **~ *wird nichts!*** F nothing doing!
Darbietung ['daːɐbiːtʊŋ] *f* (*-*; *-en*) presentation; performance
darin [da'rɪn] *adv* in it; ['daːrɪn] in that

darlegen ['da:ɐle:gən] *v/t* (*sep*, *-ge-*, *h*) explain, set out
Darlehen ['da:ɐle:ən] *n* (*-s*; *-*) loan; ***ein~ geben*** grant a loan
Darm [darm] *m* (*-[e]s*; *Därme* ['dɛrmə]) ANAT bowel(s), intestine(s); GASTR skin; **~grippe** *f* MED intestinal flu
darstellen ['da:ɐʃtɛlən] *v/t* (*sep*, *-ge-*, *h*) represent, show, depict; describe; THEA play, do; trace, graph; '**Darsteller(in)** (*-s*; *-/-*; *-nen*) THEA performer, actor (actress); '**Darstellung** *f* (*-*; *-en*) representation; description; account; portrayal
darüber [da'ry:bɐ] *adv* over *or* above it; across it; in the meantime; *write*, *talk etc* about it; ***... und ~*** ... and more; ***~ werden Jahre vergehen*** that will take years
darum [da'rʊm] *adv and cj* (a)round it; because of it, that's why; ***~ bitten*** ask for it; → ***gehen***
darunter [da'rʊntɐ] *adv* under *or* below it, underneath; among them; including; ***... und ~*** ... and less; ***was verstehst du ~?*** what do you understand by it?
das [das] → ***der***
'**Dasein** *n* (*-s*; *no pl*) life, existence
dass [das] *cj* that; so (that); ***es sei denn, ~*** unless; ***nicht ~ ich wüsste*** not that I know of
'**dastehen** *v/i* (*irr*, **stehen**, *sep*, *-ge-*, *h*) stand (there)
Datei [da'tai] *f* (*-*; *-en*) IT file; **~verwaltung** *f* IT file management
Daten ['da:tən] *pl* data (*a.* IT), facts; particulars; **~bank** *f* (*-*; *-en*) database, data bank; **~schutz** *m* JUR data protection; **~speicher** *m* data memory *or* storage; **~träger** *m* data medium *or* carrier; **~übertragung** *f* data transfer; **~verarbeitung** *f* data processing
datieren [da'ti:rən] *v/t and v/i* (*no -ge-*, *h*) date
Dativ ['da:ti:f] *m* (*-s*; *-e*) dative (case)
Dattel ['datəl] *f* (*-*; *-n*) BOT date
Datum ['da:tʊm] *n* (*-s*; *Daten* ['da:tən]) date; ***welches ~ haben wir heute?*** what's the date today?
Dauer ['dauɐ] *f* (*-*; *no pl*) duration; continuance; ***auf die~*** in the long run; ***für die~ von*** for a period *or* term of; ***von~ sein*** last; **~arbeitslosigkeit** *f* long-term unemployment; **~auftrag** *m* ECON standing order; **~geschwindigkeit** *f* MOT *etc* cruising speed
'**dauerhaft** *adj* lasting; durable
'**Dauer|karte** *f* season ticket; **~lauf** *m* SPORT jogging; ***im~*** at a jog; **~lutscher** *m* lollipop
dauern *v/i* (*ge-*, *h*) last, take; → ***lange***
'**Dauerwelle** *f* permanent, *Br* perm
Daumen ['daumən] *m* (*-s*; *-*) ANAT thumb; F ***j-m den ~ halten*** keep one's fingers crossed (for s.o.); ***am ~ lutschen*** suck one's thumb
Daunen ['daunən] *pl* down
'**Daunendecke** *f* eiderdown
da'von *adv* (away) from it; by it; about it; away; of it *or* them; ***et. ~ haben*** get s.th. out of it; ***das kommt ~!*** there you are!, that will teach you!; **~kommen** *v/i* (*irr*, **kommen**, *sep*, *-ge-*, *sein*) escape, get away; **~laufen** *v/i* (*irr*, **laufen**, *sep*, *-ge-*, *sein*) run away
da'vor *adv* before it; in front of it; *be afraid*, *warn s.o. etc* of it
da'zu *adv* for it, for that purpose; in addition; ***noch~*** into the bargain; ***~ ist es da*** that's what it's there for; ***Salat~?*** a salad with it?; → ***kommen, Lust***; **~gehören** *v/i* (*sep*, *no -ge-*, *h*) belong to it, be part of it; **~gehörig** *adj* belonging to it; **~kommen** *v/i* (*irr*, **kommen**, *sep*, *-ge-*, *sein*) join *s.o.*; be added
da'zwischen *adv* between (them); in between; among them; **~kommen** *v/i* (*irr*, **kommen**, *sep*, *-ge-*, *sein*) intervene, happen; ***wenn nichts dazwischenkommt*** if all goes well
DB [de:'be:] *abbr of* **Deutsche Bahn** German Rail
dealen ['di:lən] *v/i* (*ge-*, *h*) F push drugs
Dealer ['di:lɐ] *m* (*-s*; *-*) drug dealer, F pusher
Debatte [de'batə] *f* (*-*; *-n*) debate
debattieren [deba'ti:rən] *v/i* (*no -ge-*, *h*) debate (**über** *acc* on)
Debüt [de'by:] *n* (*-s*; *-s*) debut; ***sein ~ geben*** make your debut
dechiffrieren [deʃɪ'fri:rən] *v/t* (*no -ge-*, *h*) decipher, decode
Deck [dɛk] *n* (*-[e]s*; *-s*) MAR deck
Decke ['dɛkə] *f* (*-*; *-n*) blanket; quilt; ARCH ceiling
Deckel ['dɛkəl] *m* (*-s*; *-*) lid, cover, top
'**decken** *v/t and v/i* (*ge-*, *h*) cover (*a.* ZO), SPORT *a.* mark; ***sich ~*** (**mit**) coincide

(with); → ***Tisch***

'**Deckung** *f* (-; *no pl*) cover; *boxing*: guard; ***in ~ gehen*** take cover

defekt [de'fɛkt] *adj* defective, faulty; TECH out of order; **De'fekt** *m* (-[*e*]*s*; -*e*) defect, fault

defensiv [defɛn'siːf] *adj*, **Defensive** [defɛn'ziːvə] *f* (-; *no pl*) defensive

definieren [defi'niːrən] *v/t* (*no -ge-, h*) define; **Definition** [defini'tsjoːn] *f* (-; -*en*) definition

Defizit ['deːfitsɪt] *n* (-*s*; -*e*) deficit; deficiency

Degen ['deːgən] *m* (-*s*; -) sword; *fencing*: épée

degradieren [degra'diːrən] *v/t* (*no -ge-, h*) degrade (*a. fig*)

dehnbar ['deːnbaːɐ] *adj* flexible, elastic (*a. fig*); **dehnen** ['deːnən] *v/t* (*ge-, h*) stretch (*a. fig*)

Deich [daiç] *m* (-[*e*]*s*; -*e*) dike

Deichsel ['daiksəl] *f* (-; -*n*) pole, shaft

dein [dain] *poss pron* your; ***~er, ~e, ~(e)s*** yours; **deinerseits** ['dainɐ'zaits] *adv* on your part; **deines'gleichen** ['dainəsglaiçən] *pron contp* the likes of you

deinetwegen ['dainət'veːgən] *adv* for your sake; because of you

Dekan [de'kaːn] *m* (-*s*; -*e*), **De'kanin** *f* (-; -*nen*) REL, UNIV dean

Deklination [deklina'tsjoːn] *f* (-; -*en*) LING declension; **deklinieren** [dekli'niːrən] *v/t* (*no -ge-, h*) decline

Dekolleté [dekɔl'teː] *n* (-*s*; -*s*) low neckline

Dekorateur [dekora'tøːɐ] *m* (-*s*; -*e*), **Dekora'teurin** *f* (-; -*nen*) decorator; window dresser; **Dekoration** [dekora'tsjoːn] *f* (-; -*en*) decoration; (window) display; THEA scenery; **dekorativ** [dekora'tiːf] *adj* decorative; **dekorieren** [deko'riːrən] *v/t* (*no -ge-, h*) decorate; dress

Delfin → ***Delphin***

delikat [deli'kaːt] *adj* delicious, exquisite; *fig* delicate, ticklish

Delikatesse [delika'tɛsə] *f* (-; -*n*) delicacy; **Delika'tessenladen** *m* delicatessen, F deli

Delphin [dɛl'fiːn] *m* (-*s*; -*e*) ZO dolphin

Dementi [de'mɛnti] *n* (-*s*; -*s*) (official) denial; **dementieren** [demɛn'tiːrən] *v/t* (*no -ge-, h*) deny (officially)

dementsprechend, **demgemäß** ['deːmgəmɛːs] *adv* accordingly

'**demnach** *adv* according to that

'**demnächst** *adv* shortly, before long

Demo ['deːmo] F *f* (-; -*s*) demo

Demokrat [demo'kraːt] *m* (-*en*; -*en*) democrat; **Demokratie** [demokra'tiː] *f* (-; -*n*) democracy; **Demo'kratin** *f* (-; -*nen*) democrat; **demo'kratisch** *adj* democratic

demolieren [demo'liːrən] *v/t* (*no -ge-, h*) demolish, wreck

Demonstrant [demɔn'strant] *m* (-*en*; -*en*), **Demon'strantin** *f* (-; -*nen*) demonstrator; **Demonstration** [demɔnstra'tsjoːn] *f* (-; -*en*) demonstration; **demonstrieren** [demɔn'striːrən] *v/t and v/i* (*no -ge-, h*) demonstrate

demontieren [demɔn'tiːrən] *v/t* (*no -ge-, h*) dismantle

demoralisieren [demorali'ziːrən] *v/t* (*no -ge-, h*) demoralize

Demoskopie [demosko'piː] *f* (-; -*n*) public opinion research

Demut ['deːmuːt] *f* (-; *no pl*) humility, humbleness; **demütig** ['deːmyːtɪç] *adj* humble; **demütigen** ['deːmyːtɪgən] *v/t* (*ge-, h*) humiliate; '**Demütigung** *f* (-; -*en*) humiliation

denkbar ['dɛŋkbaːɐ] **1.** *adj* conceivable **2.** *adv*: ***~ einfach*** most simple

denken ['dɛŋkən] *v/t and v/i* (*irr, ge-, h*) think (***an*** *acc*, ***über*** *acc* of, about); ***daran ~*** (***zu*** *inf*) remember (to *inf*)

'**Denkfa,brik** *f* think tank

'**Denkmal** *n* monument; memorial

'**denkwürdig** *adj* memorable

denn [dɛn] *cj and adv* for, because; ***es sei ~, dass*** unless; ***mehr ~ je*** more than ever; **dennoch** ['dɛnnɔx] *cj* yet, still, nevertheless

Denunziant [denʊn'tsjant] *m* (-*en*; -*en*) informer; **denunzieren** [denʊn'tsiːrən] *v/t* (*no -ge-, h*) inform on *or* against

Deodorant [deˀodo'rant] *n* (-*s*; -*e*, -*s*) deodorant

Deponie [depo'niː] *f* (-; -*n*) dump, waste disposal site

deponieren [depo'niːrən] *v/t* (*no -ge-, h*) deposit, leave

Depot [de'poː] *n* (-*s*; -*s*) depot (*a.* MIL); *Swiss*: deposit

Depression [deprɛ'sjoːn] *f* (-; -*en*) de-

pression (*a.* ECON)
depressiv [deprɛ'siːf] *adj* depressive
deprimieren [depri'miːrən] *v/t* (*no -ge-, h*) depress; **~d** *adj* depressing
deprimiert [depri'miːɐt] *adj* depressed
der [deːɐ], **die** [diː], **das** [das] **1.** *art* the **2.** *dem pron* that, this; he, she, it; ***die*** *pl* these, those, they **3.** *rel pron* who, which, that; '**derartig 1.** *adv* so (much); like that **2.** *adj* such (as this)
derb [dɛrp] *adj* coarse; tough, sturdy
'**der'gleichen** *dem pron*: ***nichts ~*** nothing of the kind
derjenige ['deːɐjeːnɪgə], **diejenige** ['diːjeːnɪgə], **dasjenige** ['dasjeːnɪgə] *dem pron* the one; ***diejenigen*** *pl* the ones, those
dermaßen ['deːɐ'maːsən] *adv* so (much), like that
Dermatologe [dɛrmato'loːgə] *m* (*-n; -n*), **Dermato'login** *f* (*-; -nen*) dermatologist **derselbe** [dɛr'zɛlbə], **dieselbe** [diː'zɛlbə], **dasselbe** [das'zɛlbə] *dem pron* the same
Deserteur [dezɛr'tøːɐ] *m* (*-s; -e*) MIL deserter; **desertieren** [dezɛr'tiːrən] *v/i* (*no -ge-, sein*) MIL desert
deshalb ['dɛs'halp] *cj and adv* therefore, for that reason, that is why, so
Desinfektionsmittel [dɛsʔɪnfɛk-'tsjoːnsmɪtəl] *n* MED disinfectant
desinfizieren [dɛsʔɪnfi'tsiːrən] *v/t* (*no -ge-, h*) MED disinfect
'**Desinteresse** *n* (*-s; no pl*) indifference
'**desinteres,siert** *adj* uninterested, indifferent
destillieren [dɛstɪ'liːrən] *v/t* (*no -ge-, h*) distil(l)
desto ['dɛsto] *cj and adv* → ***je***
'**des'wegen** *cj and adv* → ***deshalb***
Detail [de'tai] *n* (*-s; -s*) detail
detailliert [deta'jiːɐt] *adj* detailed
Detektiv [detɛk'tiːf] *m* (*-s; -e*) detective
deuten ['dɔʏtən] (*ge-, h*) **1.** *v/t* interpret **2.** *v/i*: **~ *auf*** (*acc*) point at
'**deutlich** *adj* clear, distinct, plain
deutsch [dɔʏtʃ] *adj* German; ***auf Deutsch*** in German
'**Deutsche** *m, f* (*-n; -n*) German
'**Deutschland** Germany
Devise [de'viːzə] *f* (*-; -n*) motto
De'visen *pl* ECON foreign currency
Dezember [de'tsɛmbɐ] *m* (*-[s]; -*) December
dezent [de'tsɛnt] *adj* discreet, unobtrusive; conservative (*clothes etc*); soft (*music etc*)
Dezimal... [detsi'maːl-] MATH *in cpds ...bruch, ...system etc*: decimal ...; **~stelle** *f* MATH decimal (place)
DGB [deːgeː'beː] *abbr of **Deutscher Gewerkschaftsbund*** Federation of German Trade Unions
d. h. *abbr of **das heißt*** i. e., that is
Dia ['diːa] *n* (*-s; -s*) PHOT slide
Diagnose [dia'gnoːzə] *f* (*-; -n*) diagnosis
diagonal [diago'naːl] *adj*, **Diago'nale** *f* (*-; -n*) diagonal
Dialekt [dia'lɛkt] *m* (*-[e]s; -e*) dialect
Dialog [dia'loːk] *m* (*-[e]s; -e*) dialog, *Br* dialogue
Diamant [dia'mant] *m* (*-en; -en*) diamond
'**Diapro,jektor** *m* slide projector
Diät [di'ɛːt] *f* (*-; -en*) diet; ***e-e ~ machen*** (***Diät leben***) be on (keep to) a diet
Di'äten *pl* PARL allowance
dich [dɪç] *pers pron* you; **~ (*selbst*)** yourself
dicht [dɪçt] **1.** *adj* dense, *a.* thick (*fog*); heavy (*traffic*); F closed, shut **2.** *adv*: **~ *an*** (*dat*) *or* ***bei*** close to
'**dichten** *v/t and v/i* (*ge-, h*) write (poetry); **Dichter(in)** ['dɪçtɐ, 'dɪçtərɪn] *m(f)* (*-s; -/-; -nen*) poet; writer; **dichterisch** ['dɪçtərɪʃ] *adj* poetic; ***~e Freiheit*** poetic licen|se, *Br* -ce
'**dichthalten** F *v/i* (*irr,* ***halten***, *sep, -ge-, h*) keep mum
'**Dichtung**[1] *f* (*-; -en*) TECH seal(ing)
'**Dichtung**[2] *f* (*-; -en*) poetry
dick [dɪk] *adj* thick; fat; ***es macht ~*** it's fattening
'**Dicke** *f* (*-; -n*) thickness; fatness;
'**dickfellig** F *adj* thick-skinned
'**dickflüssig** *adj* thick; TECH viscous
Dickicht ['dɪkɪçt] *n* (*-[e]s; -e*) thicket
'**Dick|kopf** *m* stubborn *or* pig-headed person; **~milch** *f* soured milk
Dieb [diːp] *m* (*-[e]s; -e* ['diːbə]), **Diebin** ['diːbɪn] *f* (*-; -nen*) thief
diebisch ['diːbɪʃ] *adj* thievish; *fig* malicious (*glee etc*)
Diebstahl ['diːpʃtaːl] *m* (*-[e]s; -stähle* ['diːpʃtɛːlə]) theft; JUR *mst* larceny
Diele ['diːlə] *f* (*-; -n*) board, plank; hallway, *Br a.* hall
dienen ['diːnən] *v/i* (*ge-, h*) serve (***j-m***

s.o.; ***als*** as); **Diener** ['di:nɐ] *m* (-*s*; -) servant; *fig* bow (***vor*** *dat* to)

Dienst [di:nst] *m* (-[*e*]*s*; -*e*) service; work; ~ ***haben*** be on duty; ***im*** (***außer***) ~ on (off) duty; ~ ***tuend*** on duty; ~... *in cpds ...wagen, ...wohnung etc*: official ..., company ..., business ...

'**Dienstag** *m* (-[*e*]*s*; -*e*) Tuesday

'**Dienstalter** *n* seniority, length of service

'**dienstbereit** *adj* on duty

diensteifrig *adj* (*contp* over-)eager

'**Dienstgrad** *m* grade, rank (*a.* MIL)

'**Dienstleistung** *f* service

'**dienstlich** *adj* official

'**Dienstreise** *f* business trip

'**Dienststunden** *pl* office hours

'**Dienstweg** *m* official channels

dies [di:s], **dieser** ['di:zɐ], **diese** ['di:zə], **dieses** ['di:zəs] *dem pron* this; this one; ***diese*** *pl* these

diesig ['di:zɪç] *adj* hazy, misty

diesjährig ['di:sjɛ:rɪç] *adj* this year's

'**diesmal** *adv* this time

diesseits ['di:szaits] *prp* (*gen*) on this side of; '**Diesseits** *n* (-; *no pl*) this life *or* world

Dietrich ['di:trɪç] *m* (-*s*; -*e*) TECH picklock, skeleton key

Differenz [dɪfə'rɛnts] *f* (-; -*en*) difference; disagreement

differenzieren [dɪfərɛn'tsi:rən] *v/i* (*no -ge-, h*) distinguish

Digital... [digi'ta:l] *in cpds ...anzeige, ...uhr etc*: digital ...

Diktat [dɪk'ta:t] *n* (-[*e*]*s*; -*e*) dictation; **Diktator** [dɪk'ta:to:ɐ] *m* (-*s*; -*en*) [dɪkta'to:rən] dictator; **diktatorisch** [dɪkta'to:rɪʃ] *adj* dictatorial; **Diktatur** [dɪkta'tu:ɐ] *f* (-; -*en*) dictatorship; **diktieren** [dɪk'ti:rən] *v/t and v/i* (*no -ge-, h*) dictate

Dik'tiergerät *n* Dictaphone®

Dilettant [dilɛ'tant] *m* (-*en*; -*en*) amateur; **dilet'tantisch** *adj* amateurish

DIN® [di:n] *abbr of* ***Deutsches Institut für Normung*** German Institute for Standardization

Ding [dɪŋ] *n* (-[*e*]*s*; -*e*) thing; ***vor allen*** ~***en*** above all; F ***ein*** ~ ***drehen*** pull a job

'**Dings**(**bums**) *m, f, n*, **Dingsda** *m, f, n* F thingamajig, whatchamacallit

Dinosaurier [dino'zaurjɐ] *m* (-*s*; -) ZO dinosaur

Dioxid ['di:ʔɔksy:t] *n* (-*s*; -*e*) CHEM dioxide

Dioxin [diɔ'ksi:n] *n* (-*s*; -*e*) CHEM dioxin

Diphtherie [dɪfte'ri:] *f* (-; -*n*) MED diphtheria

Diplom [di'plo:m] *n* (-*s*; -*e*) diploma, degree; ~... *in cpds ...ingenieur etc*: qualified ..., graduate ...

Diplomat [diplo'ma:t] *m* (-*en*; -*en*) diplomat; **Diplomatie** [diploma'ti:] *f* (-; *no pl*) diplomacy; **Diplo'matin** *f* (-; -*nen*) diplomat; **diplo'matisch** *adj* diplomatic (*a. fig*)

dir [di:ɐ] *pers pron* (to) you; ~ (***selbst***) yourself

direkt [di'rɛkt] **1.** *adj* direct; TV live **2.** *adv* direct; *fig* directly, right; TV live; ~ ***gegenüber*** (***von***) right across

Direktion [dirɛk'tsjo:n] *f* (-; -*en*) management

Direktor [di'rɛkto:ɐ] *m* (-*s*; -*en* [dirɛk'to:rən]) director, manager; PED principal, *Br* headmaster; **Direktorin** [dirɛk'to:rɪn] (-; -*nen*) director, manager; PED principal, *Br* headmistress

Di'rektübertragung *f* TV live transmission *or* broadcast

Dirigent [diri'gɛnt] *m* (-*en*; -*en*) conductor; **dirigieren** [diri'gi:rən] *v/t and v/i* (*no -ge-, h*) MUS conduct; *fig* direct

Dirne ['dɪrnə] *f* (-; -*n*) prostitute, whore

Discman® *m* (-*s*; -*men*) portable CD player, Discman®

Disharmo'nie [dɪsharmo'ni:] *f* MUS dissonance (*a. fig*); **dishar'monisch** *adj* MUS discordant

Diskette [dɪs'kɛtə] *f* (-; -*n*) diskette, floppy (disk); **Dis'kettenlaufwerk** *n* disk drive

Disko ['dɪsko] *f* (-; -*s*) disco

Diskont [dɪs'kɔnt] *m* (-*s*; -*e*) ECON discount

Diskothek [dɪsko'te:k] (-; -*en*) disco, discotheque

diskret [dɪs'kre:t] *adj* discreet; **Diskretion** [dɪskre'tsjo:n] *f* (-; *no pl*) discretion

diskriminieren [dɪskrimi'ni:rən] *v/t* (*no -ge-, h*) discriminate against

Diskrimi'nierung *f* (-; -*en*) discrimination (***von*** against)

Diskussion [dɪskʊ'sjo:n] *f* (-; -*en*) discussion, debate

Diskussi'ons|leiter *m* (panel) chairman; **~runde** *f*, **~teilnehmer** *pl* panel

Diskuswerfen ['dɪskʊsvɛrfən] *n (-s; no pl)* SPORT discus throwing

diskutieren [dɪsku'tiːrən] *v/t and v/i (no -ge-, h)* discuss

D

Disqualifikati'on *f* SPORT disqualification (***wegen*** for); **disqualifi'zieren** *v/t (no -ge-, h)* SPORT disqualify

Dissident [dɪsi'dɛnt] *m (-en; -en)*, **Dissi'dentin** *f (-; -nen)* POL dissident

Distanz [dɪs'tants] *f (-; -en)* distance

distanzieren [dɪstan'tsiːrən] *v/refl (no -ge-, h)* distance o.s. (***von*** from)

Distel ['dɪstəl] *f (-; -n)* BOT thistle

Distrikt [dɪs'trɪkt] *m (-[e]s; -e)* district

Disziplin [dɪstsi'pliːn] *f (-; -en) (no pl)* discipline; SPORT event; **diszipliniert** [dɪstsipli'niːɐt] *adj* disciplined

divers [di'vɛrs] *adj* various; several

Dividende [divi'dɛndə] *f (-; -n)* ECON dividend

dividieren [divi'diːrən] *v/t (no -ge-, h)* MATH divide (***durch*** by)

Division [divi'zjoːn] *f (-; -en)* MATH, MIL division

DJH [deːjɔt'haː] *abbr of* ***Deutsches Jugendherbergswerk*** German Youth Hostel Association

DM [deː'ɛm] *abbr of* ***Deutsche Mark*** *hist (former monetary unit of Germany)* German mark(s)

doch [dɔx] *cj and adv* but, however, yet; ***kommst du nicht (mit)? - ~!*** aren't you coming? - (oh) yes, I am!; ***ich war es nicht - ~!*** I didn't do it - yes, you did!; ***er kam also ~?*** so he did come after all?; ***du kommst ~?*** you're coming, aren't you?; ***kommen Sie ~ herein!*** do come in!; ***wenn ~ …!*** if only …!

Docht [dɔxt] *m (-[e]s; -e)* wick

Dock [dɔk] *n (-s; -s)* MAR dock

Dogge ['dɔgə] *f (-; -n)* ZO mastiff; Great Dane

Dogma ['dɔgma] *n (-s; Dogmen* ['dɔgmən]) dogma; **dogmatisch** [dɔg'maːtɪʃ] *adj* dogmatic

Dohle ['doːlə] *f (-; -n)* ZO (jack)daw

Doktor ['dɔktoːɐ] *m (-s; -en* [dɔk'toːrən]) doctor; UNIV doctor's degree; **~arbeit** *f* UNIV (doctoral *or* PhD) thesis

Dokument [doku'mɛnt] *n (-[e]s; -e)* document

Dokumentar… [dokumɛn'taːɐ-] *in cpds …spiel etc*: documentary …; **~film** *m* documentary (film)

Dolch [dɔlç] *m (-[e]s; -e)* dagger

Dollar ['dɔlar] *m (-[s]; -s)* dollar

dolmetschen ['dɔlmɛtʃən] *v/i (ge-, h)* interpret; **'Dolmetscher(in)** *(-s; -/-; -nen)* interpreter

Dom [doːm] *m (-[e]s; -e)* cathedral

dominierend [domi'niːrənt] *adj* (pre-) dominant

Dompteur [dɔmp'tøːɐ] *m (-s; -e)*, **Dompteuse** [dɔmp'tøːzə] *f (-; -n)* animal tamer *or* trainer

Donner ['dɔnɐ] *m (-s; no pl)* thunder

'donnern *v/i (ge-, h)* thunder (*a. fig*)

'Donnerstag *m (-[e]s; -e)* Thursday

'Donnerwetter F *n (-s; -)* dressing-down; ***~!*** wow!

doof [doːf] F *adj* stupid, dumb

Doppel ['dɔpəl] *n (-s; -)* duplicate; *tennis etc*: doubles; **~…** *in cpds …bett, …zimmer etc*: double …

Doppeldecker ['dɔpəldɛkɐ] *m (-s; -)* AVIAT biplane; MOT double-decker (bus)

Doppelgänger ['dɔpəlgɛŋɐ] *m (-s; -)* double, look-alike

'Doppelhaus *n* duplex, *Br* pair of semis; **~hälfte** *f* semidetached (house)

'Doppel|pass *m soccer*: wall pass; **~punkt** *m* LING colon; **~stecker** *m* ELECTR two-way adapter

doppelt *adj* double; ***~ so viel (wie)*** twice as much (as)

'Doppelverdiener *pl* two-income family

Dorf [dɔrf] *n (-[e]s; Dörfer* ['dœrfɐ]) village; **~bewohner** *m* villager

Dorn [dɔrn] *m (-[e]s; -en)* BOT thorn (*a. fig*); TECH tongue; spike

'dornig *adj* thorny (*a. fig*)

Dorsch [dɔrʃ] m *(-[e]s; -e)* ZO cod(fish)

dort [dɔrt] *adv* there

'dorther *adv* from there

'dorthin *adv* there

Dose ['doːzə] *f (-; -n)* can, *Br a.* tin

'Dosen… *in cpds* canned, *Br a.* tinned

dösen ['døːzən] F *v/i (ge-, h)* doze

'Dosenöffner *m* can (*Br* tin) opener

Dosis ['doːzɪs] *f (-; Dosen)* MED dose

Dotter ['dɔtɐ] *m, n (-s; -)* yolk

Double ['duːbəl] *n (-s; -s) film*: stunt man (*or* woman)

Dozent [do'tsɛnt] *m (-en; -en)*, **Do'zentin** *f (-; -nen)* (university) lecturer, assistant professor

Dr. *abbr of* ***Doktor*** Dr., Doctor
Drache ['draxə] *m* (*-n*; *-n*) dragon
'**Drachen** *m* (*-s*; -) kite; SPORT hang glider; ***e-n ~ steigen lassen*** fly a kite; **~fliegen** *n* SPORT hang gliding
Draht [dra:t] *m* (-[*e*]*s*; *Drähte* ['drɛ:tə]) wire; F ***auf ~ sein*** be on the ball
drahtig ['dra:tɪç] *fig adj* wiry
'**drahtlos** *adj* wireless
'**Drahtseil** *n* TECH cable; *circus*: tightrope; **~bahn** *f* cable railway
'**Drahtzieher** *fig m* (*-s*; -) wirepuller
drall [dral] *adj* buxom, strapping
Drall *m* (-[*e*]*s*; *no pl*) twist, spin
Drama ['dra:ma] *n* (*-s*; *Dramen*) drama
Dramatiker [dra'ma:tikɐ] *m* (*-s*; -) dramatist, playwright
dra'matisch *adj* dramatic
dran [dran] F *adv* → ***daran***; ***du bist ~*** it's your turn; *fig* you're in for it
drang [draŋ] *pret of* ***dringen***
Drang *m* (-[*e*]*s*; *no pl*) urge, drive (***nach*** for)
drängeln ['drɛŋəln] F *v/t and v/i* (*ge-*, *h*) push, shove
drängen ['drɛŋən] *v/t and v/i* (*ge-*, *h*) push, shove; ***j-n zu et. ~*** press *or* urge s.o. to do s.th.; ***sich ~*** press; force one's way; **~d** *adj* pressing
'**drankommen** F *v/i* (*irr*, ***kommen***, *sep*, *-ge-*, *sein*) have one's turn; ***als erster ~*** be first
drastisch ['drastɪʃ] *adj* drastic
drauf [drauf] F *adv* → ***darauf***; ***~ und dran sein, et. zu tun*** be just about to do s.th.; **Draufgänger** ['draufgɛŋɐ] *m* (*-s*; -) daredevil
draus [draus] F *adv* → ***daraus***
draußen ['drausən] *adv* outside; outdoors; ***da ~*** out there; ***bleib(t) ~!*** keep out!
drechseln ['drɛksəln] *v/t* (*ge-*, *h*) turn (on a lathe)
Drechsler ['drɛkslɐ] *m* (*-s*; -) turner
Dreck [drɛk] F *m* (-[*e*]*s*; *no pl*) dirt; filth (*a. fig*); mud; *fig* trash; **dreckig** ['drɛkɪç] F *adj* dirty; filthy (*both a. fig*)
Dreh|arbeiten ['dre:arbaitən] *pl film*: shooting; **~bank** *f* (-; *-bänke*) TECH lathe
'**drehbar** *adj* revolving, rotating
'**Drehbuch** *n film*: script
drehen ['dre:ən] *v/t* (*ge-*, *h*) turn; *film*: shoot; roll; ***sich ~*** turn, rotate; spin; ***sich ~ um*** *fig* be about; → ***Ding***
Dreher ['dre:ɐ] *m* (*-s*; -) TECH turner
'**Dreh|kreuz** *n* turnstile; **~orgel** *f* barrel organ; **~ort** *m film*: location; **~strom** *m* ELECTR three-phase current; **~stuhl** *m* swivel chair; **~tür** *f* revolving door
'**Drehung** *f* (-; *-en*) turn; rotation
'**Drehzahl** *f* TECH (number of) revolutions; **~messer** *m* MOT rev(olution) counter
drei [drai] *adj* three
Drei *f* (-; *-en*) three; *grade*: fair, C
'**drei|beinig** *adj* three-legged; **~dimensio,nal** *adj* three-dimensional
'**Dreieck** *n* (-[*e*]*s*; *-e*) triangle
'**dreieckig** *adj* triangular
dreierlei ['draiɐ'lai] *adj* three kinds of
'**dreifach** *adj* threefold, triple
'**Drei|gang...** TECH *in cpds* three-speed ...; **~kampf** *m* SPORT triathlon; **~rad** *n* tricycle; **~satz** *m* (*-es*; *no pl*) MATH rule of three; **~sprung** *m* (-[*e*]*s*; *no pl*) SPORT triple jump
dreißig ['draisɪç] *adj* thirty
'**dreißigste** *adj* thirtieth
dreist [draist] *adj* brazen, impertinent
dreistufig ['draiʃtu:fɪç] *adj* three-stage
'**dreizehn(te)** *adj* thirteen(th)
Dresche ['drɛʃə] F *f* (-; *no pl*) thrashing
'**dreschen** *v/t and v/i* (*irr*, *ge-*, *h*) AGR thresh; thrash; '**Dreschma,schine** *f* AGR threshing machine
dressieren [drɛ'si:rən] *v/t* (*no -ge-*, *h*) train
Dressman ['drɛsmən] *m* (*-s*; *-men*) male model
Dressur [drɛ'su:ɐ] *f* (-; *-en*) training; act; **~reiten** *n* dressage
dribbeln ['drɪbəln] *v/i* (*ge-*, *h*), **Dribbling** *n* (*-s*; *-s*) SPORT dribble
drillen ['drɪlən] *v/t* (*ge-*, *h*) MIL drill (*a. fig*)
Drillinge ['drɪlɪŋə] *pl* triplets
drin [drɪn] F *adv* → ***darin***; ***das ist nicht ~!*** no way!
dringen ['drɪŋən] *v/i* (*irr*, *ge-*, *h*) ***~ auf*** (*acc*) insist on; ***~ aus*** come from; ***~ durch*** force one's way through, penetrate, pierce; ***~ in*** (*acc*) penetrate into; ***darauf ~, dass*** urge that; **~d** *adj* urgent, pressing; strong (*suspicion etc*)
drinnen ['drɪnən] F *adv* inside; indoors
dritte ['drɪtə] *adj* third; ***wir sind zu dritt*** there are three of us; ***die Dritte Welt*** the Third World; '**Drittel** *n* (*-s*; -) third;

'**drittens** *adv* thirdly; '**Dritte-Welt-Laden** *m* third world shop
Droge ['dro:gə] *f* (-; *-n*) drug
'**drogenabhängig** *adj* addicted to drugs; **~ *sein*** be a drug addict
'**Drogen|abhängige** *m, f* (-*n*; -*n*) drug addict; **~missbrauch** *m* drug abuse
'**drogensüchtig** → ***drogenabhängig***
'**Drogentote** *m, f* drug victim
Drogerie [drogə'ri:] *f* (-; *-n*) drugstore, *Br* chemist's (shop)
Drogist [dro'gɪst] *m* (*-en*; *-en*), **Dro'gistin** *f* (-; *-nen*) chemist
drohen ['dro:ən] *v/i* (*ge-*, *h*) threaten, menace
dröhnen ['drø:nən] *v/i* (*ge-*, *h*) roar
'**Drohung** *f* (-; *-en*) threat (***gegen*** to)
drollig ['drɔlɪç] *adj* funny, droll
Dromedar [dromə'da:ɐ] *n* (*-s*; *-e*) ZO dromedary
drosch [drɔʃ] *pret of* ***dreschen***
Drossel ['drɔsəl] *f* (-; *-n*) ZO thrush
'**drosseln** *v/t* (*ge-*, *h*) TECH throttle
drüben ['dry:bən] *adv* over there (*a. fig*)
drüber ['drybɐ] F *adv* → ***darüber, drunter***
Druck [drʊk] *m* (-[*e*]*s*; *-e*) pressure; printing; print
'**Druckbuchstabe** *m* block letter
Drückeberger ['drʏkəbɛrgɐ] F *m* (*-s*; -) shirker
'**drucken** *v/t* (*ge-*, *h*) print; ***et. ~ lassen*** have s.th. printed *or* published
drücken ['drʏkən] (*ge-*, *h*) **1.** *v/t* press; push; *fig* force down; ***j-m die Hand ~*** shake hands with s.o. **2.** *v/i* pinch **3.** F *v/refl*: ***sich vor et. ~*** shirk (doing) s.th.; **~d** *adj* heavy, oppressive
Drucker ['drʊkɐ] *m* (*-s*; -) printer (*a.* IT)
Drücker ['drʏkɐ] *m* (*-s*; -) latch; trigger; F hawker
Druckerei [drʊkə'rai] *f* (-; *-en*) printers
'**Druck|fehler** *m* misprint; **~kammer** *f* pressurized cabin; **~knopf** *m* snap fastener, *Br* press stud; TECH (push) button; **~luft** *f* TECH compressed air; **~sache** *f* printed (*or* second-class) matter; **~schrift** *f* block letters; **~taste** *f* TECH push button
drunter ['drʊntɐ] F *adv* → ***darunter***; ***es ging ~ und drüber*** it was absolutely chaotic
Drüse ['dry:zə] *f* (-; *-n*) ANAT gland
Dschungel ['dʒʊŋəl] *m* (*-s*; -) jungle (*a. fig*)
Dschunke ['dʒʊŋkə] *f* (-; *-n*) MAR junk
du [du:] *pers pron* you
Dübel ['dy:bəl] *m* (*-s*; -), '**dübeln** *v/t* (*ge-*, *h*) TECH dowel
ducken ['dʊkən] *v/refl* (*ge-*, *h*) duck; *fig* cringe (***vor*** *dat* before); crouch
Duckmäuser ['dʊkmɔʏzɐ] *m* (*-s*; -) coward; yes-man
Dudelsack ['du:dəlzak] *m* MUS bagpipes
Duell [du'ɛl] *n* (*-s*; *-e*) duel; **duellieren** [duɛ'li:rən] *v/refl* (*no -ge-*, *h*) fight a duel
Duett [du'ɛt] *n* (-[*e*]*s*; *-e*) MUS duet
Duft [dʊft] *m* (-[*e*]*s*; *Düfte* ['dʏftə]) scent, fragrance, smell (***nach*** of); '**duften** *v/i* (*ge-*, *h*) smell (***nach*** of); '**duftend** *adj* fragrant; '**duftig** *adj* dainty
dulden ['dʊldən] *v/t* (*ge-*, *h*) tolerate, put up with; suffer
duldsam ['dʊltza:m] *adj* tolerant
dumm [dʊm] *adj* stupid, F dumb
'**Dummheit** *f* (-; *-en*) (*no pl*) stupidity, ignorance; stupid *or* foolish thing
'**Dummkopf** *m contp* fool, blockhead
dumpf [dʊmpf] *adj* dull; *fig* vague
Düne ['dy:nə] *f* (-; *-n*) (sand) dune
Dung [dʊŋ] *m* (-[*e*]*s*; *no pl*) dung, manure
düngen ['dʏŋən] *v/t* (*ge-*, *h*) fertilize; manure; **Dünger** ['dʏŋɐ] *m* (*-s*; -) fertilizer; manure
dunkel ['dʊŋkəl] *adj* dark (*a. fig*)
'**Dunkelheit** *f* (-; *no pl*) dark(ness)
'**Dunkel|kammer** *f* PHOT darkroom; **~ziffer** *f* number of unreported cases
dünn [dʏn] *adj* thin; weak (*coffee etc*)
Dunst [dʊnst] *m* (-[*e*]*s*; *Dünste* ['dʏnstə]) haze, mist; CHEM vapo(u)r; **dünsten** ['dʏnstən] *v/t* (*ge-*, *h*) GASTR stew, braise; '**dunstig** *adj* hazy, misty
Duplikat [dupli'ka:t] *n* (-[*e*]*s*; *-e*) duplicate; copy
Dur [du:ɐ] *n* (-; *no pl*) MUS major (key)
durch [dʊrç] *prp* (*acc*) *and adv* through; across; MATH divided by; GASTR (well) done; ***~ j-n*** (***et.***) by s.o. (s.th.); ***~ und ~*** through and through
'**durcharbeiten** (*sep*, *-ge-*, *h*) **1.** *v/t* study thoroughly; ***sich ~ durch*** work (one's way) through a *text etc* **2.** *v/i* work without a break

durch'aus *adv* absolutely, quite; **~ *nicht*** by no means
'durchblättern *v/t* (*sep*, *-ge-*, *h*) leaf *or* thumb through
'Durchblick *fig m* grasp *of s.th.*
'durchblicken *v/i* (*sep*, *-ge-*, *h*) look through; **~ *lassen*** give to understand; ***ich blicke*** (***da***) ***nicht durch*** I don't get it
durch'bohren *v/t* (*no -ge-*, *h*) pierce; perforate
'durchbraten *v/t* (*irr*, ***braten***, *sep*, *-ge-*, *h*) roast thoroughly
'durchbrechen[1] (*irr*, ***brechen***, *sep*, *-ge-*) **1.** *v/t* (*h*) break (in two) **2.** *v/i* (*sein*) break through *or* apart
durch'brechen[2] *v/t* (*irr*, ***brechen***, *no -ge-*, *h*) break through
'durch|brennen *v/i* (*irr*, ***brennen***, *sep*, *-ge-*, *sein*) ELECTR blow; *reactor*: melt down; F run away
'durchbringen *v/t* (*irr*, ***bringen***, *sep*, *-ge-*, *h*) get (MED pull) *s.o.* through; go through *one's money*; support (*family*)
'Durchbruch *m* breakthrough (*a. fig*)
durch'dacht *adj* (well) thought-out
'durchdrehen (*sep*, *-ge-*, *h*) **1.** *v/i wheels*: spin; F *fig* crack up, flip **2.** *v/t* GASTR grind, *Br* mince
'durchdringend *adj* piercing
durchei'nander *adv* confused; (in) a mess; **~*bringen*** *v/t* (*irr*, ***bringen***, *sep*, *-ge-*, *h*) confuse, mix up; mess up; **Durchei'nander** *n* (*-s*; *no pl*) confusion, mess
durch'fahren[1] *v/t* (*irr*, ***fahren***, *no -ge-*, *h*) go (*or* pass, drive) through
'durchfahren[2] *v/i* (*irr*, ***fahren***, *sep*, *-ge-*, *sein*) go (*or* pass, drive) through
'Durchfahrt *f* passage; **~ *verboten*** no thoroughfare
'Durchfall *m* MED diarrh(o)ea
'durch|fallen *v/i* (*irr*, ***fallen***, *sep*, *-ge-*, *sein*) fall through; fail, F flunk (*test etc*); F be a flop; ***j-n* ~ *lassen*** fail (F flunk) s.o.; **~*fragen*** *v/refl* (*sep*, *-ge-*, *h*) ask one's way (***nach, zu*** to)
'durchführbar *adj* practicable, feasible
'durchführen *v/t* (*sep*, *-ge-*, *h*) carry out, do
'Durchgang *m* passage
'Durchgangs... *in cpds* *...verkehr etc*: through ...; *...lager etc*: transit ...
'durchgebraten *adj* well done
'durchgehen (*irr*, ***gehen***, *sep*, *-ge-*, *sein*) **1.** *v/i* go through (*a.* RAIL *and* PARL); *fig* run away (***mit*** with); *horse*: bolt **2.** *v/t* go *or* look through; **~ *lassen*** tolerate; **~d** *adj* continuous; **~*er Zug*** through train; **~ *geöffnet*** open all day
'durchgreifen *fig v/i* (*irr*, ***greifen***, *sep*, *-ge-*, *h*) take drastic measures; **~d** *adj* drastic; radical
'durchhalten (*irr*, ***halten***, *sep*, *-ge-*, *h*) **1.** *v/t* keep up **2.** *v/i* hold out
'durchhängen *v/i* (*irr*, ***hängen***, *sep*, *-ge-*, *h*) sag; F have a low
'durchkämpfen *v/t* (*sep*, *-ge-*, *h*) fight out; ***sich* ~** fight one's way through
'durchkommen *v/i* (*irr*, ***kommen***, *sep*, *-ge-*, *sein*) come through (*a.* MED); get through; get along; get away (***mit e-r Lüge*** *etc* with a lie *etc*)
durch'kreuzen *v/t* (*no -ge-*, *h*) cross, thwart
'durchlassen *v/t* (*irr*, ***lassen***, *sep*, *-ge-*, *h*) let pass, let through
'durchlässig *adj* permeable (***für*** to)
'durchlaufen[1] (*irr*, ***laufen***, *sep*, *-ge-*) **1.** *v/i* (*sein*) run through **2.** *v/t* (*h*) wear through
durch'laufen[2] *v/t* (*irr*, ***laufen***, *no -ge-*, *h*) pass through
'Durchlauferhitzer *m* (*-s*; *-*) (instant) water heater, *Br a.* geyser
'durchlesen *v/t* (*irr*, ***lesen***, *sep*, *-ge-*, *h*) read through
durch|'leuchten *v/t* (*no -ge-*, *h*) MED X-ray; *fig* screen; **~löchern** [dʊrç'lœçɐn] *v/t* (*no -ge-*, *h*) perforate, make holes in
'durchmachen F *v/t* (*sep*, *-ge-*, *h*) go through; ***viel* ~** suffer a lot; ***die Nacht* ~** make a night of it
'Durchmesser *m* (*-s*; *-*) diameter
durch'nässen *v/t* (*no -ge-*, *h*) soak
'durchnehmen *v/t* (*irr*, ***nehmen***, *sep*, *-ge-*, *h*) PED do, deal with
'durchpausen *v/t* (*sep*, *-ge-*, *h*) trace
durch'queren *v/t* (*no*, *-ge-*, *h*) cross
'Durchreiche *f* (*-*; *-n*) hatch
'Durchreise *f*: ***ich bin nur auf der* ~** I'm only passing through; **'durchreisen** *v/i* (*sep*, *-ge-*, *sein*) travel through
'Durchreisevisum *n* transit visa
'durch|reißen (*irr*, ***reißen***, *sep*, *-ge-*) **1.** *v/t* (*h*) tear (in two) **2.** *v/i* (*sein*) tear,

D

break; **~ringen** *v/refl* (*irr*, ***ringen***, *sep*, *-ge-*, *h*) ***sich ~, et. zu tun*** bring o.s. to do s.th.

'Durchsage *f* announcement

durch'schauen *v/t* (*no -ge-*, *h*) see through *s.o. or s.th.*

'durchscheinen *v/i* (*irr*, ***scheinen***, *sep*, *-ge-*, *h*) shine through; **~d** *adj* transparent

D

'durchscheuern *v/t* (*sep*, *-ge-*, *h*) chafe; wear through

'durchschlafen *v/i* (*irr*, ***schlafen***, *sep*, *-ge-*, *h*) sleep through

'Durchschlag *m* (carbon) copy

durch'schlagen[1] *v/t* (*irr*, ***schlagen***, *no -ge-*, *h*) cut in two; *bullet etc*: go through, pierce

'durchschlagen[2] (*irr*, ***schlagen***, *sep*, *-ge-*) **1.** *v/refl* (*h*): ***sich ~ nach*** make one's way to **2.** *v/i* (*sein*) come through (*a. fig*); **~d** *adj* sweeping; effective

'Durch|schlagpa,pier *n* carbon paper; **~schlagskraft** *fig f* force, impact

'durchschneiden *v/t* (*irr*, ***schneiden***, *sep*, *-ge-*, *h*) cut (through)

'Durchschnitt *m* average; ***im*** (***über, unter dem***) **~** on an (above, below) average; ***im ~ betragen*** (***verdienen*** *etc*) average

'durchschnittlich 1. *adj* average; ordinary **2.** *adv* on an average

'Durchschnitts... *in cpds* average ...

'Durchschrift *f* (carbon) copy

'durch|sehen *v/t* (*irr*, ***sehen***, *sep*, *-ge-*, *h*) look *or* go through; check; **~setzen** *v/t* (*sep*, *-ge-*, *h*) put (*or* push) *s.th.* through; ***s-n Kopf ~*** have one's way; ***sich ~*** get one's way; be successful; ***sich ~ können*** have authority (***bei*** over)

durch'setzt *adj*: **~ *mit*** interspersed with

'durchsichtig *adj* transparent (*a. fig*); clear; see-through

'durchsickern *v/i* (*sep*, *-ge-*, *sein*) seep through; *fig* leak out

'durchstarten *v/i* (*sep*, *-ge-*, *sein*) AVIAT climb and reaccelerate

durch'stechen *v/t* (*irr*, ***stechen***, *no -ge-*, *h*) pierce

'durch|stecken *v/t* (*sep*, *-ge-*, *h*) stick through; **~stehen** *v/t* (*irr*, ***stehen***, *sep*, *-ge-*, *h*) go through

durch'stoßen *v/t* (*irr*, ***stoßen***, *no -ge-*, *h*) break through

'durchstreichen *v/t* (*irr*, ***streichen***, *sep*, *-ge-*, *h*) cross out

durch'suchen *v/t* (*no -ge-*, *h*) search, F frisk; **Durch'suchung** *f* (-; *-en*) search; **Durch'suchungsbefehl** *m* search warrant

durch|trieben [dʊrç'triːbən] *adj* cunning, sly; **~'wachsen** *adj* GASTR streaky

'Durchwahl *f* (-; *no pl*) TEL direct dial(l)ing; **'durchwählen** *v/i* (*sep*, *-ge-*, *h*) TEL dial direct

durchweg ['dʊrçvɛk] *adv* without exception

durch'weicht *adj* soaked, drenched

durch'wühlen *v/t* (*no -ge-*, *h*) rummage through

'durch|zählen *v/t* (*sep*, *-ge-*, *h*) count off (*Br* up); **~ziehen** (*irr*, ***ziehen***, *sep*, *-ge-*) **1.** *v/i* (*sein*) pass through **2.** *v/t* (*h*) pull *s.th.* through; *fig* carry *s.th.* through (to the end)

durch'zucken *v/t* (*no -ge-*, *h*) flash through

'Durchzug *m* (-[*e*]*s*; *no pl*) draft, *Br* draught

dürfen ['dʏrfən] **1.** *v/aux* (*irr*, *no -ge-*, *h*) be allowed *or* permitted to *inf*; ***darf ich gehen?*** may I go?; ***ja***(, ***du darfst***) yes, you may; ***du darfst nicht*** you must not, you aren't allowed to; ***dürfte ich ...?*** could I ...?; ***das dürfte genügen*** that should be enough **2.** *v/i* (*irr*, *ge-*, *h*) ***er darf*** (***nicht***) he is (not) allowed to *inf*

durfte ['dʊrftə] *pret of* ***dürfen***

dürftig ['dʏrftɪç] *adj* poor; scanty

dürr [dʏr] *adj* dry; barren, arid; skinny

Dürre ['dʏrə] *f* (-; *-n*) drought; (*no pl*) barrenness

Durst [dʊrst] *m* (-[*e*]*s*; *no pl*) thirst (***auf*** *acc* for); **~ *haben*** be thirsty

'durstig *adj* thirsty

Dusche ['dʊʃə] *f* (-; *-n*) shower

'duschen *v/refl and v/i* (*ge-*, *h*) have *or* take a shower

Düse ['dyːzə] *f* (-; *-n*) TECH nozzle; jet

'düsen F *v/i* (*ge-*, *sein*) jet

'Düsen|antrieb *m* jet propulsion; ***mit ~*** jet-propelled; **~flugzeug** *n* jet (plane); **~jäger** *m* MIL jet fighter; **~triebwerk** *n* jet engine

düster ['dyːstɐ] *adj* dark, gloomy (*both a. fig*); dim (*light*); *fig* dismal

Dutzend ['dʊtsənt] *n* (*-s*; *-e*) dozen

'dutzendweise *adv* by the dozen

duzen ['du:tsən] *v/t* (*ge-*, *h*) use the familiar 'du' with s.o.; ***sich ~*** be on 'du' terms
DVD [de:fau'de:] *abbr of* ***Digital Versatile Disk*** DVD; **~-Player** *m* (*-s*; *-*) DVD player; **~-Rekorder** *m* (*-s*; *-*) DVD recorder
Dynamik [dy'na:mɪk] *f* (*-*; *no pl*) PHYS dynamics; *fig* dynamism
dy'namisch *adj* dynamic
Dynamit [dyna'mi:t] *n* (*-s*; *no pl*) dynamite
Dynamo [dy'an:mo] *m* (*-s*; *-s*) ELECTR dynamo, generator
D-Zug ['de:tsu:k] *m* express train

E

Ebbe ['ɛbə] *f* (*-*; *-n*) ebb, low tide
eben ['e:bən] **1.** *adj* even; flat; MATH plane; ***zu ~er Erde*** on the first (*Br* ground) floor **2.** *adv* just; ***an ~ dem Tag*** on that very day; ***so ist es ~*** that's the way it is; ***gerade ~ so*** *or* ***noch*** just barely
'Ebenbild *n* image
ebenbürtig ['e:bənbʏrtɪç] *adj*: ***j-m ~ sein*** be a match for s.o., be s.o.'s equal
Ebene ['e:bənə] *f* (*-*; *-n*) GEOGR plain; MATH plane; *fig* level
'ebenerdig *adj and adv* at street level; on the first (*Br* ground) floor
'ebenfalls *adv* as well, too
'Ebenholz *n* ebony
'Ebenmaß *n* (*-es*; *no pl*) symmetry; harmony; regularity; **'ebenmäßig** *adj* symmetrical; harmonious; regular
'ebenso *adv and cj* just as; as well; ***~ wie*** in the same way as; ***~ gern, ~ gut*** just as well; ***~ sehr, ~ viel*** just as much; ***~ wenig*** just as little *or* few
Eber ['e:bɐ] *m* (*-s*; *-*) ZO boar
ebnen ['e:bnən] *v/t* (*ge-*, *h*) even, level; *fig* smooth
Echo ['ɛço] *n* (*-s*; *-s*) echo; *fig* response
echt [ɛçt] *adj* genuine (*a. fig*), real; true; pure; fast (*color*); authentic; F ***~ gut*** real good; **'Echtheit** *f* (*-*; *no pl*) genuineness; authenticity
Eckball ['ɛkbal] *m* SPORT corner (kick)
Ecke ['ɛkə] *f* (*-*; *-n*) corner; edge; SPORT ***lange*** (***kurze***) ***~*** far (near) corner; → ***Eckball***; **eckig** ['ɛkɪç] *adj* square, angular; *fig* awkward
'Eckzahn *m* canine tooth
Economyclass [i'kɔnəmikla:s] *f* (*-*; *no pl*) coach (class)
edel ['e:dəl] *adj* noble; MIN precious
'Edelme,tall *n* precious metal
'Edelstahl *m* stainless steel
'Edelstein *m* precious stone; gem
EDV [e:de:'fau] *abbr of* ***Elektronische Datenverarbeitung*** electronic data processing
Efeu ['e:fɔʏ] *m* (*-s*; *no pl*) BOT ivy
Effekt [ɛ'fɛkt] *m* (*-[e]s*; *-e*) effect
effektiv [ɛfɛk'ti:f] **1.** *adj* effective **2.** *adv* actually; **Effektivität** [ɛfɛktivi'tɛ:t] *f* (*-*; *no pl*) effectiveness
ef'fektvoll *adj* effective, striking
Effet [ɛ'fe:] *m* (*-s*; *-s*) SPORT spin
EG [e:'ge:] *hist abbr of* ***Europäische Gemeinschaft*** EC, European Community
egal [e'ga:l] F *adj*: ***~ ob*** (***warum, wer*** *etc*) no matter if (why, who, *etc*); ***das ist ~*** it doesn't matter; ***das ist mir ~*** I don't care, it's all the same to me
Egge ['ɛgə] *f* (*-*; *-n*), **'eggen** *v/t* (*ge-*, *h*) AGR harrow
Egoismus [ego'ɪsmʊs] *m* (*-*; *no pl*) ego(t)ism; **Egoist(in)** [ego'ɪst(ɪn)] (*-en*; *-en*/*-*; *-nen*) ego(t)ist; **ego'istisch** *adj* selfish, ego(t)istic(al)
ehe ['e:ə] *cj* before; ***nicht ~*** not until
Ehe ['e:ə] *f* (*-*; *-n*) marriage (***mit*** to); **~beratung** *f* marriage counseling (*Br* guidance)
'Ehe|bruch *m* adultery; **~frau** *f* wife; **~leute** *pl* married couple
'ehelich *adj* conjugal; JUR legitimate
ehemalig ['e:əma:lɪç] *adj* former, ex-…
ehemals ['e:əma:ls] *adv* formerly
'Ehemann *m* husband
'Ehepaar *n* (married) couple
eher ['e:ɐ] *adv* earlier, sooner; ***je ~, desto lieber*** the sooner the better; ***nicht ~ als*** not until *or* before

'**Ehering** *m* wedding ring
ehrbar ['eːɐbaːɐ] *adj* respectable
Ehre ['eːrə] *f* (-; -*n*) hono(u)r; ***zu ~n*** (***von***) in hono(u)r of
'**ehren** *v/t* (*ge-*, *h*) hono(u)r; respect
'**ehrenamtlich** *adj* honorary
'**Ehren|bürger** *m* honorary citizen; **~doktor** *m* UNIV honorary doctor; **~gast** *m* guest of hono(u)r; **~kodex** *m* code of hono(u)r; **~mann** *m* man of hono(u)r; **~mitglied** *n* honorary member; **~platz** *m* place of hono(u)r; **~rechte** *pl* civil rights; **~rettung** *f* rehabilitation
'**ehrenrührig** *adj* defamatory
'**Ehren|runde** *f esp* SPORT lap of hono(u)r; **~sache** *f* point of hono(u)r; **~tor** *n*, **~treffer** *m* SPORT consolation goal
'**ehrenwert** *adj* hono(u)rable
'**Ehrenwort** *n* (-[*e*]*s*; -*e*) word of hono(u)r; F **~!** cross my heart!
ehrerbietig ['eːɐˀɛɐbiːtɪç] *adj* respectful
Ehrfurcht ['eːɐfʊrçt] *f* (-; *no pl*) respect (***vor*** *dat* for); awe (of); ***~ gebietend*** awe-inspiring, awesome; **ehrfürchtig** ['eːɐfʏrçtɪç] *adj* respectful
'**Ehrgefühl** *n* (-[*e*]*s*; *no pl*) sense of hono(u)r
'**Ehrgeiz** *m* ambition; '**ehrgeizig** *adj* ambitious
'**ehrlich** *adj* honest; frank; fair; '**Ehrlichkeit** *f* (-; *no pl*) honesty; fairness
'**Ehrung** *f* (-; -*en*) hono(u)r(ing)
'**ehrwürdig** *adj* venerable
Ei [ai] *n* (-[*e*]*s*; *Eier* ['aiɐ]) egg; V *pl* balls
Eiche ['aiçə] *f* (-; -*n*) oak(-tree)
Eichel ['aiçəl] *f* (-; -*n*) BOT acorn; *card games*: club(s); ANAT glans (penis)
eichen ['aiçən] *v/t* (*ge-*, *h*) ga(u)ge
Eichhörnchen ['aiçhœrnçən] *n* (-*s*; -) ZO squirrel
Eid [ait] *m* (-[*e*]*s*; -*e*) oath; ***e-n ~ ablegen*** take an oath
Eidechse ['aidɛksə] *f* (-; -*n*) ZO lizard
eidesstattlich ['aidəsʃtatlɪç] *adj*: ***~e Erklärung*** JUR statutory declaration
'**Eidotter** *m*, *n* (egg) yolk
'**Eier|becher** *m* eggcup; **~kuchen** *m* pancake; **~li,kör** *m* eggnog; **~schale** *f* eggshell; **~stock** *m* ANAT ovary; **~uhr** *f* egg timer

Eifer ['aifɐ] *m* (-*s*; *no pl*) zeal, eagerness; ***glühender ~*** ardo(u)r
'**Eifersucht** *f* (-; *no pl*) jealousy
'**eifersüchtig** *adj* jealous (***auf*** *acc* of)
eifrig *adj* eager, zealous; ardent
'**Eigelb** *n* (-[*e*]*s*; -*e*) (egg) yolk
eigen ['aigən] *adj* own, of one's own; peculiar; particular, F fussy; **...eigen** *in cpds staatseigen etc*: ...-owned
'**Eigenart** *f* peculiarity
'**eigenartig** *adj* peculiar; strange
'**Eigenbedarf** *m* personal needs
'**Eigengewicht** *n* dead weight
eigenhändig ['aigənhɛndɪç] **1.** *adj* personal **2.** *adv* personally, with one's own hands
'**Eigen|heim** *n* home (of one's own); **~liebe** *f* self-love; **~lob** *n* self-praise
'**eigenmächtig** *adj* arbitrary
'**Eigenname** *m* proper noun
'**Eigennutz** *m* (-*es*; *no pl*) self-interest
eigennützig ['aigənnʏtsɪç] *adj* selfish
'**eigens** *adv* (e)specially, expressly
'**Eigenschaft** *f* (-; -*en*) quality; TECH, PHYS, CHEM property; ***in s-r ~ als*** in his capacity as; '**Eigenschaftswort** *n* (-[*e*]*s*; -*wörter*) LING adjective
'**Eigensinn** *m* (-[*e*]*s*; *no pl*) stubbornness; '**eigensinnig** *adj* stubborn, obstinate
eigentlich ['aigəntlɪç] **1.** *adj* actual, true, real; exact **2.** *adv* actually, really; originally
'**Eigentor** *n* SPORT own goal (*a. fig*)
'**Eigentum** *n* (-[*e*]*s*; *no pl*) property
Eigentümer ['aɪgəntyːmɐ] *m* (-*s*; -), '**Eigentümerin** *f* (-; -*nen*) owner, proprietor (proprietress)
eigentümlich ['aigəntyːmlɪç] *adj* peculiar; strange, odd; '**Eigentümlichkeit** *f* (-; -*en*) peculiarity
'**Eigentumswohnung** *f* condominium, F condo, *Br* owner-occupied flat
'**eigenwillig** *adj* wil(l)ful; individual, original (*style etc*)
eignen ['aignən] *v/refl* (*ge-*, *h*) ***sich ~ für*** be suited *or* fit for; '**Eignung** *f* (-; *no pl*) suitability; aptitude, qualification
'**Eignungs|prüfung** *f*, **~test** *m* aptitude test
Eil|bote ['ailboːtə] *m*: ***durch ~n*** by special delivery; **~brief** *m* special delivery (*Br* express) letter
Eile ['ailə] *f* (-; *no pl*) haste, hurry; '**eilen**

v/i (*ge-*, *sein*) hurry, hasten, rush; (*ge-*, *h*) be urgent; **'eilig** *adj* hurried, hasty; urgent; ***es ~ haben*** be in a hurry

Eimer ['aimɐ] *m* (*-s*; -) bucket, pail

ein [ain] **1.** *adj* one **2.** *indef art* a, an **3.** *adv*: "***ein/aus***" "on / off"; ***~ und aus gehen*** come and go; ***nicht mehr ~ noch aus wissen*** be at one's wits' end

einander [ai'nandɐ] *pron* each other, one another

'einarbeiten *v/t* (*sep*, *-ge-*, *h*) train, acquaint *s.o.* with his work, F break *s.o.* in; ***sich ~*** work o.s. in

'einarmig ['ainarmɪç] *adj* one-armed

einäschern ['ainˀɛʃɐn] *v/t* (*sep*, *-ge-*, *h*) cremate; **Einäscherung** ['ainˀɛʃərʊŋ] *f* (-; *-en*) cremation

'einatmen *v/t* (*sep*, *-ge-*, *h*) inhale, breathe

einäugig ['ainɔʏgɪç] *adj* one-eyed

'Einbahnstraße *f* one-way street

einbalsamieren ['ainbalzamiːrən] *v/t* (*no -ge-*, *h*) embalm

'Einband *m* (*-[e]s*; *-bände*) binding, cover

'Einbau *m* (*-[e]s*; *-bauten*) installation, fitting; ***~...*** *in cpds* ...*möbel etc*: built-in ...; **'einbauen** *v/t* (*sep*, *-ge-*, *h*) build in, instal(l), fit

'einberufen *v/t* (*irr*, ***rufen***, *sep*, *no -ge-*, *h*) MIL draft, *Br* call up; call (*meeting etc*); **'Einberufung** *f* (-; *-en*) MIL draft, *Br* call-up

'ein|beziehen *v/t* (*irr*, ***ziehen***, *sep*, *no -ge-*, *h*) include; **~biegen** *v/i* (*irr*, ***biegen***, *sep*, *-ge-*, *sein*) turn (***in*** *acc* into)

'einbilden *v/refl* (*sep*, *-ge-*, *h*) imagine; ***sich et. ~ auf*** (*acc*) be conceited about

'Einbildung *f* (-; *no pl*) imagination, fancy; conceit

'einblenden *v/t* (*sep*, *-ge-*, *h*) TV fade in

'Einblick *m* insight (***in*** *acc* into)

'einbrechen *v/i* (*irr*, ***brechen***, *sep*, *-ge-*, *sein*) collapse; *winter*: set in; ***~ in*** (*acc*) break into, burgle; fall through (the ice); **'Einbrecher** *m* (*-s*; -) burglar

'einbringen *v/t* (*irr*, ***bringen***, *sep*, *-ge-*, *h*) bring in; yield (*profit etc*)

'Einbruch *m* burglary; ***bei ~ der Nacht*** at nightfall

einbürgern ['ainbʏrgɐn] *v/t* (*sep*, *-ge-*, *h*) naturalize; ***sich ~*** *fig* come into use

'Einbürgerung *f* (-; *-en*) naturalization

'Einbuße *f* (-; *-n*) loss

'einbüßen *v/t* (*sep*, *-ge-*, *h*) lose

eindämmen ['aindɛmən] *v/t* (*sep*, *-ge-*, *h*) dam (up), *fig a.* get under control

'eindecken *fig v/t* (*sep*, *-ge-*, *h*) provide (***mit*** with)

'eindeutig ['aindɔʏtɪç] *adj* clear

'eindrehen *v/t* (*sep*, *-ge-*, *h*) put *hair* in curlers

'eindringen *v/i* (*irr*, ***dringen***, *sep*, *-ge-*, *sein*) ***~ in*** (*acc*) enter (*a. fig*); force one's way into; MIL invade; **'eindringlich** *adj* urgent; **'Eindringling** *m* (*-s*; *-e*) intruder; MIL invader

'Eindruck *m* impression; **'eindrücken** *v/t* (*sep*, *-ge-*, *h*) break *or* push in

'eindrucksvoll *adj* impressive

eineiig ['ainˀaiɪç] *adj* identical (*twins*)

'einein'halb *adj* one and a half

einengen ['ainˀɛŋən] *v/t* (*sep*, *-ge-*, *h*) confine, restrict

einer ['ainɐ], **eine** ['ainə], **ein(e)s** ['ain(ə)s] *indef pron* one

'Einer *m* (*-s*; -) MATH unit; *rowing*: single sculls

einerlei ['ainɐ'lai] *adj*: ***ganz ~*** all the same; ***~ ob*** no matter if; **'Einer'lei** *n*: ***das tägliche ~*** the daily grind *or* rut

'einer'seits *adv* on the one hand

'einfach *adj* simple; easy; plain; one-way (*Br* single) (*ticket*)

'Einfachheit *f* (-; *no pl*) simplicity

einfädeln ['ainfɛːdəln] *v/t* (*sep*, *-ge-*, *h*) thread; F start, set afoot; MOT merge

'einfahren (*irr*, ***fahren***, *sep*, *-ge-*) **1.** *v/t* (*h*) MOT run in; bring in (*harvest*) **2.** *v/i* (*sein*) come in, RAIL *a.* pull in

'Einfahrt *f* entrance, way in

'Einfall *m* idea; MIL invasion

'einfallen *v/i* (*irr*, ***fallen***, *sep*, *-ge-*, *sein*) fall in; collapse; MUS join in; ***~ in*** (*acc*) MIL invade; ***ihm fiel ein, dass*** it came to his mind that; ***mir fällt nichts ein*** I have no ideas; ***es fällt mir nicht ein*** I can't think of it; ***dabei fällt mir ein*** that reminds me; ***was fällt dir ein?*** what's the idea?

einfältig ['ainfɛltɪç] *adj* simple-minded; stupid

Einfa'milienhaus *n* detached house

'einfarbig *adj* solid-colored, *Br* self-coloured

'ein|fassen *v/t* (*sep*, *-ge-*, *h*) border; **~fetten** *v/t* (*sep*, *-ge-*, *h*) grease; **~finden** *v/refl* (*irr*, ***finden***, *sep*, *-ge-*, *h*) appear,

E

arrive; **~flechten** *fig v/t (irr,* ***flechten****, sep, -ge-, h)* work in; **~fliegen** *v/t (irr,* ***fliegen****, sep, -ge-, h)* fly in; **~fließen** *v/i (irr,* ***fließen****, sep, -ge-, sein) fig* ***et. ~ lassen*** slip s.th. in; **~flößen** *v/t (sep, -ge-, h)* pour (***j-m*** into s.o.'s mouth); *fig* fill with *(awe etc)*
'Einfluss *fig m* influence
'einflussreich *adj* influential
einförmig ['ainfœrmɪç] *adj* uniform
'einfrieren *(irr,* ***frieren****, sep, -ge-)* **1.** *v/i (sein)* freeze (in) **2.** *v/t (h)* freeze *(a. fig)*
'einfügen *v/t (sep, -ge-, h)* put in; *fig* insert; ***sich ~*** fit in; adjust (o.s.) (***in*** *acc* to); **'Einfügetaste** *f* IT insert key
einfühlsam ['ainfy:lza:m] *adj* sympathetic; **'Einfühlungsvermögen** *n (-s; no pl)* empathy
Einfuhr ['ainfu:ɐ] *f (-; -en)* ECON *(no pl)* importation; import
'einführen *v/t (sep, -ge-, h)* introduce; instal(l); ECON import
'Einfuhrstopp *m* ECON import ban
'Einführung *f (-; -en)* introduction
'Einführungs... *in cpds ...kurs, ...preis etc*: introductory ...
'Eingabe *f* petition; IT input; **~taste** *f* IT enter *or* return key
'Eingang *m* entrance; ECON arrival; receipt; **'eingängig** *adj* catchy *(tune etc)*
'eingangs *adv* at the beginning
'eingeben *v/t (irr,* ***geben****, sep, -ge-, h)* MED administer *(dat* to); IT feed, enter
'eingebildet *adj* imaginary; conceited (***auf*** *acc* of)
'Eingeborene *m, f (-n; -n)* native
'Eingebung *f (-; -en)* inspiration; impulse
'eingefallen *adj* sunken, hollow
'eingefleischt *adj* confirmed
'eingehen *(irr,* ***gehen****, sep, -ge-, sein)* **1.** *v/i* ECON come in, arrive; BOT, ZO die; *fabric*: shrink; ***~ auf*** *(acc)* agree to; go into *(detail)*; listen to *s.o.* **2.** *v/t* enter into *(a contract etc)*; make *(a bet)*; take *(a risk etc)*; **~d** *adj* thorough; detailed
'eingemacht *adj* preserved
eingemeinden ['aingəmaindən] *v/t (sep, no -ge-, h)* incorporate (***in*** *acc* into)
'einge|nommen *adj* partial (***für*** to); prejudiced (***gegen*** against); ***von sich ~*** full of o.s.; **~schlossen** *adj* locked in; trapped; ECON included; **~schnappt** F *adj* in a huff; **~schrieben** *adj* registered; **~spielt** *adj*: (***gut***) ***aufeinander ~ sein*** work well together, be a good team; **~stellt** *adj*: ***~ auf*** *(acc)* prepared for; ***~ gegen*** opposed to
Eingeweide ['aingəvaidə] *pl* ANAT intestines, guts
'Eingeweihte *m, f (-n; -n)* insider
'eingewöhnen *v/refl (sep, no -ge-, h)* ***sich ~ in*** *(acc)* get used to, settle in
'eingießen *v/t (irr,* ***gießen****, sep, -ge-, h)* pour
eingleisig ['ainglaizɪç] *adj* single-track
'eingliedern *v/t (sep, -ge-, h)* integrate
'Eingliederung *f* integration
'ein|graben *v/t (irr,* ***graben****, sep, -ge-, h)* bury; **~gra,vieren** *v/t (sep, no -ge-, h)* engrave
'eingreifen *v/i (irr,* ***greifen****, sep, -ge-, h)* step in, interfere; **'Eingriff** *m* intervention, interference; MED operation
'einhaken *v/t (sep, -ge-, h)* hook in; ***sich ~*** link arms, take s.o.'s arm
'Einhalt *m*: ***~ gebieten*** put a stop *(dat* to); **'einhalten** *v/t (irr,* ***halten****, sep, -ge-, h)* keep
'einhängen *(sep, -ge-, h)* **1.** *v/t* hang in; TEL hang up *(receiver)*; ***sich ~*** → ***einhaken*** **2.** *v/i* TEL hang up
'einheimisch *adj* native, local; ECON home, domestic; **'Einheimische** *m, f (-n; -n)* local, native
'Einheit *f (-; -en)* unit; POL unity
'einheitlich *adj* uniform; homogeneous
'Einheits... *in cpds ...preis etc*: standard
einhellig ['ainhɛlɪç] *adj* unanimous
'einholen *v/t (sep, -ge-, h)* catch up with *(a. fig)*; make up for *lost time*; make *(inquiries)* (***über*** *acc* about); seek *(advice)* (***bei*** from); ask for *permission etc*; strike *(sail)*; ***~ gehen*** go shopping
'Einhorn *n* MYTH unicorn
'einhüllen *v/t (sep, -ge-, h)* wrap (up); *fig* shroud
einig ['ainɪç] *adj*: ***sich ~ sein*** agree; ***sich nicht ~ sein*** disagree, differ
einige ['ainɪgə] *indef pron* some, a few, several
einigen ['ainɪgən] *v/t (ge-, h)* ***sich ~ über*** *(acc)* agree on
einigermaßen ['ainɪgɐ'ma:sən] *adv* quite, fairly; not too bad
'einiges *indef pron* some, something; quite a lot

'**Einigkeit** *f* (-; *no pl*) unity; agreement
'**Einigung** *f* (-; *-en*) agreement, settlement; POL unification
'**einjagen** *v/t* (*sep*, *-ge-*, *h*) ***j-m e-n Schrecken*** **~** give s.o. a fright, frighten *or* scare s.o.
einjährig ['ainjɛːrɪç] *adj* one-year-old; ***~e Pflanze*** annual
'**einkalku,lieren** *v/t* (*no -ge-*, *h*) take into account, allow for
'**Einkauf** *m* purchase; ***Einkäufe machen*** → ***einkaufen*** *2*; '**einkaufen** (*sep*, *-ge-*, *h*) **1.** *v/t* buy, ECON *a.* purchase **2.** *v/i* go shopping
'**Einkaufs...** *in cpds* shopping ...; **~bummel** *m* shopping spree; **~preis** *m* ECON purchase price; **~wagen** *m* grocery *or* shopping cart, *Br* (supermarket) trolley; **~zentrum** *n* (shopping) mall, *Br* shopping centre
'**ein|kehren** *v/i* (*sep*, *-ge-*, *sein*) stop (***in*** *dat* at); **~klammern** *v/t* (*sep*, *-ge-*, *h*) put in brackets
'**Einklang** *m* (-[*e*]*s*; *no pl*) MUS unison; *fig* harmony
'**ein|kleiden** *v/t* (*sep*, *-ge-*, *h*) clothe (*a. fig*); **~klemmen** *v/t* (*sep*, *-ge-*, *h*) squeeze, jam; ***eingeklemmt sein*** be stuck, be jammed; **~kochen** (*sep*, *-ge-*) **1.** *v/t* (*h*) preserve **2.** *v/i* (*sein*) boil down
'**Einkommen** *n* (*-s*; *-*) income; **~steuererklärung** *f* income-tax return
'**einkreisen** *v/t* (*sep*, *-ge-*, *h*) encircle, surround
Einkünfte ['ainkʏnftə] *pl* income
'**einladen** *v/t* (*irr*, ***laden***, *sep*, *-ge-*, *h*) invite; load; **~d** *adj* inviting
'**Einladung** *f* (-; *-en*) invitation
'**Einlage** *f* (-; *-n*) ECON investment; MED arch support; THEA, MUS interlude
Einlass ['ainlas] *m* (*-es*; *no pl*) admission, admittance; '**einlassen** *v/t* (*irr*, ***lassen***, *sep*, *-ge-*, *h*) let in; run (*a bath*); ***sich*** **~** ***auf*** (*acc*) get involved in; let o.s. in for; agree to; ***sich mit j-m*** **~** get involved with s.o.
'**Einlauf** *m* SPORT finish; MED enema
'**einlaufen** (*irr*, ***laufen***, *sep*, *-ge-*) **1.** *v/i* (*sein*) come in (*a.* SPORT); *water*: run in; MAR enter port; *fabric*: shrink **2.** *v/t* (*h*) break *new shoes* in; ***sich*** **~** warm up
'**einleben** *v/refl* (*sep*, *-ge-*, *h*) settle in
'**einlegen** *v/t* (*sep*, *-ge-*, *h*) put in; set (*hair*); GASTR pickle; MOT change into
'**Einlegesohle** *f* insole
'**einleiten** *v/t* (*sep*, *-ge-*, *h*) start; introduce; MED induce; TECH dump, discharge (*sewage*); **~d** *adj* introductory
'**Einleitung** *f* introduction
'**ein|lenken** *v/i* (*sep*, *-ge-*, *h*) come round; **~leuchten** *v/i* (*sep*, *-ge-*, *h*) be evident, be obvious; ***das leuchtet mir*** (***nicht***) ***ein*** that makes (doesn't make) sense to me; **~liefern** *v/t* (*sep*, *-ge-*, *h*) take (***ins Gefängnis*** to prison; ***in die Klinik*** to [the] hospital); **~lösen** *v/t* (*sep*, *-ge-*, *h*) redeem; cash (*check*); **~machen** *v/t* (*sep*, *-ge-*, *h*) preserve
'**einmal** *adv* once; some *or* one day, sometime; ***auf*** **~** suddenly; at the same time, at once; ***noch*** **~** once more *or* again; ***noch*** **~** ***so ...*** (***wie***) twice as ... (as); ***es war*** **~** once (upon a time) there was; ***haben Sie schon*** **~** ***...?*** have you ever ...?; ***schon*** **~** ***dort gewesen sein*** have been there before; ***nicht*** **~** not even
'**Einmal...** *in cpds* disposable ...
Einmal'eins *n* (-; *no pl*) multiplication table
einmalig ['ainmaːlɪç] *adj* single; *fig* unique; F fabulous
'**Einmann...** *in cpds* one-man ...
'**Einmarsch** *m* entry; MIL invasion
'**einmar,schieren** *v/i* (*no -ge-*, *sein*) march in; **~** ***in*** (*acc*) MIL invade
'**einmischen** *v/refl* (*sep*, *-ge-*, *h*) meddle (***in*** *acc* in, with), interfere (with)
'**Einmündung** *f* junction
einmütig ['ainmyːtɪç] *adj* unanimous
'**Einmütigkeit** *f* (-; *no pl*) unanimity
Einnahmen ['ainnaːmən] *pl* takings, receipts; '**einnehmen** *v/t* (*irr*, ***nehmen***, *sep*, *-ge-*, *h*) take (*a.* MIL); earn, make; '**einnehmend** *adj* engaging
'**einnicken** *v/i* (*sep*, *-ge-*, *sein*) doze off
'**einnisten** *v/refl* (*sep*, *-ge-*, *h*) ***sich bei j-m*** **~** park o.s. on s.o.
'**Einöde** *f* (-; *-n*) desert, wilderness
'**ein|ordnen** *v/t* (*sep*, *-ge-*, *h*) put in its proper place; file; ***sich*** **~** MOT get in lane; **~packen** *v/t* (*sep*, *-ge-*, *h*) pack (up); wrap up; **~parken** *v/t and v/i* (*sep*, *-ge-*, *h*) park (between two cars); **~pferchen** *v/t* (*sep*, *-ge-*, *h*) pen in; coop up; **~pflanzen** *v/t* (*sep*, *-ge-*, *h*) plant; *fig*

implant (*a.* MED); ~**planen** *v/t* (*sep*, *-ge-*, *h*) allow for; ~**prägen** *v/t* (*sep*, *-ge-*, *h*) impress; ***sich et.*** ~ keep s.th. in mind; memorize s.th.; ~**quartieren** F *v/t* (*no -ge-*, *h*) put *s.o.* up (***bei j-m*** at s.o.'s place); ***sich*** ~ ***bei*** (*dat*) move in with; ~**rahmen** *v/t* (*sep*, *-ge-*, *h*) frame; ~**räumen** *v/t* (*sep*, *-ge-*, *h*) put away; furnish; *fig* grant, concede; ~**reden** (*sep*, *-ge-*, *h*) **1.** *v/t*: ***j-m et.*** ~ talk s.o. into (believing) s.th. **2.** *v/i*: ***auf j-n*** ~ keep on at s.o.; ~**reiben** *v/t* (*irr*, ***reiben***, *sep*, *-ge-*, *h*) rub; ~**reichen** *v/t* (*sep*, *-ge-*, *h*) hand *or* send in; ~**reihen** *v/t* (*sep*, *-ge-*, *h*) place (among); ***sich*** ~ take one's place

einreihig ['ainraiıç] *adj* single-breasted

'**Einreise** *f* entry (*a. in cpds*)

'**einreisen** *v/i* (*sep*, *-ge-*, *sein*) enter (***in ein Land*** a country)

'**ein|reißen** (*irr*, ***reißen***, *sep*, *-ge-*) **1.** *v/t* (*h*) tear; pull down **2.** *v/i* (*sein*) tear; *fig* spread; ~**renken** *v/t* (*sep*, *-ge-*, *h*) MED set; *fig* straighten out

'**einrichten** *v/t* (*sep*, *-ge-*, *h*) furnish; establish; arrange; ***sich*** ~ furnish one's home; ***sich*** ~ ***auf*** (*acc*) prepare for; '**Einrichtung** *f* (-; *-en*) furnishings; fittings; TECH installation(s), facilities; institution, facility

'**einrücken** (*sep*, *-ge-*) **1.** *v/i* (*sein*) MIL join the forces; march in **2.** *v/t* (*h*) PRINT indent

eins [ains] *pron and adj* one; one thing; ***es ist alles*** ~ it's all the same (thing)

Eins *f* (-; *-en*) one; *grade*: excellent, A

einsam ['ainza:m] *adj* lonely, lonesome; solitary; '**Einsamkeit** *f* (-; *no pl*) loneliness; solitude

'**einsammeln** *v/t* (*sep*, *-ge-*, *h*) collect

'**Einsatz** *m* TECH inset, insert; stake(s) (*a. fig*); MUS entry; *fig* effort(s), zeal; use, employment; MIL action, mission; deployment; ***im*** ~ in action; ***unter*** ~ ***des Lebens*** at the risk of one's life

'**einsatz|bereit** *adj* ready for action; ~**freudig** *adj* dynamic, zealous

'**einschalten** *v/t* (*sep*, *-ge-*, *h*) ELECTR switch *or* turn on; call *s.o.* in; ***sich*** ~ step in; '**Einschaltquote** *f* TV rating

'**ein|schärfen** *v/t* (*sep*, *-ge-*, *h*) urge (***j-m et.*** s.o. to do s.th.); ~**schätzen** *v/t* (*sep*, *-ge-*, *h*) estimate; judge, rate; ***falsch*** ~ misjudge; ~**schenken** *v/t* (*sep*, *-ge-*, *h*) pour (out); ~**schicken** *v/t* (*sep*, *-ge-*, *h*) send in; ~**schieben** *v/t* (*irr*, ***schieben***, *sep*, *-ge-*, *h*) slip in; insert

einschl. *abbr of* ***einschließlich*** incl., including

'**ein|schlafen** *v/i* (*irr*, ***schlafen***, *sep*, *-ge-*, *sein*) fall asleep, go to sleep; ~**schläfern** ['ainʃlɛ:fɐn] *v/t* (*sep*, *-ge-*, *h*) put to sleep

'**Einschlag** *m* strike, impact; *fig* touch

'**einschlagen** (*irr*, ***schlagen***, *sep*, *-ge-*, *h*) **1.** *v/t* knock in (*or* out); break (in), smash; wrap up; take (*road etc*); turn (*wheels*); → ***Laufbahn*** **2.** *v/i lightning etc*: strike; *fig* be a success

einschlägig ['ainʃlɛ:gıç] *adj* relevant

'**ein|schleusen** *fig v/t* (*sep*, *-ge-*, *h*) infiltrate (***in*** *acc* into); ~**schließen** *v/t* (*irr*, ***schließen***, *sep*, *-ge-*, *h*) lock in *or* up; enclose; MIL surround, encircle; *fig* include; ~**schließlich** *prp* (*gen*) including, … included; ~**schmeicheln** *v/refl* (*sep*, *-ge-*, *h*) ***sich*** ~ ***bei*** ingratiate o.s. with; ~**schnappen** *v/i* (*sep*, *-ge-*, *sein*) snap shut; *fig* go into a huff; → ***eingeschnappt***

'**einschneidend** *fig adj* drastic; far-reaching; '**Einschnitt** *m* cut; notch; *fig* break

'**einschränken** *v/t* (*sep*, *-ge-*, *h*) restrict, reduce (*both*: ***auf*** *acc* to); cut down on; ***sich*** ~ economize; '**Einschränkung** *f* (-; *-en*) restriction, reduction, cut; ***ohne*** ~ without reservation

'**Einschreibebrief** *m* registered letter

'**einschreiben** *v/t* (*irr*, ***schreiben***, *sep*, *-ge-*, *h*) enter; book; enrol(l) (*a.* MIL); **(*sich*)** ~ ***lassen*** **(*für*)** enrol(l) (o.s.) (for)

'**einschreiten** *fig v/i* (*irr*, ***schreiten***, *sep*, *-ge-*, *sein*) step in, intervene; ~ **(*gegen*)** take (legal) measures (against)

'**einschüchtern** *v/t* (*sep*, *-ge-*, *h*) intimidate; bully; '**Einschüchterung** *f* (-; *-en*) intimidation

'**einschulen** *v/t* (*sep*, *-ge-*, *h*) ***eingeschult werden*** start school

'**Einschuss** *m* bullet hole

'**einschweißen** *v/t* (*sep*, *-ge-*, *h*) shrink-wrap

'**einsegnen** *v/t* (*sep*, *-ge-*, *h*) REL consecrate; confirm; '**Einsegnung** *f* (-; *-en*) REL consecration; confirmation

'**einsehen** *v/t* (*irr*, ***sehen***, *sep*, *-ge-*, *h*) see, realize; ***das sehe ich nicht ein!*** I don't see why!; '**Einsehen** *n*: ***ein*** ~ ***ha-***

ben show some understanding
'**einseifen** *v/t* (*sep*, *-ge-*, *h*) soap; lather; F *fig* ***j-n ~*** take s.o. for a ride
einseitig ['ainzaitɪç] *adj* one-sided; MED, POL, JUR unilateral
'**einsenden** *v/t* ([*irr*, ***senden***,] *sep*, *-ge-*, *h*) send in; '**Einsendeschluss** *m* closing date (for entries)
'**einsetzen** (*sep*, *-ge-*, *h*) **1.** *v/t* put in, insert; appoint; use, employ; TECH put into service; ECON invest, stake; bet; risk; ***sich ~*** try hard, make an effort; ***sich ~ für*** stand up for **2.** *v/i* set in, start
'**Einsicht** *f* (-; *-en*) insight; (*no pl*) understanding; ***zur ~ kommen*** listen to reason; ***~ nehmen in*** (*acc*) take a look at; '**einsichtig** *adj* understanding; reasonable
'**Einsiedler** *m* (*-s*; -) hermit
einsilbig ['ainzɪlbɪç] *adj* monosyllabic; *fig* taciturn
'**ein|spannen** *v/t* (*sep*, *-ge-*, *h*) harness; TECH clamp, fix; F rope *s.o.* in; **~sparen** *v/t* (*sep*, *-ge-*, *h*) save, economize on; **~sperren** *v/t* (*sep*, *-ge-*, *h*) lock *or* shut up; **~spielen** *v/t* (*sep*, *-ge-*, *h*) bring in; ***sich ~*** warm up; *fig* get going; → ***eingespielt***
'**Einspielergebnisse** *pl film*: box office returns
'**einspringen** *v/i* (*irr*, ***springen***, *sep*, *-ge-*, *sein*) ***für j-n ~*** take s.o.'s place
'**Einspritz...** *in cpds* MOT fuel-injection
'**Einspruch** *m* objection (*a.* JUR), protest; POL veto; appeal
einspurig ['ainʃpuːrɪç] *adj* RAIL single-track; MOT single-lane
einst [ainst] *adv* once, at one time
'**Einstand** *m* start; *tennis*: deuce
'**ein|stecken** *v/t* (*sep*, *-ge-*, *h*) pocket (*a. fig*); ELECTR plug in; mail, post; *fig* take; **~stehen** *v/i* (*irr*, ***stehen***, *sep*, *-ge-*, *h*) ***~ für*** stand up for; **~steigen** *v/i* (*irr*, ***steigen***, *sep*, *-ge-*, *sein*) get in; get on (*bus etc*); ***alles ~!*** RAIL all aboard!; **~stellen** *v/t* (*sep*, *-ge-*, *h*) engage, employ, hire; give up; stop; SPORT equal; TECH adjust (***auf*** *acc* to); *radio*: tune in (to); OPT, PHOT focus (on); ***die Arbeit ~*** (go on) strike, walk out; ***das Feuer ~*** MIL cease fire; ***sich ~ auf*** (*acc*) adjust to; be prepared for
'**Einstellung** *f* attitude (***zu*** towards); employment; cessation; TECH adjustment; OPT, PHOT focus(s)ing; *film*: take
'**Einstellungsgespräch** *n* interview
Einstieg ['ainʃtiːk] *m* (-[*e*]*s*; *-e*) entrance, entry (*a.* POL, ECON)
'**Einstiegsdroge** *f* gateway drug
einstig ['ainstɪç] *adj* former, one-time
'**einstimmen** *v/i* (*sep*, *-ge-*, *h*) MUS join in
einstimmig ['ainʃtɪmɪç] *adj* unanimous
einstöckig ['ainʃtœkɪç] *adj* one-storied, *Br* one-storey(ed)
'**ein|stuˌdieren** *v/t* (*no -ge-*, *h*) THEA rehearse; **~stufen** *v/t* (*sep*, *-ge-*, *h*) grade, rate
einstufig ['ainʃtuːfɪç] *adj* single-stage
'**Einstufungsprüfung** *f* placement test
'**Einsturz** *m*, '**einstürzen** *v/i* (*sep*, *-ge-*, *sein*) collapse
'**einst'weilen** *adv* for the present
einstweilig ['ainstvailɪç] *adj* temporary
'**ein|tauschen** *v/t* (*sep*, *-ge-*, *h*) exchange (***gegen*** for); **~teilen** *v/t* (*sep*, *-ge-*, *h*) divide (***in*** *acc* into); organize
einteilig ['aintailɪç] *adj* one-piece
'**Einteilung** *f* (-; *-en*) division; organization; arrangement
eintönig ['aintøːnɪç] *adj* monotonous
'**Eintönigkeit** *f* (-; *no pl*) monotony
'**Eintopf** *m* GASTR stew
'**Eintracht** *f* (-; *no pl*) harmony, unity
'**einträchtig** *adj* harmonious, peaceful
Eintrag ['aintraːk] *m* (-[*e*]*s*; *Einträge* ['aintrɛːgə]) entry (*a.* ECON), registration; '**eintragen** *v/t* (*irr*, ***tragen***, *sep*, *-ge-*, *h*) enter (***in*** *acc* in); register (***bei*** with); enrol(l) (with); *fig* earn; ***sich ~*** register, *hotel*: *a.* check in
einträglich ['aintrɛːklɪç] *adj* profitable
'**ein|treffen** *v/i* (*irr*, ***treffen***, *sep*, *-ge-*, *sein*) arrive; happen; come true; **~treiben** *fig v/t* (*irr*, ***treiben***, *sep*, *-ge-*, *h*) collect; **~treten** (*irr*, ***treten***, *sep*, *-ge-*) **1.** *v/i* (*sein*) enter; happen, take place; ***~ für*** stand up for, support; ***~ in*** (*acc*) join (*club etc*) **2.** *v/t* (*h*) kick in (*door etc*); ***sich et. ~*** run s.th. into one's foot
'**Eintritt** *m* entry; admission; ***~ frei!*** admission free!; ***~ verboten!*** keep out!
'**Eintritts|geld** *n* entrance *or* admission (fee); **~karte** *f* (admission) ticket
'**einüben** *v/t* (*sep*, *-ge-*, *h*) practise; rehearse
'**einverstanden** *adj*: ***~ sein*** agree (***mit*** to); ***~!*** agreed!; '**Einverständnis** *n* (*-ses*; *no pl*) agreement

E

Einwand ['ainvant] *m* (-[*e*]*s*; *Einwände* ['ainvɛndə]) objection (***gegen*** to)

'**Einwanderer** *m*, '**Einwanderin** *f* immigrant; '**einwandern** *v/t* (*sep*, *-ge-*, *sein*) immigrate; '**Einwanderung** *f* immigration

'**einwandfrei** *adj* perfect, faultless

einwärts ['ainvɛrts] *adv* inward(s)

'**Einweg...** *...rasierer*, *...spritze etc*: disposable; **~flasche** *f* non-returnable bottle; **~packung** *f* throwaway pack

'**einweichen** *v/t* (*sep*, *-ge-*, *h*) soak

'**einweihen** *v/t* (*sep*, *-ge-*, *h*) dedicate, *Br* inaugurate; ***j-n ~ in*** (*acc*) F let s.o. in on; '**Einweihung** *f* (-; *-en*) dedication, *Br* inauguration

'**einweisen** *v/t* (*irr*, ***weisen***, *sep*, *-ge-*, *h*) ***j-n ~ in*** (*acc*) send (*esp* JUR commit) s.o. to; instruct s.o. in, brief s.o. on

'**einwenden** *v/t* ([*irr*, ***wenden***,] *sep*, *-ge-*, *h*) object (***gegen*** to)

'**Einwendung** *f* (-; *-en*) objection

'**einwerfen** *v/t* (*irr*, ***werfen***, *sep*, *-ge-*, *h*) throw in (*a. fig*, SPORT *a. v/i*); break (*window*); mail, *Br* post; insert (*coin*)

'**einwickeln** *v/t* (*sep*, *-ge-*, *h*) wrap (up); F take *s.o.* in

'**Einwickelpa,pier** *n* wrapping-paper

einwilligen ['ainvɪlɪgən] *v/i* (*sep*, *-ge-*, *h*) consent (***in*** *acc* to), agree (to)

'**Einwilligung** *f* (-; *-en*) consent (***in*** *acc* to), agreement

'**einwirken** *v/i* (*sep*, *-ge-*, *h*) **~ *auf*** (*acc*) act (up)on; *fig* work on *s.o.*

'**Einwirkung** *f* effect, influence

Einwohner ['ainvo:nɐ] *m* (-*s*; -), '**Einwohnerin** *f* (-; *-nen*) inhabitant; '**Einwohnermeldeamt** *n* registration office

'**Einwurf** *m* slot; SPORT throw-in

'**Einzahl** *f* (-; *no pl*) LING singular

'**einzahlen** *v/t* (*sep*, *-ge-*, *h*) pay in

'**Einzahlung** *f* payment, deposit

einzäunen ['aintsɔʏnən] *v/t* (*sep*, *-ge-*, *h*) fence in

Einzel ['aintsəl] *n* (-*s*; -) *tennis*: singles

'**Einzel...** *in cpds ...bett*, *...zimmer etc*: single ...; **~fall** *m* special case; **~gänger** ['aintsəlgɛŋɐ] *m* (-*s*; -) F loner; **~haft** *f* solitary confinement; **~handel** *m* retail trade; **~händler** *m* retailer; **~haus** *n* detached house

'**Einzelheit** *f* (-; *-en*) detail

'**einzeln** *adj* single; odd (*shoe etc*); ***Einzelne*** *pl* several, some; ***der Einzelne*** the individual; **~ *eintreten*** enter one at a time; **~ *angeben*** specify; ***im Einzelnen*** in detail; ***jeder Einzelne*** each and every one

'**einziehen** (*irr*, ***ziehen***, *sep*, *-ge-*) **1.** *v/t* (*h*) draw in; *esp* TECH retract; duck; strike (*sail etc*); MIL draft, *Br* call up; confiscate; withdraw (*license etc*); make (*inquiries*) **2.** *v/i* (*sein*) move in; march in; soak in

einzig ['aintsɪç] *adj* only; single; ***kein Einziger ...*** not a single ...; ***das Einzige*** the only thing; ***der*** (***die***) ***Einzige*** the only one; **~artig** *adj* unique, singular

'**Einzug** *m* moving in; entry

Eis [ais] *n* (-*es*; *no pl*) ice; GASTR ice cream; **~ *am Stiel*** ice lolly; **~bahn** *f* skating rink; **~bär** *m* ZO polar bear; **~becher** *m* sundae; **~bein** *n* GASTR (pickled) pork knuckles; **~berg** *m* iceberg; **~brecher** *m* (-*s*; -) MAR icebreaker; **~diele** *f* ice-cream parlo(u)r

Eisen ['aizən] *n* (-*s*; -) iron

'**Eisenbahn** *f* railroad, *Br* railway; train set; **Eisenbahner** ['aizənba:nɐ] *m* (-*s*; -) railroadman, *Br* railwayman

'**Eisenbahnwagen** *m* (railroad) car, *Br* coach, railway carriage

'**Eisen|erz** *n* iron ore; **~gießerei** *f* iron foundry; **~hütte** *f* TECH ironworks

'**Eisenwaren** *pl* hardware, ironware; **~handlung** *f* hardware store, *Br* ironmonger's

eisern ['aizɐn] *adj* iron (*a. fig*), of iron

'**eisgekühlt** *adj* iced

'**Eishockey** *n* hockey, *Br* ice hockey

eisig ['aizɪç] *adj* icy (*a. fig*)

'**eis'kalt** *adj* ice-cold

'**Eiskunst|lauf** *m* (-[*e*]*s*; *no pl*) figure skating; **~läufer(in)** figure skater

'**Eis|meer** *n* polar sea; **~re,vue** *f* ice show; **~schnelllauf** *m* speed skating; **~scholle** *f* ice floe; **~verkäufer** *m* iceman; **~würfel** *m* ice cube; **~zapfen** *m* icicle; **~zeit** *f* (-; *no pl*) GEOL ice age

eitel ['aitəl] *adj* vain; '**Eitelkeit** *f* (-; *no pl*) vanity

Eiter ['aitɐ] *m* (-*s*; *no pl*) MED pus

'**Eiterbeule** *f* MED abscess, boil

'**eitern** *v/i* (*ge-*, *h*) MED fester

eitrig ['aitrɪç] *adj* MED purulent, festering

'**Eiweiß** *n* (-*es*; *no pl*) white of egg; BIOL

protein
'**eiweiß|arm** *adj* low in protein, low-protein; **~reich** *adj* rich in protein, high-protein
'**Eizelle** *f* BIOL egg cell, ovum
Ekel ['e:kəl] **1.** *m* (*-s*; *no pl*) disgust (***vor*** *dat* at), loathing (for); ***~ erregend*** → ***ekelhaft*** **2.** F *n* (*-s*; -) beast; **ekelerregend** *adj* → ***ekelhaft***
'**ekelhaft**, '**ek(e)lig** *adj* sickening, disgusting, repulsive
'**ekeln** *v/refl and v/impers* (*ge-*, *h*) ***ich ekle mich davor*** it makes me sick
Ekstase [ɛk'sta:zə] *f* (*-*; *-n*) ecstasy
Elan [e'la:n] *m* (*-s*; *no pl*) vigo(u)r
elastisch [e'lastɪʃ] *adj* elastic, flexible
Elch [ɛlç] *m* (*-[e]s*; *-e*) ZO elk; moose
Elefant [ele'fant] *m* (*-en*; *-en*) ZO elephant; **Ele'fantenhochzeit** F *f* ECON jumbo merger
elegant [ele'gant] *adj* elegant
Eleganz [ele'gants] *f* (*-*; *no pl*) elegance
Elektriker [e'lɛktrɪkɐ] *m* (*-s*; -) electrician; **elektrisch** [e'lɛktrɪʃ] *adj* electrical; electric; **elektrisieren** [elɛktri'zi:rən] *v/t* (*no -ge-*, *h*) electrify
Elektrizität [elɛktritsi'tɛ:t] *f* (*-*; *no pl*) electricity; **Elektrizi'tätswerk** *n* (electric) power station
Elektrogerät [e'lɛktrogərɛ:t] *n* electric appliance
Elektronik [elɛk'tro:nɪk] *f* electronics; electronic system; **elektronisch** [elɛk'tro:nɪʃ] *adj* electronic
E'lektrora,sierer *m* (*-s*; -) electric razor
Elektro|'technik *f* electrical engineering; **~'techniker** *m* electrical engineer
Element [ele'mɛnt] *n* (*-[e]s*; *-e*) element
elementar [elemɛn'ta:ɐ] *adj* elementary
elend ['e:lɛnt] *adj* miserable
'**Elend** *n* (*-s*; *no pl*) misery
'**Elendsviertel** *n* slum
elf [ɛlf] *adj* eleven
Elf *f* (*-*; *-en*) eleven; *soccer*: team
Elfe ['ɛlfə] *f* (*-*; *-n*) elf, fairy
'**Elfenbein** *n* ivory
Elf'meter *m* (*-s*; -) *soccer*: penalty; **~punkt** *m* penalty spot; **~schießen** *n* penalty shoot-out
'**elfte** *adj* eleventh
Elite [e'li:tə] *f* (*-*; *-n*) elite
Ellbogen ['ɛlbo:gən] *m* ANAT elbow
Elster ['ɛlstɐ] *f* (*-*; *-n*) ZO magpie
elterlich ['ɛltɐlɪç] *adj* parental
Eltern ['ɛltɐn] *pl* parents
'**Elternhaus** *n* (one's parents') home
'**elternlos** *adj* orphan(ed)
'**Eltern|teil** *m* parent; **~vertretung** *f appr* Parent-Teacher Association; **~zeit** *f* parental leave
Email [e'mai] *n* (*-s*; *-s*), **Emaille** [e'maljə] *f* (*-*; *-n*) enamel
Emanzipation [emantsipa'tsjo:n] *f* (*-*; *-en*) emancipation; women's lib (-eration); **emanzipieren** [emantsi'pi:rən] *v/refl* (*no -ge-*, *h*) become emancipated
Embargo [ɛm'bargo] *n* (*-s*; *-s*) ECON embargo
Embolie [ɛmbo'li:] *f* (*-*; *-n*) MED embolism
Embryo ['ɛmbryo] *m* (*-s*; *-en* [ɛmbry'o:nən]) BIOL embryo
Emigrant [emi'grant] *m* (*-en*; *-en*), **Emi'grantin** *f* (*-*; *-nen*) emigrant, *esp* POL refugee; **Emigration** [emigra'tsjo:n] *f* (*-*; *-en*) emigration; ***in der ~*** in exile; **emigrieren** [emi'gri:rən] *v/i* (*no -ge-*, *sein*) emigrate
Emission [emɪ'sjo:n] *f* (*-*; *-en*) PHYS emission; ECON issue
empfahl [ɛm'pfa:l] *pret of* ***empfehlen***
Empfang [ɛm'pfaŋ] *m* (*-[e]s*; *Empfänge* [ɛm'pfɛŋə]) reception (*a. radio*, *hotel*), welcome; receipt (***nach, bei*** on)
emp'fangen *v/t* (*irr*, ***fangen***, *no -ge-*, *h*) receive; welcome; **Emp'fänger(in)** (*-s*; *-/-*; *-nen*) receiver (*m a. radio*); addressee
emp'fänglich *adj* susceptible (***für*** to)
Empfängnis [ɛm'pfɛŋnɪs] *f* (*-*; *no pl*) MED conception; **~verhütung** *f* MED contraception, birth control
Emp'fangs|bescheinigung *f* receipt; **~dame** *f* receptionist
empfehlen [ɛm'pfe:lən] *v/t* (*irr*, *no -ge-*, *h*) recommend; **emp'fehlenswert** *adj* advisable; **Emp'fehlung** *f* (*-*; *-en*) recommendation
empfinden [ɛm'pfɪndən] *v/t* (*irr*, ***finden***, *no -ge-*, *h*) feel (***als*** ... to be ...); **empfindlich** [ɛm'pfɪntlɪç] *adj* sensitive (***für, gegen*** to) (*a.* PHOT, CHEM); tender, delicate; touchy; irritable (*a.* MED); severe (*punishment etc*); ***~e Stelle*** sore spot
Emp'findlichkeit *f* (*-*; *-en*) sensitivity;

PHOT speed; delicacy; touchiness
empfindsam [ɛm'pfɪntza:m] *adj* sensitive
Emp'findung *f* (-; *-en*) sensation; perception; feeling, emotion
empfohlen [ɛm'pfo:lən] *pp of* ***empfehlen***
empor [ɛm'po:ɐ] *adv* up, upward(s)
empören [ɛm'pø:rən] *v/t* (*no -ge-, h*) outrage; shock; ***sich ~*** (***über*** *acc*) be outraged *or* shocked (at); **~d** *adj* shocking, outrageous
Emporkömmling [ɛm'po:ɐkœmlɪŋ] *contp m* (-*s*; -*e*) upstart
empört [ɛm'pø:ɐt] *adj* indignant (***über*** *acc* at), shocked (at); **Em'pörung** *f* (-; *no pl*) indignation
Ende ['ɛndə] *n* (-*s*; *no pl*) end; *film*: ending; ***am ~*** at the end; in the end, finally; ***zu ~*** over; *time*: up; ***zu ~ gehen*** come to an end; ***zu ~ lesen*** finish reading; ***er ist ~ zwanzig*** he is in his late twenties; ***~ Mai*** at the end of May; ***~ der achtziger Jahre*** in the late eighties; *radio*: ***~!*** over!; **'enden** *v/i* (*ge-, h*) (come to an) end; stop, finish; F ***~ als*** end up as
'Endergebnis *n* final result
'endgültig *adj* final, definitive
Endlagerung ['ɛntla:gərʊŋ] *f* final disposal (*of radioactive waste*)
'endlich *adv* finally, at last
'endlos *adj* endless
'End|runde *f*, **~spiel** *n* SPORT final(s); **~spurt** *m* SPORT final spurt (*a. fig*); **~stati,on** *f* RAIL terminus, terminal; **~summe** *f* (sum) total
'Endung *f* (-; *-en*) LING ending
Energie [enɛr'gi:] *f* (-; *-n*) energy; TECH, ELECTR power; ***~sparen*** *n* energy saving, conservation of energy
ener'giebewusst *adj* energy-conscious
Ener'giekrise *f* energy crisis
ener'gielos *adj* lacking in energy
Ener'gie|quelle *f* source of energy; **~versorgung** *f* power supply
energisch [e'nɛrgɪʃ] *adj* energetic, vigorous
eng [ɛŋ] *adj* narrow; tight; cramped; *fig* close; ***~ beieinander*** close(ly) together
Engagement [ã̃gaʒə'mã̃:] *n* (-*s*; -*s*) THEA *etc* engagement; POL commitment; **engagieren** [ã̃ga'ʒi:rən] *v/t* (*no -ge-, h*) engage; ***sich ~ für*** be very involved in; **engagiert** [ã̃ga'ʒi:ɐt] *adj* involved, committed
Enge ['ɛŋə] *f* (-; *no pl*) narrowness; cramped conditions; ***in die ~ treiben*** drive into a corner
Engel ['ɛŋəl] *m* (-*s*; -) angel
'England England; **Engländer** ['ɛŋlɛndɐ] *m* (-*s*; -) Englishman; ***die ~*** *pl* the English; **Engländerin** ['ɛŋlɛndərɪn] *f* (-; *-nen*) Englishwoman
'englisch *adj* English; ***auf Englisch*** in English
'Englischunterricht *m* English lesson(s) *or* class(es); teaching of English
'Engpass *m* bottleneck (*a. fig*)
engstirnig ['ɛŋʃtɪrnɪç] *adj* narrow-minded
Enkel ['ɛŋkəl] *m* (-*s*; -) grandchild; grandson
'Enkelin *f* (-; *-nen*) granddaughter
enorm [e'nɔrm] *adj* enormous; F terrific
Ensemble [ã̃'sã̃:bl] *n* (-*s*; -*s*) THEA company; cast
entarten [ɛnt'ʔa:ɐtən] *v/i* (*no -ge-, sein*), **ent'artet** *adj* degenerate; **Ent'artung** *f* (-; *-en*) degeneration
entbehren [ɛnt'be:rən] *v/t* (*no -ge-, h*) do without; spare; miss; **entbehrlich** [ɛnt'be:ɐlɪç] *adj* dispensable; superfluous; **Ent'behrung** *f* (-; *-en*) want, privation
ent'binden (*irr*, ***binden***, *no -ge-, h*) **1.** *v/i* MED have the baby **2.** *v/t*: ***j-n ~ von*** *fig* relieve s.o. of; ***entbunden werden von*** MED give birth to
Ent'bindung *f* (-; *-en*) MED delivery
Ent'bindungsstati,on *f* MED maternity ward
entblößen [ɛnt'blø:sən] *v/t* (*no -ge-, h*) bare, uncover
ent'decken *v/t* (*no -ge-, h*) discover
Ent'decker *m* (-*s*; -), **Ent'deckerin** *f* (-; *-nen*) discoverer
Ent'deckung *f* (-; *-en*) discovery
Ente ['ɛntə] *f* (-; *-n*) zo duck; F *fig* hoax
ent'ehren *v/t* (*no -ge-, h*) dishono(u)r
enteignen [ɛnt'ʔaignən] *v/t* (*no -ge-, h*) expropriate; dispossess *s.o.*
Ent'eignung *f* (-; *-en*) expropriation; dispossession
ent'erben *v/t* (*no -ge-, h*) disinherit
entern ['ɛntɐn] *v/t* (*ge-, h*) MAR board
ent|fachen [ɛnt'faxən] *v/t* (*no -ge-, h*) kindle, *fig a.* rouse; **~fallen** *v/i* (*irr*, ***fallen***, *no -ge-, sein*) be cancelled; ***~ auf***

(*acc*) fall to s.o. ('s share); ***es ist mir ~*** it has slipped my memory; **~falten** *v/t* (*no -ge-, h*) unfold; *fig* develop; ***sich ~*** unfold; *fig* develop (***zu*** into)

entfernen [ɛnt'fɛrnən] *v/t* (*no -ge-, h*) remove (*a. fig*); ***sich ~*** leave; **ent'fernt** *adj* distant (*a. fig*); ***weit*** (***zehn Meilen***) **~** far (10 miles) away; **Ent'fernung** *f* (-; *-en*) distance; removal

Ent'fernungsmesser *m* (*-s*; -) PHOT range finder

ent'flammbar *adj* (in)flammable

entfremden [ɛnt'frɛmdən] *v/t* (*no -ge-, h*) estrange (*dat* from); **Ent'fremdung** *f* (-; *-en*) estrangement, alienation

ent'führen *v/t* (*no -ge-, h*) kidnap; AVIAT hijack; **Ent'führer** *m* (*-s*; -) kidnapper; AVIAT hijacker; **Ent'führung** *f* (-; *-en*) kidnapping; AVIAT hijacking

ent'gegen *prp* (*dat*) *and adv* contrary to; toward(s); **~gehen** *v/i* (*irr*, ***gehen***, *sep, -ge-, sein*) go to meet

ent'gegengesetzt *adj* opposite

ent'gegenkommen *v/i* (*irr*, ***kommen***, *sep, -ge-, sein*) come to meet; *fig* ***j-m ~*** meet s.o. halfway; **~d** *fig adj* obliging

ent'gegen|nehmen *v/t* (*irr*, ***nehmen***, *sep, -ge-, h*) accept, receive; **~sehen** *v/i* (*irr*, ***sehen***, *sep, -ge-, h*) await; look forward to *s.th.*; **~setzen** *v/t* (*sep, -ge-, h*) ***j-m Widerstand ~*** put up resistance to s.o.; **~treten** *v/i* (*irr*, ***treten***, *sep, -ge-, sein*) walk towards; oppose; face

entgegnen [ɛnt'geːgnən] *v/i* (*no -ge-, h*) reply, answer; retort

Ent'gegnung *f* (-; *-en*) reply; retort

ent'gehen *v/i* (*irr*, ***gehen***, *no -ge-, sein*) escape; miss

entgeistert [ɛnt'gaistɐt] *adj* aghast

Entgelt [ɛnt'gɛlt] *n* (-[*e*]*s*; *-e*) remuneration; fee

ent|giften [ɛnt'gɪftən] *v/t* (*no -ge-, h*) decontaminate; **~gleisen** [ɛnt'glaizən] *v/i* (*no -ge-, sein*) RAIL be derailed; *fig* blunder; **~'gleiten** *fig v/i* (*irr*, ***gleiten***, *no -ge-, sein*) get out of control; **~gräten** [ɛnt'grɛːtən] *v/t* (*no -ge-, h*) bone, fil(l)et

ent'halten *v/t* (*irr*, ***halten***, *no -ge-, h*) contain, hold; include; ***sich ~*** (*gen*) abstain *or* refrain from; **ent'haltsam** *adj* abstinent; moderate; **Ent'haltsamkeit** *f* (-; *no pl*) abstinence; moderation

Ent'haltung *f* (-; *-en*) abstention

ent'härten *v/t* (*no -ge-, h*) soften

enthaupten [ɛnt'hauptən] *v/t* (*no -ge-, h*) behead, decapitate

ent'hüllen *v/t* (*no -ge-, h*) uncover; unveil; *fig* reveal, disclose; **Ent'hüllung** *f* (-; *-en*) unveiling; *fig* revelation, disclosure

Enthusiasmus [ɛntu'zjasmʊs] *m* (-; *no pl*) enthusiasm; **Enthusiast(in)** [ɛntu'zjast(-ɪn)] (*-en, -en*/-; *-nen*) enthusiast; *film*, SPORT F fan; **enthusi'astisch** *adj* enthusiastic

ent|'kleiden *v/t and v/refl* (*no -ge-, h*) undress, strip; **~'kommen** *v/i* (*irr*, ***kommen***, *no -ge-, sein*) escape (*dat* from); **~'korken** *v/t* (*no -ge-, h*) uncork

entkräften [ɛnt'krɛftən] *v/t* (*no -ge-, h*) weaken (*a. fig*); **Ent'kräftung** *f* (-; *-en*) weakening, exhaustion

ent'laden *v/t* (*irr*, ***laden***, *no -ge-, h*) unload; *esp* ELECTR discharge; ***sich ~*** *esp* ELECTR discharge; *fig* explode

Ent'ladung *f* (-; *-en*) unloading; *esp* ELECTR discharge; *fig* explosion

ent'lang *prp* (*dat*) *and adv* along; ***hier ~, bitte!*** this way, please!; ***die Straße*** *etc* **~** along the street *etc*

entlarven [ɛnt'larfən] *v/t* (*no -ge-, h*) unmask, expose

ent'lassen *v/t* (*irr*, ***lassen***, *no -ge-, h*) dismiss, F fire, give *s.o.* the sack; MED discharge; JUR release

Ent'lassung *f* (-; *-en*) dismissal; MED discharge; JUR release

ent'lasten *v/t* (*no -ge-, h*) relieve *s.o.* of some of his work; JUR exonerate, clear *s.o.* of a charge; ***den Verkehr ~*** relieve the traffic congestion; **Ent'lastung** *f* (-; *-en*) relief; JUR exoneration

Ent'lastungszeuge *m* JUR witness for the defense (*Br* defence)

ent'laufen *v/i* (*irr*, ***laufen***, *no -ge-, sein*) run away (*dat* from)

ent'legen *adj* remote, distant

ent|'locken *v/t* (*no -ge-, h*) draw, elicit (*dat* from); **~'lohnen** *v/t* (*no -ge-, h*) pay (off); **~'lüften** *v/t* (*no -ge-, h*) ventilate; **~machten** [ɛnt'maxtən] *v/t* (*no -ge-, h*) deprive *s.o.* of *his* power; **~militarisieren** [ɛntmilitari'ziːrən] *v/t* (*no -ge-, h*) demilitarize; **~mündigen** [ɛnt'mʏndɪgən] *v/t* (*no -ge-, h*) JUR place under disability; **~mutigen** [ɛnt'muːtɪgən] *v/t* (*no -ge-, h*) discourage;

~'**nehmen** *v/t* (*irr*, ***nehmen***, *no -ge-*, *h*) take (*dat* from); ~ ***aus*** (with-)draw from; *fig* gather *or* learn from; ~'**puppen** *v/refl* (*no -ge-*, *h*) ***sich*** ~ ***als*** turn out to be; ~'**rahmen** *v/t* (*no -ge-*, *h*) skim; ~'**reißen** *v/t* (*irr*, ***reißen***, *no -ge-*, *h*) snatch (away) (*dat* from); ~'**rinnen** *v/i* (*irr*, ***rinnen***, *no -ge-*, *sein*) escape (*dat* from); ~'**rollen** *v/t* (*no -ge-*, *h*) unroll

E

ent'rüsten *v/t* (*no -ge-*, *h*) fill with indignation; ***sich*** ~ become indignant (***über*** *acc* at *s.th.*, with *s.o.*); **ent'rüstet** *adj* indignant (***über*** *acc* at *s.th.*, with *s.o.*;)

Ent'rüstung *f* (-; *-en*) indignation

Entsafter [ɛnt'zaftɐ] *m* (*-s*; -) juice extractor

ent'salzen *v/t* (*no -ge-*, *h*) desalinize

ent'schädigen *v/t* (*no -ge-*, *h*) compensate; **Ent'schädigung** *f* (-; *-en*) compensation

ent'schärfen *v/t* (*no -ge-*, *h*) defuse (*a. fig*)

ent'scheiden *v/t and v/i and v/refl* (*irr*, ***scheiden***, *no -ge-*, *h*) decide (***für*** on, in favo[u]r of; ***gegen*** against); settle; ***er kann sich nicht*** ~ he can't make up his mind; ~**d** *adj* decisive; crucial

Ent'scheidung *f* (-; *-en*) decision

entschieden [ɛnt'ʃiːdən] *adj* decided, determined, resolute; ~ ***dafür*** strongly in favo(u)r of it; **Ent'schiedenheit** *f* (-; *no pl*) determination

ent'schließen *v/refl* (*irr*, ***schließen***, *no -ge-*, *h*) decide, determine, make up one's mind; **Ent'schließung** *f* (-; *-en*) POL resolution

entschlossen [ɛnt'ʃlɔsən] *adj* determined, resolute; **Ent'schlossenheit** *f* (-; *no pl*) determination, resoluteness

Ent'schluss *m* decision, resolution

entschlüsseln [ɛnt'ʃlʏsəln] *v/t* (*no -ge-*, *h*) decipher, decode

entschuldigen [ɛnt'ʃʊldɪgən] *v/t* (*no -ge-*, *h*) excuse; ***sich*** ~ apologize (***bei*** to; ***für*** for); excuse o.s.; ~ ***Sie!*** (I'm) sorry!; excuse me!; **Ent'schuldigung** *f* (-; *-en*) excuse; apology; ***um*** ~ ***bitten*** apologize; ~***!*** (I'm) sorry!; excuse me!

ent'setzen *v/t* (*no -ge-*, *h*) shock; horrify; **Ent'setzen** *n* (*-s*; *no pl*) horror, terror; **ent'setzlich** *adj* horrible, dreadful, terrible; atrocious; **ent'setzt** *adj* shocked; horrified

ent|'sichern *v/t* (*no -ge-*, *h*) release the safety catch of; ~'**sinnen** *v/refl* (*irr*, ***sinnen***, *no -ge-*, *h*) remember, recall

ent'sorgen *v/t* (*no -ge-*, *h*) dispose of

Ent'sorgung *f* (-; *-en*) (waste) disposal

ent'spannen *v/t and v/refl* (*no -ge-*, *h*) relax; ***sich*** ~ *a.* take it easy; *fig* ease (up); **ent'spannt** *adj* relaxed

Ent'spannung *f* (-; *-en*) relaxation; POL détente

ent'spiegelt *adj* OPT non-glare

ent'sprechen *v/i* (*irr*, ***sprechen***, *no -ge-*, *h*) correspond to; answer to *a description*; meet (*requirements etc*); ~**d** *adj* corresponding (*dat* to); appropriate

Ent'sprechung *f* (-; *-en*) equivalent

ent'springen *v/i* (*irr*, ***springen***, *no -ge-*, *sein*) *river*: rise

entstehen *v/i* (*irr*, ***stehen***, *no -ge-*, *sein*) come into being; arise; emerge, develop; ~ ***aus*** originate from

Ent'stehung *f* (-; *-en*) origin

ent'stellen *v/t* (*no -ge-*, *h*) disfigure, deform; *fig* distort; **Ent'stellung** *f* (-; *-en*) disfigurement, deformation, distortion (*a. fig*)

entstört [ɛnt'ʃtøːɐt] *adj* ELECTR interference-free

ent'täuschen *v/t* (*no -ge-*, *h*) disappoint; **Ent'täuschung** *f* (-; *-en*) disappointment

entwaffnen [ɛnt'vafnən] *v/t* (*no -ge-*, *h*) disarm

Ent'warnung *f* all clear (signal)

ent'wässern *v/t* (*no -ge-*, *h*) drain; **Ent'wässerung** *f* (-; *-en*) drainage; CHEM dehydration

'entweder *cj*: ~ ***... oder*** either … or

ent|'weichen *v/i* (*irr*, ***weichen***, *no -ge-*, *sein*) escape (***aus*** from); ~'**weihen** *v/t* (*no -ge-*, *h*) desecrate; ~'**wenden** *v/t* (*no -ge-*, *h*) pilfer, steal; ~'**werfen** *v/t* (*irr*, ***werfen***, *no -ge-*, *h*) design; draw up

ent'werten *v/t* (*no -ge-*, *h*) lower the value of (*a. fig*); cancel; **Ent'wertung** *f* (-; *-en*) devaluation; cancellation

ent'wickeln *v/t and v/refl* (*no -ge-*, *h*) develop (*a.* PHOT) (***zu*** into); **Ent'wicklung** *f* (-; *-en*) development, BIOL *a.* evolution; adolescence, age of puberty

Ent'wicklungs|helfer *m*, ~**helferin** *f* POL, ECON development aid volunteer; Peace Corps volunteer, *Br* VSO work-

er; **~hilfe** *f* development aid; **~land** *n* POL developing country
ent|wirren [ɛnt'vɪrən] *v/t* (*no -ge-, h*) disentangle (*a. fig*); **~'wischen** *v/i* (*no -ge-, sein*) get away
ent'würdigend *adj* degrading
Ent'wurf *m* outline, (rough) draft, plan; design; sketch
ent|'wurzeln *v/t* (*no -ge-, h*) uproot; **~-'ziehen** *v/t* (*irr*, ***ziehen***, *no -ge-, h*) take away (*dat* from); revoke (*license etc*); deprive of *rights etc*; CHEM extract; ***sich j-m*** (***e-r Sache***) **~** evade s.o. (s.th.)
Ent'ziehungs|anstalt *f* substance (*Br* drug) abuse clinic; **~kur** *f* detoxi(fi)cation (treatment), *a.* F drying out
entziffern [ɛnt'tsɪfɐn] *v/t* (*no -ge-, h*) decipher, make out
ent'zücken *v/t* (*no -ge-, h*) charm, delight; **Ent'zücken** *n* (*-s; no pl*) delight; **ent'zückend** *adj* delightful, charming, F sweet; **ent'zückt** *adj* delighted (***über*** *acc*, ***von*** at, with)
Ent'zug *m* withdrawal; revocation
Ent'zugserscheinung *f* MED withdrawal symptom
entzündbar [ɛnt'tsʏntbaːɐ] *adj* (in-)flammable; **ent'zünden** *v/refl* (*no -ge-, h*) catch fire; MED become inflamed; **Ent'zündung** *f* (*-; -en*) MED inflammation
ent'zwei *adv* in two, to pieces
Enzyklopädie [ɛntsyklopɛ'diː] *f* (*-; -n*) encyclop(a)edia
Epidemie [epide'miː] *f* (*-; -n*) MED epidemic (disease)
Epilog [epi'loːk] *m* (*-[e]s; -e* [epi'loːgə]) epilog, *Br* epilogue
episch ['eːpɪʃ] *adj* epic
Episode [epi'zoːdə] *f* (*-; -n*) episode
Epoche [e'pɔxə] *f* (*-; -n*) epoch, period, era
Epos ['eːpɔs] *n* (*-; Epen* ['eːpən]) epic (poem)
er [eːɐ] *pers pron* he; it
Er'achten *n*: ***meines ~s*** in my opinion
Erbanlage ['ɛrpˀanlaːgə] *f* BIOL genes, genetic code
erbarmen [ɛɐ'barmən] *v/refl* (*no -ge-, h*) ***sich j-s ~*** take pity on s.o.
erbärmlich [ɛɐ'bɛrmlɪç] *adj* pitiful, pitiable; miserable; mean
er'barmungslos *adj* pitiless, merciless
er'bauen *v/t* (*no -ge-, h*) build, construct; **Er'bauer** *m* (*-s; -*) builder, constructor
er'baulich *adj* edifying; **Er'bauung** *fig f* (*-; -en*) edification, uplift
Erbe ['ɛrbə] **1.** *m* (*-n; -n*) heir **2.** *n* (*-s; no pl*) inheritance, heritage
erben ['ɛrbən] *v/t* (*ge-, h*) inherit
erbeuten [ɛɐ'bɔytən] *v/t* (*no -ge-, h*) MIL capture; *thief*: get away with
'Erbfaktor *m* BIOL gene
Erbin ['ɛrbɪn] *f* (*-; -nen*) heir, heiress
er'bitten *v/t* (*irr*, ***bitten***, *no -ge-, h*) ask for, request
erbittert [ɛɐ'bɪtɐt] *adj* fierce, furious
'Erbkrankheit *f* MED hereditary disease
erblich ['ɛrplɪç] *adj* hereditary
er'blicken *v/t* (*no -ge-, h*) see, catch sight of
erblinden [ɛɐ'blɪndən] *v/i* (*no -ge-, sein*) go blind
er'brechen *v/t and v/refl* (*irr*, ***brechen***, *no -ge-, h*) MED vomit
Erbschaft ['ɛrpʃaft] *f* (*-; -en*) inheritance, heritage
Erbse ['ɛrpsə] *f* (*-; -n*) BOT pea; (***grüne***) ***~n*** green peas
'Erbstück *n* heirloom
Erd|apfel ['eːɐtapfəl] *Austrian m* potato; **~ball** *m* (*-[e]s; no pl*) globe; **~beben** *n* (*-s; -*) earthquake; **~beere** *f* BOT strawberry; **~boden** *m* earth, ground
Erde ['eːɐdə] *f* (*-; -n*) (*no pl*) earth; ground, soil; → ***eben***; **'erden** *v/t* (*ge-, h*) ELECTR earth, ground
erdenklich [ɛɐ'dɛŋklɪç] *adj* imaginable
Erd|gas ['eːɐtgaːs] *n* natural gas; **~geschoss** *n*, **~geschoß** *Austrian n* first (*Br* ground) floor
er'dichten *v/t* (*no -ge-, h*) invent, make up; **er'dichtet** *adj* invented, made-up
erdig ['eːɐdɪç] *adj* earthy
'Erd|klumpen *m* clod, lump of earth; **~kruste** *f* earth's crust; **~kugel** *f* globe; **~kunde** *f* (*-; no pl*) geography; **~leitung** *f* ELECTR ground (*Br* earth) connection; underground pipe(line); **~nuss** *f* BOT peanut; **~öl** *n* (mineral) oil, petroleum; **~reich** *n* ground, earth
erdreisten [ɛɐ'draistən] *v/refl* (*no -ge-, h*) F have the nerve
er'drosseln *v/t* (*no -ge-, h*) throttle
er'drücken *v/t* (*no -ge-, h*) crush (to death); **~d** *fig adj* overwhelming
'Erd|rutsch *m* (*-[e]s; -e*) landslide (*a.*

E

POL); **~teil** *m* GEOGR continent
er'dulden *v/t* (*no -ge-, h*) suffer, endure
'Erdumlaufbahn *f* earth orbit
'Erdung *f* (-; *-en*) ELECTR grounding, *Br* earthing
'Erdwärme *f* GEOL geothermal energy
er'eifern *v/refl* (*no -ge-, h*) get excited
ereignen [ɛɐ'ˀaignən] *v/refl* (*no -ge-, h*) happen, occur; **Ereignis** [ɛɐ'ˀaignɪs] *n* (*-ses*; *-se*) event, occurrence
er'eignisreich *adj* eventful
Erektion [erɛk'tsjoːn] *f* (-; *-en*) erection
Eremit [ere'miːt] *m* (*-en*; *-en*) hermit, anchorite
er'fahren[1] *v/t* (*irr*, ***fahren***, *no -ge-, h*) hear; learn; experience
er'fahren[2] *adj* experienced
Er'fahrung *f* (-; *-en*) (work) experience
Er'fahrungsaustausch *m* exchange of experience; **er'fahrungsgemäß** *adv* as experience shows
er'fassen *v/t* (*no -ge-, h*) grasp; record, register; cover, include; IT collect
er'finden *v/t* (*irr*, ***finden***, *no -ge-, h*) invent; **Er'finder(in)** (*-s*; *-/-*; *-nen*) inventor; **erfinderisch** [ɛɐ'fɪndərɪʃ] *adj* inventive; **Er'findung** *f* (-; *-en*) invention; **Er'findungskraft** *f* (-; *no pl*) inventiveness
Erfolg [ɛɐ'fɔlk] *m* (*-[e]s*; *-e*) success; result; ***viel ~!*** good luck!; ***~ versprechend*** promising; **er'folgen** *v/i* (*no -ge-, sein*) happen, take place; **er'folglos** *adj* unsuccessful; futile; **Er'folglosigkeit** *f* (-; *no pl*) lack of success; **er'folgreich** *adj* successful; **Er'folgserlebnis** *n* sense of achievement
erforderlich [ɛɐ'fɔrdɐlɪç] *adj* necessary, required; **er'fordern** *v/t* (*no -ge-, h*) require, demand; **Erfordernis** [ɛɐ'fɔrdɐnɪs] *n* (*-ses*; *-se*) requirement, demand
er'forschen *v/t* (*no -ge-, h*) explore; investigate, study; **Er'forscher** *m* explorer; **Er'forschung** *f* exploration
er'freuen *v/t* (*no -ge-, h*) please
erfreulich [ɛɐ'frɔylɪç] *adj* pleasing, pleasant; gratifying
er'freut *adj* pleased (***über*** *acc* at, about); ***sehr ~!*** pleased to meet you
er'frieren *v/i* (*irr*, ***frieren***, *no -ge-, sein*) freeze to death; **Er'frierung** *f* (-; *-en*) MED frostbite
er'frischen *v/t and v/refl* (*no -ge-, h*) refresh (o.s.); **~d** *adj* refreshing
Er'frischung *f* (-; *-en*) refreshment
erfroren [ɛɐ'froːrən] *adj* frostbitten; BOT killed by frost
er'füllen *fig v/t* (*no -ge-, h*) fulfil(l); keep (*promise etc*); serve (*purpose etc*); meet (*requirements etc*); ***~ mit*** fill with; ***sich ~*** be fulfilled, come true; **Er'füllung** *f* (-; *-en*) fulfil(l)ment; ***in ~ gehen*** come true
ergänzen [ɛɐ'gɛntsən] *v/t* (*no -ge-, h*) complement (***einander*** each other); supplement, add; **~d** *adj* complementary, supplementary
Er'gänzung *f* (-; *-en*) completion; supplement, addition
ergattern [ɛɐ'gatɐn] F *v/t* (*no -ge-, h*) (manage to) get hold of
er'geben (*irr*, ***geben***, *no -ge-, h*) **1.** *v/t* amount *or* come to **2.** *v/refl* surrender; *fig* arise; ***sich ~ aus*** result from; ***sich ~ in*** (*acc*) resign o.s. to
Er'gebenheit *f* (-; *no pl*) devotion
Ergebnis [ɛɐ'geːpnɪs] *n* (*-ses*; *-se*) result, SPORT *a.* score; outcome
er'gebnislos *adj* without result
er'gehen *v/i* (*irr*, ***gehen***, *no -ge-, sein*) *order etc*: be issued (***an*** *acc* to); ***wie ist es dir ergangen?*** how did things go with you?; ***et. über sich ~ lassen*** (patiently) endure s.th.
ergiebig [ɛɐ'giːbɪç] *adj* productive, rich; **Er'giebigkeit** *f* (-; *no pl*) (high) yield; productiveness
er'gießen *v/refl* (*irr*, ***gießen***, *no -ge-, h*) ***sich ~ über*** (*acc*) pour down on
er'grauen *v/i* (*no -ge-, sein*) turn gray (*Br* grey)
er'greifen *v/t* (*irr*, ***greifen***, *no -ge-, h*) seize, grasp, take hold of; take (*measures etc*); take up; *fig* move, touch
ergriffen [ɛɐ'grɪfən] *fig adj* moved
Er'griffenheit *f* (-; *no pl*) emotion
er'gründen *v/t* (*no -ge-, h*) find out, fathom
er'haben *adj* raised, elevated; *fig* sublime; ***~ sein über*** (*acc*) be above
er'halten[1] *v/t* (*irr*, ***halten***, *no -ge-, h*) get, receive; keep, preserve; protect; support, maintain (*family etc*)
er'halten[2] *adj*: ***gut ~*** in good condition
erhältlich [ɛɐ'hɛltlɪç] *adj* obtainable, available
Er'haltung *f* (-; *no pl*) preservation; up-

keep
er'hängen *v/t* (*no -ge-*, *h*) hang (***sich*** o.s.)
er'heben *v/t* (*irr*, ***heben***, *no -ge-*, *h*) raise (*a. voice*), lift; ***sich ~*** rise up (***gegen*** against)
erheblich [ɛɐ'heːplɪç] *adj* considerable
Er'hebung *f* (-; *-en*) survey; revolt
erheitern [ɛɐ'haitɐn] *v/t* (*no -ge-*, *h*) cheer up, amuse; **erhellen** [ɛɐ'hɛlən] *v/t* (*no -ge-*, *h*) light up; *fig* throw light upon; **erhitzen** [ɛɐ'hɪtsən] *v/t* (*no -ge-*, *h*) heat; ***sich ~*** get hot; **er'hoffen** *v/t* (*no -ge-*, *h*) hope for
erhöhen [ɛɐ'høːən] *v/t* (*no -ge-*, *h*) raise; increase; **Er'höhung** *f* (-; *-en*) increase
er'holen *v/refl* (*no -ge-*, *h*) recover; relax, rest; **erholsam** [ɛɐ'hoːlzaːm] *adj* restful, relaxing; **Er'holung** *f* (-; *no pl*) recovery; relaxation
Er'holungsheim *n* rest home
erinnern [ɛɐ'ˀɪnɐn] *v/t* (*no -ge-*, *h*) ***j-n ~ an*** (*acc*) remind s.o. of; ***sich ~ an*** (*acc*) remember, recall; **Erinnerung** [ɛɐ-'ɪnərʊŋ] *f* (-; *-en*) memory (***an*** *acc* of); remembrance, souvenir; keepsake; ***zur ~ an*** (*acc*) in memory of
erkalten [ɛɐ'kaltən] *v/i* (*no -ge-*, *sein*) cool down (*a. fig*)
erkälten [ɛɐ'kɛltən] *v/refl* (*no -ge-*, *h*) ***sich ~*** catch (a) cold; (***stark***) ***erkältet sein*** have a (bad) cold; **Er'kältung** *f* (-; *-en*) cold
erkennbar [ɛɐ'kɛnbaːɐ] *adj* recognizable; **er'kennen** *v/t* (*irr*, ***kennen***, *no -ge-*, *h*) recognize (***an*** *dat* by), know (by); see, realize; **er'kenntlich** *adj*: ***sich*** (***j-m***) ***~ zeigen*** show (s.o.) one's gratitude; **Er'kenntnis** *f* (-; *-se*) realization; discovery; *pl* findings
Er'kennungs|dienst *m* (police) records department; **~melo,die** *f* signature tune; **~zeichen** *n* badge; AVIAT markings
Erker ['ɛrkɐ] *m* (*-s*; -) ARCH bay; **~fenster** *n* ARCH bay window
er'klären *v/t* (*no -ge-*, *h*) explain (***j-m*** to s.o.); declare; ***j-n*** (*offiziell*) ***für ... ~*** pronounce s.o. ...; **~d** *adj* explanatory
erklärlich [ɛɐ'klɛːɐlɪç] *adj* explainable; **er'klärt** *adj* declared; **Er'klärung** *f* (-; *-en*) explanation; declaration; definition; ***e-e ~ abgeben*** make a statement
er'klingen *v/i* (*irr*, ***klingen***, *no -ge-*, *sein*) (re)sound, ring (out)
erkranken [ɛɐ'kraŋkən] *v/i* (*no -ge-*, *sein*) fall ill, get sick; ***~ an*** (*dat*) get; **Er'krankung** *f* (-; *-en*) illness, sickness
erkunden [ɛɐ'kʊndən] *v/t* (*no -ge-*, *h*) explore
erkundigen [ɛɐ'kʊndɪgən] *v/refl* (*no -ge-*, *h*) inquire (***nach*** about *s.th.*; after *s.o.*); make inquiries (about); ***sich*** (***bei j-m***) ***nach dem Weg ~*** ask (s.o.) the way; **Er'kundigung** *f* (-; *-en*) inquiry
Er'kundung *f* (-; *-en*) exploration; MIL reconnaissance
Erlagschein [ɛɐ'laːkʃain] *Austrian m* money-order form
er'lahmen *v/i* (*no -ge-*, *sein*) flag
Erlass [ɛɐ'las] *m* (*-es*; *-e*) decree; JUR remission; **er'lassen** *v/t* (*irr*, ***lassen***, *no -ge-*, *h*) issue; enact (*bill etc*); ***j-m et. ~*** release s.o. from s.th.
erlauben [ɛɐ'laubən] *v/t* (*no -ge-*, *h*) allow, permit; ***sich et. ~*** permit o.s. (*or* dare) to do s.th.; treat o.s. to s.th.
Erlaubnis [ɛɐ'laupnɪs] *f* (-; *no pl*) permission; authority; ***um ~ bitten*** ask s.o.'s permission; **~schein** *m* permit
erläutern [ɛɐ'lɔʏtɐn] *v/t* (*no -ge-*, *h*) explain, illustrate; **Er'läuterung** *f* (-; *-en*) explanation; annotation
Erle ['ɛrlə] *f* (-; *-n*) BOT alder
er'leben *v/t* (*no -ge-*, *h*) experience; go through; see; have; ***das werden wir nicht mehr ~*** we won't live to see that
Erlebnis [ɛɐ'leːpnɪs] *n* (*-ses*; *-se*) experience; adventure
er'lebnisreich *adj* eventful
erledigen [ɛɐ'leːdɪgən] *v/t* (*no -ge-*, *h*) take care of, do, handle; settle; F finish *s.o.* (*a.* SPORT); do *s.o.* in; **erledigt** [ɛɐ-'leːdɪçt] *adj* finished, settled; F worn out; F ***der ist ~!*** he is done for
Er'ledigung *f* (-; *-en*) (*no pl*) settlement; *pl* things to do, shopping
er'legen *v/t* (*no -ge-*, *h*) HUNT shoot
erleichtern [ɛɐ'laiçtɐn] *v/t* (*no -ge-*, *h*) ease, relieve; **er'leichtert** *adj* relieved; **Erleichterung** [ɛɐ'laiçtərʊŋ] *f* (-; *no pl*) relief (***über*** *acc* at)
er'leiden *v/t* (*irr*, ***leiden***, *no -ge-*, *h*) suffer
er'lesen *adj* choice, select
er'leuchten *v/t* (*no -ge-*, *h*) illuminate
er'liegen *v/i* (*irr*, ***liegen***, *no -ge-*, *sein*) succumb to

Er'liegen *n*: ***zum ~ kommen*** (***bringen***) come (bring) to a standstill

erlogen [ɛɐ'lo:gən] *adj* false; ***~ sein*** be a lie

Erlös [ɛɐ'lø:s] *m* (*-es*; *-e*) proceeds; profit(s)

erlosch [ɛɐ'lɔʃ] *pret of* ***erlöschen***

erloschen [ɛɐ'lɔʃən] **1.** *pp of* ***erlöschen*** **2.** *adj* extinct (*volcano*)

E

er'löschen *v/i* (*irr, no -ge-, sein*) go out; *fig* die; JUR lapse, expire

er'lösen *v/t* (*no -ge-, h*) deliver, free (*both*: ***von*** from); **Erlöser** [ɛɐ'lø:zɐ] *m* (*-s*; *no pl*) REL Savio(u)r; **Er'lösung** *f* (*-*; *no pl*) REL salvation; relief

ermächtigen [ɛɐ'mɛçtɪgən] *v/t* (*no -ge-, h*) authorize; **Er'mächtigung** *f* (*-*; *-en*) authorization; authority

er'mahnen *v/t* (*no -ge-, h*) admonish; reprove, warn (*a.* SPORT)

Er'mahnung *f* (*-*; *-en*) admonition; warning; *esp* SPORT (first) caution

Er'mangelung *f*: ***in ~*** (*gen*) for want of

ermäßigt [ɛɐ'mɛ:sɪçt] *adj* reduced, cut; **Er'mäßigung** *f* (*-*; *-en*) reduction, cut

er'messen *v/t* (*irr,* ***messen****, no -ge-, h*) assess; judge; **Er'messen** *n* (*-s*; *no pl*) discretion; ***nach eigenem ~*** at one's own discretion

er'mitteln (*no -ge-, h*) **1.** *v/t* find out; determine **2.** *v/i esp* JUR investigate; **Er'mittlung** *f* (*-*; *-en*) finding; JUR investigation

er'möglichen *v/t* (*no -ge-, h*) make possible

er'morden *v/t* (*no -ge-, h*) murder; *esp* POL assassinate; **Er'mordung** *f* (*-*; *-en*) murder; *esp* POL assassination

ermüden [ɛɐ'my:dən] (*no -ge-*) **1.** *v/t* (*h*) tire, fatigue **2.** *v/i* (*sein*) tire, get tired, fatigue (*a.* TECH); **Er'müdung** *f* (*-*; *no pl*) fatigue, tiredness

er'muntern [ɛɐ'mʊntɐn] *v/t* (*no -ge-, h*) encourage; stimulate; **Er'munterung** *f* (*-*; *-en*) encouragement; incentive

ermutigen [ɛɐ'mu:tɪgən] *v/t* (*no -ge-, h*) encourage; **~d** *adj* encouraging

Er'mutigung *f* (*-*; *-en*) encouragement

er'nähren *v/t* (*no -ge-, h*) feed; support (*family etc*); ***sich ~ von*** live on; **Er'nährer** *m* (*-s*; *-*) breadwinner, supporter; **Er'nährung** *f* (*-*; *no pl*) nutrition, food, diet

er'nennen *v/t* (*irr,* ***nennen****, no -ge-, h*) ***j-n ~ zu*** appoint s.o. (to be)

Er'nennung *f* (*-*; *-en*) appointment

erneuern [ɛɐ'nɔʏɐn] *v/t* (*no -ge-, h*) renew; **Er'neuerung** *f* (*-*; *-en*) renewal

er'neut **1.** *adj* renewed **2.** *adv* once more

erniedrigen [ɛɐ'ni:drɪgən] *v/t* (*no -ge-, h*) humiliate; ***sich ~*** degrade o.s.

Er'niedrigung *f* (*-*; *-en*) humiliation

ernst [ɛrnst] *adj* serious, earnest; ***~ nehmen*** take *s.o. or s.th.* seriously

Ernst *m* (*-es*; *no pl*) seriousness, earnest; ***im ~***(?) seriously(?); ***ist das dein ~?*** are you serious?

'ernsthaft, **'ernstlich** *adj* serious

Ernte ['ɛrntə] *f* (*-*; *-n*) harvest; crop(s)

'Erntedankfest *n* Thanksgiving (Day), *Br* harvest festival

'ernten *v/t* (*ge-, h*) harvest, reap (*a. fig*)

er'nüchtern *v/t* (*no -ge-, h*) sober, *fig a.* disillusion; **Er'nüchterung** *f* (*-*; *-en*) sobering up; *fig* disillusionment

Eroberer [ɛɐ'ʔo:bərɐ] *m* (*-s*; *-*) conqueror; **erobern** [ɛɐ'ʔo:bɐn] *v/t* (*no -ge-, h*) conquer; **Er'oberung** *f* (*-*; *-en*) conquest (*a. fig*)

er'öffnen *v/t* (*no -ge-, h*) open; inaugurate; disclose *s.th.* (***j-m*** to s.o.)

Er'öffnung *f* (*-*; *-en*) opening; inauguration; disclosure

erörtern [ɛɐ'ʔœrtɐn] *v/t* (*no -ge-, h*) discuss; **Er'örterung** *f* (*-*; *-en*) discussion

Erotik [e'ro:tɪk] *f* (*-*; *no pl*) eroticism

erotisch [e'ro:tɪʃ] *adj* erotic

er'pressen *v/t* (*no -ge-, h*) blackmail; extort; **Er'presser(in)** (*-s*; *-/-*; *-nen*) blackmailer; **Er'pressung** *f* (*-*; *-en*) blackmail(ing); extortion

er'proben *v/t* (*no -ge-, h*) try, test

er'raten *v/t* (*irr,* ***raten****, no -ge-, h*) guess

er'rechnen *v/t* (*no -ge-, h*) calculate, work *s.th.* out

erregbar [ɛɐ're:kba:ɐ] *adj* excitable; irritable

er'regen *v/t* (*no -ge-, h*) excite, *sexually*: *a.* arouse; *fig* rouse; cause; ***sich ~*** get excited; **~d** *adj* exciting, thrilling

Er'reger *m* (*-s*; *-*) MED germ, virus

Er'regung *f* (*-*; *-en*) excitement

erreichbar [ɛɐ'raiçba:ɐ] *adj* within reach (*a. fig*); available; ***leicht ~*** within easy reach; ***nicht ~*** out of reach; not available; **er'reichen** *v/t* (*no -ge-, h*) reach; catch (*train etc*); ***es ~, dass ...*** succeed in *doing s.th.*; ***et. ~*** get some-

where; ***telefonisch zu ~ sein*** have a (*Br* be on the) phone
er'richten *v/t* (*no -ge-, h*) put up, erect; *fig* found, *esp* ECON set up
Er'richtung *f* (-; *-en*) erection; *fig* establishment
er'ringen *v/t* (*irr*, ***ringen***, *no -ge-, h*) win, gain; achieve
er'röten *v/i* (*no -ge-, sein*) blush
Errungenschaft [ɛɐ'rʊŋənʃaft] *f* (-; *-en*) achievement; ***m-e neueste ~*** my latest acquisition
Ersatz [ɛɐ'zats] *m* (*-es; no pl*) replacement; substitute; surrogate; compensation; damages; ***als ~ für*** in exchange for; **~dienst** *m* → ***Zivildienst***; **~mann** *m* (-[*e*]*s*; *-leute*) substitute (*a.* SPORT); **~mine** *f* refill; **~reifen** *m* MOT spare tire (*Br* tyre); **~spieler** *m* SPORT substitute; **~teil** *n* TECH spare part
er'schaffen *v/t* (*irr*, ***schaffen***, *no -ge-, h*) create
er'schallen *v/i* ([*irr*, ***schallen***,] *no -ge-, sein*) (re)sound, ring (out)
er'scheinen *v/i* (*irr*, ***scheinen***, *no -ge-, sein*) appear, F turn up; be published; **Er'scheinen** *n* (*-s; no pl*) appearance; publication; **Er'scheinung** *f* (-; *-en*) appearance; apparition; phenomenon
er'schießen *v/t* (*irr*, ***schießen***, *no -ge-, h*) shoot (dead); **erschlaffen** [ɛɐ'ʃlafən] *v/i* (*no -ge-, sein*) go limp; *fig* weaken; **er'schlagen** *v/t* (*irr*, ***schlagen***, *no -ge-, h*) kill; **er'schließen** *v/t* (*irr*, ***schließen***, *no -ge-, h*) open up; develop
erschollen [ɛɐ'ʃɔlən] *pp of* ***erschallen***
er'schöpfen *v/t* (*no -ge-, h*) exhaust; **er'schöpft** *adj* exhausted
Er'schöpfung *f* (-; *no pl*) exhaustion
erschrak [ɛɐ'ʃraːk] *pret of* ***erschrecken*** 2
er'schrecken 1. *v/t* (*no -ge-, h*) frighten, scare **2.** *v/i* (*irr, no -ge-, sein*) be frightened (***über*** *acc* at); **~d** *adj* alarming; terrible
erschrocken [ɛɐ'ʃrɔkən] *pp of* ***erschrecken*** 2
erschüttern [ɛɐ'ʃʏtɐn] *v/t* (*no -ge-, h*) shake; *fig a.* shock; *fig* move
Er'schütterung *f* (-; *-en*) shock (*a. fig*); TECH vibration
erschweren [ɛɐ'ʃveːrən] *v/t* (*no -ge-, h*) make more difficult; aggravate
er'schwindeln *v/t* (*no -ge-, h*) obtain *s.th.* by fraud; (***sich***) ***et. von j-m ~*** swindle s.o. out of s.th.
er'schwingen *v/t* (*irr*, ***schwingen***, *no -ge-, h*) afford; **er'schwinglich** *adj* within one's means, affordable; reasonable (*price*)
er'sehen *v/t* (*irr*, ***sehen***, *no -ge-, h*) see, learn, gather (*all*: ***aus*** from)
ersetzbar [ɛɐ'zɛtsbaːɐ] *adj* replaceable; reparable; **er'setzen** *v/t* (*no -ge-, h*) replace (***durch*** by); compensate for; ***j-m et. ~*** reimburse s.o. for s.th.
er'sichtlich *adj* evident, obvious
er'sparen *v/t* (*no -ge-, h*) save; ***j-m et. ~*** spare s.o. s.th.
Ersparnisse [ɛɐ'ʃpaːɐnɪsə] *pl* savings
erst [eːɐst] *adv* first; at first; ***~ jetzt*** (***gestern***) only now (yesterday); ***~ nächste Woche*** not before *or* until next week; ***es ist ~ neun Uhr*** it's only nine o'clock; ***eben ~*** just (now); ***~ recht*** all the more; ***~ recht nicht*** even less; → ***einmal***
er'starren *v/i* (*no -ge-, sein*) stiffen; *fig* freeze; **er'starrt** *adj* stiff; numb
erstatten [ɛɐ'ʃtatən] *v/t* (*no -ge-, h*) refund, reimburse (***j-m et.*** s.o. for s.th.); ***Bericht ~*** (give a) report (***über*** *acc* on); ***Anzeige ~*** report to the police
'Erstaufführung *f* THEA first night *or* performance, premiere, *film*: *a.* first run
er'staunen *v/t* (*no -ge-, h*) surprise, astonish; **Er'staunen** *n* (*-s; no pl*) surprise, astonishment; ***in ~*** (***ver***)***setzen*** astonish; **er'staunlich** *adj* surprising, astonishing; **er'staunt** *adj* astonished
'Erstausgabe *f* first edition
'erst'beste *adj* first; any old
'erste *adj* first; ***auf den ~n Blick*** at first sight; ***fürs Erste*** for the time being; ***als Erste***(***r***) first; ***zum ~n Mal***(***e***) for the first time; ***am Ersten*** on the first
er'stechen *v/t* (*irr*, ***stechen***, *no -ge-, h*) stab
'erstens *adv* first(ly), in the first place
'Erstere: ***der*** (***die, das***) ***~*** the former
er'sticken *v/t* (*no -ge-, h*) *and v/i* (*sein*) choke, suffocate; **Er'stickung** *f* (-; *no pl*) suffocation
erst|klassig ['eːɐstklasɪç] *adj* first-class, F *a.* super; **~malig** ['eːɐstmaːlɪç] *adj* first; **~mals** ['eːɐstmaːls] *adv* for

the first time
er'streben *v/t* (*no -ge-, h*) strive after
er'strebenswert *adj* desirable
er'strecken *v/refl* (*no -ge-, h*) extend, stretch (***bis, auf*** *acc* to; ***über*** *acc* over); ***sich ~ über*** (*acc*) *a.* cover
'Erstschlag *m* MIL first strike
er'suchen *v/t* (*no -ge-, h*) request
er'tappen *v/t* (*no -ge-, h*) catch; → ***Tat***
er'tönen *v/i* (*no -ge-, sein*) (re)sound
Ertrag [ɛɐ'tra:k] *m* (-[*e*]*s*; *Erträge* [ɛɐ-'trɛ:gə]) AGR yield, produce, TECH *a.* output; ECON proceeds, returns
er'tragen *v/t* (*irr*, ***tragen***, *no -ge-, h*) bear, endure; stand
erträglich [ɛɐ'trɛ:klɪç] *adj* bearable, tolerable
er'tränken *v/t* (*no -ge-, h*) drown
er'trinken *v/i* (*irr*, ***trinken***, *no -ge-, sein*) drown
erübrigen [ɛɐ'ʔy:brɪgən] *v/t* (*no -ge-, h*) spare; ***sich ~*** be unnecessary
Erw. *abbr of* ***Erwachsene(r)*** adult(s)
er'wachen *v/i* (*no -ge-, sein*) wake (up); *esp fig* awake, awaken
er'wachsen[1] *v/i* (*irr*, ***wachsen***, *no -ge-, sein*) arise (***aus*** from)
er'wachsen[2] *adj* grown-up, adult
Er'wachsene *m, f* (*-n*; *-n*) adult; ***nur für ~!*** adults only!; **Er'wachsenenbildung** *f* adult education
erwägen [ɛɐ'vɛ:gən] *v/t* (*irr*, ***wägen***, *no -ge-, h*) consider, think *s.th.* over; **Er'wägung** *f* (-; *-en*) consideration; ***in ~ ziehen*** take into consideration
erwähnen [ɛɐ'vɛ:nən] *v/t* (*no -ge-, h*) mention; **Er'wähnung** *f* (-; *-en*) mention(ing)
er'wärmen *v/t and v/refl* (*no -ge-, h*) warm (up); *fig* ***sich ~ für*** warm to
Er'wärmung *f* (-; *-en*) warming up; ***~ der Erdatmosphäre*** global warming
er'warten *v/t* (*no -ge-, h*) expect; wait for, await; **Er'wartung** *f* (-; *-en*) expectation, anticipation
er'wartungsvoll *adj and adv* full of expectation, expectant(ly)
er'wecken *fig v/t* (*no -ge-, h*) awaken; arouse; → ***Anschein***
er'weisen *v/t* (*irr*, ***weisen***, *no -ge-, h*) do (*service etc*); show (*respect etc*); ***sich ~ als*** prove to be
erweitern [ɛɐ'vaitɐn] *v/t and v/refl* (*no -ge-, h*) extend, enlarge; *esp* ECON expand; **Er'weiterung** *f* (-; *-en*) extension, enlargement, expansion
Erwerb [ɛɐ'vɛrp] *m* (-[*e*]*s*; *-e*) acquisition; purchase; income; **er'werben** *v/t* (*irr*, ***werben***, *no -ge-, h*) acquire (*a. fig*); purchase
er'werbs|los *adj* unemployed; **~tätig** *adj* (gainfully) employed, working; **~unfähig** *adj* unable to work
Er'werbung *f* (-; *-en*) acquisition; purchase
erwidern [ɛɐ'vi:dɐn] *v/t* (*no -ge-, h*) reply, answer; return (*visit etc*)
Er'widerung *f* (-; *-en*) reply, answer; return
er'wischen *v/t* (*no -ge-, h*) catch, get; ***ihn hat's erwischt*** he's had it
er'wünscht *adj* desired; desirable; welcome
er'würgen *v/t* (*no -ge-, h*) strangle
Erz [e:ɐts] *n* (*-es*; *-e*) ore
er'zählen *v/t* (*no -ge-, h*) tell; narrate; ***man hat mir erzählt*** I was told
Er'zähler *m* (*-s*; -), **Er'zählerin** *f* (-; *-nen*) narrator
Er'zählung *f* (-; *-en*) (short) story, tale
'Erzbischof *m* REL archbishop
'Erzbistum *n* REL archbishopric
'Erzengel *m* REL archangel
er'zeugen *v/t* (*no -ge-, h*) ECON produce (*a. fig*); TECH make, manufacture; ELECTR generate; *fig* cause, create; **Er'zeuger** *m* (*-s*; -) ECON producer; **Er'zeugnis** *n* (*-ses*; *-se*) ECON product (*a. fig*); **Er'zeugung** *f* (-; *-en*) ECON production
er'ziehen *v/t* (*irr*, ***ziehen***, *no -ge-, h*) bring up, raise; educate; ***j-n zu et. ~*** teach s.o. to be *or* to do s.th.
Erzieher [ɛɐ'tsi:ɐ] *m* (*-s*; -), **Erzieherin** [ɛɐ'tsi:ərɪn] *f* (-; *-nen*) educator; teacher; (qualified) kindergarten teacher; **er'zieherisch** *adj* educational, pedagogic(al); **Er'ziehung** *f* (-; *no pl*) upbringing; education
Er'ziehungs|anstalt *f* reform (*Br* approved) school; **~berechtigte** *m, f* (*-n*; *-n*) parent or guardian; **~wesen** *n* (*-s*; *no pl*) educational system
er'zielen *v/t* (*no -ge-, h*) achieve; SPORT score
erzogen [ɛɐ'tso:gən] *adj*: ***gut ~ sein*** be well-bred; ***schlecht ~ sein*** be ill-bred
er'zwingen *v/t* (*irr*, ***zwingen***, *no -ge-, h*)

(en)force

es [ɛs] *pers pron* it; he; she; **~ *gibt*** there is, there are; ***ich bin ~*** it's me; ***ich hoffe ~*** I hope so; ***ich kann ~*** I can (do it)

Esche ['ɛʃə] *f* (-; *-n*) BOT ash (tree)

Esel ['eːzəl] *m* (*-s*; -) ZO donkey, ass (*a.* F)

'Eselsbrücke *f* mnemonic

'Eselsohr *fig n* dog-ear

Eskorte [ɛs'kɔrtə] *f* (-; *-n*) MIL escort, MAR *a.* convoy

essbar ['ɛsbaːɐ] *adj* eatable; edible

essen ['ɛsən] *v/t and v/i* (*irr, ge-, h*) eat; ***zu Mittag ~*** (have) lunch; ***zu Abend ~*** have supper (*or* dinner); ***~ gehen*** eat *or* dine out; **'Essen** *n* (*-s*; -) food; meal; dish; dinner

'Essens|marke *f* meal ticket; **~zeit** *f* lunchtime; dinner *or* supper time

Essig ['ɛsɪç] *m* (*-s*; *-e*) vinegar

'Essiggurke *f* pickled gherkin, pickle

Ess|löffel *m* tablespoon; **~stäbchen** *pl* chopsticks; **~tisch** *m* dining table; **~zimmer** *n* dining room

Estrich ['ɛstrɪç] *m* (*-s*; *-e*) ARCH flooring, subfloor; *Swiss*: loft, attic, garret

etablieren [eta'bliːrən] *v/refl* (*no -ge-, h*) establish o.s.

Etage [e'taːʒə] *f* (-; *-n*) floor, stor(e)y; ***auf der ersten ~*** on the second (*Br* first) floor; **E'tagenbett** *n* bunk bed

Etappe [e'tapə] *f* (-; *-n*) stage, SPORT *a.* leg

Etat [e'taː] *m* (*-s*; *-s*) budget

Ethik ['eːtɪk] *f* (-; *no pl*) ethics

ethisch ['eːtɪʃ] *adj* ethical

ethnisch ['ɛtnɪʃ] *adj* ethnic

Etikett [eti'kɛt] *n* (*-[e]s*; *-e[n]*) label (*a. fig*); (price) tag; **Eti'kette** *f* (-; *-n*) etiquette; **etikettieren** [etikɛ'tiːrən] *v/t* (*no -ge-, h*) label

etliche ['ɛtlɪçə] *indef pron* several, quite a few

Etui [ɛt'viː] *n* (*-s*; *-s*) case

etwa ['ɛtva] *adv* about, around; perhaps, by any chance; ***nicht ~, dass*** not that; **etwaig** ['ɛtvaɪç] *adj* any

etwas ['ɛtvas] **1.** *indef pron* something; anything **2.** *adj* some; any **3.** *adv* a little, somewhat

EU [eː'uː] *abbr of* ***Europäische Union*** EU, European Union

euch [ɔʏç] *pers pron* you; **~ (*selbst*)** yourselves; **euer** ['ɔʏɐ] *poss pron* your; ***der* (*die, das*) *Eu*(*e*)*re*** yours

Eule ['ɔʏlə] *f* (-; *-n*) ZO owl; ***~n nach Athen tragen*** carry coals to Newcastle

euresgleichen ['ɔʏrəs'glaɪçən] *pron* people like you, F *contp* the likes of you

Euro... ['ɔʏro] *in cpds ...cheque etc*: Euro...

Europa [ɔʏ'roːpa] Europe; **~...** *in cpds* European; **Europäer** [ɔʏro'pɛːɐ] *m* (*-s*; -), **Europäerin** [ɔʏro'pɛːərɪn] *f* (-; *-nen*), **euro'päisch** *adj* European; ***Europäische Gemeinschaft*** European Community

Euter ['ɔʏtɐ] *n* (*-s*; -) udder

ev. *abbr of* ***evangelisch*** Prot., Protestant

evakuieren [evaku'iːrən] *v/t* (*no -ge-, h*) evacuate

evangelisch [evaŋ'geːlɪʃ] *adj* REL Protestant; ***~-lutherisch*** Lutheran

Evangelium [evaŋ'geːljʊm] *n* (*-s*; *-lien*) Gospel

eventuell [evɛntu'ɛl] **1.** *adj* possible **2.** *adv* possibly, perhaps

evtl. *abbr of* ***eventuell*** poss., possibly

ewig ['eːvɪç] *adj* eternal; F constant, endless; ***auf ~*** for ever; **'Ewigkeit** *f* (-; *no pl*) eternity; F ***eine ~*** (for) ages

exakt [ɛ'ksakt] *adj* exact, precise

Ex'aktheit *f* (-; *no pl*) exactness, precision

Examen [ɛ'ksaːmən] *n* (*-s*; *Examina* [ɛ'ksaːmina]) exam, examination

Exekutive [ɛkseku'tiːvə] *f* (-; *-n*) POL executive (power)

Exemplar [ɛksɛm'plaːɐ] *n* (*-s*; *-e*) specimen; copy

exerzieren [ɛksɛr'tsiːrən] *v/i* (*no -ge-, h*) MIL drill

Exil [ɛ'ksiːl] *n* (*-s*; *-e*) exile

Existenz [ɛksɪs'tɛnts] *f* (-; *-en*) existence; living, livelihood; **~kampf** *m* struggle for survival; **~minimum** *n* subsistence level

existieren [ɛksɪs'tiːrən] *v/i* (*no -ge-, h*) exist; live (***von*** on)

exklusiv [ɛksklu'ziːf] *adj* exclusive, select

exotisch [ɛ'ksoːtɪʃ] *adj* exotic

Expansion [ɛkspan'zjoːn] *f* (-; *-en*) expansion

Expedition [ɛkspedi'tsjoːn] *f* (-; *-en*) expedition

Experiment [ɛksperi'mɛnt] *n* (*-[e]s*; *-e*), **experimentieren** [ɛksperimɛn'tiːrən]

v/i (*no -ge-*, *h*) experiment
Experte [ɛks'pɛrtə] *m* (*-n*; *-n*), **Ex'pertin** *f* (*-*; *-nen*) expert (***für*** on)
explodieren [ɛksplo'di:rən] *v/i* (*no -ge-*, *sein*) explode (*a. fig*), burst; **Explosion** [ɛksplo'zjo:n] *f* (*-*; *-en*) explosion (*a. fig*); **explosiv** [ɛksplo'zi:f] *adj* explosive
Export [ɛks'pɔrt] *m* (*-[e]s*; *-e*) (*no pl*) export(ation); exports
exportieren [ɛkspɔr'ti:rən] *v/t* (*no -ge-*, *h*) export
Express [ɛks'prɛs] *m* (*-es*; *no pl*) RAIL express; ***per ~*** by special delivery, *Br* express
extra ['ɛkstra] *adv* extra; separately; F on purpose; ***~ für dich*** especially for you
Extra *n* (*-s*; *-s*), **~blatt** *n* extra
Extrakt [ɛks'trakt] *m* (*-[e]s*; *-e*) extract
extravagant [ɛkstrava'gant] *adj* flamboyant
extrem [ɛks'tre:m] *adj*, **Ex'trem** *n* (*-s*; *-e*) extreme; **Extremist(in)** [ɛkstre'mɪst(ɪn)] (*-en*; *-en*/*-*; *-nen*), **extre'mistisch** *adj* extremist, ultra
Exzellenz [ɛkstsɛ'lɛnts] *f* (*-*; *-en*) Excellency
exzentrisch [ɛks'tsɛntrɪʃ] *adj* eccentric
Exzess [ɛks'tsɛs] *m* (*-ses*; *-se*) excess

F

Fa. *abbr of* ***Firma*** firm; Messrs.
Fabel ['fa:bəl] *f* (*-*; *-n*) fable (*a. fig*)
'fabelhaft *adj* fantastic, wonderful
Fabrik [fa'bri:k] *f* (*-*; *-en*) factory, works, shop; **Fabrikant** [fabri'kant] *m* (*-en*; *-en*) factory owner; manufacturer
Fa'brikarbeiter *m* factory worker
Fabrikat [fabri'ka:t] *n* (*-[e]s*; *-e*) make, brand; product
Fabrikation [fabrika'tsjo:n] *f* (*-*; *-en*) manufacturing, production
Fabrikati'onsfehler *m* flaw
Fa'brik|besitzer *m* factory owner; **~ware** *f* manufactured product(s)
Fach [fax] *n* (*-[e]s*; *Fächer* ['fɛçɐ]) compartment; pigeonhole; shelf; PED, UNIV subject; → ***Fachgebiet***; **~arbeiter** *m* skilled worker; **~arzt** *m*, **~ärztin** *f* specialist (***für*** in); **~ausbildung** *f* professional training; **~ausdruck** *m* technical term; **~buch** *n* specialist book
Fächer ['fɛçɐ] *m* (*-s*; *-*) fan
'Fach|frau *f* expert; **~gebiet** *n* line, field; trade, business; **~geschäft** *n* dealer (specializing in …); **~hochschule** *f* *appr* (technial) college, *esp Br* polytechnic; **~kenntnisse** *pl* specialized knowledge
'fachkundig *adj* competent, expert
'fachlich *adj* professional, specialized
'Fach|litera,tur *f* specialized literature; **~mann** *m* (*-[e]s*; *-leute*) expert
fachmännisch ['faxmɛnɪʃ] *adj* expert
'Fachschule *f* technical school *or* college
fachsimpeln ['faxzɪmpəln] *v/i* (*ge-*, *h*) talk shop
'Fach|werk *n* framework; **~werkhaus** *n* half-timbered house; **~zeitschrift** *f* (professional *or* specialist) journal
Fackel ['fakəl] *f* (*-*; *-n*) torch; **~zug** *m* torchlight procession
fade ['fa:də] *adj* GASTR tasteless, flat; stale; *fig* dull, boring
Faden ['fa:dən] *m* (*-s*; *Fäden* ['fɛ:dən]) thread (*a. fig*); **'fadenscheinig** *adj* threadbare; *fig* flimsy (*excuse etc*)
fähig ['fɛ:ɪç] *adj* capable (***zu*** of [*doing*] *s.th.*), able (to *do s.th.*); **'Fähigkeit** *f* (*-*; *-en*) (cap)ability; talent, gift
fahl [fa:l] *adj* pale; ashen (*face*)
fahnden ['fa:ndən] *v/i* (*ge-*, *h*) search (***nach*** for); **'Fahndung** *f* (*-*; *-en*) search; 'Fahndungsliste *f* wanted list
Fahne ['fa:nə] *f* (*-*; *-n*) flag; *mst fig* banner; F ***e-e ~ haben*** reek of alcohol
'Fahnen|flucht *f* (*-*; *no pl*) MIL desertion; **~stange** *f* flagpole, flagstaff
Fahrbahn ['fa:ɐba:n] *f* road(way), pavement; MOT lane
'fahrbar *adj* mobile
Fähre ['fɛ:rə] *f* (*-*; *-n*) ferry(boat)
fahren ['fa:rən] (*irr*, *ge-*) **1.** *v/i* (*sein*) go; *bus etc*: run; leave; MOT drive; ride; ***mit dem Auto*** (***Zug, Bus*** *etc*) ***~*** go by car (train, bus *etc*); ***über e-e Brücke*** *etc*

~ cross a bridge *etc*; ***mit der Hand über et.*** ~ run one's hand over s.th.; ***was ist denn in dich gefahren?*** what's got into you? **2.** *v/t* (*h*) drive (*car etc*); ride (*bicycle etc*); carry

Fahrer ['fa:rɐ] *m* (*-s*; -) driver; **~flucht** *f* hit-and-run offense (*Br* offence)

'**Fahrerin** *f* (-; *-nen*) driver

Fahr|gast ['fa:ɐgast] *m* passenger; **~geld** *n* fare; **~gelegenheit** *f* means of transport(ation); **~gemeinschaft** *f* car pool; **~gestell** *n* MOT chassis; AVIAT → ***Fahrwerk***; **~karte** *f* ticket

'**Fahrkarten|auto,mat** *m* ticket machine; **~entwerter** *m* (*-s*; -) ticket-cancel(l)ing machine; **~schalter** *m* ticket window

'**fahrlässig** *adj* careless, reckless (*a.* JUR); ***grob ~*** grossly negligent

'**Fahrlehrer** *m* driving instructor

'**Fahrplan** *m* timetable, schedule

'**fahrplanmäßig 1.** *adj* scheduled **2.** *adv* according to schedule; on time

'**Fahr|preis** *m* fare; **~prüfung** *f* driving test; **~rad** *n* bicycle, F bike; **~schein** *m* ticket; **~schule** *f* driving school; **~schüler** *m* MOT student driver, *Br* learner (driver); PED non-local student; **~stuhl** *m* elevator, *Br* lift; **~stunde** *f* driving lesson

Fahrt [fa:ɐt] *f* (-; *-en*) ride, MOT *a.* drive; trip, journey, MAR voyage, cruise; speed (*a.* MOT); ***in voller ~*** at full speed

Fährte ['fɛ:ɐtə] *f* (-; *-n*) track (*a. fig*)

'**Fahrtenschreiber** *m* MOT tachograph

'**Fahrwasser** *n* MAR fairway

'**Fahrwerk** *n* AVIAT landing gear

'**Fahrzeug** *n* (-[*e*]*s*; *-e*) vehicle

Fairness ['fɛ:ɐnɪs] *f* (-; *no pl*) fair play

Faktor ['fakto:ɐ] *m* (*-s*; *-en* [fak'to:rən]) factor

Fakultät [fakul'tɛ:t] *f* (-; *-en*) UNIV faculty, department

Falke ['falkə] *m* (*-n*; *-n*) ZO hawk, falcon

Fall [fal] *m* (-[*e*]*s*; *Fälle* ['fɛlə]) fall; LING, JUR, MED case; ***auf jeden ~*** in any case; ***auf keinen ~*** on no account; ***für den ~, dass …*** in case …; ***gesetzt den ~, dass*** suppose (that); ***zu ~ bringen*** *fig* defeat

Falle ['falə] *f* (-; *-n*) trap (*a. fig*)

fallen ['falən] *v/i* (*irr, ge-, sein*) fall (*a. rain etc*), drop; ***~ lassen*** drop (*a. fig*); MIL be killed (in action); ***ein Tor fiel*** SPORT a goal was scored

fällen ['fɛlən] *v/t* (*ge-, h*) fell, cut down (*tree*); JUR pass (*sentence*); make (*a decision etc*)

'**fallenlassen** ['falənlasən] *v/i* (*irr*, ***fallen***, *no ge-, h*) *fig* drop

fällig ['fɛlɪç] *adj* due; payable

'**Fall|obst** *n* windfall; **~rückzieher** *m soccer*: overhead kick

falls [fals] *cj* if, in case; ***~ nicht*** unless

'**Fallschirm** *m* parachute; **~jäger** *m* MIL paratrooper; **~springen** *n* MIL parachuting; SPORT skydiving; **~springer** *m* MIL parachutist; SPORT skydiver

'**Falltür** *f* trapdoor

falsch [falʃ] *adj and adv* wrong; false (*a. fig*); forged; ***~ gehen*** *watch*: be wrong; ***et. ~ aussprechen*** (***schreiben, verstehen*** *etc*) mispronounce (misspell, misunderstand *etc*) s.th.; ***~ verbunden!*** TEL sorry, wrong number

fälschen ['fɛlʃən] *v/t* (*ge-, h*) forge, fake; counterfeit; '**Fälscher** *m* (*-s*; -) forger

'**Falsch|geld** *n* counterfeit *or* false money; **~spieler** *m* cheat

'**Fälschung** *f* (-; *-en*) forgery; counterfeit; '**fälschungssicher** *adj* forgery-proof

Falt… ['falt-] *in cpds …bett, …boot etc*: folding …; **Falte** ['faltə] *f* (-; -n) fold; wrinkle; pleat; crease; '**falten** *v/t* (*ge-, h*) fold; '**Faltenrock** *m* pleated skirt

Falter ['faltɐ] *m* (*-s*; -) ZO butterfly

faltig ['faltɪç] *adj* wrinkled

familiär [fami'ljɛ:ɐ] *adj* personal; informal; ***~e Probleme*** family problems

Familie [fa'mi:ljə] *f* (-; *-n*) family (*a.* ZO, BOT)

Fa'milien|angelegenheit *f* family affair; **~anschluss** *m*: ***~ haben*** live as one of the family; **~name** *m* family (*or* last) name, surname; **~packung** *f* family size (package); **~planung** *f* family planning; **~stand** *m* marital status; **~vater** *m* family man

Fanatiker [fa'na:tikɐ] *m* (*-s*; -), **Fa'natikerin** *f* (-; *-nen*), **fa'natisch** *adj* fanatic; **Fanatismus** [fana'tɪsmus] *m* (-; *no pl*) fanaticism

fand [fant] *pret of* ***finden***

Fang [faŋ] *m* (-[*e*]*s*; *Fänge* ['fɛŋə]) catch (*a. fig*); '**fangen** *v/t* (*irr, ge-, h*) catch (*a. fig*); ***sich wieder ~*** get a grip on o.s. again; ***Fangen spielen*** play tag (*Br*

catch); 'Fangzahn *m* zo fang
Fantasie [fanta'ziː] *f* (-; *-n*) imagination; fantasy; **fanta'sielos** *adj* unimaginative; **fanta'sieren** *v/i* (*no -ge-*, *h*) daydream; MED be delirious; F talk nonsense; **fanta'sievoll** *adj* imaginative; **Fantast** [fan'tast] *m* (*-en*; *-en*) dreamer; **fan'tastisch** *adj* fantastic, F *a.* great, terrific
Farbband ['farpbant] *n* (typewriter) ribbon
Farbe ['farbə] *f* (-; *-n*) colo(u)r; paint; complexion; tan; *card games*: suit
'farbecht *adj* colo(u)r-fast
färben ['fɛrbən] *v/t* (*ge-*, *h*) dye; *esp fig* colo(u)r; ***sich rot ~*** turn red; → ***abfärben***
'farben|blind *adj* colo(u)r-blind; **~froh**, **~prächtig** *adj* colo(u)rful
'Farb|fernsehen *n* colo(u)r television; **~fernseher** *m* colo(u)r TV set; **~film** *m* colo(u)r film; **~foto** *n* colo(u)r photo
farbig ['farbɪç] *adj* colo(u)red; stained (*glass*); *fig* colo(u)rful; **Farbige** ['farbɪgə] *m*, *f* (*-n*; *-n*) → ***Schwarze***
'Farbkasten *m* paintbox
'farblos *adj* colo(u)rless (*a. fig*)
'Farbstift *m* colo(u)red pencil, crayon
'Farbstoff *m* dye; GASTR colo(u)ring
'Farbton *m* shade, tint
'Färbung *f* (-; *-en*) colo(u)ring; hue
Farnkraut ['farnkraut] *n* BOT fern
Fasan [fa'zaːn] *m* (*-[e]s*; *-e[n]*) zo pheasant
Faschismus [fa'ʃɪsmʊs] *m* (-; *no pl*) POL fascism; **Faschist** [fa'ʃɪst] *m* (*-en*; *-en*), **fa'schistisch** *adj* POL fascist
faseln ['faːzəln] F *v/i* (*ge-*, *h*) drivel
Faser ['faːzɐ] *f* (-; *-n*) fiber, *Br* fibre; grain; **faserig** ['faːzərɪç] *adj* fibrous; **'fasern** *v/i* (*ge-*, *h*) fray
Fass [fas] *n* (*-es*; *Fässer* ['fɛsɐ]) cask, barrel; ***vom ~*** on tap
Fassade [fa'saːdə] *f* (-; *-n*) ARCH facade, front (*a. fig*)
'Fassbier *n* draft (*Br* draught) beer
fassen ['fasən] (*ge-*, *h*) **1.** *v/t* take hold of, grasp; seize; catch (*criminal*); hold, take; set (*jewels*); *fig* grasp, understand; pluck up (*courage*); make (*a decision*); ***sich ~*** compose o.s.; ***sich kurz ~*** be brief; ***es ist nicht zu ~*** that's incredible **2.** *v/i*: ***~ nach*** reach for
'Fassung *f* (-; *-en*) setting; frame (*of glasses*); ELECTR socket; draft(ing); wording, version; (*no pl*) composure; ***die ~ verlieren*** lose one's composure; ***j-n aus der ~ bringen*** put s.o. out
'fassungslos *adj* stunned; speechless
'Fassungsvermögen *n* capacity
fast [fast] *adv* almost, nearly; ***~ nie*** (***nichts***) hardly ever (anything)
fasten ['fastən] *v/i* (*ge-*, *h*) fast
'Fastenzeit *f* REL Lent
'Fastnacht *f* → ***Karneval***
fatal [fa'taːl] *adj* unfortunate; awkward; disastrous
fauchen ['fauxən] *v/i* (*ge-*, *h*) zo hiss
faul [faul] *adj* rotten, bad, GASTR *a.* spoiled; *fig* lazy; F fishy; ***~e Ausrede*** lame excuse; **'faulen** *v/i* (*ge-*, *h*, *sein*) rot, go bad; decay
faulenzen ['faulɛntsən] *v/i* (*ge-*, *h*) laze, loaf (about); **'Faulenzer(in)** ['faulɛntsɐ, 'faulɛntsərɪn] (*-s*; *-/-*; *-nen*) lazybones; *contp* loafer
'Faulheit *f* (-; *no pl*) laziness
faulig ['faulɪç] *adj* rotten
Fäulnis ['fɔʏlnɪs] *f* (-; *no pl*) rottenness, decay (*a. fig*)
'Faulpelz F *m* → ***Faulenzer***
'Faultier *n* zo sloth
Faust [faust] *f* (-; *Fäuste* ['fɔʏstə]) fist; ***auf eigene ~*** on one's own initiative; **~handschuh** *m* mitten; **~regel** *f* (***als ~*** as a) rule of thumb; **~schlag** *m* punch
Favorit [favo'riːt] *m* (*-en*; *-en*), **Favo'ritin** *f* (-; *-nen*) favo(u)rite
Fax [faks] *n* (-; *-[e]*) fax; fax machine
faxen ['faksən] *v/i and v/t* (*ge-*, *h*) fax, send a fax (to)
'Faxgerät *n* fax machine
FCKW [ɛftseːkaː'veː] *abbr of* ***Fluorchlorkohlenwasserstoff*** chlorofluorocarbon, CFC
Feber ['feːbɐ] *Austrian m* (*-s*; -), **Februar** ['feːbruaːɐ] *m* (*-s*; *-e*) February
fechten ['fɛçtən] *v/i* (*irr*, *ge-*, *h*) SPORT fence; *fig* fight; **'Fechten** *n* (*-s*; *no pl*) SPORT fencing; **Fechter(in)** ['fɛçtɐ, 'fɛçtərɪn] *m*(*f*) (*-s*; *-/-*; *-nen*) SPORT fencer
Feder ['feːdɐ] *f* (-; *-n*) feather; plume; nib; TECH spring; **~ball** *m* SPORT badminton; shuttlecock; **~bett** *n* comforter, *Br* duvet; **~gewicht** *n* SPORT featherweight; **~halter** *m* penholder
'feder'leicht *adj* (as) light as a feather

Federmäppchen ['fe:dɐmɛpçən] *n* (*-s*; -) pencil case
'**federn** (*ge-*, *h*) **1.** *v/i* be springy **2.** *v/t* TECH spring; **~d** *adj* springy, elastic
'**Federstrich** *m* stroke of the pen
Federung ['fe:dərʊŋ] *f* (-; *-en*) springs; MOT suspension; ***e-e gute ~ haben*** be well sprung
'**Federzeichnung** *f* pen-and-ink drawing
Fee [fe:] *f* (-; *-n*) fairy
fegen ['fe:gən] *v/t* (*ge-*, *h*) *and fig v/i* (*sein*) sweep
fehl [fe:l] *adj*: ***~ am Platze*** out of place
'**Fehlbetrag** *m* deficit
'**fehlen** *v/i* (*ge-*, *h*) be missing; be absent; ***ihm fehlt*** (***es an***) ... he is lacking ...; ***du fehlst uns*** we miss you; ***was dir fehlt, ist ...*** what you need is ...; ***was fehlt Ihnen?*** what's wrong with you?
Fehler ['fe:lɐ] *m* (*-s*; -) mistake; fault, TECH *a.* defect, flaw; IT error
'**fehlerfrei** *adj* faultless, flawless
'**fehlerhaft** *adj* faulty; full of mistakes; TECH defective
'**Fehlermeldung** *f* IT error message
'**Fehl|ernährung** *f* malnutrition; **~geburt** *f* MED miscarriage; **~griff** *m* mistake; wrong choice
'**Fehlschlag** *m* failure; '**fehlschlagen** *v/i* (*irr*, ***schlagen***, *sep*, *-ge-*, *sein*) fail
'**Fehl|start** *m* false start; **~tritt** *m* slip; *fig* lapse; **~zündung** *f* MOT backfire (*a.* ***~ haben***)
Feier ['faiɐ] *f* (-; *-n*) celebration; party
'**Feierabend** *m* end of a day's work; closing time; evening (at home); ***~ machen*** finish (work), F knock off; ***nach ~*** after work
'**feierlich** *adj* solemn; festive
'**Feierlichkeit** *f* (-; *-en*) (*no pl*) solemnity; ceremony
'**feiern** *v/t and v/i* (*ge-*, *h*) celebrate; have a party
'**Feiertag** *m* holiday; ***gesetzlicher ~*** public (*or* legal, *Br a.* bank) holiday
feig [faik], **feige** ['faigə] *adj* cowardly; ***~ sein*** be a coward
Feige ['faigə] *f* (-; *-n*) BOT *fig*
'**Feigheit** *f* (-; *no pl*) cowardice
'**Feigling** *m* (*-s*; *-e*) coward
Feile ['failə] *f* (-; *-n*), '**feilen** *v/t and v/i* (*ge-*, *h*) file
feilschen ['failʃən] *v/i* (*ge-*, *h*) haggle (***um*** about, over)
fein [fain] *adj* fine; choice, excellent; keen (*ear*); delicate; distinguished, F posh; ***~!*** good!, okay!
Feind [faint] *m* (*-[e]s*; *-e* ['faində]) enemy (*a. fig*); **~bild** *n* enemy image
Feindin ['faindɪn] *f* (-; *-nen*) enemy
'**feindlich** *adj* hostile; MIL enemy
'**Feindschaft** *f* (-; *no pl*) hostility
'**feindselig** *adj* hostile (***gegen*** to)
'**Feindseligkeit** *f* (-; *no pl*) hostility
feinfühlig ['fainfy:lɪç] *adj* sensitive
'**Feingefühl** *n* (*-[e]s*; *no pl*) sensitiveness
'**Feinheit** *f* (-; *-en*) (*no pl*) fineness; keenness; delicacy; *pl* niceties
'**Fein|kostgeschäft** *n* delicatessen; **~me,chaniker** *m* precision mechanic
'**Feinschmecker** *m* (*-s*; -) gourmet
feist [faist] *adj* fat, stout
Feld [fɛlt] *n* (*-[e]s*; *-er* ['fɛldɐ]) field (*a. fig*); *chess*: square; **~arbeit** *f* AGR work in the fields; fieldwork; **~bett** *n* cot, *Br* camp bed; **~flasche** *f* water bottle, canteen; **~lerche** *f* ZO skylark; **~marschall** *m* MIL field marshal
Feldstecher ['fɛltʃtɛçɐ] *m* (*-s*; -) field glasses
Feldwebel ['fɛltve:bəl] *m* (*-s*; -) MIL sergeant
'**Feldzug** *m* MIL campaign (*a. fig*)
Felge ['fɛlgə] *f* (-; *-n*) rim; SPORT circle
Fell [fɛl] *n* (*-[e]s*; *-e*) ZO coat; skin, fur
Fels [fɛls] *m* (*-en*; *-en*) rock
'**Felsbrocken** *m* boulder
Felsen ['fɛlzən] *m* (*-s*; -) rock
felsig ['fɛlzɪç] *adj* rocky
'**Felsspalte** *f* crevice
'**Felsvorsprung** *m* ledge
feminin [femi'ni:n] *adj* feminine (*a.* LING); *contp* effeminate; **Feminismus** [femi'nɪsmʊs] *m* (-; *no pl*) feminism; **Feministin** [femi'nɪstɪn] *f* (-; *-nen*), **femi'nistisch** *adj* feminist
Fenchel ['fɛnçəl] *m* (*-s*; *no pl*) BOT fennel
Fenster ['fɛnstɐ] *n* (*-s*; -) window; **~bank** *f* (-; *-bänke*), **~brett** *n* windowsill; **~flügel** *m* casement; **~laden** *m* shutter; **~rahmen** *m* window frame; **~scheibe** *f* (window)pane
Ferien ['fe:rjən] *pl* vacation, *esp Br* holiday(s *pl*); ***~ haben*** be on vacation; **~haus** *n* vacation home, cottage; **~la-**

ger *n* summer camp; **~wohnung** *f* vacation rental, *Br* holiday apartment
Ferkel ['fɛrkəl] *n* (*-s*; *-*) zo piglet; F pig
fern [fɛrn] *adj and adv* far(away), far-off, distant; ***von ~*** from a distance
'**Fernamt** *n* telephone exchange
'**Fernbedienung** *f* remote control
'**fernbleiben** *v/i* (*irr*, ***bleiben***, *sep*, *-ge-*, *sein*) stay away (*dat* from)
Ferne ['fɛrnə] *f* (*-*; *no pl*) distance; ***aus der ~*** from a distance
ferner ['fɛrnɐ] *adv* further(more); in addition, also
'**Fern|fahrer** *m* long-haul truck driver, F trucker, *Br* long-distance lorry driver; **~gespräch** *n* TEL long-distance call
'**ferngesteuert** *adj* remote-controlled; MIL guided (*missile etc*)
'**Fernglas** *n* binoculars
'**fernhalten** *v/t* (*irr*, ***halten***, *sep*, *-ge-*, *h*) keep away (***von*** from)
Fern|heizung *f* district heating; **~kurs** *m* correspondence course; **~laster** F *m* (*-s*; *-*) MOT longhaul truck, *Br* long-distance lorry; **~lenkung** *f* remote control; **~licht** *n* MOT full (*or* high) beam
'**fernliegen** *v/i* (*irr*, ***liegen***, *sep*, *-ge-*, *h*): ***es liegt mir fern zu*** far be it from me to
'**Fernmelde|satel,lit** *m* communications satellite; **~technik** *f*, **~wesen** *n* (*-s*; *no pl*) telecommunications
'**Fern|rohr** *n* telescope; **~schreiben** *n*, **~schreiber** *m* telex
'**fernsehen** *v/i* (*irr*, ***sehen***, *sep*, *-ge-*, *h*) watch television; '**Fernsehen** *n* (*-s*; *no pl*) television (***im*** on); '**Fernseher** F *m* (*-s*; *-*) TV (set); TV viewer
'**Fernseh|schirm** *m* (TV) screen; **~sendung** *f* TV program(me)
'**Fernsteuerung** *f* remote control
'**Fernverkehr** *m* long-distance traffic
Ferse ['fɛrzə] *f* (*-*; *-n*) ANAT heel (*a. fig*)
fertig ['fɛrtɪç] *adj* ready; finished; ***~ bringen*** manage; *iro* be capable of; ***~ machen*** finish (*a.* F *s.o.*); get *s.th.* ready; F give *s.o.* hell, do *s.o.* in; ***sich ~ machen*** get ready; (***mit et.***) ***~ sein*** have finished (s.th.); ***mit*** *et.* ***~ werden*** cope with *a problem etc*; F ***völlig ~*** dead beat
'**fertigbringen** *v/t* (*irr*, ***bringen***, *sep*, *-ge-*, *h*) → ***fertig***
'**Fertig|gericht** *n* ready(-to-serve) meal; **~haus** *n* prefabricated house, F prefab
'**Fertigkeit** *f* (*-*; *-en*) skill
'**fertigmachen** *v/t* (*irr*, ***bringen***, *sep*, *-ge-*, *h*) → ***fertig***
'**Fertigstellung** *f* (*-*; *no pl*) completion
'**fertigwerden** *v/t* (*irr*, ***bringen***, *sep*, *-ge-*, *sein*) → ***fertig***
fesch [fɛʃ] *Austrian adj* smart, chic
Fessel ['fɛsəl] *f* (*-*; *-n*) shackle (*a. fig*); ANAT ankle; '**fesseln** *v/t* (*ge-*, *h*) bind, tie (up); *fig* fascinate
fest [fɛst] *adj* firm (*a. fig*); solid; fast; *fig* fixed (*date etc*); sound (*sleep*); steady (*girlfriend etc*); ***~ schlafen*** be fast asleep
Fest *n* (*-[e]s*; *-e*) celebration; party; REL festival, feast; → ***froh***
'**festbinden** *v/t* (*irr*, ***binden***, *sep*, *-ge-*, *h*) fasten, tie (***an*** *dat* to)
'**Festessen** *n* banquet, feast
'**festfahren** *v/refl* (*irr*, ***fahren***, *sep*, *-ge-*, *h*) get stuck
'**Festhalle** *f* (festival) hall
'**festhalten** (*irr*, ***halten***, *sep*, *-ge-*, *h*) **1.** *v/i*: ***~ an*** (*dat*) stick to **2.** *v/t* hold on to; hold *s.o. or s.th.* tight; ***sich ~ an*** (*dat*) hold on to
festigen ['fɛstɪgən] *v/t* (*ge-*, *h*) strengthen; ***sich ~*** grow firm *or* strong
Festigkeit ['fɛstɪçkait] *f* (*-*; *no pl*) firmness; strength
'**Festland** *n* mainland; *the* Continent
'**festlegen** *v/t* (*sep*, *-ge-*, *h*) fix, set; ***sich ~ auf*** (*acc*) commit o.s. to *s.th.*
'**festlich** *adj* festive
'**festmachen** *v/t* (*sep*, *-ge-*, *h*) fasten, fix (***an*** *dat* to); MAR moor; ECON fix
Festnahme ['fɛstna:mə] *f* (*-*; *-n*), '**festnehmen** *v/t* (*irr*, ***nehmen***, *sep*, *-ge-*, *h*) arrest
'**Festplatte** *f* IT hard disk
'**fest|schrauben** *v/t* (*sep*, *-ge-*, *h*) screw (on) tight; **~setzen** *v/t* (*sep*, *-ge-*, *h*) fix; **~sitzen** *v/i* (*irr*, ***sitzen***, *sep*, *-ge-*, *h*) be stuck; be (left) stranded
'**Festspiele** *pl* festival
'**feststehen** *v/i* (*irr*, ***stehen***, *sep*, *-ge-*, *h*) be certain; *date etc*: be fixed; **~d** *adj* established (*fact etc*); set (*phrase etc*)
'**feststellen** *v/t* (*sep*, *-ge-*, *h*) find (out); establish; see, notice; state; TECH lock, arrest; '**Feststellung** *f* (*-*; *-en*) finding(s); realization; statement
'**Festtag** *m* holiday; REL religious holiday; F red-letter day
'**Festung** *f* (*-*; *-en*) fortress

'**Festzug** *m* procession
fett [fɛt] *adj* fat (*a. fig*); PRINT bold; **~ *gedruckt*** boldface, in bold type (*or* print); **Fett** *n* (-[*e*]*s*; -*e*) fat; dripping; shortening; TECH grease; '**fettarm** *adj* low-fat, *pred* low in fat; '**Fettfleck** *m* grease spot; **fettig** ['fɛtɪç] *adj* greasy
'**Fettnäpfchen** *n*: ***ins ~ treten*** put one's foot in it
Fetzen ['fɛtsən] *m* (-*s*; -) shred; rag; scrap (*of paper etc*)
feucht [fɔʏçt] *adj* moist, damp; humid
Feuchtigkeit ['fɔʏçtɪçkait] *f* (-; *no pl*) moisture; dampness; humidity
feudal [fɔʏ'da:l] *adj* POL feudal; F posh, *Br* swish
Feuer ['fɔʏɐ] *n* (-*s*; -) fire (*a. fig*); ***j-m ~ geben*** give s.o. a light; ***~ fangen*** catch fire; *fig* fall for *s.o.*; **~a'larm** *m* fire alarm; **~bestattung** *f* cremation
'**feuerfest** *adj* fireproof, fire-resistant
'**Feuergefahr** *f* danger of fire
'**feuergefährlich** *adj* inflammable
'**Feuer|leiter** *f* fire escape; **~löscher** ['fɔʏɐlœʃɐ] *m* (-*s*; -) fire extinguisher; **~melder** ['fɔʏɐmɛldɐ] *m* (-*s*; -) fire alarm
feuern ['fɔʏɐn] *v/i and v/t* (*ge-*, *h*) fire (*a.* F *s.o.*)
'**feuer'rot** *adj* blazing red; crimson
'**Feuer|schiff** *n* lightship; **~stein** *m* flint; **~wache** *f* fire station; **~waffe** *f* firearm, gun; **~wehr** *f* (-; -*en*) fire brigade (*or* department); fire truck (*Br* engine); **~wehrmann** *m* (-[*e*]*s*, -*männer*, -*leute*) fireman, fire fighter; **~werk** *n* fireworks; **~werkskörper** *m* firework, firecracker; **~zeug** *n* (cigarette) lighter
feurig ['fɔʏrɪç] *adj* fiery, ardent
Fiasko ['fjasko] *n* (-*s*; -*s*) fiasco, (complete) failure
Fibel ['fi:bəl] *f* (-; -*n*) primer, first reader
Fiber ['fi:bɐ] *f* fiber, *Br* fibre; **~glas** *n* fiberglass, *Br* fibreglass
Fichte ['fɪçtə] *f* (-; -*n*) BOT spruce, F *mst* pine *or* fir (tree)
ficken ['fɪkən] V *v/i and v/t* (*ge-*, *h*) fuck
Fieber ['fi:bɐ] *n* (-*s*; *no pl*) MED temperature, fever (*a. fig*); ***~ haben*** (***messen***) have a (take *s.o.'s*) temperature; ***~ senkend*** MED antipyretic
'**fieberhaft** *adj* MED feverish (*a. fig*)
'**fiebern** *v/i* (*ge-*, *h*) MED have *or* run a temperature; ***~ nach*** *fig* crave for
'**Fieberthermo,meter** *n* fever (*Br* clinical) thermometer
fiel [fi:l] *pret of* ***fallen***
fies [fi:s] F *adj* mean, nasty
Figur [fi'gu:ɐ] *f* (-; -*en*) figure
Filet [fi'le:] *n* (-*s*; -*s*) GASTR fil(l)et
Filiale [fi'lja:lə] *f* (-; -*n*) branch
Film [film] *m* (-[*e*]*s*; -*e*) film; movie, *esp Br* (motion) picture; *the* movies, *Br the* cinema; **~aufnahme** *f* filming, shooting; take, shot
filmen ['filmən] (*ge-*, *h*) **1.** *v/t* film, shoot **2.** *v/i* make a film
'**Film|gesellschaft** *f* motion-picture (*Br* film) company; **~kamera** *f* motion-picture (*Br* film) camera; **~kas,sette** *f* film magazine, cartridge; **~pro,jektor** *m* film (*or* movie) projector; **~regis,seur** *m* film director; **~schauspieler(in)** film (*or* screen, movie) actor (actress); **~studio** *n* film studio(s); **~the,ater** *n* → ***Kino***; **~verleih** *m* film distributors; **~vorführer** *m* (-*s*; -) projectionist
Filter ['fɪltɐ] *m*, *esp* TECH *n* (-*s*; -) filter
'**Filterkaffee** *m* filter coffee
'**filtern** *v/t* (*ge-*, *h*) filter
'**Filterziga,rette** *f* filter(-tipped) cigarette, filter tip
Filz [fɪlts] *m* (-*es*; -*e*) felt; F POL corruption, sleaze; '**filzen** F *v/t* (*ge-*, *h*) frisk
'**Filz|schreiber** ['fɪltsʃraibɐ] *m* (-*s*; -), **~stift** *m* felt(-tipped) pen
Finale [fi'na:lə] *n* (-*s*; -) finale; SPORT final(s)
Finanz|amt [fi'nantsˀamt] *n* tax office; Internal (*Br* Inland) Revenue; **~beamte** *m* tax officer
Finanzen [fi'nantsən] *pl* finances
finanziell [finan'tsjɛl] *adj* financial
finanzieren [finan'tsi:rən] *v/t* (*no -ge-*, *h*) finance
Fi'nanz|mi,nister *m* minister of finance; Secretary of the Treasury, *Br* Chancellor of the Exchequer; **~minis,terium** *n* ministry of finance; Treasury Department, *Br* Treasury; **~wesen** *n* (-*s*; *no pl*) finance
Findelkind ['fɪndəlkɪnt] *n* JUR foundling
finden *v/t* (*irr*, *ge-*, *h*) find; think, believe; ***ich finde ihn nett*** I think he's nice; ***wie ~ Sie …?*** how do you like …?; ***~ Sie*** (***nicht***)***?*** do (don't) you think so?;

das wird sich ~ we'll see
Finder ['fɪndɐ] *m (-s; -)* finder
'**Finderlohn** *m* finder's reward
findig ['fɪndɪç] *adj* clever
fing [fɪŋ] *pret of* ***fangen***
Finger ['fɪŋɐ] *m (-s; -)* ANAT finger; **~abdruck** *m* fingerprint; **~fertigkeit** *f (-; no pl)* manual skill; **~hut** *m* thimble; BOT foxglove; **~nagel** *m* ANAT fingernail; **~spitze** *f* fingertip; **~spitzengefühl** *n (-[e]s; no pl)* sure instinct; tact
fingiert [fɪŋ'giːɐt] *adj* faked; fictitious
Fink [fɪŋk] *m (-en; -en)* ZO finch
Finne ['fɪnə] *m (-n; -n)*, **Finnin** ['fɪnɪn] *f (-; -nen)* Finn; '**finnisch** *adj* Finnish
Finnland ['fɪnlant] Finland
finster ['fɪnstɐ] *adj* dark, gloomy; *fig* grim; shady
'**Finsternis** *f (-; -se)* darkness, gloom
Finte ['fɪntə] *f (-; -n)* trick; SPORT feint
Firma ['fɪrma] *(-; -men)* firm, company
firmen ['fɪrmən] *v/t (ge-, h)* REL confirm
'**Firmung** *f (-; -en)* REL confirmation
First [fɪrst] *m (-[e]s; -e)* ARCH ridge
Fisch [fɪʃ] *m (-[e]s; -e)* ZO fish; *pl* ASTR Pisces; ***er ist (ein) ~*** he's (a) Pisces
'**Fischdampfer** *m* trawler
fischen ['fɪʃən] *v/t and v/i (ge-, h)* fish
Fischer ['fɪʃɐ] *m (-s; -)* fisherman; **~...** *in cpds ...boot, ...dorf etc*: fishing ...
Fischerei [fɪʃə'rai] *f (-; no pl)* fishing
'**Fisch|fang** *m (-[e]s; no pl)* fishing; **~gräte** *f* fishbone; **~grätenmuster** *n* herring-bone (pattern); **~gründe** *pl* fishing grounds; **~händler** *m* fish dealer, *esp Br* fishmonger; **~kutter** *m* smack; **~laich** *m* spawn; **~stäbchen** *n* GASTR fish stick (*Br* finger); **~zucht** *f* fish farming; **~zug** *m* catch, haul (*both a. fig*)
Fisole [fi'zoːlə] *Austrian f (-; -n)* BOT string bean
Fistel ['fɪstəl] *f (-; -n)* MED fistula
'**Fistelstimme** *f* falsetto
fit [fɪt] *adj* fit; ***sich ~ halten*** keep fit
'**Fitness** *f (-; no pl)* fitness; **~center** *n* health club, fitness center, gym
fix [fɪks] *adj* ECON fixed; F quick; F smart, bright; F ***~ und fertig sein*** be dead beat; be a nervous wreck; ***~e Idee*** PSYCH obsession
fixen ['fɪksən] F *v/i (ge-, h)* shoot, fix; be a junkie; **Fixer** ['fɪksɐ] F *m (-s; -)* junkie, mainliner
fixieren [fɪ'ksiːrən] *v/t (no -ge-, h)* fix (*a.* PHOT); stare at *s.o.*
'**Fixstern** *m* ASTR fixed star
FKK [ɛfkaː'kaː] *abbr of* ***Freikörperkultur*** nudism
FK'K-Strand *m* nudist beach
flach [flax] *adj* flat; level, even, plane; *fig* shallow
Fläche ['flɛçə] *f (-; -n)* surface (*a.* MATH); area (*a.* MATH); expanse, space
'**flächendeckend** *adj* exhaustive
'**Flächen|inhalt** *m* MATH (surface) area; **~maß** *n* square *or* surface measure
'**Flachland** *n (-[e]s; no pl)* lowland, plain
Flachs [flaks] *m (-es; no pl)* BOT flax
flackern ['flakɐn] *v/i (ge-, h)* flicker
Fladenbrot ['flaːdənbroːt] *n* round flat bread (*or* loaf)
Flagge ['flagə] *f (-; -n)* flag
'**flaggen** *v/i (ge-, h)* fly a flag *or* flags
Flak [flak] *f (-; -)* MIL anti-aircraft gun
Flamme ['flamə] *f (-; -n)* flame (*a. fig*)
Flanell [fla'nɛl] *m (-s; -e)* flannel
Flanke ['flaŋkə] *f (-; -n)* flank, side; *soccer*: cross; SPORT flank vault
flankieren [flaŋ'kiːrən] *v/t (no -ge-, h)* flank
Flasche ['flaʃə] *f (-; -n)* bottle; baby's bottle; F *contp* dead loss
'**Flaschen|bier** *n* bottled beer; **~hals** *m* neck of a bottle; **~öffner** *m* bottle opener; **~pfand** *n* (bottle) deposit; **~zug** *m* TECH block and tackle, pulley
flatterhaft ['flatɐhaft] *adj* fickle, flighty
flattern ['flatɐn] *v/i (ge-, sein)* flutter; TECH (*h*) wobble
flau [flau] *adj* queasy; *fig* flat; ECON slack
Flaum [flaum] *m (-[e]s; no pl)* down, fluff, fuzz
Flausch [flauʃ] *m (-es; -e)* fleece
flauschig ['flauʃɪç] *adj* fleecy, fluffy
Flausen ['flauzən] F *pl* (funny) ideas
Flaute ['flautə] *f (-; -n)* MAR calm; ECON slack period
Flechte ['flɛçtə] *f (-; -n)* plait, braid; BOT, MED lichen; '**flechten** *v/t (irr, ge-, h)* plait, braid (*hair*); weave (*basket*)
Fleck [flɛk] *m (-[e]s; -e)* stain, mark; speck; dot; blot(ch); *fig* place, spot; patch; ***blauer ~*** bruise; ***vom ~ weg*** on the spot; ***nicht vom ~ kommen*** not get anywhere; '**Flecken** *m* → ***Fleck***

'**Fleckenentferner** *m* stain remover
'**fleckenlos** *adj* spotless (*a. fig*)
fleckig ['flɛkɪç] *adj* spotted; stained
Fledermaus ['fle:dɐmaus] *f* zo bat
Flegel ['fle:gəl] *m* (*-s*; -) lout, boor
'**flegelhaft** *adj* loutish
'**Flegeljahre** *pl* awkward age
'**flegeln** F *contp v/refl* (*ge-*, *h*) lounge
flehen ['fle:ən] *v/i* (*ge-*, *h*) beg; pray (***um*** for); **flehentlich** ['fle:əntlɪç] *adj* imploring, entreating
Fleisch [flaiʃ] *n* (*-[e]s*; *no pl*) flesh (*a. fig*); GASTR meat; **~ *fressend*** → ***fleischfressend***; **~brühe** *f* (meat) broth, consommé
Fleischer ['flaiʃɐ] *m* (*-s*; -) butcher
Fleischerei [flaiʃə'rai] *f* (-; *-en*) butcher's (shop)
'**fleischfressend** *adj* BOT, zo carnivorous
Fleischhauer ['flaiʃhauɐ] *Austrian m* (*-s*; -) butcher
fleischig ['flaiʃɪç] *adj* fleshy
'**Fleisch|klößchen** *n* (*-s*; -) meatball; **~kon,serven** *pl* canned (*Br* tinned) meat
'**fleischlos** *adj* meatless
'**Fleischwolf** *m* meat grinder, *Br* mincer
Fleiß [flais] *m* (*-es*; *no pl*) diligence, hard work; **fleißig** ['flaisɪç] *adj* diligent, hard-working; **~ *sein*** work hard
fletschen ['flɛtʃən] *v/t* (*ge-*, *h*) bare
flexibel [flɛ'ksi:bəl] *adj* flexible
Flexibilität [flɛksibili'tɛ:t] *f* (-; *no pl*) flexibility
flicken ['flɪkən] *v/t* (*ge-*, *h*) mend, repair, *a. fig* patch (up); '**Flicken** *m* (*-s*; -) patch; '**Flickwerk** *n* patchwork (*a. fig*); '**Flickzeug** *n* TECH repair kit
Flieder ['fli:dɐ] *m* (*-s*; -) BOT lilac
Fliege ['fli:gə] *f* (-; *-n*) zo fly; bow tie
'**fliegen** *v/i* (*irr*, *ge-*, *sein*) *and v/t* (*h*) fly (*a.* **~ *lassen***); F fall; F be fired, F get the sack; be kicked out *of school*; F **~ *auf*** (*acc*) really go for; F ***in die Luft* ~** blow up
'**Fliegen** *n* (*-s*; *no pl*) flying; aviation
'**Fliegen|fänger** *m* flypaper; **~fenster** *n* flyscreen; **~gewicht** *n* SPORT flyweight; **~gitter** *n* wire mesh (screen); **~klatsche** *f* flyswatter; **~pilz** *m* BOT fly agaric
Flieger ['fli:gɐ] *m* (*-s*; -) MIL airman; F plane; *cycling*: sprinter; **~a,larm** *m* air-raid warning
fliehen ['fli:ən] *v/i* (*irr*, *ge-*, *sein*) flee, run away (*both*: ***vor*** *dat* from)
'**Fliehkraft** *f* PHYS centrifugal force
Fliese ['fli:zə] *f* (-; *-n*), '**fliesen** *v/t* (*ge-*, *h*) tile; '**Fliesenleger** *m* (*-s*; -) tiler
Fließband ['fli:sbant] *n* (*-[e]s*; *-bänder*) TECH assembly line; conveyor belt
fließen ['fli:sən] *v/i* (*irr*, *ge-*, *sein*) flow (*a. fig*); run; **~d 1.** *adj* flowing; running; LING fluent **2.** *adv*: ***er spricht* ~ *Englisch*** he speaks English fluently *or* fluent English
'**Fließheck** *n* MOT fastback
flimmern ['flɪmɐn] *v/i* (*ge-*, *h*) shimmer; *film*: flicker
flink [flɪŋk] *adj* quick, nimble
Flinte ['flɪntə] *f* (-; *-n*) shotgun; F gun
Flipper ['flɪpɐ] F *m* (*-s*; -) pinball machine; '**flippern** *v/i* (*ge-*, *h*) play pinball
Flirt [flœrt] *m* (*-s*; *-s*) flirtation
flirten ['flœrtən] *v/i* (*ge-*, *h*) flirt
Flittchen ['flɪtçən] F *n* (*-s*; -) floozie
Flitter ['flɪtɐ] *m* (*-s*; -) tinsel (*a. fig*), spangles; **~wochen** *pl* honeymoon
flitzen ['flɪtsən] F *v/i* (*ge-*, *sein*) flit, whizz, shoot
flocht [flɔxt] *pret of* ***flechten***
Flocke ['flɔkə] *f* (-; *-n*) flake
flockig ['flɔkɪç] *adj* fluffy, flaky
flog [flo:k] *pret of* ***fliegen***
floh [flo:] *pret of* ***fliehen***
Floh *m* (*-[e]s*; *Flöhe* ['flø:ə]) zo flea
'**Flohmarkt** *m* flea market
Florett [flo'rɛt] *n* (*-[e]s*; *-e*) foil
florieren [flo'ri:rən] *v/i* (*no -ge-*, *h*) flourish, prosper
Floskel ['flɔskəl] *f* (-; *-n*) empty *or* cliché(d) phrase
floss [flɔs] *pret of* ***fließen***
Floß [flo:s] *n* (*-es*; *Flöße* ['flø:sə]) raft, float
Flosse ['flɔsə] *f* (-; *-n*) zo fin, *a.* SPORT flipper
Flöte ['flø:tə] *f* (-; *-n*) MUS flute; recorder
flott [flɔt] *adj* brisk (*pace*); F smart, chic; MAR afloat
Flotte ['flɔtə] *f* (-; *-n*) MAR fleet; navy
'**Flottenstützpunkt** *m* MIL naval base
Fluch [flu:x] *m* (*-[e]s*; *Flüche* ['fly:çə]) curse; swear word; **fluchen** ['flu:xən] *v/i* (*ge-*, *h*) swear, curse
Flucht [flʊxt] *f* (-; *-en*) flight (***vor*** *dat* from); escape, getaway (***aus*** *dat* from)
'**fluchtartig** *adv* hastily

F

'**Fluchtauto** *n* getaway car
flüchten ['flʏçtən] *v/i* (*ge-*, *sein*) flee (***nach, zu*** to), run away; escape, get away; **flüchtig** ['flʏçtɪç] *adj* quick; superficial; careless; fugitive, *criminal etc*: on the run, at large; ***~er Blick*** glance; ***~er Eindruck*** glimpse
'**Flüchtigkeitsfehler** *m* slip
Flüchtling ['flʏçtlɪŋ] *m* fugitive; POL refugee
'**Flüchtlingslager** *n* refugee camp
Flug [flu:k] *m* (-[*e*]*s*; *Flüge* ['fly:gə]) flight; ***im ~(e)*** rapidly, quickly; **~abwehrra,kete** *f* MIL anti-aircraft missile; **~bahn** *f* trajectory; **~ball** *m tennis*: volley; **~begleiter(in)** flight attendant; **~blatt** *n* handbill, leaflet; **~dienst** *m* air service
Flügel ['fly:gəl] *m* (*-s*; -) ZO wing (*a.* SPORT); TECH blade; *windmill*: sail; MUS grand piano; **~mutter** *f* TECH wing nut; **~schraube** *f* TECH thumb screw; **~stürmer** *m* SPORT wing forward; **~tür** *f* folding door
'**Fluggast** *m* (air) passenger
flügge ['flʏgə] *adj* full-fledged
'**Flug|gesellschaft** *f* airline; **~hafen** *m* airport; **~linie** *f* air route; → ***Fluggesellschaft***; **~lotse** *m* air traffic controller; **~nummer** *f* flight number; **~plan** *m* flight schedule; **~platz** *m* airfield, airport; **~schein** *m* (flight) ticket; **~schreiber** *m* (*-s*; -) flight recorder, black box; **~sicherung** *f* air traffic control; **~ticket** *n* (flight) ticket; **~verbindung** *f* flight connection; **~verkehr** *m* air traffic; **~zeit** *f* flying time
'**Flugzeug** *n* (-[*e*]*s*; *-e*) (air)plane, aircraft, *Br a.* aeroplane; ***mit dem ~*** by air *or* plane; **~absturz** *m* air *or* plane crash; **~entführung** *f* hijacking, skyjacking; **~halle** *f* hangar; **~träger** *m* MAR MIL aircraft carrier
Flunder ['flʊndɐ] *f* (-; *-n*) ZO flounder
flunkern ['flʊŋkɐn] *v/i* (*ge-*, *h*) fib; brag
Fluor ['flu:o:ɐ] *n* (*-s*; *no pl*) CHEM fluorine; fluoride
'**Fluorchlorkohlenwasserstoff** *m* CHEM chlorofluorocarbon, CFC
Flur [flu:ɐ] *m* (-[*e*]*s*; *-e*) hall; corridor
Fluss [flʊs] *m* (*-es*; *Flüsse* ['flʏsə]) river; stream; ***im ~*** *fig* in (a state of) flux
fluss'abwärts *adv* downstream
fluss'aufwärts *adv* upstream
'**Flussbett** *n* river bed
flüssig ['flʏsɪç] *adj* liquid; melted; *fig* fluent; ECON available; '**Flüssigkeit** *f* (-; *-en*) liquid; (*no pl*) liquidity; *fig* fluency; '**Flüssigkris,tallanzeige** *f* liquid crystal display, LCD; '**Flüssigseife** *f* liquid soap
'**Fluss|lauf** *m* course of a river; **~pferd** *n* ZO hippopotamus, F hippo; **~ufer** *n* riverbank, riverside
flüstern ['flʏstɐn] *v/i and v/t* (*ge-*, *h*) whisper
Flut [flu:t] *f* (-; *-en*) flood (*a. fig*); high tide; ***es ist ~*** the tide is in; **~licht** *n* floodlights; **~welle** *f* tidal wave
focht [fɔxt] *pret of* ***fechten***
Fohlen ['fo:lən] *n* (*-s*; -) ZO foal; colt; filly
Föhn[1] [fø:n] *m* (-[*e*]*s*; *-e*) hairdrier
Föhn[2] *m* (-[*e*]*s*; *-e*) METEOR foehn, föhn
föhnen ['fø:nən] *v/t* (*ge-*, *h*) blow-dry
Folge ['fɔlgə] *f* (-; *-n*) result, consequence; effect; succession; order; series; TV *etc*: sequel, episode; aftermath; MED aftereffect
folgen ['fɔlgən] *v/i* (*ge-*, *sein*) follow; obey; ***hieraus folgt, dass*** from this it follows that; ***wie folgt*** as follows; **~d** *adj* following, subsequent
folgendermaßen ['fɔlgəndɐ'ma:sən] *adv* as follows
'**folgenschwer** *adj* momentous
'**folgerichtig** *adj* logical; consistent
folgern ['fɔlgɐn] *v/t* (*ge-*, *h*) conclude (***aus*** *dat* from); **Folgerung** ['fɔlgərʊŋ] *f* (-; *-en*) conclusion
folglich ['fɔlklɪç] *cj* consequently, thus, therefore
folgsam ['fɔlkza:m] *adj* obedient
Folie ['fo:ljə] *f* (-; *-n*) foil; transparency
Folter ['fɔltɐ] *f* (-; *-n*) torture; ***auf die ~ spannen*** tantalize; '**foltern** *v/t* (*ge-*, *h*) torture, *fig a.* torment
Fön® *m* → ***Föhn***[1]
Fonds [fo͂:] *m* (-; -) ECON fund
fönen *v/t* → ***föhnen***
Fontäne [fɔn'tɛ:nə] *f* (-; *-n*) jet, spout; gush
Förder|band ['fœrdɐbant] *n* TECH conveyor belt; **~korb** *m mining*: cage
fordern ['fɔrdɐn] *v/t* (*ge-*, *h*) demand, *esp* JUR *a.* claim; ECON ask, charge
fördern ['fœrdɐn] *v/t* (*ge-*, *h*) promote; support (*a.* UNIV), sponsor; PED tutor,

provide remedial classes for; TECH mine
Forderung ['fɔrdərʊŋ] *f* (-; *-en*) demand; claim (*a.* JUR); ECON charge
Förderung ['fœrdərʊŋ] *f* (-; *-en*) promotion, advancement; support, sponsorship; UNIV *etc*: grant; PED tutoring, remedial classes; TECH mining
Forelle [fo'rɛlə] *f* (-; *-n*) ZO trout
Form [fɔrm] *f* (-; *-en*) form, shape, SPORT *a.* condition; TECH mo(u)ld; ***gut in ~*** in great form; **formal** [fɔr'maːl] *adj* formal; **Formalität** [fɔrmali'tɛːt] *f* (-; *-en*) formality
Format [fɔr'maːt] *n* (-[*e*]*s*; *-e*) size; format; *fig* caliber, *Br* calibre
formatieren [fɔrma'tiːrən] *v/t* (*no -ge-*, *h*) IT format; **Forma'tierung** *f* (-; *-en*) IT formatting
Formel ['fɔrməl] *f* (-; *-n*) formula
formell [fɔr'mɛl] *adj* formal
formen ['fɔrmən] *v/t* (*ge-*, *h*) shape, form; *fig* mo(u)ld
'Formfehler *m* irregularity
formieren [fɔr'miːrən] *v/t and v/refl* (*no -ge-*, *h*) form (up)
förmlich ['fœrmlɪç] **1.** *adj* formal; *fig* regular **2.** *adv* formally; *fig* literally
'formlos *adj* shapeless; *fig* informal
'formschön *adj* well-designed
Formular [fɔrmu'laːɐ] *n* (*-s*; *-e*) form, blank
formulieren [fɔrmu'liːrən] *v/t* (*no -ge-*, *h*) word, phrase; formulate; express
Formu'lierung *f* (-; *-en*) wording, phrasing; formulation; expression, phrase
forsch [fɔrʃ] *adj* dashing
forschen ['fɔrʃən] *v/i* (*ge-*, *h*) research, do research; ***~ nach*** search for
Forscher ['fɔrʃɐ] *m* (*-s*; -), **'Forscherin** *f* (-; *-nen*) explorer; (research) scientist; **Forschung** ['fɔrʃʊŋ] *f* (-; *-en*) research (work)
Forst [fɔrst] *m* (-[*e*]*s*; *-e*[*n*]) forest
Förster ['fœrstɐ] *m* (*-s*; -) forester; forest ranger
'Forstwirtschaft *f* (-; *no pl*) forestry
fort [fɔrt] *adv* off, away; gone; missing
Fort [foːɐ] *n* (*-s*; *-s*) MIL fort
'fortbestehen *v/i* (*irr*, ***stehen***, *sep*, *no -ge-*, *h*) continue
'fortbewegen *v/refl* (*sep*, *no -ge-*, *h*) move; **'Fortbewegung** *f* moving; (loco)motion
'Fortbildung *f* (-, *no pl*) further education *or* training
'fort|fahren *v/i* (*irr*, ***fahren***, *sep*, *-ge-*) (*sein*) leave, go away, MOT *a.* drive off; (*h*) continue, go *or* keep on (***et. zu tun*** doing s.th.); **~führen** *v/t* (*sep*, *-ge-*, *h*) continue, carry on; **~gehen** *v/i* (*irr*, ***gehen***, *sep*, *-ge-*, *sein*) go away, leave
'fortgeschritten *adj* advanced
'fortlaufend *adj* consecutive, successive
'fortpflanzen *v/refl* (*sep*, *-ge-*, *h*) BIOL reproduce; *fig* spread; **'Fortpflanzung** *f* BIOL reproduction
'fortschreiten *v/i* (*irr*, ***schreiten***, *sep*, *-ge-*, *sein*) advance, proceed, progress; **~d** *adj* progressive
'Fortschritt *m* progress
'fortschrittlich *adj* progressive
'fortsetzen *v/t* (*sep*, *-ge-*, *h*) continue, go on with; **'Fortsetzung** *f* (-; *-en*) continuation; *film etc*: sequel; ***~ folgt*** to be continued; **'Fortsetzungsro,man** *m* serialized novel
'fortwährend *adj* continual, constant
fossil [fɔ'siːl] *adj*, **Fos'sil** *n* (*-s*; *-ien*) GEOL fossil (*a. fig* F)
Foto ['foːto] *n* (*-s*; *-s*) photo(graph); ***ein ~ machen*** (***von***) take a photo (of)
'Fotoalbum *n* photo album
'Fotoappa,rat *m* camera
Fotograf [foto'graːf] *m* (*-en*; *-en*) photographer; **Fotografie** [fotogra'fiː] *f* (-; *-n*) (*no pl*) photography; photograph, picture; **fotografieren** [fotogra'fiːrən] *v/t and v/i* (*no -ge-*, *h*) take a photo(graph) *or* picture (of); ***sich ~ lassen*** have one's picture taken; **Foto'grafin** *f* (-; *-nen*) photographer
'Fotohandy *n* camera phone
Fotoko'pie *f* photocopy; **fotoko'pieren** *v/t* (*no -ge-*, *h*) (photo)copy
'Fotomo,dell *n* model
'Fotozelle *f* photoelectric cell
Fotze ['fɔtsə] V *f* (-; *-n*) cunt
Foul [faul] *n* (*-s*; *-s*) SPORT foul; **foulen** ['faulən] *v/t and v/i* (*ge-*, *h*) SPORT foul
Foyer [foa'jeː] *n* (*-s*; *-s*) foyer, lobby, lounge
Fr. *abbr of* ***Frau*** Mrs, Ms
Fracht [fraxt] *f* (-; *-en*) freight, load, MAR, AVIAT *a.* cargo; ECON freight, *Br* carriage; **~brief** *m* RAIL bill of lading (*a.* MAR), *Br* consignment note

F

Frachter ['fraxtɐ] *m* (-*s*; -) MAR freighter
Frack [frak] *m* (-[*e*]*s*; *Fräcke* ['frɛkə]) tails, tailcoat
Frage ['fra:gə] *f* (-; -*n*) question; ***e-e ~ stellen*** ask a question; → ***infrage***
'**Fragebogen** *m* question(n)aire
'**fragen** *v/t and v/i* (*ge-*, *h*) ask (***nach*** for; ***wegen*** about); ***nach dem Weg*** (***der Zeit***) ~ ask the way (time); ***sich ~*** wonder
'**Frage|wort** *n* LING interrogative; **~zeichen** *n* LING question mark

F

fraglich ['fra:klɪç] *adj* doubtful, uncertain; ... in question
fraglos ['fra:klo:s] *adv* undoubtedly, unquestionably
Fragment [fra'gmɛnt] *n* (-[*e*]*s*; -*e*) fragment
fragwürdig ['fra:kvʏrdɪç] *adj* dubious, F shady
Fraktion [frak'tsjo:n] *f* (-; -*en*) (parliamentary) group *or* party
Frakti'onsführer *m* PARL floor leader, *Br* chief whip
Franc [frɑ̃:] *m* (-; -*s*), **Franken** ['fraŋkən] *m* (-; -) franc
frankieren [fraŋ'ki:rən] *v/t* (*no -ge-*, *h*) stamp; frank
Frankreich ['fraŋkraiç] France
Franse ['franzə] *f* (-; -*n*) fringe
fransig ['franzɪç] *adj* frayed
Franzose [fran'tso:zə] *m* (-*n*; -*n*) Frenchman; ***die ~n*** *pl* the French
Französin [fran'tsø:zɪn] *f* (-; -*nen*) Frenchwoman
französisch [fran'tsø:zɪʃ] *adj* French
fraß [fra:s] *pret of* ***fressen***
Fraß F *contp m* (-*es*; *no pl*) muck
Fratze ['fratsə] *f* (-; -*n*) grimace
Frau [frau] *f* (-; -*en*) woman; wife; ***~ X*** Mrs (*or* Ms) X
Frauchen ['frauçən] *n* mistress (*of dog*)
'**Frauen|arzt** *m*, **~ärztin** *f* gyn(a)ecologist; **~bewegung** *f*: ***die ~*** POL women's lib(eration)
'**frauenfeindlich** *adj* sexist
'**Frauen|haus** *n* women's shelter (*Br* refuge); **~klinik** *f* gyn(a)ecological hospital; **~rechtlerin** ['frauənrɛçtlərɪn] *f* (-; -*nen*) feminist
Fräulein ['frɔʏlain] *n* (-*s*; -) Miss
'**fraulich** *adj* womanly, feminine
frech [frɛç] *adj* sassy, *Br* cheeky
'**Frechheit** *f* (-; *no pl*) F *Br* cheek
Freeclimbing ['fri:klaɪmiŋ] *n* (-*s*; *no pl*) free climbing
frei [frai] *adj* free (***von*** from, of); independent; freelance; vacant; candid, frank; SPORT unmarked; ***ein ~er Tag*** a day off; ***morgen haben wir ~*** there is no school tomorrow; ***im Freien*** outdoors; → ***Fuß***; ***sich ~ machen*** undress; ***sich ~ machen von*** free o.s. from; → *a.* ***freibekommen, freigeben, freihaben***; ***~ halten*** keep clear (*exit*), → ***freihalten***
'**Freibad** *n* open-air swimming-pool
'**freibekommen** *v/t* (*irr*, ***kommen***, *sep*, *no -ge-*, *h*) get *a day etc* off
'**freiberuflich** *adj* freelance, self-employed
'**Freiexem,plar** *n* free copy
'**Freigabe** *f* (-; *no pl*) release
'**freigeben** (*irr*, ***geben***, *sep*, *-ge-*, *h*) **1.** *v/t* release; ***e-n Tag*** *etc* ~ give a day *etc* off **2.** *v/i*: ***j-m ~*** give s.o. time off
freigebig ['fraige:bɪç] *adj* generous
'**Freigepäck** *n* AVIAT baggage allowance
'**freihaben** F *v/i* (*irr*, ***haben***, *sep*, *-ge-*, *h*) have a day off (*Br a.* a holiday)
'**Freihafen** *m* free port
'**freihalten** *v/t* (*irr*, ***halten***, *sep*, *-ge-*, *h*) keep, save (*seat etc*); treat (*s.o.*)
'**Frei|handel** *m* free trade; **~handelszone** *f* free trade area
freihändig ['fraihɛndɪç] *adv* with no hands
'**Freiheit** *f* (-; -*en*) freedom, liberty; ***sich ~en herausnehmen gegen*** take liberties with
'**Freiheitsstrafe** *f* JUR prison sentence
'**Freikarte** *f* free ticket
'**freikaufen** *v/t* (*sep*, *-ge-*, *h*) ransom
'**Freikörperkul,tur** *f* (-; *no pl*) nudism
'**freilassen** *v/t* (*irr*, ***lassen***, *sep*, *-ge-*, *h*) release, set free; '**Freilassung** *f* (-; -*en*) release
'**Freilauf** *m* freewheel (*a.* ***im ~ fahren***)
'**freilich** *adv* indeed, of course
'**Freilicht...** *in cpds* open-air ...
'**freimachen** *v/t* (*sep*, *-ge-*, *h*) *post*: stamp; ***sich ~*** undress; ***sich ~ von*** free o.s. from; → ***frei***; → ***Oberkörper***
'**Freimaurer** *m* freemason
freimütig ['fraimy:tɪç] *adj* candid, frank
'**freischaffend** *adj* freelance
'**freischwimmen** *v/refl* (*irr*, ***schwimmen***, *sep*, *-ge-*, *h*) pass a 15-minute

swimming test
'**Freisprechanlage** *f* hands-free kit
'**freisprechen** *v/t* (*irr*, ***sprechen***, *sep*, *-ge-*, *h*) *esp* REL absolve (***von*** from); JUR acquit (of); '**Freispruch** *m* JUR acquittal
'**Freistaat** *m* POL free state
'**frei|stehen** *v/i* (*irr*, ***stehen***, *sep*, *-ge-*, *h*) be unoccupied; SPORT be unmarked; ***es steht dir frei zu*** *inf* you are free to *inf*; **~stellen** *v/t* (*sep*, *-ge-*, *h*) ***j-n ~*** exempt s.o. (***von*** from) (*a.* MIL); ***j-m et. ~*** leave s.th. (up) to s.o.
'**Frei|stil** *m* freestyle; **~stoß** *m soccer*: free kick; **~stunde** *f* PED free period; **~tag** *m* Friday; **~tod** *m* suicide; **~treppe** *f* outdoor stairs; **~wild** *fig n* fair game
'**freiwillig** *adj* voluntary; ***sich ~ melden*** volunteer (***zu*** for); **Freiwillige** ['fraivɪlɪgə] *m*, *f* (*-n*; *-n*) volunteer
'**Freizeit** *f* free *or* leisure time; **~gestaltung** *f* leisure-time activities; **~kleidung** *f* leisurewear; **~park** *m* amusement park; **~zentrum** *n* leisure center (*Br* centre)
'**freizügig** *adj* permissive; *film etc*: explicit
fremd [frɛmt] *adj* strange; foreign; unknown; ***ich bin auch ~ hier*** I'm a stranger here myself; '**fremdartig** *adj* strange, exotic; **Fremde** ['frɛmdə] *m*, *f* (*-n*; *-n*) stranger; foreigner
'**Fremden|führer** *m*, **~führerin** *f* (*-*; *-nen*) (tourist) guide; **~hass** *m* xenophobia; **~legi,on** *f* Foreign Legion; **~verkehr** *m* tourism; **~verkehrsbü,ro** *n* tourist office; **~zimmer** *n* guest room; **~** (***zu vermieten***) rooms to let
'**fremdgehen** F *v/i* (*irr*, ***gehen***, *sep*, *-ge-*, *sein*) be unfaithful (to one's wife *or* husband), play around
'**Fremd|körper** *m* MED foreign body; *fig* alien element; **~sprache** *f* foreign language; **~sprachensekre,tärin** *f* bilingual secretary
'**fremd|sprachig**, **~sprachlich** *adj* foreign-language
'**Fremdwort** *n* (*-[e]s*; *-wörter*) foreign word
Frequenz [fre'kvɛnts] *f* (*-*; *-en*) PHYS frequency
Fresse ['frɛsə] V *f* (*-*; *-n*) big (fat) mouth
'**fressen** *v/t* (*irr*, *ge-*, *h*) zo eat, feed on; F gobble (up); *fig* devour
Freude ['frɔʏdə] *f* (*-*; *-n*) joy, delight; pleasure; ***~ haben an*** (*dat*) take pleasure in
'**Freuden|geschrei** *n* shouts of joy, cheers; **~haus** F *n* brothel; **~tränen** *pl* tears of joy
'**freudestrahlend** *adj* radiant (with joy)
freudig ['frɔʏdɪç] *adj* joyful, cheerful; happy (*event etc*)
freudlos ['frɔʏtlo:s] *adj* joyless, cheerless
freuen ['frɔʏən] *v/t* (*ge-*, *h*) ***es freut mich, dass*** I'm glad *or* pleased (that); ***sich ~ über*** (*acc*) be pleased *or* glad about; ***sich ~ auf*** (*acc*) look forward to
Freund [frɔʏnt] *m* (*-[e]s*; *-e* ['frɔʏndə]) friend; boyfriend; **Freundin** ['frɔʏndɪn] *f* (*-*; *-nen*) friend; girlfriend
'**freundlich** *adj* friendly, kind, nice; *fig* cheerful (*room etc*); '**Freundlichkeit** *f* (*-*; *no pl*) friendliness, kindness
'**Freundschaft** *f* (*-*; *-en*) friendship; ***~ schließen*** make friends
'**freundschaftlich** *adj* friendly
'**Freundschaftsspiel** *n* SPORT friendly (game)
Frevel ['fre:fəl] *m* (*-s*; *-*) outrage (***an*** *dat*, ***gegen*** on)
Frieden ['fri:dən] *m* (*-s*; *no pl*) peace; ***im ~*** in peacetime; ***lass mich in ~!*** leave me alone!
'**Friedens|bewegung** *f* peace movement; **~forschung** *f* peace studies; **~verhandlungen** *pl* peace negotiations *or* talks; **~vertrag** *m* peace treaty
friedfertig ['fri:tfɛrtɪç] *adj* peaceable
'**Friedhof** *m* cemetery, graveyard
'**friedlich** *adj* peaceful
'**friedliebend** *adj* peace-loving
frieren ['fri:rən] *v/i* (*irr*, *ge-*, *h*) freeze; ***ich friere*** I am *or* feel cold; I'm freezing
Fries [fri:s] *m* (*-es*; *-e*) ARCH frieze
Frikadelle [frika'dɛlə] *f* (*-*; *-n*) meatball
frisch [frɪʃ] *adj* fresh; clean (*shirt etc*); ***~ gestrichen!*** wet (*or* fresh) paint!
Frische ['frɪʃə] *f* (*-*; *no pl*) freshness
'**Frischhalte|beutel** *m* polythene bag; **~folie** *f* plastic wrap, *Br.* cling film
Friseur [fri'zø:ɐ] *m* (*-s*; *-e*) hairdresser; barber; **~sa,lon** *m* hairdresser's (shop), barber's shop
Friseuse [fri'zø:zə] *f* (*-*; *-n*) hairdresser
frisieren [fri'zi:rən] *v/t* (*no -ge-*, *h*) do *s.o.'s* hair; F MOT soup up

Frisör *etc* → ***Friseur*** *etc*
Frist [frɪst] *f* (-; *-en*) (fixed) period of time; deadline; extension (*a.* ECON)
fristen ['frɪstən] *v/t* (*ge-*, *h*) ***sein Dasein*** ~ scrape a living
'**fristlos** *adj* without notice
Frisur [fri'zu:ɐ] *f* (-; *-en*) hairstyle, hair-do
Fritten ['frɪtən] F *pl* fries, *Br* chips; **frittieren** [fri'ti:rən] *v/t* (*no -ge-*, *h*) deep fry
frivol [fri'vo:l] *adj* frivolous; suggestive
froh [fro:] *adj* glad (***über*** *acc* about); cheerful; happy; ***~es Fest!*** happy holiday!; Merry Christmas!
fröhlich ['frø:lɪç] *adj* cheerful, happy; merry; '**Fröhlichkeit** *f* (-; *no pl*) cheerfulness, merriment
fromm [frɔm] *adj* pious, devout; meek; steady (*horse*); ***~er Wunsch*** pious hope
Frömmigkeit ['frœmɪçkait] *f* (-; *no pl*) religiousness, piety
Fronleichnam [fro:n'laiçna:m] *m* (-[*e*]*s*; *no pl*) REL Corpus Christi
Front [frɔnt] *f* (-; *-en*) front (*a. fig*), ARCH *a.* face, MIL *a.* line; ***in ~ liegen*** SPORT be ahead
frontal [frɔn'ta:l] *adj* MOT head-on
Fron'talzusammenstoß *m* MOT head-on collision
'**Frontantrieb** *m* MOT front-wheel drive
fror [fro:ɐ] *pret of* ***frieren***
Frosch [frɔʃ] *m* (-[*e*]*s*; *Frösche* ['frœʃə]) ZO frog; **~mann** *m* frogman; **~perspek,tive** *f* worm's-eye view
Frost [frɔst] *m* (-[*e*]*s*; *Fröste* ['frœstə]) frost; **~beule** *f* chilblain
frösteln ['frœstəln] *v/i* (*ge-*, *h*) feel chilly, shiver (*a. fig*)
'**frostig** *adj* frosty, *fig a.* chilly
'**Frostschutzmittel** *n* MOT antifreeze
Frottee [frɔ'te:] *n*, *m* (-[*s*]; *-s*) terry (-cloth); **frottieren** [frɔ'ti:rən] *v/t* (*no -ge-*, *h*) rub down
Frucht [frʊxt] *f* (-; *Früchte* ['frʏçtə]) BOT fruit (*a. fig*); '**fruchtbar** *adj* BIOL fertile, *esp fig a.* fruitful; '**Fruchtbarkeit** *f* (-; *no pl*) fertility; *fig* fruitfulness
'**fruchtlos** *adj* fruitless, futile
'**Fruchtsaft** *m* fruit juice
früh [fry:] *adj and adv* early; ***zu ~ kommen*** be early; ***~ genug*** soon enough; ***heute*** (***morgen***) ***~*** this (tomorrow) morning; '**Frühaufsteher** *m* (*-s*; -) early riser (F bird); **Frühe** ['fry:ə] *f*: ***in aller ~*** (very) early in the morning
früher ['fry:ɐ] **1.** *adj* former; previous **2.** *adv* in former times, at one time; ***~ oder später*** sooner or later; ***ich habe ~*** (***einmal***) … I used to …
'**frühestens** *adv* at the earliest
'**Früh|geburt** *f* MED premature birth; premature baby; **~jahr** *n* spring; **~jahrsputz** *m* spring cleaning
früh'morgens *adv* early in the morning
'**frühreif** *adj* precocious
'**Frühstück** *n* breakfast (***zum*** for)
'**frühstücken** *v/i* (*ge-*, *h*) (have) breakfast
Frust [frʊst] F *m* (-[*e*]*s*; *no pl*) frustration
Frustration [frʊstra'tsjo:n] *f* (-; *-en*) frustration; **frustrieren** [frʊs'tri:rən] *v/t* (*no -ge-*, *h*) frustrate
frz. *abbr of* ***französisch*** Fr., French
Fuchs [fʊks] *m* (*-es*; *Füchse* ['fʏksə]) ZO fox (*a. fig*); sorrel; **~jagd** *f* foxhunt(ing); **~schwanz** *m* TECH handsaw
'**fuchs'teufels'wild** F *adj* hopping mad
fuchteln ['fʊxtəln] *v/i* (*ge-*, *h*) ***~ mit*** wave *s.th.* around
Fuge ['fu:gə] *f* (-; *-n*) TECH joint; MUS fugue
fügen ['fy:gən] *v/refl* (*ge-*, *h*) submit (***in*** *acc*, *dat* to *s.th.*)
fühlbar ['fy:lba:ɐ] *fig adj* noticeable; considerable; **fühlen** ['fy:lən] *v/t and v/i and v/refl* (*ge-*, *h*) feel, *fig a.* sense; ***sich wohl ~*** → ***wohlfühlen***
Fühler ['fy:lɐ] *m* (*-s*; -) ZO feeler (*a. fig*)
fuhr [fu:ɐ] *pret of* ***fahren***
führen ['fy:rən] (*ge-*, *h*) **1.** *v/t* lead; guide; take; run, manage; ECON sell, deal in; keep (*account*, *books etc*); have (*a talk etc*); bear (*name etc*); MIL command; ***j-n ~ durch*** show s.o. round; ***sich ~*** conduct o.s. **2.** *v/i* lead (***zu*** to, *a. fig*), SPORT *a.* be leading, be ahead; **~d** *adj* leading
Führer ['fy:rɐ] *m* (*-s*; -) leader (*a.* POL); guide; head, chief; guide(book)
'**Führerschein** *m* MOT driver's license, *Br* driving licence
'**Führung** *f* (-; *-en*) (*no pl*) leadership, control; ECON management; (guided) tour; ***gute ~*** good conduct; ***in ~ gehen*** (***sein***) SPORT take (be in) the lead;

'Führungszeugnis *n* certificate of (good) conduct
Fuhrunternehmen ['fuːɐʔʊntɐneːmən] *n* trucking company, *Br* haulage contractors
'Fuhrwerk *n* horse-drawn vehicle
Fülle ['fʏlə] *f* (-; *no pl*) crush; *fig* wealth, abundance; GASTR body
'füllen *v/t and v/refl* (*ge-*, *h*) fill (*a.* MED), stuff (*a.* GASTR)
Füller ['fʏlɐ] *m* (*-s*; -), **'Füllfederhalter** *m* fountain pen
füllig ['fʏlɪç] *adj* stout, portly
'Füllung *f* (-; *-en*) filling (*a.* MED), stuffing (*a.* GASTR)
fummeln ['fʊməln] F *v/i* (*ge-*, *h*) fiddle, tinker (*both*: ***an*** *dat* with); F grope
Fund [fʊnt] *m* (*-[e]s*; *-e* ['fʊndə]) discovery; find
Fundament [fʊnda'mɛnt] *n* (*-[e]s*; *-e*) ARCH foundation(s), *fig a.* basis
Fundamentalist [fʊndamɛnta'lɪst] *m* (*-en*; *-en*) fundamentalist
'Fundbüˌro *n* lost and found (office), *Br* lost-property office
'Fundgrube *fig f* treasure trove
Fundi ['fʊndi] F *m* (*-s*; *-s*) POL radical Green
fundiert [fʊn'diːɐt] *adj* well-founded (*argument etc*); sound (*knowledge*)
fünf [fʏnf] *adj* five; *grade*: F, N, *Br* fail, poor, E; **'Fünfeck** *n* (*-[e]s*; *-e*) pentagon; **'fünffach** *adj* fivefold
'Fünfkampf *m* SPORT pentathlon
'Fünflinge *pl* quintuplets
'fünfte *adj* fifth; **'Fünftel** *n* (*-s*; -) fifth
'fünftens *adv* fifth(ly), in the fifth place
'fünfzehn(te) *adj* fifteen(th)
fünfzig ['fʏnftsɪç] *adj* fifty
'fünfzigste *adj* fiftieth
fungieren [fʊŋ'giːrən] *v/i* (*no -ge-*, *h*) **~ *als*** act as, function as
Funk [fʊŋk] *m* (*-s*; *no pl*) radio; ***über*** *or* ***durch* ~** by radio
'Funkamaˌteur *m* radio ham
Funke ['fʊŋkə] *m* (*-n*; *-n*) spark; *fig a.* glimmer; **funkeln** ['fʊŋkəln] *v/i* (*ge-*, *h*) sparkle, glitter; twinkle
'funken *v/t* (*ge-*, *h*) radio, transmit
Funker ['fʊŋkɐ] *m* (*-s*; -) radio operator
'Funk|gerät *n* radio set; **~haus** *n* broadcasting center (*Br* centre); **~sigˌnal** *n* radio signal; **~spruch** *m* radio message; **~statiˌon** *f* radio station; **~streife** *f* (radio) patrol car; **~teleˌfon** *n* cellular phone
Funktion [fʊŋk'tsjoːn] *f* (-; *-en*) function; **Funktionär** [fʊŋktsjo'nɛːɐ] *m* (*-s*; *-e*) functionary, official (*a.* SPORT); **funktionieren** [fʊŋktsjo'niːrən] *v/i* (*no -ge-*, *h*) work
'Funkturm *m* radio tower
'Funkverkehr *m* radio communication
für [fyːɐ] *prp* (*acc*) for; in favo(u)r of; on behalf of; **~ *immer*** forever; ***Tag ~ Tag*** day by day; ***Wort ~ Wort*** word by word; ***jeder ~ sich*** everyone by himself; ***was ~ …?*** what (kind *or* sort of) …?; ***das Für und Wider*** the pros and cons
Furche ['fʊrçə] *f* (-; *-n*) furrow; rut
Furcht [fʊrçt] *f* (-; *no pl*) fear, dread (*both*: ***vor*** *dat* of); ***aus* ~** (, ***dass***) for fear (that); ***~ erregend*** → ***furchterregend***
'furchtbar *adj* terrible, awful
fürchten ['fʏrçtən] *v/t and v/i* (*ge-*, *h*) fear, be afraid of; dread; **~ *um*** fear for; ***sich* ~** be scared; be afraid (***vor*** *dat* of); ***ich fürchte***, … I'm afraid …
fürchterlich ['fʏrçtɐlɪç] → ***furchtbar***
'furcht|erregend *adj* frightening; **~los** *adj* fearless; **~sam** *adj* timid
füreiˈnander *adv* for each other
Furnier [fʊr'niːɐ] *n* (*-[e]s*; *-e*), **furnieren** [fʊr'niːrən] *v/t* (*no -ge-*, *h*) veneer
'Fürsorge *f* (-; *no pl*) care; ***öffentliche* ~** (public) welfare (work); **~empfänger** *m* social security beneficiary
fürsorglich ['fyːɐzɔrklɪç] *adj* considerate
'Für|sprache *f* intercession (***für*** for; ***bei*** with); **~sprech** *m* (*-[e]s*; *-e*) *Swiss*: lawyer; **~sprecher(in)** advocate (*a. fig*)
Fürst [fʏrst] *m* (*-en*; *-en*) prince
'Fürstentum *n* (*-s*; *-tümer* ['fʏrstəntyːmɐ]) principality
'Fürstin *f* (-; *-nen*) princess
'fürstlich *adj* princely (*a. fig*)
Furt [fʊrt] *f* (-; *-en*) ford
Furunkel [fu'rʊŋkəl] *m* (*-s*; -) MED boil, furuncle
'Fürwort *n* (*-[e]s*; *-wörter*) LING pronoun
Furz [fʊrts] *m* (*-es*; *-e*), **'furzen** *v/i* (*ge-*, *h*) fart
Fusion [fu'zjoːn] *f* (-; *-en*) ECON merger, amalgamation
fusionieren [fuzjo'niːrən] *v/i* (*no -ge-*, *h*) ECON merge, amalgamate
Fuß [fuːs] *m* (*-es*; *Füße*) ['fyːsə] ANAT

F

foot; stand; stem; ***zu ~*** on foot; ***zu ~ gehen*** walk; ***gut zu ~ sein*** be a good walker; ***~ fassen*** become established; ***auf freiem ~*** at large
'Fußball *m (no pl)* soccer, *Br* football; soccer ball, *Br* football
Fußballer ['fu:sbalɐ] *m (-s; -)* footballer
'Fußball|feld *n* football field; **~rowdy** *m* (football) hooligan; **~spiel** *n* soccer *or* football match; **~spieler(in)** football player, footballer; **~toto** *n* football pools
'Fußboden *m* floor; flooring; **~heizung** *f* underfloor heating
'Fußbremse *f* MOT footbrake
Fussel ['fʊsəl] *f (-; -n), m (-s; -[n])* piece of lint (*Br* fluff); *pl* lint, *Br* fluff; **'fusselig** ['fʊsəlɪç] *adj* linty, *Br* covered in fluff; **'fusseln** *v/i (ge-, h)* shed a lot of lint (*Br* fluff), F mo(u)lt
Fußgänger ['fu:sgɛŋɐ] *m (-s; -)*, **'Fußgängerin** *f (-; -nen)* pedestrian; **'Fußgängerzone** *f* (pedestrian *or* shopping) mall, *Br* pedestrian precinct
'Fußgeher *Austrian m* → ***Fußgänger***
'Fuß|gelenk *n* ANAT ankle; **~matte** *f* doormat; **~note** *f* footnote; **~pflege** *f* pedicure; MED podiatry, *Br.* chiropody; **~pfleger(in)** podiatrist, *Br* chiropodist; **~pilz** *m* MED athlete's foot; **~sohle** *f* ANAT sole (of the foot); **~spur** *f* footprint; track; **~stapfen** *pl*: ***in j-s ~ treten*** follow in s.o.'s footsteps; **~tritt** *m* kick; **~weg** *m* foothpath; ***e-e Stunde ~*** an hour's walk
Futter[1] ['fʊtɐ] *n (-s; no pl)* AGR feed, fodder, food
'Futter[2] *n (-s; -)* lining
Futteral [fʊtə'ra:l] *n (-s; -e)* case; cover
füttern[1] ['fʏtɐn] *v/t (ge-, h)* AGR feed
'füttern[2] *v/t (ge-, h)* line
'Futternapf *m* (feeding) bowl
Fütterung ['fʏtərʊŋ] *f (-; -en)* feeding (time)
Futur [fu'tu:ɐ] *n (-s; -e)* future (*a.* LING)

G

gab [ga:p] *pret of* ***geben***
Gabe ['ga:bə] *f (-; -n)* gift, present; MED dose; *fig* talent, gift; ***milde ~*** alms
Gabel ['ga:bəl] *f (-; -n)* fork; TEL cradle
'gabeln *v/refl (ge-, h)* fork, branch
Gabelstapler ['ga:bəlʃta:plɐ] *m (-s; -)* TECH fork-lift (truck)
Gabelung ['ga:bəlʊŋ] *f (-; -en)* fork(ing)
gackern ['gakɐn] *v/i (ge-, h)* cluck, cackle (*a. fig*)
gaffen ['gafən] *v/i (ge-, h)* gawk, gawp, F rubberneck; **Gaffer** ['gafɐ] *m (-s; -)* F rubberneck(er), *Br* nosy parker
Gage ['ga:ʒə] *f (-; -n)* fee
gähnen ['gɛ:nən] *v/i (ge-, h)* yawn
Gala ['ga:la] *f (-; -s)* gala
galant [ga'lant] *adj* gallant, courteous
Galeere [ga'le:rə] *f (-; -n)* MAR galley
Galerie [galə'ri:] *f (-; -n)* gallery
Galgen ['galgən] *m (-s; -)* gallows; **~frist** *f* reprieve; **~hu,mor** *m* gallows humo(u)r; **~vogel** F *m* crook
Galle ['galə] *f (-; -n)* ANAT gall; bile
'Gallen|blase *f* ANAT gall bladder; **~stein** *m* MED gallstone
Gallert ['galɐt] *n (-[es]; -e)*, **Gallerte** [ga'lɛrtə] *f (-; -n)* jelly
Galopp [ga'lɔp] *m (-s; -s, -e)* gallop
galoppieren [galɔ'pi:rən] *v/i (no -ge-, sein)* gallop
galt [galt] *pret of* ***gelten***
gammeln ['gaməln] F *v/i (ge-, h)* loaf (about), bum around; **Gammler(in)** ['gamlɐ, 'gamlərɪn] *m(f)* F *(-s; -/-; -nen)* loafer, bum
Gämse ['gɛmzə] *f (-; -n)* zo chamois
gang [gaŋ] *adj*: ***~ und gäbe*** nothing unusual, (quite) usual
Gang [gaŋ] *m (-[e]s; Gänge* ['gɛŋə]) walk, gait, way *s.o.* walks; ARCH passage, *a.* AVIAT *etc* aisle; corridor; MOT gear; GASTR course; ***et. in ~ bringen*** get s.th. going, start s.th.; ***in ~ kommen*** get started; ***im ~(e) sein*** be (going) on, be in progress; ***in vollem ~(e)*** in full swing
gängeln ['gɛŋəln] *v/t (ge-, h)* lead *s.o.* by the nose
gängig ['gɛŋɪç] *adj* current; ECON sal(e)able

'**Gangschaltung** *f* MOT gears
Ganove [ga'no:və] F *m* (*-n*; *-n*) crook
Gans [gans] *f* (-; *Gänse* ['gɛnzə]) ZO goose
Gänse|blümchen ['gɛnzəbly:mçən] *n* BOT daisy; **~braten** *m* roast goose; **~haut** *f* (-; *no pl*) gooseflesh; ***dabei kriege ich e-e ~*** F it gives me the creeps; **~marsch** *m* (-[*e*]*s*; *no pl*) single *or* Indian file
Gänserich ['gɛnzərɪç] *m* (*-s*; *-e*) ZO gander
ganz [gants] **1.** *adj* whole, entire, total; F undamaged; full (*hour etc*); ***den ~en Tag*** all day; ***die ~e Zeit*** all the time; ***auf der ~en Welt*** all over the world; ***sein ~es Geld*** all his money **2.** *adv* completely, totally; very; quite, rather, fairly; ***~ allein*** all by oneself; ***~ aus Holz*** *etc* all wood *etc*; ***~ und gar*** completely, totally; ***~ und gar nicht*** not at all, by no means; ***~ wie du willst*** just as you like; ***nicht ~*** not quite; → ***voll***
Ganze ['gantsə] *n* (*-n*; *no pl*) whole; ***das ~*** the whole thing; ***im ~n*** in all, altogether; ***im großen und ~n*** on the whole; ***aufs ~ gehen*** go all out
gänzlich ['gɛntslɪç] *adv* completely, entirely
'**Ganztags|beschäftigung** *f* full-time job; **~schule** *f* all-day school(ing)
gar [ga:ɐ] **1.** *adj* GASTR done **2.** *adv*: ***~ nicht*** not at all; ***~ nichts*** nothing at all; ***~ zu ...*** (a bit) too ...
Garage [ga'ra:ʒə] *f* (-; *-n*) garage
Garantie [garan'ti:] *f* (-; *-n*) guarantee, *esp* ECON warranty; **garantieren** [garan'ti:rən] *v/t and v/i* (*no -ge-*, *h*) guarantee (***für et.*** s.th.)
Garbe ['garbə] *f* (-; *-n*) AGR sheaf
Garde ['gardə] *f* (-; *-n*) guard; MIL (the) Guards
Garderobe [gardə'ro:bə] *f* (-; *-n*) (*no pl*) wardrobe, clothes; checkroom, *Br* cloakroom; THEA dressing room
Garde'roben|frau *f* checkroom (*Br* cloakroom) attendant; **~marke** *f* coat check (*Br* cloakroom) ticket; **~ständer** *m* coat stand *or* rack
Gardine [gar'di:nə] *f* (-; *-n*) curtain
Gar'dinenstange *f* curtain rod
gären ['gɛ:rən] *v/i* ([*irr*,] *ge-*, *h*, *sein*) ferment, work
Garn [garn] *n* (-[*e*]*s*; *-e*) yarn; thread; cotton
Garnele [gar'ne:lə] *f* (-; *-n*) ZO shrimp; prawn
garnieren [gar'ni:rən] *v/t* (*no -ge-*, *h*) garnish (*a. fig*)
Garnison [garni'zo:n] *f* (-; *-en*) MIL garrison, post
Garnitur [garni'tu:ɐ] *f* (-, *-en*) set; suite
Garten ['gartən] *m* (*-s*; *Gärten* ['gɛrtən]) garden; **~arbeit** *f* gardening; **~bau** *m* (-[*e*]*s*; *no pl*) horticulture; **~erde** *f* (garden) mo(u)ld; **~fest** *n* garden party; **~geräte** *pl* gardening tools; **~haus** *n* summerhouse; **~lo,kal** *n* beer garden; outdoor restaurant; **~schere** *f* pruning shears; **~stadt** *f* garden city; **~zwerg** *m* (garden) gnome
Gärtner ['gɛrtnɐ] *m* (*-s*; -) gardener
Gärtnerei [gɛrtnə'rai] *f* (-; *-en*) truck farm, *Br* market garden
'**Gärtnerin** *f* (-; *-nen*) gardener
Gärung ['gɛ:rʊŋ] *f* (-; *-en*) fermentation
Gas [ga:s] *n* (*-es*; *-e* ['ga:zə]) gas; ***~ geben*** MOT accelerate, F step on the gas
gasförmig ['ga:sfœrmɪç] *adj* gaseous
'**Gas|hahn** *m* gas valve (*or* cock, *Br* tap); **~heizung** *f* gas heating; **~herd** *m* gas cooker *or* stove; **~kammer** *f* gas chamber; **~la,terne** *f* gas (street) lamp; **~leitung** *f* gas main; **~maske** *f* gas mask; **~ofen** *m* gas stove; **~pe,dal** *n* MOT gas pedal, *Br* accelerator (pedal)
Gasse ['gasə] *f* (-; *-n*) lane, alley
Gast [gast] *m* (-[*e*]*s*; *Gäste* ['gɛstə]) guest; visitor; customer
'**Gastarbeiter** *m*, '**Gastarbeiterin** *f* foreign worker
Gästebuch ['gɛstəbu:x] *n* visitors' book
'**Gästezimmer** *n* guest (*or* spare) room
'**gastfreundlich** *adj* hospitable
'**Gastfreundschaft** *f* hospitality
Gastgeber ['gastge:bɐ] *m* (*-s*; -) host
Gastgeberin ['gastge:bərɪn] *f* (-; *-nen*) hostess
'**Gast|haus** *n*, **~hof** *m* restaurant, inn
gastieren [gas'ti:rən] *v/i* (*no -ge-*, *h*) give performances; THEA guest, give a guest performance
'**gastlich** *adj* hospitable
'**Gast|mannschaft** *f* SPORT visiting team; **~spiel** *n* THEA guest performance; **~stätte** *f* restaurant; **~stube** *f* taproom; restaurant; **~wirt** *m* landlord;

~**wirtschaft** *f* restaurant, inn
'**Gaswerk** *n* TECH gasworks
'**Gaszähler** *m* TECH gas meter
Gatte ['gatə] *m* (*-n*; *-n*) husband
Gatter ['gatɐ] *n* (*-s*; -) fence; gate
Gattin ['gatɪn] *f* (-; *-nen*) wife
Gattung ['gatʊŋ] *f* (-; *-en*) type, class, sort; BIOL genus; species
GAU [gau] (ABBR *of* ***größter anzunehmender Unfall***) *m* (-[*s*]; *no pl*) worst case scenario, *Br* maximum credible accident, MCA
Gaul [gaul] *m* (-[*e*]*s*; *Gäule* ['gɔʏlə]) nag
Gaumen ['gaumən] *m* (*-s*; -) ANAT palate
Gauner ['gaunɐ] *m* (*-s*; -), '**Gaunerin** *f* (-; *-nen*) F crook
Gaze ['ga:zə] *f* (-; *-n*) gauze
Gazelle [ga'tsɛlə] *f* (-; *-n*) ZO gazelle
geb. *abbr of* ***geboren*** b., born
Gebäck [gə'bɛk] *n* (-[*e*]*s*; *-e*) pastry; cookies, *Br* biscuits
ge'backen *pp of* ***backen***
Gebälk [gə'bɛlk] *n* (-[*e*]*s*; *-e*) timberwork, beams
gebar [gə'ba:ɐ] *pret of* ***gebären***
Gebärde [gə'bɛ:ɐdə] *f* (-; *-n*) gesture
ge'bärden *v/refl* (*no -ge-*, *h*) behave, act (***wie*** like)
gebären [gə'bɛ:rən] *v/t* (*irr*, *no -ge-*, *h*) give birth to; **Gebärmutter** [gə'bɛ:ɐmʊtɐ] *f* ANAT uterus, womb
Gebäude [gə'bɔʏdə] *n* (*-s*; -) building, structure
Ge'beine *pl* bones, mortal remains
geben ['ge:bən] *v/t* (*irr*, *ge-*, *h*) give (***j-m et.*** s.o. s.th.); hand, pass; deal (*cards*); make; ***sich*** ~ pass; get better; ***von sich*** ~ utter, let out; ***j-m die Schuld*** ~ blame s.o.; ***es gibt*** there is, there are; ***was gibt es?*** what's up?; what's for *lunch etc?*; TV *etc* what's on?; ***das gibt's nicht*** that can't be true; that's out
Gebet [gə'be:t] *n* (-[*e*]*s*; *-e*) prayer
ge'beten *pp of* ***bitten***
Gebiet [gə'bi:t] *n* (-[*e*]*s*; *-e*) region, area; *esp* POL territory; *fig* field
ge'bieterisch *adj* imperious
ge'bietsweise *adv* regionally; ~ ***Regen*** local showers
Gebilde [gə'bɪldə] *n* (*-s*; -) thing, object
gebildet [gə'bɪldət] *adj* educated
Gebirge [gə'bɪrgə] *n* (*-s*; -) mountains
gebirgig [gə'bɪrgɪç] *adj* mountainous
Ge'birgs|bewohner *m* mountain-dweller; ~**zug** *m* mountain range
Ge'biss *n* (*-es*; *-e*) (set of) teeth; (set of) false teeth, denture(s)
ge'bissen *pp of* ***beißen***
Gebläse [gə'blɛ:zə] *n* (*-s*; -) TECH blower, (MOT air) fan
ge'blasen *pp of* ***blasen***
geblichen [gə'blɪçən] *pp of* ***bleichen***
geblieben [gə'bli:bən] *pp of* ***bleiben***
geblümt [gə'bly:mt] *adj* floral
gebogen [gə'bo:gən] **1.** *pp of* ***biegen*** **2.** *adj* bent, curved
geboren [gə'bo:rən] **1.** *pp of* ***gebären*** **2.** *adj* born; ~***e Smith*** née Smith; ***ich bin am ...*** ~ I was born on the ...
geborgen [gə'bɔrgən] **1.** *pp of* ***bergen*** **2.** *adj* safe, secure; **Ge'borgenheit** *f* (-; *no pl*) safety, security
geborsten [gə'bɔrstən] *pp of* ***bersten***
Gebot [gə'bo:t] *n* (-[*e*]*s*; *-e*) REL commandment; *fig* rule; necessity; *auction etc*: bid
geboten [gə'bo:tən] *pp of* ***bieten***
gebracht [gə'braxt] *pp of* ***bringen***
gebrannt [gə'brant] *pp of* ***brennen***
ge'braten *pp of* ***braten***
Ge'brauch *m* (-[*e*]*s*; *no pl*) use; application; **ge'brauchen** *v/t* (*no -ge-*, *h*) use; employ; ***gut*** (***nicht***) ***zu*** ~ ***sein*** be useful (useless); ***ich könnte ...*** ~ I could do with ...; **gebräuchlich** [gə'brɔʏçlɪç] *adj* in use; common, usual; current
Ge'brauchsanweisung *f* directions *or* instructions for use
ge'brauchsfertig *adj* ready for use; instant (*coffee etc*)
Ge'brauchsgrafiker *m* commercial artist
ge'braucht *adj* used, ECON *a.* second-hand
Ge'brauchtwagen *m* MOT used *or* second-hand car; ~**händler** *m* used car dealer
Ge'brechen *n* (*-s*; -) defect, handicap
gebrechlich [gə'brɛçlɪç] *adj* frail; infirm; **Ge'brechlichkeit** *f* (-; *no pl*) frailty; infirmity
gebrochen [gə'brɔxən] *pp of* ***brechen***
Ge'brüder *pl* brothers
Gebrüll [gə'brʏl] *n* (-[*e*]*s*; *no pl*) roar(-ing)
Gebühr [gə'by:ɐ] *f* (-; *-en*) charge (*a.* TEL), fee; postage; due; **gebührend** [gə'by:rənt] *adj* due; proper

ge'bühren|frei *adj* free of charge; TEL toll-free, *Br* nonchargeable; **~pflichtig** *adj* chargeable; ***~e Straße*** toll road; ***~e Verwarnung*** fine
gebunden [gə'bʊndən] **1.** *pp of* ***binden*** **2.** *adj* bound, *fig a.* tied
Geburt [gə'buːɐt] *f* (-; *-en*) birth
Ge'burten|kon,trolle *f*, **~regelung** *f* birth control
ge'burten|schwach *adj* low-birthrate; **~stark** *adj*: ***~e Jahrgänge*** baby boom
Ge'burtenziffer *f* birthrate
gebürtig [gə'bʏrtɪç] *adj* by birth
Ge'burts|anzeige *f* birth announcement; **~datum** *n* date of birth; **~fehler** *m* congenital defect; **~helfer(in)** obstetrician; **~jahr** *n* year of birth; **~land** *n* native country; **~ort** *m* birthplace; **~tag** *m* birthday; **~tagsfeier** *f* birthday party; **~tagskind** *n* birthday boy (*or* girl); **~urkunde** *f* birth certificate
Gebüsch [gə'bʏʃ] *n* (-[*e*]*s*; *-e*) bushes, shrubbery
gedacht [gə'daxt] *pp of* ***denken***
Gedächtnis [gə'dɛçtnɪs] *n* (*-ses*; *-se*) memory; ***aus dem ~*** from memory; ***zum ~ an*** (*acc*) in memory (*or* commemoration) of; ***im ~ behalten*** keep in mind, remember; **~lücke** *f* memory lapse; **~schwund** *m* MED amnesia; blackout; **~stütze** *f* memory aid
Gedanke [gə'daŋkə] *m* (*-n*; *-n*) thought; idea; ***was für ein ~!*** what an idea!; ***in ~n*** absorbed in thought; absent-minded; ***sich ~n machen über*** (*acc*) think about; be worried *or* concerned about; ***j-s ~n lesen*** read s.o.'s mind
Ge'danken|austausch *m* exchange of ideas; **~gang** *m* train of thought
ge'dankenlos *adj* thoughtless
Ge'danken|strich *m* dash; **~übertragung** *f* telepathy
Gedeck [gə'dɛk] *n* (-[*e*]*s*; *-e*) cover; ***ein ~ auflegen*** set a place
gedeihen [gə'daiən] *v/i* (*irr*, *no -ge-*, *sein*) thrive, prosper; grow; flourish
ge'denken *v/i* (*irr*, ***denken***, *no -ge-*, *h*) (*gen*) think of; commemorate; mention
Gedenk|feier [gə'dɛŋkfaiɐ] *f* commemoration; **~mi,nute** *f*: ***e-e ~*** a moment's (*Br* minute's) silence; **~stätte** *f*, **~stein** *m* memorial; **~tafel** *f* plaque
Gedicht [gə'dɪçt] *n* (-[*e*]*s*; *-e*) poem
gediegen [gə'diːgən] *adj* solid; tasteful
gedieh [gə'diː] *pret of* ***gedeihen***
gediehen [gə'diːən] *pp of* ***gedeihen***
Gedränge [gə'drɛŋə] *n* (*-s*; -) crowd, F crush; **ge'drängt** *fig adj* concise
gedroschen [gə'drɔʃən] *pp of* ***dreschen***
ge'drückt *fig adj* depressed
gedrungen [gə'drʊŋən] **1.** *pp of* ***dringen*** **2.** *adj* squat, stocky; thickset
Geduld [gə'dʊlt] *f* (-; *no pl*) patience; **ge'dulden** *v/refl* (*no -ge-*, *h*) wait (patiently); **geduldig** [gə'dʊldɪç] *adj* patient; **Ge'duldspiel** *n* puzzle (*a. fig*)
gedurft [gə'dʊrft] *pp of* ***dürfen***
geehrt [gə'ʔeːɐt] *adj* hono(u)red; ***Sehr ~er Herr N.*** Dear Mr N.
geeignet [gə'ʔaignət] *adj* suitable; suited, qualified; right
Gefahr [gə'faːɐ] *f* (-; *-en*) danger; threat; risk; ***auf eigene ~*** at one's own risk; ***außer ~*** out of danger, safe
gefährden [gə'fɛːɐdən] *v/t* (*no -ge-*, *h*) endanger; risk, jeopardize
ge'fahren *pp of* ***fahren***
gefährlich [gə'fɛːɐlɪç] *adj* dangerous; risky
ge'fahrlos *adj* without risk, safe
Gefährte [gə'fɛːɐtə] *m* (*-n*; *-n*), **Ge'fährtin** *f* (-; *-nen*) companion
Gefälle [gə'fɛlə] *n* (*-s*; -) fall, slope, descent; gradient (*a.* PHYS)
ge'fallen **1.** *pp of* ***fallen*** **2.** *v/i* (*irr*, ***fallen***, *no -ge-*, *h*) please; ***es gefällt mir*** (***nicht***) I (don't) like it; ***wie gefällt dir ...?*** how do you like ...?; ***sich et. ~ lassen*** put up with s.th.
Ge'fallen[1] *m* (*-s*; -) favo(u)r; ***j-n um e-n ~ bitten*** ask a favo(u)r of s.o.
Ge'fallen[2] *n*: ***~ finden an*** (*dat*) enjoy, like
ge'fällig *adj* pleasant, agreeable; obliging, kind; ***j-m ~ sein*** do s.o. a favo(u)r
Ge'fälligkeit *f* (-; *-en*) (*no pl*) kindness; favo(u)r
ge'fangen **1.** *pp of* ***fangen*** **2.** *adj* captive; imprisoned; ***~ halten*** keep *s.o.* prisoner; ***~ nehmen*** take *s.o.* prisoner; *fig* captivate; **Ge'fangene** *m*, *f* (*-n*; *-n*) prisoner; convict; **Ge'fangennahme** *f* (-; *no pl*) capture; **Ge'fangenschaft** *f* (-; *no pl*) captivity, imprisonment; ***in ~ sein*** be a prisoner of war
Gefängnis [gə'fɛŋnɪs] *n* (*-ses*; *-se*) prison, jail, *Br a.* gaol; ***ins ~ kommen*** go to

jail *or* prison; **~di,rektor** *m* governor, warden; **~strafe** *f* (sentence *or* term of) imprisonment; **~wärter** *m* prison guard

Gefäß [gə'fɛːs] *n* (*-es*; *-e*) vessel (*a.* ANAT), container

gefasst [gə'fast] *adj* composed; **~ *auf*** (*acc*) prepared for

Gefecht [gə'fɛçt] *n* (*-[e]s*; *-e*) MIL combat, action

gefedert [gə'feːdɐt] *adj*: ***gut ~ sein*** MOT have good suspension

gefeit [gə'fait] *adj*: **~ *gegen*** immune to

Gefieder [gə'fiːdɐ] *n* (*-s*; -) ZO plumage, feathers

geflochten [gə'flɔxtən] *pp of* ***flechten***

geflogen [gə'floːgən] *pp of* ***fliegen***

geflohen [gə'floːən] *pp of* ***fliehen***

geflossen [gə'flɔsən] *pp of* ***fließen***

Ge'flügel *n* (*-s*; *no pl*) poultry

ge'flügelt *adj*: ***~es Wort*** saying

gefochten [gə'fɔxtən] *pp of* ***fechten***

Ge'folge *n* (*-s*; -) entourage, retinue, train; **Gefolgschaft** [gə'fɔlkʃaft] *f* (*-*; *-en*) followers

gefragt [gə'fraːkt] *adj* in demand, popular

gefräßig [gə'frɛːsɪç] *adj* greedy, voracious

Gefreite [gə'fraitə] *m* (*-n*; *-n*) MIL private first class, *Br* lance corporal

ge'fressen *pp of* ***fressen***

ge'frieren *v/i* (*irr*, ***frieren***, *no -ge-*, *sein*) freeze

Gefrierfach [gə'friːɐfax] *n* freezer, freezing compartment

ge'friergetrocknet *adj* freeze-dried

Ge'frier|punkt *m* freezing point; **~truhe** *f* freezer, deep-freeze

gefroren [gə'froːrən] *pp of* ***frieren***

Ge'frorene *Austrian n* (*-n*; *no pl*) ice cream

Gefüge [gə'fyːgə] *n* (*-s*; -) structure, texture

gefügig [gə'fyːgɪç] *adj* pliant

Ge'fügigkeit *f* (*-*; *no pl*) pliancy

Gefühl [gə'fyːl] *n* (*-[e]s*; *-e*) feeling; sense; sensation; emotion; **ge'fühllos** *adj* insensible, numb; unfeeling, heartless; **ge'fühlsbetont** *adj* (highly) emotional; **ge'fühlvoll** *adj* (full of) feeling; tender; sentimental

gefunden [gə'fʊndən] *pp of* ***finden***

gegangen [gə'gaŋən] *pp of* ***gehen***

gegeben [gə'geːbən] *pp of* ***geben***

gegen ['geːgən] *prp* (*acc*) against, JUR, SPORT *a.* versus; about, around; (in return) for; MED *etc* for; compared with

'Gegen... *in cpds ...aktion*, *...angriff*, *...argument*, *...frage etc*: counter-...; **~besuch** *m* return visit

Gegend ['geːgənt] *f* (*-*; *-en*) region, area; countryside; neighbo(u)rhood

gegenei'nander *adv* against one another *or* each other

'Gegen|fahrbahn *f* MOT opposite *or* oncoming lane; **~gewicht** *n* counterweight; ***ein ~ bilden zu et.*** counterbalance s.th.; **~kandi,dat** *m* rival candidate; **~leistung** *f* quid pro quo; ***als ~*** in return; **~licht** *n* (*-[e]s*; *no pl*) PHOT back light; ***im*** *or* ***bei ~*** against the light; **~maßnahme** *f* countermeasure; **~mittel** *n* MED antidote (*a. fig*); **~par,tei** *f* other side; POL opposition; SPORT opposite side; **~richtung** *f* opposite direction

'Gegensatz *m* contrast; opposite; ***im ~ zu*** in contrast to *or* with; **gegensätzlich** ['geːgənzɛtslɪç] *adj* contrary, opposite

'Gegenseite *f* opposite side

gegenseitig ['geːgənzaitɪç] *adj* mutual

'Gegenseitigkeit *f*: ***auf ~ beruhen*** be mutual

'Gegen|spieler *m*, **~spielerin** *f* SPORT opponent (*a. fig*); **~sprechanlage** *f* intercom (system)

'Gegenstand *m* object (*a. fig*); *fig* subject; **gegenständlich** ['geːgənʃtɛntlɪç] *adj art*: representational; **'gegenstandslos** *adj* invalid; irrelevant; *art*: abstract, nonrepresentational

'Gegen|stimme *f* PARL vote against, no; ***nur drei ~n*** only three noes; **~stück** *n* counterpart

'Gegenteil *n* opposite; ***im ~*** on the contrary; **'gegenteilig** *adj* contrary, opposite

gegen'über *adv and prp* (*dat*) opposite; *fig* to, toward(s); compared with

Gegen'über *n* (*-s*; -) person opposite; neighbo(u)r across the street

gegen'überstehen *v/i* (*irr*, ***stehen***, *sep*, *-ge-*, *h*) face, be faced with

Gegen'überstellung *f* confrontation

'Gegenverkehr *m* oncoming traffic

Gegenwart ['ge:gənvart] *f* (-; *no pl*) present (time); presence; LING present (tense)
gegenwärtig ['ge:gənvɛrtɪç] **1.** *adj* present, current **2.** *adv* at present
Gegen|wehr ['ge:gənve:ɐ] *f* (-; *no pl*) resistance; **~wert** *m* equivalent (value); **~wind** *m* head wind
'**gegenzeichnen** *v/t* (*sep*, *-ge-*, *h*) countersign
'**Gegenzug** *m* countermove; RAIL train coming from the opposite direction
gegessen [gə'gɛsən] *pp of* ***essen***
geglichen [gə'glɪçən] *pp of* ***gleichen***
geglitten [gə'glɪtən] *pp of* ***gleiten***
geglommen [gə'glɔmən] *pp of* ***glimmen***
Gegner ['ge:gnɐ] *m* (*-s*; -), '**Gegnerin** *f* (-; *-nen*) opponent (*a.* SPORT), adversary; MIL enemy
'**gegnerisch** *adj* opposing; MIL (of the) enemy, hostile
'**Gegnerschaft** *f* (-; *-en*) opposition
gegolten [gə'gɔltən] *pp of* ***gelten***
gegoren [gə'go:rən] *pp of* ***gären***
gegossen [gə'gɔsən] *pp of* ***gießen***
ge'graben *pp of* ***graben***
gegriffen [gə'grɪfən] *pp of* ***greifen***
gehabt [gə'ha:pt] *pp of* ***haben***
Gehackte [gə'haktə] *n* → ***Hackfleisch***
Gehalt [gə'halt] **1.** *m* (*-[e]s*; *-e*) content **2.** *n* (*-[e]s*; *Gehälter* [gə'hɛltɐ]) salary
ge'halten *pp of* ***halten***
Ge'halts|empfänger *m* salaried employee; **~erhöhung** *f* raise, *Br* increase *or* rise in salary
ge'haltvoll *adj* substantial; nutritious
gehangen [gə'haŋən] *pp of* ***hängen*** 1
gehässig [gə'hɛsɪç] *adj* malicious, spiteful; **Ge'hässigkeit** *f* (-; *no pl*) malice, spite(fulness)
ge'hauen *pp of* ***hauen***
Gehäuse [gə'hɔʏzə] *n* (*-s*; -) case, box; TECH casing; ZO shell; BOT core
Gehege [gə'he:gə] *n* (*-s*; -) enclosure
geheim [gə'haim] *adj* secret; ***et. ~ halten*** keep s.th. (a) secret
Ge'heim|a,gent *m* secret agent; **~dienst** *m* secret service
Geheimnis [gə'haimnɪs] *n* (*-ses*; *-se*) secret; mystery
ge'heimnisvoll *adj* mysterious
Ge'heim|nummer *f* TEL unlisted (*Br* ex-directory) number; **~poli,zei** *f* secret police; **~schrift** *f* code, cipher
ge'heißen *pp of* **heißen**
gehemmt [gə'hɛmt] *adj* inhibited, self-conscious
gehen ['ge:ən] *v/i* (*irr*, *ge-*, *sein*) go; walk; leave; TECH work (*a. fig*); ECON sell; *fig* last; ***einkaufen*** (***schwimmen***) **~** go shopping (swimming); **~ *wir!*** let's go!; ***wie geht es dir*** (***Ihnen***)***?*** how are you?; ***es geht mir gut*** (***schlecht***) I'm fine (not feeling well); **~ *in*** (*acc*) go into; **~ *nach*** *road etc*: lead to; *window etc*: face; *fig* go *or* judge by; ***das geht nicht*** that's impossible; ***das geht schon*** that's o.k.; ***es geht nichts über*** (*acc*) ... there is nothing like ...; ***worum geht es?*** what is it about?; ***darum geht es*** (***nicht***) that's (not) the point; ***sich ~ lassen*** let o.s. go
'**gehenlassen** *v/refl* (*irr*, ***lassen***, *sep*, *no -ge-*, *h*) → ***gehen***
geheuer [gə'hɔʏɐ] *adj*: ***nicht*** (***ganz***) **~** eerie, creepy, F fishy
Geheul [gə'hɔʏl] *n* (*-[e]s*; *no pl*) howling
Ge'hirn *n* (*-[e]s*; *-e*) ANAT brain(s); **~erschütterung** *f* MED concussion (of the brain); **~schlag** *m* MED (cerebral) apoplexy; **~wäsche** *f* brainwashing
gehoben [gə'ho:bən] **1.** *pp of* ***heben*** **2.** *adj* elevated; high(er); ***~e Stimmung*** high spirits
Gehöft [gə'hœft] *n* (*-[e]s*; *-e*) farm (-stead)
geholfen [gə'hɔlfən] *pp of* ***helfen***
Gehölz [gə'hœlts] *n* (*-es*; *-e*) wood, coppice, copse
Gehör [gə'hø:ɐ] *n* (*-[e]s*; *-e*) (sense of) hearing; ear; ***nach dem ~*** by ear; ***sich ~ verschaffen*** make o.s. heard
ge'horchen *v/i* (*no -ge-*, *h*) obey; ***nicht ~*** disobey
ge'hören *v/i* (*no -ge-*, *h*) belong (*dat or* ***zu*** to); ***gehört dir das?*** is this yours?; ***es gehört sich*** (***nicht***) it is proper *or* right (not done); ***das gehört nicht hierher*** that's not to the point
ge'hörig **1.** *adj* due, proper; necessary; decent; ***zu et. ~*** belonging to s.th. **2.** *adv* properly, thoroughly
ge'hörlos *adj* deaf; ***die Gehörlosen*** the deaf
gehorsam [gə'ho:ɐza:m] *adj* obedient
Ge'horsam *m* (*-s*; *no pl*) obedience
'**Gehsteig** *m*, '**Gehweg** *m* sidewalk, *Br*

pavement

Geier ['gaiɐ] *m* (*-s*; -) ZO vulture, buzzard

Geige ['gaigə] *f* (-; *-n*) MUS violin, F fiddle; (***auf der***) **~ *spielen*** play (on) the violin

'**Geigen|bogen** *m* MUS (violin) bow; **~kasten** *m* MUS violin case

'**Geiger** ['gaigɐ] *m* (*-s*; -), **Geigerin** ['gaigərɪn] *f* (-; *-nen*) MUS violinist

'**Geigerzähler** *m* PHYS Geiger counter

geil [gail] *adj* V hot, horny; *contp* lecherous, lewd; BOT rank; F awesome, *Br* brill, ace

Geisel ['gaizəl] *f* (-; *-n*) hostage; **~nehmer** ['gaizəlneːmɐ] *m* (*-s*; -) kidnap(p)er

Geißel ['gaisəl] *fig f* (-; *-n*) scourge

Geist [gaist] *m* (*-[e]s*; *-er*) (*no pl*) spirit; soul; mind; intellect; wit; ghost; ***der Heilige*** **~** REL the Holy Ghost *or* Spirit

Geister|bahn ['gaistɐbaːn] *f* tunnel of horror, *Br* ghost train; **~fahrer** F *m* MOT wrong-way driver

'**geisterhaft** *adj* ghostly

'**geistesabwesend** *adj* absent-minded

'**Geistes|arbeiter** *m* brainworker; **~blitz** *m* brainstorm, *Br* brainwave

'**Geistesgegenwart** *f* presence of mind; '**geistesgegenwärtig** *adj* alert; quick-witted

'**geistesgestört** *adj* mentally disturbed, deranged

'**geisteskrank** *adj* mentally ill

'**Geisteskrankheit** *f* mental illness

'**geistesschwach** *adj* feeble-minded

'**Geisteswissenschaften** *pl the* arts, *the* humanities

'**Geisteszustand** *m* mental state

geistig ['gaistɪç] *adj* mental; intellectual; spiritual; **~ *behindert*** mentally handicapped

'**geistlich** *adj* religious; spiritual; ecclesiastical; clerical; '**Geistliche** *m* (*-n*; *-n*) clergyman; priest; minister; ***die*** **~n** the clergy

'**geistlos** *adj* trivial, inane, silly

'**geistreich**, '**geistvoll** *adj* witty, clever

Geiz [gaits] *m* (*-es*; *no pl*) stinginess

'**Geizhals** *m* miser, niggard

geizig ['gaitsɪç] *adj* stingy, miserly

Ge'jammer F *n* (*-s*; *no pl*) wailing, complaining

gekannt [gə'kant] *pp of* ***kennen***

Gekläff [gə'klɛf] F *n* (*-[e]s*; *no pl*) yapping

Geklapper [gə'klapɐ] F *n* (*-s*; *no pl*) clatter(ing)

Geklimper F *n* (*-s*; *no pl*) tinkling

geklungen [gə'klʊŋən] *pp of* ***klingen***

gekniffen [gə'knɪfən] *pp of* ***kneifen***

ge'kommen *pp of* ***kommen***

gekonnt [gə'kɔnt] **1.** *pp of* ***können*** **2.** *adj* masterly

gekränkt [gə'krɛŋkt] *adj* hurt, offended

Gekritzel [gə'krɪtsəl] *contp n* (*-s*; *no pl*) scrawl, scribble

gekrochen [gə'krɔxən] *pp of* ***kriechen***

gekünstelt [gə'kʏnstəlt] *adj* affected; artificial

Gelächter [gə'lɛçtɐ] *n* (*-s*; *no pl*) laughter

ge'laden *pp of* ***laden***

Ge'lage *n* (*-s*; -) feast; carouse

Gelände [gə'lɛndə] *n* (*-s*; -) area, country, ground; site; ***auf dem*** **~** on the premises; **~...** *in cpds ...lauf, ...ritt, ...wagen etc*: cross-country ...

Geländer [gə'lɛndɐ] *n* (*-s*; -) banisters; handrail, rail(ing); parapet

ge'lang *pret of* ***gelingen***

ge'langen *v/i* (*no -ge-*, *sein*) **~ *an*** (*acc*) *or* ***nach*** reach, arrive at, get *or* come to; **~ *in*** (*acc*) get *or* come into; *fig* ***zu et.*** **~** gain *or* win *or* achieve s.th.

ge'lassen **1.** *pp of* ***lassen*** **2.** *adj* calm, composed, cool

Gelatine [ʒela'tiːnə] *f* (-; *no pl*) gelatin(e)

ge'laufen *pp of* ***laufen***

ge'läufig *adj* common, current; familiar

gelaunt [gə'launt] *adj*: ***schlecht*** (***gut***) **~ *sein*** be in a bad (good) mood

gelb [gɛlp] *adj* yellow

'**gelblich** *adj* yellowish

'**Gelbsucht** *f* (-; *no pl*) MED jaundice

Geld [gɛlt] *n* (*-[e]s*; *-er* ['gɛldɐ]) money; ***zu*** **~ *machen*** turn into cash

'**Geld|angelegenheiten** *pl* money *or* financial matters *or* affairs; **~anlage** *f* investment; **~ausgabe** *f* expense; **~auto,mat** *m* automatic teller machine, ATM, autoteller, *Br* cash dispenser; **~beutel** *m*, **~börse** *f* purse; **~buße** *f* fine, penalty; **~geber(in)** [gɛltgeːbɐ, gɛltgeːbərɪn] (*-s*; *-/-*; *-nen*) financial backer; investor

'geldgierig *adj* greedy for money

'Geld|knappheit *f*, **~mangel** *m* lack of money; ECON (financial) stringency; **~mittel** *pl* funds, means, resources; **~schein** *m* bill, *Br* (bank)note; **~schrank** *m* safe; **~sendung** *f* remittance; **~strafe** *f* fine; **~stück** *n* coin; **~verlegenheit** *f* financial embarrassment; **~verschwendung** *f* waste of money; **~waschanlage** *f* money laundering scheme; **~wechsel** *m* exchange of money; **~wechselautomat** *m*, **~wechsler** ['gɛltvɛksləʁ] *m* (*-s*; *-*) change machine

Gelee [ʒe'le:] *n*, *m* (*-s*; *-s*) jelly; gel

ge'legen 1. *pp of* ***liegen*** **2.** *adj* situated, located; *fig* convenient, opportune; **Ge'legenheit** *f* (*-*; *-en*) occasion; opportunity, chance; ***bei ~*** on occasion

Ge'legenheits|arbeit *f* casual *or* odd job; **~arbeiter** *m* casual labo(u)rer, odd-job man; **~kauf** *m* bargain

gelegentlich [gə'le:gəntlɪç] *adv* occasionally

gelehrig [gə'le:rɪç] *adj* docile

Gelehrsamkeit [gə'le:ʁza:mkait] *f* (*-*; *no pl*) learning; **gelehrt** [gə'le:ʁt] *adj* learned; **Ge'lehrte** *m*, *f* (*-n*; *-n*) scholar, learned man *or* woman

Geleise [gə'laizə] *n* → ***Gleis***

Geleit [gə'lait] *n* (*-[e]s*; *-e*) escort

ge'leiten *v/t* (*no -ge-*, *h*) accompany, conduct, escort

Ge'leitzug *m* MAR, MIL convoy

Gelenk [gə'lɛŋk] *n* (*-[e]s*; *-e*) ANAT, TECH joint; **ge'lenkig** *adj* flexible (*a.* TECH); lithe, supple

gelernt [gə'lɛrnt] *adj* skilled, trained

ge'lesen *pp of* ***lesen***

geliebt [gə'li:pt] *adj* (be)loved, dear

Ge'liebte 1. *m* (*-n*; *-n*) lover **2.** *f* (*-n*; *-n*) mistress

geliehen [gə'li:ən] *pp of* ***leihen***

gelingen [gə'lɪŋən] *v/i* (*irr*, *no -ge-*, *sein*) succeed, manage; turn out well; ***es gelang mir, et. zu tun*** I succeeded in doing (I managed to do) s.th.; **Ge'lingen** *n* (*-s*; *no pl*) success; ***gutes ~!*** good luck!

gelitten [gə'lɪtən] *pp of* ***leiden***

gelogen [gə'lo:gən] *pp of* ***lügen***

gelten ['gɛltən] *v/i and v/t* (*irr*, *ge-*, *h*) be worth; *fig* count for; be valid; SPORT count; ECON be effective; ***~ für*** apply to; ***~ als*** be regarded *or* looked upon as, be considered *or* supposed to be; ***~ lassen*** accept (***als*** as); **~d** *adj* accepted; ***~ machen*** assert; ***s-n Einfluss*** (***bei j-m***) ***~ machen*** bring one's influence to bear (on s.o.)

'Geltung *f* (*-*; *no pl*) prestige; weight; ***zur ~ kommen*** show to advantage

'Geltungsbedürfnis *n* (*-ses*; *no pl*) need for recognition

Gelübde [gə'lʏpdə] *n* (*-s*; *-*) vow

gelungen [gə'lʊŋən] **1.** *pp of* ***gelingen*** **2.** *adj* successful, a success

gemächlich [gə'mɛ:çlɪç] *adj* leisurely

ge'mahlen *pp of* ***mahlen***

Gemälde [gə'mɛ:ldə] *n* (*-s*; *-*) painting, picture; **~gale,rie** *f* art (*or* picture) gallery

gemäß [gə'mɛ:s] *prp* (*dat*) according to

gemäßigt [gə'mɛ:sɪçt] *adj* moderate; temperate (*climate etc*)

gemein [gə'main] *adj* mean; dirty, filthy (*joke etc*); BOT, ZO common

Gemeinde [gə'maində] *f* (*-*; *-n*) POL municipality; local government; REL parish; congregation; **~rat** *m* (member of the) city (*Br* local) council; **~rätin** [gə'maindərɛ:tɪn] *f* (*-*; *-nen*) member of the city (*Br* local) council; **~steuern** *pl* local taxes, *Br* (local) rates

ge'meingefährlich *adj*: ***~er Mensch*** public enemy

Ge'meinheit *f* (*-*; *-en*) (*no pl*) meanness; mean thing (to do *or* say), F dirty trick

gemeinnützig [gə'mainnʏtsɪç] *adj* non-profit, *Br* non-profitmaking

Ge'meinplatz *m* commonplace

ge'meinsam 1. *adj* common, joint; mutual **2.** *adv* together

Ge'meinschaft *f* (*-*; *-en*) community

Ge'meinschafts|arbeit *f* teamwork; **~kunde** *f* (*-*; *no pl*) PED social studies; **~produkti,on** *f* coproduction; **~raum** *m* recreation room, lounge

Ge'meinsinn *m* (*-[e]s*; *no pl*) public spirit; (sense of) solidarity

ge'meinverständlich *adj* popular

Ge'meinwohl *n* public welfare

ge'messen 1. *pp of* ***messen*** **2.** *adj* measured; formal; grave

Gemetzel [gə'mɛtsəl] *n* (*-s*; *-*) slaughter, massacre

gemieden [gə'mi:dən] *pp of* ***meiden***

Gemisch [gə'mɪʃ] *n* (-[*e*]*s*; -*e*) mixture (*a.* CHEM)
gemocht [gə'mɔxt] *pp of* ***mögen***
gemolken [gə'mɔlkən] *pp of* ***melken***
Gemse → ***Gämse***
Gemurmel [gə'mʊrməl] *n* (-*s*; *no pl*) murmur, mutter
Gemüse [gə'my:zə] *n* (-*s*; -) vegetable(s); greens; **~händler** *m* greengrocer('s)
gemusst [gə'mʊst] *pp of* ***müssen***
Gemüt [gə'my:t] *n* (-[*e*]*s*; -*er*) mind, soul; heart; nature, mentality
ge'mütlich *adj* comfortable, snug, cozy, *Br* cosy; peaceful, pleasant, relaxed; ***mach es dir ~*** make yourself at home; **Ge'mütlichkeit** *f* (-; *no pl*) snugness, coziness, *Br* cosiness; cozy (*Br* cosy) *or* relaxed atmosphere
Ge'mütsbewegung *f* emotion
ge'mütskrank *adj* emotionally disturbed
Ge'mütszustand *m* state of mind
Gen [ge:n] *n* (-*s*; -*e*) BIOL gene
genannt [gə'nant] *pp of* ***nennen***
genas [gə'na:s] *pret of* ***genesen*** 1
genau [gə'nau] **1.** *adj* exact, precise, accurate; careful, close; strict; ***Genaueres*** further details **2.** *adv*: ***~ um 10 Uhr*** at 10 o'clock sharp; ***~ der ...*** that very ...; ***~ zuhören*** listen closely; ***es ~ nehmen*** (***mit et.***) be particular (about s.th.); **Ge'nauigkeit** *f* (-; *no pl*) accuracy, precision, exactness
ge'nauso *adv* → ***ebenso***
genehmigen [gə'ne:mɪgən] *v/t* (*no -ge-*, *h*) permit, allow; approve
Ge'nehmigung *f* (-; -*en*) permission; approval; permit; licen|se, *Br* -ce
geneigt [gə'naikt] *adj* inclined (***zu*** to)
General [genə'ra:l] *m* (-*s*; *Generäle* [genə'rɛ:lə]) MIL general; **~di,rektor** *m* ECON president, *Br* chairman; **~konsul** *m* consul general; **~konsu,lat** *n* consulate general; **~probe** *f* THEA dress rehearsal; **~sekre,tär** *m* secretary-general; **~stab** *m* MIL general staff; **~streik** *m* general strike; **~versammlung** *f* general meeting; **~vertreter** *m* ECON sole agent
Generation [genəra'tsjo:n] *f* (-; -*en*) generation; **Generati'onenkon,flikt** *m* generation gap
Generator [genə'ra:to:ɐ] *m* (-*s*; -*en* [genəra'to:rən]) ELECTR generator
generell [genə'rɛl] *adj* general, universal
genesen [gə'ne:zən] **1.** *v/i* (*irr, no -ge-, sein*) recover (***von*** from), get well **2.** *pp of* ***genesen*** 1
Ge'nesung *f* (-; *no pl*) recovery
Genetik [ge'ne:tɪk] *f* (-; *no pl*) BIOL genetics; **ge'netisch** *adj* BIOL genetic; ***~er Fingerabdruck*** genetic fingerprint
genial [ge'nja:l] *adj* brilliant, of genius
Genialität [genjali'tɛ:t] *f* (-; *no pl*) genius
Genick [gə'nɪk] *n* (-[*e*]*s*; -*e*) ANAT (back *or* nape of the) neck
Genie [ʒe'ni:] *n* (-*s*; -*s*) genius
genieren [ʒe'ni:rən] *v/refl* (*no -ge-*, *h*) be embarrassed
genießen [gə'ni:sən] *v/t* (*irr, no -ge-, h*) enjoy
Genießer [gə'ni:sɐ] *m* (-*s*; -) gourmet
Genitiv ['ge:niti:f] *m* (-*s*; -*e*) LING genitive *or* possessive (case)
genommen [gə'nɔmən] *pp of* ***nehmen***
genormt [gə'nɔrmt] *adj* standardized
genoss [gə'nɔs] *pret of* ***genießen***
Genosse [gə'nɔsə] *m* (-*n*; -*n*) POL comrade; F pal, buddy, *Br* mate
genossen [gə'nɔsən] *pp of* ***genießen***
Ge'nossenschaft *f* (-; -*en*) cooperative
Ge'nossin *f* (-; -*nen*) POL comrade
'Gentechnik *f*, **'Gentechnolo,gie** *f* genetic engineering
genug [gə'nu:k] *adj* enough, sufficient
Genüge [gə'ny:gə] *f*: ***zur ~*** (well) enough, sufficiently
ge'nügen *v/i* (*no -ge-*, *h*) be enough, be sufficient; ***das genügt*** that will do; **~d** *adj* enough, sufficient; plenty of
genügsam [gə'ny:kza:m] *adj* easily satisfied; frugal; modest; **Ge'nügsamkeit** *f* (-; *no pl*) modesty; frugality
Ge'nugtuung *f* (-; *no pl*) satisfaction
Genus ['ge:nʊs] *n* (-; *Genera* ['ge:nera]) LING gender
Genuss [gə'nʊs] *m* (-*es*; *Genüsse* [gə'nʏsə]) pleasure; (*no pl*) consumption; ***ein ~*** a real treat; *food*: *a.* delicious; **~mittel** *n* excise item, *Br* (semi-)luxury
Geografie, **Geographie** [geogra'fi:] *f* (-; *no pl*) geography; **geografisch**, **geographisch** [geo'gra:fɪʃ] *adj* geographic(al)

Geologe [geo'lo:gə] *m* (*-n*; *-n*) geologist; **Geologie** [geolo'gi:] *f* (-; *no pl*) geology; **Geo'login** *f* (-; *-nen*) geologist; **geologisch** [geo'lo:gɪʃ] *adj* geologic(al)
Geometrie [geome'tri:] *f* (-; *no pl*) geometry; **geometrisch** [geo'me:trɪʃ] *adj* geometric(al)
Gepäck [gə'pɛk] *n* (*-[e]s*; *no pl*) baggage, luggage; **~ablage** *f* baggage (*or* luggage) rack; **~aufbewahrung** *f* baggage room, *Br* left-luggage office; **~kon,trolle** *f* baggage check, *Br* luggage inspection; **~schalter** *m* baggage (*or* luggage) counter; **~schein** *m* baggage check, *Br* luggage ticket; **~träger** *m* porter; *bicycle*: carrier
gepanzert [gə'pantsɐt] *adj* MOT armo(u)red
Gepard ['ge:part] *m* (*-s*; *-e*) ZO cheetah
gepfiffen [gə'pfɪfən] *pp of* ***pfeifen***
gepflegt [gə'pfle:kt] *adj* well-groomed, neat; *fig* cultivated
Gepflogenheit [gə'pflo:gənhait] *f* (-; *-en*) habit, custom
Geplapper [gə'plapɐ] F *n* (*-s*; *no pl*) babbling, chatter(ing)
Geplauder [gə'plaudɐ] *n* (*-s*; *no pl*) chat(-ting)
Gepolter [gə'pɔltɐ] *n* (*-s*; *no pl*) rumble
gepriesen [gə'pri:zən] *pp of* ***preisen***
Gequassel [gə'kvasəl] F *n* (*-s*; *no pl*), **Gequatsche** [gə'kvatʃə] F *n* (*-s*; *no pl*) blather, blabber
gequollen [gə'kvɔlən] *pp of* ***quellen***
gerade [gə'ra:də] **1.** *adj* straight (*a. fig*); even (*number*); direct; upright, erect (*posture*) **2.** *adv* just; ***nicht ~*** not exactly; ***das ist es ja ~!*** that's just it!; ***~ deshalb*** that's just why; ***~ rechtzeitig*** just in time; ***warum ~ ich?*** why me of all people?; ***da wir ~ von … sprechen*** speaking of …; **Ge'rade** *f* (*-n*; *-n*) MATH (straight) line; SPORT straight; ***linke*** (***rechte***) ***~*** *boxing*: straight left (right)
gerade|'aus *adv* straight on *or* ahead; **~he'raus** *adj* straightforward, frank
ge'radestehen *v/i* (*irr*, ***stehen***, *sep*, *-ge-*, *h*) stand straight; ***~ für*** answer for
ge'radewegs *adv* straight, directly
ge'radezu *adv* simply
gerannt [gə'rant] *pp of* ***rennen***
Gerät [gə'rɛ:t] *n* (*-[e]s*; *-e*) device; F gadget; appliance; (kitchen) utensil; *radio*, TV set; *coll*, *a.* SPORT *etc* equipment; SPORT apparatus; TECH tool; instrument
ge'raten 1. *pp of* ***raten*** **2.** *v/i* (*irr*, ***raten***, *no -ge-*, *sein*) turn out (***gut*** well); ***~ an*** (*acc*) come across; ***~ in*** (*acc*) get into; ***in Brand ~*** catch fire
Ge'räteturnen *n* apparatus gymnastics
Ge'ratewohl *n*: ***aufs ~*** at random
geräumig [gə'rɔʏmɪç] *adj* spacious, roomy
Geräusch [gə'rɔʏʃ] *n* (*-[e]s*; *-e*) sound, noise; **ge'räuschlos 1.** *adj* noiseless (*a.* TECH); **2.** *adv* without a sound; **ge'räuschvoll** *adj* noisy
gerben ['gɛrbən] *v/t* (*ge-*, *h*) tan
Gerberei [gɛrbə'rai] *f* (-; *-en*) tannery
ge'recht *adj* just, fair; (*j-m*, *e-r Sache*) ***~ werden*** do justice to; meet (*demands etc*); **Ge'rechtigkeit** *f* (-; *no pl*) justice
Ge'rede F *n* (*-s*; *no pl*) talk; gossip
gereizt [gə'raitst] *adj* irritable
Ge'reiztheit *f* (-; *no pl*) irritability
Gericht[1] [gə'rɪçt] *n* (*-[e]s*; *-e*) GASTR dish
Ge'richt[2] *n* (*-[e]s*; *-e*) JUR court; ***vor ~ stehen*** (***stellen***) stand (bring to) trial; ***vor ~ gehen*** go to court
ge'richtlich *adj* JUR judicial, legal
Ge'richtsbarkeit *f* (-; *no pl*) JUR jurisdiction
Ge'richts|gebäude *n* JUR law court(s), courthouse; **~hof** *m* JUR law court; **~medi,zin** *f* JUR forensic medicine; **~saal** *m* JUR courtroom; **~verfahren** *n* JUR lawsuit; **~verhandlung** *f* JUR hearing; trial; **~vollzieher** [gə'rɪçtsfɔltsi:ɐ] *m* (*-s*; -) JUR marshal, *Br* bailiff
gerieben [gə'ri:bən] *pp of* ***reiben***
gering [gə'rɪŋ] *adj* little, small; slight, minor; low; ***~ schätzen*** think little of
ge'ringfügig *adj* slight, minor; petty
ge'ring|schätzen *v/t* (*sep*, *-ge-*, *h*) → ***gering***; **~schätzig** [gə'rɪŋʃɛtsɪç] *adj* contemptuous
ge'ringst *adj* least; ***nicht im Geringsten*** not in the least
ge'rinnen *v/i* (*irr*, ***rinnen***, *no -ge-*, *sein*) coagulate; curdle; clot
Ge'rippe *n* (*-s*; -) skeleton (*a. fig*); TECH framework
gerissen [gə'rɪsən] **1.** *pp of* ***reißen*** **2.** F *adj* cunning, smart
geritten [gə'rɪtən] *pp of* ***reiten***

germanisch [gɛr'maːnɪʃ] *adj* Germanic; **Germanist(in)** [gɛrma'nɪst(ɪn)] (*-en*; *-en*/-; *-nen*) student of (*or* graduate in) German
gern [gɛrn] *adv* willingly, gladly; ***et.*** (***sehr***) ***~ tun*** like (love) to do s.th. *or* doing s.th.; ***ich möchte ~*** I'd like (to); ***~ geschehen!*** not at all, (you're) welcome
gernhaben *v/t* (*irr*, ***haben***, *sep*, *-ge-*, *h*) like, be fond of;
gerochen [gə'rɔxən] *pp of* ***riechen***
Geröll [gə'rœl] *n* (-[*e*]*s*; *-e*) scree; boulders
geronnen [gə'rɔnən] *pp of* ***rinnen***
Gerste ['gɛrstə] *f* (-; *-n*) BOT barley
'**Gerstenkorn** *n* MED sty(e)
Gerte ['gɛrtə] *f* (-; *-n*) switch, rod, twig
Geruch [gə'rʊx] *m* (-[*e*]*s*; *Gerüche* [gə'rʏçə]) smell; odo(u)r; scent
ge'ruchlos *adj* odo(u)rless
Ge'ruchssinn *m* (sense of) smell
Gerücht [gə'rʏçt] *n* (-[*e*]*s*; *-e*) rumo(u)r
ge'rufen *pp of* ***rufen***
gerührt [gə'ryːɐt] *adj* touched, moved
Gerümpel [gə'rʏmpəl] *n* (*-s*; *no pl*) lumber, junk
Gerundium [ge'rʊndiʊm] *n* (*-s*; *-ien*) LING gerund
gerungen [gə'rʊŋən] *pp of* ***ringen***
Gerüst [gə'rʏst] *n* (-[*e*]*s*; *-e*) frame (-work); scaffold(ing); stage
ge'salzen *pp of* ***salzen***
gesamt [gə'zamt] *adj* whole, entire, total, all
Ge'samt... *in cpds ...ergebnis etc*: *mst* total ...; **~ausgabe** *f* complete edition; **~schule** *f* comprehensive school
gesandt [gə'zant] *pp of* ***senden***
Gesandte [gə'zantə] *m*, *f* (*-n*; *-n*) POL envoy; **Ge'sandtschaft** *f* (-; *-en*) legation, mission
Gesang [gə'zaŋ] *m* (-[*e*]*s*; *Gesänge* [gə'zɛŋə]) singing; song; voice; **~buch** *n* REL hymn book; **~(s)lehrer(in)** singing teacher; **~verein** *m* choral society, glee club
Gesäß [gə'zɛːs] *n* (*-es*; *-e*) ANAT buttocks, bottom
ge'schaffen *pp of* ***schaffen***[1]
Geschäft [gə'ʃɛft] *n* (-[*e*]*s*; *-e*) business; store, *Br* shop; bargain
ge'schäftig *adj* busy, active
Ge'schäftigkeit *f* (-; *no pl*) activity
ge'schäftlich **1.** *adj* business ...; commercial **2.** *adv* on business
Ge'schäfts|brief *m* business letter; **~frau** *f* businesswoman; **~freund** *m* business friend; **~führer(in)** managing director; (*of shop*) manager; **~inhaber(in)** proprietor; **~leitung** *f* executive board; **~mann** *m* businessman
ge'schäftsmäßig *adj* businesslike
Ge'schäfts|ordnung *f* PARL standing orders; rules (of procedure); **~partner(in)** (business) partner; **~räume** *pl* (business) premises; **~reise** *f* business trip; **~schluss** *m* closing time; ***nach ~ a.*** after business hours; **~stelle** *f* office; **~straße** *f* shopping street
'**ge'schäftstüchtig** *adj* efficient, smart
Ge'schäfts|verbindung *f* business connection; **~viertel** *n* commercial district; downtown; **~zeit** *f* office *or* business hours; **~zweig** *m* branch *or* line (of business)
geschah [gə'ʃaː] *pret of* ***geschehen*** 1
geschehen [gə'ʃeːən] **1.** *v/i* (*irr*, *no -ge-*, *sein*) happen, occur, take place; be done; ***es geschieht ihm recht*** it serves him right **2.** *pp of* ***geschehen*** 1
gescheit [gə'ʃait] *adj* clever, bright, F brainy
Geschenk [gə'ʃɛŋk] *n* (-[*e*]*s*; *-e*) present, gift; **~gutschein** *m* gift voucher; **~packung** *f* gift box; **~papier** *n* gift wrap
Geschichte [gə'ʃɪçtə] *f* (-; *-n*) story; (*no pl*) history; F business, thing
ge'schichtlich *adj* historical
Ge'schichts|schreiber *m* (*-s*; -), **~wissenschaftler** *m* historian
Geschick [gə'ʃɪk] *n* (-[*e*]*s*; *-e*) fate, destiny; → **Ge'schicklichkeit** *f* (-; *no pl*) skill; dexterity; **ge'schickt** *adj* skil(l)ful, skilled; dext(e)rous; clever
geschieden [gə'ʃiːdən] **1.** *pp of* ***scheiden*** **2.** *adj* divorced, *marriage*: dissolved
geschienen [gə'ʃiːnən] *pp of* ***scheinen***
Geschirr [gə'ʃɪr] *n* (-[*e*]*s*; *-e*) dishes, china; (*no pl*) kitchen utensils, pots and pans, crockery; harness; ***~ spülen*** wash *or* do the dishes
Ge'schirrspüler *m* (*-s*; -) dishwasher
geschissen [gə'ʃɪsən] *pp of* ***scheißen***
ge'schlafen *pp of* ***schlafen***
ge'schlagen *pp of* ***schlagen***

Geschlecht [gəˈʃlɛçt] *n* (-[*e*]*s*; -*er*) (*no pl*) sex; kind, species; family, line(age); generation; LING gender

Geˈschlechts|krankheit *f* MED sexually transmitted disease, venereal disease; **~teile** *pl* genitals; **~trieb** *m* sexual instinct *or* urge; **~verkehr** *m* (sexual) intercourse; **~wort** *n* LING article

geschlichen [gəˈʃlɪçən] *pp of* ***schleichen***

geschliffen [gəˈʃlɪfən] **1.** *pp of* ***schleifen²*** **2.** *adj* cut; *fig* polished

geschlossen [gəˈʃlɔsən] **1.** *pp of* ***schließen*** **2.** *adj* closed

geschlungen [gəˈʃlʊŋən] *pp of* ***schlingen***

Geschmack [gəˈʃmak] *m* (-[*e*]*s*; *Geschmäcke* [gəˈʃmɛkə]) taste (*a. fig*); flavo(u)r; ***~ finden an*** (*dat*) develop a taste for; **geˈschmacklos** *adj a. fig* tasteless; **Geˈschmacklosigkeit** *f* (-; *no pl*) tastelessness; **Geˈschmack(s)sache** *f* matter of taste; **geˈschmackvoll** *adj* tasteful, in good taste

geschmeidig [gəˈʃmaidɪç] *adj* supple, pliant

geschmissen [gəˈʃmɪsən] *pp of* ***schmeißen***

geschmolzen [gəˈʃmɔltsən] *pp of* ***schmelzen***

geschnitten [gəˈʃnɪtən] *pp of* ***schneiden***

geschoben [gəˈʃoːbən] *pp of* ***schieben***

Geschöpf [gəˈʃœpf] *n* (-[*e*]*s*; -*e*) creature

geschoren [gəˈʃoːrən] *pp of* ***scheren***

Geschoss [gəˈʃɔs] *n* (-*es*; -*e*), **Geschoß** [gəˈʃoːs] *Austrian n* (-*es*; -*e*) projectile, missile; stor(e)y, floor

geˈschossen *pp of* ***schießen***

Geˈschrei F *n* (-*s*; *no pl*) shouting, yelling; screams; crying; *fig* fuss

geschrieben [gəˈʃriːbən] *pp of* ***schreiben***

geschrie(e)n [gəˈʃriː(ə)n] *pp of* ***schreien***

geschritten [gəˈʃrɪtən] *pp of* ***schreiten***

geschunden [gəˈʃʊndən] *pp of* ***schinden***

Geschütz [gəˈʃʏts] *n* (-*es*; -*e*) MIL gun, cannon

Geschwader [gəˈʃvaːdɐ] *n* (-*s*; -) MIL MAR squadron; AVIAT group, *Br* wing

Geschwätz [gəˈʃvɛts] F *n* (-*es*; *no pl*) chatter, babble; gossip; *fig* nonsense

geˈschwätzig *adj* talkative; gossipy

geschweige [gəˈʃvaigə] *cj*: **~ (*denn*)** let alone

geschwiegen [gəˈʃviːgən] *pp of* ***schweigen***

geschwind [gəˈʃvɪnt] *adj* quick, swift

Geschwindigkeit [gəˈʃvɪndɪçkait] *f* (-; -*en*) speed; fastness, quickness; PHYS velocity; ***mit e-r ~ von …*** at a speed *or* rate of …

Geˈschwindigkeits|begrenzung *f* speed limit; **~überschreitung** *f* MOT speeding

Geschwister [gəˈʃvɪstɐ] *pl* brother(s) and sister(s); JUR siblings

G

geschwollen [gəˈʃvɔlən] **1.** *pp of* ***schwellen*** 1 **2.** *adj* MED swollen; *fig* bombastic, pretentious, pompous

geschwommen [gəˈʃvɔmən] *pp of* ***schwimmen***

geschworen [gəˈʃvoːrən] *pp of* ***schwören***; **Geˈschworene** *m, f* (-*n*; -*n*) member of a jury; ***die ~n*** the jury

Geschwulst [gəˈʃvʊlst] *f* (-; *Geschwülste* [gəˈʃvʏlstə]) MED growth, tumo(u)r

geschwunden [gəˈʃvʊndən] *pp of* ***schwinden***

geschwungen [gəˈʃvʊŋən] *pp of* ***schwingen***

Geschwür [gəˈʃvyːɐ] *n* (-*s*; -*e*) MED abscess, ulcer

geˈsehen *pp of* ***sehen***

Geselchte [gəˈzɛlçtə] *Austrian n* (-*n*; *no pl*) GASTR smoked meat

Geselle [gəˈzɛlə] *m* (-*n*; -*n*) journeyman

geˈsellen *v/refl* (*no -ge-, h*) ***sich zu j-m ~*** join s.o.

geˈsellig *adj* sociable; zo *etc* social; ***~es Beisammensein*** get-together

Geˈsellin *f* (-; -*nen*) trained woman *hairdresser etc*, journeywoman

Gesellschaft [gəˈzɛlʃaft] *f* (-; -*en*) society; company; party; ECON company, corporation; ***j-m ~ leisten*** keep s.o. company

geˈsellschaftlich *adj* social

Geˈsellschafts… *in cpds …kritik, …ordnung etc*: social …; **~spiel** *n* parlo(u)r game; **~tanz** *m* ballroom dance

gesessen [gəˈzɛsən] *pp of* ***sitzen***

Gesetz [gəˈzɛts] *n* (-*es*; -*e*) JUR law; act;

~buch *n* JUR code (of law); **~entwurf** *m* PARL bill
ge'setzgebend *adj* JUR legislative
Ge'setzgeber *m* (*-s*; -) JUR legislator
Ge'setzgebung *f* (-; *-en*) JUR legislation
ge'setzlich 1. *adj* legal; lawful **2.** *adv*: **~ *geschützt*** JUR patented, registered
ge'setzlos *adj* lawless
ge'setzmäßig *adj* legal, lawful
gesetzt [gəˈzɛtst] **1.** *adj* staid, dignified; mature (*age*) **2.** *cj*: ***~ den Fall*** (*, **dass***) **...** supposing (that)
ge'setzwidrig *adj* illegal, unlawful
Gesicht [gəˈzɪçt] *n* (*-[e]s*; *-er*) face; ***zu ~ bekommen*** catch sight of
Ge'sichts|ausdruck *m* look, expression; **~creme** *f* face cream; **~farbe** *f* complexion; **~punkt** *m* point of view, aspect, angle; **~wasser** *n* toner; **~zug** *m* feature
Gesindel [gəˈzɪndəl] *n* (*-s*; *no pl*) trash, *the* riff-raff
gesinnt [gəˈzɪnt] *adj* minded; ***j-m feindlich ~ sein*** be ill-disposed towards s.o.
Ge'sinnung *f* (-; *-en*) mind; attitude; POL conviction(s)
ge'sinnungslos *adj* unprincipled
ge'sinnungstreu *adj* loyal
Ge'sinnungswechsel *m* about-face, *Br* about-turn
gesittet [gəˈzɪtət] *adj* civilized, well-mannered
gesoffen [gəˈzɔfən] *pp of* ***saufen***
gesogen [gəˈzoːgən] *pp of* ***saugen***
gesotten [gəˈzɔtən] *pp of* ***sieden***
gespalten [gəˈʃpaltən] *pp of* ***spalten***
Gespann [gəˈʃpan] *n* (*-[e]s*; *-e*) team (*a. fig*)
gespannt [gəˈʃpant] *adj* tense (*a. fig*); ***~ sein auf*** (*acc*) be anxious to see; ***ich bin ~, ob*** (***wie***) I wonder if (how)
Gespenst [gəˈʃpɛnst] *n* (*-[e]s*; *-er*) ghost, apparition, *esp fig* specter, *Br* spectre
ge'spenstisch *adj* ghostly, F spooky
gespie(e)n [gəˈʃpiː(ə)n] *pp of* ***speien***
Gespinst [gəˈʃpɪnst] *n* (*-[e]s*; *-e*) web, tissue (*both a. fig*)
gesponnen [gəˈʃpɔnən] *pp of* ***spinnen***
Gespött [gəˈʃpœt] *n* (*-[e]s*; *no pl*) mockery, ridicule; ***j-n zum ~ machen*** make a laughingstock of s.o.
Gespräch [gəˈʃprɛːç] *n* (*-[e]s*; *-e*) talk (*a.* POL), conversation; TEL call
ge'sprächig *adj* talkative
gesprochen [gəˈʃprɔxən] *pp of* ***sprechen***
gesprossen [gəˈʃprɔsən] *pp of* ***sprießen***
gesprungen [gəˈʃprʊŋən] *pp of* ***springen***
Gespür [gəˈʃpyːɐ] *n* (*-s*; *no pl*) flair, nose
Gestalt [gəˈʃtalt] *f* (-; *-en*) shape, form; figure; **ge'stalten** *v/t* (*no -ge-*, *h*) arrange; design; **Ge'staltung** *f* (-; *-en*) arrangement; design; decoration
gestanden [gəˈʃtandən] *pp of* ***stehen***
ge'ständig *adj*: ***~ sein*** confess; have confessed
Geständnis [gəˈʃtɛntnɪs] *n* (*-ses*; *-se*) confession (*a. fig*)
Gestank [gəˈʃtaŋk] *m* (*-[e]s*; *no pl*) stench, stink
gestatten [gəˈʃtatən] *v/t* (*no -ge-*, *h*) allow, permit
Geste [ˈgɛstə] *f* (-; *-n*) gesture (*a. fig*)
ge'stehen *v/t and v/i* (*irr*, ***stehen***, *no -ge-*, *h*) confess
Ge'stein *n* (*-[e]s*; *-e*) rock, stone
Gestell [gəˈʃtɛl] *n* (*-[e]s*; *-e*) stand, base, pedestal; shelves; frame
gestern [ˈgɛstɐn] *adv* yesterday; ***~ Abend*** last night
gestiegen [gəˈʃtiːgən] *pp of* ***steigen***
gestochen [gəˈʃtɔxən] *pp of* ***stechen***
gestohlen [gəˈʃtoːlən] *pp of* ***stehlen***
gestorben [gəˈʃtɔrbən] *pp of* ***sterben***
ge'stoßen *pp of* ***stoßen***
gestreift [gəˈʃtraift] *adj* striped
gestrichen [gəˈʃtrɪçən] *pp of* ***streichen***
gestrig [ˈgɛstrɪç] *adj* yesterday's, of yesterday
gestritten [gəˈʃtrɪtən] *pp of* ***streiten***
Gestrüpp [gəˈʃtrʏp] *n* (*-[e]s*; *-e*) brushwood, undergrowth; *fig* jungle, maze
gestunken [gəˈʃtʊŋkən] *pp of* ***stinken***
Gestüt [gəˈʃtyːt] *n* (*-[e]s*; *-e*) stud
Gesuch [gəˈzuːx] *n* (*-[e]s*; *-e*) application, request
gesund [gəˈzʊnt] *adj* healthy; healthful, *fig a.* sound; ***~er Menschenverstand*** common sense; (***wieder***) ***~ werden*** get well (again), recover; **Ge'sundheit** *f* (-; *no pl*) health; ***auf j-s ~ trinken*** drink to s.o.'s health; ***~!*** bless you!; **ge'sundheitlich 1.** *adj*: ***~er Zustand*** state of health; ***aus ~en Grün-***

den for health reasons **2.** *adv*: ***~ geht es ihm gut*** he is in good health
Ge'sundheitsamt *n* Public Health Department (*Br* Office)
ge'sundheitsschädlich *adj* bad for one's health
Ge'sundheits|zeugnis *n* health certificate; **~zustand** *m* state of health
gesungen [gə'zʊŋən] *pp of* ***singen***
gesunken [gə'zʊŋkən] *pp of* ***sinken***
getan [gə'ta:n] *pp of* ***tun***
Getöse [gə'tø:zə] *n* (*-s; no pl*) din, (deafening) noise
ge'tragen *pp of* ***tragen***
Getränk [gə'trɛŋk] *n* (*-[e]s; -e*) drink, beverage; **Ge'tränkeauto,mat** *m* drinks machine
Getreide [gə'traidə] *n* (*-s; -*) cereals, grain, *Br a.* corn; **~ernte** *f* grain harvest (*or* crop)
ge'treten *pp of* ***treten***
Getriebe [gə'tri:bə] *n* (*-s; -*) MOT transmission
ge'trieben [gə'tri:bən] *pp of* ***treiben***
getroffen [gə'trɔfən] *pp of* ***treffen***
getrogen [gə'tro:gən] *pp of* ***trügen***
getrost [gə'tro:st] *adv* safely
getrunken [gə'trʊŋkən] *pp of* ***trinken***
Getue [gə'tu:ə] F *n* (*-s; no pl*) fuss
Getümmel [gə'tʏməl] *n* (*-s; -*) turmoil
Gewächs [gə'vɛks] *n* (*-es; -e*) plant; MED growth
ge'wachsen 1. *pp of* ***wachsen***[1] **2.** *fig adj*: ***j-m ~ sein*** be a match for s.o.; ***e-r Sache ~ sein*** be equal to s.th., be able to cope with s.th.
Ge'wächshaus *n* greenhouse, hothouse
gewagt [gə'va:kt] *adj* daring; *fig* risqué
gewählt [gə'vɛ:lt] *adj* refined
Gewähr [gə'vɛ:ɐ] *f*: ***~ übernehmen (für)*** guarantee; **ge'währen** *v/t* (*no -ge-, h*) grant, allow; **ge'währleisten** *v/t* (*no -ge-, h*) guarantee
Gewahrsam [gə'va:ɐza:m] *m*: ***et.*** (***j-n***) ***in ~ nehmen*** take s.th. in safekeeping (s.o. into custody)
Gewalt [gə'valt] *f* (*-; -en*) (*no pl*) force, violence; power; ***mit ~*** by force; ***höhere ~*** act of God; ***häusliche ~*** domestic violence; ***in s-e ~ bringen*** seize by force; ***die ~ verlieren über*** (*acc*) lose control over; **~herrschaft** *f* tyranny
ge'waltig *adj* powerful, mighty; enormous
ge'waltlos *adj* nonviolent; **Ge'waltlosigkeit** *f* (*-; no pl*) nonviolence
ge'waltsam 1. *adj* violent **2.** *adv* by force; ***~ öffnen*** force open
ge'walttätig *adj* violent
Ge'walttätigkeit *f* (*-; -en*) (*no pl*) violence; act of violence
Ge'waltverbrechen *n* crime of violence
Gewand [gə'vant] *n* (*-[e]s; Gewänder* [gə'vɛndɐ]) robe, gown; REL vestment
gewandt [gə'vant] **1.** *pp of* ***wenden*** (*v/refl*) **2.** *adj* nimble; skil(l)ful; clever
Ge'wandtheit *f* (*-; no pl*) nimbleness; skill; ease
gewann [gə'van] *pret of* ***gewinnen***
ge'waschen *pp of* ***waschen***
Gewässer [gə'vɛsɐ] *n* (*-s; -*) body of water; *pl* waters
Gewebe [gə've:bə] *n* (*-s; -*) fabric; BIOL tissue
Gewehr [gə've:ɐ] *n* (*-[e]s; -e*) gun; rifle; shotgun; **~kolben** *m* (rifle) butt; **~lauf** *m* (rifle *or* gun) barrel
Geweih [gə'vai] *n* (*-[e]s; -e*) ZO antlers, horns
Gewerbe [gə'vɛrbə] *n* (*-s; -*) trade, business; **~schein** *m* trade licen|se, *Br* -ce
gewerblich [gə'vɛrplɪç] *adj* commercial, industrial; **gewerbsmäßig** [gə'vɛrpsmɛ:sɪç] *adj* professional
Gewerkschaft [gə'vɛrkʃaft] *f* (*-; -en*) labor union, *Br* (trade) union
Ge'werkschaft(l)er *m* (*-s; -*), **Ge'werkschaft(l)erin** *f* (*-; -nen*) labor (*Br* trade) unionist; **ge'werkschaftlich** *adj*, **Ge'werkschafts...** *in cpds* labor (*Br* trade) union ...
ge'wesen *pp of* ***sein***[1]
gewichen [gə'vɪçən] *pp of* ***weichen***
Gewicht [gə'vɪçt] *n* (*-[e]s; -e*) weight; importance; ***~ legen auf*** (*acc*) stress
gewiesen [gə'vi:zən] *pp of* ***weisen***
gewillt [gə'vɪlt] *adj* willing, ready
Gewimmel [gə'vɪməl] *n* (*-s; no pl*) throng
Gewinde [gə'vɪndə] *n* (*-s; -*) TECH thread; ***ein ~ bohren in*** (*acc*) tap
Gewinn [gə'vɪn] *m* (*-[e]s; -e*) ECON profit (*a. fig*); gain(s); prize; winnings; ***~ bringend → gewinnbringend***
ge'winnbringend *adj* profitable
ge'winnen *v/t and v/i* (*irr, no -ge-, h*)

win; gain; **~d** *fig adj* winning, engaging
Gewinner [gə'vɪnɐ] *m* (*-s*; -), **Ge'winnerin** *f* (-; *-nen*) winner
Ge'winnzahl *f* winning number
Gewirr [gə'vɪr] *n* (*-[e]s*; *no pl*) tangle; maze
gewiss [gə'vɪs] **1.** *adj* certain **2.** *adv* certainly
Ge'wissen *n* (*-s*; -) conscience
ge'wissenhaft *adj* conscientious
ge'wissenlos *adj* unscrupulous
Ge'wissens|bisse *pl* pricks *or* pangs of conscience; **~frage** *f* question of conscience; **~gründe** *pl*: ***aus ~n*** for reasons of conscience
Ge'wissheit *f* (-; *no pl*) certainty; ***mit ~*** *know etc* for certain *or* sure
Gewitter [gə'vɪtɐ] *n* (*-s*; -) thunderstorm; **~regen** *m* thundershower; **~wolke** *f* thundercloud
gewoben [gə'vo:bən] *pp of* ***weben***
gewogen [gə'vo:gən] *pp of* ***wiegen***[1] *and* ***wägen***
gewöhnen [gə'vø:nən] *v/t and v/refl* (*no -ge-, h*) ***sich (j-n) ~ an*** (*acc*) get (s.o.) used to; **Gewohnheit** [gə'vo:nhait] *f* (-; *-en*) habit (***et. zu tun*** of doing s.th.); **ge'wohnheitsmäßig** *adj* habitual
gewöhnlich [gə'vø:nlɪç] *adj* common, ordinary, usual; vulgar, F common
gewohnt [gə'vo:nt] *adj* usual; ***et.*** (***zu tun***) ***~ sein*** be used *or* accustomed to (doing) s.th.
Gewölbe [gə'vœlbə] *n* (*-s*; -) vault
gewölbt [gə'vœlpt] *adj* arched
gewonnen [gə'vɔnən] *pp of* ***gewinnen***
geworben [gə'vɔrbən] *pp of* ***werben***
geworden [gə'vɔrdən] *pp of* ***werden***
geworfen [gə'vɔrfən] *pp of* ***werfen***
gewrungen [gə'vrʊŋən] *pp of* ***wringen***
Gewühl [gə'vy:l] *n* (*-[e]s*; *no pl*) crowd, crush
gewunden [gə'vʊndən] **1.** *pp of* ***winden*** **2.** *adj* winding
Gewürz [gə'vʏrts] *n* (*-es*; *-e*) spice; **~gurke** *f* pickle(d gherkin)
gewusst [gə'vʊst] *pp of* ***wissen***
gezackt [gə'tsakt] *adj* jagged, serrated
Ge'zeiten *pl* tide(s)
Gezeter [gə'tse:tɐ] *contp n* (*-s*; *no pl*) (shrill) clamo(u)r; nagging
geziert [gə'tsi:ɐt] *adj* affected
gezogen [gə'tso:gən] *pp of* ***ziehen***
Gezwitscher [gə'tsvɪtʃɐ] *n* (*-s*; *no pl*) chirp(ing), twitter(ing)
gezwungen [gə'tsvʊŋən] **1.** *pp of* ***zwingen*** **2.** *adj* forced, unnatural
Gicht [gɪçt] *f* (-; *no pl*) MED gout
Giebel ['gi:bəl] *m* (*-s*; -) gable
Gier [gi:ɐ] *f* (-; *no pl*) greed(iness) (***nach*** for); **gierig** ['gi:rɪç] *adj* greedy (***nach, auf*** *acc* for, after)
gießen ['gi:sən] *v/t and v/i* (*irr, ge-, h*) pour; TECH cast; water
Gieße'rei *f* (-; *-en*) TECH foundry
'Gießkanne *f* watering pot (*Br* can)
Gift [gɪft] *n* (*-[e]s*; *-e*) poison, zo *a.* venom (*a. fig*); **'giftig** *adj* poisonous; venomous (*a. fig*); poisoned; MED toxic
'Gift|müll *m* toxic waste; **~mülldepo,nie** *f* toxic waste dump; **~schlange** *f* zo poisonous *or* venomous snake; **~stoff** *m* poisonous *or* toxic substance; pollutant; **~zahn** *m* zo poison fang
Gigant [gi'gant] *m* (*-en*; *-en*) giant
gi'gantisch *adj* gigantic
ging [gɪŋ] *pret of* ***gehen***
Gipfel ['gɪpfəl] *m* (*-s*; -) top, peak, summit, *fig a.* height; **~konfe,renz** *f* POL summit (meeting *or* conference)
'gipfeln *v/i* (*ge-, h*) culminate (***in*** *dat* in)
Gips [gɪps] *m* (*-es*; *-e*) plaster (of Paris); ***in ~*** MED in (a) plaster (cast); **~abdruck** *m*, **~abguss** *m* plaster cast
'gipsen *v/t* (*ge-, h*) plaster (*a.* F MED)
'Gipsverband *m* MED plaster cast
Giraffe [gi'rafə] *f* (-; *-n*) zo giraffe
Girlande [gɪr'landə] *f* (-; *-n*) garland, festoon
Girokonto ['ʒi:rokɔnto] *n* checking (*or* current) account; postal check (*Br* giro) account
Gischt [gɪʃt] *m* (*-[e]s*; *-e*), *f* (-; *-en*) (sea) spray, spindrift
Gitarre [gi'tarə] *f* (-; *-n*) MUS guitar
Gitarrist [gita'rɪst] *m* (*-en*; *-en*) guitarist
Gitter ['gɪtɐ] *n* (*-s*; -) lattice; grating; F ***hinter ~n*** (***sitzen***) (be) behind bars
'Gitterbett *n* crib, *Br* cot
'Gitterfenster *n* lattice (window)
Glanz [glants] *m* (*-es*; *no pl*) shine, gloss (*a.* TECH), luster, *Br* lustre, brilliance (*a. fig*); *fig* splendo(u)r, glamo(u)r
glänzen ['glɛntsən] *v/i* (*ge-, h*) shine, gleam; glitter, glisten; **~d** *adj* shining, shiny, bright; PHOT glossy; *fig* brilliant, excellent

ˈ**Glanz|leistung** *f* brilliant achievement; **~zeit** *f* heyday
Glas [glaːs] *n* (*-es*; *Gläser* [ˈglɛːzɐ]) glass
Glaser [ˈglaːzɐ] *m* (*-s*; -) glazier
gläsern [ˈglɛːzɐn] *adj* (of) glass
ˈ**Glas|faser** *f*, **~fiber** *f* glass fiber (*Br* fibre); **~hütte** *f* TECH glassworks
glasieren [glaˈziːrən] *v/t* (*no -ge-*, *h*) glaze; GASTR ice, frost
glasig [ˈglaːzɪç] *adj* glassy
ˈ**glasklar** *adj* crystal-clear (*a. fig*)
ˈ**Glasscheibe** *f* (glass) pane
Glasur [glaˈzuːɐ] *f* (*-; -en*) glaze; GASTR icing
glatt [glat] *adj* smooth (*a. fig*); slippery; *fig* clear; **Glätte** [ˈglɛtə] *f* (*-; no pl*) smoothness (*a. fig*); slipperiness
ˈ**Glatteis** *n* (glare, *Br* black) ice; ***es herrscht ~*** the roads are icy; F ***j-n aufs ~ führen*** mislead s.o.
glätten [ˈglɛtən] *v/t* (*ge-*, *h*) smooth; *Swiss*: → ***bügeln***
ˈ**glattgehen** *v/i* (*irr*, *sep*, *-ge-*, *sein*) F work (out well), go (off) well
Glatze [ˈglatsə] *f* (*-; -n*) bald head; ***e-e ~ haben*** be bald
Glaube [ˈglaubə] *m* (*-ns*; *no pl*) belief, *esp* REL faith (*both*: ***an*** *acc* in)
ˈ**glauben** *v/t and v/i* (*ge-*, *h*) believe; think, guess; ***~ an*** (*acc*) believe in (*a.* REL)
ˈ**Glaubens|bekenntnis** *n* REL creed, profession *or* confession of faith; **~lehre** *f*, **~satz** *m* dogma, doctrine
glaubhaft [ˈglauphaft] *adj* credible, plausible
gläubig [ˈglɔʏbɪç] *adj* religious; devout; ***die Gläubigen*** the faithful
Gläubiger [ˈglɔʏbɪgɐ] *m* (*-s*; *-*), ˈ**Gläubigerin** *f* (*-; -nen*) ECON creditor
ˈ**glaubwürdig** *adj* credible; reliable
gleich [glaiç] **1.** *adj* same; equal (*right etc*); ***auf die ~e Art*** (in) the same way; ***zur ~en Zeit*** at the same time; ***das ist mir ~*** it's all the same to me; ***ganz ~, wann*** *etc* no matter when *etc*; ***das Gleiche*** the same; (***ist***) ***~ …*** MATH equals …, is …; ***~ bleibend*** → ***gleichbleibend***; ***~ gesinnt*** like-minded; ***~ lautend*** → ***gleichlautend*** **2.** *adv* equally, alike; at once, right away; in a moment *or* minute; ***~ groß*** (***alt***) of the same size (age); ***~ nach*** (***neben***) right after (next to); ***~ gegenüber*** just opposite *or* across the street; ***es ist ~ 5 Uhr*** it's almost 5 o'clock; ***~ aussehen*** (***gekleidet sein***) look (be dressed) alike; ***bis ~!*** see you soon *or* later!; **gleichaltrig** [ˈglaiçˀaltrɪç] *adj* (of) the same age
ˈ**gleichberechtigt** *adj* equal, having equal rights; ˈ**Gleichberechtigung** *f* (*-; no pl*) equal rights
ˈ**gleichbleibend** *adj* constant, steady
ˈ**gleichen** *v/i* (*irr*, *ge-*, *h*) (*dat*) be *or* look like
ˈ**gleichfalls** *adv* also, likewise; ***danke, ~!*** (thanks,) the same to you
gleichförmig [ˈglaiçfœrmɪç] *adj* uniform
ˈ**Gleichgewicht** *n* (*-[e]s*; *no pl*) balance (*a. fig*)
ˈ**gleichgültig** *adj* indifferent (***gegen*** to); careless; ***das*** (***er***) ***ist mir ~*** I don't care (for him); ˈ**Gleichgültigkeit** *f* (*-; no pl*) indifference
ˈ**Gleichheit** *f* (*-; no pl*) equality
ˈ**gleichkommen** *v/i* (*irr*, ***kommen***, *sep*, *-ge-*, *sein*) ***e-r Sache ~*** amount to s.th.; ***j-m ~*** equal s.o. (***an*** *dat* in)
ˈ**gleichlautend** *adj* identical
ˈ**gleichmäßig** *adj* regular; constant; even
gleichnamig [ˈglaiçnaːmɪç] *adj* of the same name
ˈ**Gleichnis** *n* (*-ses*; *-se*) parable
ˈ**gleichsam** *adv* as it were, so to speak
gleichseitig [ˈglaiçzaitɪç] *adj* MATH equilateral
ˈ**gleich|setzen**, **~stellen** *v/t* (*sep*, *-ge-*, *h*) equate (*dat* to, with); put *s.o.* on an equal footing (with)
ˈ**Gleichstrom** *m* ELECTR direct current
ˈ**Gleichung** *f* (*-; -en*) MATH equation
ˈ**gleichwertig** *adj* equally good; ***j-m ~ sein*** be a match for s.o. (*a.* SPORT)
ˈ**gleichzeitig** *adj* simultaneous; ***beide ~*** both at the same time
Gleis [glais] *n* (*-es*; *-e*) RAIL rail(s), track(s), line; platform, gate
gleiten [ˈglaitən] *v/i* (*irr*, *ge-*, *sein*) glide, slide; **~d** *adj*: ***~e Arbeitszeit*** flexible working hours, flextime, *Br a.* flexitime
ˈ**Gleitflug** *m* glide
ˈ**Gleitschirm|fliegen** *n* paragliding; **~flieger** *m* paraglider
Gletscher [ˈglɛtʃɐ] *m* (*-s*; *-*) glacier; **~spalte** *f* crevasse

G

glich [glɪç] *pret of* ***gleichen***
Glied [gliːt] *n* (*-es*; *Glieder* ['gliːdɐ]) ANAT limb; penis; TECH link
gliedern ['gliːdɐn] *v/t* (*ge-*, *h*) structure; divide (***in*** *acc* into)
Gliederung ['gliːdərʊŋ] *f* (*-*; *-en*) structure, arrangement; outline
'**Gliedmaßen** *pl* ANAT limbs, extremities
glimmen ['glɪmən] *v/i* ([*irr*,] *ge-*, *h*) glow; smo(u)lder
'**Glimmstängel** F *m* (*-s*; *-*) cigarette, *Br sl* fag
glimpflich ['glɪmpflɪç] **1.** *adj* lenient, mild **2.** *adv*: ~ ***davonkommen*** get off lightly
glitschig ['glɪtʃɪç] *adj* slippery
glitt [glɪt] *pret of* ***gleiten***
glitzern ['glɪtsɐn] *v/i* (*ge-*, *h*) glitter, sparkle, glint
global [glo'baːl] *adj* global
Globus ['gloːbʊs] *m* (*-*[*ses*]; *-se*) globe
Glocke ['glɔkə] *f* (*-*; *-n*) bell
'**Glocken|blume** *f* bluebell; **~spiel** *n* chimes; **~turm** *m* bell tower, belfry
glomm [glɔm] *pret of* ***glimmen***
glorreich ['gloːɐraiç] *adj* glorious
Glotze ['glɔtsə] F *f* (*-*; *-n*) TV *the* tube, *Br* goggle box; '**glotzen** F *v/i* (*ge-*, *h*) goggle, gape, stare
Glück [glʏk] *n* (*-*[*e*]*s*; *no pl*) (good) luck, fortune; happiness; ~ ***haben*** be lucky; ***zum*** ~ fortunately; ***viel ~!*** good luck!
Glucke ['glʊkə] *f* (*-*; *-n*) ZO sitting hen; *fig* hen
gluckern ['glʊkɐn] *v/i* (*ge-*, *h*) gurgle
'**glücklich** *adj* happy; ***~er Zufall*** lucky chance
'**glücklicher'weise** *adv* fortunately
'**Glücks|bringer** *m* (*-s*; *-*) lucky charm; **~fall** *m* lucky chance; **~pfennig** *m* lucky penny; **~pilz** *m* lucky fellow; **~spiel** *n* game of chance; *coll* gambling; **~spieler** *m* gambler; **~tag** *m* lucky day
'**glückstrahlend** *adj* radiant
'**Glückwunsch** *m* congratulations; ***herzlichen ~!*** congratulations!; happy birthday!
Glühbirne ['glyːbɪrnə] *f* ELECTR light bulb
glühen ['glyːən] *v/i* (*ge-*, *h*) glow (*a. fig*)
glühend ['glyːənt] *adj* glowing; red-hot (*iron*); *fig* burning; ~ ***heiß*** blazing hot
'**Glühwein** *m* mulled wine
Glut [gluːt] *f* (*-*; *-en*) (glowing) fire; embers; live coals; *fig* ardo(u)r
'**Gluthitze** *f* blazing heat
GmbH [geːˀɛmbeː'haː] *abbr of* ***Gesellschaft mit beschränkter Haftung*** private limited liability company
Gnade ['gnaːdə] *f* (*-*; *-n*) mercy, *esp* REL *a.* grace; favo(u)r
'**Gnaden|frist** *f* reprieve; **~gesuch** *n* JUR petition for mercy
'**gnadenlos** *adj* merciless
gnädig ['gnɛːdɪç] *adj* gracious; *esp* REL merciful
Gold [gɔlt] *n* (*-*[*e*]*s*; *no pl*) gold; **~barren** *m* gold bar *or* ingot; *coll* bullion
golden ['gɔldən] *adj* gold; *fig* golden
'**Goldfisch** *m* ZO goldfish
'**goldgelb** *adj* golden (yellow)
'**Gold|gräber** ['gɔltgrɛːbɐ] *m* (*-s*; *-*) gold digger; **~grube** *fig f* goldmine, bonanza
goldig ['gɔldɪç] F *adj* sweet, lovely, cute
'**Gold|mine** *f* goldmine; **~münze** *f* gold coin; **~schmied** *m* goldsmith; **~stück** *n* gold coin
Golf[1] [gɔlf] *m* (*-*[*e*]*s*; *-e*) GEOGR gulf
Golf[2] *n* (*-s*; *no pl*) SPORT golf; **~platz** *m* golf course; **~schläger** *m* golf club; **~spieler** *m* golfer
Gondel ['gɔndəl] *f* (*-*; *-n*) gondola; cabin
Gong [gɔŋ] *m* (*-s*; *-s*) gong
gönnen ['gœnən] *v/t* (*ge-*, *h*) ***j-m et.*** ~ not (be)grudge s.o. s.th.; ***j-m et. nicht*** ~ (be)grudge s.o. s.th.; ***sich et.*** ~ allow o.s. s.th., treat o.s. to s.th.
gönnerhaft ['gœnɐhaft] *adj* patronizing
gor [goːɐ] *pret of* ***gären***
Gorilla [go'rɪla] *m* (*-s*; *-s*) ZO gorilla
goss [gɔs] *pret of* ***gießen***
Gosse ['gɔsə] *f* (*-*; *-n*) gutter (*a. fig*)
Gotik ['goːtɪk] *f* (*-*; *no pl*) ARCH Gothic style *or* period; '**gotisch** *adj* Gothic
Gott [gɔt] *m* (*-*[*e*]*s*; *Götter* ['gœtɐ]) REL God, Lord; MYTH god; ~ ***sei Dank***(!) thank God(!); ***um ~es Willen!*** for heaven's sake!; '**gottergeben** *adj* resigned (to the will of God)
'**Gottesdienst** *m* REL (divine) service
gottesfürchtig ['gɔtəsfʏrçtɪç] *adj* god-fearing
Gotteslästerer ['gɔtəslɛstərɐ] *m* (*-s*; *-*) blasphemer; '**Gotteslästerung** *f* (*-*; *-en*) blasphemy
'**Gottheit** *f* (*-*; *-en*) deity, divinity
Göttin ['gœtɪn] *f* (*-*; *-nen*) goddess

'göttlich ['gœtlıç] *adj* divine
gott'lob *int* thank God *or* goodness!
'gottlos *adj* godless, wicked
'gottverlassen F *adj* godforsaken
'Gottvertrauen *n* trust in God
Götze ['gœtsə] *m* (*-n*; *-n*), **'Götzenbild** *n* idol
Gouverneur [guvɛr'nøːɐ] *m* (*-s*; *-e*) governor
Grab [graːp] *n* (*-[e]s*; *Gräber* ['grɛːbɐ]) grave; tomb
graben ['graːbən] *v/t and v/i* (*irr*, *ge-*, *h*) dig, ZO *a.* burrow; **'Graben** *m* (*-s*; *Gräben* ['grɛːbən]) ditch; MIL trench
'Grab|mal *n* monument; tomb; **~rede** *f* funeral address; **~schrift** *f* epitaph; **~stätte** *f* burial place; grave, tomb; **~stein** *m* tombstone, gravestone
Grad [graːt] *m* (*-[e]s*; *-e*) degree; MIL *etc* rank, grade; ***15 ~ Kälte*** 15 degrees below zero; **~einteilung** *f* graduation
graduell [gra'duɛl] *adj* in degree
Graf [graːf] *m* (*-en*; *-en*) count, *Br* earl
Graffiti [gra'fiːti] *pl* graffiti
Grafik ['graːfık] *f* (*-*; *-en*) (*no pl*) graphic arts; print; MATH, TECH graph, diagram; (*no pl*) art(work), illustrations; (*no pl*) IT graphics
'Grafiker *m* (*-s*; *-*), **'Grafikerin** *f* (*-*; *-nen*) graphic artist
Gräfin ['grɛːfın] *f* (*-*; *-nen*) countess
grafisch ['graːfıʃ] *adj* graphic
Grafologie *f* → ***Graphologie***
'Grafschaft *f* (*-*; *-en*) county
Gramm [gram] *n* (*-s*; *-e*) gram
Grammatik [gra'matık] *f* (*-*; *-en*) grammar; **gram'matisch** *adj* grammatical
Granat [gra'naːt] *m* (*-[e]s*; *-e*) MIN garnet
Gra'nate *f* (*-*; *-n*) MIL shell
Gra'nat|splitter *m* MIL shell splinter; **~werfer** *m* MIL mortar
grandios [gran'djoːs] *adj* magnificent, grand
Granit [gra'niːt] *m* (*-s*; *-e*) granite
Graphik *f etc* → ***Grafik*** *etc*
Graphologie [grafolo'giː] *f* (*-*; *no pl*) graphology
Gras [graːs] *n* (*-es*; *Gräser* ['grɛːzɐ]) grass; **grasen** ['graːzən] *v/i* (*ge-*, *h*) graze; **'Grashalm** *m* blade of grass
grassieren [gra'siːrən] *v/i* (*no -ge-*, *h*) rage, be rife
grässlich ['grɛslıç] *adj* hideous, atrocious
Gräte ['grɛːtə] *f* (*-*; *-n*) (fish)bone
Gratifikation [gratifika'tsjoːn] *f* (*-*; *-en*) gratuity, bonus
gratis ['graːtıs] *adv* free (of charge)
Grätsche ['grɛːtʃə] *f* (*-*; *-n*), **'grätschen** *v/i* (*ge-*, *h*) straddle; *soccer:* stride tackle
Gratulant [gratu'lant] *m* (*-en*; *-en*), **Gratu'lantin** *f* (*-*; *-nen*) congratulator; **Gratulation** [gratula'tsjoːn] *f* (*-*; *-en*) congratulation; **gratulieren** [gratu'liːrən] *v/i* (*no -ge-*, *h*) congratulate (***j-m zu et.*** s.o. on s.th.); ***j-m zum Geburtstag ~*** wish s.o. many happy returns (of the day)
grau [grau] *adj* gray, *Br* grey
'Graubrot *n* rye bread
Gräuel ['grɔʏəl] *m* (*-s*; *-*) horror
'Gräueltat *f* atrocity
'grauen *v/i* (*ge-*, *h*) ***mir graut es vor*** (*dat*) I dread (the thought of)
'Grauen *n* (*-s*; *-*) horror
'grauenhaft, **'grauenvoll** *adj* horrible, horrifying
Graupel ['graupəl] *f* (*-*; *-n*) sleet, soft hail
grausam ['grauzaːm] *adj* cruel
'Grausamkeit *f* (*-*; *-en*) cruelty
grausig ['grauzıç] *adj* → ***grauenhaft***
'Grauzone *f fig* gray (*Br* grey) area
gravieren [gra'viːrən] *v/t* (*no -ge-*, *h*) engrave; **~d** *adj* serious
Gravur [gra'vuːɐ] *f* (*-*; *-en*) engraving
Grazie ['graːtsjə] *f* (*-*; *no pl*) grace
graziös [gra'tsjøːs] *adj* graceful
greifen ['graifən] (*irr*, *ge-*, *h*) **1.** *v/t* seize, grasp, grab, take *or* catch hold of **2.** *v/i fig* take effect; **~ *nach*** reach for; grasp at
Greis [grais] *m* (*-es*; *-e*) (very) old man; **greisenhaft** ['graizənhaft] *adj* senile (*a.* MED); **Greisin** ['graizın] *f* (*-*; *-nen*) (very) old woman
grell [grɛl] *adj* glaring; shrill
Grenze ['grɛntsə] *f* (*-*; *-n*) border; boundary; *fig* limit; **'grenzen** *v/i* (*ge-*, *h*) **~ *an*** (*acc*) border on
'grenzenlos *adj* boundless
'Grenz|fall *m* borderline case; **~land** *n* borderland, frontier; **~linie** *f* borderline, POL demarcation line; **~stein** *m* boundary stone; **~übergang** *m* frontier crossing (point), checkpoint
Greuel *m* → ***Gräuel***
Grieche ['griːçə] *m* (*-n*; *-n*) Greek;

'**Griechenland** Greece; '**Griechin** *f* (-; *-nen*), '**griechisch** *adj* Greek
Grieß [gri:s] *m* (*-es*; *-e*) semolina
griff [grɪf] *pret of* ***greifen***
Griff *m* (-[*e*]*s*; *-e*) grip, grasp; handle
'**griffbereit** *adj* at hand, handy
Grill [grɪl] *m* (*-s*; *-s*) grill
Grille ['grɪlə] *f* (-; *-n*) zo cricket
'**grillen** *v/t* (*ge-*, *h*) grill, barbecue
Grimasse [gri'masə] *f* (-; *-n*) grimace; ***~n schneiden*** pull faces
grimmig ['grɪmɪç] *adj* grim
grinsen ['grɪnzən] *v/i* (*ge-*, *h*) grin (***über*** *acc* at); ***höhnisch*** *or* ***spöttisch ~*** (***über*** *acc*) sneer (at); '**Grinsen** *n* (*-s*; *no pl*) grin; ***höhnisches*** *or* ***spöttisches ~*** sneer
Grippe ['grɪpə] *f* (-; *-n*) MED influenza, F flu
Grips [grɪps] F *m* (*-es*; *no pl*) brains
grob [gro:p] **1.** *adj* coarse (*a. fig*); *fig* gross; crude; rude; rough **2.** *adv*: ***~ geschätzt*** at a rough estimate
'**Grobheit** *f* (-; *no pl*) coarseness; roughness; rudeness
grölen ['grø:lən] F *v/t and v/i* (*ge-*, *h*) bawl
Groll [grɔl] *m* (-[*e*]*s*; *no pl*) grudge, ill will; '**grollen** *v/i* (*ge-*, *h*) ***j-m ~*** bear s.o. a grudge
Groschen ['grɔʃən] *m* (*-s*; -) *hist* (*former monetary unit of Austria*) groschen; F ten-pfennig piece, ten pfennigs
groß [gro:s] *adj* big; large (*a. family*); tall; grown-up; F big (*brother etc*); *fig* great (*a. fun*, *trouble*, *pain etc*); capital (*letter*); ***~es Geld*** bills, *Br* notes; ***~e Ferien*** summer vacation, *Br* summer holiday(s); ***Groß und Klein*** young and old; ***im Großen und Ganzen*** on the whole; F ***~ in et. sein*** be great at (doing) s.th.; ***wie ~ ist es?*** what size is it?; ***wie ~ bist du?*** how tall are you?
'**großartig** *adj* great, F *a.* terrific
'**Großaufnahme** *f film*: close-up
Größe ['grø:sə] *f* (-; *-n*) size; height; *esp* MATH quantity; *fig* greatness; celebrity
'**Großeltern** *pl* grandparents
'**großen'teils** *adv* to a large *or* great extent, largely
'**Größenwahn** *m* megalomania (*a. fig*)
'**Groß|fa,milie** *f* extended family; **~handel** *m* ECON wholesale (trade); **~händler** *m* ECON wholesale dealer, wholesaler; **~handlung** *f* ECON wholesale business; **~indus,trie** *f* big industry; big business; **~industri,elle** *m* big industrialist, F tycoon; **~macht** *f* POL great power; **~markt** *m* ECON hypermarket; wholesale market; **~maul** F *n* braggart; **~mutter** *f* grandmother; **~raum** *m* conurbation, metropolitan area; ***der ~ München*** Greater Munich, the Greater Munich area; **~raumflugzeug** *n* wide-bodied jet
'**großschreiben** *v/t* (*irr*, ***schreiben***, *sep*, *-ge-*, *h*) capitalize; '**Großschreibung** *f* (use of) capitalization
großsprecherisch ['gro:sʃprɛçərɪʃ] *adj* boastful
großspurig ['gro:sʃpu:rɪç] *adj* arrogant
'**Großstadt** *f* big city; '**großstädtisch** *adj* of *or* in a big city, urban
'**größten'teils** *adv* mostly, mainly
'**großtun** *v/i* (*irr*, ***tun***, *sep*, *-ge-*, *h*) show off; ***sich mit et. ~*** brag about s.th.
'**Großvater** *m* grandfather
'**Großverdiener** *m* (*-s*; -) big earner
'**Großwild** *n* big game
'**großziehen** *v/t* (*irr*, ***ziehen***, *sep*, *-ge-*, *h*) raise, rear; bring up
'**großzügig** *adj* generous, liberal; … on a large scale; spacious
'**Großzügigkeit** *f* (-; *no pl*) generosity, liberality; spaciousness
grotesk [gro'tɛsk] *adj* grotesque
Grotte ['grɔtə] *f* (-; *-n*) grotto
grub [gru:p] *pret of* ***graben***
Grübchen ['gry:pçən] *n* (*-s*; -) dimple
Grube ['gru:bə] *f* (-; *-n*) pit; mine
Grübelei [gry:bə'lai] *f* (-; *-en*) pondering, musing
grübeln ['gry:bəln] *v/i* (*ge-*, *h*) ponder, muse (***über*** *acc* on, over)
Gruft [grʊft] *f* (-; *Grüfte* ['grʏftə]) tomb, vault
grün [gry:n] *adj* green; **Grün** *n* (*-s*; -) green; ***im ~en*** in the country
'**Grünanlage** *f* park
Grund [grʊnt] *m* (-[*e*]*s*; *Gründe* ['grʏndə]) reason; cause; ground, AGR *a.* soil; bottom; ***~ und Boden*** property, land; ***aus diesem ~(e)*** for this reason; ***von ~ auf*** entirely; ***im ~e*** (***genommen***) actually, basically; → ***aufgrund***; → ***zugrunde***
'**Grund…** *in cpds …bedeutung*, *…be-*

dingung, …regel, …prinzip, …wortschatz etc: *mst* basic …; **~begriffe** *pl* basics, fundamentals; **~besitz** *m* property, land; **~besitzer** *m* landowner

gründen ['grʏndən] *v/t* (*ge-*, *h*) found (*a. family*), set up, establish; ***sich ~ auf*** (*dat*) be based *or* founded on

Gründer ['grʏndɐ] *m* (*-s*; *-*), '**Gründerin** *f* (*-*; *-nen*) founder

'**grund'falsch** *adj* absolutely wrong

'**Grund|fläche** *f* MATH base; ARCH area; **~gedanke** *m* basic idea; **~geschwindigkeit** *f* AVIAT ground speed; **~gesetz** *n* POL Basic (Constitutional) Law (for the Federal Republic of Germany); **~lage** *f* foundation, *fig a.* basis; *pl* (basic) elements

'**grundlegend** *adj* fundamental, basic

gründlich ['grʏntlɪç] *adj* thorough

'**Grundlinie** *f tennis etc*: base line

'**grundlos** *adj* groundless, unfounded

'**Grundmauer** *f* foundation

Grün'donnerstag *m* REL Maundy *or* Holy Thursday

'**Grund|rechnungsart** *f* MATH basic arithmetical operation; **~riss** *m* ARCH ground plan; **~satz** *m* principle

grundsätzlich ['grʊntzɛtslɪç] **1.** *adj* fundamental **2.** *adv*: ***ich bin ~ dagegen*** I am against it on principle

'**Grund|schule** *f* elementary (*or* grade) school, *Br* primary (*or* junior) school; **~stein** *m* ARCH foundation stone; *fig* foundations; **~stück** *n* plot (of land), lot; (building) site; premises; **~stücksmakler** *m* realtor, *Br* real estate agent

'**Gründung** *f* (*-*; *-en*) foundation, establishment, setting up

'**grundver'schieden** *adj* totally different

'**Grund|wasser** *n* ground water; **~zahl** *f* cardinal number; **~zug** *m* main feature, characteristic

Grüne ['gryːnə] *m, f* (*-n*; *-n*) POL Green

'**Grünfläche** *f* green space

'**grünlich** *adj* greenish

'**Grünspan** *m* (*-[e]s*; *no pl*) verdigris

grunzen ['grʊntsən] *v/i and v/t* (*ge-*, *h*) grunt

Gruppe ['grʊpə] *f* (*-*; *-n*) group

'**Gruppenreise** *f* group tour

gruppieren [grʊ'piːrən] *v/t* (*no -ge-*, *h*) group, arrange in groups; ***sich ~*** form groups

Grusel… ['gruːzəl-] *in cpds …film etc*: horror …; '**gruselig** *adj* eerie, creepy; spine-chilling; '**gruseln** *v/t and v/refl* (*ge-*, *h*) ***es gruselt mich*** F it gives me the creeps

Gruß [gruːs] *m* (*-es*; *Grüße* ['gryːsə]) greeting(s); MIL salute; ***viele Grüße an*** (*acc*) … give my regards (*or* love) to …; ***mit freundlichen Grüßen*** yours sincerely; ***herzliche Grüße*** best wishes; love

grüßen ['gryːsən] *v/t* (*ge-*, *h*) greet, F say hello to; MIL salute; ***~ Sie ihn von mir*** give my regards (*or* love) to him

gucken ['gʊkən] *v/i* (*ge-*, *h*) look

'**Guckloch** *n* peephole

Güggeli ['gʏgəli] *n* (*-s*; *-*) *Swiss* chicken

gültig ['gʏltɪç] *adj* valid; current

'**Gültigkeit** *f* (*-*; *no pl*) validity; ***s-e ~ verlieren*** expire

Gummi ['gʊmi] *m, n* (*-s*; *-[s]*) rubber; **~band** *n* (*-[e]s*; *-bänder*) rubber (*esp Br a.* elastic) band; **~bärchen** *pl* gummy bears; **~baum** *m* BOT rubber tree; rubber plant

gummieren [gʊ'miːrən] *v/t* (*no -ge-*, *h*) gum

'**Gummi|knüppel** *m* truncheon; **~stiefel** *m* rubber boot, *esp Br* wellington (boot); **~zug** *m* elastic

Gunst [gʊnst] *f* (*-*; *no pl*) favo(u)r, goodwill; → ***zugunsten***

günstig ['gʏnstɪç] *adj* favo(u)rable (**für** to); convenient; ***im ~sten Fall*** at best; ***~e Gelegenheit*** chance

Gurgel ['gʊrgəl] *f* (*-*; *-n*) throat; ***j-m an die ~ springen*** fly at s.o.'s throat; '**gurgeln** *v/i* (*ge-*, *h*) MED gargle

Gurke ['gʊrkə] *f* (*-*; *-n*) BOT cucumber

gurren ['gʊrən] *v/i* (*ge-*, *h*) ZO coo

Gurt [gʊrt] *m* (*-[e]s*; *-e*) belt (*a.* MOT *and* AVIAT); strap

Gürtel ['gʏrtəl] *m* (*-s*; *-*) belt; **~reifen** *m* MOT radial (tire, *Br* tyre)

GUS [gʊs, geːʔuːʔɛs] *abbr of* ***Gemeinschaft Unabhängiger Staaten*** CIS, Commonwealth of Independent States

Guss [gʊs] *m* (*-es*; *Güsse* ['gʏsə]) downpour; TECH casting; GASTR icing; *fig* ***aus e-m ~*** of a piece; '**Gusseisen** *n* cast iron; '**gusseisern** *adj* cast-iron

gut [guːt] **1.** *adj* good; fine; ***ganz ~*** not bad; ***also ~!*** all right (then)!; ***schon ~!*** never mind!; (***wieder***) ***~ werden***

come right (again), be all right; ***~e Reise!*** have a nice trip!; ***sei bitte so ~ und ...*** would you be so good as to *or* good enough to ...; ***in et. ~ sein*** be good at (doing) s.th. **2.** *adv* well; *look, taste etc* good; ***du hast es ~*** you are lucky; ***es ist ~ möglich*** it may well be; ***es gefällt mir ~*** I (do) like it; ***~ gebaut*** well-built; ***~ gelaunt*** in a good mood; ***~ gemacht!*** well done!; ***mach's ~!*** take care (of yourself)!; ***~ gehen*** go (off) well, work out well *or* all right; ***wenn alles ~ geht*** if nothing goes wrong; ***mir geht es ~*** I'm (doing) well; **Gut** *n* (-[*e*]*s*; *Güter* ['gyːtɐ]) estate; *pl* goods

'Gutachten *n* (-*s*; -) (expert) opinion; certificate; **Gutachter** ['guːtʔaxtɐ] *m* (-*s*; -) expert

'gutartig *adj* good-natured; MED benign

Gutdünken ['guːtdʏŋkən] *n*: ***nach ~*** at one's discretion

Gute ['guːtə] *n* (-*n*; *no pl*) good; ***~s tun*** do good; ***alles ~!*** all the best!, good luck!

Güte ['gyːtə] *f* (-; *no pl*) goodness, kindness; ECON quality; F ***meine ~!*** good gracious!

Güter|bahnhof ['gyːtɐbaːnhoːf] *m* freight depot, *Br* goods station; **~gemeinschaft** *f* JUR community of property; **~trennung** *f* JUR separation of property; **~verkehr** *m* freight (*Br* goods) traffic; **~wagen** *m* freight car, *Br* goods wag(g)on; **~zug** *m* freight (*Br* goods) train

'gutgläubig *adj* credulous

'Guthaben *n* (-*s*; -) ECON credit (balance)

'gutheißen *v/t* (*irr*, ***heißen***, *sep*, *-ge-*, *h*) approve (of)

'gutherzig *adj* kind(-hearted)

gütig ['gyːtɪç] *adj* good, kind(ly)

gütlich ['gyːtlɪç] *adv*: ***sich ~ einigen*** come to an amicable settlement

'gutmachen *v/t* (*sep*, *-ge-*, *h*) make up for, repay

gutmütig ['guːtmyːtɪç] *adj* good-natured

'Gutmütigkeit *f* (-; *no pl*) good nature

'Gutsbesitzer *m*, **'Gutsbesitzerin** *f* (-; *-nen*) estate owner

'Gutschein *m* coupon, *esp Br* voucher

'gutschreiben *v/t* (*irr*, ***schreiben***, *sep*, *-ge-*, *h*) ***j-m et. ~*** credit s.th. to s.o.'s account; **'Gutschrift** *f* credit

'Gutshaus *n* manor (house)

'Gutshof *m* estate, manor

'gutstehen *v/refl* (*irr*, ***stehen***, *sep*, *-ge-*, *h*): ***sich ~*** be well off; F ***sich gut mit j-m stehen → stehen***

'Gutsverwalter *m* steward, manager

'gutwillig *adj* willing

Gymnasium [gʏm'naːzjʊm] *n* (-*s*; *-ien*) high school, *Br appr* grammar school

Gymnastik [gʏm'nastɪk] *f* (-; *no pl*) exercises, gymnastics; **gym'nastisch** *adj*: ***~e Übungen*** physical exercises

Gynäkologe [gynɛko'loːgə] *m* (-*n*; -*n*), **Gynäko'login** *f* (-; *-nen*) MED gyn(a)ecologist

H

Haar [haːɐ] *n* (-[*e*]*s*; -*e* ['haːrə]) hair; ***sich die ~e kämmen*** (***schneiden lassen***) comb one's hair (have one's hair cut); ***sich aufs ~ gleichen*** look absolutely identical; ***um ein ~*** by a hair's breadth

'Haarausfall *m* loss of hair

'Haarbürste *f* hairbrush

haaren ['haːrən] *v/i and v/refl* (*ge-*, *h*) ZO lose its hair; *fur*: shed hairs

'Haaresbreite *f*: ***um ~*** by a hair's breadth

'haarfein *adj* (as) fine as a hair

'Haarfestiger *m* (-*s*; -) setting lotion

'Haargefäß *n* ANAT capillary (vessel)

'haargenau F *adv* precisely; (***stimmt***) ***~!*** dead right!

haarig ['haːrɪç] *adj* hairy

'haarklein F *adv* to the last detail

'Haar|klemme *f* bobby pin, *Br* hair clip; **~nadel** *f* hairpin; **~nadelkurve** *f* hairpin bend; **~netz** *n* hair-net

'haarscharf F *adv* by a hair's breadth

'Haar|schnitt *m* haircut; **~spalterei** *f* (-; *no pl*) hair-splitting; **~spange** *f* barrette, *Br* (hair) slide; **~spray** *m*, *n* hair-

spray
'**haarsträubend** *adj* hair-raising
'**Haar|teil** *n* hairpiece; **~trockner** *m* hair dryer; **~wäsche** *f*, **~waschmittel** *n* shampoo; **~wasser** *n* hair tonic; **~wuchs** *m*: ***starken ~ haben*** have a lot of hair; **~wuchsmittel** *n* hair restorer
haben ['ha:bən] *v/t* (*irr, ge-, h*) have (got); ***Hunger ~*** be hungry; ***Durst ~*** be thirsty; ***Ferien*** (***Urlaub***) ***~*** be on vacation (*Br* holiday); ***er hat Geburtstag*** it's his birthday; ***welche Farbe hat ...?*** what colo(u)r is ...?; ***zu ~ sein*** be available; F ***sich ~*** make a fuss; F ***was hast du?*** what's the matter with you?; F ***da ~ wir's!*** there we are!; → ***Datum***
'**Haben** *n* (*-s; no pl*) ECON credit
Habgier ['ha:pgi:ɐ] *f* greed(iness)
'**habgierig** *adj* greedy
Habicht ['ha:bɪçt] *m* (*-s; -e*) ZO hawk
'**Habseligkeiten** *pl* belongings
Hacke ['hakə] *f* (*-; -n*) AGR hoe; (pick-) axe; ANAT heel; '**hacken** *v/t* (*ge-, h*) chop; AGR hoe; ZO peck
'**Hackentrick** *m soccer*: backheeler
Hacker ['hakɐ] *m* (*-s; -*) IT hacker
'**Hack|fleisch** *n* ground (*Br* minced) meat; **~ordnung** *f* ZO pecking order
Hafen ['ha:fən] *m* (*-s; Häfen* ['hɛ:fən]) harbo(u)r, port; **~arbeiter** *m* docker, longshoreman; **~stadt** *f* (sea)port
Hafer ['ha:fɐ] *m* (*-s; -*) BOT oats; **~brei** *m* oatmeal, *Br* porridge; **~flocken** *pl* (rolled) oats; **~schleim** *m* gruel
Haft [haft] *f* (*-; no pl*) JUR confinement, imprisonment; ***in ~*** under arrest
'**haftbar** *adj* responsible, JUR liable
'**Haftbefehl** *m* JUR warrant of arrest
'**haften** *v/i* (*ge-, h*) stick, adhere (***an*** *dat* to); ***~ für*** JUR answer for, be liable for
Häftling ['hɛftlɪŋ] *m* (*-s; -e*) prisoner, convict
'**Haftpflicht** *f* JUR liability; **~versicherung** *f* liability insurance; MOT third party insurance
'**Haftung** *f* (*-; -en*) responsibility, JUR liability; ***mit beschränkter ~*** limited
Hagel ['ha:gəl] *m* (*-s; no pl*) hail, *fig a.* shower, volley; '**Hagelkorn** *n* hailstone; '**hageln** *v/i* (*ge-, h*) hail (*a. fig*); '**Hagelschauer** *m* hail shower
hager ['ha:gɐ] *adj* lean, gaunt, haggard
Hahn [ha:n] *m* (*-[e]s; Hähne* ['hɛ:nə]) ZO cock, rooster; TECH (water) tap, faucet
Hähnchen ['hɛ:nçən] *n* (*-s; -*) ZO chicken
'**Hahnenkamm** *m* ZO cockscomb
Hai [hai] *m* (*-[e]s; -e*), **~fisch** *m* ZO shark
häkeln ['hɛ:kəln] *v/t and v/i* (*ge-, h*) crochet
Haken ['ha:kən] *m* (*-s; -*) hook (*a. boxing*), peg; check, *Br* tick; F snag, catch
'**Hakenkreuz** *n* swastika
halb [halp] *adj and adv* half; ***e-e ~e Stunde*** half an hour; ***ein ~es Pfund*** half a pound; ***zum ~en Preis*** at half-price; ***auf ~em Wege*** (***entgegenkommen***) (meet) halfway; ***~ so viel*** half as much; F (***mit j-m***) ***halbe-halbe machen*** go halves *or* fifty-fifty (with s.o.); ***~ gar*** GASTR underdone
'**Halbbruder** *m* half-brother
'**Halbdunkel** *n* semi-darkness
Halbe ['halbə] *f* (*-n; -n*) pint (of beer)
'**halbfett** *adj* GASTR medium-fat; PRINT semi-bold
'**Halbfi,nale** *n* SPORT semifinal
'**Halbgott** *m* demigod
'**halbherzig** *adj* half-hearted
halbieren [hal'bi:rən] *v/t* (*no -ge-, h*) halve; MATH bisect
'**Halbinsel** *f* peninsula
'**Halbjahr** *n* six months; **halbjährig** ['halpjɛ:rɪç] *adj* six-month; '**halbjährlich 1.** *adj* half-yearly **2.** *adv* half-yearly, twice a year
'**Halbkreis** *m* semicircle
'**Halbkugel** *f* hemisphere
'**halblaut 1.** *adj* low, subdued **2.** *adv* in an undertone
'**Halbleiter** *m* ELECTR semiconductor
'**halbmast** *adv* (at) half-mast
'**Halb|mond** *m* half-moon, crescent; **~pensi,on** *f* (*-; no pl*) *esp Br* half board; **~schlaf** *m* doze; **~schuh** *m* (low) shoe; **~schwester** *f* half-sister
'**halbtags** *adv*: ***~ arbeiten*** work part-time; '**Halbtagsarbeit** *f* (*-; no pl*) part-time job; '**Halbtagskraft** *f* part-time worker, F part-timer
halbwegs ['halpve:ks] *adv* reasonably
Halbwüchsige ['halpvy:ksɪgə] *m, f* (*-n; -n*) adolescent
'**Halbzeit** *f* SPORT half (time); **~stand** *m* SPORT half-time score
Halde ['haldə] *f* (*-; -n*) slope; dump
half [half] *pret of* ***helfen***

H

Hälfte ['hɛlftə] *f* (-; *-n*) half; ***die ~ von*** half of
Halfter ['halftɐ] **1.** *m, n* (*-s*; -) halter **2.** *n* (*-s*; -), *f* (-; *-n*) holster
Halle ['halə] *f* (-; *-n*) hall; lounge; ***in der ~*** SPORT *etc* indoors
'**hallen** *v/i* (*ge-, h*) resound, reverberate
'**Hallenbad** *n* indoor swimming pool
'**Hallensport** *m* indoor sports
Halm [halm] *m* (*-[e]s*; *-e*) BOT blade; ha(u)lm, stalk; straw
Hals [hals] *m* (*-es*; *Hälse* ['hɛlzə]) ANAT neck; throat; ***~ über Kopf*** helter-skelter; F ***sich vom ~ schaffen*** get rid of; F ***es hängt mir zum ~(e) (he)raus*** I'm fed up with it; *fig* ***bis zum ~*** up to one's neck; **~band** *n* (*-[e]s*; *-bänder*) necklace; collar; **~entzündung** *f* MED sore throat; **~kette** *f* necklace; **~schmerzen** *pl*: ***~ haben*** have a sore throat
halsstarrig ['halsʃtarɪç] *adj* stubborn, obstinate
'**Halstuch** *n* neckerchief; scarf
Halt *m* (*-[e]s*; *-e, -s*) (*no pl*) hold; support (*a. fig*); *fig* stability; stop
halt [halt] *int* stop!, MIL halt!
'**haltbar** *adj* durable; GASTR not perishable; *fig* tenable; ***~ bis …*** best before …
'**Haltbarkeitsdatum** *n* best-by (*or* best-before) date
halten ['haltən] (*irr, ge-, h*) **1.** *v/t* hold; keep (*animal, promise etc*); make (*speech*); give (*lecture*); take (*Br a.* in) *a paper etc*; SPORT save; ***~ für*** regard as; (mis)take for; ***viel (wenig) ~ von*** think highly (little) of; ***sich ~*** last; GASTR keep; ***sich gut ~*** *fig* do well; ***sich ~ an*** (*acc*) keep to **2.** *v/i* hold, last; stop, halt; *ice*: bear; *rope etc*: hold; ***~ zu*** stand by, F stick to; **Halter(in)** ['haltɐ, 'haltərin] *m(f)* (*-s*; *-/-*; *-nen*) owner; TECH holder
'**Haltestelle** *f* stop, RAIL *a.* station
'**Halteverbot** *n* MOT no stopping (area)
'**haltlos** *adj* unsteady; *fig* baseless
'**haltmachen** *v/i* (*sep, -ge-, h*) stop; *fig* ***vor nichts ~*** stop at nothing
'**Haltung** *f* (-; *-en*) posture; *fig* attitude (***zu*** towards)
hämisch ['hɛːmɪʃ] *adj* malicious, sneering
Hammel ['haməl] *m* (*-s*; -) ZO wether
'**Hammelfleisch** *n* GASTR mutton
Hammer ['hamɐ] *m* (*-s*; *Hämmer* ['hɛmɐ]) hammer (*a.* SPORT); **hämmern** ['hɛmɐn] *v/t and v/i* (*ge-, h*) hammer
Hämorrhoiden, **Hämorriden** [hɛmɔro-'iːdən] *pl* MED h(a)emorrhoids, F *Br* piles
Hampelmann ['hampəlman] *m* jumping jack
Hamster ['hamstɐ] *m* (*-s*; -) ZO hamster
'**hamstern** *v/t and v/i* (*ge-, h*) hoard
Hand [hant] *f* (-; *Hände* ['hɛndə]) hand; ***von ~, mit der ~*** by hand; ***an ~ von*** (*or gen*) by means of; ***zur ~*** at hand; ***aus erster (zweiter) ~*** first-hand (second-hand); ***an die ~ nehmen*** take by the hand; ***sich die ~ geben*** shake hands; ***aus der ~ legen*** lay aside; ***~ breit*** → ***handbreit***; ***~ voll*** → ***handvoll***; ***Hände hoch (weg)!*** hands up (off)!; **~arbeit** *f* (*no pl*) manual labo(u)r; needlework; ***es ist ~*** it is handmade; **~ball** *m* SPORT (European) handball; **~betrieb** *m* TECH manual operation; **~breit** *f* (-; -) hand's breadth; **~bremse** *f* MOT handbrake; **~buch** *n* manual, handbook
Händedruck ['hɛndədrʊk] *m* (*-[e]s*; *-drücke*) handshake
Handel ['handəl] *m* (*-s*; *no pl*) commerce, business; trade; market; transaction, deal, bargain; ***~ treiben*** ECON trade (***mit*** with *s.o.*); '**handeln** *v/i* (*ge-, h*) act, take action; bargain (***um*** for), haggle (over); ***mit j-m ~*** ECON trade with s.o.; ***~ mit*** deal in; ***~ von*** deal with, be about; ***es handelt sich um*** it concerns, it is about; it is a matter of
'**Handels|abkommen** *n* trade agreement; **~bank** *f* (-; *-banken*) commercial bank; **~bi,lanz** *f* balance of trade
'**handelseinig** *adj*: ***~ werden*** come to terms
'**Handels|gesellschaft** *f* (trading) company; **~kammer** *f* chamber of commerce; **~schiff** *n* merchant ship; **~schule** *f* commercial school; **~vertreter** *m* (traveling) salesman, *Br* sales representative; **~ware** *f* commodity, merchandise
'**Hand|feger** ['hantfeːgɐ] *m* (*-s*; -) handbrush; **~fertigkeit** *f* manual skill
'**handfest** *adj* solid
'**Handfläche** *f* ANAT palm
'**handgearbeitet** *adj* handmade

'Hand|gelenk *n* ANAT wrist; **~gepäck** *n* hand baggage (*Br* luggage); **~gra,nate** *f* MIL hand grenade

handgreiflich ['hantgraiflıç] *adj*: **~ werden** turn violent, get tough

'handhaben *v/t* (*ge-*, *h*) handle, manage; TECH operate

Händler ['hɛndlɐ] *m* (*-s*; -), **'Händlerin** *f* (-; *-nen*) dealer, trader

'handlich *adj* handy, manageable

Handlung ['handlʊŋ] *f* (-; *-en*) act, action; *film etc*: story, plot

'Handlungs|reisende *m* sales representative, travel(l)ing salesman; **~weise** *f* conduct, behavio(u)r

'Hand|rücken *m* ANAT back of the hand; **~schellen** *pl* handcuffs; ***j-m* ~ *anlegen*** handcuff s.o.; **~schlag** *m* handshake; **~schrift** *f* hand(writing)

'handschriftlich *adj* handwritten

'Hand|schuh *m* glove; **~spiel** *n soccer*: hand ball; **~stand** *m* handstand; **~tasche** *f* handbag, purse; **~tuch** *n* towel; **~voll** *f* handful; **~wagen** *m* handcart; **~werk** *n* craft, trade

Handwerker ['hantvɛrkɐ] *m* (*-s*; -) craftsman; workman

'Handwerkszeug *n* (kit of) tools

'Handwurzel *f* ANAT wrist

Handy ['hɛndi] *n* (*-s*; *-s*) *Br* mobile (phone), *Am* cell (phone); **~nummer** *f Br* mobile number, *Am* cell phone number

Hanf [hanf] *m* (*-es*; *no pl*) BOT hemp; cannabis

Hang [haŋ] *m* (*-[e]s*; *Hänge* ['hɛŋə]) slope; (*no pl*) *fig* inclination (***zu*** for), tendency (towards)

Hänge|brücke ['hɛŋəbrʏkə] *f* suspension bridge; **~lampe** *f* hanging lamp; **~matte** *f* hammock

hängen ['hɛŋən] **1.** *v/i* (*irr*, *ge-*, *h*) hang (***an*** *dat* on *the wall etc*; from *the ceiling etc*); ***~ bleiben*** get stuck (*a. fig*); ***~ bleiben an*** (*dat*) get caught on; ***~ an*** (*dat*) be fond of; be devoted to; ***alles, woran ich hänge*** everything that is dear to me **2.** *v/t* (*ge-*, *h*) hang (***an*** *acc* on); **~bleiben** *v/i* (*irr*, ***bleiben***, *sep*, *-ge-*, *sein*) *fig* get stuck; → ***hängen***

hänseln ['hɛnzəln] *v/t* (*ge-*, *h*) tease (***wegen*** about)

Hanswurst [hans'vʊrst] *m* (*-[e]s*; *-e*) fool, clown

Hantel ['hantəl] *f* (-; *-n*) dumbbell

hantieren [han'tiːrən] *v/i* (*no -ge-*, *h*) ***~ mit*** handle; ***~ an*** (*dat*) fiddle about with

Happen ['hapən] *m* (*-s*; -) morsel, bite; snack

Hardware ['hɑːdwɛə] *f* (-; *-s*) IT hardware

Harfe ['harfə] *f* (-; *-n*) MUS harp

Harfenist [harfə'nɪst] *m* (*-en*; *-en*), **Harfe'nistin** *f* (-; *-nen*) MUS harpist

Harke ['harkə] *f* (-; *-n*), **'harken** *v/t* (*ge-*, *h*) rake

harmlos ['harmloːs] *adj* harmless

Harmonie [harmo'niː] *f* (-; *-n*) harmony (*a.* MUS); **harmo'nieren** *v/i* (*no -ge-*, *h*) harmonize (***mit*** with); **harmonisch** [har'moːnɪʃ] *adj* harmonious

Harn [harn] *m* (*-[e]s*; *-e*) MED urine

'Harnblase *f* ANAT (urinary) bladder

'Harnröhre *f* ANAT urethra

Harpune [har'puːnə] *f* (-; *-n*) harpoon

harpunieren [harpu'niːrən] *v/t* (*no -ge-*, *h*) harpoon

hart [hart] **1.** *adj* hard, F *a.* tough; SPORT rough; severe; ***~ gekocht*** hard-boiled **2.** *adv* hard

Härte ['hɛrtə] *f* (-; *-n*) hardness; toughness; roughness; severity; *esp* JUR hardship; **~fall** *m* case of hardship

'härten *v/t* (*ge-*, *h*) harden

'Hartfaserplatte *f* hardboard

'Hartgeld *n* coin(s)

hartgesotten ['hartgəzɔtən] *adj* hard-boiled

'hartherzig *adj* hard-hearted

hartnäckig ['hartnɛkɪç] *adj* stubborn, obstinate; persistent

Harz [haːɐts] *n* (*-es*; *-e*) resin; rosin

'harzig *adj* resinous

Hasch [haʃ] F *n* (*-s*; *no pl*) hash

'haschen F *v/i* (*ge-*, *h*) smoke hash

Haschisch ['haʃɪʃ] *n* (*-[s]*; *no pl*) hashish

Hase ['haːzə] *m* (*-n*; *-n*) ZO hare

Haselmaus ['haːzəlmaus] *f* ZO dormouse

'Haselnuss *f* BOT hazelnut

'Hasenscharte *f* MED harelip

Hass [has] *m* (*-es*; *no pl*) hatred, hate (***auf*** *acc*, ***gegen*** of, for)

hassen ['hasən] *v/t* (*ge-*, *h*) hate

hässlich ['hɛslɪç] *adj* ugly, *fig a.* nasty

Hast [hast] *f* (-; *no pl*) hurry, haste; rush

hasten ['hastən] *v/i* (*ge-*, *sein*) hurry,

hasten, rush
'**hastig** *adj* hasty, hurried
hätscheln ['hɛːtʃəln] *v/t* (*ge-, h*) fondle; *contp* pamper
hatte ['hatə] *pret of* ***haben***
Haube ['haubə] *f* (-; *-n*) bonnet (*a. Br* MOT); cap; ZO crest; MOT hood
Hauch [haux] *m* (-[*e*]*s*; *-e*) breath; whiff; *fig* touch, trace; **hauchen** ['hauxən] *v/t* (*ge-, h*) breathe
hauen F *v/t* ([*irr*,] *ge-, h*) hit, beat, thrash; TECH hew; ***sich ~*** (have a) fight
Haufen ['haufən] *m* (*-s*; -) heap, pile (*both a.* F); F crowd; **häufen** ['hɔyfən] *v/t* (*ge-, h*) heap (up), pile (up); ***sich ~*** *fig* become more frequent, be on the increase; **häufig** ['hɔyfiç] **1.** *adj* frequent **2.** *adv* frequently, often

H

Haupt [haupt] *n* (-[*e*]*s*; *Häupter* ['hɔyptɐ]) head, *fig a.* leader; **~bahnhof** *m* main *or* central station; **~beschäftigung** *f* chief occupation; **~bestandteil** *m* chief ingredient; **~darsteller(in)** leading actor (actress), lead
Häuptelsa,lat ['hɔyptəlzalaːt] *Austrian m* BOT lettuce
'**Haupt|fach** *n* UNIV major, *Br* main subject; **~film** *m* feature (film); **~gericht** *n* GASTR main course; **~gewinn** *m* first prize; **~grund** *m* main reason; **~leitung** *f* TECH main
Häuptling ['hɔyptlɪŋ] *m* (*-s*; *-e*) chief
'**Haupt|mann** *m* (-[*e*]*s*; *-leute*) MIL captain; **~me,nü** *n* IT main menu; **~merkmal** *n* chief characteristic; **~per,son** F *f* center (*Br* centre) of attention; **~quar,tier** *n* headquarters; **~rolle** *f* THEA *etc* lead(ing part)
'**Hauptsache** *f* main thing *or* point
'**hauptsächlich** *adj* main, chief, principal
'**Haupt|satz** *m* LING main clause; **~sendezeit** *f* TV prime time, *Br* peak time (*or* viewing hours); **~speicher** *m* IT main memory; **~stadt** *f* capital; **~straße** *f* main street; main road; **~verkehrsstraße** *f* arterial road; **~verkehrszeit** *f* rush *or* peak hour(s); **~versammlung** *f* general meeting; **~wohnsitz** *m* main place of residence; **~wort** *n* (-[*e*]*s*; *-wörter*) LING noun
Haus [haus] *n* (*-es*; *Häuser* ['hɔyzɐ]) house; building; ***zu ~e*** at home, in; ***nach ~e kommen*** (***bringen***) come *or* get (take) home; **~angestellte** *m, f* domestic (servant); **~apo,theke** *f* medicine cabinet; **~arbeit** *f* housework; **~arzt** *m*, **~ärztin** *f* family doctor; **~aufgaben** *pl* PED homework, assignment; ***s-e ~ machen*** *a. fig* do one's homework; **~bar** *f* cocktail cabinet; **~besetzer** *m* (*-s*; -) squatter; **~besetzung** *f* squatting; **~besitzer** *m* house owner; **~einweihung** *f* house-warming (party)
hausen ['hauzən] *v/i* (*ge-, h*) live; *fig* play havoc
'**Hausflur** *m* (entrance) hall, hallway
'**Hausfrau** *f* housewife
'**Hausfriedensbruch** *m* JUR trespass
'**hausgemacht** *adj* homemade
'**Haushalt** *m* (-[*e*]*s*; *-e*) household; PARL budget; (***j-m***) ***den ~ führen*** keep house (for s.o.); **Haushälterin** ['haushɛltərɪn] *f* (-; *-nen*) housekeeper
'**Haushalts|geld** *n* housekeeping money; **~plan** *m* PARL budget; **~waren** *pl* household articles
'**Haus|herr** *m* head of the household; host; **~herrin** *f* lady of the house; hostess
'**haushoch** *adj* huge; crushing (*defeat etc*)
hausieren [hau'ziːrən] *v/i* (*no -ge-, h*) peddle, hawk (***mit et.*** s.th.) (*a. fig*); **Hau'sierer** *m* (*-s*; -) pedlar, hawker
häuslich ['hɔyslɪç] *adj* domestic; home-loving
'**Haus|mädchen** *n* (house)maid; **~mann** *m* house husband; **~mannskost** *f* plain fare; **~meister** *m* caretaker, janitor; **~mittel** *n* household remedy; **~ordnung** *f* house rules; **~rat** *m* (-[*e*]*s*; *no pl*) household effects; **~schlüssel** *m* front-door key; **~schuh** *m* slipper
Hausse ['hoːs(ə)] *f* (-; *-n*) ECON rise, boom
'**Haus|suchung** *f* (-; *-en*) house search; **~tier** *n* domestic animal; **~tür** *f* front door; **~verwaltung** *f* property management; **~wirt** *m* landlord; **~wirtin** *f* landlady; **~wirtschaft** *f* (-; *no pl*) housekeeping; **~wirtschaftslehre** *f* domestic science, home economics; **~wirtschaftsschule** *f* domestic science (*or* home economics) school
Haut [haut] *f* (-; *Häute* ['hɔytə]) skin; complexion; ***bis auf die ~ durchnässt***

soaked to the skin; **~abschürfung** *f* MED abrasion; **~arzt** *m*, **~ärztin** *f* dermatologist; **~ausschlag** *m* MED rash
'hauteng *adj* skin-tight
'Haut|farbe *f* colo(u)r of the skin; complexion; **~krankheit** *f* skin disease; **~pflege** *f* skin care; **~schere** *f* cuticle scissors
Hbf. *abbr of* ***Hauptbahnhof*** cent. sta., central station
H-Bombe ['ha:bɔmbə] *f* MIL H-bomb
Hebamme ['he:pˀamə] *f* (-; *-n*) midwife
Hebebühne ['he:bəby:nə] *f* MOT car hoist
Hebel ['he:bəl] *m* (*-s*; -) TECH lever
heben ['he:bən] *v/t* (*irr*, *ge-*, *h*) lift, raise (*a. fig*); heave; hoist; *fig a.* improve; ***sich ~*** rise, go up
Hecht [hɛçt] *m* (*-[e]s*; *-e*) ZO pike
'hechten *v/i* (*ge-*, *sein*) dive (***nach*** for); SPORT do a long-fly
Heck [hɛk] *n* (*-[e]s*; *-e*) MAR stern; AVIAT tail; MOT rear
Hecke ['hɛkə] *f* (-; *-n*) BOT hedge
'Heckenrose *f* BOT dogrose
'Heckenschütze *m* MIL sniper
'Heckscheibe *f* MOT rear window
Heer [he:ɐ] *n* (*-[e]s*; *-e*) MIL army, *fig a.* host
Hefe ['he:fə] *f* (-; *-n*) yeast
Heft [hɛft] *n* (*-[e]s*; *-e*) notebook; exercise book; booklet; issue, number
heften ['hɛftən] *v/t* (*ge-*, *h*) fix, fasten, attach (***an*** *acc* to); pin (to); tack, baste; stitch
Hefter ['hɛftɐ] *m* (*-s*; -) stapler; file
heftig ['hɛftɪç] *adj* violent, fierce; heavy
'Heftklammer *f* staple
'Heftpflaster *n* bandage, Band Aid®, *Br* (adhesive *or* sticking) plaster
Hehl [he:l] *n*: ***kein ~ aus et. machen*** make no secret of s.th.
Hehler ['he:lɐ] *m* (*-s*; -) JUR receiver of stolen goods, *sl* fence
Hehlerei [he:lə'rai] *f* (-; *-en*) JUR receiving stolen goods
Heide[1] ['haidə] *m* (*-n*; *-n*) REL heathen
'Heide[2] *f* (-; *-n*) heath(land)
'Heidekraut *n* (*-[e]s*; *no pl*) BOT heather, heath
'Heiden|angst F *f*: ***e-e ~ haben*** be scared stiff; **~geld** F *n*: ***ein ~*** a fortune; **~lärm** F *m*: ***ein ~*** a hell of a noise; **~spaß** F *m*: ***e-n ~ haben*** have a ball
'Heidentum *n* (*-s*; *no pl*) REL heathenism; **Heidin** ['haidɪn] *f* (-; *-nen*), **'heidnisch** ['haidnɪʃ] *adj* REL heathen
heikel ['haikəl] *adj* delicate, tricky; tender; F fussy
heil [hail] *adj* safe, unhurt; undamaged, whole, intact; **Heil** *n* (*-s*; *no pl*) REL grace
Heiland ['hailant] *m* (*-[e]s*; *no pl*) REL Savio(u)r, Redeemer
'Heilbad *n* health resort, spa
'heilbar *adj* curable
heilen ['hailən] **1.** *v/t* (*ge-*, *h*) cure **2.** *v/i* (*ge-*, *sein*) heal (up)
'Heilgym,nastik *f* physiotherapy
heilig ['hailɪç] *adj* REL holy; sacred (*a. fig*)
Heilig'abend *m* Christmas Eve
Heilige ['hailɪgə] *m*, *f* (*-n*; *-n*) REL saint
heiligen ['hailɪgən] *v/t* (*ge-*, *h*) REL sanctify (*a. fig*), hallow
'heiligsprechen *v/t* (*irr*, ***sprechen***, *sep*, *-ge-*, *h*) canonize
'Heiligtum *n* (*-s*; *-tümer* ['hailɪçty:mɐ]) REL sanctuary, shrine
'Heilkraft *f* healing *or* curative power; **'heilkräftig** *adj* curative
'Heilkraut *n* BOT medicinal herb
'heillos *fig adj* utter, hopeless
'Heil|mittel *n* remedy, cure (*both a. fig*); **~praktiker(in)** ['hailpraktikɐ, 'hailpraktikərɪn] (*-s*; *-/-*; *-nen*) nonmedical practitioner; **~quelle** *f* (medicinal) mineral spring
'heilsam *fig adj* salutary
'Heilsar,mee *f* Salvation Army
'Heilung *f* (-; *-en*) cure; healing
heim [haim] *adv* home
Heim *n* (*-[e]s*; *-e*) (*no pl*) home; hostel; **Heim...** *in cpds ...mannschaft*, *...sieg*, *...spiel etc*: home
Heimat ['haima:t] *f* (-; *no pl*) home; home country; home town; ***in der (meiner) ~*** at home; **'heimatlos** *adj* homeless; **'Heimatstadt** *f* home town; 'Heimatvertriebene *m*, *f* expellee
heimisch ['haimɪʃ] *adj* home, domestic; BOT, ZO *etc* native; *fig* homelike, hom(e)y; ***sich ~ fühlen*** feel at home
Heimkehr ['haimke:ɐ] *f* (-; *no pl*) return (home); **'heimkehren** *v/i* (*sep*, *-ge-*, *sein*) return home, come back
'heimlich *adj* secret; **'Heimlichkeit** *f* (-;

-en) (*no pl*) secrecy; *pl* secrets
'Heimreise *f* journey home
'heimsuchen *v/t* (*sep*, *-ge-*, *h*) strike
'heimtückisch *adj* insidious (*a.* MED); treacherous
heimwärts ['haimvɛrts] *adv* homeward(s)
'Heimweg *m* way home
'Heimweh *n* (*-s*; *no pl*) homesickness; **~ *haben*** be homesick
Heimwerker ['haimvɛrkɐ] *m* (*-s*; -) do--it-yourselfer
Heirat ['haira:t] *f* (-; *-en*) marriage
heiraten ['haira:tən] *v/t and v/i* (*ge-*, *h*) marry, get married (to)
'Heirats|antrag *m* proposal (of marriage); ***j-m e-n ~ machen*** propose to s.o.; **~schwindler** *m* marriage impostor; **~vermittler(in)** (*-s*; *-/-*; *-nen*) marriage broker; **~vermittlung** *f* marriage bureau
heiser ['haizɐ] *adj* hoarse, husky
'Heiserkeit *f* (-; *no pl*) hoarseness, huskiness
heiß [hais] *adj* hot, *fig a.* passionate, ardent; ***mir ist ~*** I am *or* feel hot
heißen ['haisən] *v/i* (*irr*, *ge-*, *h*) be called; mean; ***wie ~ Sie?*** what's your name?; ***wie heißt das?*** what do you call this?; ***was heißt … auf Englisch?*** what is … in English?; ***es heißt im Text*** it says in the text; ***das heißt*** that is (*abbr* ***d. h.*** i. e.)
heiter ['haitɐ] *adj* cheerful; humorous (*film etc*); METEOR fair; *fig* ***aus ~em Himmel*** out of the blue; **'Heiterkeit** *f* (-; *no pl*) cheerfulness; amusement
heizbar ['haitsba:ɐ] *adj* heated; **heizen** ['haitsən] *v/t and v/i* (*ge-*, *h*) heat; ***mit Kohlen ~*** burn coal; **Heizer** ['haitsɐ] *m* (*-s*; -) MAR, RAIL stoker
'Heiz|kessel *m* boiler; **~kissen** *n* electric cushion; **~körper** *m* radiator; **~kraftwerk** *n* thermal power-station; **~materi͵al** *n* fuel; **~öl** *n* fuel oil
'Heizung *f* (-; *-en*) heating
Held [hɛlt] *m* (*-en*; *-en* ['hɛldən]) hero
heldenhaft ['hɛldənhaft] *adj* heroic
'Heldentat *f* heroic deed
'Heldentum *n* (*-s*; *no pl*) heroism
Heldin ['hɛldɪn] *f* (-; *-nen*) heroine
helfen ['hɛlfən] *v/i* (*irr*, *ge-*, *h*) help, aid; assist; ***j-m bei et. ~*** help s.o. with *or* in (doing) s.th.; ***~ gegen*** MED *etc* be good for; ***er weiß sich zu ~*** he can manage; ***es hilft nichts*** it's no use
Helfer ['hɛlfɐ] *m* (*-s*; -), **'Helferin** *f* (-; *-nen*) helper, assistant
'Helfershelfer *contp m* accomplice
hell [hɛl] *adj* bright (*light*, *flame etc*); light (*color etc*); light-colo(u)red (*dress etc*); clear (*voice etc*); pale (*beer*); *fig* bright, clever; ***es wird schon ~*** it's getting light already; **~blau** *adj* light blue; **~blond** *adj* very fair; **~hörig** *adj* quick of hearing; ARCH poorly soundproofed; ***~ werden*** prick up one's ears
'Hellseher *m* (*-s*; -), **'Hellseherin** *f* (-; *-nen*) clairvoyant
Helm [hɛlm] *m* (*-[e]s*; *-e*) helmet
Hemd [hɛmt] *n* (*-[e]s*; *-en* ['hɛmdən]) shirt; vest; **~bluse** *f* shirt; **~blusenkleid** *n* shirtwaist, *Br* shirt-waister
Hemisphäre [hemi'sfɛ:rə] *f* (-; *-n*) hemisphere
hemmen ['hɛmən] *v/t* (*ge-*, *h*) check, stop; hamper; **'Hemmung** *f* (-; *-en*) PSYCH inhibition; scruple
'hemmungslos *adj* unrestrained; unscrupulous
Hengst [hɛŋst] *m* (*-[e]s*; *-e*) ZO stallion
Henkel ['hɛŋkəl] *m* (*-s*; -) handle
Henker ['hɛŋkɐ] *m* (*-s*; -) hangman, executioner
Henne ['hɛnə] *f* (-; *-n*) ZO hen
her [he:ɐ] *adv* here; ***das ist lange ~*** that was a long time ago
herab [hɛ'rap] *adv* down; **~lassen** *fig v/refl* (*irr*, ***lassen***, *sep*, *-ge-*, *h*) condescend; **~lassend** *adj* condescending; **~sehen** *fig v/i* (*irr*, ***sehen***, *sep*, *-ge-*, *h*) ***~ auf*** (*acc*) look down upon; **~setzen** *v/t* (*sep*, *-ge-*, *h*) reduce; *fig* disparage
heran [hɛ'ran] *adv* close, near; ***~ an*** (*acc*) up *or* near to; **~gehen** *v/i* (*irr*, ***gehen***, *sep*, *-ge-*, *sein*) ***~ an*** (*acc*) walk up to; *fig* set about *a task etc*; **~kommen** *v/i* (*irr*, ***kommen***, *sep*, *-ge-*, *sein*) come near (*a. fig*); **~wachsen** *v/i* (*irr*, ***wachsen***, *sep*, *-ge-*, *sein*) grow (up) (***zu*** into)
He'ranwachsende *m*, *f* (*-n*; *-n*) adolescent
he'ranwinken *v/t* (*sep*, *-ge-*, *h*) hail (*taxi etc*)
herauf [hɛ'rauf] *adv* up (here); upstairs; **~beschwören** *v/t* (*irr*, ***schwören***, *sep*, *no -ge-*, *h*) call up; bring on, provoke
heraus [hɛ'raus] *adv* out; *fig* ***aus*** (*dat*)

... ~ out of ...; ***zum Fenster*** ~ out of the window; ~ ***mit der Sprache!*** speak out!, out with it!; ~**bekommen** *v/t* (*irr*, ***kommen***, *sep*, *no -ge-*, *h*) get out; get back (*change*); *fig* find out; ~**bringen** *v/t* (*irr*, ***bringen***, *sep*, *-ge-*, *h*) bring out; PRINT publish; THEA stage; *fig* find out; ~**finden** (*irr*, ***finden***, *sep*, *-ge-*, *h*) **1.** *v/t* find; *fig* find out, discover **2.** *v/i* find one's way out

He'rausforderer *m* (*-s*; -) challenger; **he'rausfordern** *v/t* (*sep*, *-ge-*, *h*) challenge; provoke, F ask for it; **He'rausforderung** *f* challenge; provocation

he'rausgeben *v/t* (*irr*, ***geben***, *sep*, *-ge-*, *h*) give back; give up; PRINT publish; issue; give change (***auf*** *acc* for); **He'rausgeber(in)** [hɛ'rausge:bɐ, hɛ'rausge:bərɪn] *m(f)* (*-s*; *-/-*; *-nen*) publisher

he'raus|kommen *v/i* (*irr*, ***kommen***, *sep*, *-ge-*, *sein*) come out; *book*: be published; *stamps*: be issued; ~ ***aus*** get out of; F ***groß*** ~ be a great success; ~**nehmen** *v/t* (*irr*, ***nehmen***, *sep*, *-ge-*, *h*) take out; SPORT take *s.o.* off the team; *fig* ***sich et.*** ~ take liberties, go too far; ~**putzen** *v/t and v/refl* (*sep*, *-ge-*, *h*) spruce (o.s.) up; ~**reden** *v/refl* (*sep*, *-ge-*, *h*) make excuses; talk one's way out; ~**stellen** *v/t* (*sep*, *-ge-*, *h*) put out; *fig* emphasize; ***sich*** ~ ***als*** turn out *or* prove to be; ~**strecken** *v/t* (*sep*, *-ge-*, *h*) stick out; ~**suchen** *v/t* (*sep*, *-ge-*, *h*) pick out; ***j-m et.*** ~ find s.o. s.th.

herb [hɛrp] *adj* tart; dry (*wine etc*); *fig* harsh; bitter

her'bei *adv* up, over, here; ~**eilen** *v/i* (*sep*, *-ge-*, *sein*) come running up; ~**führen** *fig v/t* (*sep*, *-ge-*, *h*) cause, bring about

Herberge ['hɛrbɛrgə] *f* (*-*; *-n*) inn; lodging; hostel

Herbst [hɛrpst] *m* (*-[e]s*; *-e*) fall, autumn

Herd [he:ɐt] *m* (*-[e]s*; *-e* ['he:ɐdə]) cooker, stove; *fig* center, *Br* centre; MED focus, seat

Herde ['he:ɐdə] *f* (*-*; *-n*) ZO herd (*a. fig contp*); flock (*of sheep*, *geese etc*)

herein [hɛ'rain] *adv* in (here); ~! come in!; ~**brechen** *v/i* (*irr*, ***brechen***, *sep*, *-ge-*, *sein*) *night*: fall; ~ ***über*** (*acc*) befall *s.o.*; ~**fallen** F *v/i* (*irr*, ***fallen***, *sep*, *-ge-*, *sein*) be taken in (***auf*** *acc* by); ~**legen** F *v/t* (*sep*, *-ge-*, *h*) take *s.o.* in

'herfallen *v/i* (*irr*, ***fallen***, *sep*, *-ge-*, *sein*) ~ ***über*** (*acc*) attack (*a. fig*)

'Hergang *m*: ***j-m den*** ~ ***schildern*** tell s.o. what happened

'hergeben *v/t* (*irr*, ***geben***, *sep*, *-ge-*, *h*) give up, part with; ***sich*** ~ ***zu*** lend o.s. to

Hering ['he:rɪŋ] *m* (*-s*; *-e*) ZO herring

'herkommen *v/i* (*irr*, ***kommen***, *sep*, *-ge-*, *sein*) come (here); ~ ***von*** come from, *fig a.* be caused by

herkömmlich ['he:ɐkœmlɪç] *adj* conventional (*a.* MIL)

Herkunft ['he:ɐkʊnft] *f* (*-*; *no pl*) origin; birth, descent

heroisch [he'ro:ɪʃ] *adj* heroic

Herr [hɛr] *m* (*-n*; *-en*) gentleman; master; REL *the* Lord; ~ ***Brown*** Mr Brown; ~ ***der Lage*** master of the situation

'Herren|bekleidung *f* menswear; ~**doppel** *n tennis*: men's doubles; ~**einzel** *n tennis*: men's singles

'herrenlos *adj* abandoned; stray (*dog*)

'Herrentoi,lette *f* men's restroom (*Br* toilet *or* lavatory)

'herrichten *v/t* (*sep*, *-ge-*, *h*) get ready, F fix

herrisch ['hɛrɪʃ] *adj* imperious

herrlich ['hɛrlɪç] *adj* marvel(l)ous, wonderful, F fantastic; **'Herrlichkeit** *f* (*-*; *-en*) glory

'Herrschaft *f* (*-*; *no pl*) rule, power, control (*a. fig*) (***über*** *acc* over); ***die*** ~ ***verlieren über*** (*acc*) lose control of

herrschen ['hɛrʃən] *v/i* (*ge-*, *h*) rule; ***es herrschte ...*** there was ...; **Herrscher(in)** ['hɛrʃɐ, 'hɛrʃərɪn] *m(f)* (*-s*; *-/-*; *-nen*) ruler; sovereign, monarch; **'herrschsüchtig** *adj* domineering, F bossy

'herrühren *v/i* (*sep*, *-ge-*, *h*) ~ ***von*** come from, be due to

'herstellen *v/t* (*sep*, *-ge-*, *h*) make, produce; *fig* establish; **'Herstellung** *f* (*-*; *no pl*) production; *fig* establishment; **'Herstellungskosten** *pl* production cost(s)

herüber [hɛ'ry:bɐ] *adv* over (here), across

herum [hɛ'rʊm] *adv* (a)round; F ***anders*** ~ the other way round; ~**führen** *v/t* (*sep*, *-ge-*, *h*) ***j-n*** (***in der Stadt*** *etc*) ~ show s.o.

H

(a)round (the town *etc*); **~kommen** F *v/i* (*irr*, **kommen**, *sep*, *-ge-*, *sein*) (**weit** *or* **viel**) **~** get around; **um et. ~** *fig* get (a)round s.th.; **~kriegen** F *v/t* (*sep*, *-ge-*, *h*) **j-n zu et. ~** get s.o. round to (doing) s.th.; **~lungern** F *v/i* (*sep*, *-ge-*, *h*) loaf *or* hang around; **~reichen** *v/t* (*sep*, *-ge-*, *h*) pass *or* hand round; **~sprechen** *v/refl* (*irr*, **sprechen**, *sep*, *-ge-*, *h*) get around; **~treiben** F *v/refl* (*irr*, **treiben**, *sep*, *-ge-*, *h*) gad *or* knock about

He'rumtreiber F *m* (*-s*; -), **He'rumtreiberin** F *f* (-; *-nen*) tramp, loafer

herunter [hɛ'rʊntɐ] *adv* down; downstairs; **~gekommen** *adj* run-down; seedy, shabby; **~hauen** F *v/t* (*sep*, *-ge-*, *h*) **j-m e-e ~** smack *or* slap s.o. ('s face); **~machen** F *v/t* (*sep*, *-ge-*, *h*) run *s.o. or s.th.* down; **~spielen** F *v/t* (*sep*, *-ge-*, *h*) play *s.th.* down

hervor [hɛɐ'foːɐ] *adv* out of *or* from, forth; **~bringen** *v/t* (*irr*, **bringen**, *sep*, *-ge-*, *h*) bring out, produce (*a. fig*); yield; utter; **~gehen** *v/i* (*irr*, **gehen**, *sep*, *-ge-*, *sein*) **~ aus** (*dat*) follow from; **als Sieger ~** come off victorious; **~heben** *v/t* (*irr*, **heben**, *sep*, *-ge-*, *h*) stress, emphasize; **~ragend** *adj* outstanding, excellent, superior; prominent, eminent; **~rufen** *v/t* (*irr*, **rufen**, *sep*, *-ge-*, *h*) cause, bring about; create; **~stechend** *adj* striking; **~tretend** *adj* prominent; protruding, bulging; **~tun** *v/refl* (*irr*, **tun**, *sep*, *-ge-*, *h*) distinguish o.s. (**als** as)

Herz [hɛrts] *n* (*-ens*; *-en*) ANAT heart (*a. fig*); *cards*: heart(s); **j-m das ~ brechen** break s.o.'s heart; **sich ein ~ fassen** take heart; **mit ganzem ~en** whole-heartedly; **schweren ~ens** with a heavy heart; **sich et. zu ~en nehmen** take s.th. to heart; **es nicht übers ~ bringen zu** *inf* not have the heart to *inf*; **et. auf dem ~en haben** have s.th. on one's mind; **ins ~ schließen** take to one's heart; **~anfall** *m* heart attack

'Herzens|lust *f*: **nach ~** to one's heart's content; **~wunsch** *m* heart's desire, dearest wish

'Herzfehler *m* cardiac defect

'herzhaft *adj* hearty; savo(u)ry

'herzig *adj* sweet, lovely, cute

'Herz|in,farkt *m* MED cardiac infarct (-ion), F *mst* heart attack, coronary; **~klopfen** *n* (*-s*; *no pl*) palpitation; **er hatte ~** (**vor** *dat*) his heart was throbbing (with)

'herzkrank *adj* suffering from (a) heart disease

'herzlich **1.** *adj* cordial, hearty; warm, friendly **2.** *adv*: **~ gern** with pleasure

'herzlos *adj* heartless

Herzog ['hɛrtsoːk] *m* (*-s*; *Herzöge* ['hɛrtsøːgə]) duke; **Herzogin** ['hɛrtsoːgɪn] *f* (-; *-nen*) duchess

'Herz|schlag *m* heartbeat; MED heart failure; **~schrittmacher** *m* MED (cardiac) pacemaker; **~transplantati,on** *f* MED heart transplant

'herzzerreißend *adj* heart-rending

heterosexuell [heterozɛksu'ɛl] *adj* heterosexual

Hetze ['hɛtsə] *f* (-; *no pl*) hurry, rush; POL *etc* agitation, campaign(ing) (**gegen** against); **'hetzen** **1.** *v/t* (*ge-*, *h*) rush; ZO hunt, chase; **e-n Hund auf j-n ~** set a dog on s.o. **2.** *v/i* (*ge-*, *sein*) hurry, rush; (*ge-*, *h*) POL *etc* agitate (**gegen** against); **'hetzerisch** *adj* inflammatory; **'Hetzjagd** *f* hunt(ing), chase (*a. fig*); *fig* rush; **'Hetzkam,pagne** *f* POL smear campaign

Heu [hɔʏ] *n* (-[*e*]*s*; *no pl*) hay

'Heuboden *m* hayloft

Heuchelei [hɔʏçə'lai] *f* (-; *-en*) hypocrisy; cant; **heucheln** ['hɔʏçəln] *v/i and v/t* (*ge-*, *h*) feign, simulate; **Heuchler(in)** ['hɔʏçlɐ (-lərɪn)] (*-s*; *-/-*; *-nen*) hypocrite; **heuchlerisch** ['hɔʏçlərɪʃ] *adj* hypocritical

heuer ['hɔʏɐ] *Austrian adv* this year

Heuer ['hɔʏɐ] *f* (-; *-n*) MAR pay; **'heuern** *v/t* (*ge-*, *h*) hire, MAR *a.* sign on

heulen ['hɔʏlən] *v/i* (*ge-*, *h*) howl; F *contp* bawl; MOT roar; *siren*: whine

'Heuschnupfen *m* MED hay fever

'Heuschrecke *f* (-; *-n*) ZO grasshopper; locust

heute ['hɔʏtə] *adv* today; **~ Abend** this evening, tonight; **~ früh, ~ Morgen** this morning; **~ in acht Tagen** a week from now; **~ vor acht Tagen** a week ago today; **heutig** ['hɔʏtɪç] *adj* today's; of today, present(-day); **'heutzutage** *adv* nowadays, these days

Hexe ['hɛksə] *f* (-; *-n*) witch (*a. fig*); **alte ~** (old) hag; **'hexen** *v/i* (*ge-*, *h*) practice

witchcraft; F work miracles
'Hexen|kessel *m* inferno; **~schuss** *m* (*-es; no pl*) MED lumbago
hieb [hiːp] *pret of* ***hauen***
Hieb [hiːp] *m* (*-[e]s; -e* ['hiːbə]) blow, stroke; punch; lash, cut; *pl* beating; thrashing
hielt [hiːlt] *pret of* ***halten***
hier [hiːɐ] *adv* here, in this place; present; ***~ entlang!*** this way!
hieran ['hiː'ran] *adv* from *or* in this; **hierauf** ['hiː'rauf] *adv* on it *or* this; after this, then; **hieraus** ['hiː'raus] *adv* from *or* out of this; **'hier'bei** *adv* here, in this case; on this occasion; **'hier'durch** *adv* by this, hereby, this way; **'hier'für** *adv* for this; **'hier'her** *adv* (over) here, this way; ***bis ~*** so far; **hierin** ['hiː'rɪn] *adv* in this; **'hier'mit** *adv* with this; **'hier'nach** *adv* after this; according to this; **hierüber** ['hiː'ryːbɐ] *adv* about this (subject); **hierunter** ['hiː'rʊntɐ] *adv* under this; among these; *understand etc* by this *or* that; **'hier'von** *adv* of *or* from this; **'hier'zu** *adv* for this; to this
hiesig ['hiːzɪç] *adj* local; ***ein Hiesiger*** one of the locals
hieß [hiːs] *pret of* ***heißen***
Hilfe ['hɪlfə] *f* (*-; -n*) help; aid (*a.* ECON), assistance (*a.* MED), relief (***für*** to); ***Erste ~*** first aid; ***um ~ rufen*** cry for help; ***~!*** help!; → ***mithilfe***; **~me,nü** *n* IT help menu; **~ruf** *m* call (*or* cry) for help; **~stellung** *f* support (*a. fig*)
'hilf|los *adj* helpless; **~reich** *adj* helpful
'Hilfsakti,on *f* relief action
'Hilfsarbeiter *m*, **'Hilfsarbeiterin** *f* unskilled worker
'hilfsbedürftig *adj* needy
'hilfsbereit *adj* helpful, ready to help; **'Hilfsbereitschaft** *f* (*-; no pl*) readiness to help, helpfulness
'Hilfs|mittel *n* aid, TECH *a.* device; **~organisati,on** *f* relief organization; **~verb** *n* LING auxiliary (verb)
Himbeere ['hɪmbeːrə] *f* BOT raspberry
Himmel ['hɪməl] *m* (*-s; -*) sky; REL heaven (*a. fig*); ***um ~s willen*** for Heaven's sake; → ***heiter***
'Himmelfahrt REL Ascension (Day)
'Himmels|körper *m* AST celestial body; **~richtung** *f* direction; cardinal point
himmlisch ['hɪmlɪʃ] *adj* heavenly, *fig a.* marvel(l)ous

hin [hɪn] **1.** *adv* there; ***bis ~ zu*** as far as; ***noch lange ~*** still a long way off; ***auf s-e Bitte*** (***s-n Rat***) ***~*** at his request (advice); ***~ und her*** to and fro, back and forth; ***~ und wieder*** now and then; ***~ und zurück*** there and back; RAIL round trip, round-trip ticket, *esp Br* return (ticket) **2.** F *pred adj* ruined; done for; gone
hi'nab *adv* → ***hinunter***
'hinarbeiten *v/i* (*sep, -ge-, h*) ***~ auf*** (*acc*) work towards
hi'nauf *adv* up (there); upstairs; ***die Straße*** *etc* ***~*** up the street *etc*; **~gehen** *v/i* (*irr,* ***gehen***, *sep, -ge-, sein*) go up, *fig a.* rise
hi'naus *adv* out; ***aus … ~*** out of …; ***in*** (*acc*) ***… ~*** out into …; ***~ (mit dir)!*** (get) out!, out you go!; **~gehen** *v/i* (*irr,* ***gehen***, *sep, -ge-, sein*) go out(side); ***~ über*** (*acc*) go beyond; ***~ auf*** (*acc*) *window etc*: look out onto; **~laufen** *v/i* (*irr,* ***laufen***, *sep, -ge-, sein*) run out(side); ***~ auf*** (*acc*) come *or* amount to; **~schieben** *v/t* (*irr,* ***schieben***, *sep, -ge-, h*) put off, postpone; **~stellen** *v/t* (*sep, -ge-, h*) SPORT send *s.o.* off (the field); **~werfen** *v/t* (*irr,* ***werfen***, *sep, -ge-, h*) throw out (***aus*** of), *fig a.* kick out; (give *s.o.* the) sack, fire; **~wollen** *v/i* (*sep, -ge-, h*) ***~ auf*** (*acc*) aim (*or* drive *or* get) at; ***hoch ~*** aim high
'Hinblick *m*: ***im ~ auf*** (*acc*) in view of, with regard to
'hinbringen *v/t* (*irr,* ***bringen***, *sep, -ge-, h*) take there
hinderlich ['hɪndɐlɪç] *adj* hindering, impeding; ***j-m ~ sein*** be in s.o.'s way
hindern ['hɪndɐn] *v/t* (*ge-, h*) hinder, hamper; ***~ an*** (*dat*) prevent from
Hindernis ['hɪndɐnɪs] *n* (*-ses; -se*) obstacle (*a. fig*); **~rennen** *n* steeplechase
Hindu ['hɪndu] *m* (*-[s]; -[s]*) Hindu
Hinduismus [hɪndu'ɪsmʊs] *m* (*-; no pl*) hinduism
hin'durch *adv* through; ***das ganze Jahr*** *etc* ***~*** throughout the year *etc*
hi'nein *adv* in; ***~ mit dir!*** in you go!; **~gehen** *v/i* (*irr,* ***gehen***, *sep, -ge-, sein*) go in; ***~ in*** (*acc*) go into
'hinfallen *v/i* (*irr,* ***fallen***, *sep, -ge-, sein*) fall (down)
'hinfällig *adj* frail, infirm; invalid
hing [hɪŋ] *pret of* ***hängen*** 1

'Hingabe *f* (-; *no pl*) devotion (***an*** *acc* to); **'hingeben** *v/t* (*irr*, ***geben***, *sep*, *-ge-*, *h*) give (up); ***sich ~*** (*dat*) give o.s. to; devote o.s. to

'hinhalten *v/t* (*irr*, ***halten***, *sep*, *-ge-*, *h*) hold out; ***j-n ~*** put s.o. off

hinken ['hɪŋkən] *v/i* (*ge-*, *h*) (walk with a) limp; (*ge-*, *sein*) limp

'hin|kommen *v/i* (*irr*, ***kommen***, *sep*, *-ge-*, *sein*) get there; **~kriegen** F *v/t* (*sep*, *-ge-*, *h*) manage

'hinlänglich *adj* sufficient

'hin|legen *v/t* (*sep*, *-ge-*, *h*) lay *or* put down; ***sich ~*** lie down; **~nehmen** *v/t* (*irr*, ***nehmen***, *sep*, *-ge-*, *h*) put up with

'hinreißen *v/t* (*irr*, ***reißen***, *sep*, *-ge-*, *h*) carry away; **~d** *adj* entrancing; breathtaking

'hinrichten *v/t* (*sep*, *-ge-*, *h*) execute; **'Hinrichtung** *f* (-; *-en*) execution

'hinsetzen *v/t* (*sep*, *-ge-*, *h*) set *or* put down; ***sich ~*** sit down

'Hinsicht *f* (-; *no pl*) respect; ***in gewisser ~*** in a way; **'hinsichtlich** *prp* (*gen*) with respect *or* regard to

'Hinspiel *n* SPORT first leg

'hinstellen *v/t* (*sep*, *-ge-*, *h*) put (down); ***~ als*** make *s.o. or s.th.* appear to be

hinten ['hɪntən] *adv* at the back; MOT in the back; ***von ~*** from behind

hinter ['hɪntɐ] *prp* (*dat*) behind

'Hinter... *in cpds ...achse*, *...eingang*, *...rad etc*: rear ...; **~bein** *n* hind leg

Hinterbliebenen [hɪntɐ'bliːbənən] *pl the* bereaved; *esp* JUR surviving dependents

hinterei'nander *adv* one after the other; ***dreimal ~*** three times in a row

'Hintergedanke *m* ulterior motive

hinter'gehen *v/t* (*irr*, ***gehen***, *no -ge-*, *h*) deceive

'Hintergrund *m* background (*a. fig*)

'Hinterhalt *m* ambush; **hinterhältig** ['hɪntɐhɛltɪç] *adj* insidious, underhand(ed)

'Hinterhaus *n* rear building

hinter'her *adv* behind, after; afterwards

'Hinterhof *m* backyard

'Hinterkopf *m* back of the head

hinter'lassen *v/t* (*irr*, ***lassen***, *no -ge-*, *h*) leave (behind); **Hinter'lassenschaft** *f* (-; *-en*) property (left), estate

hinter'legen *v/t* (*no -ge-*, *h*) deposit (***bei*** with)

'Hinterlist *f* deceit(fulness); (underhanded) trick; **'hinterlistig** *adj* deceitful; underhand(ed)

'Hintermann *m* person (car *etc*) behind (one); *fig mst pl* person behind the scenes, brain(s), mastermind

'Hintern F *m* (-*s*; -) bottom, backside, behind, *Br* bum

hinterrücks ['hɪntɐrʏks] *adv* from behind

'Hinter|seite *f* back; **~teil** F *n* → ***Hintern***; **~treppe** *f* back stairs; **~tür** *f* back door

hinter'ziehen *v/t* (*irr*, ***ziehen***, *no -ge-*, *h*) evade (*taxes*)

'Hinterzimmer *n* back room

hi'nüber *adv* over, across; ***~ sein*** F be ruined; GASTR be spoilt

hi'nunter *adv* down; downstairs; ***die Straße ~*** down the road

Hinweg ['hɪnveːk] *m* way there

hinweg [hɪn'vɛk] *adv*: ***über*** (*acc*) ***... ~*** over ...; **~kommen** *v/i* (*irr*, ***kommen*** *sep*, *-ge-*, *sein*) ***~ über*** (*acc*) get over; **~sehen** *v/i* (*irr*, ***sehen***, *sep*, *-ge-*, *h*) ***~ über*** (*acc*) ignore; **~setzen** *v/refl* (*sep*, *-ge-*, *h*) ***sich ~ über*** (*acc*) ignore, disregard

Hinweis ['hɪnvais] *m* (-*es*; -*e*) reference (***auf*** *acc* to); hint, tip (as to, regarding); indication (of), clue (as to); **'hinweisen** (*irr*, ***weisen***, *sep*, *-ge-*, *h*) **1.** *v/t*: ***j-n ~ auf*** (*acc*) draw *or* call s.o.'s attention to **2.** *v/i*: ***~ auf*** (*acc*) point at *or* to, indicate; *fig* point out, indicate; hint at

'Hinweis|schild *n*, **~tafel** *f* sign, notice

'hin|werfen *v/t* (*irr*, ***werfen***, *sep*, *-ge-*, *h*) throw down; **~ziehen** *v/refl* (*irr*, ***ziehen***, *sep*, *-ge-*, *h*) extend (***bis zu*** to), stretch (to); drag on

hin'zu|fügen *v/t* (*sep*, *-ge-*, *h*) add (***zu*** to) (*a. fig*); **~kommen** *v/i* (*irr*, ***kommen***, *sep*, *-ge-*, *sein*) be added; ***hinzu kommt, dass*** add to this ..., and what is more, ...; **~ziehen** *v/t* (*irr*, ***ziehen***, *sep*, *-ge-*, *h*) call in, consult

Hirn [hɪrn] *n* (-[*e*]*s*; -*e*) ANAT brain; *fig* brain(s), mind; **~gespinst** *n* fantasy

Hirsch [hɪrʃ] *m* (-[*e*]*s*; -*e*) ZO stag; **~geweih** *n* ZO antlers; **~kuh** *f* ZO hind

Hirse ['hɪrzə] *f* (-; -*n*) BOT millet

Hirte ['hɪrtə] *m* (-*n*; -*n*) herdsman; shepherd (*a. fig*)

hissen ['hɪsən] *v/t* (*ge-*, *h*) hoist

Historiker [hɪs'toːrikɐ] *m* (*-s*; *-*), **His'torikerin** *f* (*-*; *-nen*) historian; **his'torisch** *adj* historical; historic (*event etc*)
Hitliste ['hɪtlɪstə] *f* top 40 *etc*, charts
Hitze ['hɪtsə] *f* (*-*; *no pl*) heat
'Hitzewelle *f* heat wave
'hitzig *adj* hot-tempered, peppery; heated (*debate etc*)
'Hitzkopf *m* hothead
'Hitzschlag *m* MED heatstroke
HIV|-negativ [haːˀiːfau'neːgatiːf] *adj* MED HIV negative; **~-positiv** *adj* MED HIV positive; **~-Positive** *m*, *f* (*-n*; *-n*) MED HIV carrier
H-Milch ['haːmɪlç] *f Br* long-life milk
hob [hoːp] *pret of* ***heben***
Hobby ['hɔbi] *n* (*-s*; *-s*) hobby
'Hobby... *in cpds* amateur ...
Hobel ['hoːbəl] *m* (*-s*; *-*) TECH plane
'Hobelbank *f* (*-*; *-bänke*) TECH carpenter's bench
'hobeln *v/t* (*ge-*, *h*) TECH plane
hoch [hoːx] *adj and adv* high; tall; *fig* heavy (*fine etc*); distinguished (*guest*); great, old (*age*); deep (*snow*); ***10 ~ 4*** MATH 10 to the power of 4; ***3000 Meter ~*** *fly etc* at an altitude of 3,000 meters; ***in hohem Maße*** highly, greatly; ***~ verschuldet*** heavily in debt; F ***das ist mir zu ~*** that's above me
Hoch *n* (*-s*; *-s*) METEOR high (*a. fig*)
'Hochachtung *f* (deep) respect (***vor*** *dat* for); **'hochachtungsvoll** *adv* Yours sincerely
'Hoch|bau *m* (*-[e]s*; *no pl*) ***Hoch- und Tiefbau*** structural and civil engineering; **~betrieb** F *m* (*-[e]s*; *no pl*) rush
'hochdeutsch *adj* High *or* standard German
'Hoch|druck *m* high pressure (*a. fig*); **~ebene** *f* plateau, tableland; **~form** *f*: ***in ~*** in top form *or* shape; **~fre,quenz** *f* ELECTR high frequency; **~gebirge** *n* high mountains; **~genuss** *m* real treat
'hochgezüchtet *adj* ZO, TECH highbred, TECH *a.* sophisticated; MOT tuned up, F souped up
hochhackig ['hoːxhakɪç] *adj* high-heeled
'Hoch|haus *n* high rise, tower block; **~konjunk,tur** *f* ECON boom; **~land** *n* highlands; **~leistungs...** *in cpds* *...sport etc*: high-performance ...
'Hochmut *m* arrogance; **hochmütig** ['hoːxmyːtɪç] *adj* arrogant
'Hochofen *m* TECH blast furnace
'hochpro,zentig *adj* high-proof
'Hoch|rechnung *f* projection; POL computer prediction; **~sai,son** *f* peak (*or* height of the) season; **~schulabschluss** *m* degree; **~schulausbildung** *f* higher education; **~schule** *f* university; college; academy; **~seefischerei** *f* deep-sea fishing; **~sommer** *m* midsummer; **~spannung** *f* ELECTR high tension (*a. fig*) *or* voltage; **~sprung** *m* SPORT high jump
höchst [høːçst] **1.** *adj* highest, *fig a.* supreme; extreme **2.** *adv* highly, most, extremely; **'Höchst...** *in cpds mst* maximum ..., top ...
Hochstapler ['hoːxʃtaːplɐ] *m* (*-s*; *-*), **'Hochstaplerin** *f* (*-*; *-nen*) impostor, swindler
'höchstens *adv* at (the) most, at best
'Höchst|form *f* SPORT top form *or* shape; **~geschwindigkeit** *f* top speed (***mit*** at); speed limit; **~leistung** *f* SPORT record (performance); TECH maximum output; **~maß** *n* maximum (***an*** *dat* of)
'höchstwahr'scheinlich *adv* most likely *or* probably
'Hochtechnolo,gie *f* high technology, hi tech
'hochtrabend *adj* pompous
'Hochverrat *m* high treason
'Hochwasser *n* high tide; flood
hochwertig ['hoːxveːɐtɪç] *adj* high-grade, high-quality
Hochzeit ['hɔxtsait] *f* (*-*; *-en*) wedding
'Hochzeits... *in cpds* *...geschenk*, *...kleid*, *...tag etc*: wedding ...; **~reise** *f* honeymoon
Hocke ['hɔkə] *f* (*-*; *-n*) crouch, squat
'hocken *v/i* (*ge-*, *h*) squat, crouch; F sit
Hocker ['hɔkɐ] *m* (*-s*; *-*) stool
Höcker ['hœkɐ] *m* (*-s*; *-*) ZO hump
Hockey ['hɔki] *n* (*-s*; *no pl*) SPORT field hockey, *Br* hockey
Hoden ['hoːdən] *m* (*-s*; *-*) ANAT testicle
Hof [hoːf] *m* (*-[e]s*; *Höfe* ['høːfə]) yard; AGR farm; court(yard); court; **~dame** *f* lady-in-waiting
hoffen ['hɔfən] *v/i and v/t* (*ge-*, *h*) hope (***auf*** *acc* for); trust (in); ***das Beste ~*** hope for the best; ***ich hoffe es*** I hope so; ***ich hoffe nicht, ich will es nicht ~*** I

hope not; '**hoffentlich** *adv* I hope, let's hope, hopefully; '**Hoffnung** *f* (-; *-en*) hope (***auf*** *acc* of); ***sich ~en machen*** have hopes; ***die ~ aufgeben*** lose hope
'**hoffnungslos** *adj* hopeless
'**hoffnungsvoll** *adj* hopeful; promising
höflich ['hø:flıç] *adj* polite, courteous (***zu*** to); '**Höflichkeit** *f* (-; *no pl*) politeness, courtesy
Höhe ['hø:ə] *f* (-; *-n*) height; AVIAT, MATH, ASTR, GEOGR altitude; peak (*a. fig*); *fig* amount; level; extent (*of damage etc*); MUS pitch; ***auf gleicher ~ mit*** on a level with; ***in die ~*** up; F ***ich bin nicht ganz auf der ~*** I'm not feeling up to the mark
Hoheit ['ho:hait] *f* (-; *no pl*) POL sovereignty; Highness
'**Hoheits|gebiet** *n* territory; **~gewässer** *pl* territorial waters; **~zeichen** *n* national emblem
'**Höhen|luft** *f* mountain air; **~messer** *m* altimeter; **~ruder** *n* AVIAT elevator; **~sonne®** *f* MED ultraviolet lamp, sunlamp; **~zug** *m* mountain chain
'**Höhepunkt** *m* climax, culmination, height, peak; highlight
hohl [ho:l] *adj* hollow (*a. fig*)
Höhle ['hø:lə] *f* (-; *-n*) cave, cavern; ZO hole, burrow; den, lair
'**Hohl|maß** *n* measure of capacity; **~raum** *m* hollow, cavity; **~spiegel** *m* concave mirror
Hohn [ho:n] *m* (-[*e*]*s*; *no pl*) derision, scorn; '**Hohngelächter** *n* jeers, jeering laughter; **höhnisch** ['hø:nıʃ] *adj* derisive, scornful; ***~es Lächeln*** sneer
holen ['ho:lən] *v/t* (*ge-, h*) (go and) get, fetch, go for; draw (*breath*); call (*s.o., the police etc*); ***~ lassen*** send for; ***sich ~*** catch, get (*a cold etc*); seek (*advice*)
Holland ['hɔlant] Holland, *the* Netherlands; **Holländer** ['hɔlɛndɐ] *m* (*-s*; -) Dutchman; **Hol'länderin** ['hɔlɛndərın] *f* (-; *-nen*) Dutchwoman; '**holländisch** *adj* Dutch
Hölle ['hœlə] *f* (-; *no pl*) hell
'**Höllenlärm** F *m a* hell of a noise
Holler ['hɔlɐ] *Austrian m* (*-s*; -) BOT elder
höllisch ['hœlıʃ] *adj* infernal, F hellish
holperig ['hɔlpərıç] *adj* bumpy (*a. fig*), rough, uneven; *fig* clumsy (*style etc*)
holpern ['hɔlpɐn] *v/i* (*ge-, sein*) jolt, bump; *fig* be bumpy
Holunder [ho'lʊndɐ] *m* (*-s*; -) BOT elder
Holz [hɔlts] *n* (*-es*; *Hölzer* ['hœltsɐ]) wood; lumber, *Br a.* timber; ***aus ~*** (made) of wood, wooden; ***~ hacken*** chop wood; **~blasinstru,ment** *n* MUS woodwind (instrument)
hölzern ['hœltsɐn] *adj* wooden, *fig a.* clumsy
'**Holz|fäller** ['hɔltsfɛlɐ] *m* (*-s*; -) woodcutter, lumberjack; **~hammer** *m* mallet; *fig* sledgehammer
holzig ['hɔltsıç] *adj* woody; stringy
'**Holz|kohle** *f* charcoal; **~schnitt** *m* woodcut; **~schnitzer** *m* wood carver; **~schuh** *m* clog; **~weg** *fig m*: ***auf dem ~ sein*** be barking up the wrong tree; **~wolle** *f* wood shavings, excelsior; **~wurm** *m* ZO woodworm
homöopathisch [homøo'pa:tıʃ] *adj* hom(o)eopathic
homosexuell [homozɛ'ksuɛl] *adj* homosexual
Honig ['ho:nıç] *m* (*-s*; *-e*) honey
'**Honigwabe** *f* honeycomb
Honorar [hono'ra:ɐ] *n* (*-s*; *-e*) fee
honorieren [hono'ri:rən] *v/t* (*no -ge-, h*) pay (a fee to); *fig* appreciate, reward
Hopfen ['hɔpfən] *m* (*-s*; -) BOT hop; *brewing*: hops
hoppla ['hɔpla] *int* (wh)oops!
hopsen ['hɔpsən] F *v/i* (*ge-, sein*) hop, jump
Hörappa,rat ['hø:ɐʔapara:t] *m* hearing aid
hörbar ['hø:ɐba:ɐ] *adj* audible
horchen ['hɔrçən] *v/i* (*ge-, h*) listen (***auf*** *acc* to); eavesdrop; **Horcher** ['hɔrçɐ] *m* (*-s*; -) eavesdropper
Horde ['hɔrdə] *f* (-; *-n*) horde (*a.* ZO), *contp a.* mob, gang
hören ['hø:rən] *v/i and v/t* (*ge-, h*) hear; listen to; obey, listen; ***~ auf*** (*acc*) listen to; ***von j-m ~*** hear from (*or* of, about) s.o.; ***er hört schwer*** his hearing is bad; ***hör***(***t***) ***mal!*** listen!; look (here)!; ***nun*** *or* ***also hör***(***t***) ***mal!*** wait a minute!, now look *or* listen here!; **Hörer** ['hø:rɐ] *m* (*-s*; -) listener; TEL receiver; '**Hörerin** ['hø:rərın] *f* (-; *-nen*) listener
Hör|fehler ['hø:ɐfe:lɐ] *m* MED hearing defect; **~gerät** *n* hearing aid
hörig ['hø:rıç] *adj*: ***j-m ~ sein*** be s.o.'s slave
Horizont [hori'tsɔnt] *m* (-[*e*]*s*; *-e*) hori-

zon (*a. fig*); ***s-n ~ erweitern*** broaden one's mind; ***das geht über meinen ~*** that's beyond me; **horizontal** [horitsɔn'taːl] *adj* horizontal
Hormon [hɔr'moːn] *n* (*-s*; *-e*) hormone
Horn [hɔrn] *n* (*-[e]s*; *Hörner* ['hœrnɐ]) horn; **~haut** *f* horny skin, callus(es); ANAT cornea
Hornisse [hɔr'nisə] *f* (*-*; *-n*) ZO hornet
Horoskop [horo'skoːp] *n* (*-s*; *-e*) horoscope
Hör|rohr ['høːɐroːɐ] *n* MED stethoscope; **~saal** *m* lecture hall, auditorium; **~spiel** *n* radio play; **~weite** *f*: ***in*** (***außer***) **~** within (out of) earshot
Höschen ['høːsçən] *n* (*-s*; *-*) panties
Hose ['hoːzə] *f* (*-*; *-n*) (***e-e ~*** a pair of) pants, *Br* trousers; slacks; shorts
'**Hosen|anzug** *m* pants (*Br* trouser) suit; **~schlitz** *m* fly; **~tasche** *f* trouser pocket; **~träger** *pl* (a pair of) suspenders *or Br* braces
Hospital [hɔspi'taːl] *n* (*-s*; *-täler* [hɔspi'tɛːlɐ]) hospital
Hostie ['hɔstjə] *f* (*-*; *-n*) REL host
Hotel [ho'tɛl] *n* (*-s*; *-s*) hotel; **~di,rektor** *m* hotel manager; **~fach** *n* (*-[e]s*; *no pl*) hotel business; **~zimmer** *n* hotel room
HP *abbr of* ***Halbpension*** half-board
Hr(n). *abbr of* ***Herrn*** Mr
Hubraum ['huːpraum] *m* MOT cubic capacity
hübsch [hʏpʃ] *adj* pretty, nice (-looking), cute; *fig* nice, lovely
Hubschrauber ['huːpʃraubɐ] *m* (*-s*; *-*) helicopter; **~landeplatz** *m* heliport
Huf [huːf] *m* (*-[e]s*; *-e*) ZO hoof
'**Hufeisen** *n* horseshoe
Hüfte ['hʏftə] *f* (*-*; *-n*) ANAT hip
'**Hüftgelenk** *n* ANAT hip joint
'**Hüftgürtel** *m* girdle
Hügel ['hyːgəl] *m* (*-s*; *-*) hill; '**hügelig** *adj* hilly; '**Hügelland** *n* downs
Huhn [huːn] *n* (*-[e]s*; *Hühner* ['hyːnɐ]) ZO chicken; hen; **Hühnchen** ['hyːnçən] *n* (*-s*; *-*) chicken; F ***mit j-m ein ~ zu rupfen haben*** have a bone to pick with s.o.
'**Hühner|auge** *n* MED corn; **~brühe** *f* chicken broth; **~ei** *n* hen's egg; **~farm** *f* poultry *or* chicken farm; **~hof** *m* poultry *or* chicken yard; **~leiter** *f* chicken ladder; **~stall** *m* henhouse
huldigen ['hʊldɪgən] *v/i* (*ge-*, *h*) pay homage to; *fig* indulge in
Hülle ['hʏlə] *f* (*-*; *-n*) cover(ing), wrap (-ping); jacket, *Br* sleeve; sheath; ***in ~ und Fülle*** in abundance; '**hüllen** *v/t* (*ge-*, *h*) **~ *in*** (*acc*) wrap (up) in, cover in
Hülse ['hʏlzə] *f* (*-*; *-n*) BOT pod; husk; TECH case; '**Hülsenfrüchte** *pl* pulse
human [hu'maːn] *adj* humane
humanitär [humani'tɛːɐ] *adj* humanitarian; **Humanität** [humani'tɛːt] *f* (*-*; *no pl*) humanity
Hummel ['hʊməl] *f* (*-*; *-n*) ZO bumblebee
Hummer ['hʊmɐ] *m* (*-s*; *-*) ZO lobster
Humor [hu'moːɐ] *m* (*-s*; *no pl*) humo(u)r; (***keinen***) **~ *haben*** have a (no) sense of humo(u)r; **Humorist** [humo'rɪst] *m* (*-en*; *-en*) humorist; **humo'ristisch**, **hu'morvoll** *adj* humorous
humpeln ['hʊmpəln] *v/i* (*ge-*, *h*) hobble; (*ge-*, *sein*) limp
Hund [hʊnt] *m* (*-[e]s*; *-e*) ZO dog
Hunde|hütte ['hʊndəhʏtə] *f* doghouse, *Br* kennel; **~kuchen** *m* dog biscuit; **~leine** *f* lead, leash
'**hunde'müde** *adj* dog-tired
hundert ['hʊndɐt] *adj* a *or* one hundred; ***zu hunderten*** by the hundreds
'**hundertfach** *adj* hundredfold
Hundert'jahrfeier *f* centenary, centennial; **hundertjährig** ['hʊndɐtjɛːrɪç] *adj* a hundred years old; a hundred years of
'**hundertste** *adj* hundredth
Hündin ['hʏndɪn] *f* (*-*; *-nen*) ZO bitch
hündisch ['hʏndɪʃ] *adj* doglike, slavish
Hüne ['hyːnə] *m* (*-n*; *-n*) giant
'**Hünengrab** *n* dolmen
Hunger ['hʊŋɐ] *m* (*-s*; *no pl*) hunger; **~ *bekommen*** get hungry; **~ *haben*** be hungry; ***vor ~ sterben*** die of starvation, starve to death
'**Hungerlohn** *m* starvation wages
'**hungern** *v/i* (*ge-*, *h*) go hungry, starve
'**Hungersnot** *f* famine
'**Hungerstreik** *m* hunger strike
'**Hungertod** *m* (death from) starvation
hungrig ['hʊŋrɪç] *adj* hungry (***nach, auf*** *acc* for)
Hupe ['huːpə] *f* (*-*; *-n*) MOT horn
'**hupen** *v/i* (*ge-*, *h*) MOT sound one's horn, hoot, honk
hüpfen ['hʏpfən] *v/i* (*ge*, *sein*) hop, skip; *ball etc*: bounce
Hürde ['hʏrdə] *f* (*-*; *-n*) hurdle, *fig a.* ob-

stacle; zo fold, pen
'Hürdenlauf *m* SPORT hurdles
'Hürdenläufer *m*, **'Hürdenläuferin** *f* SPORT hurdler
Hure ['hu:rə] *f* (-; *-n*) whore, prostitute
huschen ['hʊʃən] *v/i* (*ge-*, *sein*) flit, dart
hüsteln ['hy:stəln] *v/i* (*ge-*, *h*) cough slightly; *iro* hem; **husten** ['hu:stən] *v/i* (*ge-*, *h*),**'Husten** *m* (*-s*; *no pl*) cough
'Husten|bon,bon *m*, *n* cough drop; **~saft** *m* PHARM cough syrup
Hut¹ [hu:t] *m* (-[*e*]*s*; *Hüte* ['hy:tə]) hat; ***den ~ aufsetzen*** (***abnehmen***) put on (take off) one's hat
Hut² *f*: ***auf der ~ sein*** be on one's guard (***vor*** *dat* against)
hüten ['hy:tən] *v/t* (*ge-*, *h*) guard, protect, watch over; zo herd, mind; look after; ***das Bett ~*** be confined to (one's) bed; ***sich ~ vor*** (*dat*) beware of; ***sich ~, et. zu tun*** be careful not to do s.th.
'Hutkrempe *f* (hat) brim
hutschen ['hʊtʃən] *Austrian v/t and v/i* → ***schaukeln***
Hütte ['hʏtə] *f* (-; *-n*) hut; *contp* shack; cottage, cabin; mountain hut; TECH ironworks
Hyäne ['hyɛ:nə] *f* (-; *-n*) zo hy(a)ena
Hyazinthe [hya'tsɪntə] *f* (-; *-n*) BOT hyacinth
Hydrant [hy'drant] *m* (*-en*; *-en*) hydrant
hydraulisch [hy'draulɪʃ] *adj* hydraulic
Hydrokultur ['hy:drokʊltu:ɐ] *f* hydroponics
Hygiene [hy'gje:nə] *f* (-; *no pl*) hygiene
hygienisch [hy'gje:nɪʃ] *adj* hygienic
Hypnose [hʏp'no:zə] *f* (-; *-n*) hypnosis; **Hypnotiseur** [hʏpnoti'zø:ɐ] *m* (*-s*; *-e*) hypnotist; **hypnotisieren** [hʏpnoti'zi:rən] *v/t* (*no -ge-*, *h*) hypnotize
Hypotenuse [hypote'nu:zə] *f* (-; *-n*) MATH hypotenuse
Hypothek [hypo'te:k] *f* (-; *-en*) ECON mortgage; ***e-e ~ aufnehmen*** take out a mortgage
Hypothese [hypo'te:zə] *f* (-; *-n*) hypothesis, supposition; **hypothetisch** [hypo'te:tɪʃ] *adj* hypothetical
Hysterie [hʏste'ri:] *f* (-; *-n*) hysteria
hysterisch [hʏs'te:rɪʃ] *adj* hysterical

I

i. A. *abbr of* ***im Auftrag*** p. p., per procuration
ICE® [i:tse:'ʔe:] *abbr of* ***Intercityexpresszug*** intercity express (train)
ich [ɪç] *pers pron* I; ***~ selbst*** (I) myself; ***~ bin's*** it's me
ideal [ide'a:l] *adj*,**Ide'al** *n* (*-s*; *-e*) ideal; **Idealismus** [idea'lɪsmʊs] *m* (-; *no pl*) idealism; **Idea'list(in)** (*-en*; *-en*/-; *-nen*) idealist
Idee [i'de:] *f* (-; *-n*) idea
identifizieren [idɛntifi'tsi:rən] *v/t* (*no -ge-*, *h*) identify; ***sich ~ mit*** identify with;**identisch** [i'dɛntɪʃ] *adj* identical
Identitätskarte [idɛnti'tɛ:tskartə] *Austrian f* identity card
Ideologe [ideo'lo:gə] *m* (*-n*; *-n*) ideologist;**Ideologie** [ideolo'gi:] *f* (-; *-n*) ideology;**ideo'logisch** *adj* ideological
idiomatisch [idio'ma:tɪʃ] *adj* LING idiomatic; ***~er Ausdruck*** idiom
Idiot [i'djo:t] *m* (*-en*; *-en*) idiot
Idi'otenhügel F *m skiing*: nursery slope
idi'otisch *adj* idiotic
Idol [i'do:l] *n* (*-s*; *-e*) idol
Idyll [i'dʏl] *n* (*-s*; *-e*), **I'dylle** *f* (-; *-n*) idyl(l);**i'dyllisch** *adj* idyllic
Igel ['i:gəl] *m* (*-s*; -) zo hedgehog
Iglu ['i:glu] *m* (*-s*; *-s*) igloo
ignorieren [ɪgno'ri:rən] *v/t* (*no -ge-*, *h*) ignore, disregard
i. H. *abbr of* ***im Hause*** on the premises
ihr [i:ɐ] *poss pron* her; *pl* their; ***Ihr*** your; **ihrerseits** ['i:rɐzaits] *adv* on her (*pl* their) part; **ihresgleichen** ['i:rəsglaiçən] *indef pron* her (*pl* their) equals, people like herself (*pl* themselves);**ihretwegen** ['i:rətve:gən] *adv* for her (*pl* their) sake
Ikone [i'ko:nə] *f* (-; *-n*) icon
illegal ['ɪlega:l] *adj* JUR illegal
illegitim [ɪlegi'ti:m] *adj* JUR illegitimate
Illusion [ɪlu'zjo:n] *f* (-; *-en*) illusion
illusorisch [ɪlu'zo:rɪʃ] *adj* illusory
Illustration [ɪlʊstra'tsjo:n] *f* (-; *-en*) illustration; **illustrieren** [ɪlʊs'tri:rən]

v/t (*no -ge-*, *h*) illustrate; **Illustrierte** [ɪlʊs'triːɐtə] *f* (*-n*; *-n*) magazine

im [ɪm] *prep* in the; **~ *Bett*** in bed; **~ *Kino*** *etc* at the cinema *etc*; **~ *Erdgeschoss*** on the first (*Br* ground) floor; **~ *Mai*** in May; **~ *Jahre 1997*** in (the year) 1997; **~ *Stehen*** (while) standing up; → ***in***

imaginär [imagi'nɛːɐ] *adj* imaginary

Imbiss ['ɪmbɪs] *m* (*-es*; *-e*) snack

'Imbissstube *f* snack bar

imitieren [imi'tiːrən] *v/t* (*no -ge-*, *h*) imitate

Imker ['ɪmkɐ] *m* (*-s*; *-*) beekeeper

immatrikulieren [ɪmatriku'liːrən] *v/t and v/refl* (*no -ge-*, *h*) UNIV enrol(l), register

immer ['ɪmɐ] *adv* always, all the time; **~ *mehr*** more and more; **~ *wieder*** again and again; ***für* ~** for ever, for good

'Immergrün *n* BOT evergreen

'immer'hin *adv* after all

'immer'zu *adv* all the time, constantly

Immigrant [ɪmi'grant] *m* (*-en*; *-en*), **Immi'grantin** *f* (*-*; *-nen*) immigrant

Immissionen [ɪmɪ'sjoːnən] *pl* (harmful effects of) noise, pollutants *etc*

Immobilien [ɪmo'biːliən] *pl* real estate; **~makler** *m* realtor, real estate agent

immun [ɪ'muːn] *adj* immune (***gegen*** to, against, from); **~ *machen*** → **immunisieren** [ɪmuni'ziːrən] *v/t* (*no -ge-*, *h*) immunize; **Immunität** [ɪmuni'tɛːt] *f* (*-*; *no pl*) immunity; **Im'munschwäche** *f* (*-*; *-n*) MED immunodeficiency; **Im'munsystem** *n* (*-s*; *-e*) MED immune system

Imperativ ['ɪmperatiːf] *m* (*-s*; *-e*) LING imperative (mood)

Imperfekt ['ɪmpɛrfɛkt] *n* (*-s*; *-e*) LING past (tense)

Imperialismus [ɪmperja'lɪsmʊs] *m* (*-*; *no pl*) imperialism; **Imperialist** [ɪmperja'lɪst] *m* (*-en*; *-en*), **imperia'listisch** *adj* imperialist

impfen ['ɪmpfən] *v/t* (*ge-*, *h*) MED vaccinate

'Impf|pass *m* MED vaccination card; **~schein** *m* MED vaccination certificate; **~stoff** *m* MED vaccine, serum

'Impfung *f* (*-*; *-en*) MED vaccination

imponieren [ɪmpo'niːrən] *v/i* (*no -ge-*, *h*) ***j-m* ~** impress s.o.

Import [ɪm'pɔrt] *m* (*-[e]s*; *-e*) ECON import(ation); **Importeur** [ɪmpɔr'tøːɐ] *m* (*-s*; *-e*) ECON importer; **importieren** [ɪmpɔr'tiːrən] *v/t* (*no -ge-*, *h*) ECON import

imposant [ɪmpo'zant] *adj* impressive, imposing

imprägnieren [ɪmprɛ'gniːrən] *v/t* (*no -ge-*, *h*), **imprägniert** [ɪmprɛ'gniːɐt] *adj* waterproof

improvisieren [ɪmprovi'ziːrən] *v/t and v/i* (*no -ge-*, *h*) improvise

Impuls [ɪm'pʊls] *m* (*-es*; *-e*) impulse; stimulus

impulsiv [ɪmpʊl'ziːf] *adj* impulsive

imstande [ɪm'ʃtandə] *adj*: **~ *sein zu*** *inf* be capable of *ger*

in [ɪn] *prp* (*dat and acc*) **1.** in, at; within, inside; into, in; ***überall* ~** all over; **~ *der Stadt*** in town; **~ *der Schule*** at school; **~ *die Schule*** to school; **~*s Kino*** to the cinema; **~*s Bett*** to bed; ***warst du schon mal* ~ ...?** have you ever been to ...?; → ***im*** **2.** in, at, during; **~ *dieser*** (***der nächsten***) ***Woche*** this (next) week; **~ *diesem Alter*** (***Augenblick***) at this age (moment); **~ *der Nacht*** at night; ***heute* ~ *acht Tagen*** a week from now; ***heute* ~ *e-m Jahr*** this time next year; → ***im*** **3.** in, at; ***gut sein* ~** (*dat*) be good at; **~ *Eile*** in a hurry; **~ *Behandlung*** (***Reparatur***) under treatment (repair); **~*s Deutsche*** into German; → ***im*** **4.** F **~ *sein*** be in

'Inbegriff *m* epitome

'inbegriffen *adj* ECON included

in'dem *cj* while, as; by *doing s.th.*

Inder ['ɪndɐ] *m* (*-s*; *-*), **Inderin** ['ɪndərɪn] *f* (*-*; *-nen*) Indian

Indian ['ɪndjaːn] *Austrian m* (*-s*; *-e*) ZO turkey (cock)

Indianer [ɪn'djaːnɐ] *m* (*-s*; *-*), **Indianerin** [ɪn'djaːnərɪn] *f* (*-*; *-nen*) Native American, (American) Indian

Indien ['ɪndjən] India

Indikativ ['ɪndikatiːf] *m* (*-s*; *-e*) LING indicative (mood)

indirekt ['ɪndirɛkt] *adj* indirect, LING *a.* reported

indisch ['ɪndɪʃ] *adj* Indian

indiskret ['ɪndɪskreːt] *adj* indiscreet

Indiskretion [ɪndɪskre'tsjoːn] *f* (*-*; *-en*) indiscretion

indiskutabel [ɪndɪsku'taːbəl] *adj* out of the question

I

individuell [ɪndivi'duɛl] *adj*, **Individuum** [ɪndi'viːduʊm] *n* (*-s*; *-en*) individual
indiz [ɪn'diːts] *n* (*-es*; *-ien*) indication, sign; *pl* JUR circumstantial evidence
industrialisieren [ɪndʊstriali'ziːrən] *v/t* (*no -ge-*, *h*) industrialize; **Industriali'sierung** *f* (*-*; *no pl*) industrialization
Industrie [ɪndʊs'triː] *f* (*-*; *-n*) industry
Indus'triegebiet *n* industrial area
industriell [ɪndʊstri'ɛl] *adj* industrial
Industri'elle *m* (*-n*; *-n*) industrialist
inei'nander *adv* into one another; **~ verliebt** in love with each other; **~greifen** *v/t* (*irr*, **greifen**, *sep*, *-ge-*, *h*) TECH interlock (*a. fig*)
Infanterie ['ɪnfantəriː] *f* (*-*; *-n*) MIL infantry; **Infanterist** ['ɪnfantərɪst] *m* (*-en*; *-en*) MIL infantryman
Infektion [ɪnfɛk'tsjoːn] *f* (*-*; *-en*) MED infection; **Infekti'onskrankheit** *f* infectious disease
Infinitiv ['ɪnfinitiːf] *m* (*-s*; *-e*) LING infinitive (mood)
infizieren [ɪnfi'tsiːrən] *v/t* (*no -ge-*, *h*) MED infect
Inflation [ɪnfla'tsjoːn] *f* (*-*; *-en*) inflation
in'folge *prp* (*gen*) owing to, due to
infolge'dessen *adv* consequently
Informatik [ɪnfɔr'maːtɪk] *f* (*-*; *no pl*) computer science; **Infor'matiker(in)** [ɪnfɔr'maːtikɐ, ɪnfɔr'maːtikərɪn] *m*(*f*) (*-s*; *-/-*; *-nen*) computer scientist
Information [ɪnfɔrma'tsjoːn] *f* (*-*; *-en*) information; **die neuesten ~en** the latest information
informieren [ɪnfɔr'miːrən] *v/t* (*no -ge-*, *h*) inform; **falsch ~** misinform
in'frage: **~ stellen** question; put in jeopardy; **~ kommen** be possible (*person*: eligible); **nicht ~ kommen** be out of the question
infrarot ['ɪnfraroːt] *adj* PHYS infrared
'Infrastruk,tur *f* infrastructure
Ing. *abbr of* **Ingenieur** eng., engineer
Ingenieur [ɪnʒe'njøːɐ] *m* (*-s*; *-e*), **Inge'nieurin** [ɪnʒe'njøːrɪn] *f* (*-*; *-nen*) engineer
Ingwer ['ɪŋvɐ] *m* (*-s*; *no pl*) ginger
Inhaber ['ɪnhaːbɐ] *m* (*-s*; *-*), **'Inhaberin** *f* (*-*; *-nen*) owner, proprietor (proprietress); holder
Inhalt ['ɪnhalt] *m* (*-[e]s*; *-e*) contents; volume, capacity; *fig* meaning
'Inhalts|angabe *f* summary; **~verzeichnis** *n* table of contents
Initiative [initsja'tiːvə] *f* (*-*; *-n*) initiative; **die ~ ergreifen** take the initiative
inklusive [ɪnklu'ziːvə] *prp* ECON including
inkonsequent ['ɪnkɔnzekvɛnt] *adj* inconsistent
In-'Kraft-Treten *n* (*-s*; *no pl*) coming into force, taking effect
'Inland *n* (*-[e]s*; *no pl*) home (country); **~flug** *m* domestic (*or* internal) flight
inländisch ['ɪnlɛndɪʃ] *adj* domestic, home, inland
Inlett ['ɪnlɛt] *n* (*-[e]s*; *-e*) ticking
in'mitten *prp* (*gen*) in the middle of
innen ['ɪnən] *adv* inside; **nach ~** inwards
'Innen|archi,tekt *m*, **~archi,tektin** *f* interior designer; **~architek,tur** *f* interior design; **~mi,nister(in)** minister of the interior; Secretary of the Interior, *Br* Home Secretary; **~minis,terium** *n* ministry of the interior; Department of the Interior, *Br* Home Office; **~poli,tik** *f* domestic politics
'innenpo,litisch *adj* domestic, internal
'Innenseite *f*: **auf der ~** (on the) inside
'Innenstadt *f* downtown, (city *or* town) center *or Br* centre
inner ['ɪnɐ] *adj* inside; *fig* inner; MED, POL internal; **Innere** ['ɪnərə] *n* (*-n*; *no pl*) interior, inside
Innereien [ɪnə'raiən] *pl* GASTR offal
'innerhalb *prp* (*gen*) within
'innerlich *adj* internal (*a.* MED)
innert ['ɪnɐt] *Swiss prp* (*gen or dat*) with in
innig ['ɪnɪç] *adj* tender, affectionate
Innung ['ɪnʊŋ] *f* (*-*; *-en*) guild
'inoffiziell *adj* unofficial
ins [ɪns] → **in**
Insasse ['ɪnzasə] *m* (*-n*; *-n*) inmate; MOT passenger; **'Insassenversicherung** *f* MOT passenger insurance; **'Insassin** *f* (*-*; *-nen*) inmate; MOT passenger
insbe'sondere *adv* (e)specially
'Inschrift *f* inscription, legend
Insekt [ɪn'zɛkt] *n* (*-s*; *-en*) ZO insect, bug
In'sektenstich *m* insect bite
Insel ['ɪnzəl] *f* (*-*; *-n*) island
'Inselbewohner *m* islander
Inserat [ɪnze'raːt] *n* (*-[e]s*; *-e*) advertisement, F ad; **inserieren** [ɪnze'riːrən] *v/t*

and v/i (*no -ge-*, *h*) advertise
insge'heim *adv* secretly
insge'samt *adv* altogether, in all
inso'fern 1. *adv* as far as that goes **2.** *cj*: **~ *als*** in so far as
Inspektion [ɪnspɛk'tsjo:n] *f* (*-*; *-en*) inspection; MOT service
Inspektor [ɪn'spɛkto:ɐ] *m* (*-s*; *-en* [ɪnspɛk'to:rən]), **Inspek'torin** *f* (*-*; *-nen*) inspector
inspizieren [ɪnspi'tsi:rən] *v/t* (*no -ge-*, *h*) inspect
Installateur [ɪnstala'tø:ɐ] *m* (*-s*; *-e*) plumber; (gas *or* electrical) fitter
installieren [ɪnsta'li:rən] *v/t* (*no -ge-*, *h*) put in, fit, instal(l)
instand [ɪn'ʃtant] *adv*: **~ *halten*** keep in good condition *or* repair; TECH maintain; **~ *setzen*** repair
In'standhaltung *f* (*-*; *no pl*) maintenance
'inständig *adv*: ***j-n* ~ *bitten*** implore s.o.
In'standsetzung *f* (*-*; *-en*) repair
Instanz [ɪn'stants] *f* (*-*; *-en*) authority; JUR instance
Instinkt [ɪn'stɪŋkt] *m* (*-[e]s*; *-e*) instinct
instinktiv [ɪnstɪŋk'ti:f] *adv* instinctively
Institut [ɪnsti'tu:t] *n* (*-[e]s*; *-e*) institute
Institution [ɪnstitu'tsjo:n] *f* (*-*; *-en*) institution
Instrument [ɪnstru'mɛnt] *n* (*-[e]s*; *-e*) instrument
inszenieren [ɪnstse'ni:rən] *v/t* (*no -ge-*, *h*) (put on) stage; *film*: direct; *fig* stage
Insze'nierung *f* (*-*; *-en*) production
intellektuell [ɪntɛlɛk'tuɛl] *adj*, **Intellektu'elle** *m*, *f* (*-n*; *-n*) intellectual, F highbrow
intelligent [ɪnteli'gɛnt] *adj* intelligent
Intelligenz [ɪnteli'gɛnts] *f* (*-*; *-en*) intelligence; **~quoti͵ent** *m* I.Q.
Intendant [ɪntɛn'dant] *m* (*-en*; *-en*), **Inten'dantin** *f* (*-*; *-nen*) THEA *etc* director
intensiv [ɪntɛn'zi:f] *adj* intensive; intense; **Inten'sivkurs** *m* crash course
interessant [ɪntərɛ'sant] *adj* interesting; **Interesse** [ɪntə'rɛsə] *n* (*-s*; *-n*) interest (***an*** *dat*, ***für*** in)
Inte'ressengebiet *n* field of interest
Interessent [ɪntərɛ'sɛnt] *m* (*-en*; *-en*), **Interes'sentin** *f* (*-*; *-nen*) interested person; ECON prospect, *Br* prospective buyer
interessieren [ɪntərɛ'si:rən] *v/t* (*no -ge-*, *h*) interest (***für*** in); ***sich* ~ *für*** take an interest in; be interested in
intern [ɪn'tɛrn] *adj* internal
Internat [ɪntɐ'na:t] *n* (*-[e]s*; *-e*) boarding school
internatio'nal [ɪntɐnatsjo'na:l] *adj* international
Internet ['ɪntɐnɛt] *n* (*-[s]*; *no pl*) Internet
Internist [ɪntɐ'nɪst] *m* (*-en*; *-en*), **Inter'nistin** *f* (*-*; *-nen*) MED internist
Interpretation [ɪntɐpreta'tsjo:n] *f* (*-*; *-en*) interpretation; analysis
interpretieren [ɪntɐpre'ti:rən] *v/t* (*no -ge-*, *h*) interpret, ana|lyze, *Br* -lyse
Interpunktion [ɪntɐpʊŋk'tsjo:n] *f* (*-*; *no pl*) punctuation
Intervall [ɪntɐ'val] *n* (*-[e]s*; *-e*) interval
intervenieren [ɪntɐve'ni:rən] *v/i* (*no -ge-*, *h*) intervene
Interview ['ɪntɐvju:] *n* (*-s*; *-s*), **interviewen** [ɪntɐ'vju:ən] *v/t* (*no -ge-*, *h*) interview
intim [ɪn'ti:m] *adj* intimate (***mit*** with) (*a. sexually*); **Intimität** [ɪntimi'tɛ:t] *f* (*-*; *no pl*) intimacy; **In'timsphäre** *f* privacy
intolerant ['ɪntolerant] *adj* intolerant (***gegen*** of); **Intoleranz** ['ɪntolerants] *f* (*-*; *no pl*) intolerance
intransitiv ['ɪntranziti:f] *adj* LING intransitive
Intrige [ɪn'tri:gə] *f* (*-*; *-n*) intrigue, scheme, plot; **intrigieren** [ɪntri'gi:rən] *v/i* (*no -ge-*, *h*) (plot and) scheme
Invalide [ɪnva'li:də] *m* (*-n*; *-n*) invalid; **Inva'lidenrente** *f* disability pension
Invalidität [ɪnvalidi'tɛ:t] *f* (*-*; *no pl*) disablement, disability
Inventar [ɪnvɛn'ta:ɐ] *n* (*-s*; *-e*) inventory, stock
Inventur [ɪnvɛn'tu:ɐ] *f* (*-*; *-en*) ECON stocktaking; **~ *machen*** take stock
investieren [ɪnvɛs'ti:rən] *v/t* (*no -ge-*, *h*) ECON invest (*a. fig*); **Investition** [ɪnvɛsti'tsjo:n] *f* (*-*; *-en*) ECON investment
inwiefern [ɪnvi'fɛrn] *cj and adv* in what respect *or* way
inwie'weit *cj and adv* to what extent
'Inzucht *f* inbreeding
in'zwischen *adv* meanwhile, in the meantime; by now
irdisch ['ɪrdɪʃ] *adj* earthly, worldly

Ire [ˈiːrə] *m* (*-n*; *-n*) Irishman; *pl* the Irish **irgend** [ˈɪrgənt] *adv in cpds*: some…; any…; ***wenn ~ möglich*** if at all possible; ***wenn du ~ kannst*** if you possibly can; F ***~ so ein …*** some …; **~ˈein(e)** *indef pron* some(one); any(one); **~ˈein(e)s** *indef pron* some; any; **~etwas** something; anything; **~jemand** someone, somebody; anyone, anybody; **~ˈwann** *adv* sometime (or other); (at) any time; **~ˈwie** *adv* somehow (or other); **~ˈwo** *adv* somewhere; anywhere

Irin [ˈiːrɪn] *f* (*-*; *-nen*) Irishwoman; **irisch** [ˈiːrɪʃ] *adj* Irish; **Irland** [ˈɪrlant] Ireland

Ironie [iroˈniː] *f* (*-*; *no pl*) irony

ironisch [iˈroːnɪʃ] *adj* ironic(al)

irre [ˈɪrə] *adj* mad, crazy, insane; confused; F super, terrific

ˈIrre *m*, *f* (*-n*; *-n*) madman (madwoman), lunatic; ***wie ein ~r*** like mad *or* a madman

ˈirreführen *v/t* (*sep*, *-ge-*, *h*) mislead, lead astray; **~d** *adj* misleading

ˈirre|gehen *v/i* (*irr*, ***gehen***, *sep*, *-ge-*, *sein*) go astray, *fig a.* be wrong; **~machen** *v/t* (*sep*, *-ge-*, *h*) confuse

irren [ˈɪrən] **1.** *v/refl* (*ge-*, *h*) be wrong, be mistaken; ***sich ~*** be wrong; ***sich in et. ~*** get s.th. wrong **2.** *v/i* (*ge-*, *sein*) wander, stray, err

irritieren [ɪriˈtiːrən] *v/t* (*no -ge-*, *h*) irritate; F confuse

ˈIrrlicht *n* (*-[e]s*; *-er*) will-o'-the-wisp

ˈIrrsinn *m* (*-[e]s*; *no pl*) madness

ˈirrsinnig *adj* insane, mad; F terrific

Irrtum [ˈɪrtuːm] *m* (*-s*; *Irrtümer* [ˈɪrtyːmɐ]) error, mistake; ***im ~ sein*** be mistaken; **ˈirrtümlich** *adv* by mistake

Ischias [ˈɪʃjas] *m*, *n*, *f* (*-*; *no pl*) MED sciatica

Islam [ɪsˈlaːm] *m* (*-[s]*; *no pl*) Islam

Island [ˈiːslant] Iceland

Isländer [ˈiːslɛndɐ] *m* (*-s*; *-*), **ˈIsländerin** [ˈiːslɛndərɪn] *f* (*-*; *-nen*) Icelander

ˈisländisch *adj* Icelandic

Isolierband [izoˈliːɐbant] *n* (*-[e]s*; *-bänder*) insulating tape; **isolieren** [izoˈliːrən] *v/t* (*no -ge-*, *h*) isolate; ELECTR, TECH insulate; **Isoˈlierstatiˌon** *f* MED isolation ward; **Isoˈlierung** *f* (*-*; *-en*) isolation; ELECTR, TECH insulation

Israel [ˈɪsraeːl] Israel

Israeli [ɪsraˈeːli] *m* (*-[s]*; *-[s]*), *f* (*-*; *-[s]*), **israelisch** [ɪsraˈeːlɪʃ] *adj* Israeli

Italien [iˈtaːljən] Italy; **Italiener** [itaˈljeːnɐ] *m* (*-s*; *-*), **Italiˈenerin** [itaˈljeːnərɪn] *f* (*-*; *-nen*), **italiˈenisch** *adj* Italian

J

ja [jaː] *adv* yes, F *a.* yeah; PARL yea, aye; ***wenn ~*** if so; ***da ist er ~!*** well, there he is!; ***ich sagte es Ihnen ~*** I told you so; ***ich bin ~ (schließlich) …*** after all, I am …; ***tut es ˈja nicht!*** don't you dare do it!; ***sei ˈja vorsichtig!*** do be careful!; ***vergessen Sie es ˈja nicht!*** be sure not to forget it!; ***~, weißt du nicht?*** why, don't you know?; ***du kommst doch, ~?*** you're coming, aren't you?

Jacht [jaxt] *f* (*-*; *-en*) MAR yacht

Jacke [ˈjakə] *f* (*-*; *-n*) jacket; coat

Jackett [ʒaˈkɛt] *n* (*-s*; *-s*) jacket, coat

Jagd [jaːkt] *f* (*-*; *-en*) hunt(ing) (*a. fig*); shoot(ing); *fig* chase; → ***Jagdrevier***; ***auf (die) ~ gehen*** go hunting *or* shooting; ***~ machen auf*** (*acc*) hunt (for); *a.* chase *s.o.*; **~aufseher** *m* gamekeeper; **~flugzeug** *n* MIL fighter (plane); **~hund** *m* ZO hound; **~hütte** *f* (hunting) lodge; **~reˌvier** *n* hunting ground; **~schein** *m* hunting *or* shooting licen|se, *Br* -ce

jagen [ˈjaːgən] *v/t and v/i* (*ge-*, *h*) hunt; shoot; *fig* race, dash; hunt, chase; ***j-n aus dem Haus*** *etc* ***~*** drive *or* chase s.o. out of the house *etc*

Jäger [ˈjɛːgɐ] *m* (*-s*; *-*) hunter, huntsman

Jaguar [ˈjaːguaːɐ] *m* (*-s*; *-e*) ZO jaguar

jäh [jɛː] *adj* sudden; steep

Jahr [jaːɐ] *n* (*-[e]s*; *-e* [ˈjaːrə]) year; ***ein drei viertel ~*** nine months; ***einmal im ~*** once a year; ***im ~e 1995*** in (the year) 1995; ***ein 10 ~e altes Auto*** a ten-year-old car; ***mit 18 ~en, im Alter von 18 ~en*** at (the age of) eighteen; ***heute vor e-m ~*** a year ago today; ***die 80er-Jahre*** the eighties

jahr'aus *adv*: **~, jahrein** year in, year out; year after year
'Jahrbuch *n* yearbook, annual
jahrelang ['ja:rəlaŋ] **1.** *adj* longstanding, (many) years of **2.** *adv* for (many) years
Jahres... ['ja:rəs-] *in cpds ...bericht, ...bilanz, ...einkommen etc*: annual ...;**~anfang** *m* beginning of the year; **~ende** *n* end of the year;**~tag** *m* anniversary;**~wechsel** *m* turn of the year; **~zahl** *f* date, year;**~zeit** *f* season, time of (the) year
'Jahrgang *m* age group; PED year, class (***1995*** of '95); GASTR vintage
Jahr'hundert *n* (*-s*; *-e*) century;**~wende** *f* turn of the century
jährlich ['jɛ:ɐlɪç] **1.** *adj* annual, yearly **2.** *adv* every year, yearly, once a year
'Jahrmarkt *m* fair
Jahr'tausend *n* (*-s*; *-e*) millennium
Jahr'zehnt *n* (*-*[*e*]*s*; *-e*) decade
'Jähzorn *m* violent (fit of) temper
'jähzornig *adj* hot-tempered
Jalousie [ʒalu'zi:] *f* (*-*; *-n*) (venetian) blind
Jammer ['jamɐ] *m* (*-s*; *no pl*) misery; ***es ist ein ~*** it is a pity;**jämmerlich** ['jɛmɐlɪç] *adj* miserable, wretched; pitiful, sorry; ***~ versagen*** fail miserably; **'jammern** *v/i* (*ge-*, *h*) moan, lament (***über*** *acc* over, about); complain (of, about);**jammer'schade** *adj*: ***es ist ~, dass*** it's a crying shame that
Janker ['jaŋkɐ] *Austrian m* (*-s*; *-*) jacket
Jänner ['jɛnɐ] *Austrian m* (*-s*; *-*),**Januar** ['janua:ɐ] *m* (*-*[*s*]; *-e*) January
Japan ['ja:pan] Japan; **Japaner** [ja'pa:nɐ] *m* (*-s*; *-*), **Ja'panerin** [ja'pa:nərɪn] *f* (*-*; *-nen*), **ja'panisch** *adj* Japanese
Jargon [ʒar'gõ:] *m* (*-s*; *-s*) jargon; slang
'Jastimme *f* PARL aye, yea
jäten ['jɛ:tən] *v/t* (*ge-*, *h*) weed
Jauche ['jauxə] *f* (*-*; *-n*) liquid manure
jauchzen ['jauxtsən] *v/i* (*ge-*, *h*) shout for *or* with joy; exult, rejoice
Jause ['jauzə] *Austrian f* (*-*; *-n*) snack
ja'wohl *adv* (that's) right, (yes,) indeed
je [je:] *adv and cj* ever; each; per; ***der beste Film, den ich ~ gesehen habe*** the best film I have ever seen; ***~ zwei*** (***Pfund***) two (pounds) each; ***drei Euro ~ Kilo*** three euros per kilo; ***~ nach Größe*** (***Geschmack***) according to size (taste); ***~ nachdem***(, ***wie***) it depends (on how); ***~ ..., desto ...*** the ... the ...
Jeans [dʒi:nz] *pl*, *a. f* (*-*; *-*) (***e-e ~*** a pair of) jeans;**~jacke** *f* denim jacket
jede ['je:də],**jeder** ['je:dɐ],**jedes** ['je:dəs] *indef pron* every; any; each; either; ***jeder weiß*** (***das***) everybody knows; ***du kannst jeden fragen*** (you can) ask anyone; ***jeder von uns*** (***euch***) each of us (you); ***jeder, der*** whoever; ***jeden zweiten Tag*** every other day; ***jeden Augenblick*** any moment now; ***jedes Mal*** every time; ***jedes Mal wenn*** whenever
'jeden'falls *adv* in any case, anyhow
'jedermann *indef pron* everyone, everybody
'jeder'zeit *adv* any time, always
je'doch *cj* however
je'her *adv*: ***von ~*** always
jemals ['je:ma:ls] *adv* ever
jemand ['je:mant] *indef pron* someone, somebody; anyone, anybody
jene ['je:nə],**jener** ['je:nɐ],**jenes** ['je:nəs] *dem pron* that (one); *pl* those; ***dies und jenes*** this and that
jenseitig ['je:nzaitɪç] *adj* opposite
jenseits ['je:nzaits] *adv and prp* (*gen*) on the other side (of), beyond (*a. fig*)
'Jenseits *n* (*-*; *no pl*) next world, hereafter
jetzig ['jɛtsɪç] *adj* present; existing
jetzt [jɛtst] *adv* now, at present; ***bis ~*** up to now, so far; ***erst ~*** only now; ***~ gleich*** right now *or* away; ***von ~ an*** from now on
jeweilig ['je:'vailɪç] *adj* respective
jeweils ['je:'vails] *adv* each; at a time
Jh. *abbr of* ***Jahrhundert*** cent., century
Jochbein ['jɔxbain] *n* ANAT cheekbone
Jockei ['dʒɔke] *m* (*-s*; *-s*) jockey
Jod [jo:t] *n* (*-*[*e*]*s*; *no pl*) CHEM iodine
jodeln ['jo:dəln] *v/i* (*ge-*, *h*) yodel
Joga → ***Yoga***
joggen ['dʒɔgən] *v/i* (*ge-*, *h*) jog
Jogger ['dʒɔgɐ] *m* (*-s*; *-*) jogger
Jogging ['dʒɔgɪŋ] *n* (*-s*; *no pl*) jogging; **~anzug** *m* tracksuit;**~hose** *f* tracksuit trousers
Joghurt ,**Jogurt** ['jo:gʊrt] *m*, *n* (*-*[*s*]; *-*[*s*]) yog(h)urt, yoghourt
Johannisbeere [jo'hanɪsbe:rə] *f*: ***rote ~*** redcurrant; ***schwarze ~*** blackcurrant

J

johlen ['jo:lən] *v/i (ge-, h)* howl, yell
Jolle ['jɔlə] *f (-; -n)* MAR dinghy
Jongleur [ʒo͜'glø:ʀ] *m (-s; -e)* juggler
jonglieren [ʒo͜'gli:rən] *v/t and v/i (no -ge-, h)* juggle
Joule [dʒu:l] *n (-[s]; -)* PHYS joule
Journalismus [ʒʊrna'lɪsmʊs] *m (-; no pl)* journalism; **Journalist(in)** [ʒʊrna'lɪst(ɪn)] *(-en; -en/-; -nen)* journalist
jr. → ***jun.***
Jubel ['ju:bəl] *m (-s; no pl)* cheering, cheers; rejoicing; '**jubeln** *v/i (ge-, h)* cheer, shout for joy; rejoice
Jubiläum [jubi'lɛ:ʊm] *n (-s; -läen)* anniversary; ***50-jähriges*** ~ fiftieth anniversary, (golden) jubilee
jucken ['jʊkən] *v/t and v/i (ge-, h)* itch; ***es juckt mich am ...*** my ... itches
Jude ['ju:də] *m (-n; -n)* Jewish person; ***er ist*** ~ he is Jewish; **Jüdin** ['jy:dɪn] *f (-; -nen)* Jewish woman *or* girl; ***sie ist*** ~ she is Jewish; **jüdisch** ['jy:dɪʃ] *adj* Jewish
Judo ['ju:do] *n (-[s]; no pl)* SPORT judo
Jugend ['ju:gənt] *f (-; no pl)* youth; ***die*** ~ young people; **~amt** *n* youth welfare office; **~arbeitslosigkeit** *f* youth unemployment
'**jugendfrei** *adj*: ***~er Film*** G(-rated) (*Br* U(-rated)) film; ***nicht*** ~ X-rated
'**Jugend|fürsorge** *f* youth welfare; **~gericht** *n* JUR juvenile court; **~herberge** *f* youth hostel; **~klub** *m* youth club; **~kriminali,tät** *f* juvenile delinquency
'**jugendlich** *adj* youthful, young
'**Jugendliche** *m, f (-n; -n)* young person, *m a.* youth, JUR *a.* juvenile
'**Jugend|stil** *m (-s; no pl)* Art Nouveau; **~strafanstalt** *f* detention center (*Br* centre), reformatory; **~verbot** *n* for adults only; → ***jugendfrei***; **~zentrum** *n* youth center (*Br* centre)
Juli ['ju:li] *m (-[s]; -s)* July
Jumbojet ['jʊmbojɛt] *m* jumbo (jet)
jun. *abbr of* ***junior*** Jun., jun., Jnr., Jr., junior
jung [jʊŋ] *adj* young
Junge[1] ['jʊŋə] *m (-n; -n)* boy; lad; *cards*: jack, knave
'**Junge**[2] *n (-n; -n)* ZO young; puppy; kitten; cub; ~ ***bekommen*** *or* ***werfen*** have young
'**jungenhaft** *adj* boyish
'**Jungenstreich** *m* boyish prank
jünger ['jʏŋɐ] *adj* younger
'**Jünger** *m (-s; -)* REL disciple (*a. fig*)
'**Jungfern|fahrt** *f* MAR maiden voyage; **~flug** *m* AVIAT maiden flight
'**Jung|frau** *f* virgin; ASTR Virgo; ***er ist*** ~ he's (a) Virgo; **~geselle** *m* bachelor, single (man); **~gesellin** *f* bachelor girl, single (woman); *esp* JUR spinster
jüngste ['jʏŋstə] *adj* youngest; *fig* latest; ***in ~r Zeit*** lately, recently; ***das Jüngste Gericht*** the Last Judg(e)ment; ***der Jüngste Tag*** Doomsday
Juni ['ju:ni] *m (-[s]; -s)* June
junior ['ju:njo:ɐ] *adj*, '**Junior** *m (-s; -en* [ju'njo:rən]), **Juni'orin** *f (-; -nen)* junior (*a.* SPORT)
Jupe [ʒy:p] *Swiss m (-s; -s)* skirt
Jura ['ju:ra]: ~ ***studieren*** study (the) law
juridisch [ju'ri:dɪʃ] *Austrian* → ***juristisch***; **Jurist(in)** [ju'rɪst(ɪn)] *(-en; -en/-; -nen)* lawyer; law student; **ju'ristisch** *adj* legal
Jurorenkomitee [ju'ro:rənkomite:] *Austrian n* → ***Jury***
Jury [ʒy'ri:] *f (-; -s)* jury
justieren [jʊs'ti:rən] *v/t (no -ge-, h)* TECH adjust, set
Justiz [jʊs'ti:ts] *f (-; no pl)* (administration of) justice, (the) law; **~beamte** *m* judicial officer; **~irrtum** *m* error of justice; **~mi,nister** *m* minister of justice; Attorney General, *Br* Lord Chancellor; **~minis,terium** *n* ministry of justice; Department of Justice
Jute ['ju:tə] *f (-; no pl)* jute
Juwel [ju've:l] *m, n (-s; -en)* jewel, gem (*both a. fig*); *pl* jewel(le)ry
Juwelier [juve'li:ɐ] *m (-s; -e)* jewel(l)er

K

Kabarett [kaba'rɛt] *n* (-*s*; -*s*) (political) revue
Kabel ['ka:bəl] *n* (-*s*; -) cable
'**Kabelfernsehen** *n* cable TV
Kabeljau ['ka:bəljau] *m* (-*s*; -*e*, -*s*) ZO cod(fish)
Kabine [ka'bi:nə] *f* (-; -*n*) cabin; cubicle; SPORT dressing room; TECH car; TEL *etc* booth; **Ka'binenbahn** *f* cable railway
Kabinett [kabi'nɛt] *n* (-*s*; -*e*) POL cabinet
Kabis ['ka:bɪs] *Swiss m* (-; *no pl*) green cabbage
Kabriolett [kabrio'lɛt] *n* (-*s*; -*s*) MOT convertible
Kachel ['kaxəl] *f* (-; -*n*), '**kacheln** *v/t* (*ge*-, *h*) tile; '**Kachelofen** *m* tiled stove
Kadaver [ka'da:vɐ] *m* (-*s*; -) carcass
Kadett [ka'dɛt] *m* (-*en*; -*en*) MIL cadet
Käfer ['kɛ:fɐ] *m* (-*s*; -) ZO beetle, bug
Kaffee ['kafe] *m* (-*s*; -*s*) coffee; ***~ kochen*** make coffee; ***~ mit Milch*** white coffee; **~auto,mat** *m* coffee machine; **~bohne** *f* coffee bean; **~haus** [ka'fe:haus] *Austrian n* café, coffee house; **~kanne** *f* coffee pot; **~ma,schine** *f* cofffeemaker; **~mühle** *f* coffee grinder
Käfig ['kɛ:fɪç] *m* (-*s*; -*e*) cage (*a. fig*)
kahl [ka:l] *adj* bald; *fig* bare (*rock, wall etc*); barren, bleak (*landscape*)
Kahn [ka:n] *m* (-[*e*]*s*; *Kähne* ['kɛ:nə]) boat; barge
Kai [kai] *m* (-*s*; -*s*) quay, wharf
Kaiser ['kaizɐ] *m* (-*s*; -) emperor
Kaiserin ['kaizərɪn] *f* (-; -*nen*) empress
'**Kaiserreich** *n* empire
Kajüte [ka'jy:tə] *f* (-; -*n*) MAR cabin
Kakao [ka'kau] *m* (-*s*; -*s*) cocoa; (hot) chocolate; chocolate milk
Kaktee [kak'te:] *f* (-; -*n*), **Kaktus** ['kaktʊs] *m* (-; *Kakteen*) BOT cactus
Kalb [kalp] *n* (-[*e*]*s*; *Kälber* ['kɛlbɐ]) ZO calf; **kalben** ['kalbən] *v/i* (*ge*-, *h*) calve
'**Kalbfleisch** *n* veal
'**Kalbs|braten** *m* roast veal; **~schnitzel** *n* veal cutlet; escalope (of veal)
Kaldaunen [kal'daunən] *pl* GASTR tripe
Kalender [ka'lɛndɐ] *m* (-*s*; -) calendar; **~jahr** *n* calendar year
Kali ['ka:li] *n* (-*s*; *no pl*) CHEM potash
Kaliber [ka'li:bɐ] *n* (-*s*; -) caliber, *Br* calibre (*a. fig*)
Kalk [kalk] *m* (-[*e*]*s*; -*e*) lime; GEOL limestone, chalk; MED calcium; '**kalken** *v/t* (*ge*-, *h*) whitewash; AGR lime; '**kalkig** *adj* limy; '**Kalkstein** *m* limestone
Kalorie [kalo'ri:] *f* (-; -*n*) calorie
kalo'rien|arm *adj*, **~redu,ziert** *adj* low-calorie, low in calories; **~reich** *adj* high-calorie, high *or* rich in calories
kalt [kalt] *adj* cold; ***mir ist ~*** I'm cold; ***es*** (***mir***) ***wird ~*** it's (I'm) getting cold; ***~ bleiben*** *fig* keep (one's) cool; ***das lässt mich kalt*** that leaves me cold
kaltblütig ['kaltbly:tɪç] **1.** *adj* cold-blooded (*a. fig*) **2.** *adv* in cold blood
Kälte ['kɛltə] *f* (-; *no pl*) cold; *fig* coldness; ***vor ~ zittern*** shiver with cold; ***fünf Grad ~*** five degrees below zero; **~einbruch** *m* cold snap; **~grad** *m* degree below zero; **~peri,ode** *f* cold spell
'**kaltmachen** F *v/t* (*sep*, -*ge*-, *h*) bump off
kam [ka:m] *pret of* ***kommen***
Kamee [ka'me:ə] *f* (-; -*n*) cameo
Kamel [ka'me:l] *n* (-*s*; -*e*) ZO camel
Ka'melhaar *n* (-[*e*]*s*; *no pl*) camelhair
Kamera ['kaməra] *f* (-; -*s*) camera
Kamerad [kamə'ra:t] *m* (-*en*; -*en* [kamə'ra:dən]) companion, F mate, pal, buddy; **Kameradin** [kamə'ra:dɪn] *f* (-; -*nen*) companion
Kame'radschaft *f* (-; *no pl*) comradeship
'**Kameramann** *m* cameraman
'**Kamerare,korder** *m* (-*s*; -) camcorder
Kamille [ka'mɪlə] *f* (-; -*n*) BOT camomile
Kamin [ka'mi:n] *m* (-*s*; -*e*) fireplace; chimney (*a.* MOUNT); ***am ~*** by the fire (-side); **~kehrer** [ka'mi:nke:rɐ] *m* (-*s*; -) chimney sweep; **~sims** *m, n* mantelpiece
Kamm [kam] *m* (-[*e*]*s*; *Kämme* ['kɛmə]) comb, ZO *a.* crest (*a. fig*)
kämmen ['kɛmən] *v/t* (*ge*-, *h*) comb; ***sich*** (***die Haare***) ***~*** comb one's hair
Kammer ['kamɐ] *f* (-; -*n*) (small) room; storeroom, closet; garret; POL, ECON chamber; JUR division
'**Kammermu,sik** *f* chamber music
'**Kammgarn** *n* worsted (yarn)
Kampagne [kam'panjə] *f* (-; -*n*) cam-

K

paign

Kampf [kampf] *m* (-[*e*]*s*; *Kämpfe* ['kɛmpfə]) fight (*a. fig*), struggle (*a. fig*), *esp* MIL combat, battle (*a. fig*); SPORT contest, match; *boxing*: fight, bout; *fig* conflict; '**kampfbereit** *adj* ready for battle (MIL combat); **kämpfen** ['kɛmpfən] *v/i* (*ge-*, *h*) fight (***gegen*** against; ***mit*** with; ***um*** for) (*a. fig*); struggle (*a. fig*); *fig* contend, wrestle

Kampfer ['kampfɐ] *m* (-*s*; *no pl*) CHEM camphor

Kämpfer ['kɛmpfɐ] *m* (-*s*; -), '**Kämpferin** *f* (-; -*nen*) fighter (*a. fig*); **kämpferisch** ['kɛmpfərɪʃ] *adj* fighting, aggressive

'**Kampf|flugzeug** *n* MIL combat aircraft; **~kraft** *f* (-; *no pl*) fighting strength; **~richter** *m* SPORT judge; **~sportarten** *pl* martial arts

Kanada ['kanada] Canada; **Kanadier** [ka'naːdjɐ] *m* (-*s*; -), **Ka'nadierin** [ka'naːdjərɪn] *f* (-; -*nen*), **ka'nadisch** *adj* Canadian

Kanal [ka'naːl] *m* (-*s*; *Kanäle* [ka'nɛːlə]) canal; channel (*a.* TV, TECH, *fig*); sewer, drain; ***der ~*** the (English) Channel

Kanalisation [kanaliza'tsjoːn] *f* (-; -*en*) sewerage (system); canalization

kanalisieren [kanali'ziːrən] *v/t* (*no -ge-*, *h*) sewer; canalize; *fig* channel

Ka'naltunnel *m* Channel Tunnel, F Chunnel

Kanarienvogel [ka'naːrjənfoːgəl] *m* canary

Kandidat [kandi'daːt] *m* (-*en*; -*en*), **Kandi'datin** *f* (-; -*nen*) candidate; **Kandidatur** [kandida'tuːɐ] *f* (-; -*en*) candidacy, *Br a.* candidature; **kandidieren** [kandi'diːrən] *v/i* (*no -ge-*, *h*) stand *or* run for election; ***~ für ...*** run for the office of ...

Känguru, **Känguruh** ['kɛŋguru] *n* (-*s*; -*s*) ZO kangaroo

Kaninchen [ka'niːnçən] *n* (-*s*; -) ZO rabbit

Kanister [ka'nɪstɐ] *m* (-*s*; -) (fuel) can

Kanne ['kanə] *f* (-; -*n*) pot; can

Kannibale [kani'baːlə] *m* (-*n*; -*n*) cannibal

kannte ['kantə] *pret of* ***kennen***

Kanon ['kaːnɔn] *m* (-*s*; -*s*) MUS canon

Kanone [ka'noːnə] *f* (-; -*n*) MIL gun; cannon; F ace, *esp* SPORT *a.* crack

Kante ['kantə] *f* (-; -*n*) edge; '**kanten** *v/t* (*ge-*, *h*) set on edge; tilt; edge (*skis*)

'**Kanten** *m* (-*s*; -) crust

kantig ['kantɪç] *adj* angular, square(d)

Kantine [kan'tiːnə] *f* (-; -*n*) canteen

Kanton [kan'toːn] *m* (-*s*; -*e*) POL canton

Kanu ['kaːnu] *n* (-*s*; -*s*) canoe

Kanüle [ka'nyːlə] *f* (-; -*n*) MED cannula, (drain) tube

Kanzel ['kantsəl] *f* (-; -*n*) REL pulpit; AVIAT cockpit

Kanzlei [kants'lai] *f* (-; -*en*) office

Kanzler ['kantslɐ] *m* (-*s*; -) chancellor

Kanzlerin ['kantslərɪn] *f* (-; -*nen*) chancellor

Kap [kap] *n* (-*s*; -*s*) cape, headland

Kapazität [kapatsi'tɛːt] *f* (-; -*en*) capacity; *fig* authority

Kapelle [ka'pɛlə] *f* (-; -*n*) REL chapel; MUS band

Ka'pellmeister *m* MUS conductor

kapern ['kaːpɐn] *v/t* (*ge-*, *h*) MAR capture, seize

kapieren [ka'piːrən] F *v/t* (*no -ge-*, *h*) get; ***kapiert?*** got it?

Kapital [kapi'taːl] *n* (-*s*; -*e*, -*ien*) ECON capital, funds; **~anlage** *f* investment

Kapitalismus [kapita'lɪsmʊs] *m* (-; *no pl*) capitalism; **Kapita'list** *m* (-*en*; -*en*), **kapita'listisch** *adj* capitalist

Kapi'talverbrechen *n* capital crime, JUR felony

Kapitän [kapi'tɛːn] *m* (-*s*; -*e*) captain (*a.* SPORT)

Kapitel [ka'pɪtəl] *n* (-*s*; -) chapter (*a. fig*); F *fig* story

Kapitulation [kapitula'tsjoːn] *f* (-; -*en*) capitulation, surrender (*a. fig*)

kapitulieren [kapitu'liːrən] *v/i* (*no -ge-*, *h*) capitulate, surrender (*a. fig*)

Kaplan [ka'plaːn] *m* (-*s*; *Kapläne* [ka'plɛːnə]) REL curate

Kappe ['kapə] *f* (-; -*n*) cap, TECH *a.* top, hood; '**kappen** *v/t* (*ge-*, *h*) cut (*rope*); lop, top (*tree*)

Kapsel ['kapsəl] *f* (-; -*n*) capsule

kaputt [ka'pʊt] F *adj* broken (*a. fig*); TECH out of order; *fig* dead beat; ruined; ***~ machen*** F *v/t* (*sep*, *-ge-*, *h*) break, wreck (*a. fig*), ruin; *fig* → ***~machen***; **~gehen** F *v/i* (*irr*, ***gehen***, *sep*, *-ge-*, *sein*) break; MOT *etc* break down; *fig* break up; **~machen** *v/t* (*sep*, *-ge-*, *h*) F *fig* wreck, ruin

Kapuze [ka'puːtsə] *f* (-; -*n*) hood; cowl
Karabiner [kara'biːnɐ] *m* (-*s*; -) carbine; **~haken** *m* karabiner, snaplink
Karaffe [ka'rafə] *f* (-; -*n*) decanter
Karambolage [karambo'laːʒə] *f* (-; -*n*) collision, crash
Karat [ka'raːt] *n* (-[*e*]*s*; -*e*) carat
Karate [ka'raːtə] *n* (-[*s*]; *no pl*) SPORT karate
Karawane [kara'vaːnə] *f* (-; -*n*) caravan
Kardinal [kardi'naːl] *m* (-*s*; *Kardinäle* [kardi'nɛːlə]) REL cardinal
Karfiol [kar'fjoːl] *Austrian m* (-*s*; *no pl*) BOT cauliflower
Kar'freitag [kaːɐ'fraitaːk] *m* REL Good Friday
karg [kark], **kärglich** ['kɛrklɪç] *adj* mea-g|er, *Br* -re, scanty; frugal; poor
kariert [ka'riːɐt] *adj* checked, checkered, *Br* chequered; squared
Karies ['kaːrjɛs] *f* (-; *no pl*) MED (dental) caries
Karikatur [karika'tuːɐ] *f* (-; -*en*) *mst* cartoon, *esp fig* caricature; **Karikaturist** [karikatu'rɪst] *m* (-*en*; -*en*) cartoonist
karikieren [kari'kiːrən] *v/t* (*no -ge-, h*) caricature
Karneval ['karnəval] *m* (-*s*; -*e*, -*s*) carnival
Karo ['kaːro] *n* (-*s*; -*s*) square, check; *cards:* diamonds
Karosserie [karɔsə'riː] *f* (-; -*n*) MOT body
Karotte [ka'rɔtə] *f* (-; -*n*) BOT carrot
Karpfen ['karpfən] *m* (-*s*; -) ZO carp
Karre ['karə] *f* (-; -*n*), '**Karren** *m* (-*s*; -) cart; wheelbarrow; F MOT jalopy
Karriere [ka'rjeːrə] *f* (-; -*n*) career; ***~ machen*** work one's way up, get to the top
Karte ['kartə] *f* (-; -*n*) card; ticket; GEOGR map; chart; GASTR menu; ***gute*** (***schlechte***) ***~n*** a good (bad) hand
Kartei [kar'tai] *f* (-; -*en*) card index; **~karte** *f* index *or* file card
'**Karten|haus** *n* house of cards (*a. fig*); MAR chartroom; **~spiel** *n* card game; deck (*Br* pack) of cards; **~tele,fon** *n* cardphone; **~vorverkauf** *m* advance booking; box office
Kartoffel [kar'tɔfəl] *f* (-; -*n*) BOT potato; **~brei** *m* mashed potatoes; **~chips** *pl* (potato) chips, *Br* crisps; **~kloß** *m*, **~knödel** *m* potato dumpling; **~puffer** *m* potato fritter; **~schalen** *pl* potato peelings; **~schäler** *m* potato peeler
Karton [kar'tɔŋ] *m* (-*s*; -*s*) cardboard; pasteboard; cardboard box
Karussell [karʊ'sɛl] *n* (-*s*; -*s*) roundabout, car(r)ousel, merry-go-round
Karwoche ['kaːɐvɔxə] *f* REL Holy Week
Kaschmir ['kaʃmiːɐ] *m* (-*s*; -*e*) cashmere
Käse ['kɛːzə] *m* (-*s*; -) cheese
Kaserne [ka'zɛrnə] *f* (-; -*n*) barracks
Ka'sernenhof *m* barrack square
käsig ['kɛːzɪç] *adj* cheesy; pasty
Kasino [ka'ziːno] *n* (-*s*; -*s*) casino; MIL (officers') mess
Kasperle ['kaspɐlə] *n*, *m* (-*s*; -) Punch; **~the,ater** *n* Punch and Judy show
Kassa ['kasa] *Austrian f* (-; *Kassen*), **Kasse** ['kasə] *f* (-; -*n*) till; cash register; checkout (counter); cash desk; cashier's counter; THEA *etc* box office; F ***gut*** (***knapp***) ***bei Kasse sein*** be flush (be a bit hard up)
'**Kassen|beleg** *m*, **~bon** *m* sales slip, *Br* receipt; **~erfolg** *m* THEA *etc* box-office success; **~pati,ent** *m* MED health plan (*Am* medicaid, *Br* NHS) patient; **~schlager** F *m* blockbuster; **~wart** ['kasənvart] *m* (-[*e*]*s*; -*e*) treasurer
Kassette [ka'sɛtə] *f* (-; -*n*) box, case; MUS, TV, PHOT *etc* cassette; casket
Kas'setten... *in cpds ...rekorder etc:* cassette ...
kassieren [ka'siːrən] *v/t and v/i* (*no -ge-, h*) collect, take (the money)
Kassierer [ka'siːrɐ] *m* (-*s*; -), **Kas'siererin** *f* (-; -*nen*) cashier; teller; collector
Kastanie [kas'taːnjə] *f* (-; -*n*) BOT chestnut
Kasten ['kastən] *m* (-*s*; *Kästen* ['kɛstən]) box (*a.* F TV, SPORT *etc*); case; chest
kastrieren [kas'triːrən] *v/t* (*no -ge-, h*) MED, VET castrate
Kasus ['kaːzʊs] *m* (-; -) LING case
Katalog [kata'loːk] *m* (-[*e*]*s*; -*e*) catalog(ue *Br*)
Katalysator [kataly'zaːtoːɐ] *m* (-*s*; -*en* [katalyza'toːrən]) CHEM catalyst; MOT catalytic converter
Katapult [kata'pʊlt] *m*, *n* (-[*e*]*s*; -*e*), **katapultieren** [katapʊl'tiːrən] *v/t* (*no -ge-, h*) catapult
katastrophal [katastro'faːl] *adj* disastrous (*a. fig*); **Katastrophe** [katas-

K

'troːfə] *f* (-; *-n*) catastrophe, disaster (*a. fig*)

Kata'strophen|gebiet *n* disaster area; **~schutz** *m* disaster control

Katechismus [katɛ'çɪsmʊs] *m* (-; *-men*) REL catechism

Kategorie [katego'riː] *f* (-; *-n*) category

Kater ['kaːtɐ] *m* (*-s*; -) ZO male cat, tomcat; F hangover

kath. *abbr of* ***katholisch*** Cath., Catholic

Kathedrale [kate'draːlə] *f* (-; *-n*) cathedral

Katholik [kato'liːk] *m* (*-en*; *-en*), **Katho'likin** *f* (-; *-nen*), **katholisch** [ka'toːlɪʃ] *adj* (Roman) Catholic

Kätzchen ['kɛtsçən] *n* (*-s*; -) ZO kitten, pussy (*a.* BOT)

Katze ['katsə] *f* (-; *-n*) ZO cat; kitten

Kauderwelsch ['kaudɐvɛlʃ] *n* (-[*s*]; *no pl*) gibberish

kauen ['kauən] *v/t and v/i* (*ge-*, *h*) chew

kauern ['kauɐn] *v/i and v/refl* (*ge-*, *h*) crouch, squat

Kauf [kauf] *m* (-[*e*]*s*; *Käufe* ['kɔʏfə]) purchase (*a.* ECON), F buy; purchasing, buying; ***ein guter ~*** a bargain, F a good buy; ***zum ~ anbieten*** offer for sale

'kaufen *v/t* (*ge-*, *h*) buy (*a. fig*), purchase

Käufer ['kɔʏfɐ] *m* (*-s*; -), **'Käuferin** *f* (-; *-nen*) buyer; customer

'Kauffrau *f* (-; *-en*) businesswoman

'Kauf|haus *n* department store; **~kraft** *f* (-; *no pl*) ECON purchasing power

käuflich ['kɔʏflɪç] *adj* for sale; *fig* venal

'Kaufmann *m* (-[*e*]*s*; *-leute*) businessman; dealer, trader, merchant; storekeeper, *Br mst* shopkeeper; grocer

kaufmännisch ['kaufmɛnɪʃ] *adj* commercial, business; ***~er Angestellter*** clerk

'Kaufvertrag *m* contract of sale

'Kaugummi *m* (*-s*; *-s*) chewing gum

kaum [kaum] *adv* hardly; ***~ zu glauben*** hard to believe

Kaution [kau'tsjoːn] *f* (-; *-en*) security; JUR bail

Kautschuk ['kautʃʊk] *m* (*-s*; *-e*) (india) rubber

Kavalier [kava'liːɐ] *m* (*-s*; *-e*) gentleman

Kaviar ['kaːvjar] *m* (*-s*; *-e*) caviar(e)

keck [kɛk] *adj* cheeky, saucy, pert

Kegel ['keːgəl] *m* (*-s*; -) skittle, pin; MATH, TECH cone; **~bahn** *f* bowling (*esp Br* skittle) alley

'kegelförmig ['keːgəlfœrmɪç] *adj* conical

'Kegelkugel *f* bowling (*esp Br* skittle) ball

'kegeln *v/i* (*ge-*, *h*) bowl, go bowling, *esp Br* play (at) skittles *or* ninepins

Kehle ['keːlə] *f* (-; *-n*) ANAT throat

'Kehlkopf *m* ANAT larynx

Kehre ['keːrə] *f* (-; *-n*) (sharp) bend

'kehren *v/t* (*ge-*, *h*) sweep; ***j-m den Rücken ~*** turn one's back on s.o.

Kehricht ['keːrɪçt] *m* (*-s*; *no pl*) sweepings; **~schaufel** *f* dustpan

kehrtmachen ['keːɐtmaxən] *v/i* (*sep*, *-ge-*, *h*) turn back

keifen ['kaifən] *v/i* (*ge-*, *h*) nag, bitch

Keil [kail] *m* (-[*e*]*s*; *-e*) wedge; gusset

Keiler ['kailɐ] *m* (*-s*; -) ZO wild boar

'Keilriemen *m* MOT fan belt

Keim [kaim] *m* (-[*e*]*s*; *-e*) BIOL, MED germ; BOT bud, sprout; *fig* seed(s)

'keimen *v/i* (*ge-*, *h*) BOT germinate, sprout; *fig* form, grow; stir

'keimfrei *adj* MED sterile

'keimtötend *adj* MED germicidal

'Keimzelle *f* BIOL germ cell

kein [kain] *indef pron* **1.** *adj*: **~(*e*)** no, not any; ***~ anderer*** no one else; ***~(e) … mehr*** not any more …; ***~ Geld*** (***~e Zeit***) ***mehr*** no money (time) left; ***~ Kind mehr*** no longer a child **2.** *su*: ***~er, ~e, ~(e)s*** none, no one, nobody; ***~er von beiden*** neither (of the two); ***~er von uns*** none of us; **'keines'falls** *adv* by no means, under no circumstances; **'keineswegs** [kainəs'veːks] *adv* by no means, not in the least; **'keinmal** *adv* not once, not a single time

Keks [keːks] *m*, *n* (*-es*, *-e*) cookie, *Br* biscuit

Kelch [kɛlç] *m* (-[*e*]*s*; *-e*) cup (*a.* BOT); REL chalice

Kelle ['kɛlə] *f* (-; *-n*) GASTR ladle, scoop; TECH trowel; signaling disk

Keller ['kɛlɐ] *m* (*-s*; -) cellar; → **~geschoss** *n*, **~geschoß** *Austrian n* basement; **~wohnung** *f* basement (apartment, *esp Br* flat)

Kellner ['kɛlnɐ] *m* (*-s*; -) waiter

Kellnerin ['kɛlnərɪn] *f* (-; *-nen*) waitress

keltern ['kɛltɐn] *v/t* (*ge-*, *h*) press

kennen ['kɛnən] *v/t* (*irr*, *ge-*, *h*) know, be acquainted with; ***~ lernen*** → ***kennenlernen***

'**kennenlernen** *v/t* (*sep*, *-ge-*, *h*) get to know, become acquainted with; meet *s.o.*; ***als ich ihn kennenlernte*** when I first met him
Kenner ['kɛnɐ] *m* (*-s*; -), '**Kennerin** *f* (-; *-nen*) expert; **kenntlich** ['kɛntlɪç] *adj* recognizable (***an*** *dat* by); **Kenntnis** *f* (-; *-se*) knowledge; ***gute ~se in*** (*dat*) a good knowledge of
'**Kennwort** *n* password
'**Kennzeichen** *n* mark, sign; (distinguishing) feature, characteristic; MOT license (*Br* registration) number
'**kennzeichnen** *v/t* (*ge-*, *h*) mark; *fig* characterize
kentern ['kɛntɐn] *v/i* (*ge-*, *sein*) MAR capsize
Keramik [ke'ra:mɪk] *f* (-; *-en*) ceramics
Kerbe ['kɛrbə] *f* (-; *-n*) notch
Kerker ['kɛrkɐ] *m* (*-s*; -) dungeon
Kerl [kɛrl] F *m* (*-s*; *-e*) fellow, guy; ***armer ~*** poor devil; ***ein anständiger ~*** a decent sort
Kern [kɛrn] *m* (*-[e]s*; *-e*) BOT pip, seed, stone, kernel; TECH core (*a. fig*); PHYS nucleus; *~... in cpds ...energie, ...forschung, ...physik, ...reaktor, ...technik etc*: nuclear ...; **~fach** *n* PED basic subject; **~fa'milie** *f* nuclear family; **~gehäuse** *n* BOT core
'**kernge'sund** *adj* F (as) sound as a bell
kernig ['kɛrnɪç] *adj* full of seeds (*Br* pips); *fig* robust; pithy
'**Kernkraft** *f* PHYS nuclear power; **~gegner** *m* anti-nuclear activist; **~werk** *n* nuclear power station *or* plant
'**kernlos** *adj* BOT seedless
'**Kernspaltung** *f* PHYS nuclear fission
'**Kernwaffen** *pl* MIL nuclear weapons; '**kernwaffenfrei** *adj*: ***~e Zone*** MIL nuclear-free zone; '**Kernwaffenversuch** *m* MIL nuclear test
'**Kernzeit** *f* ECON core time
Kerze ['kɛrtsə] *f* (-; *-n*) candle; SPORT shoulder stand
kess [kɛs] F *adj* cheeky, saucy, pert
Kessel ['kɛsəl] *m* (*-s*; -) kettle; TECH boiler; tank
Kette ['kɛtə] *f* (-; *-n*) chain (*a. fig*); necklace; ***e-e ~ bilden*** form a line
'**Ketten...** *in cpds ...antrieb, ...laden, ...rauchen, ...raucher, ...reaktion etc*: chain ...
'**ketten** *v/t* (*ge-*, *h*) chain (***an*** *acc* to)
'**Kettenfahrzeug** *n* tracked vehicle
Ketzer ['kɛtsɐ] *m* (*-s*; -) heretic
Ketzerei [kɛtsə'rai] *f* (-; *-en*) heresy
keuchen ['kɔʏçən] *v/i* (*ge-*, *h*) pant, gasp
'**Keuchhusten** *m* MED whooping cough
Keule ['kɔʏlə] *f* (-; *-n*) club; GASTR leg
keusch [kɔʏʃ] *adj* chaste
'**Keuschheit** *f* (-; *no pl*) chastity
Kfz [ka:ˀɛf'tsɛt] *abbr of* ***Kraftfahrzeug*** motor vehicle; **Kf'z-Brief** *m*, **Kf'z-Schein** *m* vehicle registration document; **Kf'z-Steuer** *f* road *or* automobile tax; **Kf'z-Werkstatt** *f* garage
KG [ka:'ge:] *abbr of* ***Kommanditgesellschaft*** ECON limited partnership
kichern ['kɪçɐn] *v/i* (*ge-*, *h*) giggle
Kiebitz ['ki:bɪts] *m* (*-es*; *-e*) ZO peewit, lapwing; F kibitzer
Kiefer[1] ['ki:fɐ] *m* (*-s*; -) ANAT jaw(bone)
'**Kiefer**[2] *f* (-; *-n*) BOT pine(tree)
Kiel [ki:l] *m* (*-[e]s*; *-e*) MAR keel; **~flosse** *f* AVIAT tail fin; **~raum** *m* MAR bilge; **~wasser** *n* (*-s*; -) MAR wake (*a. fig*)
Kieme ['ki:mə] *f* (*-n*; *-n*) ZO gill
Kies [ki:s] *m* (*-es*; *-e*) gravel (*a.* ***mit ~ bestreuen***); F dough
Kiesel ['ki:zəl] *m* (*-s*; -) pebble
Kilo ['ki:lo] *n* (*-s*; -) → ***Kilogramm***
Kilo|'gramm [kilo'gram] *n* kilogram(me); **~hertz** [kilo'hɛrts] *n* (-; -) kilohertz; **~'meter** *m* kilometer, *Br* kilometre; **~'watt** *n* ELECTR kilowatt
Kind [kɪnt] *n* (*-[e]s*; *-er* ['kɪndɐ]) child; ***ein ~ erwarten*** be expecting a baby
'**Kinder|arzt** *m*, **~ärztin** *f* p(a)ediatrician; **~garten** *m* kindergarten, nursery school; **~gärtnerin** ['kɪndɐgɛrtnərɪn] *f* (-; *-nen*) nursery-school *or* kindergarten teacher; **~geld** *n* child benefit; **~hort** ['kɪndɐhɔrt] *m* (*-[e]s*; *-e*), **~krippe** *f* day nursery; **~lähmung** *f* MED polio(-myelitis)
'**kinderlieb** *adj* fond of children
'**kinderlos** *adj* childless
'**Kinder|mädchen** *n* nurse(maid), nanny; **~spiel** *fig n*: ***ein ~ sein*** be child's play; **~stube** *fig f* manners, upbringing; **~wagen** *m* baby carriage, buggy, *Br* pram; **~zimmer** *n* children's room
Kindes|alter ['kɪndəsˀaltɐ] *n* childhood; infancy; **~entführung** *f* kidnap(p)ing; **~misshandlung** *f* child abuse
'**Kindheit** *f* (-; *no pl*) (***von ~ an*** from) childhood

K

kindisch ['kɪndɪʃ] *adj* childish
'**kindlich** *adj* childlike
Kinn [kɪn] *n* (-[*e*]*s*; -*e*) ANAT chin; **~backe** *f*, **~backen** *m* (-*s*; -) ANAT jaw(-bone); **~haken** *m boxing*: hook (to the chin), uppercut
Kino ['kiːno] *n* (-*s*; -*s*) (*no pl*) motion pictures, *esp Br* cinema, F *the* movies; movie theater, *esp Br* cinema
'**Kinobesucher** *m*, '**Kinogänger** ['kiːnogɛŋɐ] *m* (-*s*; -) moviegoer, *Br* cinemagoer
Kippe ['kɪpə] *f* (-; -*n*) F butt, *esp Br* stub; SPORT upstart
'**kippen** **1.** *v/i* (*ge-*, *sein*) tip *or* topple (over) **2.** *v/t* (*ge-*, *h*) tilt, tip over *or* up
Kirche ['kɪrçə] *f* (-; -*n*) church; ***in die ~ gehen*** go to church
'**Kirchen|buch** *n* parish register; **~diener** *m* sexton; **~gemeinde** *f* parish; **~jahr** *n* Church *or* ecclesiastical year; **~lied** *n* hymn; **~mu,sik** *f* sacred *or* church music; **~schiff** *n* ARCH nave; **~steuer** *f* church tax; **~stuhl** *m* pew; **~tag** *m* church congress
'**Kirchgang** *m* churchgoing; **Kirchgänger** ['kɪrçgɛŋɐ] *m* (-*s*; -) churchgoer
'**kirchlich** *adj* church, ecclesiastical
'**Kirchturm** *m* steeple; spire; church tower
Kirsche ['kɪrʃə] *f* (-; -*n*) BOT cherry
Kissen ['kɪsən] *n* (-*s*; -) pillow; cushion; **~bezug** *m*, **~hülle** *f* pillowcase, pillowslip
Kiste ['kɪstə] *f* (-; -*n*) box, chest; crate
Kitsch [kɪtʃ] *m* (-[*e*]*s*; *no pl*) kitsch; trash; F slush
'**kitschig** *adj* kitschy; trashy; slushy
Kitt [kɪt] *m* (-[*e*]*s*; -*e*) cement; putty
Kittel ['kɪtəl] *m* (-*s*; -) smock; overall; MED (white) coat
'**kitten** *v/t* (*ge-*, *h*) cement; putty
Kitzel ['kɪtsəl] *m* (-*s*; -) tickle, *fig a.* thrill, kick; '**kitzeln** *v/i and v/t* (*ge-*, *h*) tickle; **Kitzler** ['kɪtslɐ] *m* (-*s*; -) ANAT clitoris; **kitzlig** ['kɪtslɪç] *adj* ticklish (*a. fig*)
kläffen ['klɛfən] *v/i* (*ge-*, *h*) yap, yelp
klaffend ['klafənt] *adj* gaping; yawning
Klage ['klaːgə] *f* (-; -*n*) complaint; lament; JUR action, (law)suit
'**klagen** *v/i* (*ge-*, *h*) complain (***über*** *acc* of, about; ***bei*** to); lament; JUR go to court; ***gegen j-n ~*** JUR sue s.o.
Kläger ['klɛːgɐ] *m* (-*s*; -), '**Klägerin** *f* (-; -*nen*) JUR plaintiff
kläglich ['klɛːklɪç] → ***jämmerlich***
Klamauk [kla'mauk] *m* (-*s*; *no pl*) racket; THEA *etc* slapstick
klamm [klam] *adj* numb; clammy
Klammer ['klamɐ] *f* (-; -*n*) TECH cramp, clamp; clip; clothespin, *Br* (clothes) peg; MED brace; MATH, PRINT bracket(s);
'**klammern** *v/t* (*ge-*, *h*) fasten *or* clip together; ***sich ~ an*** (*acc*) cling to
klang [klaŋ] *pret of* ***klingen***
Klang *m* (-[*e*]*s*; *Klänge* ['klɛŋə]) sound; tone; clink; ringing
'**klangvoll** *adj* sonorous; *fig* illustrious
Klappe ['klapə] *f* (-; -*n*) flap; hinged lid; MOT tailgate, *Br* tailboard; TECH, BOT, ANAT valve; F trap; '**klappen** (*ge-*, *h*) **1.** *v/t*: ***nach oben ~*** lift up, raise; put *or* fold up; ***nach unten ~*** lower, put down; ***es lässt sich*** (***nach hinten***) **~** it folds (backward) **2.** *v/i* clap, clack; F work, work out (well)
Klapper ['klapɐ] *f* (-; -*n*) rattle
'**klappern** *v/i* (*ge-*, *h*) clatter, rattle (***mit et.*** s.th.)
'**Klapperschlange** *f* ZO rattlesnake
Klapp|fahrrad ['klapfaːraːt] *n* folding bicycle; **~fenster** *n* top-hung window; **~messer** *n* jack knife, clasp knife
klapprig ['klaprɪç] *adj* MOT rattly, ramshackle; F shaky
'**Klappsitz** *m* folding *or* tip-up seat
'**Klappstuhl** *m* folding chair
'**Klapptisch** *m* folding table
Klaps [klaps] *m* (-*es*; -*e*) slap, pat; smack
klar [klaːɐ] *adj* clear (*a. fig*); ***ist dir ~, dass …?*** do you realize that …?; ***das ist mir*** (***nicht ganz***) **~** I (don't quite) understand; (***na***) ***~!*** of course!; ***alles ~?*** everything okay?
Kläranlage ['klɛːɐˀanlaːgə] *f* sewage works
klären ['klɛːrən] *v/t* (*ge-*, *h*) TECH purify, treat; *fig* clear up; settle; SPORT clear
'**Klarheit** *f* (-; *no pl*) clearness, *fig a.* clarity
Klarinette [klari'nɛtə] *f* (-; -*n*) MUS clarinet
'**Klarsicht…** *in cpds* transparent
Klasse ['klasə] *f* (-; -*n*) class (*a.* POL), PED *a.* grade, *Br* form; classroom; F ***klasse sein*** be super, be fantastic
'**Klassen|arbeit** *f* (classroom) test;

~buch *n* classbook, *Br* (class) register; **~kame,rad** *m* classmate; **~lehrer(in)** homeroom teacher, *Br* form teacher, *a.* form master (mistress); **~sprecher** *m* class representative; **~zimmer** *n* classroom
klassifizieren [klasifi'tsiːrən] *v/t* (*no -ge-, h*) classify; **'Klassifi'zierung** *f* (-; -*en*) classification
Klassiker ['klasikɐ] *m* (-*s*; -) classic
klassisch ['klasɪʃ] *adj* classic(al)
Klatsch [klatʃ] F *m* (-*es*; *no pl*) gossip
'Klatschbase *f* gossip
'klatschen *v/i and v/t* (*ge-, h*) clap, applaud; F slap, bang; splash; F gossip; ***in die Hände ~*** clap one's hands
'klatschhaft *adj* gossipy
'Klatschmaul F *n* (old) gossip
'klatsch'nass F *adj* soaking wet
klauben ['klaubən] *Austrian v/t* (*ge-, h*) pick; gather
Klaue ['klauə] *f* (-; -*n*) ZO claw; *pl fig* clutches
klauen ['klauən] F *v/t* (*ge-, h*) pinch
Klausel ['klauzəl] *f* (-; -*n*) JUR clause; condition
Klausur [klau'zuːɐ] *f* (-; -*en*) test (paper), exam(ination)
Klavier [kla'viːɐ] *n* (-*s*; -*e*) MUS piano; ***~ spielen*** play the piano; **~kon,zert** *n* MUS piano concerto; piano recital
Klebeband ['kleːbəbant] *n* (-[*e*]*s*; -*bänder*) adhesive tape; **kleben** ['kleːbən] (*ge-, h*) **1.** *v/t* glue, paste; stick **2.** *v/i* stick, cling (***an*** *dat* to) (*a. fig*); **klebrig** ['kleːbrɪç] *adj* sticky
Kleb|stoff ['kleːpʃtɔf] *m* adhesive; glue; **~streifen** *m* adhesive tape
kleckern ['klɛkɐn] F (*ge-, h*) **1.** *v/i* make a mess **2.** *v/t* spill
Klecks [klɛks] F *m* (-*es*; -*e*) (ink)blot; blob; **klecksen** ['klɛksən] F *v/i* (*ge-, h*) blot, make blots
Klee [kleː] *m* (-*s*; *no pl*) BOT clover
'Kleeblatt *n* cloverleaf
Kleid [klait] *n* (-[*e*]*s*; -*er* ['klaidɐ]) dress; *pl* clothes; **kleiden** ['klaidən] *v/t* (*ge-, h*) dress, clothe; ***j-n gut ~*** suit s.o.; ***sich gut*** *etc* ***~*** dress well *etc*
Kleider|bügel ['klaidɐbyːgəl] *m* (coat) hanger; **~bürste** *f* clothes brush; **~haken** *m* coat hook; **~schrank** *m* wardrobe; **~ständer** *m* coat stand; **~stoff** *m* dress material

'kleidsam *adj* becoming
'Kleidung *f* (-; *no pl*) clothes, clothing
'Kleidungsstück *n* article of clothing
Kleie ['klaiə] *f* (-; -*n*) AGR bran
klein [klain] *adj* small, *esp* F little (*a. finger, brother*); short; ***von ~ auf*** from an early age; ***ein ~ wenig*** a little bit; ***Groß und Klein*** young and old; ***die Kleinen*** the little ones; ***~ schneiden*** cut up (into small pieces)
'Klein|anzeige *f* want ad, *Br* small ad; **~bildkamera** *f* 35 mm camera; **~fa,milie** *f* nuclear family; **~geld** *n* (small) change; **~holz** *n* matchwood
Kleinigkeit ['klainɪçkait] *f* (-; -*en*) little thing, trifle; little something; ***e-e ~ sein*** be nothing, be child's play
'Kleinkind *n* baby, infant
'Kleinkram F *m* odds and ends
'kleinlaut *adj* subdued
'kleinlich *adj* small-minded, petty; mean; pedantic, fussy
'kleinschneiden *v/t* (*irr*, ***schneiden***, *sep, -ge-, h*) → ***klein***
'Kleinstadt *f* small town; **'kleinstädtisch** *adj* small-town, provincial
'Kleintrans,porter *m* MOT pick-up
'Kleinwagen *m* MOT small *or* compact car, F runabout
Kleister ['klaistɐ] *m* (-*s*; -) paste
Klemme ['klɛmə] *f* (-; -*n*) TECH clamp; (hair) clip; F ***in der ~ sitzen*** be in a fix *or* tight spot; **'klemmen** *v/i and v/t* (*ge-, h*) jam; stick; be stuck, be jammed; ***sich ~*** jam one's finger *or* hand
Klempner ['klɛmpnɐ] *m* (-*s*; -) plumber
Klepper ['klɛpɐ] *m* (-*s*; -) ZO nag
Klerus ['kleːrʊs] *m* (-; *no pl*) REL clergy
Klette ['klɛtə] *f* (-; -*n*) BOT bur(r); *fig* leech
klettern ['klɛtɐn] *v/i* (*ge-, sein*) climb; ***auf e-n Baum ~*** climb (up) a tree
'Kletterpflanze *f* BOT climber
Klient [kli'ɛnt] *m* (-*en*; -*en*), **Kli'entin** *f* (-; -*nen*) client
Klima ['kliːma] *n* (-*s*; -*s*) climate, *fig a.* atmosphere
'Klimaanlage *f* air-conditioning
klimatisch [kli'maːtɪʃ] *adj* climatic
klimpern ['klɪmpɐn] *v/i* (*ge-, h*) jingle, chink (***mit et.*** s.th.); F MUS strum (away) (***auf*** *dat* on)

Klinge ['klɪŋə] *f* (-; -*n*) blade
Klingel ['klɪŋəl] *f* (-; -*n*) bell
'**Klingelknopf** *m* bell (push)
'**klingeln** *v/i* (*ge-*, *h*) ring (the bell); ***es klingelt*** the (door)bell is ringing
'**klingen** *v/i* (*irr*, *ge-*, *h*) sound; *bell*, *metal etc*: ring; *glasses etc*: clink
Klinik ['kliːnɪk] *f* (-; -*en*) hospital; clinic
klinisch ['kliːnɪʃ] *adj* clinical
Klinke ['klɪŋkə] *f* (-; -*n*) (door) handle
Klippe ['klɪpə] *f* (-; -*n*) cliff, rock(s); *fig* obstacle
klirren ['klɪrən] *v/i* (*ge-*, *h*) *window*: rattle; *glasses etc*: clink; *broken glass*: tinkle; *swords*: clash; *keys*, *coins*: jingle
Klischee [kli'ʃeː] *n* (-*s*; -*s*) cliché
klobig ['kloːbɪç] *adj* bulky, clumsy
klopfen ['klɔpfən] (*ge-*, *h*) **1.** *v/i heart etc*: beat, throb; knock (***an*** *acc* at, on); tap; pat; ***es klopft*** there's a knock at the door **2.** *v/t* beat; knock; drive (*nail etc*)
Klosett [klo'zɛt] *n* (-*s*; -*s*) lavatory, toilet
Kloß [kloːs] *m* (-*es*; *Klöße* ['kløːsə]) clod, lump (*a. fig*); GASTR dumpling
Kloster ['kloːstɐ] *n* (-*s*; *Klöster* ['kløːstɐ]) REL monastery; convent
Klotz [klɔts] *m* (-*es*; *Klötze* ['klœtsə]) block; log
Klub [klʊb] *m* (-*s*; -*s*) club
'**Klubsessel** *m* lounge chair
Kluft [klʊft] *f* (-; *Klüfte* ['klʏftə]) gap (*a. fig*); abyss
klug [kluːk] *adj* intelligent, clever, F bright, smart; wise; ***daraus*** (***aus ihm***) ***werde ich nicht ~*** I don't know what to make of it (him)
'**Klugheit** *f* (-; *no pl*) intelligence, cleverness, F brains; good sense; knowledge
Klumpen ['klʊmpən] *m* (-*s*; -) lump; clod; nugget; '**Klumpfuß** *m* MED club foot; '**klumpig** *adj* lumpy; cloddish
knabbern ['knabɐn] *v/t and v/i* (*ge-*, *h*) nibble, gnaw
Knabe ['knaːbə] *m* (-*n*; -*n*) boy
'**knabenhaft** *adj* boyish
Knäckebrot ['knɛkəbroːt] *n* crispbread
knacken ['knakən] *v/t and v/i* (*ge-*, *h*) crack; *twig*: snap; *fire*, *radio*: crackle
Knacks F *m* (-*es*; -*e*) crack; *fig* defect
Knall [knal] *m* (-[*e*]*s*; -*e*) bang; crack, report; pop; F ***e-n ~ haben*** be nuts
'**Knallbon͵bon** *m*, *n* cracker
'**knallen** *v/i and v/t* (*ge-*, *h*) bang; slam; crack; pop; F crash (***gegen*** into); F ***j-m e-e ~*** slap s.o.('s face)
'**knallig** F *adj* flashy, loud
'**Knallkörper** *m* firecracker
knapp [knap] *adj* scarce; scanty, meager, *Br* meagre (*food*, *pay etc*); bare (*a. majority etc*); limited (*time etc*); narrow (*escape etc*); tight (*dress etc*); brief; ***~ an Geld*** (***Zeit*** *etc*) short of money (time *etc*); ***mit ~er Not*** only just, barely
Knappe ['knapə] *m* (-*n*; -*n*) miner
'**knapphalten** *v/t* (*irr*, ***halten***, *sep*, *-ge-*, *h*): ***j-n ~*** keep s.o. short
'**Knappheit** *f* (-; *no pl*) shortage
Knarre ['knarə] *f* (-; -*n*) rattle; F gun
'**knarren** *v/i* (*ge-*, *h*) creak
Knast [knast] F *m* (-[*e*]*s*; *Knäste* ['knɛstə]) *sl* clink
knattern ['knatɐn] *v/i* (*ge-*, *h*) crackle; MOT roar
Knäuel ['knɔʏəl] *m*, *n* (-*s*; -) ball; tangle
Knauf [knauf] *m* (-[*e*]*s*; *Knäufe* ['knɔʏfə]) knob; pommel
knaus(e)rig ['knauz(ə)rɪç] F *adj* stingy
knautschen ['knautʃən] *v/t and v/i* (*ge-*, *h*) crumple
'**Knautschzone** *f* MOT crumple zone
Knebel ['kneːbəl] *m* (-*s*; -), '**knebeln** *v/t* (*ge-*, *h*) gag (*a. fig*)
kneifen ['knaifən] *v/t and v/i* (*irr*, *ge-*, *h*) pinch (***j-m in den Arm*** s.o.'s arm); F chicken out; '**Kneifzange** *f* pincers
Kneipe ['knaipə] F *f* (-; -*n*) saloon, bar, *esp Br* pub
kneten ['kneːtən] *v/t* (*ge-*, *h*) knead; mo(u)ld; '**Knetmasse** *f* Plasticine®, Play-Doh®
Knick [knɪk] *m* (-[*e*]*s*; -*e*, -*s*) fold, crease; bend; '**knicken** *v/t* (*ge-*, *h*) fold, crease; bend; break; ***nicht ~!*** do not bend!
Knicks [knɪks] *m* (-*es*; -*e*) curts(e)y; ***e-n ~ machen*** → '**knicksen** *v/i* (*ge-*, *h*) curts(e)y (***vor*** *dat* to)
Knie [kniː] *n* (-*s*; - ['kniːə, kniː]) ANAT knee; **~beuge** *f* SPORT knee bend; **~kehle** *f* ANAT hollow of the knee
knien [kniːn] *v/i* (*ge-*, *h*) kneel, be on one's knees (***vor*** *dat* before)
'**Kniescheibe** *f* ANAT kneecap
'**Kniestrumpf** *m* knee(-length) sock
kniff [knɪf] *pret of* ***kneifen***
Kniff *m* (-[*e*]*s*; -*e*) crease, fold; pinch; trick, knack
kniff(e)lig ['knɪf(ə)lɪç] *adj* tricky

knipsen ['knɪpsən] *v/t and v/i* (*ge-*, *h*) F PHOT take a picture (of); punch, clip
Knirps [knɪrps] *m* (*-es*; *-e*) little guy
knirschen ['knɪrʃən] *v/i* (*ge-*, *h*) crunch; ***mit den Zähnen*** **~** grind *or* gnash one's teeth
knistern ['knɪstɐn] *v/i* (*ge-*, *h*) crackle; rustle
knittern ['knɪtɐn] *v/t and v/i* (*ge-*, *h*) crumple, crease, wrinkle
Knoblauch ['kno:plaux] *m* (*-[e]s*; *no pl*) BOT garlic
Knöchel ['knœçəl] *m* (*-s*; *-*) ANAT ankle; knuckle
Knochen ['knɔxən] *m* (*-s*; *-*) ANAT bone
'**Knochenbruch** *m* MED fracture
knochig ['knɔxɪç] *adj* bony
Knödel ['knø:dəl] *m* (*-s*; *-*) dumpling
Knolle ['knɔlə] *f* (*-*; *-n*) BOT tuber; bulb
Knopf [knɔpf] *m* (*-es*; *Knöpfe* ['knœpfə]), **knöpfen** ['knœpfən] *v/t* (*ge-*, *h*) button
'**Knopfloch** *n* buttonhole
Knorpel ['knɔrpəl] *m* (*-s*; *-*) GASTR gristle; ANAT cartilage
knorrig ['knɔrɪç] *adj* gnarled, knotted
Knospe ['knɔspə] *f* (*-*; *-n*), '**knospen** *v/i* (*ge-*, *h*) BOT bud
knoten [kno:tən] *v/t* (*ge-*, *h*) knot, make a knot in; '**Knoten** *m* (*-s*; *-*) knot (*a. fig*); '**Knotenpunkt** *m* center, *Br* centre; RAIL junction
knüllen ['knʏlən] *v/t and v/i* (*ge-*, *h*) crumple
Knüller ['knʏlɐ] F *m* (*-s*; *-*) smash (hit); scoop
knüpfen ['knʏpfən] *v/t* (*ge-*, *h*) tie; weave
Knüppel ['knʏpəl] *m* (*-s*; *-*) stick, cudgel; truncheon; **~schaltung** *f* floor shift
knurren ['knʊrən] *v/i* (*ge-*, *h*) growl, snarl; *fig* grumble (***über*** *acc* at); *stomach*: rumble
knusp(e)rig ['knʊsp(ə)rɪç] *adj* crisp, crunchy
knutschen ['knu:tʃən] F *v/i* (*ge-*, *h*) pet, neck, smooch
k.o. [ka:'ʔo:] *adj* knocked out; *fig* beat
Koalition [koali'tsjo:n] *f* (*-*; *-en*) *esp* POL coalition; ***Große*** **~** grand coalition
Kobold ['ko:bɔlt] *m* (*-[e]s*; *-e*) (hob)goblin, imp (*a. fig*)
Koch [kɔx] *m* (*-[e]s*; *Köche* ['kœçə]) cook; chef; **~buch** *n* cookbook, *Br* cookery book
'**kochen** (*ge-*, *h*) **1.** *v/t* cook; boil (*eggs etc*); make (*coffee etc*) **2.** *v/i* cook, do the cooking; boil (*a. fig*); ***gut*** **~** be a good cook; F ***vor Wut*** **~** boil with rage; ***~d heiß*** boiling hot
Kocher ['kɔxɐ] *m* (*-s*; *-*) ELECTR cooker
Köchin ['kœçɪn] *f* (*-*; *-nen*) cook; chef
'**Koch|löffel** *m* (wooden) spoon; **~nische** *f* kitchenette; **~platte** *f* hotplate; **~salz** *n* common salt; **~topf** *m* saucepan, pot
Köder ['kø:dɐ] *m* (*-s*; *-*) bait, decoy (*both a. fig*), lure; '**ködern** *v/t* (*ge-*, *h*) bait, decoy (*both a. fig*)
Kodex ['ko:dɛks] *m* (*-es*; *-*, *-e*) code
kodieren [ko'di:rən] *v/t* (*no -ge-*, *h*) (en)code; **Ko'dierung** *f* (*-*; *-en*) (en)coding
Koffein [kɔfe'i:n] *n* (*-s*; *no pl*) caffeine
Koffer ['kɔfɐ] *m* (*-s*; *-*) (suit)case; trunk; **~radio** *n* portable (radio); **~raum** *m* MOT trunk, *Br* booth
Kognak® ['kɔnjak] *m* (*-s*; *-s*) cognac® *brandy from the Cognac region in France*
Kohl [ko:l] *m* (*-[e]s*; *-e*) BOT cabbage
Kohle ['ko:lə] *f* (*-*; *-n*) coal; ELECTR carbon; F dough
'**Kohlehy,drat** *n* carbohydrate
'**Kohlen...** *in cpds* *...dioxid etc*: CHEM carbon ...; **~bergwerk** *n* coalmine, colliery; **~ofen** *m* coal-burning stove
'**Kohlensäure** *f* CHEM carbonic acid; GASTR F fizz; '**kohlensäurehaltig** *adj* carbonated, F fizzy
'**Kohlen|stoff** *m* CHEM carbon; **~wasserstoff** *m* CHEM hydrocarbon
'**Kohle|pa,pier** *n* carbon paper; **~zeichnung** *f* charcoal drawing
Kohlrabi [ko:l'ra:bi] *m* (*-s*; *-s*) BOT kohlrabi
Koje ['ko:jə] *f* (*-*; *-n*) MAR berth, bunk
Kokain [koka'i:n] *n* (*-s*; *no pl*) cocaine
kokettieren [kokɛ'ti:rən] *v/i* (*no -ge-*, *h*) flirt; *fig* **~** ***mit*** toy with
Kokosnuss ['ko:kɔsnʊs] *f* BOT coconut
Koks [ko:ks] *m* (*-es*; *no pl*) coke; F dough; *sl* coke, snow
Kolben ['kɔlbən] *m* (*-s*; *-*) butt; TECH piston; **~stange** *f* TECH piston rod
Kolibri ['ko:libri] *m* (*-s*; *-s*) ZO humming bird
Kolleg [kɔ'le:k] *n* (*-s*; *-s*) UNIV course (of lectures)

K

Kollege [kɔ'leːgə] *m* (*-n*; *-n*),**Kol'legin** *f* (*-*; *-nen*) colleague
Kollegium [kɔ'leːgjʊm] *n* (*-s*; *-ien*) UNIV faculty, *Br* teaching staff
Kollekte [kɔ'lɛktə] *f* (*-*; *-n*) REL collection
Kollektion [kɔlɛk'tsjoːn] *f* (*-*; *-en*) ECON collection; range
kollektiv [kɔlɛk'tiːf] *adj*, **Kollek'tiv** *n* (*-s*; *-e*) collective (*a. in cpds*)
Koller ['kɔlɐ] F *m* (*-s*; *-*) fit; rage
kollidieren [kɔli'diːrən] *v/i* (*no -ge-*, *sein*) collide; **Kollision** [kɔli'zjoːn] *f* (*-*; *-en*) collision, *fig a.* clash, conflict
Kölnischwasser ['kœlnɪʃvasɐ] *n* (*-s*; *-*) (eau de) cologne
Kolonie [kolo'niː] *f* (*-*; *-n*) colony
kolonisieren [koloni'ziːrən] *v/t* (*no -ge-*, *h*) colonize;**Koloni'sierung** *f* (*-*; *-en*) colonization
Kolonne [ko'lɔnə] *f* (*-*; *-n*) column; MIL convoy; gang, crew
Koloss [ko'lɔs] *m* (*-es*; *-e*) colossus, *fig a.* giant (of a man)
kolossal [kolɔ'saːl] *adj* gigantic
Kombi ['kɔmbi] *m* (*-[s]*; *-s*) MOT station wagon, *Br* estate (car)
Kombination [kɔmbina'tsjoːn] *f* (*-*; *-en*) combination; set; coveralls, *Br* overalls; flying suit; *soccer*: combined move
kombinieren [kɔmbi'niːrən] (*no -ge-*, *h*) **1.** *v/t* combine **2.** *v/i* reason
Kombüse [kɔm'byːzə] *f* (*-*; *-n*) MAR galley
Komet [ko'meːt] *m* (*-en*; *-en*) ASTR comet
Komfort [kɔm'foːɐ] *m* (*-s*; *no pl*) (modern) conveniences; luxury
komfortabel [kɔmfɔr'taːbəl] *adj* comfortable; well-appointed; luxurious
Komik ['koːmɪk] *f* (*-*; *no pl*) humo(u)r; comic effect; **Komiker** ['koːmikɐ] *m* (*-s*; *-*) comedian; **komisch** ['koːmɪʃ] *adj* comic(al), funny; strange, odd
Komitee [komi'teː] *n* (*-s*; *-s*) committee
Komma ['kɔma] *n* (*-s*; *-s*, *-ta*) comma; ***sechs ~ vier*** six point four
Kommandant [kɔman'dant] *m* (*-en*; *-en*), **Kommandeur** [kɔman'døːɐ] *m* (*-s*; *-e*) MIL commander, commanding officer; **kommandieren** [kɔman'diːrən] *v/i and v/t* (*no -ge-*, *h*) command, be in command of;**Kommando** [kɔ'mando] *n* (*-s*; *-s*) command; order; MIL commando;**Kom'mandobrücke** *f* MAR (navigating) bridge
kommen ['kɔmən] *v/i* (*irr*, *ge-*, *sein*) come; arrive; get; reach; ***zu spät ~*** be late; ***weit ~*** get far; ***zur Schule ~*** start school; ***ins Gefängnis ~*** go to jail; ***~ lassen*** send for *s.o.*, call *s.o.*; order *s.th.*; ***~ auf*** (*acc*) think of, hit upon; remember; ***hinter et. ~*** find s.th. out; ***um et. ~*** lose s.th.; miss s.th.; ***zu et. ~*** come by s.th.; ***wieder zu sich ~*** come round *or* to; ***wohin kommt …?*** where does … go?; ***daher kommt es, dass*** that's why; ***woher kommt es, dass …?*** why is it that …?, F how come …?
Kommentar [kɔmɛn'taːɐ] *m* (*-s*; *-e*) commentary; ***kein ~!*** no comment
Kommentator [kɔmɛn'taːtoːɐ] *m* (*-s*; *-en* [kɔmɛnta'toːrən]), **Kommentatorin** [kɔmɛnta'toːrɪn] *f* (*-*; *-nen*) commentator
kommentieren [kɔmɛn'tiːrən] *v/t* (*no -ge-*, *h*) comment (on)
kommerzialisieren [kɔmɛrtsjali'ziːrən] *v/t* (*no -ge-*, *h*) commercialize
Kommissar [kɔmɪ'saːɐ] *m* (*-s*; *-e*) commissioner; superintendent
Kommission [kɔmɪ'sjoːn] *f* (*-*; *-en*) commission; committee
Kommode [kɔ'moːdə] *f* (*-*; *-n*) bureau, *Br* chest (of drawers)
Kommunal… [kɔmu'naːl-] *in cpds …politik etc*: local …;**Kommune** [kɔ'muːnə] *f* (*-*; *-n*) commune
Kommunikation [kɔmunika'tsjoːn] *f* (*-*; *no pl*) communication
Kommunion [kɔmu'njoːn] *f* (*-*; *-en*) REL (Holy) Communion
Kommunismus [kɔmu'nɪsmʊs] *m* (*-*; *no pl*) POL communism; **Kommunist** [kɔmu'nɪst] *m* (*-en*; *-en*), **Kommu'nistin** *f* (*-*; *-nen*), **kommu'nistisch** *adj* POL communist
Komödie [ko'møːdjə] *f* (*-*; *-n*) comedy; ***~ spielen*** put on an act, play-act
kompakt [kɔm'pakt] *adj* compact
Kom'paktanlage *f* stereo system, music center (*Br* centre)
Kompanie [kɔmpa'niː] *f* (*-*; *-n*) MIL company
Kompass ['kɔmpas] *m* (*-es*; *-e*) compass
kompatibel [kɔmpa'tiːbəl] *adj* compatible (*a.* IT)
komplett [kɔm'plɛt] *adj* complete

Komplex [kɔm'plɛks] *m* (*-es*; *-e*) complex (*a.* PSYCH)
Kompliment [kɔmpli'mɛnt] *n* (*-[e]s*; *-e*) compliment; ***j-m ein ~ machen*** pay s.o. a compliment
Komplize [kɔm'pliːtsə] *m* (*-n*; *-n*) accomplice
komplizieren [kɔmpli'tsiːrən] *v/t* (*no -ge-*, *h*) complicate; **kompliziert** [kɔmpli'tsiːɐt] *adj* complicated, complex
Kom'plizin *f* (*-*; *-nen*) accomplice
Komplott [kɔm'plɔt] *n* (*-[e]s*; *-e*) plot, conspiracy
komponieren [kɔmpo'niːrən] *v/t and v/i* (*no -ge-*, *h*) MUS compose; write; **Komponist** [kɔmpo'nɪst] *m* (*-en*; *-en*) MUS composer; **Komposition** [kɔmpozi'tsjoːn] *f* (*-*; *-en*) MUS composition
Kompott [kɔm'pɔt] *n* (*-[e]s*; *-e*) GASTR compot(e), stewed fruit
Kompresse [kɔm'prɛsə] *f* (*-*; *-n*) MED compress
komprimieren [kɔmpri'miːrən] *v/t* (*no -ge-*, *h*) compress
Kompromiss [kɔmpro'mɪs] *m* (*-es*; *-e*) compromise; **kompro'misslos** *adj* uncompromising
kompromittieren [kɔmpromɪ'tiːrən] *v/t* (*no -ge-*, *h*) compromise (***sich*** o.s.); **~d** *adj* compromising
Kondensator [kɔndɛn'zaːtoːɐ] *m* (*-s*; *-en* [kɔndɛnza'toːrən]) ELECTR capacitor; TECH condenser; **kondensieren** [kɔndɛn'ziːrən] *v/t* (*no -ge-*, *h*) condense
Kondensmilch [kɔn'dɛnsmɪlç] *f* condensed milk
Kondition [kɔndi'tsjoːn] *f* (*-*; *-en*) condition; (*no pl*) SPORT condition, shape, form; ***gute ~*** (great) stamina
konditional [kɔnditsjo'naːl] *adj* LING conditional
Konditi'onstraining *n* fitness training
Konditor [kɔn'diːtoːɐ] *m* (*-s*; *-en* [kɔndi'toːrən]) confectioner, pastrycook
Konditorei [kɔndito'rai] *f* (*-*; *-en*) cake shop; café, tearoom; **~waren** *pl* confectionery
Kondom [kɔn'doːm] *n*, *m* (*-s*; *-e*) condom
Kondukteur [kɔndʊk'tøːɐ] *Swiss m* (*-s*; *-e*) → ***Schaffner***
Konfekt [kɔn'fɛkt] *n* (*-[e]s*; *-e*) sweets, chocolates
Konfektion [kɔnfɛk'tsjoːn] *f* (*-*; *no pl*) ready-made clothing; **Konfekti'ons...** *in cpds* ready-made ..., off-the-peg ...
Konferenz [kɔnfe'rɛnts] *f* (*-*; *-en*) conference
Konfession [kɔnfɛ'sjoːn] *f* (*-*; *-en*) religion, denomination; **konfessionell** [kɔnfɛsjo'nɛl] *adj* confessional, denominational; **Konfessi'onsschule** *f* denominational school
Konfirmand [kɔnfɪr'mant] *m* (*-en*; *-en*), **Konfir'mandin** *f* (*-*; *-nen*) REL confirmand; **Konfirmation** [kɔnfɪrma'tsjoːn] *f* (*-*; *-en*) REL confirmation; **konfirmieren** [kɔnfɪr'miːrən] *v/t* (*no -ge-*, *h*) confirm
konfiszieren [kɔnfɪs'tsiːrən] *v/t* (*no -ge-*, *h*) JUR confiscate
Konfitüre [kɔnfi'tyːrə] *f* (*-*; *-n*) jam
Konflikt [kɔn'flɪkt] *m* (*-[e]s*; *-e*) conflict
konfrontieren [kɔnfrɔn'tiːrən] *v/t* (*no -ge-*, *h*) confront
konfus [kɔn'fuːs] *adj* confused, mixed-up
Kongress [kɔn'grɛs] *m* (*-es*; *-e*) convention, *Br* congress
König ['køːnɪç] *m* (*-s*; *-e*) king
Königin ['køːnɪgɪn] *f* (*-*; *-nen*) queen
königlich ['køːnɪklɪç] *adj* royal
Königreich ['køːnɪkraiç] *n* kingdom
Konjugation [kɔnjuga'tsjoːn] *f* (*-*; *-en*) LING conjugation; **konjugieren** [kɔnju'giːrən] *v/t* (*no -ge-*, *h*) LING conjugate
Konjunktiv ['kɔnjʊŋktiːf] *m* (*-s*; *-e*) LING subjunctive (mood)
Konjunktur [kɔnjʊŋk'tuːɐ] *f* (*-*; *-en*) economic situation
konkret [kɔn'kreːt] *adj* concrete
Konkurrent [kɔnkʊ'rɛnt] *m* (*-en*; *-en*), **Konkur'rentin** *f* (*-*; *-nen*) competitor, rival; **Konkurrenz** [kɔnkʊ'rɛnts] *f* (*-*; *no pl*) competition; ***die ~*** one's competitors; ***außer ~*** not competing; → ***konkurrenzlos***
konkur'renzfähig *adj* competitive
Konkur'renzkampf *m* competition
konkur'renzlos *adj* without competition, unrival(l)ed
konkurrieren [kɔnkʊ'riːrən] *v/i* (*no -ge-*, *h*) compete
Konkurs [kɔn'kʊrs] *m* (*-es*; *-e*) ECON, JUR bankruptcy; ***in ~ gehen*** go bankrupt;

K

~masse *f* JUR bankrupt's estate
können ['kœnən] *v/t and v/i* (*irr, ge-, h*), *v/aux* (*irr, no -ge-, h*) can, be able to; may, be allowed to; ***kann ich gehen*** *etc?* can *or* may I go *etc?*; ***du kannst nicht*** you cannot *or* can't; ***ich kann nicht mehr*** I can't go on; I can't manage *or* eat any more; ***es kann sein*** it may be; ***ich kann nichts dafür*** it's not my fault; ***e-e Sprache ~*** know *or* speak a language
'Können *n* (*-s; no pl*) ability, skill
Könner ['kœnɐ] *m* (*-s; -*), **'Könnerin** *f* (*-; -nen*) master, expert; *esp* SPORT ace, crack
konnte ['kɔntə] *pret of* ***können***
konsequent [kɔnze'kvɛnt] *adj* consistent; **Konsequenz** [kɔnze'kvɛnts] *f* (*-; -en*) (*no pl*) consistency; consequence
konservativ [kɔnzɛrva'tiːf] *adj* conservative
Konserven [kɔn'zɛrvən] *pl* canned (*Br a.* tinned) foods; **~büchse** *f*, **~dose** *f* can, *Br a.* tin; **~fa,brik** *f* cannery
konservieren [kɔnzɛr'viːrən] *v/t* (*no -ge-, h*) preserve; **Konser'vierungsmittel** *n* preservative
Konsonant [kɔnzo'nant] *m* (*-en; -en*) LING consonant
konstruieren [kɔnstru'iːrən] *v/t* (*no -ge-, h*) construct; design
Konstrukteur [kɔnstrʊk'tøːɐ] *m* (*-s; -e*) TECH designer; **Konstruktion** [kɔnstrʊk'tsjoːn] *f* (*-; -en*) construction
Konsul ['kɔnzʊl] *m* (*-s; -n*) consul
Konsulat [kɔnzu'laːt] *n* (*-[e]s; -e*) consulate
konsultieren [kɔnzʊl'tiːrən] *v/t* (*no -ge-, h*) consult
Konsum[1] [kɔn'zuːm] *m* (*-s; no pl*) consumption
Konsum[2] ['kɔnzuːm] *m* (*-s; -s*) cooperative (society *or* store), F co-op
Konsument [kɔnzu'mɛnt] *m* (*-en; -en*), **Konsu'mentin** *f* (*-; -nen*) consumer; **Kon'sumgesellschaft** *f* consumer society; **konsumieren** [kɔnzu'miːrən] *v/t* (*no -ge-, h*) consume
Kontakt [kɔn'takt] *m* (*-[e]s; -e*) contact (*a.* ELECTR); ***~ aufnehmen*** get in touch; ***~ haben*** *or* ***in ~ stehen mit*** be in contact *or* touch with; ***den ~ verlieren*** lose touch; **kon'taktfreudig** *adj* sociable
Kon'taktlinsen *pl* OPT contact lenses
Konter ['kɔntɐ] *m* (*-s; -*), **'kontern** *v/i* (*ge-, h*) counter (*a. fig*)
Kontinent [kɔnti'nɛnt] *m* (*-[e]s; -e*) continent
Konto ['kɔnto] *n* (*-s; Konten*) account
'Kontoauszug *m* (bank) statement
Kontrast [kɔn'trast] *m* (*-[e]s; -e*) contrast (*a.* PHOT, TV *etc*)
Kontrolle [kɔn'trɔlə] *f* (*-; -n*) control; supervision; check(up)
Kontrolleur [kɔntrɔ'løːɐ] *m* (*-s; -e*), **Kontrol'leurin** *f* (*-; -nen*) inspector, RAIL *a.* conductor
kontrollieren [kɔntrɔ'liːrən] *v/t* (*no -ge-, h*) check; check up on *s.o.*; control
Kon'trollpunkt *m* checkpoint
Kontroverse [kɔntro'vɛrzə] *f* (*-; -n*) controversy
konventionell [kɔnvɛntsjo'nɛl] *adj* conventional
Konversation [kɔnvɛrza'tsjoːn] *f* (*-; -en*) conversation; **Konversati'onslexikon** *n* encyclop(a)edia
Konzentration [kɔntsɛntra'tsjoːn] *f* (*-; -en*) concentration
Konzentrati'onslager *n* concentration camp
konzentrieren [kɔntsɛn'triːrən] *v/t and v/refl* (*no -ge-, h*) concentrate; ***sich auf et. ~*** concentrate on s.th.
Konzept [kɔn'tsɛpt] *n* (*-[e]s; -e*) (rough) draft; conception; ***j-n aus dem ~ bringen*** put s.o. out
Konzern [kɔn'tsɛrn] *m* (*-[e]s; -e*) ECON combine, group
Konzert [kɔn'tsɛrt] *n* (*-[e]s; -e*) MUS concert; concerto; **~halle** *f*, **~saal** *m* concert hall, auditorium
Konzession [kɔntsɛ'sjoːn] *f* (*-; -en*) concession; license, *Br* licence
Kopf [kɔpf] *m* (*-[e]s; Köpfe* ['kœpfə]) head (*a. fig*); top; *fig a.* brains, mind; ***~ hoch!*** chin up!; ***j-m über den ~ wachsen*** outgrow s.o.; *fig* be too much for s.o.; ***sich den ~ zerbrechen*** (***über*** *acc*) rack one's brains (over); ***sich et. aus dem ~ schlagen*** put s.th. out of one's mind; ***~ an ~*** neck and neck; **~ball** *m* SPORT header; headed goal; **~bedeckung** *f* headgear; ***ohne ~*** bareheaded
köpfen ['kœpfən] *v/t* (*ge-, h*) behead, decapitate; SPORT head (***ins Tor*** home)

'Kopf|ende *n* head; **~hörer** *pl* headphones; **~jäger** *m* headhunter; **~kissen** *n* pillow
'kopflos *adj* headless; *fig* panicky
'Kopf|rechnen *n* mental arithmetic; **~sa,lat** *m* BOT lettuce; **~schmerzen** *pl* headache; **~sprung** *m* SPORT header; **~stand** *m* SPORT headstand; **~tuch** *n* scarf, (head)kerchief
kopf'über *adv* headfirst (*a. fig*)
'Kopfweh *n* → ***Kopfschmerzen***
'Kopfzerbrechen *n*: ***j-m ~ machen*** give s.o. a headache
Kopie [ko'piː] *f* (-; *-n*), **ko'pieren** *v/t* (*no -ge-, h*) copy; **Kopiergerät** [ko'piːɐɡərɛːt] *n* copier
Koppel[1] ['kɔpəl] *f* (-; *-n*) paddock
'Koppel[2] *n* (*-s*; -) MIL belt
'koppeln *v/t* (*ge-, h*) couple; dock
Koralle [ko'ralə] *f* (-; *-n*) ZO coral
Korb [kɔrp] *m* (-[*e*]*s*; *Körbe* ['kœrbə]) basket
Kord [kɔrt] *m* (-[*e*]*s*; *-e*) corduroy
Kordel ['kɔrdəl] *f* (-; *-n*) cord
'Kordhose *f* corduroys
Korinthe [ko'rɪntə] *f* (-; *-n*) currant
Kork [kɔrk] *m* (-[*e*]*s*; *-e*) BOT cork
'Korkeiche *f* BOT cork oak
Korken ['kɔrkən] *m* (*-s*; -) cork; **~zieher** ['kɔrkəntsiːɐ] *m* (*-s*; -) corkscrew
Korn[1] [kɔrn] *n* (-[*e*]*s*; *Körner* ['kœrnɐ]) BOT grain; seed; (*no pl*) grain, *Br a.* corn; (*pl -e*) TECH front sight
Korn[2] F *m* (-[*e*]*s*; *-e*) (grain) schnapps
körnig ['kœrnɪç] *adj* grainy
Körper ['kœrpɐ] *m* (*-s*; -) body (*a.* PHYS, CHEM), MATH *a.* solid, **~bau** *m* (-[*e*]*s*; *no pl*) build, physique
'körperbehindert *adj* (physically) disabled *or* handicapped
'Körper|geruch *m* body odo(u)r, BO; **~größe** *f* height; **~kraft** *f* physical strength
'körperlich *adj* physical
'Körperpflege *f* personal hygiene
'Körperschaft *f* (-; *-en*) corporation, (corporate) body
'Körper|teil *m* part of the body; **~verletzung** *f* JUR bodily injury
korrekt [kɔ'rɛkt] *adj* correct
Korrektur [kɔrɛk'tuːɐ] *f* (-; *-en*) correction; PED *etc* grading, *Br* marking
Korrespondent [kɔrɛspɔn'dɛnt] *m* (*-en*; *-en*), **Korrespon'dentin** *f* (-; *-nen*) correspondent; **Korrespondenz** [kɔrɛspɔn'dɛnts] *f* (-; *-en*) correspondence; **korrespondieren** [kɔrɛspɔn'diːrən] *v/i* (*no -ge-, h*) correspond (***mit*** with)
Korridor ['kɔridoːɐ] *m* (*-s*; *-e*) corridor; hall
korrigieren [kɔri'giːrən] *v/t* (*no -ge-, h*) correct; PED *etc* grade, *Br* mark
korrupt [kɔ'rʊpt] *adj* corrupt(ed)
Korruption [kɔrʊp'tsjoːn] *f* (-; *-en*) corruption
Korsett [kɔr'zɛt] *n* (*-s*; *-s*) corset (*a. fig*)
Kosename ['koːzənaːmə] *m* pet name
Kosmetik [kɔs'meːtɪk] *f* (-; *no pl*) beauty culture; cosmetics, toiletries
Kosmetikerin [kɔs'meːtikərɪn] *f* (-; *-nen*) beautician, cosmetician
Kost [kɔst] *f* (-; *no pl*) food, diet; board
'kostbar *adj* precious, valuable; costly
'Kostbarkeit *f* (-; *-en*) precious object, treasure (*a. fig*)
kosten[1] ['kɔstən] *v/t* (*ge-, h*) cost, be; *fig* take (*time etc*); ***was*** *or* ***wie viel kostet …?*** how much it …?
'kosten[2] *v/t* (*ge-, h*) taste, try
'Kosten *pl* cost(s); price; expenses; charges; ***auf j-s ~*** at s.o.'s expense
'kostenlos **1.** *adj* free **2.** *adv* free of charge
köstlich ['kœstlɪç] *adj* delicious; *fig* priceless; ***sich ~ amüsieren*** have great fun, F have a ball
'Kostprobe *f* taste, sample (*a. fig*)
'kostspielig *adj* expensive, costly
Kostüm [kɔs'tyːm] *n* (*-s*; *-e*) costume, dress; suit; **~fest** *n* fancy-dress ball
Kot [koːt] *m* (-[*e*]*s*; *no pl*) excrement, ZO *a.* droppings
Kotelett [kotə'lɛt] *n* (*-s*; *-s*) chop, cutlet
Koteletten [kotə'lɛtən] *pl* sideburns
'Kotflügel *m* MOT fender, *Br* wing
kotzen ['kɔtsən] V *v/i* (*ge-, h*) puke
Krabbe ['krabə] *f* (-; *-n*) ZO shrimp; prawn
krabbeln ['krabəln] *v/i* (*ge-, sein*) crawl
Krach [krax] *m* (-[*e*]*s*; *Kräche* ['krɛçə]) crash, bang; (*no pl*) noise; F quarrel, fight
'krachen *v/i* (*ge-, h*) crack, bang, crash
Kracher ['kraxɐ] *m* (*-s*; -) (fire)cracker
krächzen ['krɛçtsən] *v/t and v/i* (*ge-, h*) croak
Kraft [kraft] *f* (-; *Kräfte* ['krɛftə])

strength, force (*a.* POL), power (*a.* ELECTR, TECH, POL); ***in ~ sein*** (***setzen, treten***) JUR *etc* be in (put into, come into) force; **~brühe** *f* GASTR consommé, clear soup; **~fahrer(in)** driver, motorist; **~fahrzeug** *n* motor vehicle

kräftig ['krɛftɪç] *adj* strong (*a. fig*), powerful; substantial (*food*); good

'**kraftlos** *adj* weak, feeble

'**Kraft|probe** *f* test of strength; **~stoff** *m* MOT fuel; **~verschwendung** *f* waste of energy; **~werk** *n* power station

Kragen ['kraːgən] *m* (*-s; -*) collar

Krähe ['krɛːə] *f* (*-; -n*) ZO crow

krähen ['krɛːən] *v/i* (*ge-, h*) crow

Krake ['kraːkə] *m* (*-n; -n*) ZO octopus

Kralle ['kralə] *f* (*-; -n*) ZO claw (*a. fig*)

'**krallen** *v/refl* (*ge-, h*) cling (***an*** *acc* on), clutch (at)

Kram [kraːm] F *m* (*-[e]s; no pl*) stuff, (one's) things

Krampf [krampf] *m* (*-[e]s; Krämpfe* ['krɛmpfə]) MED cramp; spasm, convulsion; **~ader** *f* MED varicose vein

'**krampfhaft** *fig adj* forced (*smile etc*); desperate (*attempt etc*)

Kran [kraːn] *m* (*-[e]s; Kräne* ['krɛːnə]) TECH crane

Kranich ['kraːnɪç] *m* (*-s; -e*) ZO crane

krank [kraŋk] *adj* ill, sick; ***~ werden*** get sick, *Br* fall ill; '**Kranke** *m, f* (*-n; -n*) sick person, patient; ***die ~n*** the sick

kränken ['krɛŋkən] *v/t* (*ge-, h*) hurt (*s.o.'s* feelings), offend

'**Kranken|bett** *n* sickbed; **~geld** *n* sickness benefit; **~gym,nastik** *f* physiotherapy; **~haus** *n* hospital; **~kasse** *f* health insurance scheme; ***in e-r ~ sein*** be a member of a health insurance scheme *or* plan; **~pflege** *f* nursing; **~pfleger** *m* male nurse; **~schein** *m* health insurance certificate; **~schwester** *f* nurse; **~versicherung** *f* health insurance; **~wagen** *m* ambulance; **~zimmer** *n* sickroom

'**krankhaft** *adj* morbid (*a. fig*)

'**Krankheit** *f* (*-; -en*) illness, sickness, disease

'**Krankheitsserreger** *m* germ

kränklich ['krɛŋklɪç] *adj* sickly, ailing

Kränkung ['krɛŋkʊŋ] *f* (*-; -en*) insult, offense, *Br* offence

Kranz [krants] *m* (*-es; Kränze* ['krɛntsə]) wreath; *fig* ring, circle

krass [kras] *adj* crass, gross; blunt

Krater ['kraːtɐ] *m* (*-s; -*) crater

kratzen ['kratsən] *v/t and v/refl* (*ge-, h*) scratch (o.s.); scrape (***von*** off)

Kratzer ['kratsɐ] *m* (*-s; -*) scratch (*a.* MED)

kraulen ['kraulən] **1.** *v/t* (*ge-, h*) stroke; run one's fingers through **2.** *v/i* (*ge-, sein*) SPORT do the crawl

kraus [kraus] *adj* curly (*hair*); wrinkled

Krause ['krauzə] *f* (*-; -n*) ruff; friz(z)

kräuseln ['krɔʏzəln] *v/t and v/refl* (*ge-, h*) curl, friz(z); *water*: ripple

Kraut [kraut] *n* (*-[e]s; Kräuter* ['krɔʏtɐ]) BOT herb; tops, leaves; cabbage

Krawall [kra'val] *m* (*-s; -e*) riot; F row, racket

Krawatte [kra'vatə] *f* (*-; -n*) tie

kreativ [krea'tiːf] *adj* creative

Kreativität [kreativi'tɛːt] *f* (*-; no pl*) creativity

Kreatur [krea'tuːɐ] *f* (*-; -en*) creature

Krebs [kreːps] *m* ZO crayfish; MED cancer; AST Cancer; ***sie ist*** (***ein***) ***~*** she's (a) Cancer; ***~ erregend → krebserregend***

Krebs... MED cancerous; **krebserregend** *adj* MED carcinogenic; **~geschwulst** *f* MED carcinoma; **~kranke** *m, f* cancer patient

Kredit [kre'diːt] *m* (*-[e]s; -e*) ECON credit; loan; **~karte** *f* credit card, *pl coll* F plastic money

Kreide ['kraidə] *f* (*-; -n*) chalk; crayon

Kreis [krais] *m* (*-es; -e*) circle (*a. fig*); POL district, county; **~bahn** *f* AST orbit

kreischen ['kraiʃən] *v/i* (*ge-, h*) screech; squeal

Kreisel ['kraizəl] *m* (*-s; -*) (spinning) top; PHYS gyro(scope); '**kreiseln** *v/i* (*ge-, h, sein*) spin around

kreisen ['kraizən] *v/i* (*ge-, h, sein*) (move in a) circle, revolve, rotate; circulate

kreisförmig ['kraisfœrmɪç] *adj* circular

'**Kreislauf** *m* MED, ECON circulation; BIOL cycle (*a. fig*), TECH, ELECTR *a.* circuit; **~störungen** *pl* MED circulatory trouble

'**Kreis|säge** *f* circular saw; **~verkehr** *m* traffic circle, *Br* roundabout

Krempe ['krɛmpə] *f* (*-; -n*) brim

Kren [kreːn] *Austrian m* (*-[e]s; no pl*) GASTR horseradish

Krepp [krɛp] *m* (*-s; -s*) crepe

Kreuz [krɔʏts] *n* (*-es; -e*) cross (*a. fig*); ANAT (small of the) back; *cards*: club(s);

MUS sharp; ***über ~*** crosswise; F ***j-n aufs ~ legen*** take s.o. in; **kreuzen** ['krɔʏtsən] **1.** *v/t and v/refl* (*ge-, h*) cross; clash **2.** *v/i* (*ge-, sein*) MAR cruise

Kreuzer ['krɔʏtsɐ] *m* (*-s; -*) MAR cruiser

'Kreuzfahrer *m* HIST crusader

'Kreuzfahrt *f* MAR cruise

kreuzigen ['krɔʏtsɪgən] *v/t* (*ge-, h*) crucify; **'Kreuzigung** *f* (*-; -en*) crucifixion

'Kreuzotter *f* ZO adder

'Kreuzschmerzen *pl* backache

'Kreuzung *f* (*-; -en*) RAIL, MOT crossing, junction; intersection, crossroads; BIOL cross(breed)ing; cross(breed); *fig* cross

'Kreuzverhör *n* JUR cross-examination; ***ins ~ nehmen*** cross-examine

'kreuzweise *adv* crosswise, crossways

'Kreuz|worträtsel *n* crossword (puzzle); **~zug** HIST *m* crusade

kriechen ['kriːçən] *v/i* (*irr, ge-, sein*) creep, crawl; *fig* ***vor j-m ~*** toady to s.o.

Kriecher ['kriːçɐ] *contp m* (*-s; -*) toady

'Kriechspur *f* MOT slow lane

Krieg [kriːk] *m* (*-[e]s; -e* ['kriːgə]) war; ***~ führen gegen*** be at war with

kriegen ['kriːgən] F *v/t* (*ge-, h*) get; catch

Krieger ['kriːgɐ] *m* (*-s; -*) warrior

'Kriegerdenkmal *n* war memorial

kriegerisch ['kriːgərɪʃ] *adj* warlike, martial

'Kriegführung *f* (*-; no pl*) warfare

'Kriegs|beil *fig n*: ***das ~ begraben*** bury the hatchet; **~dienstverweigerer** *m* (*-s; -*) conscientious objector; **~erklärung** *f* declaration of war; **~gefangene** *m* prisoner of war, P.O.W.; **~gefangenschaft** *f* captivity; **~recht** *n* JUR martial law; **~schauplatz** *m* theater (*Br* theatre) of war; **~schiff** *n* warship; **~teilnehmer** *m* (war) veteran, *Br* ex-serviceman; **~verbrechen** *n* war crime; **~verbrecher** *m* war criminal

Krimi ['kriːmi] F *m* (*-s; -s*) (crime) thriller, detective novel

Kriminal|beamte [krimi'naːlbəˀamtə] *m* detective, plain-clothesman; **~polizei** *f* criminal investigation department; **~roman** *m* → ***Krimi***

kriminell [krimi'nɛl] adj, **Krimi'nelle** *m, f* (*-n; -n*) criminal

Krippe ['krɪpə] *f* (*-; -n*) crib, manger (*a.* REL); REL crèche, *Br* crib

Krise ['kriːzə] *f* (*-; -n*) crisis

'Krisenherd *m esp* POL trouble spot

Kristall[1] [krɪs'tal] *m* (*-s; -e*) crystal

Kris'tall[2] *n* (*s; no pl*), **~glas** *n* crystal

kristallisieren [krɪstali'ziːrən] *v/i and v/refl* (*no -ge-, h*) crystallize

Kriterium [kri'teːrjʊm] *n* (*-s; -ien*) criterion (***für*** of)

Kritik [kri'tiːk] *f* (*-; -en*) criticism; THEA, MUS *etc* review, critique; ***gute ~en*** a good press; ***~ üben an*** (*dat*) criticize;

Kritiker(in) ['kriːtikɐ, 'kriːtikərɪn] *m(f)* (*-s; -/-; -nen*) critic; **kri'tiklos** *adj* uncritical; **kritisch** ['kriːtɪʃ] *adj* critical (*a. fig*) (***gegenüber*** of); **kritisieren** [kriti'ziːrən] *v/t* (*no -ge-, h*) criticize

kritzeln ['krɪtsəln] *v/t and v/i* (*ge-, h*) scrawl, scribble

kroch [krɔx] *pret of* ***kriechen***

Krokodil [kroko'diːl] *n* (*-s; -e*) ZO crocodile

Krone ['kroːnə] *f* (*-; -n*) crown; coronet

krönen ['krøːnən] *v/t* (*ge-, h*) crown; ***j-n zum König ~*** crown s.o. king

'Kronleuchter *m* chandelier

'Kronprinz *m* crown prince

'Kronprin,zessin *f* crown princess

'Krönung *f* (*-; -en*) coronation; *fig* crowning event, climax, high point

Kropf [krɔpf] *m* (*-[e]s; Kröpfe* ['krœpfə]) MED goiter, *Br* goitre; ZO crop

Kröte ['krøːtə] *f* (*-; -n*) ZO toad

Krücke ['krʏkə] *f* (*-; -n*) crutch

Krug [kruːk] *m* (*-[e]s; Krüge* ['kryːgə]) jug, pitcher; mug, stein; tankard

Krümel ['kryːməl] *m* (*-s; -*) crumb

krümelig ['kryːməlɪç] *adj* crumbly

'krümeln *v/t and v/i* (*ge-, h*) crumble

krumm [krʊm] *adj* crooked (*a. fig*), bent

krummbeinig ['krʊmbainɪç] *adj* bow-legged

krümmen ['krʏmən] *v/t* (*ge-, h*) bend (*a.* TECH), crook; ***sich ~*** bend; writhe (with pain); **'Krümmung** *f* (*-; -en*) bend, curve; GEOGR, MATH, MED curvature

Krüppel ['krʏpəl] *m* (*-s; -*) cripple

Kruste ['krʊstə] *f* (*-; -n*) crust

Kto. *abbr of* ***Konto*** a/c, account

Kübel ['kyːbəl] *m* (*-s; -*) bucket, pail; tub

Kubik|meter [ku'biːkmeːtɐ] *n, m* cubic meter (*Br* metre); **~wurzel** *f* MATH cube root

Küche ['kʏçə] *f* (*-; -n*) kitchen; GASTR cooking, cuisine; ***kalte*** (***warme***) ***~*** cold (hot) meals

Kuchen ['ku:xən] *m* (*-s*; *-*) cake; tart, pie
'**Küchen|geräte** *pl* kitchen utensils (*or* appliances); **~geschirr** *n* kitchen crockery, kitchenware; **~herd** *m* cooker; **~schrank** *m* (kitchen) cupboard
Kuckuck ['kʊkʊk] *m* (*-s*; *-s*) ZO cuckoo
Kufe ['ku:fə] *f* (*-*; *-n*) runner; AVIAT skid
Kugel ['ku:gəl] *f* (*-*; *-n*) ball; bullet; MATH, GEOGR sphere; SPORT shot
kugelförmig ['ku:gəlfœrmıç] *adj* ball-shaped, *esp* ASTR, MATH spheric(al)
'**Kugelgelenk** *n* TECH, ANAT ball (and socket) joint
'**Kugellager** *n* TECH ball bearing
'**kugeln** *v/i* (*ge-*, *sein*) *and v/t* (*h*) roll
Kugelschreiber ['ku:gəlʃraibɐ] *m* (*-s*; *-*) ballpoint (pen)
'**kugelsicher** *adj* bulletproof
'**Kugelstoßen** *n* (*-s*; *no pl*) SPORT shot put(ting); **Kugelstoßer** ['ku:gəlʃto:sɐ] *m* (*-s*; *-*), **Kugelstoßerin** ['ku:gəlʃto:sərın] *f* (*-*; *-nen*) SPORT shot-putter
Kuh [ku:] *f* (*-*; *Kühe* ['ky:ə]) ZO cow
kühl [ky:l] *adj* cool (*a. fig*); '**Kühle** *f* (*-*; *no pl*) cool(ness); '**kühlen** *v/t* (*ge-*, *h*) cool; chill; refrigerate; refresh
Kühler ['ky:lɐ] *m* (*-s*; *-*) MOT radiator
'**Kühlerhaube** *f* MOT hood, *Br* bonnet
'**Kühlmittel** *n* coolant
'**Kühlraum** *m* cold-storage room
'**Kühlschrank** *m* fridge, refrigerator
'**Kühltruhe** *f* deep-freeze, freezer
'**Kühlwasser** *n* MOT cooling water
kühn [ky:n] *adj* bold
'**Kühnheit** *f* (*-*; *no pl*) boldness
'**Kuhstall** *m* cowshed
Küken ['ky:kən] *n* (*-s*; *-*) ZO chick (*a. fig*)
Kukuruz ['kʊkurʊts] *Austrian m* → ***Mais***
Kuli ['ku:li] F *m* (*-s*; *-s*) ballpoint
Kulissen [ku'lısən] *pl* THEA wings; scenery; ***hinter den ~*** backstage, *esp fig* behind the scenes
Kult [kʊlt] *m* (*-[e]s*; *-e*) cult; rite, ritual (act)
kultivieren [kʊlti'vi:rən] *v/t* (*no -ge-*, *h*) cultivate
Kultur [kʊl'tu:ɐ] *f* (*-*; *-en*) culture (*a.* BIOL), civilization; AGR cultivation
Kul'turbeutel *m* toilet bag
kulturell [kʊltu'rɛl] *adj* cultural
Kul'tur|geschichte *f* history of civilization; **~zentrum** *n* cultural center (*Br* centre)
Kultusmi,nister ['kʊltʊsminıstɐ] *m* minister of education and cultural affairs
Kummer ['kʊmɐ] *m* (*-s*; *no pl*) grief, sorrow; trouble, worry; ***~ haben mit*** have trouble *or* problems with
kümmerlich ['kʏmɐlıç] *adj* miserable; poor, scanty; **kümmern** ['kʏmɐn] *v/refl and v/t* (*ge-*, *h*) ***sich ~ um*** look after, take care of, mind; care *or* worry about, be interested in
Kumpel ['kʊmpəl] *m* (*-s*; *-*) miner; F mate, buddy, pal
Kunde ['kʊndə] *m* (*-n*; *-n*) customer, client; '**Kundendienst** *m* after-sales service; (customer) service; service department; TECH servicing
Kundgebung ['kʊntge:bʊŋ] *f* (*-*; *-en*) meeting, rally, demonstration
kündigen ['kʏndıgən] *v/i and v/t* (*ge-*, *h*) cancel; ***j-m ~*** give s.o. his / her / one's notice; dismiss s.o., F sack *or* fire s.o.
'**Kündigung** *f* (*-*; *-en*) cancellation; (period of) notice
Kundin ['kʊndın] *f* (*-*; *-nen*) customer, client
Kundschaft ['kʊntʃaft] *f* (*-*; *-en*) customers, clients
Kunst [kʊnst] *f* (*-*; *Künste* ['kʏnstə]) art; skill; *~... in cpds ...herz*, *...leder*, *...licht etc*: artificial ...; **~akade,mie** *f* academy of arts; **~ausstellung** *f* art exhibition; **~dünger** *m* AGR artificial fertilizer; **~erziehung** *f* PED art (education); **~faser** *f* man-made *or* synthetic fiber (*Br* fibre); **~fehler** *m* professional blunder; **~fliegen** *n* stunt flying, aerobatics; **~geschichte** *f* history of art; **~gewerbe** *n*, **~handwerk** *n* arts and crafts
Künstler ['kʏnstlɐ] *m* (*-s*; *-*), **Künstlerin** ['kʏnstlərın] *f* (*-*; *-nen*) artist, MUS, THEA *a.* performer
künstlerisch ['kʏnstlərıʃ] *adj* artistic
künstlich ['kʏnstlıç] *adj* artificial; false; synthetic; man-made
'**Kunst|schwimmen** *n* water ballet; **~seide** *f* rayon; **~springen** *n* springboard diving; **~stoff** *m* plastic; **~stück** *n* trick, stunt, *esp fig* feat; **~turnen** *n* gymnastics; **~turner** *m* gymnast
'**kunstvoll** *adj* artistic; elaborate
'**Kunstwerk** *n* work of art
Kupfer ['kʊpfɐ] *n* (*-s*; *no pl*) copper (***aus***

of); **~stich** *m* copperplate (engraving)
Kupon [ku'poː] *m* (*-s*; *-s*) coupon
Kuppe ['kʊpə] *f* (*-*; *-n*) (rounded) hilltop; ANAT head
Kuppel ['kʊpəl] *f* (*-*; *-n*) ARCH dome; cupola
Kuppelei [kʊpə'lai] *f* (*-*; *-en*) JUR procuring
'**kuppeln** *v/i* (*ge-*, *h*) MOT put the clutch in *or* out; **Kupplung** ['kʊplʊŋ] *f* (*-*; *-en*) MOT clutch
Kur [kuːɐ] *f* (*-*; *-en*) course of treatment; cure
Kür [kyːɐ] *f* (*-*; *-en*) SPORT free skating; free exercises
Kurbel ['kʊrbəl] *f* (*-*; *-n*) crank, handle; '**kurbeln** *v/t* (*ge-*, *h*) crank; wind (up *etc*); '**Kurbelwelle** *f* TECH crankshaft
Kürbis ['kʏrbɪs] *m* (*-ses*; *-se*) BOT pumpkin, gourd, squash
'**Kurgast** *m* visitor
kurieren [ku'riːrən] *v/t* (*no -ge-*, *h*) cure (***von*** of)
kurios [ku'rjoːs] *adj* curious, odd, strange
'**Kürlauf** *m* SPORT free skating
'**Kurort** *m* health resort, spa
Kurpfuscher ['kuːɐpfʊʃɐ] *m* (*-s*; *-*) quack (doctor)
Kurs [kʊrs] *m* (*-es*; *-e*) AVIAT, MAR course (*a. fig*); PED *etc* class(es); ECON (exchange) rate; (stock) price
Kürschner ['kʏrʃnɐ] *m* (*-s*; *-*) furrier
kursieren [kʊr'ziːrən] *v/i* (*no -ge-*, *h*) circulate (*a. fig*)
Kurve ['kʊrvə] *f* (*-*; *-n*) curve (*a.* MATH *and fig*); bend, turn; '**kurvenreich** *adj* winding, full of bends; F curvaceous
kurz [kʊrts] *adj* short; brief; ***~e Hose*** shorts; (***bis***) ***vor ~em*** (until) recently; (***erst***) ***seit ~em*** (only) for a short time; ***~ vorher*** (***darauf***) shortly before (after[wards]); ***~ vor uns*** just ahead of us; ***~ nacheinander*** in quick succession; ***~ fortgehen*** *etc* go away for a short time *or* a moment; ***~ gesagt*** in short; ***zu ~ kommen*** go short; ***~ angebunden*** curt
'**Kurzarbeit** *f* ECON short time
'**kurzarbeiten** *v/i* (*sep*, *ge-*, *h*) ECON work short time
kurzatmig ['kʊrtsˀaːtmɪç] *adj* short of breath
Kürze ['kʏrtsə] *f* (*-*; *no pl*) shortness; brevity; ***in ~*** soon, shortly, before long
'**kürzen** *v/t* (*ge-*, *h*) shorten (***um*** by); abridge; cut, reduce (*a.* MATH)
kurzerhand ['kʊrtsɐ'hant] *adv* without hesitation, on the spot
'**kurzfassen** *v/refl* (*sep*, *-ge-*, *h*): ***sich ~*** be brief, put it briefly
'**kurzfristig** **1.** *adj* short-term **2.** *adv* at short notice
'**Kurzgeschichte** *f* short story
kurzlebig ['kʊrtsleːbɪç] *adj* short-lived
kürzlich ['kʏrtslɪç] *adv* recently, not long ago
'**Kurz|nachrichten** *pl* news summary; **~schluss** *m* ELECTR short circuit, F short; **~schrift** *f* shorthand
'**kurzsichtig** *adj* nearsighted, *Br* shortsighted
'**Kurzstrecke** *f* short distance
'**Kürzung** *f* (*-*; *-en*) cut, reduction (*a.* MATH)
'**Kurzwaren** *pl* notions, *Br* haberdashery
kurzweilig ['kʊrtsvailɪç] *adj* entertaining
'**Kurzwelle** *f* PHYS, *radio*: short wave
kuschelig ['kʊʃəlɪç] F *adj* cozy, *Br* cosy, snug; **kuscheln** ['kʊʃəln] *v/refl* (*ge-*, *h*) snuggle, cuddle (***an*** *acc* up to; ***in*** *acc* in)
Kusine *f* → ***Cousine***
Kuss [kʊs] *m* (*-es*; *Küsse* ['kʏsə]) kiss
'**kussecht** *adj* kiss-proof
küssen ['kʏsən] *v/t* (*ge-*, *h*) kiss
Küste ['kʏstə] *f* (*-*; *-n*) coast, shore; ***an der ~*** on the coast; ***an die ~*** ashore
'**Küsten|gewässer** *pl* coastal waters; **~schifffahrt** *f* coastal shipping; **~schutz** *m*, **~wache** *f* coast guard
Küster ['kʏstɐ] *m* (*-s*; *-*) REL verger, sexton
Kutsche ['kʊtʃə] *f* (*-*; *-n*) carriage, coach; **Kutscher** ['kʊtʃɐ] *m* (*-s*; *-*) coachman
Kutte ['kʊtə] *f* (*-*; *-n*) (monk's) habit
Kutteln ['kʊtəln] *pl* GASTR tripe
Kutter ['kʊtɐ] *m* (*-s*; *-*) MAR cutter
Kuvert [ku'veːɐ] *n* (*-s*; *-s*) envelope
Kybernetik [kybɛr'neːtɪk] *f* (*-*; *no pl*) cybernetics

K

L

labil [la'biːl] *adj* unstable
Labor [la'boːɐ] *n* (*-s*; *-e*) laboratory, F lab; **Laborant(in)** [labo'rant(ɪn)] (*-en*; *-en*/*-*; *-nen*) laboratory assistant
Labyrinth [laby'rɪnt] *n* (*-[e]s*; *-e*) labyrinth, maze (*both a. fig*)
Lache ['laxə] *f* (*-*; *-n*) pool, puddle
lächeln ['lɛçəln] *v/i* (*ge-*, *h*), '**Lächeln** *n* (*-s*; *no pl*) smile
lachen ['laxən] *v/i* (*ge-*, *h*) laugh (***über*** *acc* at); '**Lachen** *n* (*-s*; *no pl*) laugh (-ter); ***j-n zum ~ bringen*** make s.o. laugh; **lächerlich** ['lɛçɐlɪç] *adj* ridiculous; ***~ machen*** ridicule, make fun of; ***sich ~ machen*** make a fool of o.s.
Lachs [laks] *m* (*-es*; *-e*) zo salmon
Lack [lak] *m* (*-[e]s*; *-e*) varnish; lacquer; MOT paint(work)
lackieren [la'kiːrən] *v/t* (*no -ge-*, *h*) varnish; lacquer; paint (*a.* MOT)
'**Lackschuhe** *pl* patent-leather shoes
Ladefläche ['laːdəflɛçə] *f* loading space
'**Ladegerät** *n* ELECTR battery charger
'**Ladehemmung** *f* MIL jam
laden ['laːdən] *v/t* (*irr*, *ge-*, *h*) load; ELECTR charge; IT boot (up); *fig* ***et. auf sich ~*** burden o.s. with s.th.
'**Laden** *m* (*-s*; *Läden* ['lɛːdən]) store, *Br* shop; shutter; **~dieb** *m* shoplifter; **~diebstahl** *m* shoplifting; **~inhaber** *m* storekeeper, *Br* shopkeeper; **~kasse** *f* till; **~schluss** *m* closing time; ***nach ~*** after hours; **~tisch** *m* counter
'**Laderampe** *f* loading platform *or* ramp
'**Laderaum** *m* loading space; MAR hold
'**Ladung** *f* (*-*; *-en*) load, freight; AVIAT, MAR cargo; ELECTR, MIL charge; ***e-e ~ …*** a load of …
lag [laːk] *pret of* ***liegen***
Lage ['laːgə] *f* (*-*; *-n*) situation, position (*both a. fig*); location; layer; round (*of beer etc*); ***in schöner*** (***ruhiger***) ***~*** beautifully (peacefully) situated; ***in der ~ sein zu*** *inf* be able to *inf*, be in a position to *inf*
Lager ['laːgɐ] *n* (*-s*; *-*) bed; camp (*a. fig*); ECON stock, store; GEOL deposit; TECH bearing; ***et. auf ~ haben*** have s.th. in store (*a. fig for s.o.*); **~feuer** *n* campfire; **~haus** *n* warehouse
'**lagern** (*ge-*, *h*) **1.** *v/i* camp; ECON be stored **2.** *v/t* store, keep; MED lay, rest; ***kühl ~*** keep in a cool place
'**Lagerraum** *m* storeroom
Lagerung ['laːgərʊŋ] *f* (*-*; *no pl*) storage
Lagune [la'guːnə] *f* (*-*; *-n*) lagoon
lahm [laːm] *adj* lame; **lahmen** ['laːmən] *v/i* (*ge-*, *h*) be lame (***auf*** *dat* in)
lähmen ['lɛːmən] *v/t* (*ge-*, *h*) paralyze, *Br* paralyse; bring *traffic etc* to a standstill
'**lahmlegen** *v/t* (*sep*, *-ge-*, *h*) → ***lähmen***;
'**Lähmung** *f* (*-*; *-en*) MED paralysis
Laib [laip] *m* (*-[e]s*; *-e* ['laibə]) loaf
Laich [laiç] *m* (*-[e]s*; *-e*), **laichen** ['laiçən] *v/i* (*ge-*, *h*) spawn
Laie ['laɪə] *m* (*-n*; *-n*) layman; amateur
'**laienhaft** *adj* amateurish
'**Laienspiel** *n* amateur play
Laken ['laːkən] *n* (*-s*; *-*) sheet; bath towel
Lakritze [la'krɪtsə] *f* (*-*; *-n*) liquorice
lallen ['lalən] *v/i and v/t* (*ge-*, *h*) speak drunkenly; *baby*: babble
Lamm [lam] *n* (*-[e]s*; *Lämmer* ['lɛmɐ]) zo lamb; **~fell** *n* lambskin
Lampe ['lampə] *f* (*-*; *-n*) lamp, light; bulb
'**Lampenfieber** *n* stage fright
'**Lampenschirm** *m* lampshade
Lampion [lam'pjõː] *m* (*-s*; *-s*) Chinese lantern
Land [lant] *n* (*-[e]s*; *Länder* ['lɛndɐ]) land; country; AGR ground, soil; ECON land, property; ***an ~ gehen*** MAR go ashore; ***auf dem ~e*** in the country; ***aufs ~ fahren*** go into the country; ***außer ~es gehen*** go abroad; **~arbeiter** *m* farmhand; **~bevölkerung** *f* country *or* rural population
Landebahn ['landəbaːn] *f* AVIAT runway
land'einwärts *adv* up-country, inland
landen ['landən] *v/i* (*ge-*, *sein*) land; *fig* ***~ in*** (*dat*) end up in
'**Landenge** *f* neck of land, isthmus
'**Landeplatz** *m* AVIAT landing field
Länderspiel ['lɛndɐʃpiːl] *n* SPORT international match
'**Landes|grenze** *f* national border; **~innere** *n* interior; **~re,gierung** *f* Land (*Austrian* Provincial) government;

~sprache *f* national language
'landesüblich *adj* customary
'Landesverrat *m* treason
'Land|flucht *f* rural exodus; **~friedensbruch** *m* JUR breach of the public peace; **~gericht** *n* JUR *appr* regional superior court; **~haus** *n* country house, cottage; **~karte** *f* map; **~kreis** *m* district
'landläufig *adj* customary, current, common
ländlich ['lɛntlɪç] *adj* rural; rustic
'Land|rat *m*, **~rätin** ['lantrɛːtɪn] *f* (-; *-nen*) *appr* District Administrator
'Landschaft *f* (-; *-en*) countryside; scenery; *esp* PAINT landscape
'landschaftlich *adj* scenic
'Landsmann *m* (-[*e*]*s*; *-leute*) (fellow) countryman; **Landsmännin** ['lantsmɛnɪn] *f* (-; *-nen*) fellow countrywoman
'Land|straße *f* country (*or* ordinary) road; **~streicher(in)** tramp; **~streitkräfte** *pl* MIL land forces; **~tag** *m* Land parliament
'Landung *f* (-; *-en*) landing, AVIAT *a.* touchdown
'Landungssteg *m* MAR gangway
'Land|vermesser ['lantfɛɐmɛsɐ] *m* (-*s*; -) land surveyor; **~vermessung** *f* (-; *-en*) land surveying; **~weg** *m*: ***auf dem ~e*** by land; **~wirt(in)** farmer
'Landwirtschaft *f* (-; *no pl*) agriculture, farming; **'landwirtschaftlich** *adj* agricultural
'Landzunge *f* GEOGR promontory, spit
lang [laŋ] *adj and adv* long; F tall; ***drei Jahre*** (***einige Zeit***) **~** for three years (some time); ***den ganzen Tag* ~** all day long; ***seit ~em*** for a long time; ***vor ~er Zeit*** (a) long (time) ago; ***über kurz oder ~*** sooner or later; ***~ ersehnt*** long-hoped-for; ***~ erwartet*** long-awaited; ***gleich ~*** the same length
langatmig ['laŋʔaːtmɪç] *adj* long-winded
lange ['laŋə] *adv* (for a) long (time); ***es ist schon ~ her***(, ***seit***) it has been a long time (since); (***noch***) ***nicht ~ her*** not long ago; ***noch ~ hin*** still a long way off; ***es dauert nicht ~*** it won't take long; ***ich bleibe nicht ~ fort*** I won't be long; ***wie ~ noch?*** how much longer?
Länge ['lɛŋə] *f* (-; *-n*) length; GEOGR longitude; ***der ~ nach*** (at) full length; (***sich***) ***in die ~ ziehen*** stretch (*a. fig*)
langen ['laŋən] F *v/i* (*ge-*, *h*) reach (***nach*** for); be enough; ***mir langt es*** I've had enough, *fig a.* I'm sick of it
'Längen|grad *m* GEOGR degree of longitude; **~maß** *n* linear measure
'Langeweile *f* (-; *no pl*) boredom; ***~ haben*** be bored; ***aus ~*** to pass the time
'langfristig *adj* long-term
langjährig ['laŋjɛːrɪç] *adj* long-standing; ***~e Erfahrung*** many years of experience
'Langlauf *m* (-[*e*]*s*; *no pl*) SPORT cross-country (skiing)
langlebig ['laŋleːbɪç] *adj* long-lived
länglich ['lɛŋlɪç] *adj* longish, oblong
längs [lɛŋs] **1.** *prp* (*gen*) along(side) **2.** *adv* lengthwise
'langsam *adj* slow; ***~er werden*** *or* ***fahren*** slow down
'Langschläfer ['laŋʃlɛːfɐ] *m* (-*s*; -), **~schläferin** ['laŋʃlɛːfərɪn] *f* (-; *-nen*) late riser
längst [lɛŋst] *adv* long ago *or* before; ***~ vorbei*** long past; ***ich weiß es ~*** I have known it for a long time; **längstens** ['lɛŋstəns] *adv* at (the) most
'Langstrecken... *in cpds* long-distance ...; AVIAT, MIL long-range ...
'langweilen *v/t* (*ge-*, *h*) bore; ***sich ~*** be bored; **langweilig** ['laŋvailɪç] *adj* boring, dull
'Langwelle *f* PHYS, *radio*: long wave
langwierig ['laŋviːrɪç] *adj* lengthy, protracted (*a.* MED)
Lanze ['lantsə] *f* (-; *-n*) lance, spear
Lappalie [la'paːljə] *f* (-; *-n*) trifle
Lappen ['lapən] *m* (-*s*; -) (piece of) cloth; rag (*a. fig*)
läppisch ['lɛpɪʃ] *adj* silly; ridiculous
Lärche ['lɛrçə] *f* (-; *-n*) BOT larch
Lärm [lɛrm] *m* (-*s*; *no pl*) noise
lärmen ['lɛrmən] *v/i* (*ge-*, *h*) be noisy; **~d** *adj* noisy
Larve ['larfə] *f* (-; *-n*) mask; ZO larva
las [laːs] *pret of* ***lesen***
lasch [laʃ] F *adj* slack, lax
Lasche ['laʃə] *f* (-; *-n*) flap; tongue
Laser ['leːzɐ] *m* (-*s*; -) PHYS laser; **~drucker** *m* IT laser printer; **~strahl** *m* PHYS laser beam; **~technik** *f* laser technology
lassen ['lasən] *v/t* (*irr*, *ge-*, *h*) *and v/aux*

(*irr, no -ge-, h*) let, leave; ***j-n et. tun*** ~ let s.o. do s.th.; allow s.o. to do s.th.; make s.o. do s.th.; ***j-n*** (***et.***) ***zu Hause*** ~ leave s.o. (s.th.) at home; ***j-n allein*** (***in Ruhe***) ~ leave s.o. alone; ***sich die Haare schneiden*** ~ have *or* get one's hair cut; ***sein Leben*** ~ (***für***) lose (give) one's life (for); ***rufen*** ~ send for, call in; ***es lässt sich machen*** it can be done; ***lass alles so, wie*** (***wo***) ***es ist*** leave everything as (where) it is; ***er kann das Rauchen*** *etc* ***nicht*** ~ he can't stop smoking *etc*; ***lass das!*** stop it! → ***grüßen, kommen***

lässig ['lɛsɪç] *adj* casual; careless

Last [last] *f* (-; *-en*) load, burden, weight (*all a. fig*); ***j-m zur*** ~ ***fallen*** be a burden to s.o.; ***j-m et. zur*** ~ ***legen*** charge s.o. with s.th.; **lasten** ['lastən] *v/i* (*ge-, h*) ~ ***auf*** (*dat*) *a. fig* weigh *or* rest (up)on

'Lastenaufzug *m* freight elevator, *Br* goods lift

Laster[1] ['lastɐ] *m* (*-s*; -) → ***Lastwagen***

'Laster[2] *n* (*-s*; -) vice

lästern ['lɛstɐn] *v/i* (*ge-, h*) ~ ***über*** (*acc*) run down

lästig ['lɛstɪç] *adj* troublesome, annoying; (***j-m***) ~ ***sein*** be a nuisance (to s.o.)

'Last|kahn *m* barge; **~tier** *n* pack animal; **~wagen** *m* MOT truck, *Br a.* lorry; **~wagenfahrer** *m* MOT truck (*Br a.* lorry) driver, trucker

Latein [la'tain] *n* (*-s*; *no pl*) Latin

La'teina,merika Latin America; **La'teinameri,kaner(in)**, **la'teinameri,kanisch** *adj* Latin American

la'teinisch *adj* Latin

Laterne [la'tɛrnə] *f* (-; *-n*) lantern; streetlight

La'ternenpfahl *m* lamppost

Latte ['latə] *f* (-; *-n*) lath; pale; SPORT bar

'Lattenzaun *m* paling, picket fence

Lätzchen ['lɛtsçən] *n* (*-s*; -) bib

Laub [laup] *n* (-[*e*]*s*; *no pl*) foliage, leaves; **'Laubbaum** *m* deciduous tree

Laube ['laubə] *f* (-; *-n*) arbo(u)r

'Laubfrosch *m* ZO tree frog

'Laubsäge *f* fretsaw

Lauch [laux] *m* (-[*e*]*s*; *-e*) BOT leek

Lauer ['lauɐ] *f*: ***auf der*** ~ ***liegen*** *or* ***sein*** lie in wait; **'lauern** *v/i* (*ge-, h*) lurk; ~ ***auf*** (*acc*) lie in wait for

Lauf [lauf] *m* (-[*e*]*s*; *Läufe* ['lɔyfə]) run; course; *gun*: barrel; ***im*** ~(***e***) ***der Zeit*** in the course of time; **~bahn** *f* career; **~diszi,plin** *f* SPORT track event

laufen ['laufən] *v/i and v/t* (*irr, ge-, sein*) run (*a.* TECH, MOT, ECON); walk; *fig* work, run; ***j-n*** ~ ***lassen*** let s.o. go; let s.o. off; **~d 1.** *fig adj* present, current (*a.* ECON); continual; ***auf dem Laufenden sein*** be up to date **2.** *adv* continuously; regularly; always

'laufenlassen *v/t* (*irr*, ***lassen***, *sep*, *no -ge-, h*) → ***laufen***

Läufer ['lɔyfɐ] *m* (*-s*; -) runner (*a. carpet*); *chess*: bishop; **'Läuferin** *f* (-; *-nen*) runner

'Lauf|gitter *n* playpen; **~masche** *f* run, *Br* ladder; **~schuhe** *pl* walking shoes; SPORT trainers; **~steg** *m* footbridge; TECH, *fashion*: catwalk; MAR gangway

Lauge ['laugə] *f* (-; *-n*) suds; CHEM lye

Laune ['launə] *f* (-; *-n*) mood, temper; ***gute*** (***schlechte***) ~ ***haben*** be in a good (bad) mood *or* temper; **launenhaft**, **'launisch** *adj* moody; bad-tempered

Laus [laus] *f* (-; *Läuse* ['lɔyzə]) ZO louse

Lauschangriff ['lauʃʔaŋgrɪf] *m* bugging operation; **lauschen** ['lauʃən] *v/i* (*ge-, h*) listen (*dat* to); eavesdrop

lauschig ['lauʃɪç] *adj* snug, cozy, *Br* cosy

laut[1] [laut] **1.** *adj* loud; noisy **2.** *adv* loud(ly); ~ ***vorlesen*** read (out) aloud; (***sprich***) **~*er, bitte!*** speak up, please!

laut[2] *prp* (*gen or dat*) according to

Laut *m* (-[*e*]*s*; *-e*) sound, noise

lauten ['lautən] *v/i* (*ge-, h*) read; be

läuten ['lɔytən] *v/i and v/t* (*ge-, h*) ring; ***es läutet*** (***an der Tür***) the (door)bell is ringing

lauter ['lautɐ] *adv* sheer (*nonsense etc*); nothing but; (so) many

'lautlos *adj* silent, soundless; hushed

'Lautschrift *f* phonetic transcription

'Lautsprecher *m* TECH (loud)speaker

'Lautstärke *f* loudness, ELECTR *a.* (sound) volume; ***mit voller*** ~ (at) full blast; **~regler** *m* volume control

lauwarm ['lauvarm] *adj* lukewarm (*a. fig*)

Lava ['la:va] *f* (-; *Laven*) GEOL lava

Lavabo [la'va:bo] *Swiss n* → ***Waschbecken***

Lavendel [la'vɛndəl] *m* (*-s*; -) BOT lavender

Lawine [la'vi:nə] *f* (-; *-n*) avalanche

Lazarett [latsa'rɛt] *n* (-[*e*]*s*; -*e*) (military) hospital
leben ['le:bən] (*ge-*, *h*) **1.** *v/i* live; be alive; ***von et. ~*** live on s.th. **2.** *v/t* live; 'Leben *n* (-*s*; -) life; ***am ~ bleiben*** stay alive; survive; ***am ~ sein*** be alive; ***sich das ~ nehmen*** take one's (own) life, commit suicide; ***ums ~ kommen*** lose one's life, be killed; ***um sein ~ laufen*** (***kämpfen***) run (fight) for one's life; ***das tägliche ~*** everyday life; ***mein ~ lang*** all my life; '**lebend** *adj* living; **lebendig** [le'bɛndɪç] *adj* living, alive; *fig* lively
'**Lebens|abend** *m* old age, the last years of one's life; **~bedingungen** *pl* living conditions; **~dauer** *f* life-span; TECH (service) life; **~erfahrung** *f* experience of life; **~erwartung** *f* life expectancy
'**lebensfähig** *adj* MED viable (*a. fig*)
'**Lebensgefahr** *f* mortal danger; ***in*** (***unter***) ***~*** in danger (at the risk) of one's life; '**lebensgefährlich** *adj* dangerous (to life), perilous
'**lebensgroß** *adj* life-size(d)
'**Lebensgröße** *f*: ***e-e Statue in ~*** a life-size(d) statue
'**Lebenshaltungskosten** *pl* cost of living
'**lebenslänglich** **1.** *adj* lifelong; ***~e Freiheitsstrafe*** JUR life sentence **2.** *adv* for life
'**Lebenslauf** *m* personal record, curriculum vitae
'**lebenslustig** *adj* fond of life
'**Lebensmittel** *pl* food(stuffs); groceries; **~geschäft** *n* grocery, supermarket
'**lebensmüde** *adj* tired of life
'**Lebens|notwendigkeit** *f* vital necessity; **~retter(in)** lifesaver, rescuer; **~standard** *m* standard of living; **~unterhalt** *m* livelihood; ***s-n ~ verdienen*** earn one's living (***als*** as; ***mit*** out of, by); **~versicherung** *f* life insurance; **~weise** *f* way of life
'**lebenswichtig** *adj* vital, essential
'**Lebenszeichen** *n* sign of life
'**Lebenszeit** *f* lifetime; ***auf ~*** for life
Leber ['le:bɐ] *f* (-; -*n*) ANAT liver; **~fleck** *m* mole; **~tran** *m* cod-liver oil
'**Lebewesen** *n* living being, creature
lebhaft ['le:phaft] *adj* lively; heavy (*traffic etc*)
'**Lebkuchen** *m* gingerbread
'**leblos** *adj* lifeless (*a. fig*)
'**Lebzeiten** *pl*: ***zu s-n ~*** in his lifetime
lechzen ['lɛçtsən] *v/i* (*ge-*, *h*) ***~ nach*** thirst for
leck [lɛk] *adj* leaking, leaky
Leck *n* (-[*e*]*s*; -*s*) leak
lecken[1] ['lɛkən] *v/t and v/i* (*ge-*, *h*) *a.* ***~ an*** (*dat*) lick
'**lecken**[2] *v/i* (*ge-*, *h*) leak
lecker ['lɛkɐ] *adj* delicious, tasty, F yummy; '**Leckerbissen** *m* delicacy, treat (*a. fig*)
Leder ['le:dɐ] *n* (-*s*; -) leather; '**ledern** *adj* leather(n); '**Lederwaren** *pl* leather goods
ledig ['le:dɪç] *adj* single, unmarried
lediglich ['le:dɪklɪç] *adv* only, merely
Lee [le:] *f* (-; *no pl*) MAR lee; ***nach ~*** leeward
leer [le:ɐ] **1.** *adj* empty (*a. fig*); vacant (*house etc*); blank (*page etc*); ELECTR dead, *Br* flat; ***~ stehend*** unoccupied, vacant **2.** *adv*: ***~ laufen*** TECH idle; **Leere** ['le:rə] *f* (-; *no pl*) emptiness (*a. fig*); '**leeren** *v/t and v/refl* (*ge-*, *h*) empty; '**Leergut** *n* empties; '**Leerlauf** *m* TECH idling; neutral (gear); *fig* running on the spot; '**Leertaste** *f* space bar; '**Leerung** *f* (-; -*en*) *post* collection
legal [le'ga:l] *adj* legal, lawful
legalisieren [legali'zi:rən] *v/t* (*no -ge-*, *h*) legalize; **Legali'sierung** *f* (-; -*en*) legalization
Legasthenie [legaste'ni:] *f* (-; -*n*) PSYCH dyslexia, F word blindness
Legastheniker [legas'te:nikɐ] *m* (-*s*; -), **Legas'thenikerin** *f* (-; -*nen*) PSYCH dyslexic
legen ['le:gən] *v/t and v/i* (*ge-*, *h*) lay (*a. eggs*); place, put; set (*hair*); ***sich ~*** lie down; *fig* calm down; *pain*: wear off
Legende [le'gɛndə] *f* (-; -*n*) legend
leger [le'ʒe:ɐ] *adj* casual, informal
Legislative [legɪsla'ti:və] *f* (-; -*n*) legislative power
legitim [legi'ti:m] *adj* legitimate
Lehm [le:m] *m* (-[*e*]*s*; -*e*) loam; clay
lehmig ['le:mɪç] *adj* loamy, F muddy
Lehne ['le:nə] *f* (-; -*n*) back(rest); arm (-rest); '**lehnen** *v/t and v/i* lean (*a.* ***sich ~***) rest (***an*** *acc*, ***gegen*** against; ***auf*** *acc* on); ***sich aus dem Fenster ~*** lean out of the window; '**Lehnsessel** *m*, '**Lehnstuhl** *m* armchair, easy chair

Lehrbuch ['leːɐbuːx] *n* textbook

Lehre ['leːrə] *f* (-; *-n*) science; theory; REL, POL teachings, doctrine; moral; ECON apprenticeship; ***in der ~ sein*** be apprenticed (***bei*** to); ***das wird ihm e-e ~ sein*** that will teach him a lesson

'**lehren** *v/t* (*ge-*, *h*) teach, instruct; show

Lehrer ['leːrɐ] *m* (*-s*; -) teacher, instructor, *Br a.* master; **~ausbildung** *f* teacher training

Lehrerin ['leːrərɪn] *f* (-; *-nen*) (lady) teacher, *Br a.* mistress

'**Lehrer|kol,legium** *n* (teaching) staff; **~zimmer** *n* staff *or* teachers' room

'**Lehr|gang** *m* course (of instruction *or* study); training course; **~jahr** *n* year (of apprenticeship)

Lehrling ['leːɐlɪŋ] *m* (*-s*; *-e*) apprentice, trainee

'**Lehr|meister** *m*, **~meisterin** *f* master; *fig* teacher; **~mittel** *pl* teaching aids; **~plan** *m* curriculum, syllabus; **~probe** *f* demonstration lesson

'**lehrreich** *adj* informative, instructive

'**Lehr|stelle** *f* apprenticeship; vacancy for an apprentice; **~stuhl** *m* professorship; **~tochter** *Swiss f* apprentice; **~vertrag** *m* indenture(s); **~zeit** *f* apprenticeship

Leib [laip] *m* (*-[e]s*; *Leiber* ['laibɐ]) body; belly, ANAT abdomen; stomach; ***bei lebendigem ~e*** alive; ***mit ~ und Seele*** (with) heart and soul

'**Leibgericht** *n* GASTR favo(u)rite dish

leibhaftig [laip'haftɪç] *adj*: ***der ~e Teufel*** the devil incarnate; ***~es Ebenbild*** living image; ***ich sehe ihn noch ~ vor mir*** I can see him (before me) now

'**leiblich** *adj* physical

'**Leib|rente** *f* life annuity; **~wache** *f*, **~wächter** *m* bodyguard; **~wäsche** *f* underwear

Leiche ['laiçə] *f* (-; *-n*) (dead) body, corpse

'**leichen'blass** *adj* deadly pale

'**Leichen|halle** *f* mortuary; **~schauhaus** *n* morgue; **~verbrennung** *f* cremation; **~wagen** *m* hearse

leicht [laiçt] *adj* light (*a. fig*); easy, simple; slight, minor; TECH light(weight); ***~ möglich*** quite possible; ***~ gekränkt*** easily offended; ***es fällt mir (nicht) ~ (zu*** *inf*) I find it easy (difficult) (to *inf*); ***das ist ~ gesagt*** it's not as easy as that; ***es geht ~ kaputt*** it breaks easily; ***~ verständlich*** easy to understand

'**Leicht|ath,let** *m* SPORT (track-and-field) athlete; **~ath,letik** *f* SPORT track and field (events), athletics; **~ath,letin** *f* SPORT (track-and-field) athlete; **~gewicht** *n* SPORT lightweight

'**leichtgläubig** *adj* credulous

Leichtigkeit ['laiçtɪçkait] *f*: ***mit ~*** easily, with ease

leichtlebig ['laiçtleːbɪç] *adj* happy-go-lucky

'**Leichtme,tall** *n* light metal

'**leichtnehmen** *v/t* (*irr*, ***nehmen***, *sep*, *-ge-*, *h*): ***et. ~*** not worry about s.th.; make light of s.th.; ***nimm's leicht!*** never mind!, don't worry about it!

'**Leichtsinn** *m* (*-[e]s*; *no pl*) carelessness; recklessness; '**leichtsinnig** *adj* careless; reckless

'**leichtverständlich** *adj* → ***leicht***

Leid [lait] *n* (*-[e]s*; *no pl*) sorrow, grief; pain; ***es tut mir ~*** I'm sorry (***um*** for; ***wegen*** about; ***dass ich zu spät komme*** for being late)

leiden ['laidən] *v/t and v/i* (*irr*, *ge-*, *h*) suffer (***an*** *dat*, ***unter*** *dat* from); ***j-n gut ~ können*** like s.o.; ***ich kann … nicht ~*** I don't like …; I can't stand …; '**Leiden** *n* (*-s*; -) suffering(s); MED disease

'**Leidenschaft** *f* (-; *-en*) passion

'**leidenschaftlich** *adj* passionate; vehement

'**Leidensgenosse** *m*, '**Leidensgenossin** *f* fellow sufferer

leider ['laidɐ] *adv* unfortunately; ***~ ja (nein)*** I'm afraid so (not)

'**leidlich** *adj* passable, F so-so

'**Leidtragende** *m*, *f* (*-n*; *-n*) mourner; ***er ist der ~ dabei*** he is the one who suffers for it

'**Leidwesen** *n*: ***zu m-m ~*** to my regret

Leierkasten ['laiɐkastən] *m* barrel organ; **~mann** *m* organ grinder

leiern ['laiɐn] *v/i and v/t* (*ge-*, *h*) crank (up); *fig* drone

Leihbücherei ['laibyːçərai] *f* public library

leihen ['laiən] *v/t* (*irr*, *ge-*, *h*) lend; rent (*Br* hire) out; borrow (***von*** from); rent, hire

'**Leih|gebühr** *f* rental, lending fee; **~haus** *n* pawnshop, pawnbroker's

(shop); **~mutter** F *f* surrogate mother; **~wagen** *m* MOT rented (*Br* hire) car
'leihweise *adv* on loan
Leim [laim] *m* (-[*e*]*s*; -*e*), **leimen** ['laimən] *v/t* (*ge-*, *h*) glue
Leine ['lainə] *f* (-; -*n*) line; lead, leash
Leinen ['lainən] *n* (-*s*; -) linen; canvas; ***in ~ gebunden*** clothbound
'Leinenschuh *m* canvas shoe
'Lein|samen *m* BOT linseed; **~tuch** *n* (linen) sheet; **~wand** *f* linen; PAINT canvas; screen
leise ['laizə] *adj* quiet, *a.* low, soft (*voice, a. music etc*); *fig* slight, faint; ***~r stellen*** turn (the volume) down
Leiste ['laistə] *f* (-; -*n*) ledge; ANAT groin
'leisten *v/t* (*ge-*, *h*) do, work; achieve, accomplish; render (*service etc*); take (*oath*); ***gute Arbeit ~*** do a good job; ***sich et. ~*** treat o.s. to s.th.; ***ich kann es mir*** (***nicht***) ***~*** I can('t) afford it
'Leistung *f* (-; -*en*) performance; achievement, PED *a.* (piece of) work, result, TECH *a.* output; service; benefit
'Leistungsdruck *m* (-[*e*]*s*; *no pl*) pressure, stress
'leistungsfähig *adj* efficient; (physically) fit; **'Leistungsfähigkeit** *f* (-; *no pl*) efficiency (*a.* TECH, ECON); fitness
'Leistungs|kon,trolle *f* (achievement *or* proficiency) test; **~kurs** *m* PED *appr* special subject; **~sport** *m* competitive sport(s)
Leitar,tikel ['laitʔartiːkəl] *m* editorial, *esp Br* leader, leading article
leiten ['laitən] *v/t* (*ge-*, *h*) lead, guide (*a. fig*), conduct (*a.* PHYS, MUS); run (*a.* PED), be in charge of, manage; TV *etc* direct; host; **~d** *adj* leading; PHYS conductive; ***~e Stellung*** key position; ***~er Angestellter*** executive
Leiter[1] ['laitɐ] *f* (-; -*n*) ladder
'Leiter[2] *m* (-*s*; -) leader; conductor (*a.* PHYS, MUS); ECON *etc* head, manager; chairman; → ***Schulleiter***
Leiterin ['laitərɪn] *f* (-; -*nen*) leader; head; chairwoman
'Leit|faden *m* manual, guide; **~planke** *f* MOT guardrail, *Br* crash barrier; **~spruch** *m* motto
'Leitung *f* (-; -*en*) ECON management; head office; administration; chairmanship; organization; THEA *etc* direction; TECH main, pipe(s); ELECTR, TEL line; ***die ~ haben*** be in charge; ***unter der ~ von*** MUS conducted by
'Leitungsrohr *n* pipe
'Leitungswasser *n* tap water
Lektion [lɛk'tsjoːn] *f* (-; -*en*) lesson
Lektüre [lɛk'tyːrə] *f* (-; -*n*) reading (matter); PED reader
Lende ['lɛndə] *f* (-; -*n*) ANAT loin; GASTR sirloin
lenken ['lɛŋkən] *v/t* (*ge-*, *h*) steer, drive; *fig* guide *s.o.*; direct (*traffic etc*)
Lenker ['lɛŋkɐ] *m* (-*s*; -) handlebar
'Lenkrad *n* MOT steering wheel
'Lenkung *f* (-; -*en*) MOT steering (system)
Leopard [leo'part] *m* (-*en*; -*en*) ZO leopard
Lerche ['lɛrçə] *f* (-; -*n*) ZO lark
lernen ['lɛrnən] *v/t and v/i* (*ge-*, *h*) learn; study; ***er lernt leicht*** he is a quick learner; ***lesen ~*** learn (how) to read
'Lernmittelfreiheit *f* free books *etc*
lesbar ['leːsbaːɐ] *adj* readable
Lesbierin ['lɛsbjərɪn] *f* (-; -*nen*), **lesbisch** ['lɛsbɪʃ] *adj* lesbian
Lesebuch ['leːzəbuːx] *n* reader
'Leselampe *f* reading lamp
lesen ['leːzən] *v/i and v/t* (*irr*, *ge-*, *h*) read; AGR harvest
'lesenswert *adj* worth reading
Leser ['leːzɐ] *m* (-*s*; -) reader
'Leseratte F *f* bookworm
'Leserbrief *m* letter to the editor
'Leserin *f* (-; -nen) reader
'leserlich *adj* legible
'Lesestoff *m* reading matter
'Lesezeichen *n* bookmark
'Lesung *f* (-; -*en*) reading (*a.* PARL)
Letzt [lɛtst] *f*: ***zu guter ~*** in the end
letzte ['lɛtstə] *adj* last; latest; ***zum ~n Mal***(***e***) for the last time; ***in ~r Zeit*** recently; ***als Letzter ankommen*** *etc* arrive *etc* last; ***Letzter sein*** be last (*a.* SPORT); ***das ist das Letzte!*** that's the limit!; **'letztens** *adv* finally; ***erst ~*** just recently; **letztere** ['lɛtstərə] *adj* latter; ***der*** (***die, das***) ***Letztere*** the latter
Leuchtanzeige ['lɔʏçtʔantsaigə] *f* luminous *or* LED display light; **leuchten** ['lɔʏçtən] *v/i* (*ge-*, *h*) shine; glow; **'Leuchten** *n* (-*s*; *no pl*) shining; glow; **'leuchtend** *adj* shining (*a. fig*); bright; **Leuchter** ['lɔʏçtɐ] *m* (-*s*; -) candlestick
'Leucht|farbe *f* luminous paint; **~re,klame** *f* neon sign(s); **~(stoff)röhre** *f*

ELECTR fluorescent lamp; **~turm** *m* lighthouse; **~ziffer** *f* luminous figure
leugnen ['lɔʏgnən] *v/t and v/i* (*ge-, h*) deny (***et. getan zu haben*** having done s.th.)
Leute ['lɔʏtə] *pl* people, F folks
Leutnant ['lɔʏtnant] *m* (*-s; -s*) MIL second lieutenant
Lexikon ['lɛksikɔn] *n* (*-s; -ka, -ken*) encyclop(a)edia; dictionary
Libelle [li'bɛlə] *f* (*-; -n*) ZO dragonfly
liberal [libe'ra:l] *adj* liberal
Libero ['li:bero] *m* (*-s; -s*) *soccer*: sweeper
licht ['lɪçt] *adj* bright; *fig* lucid
Licht *n* (*-[e]s; -er* ['lɪçtɐ]) light; (*no pl*) brightness; **~ *machen*** switch *or* turn on the light(s)
'Licht|bild *n* photo(graph); slide; **~bildervortrag** *m* slide lecture; **~blick** *m* ray of hope; bright moment
'lichtempfindlich *adj* sensitive to light; PHOT sensitive; **'Lichtempfindlichkeit** *f* (light) sensitivity; PHOT speed
lichten ['lɪçtən] *v/t* (*ge-, h*) clear; ***den Anker*** **~** MAR weigh anchor; ***sich*** **~** get thin(ner); *fig* be thinning (out)
'Licht|geschwindigkeit *f* speed of light; **~hupe** *f* MOT (headlight) flash(er); ***die*** **~ *betätigen*** flash one's lights; **~jahr** *n* light year; **~ma,schine** *f* MOT generator; **~orgel** *f* colo(u)r organ; **~pause** *f* blueprint; **~schacht** *m* well; **~schalter** *m* (light) switch
'lichtscheu *fig adj* shady
'Licht|schutzfaktor *m* sun protection factor, SPF; **~strahl** *m* ray *or* beam of light (*a. fig*)
'Lichtung *f* (*-; -en*) clearing
Lid [li:t] *n* (*-[e]s; Lider* ['li:dɐ]) ANAT (eye)lid; **~schatten** *m* eye shadow
lieb [li:p] *adj* dear; sweet; nice, kind; good; **~ *gewinnen*** get fond of; **~ *haben*** love, be fond of; **Liebe** ['li:bə] *f* (*-; no pl*) love (***zu*** of, for); ***aus*** **~ *zu*** out of love for; **~ *auf den ersten Blick*** love at first sight; **'lieben** *v/t* (*ge-, h*) love, *a.* be in love with *s.o.*; make love to
'liebenswert *adj* lovable, charming, sweet
'liebenswürdig *adj* kind; **'Liebenswürdigkeit** *f* (*-; no pl*) kindness
lieber ['li:bɐ] *adv* rather, sooner; **~ *haben*** prefer, like better; ***ich möchte*** **~ (*nicht*) ...** I'd rather (not) ...; ***du solltest*** **~ (*nicht*) ...** you had better (not) ...
'Liebes|brief *m* love letter; **~erklärung** *f*: ***j-m e-e*** **~ *machen*** declare one's love to s.o.; **~kummer** *m*: **~ *haben*** be lovesick; **~paar** *n* lovers
'liebevoll *adj* loving, affectionate
'liebgewinnen *v/t* (*irr*, ***gewinnen***, *sep, h*) → ***lieb***
'liebhaben *v/t* (*irr*, ***haben***, *sep, -ge-, h*) → ***lieb***; **Liebhaber** ['li:pha:bɐ] *m* (*-s; -*) lover (*a. fig*); **~...** *in cpds ...preis, ...stück etc*: collector's ...; **Liebhaberei** [li:pha:bə'rai] *f* (*-; -en*) hobby
Liebkosung [li:p'ko:zʊŋ] *f* (*-; -en*) caress
'lieblich *adj* lovely, charming, sweet (*a. wine*)
'Liebling *m* (*-s; -e*) darling; favo(u)rite
'Lieblings... *in cpds mst* favo(u)rite
'lieblos *adj* unloving, cold; unkind (*words etc*); *fig* careless
Lied [li:t] *n* (*-[e]s; -er* ['li:dɐ]) song; tune
liederlich ['li:dɐlɪç] *adj* slovenly, sloppy
Liedermacher ['li:dɐmaxɐ] *m* (*-s; -*) singer-songwriter
lief [li:f] *pret of* ***laufen***
Lieferant [lifə'rant] *m* (*-en; -en*) ECON supplier; **lieferbar** ['li:fɐba:ɐ] *adj* ECON available; **'Lieferfrist** *f* ECON term of delivery; **liefern** ['li:fɐn] *v/t* (*ge-, h*) ECON deliver; ***j-m et.*** **~** supply s.o. with s.th.; **Lieferung** ['li:fərʊŋ] *f* (*-; -en*) ECON delivery; supply
'Lieferwagen *m* MOT (delivery) van
Liege ['li:gə] *f* (*-; -n*) couch
liegen ['li:gən] *v/i* (*irr, ge-, h*) lie, *a.* be (situated); (***krank***) ***im Bett*** **~** be (ill) in bed; ***nach Osten*** (***der Straße***) **~** face east (the street); ***daran liegt es***(, ***dass***) that's (the reason) why; ***es*** (***er***) ***liegt mir nicht*** F it (he) is not my cup of tea; ***mir liegt viel*** (***wenig***) ***daran*** it means a lot (doesn't mean much) to me; **~ *bleiben*** stay in bed; be left behind; **~ *lassen*** leave (behind); F ***j-n links*** **~ *lassen*** ignore s.o., give s.o. the cold shoulder
'liegenbleiben *v/i* (*irr*, ***bleiben***, *sep, -ge-, sein*) → ***liegen***; **~lassen** *v/i* (*irr*, ***lassen***, *sep, no -ge-, h*) → ***liegen***
'Liege|sitz *m* reclining seat; **~stuhl** *m* deckchair; **~stütz** *m* (*-es; -e*) SPORT

push-up, *Br* press-up; **~wagen** *m* RAIL couchette
lieh [liː] *pret of* ***leihen***
ließ [liːs] *pret of* ***lassen***
Lift [lɪft] *m* (*-[e]s; -e, -s*) elevator, *Br* lift; ski lift
Liga ['liːga] *f* (*-; Ligen*) league, SPORT *a.* division
Likör [li'køːɐ] *m* (*-s; -e*) liqueur
lila ['liːla] *adj* purple, violet
Lilie ['liːljə] *f* (*-; -n*) BOT lily
Liliputaner [lilipu'taːnɐ] *m* (*-s; -*) dwarf, midget
Limonade [limo'naːdə] *f* (*-; -n*) pop; lemon soda, *Br* lemonade
Limousine [limu'ziːnə] *f* (*-; -n*) MOT sedan, *Br* saloon car; limousine
Linde ['lɪndə] *f* (*-; -n*) BOT lime (tree), linden
lindern ['lɪndɐn] *v/t* (*ge-, h*) relieve, ease, alleviate; **Linderung** ['lɪndərʊŋ] *f* (*-; no pl*) relief, alleviation
Lineal [line'aːl] *n* (*-s; -e*) ruler
Linie ['liːnjə] *f* (*-; -n*) line; ***auf s-e ~ achten*** watch one's weight
'Linien|flug *m* AVIAT scheduled flight; **~richter** *m* SPORT linesman
'linientreu *adj* POL: **~ *sein*** follow the party line
linieren [li'niːrən], **liniieren** [lini'iːrən] *v/t* (*no -ge-, h*) rule, line
linke ['lɪŋkə] *adj* left (*a.* POL); ***auf der ~n Seite*** on the left(-hand side); **'Linke** *m, f* (*-n; -n*) POL leftist, left-winger
linkisch ['lɪŋkɪʃ] *adj* awkward, clumsy
links [lɪŋks] *adv* on the left (*a.* POL); on the wrong side; ***nach ~*** (to the) left; ***~ von*** to the left of
Links... *in cpds ...verkehr etc*: left-hand
Links'außen *m* (*-; -*) SPORT outside left, left wing
Linkshänder ['lɪŋkshɛndɐ] *m* (*-s; -*), **'Linkshänderin** *f* (*-; -nen*) left-hander
'Linksradi,kale *m, f* (*-n; -n*) POL left-wing extremist
Linse ['lɪnzə] *f* (*-; -n*) BOT lentil; OPT lens
Lippe ['lɪpə] *f* (*-; -n*) ANAT lip
'Lippenstift *m* lipstick
liquidieren [likvi'diːrən] *v/t* (*no -ge-, h*) ECON liquidate (*a.* POL)
lispeln ['lɪspəln] *v/i* (*ge-, h*) (have a) lisp
List [lɪst] *f* (*-; -en*) trick; (*no pl*) cunning
Liste ['lɪstə] *f* (*-; -n*) list; roll
listig ['lɪstɪç] *adj* cunning, tricky, sly
Liter ['liːtɐ] *n, m* (*-s; -*) liter, *Br* litre
literarisch [lɪtə'raːrɪʃ] *adj* literary
Literatur [lɪtəra'tuːɐ] *f* (*-; -en*) literature; **~...** *in cpds ...kritik etc*: *mst* literary
Litfaßsäule ['lɪtfaszɔʏlə] *f* advertising pillar
litt [lɪt] *pret of* ***leiden***
Lizenz [li'tsɛnts] *f* (*-; -en*) license, *Br* licence
Lkw, **LKW** ['ɛlkave] *m* (*-[s]; -*) *abbr of* ***Lastkraftwagen*** truck, *Br a.* lorry
Lob [loːp] *n* (*-[e]s; no pl*), **loben** ['loːbən] *v/t* (*ge-, h*) praise; **'lobenswert** *adj* praiseworthy, laudable
Loch [lɔx] *n* (*-[e]s; Löcher* ['lœçɐ]) hole (*a. fig*); puncture; **lochen** ['lɔxən] *v/t* (*ge-, h*) punch (*a.* TECH); **Locher** ['lɔxɐ] *m* (*-s; -*) punch
Locke ['lɔkə] *f* (*-; -n*) curl; lock
locken¹ ['lɔkən] *v/t and v/refl* (*ge-, h*) curl
locken² *v/t* (*ge-, h*) lure, entice, *fig a.* attract, tempt
'Locken|kopf *m* curly head; **~wickler** ['lɔkənvɪklɐ] *m* (*-s; -*) curler, roller
locker ['lɔkɐ] *adj* loose; slack; *fig* relaxed; **'lockern** *v/t* (*ge-, h*) loosen, slacken; relax (*a. fig*); ***sich ~*** loosen, (be)come loose; SPORT limber up; *fig* relax
lockig ['lɔkɪç] *adj* curly, curled
'Lockvogel *m* decoy (*a. fig*)
lodern ['loːdɐn] *v/i* (*ge-, h*) blaze, flare
Löffel ['lœfəl] *m* (*-s; -*) spoon; ladle
'löffeln *v/t* (*ge-, h*) spoon up
log [loːk] *pret of* ***lügen***
Logbuch ['lɔkbuːx] *n* MAR log
Loge ['loːʒə] *f* (*-; -n*) THEA box; lodge
Logik ['loːgɪk] *f* (*-; no pl*) logic
logisch ['loːgɪʃ] *adj* logical
'logischer'weise *adv* obviously
Lohn [loːn] *m* (*-[e]s; Löhne* ['løːnə]) ECON wages, pay(ment); *fig* reward; **~empfänger** *m* wageworker, *Br* wage earner
lohnen ['loːnən] *v/refl* (*ge-, h*) be worth (-while), pay; ***es*** (***die Mühe***) ***lohnt sich*** it's worth it (the trouble); ***das Buch*** (***der Film***) ***lohnt sich*** the book (film) is worth reading (seeing); **~d** *adj* paying; *fig* rewarding
'Lohn|erhöhung *f* raise, *Br* increase in

L

wages, rise; **~steuer** *f* income tax; **~stopp** *m* wage freeze

Loipe ['lɔʏpə] *f* (-; -*n*) (cross-country) course

Lok [lɔk] *f* (-; -*s*) → ***Lokomotive***

Lokal [lo'kaːl] *n* (-*s*; -*e*) restaurant; bar, saloon, *esp Br* pub

Lo'kal... *in cpds mst* local

Lokführer *m* RAIL engineer, *Br* train driver

Lokomotive [lokomo'tiːvə] *f* (-; -*n*) RAIL engine

Lorbeer ['lɔrbeːɐ] *m* (-*s*; -*en*) BOT laurel; GASTR bay leaf

Lore ['loːrə] *f* (-; -*n*) TECH tipcart

los [loːs] *adj and adv* off; *dog etc*: loose; ***~ sein*** be rid of; ***was ist ~?*** what's the matter?, F what's up?; what's going on (here)?; ***hier ist nicht viel ~*** there's nothing much going on here; F ***da ist was ~!*** that's where the action is!; F ***also ~!*** okay, let's go!

Los [loːs] *n* (-*es*; -*e* ['loːzə]) lot, *fig a.* fate; (lottery) ticket, number

'losbinden *v/t* (*irr*, ***binden***, *sep*, -*ge*-, *h*) untie

Löschblatt ['lœʃblat] *n* blotting paper

löschen ['lœʃən] *v/t* (*ge*-, *h*) extinguish, put out; quench (*thirst*); blot (*ink*); wipe off *the blackboard*; erase, IT *a.* delete; slake (*lime*); MAR unload

'Löschpa,pier *n* blotting paper

lose ['loːzə] *adj* loose

Lösegeld ['løːzəgɛlt] *n* ransom

losen ['loːzən] *v/i* (*ge*-, *h*) draw lots (***um*** for)

lösen ['løːzən] *v/t* (*ge*-, *h*) undo (*knot etc*); loosen, relax; TECH release; take off; solve (*problem etc*); settle (*conflict etc*); buy, get (*ticket etc*); dissolve (*a.* CHEM); ***sich ~*** come loose *or* undone; *fig* free o.s. (***von*** from)

'los|fahren *v/i* (*irr*, ***fahren***, *sep*, -*ge*-, *sein*) leave; drive off; **~gehen** *v/i* (*irr*, ***gehen***, *sep*, -*ge*-, *sein*) leave; start, begin; *shot etc*: go off; ***auf j-n ~*** go for s.o.; ***ich gehe jetzt los*** I'm off now; **~ketten** *v/t* (*sep*, -*ge*-, *h*) unchain; **~kommen** *v/i* (*irr*, ***kommen***, *sep*, -*ge*-, *sein*) get away (***von*** from); **~lassen** *v/t* (*irr*, ***lassen***, *sep*, -*ge*-, *h*) let go; ***den Hund ~ auf*** (*acc*) set the dog on; **~legen** F *v/i* (*sep*, -*ge*-, *h*) get cracking

löslich ['løːslɪç] *adj* CHEM soluble

'los|machen *v/t* (*sep*, -*ge*-, *h*) → ***lösen***; **~reißen** *v/t* (*irr*, ***reißen***, *sep*, -*ge*-, *h*) tear off; ***sich ~*** break away; *esp fig* tear o.s. away (*both*: ***von*** from); **~sagen** *v/refl* (*sep*, -*ge*-, *h*) ***sich ~ von*** break with; **~schlagen** *v/i* (*irr*, ***schlagen***, *sep*, -*ge*-, *h*) strike (***auf j-n*** out at s.o.); **~schnallen** *v/t* (*sep*, -*ge*-, *h*) unbuckle; ***sich ~*** MOT, AVIAT unfasten one's seat belt; **~stürzen** *v/i* (*sep*, -*ge*-, *sein*) ***~ auf*** (*acc*) rush at

Losung ['loːzʊŋ] *f* (-; -*en*) MIL password; *fig* slogan

Lösung ['løːzʊŋ] *f* (-; -*en*) solution (*a. fig*); settlement

'Lösungsmittel *n* solvent

'loswerden *v/t* (*irr*, ***werden***, *sep*, -*ge*-, *sein*) get rid of; spend (*money*); lose

'losziehen *v/i* (*irr*, ***ziehen***, *sep*, -*ge*-, *sein*) set out, take off, march away

Lot [loːt] *n* (-[*e*]*s*; -*e*) plumbline

löten ['løːtən] *v/t* (*ge*-, *h*) TECH solder

Lotion [lo'tsjoːn] *f* (-; -*en*) lotion

Lotse ['loːtsə] *m* (-*n*; -*n*), **'lotsen** *v/t* (*ge*-, *h*) MAR pilot

Lotterie [lɔtə'riː] *f* (-; -*n*) lottery; **~gewinn** *m* prize; **~los** *n* lottery ticket

Lotto ['lɔto] *n* (-*s*; -*s*) lotto, bingo; *Br* national lottery; *in Germany*: Lotto; (***im***) ***~ spielen*** do Lotto; **~schein** *m* Lotto coupon; **~ziehung** *f* Lotto draw

Löwe ['løːvə] *m*(-*n*; -*n*) ZO lion; AST Leo; ***er ist*** (***ein***) ***~*** he's (a) Leo

'Löwenzahn *m* BOT dandelion

Löwin ['løːvɪn] *f* (-; -*nen*) ZO lioness

loyal [loa'jaːl] *adj* loyal, faithful

Luchs [lʊks] *m* (-*es*; -*e*) ZO lynx

Lücke ['lʏkə] *f* (-; -*n*) gap (*a. fig*); **'Lückenbüßer** *m* stopgap; **'lückenhaft** *adj* full of gaps; *fig* incomplete; **'lückenlos** *adj* without a gap; *fig* complete; **'Lückentest** *m* PSYCH completion *or* fill-in test

lud [luːt] *pret of* ***laden***

Luft [lʊft] *f* (-; *no pl*) air; ***an der frischen ~*** (out) in the fresh air; (***frische***) ***~ schöpfen*** get a breath of fresh air; ***die ~ anhalten*** catch (*esp fig a.* hold) one's breath; ***tief ~ holen*** take a deep breath; ***in die ~ sprengen*** (F ***fliegen***) blow up

'Luft|angriff *m* air raid; **~ballon** *m* balloon; **~bild** *n* aerial photograph *or* view; **~blase** *f* air bubble; **~brücke** *f*

L

airlift
'**luftdicht** *adj* airtight
'**Luftdruck** *m* (-[*e*]*s*; *no pl*) PHYS, TECH air pressure
lüften ['lʏftən] *v/t and v/i* (*ge-*, *h*) air, ventilate; *fig* reveal
'**Luft|fahrt** *f* (-; *no pl*) aviation, aeronautics; **~feuchtigkeit** *f* (atmospheric) humidity; **~gewehr** *n* airgun
'**luftig** *adj* airy; breezy; light (*dress etc*)
'**Luft|kissen** *n* air cushion; **~kissenfahrzeug** *n* hovercraft; **~krankheit** *f* air-sickness; **~krieg** *m* air warfare; **~kurort** *m* (climatic) health resort
'**luftleer** *adj*: ***~er Raum*** vacuum
'**Luft|linie** *f*: ***50 km ~*** 50 km as the crow flies; **~post** *f* air mail; **~pumpe** *f* air pump; bicycle pump; **~röhre** *f* ANAT windpipe, trachea; **~schlange** *f* streamer; **~schloss** *n* castle in the air; **~sprünge** *pl*: ***~ machen vor Freude*** jump for joy
'**Lüftung** *f* (-; *-en*) airing; TECH ventilation
'**Luft|veränderung** *f* change of air; **~verkehr** *m* air traffic; **~verschmutzung** *f* air pollution; **~waffe** *f* MIL air force; **~weg** *m*: ***auf dem ~*** by air; **~zug** *m* draft, *Br* draught
Lüge ['ly:gə] *f* (-; *-n*) lie; '**lügen** *v/i* (*irr*, *ge-*, *h*) lie, tell a lie *or* lies; ***das ist gelogen*** that's a lie; **Lügner(in)** ['ly:gnɐ, 'ly:gnərɪn] *m*(*f*) (*-s*; *-/-*; *-nen*) liar; **lügnerisch** ['ly:gnərɪʃ] *adj* false
Luke ['lu:kə] *f* (-; *-n*) hatch; skylight
Lümmel ['lʏməl] F *m* (*-s*; -) rascal
lumpen ['lʊmpən] F *v/t*: ***sich nicht ~ lassen*** be generous
'**Lumpen** *m* (*-s*; -) rag; ***in ~*** in rags
lumpig ['lʊmpɪç] F *adj*: ***für ~e zwei Euro*** for a paltry two euros
Lunge ['lʊŋə] *f* (-; *-n*) ANAT lungs; **(*auf*) *~ rauchen*** inhale
'**Lungen|entzündung** *f* MED pneumonia; **~flügel** *m* ANAT lung; **~zug** *m*: ***e-n ~ machen*** inhale
Lupe ['lu:pə] *f* (-; *-n*) magnifying glass; ***unter die ~ nehmen*** scrutinize (closely)
Lust [lʊst] *f* (-; *Lüste* ['lʏstə]) (*no pl*) desire, interest; pleasure, delight; lust; ***~ haben auf et.*** (***et. zu tun***) feel like (doing) s.th.; ***hättest du ~ auszugehen?*** would you like to go out?, how about going out?; ***ich habe keine ~*** I don't feel like it, I'm not in the mood for it; ***die ~ an et. verlieren*** (***j-m die ~ an et. nehmen***) (make s.o.) lose all interest in s.th.
lüstern ['lʏstɐn] *adj* greedy (***nach*** for)
lustig ['lʊstɪç] *adj* funny; cheerful; ***er ist sehr ~*** he is full of fun; ***es war sehr ~*** it was great fun; ***sich ~ machen über*** (*acc*) make fun of
'**lustlos** *adj* listless, indifferent
'**Lustmord** *m* sex murder
'**Lustspiel** *n* THEA comedy
lutschen ['lʊtʃən] *v/i and v/t* (*ge-*, *h*) suck
Luv [lu:f] *f* (-; *no pl*) MAR windward, weather side
luxuriös [lʊksu'rjø:s] *adj* luxurious
Luxus ['lʊksʊs] *m* (-; *no pl*) luxury; **~artikel** *m* luxury (article); **~ausführung** *f* deluxe version; **~hotel** *n* five-star (*or* luxury) hotel
Lymphdrüse ['lʏmfdry:zə] *f* ANAT lymph gland
lynchen ['lʏnçən] *v/t* (*ge-*, *h*) lynch
Lyrik ['ly:rɪk] *f* (-; *no pl*) poetry
Lyriker ['ly:rikɐ] *m* (*-s*; -), '**Lyrikerin** *f* (-; *-nen*) (lyric) poet
lyrisch ['ly:rɪʃ] *adj* lyrical (*a. fig*)

M

M

machbar ['maxba:ɐ] *adj* feasible
machen ['maxən] *v/t* (*ge-*, *h*) do; make; GASTR make, prepare; fix (*a. fig*); be, come to, amount to; take, pass (*test etc*); make, go on (*a trip etc*); ***Hausaufgaben ~*** do one's homework; ***da*** (***-gegen***) ***kann man nichts ~*** it can't be helped; ***mach, was du willst!*** do as you please!; (***nun***) ***mach mal*** *or* ***schon!*** hurry up!, come on *or* along now!; ***mach's gut!*** take care (of yourself)!, good luck!; (***das***) ***macht nichts***

it doesn't matter; ***mach dir nichts d(a)raus!*** never mind!, don't worry!; ***das macht mir nichts aus*** I don't mind *or* care; ***was*** *or* ***wie viel macht das?*** how much is it?; ***sich et.*** (***nichts***) ~ ***aus*** (not) care about; (not) care for
'**Machenschaften** *pl* machinations; ***unsaubere*** ~ sleaze (*esp* POL)
Macher ['maxɐ] *m* (*-s*; -) man of action, doer
Macho ['matʃo] *m* (*-s*; *-s*) macho
Macht [maxt] *f* (-; *Mächte* ['mɛçtə]) power (***über*** *acc* of); ***an der*** ~ in power; ***mit aller*** ~ with all one's might
Machthaber ['maxtha:bɐ] *m* (*-s*; -) POL ruler
mächtig ['mɛçtɪç] *adj* powerful, mighty (*a.* F); enormous, huge
'**Machtkampf** *m* struggle for power
'**machtlos** *adj* powerless
'**Macht|missbrauch** *m* abuse of power; **~poli,tik** *f* power politics; **~übernahme** *f* takeover; **~wechsel** *m* transition of power
Mädchen ['mɛ:tçən] *n* (*-s*; -) girl; maid
'**mädchenhaft** *adj* girlish
'**Mädchen|name** *m* girl's name; maiden name; **~schule** *f* girls' school
Made ['ma:də] *f* (-; *-n*) ZO maggot; worm
Mädel ['mɛ:dəl] *n* (*-s*; *-s*) girl
'**madig** *adj* maggoty, worm-eaten; F'**madigmachen** *v/t* (*sep*, *-ge-*, *h*): F ***j-m et.*** ~ spoil s.th. for s.o.
Magazin [maga'tsi:n] *n* (*-s*; *-e*) magazine (*a.* MIL, PHOT, TV); store(room), warehouse
Magd [ma:kt] *f* (-; *Mägde* ['mɛ:ktə]) (female) farmhand
Magen ['ma:gən] *m* (*-s*; *Mägen* ['mɛ:gən]) ANAT stomach; **~beschwerden** *pl* MED stomach trouble; **~geschwür** *n* MED (stomach) ulcer; **~schmerzen** *pl* stomachache
mager ['ma:gɐ] *adj* lean, thin, skinny; GASTR low-fat (*cheese*), lean (*meat*), skim (*milk*); *fig* meager, *Br* meagre
Magie [ma'gi:] *f* (-; *no pl*) magic
magisch ['ma:gɪʃ] *adj* magic(al)
Magister [ma'gɪstɐ] *m* (*-s*; -) UNIV Master of Arts *or* Science; *Austrian* → ***Apotheker***
Magistrat [magɪs'tra:t] *m* (*-[e]s*; *-e*) municipal council
Magnet [ma'gne:t] *m* (*-[e]s*, *-en*; *-e[n]*) magnet (*a. fig*); **~...** *in cpds ...band, ...feld, ...nadel etc*: magnetic ...
mag'netisch *adj* magnetic (*a. fig*)
magnetisieren [magneti'zi:rən] *v/t* (*no -ge-*, *h*) magnetize
Mahagoni [maha'go:ni] *n* (*-s*; *no pl*) mahogany
Mähdrescher ['mɛ:drɛʃɐ] *m* (*-s*; -) AGR combine (harvester); **mähen** ['mɛ:ən] *v/t* (*ge-*, *h*) mow; cut; AGR reap
mahlen ['ma:lən] *v/t* (*irr*, *ge-*, *h*) grind; mill
'**Mahlzeit** *f* (-; *-en*) meal; feed(ing)
Mähne ['mɛ:nə] *f* (-; *-n*) ZO mane (*a.* F)
mahnen ['ma:nən] *v/t* (*ge-*, *h*) remind; ECON send *s.o.* a reminder
'**Mahngebühr** *f* reminder fee
'**Mahnmal** *n* memorial
'**Mahnung** *f* (-; *-en*) reminder
Mai [mai] *m* (*-[e]s*; *-e*) May; ***der Erste*** ~ May Day; **~baum** *m* maypole; **~glöckchen** *n* BOT lily of the valley; **~käfer** *m* ZO cockchafer
Mais [mais] *m* (*-es*; *-e*) BOT corn, *Br* maize
Majestät [majɛs'tɛ:t] *f*: ***Seine*** (***Ihre, Eure***) ~ His (Her, Your) Majesty
majes'tätisch *adj* majestic
Majonäse *f* → ***Mayonnaise***
Major [ma'jo:ɐ] *m* (*-s*; *-e*) MIL major
makaber [ma'ka:bɐ] *adj* macabre
Makel ['ma:kəl] *m* (*-s*; -) blemish (*a. fig*)
mäkelig ['mɛ:kəlɪç] F *adj* picky, *esp Br* choos(e)y
'**makellos** *adj* immaculate (*a. fig*)
mäkeln ['mɛ:kəln] F *v/i* (*ge-*, *h*) carp, pick, nag (***an*** *dat* at)
Makler ['ma:klɐ] *m* (*-s*; -) ECON real estate agent; broker; **~gebühr** *f* fee, commission
'**Maklerin** *f* (-; *-nen*) ECON → ***Makler***
mal [ma:l] *adv* MATH times, multiplied by; by; F → ***einmal***; ***12 ~ 5 ist*** (***gleich***) ***60*** 12 times *or* multiplied by 5 is *or* equals 60; ***ein 7 ~ 4 Meter großes Zimmer*** a room 7 meters by 4
Mal[1] *n* (*-[e]s*; *-e*) time; ***zum ersten*** (***letzten***) **~(*e*)** for the first (last) time; ***mit e-m*** **~(*e*)** all of a sudden; ***ein für alle*** **~(*e*)** once and for all
Mal[2] *n* mark
malen ['ma:lən] *v/t* (*ge-*, *h*) paint
Maler ['ma:lɐ] *m* (*-s*; -) painter
Malerei [ma:lə'rai] *f* (-; *-en*) painting

Malerin ['maːlərɪn] *f* (-; *-nen*) (woman) painter
'**malerisch** *fig adj* picturesque
'**Malkasten** *m* paintbox
'**malnehmen** → ***multiplizieren***
Malz [malts] *n* (*-es*; *no pl*) malt
'**Malzbier** *n* malt beer
Mama ['mama] F *f* (-; *-s*) mom(my), *Br* mum(my)
Mammut ['mamʊt] *n* (*-s*; *-e*, *-s*) ZO mammoth
man [man] *indef pron* you, one; they, people; ***wie schreibt ~ das?*** how do you spell it?; ***~ sagt, dass*** they *or* people say (that); ***~ hat mir gesagt*** I was told
Manager ['mɛnɪdʒɐ] *m* (*-s*; -), '**Managerin** *f* (-; *-nen*) ECON executive; SPORT manager
manch [manç], **~er** ['mançɐ], **~e** ['mançə], **~es** ['mançəs] *indef pron* (*mst pl*) some; quite a few, many
'**manchmal** *adv* sometimes, occasionally
Mandant [man'dant] *m* (*-en*; *-en*), **Man'dantin** *f* (-; *-nen*) JUR client
Mandarine [manda'riːnə] *f* (-; *-n*) BOT tangerine
Mandat [man'daːt] *n* (*-[e]s*; *-e*) POL mandate; seat; **Mandatar** [manda'taːɐ] *Austrian m* → ***Abgeordnete***
Mandel ['mandəl] *f* (-; *-n*) BOT almond; ANAT tonsil; **~entzündung** *f* MED tonsillitis
Manege [ma'neːʒə] *f* (-; *-n*) (circus) ring
Mangel[1] ['maŋəl] *m* (*-s*; *Mängel* ['mɛŋəl]) (*no pl*) lack (***an*** *dat* of), shortage; TECH defect, fault; shortcoming; ***aus ~ an*** (*dat*) for lack of
'**Mangel**[2] *f* (-; *-n*) mangle
'**mangelhaft** *adj* poor (*quality etc*); defective (*goods etc*); PED poor, unsatisfactory, failing
'**mangeln** *v/t* (*ge-*, *h*) mangle
'**mangels** *prp* (*gen*) for lack *or* want of
'**Mangelware** *f*: ***~ sein*** be scarce
Manie [ma'niː] *f* (-; *-n*) mania (*a. fig*)
Manieren [ma'niːrən] *pl* manners
manierlich [ma'niːɐlɪç] *adv*: ***sich ~ betragen*** behave (decently)
Manifest [mani'fɛst] *n* (*-[e]s*; *-e*) manifesto
manipulieren [manipu'liːrən] *v/t* (*no -ge-*, *h*) manipulate
Mann [man] *m* (*-[e]s*; *Männer* ['mɛnɐ]) man; husband
Männchen ['mɛnçən] *n* (*-s*; -) ZO male
'**Manndeckung** *f* SPORT man-to-man marking
Mannequin ['manəkɛ̃ː] *n* (*-s*; *-s*) model
mannigfach ['manɪçfax], '**mannigfaltig** *adj* many and various
männlich ['mɛnlɪç] *adj* BIOL male; masculine (*a.* LING)
'**Mannschaft** *f* (-; *-en*) SPORT team; MAR, AVIAT crew
Manöver [ma'nøːvɐ] *n* (*-s*; -), **manövrieren** [manø'vriːrən] *v/i* (*no -ge-*, *h*) maneuver, *Br* manoeuvre
Mansarde [man'zardə] *f* (-; *-n*) room *or* apartment in the attic
Manschette [man'ʃɛtə] *f* (-; *-n*) cuff; TECH gasket
Man'schettenknopf *m* cuff-link
Mantel ['mantəl] *m* (*-s*; *Mäntel* ['mɛntəl]) coat; *tire*: casing, *bicycle*: tire (*Br* tyre) cover; TECH jacket, shell
Manuskript [manu'skrɪpt] *n* (*-[e]s*; *-e*) manuscript; copy
Mappe ['mapə] *f* (-; *-n*) briefcase; school bag, satchel; folder
Märchen ['mɛːɐçən] *n* (*-s*; -) fairytale (*a. fig*); **~land** *n* (*-[e]s*; *no pl*) fairyland
Marder ['mardɐ] *m* (*-s*; -) ZO marten
Margarine [marga'riːnə] *f* (-; *no pl*) margarine
Margerite [margə'riːtə] *f* (-; *-n*) BOT marguerite
Marienkäfer [ma'riːənkɛːfɐ] *m* ZO lady bug, *Br* ladybird
Marihuana [mari'huaːna] *n* (*-s*; *no pl*) marijuana, *sl* grass; **~ziga'rette** *f sl* joint
Marille [ma'rɪlə] *Austrian f* (-; *-n*) BOT apricot
Marine [ma'riːnə] *f* (-; *-n*) MIL navy
ma'rineblau *adj* navy blue
Marionette [marjo'nɛtə] *f* (-; *-n*) puppet (*a. fig*); **Mario'nettenthe'ater** *n* puppet show
Mark[1] *n* (*-[e]s*; *no pl*) marrow; BOT pulp
Mark[2] [mark] *f* (-; -) *hist* (*former monetary unit of Germany*) mark
Marke ['markə] *f* (-; *-n*) ECON brand; TECH make; trademark; stamp; badge, tag; mark; **markieren** [mar'kiːrən] *v/t* (*no -ge-*, *h*) mark (*a.* SPORT); F *fig* act; **Mar'kierung** *f* (-; *-en*) mark
Markise [mar'kiːzə] *f* (-; *-n*) awning, sun

blind
Markt [markt] *m* (-[*e*]*s*; *Märkte* ['mɛrktə]) ECON market; ***auf den ~ bringen*** put on the market; **~platz** *m* market place; **~wirtschaft** *f* market economy
Marmelade [marmə'la:də] *f* (-; -*n*) jam
Marmor ['marmo:ɐ] *m* (-*s*; -*e*) marble
Marsch[1] [marʃ] *m* (-[*e*]*s*; *Märsche* ['mɛrʃə]) march (*a.* MUS)
Marsch[2] *f* (-; -*en*) GEOGR marsh, fen
Marschall ['marʃal] *m* (-*s*; *Marschälle* ['marʃɛlə]) MIL marshal
'Marschbefehl *m* MIL marching orders
marschieren [mar'ʃi:rən] *v/i* (*no -ge-, sein*) march
Marsmensch ['marsmɛnʃ] *m* Martian
Marter ['martɐ] *f* (-; -*n*) torture
'martern *v/t* (*ge-, h*) torture
'Marterpfahl *m* stake
Martinshorn ['marti:nshɔrn] *n* (police *etc*) siren
Märtyrer ['mɛrtyrɐ] *m* (-*s*; -), **'Märtyrerin** ['mɛrtyrərɪn] *f* (-; -*nen*) martyr (*a. fig*)
Marxismus [mar'ksɪsmʊs] *m* (-; *no pl*) POL Marxism; **Marxist** [mar'ksɪst] *m* (-*en*; -*en*), **mar'xistisch** *adj* POL Marxist
März [mɛrts] *m* (-[*es*]; -*e*) March
Marzipan [martsi'pa:n] *n* (-*s*; -*e*) marzipan
Masche ['maʃə] *f* (-; -*n*) stitch; mesh; F trick
'Maschendraht *m* wire netting
Maschine [ma'ʃi:nə] *f* (-; -*n*) machine; MOT engine; AVIAT plane; motorcycle
Ma'schinen|bau *m* (-[*e*]*s*; *no pl*) mechanical engineering; **~gewehr** *n* MIL machinegun
ma'schinenlesbar *adj* machine-readable
Ma'schinen|öl *n* engine oil; **~pis,tole** *f* MIL submachine gun, machine pistol; **~schaden** *m* engine trouble *or* failure; **~schlosser** *m* (engine) fitter
Masern ['ma:zɐn] *pl* MED measles
Maserung ['ma:zərʊŋ] *f* (-; -*en*) grain
Maske ['maskə] *f* (-; -*n*) mask (*a.* IT)
'Maskenball *m* fancy-dress ball
Maskenbildner ['maskənbɪldnɐ] *m* (-*s*; -), **'Maskenbildnerin** *f* (-; -*nen*) THEA *etc* make-up artist
maskieren [mas'ki:rən] *v/t* (*no -ge-, h*) mask; ***sich ~*** put on a mask
maskulin [masku'li:n] *adj* masculine (*a.* LING)
maß [ma:s] *pret of* ***messen***
Maß[1] *n* (-*es*; -*e*) measure (***für*** of); dimensions, measurements, size; *fig* extent, degree; ***~e und Gewichte*** weights and measures; ***nach ~*** (***gemacht***) made to measure; ***in gewissem*** (***hohem***) ***~e*** to a certain (high) degree; ***in zunehmendem ~e*** increasingly; ***~ halten → maßhalten***
Maß[2] *f* (-; -[*e*]) liter (*Br* litre) of beer
Massage [ma'sa:ʒə] *f* (-; -*n*) massage
Massaker [ma'sa:kɐ] *n* (-*s*; -) massacre
Masse ['masə] *f* (-; -*n*) mass; substance; bulk; F ***e-e ~*** *Geld etc* loads *or* heaps of; ***die*** (***breite***) ***~***, POL ***die ~n*** *pl* the masses
'Maßeinheit *f* unit of measure(ment)
'Massen... *in cpds ...medien, ...mörder etc*: mass ...; **~andrang** *m* crush
'massenhaft F *adv* masses *or* loads of
'Massen|karambo,lage *f* MOT pileup; **~produkti,on** *f* ECON mass production
Masseur [ma'sø:ɐ] *m* (-*s*; -*e*) masseur
Masseurin [ma'sø:rɪn] *f* (-; -*nen*), **Masseuse** [ma'sø:zə] *f* (-; -*n*) masseuse
'maßgebend, **maßgeblich** ['ma:sge:plɪç] *adj* authoritative
'maßhalten *v/i* (*irr*, ***halten***, *sep, -ge-, h*) be moderate (***in*** *dat* in)
massieren [ma'si:rən] *v/t* (*no -ge-, h*) massage
massig ['masɪç] *adj* massive, bulky
mäßig ['mɛ:sɪç] *adj* moderate; poor
mäßigen ['mɛ:sɪgən] *v/t and v/refl* (*ge-, h*) moderate; **'Mäßigung** *f* (-; *no pl*) moderation; restraint
massiv [ma'si:f] *adj* solid
Mas'siv *n* (-*s*; -*e*) GEOL massif
'Maßkrug *m* beer mug, stein
'maßlos *adj* immoderate; gross (*exaggeration*)
Maßnahme ['ma:sna:mə] *f* (-; -*n*) measure, step
'Maßregel *f* rule; **'maßregeln** *v/t* (*ge-, h*) reprimand; discipline
'Maßstab *m* scale; *fig* standard; ***im ~ 1:10*** on the scale of 1:10
maßstabgetreu *adj* true to scale
'maßvoll *adj* moderate
Mast[1] [mast] *m* (-[*e*]*s*; -*en*) MAR, TECH mast
Mast[2] *f* (-; -*en*) AGR fattening
'Mastdarm *m* ANAT rectum

M

mästen['mɛstən] *v/t (ge-, h)* AGR fatten; F stuff *s.o.*
masturbieren [mastʊr'biːrən] *v/i (no -ge-, h)* masturbate
Match[mɛtʃ] *n* (-[*e*]*s*; -*s*, -*e*) game, *Br* match; **~ball***m tennis*: match point
Material[mate'rjaːl] *n* (-*s*; -*ien*) material (*a. fig*); TECH materials
Materialismus [materja'lɪsmʊs] *m* (-; *no pl*) PHILOS materialism; **Materialist** [materja'lɪst] *m* (-*en*; -*en*) materialist; **materia'listisch***adj* materialistic
Materie [ma'teːrjə] *f* (-; -*n*) matter (*a. fig*); *fig* subject (matter); **materiell** [mate'rjɛl] *adj* material
Mathematik[matema'tiːk] *f* (-; *no pl*) mathematics; **Mathematiker** [mate'maːtikɐ] *m* (-*s*; -) mathematician; **mathe'matisch***adj* mathematical
Matinee [mati'neː] *f* (-; -*n*) THEA *etc* morning performance
Matratze[ma'tratsə] *f* (-; -*n*) mattress
Matrize[ma'triːtsə] *f* (-; -*n*) stencil
Matrose[ma'troːzə] *m* (-*n*; -*n*) MAR sailor, seaman
Matsch[matʃ] F *m* (-[*e*]*s*; *no pl*) mud, slush; **'matschig***adj* muddy, slushy
matt[mat] *adj* weak; exhausted, worn out; dull, pale (*color*); PHOT mat(t); frosted (*glass*); *chess*: checkmate
Matte['matə] *f* (-; -*n*) mat
Mattigkeit ['matɪçkait] *f* (-; *no pl*) exhaustion, weakness
'Mattscheibe*f* screen; PHOT focus(s)ing screen; F (boob) tube, *Br* telly, box
Matura [ma'tuːra] *Austrian, Swiss f* → ***Abitur***
Mauer['mauɐ] *f* (-; -*n*) wall; **~blümchen** *fig n* wallflower
'mauern*v/i (ge-, h)* lay bricks
Mauerwerk *n* (-[*e*]*s*; *no pl*) masonry, brickwork
Maul [maul] *n* (-[*e*]*s*; *Mäuler* ['mɔylɐ]) ZO mouth; *sl* ***halt's ~!*** shut up!
maulen['maulən] F *v/i (ge-, h)* grumble, sulk, pout
'Maul|korb *m* muzzle (*a. fig*); **~tier** *n* mule; **~wurf** *m* ZO mole; **~wurfshaufen***m*, **~wurfshügel***m* molehill
Maurer ['maurɐ] *m* (-*s*; -) bricklayer; **~kelle** *f* trowel; **~meister** *m* master bricklayer
Maus [maus] *f* (-; *Mäuse* ['mɔyzə]) ZO mouse (*a.* IT)
'Mausefalle['mauzəfalə] *f* mousetrap
Mauser['mauzɐ] *f* (-; *no pl*) ZO mo(u)lt (-ing); ***in der ~ sein*** be mo(u)lting
Maut [maut] *Austrian f* (-; -*en*) toll; **~straße***f* turnpike, toll road
maximal[maksi'maːl] **1.** *adj* maximum **2.** *adv* at (the) most; **Maximum**['maksimʊm] *n* (-*s*; -*ma*) maximum
Mayonnaise[majɔ'nɛːzə] *f* (-; -*n*) GASTR mayonnaise
Mäzen [mɛ'tseːn] *m* (-*s*; -*e*) patron; SPORT sponsor
Mechanik[me'çaːnɪk] *f* (-; -*en*) (*no pl*) PHYS mechanics; TECH mechanism; **Mechaniker** [me'çaːnikɐ] *m* (-*s*; -) mechanic; **mechanisch** [me'çaːnɪʃ] *adj* TECH mechanical; **mechanisieren** [meçani'ziːrən] *v/t (no -ge-, h)* mechanize; **Mechani'sierung***f* (-; -*en*) mechanization; **Mechanismus** [meça'nɪsmʊs] *m* (-; -*men*) TECH mechanism; works
meckern['mɛkɐn] *v/i (ge-, h)* ZO bleat; F grumble, bitch (***über*** *acc* at, about)
Medaille[me'daljə] *f* (-; -*n*) medal
Me'daillengewinner*m* medal(l)ist
Medaillon[medal'joː] *n* (-*s*; -*s*) locket
Medien ['meːdjən] *pl* mass media; teaching aids; audio-visual aids
Medikament[medika'mɛnt] *n* (-[*e*]*s*; -*e*) drug; medicine
meditieren[medi'tiːrən] *v/i (no -ge-, h)* meditate (***über*** *acc* on)
Medizin [medi'tsiːn] *f* (-; -*en*) (*no pl*) (science of) medicine; medicine, remedy (***gegen*** for)
Mediziner[medi'tsiːnɐ] *m* (-*s*; -), **Medi'zinerin** *f* (-; -*nen*) (medical) doctor; UNIV medical student
medizinisch[medi'tsiːnɪʃ] *adj* medical
Meer[meːɐ] *n* (-[*e*]*s*; -*e* ['meːrə]) sea (*a. fig*), ocean; **~enge** *f* GEOGR straits
Meeres|boden ['meːrəsboːdən] *m* seabed; **~früchte** *pl* GASTR seafood; **~spiegel** *m* sea level
'Meerjungfrau*f* MYTH mermaid
'Meerrettich*m* (-*s*; -*e*) horseradish
Meerschweinchen ['meːɐʃvainçən] *n* (-*s*; -) ZO guinea pig
Megabyte[mega'bait] *n* IT megabyte
Mehl[meːl] *n* (-[*e*]*s*; -*e*) flour; meal
mehlig['meːlɪç] *adj* mealy
'Mehlspeise *Austrian f* sweet (dish)
mehr[meːɐ] *indef pron and adv* more;

M

immer ~ more and more; ***nicht ~*** no longer, not any longer (*or* more); ***noch ~*** even more; ***es ist kein … ~ da*** there isn't any … left
mehrdeutig ['meːɐdɔʏtɪç] *adj* ambiguous
mehrere ['meːrərə] *adj and indef pron* several
'**Mehrheit** *f* (-; *-en*) majority
'**Mehrkosten** *pl* extra costs
'**mehrmals** *adv* several times
'**Mehr|wegflasche** *f* returnable (*or* deposit) bottle; **~wertsteuer** *f* ECON value-added tax (*abbr* VAT); **~zahl** *f* (-; *no pl*) majority; LING plural (form)
'**Mehrzweck...** *in cpds …fahrzeug etc*: multi-purpose …
meiden ['maidən] *v/t* (*irr, ge-, h*) avoid
Meile ['mailə] *f* (-; *-n*) mile
'**meilenweit** *adv* (for) miles
mein [main] *poss pron and adj* my; ***das ist ~er*** (***~e, ~[e]s***) that's mine
'**Meineid** *m* JUR perjury
meinen ['mainən] *v/t* (*ge-, h*) think, believe; mean; say; ***~ Sie wirklich?*** do you (really) think so?; ***wie ~ Sie das?*** what do you mean by that?; ***sie ~ es gut*** they mean well; ***ich habe es nicht so gemeint*** I didn't mean it; ***wie ~ Sie?*** (I beg your) pardon?
'**meinetwegen** ['mainətveːgən] *adv* for my sake; because of me; F I don't mind *or* care!
'**Meinung** *f* (-; *-en*) opinion (***über*** *acc*, ***von*** about, of); ***meiner ~ nach*** in my opinion; ***der ~ sein, dass*** be of the opinion that, feel *or* believe that; ***s-e ~ äußern*** express one's opinion; ***s-e ~ ändern*** change one's mind; ***ich bin Ihrer*** (***anderer***) ***~*** I (don't) agree with you; ***j-m die ~ sagen*** give s.o. a piece of one's mind
'**Meinungs|austausch** *m* exchange of views (***über*** *acc* on); **~forscher** *m* pollster; **~freiheit** *f* (-; *no pl*) freedom of speech *or* opinion; **~umfrage** *f* opinion poll; **~verschiedenheit** *f* disagreement (***über*** *acc* about)
Meise ['maizə] *f* (-; *-n*) ZO titmouse
Meißel ['maisəl] *m* (*-s*; -) chisel
'**meißeln** *v/t and v/i* (*ge-, h*) chisel, carve
meist [maist] **1.** *adj* most; ***das ~e*** (***davon***) most of it; ***die ~en*** (***von ihnen***) most of them; ***die ~en Leute*** most people; ***die ~e Zeit*** most of the time **2.** *adv* → ***meistens***; ***am ~en*** (the) most; most (of all); **meistens** ['maistəns] *adv* usually; most of the time
Meister ['maistɐ] *m* (*-s*; -) master (*a. fig*); SPORT champion, F champ
'**meisterhaft 1.** *adj* masterly **2.** *adv* in a masterly manner *or* way
'**Meisterin** *f* (-; *-nen*) master (*a. fig*); SPORT champion
meistern ['maistɐn] *v/t* (*ge-, h*) master
'**Meisterschaft** *f* (-; *-en*) (*no pl*) mastery; SPORT championship, cup; title
'**Meister|stück** *n*, **~werk** *n* masterpiece
Melancholie [melaŋko'liː] *f* (-; *-n*) melancholy; **melancholisch** [melaŋ'koːlɪʃ] *adj* melancholy; ***~ sein*** feel depressed, F have the blues
Melange [me'laːˌʒə] *Austrian f* (-; *-n*) coffee with milk
melden ['mɛldən] (*ge-, h*) **1.** *v/t* report *s.th. or s.o.* (***bei*** to); *radio etc*: announce, report; ***j-m et. ~*** notify s.o. of s.th. **2.** *v/refl*: ***sich ~*** report (***bei*** to, ***für, zu*** for); register (***bei*** with); PED *etc*: put up one's hand; TEL answer the phone; SPORT enter (***für, zu*** for); volunteer (***für, zu*** for)
'**Meldung** *f* (-; *-en*) report, news, announcement; information, notice; notification; registration (***bei*** with); SPORT entry (***für, zu*** for)
melken ['mɛlkən] *v/t* ([*irr,*] *ge-, h*) milk
Melodie [melo'diː] *f* (-; *-n*) MUS melody, tune; **melodisch** [me'loːdɪʃ] *adj* MUS melodious, melodic
Melone [me'loːnə] *f* (-; *-n*) BOT melon; F derby, *Br* bowler (hat)
Memoiren [me'moaːrən] *pl* memoirs
Menge ['mɛŋə] *f* (-; *-n*) amount, quantity; MATH set; F ***e-e ~ Geld*** plenty (*or* lots) of money; → ***Menschenmenge***
'**Mengenlehre** *f* (-; *no pl*) MATH set theory; PED new math(ematics)
Mensa ['mɛnza] *f* (-; *-s, Mensen*) cafeteria, *Br* refectory, canteen
Mensch [mɛnʃ] *m* (*-en*; *-en*) human being; man; person, individual; *pl* people; mankind; ***kein ~*** nobody; ***~!*** wow!
Menschen|affe *m* ZO ape; **~fresser** *m* cannibal; **~freund** *m* philanthropist; **~handel** *m* slave trade; **~kenntnis** *f*: ***~ haben*** know human nature; **~leben** *n* human life

'menschenleer *adj* deserted
'Menschen|menge *f* crowd; **~rechte** *pl* human rights; **~seele** *f*: ***keine ~*** not a (living) soul
'menschenunwürdig *adj* degrading; *housing etc*: unfit for human beings
'Menschen|verstand *m*: ***gesunder ~*** common sense; **~würde** *f* human dignity
Menschheit: ***die ~*** mankind, the human race
'menschlich *adj* human; humane
'Menschlichkeit *f* (-; *no pl*) humanity
Menstruation [mɛnstrua'tsjoːn] *f* (-; *-en*) MED menstruation
Mentalität [mɛntali'tɛːt] *f* (-; *-en*) mentality
Menü [me'nyː] *n* (-*s*; -*s*) set meal (*or* lunch); IT menu
Meridian [meri'djaːn] *m* (-*s*; -*e*) GEOGR, ASTR meridian
merkbar ['mɛrkbaːɐ] *adj* marked, distinct; noticeable; **'Merkblatt** *n* leaflet; **merken** ['mɛrkən] *v/t* (*ge-*, *h*) notice; feel; find (out), discover; ***sich et. ~*** remember s.th., keep *or* bear s.th. in mind; **'merklich** *adj* → ***merkbar***; **'Merkmal** *n* sign; feature, trait
'merkwürdig *adj* strange, odd, curious
'merkwürdiger'weise *adv* strangely enough
messbar ['mɛsbaːɐ] *adj* measurable
'Messbecher *m* measuring cup
Messe ['mɛsə] *f* (-; *-n*) ECON fair; REL mass; MIL, MAR mess
messen ['mɛsən] *v/t* (*irr*, *ge-*, *h*) measure; take (*temperature etc*); ***sich nicht mit j-m ~ können*** be no match for s.o.; ***gemessen an*** (*dat*) compared with
Messer ['mɛsɐ] *n* (-*s*; -) knife; ***bis aufs ~*** to the knife; ***auf des ~s Schneide stehen*** be on a razor edge, be touch and go (***ob*** whether)
Messerstecherei [mɛsɐʃtɛçə'rai] *f* (-; *-en*) knife fight
'Messerstich *m* stab (with a knife)
Messing ['mɛsɪŋ] *n* (-*s*; -*e*) brass
'Messinstru,ment *n* measuring instrument
'Messung *f* (-; *-en*) measuring; reading
Metall [me'tal] *n* (-*s*; -*e*) metal
metallen [me'talən], **me'tallisch** *adj* metallic
Me'tallwaren *pl* hardware
Metamorphose [metamɔr'foːzə] *f* (-; *-n*) metamorphosis
Metastase [meta'staːzə] *f* (-; *-n*) MED metastasis
Meteor [mete'oːɐ] *m* (-*s*; -*e*) ASTR meteor
Meteorit [meteo'riːt] *m* (-*en*; -*e*[*n*]) ASTR meteorite
Meteorologe [meteoro'loːgə] *m* (-*n*; -*n*) meteorologist; **Meteorologie** [meteorolo'giː] *f* (-; *no pl*) meteorology; **Meteoro'login** *f* (-; *-nen*) meteorologist
Meter ['meːtɐ] *n*, *m* (-*s*; -) meter, *Br* metre; **~maß** *n* tape measure
Methode [me'toːdə] *f* (-; *-n*) method, TECH *a.* technique; **methodisch** [me'toːdɪʃ] *adj* methodical
metrisch ['meːtrɪʃ] *adj* metric; ***~es Maßsystem*** metric system
Metropole [metro'poːlə] *f* (-; *-n*) metropolis
Metzger ['mɛtsgɐ] *m* (-*s*; -) butcher
Metzgerei [mɛtsgə'rai] *f* (-; *-en*) butcher's (shop)
Meute ['mɔʏtə] *f* (-; *-n*) pack (of hounds); *fig* mob, pack
Meuterei [mɔʏtə'rai] *f* (-; *-en*) mutiny; **Meuterer** ['mɔʏtərɐ] *m* (-*s*; -) mutineer; **meutern** ['mɔʏtɐn] *v/i* (*ge-*, *h*) mutiny (***gegen*** against)
MEZ *abbr of* ***Mitteleuropäische Zeit*** CET, Central European Time
miau [mi'au] *int* ZO meow, *Br* miaow
miauen [mi'auən] *v/i* (*no -ge-*, *h*) ZO meow, *Br* miaow
mich [mɪç] *pers pron* me; **~ (*selbst*)** myself
mied [miːt] *pret of* ***meiden***
Mieder ['miːdɐ] *n* (-*s*; -) corset(s); bodice; **~höschen** *n* pantie girdle; **~waren** *pl* foundation garments
Miene ['miːnə] *f* (-; *-n*) expression, look, air; ***gute ~ zum bösen Spiel machen*** grin and bear it
mies [miːs] F *adj* rotten, lousy
Miete ['miːtə] *f* (-; *-n*) rent; hire charge; ***zur ~ wohnen*** be a tenant; lodge (***bei*** with); **'mieten** *v/t* (*ge-*, *h*) rent; (take on) lease; AVIAT, MAR charter; ***ein Auto*** *etc* **~** rent (*Br* hire) a car *etc*; **Mieter(in)** ['miːtɐ, 'miːtərɪn] *m*(*f*) (-*s*; -/-; *-nen*) tenant, lodger
'Mietshaus *n* apartment building *or* house, *Br* block of flats, tenement

M

'**Mietvertrag** *m* lease (contract)
'**Mietwohnung** *f* apartment, *Br* (rented) flat
Migräne [mi'grɛːnə] *f* (-; -*n*) MED migraine
Mikro ['miːkro] F *n* (-*s*; -*s*) mike
Mikro... ['miːkro-] *in cpds ...chip, ...computer, ...elektronik, ...film, ...prozessor etc*: micro...
Mikrofon [mikro'foːn] *n* (-*s*; -*e*) microphone
Mikroskop [mikro'skoːp] *n* (-*s*; -*e*) microscope; **mikro'skopisch** *adj* microscopic(al)
Mikrowelle ['miːkrovɛlə] F *f*, '**Mikrowellenherd** *m* microwave oven
Milbe ['mɪlbə] *f* (-; -*n*) ZO mite
Milch [mɪlç] *f* (-; *no pl*) milk; **~geschäft** *n* dairy, creamery; **~glas** *n* frosted glass
milchig ['mɪlçɪç] *adj* milky
'**Milch|kaffee** *m* white coffee; **~kännchen** *n* (milk) jug; **~kanne** *f* milk can; **~mann** F *m* milkman; **~mixgetränk** *n* milk shake; **~pro,dukte** *pl* dairy products; **~pulver** *n* powdered milk; **~reis** *m* rice pudding; **~straße** *f* ASTR Milky Way, Galaxy; **~tüte** *f* milk carton; **~wirtschaft** *f* dairy farming; **~zahn** *m* milk tooth
mild [mɪlt] *adj* mild, soft; gentle
milde ['mɪldə] *adv* mildly; ***~ ausgedrückt*** to put it mildly
'**Milde** *f* (-; *no pl*) mildness, gentleness; leniency, mercy
mildern ['mɪldɐn] *v/t* (*ge-*, *h*) lessen, soften; **~d** *adj*: ***~e Umstände*** JUR mitigating circumstances
'**mildtätig** *adj* charitable
Milieu [mi'ljøː] *n* (-*s*; -*s*) environment; social background
Militär [mili'tɛːɐ] *n* (-*s*; *no pl*) *the* military, armed forces; army; **~dienst** *m* (-[*e*]*s*; *no pl*) military service; **~dikta,tur** *f* military dictatorship; **~gericht** *n* court martial
militärisch [mili'tɛːrɪʃ] *adj* military
Militarismus [milita'rɪsmʊs] *m* (-; *no pl*) militarism; **Militarist** [milita'rɪst] *m* (-*en*; -*en*) militarist; **milita'ristisch** *adj* militaristic
'**Mili'tärre'gierung** *f* military government
Milliarde [mɪ'ljardə] *f* (-; -*n*) billion, *Br old use a.* a thousand million(s)
Millimeter ['mɪlimeːtɐ] *n*, *m* (-*s*; -) millimet|er, *Br* -re; **~pa,pier** *n* graph paper
Million [mɪ'lioːn] *f* (-; -*en*) million
Millionär [mɪljo'nɛːɐ] *m* (-*s*; -*e*), **Millio'närin** *f* (-; -*nen*) millionaire
Milz [mɪlts] *f* (-; *no pl*) ANAT spleen
Mimik ['miːmɪk] *f* (-; *no pl*) facial expression
minder ['mɪndɐ] **1.** *adj* → ***geringer, weniger*** **2.** *adv* less; ***nicht ~*** no less
'**Minderheit** *f* (-; -*en*) minority
minderjährig ['mɪndɐjɛːrɪç] *adj*: ***~ sein*** be under age, be a minor; **Minderjährige** ['mɪndɐjɛːrɪgə] *m*, *f* (-*n*; -*n*) minor
'**Minderjährigkeit** *f* (-; *no pl*) minority
'**minderwertig** *adj* inferior, of inferior quality; '**Minderwertigkeit** *f* (-; *no pl*) inferiority; ECON inferior quality
'**Minderwertigkeitskom,plex** *m* PSYCH inferiority complex
mindest ['mɪndəst] *adj* least; ***das Mindeste*** the (very) least; ***nicht im Mindesten*** not in the least, not at all
'**Mindest...** *in cpds ...alter, ...einkommen, ...lohn etc*: minimum ...
mindestens ['mɪndəstəns] *adv* at least
'**Mindest|haltbarkeitsdatum** *n* pull date, *Br* best-before (*or* best-by, sell-by) date; **~maß** *n* minimum; ***auf ein ~ herabsetzen*** reduce to a minimum
Mine ['miːnə] *f* (-; -*n*) mine (*a.* MAR, MIL); lead; cartridge; refill
Mineral [minə'raːl] *n* (-*s*; -*e*, -*ien*) mineral; **Mineralogie** [mineralo'giː] *f* (-; *no pl*) mineralogy
Mine'ralöl *n* mineral oil
Mine'ralwasser *n* mineral water
Miniatur [minja'tuːɐ] *f* (-; -*en*) miniature
Minigolf ['mɪnigɔlf] *n* miniature (*Br* crazy) golf
minimal [mini'maːl] *adj*, *adv* minimal; minimum; at least; **Minimum** ['miːnimʊm] *n* (-*s*; -*ma*) minimum
Minirock ['mɪnirɔk] *m* miniskirt
Minister [mi'nɪstɐ] *m* (-*s*; -), **Mi'nisterin** *f* (-; -*nen*) minister, secretary, *Br a.* secretary of state
Ministerium [minɪs'teːriʊm] *n* (-*s*; -*ien*) ministry, department, *Br a.* office
Mi'nisterpräsi,dent *m*, **Mi'nisterpräsi,dentin** *f* prime minister
minus ['miːnʊs] *adv* MATH minus; ***bei 10 Grad ~*** at 10 degrees below zero
Minute [mi'nuːtə] *f* (-; -*n*) minute

Mi'nutenzeiger *m* minute hand
Mio *abbr of* ***Million(en)*** m, million
mir [miːɐ] *pers pron* (to) me
Mischbatte,rie ['mɪʃbatəriː] *f* mixing faucet, *Br* mixer tap
'Mischbrot *n* wheat and rye bread
mischen ['mɪʃən] *v/t* (*ge-, h*) mix; blend (*tea etc*); shuffle (*cards*); ***sich ~*** mingle *or* mix (***unter*** with)
'Mischling *m* (*-s; -e*) *esp contp* half-caste; BOT, ZO hybrid; mongrel
'Mischmasch F *m* (*-[e]s; -e*) hotchpotch, jumble
'Misch|ma,schine *f* TECH mixer; **~pult** *n radio*, TV: mixer, mixing console
'Mischung *f* (*-; -en*) mixture; blend; assortment
'Mischwald *m* mixed forest
miserabel [mizə'raːbəl] F *adj* lousy, rotten
miss'achten [mɪs?'axtən] *v/t* (*no -ge-, h*) disregard, ignore; despise
Miss'achtung *f* disregard; contempt; neglect (*all*: *gen* of)
'Missbildung *f* (*-; -en*) deformity, malformation
miss'billigen *v/t* (*no -ge-, h*) disapprove of
'Missbrauch *m* abuse (*a.* JUR); misuse; **miss'brauchen** *v/t* (*no -ge-, h*) abuse; misuse
miss'deuten *v/t* (*no -ge-, h*) misinterpret
'Misserfolg *m* failure; F flop
'Missernte *f* bad harvest, crop failure
miss'fallen *v/i* (*irr,* ***fallen****, no -ge-, h*) ***j-m ~*** displease s.o.; **'Missfallen** *n* (*-s; no pl*) displeasure, dislike
'missgebildet *adj* deformed, malformed; **'Missgeburt** *f* deformed child *or* animal; freak
'Missgeschick *n* (*-[e]s; -e*) mishap
miss'glücken *v/i* (*no -ge-, sein*) fail
miss'gönnen *v/t* (*no -ge-, h*) ***j-m et. ~*** envy s.o. s.th.
'Missgriff *m* mistake
miss'handeln *v/t* (*no -ge-, h*) ill-treat, maltreat (*a. fig*); batter
Miss'handlung *f* ill-treatment, maltreatment, *esp* JUR assault and battery
Mission [mɪ'sjoːn] *f* (*-; -en*) mission (*a.* POL *and fig*); **Missionar(in)** [mɪsjo'naːɐ, mɪsjo'naːrɪn] *m(f)* (*-s; -e/-; -nen*) missionary
'Missklang *m* dissonance, discord (*both a. fig*)
'Misskre,dit *m* discredit
misslang [mɪs'laŋ] *pret of* ***misslingen***; **misslingen** [mɪs'lɪŋən] *v/i* (*irr, no -ge-, sein*) fail; **misslungen** [mɪs'lʊŋən] *pp of* ***misslingen***; ***das ist mir ~*** I've bungled it
'missmutig *adj* bad-tempered, grumpy, glum
miss'raten 1. *v/i* (*irr,* ***raten****, no -ge-, sein*) fail; turn out badly **2.** *adj* wayward
miss'trauen *v/i* (*no -ge-, h*) distrust; **'Misstrauen** *n* (*-s; no pl*) distrust, suspicion (*both*: ***gegenüber*** of)
'Misstrauens|antrag *m* PARL motion of no confidence; **~votum** *n* PARL vote of no confidence
misstrauisch ['mɪstrauɪʃ] *adj* distrustful, suspicious
'Missverhältnis *n* disproportion
'Missverständnis *n* (*-ses; -se*) misunderstanding; **'missverstehen** *v/t* (*irr,* ***stehen****, no -ge-, h*) misunderstand
'Misswahl *f* beauty contest *or* competition
Mist [mɪst] *m* (*-[e]s; no p*) AGR dung, manure; F trash, rubbish
'Mistbeet *n* AGR hotbed
Mistel ['mɪstəl] *f* (*-; -n*) BOT mistletoe
'Mistgabel *f* AGR dung fork
'Misthaufen *m* AGR manure heap
mit [mɪt] *prp* (*dat*) *and adv* with; ***~ Gewalt*** by force; ***~ Absicht*** on purpose; ***~ dem Auto*** (***der Bahn*** *etc*) by car (train *etc*); ***~ 20 Jahren*** at (the age of) 20; ***~ 100 Stundenkilometern*** at 100 kilometers per hour; ***~ einem Mal(e)*** all of a sudden; (all) at the same time; ***~ lauter Stimme*** in a loud voice; ***~ anderen Worten*** in other words; ***ein Mann ~ dem Namen …*** a man by the name of …; ***j-n ~ Namen kennen*** know s.o. by name; ***~ der Grund dafür, dass*** one of the reasons why; ***~ der Beste*** one of the best
'Mitarbeit *f* cooperation; assistance; PED activity, class participation
'Mitarbeiter *m*, **'Mitarbeiterin** *f* colleague; employee; assistant; ***freie(r) Mitarbeiter(in)*** freelance
'mit|bekommen F *v/t* (*irr,* ***kommen****, sep, no -ge-, h*) get; catch; **~benutzen** *v/t* (*sep, no -ge-, h*) share

'**Mit|bestimmungsrecht** *n* (right of) codetermination, worker participation; **~bewerber(in)** (rival) competitor; fellow applicant; **~bewohner(in)** roommate, *Br* flatmate

'**mitbringen** *v/t* (*irr*, ***bringen***, *sep*, *-ge-*, *h*) bring *s.th. or s.o.* with one; ***j-m et. ~*** bring s.o. s.th.; **Mitbringsel** ['mɪtbrɪŋzəl] F *n* (*-s*; -) little present; souvenir

'**Mitbürger** *m*, '**Mitbürgerin** *f* fellow citizen

mitei'nander *adv* with each other, with one another; together, jointly

'**miterleben** *v/t* (*sep*, *no -ge-*, *h*) live to see

'**Mitesser** *m* MED blackhead

'**mitfahren** *v/i* (*irr*, ***fahren***, *sep*, *-ge-*, *sein*) ***mit j-m ~*** drive *or* go with s.o.; ***j-n ~ lassen*** give s.o. a lift

'**Mitfahr|gelegenheit** *f* lift; **~zen,trale** *f* car pool(ing) service

'**mitfühlend** *adj* sympathetic

'**mitgeben** *v/t* (*irr*, ***geben***, *sep*, *-ge-*, *h*) ***j-m et. ~*** give s.o. s.th. (to take along)

'**Mitgefühl** *n* (*-[e]s*; *no pl*) sympathy

'**mitgehen** *v/i* (*irr*, ***gehen***, *sep*, *-ge-*, *sein*) ***mit j-m ~*** go *or* come along with s.o.; F ***et. ~ lassen*** walk off with s.th.

'**Mitgift** *f* (-; *-en*) dowry

'**Mitglied** *n* member (***bei*** of)

'**Mitgliedsbeitrag** *m* subscription

'**Mitgliedschaft** *f* (-; *-en*) membership

'**mithaben** *v/t* (*irr*, ***haben***, *sep*, *-ge-*, *h*) ***ich habe kein Geld mit*** I haven't got any money with me *or* on me

'**Mithilfe** *f* (-; *no pl*) assistance, help, cooperation (***bei*** in; ***von*** of)

mit'hilfe *prp*: ***~ von*** (*or gen*) with the help of, *fig a.* by means of

'**mithören** *v/t* (*sep*, *-ge-*, *h*) listen in to; overhear

'**Mitinhaber** *m*, '**Mitinhaberin** *f* joint owner

'**mitkommen** *v/i* (*irr*, ***kommen***, *sep*, *-ge-*, *sein*) come along (***mit*** with); *fig* keep pace (***mit*** with), follow; PED get on, keep up (with the class)

'**Mitlaut** *m* LING consonant

'**Mitleid** *n* (*-[e]s*; *no pl*) pity (***mit*** for); ***aus ~*** out of pity; ***~ haben mit*** feel sorry for

mitleidig ['mɪtlaidɪç] *adj* compassionate, sympathetic

'**mitleidslos** *adj* pitiless

'**mitmachen** (*sep*, *-ge-*, *h*) **1.** *v/i* join in **2.** *v/t* take part in; follow (*a fashion etc*); F go through

'**Mitmenschen**: ***die ~*** one's fellow human beings; people

'**mitnehmen** *v/t* (*irr*, ***nehmen***, *sep*, *-ge-*, *h*) take *s.th. or s.o.* with one; ***j-n (im Auto) ~*** give s.o. a lift

'**mitreden** *v/t* (*sep*, *-ge-*, *h*) ***et. mitzureden haben*** (***bei***) have a say (in)

'**mitreißen** *v/t* (*irr*, ***reißen***, *sep*, *-ge-*, *h*) drag along; *fig* carry away (*mst passive*); **~d** *fig adj* electrifying (*speech etc*)

'**mitschneiden** *v/t* (*irr*, ***schneiden***, *sep*, *-ge-*, *h*) *radio*, TV record, tape(-record)

'**mitschreiben** (*irr*, ***schreiben***, *sep*, *-ge-*, *h*) **1.** *v/t* take down; take, do (*a test*) **2.** *v/i* take notes

'**Mitschuld** *f* (-; *no pl*) partial responsibility; '**mitschuldig** *adj*: ***~ sein*** be partly to blame (***an*** *dat* for)

'**Mitschüler** *m*, '**Mitschülerin** *f* classmate; schoolmate, fellow student

'**mitspielen** *v/i* (*sep*, *-ge-*, *h*) SPORT, MUS play; join in *a game etc*; ***in e-m Film*** *etc* ***~*** be *or* appear in a film *etc*

'**Mitspieler** *m*, '**Mitspielerin** *f* partner, SPORT *a.* team-mate

Mittag ['mɪta:k] *m* (*-s*; *-e*) noon, midday; ***heute ~*** at noon today; ***zu ~ essen*** (have) lunch; **~essen** *n* lunch; ***was gibt es zum ~?*** what's for lunch?

'**mittags** *adv* at noon; ***12 Uhr ~*** 12 o'clock noon

'**Mittags|pause** *f* lunch break; **~ruhe** *f* midday rest; **~schlaf** *m* after-dinner nap; **~zeit** *f* lunchtime

Mitte ['mɪtə] *f* (-; *no pl*) middle; center, *Br* centre (*a.* POL); ***~ Juli*** in the middle of July; ***~ dreißig*** in one's mid thirties

'**mitteilen** *v/t* (*sep*, *-ge-*, *h*) ***j-m et. ~*** inform s.o. of s.th.; '**mitteilsam** *adj* communicative; '**Mitteilung** *f* (-; *-en*) report, information, message

Mittel ['mɪtəl] *n* (*-s*; -) means, way; measure; PHARM remedy (***gegen*** for) (*a. fig*); average; MATH mean; PHYS medium; *pl* means, money

'**Mittelalter** *n* (*-s*; *no pl*) Middle Ages

'**mittelalterlich** *adj* medi(a)eval

'**Mittel|ding** *n* cross (***zwischen*** between); **~feld** *n* SPORT midfield; **~feldspieler(in)** midfield player, midfielder; **~finger** *m* ANAT middle finger

'**mittelfristig** *adj* medium-term
'**Mittelgewicht** *n* (-[*e*]*s*; *no pl*) SPORT middleweight (class)
'**mittelgroß** *adj* of medium height; medium-sized
'**Mittel|klasse** *f* middle class (*a.* MOT); **~linie** *f* SPORT halfway line
'**mittellos** *adj* without means
'**mittelmäßig** *adj* average
'**Mittelpunkt** *m* center, *Br* centre (*a. fig*)
'**mittels** *prp* (*gen*) by (means of), through
'**Mittelschule** *f* → ***Realschule***
'**Mittel|strecke** *f* SPORT middle distance; **~streckenra,kete** *f* MIL medium-range missile; **~streifen** *m* MOT median strip, *Br* central reservation; **~stufe** *f* PED junior highschool, *Br* middle school; **~stürmer(in)** SPORT center (*Br* centre) forward; **~weg** *m* middle course; **~welle** *f radio*: medium wave (*abbr* AM); **~wort** *n* (-[*e*]*s*; -*wörter*) LING participle
mitten ['mɪtən] *adv*: ***~ in*** (***auf, unter*** *dat*) in the midst *or* middle of
mitten'drin F *adv* right in the middle
mitten'durch F *adv* right through (the middle); right in two
Mitternacht ['mɪtɐnaxt] *f* midnight
mittlere ['mɪtlərə] *adj* middle, central; average, medium
mittlerweile ['mɪtlɐ'vailə] *adv* meanwhile, (in the) meantime
Mittwoch ['mɪtvɔx] *m* (-[*s*]; -*e*) Wednesday
mit'unter *adv* now and then
'**Mitverantwortung** *f* share of the responsibility
'**mitwirken** *v/i* (*sep*, -*ge*-, *h*) take part (***bei*** in); '**Mitwirkende** *m*, *f* (-*n*; -*n*) THEA, MUS performer; *pl* THEA the cast; 'Mitwirkung *f* (-; *no pl*) participation
'**Mixbecher** *m* shaker
mixen ['mɪksən] *v/t* (*ge*-, *h*) mix
Mixer ['mɪksɐ] *m* (-*s*; -) mixer; '**Mixgetränk** *n* mixed drink, cocktail, shake
Möbel ['møːbəl] *pl* furniture; **~speditì,on** *f* removal firm; **~stück** *n* piece of furniture; **~wagen** *m* moving (*Br* furniture) van
mobil [mo'biːl] *adj* mobile; ***~ machen*** MIL mobilize
Mobiliar [mobi'ljaːɐ] *n* (-*s*; *no pl*) furniture
Mo'biltele,fon *n* mobile phone
möblieren [mø'bliːrən] *v/t* (*no* -*ge*-, *h*) furnish
mochte ['mɔxtə] *pret of* ***mögen***
Mode ['moːdə] *f* (-; -*n*) fashion; ***in ~*** in fashion; ***~ sein*** be in fashion, F be in; ***die neueste ~*** the latest fashion; ***mit der ~ gehen*** follow the fashion; ***in*** (***aus der***) ***~ kommen*** come into (go out of) fashion
Modell [mo'dɛl] *n* (-*s*; -*e*) model; ***j-m ~ stehen*** *or* ***sitzen*** pose *or* sit for s.o.; **~bau** *m* model construction; **~baukasten** *m* model construction kit; **~eisenbahn** *f* model railway
modellieren [modɛ'liːrən] *v/t* (*no* -*ge*-, *h*) model
Modem ['moːdɛm] *m*, *n* (-*s*; -*s*) IT modem
'**Modenschau** *f* fashion show
Moderator [mode'raːtoːɐ] *m* (-*s*; -*en* [modera'toːrən]), **Modera'torin** *f* (-; -*nen*) TV *etc* presenter, host, anchorman (anchorwoman)
moderieren [mode'riːrən] *v/t* (*no* -*ge*-, *h*) TV *etc* present, host
moderig ['moːdərɪç] *adj* musty, mo(u)ldy
modern[1] ['moːdɐn] *v/i* (*ge*-, *h*, *sein*) mo(u)ld, rot, decay
modern[2] [mo'dɛrn] *adj* modern; fashionable
modernisieren [modɛrni'ziːrən] *v/t* (*no* -*ge*-, *h*) modernize, bring up to date
'**Mode|schmuck** *m* costume jewel(le)ry; **~schöpfer(in)** fashion designer; **~waren** *pl* fashionwear; **~wort** *n* (-[*e*]*s*; -*wörter*) vogue word, F in word; **~zeichner(in)** fashion designer; **~zeitschrift** *f* fashion magazine
modisch ['moːdɪʃ] *adj* fashionable, stylish
Modul[1] [mo'duːl] *n* (-*s*; -*e*) IT module
Modul[2] ['moːdʊl] *m* (-*s*;-*n*) MATH, TECH module
Mofa ['moːfa] *n* (-*s*; -*s*) (small) moped, motorized bicycle
mogeln ['moːgəln] F *v/i* (*ge*-, *h*) cheat; crib
mögen ['møːgən] *v/t* (*irr*, *ge*-, *h*) *and v/aux* (*irr*, *no* -*ge*-, *h*) like; ***er mag sie*** (***nicht***) he likes (doesn't like) her; ***lieber ~*** like better, prefer; ***nicht ~*** dislike; ***was möchten Sie?*** what would you

like?; ***ich möchte, dass du es weißt*** I'd like you to know (it); ***ich möchte lieber bleiben*** I'd rather stay; ***es mag sein*** (, ***dass***) it may be (that)
möglich ['mø:klıç] **1.** *adj* possible; ***alle ~en*** all sorts of; ***sein Möglichstes tun*** do what one can; do one's utmost; ***nicht ~!*** you don't say (so)!; ***so bald*** (***schnell, oft***) ***wie ~*** as soon (quickly, often) as possible **2.** *adv*: ***~st bald*** *etc* as soon *etc* as possible; '**möglicher'weise** *adv* possibly; '**Möglichkeit** *f* (-; *-en*) possibility; opportunity; chance; ***nach ~*** if possible
Mohammedaner [mohame'da:nɐ] *m* (*-s*; -), **mohamme'danisch** *adj* Muslim
Mohn [mo:n] *m* (-[*e*]*s*; *-e*) BOT poppy
Möhre ['mø:rə] *f* (-; *-n*), **Mohrrübe** ['mo:ɐry:bə] *f* BOT carrot
Molch [mɔlç] *m* (-[*e*]*s*; *-e*) ZO salamander
Mole ['mo:lə] *f* (-; *-n*) MAR mole, jetty
Molekül [mole'ky:l] *n* (*-s*; *-e*) CHEM molecule
molk [mɔlk] *pret of* ***melken***
Molkerei [mɔlkə'rai] *f* (-; *-en*) dairy
Moll [mɔl] *n* (-; *no pl*) MUS minor (key); ***a-Moll*** A minor
mollig ['mɔlıç] F *adj* snug, cozy, *Br* cosy; plump, chubby
Moment [mo'mɛnt] *m* (-[*e*]*s*; *-e*) moment; (***e-n***) ***~ bitte!*** just a moment please!; ***im ~*** at the moment
Monarch [mo'narç] *m* (*-en*; *-en*) monarch; **Monarchie** [monar'çi:] *f* (-; *-n*) monarchy; **Monarchin** [mo'narçın] *f* (-; *-nen*) monarch; **Monarchist** [monar'çıst] *m* (*-en*; *-en*) monarchist
Monat ['mo:nat] *m* (-[*e*]*s*; *-e*) month; ***zweimal im*** *or* ***pro ~*** twice a month
'**monatelang** *adv* for months
'**monatlich** *adj and adv* monthly
'**Monats|binde** *f* sanitary napkin (*Br* towel); **~karte** *f* commuter ticket, *Br* (monthly) season ticket
Mönch [mœnç] *m* (-[*e*]*s*; *-e*) monk; friar
Mond [mo:nt] *m* (-[*e*]*s*; *-e* ['mo:ndə]) moon; **~finsternis** *f* lunar eclipse
'**mondhell** *adj* moonlit
'**Mond|landefähre** *f* lunar module; **~landung** *f* moon landing; **~oberfläche** *f* moon surface, lunar soil; **~schein** *m* (-[*e*]*s*; *no pl*) moonlight; **~sichel** *f* crescent; **~umkreisung** *f*, **~umlaufbahn** *f* lunar orbit
Monitor ['mo:nito:ɐ] *m* (*-s*; *-en* [moni'to:rən]) TV *etc* monitor
Monolog [mono'lo:k] *m* (-[*e*]*s*; *-e*) monolog(ue *Br*)
Monopol [mono'po:l] *n* (*-s*; *-e*) ECON monopoly
monoton [mono'to:n] *adj* monotonous
Monotonie [monoto'ni:] *f* (-; *-n*) monotony
Monoxid ['mo:nɔksi:t] *n* CHEM monoxide
Monster ['mɔnstɐ] *n* (*-s*; -) monster
Montag ['mo:nta:k] *m* (-[*e*]*s*; *-e*) Monday
Montage [mɔn'ta:ʒə] *f* (-; *-n*) TECH assembly; installation; ***auf ~ sein*** be away on a field job; **~band** *n* (-[*e*]*s*; *-bänder*) TECH assembly line; **~halle** *f* TECH assembly shop
Monteur [mɔn'tø:ɐ] *m* (*-s*; *-e*) TECH fitter; *esp* MOT, AVIAT mechanic
montieren [mɔn'ti:rən] *v/t* (*no -ge-*, *h*) TECH assemble; fit, attach; instal(l)
Moor [mo:ɐ] *n* (-[*e*]*s*; *-e*) bog, moor (-land); **moorig** ['mo:rıç] *adj* boggy
Moos [mo:s] *n* (*-es*; *-e*) BOT moss
moosig ['mo:zıç] *adj* mossy
Moped ['mo:pɛt] *n* (*-s*; *-s*) moped
Mops [mɔps] *m* (*-es*; *Möpse* ['mœpsə]) ZO pug(dog)
Moral [mo'ra:l] *f* (-; *no pl*) morals, moral standards; MIL *etc* morale; **mo'ralisch** *adj* moral; **moralisieren** [morali'zi:rən] *v/i* (*no -ge-*, *h*) moralize
Morast [mo'rast] *m* (-[*e*]*s*; *-e*) morass; mire, mud
Mord [mɔrt] *m* (-[*e*]*s*; *-e* ['mɔrdə]) murder (***an*** *dat* of); ***e-n ~ begehen*** commit murder; **~anschlag** *m esp* POL assassination attempt
Mörder ['mœrdɐ] *m* (*-s*; -), '**Mörderin** *f* (-; *-nen*) murderer; (hired) killer; *esp* POL assassin
'**Mord|kommissi,on** *f* homicide division, *Br* murder squad; **~pro,zess** *m* JUR murder trial
'**Mords|angst** F *f*: ***e-e ~ haben*** be scared stiff; **~glück** F *n* stupendous luck; **~kerl** F *m* devil of a fellow; **~wut** F *f*: ***e-e ~ haben*** be in a hell of a rage
'**Mord|verdacht** *m* suspicion of murder; **~versuch** *m* attempted murder
morgen ['mɔrgən] *adv* tomorrow; **~**

Abend (***früh***) tomorrow night (morning); ~ ***Mittag*** at noon tomorrow; ~ ***in e-r Woche*** a week from tomorrow; ~ ***um diese Zeit*** this time tomorrow; ... ***von*** ~ tomorrow's ..., ... of tomorrow
'**Morgen** *m* (-*s*; -) morning; AGR acre; ***heute*** ~ this morning; ***am*** (***frühen***) ~ (early) in the morning; ***am nächsten*** ~ the next morning; ~**essen** *Swiss n* breakfast; ~**grauen** *n* dawn; ***im*** *or* ***bei*** ~ at dawn; ~**land** *n* (-[*e*]*s*; *no pl*) Orient; ~**mantel** *m*, ~**rock** *m* dressing gown
'**morgens** *adv* in the morning; ***von*** ~ ***bis abends*** from morning till night
morgig ['mɔrgɪç] *adj* tomorrow's ...
Morphium ['mɔrfjʊm] *n* (-*s*; *no pl*) PHARM morphine
morsch [mɔrʃ] *adj* rotten; ~ ***werden*** rot
Morsealpha,bet ['mɔrzəalfabeːt] *n* Morse code
Mörser ['mœrzɐ] *m* (-*s*; -) mortar (*a.* MIL)
'**Morsezeichen** *n* Morse signal
Mörtel ['mœrtəl] *m* (-*s*; -) mortar
Mosaik [moza'iːk] *n* (-*s*; -*en*) mosaic
Mosa'ikstein *m* piece
Moschee [mɔ'ʃeː] *f* (-; -*n*) mosque
Moskito [mɔs'kiːto] *m* (-*s*; -*s*) zo mosquito
Moslem ['mɔslɛm] *m* (-*s*; -*s*), **moslemisch** [mɔs'leːmɪʃ] *adj*, **Moslime** [mɔs'liːmə] *f* (-; -*n*) Muslim
Most [mɔst] *m* (-[*e*]*s*; -*e*) grape juice; cider
Motiv [mo'tiːf] *n* (-*s*; -*e*) motive; PAINT, MUS motif; **Motivation** [motiva'tsjoːn] *f* (-; -*en*) motivation; **motivieren** [moti'viːrən] *v/t* (*no* -*ge*-, *h*) motivate
Motor ['moːtoːɐ, mo'toːɐ] *m* (-*s*; -*en* [mo'toːrən]) motor, engine; ~**boot** *n* motor boat; ~**haube** *f* hood, *Br* bonnet
motorisieren [motori'ziːrən] *v/t* (*no* -*ge*-, *h*) motorize
'**Motor|leistung** *f* (engine) performance; ~**rad** *n* motorcycle, F motorbike; ~ ***fahren*** ride a motorcycle; ~**radfahrer(in)** motorcyclist, biker; ~**roller** *m* (motor) scooter; ~**säge** *f* power saw; ~**schaden** *m* engine trouble (*or* failure)
Motte ['mɔtə] *f* (-; -*n*) zo moth
'**Mottenkugel** *f* mothball
'**mottenzerfressen** *adj* moth-eaten
Motto ['mɔto] *n* (-*s*; -*s*) motto
Möwe ['møːvə] *f* (-; -*n*) zo (sea)gull
Mücke ['mʏkə] *f* (-; -*n*) zo gnat, midge, mosquito; ***aus e-r*** ~ ***e-n Elefanten machen*** make a mountain out of a molehill; '**Mückenstich** *m* gnat bite
müde ['myːdə] *adj* tired; weary; sleepy; ~ ***sein*** (***werden***) be (get) tired (*fig* ***e-r Sache*** of s.th.)
'**Müdigkeit** *f* (-; *no pl*) tiredness
Muff [mʊf] *m* (-[*e*]*s*; -*e*) muff
Muffe ['mʊfə] *f* (-; -*n*) TECH sleeve, socket
Muffel ['mʊfəl] F *m* (-*s*; -) sourpuss
muff(e)lig ['mʊf(ə)lɪç], **muffig** ['mʊfɪç] F *adj* musty; *contp* sulky, sullen
Mühe ['myːə] *f* (-; -*n*) trouble; effort; difficulty (***mit*** with *s.th.*); (***nicht***) ***der*** ~ ***wert*** (not) worth the trouble; ***j-m*** ~ ***machen*** give s.o. trouble; ***sich*** ~ ***geben*** try hard; ***sich die*** ~ ***sparen*** save o.s. the trouble; ***mit*** ~ ***und Not*** (just) barely
'**mühelos** *adv* without difficulty
mühen ['myːən] *v/refl* (*ge*-, *h*) struggle, work hard
'**mühevoll** *adj* laborious
Mühle ['myːlə] *f* (-; -*n*) mill; morris
Mühsal ['myːzaːl] *f* (-; -*e*) toil
mühsam ['myːzaːm], '**mühselig** **1.** *adj* laborious **2.** *adv* with difficulty
Mulatte [mu'latə] *m* (-*n*; -*n*), **Mu'lattin** *f* (-; -*nen*) mulatto
Mulde ['mʊldə] *f* (-; -*n*) hollow
Mull [mʊl] *m* (-[*e*]*s*; -*e*) muslin; *esp* MED gauze
Müll [mʏl] *m* (-*s*; *no pl*) garbage, trash, *Br* refuse, rubbish; ~**abfuhr** *f* garbage (*Br* refuse) collection; ~**beseitigung** *f* waste disposal; ~**beutel** *m* garbage bag, *Br* dustbin liner
'**Mullbinde** *f* MED gauze bandage
'**Müll|con,tainer** *m* garbage (*Br* rubbish) skip; ~**depo,nie** *f* dump; ~**eimer** *m* garbage can, *Br* dustbin; ~**fahrer** *m* garbage man, *Br* dustman; ~**halde** *f* dump; ~**haufen** *m* garbage (*Br* rubbish) heap; ~**kippe** *f* dump; ~**schlucker** *m* garbage (*Br* refuse) chute; ~**tonne** *f* garbage can, *Br* dustbin; ~**verbrennungsanlage** *f* (waste) incineration plant; ~**wagen** *m* garbage truck, *Br* dustcart
Multiplikation [mʊltiplika'tsjoːn] *f* (-; -*en*) MATH multiplication; **multiplizieren** [mʊltipli'tsiːrən] *v/t* (*no* -*ge*-, *h*)

MATH multiply (***mit*** by)
Mumie ['muːmjə] *f* (-; *-n*) mummy
Mumps [mʊmps] *m*, *f* (-; *no pl*) MED mumps
Mund [mʊnt] *m* (-[*e*]*s*; *Münder* ['mʏndɐ]) mouth; F ***den ~ vollnehmen*** talk big; ***halt den ~!*** shut up!; **~art** *f* dialect
münden ['mʏndən] *v/i* (*ge-*, *h*, *sein*) ***~ in*** (*acc*) *river etc*: flow into; *road etc*: lead into
'**Mundgeruch** *m* bad breath
'**Mundharˌmonika** *f* MUS mouth organ, harmonica
mündig ['mʏndɪç] *adj* emancipated; ***~*** (***werden***) JUR (come) of age
mündlich ['mʏntlɪç] *adj* oral; verbal
'**Mundstück** *n* mouthpiece; tip
'**Mündung** *f* (-; *-en*) *river*: mouth; *gun*: muzzle
'**Mund|wasser** *n* mouthwash; **~werk** F *n*: ***ein loses ~*** a loose tongue; **~winkel** *m* corner of the mouth
'**Mund-zu-'Mund-Beatmung** *f* (-; *-en*) MED mouth-to-mouth resuscitation, F kiss of life
Munition [muni'tsjoːn] *f* (-; *-en*) ammunition
munkeln ['mʊŋkəln] F *v/t* (*ge-*, *h*) ***man munkelt, dass*** rumo(u)r has it that
Münster ['mʏnstɐ] *n* (*-s*; -) cathedral, minster
munter ['mʊntɐ] *adj* awake; lively; merry
Münze ['mʏntsə] *f* (-; *-n*) coin; medal
'**Münz|einwurf** *m* (coin) slot; **~fernsprecher** *m* pay phone; **~tank(autoˌmat)** *m* coin-operated (gas, *Br* petrol) pump; **~wechsler** *m* (-s; -) change machine
mürbe ['mʏrbə] *adj* tender; brittle; GASTR crisp; '**Mürbeteig** *m* short pastry; shortcake
Murmel ['mʊrməl] *f* (-; *-n*) marble
'**murmeln** *v/t and v/i* (*ge-*, *h*) murmur
'**Murmeltier** *n* ZO marmot
murren ['mʊrən] *v/i* (*ge-*, *h*) complain (***über*** *acc* about)
mürrisch ['mʏrɪʃ] *adj* sullen; grumpy
Mus [muːs] *n* (*-es*; *-e*) mush; stewed fruit
Muschel ['mʊʃəl] *f* (-; *-n*) ZO mussel; shell
Museum [mu'zeːʊm] *n* (*-s*; *Museen*) museum
Musik [mu'ziːk] *f* (-; *no pl*) music
musikalisch [muzi'kaːlɪʃ] *adj* musical
Mu'sik|anlage *f* hi-fi *or* stereo set; **~autoˌmat** *m*, **~box** *f* juke box
Musiker ['muːzikɐ] *m* (*-s*; -), '**Musikerin** *f* (-; *-nen*) musician
Mu'sik|instruˌment *n* musical instrument; **~kaˌpelle** *f* band; **~kasˌsette** *f* music cassette; **~lehrer(in)** music teacher; **~stunde** *f* music lesson
musisch ['muːzɪʃ] *adv*: ***~ interessiert*** (***begabt***) fond of (gifted for) fine arts and music
musizieren [muzi'tsiːrən] *v/i* (*no -ge-*, *h*) make music
Muskat [mʊs'kaːt] *m* (-[*e*]*s*; *-e*), **~nuss** *f* BOT nutmeg
Muskel ['mʊskəl] *m* (*-s*; *-n*) ANAT muscle; **~kater** F *m* aching muscles; **~zerrung** *f* MED pulled muscle
muskulös [mʊsku'løːs] *adj* muscular, brawny
Müsli ['myːsli] *n* (*-s*; -) GASTR granola, *Br* muesli
Muss *n* (-; *no pl*) necessity; ***es ist ein ~*** it is a must
Muße ['muːsə] *f* (-; *no pl*) leisure; spare time
müssen ['mʏsən] *v/i* (*irr*, *ge-*, *h*) *and v/aux* (*irr*, *no -ge-*, *h*) must, have (got) to; ***du musst den Film sehen!*** you must see the film!; ***ich muss jetzt*** (***m-e***) ***Hausaufgaben machen*** I have (got) to do my homework now; ***sie muss krank sein*** she must be ill; ***du musst es nicht tun*** you need not do it; ***das müsstest du*** (***doch***) ***wissen*** you ought to know (that); ***sie müsste zu Hause sein*** she should (ought to) be (at) home; ***das müsste schön sein!*** that would be nice!; ***du hättest ihm helfen ~*** you ought to have helped him
müßig ['myːsɪç] *adj* idle; useless
musste ['mʊstə] *pret of* ***müssen***
Muster ['mʊstɐ] *n* (*-s*; -) pattern; sample; model
'**muster|gültig**, **~haft** *adj* exemplary; ***sich ~ benehmen*** behave perfectly
'**Musterhaus** *n* showhouse
'**mustern** *v/t* (*ge-*, *h*) eye *s.o.*; size *s.o.* up; MIL ***gemustert werden*** F have one's medical; **Musterung** ['mʊstərʊŋ] *f* (-; *-en*) MIL medical (examination for military service)
Mut [muːt] *m* (-[*e*]*s*; *no pl*) courage; ***j-m***

*~ **machen*** encourage s.o.; ***den ~ verlieren*** lose courage; → ***zumute***
mutig ['muːtɪç] *adj* courageous, brave
'**mutlos** *adj* discouraged
'**mutmaßen** *v/t* (*ge-*, *h*) speculate
'**mutmaßlich** *adj* probable; presumed
'**Mutprobe** *f* test of courage
Mutter ['mʊtɐ] *f* (-; *Mütter* ['mʏtɐ]) mother; TECH nut; **~boden** *m*, **~erde** *f* AGR topsoil
mütterlich ['mʏtɐlɪç] *adj* motherly
'**mütterlicherseits** *adv*: ***Onkel** etc* **~** maternal uncle *etc*
'**Mutterliebe** *f* motherly love
'**mutterlos** *adj* motherless
'**Mutter|mal** *n* birthmark, mole; **~milch** *f* mother's milk; **~schaftsurlaub** *m* maternity leave; **~schutz** *m* JUR legal protection of expectant and nursing mothers; **~söhnchen** *contp n* sissy; **~sprache** *f* mother tongue; **~sprachler** ['mʊtɐʃpraːxlɐ] *m* (*-s*; -) native speaker; **~tag** *m* Mother's Day
Mutti ['mʊti] F *f* (-; *-s*) mom(my), *esp Br* mum(my)
'**mutwillig** *adj* wanton
Mütze ['mʏtsə] *f* (-; *-n*) cap
MwSt *abbr of* ***Mehrwertsteuer*** VAT, value-added tax
mysteriös [mʏste'rjøːs] adj mysterious
mystisch ['mʏstɪʃ] *adj* mystic(al)
mythisch ['myːtɪʃ] *adj* mythical
Mythologie [mytolo'giː] *f* (-; *-n*) mythology
Mythos ['myːtɔs] *m* (-; *Mythen*) myth

N

N *abbr of* ***Nord**(**en**)* N, north
na [na] *int* well; ***~ und?*** so what?; ***~ gut!*** all right then; ***~ ja*** (oh) well; ***~**(**, ~**)**!*** come on!, come now!; ***~ so** (**et**)**was!*** what do you know!, *Br* I say!; ***~, dann nicht!*** oh, forget it!; ***~ also!*** there you are!; ***~, warte!*** just you wait!
Nabe ['naːbə] *f* (-; *-n*) TECH hub
Nabel ['naːbəl] *m* (*-s*; -) ANAT navel
'**Nabelschnur** *f* ANAT umbilical chord
nach [naːx] *prp* (*dat*) *and adv* to, toward(s), for; after; *time*: after, past; according to, by; ***~ Hause*** home; ***abfahren ~*** leave for; ***~ rechts** (**Süden**)* to the right (south); ***~ oben*** up(stairs); ***~ unten*** down(stairs); ***~ vorn** (**hinten**)* to the front (back); ***der Reihe ~*** one after the other; ***s-e Uhr ~ dem Radio stellen*** set one's watch by the radio; ***~ m-r Uhr*** by my watch; ***suchen** (**fragen**) **~*** look (ask) for; ***~ Gewicht** (**Zeit**)* by weight (the hour); ***riechen** (**schmecken**) **~*** smell (taste) of; ***~ und ~*** gradually; ***~ wie vor*** as before, still
nachahmen ['naːxaːmən] *v/t* (*sep*, *-ge-*, *h*) imitate, copy; take off
'**Nachahmung** *f* (-; *-en*) imitation
Nachbar ['naxbaːɐ] *m* (*-n*; *-n*), '**Nachbarin** *f* (-; *-nen*) neighbo(u)r; '**Nachbarschaft** *f* (-; *no pl*) neighbo(u)rhood, vicinity
'**Nachbau** *m* (-[*e*]*s*; *-ten*) TECH reproduction; '**nachbauen** *v/t* (*sep*, *-ge-*, *h*) copy, reproduce
'**Nachbildung** *f* (-; *-en*) copy, imitation; replica; dummy
'**nachblicken** *v/i* (*sep*, *-ge-*, *h*) look after
nach'dem *cj* after, when; ***je ~ wie*** depending on how
'**nachdenken** *v/i* (*irr*, ***denken***, *sep*, *-ge-*, *h*) think; ***~ über*** (*acc*) think about, think *s.th.* over
'**nachdenklich** *adj* thoughtful; ***es macht e-n ~*** it makes you think
'**Nachdruck**[1] *m* (-[*e*]*s*; *no pl*) emphasis, stress
'**Nachdruck**[2] (-[*e*]*s*; *-e*) reprint
'**nachdrucken** *v/t* (*sep*, *-ge-*, *h*) reprint
nachdrücklich ['naːxdrʏklɪç] *adj* emphatic; forceful; ***~ raten** (**empfehlen**)* advise (recommend) strongly
'**nacheifern** *v/i* (*sep*, *-ge-*, *h*) ***j-m ~*** emulate s.o.
nachei'nander *adv* one after the other, in (*or* by) turns
'**nacherzählen** *v/t* (*sep*, *no -ge-*, *h*) retell; '**Nacherzählung** *f* (-; *-en*) PED reproduction
'**Nachfolge** *f* (-; *no pl*) succession; ***j-s ~ antreten*** succeed s.o.; '**nachfolgen** *v/i*

N

(*sep*, *-ge-*, *sein*) (*dat*) succeed *s.o.*; 'Nachfolger(in) ['na:xfɔlgɐ, 'na:xfɔlgərɪn] (*-s*; *-/-*; *-nen*) successor

'**nachforschen** *v/i* (*sep*, *-ge-*, *h*) investigate; '**Nachforschung** *f* (*-*; *-en*) investigation, inquiry

'**Nachfrage** *f* (*-*; *-n*) inquiry; ECON demand; '**nachfragen** *v/i* (*sep*, *-ge-*, *h*) inquire, ask

'**nach|fühlen** *v/t* (*sep*, *-ge-*, *h*) ***j-m et.*** ~ understand how s.o. feels; **~füllen** *v/t* (*sep*, *-ge-*, *h*) refill; **~geben** *v/i* (*irr*, ***geben***, *sep*, *-ge-*, *h*) give (way); *fig* give in

'**Nachgebühr** *f* (*-*; *-en*) *post* surcharge

'**nachgehen** *v/i* (*irr*, ***gehen***, *sep*, *-ge-*, *sein*) follow (*a. fig*); *watch*: be slow; ***e-r Sache*** ~ investigate s.th.; ***s-r Arbeit*** ~ go about one's work

'**Nachgeschmack** *m* (*-[e]s*; *no pl*) aftertaste (*a. fig*)

nachgiebig ['na:xgi:bɪç] *adj* yielding, soft (*both a. fig*); '**Nachgiebigkeit** *f* (*-*; *no pl*) yieldingness, softness (*both a. fig*)

nachhaltig ['na:xhaltɪç] *adj* lasting, enduring

nach'hause → ***Haus***

nach'her *adv* afterwards; ***bis ~!*** see you later!, so long!

'**Nachhilfe** *f* help, assistance; PED → **~stunden** *pl*, **~unterricht** *m* PED private lesson(s), coaching

'**nachholen** *v/t* (*sep*, *-ge-*, *h*) make up for, catch up on

'**Nachkomme** *m* (*-n*; *-n*) descendant, *pl esp* JUR issue; '**nachkommen** *v/i* (*irr*, ***kommen***, *sep*, *-ge-*, *sein*) follow, come later; (*dat*) comply with

'**Nachkriegs...** *in cpds* postwar ...

Nachlass ['na:xlas] *m* (*-es*; *-lässe* ['na:xlɛsə]) ECON reduction, discount; JUR estate

'**nachlassen** *v/i* (*irr*, ***lassen***, *sep*, *-ge-*, *h*) decrease, diminish, go down; *effect etc*: wear off; *student etc*: slacken one's effort; *interest etc*: flag; *health etc*: fail, deteriorate

'**nachlässig** *adj* careless, negligent

'**nach|laufen** *v/i* (*irr*, ***laufen***, *sep*, *-ge-*, *sein*) run after; **~lesen** *v/t* (*irr*, ***lesen***, *sep*, *-ge-*, *h*) look up; **~machen** *v/t* (*sep*, *-ge-*, *h*) imitate, copy; counterfeit, forge

'**Nachmittag** *m* afternoon; ***heute*** ~ this afternoon

'**nachmittags** *adv* in the afternoon

Nachnahme ['na:xna:mə] *f* (*-*; *-n*) ECON cash on delivery; ***per ~ schicken*** send C.O.D.

'**Nach|name** *m* surname, last (*or* family) name; **~porto** *n* surcharge

'**nachprüfen** *v/t* (*sep*, *-ge-*, *h*) check (up), make sure (of)

'**nachrechnen** *v/t* (*sep*, *-ge-*, *h*) check

'**Nachrede** *f*: ***üble*** ~ malicious gossip; JUR defamation (of character), slander

Nachricht ['na:xrɪçt] *f* (*-*; *-en*) news; message; report; information, notice; *pl* news (report), newscast; ***e-e gute (schlechte)*** ~ good (bad) news; ***Sie hören ~en*** here is the news

'**Nachrichten|dienst** *m* news service; MIL intelligence service; **~satel,lit** *m* communications satellite; **~sprecher(in)** newscaster, *esp Br* newsreader; **~technik** *f* telecommunications

'**Nachruf** *m* obituary

'**nach|rüsten** *v/i* (*sep*, *-ge-*, *h*) POL, MIL close the armament gap; **~sagen** *v/t* (*sep*, *-ge-*, *h*) ***j-m Schlechtes*** ~ speak badly of s.o.; ***man sagt ihm nach, dass er ...*** he is said to *inf*

'**Nachsai,son** *f* off-peak season; ***in der*** ~ out of season

'**nachschlagen** (*irr*, ***schlagen***, *sep*, *-ge-*, *h*) **1.** *v/t* look up **2.** *v/i*: ~ ***in*** (*dat*) consult; '**Nachschlagewerk** *n* reference book

'**Nach|schlüssel** *m* duplicate (*or* skeleton) key; **~schrift** *f* postcript; dictation; **~schub** *m esp* MIL supplies

'**nach|sehen** (*irr*, ***sehen***, *sep*, *- ge-*, *h*) **1.** *v/i* follow with one's eyes; (have a) look; ~ ***ob*** (go and) see whether **2.** *v/t* look *or* go over *or* through; correct, mark; *check* (*a.* TECH); **~senden** *v/t* ([*irr*, ***senden***,] *sep*, *-ge-*, *h*) send on, forward; ***bitte ~!*** *post* please forward!

'**Nachsilbe** *f* LING suffix

'**nachsitzen** *v/i* (*irr*, ***sitzen***, *sep*, *-ge-*, *h*) stay in (after school), be kept in; ~ ***lassen*** keep in, detain

'**Nachspann** *m* (*-[e]s*; *-e*) *film*: credits *pl*

'**Nachspiel** *n* sequel, consequences

'**nachspielen** *v/i* (*sep*, *-ge-*, *h*) SPORT ***5 Minuten ~ lassen*** allow 5 minutes for injury time; '**Nachspielzeit** *f esp soccer*: injury time

'**nach|spio,nieren** *v/i* (*no -ge-*, *h*) spy

(up)on; **~sprechen** *v/t* (*irr*, ***sprechen***, *sep*, *-ge-*, *h*) ***j-m et. ~*** say *or* repeat s.th. after s.o.

nächst'beste[nɛːçst'bɛstə] *adj* first, F any old; next-best, second-best

nächste['nɛːçstə] *adj* next; nearest (*a. relative*); ***in den ~n Tagen*** (***Jahren***) in the next few days (years); ***in ~r Zeit*** in the near future; ***was kommt als Nächstes?*** what comes next?; ***der Nächste, bitte!*** next please!

'nachstehen *v/i* (*irr*, ***stehen***, *sep*, *-ge-*, *h*) ***j-m in nichts ~*** be in no way inferior to s.o.

'nachstellen(*sep*, *-ge-*, *h*) **1.** *v/t* put back (*watch*); TECH (re)adjust **2.** *v/i*: ***j-m ~*** be after s.o.; **'Nachstellung** *f* (*-*; *-en*) persecution

'Nächstenliebe *f* charity

Nacht[naxt] *f* (*-*; *Nächte* ['nɛçtə]) night; ***Tag und ~*** night and day; ***die ganze ~*** all night (long); ***heute Nacht*** tonight; last night

'Nachtdienst *m* night duty; ***~ haben*** PHARM be open all night

'Nachteil *m* disadvantage, drawback; ***im ~ sein*** be at a disadvantage (***gegenüber*** compared with); **nachteilig** ['naːxtailıç] *adj* disadvantageous

'Nacht|essen *Swiss n* → ***Abendbrot***; **~falter** *m* ZO moth; **~hemd** *n* nightgown, nightdress, F nightie; nightshirt

Nachtigall['naxtigal] *f* (*-*; *-en*) ZO nightingale

'Nachtisch *m* (*-[e]s*; *no pl*) dessert; sweet

nächtlich['nɛçtlıç] *adj* nightly; at *or* by night

'Nachtlo,kal *n* nightclub

Nachtrag ['naːxtraːk] *m* (*-[e]s*; *-träge* ['naːxtrɛːgə]) supplement; **'nachtragen** *fig v/t* (*irr*, ***tragen***, *sep*, *-ge-*, *h*) ***j-m et. ~*** bear s.o. a grudge; **'nachtragend** *adj* unforgiving; **nachträglich**['naːxtrɛːklıç] *adj* additional; later; belated

nachts *adv* at night, in the night(time)

'Nachtschicht *f* night shift; ***~ haben*** be on night shift

'nachtschlafend *adj*: ***zu ~er Zeit*** in the middle of the night

'Nachttisch *m* bedside table

'Nachttopf *m* chamber pot

'Nachtwächter *m* night watchman

'nachwachsen *v/i* (*irr*, ***wachsen***, *sep*, *-ge-*, *sein*) grow again

'Nachwahl *f* PARL special election, *Br* by-election

Nachweis['naːxvais] *m* (*-es*; *-e*) proof, evidence; **'nachweisbar** *adj* demonstrable; *esp* CHEM *etc* detectable

'nachweisen *v/t* (*irr*, ***weisen***, *sep*, *-ge-*, *h*) prove; *esp* CHEM *etc* detect

'nachweislich *adv* as can be proved

'Nach|welt *f* (*-*; *no pl*) posterity; **~wirkung** *f* aftereffect(s), *pl a.* aftermath; **~wort** *n* (*-[e]s*; *-worte*) epilog(ue)

'Nachwuchs *m* (*-es*; *no pl*) young talent, F new blood; **~...** *in cpds ...autor*, *...schauspieler etc*: talented *or* promising young ..., up-and-coming ...

'nach|zahlen *v/t* (*sep*, *-ge-*, *h*) pay extra; **~zählen** *v/t* (*sep*, *-ge-*, *h*) count over (again), check

'Nachzahlung *f* additional *or* extra payment

Nachzügler ['naːxtsyːklɐ] *m* (*-s*; *-*) straggler, latecomer

Nacken['nakən] *m* (*-s*; *-*) ANAT (back *or* nape of the) neck; **~stütze** *f* headrest

nackt[nakt] *adj* naked; *esp* PAINT, PHOT nude; bare (*a. fig*); *fig* plain; ***völlig ~*** stark naked; ***sich ~ ausziehen*** strip; ***~ baden*** swim in the nude; ***j-n ~ malen*** paint s.o. in the nude

Nadel ['naːdəl] *f* (*-*; *-n*) needle; pin; brooch; **~baum** *m* BOT conifer(ous tree); **~öhr** *n* eye of a needle; **~stich** *m* pinprick (*a. fig*)

Nagel ['naːgəl] *m* (*-s*; *Nägel* ['nɛːgəl]) nail; ***an den Nägeln kauen*** bite one's nails; **~lack** *m* nail varnish *or* polish

'nageln *v/t* (*ge-*, *h*) nail (***an*** *acc*, ***auf*** *acc* to)

'nagel'neu F *adj* brand-new

'Nagelpflege *f* manicure

nagen['naːgən] (*ge-*, *h*) **1.** *v/i* gnaw (***an*** *dat* at); ***an e-m Knochen ~*** pick a bone **2.** *v/t* gnaw; **'Nagetier** *n* ZO rodent

'Nahaufnahme *f* PHOT *etc* close-up

nahe [naːə] *adj* near, close (***bei*** to); nearby; ***~ kommen*** (*dat*) come close to; *fig* →***nahekommen***; →***nahelegen***; →***naheliegen***; →***naheliegend***; **Nähe** ['nɛːə] *f* (*-*; *no pl*) nearness; neighbo(u)rhood, vicinity; ***in der ~ des Bahnhofs*** near the station; ***ganz in der ~*** quite near, close by; ***in deiner***

N

~ near you
nahegehen *v/i* (*irr*, ***gehen***, *sep*, *-ge-*, *sein*): ***j-m ~*** affect s.o. deeply
'**nahekommen** *v/i* (*irr*, ***kommen***, *sep*, *-ge-*, *sein*) *fig* come close to
'**nahelegen** *v/t* (*sep*, *-ge-*, *h*) suggest
'**naheliegen** *v/i* (*irr*, ***liegen***, *sep*, *-ge-*, *h*) seem likely; '**naheliegend** *adj* likely, obvious
nahen ['naːən] *v/i* (*ge-*, *sein*) approach
nähen ['nɛːən] *v/t and v/i* (*ge-*, *h*) sew; make
Nähere ['nɛːərə] *n* (*-n*; *no pl*) details, particulars
nähern ['nɛːɐn] *v/refl* (*ge-*, *h*) approach, get near(er) *or* close(r) (*dat* to)
'**nahezu** *adv* nearly, almost
'**Nähgarn** *n* (sewing) cotton
'**Nahkampf** *m* MIL close combat
nahm [naːm] *pret of* ***nehmen***
'**Nähma,schine** *f* sewing machine
'**Nähnadel** *f* (sewing) needle
nähren ['nɛːrən] *v/t* (*ge-*, *h*) feed; *fig* nurture
nahrhaft ['naːɐhaft] *adj* nutritious, nourishing
Nährstoff ['nɛːɐʃtɔf] *m* nutrient
Nahrung ['naːrʊŋ] *f* (-; *no pl*) food, nourishment; AGR feed; diet
'**Nahrungsmittel** *pl* food(stuffs)
Nährwert ['nɛːɐveːɐt] *m* nutritional value
Naht [naːt] *f* (-; *Nähte* ['nɛːtə]) seam; MED suture
'**Nahverkehr** *m* local traffic; '**Nahverkehrszug** *m* local *or* commuter train
'**Nähzeug** *n* sewing kit
naiv [na'iːf] *adj* naive; **Naivität** [naivi'tɛːt] *f* (-; *no pl*) naivety
Name ['naːmə] *m* (*-ns*; *-n*) name; ***im ~n von*** on behalf of; ***nur dem ~n nach*** in name only; '**namenlos** *adj* nameless, *fig a.* unspeakable; '**namens** *adv* by (the) name of, named, called
'**Namens|tag** *m* name day; **~vetter** *m* namesake; **~zug** *m* signature
namentlich ['naːməntlɪç] *adj and adv* by name
nämlich ['nɛːmlɪç] *adv* that is (to say), namely; you see *or* know
nannte ['nantə] *pret of* ***nennen***
Napf [napf] *m* (*-[e]s*; *Näpfe* ['nɛpfə]) bowl, basin

Narbe ['narbə] *f* (-; *-n*) scar
narbig ['narbɪç] *adj* scarred
Narkose [nar'koːzə] *f* (-; *-n*) MED an(a)esthesia; ***in ~*** under an an(a)esthetic
Narr [nar] *m* (*-en*; *-en*) fool; ***j-n zum ~en halten*** fool s.o.; '**narrensicher** *adj* foolproof; **närrisch** ['nɛrɪʃ] *adj* foolish; ***~ vor*** (*dat*) mad with
Narzisse [nar'tsɪsə] *f* (-; *-n*) BOT daffodil
nasal [na'zaːl] *adj* nasal
naschen ['naʃən] *v/i and v/t* (*ge-*, *h*) nibble (***an*** *dat* at); ***gern ~*** have a sweet tooth; **Naschereien** [naʃə'raiən] *pl* dainties, goodies, sweets; '**naschhaft** *adj* sweet-toothed
Nase ['naːzə] *f* (-; *-n*) ANAT nose (*a. fig*); ***sich die ~ putzen*** blow one's nose; ***in der ~ bohren*** pick one's nose; F ***die ~ voll haben*** (***von***) be fed up (with)
'**Nasen|bluten** *n* MED nosebleed; **~loch** *n* nostril; **~spitze** *f* tip of the nose
Nashorn *n* ZO rhinoceros, F rhino
nass [nas] *adj* wet; ***triefend ~*** soaking (wet); **Nässe** ['nɛsə] *f* (-; *no pl*) wet (-ness); '**nässen** (*ge-*, *h*) **1.** *v/t* wet **2.** *v/i* MED weep
'**nasskalt** *adj* damp and cold, raw
Nation [na'tsjoːn] *f* (-; *-en*) nation
national [natsjo'naːl] *adj* national
Natio'nalhymne *f* national anthem
Nationalismus [natsjona'lɪsmʊs] *m* (-; *no pl*) nationalism; **Nationalität** [natsjonali'tɛːt] *f* (-; *-en*) nationality
Natio'nal|mannschaft *f* SPORT national team; **~park** *m* national park
Natio'nalsozia,lismus *m* HIST National Socialism, *contp* Nazism; **Natio'nalsozia,list** *m*, **natio'nalsozia,listisch** *adj* HIST National Socialist, *contp* Nazi
Natter ['natɐ] *f* (-; *-n*) ZO adder, viper (*a. fig*)
Natur [na'tuːɐ] *f* (-; *-en*) nature; ***von ~*** (***aus***) by nature
Naturalismus [natura'lɪsmʊs] *m* (-; *no pl*) naturalism
Na'tur|ereignis *n*, **~erscheinung** *f* natural phenomenon; **~forscher** *m* naturalist; **~geschichte** *f* natural history; **~gesetz** *n* law of nature
na'turgetreu *adj* true to life; lifelike
Na'turkata,strophe *f* (natural) catastrophe *or* disaster, act of God
natürlich [na'tyːɐlɪç] **1.** *adj* natural **2.**

adv naturally, of course
Na'tur|schätze *pl* natural resources; **~schutz** *m* nature conservation; ***unter ~*** protected; **~schützer** [na'tu:ɐʃʏtsɐ] *m* (*-s*; -) conservationist; **~schutzgebiet** *n* nature reserve; national park; **~wissenschaft** *f* (natural) science
n. Chr. *abbr of* ***nach Christus*** AD, Anno Domini
Nebel ['ne:bəl] *m* (*-s*; -) fog; mist; haze; smoke; **~horn** *n* foghorn; **~leuchte** *f* MOT fog light
neben ['ne:bən] *prp* (*dat and acc*) beside, next to; besides, apart from; compared with; ***~ anderem*** among other things; ***setz dich ~ mich*** sit by me *or* by my side
neben'an *adv* next door
neben'bei *adv* in addition, at the same time; ***~*** (***gesagt***) by the way
'**Nebenberuf** *m* second job, sideline; '**nebenberuflich** *adv* as a sideline
Nebenbuhler ['ne:bənbu:lɐ] *m* (*-s*; -), '**Nebenbuhlerin** *f* (-; *-nen*) rival
'**nebenei'nander** *adv* side by side; next (door) to each other; ***~ bestehen*** coexist
'**Neben|einkünfte** *pl*, **~einnahmen** *pl* extra money; **~fach** *n* PED *etc* minor (subject), *Br* subsidiary subject; **~fluss** *m* tributary; **~gebäude** *n* next-door *or* adjoining building; annex(e); **~haus** *n* house next door; **~kosten** *pl* extras; **~mann** *m*: ***dein ~*** the person next to you; **~pro,dukt** *n* by-product; **~rolle** *f* THEA supporting role, minor part (*a. fig*); cameo (role); **~sache** *f* minor matter; ***das ist ~*** that's of little *or* no importance
'**nebensächlich** *adj* unimportant
'**Neben|satz** *m* LING subordinate clause; **~stelle** *f* TEL extension; **~straße** *f* side street; minor road; **~strecke** *f* RAIL branch line; **~tisch** *m* next table; **~verdienst** *m* extra earnings; **~wirkung** *f* side effect; **~zimmer** *n* adjoining room
neblig ['ne:blɪç] *adj* foggy; misty; hazy
necken ['nɛkən] *v/t* (*ge-*, *h*) tease
Neckerei [nɛkə'rai] *f* (-; *-en*) teasing
'**neckisch** *adj* playful, teasing
Neffe ['nɛfə] *m* (*-n*; *-n*) nephew
negativ ['ne:gati:f] *adj* negative
'**Negativ** *n* (*-s*; *-e*) PHOT negative
nehmen ['ne:mən] *v/t* (*irr*, *ge-*, *h*) take (*a.* ***sich ~***); ***j-m et. ~*** take s.th. (away) from s.o. (*a. fig*); ***sich e-n Tag frei ~*** take a day off; ***j-n an die Hand ~*** take s.o. by the hand
Neid [nait] *m* (*-es*; *no pl*) envy; ***reiner ~*** sheer envy; ***neidisch*** ['naidɪʃ] *adj* envious (***auf*** *acc* of)
Neige ['naigə] *f*: ***zur ~ gehen*** draw to its close; run out
'**neigen** (*ge-*, *h*) **1.** *v/t and refl* bend, incline **2.** *v/i*: ***zu et. ~*** tend to (do) s.th.
'**Neigung** *f* (-; *-en*) inclination (*a. fig*), slope, incline; *fig* tendency
nein [nain] *adv* no
Nektar ['nɛkta:ɐ] *m* (*-s*; *-e*) BOT nectar
Nelke ['nɛlkə] *f* (-; *-n*) BOT carnation; GASTR clove
nennen ['nɛnən] *v/t* (*irr*, *ge-*, *h*) name, call; mention; ***sich ~*** call o.s., be called; ***man nennt ihn ...*** he is called ...; ***das nenne ich ...!*** that's what I call ...!
'**nennenswert** *adj* worth mentioning
Nenner ['nɛnɐ] *m* (*-s*; -) MATH denominator
'**Nennwert** *m* ECON nominal *or* face value; ***zum ~*** at par
Neo..., **neo...** [neo-] *in cpds ...faschist etc*: neo-...
Neon ['ne:ɔn] *n* (*-s*; *no pl*) CHEM neon
'**Neonröhre** *f* neon tube
Nepp [nɛp] F *m* (*-s*; *no pl*) rip-off
neppen ['nɛpən] F *v/t* (*ge-*, *h*) fleece, rip *s.o.* off
Nerv [nɛrf] *m* (*-s*; *-en*) ANAT nerve; ***j-m auf die ~en fallen*** *or* ***gehen*** get on s.o.'s nerves; ***die ~en behalten*** (***verlieren***) keep (lose) one's head
nerven ['nɛrfən] F *v/t and v/i* (*ge-*, *h*) be a pain in the neck (***j-n*** to s.o.)
'**Nervenarzt** *m*, '**Nervenärztin** *f* neurologist
'**nervenaufreibend** *adj* nerve-racking
'**Nerven|belastung** *f* nervous strain; **~kitzel** *m* thrill, F kick(s)
'**nervenkrank** *adj* mentally ill
'**Nerven|säge** F *f* pain in the neck; **~sys,tem** *n* nervous system; **~zusammenbruch** *m* nervous breakdown
nervös [nɛr'vø:s] *adj* nervous
Nervosität [nɛrvozi'tɛ:t] *f* (-; *no pl*) nervousness
Nerz [nɛrts] *m* (*-es*; *-e*) ZO mink
Nessel ['nɛsəl] *f* (-; *-n*) BOT nettle
Nest [nɛst] *n* (*-[e]s*; *-er* ['nɛstɐ]) ZO nest;

F *contp* one-horse town
nett [nɛt] *adj* nice; kind; ***so ~ sein und et.*** (*or* ***et. zu***) ***tun*** be so kind as to do s.th.
netto ['nɛto] *adv* ECON net
Netz [nɛts] *n* (*-es*; *-e*) net; RAIL, TEL, IT network; ELECTR mains; **~haut** *f* ANAT retina; **~karte** *f* RAIL area season ticket
neu [nɔʏ] *adj* new; fresh; *fig* modern; ***neuere Sprachen*** modern languages; ***neueste Nachrichten*** (***Mode***) latest news (fashion); ***von neuem*** anew, afresh; ***seit neu(st)em*** since (very) recently; ***viel Neues*** a lot of new things; ***was gibt es Neues?*** what's the news?, what's new?; '**neuartig** *adj* novel
'**Neubau** *m* (*-[e]s*; *-ten*) new building; **~gebiet** *n* new housing estate
neuerdings ['nɔʏɐ'dɪŋs] *adv* lately, recently
Neuerer ['nɔʏərɐ] *m* (*-s*; *-*) innovator; '**Neuerung** *f* (*-*; *-en*) innovation
'**Neugestaltung** *f* reorganization, reformation
'**Neugier** *f*, **Neugierde** ['nɔʏgiːɐdə] *f* (*-*; *no pl*) curiosity; '**neugierig** *adj* curious (***auf*** *acc* about); F *contp* nos(e)y; ***ich bin ~, ob*** I wonder if; **Neugierige** ['nɔʏgiːrɪgə] *contp pl* rubbernecks
'**Neuheit** *f* (*-*; *-en*) novelty
Neuigkeit ['nɔʏɪçkait] *f* (*-*; *-en*) (piece of) news
'**Neujahr** *n* New Year('s Day); ***Prost ~!*** Happy New Year!
'**neulich** *adv* the other day
Neuling ['nɔʏlɪŋ] *m* (*-s*; *-e*) newcomer, F greenhorn
'**neumodisch** *contp adj* newfangled
'**Neumond** *m* new moon
neun [nɔʏn] *adj* nine; '**neunte** *adj* ninth; '**Neuntel** *n* (*-s*; *-*) ninth (part); '**neuntens** *adv* ninthly; '**neunzehn** *adj* nineteen; '**neunzehnte** *adj* nineteenth; '**neunzig** *adj* ninety; '**neunzigste** *adj* ninetieth
Neurose [nɔʏ'roːzə] *f* (*-*; *-n*) MED neurosis; **neurotisch** [nɔʏ'roːtɪʃ] *adj* MED neurotic
'**neusprachlich** *adj* modern-language
neutral [nɔʏ'traːl] *adj* neutral
Neutralität [nɔʏtrali'tɛːt] *f* (*-*; *no pl*) neutrality
Neutronen... [nɔʏ'troːnən-] PHYS *in cpds ...bombe etc*: neutron ...
Neutrum ['nɔʏtrʊm] *n* (*-s*; *-tra*) LING neuter
'**Neuverfilmung** *f* remake
'**neuwertig** *adj* as good as new
'**Neuzeit** *f* (*-*; *no pl*) modern times
nicht [nɪçt] *adv* not; ***überhaupt ~*** not at all; ***~ (ein)mal, gar ~ erst*** not even; ***~ mehr*** not any more *or* longer; ***sie ist nett*** (***wohnt hier***), ***~*** (***wahr***)***?*** she's nice (lives here), isn't (doesn't) she?; ***~ so ... wie*** not as ... as; ***noch ~*** not yet; ***~ besser*** (***als***) no (*or* not any) better (than); ***ich*** (***auch***) ***~*** I don't *or* I'm not (either); (***bitte***) ***~!*** (please) don't!
'**Nicht...** *in cpds ...mitglied, ...schwimmer etc*: *mst* non-...; **~beachtung** *f* disregard; non-observance
Nichte ['nɪçtə] *f* (*-*; *-n*) niece
nichtig ['nɪçtɪç] *adj* trivial; JUR void, invalid
'**Nichtraucher** *m*, '**Nichtraucherin** *f* non-smoker
nichts *indef pron* nothing, not anything; ***~ (anderes) als*** nothing but; ***gar ~*** nothing at all; F ***das ist ~*** that's no good; ***~ sagend*** meaningless; **Nichts** *n* (*-s*; *no pl*) nothing(ness); ***aus dem ~*** *appear etc* from nowhere; *build etc* from nothing
nichtsdesto'weniger *adv* nevertheless
nichtsnutzig ['nɪçtsnʊtsɪç] *adj* good-for-nothing, worthless
'**nichtssagend** *adj* meaningless
Nichtstuer ['nɪçtstuːɐ] *m* (*-s*; *-*) do-nothing, F bum
nicken ['nɪkən] *v/i* (*ge-*, *h*) nod (one's head)
nie [niː] *adv* never, at no time; ***fast ~*** hardly ever; ***~ und nimmer*** never ever
nieder ['niːdɐ] **1.** *adj* low **2.** *adv* down
'**Niedergang** *m* (*-[e]s*; *no pl*) decline
'**niedergeschlagen** *adj* depressed, (feeling) down
'**Niederlage** *f* defeat, F beating
'**niederlassen** *v/refl* (*irr*, ***lassen***, *sep*, *-ge-*, *h*) settle (down); ECON set up (***als*** as); '**Niederlassung** *f* (*-*; *-en*) ECON establishment; branch
'**nieder|legen** *v/t* (*sep*, *-ge-*, *h*) lay down (*a. office etc*); ***die Arbeit ~*** (go on) strike, down tools, F walk out; ***sich ~*** lie down; go to bed; **~metzeln** *v/t* (*sep*, *-ge-*, *h*) massacre
'**Niederschlag** *m* METEOR rain(fall);

PHYS fallout; CHEM precipitate; *boxing*: knock-down; **'niederschlagen** *v/t* (*irr*, ***schlagen***, *sep*, *-ge-*, *h*) knock down; cast down (*eyes*); *fig* put down (*revolt etc*); JUR quash; ***sich ~*** CHEM precipitate
'niederschmettern *fig v/t* (*sep*, *-ge-*, *h*) shatter, crush
'niederträchtig *adj* base, mean
Niederung ['ni:dəruŋ] *f* (-; *-en*) lowland(s)
niedlich ['ni:tlıç] *adj* pretty, sweet, cute
niedrig ['ni:drıç] *adj* low (*a. fig*); *fig* light (*sentence etc*); ***~ fliegen*** fly low
niemals ['ni:ma:ls] → ***nie***
niemand ['ni:mant] *indef pron* nobody, no one, not anybody; ***~ von ihnen*** none of them; **'Niemandsland** *n* (-[*e*]*s*; *no pl*) no-man's-land
Niere ['ni:rə] *f* (-; *-n*) ANAT kidney
nieseln ['ni:zəln] *v/i* (*ge-*, *h*) drizzle
'Nieselregen *m* drizzle
niesen ['ni:zən] *v/i* (*ge-*, *h*) sneeze
Niete[1] ['ni:tə] *f* (-; *-n*) TECH rivet
'Niete[2] *f* (-; *-n*) blank; F failure
Nikolaustag ['nıkolausta:k] *m* St. Nicholas' Day
Nikotin [niko'ti:n] *n* (*-s*; *no pl*) CHEM nicotine
Nilpferd ['ni:lpfe:ɐrt] *n* ZO hippopotamus, F hippo
Nippel ['nıpəl] *m* (*-s*; -) TECH nipple
nippen ['nıpən] *v/i* (*ge-*, *h*) sip (***an*** *dat* at)
nirgends ['nırgənts] *adv* nowhere
Nische ['ni:ʃə] *f* (-; *-n*) niche, recess
nisten ['nıstən] *v/i* (*ge-*, *h*) ZO nest
'Nistplatz *m* ZO nesting place
Niveau [ni'vo:] *n* (*-s*; *-s*) level, *fig a.* standard
Nixe ['nıksə] *f* (-; *-n*) water nymph, mermaid
noch [nɔx] *adv* still; ***~ nicht*** not yet; ***~ nie*** never before; ***er hat nur ~ 5 Euro*** (***Minuten***) he has only 5 euros (minutes) left; (***sonst***) ***~ et.?*** anything else?; ***ich möchte ~ et.*** (***Tee***) I'd like some more (tea); ***~ ein(e, -n)…, bitte*** another …, please; ***~ einmal*** once more *or* again; ***~ zwei Stunden*** another two hours, two hours to go; ***~ besser*** (***schlimmer***) even better (worse); ***~ gestern*** only yesterday; ***und wenn es ~ so … ist*** however (*or* no matter how) … it may be
nochmalig ['nɔxma:lıç] *adj* new, renewed
'nochmals *adv* once more *or* again
Nockerl ['nɔkɐl] *Austrian n* (*-s*; *-n*) GASTR small dumpling
Nomade [no'ma:də] *m* (*-n*; *-n*), **No'madin** *f* (-; *-nen*) nomad
Nominativ ['no:minati:f] *m* (*-s*; *-e*) LING nominative (case)
nominieren [nomi'ni:rən] *v/t* (*no -ge-*, *h*) nominate
Nonne ['nɔnə] *f* (-; *-n*) REL nun
'Nonnenkloster *n* REL convent
Norden ['nɔrdən] *m* (*-s*; *no pl*) north; ***nach ~*** north(wards); **nordisch** ['nɔrdıʃ] *adj* northern; SPORT ***~e Kombination*** Nordic Combined
nördlich ['nœrtlıç] **1.** *adj* north(ern); northerly **2.** *adv*: ***~ von*** north of
Nordlicht ['nɔrtlıçt] *n* (-[*e*]*s*; *-er*) ASTR northern lights
Nord'osten *m* northeast; **nord'östlich** *adj* northeast(ern); northeasterly
'Nordpol *m* North Pole
Nord'westen *m* northwest
nord'westlich *adj* northwest(ern); northwesterly
'Nordwind *m* north wind
nörgeln ['nœrgəln] *v/i* (*ge-*, *h*) nag (***an*** *dat* at)
Nörgler ['nœrglɐ] *m* (*-s*; -), **'Nörglerin** *f* (-; *-nen*) nagger
Norm [nɔrm] *f* (-; *-en*) standard, norm
normal [nɔr'ma:l] *adj* normal; F ***nicht ganz ~*** not quite right in the head
Nor'mal… *esp* TECH *in cpds …maß, …zeit etc*: standard …; **~ben,zin** *n* regular (gas, *Br* petrol)
normalerweise [nɔr'ma:lɐ'vaizə] *adv* normally, usually
normalisieren [nɔrmali'zi:rən] *v/refl* (*no -ge-*, *h*) return to normal
normen ['nɔrmən] *v/t* (*ge-*, *h*) standardize
Norwegen ['nɔrve:gən] Norway
Norweger ['nɔrve:gɐ] *m* (*-s*; -), **'Norwegerin** ['nɔrve:gərın] *f* (-; *-nen*), **'norwegisch** *adj* Norwegian
Not [no:t] *f* (-; *Nöte* ['nø:tə]) need; want; poverty; hardship, misery; difficulty; emergency; distress; ***~ leidend*** needy; ***in ~ sein*** be in trouble; ***zur ~*** if need be, if necessary
Notar [no'ta:ɐ] *m* (*-s*; *-e*), **No'tarin** *f* (-; *-nen*) JUR notary (public)

'**Not|aufnahme** *f* MED emergency room, *Br* casualty; **~ausgang** *m* emergency exit; **~behelf** *m* (-[*e*]*s*; -*e*) makeshift, expedient; **~bremse** *f* emergency brake; **~dienst** *m* emergency duty

'**notdürftig** *adj* scanty; temporary

Note ['no:tə] *f* (-; -*n*) note (*a.* MUS *and* POL); ECON bill, *esp Br* (bank)note; PED grade, *Br* mark; *pl* MUS (sheet) music; **~n lesen** read music

Notebook ['noʊtbʊk] *n* (-*s*; -*s*) IT notebook

'**Notendurchschnitt** *m* PED *etc* average

'**Notenständer** *m* music stand

'**Notfall** *m* emergency

'**notfalls** *adv* if necessary

'**notgedrungen** *adv*: ***et. ~ tun*** be forced to do s.th.

notieren [no'ti:rən] *v/t* (*no -ge-, h*) make a note of, note (down); ECON quote

nötig ['nø:tɪç] *adj* necessary; ***~ haben*** need; ***~ brauchen*** need badly; ***das Nötigste*** the (bare) necessities *or* essentials; **nötigen** ['nø:tɪgən] *v/t* (*ge-, h*) force, compel; press, urge; '**Nötigung** *f* (-; -*en*) coercion; JUR intimidation

Notiz [no'ti:ts] *f* (-; -*en*) note; ***keine ~ nehmen von*** take no notice of, ignore; ***sich ~en machen*** take notes; **~block** *m* memo pad, *Br* notepad; **~buch** *n* notebook

'**Notlage** *f* awkward (*or* difficult) situation; difficulties; emergency

'**notlanden** *v/i* (-*ge-, sein*) AVIAT make an emergency landing; '**Notlandung** *f* AVIAT emergency landing

'**Notlösung** *f* expedient

'**Notlüge** *f* white lie

notorisch [no'to:rɪʃ] *adj* notorious

'**Not|ruf** *m* TEL emergency call; **~rufsäule** *f* TEL emergency phone; **~sig,nal** *n* emergency *or* distress signal; **~stand** *m* state of (national) emergency; **~standsgebiet** *n* disaster area; ECON depressed area; **~standsgesetze** *pl* POL emergency laws; **~verband** *m* MED emergency dressing

'**Notwehr** *f* (-; *no pl*) JUR self-defense, *Br* self-defence

'**notwendig** *adj* necessary

'**Notwendigkeit** *f* (-; -*en*) necessity

'**Notzucht** *f* (-; *no pl*) JUR rape

Novelle [no'vɛlə] *f* (-; -*n*) novella; PARL amendment

November [no'vɛmbɐ] *m* (-[*s*]; -) November

Nr. *abbr of* ***Nummer*** No., no., number

Nu [nu:] *m*: ***im ~*** in no time

Nuance ['nyã:sə] *f* shade

nüchtern ['nʏçtɐn] *adj* sober (*a. fig*); matter-of-fact; ***auf ~en Magen*** on an empty stomach; ***~ werden*** (***machen***) sober up

'**Nüchternheit** *f* (-; *no pl*) sobriety

Nudel ['nu:dəl] *f* (-; -*n*) noodle

nuklear [nukle'a:ɐ] *adj* nuclear

null [nʊl] *adj* zero, *Br* nought; TEL 0; SPORT nil, nothing; *tennis*: love; ***~ Grad*** zero degrees; ***~ Fehler*** no mistakes; ***gleich Null sein*** be nil

'**Null|di,ät** *f* low-calorie (*or* F starvation) diet; **~punkt** *m* zero (point *or fig* level); **~ta,rif** *m* free fare(s); ***zum ~*** free (of charge)

Numerus clausus ['nu:merʊs 'klaʊzʊs] *m* (-; *no pl*) UNIV restricted admission(s)

Nummer ['nʊmɐ] *f* (-; -*n*) number; issue; size; **nummerieren** [nʊmə'ri:rən] *v/t* (*no -ge-, h*) number

'**Nummernschild** *n* MOT license plate, *Br* numberplate

nun [nu:n] *adv* now; well

nur [nu:ɐ] *adv* only, just; merely; nothing but; ***er tut ~ so*** he's just pretending; ***~ so*** (***zum Spaß***) just for fun; ***warte ~!*** just you wait!; ***mach ~!, ~ zu!*** go ahead!; → ***Erwachsene***

Nuss [nʊs] *f* (-; *Nüsse* ['nʏsə]) BOT nut; **~baum** *m* walnut (tree); **~knacker** *m* nutcracker; **~schale** *f* nutshell

Nüstern ['nʏstɐn] *pl* ZO nostrils

Nutte ['nʊtə] F *f* (-; -*n*) hooker, *sl* tart

Nutzanwendung ['nʊtsʔanvɛndʊŋ] *f* practical application; '**nutzbar** *adj* usable; ***~ machen*** utilize; exploit; harness; '**nutzbringend** *adj* profitable, useful

nütze ['nʏtsə] *adj* useful; ***zu nichts ~ sein*** be (of) no use; be good for nothing

Nutzen ['nʊtsən] *m* (-*s*; -) use; profit, gain; advantage; ***~ ziehen aus*** (*dat*) benefit *or* profit from *or* by; ***zum ~ von*** (*or gen*) for the benefit of

'**nutzen**, '**nützen** (*ge-, h*) **1.** *v/i*: ***j-m ~*** be of use to s.o.; ***es nützt nichts*** (***es zu tun***) it's no use (doing it) **2.** *v/t* use, make use of; take advantage of

nützlich ['nʏtslɪç] *adj* useful, helpful; advantageous; ***sich ~ machen*** make o.s. useful
'**nutzlos** *adj* useless, (of) no use
'**Nutzung** *f* (-; *-en*) use, utilization
Nylon® ['nailɔn] *n* (*-s*; *no pl*) nylon®; **~strümpfe** *pl* nylon® stockings
Nymphe ['nʏmfə] *f* (-; *-n*) nymph

O

O *abbr of* ***Osten*** E, east
o *int* oh!; ***o weh!*** oh dear!
o. Ä. *abbr of* ***oder Ähnliche(s)*** or the like
Oase [o'a:zə] *f* (-; *-n*) oasis (*a. fig*)
ob [ɔp] *cj* whether, if; ***als ~*** as if, as though; ***und ~!*** and how!, you bet!
Obacht ['o:baxt] *f*: ***~ geben auf*** (*acc*) pay attention to; (***gib***) ***~!*** watch out!
Obdach ['ɔpdax] *n* (*-[e]s*; *no pl*) shelter
'**obdachlos** *adj* homeless, without shelter; '**Obdachlose** *m, f* (*-n*; *-n*) homeless person; '**Obdachlosena,syl** *n* shelter for the homeless
Obduktion [ɔpdʊk'tsjo:n] *f* (-; *-en*) MED autopsy
obduzieren [ɔpdu'tsi:rən] *v/t* (*no -ge-, h*) MED perform an autopsy on
oben ['o:bən] *adv* above; up; on (the) top; at the top (*a. fig*); on the surface; upstairs; ***da ~*** up there; ***von ~ bis unten*** from top to bottom (*or* toe); ***links ~*** (at the) top left; ***siehe ~*** see above; F ***~ ohne*** topless; ***von ~ herab*** *fig* patronizing(ly), condescending(ly); ***~ erwähnt*** *or* ***genannt*** above-mentioned; **~'an** *adv* at the top; **~'auf** *adv* on the top; on the surface; F feeling great; **~'drein** *adv* besides, into the bargain, at that; **~'hin** *adv* superficially
Ober ['o:bɐ] *m* (*-s*; -) waiter
'**Ober|arm** *m* ANAT upper arm; **~arzt** *m*, **~ärztin** *f* assistant medical director; **~befehl** *m* MIL supreme command; **~begriff** *n* generic term; **~bürgermeister** *m* mayor, *Br* Lord Mayor
obere ['o:bərə] *adj* upper, top, *fig a.* superior
'**Oberfläche** *f* surface (*a. fig*) (***an*** *dat* on); '**oberflächlich** *adj* superficial
'**oberhalb** *prp* (*gen*) above
'**Ober|hand** *f*: ***die ~ gewinnen*** (***über*** *acc*) get the upper hand (of); **~haupt** *n* head, chief; **~haus** *n* (*-es*; *no pl*) *Br* PARL House of Lords; **~hemd** *n* shirt; **~herrschaft** *f* (-; *no pl*) supremacy
Oberin ['o:bərɪn] *f* (-; *-nen*) REL Mother Superior
'**oberirdisch** *adj* above ground; ELECTR overhead
'**Ober|kellner** *m* head waiter; **~kiefer** *m* ANAT upper jaw; **~körper** *m* upper part of the body; ***den ~ frei machen*** strip to the waist; **~leder** *n* uppers; **~leitung** *f* chief management; ELECTR overhead contact line; **~lippe** *f* ANAT upper lip
Obers ['o:bɐs] *Austrian n* (-; *no pl*) GASTR cream
'**Oberschenkel** *m* ANAT thigh
'**Oberschule** *f appr* highschool, *Br* grammar school
Oberst ['o:bɐst] *m* (*-en*; *-en*) MIL colonel
oberste ['o:bɐstə] *adj* up(per)most, top (-most); highest; *fig* chief, first
'**Ober|stufe** *f appr* senior highschool, *Br appr* senior classes; **~teil** *n* top
ob'gleich *cj* (al)though
Obhut ['ɔphu:t] *f* (-; *no pl*) care, charge; ***in s-e ~ nehmen*** take care *or* charge of
obig ['o:bɪç] *adj* above(-mentioned)
Objekt [ɔp'jɛkt] *n* (*-[e]s*; *-e*) object (*a.* LING); ECON property
objektiv [ɔpjɛk'ti:f] *adj* objective; impartial, unbias(s)ed
Objek'tiv *n* (*-s*; *-e*) PHOT (object) lens
Objektivität [ɔpjɛktivi'tɛ:t] *f* (-; *no pl*) objectivity; impartiality
Oblate [o'bla:tə] *f* (-; *-n*) wafer; REL host
obligatorisch [obliga'to:rɪʃ] *adj* compulsory
Oboe [o'bo:ə] *f* (-; *-n*) MUS oboe
Oboist [obo'ɪst] *m* (*-en*; *-en*) MUS oboist
Observatorium [ɔpzɛrva'to:rjʊm] *n* (*-s*; *-ien*) ASTR observatory
Obst [o:pst] *n* (*-[e]s*; *no pl*) fruit; **~garten** *m* orchard; **~kon,serven** *pl* canned fruit; **~laden** *m* fruit store, *esp Br* fruiterer's (shop); **~torte** *f*

fruit pie (*Br* flan)
obszön [ɔps'tsøːn] *adj* obscene, filthy
ob'wohl *cj* (al)though
Occasion [ɔka'zjoːn] *Swiss f* (-; *-en*) bargain, good buy
Ochse ['ɔksə] *m* (*-n*; *-n*) ZO ox, bullock; F blockhead
od. *abbr of* ***oder*** or
öde ['øːdə] *adj* deserted, desolate; waste; *fig* dull, dreary, tedious
oder ['oːdɐ] *cj* or; ~ ***aber*** or else, otherwise; ~ ***vielmehr*** or rather; ~ ***so*** or so; ***er kommt doch, ~?*** he's coming, isn't he?; ***du kennst ihn ja nicht, ~ doch?*** you don't know him, or do you?
Ofen ['oːfən] *m* (*-s*; *Öfen* ['øːfən]) stove; oven; TECH furnace; **~heizung** *f* stove heating; **~rohr** *n* stovepipe
offen ['ɔfən] **1.** *adj* open (*a. fig*); vacant (*post*); *fig* frank **2.** *adv*: ~ ***gesagt*** frankly (speaking); ~ ***s-e Meinung sagen*** speak one's mind (freely); ~ ***stehen*** be open; ECON be outstanding
'offenbar *adj* obvious, evident; apparent; **offenbaren** [ɔfən'baːrən] *v/t* (*ge-*, *h*) reveal, disclose, show; **Offen'barung** *f* (-; *-en*) revelation
'Offenheit *f* (-; *no pl*) openness, frankness
'offenherzig *adj* open-hearted, frank, candid; *fig* revealing (*dress*)
'offensichtlich *adj* → ***offenbar***
offensiv [ɔfɛn'ziːf] adj, **Offensive** [ɔfɛn'ziːvə] *f* (-; *-n*) offensive
'offenstehen *v/i* (*irr*, ***stehen***, *sep*, *-ge-*, *h*): ***j-m*** ~ *fig* be open to s.o.
öffentlich ['œfəntlıç] *adj* public; ***~e Verkehrsmittel*** *pl* public transport; ***~e Schulen*** *pl* public (*Br* state) schools; ~ ***auftreten*** appear in public
'Öffentlichkeit *f* (-; *no pl*) *the* public; ***in aller*** ~ in public, openly; ***an die ~ bringen*** make public
offiziell [ɔfi'tsjɛl] *adj* official
Offizier [ɔfi'tsiːɐ] *m* (*-s*; *-e*) MIL (commissioned) officer
öffnen ['œfnən] *v/t and v/refl* (*ge-*, *h*) open; **Öffner** ['œfnɐ] *m* (*-s*; -) opener; **'Öffnung** *f* (-; *-en*) opening
'Öffnungszeiten *pl* business *or* office hours
oft [ɔft] *adv* often, frequently
oh [oː] *int* o(h)!
ohne ['oːnə] *prp* (*acc*) *and cj* without; ~ ***mich!*** count me out!; ~ ***ein Wort*** (***zu sagen***) without (saying) a word
ohne|'gleichen *adv* unequal(l)ed, unparalleled; **~'hin** *adv* anyhow, anyway
Ohnmacht ['oːnmaxt] *f* (-; *-en*) MED unconsciousness; *fig* helplessness; ***in ~ fallen*** faint, pass out; **'ohnmächtig** *adj* MED unconscious; *fig* helpless; ~ ***werden*** faint, pass out
Ohr [oːɐ] *n* (*-[e]s*; *-en* ['oːrən]) ANAT ear; F ***j-n übers ~ hauen*** cheat s.o.; ***bis über die ~en verliebt*** (***verschuldet***) head over heels in love (over your head in debt)
Öhr [øːɐ] *n* (*-[e]s*; *-e* ['øːrə]) eye
Ohrenarzt ['oːrən?aːɐtst] *m* ear specialist
'ohrenbetäubend *adj* deafening
'Ohren|schmerzen *pl* earache; **~schützer** *pl* earmuffs; **~zeuge** *m* earwitness
'Ohrfeige *f* slap in the face (*a. fig*); **ohrfeigen** ['oːɐfaigən] *v/t* (*ge-*, *h*) ***j-n*** ~ slap s.o.'s face
'Ohr|läppchen ['oːɐlɛpçən] *n* (*-s*; -) ANAT earlobe; **~ring** *m* earring
oje [o'jeː] *int* oh dear!, dear me!
Ökologe [øko'loːgə] *m* (*-n*; *-n*) ecologist; **Ökologie** [økolo'giː] *f* (-; *no pl*) ecology; **ökologisch** [øko'loːgıʃ] *adj* ecological
Ökonomie [økono'miː] *f* (-; *no pl*) economy; ECON economics; **ökonomisch** [øko'noːmıʃ] *adj* economical; ECON economic
Ökosys,tem ['øːkozysteːm] *n* ecosystem
Oktave [ɔk'taːvə] *f* (-; *-n*) MUS octave
Oktober [ɔk'toːbɐ] *m* (*-[s]*; -) October
ökumenisch [øku'meːnıʃ] *adj* REL ecumenical
Öl [øːl] *n* (*-[e]s*; *Öle*) oil; petroleum; ***nach ~ bohren*** drill for oil; ***auf ~ stoßen*** strike oil; **'Ölbaum** *m* BOT olive (tree)
Oldtimer ['ouldtaımə] *m* (*-s*; -) MOT veteran car
ölen ['øːlən] *v/t* (*ge-*, *h*) oil, TECH *a.* lubricate
'Öl|farbe *f* oil (paint); **~feld** *n* oilfield; **~förderland** *n* oil-producing country; **~förderung** *f* oil production; **~gemälde** *n* oil painting; **~heizung** *f* oil heating
ölig ['øːlıç] *adj* oily, greasy (*both a. fig*)

oliv [o'liːf] *adj* olive
Olive [o'liːvə] *f* (-; *-n*) BOT olive
'**Öl|leitung** *f* (oil) pipeline; **~messtab** *m* MOT dipstick; **~pest** *f* oil pollution; **~quelle** *f* oil well; **~sar,dine** *f* canned (*Br a.* tinned) sardine; **~stand** *m* oil level; **~tanker** *m* MAR oil tanker; **~teppich** *m* oil slick
'**Ölung** *f* (-; *no pl*) oiling, TECH *a.* lubrication; ***Letzte ~*** REL extreme unction
'**Öl|wanne** *f* MOT oil pan, *Br* sump; **~wechsel** *m* MOT oil change
Olympia... [o'lʏmpja-] *in cpds ...mannschaft, ...medaille etc*: Olympic ...
Olympiade [olʏm'pjaːdə] *f* (-; *-n*) SPORT Olympic Games, Olympics
'**Ölzeug** *n* oilskins
Oma ['oːma] F *f* (-; *-s*) grandma
Omi ['oːmi] F *f* (-; *-s*) granny
Omnibus ['ɔmnibʊs] *m* → ***Bus***
onanieren [ona'niːrən] *v/i* (*no -ge-, h*) masturbate
Onkel ['ɔŋkəl] *m* (*-s*; -) uncle
Online... ['ɔnlain-] IT online ...
Opa ['oːpa] F *m* (*-s*; *-s*) grandpa
Oper ['oːpɐ] *f* (-; *-n*) MUS opera; opera (house)
Operation [opəra'tsjoːn] *f* (-; *-en*) MED operation; ***e-e ~ vornehmen*** perform an operation; **Operati'onssaal** *m* MED operating room (*Br* theatre)
Operette [opə'rɛtə] *f* (-; *-n*) MUS operetta
operieren [opə'riːrən] (*no -ge-, h*) **1.** *v/t* MED ***j-n ~*** operate on s.o. (***wegen*** for); ***operiert werden*** be operated on, have an operation; ***sich ~ lassen*** undergo an operation **2.** *v/i* MED, MIL operate; proceed
'**Opernsänger(in)** opera singer
Opfer ['ɔpfɐ] *n* (*-s*; -) sacrifice; offering; victim; ***ein ~ bringen*** make a sacrifice; (*dat*) ***zum ~ fallen*** fall victim to
'**opfern** *v/t and v/i* (*ge-, h*) sacrifice
Opium ['oːpjʊm] *n* (*-s*; *no pl*) opium
Opposition [ɔpozi'tsjoːn] *f* (-; *-en*) opposition (*a.* PARL)
Optik ['ɔptɪk] *f* (-; *no pl*) optics; PHOT optical system
Optiker ['ɔptikɐ] *m* (*-s*; -), '**Optikerin** *f* (-; *-nen*) optician
optimal [ɔpti'maːl] *adj* optimum, best
Optimismus [ɔpti'mɪsmʊs] *m* (-; *no pl*) optimism; **Optimist(in)** [ɔpti'mɪst(ɪn)] (*-en*; *-en*/-; *-nen*) optimist; **opti'mistisch** *adj* optimistic
Option [ɔp'tsjoːn] *f* (-; *-en*) option
optisch ['ɔptɪʃ] *adj* optical
Orange [o'rãːʒə] *f* (-; *-n*) BOT orange
Orchester [ɔr'kɛstɐ] *n* (*-s*; -) MUS orchestra
Orchidee [ɔrçi'deː] *f* (-; *-n*) bot orchid
Orden ['ɔrdən] *m* (*-s*; -) medal, decoration; *esp* REL order
'**Ordensschwester** *f* REL sister, nun
ordentlich ['ɔrdəntlɪç] **1.** *adj* tidy, neat, orderly; proper; thorough; decent (*a.* F); respectable; full (*member etc*); JUR ordinary; reasonable (*performance etc*); F good, sound **2.** *adv*: ***s-e Sache ~ machen*** do a good job; ***sich ~ benehmen*** (***anziehen***) behave (dress) properly *or* decently
ordinär [ɔrdi'nɛːɐ] *adj* vulgar; common
ordnen ['ɔrdnən] *v/t* (*ge-, h*) put in order; arrange, sort (out); file; settle
Ordner ['ɔrdnɐ] *m* (*-s*; -) file; folder; attendant, guard
'**Ordnung** *f* (-; *no pl*) order; orderliness, tidiness; arrangement; system, set-up; class; ***in ~*** all right; TECH *etc* in (good) order; ***in ~ bringen*** put right (*a. fig*); tidy up; repair, fix (*a. fig*); (***in***) ***~ halten*** keep (in) order; ***et. ist nicht in ~*** (***mit***) there is s.th. wrong (with)
'**ordnungsgemäß 1.** *adj* correct, regular **2.** *adv* duly, properly
'**Ordnungs|strafe** *f* JUR fine, penalty; **~zahl** *f* MATH ordinal number
Organ [ɔr'gaːn] *n* (*-s*; *-e*) organ; **~empfänger** *m* MED organ recipient; **~handel** *m* sale of (transplant) organs
Organisation [ɔrganiza'tsjoːn] *f* (-; *-en*) organization; **Organisator** [ɔrgani'zaːtoːɐ] *m* (*-s*; *-en* [ɔrganiza'toːrən]) organizer; **Organisa'torin** *f* (-; *-nen*) organizer; **organisatorisch** [ɔrganiza'toːrɪʃ] *adj* organizational
organisch [ɔr'gaːnɪʃ] *adj* organic
organisieren [ɔrgani'ziːrən] *v/t* organize; F get (hold of); ***sich ~*** organize; ECON unionize; **organisiert** [ɔrgani'ziːɐt] *adj* organized; ECON unionized
Organismus [ɔrga'nɪsmʊs] *m* (-; *-men*) BIOL organism
Organist [ɔrga'nɪst] *m* (*-en*; *-en*), **Orga'nistin** *f* (-; *-nen*) MUS organist
Or'ganspender *m* MED (organ) donor
Orgasmus [ɔr'gasmʊs] *m* (-; *-men*) or-

O

gasm
Orgel ['ɔrgəl] *f* (-; *-n*) MUS organ
'**Orgelpfeife** *f* MUS organ pipe
Orgie ['ɔrgjə] *f* (-; *-n*) orgy
Orientale [orjɛn'taːlə] *m* (*-n*; *-n*), **Orien'talin** *f* (-; *-nen*), **orien'talisch** *adj* oriental
orientieren [orjɛn'tiːrən] *v/t* (*no -ge-*, *h*) inform (***über*** *acc* about), brief (on); ***sich ~*** orient(ate) o.s. (*a. fig*) (***nach*** by); inform o.s.; **Orien'tierung** *f* (-; *no pl*) orientation, *fig a.* information; ***die ~ verlieren*** lose one's bearings
Orien'tierungssinn *m* (*-[e]s*; *no pl*) sense of direction
original [origi'naːl] *adj* original; real, genuine; TV live; **Origi'nal** *n* (*-s*; *-e*) original; *fig* real (*or* quite a) character
Origi'nal... *in cpds ...aufnahme*, *...ausgabe etc*: original ...; **~übertragung** *f* live broadcast *or* program(me)
originell [origi'nɛl] *adj* original; ingenious; witty
Orkan [ɔr'kaːn] *m* (*-[e]s*; *-e*) hurricane
or'kanartig *adj* violent; *fig* thunderous
Ort [ɔrt] *m* (*-[e]s*; *-e*) place; village, (small) town; spot, point; scene; ***vor ~*** *mining*: at the (pit) face; *fig* in the field, on the spot
orten ['ɔrtən] *v/t* (*ge-*, *h*) locate, spot
orthodox [ɔrto'dɔks] *adj* orthodox
Orthographie [ɔrtogra'fiː] *f* (-; *-n*) orthography
Orthopäde [ɔrto'pɛːdə] *m* (*-n*; *-n*), **Ortho'pädin** *f* (-; *-nen*) MED ortho-p(a)edic specialist
örtlich ['œrtlɪç] *adj* local
'**Ortsbestimmung** *f* AVIAT, MAR location; LING adverb of place
'**Ortschaft** *f* → ***Ort***
'**Ortsgespräch** *n* TEL local call
'**Ortskenntnis** *f*: ***~ besitzen*** know a place
'**Ortsnetz** *n* TEL local exchange
'**Ortszeit** *f* local time
Öse ['øːzə] *f* (-; *-n*) eye; eyelet
Ostblock ['ɔstblɔk] *m* (*-[e]s*; *no pl*) HIST POL East(ern) Bloc
Osten ['ɔstən] *m* (*-s*; *no pl*) east; POL *the* East; ***nach ~*** east(wards)
Oster|ei ['oːstɐʔai] *n* Easter egg; **~hase** *m* Easter bunny *or* rabbit
Ostern ['oːstɐn] *n* (-; -) Easter (***zu, an*** at); ***frohe ~!*** Happy Easter!
Österreicher ['øːstəraiçɐ] *m* (*-s*; -), '**Österreicherin** ['øːstəraiçərɪn] *f* (-; *-nen*), '**österreichisch** *adj* Austrian
östlich ['œstlɪç] **1.** *adj* east(ern); easterly **2.** *adv*: ***~ von*** (to the) east of
ostwärts ['ɔstvɛrts] *adv* east(wards)
'**Ostwind** *m* east wind
Otter ['ɔtɐ] ZO **1.** *m* (*-s*; -) otter **2.** *f* (-; *-n*) adder, viper
outen ['autən] *v/t* (*ge-*, *h*) out
Ouvertüre [uvɛr'tyːrə] *f* (-; *-n*) MUS overture
oval [o'vaːl] adj, **O'val** *n* (*-s*; *-e*) oval
Oxid [ɔ'ksiːt] *n* (*-[e]s*; *-e* [ɔ'ksiːdə]) CHEM oxide; **oxidieren** [ɔksi'diːrən] *v/t* (*no -ge-*, *h*) *and v/i* (*h*, *sein*) CHEM oxidize; **Oxyd** *n* → ***Oxid***
Ozean ['oːtseaːn] *m* (*-s*; *-e*) ocean, sea
Ozon [o'tsoːn] *n* (*-s*; *no pl*) CHEM ozone
o'zonfreundlich *adj* ozone-friendly
O'zon|loch *n* ozone hole; **~schicht** *f* ozone layer; **~schild** *m* ozone shield; **~werte** *pl* ozone levels

P

paar [paːɐ] *indef pron*: ***ein ~*** a few, some, F a couple of; ***ein ~ Mal*** a few times
Paar *n* (*-[e]s*; *-e*) pair; couple; ***ein ~ (neue) Schuhe*** a (new) pair of shoes
paaren ['paːrən] *v/t and v/refl* (*ge-*, *h*) ZO mate; *fig* combine
'**Paarlauf** *m* SPORT pair skating
'**Paarung** *f* (-; *-en*) ZO mating, copulation; SPORT matching
'**paarweise** *adv* in pairs, in twos
Pacht [paxt] *f* (-; *-en*) lease; rent
'**pachten** *v/t* (*ge-*, *h*) (take on) lease
Pächter ['pɛçtɐ] *m* (*-s*; -), '**Pächterin** *f* (-; *-nen*) leaseholder; AGR tenant
'**Pacht|vertrag** *m* lease; **~zins** *m* rent
Pack[1] [pak] *m* → ***Packen***
Pack[2] *contp n* (*-[e]s*; *no pl*) rabble
Päckchen ['pɛkçən] *n* (*-s*; -) pack, *Br*

packet; small parcel; **packen** ['pakən] *v/t and v/i* (*ge-*, *h*) pack; make up (*parcel etc*); grab, seize (***an*** *dat* by); *fig* grip; '**Packen** *m* (*-s*; -) pack, pile (*a. fig*); **Packer** ['pakɐ] *m* (*-s*; -) packer; removal man; '**Packpa,pier** *n* packing *or* brown paper; '**Packung** *f* (-; *-en*) package, box; pack, *Br* packet

Pädagoge [pɛda'goːgə] *m* (*-n*; *-n*), **Päda'gogin** *f* (-; *-nen*) teacher; education(al)ist

päda'gogisch *adj* pedagogic, educational; ***~e Hochschule*** college of education

Paddel ['padəl] *n* (*-s*; -) paddle

'**Paddelboot** *n* canoe

'**paddeln** *v/i* (*ge-*, *h*, *sein*) paddle, canoe

Page ['paːʒə] *m* (*-n*; *-n*) page(boy)

Paket [pa'keːt] *n* (*-[e]s*; *-e*) package; parcel; **~karte** *f* parcel post slip, *Br* parcel mailing form; **~post** *f* parcel post; **~schalter** *m* parcel counter; **~zustellung** *f* parcel delivery

Pakt [pakt] *m* (*-[e]s*; *-e*) POL pact

Palast [pa'last] *m* (*-[e]s*; *Paläste* [pa'lɛstə]) palace

Palme ['palmə] *f* (-; *-n*) BOT palm (tree)

Palm'sonntag *m* REL Palm Sunday

Pampelmuse ['pampəlmuːzə] *f* (-; *-n*) BOT grapefruit

paniert [pa'niːɐt] *adj* GASTR breaded

Panik ['paːnɪk] *f* (-; *-en*) panic; ***in ~ geraten*** (***versetzen***) panic; ***in ~*** panic-stricken, F panicky; **panisch** ['paːnɪʃ] *adj*: ***~e Angst*** mortal terror

Panne ['panə] *f* (-; *-n*) breakdown, MOT *a.* engine trouble; *fig* mishap

'**Pannenhilfe** *f* MOT breakdown service

Panter, **Panther** ['pantɐ] *m* (*-s*; -) ZO panther

Pantoffel [pan'tɔfəl] *m* (*-s*; *-n*) slipper; **~held** F *m* henpecked husband

Pantomime [panto'miːmə] THEA **1.** *f* (-; *-n*) mime, dumb show **2.** *m* (*-n*; *-n*) mime (artist); **panto'mimisch** *adv*: ***~ darstellen*** mime

Panzer ['pantsɐ] *m* (*-s*; -) armo(u)r (*a. fig*); MIL tank; ZO shell; **~glas** *n* bullet-proof glass

'**panzern** *v/t* (*ge-*, *h*) armo(u)r; → ***gepanzert***

'**Panzerschrank** *m* safe

Panzerung ['pantsərʊŋ] *f* (-; *-en*) armo(u)r plating

Papa [pa'paː] F *m* (*-s*; *-s*) dad(dy), pa

Papagei [papa'gai] *m* (*-en*; *-en*) ZO parrot

Papeterie [papɛtə'riː] *Swiss f* (-; *-n*) stationer('s shop)

Papier [pa'piːɐ] *n* (*-s*; *-e*) paper; *pl* papers, documents; identification (paper)

Pa'pier... *in cpds* *...geld*, *...handtuch*, *...serviette*, *...tüte etc*: *mst* paper ...; **~geschäft** *n* stationer('s store, *Br* shop); **~korb** *m* wastepaper basket; **~krieg** F *m* red tape; **~schnitzel** *pl* scraps of paper; **~waren** *pl* stationery

Pappe ['papə] *f* (-; *-n*) cardboard, pasteboard

Pappel ['papəl] *f* (-; *-n*) BOT poplar

'**Papp|kar,ton** *m* cardboard box, carton; **~teller** *m* paper plate

Paprika ['paprika] *m* (*-s*; *-[s]*) BOT sweet pepper; (*no pl*) GASTR paprika

Papst [paːpst] *m* (*-[e]s*; *Päpste* ['pɛːpstə]) pope; '**päpstlich** *adj* papal

Parade [pa'raːdə] *f* (-; *-n*) parade; *soccer etc*: save; *boxing*, *fencing*: parry

Paradeiser [para'daizɐ] *Austrian m* (*-s*; -) BOT tomato

Paradies [para'diːs] *n* (*-es*; *-e*) paradise

paradiesisch [para'diːzɪʃ] *fig adj* heavenly, delightful

paradox [para'dɔks] *adj* paradoxical

Paragraph [para'graːf] *m* (*-en*; *-en*) JUR article, section; paragraph

parallel [para'leːl] adj, **Paral'lele** *f* (-; *-n*) parallel

Parasit [para'ziːt] *m* (*-en*; *-en*) parasite

Parfüm [par'fyːm] *n* (*-s*; *-s*) perfume, *Br a.* scent; **Parfümerie** [parfymə'riː] *f* (-; *-n*) perfumery; **parfümieren** [parfy'miːrən] *v/t* (*no -ge-*, *h*) perfume, scent; ***sich ~*** put on perfume

parieren [pa'riːrən] *v/t and v/i* (*no -ge-*, *h*) SPORT parry, *fig a.* counter (***mit*** with); pull up (*horse*); obey

Park [park] *m* (*-s*; *-s*) park

parken ['parkən] *v/i and v/t* (*ge-*, *h*) MOT park; ***Parken verboten!*** no parking!

Parkett [par'kɛt] *n* (*-[e]s*; *-e*, *-s*) parquet (floor); THEA orchestra, *Br* stalls; dance floor

'**Park|gebühr** *f* parking fee; **~(hoch)haus** *n* parking garage, *Br* multi-storey car park

parkieren [par'kiːrən] *Swiss v/t and v/i*

P

→ ***parken***

'**Park|kralle** *f* wheel clamp; **~lücke** *f* parking space; **~platz** *m* parking lot, *Br* car park; → ***Parklücke***; ***e-n ~ suchen*** (***finden***) look for (find) somewhere to park the car; **~scheibe** *f* parking disk (*Br* disc); **~sünder** *m* parking offender; **~uhr** *f* MOT parking meter; **~wächter** *m* park keeper; MOT parking lot (*Br* car park) attendant

Parlament [parla'mɛnt] *n* (-[*e*]*s*; -*e*) parliament; **parlamentarisch** [parlamɛn'ta:rɪʃ] *adj* parliamentary

Parodie [paro'di:] *f* (-; -*n*), **paro'dieren** *v/t* (*no -ge-, h*) parody

Parole [pa'ro:lə] *f* (-*n*; -*n*) MIL password; *fig* watchword, POL *a.* slogan

Partei [par'tai] *f* (-; -*en*) party (*a.* POL); ***j-s ~ ergreifen*** take sides with s.o., side with s.o.; **par'teiisch** *adj* partial (***für*** to); prejudiced (***gegen*** against)

par'teilos *adj* POL independent

Par'tei|mitglied *n* POL party member; **~pro,gramm** *n* POL platform; **~tag** *m* POL convention; **~zugehörigkeit** *f* POL party membership

Parterre [par'tɛrə] *n* (-*s*; -*s*) first (*Br* ground) floor

Partie [par'ti:] *f* (-; -*n*) game, SPORT *a.* match; part, passage (*a.* MUS); ***e-e gute*** *etc* ***~ sein*** be a good *etc* match

Partisan [parti'za:n] *m* (-*s*; -*en*; -*en*), **Parti'sanin** *f* (-; -*nen*) MIL partisan, guerilla

Partitur [parti'tu:ɐ] *f* (-; -*en*) MUS score

Partizip [parti'tsi:p] *n* (-*s*; -*ien*) LING participle

P

Partner ['partnɐ] *m* (-*s*; -), '**Partnerin** *f* (-; -*nen*) partner

'**Partnerschaft** *f* (-; -*en*) partnership

'**Partnerstadt** *f* twin town

paschen ['paʃən] *Austrian v/t and v/i* (*ge-, h*) smuggle; **Pascher** ['paʃɐ] *Austrian m* (-*s*; -) smuggler

Pass [pas] *m* (-*es*; *Pässe* ['pɛsə]) passport; SPORT, GEOGR pass; ***langer ~*** SPORT long ball

Passage [pa'sa:ʒə] *f* (-; -*n*) passage

Passagier [pasa'ʒi:ɐ] *m* (-*s*; -*e*) passenger; **~flugzeug** *n* passenger plane; airliner

Passa'gierin *f* (-; -*nen*) passenger

Passah ['pasa] *n* (-*s*; *no pl*), '**Passahfest** *n* REL Passover

Passant [pa'sant] *m* (-*en*; -*en*), **Pas'santin** *f* (-; -*nen*) passerby

'**Passbild** *n* passport photo(graph)

passen ['pasən] *v/i* (*ge-, h*) fit (***j-m*** s.o.; ***auf*** *or* ***für*** *or* ***zu et.*** s.th.); suit (***j-m*** s.o.), be convenient; *cards*, SPORT pass; ***~ zu*** go with, match; ***sie ~ gut zueinander*** they are well suited to each other; ***passt es Ihnen morgen?*** would tomorrow suit you *or* be all right (with you)?; ***das*** (***es***) ***passt mir gar nicht*** I don't like that (him) at all; ***das passt*** (***nicht***) ***zu ihm*** that's just like him (not like him, not his style); **~d** *adj* fitting; matching; suitable, right

passierbar [pa'si:ɐba:ɐ] *adj* passable

passieren [pa'si:rən] (*no -ge-*) **1.** *v/i* (*sein*) happen **2.** *v/t* (*h*) pass (through)

Pas'sierschein *m* pass, permit

Passion [pa'sjo:n] *f* (-; -*en*) passion; REL Passion

passiv ['pasi:f] *adj* passive

'**Passiv** *n* (-*s*; *no pl*) LING passive (voice)

Paste ['pastə] *f* (-; -*n*) paste

Pastell [pas'tɛl] *n* (-[*e*]*s*; -*e*) PAINT pastel

Pastete [pas'te:tə] *f* (-; -*n*) GASTR pie

Pate ['pa:tə] *m* (-*n*; -*n*) godfather; '**Patenkind** *n* godchild

'**Patenschaft** *f* (-; -*en*) sponsorship

Patent [pa'tɛnt] *n* (-[*e*]*s*; -*e*) patent; MIL commission; **~amt** *n* patent office; **~anwalt** *m* JUR patent agent

patentieren [patɛn'ti:rən] *v/t* (*no -ge-, h*) patent; (***sich***) ***et. ~ lassen*** take out a patent for s.th.

Pa'tentinhaber *m* patentee

pathetisch [pa'te:tɪʃ] *adj* pompous

Patient [pa'tsjɛnt] *m* (-*en*; -*en*), **Pa'tientin** *f* (-; -*nen*) MED patient

Patin ['pa:tɪn] *f* (-; -*nen*) godmother

Patriot [patri'o:t] *m* (-*en*; -*en*) patriot

patri'otisch *adj* patriotic

Patrone [pa'tro:nə] *f* (-; -*n*) cartridge

Patrouille [pa'trʊljə] *f* (-; -*n*) MIL patrol; **patroullieren** [patrʊl'ji:rən] *v/i* (*no -ge-, h*) MIL patrol

Patsche ['patʃə] F *f*: ***in der ~ sitzen*** be in a fix *or* jam

'**patschen** F *v/i* (*ge-, h*) (s)plash

'**patsch'nass** *adj* soaking wet

patzen ['patsən] F *v/i* (*ge-, h*), **Patzer** ['patsɐ] F *m* (-*s*; -) blunder

Pauke ['paukə] *f* (-; -*n*) MUS bass drum; kettledrum

'**pauken** F *v/i and v/t* (*ge-, h*) cram
Pauschale[pau'ʃa:lə] *f* (-; -*n*) lump sum
Pau'schal|gebühr *f* flat rate; **~reise** *f* package tour; **~urteil** *n* sweeping judg(e)ment
Pause[1]['pauzə] *f* (-; -*n*) recess, *Br* break, *esp* THEA, SPORT intermission, *Br* interval; pause; rest (*a.* MUS)
'**Pause**[2] *f* (-; -*n*) TECH tracing
'**pausen** *v/t* (*ge-, h*) TECH trace
'**pausenlos** *adj* uninterrupted, nonstop
'**Pausenzeichen** *n radio*: interval signal; PED bell
pausieren [pau'zi:rən] *v/i* (*no -ge-, h*) pause, rest
Pavian ['pa:vja:n] *m* (-*s*; -*e*) ZO baboon
Pavillon ['pavɪljɔŋ] *m* (-*s*; -*s*) pavilion
Pazifist [patsi'fɪst] *m* (-*en*; -*en*), **Pazi'fistin** *f* (-; -*nen*), **pazi'fistisch** *adj* pacifist
PC[pe:'tse:] *m* (-[*s*]; -[*s*]) *abbr of* ***personal computer*** PC
Pech[pɛç] *n* (-*s*; *no pl*) pitch; F bad luck; **~strähne** F *f* run of bad luck; **~vogel** F *m* unlucky fellow
pedantisch [pe'dantɪʃ] *adj* pedantic, fussy
Pegel ['pe:gəl] *m* (-*s*; -) level (*a. fig*)
peilen ['pailən] *v/t* (*ge-, h*) sound
peinigen['painɪgən] *v/t* (*ge-, h*) torment
Peiniger ['painɪgɐ] *m* (-*s*; -) tormentor
peinlich ['painlɪç] *adj* embarrassing; ***~ genau*** meticulous (***bei, in*** *dat* in); ***es war mir ~*** I was *or* felt embarrassed
Peitsche ['paitʃə] *f* (-; -*n*), '**peitschen** *v/t* (*ge-, h*) whip
'**Peitschenhieb** *m* lash
Pelle ['pɛlə] *f* (-; -*n*) skin; peel; '**pellen** *v/t* (*ge-, h*) peel; '**Pellkar,toffeln** *pl* potatoes (boiled) in their jackets
Pelz [pɛlts] *m* (-*es*; -*e*) fur; skin
'**pelzgefüttert** *adj* fur-lined
'**Pelzgeschäft** *n* fur(rier's) store (*Br* shop)
pelzig ['pɛltsɪç] *adj* furry; MED furred
'**Pelzmantel** *m* fur coat
'**Pelztiere** *pl* furred animals, furs
Pendel ['pɛndəl] *n* (-*s*; -) pendulum
'**pendeln** *v/i* (*ge-, h*) swing; RAIL *etc* shuttle; commute
'**Pendeltür** *f* swing door
'**Pendelverkehr** *m* RAIL *etc* shuttle service; commuter traffic; **Pendler(in)** ['pɛndlɐ, 'pɛndlərɪn] *m(f)* (-*s*; -/-; -*nen*) RAIL *etc* commuter
Penis ['pe:nɪs] *m* (-*s*; -*se*) ANAT penis
Penner ['pɛnɐ] F *m* (-*s*; -) tramp, bum
Pension [pa͂'sjo:n] *f* (-; -*en*) (old age) pension; boarding-house, private hotel; ***in ~ sein*** be retired; **Pensionär(in)** [pa͂sjo'nɛ:ɐ, pa͂sjo'nɛ:rɪn] *m(f)* (-*s*; -*e*/-; -*nen*) (old age) pensioner; boarder;
Pensionat [pa͂sjo'na:t] *n* (-[*e*]*s*; -*e*) boarding school
pensionieren [pa͂sjo'ni:rən] *v/t* (*no -ge-, h*) pension (off); ***sich ~ lassen*** retire; **Pensio'nierung** *f* (-; -*en*) retirement
Pensionist [pa͂sjo'nɪst] *Austrian, Swiss m* (-*en*; -*en*) (old age) pensioner
Pensi'onsgast *m* boarder
Pensum ['pɛnzʊm] *n* (-*s*; *Pensen, Pensa*) (work) quota, stint
per [pɛr] *prp* (*acc*) per; by
perfekt[pɛr'fɛkt] *adj* perfect; ***~ machen*** settle
'**Perfekt** *n* (-*s*; -*e*) LING present perfect
Pergament [pɛrga'mɛnt] *n* (-[*e*]*s*; -*e*) parchment
Periode[pe'rjo:də] *f* (-; -*n*) period, MED *a.* menstruation
periodisch[pe'rjo:dɪʃ] *adj* periodic(al)
Peripherie[perife'ri:] *f* (-; -*n*) periphery, outskirts; **~geräte** *pl* IT peripheral equipment
Perle ['pɛrlə] *f* (-; -*n*) pearl; bead
'**perlen** *v/i* (*ge-, h*) sparkle, bubble
'**Perlenkette** *f* pearl necklace
'**Perlmuschel** *f* ZO pearl oyster
Perlmutt['pɛrlmʊt] *n* (-*s*; *no pl*) mother-of-pearl
Perron [pɛ'ro͂:] *m* (-*s*; -*s*) *Swiss* platform
Perser['pɛrzɐ] *m* (-*s*; -) Persian; Persian carpet; **Perserin** ['pɛrzərɪn] *f* (-; -*nen*) Persian (woman); **Persien** ['pɛrzjən] Persia; **persisch** ['pɛrzɪʃ] *adj* Persian
Person[pɛr'zo:n] *f* (-; -*en*) person, THEA *etc a.* character; ***ein Tisch für drei ~en*** a table for three
Personal[pɛrzo'na:l] *n* (-*s*; *no pl*) staff, personnel; ***zu wenig ~ haben*** be understaffed; **~abbau** *m* staff reduction; **~abteilung** *f* personnel department; **~ausweis** *m* identity card; **~chef** *m* staff manager
Personalien[pɛrzo'na:ljən] *pl* particulars, personal data

P

Perso'nalpro,nomen *n* LING personal pronoun
Per'sonen|(kraft)wagen (*abbr* ***PKW***) *m* (*Br a.* motor)car, auto(mobile); **~zug** *m* passenger train; local *or* commuter train
personifizieren [pɛrzonifi'tsiːrən] *v/t* (*no -ge-, h*) personify
persönlich [pɛr'zøːnlɪç] *adj* personal
Per'sönlichkeit *f* (-; *-en*) personality
Perücke [pe'rʏkə] *f* (-; *-n*) wig
pervers [pɛr'vɛrs] *adj* perverted; ***~er Mensch*** pervert
Pessimismus [pɛsi'mɪsmʊs] *m* (-; *no pl*) pessimism; **Pessimist(in)** [pɛsi-'mɪst(ɪn)] (*-en*; *-en*/-; *-nen*) pessimist; **pessi'mistisch** *adj* pessimistic
Pest [pɛst] *f* (-; *no pl*) MED plague
Pestizid [pɛsti'tsiːt] *n* (*-s*; *-e*) pesticide
Petersilie [peːtɐ'ziːljə] *f* (-; *-n*) BOT parsley
Petroleum [pe'troːleʊm] *n* (*-s*; *no pl*) kerosene, *Br* paraffin; **~lampe** *f* kerosene (*Br* paraffin) lamp
petzen ['pɛtsən] F *v/i* (*ge-, h*) tell tales, *Br a.* sneak
Pfad [pfaːt] *m* (-[*e*]*s*; *-e* ['pfaːdə]) path, track; **~finder** *m* boy scout; **~finderin** ['pfaːtfɪndərɪn] *f* (-; *-nen*) girl scout, *Br* girl guide
Pfahl [pfaːl] *m* (-[*e*]*s*; *Pfähle* ['pfɛːlə]) stake; post; pole
Pfand [pfant] *n* (-[*e*]*s*; *Pfänder* ['pfɛndɐ]) security; pawn, pledge; deposit; forfeit
'Pfandbrief *m* ECON mortgage bond
pfänden ['pfɛndən] *v/t* (*ge-, h*) seize
'Pfandhaus *n* → ***Leihhaus***
Pfandleiher ['pfantlaiɐ] *m* (*-s*; -) pawnbroker
'Pfandschein *m* pawn ticket
'Pfändung *f* (-; *-en*) JUR seizure
Pfanne ['pfanə] *f* (-; *-n*) pan, skillet
'Pfannkuchen *m* pancake
Pfarrbezirk ['pfarbətsɪrk] *m* parish
Pfarrer ['pfarɐ] *m* (*-s*; -) vicar; pastor; (parish) priest
'Pfarr|gemeinde *f* parish; **~haus** *n* parsonage; rectory, vicarage; **~kirche** *f* parish church
Pfau [pfau] *m* (-[*e*]*s*; *-en*) ZO peacock
Pfeffer ['pfɛfɐ] *m* (*-s*; -) pepper; **~kuchen** *m* gingerbread; **~minze** ['pfɛfɐmɪntsə] *f* (-; *no pl*) BOT peppermint
'pfeffern *v/t* (*ge-, h*) pepper
'Pfefferstreuer *m* (*-s*; -) pepper caster
pfeffrig ['pfɛfrɪç] *adj* peppery
Pfeife ['pfaifə] *f* (-; *-n*) whistle; pipe (*a.* MUS); **'pfeifen** *v/i and v/t* (*irr, ge-, h*) whistle (***j-m*** to s.o.); F ***~ auf*** (*acc*) not give a damn about
Pfeil [pfail] *m* (-[*e*]*s*; *-e*) arrow
Pfeiler ['pfailɐ] *m* (*-s*; -) pillar; pier
Pfennig ['pfɛnɪç] *m* (*-s*; *-e*) *hist* (*former monetary unit of Germany*) pfennig; *fig* penny
Pferch [pfɛrç] *m* (-[*e*]*s*; *-e*) fold, pen
'pferchen *v/t* (*ge-, h*) cram (***in*** *acc* into)
Pferd [pfeːɐrt] *n* (-[*e*]*s*; *-e*) ZO horse (*a.* SPORT); ***zu ~e*** on horseback
Pferde|geschirr ['pfeːɐdəgəʃɪr] *n* harness; **~koppel** *f* paddock; **~rennen** *n* horserace; **~stall** *m* stable; **~stärke** *f* TECH horsepower; **~wagen** *m* (horse--drawn) carriage
pfiff [pfɪf] *pret of* ***pfeifen***
Pfiff *m* (-[*e*]*s*; *-e*) whistle
pfiffig ['pfɪfɪç] *adj* smart
Pfingsten ['pfɪŋstən] *n* (-; -) REL Pentecost, *Br* Whitsun (***zu, an*** at)
Pfingst'montag *m* REL Whit Monday
'Pfingstrose *f* BOT peony
Pfingst'sonntag *m* REL Pentecost, *Br* Whit Sunday
Pfirsich ['pfɪrzɪç] *m* (*-s*; *-e*) BOT peach
Pflanze ['pflantsə] *f* (-; *-n*) plant; ***~n fressend*** ZO herbivorous
'pflanzen *v/t* (*ge-, h*) plant
'Pflanzenfett *n* vegetable fat
'pflanzlich *adj* vegetable
'Pflanzung *f* (-; *-en*) plantation
Pflaster ['pflastɐ] *n* (*-s*; -) pavement; MED Band-Aid®, *Br* plaster
'pflastern *v/t* (*ge-, h*) pave
'Pflasterstein *m* paving stone
Pflaume ['pflaumə] *f* (-; *-n*) BOT plum
Pflege ['pfleːgə] *f* (-; *no pl*) care; MED nursing; *fig* cultivation; TECH maintenance; ***j-n in ~ nehmen*** take s.o. into one's care; **~...** *in cpds ...eltern, ...kind, ...sohn etc*: foster ...; *...heim, ...kosten, ...personal etc*: nursing ...
'pflegebedürftig *adj* needing care
'Pflegefall *m* constant-care patient
'pflegeleicht *adj* wash-and-wear, easy--care
'pflegen *v/t* (*ge-, h*) care for, look after, *esp* MED *a.* nurse; TECH maintain; *fig*

cultivate; keep up (*custom etc*); ***sie pflegte zu sagen*** she used to *or* would say; **Pfleger** ['pfle:gɐ] *m* (*-s*; -) male nurse; **Pflegerin** ['pfle:gərɪn] *f* (-; *-nen*) nurse; '**Pflegestelle** *f* nursing place

Pflicht [pflɪçt] *f* (-; *-en*) duty (***gegen*** to); SPORT compulsory events

'**pflichtbewusst** *adj* conscientious

'**Pflicht|bewusstsein** *n* sense of duty; **~erfüllung** *f* performance of one's duty; **~fach** *n* PED compulsory subject

'**pflicht|gemäß**, **~getreu** *adj* dutiful; **~vergessen** *adv*: ***~ handeln*** neglect one's duty

'**Pflichtversicherung** *f* compulsory insurance

Pflock ['pflɔk] *m* (*-[e]s*; *Pflöcke* ['pflœkə]) peg, pin; plug

pflücken ['pflʏkən] *v/t* (*ge-*, *h*) pick, gather

Pflug [pflu:k] *m* (*-[e]s*; *Pflüge* ['pfly:gə]), **pflügen** ['pfly:gən] *v/t and v/i* (*ge-*, *h*) plow, *Br* plough

Pforte ['pfɔrtə] *f* (-; *-n*) gate, door, entrance; **Pförtner** ['pfœrtnɐ] *m* (*-s*; -) doorman, doorkeeper, porter

Pfosten ['pfɔstən] *m* (*-s*; -) post

Pfote ['pfo:tə] *f* (-; *-n*) ZO paw (*a.* F)

pfropfen ['pfrɔpfən] *v/t* (*ge-*, *h*) stopper; cork; plug; AGR graft; F cram, stuff

'**Pfropfen** *m* (*-s*; -) stopper; cork; plug; MED clot

pfui [pfui] *int* ugh!; *audience*: boo!

Pfund [pfʊnt] *n* (*-[e]s*; *-e* ['pfʊndə]) pound (*453,59 g*); pound (sterling); ***10 ~*** ten pounds

'**pfundweise** *adv* by the pound

pfuschen ['pfʊʃən] F *v/i* (*ge-*, *h*), **Pfuscherei** [pfʊʃə'rai] F *f* (-; *-en*) bungle, botch

Pfütze ['pfʏtsə] *f* (-; *-n*) puddle, pool

Phänomen [fɛno'me:n] *n* (*-s*; *-e*) phenomenon; **phänomenal** [fɛnome'na:l] *adj* phenomenal

Phantasie *etc* → ***Fantasie*** *etc*

pharmazeutisch [farma'tsɔʏtɪʃ] *adj* pharmaceutic(al)

Phase ['fa:zə] *f* (-; *-n*) phase (*a.* ELECTR), stage

Philosoph [filo'zo:f] *m* (*-en*; *-en*) philosopher; **Philosophie** [filozo'fi:] *f* (-; *-n*) philosophy; **philosophieren** [filozo'fi:rən] *v/i* (*no -ge-*, *h*) philosophize (***über*** *acc* on); **Philo'sophin** *f* (-; *-nen*) (woman) philosopher; **philosophisch** [filo'zo:fɪʃ] *adj* philosophical

phlegmatisch [flɛ'gma:tɪʃ] *adj* phlegmatic

Phonetik [fo'ne:tɪk] *f* (-; *no pl*) phonetics; **pho'netisch** *adj* phonetic

Phosphor ['fɔsfo:ɐ] *m* (*-s*; *-e*) CHEM phosphorus

Photo... → ***Foto...***

Phrase ['fra:zə] *contp f* (-; *-n*) cliché (phrase)

Physik [fy'zi:k] *f* (-; *no pl*) physics

physikalisch [fyzi'ka:lɪʃ] *adj* physical

Physiker ['fy:zikɐ] *m* (*-s*; -), '**Physikerin** *f* (-; *-nen*) physicist

physisch ['fy:zɪʃ] *adj* physical

Pianist [pja'nɪst] *m* (*-en*; *-en*), **Pia'nistin** *f* (-; *-nen*) MUS pianist

Piano ['pja:no] *n* (*-s*; *-s*) MUS piano

Picke ['pɪkə] *f* (-; *-n*) TECH pick(axe)

Pickel[1] ['pɪkəl] *m* (*-s*; -) TECH pick(axe)

'**Pickel**[2] *m* (*-s*; -) MED pimple; **pickelig** ['pɪkəlɪç] *adj* MED pimpled, pimply

picken ['pɪkən] *v/i and v/t* (*ge-*, *h*) ZO peck, pick

Picknick ['pɪknɪk] *n* (*-s*; *-e*, *-s*) picnic

'**picknicken** *v/i* (*ge-*, *h*) (have a) picnic

piekfein ['pi:kfain] F *adj* posh

piep(s)en ['pi:p(s)ən] *v/i* (*ge-*, *h*) chirp, cheep; ELECTR bleep

Pietät [pje'tɛ:t] *f* (-; *no pl*) reverence; piety; **pie'tätlos** *adj* irreverent; **pie'tätvoll** *adj* reverent

Pik [pi:k] *n* (*-[s]*; *-[s]*) *cards*: spade(s)

pikant [pi'kant] *adj* piquant, spicy (*both a. fig*)

Pilger ['pɪlgɐ] *m* (*-s*; -) pilgrim; '**Pilgerfahrt** *f* pilgrimage; '**Pilgerin** *f* (-; *-nen*) pilgrim; '**pilgern** *v/i* (*ge-*, *sein*) (go on a) pilgrimage

Pille ['pɪlə] *f* (-; *-n*) pill; F ***die ~ nehmen*** be on the pill

Pilot [pi'lo:t] *m* (*-en*; *-en*), **Pi'lotin** *f* (-; *-nen*) pilot

Pilz [pɪlts] *m* (*-es*; *-e*) BOT mushroom (*a. fig*); toadstool; MED fungus; ***~e suchen*** (***gehen***) go mushrooming

Pinguin ['pɪŋgui:n] *m* (*-s*; *-e*) ZO penguin

pinkeln ['pɪŋkəln] F *v/i* (*ge-*, *h*) (have a) pee, piddle

Pinsel ['pɪnzəl] *m* (*-s*; -) (paint)brush

P

'**Pinselstrich** *m* brushstroke
Pinzette [pɪn'tsɛtə] *f* (-; *-n*) tweezers
Pionier [pjo'niːɐ] *m* (*-s*; *-e*) pioneer, MIL *a.* engineer
Pirat [pi'raːt] *m* (*-en*; *-en*) pirate
Pisse ['pɪsə] V *f* (-; *no pl*), '**pissen** V *v/i* (*ge-*, *h*) piss
Piste ['pɪstə] *f* (-; *-n*) course; AVIAT runway
Pistole [pɪs'toːlə] *f* (-; *-n*) pistol, gun
Pkw, **PKW** ['peːkaːveː] *abbr of* ***Personenkraftwagen*** (*Br a.* motor)car, automobile
Plache ['plaxə] *Austrian f* (-; *-n*) awning, tarpaulin
placieren *etc* → ***platzieren*** *etc*
plädieren [plɛ'diːrən] *v/i* (*no -ge-*, *h*) JUR plead (***für*** for); **Plädoyer** [plɛdoa'jeː] *n* (*-s*; *-s*) JUR final speech, pleading
Plage ['plaːgə] *f* (-; *-n*) trouble, misery; plague; nuisance, F pest; '**plagen** *v/t* (*ge-*, *h*) trouble; bother; pester; ***sich*** ~ toil, drudge
Plakat [pla'kaːt] *n* (*-[e]s*; *-e*) poster, placard, bill
Plakette [pla'kɛtə] *f* (-; *-n*) plaque, badge
Plan [plaːn] *m* (*-[e]s*; *Pläne* ['plɛːnə]) plan; intention
Plane ['plaːnə] *f* (-; *-n*) awning, tarpaulin
'**planen** *v/t* (*ge-*, *h*) plan, make plans for
Planet [pla'neːt] *m* (*-en*; *-en*) ASTR planet
planieren [pla'niːrən] *v/t* (*no -ge-*, *h*) TECH level, plane, grade
Planke ['plaŋkə] *f* (-; *-n*) plank, (thick) board
plänkeln ['plɛŋkəln] *v/i* (*ge-*, *h*) skirmish
'**planlos** *adj* without plan; aimless
'**planmäßig 1.** *adj* scheduled (*arrival etc*) **2.** *adv* according to plan
Plan(t)schbecken ['planʃbɛkən] *n* paddling pool
plan(t)schen ['planʃən] *v/i* (*ge-*, *h*) splash
Plantage [plan'taːʒə] *f* (-; *-n*) plantation
Plappermaul ['plapɐmaul] F *n* chatterbox
plappern ['plapɐn] F *v/i* (*ge-*, *h*) chatter, prattle, babble, jabber
plärren ['plɛrən] F *v/i and v/t* (*ge-*, *h*) blubber; bawl; *radio*: blare
Plastik[1] ['plastɪk] *f* (-; *-en*) sculpture
'**Plastik**[2] *n* (*-s*; *no pl*) plastic; **~...** *in cpds* *...besteck etc*: plastic ...
plastisch ['plastɪʃ] *adj* plastic; three-dimensional; *fig* graphic
Platin ['plaːtiːn] *n* (*-s*; *no pl*) platinum
plätschern ['plɛtʃɐn] *v/i* (*ge-*, *h*) ripple (*a. fig*), splash
platt [plat] *adj* flat, level, even; *fig* trite; F flabbergasted
Platte ['platə] *f* (-; *-n*) sheet, plate; slab; board; panel; MUS record, disk, *Br* disc; IT disk; GASTR dish; F bald pate; ***kalte*** ~ GASTR plate of cold cuts (*Br* meats)
plätten ['plɛtən] *v/t* (*ge-*, *h*) iron, press
'**Platten|spieler** *m* record player; **~teller** *m* turntable
'**Plattform** *f* platform
'**Plattfuß** *m* MED flat foot
'**Plattheit** *fig f* (-; *-en*) triviality; platitude
Plättli ['plɛtli] *Swiss n* (*-s*; *-s*) tile
Platz [plats] *m* (*-es*; *Plätze* ['plɛtsə]) place, spot; site; room, space; square; circus; seat; ***es ist*** (***nicht***) ***genug*** ~ there's (there isn't) enough room; ~ ***machen für*** make room for; make way for; ~ ***nehmen*** take a seat, sit down; ***ist dieser*** ~ ***noch frei?*** is this seat taken?; ***j-n vom*** ~ ***stellen*** SPORT send s.o. off; ***auf eigenem*** ~ SPORT at home; ***auf die Plätze, fertig, los!*** SPORT on your marks, get set, go!
'**Platz|anweiser** *m* (*-s*; -) usher; **~anweiserin** *f* (-; *-nen*) usherette
Plätzchen ['plɛtsçən] *n* (*-s*; -) (little) place, spot; GASTR cookie, *Br* biscuit
platzen ['platsən] *v/i* (*ge-*, *sein*) burst (*a. fig*); crack, split; explode (*a. fig* ***vor*** *dat* with), blow up; F come to grief *or* nothing, fall through, blow up, *sl* go phut; break up
platzieren [pla'tsiːrən] *v/t* (*no -ge-*, *h*) place; ***sich*** ~ SPORT be placed
Plat'zierung *f* (-; *-en*) place, placing
'**Platzkarte** *f* reservation (ticket)
Plätzli ['plɛtsli] *Swiss n* (*-s*; -) cutlet
'**Platz|pa,trone** *f* blank (cartridge); **~regen** *m* cloudburst, downpour; **~reser,vierung** *f* seat reservation; **~verweis** *m*: ***e-n*** ~ ***erhalten*** SPORT be sent off; **~wart** *m* (*-s*; *-e*) SPORT groundkeeper, *Br* groundsman; **~wunde** *f* MED cut, laceration
Plauderei [plaudə'rai] *f* (-; *-en*) chat
plaudern ['plaudɐn] *v/i* (*ge-*, *h*) (have a) chat

P

plauschen['plauʃən] *Austrian v/i* (have a) chat
pleite ['plaitə] F *adj* broke
'**Pleite** F *f* (-; -*n*) bankruptcy; *fig* flop; **pleitegehen** go broke
Plombe ['plɔmbə] *f* (-; -*n*) TECH seal; MED filling; **plombieren** [plɔm'bi:rən] *v/t* (*no -ge-*, *h*) TECH seal; MED fill
plötzlich['plœtslɪç] **1.** *adj* sudden **2.** *adv* suddenly, all of a sudden
plump [plʊmp] *adj* clumsy; **plumps** *int* thud, plop; **plumpsen** ['plʊmpsən] *v/i* (*ge-*, *sein*) thud, plop, flop
Plunder ['plʊndɐ] F *m* (-*s*; *no pl*) trash, junk
Plünderer ['plʏndərɐ] *m* (-*s*; -) looter, plunderer; **plündern** ['plʏndɐn] *v/i and v/t* (*ge-*, *h*) plunder, loot
Plural ['plu:ra:l] *m* (-*s*; -*e*) LING plural
plus [plʊs] *adv* plus
Plusquamperfekt ['plʊskvampɛrfɛkt] *n* (-*s*; -*e*) LING past perfect
Pneu[pnɔʏ] *Swiss m* (-*s*; -*s*) tire, *Br* tyre
Po [po:] F *m* (-*s*; -*s*) bottom, behind
Pöbel['pø:bəl] *m* (-*s*; *no pl*) mob, rabble
pochen ['pɔxən] *v/i* (*ge-*, *h*) knock, rap (*both*: ***an*** *acc* at)
Pocke ['pɔkə] *f* (-; -*n*) MED pock
'**Pocken** *pl* MED smallpox; **~impfung** *f* MED smallpox vaccination
Podest [po'dɛst] *n*, *m* (-[*e*]*s*; -*e*) platform; *fig* pedestal
Podium['po:djʊm] *n* (-*s*; -*ien*) podium, platform; '**Podiumsdiskussi͵on** *f* panel discussion
Poesie [poe'zi:] *f* (-; -*n*) poetry
Poet [po'e:t] *m* (-*en*; -*en*), **Po'etin** *f* (-; -*nen*) poet
poetisch [po'e:tɪʃ] *adj* poetic(al)
Pointe ['poɛ̃:tə] *f* (-; -*n*) point, punch line
Pokal [po'ka:l] *m* (-*s*; -*e*) goblet; SPORT cup; **~endspiel** *n* SPORT cup final; **~sieger** *m* SPORT cup winner; **~spiel** *n* SPORT cup tie
pökeln ['pø:kəln] *v/t* (*ge-*, *h*) salt
Pol [po:l] *m* (-*s*; -*e*) GEOGR pole
polar [po'la:ɐ] *adj* polar
Pole ['po:lə] *m* (-*n*; -*n*) Pole
Polemik [po'le:mɪk] *f* (-; -*en*) polemic(s); **po'lemisch** *adj* polemic(al)
polemisieren [polemi'zi:rən] *v/i* (*no -ge-*, *h*) polemize
'**Polen** Poland
Police [po'li:sə] *f* (-; -*n*) policy
Polier [po'li:ɐ] *m* (-*s*; -*e*) TECH foreman
polieren[po'li:rən] *v/t* (*no -ge-*, *h*) polish
Polin ['po:lɪn] *f* (-; -*nen*) Pole, Polish woman
Politik[poli'ti:k] *f* (-; *no pl*) politics; policy (*a. fig*); **Politiker(in)**[po'li:tikɐ, po'li:tikərɪn] *m*(*f*) (-*s*; -/-; -*nen*) politician; **politisch** [po'li:tɪʃ] *adj* political; **politisieren** [politi'zi:rən] *v/i* (*no -ge-*, *h*) talk politics
Polizei[poli'tsai] *f* (-; *no pl*) police; **~auto** *n* police car; **~beamt|e** *m*, **-in** *f* police officer
poli'zeilich *adj* (of *or* by the) police
Poli'zei|prä͵sidium *n* police headquarters; **~re͵vier** *n* police station; precinct, *Br* district; **~schutz** *m*: ***unter ~*** under police guard; **~streife** *f* police patrol; **~stunde** *f* closing time; **~wache** *f* police station
Polizist [poli'tsɪst] *m* (-*en*; -*en*) policeman; **Poli'zistin** *f* (-; -*nen*) policewoman
polnisch ['pɔlnɪʃ] *adj* Polish
Polster ['pɔlstɐ] *n* (-*s*; -) upholstery; cushion; pad(ding); *fig* bolster; **~garni͵tur** *f* three-piece suite; **~möbel** *pl* upholstered furniture
'**polstern** *v/t* (*ge-*, *h*) upholster; pad
'**Polster|sessel** *m* easy chair, armchair; **~stuhl** *m* upholstered chair
Polsterung['pɔlstərʊŋ] *f* (-; -*en*) upholstery; padding
poltern ['pɔltɐn] *v/i* (*ge-*, *h*) rumble; *fig* bluster
Pommes frites [pɔm'frɪt] *pl* French fries, French fried potatoes, *Br* chips
Pomp [pɔmp] *m* (-[*e*]*s*; *no pl*) pomp
pompös [pɔm'pø:s] *adj* showy
Pony[1] ['pɔni] *n* (-*s*; -*s*) ZO pony
'**Pony**[2] *m* (-*s*; -*s*) fringe, bangs
Popgruppe ['pɔpgrʊpə] *f* MUS pop group
'**Popmu͵sik** *f* pop music
populär [popu'lɛ:ɐ] *adj* popular
Popularität [populari'tɛ:t] *f* (-; *no pl*) popularity
Pore ['po:rə] *f* (-; -*n*) pore
Porno['pɔrno] F *m* (-*s*; -*s*), **~film** *m* porn (film), blue movie; **~heft** *n* porn magazine
porös [po'rø:s] *adj* porous
Portemonnaie [pɔrtmɔ'ne:] *n* (-*s*; -*s*)

P

purse
Portier [pɔr'tjeː] *m* (*-s*; *-s*) doorman, porter
Portion [pɔr'tsjoːn] *f* (*-*; *-en*) portion, share; helping, serving
Portmonee *n* → ***Portemonnaie***
Porto ['pɔrto] *n* (*-s*; *-s*, *-ti*) postage
Porträt [pɔr'trɛː] *n* (*-s*; *-s*) portrait
porträtieren [pɔrtrɛ'tiːrən] *v/t* (*no -ge-*, *h*) portray
Portugal ['pɔrtugal] Portugal
Portugiese [pɔrtu'giːzə] *m* (*-n*; *-n*), **Portu'giesin** *f* (*-*; *-nen*), **portu'giesisch** *adj* Portuguese
Porzellan [pɔrtsɛ'laːn] *n* (*-s*; *-e*) china, porcelain
Posaune [po'zaunə] *f* (*-*; *-n*) MUS trombone; *fig* trumpet
Pose ['poːzə] *f* (*-*; *-n*) pose, attitude
Position [pozi'tsjoːn] *f* (*-*; *-en*) position (*a. fig*)
positiv ['poːzitiːf] *adj* positive
possessiv [pɔsɛ'siːf] *adj* LING possessive; **Posses'sivpro,nomen** *n* LING possessive pronoun
Post® [pɔst] *f* (*-*; *no pl*) mail, *esp Br* post; letters; ***mit der Post®*** by post *or* mail; **Postamt** *n* post office; **Postanweisung** *f* money order; **Postbote** *m* mailman, *Br* postman
Posten ['pɔstən] *m* (*-s*; *-*) post; job, position; MIL sentry; ECON item; lot, parcel
'**Postfach** *n* (PO) box
postieren [pɔs'tiːrən] *v/t* (*no -ge-*, *h*) post, station, place; ***sich ~*** station o.s.
'**Postkarte** *f* postcard
'**Postkutsche** *f* stagecoach
'**postlagernd** *adj* (in care of) general delivery, *Br* poste restante
'**Post|leitzahl** *f* zip code, *Br* post(al) code; **~sparbuch** *n* post-office savings book; **~stempel** *m* postmark
'**postwendend** *adv* by return mail, *Br* by return (of post)
'**Post|wertzeichen** *n* (postage) stamp; **~zustellung** *f* postal *or* mail delivery
Potenz [po'tɛnts] *f* (*-*; *-en*) (*no pl*) MED potency; MATH power
Pracht [praxt] *f* (*-*; *no pl*) splendo(u)r, magnificence
prächtig ['prɛçtɪç] *adj* splendid, magnificent, *fig a.* great, super
Prädikat [prɛdi'kaːt] *n* (*-[e]s*; *-e*) LING predicate
prägen ['prɛːgən] *v/t* (*ge-*, *h*) stamp, coin (*a. fig*)
prahlen ['praːlən] *v/i* (*ge-*, *h*) brag, boast (*both*: ***mit*** of), talk big, show off; **Prahler** ['praːlɐ] *m* (*-s*; *-*) boaster, braggart; **Prahlerei** [praːlə'rai] *f* (*-*; *-en*) boasting, bragging; '**prahlerisch** *adj* boastful; showy
Praktikant [prakti'kant] *m* (*-en*; *-en*), **Prakti'kantin** *f* (*-*; *-nen*) trainee; **Praktiken** ['praktikən] *pl* practices; '**Praktikum** *n* (*-s*; *-ka*) practical training; '**praktisch 1.** *adj* practical; useful, handy; ***~er Arzt*** general practitioner **2.** *adv* practically; virtually; **praktizieren** [prakti'tsiːrən] *v/t* (*no -ge-*, *h*) practice (*Br* practise) medicine *or* law
Prälat [prɛ'laːt] *m* (*-en*; *-en*) REL prelate
Praline [pra'liːnə] *f* (*-*; *-n*) chocolate
prall [pral] *adj* tight; well-rounded; bulging; blazing (*sun*)
prallen ['pralən] *v/i* (*ge-*, *sein*) ***~ gegen*** (*or* ***auf*** *acc*) crash *or* bump into
Prämie ['prɛːmjə] *f* (*-*; *-n*) premium; prize; bonus; **prämieren** [prɛ'miːrən], **prämiieren** [prɛmi'iːrən] *v/t* (*no -ge-*, *h*) award a prize to
Pranke ['praŋkə] *f* (*-*; *-n*) ZO paw (*a.* F)
Präparat [prɛpa'raːt] *n* (*-[e]s*; *-e*) preparation
präparieren [prɛpa'riːrən] *v/t* (*no -ge-*, *h*) prepare; MED, BOT, ZO dissect
Präposition [prɛpozi'tsjoːn] *f* (*-*; *-en*) LING preposition
Prärie [prɛ'riː] *f* (*-*; *-n*) prairie
Präsens ['prɛːzɛns] *n* (*-*; *-sentia* [prɛ'zɛntsja]) LING present (tense)
präsentieren [prɛzɛn'tiːrən] *v/t* (*no -ge-*, *h*) present; offer
Präservativ [prɛzɛrva'tiːf] *n* (*-s*; *-e*) condom
Präsident [prɛzi'dɛnt] *m* (*-en*; *-en*), **Präsi'dentin** *f* (*-*; *-nen*) president; chairman (chairwoman); **präsidieren** [prɛzi'diːrən] *v/i* preside (***in*** *dat* over)
Präsidium [prɛ'ziːdjʊm] *n* (*-s*; *-ien*) presidency
prasseln ['prasəln] *v/i* (*ge-*, *h*) *rain etc*: patter; *fire*: crackle
Präteritum [prɛ'teːritʊm] *n* (*-s*; *-ta*) LING past (tense)
Praxis ['praksɪs] *f* (*-*; *Praxen*) (*no pl*) practice (*a.* MED, JUR); MED doctor's of-

fice, *Br* surgery

Präzedenzfall [prɛtse'dɛntsfal] *m* precedent

präzis [prɛ'tsiːs], **präzise** [prɛ'tsiːzə] *adj* precise; **Präzision** [prɛtsi'zjoːn] *f* (-; *no pl*) precision

predigen ['preːdɪgən] *v/i and v/t* (*ge-, h*) preach

Prediger ['preːdɪgɐ] *m* (*-s*; -), '**Predigerin** *f* (-; *-nen*) preacher

Predigt ['preːdɪçt] *f* (-; *-en*) sermon

Preis [prais] *m* (*-es*; *-e*) price (*a. fig*); prize; *film etc*: award; reward; ***um jeden ~*** at all costs

'**Preisausschreiben** *n* competition

Preiselbeere ['praizəlbeːrə] *f* BOT cranberry

preisen ['praizən] *v/t* (*irr, ge-, h*) praise

'**Preiserhöhung** *f* rise *or* increase in price(s)

'**preisgeben** *v/t* (*irr*, ***geben***, *sep, -ge-, h*) abandon; reveal, give away

'**preisgekrönt** *adj* prize-winning; *film etc*: award-winning

'**Preis|gericht** *n* jury; **~lage** *f* price range; **~liste** *f* price list; **~nachlass** *m* discount; **~rätsel** *n* competition; **~richter(in)** judge; **~schild** *n* price tag; **~stopp** *m* price freeze; **~träger(in)** prizewinner

'**preiswert** *adj* cheap

prellen ['prɛlən] *v/t* (*ge-, h*) *fig* cheat (***um*** out of); ***sich et. ~*** MED bruise s.th.; '**Prellung** *f* (-; *-en*) MED contusion, bruise

Premiere [prə'mjeːrə] *f* (-; *-n*) THEA *etc* first night, première

Premiermi,nister [prə'mjeːminɪstɐ] *m*, **Pre'miermi,nisterin** [prə'mjeːminɪstərɪn] *f* prime minister

Presse ['prɛsə] *f* (-; *-n*) (*no pl*) press; squeezer; **~...** *in cpds ...agentur, ...konferenz, ...fotograf etc*: press ...; **~freiheit** *f* freedom of the press; **~meldung** *f* news item

'**pressen** *v/t* (*ge-, h*) press; squeeze

'**Presse|tri,büne** *f* press box; **~vertreter** *m* reporter

'**Pressluft** *f* compressed air; **~...** *in cpds ...bohrer, ...hammer etc*: pneumatic ...

Prestige [prɛs'tiːʒə] *n* (*-s*; *no pl*) prestige; **~verlust** *m* loss of prestige *or* face

Preuße ['prɔʏsə] *m* (*-n*; *-n*), '**Preußin** *f* (-; *-nen*), '**preußisch** *adj* Prussian

prickeln ['prɪkəln] *v/i* (*ge-, h*) prickle; tingle

pries [priːs] *pret of* ***preisen***

Priester ['priːstɐ] *m* (*-s*; -) priest; **Priesterin** ['priːstərɪn] *f* (-; *-nen*) priestess; '**priesterlich** *adj* priestly

prima ['priːma] F *adj* great, super

primär [pri'mɛːɐ] *adj* primary

Primar|arzt [pri'maːɐˀaːɐtst] *Austrian m* → ***Oberarzt***; **~schule** *Swiss f* → ***Grundschule***

Primel ['priːməl] *f* (-; *-n*) BOT primrose

primitiv [primi'tiːf] *adj* primitive

Prinz [prɪnts] *m* (*-en*; *-en*) prince

Prinzessin [prɪn'tsɛsɪn] *f* (-; *-nen*) princess

'**Prinzgemahl** *m* prince consort

Prinzip [prɪn'tsiːp] *n* (*-s*; *-ien*) principle (***aus*** on; ***im*** in); **prinzipiell** [prɪntsi'pjɛl] *adv* as a matter of principle

Prise ['priːzə] *f* (-; *-n*) ***e-e ~ Salz*** *etc* a pinch of salt *etc*

Prisma ['prɪsma] *n* (*-s*; *-men*) prism

Pritsche ['prɪtʃə] *f* (-; *-n*) plank bed; MOT platform

privat [pri'vaːt] *adj* private; personal

Pri'vat... *in cpds ...leben, ...schule, ...detektiv etc*: private ...; **~angelegenheit** *f* personal *or* private matter *or* affair; ***das ist m-e ~*** that's my own business

Privileg [privi'leːk] *n* (*-[e]s*; *-gien* [privi'leːgjən]) privilege

pro [proː] *prp* (*acc*) per; ***2 Euro ~ Stück*** two euros each

Pro *n*: ***das ~ und Kontra*** the pros and cons

Probe ['proːbə] *f* (-; *-n*) trial, test; sample; THEA rehearsal; MATH proof; ***auf ~*** on probation; ***auf die ~ stellen*** put to the test; **~a,larm** *m* test alarm, fire drill; **~aufnahmen** *pl film*: screen test; **~fahrt** *f* test drive; **~flug** *m* test flight

'**proben** *v/i and v/t* (*ge-, h*) THEA *etc* rehearse

'**probeweise** *adv* on trial; on probation

'**Probezeit** *f* (time of) probation

probieren [pro'biːrən] *v/t* (*no -ge-, h*) try; taste

Problem [pro'bleːm] *n* (*-s*; *-e*) problem

problematisch [proble'maːtɪʃ] *adj* problematic(al)

Produkt [pro'dʊkt] *n* (*-[e]s*; *-e*) product (*a.* MATH); result

Produktion [prodʊk'tsjo:n] *f* (-; *-en*) production; output
produktiv [prodʊk'ti:f] *adj* productive
Produktivität [prodʊktivi'tɛ:t] *f* (-; *no pl*) productivity
Produzent [produ'tsɛnt] *m* (*-en*; *-en*), **Produ'zentin** *f* (-; *-nen*) producer; **produzieren** [produ'tsi:rən] *v/t* (*no -ge-*, *h*) produce
professionell [profɛsjo'nɛl] *adj* professional
Professor [pro'fɛso:ɐ] *m* (*-s*; *-en* [profɛ'so:rən]), **Profes'sorin** *f* (-; *-nen*) professor
Professur [profɛ'su:ɐ] *f* (-; *-en*) professorship, chair (***für*** of)
Profi ['pro:fi] *m* (*-s*; *-s*) pro; *~...in cpds ...boxer, ...fußballer etc*: professional
Profil [pro'fi:l] *n* (*-s*; *-e*) profile; MOT tread; **profilieren** [profi'li:rən] *v/refl* (*no -ge-*, *h*) distinguish o.s.
Profit [pro'fi:t] *m* (-[*e*]*s*; *-e*) profit
profitieren [profi'ti:rən] *v/i* (*no -ge-*, *h*) profit (***von*** *or* ***bei et.*** from *or* by s.th.)
Prognose [pro'gno:zə] *f* (-; *-n*) prediction; METEOR forecast; MED prognosis
Programm [pro'gram] *n* (*-s*; *-e*) program(me *Br*), TV *a.* channel; IT program; **~fehler** *m* IT program error, bug
programmieren [progra'mi:rən] *v/t* (*no -ge-*, *h*) program (*a.* IT)
Programmierer [progra'mi:rɐ] *m* (*-s*; -), **Program'miererin** *f* (-; *-nen*) IT programmer
Projekt [pro'jɛkt] *n* (-[*e*]*s*; *-e*) project
Projektion [projɛk'tsjo:n] *f* (-; *-en*) projection; **Projektor** [pro'jɛkto:ɐ] *m* (*-s*; *-en* [projɛk'to:rən]) projector
proklamieren [prokla'mi:rən] *v/t* (*no -ge-*, *h*) proclaim
Prokurist [proku'rɪst] *m* (*-en*; *-en*), **Proku'ristin** *f* (-; *-nen*) authorized signatory
Proletarier [prole'ta:rjɐ] *m* (*-s*; -), **proletarisch** [prole'ta:rɪʃ] *adj* proletarian
Prolog [pro'lo:k] *m* (-[*e*]*s*; *-e*) prologue
Promillegrenze [pro'mɪləgrɛntsə] *f* (blood) alcohol limit
prominent [promi'nɛnt] *adj* prominent
Prominenz [promi'nɛnts] *f* (-; *no pl*) notables; high society
Promotion [promo'tsjo:n] *f* (-; *-en*) UNIV doctorate; **promovieren** [promo'vi:rən] *v/i* (*no -ge-*, *h*) do one's doctorate
prompt [prɔmpt] *adj* prompt; quick
Pronomen [pro'no:mən] *n* (*-s*; *-mina*) LING pronoun
Propeller [pro'pɛlɐ] *m* (*-s*; -) propeller
Prophet [pro'fe:t] *m* (*-en*; *-en*) prophet; **pro'phetisch** *adj* prophetic
prophezeien [profe'tsaiən] *v/t* (*no -ge-*, *h*) prophesy, predict; **Prophe'zeiung** *f* (-; *-en*) prophecy, prediction
Proportion [propɔr'tsjo:n] *f* (-; *-en*) proportion
Proporz [pro'pɔrts] *m* (*-es*; *-e*) POL proportional representation
Prosa ['pro:za] *f* (-; *no pl*) prose
Prospekt [pro'spɛkt] *m* (-[*e*]*s*; *-e*) prospectus; brochure, pamphlet
prost [pro:st] *int* cheers!
Prostituierte [prostitu'i:ɐtə] *f* (*-n*; *-n*) prostitute
Protest [pro'tɛst] *m* (-[*e*]*s*; *-e*) protest; ***aus ~*** in (*or* as a) protest
Protestant [protɛs'tant] *m* (*-en*; *-en*), **Protes'tantin** *f* (-; *-nen*), **protes'tantisch** *adj* REL Protestant
protestieren [protɛs'ti:rən] *v/i* (*no -ge-*, *h*) protest
Prothese [pro'te:zə] *f* (-; *-n*) MED artificial limb; denture
Protokoll [proto'kɔl] *n* (*-s*; *-e*) record, minutes; protocol; (***das***) ***~ führen*** take *or* keep the minutes; ***zu ~ nehmen*** JUR record; **~führer** *m* keeper of the minutes
protokollieren [protokɔ'li:rən] *v/t and v/i* (*no -ge-*, *h*) take the minutes (of); JUR record
protzen ['prɔtsən] F *v/i* (*ge-*, *h*) show off (***mit et.*** s.th.)
protzig ['prɔtsɪç] *adj* showy, flashy
Proviant [pro'vjant] *m* (*-s*; *no pl*) provisions, food
Provinz [pro'vɪnts] *f* (-; *-en*) province; *fig* country; **provinziell** [provɪn'tsjɛl] *adj* provincial (*a. contp*)
Provision [provi'zjo:n] *f* (-; *-en*) ECON commission
provisorisch [provi'zo:rɪʃ] *adj* provisional, temporary
provozieren [provo'tsi:rən] *v/t* (*no -ge-*, *h*) provoke
Prozent [pro'tsɛnt] *n* (-[*e*]*s*; *-e*) per cent; F *pl* discount; **~satz** *m* percentage
prozentual [protsɛn'tua:l] *adj* propor-

P

tional; **~er Anteil** percentage
Prozess[pro'tsɛs] *m* (*-es*; *-e*) process (*a.* TECH, CHEM *etc*); JUR action; lawsuit, case; trial; ***j-m den ~ machen*** take s.o. to court; ***e-n ~ gewinnen*** (***verlieren***) win (lose) a case; **prozessieren** [protsɛ'siːrən] *v/i* (*no -ge-*, *h*) JUR go to court; ***gegen j-n ~*** bring an action against s.o., take s.o. to court
Prozession[protsɛ'sjoːn] *f* (*-*; *-en*) procession
Prozessor [pro'tsɛsoːɐ] *m* (*-s*; *-en* [protsɛ'soːrən]) IT processor
prüde['pryːdə] *adj* prudish; ***~ sein*** be a prude
prüfen['pryːfən] *v/t* (*ge-*, *h*) PED *etc* examine, test (*a.* TECH); check; inspect (*a.* TECH); *fig* consider; **~d** *adj* searching
Prüfer['pryːfɐ] *m* (*-s*; *-*), '**Prüferin** *f* (*-*; *-nen*) PED *etc* examiner; *esp* TECH tester
Prüfling['pryːflɪŋ] *m* (*-s*; *-e*) candidate
'**Prüfstein** *m* touchstone (***für*** of)
'**Prüfung** *f* (*-*; *-en*) examination, F exam; test; check(ing), inspection; ***e-e ~ machen*** (***bestehen, nicht bestehen***) take (pass, fail) an exam(ination)
'**Prüfungsarbeit** *f* examination *or* test paper
Prügel['pryːgəl] F *pl* (***e-e Tracht***) ***~ bekommen*** get a (good) beating *or* hiding *or* thrashing; **Prüge'lei** F *f* (*-*; *-en*) fight; '**prügeln** F *v/t* (*ge-*, *h*) beat, flog; ***sich ~*** (have a) fight; '**Prügelstrafe** *f* corporal punishment
Prunk [prʊŋk] *m* (*-[e]s*; *no pl*) splendo(u)r, pomp; '**prunkvoll** *adj* splendid, magnificent
PS [peː'ʔɛs] *abbr of* ***Pferdestärke*** horsepower, HP
Psalm[psalm] *m* (*-s*; *-en*) REL psalm
Pseudonym [psɔʏdo'nyːm] *n* (*-s*; *-e*) pseudonym
pst[pst] *int* sh!, ssh!; psst!
Psyche['psyːçə] *f* (*-*; *-n*) mind, psyche
Psychiater[psy'çjaːtɐ] *m* (*-s*; *-*), **Psy'chiaterin** *f* (*-*; *-nen*) psychiatrist; **psychiatrisch**[psy'çjaːtrɪʃ] *adj* psychiatric
psychisch['psyːçɪʃ] *adj* mental, MED *a.* psychic
Psychoana'lyse ['psyçoanalyːzə] *f* psychoanalysis
Psychologe [psyço'loːgə] *m* (*-n*; *-n*) psychologist (*a. fig*); **Psychologie** [psyçolo'giː] *f* (*-*; *no pl*) psychology; **Psycho'login** *f* (*-*; *-nen*) psychologist; **psycho'logisch** *adj* psychological
Psychose[psy'çoːzə] *f* (*-*; *-n*) MED psychosis
psychosomatisch [psyçozo'maːtɪʃ] *adj* MED psychosomatic
Pubertät[pubɛr'tɛːt] *f* (*-*; *no pl*) puberty
Publikum['puːblikʊm] *n* (*-s*; *no pl*) audience, TV *a.* viewers, *radio*: *a.* listeners; SPORT crowd, spectators; ECON customers; public
publizieren[publi'tsiːrən] *v/t* (*no -ge-*, *h*) publish
Pudding['pʊdɪŋ] *m* (*-s*; *-e*, *-s*) pudding, *esp Br* blancmange
Pudel['puːdəl] *m* (*-s*; *-*) ZO poodle
Puder['puːdɐ] *m* (*-s*; *-*) powder
'**Puderdose** *f* powder compact
'**pudern** *v/t* (*ge-*, *h*) powder; ***sich ~*** powder one's face
'**Puderzucker** *m* confectioner's (*Br* icing) sugar
Puff[1] [pʊf] F *m* (*-s*; *-s*) brothel
Puff[2] *m* (*-[e]s*; *Püffe* ['pʏfə]) hump; poke
Puffer['pʊfɐ] *m* (*-s*; *-*) RAIL buffer (*a. fig*)
'**Puffmais** *m* popcorn
Pulli['pʊli] F *m* (*-s*; *-s*) (light) sweater
Pullover [pʊ'loːvɐ] *m* (*-s*; *-*) sweater, pullover
Puls[pʊls] *m* (*-es*; *-e*) MED pulse; pulse rate; **~ader** *f* ANAT artery
pulsieren [pʊl'ziːrən] *v/i* (*no -ge-*, *h*) MED pulsate (*a. fig*)
Pult[pʊlt] *n* (*-[e]s*; *-e*) desk
Pulver['pʊlvɐ] *n* (*-s*; *-*) powder; F cash, *sl* dough; **pulv(e)rig** ['pʊlv(ə)rɪç] *adj* powdery; **pulverisieren** [pʊlveri'ziːrən] *v/t* (*no -ge-*, *h*) pulverize
'**Pulverkaffee** *m* instant coffee
'**Pulverschnee** *m* powder snow
pumm(e)lig['pʊm(ə)lɪç] F *adj* chubby, plump, tubby
Pumpe['pʊmpə] *f* (*-*; *-n*) TECH pump
'**pumpen** *v/i and v/t* TECH pump; F lend; borrow
Punker['paŋkɐ] F *m* (*-s*; *-*), '**Punkerin** *f* (*-*; *-nen*) punk
Punkt[pʊŋkt] *m* (*-[e]s*; *-e*) point (*a. fig*); dot; full stop, period; *fig* spot, place; ***um ~ zehn*** (***Uhr***) at ten (o'clock) sharp; ***nach ~en gewinnen*** *etc* SPORT win *etc* on points

punktieren [pʊŋk'tiːrən] *v/t* (*no -ge-*, *h*) dot; MED puncture
pünktlich ['pʏŋktlɪç] *adj* punctual; ~ ***sein*** be on time; '**Pünktlichkeit** *f* (-; *no pl*) punctuality
'**Punkt|sieger** *m* SPORT winner on points; ~**spiel** *n* SPORT league game
Pupille [pu'pɪlə] *f* (-; *-n*) ANAT pupil
Puppe ['pʊpə] *f* (-; *-n*) doll, F *a.* chick; THEA puppet (*a. fig*); MOT dummy; ZO chrysalis, pupa
'**Puppen|spiel** *n* puppet show; ~**stube** *f* doll's house; ~**wagen** *m* doll carriage, *Br* doll's pram
pur [puːɐ] *adj* pure (*a. fig*); *whisky etc*: straight, *Br* neat
Purpur ['pʊrpʊr] *m* (*-s*; *no pl*) crimson
'**purpurrot** *adj* crimson
Purzelbaum ['pʊrtsəlbaum] *m* somersault; ***e-n*** ~ ***schlagen*** turn a somersault
purzeln ['pʊrtsəln] *v/i* (*ge-*, *sein*) tumble
Pute ['puːtə] *f* (-; *-n*) ZO turkey (hen)
Puter ['puːtɐ] *m* (*-s*; -) ZO turkey (cock)
Putsch [pʊtʃ] *m* (-[*e*]*s*; *-e*) putsch, coup (d'état); '**putschen** *v/i* (*ge-*, *h*) revolt, make a putsch
Putz [pʊts] *m* (*-es*; *no pl*) ARCH plaster (-ing); ***unter*** ~ ELECTR concealed
putzen ['pʊtsən] (*ge-*, *h*) **1.** *v/t* clean; polish; wipe; ***sich die Nase*** ~ blow one's nose; ***sich die Zähne*** ~ brush one's teeth **2.** *v/i* do the cleaning; ~ (***gehen***) work as a cleaner
'**Putzfrau** *f* cleaner, cleaning woman *or* lady
putzig ['pʊtsɪç] *adj* funny, cute
'**Putzlappen** *m* cleaning rag
'**Putzmittel** *n* clean(s)er; polish
Puzzle ['pazəl] *n* (*-s*; *-s*) jigsaw (puzzle)
Pyjama [py'dʒaːma] *m* (*-s*; *-s*) pajamas, *Br* pyjamas
Pyramide [pyra'miːdə] *f* (-; *-n*) pyramid

Q

Quacksalber ['kvakzalbɐ] *m* (*-s*; -) quack (doctor)
Quadrat [kva'draːt] *n* (-[*e*]*s*; *-e*) square; ***ins*** ~ ***erheben*** MATH square; ~... *in cpds* ...*meile*, ...*meter*, ...*wurzel*, ...*zahl etc*: square ...; **qua'dratisch** *adj* square; MATH quadratic
quaken ['kvaːkən] *v/i* (*ge-*, *h*) *duck*: quack; *frog*: croak
quäken ['kvɛːkən] *v/i* (*ge-*, *h*) squeak
Qual [kvaːl] *f* (-; *-en*) pain, torment, agony; anguish
quälen ['kvɛːlən] *v/t* (*ge-*, *h*) torment (*a. fig*); torture; *fig* pester, plague
Qualifikation [kvalifika'tsjoːn] *f* (-; *-en*) qualification; **Qualifikati'ons...** *in cpds* ...*spiel etc*: qualifying ...
qualifizieren [kvalifi'tsiːrən] *v/t and v/refl* (*no -ge-*, *h*) qualify
Qualität [kvali'tɛːt] *f* (-; *-en*) quality
qualitativ [kvalita'tiːf] *adj and adv* in quality
Quali'täts... *in cpds* ...*arbeit*, ...*waren etc*: high-quality ...
Qualm [kvalm] *m* (-[*e*]*s*; *no pl*) (thick) smoke; **qualmen** ['kvalmən] *v/i* (*ge-*, *h*) smoke; F be a heavy smoker
'**qualvoll** *adj* very painful; agonizing
Quantität [kvanti'tɛːt] *f* (-; *-en*) quantity; **quantitativ** [kvantita'tiːf] *adj and adv* in quantity
Quantum ['kvantʊm] *n* (*-s*; *Quanten*) amount, *fig a.* share
Quarantäne [karan'tɛːnə] *f* (-; *-n*) (***unter*** ~ ***stellen*** put in) quarantine
Quark [kvark] *m* (*-s*; *no pl*) curd, cottage cheese
Quartal [kvar'taːl] *n* (*-s*; *-e*) quarter (of a year)
Quartett [kvar'tɛt] *n* (-[*e*]*s*; *-e*) MUS quartet(te)
Quartier [kvar'tiːɐ] *n* (*-s*; *-e*) accommodation; *Swiss*: quarter
Quarz [kvaːɐts] *m* (*-es*; *-e*) MIN quartz
Quatsch [kvatʃ] F *m* (-[*e*]*s*; *no pl*) nonsense, rubbish, *sl* rot, crap, bullshit; ~ ***machen*** fool around; joke, F kid
quatschen ['kvatʃən] F *v/i* (*ge-*, *h*) talk rubbish; chat
Quecksilber ['kvɛkzɪlbɐ] *n* (*-s*; *no pl*) mercury, quicksilver
Quelle ['kvɛlə] *f* (-; *-n*) spring, source (*a.*

fig), well, *fig a.* origin; '**quellen** *v/i* (*irr, ge-, sein*) pour (***aus*** from)
'**Quellenangabe** *f* reference
quengeln ['kvɛŋəln] F *v/i* (*ge-, h*) whine
quer [kveːɐ] *adv* across; crosswise; ***kreuz und ~*** all over the place; ***kreuz und ~ durch Deutschland fahren*** travel all over Germany; **Quere** ['kveːrə] *f*: F ***j-m in die ~ kommen*** get in s.o.'s way
Querfeld'einlauf *m* SPORT cross-country race
'**Querlatte** *f* SPORT crossbar
'**Querschläger** *m* MIL ricochet
'**Querschnitt** *m* cross-section (*a. fig*)
'**querschnitt(s)gelähmt** *adj* MED paraplegic
'**Querstraße** *f* intersecting road; ***zweite ~ rechts*** second turning on the right
Querulant [kveru'lant] *m* (*-en; -en*), **Queru'lantin** *f* (*-; -nen*) querulous person
quetschen ['kvɛtʃən] *v/t and v/refl* (*ge-, h*) squeeze; MED bruise (o.s.)
'**Quetschung** *f* (*-; -en*) MED bruise
quiek(s)en ['kviːk(s)ən] *v/i* (*ge-, h*) squeak, squeal
quietschen ['kviːtʃən] *v/i* (*ge-, h*) squeal; screech; squeak, creak
quitt [kvɪt] *adj*: ***mit j-m ~ sein*** be quits *or* even with s.o. (*a. fig*)
quittieren [kvɪ'tiːrən] *v/t* (*no -ge-, h*) ECON give a receipt for
'**Quittung** *f* (*-; -en*) receipt; *fig* answer
quoll [kvɔl] *pret of* ***quellen***
Quote ['kvoːtə] *f* (*-; -n*) quota; share; rate
'**Quotenregelung** *f* quota system
Quotient [kvo'tsjɛnt] *m* (*-en; -en*) MATH quotient

R

Rabatt [ra'bat] *m* (*-[e]s; -e*) ECON discount, rebate
Rabe ['raːbə] *m* (*-n; -n*) ZO raven
rabiat [ra'bjaːt] *adj* rough, tough
Rache ['raxə] *f* (*-; no pl*) revenge; ***aus ~ für*** in revenge for
Rachen ['raxən] *m* (*-s; -*) ANAT throat
rächen ['rɛçən] *v/t* (*ge-, h*) avenge *s.th.*; revenge *s.o.*; ***sich an j-m für et. ~*** revenge o.s. *or* take revenge on s.o. for s.th.; **Rächer** ['rɛçɐ] *m* (*-s; -*) avenger
rachsüchtig ['raxzʏçtɪç] *adj* revengeful, vindictive
Rad [raːt] *n* (*-[e]s; Räder* ['rɛːdɐ]) wheel; bicycle, F bike; ***~ fahren*** cycle, ride a bicycle, F bike; ***ein ~ schlagen*** *peacock*: spread its tail; SPORT turn a (cart)wheel
Radar [ra'daːɐ] *m, n* (*-s; -e*) radar; **~falle** *f* MOT speed trap; **~kon͵trolle** *f* MOT radar speed check; **~schirm** *m* radar screen; **~stati͵on** *f* radar station
radeln ['raːdəln] F *v/i* (*ge-, sein*) bike
Rädelsführer ['rɛːdəlsfyːrɐ] *m* ringleader
Räderwerk ['rɛːdɐvɛrk] *n* TECH gearing
'**Radfahrer** *m* (*-s; -*), '**Radfahrerin** *f* (*-; -nen*) cyclist
radieren [ra'diːrən] *v/t* (*no -ge-, h*) erase, rub out; *art*: etch
Radiergummi [ra'diːɐgʊmi] *m* eraser, *Br a.* rubber
Ra'dierung *f* (*-; -en*) *art*: etching
Radieschen [ra'diːsçən] *n* (*-s; -*) BOT (red) radish
radikal [radi'kaːl] *adj*, **Radi'kale** *m, f* (*-n; -n*) radical; **Radikalismus** [radika'lɪsmʊs] *m* (*-; no pl*) radicalism
Radio ['raːdjo] *n* (*-s; -s*) radio; ***im ~*** on the radio; ***~ hören*** listen to the radio
radioak'tiv [radjoak'tiːf] *adj* PHYS radioactive; ***~er Niederschlag*** fall-out
Radioaktivi'tät *f* (*-; no pl*) radioactivity
'**Radiowecker** *m* clock radio
Radius ['raːdjʊs] *m* (*-s; Radien*) radius
'**Rad|kappe** *f* hubcap; **~rennbahn** *f* cycling track; **~rennen** *n* cycle race; **~sport** *m* cycling; **~sportler** *m* cyclist; **~weg** *m* cycle track *or* path, bikeway
raffen ['rafən] *v/t* (*ge-, h*) gather up; ***an sich ~*** grab
Raffinerie [rafinə'riː] *f* (*-; -n*) CHEM refinery
Raffinesse [rafi'nɛsə] *f* (*-; -n*) (*no pl*) shrewdness; refinement
raffiniert [rafi'niːɐt] *adj* refined (*a. fig*);

R

fig shrewd, clever

ragen ['raːgən] *v/i* (*ge-*, *h*) tower (up), rise (high)

Rahe ['raːə] *f* (-; *-n*) MAR yard

Rahm [raːm] *m* (-[*e*]*s*; *no pl*) cream

rahmen ['raːmən] *v/t* (*ge-*, *h*) frame; PHOT mount; '**Rahmen** *m* (*-s*; -) frame; *fig* framework; setting; scope; ***aus dem ~ fallen*** be out of the ordinary

Rakete [ra'keːtə] *f* (-; *-n*) rocket, MIL *a.* missile; ***ferngelenkte ~*** guided missile; ***e-e ~ abfeuern*** (***starten***) launch a rocket *or* missile

Ra'keten|antrieb *m* rocket propulsion; ***mit ~*** rocket-propelled; **~basis** *f* MIL rocket *or* missile base *or* site

rammen ['ramən] *v/t* (*ge-*, *h*) ram; MOT *etc* hit, collide with

Rampe ['rampə] *f* (-; *-n*) (loading) ramp

'**Rampenlicht** *n* (-[*e*]*s*; *no pl*) THEA footlights; *fig* limelight

Ramsch [ramʃ] F *m* (*-es*; *no pl*) junk

Rand [rant] *m* (-[*e*]*s*; *Ränder* ['rɛndɐ]) edge, border; brink (*a. fig*); rim; brim; margin; ***am ~(e) des Ruins*** *etc* on the brink of ruin *etc*

randalieren [randa'liːrən] *v/i* (*no -ge-*, *h*) kick up a racket; **Randalierer** [randa'liːrɐ] *m* (*-s*; -) rowdy, hooligan

'**Rand|bemerkung** *f* marginal note; *fig* comment; **~gruppe** *f* fringe group

'**randlos** *adj* rimless

'**Randstreifen** *m* MOT shoulder

rang [raŋ] *pret of* ***ringen***

Rang *m* (-[*e*]*s*; *Ränge* ['rɛŋə]) position, rank (*a.* MIL); THEA balcony, *Br* circle; *pl* SPORT terraces

rangieren [raŋ'ʒiːrən] (*no -ge-*, *h*) **1.** *v/t* RAIL switch, *Br* shunt **2.** *fig v/i* rank (***vor j-m*** before s.o.)

'**Rangordnung** *f* hierarchy

Ranke ['raŋkə] *f* (-; *-n*) BOT tendril

'**ranken** *v/refl* (*ge-*, *h*) BOT creep, climb

rann [ran] *pret of* ***rinnen***

rannte ['rantə] *pret of* ***rennen***

Ranzen ['rantsən] *m* (*-s*; -) knapsack; satchel

ranzig ['rantsɪç] *adj* rancid, rank

Rappe ['rapə] *m* (*-n*; *-n*) ZO black horse

rar [raːɐ] *adj* rare, scarce

Rarität [rari'tɛːt] *f* (-; *-en*) curiosity; (*no pl*) rarity

rasch [raʃ] *adj* quick, swift; prompt

rascheln ['raʃəln] *v/i* (*ge-*, *h*) rustle

rasen ['raːzən] *v/i* (*ge-*, *sein*) F MOT race, tear, speed; (*ge-*, *h*) rage; ***~ vor Begeisterung*** roar with enthusiasm

'**Rasen** *m* (*-s*; -) lawn, grass

'**rasend** *adj* breakneck; raging; agonizing; splitting; thunderous

'**Rasen|mäher** *m* lawn mower; **~platz** *m* lawn; *tennis*: grass court

Raserei [raːzə'rai] *f* (-; *-en*) (*no pl*) frenzied rage; frenzy, madness; F MOT reckless driving

Rasier|appa͵rat [ra'ziːɐapara:t] *m* (safety) razor; *esp* ***elektrischer ~*** shaver; **~creme** *f* shaving cream

rasieren [ra'ziːrən] *v/t and v/refl* (*no -ge-*, *h*) shave

Ra'sier|klinge *f* razor blade; **~messer** *n* (straight) razor; **~pinsel** *m* shaving brush; **~seife** *f* shaving soap; **~wasser** *n* aftershave (lotion)

Rasse ['rasə] *f* (-; *-n*) race; ZO breed

'**Rassehund** *m* ZO pedigree dog

Rassel ['rasəl] *f* (-; *-n*), '**rasseln** *v/i* (*ge-*, *h*) rattle

'**Rassen...** *in cpds ...diskriminierung, ...konflikt, ...probleme etc*: *mst* racial ...; **~trennung** *f* POL (racial) segregation; HIST apartheid; **~unruhen** *pl* race riots

rassig ['rasɪç] *adj* classy

rassisch ['rasɪʃ] *adj* racial

Rassismus [ra'sɪsmʊs] *m* (-; *no pl*) POL racism; **Ras'sist(in)** (*-en*; *-en*/-; *-nen*), **ras'sistisch** *adj* POL racist

Rast [rast] *f* (-; *-en*) rest, stop; break; **rasten** ['rastən] *v/i* (*ge-*, *h*) rest, stop, take a break; '**rastlos** *adj* restless

'**Rastplatz** *m* resting place; MOT rest area, *Br* lay-by

'**Raststätte** *f* MOT service area

Rasur [ra'zuːɐ] *f* (-; *-en*) shave

Rat [raːt] *m* (-[*e*]*s*; *Räte* ['rɛːtə]) (*no pl*) (piece of) advice; council; ***j-n um ~ fragen*** ask s.o.'s advice; ***j-s ~ befolgen*** take s.o.'s advice

Rate ['raːtə] *f* (-; *-n*) rate; ECON instal(l)ment; ***auf ~n*** by instal(l)ments

raten ['raːtən] *v/t and v/i* (*irr*, *ge-*, *h*) advise; guess; solve; ***j-m zu et. ~*** advise s.o. to do s.th.; ***rate mal!*** (have a) guess!

'**Ratenzahlung** *f* → ***Abzahlung***

'**Rateteam** *n* TV *etc* panel

Ratgeber ['raːtgeːbɐ] *m* (*-s*; -),

'**Ratgeberin** *f* (-; *-nen*) adviser, counsel(l)or; *m* guide (***über*** *acc* to)
'**Rathaus** *n* city (*Br* town) hall
ratifizieren [ratifi'tsiːrən] *v/t* (*no -ge-*, *h*) ratify
Ration [ra'tsjoːn] *f* (-; *-en*) ration
rational [ratsjo'naːl] *adj* rational
rationell [ratsjo'nɛl] *adj* efficient; economical
rationieren [ratsjo'niːrən] *v/t* (*no -ge-*, *h*) ration
'**ratlos** *adj* at a loss
'**ratsam** *adj* advisable, wise
'**Ratschlag** *m* piece of advice; ***ein paar gute Ratschläge*** some good advice
Rätsel ['rɛːtsəl] *n* (*-s*; -) puzzle; riddle (*both a. fig*); mystery
'**rätselhaft** *adj* puzzling; mysterious
Ratte ['ratə] *f* (-; *-n*) ZO rat (*a. contp*)
rattern ['ratɐn] *v/i* (*ge-*, *h*, *sein*) rattle, clatter
rau [rau] *adj* rough, rugged (*both a. fig*); harsh; chapped; sore
Raub [raup] *m* (*-[e]s*; *no pl*) robbery; loot, booty; prey; **~bau** *m* (*-[e]s*; *no pl*) overexploitation (***an*** *dat* of); ***~ mit s-r Gesundheit treiben*** ruin one's health
rauben ['raubən] *v/t* (*ge-*, *h*) rob, steal; kidnap; ***j-m et. ~*** rob s.o. of s.th. (*a. fig*)
Räuber ['rɔʏbɐ] *m* (*-s*; -) robber
'**Raub|fisch** *m* predatory fish; **~mord** *m* murder with robbery; **~mörder** *m* murderer and robber; **~tier** *n* beast of prey; **~überfall** *m* holdup, (armed) robbery; mugging; **~vogel** *m* bird of prey; **~zug** *m* raid
Rauch [raux] *m* (*-[e]s*; *no pl*) smoke; CHEM *etc* fume; **rauchen** ['rauxən] *v/i and v/t* (*ge-*, *h*) smoke; CHEM *etc* fume; ***Rauchen verboten!*** no smoking; ***Pfeife ~*** smoke a pipe; **Raucher(in)** ['rauxɐ, 'rauxərɪn] *m(f)* (*-s*; *-/-*; *-nen*) smoker (*m a.* RAIL)
Räucher... ['rɔʏçɐ-] *in cpds ...aal*, *...speck etc*: smoked ...
'**räuchern** *v/t* (*ge-*, *h*) smoke
'**Räucherstäbchen** *n* joss stick
'**Rauchfahne** *f* trail of smoke
rauchig ['rauxɪç] *adj* smoky
'**Rauch|waren** *pl* tobacco products; furs; **~zeichen** *n* smoke signal
Räude ['rɔʏdə] *f* (-; *-n*) VET mange
'**räudig** *adj* VET mangy
raufen ['raufən] (*ge-*, *h*) **1.** *v/t*: ***sich die Haare ~*** tear one's hair **2.** *v/i* fight, scuffle; **Rauferei** [raufə'rai] *f* (-; *-en*) fight, scuffle
Raum [raum] *m* (*-[e]s*; *Räume* ['rɔʏmə]) room; space; area; (outer) space; **~anzug** *m* spacesuit; **~deckung** *f* SPORT zone marking
räumen ['rɔʏmən] *v/t* (*ge-*, *h*) leave, move out of; check out of; clear (***von*** of); evacuate (*a.* MIL); ***s-e Sachen in ...*** (*acc*) **~** put one's things (away) in ...
'**Raum|fähre** *f* space shuttle; **~fahrer** F *m* spaceman; **~fahrt** *f* (-; *no pl*) space travel *or* flight; astronautics; **~fahrt...** *in cpds ...technik*, *...zentrum etc*: space ...; **~flug** *m* space flight; **~inhalt** *m* volume; **~kapsel** *f* space capsule; **~la͵bor** *n* space lab
räumlich ['rɔʏmlɪç] *adj* three-dimensional
'**Raum|schiff** *n* spacecraft; spaceship; **~sonde** *f* space probe; **~stati͵on** *f* space station
'**Räumung** *f* (-; *-en*) clearance; evacuation (*a.* MIL); JUR eviction
'**Räumungsverkauf** *m* ECON clearance sale
raunen ['raunən] *v/i* (*ge-*, *h*) whisper, murmur
Raupe ['raupə] *f* (-; *-n*) ZO caterpillar, TECH *a.* track; '**Raupenschlepper** *m* MOT caterpillar® tractor
'**Raureif** *m* hoarfrost
raus [raus] F *int* get out (of here)!
Rausch [rauʃ] *m* (*-es*; *Räusche* ['rɔʏʃə]) drunkenness, intoxication; F high; *fig* ecstasy; ***e-n ~ haben*** be drunk; ***s-n ~ ausschlafen*** sleep it off
rauschen ['rauʃən] *v/i* (*ge-*, *h*) *water etc*: rush; *brook*: murmur; *storm*: roar; (*ge-*, *sein*) sweep; **~d** *adj* thunderous (*applause*); ***~es Fest*** lavish celebration
'**Rauschgift** *n* drug(s), narcotic(s); **~dezer͵nat** *n* narcotics *or* drugs squad; **~handel** *m* drug traffic(king); **~händler** *m* drug trafficker, F pusher
räuspern ['rɔʏspɐn] *v/refl* (*ge-*, *h*) clear one's throat
Razzia ['ratsja] *f* (-; *-ien*) raid, roundup
Reagenzglas [rea'gɛntsglaːs] *n* CHEM test tube
reagieren [rea'giːrən] *v/i* (*no -ge-*, *h*) CHEM, MED react (***auf*** *acc* to), *fig a.* re-

R

spond (to); **Reaktion** [reak'tsjoːn] *f* (-; -*en*) CHEM, MED, PHYS, POL reaction (***auf*** *acc* to), *fig a.* response (to)
Reaktor [re'aktoːɐ] *m* (-*s*; -*en* [reak'toːrən]) PHYS (nuclear *or* atomic) reactor
real [re'aːl] *adj* real; concrete
realisieren [reali'ziːrən] *v/t* (*no -ge-, h*) realize
Realismus [rea'lɪsmʊs] *m* (-; *no pl*) realism; **rea'listisch** *adj* realistic
Realität [reali'tɛːt] *f* (-; *no pl*) reality
Re'alschule *f appr* (junior) highschool, *Br* secondary (modern) school
Rebe ['reːbə] *f* (-; -*n*) BOT vine
Rebell [re'bɛl] *m* (-*en*; -*en*) rebel
rebellieren [rebɛ'liːrən] *v/i* (*no -ge-, h*) rebel, revolt, rise (*all*: ***gegen*** against)
Re'bellin *f* (-; -*nen*) rebel
re'bellisch *adj* rebellious
Rebhuhn ['reːphuːn] *n* ZO partridge
'Rebstock *m* BOT vine
Rechen ['rɛçən] *m* (-*s*; -), **'rechen** *v/t* (*ge-, h*) rake
'Rechen|aufgabe *f* MATH (arithmetical) problem; **~fehler** *m* MATH arithmetical error, miscalculation; **~ma,schine** *f* calculator; computer
'Rechenschaft *f*: ***~ ablegen über*** (*acc*) account for; ***zur ~ ziehen*** call to account (***wegen*** for)
'Rechen|schieber *m* MATH slide rule; **~werk** *n* IT arithmetic unit; **~zentrum** *n* computer center (*Br* centre)
rechnen ['rɛçnən] *v/i and v/t* (*ge-, h*) calculate, reckon; work out, do sums; count; ***~ mit*** *fig* expect; count on; ***mit mir kannst du nicht ~!*** count me out!
'Rechnen *n* (-*s*; *no pl*) arithmetic
Rechner ['rɛçnɐ] *m* (-*s*; -) calculator; computer
rechnerisch ['rɛçnərɪʃ] *adj* arithmetical
'Rechnung *f* (-; -*en*) MATH calculation; problem, sum; ECON invoice, bill, check; ***die ~, bitte!*** can I have the check, please?; ***das geht auf m-e ~*** that's on me
recht [rɛçt] **1.** *adj* right; correct; POL right-wing; ***auf der ~en Seite*** on the right(-hand side); ***mir ist es ~*** I don't mind **2.** *adv* right(ly), correctly; rather, quite; ***ich weiß nicht ~*** I don't really know; ***es geschieht ihm ~*** it serves him right; ***erst ~*** all the more; ***erst ~ nicht*** even less; ***du kommst gerade ~*** (***zu***) you're just in time (for); ***j-m ~ geben*** agree with s.o.; ***~ haben*** be right
Recht *n* (-[*e*]*s*; -*e*) right, claim (*both*: ***auf*** *acc* to); (*no pl*) JUR law; justice; ***gleiches ~*** equal rights; ***~ haben*** → ***recht***; ***j-m ~ geben*** → ***recht***; ***im ~ sein*** be in the right; ***er hat es mit*** (***vollem***) ***~ getan*** he was (perfectly) right to do so; ***ein ~ auf et. haben*** be entitled to s.th.
'Rechteck *n* (-[*e*]*s*; -*e*) rectangle
'rechteckig *adj* rectangular
'rechtfertigen *v/t* (*ge-, h*) justify
'Rechtfertigung *f* (-; -*en*) justification
'rechtlich *adj* JUR legal
'rechtlos *adj* without rights; outcast
'rechtmäßig *adj* JUR lawful; legitimate; legal; **'Rechtmäßigkeit** *f* (-; *no pl*) JUR lawfulness, legitimacy
rechts [rɛçts] *adv* on the right(-hand side); ***nach ~*** to the right
Rechts... *in cpds* POL right-wing ...; **~anspruch** *m* legal claim (***auf*** *acc* to); **~anwalt** *m*, **~anwältin** ['rɛçtsanvɛltɪn] *f* (-; -*nen*) lawyer
Rechts'außen *m* (-; -) *soccer*: outside right
'rechtschaffen *adj* honest
'Recht|schreibfehler *m* spelling mistake; **~schreibung** *f* (-; *no pl*) spelling, orthography
'rechtsextre,mistisch *adj* POL extreme right
'Rechtsfall *m* JUR (law) case
Rechtshänder ['rɛçtshɛndɐ] *m* (-*s*; -), **'Rechtshänderin** *f* (-; -*nen*) right-handed person; ***sie ist Rechtshänderin*** she is right-handed
'Rechtsprechung *f* (-; *no pl*) jurisdiction
'rechtsradi,kal *adj* POL extreme right-wing
'Rechtsschutz *m* legal protection; legal costs insurance
'rechtswidrig *adj* JUR illegal, unlawful
'rechtwink(e)lig *adj* rectangular
'rechtzeitig **1.** *adj* punctual **2.** *adv* in time (***zu*** for)
Reck [rɛk] *n* (-[*e*]*s*; -*e*) horizontal bar
recken ['rɛkən] *v/t* (*ge-, h*) stretch; ***sich ~*** stretch o.s.
recyceln [ri'saikəln] *v/t* (*no -ge-, h*) recycle; **Recyclingpa,pier** [ri-

'saiklıŋpapi:ɐ] *n* recycled paper

Redakteur [redak'tø:ɐ] *m* (*-s*; *-e*), **Redak'teurin** *f* (-; *-nen*) editor

Redaktion [redak'tsjo:n] *f* (-; *-en*) (*no pl*) editing; editorial staff, editors; editorial office *or* department

redaktionell [redaktsjo'nɛl] *adj* editorial

Rede ['re:də] *f* (-; *-n*) speech, address; talk (**von** of); ***e-e ~ halten*** make a speech; ***direkte*** (***indirekte***) ~ LING direct (reported *or* indirect) speech; ***j-n zur ~ stellen*** take s.o. to task; ***nicht der ~ wert*** not worth mentioning

'**redegewandt** *adj* eloquent

reden ['re:dən] *v/i and v/t* (*ge-*, *h*) talk, speak (*both*: ***mit*** to; ***über*** *acc* about, of); ***ich möchte mit dir ~*** I'd like to talk to you; ***die Leute ~*** people talk; ***j-n zum Reden bringen*** make s.o. talk

'**Redensart** *f* saying, phrase

redlich ['re:tlıç] *adj* upright, honest; ***sich ~(e) Mühe geben*** do one's best

Redner ['re:dnɐ] *m* (*-s*; -), '**Rednerin** *f* (-; *-nen*) speaker

'**Rednerpult** *n* speaker's desk

redselig ['re:tze:lıç] *adj* talkative

reduzieren [redu'tsi:rən] *v/t* (*no -ge-*, *h*) reduce (***auf*** *acc* to)

Reeder ['re:dɐ] *m* (*-s*; -) shipowner

Reederei [re:də'rai] *f* (-; *-en*) shipping company

reell [re'ɛl] *adj* reasonable, fair (*price*); real (*chance*); solid (*firm*)

Referat [refe'ra:t] *n* (-[*e*]*s*; *-e*) paper; report; lecture; ***ein ~ halten*** read a paper

Referendar [referɛn'da:ɐ] *m* (*-s*; *-e*), **Referen'darin** *f* (-; *-nen*) *appr* trainee teacher

Referent [refe'rɛnt] *m* (*-en*; *-en*), **Refe'rentin** *f* (-; *-nen*) speaker; **Referenz** [refe'rɛnts] *f* (-; *-en*) reference; **referieren** [refe'ri:rən] *v/i* (*no -ge-*, *h*) (give a) report *or* lecture (***über*** *acc* on)

reflektieren [reflɛk'ti:rən] *v/t and v/i* (*no -ge-*, *h*) reflect (*fig* ***über*** *acc* [up]on)

Reflex [re'flɛks] *m* (*-es*; *-e*) reflex

reflexiv [reflɛ'ksi:f] *adj* LING reflexive

Reform [re'fɔrm] *f* (-; *-en*) reform

Reformator [refɔr'ma:to:ɐ] *m* (*-s*; *-en* [refɔrma'to:rən]), **Reformer(in)** [re'fɔrmɐ, re'fɔrmərın] *m*(*f*) (*-s*; *-/-*; *-nen*) reformer

Re'formhaus *n* health food store (*Br* shop)

reformieren [refɔr'mi:rən] *v/t* (*no -ge-*, *h*) reform

Refrain [rə'frɛ̃:] *m* (*-s*; *-s*) refrain, chorus

Regal [re'ga:l] *n* (*-s*; *-e*) shelf (unit), shelves

rege ['re:gə] *adj* lively; busy; active

Regel ['re:gəl] *f* (-; *-n*) rule; MED period, menstruation; ***in der ~*** as a rule

'**regelmäßig** *adj* regular

regeln ['re:gəln] *v/t* (*ge-*, *h*) regulate, TECH *a.* adjust; ECON settle

'**regelrecht** *adj* regular (*a.* F)

'**Regeltechnik** *f* control engineering

'**Regelung** *f* (-; *-en*) regulation; adjustment; ECON settlement; TECH control

'**regelwidrig** *adj* against the rule(s); SPORT unfair; ***~es Spiel*** foul play

regen ['re:gən] *v/t and v/refl* (*ge-*, *h*) move, stir

'**Regen** *m* (*-s*; -) rain; ***starker ~*** heavy rain(fall); **~bogen** *m* rainbow; **~bogenhaut** *f* ANAT iris; **~guss** *m* (heavy) shower, downpour; **~mantel** *m* raincoat; **~schauer** *m* shower; **~schirm** *m* umbrella; **~tag** *m* rainy day; **~tropfen** *m* raindrop; **~wald** *m* rain forest; **~wasser** *n* rainwater; **~wetter** *n* rainy weather; **~wurm** *m* ZO earthworm; **~zeit** *f* rainy season, the rains

Regie [re'ʒi:] *f* (-; *no pl*) THEA, *film etc*: direction; ***unter der ~ von*** directed by

Re'gieanweisung *f* stage direction

regieren [re'gi:rən] (*no -ge-*, *h*) **1.** *v/i* reign **2.** *v/t* govern (*a.* LING), rule

Re'gierung *f* (-; *-en*) government, administration; reign

Re'gierungs|bezirk *m* administrative district; **~chef** *m* head of government; **~wechsel** *m* change of government

Regime [re'ʒi:m] *n* (*-s*; -) POL regime

Re'gimekritiker *m* POL dissident

Regiment [regi'mɛnt] *n* (-[*e*]*s*; *-er*) (*no pl*) rule (*a. fig*); MIL regiment

Regisseur [reʒı'sø:ɐ] *m* (*-s*; *-e*), **Regis'seurin** *f* (-; *-nen*) THEA, *film etc*: director, THEA *Br a.* producer

Register [re'gıstɐ] *n* (*-s*; -) register (*a.* MUS), record; index; **registrieren** [regıs'tri:rən] *v/t* (*no -ge-*, *h*) register, record; *fig* note; **Registrierkasse** [regıs'tri:ɐkasə] *f* cash register

Reglement [reglə'mã:] *n* (*-s*; *-s*) regu-

lation, order, rule
Regler ['reːglɐ] *m* (*-s*; *-*) TECH control
regnen ['reːgnən] *v/i* (*ge-*, *h*) rain (*a. fig*); ***es regnet in Strömen*** it's pouring with rain; '**regnerisch** *adj* rainy
regulär [regu'lɛːɐ] *adj* regular; normal
regulierbar [regu'liːɐbaːɐ] *adj* adjustable; controllable
regulieren [regu'liːrən] *v/t* (*no -ge-*, *h*) regulate, adjust; control
'**Regung** *f* (*-*; *-en*) movement, motion; emotion; impulse
'**regungslos** *adj* motionless
Reh [reː] *n* (*-[e]s*; *-e*) ZO deer, roe; doe; GASTR venison
rehabilitieren [rehabili'tiːrən] *v/t* (*no -ge-*, *h*) rehabilitate
'**Reh|bock** *m* ZO (roe)buck; **~keule** *f* GASTR leg of venison; **~kitz** *n* ZO fawn
Reibe ['raibə] *f* (*-*; *-n*), **Reibeisen** ['raipˀaizən] *n* (*-s*; *-*) grater, rasp
reiben ['raibən] *v/i and v/t* (*irr*, *ge-*, *h*) rub; grate, grind; ***sich die Augen*** (***Hände***) **~** rub one's eyes (hands)
'**Reibung** *f* (*-*; *-en*) TECH *etc* friction
'**reibungslos** *adj* TECH *etc* frictionless; *fig* smooth
reich [raiç] *adj* rich (***an*** *dat* in), wealthy; abundant
Reich *n* (*-[e]s*; *-e*) empire, kingdom (*a.* REL, BOT, ZO); *fig* world
reichen ['raiçən] (*ge-*, *h*) **1.** *v/t* reach; hand, pass; give, hold out (*one's hand*); **2.** *v/i* last, do; **~ *bis*** reach *or* come up to; ***das reicht*** that will do; F ***mir reicht's!*** I've had enough
'**reichhaltig** *adj* rich
'**reichlich 1.** *adj* rich, plentiful; plenty of **2.** *adv* rather; generously
'**Reichtum** *m* (*-s*; *no pl*) wealth (***an*** *dat* of) (*a. fig*)
'**Reichweite** *f* reach; AVIAT, MIL *etc* range; ***in*** (***außer***) (***j-s***) **~** within (out of) (s.o.'s) reach
reif [raif] *adj* ripe, *esp fig* mature
Reif *m* (*-[e]s*; *no pl*) white frost, hoarfrost
Reife ['raifə] *f* (*-*; *no pl*) ripeness, *esp fig* maturity; '**reifen** *v/i* (*ge-*, *sein*) ripen, mature (*both a. fig*)
Reifen ['raifən] *m* (*-s*; *-*) hoop; MOT *etc* tire, *Br* tyre; **~panne** *f* MOT flat tire (*Br* tyre), puncture, F flat
'**Reifeprüfung** *f* → ***Abitur***
'**reiflich** *adj* careful
Reihe ['raiə] *f* (*-*; *-n*) line, row; number; series; ***der* ~ *nach*** in turn; ***ich bin an der* ~** it's my turn
'**Reihenfolge** *f* order
'**Reihenhaus** *n* row (*Br* terraced) house
'**reihenweise** *adv* in rows; F *fig* by the dozen
Reiher ['raiɐ] *m* (*-s*; *-*) ZO heron
Reim [raim] *m* (*-[e]s*; *-e*) rhyme
reimen ['raimən] *v/t and v/refl* (*ge-*, *h*) rhyme (***auf*** *acc* with)
rein [rain] *adj* pure (*a. fig*); clean; *fig* clear (*conscience*); plain (*truth*); mere, sheer, nothing but
'**Reinfall** F *m* flop; let-down
'**Reingewinn** *m* ECON net profit
'**reinhauen** F *v/i* (*sep*, *-ge-*, *h*) tuck in
'**Reinheit** *f* (*-*; *no pl*) purity (*a. fig*); cleanness
reinigen ['rainɪgən] *v/t* (*ge-*, *h*) clean; cleanse (*a.* MED); dry-clean; *fig* purify
'**Reinigung** *f* (*-*; *-en*) clean(s)ing; *fig* purification; (dry) cleaners; ***chemische* ~** dry cleaning; dry cleaner's
'**Reinigungsmittel** *n* cleaning agent, cleaner, detergent
'**reinlich** *adj* clean; cleanly
'**reinrassig** *adj* ZO purebred, pedigree; thoroughbred
'**Reinschrift** *f* fair copy
Reis [rais] *m* (*-es*; *-e*) BOT rice
Reise ['raizə] *f* (*-*; *-n*) trip; journey; tour; MAR voyage; ***auf* ~*n sein*** be travel(l)ing; ***e-e* ~ *machen*** take a trip; ***gute* ~*!*** have a nice trip!; **~andenken** *n* souvenir; **~bü,ro** *n* travel agency *or* bureau; **~führer** *m* guide(book); **~gesellschaft** *f* tourist party; tour operator; **~kosten** *pl* travel(l)ing expenses; **~krankheit** *f* travel sickness; **~leiter(in)** tour guide *or* manager, *Br* courier
'**reisen** *v/i* (*ge-*, *sein*) travel; ***durch Frankreich* ~** tour France; ***ins Ausland* ~** go abroad; '**Reisende** *m, f* (*-n*; *-n*) travel(l)er; tourist; passenger
'**Reise|pass** *m* passport; **~scheck** *m* travel(l)er's check (*Br* cheque); **~tasche** *f* travel(l)ing bag, holdall
Reisig ['raizɪç] *n* (*-s*; *no pl*) brushwood
Reißbrett ['raisbrɛt] *n* drawing board
reißen ['raisən] (*irr*, *ge-*) **1.** *v/t* (*h*) tear (***in Stücke*** to pieces), rip; pull, drag; ZO kill; F crack (*jokes*); SPORT knock down;

R

an sich ~ seize, snatch, grab **2.** *v/i* (*sein*) break, burst; ***sich um et. ~*** scramble for (*or* to get) s.th.; **~d** *adj* torrential

Reißer ['raisɐ] F *m* (*-s*; -) thriller; hit

reißerisch ['raisərɪʃ] *adj* sensational, loud

'**Reiß|verschluss** *m* zipper; ***den ~ an et. öffnen*** (***schließen***) unzip (zip up) s.th.; **~zwecke** *f* thumbtack, *Br* drawing pin

reiten ['raitən] (*irr, ge-*) **1.** *v/i* (*sein*) ride, go on horseback **2.** *v/t* (*h*) ride

'**Reiten** *n* (*-s*; *no pl*) horseback riding

Reiter ['raitɐ] *m* (*-s*; -) rider, horseman

Reiterin ['raitərɪn] *f* (-; *-nen*) rider, horsewoman

'**Reitpferd** *n* saddle *or* riding horse

Reiz [raits] *m* (*-es*; *-e*) charm, attraction, appeal; thrill; MED, PSYCH stimulus; (***für j-n***) ***den ~ verlieren*** lose one's appeal (for s.o.); '**reizbar** *adj* irritable, excitable; **reizen** ['raitsən] (*ge-*, *h*) **1.** *v/t* irritate (*a.* MED), annoy; ZO bait; provoke; appeal to, attract; tempt; challenge **2.** *v/i cards*: bid; '**reizend** *adj* charming, delightful; lovely, sweet, cute; '**reizlos** *adj* unattractive

'**Reizung** *f* (-; *-en*) irritation (*a.* MED)

'**reizvoll** *adj* attractive; challenging

'**Reizwort** *n* (*-[e]s*; *-wörter*) emotive word

rekeln ['rɛːkəln] F *v/refl* (*ge-*, *h*) loll

Reklamation [reklama'tsjoːn] *f* (-; *-en*) complaint

Reklame [re'klaːmə] *f* (-; *-n*) advertising, publicity; advertisement, F ad; ***~ machen für*** advertise, promote

reklamieren [rekla'miːrən] *v/i* (*no -ge-*, *h*) complain (***wegen*** about), protest (against)

Rekord [re'kɔrt] *m* (*-[e]s*; *-e*) record; ***e-n ~ aufstellen*** set *or* establish a record

Rekrut [re'kruːt] *m* (*-en*; *-en*) MIL recruit

rekrutieren [rekru'tiːrən] *v/t* (*no -ge-*, *h*) recruit

Rektor ['rɛktoːɐ] *m* (*-s*; *-en* [rɛk'toːrən]) principal, *Br* headmaster; UNIV president, *Br* rector; **Rektorin** [rɛk'toːrɪn] *f* (-; *-nen*) principal, *Br* headmistress; UNIV president, *Br* rector

relativ [rela'tiːf] *adj* relative

Relief [re'ljɛf] *n* (*-s*; *-s*) relief

Religion [reli'gjoːn] *f* (-; *-en*) religion

religiös [reli'gjøːs] *adj* religious

Reling ['reːlɪŋ] *f* (-; *-s*) MAR rail

Reliquie [re'liːkvjə] *f* (-; *-n*) relic

Rempelei [rɛmpə'lai] F *f* (-; *-en*), **rempeln** ['rɛmpəln] F *v/t* (*ge-*, *h*) jostle

Rennbahn ['rɛnbaːn] *f* racecourse, racetrack; cycling track

'**Rennboot** *n* racing boat; speedboat

rennen ['rɛnən] *v/i and v/t* (*irr, ge-, sein*) run; '**Rennen** *n* (*-s*; -) race (*a. fig*); heat

'**Renn|fahrer** *m*, **~fahrerin** *f* racing driver; racing cyclist; **~läufer** *m* ski racer; **~pferd** *n* racehorse, racer; **~rad** *n* racing bicycle, racer; **~sport** *m* racing; **~stall** *m* racing stable; **~wagen** *m* race (*Br* racing) car, racer

renommiert [renɔ'miːɐt] *adj* renowned

renovieren [reno'viːrən] *v/t* (*no -ge-*, *h*) renovate, F do up; redecorate

rentabel [rɛn'taːbəl] *adj* ECON profitable, paying

Rente ['rɛntə] *f* (-; *-n*) (old age) pension; ***in ~ gehen*** retire

'**Renten|alter** *n* retirement age; **~versicherung** *f* pension scheme

Rentier ['rɛntiːɐ] *n* (*-s*; *-e*) ZO reindeer

rentieren [rɛn'tiːrən] *v/refl* (*no -ge-*, *h*) ECON pay; *fig* be worth it

Rentner ['rɛntnɐ] *m* (*-s*; -), '**Rentnerin** ['rɛntnərɪn] *f* (-; *-nen*) (old age) pensioner

Reparatur [repara'tuːɐ] *f* (-; *-en*) repair; **~werkstatt** *f* repair shop; MOT garage

reparieren [repa'riːrən] *v/t* (*no -ge-*, *h*) repair, mend, F fix

Reportage [repɔr'taːʒə] *f* (-; *-n*) report

Reporter [re'pɔrtɐ] *m* (*-s*; -), **Re'porterin** *f* (-; *-nen*) reporter

Repräsentant [reprɛzɛn'tant] *m* (*-en*; *-en*) representative; **Repräsentantenhaus** *n* PARL House of Representatives; **Repräsen'tantin** *f* (-; *-nen*) representative; **repräsentieren** [reprɛzɛn'tiːrən] *v/t* (*no -ge-*, *h*) represent

Repressalie [reprɛ'saːljə] *f* (-; *-n*) reprisal

Reproduktion [reproduk'tsjoːn] *f* (-; *-en*) reproduction, print

reproduzieren [reprodu'tsiːrən] *v/t* (*no -ge-*, *h*) reproduce

Reptil [rɛp'tiːl] *n* (*-s*; *-ien*) ZO reptile

Republik [repu'bliːk] *f* (-; *-en*) republic

Republikaner [republi'kaːnɐ] *m* (*-s*; -), **Republi'kanerin** *f* (-; *-nen*), **republi'kanisch** *adj* POL republican

Reservat [rezɛr'vaːt] *n* (*-[e]s*; *-e*) (p)re-

R

serve; reservation
Reserve [re'zɛrvə] *f* (-; *-n*) reserve (*a.* MIL); *~... in cpds ...kanister, ...rad etc*: spare ...
reservieren [rezɛr'vi:rən] *v/t* (*no -ge-, h*) reserve (*a.* ***~ lassen***); ***j-m e-n Platz ~*** keep *or* save a seat for s.o.; **reserviert** [rezɛr'vi:ɐt] *adj* reserved (*a. fig*); aloof; **Reser'viertheit** *f* (-; *no pl*) aloofness
Residenz [rezi'dɛnts] *f* (-; *-en*) residence
Resignation [rezɪgna'tsjo:n] *f* (-; *no pl*) resignation; **resignieren** [rezɪ'gni:rən] *v/i* (*no -ge-, h*) give up; **resigniert** [rezɪ'gni:ɐt] *adj* resigned
Resoziali'sierung *f* (-; *-en*) rehabilitation
Respekt [re'spɛkt] *m* (-[*e*]*s*; *no pl*) respect (***vor*** *dat* for); **respektieren** [respɛk'ti:rən] *v/t* (*no -ge-, h*) respect
re'spektlos *adj* irreverent, disrespectful; **re'spektvoll** *adj* respectful
Ressort [rɛ'so:ɐ] *n* (*-s*; *-s*) department, province
Rest [rɛst] *m* (-[*e*]*s*; *-e*) rest; *pl* remains, remnants; GASTR leftovers; F ***das gab ihm den ~*** that finished him (off)
Restaurant [rɛsto'rã:] *n* (*-s*; *-s*) restaurant
restaurieren [rɛsto'ri:rən] *v/t* (*no -ge-, h*) restore
'Restbetrag *m* remainder
'restlich *adj* remaining
'restlos *adv* completely
Resultat [rezʊl'ta:t] *n* (-[*e*]*s*; *-e*) result (*a.* SPORT), outcome
Retorte [re'tɔrtə] *f* (-; *-n*) CHEM retort
Re'tortenbaby F *n* test-tube baby
retten ['rɛtən] *v/t* (*ge-, h*) save, rescue (*both*: ***aus*** *dat*, ***vor*** *dat* from)
Retter ['rɛtɐ] *m* (*-s*; -), **'Retterin** *f* (-; *-nen*) rescuer
Rettich ['rɛtɪç] *m* (*-s*; *-e*) BOT radish
'Rettung *f* (-; *-en*) rescue (***aus*** *dat*, ***vor*** *dat* from); ***das war s-e ~*** that saved him
'Rettungs|boot *n* lifeboat; **~mannschaft** *f* rescue party; **~ring** *m* life belt, life buoy; **~schwimmer** *m* lifeguard
Reue ['rɔʏə] *f* (-; *no pl*) remorse, repentance (*both*: ***über*** *acc* for)
reumütig ['rɔʏmy:tɪç] *adj* repentant
Revanche [re'vã:ʃ(ə)] *f* (-; *-n*) revenge
revanchieren [revã'ʃi:rən] *v/refl* (*no -ge-, h*) have one's revenge (***bei, an*** *dat* on); make it up (***bei j-m*** to s.o.)
Revers [re've:ɐ] *n, m* (-; -) lapel
revidieren [revi'di:rən] *v/t* (*no -ge-, h*) revise; ECON audit
Revier [re'vi:ɐ] *n* (*-s*; *-e*) district; ZO territory (*a. fig*); → ***Polizeirevier***
Revision [revi'zjo:n] *f* (-; *-en*) revision; ECON audit; JUR appeal
Revolte [re'vɔltə] *f* (-; *-n*), **revoltieren** [revɔl'ti:rən] *v/i* (*no -ge-, h*) revolt
Revolution [revolu'tsjo:n] *f* (-; *-en*) revolution; **revolutionär** [revolutsjo'nɛ:ɐ] *adj*, **Revolutio'när(in)** (*-s*; *-e*/-; *-nen*) revolutionary
Revolver [re'vɔlvɐ] *m* (*-s*; -) revolver, F gun
Revue [re'vy:] *f* (-; *-n*) THEA (musical) show
Rezept [re'tsɛpt] *n* (-[*e*]*s*; *-e*) MED prescription; GASTR recipe (*a. fig*)
Rezession [retsɛ'sjo:n] *f* (-; *-en*) ECON recession
Rhabarber [ra'barbɐ] *m* (*-s*; *no pl*) BOT rhubarb
rhetorisch [re'to:rɪʃ] *adj* rhetorical
Rheuma ['rɔʏma] *n* (*-s*; *no pl*) MED rheumatism
rhythmisch ['rʏtmɪʃ] *adj* rhythmic(al)
Rhythmus ['rʏtmʊs] *m* (-; *-men*) rhythm
Ribisel ['ri:bi:zəl] *Austrian f* (-; -[*n*]) → ***Johannisbeere***
richten ['rɪçtən] *v/t* (*ge-, h*) fix; get *s.th.* ready, prepare; do (*room, one's hair*); (***sich***) ***~ an*** (*acc*) address (o.s.) to; put *a question* to; ***~ auf*** (*acc*) direct *or* turn to; point *or* aim *camera, gun etc* at; ***~ gegen*** direct against; ***sich ~ nach*** go by, act according to; follow (*fashion etc*); depend on; ***ich richte mich ganz nach dir*** I leave it to you
Richter(in) ['rɪçtɐ, 'rɪçtərɪn] *m*(*f*) (*-s*; -/-; *-nen*) judge
'richterlich *adj* judicial
'Richtgeschwindigkeit *f* MOT recommended speed
richtig ['rɪçtɪç] **1.** *adj* right; correct, proper; true; real **2.** *adv*: ***~ nett*** (***böse***) really nice (angry); ***et. ~ machen*** do s.th. right; ***m-e Uhr geht ~*** my watch is right
'Richtigkeit *f* (-; *no pl*) correctness
richtigstellen *v/t* (*sep, -ge-, h*) *fig* put *or* set right
'Richt|linien *pl* guidelines; **~preis** *m*

R

ECON recommended price
'Richtung *f* (-; *-en*) direction; POL leaning; PAINT *etc* style; **'richtungslos** *adj* aimless, disorient(at)ed
'richtungweisend *adj* pioneering
rieb [riːp] *pret of* ***reiben***
riechen ['riːçən] *v/i and v/t* (*irr, ge-, h*) smell (***nach*** of; ***an*** *dat* at)
rief [riːf] *pret of* ***rufen***
Riegel ['riːgəl] *m* (*-s*; -) bolt, bar
Riemen ['riːmən] *m* (*-s*; -) strap; TECH belt; MAR oar
Riese ['riːzə] *m* (*-n*; *-n*) giant (*a. fig*)
rieseln ['riːzəln] *v/i* (*ge-, sein*) trickle; *rain*: drizzle; *snow*: fall gently
'Riesen... *in cpds mst* giant ..., gigantic ..., enormous ...; **~erfolg** *m* huge success, *film etc*: *a.* smash hit
'riesengroß, **'riesenhaft** → ***riesig***
'Riesenrad *n* Ferris wheel
riesig ['riːzıç] *adj* enormous, gigantic, giant
'Riesin *f* (-; *-nen*) giantess (*a. fig*)
riet [riːt] *pret of* ***raten***
Riff [rıf] *n* (-[*e*]*s*; *-e*) GEOGR reef
Rille ['rılə] *f* (-; *-n*) groove
Rind [rınt] *n* (-[*e*]*s*; *-er* ['rındɐ]) ZO cow, *pl* cattle; GASTR beef
Rinde ['rındə] *f* (-; *-n*) BOT bark; GASTR rind; crust
Rinder|braten ['rındɐbraːtən] *m* roast beef; **~herde** *f* herd of cattle
'Rind|fleisch *n* GASTR beef; **~(s)leder** *n* cowhide; **~vieh** *n* ZO cattle
Ring [rıŋ] *m* (-[*e*]*s*; *-e*) ring (*a. fig*); MOT ring road; *subway etc*: circle (line)
'Ringbuch *n* loose-leaf *or* ring binder
ringeln ['rıŋəln] *v/refl* (*ge-, h*) curl, coil (*a.* ZO)
'Ringelnatter *f* ZO grass snake
'Ringelspiel *Austrian n* → ***Karussell***
ringen ['rıŋən] (*irr, ge-, h*) **1.** *v/i* SPORT wrestle (***mit*** with), *fig a.* struggle (against, with; ***um*** for); ***nach Atem ~*** gasp (for breath) **2.** *v/t* wring
'Ringen *n* (*-s*; *no pl*) SPORT wrestling
Ringer ['rıŋɐ] *m* (*-s*; -) SPORT wrestler
ringförmig ['rıŋfœrmıç] *adj* circular
'Ringkampf *m* SPORT wrestling match
'Ringrichter *m* SPORT referee
rings *adv*: ***~ um*** around
'ringshe'rum, **'rings'um**, **'ringsum'her** *adv* all around; everywhere
Rinne ['rınə] *f* (-; *-n*) groove, channel; gutter; **'rinnen** *v/i* (*irr, ge-, sein*) run; flow, stream; **Rinnsal** ['rınzaːl] *n* (*-s*; *-e*) trickle
'Rinnstein *m* gutter
Rippe ['rıpə] *f* (-; *-n*) ANAT rib
'Rippenfell *n* ANAT pleura; **~entzündung** *f* MED pleurisy
'Rippenstoß *m* nudge in the ribs
Risiko ['riːziko] *n* (*-s*; *-s*, *-ken*) risk; ***ein*** (***kein***) ***~ eingehen*** take a risk (no risks); ***auf eigenes ~*** at one's own risk
riskant [rıs'kant] *adj* risky
riskieren [rıs'kiːrən] *v/t* (*no -ge-, h*) risk
riss [rıs] *pret of* ***reißen***
Riss *m* (*-es*; *-e*) tear, rip, split (*a. fig*); crack; MED chap, laceration; **rissig** ['rısıç] *adj* chapped; cracky, cracked
Rist [rıst] *m* (*-es*; *-e*) ANAT instep
ritt [rıt] *pret of* ***reiten***
Ritt *m* (-[*e*]*s*; *-e*) ride (on horseback)
Ritter ['rıtɐ] *m* (*-s*; -) knight; ***j-n zum ~ schlagen*** knight s.o.
'ritterlich *fig adj* chivalrous
Ritz [rıts] *m* (*-es*; *-e*), **Ritze** ['rıtsə] *f* (-; *-n*) crack, chink; gap
Rivale [ri'vaːlə] *m* (*-n*; *-n*), **Ri'valin** *f* (-; *-nen*) rival; **rivalisieren** [rivali'ziːrən] *v/i* (*no -ge-, h*) compete; **Rivalität** [rivali'tɛːt] *f* (-; *-en*) rivalry
rk., **r.-k.** *abbr of* ***römisch-katholisch*** RC, Roman Catholic
Robbe ['rɔbə] *f* (-; *-n*) ZO seal
Robe ['roːbə] *f* (-; *-n*) robe, gown
Roboter ['rɔbɔtɐ] *m* (*-s*; -) robot
robust [ro'bʊst] *adj* robust, strong, tough
roch [rɔx] *pret of* ***riechen***
röcheln ['rœçəln] (*ge-, h*) **1.** *v/i* moan **2.** *v/t* gasp
Rock [rɔk] *m* (-[*e*]*s*; *Röcke* ['rœkə]) skirt
Rodelbahn ['roːdəlbaːn] *f* toboggan run
rodeln ['roːdəln] *v/i* (*ge-, sein*) sled(ge), coast; SPORT toboggan
'Rodelschlitten *m* sled(ge); toboggan
roden ['roːdən] *v/t* (*ge-, h*) clear; stub
Rogen ['roːgən] *m* (*-s*; -) (hard) roe
Roggen ['rɔgən] *m* (*-s*; -) BOT rye
roh [roː] *adj* raw; rough; *fig* brutal; ***mit ~er Gewalt*** with brute force
'Rohbau *m* (-[*e*]*s*; *-ten*) carcass
'Rohkost *f* raw vegetables and fruit
'Rohling *m* (*-s*; *-e*) TECH blank; *fig* brute
'Rohmateri͵al *n* raw material

ˈ**Rohöl** *n* crude (oil)
Rohr [roːɐ] *n* (-[*e*]*s*; -*e* [ˈroːrə]) TECH pipe, tube; duct; BOT reed; cane
Röhre [ˈrøːrə] *f* (-; -*n*) pipe, tube (*a.* TV), TV *etc* valve
ˈ**Rohr|leitung** *f* duct, pipe(s); plumbing; pipeline; **~stock** *m* cane; **~zucker** *m* cane sugar
ˈ**Rohstoff** *m* raw material
Rollbahn [ˈrɔlbaːn] *f* AVIAT runway
Rolle [ˈrɔlə] *f* (-; -*n*) roll (*a.* SPORT), TECH *a.* roller; coil; caster, castor; THEA part, role (*both a. fig*); ***e-e ~ Garn*** a spool of thread, *Br* a reel of cotton; ***das spielt keine ~*** that doesn't matter, that makes no difference; ***Geld spielt k-e ~*** money is no object
ˈ**rollen** *v/i* (*ge-, sein*) *and v/t* (*ge-, h*) roll
Roller [ˈrɔlɐ] *m* (-*s*; -) (motor) scooter
ˈ**Roll|film** *m* PHOT roll film; **~kragen** *m* turtleneck, *esp Br* polo neck; **~laden** *m* rolling shutter
Rollo [ˈrɔlo] *n* (-*s*; -*s*) shades, *Br* (roller) blind
ˈ**Rollschuh** *m* roller skate; ***~ laufen*** roller-skate; **~bahn** *f* roller-skating rink; **~läufer** *m* roller skater
ˈ**Rollstuhl** *m* wheelchair
ˈ**Rolltreppe** *f* escalator
Roman [roˈmaːn] *m* (-*s*; -*e*) novel
Romanik [roˈmaːnɪk] *f* (-; *no pl*) ARCH Romanesque (style *or* period)
romanisch [roˈmaːnɪʃ] *adj* LING Romance; ARCH Romanesque
Romanist [romaˈnɪst] *m* (-*en*; -*en*), **Romaˈnistin** *f* (-; -*nen*) student of Romance languages
Roˈmanschriftsteller *m*, **Roˈmanschriftstellerin** *f* novelist
Romantik [roˈmantɪk] *f* (-; *no pl*) romance; HIST Romanticism
romantisch [roˈmantɪʃ] *adj* romantic
Römer [ˈrøːmɐ] *m* (-*s*; -), ˈ**Römerin** *f* (-; -*nen*), **römisch** [ˈrøːmɪʃ] *adj* Roman
Rommee [ˈrɔme] *n* (-*s*; -*s*) rummy
röntgen [ˈrœntgən] *v/t* (*ge-, h*) MED X-ray
ˈ**Röntgen|appaˌrat** *m* MED X-ray apparatus; **~aufnahme** *f*, **~bild** *n* MED X-ray; **~strahlen** *pl* PHYS X-rays; **~untersuchung** *f* MED X-ray
rosa [ˈroːza] *adj* pink; *fig* rose-colo(u)red; **Rose** [ˈroːzə] *f* (-; -*n*) BOT rose
ˈ**Rosenkohl** *m* BOT Brussels sprouts
ˈ**Rosenkranz** *m* REL rosary
rosig [ˈroːzɪç] *adj* rosy (*a. fig*)
Rosine [roˈziːnə] *f* (-; -*n*) raisin
ˈ**Rosshaar** *n* (-[*e*]*s*; *no pl*) horsehair
Rost [rɔst] *m* (-[*e*]*s*; -*e*) (*no pl*) CHEM rust; TECH grate; GASTR grid(iron), grill; **rosten** [ˈrɔstən] *v/i* (*ge-, sein*) rust
rösten [ˈrœstən] *v/t* (*ge-, h*) roast (*a.* F); toast; fry
ˈ**Rostfleck** *m* rust stain; ˈ**rostfrei** *adj* rustproof, stainless; ˈ**rostig** *adj* rusty
rot [roːt] *adj* red (*a.* POL); ***~ glühend*** red-hot; ***~ werden*** blush; ***in den ~en Zahlen*** ECON in the red
Rot *n* (-*s*; -) red; ***die Ampel steht auf ~*** the lights are red; ***bei ~*** at red
ˈ**rotblond** *adj* sandy(-haired)
Röte [ˈrøːtə] *f* (-; *no pl*) redness, red (colo[u]r); *fig* blush
Röteln [ˈrøːtəln] *pl* MED German measles
röten [ˈrøːtən] *v/refl* (*ge-, h*) redden; flush
ˈ**rothaarig** *adj* red-haired
ˈ**Rothaarige** *m, f* (-*n*; -*n*) redhead
rotieren [roˈtiːrən] *v/i* (*no -ge-, h*) rotate
ˈ**Rotkehlchen** *n* (-*s*; -) ZO robin
ˈ**Rotkohl** *m* BOT red cabbage
rötlich [ˈrøːtlɪç] *adj* reddish
ˈ**Rot|stift** *m* red crayon *or* pencil; **~wein** *m* red wine; **~wild** *n* ZO (red) deer
Rotznase [ˈrɔtsnaːzə] F *f* snotty nose
Route [ˈruːtə] *f* (-; -*n*) route
Routine [ruˈtiːnə] *f* (-; *no pl*) routine; experience; **~sache** *f* routine (matter)
routiniert [rutiˈniːɐt] *adj* experienced
Rübe [ˈryːbə] *f* (-; -*n*) BOT turnip; (sugar) beet
Rubin [ruˈbiːn] *m* (-*s*; -*e*) MIN ruby
Rübli [ˈryːpli] *Swiss n* (-*s*; -) BOT carrot
Rubrik [ruˈbriːk] *f* (-; -*en*) heading; column
Ruck [rʊk] *m* (-[*e*]*s*; -*e*) jerk, jolt, start; *fig* POL swing
Rückantwortschein [ˈrʏkantvɔrtʃain] *m* reply coupon
ˈ**ruckartig** *adj* jerky, abrupt
ˈ**rückbezüglich** *adj* LING reflexive
ˈ**Rückblende** *f* flashback (***auf*** *acc* to)
ˈ**Rückblick** *m* review (***auf*** *acc* of); ***im ~*** in retrospect
rücken [ˈrʏkən] **1.** *v/t* (*ge-, h*) move, shift, push **2.** *v/i* (*ge-, sein*) move; move over; ***näher ~*** approach

R

'Rücken *m* (-*s*; -) ANAT back (*a. fig*); **~deckung** *fig f* backing, support; **~lehne** *f* back(rest); **~mark** *n* ANAT spinal cord; **~schmerzen** *pl* backache; **~schwimmen** *n* backstroke; **~wind** *m* following wind, tailwind; **~wirbel** *m* ANAT dorsal vertebra

'Rück|erstattung *f* (-; -*en*) refund; **~fahrkarte** *f* round-trip ticket, *Br a.* return (ticket); **~fahrt** *f* return trip; ***auf der ~*** on the way back; **~fall** *m* relapse

'rückfällig *adj*: ***~ werden*** relapse

'Rückflug *m* return flight

'Rückgabe *f* (-; *no pl*) return

'Rückgang *m* drop, fall; ECON recession

'rückgängig *adj*: ***~ machen*** cancel

'Rück|gewinnung *f* (-; *no pl*) recovery; **~grat** *n* ANAT spine, backbone (*both a. fig*); **~halt** *m* (-[*e*]*s*; *no pl*) support; **~hand** *f*, **~handschlag** *m tennis*: backhand; **~kauf** *m* ECON repurchase

Rückkehr ['rʏkkeːɐ] *f* (-; *no pl*) return; ***nach s-r ~ aus ...*** on his return from ...

'Rück|kopplung *f* ELECTR feedback (*a. fig*); **~lage** *f* (-; -*n*) reserve(s); savings; **~lauf** *m* TECH rewind

'rückläufig *adj* falling, downward

'Rücklicht *n* (-[*e*]*s*; -*er*) MOT rear light, taillight

rücklings ['rʏklɪŋs] *adv* backward(s); from behind

'Rückporto *n* return postage

'Rückreise *f* → ***Rückfahrt***

Rucksack ['rʊkzak] *m* rucksack, backpack; **~tou,rismus** *m* backpacking; **~tou,rist** *m* backpacker

'Rück|schlag *m* SPORT return; *fig* setback; **~schluss** *m* conclusion; **~schritt** *m fig* step back(ward); **~seite** *f* back; reverse; flip side; **~sendung** *f* return

'Rücksicht *f* (-; -*en*) consideration, regard; ***aus (ohne) ~ auf*** (*acc*) out of (without any) consideration *or* regard for; ***~ nehmen auf*** (*acc*) show consideration for; **'rücksichtslos** *adj* inconsiderate (***gegen*** of), thoughtless (of); ruthless; reckless; **'rücksichtsvoll** *adj* considerate (***gegen*** of), thoughtful

'Rück|sitz *m* MOT back seat; **~spiegel** *m* MOT rear-view mirror; **~spiel** *n* SPORT return match; **~stand** *m* CHEM residue; ***mit der Arbeit (e-m Tor) im ~ sein*** be behind with one's work (down by one goal)

'rückständig *adj* backward; underdeveloped; ***~e Miete*** arrears of rent

'Rück|stau *m* MOT tailback; **~stelltaste** *f* backspace key; **~tritt** *m* resignation; withdrawal; TECH → **~trittbremse** *f* coaster (*Br* back-pedal) brake

rückwärts ['rʏkvɛrts] *adv* backward(s); ***~ aus*** (*dat*) ***... fahren*** back out of ...; ***~ in*** (*acc*) ***... fahren*** back into ...

'Rückwärtsgang *m* MOT reverse (gear)

'Rückweg *m* way back

'ruckweise *adv* jerkily, in jerks

'rückwirkend *adj* retroactive

'Rück|wirkung *f* reaction (***auf*** *acc* upon); **~zahlung** *f* repayment; **~zieher** *m* (-*s*; -) *soccer*: overhead kick; F ***e-n ~ machen*** back (*or* chicken) out (***von*** of); **~zug** *m* retreat

Rüde ['ryːdə] *m* (-*n*; -*n*) ZO male (dog *ect*)

Rudel ['ruːdəl] *n* (-*s*; -) ZO pack; herd

Ruder ['ruːdɐ] *n* (-*s*; -) AVIAT, MAR rudder; SPORT oar; ***am ~*** at the helm (*a. fig*); **~boot** *n* rowing boat, rowboat

Ruderer ['ruːdərɐ] *m* (-*s*; -) rower, oarsman; **'Ruderin** *f* (-; -*nen*) rower, oarswoman; **'rudern** *v/i and v/t* (*ge-*, *h*) row

'Ruder|re,gatta *f* (rowing) regatta, boat race; **~sport** *m* rowing

Ruf [ruːf] *m* (-[*e*]*s*; -*e*) call (*a. fig*); cry, shout; *fig* reputation; **'rufen** *v/i and v/t* (*irr*, *ge-*, *h*) call (*a. doctor etc*); cry, shout; ***~ nach*** call for (*a. fig*); ***~ lassen*** send for; ***um Hilfe ~*** call *or* cry for help

'Rufnummer *f* telephone number

'Rufweite *f*: ***in (außer) ~*** within (out of) call(ing distance)

Rüge ['ryːgə] *f* (-; -*n*) reproof, reproach (*both*: ***wegen*** for); **'rügen** *v/t* (*ge-*, *h*) reprove, reproach

Ruhe ['ruːə] *f* (-; *no pl*) quiet, calm; silence; rest; peace; calm(ness); ***zur ~ kommen*** come to rest; ***j-n in ~ lassen*** leave s.o. in peace; ***lass mich in ~!*** leave me alone!; ***et. in ~ tun*** take one's time (doing s.th.); ***die ~ behalten*** F keep (one's) cool, play it cool; ***sich zur ~ setzen*** retire; ***~, bitte!*** (be) quiet, please!; **'ruhelos** *adj* restless

'ruhen *v/i* (*ge-*, *h*) rest (***auf*** *dat* on)

'Ruhe|pause *f* break; **~stand** *m* (-[*e*]*s*; *no pl*) retirement; **~tag** *m* a day's rest; ***Montag ~*** closed on Mondays

ruhig ['ruːɪç] *adj* quiet; silent; calm;

R

cool; TECH smooth; **~ *bleiben*** F keep (one's) cool, play it cool
Ruhm [ruːm] *m* (-[*e*]*s*; *no pl*) fame, *esp* POL, MIL *etc* glory; **rühmen** ['ryːmən] *v/t* (*ge-*, *h*) praise (***wegen*** for); ***sich e-r Sache ~*** boast of s.th.; **rühmlich** ['ryːmlɪç] *adj* laudable, praiseworthy
'ruhmlos *adj* inglorious
'ruhmreich *adj* glorious
Ruhr [ruːɐ] *f* (-; *no pl*) MED dysentery
Rühreier ['ryːɐˀaiɐ] *pl* scrambled eggs
rühren ['ryːrən] *v/t* (*ge-*, *h*) stir; move (*a. fig*); *fig* touch, affect; ***das rührt mich gar nicht*** that leaves me cold; ***rührt euch!*** MIL (stand) at ease!; **~d** *fig adj* touching, moving; very kind
rührig ['ryːrɪç] *adj* active, busy
rührselig ['ryːɐzeːlɪç] *adj* sentimental
'Rührung *f* (-; *no pl*) emotion
Ruin [ru'iːn] *m* (-*s*; *no pl*) ruin
Ruine [ru'iːnə] *f* (-; -*n*) ruin
ruinieren [rui'niːrən] *v/t* (*no -ge-*, *h*) ruin
rülpsen ['rʏlpsən] *v/i* (*ge-*, *h*), **Rülpser** ['rʏlpsɐ] *m* (-*s*; -) belch
Rumäne [ru'mɛːnə] *m* (-*n*; -*n*) Romanian; **Rumänien** Romania; **Ru'mänin** *f* (-; -*nen*), **ru'mänisch** *adj* Romanian
Rummel ['rʊməl] F *m* (-*s*; *no pl*) (hustle and) bustle; F ballyhoo; **~platz** F *m* amusement park, fairground
rumoren [ru'moːrən] *v/i* (*no -ge-*, *h*) rumble
Rumpelkammer ['rʊmpəlkamɐ] F *f* lumber room
rumpeln ['rʊmpəln] F *v/i* (*ge-*, *h*, *sein*) rumble
Rumpf [rʊmpf] *m* (-*es*; *Rümpfe* ['rʏmpfə]) ANAT trunk; MAR hull; AVIAT fuselage
rümpfen ['rʏmpfən] *v/t* (*ge-*, *h*) ***die Nase ~*** turn up one's nose (***über*** *acc* at), sneer (at)
rund [rʊnt] **1.** *adj* round (*a. fig*) **2.** *adv* about; ***~ um*** (a)round; **'Rundblick** *m* panorama; **Runde** ['rʊndə] *f* (-; -*n*) round (*a. fig and* SPORT); *racing*: lap; ***s-e ~ machen in*** (*dat*) patrol; ***die ~ machen*** go the round(s)
'Rundfahrt *f* tour (***durch*** round)
'Rundfunk *m* (-*s*; *no pl*) radio; broadcasting corporation; ***im ~*** on the radio; ***im ~ übertragen*** *or* ***senden*** broadcast; **~hörer(in)** listener, *pl a.* (radio) audience; **~sender** *m* broadcasting *or* radio station
'Rundgang *m* tour (***durch*** of)
'rundhe'raus *adv* frankly, plainly
'rundhe'rum *adv* all around
'rundlich *adj* plump, chubby
'Rund|reise *f* tour (***durch*** of); **~schau** *f* review; **~schreiben** *n* circular (letter); **~spruch** *Swiss m* → ***Rundfunk***
'Rundung *f* (-; -*en*) curve
rundweg [rʊnt'vɛk] *adv* flatly, plainly
runter ['rʊntɐ] F *adv* → ***herunter***
Runzel ['rʊntsəl] *f* (-; -*n*) wrinkle
runz(e)lig ['rʊnts(ə)lɪç] *adj* wrinkled
'runzeln *v/t* (*ge-*, *h*) ***die Stirn ~*** frown (***über*** *acc* at)
Rüpel ['ryːpəl] *m* (-*s*; -) lout
rupfen ['rʊpfən] *v/t* (*ge-*, *h*) pluck
Rüsche ['ryːʃə] *f* (-; -*n*) frill, ruffle
Ruß ['ruːs] *m* (-*es*; *no pl*) soot
Russe ['rʊsə] *m* (-*n*; -*n*) Russian
Rüssel ['rʏsəl] *m* (-*s*; -) zo trunk; snout
rußen ['ruːsən] *v/i* (*ge-*, *h*) smoke
rußig ['ruːsɪç] *adj* sooty
Russin ['rʊsɪn] *f* (-; -*nen*), **russisch** ['rʊsɪʃ] *adj* Russian
'Russland Russia
rüsten ['rʏstən] (*ge-*, *h*) **1.** *v/i* MIL arm **2.** *v/refl* get ready, prepare (***zu, für*** for); arm o.s. (***gegen*** for)
rüstig ['rʏstɪç] *adj* vigorous, sprightly
rustikal [rʊsti'kaːl] *adj* rustic
'Rüstung *f* (-; -*en*) MIL armament; armo(u)r
'Rüstungs|indus,trie *f* armament industry; **~wettlauf** *m* arms race
'Rüstzeug *n* equipment
Rute ['ruːtə] *f* (-; -*n*) rod (*a. fig*), switch
Rutschbahn ['rʊtʃbaːn] *f*, **Rutsche** ['rʊtʃə] *f* (-; -*n*) slide, chute; **'rutschen** *v/i* (*ge-*, *sein*) slide, slip; glide; MOT *etc* skid; **rutschig** ['rʊtʃɪç] *adj* slippery
'rutschsicher *adj* MOT *etc* non-skid
rütteln ['rʏtəln] (*ge-*, *h*) **1.** *v/t* shake **2.** *v/i* jolt; ***an der Tür ~*** rattle at the door

R

S

S *abbr of* ***Süd*(*en*)** S, south
S. *abbr of* ***Seite*** p., page
s. *abbr of* ***siehe*** see
Saal [za:l] *m* (-[*e*]*s*; *Säle* ['zɛ:lə]) hall
Saat [za:t] *f* (-; *-en*) (*no pl*) sowing; seed(s) (*a. fig*); crop(s)
Sabbat ['zabat] *m* (*-s*; *-e*) sabbath (day)
sabbern ['zabɐn] F *v/i* (*ge-*, *h*) slobber, slaver
Säbel ['zɛ:bəl] *m* (*-s*; -) saber, *Br* sabre (*a.* SPORT), sword; **'säbeln** F *v/t* (*ge-*, *h*) cut, hack
Sabotage [zabo'ta:ʒə] *f* (-; *-n*) sabotage; **Saboteur** [zabo'tø:ɐ] *m* (*-s*; *-e*) saboteur; **sabotieren** [zabo'ti:rən] *v/t* (*no -ge-*, *h*) sabotage
Sach|bearbeiter ['zaxbəˀarbaitɐ] *m*, **~bearbeiterin** ['zaxbəˀarbaitərɪn] *f* official in charge; **~beschädigung** *f* damage to property; **~buch** *n* specialized book, *pl coll* nonfiction
'sachdienlich *adj*: ***~e Hinweise*** relevant information
Sache ['zaxə] *f* (-; *-n*) thing; matter, business; issue, problem, question; cause; JUR matter, case; *pl* things, clothes; ***zur ~ kommen*** (***bei der ~ bleiben***) come (keep) to the point; ***nicht zur ~ gehören*** be irrelevant
'sachgerecht *adj* proper
'Sachkenntnis *f* expert knowledge
'sachkundig *adj* expert
'sachlich *adj* matter-of-fact, businesslike; unbias(s)ed, objective; practical, technical; ***~ richtig*** factually correct
sächlich ['zɛçlɪç] *adj* LING neuter
'Sachre,gister *n* (subject) index
'Sachschaden *m* damage to property
sacht [zaxt] *adj* soft, gentle; slow
'Sach|verhalt *m* (-[*e*]*s*; *-e*) facts (of the case); **~verstand** *m* know-how; **~verständige** *m*, *f* (*-n*; *-n*) expert; JUR expert witness; **~wert** *m* (-[*e*]*s*; *no pl*) real value; **~zwänge** *pl* inherent necessities
Sack [zak] *m* (-[*e*]*s*; *Säcke* ['zɛkə]) sack, bag; V balls; **sacken** ['zakən] F *v/i* (*ge-*, *sein*) sink; **'Sackgasse** *f* blind alley (*a. fig*), dead end (*a. fig*), *fig* impasse
Sadismus [za'dɪsmʊs] *m* (-; *no pl*) sadism; **Sadist** [za'dɪst] *m* (*-en*; *-en*) sadist; **sa'distisch** *adj* sadistic
säen ['zɛ:ən] *v/t and v/i* (*ge-*, *h*) sow (*a. fig*)
Safari [za'fa:ri] *f* (-; *-s*) safari; **~park** *m* wildlife reserve, safari park
Saft [zaft] *m* (-[*e*]*s*; *Säfte* ['zɛftə]) juice; BOT sap (*both a. fig*); **saftig** ['zaftɪç] *adj* juicy (*a. fig*); lush; F fancy (*prices etc*)
Sage ['za:gə] *f* (-; *-n*) legend, myth
Säge ['zɛ:gə] *f* (-; *-n*) saw
'Sägemehl *n* sawdust
sagen ['za:gən] *v/i and v/t* (*ge-*, *h*) say; ***j-m et. ~*** tell s.o. s.th.; ***die Wahrheit ~*** tell the truth; ***er lässt dir ~*** he asked me to tell you; ***~ wir ...*** (let's) say ...; ***man sagt, er sei reich*** he is said to be rich; ***er lässt sich nichts ~*** he will not listen to reason; ***das hat nichts zu ~*** it doesn't matter; ***et.*** (***nichts***) ***zu ~ haben*** (***bei***) have a say (no say) (in); ***das sagt mir nichts*** it doesn't mean anything to me; ***unter uns gesagt*** between you and me
sägen ['zɛ:gən] *v/t and v/i* (*ge-*, *h*) saw
'sagenhaft *adj* legendary; F fabulous, incredible, fantastic
'Sägespäne *pl* sawdust
'Sägewerk *n* sawmill
sah [za:] *pret of* ***sehen***
Sahne ['za:nə] *f* (-; *no pl*) cream
Saison [zɛ'zõ:] *f* (-; *-s*) season; ***in der ~*** in season
sai'sonbedingt *adj* seasonal
Saite ['zaitə] *f* (-; *-n*) MUS string, chord (*a. fig*); **'Saiteninstru,ment** *n* MUS string(ed) instrument
Sakko ['zako] *m*, *n* (*-s*; *-s*) (sports) jacket, sport(s) coat
Sakristei [zakrɪs'tai] *f* (-; *-en*) REL vestry, sacristy
Salat [za'la:t] *m* (-[*e*]*s*; *-e*) BOT lettuce; GASTR salad; **~sauce** *f* salad dressing
Salbe ['zalbə] *f* (-; *-n*) ointment
'Salbung *f* (-; *-en*) unction
'salbungsvoll *adj* unctuous
Saldo ['zaldo] *m* (*-s*; *-s*, *-di*) ECON balance
Salon [za'lõ:] *m* (*-s*; *-s*) salon; MAR saloon; drawing room
salopp [za'lɔp] *adj* casual; *contp* sloppy

Salpeter[zal'peːtɐ] *m* (*-s*; *no pl*) CHEM salt|peter (*Br* -petre), niter, *Br* nitre
Salto['zalto] *m* (*-s*; *-s*, *-ti*) somersault
Salut[za'luːt] *m* (*-[e]s*; *-e*) MIL salute; **~ schießen** fire a salute
salutieren[zalu'tiːrən] *v/i* (*no -ge-*, *h*) MIL (give a) salute
Salve['zalvə] *f* (*-*; *-n*) MIL volley (*a. fig*); salute
Salz[zalts] *n* (*-es*; *-e*) salt
'Salzbergwerk*n* salt mine
salzen['zaltsən] *v/t* (*[irr,] ge-*, *h*) salt
salzfrei['zaltsfrai] *adj* salt-free, no-salt *diet*
salzig['zaltsɪç] *adj* salty
'Salz|kar,toffeln *pl* boiled potatoes; **~säure***f* (*-*; *no pl*) CHEM hydrochloric acid; **~stange***f* pretzel (*Br* salt) stick; **~streuer***m* (*-s*; *-*) salt shaker, *Br* salt cellar; **~wasser***n* salt water
Same['zaːmə] *m* (*-n*; *-n*), **'Samen***m* (*-s*; *-*) BOT seed (*a. fig*); BIOL sperm, semen
'Samen|bank*f* (*-*; *-en*) MED, VET sperm bank; **~erguss** *m* ejaculation; **~korn** *n* BOT seedcorn
Sammel... ['zaməl-] *in cpds ...begriff*, *...bestellung*, *...konto etc*: collective ...; **~büchse***f* collecting box
'sammeln *v/t* (*ge-*, *h*) collect; gather, pick; accumulate; **sich ~** assemble; *fig* compose o.s.
Sammler['zamlɐ] *m* (*-s*; *-*), **'Sammlerin** *f* (*-*; *-nen*) collector
'Sammlung*f* (*-*; *-en*) collection
Samstag['zamstaːk] *m* (*-[e]s*; *-e*) Saturday
samt[zamt] *prp* (*dat*) together *or* along with
Samt*m* (*-[e]s*; *-e*) velvet
sämtlich['zɛmtlɪç] *adj*: **~e** *pl* all the; the complete *works etc*
Sanatorium[zana'toːrjʊm] *n* (*-s*; *-ien*) sanatorium, sanitarium
Sand[zant] *m* (*-[e]s*; *-e*) sand
Sandale[zan'daːlə] *f* (*-*; *-n*) sandal
Sandalette [zanda'lɛtə] *f* (*-*; *-n*) high-heeled sandal
'Sand|bahn*f* SPORT dirt track; **~bank***f* (*-*; *-bänke*) sandbank; **~boden***m* sandy soil; **~burg***f* sandcastle
sandig['zandɪç] *adj* sandy
'Sand|mann *m*, **~männchen** *n* sandman; **~pa,pier***n* sandpaper; **~sack***m* sand bag; **~stein***m* sandstone; **~strand** *m* sandy beach
sandte['zantə] *pret of* ***senden***
'Sanduhr*f* hourglass
sanft[zanft] *adj* gentle, soft; mild; easy (*death*)
sanftmütig ['zanftmyːtɪç] *adj* gentle, mild
sang[zaŋ] *pret of* ***singen***
Sänger ['zɛŋɐ] *m* (*-s*; *-*), **Sängerin** ['zɛŋərɪn] *f* (*-*; *-nen*) singer
sanieren[za'niːrən] *v/t* (*no -ge-*, *h*) redevelop (*a.* ECON), rehabilitate (*a.* ARCH)
Sa'nierung*f* (*-*; *-en*) redevelopment, rehabilitation; **Sa'nierungsgebiet***n* redevelopment area
sanität[zani'tɛːɐ] *adj* sanitary
Sanitäter[zani'tɛːtɐ] *m* (*-s*; *-*) paramedic; MIL medic, *Br* medical orderly
sank[zaŋk] *pret of* ***sinken***
Sankt[zaŋkt] Saint, ABBR St
Sardelle[zar'dɛlə] *f* (*-*; *-n*) ZO anchovy
Sardine[zar'diːnə] *f* (*-*; *-n*) ZO sardine
Sarg[zark] *m* (*-[e]s*; *Särge* ['zɛrgə]) casket, *esp Br* coffin
Sarkasmus [zar'kasmʊs] *m* (*-*; *no pl*) sarcasm; **sar'kastisch***adj* sarcastic
saß[zaːs] *pret of* ***sitzen***
Satan['zaːtan] *m* (*-s*; *-e*) Satan; *fig* devil
Satellit[zatɛ'liːt] *m* (*-en*; *-en*) satellite (*a. fig*); **über ~** by *or* via satellite
Satel'liten... *in cpds ...bild*, *...staat*, *...stadt*, *...-TV*: satellite ...
Satin[za'tɛ̃ː] *m* (*-s*; *-s*) satin; sateen
Satire[za'tiːrə] *f* (*-*; *-n*) satire (**auf** *acc* upon); **Satiriker** [za'tiːrikɐ] *m* (*-s*; *-*) satirist; **sa'tirisch***adj* satiric(al)
satt[zat] *adj* F full (up); **ich bin ~** I've had enough, F I'm full (up); **sich ~ essen** eat one's fill (**an** *dat* of)
Sattel['zatəl] *m* (*-s*; *Sättel* ['zɛtəl]) saddle; **'satteln** *v/t* (*ge-*, *h*) saddle; **'Sattelschlepper** *m* MOT semi-trailer truck, *Br* articulated lorry
'satthaben*v/t* (*irr*, ***haben***, *sep*, *-ge-*, *h*) F be tired *or* F sick of, be fed up with
sättigen['zɛtɪgən] (*ge-*, *h*) **1.** *v/t* satisfy; feed; CHEM, PHYS saturate **2.** *v/i* be substantial, be filling; **'Sättigung***f* (*-*; *-en*) satiety; CHEM, ECON saturation (*a. fig*)
Sattler['zatlɐ] *m* (*-s*; *-*) saddler
Sattlerei[zatlə'rai] *f* (*-*; *-en*) saddlery
Satz[zats] *m* (*-es*; *Sätze* ['zɛtsə]) leap; LING sentence; *tennis etc*: set; ECON rate; MUS movement; **~aussage***f* LING

predicate; **~bau** *m* (-[*e*]*s*; *no pl*) LING syntax; construction; **~gegenstand** *m* LING subject
Satzung ['zatsʊŋ] *f* (-; *-en*) statute
'**Satzzeichen** *n* LING punctuation mark
Sau [zau] *f* (-; *Säue* ['zɔʏə]) ZO sow; HUNT wild sow; F swine, pig
sauber ['zaubɐ] *adj* clean (*a.* F fig); pure; neat (*a. fig*), tidy; decent; *iro* fine, nice; **~ *halten*** keep clean (***sich*** o.s.); **~ *machen*** clean (up); '**Sauberkeit** *f* (-; *no pl*) clean(li)ness; tidiness, neatness; purity; decency; '**saubermachen** *v/t and v/i* (*sep*, *-ge-*, *h*) → ***sauber***; **säubern** ['zɔʏbɐn] *v/t* (*ge-*, *h*) clean (up); cleanse (*a.* MED)
sauer ['zauɐ] *adj* sour (*a. fig*), acid (*a.* CHEM); GASTR pickled; F mad (***auf*** *acc* at), cross (with); **~ *werden*** turn sour; F get mad; ***saurer Regen*** acid rain
säuerlich ['zɔʏɐlɪç] *adj* sharp; F wry
'**Sauerstoff** *m* (-[*e*]*s*; *no pl*) CHEM oxygen; **~gerät** *n* MED oxygen apparatus; **~zelt** *n* MED oxygen tent
'**Sauerteig** *m* leaven
saufen ['zaufən] *v/t and v/i* (*irr*, *ge-*, *h*) ZO drink; F booze; **Säufer(in)** ['zɔʏfɐ, 'zɔʏfərɪn] *m*(*f*) F (*-s*; *-/-*; *-nen*) drunkard, F boozer
saugen ['zaugən] *v/i and v/t* ([*irr*,] *ge-*, *h*) suck (***an et.*** [at] s.th.)
säugen ['zɔʏgən] *v/t* (*ge-*, *h*) suckle (*a.* ZO), nurse, breastfeed
'**Säugetier** *n* mammal
saugfähig ['zaukfɛːɪç] *adj* absorbent
Säugling ['zɔʏklɪŋ] *m* (*-s*; *-e*) baby, infant
'**Säuglings|heim** *n* (baby) nursery; **~pflege** *f* infant care; **~schwester** *f* baby nurse; **~stati,on** *f* neonatal care unit; **~sterblichkeit** *f* infant mortality
Säule ['zɔʏlə] *f* (-; *-n*) column; pillar (*a. fig*); '**Säulengang** *m* colonnade
Saum [zaum] *m* (-[*e*]*s*; *Säume* ['zɔʏmə]) hem(line); seam; **säumen** ['zɔʏmən] *v/t* (*ge-*, *h*) hem; border, edge; line
Sauna ['zauna] *f* (-; *-s*, *Saunen*) sauna
Säure ['zɔʏrə] *f* (-; *-n*) CHEM acid
säurehaltig ['zɔʏrəhaltɪç] *adj* acid
sausen ['zauzən] *v/i* (*ge-*, *sein*) F rush, dash; (*ge-*, *h*) *ears*: buzz; *wind*: howl
'**Saustall** *m* pigsty (*a.* F *contp*)
Saxophon [zakso'foːn] *n* (*-s*; *-e*) MUS saxophone, F sax
S-Bahn ['ɛsbaːn] *f* rapid transit, *Br* suburban train
Schabe ['ʃaːbə] *f* (-; *-n*) ZO cockroach
'**schaben** *v/t* (*ge-*, *h*) scrape (***von*** from)
schäbig ['ʃɛːbɪç] *adj* shabby, *fig a.* mean
Schablone [ʃa'bloːnə] *f* (-; *-n*) stencil; *fig* stereotype
Schach [ʃax] *n* (*-s*; *no pl*) chess; ***~!*** check!; **~ *und matt!*** checkmate!; ***j-n in ~ halten*** keep s.o. in check; **~brett** *n* chessboard; **~feld** *n* square; **~fi,gur** *f* chessman, piece
schach'matt *adj*: ***j-n ~ setzen*** checkmate s.o.
'**Schachspiel** *n* (game of) chess; chessboard and men
Schacht [ʃaxt] *m* (-[*e*]*s*; *Schächte* ['ʃɛçtə]) shaft, *mining*: *a.* pit
Schachtel ['ʃaxtəl] *f* (-; *-n*) box; carton; ***e-e ~ Zigaretten*** a pack (*esp Br* packet) of cigarettes
'**Schachzug** *m* move (*a. fig*)
schade ['ʃaːdə] *pred adj*: ***es ist ~*** it's a pity; ***wie ~!*** what a pity *or* shame!; ***zu ~ sein für*** be too good for
Schädel ['ʃɛːdəl] *m* (*-s*; *-*) ANAT skull; **~bruch** *m* MED fracture of the skull
schaden ['ʃaːdən] *v/i* (*ge-*, *h*) damage, do damage to, harm, hurt; ***der Gesundheit ~*** be bad for one's health; ***das schadet nichts*** it doesn't matter; ***es könnte ihm nicht ~*** it wouldn't hurt him
'**Schaden** *m* (*-s*; *Schäden* ['ʃɛːdən]) damage (***an*** *dat* to); *esp* TECH trouble, defect (*a.* MED); *fig* disadvantage; ECON loss; ***j-m ~ zufügen*** do s.o. harm; **~ersatz** *m* damages; **~ *leisten*** pay damages; **~freude** *f*: **~ *empfinden über*** (*acc*) gloat over
'**schadenfroh** *adv* gloatingly
schadhaft ['ʃaːthaft] *adj* damaged; defective, faulty; leaking (*pipes*)
schädigen ['ʃɛːdɪgən] *v/t* (*ge-*, *h*) damage, harm
schädlich ['ʃɛːtlɪç] *adj* harmful, injurious; bad (for your health)
Schädling ['ʃɛːtlɪŋ] *m* (*-s*; *-e*) BIOL pest
'**Schädlings|bekämpfung** *f* pest control; **~bekämpfungsmittel** *n* pesticide
Schadstoff ['ʃaːtʃtɔf] *m* harmful substance; pollutant
'**schadstoffarm** *adj* MOT low-emission

Schaf [ʃaːf] *n* (-[*e*]*s*; -*e*) zo sheep
ˈ**Schafbock** *m* zo ram
Schäfer [ˈʃɛːfɐ] *m* (-*s*; -) shepherd; **~hund** *m* sheepdog; ***Deutscher ~*** German shepherd, *esp Br* Alsatian
ˈ**Schaffell** *n* sheepskin; zo fleece
schaffen[1] [ˈʃafən] *v/t* (*irr*, *ge-*, *h*) create
ˈ**schaffen**[2] (*ge-*, *h*) **1.** *v/t* cause, bring about; manage, get *s.th.* done; take; ***es ~*** make it, *a.* succeed **2.** *v/i* work; ***j-m zu ~ machen*** cause s.o. trouble; ***sich zu ~ machen an*** (*dat*) tamper with
Schaffner [ˈʃafnɐ] *m* (-*s*; -), ˈ**Schaffnerin** *f* (-; -*nen*) conductor; *Br* RAIL guard
Schafott [ʃaˈfɔt] *n* (-[*e*]*s*; -*e*) scaffold
Schaft [ʃaft] *m* (-[*e*]*s*; *Schäfte* [ˈʃɛftə]) shaft; stock; shank; leg
ˈ**Schafwolle** *f* sheep's wool
ˈ**Schafzucht** *f* sheep breeding
schäkern [ˈʃɛːkɐn] *v/i* (*ge-*, *h*) joke; flirt
schal [ʃaːl] *adj* stale, flat, *fig a.* empty
Schal *m* (-*s*; -*s*) scarf
Schale [ˈʃaːlə] *f* (-; -*n*) bowl, dish; GASTR shell; peel, skin; **schälen** [ˈʃɛːlən] *v/t* (*ge-*, *h*) peel, pare; ***sich ~*** *skin*: peel (off)
Schall [ʃal] *m* (-[*e*]*s*; -*e*) sound; **~dämpfer** *m* silencer (*a. Br* MOT), MOT muffler
ˈ**schalldicht** *adj* soundproof
schallen [ˈʃalən] *v/i* ([*irr*,] *ge-*, *h*) sound; ring (out); ***~des Gelächter*** roars of laughter
ˈ**Schall|geschwindigkeit** *f* speed of sound; **~mauer** *f* sound barrier; **~platte** *f* record, disk, *Br* disc; **~welle** *f* PHYS sound wave
schalten [ˈʃaltən] *v/i and v/t* (*ge-*, *h*) switch, turn; MOT shift (*esp Br* change) gear; F get it; react; **Schalter** [ˈʃaltɐ] *m* (-*s*; -) counter; RAIL ticket window; AVIAT desk; ELECTR switch
ˈ**Schalt|hebel** *m* MOT gear lever; TECH, AVIAT control lever; ELECTR switch lever; **~jahr** *n* leap year; **~tafel** *f* ELECTR switchboard, control panel; **~uhr** *f* time switch
ˈ**Schaltung** *f* (-; -*en*) MOT gearshift; ELECTR circuit
Scham [ʃaːm] *f* (-; *no pl*) shame; ***vor ~*** with shame; **schämen** [ˈʃɛːmən] *v/refl* (*ge-*, *h*) be *or* feel ashamed (*gen*, ***wegen*** of); ***du solltest dich*** (***was***) ***~!*** you ought to be ashamed of yourself!
ˈ**Scham|gefühl** *n* (-[*e*]*s*; *no pl*) sense of shame; **~haare** *pl* pubic hair
ˈ**schamhaft** *adj* bashful
ˈ**schamlos** *adj* shameless; indecent
Schande [ˈʃandə] *f* (-; *no pl*) shame, disgrace; **schänden** [ˈʃɛndən] *v/t* (*ge-*, *h*) disgrace; desecrate; rape
Schandfleck [ˈʃantflɛk] *m* eyesore
schändlich [ˈʃɛntlɪç] *adj* disgraceful
ˈ**Schandtat** *f* atrocity
Schanze [ˈʃantsə] *f* (-; -*n*) SPORT ski jump
Schar [ʃaːɐ] *f* (-; -*en* [ˈʃaːrən]) troop, band; F horde; crowd; zo flock
ˈ**scharen** *v/refl* (*ge-*, *h*) ***sich ~ um*** gather round
scharf [ʃarf] *adj* sharp (*a. fig*), PHOT *a.* in focus; clear; savage, fierce (*dog*); live (*ammunition*), armed (*bomb etc*); GASTR hot; F hot, sexy; F ***~ sein auf*** (*acc*) be keen on; ***~*** (***ein***)***stellen*** PHOT focus; F ***~e Sachen*** hard liquor
Schärfe [ˈʃɛrfə] *f* (-; -*n*) sharpness (*a.* PHOT); *fig* severity, fierceness
ˈ**schärfen** *v/t* (*ge-*, *h*) sharpen
ˈ**Scharf|richter** *m* executioner; **~schütze** *m* sharpshooter; sniper
ˈ**scharfsichtig** *adj* sharp-sighted; *fig* clear-sighted
ˈ**Scharfsinn** *m* (-[*e*]*s*; *no pl*) acumen
ˈ**scharfsinnig** *adj* sharp-witted, shrewd
ˈ**scharfstellen** *v/t* (*sep*, *-ge-*, *h*) → ***scharf***
Scharlach [ˈʃarlax] *m* (-*s*; *no pl*) scarlet; MED scarlet fever
ˈ**scharlachrot** *adj* scarlet
Scharlatan [ˈʃarlatan] *m* (-*s*; -*e*) charlatan, fraud
Scharnier [ʃarˈniːɐ] *n* (-*s*; -*e*) TECH hinge
Schärpe [ˈʃɛrpə] *f* (-; -*n*) sash
scharren [ˈʃarən] *v/i* (*ge-*, *h*) scrape, scratch
schartig [ˈʃartɪç] *adj* jagged, notchy
Schaschlik [ˈʃaʃlɪk] *m*, *n* (-*s*; -*s*) GASTR shish kebab
Schatten [ˈʃatən] *m* (-*s*; -) shadow (*a. fig*); shade; ***im ~*** in the shade
ˈ**schattenhaft** *adj* shadowy
Schattierung [ʃaˈtiːrʊŋ] *f* (-; -*en*) shade; *fig* colo(u)r
schattig [ˈʃatɪç] *adj* shady
Schatz [ʃats] *m* (-*es*; *Schätze* [ˈʃɛtsə]) treasure; *fig* darling; **~amt** *n* POL Treasury Department, *Br* Treasury
schätzen [ˈʃɛtsən] *v/t* (*ge-*, *h*) estimate,

S

value (*both*: ***auf*** *acc* at); appreciate; think highly of; F reckon, guess
'Schatz|kammer *f* treasury (*a. fig*); **~kanzler** *m* Chancellor of the Exchequer; **~meister(in)** treasurer
'Schätzung *f* (-; *-en*) estimate; valuation
Schau [ʃau] *f* (-; *-en*) show, exhibition; ***zur ~ stellen*** exhibit, display
Schauder ['ʃaudɐ] *m* (*-s*; -) shudder
'schauderhaft *adj* horrible, dreadful
'schaudern *v/i* (*ge-*, *h*) shudder, shiver (*both*: ***vor*** *dat* with)
schauen ['ʃauən] *v/i* (*ge-*, *h*) look (***auf*** *acc* at)
Schauer ['ʃauɐ] *m* (*-s*; -) METEOR shower; shudder, shiver; **~geschichte** *f* horror story (*a. fig*)
'schauerlich *adj* dreadful, horrible
Schaufel ['ʃaufəl] *f* (-; *-n*) shovel; dustpan; **'schaufeln** *v/t* (*ge-*, *h*) shovel; dig
'Schaufenster *n* shop window; **~auslage** *f* window display; **~bummel** *m*: ***e-n ~ machen*** go window-shopping; **~dekorati,on** *f* window dressing
Schaukel ['ʃaukəl] *f* (-; *-n*) swing
'schaukeln (*ge-*, *h*) **1.** *v/i* swing; *boat etc*: rock **2.** *v/t* rock
'Schaukel|pferd *n* rocking horse; **~stuhl** *m* rocking chair, rocker
Schaulustige ['ʃaulʊstɪgə] *pl* (curious) onlookers, F rubbernecks
Schaum [ʃaum] *m* (-[*e*]*s*; *Schäume* ['ʃɔʏmə]) foam; GASTR froth, head; lather; spray; **schäumen** ['ʃɔʏmən] *v/i* (*ge-*, *h*) foam (*a. fig*), froth; lather; spray
'Schaumgummi *m* foam rubber
schaumig ['ʃaumɪç] *adj* foamy, frothy
'Schaumlöscher *m* foam extinguisher
'Schauplatz *m* scene
'Schaupro,zess *m* JUR show trial
schaurig ['ʃaurɪç] *adj* creepy; horrible
'Schauspiel *n* THEA play; *fig* spectacle
'Schauspieler(in) actor (actress)
'Schauspielschule *f* drama school
Schausteller ['ʃauʃtɛlɐ] *m* (*-s*; -) showman
Scheck [ʃɛk] *m* (*-s*; *-s*) ECON check, *Br* cheque; **~heft** *n* checkbook, *Br* chequebook
scheckig ['ʃɛkɪç] *adj* spotty
'Scheckkarte *f* check cashing (*Br* cheque) card
scheffeln ['ʃɛfəln] F *v/t* (*ge-*, *h*) rake in
Scheibe ['ʃaibə] *f* (-; *-n*) disk, *Br* disc; slice; pane; target
'Scheiben|bremse *f* MOT disk (*Br* disc) brake; **~wischer** *m* MOT windshield (*Br* windscreen) wiper
Scheide ['ʃaidə] *f* (-; *-n*) sheath; scabbard; ANAT vagina; **'scheiden** (*irr*, *ge-*) **1.** *v/t* (*h*) separate, part (*both*: ***von*** from); divorce; ***sich ~ lassen*** get a divorce, ***von j-m*** divorce s.o. **2.** *v/i* (*sein*) part; ***~ aus*** (*dat*) retire from
'Scheideweg *m* crossroads
'Scheidung *f* (-; *-en*) divorce
'Scheidungsklage *f* JUR divorce suit
Schein[1] [ʃain] *m* (-[*e*]*s*; *-e*) certificate; blank, *Br* form; bill, *Br* note
Schein[2] *m* (-[*e*]*s*; *no pl*) light; *fig* appearance; ***et.*** (***nur***) ***zum ~ tun*** (only) pretend to do s.th.
'scheinbar *adj* seeming, apparent
scheinen ['ʃainən] *v/i* (*irr*, *ge-*, *h*) shine; *fig* seem, appear, look
'scheinheilig *adj* hypocritical
'Scheinwerfer *m* searchlight; MOT headlight; THEA spotlight
Scheiß... ['ʃais-] V *in cpds* damn ..., fucking ..., *esp Br* bloody ...
Scheiße ['ʃaisə] V *f* (-; *no pl*), **'scheißen** V *v/i* (*irr*, *ge-*, *h*) shit, crap
Scheit [ʃait] *n* (-[*e*]*s*; *-e*) piece of wood
Scheitel ['ʃaitəl] *m* (*-s*; -) parting
'scheiteln *v/t* (*ge-*, *h*) part
Scheiterhaufen ['ʃaitɐhaufən] *m* pyre; HIST stake
scheitern ['ʃaitɐn] *v/i* (*ge-*, *sein*) fail, go wrong
Schelle ['ʃɛlə] *f* (-; *-n*) (little) bell; TECH clamp, clip
Schellfisch ['ʃɛlfɪʃ] *m* ZO haddock
Schelm [ʃɛlm] *m* (-[*e*]*s*; *-e*) rascal
schelmisch ['ʃɛlmɪʃ] *adj* impish
Schema ['ʃeːma] *n* (*-s*; *-s*, *-ta*) pattern, system; **schematisch** [ʃe'maːtɪʃ] *adj* schematic; mechanical
Schemel ['ʃeːməl] *m* (*-s*; -) stool
schemenhaft ['ʃeːmənhaft] *adj* shadowy
Schenkel ['ʃɛŋkəl] *m* (*-s*; -) ANAT thigh; shank; MATH leg
schenken ['ʃɛŋkən] *v/t* (*ge-*, *h*) give (as a present) (***zu*** for)
'Schenkung *f* (-; *-en*) JUR donation
Scherbe ['ʃɛrbə] *f* (-; *-n*), **'Scherben** *m* (*-s*; -) (broken) piece, fragment

S

Schere ['ʃeːrə] *f* (-; -*n*) scissors; ZO claw

scheren¹ ['ʃeːrən] *v/t* (*irr*, *ge*-, *h*) ZO shear; BOT clip; cut

'**scheren**² *v/refl* (*ge*-, *h*) ***sich ~ um*** bother about

Scherereien [ʃeːrə'raiən] *pl* trouble, bother

Schermaus ['ʃeːɐmaus] *Austrian f* ZO mole

Scherz [ʃɛrts] *m* (-*es*; -*e*) joke; ***im*** (***zum***) **~** for fun; **scherzen** ['ʃɛrtsən] *v/i* (*ge*-, *h*) joke (***über*** *acc* at); '**scherzhaft** *adj* joking; ***~ gemeint*** meant as a joke

scheu [ʃɔʏ] *adj* shy (*a.* ZO); bashful; ***~ machen*** frighten; **Scheu** *f* (-; *no pl*) shyness; awe; **scheuen** ['ʃɔʏən] (*ge*-, *h*) **1.** *v/i* shy (***vor*** *dat* at), take fright (at) **2.** *v/t* shun, avoid; fear; ***sich ~, et. zu tun*** be afraid of doing s.th.

scheuern ['ʃɔʏɐn] *v/t and v/i* (*ge*-, *h*) scrub, scour; chafe

'**Scheuertuch** *n* floor cloth

'**Scheuklappen** *pl* blinders, *Br* blinkers (*both a. fig*)

'**scheumachen** *v/t* (*sep*, -*ge*-, *h*) → ***scheu***

Scheune ['ʃɔynə] *f* (-; -*n*) barn

Scheusal ['ʃɔʏzaːl] *n* (-*s*; -*e*) monster (*a. fig*); *fig* beast

scheußlich ['ʃɔʏslɪç] *adj* horrible (*a.* F), atrocious

Schicht [ʃɪçt] *f* (-; -*en*) layer; coat; film; ECON shift; class; **schichten** ['ʃɪçtən] *v/t* (*ge*-, *h*) arrange in layers, pile up

'**schichtweise** *adv* in layers

schick [ʃɪk] *adj* smart, chic, stylish

schicken ['ʃɪkən] *v/t* (*ge*-, *h*) send (***nach, zu*** to); ***das schickt sich nicht*** that isn't done

Schickeria [ʃɪkə'riːa] F *f* (-; *no pl*) smart set, beautiful people, trendies

Schickimicki [ʃɪki'mɪki] F *contp m* (-*s*; -*s*) trendy

Schicksal ['ʃɪkzaːl] *n* (-*s*; -*e*) fate, destiny; lot

Schiebe|dach ['ʃiːbədax] *n* MOT sliding roof, sunroof; **~fenster** *n* sliding window; sash window

schieben ['ʃiːbən] *v/t* (*irr*, *ge*-, *h*) push

Schieber ['ʃiːbɐ] *m* (-*s*; -) TECH slide; bolt; F profiteer

'**Schiebetür** *f* sliding door

'**Schiebung** F *f* (-; -*en*) swindle, fix (*a.* SPORT)

schied [ʃiːt] *pret of* ***scheiden***

'**Schiedsrichter** ['ʃiːtsrɪçtɐ] *m*, '**Schiedsrichterin** *f soccer*: referee; *tennis*: umpire; judge, *esp pl a.* jury

schief [ʃiːf] *adj* crooked, not straight; sloping, oblique (*a.* MATH); leaning; *fig* false

Schiefer ['ʃiːfɐ] *m* (-*s*; -) GEOL slate

'**Schiefertafel** *f* slate

'**schiefgehen** *v/i* (*irr*, ***gehen***, *sep*, -*ge*-, *sein*) F go wrong

schielen ['ʃiːlən] *v/i* (*ge*-, *h*) squint, be cross-eyed

schien [ʃiːn] *pret of* ***scheinen***

Schienbein ['ʃiːnbain] *n* ANAT shin (-bone)

Schiene ['ʃiːnə] *f* (-; -*n*) TECH *etc* rail; MED splint

'**schienen** *v/t* (*ge*-, *h*) MED splint

Schießbude ['ʃiːsbuːdə] *f* shooting gallery

schießen ['ʃiːsən] *v/i and v/t* (*irr*, *ge*-, *h*) shoot, fire (*both*: ***auf*** *acc* at); SPORT score; **Schießerei** [ʃiːsə'rai] *f* (-; -*en*) shooting; gunfight

'**Schieß|pulver** *n* gunpowder; **~scharte** *f* MIL loophole, embrasure; **~scheibe** *f* target; **~stand** *m* shooting range

Schiff [ʃɪf] *n* (-[*e*]*s*; -*e*) MAR ship, boat; ARCH nave; ***mit dem ~*** by boat

Schiffahrt *f* → ***Schifffahrt***

'**schiffbar** *adj* navigable

'**Schiffbau** *m* (-[*e*]*s*; *no pl*) shipbuilding

'**Schiffbruch** *m* shipwreck (*a. fig*); ***~ erleiden*** be shipwrecked

Schiffer ['ʃɪfɐ] *m* (-*s*; -) sailor; skipper

'**Schifffahrt** *f* (-; *no pl*) shipping, navigation

'**Schiffs|junge** *m* ship's boy; **~ladung** *f* shipload; cargo; **~schraube** *f* (ship's) propeller; **~werft** *f* shipyard

Schikane [ʃi'kaːnə] *f* (-; -*n*) *a. pl* harassment; ***aus reiner ~*** out of sheer spite; F ***mit allen ~n*** with all the trimmings

schikanieren [ʃika'niːrən] *v/t* (*no* -*ge*-, *h*) harass; bully

Schild¹ [ʃɪlt] *n* (-[*e*]*s*; -*er* ['ʃɪldɐ]) sign, plate

Schild² *m* (-[*e*]*s*; -*e*) shield

'**Schilddrüse** *f* ANAT thyroid (gland)

schildern ['ʃɪldɐn] *v/t* (*ge*-, *h*) describe; depict, portray

Schilderung ['ʃɪldərʊŋ] *f* (-; -*en*) description, portrayal; account

S

'Schildkröte *f* zo tortoise; turtle
Schilf [ʃɪlf] *n* (-[*e*]*s*; *no pl*) BOT reed(s)
schillern ['ʃɪlɐn] *v/i* (*ge-*, *h*) be iridescent; **~d** *adj* iridescent; *fig* dubious
Schimmel ['ʃɪməl] *m* zo white horse; BOT mo(u)ld; **schimm(e)lig** ['ʃɪm(ə)lɪç] *adj* mo(u)ldy, musty; **'schimmeln** *v/i* (*ge-*, *h*, *sein*) go mo(u)ldy
Schimmer ['ʃɪmɐ] *m* (*-s*; *-*) glimmer (*a. fig*), gleam, *fig a.* trace, touch
'schimmern *v/i* (*ge-*, *h*) shimmer, glimmer, gleam
Schimpanse [ʃɪm'panzə] *m* (*-n*; *-n*) zo chimpanzee
schimpfen ['ʃɪmpfən] *v/i and v/t* (*ge-*, *h*) scold (***mit j-m*** s.o.); F tell *s.o.* off, bawl *s.o.* out; **~ *über*** (*acc*) complain about
'Schimpfwort *n* swearword
Schindel ['ʃɪndəl] *f* (*-*; *-n*) shingle
schinden ['ʃɪndən] *v/t* (*irr*, *ge-*, *h*) maltreat; slave-drive; ***sich* ~** drudge, slave away; **Schinder** ['ʃɪndɐ] *m* (*-s*; *-*) slave driver; **Schinderei** [ʃɪndə'rai] *f* (*-*; *-en*) slavery, drudgery
Schinken ['ʃɪŋkən] *m* (*-s*; *-*) ham
Schippe ['ʃɪpə] *f* (*-*; *-n*), **'schippen** *v/t* (*ge-*, *h*) shovel
Schirm [ʃɪrm] *m* (-[*e*]*s*; *-e*) umbrella; sunshade; TV, IT *etc*: screen; shade; peak, visor; **~herr(in)** patron, sponsor; **~herrschaft** *f* patronage, sponsorship; ***unter der* ~ *von*** under the auspices of; **~mütze** *f* peaked cap; **~ständer** *m* umbrella stand
schiss [ʃɪs] *pret of* scheißen
Schlacht [ʃlaxt] *f* (*-*; *-en*) battle (***bei*** of)
'schlachten *v/t* (*ge-*, *h*) slaughter, kill, butcher
Schlachter ['ʃlaxtɐ] *m* (*-s*; *-*) butcher
'Schlacht|feld *n* MIL battlefield, battleground; **~haus** *n*, **~hof** *m* slaughterhouse; **~plan** *m* MIL plan of action (*a. fig*); **~schiff** *n* MIL battleship
Schlacke ['ʃlakə] *f* (*-*; *-n*) cinders; GEOL, METALL slag
Schlaf [ʃla:f] *m* (-[*e*]*s*; *no pl*) sleep; ***e-n leichten* (*festen*) ~ *haben*** be a light (sound) sleeper; F *fig* ***im* ~** blindfold
'Schlafanzug *m* pajamas, *Br* pyjamas
Schläfe ['ʃlɛ:fə] *f* (*-*; *-n*) ANAT temple
schlafen ['ʃla:fən] *v/i* (*irr*, *ge-*, *h*) sleep (*a. fig*); **~ *gehen, sich* ~ *legen*** go to bed; ***fest* ~** be fast asleep; ***j-n* ~ *legen*** put s.o. to bed *or* to sleep
schlaff [ʃlaf] *adj* slack (*a. fig*); flabby; limp
'Schlaf|gelegenheit *f* sleeping accommodation; **~krankheit** *f* MED sleeping sickness; **~lied** *n* lullaby
'schlaflos *adj* sleepless
'Schlaflosigkeit *f* (*-*; *no pl*) sleeplessness, MED insomnia
'Schlafmittel *n* MED sleeping pill(s)
'Schlafmütze *fig f* sleepyhead; slowpoke, *Br* slowcoach
schläfrig ['ʃlɛ:frɪç] *adj* sleepy, drowsy
'Schlaf|saal *m* dormitory; **~sack** *m* sleeping bag; **~ta,blette** *f* sleeping pill
'schlaftrunken *adj* (very) drowsy
'Schlaf|wagen *m* RAIL sleeping car, sleeper; **~wandler(in)** [ʃla:fvandlɐ, ʃla:fvandlərɪn] (*-s*; *-/-*; *-nen*) sleepwalker, somnambulist; **~zimmer** *n* bedroom
Schlag [ʃla:k] *m* (-[*e*]*s*; *Schläge* ['ʃlɛ:gə]) blow (*a. fig*); slap; punch; pat, tap; *a. tennis*: stroke; ELECTR shock (*a. fig*); MED beat; *pl* beating; → ***Schlaganfall***; **~ader** *f* ANAT artery; **~anfall** *m* MED (apoplectic) stroke
'schlagartig **1.** *adj* sudden, abrupt **2.** *adv* all of a sudden, abruptly
'Schlagbaum *m* barrier
'Schlagbohrer *m* TECH percussion drill
schlagen ['ʃla:gən] (*irr*, *ge-*, *h*) **1.** *v/t* hit, beat (*a.* GASTR *and fig*), strike, knock; fell, cut (down); ***sich* ~** fight (***um*** over); ***sich geschlagen geben*** admit defeat **2.** *v/i* hit, beat (*a. heart etc*), strike (*a. clock*), knock; ***an or gegen et.* ~** hit s.th., bump *or* crash into s.th.
Schlager ['ʃla:gɐ] *m* (*-s*; *-*) MUS hit (*a. fig*), (pop) song
Schläger ['ʃlɛ:gɐ] *m* (*-s*; *-*) *tennis etc*: racket; *table tennis*, *cricket*, *baseball*: bat; *golf*: club; *hockey*: stick; *contp* thug; **Schlägerei** [ʃlɛ:gə'rai] *f* (*-*; *-en*) fight, brawl
'schlagfertig *adj* quick-witted; ***~e Antwort*** (witty) repartee
'Schlag|instru,ment *n* MUS percussion instrument; **~kraft** *f* (*-*; *no pl*) striking power (*a.* MIL); **~loch** *n* pot-hole; **~obers** *Austrian n*, **~sahne** *f* whipped cream; **~seite** *f* MAR list; ***~ haben*** be listing; **~stock** *m* baton, truncheon; **~wort** *n* catchword, slogan; **~zeile** *f* headline
'Schlagzeug *n* MUS drums
Schlagzeuger ['ʃla:ktsɔʏgɐ] *m* (*-s*; *-*)

MUS drummer
schlaksig ['ʃlaːksɪç] *adj* lanky, gangling
Schlamm [ʃlam] *m* (-[*e*]*s*; -*e*) mud
schlammig ['ʃlamɪç] *adj* muddy
Schlampe ['ʃlampə] F *f* (-; -*n*) slut
schlampig ['ʃlampɪç] F *adj* sloppy
schlang [ʃlaŋ] *pret of* ***schlingen***
Schlange ['ʃlaŋə] *f* (-; -*n*) ZO snake, serpent (*a. fig*); *fig* line, *esp Br* queue; ~ ***stehen*** line up, stand in line, *esp Br* queue (up) (***nach*** for); **schlängeln** ['ʃlɛŋəln] *v/refl* (*ge-*, *h*) wind *or* weave (one's way), *person*: worm one's way
'**Schlangenlinie** *f* serpentine line; ***in ~n fahren*** weave
schlank [ʃlaŋk] *adj* slim, slender; ***j-n ~ machen*** make s.o. look slim; ***~e Unternehmensstruktur*** ECON lean management; '**Schlankheitskur** *f*: ***e-e ~ machen*** be slimming; '**schlankmachen** *v/t* (*sep*, *-ge-*, *h*): ***j-n ~*** → ***schlank***
schlapp [ʃlap] F *adj* worn out; weak; **Schlappe** ['ʃlapə] F *f* (-; -*n*) setback, beating; '**schlappmachen** F *v/i* (*sep*, *-ge-*, *h*) flake out; '**Schlappschwanz** F *m* weakling, wimp
schlau [ʃlau] *adj* clever, smart, bright; sly, cunning, crafty
Schlauch [ʃlaux] *m* (-[*e*]*s*; *Schläuche* ['ʃlɔʏçə]) tube; hose; **~boot** *n* (inflatable *or* rubber) dinghy
Schlaufe ['ʃlaufə] *f* (-; -*n*) loop
schlecht [ʃlɛçt] *adj* bad; poor; ***mir ist*** (***wird***) ~ I feel (I'm getting) sick to my stomach; ~ ***aussehen*** look ill; ***sich ~ fühlen*** feel bad; ~ ***werden*** GASTR go bad; ***es geht ihm sehr ~*** he is in a bad way; ~ ***gelaunt*** in a bad temper *or* mood, bad-tempered; F ***j-n ~ machen*** run s.o. down, backbite s.o.
'**schlechtmachen** *v/t* (*sep*, *-ge-*, *h*): F ***j-n ~ machen*** run s.o. down, backbite s.o.
schleichen ['ʃlaiçən] *v/i* (*irr*, *ge-*, *sein*) creep (*a. fig*), sneak; '**Schleichweg** *m* secret path; '**Schleichwerbung** *f* plugging; ***für et. ~ machen*** plug s.th.
Schleier ['ʃlaiɐ] *m* (-*s*; -) veil (*a. fig*); haze; '**schleierhaft** *adj*: F ***es ist mir ~*** it's a mystery to me
Schleife ['ʃlaifə] *f* (-; -*n*) bow; ribbon; AVIAT, IT, ELECTR, GEOGR loop
schleifen[1] ['ʃlaifən] *v/t and v/i* (*ge-*, *h*) drag (along); rub
'**schleifen**[2] *v/t* (*irr*, *ge-*, *h*) grind (*a.* TECH), sharpen; sand(paper); cut; F drill *s.o.* hard
Schleifer ['ʃlaifɐ] *m* (-*s*; -), '**Schleifmaˌschine** *f* TECH grinder
'**Schleifpaˌpier** *n* sandpaper
'**Schleifstein** *m* grindstone; whetstone
Schleim [ʃlaim] *m* (-[*e*]*s*; -*e*) slime; MED mucus; '**Schleimhaut** *f* ANAT mucous membrane; **schleimig** ['ʃlaimɪç] *adj* slimy (*a. fig*); MED mucous
schlemmen ['ʃlɛmən] *v/i* (*ge-*, *h*) feast
schlendern ['ʃlɛndɐn] *v/i* (*ge-*, *sein*) stroll, saunter, amble
schlenkern ['ʃlɛŋkɐn] *v/i and v/t* (*ge-*, *h*) dangle, swing (***mit den Armen*** one's arms)
schleppen ['ʃlɛpən] *v/t* (*ge-*, *h*) drag (*a. fig*); MOT, MAR tow; ***sich ~*** drag (on); **~d** *adj* dragging; *fig* drawling
Schlepper ['ʃlɛpɐ] *m* (-*s*; -) MAR tug; MOT tractor
'**Schlepp|lift** *m* T-bar (lift), drag lift, ski tow; **~tau** *n* tow-rope; ***im*** (***ins***) ~ in tow (*a. fig*)
Schleuder ['ʃlɔʏdɐ] *f* (-; -*n*) catapult, slingshot; TECH spin drier
'**schleudern** (*ge-*, *h*) **1.** *v/t* fling, hurl (*both a. fig*); spin-dry **2.** *v/i* MOT skid
'**Schleudersitz** *m* AVIAT ejection (*esp Br* ejector) seat
schleunigst ['ʃlɔʏnɪçst] *adv* immediately
Schleuse ['ʃlɔʏzə] *f* (-; -*n*) sluice; lock
schlich [ʃlɪç] *pret of* ***schleichen***
schlicht [ʃlɪçt] *adj* plain, simple
schlichten ['ʃlɪçtən] *v/t* (*ge-*, *h*) settle
'**Schlichtung** *f* (-; -*en*) settlement
schlief [ʃliːf] *pret of* ***schlafen***
schließen ['ʃliːsən] *v/t and v/i* (*irr*, *ge-*, *h*) shut, close (down); *fig* close, finish; ***~ aus*** (*dat*) conclude from; ***nach … zu ~*** judging by …
Schließfach ['ʃliːsfax] *n* safe-deposit box; RAIL *etc*: (left luggage) locker
schließlich ['ʃliːslɪç] *adv* finally; eventually, in the end; after all
schliff [ʃlɪf] *pret of* ***schleifen***[2]
Schliff *m* (-[*e*]*s*; -*e*) cut; polish (*a. fig*)
schlimm [ʃlɪm] *adj* bad; awful; ***das ist nicht*** *or* ***halb so ~*** it's not as bad as that; ***das Schlimme daran*** the bad thing about it
'**schlimmsten'falls** *adv* at (the) worst
Schlinge ['ʃlɪŋə] *f* (-; -*n*) loop; noose;

S

HUNT snare (*a. fig*); MED sling
Schlingel ['ʃlɪŋəl] *m* (*-s*; -) rascal
schlingen ['ʃlɪŋən] *v/t* (*irr, ge-, h*) wind, twist; tie; wrap (***um*** [a]round); gobble; ***sich um et.*** ~ wind (a)round s.th.
schlingern ['ʃlɪŋɐn] *v/i* (*ge-, h*) MAR roll
'**Schlingpflanze** *f* BOT creeper, climber
Schlips [ʃlɪps] *m* (*-es*; *-e*) necktie, *esp Br* tie
schlitteln ['ʃlɪtəln] *Swiss v/i* (*ge-, sein*) go sledging, go tobogganing
Schlitten ['ʃlɪtən] *m* (*-s*; -) sled, *Br* sledge; sleigh; SPORT toboggan; ~ ***fahren*** go sledging, go tobogganing
Schlittschuh ['ʃlɪtʃuː] *m* ice-skate (*a.* ~ ***laufen***); ~**läufer**(**in**) ice-skater
Schlitz [ʃlɪts] *m* (*-es*; *-e*) slit; slot
schlitzen ['ʃlɪtsən] (*v/t ge-, h*) slit, slash
schloss [ʃlɔs] *pret of* ***schließen***
Schloss *n* (*-es*; *Schlösser* ['ʃlœsɐ]) TECH lock; ARCH castle, palace; ***ins*** ~ ***fallen*** *door*: slam shut; ***hinter*** ~ ***und Riegel*** locked up, under lock and key
Schlosser ['ʃlɔsɐ] *m* (*-s*; -) metalworker; locksmith; **Schlosserei** [ʃlɔsə'rai] *f* (-; *-en*) metalwork shop
schlottern ['ʃlɔtɐn] *v/i* (*ge-, h*) shake, tremble (*both*: ***vor*** *dat* with); bag
Schlucht [ʃlʊxt] *f* (-; *-en*) canyon, gorge, ravine
schluchzen ['ʃlʊxtsən] *v/i* (*ge-, h*), **Schluchzer** ['ʃlʊxtsɐ] *m* (*-s*; -) sob
Schluck [ʃlʊk] *m* (*-[e]s*; *-e*) draught, swallow; sip; gulp; '**Schluckauf** *m* (*-s*; *no pl*) hiccups; (***e-n***) ~ ***haben*** have (the) hiccups; **schlucken** ['ʃlʊkən] *v/t and v/i* (*ge-, h*) swallow (*a. fig*)
'**Schluckimpfung** *f* MED oral vaccination
schlug [ʃluːk] *pret of* ***schlagen***
Schlummer ['ʃlʊmɐ] *m* (*-s*; *no pl*) slumber; '**schlummern** *v/i* (*ge-, h*) lie asleep; *fig* slumber
schlüpfen ['ʃlʏpfən] *v/i* (*ge-, sein*) slip, slide; ZO hatch (out); **Schlüpfer** ['ʃlʏpfɐ] *m* (*-s*; -) briefs, panties
schlüpfrig ['ʃlʏpfrɪç] *adj* slippery; *contp* risqué, off-colo(u)r
Schlupfwinkel ['ʃlʊpfvɪŋkəl] *m* hiding place
schlurfen ['ʃlʊrfən] *v/i* (*ge-, sein*) shuffle (along)
schlürfen ['ʃlʏrfən] *v/t and v/i* (*ge-, h*) slurp
Schluss [ʃlʊs] *m* (*-es*; *no pl*) end; conclusion; ending; ~ ***machen*** finish; break up; ~ ***machen mit*** stop *s.th.*, put an end to *s.th.*; ***zum*** ~ finally; (***ganz***) ***bis zum*** ~ to the (very) end; ~ ***für heute!*** that's all for today!
Schlüssel ['ʃlʏsəl] *m* (*-s*; -) key (***für, zu*** to); ~**bein** *n* ANAT collarbone; ~**blume** *f* BOT cowslip, primrose; ~**bund** *m, n* bunch of keys; ~**kind** F *n* latchkey child; ~**loch** *n* keyhole; ~**wort** *n* keyword, IT *a.* password
'**Schlussfolgerung** *f* conclusion
schlüssig ['ʃlʏsɪç] *adj* conclusive; ***sich*** ~ ***werden*** make up one's mind (***über*** *acc* about)
'**Schluss|licht** *n* MOT *etc*: tail-light; ~**pfiff** *m* SPORT final whistle; ~**phase** *f* final stage(s); ~**verkauf** *m* ECON (end--of-season) sale
schmächtig ['ʃmɛçtɪç] *adj* slight, thin, frail
schmackhaft ['ʃmakhaft] *adj* tasty
schmal [ʃmaːl] *adj* narrow; thin, slender (*a. fig*); **schmälern** ['ʃmɛːlɐn] *v/t* (*ge-, h*) detract from
'**Schmalfilm** *m* cinefilm
'**Schmalspur** *f* RAIL narrow ga(u)ge
'**Schmalspur...** *fig in cpds* small-time ...
Schmalz [ʃmalts] *n* (*-es*; *-e*) grease; lard
schmalzig ['ʃmaltsɪç] F *adj* schmaltzy, mushy, *Br* soapy
schmarotzen [ʃma'rɔtsən] F *v/i* (*no -ge-, h*) sponge (***bei*** on)
Schmarotzer [ʃma'rɔtsɐ] *m* (*-s*; -) BOT, ZO parasite, *fig a.* sponger
schmatzen ['ʃmatsən] *v/i* smack (one's lips), eat noisily
schmecken ['ʃmɛkən] *v/i and v/t* (*ge-, h*) taste (***nach*** of); ***gut*** (***schlecht***) ~ taste good (bad); (***wie***) ***schmeckt dir ...?*** (how) do you like ...? (*a. fig*); ***es schmeckt süß*** (***nach nichts***) it has a sweet (no) taste
Schmeichelei [ʃmaiçə'lai] *f* (-; *-en*) flattery; '**schmeichelhaft** *adj* flattering; '**schmeicheln** *v/i* (*ge-, h*) flatter (***j-m*** s.o.); **Schmeichler**(**in**) ['ʃmaiçlɐ, 'ʃmaiçlərɪn] *m*(*f*) (*-s*; *-/-*; *-nen*) flatterer; **schmeichlerisch** ['ʃmaiçlərɪʃ] *adj* flattering
schmeißen ['ʃmaisən] F *v/t and v/i* (*irr, ge-, h*) throw, chuck; slam; ***mit Geld um***

sich ~ throw one's money about
'**Schmeißfliege** *f* zo blowfly, bluebottle
schmelzen ['ʃmɛltsən] *v/i (irr, ge-, sein) and v/t (h)* melt; thaw; TECH smelt
'**Schmelz|ofen** *m* (s)melting furnace; **~tiegel** *m* melting pot *(a. fig)*
Schmerz [ʃmɛrts] *m (-es; -en)* pain *(a. fig)*, ache; *fig* grief, sorrow
schmerzen ['ʃmɛrtsən] *v/i and v/t (ge-, h)* hurt *(a. fig)*, ache; *esp fig* pain
'**schmerzfrei** *adj* without pain
'**schmerzhaft** *adj* painful
'**schmerzlich** *adj* painful, sad
'**schmerzlos** *adj* painless
'**Schmerzmittel** *n* PHARM painkiller
'**schmerzstillend** *adj* painkilling
Schmetterling ['ʃmɛtɐlɪŋ] *m (-s; -e)* zo butterfly
schmettern ['ʃmɛtɐn] *(ge-, h)* **1.** *v/t* smash *(a. tennis)*; F MUS belt out **2.** *v/i (sein)* crash, slam; MUS blare
Schmied [ʃmiːt] *m (-[e]s; -e)* (black)-smith; **Schmiede** ['ʃmiːdə] *f (-; -n)* forge, smithy; '**Schmiedeeisen** *n* wrought iron; '**schmieden** *v/t (ge-, h)* forge; *fig* make *(plans etc)*
schmiegen ['ʃmiːgən] *v/refl (ge-, h)* ***sich ~ an*** *(acc)* snuggle up to; *dress etc*: cling to
Schmiere ['ʃmiːrə] *f (-; -n)* grease
'**schmieren** *v/t (ge-, h)* TECH grease, oil, lubricate; spread *(butter etc)*; *contp* scribble, scrawl; **Schmiererei** [ʃmiːrə'rai] *f (-; -en)* scrawl; graffiti
schmierig ['ʃmiːrɪç] *adj* greasy; dirty; filthy; *contp* slimy
Schmiermittel ['ʃmiːɐmɪtəl] *n* TECH lubricant
Schminke ['ʃmɪŋkə] *f (-; -n)* make-up *(a.* THEA*)*; '**schminken** *v/t (ge-, h)* make *s.o.* up; ***sich ~*** make o.s. *or* one's face up
Schmirgelpa,pier ['ʃmɪrgəlpapiːɐ] *n* emery paper
schmiss [ʃmɪs] *pret of* ***schmeißen***
schmollen ['ʃmɔlən] *v/i (ge-, h)* sulk, be sulky, pout
schmolz [ʃmɔlts] *pret of* ***schmelzen***
schmoren ['ʃmoːrən] *v/t and v/i (ge-, h)* GASTR braise, stew *(a. fig)*
Schmuck [ʃmʊk] *m (-[e]s; no pl)* jewel(le)ry, jewels; decoration(s), ornament(s); **schmücken** ['ʃmʏkən] *v/t (ge-, h)* decorate; '**schmucklos** *adj* unadorned; plain; '**Schmuckstück** *n* piece of jewel(le)ry; *fig* gem
Schmuggel ['ʃmʊgəl] *m (-; no pl)*, **Schmuggelei** [ʃmʊgə'lai] *f (-; -en)* smuggling; '**schmuggeln** *v/t and v/i (ge-, h)* smuggle; '**Schmuggelware** *f* smuggled goods; **Schmuggler** ['ʃmʊglɐ] *m (-s; -)* smuggler
schmunzeln ['ʃmʊntsəln] *v/i (ge-, h)* smile to o.s.
schmusen ['ʃmuːzən] F *v/i (ge-, h)* (kiss and) cuddle, smooch
Schmutz [ʃmʊts] *m (-es; no pl)* dirt, filth, *fig a.* smut; **~fleck** *m* smudge
schmutzig ['ʃmʊtsɪç] *adj* dirty, filthy *(both a. fig)*; ***~ werden, sich ~ machen*** get dirty
Schnabel ['ʃnaːbəl] *m (-s; Schnäbel* ['ʃnɛːbəl]*)* zo bill, beak
Schnalle ['ʃnalə] *f (-; -n)* buckle
'**schnallen** *v/t (ge-, h)* buckle; ***et. ~ an*** *(acc)* strap s.th. to
schnalzen ['ʃnaltsən] *v/i (ge-, h)* snap one's fingers; click one's tongue
schnappen ['ʃnapən] *(ge-, h)* **1.** *v/i* snap, snatch *(both:* ***nach*** at); F ***nach Luft ~*** gasp for breath **2.** F *v/t* catch
'**Schnappschuss** *m* PHOT snapshot
Schnaps [ʃnaps] *m (-es; Schnäpse* ['ʃnɛpsə]*)* spirits, schnapps, F booze
schnarchen ['ʃnarçən] *v/i (ge-, h)* snore
schnarren ['ʃnarən] *v/i (ge-, h)* rattle; *voice*: rasp
schnattern ['ʃnatɐn] *v/i (ge-, h)* zo cackle; chatter *(a.* F*)*
schnauben ['ʃnaubən] *v/i and v/t (ge-, h)* snort; ***sich die Nase ~*** blow one's nose
schnaufen ['ʃnaufən] *v/i (ge-, h)* breathe hard, pant, puff
Schnauze ['ʃnautsə] *f (-; -n)* zo snout, mouth, muzzle; F AVIAT, MOT nose; TECH spout; V trap, kisser; V ***die ~ halten*** keep one's trap shut
Schnecke ['ʃnɛkə] *f (-; -n)* zo snail; slug
'**Schnecken|haus** *n* zo snail shell; **~tempo** *n*: ***im ~*** at a snail's pace
Schnee [ʃneː] *m (-s; no pl)* snow *(a. sl)*; ***~ räumen*** remove snow; **~ball** *m* snowball; **~ballschlacht** *f* snowball fight
'**schneebedeckt** *adj* snow-capped
'**Schnee|fall** *m* snowfall; **~flocke** *f* snowflake; **~gestöber** ['ʃneːgəʃtøːbɐ] *n (-s; -)* snow flurry; **~glöckchen** *n*

S

BOT snowdrop; **~grenze** *f* snow line; **~mann** *m* snowman; **~matsch** *m* slush; **~moˌbil** *n* snowmobile; **~pflug** *m* snowplow, *Br* snowplough; **~regen** *m* sleet; **~sturm** *m* snowstorm, blizzard; **~verwehung** *f* snowdrift
'schnee'weiß *adj* snow-white
Schneewittchen [ʃneː'vɪtçən] *n (-s; no pl)* Snow White
Schneid [ʃnait] F *m (-[e]s; no pl)* grit, guts; **~brenner** *m* TECH cutting torch
Schneide ['ʃnaidə] *f (-; -n)* edge
'schneiden *v/t and v/i (irr, ge-, h)* cut (*a. fig*), *film etc*: *a.* edit; GASTR carve
Schneider ['ʃnaidɐ] *m (-s; -)* tailor; **Schneiderei** [ʃnaidə'rai] *f (-; -en) (no pl)* tailoring, dressmaking; tailor's *or* dressmaker's shop; **'Schneiderin** *f (-; -nen)* dressmaker; seamstress; **'schneidern** *v/i and v/t (ge-, h)* do dressmaking; make, sew
'Schneidezahn *m* incisor
schneidig ['ʃnaidɪç] *adj* dashing; smart
schneien ['ʃnaiən] *v/i (ge-, h)* snow
schnell [ʃnɛl] *adj* fast, quick; prompt; rapid; ***es geht ~*** it won't take long; (***mach***[***t***]) ***~!*** hurry up!
'Schnell... *in cpds …dienst, …paket, …zug etc*: *mst* express …
schnellen ['ʃnɛlən] *v/t (ge-, h) and v/i (ge-, sein)* shoot, spring
'Schnellhefter *m* folder
Schnelligkeit ['ʃnɛlɪçkait] *f (-; no pl)* speed; quickness, rapidity
'Schnell|imbiss *m* snack bar; **~straße** *f* expressway, thruway, *Br* motorway
schnetzeln ['ʃnɛtsəln] *esp Swiss v/t (ge-, h)* GASTR chop up
schnippisch ['ʃnɪpɪʃ] *adj* sassy, pert
schnipsen ['ʃnɪpsən] *v/i (ge-, h)* snap one's fingers
schnitt [ʃnɪt] *pret of* ***schneiden***
Schnitt *m (-[e]s; -e)* cut (*a. fig*); average
'Schnittblumen *pl* cut flowers
Schnitte ['ʃnɪtə] *f (-; -n)* slice; open sandwich
schnittig ['ʃnɪtɪç] *adj* stylish; MOT sleek
Schnitt|lauch *m* BOT chives; **~muster** *n* pattern; **~punkt** *m* (point of) intersection; **~stelle** *f film etc*: cut; IT interface; **~wunde** *f* MED cut
Schnitzel[1] ['ʃnɪtsəl] *n (-s; -)* GASTR cutlet; ***Wiener ~*** schnitzel
'Schnitzel[2] *n, m (-s; -)* chip; scrap
schnitzen ['ʃnɪtsən] *v/t (ge-, h)* carve, cut (in wood); **Schnitzer** ['ʃnɪtsɐ] *m (-s; -)* (wood) carver; **Schnitzerei** [ʃnɪtsə'rai] *f (-; -en)* (wood) carving
Schnorchel ['ʃnɔrçəl] *m (-s; -)*, **'schnorcheln** *v/i (ge-, h)* snorkel
Schnörkel ['ʃnœrkəl] *m (-s; -)* flourish; ARCH scroll
schnorren ['ʃnɔrən] F *v/t (ge-, h)* mooch, *Br* cadge
schnüffeln ['ʃnʏfəln] *v/i (ge-, h)* sniff (***an*** *dat* at); F snoop (about *or* around)
Schnuller ['ʃnʊlɐ] *m (-s; -)* pacifier, *Br* dummy
Schnulze ['ʃnʊltsə] F *f (-; -n)* tearjerker; schmal(t)zy song
'Schnulzensänger F *m*, **'Schnulzensängerin** *f* crooner
schnulzig ['ʃnʊltsɪç] F *adj* schmal(t)zy
Schnupfen ['ʃnʊpfən] *m (-s; -)* MED cold; ***e-n ~ haben*** (***bekommen***) have a (catch [a]) cold
'Schnupftabak *m* snuff
schnuppern ['ʃnʊpɐn] *v/i (ge-, h)* sniff (***an et.*** [at] s.th.)
Schnur [ʃnuːɐ] *f (-; Schnüre* ['ʃnyːrə]*)* string, cord; ELECTR flex
Schnürchen ['ʃnyːɐçən] *n*: ***wie am ~*** like clockwork
schnüren ['ʃnyːrən] *v/t (ge-, h)* lace (up); tie up
'schnurgerade *adv* dead straight
'schnurlos *adj*: ***~es Telefon*** cordless phone
Schnürlsamt ['ʃnyːɐlzamt] *Austrian m* corduroy
Schnurrbart ['ʃnʊrbaːɐt] *m* m(o)ustache
schnurren ['ʃnʊrən] *v/i (ge-, h)* purr
Schnür|schuh ['ʃnyːɐʃuː] *m* laced shoe; **~senkel** ['ʃnyːɐzɛŋkəl] *m (-s; -)* shoestring, *Br* shoelace
schnurstracks ['ʃnuːɐ'ʃtraks] *adv* direct(ly), straight; straight away
schob [ʃoːp] *pret of* ***schieben***
Schober ['ʃoːbɐ] *m (-s; -)* haystack, hayrick; barn
Schock [ʃɔk] *m (-[e]s; -s)* MED shock; ***unter ~ stehen*** be in (a state of) shock
schocken ['ʃɔkən] F *v/t (ge-, h)* shock
schockieren [ʃɔ'kiːrən] *v/t (no -ge-, h)* shock
Schokolade [ʃoko'laːdə] *f (-; -n)* chocolate; ***e-e Tafel ~*** a bar of chocolate

scholl [ʃɔl] *pret of* ***schallen***
Scholle ['ʃɔlə] *f* (-; *-n*) clod; (ice)floe; zo flounder, *Br* plaice
schon [ʃoːn] *adv* already; ever; even; ***~ damals*** even then; ***~ 1968*** as early as 1968; ***~ der Gedanke*** the very idea; ***ist sie ~ da*** (***zurück***)***?*** has she come (is she back) yet?; ***habt ihr ~ gegessen?*** have you eaten yet?; ***bist du ~ einmal dort gewesen?*** have you ever been there?; ***ich wohne hier ~ seit zwei Jahren*** I've been living here for two years now; ***ich kenne ihn ~, aber*** I do know him, but; ***er macht das ~*** he'll do it all right; ***~ gut!*** never mind!, all right!
schön [ʃøːn] **1.** *adj* beautiful, lovely; METEOR *a.* fine, fair; nice (*a.* F *iro*); (***na***,) ***~*** all right **2.** *adv*: ***~ warm*** (***kühl***) nice and warm (cool); ***ganz ~ teuer*** (***schnell***) pretty expensive (fast); ***j-n ganz ~ erschrecken*** (***überraschen***) give s.o. quite a start (surprise)
schonen ['ʃoːnən] *v/t* (*ge-, h*) take care of, go easy on (*a.* TECH); spare; ***sich ~*** take it easy; save o.s. *or* one's strength; **~d 1.** *adj* gentle; mild **2.** *adv*: ***~ umgehen mit*** take (good) care of; handle with care; go easy on
'**Schönheit** *f* (-; *-en*) beauty
'**Schönheitspflege** *f* beauty care
'**Schonung** *f* (-; *-en*) (*no pl*) (good) care; rest; preservation; tree nursery
'**schonungslos** *adj* relentless, brutal
schöpfen ['ʃœpfən] *v/t* (*ge-, h*) scoop, ladle; draw (*water*); → ***Luft, Verdacht***
Schöpfer ['ʃœpfɐ] *m* (-*s*; -), '**Schöpferin** *f* (-; *-nen*) creator
schöpferisch ['ʃœpfərɪʃ] *adj* creative
'**Schöpfung** *f* (-; *-en*) creation
schor [ʃoːɐ] *pret of* ***scheren***
Schorf [ʃɔrf] *m* (-[*e*]*s*; *-e*) MED scab
Schornstein ['ʃɔrnʃtain] *m* chimney; MAR, RAIL funnel; **~feger** *m* chimney sweep
schoss [ʃɔs] *pret of* ***schießen***
Schoß [ʃoːs] *m* (*-es*; *Schöße* ['ʃøːsə]) lap; womb
Schote ['ʃoːtə] *f* (-; *-n*) BOT pod, husk
Schotte ['ʃɔtə] *m* (*-n*; *-n*) Scot(sman); *pl* the Scots, the Scottish (people)
Schotter ['ʃɔtɐ] *m* (-*s*; -) gravel, road metal
Schottin ['ʃɔtɪn] *f* (-; *-nen*) Scotswoman
'**schottisch** *adj* Scots, Scottish; Scotch
'**Schottland** Scotland
schräg [ʃrɛːk] **1.** *adj* slanting, sloping, oblique; diagonal **2.** *adv*: ***~ gegenüber*** diagonally opposite
Schramme ['ʃramə] *f* (-; *-n*), '**schrammen** *v/t and v/i* (*ge-, h*) scratch (*a.* MED)
Schrank [ʃraŋk] *m* (-[*e*]*s*; *Schränke* ['ʃrɛŋkə]) cupboard; closet; wardrobe
Schranke ['ʃraŋkə] *f* (-; *-n*) barrier (*a. fig*), RAIL *a.* gate; JUR bar; *pl* limits, bounds
'**schrankenlos** *fig adj* boundless
'**Schrankenwärter** *m* RAIL gatekeeper
'**Schrankwand** *f* wall units
Schraube ['ʃraubə] *f* (-; *-n*), '**schrauben** *v/t* (*ge-, h*) TECH screw
'**Schrauben|schlüssel** *m* TECH spanner, wrench; **~zieher** *m* TECH screwdriver
Schraubstock ['ʃraupʃtɔk] *m* vise, *Br* vice
Schreck [ʃrɛk] *m* (-[*e*]*s*; *-e*) fright, shock; ***j-m e-n ~ einjagen*** give s.o. a fright, scare s.o.
Schrecken ['ʃrɛkən] *m* (-*s*; -) terror, fright; horror(s); '**Schreckensnachricht** *f* dreadful news
'**schreckhaft** *adj* jumpy; skittish
'**schrecklich** *adj* awful, terrible; horrible, dreadful, atrocious
Schrei [ʃrai] *m* (-[*e*]*s*; *-e*) cry, shout, yell, scream (*all*: ***um, nach*** for)
schreiben ['ʃraibən] *v/t and v/i* (*irr, ge-, h*) write (***j-m*** to s.o.; ***über*** *acc* about); type; spell; ***falsch ~*** misspell; ***wie schreibt man …?*** how do you spell …?
'**Schreiben** *n* (-*s*; -) letter
'**Schreib|fehler** *m* spelling mistake; **~heft** *n* exercise book; **~kraft** *f* typist; **~ma͵schine** *f* typewriter; **~materi͵al** *n* writing materials, stationery; **~schutz** *m* IT write *or* file protection; **~tisch** *m* desk
'**Schreibung** *f* (-; *-en*) spelling
'**Schreibwaren** *pl* stationery; **~geschäft** *n* stationer's, stationery shop
'**Schreibzen͵trale** *f* typing pool
schreien ['ʃraiən] *v/i and v/t* (*irr, ge-, h*) cry, shout, yell, scream (*all*: ***um, nach*** [out] for); ***~ vor Schmerz*** (***Angst***) cry out with pain (in terror); ***es war***

S

zum Schreien it was a scream; **~d** *fig adj* loud (*colors*); flagrant (*abuse etc*), glaring (*injustices etc*)
Schreiner ['ʃrainɐ] *m* (*-s*; -) → ***Tischler***
schreiten ['ʃraitən] *v/i* (*irr*, *ge-*, *sein*) stride
schrie [ʃriː] *pret of* ***schreien***
schrieb [ʃriːp] *pret of* ***schreiben***
Schrift [ʃrɪft] *f* (-; *-en*) (hand)writing, hand; PRINT type; character, letter; *pl* works, writings; ***die Heilige ~*** REL the Scriptures; **~art** *f* script; PRINT typeface; **~deutsch** *n* standard German
'**schriftlich** *adj* written; ***~ übersetzen*** translate in writing
Schriftsteller ['ʃrɪftʃtɛlɐ] *m* (*-s*; -), '**Schriftstellerin** *f* (-; *-nen*) author, writer
'**Schrift|verkehr** *m*, **~wechsel** *m* correspondence; **~zeichen** *n* character, letter
schrill [ʃrɪl] *adj* shrill (*a. fig*), piercing
schritt [ʃrɪt] *pret of* ***schreiten***
Schritt *m* (*-[e]s*; *-e*) step (*a. fig*); pace; *fig* ***~e unternehmen*** take steps; ***~ fahren!*** MOT dead slow; **~macher** *m* SPORT pacemaker (*a.* MED), pacesetter
'**schrittweise** *adv* step by step, gradually
schroff [ʃrɔf] *adj* steep; jagged; *fig* gruff
Schrot [ʃroːt] *m*, *n* (*-[e]s*; *-e*) (*no pl*) coarse meal; HUNT (small) shot; pellet; **~flinte** *f* shotgun
Schrott [ʃrɔt] *m* (*-[e]s*; *-e*) scrap (metal)
'**Schrotthaufen** *m* scrap heap
'**Schrottplatz** *m* scrapyard
schrubben ['ʃrʊbən] *v/t* (*ge-*, *h*) scrub, scour
schrumpfen ['ʃrʊmpfən] *v/i* (*ge-*, *sein*) shrink
Schub [ʃuːp] *m* (*-[e]s*; *Schübe* ['ʃyːbə]) → ***Schubkraft***; **~fach** *n* drawer; **~karren** *m* wheelbarrow; **~kasten** *m* drawer; **~kraft** *f* PHYS, TECH thrust; **~lade** *f* drawer
Schubs [ʃʊps] F *m* (*-es*; *-e*), **schubsen** ['ʃʊpsən] F *v/t* (*ge-*, *h*) push
schüchtern ['ʃʏçtɐn] *adj* shy, bashful
'**Schüchternheit** *f* (-; *no pl*) shyness, bashfulness
schuf [ʃuːf] *pret of* ***schaffen***[1]
Schuft [ʃʊft] *m* (*-[e]s*; *-e*) *contp* bastard
schuften ['ʃʊftən] F *v/i* (*ge-*, *h*) slave away, drudge
Schuh [ʃuː] *m* (*-[e]s*; *-e*) shoe; ***j-m et. in die ~e schieben*** put the blame for s.th. on s.o.; **~anzieher** *m* shoehorn; **~creme** *f* shoe polish; **~geschäft** *n* shoe store (*Br* shop); **~löffel** *m* shoehorn; **~macher** *m* shoemaker; **~putzer** ['ʃuːpʊtsɐ] *m* (*-s*; -) shoeshine boy
'**Schul|abbrecher** *m* (*-s*; -) dropout; **~abgänger** ['ʃuːlapgɛŋɐ] *m* (*-s*; -) school leaver; **~amt** *n* school board, *Br* education authority; **~arbeit** *f* schoolwork; *pl* homework; **~besuch** *m* (school) attendance; **~bildung** *f* education; **~buch** *n* textbook
Schuld [ʃʊlt] *f* (-; *-en* ['ʃʊldən]) (*no pl*) JUR guilt, *esp* REL sin; *mst pl* debt; ***j-m die ~*** (***an et.***) ***geben*** blame s.o. (for s.th.); ***es ist*** (***nicht***) ***deine ~*** it is(n't) your fault; ***~en haben*** (***machen***) be in (run into) debt; → ***zuschulden***; '**schuldbewusst** *adj*: ***~e Miene*** guilty look; **schulden** ['ʃʊldən] *v/t* (*ge-*, *h*) ***j-m et. ~*** owe s.o. s.th.; **schuldig** ['ʃʊldɪç] *adj esp* JUR guilty (***an*** *dat* of); responsible *or* to blame (for); ***j-m et. ~ sein*** owe s.o. s.th.; **Schuldige** ['ʃʊldɪgə] *m*, *f* (*-n*; *-n*) culprit; JUR guilty person, offender
'**schuldlos** *adj* innocent
Schuldner ['ʃʊldnɐ] *m* (*-s*; -); '**Schuldnerin** *f* (-; *-nen*) debtor
'**Schuldschein** *m* ECON promissory note, IOU (= I owe you)
Schule ['ʃuːlə] *f* (-; *-n*) school (*a. fig*); ***höhere ~*** *appr* (senior) high school, *Br* secondary school; ***auf*** *or* ***in der ~*** at school; ***in die*** *or* ***zur ~ gehen*** (***kommen***) go to (start) school
'**schulen** *v/t* (*ge-*, *h*) train, school
Schüler ['ʃyːlɐ] *m* (*-s*; -) student, schoolboy, *esp Br a.* pupil; **~austausch** *m* student exchange (program[me])
Schülerin ['ʃyːlərɪn] *f* (-; *-nen*) student, schoolgirl, *esp Br a.* pupil
'**Schülervertretung** *f appr* student government (*Br* council)
'**Schul|ferien** *pl* vacation, *Br* holidays; **~fernsehen** *n* educational TV; **~funk** *m* schools programmes; **~gebäude** *n* school (building); **~geld** *n* school fee(s), tuition; **~heft** *n* exercise book; **~hof** *m* school yard, playground; **~kame,rad** *m* schoolfellow; **~leiter** *m* principal, *Br* headmaster, head teach-

S

er; **~leiterin** *f* principal, *Br* headmistress; **~mappe** *f* schoolbag; satchel; **~ordnung** *f* school regulations
'**schulpflichtig** *adj*: **~es Kind** school-age child
'**Schul|schiff** *n* training ship; **~schluss** *m* end of school (*or* term); **nach ~** after school; **~schwänzer** ['ʃuːlʃvɛntsɐ] *m* (-*s*; -) truant; **~stunde** *f* lesson, class, period; **~tasche** *f* schoolbag
Schulter ['ʃʊltɐ] *f* (-; -*n*) ANAT shoulder
'**Schulterblatt** *n* ANAT shoulder-blade
'**schulterfrei** *adj* strapless
'**schultern** *v/t* (*ge-*, *h*) shoulder
'**Schultertasche** *f* shoulder bag
'**Schulwesen** *n* (-*s*; *no pl*) education(al system)
schummeln ['ʃʊməln] F *v/i* (*ge-*, *h*) cheat
Schund [ʃʊnt] *m* (-[*e*]*s*; *no pl*) trash, rubbish, junk
schund [ʃʊnt] *pret of* **schinden**
Schuppe ['ʃʊpə] *f* (-; -*n*) ZO scale; *pl* MED dandruff
'**Schuppen** *m* (-*s*; -) shed, *esp* F *contp* shack
schuppig ['ʃʊpɪç] *adj* ZO scaly
schüren ['ʃyːrən] *v/t* (*ge-*, *h*) stir up (*a. fig*)
schürfen ['ʃʏrfən] *v/i* (*ge-*, *h*) prospect (**nach** for)
'**Schürfwunde** *f* MED graze, abrasion
Schurke ['ʃʊrkə] *m* (-*n*; -*n*) *esp* THEA *etc* villain
Schurwolle ['ʃuːɐvɔlə] *f* virgin wool
Schürze ['ʃʏrtsə] *f* (-; -*n*) apron
Schuss [ʃʊs] *m* (-*es*; *Schüsse* ['ʃʏsə]) shot; GASTR dash; SPORT shot, *soccer*: *a.* strike; *skiing*: schuss (*a.* **~ fahren**); *sl* shot, fix; F **gut in ~ sein** be in good shape
Schüssel ['ʃʏsəl] *f* (-; -*n*) bowl, dish; basin
'**Schuss|waffe** *f* firearm; **~wunde** *f* MED gunshot *or* bullet wound
Schuster ['ʃuːstɐ] *m* (-*s*; -) shoemaker
Schutt [ʃʊt] *m* (-[*e*]*s*; *no pl*) rubble, debris
'**Schüttelfrost** *m* MED shivering fit, *the* shivers
schütteln ['ʃʏtəln] *v/t* (*ge-*, *h*) shake
schütten ['ʃʏtən] *v/t* (*ge-*, *h*) pour; throw
Schutz [ʃʊts] *m* (-*es*; *no pl*) protection (**gegen, vor** *dat* against), defense, *Br* defence (against, from); shelter (from); safeguard (against); cover; **~blech** *n* fender, *Br* mudguard; **~brille** *f* goggles
Schütze ['ʃʏtsə] *m* (-*n*; -*n*) MIL rifleman; hunter; SPORT scorer; ASTR Sagittarius; **er ist (ein) ~** he's (a) Sagittarius; **ein guter ~** a good shot
schützen ['ʃʏtsən] *v/t* (*ge-*, *h*) protect (**gegen, vor** *dat* against, from), defend (against, from), guard (against, from); shelter (from); safeguard
'**Schutzengel** *m* guardian angel
'**Schützengraben** *m* MIL trench
'**Schutzgeld** *n* protection money; **~erpressung** *f* protection racket
'**Schutz|haft** *f* JUR protective custody; **~heilige** *m, f* patron (saint); **~impfung** *f* MED protective inoculation; vaccination; **~kleidung** *f* protective clothing
Schützling ['ʃʏtslɪŋ] *m* (-*s*; -*e*) protégé(e)
'**schutzlos** *adj* unprotected; defenseless, *Br* defenceless
'**Schutz|maßnahme** *f* safety measure; **~pa,tron** *m* REL patron (saint); **~umschlag** *m* dust cover; **~zoll** *m* ECON protective duty (*or* tariff)
schwach [ʃvax] *adj* weak (*a. fig*); poor; faint; delicate, frail; **schwächer werden** grow weak; decline; fail; fade
Schwäche ['ʃvɛçə] *f* weakness (*a. fig*); MED infirmity; *fig* drawback, shortcoming; **e-e ~ haben für** be partial to; '**schwächen** *v/t* (*ge-*, *h*) weaken (*a. fig*); lessen; '**schwächlich** *adj* weakly, feeble; delicate, frail; '**Schwächling** *m* (-*s*; -*e*) weakling (*a. fig*), softy, sissy
'**schwachsinnig** *adj* feeble-minded; F stupid, idiotic
'**Schwachstrom** *m* ELECTR low-voltage current
Schwager ['ʃvaːgɐ] *m* (-*s*; *Schwäger* ['ʃvɛːgɐ]) brother-in-law; **Schwägerin** ['ʃvɛːgərɪn] *f* (-; -*nen*) sister-in-law
Schwalbe ['ʃvalbə] *f* (-; -*n*) ZO swallow; *soccer*: dive
Schwall [ʃval] *m* (-[*e*]*s*; -*e*) gush, *esp fig a.* torrent
schwamm [ʃvam] *pret of* **schwimmen**
Schwamm *m* (-[*e*]*s*; *Schwämme* ['ʃvɛmə]) sponge; BOT fungus; F dry rot
Schwammerl ['ʃvamɐl] *Austrian m* (-*s*; -[*n*]) → **Pilz**

S

schwammig ['ʃvamɪç] *adj* spongy; puffy; *fig* woolly
Schwan [ʃvaːn] *m* (-[*e*]*s*; *Schwäne* ['ʃvɛːnə]) ZO swan
schwand [ʃvant] *pret of* ***schwinden***
schwang [ʃvaŋ] *pret of* ***schwingen***
schwanger ['ʃvaŋɐ] *adj* pregnant
'**Schwangerschaft** *f* (-; *-en*) pregnancy; '**Schwangerschaftsabbruch** *m* abortion
schwanken ['ʃvaŋkən] *v/i* (*ge-*, *h*) sway, roll (*a.* MAR); stagger; *fig* ***~ zwischen ... und ...*** waver between ... and ...; *prices*: range from ... to ...; '**Schwankung** *f* (-; *-en*) change, variation (*a.* ECON)
Schwanz [ʃvants] *m* (*-es*; *Schwänze* ['ʃvɛntsə]) ZO tail (*a.* AVIAT, ASTR); V cock
schwänzen ['ʃvɛntsən] *v/i and v/t* (*ge-*, *h*) (***die Schule***) **~** play truant (F hooky)
Schwarm [ʃvarm] *m* (-[*e*]*s*; *Schwärme* ['ʃvɛrmə]) swarm; crowd, F bunch; ZO shoal, school; F dream; idol
schwärmen ['ʃvɛrmən] *v/i* (*ge-*, *sein*) ZO swarm; (*ge-*, *h*) ***~ für*** be mad about; dream of; have a crush on *s.o.*; ***~ von*** rave about
Schwarte ['ʃvartə] *f* (-; *-n*) rind; F *contp* (old) tome
schwarz [ʃvarts] *adj* black (*a. fig*); ***Schwarzes Brett*** bulletin board, *Br* notice board; ***~ auf weiß*** in black and white
'**Schwarzarbeit** *f* (-; *no pl*) illicit work
'**Schwarzbrot** *n* rye bread
Schwarze ['ʃvartsə] *m*, *f* (*-n*; *-n*) black (man *or* woman); *pl* the Blacks
schwärzen ['ʃvɛrtsən] *v/t* (*ge-*, *h*) blacken
'**Schwarz|fahrer** *m* fare dodger; **~händler** *m* black marketeer; **~markt** *m* black market; **~seher** *m* pessimist; (TV) license (*Br* licence) dodger
Schwarz'weiß... *in cpds* ...*film*, ...*fernseher etc*: black-and-white ...
schwatzen ['ʃvatsən], **schwätzen** ['ʃvɛtsən] *v/i* (*ge-*, *h*) chat(ter); PED talk
Schwätzer ['ʃvɛtsɐ] *contp m* (*-s*; -), '**Schwätzerin** *f* (-; *-nen*) loudmouth
schwatzhaft ['ʃvatshaft] *adj* chatty
Schwebe|bahn ['ʃveːbəbaːn] *f* cableway, ropeway; **~balken** *m* SPORT beam
schweben ['ʃveːbən] *v/i* (*ge-*, *h*) be suspended; ZO, AVIAT hover (*a. fig*); glide; *esp* JUR be pending; ***in Gefahr ~*** be in danger
Schwede ['ʃveːdə] *m* (*-n*; *-n*) Swede
Schweden ['ʃveːdən] Sweden
Schwedin ['ʃveːdɪn] *f* (-; *-nen*) Swede
'**schwedisch** *adj* Swedish
Schwefel ['ʃveːfəl] *m* (*-s*; *no pl*) CHEM sulfur, *Br* sulphur; **~säure** *f* CHEM sulfuric (*Br* sulphuric) acid
Schweif [ʃvaif] *m* (-[*e*]*s*; *-e*) ZO tail (*a.* ASTR); **schweifen** ['ʃvaifən] *v/i* (*ge-*, *sein*) wander (*a. fig*), roam
schweigen ['ʃvaigən] *v/i* (*irr*, *ge-*, *h*) be silent; '**Schweigen** *n* (*-s*; *no pl*) silence; '**schweigend** *adj* silent
schweigsam ['ʃvaikzaːm] *adj* quiet, taciturn, reticent
Schwein [ʃvain] *n* (-[*e*]*s*; *-e*) ZO pig, hog; F *contp* (filthy) pig; swine, bastard; F ***~ haben*** be lucky; '**Schweinebraten** *m* roast pork; '**Schweinefleisch** *n* pork; **Schweinerei** [ʃvainə'rai] F *f* (-; *-en*) mess; *fig* dirty trick; dirty *or* crying shame; filth(y story *or* joke)
'**Schweinestall** *m* pigsty (*a. fig*)
'**schweinisch** F *adj* filthy, obscene
'**Schweinsleder** *n* pigskin
Schweiß [ʃvais] *m* (*-es*; *no pl*) sweat, perspiration
schweißen *v/t* (*ge-*, *h*) TECH weld
Schweißer *m* (*-s*; -) TECH welder
'**schweißgebadet** *adj* soaked in sweat
'**Schweißgeruch** *m* body odo(u)r, BO
Schweiz [ʃvaits] Switzerland
Schweizer ['ʃvaitsɐ] *m* (*-s*; -), *adj* Swiss
Schweizerin ['ʃvaitsərɪn] *f* (-; *-nen*) Swiss woman *or* girl
schweizerisch ['ʃvaitsərɪʃ] *adj* Swiss
schwelen ['ʃveːlən] *v/i* (*ge-*, *h*) smo(u)lder (*a. fig*)
schwelgen ['ʃvɛlgən] *v/i* (*ge-*, *h*) ***~ in*** (*dat*) revel in
Schwelle ['ʃvɛlə] *f* (-; *-n*) threshold (*a. fig*); RAIL tie, *Br* sleeper
'**schwellen 1.** *v/i* (*irr*, *ge-*, *sein*) swell **2.** *v/t* (*ge-*, *h*) swell
'**Schwellung** *f* (-; *-en*) MED swelling
Schwemme ['ʃvɛmə] *f* (-; *-n*) ECON glut, oversupply; '**schwemmen** *v/t* (*ge-*, *h*) ***an Land ~*** wash ashore
Schwengel ['ʃvɛŋəl] *m* (*-s*; -) clapper; handle
schwenken ['ʃvɛŋkən] *v/t* (*ge-*, *h*) *and v/i* (*ge-*, *sein*) swing, wave

schwer [ʃveːɐ] **1.** *adj* heavy; *fig* difficult, hard; GASTR strong, rich; MED *etc* serious, severe; heavy, violent (*storm etc*); ***~e Zeiten*** hard times; ***es ~ haben*** have a bad time; ***100 Pfund ~ sein*** weigh a hundred pounds **2.** *adv*: ***~ arbeiten*** work hard; → ***schwerfallen***; → ***hören***; ***~ beschädigt*** → ***schwerbeschädigt***; ***~ verdaulich*** indigestible, heavy (*both a. fig*); ***~ verständlich*** difficult *or* hard to understand; ***~ verwundet*** seriously wounded

'schwerbeschädigt *adj* seriously disabled

Schwere ['ʃveːrə] *f* (-; *no pl*) weight (*a. fig*); *fig* seriousness

'schwerfallen *v/i* (*irr*, ***fallen***, *sep*, *-ge-*, *sein*): ***j-m ~*** be difficult for s.o.; ***es fällt ihm schwer zu …*** he finds it difficult to …

'schwerfällig *adj* awkward, clumsy

'Schwergewicht *n* (-[*e*]*s*; *no pl*) heavyweight; *fig* (main) emphasis

'schwerhörig *adj* hard of hearing

'Schwer|indus,trie *f* heavy industry; **~kraft** *f* (-; *no pl*) PHYS gravity; **~me,tall** *n* heavy metal

schwermütig ['ʃveːɐmyːtɪç] *adj* melancholy; ***~ sein*** have the blues

'Schwerpunkt *m* center (*Br* centre) of gravity; *fig* (main) emphasis

Schwert [ʃveːɐt] *n* (-[*e*]*s*; *-er*) sword

'Schwerverbrecher *m* dangerous criminal, JUR felon

'schwer|verdaulich *adj* → ***schwer***; **~verständlich** *adj* → ***schwer***; **~ver,wundet** *adj* → ***schwer***

'schwerwiegend *fig adj* weighty, serious

Schwester ['ʃvɛstɐ] *f* (-; *-n*) sister, REL *a.* nun; MED nurse

schwieg [ʃviːk] *pret of* ***schweigen***

Schwieger… ['ʃviːgɐ-] *in cpds …eltern, …mutter, …sohn etc*: …-in-law

Schwiele ['ʃviːlə] *f* (-; *-n*) MED callus

schwielig ['ʃviːlɪç] *adj* horny

schwierig ['ʃviːrɪç] *adj* difficult, hard

'Schwierigkeit *f* (-; *-en*) difficulty, trouble; ***in ~en geraten*** get *or* run into trouble; ***~en haben, et. zu tun*** have difficulty in doing s.th.

Schwimmbad ['ʃvɪmbaːt] *n* (indoor) swimming pool; **schwimmen** ['ʃvɪmən] *v/i* (*irr*, *ge-*, *sein*) swim; float; ***~ gehen*** go swimming

'Schwimm|flosse *f* swimfin, *Br* flipper; **~gürtel** *m* swimming belt; **~haut** *f* ZO web; **~lehrer** *m* swimming instructor; **~weste** *f* life jacket

Schwindel ['ʃvɪndəl] *m* (-*s*; *no pl*) MED giddiness, dizziness; F swindle, fraud; ***~ erregend*** dizzy; **'schwindeler,regend** *adj* dizzy

'schwindeln F *v/i* (*ge-*, *h*) fib, tell fibs

schwinden ['ʃvɪndən] *v/i* (*irr*, *ge-*, *sein*) dwindle, decline

Schwindler ['ʃvɪndlɐ] F *m* (-*s*; -), **'Schwindlerin** *f* (-; *-nen*) swindler, crook; liar

schwindlig ['ʃvɪndlɪç] *adj* MED dizzy, giddy; ***mir ist ~*** I feel dizzy

Schwinge ['ʃvɪŋə] *f* (-; *-n*) ZO wing

'schwingen *v/i and v/t* (*irr*, *ge-*, *h*) swing; wave; PHYS oscillate; vibrate

'Schwingung *f* (-; *-en*) PHYS oscillation; vibration

Schwips [ʃvɪps] F *m*: ***e-n ~ haben*** be tipsy

schwirren ['ʃvɪrən] *v/i* (*ge-*, *sein*) whirr, whizz, *esp* ZO buzz (*a. fig*); (*ge-*, *h*) ***mir schwirrt der Kopf*** my head is buzzing

schwitzen ['ʃvɪtsən] *v/i* (*ge-*, *h*) sweat, perspire

schwoll [ʃvɔl] *pret of* ***schwellen*** 1

schwor [ʃvoːɐ] *pret of* ***schwören***

schwören ['ʃvøːrən] *v/t and v/i* (*irr*, *ge-*, *h*) swear; JUR take an *or* the oath; *fig* ***~ auf*** (*acc*) swear by

schwul [ʃvuːl] F *adj* gay; *contp* queer

schwül [ʃvyːl] *adj* sultry (*a. fig*), close

schwülstig ['ʃvʏlstɪç] *adj* bombastic, pompous

Schwung [ʃvʊŋ] *m* (-[*e*]*s*; *Schwünge* ['ʃvʏŋə]) swing; *fig* verve, pep; drive; ***in ~ kommen*** get going; ***et. in ~ bringen*** get s.th. going; **'schwungvoll** *adj* full of energy *or* verve; MUS swinging

Schwur [ʃvuːɐ] *m* (-[*e*]*s*; *Schwüre* ['ʃvyːrə]) oath; **~gericht** *n* JUR jury court

sechs [zɛks] *adj* six; *grade*: F, *Br a.* poor; **'Sechseck** *n* (-[*e*]*s*; *-e*) hexagon; **'sechseckig** *adj* hexagonal; **'sechsfach** *adj* sixfold; **'sechsmal** *adv* six times; **Sechs'tagerennen** *n* SPORT six-day race; **sechstägig** ['zɛkstɛːgɪç] *adj* lasting *or* of six days; '**sechste** *adj* sixth; **Sechstel** ['zɛkstəl] *n (-s; -)* sixth (part); '**sechstens** *adv* sixthly, in the sixth place; **sechzehn(te)** ['zɛçtseːn(tə)] *adj* sixteen(th); **sechzig** ['zɛçtsɪç] *adj* sixty; '**sechzigste** *adj* sixtieth

See¹ [zeː] *m (-s; -n)* lake

See² *f (-; no pl)* sea, ocean; ***auf ~*** at sea; ***auf hoher ~*** on the high seas; ***an der ~*** at the seaside; ***zur ~ gehen*** (***fahren***) go to sea (be a sailor); ***in ~ stechen*** put to sea; **~bad** *n* seaside resort; **~fahrt** *f* navigation; **~gang** *m (-[e]s; no pl)*: ***hoher ~*** heavy sea; **~hafen** *m* seaport; **~hund** *m* zo seal; **~karte** *f* nautical chart

'**seekrank** *adj* seasick

'**Seekrankheit** *f* seasickness

Seele ['zeːlə] *f (-; -n)* soul (*a. fig*)

'**seelenlos** *adj* soulless

'**Seelenruhe** *f* peace of mind; ***in aller ~*** as cool as you please

seelisch ['zeːlɪʃ] *adj* mental

'**Seelsorge** *f (-; no pl)* pastoral care

Seelsorger ['zeːlzɔrgɐ] *m (-s; -)*, '**Seelsorgerin** *f (-; -nen)* pastor

'**See|macht** *f* sea power; **~mann** *m (-[e]s; -leute)* seaman, sailor; **~meile** *f* nautical mile; **~not** *f (-; no pl)* distress (at sea); **~notkreuzer** *m* MAR rescue cruiser; **~räuber** *m* pirate; **~reise** *f* voyage, cruise; **~rose** *f* BOT water lily; **~sack** *m* kit bag; **~schlacht** *f* MIL naval battle; **~streitkräfte** *pl* MIL naval forces, navy

'**seetüchtig** *adj* seaworthy

'**See|warte** *f* naval observatory; **~weg** *m* sea route; ***auf dem ~*** by sea; **~zeichen** *n* seamark; **~zunge** *f* zo sole

Segel ['zeːgəl] *n (-s; -)* sail; **~boot** *n* sailboat, *Br* sailing boat; **~fliegen** *n* gliding; **~flugzeug** *n* glider

'**segeln** *v/i (ge-, sein)* sail, SPORT *a.* yacht

'**Segel|schiff** *n* sailing ship; sailing vessel; **~sport** *m* sailing, yachting; **~tuch** *n* canvas, sailcloth

Segen ['zeːgən] *m (-s; -)* blessing (*a. fig*)

Segler ['zeːglɐ] *m (-s; -)* yachtsman

Seglerin ['zeːglərɪn] *f (-; -nen)* yachtswoman

segnen ['zeːgnən] *v/t (ge-, h)* bless

'**Segnung** *f (-; -nen)* blessing

Sehbeteiligung ['zeːbətailɪgʊŋ] *f* (TV) ratings

sehen ['zeːən] *v/i and v/t (irr, ge-, h)* see; watch; notice; ***~ nach*** look after; look for; ***sich ~ lassen*** show up; ***das sieht man*** (***kaum***) it (hardly) shows; ***siehst du*** (you) see; I told you; ***siehe oben*** (***unten, Seite ...***) see above (below, page ...); '**sehenlassen** *v/refl (irr,* ***lassen****, sep, no -ge-, h)* → ***sehen***; '**sehenswert** *adj* worth seeing; '**Sehenswürdigkeit** *f (-; -en)* place *etc* worth seeing, sight, *pl* sights

'**Sehkraft** *f (-; no pl)* eyesight, vision

Sehne ['zeːnə] *f (-; -n)* ANAT sinew; string

sehnen ['zeːnən] *v/refl (ge-, h)* long (***nach*** for), yearn (for); ***sich danach ~ zu*** *inf* be longing to *inf*

'**Sehnerv** *m* ANAT optic nerve

sehnig ['zeːnɪç] *adj* sinewy, GASTR *a.* stringy

sehnlichst ['zeːnlɪçst] *adj* dearest

'**Sehnsucht** *f*, '**sehnsüchtig** *adj* longing, yearning

sehr [zeːɐ] *adv before adj and adv*: very; *with verbs*: very much, greatly

'**Sehtest** *m* sight test

seicht [zaiçt] *adj* shallow (*a. fig*)

Seide ['zaidə] *f (-; -n)*, '**seiden** *adj* silk

'**Seidenpa,pier** *n* tissue paper

'**Seidenraupe** *f* zo silkworm

seidig ['zaidɪç] *adj* silky

Seife ['zaifə] *f (-; -n)* soap

'**Seifen|blase** *f* soap bubble; **~lauge** *f* (soap)suds; **~oper** *f* TV soap opera; **~schale** *f* soap dish; **~schaum** *m* lather

seifig ['zaifɪç] *adj* soapy

Seil [zail] *n (-[e]s; -e)* rope

'**Seilbahn** *f* cable railway

'**seilspringen** *v/i (only inf)* skip

sein¹ [zain] *v/i (irr, ge-, sein)* be; exist; ***et. ~ lassen*** stop *or* quit (doing) s.th.

sein² *poss pron* his, her, its; ***~er, ~e, ~(e)s*** his, hers

Sein *n (-s; no pl)* being; existence

seiner|seits ['zainɐzaits] *adv* for his part; **~'zeit** *adv* then, in those days

seines'gleichen ['zainəsglaiçən] *pron* his equals

seinet'wegen ['zainətvegən] → ***meinetwegen***

'**seinlassen** *v/t (irr, sep, -ge-, h)*: ***et. ~*** → ***sein***

seit [zait] *prp and cj* since; ***~ 2002*** since 2002; ***~ drei Jahren*** for three years (now); ***~ langem*** (***kurzem***) for a long

S

(short) time; ~'**dem** **1.** *adv* since then, since that time, ever since **2.** *cj* since
Seite ['zaitə] *f* (-; -*n*) side (*a. fig*); page; ***auf der linken*** ~ on the left(-hand side); *fig* ***auf der e-n*** (***anderen***) ~ on the one (other) hand
'**Seiten|ansicht** *f* side view, profile; ~**blick** *m* sidelong glance; ~**hieb** *m* sideswipe; ~**linie** *f esp soccer*: touchline
seitens ['zaitəns] *prp* (*gen*) on the part of, by
'**Seitensprung** F *m*: ***e-n*** ~ ***machen*** cheat (on one's wife *or* husband)
'**Seitenstechen** *n* (-*s*; *no pl*) MED a stitch (in the side)
'**seitlich** *adj* side ..., at the side(s)
seitwärts ['zaitvɛrts] *adv* sideways, to the side
Sekretär [zekre'tɛːɐ] *m* (-*s*; -*e*) secretary; bureau; **Sekretariat** [zekreta'rjaːt] *n* (-[*e*]*s*; -*e*) (secretary's) office; **Sekretärin** [zekre'tɛːrɪn] *f* (-; -*nen*) secretary
Sekt [zɛkt] *m* (-[*e*]*s*; -*e*) sparkling wine
Sekte ['zɛktə] *f* (-; -*n*) sect
Sektion [zɛk'tsjoːn] *f* (-; -*en*) section; MED autopsy
Sektor ['zɛktoːɐ] *m* (-*s*; -*en* [zɛk'toːrən]) sector; *fig* field
Sekunde [ze'kʊndə] *f* (-; -*n*) second; ***auf die*** ~ to the second
Se'kundenzeiger *m* second(s) hand
selbe ['zɛlbə] *adj* same
selber ['zɛlbɐ] *pron* → ***selbst 1***
selbst [zɛlbst] **1.** *pron*: ***ich*** (***du*** *etc*) ~ I (you *etc*) myself (yourself *etc*); ***mach es*** ~ do it yourself; ***et.*** ~ ***tun*** do s.th. by oneself; ***von*** ~ by itself; ~ ***gemacht*** homemade **2.** *adv* even
'**Selbstachtung** *f* self-respect
'**selbständig** *etc* → ***selbstständig*** *etc*
'**Selbstbedienung** *f* self-service; ~**sladen** *m* self-service store (*Br* shop)
'**Selbst|befriedigung** *f* masturbation; ~**beherrschung** *f* self-control; ~**bestimmung** *f* self-determination
'**selbstbewusst** *adj* self-confident, self-assured; '**Selbstbewusstsein** *n* self-confidence
'**Selbst|bildnis** *n* self-portrait; ~**erhaltungstrieb** *m* survival instinct; ~**erkenntnis** *f* (-; *no pl*) self-knowledge
'**selbstgerecht** *adj* self-righteous
'**Selbst|hilfe** *f* self-help; ~**hilfegruppe** *f* self-help group; ~**kostenpreis** *m*: ***zum*** ~ ECON at cost (price)
'**selbstkritisch** *adj* self-critical
'**Selbstlaut** *m* LING vowel
'**selbstlos** *adj* unselfish
'**Selbst|mord** *m*, ~**mörder(in)** suicide
'**selbstmörderisch** *adj* suicidal
'**selbstsicher** *adj* self-confident, self-assured
'**selbstständig** *adj* independent, self-reliant; self-employed; '**Selbstständigkeit** *f* (-; *no pl*) independence
'**Selbststudium** *n* (-*s*; *no pl*) self-study
'**selbst|süchtig** *adj* selfish, ego(-t)istic(al); ~**tätig** *adj* automatic
'**Selbsttäuschung** *f* self-deception
'**selbstverständlich** **1.** *adj* natural; ***das ist*** ~ that's a matter of course **2.** *adv* of course, naturally; ~*!* *a.* by all means!; '**Selbstverständlichkeit** *f* (-; -*en*) matter of course
'**Selbst|verteidigung** *f* self-defense, *Br* self-defence; ~**vertrauen** *n* self-confidence, self-reliance; ~**verwaltung** *f* self-government, autonomy
'**selbstzufrieden** *adj* self-satisfied
selchen ['zɛlçən] *Austrian* → ***räuchern***
selig ['zeːlɪç] *adj* REL blessed; late; *fig* overjoyed
Sellerie ['zɛləri] *m* (-*s*; -[*s*]), *f* (-; -) BOT celeriac; celery
selten ['zɛltən] **1.** *adj* rare; ~ ***sein*** be rare, be scarce **2.** *adv* rarely, seldom
'**Seltenheit** *f* (-; *no pl*) rarity
seltsam ['zɛltzaːm] *adj* strange, odd
Semester [ze'mɛstɐ] *n* (-*s*; -) UNIV semester, *esp Br* term
Semikolon [zemi'koːlɔn] *n* (-*s*; -*s*) LING semicolon
Seminar [zemi'naːɐ] *n* (-*s*; -*e*) UNIV department; seminar; REL seminary; teacher training college
sen. *abbr of* ***senior*** sen., Sen., Sr, Snr, senior
Senat [ze'naːt] *m* (-[*e*]*s*; -*e*) senate
Senator [ze'naːtoːɐ] *m* (-*s*; -*en* [zena'toːrən]), **Sena'torin** *f* (-; -*nen*) senator
Sendemast *m* ELECTR mast
senden ['zɛndən] *v/t* ([*irr*,] *ge*-, *h*) send (***mit der Post®*** by mail, *Br* by post); ELECTR broadcast, transmit, *a.* televise
Sender ['zɛndɐ] *m* (-*s*; -) radio *or* television station; ELECTR transmitter

S

'**Sende|reihe** *f* TV *or* radio series; **~schluss** *m* close-down, F sign-off; **~zeichen** *n* call letters (*Br* sign); **~zeit** *f* air time

'**Sendung** *f* (-; *-en*) broadcast, program (-me), *a.* telecast; ECON consignment, shipment; ***auf ~ sein*** be on the air

Senf [zɛnf] *m* (-[*e*]*s*; *-e*) mustard (*a.* BOT)

senil [ze'ni:l] *adj* senile; **Senilität** [zenili'tɛ:t] *f* (-; *no pl*) senility

Senior ['ze:njo:ɐ] **1.** *m* (*-s*; *-en* [ze-'njo:rən]) senior (*a.* SPORT); senior citizen **2.** *adj* senior

Seni'orenheim *n* old people's home

Seni'orin *f* (-; *-nen*) senior citizen

Senke ['zɛŋkə] *f* (-; *-n*) GEOGR depression, hollow; '**senken** *v/t* (*ge-*, *h*) lower (*a. one's voice*), *a.* bow (*one's head*); ECON *a.* reduce, cut; ***sich ~*** drop, go *or* come down

'**senkrecht** *adj* vertical

Sensation [zɛnza'tsjo:n] *f* (-; *-en*) sensation; **sensationell** [zɛnzatsjo'nɛl] *adj*, **Sensati'ons...** *in cpds ...blatt etc*: sensational (...)

Sense ['zɛnzə] *f* (-; *-n*) AGR scythe

sensibel [zɛn'zi:bəl] *adj* sensitive

sensibilisieren [zɛnzibili'zi:rən] *v/t* (*no -ge-*, *h*) sensitize (***für*** to)

sentimental [zɛntimɛn'ta:l] *adj* sentimental; **Sentimentalität** [zɛntimɛntali'tɛ:t] *f* (-; *-en*) sentimentality

September [zɛp'tɛmbɐ] *m* (-[*s*]; -) September

Serenade [zere'na:də] *f* (-; *-n*) MUS serenade

Serie ['ze:rjə] *f* (-; *-n*) series, TV *etc a.* serial; set; ***in ~*** *produce etc* in series

'**serienmäßig** *adj* series(-produced); standard

'**Serien|nummer** *f* serial number; **~wagen** *m* MOT standard-type car

seriös [ze'rjø:s] *adj* respectable; honest; serious

Serum ['ze:rʊm] *n* (*-s*; *-ren*, *-ra*) serum

Service[1] [zɛr'vi:s] *n* (-[*s*]; -) set; service

Service[2] ['zø:ɐvɪs] *m*, *n* (-; *-s*) service

servieren [zɛr'vi:rən] *v/t* (*no -ge-*, *h*) serve; **Serviererin** [zɛr'vi:rərɪn] *f* (-; *-nen*) waitress; **Serviertochter** [zɛr-'vi:ɐtɔxtɐ] *Swiss f* waitress

Serviette [zɛr'vjɛtə] *f* (-; *-n*) napkin, *esp Br* serviette

Servo|bremse ['zɛrvobrɛmzə] *f* MOT servo *or* power brake; **~lenkung** *f* MOT servo(-assisted) *or* power steering

Sessel ['zɛsəl] *m* (*-s*; -) armchair, easy chair; **~lift** *m* chair lift

sesshaft ['zɛshaft] *adj*: ***~ werden*** settle (down)

Set [zɛt] *n*, *m* (*-s*; *-s*) place mat

setzen ['zɛtsən] *v/t and v/i* (*ge-*, *h*) put, set (*a.* PRINT, AGR, MAR), AGR *a.* plant; place; seat *s.o.*; ***~ über*** (*acc*) jump over; cross (*river*); ***~ auf*** (*acc*) bet on, back; ***sich ~*** sit down; CHEM *etc* settle; ***sich ~ auf*** (*acc*) get on, mount; ***sich ~ in*** (*acc*) get into; ***sich zu j-m ~*** sit beside *or* with s.o.; ***~ Sie sich bitte!*** take *or* have a seat!

Setzer ['zɛtsɐ] *m* (*-s*; -) PRINT compositor, typesetter; **Setzerei** [zɛtsə'rai] *f* (-; *-en*) PRINT composing room

Seuche ['zɔʏçə] *f* (-; *-n*) epidemic (disease)

seufzen ['zɔʏftsən] *v/i* (*ge-*, *h*), **Seufzer** ['zɔʏftsɐ] *m* (*-s*; -) sigh

Sexismus [zɛ'ksɪsmʊs] *m* (-; *no pl*) sexism; **Sexist** [zɛ'ksɪst] *m* (*-en*; *-en*), **se'xistisch** *adj* sexist

Sexual... [zɛ'ksua:l-] *in cpds ...erziehung*, *...leben*, *...trieb etc*: sex(ual) ...; **~verbrechen** *n* sex crime

sexuell [zɛ'ksuɛl] *adj* sexual; ***~e Belästigung*** (sexual) harassment

sexy ['zɛksi] *adj* sexy

sezieren [ze'tsi:rən] *v/t* (*no -ge-*, *h*) MED dissect (*a. fig*); perform an autopsy on

Showgeschäft ['ʃougəʃɛft] *n* (-[*e*]*s*; *no pl*) show business

sich [zɪç] *refl pron* oneself; himself, herself, itself; *pl* themselves; yourself, *pl* yourselves; ***~ ansehen*** look at oneself; look at each other

Sichel ['zɪçəl] *f* (-; *-n*) AGR sickle; ASTR crescent

sicher ['zɪçɐ] **1.** *adj* safe (***vor*** *dat* from), secure (from); *esp* TECH proof (***gegen*** against); *fig* certain, sure; reliable; (***sich***) ***~ sein*** be sure (***e-r Sache*** of s.th.; ***dass*** that); **2.** *adv* safely; ***~!*** of course, sure(ly); certainly; probably; ***du hast*** (***bist***) ***~ ...*** you must have (be) ...

'**Sicherheit** *f* (-; *-en*) (*no pl*) security (*a.* MIL, POL, ECON); safety (*a.* TECH); *fig* certainty; skill; (***sich***) ***in ~ bringen*** get to safety; ECON cover

ˈ**Sicherheits...** *esp* TECH *in cpds ...glas, ...nadel, ...schloss etc*: safety ...; **~gurt** *m* seat belt, safety belt; **~maßnahme** *f* safety (POL security) measure

ˈ**sicherlich** *adv* → ***sicher*** *2*

ˈ**sichern** *v/t* (*ge-, h*) protect, safeguard; secure (*a.* MIL, TECH); IT save; ***sich ~*** secure o.s. (***gegen, vor*** *dat* against, from); ˈ**sicherstellen** *v/t* (*sep, -ge-, h*) secure; guarantee; **Sicherung** [ˈzɪçərʊŋ] *f* (-; *-en*) securing; safeguard(-ing); TECH safety device; ELECTR fuse

ˈ**Sicherungs|kasten** *m* ELECTR fuse box; **~koˌpie** *f* IT backup; ***e-e ~ machen*** (***von***) back up

Sicht [zɪçt] *f* (-; *no pl*) visibility; view; ***in ~ kommen*** come into sight *or* view; ***auf lange ~*** in the long run; ˈ**sichtbar** *adj* visible; **sichten** [ˈzɪçtən] *v/t* (*ge-, h*) sight; *fig* sort (through *or* out)

ˈ**Sichtkarte** *f* season ticket

ˈ**sichtlich** *adv* visibly

ˈ**Sichtweite** *f* visibility; ***in*** (***außer***) ***~*** within (out of) sight

sickern [ˈzɪkɐn] *v/i* (*ge-, sein*) trickle, ooze, seep

sie [ziː] *pers pron* she; it; *pl* they; ***Sie*** you

Sieb [ziːp] *n* (-[*e*]*s*; *-e*) sieve; strainer

sieben[1] [ˈziːbən] *v/t* (*ge-, h*) sieve, sift

ˈ**sieben**[2] *adj* seven

Siebenˈmeter *m* SPORT penalty shot *or* throw

siebte [ˈziːptə] *adj*, ˈ**Siebtel** *n* (-*s*; -) seventh; **siebzehn(te)** [ˈziːptseːntə] *adj* seventeen(th); **siebzig** [ˈziːptsɪç] *adj* seventy; ˈ**siebzigste** *adj* seventieth

siedeln [ˈziːdəln] *v/i* (*ge-, h*) settle

sieden [ˈziːdən] *v/t and v/i* ([*irr*,] *ge-, h*) boil, simmer

ˈ**Siedepunkt** *m* boiling point (*a. fig*)

Siedler [ˈziːdlɐ] *m* (-*s*; -) settler

Siedlung [ˈziːdlʊŋ] *f* (-; *-en*) settlement; housing development

Sieg [ziːk] *m* (-[*e*]*s*; *-e*) victory, SPORT *a.* win

Siegel [ˈziːgəl] *n* (-*s*; -) seal, signet

ˈ**Siegellack** *m* sealing wax

ˈ**siegeln** *v/t* (*ge-, h*) seal

siegen [ˈziːgən] *v/i* (*ge-, h*) win

Sieger [ˈziːgɐ] *m* (-*s*; -), **Siegerin** [ˈziːgərɪn] *f* (-; *-nen*) winner

ˈ**siegreich** *adj* winning; victorious

Signal [zɪˈgnaːl] *n* (-*s*; *-e*), **signalisieren** [zɪgnaliˈziːrən] *v/t* (*no -ge-, h*) signal

signieren [zɪˈgniːrən] *v/t* (*no -ge-, h*) sign

Silbe [ˈzɪlbə] *f* (-; *-n*) syllable

ˈ**Silbentrennung** *f* LING syllabification

Silber [ˈzɪlbɐ] *n* (-*s*; *no pl*) silver; silverware; ˈ**silbergrau** *adj* silver-gray (*Br* -grey); ˈ**Silberhochzeit** *f* silver wedding; ˈ**silbern** *adj* silver

Silhouette [ziˈluɛtə] *f* (-; *-n*) silhouette; skyline

Silikon [ziliˈkoːn] *n* (-*s*; *-e*) CHEM silicone

Silizium [ziˈliːtsjʊm] *n* (-*s*; *no pl*) CHEM silicon

Silvester [zɪlˈvɛstɐ] *n* (-*s*; -) New Year's Eve

Sims [zɪms] *m, n* (-*es*; *-e*) ledge; windowsill

simulieren [zimuˈliːrən] *v/t and v/i* TECH *etc* simulate; sham

simultan [zimʊlˈtaːn] *adj* simultaneous

Sinfonie [zɪnfoˈniː] *f* (-; *-n*) MUS symphony

singen [ˈzɪŋən] *v/t and v/i* (*irr, ge-, h*) sing (***richtig*** [***falsch***] in [out of] tune)

Singular [ˈzɪŋgulaːɐ] *m* (-*s*; *-e*) LING singular

Singvogel [ˈzɪŋfoːgəl] *m* ZO songbird

sinken [ˈzɪŋkən] *v/i* (*irr, ge-, sein*) sink (*a. fig*), go down (*a.* ECON), ASTR *a.* set; *prices etc*: fall, drop

Sinn [zɪn] *m* (-[*e*]*s*; *-e*) sense (***für*** of); mind; meaning; point, idea; ***im ~ haben*** have in mind; ***es hat keinen ~*** (***zu warten*** *etc*) it's no use *or* good (waiting *etc*); ˈ**Sinnbild** *n* symbol

ˈ**sinnentstellend** *adj* distorting

Sinnes|organ [ˈzɪnəsʔɔrgaːn] *n* sense organ; **~täuschung** *f* hallucination; **~wandel** *m* change of mind

ˈ**sinnlich** *adj* sensuous; sensory; sensual; ˈ**Sinnlichkeit** *f* (-; *no pl*) sensuality

ˈ**sinnlos** *adj* senseless; useless

ˈ**sinnverwandt** *adj* synonymous

ˈ**sinnvoll** *adj* meaningful; useful; wise, sensible

Sintflut [ˈzɪntfluːt] *f the* Flood

Sippe [ˈzɪpə] *f* (-; *-n*) (extended) family, clan

Sirene [ziˈreːnə] *f* (-; *-n*) siren

Sirup [ˈziːrʊp] *m* (-*s*; *-e*) sirup, *Br* syrup; treacle, molasses

Sitte [ˈzɪtə] *f* (-; *-n*) custom, tradition; *pl* morals; manners

S

'Sittenlosigkeit *f* (-; *no pl*) immorality
'Sittenpoli,zei *f* vice squad
'sittenwidrig *adj* immoral
'Sittlichkeitsverbrechen *n* sex crime
Situation [zitua'tsjo:n] *f* (-; *-en*) situation; position
Sitz [zɪts] *m* (*-es*; *-e*) seat; fit; **~blo,ckade** *f* sit-down demonstration
sitzen ['zɪtsən] *v/i* (*irr, ge-, h*) sit (***an*** *dat* at; ***auf*** *dat* on); be; fit; F do time; ***~ bleiben*** keep one's seat; PED have to repeat a year; F ***~ bleiben auf*** (*dat*) be left with; F ***j-n ~ lassen*** leave s.o. in the lurch, let s.o. down
'sitzen|bleiben *v/i* (*irr*, ***bleiben***, *sep*, *-ge-*, *sein*) → ***sitzen***; **~lassen** *v/i* (*irr*, ***lassen***, *sep*, *no -ge-*, *sein*) *a. fig* → ***sitzen***
'Sitzplatz *m* seat
'Sitzstreik *m* sit-down strike
'Sitzung *f* (-; *-en*) session (*a.* PARL), meeting, conference
Skala ['ska:la] *f* (-; *-en*) scale, *fig a.* range
Skalp [skalp] *m* (*-s*; *-e*), **skalpieren** [skal'pi:rən] *v/t* (*no -ge-, h*) scalp
Skandal [skan'da:l] *m* (*-s*; *-e*) scandal; ***ein ~ sein*** be scandalous; **skandalös** [skanda'lø:s] *adj* scandalous, shocking
Skelett [ske'lɛt] *n* (*-[e]s*; *-e*) skeleton
Skepsis ['skɛpsɪs] *f* (-; *no pl*) skepticism, *Br* scepticism; **Skeptiker** ['skɛptikɐ] *m* (*-s*; -) skeptic, *Br* sceptic; **skeptisch** ['skɛptɪʃ] *adj* skeptical, *Br* sceptical
Ski [ʃi:] *m* (*-s*; *-er* ['ʃi:ɐ]) ski; ***~ laufen*** *or* ***fahren*** ski; **~brille** *f* ski goggles; **~fahren** *n* skiing; **~fahrer(in)** skier; **~fliegen** *n* ski flying; **~gebiet** *n* skiing area; **~kurs** *m* skiing course; **~läufer(in)** skier; **~lehrer(in)** ski instructor; **~lift** *m* ski lift; **~schuh** *m* ski boot; **~sport** *m* skiing; **~springen** *n* ski jumping; **~stock** *m* ski pole
Skizze ['skɪtsə] *f* (-; *-n*), **skizzieren** [skɪ'tsi:rən] *v/t* (*no -ge-, h*) sketch
Sklave ['skla:və] *m* (*-n*; *-n*) slave (*a. fig*); **Sklaverei** [skla:və'rai] *f* (-; *no pl*) slavery; **'Sklavin** *f* (-; *-nen*) slave (*a. fig*); **'sklavisch** *adj* slavish (*a. fig*)
Skonto ['skɔnto] *m*, *n* (*-s*; *-s*) ECON (cash) discount
Skorpion [skɔr'pjo:n] *m* (*-s*; *-e*) ZO scorpion; ASTR Scorpio; ***er ist*** (***ein***) ***~*** he's (a) Scorpio
Skrupel ['skru:pəl] *m* (*-s*; -) scruple, qualm; **'skrupellos** *adj* unscrupulous
Skulptur [skʊlp'tu:ɐ] *f* (-; *-en*) sculpture
Slalom ['sla:lɔm] *m* (*-s*; *-s*) slalom
Slawe ['sla:və] *m* (*-n*; *-n*), **'Slawin** *f* (-; *-nen*) Slav; **'slawisch** *adj* Slav(ic)
Slip [slɪp] *m* (*-s*; *-s*) briefs, panties
'Slipeinlage *f* panty liner
Slipper ['slɪpɐ] *m* (*-s*; -) loafer, *esp Br* slip-on (shoe)
Slowake [slo'va:kə] *m* (*-n*; *-n*) Slovak
Slowakei [slova'kai] *f* Slovakia
Slo'wakin *f* (-; *-nen*), **slo'wakisch** *adj* Slovak
Smaragd [sma'rakt] *m* (*-[e]s*; *-e*) MIN, **sma'ragdgrün** *adj* emerald
Smiley ['smaili] *n* (*-s*; *-s*) smiley
Smog [smɔk] *m* (*-[s]*; *-s*) smog; **Smogalarm** *m* smog alert
Smoking ['smo:kɪŋ] *m* (*-s*; *-s*) tuxedo, *Br* dinner jacket
SMS [ɛsɛm'ɛs] *f* (-; -) text (message); ***ich schicke dir eine ~*** I'll text you, I'll send you a text (message)
Snob [snɔp] *m* (*-s*; *-s*) snob; **Snobismus** [sno'bɪsmʊs] *m* (-; *no pl*) snobbery; **sno'bistisch** *adj* snobbish
Snowboard ['sno:bo:ɐt] *n* (*-s*; *-s*) snowboard; **Snowboardfahren** *n* snowboarding
so [zo:] **1.** *adv* so; like this *or* that, this *or* that way; thus; such; (***nicht***) ***~ groß wie*** (not) as big as; ***~ ein(e)*** such a; ***~ sehr*** so (F that) much; ***und ~ weiter*** and so on; ***oder ~ et.*** or s.th. like that; ***oder ~*** or so; ***~, fangen wir an!*** well *or* all right, let's begin!; F ***~ weit sein*** be ready; ***es ist ~ weit*** it's time; ***~ genannt*** so-called; ***doppelt ~ viel*** twice as much; ***~ viel wie möglich*** as much as possible **2.** *cj* so, therefore; ***~ dass*** so that **3.** *int*: ***~!*** all right!, o.k.!; that's it!; ***ach ~!*** I see
s.o. *abbr of* ***siehe oben*** see above
so'bald [zo'balt] *cj* as soon as
Socke ['zɔkə] *f* (-; *-n*) sock
Sockel ['zɔkəl] *m* (*-s*; -) base; pedestal
Sodbrennen ['zo:tbrɛnən] *n* (*-s*; *no pl*) MED heartburn
soeben [zo'e:bən] *adv* just (now)
Sofa ['zo:fa] *n* (*-s*; *-s*) sofa, settee, davenport
sofern [zo'fɛrn] *cj* if, provided that; ***~ nicht*** unless
soff [zɔf] *pret of* ***saufen***

sofort [zo'fɔrt] *adv* at once, immediately, right away
So'fortbildkamera *f* PHOT instant camera
Software ['zɔftwɛːɐ] *f* IT software; **~pa,ket** *n* software package
sog [zoːk] *pret of* ***saugen***
Sog *m* (-[*e*]*s*; *-e*) suction, MAR *a.* wake
sogar [zo'gaːɐ] *adv* even
sogenannt ['zoːgənant] *adj* so-called
Sohle ['zoːlə] *f* (-; *-n*) sole; *mining*: floor
Sohn [zoːn] *m* (-[*e*]*s*; *Söhne* ['zøːnə]) son
Sojabohne ['zoːjaboːnə] *f* BOT soybean
so'lange [zo'laŋə] *cj* as long as
Solar... [zo'laːɐ-] *in cpds …energie etc*: solar …
solch [zɔlç] *dem pron* such, like this *or* that
Sold [zɔlt] *m* (-[*e*]*s*; *-e*) MIL pay
Soldat [zɔl'daːt] *m* (*-en*; *-en*), **Sol'datin** *f* (-; *-nen*) soldier
Söldner ['zœldnɐ] *m* (*-s*; -) MIL mercenary
Sole ['zoːlə] *f* (-; *-n*) brine, salt water
solidarisch [zoli'daːrɪʃ] *adj*: ***sich ~ erklären mit*** declare one's solidarity with
solide [zo'liːdə] *adj* solid, *fig a.* sound; reasonable (*prices*); steady (*person*)
Solist [zo'lɪst] *m* (*-en*; *-en*), **So'listin** *f* (-; *-nen*) soloist
Soll [zɔl] *n* (-[*s*]; -[*s*]) ECON debit; target, quota; ***~ und Haben*** debit and credit
sollen ['zɔlən] *v/i* (*ge-*, *h*) *and v/aux* (*irr*, *no -ge-*, *h*) be to; be supposed to; (***was***) ***soll ich …?*** (what) shall I …?; ***du solltest*** (***nicht***) ***…*** you should(n't) …; you ought(n't) to; ***was soll das?*** what's the idea?
Solo ['zoːlo] *n* (*-s*, *-s*, *Soli*) *esp* MUS solo; SPORT solo attempt *etc*
so'mit [zo'mɪt] *cj* thus, so, consequently
Sommer ['zɔmɐ] *m* (*-s*; -) summer (time); ***im ~*** in (the) summer; **~ferien** *pl* summer vacation (*Br* holidays); **~frische** *f* summer resort
'sommerlich *adj* summery
'Sommersprosse *f* freckle
'sommersprossig *adj* freckled
'Sommerzeit *f* summertime; daylight saving (*Br* summer) time
Sonate [zo'naːtə] *f* (-; *-n*) MUS sonata
Sonde ['zɔndə] *f* (-; *-n*) probe (*a.* MED)
Sonder... ['zɔndɐ-] *in cpds …angebot*, *…ausgabe*, *…flug*, *…preis*, *…wunsch*, *…zug etc*: special …
'sonderbar *adj* strange, F funny
'Sonderling *m* (*-s*; *-e*) eccentric
'Sondermüll *m* hazardous (*or* special toxic) waste; **~depo,nie** *f* special waste dump
sondern ['zɔndɐn] *cj* but; ***nicht nur …, ~ auch …*** not only … but also …
'Sonderschule *f* special school (for the handicapped *etc*)
Sonnabend ['zɔnʔaːbənt] *m* Saturday
Sonne ['zɔnə] *f* (-; *-n*) sun
sonnen ['zɔnən] *v/refl* (*ge-*, *h*) sunbathe
'Sonnenaufgang *m* (***bei ~*** at) sunrise
'Sonnen|bad *n*: ***ein ~ nehmen*** sunbathe; **~bank** *f* (-; *-bänke*) sunbed; **~blume** *f* BOT sunflower; **~brand** *m* sunburn; **~bräune** *f* suntan; **~brille** *f* sunglasses; **~creme** *f* suntan lotion, *Br* sun cream; **~ener,gie** *f* solar energy; **~finsternis** *f* solar eclipse
'sonnen'klar F *adj* (as) clear as daylight
'Sonnen|kol,lektor *m* solar panel; **~licht** *n* (-[*e*]*s*, *no pl*) sunlight; **~öl** *n* suntan oil; **~schein** *m* sunshine; **~schirm** *m* sunshade; **~schutz** *m* suntan lotion; **~seite** *f* sunny side (*a. fig*); **~stich** *m* sunstroke; **~strahl** *m* sunbeam; **~sys,tem** *n* solar system; **~uhr** *f* sundial; **~untergang** *m* sunset
sonnig ['zɔnɪç] *adj* sunny (*a. fig*)
Sonntag ['zɔntaːk] *m* Sunday; (***am***) ***~*** on Sunday; **'sonntags** *adv* on Sundays
'Sonntagsfahrer *contp m* MOT Sunday driver
sonst [zɔnst] *adv* else; otherwise, or (else); normally, usually; ***~ noch et.*** (***jemand***)***?*** anything (anyone) else?; ***~ noch Fragen?*** any other questions?; ***~ nichts*** nothing else; ***alles wie ~*** everything as usual; ***nichts ist wie ~*** nothing is as it used to be; **'sonstig** *adj* other
Sopran [zo'praːn] *m* (*-s*; *-e*) MUS, **Sopranistin** [zopra'nɪstɪn] *f* (-; *-nen*) MUS soprano
Sorge ['zɔrgə] *f* (-; *-n*) worry; sorrow; trouble; care; ***sich ~n machen*** (***um***) worry *or* be worried (about); ***keine ~!*** don't worry!; **sorgen** ['zɔrgən] (*ge-*, *h*) **1.** *v/i*: ***~ für*** care for, take care of; ***dafür ~, dass*** see (to it) that **2.** *v/refl*: ***sich ~ um*** worry *or* be worried about
'Sorgenkind *n* problem child

S

Sorgfalt ['zɔrkfalt] *f* (-; *no pl*) care
sorgfältig ['zɔrkfɛltɪç] *adj* careful
sorglos ['zɔrkloːs] *adj* carefree; careless
Sorte ['zɔrtə] *f* (-; *-n*) sort, kind, type; **sortieren** [zɔr'tiːrən] *v/t* (*no -ge-, h*) sort; arrange; **Sortiment** [zɔrti'mɛnt] *n* (-[*e*]*s*; *-e*) ECON assortment
Soße ['zoːsə] *f* (-; *-n*) sauce; gravy
sott [zɔt] *pret of* ***sieden***
Souffleur [zu'fløːɐ] *m* (*-s*; *-e*), **Souffleuse** [zu'fløːzə] *f* (-; *-n*) THEA prompter; **soufflieren** [zu'fliːrən] *v/i* (*no -ge-, h*) THEA prompt (***j-m*** s.o.)
souverän [zuvə'rɛːn] *adj* POL sovereign
Souveränität [zuvərɛni'tɛːt] *f* (-; *no pl*) POL sovereignty
so'viel [zo'fiːl] *cj* as far as; → ***so***; **so'weit** *cj* as far as; → ***so***; **so'wie** *cj* as well as, and … as well; as soon as; **sowie'so** *adv* anyway, anyhow, in any case
so'wohl [zo'voːl] *cj*: ***~ Lehrer als*** (***auch***) ***Schüler*** both teachers and students
sozial [zo'tsjaːl] *adj* social
Sozi'al… *in cpds …arbeiter, …demokrat, …versicherung etc*: social …; **~hilfe** *f* welfare, *Br* social security; ***~ beziehen*** be on welfare (*Br* social security)
Sozialismus [zotsja'lɪsmʊs] *m* (-; *no pl*) socialism; **Sozialist(in)** (*-en*/-; *-en* / *-nen*), **sozia'listisch** *adj* socialist
Sozi'alkunde *f* PED social studies
Sozi'alstaat *m* welfare state
Soziologe [zotsjo'loːgə] *m* (*-n*; *-n*) sociologist; **Soziologie** [zotsjolo'giː] *f* (-; *no pl*) sociology; **Sozio'login** *f* (-; *-nen*) sociologist; **soziologisch** [zotsjo'loːgɪʃ] *adj* sociological
sozu'sagen *adv* so to speak
Spagat [ʃpa'gaːt] *m*: ***~ machen*** do the splits
Spalier [ʃpa'liːɐ] *n* (*-s*; *-e*) BOT espalier; MIL *etc* lane
Spalt [ʃpalt] *m* (-[*e*]*s*; *-e*) crack, gap; **Spalte** ['ʃpaltə] *f* (-; *-n*) → ***Spalt***; PRINT column; **'spalten** *v/t* ([*irr*,] *ge-, h*) split (*a. fig*); POL divide; ***sich ~*** split (up); **'Spaltung** *f* (-; *-en*) split(ting); PHYS fission; *fig* split; POL division
Span [ʃpaːn] *m* (-[*e*]*s*; *Späne* ['ʃpɛːnə]) chip; *pl* TECH shavings
Spange ['ʃpaŋə] *f* (-; *-n*) clasp
Spaniel ['ʃpaːnjəl] *m* (*-s*; *-s*) ZO spaniel
Spanien ['ʃpaːnjən] Spain
Spanier ['ʃpaːnjɐ] *m* (*-s*; -), **Spanierin** ['ʃpaːnjərɪn] *f* (-; *-nen*) Spaniard
spanisch ['ʃpaːnɪʃ] *adj* Spanish
spann [ʃpan] *pret of* ***spinnen***
Spann *m* (-[*e*]*s*; *-e*) ANAT instep
Spanne ['ʃpanə] *f* (-; *-n*) span
'spannen (*ge-, h*) **1.** *v/t* stretch, tighten; put up (*line*); cock (*gun*); draw, bend (*bow*) **2.** *v/i* be (too) tight; **~d** *adj* exciting, thrilling, gripping
'Spannung *f* (-; *-en*) tension (*a.* TECH, POL, PSYCH); ELECTR voltage; *fig* suspense, excitement
'Spannweite *f* span, *fig a.* range
Spar|buch ['ʃpaːɐbuːx] *n* savings book; **~büchse** *f esp Br* money box
sparen ['ʃpaːrən] *v/i and v/t* (*ge-, h*) save; economize; ***~ für*** *or* ***auf*** (*acc*) save up for; **Sparer(in)** ['ʃpaːrɐ, 'ʃpaːrərɪn] *m(f)* (*-s*; -/-; *-nen*) saver
Spargel ['ʃpargəl] *m* (*-s*; -) BOT asparagus
'Sparkasse *f* savings bank
'Sparkonto *n* savings account
spärlich ['ʃpɛːɐlɪç] *adj* sparse, scant; scanty; poor (*attendance*)
sparsam ['ʃpaːɐzaːm] *adj* economical (***mit*** of); ***~ leben*** lead a frugal life; ***~ umgehen mit*** use sparingly; go easy on
'Sparsamkeit *f* (-; *no pl*) economy
'Sparschwein(chen) *n* piggy bank
Spaß [ʃpaːs] *m* (*-es*; *Späße* ['ʃpɛːsə]), *Austrian a.* **Spass** fun; joke; ***aus*** (***nur zum***) ***~*** (just) for fun; ***es macht viel*** (***keinen***) ***~*** it's great (no) fun; ***j-m den ~ verderben*** spoil s.o.'s fun; ***er macht nur ~*** he is only joking (F kidding); ***keinen ~ verstehen*** have no sense of humo(u)r
spaßen ['ʃpaːsən] *v/i* (*ge-, h*) joke
spaßig ['ʃpaːsɪç] *adj* funny
'Spaßvogel *m* joker
spät [ʃpɛːt] *adj and adv* late; ***am ~en Nachmittag*** late in the afternoon; ***wie ~ ist es?*** what time is it?; ***von früh bis ~*** from morning till night; (***fünf Minuten***) ***zu ~ kommen*** be (five minutes) late; ***bis ~er!*** see you (later)!; → ***früher***
Spaten ['ʃpaːtən] *m* (*-s*; -) spade
'spätestens *adv* at the latest
Spatz [ʃpats] *m* (*-en*; *-en*) ZO sparrow
spazieren [ʃpa'tsiːrən]: ***~ fahren*** go (take *s.o.*) for a drive; take *s.o.* out; ***~ gehen*** go for a walk

Spazierfahrt [ʃpa'tsiːɐfaːɐt] *f* drive, ride

Spa'ziergang *m* walk; ***e-n ~ machen*** go for a walk; **Spa'ziergänger(in)** [ʃpa'tsiːɐgɛŋɐ, ʃpa'tsiːɐgɛŋərɪn] (*-s*; *-/-*; *-nen*) walker

Specht [ʃpɛçt] *m* (*-[e]s*; *-e*) ZO woodpecker

Speck [ʃpɛk] *m* (*-[e]s*; *-e*) bacon

speckig ['ʃpɛkɪç] *fig adj* greasy

Spediteur [ʃpedi'tøːɐ] *m* (*-s*; *-e*) shipping agent; remover

Spedition [ʃpedi'tsjoːn] *f* (*-*; *-en*) shipping agency; moving (*Br* removal) firm

Speer [ʃpeːɐ] *m* (*-[e]s*; *-e*) spear; SPORT javelin

Speiche ['ʃpaiçə] *f* (*-*; *-n*) spoke

Speichel ['ʃpaiçəl] *m* (*-s*; *no pl*) saliva, spit

Speicher ['ʃpaiçɐ] *m* (*-s*; *-*) storehouse; tank, reservoir; ARCH attic; IT memory, store; **~dichte** *f* IT bit density; **~kapazi'tät** *f* IT memory capacity

'**speichern** *v/t* (*ge-*, *h*) store (up)

Speicherung ['ʃpaiçərʊŋ] *f* (*-*; *-en*) storage

speien ['ʃpaiən] *v/t* (*irr*, *ge-*, *h*) spit; spout; *volcano etc*: belch

Speise ['ʃpaizə] *f* (*-*; *-n*) food; dish; **~eis** *n* ice cream; **~kammer** *f* larder, pantry; **~karte** *f* menu

'**speisen** (*ge-*, *h*) **1.** *v/i* dine **2.** *v/t* feed (*a.* ELECTR *etc*)

'**Speise|röhre** *f* ANAT gullet; **~saal** *m* dining hall; **~wagen** *m* RAIL diner, *esp Br* dining car

Spekulant [ʃpeku'lant] *m* (*-en*; *-en*) ECON speculator

Spekulation [ʃpekula'tsjoːn] *f* (*-*; *-en*) speculation, ECON *a.* venture

spekulieren [ʃpeku'liːrən] *v/i* (*no -ge-*, *h*) ECON speculate (***auf*** *acc* on; ***mit*** in)

Spende ['ʃpɛndə] *f* (*-*; *-n*) gift; contribution; donation; '**spenden** *v/t* (*ge-*, *h*) give (*a. fig*); donate (*a.* MED); **Spender** ['ʃpɛndɐ] *m* (*-s*; *-*) giver; donor (*a.* MED), **Spenderin** *f* (*-*; *-nen*) donor (*a.* MED)

spendieren [ʃpɛn'diːrən] *v/t* (*no -ge-*, *h*) ***j-m et. ~*** treat s.o. to s.th.

Spengler ['ʃpɛŋlɐ] *Austrian m* → ***Klempner***

Sperling ['ʃpɛrlɪŋ] *m* (*-s*; *-e*) ZO sparrow

Sperre ['ʃpɛrə] *f* (*-*; *-n*) barrier, RAIL *a.* gate; *fig* stop; TECH lock(ing device); barricade; SPORT suspension; PSYCH mental block; ECON embargo

'**sperren** *v/t* (*ge-*, *h*) close; ECON embargo; cut off; stop (*check*); SPORT suspend; obstruct; **~ *in*** (*acc*) lock (up) in

'**Sperr|holz** *n* plywood; **~müllabfuhr** *f* removal of bulky refuse

'**Sperrung** *f* (*-*; *-en*) closing

Spesen ['ʃpeːzən] *pl* expenses

Spezi ['ʃpeːtsi] F *m* (*-s*; *-[s]*) buddy, pal

Spezial|ausbildung [ʃpe'tsjaːlʔausbɪldʊŋ] *f* special training; **~gebiet** *n* special field, special(i)ty; **~geschäft** *n* specialized shop *or* store

spezialisieren [ʃpetsjali'ziːrən] *v/refl* (*no -ge-*, *h*) specialize (***auf*** *acc* in); **Spezialist(in)** [ʃpetsja'lɪst(ɪn)] (*-en*; *-en/-*; *-nen*) specialist; **Spezialität** [ʃpetsjali'tɛːt] *f* (*-*; *-en*) special(i)ty;

speziell [ʃpe'tsjɛl] *adj* specific, particular

spezifisch [ʃpe'tsiːfɪʃ] *adj* specific; ***~es Gewicht*** specific gravity

Sphäre ['sfɛːrə] *f* (*-*; *-n*) sphere (*a. fig*)

spicken ['ʃpɪkən] (*ge-*, *h*) **1.** *v/t* GASTR lard (*a. fig*) **2.** F *v/i* PED crib

spie [ʃpiː] *pret of* ***speien***

Spiegel ['ʃpiːgəl] *m* (*-s*; *-*) mirror (*a. fig*)

'**Spiegelbild** *n* reflection (*a. fig*)

'**Spiegelei** *n* GASTR fried egg

'**spiegel'glatt** *adj* glassy; icy

'**spiegeln** *v/i and v/t* (*ge-*, *h*) reflect (*a. fig*); shine; ***sich ~*** be reflected (*a. fig*)

'**Spiegelung** *f* (*-*; *-en*) reflection

Spiel [ʃpiːl] *n* (*-[e]s*; *-e*) game (*a. fig*); match; play (*a.* THEA *etc*); gambling; *fig* gamble; ***auf dem ~ stehen*** be at stake; ***aufs ~ setzen*** risk; '**Spielca,sino** *n* casino; **spielen** ['ʃpiːlən] *v/i and v/t* (*ge-*, *h*) play (*a. fig*) (***um*** for); THEA act; perform; gamble; do (*the pools etc*); ***Klavier*** *etc* **~** play the piano *etc*; '**spielend** *fig adv* easily; **Spieler** ['ʃpiːlɐ] *m* (*-s*; *-*), **Spielerin** ['ʃpiːlərɪn] *f* (*-*; *-nen*) player; gambler

'**Spiel|feld** *n* (playing) field, pitch; **~film** *m* feature film; **~halle** *f* amusement arcade, game room; **~kame,rad(in)** playmate; **~karte** *f* playing card; **~ka,sino** *n* casino; **~marke** *f* counter, chip; **~plan** *m* THEA *etc* program(me); **~platz** *m* playground; **~raum** *fig m* play, scope; **~regel** *f* rule (of the game); **~sachen** *pl* toys; **~stand** *m* score; **~uhr** *f* music (*Br* musical) box; **~verderber(in)** (*-s*; *-/-*; *-nen*) spoilsport; **~waren** *pl* toys; **~zeit** *f* THEA, SPORT season; playing (*film*: running) time

'**Spielzeug** *n* toy(s); **~...** *in cpds ...pistole etc*: toy ...

Spieß [ʃpiːs] *m* (*-es*; *-e*) MIL spear; GASTR spit; skewer

spießen ['ʃpiːsən] *v/t* (*ge-*, *h*) skewer

Spießer ['ʃpiːsɐ] F *contp m* (*-s*; *-*), '**spießig** F *contp adj* philistine

Spinat [ʃpi'naːt] *m* (*-[e]s*; *-e*) BOT spinach

Spind [ʃpɪnt] *n*, *m* (*-[e]s*; *-e*) locker

Spindel ['ʃpɪndəl] *f* (*-*; *-n*) spindle

Spinne ['ʃpɪnə] *f* (*-*; *-n*) ZO spider

'**spinnen** (*irr*, *ge-*, *h*) **1.** *v/t* spin (*a. fig*) **2.** F *contp v/i* be nuts; talk nonsense

Spinner ['ʃpɪnɐ] *m* (*-s*; *-*), '**Spinnerin** *f* (*-*; *-nen*) spinner; F *contp* nut, crackpot

'**Spinnrad** *n* spinning wheel

'**Spinnwebe** *f* (*-*; *-n*) cobweb

Spion [ʃpjoːn] *m* (*-s*; *-e*) spy

Spionage [ʃpjo'naːʒə] *f* (*-*; *no pl*) espionage; **spionieren** [ʃpjo'niːrən] *v/i* (*no -ge-*, *h*) spy; F snoop

Spi'onin *f* (*-*; *-nen*) spy

Spirale [ʃpi'raːlə] *f* (*-*; *-n*), **spiralförmig** [ʃpi'raːlfœrmɪç] *adj* spiral

Spirituosen [ʃpiri'tuoːzən] *pl* spirits

Spiritus ['ʃpiːritʊs] *m* spirit

Spital [ʃpi'taːl] *Austrian*, *Swiss n* (*-s*; *Spitäler* [ʃpi'tɛːlɐ]) hospital

spitz [ʃpɪts] *adj* pointed (*a. fig*); MATH acute; ***~e Zunge*** sharp tongue

'**Spitzbogen** *m* ARCH pointed arch

Spitze ['ʃpɪtsə] *f* (*-*; *-n*) point; tip; ARCH spire; BOT, GEOGR top; head (*a. fig*); lace; F MOT top speed; ***spitze sein*** F be super, be (the) tops; ***an der ~*** at the top (*a. fig*)

Spitzel ['ʃpɪtsəl] *m* (*-s*; *-*) informer, F stoolpigeon

spitzen ['ʃpɪtsən] *v/t* (*ge-*, *h*) point, sharpen; purse; ZO prick up (*its ears*)

'**Spitzen...** *in cpds* top ...; hi-tech ...; **~technolo,gie** *f* high technology, hi tech

'**spitzfindig** *adj* quibbling

'**Spitzfindigkeit** *f* (*-*; *-en*) subtlety

'**Spitzhacke** *f* pickax(e), pick

'**Spitzname** *m* nickname

Splitter ['ʃplɪtɐ] *m* (*-s*; *-*), '**splittern** *v/i* (*ge-*, *h*, *sein*) splinter

'**splitter'nackt** F *adj* stark naked

sponsern ['ʃpɔnzɐn] *v/t* (*ge-*, *h*) sponsor

Sponsor ['ʃpɔnzɐ] *m* (*-s*; *-en* [ʃpɔn'zoːrən]) sponsor

spontan [ʃpɔn'taːn] *adj* spontaneous

Sporen ['ʃpoːrən] *pl* spurs (*a.* ZO); BIOL spores

Sport [ʃpɔrt] *m* (*-[e]s*; *no pl*) sport(s); PED physical education; ***~ treiben*** do sports

'**Sport...** *in cpds ...ereignis*, *...geschäft*, *...hemd*, *...verein*, *...zentrum etc*: *mst* sports ...; **~kleidung** *f* sportswear

'**Sportler** ['ʃpɔrtlɐ] *m* (*-s*; *-*), **Sportlerin** ['ʃpɔrtlərɪn] *f* (*-*; *-nen*) athlete

'**sportlich** *adj* athletic; casual, sporty

'**Sport|nachrichten** *pl* sports news; **~platz** *m* sports grounds; **~tauchen** *n* scuba diving; **~wagen** *m* stroller, *Br* pushchair; MOT sports car

Spott [ʃpɔt] *m* (*-[e]s*, *no pl*) mockery; derision

'**spott'billig** F *adj* dirt cheap

spotten ['ʃpɔtən] *v/i* (*ge-*, *h*) mock (***über*** *acc* at), scoff (at); make fun (of)

Spötter ['ʃpœtɐ] *m* (*-s*; *-*) mocker, scoffer; '**spöttisch** *adj* mocking, derisive

'**Spottpreis** *m*: ***für e-n ~*** dirt cheap

sprach [ʃpraːx] *pret of* ***sprechen***

Sprache ['ʃpraːxə] *f* (*-*; *-n*) language (*a. fig*); speech; ***zur ~ kommen*** (***bringen***) come up (bring *s.th.* up)

'**Sprach|fehler** *m* speech defect; **~gebrauch** *m* usage; **~lehrer(in)** language teacher

'**sprachlich** **1.** *adj* language ... **2.** *adv*: ***~ richtig*** grammatically correct

'**sprachlos** *adj* speechless

'**Sprach|rohr** *fig n* mouthpiece; **~unterricht** *m* language teaching; **~wissenschaft** *f* linguistics

sprang [ʃpraŋ] *pret of* ***springen***

Spraydose ['ʃpreːdoːzə] *f* spray can, aerosol (can)

Sprechanlage ['ʃprɛçanlaːgə] *f* intercom

sprechen ['ʃprɛçən] *v/t and v/i* (*irr*, *ge-*, *h*) speak (***j-n, mit j-m*** to s.o.); talk (to) (*both*: ***über*** *acc*, ***von*** about, of); ***nicht zu ~ sein*** be busy; **Sprecher(in)** ['ʃprɛçɐ, 'ʃprɛçərɪn] *m(f)* (*-s*; *-/-*; *-nen*) speaker; announcer; spokesman (spokeswoman); '**Sprechstunde** *f* of-

S

fice hours; MED office (*Br* consulting) hours, *Br* surgery; '**Sprechzimmer** *n* office, *Br a.* consulting room
spreizen ['ʃpraitsən] *v/t* (*ge-, h*) spread
sprengen ['ʃprɛŋən] *v/t* (*ge-, h*) blow up; blast; sprinkle; water; *fig* break up
'**Sprengkopf** *m* MIL warhead
'**Sprengstoff** *m* MIL explosive
'**Sprengung** *f* (-; *-en*) blasting; blowing up
sprenkeln ['ʃprɛŋkəln] *v/t* (*ge-, h*) speck(le), spot, dot
Spreu [ʃprɔʏ] *f* (-; *no pl*) chaff (*a. fig*)
Sprichwort ['ʃprɪçvɔrt] *n* proverb, saying
'**sprichwörtlich** *adj* proverbial (*a. fig*)
sprießen ['ʃpriːsən] *v/i* (*irr, ge-, sein*) BOT sprout
'**Springbrunnen** *m* fountain
springen ['ʃprɪŋən] *v/i* (*irr, ge-, sein*) jump, leap; *ball etc*: bounce; SPORT dive; *glass etc*: crack; break; burst; ***in die Höhe*** (***zur Seite***) ~ jump up (aside)
Springer ['ʃprɪŋɐ] *m* (*-s*; -) jumper; diver; *chess*: knight
'**Springflut** *f* spring tide
'**Springreiten** *n* show jumping
Spritze ['ʃprɪtsə] *f* (-; *-n*) MED injection, F shot; syringe; '**spritzen 1.** *v/i and v/t* (*ge-, h*) splash; spray (*a.* TECH, AGR); MED inject; give *s.o.* an injection of **2.** *v/i* (*ge-, sein*) spatter; gush (***aus*** from);
Spritzer ['ʃprɪtsɐ] *m* (*-s*; -) splash; dash
'**Spritzpis͵tole** *f* TECH spray gun
'**Spritztour** F *f* MOT spin
spröde ['ʃprøːdə] *adj* brittle (*a. fig*); rough
spross [ʃprɔs] *pret of* ***sprießen***
Sprosse ['ʃprɔsə] *f* (-; *-n*) rung
Spruch [ʃprʊx] *m* (-[*e*]*s*; *Sprüche* ['ʃprʏçə]) saying; decision; **~band** *n* banner
Sprudel ['ʃpruːdəl] *m* (*-s*; -) mineral water; '**sprudeln** *v/i* (*ge-, sein*) bubble
Sprühdose ['ʃpryːdoːzə] *f* spray can, aerosol (can); **sprühen** ['ʃpryːən] *v/t and v/i* (*ge-, h*) spray; throw out (*sparks*)
'**Sprühregen** *m* drizzle
Sprung [ʃprʊŋ] *m* (-[*e*]*s*; *Sprünge* ['ʃprʏŋə]) jump, leap; SPORT dive; crack, fissure; **~brett** *n* SPORT diving board; springboard; *fig* stepping stone; **~schanze** *f* ski jump
Spucke ['ʃpʊkə] F *f* (-; *no pl*) spit
'**spucken** *v/i and v/t* (*ge-, h*) spit; F throw up
Spuk [ʃpuːk] *m* (-[*e*]*s*; *-e*) apparition, ghost; **spuken** ['ʃpuːkən] *v/i* (*ge-, h*) ***~ in*** (*dat*) haunt; ***hier spukt es*** this place is haunted
Spule ['ʃpuːlə] *f* (-; *-n*) spool, reel; bobbin; ELECTR coil; '**spulen** *v/t* (*ge-, h*) spool, wind, reel
spülen ['ʃpyːlən] *v/t and v/i* (*ge-, h*) wash up, do the dishes; rinse; flush the toilet
'**Spülma͵schine** *f* dishwasher
Spur [ʃpuːɐ] *f* (-; *-en*) track(s); trail; print; lane; trace (*a. fig*); ***j-m auf der ~ sein*** be on s.o.'s trail; **spüren** ['ʃpyːrən] *v/t* (*ge-, h*) feel, sense; notice
'**spurlos** *adv* without leaving a trace
'**Spurweite** *f* RAIL ga(u)ge; MOT track
St. *abbr of* ***Sankt*** St, Saint
Staat [ʃtaːt] *m* (-[*e*]*s*; *-en*) state; POL government; '**Staatenbund** *m* confederacy, confederation; '**staatenlos** *adj* stateless; '**staatlich 1.** *adj* state ...; public, national **2.** *adv*: ***~ geprüft*** qualified, registered
'**Staats|angehörige** *m, f* national, citizen, subject; **~angehörigkeit** *f* (-; *no pl*) nationality; **~anwalt** *m* JUR district attorney, *Br* (public) prosecutor; **~besuch** *m* official *or* state visit; **~bürger(in)** citizen; **~chef** *m* head of state; **~dienst** *m* civil (*or* public) service
'**staatseigen** *adj* state-owned
'**Staatsfeind** *m* public enemy
'**Staats|haushalt** *m* budget; **~kasse** *f* treasury; **~mann** *m* statesman; **~oberhaupt** *n* head of (the) state; **~sekre͵tär(in)** undersecretary of state; **~streich** *m* coup d'état; **~vertrag** *m* treaty; **~wissenschaft** *f* political science
Stab [ʃtaːp] *m* (-[*e*]*s*; *Stäbe* ['ʃtɛːbə]) staff (*a. fig*); bar; SPORT, MUS baton; SPORT pole
Stäbchen ['ʃtɛːpçən] *pl* chopstick
'**Stabhochsprung** *m* SPORT pole vault
stabil [ʃta'biːl] *adj* stable (*a.* ECON, POL); solid, strong; sound; **stabilisieren** [ʃtabili'ziːrən] *v/t* (*no -ge-, h*) stabilize; **Stabilität** [ʃtabili'tɛːt] *f* (-; *no pl*) stability
stach [ʃtaːx] *pret of* ***stechen***
Stachel ['ʃtaxəl] *m* (*-s*; *-n*) BOT, ZO spine, prick; ZO sting; **~beere** *f* BOT gooseberry; **~draht** *m* barbed wire

S

stachelig ['ʃtaxəlɪç] *adj* prickly
'**Stachelschwein** *n* ZO porcupine
Stadel ['ʃta:dəl] *Austrian m* (*-s*; *-[n]*) barn
Stadion ['ʃta:djɔn] *n* (*-s*; *-ien*) stadium
Stadium ['ʃta:djʊm] *n* (*-s*; *-ien*) stage, phase
Stadt [ʃtat] *f* (*-*; *Städte* ['ʃtɛ:tə]) town; city; ***die ~ Berlin*** the city of Berlin; ***in die ~ fahren*** go downtown, *esp Br* go (in)to town; **~bahn** *f* urban railway
Städter ['ʃtɛ:tɐ] *m* (*-s*; *-*), '**Städterin** *f* (*-*; *-nen*) city dweller, F townie, *often contp* city slicker
'**Stadt|gebiet** *n* urban area; **~gespräch** *fig n* talk of the town
städtisch ['ʃɛ:tɪʃ] *adj* urban; POL municipal
'**Stadt|plan** *m* city map; **~rand** *m* outskirts; **~rat** *m* town council; city councilman, *Br* town council(l)or; **~rundfahrt** *f* sightseeing tour; **~streicher(in)** city vagrant; **~teil** *m*, **~viertel** *n* quarter
Staffel ['ʃtafəl] *f* (*-*; *-n*) SPORT relay race *or* team; MIL, AVIAT squadron
Staffelei [ʃtafə'lai] *f* (*-*; *-en*) PAINT easel
'**staffeln** *v/t* (*ge-*, *h*) grade, scale
stahl [ʃta:l] *pret of* ***stehlen***
Stahl *m* (*-[e]s*; *Stähle* ['ʃtɛ:lə]) steel
'**Stahlwerk** *n* steelworks
stak [ʃta:k] *pret of* ***stecken*** 2
Stall [ʃtal] *m* (*-[e]s*; *Ställe* ['ʃtɛlə]) stable
'**Stallknecht** *m* stableman
Stamm [ʃtam] *m* (*-[e]s*; *Stämme* ['ʃtɛmə]) BOT stem (*a.* LING), trunk; tribe, stock; *fig* regulars; **~...** *in cpds* *...gast*, *...kunde*, *...spieler etc*: regular ...; **~baum** *m* family tree; ZO pedigree
stammeln ['ʃtaməln] *v/t* (*ge-*, *h*) stammer
stammen ['ʃtamən] *v/i* (*ge-*, *h*) ***~ aus*** (***von***) come from; be from; ***~ von*** *work of art etc*: be by
'**Stammformen** *pl* LING principal parts, *mst* tenses
stämmig ['ʃtɛmɪç] *adj* sturdy; stout
'**Stammkneipe** F *f Br* local
stampfen ['ʃtampfən] (*ge-*, *h*) **1.** *v/t* mash **2.** *v/i* stamp (***mit dem Fuß*** one's foot)
stand [ʃtant] *pret of* ***stehen***
Stand *m* (*-[e]s*; *Stände* ['ʃtɛndə]) (*no pl*) stand(ing), standing *or* upright position; footing, foothold; ASTR position; TECH *etc*: height, level (*a. fig*); reading; SPORT score; *racing*: standings; *fig* state; social standing, status; stand, stall; class; profession; ***auf den neuesten ~ bringen*** bring up to date; ***e-n schweren ~ haben*** have a hard time (of it); → ***außerstande***; → ***imstande***; → ***instand***; → ***zustande***
Standard ['ʃtandart] *m* (*-s*; *-s*) standard
'**Standbild** *n* statue
Ständchen ['ʃtɛntçən] *n* (*-s*; *-*) MUS serenade
Ständer ['ʃtɛndɐ] *m* (*-s*; *-*) stand; rack
Standesamt ['ʃtandəsamt] *n* marriage license bureau, *Br* registry office; '**standesamtlich** *adj*: ***~e Trauung*** civil marriage; '**Standesbeamt|e** *m*, **~in** *f* civil magistrate, *Br* registrar
'**Standfoto** *n* still
'**standhaft** *adj* steadfast, firm; ***~ bleiben*** resist temptation
'**standhalten** *v/i* (*irr*, ***halten***, *sep*, *-ge-*, *h*) withstand, resist
ständig ['ʃtɛndɪç] *adj* constant; permanent (*address*)
'**Stand|licht** *n* (*-[e]s*; *no pl*) MOT parking light; **~ort** *m* position; location; MIL post, garrison; **~pauke** F *f*: ***j-m e-e ~ halten*** give s.o. a talking-to; **~platz** *m* stand; **~punkt** *m* (point of) view, standpoint; **~spur** *f* MOT (*Br* hard) shoulder; **~uhr** *f* grandfather clock
Stange ['ʃtaŋə] *f* (*-*; *-n*) pole; staff; rod, bar; carton (*of cigarettes*)
Stängel ['ʃtɛŋəl] *m* (*-s*; *-*) BOT stalk, stem
stank [ʃtaŋk] *pret of* ***stinken***
Stanniol [ʃta'njo:l] *n* (*-s*; *-e*) tin foil
Stanze ['ʃtantsə] *f* (*-*; *-n*), '**stanzen** *v/t* (*ge-*, *h*) TECH punch
Stapel ['ʃta:pəl] *m* (*-s*; *-*) pile, stack; heap; ***vom ~ lassen*** MAR launch (*a. fig*); ***vom ~ laufen*** MAR be launched
'**Stapellauf** *m* MAR launch
'**stapeln** *v/t* (*ge-*, *h*) pile (up), stack
stapfen ['ʃtapfən] *v/i* (*ge-*, *sein*) trudge
Star[1] [ʃta:ɐ] *m* (*-[e]s*; *-e*) ZO starling; MED cataract
Star[2] *m* (*-s*; *-s*) THEA *etc*: star
starb [ʃtarp] *pret of* ***sterben***
stark [ʃtark] **1.** *adj* strong (*a.* GASTR); powerful; *fig* heavy; F super, great **2.** *adv*: ***~ beeindruckt*** greatly impressed; ***~ beschädigt*** badly damaged; **Stärke** ['ʃtɛrkə] *f* (*-*; *-n*) (*no pl*) strength, pow-

S

er; intensity; degree; CHEM starch; **'stärken** *v/t* (*ge-*, *h*) strengthen (*a. fig*); starch; ***sich ~*** take some refreshment; **'Starkstrom** *m* ELECTR high-voltage (*or* heavy) current; **Stärkung** *f* (-; *-en*) strengthening; refreshment; **'Stärkungsmittel** *n* MED tonic

starr [ʃtar] *adj* stiff; rigid (*a.* TECH); frozen (*face*); ***~er Blick*** (fixed) stare; ***~ vor Kälte*** (***Entsetzen***) frozen (scared) stiff; **'starren** *v/i* (*ge-*, *h*) stare (***auf*** *acc* at); **starrköpfig** ['ʃtarkœpfɪç] *adj* stubborn, obstinate; **'Starrsinn** *m* (-[*e*]*s*; *no pl*) stubbornness, obstinacy

Start [ʃtart] *m* (-[*e*]*s*; *-s*) start (*a. fig*); AVIAT take-off; *rocket*: lift-off

'Startbahn *f* AVIAT runway

'startbereit *adj* ready to start; AVIAT ready for take-off

starten ['ʃtartən] *v/i* (*ge-*, *sein*) *and v/t* (*ge-*, *h*) start (*a.* F); AVIAT take off; lift off; launch (*a. fig*)

Station [ʃta'tsjoːn] *f* (-; *-en*) station; MED ward; **stationär** [ʃtatsjo'nɛːɐ] *adj*: ***~er Patient*** MED in-patient; **stationieren** [ʃtatsjo'niːrən] *v/t* (*no -ge-*, *h*) MIL station; deploy; **Stationsvorsteher** *m* RAIL stationmaster

Statist [ʃta'tɪst] *m* (*-en*; *-en*) THEA extra

Statistik [ʃta'tɪstɪk] *f* (-; *-en*) statistics; **Sta'tistiker** [ʃta'tɪstikɐ] *m* (*-s*; -) statistician; **sta'tistisch** *adj* statistical

Stativ [ʃta'tiːf] *n* (*-s*; *-e*) PHOT tripod

statt [ʃtat] *prp* instead of; ***~ et. zu tun*** instead of doing s.th.; **~'dessen** instead

Stätte ['ʃtɛtə] *f* (-; *-n*) place; scene

'stattfinden *v/i* (*irr*, ***finden***, *sep*, *-ge-*, *h*) take place; happen

'stattlich *adj* imposing; handsome

Statue ['ʃtaːtuə] *f* (-; *-n*) statue

Statur [ʃta'tuːɐ] *f* (-; *-en*) build

Status ['ʃtaːtʊs] *m* (-; -) state; status; **~sym,bol** *n* status symbol; **~zeile** *f* IT status line

Stau [ʃtau] *m* (-[*e*]*s*; *-s*, *-e*) MOT traffic jam *or* congestion

Staub [ʃtaup] *m* (-[*e*]*s*; TECH *-e*, *Stäube* ['ʃtɔʏbə]) dust (*a.* ***~ wischen***)

'Staubecken *n* reservoir

stauben ['ʃtaubən] *v/i* (*ge-*, *h*) give off *or* make dust; **staubig** ['ʃtaubɪç] *adj* dusty; **'staubsaugen** *v/i and v/t* (*ge-*, *h*) vacuum, F *Br* hoover; **'Staubsauger** *m* vacuum cleaner, F *Br* hoover; **'Staubtuch** *n* duster

'Staudamm *m* dam

Staude ['ʃtaudə] *f* (-; *-n*) BOT herbacious plant

stauen ['ʃtauən] *v/t* (*ge-*, *h*) dam up; ***sich ~*** MOT *etc* be stacked up

staunen ['ʃtaunən] *v/i* (*ge-*, *h*) be astonished *or* surprised (***über*** *acc* at)

'Staunen *n* (*-s*; *no pl*) astonishment, amazement

Staupe ['ʃtaupə] *f* (-; *-n*) VET distemper

'Stausee *m* reservoir

stechen ['ʃtɛçən] *v/i and v/t* (*irr*, *ge-*, *h*) prick; ZO sting, bite; stab; pierce; ***mit et. ~ in*** (*acc*) stick s.th. in(to); ***sich ~*** prick o.s.; **~d** *fig adj* piercing (*look*); stabbing (*pain*)

'Stechuhr *f* time clock

Steckbrief ['ʃtɛkbriːf] *m* JUR „wanted" poster

'steckbrieflich *adv*: ***er wird ~ gesucht*** JUR a warrant is out against him

'Steckdose *f* ELECTR (wall) socket

stecken ['ʃtɛkən] (*ge-*, *h*) **1.** *v/t* stick; put; *esp* TECH insert (***in*** *acc* into); pin (***an*** *acc* to, on); AGR set, plant **2.** *v/i* ([*irr*]) be; stick, be stuck; ***~ bleiben*** get stuck; **'steckenbleiben** *v/i* (*irr*, ***bleiben***, *sep*, *-ge-*, *sein*) *fig* get stuck

'Steckenpferd *n* hobby horse; *fig* hobby

Stecker ['ʃtɛkɐ] *m* (*-s*; -) ELECTR plug

'Steck|kon,takt *m* ELECTR plug (connection); **~nadel** *f* pin; **~platz** *m* IT slot

Steg [ʃteːk] *m* (-[*e*]*s*; *-e*) footbridge

Stegreif ['ʃteːkraif] *m*: ***aus dem ~*** extempore, ad-lib; ***aus dem ~ sprechen*** *or* ***spielen*** *etc* extemporize, ad-lib

stehen ['ʃteːən] *v/i* (*irr*, *ge-*, *h*) stand; be; stand up; ***es steht ihr*** it suits (*or* looks well on) her; ***wie steht es*** (*or* ***das Spiel***)***?*** what's the score?; ***hier steht, dass*** it says here that; ***wo steht das?*** where does it say so *or* that?; ***wie steht es mit …?*** what about …?; F ***darauf stehe ich*** it turns me on; ***~ bleiben*** stop; *esp* TECH come to a standstill (*a. fig*); ***~ lassen*** leave (untouched); leave behind; ***alles ~ und liegen lassen*** drop everything; ***sich e-n Bart ~ lassen*** grow a beard

'stehen|bleiben *v/i* (*irr*, ***bleiben***, *sep*, *-ge-*, *sein*) → ***stehen***; **~lassen** *v/t* (*irr*,

S

lassen**, sep, no -ge-, h*) → ***stehen
'**Steh|kragen** *m* stand-up collar; **~lampe** *f* floor (*Br* standard) lamp; **~leiter** *f* step ladder
stehlen ['ʃteːlən] *v/t and v/i* (*irr, ge-, h*) steal (*a. fig* ***sich ~***)
'**Stehplatz** *m* standing ticket; *pl* standing room
steif [ʃtaif] *adj* stiff (***vor*** *dat* with)
Steigbügel ['ʃtaikbyːgəl] *m* stirrup
steigen ['ʃtaigən] *v/i* (*irr, ge-, sein*) go, step; climb (*a.* AVIAT); *fig* rise, go up; ***~ in*** (***auf***) (*acc*) get on (*bus, bike etc*); ***~ aus*** (***von***) get off (*bus, horse etc*); ***aus dem Bett ~*** get out of bed
steigern ['ʃtaigɐn] *v/t* (*ge-, h*) raise, increase; heighten; improve; LING compare; ***sich ~*** improve, get better
Steigerung ['ʃtaigəruŋ] *f* (-; *-en*) rise, increase; heightening; improvement; LING comparison
'**Steigung** *f* (-; *-en*) gradient; slope
steil [ʃtail] *adj* steep (*a. fig*)
Stein [ʃtain] *m* (-[*e*]*s*; *-e*) stone (*a.* BOT, MED), rock; **~bock** *m* ZO rock goat; ASTR Capricorn; ***er ist*** (***ein***) ***~*** he's (a) Capricorn; **~bruch** *m* quarry
steinern ['ʃtainɐn] *adj* (of) stone; *fig* stony
'**Steingut** *n* (-[*e*]*s*; *-e*) earthenware
steinig ['ʃtainɪç] *adj* stony
steinigen ['ʃtainɪgən] *v/t* (*ge-, h*) stone
'**Steinkohle** *f* (hard) coal
Steinmetz ['ʃtainmɛts] *m* (*-en*; *-en*) stonemason
'**Steinzeit** *f* (-; *no pl*) Stone Age
Stellage [ʃtɛ'laːʒə] *Austrian f* (-; *-n*) stand, rack, shelf
Stelle ['ʃtɛlə] *f* (-; *-n*) place; spot; point; job; authority; MATH figure; ***freie ~*** vacancy, opening; ***auf der*** (***zur***) ***~*** on the spot; ***an erster ~ stehen*** (***kommen***) be (come) first; ***an j-s ~*** in s.o.'s place; ***ich an deiner ~*** if I were you
'**stellen** *v/t* (*ge-, h*) put; set (*trap, clock, task etc*); turn (*up, down etc*); ask (*question*); provide; corner, hunt down (*criminal etc*); ***sich ~*** give o.s. up, turn o.s. in; ***sich gegen*** (***hinter***) ***j-n ~*** *fig* oppose (back) s.o.; ***sich schlafend*** *etc* ***~*** pretend to be asleep *etc*; ***stell dich dorthin!*** (go and) stand over there!
'**Stellen|angebot** *n* vacancy; ***ich habe ein ~*** I was offered a job; **~anzeige** *f* job ad(vertisement), employment ad; **~gesuch** *n* application for a job
'**stellenweise** *adv* partly, in places
'**Stellung** *f* (-; *-en*) position; post, job; ***~ nehmen zu*** comment on, give one's opinion of; **~nahme** ['ʃtɛluŋnaːmə] *f* (-; *-n*) comment, opinion (*both*: ***zu*** on)
'**stellungslos** *adj* unemployed, jobless
'**stellvertretend** *adj* acting, deputy, vice-…; '**Stellvertreter**(**in**) (*-s*; *-/-*; *-nen*) representative; deputy
Stelze ['ʃtɛltsə] *f* (-; *-n*) stilt
'**stelzen** *v/i* (*ge-, sein*) stalk
stemmen ['ʃtɛmən] *v/t* (*ge-, h*) lift (*weight*); ***sich ~ gegen*** press o.s. against; *fig* resist *or* oppose *s.th.*
Stempel ['ʃtɛmpəl] *m* (*-s*; -) stamp; postmark; hallmark; BOT pistil
'**Stempelkissen** *n* ink pad
'**stempeln** (*ge-, h*) **1.** *v/t* stamp; cancel; hallmark **2.** F *v/i*: ***~ gehen*** be on the dole
Stengel → ***Stängel***
Stenografie [ʃtenogra'fiː] *f* (-; *-n*) shorthand; **stenogra'fieren** *v/t* (*no -ge-, h*) take down in shorthand
Stenogramm [ʃteno'gram] *n* (-[*e*]*s*; *-e*) shorthand notes; **Stenotypistin** [ʃtenoty'pɪstɪn] *f* (-; *-nen*) shorthand typist
Steppdecke ['ʃtɛpdɛkə] *f* quilt; **steppen** ['ʃtɛpən] (*ge-, h*) **1.** *v/t* quilt; stitch **2.** *v/i* tap dance; '**Stepptanz** *m* tap dancing
Sterbebett ['ʃtɛrbəbɛt] *n* deathbed
'**Sterbeklinik** *f* MED hospice
sterben ['ʃtɛrbən] *v/i* (*irr, ge-, sein*) die (***an*** *dat* of) (*a. fig*); ***im Sterben liegen*** be dying
sterblich ['ʃtɛrplɪç] *adj* mortal
'**Sterblichkeit** *f* (-; *no pl*) mortality
Stereo ['ʃteːreo] *n* (*-s*; *-s*) stereo
steril [ʃte'riːl] *adj* sterile; **Sterilisation** [ʃteriliza'tsjoːn] *f* (-; *-en*) sterilization; **sterilisieren** [ʃterili'ziːrən] *v/t* (*no -ge-, h*) sterilize
Stern [ʃtɛrn] *m* (-[*e*]*s*; *-e*) star (*a. fig*)
'**Sternbild** *n* ASTR constellation; sign of the zodiac
'**Sternchen** *n* (*-s*; -) PRINT asterisk
'**Sternenbanner** *n* Star-Spangled Banner, Stars and Stripes
'**Sternenhimmel** *m* starry sky
'**sternklar** *adj* starry

'**Stern|kunde** *f* (-; *no pl*) astronomy; **~schnuppe** *f* (-; *-n*) shooting *or* falling star; **~warte** *f* (-; *-n*) observatory
stetig ['ʃteːtɪç] *adj* continual, constant; steady; **stets** [ʃteːts] *adv* always
Steuer[1] ['ʃtɔʏɐ] *n* (-*s*; -) MOT (steering) wheel; MAR helm, rudder
'**Steuer**[2] *f* (-; *-n*) tax (***auf*** *acc* on)
'**Steuer|beamte** *m* revenue officer; **~berater** *m* tax adviser
'**Steuerbord** *n* MAR starboard
'**Steuer|erklärung** *f* tax return; **~ermäßigung** *f* tax allowance
'**steuerfrei** *adj* tax-free
'**Steuerhinterziehung** *f* tax evasion
'**Steuer|knüppel** *m* AVIAT control column *or* stick; **~mann** *m* MAR helmsman; *rowing*: cox, coxswain
'**steuern** *v/t and v/i* (*ge-*, *h*) steer, AVIAT, MAR *a.* navigate, pilot, MOT *a.* drive; TECH control (*a. fig*); *fig* direct
'**steuerpflichtig** *adj* taxable
'**Steuerrad** *n* MOT steering wheel
'**Steuerruder** *n* MAR helm, rudder
'**Steuersenkung** *f* tax reduction
Steuerung ['ʃtɔʏərʊŋ] *f* (-; *-en*) steering (system); ELECTR, TECH control (*a. fig*)
'**Steuerzahler** *m*, '**Steuerzahlerin** *f* taxpayer
Stich [ʃtɪç] *m* (-[*e*]*s*; *-e*) prick; ZO sting, bite; stab; stitch; *cards*: trick; engraving; ***im ~ lassen*** desert *or* abandon *s.o.*, *s.th.*, leave *s.o.* in the lurch, let *s.o.* down
Stichelei [ʃtɪçə'lai] F *f* (-; *-en*) dig, gibe
sticheln ['ʃɪçəln] F *v/i* (*ge-*, *h*) make digs, gibe (***gegen*** at)
'**Stichflamme** *f* jet of flame
'**stichhaltig** *adj* valid, sound; watertight; ***nicht ~ sein*** F not hold water
'**Stich|probe** *f* spot check; **~tag** *m* cutoff date; deadline; **~wahl** *f* POL run-off; **~wort** *n* (-[*e*]*s*; *-e*) THEA cue; (-[*e*]*s*; *-wörter*) headword; ***~e pl*** notes; ***das Wichtigste in ~en*** an outline of the main points; **~wortverzeichnis** *n* index; **~wunde** *f* MED stab
sticken ['ʃtɪkən] *v/t and v/i* (*ge-*, *h*) embroider; **Stickerei** [ʃtɪkə'rai] *f* (-; *-en*) embroidery
stickig ['ʃtɪkɪç] *adj* stuffy
'**Stickstoff** *m* (-[*e*]*s*; *no pl*) CHEM nitrogen
Stief... [ʃtiːf-] *in cpds ...mutter etc*: step...
Stiefel ['ʃtiːfəl] *m* (-*s*; -) boot
Stiefmütterchen ['ʃtiːfmʏtɐçən] *n* (-*s*; -) BOT pansy
stieg [ʃtiːk] *pret of* ***steigen***
Stiege ['ʃtiːgə] *Austrian f* (-; *-n*) → ***Treppe***
Stiel [ʃtiːl] *m* (-[*e*]*s*; *-e*) handle; stick; stem; BOT stalk
Stier [ʃtiːɐ] *m* (-[*e*]*s*; *-e*) ZO bull; ASTR Taurus; ***er ist*** (***ein***) **~** he's (a) Taurus
'**Stierkampf** *m* bullfight
stieß [ʃtiːs] *pret of* ***stoßen***
Stift [ʃtɪft] *m* (-[*e*]*s*; *-e*) pen; pencil; crayon; TECH pin; peg
stiften ['ʃtɪftən] *v/t* (*ge-*, *h*) donate; *fig* cause; '**Stiftung** *f* (-; *-en*) donation
Stil [ʃtiːl] *m* (-[*e*]*s*; *-e*) style (*a. fig*); ***in großem ~*** in (grand) style; *fig* on a large scale; **stilistisch** [ʃti'lɪstɪʃ] *adj* stylistic
still [ʃtɪl] *adj* quiet, silent; still; ***sei(d) ~!*** be quiet!; ***halt ~!*** keep still!; ***sich ~ verhalten*** keep quiet (*or* still)
Stille ['ʃtɪlə] *f* (-; *no pl*) silence, quiet (-ness); ***in aller ~*** quietly; secretly
Stilleben *n* → ***Stillleben***
stillen ['ʃtɪlən] *v/t* (*ge-*, *h*) nurse, breastfeed; *fig* relieve (*pain*); satisfy (*curiosity etc*); quench (*one's thirst*)
'**stillhalten** *v/i* (*irr*, ***halten***, *sep*, *-ge-*, *h*) keep still
'**Stillleben** *n* PAINT still life
'**stilllegen** *v/t* (*sep*, *-ge-*, *h*) close down
'**stillos** *adj* lacking style, tasteless
'**stillschweigend** *adj* tacit
'**Stillstand** *m* (-[*e*]*s*; *no pl*) standstill, stop, *fig a.* stagnation (*a.* ECON); deadlock; '**stillstehen** *v/i* (*irr*, ***stehen***, *sep*, *-ge-*, *h*) (have) stop(ped), (have) come to a standstill
'**Stilmöbel** *pl* period furniture
'**stilvoll** *adj* stylish; ***~ sein*** have style
'**Stimmband** *n* ANAT vocal cord
'**stimmberechtigt** *adj* entitled to vote
Stimme ['ʃtɪmə] *f* (-; *-n*) voice; POL vote; ***sich der ~ enthalten*** abstain
'**stimmen** (*ge-*, *h*) **1.** *v/i* be right, be true, be correct; POL vote (***für*** for; ***gegen*** against); ***es stimmt et. nicht*** (***damit*** *or* ***mit ihm***) there's s.th. wrong (with it *or* him); **2.** *v/t* MUS tune; ***j-n traurig*** *etc* **~** make s.o. sad *etc*
'**Stimmenthaltung** *f* abstention

S

ˈ**Stimmrecht** *n* right to vote
ˈ**Stimmung** *f* (-; -*en*) mood; atmosphere; feeling
ˈ**stimmungsvoll** *adj* atmospheric
ˈ**Stimmzettel** *m* ballot (paper)
stinken [ˈʃtɪŋkən] *v/i* (*irr*, *ge-*, *h*) stink (*a. fig*) (***nach*** of)
Stipendium [ʃtiˈpɛndjʊm] *n* (-*s*; -*ien*) UNIV scholarship, grant
stippen [ˈʃtɪpən] *v/t* (*ge-*, *h*) dip
ˈ**Stippviˌsite** F *f* flying visit
Stirn [ʃtɪrn] *f* (-; -*en*) ANAT forehead; ***die ~ runzeln*** frown
stöbern [ˈʃtøːbɐn] F *v/i* (*ge-*, *h*) rummage (about)
stochern [ˈʃtɔxɐn] *v/i* (*ge-*, *h*) ***im Feuer ~*** poke the fire; ***im Essen ~*** pick at one's food; ***in den Zähnen ~*** pick one's teeth
Stock [ʃtɔk] *m* (-[*e*]*s*; *Stöcke* [ˈʃtœkə]) stick; cane; ARCH stor(e)y, floor; ***im ersten ~*** on the second (*Br* first) floor
ˈ**stockˈdunkel** F *adj* pitch-dark
stocken [ˈʃtɔkən] *v/i* (*ge-*, *h*) stop (short); falter; *traffic*: be jammed; **~d 1.** *adj* halting **2.** *adv*: ***~ lesen*** stumble through a text; ***~ sprechen*** speak haltingly
ˈ**Stockfleck** *m* mo(u)ld stain
ˈ**Stockung** *f* (-; -*en*) holdup, delay
ˈ**Stockwerk** *n* stor(e)y, floor
Stoff [ʃtɔf] *m* (-[*e*]*s*; -*e*) material, stuff (*a.* F); fabric, textile; cloth; CHEM, PHYS *etc* substance; *fig* subject (matter)
ˈ**stofflich** *adj* material
ˈ**Stofftier** *n* soft toy animal
ˈ**Stoffwechsel** *m* BIOL metabolism
stöhnen [ˈʃtøːnən] *v/i* (*ge-*, *h*) groan, moan (*a. fig*)
Stollen [ˈʃtɔlən] *m* (-*s*; -) tunnel, gallery
stolpern [ˈʃtɔlpɐn] *v/i* (*ge-*, *sein*) stumble (***über*** *acc* over), trip (over) (*both a. fig*)
stolz [ʃtɔlts] *adj* proud (***auf*** *acc* of)
Stolz *m* (-*es*; *no pl*) pride (***auf*** *acc* in)
stolzieren [ʃtɔlˈtsiːrən] *v/i* (*no -ge-*, *sein*) strut, stalk
stopfen [ˈʃtɔpfən] *v/t* (*ge-*, *h*) darn, mend; stuff, fill (*a. pipe*)
Stoppel [ˈʃtɔpəl] *f* (-; -*n*) stubble
ˈ**Stoppelbart** F *m* stubbly beard
ˈ**stoppelig** *adj* stubbly, bristly
ˈ**Stoppelzieher** *Austrian m* corkscrew
stoppen [ˈʃtɔpən] *v/i and v/t* (*ge-*, *h*) stop (*a. fig*); *esp* SPORT time
ˈ**Stopp|licht** *n* (-[*e*]*s*; -*er*) MOT stop light; **~schild** *n* stop sign; **~uhr** *f* stopwatch
Stöpsel [ˈʃtœpsəl] *m* (-*s*; -) stopper; plug
Storch [ʃtɔrç] *m* (-[*e*]*s*; *Störche* [ˈʃtœrçəl]) ZO stork
stören [ˈʃtøːrən] *v/t and v/i* (*ge-*, *h*) disturb; trouble; bother, annoy; be in the way; ***lassen Sie sich nicht ~!*** don't let me disturb you!; ***darf ich Sie kurz ~?*** may I trouble you for a minute?; ***es*** (***er***) ***stört mich nicht*** it (he) doesn't bother me, I don't mind (him); ***stört es Sie***(, ***wenn ich rauche***)***?*** do you mind (my smoking *or* if I smoke)?
ˈ**Störenfried** [ˈʃtøːrənfriːt] *m* (-[*e*]*s*; -*e*) troublemaker; intruder
Störfall [ˈʃtøːɐfal] *m* TECH accident
störrisch [ˈʃtœrɪʃ] *adj* stubborn, obstinate
ˈ**Störung** *f* (-; -*en*) disturbance; trouble (*a.* TECH); TECH breakdown; TV, *radio*: interference
Stoß [ʃtoːs] *m* (-*es*; *Stöße* [ˈʃtøːsə]) push, shove; thrust; kick; butt; blow, knock; shock; MOT jolt; bump, *esp* TECH, PHYS impact; pile, stack; ˈ**Stoßdämpfer** *m* MOT shock absorber; **stoßen** [ˈʃtoːsən] *v/t* (*irr*, *ge-*, *h*) *and v/i* (*sein*) push, shove; thrust; kick; butt; knock, strike; pound; ***~ gegen*** *or* ***an*** (*acc*) bump *or* run into *or* against; ***sich den Kopf ~*** (***an*** *dat*) knock one's head (against); ***~ auf*** (*acc*) strike (*oil etc*); *fig* come across; meet with; ˈ**stoßgesichert** *adj* shockproof, shock-resistant; ˈ**Stoßstange** *f* MOT bumper; ˈ**Stoßzahn** *m* ZO tusk; ˈ**Stoßzeit** *f* rush hour, peak hours
stottern [ˈʃtɔtɐn] *v/i and v/t* (*ge-*, *h*) stutter
Str. *abbr of* ***Straße*** St, Street; Rd, Road
ˈ**Strafanstalt** *f* prison, penitentiary; ˈ**strafbar** *adj* punishable, penal; ***sich ~ machen*** commit an offense (*Br* offence); **Strafe** [ˈʃtraːfə] *f* (-; -*n*) punishment; JUR, ECON, SPORT penalty (*a. fig*); fine; ***30 Euro ~ zahlen müssen*** be fined 30 euros; ***zur ~*** as a punishment; ˈstrafen *v/t* (*ge-*, *h*) punish
straff [ʃtraf] *adj* tight; *fig* strict
ˈ**straffrei** *adj*: ***~ ausgehen*** go unpunished

S

'Straf|gefangene *m, f* prisoner, convict; **~gesetz** *n* criminal law
sträflich ['ʃtrɛːflɪç] **1.** *adj* inexcusable **2.** *adv*: ***~ vernachlässigen*** neglect badly
'Straf|mi,nute *f* SPORT penalty minute; **~pro,zess** *m* JUR criminal action, trial; **~raum** *m* SPORT penalty area (F box); **~stoß** *m* SPORT penalty kick; **~tat** *f* JUR criminal offense (*Br* offence); crime; **~zettel** *m* ticket
Strahl [ʃtraːl] *m* (-[*e*]*s*, -*en*) ray (*a. fig*); beam; flash; jet; **strahlen** ['ʃtraːlən] *v/i* (*ge-, h*) radiate; shine (brightly); *fig* beam (***vor*** with); **'Strahlen...** *in cpds* PHYS *...schutz etc*: radiation ...
'Strahlung *f* (-; -*en*) PHYS radiation
Strähne ['ʃtrɛːnə] *f* (-; -*n*) strand; streak
stramm [ʃtram] *adj* tight; **~stehen** MIL stand to attention
strampeln ['ʃtrampəln] *v/i* (*ge-, h*) kick
Strand [ʃtrant] *m* (-[*e*]*s*; *Strände* ['ʃtrɛndə]) beach; ***am ~*** on the beach
stranden ['ʃtrandən] *v/i* (*ge-, sein*) MAR strand; *fig* fail
'Strand|gut *n* flotsam and jetsam (*a. fig*); **~korb** *m* roofed wicker beach chair
Strang [ʃtraŋ] *m* (-[*e*]*s*; *Stränge* ['ʃtrɛŋə]) rope; *esp* ANAT cord
Strapaze [ʃtra'paːtsə] *f* (-; -*n*) strain, exertion, hardship; **strapazieren** [ʃtrapa'tsiːrən] *v/t* (*no -ge-, h*) wear *s.o. or s.th.* out, be hard on; **strapazierfähig** *adj* longwearing, *Br* hardwearing
strapaziös [ʃtrapa'tsjøːs] *adj* strenuous
Straße ['ʃtraːsə] *f* (-; -*n*) road; street; GEOGR strait; ***auf der ~*** on the road; on (*Br a.* in) the street
'Straßen|arbeiten *pl* roadworks; **~bahn** *f* streetcar, *Br* tram; **~ca,fé** *n* sidewalk (*Br* pavement) café; **~karte** *f* road map; **~kehrer** ['ʃtraːsənkeːrɐ] *m* (-*s*; -) street sweeper; **~kreuzung** *f* crossroads; intersection; **~lage** *f* MOT roadholding; **~rand** *m* roadside; ***am ~*** at *or* by the roadside; **~sperre** *f* road block
strategisch [ʃtra'teːgɪʃ] *adj* strategic
sträuben ['ʃtrɔʏbən] *v/t and v/refl* (*ge-, h*) ruffle (up); bristle (up); ***sich ~ gegen*** struggle against
Strauch [ʃtraux] *m* (-[*e*]*s*; *Sträucher* ['ʃtrɔʏçɐ]) BOT shrub, bush
straucheln ['ʃtrauxəln] *v/i* (*ge-, sein*) stumble
Strauß[1] [ʃtraus] *m* (-*es*; -*e*) ZO ostrich
Strauß[2] *m* (-*es*; *Sträuße* ['ʃtrɔʏsə]) bunch, bouquet
Strebe ['ʃtreːbə] *f* (-; -*n*) prop, stay (*a.* AVIAT, MAR); **'streben** *v/i* (*ge-, h*) strive (***nach*** for, after); **Streber** ['ʃtreːbɐ] *m* (-*s*; -) pusher; PED *etc* grind, *Br* swot; **strebsam** ['ʃtreːpzaːm] *adj* ambitious
Strecke ['ʃtrɛkə] *f* (-; -*n*) distance (*a.* SPORT, MATH), way; route; RAIL line; SPORT course; stretch; ***zur ~ bringen*** kill; *esp fig* hunt down; **'strecken** *v/t* (*ge-, h*) stretch (out), extend
Streich [ʃtraiç] *m* (-[*e*]*s*; -*e*) trick, prank, practical joke; ***j-m e-n ~ spielen*** play a trick *or* joke on s.o.
streicheln ['ʃtraiçəln] *v/t* (*ge-, h*) stroke, caress
streichen ['ʃtraiçən] *v/t and v/i* (*irr, ge-, h*) paint; spread; cross out; cancel; MAR strike; MUS bow; ***mit der Hand ~ über*** (*acc*) run one's hand over; ***~ durch*** roam (*acc*); **Streicher(in)** ['ʃtraiçɐ, 'ʃtraiçərɪn] *m*(*f*) (-*s*; -/-; -*nen*) MUS string player, *pl the* strings
'Streich|holz *n* match; **~instru,ment** *n* MUS string instrument; **~or,chester** *n* MUS string orchestra
'Streichung *f* (-; -*en*) cancellation; cut
Streife ['ʃtraifə] *f* (-; -*n*) patrol; ***auf ~ gehen*** go on patrol; ***auf ~ sein in*** (*dat*) patrol
'streifen *v/t and v/i* (*ge-, h*) touch, brush (against); MOT scrape against; graze; slip (***von*** off); *fig* touch on; ***~ durch*** roam (*acc*), wander through
'Streifen *m* (-*s*; -) stripe; strip
'Streifenwagen *m* squad (*Br* patrol) car
'Streifschuss *m* MED graze
'Streifzug *m* tour (***durch*** of)
Streik [ʃtraik] *m* (-[*e*]*s*; -*s*) strike, walkout
'Streikbrecher *m* strikebreaker, *Br* blackleg, *contp* scab
streiken ['ʃtraikən] *v/i* (*ge-, h*) (go *or* be on) strike; F *fig* refuse (to work etc)
'Streikende *m, f* (-*n*; -*n*) striker
'Streikposten *m* picket
Streit [ʃtrait] *m* (-[*e*]*s*; -*e*) quarrel; argument; fight; POL *etc* dispute; ***~ anfangen*** pick a fight *or* quarrel; ***~ suchen*** be looking for trouble; **streiten** ['ʃtraitən] *v/i and v/refl* (*irr, ge-, h*) quarrel,

argue, fight (*all*: ***wegen, über*** *acc* about, over); ***sich ~ um*** fight for
ˈ**Streitfrage** *f* (point at) issue
streitig [ˈʃtraitɪç] *adj*: ***j-m et. ~ machen*** dispute s.o.'s right to s.th.
ˈ**Streitkräfte** *pl* MIL (armed) forces
ˈ**streitsüchtig** *adj* quarrelsome
streng [ʃtrɛŋ] *adj* strict; severe; harsh; rigid; ***~ genommen*** strictly speaking
Strenge [ˈʃtrɛŋə] *f* (-; *no pl*) strictness; severity; harshness; rigidity
ˈ**strenggläubig** *adj* REL orthodox
Stress [ʃtrɛs] *m* (-*es*; *no pl*) stress; ***im ~*** under stress
Streu [ʃtrɔʏ] *f* (-; -*en*) AGR litter
ˈ**streuen** *v/t and v/i* (*ge-*, *h*) scatter (*a.* PHYS); spread; sprinkle; grit
streunen [ˈʃtrɔʏnən] *v/i* (*ge-*, *sein*), **~d** *adj* stray
strich [ʃtrɪç] *pret of* ***streichen***
Strich *m* (-[*e*]*s*; -*e*) line; stroke; F red-light district; F ***auf den ~ gehen*** walk the streets; **~junge** F *m* male prostitute; **~kode** *m* bar code
ˈ**strichweise** *adv* in parts; ***~ Regen*** scattered showers
Strick [ʃtrɪk] *m* (-[*e*]*s*; -*e*) cord; rope
stricken [ˈʃtrɪkən] *v/t and v/i* (*ge-*, *h*) knit
ˈ**Strick|jacke** *f* cardigan; **~leiter** *f* rope ladder; **~nadel** *f* knitting needle; **~waren** *pl* knitwear; **~zeug** *n* knitting (things)
Striemen [ˈʃtriːmən] *m* (-*s*; -) welt, weal
stritt [ʃtrɪt] *pret of* ***streiten***
strittig [ˈʃtrɪtɪç] *adj* controversial; ***~er Punkt*** point at issue
Stroh [ʃtroː] *n* (-[*e*]*s*; *no pl*) straw; thatch; **~dach** *n* thatch(ed) roof; **~halm** *m* straw; **~hut** *m* straw hat; **~witwe** F *f* grass widow; **~witwer** F *m* grass widower
Strom [ʃtroːm] *m* (-[*e*]*s*; *Ströme* [ˈʃtrøːmə]) (large) river; current (*a.* ELECTR); ***ein ~ von*** a stream of (*a. fig*); ***es gießt in Strömen*** it's pouring (with rain)
stromˈab(wärts) *adv* downstream
stromˈauf(wärts) *adv* upstream
ˈ**Stromausfall** *m* ELECTR power failure, blackout
strömen [ˈʃtrøːmən] *v/i* (*ge-*, *sein*) stream (*a. fig*), flow, run; pour (*a. fig*)
ˈ**Stromkreis** *m* ELECTR circuit
ˈ**stromlinienförmig** *adj* streamlined
ˈ**Stromschnelle** *f* (-; -*n*) GEOGR rapid
ˈ**Stromstärke** *f* ELECTR amperage
ˈ**Strömung** *f* (-; -*en*) current, *fig a.* trend
Strophe [ˈʃtroːfə] *f* (-; -*n*) stanza, verse
strotzen [ˈʃtrɔtsən] *v/i* (*ge-*, *h*) ***~ von*** be full of, abound with; ***~ vor*** (*dat*) be bursting with
Strudel [ˈʃtruːdəl] *m* (-*s*; -) whirlpool (*a. fig*), eddy
Struktur [ʃtrʊkˈtuːɐ] *f* (-; -*en*) structure, pattern
Strumpf [ʃtrʊmpf] *m* (-[*e*]*s*; *Strümpfe* [ˈʃtrʏmpfə]) stocking
ˈ**Strumpfhose** *f* pantyhose, *Br* tights
struppig [ˈʃtrʊpɪç] *adj* shaggy
Stück [ʃtʏk] *n* (-[*e*]*s*; -*e*) piece; part; lump; AGR head (*a. pl*); THEA play; ***2 Euro das ~*** 2 euros each; ***im*** *or* ***am ~*** in one piece; ***in ~e schlagen*** (***reißen***) smash (tear) to pieces; ˈ**stückweise** *adv* bit by bit (*a. fig*); ECON by the piece
Student [ʃtuˈdɛnt] *m* (-*en*; -*en*), **Stuˈdentin** *f* (-; -*nen*) student; **Studie** [ˈʃtuːdjə] *f* (-; -*n*) study (***über*** *acc* of); ˈ**Studienplatz** *m* university *or* college place; **studieren** [ʃtuˈdiːrən] *v/t and v/i* (*no -ge-*, *h*) study, be a student (of) (***an*** *dat* at); **Studium** [ˈʃtuːdjʊm] *n* (-*s*; -*ien*) studies
Stufe [ˈʃtuːfə] *f* (-; -*n*) step; level; stage
ˈ**Stufenbarren** *m* SPORT uneven parallel bars
Stuhl [ʃtuːl] *m* (-[*e*]*s*; *Stühle* [ˈʃtyːlə]) chair; MED stool; **~gang** *m* (-[*e*]*s*; *no pl*) MED (bowel) movement; **~lehne** *f* back of a chair
stülpen [ˈʃtʏlpən] *v/t* (*ge-*, *h*) put (***auf*** *acc*, ***über*** *acc* over, on)
stumm [ʃtʊm] *adj* dumb, mute; *fig* silent
Stummel [ˈʃtʊməl] *m* (-*s*; -) stub, stump, butt
ˈ**Stummfilm** *m* silent film
Stümper [ˈʃtʏmpɐ] F *m* (-*s*; -) bungler
stumpf [ʃtʊmpf] *adj* blunt, dull (*a. fig*)
Stumpf *m* (-[*e*]*s*; *Stümpfe* [ˈʃtʏmpfə]) stump, stub
ˈ**stumpfsinnig** *adj* dull; monotonous
Stunde [ˈʃtʊndə] *f* (-; -*n*) hour; PED class, lesson; period
ˈ**Stundenkiloˌmeter** *m* kilometer (*Br* kilometre) per hour
ˈ**stundenlang** **1.** *adj*: ***nach ~em Warten*** after hours of waiting **2.** *adv* for hours

(and hours)
'**Stunden|lohn** *m* hourly wage; **~plan** *m* schedule, *Br* timetable
'**stundenweise** *adv* by the hour
'**Stundenzeiger** *m* hour hand
stündlich ['ʃtʏntlɪç] **1.** *adj* hourly **2.** *adv* hourly, every hour
Stupsnase ['ʃtʊpsnaːzə] F *f* snub nose
stur [ʃtuːɐ] F *adj* pigheaded
Sturm [ʃtʊrm] *m* (-[*e*]*s*; *Stürme* ['ʃtʏrmə]) storm (*a. fig*); **stürmen** ['ʃtʏrmən] *v/t* (*ge-*, *h*) *and v/i* (*ge-*, *sein*) storm; SPORT attack; rush; **Stürmer(in)** ['ʃtʏrmɐ, 'ʃtʏrmərɪn] *m(f)* (*-s*; *-/-*; *-nen*) SPORT forward; *esp soccer*: striker; **stürmisch** ['ʃtʏrmɪʃ] *adj* stormy; *fig* wild, vehement
Sturz [ʃtʊrts] *m* (*-es*; *Stürze* ['ʃtʏrtsə]) fall (*a. fig*); POL etc: overthrow
stürzen ['ʃtʏrtsən] **1.** *v/i* (*ge-*, *sein*) fall; crash; rush, dash; ***schwer* ~** have a bad fall **2.** *v/t* (*ge-*, *h*) throw; POL etc: overthrow; ***j-n ins Unglück* ~** ruin s.o.; ***sich stürzen aus*** throw o.s. out of; ***sich* ~ *auf*** (*acc*) throw o.s. at
'**Sturzflug** *m* AVIAT nosedive
'**Sturzhelm** *m* crash helmet
Stute ['ʃtuːtə] *f* (*-*; *-n*) zo mare
Stütze ['ʃtʏtsə] *f* (*-*; *-n*) support, prop; *fig a.* aid
stutzen ['ʃtʊtsən] (*ge-*, *h*) **1.** *v/t* trim, clip **2.** *v/i* stop short; (begin to) wonder
stützen ['ʃtʏtsən] *v/t* (*ge-*, *h*) support (*a. fig*); ***sich* ~ *auf*** (*acc*) lean on; *fig* be based on
'**Stütz|pfeiler** *m* ARCH supporting column; **~punkt** *m* MIL base (*a. fig*)
Styropor® [ʃtyro'poːɐ] *n* (*-s*; *no pl*) Styrofoam®, *Br* polystyrene®
s. u. *abbr of* ***siehe unten*** see below
Subjekt [zʊp'jɛkt] *n* (-[*e*]*s*; *-e*) LING subject; *contp* character
subjektiv [zʊpjɛk'tiːf] *adj* subjective
Substantiv ['zʊpstantiːf] *n* (*-s*; *-e*) LING noun
Substanz [zʊp'stants] *f* (*-*; *-en*) substance (*a. fig*)
subtrahieren [zʊptra'hiːrən] *v/t* (*no -ge-*, *h*) MATH subtract; **Subtraktion** [zʊptrak'tsjoːn] *f* (*-*; *-en*) MATH subtraction
subventionieren [zʊpvɛntsjo'niːrən] *v/t* (*no -ge-*, *h*) subsidize
Suche ['zuːxə] *f* (*-*; *no pl*) search (***nach*** for); ***auf der* ~ *nach*** in search of;
'**suchen** *v/t and v/i* (*ge-*, *h*) look for; search for; ***gesucht*: ...** wanted: ...; ***was hat er hier zu* ~?** what's he doing here?; ***er hat hier nichts zu* ~** he has no business to be here; **Sucher** ['zuːxɐ] *m* (*-s*; *-*) PHOT viewfinder
Sucht [zʊxt] *f* (*-*; *Süchte* ['zʏçtə]) addiction (***nach*** to); mania (for); **süchtig** ['zʏçtɪç] *adj*: **~ *sein*** be addicted to *drugs etc*, be a *drug etc* addict; **Süchtige** ['zʏçtɪgə] *m*, *f* (*-n*; *-n*) addict
Süden ['zyːdən] *m* (*-s*; *no pl*) south; ***nach* ~** south(wards)
Südfrüchte ['zyːtfrʏçtə] *pl* tropical *or* southern fruits
'**südlich** **1.** *adj* south(ern); southerly **2.** *adv*: **~ *von*** (to the) south of
Süd'osten *m* southeast; **süd'östlich** *adj* southeast(ern); southeasterly
'**Südpol** *m* South Pole
'**südwärts** ['zyːdvɛrts] *adv* southward(s)
Süd'westen *m* southwest; **süd'westlich** *adj* southwest(ern); southwesterly
'**Südwind** *m* south wind
Sülze ['zʏltsə] *f* (*-*; *-n*) GASTR jellied meat
Summe ['zʊmə] *f* (*-*; *-n*) sum (*a. fig*); amount; (sum) total
summen ['zʊmən] *v/i and v/t* (*ge-*, *h*) buzz, hum
summieren [zʊ'miːrən] *v/refl* (*no -ge-*, *h*) add up (***auf*** *acc* to)
Sumpf [zʊmpf] *m* (*-es*; *Sümpfe* ['zʏmpfə]) swamp, bog
'**sumpfig** *adj* swampy, marshy
Sünde ['zʏndə] *f* (*-*; *-n*) sin (*a. fig*)
'**Sündenbock** F *m* scapegoat
Sünder ['zʏndɐ] *m* (*-s*; *-*), '**Sünderin** *f* (*-*; *-nen*) sinner
sündig ['zʏndɪç] *adj* sinful; **sündigen** ['zʏndɪgən] *v/i* (*ge-*, *h*) (commit a) sin
Super... ['zuːpɐ-] *in cpds ...macht etc*: *mst* super...
'**Super** *n* (*-s*; *no pl*), **~ben,zin** *n* super *or* premium (gasoline), *Br* four-star (petrol)
Superlativ ['zuːpɐlatiːf] *m* (*-s*; *-e*) LING superlative (*a. fig*)
'**Supermarkt** *m* supermarket
Suppe ['zʊpə] *f* (*-*; *-n*) soup
'**Suppen...** *in cpds ...löffel*, *...teller*, *...küche etc*: soup ...

S

Surfbrett ['zø:ɐfbrɛt] *n* sail board; surfboard; '**surfen** *v/i* (*ge-*, *h*) surf
surren ['zʊrən] *v/i* (*ge-*, *h*) whirr; buzz
süß [zy:s] *adj* sweet, sugary (*both a. fig*)
Süße ['zy:sə] *f* (-; *no pl*) sweetness
'**süßen** *v/t* (*ge-*, *h*) sweeten
Süßigkeiten ['zy:sɪçkaitən] *pl* sweets, candy
'**süßlich** *adj* sweetish; *contp* mawkish, sugary
'**süß'sauer** *adj* GASTR sweet-and-sour
'**Süßstoff** *m* sweetener
'**Süßwasser** *n* fresh water
Symbol [zʏm'bo:l] *n* (-*s*; -*e*) symbol; **Symbolik** [zʏm'bo:lɪk] *f* (-; *no pl*) symbolism; **sym'bolisch** *adj* symbolic(al)
Symmetrie [zʏme'tri:] *f* (-; -*n*) symmetry; **symmetrisch** [zʏ'me:trɪʃ] *adj* symmetric(al)
Sympathie [zʏmpa'ti:] *f* (-; -*n*) liking (***für*** for); sympathy; **Sympathisant(in)** [zʏmpati'zant(ɪn)] (-*en*; -*en*/-; -*nen*) sympathizer; **sympathisch** [zʏm'pa:tɪʃ] *adj* nice, likable; ***er ist mir ~*** I like him
Symphonie [zʏmfo'ni:] *f* (-; -*n*) *etc* → ***Sinfonie***
Symptom [zʏmp'to:m] *n* (-*s*; -*e*) symptom
Synagoge [zyna'go:gə] *f* (-; -*n*) synagogue
synchron [zʏn'kro:n] *adj* TECH synchronous; **synchronisieren** [zʏnkroni'zi:rən] *v/t* (*no -ge-*, *h*) synchronize; *film etc*: dub
synonym [zyno'ny:m] *adj* synonymous
Syno'nym *n* (-*s*; -*e*) synonym
Synthese [zʏn'te:zə] *f* (-; -*n*) synthesis
synthetisch [zʏn'te:tɪʃ] *adj* synthetic
System [zʏs'te:m] *n* (-*s*; -*e*) system
systematisch [zʏste'ma:tɪʃ] *adj* systematic, methodical
Sys'temfehler *m* IT system error
Szene ['stse:nə] *f* (-; -*n*) scene (*a. fig*)
Szenerie [stsenə'ri:] *f* (-; -*n*) scenery; setting

T

Tabak ['ta:bak] *m* (-*s*; -*e*) tobacco; **~geschäft** *n* tobacconist's; **~waren** *pl* tobacco products
Tabelle [ta'bɛlə] *f* (-; -*n*) table (*a.* MATH, SPORT)
Ta'bellen|kalkulati,on *f* IT spreadsheet; **~platz** *m* SPORT position
Tablett [ta'blɛt] *n* (-[*e*]*s*; -*s*) tray
Tablette [ta'blɛtə] *f* (-; -*n*) tablet
tabu [ta'bu:] *adj*, **Ta'bu** *n* (-*s*; -*s*) taboo
Tabulator [tabu'la:to:ɐ] *m* (-*s*; -*en* [tabula'to:rən]) tabulator
Tachometer [taxo'me:tɐ] *m*, *n* (-*s*; -) MOT speedometer
Tadel ['ta:dəl] *m* (-*s*; -) blame; censure, reproof, rebuke; '**tadellos** *adj* faultless; blameless; excellent; perfect
'**tadeln** *v/t* (*ge-*, *h*) criticize, blame; censure, reprove, rebuke (*all*: ***wegen*** for)
Tafel ['ta:fəl] *f* PED *etc*: blackboard; (bulletin, *esp Br* notice) board; sign; tablet, plaque; GASTR bar (*of chocolate*)
täfeln ['tɛ:fəln] *v/t* (*ge-*, *h*) panel
'**Täfelung** *f* (-; -*en*) panel(l)ing
Taft [taft] *m* (-[*e*]*s*; -*e*) taffeta
Tag [ta:k] *m* (-[*e*]*s*; -*e* ['ta:gə]) day; daylight; ***welchen ~ haben wir heute?*** what day is it today?; ***heute*** (***morgen***) ***in 14 ~en*** two weeks from today (tomorrow); ***e-s ~es*** one day; ***den ganzen ~*** all day; ***am ~e*** during the day; ***~ und Nacht*** night and day; ***am hellichten ~*** in broad daylight; ***ein freier ~*** a day off; ***guten ~!*** hello!, hi!; how do you do?; (***j-m***) ***guten ~ sagen*** say hello (to s.o.); F ***sie hat ihre ~e*** she has her period; ***unter ~e*** underground; → ***zutage***
Tage|bau ['ta:gəbau] *m* (-[*e*]*s*; -*e*) opencast mining; **~buch** *n* diary; ***~ führen*** keep a diary
'**tagelang** *adv* for days
'**tagen** *v/i* (*ge-*, *h*) meet, hold a meeting; JUR be in session
'**Tages|anbruch** *m*: ***bei ~*** at daybreak, at dawn; **~gespräch** *n* talk of the day; **~karte** *f* day ticket; GASTR menu for the day; **~licht** *n* (-[*e*]*s*; *no pl*) daylight; **~mutter** *f* childminder; **~ordnung** *f* agenda; **~stätte** *f* day care center (*Br*

centre); **~tour** *f* day trip; **~zeit** *f* time of day; ***zu jeder ~*** at any hour; **~zeitung** *f* daily (paper)

'tageweise *adv* by the day

täglich ['tɛːklɪç] *adj and adv* daily

'Tagschicht *f* ECON day shift

'tagsüber *adv* during the day

'Tagung *f* (-; *-en*) conference

Taille ['taljə] *f* (-; *-n*) waist; waistline

tailliert [ta'jiːɐt] *adj* waisted, tapered

Takelage [takə'laːʒə] *f* (-; *-n*) MAR rigging

Takt [takt] *m* (-[*e*]*s*; *-e*) (*no pl*) MUS time, measure, beat; MUS bar; MOT stroke; (*no pl*) tact; ***den ~ halten*** MUS keep time

Taktik ['taktɪk] *f* (-; *-en*) MIL tactics (*a. fig*); **'taktisch** *adj* tactical

'taktlos *adj* tactless

'Taktstock *m* MUS baton

'Taktstrich *m* MUS bar

'taktvoll *adj* tactful

Tal [taːl] *n* (-[*e*]*s*; *Täler* ['tɛːlɐ]) valley

Talar [ta'laːɐ] *m* (*-s*; *-e*) robe, gown

Talent [ta'lɛnt] *n* (-[*e*]*s*; *-e*) talent (*a. person*), gift; **talentiert** [talɛn'tiːɐt] *adj* talented, gifted

Talg [talk] *m* (-[*e*]*s*; *-e*) tallow; GASTR suet

Talisman ['taːlɪsman] *m* (*-s*; *-e*) talisman, charm

Talk|master ['tɔːkmaːstɐ] *m* (*-s*; -) TV talk (*Br* chat) show host; **~show** ['tɔːkʃoʊ] *f* (-; *-s*) TV talk (*Br* chat) show

'Talsperre *f* dam, barrage

Tampon ['tampɔn] *m* (*-s*; *-s*) tampon

Tandler ['tandlɐ] *Austrian m* (*-s*; -) second-hand dealer

Tang [taŋ] *m* (-[*e*]*s*; *-e*) BOT seaweed

Tank [taŋk] *m* (*-s*; *-s*) tank; **tanken** ['taŋkən] *v/t* (*ge-*, *h*) get some gasoline (*Br* petrol), fill up; **Tanker** ['taŋkɐ] *m* (*-s*; -) MAR tanker; **'Tankstelle** *f* filling (*or* gas, *Br* petrol) station; **'Tankwart** *m* (-[*e*]*s*; *-e*) gas station (*Br* petrol pump) attendant

Tanne ['tanə] *f* (-; *-n*) BOT fir (tree)

'Tannenbaum *m* Christmas tree

'Tannenzapfen *m* BOT fir cone

Tante ['tantə] *f* (-; *-n*) aunt; ***~ Lindy*** Aunt Lindy; **~-Emma-Laden** F *m* mom-and--pop store, *Br* corner shop

Tantiemen [tã'tjeːmən] *pl* royalties

Tanz [tants] *m* (*-es*; *Tänze* ['tɛntsə]), **tanzen** ['tantsən] *v/i* (*ge-*, *h*, *sein*) *and v/t* (*ge-*, *h*) dance; **Tänzer** ['tɛntsɐ] *m* (*-s*; -), **Tänzerin** ['tɛntsərɪn] *f* (-; *-nen*) dancer

'Tanz|fläche *f* dance floor; **~kurs** *m* dancing lessons; **~mu,sik** *f* dance music; **~schule** *f* dancing school

Tapete [ta'peːtə] *f* (-; *-n*), **tapezieren** [tape'tsiːrən] *v/t* (*no -ge-*, *h*) wallpaper

tapfer ['tapfɐ] *adj* brave; courageous

'Tapferkeit *f* (-; *no pl*) bravery; courage

Tarif [ta'riːf] *m* (-[*e*]*s*; *-e*) rate(s), tariff; (wage) scale; **~lohn** *m* standard wage(s); **~verhandlungen** *pl* wage negotiations, collective bargaining

tarnen ['tarnən] *v/t* (*ge-*, *h*) camouflage; *fig* disguise

'Tarnung *f* (-; *-en*) camouflage

Tasche ['taʃə] *f* (-; *-n*) bag; pocket

'Taschen|buch *n* paperback; **~dieb** *m* pickpocket; **~geld** *n* allowance, *Br* pocket money; **~lampe** *f* flashlight, *Br* torch; **~messer** *n* penknife, pocketknife; **~rechner** *m* pocket calculator; **~schirm** *m* telescopic umbrella; **~tuch** *n* handkerchief, F hankie; **~uhr** *f* pocket watch

Tasse ['tasə] *f* (-; *-n*) cup; ***e-e ~ Tee*** *etc* a cup of tea *etc*

Tastatur [tasta'tuːɐ] *f* (-; *-en*) keyboard, keys; **Taste** ['tastə] *f* (-; *-n*) key

tasten ['tastən] (*ge-*, *h*) **1.** *v/i* grope (***nach*** for), feel (for); fumble (for) **2.** *v/t* touch, feel; ***sich ~*** feel *or* grope (*a. fig*) one's way

'Tastentele,fon *n* push-button phone

'Tastsinn *m* (-[*e*]*s*; *no pl*) sense of touch

tat [taːt] *pret of* ***tun***

Tat *f* (-; *-en*) act, deed; action; JUR offense, *Br* offence; ***j-n auf frischer ~ ertappen*** catch s.o. in the act

'tatenlos *adj* inactive, passive

Täter ['tɛːtɐ] *m* (*-s*; -), **'Täterin** *f* (-; *-nen*) culprit; JUR offender

tätig ['tɛːtɪç] *adj* active; busy; ***~ sein bei*** be employed with; ***~ werden*** act, take action; **'Tätigkeit** *f* (-; *-en*) activity; work; occupation, job

'Tatkraft *f* (-; *no pl*) energy

'tatkräftig *adj* energetic, active

tätlich ['tɛːtlɪç] *adj* violent; ***~ werden gegen*** assault; **'Tätlichkeiten** *pl* (acts of) violence; JUR assault (and battery)

'Tatort *m* JUR scene of the crime

tätowieren [tɛto'viːrən] *v/t* (*no -ge-*, *h*), **Täto'wierung** *f* (-; *-en*) tattoo

'**Tatsache** *f* fact
'**tatsächlich** **1.** *adj* actual, real **2.** *adv* actually, in fact; really
tätscheln ['tɛːtʃəln] *v/t* (*ge-, h*) pat, pet
Tatze ['tatsə] *f* (-; -*n*) ZO paw (*a. fig*)
Tau[1] [tau] *n* (-[*e*]*s*; -*e*) rope
Tau[2] *m* (-[*e*]*s*; *no pl*) dew
taub [taup] *adj* deaf (*fig* ***gegen*** to); numb, benumbed
Taube ['taubə] *f* (-; -*n*) ZO pigeon; *esp fig* dove; '**Taubenschlag** *m* pigeonhouse
'**Taubheit** *f* (-; *no pl*) deafness; numbness
'**taubstumm** *adj* deaf-and-dumb
'**Taubstumme** *m, f* (-*n*; -*n*) deaf mute
tauchen ['tauxən] **1.** *v/i* (*ge-, h, sein*) dive (***nach*** for); SPORT skin-dive; *submarine*: *a.* submerge; stay underwater **2.** *v/t* (*h*) dip (***in*** *acc* into); duck; **Taucher** ['tauxɐ] *m* (-*s*; -) (SPORT skin) diver; '**Tauchsport** *m* skin diving
tauen ['tauən] *v/i* (*ge-, sein*) *and v/t* (*ge-, h*) thaw, melt
Taufe ['taufə] *f* (-; -*n*) baptism, christening; '**taufen** *v/t* (*ge-, h*) baptize, christen; '**Taufpate** *m* godfather; '**Taufpatin** *f* godmother; '**Taufschein** *m* certificate of baptism
taugen ['taugən] *v/i* (*ge-, h*) be good *or* fit *or* of use *or* suited (*all*: ***zu, für*** for); ***nichts ~*** be no good; F ***taugt es was?*** is it any good?; **tauglich** ['tauklɪç] *adj esp* MIL fit (for service)
Taumel ['tauməl] *m* (-*s*; *no pl*) dizziness; rapture, ecstasy; '**taumelig** *adj* dizzy; '**taumeln** *v/i* (*ge-, sein*) stagger, reel
Tausch [tauʃ] *m* (-[*e*]*s*; -*e*) exchange, F swap; **tauschen** ['tauʃən] *v/t* (*ge-, h*) exchange, F swap (*both*: ***gegen*** for); switch; change; ***ich möchte nicht mit ihm ~*** I wouldn't like to be in his shoes
täuschen ['tɔʏʃən] *v/t* (*ge-, h*) deceive, fool; delude; cheat; *a.* SPORT feint; ***sich ~*** deceive o.s.; be mistaken; ***sich ~ lassen von*** be taken in by; ***~de Ähnlichkeit*** striking similarity; '**Täuschung** *f* (-; -*en*) deception; delusion; JUR deceit; *a.* PED cheating
tausend ['tauzənt] *adj* a thousand
'**tausendst** *adj* thousandth
'**Tausendstel** *n* (-*s*; -) thousandth (part)
'**Tautropfen** *m* dewdrop
'**Tauwetter** *n* thaw
'**Tauziehen** *n* (-*s*; *no pl*) SPORT tug-of-war (*a. fig*)
Taxi ['taksi] *n* (-*s*; -*s*) taxi(cab), cab
taxieren [ta'ksiːrən] *v/t* (*no -ge-, h*) rate, estimate (***auf*** *acc* at)
'**Taxistand** *m* cabstand, *esp Br* taxi rank
Technik ['tɛçnɪk] *f* (-; -*en*) (*no pl*) technology, engineering; technique (*a.* SPORT *etc*), MUS execution
Techniker ['tɛçnikɐ] *m* (-*s*; -), '**Technikerin** *f* (-; -*nen*) engineer; technician (*a.* SPORT *etc*)
technisch ['tɛçnɪʃ] *adj* technical; technological; ***~e Hochschule*** school *etc* of technology
Technologie [tɛçnolo'giː] *f* (-; -*n*) technology; **technologisch** [tɛçno'loːgɪʃ] *adj* technological
Tee [teː] *m* (-*s*; -*s*) tea; ***(e-n) ~ trinken*** have some tea; ***(e-n) ~ machen*** *or* ***kochen*** make some tea; **~beutel** *m* teabag; **~kanne** *f* teapot; **~löffel** *m* teaspoon
Teer [teːɐ] *m* (-[*e*]*s*; -*e*), **teeren** ['teːrən] *v/t* (*ge-, h*) tar
'**Teesieb** *n* tea strainer
'**Teetasse** *f* teacup
Teich [taiç] *m* (-[*e*]*s*; -*e*) pool, pond
Teig [taik] *m* (-[*e*]*s*; -*e*) dough, paste
teigig ['taigɪç] *adj* doughy, pasty
'**Teigwaren** *pl* pasta
Teil [tail] *m, n* (-[*e*]*s*; -*e*) part; portion, share; component; ***zum ~*** partly, in part; **~...** *in cpds ...erfolg etc*: partial ...
'**teilbar** *adj* divisible
'**Teilchen** *n* (-*s*; -) particle
teilen ['tailən] *v/t* (*ge-, h*) divide; share
'**teilhaben** *v/i* (*irr*, ***haben***, *sep, -ge-, h*) ***~ an*** (*dat*) (have a) share in; '**Teilhaber(in)** ['tailhaːbɐ (-bərɪn)] (-*s*; -/-; -*nen*) ECON partner
'**Teilnahme** ['tailnaːmə] *f* (-; *no pl*) participation (***an*** *dat* in); *fig* interest (in); sympathy (for)
'**teilnahmslos** *adj* indifferent; *esp* MED apathetic; '**Teilnahmslosigkeit** *f* (-; *no pl*) indifference; apathy
'**teilnehmen** *v/i* (*irr*, ***nehmen***, *sep, -ge-, h*) ***~ an*** (*dat*) take part *or* participate in; share (in); '**Teilnehmer(in)** ['tailneːmɐ (-mərɪn)] (-*s*; -/-; -*nen*) participant; UNIV student; SPORT competitor
teils *adv* partly
'**Teilstrecke** *f* stage, leg
'**Teilung** *f* (-; -*en*) division

'teilweise *adv* partly, in part
'Teilzahlung *f* → ***Abzahlung, Rate***
Teint [tɛ̃ː] *m* (*-s*; *-s*) complexion
Tel. *abbr of* ***Telefon*** tel., telephone
Telefon [tele'foːn] *n* (*-s*; *-e*) telephone, phone; ***am ~*** on the (tele)phone; ***~ haben*** have a (*Br* be on the) (tele)phone; ***ans ~ gehen*** answer the (tele)phone; **~anruf** *m* (tele)phone call; **~anschluss** *m* telephone connection; **~appa,rat** *m* telephone, phone
Telefonat [telefo'naːt] *n* (*-[e]s*; *-e*) → ***Telefongespräch***
Tele'fon|buch *n* telephone directory, phone book; **~gebühr** *f* telephone charge; **~gespräch** *n* (tele)phone call
telefonieren [telefo'niːrən] *v/i* (*no -ge-*, *h*) (tele)phone; be on the phone; ***mit j-m ~*** talk to s.o. on the phone
telefonisch [tele'foːnɪʃ] **1.** *adj* telephonic, telephone … **2.** *adv* by (tele)phone, over the (tele)phone
Tele'fon|karte *f* phonecard; **~leitung** *f* telephone line; **~netz** *n* telephone network; **~nummer** *f* (tele)phone number; **~zelle** *f* (tele)phone booth, *esp Br* (tele)phone box, *Br* call box; **~zen,trale** *f* switchboard
Telegramm [tele'gram] *n* (*-s*; *-e*) telegram, wire, cable(gram)
Teleobjektiv ['teːləɔpjɛktiːf] *n* telephoto lens
Telephon *n* → ***Telefon***
Teletext ['teːlətɛkst] *m* teletext
Teller ['tɛlɐ] *m* (*-s*; *-*) plate; **~wäscher** ['tɛlɐvɛʃɐ] *m* (*-s*; *-*) dishwasher
Tempel ['tɛmpəl] *m* (*-s*; *-*) temple
Temperament [tɛmpəra'mɛnt] *n* (*-[e]s*; *-e*) temper(ament); life, F pep
tempera'ment|los *adj* lifeless, dull; **~voll** *adj* full of life *or* F pep
Temperatur [tɛmpəra'tuːɐ] *f* (*-*; *-en*) temperature; ***j-s ~ messen*** take s.o.'s temperature
Tempo ['tɛmpo] *n* (*-s*; *-s*, *-pi*) speed; MUS time; ***mit ~*** … at a speed of … an hour
Tendenz [tɛn'dɛnts] *f* (*-*; *-en*) tendency, trend; leaning; **tendenziös** [tɛndɛn'tsjøːs] *adj* tendentious; **tendieren** [tɛn'diːrən] *v/i* (*no -ge-*, *h*) tend (***zu*** towards; ***dazu, et. zu tun*** to do s.th.)
Tennis ['tɛnɪs] *n* (*-*; *no pl*) tennis; **~platz** *m* tennis court; **~schläger** *m* tennis racket; **~spieler(in)** tennis player
Tenor [te'noːɐ] *m* (*-s*; *Tenöre* [te'nøːrə]) MUS tenor
Teppich ['tɛpɪç] *m* (*-s*; *-e*) carpet
'Teppichboden *m* fitted carpet, wall-to-wall carpeting
Termin [tɛr'miːn] *m* (*-s*; *-e*) date; deadline; engagement; ***e-n ~ vereinbaren*** (***einhalten, absagen***) make (keep, cancel) an appointment
Terminal ['tøːɐminəl] *m*, *n* (*-s*; *-s*) AVIAT terminal; *n* (*-s*; *-s*) IT terminal
Terrasse [tɛ'rasə] *f* (*-*; *-n*) terrace
ter'rassenförmig [tɛ'rasənfœrmɪç] *adj* terraced, in terraces
Terrine [tɛ'riːnə] *f* (*-*; *-n*) tureen
Territorium [tɛri'toːrjʊm] *n* (*-s*; *-ien*) territory
Terror ['tɛroːɐ] *m* (*-s*; *no pl*) terror
terrorisieren [tɛrori'ziːrən] *v/t* (*no -ge-*, *h*) terrorize
Terrorismus [tɛro'rɪsmʊs] *m* (*-*; *no pl*) terrorism; **Terrorist(in)** [tɛro'rɪst(ɪn)] (*-en*; *-en/-*; *-nen*), **terro'ristisch** *adj* terrorist
Testament [tɛsta'mɛnt] *n* (*-[e]s*; *-e*) (last) will; JUR last will and testament
testamentarisch [tɛstamɛn'taːrɪʃ] *adv* by will
Testa'mentsvollstrecker *m* executor
Testbild ['tɛstbɪlt] *n* TV test card
testen ['tɛstən] *v/t* (*no -ge-*, *h*) test
'Testpi,lot *m* test pilot
Tetanus ['teːtanʊs] *m* (*-*; *no pl*) MED tetanus
teuer ['tɔʏɐ] *adj* expensive; ***wie ~ ist es?*** how much is it?
Teufel ['tɔʏfəl] *m* (*-s*; *-*) devil (*a. fig*); ***wer*** (***wo, was***) ***zum ~ …?*** who (where, what) the hell …? **'Teufelskerl** F *m* devil of a fellow; **'Teufelskreis** *m* vicious circle; **teuflisch** ['tɔʏflɪʃ] *adj* devilish, diabolic(al)
Text [tɛkst] *m* (*-[e]s*; *-e*) text; MUS words, lyrics
Texter ['tɛkstɐ] *m* (*-s*; *-*), **'Texterin** *f* (*-*; *-nen*) MUS songwriter
Textil… [tɛks'tiːl-] *in cpds* textile …
Textilien [tɛks'tiːljən] *pl* textiles
'Textverarbeitung *f* word processing
Theater [te'aːtɐ] *n* (*-s*; *-*) theater, *Br* theatre; F ***~ machen*** (***um***) make a fuss (about); **~besucher** *m* theatergoer, *Br* theatregoer; **~karte** *f* theater (*Br* theatre) ticket; **~kasse** *f* box office;

T

~stück *n* play
Thema ['te:ma] *n* (*-s*; *Themen*) subject, topic; MUS theme; ***das ~ wechseln*** change the subject
Theologe [teo'lo:gə] *m* (*-n*; *-n*) theologian; **Theologie** [teolo'gi:] *f* (*-*; *-n*) theology; **Theo'login** *f* (*-*; *-nen*) theologian; **theo'logisch** *adj* theological
Theoretiker [teo're:tikɐ] *m* (*-s*; *-*) theorist; **theo'retisch** *adj* theoretical
Theorie [teo'ri:] *f* (*-*; *-n*) theory
Therapeut [tera'pɔyt] *m* (*-en*; *-en*), **Thera'peutin** *f* (*-*; *-nen*) therapist; **Therapie** [tera'pi:] *f* (*-*; *-n*) therapy
Thermometer [tɛrmo'me:tɐ] *n* (*-s*; *-*) thermometer
Thermosflasche® ['tɛrmɔsflaʃə] *f* thermos®
These ['te:zə] *f* (*-*; *-n*) thesis
Thon [to:n] *Swiss m* (*-s*; *-s*) tuna (fish)
Thrombose [trɔm'bo:zə] *f* (*-*; *-n*) MED thrombosis
Thron [tro:n] *m* (*-[e]s*; *-e*) throne
'Thronfolger ['tro:nfɔlgɐ] *m* (*-s*; *-*), **'Thronfolgerin** ['tro:nfɔlgərın] *f* (*-*; *-nen*) successor to the throne
Thunfisch ['tu:nfıʃ] *m* tuna (fish)
Tick [tık] F *m* (*-[e]s*; *-s*) quirk
ticken ['tıkən] *v/i* (*ge-*, *h*) tick
Tiebreak, **Tie-Break** ['taıbreık] *m*, *n* *tennis*: tiebreak(er)
tief [ti:f] *adj* deep (*a. fig*); low
Tief *n* (*-s*; *-s*) METEOR depression (*a.* PSYCH, ECON), low (*a. fig*)
Tiefe ['ti:fə] *f* (*-*; *-n*) depth (*a. fig*)
'Tief|ebene *f* lowland(s); **~flieger** *m* low-flying air plane; **~gang** *m* MAR draft, *Br* draught; *fig* depth; **~ga,rage** *f* parking *or* underground garage, *Br* underground car park
'tiefgekühlt *adj* deep-frozen
'Tiefkühl|fach *n* freezing compartment; **~kost** *f* frozen foods; **~schrank** *m*, **~truhe** *f* freezer, deep-freeze
Tier [ti:ɐ] *n* (*-[e]s*; *-e*) animal; F ***hohes ~*** bigwig, big shot; **~arzt** *m*, **-ärztin** *f* veterinarian, *Br* veterinary surgeon, F vet; **~freund** *m* animal lover; **~garten** *m* → ***Zoo***; **~heim** *n* animal shelter
tierisch ['ti:rıʃ] *adj* animal; *fig* bestial, brutish
'Tierkreis *m* ASTR zodiac; **~zeichen** *n* sign of the zodiac
'Tiermedi,zin *f* veterinary medicine
Tierquäle'rei *f* cruelty to animals
'Tier|reich *n* animal kingdom; **~schutz** *m* protection of animals; **~schutzverein** *m* society for the prevention of cruelty to animals; **~versuch** *m* MED experiment with animals
Tiger ['ti:gɐ] *m* (*-s*; *-*) ZO tiger
Tigerin ['ti:gərın] *f* (*-*; *-nen*) ZO tigress
tilgen ['tılgən] *v/t* (*ge-*, *h*) ECON pay off
Tinte ['tıntə] *f* (*-*; *-n*) ink
'Tintenfisch *m* ZO squid
Tipp [tıp] *m* (*-s*; *-s*) hint, tip; tip-off; ***j-m e-n ~ geben*** tip s.o. off
tippen ['tıpən] *v/i and v/t* (*ge-*, *h*) tap; type; F guess; do *lotto etc*
Tisch [tıʃ] *m* (*-[e]s*; *-e*) table; ***am ~ sitzen*** sit at the table; ***bei ~*** at table; ***den ~ decken*** (***abräumen***) lay (clear) the table; **~decke** *f* tablecloth; **~gebet** *n* REL grace: ***das ~ sprechen*** say grace
Tischler ['tıʃlɐ] *m* (*-s*; *-*) joiner; cabinet-maker
'Tisch|platte *f* tabletop; **~tennis** *n* table tennis; **~tuch** *n* tablecloth
Titel ['ti:təl] *m* (*-s*; *-*) title; **~bild** *n* cover picture; **~blatt** *n*, **~seite** *f* title page; cover, front page
Toast [to:st] *m* (*-[e]s*; *-s*), **toasten** ['to:stən] *v/t* (*ge-*, *h*) toast
toben ['to:bən] *v/i* (*ge-*, *h*) rage (*a. fig*); romp; **tobsüchtig** ['to:pzʏçtıç] *adj* raving mad; **'Tobsuchtsanfall** *m* tantrum
Tochter ['tɔxtɐ] *f* (*-*; *Töchter* ['tœçtɐ]) daughter; **~gesellschaft** *f* ECON subsidiary (company)
Tod [to:t] *m* (*-[e]s*; *no pl*) death (*a. fig*) (***durch*** from); **tod...** *in cpds …ernst*, *…müde*, *…sicher*: dead …
Todes|ängste ['to:dəsɛŋstə] *pl*: ***~ ausstehen*** be scared to death; **~anzeige** *f* obituary (notice); **~fall** *m* (case of) death; **~kampf** *m* agony; **~opfer** *n* casualty; **~strafe** *f* JUR capital punishment; death penalty; **~ursache** *f* cause of death; **~urteil** *n* JUR death sentence
'Todfeind *m* deadly enemy
'tod'krank *adj* mortally ill
tödlich ['tø:tlıç] *adj* fatal; deadly; *esp fig* mortal
'Todsünde *f* mortal *or* deadly sin
Toilette [toa'lɛtə] *f* (*-*; *-n*) bathroom, *Br* toilet, lavatory; *pl* rest rooms, *Br* ladies' *or* men's rooms

Toi'letten... *in cpds ...papier, ...seife etc*: toilet ...; **~tisch** *m* dressing table
tolerant [tole'rant] *adj* tolerant (***gegen*** of, towards); **Toleranz** [tole'rants] *f* (-; -*en*) tolerance (*a.* TECH); **tolerieren** [tole'ri:rən] *v/t* (*no -ge-, h*) tolerate
toll [tɔl] *adj* wild; F great, fantastic
'tollkühn *adj* daredevil
'Tollwut *f* VET rabies; **'tollwütig** ['tɔlvy:tɪç] *adj* VET rabid
Tomate [to'ma:tə] *f* (-; -*n*) BOT tomato
Ton[1] [to:n] *m* (-[*e*]*s*; -*e*) clay
Ton[2] *m* (-[*e*]*s*; *Töne* ['tø:nə]) tone (*a.* MUS, PAINT), PAINT *a.* shade; sound (*a.* TV, *film*); note; stress; ***kein~*** not a word; **~art** *f* MUS key; **~band** *n* (-[*e*]*s*; -*bänder*) (recording) tape; **~bandgerät** *n* tape recorder
tönen ['tø:nən] (*ge-, h*) **1.** *v/i* sound, ring **2.** *v/t* tinge, tint, shade
'Ton|fall *m* tone (of voice); accent; **~film** *m* sound film; **~kopf** *m* ELECTR (magnetic) head; **~lage** *f* MUS pitch; **~leiter** *f* MUS scale
Tonne ['tɔnə] *f* (-; -*n*) barrel; (metric) ton
'Tontechniker *m* sound engineer
'Tönung *f* (-; -*en*) tint, tinge, shade
Topf [tɔpf] *m* (-[*e*]*s*; *Töpfe* ['tœpfə]) pot; saucepan
Topfen ['tɔpfən] *Austrian m* (-*s*; *no pl*) GASTR curd(s)
Töpfer ['tœpfɐ] *m* (-*s*; -) potter
Töpferei [tœpfə'rai] *f* (-; -*en*) pottery
'Töpferin *f* (-; -*nen*) potter
'Töpferscheibe *f* potter's wheel
'Töpferware *f* pottery, earthenware
Tor [to:ɐ] *n* (-[*e*]*s*; -*e*) gate; *soccer etc*: goal; ***ein ~ schießen*** score (a goal); ***im ~ stehen*** keep goal
Torf [tɔrf] *m* (-[*e*]*s*; -*e*) peat
'Torfmull *m* peat dust
'Torhüter ['to:ɐhy:tɐ] *m* → ***Torwart***
torkeln ['tɔrkəln] F *v/i* (*ge-, h, sein*) reel, stagger
'Torlatte *f* SPORT crossbar
'Torlinie *f* SPORT goal line
torpedieren [tɔrpe'di:rən] *v/t* (*no -ge-, h*) MIL torpedo (*a. fig*)
'Tor|pfosten *m* SPORT goalpost; **~raum** *m* SPORT goalmouth; **~schuss** *m* SPORT shot at goal; **~schütze** *m* SPORT scorer
Torte ['tɔrtə] *f* (-; -*n*) pie, *esp Br* flan; cream cake, gateau
'Torwart ['to:ɐvart] *m* (-[*e*]*s*; -*e*) SPORT goalkeeper, F goalie
tosen ['to:zən] *v/i* (*ge-, h*) roar; thunder; **~d** *adj* thunderous (*applause*)
tot [to:t] *adj* dead (*a. fig*); late; ***~ geboren*** MED stillborn; ***~ umfallen*** drop dead
total [to'ta:l] *adj* total, complete
totalitär [totali'tɛ:ɐ] *adj* POL totalitarian
'Tote *m, f* (-*n*; -*n*) dead man *or* woman; (dead) body, corpse; *mst pl* casualty; *pl the* dead; **töten** ['tø:tən] *v/t* (*ge-, h*) kill
'Totenbett *n* deathbed
'toten'blass *adj* deadly pale
'Toten|gräber ['to:təngrɛ:bɐ] *m* (-*s*; -) gravedigger; **~kopf** *m* skull; skull and crossbones; **~maske** *f* death mask; **~messe** *f* REL mass for the dead, requiem (*a.* MUS); **~schädel** *m* skull; **~schein** *m* death certificate
'toten'still *adj* deathly still
'totlachen F *v/refl* (*sep, -ge-, h*) kill o.s. laughing
Toto ['to:to] *m*, F *n* (-*s*; -*s*) football pools
'Totschlag *m* (-[*e*]*s*; *no pl*) JUR manslaughter; **'totschlagen** *v/t* (*irr,* ***schlagen****, sep, -ge-, h*) kill; ***j-n ~*** beat s.o. to death; ***die Zeit ~*** kill time
'totschweigen *v/t* (*irr,* ***schweigen****, sep, -ge-, h*) hush up
Toupet [tu'pe:] *n* (-*s*; -*s*) toupee
toupieren [tu'pi:rən] *v/t* (*no -ge-, h*) *Br* backcomb
Tour [tu:ɐ] *f* (-; -*en*) tour (***durch*** of), trip; excursion; TECH turn, revolution; ***auf ~en kommen*** MOT pick up speed; F ***krumme ~en*** underhand methods
Touren... ['tu:rən-] *in cpds ...rad etc*: touring ...
Tourismus [tu'rɪsmʊs] *m* (-; *no pl*) tourism; **~geschäft** *n* tourist industry
Tourist [tu'rɪst] *m* (-*en*; -*en*), **Tou'ristin** *f* (-; -*nen*) tourist; **tou'ristisch** *adj* touristic
Tournee [tʊr'ne:] *f* (-; -*s*, -*n*) tour; ***auf ~ gehen*** go on tour
Trab [tra:p] *m* (-[*e*]*s*; *no pl*) trot
Trabant [tra'bant] *m* (-*en*; -*en*) ASTR satellite; **Tra'bantenstadt** *f* satellite town
traben ['tra:bən] *v/i* (*ge-, sein*) trot
Traber ['tra:bɐ] *m* (-*s*; -) ZO trotter
'Trabrennen *n* trotting race
Tracht [traxt] *f* (-; -*en*) costume; uniform; dress; F ***e-e ~ Prügel*** a thrashing
trächtig ['trɛçtɪç] *adj* ZO with young,

pregnant
Tradition [tradi'tsjoːn] *f* (-; *-en*) tradition; **traditionell** [traditsjo'nɛl] *adj* traditional
traf [traːf] *pret of* ***treffen***
Trafik [tra'fɪk] *Austrian f* (-; *-en*) → ***Tabakgeschäft***; **Trafikant** [trafi'kant] *Austrian m* (*-en*; *-en*) tobacconist
Tragbahre ['traːkbaːrə] *f* stretcher
'**tragbar** *adj* portable; wearable; *fig* bearable; *person*: acceptable
Trage ['traːgə] *f* (-; *-n*) stretcher
träge ['trɛːgə] *adj* lazy, indolent; PHYS inert (*a. fig*)
tragen [traːgən] (*irr, ge-, h*) **1.** *v/t* carry; wear; *fig* bear; ***sich gut ~*** wear well **2.** *v/i* BOT bear fruit; *fig* hold; **~d** *adj* ARCH supporting; THEA leading
Träger ['trɛːgɐ] *m* (*-s*; -) carrier; porter; (shoulder) strap; TECH support; ARCH girder; *fig* bearer
'**trägerlos** *adj* strapless
'**Tragetasche** *f* carrier bag; carrycot
'**tragfähig** *adj* load-bearing; *fig* sound
'**Tragfläche** *f* AVIAT wing
Trägheit ['trɛːkhait] *f* (-; *no pl*) laziness, indolence; PHYS inertia (*a. fig*)
Tragik ['traːgɪk] *f* (-; *no pl*) tragedy
tragisch ['traːgɪʃ] *adj* tragic
Tragödie [tra'gøːdjə] *f* (-; *-n*) tragedy
'**Tragriemen** *m* strap; sling
'**Tragweite** *f* range; *fig* significance
Trainer ['trɛːnɐ] *m* (*-s*; -), '**Trainerin** *f* (-; *-nen*) SPORT trainer, coach; **trainieren** [trɛ'niːrən] *v/i and v/t* (*no -ge-, h*) SPORT train, coach
'**Training** *n* (*-s*; *-s*) training
'**Trainingsanzug** *m* track suit
Traktor ['traktoːɐ] *m* (*-s*; *-en* [trak'toːrən]) MOT tractor
trällern ['trɛlɐn] *v/t and v/i* (*ge-, h*) warble, trill
Tram [tram] *Austrian f* (-; *-s*), *Swiss n* (*-s*; *-s*) streetcar, *Br* tram
trampeln ['trampəln] *v/i* (*ge-, h*) trample, stamp
'**Trampelpfad** *m* beaten track
trampen ['trɛmpən] *v/i* (*ge-, sein*) hitchhike; **Tramper(in)** ['trɛmpɐ, 'trɛmpərɪn] (*-s*; *-/-*; *-nen*) hitchhiker
Träne ['trɛːnə] *f* (-; *-n*) tear; ***in ~n ausbrechen*** burst into tears; '**tränen** *v/i* (*ge-, h*) water; '**Tränengas** *n* tear gas
trank [traŋk] *pret of* ***trinken***
Tränke ['trɛŋkə] *f* (-; *-n*) watering place
'**tränken** *v/t* (*ge-, h*) zo water; soak, drench
Transfer [trans'feːɐ] *m* (*-s*; *-s*) transfer (*a.* SPORT)
Transformator [transfɔr'maːtoːɐ] *m* (*-s*; *-en* [transfɔrma'toːrən]) ELECTR transformer
Transfusion [transfu'zjoːn] *f* (-; *-en*) MED transfusion
Transistor [tran'zɪstoːɐ] *m* (*-s*; *-en* [tranzɪs'toːrən]) ELECTR transistor
Transit [tran'ziːt] *m* (*-s*; *-e*) transit
transitiv ['tranzitiːf] *adj* LING transitive
transparent [transpa'rɛnt] *adj* transparent
Transpa'rent *n* (*-[e]s*; *-e*) banner
Transplantation [transplanta'tsjoːn] *f* (-; *-en*), **transplantieren** [transplan'tiːrən] *v/t* (*no -ge-, h*) MED transplant
Transport [trans'pɔrt] *m* (*-[e]s*; *-e*) transport; shipment; **transportabel** [transpɔr'taːbəl], **trans'portfähig** *adj* transportable; **transportieren** [transpɔr'tiːrən] *v/t* (*no -ge-, h*) transport, ship, carry, MOT *a.* haul
Trans'port|mittel *n* (means of) transport(ation); **~unternehmen** *n* hauler, *Br* haulier
Trapez [tra'peːts] *n* (*-es*; *-e*) MATH trapezoid, *Br* trapezium; SPORT trapeze
trappeln ['trapəln] *v/i* (*ge-, sein*) clatter; patter
trat [traːt] *pret of* ***treten***
Traube ['traubə] *f* (-; *-n*) BOT bunch of grapes; grape; *pl* grapes; *fig* cluster
Traubensaft *m* grape juice
'**Traubenzucker** *m* glucose
trauen ['trauən] (*ge-, h*) **1.** *v/t* marry **2.** *v/i* trust (***j-m*** s.o.); ***sich ~, et. zu tun*** dare (to) do s.th.; ***ich traute meinen Augen nicht*** I couldn't believe my eyes
Trauer ['trauɐ] *f* (-; *no pl*) grief, sorrow; mourning; ***in ~*** in mourning; **~fall** *m* death; **~feier** *f* funeral service; **~marsch** *m* MUS funeral march
'**trauern** *v/i* (*ge-, h*) mourn (***um*** for)
'**Trauerrede** *f* funeral oration
'**Trauerzug** *m* funeral procession
träufeln ['trɔʏfəln] *v/t* (*ge-, h*) drip, trickle
Traum [traum] *m* (*-[e]s*; *Träume* ['trɔʏmə]) dream (*a. fig*); **~...** *in cpds* *...beruf, ...mann etc*: dream ..., ... of

one's dreams; **träumen** ['trɔʏmən] *v/i and v/t* (*ge-, h*) dream (*a. fig*) (***von*** about, of); ***schlecht*** ~ have bad dreams; **Träumer** ['trɔʏmɐ] *m* (*-s; -*) dreamer (*a. fig*); **Träumerei** [trɔʏmə'rai] *fig f* (day)dream(s), reverie (*a.* MUS)
träumerisch ['trɔʏmərɪʃ] *adj* dreamy
traurig ['traurɪç] *adj* sad (***über*** *acc*, ***wegen*** about)
'**Traurigkeit** *f* (*-; no pl*) sadness
Trauring ['trauʀɪŋ] *m* wedding ring
'**Trauschein** *m* marriage certificate
'**Trauung** *f* (*-; -en*) marriage, wedding
'**Trauzeuge** *m*, '**Trauzeugin** *f* witness to a marriage
Trecker ['trɛkɐ] *m* (*-s; -*) MOT tractor
Treff [trɛf] F *m* (*-s; -s*) meeting place
treffen ['trɛfən] *v/t and v/i* (*irr, ge-, h*) hit (*a. fig*); hurt; meet *s.o.*; take (*measures etc*); ***nicht*** ~ miss; ***sich*** ~ (***mit j-m***) meet (s.o.); ***gut*** ~ PHOT *etc*: capture well; '**Treffen** *n* (*-s; -*) meeting; '**treffend** **1.** *adj* apt (*remark etc*) **2.** *adv*: ~ ***gesagt*** well put; **Treffer** ['trɛfɐ] *m* (*-s; -*) hit (*a. fig*); SPORT goal; win; '**Treffpunkt** *m* meeting place
Treibeis ['traipˀais] *n* drift ice
treiben ['traibən] (*irr, ge-*) **1.** *v/t* (*h*) drive (*a.* TECH *and fig*); SPORT *etc*: do; push, press *s.o.*; BOT put forth; F do, be up to **2.** *v/i* (*sein*) drift (*a. fig*), float; BOT shoot (up); ***sich*** ~ ***lassen*** drift along (*a. fig*); ~***de Kraft*** driving force; '**Treiben** *n* (*-s; no pl*) doings, goingson; ***geschäftiges*** ~ bustle
'**treibenlassen** *v/refl* (*irr*, ***lassen***, *sep, no -ge-, h*) → ***treiben***
'**Treib|haus** *n* hothouse; ~**hausef,fekt** *m* greenhouse effect; ~**holz** *n* driftwood; ~**riemen** *m* TECH driving belt; ~**sand** *m* quicksand; ~**stoff** *m* fuel
trennen ['trɛnən] *v/t* (*ge-, h*) separate; sever; part; divide (*a.* LING, POL); segregate; TEL disconnect; ***sich*** ~ separate (***von*** from), part (*a. fig*); ***sich*** ~ ***von*** part with *s.th.*; leave *s.o.*; '**Trennung** *f* (*-; -en*) separation; division; segregation
'**Trennwand** *f* partition
Treppe ['trɛpə] *f* (*-; -n*) staircase, stairs
'**Treppen|absatz** *m* landing; ~**geländer** *n* banisters; ~**haus** *n* staircase; hall
Tresor [tre'zoːɐ] *m* (*-s; -e*) safe; strongroom, vault
treten ['treːtən] *v/i and v/t* (*irr, ge-, h*) kick; step (***aus*** out of; ***in*** *acc* into; ***auf*** *acc* on[to]); pedal (away)
treu [trɔʏ] *adj* faithful (*a. fig*); loyal; devoted; **Treue** ['trɔʏə] *f* (*-; no pl*) fidelity, faithfulness, loyalty
'**Treuhänder(in)** ['trɔʏhɛndɐ, 'trɔʏhɛndərɪn] *m(f)* (*-s; -/-; -nen*) JUR trustee
'**treulos** *adj* faithless, disloyal, unfaithful (*all*: ***gegen*** to)
Tribüne [tri'byːnə] *f* (*-; -n*) platform; stand
Trichter ['trɪçtɐ] *m* (*-s; -*) funnel; crater
Trick [trɪk] *m* (*-s; -s*) trick; ~**aufnahme** *f* trick shot; ~**betrüger(in)** confidence trickster
trieb [triːp] *pret of* ***treiben***
Trieb *m* (*-[e]s; -e* ['triːbə]) BOT (young) shoot, sprout; *fig* impulse, drive; sex drive; ~**feder** *f* mainspring (*a. fig*)
triefen ['triːfən] *v/i* (*ge-, h*) drip, be dripping (***von*** with)
triftig ['trɪftɪç] *adj* weighty; good
Trikot [tri'koː] *n* (*-s; -s*) SPORT shirt, jersey; leotard
Triller ['trɪlɐ] *m* (*-s; -*) MUS trill; '**trillern** *v/i and v/t* (*ge-, h*) trill; ZO warble
trimmen ['trɪmən] *v/refl* (*ge-, h*) keep fit
'**Trimmpfad** *m* fitness trail
trinkbar ['trɪŋkbaːɐ] *adj* drinkable
trinken ['trɪŋkən] *v/t and v/i* (*irr, ge-, h*) drink (***auf*** *acc* to); have; ***et. zu*** ~ a drink; **Trinker(in)** ['trɪŋkɐ (-kərɪn)] (*-s; -/-; -nen*) drinker, alcoholic
'**Trink|geld** *n* tip; ***j-m*** (***zwei Euro***) ~ ***geben*** tip s.o. (two euros); ~**spruch** *m* toast; ~**wasser** *n* drinking water
Trio ['triːo] *n* (*-s; -s*) MUS trio (*a. fig*)
trippeln ['trɪpəln] *v/i* (*ge-, sein*) mince
Tripper ['trɪpɐ] *m* (*-s; -*) MED gonorrh(o)ea
Tritt [trɪt] *m* (*-[e]s; -e*) kick; step
'**Trittbrett** *n* step; MOT running board
'**Trittleiter** *f* stepladder
Triumph [tri'ʊmf] *m* (*-[e]s; -e*) triumph
triumphal [triʊm'faːl] *adj* triumphant
triumphieren [triʊm'fiːrən] *v/i* (*no -ge-, h*) triumph (***über*** *acc* over)
trocken ['trɔkən] *adj* dry (*a. fig*)
'**Trocken...** *in cpds* dried ...; drying ...
'**Trockenhaube** *f* hairdryer
'**Trockenheit** *f* (*-; no pl*) dryness; AGR drought

'**trockenlegen** *v/t (sep, -ge-, h)* drain; change *(a baby)*
trocknen ['trɔknən] *v/t (ge-, h) and v/i (sein)* dry
Trockner ['trɔknɐ] *m (-s; -)* dryer
Troddel ['trɔdəl] *f (-; -n)* tassel
Trödel ['trø:dəl] *m (-s; no pl)* junk
trödeln ['trø:dəln] *v/i (ge-, h)* dawdle
Trödler ['trø:dlɐ] *m (-s; -)* junk dealer; dawdler
trog [tro:k] *pret of* ***trügen***
Trog *m (-[e]s; Tröge* ['trø:gə]) trough
Trommel ['trɔməl] *f (-; -n)* MUS drum *(a.* TECH); **~fell** *n* ANAT eardrum
'**trommeln** *v/i and v/t (ge-, h)* drum
Trommler ['trɔmlɐ] *m (-s; -)* drummer
Trompete [trɔm'pe:tə] *f (-; -n)* MUS trumpet; **trom'peten** *v/i and v/t (no -ge-, h)* trumpet *(a.* ZO); **Trompeter** [trɔm'pe:tɐ] *m (-s; -)* trumpeter
Tropen ['tro:pən]: ***die ~*** *pl* the tropics
'**Tropen...** *in cpds* tropical ...
Tropf [trɔpf] *m (-[e]s; Tröpfe* ['trœpfə]) MED drip
Tröpfchen ['trœpfçən] *n (-s; -)* droplet
tröpfeln ['trœpfəln] *v/i and v/t (ge-, h)* drip; ***es tröpfelt*** it's spitting
tropfen ['trɔpfən] *v/i and v/t (ge-, h)* drip, drop; '**Tropfen** *m (-s; -)* drop *(a. fig)*; ***ein ~ auf den heißen Stein*** a drop in the bucket; '**tropfenweise** *adv* in drops, drop by drop
Trophäe [tro'fɛ:ə] *f (-; -n)* trophy *(a. fig)*
tropisch ['tro:pɪʃ] *adj* tropical
Trosse ['trɔsə] *f (-; -n)* cable
Trost [tro:st] *m (-[e]s; no pl)* comfort, consolation; ***ein schwacher ~*** cold comfort
trösten ['trø:stən] *v/t (ge-, h)* comfort, console; ***sich ~*** console o.s. (***mit*** with)
tröstlich ['trø:stlɪç] *adj* comforting
'**trostlos** *adj* miserable; desolate
Trott [trɔt] *m (-[e]s; -e)* trot; F ***der alte ~*** the old routine
Trottel ['trɔtəl] F *m (-s; -)* dope
trottelig ['trɔtəlɪç] F *adj* dopey
trotten ['trɔtən] *v/i (ge-, sein)* trot
Trottinett ['trɔtinɛt] *Swiss n (-s; -e)* scooter
Trottoir [trɔ'toa:ɐ] *Swiss n (-s; -e, -s)* sidewalk, *Br* pavement
trotz [trɔts] *prp (gen)* in spite of, despite
Trotz *m (-es; no pl)* defiance; ***j-m zum ~*** to spite s.o.
'**trotzdem** *adv* in spite of it, nevertheless, F anyhow, anyway
trotzen ['trɔtsən] *v/i (ge-, h)* defy *(dat s.o. or s.th.)*; sulk
trotzig ['trɔtsɪç] *adj* defiant; sulky
trüb [try:p], **trübe** ['try:bə] *adj* cloudy; muddy; dim; dull, *fig a.* gloomy
Trubel ['tru:bəl] *m (-s; no pl)* (hustle and) bustle
trüben ['try:bən] *v/t (ge-, h)* cloud; *fig* spoil, mar
Trübsal ['try:pza:l] *f*: ***~ blasen*** mope
'**trübselig** *adj* sad, gloomy; dreary
'**Trübsinn** *m (-[e]s; no pl)* melancholy, gloom, low spirits; '**trübsinnig** *adj* melancholy, gloomy
trug [tru:k] *pret of* ***tragen***
trügen ['try:gən] *(irr, ge-, h)* **1.** *v/t* deceive **2.** *v/i* be deceptive
trügerisch ['try:gərɪʃ] *adj* deceptive
'**Trugschluss** *m* fallacy
Truhe ['tru:ə] *f (-; -n)* chest
Trümmer ['trʏmɐ] *pl* ruins; debris; pieces, bits
Trumpf [trʊmpf] *m (-[e]s; Trümpfe* ['trʏmpfə]) trump (card) *(a. fig)*; ***~ sein*** be trumps; *fig* ***s-n ~ ausspielen*** play one's trump card
Trunkenheit ['trʊŋkənhait] *f (-; no pl) esp* JUR; ***~ am Steuer*** drunk *(Br* drink) driving
'**Trunksucht** *f (-; no pl)* alcoholism
Trupp [trʊp] *m (-s; -s)* band, party; group; **Truppe** ['trʊpə] *f (-; -n)* MIL troop, *pl* troops, forces; THEA company, troupe
'**Truppen|gattung** *f* MIL branch (of service); **~übungsplatz** *m* training area
Truthahn ['tru:tha:n] *m* ZO turkey
Tscheche ['tʃɛçə] *m (-n; -n)* Czech; **Tschechien** ['tʃɛçjən] Czech Republic; '**Tschechin** *f (-; -nen)* Czech; '**tschechisch** *adj* Czech; ***Tschechische Republik*** Czech Republic
Tube ['tu:bə] *f (-; -n)* tube
Tuberkulose [tubɛrku'lo:zə] *f (-; -n)* MED tuberculosis
Tuch [tu:x] *n (-[e]s) (pl -e)* cloth; *(pl Tücher* ['ty:çɐ]) scarf
'**Tuchfühlung** *f*: ***auf ~*** in close contact
tüchtig ['tʏçtɪç] *adj* (cap)able, competent; skil(l)ful; efficient; F *fig* good
'**Tüchtigkeit** *f (-; no pl)* (cap)ability, qualities; skill; efficiency

tückisch ['tʏkɪʃ] *adj* malicious; MED insidious; treacherous
tüfteln ['tʏftəln] F *v/i* (*ge-*, *h*) puzzle (***an*** *dat* over)
Tugend ['tuːgənt] *f* (-; *-en*) virtue (*a. fig*)
Tulpe ['tʊlpə] *f* (-; *-n*) BOT tulip
Tumor ['tuːmoːɐ] *m* (*-s*; *-en* [tu'moːrən]) MED tumo(u)r
Tümpel ['tʏmpəl] *m* (*-s*; -) pool
Tumult [tu'mʊlt] *m* (-[*e*]*s*; *-e*) tumult, uproar
tun [tuːn] *v/t and v/i* (*irr*, *ge-*, *h*) do; take (*a step etc*); F put; ***zu ~ haben*** have work to do; be busy; ***ich weiß*** (***nicht***), ***was ich ~ soll*** *or* ***muss*** I (don't) know what to do; ***so ~, als ob*** pretend to *inf*
Tünche ['tʏnçə] *f* (-; *-n*), '**tünchen** *v/t* (*ge-*, *h*) whitewash
Tunfisch *m* → ***Thunfisch***
Tunke ['tʊŋkə] *f* (-; *-n*) sauce
Tunnel ['tʊnəl] *m* (*-s*; -) tunnel
Tüpfelchen ['tʏpfəlçən] *n*: ***das ~ auf dem i*** the icing on the cake
tupfen ['tʊpfən] *v/t* (*ge-*, *h*) dab
'**Tupfen** *m* (*-s*; -) dot, spot
Tupfer ['tʊpfɐ] *m* (*-s*; -) MED swab
Tür [tyːɐ] *f* (-; *-en* ['tyːrən]) door (*a. fig*); ***die ~*(*en*) *knallen*** slam the door(s); F ***j-n vor die ~ setzen*** throw s.o. out; ***Tag der offenen ~*** open house (*Br* day)
Turban ['tʊrbaːn] *m* (*-s*; *-e*) turban
Turbine [tʊr'biːnə] *f* (-; *-n*) TECH turbine
Turbolader ['tʊrbolaːdɐ] *m* (*-s*; -) MOT turbo(charger)
Türke ['tʏrkə] *m* (*-n*; *-n*) Turk; **Türkei** [tʏr'kai] *f* Turkey; **Türkin** ['tʏrkɪn] *f* (-; *-nen*) Turk(ish woman); '**türkisch** *adj* Turkish
'**Tür|klingel** *f* doorbell; **~klinke** *f* door handle; **~knauf** *m* doorknob
Turm [tʊrm] *m* (-[*e*]*s*; *Türme* ['tʏrmə]) tower; steeple; *chess*: castle, rook
türmen ['tʏrmən] *v/t* (*ge-*, *h*) pile up (*a.* ***sich ~***)
'**Turmspitze** *f* spire
'**Turmspringen** *n* SPORT platform diving
turnen ['tʊrnən] *v/i* (*ge-*, *h*) SPORT do gymnastics; '**Turnen** *n* (*-s*; *no pl*) SPORT gymnastics; PED physical education (*abbr* PE); **Turner** ['tʊrnɐ] *m* (*-s*; -), **Turnerin** ['tʊrnərɪn] *f* (-; *-nen*) SPORT gymnast
'**Turnhalle** *f* gymnasium, F gym
'**Turnhemd** *n* gym shirt
'**Turnhose** *f* gym shorts
Turnier [tʊr'niːɐ] *n* (*-s*; *-e*) tournament
Tur'niertanz *m* ballroom dancing
'**Turn|lehrer(in)** gym(nastics) *or* PE teacher; **~schuh** *m* sneaker, *Br* trainer; **~verein** *m* gymnastics club
'**Tür|pfosten** *m* doorpost; **~rahmen** *m* doorframe; **~schild** *n* doorplate; **~sprechanlage** *f* entryphone
Tusche ['tʊʃə] *f* (-; *-n*) Indian ink; watercolo(u)r
'**Tuschkasten** *m* paintbox
Tüte ['tyːtə] *f* (-; *-n*) (paper *or* plastic) bag; ***e-e ~ …*** a bag of …
TÜV [tʏf] *abbr of* ***Technischer Überwachungs-Verein*** *Br appr* MOT (test), compulsory car inspection; (***nicht***) ***durch den ~ kommen*** pass (fail) its *or* one's MOT
Typ [tyːp] *m* (*-s*; *-en*) type; model; F fellow, guy; **Type** ['tyːpə] *f* (-; *-n*) TECH type; F character
Typhus ['tyːfʊs] *m* (-; *no pl*) MED typhoid (fever)
typisch ['tyːpɪʃ] *adj* typical (***für*** of)
Tyrann [ty'ran] *m* (*-en*; *-en*) tyrant
Tyrannei [tyra'nai] *f* (-; *-en*) tyranny
tyrannisch [ty'ranɪʃ] *adj* tyrannical
tyrannisieren [tyrani'ziːrən] *v/t* (*no -ge-*, *h*) tyrannize, bully

U

U

u. a. *abbr of* ***unter anderem*** among other things; ***und andere*** and others
U-Bahn ['uːbaːn] *f* underground, subway, *in London*: tube
übel ['yːbəl] *adj* bad; ***mir ist ~*** I feel sick; ***et. ~ nehmen*** be offended by s.th.; ***~ riechend*** foul-smelling, foul
'**Übel** *n* (*-s*; -) evil
'**Übelkeit** *f* (-; *-en*) nausea
'**übelnehmen** *v/t* (*irr*, ***nehmen***, *sep*, *-ge-*, *h*) → ***übel***
'**Übeltäter** *m*, '**Übeltäterin** *f esp iro* cul-

prit

üben ['y:bən] *v/t and v/i* (*ge-*, *h*) practice, *Br* practise; **Klavier** *etc* **~** practice the piano *etc*

über ['y:bɐ] *prp* (*dat or acc*) over; above (*a. fig*); more than; across; *fig* about, of, *lecture etc a.* on; **sprechen** (**nachdenken** *etc*) **~** (*acc*) talk (think *etc*) about; **~ Nacht bleiben** stay overnight; **~ München nach Rom** to Rome via Munich

über'all *adv* everywhere; **~ in ...** (*dat*) *a.* throughout ..., all over ...

über'anstrengen *v/t and v/refl* (*no -ge-*, *h*) overstrain (o.s.)

über'arbeiten *v/t* (*no -ge-*, *h*) revise; **sich ~** overwork o.s.

'überaus *adv* most, extremely

'überbelichten *v/t* (*no -ge-*, *h*) PHOT overexpose

über'bieten *v/t* (*irr*, **bieten**, *no -ge-*, *h*) *at auction*: outbid (**um** by); *fig* beat, *a.* outdo *s.o.*

'Überblick *m* view; *fig* overview (**über** *acc* of); general idea, outline

über|'blicken *v/t* (*no -ge-*, *h*) overlook; *fig* be able to calculate

über'bringen *v/t* (*irr*, **bringen**, *no -ge-*, *h*) deliver; **Über'bringer(in)** (*-s*; *-/-*; *-nen*) ECON bearer

über|'brücken *v/t* (*no -ge-*, *h*) bridge (*a. fig*); **~dacht** [y:bɐ'daxt] *adj* roofed, covered; **~'dauern** *v/t* (*no -ge-*, *h*) outlast, survive; **~'denken** *v/t* (*irr*, **denken**, *no -ge-*, *h*) think *s.th.* over

'überdimensio,nal *adj* oversized

'Überdosis *f* MED overdose

'überdrüssig ['y:bɐdrʏsɪç] *adj*: **~ sein** be weary *or* sick (*gen* of)

'über|durchschnittlich *adj* above-average; **~eifrig** *adj* overzealous

über'eilen *v/t* (*no -ge-*, *h*) rush; **nichts ~!** don't rush things!; **über'eilt** *adj* rash, hasty

überei'nander *adv* on top of each other; *talk etc* about one another; **~schlagen** *v/t* (*irr*, **schlagen**, *sep*, *-ge-*, *h*): **die Beine ~** cross one's legs

über'einkommen *v/i* (*irr*, **kommen**, *sep*, *-ge-*, *sein*) agree; **Über'einkommen** *n* (*-s*; *-*), **Über'einkunft** *f* (*-*; *-künfte*) agreement

über'einstimmen *v/i* (*sep*, *-ge-*, *h*) tally, correspond (with); **mit j-m ~** agree with s.o. (**in** *dat* on); **Über'einstimmung** *f* (*-*; *-en*) agreement; correspondence; **in ~ mit** in accordance with

über'fahren *v/t* (*irr*, **fahren**, *no -ge-*, *h*) run *s.o.* over, knock *s.o.* down

'Überfahrt *f* MAR crossing

'Überfall *m* assault (**auf** *acc* on); hold-up (on, of); mugging (of); MIL raid (on); invasion (of); **über'fallen** *v/t* (*irr*, **fallen**, *no -ge-*, *h*) attack, assault; hold up; mug; MIL raid; invade

'überfällig *adj* overdue

über'fliegen *v/t* (*irr*, **fliegen**, *no -ge-*, *h*) fly over *or* across; *fig* glance over, skim (through)

'überfließen *v/i* (*irr*, **fließen**, *sep*, *-ge-*, *sein*) overflow

'Überfluss *m* (*-es*; *no pl*) abundance (**an** *dat* of); affluence; **im ~ haben** abound in; **'überflüssig** *adj* superfluous

über|'fluten *v/t* (*no -ge-*, *h*) flood (*a. fig*); **~'fordern** *v/t* (*no -ge-*, *h*) overtax

überfragt [y:bɐ'fra:kt] *adj*: F **da bin ich ~** you've got me there

über'führen *v/t* (*no -ge-*, *h*) transport; JUR convict (**e-r Tat** of a crime)

Über'führung *f* (*-*; *-en*) transfer; JUR conviction; MOT overpass, *Br* flyover; footbridge

über'füllt *adj* overcrowded, packed

über'füttern *v/t* (*no -ge-*, *h*) overfeed

'Übergang *m* crossing; *fig* transition

über'geben *v/t* (*irr*, **geben**, *no -ge-*, *h*) hand over; MIL surrender; **sich ~** vomit

über'gehen[1] *v/t* (*irr*, **gehen**, *no -ge-*, *h*) pass over, ignore

'übergehen[2] *v/i* (*irr*, **gehen**, *sep*, *-ge-*, *sein*) pass (**zu** on to); **~ in** (*acc*) change *or* turn (in)to

'übergeschnappt F *adj* cracked

'Übergewicht *n* (**~ haben** be) overweight; *fig* predominance

'übergewichtig *adj* overweight

'überglücklich *adj* overjoyed

'übergreifen *v/i* (*irr*, **greifen**, *sep*, *-ge-*, *h*) **~ auf** (*acc*) spread to

'Übergriff *m* infringement (**auf** *acc* of); (act of) violence

'Übergröße *f* outsize; **in ~n** outsized, oversize(d)

über'handnehmen *v/i* (*irr*, **nehmen**, *sep*, *-ge-*, *h*) become rampant

über'häufen *v/t* (*no -ge-*, *h*) swamp; shower

über'haupt *adv* ... at all; anyway; **~ *nicht* (*nichts*)** not (nothing) at all
überheblich [yːbɐ'heːplɪç] *adj* arrogant
Über'heblichkeit *f* (-; *no pl*) arrogance
über\|'hitzen *v/t* (*no -ge-, h*) overheat (*a. fig*); **~höht** [yːbɐ'høːt] *adj* excessive; **~'holen** *v/t* (*no -ge-, h*) pass, overtake (*a.* SPORT); TECH overhaul, service; **~'holt** *adj* outdated, antiquated; **~'hören** *v/t* (*no -ge-, h*) miss, not catch *or* get; ignore
'überirdisch *adj* supernatural
über'kleben *v/t* (*no -ge-, h*) paste up, cover
'überkochen *v/i* (*sep, -ge-, sein*) boil over
über\|'kommen *v/t* (*irr*, ***kommen***, *no -ge-, h*) **... *überkam ihn*** he was seized with *or* overcome by ...; **~'laden** *v/t* (*irr*, ***laden***, *no -ge-, h*) overload (*a.* ELECTR); *fig* clutter; **~'lassen** *v/t* (*irr*, ***lassen***, *no -ge-, h*) ***j-m et.* ~** let s.o. have s.th., leave s.th. to s.o. (*a. fig*); ***j-n sich selbst* ~** leave s.o. to himself; ***j-n s-m Schicksal* ~** leave s.o. to his fate; **~'lasten** *v/t* (*no -ge-, h*) overload (*a.* ELECTR); *fig* overburden
'überlaufen[1] *v/i* (*irr*, ***laufen***, *sep, -ge-, sein*) run *or* flow over; MIL desert
über'laufen[2] *v/t* (*irr*, ***laufen***, *no -ge-, h*) ***es überlief mich heiß und kalt*** I went hot and cold
über'laufen[3] *adj* overcrowded
'Überläufer *m* MIL deserter; POL defector
über'leben *v/t and v/i* (*no -ge-, h*) survive (*a. fig*); live through *s.th.*
Über'lebende *m, f* (*-n; -n*) survivor
'überlebensgroß *adj* larger than life
über'legen[1] *v/t and v/i* (*no -ge-, h*) think about *s.th.*, think *s.th.* over; consider; ***lassen Sie mich* ~** let me think; ***ich habe es mir* (*anders*) *überlegt*** I've made up (changed) my mind
über'legen[2] *adj* superior (***j-m*** to s.o.)
Über'legenheit *f* (-; *no pl*) superiority
über'legt *adj* deliberate; prudent
Über'legung *f* (-; *-en*) consideration, reflection
'überleiten *v/i* (*sep, -ge-, h*) **~ *zu*** lead up *or* over to
über'liefern *v/t* (*no -ge-, h*) hand down, pass on; **Über'lieferung** *f* (-; *-en*) tradition
über'listen *v/t* (*no -ge-, h*) outwit
'Übermacht *f* (-; *no pl*) superiority; *esp* MIL superior forces; ***in der* ~ *sein*** be superior in numbers; **'übermächtig** *adj* superior; *fig* overpowering
'Übermaß *n* (*-es; no pl*) excess (***an*** *dat* of); **'übermäßig** *adj* excessive
'übermenschlich *adj* superhuman
über'mitteln *v/t* (*no -ge-, h*) convey
'übermorgen *adv* the day after tomorrow
über'müdet *adj* overtired
'übermütig ['yːbɐmyːtɪç] *adj* high-spirited
'übernächst *adj the* next but one; ***~e Woche*** the week after next
übernachten [yːbɐ'naxtən] *v/i* (*no -ge-, h*) stay overnight (***bei j-m*** at s.o.'s [house], with s.o.), spend the night (at, with)
Über'nachtung *f* (-; *-en*) night; **~ *und Frühstück*** bed and breakfast
Übernahme ['yːbɐnaːmə] *f* (-; *-n*) taking (over); adoption
'überna͵türlich *adj* supernatural
über'nehmen *v/t* (*irr*, ***nehmen***, *no -ge-, h*) take over; adopt; take (*responsibility etc*); undertake *to do*
über'prüfen *v/t* (*no -ge-, h*) check, examine; verify; *esp* POL screen
Über'prüfung *f* check, examination; verification; screening
über\|'queren *v/t* (*no -ge-, h*) cross; **~'ragen** *v/t* (*no -ge-, h*) tower above (*a. fig*); **~'ragend** *adj* outstanding
überraschen [yːbɐ'raʃən] *v/t* (*no -ge-, h*) surprise; ***j-n bei et.* ~** *a.* catch s.o. doing s.th.; **Über'raschung** *f* (-; *-en*) surprise
über'reden *v/t* (*no -ge-, h*) persuade (***et. zu tun*** to do s.th.); ***j-n zu et.* ~** talk s.o. into (doing) s.th.; **Über'redung** *f* (-; *no pl*) persuasion
'überregio͵nal *adj* national
über\|'reichen *v/t* (*no -ge-, h*) present, hand *s.th.* over (*dat* to); **~'reizen** *v/t* (*no -ge-, h*) overexcite; **~'reizt** *adj* overwrought, F on edge
'Überrest *m* remains; *pl* relics; GASTR leftovers
über\|'rumpeln *v/t* (*no -ge-, h*) (take *s.o.* by) surprise; **~'runden** *v/t* (*no -ge-, h*) SPORT lap
übersät [yːbɐ'zɛːt] *adj*: **~ *mit*** strewn

with *garbage*; studded with *stars*

übersättigt [yːbɐˈzɛtɪçt] *adj* sated, surfeited

ˈÜberschall... *in cpds* supersonic ...

über|ˈschatten *v/t* (*no -ge-, h*) overshadow (*a. fig*); **~ˈschätzen** *v/t* (*no -ge-, h*) overrate, overestimate

ˈÜberschlag *m* AVIAT loop; SPORT somersault; ECON rough estimate

ˈüberschlagen¹ (*irr*, ***schlagen***, *sep*, *-ge-*) **1.** *v/t* (*h*) cross (*one's legs*); **2.** *v/i* (*sein*) *fig* **~ *in*** (*acc*) turn into

überˈschlagen² (*no -ge-, h*) **1.** *v/t* skip; ECON make a rough estimate of **2.** *v/refl* turn (right) over; go head over heels; *voice*: break

ˈüberschnappen F *v/i* (*no -ge-, sein*) crack up

über|ˈschneiden *v/refl* (*irr*, ***schneiden***, *no -ge-, h*) overlap (*a. fig*); intersect; **~ˈschreiben** *v/t* (*irr*, ***schreiben***, *no -ge-, h*) make *s.th.* over (*dat* to); **~ˈschreiten** *v/t* (*irr*, ***schreiten***, *no -ge-, h*) cross; *fig* go beyond; pass; break (*the speed limit etc*)

ˈÜberschrift *f* heading, title; headline; caption

ˈÜberschuss *m*, **ˈüberschüssig** [ˈyːbɐʃʏsɪç] *adj* surplus

überˈschütten *v/t* (*no -ge-, h*) **~ *mit*** cover with; shower with; heap *s.th.* on

ˈüberschwänglich [ˈyːbɐʃvɛŋlɪç] *adj* effusive

überˈschwemmen *v/t* (*no -ge-, h*), **Überˈschwemmung** *f* (*-; -en*) flood

ˈüberschwenglich → ***überschwänglich***

ˈÜbersee: ***in*** (***nach***) **~** oversea

überˈsehen *v/t* (*irr*, ***sehen***, *no -ge-, h*) overlook; ignore

überˈsetzen¹ *v/t* (*no -ge-, h*) translate (***in*** *acc* into)

ˈübersetzen² (*sep, -ge-*) **1.** *v/i* (*h, sein*) cross (***über e-n Fluss*** a river); **2.** *v/t* (*h*) take over

Übersetzer [yːbɐˈzɛtsɐ] *m* (*-s; -*), **Überˈsetzerin** *f* (*-; -nen*) translator

Überˈsetzung *f* (*-; -en*) translation (***aus*** *dat* from; ***in*** *acc* into)

ˈÜbersicht *f* (*-; -en*) overview (***über*** *acc* of); outline, summary

ˈübersichtlich *adj* clear(ly arranged)

ˈübersiedeln *v/i* (*sep, -ge-, sein*) move (***nach*** to); **ˈÜbersied(e)lung** *f* move

überˈspannen *v/t* (*no -ge-, h*) span

überˈspannt *fig adj* eccentric; extravagant

überˈspielen *v/t* (*no -ge-, h*) record; tape; *fig* cover up

überˈspitzt *adj* exaggerated

überˈspringen *v/t* (*irr*, ***springen***, *no -ge-, h*) jump (over), *esp* SPORT *a.* clear; *fig* skip

überˈstehen¹ *v/t* (*irr*, ***stehen***, *no -ge-, h*) get over; survive (*a. fig*), live through

ˈüberstehen² *v/i* (*irr*, ***stehen***, *sep*, *-ge-*, *h*) jut out

über|ˈsteigen *fig v/t* (*irr*, ***steigen***, *no -ge-, h*) exceed; **~ˈstimmen** *v/t* (*no -ge-, h*) outvote

ˈüber|streifen *v/t* (*sep, -ge-, h*) slip *s.th.* on; **~strömen** *v/i* (*sep, -ge-, sein*) overflow (***vor*** *dat* with)

ˈÜberstunden *pl* overtime; **~ *machen*** work overtime

über|ˈstürzen *v/t* (*no -ge-, h*) ***et.* ~** rush things; ***sich* ~** *events*: follow in rapid succession; **~ˈstürzt** *adj* (over)hasty; rash; **~ˈteuert** *adj* overpriced; **~ˈtönen** *v/t* (*no -ge-, h*) drown (out)

überˈtragbar *adj* transferable; MED contagious

überˈtragen¹ *adj* figurative

überˈtragen² *v/t* (*irr*, ***tragen***, *no -ge-, h*) broadcast, *a.* televise; translate; MED, TECH transmit; MED transfuse (*blood*); JUR, ECON transfer

Überˈtragung *f* (*-; -en*) *radio*, TV broadcast; transmission; translation; MED transfusion; JUR, ECON transfer

überˈtreffen *v/t* (*irr*, ***treffen***, *no -ge-, h*) outstrip, outdo, surpass, beat

überˈtreiben *v/i and v/t* (*irr*, ***treiben***, *no -ge-, h*) exaggerate; overdo

Überˈtreibung *f* (*-; -en*) exaggeration

ˈübertreten¹ *v/i* (*irr*, ***treten***, *sep*, *-ge-*, *sein*) **~ *zu*** go over to, REL convert to

überˈtreten² (*irr*, ***treten***, *no -ge-, h*) **1.** *v/t* break, violate **2.** *v/i* SPORT foul (a jump *or* throw); **Überˈtretung** *f* (*-; -en*) violation, JUR *a.* offen|se, *Br* -ce

ˈÜbertritt *m* change (***zu*** to); REL, POL conversion (to)

übervölkert [yːbɐˈfœlkɐt] *adj* overpopulated

überˈwachen *v/t* (*no -ge-, h*) supervise, oversee; control; observe

Überˈwachung *f* (*-; -en*) supervision,

control; observance; surveillance
überwältigen [yːbɐ'vɛltɪgən] *v/t* (*no -ge-, h*) overwhelm, overpower, *fig a.* overcome; **~d** *adj* overwhelming, overpowering
über'weisen *v/t* (*irr*, ***weisen***, *no -ge-, h*) ECON transfer (***an j-n*** to s.o.'s account); remit; MED refer (***an*** *acc* to)
Über'weisung *f* (-; *-en*) ECON transfer; remittance; MED referral
'überwerfen¹ *v/t* (*irr*, ***werfen***, *sep, -ge-, h*) slip *s.th.* on
über'werfen² *v/refl* (*irr*, ***werfen***, *no -ge-, h*) ***sich ~*** (***mit j-m***) fall out with each other (with s.o.)
über'wiegen *v/i* (*irr*, ***wiegen***, *no -ge-, h*) predominate; **~d** *adj* predominant; vast (*majority*)
über\|'winden *v/t* (*irr*, ***winden***, *no -ge-, h*) overcome (*a. fig*); defeat; ***sich ~ zu*** *inf* bring o.s. to *inf*; **~wintern** [yːbɐ'vɪntɐn] *v/i* (*no -ge-, h*) spend the winter (***in*** *dat* in); **~'wuchern** *v/t* (*no -ge-, h*) overgrow
'Überzahl *f* (-; *no pl*) majority; ***in der ~ sein*** outnumber *s.o.*
über'zeugen *v/t* (*no -ge-, h*) convince (***von*** of), persuade; ***sich ~, dass*** make sure that; ***sich selbst ~*** (go and) see for o.s.; **überzeugt** [yːbɐ'tsɔʏkt] *adj* convinced; ***~ sein*** *a.* be *or* feel (quite) sure; **Über'zeugung** *f* (-; *-en*) conviction
'überziehen¹ *v/t* (*irr*, ***ziehen***, *sep, -ge-, h*) put *s.th.* on
über'ziehen² *v/t* (*irr*, ***ziehen***, *no, -ge-, h*) TECH *etc* cover; ECON overdraw
Über'ziehungskre,dit *m* ECON overdraft (facility)
'Überzug *m* cover; coat(ing)
üblich ['yːplɪç] *adj* usual, normal; ***es ist ~*** it's the custom; ***wie ~*** as usual
'U-Boot *n* submarine
übrig ['yːbrɪç] *adj* remaining; ***die Übrigen*** *pl* the others, the rest; ***~ sein*** (***haben***) be (have) left; ***~ bleiben*** be left, remain; ***es bleibt mir nichts anderes ~*** (***als zu*** *inf*) there is nothing else I can do (but *inf*); ***~ lassen*** leave
übrigens ['yːbrɪgəns] *adv* by the way
'übriglassen *v/i* (*irr*, ***lassen***, *sep, -ge-, sein*) (*a. fig*) → ***übrig***
Übung ['yːbʊŋ] *f* (-; *-en*) exercise; practice; ***in*** (***aus der***) ***~*** in (out of) practice
Ufer ['uːfɐ] *n* (*-s*; -) shore; bank; ***ans ~*** ashore
Uhr [uːɐ] *f* (-; *-en* ['uːrən]) clock; watch; ***um vier ~*** at four o'clock
'Uhr\|armband *n* watchstrap; **~macher** *m* (*-s*; -) watchmaker; **~werk** *n* clockwork; **~zeiger** *m* hand; **~zeigersinn** *m*: ***im ~*** clockwise; ***entgegen dem ~*** counterclockwise, *Br* anticlockwise
Uhu ['uːhu] *m* (*-s*; *-s*) zo eagle owl
UKW [uːkaː'veː] *abbr of* ***Ultrakurzwelle*** VHF, very high frequency
Ulk [ʊlk] *m* (*-s*; *-e*) joke; hoax
ulkig ['ʊlkɪç] *adj* funny
Ulme ['ʊlmə] *f* (-; *-n*) BOT elm
Ultimatum [ʊlti'maːtʊm] *n* (*-s*; *-ten*) ultimatum; ***j-m ein ~ stellen*** deliver an ultimatum to s.o.
um [ʊm] *prp* (*acc*) *and cj* (a)round; at; about, around; ***~ Geld*** for money; ***~ e-e Stunde*** (***10 cm***) by an hour (10 cm); ***~ … willen*** for the sake of …; ***~ zu*** *inf* (in order) to *inf*; ***~ sein*** F be over; ***die Zeit ist ~*** time's up; → ***umso***
umarmen [ʊm'ʔarmən] *v/t* (*no -ge-, h*) (*a. **sich ~***) embrace, hug
Um'armung *f* (-; *-en*) embrace, hug
'Umbau *m* (-[*e*]*s*; *-e, -ten*) rebuilding, reconstruction; **'umbauen** *v/t* (*sep, -ge-, h*) rebuild, reconstruct
'um\|binden *v/t* (*irr*, ***binden***, *sep, -ge-, h*) put *s.th.* on; **~blättern** *v/i* (*sep, -ge-, h*) turn (over) the page; **~bringen** *v/t* (*irr*, ***bringen***, *sep, -ge-, h*) kill; ***sich ~*** kill o.s.; **~buchen** *v/t* (*sep, -ge-, h*) change; ECON transfer (***auf*** *acc* to); **~denken** *v/i* (*irr*, ***denken***, *sep, -ge-, h*) change one's way of thinking; **~dispo,nieren** *v/i* (*sep, no -ge-, h*) change one's plans; **~drehen** *v/t* (*sep, -ge-, h*) turn (round); ***sich ~*** turn round
Um'drehung *f* (-; *-en*) turn; PHYS, TECH rotation, revolution
umei'nander *adv care etc* about *or* for each other
'umfahren¹ *v/t* (*irr*, ***fahren***, *sep, -ge-, h*) run down
um'fahren² *v/t* (*irr*, ***fahren***, *no -ge-, h*) drive (MAR sail) round
'umfallen *v/i* (*irr*, ***fallen***, *sep, -ge-, sein*) fall down *or* over; collapse; ***tot ~*** drop dead
'Umfang *m* circumference; size; extent; ***in großem ~*** on a large scale
'umfangreich *adj* extensive; volumi-

nous
um'fassen *fig v/t (no -ge-, h)* cover; include; **~d** *adj* comprehensive; complete
'umformen *v/t (sep, -ge-, h)* turn, change; ELECTR, LING, MATH *a.* transform, convert (*all*: ***in*** *acc* [in]to)
'Umformer *m (-s; -)* ELECTR converter
'Umfrage *f* opinion poll
'Umgang *m (-[e]s; no pl)* company; ***~ haben mit*** associate with; ***beim ~ mit*** when dealing with
'umgänglich ['ʊmgɛŋlɪç] *adj* sociable
'Umgangs|formen *pl* manners; **~sprache** *f* colloquial speech; ***die englische ~*** colloquial English
um'geben *v/t (irr,* ***geben****, no -ge-, h)* surround (***mit*** with); **Um'gebung** *f (-; -en)* surroundings; environment
'umgehen[1] *v/i (irr,* ***gehen****, sep, -ge-, sein)* ***~ mit*** deal with, handle; ***~ können mit*** have a way with, be good with
um'gehen[2] *v/t (irr,* ***gehen****, no -ge-, h)* avoid; bypass
'umgehend *adv* immediately
Um'gehungsstraße *f* bypass; beltway, *Br* ring road
umgekehrt ['ʊmgəkeːɐt] **1.** *adj* reverse; opposite; (***genau***) ***~*** (just) the other way round **2.** *adv* the other way round; ***und ~*** and vice versa
'umgraben *v/t (irr,* ***graben****, sep, -ge-, h)* dig (up), break up
'Umhang *m* cape; **'umhängen** *v/t (sep, -ge-, h)* put around *or* over s.o.'s shoulders *etc*; rehang
'umhauen *v/t (irr,* ***hauen****, sep, -ge-, h)* fell, cut down; F knock *s.o.* out
um'her *adv* (a)round, about
um'herstreifen *v/i (sep, -ge-, sein)* roam *or* wander around
'umkehren *(sep, -ge-)* **1.** *v/i (sein)* turn back **2.** *v/t (h)* reverse
'Umkehrung *f (-; -en)* reversal (*a. fig*)
'umkippen *(sep, -ge-)* **1.** *v/t (h)* tip over, upset **2.** *v/i (sein)* fall down *or* over, overturn
um'klammern *v/t (no -ge-, h)*, **Um'klammerung** *f (-; -en)* clasp, clutch, clench
'Umkleide|ka,bine *f* changing cubicle; **~raum** *m esp* SPORT changing *or* locker room; THEA dressing room
'umkommen *v/i (irr,* ***kommen****, sep, -ge-, sein)* be killed (***bei*** in), die (in); F ***~ vor*** *(dat)* be dying with
'Umkreis *m*: ***im ~ von*** within a radius of; **um'kreisen** *v/t (no -ge-, h)* circle; ASTR revolve around; *satellite etc*: orbit
'umkrempeln *v/t (sep, -ge-, h)* roll up
'Umlauf *m* circulation; PHYS, TECH rotation; ECON circular; ***im*** (***in***) ***~ sein*** (***bringen***) be in (put into) circulation, circulate; **~bahn** *f* ASTR orbit
'um|laufen *v/i (irr,* ***laufen****, sep, -ge-, sein)* circulate; **~legen** *v/t (sep, -ge-, h)* put on; move; share (*expenses etc*); TECH pull; F do *s.o.* in, bump *s.o.* off
'umleiten *v/t (sep, -ge-, h)* divert; **'Umleitung** *f (-; -en)* detour, *Br* diversion
'umliegend *adj* surrounding
'umpacken *v/t (sep, -ge-, h)* repack
'umpflanzen *v/t (sep, -ge-, h)* repot
umranden [ʊm'randən] *v/t (no -ge-, h)*, **Um'randung** *f (-; -en)* edge, border
'umräumen *v/t (sep, -ge-, h)* rearrange
'umrechnen *v/t (sep, -ge-, h)* convert (***in*** *acc* into); **'Umrechnung** *f (-; -en)* conversion; **'Umrechnungskurs** *m* exchange rate
'umreißen *v/t (irr,* ***reißen****, sep, -ge-, h)* knock *s.o.* down
um'ringen *v/t (no -ge-, h)* surround
'Umriss *m* outline (*a. fig*), contour
'um|rühren *v/t (sep, -ge-, h)* stir; **~rüsten** *v/t (sep, -ge-, h)* TECH convert (***auf*** *acc* to); **~satteln** F *v/i (sep, -ge-, h)* ***~ von … auf*** *(acc)* … switch from … to …
'Umsatz *m* ECON sales
'umschalten *v/t and v/i (sep, -ge-, h)* switch (over) (***auf*** *acc* to) (*a. fig*)
'Umschlag *m* envelope; cover, wrapper; jacket; cuff, *Br* turn-up; MED compress; ECON handling; **'umschlagen** *(irr,* ***schlagen****, sep, -ge-)* **1.** *v/t (h)* cut down, fell; turn up; turn down; ECON handle **2.** *v/i (sein)* turn over; *fig* change (suddenly)
'Umschlagplatz *m* trading center (*Br* centre)
'umschnallen *v/t (sep, -ge-, h)* buckle on
'umschreiben[1] *v/t (irr,* ***schreiben****, sep, -ge-, h)* rewrite
um'schreiben[2] *v/t (irr,* ***schreiben****, no -ge-, h)* paraphrase
Um'schreibung *f (-; -en)* paraphrase
'Umschrift *f* transcription

'umschulen *v/t* (*sep*, *-ge-*, *h*) retrain; transfer to another school
umschwärmt [ʊm'ʃvɛrmt] *adj* idolized
'Umschwung *m* (drastic) change, *esp* POL *a.* swing
um'segeln *v/t* (*no -ge-*, *h*) sail round; circumnavigate
'um|sehen *v/refl* (*irr*, ***sehen***, *sep*, *-ge-*, *h*) look around (***in e-m Laden*** a shop; ***nach*** for); look back (***nach*** at); ***sich ~ nach*** be looking for; **~setzen** *v/t* (*sep*, *-ge-*, *h*) move (*a.* PED); ECON sell; ***~ in*** (*acc*) convert (in)to; ***in die Tat ~*** put into action; ***sich ~*** change places
'umsiedeln *v/i* (*sep*, *-ge-*, *sein*) *and v/t* (*h*) resettle; → ***umziehen***
'Umsied(e)lung *f* (-; *-en*) resettlement
'Umsiedler *m* (*-s*; -) resettler
'umso 1. ***je später*** *etc*, ***~ schlechter*** *etc* the later *etc* the worse *etc* **2.** ***~ besser*** so much the better
um'sonst *adv* free (of charge), for nothing; F for free; *fig* in vain
um'spannen *v/t* (*no -ge-*, *h*) span (*a. fig*)
'umspringen *v/i* (*irr*, ***springen***, *sep*, *-ge-*, *sein*) shift, change (suddenly) (*a. fig*); ***~ mit*** treat (badly)
'Umstand *m* circumstance; fact; detail; ***unter diesen*** (***keinen***) ***Umständen*** under the (no) circumstances; ***unter Umständen*** possibly; ***keine Umstände machen*** not cause *s.o.* any trouble; not go to any trouble; no put o.s. out; ***in anderen Umständen sein*** be expecting
umständlich ['ʊmʃtɛntlɪç] *adj* awkward; complicated; long-winded; ***das ist*** (***mir***) ***viel zu ~*** that's far too much trouble (for me)
'Umstands|kleid *n* maternity dress; **~wort** *n* (*-[e]s*; *-wörter*) LING adverb
'Umstehende: ***die ~n*** *pl* the bystanders
'umsteigen *v/i* (*irr*, ***steigen***, *sep*, *-ge-*, *sein*) change (***nach*** for), RAIL *a.* change trains (for)
'umstellen *v/t* (*sep*, *-ge-*, *h*) change (***auf*** *acc* to), make a change *or* changes in, *esp* TECH *a.* switch (over) (to), convert (to); adjust (to); rearrange (*a. furniture*), reorganize; reset (*watch*); ***sich ~ auf*** (*acc*) change *or* switch (over) to; adjust (o.s.) to, get used to
'Umstellung *f* (-; *-en*) change; switch, conversion; adjustment; rearrangement, reorganization
'umstimmen *v/t* (*sep*, *-ge-*, *h*) ***j-n ~*** change s.o.'s mind
'umstoßen *v/t* (*irr*, ***stoßen***, *sep*, *-ge-*, *h*) knock over, upset (*a. fig*)
umstritten [ʊm'ʃtrɪtən] *adj* controversial
'Umsturz *m* overthrow; **'umstürzen** *v/i* (*sep*, *-ge-*, *sein*) overturn, fall over
'Umtausch *m*, **'umtauschen** *v/t* (*sep*, *-ge-*, *h*) exchange (***gegen*** for)
'umwälzend *adj* revolutionary
'Umwälzung *f* (-; *-en*) radical change
'umwandeln *v/t* (*sep*, *-ge-*, *h*) turn (***in*** *acc* into), transform (into), *esp* CHEM, ELECTR, PHYS *a.* convert ([in]to)
'Umwandlung *f* (-; *-en*) transformation, conversion
'Umweg *m* roundabout route *or* way (*a. fig*), *esp* MOT *a.* detour; ***ein ~ von 10 Minuten*** ten minutes out of the way; *fig* ***auf ~en*** in a roundabout way
'Umwelt *f* (-; *no pl*) environment
'Umwelt... *in cpds mst* environmental ...; **~forschung** *f* ecology
'umwelt|freundlich *adj* environment friendly, non-polluting; **~schädlich** *adj* harmful, noxious, polluting
'Umwelt|schutz *m* conservation, environmental protection, pollution control; **~schützer** *m* environmentalist, conservationist; **~schutzpa,pier** *n* recycled paper; **~sünder** *m* (environmental) polluter; **~verschmutzer** *m* (*-s*; -) polluter; **~verschmutzung** *f* (environmental) pollution; **~zerstörung** *f* ecocide
'umziehen (*irr*, ***ziehen***, *sep -ge-*) **1.** *v/i* (*sein*) move (***nach*** to); **2.** *v/refl* (*h*) change (one's clothes)
umzingeln [ʊm'tsɪŋəln] *v/t* (*no -ge-*, *h*) surround, encircle
'Umzug *m* move (***nach*** to), removal (to); parade
unabhängig ['ʊnaphɛŋɪç] *adj* independent (***von*** of); ***~ davon, ob*** (***was***) regardless of whether (what);
'Unabhängigkeit *f* (-; *no pl*) independence (***von*** from)
'unabsichtlich *adj* unintentional; ***et. ~ tun*** do s.th. by mistake
unab'wendbar *adj* inevitable
'unachtsam *adj* careless, negligent
'Unachtsamkeit *f* (-; *no pl*) careless-

ness, negligence
unan'fechtbar *adj* incontestable
'un|angebracht *adj* inappropriate; **~ sein** be out of place; **~angemessen** *adj* unreasonable; inadequate; **~angenehm** *adj* unpleasant; embarrassing
unan'nehmbar *adj* unacceptable
Unannehmlichkeiten ['ʊnʔanneːmlɪkkaitən] *pl* trouble, difficulties
'unansehnlich *adj* unsightly
'unanständig *adj* indecent, obscene
unan'tastbar *adj* inviolable
'unappetitlich *adj* unappetizing
Unart ['ʊnʔart] *f* (-; *-en*) bad habit
'unartig *adj* naughty, bad
'unaufdringlich *adj* unobtrusive
'unauffällig *adj* inconspicuous, unobtrusive
unauf'findbar *adj* not to be found, untraceable
'unaufgefordert *adv* without being asked, of one's own accord
unaufhörlich [ʊnʔauf'høːɐlɪç] *adj* continuous
'unaufmerksam *adj* inattentive
'Unaufmerksamkeit *f* (-; *no pl*) inattention, inattentiveness
'unaufrichtig *adj* insincere
unaus|löschlich [ʊnʔaus'lœʃlɪç] *adj* indelible; **~stehlich** [ʊnʔaus'ʃteːlɪç] *adj* unbearable
'unbarmherzig *adj* merciless
'un|beabsichtigt *adj* unintentional; **~beachtet** *adj* unnoticed; **~beaufsichtigt** *adj* unattended; **~bebaut** *adj* undeveloped; **~bedacht** ['ʊnbədaxt] *adj* thoughtless; **~bedenklich 1.** *adj* safe **2.** *adv* without hesitation; **~bedeutend** *adj* insignificant; minor; **~bedingt 1.** *adj* unconditional, absolute **2.** *adv* by all means, absolutely; *need etc* badly; **~befahrbar** *adj* impassable; **~befangen** *adj* unprejudiced, unbias(s)ed; unembarrassed; **~befriedigend** *adj* unsatisfactory; **~befriedigt** *adj* dissatisfied; **~begabt** *adj* untalented; **~begreiflich** *adj* inconceivable, incomprehensible; **~begrenzt** *adj* unlimited, boundless; **~begründet** *adj* unfounded
'Unbehagen *n* (*-s*; *no pl*) uneasiness, discomfort; **'unbehaglich** *adj* uneasy, uncomfortable
unbehelligt [ʊnbə'hɛlɪçt] *adj* unmolested
'un|beherrscht *adj* uncontrolled, lacking self-control; **~beholfen** ['ʊnbəhɔlfən] *adj* clumsy, awkward; **~beirrt** *adj* unwavering; **~bekannt** *adj* unknown
'Unbekannte *f* (-; *-n*) MATH unknown quantity
'un|bekümmert *adj* light-hearted, cheerful; **~belehrbar** *adj*: ***er ist ~*** he'll never learn; **~beliebt** *adj* unpopular; ***er ist überall ~*** nobody likes him; **~bemannt** *adj* unmanned; **~bemerkt** *adj* unnoticed; **~benutzt** *adj* unused; **~bequem** *adj* uncomfortable; inconvenient; **~berechenbar** *adj* unpredictable; **~berechtigt** *adj* unauthorized; unjustified; **~beschädigt** *adj* undamaged; **~bescheiden** *adj* immodest
un|be'schränkt *adj* unlimited; absolute (*power*); **~beschreiblich** ['ʊnbə'ʃraiplɪç] *adj* indescribable; **~be'sehen** *adv* unseen; **~besiegbar** ['ʊnbə'ziːkbaːɐ] *adj* invincible
'un|besonnen *adj* thoughtless, imprudent; rash; **~be'spielbar** *adj* SPORT unplayable; **~beständig** *adj* unstable; METEOR changeable, unsettled; **~bestätigt** *adj* unconfirmed
unbe'stechlich *adj* incorruptible
'unbestimmt *adj* indefinite (*a.* LING); uncertain; vague
un|be'streitbar *adj* indisputable; **~bestritten** [ʊnbə'ʃtrɪtən] *adj* undisputed
'un|beteiligt *adj* not involved; indifferent; **~betont** *adj* unstressed
unbeugsam [ʊn'bɔykzaːm] *adj* inflexible
'un|bewacht *adj* unwatched, unguarded (*a. fig*); **~bewaffnet** *adj* unarmed; **~beweglich** *adj* immovable; motionless
unbe'wohnbar *adj* uninhabitable
'unbewohnt *adj* uninhabited; unoccupied, vacant
'unbewusst *adj* unconscious
unbe'zahlbar *fig adj* invaluable, priceless; **'unbezahlt** *adj* unpaid
'unblutig 1. *adj* bloodless **2.** *adv* without bloodshed
'unbrauchbar *adj* useless
und [ʊnt] *cj* and; F ***na ~?*** so what?
'undankbar *adj* ungrateful (***gegen*** to); thankless; **'Undankbarkeit** *f* (-; *no pl*) ingratitude, ungratefulness
undefi'nierbar *adj* undefinable
un'denkbar *adj* unthinkable

'undeutlich *adj* indistinct; inarticulate; *fig* vague
'undicht *adj* leaky
'unduldsam *adj* intolerant; **'Unduldsamkeit** *f* (-; *no pl*) intolerance
undurch|'dringlich *adj* impenetrable; **~'führbar** *adj* impracticable
'undurch|lässig *adj* impervious, impermeable; **~sichtig** *adj* opaque; *fig* mysterious
'uneben *adj* uneven; **'Unebenheit** *f* (-; *no pl*) unevenness; (-; *-en*) bump
'unecht *adj* false; artificial; imitation ...; F *contp* fake, phon(e)y
'unehelich *adj* illegitimate
'unehrenhaft *adj* dishono(u)rable
'unehrlich *adj* dishonest
'uneigennützig *adj* unselfish
'uneinig *adj*: (***sich***) **~ *sein*** disagree (***über*** *acc* on); **'Uneinigkeit** *f* (-; *no pl*) disagreement; dissension
unein'nehmbar *adj* impregnable
'un|empfänglich *adj* insusceptible (***für*** to); **~empfindlich** *adj* insensitive (***gegen*** to)
un'endlich *adj* infinite; endless, never-ending; **Un'endlichkeit** *f* (-; *no pl*) infinity (*a. fig*)
unent|behrlich [ʊnʔɛnt'beːɐlɪç] *adj* indispensable; **~geltlich** [ʊnʔɛnt'gɛltlɪç] *adj and adv* free (of charge)
'unentschieden *adj* undecided; **~ *enden*** SPORT end in a draw *or* tie; ***es steht* ~** the score is even; **'Unentschieden** *n* (*-s*; -) SPORT draw, tie
'unentschlossen *adj* irresolute
unent'schuldbar *adj* inexcusable
unentwegt [ʊnʔɛnt'veːkt] *adv* untiringly; continuously
'un|erfahren *adj* inexperienced; **~erfreulich** *adj* unpleasant; **~erfüllt** *adj* unfulfilled; **~ergiebig** *adj* unproductive; **~erheblich** *adj* irrelevant (***für*** to); insignificant
unerhört ['ʊnʔɛːɐ'høːɐt] *adj* outrageous
'un|erkannt *adj* unrecognized; **~erklärlich** *adj* inexplicable; **~erlässlich** *adj* essential, indispensable; **~erlaubt** *adj* unallowed; unauthorized; **~erledigt** *adj* unsettled (*a.* ECON)
uner'messlich *adj* immeasurable
unermüdlich [ʊnʔɛɐ'myːtlɪç] *adj* indefatigable; untiring
uner'reichbar *adj* inaccessible; *esp fig* unattainable; **uner'reicht** *adj* unequal(l)ed
unersättlich [ʊnʔɛɐ'zɛtlɪç] *adj* insatiable
'unerschlossen *adj* undeveloped
uner|schöpflich [ʊnʔɛɐ'ʃœpflɪç] *adj* inexhaustible; **~schütterlich** [ʊnʔɛɐ'ʃʏtɐlɪç] *adj* imperturbable; **~schwinglich** [ʊnʔɛɐ'ʃvɪŋlɪç] *adj* exorbitant; ***für j-n* ~ *sein*** be beyond s.o.'s means; **~setzlich** [ʊnʔɛɐ'zɛtslɪç] *adj* irreplaceable; **~träglich** [ʊnʔɛɐ'trɛːklɪç] *adj* unbearable
'unerwartet *adj* unexpected
'unerwünscht *adj* unwanted
'unfähig *adj* incompetent; incapable (***zu tun*** of doing), unable (to *inf*)
'Unfähigkeit *f* (-; *no pl*) incompetence; incapacity, inability
'Unfall *m* accident; crash
'Unfallstelle *f* scene of the accident
un'fehlbar *adj* infallible (*a.* REL); unfailing
unförmig ['ʊnfœrmɪç] *adj* shapeless; misshapen; monstrous
'unfrankiert *adj* unstamped
'unfrei *adj* not free; *post* unpaid
'unfreiwillig *adj* involuntary; unconscious (*humor*)
'unfreundlich *adj* unfriendly (***zu*** to), unkind (to); *fig* cheerless
'Unfrieden *m* (*-s*; *no pl*) discord; **~ *stiften*** make mischief
'unfruchtbar *adj* infertile; **'Unfruchtbarkeit** *f* (-; *no pl*) infertility
Unfug ['ʊnfuːk] *m* (*-[e]s*; *no pl*) nonsense; **~ *treiben*** be up to mischief, fool around
Ungar ['ʊŋgar] *m* (*-n*; *-n*), **'Ungarin** *f* (-; *-nen*), **'ungarisch** *adj* Hungarian; **'Ungarn** Hungary
'ungastlich *adj* inhospitable
'un|geachtet *prp* (*gen*) regardless of; despite; **~geahnt** *adj* unthought-of; **~gebeten** *adj* uninvited, unasked; **~gebildet** *adj* uneducated; **~geboren** *adj* unborn; **~gebräuchlich** *adj* uncommon, unusual; **~gebührlich** ['ʊngəbyːɐlɪç] *adj* unseemly; **~gebunden** *fig adj* free, independent; ***frei und* ~** footloose and fancy-free; **~gedeckt** *adj* ECON uncovered; SPORT unmarked

'**Ungeduld** *f* (-; *no pl*) impatience
'**ungeduldig** *adj* impatient
'**ungeeignet** *adj* unfit; unqualified; inappropriate
ungefähr ['ʊngəfɛːɐ] **1.** *adj* approximate; rough **2.** *adv* approximately, roughly, about, around, … or so; ***so ~*** something like that
'**ungefährlich** *adj* harmless; safe
'**ungeheuer** *adj* enormous (*a. fig*), huge, vast
'**Ungeheuer** *n* (-*s*; -) monster (*a. fig*)
unge'heuerlich *adj* monstrous
'**ungehindert** *adj and adv* unhindered
'**ungehobelt** *fig adj* uncouth, rough
'**ungehörig** *adj* improper, unseemly
'**ungehorsam** *adj* disobedient
Ungehorsam *m* (-*s*; *no pl*) disobedience
'**un|gekocht** *adj* uncooked; **~gekünstelt** *adj* unaffected; **~gekürzt** *adj* unabridged; **~gelegen** *adj* inconvenient; ***j-m ~ kommen*** be inconvenient for s.o.
ungelenk ['ʊngəlɛŋk] *adj* awkward, clumsy
'**ungelernt** *adj* unskilled
'**ungemütlich** *adj* uncomfortable; F ***~ werden*** get nasty
'**ungenau** *adj* inaccurate; *fig* vague; '**Ungenauigkeit** *f* (-; -*en*) inaccuracy
ungeniert ['ʊnʒeniːɐt] *adj* uninhibited
'**un|genießbar** *adj* uneatable; undrinkable; F unbearable; **~genügend** *adj* insufficient; PED poor, unsatisfactory; *grade*: *a.* F; **~gepflegt** *adj* neglected; untidy, unkempt; **~gerade** *adj* uneven; odd; **~gerecht** *adj* unfair, unjust
'**Ungerechtigkeit** *f* (-; *no pl*) injustice, unfairness
'**ungern** *adv* unwillingly; ***et. ~ tun*** hate *or* not like to do s.th.
'**un|geschehen** *adj*: ***~ machen*** undo; **~geschickt** *adj* awkward, clumsy; **~geschliffen** *adj* uncut (*diamond etc*); unpolished (*a. fig*); **~geschminkt** *adj* without make-up; *fig* unvarnished, plain (*truth*); **~gesetzlich** *adj* illegal, unlawful; **~gestört** *adj* undisturbed; **~gestraft** *adj*: ***~ davonkommen*** get off unpunished (F scot-free); **~gesund** *adj* unhealthy (*a. fig*); **~geteilt** *adj* undivided (*a. fig*)
Ungetüm ['ʊngətyːm] *n* (-*s*; -*e*) monster, *fig a.* monstrosity
'**ungewiss** *adj* uncertain; ***j-n im Ungewissen lassen*** keep s.o. in the dark (***über*** *acc* about); '**Ungewissheit** *f* (-; *no pl*) uncertainty
'**ungewöhnlich** *adj* unusual
'**ungewohnt** *adj* strange, unfamiliar;
Ungeziefer ['ʊngətsiːfɐ] *n* (-*s*; *no pl*) vermin
'**ungezogen** *adj* naughty, bad; spoilt
'**ungezwungen** *adj* relaxed, informal; easygoing
'**ungläubig** *adj* incredulous, unbelieving (*a.* REL)
unglaublich [ʊn'glauplɪç] *adj* incredible, unbelievable
'**unglaubwürdig** *adj* implausible; unreliable (*witness etc*)
'**ungleich** *adj* unequal, different; unlike; **~mäßig** *adj* uneven; irregular
'**Unglück** *n* (-[*e*]*s*; -*e*) (*no pl*) bad luck, misfortune; misery; accident; disaster; 'unglücklich *adj* unhappy, miserable; unfortunate; '**unglücklicher'weise** *adv* unfortunately
'**ungültig** *adj* invalid; ***für ~ erklären*** JUR invalidate
'**Ungunst** *f*: ***zu ~en → zuungunsten***; '**ungünstig** *adj* unfavo(u)rable; disadvantageous
'**ungut** *adj*: ***~es Gefühl*** misgivings (***bei et.*** about s.th.); ***nichts für ~!*** no offense (*Br* offence) meant!
'**unhaltbar** *adj* untenable; intolerable; SPORT unstoppable
'**unhandlich** *adj* unwieldy
'**unhar,monisch** *adj* MUS discordant
'**Unheil** *n* (-*s*; *no pl*) mischief; evil; disaster; '**unheilbar** *adj* MED incurable
'**unheilvoll** *adj* disastrous; sinister
'**unheimlich** *adj* creepy, spooky, eerie; F tremendous; F ***~ gut*** terrific, fantastic
'**unhöflich** *adj* impolite; rude
'**Unhöflichkeit** *f* (-; *no pl*) impoliteness; rudeness
un'hörbar *adj* inaudible
'**unhygienisch** *adj* insanitary
Uniform [uni'fɔrm] *f* (-; -*en*) uniform
'**uninteressant** *adj* uninteresting
uninteressiert ['ʊnʔɪntərɛsiːɐt] *adj* uninterested (***an*** *dat* in)
Union [u'njoːn] *f* (-; -*en*) union
Universität [univɛrzi'tɛːt] *f* (-; -*en*) university

Universum [uni'vɛrzʊm] *n* (-*s*; *no pl*) universe
Unke ['ʊŋkə] *f* (-; -*n*) zo toad
'**unkenntlich** *adj* unrecognizable
'**Unkenntnis** *f* (-; *no pl*) ignorance
'**unklar** *adj* unclear; uncertain; confused, muddled; ***im Unklaren sein*** (***lassen***) be (leave *s.o.*) in the dark
'**unklug** *adj* imprudent, unwise
'**Unkosten** *pl* expenses, costs
'**Unkraut** *n* (-[*e*]*s*; *no pl*) weed(s); ***~ jäten*** weed (the garden)
unkündbar ['ʊnkʏntbaːɐ] *adj* permanent (*post*)
'**unlängst** *adv* lately, recently
'**unleserlich** *adj* illegible
'**unlogisch** *adj* illogical
un'lösbar *adj* insoluble
'**unmännlich** *adj* unmanly, effeminate
'**unmäßig** *adj* excessive
'**Unmenge** *f* vast quantity *or* number(s) (***von*** of), F loads (of), tons (of)
'**Unmensch** *m* monster, brute
'**unmenschlich** *adj* inhuman, cruel
'**Unmenschlichkeit** *f* (-; -*en*) (*no pl*) inhumanity; cruelty
un'merklich *adj* imperceptible
'**unmissverständlich** *adj* unmistakable
'**unmittelbar** **1.** *adj* immediate, direct **2.** *adv*: ***~ nach*** (***hinter***) right after (behind)
'**unmöbliert** *adj* unfurnished
'**unmodern** *adj* out of fashion *or* style
'**unmöglich** **1.** *adj* impossible **2.** *adv*: ***ich kann es ~ tun*** I can't possibly do it
'**unmoralisch** *adj* immoral
'**unmündig** *adj* JUR under age
'**unmusikalisch** *adj* unmusical
'**unnachahmlich** *adj* inimitable
'**unnachgiebig** *adj* unyielding
'**unnachsichtig** *adj* strict, severe
unnahbar [ʊn'naːbaːɐ] *adj* standoffish, cold
'**unnatürlich** *adj* unnatural (*a. fig*); affected
'**unnötig** *adj* unnecessary, needless
unnütz ['ʊnnʏts] *adj* useless
'**unordentlich** *adj* untidy; ***~ sein*** *room etc*: be (in) a mess; '**Unordnung** *f* (-; *no pl*) disorder, mess
'**unparteiisch** *adj* impartial, unbias(s)ed; '**Unparteiische** *m*, *f* (-*n*; -*n*) SPORT referee
'**unpassend** *adj* unsuitable; improper; inappropriate
'**unpassierbar** *adj* impassable
unpässlich ['ʊnpɛslɪç] *adj* indisposed
'**unpersönlich** *adj* impersonal (*a.* LING)
'**unpolitisch** *adj* unpolitical
'**unpraktisch** *adj* impractical
'**unpünktlich** *adj* unpunctual
'**unrecht** *adj* wrong; ***~ haben*** be wrong; ***j-m ~ tun*** do s.o. wrong; '**Unrecht** *n* (-[*e*]*s*; *no pl*) injustice, wrong; ***zu ~*** wrong(ful)ly; ***~ haben → unrecht***; ***~ tun → unrecht***
'**unrechtmäßig** *adj* unlawful
'**unregelmäßig** *adj* irregular (*a.* LING)
'**Unregelmäßigkeit** *f* (-; -*en*) irregularity
'**unreif** *adj* unripe; *fig* immature
'**Unreife** *fig f* immaturity
'**unrein** *adj* unclean; impure (*a.* REL)
'**Unreinheit** *f* (-; -*en*) impurity
'**unrichtig** *adj* incorrect, wrong
'**Unruhe** *f* (-; -*n*) (*no pl*) restlessness, unrest (*a.* POL); anxiety, alarm; *pl* disturbances, riots
'**unruhig** *adj* restless; uneasy; worried, alarmed; MAR rough
uns [ʊns] *pers pron* (to) us; each other; ***~*** (***selbst***) (to) ourselves; ***ein Freund von ~*** a friend of ours
'**un|sachgemäß** *adj* improper; **~sachlich** *adj* unobjective; **~sanft** *adj* rude, rough; **~sauber** *adj* unclean, *esp fig a.* impure; SPORT unfair; *fig* underhand; **~schädlich** *adj* harmless; **~scharf** *adj* PHOT blurred, out of focus
un'schätzbar *adj* inestimable, invaluable
'**un|scheinbar** *adj* inconspicuous; plain; **~schlüssig** *adj* irresolute; undecided; **~schön** *adj* unsightly; *fig* unpleasant
'**Unschuld** *f* (-; *no pl*) innocence; *fig* virginity
'**unschuldig** *adj* innocent (***an*** *dat* of)
'**unselbstständig** *adj* dependent on others; '**Unselbstständigkeit** *f* lack of independence, dependence on others
unser ['ʊnzɐ] *poss pron* our; ***~er, ~e, ~es*** ours
'**unsicher** *adj* unsafe, insecure; self-conscious; uncertain; '**Unsicherheit** *f* (-; -*en*) (*no pl*) insecurity, unsafeness;

self-consciousness; uncertainty
'**unsichtbar** *adj* invisible
'**Unsinn** *m* (-[*e*]*s*; *no pl*) nonsense
'**unsinnig** *adj* nonsensical, stupid; absurd
'**Unsitte** *f* bad habit; abuse
'**unsittlich** *adj* immoral, indecent
'**unsozial** *adj* unsocial
'**unsportlich** *adj* unathletic; *fig* unfair
'**unsterblich 1.** *adj* immortal (*a. fig*) **2.** *adv*: ~ ***verliebt*** madly in love (***in*** *acc* with); '**Unsterblichkeit** *f* immortality
'**Unstimmigkeit** *f* (-; *-en*) discrepancy; *pl* disagreements
'**unsympathisch** *adj* disagreeable; ***er*** (***es***) ***ist mir*** ~ I don't like him (it)
'**untätig** *adj* inactive; idle; '**Untätigkeit** *f* (-; *no pl*) inactivity
'**untauglich** *adj* unfit (*a.* MIL); incompetent
un'teilbar *adj* indivisible
unten ['ʊntən] *adv* (down) below, down (*a.* ***nach*** ~); downstairs; ~ ***auf*** (*dat*) at the bottom of *the page etc*; ***siehe*** ~ see below; ***von oben bis*** ~ from top to bottom
unter ['ʊntɐ] *prp* under; below (*a. fig*); among; *fig* less than; ~ ***anderem*** among other things; ~ ***uns*** (***gesagt***) between you and me; ~ ***Wasser*** underwater
'**Unterarm** *m* ANAT forearm
'**unter|belichtet** *adj* PHOT underexposed; **~besetzt** *adj* understaffed
'**Unterbewusstsein** *n* subconscious; ***im*** ~ subconsciously
unter|'bieten *v/t* (*irr*, ***bieten***, *no -ge-*, *h*) underbid; undercut; beat (*record*); **~'binden** *fig v/t* (*irr*, ***binden***, *no -ge-*, *h*) put a stop to; prevent
unter'brechen *v/t* (*irr*, ***brechen***, *no -ge-*, *h*) interrupt; **Unter'brechung** *f* (-; *-en*) interruption
'**unterbringen** *v/i* (*irr*, ***bringen***, *sep*, *-ge-*, *h*) accommodate, put *s.o.* up; find a place for, put (***in*** *acc* into); '**Unterbringung** *f* (-; *-en*) accommodation
unter'dessen *adv* in the meantime, meanwhile
unter'drücken *v/t* (*no -ge-*, *h*) oppress; suppress; **Unter'drücker** *m* (*-s*; -) oppressor; **Unter'drückung** *f* (-; *-en*) oppression; suppression
untere ['ʊntərə] *adj* lower (*a. fig*)
'**unterentwickelt** *adj* underdeveloped
'**unterernährt** *adj* undernourished, underfed; '**Unterernährung** *f* (-; *no pl*) undernourishment, malnutrition
Unter'führung *f* (-; *-en*) underpass, *Br a.* subway
'**Untergang** *m* ASTR setting; MAR sinking; *fig* downfall; decline; fall; '**untergehen** *v/i* (*irr*, ***gehen***, *sep*, *-ge-*, *sein*) go down (*a. fig*), ASTR *a.* set, MAR *a.* sink
'**untergeordnet** *adj* subordinate, inferior; secondary
'**Untergewicht** *n* (-[*e*]*s*; *no pl*), '**untergewichtig** *adj* underweight
unter'graben *fig v/t* (*irr*, ***graben***, *no -ge-*, *h*) undermine
'**Untergrund** *m* subsoil; POL underground; ***in den*** ~ ***gehen*** go underground; **~bahn** *f* → ***U-Bahn***
'**unterhalb** *prp* (*gen*) below, under
'**Unterhalt** *m* (-[*e*]*s*; *no pl*) support, maintenance (*a.* JUR); **unter'halten** *v/t* (*irr*, ***halten***, *no -ge-*, *h*) entertain; support; ***sich*** ~ (***mit***) talk (to, with); ***sich*** (***gut***) ~ enjoy o.s., have a good time; **unter'haltsam** *adj* entertaining; **Unter'haltung** *f* (-; *-en*) talk, conversation; entertainment; **Unter'haltungsindus,trie** *f* show business
'**Unter|händler** *m* negotiator; **~haus** *n* (*-es*; *no pl*) *Br* PARL House of Commons; **~hemd** *n* undershirt, *Br* vest; **~holz** *n* (*-es*; *no pl*) undergrowth; **~hose** *f* shorts, *esp Br* underpants, panties, *Br* pants; ***e-e lange*** ~, ***lange*** **~*n*** (a pair of) long johns
'**unterirdisch** *adj* underground
'**Unterkiefer** *m* ANAT lower jaw
'**Unterkleid** *n* slip
'**unterkommen** *v/i* (*irr*, ***kommen***, *sep*, *-ge-*, *sein*) find accommodation; find work *or* a job (***bei*** with)
Unterkunft ['ʊntɐkʊnft] *f* (-; *-künfte* ['ʊntɐkʏnftə]) accommodation, lodging(s); MIL quarters; ~ ***und Verpflegung*** board and lodging
'**Unterlage** *f* TECH base; *pl* documents; data
unter'lassen *v/t* (*irr*, ***lassen***, *no -ge-*, *h*) omit, fail to do *s.th.*; stop *or* quit doing *s.th.*; **Unter'lassung** *f* (-; *-en*) omission (*a.* JUR)

'unterlegen[1] *v/t* (*sep*, *-ge-*, *h*) underlay
unter'legen[2] *adj* inferior (*dat* to)
Unter'legenheit *f* (-; *no pl*) inferiority
'Unterleib *m* ANAT abdomen, belly
unter'liegen *v/i* (*irr*, ***liegen***, *no -ge-*, *sein*) be defeated (***j-m*** by s.o.), lose (to s.o.); *fig* be subject to
'Unterlippe *f* ANAT lower lip
'Untermieter *m*, **'Untermieterin** *f* roomer, *Br* lodger
unter'nehmen *v/t* (*irr*, ***nehmen***, *no -ge-*, *h*) make, take, go on *a trip etc*; ***et. ~*** do s.th. (***gegen*** about *s.th.*), take action (against *s.o.*); **Unter'nehmen** *n* (*-s*; -) firm, business; venture; undertaking, enterprise; MIL operation; **Unter'nehmensberater(in)** management consultant; **Unter'nehmer** *m* (*-s*; -) businessman, entrepreneur; employer; **Unter'nehmerin** *f* (-; *-nen*) businesswoman; **unter'nehmungslustig** *adj* active, dynamic; adventurous
'Unteroffizier *m* MIL non-commissioned officer
'unterordnen *v/t and v/refl* (*sep*, *-ge-*, *h*) subordinate (o.s.) (*dat* to)
Unter'redung *f* (-; *-en*) talk(s)
Unterricht ['ʊntɐrɪçt] *m* (*-[e]s*; *no pl*) instruction, teaching; PED school, classes, lessons; **unter'richten** *v/i and v/t* (*no -ge-*, *h*) teach; give lessons; inform (***über*** *acc* of); **'Unterrichtsstunde** *f* lesson, PED *a.* class, period
'Unterrock *m* slip
unter'sagen *v/t* (*no -ge-*, *h*) prohibit
unter'schätzen *v/t* (*no -ge-*, *h*) underestimate; underrate
unter'scheiden *v/t and v/i* (*irr*, ***scheiden***, *no -ge-*, *h*) distinguish (***zwischen*** between; ***von*** from); tell apart; ***sich ~*** differ (***von*** from; ***in*** *dat* in; ***durch*** by); **Unter'scheidung** *f* (-; *-en*) distinction; **Unterschied** ['ʊntɐʃiːt] *m* (*-[e]s*; *-e*) difference; ***im ~ zu*** unlike, as opposed to; **'unterschiedlich** *adj* different; varying
unter'schlagen *v/t* (*irr*, ***schlagen***, *no -ge-*, *h*) embezzle; **Unter'schlagung** *f* (-; *-en*) embezzlement
Unterschlupf ['ʊntɐʃlʊpf] *m* (*-[e]s*; *no pl*) hiding place
unter'schreiben *v/t and v/i* (*irr*, ***schreiben***, *no -ge-*, *h*) sign
'Unterschrift *f* signature; caption
'Unterseeboot *n* → ***U-Boot***
Untersetzer ['ʊntɐzɛtsɐ] *m* (*-s*; -) coaster; saucer
unter'setzt *adj* thickset, stocky
'Unterstand *m* shelter, MIL *a.* dugout
unter'stehen (*irr*, ***stehen***, *no -ge-*, *h*) **1.** *v/i* (*dat*) be under (the control of) **2.** *v/refl* dare; ***~ Sie sich (et. zu tun)!*** don't you dare ([to] do s.th.)!
'unterstellen[1] *v/t* (*sep*, *-ge-*, *h*) put *s.th.* in; store; ***sich ~*** take shelter
unter'stellen[2] *v/t* (*no -ge-*, *h*) assume; ***j-m ~, dass er …*** insinuate that s.o. …; **Unter'stellung** *f* (-; *-en*) insinuation
unter'streichen *v/t* (*irr*, ***streichen***, *no -ge-*, *h*) underline (*a. fig*)
unter'stützen *v/t* (*no -ge-*, *h*) support; back (up); **Unter'stützung** *f* (-; *-en*) support; aid; welfare (payments)
unter'suchen *v/t* (*no -ge-*, *h*) examine (*a.* MED), investigate (*a.* JUR); search; CHEM analyze; **Unter'suchung** *f* (-; *-en*) examination (*a.* MED), investigation (*a.* JUR), *a.* (medical) checkup; CHEM analysis
Unter'suchungs|gefangene *m*, *f* JUR prisoner on remand; **~gefängnis** *n* JUR remand prison; **~haft** *f*: ***in ~ sein*** JUR be on remand; **~richter** *m* JUR examining magistrate
Untertan ['ʊntɐtaːn] *m* (*-s*; *-en*) subject
'Untertasse *f* saucer
'untertauchen (*sep*, *-ge-*) **1.** *v/i* (*sein*) dive, submerge; *fig* disappear; *esp* POL go underground **2.** *v/t* (*h*) duck
'Unterteil *n*, *m* lower part, bottom
unter'teilen *v/t* (*no -ge-*, *h*) subdivide; **Unter'teilung** *f* (-; *-en*) subdivision
'Untertitel *m* subtitle, *film*: *a.* caption
'Unterton *m* undertone
Unter'treibung *f* (-; *-en*) understatement
'untervermieten *v/t* (*no -ge-*, *h*) sublet
unter'wandern *v/t* (*no -ge-*, *h*) infiltrate
'Unterwäsche *f* underwear
'Unterwasser… *in cpds* underwater …
unterwegs [ʊntɐ'veːks] *adv* on the *or* one's way (***nach*** to)
unter'weisen *v/t* (*irr*, ***weisen***, *no -ge-*, *h*) instruct; **Unter'weisung** *f* (-; *-en*) instruction
'Unterwelt *f* (-; *no pl*) underworld
unter'werfen *v/t* (*irr*, ***werfen***, *no -ge-*, *h*) subject (*dat* to); subjugate; ***sich ~*** sub-

U

mit (to); **Unter'werfung** *f* (-; *-en*) subjection; submission (***unter*** *acc* to)

unterwürfig [ʊntɐ'vʏrfɪç] *adj* servile

unter'zeichnen *v/t* (*no -ge-, h*) sign; **Unter'zeichnete** *m, f* (*-n*; *-n*) *the* undersigned; **Unter'zeichnung** *f* (-; *-en*) signing

'unterziehen[1] *v/t* (*irr*, ***ziehen***, *sep*, *-ge-*, *h*) put *s.th.* on underneath

unter'ziehen[2] *v/t* (*irr*, ***ziehen***, *no -ge-*, *h*) ***sich*** *e-r Behandlung, Prüfung etc* ~ undergo (*treatment etc*), take (*an examination etc*)

'Untiefe *f* shallow, shoal

un|'tragbar *adj* unbearable, intolerable; **~'trennbar** *adj* inseparable

'untreu *adj* unfaithful (*dat* to)

un|'tröstlich *adj* inconsolable; **~trüglich** [ʊn'tryːklɪç] *adj* unmistakable

'Untugend *f* vice, bad habit

'unüber|legt *adj* thoughtless; **~sichtlich** *adj* blind (*bend etc*)

unüber|trefflich [ʊnʔyːbɐ'trɛflɪç] *adj* unsurpassable, matchless; **~troffen** [ʊnʔyːbɐ'trɔfən] *adj* unequal(l)ed; **~windlich** [ʊnʔyːbɐ'vɪntlɪç] *adj* insuperable, invincible

unum|gänglich [ʊnʔʊm'gɛŋlɪç] *adj* inevitable; **~schränkt** [ʊnʔʊm'ʃrɛŋkt] *adj* unlimited; POL absolute; **~stritten** [ʊnʔʊm'ʃtrɪtən] *adj* undisputed; **~wunden** [ʊnʔʊm'vʊndən] *adv* straight out, frankly

ununterbrochen ['ʊnʔʊntɐbrɔxən] *adj* uninterrupted; continuous

un|ver'änderlich *adj* unchanging; **~ver'antwortlich** *adj* irresponsible; **~ver'besserlich** *adj* incorrigible; **~ver'bindlich** *adj* noncommittal, ECON not binding; **~ver'daulich** *adj* indigestible (*a. fig*)

'unverdient *adj* undeserved

'unverdünnt *adj* undiluted; straight

unver'einbar *adj* incompatible

'unverfälscht *adj* unadulterated

'unverfänglich *adj* harmless

'unverfroren *adj* brazen, impertinent

'unvergänglich *adj* immortal, eternal

unver'gesslich *adj* unforgettable

'unver'gleichlich *adj* incomparable

'unverhältnismäßig *adv* disproportionately; **~** ***hoch*** excessive

'unverheiratet *adj* unmarried, single

unverhofft ['ʊnfɛɐhɔft] *adj* unhoped-for; unexpected

unverhohlen ['ʊnfɛɐhoːlən] *adj* undisguised, open

'unverkäuflich *adj* not for sale; unsal(e)able

unver'kennbar *adj* unmistakable

'unverletzt *adj* unhurt

unvermeidlich [ʊnfɛɐ'maitlɪç] *adj* inevitable

'unvermindert *adj* undiminished

'unvermittelt *adj* abrupt, sudden

'Unvermögen *n* (*-s*; *no pl*) inability, incapacity

'unvermutet *adj* unexpected

'unvernünftig *adj* unreasonable; foolish

'unverschämt *adj* rude, impertinent; outrageous (*price etc*); **'Unverschämtheit** *f* (-; *-en*) impertinence; ***die ~ haben zu*** *inf* have the nerve to *inf*

'unverschuldet *adj* through no fault of one's own

unversehens ['ʊnfɛɐzeːəns] *adv* unexpectedly, all of a sudden

'un|versehrt *adj* unhurt; undamaged; **~versöhnlich** *adj* irreconcilable (*a. fig*), implacable; **~versorgt** *adj* unprovided for; **~verständlich** *adj* unintelligible; ***es ist mir ~*** I can't see how *or* why, F it beats me; **~versucht** *adj*: ***nichts ~ lassen*** leave nothing undone

unver'wundbar *adj* invulnerable

unver|wüstlich [ʊnfɛɐ'vyːstlɪç] *adj* indestructible; **~zeihlich** [ʊnfɛɐ'tsailɪç] *adj* inexcusable; **~züglich** [ʊnfɛɐ'tsyːklɪç] **1.** *adj* immediate, prompt **2.** *adv* immediately, without delay

'unvollendet *adj* unfinished

'unvollkommen *adj* imperfect

'unvollständig *adj* incomplete

'unvorbereitet *adj* unprepared

'unvoreingenommen *adj* unprejudiced, unbias(s)ed

'unvorhergesehen *adj* unforeseen

'unvorhersehbar *adj* unforeseeable

'unvorsichtig *adj* careless; **'Unvorsichtigkeit** *f* (-; *no pl*) carelessness

unvor'stellbar *adj* unthinkable

'unvorteilhaft *adj* unbecoming

'unwahr *adj* untrue; **'Unwahrheit** *f* untruth; **'unwahrscheinlich** *adj* improbable, unlikely; F fantastic

unwegsam ['ʊnveːkzaːm] *adj* difficult, rough (*terrain*)
unweigerlich [ʊn'vaigɐlɪç] *adv* inevitably
'**unweit** *prp* (*gen*) not far from
'**Unwetter** *n* (*-s*; *-*) disastrous (thunder)-storm
'**unwichtig** *adj* unimportant
unwider|legbar [ʊnviːdɐ'leːkbaːɐ] *adj* irrefutable; **~ruflich** [ʊnviːdɐ'ruːflɪç] *adj* irrevocable; **~stehlich** [ʊnviːdɐ'ʃteːlɪç] *adj* irresistible
'**Unwille(n)** *m* indignation (***über*** *acc* at); '**unwillig** *adj* indignant (***über*** *acc* at); unwilling, reluctant
'**unwillkürlich** *adj* involuntary
'**unwirklich** *adj* unreal
'**unwirksam** *adj* ineffective
unwirsch ['ʊnvɪrʃ] *adj* surly, gruff
unwirtlich ['ʊnvɪrtlɪç] *adj* inhospitable
'**unwirtschaftlich** *adj* uneconomic(al)
'**unwissend** *adj* ignorant
'**Unwissenheit** *f* (*-*; *no pl*) ignorance
'**unwohl** *adj* unwell; uneasy
'**unwürdig** *adj* unworthy (*gen* of)
unzählig [ʊn'tsɛːlɪç] *adj* innumerable, countless
unzer'brechlich *adj* unbreakable
unzer'reißbar *adj* untearable
unzer'störbar *adj* indestructible
unzer'trennlich *adj* inseparable
'**Unzucht** *f* (*-*; *no pl*) sexual offense (*Br* offence); '**unzüchtig** *adj* indecent; obscene
'**unzufrieden** *adj* discontent(ed) (***mit*** with), dissatisfied (with); '**Unzufriedenheit** *f* discontent, dissatisfaction
'**unzugänglich** *adj* inaccessible
'**unzulänglich** *adj* inadequate
'**unzulässig** *adj* inadmissible
unzu'mutbar *adj* unacceptable; unreasonable
'**unzurechnungsfähig** *adj* JUR irresponsible; '**Unzurechnungsfähigkeit** *f* (*-*; *no pl*) JUR irresponsibility
'**unzureichend** *adj* insufficient
'**unzusammenhängend** *adj* incoherent
'**unzuverlässig** *adj* unreliable, untrustworthy; uncertain
üppig ['ʏpɪç] *adj* luxuriant, lush (*both a. fig*); voluptuous, luscious; opulent; rich
uralt ['uːɐʔalt] *adj* ancient (*a. iro*)
Uran [u'raːn] *n* (*-s*; *no pl*) uranium
'**Uraufführung** *f* première, first performance (*film*: showing)
urbar ['uːɐbaːɐ] *adj* arable; ***~ machen*** cultivate; reclaim
'**Urbevölkerung** *f*, '**Ureinwohner** *pl* aboriginal inhabitants; *in Australia*: Aborigines
'**Urenkel** *m* great-grandson
'**Urenkelin** *f* great-granddaughter
'**Urgroß...** *in cpds* *...eltern*, *...mutter*, *...vater*: great-grand...
Urheberrecht ['uːɐheːbɐrɛçt] *n* copyright (***an*** *dat* on, for)
Urin [u'riːn] *m* (*-s*; *-e*) urine; **urinieren** [uri'niːrən] *v/i* (*no -ge-*, *h*) urinate
Urkunde ['uːɐkʊndə] *f* (*-*; *-n*) document; diploma; '**Urkundenfälschung** *f* forgery of documents
Urlaub ['uːɐlaup] *m* (*-[e]s*; *-e*) vacation, *Br* holiday(s); MIL leave; ***in*** *or* ***im ~ sein*** (***auf ~ gehen***) be (go) on vacation (*Br* holiday); ***e-n Tag*** (***ein paar Tage***) ***~ nehmen*** take a day (a few days) off; **Urlauber(in)** ['uːɐlaubɐ, 'uːɐlaubərɪn] *m*(*f*) (*-s*; *-/-*; *-nen*) vacationist, vacationer, *Br* holidaymaker
Urne ['ʊrnə] *f* (*-*; *-n*) urn; ballot box
'**Ursache** *f* (*-*; *-n*) cause; reason; ***keine ~!*** not at all, you're welcome
'**Ursprung** *m* origin
ursprünglich ['uːɐʃprʏŋlɪç] *adj* original; natural, unspoilt
Urteil ['ʊrtail] *n* (*-[e]s*; *-e*) judg(e)ment; JUR sentence; ***sich ein ~ bilden*** form a judg(e)ment (***über*** *acc* about)
'**urteilen** *v/i* (*ge-*, *h*) judge (***über j-n, et.*** s.o., s.th.; ***nach*** by)
'**Urwald** *m* primeval forest; jungle
urwüchsig ['uːɐvyːksɪç] *adj* coarse, earthy
'**Urzeit** *f* prehistoric times
usw. *abbr of* ***und so weiter*** etc, and so on
Utensilien [utɛn'ziːljən] *pl* utensils
Utopie [uto'piː] *f* (*-*; *-n*) illusion
utopisch [u'toːpɪʃ] *adj* utopian; fantastic

U

V

Vagabund [vaga'bʊnt] *m* (*-en*; *-en*) vagabond, tramp, F bum
vage ['vaːgə] *adj* vague
Vakuum ['vaːkuʊm] *n* (*-s*; *-kua*, *-kuen*) vacuum
Vampir ['vampiːɐ] *m* (*-s*; *-e*) ZO vampire (*a. fig*)
Vanille [va'nɪljə] *f* (-; *no pl*) vanilla
variabel [va'rjaːbəl] *adj* variable
Variante [va'rjantə] *f* (-; *-n*) variant
Variation [varja'tsioːn] *f* (-; *-en*) variation
Varietee, *a.* **Varieté** [varje'teː] *n* (*-s*; *-s*) vaudeville, *Br* variety theatre, music hall
variieren [vari'iːrən] *v/i and v/t* (*no -ge-*, *h*) vary
Vase ['vaːzə] *f* (-; *-n*) vase
Vater ['faːtɐ] *m* (*-s*; *Väter* ['fɛːtɐ]) father
'**Vaterland** *n* native country
'**Vaterlandsliebe** *f* patriotism
väterlich ['fɛːtɐlɪç] *adj* fatherly, paternal
'**Vaterschaft** *f* (-; *-en*) JUR paternity
'**Vater'unser** *n* (*-s*; -) REL Lord's Prayer
V-Ausschnitt ['fauʔausʃnɪt] *m* V-neck
v. Chr. *abbr of* ***vor Christus*** BC, before Christ
Vegetarier [vege'taːrjɐ] *m* (*-s*; -), **Vege'tarierin** *f* (-; *-nen*), **vegetarisch** [vege'taːrɪʃ] *adj* vegetarian
Vegetation [vegeta'tsjoːn] *f* (-; *-en*) vegetation; **vegetieren** [vege'tiːrən] *v/i* (*no -ge-*, *h*) vegetate
Veilchen ['failçən] *n* (*-s*; -) BOT violet
Velo ['veːlo] *Swiss n* (*-s*; *-s*) bicycle, F bike
Ventil [vɛn'tiːl] *n* (*-s*; *-e*) TECH valve; *fig* vent, outlet
Ventilation [vɛntila'tsjoːn] *f* (-; *-en*) ventilation; **Ventilator** [vɛnti'laːtoːɐ] *m* (*-s*; *-en* [vɛntila'toːrən]) fan
verabreden [fɛɐ'ʔapreːdən] *v/t* (*no -ge-*, *h*) agree (up)on, arrange; appoint, fix; ***sich ~*** make a date (*or* an appointment) (***mit*** with); **Ver'abredung** *f* (-; *-en*) appointment; date
ver'abreichen *v/t* (*no -ge-*, *h*) give; MED administer; **ver'abscheuen** *v/t* (*no -ge-*, *h*) loathe, detest
verabschieden [fɛɐ'ʔapʃiːdən] *v/t* (*no -ge-*, *h*) say goodbye to (*a.* ***sich ~ von***); dismiss; JUR pass; **Ver'abschiedung** *f* (-; *-en*) dismissal; JUR passing
ver'achten *v/t* (*no -ge-*, *h*) despise; **verächtlich** [fɛɐ'ʔɛçtlɪç] *adj* contemptuous; **Ver'achtung** *f* (-; *no pl*) contempt
verallgemeinern [fɛɐ'ʔalgə'mainɐn] *v/t* (*no -ge-*, *h*) generalize
ver'altet *adj* antiquated, out of date
Veranda [ve'randa] *f* (-; *-den*) porch, *Br* veranda(h)
veränderlich [fɛɐ'ʔɛndɐlɪç] *adj* changeable (*a.* METEOR), variable (*a.* MATH, LING); **ver'ändern** *v/t and v/refl* (*no -ge-*, *h*), **Ver'änderung** *f* change
verängstigt [fɛɐ'ʔɛŋstɪçt] *adj* frightened, scared
ver'anlagen *v/t* (*no -ge-*, *h*) ECON assess; **veranlagt** [fɛɐ'ʔanlaːkt] *adj* inclined (***zu, für*** to); ***künstlerisch*** (***musikalisch***) ***~ sein*** have a gift *or* bent for art (music); **Ver'anlagung** *f* (-; *-en*) (pre)disposition (*a.* MED); talent, gift; ECON assessment
ver'anlassen *v/t* (*no -ge-*, *h*) make arrangements (*or* arrange) for *s.th.*; ***j-n zu et. ~*** make s.o. do s.th.
Ver'anlassung *f* (-; *-en*) cause (***zu*** for)
ver|'anschaulichen *v/t* (*no -ge-*, *h*) illustrate; **~'anschlagen** *v/t* (*no -ge-*, *h*) estimate (***auf*** *acc* at)
ver'anstalten *v/t* (*no -ge-*, *h*) arrange, organize; hold, give (*concert*, *party etc*); **Ver'anstaltung** *f* (-; *-en*) event, SPORT *a.* meet, *Br* meeting
ver'antworten *v/t* (*no -ge-*, *h*) take the responsibility for; **ver'antwortlich** *adj* responsible; ***j-n ~ machen für*** hold s.o. responsible for; **Ver'antwortung** *f* (-; *no pl*) responsibility; ***auf eigene ~*** at one's own risk; ***j-n zur ~ ziehen*** call s.o. to account; **Ver'antwortungsgefühl** *n* (-[*e*]*s*; *no pl*) sense of responsibility; **ver'antwortungslos** *adj* irresponsible
ver|'arbeiten *v/t* (*no -ge-*, *h*) process; *fig* digest; ***et. ~ zu*** manufacture (*or* make) s.th. into; **~'ärgern** *v/t* (*no -ge-*, *h*) make

s.o. angry, annoy
ver'armt *adj* impoverished
ver'arschen *v/t* (*no -ge-, h*) ***j-n* ~** take the piss out of s.o.
Verb [vɛrp] *n* (*-s; -en* ['vɛrbən]) LING verb
Verband [fɛɐ'bant] *m* (*-es; Verbände* [fɛɐ'bɛndə]) MED dressing, bandage; ECON association; MIL formation, unit; **~(s)kasten** *m* MED first-aid kit *or* box; **~(s)zeug** *n* MED dressing material
ver'bannen *v/t* (*no -ge-, h*) banish (*a. fig*), exile; **Ver'bannung** *f* (*-; -en*) banishment, exile
verbarrika'dieren *v/t* (*no -ge-, h*) barricade; block
ver'bergen *v/t* (*irr*, ***bergen***, *no -ge-, h*) hide (*a.* ***sich* ~**), conceal
ver'bessern *v/t* (*no -ge-, h*) improve; correct; **Ver'besserung** *f* (*-; -en*) improvement; correction
ver'beugen *v/refl* (*no -ge-, h*), **Ver'beugung** *f* (*-; -en*) bow (***vor*** to)
ver|'biegen *v/t* (*irr*, ***biegen***, *no -ge-, h*) twist; **~'bieten** *v/t* (*irr*, ***bieten***, *no -ge-, h*) forbid; prohibit; → ***verboten***
ver'billigen *v/t* (*no -ge-, h*) reduce in price; **verbilligt** [fɛɐ'bɪlɪçt] *adj* reduced, at reduced prices
verbinden *v/t* (*irr*, ***binden***, *no -ge-, h*) MED dress, bandage; bandage *s.o.* up; *a.* TECH connect, join, link (up); TEL put *s.o.* through (***mit*** to); combine (*a.* CHEM ***sich* ~**); *fig* unite; associate; ***j-m die Augen* ~** blindfold s.o.; ***damit sind beträchtliche Kosten verbunden*** that involves considerable cost(s *pl*); ***falsch verbunden!*** wrong number!
verbindlich [fɛɐ'bɪntlɪç] *adj* obligatory, compulsory (*a.* PED); obliging
Ver'bindlichkeit *f* (*-; -en*) (*no pl*) obligingness; *pl* ECON liabilities
Ver'bindung *f* (*-; -en*) connection; combination; CHEM compound; UNIV fraternity, *Br* society; ***sich in* ~ *setzen mit*** get in touch with; ***in* ~ *stehen*** (***bleiben***) be (keep) in touch
verbissen [fɛɐ'bɪsən] *adj* dogged
ver'bittert *adj* bitter, embittered
verblassen [fɛɐ'blasən] *v/i* (*no -ge-, sein*) fade (*a. fig*)
Verbleib [fɛɐ'blaip] *m* (*-[e]s; no pl*) whereabouts; **ver'bleiben** *v/i* (*irr*, ***bleiben***, *no -ge-, sein*) remain
verbleit [fɛɐ'blait] *adj* leaded
ver'blendet *fig adj* blind
Ver'blendung *fig f* (*-; -en*) blindness
verblichen [fɛɐ'blɪçən] *adj* faded
verblüffen [fɛɐ'blʏfən] *v/t* (*no -ge-, h*) amaze, F flabbergast
Ver'blüffung *f* (*-; -en*) amazement
ver'blühen *v/i* (*no -ge-, sein*) fade, wither (*both a. fig*)
ver'bluten *v/i* (*no -ge-, sein*) MED bleed to death
verborgen [fɛɐ'bɔrgən] *adj* hidden, concealed; ***im Verborgenen*** in secret
Verbot [fɛɐ'boːt] *n* (*-[e]s; -e*) prohibition, ban (on *s.th.*); **ver'boten** *adj*: ***Rauchen* ~** no smoking
Ver'brauch *m* (*-[e]s; no pl*) consumption (***an*** *dat* of); **ver'brauchen** *v/t* (*no -ge-, h*) consume, use up
Verbraucher [fɛɐ'brauxɐ] *m* (*-s; -*), **Ver'braucherin** *f* (*-; -nen*) consumer; **~schutz** *m* consumer protection
Ver'brechen *n* (*-s; -*) crime; ***ein* ~ *begehen*** commit a crime; **Ver'brecher(in)** (*-s; -/-; -nen*), **ver'brecherisch** *adj* criminal
ver'breiten *v/t and v/refl* (*no -ge-, h*) spread (***in*** *dat*, ***über*** *acc* over, through); circulate
verbreitern [fɛɐ'braitɐn] *v/t and v/refl* (*no -ge-, h*) widen, broaden
Ver'breitung *f* (*-; no pl*) spread(ing); circulation
ver'brennen *v/i* (*irr*, ***brennen***, *no -ge-, sein*) *and v/t* (*h*) burn (up); cremate
Ver'brennung *f* (*-; -en*) burning; cremation; TECH combustion; MED burn
ver'bringen *v/t* (*irr*, ***bringen***, *no -ge-, h*) spend, pass
verbrüdern [fɛɐ'bryːdɐn] *v/refl* (*no -ge-, h*) fraternize; **Verbrüderung** [fɛɐ'bryːdərʊŋ] *f* (*-; -en*) fraternization
ver'brühen *v/t* (*no -ge-, h*) scald
ver'buchen *v/t* (*no -ge-, h*) book
verbünden [fɛɐ'bʏndən] *v/refl* (*no -ge-, h*) ally o.s. (***mit*** to, with)
Ver'bündete *m, f* (*-n; -n*) ally (*a. fig*)
ver'bürgen *v/refl* (*no -ge-, h*) ***sich* ~ *für*** vouch for, guarantee
ver'büßen *v/t* (*no -ge-, h*) ***e-e Strafe* ~** serve a sentence, serve time
verchromt [fɛɐ'kroːmt] *adj* chromium-plated

Verdacht [fɛɐ'daxt] *m* (-[*e*]*s*; -*e*) suspicion; **~ *schöpfen*** become suspicious
verdächtig [fɛɐ'dɛçtɪç] *adj* suspicious, suspect; **Verdächtige** [fɛɐ'dɛçtɪgə] *m, f* (-*n*; -*n*) suspect; **ver'dächtigen** *v/t* (*no -ge-, h*) suspect (***j-n e-r Tat*** s.o. of [doing] s.th.); **Ver'dächtigung** *f* (-; -*en*) suspicion
verdammen [fɛɐ'damən] *v/t* (*no -ge-, h*) condemn (***zu*** to), damn (*a.* REL); **Ver'dammnis** *f* (-; *no pl*) REL damnation; **ver'dammt 1.** *adj* damned, F *a.* damn, darn(ed), *Br sl a.* bloody; F **~ (*noch mal*)!** damn (it)! **2.** *adv*: **~ *gut*** *etc* damn (*Br sl a.* bloody) good *etc*; **Ver'dammung** *f* (-; -*en*) condemnation; REL damnation
ver'dampfen *v/t* (*no -ge-, h*) and *v/i* (*sein*) evaporate
ver'danken *v/t* (*no -ge-, h*) ***j-m*** (***e-m Umstand***) ***et.*** **~** owe s.th. to s.o. (s.th.)
verdarb [fɛɐ'darp] *pret of* ***verderben***
verdauen [fɛɐ'dauən] *v/t* (*no -ge-, h*) digest (*a. fig*)
ver'daulich *adj* digestible; ***leicht*** (***schwer***) **~** easy (hard) to digest
Ver'dauung *f* (-; *no pl*) digestion
Ver'deck *n* (-[*e*]*s*; -*e*) top; **ver'decken** *v/t* (*no -ge-, h*) cover (up) (*a. fig*)
ver'denken *v/t* (*irr*, ***denken***, *no -ge-, h*) ***ich kann es ihm nicht*** **~**(, ***dass er ...***) I can't blame him (for *doing*)
verderben [fɛɐ'dɛrbən] (*irr, no -ge-*) **1.** *v/i* (*sein*) spoil (*a. fig*); GASTR go bad **2.** *v/t* (*h*) spoil (*a. fig*), ruin; ***sich den Magen*** **~** upset one's stomach
Ver'derben *n* (-*s*; *no pl*) ruin
verderblich [fɛɐ'dɛrplɪç] *adj* perishable; ***leicht ~e Lebensmittel*** perishables
ver'dichten *v/t* (*no -ge-, h*) compress, condense
ver'dienen *v/t* (*no -ge-, h*) earn, make; *fig* deserve
Ver'dienst[1] *m* (-[*e*]*s*; -*e*) earnings; salary; wages; gain, profit
Ver'dienst[2] *n* (-[*e*]*s*; -*e*) merit; ***es ist sein ~, dass*** it is thanks to him that
ver'dient *adj* (well-)deserved
ver'doppeln *v/t and v/refl* (*no -ge-, h*) double
verdorben [fɛɐ'dɔrbən] **1.** *pp of* ***verderben*** **2.** *adj* GASTR spoilt, bad (*both a. fig*); MED upset
ver|dorren [fɛɐ'dɔrən] *v/i* (*no -ge-, sein*) wither, dry up; **~'drängen** *v/t* (*no -ge-, h*) supplant, supersede; replace; PHYS displace; PSYCH repress, suppress; **~'drehen** *v/t* (*no -ge-, h*) twist, *fig a.* distort; ***die Augen*** **~** roll one's eyes; ***j-m den Kopf*** **~** turn s.o.'s head; **~'dreht** F *fig adj* mixed up; **~'dreifachen** *v/t and v/refl* (*no -ge-, h*) treble, triple
verdrießen [fɛɐ'dri:sən] *v/t* (*irr, no -ge-, h*) annoy; **verdrießlich** [fɛɐ'dri:slɪç] *adj* glum, morose, sullen; **verdross** [fɛɐ'drɔs] *pret of* ***verdrießen***; **verdrossen** [fɛɐ'drɔsən] **1.** *pp of* ***verdrießen*** **2.** *adj* grumpy, sullen; **Verdruss** [fɛɐ'drʊs] *m* (-*es*; -*e*) annoyance
ver'dummen (*no -ge-*) **1.** *v/t* (*h*) make stupid, stultify **2.** *v/i* (*sein*) become stultified
ver'dunkeln *v/t and v/refl* (*no -ge-, h*) darken; black out; *fig* obscure
Ver'dunk(e)lung *f* (-; -*en*) darkening; blackout; JUR collusion
ver'dünnen *v/t* (*no -ge-, h*) dilute
ver'dunsten *v/i* (*no -ge-, sein*) evaporate
ver'dursten *v/i* (*no -ge-, sein*) die of thirst
verdutzt [fɛɐ'dʊtst] *adj* puzzled
ver'edeln *v/t* (*no -ge-, h*) BOT graft; TECH process, refine; **Ver'ed(e)lung** *f* (-; -*en*) BOT grafting; TECH processing, refinement
ver'ehren *v/t* (*no -ge-, h*) admire; adore, worship (*both a. fig*), *esp* REL *a.* revere, venerate; **Ver'ehrer(in)** (-*s*; -/-; -*nen*) admirer, *esp film etc*: *a.* fan; **Ver'ehrung** *f* (-; *no pl*) admiration; adoration, worship; *esp* REL reverence, veneration
vereidigen [fɛɐ'ʔaidɪgən] *v/t* (*no -ge-, h*) swear *s.o.* in; JUR put *s.o.* under an oath
Verein [fɛɐ'ʔain] *m* (-[*e*]*s*; -*e*) club (*a.* SPORT); society, association
vereinbar [fɛɐ'ʔainba:ɐ] *adj* compatible (***mit*** with); **vereinbaren** [fɛɐ'ʔainba:rən] *v/t* (*no -ge-, h*) agree (up)on, arrange; **Ver'einbarung** *f* (-; -*en*) agreement, arrangement
ver'einen → ***vereinigen***
ver'einfachen *v/t* (*no -ge-, h*) simplify
Ver'einfachung *f* (-; -*en*) simplification
ver'einheitlichen *v/t* (*no -ge-, h*) stand-

ardize
ver'einigen *v/t and v/refl* (*no -ge-, h*) unite (***zu*** into); combine, join
Ver'einigung *f* (-; *-en*) union; combination; alliance
ver'einsamen *v/i* (*no -ge-, sein*) become lonely *or* isolated
vereinzelt [fɛɐ'ʔaintsəlt] *adj* occasional, odd; ~ ***Regen*** scattered showers
ver|'eiteln *v/t* (*no -ge-, h*) prevent; frustrate; **~'enden** *v/i* (*no -ge-, sein*) *esp* zo die, perish; **~'engen** *v/t and v/refl* (*no -ge-, h*) narrow
ver'erben *v/t* (*no -ge-, h*) ***j-m et.*** ~ leave (BIOL transmit) s.th. to s.o.; ***sich*** ~ (***auf*** *acc*) be passed on *or* down (to) (*a.* BIOL *and fig*); **Ver'erbung** *f* (-; *no pl*) BIOL heredity; **Ver'erbungslehre** *f* BIOL genetics
verewigen [fɛɐ'ʔeːvɪgən] *v/t* (*no -ge-, h*) immortalize
ver'fahren (*irr*, ***fahren***, *no -ge-*) **1.** *v/i* (*sein*) proceed; ~ ***mit*** deal with **2.** *v/refl* (*h*) MOT get lost
Ver'fahren *n* (*-s*; -) procedure, method, *esp* TECH *a.* technique, way; JUR (legal) proceedings (***gegen*** against)
Ver'fall *m* (-[*e*]*s*; *no pl*) decay (*a. fig*); dilapidation; *fig* decline; ECON *etc* expiry; **ver'fallen** (*irr*, ***fallen***, *no -ge-, sein*) **1.** *v/i* decay (*a. fig*), dilapidate; *esp fig* decline; ECON expire; MED waste away; become addicted to; (***wieder***) ~ ***in*** (*acc*) fall (back) into; ~ ***auf*** (*acc*) hit (up)on **2.** *adj* decayed; dilapidated; **Ver'fallsdatum** *n* expiry date; GASTR pull date, *Br* best-before (*or* best-by) date; PHARM sell-by date
ver'fälschen *v/t* (*no -ge-, h*) falsify; distort; GASTR adulterate
verfänglich [fɛɐ'fɛŋlɪç] *adj* delicate, tricky; embarrassing, compromising
ver'färben *v/refl* (*no -ge-, h*) discolo(u)r
ver'fassen *v/t* (*no -ge-, h*) write
Verfasser [fɛɐ'fasɐ] *m* (*-s*; -), **Ver'fasserin** *f* (-; *-nen*) author
Ver'fassung *f* (-; *-en*) state (of health *or* of mind), condition; POL constitution
ver'fassungs|mäßig *adj* POL constitutional; **~widrig** *adj* unconstitutional
ver'faulen *v/i* (*no -ge-, sein*) rot, decay
ver'fechten *v/t* (*irr*, ***fechten***, *no -ge-, h*), **Ver'fechter(in)** (*-s*; *-/-*; *-nen*) advocate
ver'fehlen *v/t* (*no -ge-, h*) miss (***sich*** each other); **Ver'fehlung** *f* (-; *-en*) offense, *Br* offence
verfeinden [fɛɐ'faindən] *v/refl* (*no -ge-, h*) become enemies; **ver'feindet** *adj* hostile; ~ ***sein*** be enemies
verfeinern [fɛɐ'fainɐn] *v/t and v/refl* (*no -ge-, h*) refine
ver'filmen *v/t* (*no -ge-, h*) film; **Ver'filmung** *f* (-; *-en*) filming; film version
ver'flechten *v/t* (*irr*, ***flechten***, *no -ge-, h*) intertwine (*a.* ***sich*** ~)
ver'fluchen *v/t* (*no -ge-, h*) curse
ver'flucht → ***verdammt***
ver'folgen *v/t* (*no -ge-, h*) pursue (*a. fig*); chase, hunt (*both a. fig*); POL, REL persecute; follow (*track etc*); *fear etc*: haunt *s.o.*; ***j-n gerichtlich*** ~ prosecute s.o.; **Verfolger** [fɛɐ'fɔlgɐ] *m* (*-s*; -) pursuer; persecutor; **Ver'folgung** *f* (-; *-en*) pursuit (*a. cycling*); chase, hunt; persecution; ***gerichtliche*** ~ prosecution
ver'frachten *v/t* (*no -ge-, h*) freight, ship; F bundle *s.o., s.th.* (***in*** *acc* into)
verfremden [fɛɐ'frɛmdən] *v/t* (*no -ge-, h*) *esp art*: alienate
ver'früht *adj* premature
verfügbar [fɛɐ'fyːkbaːɐ] *adj* available; **ver'fügen** (*no -ge-, h*) **1.** *v/t* decree, order **2.** *v/i*: ~ ***über*** (*acc*) have at one's disposal; **Ver'fügung** *f* (-; *-en*) decree, order; (*no pl*) disposal; ***j-m zur*** ~ ***stehen*** (***stellen***) be (place) at s.o.'s disposal
ver'führen *v/t* (*no -ge-, h*) seduce (***et. zu tun*** into doing s.th.); **Ver'führer** *m* (*-s*; -) seducer; **Ver'führerin** *f* (-; *-nen*) seductress; **ver'führerisch** *adj* seductive; tempting; **Ver'führung** *f* (-; *-en*) seduction
vergangen [fɛɐ'gaŋən] *adj* gone, past; ***im ~en Jahr*** last year; **Ver'gangenheit** *f* (-; *no pl*) past; LING past tense
vergänglich [fɛɐ'gɛŋlɪç] *adj* transitory, transient
vergasen [fɛɐ'gaːzən] *v/t* (*no -ge-, h*) gas; CHEM gasify; **Vergaser** [fɛɐ'gaːzɐ] *m* (*-s*; -) MOT carburet(t)or
vergaß [fɛɐ'gaːs] *pret of* ***vergessen***
ver'geben *v/t* (*irr*, ***geben***, *no -ge-, h*) give away (*a. fig*); award (*prize etc*); forgive; **ver'gebens** *adv* in vain; **vergeblich** [fɛɐ'geːplɪç] **1.** *adj* futile **2.** *adv* in vain; **Ver'gebung** *f* (-; *-en*) forgiveness, pardon

ver'gehen (*irr*, ***gehen***, *no -ge-*, *sein*) **1.** *v/i time etc*: go by, pass; *pain*, *effect etc*: wear off; ***~ vor*** (*dat*) be dying with; ***wie die Zeit vergeht!*** how time flies! **2.** *v/refl* ***sich ~ an*** (*dat*) violate; rape
Vergehen *n* (*-s*; -) JUR offen|se, *Br* -ce
ver'gelten *v/t* (*irr*, ***gelten***, *no -ge-*, *h*) repay; reward; **Ver'geltung** *f* (-; *-en*) retaliation (*a.* MIL)
vergessen [fɛɐ'gɛsən] **1.** *v/t* (*irr*, *no -ge-*, *h*) forget; leave **2.** *pp of* ***vergessen*** 1; **Ver'gessenheit** *f*: ***in ~ geraten*** fall into oblivion; **vergesslich** [fɛɐ'gɛslɪç] *adj* forgetful
vergeuden [fɛɐ'gɔydən] *v/t* (*no -ge-*, *h*), **Ver'geudung** *f* (-; *-en*) waste
vergewaltigen [fɛɐgə'valtɪgən] *v/t* (*no -ge-*, *h*) rape, violate (*a. fig*)
Verge'waltigung *f* (-; *-en*) rape, violation (*a. fig*)
vergewissern [fɛɐgə'vɪsɐn] *v/refl* (*no -ge-*, *h*) make sure (***e-r Sache*** of s.th.; ***ob*** whether; ***dass*** that)
ver'gießen *v/t* (*irr*, ***gießen***, *no -ge-*, *h*) shed (*blood*, *tears*); spill
ver'giften *v/t* (*no -ge-*, *h*) poison (*a. fig*); contaminate; **Ver'giftung** *f* (-; *-en*) poisoning (*a. fig*); contamination
ver'gittert *adj* barred (*window etc*)
Ver'gleich *m* (-[*e*]*s*; *-e*) comparison; JUR compromise; **ver'gleichbar** *adj* comparable (***mit*** to, with); **ver'gleichen** *v/t* (*irr*, ***gleichen***, *no -ge-*, *h*) compare (***mit*** with *or* to); ***... ist nicht zu ~ mit*** ... cannot be compared to; ... cannot compare with; ***verglichen mit*** compared to *or* with; **ver'gleichsweise** *adv* comparatively, relatively
ver'glühen *v/i* (*no -ge-*, *sein*) burn out (*or* up)
vergnügen [fɛɐ'gny:gən] *v/refl* (*no -ge-*, *h*) enjoy o.s. (***mit et.*** doing s.th.)
Ver'gnügen *n* (*-s*; -) pleasure, enjoyment, fun; ***mit ~*** with pleasure; ***viel ~!*** have fun!, have a good time!
vergnügt [fɛɐ'gny:kt] *adj* cheerful
Ver'gnügung *f* (-; *-en*) pleasure, amusement, entertainment
Ver'gnügungspark *m* amusement park
ver'gnügungssüchtig *adj* pleasure-seeking
Ver'gnügungsviertel *n* nightlife district
ver|'golden *v/t* (*no -ge-*, *h*) gild; **~göt'tern** [fɛɐ'gœtɐn] *v/t* (*no -ge-*, *h*) idolize, adore; **~'graben** *v/t* (*irr*, ***graben***, *no -ge-*, *h*) bury (*a. fig*)
ver'greifen *v/refl* (*irr*, ***greifen***, *no -ge-*, *h*) ***sich ~ an*** (*dat*) lay hands on
vergriffen [fɛɐ'grɪfən] *adj* out of print
vergrößern [fɛɐ'grø:sɐn] *v/t* (*no -ge-*, *h*) enlarge (*a.* PHOT); increase; OPT magnify; ***sich ~*** increase, grow, expand; **Ver'größerung** *f* (-; *-en*) increase; PHOT enlargement; OPT magnification; **Ver'größerungsglas** *n* OPT magnifying glass
Vergünstigung [fɛɐ'gʏnstɪgʊŋ] *f* (-; *-en*) privilege
vergüten [fɛɐ'gy:tən] *v/t* (*no -ge-*, *h*) reimburse, pay (for); **Ver'gütung** *f* (-; *-en*) reimbursement
ver'haften *v/t* (*no -ge-*, *h*), **Ver'haftung** *f* (-; *-en*) arrest
ver'halten[1] *v/refl* (*irr*, ***halten***, *no -ge-*, *h*) behave, conduct o.s., act; ***sich ruhig ~*** keep quiet
ver'halten[2] *adj* restrained; subdued
Ver'halten *n* (*-s*; *no pl*) behavio(u)r, conduct; **Ver'haltensforschung** *f* behavio(u)ral science; **ver'haltensgestört** *adj* disturbed, maladjusted
Verhältnis [fɛɐ'hɛltnɪs] *n* (*-ses*; *-se*) relationship, relations; attitude; proportion, relation, *esp* MATH ratio; F affair; *pl* circumstances, conditions; ***über j-s ~se*** beyond s.o.'s means; **ver'hältnismäßig** *adv* comparatively, relatively
Ver'hältniswort *n* (-[*e*]*s*; *-wörter*) LING preposition
ver'handeln *no* (*-ge-*, *h*) **1.** *v/i* negotiate **2.** *v/t* JUR hear; **Ver'handlung** *f* (-; *-en*) negotiation, talk; JUR hearing; trial; **Ver'handlungsbasis** *f* ECON asking price
ver'hängen *v/t* (*no -ge-*, *h*) cover (***mit*** with); impose (***über*** *acc* on)
Verhängnis [fɛɐ'hɛŋnɪs] *n* (*-ses*; *-se*) fate; disaster; **ver'hängnisvoll** *adj* fatal, disastrous
verharmlosen [fɛɐ'harmlo:zən] *v/t* (*no -ge-*, *h*) play *s.th.* down
verhärmt [fɛɐ'hɛrmt] *adj* careworn
ver'hasst *adj* hated; hateful
ver'hätscheln *v/t* (*no -ge-*, *h*) coddle, pamper, spoil

ver'hauen F *v/t* (*no -ge-, h*) spank
verheerend [fɛɐ'heːrənt] *adj* disastrous
ver'heilen *v/i* (*no -ge-, sein*) heal (up)
verheimlichen [fɛɐ'haimlıçən] *v/t* (*no -ge-, h*) hide, conceal
ver'heiraten *v/t* (*no -ge-, h*) marry (*s.o.* off) (***mit*** to); ***sich ~*** get married
ver'heiratet *adj* married (***mit*** to)
ver'heißungsvoll *adj* promising
ver'helfen *v/i* (*irr*, ***helfen***, *no -ge-, h*) ***j-m zu et. ~*** help s.o. to get s.th.
ver'herrlichen *v/t* (*no -ge-, h*) glorify, *contp a.* idolize; **Ver'herrlichung** *f* (-; *-en*) glorification
ver'hexen *v/t* (*no -ge-, h*) bewitch
ver'hindern *v/t* (*no -ge-, h*) prevent (***dass j. et. tut*** s.o. from doing s.th.); **ver'hindert** *adj* unable to come; F ***ein ~er ...*** a would-be ...; **Ver'hinderung** *f* (-; *-en*) prevention
ver'höhnen *v/t* (*no -ge-, h*) deride, mock (at), jeer (at)
Verhör [fɛɐ'høːɐ] *n* (-[*e*]*s*; *-e*) JUR interrogation; **ver'hören** (*no -ge-, h*) **1.** *v/t* interrogate, question **2.** *v/refl* get it wrong
ver'hüllen *v/t* (*no -ge-, h*) cover, veil
ver'hungern *v/i* (*no -ge-, sein*) die of hunger, starve (to death)
Ver'hungern *n* (*-s*; *no pl*) starvation
ver'hüten *v/t* (*no -ge-, h*) prevent
Ver'hütung *f* (-; *-en*) prevention
Ver'hütungsmittel *n* MED contraceptive
ver'irren *v/refl* (*no -ge-, h*) get lost, lose one's way, go astray (*a. fig*)
Ver'irrung *f* (-; *-en*) aberration
ver'jagen *v/t* (*no -ge-, h*) chase *or* drive away
verjähren [fɛɐ'jɛːrən] *v/i* (*no -ge-, sein*) JUR come under the statute of limitations; **ver'jährt** *adj* JUR statute-barred
verjüngen [fɛɐ'jʏŋən] *v/t* (*no -ge-, h*) make *s.o.* (look) younger, rejuvenate; ***sich ~*** ARCH, TECH taper (off)
ver'kabeln *v/t* (*no -ge-, h*) ELECTR cable
Ver'kauf *m* sale; **ver'kaufen** *v/t* (*no -ge-, h*) sell; ***zu ~*** for sale; ***sich gut ~*** sell well; **Ver'käufer** *m* (*-s*; -) (sales)clerk, salesman, *Br* shop assistant; ECON seller; **Ver'käuferin** *f* (-; *-nen*) (sales)clerk, saleslady, *Br* shop assistant; **ver'käuflich** *adj* for sale; ***schwer ~*** hard to sell
Verkehr [fɛɐ'keːɐ] *m* (*-s*; *no pl*) traffic; transportation, *Br* transport; *fig* contact, dealings; intercourse; circulation; ***starker*** (***schwacher***) ***~*** heavy (light) traffic; **ver'kehren** (*no -ge-, h*) **1.** *v/i bus etc*: run; ***~ in*** (*dat*) frequent; ***~ mit*** associate *or* mix with; have intercourse with **2.** *v/t* turn (***in*** *acc* into); ***ins Gegenteil ~*** reverse
Ver'kehrs|ader *f* arterial road; **~ampel** *f* traffic light(s); **~behinderung** *f* hold--up, delay; JUR obstruction of traffic; **~de,likt** *n* traffic offense (*Br* offence); **~flugzeug** *n* airliner; **~funk** *m* traffic bulletin; **~insel** *f* traffic island; **~meldung** *f* traffic announcement, flash; **~mi,nister** *m* minister of transportation; **~minis,terium** *n* ministry of transportation; **~mittel** *n* means of transportation; ***öffentliche ~*** public transportation; **~opfer** *n* road casualty; **~poli,zei** *f* traffic police; **~rowdy** *m* F road hog
ver'kehrssicher *adj* MOT roadworthy
Ver'kehrs|sicherheit *f* MOT road safety; roadworthiness; **~stau** *m* traffic jam; **~sünder(in)** F traffic offender; **~teilnehmer(in)** road user; **~unfall** *m* traffic accident; (car) crash; **~unterricht** *m* traffic instruction; **~zeichen** *n* traffic sign
ver'kehrt *adj and adv* wrong; upside down; inside out
ver|'kennen *v/t* (*irr*, ***kennen***, *no -ge-, h*) mistake, misjudge; **~'klagen** *v/t* (*no -ge-, h*) JUR sue (***auf*** *acc*, ***wegen*** for); **~'klappen** *v/t* (*no -ge-, h*) dump (into the sea); **~'kleben** *v/t* (*no -ge-, h*) glue (together)
ver'kleiden *v/t* (*no -ge-, h*) disguise (***als*** as), dress *s.o.* up (as); TECH cover, (en)case; panel; ***sich ~*** disguise o.s., dress (o.s.) up; **Ver'kleidung** *f* (-; *-en*) disguise; TECH cover, encasement; panel(l)ing; MOT fairing
verkleinern [fɛɐ'klainɐn] *v/t* (*no -ge-, h*) make smaller, reduce, diminish; **Ver'kleinerung** [fɛɐ'klainərʊŋ] *f* (-; *-en*) reduction
ver'klingen *v/i* (*irr*, ***klingen***, *no -ge-, sein*) die away
ver'knallt F *adj*: ***~ sein in*** (*acc*) be madly in love with, have a crush on
ver|'knoten *v/t* (*no -ge-, h*) knot; **~'knüpfen** *v/t* (*no -ge-, h*) knot together;

fig connect, combine; **~'kohlen** *v/i* (*no -ge-, sein*) char; **~'kommen 1.** *v/i* (*irr,* ***kommen****, no -ge-, sein*) become run-down *or* dilapidated; go to seed; GASTR go bad **2.** *adj* run-down, dilapidated; neglected; depraved, rotten (to the core); **~'korken** *v/t* (*no -ge-, h*) cork (up); **~'körpern** *v/t* (*no -ge-, h*) personify; embody; *esp* THEA impersonate; **~'kriechen** *v/refl* (*irr,* ***kriechen****, no -ge-, h*) hide; **~'krümmt** *adj* crooked, curved (*a.* MED); **~'krüppelt** *adj* crippled; **~'kümmern** *v/i* (*no -ge-, sein*) BIOL become stunted; **~'kümmert** *adj* BIOL stunted

verkünden [fɛɐ'kʏndən] *v/t* (*no -ge-, h*) announce; proclaim; JUR pronounce; REL preach; **Ver'kündung** *f* (-; *-en*) announcement; proclamation; JUR pronouncement; REL preaching

ver|'kürzen *v/t* (*no -ge-, h*) shorten; reduce; **~'laden** *v/t* (*irr,* ***laden****, no -ge-, h*) load (***auf*** *acc* onto; ***in*** *acc* into)

Verlag [fɛɐ'la:k] *m* (-[*e*]*s*; *-e* [fɛɐ'la:gə]) publishing house *or* company, publisher(s)

ver'lagern *v/t and v/refl* (*no -ge-, h*) shift (***auf*** *acc* to)

ver'langen *v/t* (*no -ge-, h*) ask for; demand; claim; charge; take, call for; **Ver'langen** *n* (*-s*; -) desire (***nach*** for); longing (for), yearning (for); ***auf ~*** by request; ECON on demand

verlängern [fɛɐ'lɛŋɐn] *v/t* (*no -ge-, h*) lengthen, make longer; prolong, extend (*a.* ECON); **Verlängerung** [fɛɐ'lɛŋərʊŋ] *f* (-; *-en*) lengthening; prolongation, extension; SPORT overtime, *Br* extra time

ver'langsamen *v/t and v/refl* (*no -ge-, h*) slacken, slow down (*both a. fig*)

ver'lassen (*irr,* ***lassen****, no -ge-, h*) **1.** *v/t* leave; abandon, desert **2.** *v/refl*: ***sich ~ auf*** (*acc*) rely *or* depend on

verlässlich [fɛɐ'lɛslɪç] *adj* reliable, dependable

Ver'lauf *m* course; **ver'laufen** (*irr,* ***laufen****, no -ge-*) **1.** *v/i* (*sein*) run; go; end (up) **2.** *v/refl* (*h*) get lost, lose one's way

ver'leben *v/t* (*no -ge-, h*) spend; have

ver'legen[1] *v/t* (*no -ge-, h*) move; mislay; TECH lay; put off, postpone; publish

ver'legen[2] *adj* embarrassed

Ver'legenheit *f* (-; *-en*) (*no pl*) embarrassment; embarrassing situation

Verleger [fɛɐ'le:gɐ] *m* (*-s*; -), **Ver'legerin** *f* (-; *-nen*) publisher

Verleih [fɛɐ'lai] *m* (-[*e*]*s*; *-e*) (*no pl*) hire, rental; *film*: distributor(s)

ver'leihen *v/t* (*irr,* ***leihen****, no -ge-, h*) lend, loan; MOT *etc* rent (*Br* hire) out; award (*prize etc*); grant (*privilege etc*); **Ver'leihung** *f* (-; *-en*) award(ing), presentation; grant(ing)

ver'leiten *v/t* (*no -ge-, h*) ***j-n zu et. ~*** make s.o. do s.th., lead s.o. to do s.th.

ver'lernen *v/t* (*no -ge-, h*) forget

ver'lesen (*irr,* ***lesen****, no -ge-, h*) **1.** *v/t* read (*or* call) out **2.** *v/refl* make a slip (in reading); misread *s.th.*

verletzen [fɛɐ'lɛtsən] *v/t* (*no -ge-, h*) hurt, injure, *fig a.* offend; ***sich ~*** hurt o.s., get hurt; **~d** *adj* offensive

Ver'letzte *m, f* (*-n*; *-n*) injured person; *pl the* injured; **Ver'letzung** *f* (-; *-en*) injury, *esp pl a.* hurt; JUR violation

ver'leugnen *v/t* (*no -ge-, h*) deny; renounce

verleumden [fɛɐ'lɔymdən] *v/t* (*no -ge-, h*) defame; JUR slander, libel; **ver'leumderisch** *adj* JUR slanderous, libel(l)ous; **Ver'leumdung** *f* (-; *-en*) JUR slander; libel

ver'lieben *v/refl* (*no -ge-, h*) fall in love (***in*** *acc* with); **verliebt** [fɛɐ'li:pt] *adj* in love (***in*** *acc* with); amorous (*look etc*); **Ver'liebte** *m, f* (*-n*; *-n*) lover

verlieren [fɛɐ'li:rən] *v/t and v/i* (*irr, no -ge-, h*) lose; **Ver'lierer(in)** (*-s*; *-/-*; *-nen*) loser

ver'loben *v/refl* (*no -ge-, h*) get engaged (***mit*** to); **Verlobte** [fɛɐ'lo:ptə] **1.** *m* (*-n*; *-n*) fiancé **2.** *f* (*-n*; *-n*) fiancée; **Ver'lobung** *f* (-; *-en*) engagement

ver'locken *v/t* (*no -ge-, h*) tempt; **~d** *adj* tempting

Ver'lockung *f* (-; *-en*) temptation

verlogen [fɛɐ'lo:gən] *adj* untruthful, lying

verlor [fɛɐ'lo:ɐ] *pret of* ***verlieren***

verloren [fɛɐ'lo:rən] **1.** *pp of* ***verlieren*** **2.** *adj* lost; wasted; ***~ gehen*** be *or* get lost; **ver'lorengehen** *v/i* (*irr,* ***gehen****, sep, -ge-, sein*) → ***verloren***

ver'losen *v/t* (*no -ge-, h*) raffle (off); **Ver'losung** *f* (-; *-en*) raffle

Verlust [fɛɐ'lʊst] *m* (-[*e*]*s*; *-e*) loss (*a. fig*); *pl esp* MIL casualties

ver'machen *v/t* (*no -ge-, h*) leave, will
Vermächtnis [fɛɐ'mɛçtnɪs] *n* (*-ses; -se*) legacy (*a. fig*)
ver'markten *v/t* (*no -ge-, h*) market, merchandize; **Ver'marktung** *f* (-; *-en*) marketing, merchandizing
ver'mehren *v/t and v/refl* increase (***um*** by), multiply (by) (*a.* BIOL); BIOL reproduce, *esp* zo *a.* breed; **Ver'mehrung** *f* (-; *-en*) increase; BIOL reproduction
vermeidbar [fɛɐ'maitbaːɐ] *adj* avoidable; **ver'meiden** *v/t* (*irr*, ***meiden***, *no -ge-, h*) avoid
vermeintlich [fɛɐ'maintɪç] *adj* supposed, alleged
ver'mengen *v/t* (*no -ge-, h*) mix, mingle, blend
Vermerk [fɛɐ'mɛrk] *m* (*-[e]s; -e*) note
ver'merken *v/t* (*no -ge-, h*) make a note of
ver'messen[1] *v/t* (*irr*, ***messen***, *no -ge-, h*) measure; survey
ver'messen[2] *adj* presumptuous
Ver'messung *f* (-; *-en*) measuring; survey(ing)
ver'mieten *v/t* (*no -ge-, h*) let, rent, lease (out); rent (*Br* hire) out (*cars etc*); ***zu ~*** for rent, *Br* to let, for hire
Ver'mieter *n* (*-s*; -) landlord
Ver'mieterin *f* (-; *-nen*) landlady
Ver'mietung *f* (-; *-en*) letting, renting
ver'mischen *v/t and v/refl* (*no -ge-, h*) mix, mingle, blend (***mit*** with); **ver'mischt** *adj* mixed; miscellaneous
vermissen [fɛɐ'mɪsən] *v/t* (*no -ge-, h*) miss; **ver'misst** *adj* missing; ***die Vermissten*** *pl* the missing
ver'mitteln (*no -ge-, h*) **1.** *v/t* arrange; give, convey (*impression etc*); ***j-m et. ~*** get *or* find s.o. s.th. **2.** *v/i* mediate (***zwischen*** between); **Ver'mittler** *m* (*-s*; -) mediator, go-between; ECON agent, broker; **Ver'mittlung** *f* (-; *-en*) mediation; arrangement; agency, office; (telephone) exchange; operator
ver'modern *v/i* (*no -ge-, sein*) rot, mo(u)lder
Ver'mögen *n* (*-s*; -) fortune, property, possessions; ECON assets
ver'mögend *adj* well-to-do, well-off
vermummen [fɛɐ'mʊmən] *v/refl* (*no -ge-, h*) mask o.s., disguise o.s.
vermuten [fɛɐ'muːtən] *v/t* (*no -ge-, h*) suppose, expect, think, guess; **ver'mutlich** *adv* probably; **Ver'mutung** *f* (-; *-en*) supposition; speculation
vernachlässigen [fɛɐ'naːxlɛsɪgən] *v/t* (*no -ge-, h*), **Ver'nachlässigung** *f* (-; *-en*) neglect
ver'narben *v/i* (*no -ge-, sein*) scar over; *fig* heal
ver'narrt *adj*: ***~ in*** (*acc*) mad *or* crazy about
ver'nehmen *v/t* (*irr*, ***nehmen***, *no -ge-, h*) JUR question, interrogate
ver'nehmlich *adj* clear, distinct
Ver'nehmung *f* (-; *-en*) JUR interrogation, examination
ver'neigen *v/refl* (*no -ge-, h*), **Ver'neigung** *f* (-; *-en*) bow (***vor*** *dat* to) (*a. fig*)
ver'neinen (*no -ge-, h*) **1.** *v/t* deny **2.** *v/i* say no, answer in the negative; **~d** *adj* negative
Ver'neinung *f* (-; *-en*) denial, negative (*a.* LING)
ver'nichten *v/t* (*no -ge-, h*) destroy; **~d** *adj* devastating (*a. fig*); crushing
Ver'nichtung *f* (-; *-en*) destruction; extermination
Vernunft [fɛɐ'nʊnft] *f* (-; *no pl*) reason; ***~ annehmen*** listen to reason; ***j-n zur ~ bringen*** bring s.o. to reason
vernünftig [fɛɐ'nʏnftɪç] *adj* sensible, reasonable (*a.* ECON); F decent
ver'öden *v/i* (*no -ge-, sein*) become deserted
ver'öffentlichen *v/t* (*no -ge-, h*) publish; **Ver'öffentlichung** *f* (-; *-en*) publication
ver'ordnen *v/t* (*no -ge-, h*) order, MED *a.* prescribe (***gegen*** for); **Ver'ordnung** *f* (-; *-en*) order; MED prescription
ver'pachten *v/t* (*no -ge-, h*) lease
Ver'pächter *m* lessor
ver'packen *v/t* (*no -ge-, h*) pack (up); TECH package; wrap up
Ver'packung *f* (-; *-en*) pack(ag)ing; wrapping; **Ver'packungsmüll** *m* superfluous packaging
ver|'passen *v/t* (*no -ge-, h*) miss; **~'patzen** F *v/t* (*no -ge-, h*) mess up, spoil; **~pesten** [fɛɐ'pɛstən] *v/t* (*no -ge-, h*) pollute, foul, contaminate; stink up (*Br* out); **~'petzen** F *v/t* (*no -ge-, h*) ***j-n ~*** tell on s.o. (***bei*** to); **~'pfänden** *v/t* (*no -ge-, h*) pawn; *fig* pledge
ver'pflanzen *v/t* (*no -ge-, h*), **Ver'pflanzung** *f* (-; *-en*) transplant (*a.* MED)

ver'pflegen *v/t* (*no -ge-, h*) feed
Ver'pflegung *f* (-; *-en*) food
ver'pflichten *v/t* (*no -ge-, h*) oblige; engage; ***sich ~, et. zu tun*** undertake (ECON agree) to do s.th.; **ver'pflichtet** *adj*: ***~ sein*** (***sich ~ fühlen***) ***et. zu tun*** be (feel) obliged to do s.th.; **Ver'pflichtung** *f* (-; *-en*) obligation; duty; ECON, JUR liability; engagement, commitment
ver'pfuschen F *v/t* (*no -ge-, h*) bungle, botch
ver'plappern *v/refl* (*no -ge-, h*) blab
verpönt [fɛɐ'pøːnt] *adj* taboo
ver'prügeln F *v/t* (*no -ge-, h*) beat *s.o.* up
Ver'putz *m* (*-es*; *no pl*), **ver'putzen** *v/t* (*no -ge-, h*) ARCH plaster
verquollen [fɛɐ'kvɔlən] *adj face etc*: puffy, swollen; *wood*: warped
Verrat [fɛɐ'raːt] *m* (-[*e*]*s*; *no pl*) betrayal (***an*** *dat* of); treachery (to); JUR treason (to); **ver'raten** *v/t* (*irr*, ***raten***, *no -ge-, h*) betray, give away (*both a. fig*); ***sich ~*** betray o.s., give o.s. away
Verräter [fɛɐ'rɛːtɐ] *m* (*-s*; -), **Ver'räterin** *f* (-; *-nen*) traitor
verräterisch [fɛɐ'rɛːtərɪʃ] *adj* treacherous; *fig* telltale
ver'rechnen (*no -ge-, h*) **1.** *v/t* offset (***mit*** against); **2.** *v/refl* miscalculate, make a mistake (*a. fig*); ***sich um zwei Euro ~*** be two euros out
Ver'rechnungsscheck *m* ECON voucher check, *Br* crossed cheque
ver'regnet *adj* rainy
ver'reisen *v/i* (*no -ge-, sein*) go away (***geschäftlich*** on business); **ver'reist** *adj* away (***geschäftlich*** on business)
verrenken [fɛɐ'rɛŋkən] *v/t* (*no -ge-, h*) MED dislocate, luxate; ***sich et. ~*** MED dislocate s.th.; ***sich den Hals ~*** crane one's neck; **Ver'renkung** *f* (-; *-en*) MED dislocation, luxation
ver'richten *v/t* (*no -ge-, h*) do, perform, carry out
ver'riegeln *v/t* (*no -ge-, h*) bolt, bar
verringern [fɛɐ'rɪŋɐn] *v/t* (*no -ge-, h*) decrease, lessen (*both a.* ***sich ~***), reduce, cut down; **Ver'ringerung** *f* (-; *-en*) reduction, decrease
ver'rosten *v/t* (*no -ge-, sein*) rust, get rusty (*a. fig*)
verrotten [fɛɐ'rɔtən] *v/i* (*no -ge-, sein*) rot; **ver'rottet** *adj* rotten
ver'rücken *v/t* (*no -ge-, h*) move, shift
ver'rückt *adj* mad, crazy (*both a. fig* ***nach*** about); ***wie ~*** like mad; ***~ werden*** go mad, go crazy; ***j-n ~ machen*** drive s.o. mad; **Ver'rückte** *m, f* (*-n*; *-n*) madman (madwoman), lunatic, maniac (*all a.* F); **Ver'rücktheit** *f* (-; *-en*) (*no pl*) madness, craziness; crazy thing
Ver'ruf *m*: ***in ~ bringen*** bring discredit (up)on; ***in ~ kommen*** get into discredit
ver'rufen *adj* disreputable, notorious
ver'rutschen *v/i* (*no -ge-, sein*) slip, get out of place
Vers [fɛrs] *m* (*-es*; *-e* ['fɛrzə]) verse; line
ver'sagen (*no -ge-, h*) **1.** *v/i* fail (*a.* MED), MOT *etc a.* break down; *gun etc*: misfire **2.** *v/t* deny, refuse; **Ver'sagen** *n* (*-s*; *no pl*) failure; **Ver'sager** *m* (*-s*; -) failure
ver'salzen *v/t* (*no -ge-, h*) oversalt
ver'sammeln *v/t* (*no -ge-, h*) gather, assemble; ***sich ~*** *a.* meet; **Ver'sammlung** *f* (-; *-en*) assembly, meeting
Versand [fɛɐ'zant] *m* (-[*e*]*s*; *no pl*) dispatch, shipment; **~...** *in cpds* *...haus*, *...katalog etc*: mail-order ...
ver'säumen *v/t* (*no -ge-, h*) miss; ***~ et. zu tun*** fail to do s.th.; **Versäumnis** [fɛɐ'zɔʏmnɪs] *n* (*-ses*; *-se*) omission
ver|'schaffen *v/t* (*no -ge-, h*) get, find; ***sich ~*** *a.* obtain; **~'schämt** *adj* bashful; **~'schanzen** *v/refl* (*no -ge-, h*) entrench o.s. (*a. fig* ***hinter*** behind); **~'schärfen** *v/t* (*no -ge-, h*) aggravate; tighten up; increase; ***sich ~*** get worse; **~'schenken** *v/t* (*no -ge-, h*) give away (*a. fig*); **~'scherzen** *v/t* (*no -ge-, h*) forfeit; **~'scheuchen** *v/t* (*no -ge-, h*) chase away (*a. fig*); **~'schicken** *v/t* (*no -ge-, h*) send off, *esp* ECON *a.* dispatch
ver'schieben *v/t* (*irr*, ***schieben***, *no -ge-, h*) move, shift (*a.* ***sich ~***); postpone, put off; **Ver'schiebung** *f* (-; *-en*) shift(ing); postponement
verschieden [fɛɐ'ʃiːdən] *adj* different (***von*** from); ***~e ...*** *pl* various ..., several...; **~artig** *adj* different; various
Ver'schiedenheit *f* (-; *-en*) difference
ver'schiedentlich *adv* repeatedly
ver'schiffen *v/t* (*no -ge-, h*) ship
Ver'schiffung *f* (-; *-en*) shipment
ver|'schimmeln *v/i* (*no -ge-, sein*) get mo(u)ldy; **~'schlafen** (*irr*, ***schlafen***, *no -ge-, h*) **1.** *v/i* oversleep **2.** *v/t* sleep through **3.** *adj* sleepy (*a. fig*)

Ver'schlag *m* shed
ver'schlagen[1] *v/t* (*irr*, **schlagen**, *no -ge-*, *h*) ***j-m den Atem ~*** take s.o.'s breath away; ***j-m die Sprache ~*** leave s.o. speechless; ***es hat ihn nach X ~*** he ended up in X
ver'schlagen[2] *adj* sly, cunning
verschlechtern [fɛɐ'ʃlɛçtɐn] *v/t and v/refl* (*no -ge-*, *h*) make (*refl* get) worse, worsen, deteriorate
Ver'schlechterung *f* (-; *-en*) deterioration; change for the worse
ver'schleiern *v/t* (*no -ge-*, *h*) veil (*a. fig*)
Verschleiß [fɛɐ'ʃlais] *m* (*-es*; *no pl*) wear (and tear); **ver'schleißen** *v/t* (*irr*, *no -ge-*, *h*) wear out
ver|'schleppen *v/t* (*no -ge-*, *h*) carry off; POL displace; draw out, delay; MED neglect; **~'schleudern** *v/t* (*no -ge-*, *h*) waste; ECON sell dirt cheap; **~'schließen** *v/t* (*irr*, **schließen**, *no -ge-*, *h*) close (*a. fig one's eyes*); lock (up)
ver'schlingen *v/t* (*irr*, **schlingen**, *no -ge-*, *h*) devour (*a. fig*); gulp (down)
verschliss [fɛɐ'ʃlɪs] *pret of* **verschleißen**; **verschlissen** [fɛɐ'ʃlɪsən] *pp of* **verschleißen**
verschlossen [fɛɐ'ʃlɔsən] *adj* closed; *fig* aloof, reserved; **Ver'schlossenheit** *f* (-; *no pl*) aloofness
ver'schlucken (*no -ge-*, *h*) **1.** *v/t* swallow (*fig* up); **2.** *v/refl* choke; ***ich habe mich verschluckt*** it went down the wrong way
Ver'schluss *m* fastener; clasp; catch; lock; cover, lid; cap, top; PHOT shutter; ***unter ~*** under lock and key
ver'schlüsseln *v/t* (*no -ge-*, *h*) (en)code, (en)cipher
verschmähen [fɛɐ'ʃmɛːən] *v/t* (*no -ge-*, *h*) disdain, scorn
ver'schmelzen *v/i* (*irr*, **schmelzen**, *no -ge-*, *sein*) *and v/t* (*h*) merge, fuse (*both a.* ECON, POL *etc*), melt; **Ver'schmelzung** *f* (-; *-en*) fusion (*a. fig*)
ver|'schmerzen *v/t* (*no -ge-*, *h*) get over *s.th.*; **~'schmieren** *v/t* (*no -ge-*, *h*) smear, smudge
verschmitzt [fɛɐ'ʃmɪtst] *adj* mischievous
ver|'schmutzen (*no -ge-*) **1.** *v/t* (*h*) soil, dirty; pollute **2.** *v/i* (*sein*) get dirty; get polluted; **~'schnaufen** F *v/i and v/refl* (*no -ge-*, *h*) stop for breath
ver'schneit *adj* snow-covered, snowy
Ver'schnitt *m* blend; waste
verschnupft [fɛɐ'ʃnʊpft] *adj*: ***~ sein*** MED have a cold; F be in a huff
ver'schnüren *v/t* (*no -ge-*, *h*) tie up
verschollen [fɛɐ'ʃɔlən] *adj* missing; JUR presumed dead
ver'schonen *v/t* (*no -ge-*, *h*) spare; ***j-n mit et. ~*** spare s.o. s.th.
verschönern [fɛɐ'ʃøːnɐn] *v/t* (*no -ge-*, *h*) embellish; **Verschönerung** [fɛɐ'ʃøːnərʊŋ] *f* (-; *-en*) embellishment
verschossen [fɛɐ'ʃɔsən] *adj* faded; F ***~ sein in*** (*acc*) have a crush on
verschränken [fɛɐ'ʃrɛŋkən] *v/t* (*no -ge-*, *h*) fold; cross (*one's legs*)
ver'schreiben (*irr*, **schreiben**, *no -ge-*, *h*) **1.** *v/t* MED prescribe (***gegen*** for); **2.** *v/refl* make a slip of the pen
ver'schreibungspflichtig *adj* PHARM available on prescription only
verschroben [fɛɐ'ʃroːbən] *adj* eccentric, odd
ver'schrotten *v/t* (*no -ge-*, *h*) scrap
ver'schüchtert *adj* intimidated
ver'schulden *v/t* (*no -ge-*, *h*) be responsible for, cause, be the cause of; ***sich ~*** get into debt; **ver'schuldet** *adj* in debt
ver'schütten *v/t* (*no -ge-*, *h*) spill; bury *s.o.* (alive)
verschwägert [fɛɐ'ʃvɛːgɐt] *adj* related by marriage
ver'schweigen *v/t* (*irr*, **schweigen**, *no -ge-*, *h*) keep *s.th.* a secret, hide
verschwenden [fɛɐ'ʃvɛndən] *v/t* (*no -ge-*, *h*) waste; **Verschwender** [fɛɐ'ʃvɛndɐ] *m* (*-s*; -) spendthrift; **verschwenderisch** [fɛɐ'ʃvɛndərɪʃ] *adj* wasteful, extravagant; lavish; **Ver'schwendung** *f* (-; *-en*) waste
verschwiegen [fɛɐ'ʃviːgən] *adj* discreet; hidden, secret; **Ver'schwiegenheit** *f* (-; *no pl*) secrecy, discretion
ver'schwimmen *v/i* (*irr*, **schwimmen**, *no -ge-*, *sein*) become blurred
ver'schwinden *v/i* (*irr*, **schwinden**, *no -ge-*, *sein*) disappear, vanish; F ***verschwinde!*** beat it!; **Ver'schwinden** *n* (*-s*; *no pl*) disappearance
verschwommen [fɛɐ'ʃvɔmən] *adj* blurred (*a.* PHOT), *fig a.* vague, hazy
ver'schwören *v/refl* (*irr*, **schwören**, *no*

V

-ge-, h) conspire, plot; **Verschwörer** [fɛɐ'ʃvøːrɐ] *m (-s; -)* conspirator; **Ver'schwörung** *f (-; -en)* conspiracy, plot

verschwunden [fɛɐ'ʃvʊndən] *adj* missing

ver'sehen *(irr,* ***sehen****, no -ge-, h)* **1.** *v/t* hold *(an office etc)*; **~ *mit*** provide with **2.** *v/refl* make a mistake; **Ver'sehen** *n (-s; -)* mistake, error; ***aus ~*** → **versehentlich** [fɛɐ'zeːəntlɪç] *adv* by mistake, unintentionally

Versehrte [fɛɐ'zeːɐtə] *m, f (-n; -n)* disabled person

ver|'sengen *v/t (no -ge-, h)* singe, scorch; **~'senken** *v/t (no -ge-, h)* sink; ***sich ~ in*** *(acc)* become absorbed in

versessen [fɛɐ'zɛsən] *adj*: ***~ auf*** *(acc)* keen on, mad *or* crazy about

ver'setzen *v/t (no -ge-, h)* move, shift; transfer; PED promote, *Br* move *s.o.* up; give *(s.o. a kick etc)*; pawn; AGR transplant; F ***j-n ~*** stand s.o. up; ***j-n in die Lage ~ zu*** *inf* put s.o. in a position to *inf*, enable s.o. to *inf*; ***sich in j-s Lage ~*** put o.s. in s.o.'s place; **Ver'setzung** *f (-; -en)* transfer; PED promotion

ver'seuchen *v/t (no -ge-, h)* contaminate; **Ver'seuchung** *f (-; -en)* contamination

ver'sichern *v/t (no -ge-, h)* ECON insure (***bei*** with); assure (***j-m et.*** s.o. of s.th.), assert; ***sich ~*** insure o.s.; make sure (***dass*** that); **Ver'sicherte** *m, f (-n; -n) the* insured; **Ver'sicherung** *f (-; -en)* insurance; assurance, assertion

Ver'sicherungs|gesellschaft *f* insurance company; **~po,lice** *f*, **~schein** *m* insurance policy

ver|'sickern *v/i (no -ge-, sein)* trickle away; **~'siegeln** *v/t (no -ge-, h)* seal; **~'siegen** *v/i (no -ge-, sein)* dry up, run dry; **~'silbern** *v/t (no -ge-, h)* silver-plate; F turn *s.th.* into cash; **~'sinken** *v/i (irr,* ***sinken****, no -ge-, sein)* sink; → ***versunken***

Version [vɛr'zjoːn] *f (-; -en)* version

'Versmaß *n* meter, *Br* metre

versöhnen [fɛɐ'zøːnən] *v/t (no -ge-, h)* reconcile; ***sich (wieder) ~*** make it up (***mit*** with); **ver'söhnlich** *adj* conciliatory; **Ver'söhnung** *f (-; -en)* reconciliation; *esp* POL appeasement

ver'sorgen *v/t (no -ge-, h)* provide (***mit*** with), supply (with); support; take care of, look after; **Ver'sorgung** *f (-; no pl)* supply (***mit*** with); support; care

ver'späten *v/refl (no -ge-, h)* be late; **ver'spätet** *adj* belated, late, RAIL *etc a.* delayed; **Ver'spätung** *f (-; -en)* being *or* coming late, RAIL *etc* delay; ***20 Minuten ~ haben*** be 20 minutes late

ver'speisen *v/t (no -ge-, h)* eat (up)

ver'sperren *v/t (no -ge-, h)* bar, block (up), obstruct *(a. view)*; lock

ver'spielen *v/t (no -ge-, h)* lose; **ver'spielt** *adj* playful

ver'spotten *v/t (no -ge-, h)* make fun of, ridicule

ver'sprechen *(irr,* ***sprechen****, no -ge-, h)* **1.** *v/t* promise *(a. fig)*; ***sich zu viel ~*** (***von***) expect too much (of) **2.** *v/refl* make a mistake *or* slip; **Ver'sprechen** *n (-s; -)* promise; ***ein ~ geben*** (***halten, brechen***) make (keep, break) a promise; **Ver'sprecher** F *m (-s; -)* slip (of the tongue)

ver'staatlichen *v/t (no -ge-, h)* ECON nationalize; **Ver'staatlichung** *f (-; -en)* ECON nationalization

Verstädterung [fɛɐ'ʃtɛːtərʊŋ] *f (-; -en)* urbanization

Verstand [fɛɐ'ʃtant] *m (-[e]s; no pl)* mind, intellect; reason, (common) sense; intelligence, brains; ***nicht bei ~*** out of one's mind, not in one's right mind; ***den ~ verlieren*** go out of one's mind; **verstandesmäßig** [fɛɐ'ʃtandəsmɛːsɪç] *adj* rational

ver'ständig *adj* reasonable, sensible

verständigen [fɛɐ'ʃtɛndɪgən] *v/t (no -ge-, h)* inform (***von*** of), notify (of); call *(doctor, police etc)*; ***sich ~*** communicate; come to an agreement (***über*** *acc* on); **Ver'ständigung** *f (-; no pl)* communication *(a.* TEL*)*; agreement

verständlich [fɛɐ'ʃtɛntlɪç] *adj* audible; intelligible; comprehensible; understandable; ***schwer*** (***leicht***) ***~*** difficult (easy) to understand; ***j-m et. ~ machen*** make s.th. clear to s.o.; ***sich ~ machen*** make o.s. understood

Verständnis [fɛɐ'ʃtɛntnɪs] *n (-ses; no pl)* comprehension, understanding; sympathy; (***viel***) ***~ haben*** be (very) understanding; ***~ haben für*** understand; appreciate

ver'ständnislos *adj* uncomprehend-

ing; blank (*look etc*)
ver'ständnisvoll *adj* understanding, sympathetic; knowing (*look etc*)
ver'stärken *v/t* (*no -ge-*, *h*) reinforce (*a.* TECH, MIL); strengthen (*a.* TECH); *radio*, PHYS amplify; intensify; **Ver'stärker** *m* (*-s*; -) amplifier; **Ver'stärkung** *f* (-; *-en*) strengthening; reinforcement(s MIL); amplification; intensification
ver'stauben *v/i* (*no -ge-*, *sein*) get dusty
verstauchen [fɛɐ'ʃtauxən] *v/t* (*no -ge-*, *h*), **Ver'stauchung** *f* (-; *-en*) MED sprain
ver'stauen *v/t* (*no -ge-*, *h*) stow away
Versteck [fɛɐ'ʃtɛk] *n* (-[*e*]*s*; *-e*) hiding place, hideout, hideaway
ver'stecken *v/t and v/refl* (*no -ge-*, *h*) hide (*a. fig*); ***Verstecken spielen*** play (at) hide-and-seek
ver'stehen *v/t* (*irr*, ***stehen***, *no -ge-*, *h*) understand, F get; catch; see; realize; know; ***es ~ zu*** *inf* know how to *inf*; ***zu ~ geben*** give *s.o.* to understand, suggest; ***ich verstehe!*** I see!; ***falsch ~*** misunderstand; ***was ~ Sie unter …?*** what do you mean *or* understand by …?; ***sich*** (***gut***) **~** get along (well) (***mit*** with); ***es versteht sich von selbst*** it goes without saying
ver'steifen (*no -ge-*, *h*) **1.** *v/t* stiffen (*a.* ***sich ~***); TECH strut, brace **2.** *v/refl*: ***sich auf et. ~*** insist on (doing) s.th.
ver'steigern *v/t* (*no -ge-*, *h*) auction off
Ver'steigerung *f* (-; *-en*) auction (sale)
ver'steinern *v/i* (*no -ge-*, *sein*) petrify (*a. fig*)
ver'stellbar *adj* adjustable
ver'stellen *v/t* (*no -ge-*, *h*) block; move; set *s.th.* wrong *or* the wrong way; TECH adjust, regulate; disguise (*one's voice etc*); ***sich ~*** pretend
Ver'stellung *f* (-; *no pl*) disguise, make-believe, (false) show
ver'steuern *v/t* (*no -ge-*, *h*) pay duty *or* tax on
verstiegen [fɛɐ'ʃti:gən] *adj* high-flown
ver'stimmen *v/t* (*no -ge-*, *h*) MUS put out of tune; *fig* annoy; **ver'stimmt** *adj* annoyed; MUS out of tune; MED upset; **Ver'stimmung** *f* (-; *-en*) annoyance
ver|stockt [fɛɐ'ʃtɔkt] *adj* stubborn, obstinate; **~stohlen** [fɛɐ'ʃto:lən] *adj* furtive, stealthy
ver'stopfen *v/t* (*no -ge-*, *h*) plug (up); block, jam; MED constipate; **ver'stopft** *adj* MED constipated; **Ver'stopfung** *f* (-; *-en*) block(age); MED constipation
verstorben [fɛɐ'ʃtɔrbən] *adj* late, deceased; **Ver'storbene** *m*, *f* (*-n*; *-n*) *the* deceased; ***die ~n*** the deceased
verstört [fɛɐ'ʃtø:ɐt] *adj* upset; distracted; wild (*look etc*)
Ver'stoß *m* offense, *Br* offence (***gegen*** against), violation (of)
ver'stoßen (*irr*, ***stoßen***, *no -ge-*, *h*) **1.** *v/t* expel (***aus*** from); disown **2.** *v/i*: ***~ gegen*** offend against, violate
ver'strahlt *adj* (radioactively) contaminated
ver'streichen (*irr*, ***streichen***, *no -ge-*) **1.** *v/i* (*sein*) *time*: pass, go by; *date*: expire **2.** *v/t* (*h*) spread
ver'streuen *v/t* (*no -ge-*, *h*) scatter
verstümmeln [fɛɐ'ʃtʏməln] *v/t* (*no -ge-*, *h*) mutilate (*a. fig*); **Ver'stümmelung** *f* (-; *-en*) mutilation (*a. fig*)
ver'stummen *v/i* (*no -ge-*, *sein*) grow silent; stop; die down
Versuch [fɛɐ'zu:x] *m* (-[*e*]*s*; *-e*) attempt, try; trial, test; PHYS experiment; ***mit et.*** (***j-m***) ***e-n ~ machen*** give s.th. (s.o.) a try; **ver'suchen** *v/t* (*no -ge-*, *h*) try, attempt; taste; REL tempt; ***es ~*** have a try (at it)
Ver'suchs… *in cpds …bohrung etc*: test …, trial …; **~ka,ninchen** *n* guinea pig; **~stadium** *n* experimental stage; **~tier** *n* laboratory *or* test animal
ver'suchsweise *adv* by way of trial
Ver'suchung *f* (-; *-en*) temptation; ***j-n in ~ führen*** tempt s.o.
versunken [fɛɐ'zʊŋkən] *fig adj*: ***~ in*** (*acc*) absorbed *or* lost in
ver'süßen *v/t* (*no -ge-*, *h*) sweeten
ver'tagen *v/t and v/refl* (*no -ge-*, *h*) adjourn; **Ver'tagung** *f* (-; *-en*) adjournment
ver'tauschen *v/t* (*no -ge-*, *h*) exchange (***mit*** for)
verteidigen [fɛɐ'taidɪgən] *v/t* (*no -ge-*, *h*) defend (***sich*** o.s.); **Verteidiger(in)** [fɛɐ'taidɪgɐ (-gərɪn)] (*-s*; -/-; *-nen*) defender, SPORT *a.* back; *fig* advocate; **Ver'teidigung** *f* (-; *-en*) defense, *Br* defence
Ver'teidigungs… *in cpds …politik etc*: *mst* defense …, *Br* defence …; **~mi,nister** *m* Secretary of Defense, *Br* Minister of Defence; **~minis,terium**

n Department of Defense, *Br* Ministry of Defence
ver'teilen *v/t* (*no -ge-, h*) distribute; hand out; **Ver'teiler** *m* (*-s; -*) distributor; **Ver'teilung** *f* (*-; -en*) distribution
ver'tiefen *v/t and v/refl* (*no -ge-, h*) deepen (*a. fig*); ***sich ~ in*** (*acc*) become absorbed in; **Ver'tiefung** *f* (*-; -en*) hollow, depression, dent; *fig* deepening
vertikal [vɛrti'ka:l] *adj*, **Verti'kale** *f* (*-; -n*) vertical
ver'tilgen *v/t* (*no -ge-, h*) exterminate; F consume; **Ver'tilgung** *f* (*-; no pl*) extermination
vertonen [fɛɐ'to:nən] *v/t* (*no -ge-, h*) set to music
Vertrag [fɛɐ'tra:k] *m* (*-[e]s; Verträge* [fɛɐ'trɛ:gə]) contract; POL treaty
ver'tragen *v/t* (*irr,* ***tragen****, no -ge-, h*) endure, bear, stand; ***ich kann ... nicht ~*** ... doesn't agree with me; I can't stand ...; ***er kann viel ~*** he can take a lot; he can hold his drink; F ***ich (es) könnte ... ~*** I (it) could do with ...; ***sich (gut) ~*** get along (well) (***mit*** with); ***sich wieder ~*** make it up
ver'traglich *adv* by contract
verträglich [fɛɐ'trɛ:klɪç] *adj* easy to get on with; GASTR (easily) digestible
ver'trauen *v/i* (*no -ge-, h*) trust (***auf*** *acc* in); **Ver'trauen** *n* (*-s; no pl*) confidence, trust, faith; ***im ~ (gesagt)*** between you and me; ***wenig ~ erweckend aussehen*** inspire little confidence
Ver'trauens|frage *f*: ***die ~ stellen*** PARL ask for a vote of confidence; **~sache** *f*: ***das ist ~*** that is a matter of confidence; **~stellung** *f* position of trust
ver'trauensvoll *adj* trustful, trusting
Ver'trauensvotum *n* PARL vote of confidence
ver'trauenswürdig *adj* trustworthy
ver'traulich *adj* confidential; familiar
ver'traut *adj* familiar; close
Ver'traute *m, f* (*-n; -n*) confidant(e *f*)
Ver'trautheit *f* (*-; no pl*) familiarity
ver'treiben *v/t* (*irr,* ***treiben****, no -ge-, h*) drive *or* chase away (*a. fig*); pass (*the time*); ECON sell; ***~ aus*** drive out of; **Ver'treibung** *f* (*-; -en*) expulsion (***aus*** from)
ver'treten *v/t* (*irr,* ***treten****, no -ge-, h*) substitute for, replace, stand in for; POL, ECON represent, PARL *a.* sit for; JUR act for *s.o.*; ***j-s Sache ~*** JUR plead s.o.'s cause; ***die Ansicht ~, dass*** argue that; ***sich den Fuß ~*** sprain one's ankle; F ***sich die Beine ~*** stretch one's legs
Ver'treter *m* (*-s; -*), **Ver'treterin** *f* (*-; -nen*) substitute, deputy; POL, ECON representative, ECON *a.* agent; MED locum
Ver'tretung *f* (*-; -en*) substitution, replacement; substitute, stand-in, *a.* supply teacher; ECON, POL representation
Vertrieb [fɛɐ'tri:p] *m* (*-[e]s; no pl*) ECON sale, distribution
Vertriebene [fɛɐ'tri:bənə] *m, f* (*-n; -n*) POL expellee, refugee
ver|'trocknen *v/i* (*no -ge-, sein*) dry up; **~'trödeln** F *v/t* (*no -ge-, h*) dawdle away, waste; **~'trösten** *v/t* (*no -ge-, h*) put *s.o.* off; **~'tuschen** F *v/t* (*no -ge-, h*) cover up; **~'übeln** *v/t* (*no -ge-, h*) take amiss; ***ich kann es ihr nicht ~*** I can't blame her for it; **~'üben** *v/t* (*no -ge-, h*) commit
verunglücken [fɛɐ'ʔʊnglʏkən] *v/i* (*no -ge-, sein*) have an accident; *fig* go wrong; ***tödlich ~*** die in an accident
ver'ursachen *v/t* (*no -ge-, h*) cause
ver'urteilen *v/t* (*no -ge-, h*) condemn (***zu*** to) (*a. fig*), sentence (to), convict (***wegen*** of); **Ver'urteilung** *f* (*-; -en*) condemnation (*a. fig*)
ver'vielfachen *v/t* (*no -ge-, h*) multiply
vervielfältigen [fɛɐ'fi:lfɛltɪgən] *v/t* (*no -ge-, h*) copy, duplicate; **Ver'vielfältigung** *f* (*-; -en*) duplication; copy
ver'vollkommnen *v/t* (*no -ge-, h*) perfect; improve
vervollständigen [fɛɐ'fɔlʃtɛndɪgən] *v/t* (*no -ge-, h*) complete
ver|'wachsen *adj* MED deformed, crippled; *fig* ***~ mit*** deeply rooted in, bound up with; **~'wackelt** F *adj* PHOT blurred
ver'wahren *v/t* (*no -ge-, h*) keep (in a safe place); ***sich ~ gegen*** protest against
verwahrlost [fɛɐ'va:ɐlo:st] *adj* uncared-for, neglected
ver'walten *v/t* (*no -ge-, h*) manage, *esp* POL *a.* administer; **Ver'walter** *m* (*-s; -*) manager; administrator; **Ver'waltung** *f* (*-; -en*) administration, management; **Ver'waltungs...** *in cpds ...gericht, ...kosten etc*: administrative ...

ver'wandeln *v/t* (*no -ge-, h*) change, turn (*both a.* ***sich ~***), *esp* PHYS, CHEM *a.* transform, convert (*all*: ***in*** *acc* into); **Ver'wandlung** *f* (-; *-en*) change, transformation; conversion

verwandt [fɛɐ'vant] *adj* related (***mit*** to); **Ver'wandte** *m, f* (*-n*; *-n*) relative; (***alle***) ***m-e ~n*** (all) my relatives *or* relations; ***der nächste ~*** the next of kin; **Ver'wandtschaft** *f* (-; *-en*) relationship; (*no pl*) relations

ver'warnen *v/t* (*no -ge-, h*) *Br* caution; SPORT book; **Ver'warnung** *f* (-; *-en*) *Br* caution; SPORT booking

ver'waschen *adj* washed-out

ver'wässern *v/t* (*no -ge-, h*) water down (*a. fig*)

ver'wechseln *v/t* (*no -ge-, h*) confuse (***mit*** with), mix up (with), mistake (for)

Ver'wechs(e)lung *f* (-; *-en*) mistake, F mix-up

ver'wegen *adj* daring, bold

Ver'wegenheit *f* (-; *no pl*) boldness, daring

ver'weichlicht *adj* soft

ver'weigern *v/t* (*no -ge-, h*) refuse; disobey; **Ver'weigerung** *f* (-; *-en*) denial, refusal

ver'weilen *v/i* (*no -ge-, h*) stay; *fig* rest

Verweis [fɛɐ'vais] *m* (*-es*; *-e*) reprimand, reproof; reference (***auf*** *acc* to)

ver'weisen *v/t* (*irr*, ***weisen***, *no -ge-, h*) refer (***auf*** *acc*, ***an*** *acc* to); expel (*gen* from)

ver'welken *v/i* (*no -ge-, sein*) wither, *fig a.* fade

ver'wenden *v/t* (*no -ge-, h*) use; spend (*time etc*) (***auf*** *acc* on); **Ver'wendung** *f* (-; *-en*) use; ***keine ~ haben für*** have no use for

ver'werfen *v/t* (*irr*, ***werfen***, *no -ge-, h*) drop, give up; reject

ver'werten *v/t* (*no -ge-, h*) use, make use of

verwesen [fɛɐ've:zən] *v/i* (*no -ge-, sein*), **Ver'wesung** *f* (-; *no pl*) decay

ver'wickeln *fig v/t* (*no -ge-, h*) involve; ***sich ~ in*** (*acc*) get caught in; **ver'wickelt** *fig adj* complicated; ***~ sein*** (***werden***) ***in*** (*acc*) be (get) involved in; **Ver'wicklung** *fig f* (-; *-en*) involvement; complication

ver'wildern *v/i* (*no -ge-, sein*) grow (*or* run) wild; **ver'wildert** *adj* wild (*a. fig*), overgrown

ver'winden *v/t* (*irr*, ***winden***, *no -ge-, h*) get over *s.th.*

ver'wirklichen *v/t* (*no -ge-, h*) realize; ***sich ~*** come true; ***sich selbst ~*** fulfil(l) o.s.; **Ver'wirklichung** *f* (-; *-en*) realization

ver'wirren *v/t* (*no -ge-, h*) tangle (up); *fig* confuse; **ver'wirrt** *fig adj* confused; **Ver'wirrung** *fig f* (-; *-en*) confusion

ver'wischen *v/t* (*no -ge-, h*) blur (*a. fig*); cover (*track etc*)

verwittern [fɛɐ'vɪtɐn] *v/i* (*no -ge-, sein*) GEOL weather

ver'witwet *adj* widowed

verwöhnen [fɛɐ'vø:nən] *v/t* (*no -ge-, h*) spoil; **ver'wöhnt** *adj* spoilt

verworren [fɛɐ'vɔrən] *adj* confused, muddled; complicated

verwundbar [fɛɐ'vʊntba:ɐ] *adj* vulnerable (*a. fig*); **ver'wunden** *v/t* (*no -ge-, h*) wound

ver'wunderlich *adj* surprising

Verwunderung [fɛɐ'vʊndərʊŋ] *f* (-; *no pl*) (***zu m-r*** *etc* ***~*** to my *etc*) surprise

Ver'wundete *m, f* (*-n*; *-n*) wounded (person), casualty

Ver'wundung *f* (-; *-en*) wound, injury

ver'wünschen *v/t* (*no -ge-, h*), **Ver'wünschung** *f* (-; *-en*) curse

ver'wüsten *v/t* (*no -ge-, h*) lay waste, devastate, ravage; **Ver'wüstung** *f* (-; *-en*) devastation, ravage

ver|'zählen *v/refl* (*no -ge-, h*) count wrong; **~'zaubern** *v/t* (*no -ge-, h*) enchant, *fig a.* charm; ***~ in*** (*acc*) turn into; **~'zehren** *v/t* (*no -ge-, h*) consume (*a. fig*)

ver'zeichnen *v/t* (*no -ge-, h*) record, keep a record of, list; *fig* achieve; suffer; **Ver'zeichnis** *n* (*-ses*; *-se*) list, catalog(ue); record, register; index

verzeihen [fɛɐ'tsaiən] *v/t and v/i* (*irr, no -ge-, h*) forgive *s.o.*; pardon, excuse *s.th.*; **ver'zeihlich** *adj* pardonable; **Ver'zeihung** *f* (-; *no pl*) pardon; (***j-n***) ***um ~ bitten*** apologize (to s.o.); ***~!*** (I'm) sorry!; excuse me!

ver'zerren *v/t* (*no -ge-, h*) distort (*a. fig*); ***sich ~*** become distorted

Ver'zerrung *f* (-; *-en*) distortion

Verzicht [fɛɐ'tsɪçt] *m* (*-[e]s*; *-e*) renunciation (***auf*** *acc* of); *mst* giving up, doing without *etc*

V

ver'zichten *v/i* (*no -ge-, h*) **~ auf** (*acc*) do without; give up; renounce (*a.* JUR)
verzieh [fɛɐ'tsiː] *pret of* **verzeihen**
ver'ziehen (*irr,* **ziehen**, *no -ge-*) **1.** *v/i* (*sein*) move (**nach** to); **2.** *v/t* (*h*) spoil; **das Gesicht ~** make a face; **sich ~** *wood*: warp; *storm etc*: pass (over); F disappear **3.** *pp of* **verzeihen**
ver'zieren *v/t* (*no -ge-, h*) decorate
Ver'zierung *f* (-; *-en*) decoration, ornament
ver'zinsen *v/t* (*no -ge-, h*) pay interest on; **sich ~** yield interest
Ver'zinsung *f* (-; *-en*) interest
ver'zögern *v/t* (*no -ge-, h*) delay; **sich ~** be delayed; **Ver'zögerung** *f* (-; *-en*) delay
ver'zollen *v/t* (*no -ge-, h*) pay duty on; **et.** (**nichts**) **zu ~ haben** have s.th. (nothing) to declare
verzückt [fɛɐ'tsʏkt] *adj* ecstatic; **Ver'zückung** *f* (-; *-en*) ecstasy; **in ~ geraten** go into ecstasies *or* raptures (**wegen, über** *acc* over)
Verzug [fɛɐ'tsuːk] *m* (-[*e*]*s*; *no pl*) delay; ECON default
ver'zweifeln *v/i* (*no -ge-, h*) despair (**an** *dat* of); **ver'zweifelt** *adj* desperate, despairing
Ver'zweiflung *f* (-; *no pl*) despair; **j-n zur ~ bringen** drive s.o. to despair
verzweigen [fɛɐ'tsvaigən] *v/refl* (*no -ge-, h*) branch
verzwickt [fɛɐ'tsvɪkt] F *adj* tricky
Veteran [vete'raːn] *m* (*-en*; *-en*) MIL veteran (*a. fig*)
Veterinär [veteri'nɛːɐ] *m* (*-s*; *-e*), **Veteri'närin** *f* (-; *-nen*) veterinarian, *Br* veterinary surgeon, F vet
Veto ['veːto] *n* (*-s*; *-s*) veto; (**s**)**ein ~ einlegen gegen** veto
Vetter ['fɛtɐ] *m* (*-s*; *-n*) cousin
'Vetternwirtschaft *f* (-; *no pl*) nepotism
vgl. *abbr of* **vergleiche** cf., confer
VHS *abbr of* **Volkshochschule** adult education program(me); adult evening classes
Vibration [vibra'tsjoːn] *f* (-; *-en*) vibration; **vibrieren** [vi'briːrən] *v/i* (*no -ge-, h*) vibrate
Video ['viːdeo] *n* (*-s*; *-s*) video (*a. in cpds …aufnahme, …clip, …kamera, …kassette, …recorder etc*); **auf ~ aufnehmen** video(tape), tape; **~band** *n* videotape; **~text** *m* teletext
Videothek [video'teːk] *f* (-; *-en*) video (-tape) library; video store (*Br* shop)
Vieh [fiː] *n* (-[*e*]*s*; *no pl*) cattle; **20 Stück ~** 20 head of cattle; **~bestand** *m* livestock; **~händler** *m* cattle dealer
'viehisch *contp adj* bestial, brutal
'Vieh|markt *m* cattle market; **~zucht** *f* cattle breeding, stockbreeding; **~züchter** *m* cattle breeder, stockbreeder
viel [fiːl] *adj and adv* a lot (of), plenty (of), F lots of; **~e** many; **nicht ~** not much; **nicht ~e** not many; **sehr ~** a great deal (of); **sehr ~e** very many, a lot (of); **das ~e Geld** all that money; **ziemlich ~** quite a lot (of); **ziemlich ~e** quite a few; **~ besser** much better; **~ teurer** much more expensive; **e-r zu ~** one too many; **~ zu ~** far too much; **~ zu wenig** not nearly enough; **~ lieber** much rather; **wie ~** how much (*pl* many); **~ beschäftigt** very busy; **~ sagend** meaningful; **~ versprechend** promising; **'vieldeutig** [-dɔʏtɪç] *adj* ambiguous; **vielerlei** ['fiːlɐ'lai] *adj* all kinds *or* sorts of; **'vielfach 1.** *adj* multiple **2.** *adv* in many cases, (very) often; **'Vielfalt** *f* (-; *no pl*) (great) variety (*gen* of); **'vielfarbig** *adj* multicolo(u)red
vielleicht [fi'laiçt] *adv* perhaps, maybe; **~ ist er …** he may *or* might be …
'vielmals *adv*: (**ich**) **danke** (**Ihnen**) **~** thank you very much; **entschuldigen Sie ~** I'm very sorry, I do apologize
viel'mehr *cj* rather
'viel|sagend *adj* meaningful; **~seitig** ['fiːlzaitɪç] *adj* versatile
'Vielseitigkeit *f* (-; *no pl*) versatility
'vielversprechend *adj* promising
vier [fiːɐ] *adj* four; **zu viert sein** be four; **auf allen ~en** on all fours; **unter ~ Augen** in private, privately
'Vierbeiner [-bainɐ] *m* (*-s*; -) ZO quadruped, four-legged animal
'vierbeinig *adj* four-legged
'Viereck *n* quadrangle, quadrilateral
'viereckig *adj* quadrangular, square
Vierer ['fiːrɐ] *m* (*-s*; -) *rowing*: four
'vierfach *adj* fourfold; **~e Ausfertigung** four copies
'vierfüßig ['fiːɐfyːsɪç] *adj* four-footed
'Vierfüßler ['fiːɐfyːslɐ] *m* (*-s*; -) ZO quadruped
'vierhändig ['fiːɐhɛndɪç] *adj* MUS four-

handed
'**vierjährig** ['fiːɐjɛːrɪç] *adj* four-year-old, of four
Vierlinge ['fiːɐlɪŋə] *pl* quadruplets, quads
'**viermal** *adv* four times
'**Vierradantrieb** *m* MOT four-wheel drive
'**vierseitig** ['fiːɐzaitɪç] *adj* MATH quadrilateral
'**vierspurig** ['fiːɐʃpuːrɪç] *adj* MOT four-lane
'**vierstöckig** ['fiːɐʃtœkɪç] *adj* four-storied, *Br* four-storey ...
'**Viertaktmotor** *m* four-stroke engine
vierte ['fiːɐtə] *adj* fourth
Viertel ['fɪrtəl] *n* (-*s*; -) fourth (part); quarter; **(*ein*) ~ *vor* (*nach*)** (a) quarter to (past); **~fiˌnale** *n* SPORT quarter finals
Viertel'jahr *n* three months
'**vierteljährlich** **1.** *adj* quarterly **2.** *adv* every three months, quarterly
vierteln ['fɪrtəln] *v/t* (*ge-*, *h*) quarter
'**Viertel|note** *f* MUS quarter note, *Br* crotchet; **~pfund** *n* quarter of a pound
Viertel'stunde *f* quarter of an hour
viertens ['fiːɐtəns] *adv* fourthly
vierzehn ['fɪrtseːn] *adj* fourteen; **~ *Tage*** two weeks, *esp Br a.* a fortnight
'**vierzehnte** *adj* fourteenth
vierzig ['fɪrtsɪç] *adj* forty
'**vierzigste** *adj* fortieth
Villa ['vɪla] *f* (-; *Villen*) villa
violett [vio'lɛt] *adj* violet, purple
Violine [vio'liːnə] *f* (-; -*n*) MUS violin
Virtuelle Realität [vɪr'tuɛlə] *f* virtual reality, Cyberspace
virtuos [vɪr'tuoːs] *adj* virtuoso ..., masterly; **Virtuose** [vɪr'tuoːzə] *m* (-*n*; -*n*) virtuoso; **Virtuosität** [vɪrtuozi'tɛːt] *f* (-; *no pl*) virtuosity
Virus ['viːrʊs] *n*, *m* (-; *Viren*) MED virus
Visier [vi'ziːɐ] *n* (-*s*; -*e*) sights; visor
Vision [vi'zjoːn] *f* (-; -*en*) vision
Visite [vi'ziːtə] *f* (-; -*n*) MED round
Vi'sitenkarte *f* (visiting) card
Visum ['viːzʊm] *n* (-*s*; *Visa*) visa
vital [vi'taːl] *adj* vigorous; **Vitalität** [vitali'tɛːt] *f* (-; *no pl*) vigo(u)r
Vitamin [vita'miːn] *n* (-*s*; -*e*) vitamin
Vitrine [vi'triːnə] *f* (-; -*n*) (glass) cabinet; showcase
Vize... ['fiːtsə-] *in cpds* vice(-)...
Vogel ['foːgəl] *m* (-*s*; *Vögel* ['føːgəl]) ZO bird
'**Vogelbauer** *n* birdcage
'**vogelfrei** *adj* outlawed
'**Vogel|futter** *n* birdseed; **~grippe** *f* bird flu, avian flu; **~käfig** *m* birdcage; **~kunde** *f* ornithology
vögeln ['føːgəln] V *v/t and v/i* (*ge-*, *h*) screw
'**Vogel|nest** *n* bird's nest; **~perspektive** *f* bird's-eye view; **~scheuche** *f* scarecrow (*a. fig*); **~schutzgebiet** *n* bird sanctuary; **~warte** *f* ornithological station; **~zug** *m* bird migration
Vokabel [vo'kaːbəl] *f* (-; -*n*) word; *pl* → **Vokabular** [vokabu'laːɐ] *n* (-*s*; -*e*) vocabulary
Vokal [vo'kaːl] *m* (-*s*; -*e*) LING vowel
Volant [vo'la͂ː] *Austrian m* → ***Lenkrad***
Volk [fɔlk] *n* (-[*e*]*s*; *Völker* ['fœlkɐ]) people, nation; *the* people; ZO swarm; ***ein Mann aus dem ~e*** a man of the people
Völker|kunde ['fœlkɐkʊndə] *f* ethnology; **~mord** *m* genocide; **~recht** *n* (-[*e*]*s*; *no pl*) international law; **~wanderung** *f* migration of peoples; F mass exodus
'**Volks|abstimmung** *f* POL referendum; **~fest** *n* funfair; **~hochschule** *f* adult evening classes; **~lied** *n* folk song; **~mund** *m*: ***im ~*** in the vernacular; **~muˌsik** *f* folk music; **~repuˌblik** *f* people's republic; **~schule** HIST *f* → ***Grundschule***; **~sport** *m* popular sport; **~sprache** *f* vernacular; **~stamm** *m* tribe, race; **~tanz** *m* folk dance; **~tracht** *f* national costume
'**volkstümlich** ['fɔlkstyːmlɪç] *adj* popular, folk ...; traditional
'**Volks|versammlung** *f* public meeting; **~wirt** *m* economist; **~wirtschaft** *f* (national) economy; → **~wirtschaftslehre** *f* economics; **~zählung** *f* census
voll [fɔl] **1.** *adj* full (*a. fig*); full up (*a.* F); F plastered; thick, rich (*hair*); ***~er*** full of, filled with, *a.* covered with *dirt etc* **2.** *adv* fully; completely, totally, wholly; *pay etc* in full, the full price; *hit etc* full, straight, right; ***~ entwickelt*** fully developed; **(*nicht*) *für ~ nehmen*** (not) take seriously
'**vollauf** *adv* perfectly, quite
'**vollautoˌmatisch** *adj* fully automatic
'**Vollbart** *m* (full) beard
'**Vollbeschäftigung** *f* full employment
'**Vollblut...** *in cpds* full-blooded (*a. fig*)
'**Vollblüter** ['fɔlblyːtɐ] *m* (-*s*; -) ZO thor-

V

oughbred
voll'bringen *v/t* (*irr*, ***bringen***, *no -ge-*, *h*) accomplish, achieve; perform
'**Volldampf** *m* full steam; F ***mit*** ~ (at) full blast
voll'enden *v/t* (*no -ge-*, *h*) finish, complete; **voll'endet** *adj* completed; *fig* perfect; **vollends** ['fɔlɛnts] *adv* completely; **Voll'endung** *f* (-; *no pl*) finishing, completion; *fig* perfection
voll'führen *v/t* (*no -ge-*, *h*) perform
'**vollfüllen** *v/t* (*sep*, *-ge-*, *h*) (***gießen***) fill (up)
'**Vollgas** *n* (*-es*; *no pl*) MOT full throttle; ~ ***geben*** F step on it
völlig ['fœlɪç] **1.** *adj* complete, absolute, total **2.** *adv* completely; ~ ***unmöglich*** absolutely impossible
'**volljährig** ['fɔljɛːrɪç] *adj* JUR ~ ***sein*** (***werden***) be (come) of age; ***noch nicht*** ~ under age; '**Volljährigkeit** *f* (-; *no pl*) JUR majority
voll'kommen *adj* perfect; → ***völlig***
Voll'kommenheit *f* (-; *no pl*) perfection
'**Vollkornbrot** *n* wholemeal bread
'**vollmachen** *v/t* (*sep*, *-ge-*, *h*) fill (up); F soil, dirty; ***um das Unglück voll zu machen*** to crown it all
Voll|macht *f* (-; *-en*) full power(s), authority; JUR power of attorney; ~ ***haben*** be authorized; **~milch** *f* full-cream milk; **~mond** *m* full moon
'**vollpacken** *v/t* (*sep*, *-ge-*, *h*) load (***mit*** with) (*a. fig*)
'**Vollpensi,on** *f* full board
'**vollschlank** *adj* plump
'**vollständig** *adj* complete; → ***völlig***
'**vollstopfen** *v/t* (*sep*, *-ge-*, *h*) stuff, *fig a.* cram, pack (*all*: ***mit*** with)
voll'strecken *v/t* (*no -ge-*, *h*) JUR execute; **Voll'streckung** *f* (-; *-en*) JUR execution
'**volltanken** *v/t* (*sep*, *-ge-*, *h*): ***bitte ~!*** MOT fill her up, please!
'**Voll|treffer** *m* direct hit; bull's eye (*a. fig*); **~versammlung** *f* plenary session
'**vollwertig** *adj* full
'**Vollwertkost** *f* wholefoods
vollzählig ['fɔltsɛːlɪç] *adj* complete
voll'ziehen *v/t* (*irr*, ***ziehen***, *no -ge-*, *h*) execute; perform; ***sich*** ~ take place; **Voll'ziehung** *f* (-; *no pl*), **Voll'zug** *m* (-[*e*]*s*; *no pl*) execution
Volontär [volɔn'tɛːɐ] *m* (*-s*; *-e*), **Volon'tärin** *f* (-; *-nen*) unpaid trainee
Volt [vɔlt] *n* (-; -) ELECTR volt
Volumen [vo'luːmən] *n* (*-s*; -, *-mina*) volume; size
von [fɔn] *prp* from; *instead of gen*: of; *passive*: by; about *s.o. or s.th.*; ***südlich*** ~ south of; ***weit*** ~ far from; ~ ***Hamburg*** from Hamburg; ~ ***nun an*** from now on; ***ein Freund ~ mir*** a friend of mine; ***die Freunde ~ Alice*** Alice's friends; ***ein Brief*** (***Geschenk***) ~ ***Tom*** a letter (gift) from Tom; ***ein Buch*** (***Bild***) ~ ***Orwell*** (***Picasso***) a book (painting) by Orwell (Picasso); ***der König*** (***Bürgermeister*** *etc*) ~ ... the King (Mayor *etc*) of ...; ***ein Kind ~ 10 Jahren*** a child of ten; ***müde ~ der Arbeit*** tired from work; ***es war nett*** (***gemein***) ~ ***dir*** it was nice (mean) of you; ***reden*** (***hören***) ~ talk (hear) about *or* of; ~ ***Beruf*** (***Geburt***) by profession (birth); ~ ***selbst*** by itself; ~ ***mir aus!*** I don't mind *or* care
von'stattengehen *v/i* (*irr*, ***gehen***, *sep*, *-ge-*, *sein*) go, come off
vor [foːɐ] *prp* (*dat and acc*) in front of; outside; before; ... ago; with, for; ~ ***der Klasse*** in front of the class; ~ ***der Schule*** in front of *or* outside the school; before school; ~ ***kurzem*** (***e-r Stunde***) a short time (an hour) ago; ***5 Minuten ~ 12*** five (minutes) to twelve; ~ ***j-m liegen*** be *or* lie ahead of s.o. (*a. fig and* SPORT); ~ ***sich hin*** *smile etc* to o.s.; ***sicher*** ~ safe from; ~ ***Kälte*** with cold; ~ ***Angst*** for fear; ~ ***allem*** above all; ~ ***sich gehen*** go on, happen
'**Vorabend** *m* eve (*a. fig*)
'**Vorahnung** *f* presentiment, foreboding
voran [fo'ran] *adv* at the head (*dat* of), in front (of), before; ***Kopf*** ~ head first; **~gehen** *v/i* (*irr*, ***gehen***, *sep*, *-ge-*, *sein*) go in front *or* first; *esp fig* lead the way; **~kommen** *v/i* (*irr*, ***kommen***, *sep*, *-ge-*, *sein*) get on *or* along (*a. fig*), make headway
'**Voranzeige** *f* preannouncement; *film*: trailer
'**vorarbeiten** *v/i* (*sep*, *-ge-*, *h*) work in advance; *fig* pave the way
'**Vorarbeiter** *m* foreman
voraus [fo'raus] *adv* ahead (*dat* of); ***im Voraus*** in advance, beforehand
vo'rausgehen *v/i* (*irr*, ***gehen***, *sep*, *-ge-*,

sein) precede; → ***vorangehen***
vo'rausgesetzt *cj*: **~, *dass*** provided that
Vo'raussage *f* (-; *-n*) prediction; METEOR forecast; **vo'raussagen** *v/t* (*sep*, *-ge-*, *h*) predict; forecast
vo'raus|schicken *v/t* (*sep*, *-ge-*, *h*) send on ahead; **~sehen** *v/t* (*irr*, ***sehen***, *sep*, *-ge-*, *h*) foresee, see *s.th.* coming
vo'raussetzen *v/t* (*sep*, *-ge-*, *h*) assume; take *s.th.* for granted
Vo'raussetzung *f* (-; *-en*) condition, prerequisite; assumption; ***die ~en erfüllen*** meet the requirements
Vo'raussicht *f* (-; *no pl*) foresight; ***aller ~ nach*** in all probability
vo'raussichtlich *adv* probably; ***er kommt ~ morgen*** he is expected to arrive tomorrow
Vo'rauszahlung *f* advance payment
'Vorbedeutung *f* omen
'Vorbedingung *f* prerequisite
Vorbehalt ['foːɐbəhalt] *m* (-[*e*]*s*; *-e*) reservation; **'vorbehalten 1.** *v/t* (*irr*, ***halten***, *sep*, *no -ge-*, *h*) ***sich*** (***das Recht***) ***~ zu*** *inf* reserve the right to *inf* **2.** *adj* reserved; **'vorbehaltlos 1.** *adj* unconditional **2.** *adv* without reservation
vor'bei *adv time*: over, past; finished; gone; *space*: past, by; ***jetzt ist alles ~*** it's all over now; ***~!*** missed!; **~fahren** *v/i* (*irr*, ***fahren***, *sep*, *-ge-*, *sein*) go (*or* drive) past (***an*** *dat s.o. or s.th.*), pass (*s.o. or s.th.*); **~gehen** *v/i* (*irr*, ***gehen***, *sep*, *-ge-*, *sein*) walk past; *a. fig* go by, pass; *shot etc*: miss; **~ kommen** *v/i* (*irr*, ***kommen***, *sep*, *-ge-*, *sein*) pass (***an*** *dat s.th.*); get past (*an obstacle etc*); F drop in (***bei j-m*** on s.o.); *fig* avoid; **~lassen** *v/t* (*irr*, ***lassen***, *sep*, *-ge-*, *h*) let *s.o.* pass
'Vorbemerkung *f* preliminary remark
'vorbereiten *v/t and v/refl* (*sep*, *no -ge-*, *h*) prepare (***auf*** *acc* for); **'Vorbereitung** *f* (-; *-en*) preparation (***auf*** *acc* for)
'vorbestellen *v/t* (*sep*, *no -ge-*, *h*) book (*or* order) in advance; reserve (*room*, *seat etc*); **'Vorbestellung** *f* (-; *-en*) advance booking; reservation
'vorbestraft *adj*: ***~ sein*** have a police record
'vorbeugen (*sep*, *-ge-*, *h*) **1.** *v/i* prevent (***e-r Sache*** s.th.); **2.** *v/refl* bend forward; **~d** *adj* preventive, MED *a.* prophylactic
'Vorbeugung *f* (-; *-en*) prevention
'Vorbild *n* model, pattern; (***j-m***) ***ein ~ sein*** set an example (to s.o.); ***sich j-n zum ~ nehmen*** follow s.o.'s example
'vorbildlich *adj* exemplary
'Vorbildung *f* education(al background)
'vor|bringen *v/t* (*irr*, ***bringen***, *sep*, *-ge-*, *h*) bring forward; say, state; **~da,tieren** *v/t* (*no -ge-*, *h*) antedate; postdate
Vorder... ['fɔrdɐ-] *in cpds ...achse*, *...rad*, *...sitz*, *...tür*, *...zahn etc*: front ...
vordere ['fɔrdərə] *adj* front
'Vorder|grund *m* foreground (*a. fig*); **~mann** *m*: ***mein ~*** the man *or* boy in front of me; **~seite** *f* front (side); head
'vor|dränge(l)n *v/refl* (*sep*, *-ge-*, *h*) cut into line, *Br* jump the queue; **~dringen** *v/i* (*irr*, ***dringen***, *sep*, *-ge-*, *sein*) advance; **~ (*bis*) *zu*** work one's way through to (*a. fig*)
'Vordruck *m* (-[*e*]*s*; *-e*) form, blank
'voreilig *adj* hasty, rash, precipitate; ***~e Schlüsse ziehen*** jump to conclusions
'voreingenommen *adj* prejudiced, bias(s)ed; **'Voreingenommenheit** *f* (-; *no pl*) prejudice, bias
'vorenthalten *v/t* (*irr*, ***halten***, *sep*, *no -ge-*, *h*) keep back, withhold (*both*: ***j-m et.*** s.th. from s.o.)
'Vorentscheidung *f* preliminary decision
'vorerst *adv* for the present, for the time being
Vorfahr ['foːɐfaːɐ] *m* (*-en*; *-en*) ancestor
'vorfahren *v/i* (*irr*, ***fahren***, *sep*, *-ge-*, *sein*) drive up (*or* on); **'Vorfahrt** *f* (-; *no pl*) right of way, priority
'Vorfall *m* incident, occurrence, event
'vor|fallen *v/i* (*irr*, ***fallen***, *sep*, *-ge-*, *sein*) happen, occur; **~finden** *v/t* (*irr*, ***finden***, *sep*, *-ge-*, *h*) find
'Vorfreude *f* anticipation
'vorführen *v/t* (*sep*, *-ge-*, *h*) show, present; perform (*trick etc*); demonstrate; JUR bring (***j-m*** before s.o.); **'Vorführer** *m* demonstrator; **'Vorführung** *f* presentation, show(ing); performance; demonstration; JUR production
'Vorführwagen *m* MOT demonstrator, *Br* demonstration car
'Vorgabe *f* handicap
'Vorgang *m* event, occurrence, happen-

V

ing; file, record(s); BIOL, TECH process; ***e-n ~ schildern*** give an account of what happened; **Vorgänger(in)** ['foːɐgɛŋɐ, 'foːɐgɛŋərɪn] *m(f)* (*-s*; *-/-*; *-nen*) predecessor

'**Vorgarten** *m* front yard (*Br* garden)

'**vorgeben** *v/t* (*irr*, ***geben***, *sep*, *-ge-*, *h*) SPORT give; *fig* use *s.th.* as a pretext

'**Vorgebirge** *n* foothills

'**vorgefasst** *adj* preconceived

'**vorgefertigt** *adj* prefabricated

'**Vorgefühl** *n* presentiment

'**vorgehen** *v/i* (*irr*, ***gehen***, *sep*, *-ge-*, *sein*) go on; come first; act; JUR sue (***gegen j-n*** s.o.); proceed; *watch*: be fast; '**Vorgehen** *n* (*-s*; *no pl*) procedure

'**vorgeschichtlich** *adj* prehistoric

'**Vor|geschmack** *m* foretaste (***auf*** *acc* of); **~gesetzte** *m*, *f* (*-n*; *-n*) superior, F boss

'**vorgestern** *adv* the day before yesterday

'**vorgreifen** *v/i* (*irr*, ***greifen***, *sep*, *-ge-*, *h*) anticipate *s.o. or s.th.*

'**vorhaben** *v/t* (*irr*, ***haben***, *sep*, *-ge-*, *h*) plan, intend; ***haben Sie heute Abend et. vor?*** have you anything on tonight?; ***was hat er jetzt wieder vor?*** what is he up to now?; '**Vorhaben** *n* (*-s*; *-*) plan(s), intention; TECH, ECON *a.* project

'**Vorhalle** *f* (entrance) hall, lobby

'**vorhalten** (*irr*, ***halten***, *sep*, *-ge-*, *h*) **1.** *v/t*: ***j-m et. ~*** hold s.th. in front of s.o.; *fig* blame s.o. for (doing) s.th. **2.** *v/i* last; '**Vorhaltungen** *pl* reproaches; ***j-m ~ machen*** (***für et.***) reproach s.o. (with s.th., for being ...)

'**Vorhand** *f* (*-*; *no pl*) *tennis*: forehand

vorhanden [foːɐ'handən] *adj* available; in existence; ***~ sein*** exist; ***es ist nichts mehr ~*** there's nothing left; **Vor'handensein** *n* (*-s*; *no pl*) existence

'**Vorhang** *m* curtain

'**Vorhängeschloss** *n* padlock

vor'her *adv* before, earlier; in advance, beforehand

vor'herbestimmen *v/t* (*sep*, *no -ge-*, *h*) predetermine

vorherig [foːɐ'heːrɪç] *adj* previous

'**Vorherrschaft** *f* (*-*; *no pl*) predominance; '**vorherrschen** *v/i* (*sep*, *-ge-*, *h*) predominate, prevail; '**vorherrschend** *adj* predominant, prevailing

vor'hersehbar *adj* foreseeable

vor'hersehen *v/t* (*irr*, ***sehen***, *sep*, *-ge-*, *h*) foresee

vor'hin *adv* a (little) while ago

'**Vorhut** *f* (*-*; *-en*) MIL vanguard

vorig ['foːrɪç] *adj* last; former, previous

vorjährig ['foːɐjɛːrɪç] *adj* of last year, last year' ...

'**Vorkämpfer** *m*, '**Vorkämpferin** *f* champion, pioneer

Vorkehrungen ['foːɐkeːrʊŋən] *pl*: ***~ treffen*** take precautions

'**Vorkenntnisse** *pl* previous knowledge *or* experience (***in*** *dat* of)

'**vorkommen** *v/i* (*irr*, ***kommen***, *sep*, *-ge-*, *sein*) be found; happen; ***es kommt mir ... vor*** it seems ... to me

'**Vorkommen** *n* (*-s*; *-*) MIN deposit(s)

Vorkommnis ['foːɐkɔmnɪs] *n* (*-ses*; *-se*) occurrence, incident, event

'**Vorkriegs...** *in cpds* prewar ...

'**vorladen** *v/t* (*irr*, ***laden***, *sep*, *-ge-*, *h*) JUR summon; '**Vorladung** *f* (*-*; *-en*) JUR summons

'**Vorlage** *f* model; pattern; copy; presentation; PARL bill; *soccer etc*: pass

'**vorlassen** *v/t* (*irr*, ***lassen***, *sep*, *-ge-*, *h*) let *s.o.* go first; let *s.o.* pass; ***vorgelassen werden*** be admitted (***bei*** to)

'**Vorlauf** *m recorder*: fast-forward; SPORT (preliminary) heat; '**Vorläufer** *m* forerunner, precursor; '**vorläufig** **1.** *adj* provisional, temporary **2.** *adv* for the present, for the time being

'**vorlaut** *adj* pert, cheeky

'**Vorleben** *n* (*-s*; *no pl*) former life, past

'**vorlegen** *v/t* (*sep*, *-ge-*, *h*) present; produce; show

'**Vorleger** *m* (*-s*; *-*) rug; mat

'**vorlesen** *v/t* (*irr*, ***lesen***, *sep*, *-ge-*, *h*) read out (aloud); ***j-m et. ~*** read s.th. to s.o.; '**Vorlesung** *f* (*-*; *-en*) lecture (***über*** *acc* on; ***vor*** *dat* to); ***e-e ~ halten*** (give a) lecture

'**vorletzte** *adj* last but one; ***~ Nacht*** (***Woche***) the night (week) before last

'**Vorliebe** *f* (*-*; *-n*) preference, special liking

'**vorliebnehmen** *v/i* (*irr*, ***nehmen***, *sep*, *-ge-*, *h*) ***mit*** make do with

'**vorliegen** *v/i* (*irr*, ***liegen***, *sep*, *-ge-*, *h*) ***es liegen*** (***keine***) ***... vor*** there are (no) ...; ***was liegt gegen ihn vor?*** what is he charged with?; **~d** *adj* present, in ques-

tion

ˈ**vor|lügen** *v/t* (*irr*, ***lügen***, *sep*, *-ge-*, *h*) ***j-m et.*** ~ tell s.o. lies; ~**machen** *v/t* (*sep*, *-ge-*, *h*) ***j-m et.*** ~ show s.th. to s.o., show s.o. how to do s.th.; *fig* fool s.o.

ˈ**Vormachtstellung** *f* supremacy

ˈ**Vormarsch** *m* MIL advance (*a. fig*)

ˈ**vormerken** *v/t* (*sep*, *-ge-*, *h*) ***j-n*** ~ put s.o.'s name down

ˈ**Vormittag** *m* morning; ***heute*** ~ this morning

ˈ**vormittags** *adv* in the morning; ***sonntags*** ~ on Sunday mornings

ˈ**Vormund** *m* (-[*e*]*s*; *-e*) JUR guardian; ~**schaft** *f* (-; *-en*) JUR guardianship

vorn [fɔrn] *adv* in front; ***nach*** ~ forward; ***von*** ~ from the front; from the beginning; ***j-n von*** ~(***e***) ***sehen*** see s.o.'s face; ***noch einmal von*** ~(***e***) (***anfangen***) (start) all over again

ˈ**Vorname** *m* first *or* Christian name, forename

vornehm [ˈfoːɐneːm] *adj* distinguished; noble; fashionable, exclusive, F smart, posh; ***die*** ~***e Gesellschaft*** (high) society; ~ ***tun*** put on airs

ˈ**vornehmen** *v/t* (*irr*, ***nehmen***, *sep*, *-ge-*, *h*) carry out, do; make (*changes etc*); ***sich et.*** ~ decide *or* resolve to do s.th.; make plans for s.th.; ***sich fest vorgenommen haben zu*** *inf* have the firm intention to *inf*, be determined to *inf*

ˈ**vornherein** *adv*: ***von*** ~ from the start *or* beginning

ˈ**Vorort** *m* suburb

ˈ**Vorposten** *m* outpost (*a.* MIL)

ˈ**vorprogramˌmieren** *v/t* (*sep*, *no -ge-*, *sein*) (pre)program(me); *fig* ***das war vorprogrammiert*** that was bound to happen

ˈ**Vorrang** *m* (-[*e*]*s*; *no pl*) precedence (***vor*** *dat* over), priority (over)

ˈ**Vorrat** *m* (-[*e*]*s*; *-räte*) store, stock, supply (*all*: ***an*** *dat* of); GASTR provisions; ECON resources, reserves; ***e-n*** ~ ***anlegen an*** (*dat*) stockpile; **vorrätig** [ˈfoːɐrɛːtɪç] *adj* available; ECON in stock

ˈ**Vorrecht** *n* privilege

ˈ**Vorredner** *m* previous speaker

ˈ**Vorrichtung** *f* TECH device

ˈ**vorrücken** (*sep*, *-ge-*) **1.** *v/t* (*h*) move forward **2.** *v/i* (*sein*) advance

ˈ**Vorrunde** *f* SPORT preliminary round

ˈ**vorsagen** *v/i* (*sep*, *-ge-*, *h*) ***j-m*** ~ prompt s.o.

ˈ**Vorsaiˌson** *f* off-peak season

ˈ**Vorsatz** *m* resolution; intention; JUR intent; **vorsätzlich** [ˈfoːɐzɛtslɪç] *adj* intentional; *esp* JUR wil(l)ful

ˈ**Vorschau** *f* preview (***auf*** *acc* of), *film*, TV *a.* trailer

ˈ**Vorschein** *m*: ***zum*** ~ ***bringen*** produce; *fig* bring out; ***zum*** ~ ***kommen*** appear; *fig* come to light

ˈ**vor|schieben** *v/t* (*irr*, ***schieben***, *sep*, *-ge-*, *h*) push forward; slip (*bolt*); *fig* use as a pretext; ~**schießen** F *v/t* (*irr*, ***schießen***, *sep*, *-ge-*, *h*) advance (*money*)

ˈ**Vorschlag** *m* suggestion, proposal (*a.* PARL *etc*); ***den*** ~ ***machen*** → ˈ**vorschlagen** *v/t* (*irr*, ***schlagen***, *sep*, *-ge-*, *h*) suggest, propose

ˈ**Vorschlussrunde** *f* SPORT semifinal

ˈ**vorschnell** *adj* hasty, rash

ˈ**vorschreiben** *fig v/t* (*irr*, ***schreiben***, *sep*, *-ge-*, *h*) prescribe; tell; ***ich lasse mir nichts*** ~ I won't be dictated to; ˈ**Vorschrift** *f* rule, regulation; instruction, direction; ***Dienst nach*** ~ ***machen*** work to rule

ˈ**vorschrifts|mäßig** *adj* correct, proper; ~**widrig** *adj and adv* contrary to regulations

ˈ**Vorschub** *m*: ~ ***leisten*** (*dat*) encourage; JUR aid and abet

ˈ**Vorschul...** *in cpds* pre-school ...

ˈ**Vorschule** *f* preschool

ˈ**Vorschuss** *m* advance

ˈ**vorschützen** *v/t* (*sep*, *-ge-*, *h*) use *s.th.* as a pretext

ˈ**vorsehen** (*irr*, ***sehen***, *sep*, *-ge-*, *h*) **1.** *v/t* plan; JUR provide; ~ ***für*** intend (*or* designate) for **2.** *v/refl* be careful, take care, watch out (***vor*** *dat* for)

ˈ**Vorsehung** *f* (-; *no pl*) providence

ˈ**vorsetzen** *v/t* (*sep*, *-ge-*, *h*) ***j-m et.*** ~ put s.th. before s.o.; offer s.o. s.th.

ˈ**Vorsicht** *f* (-; *no pl*) caution, care; ~***!*** look *or* watch out!, (be) careful!; ~, ***Stufe!*** mind the step!; ˈ**vorsichtig** *adj* careful, cautious; ˈ**vorsichtshalber** [ˈfoːɐzɪçtshalbɐ] *adv* to be on the safe side; ˈ**Vorsichtsmaßnahme** *f* precaution, precautionary measure; ~***n treffen*** take precautions

ˈ**Vorsilbe** *f* LING prefix

V

'**vorsingen** *v/t and v/i* (*irr*, ***singen***, *sep*, *-ge-*, *h*) ***j-m et.* ~** sing s.th. to s.o.; (have an) audition
'**Vorsitz** *m* chair(manship), presidency; ***den ~ haben*** (***übernehmen***) be in (take) the chair, preside (***bei*** over, at)
'**Vorsitzende** *m*, *f* (*-n*; *-n*) chairman (chairwoman), president
'**Vorsorge** *f* (-; *no pl*) precaution; ***~ treffen*** take precautions; **~untersuchung** *f* MED preventive checkup
'**vorsorglich 1.** *adj* precautionary **2.** *adv* as a precaution
'**Vorspann** *m* (-[*e*]*s*; *-e*) *film etc*: credits
'**Vorspeise** *f* hors d'œuvre, *Br* starter
'**Vorspiel** *n* MUS prelude (*a. fig*); foreplay; '**vorspielen** *v/t* (*sep*, *-ge-*, *h*) ***j-m et.* ~** play s.th. to s.o.
'**vorsprechen** (*irr*, ***sprechen***, *sep*, *-ge-*, *h*) **1.** *v/t* pronounce (***j-m*** for s.o.); **2.** *v/i* call (***bei*** at); THEA (have an) audition
'**vorspringen** *fig v/i* (*irr*, ***springen***, *sep*, *-ge-*, *sein*) project, protrude (*both a.* ARCH); '**Vorsprung** *m* ARCH projection; SPORT lead; ***e-n ~ haben*** be leading (***von*** by); *esp fig* ***e-n ~ von zwei Jahren haben*** be two years ahead
'**Vorstadt** *f* suburb
'**Vorstand** *m* ECON board (of directors); managing committee (*of a club etc*)
'**vorstehen** *v/i* (*irr*, ***stehen***, *sep*, *-ge-*, *h*) project, protrude
'**vorstellen** *v/t* (*sep*, *-ge-*, *h*) introduce (***sich*** o.s.; ***j-n j-m*** s.o. to s.o.); put *watch* forward (***um*** by); *fig* mean; ***sich et.*** (***j-n als …***) **~** imagine s.th. (s.o. as …); ***so stelle ich mir … vor*** that's my idea of …; ***sich ~ bei*** have an interview with *a firm etc*; '**Vorstellung** *f* (-; *-en*) introduction; interview; THEA performance, *film etc*: *a.* show; idea; expectation
'**Vorstellungs|kraft** *f* (-; *no pl*), **~vermögen** *n* (*-s*; *no pl*) imagination
Vorstopper ['foːɐʃtɔpɐ] *m* (*-s*; -) SPORT center (*Br* centre) back
'**Vorstoß** *m* MIL advance; *fig* attempt
'**Vorstrafe** *f* previous conviction
'**vorstrecken** *v/t* (*sep*, *-ge-*, *h*) advance (*money*)
'**Vorstufe** *f* preliminary stage
'**vortäuschen** *v/t* (*sep*, *-ge-*, *h*) feign, fake
'**Vorteil** *m* advantage (*a.* SPORT); benefit, profit; ***die ~e und Nachteile*** the pros and cons; '**vorteilhaft** *adj* advantageous, profitable; '**Vorteilsregel** *f* SPORT advantage rule
Vortrag ['foːɐtraːk] *m* (-[*e*]*s*; *Vorträge* ['foːɐtrɛːgə]) talk, *esp* UNIV lecture; MUS *etc* recital; ***e-n ~ halten*** give a talk *or* lecture (***vor*** *dat* to; ***über*** *acc* on)
'**vortragen** *v/t* (*irr*, ***tragen***, *sep*, *-ge-*, *h*) express, state; MUS *etc* perform, play; recite (*poem etc*)
'**vortreten** *v/i* (*irr*, ***treten***, *sep*, *-ge-*, *sein*) step forward; *fig* protrude, stick out
'**Vortritt** *m* (-[*e*]*s*; *no pl*) precedence; ***j-m den ~ lassen*** let s.o. go first
vorüber [fo'ryːbɐ] *adv*: ***~ sein*** be over; **~gehen** *v/i* (*irr*, ***gehen***, *sep*, *-ge-*, *sein*) pass, go by; **~gehend** *adj* temporary
'**Vorübung** *f* preparatory exercise
'**Voruntersuchung** *f* JUR, MED preliminary examination
'**Vorurteil** *n* prejudice; '**vorurteilslos** *adj* unprejudiced, unbias(s)ed
'**Vorverkauf** *m* THEA advance booking
'**vorverlegen** *v/t* (*sep*, *no -ge-*, *h*) advance
'**Vorwahl** *f* TEL area (*Br* STD *or* dialling) code; POL primary, *Br* preliminary election
'**Vorwand** *m* pretext, excuse
vorwärts ['foːɐvɛrts] *adv* forward, on(-ward), ahead; ***~!*** come on!, let's go!; '**vorwärtskommen** *v/i* (*irr*, ***kommen***, *sep*, *-ge-*, *sein*) make headway (*a. fig*)
vorweg [foːɐ'vɛk] *adv* beforehand
vor'wegnehmen *v/t* (*irr*, ***nehmen***, *sep*, *-ge-*, *h*) anticipate
'**vor|weisen** *v/t* (*irr*, ***weisen***, *sep*, *-ge-*, *h*) produce, show; ***et. ~ können*** boast s.th.; **~werfen** *fig v/t* (*irr*, ***werfen***, *sep*, *-ge-*, *h*) ***j-m et. ~*** reproach s.o. with s.th.
'**vorwiegend** *adv* predominantly, chiefly, mainly, mostly
'**vorwitzig** *adj* cheeky, pert
'**Vorwort** *n* (-[*e*]*s*; *-e*) foreword; preface
'**Vorwurf** *m* reproach; ***j-m Vorwürfe machen*** (***wegen***) reproach s.o. (for); '**vorwurfsvoll** *adj* reproachful
'**Vorzeichen** *n* omen, sign (*a.* MATH)
'**vorzeigen** *v/t* (*sep*, *-ge-*, *h*) show; produce
'**vorzeitig** *adj* premature, early
'**vorziehen** *v/t* (*irr*, ***ziehen***, *sep*, *-ge-*, *h*) draw; *fig* prefer

'**Vorzimmer** *n* anteroom; outer office; *Austrian* → **Hausflur**
'**Vorzug** *m* advantage; merit
vorzüglich [foːɐ'tsyːklɪç] *adj* excellent, exquisite
'**vorzugsweise** *adv* preferably
Votum ['voːtʊm] *n* (*-s*; *-ta*, *-ten*) vote
VP *abbr of* **Vollpension** full board; (full) board and lodging
vulgär [vʊl'gɛːɐ] *adj* vulgar
Vulkan [vʊl'kaːn] *m* (*-s*; *-e*) volcano; **~ausbruch** *m* volcanic eruption
vul'kanisch *adj* volcanic

W

W *abbr of* **West(en)** W, west; **Watt** W, watt(s)
Waage ['vaːgə] *f* (-; *-n*) scale(s *Br*); balance; ASTR Libra; **sich die ~ halten** balance each other; **er ist (e-e) ~** he's (a) Libra; '**waagerecht** *adj* horizontal
Waagschale ['vaːkʃaːlə] *f* scale
Wabe ['vaːbə] *f* (-; *-n*) honeycomb
wach [vax] *adj* awake; **~ rütteln** rouse; *fig* → **wachrütteln**; **~ werden** wake (up), *esp fig* → **wachwerden**
Wache ['vaxə] *f* (-; *-n*) guard (*a.* MIL); sentry; MAR, MED *etc* watch; police station; **~ haben** be on guard (MAR watch); **~ halten** keep watch; '**wachen** *v/i* (*ge-*, *h*) (keep) watch (**über** *acc* over)
'**Wachhund** *m* watchdog
'**Wachmann** *m* (-[*e*]*s*; *-männer*, *-leute*) watchman; *Austrian* → **Polizist**
Wacholder [va'xɔldɐ] *m* (*-s*; -) BOT juniper
'**wach|rufen** *v/t* (*irr*, **rufen**, *sep*, *-ge-*, *h*) call up, evoke; **~rütteln** *v/t* (*sep*, *-ge-*, *h*) *fig* rouse (*a. fig*)
Wachs [vaks] *n* (*-es*; *-e*) wax
wachsam ['vaxzaːm] *adj* watchful, on one's guard, vigilant; '**Wachsamkeit** *f* (-; *no pl*) watchfulness, vigilance
wachsen¹ ['vaksən] *v/i* (*irr*, *ge-*, *sein*) grow (*a.* **sich ~ lassen**), *fig a.* increase
'**wachsen**² *v/t* (*ge-*, *h*) wax
'**Wachs|fi,gurenkabi,nett** *n* waxworks; **~tuch** *n* oilcloth
'**Wachstum** *n* (*-s*; *no pl*) growth, *fig a.* increase
Wachtel ['vaxtəl] *f* (-; *-n*) ZO quail
Wächter ['vɛçtɐ] *m* (*-s*; -) guard
'**Wachtmeister** *m* (*-s*; *no pl*) patrolman, *Br* (police) constable
'**Wach(t)turm** *m* watchtower
'**wachwerden** *v/i* (*irr*, **werden**, *sep*, *-ge-*, *sein*) *fig* awake; → **wach**
wackelig ['vakəlɪç] *adj* shaky (*a. fig*); loose (*tooth*); '**wackeln** *v/i* (*ge-*, *h*) shake; *table etc*: wobble; *tooth*: be loose; PHOT move; **~ mit** waggle
Wade ['vaːdə] *f* (-; *-n*) ANAT calf
Waffe ['vafə] *f* (-; *-n*) weapon (*a. fig*), *pl a.* arms
Waffel ['vafəl] *f* (-; *-n*) waffle; wafer
'**Waffen|gewalt** *f*: **mit ~** by force of arms; **~schein** *m* gun license (*Br* licence); **~stillstand** *m* armistice (*a. fig*); truce
wagen ['vaːgən] *v/t* (*ge-*, *h*) dare; risk; **sich ~** venture
'**Wagen** *m* (*-s*; -) MOT car; RAIL car, *Br* carriage
wägen ['vɛːgən] *lit v/t* (*irr*, *ge-*, *h*) weigh (*one's words etc*)
'**Wagen|heber** *m* TECH jack; **~ladung** *f* cartload
Waggon [va'gõː] *m* (*-s*, *-s*) (railroad) car, *Br* (railway) carriage; freight car, *Br* goods waggon
Wagnis ['vaːknɪs] *n* (*-ses*; *-se*) venture, risk
Wa'gon *m* → **Waggon**
Wahl [vaːl] *f* (-; *-en*) choice; alternative; selection; POL election; voting, poll; vote; **die ~ haben (s-e ~ treffen)** have the (make one's) choice; **keine (andere) ~ haben** have no choice *or* alternative; '**wahlberechtigt** *adj* POL entitled to vote; '**Wahlbeteiligung** *f* POL poll, (voter) turnout; **hohe (niedrige) ~** heavy (light) poll; '**Wahlbezirk** *m* → **Wahlkreis**
wählen ['vɛːlən] *v/t and v/i* (*ge-*, *h*) choose, pick, select; POL vote (for); elect; TEL dial; '**Wähler** *m* (*-s*; -) voter
'**Wahlergebnis** *n* election result
wählerisch ['vɛːlərɪʃ] *adj* F picky (**in** *dat*

about), *esp Br* choos(e)y
'**Wählerschaft** *f* (-; *-en*) electorate, voters
'**Wahl|fach** *n* PED *etc* elective, optional subject; **~ka,bine** *f* voting (*esp Br* polling) booth; **~kampf** *m* election campaign; **~kreis** *m* electoral district, *Br* constituency; **~lo,kal** *n* polling place (*Br* station)
'**wahllos** *adj* indiscriminate
'**Wahl|pro,gramm** *n* election platform; **~recht** *n* (-[*e*]*s*; *no pl*) (right to) vote, suffrage, franchise; **~rede** *f* election speech
'**Wählscheibe** *f* TEL dial
'**Wahl|sieg** *m* election victory; **~sieger** *m* election winner; **~spruch** *m* motto; **~urne** *f* ballot box; **~versammlung** *f* election rally
'**Wahnsinn** *m* (-[*e*]*s*; *no pl*) madness (*a.* F), insanity
'**wahnsinnig 1.** *adj* mad (*a.* F), insane, F *a.* crazy; F awful, terrible **2.** F *adv* terribly, awfully; madly (*in love*)
'**Wahnsinnige** *m*, *f* (*-n*; *-n*) madman (madwoman), lunatic, maniac (*all a.* F)
'**Wahnvorstellung** *f* delusion, hallucination
wahr [vaːɐ] *adj* true; real; genuine
wahren ['vaːrən] *v/t* (*ge-*, *h*) protect; ***den Schein ~*** keep up appearances
während ['vɛːrənt] **1.** *prp* (*gen*) during **2.** *cj* while; whereas
'**wahrhaft**, **wahr'haftig** *adv* really, truly
'**Wahrheit** *f* (-; *-en*) truth
'**wahrheits|gemäß**, **~getreu** *adj* true, truthful; **~liebend** *adj* truthful
wahrnehmbar ['vaːɐneːmbaːɐ] *adj* noticeable, perceptible; '**wahrnehmen** *v/t* (*irr*, ***nehmen***, *sep*, *-ge-*, *h*) perceive, notice; seize, take (*chance etc*); look after (*s.o.'s interests etc*); '**Wahrnehmung** *f* (-; *-en*) perception
'**wahrsagen** *v/i* (sep, -ge-, h) ***j-m ~*** tell s.o. his fortune; ***sich ~ lassen*** have one's fortune told; '**Wahrsager(in)** ['vaːɐzaːgɐ, 'vaːɐzaːgərɪn] *m* (*f*) (*-s*; *-/-*; *-nen*) fortune-teller
wahr'scheinlich 1. *adj* probable, likely **2.** *adv* probably, (very *or* most) likely; ***~ gewinnt er*** (***nicht***) he is (not) likely to win; **Wahr'scheinlichkeit** *f* (-; *-en*) probability, likelihood
Währung ['vɛːrʊŋ] *f* (-; *-en*) currency
'**Währungs...** *in cpds ...politik*, *...reform etc*: monetary ...
'**Wahrzeichen** *n* landmark
Waise ['vaizə] *f* (-; *-n*) orphan
'**Waisenhaus** *n* orphanage
Wal [vaːl] *m* (-[*e*]*s*; *-e*) ZO whale
Wald [valt] *m* (-[*e*]*s*; *Wälder* ['vɛldɐ]) wood(s), forest; **~brand** *m* forest fire
'**waldreich** *adj* wooded
'**Waldsterben** *n* dying of forests
'**Walfang** *m* whaling
'**Walfänger** *m* whaler
Walkman® *m* (*-s*; *-men*) personal stereo, Walkman®
Wall [val] *m* (-[*e*]*s*; *Wälle* ['vɛlə]) mound; MIL rampart
Wallach ['valax] *m* (-[*e*]*s*; *-e*) ZO gelding
wallen ['valən] *v/i* (*ge-*, *sein*) flow
'**Wallfahrer** *m*, '**Wallfahrerin** *f* pilgrim
'**Wallfahrt** *f* pilgrimage
'**Walnuss** *f* BOT walnut
'**Walross** *n* ZO walrus
Walze ['valtsə] *f* (-; *-n*) roller; cylinder; TECH, MUS barrel
'**walzen** *v/t* (*ge-*, *h*) roll (*a.* TECH)
wälzen ['vɛltsən] *v/t* (*ge-*, *h*) roll (*a.* ***sich ~***); *fig* turn *s.th.* over in one's mind
Walzer ['valtsɐ] *m* (*-s*; -) MUS waltz (*a.* ***~ tanzen***)
wand [vant] *pret of* ***winden***
Wand *f* (-; *Wände* ['vɛndə]) wall, *fig a.* barrier
Wandale [van'daːlə] *m* (*-n*; *-n*) vandal; **Wandalismus** [vanda'lɪsmʊs] *m* (-; *no pl*) vandalism
Wandel ['vandəl] *m* (*-s*; *no pl*), '**wandeln** *v/t and v/refl* (*ge-*, *h*) change
Wanderer ['vandərɐ] *m* (*-s*; -), '**Wanderin** *f* (-; *-nen*) hiker
wandern ['vandɐn] *v/i* (*ge-*, *sein*) hike; ramble (about); *eyes etc*: roam, wander
'**Wander|po,kal** *m* challenge cup; **~preis** *m* challenge trophy; **~schuhe** *pl* walking shoes; **~tag** *m* (school) outing *or* excursion
'**Wanderung** *f* (-; *-en*) walking tour, hike; ZO *etc* migration
'**Wand|gemälde** *n* mural; **~ka,lender** *m* wall calendar; **~karte** *f* wallchart
Wandlung ['vandlʊŋ] *f* (-; *-en*) change
'**Wand|schrank** *m* closet, *Br* built-in cupboard; **~tafel** *f* blackboard
wandte ['vantə] *pret of* ***wenden***
'**Wandteppich** *m* tapestry

Wange ['vaŋə] *f* (-; *-n*) ANAT cheek
Wankelmotor ['vaŋkəlmoːtoːɐ] *m* rotary piston *or* Wankel engine
wankelmütig ['vaŋkəlmyːtɪç] *adj* fickle
wanken ['vaŋkən] *v/i* (*ge-, sein*) stagger, reel; *fig* rock
wann [van] *interr adv* when, (at) what time; ***seit ~?*** (for) how long?, since when?
Wanne ['vanə] *f* (-; *-n*) tub (*a.* F); bath (-tub)
Wanze ['vantsə] *f* (-; *-n*) ZO bug (*a.* F)
Wapitihirsch [va'piːtihɪrʃ] *m* ZO elk
Wappen ['vapən] *n* (*-s*; -) (coat of) arms
'**Wappenkunde** *f* heraldry
wappnen ['vapnən] *fig v/refl* (*ge-, h*) arm o.s.
war [vaːɐ] *pret of* ***sein***[1]
warb [varp] *pret of* ***werben***
Ware ['vaːrə] *f* (-; *-n*) *coll mst* goods; article; product
'**Waren|haus** *n* department store; **~lager** *n* stock; **~probe** *f* sample; **~zeichen** *n* trademark
warf [varf] *pret of* ***werfen***
warm [varm] *adj* warm (*a. fig*); GASTR hot; ***schön ~*** nice and warm; ***~ halten*** keep warm; ***~ machen*** warm (up)
Wärme ['vɛrmə] *f* (-; *no pl*) warmth; PHYS heat; **~iso,lierung** *f* heat insulation
'**wärmen** *v/t* (*ge-, h*) warm
'**Wärmflasche** *f* hot-water bottle
'**warmherzig** *adj* warm-hearted
'**warmmachen** *v/t* (*sep, -ge-, h*) → ***warm***
Warm'wasser|bereiter *m* (*-s*; -) water heater; **~versorgung** *f* hot-water supply
'**Warn|blinkanlage** *f* MOT warning flasher; **~dreieck** *n* MOT warning triangle
warnen ['varnən] *v/t* (*ge-, h*) warn (***vor*** *dat* of, against); ***j-n davor ~, et. zu tun*** warn s.o. not to do s.th.
'**Warn|schild** *n* danger sign; **~sig,nal** *n* warning signal; **~streik** *m* token strike
'**Warnung** *f* (-; *-en*) warning
'**Warteliste** *f* waiting list
warten[1] ['vartən] *v/i* (*ge-, h*) wait (***auf*** *acc* for); *j-n* ***~ lassen*** keep *s.o.* waiting
'**warten**[2] *v/t* (*ge-, h*) TECH service, maintain
Wärter ['vɛrtɐ] *m* (*-s*; -), '**Wärterin** *f* (-; *-nen*) attendant; ZO keeper
'**Warte|saal** *m*, **~zimmer** *n* waiting room
'**Wartung** *f* (-; *-en*) TECH maintenance
warum [va'rʊm] *interr adv* why
Warze ['vartsə] *f* (-; *-n*) MED wart
was [vas] **1.** *interr pron* what; ***~ gibt's?*** what is it?, F what's up?; what's for lunch *etc?*; ***~ soll's?*** so what?; ***~ machen Sie?*** what are you doing?; what do you do?; ***~ kostet …?*** how much is …?; ***~ für …?*** what kind *or* sort of …?; ***~ für e-e Farbe (Größe)?*** what colo(u)r (size)?; ***~ für ein Unsinn*** what nonsense!; ***~ für e-e gute Idee!*** what a good idea! **2.** *rel pron* what; ***~ (auch) immer*** whatever; ***alles, ~ ich habe (brauche)*** all I have (need); ***ich weiß nicht, ~ ich tun (sagen) soll*** I don't know what to do (say); ***…, ~ mich ärgerte***…, which made me angry **3.** F *indef pron* → ***etwas***
waschbar ['vaʃbaːɐ] *adj* washable
'**Waschbecken** *n* washbowl, *Br* washbasin
Wäsche ['vɛʃə] *f* (-; *-n*) washing; (*no pl*) laundry; linen; underwear; ***in der ~*** in the wash; ***schmutzige ~ waschen*** wash one's dirty linen in public
'**waschecht** *adj* washable; fast (*color*); *fig* trueborn, genuine
'**Wäsche|klammer** *f* clothespin, *Br* clothes peg; **~leine** *f* clothesline
waschen ['vaʃən] *v/t and v/refl* (*irr, ge-, h*) wash; ***sich die Haare (Hände) ~*** wash one's hair (hands)
Wäscherei [vɛʃə'rai] *f* (-; *-en*) laundry
'**Wasch|lappen** *m* washcloth, *Br* flannel, facecloth; **~ma,schine** *f* washing machine, F washer
'**waschma,schinenfest** *adj* machine--washable
Wasch|mittel *n*, **~pulver** *n* washing powder; **~raum** *m* lavatory, washroom; **~sa,lon** *m* laundromat, *Br* launderette; **~straße** *f* MOT car wash
Wasser ['vasɐ] *n* (*-s*; -) water; **~ball** *m* beach ball; SPORT water polo; **~bett** *n* water bed; **~dampf** *m* steam
'**wasserdicht** *adj* waterproof; *esp* MAR watertight (*a. fig*)
'**Wasser|fall** *m* waterfall; falls; **~farbe** *f* water colo(u)r; **~flugzeug** *n* seaplane; **~graben** *m* SPORT water jump; **~hahn** *m* tap, faucet
wässerig ['vɛsərɪç] *adj* watery; ***j-m den Mund ~ machen*** make s.o.'s mouth wa-

ter
'**Wasser|kessel** *m* kettle; **~klo,sett** *n* water closet, W.C.; **~kraft** *f* (-; *no pl*) water power; **~kraftwerk** *n* hydroelectric power station *or* plant; **~lauf** *m* watercourse; **~leitung** *f* waterpipe(s); **~mangel** *m* (-*s*; *no pl*) water shortage; **~mann** *m* (-[*e*]*s*; *no pl*) ASTR Aquarius; ***er ist (ein) ~*** he's (an) Aquarius
'**wassern** *v/i* (*ge-*, *h*) AVIAT touch down on water; *spacecraft*: splash down
wässern ['vɛsɐn] *v/t* (*ge-*, *h*) water; AGR irrigate; GASTR soak; PHOT rinse
'**Wasserpflanze** *f* BOT aquatic plant
'**Wasserrohr** *n* TECH water pipe
'**Wasserscheide** *f* GEOGR watershed
'**wasserscheu** *adj* afraid of water
'**Wasser|ski 1.** *m* water ski **2.** *n* (-*s*; *no pl*) water skiing; ***~ fahren*** water-ski; **~spiegel** *m* water level; **~sport** *m* water *or* aquatic sports, aquatics; **~spülung** *f* TECH flushing cistern; ***Toilette mit ~*** (flush) toilet, W.C.; **~stand** *m* water level; **~stoff** *m* (-[*e*]*s*; *no pl*) CHEM hydrogen; **~stoffbombe** *f* MIL hydrogen bomb, H-bomb; **~strahl** *m* jet of water; **~straße** *f* waterway; **~tier** *n* aquatic animal; **~verschmutzung** *f* water pollution; **~versorgung** *f* water supply; **~waage** *f* (*Br* spirit) level; **~weg** *m* waterway; ***auf dem ~*** by water; **~welle** *f* water wave; **~werk(e)** *n*(*pl*) waterworks; **~zeichen** *n* watermark
waten ['va:tən] *v/i* (*ge-*, *sein*) wade
watscheln ['va:tʃəln] *v/i* (*ge-*, *sein*) waddle
Watt[1] [vat] *n* (-*s*; -) ELECTR watt
Watt[2] *n* (-[*e*]*s*; -*en*) GEOGR mud flats
Watte ['vatə] *f* (-; -*n*) cotton wool
wattiert [va'ti:ɐt] *adj* padded; quilted
weben ['ve:bən] *v/t and v/i* ([*irr*,] *ge-*, *h*) weave; **Weber** ['ve:bɐ] *m* (-*s*; -) weaver; **Weberei** [ve:bə'rai] *f* (-; -*en*) weaving mill; '**Weberin** *f* (-; -*nen*) weaver; **Webstuhl** ['ve:pʃtu:l] *m* loom
Wechsel ['vɛksəl] *m* (-*s*; -) change; exchange; ECON bill of exchange; allowance; '**Wechselgeld** *n* (small) change
wechselhaft *adj* changeable
'**Wechseljahre** *pl* MED menopause
'**Wechselkurs** *m* ECON exchange rate
'**wechseln** *v/t and v/i* (*ge-*, *h*) change; exchange; vary; **~d** *adj* varying
'**wechselseitig** ['vɛksəlzaitɪç] *adj* mutual, reciprocal
'**Wechsel|strom** *m* ELECTR alternating current; **~stube** *f* ECON exchange office; **~wirkung** *f* interaction
wecken ['vɛkən] *v/t* (*ge-*, *h*) wake (up), F call; *fig* awaken (*memories etc*); rouse (*s.o.'s curiosity etc*)
Wecker ['vɛkɐ] *m* (-*s*; -) alarm (clock)
wedeln ['ve:dəln] *v/i* (*ge-*, *h*) wave (***mit et.*** s.th.); *skiing*: wedel; ***mit dem Schwanz ~*** wag its tail
weder ['ve:dɐ] *cj*: ***~ … noch …*** neither … nor …
Weg [ve:k] *m* (- [*e*]*s*; -*e* ['ve:gə]) way (*a. fig*); road (*a. fig*); path; route; walk; ***auf friedlichem (legalem) ~e*** by peaceful (legal) means; ***j-m aus dem ~ gehen*** get (*fig* keep) out of s.o.'s way; ***j-n aus dem ~ räumen*** put s.o. out of the way; ***vom ~ abkommen*** lose one's way; → ***halb***
weg [vɛk] *adv* away; gone; off; F in raptures (***von*** over, about); ***Finger ~!*** (keep your) hands off!; ***nichts wie ~!*** let's get out of here!; F ***~ sein*** be out; **~bleiben** F *v/i* (*irr*, ***bleiben***, *sep*, *-ge-*, *sein*) stay away; be left out; **~bringen** F *v/t* (*irr*, ***bringen***, *sep*, *-ge-*, *h*) take away; ***~ von*** get *s.o.* away from
wegen ['vegən] *prp* (*gen*) because of; for the sake of; due *or* owing to; JUR for
wegfahren ['vɛkfa:rən] (*irr*, ***fahren***, *sep*, *-ge-*) **1.** *v/i* (*sein*) leave **2.** *v/t* (*h*) take away, remove
'**wegfallen** *v/i* (*irr*, ***fallen***, *sep*, *-ge-*, *sein*) be dropped; stop, be stopped
Weggang ['vɛkgaŋ] *m* (-[*e*]*s*; *no pl*) leaving; '**weggehen** *v/i* (*irr*, ***gehen***, *sep*, *-ge-*, *sein*) go away (*a. fig*), leave; *stain etc*: come off; ECON sell
weg|jagen ['vɛkja:gən] *v/t* (*sep*, *-ge-*, *h*) drive *or* chase away; **~kommen** F *v/i* (*irr*, ***kommen***, *sep*, *-ge-*, *sein*) get away; get lost; ***gut ~*** come off well; ***mach, dass du wegkommst!*** get out of here!, *sl* get lost!; **~lassen** *v/t* (*irr*, ***lassen***, *sep*, *-ge-*, *h*) let *s.o.* go; leave *s.th.* out; **~laufen** *v/i* (*irr*, ***laufen***, *sep*, *-ge-*, *sein*) run away (**[*vor*] *j-m*** from s.o.) (*a. fig*); **~legen** *v/t* (*sep*, *-ge-*, *h*) put away; **~nehmen** *v/t* (*irr*, ***nehmen***, *sep*, *-ge-*, *h*) take away (***von*** from); take up (*room*, *time*); steal (*a. s.o.'s girlfriend etc*); ***j-m et. ~*** take s.th. (away) from s.o.; **~räumen**

v/t (*sep*, *-ge-*, *h*) clear away, remove; **~schaffen** *v/t* (*sep*, *-ge-*, *h*) remove; **~schicken** *v/t* (*sep*, *-ge-*, *h*) send away *or* off; **~sehen** *v/i* (*irr*, ***sehen***, *sep*, *-ge-*, *h*) look away; **~setzen** *v/t* (*sep*, *-ge-*, *h*) move

Wegweiser ['veːkvaizɐ] *m* (*-s*; -) signpost; *fig* guide

Wegwerf... ['vɛkvɛrf-] *in cpds …geschirr*, *…besteck*, *…rasierer etc*: throw-away …, disposable …; *…flasche etc*: non-returnable …; '**wegwerfen** *v/t* (*irr*, ***werfen***, *sep*, *-ge-*, *h*) throw away

weg|wischen ['vɛkvɪʃən] *v/t* (*sep*, *-ge-*, *h*) wipe off; **~ziehen** (*irr*, ***ziehen***, *sep*, *-ge-*) **1.** *v/i* (*sein*) move away **2.** *v/t* (*h*) pull away

weh [veː] *adv*: ***~ tun*** → ***wehtun***

wehen ['veːən] *v/i* (*ge-*, *h*) blow; wave

'**Wehen** *pl* MED labo(u)r

wehmütig ['veːmyːtɪç] *adj* melancholy; wistful

Wehr[1] [veːɐ] *n* (*-[e]s*; *-e* ['veːrə]) weir

Wehr[2] *f*: ***sich zur ~ setzen*** → ***wehren***

'**Wehrdienst** *m* (*-[e]s*; *no pl*) military service; **~verweigerer** *m* (*-s*; -) conscientious objector

wehren ['veːrən] *v/refl* (*ge-*, *h*) defend o.s. (***gegen*** against), fight (*a. fig* ***gegen et.*** s.th.); '**wehrlos** *adj* defenseless, *Br* defenceless; *fig* helpless

'**Wehrpflicht** *f* (-; *no pl*) compulsory military service; '**wehrpflichtig** *adj* liable to military service; '**Wehrpflichtige** *m* (*-n*; *-n*) draftee, *Br* conscript

'**wehtun** hurt (***j-m*** s.o.; *fig* s.o.'s feelings); be aching; ***sich*** (***am Finger***) ***~*** hurt o.s. (hurt one's finger)

Weib [vaip] *n* (*-[e]s*; *-er* ['vaibɐ]) *contp* woman; bitch; '**Weibchen** *n* (*-s*; -) ZO female; **weibisch** ['vaibɪʃ] *adj* effeminate, F sissy; '**weiblich** *adj* female; feminine (*a.* LING)

weich [vaiç] *adj* soft (*a. fig*), tender; GASTR done; soft-boiled (*egg*); ***~ werden*** soften; *fig* give in

Weiche ['vaiçə] *f* (-; *-n*) RAIL switch, points

weichen ['vaiçən] *v/i* (*irr*, *ge-*, *sein*) give way (*dat* to), yield (to); go (away)

'**weichlich** *adj* soft, effeminate, F sissy

'**Weichling** *m* (*-s*; *-e*) weakling, F softy, sissy

'**weichmachen** *v/t* (*sep*, *-ge-*, *h*): F ***j-n ~*** soften s.o. up

'**Weichspüler** *m* (*-s*; -) fabric softener

'**Weichtier** *n* ZO mollusk, *Br* mollusc

Weide[1] ['vaidə] *f* (-; *-n*) BOT willow

'**Weide**[2] *f* (-; *-n*) AGR pasture; ***auf die*** (***der***) ***~*** to (at) pasture; '**Weideland** *n* pasture(land), range; '**weiden** *v/t and v/i* (*ge-*, *h*) graze, pasture; *fig* ***sich ~ an*** (*dat*) feast on; *contp* gloat over

weigern ['vaigɐn] *v/refl* (*ge-*, *h*) refuse

Weigerung ['vaigərʊŋ] *f* (-; *-en*) refusal

Weihe ['vaiə] *f* (-; *-n*) REL consecration; ordination; '**weihen** *v/t* (*ge-*, *h*) consecrate; ***zum Priester ~*** ordain *s.o.* priest

Weiher ['vaiɐ] *m* (*-s*; -) pond

Weihnachten ['vainaxtən] *n* (-; -) Christmas, F Xmas

'**Weihnachts|abend** *m* Christmas Eve; **~baum** *m* Christmas tree; **~einkäufe** *pl* Christmas shopping; **~geschenk** *n* Christmas present; **~lied** *n* (Christmas) carol; **~mann** *m* Father Christmas, Santa Claus; **~markt** *m* Christmas fair; **~tag** *m* Christmas Day; ***zweiter ~*** day after Christmas, *esp Br* Boxing Day; **~zeit** *f* Christmas season

'**Weih|rauch** *m* REL incense; **~wasser** *n* (*-s*; *no pl*) REL holy water

weil [vail] *cj* because; since, as

'**Weilchen** *n*: ***ein ~*** a little while

Weile ['vailə] *f*: ***e-e ~*** a while

Wein [vain] *m* (*-[e]s*; *-e*) wine; BOT vine; **~(an)bau** *m* (*-[e]s*; *no pl*) wine growing; **~beere** *f* grape; **~berg** *m* vineyard; **~brand** *m* brandy

weinen ['vainən] *v/i* (*ge-*, *h*) cry (***vor*** *dat* with; ***nach*** for; ***wegen*** about, over); weep (***um*** for, over; ***über*** *acc* at; ***vor*** *dat* for, with); **weinerlich** ['vainɐlɪç] *adj* tearful; whining

'**Wein|fass** *n* wine cask *or* barrel; **~flasche** *f* wine bottle; **~händler** *m* wine merchant; **~hauer** *Austrian m* → ***Winzer***; **~karte** *f* wine list; **~keller** *m* wine cellar *or* vault, vaults; **~kellerei** *f* winery; **~kenner** *m* wine connoisseur; **~lese** *f* vintage; **~presse** *f* wine press; **~probe** *f* wine tasting; **~rebe** *f* BOT vine

'**weinrot** *adj* claret

'**Weinstock** *m* BOT vine

'**Weintraube** *f* → ***Traube***

weise ['vaizə] *adj* wise

'**Weise** *f* (-; *-n*) way; MUS tune; ***auf diese***

(***die gleiche***) **~** this (the same) way; ***auf m-e*** (***s-e***) **~** my (his) way
weisen ['vaizən] *v/t and v/i* (*irr*, *ge-*, *h*) show; ***j-n von der Schule ~*** expel s.o. from school; ***~ auf*** (*acc*) point to *or* at; ***von sich ~*** reject; repudiate
Weisheit ['vaishait] *f* (*-*; *-en*) wisdom; ***mit s-r ~ am Ende sein*** be at one's wit's end
'**Weisheitszahn** *m* wisdom tooth
weismachen ['vaismaxən] F *v/t*: ***j-m ~, dass*** make s.o. believe that; ***du kannst mir nichts ~*** you can't fool me
weiß [vais] *adj* white; ***~ werden*** *or* ***machen*** whiten; '**Weißbrot** *n* white bread; '**Weiße** *m*, *f* (*-n*; *-n*) white, white man (woman), *pl the* whites
'**weißen** *v/t* (*ge-*, *h*) whitewash
'**Weißkohl** *m*, '**Weißkraut** *n* BOT (green, *Br* white) cabbage
'**weißlich** *adj* whitish
'**weißmachen** *v/t* (*sep*, *-ge-*, *h*) → ***weiß***
'**Weißwein** *m* white wine
Weisung ['vaizʊŋ] *f* (*-*; *-en*) instruction, directive
weit [vait] **1.** *adj* wide, *clothes*: *a.* big; long (*way*, *trip etc*) **2.** *adv* far, a long way (*a. time and fig*); ***~ weg*** far away (***von*** from); ***von ~em*** from a distance; ***~ und breit*** far and wide; ***bei ~em*** by far; ***bei ~em nicht so ...*** not nearly as ...; ***~ über*** (*acc*) well over; ***~ besser*** far *or* much better; ***zu ~ gehen*** go too far; ***es ~ bringen*** go far; ***wir haben es ~ gebracht*** we have come a long way; ***~ blickend*** *fig* farsighted; ***~ reichend*** far-reaching; ***~ verbreitet*** widespread
'**weit'ab** *adv* far away (***von*** from)
'**weit'aus** *adv* (by) far, much
Weite ['vaitə] *f* (*-*; *-n*) width; vastness, expanse; *esp* SPORT distance
'**weiten** *v/t and v/refl* (*ge-*, *h*) widen
weiter ['vaitɐ] *adv* on, further; (***mach***) ***~!*** go on!; (***geh***) ***~!*** move on!; ***und so ~*** and so on *or* forth, et cetera; ***nichts ~*** nothing else; **~arbeiten** *v/i* (*sep*, *-ge-*, *h*) go on working; **~bilden** *v/refl* (*sep*, *-ge-*, *h*) improve one's knowledge; continue one's education *or* training
'**Weiterbildung** *f* (*-*; *no pl*) further education *or* training
weitere ['vaitərə] *adj* further, additional; ***alles Weitere*** the rest; ***bis auf ~s*** until further notice; ***ohne ~s*** easily; ***Weiteres*** more, (further) details
'**weiter|geben** *v/t* (*irr*, ***geben***, *sep*, *-ge-*, *h*) pass (*dat*, ***an*** *acc* to) (*a. fig*); **~gehen** *v/i* (*irr*, ***gehen***, *sep*, *-ge-*, *sein*) move on; *fig* continue, go on
'**weiter'hin** *adv* further(more); ***et. ~ tun*** go on doing s.th., continue to do s.th.
'**weiter|kommen** *v/i* (*irr*, ***kommen***, *sep*, *-ge-*, *sein*) get on (*fig* in life); **~leben** *v/i* (*sep*, *-ge-*, *h*) live on, *fig a.* survive; **~machen** *v/t and v/i* (*sep*, *-ge-*, *h*) go *or* carry on, continue
'**Weiterverkauf** *m* resale
'**weit|gehend** **1.** *adj* considerable **2.** *adv* largely; **~läufig** *adj* spacious; distant (*relative*); **~sichtig** *adj* MED farsighted (*a. fig*), *Br* longsighted
'**Weitsprung** *m* broad (*Br* long) jump
'**Weitwinkelobjek,tiv** *n* PHOT wide-angle lens
Weizen ['vaitsən] *m* (*-s*; *-*) BOT wheat
welche ['vɛlçə], **welcher** ['vɛlçɐ], **welches** ['vɛlçəs] **1.** *interr pron* what, which; ***welcher?*** which one?; ***welcher von beiden?*** which of the two? **2.** *rel pron* who, that; which, that **3.** F ***welche*** *indef pron* some, any
welk [vɛlk] *adj* faded, withered; flabby
welken ['vɛlkən] *v/i* (*ge-*, *sein*) fade, wither
Wellblech ['vɛlblɛç] *n* corrugated iron
Welle ['vɛlə] *f* (*-*; *-n*) wave (*a.* PHYS *and fig*); TECH shaft; '**wellen** *v/t and v/refl* (*ge-*, *h*) wave
'**Wellenlänge** *f* ELECTR wavelength
'**Wellensittich** ['vɛlənzɪtɪç] *m* (*-s*; *-e*) ZO budgerigar, F budgie
wellig ['vɛlɪç] *adj* wavy
Welt [vɛlt] *f* (*-*; *-en*) world; ***die ganze ~*** the whole world; ***auf der ganzen ~*** all over *or* throughout the world; ***das beste etc ... der ~*** the best *etc* ... in the world, the world's best *etc* ...; ***zur ~ kommen*** be born; ***zur ~ bringen*** give birth to
'**Weltall** *n* universe
'**weltberühmt** *adj* world-famous
Weltergewicht ['vɛltɐgəvɪçt] *n* (*-*[*e*]*s*; *no pl*), '**Weltergewichtler** *m* (*-s*; *-*) SPORT welterweight
'**weltfremd** *adj* naive, unrealistic
'**Weltfriede(n)** *m* world peace
'**Weltgeschichte** *f* world history
'**weltklug** *adj* worldlywise

'**Weltkrieg** *m* world war; ***der Zweite ~*** World War II
'**Weltkugel** *f* globe
'**weltlich** *adj* worldly
'**Welt|litera,tur** *f* world literature; **~macht** *f* POL world power; **~markt** *m* ECON world market; **~meer** *n* ocean; **~meister(in)** world champion; **~meisterschaft** *f* world championship; *esp soccer*: World Cup; **~raum** *m* (*-[e]s; no pl*) (outer) space; **~reich** *n* empire; **~reise** *f* world trip; **~re,kord** *m* world record; **~stadt** *f* metropolis; **~untergang** *m* end of the world
'**weltweit** *adj* worldwide
'**Weltwirtschaft** *f* world economy
'**Weltwirtschaftskrise** *f* worldwide economic crisis
'**Weltwunder** *n* wonder of the world
Wende ['vɛndə] *f* (*-; -n*) turn (*a. swimming*); change; **~kreis** *m* ASTR, GEOGR tropic; MOT turning circle
Wendeltreppe ['vɛndəltrɛpə] *f* spiral staircase
'**wenden** *v/t and v/i* (*ge-, h*) *and v/refl* (*[irr,] ge-, h*) turn (***nach*** to; ***gegen*** against); MOT turn (round); GASTR turn over; ***sich an j-n um Hilfe ~*** turn to s.o. for help; ***bitte ~*** please turn over, pto
'**Wendepunkt** *m* turning point
wendig ['vɛndɪç] *adj* MOT, MAR maneuverable, *Br* manoeuvrable; *fig* nimble
'**Wendung** *f* (*-; -en*) turn, *fig a.* change; expression, phrase
wenig ['veːnɪç] *indef pron and adv* little; **~(*e*)** *pl* few; ***nur ~e*** only few; only a few; (***in***) ***~er als*** (in) less than; ***am ~sten*** least of all; ***er spricht ~*** he doesn't talk much; (***nur***) ***ein*** (***klein***) ***~*** (just) a little (bit)
'**wenigstens** *adv* at least
wenn [vɛn] *cj* when; if; ***~ … nicht*** if … not, unless; ***~ auch*** (al)though, even though; ***wie** or **als ~*** as though, as if; ***~ ich nur … wäre!*** if only I were …!; ***~ auch noch so …*** no matter how …; ***und ~ nun …?*** what if …?
wer [veːɐ] **1.** *interr pron* who, which; ***~ von euch?*** which of you? **2.** *rel pron* who; ***~ auch*** (***immer***) who(so)ever **3.** F *indef pron* somebody, anybody
Werbe|abteilung ['vɛrbəaptailʊŋ] *f* publicity department; **~agen,tur** *f* advertising agency; **~feldzug** *m* advertising campaign; **~fernsehen** *n* commercial television; **~film** *m* promotion(al) film; **~funk** *m* radio commercials

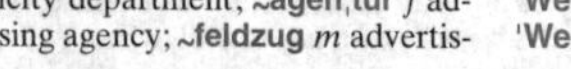

werben ['vɛrbən] (*irr, ge-, h*) **1.** *v/i* advertise (***für et.*** s.th.), promote (s.th.), give *s.th. or s.o.* publicity; *esp* POL make propaganda (***für*** for), canvass (for); ***~ um*** court (*a. fig*) **2.** *v/t* recruit; canvass, solicit
'**Werbesendung** *f*, '**Werbespot** ['vɛrbəspɔt] *m* (*-s; -s*) (TV) commercial
'**Werbung** *f* (*-; no pl*) advertising, (sales) promotion; *a.* POL *etc* publicity, propaganda; recruitment; ***~ machen für et.*** advertise s.th.
Werdegang ['veːɐdəgaŋ] *m* career
werden ['veːɐdən] *v/i* (*irr, ge-, sein*) *and v/aux* become, get; turn, go; grow; turn out; ***wir ~*** we will (*or* shall), we are going to; ***geliebt ~*** be loved (***von*** by); ***was willst du ~?*** what do you want to be?; ***mir wird schlecht*** I'm going to be sick; F ***es wird schon wieder*** (***~***) it'll be all right
werfen ['vɛrfən] *v/i and v/t* (*irr, ge-, h*) throw (*a.* ZO) (*[**mit**] **et. nach*** s.th. at); drop (*bombs*); cast (*shadow*)
Werft [vɛrft] *f* (*-; -en*) MAR shipyard, dockyard
Werk [vɛrk] *n* (*-[e]s; -e*) work, deed; TECH mechanism; ECON works, factory; ***ans ~ gehen*** set *or* go to work; **~bank** *f* (*-; -bänke*) TECH workbench; **~meister** *m* TECH foreman
'**Werkstatt** *f* (*-; -stätten*) workshop; MOT garage
'**Werktag** *m* workday
'**werktags** *adv* on workdays
'**werktätig** *adj* working
'**Werkzeug** *n* tool (*a. fig*); *coll* tools; instrument; **~macher** *m* toolmaker
wert [veːɐt] *adj* worth; ***die Mühe*** (***e-n Versuch***) ***~*** worth the trouble (a try); *fig* ***nichts ~*** no good; **Wert** *m* (*-[e]s; -e*) value, *esp fig a.* worth; use; *pl* data, figures; ***… im ~(e) von 20 Dollar*** 20 dollars' worth of …; ***großen ~ legen auf*** (*acc*) set great store by
werten ['veːɐtən] *v/t* (*ge-, h*) value; *a.* SPORT rate, judge
'**Wertgegenstand** *m* article of value
'**wertlos** *adj* worthless
'**Wertpa,piere** *pl* securities
'**Wertsachen** *pl* valuables

'**Wertung** *f* (-; *-en*) valuation; *a.* SPORT rating, judging; score, points
'**wertvoll** *adj* valuable
Wesen ['veːzən] *n* (*-s*; -) being, creature; *fig* essence; nature, character
'**wesentlich** *adj* essential; considerable; ***im Wesentlichen*** on the whole
weshalb [vɛs'halp] *interr adv* → ***warum***
Wespe ['vɛspə] *f* (-; *-n*) ZO wasp
Weste ['vɛstə] *f* (-; *-n*) vest, *Br* waistcoat
Westen ['vɛstən] *m* (*-s*; *no pl*) west; POL West
Western ['vɛstɐn] *m* (*-s*; -) western
'**westlich** **1.** *adj* western; westerly; POL West(ern) **2.** *adv*: ~ ***von*** (to the) west of
'**Westwind** *m* west(erly) wind
Wettbewerb ['vɛtbəvɛrp] *m* (-[*e*]*s*; *-e*) competition (*a.* ECON), contest
'**Wettbü,ro** *n* betting office
Wette ['vɛtə] *f* (-; *-n*) bet; ***e-e ~ abschließen*** make a bet; ***um die ~ laufen*** *etc* race (***mit j-m*** s.o.)
'**wetteifern** *v/i* (*ge-*, *h*) compete (***mit*** with; ***um*** for)
'**wetten** *v/i and v/t* (*ge-*, *h*) bet; ***mit j-m um 10 Dollar ~*** bet s.o. ten dollars; ***~ auf*** (*acc*) bet on, back
Wetter ['vɛtɐ] *n* (*-s*; -) weather
'**Wetterbericht** *m* weather report
'**Wetterfahne** *f* weather vane
'**wetterfest** *adj* weatherproof
'**Wetter|karte** *f* weather chart; **~lage** *f* weather situation; **~leuchten** *n* sheet lightning; **~vorhersage** *f* weather forecast; **~warte** *f* weather station
'**Wett|kampf** *m* competition, contest; **~kämpfer(in)** contestant, competitor; **~lauf** *m* race (*a. fig* ***mit*** against); **~läufer(in)** runner
'**wettmachen** *v/t* (*sep*, *-ge-*, *h*) make up for
'**Wettrennen** *n* race
'**Wettrüsten** *n* (*-s*; *no pl*) arms race
'**Wettstreit** *m* contest, competition
wetzen ['vɛtsən] *v/t* (*ge-*, *h*) whet, sharpen
wich [vɪç] *pret of* ***weichen***
wichtig ['vɪçtɪç] *adj* important
'**Wichtigkeit** *f* (-; *no pl*) importance
'**wickeln** *v/t* (*ge-*, *h*) change (*baby*); ***~ in*** (*acc*) wrap in; ***~ um*** wrap (a)round
Widder ['vɪdɐ] *m* (*-s*; -) ZO ram; ASTR Aries; ***er ist*** (***ein***) ~ he's (an) Aries
wider ['viːdɐ] *prp* (*acc*) ***~ Willen*** against one's will; ***~ Erwarten*** contrary to expectations
'**Widerhaken** *m* barb
'**widerhallen** *v/i* (*sep*, *-ge-*, *h*) resound (***von*** with)
wider'legen *v/t* (*no -ge-*, *h*) refute, disprove
'**widerlich** *adj* sickening, disgusting
'**widerrechtlich** *adj* illegal, unlawful
'**Widerruf** *m* JUR revocation; withdrawal; **wider'rufen** *v/t* (*irr*, ***rufen***, *no -ge-*, *h*) revoke; withdraw
Widersacher ['viːdɐzaxɐ] *m* (*-s*; -) adversary, rival
'**Widerschein** *m* reflection
wider'setzen *v/refl* (*no -ge-*, *h*) (*dat*) oppose, resist
'**widersinnig** *adj* absurd
widerspenstig ['viːdɐʃpɛnstɪç] *adj* unruly, stubborn
'**widerspiegeln** *v/t* (*sep*, *-ge-*, *h*) reflect (*a. fig*); ***sich ~ in*** (*dat*) be reflected in
wider'sprechen *v/i* (*irr*, ***sprechen***, *no -ge-*, *h*) (*dat*) contradict
'**Widerspruch** *m* contradiction
widersprüchlich ['viːdɐʃprʏçlɪç] *adj* contradictory
'**widerspruchslos** *adv* without contradiction
'**Widerstand** *m* resistance (*a.* ELECTR), opposition; ***~ leisten*** offer resistance (*dat* to); '**widerstandsfähig** *adj* resistant (*a.* TECH); **wider'stehen** *v/i* (*irr*, ***stehen***, *no -ge-*, *h*) (*dat*) resist
wider'streben *v/i* (*no -ge-*, *h*) ***es widerstrebt mir, dies zu tun*** I hate doing *or* to do that; **~d** *adv* reluctantly
widerwärtig ['viːdɐvɛrtɪç] *adj* disgusting
'**Widerwille** *m* aversion (***gegen*** to), dislike (of, for); disgust (at)
'**widerwillig** *adj* reluctant, unwilling
widmen ['vɪtmən] *v/t* (*ge-*, *h*) dedicate; '**Widmung** *f* (-; *-en*) dedication
wie [viː] **1.** *interr adv* how; ***~ geht es Gordon?*** how is Gordon?; ***~ ist er?*** what's he like?; ***~ ist das Wetter?*** what's the weather like?; ***~ heißen Sie?*** what's your name?; ***~ nennt man …?*** what do you call …?; ***~ wäre*** (***ist, steht***) ***es mit …?*** what *or* how about …?; ***~ viele …?*** how many …? **2.** *cj* like; as; ***~ neu*** (***verrückt***) like new (mad); ***doppelt so … ~*** twice as … as; ***~*** (***zum Beispiel***)

such as, like; ~ ***üblich*** as usual; ~ ***er sagte*** as he said; ***ich zeige*** (***sage***) ***dir,*** ~ (…) I'll show (tell) you how (…)

wieder ['viːdɐ] *adv* again; *in cpds often* re…; ***immer*** ~ again and again; ~ ***aufbauen*** reconstruct; ~ ***aufnehmen*** resume; ~ ***beleben*** MED resuscitate, revive (*a. fig*); ~ ***erkennen*** recognize (***an*** *dat* by); ~ ***finden*** find (what one has lost); *fig* regain; ~ ***gutmachen*** make up for; ~ ***herstellen*** restore; ~ ***sehen*** see *or* meet again; ~ ***verwendbar*** reusable; ~ ***verwerten*** TECH recycle

Wieder|'aufbau *m* (-[*e*]*s*; *no pl*) reconstruction, rebuilding; **~'aufbereitung** *f* TECH recycling, reprocessing (*a.* NUCL); **~'aufbereitungsanlage** *f* TECH reprocessing plant; **~'aufleben** *n* (-*s*; *no pl*) revival; **~'aufnahme** *f* (-; *no pl*) resumption

'wiederbekommen *v/t* (*irr*, ***kommen***, *sep*, *no -ge-*, *h*) get back

'Wieder|belebung *f* (-; -*en*) MED resuscitation; **~belebungsversuch** *m* MED attempt at resuscitation

'wiederbringen *v/t* (*irr*, ***bringen***, *sep*, *-ge-*, *h*) bring back; return

Wieder'einführung *f* reintroduction

'Wiederentdeckung *f* rediscovery

'Wiedergabe *f* TECH reproduction, playback; **'wiedergeben** *v/t* (*irr*, ***geben***, *sep*, *-ge-*, *h*) give back, return; *fig* describe; TECH play back, reproduce

Wieder'gutmachung *f* (-; -*en*) reparation

'wiederholen[1] *v/t* (*sep*, *-ge-*, *h*) (go and) get *s.o. or s.th.* back

wieder'holen[2] *v/t* (*no -ge-*, *h*) repeat; PED revise, review; THEA replay; ***sich*** ~ repeat o.s. (*a. fig*); **wieder'holt** *adv* repeatedly, several times

Wieder'holung *f* (-; -*en*) repetition; PED review; TV *etc* rerun; SPORT replay

Wiederkehr ['viːdɐkeːɐ] *f* (-; *no pl*) return; recurrence; **'wiederkehren** *v/i* (*sep*, *-ge-*, *sein*) return; recur

'wiederkommen *v/i* (*irr*, ***kommen***, *sep*, *-ge-*, *sein*) come back, return

'Wiedersehen *n* (-*s*; -) seeing *s.o.* again; reunion; ***auf*** ~***!*** goodbye!

wiederum ['viːdərʊm] *adv* again; on the other hand

'Wieder|vereinigung *f* reunion, *esp* POL *a.* reunification; **~verkauf** *m* resale; **~verwendung** *f* reuse; **~verwertung** *f* (-; -*en*) TECH recycling; **~wahl** *f* POL re-election

Wiege ['viːgə] *f* (-; -*n*) cradle

wiegen[1] ['viːgən] *v/t and v/i* (*irr*, *ge-*, *h*) weigh

'wiegen[2] *v/t* (*ge-*, *h*) rock (***in den Schlaf*** to sleep)

'Wiegenlied *n* lullaby

wiehern ['viːɐn] *v/i* (*ge-*, *h*) ZO neigh

wies [viːs] *pret of* ***weisen***

Wiese ['viːzə] *f* (-; -*n*) meadow

Wiesel ['viːzəl] *n* (-*s*; -) ZO weasel

wieso [vi'zoː] *interr adv* → ***warum***

wievielt [vi'fiːlt] *adj*: ***zum*** ~***en Male?*** how many times?

wild [vɪlt] *adj* wild (*a. fig*) (F ***auf*** *acc* about); violent

Wild *n* (-[*e*]*s*; *no pl*) HUNT game; GASTR *mst* venison; **~bach** *m* torrent

Wilde ['vɪldə] *m, f* (-*n*; -*n*) savage; F ***wie ein*** ~***r*** like mad

Wilderer ['vɪldərɐ] *m* (-*s*; -) poacher

'wildern *v/i* (*ge-*, *h*) poach

'Wildhüter *m* gamekeeper

'Wildkatze *f* ZO wild cat

'Wildleder *n* suede

'Wildnis *f* (-; -*se*) wilderness

'Wild|park *m*, **~reser'vat** *n* game park *or* reserve; **~schwein** *n* ZO wild boar

Wille ['vɪlə] *m* (-*ns*; -*n*) will; intention; ***s-n*** ~***n durchsetzen*** have *or* get one's own way; ***j-m s-n*** ~***n lassen*** let s.o. have his (own) way

'willenlos *adj* weak(-willed)

'Willenskraft *f* (-; *no pl*) willpower; ***durch*** ~ ***erzwingen*** will

'willensstark *adj* strong-willed

willig ['vɪlɪç] *adj* willing

will'kommen *adj* welcome (*a.* ~ ***heißen***) (***in*** *dat* to)

willkürlich ['vɪlkyːɐlɪç] *adj* arbitrary; random

wimmeln ['vɪməln] *v/i* (*ge-*, *h*) ~ ***von*** be teeming with

wimmern ['vɪmɐn] *v/i* (*ge-*, *h*) whimper

Wimpel ['vɪmpəl] *m* (-*s*; -) pennant

Wimper ['vɪmpɐ] *f* (-; -*n*) eyelash; ***ohne mit der*** ~ ***zu zucken*** without turning a hair; **'Wimperntusche** *f* mascara

Wind [vɪnt] *m* (-[*e*]*s*; -*e* ['vɪndə]) wind

Winde ['vɪndə] *f* (-; -*n*) winch, windlass, hoist

Windel ['vɪndəl] *f* (-; -*n*) diaper, *Br* nap-

py
winden ['vɪndən] *v/t* (*irr*, *ge-*, *h*) wind, TECH *a.* hoist; ***sich ~*** wind (one's way); writhe (*with pain etc*)
'**Windhund** *m* ZO greyhound
windig ['vɪndɪç] *adj* windy
'**Wind|mühle** *f* windmill; **~pocken** *pl* MED chickenpox; **~richtung** *f* direction of the wind; **~schutzscheibe** *f* MOT windshield, *Br* windscreen; **~stärke** *f* wind force
'**windstill** *adj*, '**Windstille** *f* calm
'**Windstoß** *m* gust
'**Windsurfen** *n* windsurfing
'**Windung** *f* (-; *-en*) bend, turn (*a.* TECH)
Wink [vɪŋk] *m* (-[*e*]*s*; *-e*) sign; *fig* hint
Winkel ['vɪŋkəl] *m* (*-s*; -) corner; MATH angle; '**winkelig** *adj* angular; crooked
winken ['vɪŋkən] *v/i* (*ge-*, *h*) wave (one's hand *etc*), signal; beckon
winseln ['vɪnzəln] *v/i* (*ge-*, *h*) whimper, whine
Winter ['vɪntɐ] *m* (*-s*; -) winter
'**winterlich** *adj* wintry
'**Winter|reifen** *m* MOT snow tire (*Br* tyre); **~schlaf** *m* ZO hibernation; **~spiele** *pl*: ***Olympische ~*** SPORT Winter Olympics; **~sport** *m* winter sports
Winzer ['vɪntsɐ] *m* (*-s*; -) winegrower
winzig ['vɪntsɪç] *adj* tiny, diminutive
Wipfel ['vɪpfəl] *m* (*-s*; -) (tree)top
Wippe ['vɪpə] *f* (-; *-n*), '**wippen** *v/i* (*ge-*, *h*) seesaw
wir [viːɐ] *pers pron* we; ***~ drei*** the three of us; F ***~ sind's!*** it's us!
Wirbel ['vɪrbəl] *m* (*-s*; -) whirl (*a. fig*); ANAT vertebra
'**wirbeln** *v/i* (*ge-*, *sein*) whirl
'**Wirbel|säule** *f* ANAT spinal column, spine; **~sturm** *m* cyclone, tornado; **~tier** *n* vertebrate; **~wind** *m* whirlwind
wirken ['vɪrkən] (*ge-*, *h*) **1.** *v/i* work; be effective (***gegen*** against); look; ***anregend*** *etc* ***~*** have a stimulating *etc* effect (***auf*** *acc* [up]on); ***~ als*** act as **2.** *v/t* weave; *fig* work (*miracles etc*)
wirklich ['vɪrklɪç] *adj* real, actual; true, genuine; '**Wirklichkeit** *f* (-; *-en*) reality; ***in ~*** in reality, actually
wirksam ['vɪrkzaːm] *adj* effective
'**Wirkung** *f* (-; *-en*) effect
'**wirkungslos** *adj* ineffective
'**wirkungsvoll** *adj* effective
wirr [vɪr] *adj* confused, mixed-up; *hair*: tousled; **Wirren** ['vɪrən] *pl* disorder, confusion; **Wirrwarr** ['vɪrvar] *m* (*-s*; *no pl*) confusion, mess, welter
Wirt [vɪrt] *m* (-[*e*]*s*; *-e*) landlord; '**Wirtin** *f* (-; *-nen*) landlady; '**Wirtschaft** *f* (-; *-en*) ECON, POL economy; business; → ***Gastwirtschaft***; '**wirtschaften** *v/i* (*ge-*, *h*) keep house; manage one's money *or* affairs *or* business; economize; ***gut*** (***schlecht***) ***~*** be a good (bad) manager; 'Wirtschafterin *f* (-; *-nen*) housekeeper; '**wirtschaftlich** *adj* economic; economical; '**Wirtschafts...** ECON *in cpds …gemeinschaft*, *…gipfel*, *…krise*, *…system*, *…wunder etc*: economic …
'**Wirtshaus** *n* → ***Gastwirtschaft***
wischen ['vɪʃən] *v/t* (*ge-*, *h*) wipe; ***Staub ~*** dust
wispern ['vɪspɐn] *v/t and v/i* (*ge-*, *h*) whisper
wissbegierig ['vɪsbəgiːrɪç] *adj* curious
wissen ['vɪsən] *v/t and v/i* (*irr*, *ge-*, *h*) know; ***ich möchte ~*** I'd like to know, I wonder; ***soviel ich weiß*** as far as I know; ***weißt du*** you know; ***weißt du noch?*** (do you) remember?; ***woher weißt du das?*** how do you know?; ***man kann nie ~*** you never know; ***ich will davon*** (***von ihm***) ***nichts ~*** I don't want anything to do with it (him)
'**Wissen** *n* (*-s*; *no pl*) knowledge; know-how; ***m-s ~s*** as far as I know
'**Wissenschaft** *f* (-; *-en*) science
'**Wissenschaftler** *m* (*-s*; -), '**Wissenschaftlerin** *f* (-; *-nen*) scientist
'**wissenschaftlich** *adj* scientific
'**wissenswert** *adj* worth knowing; ***Wissenswertes*** useful facts; ***alles Wissenswerte*** (***über*** *acc*) all you need to know (about)
wittern ['vɪtɐn] *v/t* (*ge-*, *h*) scent, smell (*both a. fig*)
Witwe ['vɪtvə] *f* (-; *-n*) widow
Witwer ['vɪtvɐ] *m* (*-s*; -) widower
Witz [vɪts] *m* (*-es*; *-e*) joke; ***~e reißen*** crack jokes
witzig ['vɪtsɪç] *adj* funny; witty
wo [voː] *adv* where; ***~ … doch*** when, although
wob [voːp] *pret of* ***weben***
wobei [vo'bai] *adv*: ***~ bist du?*** what are you at?; ***~ mir einfällt*** which reminds me
Woche ['vɔxə] *f* (-; *-n*) week

'Wochen... *in cpds ...lohn, ...markt, ...zeitung etc*: weekly ...; **~ende** *n* weekend; ***am ~*** on (*Br* at) the weekend
'wochenlang 1. *adj*: ***~es Warten*** (many) weeks of waiting **2.** *adv* for weeks
'Wochenschau *f film*: newsreel
'Wochentag *m* weekday
wöchentlich ['vœçəntlıç] **1.** *adj* weekly **2.** *adv* weekly, every week; ***einmal ~*** once a week
wodurch [vo'dʊrç] *adv* how; through which
wofür [vo'fyːɐ] *adv* for which; ***~?*** what (...) for?
wog [voːk] *pret of* ***wiegen¹*** *and* ***wägen***
Woge ['voːgə] *f* (-; *-n*) wave, *esp fig a.* surge; breaker; **'wogen** *v/i* (*ge-, h*) surge, heave (*both a. fig*)
woher [vo'heːɐ] *adv* where ... from; ***~ weißt du (das)?*** how do you know?
wohin [vo'hın] *adv* where (... to)
wohl [voːl] *adv and cj* well; probably, I suppose; ***sich ~ fühlen → wohlfühlen***; ***~ oder übel*** willy-nilly, whether you *etc* like it or not; ***~ kaum*** hardly
Wohl *n* (-[*e*]*s*; *no pl*) well-being; ***auf j-s ~ trinken*** drink to s.o.('s health); ***zum ~!*** to your health!; F cheers!
'wohlbehalten *adv* safely
'Wohlfahrtsstaat *m* welfare state
'wohlfühlen *v/refl* (*sep, -ge-, h*): ***sich ~*** feel well, be well; feel good; feel at home (***bei*** with); ***ich fühle mich nicht wohl*** I don't feel well
'wohl|gemerkt *adv* mind you; **~genährt** *adj* well-fed; **~gesinnt** *adj*: ***j-m ~ sein*** be well-disposed towards s.o.; **~habend** *adj* well-off, well-to-do
wohlig ['voːlıç] *adj* snug, cozy, *Br* cosy
'Wohl|stand *m* (-[*e*]*s*; *no pl*) prosperity, affluence; **~standsgesellschaft** *f* affluent society
'Wohltat *f* (-; *no pl*) pleasure; relief; blessing; **'Wohltäter(in)** benefactor (benefactress); **'wohltätig** *adj* charitable; ***für ~e Zwecke*** for charity
'Wohltätigkeits... *in cpds ...ball, ...konzert etc*: charity ...
'wohltun *v/i* (*irr*, ***tun***, *sep, -ge-, h*): ***j-m ~*** do s.o. good
'wohlverdient *adj* well-deserved
'wohlwollend *adj* benevolent
wohnen ['voːnən] *v/i* (*ge-, h*) live (***in*** *dat* in; ***bei j-m*** with s.o.); stay (***in*** *dat* at; ***bei*** with)
'Wohngebiet *n* residential area
'Wohngemeinschaft *f*: ***(mit j-m) in e-r ~ leben*** share an apartment (*Br* a flat) *or* a house (with s.o.)
wohnlich ['voːnlıç] *adj* comfortable, snug, cozy, *Br* cosy
'Wohnmo,bil *n* (*-s; -e*) camper, motor home (*Br* caravan)
'Wohn|siedlung *f* housing development (*Br* estate); **~sitz** *m* residence; ***ohne festen ~*** of no fixed abode
'Wohnung *f* (-; *-en*) apartment, *Br* flat; ***m-e*** *etc* **~** my *etc* place
'Wohnungs|amt *n* housing office; **~bau** *m* (-[*e*]*s*; *no pl*) house building; **~not** *f* housing shortage
'Wohnwagen *m* trailer, *Br* caravan; mobile home
'Wohnzimmer *n* sitting *or* living room
wölben ['vœlbən] *v/refl* (*ge-, h*), **'Wölbung** *f* (-; *-en*) vault, arch
Wolf [vɔlf] *m* (-[*e*]*s*; *Wölfe* ['vœlfə]) zo wolf
Wolke ['vɔlkə] *f* (-; *-n*) cloud
'Wolkenbruch *m* cloudburst
'Wolkenkratzer *m* (*-s*; -) skyscraper
'wolkenlos *adj* cloudless
wolkig ['vɔlkıç] *adj* cloudy, clouded
Woll... [vɔl-] *in cpds ...schal, ...socken etc*: wool(l)en ...; **~decke** *f* blanket
Wolle ['vɔlə] *f* (-; *-n*) wool
wollen ['vɔlən] *v/t and v/i* (*ge-, h*) *and v/aux* (*no -ge-, h*) want (to); ***lieber ~*** prefer; ***~ wir (gehen*** *etc*)*?* shall we (go *etc*)?; ***~ Sie bitte ...*** will *or* would you please ...; ***wie (was, wann) du willst*** as (whatever, whenever) you like; ***sie will, dass ich komme*** she wants me to come; ***ich wollte, ich wäre (hätte) ...*** I wish I were (had) ...
womit [vo'mıt] *adv* with which; ***~?*** what ... with?
Wonne ['vɔnə] *f* (-; *-n*) joy, delight
woran [vo'ran] *adv*: ***~ denkst du?*** what are you thinking of?; ***~ liegt es, dass ...?*** how is it that ...?; ***~ sieht man, welche (ob) ...?*** how can you tell which (if) ...?
worauf [vo'rauf] *adv* after which; on which; ***~?*** what ... on?; ***~ wartest du?*** what are you waiting for?
woraus [vo'raus] *adv* from which; ***~ ist es?*** what's it made of?

worin [vo'rɪn] *adv* in which; **~?** where?
Wort [vɔrt] *n* (-[*e*]*s*; -*e*, *Wörter* ['vœrtɐ]) word; ***mit anderen ~en*** in other words; ***sein ~ geben*** (***halten, brechen***) give (keep, break) one's word; ***j-n beim ~ nehmen*** take s.o. at his word; ***ein gutes ~ einlegen für*** put in a good word for; ***j-m ins ~ fallen*** cut s.o. short
'**Wortart** *f* LING part of speech
Wörter|buch ['vœrtɐbuːx] *n* dictionary; **~verzeichnis** *n* vocabulary, list of words
'**Wortführer** *m* spokesman; '**Wortführerin** *f* spokeswoman
'**wortkarg** *adj* taciturn
wörtlich ['vœrtlɪç] *adj* literal; ***~e Rede*** LING direct speech
'**Wort|schatz** *m* vocabulary; **~spiel** *n* pun; **~stellung** *f* LING word order
worüber [vo'ryːbɐ] *adv* about which; ***~ lachen Sie?*** what are you laughing at *or* about?
worum [vo'rʊm] *adv* about which; ***~ handelt es sich?*** what is it about?
worunter [vo'rʊntɐ] *adv* among which; **~?** what … under?
wovon [vo'fɔn] *adv* about which; ***~ redest du?*** what are you talking about?
wovor [vo'foːɐ] *adv* of which; ***~ hast du Angst?*** what are you afraid of?
wozu [vo'tsuː] *adv*: ***~ er mir rät*** what he advised me to do; **~?** what (…) for?; why?
Wrack [vrak] *n* (-[*e*]*s*; -*s*) MAR wreck (*a. fig*)
wrang [vraŋ] *pret of* ***wringen***
wringen ['vrɪŋən] *v/t* (*irr, ge-, h*) wring
Wucher ['vuːxɐ] *m* (-*s*; *no pl*) usury
Wucherer ['vuːxərɐ] *m* (-*s*; -) usurer
'**wuchern** *v/i* (*ge-, h*) grow (*fig* be) rampant; **Wucherung** ['vuːxərʊŋ] *f* (-; -*en*) MED growth
Wuchs [vuːks] *m* (-*es*; *no pl*) growth; build
wuchs [vuːks] *pret of* ***wachsen***[1]
Wucht [vʊxt] *f* (-; *no pl*) force; impact
wuchtig ['vʊxtɪç] *adj* massive; powerful
wühlen ['vyːlən] *v/i* (*ge-, h*) dig; ZO root; rummage (***in*** *dat* in, through)
Wulst [vʊlst] *m* (-*es*; *Wülste* ['vʏlstə], *f*-; *Wülste*) bulge; roll (*of fat*)
wulstig ['vʊlstɪç] *adj* bulging; thick
wund [vʊnt] *adj* MED sore; ***~e Stelle*** MED sore; ***~er Punkt*** *fig* sore point
Wunde ['vʊndə] *f* (-; -*n*) MED wound
Wunder ['vʊndɐ] *n* (-*s*; -) miracle, *fig a.* wonder; ***~ wirken*** work wonders; (***es ist***) ***kein ~, dass du müde bist*** no wonder you are tired; '**wunderbar** *adj* wonderful, marvel(l)ous
'**Wunderkind** *n* infant prodigy
'**wunderlich** *adj* funny, odd; senile
'**wundern** *v/refl* (*ge-, h*) be surprised *or* astonished (***über*** *acc* at)
'**wundervoll** *adj* wonderful
'**Wundstarrkrampf** *m* (-*es*; *no pl*) MED tetanus
Wunsch [vʊnʃ] *m* (-[*e*]*s*; *Wünsche* ['vʏnʃə]) wish; request; ***auf j-s ~*** at s.o.'s request; ***auf eigenen ~*** at one's own request; (***je***) ***nach ~*** as desired
wünschen ['vʏnʃən] *v/t* (*ge-, h*) wish; ***sich et.*** (***zu Weihnachten*** *etc*) ***~*** want s.th. (for Christmas *etc*); ***das habe ich mir*** (***schon immer***) ***gewünscht*** that's what I (always) wanted; ***alles, was man sich nur ~ kann*** everything one could wish for; ***ich wünschte, ich wäre*** (***hätte***) ***…*** I wish I were (had) …
'**wünschenswert** *adj* desirable
wurde ['vʊrdə] *pret of* ***werden***
Würde ['vʏrdə] *f* (-; -*n*) dignity
'**würdelos** *adj* undignified
'**Würdenträger** *m* dignitary
'**würdevoll** *adj* dignified
würdig ['vʏrdɪç] *adj* worthy (*gen* of); dignified; **würdigen** ['vʏrdɪgən] *v/t* (*ge-, h*) appreciate; ***j-n keines Blickes ~*** ignore s.o. completely; '**Würdigung** *f* (-; -*en*) appreciation
Wurf [vʊrf] *m* (-[*e*]*s*; *Würfe* ['vʏrfə]) throw; ZO litter
Würfel ['vʏrfəl] *m* (-*s*; -) cube (*a.* MATH); dice; '**würfeln** *v/i* (*ge-, h*) throw dice (***um*** for); play dice; GASTR dice; ***e-e Sechs ~*** throw a six
'**Würfelzucker** *m* lump sugar
'**Wurfgeschoss** *n* missile
würgen ['vʏrgən] *v/i and v/t* (*ge-, h*) choke; throttle *s.o.*
Wurm [vʊrm] *m* (-[*e*]*s*; *Würmer* ['vʏrmɐ]) ZO worm; **wurmen** ['vʊrmən] F *v/t* (*ge-, h*) gall *s.o.*; '**wurmstichig** ['vʊrmʃtɪçɪç] *adj* worm-eaten
Wurst [vʊrst] *f* (-; *Würste* ['vʏrstə]) sausage
Würstchen ['vʏrstçən] *n* (-*s*; -) small

sausage, frankfurter, wiener; hot dog
Würze [vʏrtsə] *f* (-; *-n*) spice (*a. fig*)
Wurzel ['vʊrtsəl] *f* (-; *-n*) root (*a.* MATH); ***~n schlagen*** take root (*a. fig*)
'**wurzeln** *v/i* (*ge-, h*) ***~ in*** (*dat*) be rooted in (*a. fig*)
'**würzen** *v/t* (*ge-, h*) spice, season, flavo(u)r; **würzig** ['vʏrtsɪç] *adj* spicy, well-seasoned
wusch [vuːʃ] *pret of* ***waschen***
wusste ['vʊstə] *pret of* ***wissen***
Wust [vuːst] F *m* (-[*e*]*s*; *no pl*) tangled mass
wüst [vyːst] *adj* waste; confused; wild, dissolute
Wüste ['vyːstə] *f* (-; *-n*) desert
Wut [vuːt] *f* (-; *no pl*) rage, fury; ***e-e ~ haben*** be furious (***auf*** *acc* with)
'**Wutanfall** *m* fit of rage
wüten ['vyːtən] *v/i* (*ge-, h*) rage (*a. fig*); **~d** *adj* furious (***auf*** *acc* with; ***über*** *acc* at), F mad (at)
'**wutschnaubend** *adj* fuming

X, Y

X-Beine ['ɪksbainə] *pl* knock-knees; ***sie hat ~*** she's knock-kneed
x-beinig ['ɪksbainɪç] *adj* knock-kneed
x-be'liebig *adj*: ***jede(r, -s) x-Beliebige ...*** any ... you like, F any old ...
'**x-mal** F *adv* umpteen times
x-te ['ɪkstə] *adj*: ***zum ~n Male*** for the umpteenth time
Xylophon [ksylo'foːn] *n* (*-s*; *-e*) MUS xylophone
Yacht [jaxt] *f* (-; *-en*) MAR yacht
Yoga ['joːga] *m, n* (-[*s*]; *no pl*) yoga

Z

Zacke ['tsakə] *f* (-; *-n*), '**Zacken** *m* (*-s*; -) (sharp) point; tooth; **zackig** ['tsakɪç] *adj* serrated; jagged; *fig* smart
zaghaft ['tsaːkhaft] *adj* timid
zäh [tsɛː] *adj* tough (*a. fig*); **~flüssig** *adj* thick, viscous; *fig* slow-moving (*traffic*)
Zähigkeit ['tsɛːɪçkait] *f* (-; *no pl*) toughness, *fig a.* stamina
Zahl [tsaːl] *f* (-; *-en*) number; figure
'**zahlbar** *adj* payable (***an*** *acc* to; ***bei*** at)
zählbar ['tsɛːlbaːɐ] *adj* countable
zahlen ['tsaːlən] *v/i and v/t* (*ge-, h*) pay; ***~, bitte!*** the check (*Br* bill), please!
zählen ['tsɛːlən] *v/t and v/i* (*ge-, h*) count (***bis*** up to; *fig* ***auf*** *acc* on); ***~ zu*** rank with *the best etc*
'**zahlenmäßig** **1.** *adj* numerical **2.** *adv*: ***j-m ~ überlegen sein*** outnumber s.o.
Zähler ['tsɛːlɐ] *m* (*-s*; -) counter (*a.* TECH); MATH numerator; ELECTR *etc* meter
'**Zahlkarte** *f post* deposit (*Br* paying-in) slip
'**zahllos** *adj* countless
'**Zahlmeister** *m* MIL paymaster; MAR purser
'**zahlreich** **1.** *adj* numerous **2.** *adv* in great number
'**Zahltag** *m* payday
'**Zahlung** *f* (-; *-en*) payment
'**Zählung** *f* (-; *-en*) count; POL census
'**Zahlungs|aufforderung** *f* request for payment; **~bedingungen** *pl* terms of payment; **~befehl** *m* order to pay
'**zahlungsfähig** *adj* solvent
'**Zahlungs|frist** *f* term of payment; **~mittel** *n* currency; ***gesetzliches ~*** legal tender; **~schwierigkeiten** *pl* financial difficulties; **~ter,min** *m* date of payment
'**zahlungsunfähig** *adj* insolvent
'**Zählwerk** *n* TECH counter
'**Zahlwort** *n* LING numeral
zahm [tsaːm] *adj* tame (*a. fig*)
zähmen ['tsɛːmən] *v/t* (*ge-, h*) tame (*a. fig*); '**Zähmung** *f* (-; *no pl*) taming
Zahn [tsaːn] *m* (-[*e*]*s*; *Zähne* ['tsɛːnə]) tooth, TECH *a.* cog; **~arzt** *m*, **~ärztin** *f*

dentist, dental surgeon; **~bürste** *f* toothbrush; **~creme** *f* toothpaste
zahnen ['tsaːnən] *v/i* (*ge-*, *h*) cut one's teeth, teethe
'Zahnfleisch *n* gums
'zahnlos *adj* toothless
'Zahn|lücke *f* gap between the teeth; **~medi,zin** *f* dentistry; **~pasta**, **~paste** *f* toothpaste; **~radbahn** *f* rack railroad; **~schmerzen** *pl* toothache; **~spange** *f* MED brace; **~stein** *m* tartar; **~stocher** *m* (*-s*; -) toothpick
Zange ['tsaŋə] *f* (-; *-n*) TECH pliers; pincers; tongs; MED forceps; ZO pincer
zanken ['tsaŋkən] *v/refl* (*ge-*, *h*) quarrel (***wegen*** about; ***um*** over), fight, argue (about; over)
zänkisch ['tsɛŋkɪʃ] *adj* quarrelsome
Zäpfchen ['tsɛpfçən] *n* (*-s*; -) ANAT uvula; PHARM suppository
zapfen ['tsapfən] *v/t* (*ge-*, *h*) tap
'Zapfen *m* (*-s*; -) faucet, *Br* tap; TECH peg, pin; bung; tenon; pivot; BOT cone
'Zapfenstreich *m* MIL tattoo, taps
'Zapf|hahn *m* faucet, *Br* tap; MOT nozzle; **~säule** *f* MOT gasoline (*Br* petrol) pump
zappelig ['tsapəlɪç] *adj* fidgety
zappeln ['tsapəln] *v/i* (*ge-*, *h*) fidget, wriggle
zappen ['zɛpən] F *v/i* (*ge-*, *h*) TV zap
zart [tsaːɐt] *adj* tender; gentle; ***~ fühlend*** sensitive
'Zartgefühl *n* (*-[e]s*; *no pl*) delicacy (of feeling), sensitivity, tact
zärtlich ['tsɛːɐtlɪç] *adj* tender, affectionate (***zu*** with); **'Zärtlichkeit** *f* (-; *-en*) (*no pl*) tenderness, affection; caress
Zauber ['tsaubɐ] *m* (*-s*; -) magic, spell, charm (*all a. fig*), *fig* enchantment; **Zauberei** [tsaubə'rai] *f* (-; *-en*) magic, witchcraft; **Zauberer** ['tsaubərɐ] *m* (*-s*; -) magician, sorcerer, wizard (*a. fig*); **'zauberhaft** *fig adj* enchanting, charming; **Zauberin** ['tsaubərɪn] *f* (-; *-nen*) sorceress
'Zauber|kraft *f* magic power; **~künstler** *m* magician, conjurer; **~kunststück** *n* conjuring trick
'zaubern (*ge-*, *h*) **1.** *v/i* practise magic; do conjuring tricks **2.** *v/t* conjure (up)
'Zauberspruch *m* spell
zaudern ['tsaudɐn] *v/i* (*ge-*, *h*) hesitate
Zaum [tsaum] *m* (*-[e]s*; *Zäume* ['tsɔʏmə]) bridle; ***im ~ halten*** control (***sich*** o.s.), keep in check
zäumen ['tsɔʏmən] *v/t* (*ge-*, *h*) bridle
'Zaumzeug *n* (*-[e]s*; *-e*) bridle
Zaun [tsaun] *m* (*-[e]s*; *Zäune* ['tsɔʏnə]) fence; **~gast** *m* onlooker; **~pfahl** *m* pale
z. B. *abbr of* ***zum Beispiel*** e.g., for example, for instance
Zebra ['tseːbra] *n* (*-s*; *-s*) ZO zebra
'Zebrastreifen *m* MOT zebra crossing
Zeche ['tsɛçə] *f* (-; *-n*) check, *Br* bill; (coal) mine, pit; ***die ~ bezahlen müssen*** F have to foot the bill
Zeh [tseː] *m* (*-s*; *-en*), ***Zehe*** ['tseːə] *f* (-; *-n*) ANAT toe; ***große*** (***kleine***) **~** big (little) toe; **'Zehennagel** *m* ANAT toenail
'Zehenspitze *f* tip of the toe; ***auf ~n gehen*** (walk on) tiptoe
zehn [tseːn] *adj* ten; **'zehnfach** *adj* tenfold; **'zehnjährig** ['tseːnjɛːrɪç] *adj* ten-year-old (*boy etc*); ten-year *anniversary etc*; *absence etc* of ten years
Zehnkampf *m* SPORT decathlon
'zehnmal *adv* ten times; **'zehnte** *adj* tenth; **'Zehntel** *n* (*-s*; -) tenth; **'zehntens** *adv* tenthly
Zeichen ['tsaiçən] *n* (*-s*; -) sign; mark; signal; ***zum ~*** *gen* as a token of; **~block** *m* sketch pad; **~brett** *n* drawing board; **~dreieck** *n* MATH set square; **~folge** *f* IT string; **~lehrer(in)** art teacher; **~setzung** *f* (-; *no pl*) LING punctuation; **~sprache** *f* sign language; **~trickfilm** *m* (animated) cartoon
zeichnen ['tsaiçnən] *v/i and v/t* (*ge-*, *h*) draw; mark (*a. fig*); sign; *fig* leave its mark on *s.o.*; **'Zeichnen** *n* (*-s*; *no pl*) drawing; PED art; **'Zeichner** ['tsaiçnɐ] *m* (*-s*; -) *mst* graphic artist; draftsman, *Br* draughtsman; **'Zeichnung** *f* (-; *-en*) drawing; diagram; ZO marking
Zeigefinger ['tsaigəfɪŋɐ] *m* ANAT forefinger, index finger; **zeigen** ['tsaigən] (*ge-*, *h*) **1.** *v/t* show (*a.* ***sich ~***); **2.** *v/i*: ***~ nach*** point to; (***mit dem Finger***) ***~ auf*** (*acc*) point (one's finger) at; **Zeiger** ['tsaigɐ] *m* (*-s*; -) hand; TECH pointer, needle; **'Zeigestock** *m* pointer
Zeile ['tsailə] *f* (-; *-n*) line (*a.* TV); ***j-m ein paar ~n schreiben*** drop s.o. a line
Zeit [tsait] *f* (-; *-en*) time; age, era; LING tense; ***vor einiger ~*** some time ago, a

while ago; ***in letzter ~*** lately, recently; ***in der*** (*or* ***zur***) ***~*** *gen* in the days of; ***… aller ~en*** … of all time; ***die ~ ist um*** time's up; ***e-e ~ lang*** for some time, for a while; ***sich ~ lassen*** take one's time; ***es wird ~, dass …*** it's time to *inf*; ***das waren noch ~en*** those were the days; ***~ raubend*** → ***zeitraubend***; → ***zurzeit***

'Zeit|abschnitt *m* period (of time); **~alter** *n* age; **~bombe** *f* time bomb (*a. fig*); **~druck** *m*: ***unter ~ stehen*** be pressed for time; **~fahren** *n* (*-s*; *no pl*) *cycling*: time trials

'zeitgemäß *adj* modern, up-to-date

'Zeitgenosse *m*, **'Zeitgenossin** *f*, **'zeitgenössisch** ['tsaitgənœsɪʃ] *adj* contemporary

'Zeit|geschichte *f* (-; *no pl*) contemporary history; **~gewinn** *m* (-[*e*]*s*; *no pl*) gain of time; **~karte** *f* season ticket

'Zeitlang *f* → ***Zeit***

zeit'lebens *adv* all one's life

'zeitlich 1. *adj* time … **2.** *adv*: ***et. ~ planen*** *or* ***abstimmen*** time s.th.

'zeitlos *adj* timeless; classic

'Zeit|lupe *f*: ***in ~*** in slow motion; **~not** *f*: ***in ~ sein*** be pressed for time; **~punkt** *m* moment; **~raffer** *m*: ***im ~*** in quick motion

'zeitraubend *adj* time-consuming

'Zeitraum *m* period (of time)

'Zeitschrift *f* magazine

Zeitung ['tsaitʊŋ] *f* (-; *-en*) (news)paper

'Zeitungs|abonne,ment *n* subscription to a paper; **~ar,tikel** *m* newspaper article; **~ausschnitt** *m* (newspaper) clipping (*Br* cutting); **~junge** *m* paper boy; **~kiosk** *m* newspaper kiosk; **~no,tiz** *f* press item; **~pa,pier** *n* newspaper; **~stand** *m* newsstand; **~verkäufer(in)** newsdealer, *Br* news vendor

'Zeitverlust *m* (-[*e*]*s*; *no pl*) loss of time

'Zeitverschiebung *f* AVIAT time lag

'Zeitverschwendung *f* waste of time

'Zeitvertreib ['tsaitfɛɐtraip] *m* (-[*e*]*s*; *-e*) pastime; ***zum ~*** to pass the time

zeitweilig ['tsaitvailɪç] *adj* temporary

'zeitweise *adv* at times, occasionally

'Zeitwort *n* (-[*e*]*s*; *-wörter*) LING verb

'Zeitzeichen *n radio*: time signal

'Zeitzünder *m* MIL time fuse

Zelle ['tsɛlə] *f* (-; *-n*) cell

Zellstoff ['tsɛlʃtɔf] *m*, **Zellulose** [tsɛlu'loːzə] *f* (-; *-n*) TECH cellulose

Zelt [tsɛlt] *n* (-[*e*]*s*; *-e*) tent; **zelten** ['tsɛltən] *v/i* (*ge-*, *h*) camp; **'Zeltlager** *n* camp; **'Zeltplatz** *m* campsite

Zement [tse'mɛnt] *m* (-[*e*]*s*; *-e*), **zementieren** [tsemɛn'tiːrən] *v/t* (*no -ge-*, *h*) cement

Zenit [tse'niːt] *m* (-[*e*]*s*; *no pl*) zenith

zensieren [tsɛn'ziːrən] *v/t* (*no -ge-*, *h*) censor; PED mark, grade; **Zensor** ['tsɛnzoːɐ] *m* (*-s*; *-en* [tsɛn'zoːrən]) censor; **Zensur** [tsɛn'zuːɐ] *f* (-; *-en* [tsɛn'zuːrən]) (*no pl*) censorship; PED mark, grade

Zentimeter [tsɛnti'meːtɐ] *n*, *m* (*-s*; -) centimeter, *Br* centimetre

Zentner ['tsɛntnɐ] *m* (*-s*; -) 50 kilograms, metric hundredweight

zentral [tsɛn'traːl] *adj* central

Zentrale [tsɛn'traːlə] *f* (-; *-n*) head office; headquarters; TEL switchboard; TECH control room

Zen'tral|heizung *f* central heating; **~verriegelung** *f* MOT central locking

Zentrum ['tsɛntrʊm] *n* (*-s*; *Zentren*) center, *Br* centre

Zepter ['tsɛptɐ] *n* (*-s*; -) scepter, *Br* sceptre

zer'brechen *v/i* (*irr*, ***brechen***, *no -ge-*, *sein*) *and v/t* (*h*) break; → ***Kopf***

zer'brechlich *adj* fragile

zer'bröckeln *v/t* (*no -ge-*, *h*) *and v/i* (*sein*) crumble

zer'drücken *v/t* (*no -ge-*, *h*) crush

Zeremonie [tseremo'niː] *f* (-; *-n*) ceremony

zeremoniell [tseremo'njɛl] *adj*, **Zeremoni'ell** *n* (*-s*; *-e*) ceremonial

Zer'fall *m* (-[*e*]*s*; *no pl*) disintegration, decay; **zer'fallen** *v/i* (*irr*, ***fallen***, *no -ge-*, *sein*) disintegrate, decay; ***~ in*** (*acc*) break up into

zer|'fetzen *v/t* (*no -ge-*, *h*) tear to pieces; **~'fressen** *v/t* (*irr*, ***fressen***, *no -ge-*, *h*) eat (holes in); CHEM corrode; **~'gehen** *v/i* (*irr*, ***gehen***, *no -ge-*, *sein*) melt, dissolve; **~'hacken** *v/t* (*no -ge-*, *h*) chop (*a.* ELECTR)

zerknirscht [tsɛɐ'knɪrʃt] *adj* remorseful

zer|'knittern *v/t* (*no -ge-*, *h*) (c)rumple, crease; **~'knüllen** *v/t* (*no -ge-*, *h*) crumple up; **~'kratzen** *v/t* (*no -ge-*, *h*) scratch; **~'krümeln** *v/t* (*no -ge-*, *h*) crumble; ~'**lassen** *v/t* (*irr*, ***lassen***, *no -ge-*, *h*) melt; ~'**legen** *v/t* (*no -ge-*, *h*) take apart *or* to pieces; TECH dismantle; GASTR carve; CHEM, LING, *fig* analyze, *Br* analyse

zer'lumpt *adj* ragged, tattered

zer'mahlen *v/t* (*no -ge-*, *h*) grind

zer'mürben *v/t* (*no -ge-*, *h*) wear down

zer'quetschen *v/t* (*no -ge-*, *h*) crush

Zerrbild ['tsɛɐbɪlt] *n* caricature

zer'reiben *v/t* (*irr*, ***reiben***, *no -ge-*, *h*) rub to powder, pulverize

zer'reißen (*irr*, ***reißen***, *no -ge-*) **1.** *v/t* (*h*) tear up *or* to pieces; ***sich die Hose ~*** tear one's trousers **2.** *v/i* (*sein*) tear; break

zerren ['tsɛrən] (*ge-*, *h*) **1.** *v/t* tug, drag, pull (*a.* MED); **2.** *v/i*: ***~ an*** (*dat*) tug (*or* strain) at

'Zerrung *f* (-; *-en*) MED pulled muscle

zerrütten [tsɛɐ'rʏtən] *v/t* (*no -ge-*, *h*) ruin; **zer'rüttet** *adj*: ***~e Ehe*** (***Verhältnisse***) broken marriage (home)

zer|'sägen *v/t* (*no -ge-*, *h*) saw up; ~**schellen** [tsɛɐ'ʃɛlən] *v/i* (*no -ge-*, *sein*) be smashed, AVIAT *a.* crash; ~'**schlagen** **1.** *v/t* (*irr*, ***schlagen***, *no -ge-*, *h*) smash (to pieces); *fig* smash; ***sich ~*** come to nothing **2.** *adj*: ***sich ~ fühlen*** be (all) worn out, F be dead beat; ~'**schmettern** *v/t* (*no -ge-*, *h*) smash (to pieces), shatter (*a. fig*); ~'**schneiden** *v/t* (*irr*, ***schneiden***, *no -ge-*, *h*) cut (up); ~'**setzen** *v/t* (*no -ge-*, *h*) CHEM decompose (*a.* ***sich ~***); *fig* corrupt, undermine; ~'**splittern** *v/t* (*no -ge-*, *h*) *and v/i* (*sein*) split (up), splinter; shatter; ~'**springen** *v/i* (*irr*, ***springen***, *no -ge-*, *sein*) crack; shatter; ~'**stampfen** *v/t* (*no -ge-*, *h*) pound; GASTR mash

zer'stäuben *v/t* (*no -ge-*, *h*) spray; **Zerstäuber** [tsɛɐ'ʃtɔʏbɐ] *m* (*-s*; -) atomizer, sprayer

zer'stören *v/t* (*no -ge-*, *h*) destroy, ruin (*both a. fig*); **Zer'störer** *m* (*-s*; -) destroyer (*a.* MAR); **zer'störerisch** *adj* destructive; **Zer'störung** *f* (-; *-en*) destruction

zer'streuen *v/t and v/refl* (*no -ge-*, *h*) scatter, disperse; break up (*crowd etc*); *fig* take s.o.'s (*refl* one's) mind off things; **zer'streut** *fig adj* absent-minded; **Zer'streutheit** *f* (-; *no pl*) absent-mindedness; **Zer'streuung** *fig f* (-; *-en*) diversion, distraction

zer'stückeln *v/t* (*no -ge-*, *h*) cut up *or* (in)to pieces; dismember (*body*)

Zertifikat [tsɛrtifi'ka:t] *n* (-[*e*]*s*; *-e*) certificate

zer'treten *v/t* (*irr*, ***treten***, *no -ge-*, *h*) crush (*a. fig*)

zer'trümmern *v/t* (*no -ge-*, *h*) smash

zerzaust [tsɛɐ'tsaust] *adj* tousled, dishevel(l)ed

Zettel ['tsɛtəl] *m* (*-s*; -) slip (of paper); note; label, sticker

Zeug [tsɔʏk] *n* (-[*e*]*s*; *-e*) stuff (*a.* F); things; ***er hat das ~ dazu*** he's got what it takes; ***dummes ~*** nonsense

Zeuge ['tsɔʏgə] *m* (*-n*; *-n*) witness

'zeugen[1] *v/i* (*ge-*, *h*) JUR give evidence (***für*** for); *fig* ***~ von*** testify to

'zeugen[2] *v/t* (*ge-*, *h*) BIOL procreate; father

'Zeugen|aussage *f* JUR testimony, evidence; ~**bank** *f* (-; *-bänke*) JUR witness stand (*Br* box)

'Zeugin *f* (-; *-nen*) JUR (female) witness

Zeugnis ['tsɔʏknɪs] *n* (*-ses*; *-se*) report card, *Br* (school) report; certificate, diploma; reference; *pl* credentials

'Zeugung *f* (-; *-en*) BIOL procreation

z. H(d). *abbr of* ***zu Händen*** attn, attention

Zickzack ['tsɪktsak] *m* (-[*e*]*s*; *-e*) (*a.* ***im ~ fahren***) zigzag

Ziege ['tsi:gə] *f* (-; *-n*) ZO (nanny) goat; F *contp* (***blöde***) ***~*** (silly old) cow

Ziegel ['tsi:gəl] *m* (*-s*; -) brick; tile

'Ziegeldach *n* tiled roof

Ziegelei [tsi:gə'lai] *f* (-; *-en*) brickyard

'Ziegelstein *m* brick

'Ziegen|bock *m* ZO billy goat; ~**leder** *n* kid (leather); ~**peter** ['tsi:gənpe:tɐ] *m* (*-s*; -) MED mumps

ziehen ['tsi:ən] (*irr*, *-ge-*) **1.** *v/t* (*h*) pull, draw; take off *one's hat* (***vor*** *dat* to) (*a. fig*); AGR grow; pull *or* take out (***aus*** of); ***j-n ~ an*** (*dat*) pull s.o. by; ***auf sich ~*** attract (*attention etc*); ***sich ~*** run; stretch; → ***Länge, Erwägung*** **2.** *v/i* (*h*) pull (***an*** *dat* at); (*sein*) move; ZO *etc* migrate; go; travel; wander, roam; ***es zieht*** there's a draft (*Br* draught)

Ziehharmonika ['tsi:harmo:nika] *f* (-; *-s*) MUS accordion

'**Ziehung** *f* (-; *-en*) draw
Ziel [tsi:l] *n* (-[*e*]*s*; *-e*) aim, target, mark (*all a. fig*), *fig a.* goal, objective; destination; SPORT finish; ***sich ein ~ setzen*** set o.s. a goal; ***sein ~ erreichen*** reach one's goal; ***sich zum ~ gesetzt haben, et. zu tun*** aim to do *or* at doing s.th.
'**Zielband** *n* (-[*e*]*s*; *-bänder*) SPORT tape
zielen ['tsi:lən] *v/i* (*ge-, h*) (take) aim (***auf*** *acc* at)
'**Ziellinie** *f* SPORT finishing line
'**ziellos** *adj* aimless
'**Zielscheibe** *f* target, *fig a.* object
zielstrebig ['tsi:lʃtre:bıç] *adj* purposeful, determined
ziemlich ['tsi:mlıç] **1.** *adj* quite a **2.** *adv* rather, fairly, quite, F pretty; ***~ viele*** quite a few
Zierde ['tsi:ɐdə] *f* (-; *-n*) (***zur*** as a) decoration; **zieren** ['tsi:rən] *v/t* (*ge-, h*) decorate; ***sich ~*** be coy; make a fuss
zierlich ['tsi:ɐlıç] *adj* dainty; petite
Zierpflanze ['tsi:ɐpflantsə] *f* ornamental plant
Ziffer ['tsıfɐ] *f* (-; *-n*) figure
'**Zifferblatt** *n* dial, face
Zigarette [tsiga'rɛtə] *f* (-; *-n*) cigarette
Ziga'retten|auto,mat *m* cigarette machine; **~stummel** *m* cigarette end, stub, butt
Zigarre [tsi'garə] *f* (-; *-n*) cigar
Zimmer ['tsımɐ] *n* (*-s*; -) room; apartment; **~einrichtung** *f* furniture; **~mädchen** *n* (chamber)maid; **~mann** *m* carpenter
'**zimmern** *v/t* (*ge-, h*) build, make
'**Zimmer|pflanze** *f* indoor plant; **~service** *m* room service; **~suche** *f*: ***auf ~ sein*** be looking (*or* hunting) for a room; **~vermittlung** *f* accommodation office
zimperlich ['tsımpɐlıç] *adj* prudish; soft, F sissy
Zimt [tsımt] *m* (-[*e*]*s*; *-e*) cinnamon
Zink ['tsıŋk] *n* (-[*e*]*s*; *no pl*) CHEM zinc
Zinke ['tsıŋkə] *f* (-; *-n*) tooth; prong
Zinn [tsın] *n* (-[*e*]*s*; *no pl*) CHEM tin; pewter
Zins [tsıns] *m* (*-es*; *-en*) ECON interest (*a. pl*); ***3% ~en bringen*** bear interest at 3%; '**zinslos** *adj* ECON interest-free; '**Zinssatz** *m* ECON interest rate
Zipfel ['tsıpfəl] *m* (*-s*; -) corner; point; tail; GASTR end; **~mütze** *f* pointed cap
zirka ['tsırka] *adv* about, approximately
Zirkel ['tsırkəl] *m* (*-s*; -) circle (*a. fig*); MATH compasses, dividers
zirkulieren [tsırku'li:rən] *v/i* (*no -ge-, h*) circulate
Zirkus ['tsırkʊs] *m* (-; *-se*) circus
zirpen ['tsırpən] *v/i* (*ge-, h*) chirp
zischen ['tsıʃən] *v/i and v/t* (*ge-, h*) hiss; *fat etc*: sizzle; *fig* whiz(z)
ziselieren [tsizə'li:rən] *v/t* (*no -ge-, h*) TECH chase
Zitat [tsi'ta:t] *n* (-[*e*]*s*; *-e*) quotation, F quote; **zitieren** [tsi'ti:rən] *v/t* (*no -ge-, h*) quote, cite (*a.* JUR), JUR summon
Zitrone [tsi'tro:nə] *f* (-; *-n*) BOT lemon
Zi'tronen|limo,nade *f* lemon soda *or* pop, *Br* (fizzy) lemonade; **~saft** *m* lemon juice; **~schale** *f* lemon peel
zitterig ['tsıtərıç] *adj* shaky; **zittern** ['tsıtɐn] *v/i* (*ge-, h*) tremble, shake (*both*: ***vor*** *dat* with)
zivil [tsi'vi:l] *adj* civil, civilian
Zi'vil *n* (*-s*; *no pl*) civilian clothes; ***Polizist in ~*** plainclothes policeman
Zi'vildienst *m* MIL alternative service (*in lieu of military service*)
Zivilisation [tsiviliza'tsjo:n] *f* (-; *-en*) civilization; **zivilisieren** [tsivili'zi:rən] *v/t* (*no -ge-, h*) civilize
Zivilist [tsivi'lıst] *m* (*-en*; *-en*) civilian
Zi'vilrecht *n* (-[*e*]*s*; *no pl*) JUR civil law
Zi'vilschutz *m* civil defen|se, *Br* -ce
Znüni ['tsny:ni] *Swiss m, n* (*-s*; -) midmorning snack, tea (*or* coffee) break
zog [tso:k] *pret of* ***ziehen***
zögern ['tsø:gɐn] *v/i* (*ge-, h*) hesitate; '**Zögern** *n* (*-s*; *no pl*) hesitation
Zoll[1] [tsɔl] *m* (-[*e*]*s*; -) inch
Zoll[2] *m* (-[*e*]*s*; *Zölle* ['tsœlə]) (*no pl*) customs; duty
'**Zollabfertigung** *f* customs clearance
'**Zollbeamte** *m* customs officer
'**Zollerklärung** *f* customs declaration
'**zollfrei** *adj* duty-free
'**Zollkon,trolle** *f* customs examination
'**zollpflichtig** *adj* liable to duty
'**Zollstock** *m* (folding) rule
Zone ['tso:nə] *f* (-; *-n*) zone
Zoo [tso:] *m* (*-s*; *-s*) zoo
'**Zoohandlung** *f* pet shop
Zoologe [tsoo'lo:gə] *m* (*-n*; *-n*) zoologist; **Zoologie** [tsoolo'gi:] *f* (-; *no pl*) zoology; **Zoo'login** *f* (-; *-nen*) zoologist; **zoo'logisch** *adj* zoological

Zopf [tsɔpf] *m* (-[*e*]*s*; *Zöpfe* ['tsœpfə]) plait; pigtail
Zorn [tsɔrn] *m* (-[*e*]*s*; *no pl*) anger
zornig ['tsɔrnɪç] *adj* angry
Zote ['tso:tə] *f* (-; -*n*) filthy joke, obscenity
zottelig ['tsɔtəlɪç] *adj* shaggy
z. T. *abbr of* ***zum Teil*** partly
zu [tsu:] **1.** *prp* (*dat*) to, toward(s); at; *purpose*: for; ~ ***Fuß*** (***Pferd***) on foot (horseback); ~ ***Hause*** (***Ostern*** *etc*) at home (Easter *etc*); ~ ***Weihnachten*** *give etc* for Christmas; ***Tür*** (***Schlüssel***) ~ ... door (key) to ...; ~ ***m-r Überraschung*** to my surprise; ***wir sind*** ~ ***dritt*** there are three of us; ~ ***zweien*** two by two; ~ ***zwei Euro*** at *or* for two euros; SPORT ***1*** ~ ***1*** one all; ***2*** ~ ***1 gewinnen*** win two one, win by two goals *etc* to one; → ***zum, zur*** **2.** *adv* too; F closed, shut; ***ein*** ~ ***großes Risiko*** too much of a risk; ~ ***viel*** too much, too many; ~ ***wenig*** too little, too few **3.** *cj* to; ***es ist*** ~ ***erwarten*** it is to be expected
Zubehör ['tsu:bəhø:ɐ] *n* (-[*e*]*s*; -*e*) accessories
'**zubereiten** *v/t* (*sep*, *no -ge-*, *h*) prepare; '**Zubereitung** *f* (-; -*en*) preparation
'**zu|binden** *v/t* (*irr*, ***binden***, *sep*, *-ge-*, *h*) tie (up); **~bleiben** *v/i* (*irr*, ***bleiben***, *sep*, *-ge-*, *sein*) stay shut; **~blinzeln** *v/i* (*sep*, *-ge-*, *h*) (*dat*) wink at
'**Zubringer** *m* (-*s*; -), **~straße** *f* MOT feeder (road), access road
Zucht [tsʊxt] *f* (-; -*en*) breed; zo breeding; BOT cultivation; **züchten** ['tsʏçtən] *v/t* (*ge-*, *h*) zo breed; BOT grow, cultivate; **Züchter(in)** ['tsʏçtɐ, 'tsʏçtərɪn] *m*(*f*) (-*s*; -/-; -*nen*) zo breeder; BOT grower
'**Zuchtperle** *f* culture(d) pearl
zucken ['tsʊkən] *v/i* (*ge-*, *h*) jerk; twitch (***mit et.*** s.th.); wince; *lightning*: flash
zücken ['tsʏkən] *v/t* (*ge-*, *h*) draw (*weapon*); F pull out (*one's wallet etc*)
Zucker ['tsʊkɐ] *m* (-*s*; -) sugar; **~dose** *f* sugar bowl; **~guss** *m* icing, frosting
'**zuckerkrank** *adj*, '**Zuckerkranke** *m*, *f* (-*n*; -*n*) MED diabetic
'**Zuckerkrankheit** *f* MED diabetes
'**Zuckermais** *m* sweet corn
'**zuckern** *v/t* (*ge-*, *h*) sugar
'**Zuckerrohr** *n* BOT sugarcane
'**Zuckerrübe** *f* BOT sugar beet
'**Zuckerwatte** *f* candy floss
'**Zuckerzange** *f* sugar tongs
'**Zuckung** *f* (-; -*en*) twitch(ing); tic; convulsion, spasm
'**zudecken** *v/t* (*sep*, *-ge-*, *h*) cover (up)
zudem [tsu'de:m] *adv* besides, moreover
'**zudrehen** *v/t* (*sep*, *-ge-*, *h*) turn off; ***j-m den Rücken*** ~ turn one's back on s.o.
'**zudringlich** *adj*: ~ ***werden*** F get fresh (***j-m gegenüber*** with s.o.)
'**zudrücken** *v/t* (*sep*, *-ge-*, *h*) close, push *s.th.* shut; → ***Auge***
zuerst [tsu'ʔe:ɐst] *adv* first; at first; first (of all), to begin with
'**Zufahrt** *f* approach; drive(way)
'**Zufahrtsstraße** *f* access road
'**Zufall** *m* chance; ***durch*** ~ by chance, by accident; '**zufallen** *v/i* (*irr*, ***fallen***, *sep*, *-ge-*, *sein*) *door etc*: slam (shut); *fig* fall to *s.o.*; ***mir fallen die Augen zu*** I can't keep my eyes open; '**zufällig** **1.** *adj* accidental, chance ... **2.** *adv* by accident, by chance; ~ ***tun*** happen to do
'**Zuflucht** *f*: ~ ***suchen*** (***finden***) look for (find) refuge *or* shelter (***vor*** *dat* from; ***bei*** with); (***s-e***) ~ ***nehmen zu*** resort to
zufrieden [tsu'fri:dən] *adj* content(ed), satisfied; ~ ***stellen*** satisfy; ~ ***stellend*** satisfactory
zu'frieden|geben *v/refl* (*irr*, ***geben***, *sep*, *-ge-*, *h*): ***sich*** ~ ***mit*** content o.s. with
Zu'friedenheit *f* (-; *no pl*) contentment, satisfaction
zu'frieden|lassen *v/t* (*irr*, ***lassen***, *sep*, *-ge-*, *h*) leave s.o. alone; **~stellen** *v/t* (*sep*,*-ge-*, *h*) satisfy; **~stellend** *adj* satisfactory
'**zufrieren** *v/i* (*irr*, ***frieren***, *sep*, *-ge-*, *sein*) freeze up *or* over
'**zufügen** *v/t* (*sep*, *-ge-*, *h*) do, cause; ***j-m Schaden*** ~ *a.* harm s.o.
Zufuhr ['tsu:fu:ɐ] *f* (-; -*en*) supply
Zug [tsu:k] *m* (-[*e*]*s*; *Züge* ['tsy:gə]) RAIL train; procession, line; parade; *fig* feature; trait; tendency; *chess etc*: move (*a. fig*); *swimming*: stroke; pull (*a.* TECH), PHYS *a.* tension; *smoking*: puff; draft, *Br* draught; PED stream; ***im*** **~*e*** *gen* in the course of; ***in e-m*** ~ at one go; ~ ***um*** ~ step by step; ***in groben Zügen*** in broad outlines
'**Zugabe** *f* addition; THEA encore
'**Zugang** *m* access (*a. fig*); '**zugänglich**

['tsu:gɛŋlɪç] *adj* accessible (**für** to) (*a. fig*)
'**Zugbrücke** *f* drawbridge
'**zugeben** *v/t* (*irr*, **geben**, *sep*, *-ge-*, *h*) add; *fig* admit
'**zugehen** *v/i* (*irr*, **gehen**, *sep*, *-ge-*, *sein*) F *door etc*: close, shut; **~ auf** (*acc*) walk up to, approach (*a. fig*); **es geht auf 8 Uhr zu** it's getting on for 8; **es ging lustig zu** we had a lot of fun
'**Zugehörigkeit** *f* (-; *no pl*) membership
Zügel ['tsy:gəl] *m* (*-s*; -) rein (*a. fig*)
'**zügeln** **1.** *v/t* (*ge-*, *h*) curb, control, bridle **2.** *Swiss v/i* (*ge-*, *sein*) move
'**Zugeständnis** *n* concession
'**zugestehen** *v/t* (*irr*, **stehen**, *sep*, *no -ge-*, *h*) concede, grant
'**zugetan** *adj* attached (*dat* to)
'**Zugführer** *m* RAIL conductor, *Br* guard
zugig ['tsu:gɪç] *adj* drafty, *Br* draughty
'**Zugkraft** *f* TECH traction; (*no pl*) attraction, draw, appeal
'**zugkräftig** *adj*: **~ sein** be a draw
zu'gleich [tsu'glaiç] *adv* at the same time
'**Zugluft** *f* (-; *no pl*) draft, *Br* draught
'**Zugma,schine** *f* MOT tractor
'**zugreifen** *v/i* (*irr*, **greifen**, *sep*, *-ge-*, *h*) grab (at) it; *fig* grab the opportunity; **greifen Sie zu!** help yourself!; **mit ~** lend a hand
'**Zugriffscode** *m* IT access code
'**Zugriffszeit** *f* IT access time
zugrunde [tsu'grundə] *adv*: **~ gehen** (**an** *dat*) perish (of); **e-r Sache et. ~ legen** base s.th. on s.th.; **~ richten** ruin
zugunsten [tsu'gunstən] *prp* (*gen*) in favo(u)r of
zu'gute [tsu'gu:tə] *adv*: **~ halten → zugutehalten**; **~ kommen → zugutekommen**; **~halten** *v/t* (*irr*, **halten**, *sep*, *-ge-*, *h*): **j-m et. ~** give s.o. credit for s.th.; make allwances for s.o.'s …; **~kommen** *v/t* (*irr*, **kommen**, *sep*, *-ge-*, *sein*): **j-m ~** be for the benefit of s.o.
'**Zugvogel** *m* ZO bird of passage
'**zuhalten** *v/t* (*irr*, **halten**, *sep*, *-ge-*, *h*) keep shut; **sich die Ohren** (**Augen**) **~** cover one's ears (eyes) with one's hands; **sich die Nase ~** hold one's nose
Zuhälter ['tsu:hɛltɐ] *m* (*-s*; -) pimp
Zuhause [tsu'hauzə] *n* (*-s*; *no pl*) home
zu'hause *adv* **→ Haus**
'**zuhören** *v/i* (*sep*, *-ge-*, *h*) listen (*dat* to)
'**Zuhörer** *m*, '**Zuhörerin** *f* listener, *pl a. the* audience
'**zujubeln** *v/i* (*sep*, *-ge-*, *h*) cheer
'**zukleben** *v/t* (*sep*, *-ge-*, *h*) seal
'**zuknöpfen** *v/t* (*sep*, *-ge-*, *h*) button (up)
'**zukommen** *v/i* (*irr*, **kommen**, *sep*, *-ge-*, *sein*) **~ auf** (*acc*) come up to; *fig* be ahead of; **die Dinge auf sich ~ lassen** wait and see
Zukunft ['tsu:kunft] *f* (-; *no pl*) future (*a.* LING)
'**zukünftig** **1.** *adj* future **2.** *adv* in future
'**zulächeln** *v/i* (*sep*, *-ge-*, *h*) smile at
'**Zulage** *f* bonus
'**zulangen** F *v/i* (*sep*, *-ge-*, *h*) tuck in
'**zulassen** *v/t* (*irr*, **lassen**, *sep*, *-ge-*, *h*) F keep *s.th.* closed; *fig* allow; MOT *etc* license, register; **j-n zu et. ~** admit s.o. to s.th.; '**zulässig** *adj* admissible (*a.* JUR); **~ sein** be allowed; '**Zulassung** *f* (-; *-en*) admission; MOT *etc* license, *Br* licence
'**zulegen** *v/t* (*sep*, *-ge-*, *h*) add; F **sich … ~** get o.s. *s.th.*; adopt (*name*)
zu'letzt [tsu'lɛtst] *adv* in the end; *come etc* last; finally; **wann hast du ihn ~ gesehen?** when did you last see him?
zu'liebe [tsu'li:bə] *adv*: **j-m ~** for s.o.'s sake
zum [tsum] *prp* **zu dem → zu**; **~ ersten Mal** for the first time; *et.* **~ Kaffee** *s.th.* with one's coffee; **~ Schwimmen** *etc* **gehen** go swimming *etc*
'**zumachen** F (*sep*, *-ge-*, *h*) **1.** *v/t* close, shut; button (up) **2.** *v/i* close (down)
'**zumauern** *v/t* (*sep*, *-ge-*, *h*) brick *or* wall up
zumutbar ['tsu:mu:tba:ɐ] *adj* reasonable; **zu'mute** [tsu'mu:tə] *adv*: **mir ist … ~** I feel …; '**zumuten** *v/t* (*sep*, *-ge-*, *h*) **j-m et. ~** expect s.th. of s.o.; **sich zu viel ~** overtax o.s.; '**Zumutung** *f*: **das ist e-e ~** that's asking *or* expecting a bit much
zu'nächst [tsu'nɛ:çst] *adv* **→ zuerst**
'**zunageln** *v/t* (*sep*, *-ge-*, *h*) nail up
'**zunähen** *v/t* (*sep*, *-ge-*, *h*) sew up
Zunahme ['tsu:na:mə] *f* (-; *-n*) increase
'**Zuname** *m* surname
zünden ['tsyndən] *v/i* (*ge-*, *h*) kindle; ELECTR, MOT ignite, fire; **~d** *fig adj* stirring
Zünder ['tsyndɐ] *m* (*-s*; -) MIL fuse; *pl Austrian* matches

Zünd|holz ['tsʏnthɔlts] *n* match; **~kerze** *f* MOT spark plug; **~schlüssel** *m* MOT ignition key; **~schnur** *f* fuse

'Zündung *f* (-; *-en*) MOT ignition

'zunehmen *v/i* (*irr*, **nehmen**, *sep*, *-ge-*, *h*) increase (**an** *dat* in); put on weight; *moon*: wax; *days*: grow longer

'Zuneigung *f* (-; *-en*) affection

Zunft [tsʊnft] HIST *f* (-; *Zünfte* ['tsʏnftə]) guild

Zunge [tsʊŋə] *f* (-; *-n*) ANAT tongue; ***es liegt mir auf der ~*** it's on the tip of my tongue

züngeln ['tsʏŋəln] *v/i* (*ge-*, *h*) *flames*: lick, flicker

'Zungenspitze *f* tip of the tongue

'zunicken *v/i* (*sep*, *-ge-*, *h*) (*dat*) nod at

zunutze [tsu'nʊtsə] *adv*: ***sich et. ~ machen*** make (good) use of s.th.; take advantage of s.th.

zupfen [tsʊpfən] *v/t and v/i* (*ge-*, *h*) pull (**an** *dat* at), pick, pluck (at) (*a.* MUS)

zur [tsuːɐ] *prp* ***zu der*** → ***zu***; ***~ Schule*** (***Kirche***) ***gehen*** go to school (church); ***~ Hälfte*** half (of it *or* them); ***~ Belohnung*** *etc* as a reward *etc*

'zurechnungsfähig *adj* JUR responsible; **'Zurechnungsfähigkeit** *f* (-; *no pl*) JUR responsibility

zu'recht|finden *v/refl* (*irr*, **finden**, *sep*, *-ge-*, *h*) find one's way; *fig* cope, manage; **~kommen** *v/i* (*irr*, **kommen**, *sep*, *-ge-*, *sein*) get along (**mit** with); cope (with); **~legen** *v/t* (*sep*, *-ge-*, *h*) arrange; *fig* ***sich et. ~*** think s.th. out; **~machen** F *v/t* (*sep*, *-ge-*, *h*) get ready, prepare, fix; ***sich ~*** do o.s. up; **~rücken** *v/t* (*sep*, *-ge-*, *h*) put *s.th.* straight (*a. fig*)

zu'rechtweisen *v/t* (*irr*, **weisen**, *sep*, *-ge-*, *h*), **Zu'rechtweisung** *f* reprimand

'zu|reden *v/i* (*sep*, *-ge-*, *h*) ***j-m ~*** encourage s.o.; **~reiten** *v/t* (*irr*, **reiten**, *sep*, *-ge-*, *h*) break in; **~richten** F *fig v/t* (*sep*, *-ge-*, *h*) ***übel ~*** batter, *a.* beat *s.o.* up badly, *a.* make a mess of *s.th.*, ruin

zurück [tsu'rʏk] *adv* back; behind (*a. fig*); **~behalten** *v/t* (*irr*, **halten**, *sep*, *no -ge-*, *h*) keep back, retain; **~bekommen** *v/t* (*irr*, **kommen**, *sep*, *no -ge-*, *h*) get back; **~bleiben** *v/i* (*irr*, **bleiben**, *sep*, *-ge-*, *sein*) stay behind, be left behind; fall behind (*a.* PED *etc*); **~blicken** *v/i* (*sep*, *-ge-*, *h*) look back (***auf*** *acc* at, *fig* on); **~bringen** *v/t* (*irr*, **bringen**, *sep*, *-ge-*, *h*) bring *or* take back, return; **~datieren** *v/t* (*sep*, *no -ge-*, *h*) backdate (***auf*** *acc* to); **~fallen** *fig v/i* (*irr*, **fallen**, *sep*, *-ge-*, *sein*) fall behind, SPORT *a.* drop back; **~finden** *v/i* (*irr*, **finden**, *sep*, *-ge-*, *h*) find one's way back (***nach, zu*** to); *fig* return (to); **~fordern** *v/t* (*sep*, *-ge-*, *h*) reclaim; **~führen** *v/t* (*sep*, *-ge-*, *h*) lead back; ***~ auf*** (*acc*) attribute to; **~geben** *v/t* (*irr*, **geben**, *sep*, *-ge-*, *h*) give back, return; **~geblieben** *fig adj* backward; retarded; **~gehen** *v/i* (*irr*, **gehen**, *sep*, *-ge-*, *sein*) go back, return; *fig* decrease; go down, drop; **~gezogen** *fig adj* secluded; **~greifen** *v/i* (*irr*, **greifen**, *sep*, *-ge-*, *h*) ***~ auf*** (*acc*) fall back (up)on

zu'rückhalten (*irr*, **halten**, *sep*, *-ge-*, *h*) **1.** *v/t* hold back **2.** *v/refl* control o.s.; be careful; **~d** *adj* reserved

Zu'rückhaltung *f* (-; *no pl*) reserve

zu'rück|kehren *v/i* (*sep*, *-ge-*, *sein*) return; **~kommen** *v/i* (*irr*, **kommen**, *sep*, *-ge-*, *sein*) come back, return (*both fig* ***auf*** *acc* to); **~lassen** *v/t* (*irr*, **lassen**, *sep*, *-ge-*, *h*) leave (behind); **~legen** *v/t* (*sep*, *-ge-*, *h*) put back; put aside, save (*money*); cover, do (*miles*); **~nehmen** *v/t* (*irr*, **nehmen**, *sep*, *-ge-*, *h*) take back (*a. fig*); **~rufen** (*irr*, **rufen**, *sep*, *-ge-*, *h*) **1.** *v/t* call back (*a.* TEL); ECON recall; ***ins Gedächtnis ~*** recall **2.** *v/i* TEL call back; **~schlagen** (*irr*, **schlagen**, *sep*, *-ge-*, *h*) **1.** *v/t* beat off; *tennis*: return; fold back **2.** *v/i* hit back; MIL retaliate (*a. fig*); **~schrecken** *v/i* (*sep*, *-ge-*, *sein*) ***~ vor*** (*dat*) shrink from; ***vor nichts ~*** stop at nothing; **~setzen** *v/t* (*sep*, *-ge-*, *h*) MOT back (up); *fig* neglect *s.o.*; **~stehen** *v/i* (*irr*, **stehen**, *sep*, *-ge-*, *h*) stand aside; **~stellen** *v/t* (*sep*, *-ge-*, *h*) put back (*a. watch*); put aside; MIL defer; **~strahlen** *v/t* (*sep*, *-ge-*, *h*) reflect; **~treten** *v/i* (*irr*, **treten**, *sep*, *-ge-*, *sein*) step *or* stand back; resign (***von e-m Amt*** [***Posten***] one's office [post]); ECON, JUR withdraw (**von** from); **~weichen** *v/i* (*irr*, **weichen**, *sep*, *-ge-*, *sein*) fall back (*a.* MIL); **~weisen** *v/t* (*irr*, **weisen**, *sep*, *-ge-*, *h*) turn down; JUR dismiss; **~zahlen** *v/t* (*sep*, *-ge-*, *h*) pay back (*a. fig*); **~ziehen** *v/t* (*irr*, **ziehen**, *sep*, *-ge-*, *h*) draw back; *fig* withdraw; ***sich ~*** retire, withdraw, MIL *a.* retreat

'Zuruf *m* shout; **'zurufen** *v/t* (*irr*, **rufen**,

sep, *-ge-*, *h*) ***j-m et.*** ~ shout s.th. to s.o.
zur'zeit *adv* at the moment, at present
'Zusage *f* promise; assent
'zusagen *v/i and v/t* (*sep*, *-ge-*, *h*) accept (an invitation); (*dat*) suit, appeal to; ***s-e Hilfe*** ~ promise to help
zusammen [tsu'zamən] *adv* together; ***alles*** ~ (all) in all; ***das macht*** ~ ... that makes ... altogether
Zu'sammenarbeit *f* (-; *no pl*) cooperation; ***in*** ~ ***mit*** in collaboration with; **zu'sammenarbeiten** *v/i* (*sep*, *-ge-*, *h*) cooperate, collaborate
zu'sammenbeißen *v/t* (*irr*, ***beißen***, *sep*, *-ge-*, *h*) ***die Zähne*** ~ clench one's teeth
zu'sammenbrechen *v/i* (*irr*, ***brechen***, *sep*, *-ge-*, *sein*) break down, collapse (*both a. fig*); **Zu'sammenbruch** *m* breakdown, collapse
zu'sammen|fallen *v/i* (*irr*, ***fallen***, *sep*, *-ge-*, *sein*) coincide; **~falten** *v/t* (*sep*, *-ge-*, *h*) fold up
zu'sammenfassen *v/t* (*sep*, *-ge-*, *h*) summarize, sum up; **Zu'sammenfassung** *f* (-; *-en*) summary
zu'sammen|fügen *v/t* (*sep*, *-ge-*, *h*) join (together); **~gesetzt** *adj* compound; **~halten** *v/i and v/t* (*irr*, ***halten***, *sep*, *-ge-*, *h*) hold together (*a. fig*); F stick together
Zu'sammenhang *m* (-[*e*]*s*; *-hänge*) connection; context; ***im*** ~ ***stehen*** (***mit***) be connected (with)
zu'sammenhängen *v/i* (*irr*, ***hängen***, *sep*, *-ge-*, *h*) be connected; **~d** *adj* coherent
zu'sammenhang(s)los *adj* incoherent, disconnected
zu'sammen|klappen *v/i* (*sep*, *-ge-*, *sein*) *and v/t* (*h*) TECH fold up; F break down; **~kommen** *v/i* (*irr*, ***kommen***, *sep*, *-ge-*, *sein*) meet
Zu'sammenkunft [tsu'zamənkʊnft] *f* (-; *-künfte* [tsu'zamənkʏnftə]) meeting
zu'sammen|legen (*sep*, *-ge-*, *h*) **1.** *v/t* combine; fold up **2.** *v/i* club together; **~nehmen** *v/t* (*irr*, ***nehmen***, *sep*, *-ge-*, *h*) muster (up); ***sich*** ~ pull o.s. together; **~packen** *v/t* (*sep*, *-ge-*, *h*) pack up; **~passen** *v/i* (*sep*, *-ge-*, *h*) harmonize; match; **~rechnen** *v/t* (*sep*, *-ge-*, *h*) add up; **~reißen** F *v/refl* (*irr*, ***reißen***, *sep*, *-ge-*, *h*) pull o.s. together; **~rollen** *v/t* (*sep*, *-ge-*, *h*) roll up; ***sich*** ~ coil up; **~rotten** [tsu'zamənrɔtən] *v/refl* (*sep*, *-ge-*, *h*) band together; **~rücken** (*sep*, *-ge-*) **1.** *v/t* (*h*) move closer together **2.** *v/i* (*sein*) move up; **~schlagen** *v/t* (*irr*, ***schlagen***, *sep*, *-ge-*, *h*) clap (*hands*); click (*one's heels*); beat *s.o.* up; smash (up)
zu'sammenschließen *v/refl* (*irr*, ***schließen***, *sep*, *-ge-*, *h*) join, unite; **Zu'sammenschluss** *m* union
zu'sammen|schreiben *v/t* (*irr*, ***schreiben***, *sep*, *-ge-*, *h*) write in one word; **~schrumpfen** *v/i* (*sep*, *-ge-*, *sein*) shrink
zu'sammensetzen *v/t* (*sep*, *-ge-*, *h*) put together; TECH assemble; ***sich*** ~ ***aus*** (*dat*) consist of, be composed of; **Zu'sammensetzung** *f* (-; *-en*) composition; CHEM, LING compound; TECH assembly
zu'sammenstellen *v/t* (*sep*, *-ge-*, *h*) put together; arrange
Zu'sammenstoß *m* collision (*a. fig*), crash; impact; *fig* clash; **zu'sammenstoßen** *v/i* (*irr*, ***stoßen***, *sep*, *-ge-*, *sein*) collide (*a. fig*); *fig* clash; ~ ***mit*** run *or* bump into; *fig* have a clash with
zu'sammentreffen *v/i* (*irr*, ***treffen***, *sep*, *-ge-*, *sein*) meet, encounter; coincide (***mit*** with); **Zu'sammentreffen** *n* (*-s*; -) meeting; coincidence; encounter
zu'sammen|treten *v/i* (*irr*, ***treten***, *sep*, *-ge-*, *sein*) meet; **~tun** *v/refl* (*irr*, ***tun***, *sep*, *-ge-*, *h*) join (forces), F team up; **~wirken** *v/i* (*sep*, *-ge-*, *h*) combine; **~zählen** *v/t* (*sep*, *-ge-*, *h*) add up; **~ziehen** (*irr*, ***ziehen***, *sep*, *-ge-*) **1.** *v/t and v/refl* (*h*) contract **2.** *v/i* (*sein*) move in (***mit*** with); **~zucken** *v/i* (*sep*, *-ge-*, *sein*) wince, flinch
'Zusatz *m* addition; *chemical etc* additive; **~...** *in cpds mst* additional ..., supplementary ...; auxiliary ...; **zusätzlich** ['tsuːzɛtslɪç] *adj* additional, extra
'zuschauen *v/i* (*sep*, *-ge-*, *h*) look on (***bei et.*** at s.th.); ***j-m*** ~ watch s.o. (***bei et.*** doing s.th.)
Zuschauer ['tsuːʃauɐ] *m* (*-s*; -), **'Zuschauerin** *f* (-; *-nen*) spectator; TV viewer, *pl a. the* audience
'Zuschauerraum *m* auditorium
'Zuschlag *m* extra charge; RAIL *etc* excess fare; bonus; *auction*: knocking down; **'zuschlagen** *v/i* (*irr*, ***schlagen***,

sep, -ge-, sein) and v/t (h) door etc: slam *or* bang shut; *boxing etc*: hit, strike (a blow); *fig* act; ***j-m et. ~*** *auction*: knock s.th. down to s.o.
'zu|schließen *v/t* (*irr*, ***schließen***, *sep, -ge-, h*) lock (up); **~schnallen** *v/t* (*sep, -ge-, h*) buckle (up); **~schnappen** *v/i* (*sep, -ge-*) (*h*) *dog*: snap; (*sein*) *door etc*: snap shut; **~schneiden** *v/t* (*irr*, ***schneiden***, *sep, -ge-, h*) cut out; cut (to size); **~schnüren** *v/t* (*sep, -ge-, h*) tie (*or* lace) up; **~schrauben** *v/t* (*sep, -ge-, h*) screw shut; **~schreiben** *v/t* (*irr*, ***schreiben***, *sep, -ge-, h*) ascribe *or* attribute (*dat* to)
'Zuschrift *f* letter
zuschulden [tsu'ʃʊldən] *adv*: ***sich et.*** (***nichts***) ***~ kommen lassen*** do s.th. (nothing) wrong
'Zuschuss *m* allowance; subsidy
'zuschütten *v/t* (*sep, -ge-, h*) fill up
'zusehen → ***zuschauen***
zusehends ['tsu:se:ənts] *adv* noticeably; rapidly
'zusetzen (*sep, -ge-, h*) **1.** *v/t* add; lose (*money*) **2.** *v/i* lose money; ***j-m ~*** press s.o. (hard)
'zuspielen *v/t* (*sep, -ge-, h*) SPORT pass
'zuspitzen *v/t* (*sep, -ge-, h*) point; ***sich ~*** become critical
'Zuspruch *m* (*-[e]s*; *no pl*) encouragement; words of comfort
'Zustand *m* condition, state, F shape
zustande [tsu'ʃtandə] *adv*: ***~ bringen*** bring about, manage (to do); ***~ kommen*** come about; ***es kam nicht ~*** it didn't come off
'zuständig *adj* responsible (***für*** for), in charge (of)
'zustehen *v/i* (*irr*, ***stehen***, *sep, -ge-, h*) ***j-m steht et.*** (***zu tun***) ***zu*** s.o. is entitled to (do) s.th.
'zustellen *v/t* (*sep, -ge-, h*) *post*: deliver; **'Zustellung** *f post*: delivery
'zustimmen *v/i* (*sep, -ge-, h*) agree (*dat* to *s.th.*; with *s.o.*); **'Zustimmung** *f* approval, consent; (***j-s***) ***~ finden*** meet with (s.o.'s) approval
'zustoßen *v/i* (*irr*, ***stoßen***, *sep, -ge-, sein*) ***j-m ~*** happen to s.o.
zutage [tsu'ta:gə] *adv*: ***~ bringen*** (***kommen***) bring (come) to light
'Zutaten *pl* ingredients
'zuteilen *v/t* (*sep, -ge-, h*) assign, allot; **'Zuteilung** *f* (*-; -en*) allotment; ration
'zutragen *v/refl* (*irr*, ***tragen***, *sep, -ge-, h*) happen
'zutrauen *v/t* (*sep, -ge-, h*) ***j-m et. ~*** credit s.o. with s.th.; ***sich zu viel ~*** overrate o.s.
zutraulich ['tsu:traulɪç] *adj* trusting; zo friendly
'zutreffen *v/i* (*irr*, ***treffen***, *sep, -ge-, h*) be true; ***~ auf*** (*acc*) apply to, go for; **~d** *adj* true, correct
'zutrinken *v/i* (*irr*, ***trinken***, *sep, -ge-, h*) ***j-m ~*** drink to s.o.
'Zutritt *m* (*-[e]s*; *no pl*) admission; access; ***~ verboten!*** no admittance!
zu'ungunsten *adv* to *s.o.'s* disadvantage
zuverlässig ['tsu:fɛɐlɛsɪç] *adj* reliable, dependable; safe; **'Zuverlässigkeit** *f* (*-; no pl*) reliability, dependability
Zuversicht ['tsu:fɛɐzɪçt] *f* (*-; no pl*) confidence; **'zuversichtlich** *adj* confident, optimistic
zuviel → ***zu***
zu'vor [tsu'fo:ɐ] *adv* before, previously; first
zu'vorkommen *v/i* (*irr*, ***kommen***, *sep, -ge-, sein*) anticipate; prevent; ***j-m ~*** *a.* F beat s.o. to it; **~d** *adj* obliging; polite
Zuwachs ['tsu:vaks] *m* (*-es*; *no pl*) increase, growth; **'zuwachsen** *v/i* (*irr*, ***wachsen***, *sep, -ge-, sein*) become overgrown; MED close
zu'weilen [tsu'vailən] *adv* occasionally, now and then
'zuweisen *v/t* (*irr*, ***weisen***, *sep, -ge-, h*) assign
'zuwenden *v/t and v/refl* ([*irr*, ***wenden***,] *sep, -ge-, h*) turn to (*a. fig*)
'Zuwendung *f* (*-; -en*) payment; (*no pl*) attention; (loving) care, love, affection
zuwenig → ***zu***
'zuwerfen *v/t* (*irr*, ***werfen***, *sep, -ge-, h*) slam (shut); ***j-m et. ~*** throw s.o. s.th.; ***j-m e-n Blick ~*** cast a glance at s.o.
zu'wider [tsu'vi:dɐ] *adj*: ***... ist mir ~*** I hate *or* detest ...; **~handeln** *v/i* (*sep, -ge-, h*) (*dat*) act contrary to; violate
'zu|winken *v/i* (*sep, -ge-, h*) wave to; signal to; **~zahlen** *v/t* (*sep, -ge-, h*) pay extra; **~ziehen** (*irr*, ***ziehen***, *sep, -ge-*) **1.** *v/t* (*h*) draw (*curtains etc*); pull tight; *fig*

consult; ***sich ~*** MED catch **2.** *v/i* (*sein*) move in
zuzüglich ['tsu:tsy:klıç] *prp* (*gen*) plus
Zvieri ['tsfi:ri] *Swiss m, n* (*-s*; *-s*) afternoon snack, tea *or* coffee break
zwang [tsvaŋ] *pret of* ***zwingen***
Zwang *m* (*-*[*e*]*s*; *Zwänge* ['tsvɛŋə]) compulsion, constraint; restraint; coercion; force; ***~ sein*** be compulsory; **zwängen** ['tsvɛŋən] *v/t* (*ge-, h*) press, squeeze, force; '**zwanglos** *adj* informal; casual; '**Zwanglosigkeit** *f* (*-*; *no pl*) informality
'**Zwangs|arbeit** *f* JUR hard labo(u)r; **~herrschaft** *f* (*-*; *no pl*) despotism, tyranny; **~lage** *f* predicament
'**zwangsläufig** *adv* inevitably
'**Zwangs|maßnahme** *f* sanction; **~vollstreckung** *f* JUR compulsory execution; **~vorstellung** *f* PSYCH obsession
'**zwangsweise** *adv* by force
zwanzig ['tsvantsıç] *adj* twenty
'**zwanzigste** *adj* twentieth
zwar [tsva:ɐ] *adv*: ***ich kenne ihn ~, aber ...*** I do know him, but ..., I know him all right, but ...; ***und ~*** that is (to say), namely
Zweck [tsvɛk] *m* (*-*[*e*]*s*; *-e*) purpose, aim; ***s-n ~ erfüllen*** serve its purpose; ***es hat keinen ~*** (***zu warten*** *etc*) it's no use (waiting *etc*); '**zwecklos** *adj* useless
'**zweckmäßig** *adj* practical; wise; TECH, ARCH functional; '**Zweckmäßigkeit** *f* (*-*; *no pl*) practicality, functionality
zwecks *prp* (*gen*) for the purpose of
zwei [tsvai] *adj* two
zweibeinig ['tsvaibainıç] *adj* two-legged
'**Zweibettzimmer** *n* twin-bedded room
zweideutig ['tsvaidɔytıç] *adj* ambiguous; off-colo(u)r
Zweier ['tsvaiɐ] *m* (*-s*; *-*) *rowing*: pair
zweierlei ['tsvaiɐ'lai] *adj* two kinds of
'**zweifach** *adj* double, twofold
Zweifa'milienhaus *n* duplex, *Br* two-family house
Zweifel ['tsvaifəl] *m* (*-s*; *-*) doubt
'**zweifelhaft** *adj* doubtful, dubious
'**zweifellos** *adv* undoubtedly, no *or* without doubt
'**zweifeln** *v/i* (*ge-, h*) ***~ an*** (*dat*) doubt *s.th.*, have one's doubts about
Zweig [tsvaik] *m* (*-*[*e*]*s*; *-e*) BOT branch (*a. fig*); twig; **~geschäft** *n*, **~niederlassung** *f*, **~stelle** *f* branch
'**zweijährig** ['tsvaijɛ:rıç] *adj* two-year-old, of two (years)
'**Zweikampf** *m* duel
'**zweimal** *adv* twice
'**zweimalig** *adj* (twice) repeated
'**zwei|motorig** ['tsvaimoto:rıç] *adj* twin-engined; **~reihig** ['tsvairaiıç] *adj* double-breasted (*suit*); **~schneidig** *adj* double-edged, two-edged (*both a. fig*); **~seitig** ['tsvaizaitıç] *adj* two-sided; reversible; POL bilateral; IT double-sided
'**Zweisitzer** ['tsvaizıtsɐ] *m* (*-s*; *-*) *esp* MOT two-seater
'**zwei|sprachig** ['tsvaiʃpra:xıç] *adj* bilingual; **~stimmig** ['tsvaiʃtımıç] *adj* MUS ... for two voices; **~stöckig** ['tsvaiʃtœkıç] *adj* two-storied, *Br* two-storey ...
zweit [tsvait] *adj* second; ***ein ~er ...*** another ...; ***jede***(***r, -s***) ***~e ...*** every other ...; ***aus ~er Hand*** second-hand; ***wir sind zu ~*** there are two of us
'**zweitbeste** *adj* second-best
'**zweiteilig** *adj* two-piece (*suit etc*)
zweitens ['tsvaitəns] *adv* secondly
'**zweitklassig** ['tsvaitklasıç] adj, '**zweitrangig** ['tsvaitraŋıç] *adj* second-class *or* -rate
Zwerchfell ['tsvɛrçfɛl] *n* ANAT diaphragm
Zwerg [tsvɛrk] *m* (*-*[*e*]*s*; *-e* ['tsvɛrgə]) dwarf; gnome; *fig* midget; **~...** *in cpds* BOT dwarf ...; ZO pygmy ...
Zwetsch(**g**)**e** ['tsvɛtʃ(g)ə] *f* (*-*; *-n*) BOT plum
zwicken ['tsvikən] *v/t and v/i* (*ge-, h*) pinch, nip
Zwieback ['tsvi:bak] *m* (*-*[*e*]*s*; *-e*, *-bäcke* ['tsvi:bɛkə]) rusk, zwieback
Zwiebel ['tsvi:bəl] *f* (*-*; *-n*) GASTR onion; BOT bulb
Zwiegespräch ['tsvi:gəʃprɛ:ç] *n* dialog(ue)
'**Zwielicht** *n* (*-*[*e*]*s*; *no pl*) twilight
'**Zwiespalt** *m* (*-*[*e*]*s*; *-e*) conflict
'**zwiespältig** ['tsvi:ʃpɛltıç] *adj* conflicting
'**Zwietracht** *f* (*-*; *no pl*) discord
Zwilling ['tsvılıŋ] *m* (*-s*; *-e*) twin; *pl* ASTR Gemini; ***er ist*** (***ein***) ***~*** he's (a) Gemini
'**Zwillings|bruder** *m* twin brother;

~schwester *f* twin sister
Zwinge ['tsvɪŋə] *f* (-; *-n*) TECH clamp
zwingen ['tsvɪŋən] *v/t* (*irr, ge-, h*) force, compel; **~d** *adj* compelling; cogent
Zwinger ['tsvɪŋɐ] *m* (*-s*; -) kennels
zwinkern ['tsvɪŋkɐn] *v/i* (*ge-, h*) wink, blink
Zwirn [tsvɪrn] *m* (-[*e*]*s*; *-e*) thread, yarn, twist
zwischen ['tsvɪʃən] *prp* (*dat and acc*) between; among
'zwischen'durch F *adv* in between
'Zwischen|ergebnis *n* intermediate result; **~fall** *m* incident; **~händler** *m* ECON middleman; **~landung** *f* AVIAT stopover; ***ohne ~*** nonstop
'Zwischen|raum *m* space, interval; **~ruf** *m* (loud) interruption; *pl* heckling; **~rufer** *m* (*-s*; -) heckler; **~spiel** *n* interlude; **~stati,on** *f* stop(over); ***~ machen*** (***in*** *dat*) stop over (in); **~wand** *f* partition (wall); **~zeit** *f*: ***in der ~*** in the meantime, meanwhile
Zwist [tsvɪst] *m* (-[*e*]*s*; *-e*) discord
zwitschern ['tsvɪtʃɐn] *v/i* (*ge-, h*) twitter, chirp
Zwitter ['tsvɪtɐ] *m* (*-s*; -) BIOL hermaphrodite
zwölf [tsvœlf] *adj* twelve; ***um ~*** (***Uhr***) at twelve (o'clock); at noon; at midnight
'zwölfte *adj* twelfth
Zyankali [tsyaːn'kaːli] *n* (*-s*; *no pl*) CHEM potassium cyanide
Zyklus ['tsyːklʊs] *m* (-; *-klen*) cycle; series, course
Zylinder [tsi'lɪndɐ] *m* (*-s*; -) top hat; MATH, TECH cylinder; **zylindrisch** [tsi'lɪndrɪʃ] *adj* cylindrical
Zyniker ['tsyːnikɐ] *m* (*-s*; -) cynic
zynisch ['tsyːnɪʃ] *adj* cynical
Zynismus [tsy'nɪsmʊs] *m* (-; *-men*) cynicism
Zypresse [tsy'prɛsə] *f* (-; *-n*) BOT cypress
Zyste ['tsʏstə] *f* (-; *-n*) MED cyst
z.Z(t). *abbr of* ***zur Zeit*** at the moment, at present

ENGLISH – GERMAN

A

A, a A, a *n*; ***from A to Z*** von A bis Z
A *grade* Eins
a, *before vowel*: **an** *indef art* ein(e); per, pro, je; ***not a(n)*** kein(e); ***all of a size*** alle gleich groß; ***100 dollars a year*** 100 Dollar im Jahr; ***twice a week*** zweimal die *or* in der Woche
a·back: ***taken ~*** überrascht, verblüfft; bestürzt
a·ban·don aufgeben, preisgeben; verlassen; überlassen
a·base erniedrigen, demütigen
a·base·ment Erniedrigung *f*, Demütigung *f*
a·bashed verlegen
ab·at·toir *Br* Schlachthof *m*
ab·bess REL Äbtissin *f*
ab·bey REL Kloster *n*; Abtei *f*
ab·bot REL Abt *m*
ab·bre·vi·ate (ab)kürzen
ab·bre·vi·a·tion Abkürzung *f*, Kurzform *f*
ABC Abc *n*, Alphabet *n*
ab·di·cate *Amt, Recht etc* aufgeben, verzichten auf (*acc*); ***~ (from) the throne*** abdanken
ab·di·ca·tion Verzicht *m*; Abdankung *f*
ab·do·men ANAT Unterleib *m*
ab·dom·i·nal ANAT Unterleibs…
ab·duct JUR *j-n* entführen
ab·er·ra·tion Verirrung *f*
a·bet → ***aid 1***
ab·hor verabscheuen
ab·hor·rence Abscheu *m* (***of*** vor *dat*)
ab·hor·rent zuwider (***to*** *dat*); abstoßend
a·bide *v/i*: ***~ by the law*** *etc* sich an das Gesetz *etc* halten; *v/t*: ***he can't ~ him*** er kann ihn nicht ausstehen
a·bil·i·ty Fähigkeit *f*
ab·jure abschwören; entsagen (*dat*)
a·blaze in Flammen; *fig* glänzend, funkelnd (***with*** vor *dat*)
a·ble fähig; geschickt; ***be ~ to*** *inf* in der Lage sein zu *inf*, können
a·ble-bod·ied kräftig
ab·norm·al abnorm, ungewöhnlich; anomal
a·board an Bord; ***all ~!*** MAR alle Mann *or* Reisenden an Bord!; RAIL alles einsteigen!; ***~ a bus*** in e-m Bus; ***go ~ a train*** in e-n Zug einsteigen
a·bode *a.* ***place of ~*** Aufenthaltsort *m*, Wohnsitz *m*; ***of or with no fixed ~*** ohne festen Wohnsitz
a·bol·ish abschaffen, aufheben
ab·o·li·tion Abschaffung *f*, Aufhebung *f*
A-bomb → ***atom(ic) bomb***
a·bom·i·na·ble abscheulich, scheußlich; **a·bom·i·nate** verabscheuen; **a·bom·i·na·tion** Abscheu *m*
ab·o·rig·i·nal 1. eingeboren, Ur… **2.** Ureinwohner *m*
ab·o·rig·i·ne Ureinwohner *m*
a·bort *v/t* abbrechen (*a.* MED *Schwangerschaft*); MED *Kind* abtreiben; *v/i* fehlschlagen, scheitern; MED e-e Fehlgeburt haben; **a·bor·tion** MED Fehlgeburt *f*; Schwangerschaftsabbruch *m*, Abtreibung *f*; ***have an ~*** abtreiben (lassen)
a·bor·tive misslungen, erfolglos
a·bound reichlich vorhanden sein; Überfluss haben, reich sein (***in*** an *dat*); voll sein (***with*** von)
a·bout 1. *prp* um (… herum); bei (*dat*); (irgendwo) herum in (*dat*); um, gegen, etwa; im Begriff, dabei; über (*acc*) **2.** *adv* herum, umher; in der Nähe; etwa, ungefähr
a·bove 1. *prp* über (*dat or acc*), oberhalb (*gen*); *fig* über, erhaben über (*acc*); ***~ all*** vor allem **2.** *adv* oben; darüber **3.** *adj* obig, oben erwähnt
a·breast nebeneinander; ***keep ~ of, be ~ of*** *fig* Schritt halten mit
a·bridge (ab-, ver)kürzen
a·bridg(e)·ment Kürzung *f*; Kurzfassung *f*
a·broad im *or* ins Ausland; überall(hin)
a·brupt abrupt; jäh; schroff
ab·scess MED Abszess *m*
ab·sence Abwesenheit *f*; Mangel *m*
ab·sent 1. abwesend; fehlend; nicht vorhanden; ***be ~*** fehlen (***from school*** in der Schule; ***from work*** am Arbeitsplatz); **2.** ***~ o.s. from*** fernbleiben (*dat*) *or* von; **ab·sent-mind·ed** zerstreut, geistesabwesend
ab·so·lute absolut; unumschränkt; vollkommen; unbedingt; CHEM rein, unver-

mischt
ab·so·lu·tion REL Absolution *f*
ab·solve freisprechen, lossprechen
ab·sorb absorbieren, aufsaugen, einsaugen; *fig* ganz in Anspruch nehmen
ab·sorb·ing *fig* fesselnd, packend
ab·stain sich enthalten (***from*** *gen*)
ab·ste·mi·ous enthaltsam; mäßig
ab·sten·tion Enthaltung *f*; POL Stimmenthaltung *f*
ab·sti·nence Abstinenz *f*, Enthaltsamkeit *f*
ab·sti·nent abstinent, enthaltsam
ab·stract **1.** abstrakt **2.** *das* Abstrakte; Auszug *m* **3.** abstrahieren; entwenden
ab·stract·ed *fig* zerstreut
ab·strac·tion Abstraktion *f*; abstrakter Begriff
ab·surd absurd; lächerlich
a·bun·dance Überfluss *m*; Fülle *f*; Überschwang *m*
a·bun·dant reich, reichlich
a·buse **1.** Missbrauch *m*; Beschimpfung(en *pl*) *f*; ~ ***of drugs*** Drogenmissbrauch *m*; ~ ***of power*** Machtmissbrauch *m* **2.** missbrauchen; beschimpfen; **a·bu·sive** beleidigend, Schimpf…
a·but (an)grenzen (***on*** an *acc*)
a·byss Abgrund *m* (*a. fig*)
ac·a·dem·ic **1.** Hochschullehrer *m* **2.** akademisch; **a·cad·e·mi·cian** Akademiemitglied *n*; **a·cad·e·my** Akademie *f*; ~ ***of music*** Musikhochschule *f*
ac·cede: ~ ***to*** zustimmen (*dat*); *Amt* antreten; *Thron* besteigen
ac·cel·e·rate *v/t* beschleunigen; *v/i* schneller werden, MOT *a.* beschleunigen, Gas geben
ac·cel·e·ra·tion Beschleunigung *f*
ac·cel·e·ra·tor MOT Gaspedal *n*
ac·cent **1.** Akzent *m* (*a.* LING); **2.** → **ac·cen·tu·ate** akzentuieren, betonen
ac·cept annehmen; akzeptieren; hinnehmen; **ac·cept·a·ble** annehmbar; *person*: tragbar; **ac·cept·ance** Annahme *f*; Aufnahme *f*
ac·cess Zugang *m* (***to*** zu); *fig* Zutritt *m* (***to*** bei, zu); IT Zugriff *m* (***to*** auf *acc*)
ac·ces·sa·ry → ***accessory***
ac·cess code IT Zugriffskode *m*
ac·ces·si·ble (leicht) zugänglich
ac·ces·sion (Neu)Anschaffung *f* (***to*** für); Zustimmung *f* (***to*** zu); Antritt *m* (*e-s Amtes*); ~ ***to power*** Machtübernahme *f*; ~ ***to the throne*** Thronbesteigung *f*
ac·ces·so·ry JUR Komplize *m*, Komplizin *f*, Mitschuldige *m*, *f*; *mst pl* Zubehör *n*, *fashion*: *a.* Accessoires *pl*, TECH *a.* Zubehörteile *pl*
ac·cess| road Zufahrts- *or* Zubringerstraße *f*; ~ **time** IT Zugriffszeit *f*
ac·ci·dent Unfall *m*, Unglück *n*, Unglücksfall *m*; NUCL Störfall *m*; ***by*** ~ zufällig
ac·ci·den·tal zufällig; versehentlich
ac·claim feiern (***as*** als)
ac·cla·ma·tion lauter Beifall; Lob *n*
ac·cli·ma·tize (sich) akklimatisieren *or* eingewöhnen
ac·com·mo·date unterbringen; Platz haben für, fassen; anpassen (***to*** *dat or* an *acc*)
ac·com·mo·da·tion Unterkunft *f*, Unterbringung *f*; ~ **of·fice** Zimmervermittlung *f*
ac·com·pa·ni·ment MUS Begleitung *f*
ac·com·pa·ny begleiten (*a.* MUS)
ac·com·plice JUR Komplize *m*, Komplizin *f*, Helfershelfer(in)
ac·com·plish erreichen; leisten
ac·com·plished fähig, tüchtig
ac·com·plish·ment Fähigkeit *f*, Talent *n*
ac·cord **1.** Übereinstimmung *f*; ***of one's own*** ~ von selbst; ***with one*** ~ einstimmig **2.** übereinstimmen (***with*** mit)
ac·cord·ance: ***in*** ~ ***with*** entsprechend (*dat*)
ac·cord·ing: ~ ***to*** laut; nach
ac·cord·ing·ly folglich, also; (dem)entsprechend
ac·cost *j-n* ansprechen
ac·count **1.** ECON Rechnung *f*, Berechnung *f*; Konto *n*; Rechenschaft *f*; Bericht *m*; ***by all*** ~***s*** nach allem, was man so hört; ***of no*** ~ ohne Bedeutung; ***on no*** ~ auf keinen Fall; ***on*** ~ ***of*** wegen; ***take into*** ~, ***take*** ~ ***of*** in Betracht *or* Erwägung ziehen, berücksichtigen; ***turn s.th. to (good)*** ~ et. (gut) ausnutzen; ***keep*** ~***s*** die Bücher führen; ***call to*** ~ zur Rechenschaft ziehen; ***give (an)*** ~ ***of*** Rechenschaft ablegen über (*acc*); ***give an*** ~ ***of*** Bericht erstatten über (*acc*) **2.** *v/i*: ~ ***for*** Rechenschaft über *et.* ablegen; (sich) erklären
ac·count·a·ble verantwortlich; erklärlich

ac·coun·tant ECON Buchhalter(in)
ac·count·ing ECON Buchführung *f*
acct *abbr of* ***account*** Konto *n*
ac·cu·mu·late (sich) (an)häufen *or* ansammeln
ac·cu·mu·la·tion Ansammlung *f*
ac·cu·mu·la·tor ELECTR Akkumulator *m*
ac·cu·ra·cy Genauigkeit *f*
ac·cu·rate genau
ac·cu·sa·tion Anklage *f*; Anschuldigung *f*, Beschuldigung *f*
ac·cu·sa·tive *a.* ~ ***case*** LING Akkusativ *m*
ac·cuse JUR anklagen; beschuldigen (***of*** *gen*); ***the*** **~*****d*** der *or* die Angeklagte, die Angeklagten *pl*
ac·cus·er JUR Ankläger(in)
ac·cus·ing anklagend, vorwurfsvoll
ac·cus·tom gewöhnen (***to*** an *acc*)
ac·cus·tomed gewohnt, üblich; gewöhnt (***to*** an *acc*, zu *inf*)
ace Ass *n* (*a. fig*); ***have an ~ in the hole*** (*Br* ***up one's sleeve***) *fig* (noch) e-n Trumpf in der Hand haben; ***within an ~*** um ein Haar
ache 1. schmerzen, wehtun **2.** *anhaltender* Schmerz
a·chieve zustande bringen; *Ziel* erreichen; **a·chieve·ment** Zustandebringen *n*, Leistung *f*, Ausführung *f*
ac·id 1. sauer; *fig* beißend, bissig **2.** CHEM Säure *f*; **a·cid·i·ty** Säure *f*
ac·id rain saurer Regen
ac·knowl·edge anerkennen; zugeben; *Empfang* bestätigen
ac·knowl·edg(e)·ment Anerkennung *f*; (Empfangs)Bestätigung *f*; Eingeständnis *n*
a·corn BOT Eichel *f*
a·cous·tics Akustik *f*
ac·quaint bekannt machen; ***~ s.o. with s.th.*** j-m et. mitteilen; ***be ~ed with*** kennen; **ac·quaint·ance** Bekanntschaft *f*; Bekannte *m*, *f*
ac·quire erwerben; sich aneignen
ac·qui·si·tion Erwerb *m*; Anschaffung *f*, Errungenschaft *f*
ac·quit JUR freisprechen (***of*** von); ***~ o.s. well*** s-e Sache gut machen
ac·quit·tal JUR Freispruch *m*
a·cre Acre *m* (*4047 qm*)
ac·rid scharf, beißend
ac·ro·bat Akrobat(in)
ac·ro·bat·ic akrobatisch
a·cross 1. *adv* hinüber, herüber; (quer) durch; drüben, auf der anderen Seite; über Kreuz **2.** *prp* (quer) über (*acc*); (quer) durch; auf der anderen Seite von (*or gen*), jenseits (*gen*); über (*dat*); ***come ~, run ~*** *fig* stoßen auf (*acc*)
act 1. *v/i* handeln; sich verhalten *or* benehmen; (ein)wirken; funktionieren; (Theater) spielen; *v/t* THEA spielen (*a. fig*), *Stück* aufführen; ***~ as*** fungieren als **2.** Handlung *f*, Tat *f*; JUR Gesetz *n*; THEA Akt *m*; **act·ing** THEA Spiel(en) *n*
ac·tion Handlung *f* (*a.* THEA), Tat *f*; *film etc*: Action *f*; Funktionieren *n*; (Ein-)Wirkung *f*; JUR Klage *f*, Prozess *m*; MIL Gefecht *n*, Einsatz *m*; ***take ~*** handeln
ac·tiv·ate *v/t* aktivieren; **ac·tive** aktiv; tätig, rührig; lebhaft (*a.* ECON), rege; wirksam
ac·tiv·ist *esp* POL Aktivist(in)
ac·tiv·i·ty Tätigkeit *f*; Aktivität *f*; Betriebsamkeit *f*; *esp* ECON Lebhaftigkeit *f*; **~ va·ca·tion** Aktivurlaub *m*
ac·tor Schauspieler *m*
ac·tress Schauspielerin *f*
ac·tu·al wirklich, tatsächlich, eigentlich
ac·u·men Scharfsinn *m*
ac·u·punc·ture MED Akupunktur *f*
a·cute akut (*shortage, pain etc*); brennend (*problem etc*); scharf (*hearing etc*); scharfsinnig; MATH spitz (*angle*)
ad F → ***advertisement***
ad·a·mant unerbittlich
a·dapt anpassen (***to*** *dat or* an *acc*); *Text* bearbeiten (***from*** nach); TECH umstellen (***to*** auf *acc*); umbauen (***to*** für)
a·dapt·a·ble anpassungsfähig
ad·ap·ta·tion Anpassung *f*; Bearbeitung *f*
a·dapt·er, a·dapt·or ELECTR Adapter *m*
add *v/t* hinzufügen; ***~ up*** zusammenzählen, addieren; *v/i*: ***~ to*** vermehren, beitragen zu, hinzukommen zu; ***~ up*** MATH ergeben; F sich summieren; *fig* e-n Sinn ergeben; ***~ up to*** *fig* hinauslaufen auf (*acc*)
ad·der ZO Natter *f*
ad·dict Süchtige *m*, *f*; ***alcohol*** (***drug***) **~** Alkoholsüchtige (Drogen- *or* Rauschgiftsüchtige); (*Fußball- etc*) Fanatiker(in), (*Film- etc*)Narr *m*
ad·dic·ted süchtig, abhängig (***to*** von); ***be***

~ to alcohol (**drugs**) alkoholsüchtig (drogenabhängig *or* -süchtig) sein
ad·dic·tion Sucht *f*, Süchtigkeit *f*
ad·di·tion Hinzufügen *n*; Zusatz *m*; Zuwachs *m*; ARCH Anbau *m*; MATH Addition *f*; **in ~** außerdem; **in ~ to** außer (*dat*)
ad·di·tion·al zusätzlich
ad·dress 1. *Worte* richten (**to** an *acc*), *j-n* anreden *or* ansprechen **2.** Adresse *f*, Anschrift *f*; Rede *f*, Ansprache *f*
ad·dress·ee Empfänger(in)
ad·ept erfahren, geschickt (**at, in** in *dat*)
ad·e·qua·cy Angemessenheit *f*
ad·e·quate angemessen
ad·here (**to**) kleben, haften (an *dat*); *fig* festhalten (an *dat*); **ad·her·ence** Anhaften *n*; *fig* Festhalten *n*; **ad·her·ent** Anhänger(in)
ad·he·sive 1. klebend **2.** Klebstoff *m*; **~ plas·ter** MED Heftpflaster *n*; **~ tape** Klebeband *n*, Klebstreifen *m*; MED Heftpflaster *n*
ad·ja·cent angrenzend, anstoßend (**to** an *acc*); benachbart
ad·jec·tive LING Adjektiv *n*, Eigenschaftswort *n*
ad·join (an)grenzen an (*acc*)
ad·journ *v/t* verschieben, (*v/i* sich) vertagen; **ad·journ·ment** Vertagung *f*, Verschiebung *f*
ad·just anpassen; TECH einstellen, regulieren; **ad·just·a·ble** TECH verstellbar, regulierbar; **ad·just·ment** Anpassung *f*; TECH Einstellung *f*
ad-lib aus dem Stegreif (sprechen *or* spielen)
ad·min·is·ter verwalten; PHARM geben, verabreichen; **~ justice** Recht sprechen
ad·min·is·tra·tion Verwaltung *f*; POL Regierung *f*; Amtsperiode *f*
ad·min·is·tra·tive Verwaltungs…
ad·min·is·tra·tor Verwaltungsbeamte *m*
ad·mi·ra·ble bewundernswert; großartig
ad·mi·ral MAR Admiral *m*
ad·mi·ra·tion Bewunderung *f*
ad·mire bewundern; verehren
ad·mir·er Verehrer *m*
ad·mis·si·ble zulässig
ad·mis·sion Eintritt *m*, Zutritt *m*; Aufnahme *f*; Eintrittsgeld *n*; Eingeständnis *n*; **~ free** Eintritt frei
ad·mit *v/t* zugeben; (her)einlassen (**to, into** in *acc*), eintreten lassen; zulassen (**to** zu); **ad·mit·tance** Einlass *m*, Eintritt *m*, Zutritt *m*; **no ~** Zutritt verboten
ad·mon·ish ermahnen; warnen (**of, against** vor *dat*)
a·do Getue *n*, Lärm *m*; **without more** *or* **further ~** ohne weitere Umstände
ad·o·les·cence Jugend *f*, Adoleszenz *f*
ad·o·les·cent 1. jugendlich, heranwachsend **2.** Jugendliche *m*, *f*
a·dopt adoptieren; übernehmen; **~ed child** Adoptivkind *n*
a·dop·tion Adoption *f*
a·dop·tive par·ents Adoptiveltern *pl*
a·dor·a·ble F bezaubernd, entzückend
ad·o·ra·tion Anbetung *f*, Verehrung *f*
a·dore anbeten, verehren
a·dorn schmücken, zieren
a·dorn·ment Schmuck *m*, Verzierung *f*
a·droit geschickt
ad·ult 1. erwachsen **2.** Erwachsene *m*, *f*; **~s only** nur für Erwachsene!; **~ ed·uca·tion** Erwachsenenbildung *f*
a·dul·ter·ate verfälschen, *Wein* panschen
a·dul·ter·er Ehebrecher *m*
a·dul·ter·ess Ehebrecherin *f*
a·dul·ter·ous ehebrecherisch
a·dul·ter·y Ehebruch *m*
ad·vance 1. *v/i* vordringen, vorrücken (*a. time*); Fortschritte machen; *v/t* vorrücken; *Termin etc* vorverlegen; *Argument etc* vorbringen; *Geld* vorstrecken, F vorschießen; (be)fördern; *Preis* erhöhen; *Wachstum etc* beschleunigen **2.** Vorrücken *n*, Vorstoß *m* (*a. fig*); Fortschritt *m*; ECON Vorschuss *m*; Erhöhung *f*; **in ~** im Voraus
ad·vanced fortgeschritten; **~ for one's years** weit *or* reif für sein Alter
ad·vance·ment Fortschritt *m*, Verbesserung *f*
ad·van·tage Vorteil *m* (*a.* SPORT); **~ rule** SPORT Vorteilsregel *f*; **take ~ of** ausnutzen
ad·van·ta·geous vorteilhaft
ad·ven·ture Abenteuer *n*, Wagnis *n*
ad·ven·tur·er Abenteurer *m*
ad·ven·tur·ess Abenteu(r)erin *f*
ad·ven·tur·ous abenteuerlich; verwegen, kühn
ad·verb LING Adverb *n*, Umstandswort *n*
ad·ver·sa·ry Gegner(in)
ad·ver·tise ankündigen, bekannt ma-

chen; inserieren; Reklame machen (für)
ad·ver·tise·ment Anzeige *f*, Inserat *n*
ad·ver·tis·ing **1.** Reklame *f*, Werbung *f* **2.** Reklame…, Werbe…; **~ a·gen·cy** Werbeagentur *f*; **~ cam·paign** Werbefeldzug *m*
ad·vice Rat(schlag) *m*; ECON Benachrichtigung *f*; ***take medical ~*** e-n Arzt zu Rate ziehen; ***take my ~*** hör auf mich
ad·vice| cen·ter, *Br* **~ cen·tre** Beratungsstelle *f*
ad·vis·ab·le ratsam
ad·vise *v/t j-n* beraten; *j-m* raten; *esp* ECON benachrichtigen, avisieren; *v/i* sich beraten
ad·vis·er *esp Br*, **ad·vis·or** Berater *m*
ad·vi·so·ry beratend
ad·vo·cate **1.** befürworten, verfechten **2.** Befürworter(in), Verfechter(in)
aer·i·al **1.** luftig; Luft… **2.** Antenne *f*
aer·i·al| pho·to·graph, **~ view** Luftaufnahme *f*, Luftbild *n*
aer·o… Aero…, Luft…
aer·o·bics SPORT Aerobic *n*
aer·o·drome *esp Br* Flugplatz *m*
aer·o·dy·nam·ic aerodynamisch
aer·o·dy·nam·ics Aerodynamik *f*
aer·o·nau·tics Luftfahrt *f*
aer·o·plane *Br* Flugzeug *n*
aer·o·sol Spraydose *f*, Sprühdose *f*
aes·thet·ic *etc* → ***esthetic*** *etc*
a·far: ***from ~*** von weit her
af·fair Angelegenheit *f*, Sache *f*; F Ding *n*, Sache *f*; Affäre *f*
af·fect beeinflussen; MED angreifen, befallen; bewegen, rühren; e-e Vorliebe haben für; vortäuschen
af·fec·tion Liebe *f*, Zuneigung *f*
af·fec·tion·ate liebevoll, herzlich
af·fil·i·ate *als Mitglied* aufnehmen; angliedern
af·fin·i·ty Affinität *f*; (geistige) Verwandtschaft; Neigung *f* (***for, to*** zu)
af·firm versichern; beteuern; bestätigen; **af·fir·ma·tion** Versicherung *f*; Beteuerung *f*; Bestätigung *f*
af·fir·ma·tive **1.** bejahend **2.** ***answer in the ~*** bejahen
af·fix (***to***) anheften, ankleben (an *acc*), befestigen (an *dat*); beifügen, hinzufügen (*dat*)
af·flict heimsuchen, plagen; ***~ed with*** geplagt von, leidend an (*dat*)
af·flic·tion Gebrechen *n*; Elend *n*, Not *f*
af·flu·ence Überfluss *m*; Wohlstand *m*
af·flu·ent reich, reichlich; **~ so·ci·e·ty** Wohlstandsgesellschaft *f*
af·ford sich leisten; gewähren, bieten; ***I can ~ it*** ich kann es mir leisten
af·front **1.** beleidigen **2.** Beleidigung *f*
a·float MAR flott, schwimmend; ***set ~*** MAR flottmachen; *fig Gerücht etc* in Umlauf setzen
a·fraid: ***be ~ of*** sich fürchten *or* Angst haben vor (*dat*); ***I'm ~ she won't come*** ich fürchte, sie wird nicht kommen; ***I'm ~ I must go now*** leider muss ich jetzt gehen
a·fresh von neuem
Af·ri·ca Afrika *n*; **Af·ri·can** **1.** afrikanisch **2.** Afrikaner(in)
af·ter **1.** *adv* hinterher, nachher, danach **2.** *prp* nach; hinter (*dat*) (… her); ***~ all*** schließlich (doch) **3.** *cj* nachdem **4.** *adj* später; Nach…; **~ ef·fect** MED Nachwirkung *f* (*a. fig*)
af·ter·glow Abendrot *n*
af·ter·math Nachwirkungen *pl*, Folgen *pl*
af·ter·noon Nachmittag *m*; ***this ~*** heute Nachmittag; ***good ~!*** guten Tag!
af·ter·taste Nachgeschmack *m*
af·ter·thought nachträglicher Einfall
af·ter·ward, *Br* **af·ter·wards** nachher, später
a·gain wieder; wiederum; ferner; ***~ and ~, time and ~*** immer wieder; ***as much ~*** noch einmal so viel
a·gainst gegen; an (*dat or acc*); ***as ~*** verglichen mit; ***he was ~ it*** er war dagegen
age **1.** (Lebens)Alter *n*; Zeit(alter *n*) *f*; Menschenalter *n*; (***old***) **~** (hohes) Alter; ***at the ~ of*** im Alter von; *s.o.* ***your ~*** in deinem *or* Ihrem Alter; (***come***) ***of ~*** mündig *or* volljährig (werden); ***be over ~*** die Altersgrenze überschritten haben; ***under ~*** minderjährig; unmündig; ***wait for ~s*** F e-e Ewigkeit warten **2.** alt werden *or* machen
a·ged[1] alt, betagt
aged[2]: ***~ twenty*** 20 Jahre alt
age·less zeitlos; ewig jung
a·gen·cy Agentur *f*; Geschäftsstelle *f*, Büro *n*
a·gen·da Tagesordnung *f*
a·gent Agent *m* (*a.* POL), Vertreter *m*; (*Grundstücks- etc*)Makler *m*; CHEM

Wirkstoff *m*, Mittel *n*
ag·glom·er·ate (sich) zusammenballen; (sich) (an)häufen
ag·gra·vate erschweren, verschlimmern; F ärgern
ag·gre·gate 1. sich belaufen auf (*acc*) **2.** gesamt **3.** Gesamtmenge *f*, Summe *f*; TECH Aggregat *n*
ag·gres·sion Angriff *m*
ag·gres·sive aggressiv, Angriffs…; *fig* energisch
ag·gres·sor Angreifer *m*
ag·grieved verletzt, gekränkt
a·ghast entgeistert, entsetzt
ag·ile flink, behend
a·gil·i·ty Flinkheit *f*, Behendigkeit *f*
ag·i·tate *v/t fig* aufregen, aufwühlen; *Flüssigkeit* schütteln; *v/i* POL agitieren, hetzen (***against*** gegen)
ag·i·ta·tion Aufregung *f*; POL Agitation *f*
ag·i·ta·tor POL Agitator *m*
a·go: ***a year ~*** vor e-m Jahr
ag·o·ny Qual *f*; Todeskampf *m*
a·gree *v/i* übereinstimmen; sich vertragen; einig werden, sich einigen (***on*** über *acc*); übereinkommen; ***~ to*** zustimmen (*dat*), einverstanden sein mit
a·gree·a·ble (***to***) angenehm (für); übereinstimmend (mit)
a·gree·ment Übereinstimmung *f*; Vereinbarung *f*; Abkommen *n*
ag·ri·cul·tur·al landwirtschaftlich
ag·ri·cul·ture Landwirtschaft *f*
a·ground MAR gestrandet; ***run ~*** stranden, auf Grund laufen
a·head vorwärts, voraus; vorn; ***go ~!*** nur zu!, mach nur!; ***straight ~*** geradeaus
aid 1. unterstützen, *j-m* helfen (***in*** bei); fördern; ***he was accused of ~ing and abetting*** JUR er wurde wegen Beihilfe angeklagt **2.** Hilfe *f*, Unterstützung *f*
AIDS, Aids MED Aids *n*
ail kränklich sein; **ail·ment** Leiden *n*
aim 1. *v/i* zielen (***at*** auf *acc*, nach); ***~ at*** *fig* beabsichtigen; ***be ~ing to do s.th.*** vorhaben, et. zu tun; *v/t*: ***~ at*** *Waffe etc* richten auf *or* gegen (*acc*) **2.** Ziel *n* (*a. fig*); Absicht *f*; ***take ~ at*** zielen auf (*acc*) *or* nach; **aim·less** ziellos
air[1] **1.** Luft *f*; Luftzug *m*; Miene *f*, Aussehen *n*; ***by ~*** auf dem Luftwege; ***in the open ~*** im Freien; ***on the ~*** im Rundfunk *or* Fernsehen; ***be on the ~*** senden; in Betrieb sein; ***go off the ~*** die Sendung beenden (*person*); sein Programm beenden (*station*); ***give o.s. ~s, put on ~s*** vornehm tun **2.** (aus)lüften; *fig* an die Öffentlichkeit bringen; erörtern
air[2] MUS Arie *f*, Weise *f*, Melodie *f*
air·bag MOT Airbag *m*
air·base MIL Luftstützpunkt *m*
air·bed Luftmatratze *f*
air·borne AVIAT in der Luft; MIL Luftlande…
air·brake TECH Druckluftbremse *f*
air·bus AVIAT Airbus *m*, Großraumflugzeug *n*
air-con·di·tioned mit Klimaanlage
air-con·di·tion·ing Klimaanlage *f*
air·craft car·ri·er MAR, MIL Flugzeugträger *m*
air·field Flugplatz *m*
air force MIL Luftwaffe *f*
air host·ess AVIAT Stewardess *f*
air jack·et Schwimmweste *f*
air·lift AVIAT Luftbrücke *f*
air·line AVIAT Fluggesellschaft *f*
air·lin·er AVIAT Verkehrsflugzeug *n*
air·mail Luftpost *f*; ***by ~*** mit Luftpost
air·man MIL Flieger *m*
air·plane Flugzeug *n*
air·pock·et AVIAT Luftloch *n*
air pol·lu·tion Luftverschmutzung *f*
air·port Flughafen *m*
air raid MIL Luftangriff *m*
air-raid| pre·cau·tions MIL Luftschutz *m*; **~ shel·ter** MIL Luftschutzraum *m*
air route AVIAT Flugroute *f*
air·sick luftkrank
air·space Luftraum *m*
air·strip (behelfsmäßige) Start- und Landebahn
air ter·mi·nal Flughafenabfertigungsgebäude *n*
air·tight luftdicht
air time Sendezeit *f*
air traf·fic AVIAT Flugverkehr *m*
air-traf·fic| con·trol AVIAT Flugsicherung *f*; **~ con·trol·ler** AVIAT Fluglotse *m*
air·way AVIAT Fluggesellschaft *f*
air·wor·thy AVIAT flugtüchtig
air·y luftig
aisle ARCH Seitenschiff *n*; Gang *m*
a·jar halb offen, angelehnt
a·kin verwandt (***to*** mit)
a·lac·ri·ty Bereitwilligkeit *f*

a·larm 1. Alarm(zeichen *n*) *m*; Wecker *m*; Angst *f* **2.** alarmieren; beunruhigen; **~ clock** Wecker *m*
al·bum Album *n* (*a. record*)
al·bu·mi·nous BIOL eiweißhaltig
al·co·hol Alkohol *m*; **al·co·hol·ic 1.** alkoholisch **2.** Alkoholiker(in)
al·co·hol·ism Alkoholismus *m*, Trunksucht *f*
a·lert 1. wachsam; munter **2.** Alarm *m*; Alarmbereitschaft *f*; ***on the ~*** auf der Hut; in Alarmbereitschaft **3.** warnen (***to*** vor *dat*), alarmieren
al·ga BOT Alge *f*
al·ge·bra MATH Algebra *f*
al·i·bi JUR Alibi *n*
a·li·en 1. ausländisch; fremd **2.** Ausländer(in); Außerirdische *m*, *f*
a·li·en·ate veräußern; entfremden; *esp art*: verfremden; **a·li·en·a·tion** Entfremdung *f*; *esp art*: Verfremdung *f*
a·light 1. in Flammen **2.** aussteigen; absteigen, absitzen; ZO sich niederlassen; AVIAT landen
a·lign (sich) ausrichten (***with*** nach)
a·like 1. *adj* gleich **2.** *adv* gleich, ebenso
al·i·mo·ny JUR Unterhalt *m*
a·live lebendig; (noch) am Leben; lebhaft; ***~ and kicking*** gesund und munter; ***be ~ with*** wimmeln von
all 1. *adj* all; ganz; jede(r, -s) **2.** *pron* alles; alle *pl* **3.** *adv* ganz, völlig; ***~ at once*** auf einmal; ***~ the better*** desto besser; ***~ but*** beinahe, fast; ***~ in*** F fertig, ganz erledigt; ***~ right*** in Ordnung; ***for ~ that*** dessen ungeachtet, trotzdem; ***for ~ I know*** soviel ich weiß; ***at ~*** überhaupt; ***not at ~*** überhaupt nicht; ***the score was two ~*** das Spiel stand zwei zu zwei
all-A·mer·i·can typisch amerikanisch; die ganzen USA vertretend
al·lay beruhigen; lindern
al·le·ga·tion *unerwiesene* Behauptung
al·lege behaupten
al·leged angeblich, vermeintlich
al·le·giance Treue *f*
al·ler·gic MED allergisch (***to*** gegen)
al·ler·gy MED Allergie *f*
al·le·vi·ate mildern, lindern
al·ley (enge *or* schmale) Gasse; Garten-, Parkweg *m*; *bowling*: Bahn *f*
al·li·ance Bündnis *n*
al·li·ga·tor ZO Alligator *m*
al·lo·cate zuteilen, anweisen
al·lo·ca·tion Zuteilung *f*
al·lot zuteilen, an-, zuweisen
al·lot·ment Zuteilung *f*; Parzelle *f*
al·low erlauben, bewilligen, gewähren; zugeben; ab-, anrechnen, vergüten; ***~ for*** einplanen, berücksichtigen (*acc*)
al·low·a·ble erlaubt, zulässig
al·low·ance Erlaubnis *f*; Bewilligung *f*; Taschengeld *n*, Zuschuss *m*; Vergütung *f*; *fig* Nachsicht *f*; ***make ~(s) for s.th.*** et. berücksichtigen
al·loy TECH **1.** Legierung *f* **2.** legieren
all-round vielseitig
all·round·er Alleskönner *m*; Allroundsportler *m*, -spieler *m*
al·lude anspielen (***to*** auf *acc*)
al·lure locken, an-, verlocken
al·lure·ment Verlockung *f*
al·lu·sion Anspielung *f*
all-wheel drive MOT Allradantrieb *m*
al·ly 1. (sich) vereinigen, verbünden (***to, with*** mit); **2.** Verbündete *m*, *f*, Bundesgenosse *m*, Bundesgenossin *f*; ***the Allies*** MIL die Alliierten *pl*
al·might·y allmächtig; ***the Almighty*** REL der Allmächtige
al·mond BOT Mandel *f*
al·most fast, beinah(e)
alms Almosen *n*
a·loft (hoch) (dr)oben
a·lone allein; ***let ~, leave ~*** in Ruhe lassen, bleiben lassen; ***let ~ …*** geschweige denn …
a·long 1. *adv* weiter, vorwärts; da; dahin; ***all ~*** die ganze Zeit; ***~ with*** (zusammen) mit; ***come ~*** mitkommen, mitgehen; ***get ~*** vorwärtskommen, weiterkommen; auskommen, sich vertragen (***with s.o.*** mit j-m); ***take ~*** mitnehmen **2.** *prp* entlang (*dat*), längs (*gen*)
a·long·side Seite an Seite; neben
a·loof abseits; reserviert, zurückhaltend, verschlossen; **a·loof·ness** Reserviertheit *f*; Verschlossenheit *f*
a·loud laut
al·pha·bet Alphabet *n*
al·pine (Hoch)Gebirgs…, alpin
al·read·y bereits, schon
al·right → ***all right***
Al·sa·tian *esp Br* ZO Deutscher Schäferhund
al·so auch, ferner
al·tar REL Altar *m*
al·ter ändern, sich (ver)ändern; ab-, um-

ändern; **al·ter·a·tion** Änderung *f* (***to*** an *dat*), Veränderung *f*
al·ter·nate 1. abwechseln (lassen) **2.** abwechselnd; **al·ter·nat·ing cur·rent** ELECTR Wechselstrom *m*
al·ter·na·tion Abwechslung *f*; Wechsel *m*
al·ter·na·tive 1. alternativ, wahlweise **2.** Alternative *f*, Wahl *f*, Möglichkeit *f*
al·though obwohl, obgleich
al·ti·tude Höhe *f*; ***at an ~ of*** in e-r Höhe von
al·to·geth·er im Ganzen, insgesamt; ganz (und gar), völlig
al·u·min·i·um *Br*, **a·lu·mi·num** Aluminium *n*
al·ways immer, stets
am, AM *abbr of* ***before noon*** (*Latin* ***ante meridiem***) morgens, vorm., vormittags
a·mal·gam·ate (sich) zusammenschließen, ECON *a.* fusionieren
a·mass anhäufen, aufhäufen
am·a·teur Amateur(in); Dilettant(in); Hobby…
a·maze in Erstaunen setzen, verblüffen; **a·maze·ment** Staunen *n*, Verblüffung *f*; **a·maz·ing** erstaunlich
am·bas·sa·dor POL Botschafter *m* (***to*** in *e-m Land*); **am·bas·sa·dress** POL Botschafterin *f* (***to*** in *e-m Land*)
am·ber Bernstein *m*
am·bi·gu·i·ty Zwei-, Mehrdeutigkeit *f*
am·big·u·ous zwei-, mehr-, vieldeutig
am·bi·tion Ehrgeiz *m*
am·bi·tious ehrgeizig, strebsam
am·ble 1. Passgang *m* **2.** im Passgang gehen *or* reiten; schlendern
am·bu·lance Krankenwagen *m*
a·men *int* REL amen
a·mend verbessern, berichtigen; PARL abändern, ergänzen; **a·mend·ment** Bess(e)rung *f*; Verbesserung *f*; PARL Abänderungsantrag *m*, Ergänzungsantrag *m*; Zusatzartikel *m* zur Verfassung; **a·mends** (Schaden)Ersatz *m*; ***make ~*** Schadenersatz leisten, es wieder gutmachen; ***make ~ to s.o. for s.th.*** j-n für et. entschädigen
a·men·i·ty *often pl* Annehmlichkeiten *pl*
A·mer·i·ca Amerika *n*; **A·mer·i·can 1.** amerikanisch **2.** Amerikaner(in)
A·mer·i·can·is·m LING Amerikanismus *m*
A·mer·i·can·ize (sich) amerikanisieren
A·mer·i·can plan Vollpension *f*
a·mi·a·ble liebenswürdig, freundlich
am·i·ca·ble freundschaftlich, *a.* JUR gütlich
a·mid(st) inmitten (*gen*), (mitten) in *or* unter
a·miss verkehrt, falsch, übel; ***take s.th. ~*** et. übel nehmen, et. verübeln
am·mo·ni·a CHEM Ammoniak *n*
am·mu·ni·tion Munition *f*
am·nes·ty JUR **1.** Amnestie *f* **2.** begnadigen
a·mok: ***run ~*** Amok laufen
a·mong(st) (mitten) unter, zwischen
am·o·rous verliebt
a·mount 1. (***to***) sich belaufen (auf *acc*); hinauslaufen (auf *acc*); **2.** Betrag *m*, (Gesamt)Summe *f*; Menge *f*
am·per·age ELECTR Stromstärke *f*
am·ple weit, groß, geräumig; reich, reichlich, beträchtlich
am·pli·fi·ca·tion Erweiterung *f*; PHYS Verstärkung *f*
am·pli·fi·er ELECTR Verstärker *m*
am·pli·fy erweitern; ELECTR verstärken
am·pli·tude Umfang *m*, Weite *f*, Fülle *f*; ELECTR, PHYS Amplitude *f*
am·pu·tate MED amputieren
a·muck → ***amok***
a·muse (***o.s.*** sich) amüsieren, unterhalten, belustigen
a·muse·ment Unterhaltung *f*, Vergnügen *n*, Zeitvertreib *m*; **~ park** Vergnügungspark *m*, Freizeitpark *m*
a·mus·ing amüsant, unterhaltend
an → ***a***
an·a·bol·ic ster·oid PHARM Anabolikum *n*
a·nae·mi·a *Br* → ***anemia***
an·aes·thet·ic *Br* → ***anesthetic***
a·nal ANAT anal, Anal…
a·nal·o·gous analog, entsprechend
a·nal·o·gy Analogie *f*, Entsprechung *f*
an·a·lyse *esp Br*, **an·a·lyze** analysieren; zerlegen
a·nal·y·sis Analyse *f*
an·arch·y Anarchie *f*, Gesetzlosigkeit *f*; Chaos *n*
a·nat·o·mize MED zerlegen; zergliedern; **a·nat·o·my** MED Anatomie *f*; Zergliederung *f*, Analyse *f*
an·ces·tor Vorfahr *m*, Ahn *m*
an·ces·tress Vorfahrin *f*, Ahnfrau *f*
an·chor MAR **1.** Anker *m*; ***at ~*** vor Anker

2. verankern
an·chor·man TV Moderator *m*
an·chor·wom·an TV Moderatorin *f*
an·cho·vy ZO Anschovis *f*, Sardelle *f*
an·cient **1.** alt, antik; uralt **2.** ***the ~s*** HIST die Alten, die antiken Klassiker
and und
an·ec·dote Anekdote *f*
a·ne·mi·a MED Blutarmut *f*, Anämie *f*
an·es·thet·ic MED **1.** betäubend, Narkose… **2.** Betäubungsmittel *n*
an·gel Engel *m*
an·ger **1.** Zorn *m*, Ärger *m* (***at*** über *acc*); **2.** erzürnen, (ver)ärgern
an·gle[1] Winkel *m* (*a.* MATH)
an·gle[2] angeln (***for*** nach)
an·gler Angler(in)
An·gli·can REL **1.** anglikanisch **2.** Anglikaner(in)
An·glo-Sax·on **1.** angelsächsisch **2.** Angelsachse *m*
an·gry zornig, verärgert, böse (***at, with*** über *acc*, mit *dat*)
an·guish Qual *f*, Schmerz *m*
an·gu·lar winkelig; knochig
an·i·mal **1.** Tier *n* **2.** tierisch; **~ lov·er** Tierfreund *m*; **~ shel·ter** Tierheim *n*
an·i·mate beleben; aufmuntern, anregen
an·i·mat·ed lebendig; lebhaft, angeregt; **~ car·toon** Zeichentrickfilm *m*
an·i·ma·tion Lebhaftigkeit *f*; Animation *f*; Herstellung *f* von Zeichentrickfilmen; IT bewegtes Bild
an·i·mos·i·ty Animosität *f*, Feindseligkeit *f*
an·kle ANAT (Fuß)Knöchel *m*
an·nals Jahrbücher *pl*
an·nex **1.** anhängen; annektieren **2.** Anhang *m*; ARCH Anbau *m*
an·ni·ver·sa·ry Jahrestag *m*; Jahresfeier *f*
an·no·tate mit Anmerkungen versehen; kommentieren
an·nounce ankündigen; bekannt geben; *radio*, TV ansagen; durchsagen; **an·nounce·ment** Ankündigung *f*; Bekanntgabe *f*; *radio*, TV Ansage *f*; Durchsage *f*; **an·nounc·er** *radio*, TV Ansager(in), Sprecher(in)
an·noy ärgern; belästigen
an·noy·ance Störung *f*, Belästigung *f*; Ärgernis *n*
an·noy·ing ärgerlich, lästig
an·nu·al **1.** jährlich, Jahres… **2.** einjährige Pflanze; Jahrbuch *n*
an·nu·i·ty (Jahres)Rente *f*
an·nul für ungültig erklären, annullieren; **an·nul·ment** Annullierung *f*, Aufhebung *f*
an·o·dyne MED **1.** schmerzstillend **2.** schmerzstillendes Mittel
a·noint REL salben
a·nom·a·lous anomal
a·non·y·mous anonym
an·o·rak Anorak *m*
an·oth·er ein anderer; ein Zweiter; noch eine(r, -s)
an·swer **1.** *v/t et.* beantworten; *j-m* antworten; entsprechen (*dat*); *Zweck* erfüllen; TECH *dem Steuer* gehorchen; JUR *e-r Vorladung* Folge leisten; *e-r Beschreibung* entsprechen; ***~ the bell** or **door*** (die Tür) aufmachen; ***~ the telephone*** ans Telefon gehen; *v/i* antworten (***to*** auf *acc*); entsprechen (***to*** *dat*); ***~ for*** einstehen für **2.** Antwort *f* (***to*** auf *acc*)
an·swer·a·ble verantwortlich
an·swer·ing ma·chine TEL Anrufbeantworter *m*
ant ZO Ameise *f*
an·tag·o·nism Feindschaft *f*
an·tag·o·nist Gegner(in)
an·tag·o·nize bekämpfen; sich *j-n* zum Feind machen
Ant·arc·tic antarktisch
an·te·ced·ent vorhergehend, früher (***to*** als)
an·te·lope ZO Antilope *f*
an·ten·na[1] ZO Fühler *m*
an·ten·na[2] ELECTR Antenne *f*
an·te·ri·or vorhergehend, früher (***to*** als); vorder
an·them MUS Hymne *f*
an·ti… Gegen…, gegen … eingestellt, Anti…, anti…
an·ti·air·craft MIL Fliegerabwehr…, Flugabwehr…
an·ti·bi·ot·ic MED Antibiotikum *n*
an·ti·bod·y BIOL Antikörper *m*, Abwehrstoff *m*
an·tic·i·pate voraussehen, ahnen; erwarten; zuvorkommen; vorwegnehmen; **an·tic·i·pa·tion** (Vor)Ahnung *f*; Erwartung *f*; Vorwegnahme *f*; Vorfreude *f*; ***in ~*** im Voraus
an·ti·clock·wise *Br* entgegen dem Uhr-

zeigersinn
an·tics Mätzchen *pl*
an·ti·dote Gegengift *n*, Gegenmittel *n*
an·ti-for·eign·er vi·o·lence Gewalt *f* gegen Ausländer
an·ti·freeze Frostschutzmittel *n*
an·ti-lock brak·ing sys·tem MOT Antiblockiersystem *n* (*abbr* ***ABS***)
an·ti·mis·sile MIL Raketenabwehr…
an·ti·nu·cle·ar ac·tiv·ist Kernkraftgegner(in)
an·tip·a·thy Abneigung *f*
an·ti·quat·ed veraltet
an·tique **1.** antik, alt **2.** Antiquität *f*
an·tique| deal·er Antiquitätenhändler(in); **~ shop** *esp Br*, **~ store** Antiquitätenladen *m*
an·tiq·ui·ty Altertum *n*, Vorzeit *f*
an·ti·sep·tic MED **1.** antiseptisch **2.** antiseptisches Mittel
ant·lers zo Geweih *n*
a·nus ANAT After *m*
an·vil Amboss *m*
anx·i·e·ty Angst *f*, Sorge *f*
anx·ious besorgt, beunruhigt (***about*** wegen); begierig, gespannt (***for*** auf *acc*); bestrebt (***to do*** zu tun)
an·y **1.** *adj and pron* (irgend)eine(r, -s), (irgend)welche(r, -s); (irgend)etwas; jede(r, -s) (beliebige); einige *pl*, welche *pl*; ***not ~*** keiner **2.** *adv* irgend(wie), ein wenig, (noch) etwas
an·y·bod·y (irgend)jemand; jeder
an·y·how irgendwie; trotzdem, jedenfalls; wie dem auch sei
an·y·one → ***anybody***
an·y·thing (irgend)etwas; alles; ***~ but*** alles andere als; ***~ else?*** sonst noch etwas?; ***not ~*** nichts
an·y·way → ***anyhow***
an·y·where irgendwo(hin); überall
a·part einzeln, für sich; beiseite; ***~ from*** abgesehen von
a·part·heid POL Apartheid *f*, Politik *f* der Rassentrennung
a·part·ment Wohnung *f*; **~ build·ing**, **~ house** Mietshaus *n*
ap·a·thet·ic apathisch, teilnahmslos, gleichgültig; **ap·a·thy** Apathie *f*, Teilnahmslosigkeit *f*
ape zo (Menschen)Affe *m*
ap·er·ture Öffnung *f*
a·pi·a·ry Bienenhaus *n*
a·piece für jedes Stück, pro Stück, je
a·pol·o·gize sich entschuldigen (***for*** für; ***to*** bei); **a·pol·o·gy** Entschuldigung *f*; Rechtfertigung *f*; ***make an ~ (for s.th.)*** sich (für et.) entschuldigen
ap·o·plex·y MED Schlaganfall *m*, F Schlag *m*
a·pos·tle REL Apostel *m*
a·pos·tro·phe LING Apostroph *m*
ap·pal(l) erschrecken, entsetzen
ap·pal·ling erschreckend, entsetzlich
ap·pa·ra·tus Apparat *m*, Vorrichtung *f*, Gerät *n*
ap·par·ent offenbar; anscheinend; scheinbar
ap·pa·ri·tion Erscheinung *f*, Gespenst *n*
ap·peal **1.** JUR Berufung *or* Revision einlegen, Einspruch erheben, Beschwerde einlegen; appellieren, sich wenden (***to*** an *acc*); ***~ to*** gefallen (*dat*), zusagen (*dat*), wirken auf (*acc*); *j-n* dringend bitten (***for*** um); **2.** JUR Revision *f*, Berufung *f*; Beschwerde *f*; Einspruch *m*; Appell *m* (***to*** an *acc*), Aufruf *m*; Wirkung *f*, Reiz *m*; Bitte *f* (***to*** an *acc*; ***for*** um); ***~ for mercy*** JUR Gnadengesuch *n*
ap·peal·ing flehend; ansprechend
ap·pear (er)scheinen; sich zeigen; *öffentlich* auftreten; sich ergeben *or* herausstellen; **ap·pear·ance** Erscheinen *n*; Auftreten *n*; Äußere *n*, Erscheinung *f*, Aussehen *n*; Anschein *m*, äußerer Schein; ***keep up ~s*** den Schein wahren; ***to*** *or* ***by all ~s*** allem Anschein nach
ap·pease besänftigen, beschwichtigen; *Durst etc* stillen; *Neugier* befriedigen
ap·pend an-, hinzu-, beifügen
ap·pend·age Anhang *m*; Anhängsel *n*
ap·pen·di·ci·tis MED Blinddarmentzündung *f*
ap·pen·dix Anhang *m*; *a.* ***vermiform ~*** ANAT Wurmfortsatz *m*, Blinddarm *m*
ap·pe·tite (***for***) Appetit *m* (auf *acc*); *fig* Verlangen *n* (nach)
ap·pe·tiz·er Appetithappen *m*, appetitanregendes Gericht *or* Getränk
ap·pe·tiz·ing appetitanregend
ap·plaud applaudieren, Beifall spenden; loben
ap·plause Applaus *m*, Beifall *m*
ap·ple BOT Apfel *m*
ap·ple pie (*warmer*) gedeckter Apfelkuchen
ap·ple sauce Apfelmus *n*; *sl* Schmus *m*,

Quatsch *m*
ap·pli·ance Vorrichtung *f*; Gerät *n*; Mittel *n*
ap·plic·a·ble anwendbar (***to*** auf *acc*)
ap·pli·cant Antragsteller(in), Bewerber(in) (***for*** um)
ap·pli·ca·tion Anwendung *f* (***to*** auf *acc*); Bedeutung *f* (***to*** für); Gesuch *n* (***for*** um); Bewerbung *f* (***for*** um)
ap·ply *v/t* (***to***) (auf)legen, auftragen (auf *acc*); anwenden (auf *acc*); verwenden (für); **~ *o.s. to*** sich widmen (*dat*); *v/i* (***to***) passen, zutreffen, sich anwenden lassen (auf *acc*); gelten (für); sich wenden (an *acc*); **~ *for*** sich bewerben um, *et.* beantragen
ap·point bestimmen, festsetzen; verabreden; ernennen (***s.o.*** *governor* j-n zum …); berufen (***to*** auf *e-n Posten*)
ap·point·ment Bestimmung *f*; Verabredung *f*; Termin *m*; Ernennung *f*, Berufung *f*; Stelle *f*; **~ book** Terminkalender *m*
ap·por·tion verteilen, zuteilen
ap·prais·al (Ab)Schätzung *f*
ap·praise (ab)schätzen, taxieren
ap·pre·cia·ble nennenswert, spürbar
ap·pre·ci·ate *v/t* schätzen, würdigen; dankbar sein für; *v/i* im Wert steigen
ap·pre·ci·a·tion Würdigung *f*; Dankbarkeit *f*; (richtige) Beurteilung; ECON Wertsteigerung *f*
ap·pre·hend ergreifen, fassen; begreifen; befürchten; **ap·pre·hen·sion** Ergreifung *f*, Festnahme *f*; Besorgnis *f*; **ap·pre·hen·sive** ängstlich, besorgt (***for*** um; ***that*** dass)
ap·pren·tice **1.** Auszubildende *m*, *f*, Lehrling *m*, *Swiss* Lehrtochter *f* **2.** in die Lehre geben; **ap·pren·tice·ship** Lehrzeit *f*, Lehre *f*, Ausbildung *f*
ap·proach **1.** *v/i* näher kommen, sich nähern; *v/t* sich nähern (*dat*); herangehen *or* herantreten an (*acc*) **2.** (Heran)Nahen *n*; Einfahrt *f*, Zufahrt *f*, Auffahrt *f*; Annäherung *f*; Methode *f*
ap·pro·ba·tion Billigung *f*, Beifall *m*
ap·pro·pri·ate **1.** sich aneignen; verwenden; PARL bewilligen **2.** (***for, to***) angemessen (*dat*), passend (für, zu)
ap·prov·al Billigung *f*; Anerkennung *f*, Beifall *m*; **ap·prove** billigen, anerkennen; **ap·proved** bewährt
ap·prox·i·mate annähernd, ungefähr
a·pri·cot BOT Aprikose *f*
A·pril (*abbr* ***Apr***) April *m*
a·pron Schürze *f*
apt geeignet, passend; treffend; begabt; **~ *to*** geneigt zu
ap·ti·tude (***for***) Begabung *f* (für), Befähigung *f* (für), Talent *n* (zu)
ap·ti·tude test Eignungsprüfung *f*
aq·ua| jog·ging SPORT Aquajogging *n*; **~ plan·ing** *Br* MOT Aquaplaning *n*
a·quar·i·um Aquarium *n*
A·quar·i·us ASTR Wassermann *m*; ***he*** (***she***) ***is*** (***an***) **~** er (sie) ist (ein) Wassermann
a·quat·ic Wasser…; **~ plant** Wasserpflanze *f*; **~s**, **~ sports** Wassersport *m*
aq·ue·duct Aquädukt *m*
Ar·ab Araber(in); **A·ra·bi·a** Arabien *n*
Ar·a·bic **1.** arabisch **2.** LING Arabisch *n*
ar·a·ble AGR anbaufähig; Acker…
ar·bi·tra·ry willkürlich, eigenmächtig
ar·bi·trate entscheiden, schlichten
ar·bi·tra·tion Schlichtung *f*
ar·bi·tra·tor Schiedsrichter *m*; Schlichter *m*
ar·bo(u)r Laube *f*
arc Bogen *m*; ELECTR Lichtbogen *m*
ar·cade Arkade *f*; Lauben-, Bogengang *m*; Durchgang *m*, Passage *f*
arch[1] **1.** Bogen *m*; Gewölbe *n* **2.** (sich) wölben; krümmen
arch[2] erste(r, -s), oberste(r, -s), Haupt…, Erz…
arch[3] schelmisch
ar·cha·ic veraltet
arch·an·gel Erzengel *m*
arch·bish·op REL Erzbischof *m*
ar·cher Bogenschütze *m*
ar·cher·y Bogenschießen *n*
ar·chi·tect Architekt(in)
ar·chi·tec·ture Architektur *f*
ar·chives Archiv *n*
arch·way (Bogen)Gang *m*
arc·tic arktisch, nördlich, Polar…
ar·dent feurig, glühend; *fig* leidenschaftlich, heftig; eifrig
ar·do(u)r Leidenschaft *f*, Glut *f*, Feuer *n*; Eifer *m*
are *du* bist, *wir or sie or Sie* sind, *ihr* seid
ar·e·a (Boden)Fläche *f*; Gegend *f*, Gebiet *n*; Bereich *m*
ar·e·a code TEL Vorwahl(nummer) *f*
a·re·na Arena *f*
Ar·gen·ti·na Argentinien *n*

Ar·gen·tine 1. argentinisch **2.** Argentinier(in)
ar·gue argumentieren; streiten; diskutieren; **ar·gu·ment** Argument *n*; Wortwechsel *m*, Auseinandersetzung *f*
ar·id dürr, trocken (*a. fig*)
Ar·ies ASTR Widder *m*; ***he*** (***she***) ***is*** (***an***) **~** er (sie) ist (ein) Widder
a·rise entstehen; auftauchen, auftreten
ar·is·toc·ra·cy Aristokratie *f*, Adel *m*
ar·is·to·crat Aristokrat(in), Adlige *m, f*
ar·is·to·crat·ic aristokratisch, adlig
a·rith·me·tic[1] Rechnen *n*
ar·ith·met·ic[2] arithmetisch, Rechen…
ar·ith·met·ic u·nit IT Rechenwerk *n*
ark Arche *f*; ***Noah's ~*** die Arche Noah
arm[1] ANAT Arm *m*; Armlehne *f*; ***keep s.o. at ~'s length*** sich j-n vom Leibe halten
arm[2] MIL (sich) bewaffnen; (auf)rüsten
ar·ma·ment MIL Bewaffnung *f*; Aufrüstung *f*
arm·chair Lehnstuhl *m*, Sessel *m*
ar·mi·stice MIL Waffenstillstand *m*
ar·mo(u)r 1. MIL Rüstung *f*, Panzer *m* (*a. fig*, ZO); **2.** panzern
ar·mo(u)red car gepanzertes Fahrzeug
arm·pit ANAT Achselhöhle *f*
arms Waffen *pl*; Waffengattung *f*; **~ con·trol** Rüstungskontrolle *f*
ar·my MIL Armee *f*, Heer *n*
a·ro·ma Aroma *n*, Duft *m*
ar·o·mat·ic aromatisch, würzig
a·round 1. *adv* (rings)herum, (rund-) herum, ringsumher, überall; umher, herum; in der Nähe; da **2.** *prp* um, um… herum, rund um; in (*dat*) … herum; ungefähr, etwa
a·rouse (auf)wecken; *fig* aufrütteln, erregen
ar·range (an)ordnen; festlegen, festsetzen; arrangieren (*a.* MUS); vereinbaren; MUS, THEA bearbeiten
ar·range·ment Anordnung *f*; Vereinbarung *f*; Vorkehrung *f*; MUS Arrangement *n*, Bearbeitung *f* (*a.* THEA)
ar·rears Rückstand *m*, Rückstände *pl*
ar·rest JUR **1.** Verhaftung *f*, Festnahme *f* **2.** verhaften, festnehmen
ar·riv·al Ankunft *f*; Erscheinen *n*; Ankömmling *m*; **~*s*** AVIAT, RAIL *etc* 'Ankunft' (*timetable*); ***day of ~*** Anreisetag;
ar·rive (an)kommen, eintreffen, erscheinen; ***~ at*** *fig* erreichen (*acc*), kommen zu
ar·ro·gance Arroganz *f*, Überheblichkeit *f*
ar·ro·gant arrogant, überheblich
ar·row Pfeil *m*
ar·row·head Pfeilspitze *f*
ar·se·nic CHEM Arsen *n*
ar·son JUR Brandstiftung *f*
art 1. Kunst *f* **2.** Kunst…; ***~ exhibition*** Kunstausstellung *f*; → ***arts***
ar·ter·i·al ANAT Schlagader…
ar·te·ri·al road Hauptverkehrsstraße *f*, Verkehrsader *f*
ar·ter·i·o·scle·ro·sis MED Arteriosklerose *f*, Arterienverkalkung *f*
ar·te·ry ANAT Arterie *f*, Schlagader *f*; (Haupt)Verkehrsader *f*
art·ful schlau, verschmitzt
art gal·le·ry Gemäldegalerie *f*
ar·thri·tis MED Arthritis *f*, Gelenkentzündung *f*
ar·ti·choke BOT Artischocke *f*
ar·ti·cle Artikel *m* (*a.* LING)
ar·tic·u·late 1. deutlich (aus)sprechen **2.** deutlich ausgesprochen; gegliedert
ar·tic·u·lat·ed Gelenk…; ***~ lorry*** *Br* MOT Sattelschlepper *m*
ar·tic·u·la·tion (deutliche) Aussprache; TECH Gelenk *n*
ar·ti·fi·cial künstlich, Kunst…; ***~ person*** juristische Person
ar·til·le·ry MIL Artillerie *f*
ar·ti·san Handwerker *m*
art·ist Künstler(in)
ar·tis·tic künstlerisch, Kunst…
art·less schlicht; naiv
arts Geisteswissenschaften *pl*; ***Arts Department***, *Br* ***Faculty of Arts*** philosophische Fakultät
as 1. *adv* so, ebenso; wie; als **2.** *cj* (gerade) wie, so wie; ebenso wie; als, während; obwohl, obgleich; da, weil; ***~ … ~*** (eben)so … wie; ***~ for, ~ to*** was … (an-)betrifft; ***~ from*** von *e-m Zeitpunkt* an, ab; ***~ it were*** sozusagen; ***~ Hamlet*** THEA als Hamlet
as·bes·tos Asbest *m*
as·cend (auf)steigen; ansteigen; besteigen; **as·cen·dan·cy, as·cen·den·cy** Überlegenheit *f*; Einfluss *m*
as·cen·sion Aufsteigen *n* (*esp* ASTR); Aufstieg *m*; **As·cen·sion** (**Day**) REL Himmelfahrt(stag *m*) *f*
as·cent Aufstieg *m*; Besteigung *f*; Stei-

gung *f*
as·cet·ic asketisch
a·sep·tic MED **1.** aseptisch, keimfrei **2.** aseptisches Mittel
ash[1] BOT Esche *f*; Eschenholz *n*
ash[2] *a.* ***ashes*** Asche *f*
a·shamed beschämt; ***be ~ of*** sich schämen für (*or gen*)
ash·en Aschen…; aschfahl, aschgrau
a·shore am *or* ans Ufer *or* Land
ash·tray Asch(en)becher *m*
Ash Wednes·day Aschermittwoch *m*
A·sia Asien *n*; **A·sian, A·si·at·ic 1.** asiatisch **2.** Asiat(in)
a·side beiseite (*a.* THEA), seitwärts; ***~ from*** abgesehen von
ask *v/t* fragen (***s.th.*** nach et.); verlangen (***of, from s.o.*** von j-m); bitten (***s.o.*** [***for***] ***s.th.*** j-n um et.; ***that*** darum, dass); erbitten; ***~*** (***s.o.***) ***a question*** (j-m) e-e Frage stellen; *v/i* ***~ for*** bitten um; fragen nach; ***he ~ed for it*** *or* ***for trouble*** er wollte es ja so haben; ***to be had for the ~ing*** umsonst zu haben sein
a·skew schief
a·sleep schlafend; ***be*** (***fast, sound***) ***~*** (fest) schlafen; ***fall ~*** einschlafen
as·par·a·gus BOT Spargel *m*
as·pect Lage *f*; Aspekt *m*, Seite *f*, Gesichtspunkt *m*
as·phalt 1. Asphalt *m* **2.** asphaltieren
as·pic GASTR Aspik *m*, Gelee *n*
as·pi·rant Bewerber(in)
as·pi·ra·tion Ambition *f*, Bestrebung *f*
as·pire streben (***to, after*** nach)
ass ZO Esel *m*
as·sail angreifen; ***be ~ed with doubts*** von Zweifeln befallen werden
as·sail·ant Angreifer(in)
as·sas·sin (*esp* politischer) Mörder, Attentäter *m*; **as·sas·sin·ate** *esp* POL ermorden; ***be ~d*** e-m Attentat *or* Mordanschlag zum Opfer fallen; **as·sas·sin·a·tion** (***of***) (*esp* politischer) Mord (an *dat*), Ermordung *f* (*gen*), Attentat *n* (auf *acc*)
as·sault 1. Angriff *m*, Überfall *m* **2.** angreifen, überfallen
as·sem·blage Ansammlung *f*; TECH Montage *f*; **as·sem·ble** (sich) versammeln; TECH montieren
as·sem·bly Versammlung *f*, Gesellschaft *f*; TECH Montage *f*; **~ line** TECH Fließband *n*
as·sent 1. Zustimmung *f* **2.** (***to***) zustimmen (*dat*); billigen (*acc*)
as·sert behaupten; geltend machen; ***~ o.s.*** sich behaupten, sich durchsetzen
as·ser·tion Behauptung *f*; Erklärung *f*; Geltendmachung *f*
as·sess *Kosten etc* festsetzen; *Einkommen etc* (zur Steuer) veranlagen (***at*** mit); *fig* abschätzen, beurteilen
as·sess·ment Festsetzung *f*; (Steuer)Veranlagung *f*; *fig* Einschätzung *f*
as·set ECON Aktivposten *m*; *fig* Plus *n*, Gewinn *m*; *pl* ECON Aktiva *pl*; JUR Vermögen(smasse *f*) *n*; Konkursmasse *f*
as·sid·u·ous emsig, fleißig
as·sign an-, zuweisen; bestimmen; zuschreiben; **as·sign·ment** An-, Zuweisung *f*; Aufgabe *f*; Auftrag *m*; JUR Abtretung *f*; Übertragung *f*
as·sim·i·late (sich) angleichen *or* anpassen (***to, with*** *dat*)
as·sim·i·la·tion Assimilation *f*, Angleichung *f*, Anpassung *f* (*all*: ***to*** an *acc*)
as·sist *j-m* beistehen, helfen; *j-n* unterstützen; **as·sist·ance** Beistand *m*, Hilfe *f*; **as·sist·ant 1.** stellvertretend, Hilfs… **2.** Assistent(in); Mitarbeiter(in); (***shop***) ***~*** *Br* Verkäufer(in); **~ant referee** SPORT Schiedsrichterassistent(in)
as·so·ci·ate 1. vereinigen, verbinden, zusammenschließen; assoziieren; ***~ with*** verkehren mit **2.** Teilhaber(in)
as·so·ci·a·tion Vereinigung *f*, Verbindung *f*; Verein *m*
as·sort sortieren, aussuchen, zusammenstellen; **as·sort·ment** ECON (***of***) Sortiment *n* (von), Auswahl *f* (an *dat*)
as·sume annehmen, voraussetzen; übernehmen
as·sump·tion Annahme *f*, Voraussetzung *f*; Übernahme *f*; ***the Assumption*** REL Mariä Himmelfahrt *f*
as·sur·ance Zusicherung *f*, Versicherung *f*; *esp Br* (Lebens)Versicherung *f*; Sicherheit *f*, Gewissheit *f*; Selbstsicherheit *f*; **as·sure** *j-m* versichern; *esp Br j-s Leben* versichern; **as·sured 1.** sicher **2.** *esp Br* Versicherte *m, f*; **as·sur·ed·ly** ganz gewiss
as·te·risk PRINT Sternchen *n*
asth·ma MED Asthma *n*
as·ton·ish in Erstaunen setzen; ***be ~ed*** erstaunt sein (***at*** über *acc*)

as·ton·ish·ing erstaunlich
as·ton·ish·ment (Er)Staunen *n*, Verwunderung *f*
as·tound verblüffen
a·stray: ***go ~*** vom Weg abkommen; *fig* auf Abwege geraten; irregehen; ***lead ~*** *fig* irreführen; verleiten
a·stride rittlings (***of*** auf *dat*)
as·trin·gent MED **1.** adstringierend **2.** Adstringens *n*
as·trol·o·gy Astrologie *f*
as·tro·naut Astronaut *m*, (Welt)Raumfahrer *m*
as·tron·o·my Astronomie *f*
as·tute scharfsinnig; schlau
a·sun·der auseinander, entzwei
a·sy·lum Asyl *n*; ***right of ~*** Asylrecht *n*
a·sy·lum seek·er Asylant(in), Asylbewerber(in)
at *prp place*: in, an, bei, auf; *direction*: auf, nach, gegen, zu; *occupation*: bei, beschäftigt mit, in; *manner*, *state*: in, bei, zu, unter; *price etc*: für, um; *time*, *age*: um, bei; ***~ the baker's*** beim Bäcker; ***~ the door*** an der Tür; ***~ school*** in der Schule; ***~ 10 dollars*** für 10 Dollar; ***~ 18*** mit 18 (Jahren); ***~ the age of*** im Alter von; ***~ 8 o'clock*** um 8 Uhr
a·the·ism Atheismus *m*
ath·lete SPORT (Leicht)Athlet(in)
ath·let·ic SPORT athletisch
ath·let·ics SPORT (Leicht)Athletik *f*
At·lan·tic **1.** *a.* ***~ Ocean*** *der* Atlantik **2.** atlantisch
at·mo·sphere Atmosphäre *f* (*a. fig*)
at·mo·spher·ic atmosphärisch
at·oll Atoll *n*
at·om Atom *n*; **~ bomb** Atombombe *f*
a·tom·ic atomar, Atom…; **~ age** Atomzeitalter *n*; **~ bomb** Atombombe *f*; **~ en·er·gy** Atomenergie *f*; **~ pile** Atomreaktor *m*; **~ pow·er** Atomkraft *f*; **~-pow·ered** atomgetrieben; **~ waste** Atommüll *m*; **~ weight** CHEM Atomgewicht *n*
at·om·ize atomisieren; *Flüssigkeit* zerstäuben; **at·om·iz·er** Zerstäuber *m*
a·tro·cious grässlich; grausam
a·troc·i·ty Scheußlichkeit *f*; Greueltat *f*
at sign IT at-Zeichen *n*
at·tach *v/t* (***to***) anheften, ankleben (an *acc*), befestigen, anbringen (an *dat*); *Wert, Wichtigkeit etc* beimessen (*dat*); ***be ~ed to*** *fig* hängen an; **at·tach·ment** Befestigung *f*; Bindung *f* (***to*** an *acc*); Anhänglichkeit *f* (***to*** an *acc*)
at·tack **1.** angreifen **2.** Angriff *m*; MED Anfall *m*
at·tempt **1.** versuchen **2.** Versuch *m*; ***an ~ on s.o.'s life*** ein Mordanschlag *or* Attentat auf j-n
at·tend *v/t* (ärztlich) behandeln; *Kranke* pflegen; teilnehmen an (*dat*), *Schule*, *Vorlesung etc* besuchen; *fig* begleiten; *v/i* anwesend sein; erscheinen; ***~ to*** *j-n* (*im Laden*) bedienen; ***are you being ~ed to?*** werden Sie schon bedient?; ***~ to s.th.*** etwas erledigen; **at·tend·ance** Dienst *m*, Bereitschaft *f*; Pflege *f*; Anwesenheit *f*, Erscheinen *n*; Besucher *pl*, Teilnehmer *pl*; Besuch(erzahl *f*) *m*, Beteiligung *f*; **at·tend·ant** Begleiter(in); Aufseher(in); (*Tank-*)Wart *m*
at·ten·tion Aufmerksamkeit *f* (*a. fig*); ***pay ~*** aufpassen
at·ten·tive aufmerksam
at·tic Dachboden *m*; Dachkammer *f*
at·ti·tude (Ein)Stellung *f*; Haltung *f*
at·tor·ney Bevollmächtigte *m, f*; JUR (Rechts)Anwalt *m*, (Rechts)Anwältin *f*; ***power of ~*** Vollmacht *f*
At·tor·ney Gen·e·ral JUR Justizminister; *Br* erster Kronanwalt
at·tract anziehen; *Aufmerksamkeit* erregen; *fig* reizen; **at·trac·tion** Anziehung *f*, Anziehungskraft *f*, Reiz *m*; Attraktion *f*, THEA *etc* Zugnummer *f*, Zugstück *n*; **at·trac·tive** anziehend; attraktiv; reizvoll
at·trib·ute¹ zuschreiben (***to*** *dat*); zurückführen (***to*** auf *acc*)
at·tri·bute² Attribut *n* (*a.* LING), Eigenschaft *f*, Merkmal *n*
at·tune: ***~ to*** *fig* einstellen auf (*acc*)
au·ber·gine BOT Aubergine *f*
au·burn kastanienbraun
auc·tion **1.** Auktion *f*, Versteigerung *f* **2.** *mst* ***~ off*** versteigern
auc·tion·eer Auktionator *m*
au·da·cious unverfroren, dreist
au·dac·i·ty Unverfrorenheit *f*, Dreistigkeit *f*
au·di·ble hörbar
au·di·ence Publikum *n*, Zuhörer *pl*, Zuschauer *pl*, Besucher *pl*, Leser(kreis *m*) *pl*; Audienz *f*
au·di·o·vis·u·al aids audiovisuelle Un-

terrichtsmittel *pl*
au·dit ECON **1.** Buchprüfung *f* **2.** prüfen
au·di·tion MUS Vorsingen *n*; THEA Vorsprechen *n*; ***have an ~*** vorsingen, THEA vorsprechen
au·di·tor ECON Buchprüfer *m*; UNIV Gasthörer(in)
au·di·to·ri·um Zuhörer-, Zuschauerraum *m*; Vortrags-, Konzertsaal *m*
Aug *abbr of* ***August*** Aug., August *m*
au·ger TECH großer Bohrer
Au·gust (*abbr* ***Aug***) August *m*
aunt Tante *f*
au pair (girl) Au-pair-Mädchen *n*
aus·pic·es: ***under the ~ of*** unter der Schirmherrschaft (*gen*)
aus·tere streng; enthaltsam; dürftig; einfach, schmucklos
Aus·tra·li·a Australien; **Aus·tra·li·an 1.** australisch **2.** Australier(in)
Aus·tri·a Österreich *n*
Aus·tri·an 1. österreichisch **2.** Österreicher(in)
au·then·tic authentisch; zuverlässig; echt
au·thor Urheber(in); Autor(in), Verfasser(in), Schriftsteller(in)
au·thor·ess Autorin *f*, Verfasserin *f*, Schriftstellerin *f*
au·thor·i·ta·tive gebieterisch, herrisch; maßgebend
au·thor·i·ty Autorität *f*; Nachdruck *m*, Gewicht *n*; Vollmacht *f*; Einfluss *m* (***over*** auf *acc*); Ansehen *n*; Quelle *f*; Autorität *f*, Kapazität *f*; *mst pl* Behörde *f*
au·thor·ize *j-n* autorisieren, ermächtigen, bevollmächtigen
au·thor·ship Urheberschaft *f*
au·to Auto *n*
au·to... auto..., selbst..., Auto..., Selbst...
au·to·bi·og·ra·phy Autobiografie *f*
au·to·graph Autogramm *n*
au·to·mat® Automatenrestaurant *n*
au·to·mate automatisieren
au·to·mat·ic 1. automatisch **2.** Selbstladepistole *f*, -gewehr *n*; Auto *n* mit Automatik; **~ tel·ler ma·chine** (*abbr* ***ATM***) Geld-, Bankautomat *m*
au·to·ma·tion TECH Automation *f*
au·tom·a·ton Roboter *m*
au·to·mo·bile Auto *n*, Automobil *n*
au·ton·o·my POL Autonomie *f*
au·top·sy MED Autopsie *f*
au·to·tel·ler Geld-, Bankautomat *m*
au·tumn Herbst *m*
au·tum·nal herbstlich, Herbst...
aux·il·i·a·ry helfend, Hilfs...
a·vail: ***to no ~*** vergeblich
a·vail·a·ble verfügbar, vorhanden; erreichbar; ECON lieferbar, vorrätig, erhältlich
av·a·lanche Lawine *f*
av·a·rice Habsucht *f*
av·a·ri·cious habgierig
a·venge rächen; **a·veng·er** Rächer(in)
av·e·nue Allee *f*; Boulevard *m*, Prachtstraße *f*
av·e·rage 1. Durchschnitt *m* **2.** durchschnittlich, Durchschnitts...
a·verse abgeneigt (***to*** *dat*)
a·ver·sion Widerwille *m*, Abneigung *f*
a·vert abwenden (*a. fig*)
avian flu Vogelgrippe *f*
a·vi·a·ry Vogelhaus *n*, Voliere *f*
a·vi·a·tion Luftfahrt *f*
a·vi·a·tor Flieger *m*
av·id gierig (***for*** nach); begeistert
av·o·ca·do BOT Avocado *f*
a·void (ver)meiden; ausweichen
a·void·ance Vermeidung *f*
a·vow·al Bekenntnis *n*, (Ein)Geständnis *n*
a·wait erwarten, warten auf (*acc*)
a·wake 1. wach, munter **2.** *a.* **a·waken** *v/t* (auf)wecken; *v/i* aufwachen, erwachen;
a·wak·en·ing Erwachen *n*
a·ward 1. Belohnung *f*; Preis *m*, Auszeichnung *f* **2.** zuerkennen, *Preis etc* verleihen
a·ware: ***be ~ of s.th.*** von etwas wissen, sich e-r Sache bewusst sein; ***become ~ of s.th.*** etwas merken
a·way weg, fort; (weit) entfernt; immer weiter, d(a)rauflos; SPORT Auswärts...; ***~ match*** SPORT Auswärtsspiel *n*
awe 1. Furcht *f*, Scheu *f* **2.** *j-m* (Ehr)-Furcht *or* großen Respekt einflößen
aw·ful furchtbar, schrecklich
awk·ward ungeschickt, linkisch; unangenehm; unhandlich, sperrig; ungünstig, ungelegen
awl Ahle *f*, Pfriem *m*
aw·ning Plane *f*; Markise *f*
a·wry schief
ax(e) Axt *f*, Beil *n*
ax·is MATH *etc* Achse *f*

B

ax·le TECH (Rad)Achse *f*, Welle *f*
ay(e) PARL Jastimme *f*

A-Z *Br appr* Stadtplan *m*
az·ure azurblau, himmelblau

B

B, b B, b *n*
b *abbr of* ***born*** geb., geboren
bab·ble 1. stammeln; plappern, schwatzen; plätschern **2.** Geplapper *n*, Geschwätz *n*
babe kleines Kind, Baby *n*; F Puppe *f*
ba·boon ZO Pavian *m*
ba·by 1. Baby *n*, Säugling *m*, kleines Kind; F Puppe *f* **2.** Baby…, Kinder…; klein; **~ bug·gy, ~ car·riage** Kinderwagen *m*; **~-changing room** Babywickelraum *m*; **~ food** Babynahrung *f*
ba·by·hood Säuglingsalter *n*
ba·by·ish *contp* kindisch
ba·by-mind·er *Br* Tagesmutter *f*
ba·by·sit babysitten
ba·by·sit·ter Babysitter(in)
bach·e·lor Junggeselle *m*
back 1. Rücken *m*; Rückseite *f*; (Rück)-Lehne *f*; hinterer *or* rückwärtiger Teil; SPORT Verteidiger *m* **2.** *adj* Hinter…, Rück…, hintere(r, -s), rückwärtig; ECON rückständig; alt, zurückliegend **3.** *adv* zurück, rückwärts **4.** *v/t* mit e-m Rücken versehen; wetten *or* setzen auf (*acc*); *a.* **~ *up*** unterstützen; zurückbewegen; MOT zurückstoßen mit; **~ *up*** IT e-e Sicherungskopie machen von; *v/i often* **~ *up*** sich rückwärts bewegen, zurückgehen *or* -fahren, MOT *a.* zurückstoßen; **~ *in*(*to a parking space*)** MOT rückwärts einparken; **~ *up*** IT e-e Sicherungskopie machen
back·ache Rückenschmerzen *pl*
back·bite verleumden, schlechtmachen
back·bone ANAT Rückgrat *n* (*a. fig*)
back-break·ing erschöpfend, mörderisch
back·chat *Br* freche Antwort(en *pl*)
back·comb *Br* toupieren
back door Hintertür *f*; *fig* Hintertürchen *n*
back·er Unterstützer *m*, Geldgeber *m*
back·fire MOT Früh- *or* Fehlzündung haben; *fig* fehlschlagen
back·ground Hintergrund *m*
back·hand SPORT Rückhand *f*, Rückhandschlag *m*
back·heel·er *soccer*: Hackentrick *m*
back·ing Unterstützung *f*
back num·ber alte Nummer
back·pack *großer* Rucksack
back·pack·er Rucksacktourist(in)
back·pack·ing Rucksacktourismus *m*
back-ped·al brake *Br* Rücktritt *m*, Rücktrittbremse *f*
back seat MOT Rücksitz *m*
back·side Gesäß *n*, F Hintern *m*, Po *m*
back·space (key) IT Rücktaste *f*
back stairs Hintertreppe *f*
back street Seitenstraße *f*
back·stroke Rückenschwimmen *n*
back talk freche Antwort(en *pl*)
back·track *fig* e-n Rückzieher machen
back·up Unterstützung *f*; TECH Ersatzgerät *n*; IT Backup *n*, Sicherungskopie *f*; MOT Rückstau *m*
back·ward 1. *adj* Rück…, Rückwärts…; zurückgeblieben; rückständig; ***a ~ glance*** ein Blick zurück **2.** *adv a.* ***backwards*** rückwärts, zurück
back·yard Garten *m* hinter dem Haus; *Br* Hinterhof *m*
ba·con Speck *m*
bac·te·ri·a BIOL Bakterien *pl*
bad schlecht, böse, schlimm; ***go ~*** schlecht werden, verderben; ***he is in a ~ way*** es geht ihm schlecht; ***he is ~ly off*** es geht ihm finanziell schlecht; ***~ly wounded*** schwer verwundet; ***want ~ly*** dringend brauchen
badge Abzeichen *n*; Dienstmarke *f*
bad·ger 1. ZO Dachs *m* **2.** *j-n* plagen, *j-m* zusetzen
bad·min·ton Federball(spiel *n*) *m*, SPORT Badminton *n*
bad-tempered schlecht gelaunt
bag 1. Beutel *m*, Sack *m*; Tüte *f*; Tasche *f* **2.** in e-n Beutel *etc* tun; in Beutel verpacken *or* abfüllen; HUNT zur Strecke bringen; schlottern
bag·gage (Reise)Gepäck *n*; **~ car** RAIL

Gepäckwagen *m*; ~ **check** Gepäckschein *m*; ~ **claim** AVIAT Gepäckausgabe *f*; ~ **room** RAIL Gepäckaufbewahrung *f*
bag·gy bauschig; ausgebeult
bag·pipes MUS Dudelsack *m*
bail 1. Bürge *m*; JUR Kaution *f*; ***be out on ~*** gegen Kaution auf freiem Fuß sein; ***go** or **stand ~ for s.o.*** für j-n Kaution stellen **2.** ~ ***out*** JUR *j-n* gegen Kaution freibekommen; AVIAT (mit dem Fallschirm) abspringen
bai·liff (Guts)Verwalter *m*; *Br* JUR Gerichtsvollzieher *m*
bait 1. Köder *m* (*a. fig*) **2.** mit e-m Köder versehen; *fig* ködern
bake backen, im (Back)Ofen braten; TECH brennen; dörren
bak·er Bäcker *m*
bak·er·y Bäckerei *f*
bak·ing pow·der Backpulver *n*
bal·ance 1. Waage *f*; Gleichgewicht *n* (*a. fig*); ECON Bilanz *f*; Saldo *m*, Kontostand *m*, Guthaben *n*; Restbetrag *m*; ***keep one's ~*** das Gleichgewicht halten; ***lose one's ~*** das Gleichgewicht verlieren; *fig* die Fassung verlieren; ~ ***of payments*** ECON Zahlungsbilanz *f*; ~ ***of power*** POL Kräftegleichgewicht *n*; ~ ***of trade*** ECON Handelsbilanz *f* **2.** *v/t* abwägen; im Gleichgewicht halten, balancieren; ECON ausgleichen; *v/i* balancieren; ECON sich ausgleichen; ~ ***each other*** sich die Waage halten
bal·ance sheet ECON Bilanz *f*
bal·co·ny Balkon *m* (*a.* THEA)
bald kahl
bale[1] ECON Ballen *m*
bale[2]: ~ ***out*** *Br* AVIAT (mit dem Fallschirm) abspringen
bale·ful hasserfüllt
balk 1. Balken *m* **2.** stutzen; scheuen
ball[1] **1.** Ball *m*; Kugel *f*; ANAT (Hand-, Fuß)Ballen *m*; Knäuel *m*, *n*; Kloß *m*; ***long ~*** SPORT langer Pass **2.** ballen; sich zusammenballen
ball[2] Ball *m*, Tanzveranstaltung *f*
bal·lad Ballade *f*
bal·last 1. Ballast *m* **2.** mit Ballast beladen
ball bear·ing TECH Kugellager *n*
bal·let Ballett *n*
bal·lis·tics MIL Ballistik *f*
bal·loon 1. Ballon *m*; Sprech-, Denkblase *f* **2.** sich (auf)blähen
bal·lot 1. Stimmzettel *m*; (geheime) Wahl **2.** (***for***) stimmen (für), (in geheimer Wahl) wählen (*acc*); ~ **box** Wahlurne *f*; ~ **pa·per** Stimmzettel *m*
ball·point (**pen**) Kugelschreiber *m*, F Kuli *m*
ball·room Ballsaal *m*, Tanzsaal *m*
balls V Eier *pl*
balm Balsam *m* (*a. fig*)
balm·y lind, mild
ba·lo·ney F Quatsch *m*
Balt·ics: ***the ~*** das Baltikum
bal·us·trade Balustrade *f*, Brüstung *f*, Geländer *n*
bam·boo BOT Bambus(rohr *n*) *m*
bam·boo·zle F betrügen, *j-n* übers Ohr hauen
ban 1. (amtliches) Verbot, Sperre *f*; REL Bann *m* **2.** verbieten
ba·nal banal, abgedroschen
ba·na·na BOT Banane *f*
band 1. Band *n*; Streifen *m*; Schar *f*, Gruppe *f*; *contp* Bande *f*; (Musik)Kapelle *f*, (Tanz-, Unterhaltungs)Orchester *n*, (*Jazz-*, *Rock*)Band *f* **2.** ~ ***together*** sich zusammentun *or* -rotten
ban·dage MED **1.** Bandage *f*; Binde *f*; Verband *m*; (Heft)Pflaster *n* **2.** bandagieren; verbinden
'Band-Aid® MED (Heft)Pflaster *n*
B & B *abbr of* ***bed and breakfast*** Übernachtung *f* mit Frühstück
ban·dit Bandit *m*
band·lead·er MUS Bandleader *m*
band·mas·ter MUS Kapellmeister *m*
ban·dy krumm
ban·dy-legged säbelbeinig, o-beinig
bang 1. heftiger Schlag; Knall *m*; *mst pl* Pony *m* **2.** dröhnend (zu)schlagen
ban·gle Armreif *m*, Fußreif *m*
ban·ish verbannen
ban·ish·ment Verbannung *f*
ban·is·ter *a. pl* Treppengeländer *n*
ban·jo MUS Banjo *n*
bank[1] ECON **1.** Bank *f* (*a.* MED); **2.** *v/t* bei e-r Bank einzahlen; *v/i* ein Bankkonto haben (***with*** bei)
bank[2] (Erd)Wall *m*; Böschung *f*; (*Flussetc*)Ufer *n*; (*Sand-*, *Wolken*)Bank *f*
bank ac·count Bankkonto *n*
bank bill Banknote *f*, Geldschein *m*
bank·book Sparbuch *n*
bank code ECON Bankleitzahl *f*

bank·er Bankier *m*, Banker *m*; **~'s card** Scheckkarte *f*
bank hol·i·day *Br* gesetzlicher Feiertag *m*
bank·ing ECON **1.** Bankgeschäft *n*, Bankwesen *n* **2.** Bank…
bank note *Br* → ***bank bill***
bank rate ECON Diskontsatz *m*
bank·rupt JUR **1.** Konkursschuldner *m* **2.** bankrott; **go ~** in Konkurs gehen, Bankrott machen **3.** *j-n, Unternehmen* Bankrott machen; **bank·rupt·cy** JUR Bankrott *m*, Konkurs *m*
bank sort·ing code → ***bank code***
ban·ner Transparent *n*
banns Aufgebot *n*
ban·quet Bankett *n*
ban·ter necken
bap·tism REL Taufe *f*
bap·tize REL taufen
bar 1. Stange *f*, Stab *m*; SPORT (Tor-, Quer-, Sprung)Latte *f*; Riegel *m*; Schranke *f*, Sperre *f*; *fig* Hindernis *n*; (*Gold- etc*)Barren *m*; MUS Taktstrich *m*; *ein* Takt *m*; dicker Strich; JUR (Gerichts)Schranke *f*; JUR Anwaltschaft *f*; Bar *f*; Lokal *n*, Imbissstube *f*; *pl* Gitter *n*; ***a ~ of chocolate*** ein Riegel *or* e-e Tafel Schokolade; ***a ~ of soap*** ein Stück Seife **2.** zuriegeln, verriegeln; versperren; einsperren; (ver)hindern; ausschließen
barb Widerhaken *m*
bar·bar·i·an 1. barbarisch **2.** Barbar(in)
bar·be·cue 1. Bratrost *m*, Grill *m*; Barbecue *n* **2.** auf dem Rost *or* am Spieß braten, grillen
barbed wire Stacheldraht *m*
bar·ber (Herren)Friseur *m*, (-)Frisör *m*
bar code Strichkode *m*
bare 1. nackt, bloß; kahl; leer **2.** entblößen
bare·faced unverschämt, schamlos
bare·foot, bare·foot·ed barfuß
bare·head·ed barhäuptig
bare·ly kaum
bar·gain 1. Geschäft *n*, Handel *m*; vorteilhaftes Geschäft, Gelegenheitskauf *m*; ***a*** (***dead***) **~** spottbillig; ***it's a ~!*** abgemacht! **2.** (ver)handeln; **~ sale** Verkauf *m* zu herabgesetzten Preisen; Ausverkauf *m*
barge 1. Lastkahn *m* **2. ~ *in*** F hereinplatzen (***on*** bei)
bark[1] BOT Borke *f*, Rinde *f*
bark[2] **1.** bellen; **~ *up the wrong tree*** F auf dem Holzweg sein; an der falschen Adresse sein **2.** Bellen *n*
bar·ley BOT Gerste *f*; Graupe *f*
barn Scheune *f*; (Vieh)Stall *m*
ba·rom·e·ter Barometer *n*
bar·on Baron *m*; Freiherr *m*
bar·on·ess Baronin *f*; Freifrau *f*
bar·racks MIL Kaserne *f*; *contp* Mietskaserne *f*
bar·rage Staudamm *m*; MIL Sperrfeuer *n*; *fig* (Wort- *etc*)Schwall *m*
bar·rel Fass *n*, Tonne *f*; (*Gewehr*)Lauf *m*; TECH Trommel *f*, Walze *f*
bar·rel or·gan MUS Drehorgel *f*
bar·ren unfruchtbar; trocken
bar·rette Haarspange *f*
bar·ri·cade 1. Barrikade *f* **2.** verbarrikadieren; sperren
bar·ri·er Schranke *f* (*a. fig*), Barriere *f*, Sperre *f*; Hindernis *n*
bar·ris·ter *Br* JUR Barrister *m*
bar·row Karre *f*
bar·ter 1. Tausch(handel) *m* **2.** tauschen (***for*** gegen)
base[1] gemein
base[2] **1.** Basis *f*; Grundlage *f*; Fundament *n*; Fuß *m*; MIL Standort *m*; MIL Stützpunkt *m* **2.** gründen, stützen (***on*** auf *acc*)
base[3] CHEM Base *f*
base·ball SPORT Baseball(spiel *n*) *m*
base·board Scheuerleiste *f*
base·less grundlos
base·line *tennis etc*: Grundlinie *f*
base·ment ARCH Fundament *n*; Kellergeschoss *n*
bash·ful scheu, schüchtern
ba·sic[1] **1.** Grund…, grundlegend **2.** *pl* Grundlagen *pl*
ba·sic[2] CHEM basisch
ba·sic·al·ly im Grunde
ba·sin Becken *n*, Schale *f*, Schüssel *f*; Tal-, Wasser-, Hafenbecken *n*
ba·sis Basis *f*; Grundlage *f*
bask sich sonnen (*a. fig*)
bas·ket Korb *m*
bas·ket·ball SPORT Basketball(spiel *n*) *m*
bass[1] MUS Bass *m*
bass[2] ZO (Fluss-, See)Barsch *m*
bas·tard Bastard *m*
baste[1] GASTR mit Fett begießen
baste[2] (an)heften

bat[1] zo Fledermaus *f*; ***as blind as a ~*** stockblind
bat[2] *baseball, cricket* **1.** Schlagholz *n*, Schläger *m*; F ***right off the ~*** sofort **2.** am Schlagen sein
batch Stapel *m*, Stoß *m*
bate: ***with ~d breath*** mit angehaltenem Atem
bath 1. (Wannen)Bad *n*; *pl* Bad *n*, Badeanstalt *f*; Badeort *m*; ***have a ~*** *Br*, ***take a ~*** baden, ein Bad nehmen **2.** *Br v/t j-n* baden; *v/i* baden, ein Bad nehmen
bathe *v/t* baden (*a.* MED); *v/i* baden, ein Bad nehmen; schwimmen
bath foam Badeschaum *m*
bath·ing 1. Baden *n* **2.** Bade…
bath·ing suit → ***swimsuit***
bath·robe Bademantel *m*; Morgenrock *m*, Schlafrock *m*
bath·room Badezimmer *n*; Toilette *f*
bath·tub Badewanne *f*
bat·on Stab *m*; MUS Taktstock *m*; Schlagstock *m*, Gummiknüppel *m*
bat·tal·i·on MIL Bataillon *n*
bat·ten Latte *f*
bat·ter[1] heftig schlagen; misshandeln; verbeulen; ***~ down, ~ in*** einschlagen
bat·ter[2] GASTR Rührteig *m*
bat·ter[3] *baseball, cricket*: Schläger *m*, Schlagmann *m*
bat·ter·y ELECTR Batterie *f*; JUR Tätlichkeit *f*, Körperverletzung *f*; ***assault and ~*** JUR tätliche Beleidigung
bat·ter·y charg·er ELECTR Ladegerät *n*
bat·ter·y-op·e·rat·ed ELECTR batteriebetrieben
bat·tle 1. MIL Schlacht *f* (***of*** bei); *fig* Kampf *m* (***for*** um); **2.** kämpfen
bat·tle·field, bat·tle·ground MIL Schlachtfeld *n*
bat·tle·ments ARCH Zinnen *pl*
bat·tle·ship MIL Schlachtschiff *n*
baulk → ***balk***
Ba·va·ri·a Bayern *n*
Ba·var·i·an 1. bay(e)risch **2.** Bayer(in)
bawd·y obszön
bawl brüllen, schreien; ***~ s.o. out*** mit j-m schimpfen
bay[1] GEOGR Bai *f*, Bucht *f*; ARCH Erker *m*
bay[2] *a.* ***~ tree*** BOT Lorbeer(baum) *m*
bay[3] **1.** zo bellen, Laut geben **2.** ***hold*** *or* ***keep at ~*** *j-n* in Schach halten; *et.* von sich fernhalten
bay[4] **1.** rotbraun **2.** zo Braune *m*
bay·o·net MIL Bajonett *n*
bay·ou GEOGR sumpfiger Flussarm
bay win·dow ARCH Erkerfenster *n*
ba·zaar Basar *m*
BC *abbr of* ***before Christ*** v. Chr., vor Christus
be sein; *to form the passive*: werden; stattfinden; ***he wants to ~ a doctor*** *etc* er möchte Arzt *etc* werden; ***how much are the shoes?*** was kosten die Schuhe?; ***that's five dollars*** das macht *or* kostet fünf Dollar; ***she is reading*** sie liest gerade; ***there is, there are*** es gibt
beach Strand *m*; **~ ball** Wasserball *m*; **~ bug·gy** MOT Strandbuggy *m*
beach·wear Strandkleidung *f*
bea·con Leucht-, Signalfeuer *n*
bead (*Glas-, Schweiß- etc*)Perle *f*; *pl* REL Rosenkranz *m*
bead·y klein, rund und glänzend
beak zo Schnabel *m*; TECH Tülle *f*
beam 1. Balken *m*; (Licht)Strahl *m*; AVIAT *etc* Peil-, Leit-, Richtstrahl *m* **2.** ausstrahlen; strahlen (*a. fig* ***with*** vor *dat*)
bean BOT Bohne *f*; ***be full of ~s*** F aufgekratzt sein; → ***spill*** *1*
bear[1] zo Bär *m*
bear[2] tragen; zur Welt bringen, gebären; ertragen, aushalten; ***I can't ~ him*** (***it***) ich kann ihn (es) nicht ausstehen *or* leiden; ***~ out*** bestätigen
bear·a·ble erträglich
beard Bart *m*; BOT Grannen *pl*
beard·ed bärtig
bear·er Träger(in); ECON Überbringer(in), Inhaber(in)
bear·ing Ertragen *n*; Betragen *n*; (Körper)Haltung *f*; *fig* Beziehung *f*; Lage *f*, Richtung *f*, Orientierung *f*; ***take one's ~s*** sich orientieren; ***lose one's ~s*** die Orientierung verlieren
beast (*a. wildes*) Tier; Bestie *f*
beast·ly scheußlich
beast of prey zo Raubtier *n*
beat 1. schlagen; (ver)prügeln; besiegen; übertreffen; F ***~ s.o. to it*** j-m zuvorkommen; ***~ it!*** F hau ab!; ***that ~s all!*** das ist doch der Gipfel *or* die Höhe!; ***that ~s me*** F das ist mir zu hoch; ***~ about the bush*** wie die Katze um den heißen Brei herumschleichen; ***~ down*** ECON drücken, herunterhan-

B

deln; **~ *s.o. up*** j-n zusammenschlagen **2.** Schlag *m*; MUS Takt(schlag) *m*; *jazz*: Beat *m*; Pulsschlag *m*; Runde *f*, Revier *n* **3.** (***dead***) **~** F wie erschlagen, fix und fertig

beat·en track Trampelpfad *m*; ***off the* ~** ungewohnt, ungewöhnlich

beat·ing (Tracht *f*) Prügel *pl*

beau·ti·cian Kosmetikerin *f*

beau·ti·ful schön

beaut·y Schönheit *f*; ***Sleeping Beauty*** Dornröschen *n*; **~ care** Schönheitspflege *f*; **~ par·lo(u)r, ~ sal·on** Schönheitssalon *m*

bea·ver ZO Biber *m*; Biberpelz *m*

be·cause weil; **~ *of*** wegen (*gen*)

beck·on (zu)winken (*dat*)

be·come *v/i* werden (***of*** aus); *v/t* sich schicken für; *j-m* stehen, *j-n* kleiden

be·com·ing passend; schicklich; kleidsam

bed 1. Bett *n*; ZO Lager *n*; AGR Beet *n*; Unterlage *f*; **~ *and breakfast*** Zimmer *n* mit Frühstück **2. ~ *down*** sein Nachtlager aufschlagen

bed·clothes Bettwäsche *f*

bed·ding Bettzeug *n*; AGR Streu *f*

bed·lam Tollhaus *n*

bed·rid·den bettlägerig

bed·room Schlafzimmer *n*

bed·side: ***at the* ~** am (*a. Kranken*)Bett

bed·side lamp Nachttischlampe *f*

bed·sit F, **bed·sit·ter, bed·sit·ting room** *Br* möbliertes Zimmer; Einzimmerappartement *n*

bed·spread Tagesdecke *f*

bed·stead Bettgestell *n*

bed·time Schlafenszeit *f*

bee ZO Biene *f*

beech BOT Buche *f*

beech·nut BOT Buchecker *f*

beef GASTR Rindfleisch *n*

beef·bur·ger GASTR *Br* Hamburger *m*

beef tea GASTR (Rind)Fleischbrühe *f*

beef·y F bullig

bee·hive Bienenkorb *m*, Bienenstock *m*

bee·keep·er Imker *m*

bee·line: ***make a* ~ *for*** F schnurstracks losgehen auf (*acc*)

beep·er TECH Piepser *m*

beer Bier *n*

beet BOT Runkelrübe *f*, Rote Bete, Rote Rübe

bee·tle ZO Käfer *m*

beet·root BOT *Br* Rote Bete, Rote Rübe

be·fore 1. *adv space*: vorn, voran; *time*: vorher, früher, schon (früher) **2.** *cj* bevor, ehe, bis **3.** *prp* vor; **be·fore·hand** zuvor, im Voraus, vorweg

be·friend sich *j-s* annehmen

beg *v/t et.* erbitten (***of s.o.*** von j-m); betteln um; *j-n* bitten; *v/i* betteln; (dringend) bitten

be·get (er)zeugen

beg·gar 1. Bettler(in); F Kerl *m* **2.** ***it* ~*s all description*** es spottet jeder Beschreibung

be·gin beginnen, anfangen

be·gin·ner Anfänger(in)

be·gin·ning Beginn *m*, Anfang *m*

be·grudge missgönnen

be·guile täuschen; betrügen (***of, out of*** um); sich *die Zeit* vertreiben

be·half: ***in*** (*Br* ***on***) **~ *of*** im Namen von (*or gen*)

be·have sich (gut) benehmen

be·hav·io(u)r Benehmen *n*, Betragen *n*, Verhalten *n*

be·hav·io(u)r·al sci·ence PSYCH Verhaltensforschung *f*

be·head enthaupten

be·hind 1. *adv* hinten, dahinter; zurück **2.** *prp* hinter (*dat or acc*) **3.** F Hinterteil *n*, Hintern *m*

beige beige

be·ing Sein *n*, Dasein *n*, Existenz *f*; (Lebe)Wesen *n*, Geschöpf *n*; *j-s* Wesen *n*, Natur *f*

be·lat·ed verspätet

belch 1. aufstoßen, rülpsen; *a.* **~ *out*** speien, ausstoßen **2.** Rülpser *m*

bel·fry Glockenturm *m*, -stuhl *m*

Bel·gian 1. belgisch **2.** Belgier(in)

Bel·gium Belgien *n*

be·lief Glaube *m* (***in*** an *acc*)

be·liev·a·ble glaubhaft

be·lieve glauben (***in*** an *acc*); ***I couldn't* ~ *my ears*** (***eyes***) ich traute m-n Ohren (Augen) nicht

be·liev·er REL Gläubige *m, f*

be·lit·tle *fig* herabsetzen

bell Glocke *f*; Klingel *f*

bell·boy *Br*, **bell·hop** (Hotel)Page *m*

bel·lig·er·ent kriegerisch; streitlustig, aggressiv; Krieg führend

bel·low 1. brüllen **2.** Gebrüll *n*

bel·lows Blasebalg *m*

bel·ly 1. Bauch *m*; Magen *m* **2. ~ *out*** (an)-

schwellen lassen; bauschen
bel·ly·ache F Bauchweh *n*
be·long gehören; **~ to** gehören *dat or* zu
be·long·ings Habseligkeiten *pl*, Habe *f*
be·loved **1.** (innig) geliebt **2.** Geliebte *m*, *f*
be·low **1.** *adv* unten **2.** *prp* unter (*dat or acc*)
belt **1.** Gürtel *m*; Gurt *m*; GEOGR Zone *f*, Gebiet *n*; TECH (Treib)Riemen *m* **2.** **~ *out*** MUS schmettern; *a.* **~ *up*** den Gürtel (*gen*) zumachen; **~ *up*** MOT sich anschnallen; **belt·ed** mit e-m Gürtel
belt·way Umgehungsstraße *f*; Ringstraße *f*
be·moan betrauern, beklagen
bench Sitzbank *f*, Bank *f* (*a.* SPORT); TECH Werkbank *f*; JUR Richterbank *f*; Richter *m or pl*
bend **1.** Biegung *f*, Kurve *f*; ***drive s.o. round the ~*** F j-n noch wahnsinnig machen **2.** (sich) biegen *or* krümmen; neigen; beugen; *fig* richten (***to, on*** auf *acc*)
be·neath → ***below***
ben·e·dic·tion REL Segen *m*
ben·e·fac·tor Wohltäter *m*
be·nef·i·cent wohltätig
ben·e·fi·cial wohltuend, zuträglich, nützlich
ben·e·fit **1.** Nutzen *m*, Vorteil *m*; Wohltätigkeitsveranstaltung *f*; (*Sozial-, Versicherungs- etc*)Leistung *f*; (*Arbeitslosen- etc*)Unterstützung *f*; (*Kranken- etc*)Geld *n* **2.** nützen; ***~ by, ~ from*** Vorteil haben von *or* durch, Nutzen ziehen aus
be·nev·o·lence Wohlwollen *n*
be·nev·o·lent wohltätig; wohlwollend
be·nign MED gutartig
bent **1.** ***~ on doing*** entschlossen zu tun **2.** Hang *m*, Neigung *f*; Veranlagung *f*
ben·zene CHEM Benzol *n*
ben·zine CHEM Leichtbenzin *n*
be·queath JUR vermachen
be·quest JUR Vermächtnis *n*
be·reave berauben
be·ret Baskenmütze *f*
ber·ry BOT Beere *f*
berth **1.** MAR Liege-, Ankerplatz *m*; Koje *f*; RAIL (Schlafwagen)Bett *n* **2.** MAR festmachen, anlegen
be·seech (inständig) bitten (um); anflehen
be·side *prp* neben (*dat or acc*); ***~ o.s.*** außer sich (***with*** vor); ***~ the point, ~ the question*** nicht zur Sache gehörig
be·sides **1.** *adv* außerdem **2.** *prp* abgesehen von, außer (*dat*)
be·siege belagern
best **1.** *adj* beste(r, -s) höchste(r, -s), größte(r, -s), meiste; ***~ before*** GASTR haltbar bis **2.** *adv* am besten **3.** *der, die, das* Beste; ***all the ~!*** alles Gute!, viel Glück!; ***to the ~ of ...*** nach bestem ...; ***make the ~ of*** das Beste machen aus (*dat*); ***at ~*** bestenfalls; ***be at one's ~*** in Hoch- *or* Höchstform sein
best-be·fore date, best-by date Mindesthaltbarkeitsdatum *n*
bes·ti·al *fig* tierisch, bestialisch
be·stow geben, verleihen (***on*** *dat*)
best-sell·er Bestseller *m*
bet **1.** Wette *f*; ***make a ~*** e-e Wette abschließen **2.** wetten; ***~ s.o. ten dollars*** mit j-m um zehn Dollar wetten; ***you ~*** F und ob!
be·tray verraten (*a. fig*); verleiten
be·tray·al Verrat *m*
be·tray·er Verräter(in)
bet·ter **1.** *adj* besser; ***he is ~*** es geht ihm besser; ***~ and ~*** immer besser **2.** *das* Bessere; ***get the ~ of*** die Oberhand gewinnen über (*acc*); *et.* überwinden **3.** *adv* besser; mehr; ***do ~ than*** es besser machen als; ***know ~*** es besser wissen; ***so much the ~*** desto besser; ***you had ~ go*** *Br*, F ***you ~ go*** es wäre besser, wenn du gingest; ***~ off*** (finanziell) besser gestellt; ***he is ~ off than I am*** es geht ihm besser als mir **4.** *v/t* verbessern; *v/i* sich bessern
be·tween **1.** *adv* dazwischen; ***in ~*** zwischendurch; F ***few and far ~*** (ganz) vereinzelt **2.** *prp* zwischen (*dat or acc*); unter (*dat*); ***~ you and me*** unter uns *or* im Vertrauen (gesagt)
bev·el TECH abkanten, abschrägen
bev·er·age Getränk *n*
bev·y ZO Schwarm *m*, Schar *f*
be·ware (***of***) sich in Acht nehmen (vor *dat*), sich hüten (vor *dat*); ***~ of the dog!*** Vorsicht, bissiger Hund!
be·wil·der verwirren
be·wil·der·ment Verwirrung *f*
be·witch bezaubern, verhexen
be·yond **1.** *adv* darüber hinaus **2.** *prp* jenseits (*gen*); über ... (*acc*) hinaus
bi... zwei, zweifach, zweimal

B

bi·as Neigung *f*; Vorurteil *n*
bi·as(s)ed voreingenommen; JUR befangen
bi·ath·lete SPORT Biathlet *m*
bi·ath·lon SPORT Biathlon *n*
bib (Sabber)Lätzchen *n*
Bi·ble Bibel *f*
bib·li·cal biblisch, Bibel…
bib·li·og·ra·phy Bibliografie *f*
bi·car·bon·ate *a.* ~ ***of soda*** CHEM doppeltkohlensaures Natron
bi·cen·te·na·ry *Br*, **bi·cen·ten·ni·al** Zweihundertjahrfeier *f*
bi·ceps ANAT Bizeps *m*
bick·er sich zanken *or* streiten
bi·cy·cle Fahrrad *n*
bid 1. *auction*: bieten **2.** ECON Gebot *n*, Angebot *n*
bi·en·ni·al zweijährlich; BOT zweijährig; **bi·en·ni·al·ly** alle zwei Jahre
bier (Toten)Bahre *f*
big groß; dick, stark; ***talk*** ~ F den Mund voll nehmen
big·a·my Bigamie *f*
big busi·ness Großunternehmertum *n*
big·head F Angeber *m*
big shot, **big·wig** F hohes Tier
bike F **1.** (Fahr)Rad *n* **2.** Rad fahren
bik·er Motorradfahrer(in); Radfahrer(in), Radler(in)
bi·lat·er·al bilateral
bile Galle *f* (*a. fig*)
bi·lin·gual zweisprachig
bill[1] ZO Schnabel *m*
bill[2] ECON Rechnung *f*; POL (Gesetzes)Vorlage *f*; JUR (An)Klageschrift *f*; Plakat *n*; Banknote *f*, (Geld)Schein *m*
bill·board Reklametafel *f*
bill·fold Brieftasche *f*
bil·li·ards Billard(spiel) *n*
bil·li·on Milliarde *f*
bill| of de·liv·er·y ECON Lieferschein *m*; ~ **of ex·change** ECON Wechsel *m*; ~ **of sale** JUR Verkaufsurkunde *f*
bil·low 1. Woge *f*; (*Rauch- etc*) Schwaden *m* **2.** *a.* ~ ***out*** sich bauschen *or* blähen
bil·ly goat ZO Ziegenbock *m*
bin (großer) Behälter
bi·na·ry MATH, PHYS *etc* binär, Binär…
bi·na·ry code IT Binärcode *m*
bi·na·ry num·ber MATH Binärzahl *f*
bind *v/t* (an-, ein-, um-, auf-, fest-, ver-) binden; *a.* vertraglich binden, verpflichten; einfassen; *v/i* binden
bind·er (*esp Buch*)Binder(in); Einband *m*; Aktendeckel *m*
bind·ing 1. bindend, verbindlich **2.** Einband *m*; Einfassung *f*, Borte *f*
bin·go Bingo *n*
bi·noc·u·lars, Fern-, Operngläs *n*
bi·o·chem·is·try Biochemie *f*
bi·o·de·gra·da·ble biologisch abbaubar, umweltfreundlich
bi·og·ra·pher Biograf *m*
bi·og·ra·phy Biografie *f*
bi·o·log·i·cal biologisch
bi·ol·o·gist Biologe *m*, Biologin *f*
bi·ol·o·gy Biologie *f*
bi·o·rhythms Biorhythmus *m*
bi·o·tope Biotop *n*
bi·ped ZO Zweifüßer *m*
birch BOT Birke *f*
bird ZO Vogel *m*
bird·cage Vogelkäfig *m*
bird flu Vogelgrippe *f*
bird of pas·sage ZO Zugvogel *m*
bird of prey ZO Raubvogel *m*
bird sanc·tu·a·ry Vogelschutzgebiet *n*
bird·seed Vogelfutter *n*
bird's-eye view Vogelperspektive *f*
bi·ro® Kugelschreiber *m*
birth Geburt *f*; Herkunft *f*; ***give*** ~ ***to*** gebären, zur Welt bringen
birth cer·tif·i·cate Geburtsurkunde *f*
birth con·trol Geburtenregelung *f*
birth·day Geburtstag *m*; ***happy*** ~***!*** alles Gute *or* herzlichen Glückwunsch zum Geburtstag!
birth·mark Muttermal *n*
birth·place Geburtsort *m*
birth·rate Geburtenziffer *f*
bis·cuit *Br* Keks *m*, *n*, Plätzchen *n*
bi·sex·u·al bisexuell
bish·op REL Bischof *m*; *chess*: Läufer *m*
bish·op·ric REL Bistum *n*
bi·son ZO Bison *m*; Wisent *m*
bit Bisschen *n*, Stück(chen) *n*; Gebiss *n* (*am Zaum*); (Schlüssel)Bart *m*; IT Bit *n*; ***a*** (***little***) ~ ein (kleines) bisschen
bitch ZO Hündin *f*; F *contp* Miststück *n*, Schlampe *f*
bit den·si·ty IT Speicherdichte *f*
bite 1. Beißen *n*; Biss *m*; Bissen *m*, Happen *m*; TECH Fassen *n*, Greifen *n* **2.** (an)beißen; ZO stechen; GASTR brennen; *fig* schneiden (*cold etc*); beißen (*smoke etc*); TECH fassen, greifen
bit·ter bitter; *fig* verbittert

bit·ters GASTR Magenbitter *m*
biz F → ***business***
black **1.** schwarz; dunkel; finster; ***have s.th. in ~ and white*** et. schwarz auf weiß haben *or* besitzen; ***be ~ and blue*** blaue Flecken haben; ***beat s.o. ~ and blue*** j-n grün und blau schlagen **2.** schwärzen; ***~ out*** verdunkeln **3.** Schwarz *n*; Schwärze *f*; Schwarze *m, f*
black·ber·ry BOT Brombeere *f*
black·bird ZO Amsel *f*
black·board (Schul-, Wand)Tafel *f*
black box AVIAT Flugschreiber *m*
black cur·rant BOT schwarze Johannisbeere
black·en *v/t* schwärzen; *fig* anschwärzen; *v/i* schwarz werden
black eye blaues Auge, Veilchen *n*
black·head MED Mitesser *m*
black ice Glatteis *n*
black·ing schwarze Schuhwichse
black·leg *Br* Streikbrecher *m*
black·mail **1.** Erpressung *f* **2.** *j-n* erpressen; **black·mail·er** Erpresser(in)
black mar·ket Schwarzmarkt *m*
black·ness Schwärze *f*
black·out Verdunkelung *f*; Black-out *n, m*; ELECTR Stromausfall *m*; Ohnmacht *f*
black pud·ding GASTR Blutwurst *f*
black sheep *fig* schwarzes Schaf
black·smith Schmied *m*
blad·der ANAT Blase *f*
blade TECH Blatt *n*, Schaufel *f*; Klinge *f*; Schneide *f*; BOT Halm *m*
blame **1.** Tadel *m*; Schuld *f* **2.** tadeln; ***be to ~ for*** schuld sein an (*dat*)
blame·less untadelig
blanch *v/t* bleichen; GASTR blanchieren; *v/i* erbleichen, bleich werden
blank **1.** leer; unausgefüllt, unbeschrieben; ECON Blanko…; verdutzt **2.** Leere *f*; leerer Raum, Lücke *f*; unbeschriebenes Blatt, Formular *n*; *lottery*: Niete *f*; **~ car·tridge** Platzpatrone *f*; **~ check** (*Br* **cheque**) ECON Blankoscheck *m*
blan·ket **1.** (Woll)Decke *f* **2.** zudecken
blare brüllen, plärren (*radio etc*), schmettern (*trumpet*)
blas·pheme lästern
blas·phe·my Gotteslästerung *f*
blast **1.** Windstoß *m*; MUS Ton *m*; TECH Explosion *f*; Druckwelle *f*; Sprengung *f* **2.** sprengen; *fig* zunichtemachen; ***~ off*** (***into space***) in den Weltraum schießen; ***~ off*** abheben, starten (*rocket*); ***~!*** verdammt!; ***~ you!*** der Teufel soll dich holen!; ***~ed*** verdammt, verflucht
blast fur·nace TECH Hochofen *m*
blast-off Start *m* (*of a rocket*)
bla·tant offenkundig, eklatant
blaze **1.** Flamme(n *pl*) *f*, Feuer *n*; heller Schein; *fig* Ausbruch *m* **2.** brennen, lodern; leuchten
blaz·er Blazer *m*
bla·zon Wappen *n*
bleach bleichen
bleak öde, kahl; rau; *fig* trüb, freudlos, finster
blear·y trübe, verschwommen
bleat ZO **1.** Blöken *n* **2.** blöken
bleed *v/i* bluten; *v/t* MED zur Ader lassen; F schröpfen
bleed·ing MED Blutung *f*; Aderlass *m*
bleep **1.** Piepton *m* **2.** *j-n* anpiepsen
bleep·er *Br* F Piepser *m*
blem·ish **1.** (*a.* Schönheits)Fehler *m*; Makel *m* **2.** entstellen
blend **1.** (sich) (ver)mischen; GASTR verschneiden **2.** Mischung *f*; GASTR Verschnitt *m*
blend·er Mixer *m*, Mixgerät *n*
bless segnen; preisen; ***be ~ed with*** gesegnet sein mit; (***God***) ***~ you!*** alles Gute!; Gesundheit!; ***~ me!, ~ my heart!, ~ my soul!*** F du meine Güte!
bless·ed selig, gesegnet; F verflixt
bless·ing Segen *m*
blight BOT Mehltau *m*
blind **1.** blind (*fig* ***to*** gegen[über]); unübersichtlich **2.** Rouleau *n*, Rollo *n*; ***the ~*** die Blinden *pl* **3.** blenden; *fig* blind machen (***to*** für, gegen)
blind al·ley Sackgasse *f*
blind·ers Scheuklappen *pl*
blind·fold **1.** blindlings **2.** *j-m* die Augen verbinden **3.** Augenbinde *f*
blind·ly *fig* blindlings
blind·ness Blindheit *f*; Verblendung *f*
blind·worm ZO Blindschleiche *f*
blink **1.** Blinzeln *n* **2.** blinzeln, zwinkern; blinken
blink·ers *Br* Scheuklappen *pl*
bliss Seligkeit *f*, Wonne *f*
blis·ter MED, TECH **1.** Blase *f* **2.** Blasen hervorrufen auf (*dat*); Blasen ziehen *or* TECH werfen
blitz MIL **1.** heftiger Luftangriff **2.** schwer

bombardieren
bliz·zard Blizzard *m*, Schneesturm *m*
bloat·ed (an)geschwollen, (auf)gedunsen; *fig* aufgeblasen
bloat·er GASTR Bückling *m*
blob Klecks *m*
block **1.** Block *m*, Klotz *m*; Baustein *m*, (Bau)Klötzchen *n*; (*Schreib-*, *Notiz-*) Block *m*; (Häuser)Block *m*; TECH Verstopfung *f*; *fig geistige etc* Sperre; **~ (*of flats*)** *Br* Wohn-, Mietshaus *n* **2.** *a.* ***~ up*** (ab-, ver)sperren, blockieren, verstopfen
block·ade **1.** Blockade *f* **2.** blockieren
block·bust·er F Kassenmagnet *m*, Kassenschlager *m*
block·head F Dummkopf *m*
block let·ters Blockschrift *f*
blog IT Blog *m*, *n*
blond **1.** Blonde *m* **2.** blond; hell (*skin*)
blonde **1.** blond **2.** Blondine *f*
blood Blut *n*; ***in cold ~*** kaltblütig; **~ bank** MED Blutbank *f*; **~ clot** MED Blutgerinnsel *n*; **~ cor·pus·cle** MED Blutkörperchen *n*
blood·cur·dling grauenhaft
blood do·nor MED Blutspender(in)
blood group MED Blutgruppe *f*
blood·hound ZO Bluthund *m*
blood pres·sure MED Blutdruck *m*
blood·shed Blutvergießen *n*
blood·shot blutunterlaufen
blood test MED Blutprobe *f*
blood·thirst·y blutdürstig
blood ves·sel ANAT Blutgefäß *n*
blood·y blutig; *Br* F verdammt, verflucht
bloom **1.** Blume *f*, Blüte *f*; *fig* Blüte(zeit) *f* **2.** blühen; *fig* (er)strahlen
blos·som **1.** Blüte *f* **2.** blühen; *fig* ***~ into*** erblühen zu
blot **1.** Klecks *m*; *fig* Makel *m* **2.** beklecksen
blotch Klecks *m*; Hautfleck *m*
blotch·y fleckig
blot·ter (Tinten)Löscher *m*
blot·ting pa·per Löschpapier *n*
blouse Bluse *f*
blow[1] Schlag *m* (*a. fig*), Stoß *m*
blow[2] *v/i* blasen, wehen; keuchen, schnaufen; explodieren; platzen (*tire*); ELECTR durchbrennen; ***~ up*** in die Luft fliegen; explodieren; *v/t*: ***~ one's nose*** sich die Nase putzen; ***~ out*** ausblasen; ***~ up*** sprengen; PHOT vergrößern
blow-dry föhnen
blow·fly ZO Schmeißfliege *f*
blow·pipe Blasrohr *n*
blow-up PHOT Vergrößerung *f*
blud·geon Knüppel *m*
blue **1.** blau; F melancholisch, traurig, schwermütig **2.** Blau *n*; ***out of the ~*** *fig* aus heiterem Himmel
blue·ber·ry BOT Blau-, Heidelbeere *f*
blue·bot·tle ZO Schmeißfliege *f*
blue-col·lar work·er Arbeiter(in)
blues MUS Blues *m*; F Melancholie *f*; ***have the ~*** F den Moralischen haben
bluff[1] Steilufer *n*
bluff[2] **1.** Bluff *m* **2.** bluffen
blu·ish bläulich
blun·der **1.** Fehler *m*, F Schnitzer *m* **2.** e-n (groben) Fehler machen; verpfuschen, F verpatzen
blunt stumpf; *fig* offen
blunt·ly freiheraus
blur [blɜː] **1.** *v/t* verwischen; verschmieren; PHOT, TV verwackeln, verzerren; *fig* trüben **2.** *v/i* verschwimmen (*a. fig*)
blurt: ***~ out*** herausplatzen mit
blush **1.** Erröten *n*, Schamröte *f* **2.** erröten, rot werden
blus·ter brausen (*wind*); *fig* poltern, toben
BO ABBR → ***body odo(u)r***
boar ZO Eber *m*; Keiler *m*
board **1.** Brett *n*; (Anschlag)Brett *n*; Konferenztisch *m*; Ausschuss *m*, Kommission *f*; Behörde *f*; Verpflegung *f*; Pappe *f*, Karton *m*; SPORT (Surf)Board *n*; ***on ~ a train*** in e-m Zug **2.** *v/t* dielen, verschalen; beköstigen; an Bord gehen; MAR entern; RAIL *etc* einsteigen in; *v/i* in Kost sein, wohnen
board·er Kostgänger(in); Pensionsgast *m*; Internatsschüler(in)
board game Brettspiel *n*
board·ing| card AVIAT Bordkarte *f*; **~ house** Pension *f*, Fremdenheim *n*; **~ school** Internat *n*
board of di·rec·tors ECON Aufsichtsrat *m*
Board of Trade Handelskammer *f*; *Br* Handelsministerium *n*
board·walk Strandpromenade *f*
boast **1.** Prahlerei *f* **2.** (***of, about***) sich rühmen (*gen*), prahlen (mit)
boat Boot *n*; Schiff *n*

bob 1. Knicks *m*; kurzer Haarschnitt; *Br* HIST F Schilling *m* **2.** *v/t Haar* kurz schneiden; *v/i* sich auf und ab bewegen; knicksen
bob·bin Spule *f* (*a.* ELECTR)
bob·sleigh SPORT Bob *m*
bod·ice Mieder *n*; Oberteil *n*
bod·i·ly körperlich
bod·y Körper *m*, Leib *m*; Leiche *f*; JUR Körperschaft *f*; Hauptteil *m*; MOT Karosserie *f*; MIL Truppenkörper *m*
bod·y·guard Leibwache *f*; Leibwächter *m*
bod·y| o·do(u)r (*abbr* ***BO***) Körpergeruch *m*; **~ stock·ing** Body *m*
bod·y·work MOT Karosserie *f*
Boer 1. Bure *m* **2.** Buren…
bog Sumpf *m*, Morast *m*
bo·gus falsch; Schwindel…
boil[1] MED Geschwür *n*, Furunkel *m*, *n*
boil[2] **1.** kochen, sieden **2.** Kochen *n*, Sieden *n*
boil·er (Dampf)Kessel *m*; Boiler *m*
boil·er suit Overall *m*
boil·ing point Siedepunkt *m* (*a. fig*)
bois·ter·ous ungestüm; heftig, laut; lärmend
bold kühn, verwegen; keck, dreist, unverschämt; steil; PRINT fett; *words* ***in ~ print*** fett gedruckt; **bold·ness** Kühnheit *f*, Verwegenheit *f*; Dreistigkeit *f*
bol·ster 1. Keilkissen *n* **2.** ***~ up*** *fig* (unter)stützen, *j-m* Mut machen
bolt 1. Bolzen *m*; Riegel *m*; Blitz(strahl) *m*; plötzlicher Satz, Fluchtversuch *m* **2.** *adv*: ***~ upright*** kerzengerade **3.** *v/t* verriegeln; F hinunterschlingen; *v/i* davonlaufen, ausreißen; zo scheuen, durchgehen
bomb 1. Bombe *f*; ***the ~*** die Atombombe **2.** bombardieren; **bom·bard** bombardieren; **bomb·er** AVIAT Bomber *m*; Bombenleger *m*
bomb·proof bombensicher
bomb·shell Bombe *f* (*a. fig*)
bo·nan·za *fig* Goldgrube *f*
bond Bund *m*, Verbindung *f*; ECON Schuldverschreibung *f*, Obligation *f*; ***in ~*** ECON unter Zollverschluss
bond·age Hörigkeit *f*
bonds *fig* Bande *pl*
bone 1. ANAT Knochen *m*, *pl a.* Gebeine *pl*; zo Gräte *f* **2.** die Knochen auslösen (aus); entgräten
bon·fire Feuer *n* im Freien; Freudenfeuer *n*
bon·net Haube *f*; *Br* Motorhaube *f*
bo·nus ECON Bonus *m*, Prämie *f*; Gratifikation *f*
bon·y knöchern; knochig
boo *int* buh!; THEA ***~ off the stage***, *soccer*: ***~ off the park*** auspfeifen
boobs *sl* Titten *pl*
boo·by F Trottel *m*
book 1. Buch *n*; Heft *n*; Liste *f*; Block *m* **2.** buchen; eintragen; SPORT verwarnen; *Fahrkarte etc* lösen; *Platz etc* (vor)bestellen, reservieren lassen; *Gepäck* aufgeben; ***~ in*** *esp Br* sich (*im Hotel*) eintragen; ***~ in at*** absteigen in (*dat*); ***~ed up*** ausgebucht, ausverkauft, belegt
book·case Bücherschrank *m*
book·ing Buchen *n*, (Vor)Bestellung *f*; SPORT Verwarnung *f*; **~ clerk** Schalterbeamte *m*, -beamtin *f*; **~ of·fice** Fahrkartenausgabe *f*, -schalter *m*; THEA Kasse *f*
book·keep·er ECON Buchhalter(in)
book·keep·ing ECON Buchhaltung *f*, Buchführung *f*
book·let Büchlein *n*, Broschüre *f*
book·mak·er Buchmacher *m*
book·mark(·er) Lesezeichen *n*
book·sell·er Buchhändler(in)
book·shelf Bücherregal *n*
book·shop *esp Br*, **book·store** Buchhandlung *f*
book·worm *fig* Bücherwurm *m*
boom[1] ECON **1.** Boom *m*, Aufschwung *m*, Hochkonjunktur *f*, Hausse *f* **2.** e-n Boom erleben
boom[2] MAR Baum *m*, Spiere *f*; TECH (Kran)Ausleger *m*; *film*, TV (Mikrofon)Galgen *m*
boom[3] dröhnen, donnern
boor·ish ungehobelt
boost 1. hochschieben; ECON in die Höhe treiben; ankurbeln; ELECTR verstärken; TECH erhöhen; *fig* stärken, Auftrieb geben (*dat*) **2.** Erhöhung *f*; Auftrieb *m*; ELECTR Verstärkung *f*
boot[1] Stiefel *m*; *Br* MOT Kofferraum *m*
boot[2]: **~ (*up*)** IT laden
boot[3]: ***to ~*** obendrein
boot·ee (*Damen*)Halbstiefel *m*
booth (Markt- *etc*)Bude *f*; (Messe-) Stand *m*; (Wahl- *etc*)Kabine *f*; (Tele-

fon)Zelle *f*
boot·lace Schnürsenkel *m*
boot·y Beute *f*
booze F **1.** saufen **2.** Zeug *n*; Sauferei *f*
bor·der **1.** Rand *m*, Saum *m*, Einfassung *f*; Rabatte *f*; Grenze *f* **2.** einfassen; (um)säumen; grenzen (***on*** an *acc*)
bore[1] **1.** Bohrloch *n*; TECH Kaliber *n* **2.** bohren
bore[2] **1.** Langweiler *m*; langweilige *or* lästige Sache **2.** *j-n* langweilen; ***be ~d*** sich langweilen
bore·dom Lang(e)weile *f*
bor·ing langweilig
bo·rough Stadtteil *m*; Stadtgemeinde *f*; Stadtbezirk *m*
bor·row (sich) *et.* borgen *or* (aus)leihen
bos·om Busen *m*; *fig* Schoß *m*
boss F **1.** Boss *m*, Chef *m* **2.** *a.* ***~ about, ~ around*** herumkommandieren
boss·y F herrisch
bo·tan·i·cal botanisch
bot·a·ny Botanik *f*
botch **1.** Pfusch *m* **2.** verpfuschen
both beide(s); ***~ … and …*** sowohl … als (auch) …
both·er **1.** Belästigung *f*, Störung *f*, Plage *f*, Mühe *f* **2.** belästigen, stören, plagen; ***don't ~!*** bemühen Sie sich nicht!
bot·tle **1.** Flasche *f* **2.** in Flaschen abfüllen; **~ bank** *Br* Altglascontainer *m*
bot·tle·neck *fig* Engpass *m*
bot·tle o·pen·er Flaschenöffner *m*
bot·tom unterster Teil, Boden *m*, Fuß *m*, Unterseite *f*; Grund *m*; F Hintern *m*, Popo *m*; ***be at the ~ of s.th.*** hinter e-r Sache stecken; ***get to the ~ of s.th.*** e-r Sache auf den Grund gehen
bough Ast *m*, Zweig *m*
boul·der Geröllblock *m*, Findling *m*
bounce **1.** aufprallen *or* aufspringen (lassen); springen, hüpfen, stürmen; ECON F platzen (*check*) **2.** Sprung *m*, Satz *m*; F Schwung *m*
bounc·ing kräftig, stramm
bound[1] unterwegs (***for*** nach)
bound[2] *mst pl* Grenze *f*, *fig a.* Schranke *f*
bound[3] **1.** Sprung *m*, Satz *m* **2.** springen, hüpfen; auf-, abprallen
bound·a·ry Grenze *f*
bound·less grenzenlos
boun·te·ous, boun·ti·ful freigebig, reichlich
boun·ty Freigebigkeit *f*; großzügige Spende *f*; Prämie *f*
bou·quet Bukett *n* (*a.* GASTR), Strauß *m*; GASTR Blume *f*
bout SPORT (*Box-*, *Ring*)Kampf *m*; MED Anfall *m*
bou·tique Boutique *f*
bow[1] **1.** Verbeugung *f* **2.** *v/i* sich verbeugen *or* verneigen (***to*** vor *dat*); *fig* sich beugen *or* unterwerfen (***to*** *dat*); *v/t* biegen; beugen, neigen
bow[2] MAR Bug *m*
bow[3] Bogen *m*; Schleife *f*
bow·els ANAT Darm *m*; Eingeweide *pl*
bowl[1] Schale *f*, Schüssel *f*, Napf *m*; (*Zucker*)Dose *f*; Becken *n*; (*Pfeifen-*) Kopf *m*
bowl[2] **1.** (*Bowling-*, *Kegel- etc*)Kugel *f* **2.** kegeln; rollen (*bowling ball*); *cricket*: werfen
bow-leg·ged o-beinig
bowl·er[1] Bowlingspieler(in); Kegler(in)
bowl·er[2], *a.* **~ hat** *esp Br* Bowler *m*, F Melone *f*
bowl·ing Bowling *n*; Kegeln *n*; ***go ~*** kegeln; **~ al·ley** Kegelbahn *f*; **~ ball** Kegelkugel *f*
box[1] Kasten *m*, Kiste *f*; Büchse *f*, Dose *f*, Kästchen *n*; Schachtel *f*; Behälter *m*; TECH Gehäuse *n*; Postfach *n*; *Br* (Telefon)Zelle *f*; JUR Zeugenstand *m*; THEA Loge *f*; MOT, zo Box *f*
box[2] **1.** SPORT boxen; F ***~ s.o.'s ears*** j-n ohrfeigen **2.** F ***a ~ on the ear*** e-e Ohrfeige
box[3] [bɒks] BOT Buchsbaum *m*
box·er Boxer *m*
box·ing Boxen *n*, Boxsport *m*
Box·ing Day *Br* der zweite Weihnachtsfeiertag
box num·ber Chiffre(nummer) *f*
box of·fice Theaterkasse *f*
boy Junge *m*, Knabe *m*, Bursche *m*
boy·cott **1.** boykottieren **2.** Boykott *m*
boy·friend Freund *m*
boy·hood Knabenjahre *pl*, Jugend(-zeit) *f*
boy·ish jungenhaft
boy scout Pfadfinder *m*
bra BH *m* (*Büstenhalter*)
brace **1.** TECH Strebe *f*, Stützbalken *m*; (Zahn)Klammer *f*, (-)Spange *f* **2.** TECH verstreben, versteifen, stützen
brace·let Armband *n*

brac·es *Br* Hosenträger *pl*
brack·et TECH Träger *m*, Halter *m*, Stütze *f*; PRINT Klammer *f*; (*esp Alters-, Steuer*)Klasse *f*; ***lower income ~*** niedrige Einkommensgruppe
brack·ish brackig, salzig
brag prahlen (***about*** mit)
brag·gart Prahler *m*, F Angeber *m*
braid **1.** Zopf *m*; Borte *f*, Tresse *f* **2.** flechten; mit Borte besetzen
brain ANAT Gehirn *n*, *often pl fig a.* Verstand *m*, Intelligenz *f*, Kopf *m*
brain·storm Geistesblitz *m*
brain·wash *j-n* e-r Gehirnwäsche unterziehen
brain·wash·ing Gehirnwäsche *f*
brain·wave *Br* Geistesblitz *m*
brain·y F gescheit
braise GASTR schmoren
brake TECH **1.** Bremse *f* **2.** bremsen
brake·light MOT Bremslicht *n*
bram·ble BOT Brombeerstrauch *m*
bran AGR Kleie *f*
branch **1.** Ast *m*, Zweig *m*; *fig* Fach *n*; Linie *f* (*des Stammbaumes*); ECON Zweigstelle *f*, Filiale *f* **2.** sich verzweigen; abzweigen
brand **1.** ECON (Schutz-, Handels)Marke *f*, Warenzeichen *n*; Markenname *m*; Sorte *f*, Klasse *f*; Brandmal *n* **2.** einbrennen; brandmarken
bran·dish schwingen
brand name ECON Markenname *m*
brand-new nagelneu
bran·dy Kognak *m*, Weinbrand *m*
brass Messing *n*; F Unverschämtheit *f*
brass band MUS Blaskapelle *f*
bras·sière Büstenhalter *m*
brat *contp* Balg *m*, *n*, Gör *n*
brave **1.** tapfer, mutig, unerschrocken **2.** trotzen; mutig begegnen (*dat*)
brav·er·y Tapferkeit *f*
brawl **1.** Krawall *m*; Rauferei *f* **2.** Krawall machen; raufen
brawn·y muskulös
bray **1.** zo Eselsschrei *m* **2.** zo schreien; *fig* wiehern
bra·zen unverschämt, unverfroren, frech
Bra·zil Brasilien *n*; **Bra·zil·ian** **1.** brasilianisch **2.** Brasilianer(in)
breach **1.** Bruch *m*; *fig* Verletzung *f*; MIL Bresche *f* **2.** e-e Bresche schlagen in (*acc*)
bread Brot *n*; ***brown ~*** Schwarzbrot *n*; ***know which side one's ~ is buttered*** F s-n Vorteil (er)kennen
breadth Breite *f*
break **1.** Bruch *m*; Lücke *f*; Pause *f* (*Br a.* PED), Unterbrechung *f*; (plötzlicher) Wechsel, Umschwung *m*; (*Tages*)Anbruch *m*; ***give s.o. a ~*** F j-m e-e Chance geben; ***take a ~*** e-e Pause machen; ***without a ~*** ununterbrochen **2.** *v/t* (ab-, auf-, durch-, zer)brechen; zerschlagen, kaputt machen; zo *a.* ***~ in*** zähmen, abrichten, zureiten; *Gesetz, Vertrag etc* brechen; *Kode etc* knacken; *schlechte Nachricht* (schonend) beibringen; *v/i* brechen (*a. fig*); (zer)brechen, (zer)reißen, kaputtgehen; anbrechen (*Tag*); METEOR umschlagen; *fig* ausbrechen (***into*** in *Tränen etc*); ***~ away*** ab-, losbrechen; sich losmachen *or* losreißen; ***~ down*** ein-, niederreißen, *Haus* abbrechen; zusammenbrechen (*a. fig*); versagen; MOT e-e Panne haben; *fig* scheitern; ***~ in*** einbrechen, eindringen; ***~ into*** einbrechen in (*ein Haus etc*); ***~ off*** abbrechen, *fig a.* Schluss machen mit; ***~ out*** ausbrechen; ***~ through*** durchbrechen; *fig* den Durchbruch schaffen; ***~ up*** abbrechen, beenden, schließen; (sich) auflösen; *fig* zerbrechen, auseinandergehen
break·a·ble zerbrechlich
break·age Bruch *m*
break·a·way **1.** Trennung *f* **2.** Splitter...
break·down Zusammenbruch *m* (*a. fig*); TECH Maschinenschaden *m*; MOT Panne *f*; ***nervous ~*** MED Nervenzusammenbruch *m*; **~ lor·ry** *Br* MOT Abschleppwagen *m*; **~ ser·vice** *Br* MOT Pannendienst *m*, Pannenhilfe *f*; **~ truck** *Br* MOT Abschleppwagen *m*
break·fast **1.** Frühstück *n*; ***have ~*** → **2.** frühstücken
break·through *fig* Durchbruch *m*
break·up Aufhebung *f*; Auflösung *f*
breast ANAT Brust *f*; Busen *m*; *fig* Herz *n*
breast·stroke Brustschwimmen *n*
breath Atem(zug) *m*; Hauch *m*; ***be out of ~*** außer Atem sein; ***waste one's ~*** in den Wind reden
breath·a·lyse *Br*, **breath·a·lyze** F (ins Röhrchen) blasen *or* pusten lassen
breath·a·lys·er® *Br*, **breath·alyz·er®** Alkoholtestgerät *n*, F Röhrchen *n*

breathe atmen
breath·less atemlos
breath·tak·ing atemberaubend
breech·es Kniebund-, Reithosen *pl*
breed 1. ZO Rasse *f*, Zucht *f* **2.** *v/t* BOT, ZO züchten; *v/i* BIOL sich fortpflanzen
breed·er Züchter(in); Zuchttier *n*; PHYS Brüter *m*
breed·ing BIOL Fortpflanzung *f*; (Tier)-Zucht *f*; *fig* Erziehung *f*; (gutes) Benehmen
breeze Brise *f*
breth·ren *esp* REL Brüder *pl*
brew brauen; *Tee* zubereiten, aufbrühen
brew·er (Bier)Brauer *m*
brew·er·y Brauerei *f*
bri·ar → ***brier***
bribe 1. Bestechungsgeld *n*, -geschenk *n*; Bestechung *f* **2.** bestechen
brib·er·y Bestechung *f*
brick Ziegel(stein) *m*, Backstein *m*; *Br* Baustein *m*, (Bau)Klötzchen *n*
brick·lay·er Maurer *m*
brick·yard Ziegelei *f*
brid·al Braut…; **bride** Braut *f*
bride·groom Bräutigam *m*
brides·maid Brautjungfer *f*
bridge 1. Brücke *f* **2.** e-e Brücke schlagen über (*acc*); *fig* überbrücken
bri·dle 1. Zaum *m*; Zügel *m* **2.** (auf)zäumen; zügeln; **~ path** Reitweg *m*
brief 1. kurz, bündig **2.** instruieren, genaue Anweisungen geben (*dat*)
brief·case Aktenmappe *f*
briefs Slip *m*
bri·er BOT Dornstrauch *m*; Wilde Rose
bri·gade MIL Brigade *f*
bright hell, glänzend; klar; heiter; lebhaft; gescheit
bright·en *v/t a.* ***~ up*** heller machen, aufhellen, erhellen; aufheitern; *v/i a.* ***~ up*** sich aufhellen
bright·ness Helligkeit *f*; Glanz *m*; Heiterkeit *f*; Gescheitheit *f*
brill *Br* F super, toll
bril·liance, bril·lian·cy Glanz *m*; *fig* Brillanz *f*
bril·liant 1. glänzend; hervorragend, brillant **2.** Brillant *m*
brim 1. Rand *m*; Krempe *f* **2.** bis zum Rande füllen *or* voll sein
brim·ful(l) randvoll
brine Sole *f*; Lake *f*
bring bringen, mitbringen, herbringen; *j-n* dazu bringen (***to do*** zu tun); ***~ about*** zustande bringen; bewirken; ***~ forth*** hervorbringen; ***~ off*** *et.* fertigbringen, schaffen; ***~ on*** verursachen; ***~ out*** herausbringen; ***~ round*** *Ohnmächtigen* wieder zu sich bringen; *Kranken* wieder auf die Beine bringen; ***~ up*** auf-, großziehen; erziehen; zur Sprache bringen
brink Rand *m* (*a. fig*)
brisk flott; lebhaft; frisch
bris·tle 1. Borste *f*; (Bart)Stoppel *f* **2.** *a.* ***~ up*** sich sträuben; zornig werden; strotzen, wimmeln (***with*** von)
bris·tly stoppelig, Stoppel…
Brit F Brite *m*, Britin *f*
Brit·ain Britannien *n*
Brit·ish britisch; ***the ~*** die Briten *pl*
Brit·on Brite *m*, Britin *f*
brit·tle spröde, zerbrechlich
broach *Thema* anschneiden
broad breit; weit; hell; deutlich (*hint etc*); derb (*humor etc*); stark (*accent*); allgemein; weitherzig; liberal
broad·cast 1. im Rundfunk *or* Fernsehen bringen, ausstrahlen, übertragen; senden **2.** *radio*, TV Sendung *f*
broad·cast·er Rundfunk-, Fernsehsprecher(in)
broad·en verbreitern, erweitern
broad jump SPORT Weitsprung *m*
broad·mind·ed liberal
bro·cade Brokat *m*
bro·chure Broschüre *f*, Prospekt *m*
brogue fester Straßenschuh
broil grillen
broke F pleite, abgebrannt
bro·ken zerbrochen, kaputt; gebrochen (*a. fig*); zerrüttet
brok·en-heart·ed verzweifelt, untröstlich
bro·ker ECON Makler *m*
bron·chi·tis MED Bronchitis *f*
bronze 1. Bronze *f* **2.** bronzefarben; Bronze…
brooch Brosche *f*
brood ZO **1.** Brut *f* **2.** Brut… **3.** brüten (*a. fig*)
brook Bach *m*
broom Besen *m*
broth GASTR Fleischbrühe *f*
broth·el Bordell *n*
broth·er Bruder *m*; ***~(s) and sister(s)*** Geschwister *pl*

broth·er·hood REL Bruderschaft *f*
broth·er-in-law Schwager *m*
broth·er·ly brüderlich
brow ANAT (Augen)Braue *f*; Stirn *f*; GEOGR Rand *m*
brow·beat einschüchtern
brown 1. braun **2.** Braun *n* **3.** bräunen; braun werden
browse grasen, weiden; *fig* schmökern
bruise 1. MED Quetschung *f*, blauer Fleck **2.** quetschen; anstoßen; MED e-e Quetschung *or* e-n blauen Fleck bekommen
brunch Brunch *m*
brush 1. Bürste *f*; Pinsel *m*; zo (*Fuchs-*)Rute *f*; Scharmützel *n*; Unterholz *n* **2.** bürsten; fegen; streifen; *~ against s.o.* j-n streifen; *~ away, ~ off* wegbürsten, abwischen; *~ aside, ~ away et.* abtun; *~ up (on) fig* aufpolieren, auffrischen
brush·wood Gestrüpp *n*, Unterholz *n*
brusque brüsk, barsch
Brus·sels sprouts BOT Rosenkohl *m*
bru·tal brutal, roh
bru·tal·i·ty Brutalität *f*
brute 1. brutal; *with ~ force* mit roher Gewalt **2.** Vieh *n*; F Untier *n*, Scheusal *n*; Rohling *m*; **brut·ish** *fig* tierisch
bub·ble 1. Blase *f* **2.** sprudeln; *~* **bath** Badeschaum *m*
buck[1] **1.** zo Bock *m* **2.** bocken
buck[2] F Dollar *m*
buck·et Eimer *m*, Kübel *m*
buck·le 1. Schnalle *f*, Spange *f* **2.** *a. ~ up* zu-, festschnallen; *~ on* anschnallen
buck·skin Wildleder *n*
bud 1. BOT Knospe *f*; *fig* Keim *m* **2.** knospen, keimen
bud·dy F Kamerad *m*; Kumpel *m*, Spezi *m*
budge *v/i* sich (von der Stelle) rühren; *v/t* (vom Fleck) bewegen
bud·ger·i·gar zo Wellensittich *m*
bud·get 1. Budget *n*, Etat *m*; PARL Haushaltsplan *m* **2.** preisgünstig; *~* **airline** Billigflieger *m*
bud·gie F → ***budgerigar***
buf·fa·lo zo Büffel *m*
buff·er TECH Puffer *m*
buf·fet[1] schlagen; *~ about* durchrütteln, durchschütteln
buf·fet[2] Büfett *n*, Anrichte *f*
buf·fet[3] (*Frühstücks- etc*)Büfett *n*; Theke *f*
bug 1. zo Wanze *f* (*a.* F *fig*); Insekt *n*; IT Programmfehler *m* **2.** F Wanzen anbringen in (*dat*); F ärgern
bug·ging| de·vice Abhörgerät *n*; *~* **op·e·ra·tion** Lauschangriff *m*
bug·gy Kinderwagen *m*; MOT Buggy *m*
bu·gle MUS Wald-, Signalhorn *n*
build 1. (er)bauen, errichten **2.** Körperbau *m*, Figur *f*, Statur *f*; **build·er** Erbauer *m*; Bauunternehmer *m*
build·ing 1. (Er)Bauen *n*; Bau *m*, Gebäude *n* **2.** Bau…; *~* **site** Baustelle *f*
built-in eingebaut, Einbau…
built-up: *~ area* bebautes Gelände *or* Gebiet; geschlossene Ortschaft
bulb BOT Zwiebel *f*, Knolle *f*; ELECTR (Glüh)Birne *f*
bulge 1. (Aus)Bauchung *f*, Ausbuchtung *f* **2.** sich (aus)bauchen; hervorquellen
bulk Umfang *m*, Größe *f*, Masse *f*; Großteil *m*; *in ~* ECON lose, unverpackt; en gros; **bulk·y** sperrig
bull zo Bulle *m*, Stier *m*
bull·dog zo Bulldogge *f*
bull·doze planieren; F einschüchtern
bull·doz·er TECH Bulldozer *m*, Planierraupe *f*
bul·let Kugel *f*
bul·le·tin Bulletin *n*, Tagesbericht *m*
bul·le·tin board Schwarzes Brett
bul·let·proof kugelsicher
bull·fight Stierkampf *m*
bul·lion Gold-, Silberbarren *m*
bul·lock zo Ochse *m*
bull's-eye: *hit the ~* ins Schwarze treffen (*a. fig*)
bul·ly 1. tyrannische Person, Tyrann *m* **2.** einschüchtern, tyrannisieren
bul·wark Bollwerk *n* (*a. fig*)
bum F **1.** Gammler *m*; Tippelbruder *m*, Vagabund *m*; Nichtstuer *m* **2.** *v/t* schnorren; *~ around* herumgammeln
bum·ble·bee zo Hummel *f*
bump 1. heftiger Schlag *or* Stoß; Beule *f*; Unebenheit *f* **2.** stoßen; rammen, auf *ein Auto* auffahren; zusammenstoßen; holpern; *~ into fig* j-n zufällig treffen; F *~ s.o. off* j-n umlegen
bump·er MOT Stoßstange *f*
bump·y holp(e)rig
bun süßes Brötchen; (Haar)Knoten *m*
bunch Bund *n*, Bündel *n*; F Verein *m*, Haufen *m*; *~ of flowers* Blumenstrauß

m; ~ ***of grapes*** Weintraube *f*; ~ ***of keys*** Schlüsselbund *m, n*
bun·dle **1.** Bündel *n* (*a. fig*), Bund *n* **2.** *v/t a.* ~ ***up*** bündeln
bun·ga·low Bungalow *m*
bun·gee elastisches Seil
bun·gee jump·ing Bungeespringen *n*
bun·gle **1.** Pfusch *m* **2.** (ver)pfuschen
bunk Koje *f*; → ~ **bed** Etagenbett *n*
bun·ny Häschen *n*
buoy **1.** MAR Boje *f* **2.** ~ ***up*** *fig* Auftrieb geben (*dat*)
bur·den **1.** Last *f*; Bürde *f* **2.** belasten
bu·reau *Br* Schreibtisch *m*; (Spiegel-) Kommode *f*; Büro *n*
bu·reauc·ra·cy Bürokratie *f*
burg·er GASTR Hamburger *m*
bur·glar Einbrecher *m*
bur·glar·ize einbrechen in (*acc*)
bur·glar·y Einbruch *m*
bur·gle *Br* → ***burglarize***
bur·i·al Begräbnis *n*
bur·ly stämmig, kräftig
burn **1.** MED Verbrennung *f*, Brandwunde *f*; verbrannte Stelle **2.** (ver-, an-) brennen; ~ ***down*** ab-, niederbrennen; ~ ***out*** ausbrennen; ~ ***up*** auflodern; verbrennen; verglühen (*rocket etc*)
burn·ing brennend (*a. fig*)
burp F rülpsen, aufstoßen; ein Bäuerchen machen (lassen)
bur·row **1.** zo Bau *m* **2.** graben; sich eingraben *or* vergraben
burst **1.** Bersten *n*; Riss *m*; *fig* Ausbruch *m* **2.** *v/i* bersten, (zer)platzen; zerspringen; explodieren; ~ ***from*** sich losreißen von; ~ ***in on*** *or* ***upon s.o.*** bei j-m hereinplatzen; ~ ***into tears*** in Tränen ausbrechen; ~ ***out*** *fig* herausplatzen; *v/t* (auf)sprengen
bur·y begraben, vergraben; beerdigen
bus Omnibus *m*, Bus *m*
bus driv·er Busfahrer *m*
bush Busch *m*; Gebüsch *n*
bush·el Bushel *m*, Scheffel *m* (*Am 35,24 l, Br 36,37 l*)
bush·y buschig
busi·ness Geschäft *n*; Arbeit *f*, Beschäftigung *f*, Beruf *m*, Tätigkeit *f*; Angelegenheit *f*; Sache *f*, Aufgabe *f*; ~ ***of the day*** Tagesordnung *f*; ***on*** ~ geschäftlich, beruflich; ***you have no*** ~ ***doing*** (*or* ***to do***) ***that*** Sie haben kein recht, das zu tun; ***that's none of your*** ~ das geht Sie nichts an; → ***mind*** *2*
busi·ness hours Geschäftszeit *f*
busi·ness·like geschäftsmäßig, sachlich
busi·ness·man Geschäftsmann *m*
busi·ness trip Geschäftsreise *f*
busi·ness·wom·an Geschäftsfrau *f*
bus stop Bushaltestelle *f*
bust[1] Büste *f*
bust[2]: ***go*** ~ F pleitegehen
bus·tle **1.** geschäftiges Treiben **2.** ~ ***about*** geschäftig hin und her eilen
bus·y **1.** beschäftigt; geschäftig; fleißig (***at*** bei, an *dat*); belebt (*street*); arbeitsreich (*dat*); TEL besetzt **2.** (*mst* ~ ***o.s.*** sich) beschäftigen (***with*** mit)
bus·y·bod·y aufdringlicher Mensch, Gschaftlhuber *m*
bus·y sig·nal TEL Besetztzeichen *n*
but **1.** *cj* aber, jedoch; sondern; außer, als; ohne dass; dennoch; ~ ***then*** and(e)rerseits; ***he could not*** ~ ***laugh*** er musste einfach lachen **2.** *prp* außer (*dat*); ***all*** ~ ***him*** alle außer ihm; ***the last*** ~ ***one*** der Vorletzte; ***the next*** ~ ***one*** der Übernächste; ***nothing*** ~ nichts als; ~ ***for*** wenn nicht … gewesen wäre, ohne **3.** *adv* nur; erst, gerade; ***all*** ~ fast, beinahe
butch·er **1.** Fleischer *m*, Metzger *m* **2.** (*fig* ab)schlachten
but·ler Butler *m*
butt[1] **1.** (*of rifle*) (Gewehr-)Kolben *m*; (*of cigar etc*) (Zigarren-)Stummel *m* (*of cigarette*) (Zigaretten-)Kippe *f*; (*with head etc*) (Kopf-)Stoß *m* **2.** (mit dem Kopf) stoßen; ~ ***in*** F sich einmischen (***on*** in *acc*)
butt[2] (*of wine, beer*) Wein-, Bierfass *n*; (*rainwater tank*) Regentonne *f*
butt[3] (*backside*) F Hintern *m*
but·ter **1.** Butter *f* **2.** mit Butter bestreichen
but·ter·cup BOT Butterblume *f*
but·ter·fly zo Schmetterling *m*, Falter *m*
but·tocks ANAT Gesäß *n*, F *or* zo Hinterteil *n*
but·ton **1.** Knopf *m*; Button *m*, (Ansteck)Plakette *f*, Abzeichen *n* **2.** *mst* ~ ***up*** zuknöpfen
but·ton·hole Knopfloch *n*
but·tress Strebepfeiler *m*
buy **1.** F Kauf *m* **2.** (an-, ein)kaufen (***of, from*** von; ***at*** bei); *Fahrkarte* lösen; ~ ***out*** *j-n* abfinden, auszahlen; *Firma*

aufkaufen; ~ ***up*** aufkaufen
buy·er Käufer(in); ECON Einkäufer(in)
buzz 1. Summen *n*, Surren *n*; Stimmengewirr *n* **2.** *v/i* summen, surren; ~ ***off!*** F schwirr ab!, hau ab!
buz·zard zo Bussard *m*
buzz·er ELECTR Summer *m*
by 1. *prp* (nahe *or* dicht) bei *or* an, neben (***side*** ~ ***side*** Seite an Seite); vorbei *or* vorüber an; *time*: bis um, bis spätestens (***be back*** ~ ***9.30*** sei um 9 Uhr 30 zurück); während, bei (~ ***day*** bei Tage); per, mit (~ ***bus*** mit dem Bus; ~ ***rail*** per Bahn); nach, ...weise (~ ***the dozen*** dutzendweise); nach, gemäß (~ ***my watch*** nach *or* auf m-r Uhr); von (~ ***nature*** von Natur aus); von, durch (***a play*** ~ ***...*** ein Stück von ...; ~ ***o.s.*** allein); um (~ ***an inch*** um e-n Zoll); MATH mal (***2*** ~ ***4***); *geteilt* durch (***6*** ~ ***3***) **2.** *adv* vorbei, vorüber (***go*** ~ vorbeigehen, -fahren; *time*: vergehen); beiseite (***put*** ~ beiseitelegen, zurücklegen); ~ ***and large*** im Großen und Ganzen
by... Neben...; Seiten...
bye, bye-bye *int* F Wiedersehen!, tschüs(s)!
by-e·lec·tion PARL Nachwahl *f*
by·gone 1. vergangen **2.** ***let*** ~***s be*** ~***s*** lass(t) das Vergangene ruhen
by·pass 1. Umgehungsstraße *f*; MED Bypass *m* **2.** umgehen; vermeiden
by-prod·uct Nebenprodukt *n*
by·road Nebenstraße *f*
by·stand·er Zuschauer(in), *pl die* Umstehenden *pl*
byte IT Byte *n*
by·way Nebenstraße *f*
by·word Inbegriff *m*; ***be a*** ~ ***for*** stehen für

C

C, c C, c *n*
C *abbr of* ***Celsius*** C, Celsius; ***centigrade*** hundertgradig
c *abbr of* ***cent(s)*** Cent *m or pl*; ***century*** Jh., Jahrhundert *n*; ***circa*** ca., zirca, ungefähr; ***cubic*** Kubik...
cab Droschke *f*, Taxi *n*; RAIL Führerstand *m*; MOT Fahrerhaus *n*, *a.* TECH Führerhaus *n*
cab·a·ret Varieteedarbietung(en *pl*) *f*
cab·bage BOT Kohl *m*
cab·in Hütte *f*; MAR Kabine *f*, Kajüte *f*; AVIAT Kanzel *f*
cab·i·net Schrank *m*, Vitrine *f*; POL Kabinett *n*
cab·i·net-mak·er Kunsttischler *m*
cab·i·net meet·ing POL Kabinettssitzung *f*
ca·ble 1. Kabel *n*; (Draht)Seil *n* **2.** telegrafieren; *j-m Geld* telegrafisch anweisen; TV verkabeln
ca·ble car Kabine *f*; Wagen *m*
ca·ble·gram (Übersee)Telegramm *n*
ca·ble| rail·way Drahtseil-, Kabinenbahn *f*; ~ **tel·e·vi·sion,** ~ **TV** Kabelfernsehen *n*
cab rank, cab·stand Taxistand *m*
cack·la zo **1.** Gegacker *n*, Geschnatter *n* **2.** gackern, schnattern
cac·tus BOT Kaktus *m*
ca·dence MUS Kadenz *f*; (Sprech-)Rhythmus *m*
ca·det MIL Kadett *m*
cadge *Br* F schnorren
caf·é, caf·e Café *n*
caf·e·te·ri·a Cafeteria *f*, Selbstbedienungsrestaurant *n*, *a.* Kantine *f*, UNIV Mensa *f*
cage 1. Käfig *m*; *mining*: Förderkorb *m* **2.** einsperren
cake 1. Kuchen *m*, Torte *f*; Tafel *f Schokolade*, Stück *n Seife* **2.** ~***d with mud*** schmutzverkrustet
ca·lam·i·ty großes Unglück, Katastrophe *f*
cal·cu·late *v/t* kalkulieren; be-, aus-, errechnen; F vermuten; *v/i*: ~ ***on*** rechnen mit *or* auf (*acc*), zählen auf (*acc*)
cal·cu·la·tion Berechnung *f* (*a. fig*); ECON Kalkulation *f*; *fig* Überlegung *f*
cal·cu·la·tor TECH (Taschen)Rechner *m*
cal·en·dar Kalender *m*
calf[1] ANAT Wade *f*
calf[2] zo Kalb *n*
calf·skin Kalb(s)fell *n*
cal·i·ber, *esp Br* **cal·i·bre** Kaliber *n*

C

call **1.** Ruf *m*; TEL Anruf *m*, Gespräch *n*; Ruf *m*, Berufung *f* (**to** in *ein Amt*; auf *e-n Lehrstuhl*); Aufruf *m*, Aufforderung *f*; Signal *n*; (kurzer) Besuch; ***on ~*** auf Abruf; ***be on ~*** MED Bereitschaftsdienst haben; ***make a ~*** telefonieren **2.** *v/t* (herbei)rufen; (ein)berufen; TEL *j-n* anrufen; *j-n* berufen, ernennen (***to*** zu); nennen; *Aufmerksamkeit* lenken (***to*** auf *acc*); ***be ~ed*** heißen; ***~ s.o. names*** j-n beschimpfen, j-n beleidigen; *v/i* rufen; TEL anrufen; e-n (kurzen) Besuch machen (***on s.o., at s.o.'s [house]*** bei j-m); ***~ at a port*** MAR e-n Hafen anlaufen; ***~ for*** rufen nach; *et.* anfordern; *et.* abholen; ***to be ~ed for*** postlagernd; ***~ on*** sich an *j-n* wenden (***for*** wegen); appellieren an (*acc*) (***to do*** zu tun); ***~ on s.o.*** j-n besuchen

call box *Br* Telefonzelle *f*

call·er Besucher(in); TEL Anrufer(in)

call-in → ***phone-in***

call·ing Berufung *f*; Beruf *m*

cal·lous schwielig; *fig* gefühllos

cal·lus Schwiele *f*

calm **1.** still, ruhig **2.** (Wind)Stille *f*, Ruhe *f* **3.** *often* ***~ down*** besänftigen, (sich) beruhigen

cal·o·rie Kalorie *f*; ***high*** *or* ***rich in ~s*** kalorienreich; ***low in ~s*** kalorienarm, kalorienreduziert

cal·o·rie-con·scious kalorienbewusst

calve ZO kalben

cam·cor·der Camcorder *m*, Kamerarekorder *m*

cam·el ZO Kamel *n*

cam·e·o Kamee *f*; THEA, *film*: kleine Nebenrolle, kurze Szene

cam·e·ra Kamera *f*, Fotoapparat *m*; **~ phone** Fotohandy *n*

cam·o·mile BOT Kamille *f*

cam·ou·flage **1.** Tarnung *f* **2.** tarnen

camp **1.** (*Zelt- etc*)Lager *n* **2.** lagern; ***~ out*** zelten, campen

cam·paign **1.** MIL Feldzug *m* (*a. fig*); *fig* Kampagne *f*, Aktion *f*; POL Wahlkampf *m* **2.** *fig* kämpfen (***for*** für; ***against*** gegen)

camp bed *Br*, **camp cot** Feldbett *n*

camp·er (van) Campingbus *m*, Wohnmobil *n*

camp·ground, **camp·site** Lagerplatz *m*; Zeltplatz *m*, Campingplatz *m*

cam·pus Campus *m*, Universitätsgelände *n*

can[1] *v/aux ich* kann, *du* kannst *etc*; dürfen, können

can[2] **1.** Kanne *f*; (Blech-, Konserven-) Dose *f*, (-)Büchse *f* **2.** einmachen, eindosen

Can·a·da Kanada *n*; **Ca·na·di·an** **1.** kanadisch **2.** Kanadier(in)

ca·nal Kanal *m* (*a.* ANAT)

ca·nar·y ZO Kanarienvogel *m*

can·cel (durch-, aus)streichen; entwerten; rückgängig machen; absagen; ***be ~(l)ed*** ausfallen

Can·cer ASTR Krebs *m*; ***he (she) is (a) ~*** er (sie) ist (ein) Krebs

can·cer MED Krebs *m*

can·cer·ous MED Krebs…, krebsbefallen

can·cer pa·tient MED Krebskranke *m, f*

can·did aufrichtig, offen

can·di·date Kandidat(in) (***for*** für), Bewerber(in) (***for*** um)

can·died kandiert

can·dle Kerze *f*; Licht *n*; ***burn the ~ at both ends*** mit s-r Gesundheit Raubbau treiben

can·dle·stick Kerzenleuchter *m*, Kerzenständer *m*

can·do(u)r Aufrichtigkeit *f*, Offenheit *f*

can·dy **1.** Kandis(zucker) *m*; Süßigkeiten *pl* **2.** kandieren; **~ floss** Zuckerwatte *f*; **~ store** Süßwarengeschäft *n*

cane BOT Rohr *n*; (Rohr)Stock *m*

ca·nine Hunde…

canned Dosen…, Büchsen…; ***~ fruit*** Obstkonserven *pl*

can·ne·ry Konservenfabrik *f*

can·ni·bal Kannibale *m*

can·non MIL Kanone *f*

can·ny schlau

ca·noe **1.** Kanu *n*, Paddelboot *n* **2.** Kanu fahren, paddeln

can·on Kanon *m*; Regel *f*

can o·pen·er Dosen-, Büchsenöffner *m*

can·o·py Baldachin *m*

cant Jargon *m*; Phrase(n *pl*) *f*

can·tan·ker·ous F zänkisch, mürrisch

can·teen *esp Br* Kantine *f*; MIL Feldflasche *f*; Besteck(kasten *m*) *n*

can·ter **1.** Kanter *m* **2.** kantern

can·vas Segeltuch *n*; Zelt-, Packleinwand *f*; Segel *pl*; PAINT Leinwand *f*; Gemälde *n*

can·vass 1. POL Wahlfeldzug *m*; ECON Werbefeldzug *m* **2.** *v/t* eingehend untersuchen *or* erörtern *or* prüfen; POL werben um (*Stimmen*); *v/i* POL e-n Wahlfeldzug veranstalten
can·yon GEOGR Cañon *m*, Schlucht *f*
cap 1. Kappe *f*; Mütze *f*; Haube *f*; Zündkapsel *f* **2.** (mit e-r Kappe *etc*) bedecken; *fig* krönen; übertreffen
ca·pa·bil·i·ty Fähigkeit *f*
cap·a·ble fähig (***of*** zu)
ca·pac·i·ty (Raum)Inhalt *m*; Fassungsvermögen *n*; Kapazität *f*; Aufnahmefähigkeit *f*; (TECH Leistungs)Fähigkeit *f* (***for*** *ger* zu *inf*); ***in my ~ as*** in meiner Eigenschaft als
cape[1] GEOGR Kap *n*, Vorgebirge *n*
cape[2] Cape *n*, Umhang *m*
ca·per 1. Kapriole *f*, Luftsprung *m*; ***cut ~s*** → **2.** Freuden- *or* Luftsprünge machen
ca·pil·la·ry ANAT Haar-, Kapillargefäß *n*
cap·i·tal 1. ECON Kapital *n*; Hauptstadt *f*; Großbuchstabe *m* **2.** Kapital…; Tod(es)…; Haupt…; großartig, prima; **~ crime** JUR Kapitalverbrechen *n*
cap·i·tal·ism ECON Kapitalismus *m*
cap·i·tal·ist ECON Kapitalist *m*
cap·i·tal·ize großschreiben; ECON kapitalisieren
cap·i·tal| let·ter Großbuchstabe *m*; **~ pun·ish·ment** JUR Todesstrafe *f*
ca·pit·u·late kapitulieren (***to*** vor *dat*)
cap·pu·cci·no Cappucino *m*
ca·pri·cious launisch
Cap·ri·corn ASTR Steinbock *m*; ***he*** (***she***) ***is*** (***a***) ~ er (sie) ist (ein) Steinbock
cap·size MAR *v/i* kentern; *v/t* zum Kentern bringen
cap·sule Kapsel *f*
cap·tain (An)Führer *m*; MAR, ECON Kapitän *m*; AVIAT Flugkapitän *m*; MIL Hauptmann *m*; SPORT (Mannschafts-) Kapitän *m*, Spielführer *m*
cap·tion Überschrift *f*, Titel *m*; Bildunterschrift *f*; *film*: Untertitel *m*
cap·ti·vate *fig* gefangen nehmen, fesseln; **cap·tive 1.** gefangen; gefesselt; ***hold ~*** gefangen halten **2.** Gefangene *m, f*; **cap·tiv·i·ty** Gefangenschaft *f*
cap·ture 1. Eroberung *f*; Gefangennahme *f* **2.** fangen, gefangen nehmen; erobern; erbeuten; MAR kapern
car Auto *n*, Wagen *m*; (Eisenbahn-, Straßenbahn)Wagen *m*; Gondel *f* (*of a balloon etc*); Kabine *f*; ***by ~*** mit dem Auto, im Auto
car·a·mel Karamell *m*; Karamelle *f*
car·a·van Karawane *f*; *Br* Wohnwagen *m*; **~ site** Campingplatz *m* für Wohnwagen
car·a·way BOT Kümmel *m*
car·bine MIL Karabiner *m*
car·bo·hy·drate CHEM Kohle(n)hydrat *n*
car bomb Autobombe *f*
car·bon CHEM Kohlenstoff *m*; → ***carbon copy, carbon paper***
car·bon cop·y Durchschlag *m*
car·bon pa·per Kohlepapier *n*
car·bu·ret·(t)or MOT Vergaser *m*
car·case *Br*, **car·cass** Kadaver *m*, Aas *n*; GASTR Rumpf *m*
car·cin·o·genic MED karzinogen, krebserregend
car·ci·no·ma MED Krebsgeschwulst *f*
card Karte *f*; ***play ~s*** Karten spielen; ***have a ~ up one's sleeve*** *fig* (noch) e-n Trumpf in der Hand haben
card·board Pappe *f*; **~ box** Pappschachtel *f*, Pappkarton *m*
car·di·ac MED Herz…; **~ pace·mak·er** MED Herzschrittmacher *m*
car·di·gan Strickjacke *f*
car·di·nal 1. Grund…, Haupt…, Kardinal…; scharlachrot **2.** REL Kardinal *m*
car·di·nal num·ber MATH Kardinalzahl *f*, Grundzahl *f*
card in·dex Kartei *f*
card phone Kartentelefon *n*
card·sharp·er Falschspieler *m*
car dump Autofriedhof *m*
care 1. Sorge *f*; Sorgfalt *f*; Vorsicht *f*; Obhut *f*, Pflege *f*; ***needing ~*** MED pflegebedürftig; ***medical ~*** ärztliche Behandlung; ***take ~ of*** aufpassen auf (*acc*); versorgen; ***with ~!*** Vorsicht! **2.** Lust haben (***to*** *inf* zu *inf*); **~ *about*** sich kümmern um; **~ *for*** sorgen für, sich kümmern um; sich etwas machen aus; ***I don't ~!*** F meinetwegen!; ***I couldn't ~ less*** F es ist mir völlig egal
ca·reer 1. Karriere *f*, Laufbahn *f* **2.** Berufs…; Karriere… **3.** rasen
ca·reers| ad·vice Berufsberatung *f*; **~ ad·vi·sor** Berufsberater *m*; **~ guid·ance** Berufsberatung *f*; **~ of·fice** Berufsberatungsstelle *f*; **~ of·fi·cer** Berufsberater *m*

C

care·free sorgenfrei, sorglos
care·ful vorsichtig; sorgsam bedacht (***of*** auf *acc*); sorgfältig; ***be ~!*** pass auf!
care·less nachlässig, unachtsam; leichtsinnig, unvorsichtig; sorglos
care·less·ness Nachlässigkeit *f*, Unachtsamkeit *f*; Leichtsinn *m*; Sorglosigkeit *f*
ca·ress 1. Liebkosung *f*; Zärtlichkeit *f* **2.** liebkosen, streicheln
care·tak·er Hausmeister *m*; (Haus- *etc*) Verwalter *m*
care·worn abgehärmt, verhärmt
car fer·ry Autofähre *f*
car·go Ladung *f*
car hire *Br* Autovermietung *f*
car·i·ca·ture 1. Karikatur *f*, Zerrbild *n* **2.** karikieren
car·i·ca·tur·ist Karikaturist *m*
car·ies, *a.* ***dental ~*** MED Karies *f*
car me·chan·ic Automechaniker *m*
car·mine Karmin(rot) *n*
car·nap·per F Autoentführer *m*
car·na·tion BOT Nelke *f*
car·ni·val Karneval *m*
car·niv·o·rous zo fleischfressend
car·ol Weihnachtslied *n*
carp[1] zo Karpfen *m*
carp[2] nörgeln
car park *esp Br* Parkplatz *m*; Parkhaus *n*
car·pen·ter Zimmermann *m*
car·pet 1. Teppich *m*; ***fitted ~*** Teppichboden *m*; ***sweep s.th. under the ~*** *fig* et. unter den Teppich kehren **2.** mit Teppich(boden) auslegen
car phone Autotelefon *n*
car pool Fahrgemeinschaft *f*
car pool(·ing) ser·vice Mitfahrzentrale *f*
car·port MOT überdachter Abstellplatz
car rent·al Autovermietung *f*
car re·pair shop Autoreparaturwerkstatt *f*
car·riage Beförderung *f*, Transport *m*; Transportkosten *pl*; Kutsche *f*; *Br* RAIL (Personen)Wagen *m*
car·riage·way Fahrbahn *f*
car·ri·er Spediteur *m*; Gepäckträger *m* (*on a bicycle*); MIL Flugzeugträger *m*
car·ri·er bag *Br* Trag(e)tasche *f*, -tüte *f*
car·ri·on 1. Aas *n* **2.** Aas…
car·rot BOT Karotte *f*, Mohrrübe *f*
car·ry *v/t* bringen, führen, tragen (*a. v/i*), fahren, befördern; (bei sich) haben *or* tragen; *Ansicht* durchsetzen; *Gewinn, Preis* davontragen; *Ernte, Zinsen* tragen; (weiter)führen, *Mauer* ziehen; *Antrag* durchbringen; ***be carried*** PARL *etc* angenommen werden; ***~ s.th. too far*** et. übertreiben, et. zu weit treiben; ***get carried away*** *fig* die Kontrolle über sich verlieren; sich hinreißen lassen; ***~ forward, ~ over*** ECON übertragen; ***~ on*** fortsetzen, weiterführen; ECON betreiben; ***~ out, ~ through*** aus-, durchführen
car·ry·cot *Br* (Baby)Trag(e)tasche *f*
cart 1. Karren *m*; Wagen *m*; Einkaufswagen *m*; ***put the ~ before the horse*** *fig* das Pferd beim Schwanz aufzäumen **2.** karren
car·ti·lage ANAT Knorpel *m*
cart·load Wagenladung *f*
car·ton Karton *m*; ***a ~ of cigarettes*** e-e Stange Zigaretten
car·toon Cartoon *m, n*; Karikatur *f*; Zeichentrickfilm *m*
car·toon·ist Karikaturist *m*
car·tridge Patrone *f* (*a.* MIL); (Film-) Patrone *f*, (Film)Kassette *f*; Tonabnehmer *m*
cart·wheel: ***turn ~s*** Rad schlagen
carve GASTR vorschneiden, zerlegen; TECH schnitzen; meißeln
carv·er (Holz)Schnitzer *m*; Bildhauer *m*; GASTR Tranchierer *m*; Tranchiermesser *n*; **carv·ing** Schnitzerei *f*
car wash Autowäsche *f*; (Auto)Waschanlage *f*, Waschstraße *f*
cas·cade Wasserfall *m*
case[1] **1.** Behälter *m*; Kiste *f*, Kasten *m*; Etui *n*; Gehäuse *n*; Schachtel *f*; (*Glas-*) Schrank *m*; (*Kissen*)Bezug *m*; TECH Verkleidung *f* **2.** in ein Gehäuse *or* Etui stecken; TECH verkleiden
case[2] Fall *m* (*a.* JUR), LING *a.* Kasus *m*; MED (Krankheits)Fall *m*, Patient(in); Sache *f*, Angelegenheit *f*
case·ment Fensterflügel *m*; → **~ window** Flügelfenster *n*
cash 1. Bargeld *n*; Barzahlung *f*; ***~ down*** gegen bar; ***~ on delivery*** Lieferung *f* gegen bar; (per) Nachnahme *f* **2.** einlösen
cash·book ECON Kassenbuch *n*
cash desk Kasse *f*
cash dis·pens·er *esp Br* Geld-, Bankau-

tomat *m*
cash·ier Kassierer(in)
cash·less bargeldlos
cash ma·chine Geld-, Bankautomat *m*
cash·mere Kaschmir *m*
cash·point *Br* → ***cash machine***
cash reg·is·ter Registrierkasse *f*
cas·ing (Schutz)Hülle *f*; Verschalung *f*, Verkleidung *f*, Gehäuse *n*
cask Fass *n*
cas·ket Kästchen *n*; Sarg *m*
cas·sette (*Film-*, *Band-*, *Musik*)Kassette *f*; **~ deck** Kassettendeck *n*; **~ player** Kassettenrekorder *m*; **~ ra·di·o** Radiorekorder *m*; **~ re·cord·er** Kassettenrekorder *m*
cas·sock REL Soutane *f*
cast 1. Wurf *m*; TECH Guss(form *f*) *m*; Abguss *m*, Abdruck *m*; Schattierung *f*, Anflug *m*; Form *f*, Art *f*; Auswerfen *n* (*of a fishing line etc*); THEA Besetzung *f* **2.** (ab-, aus-, hin-, um-, weg)werfen; zo abwerfen (*skin*); verlieren (*teeth*); verwerfen; gestalten; TECH gießen; *a.* **~ *up*** ausrechnen, zusammenzählen; THEA *Stück* besetzen; *Rollen* verteilen (***to*** an *acc*); **~ *lots*** losen (***for*** um); **~ *away*** wegwerfen; ***be ~ down*** niedergeschlagen sein; **~ *off*** *Kleidung* ausrangieren; MAR losmachen; *Freund etc* fallen lassen; *knitting*: abketten; *v/i*: **~ *about for*, ~ *around for*** suchen (nach), *fig a.* sich umsehen nach
cas·ta·net Kastagnette *f*
cast·a·way Schiffbrüchige *m*, *f*
caste Kaste *f* (*a. fig*)
cast·er Laufrolle *f*; *Br* (*Salz-*, *Zucker-etc*)Streuer *m*
cast i·ron Gusseisen *n*
cast-i·ron gusseisern
cas·tle Burg *f*, Schloss *n*; *chess*: Turm *m*
cast·or → ***caster***
cast·or oil PHARM Rizinusöl *n*
cas·trate kastrieren
cas·u·al zufällig; gelegentlich; flüchtig; lässig
cas·u·al·ty Unfall *m*; Verunglückte *m*, *f*, Opfer *n*; MIL Verwundete *m*; Gefallene *m*; ***casualties*** Opfer *pl*, MIL *mst* Verluste *pl*; **~ (de·part·ment)** MED Notaufnahme *f*; **~ ward** MED Unfallstation *f*
cas·u·al wear Freizeitkleidung *f*
cat zo Katze *f*
cat·a·log, *esp Br* **cat·a·logue 1.** Katalog *m*; Verzeichnis *n*, Liste *f* **2.** katalogisieren
cat·a·lyt·ic con·vert·er MOT Katalysator *m*
cat·a·pult *Br* Schleuder *f*; Katapult *n*, *m*
cat·a·ract Wasserfall *m*; Stromschnelle *f*; MED grauer Star
ca·tarrh MED Katarr(h) *m*
ca·tas·tro·phe Katastrophe *f*
catch 1. Fangen *n*; Fang *m*, Beute *f*; Halt *m*, Griff *m*; TECH Haken *m* (*a. fig*); (Tür)Klinke *f*; Verschluss *m* **2.** *v/t* (auf-, ein)fangen; packen, fassen, ergreifen; überraschen, ertappen; *Blick etc* auffangen; F *Zug etc* (noch) kriegen, erwischen; *et.* erfassen, verstehen; *Atmosphäre etc* einfangen; sich *e-e Krankheit* holen; **~ (*a*) *cold*** sich erkälten; **~ *the eye*** ins Auge fallen; **~ *s.o.'s eye*** j-s Aufmerksamkeit auf sich lenken; **~ *s.o. up*** j-n einholen; ***be caught up in*** verwickelt sein in (*acc*); *v/i* sich verfangen, hängen bleiben; fassen, greifen; TECH ineinandergreifen; klemmen; einschnappen; **~ *up with*** einholen
catch·er Fänger *m*
catch·ing packend; MED ansteckend (*a. fig*)
catch·word Schlagwort *n*; Stichwort *n*
catch·y MUS eingängig
cat·e·chis·m REL Katechismus *m*
cat·e·go·ry Kategorie *f*
ca·ter: **~ *for*** Speisen und Getränke liefern für; *fig* sorgen für
cat·er·pil·lar zo Raupe *f*
Cat·er·pil·lar® MOT Raupenfahrzeug *n*; **~ trac·tor®** MOT Raupenschlepper *m*
cat·gut MUS Darmsaite *f*
ca·the·dral Dom *m*, Kathedrale *f*
Cath·o·lic REL **1.** katholisch **2.** Katholik(in)
cat·kin BOT Kätzchen *n*
cat·tle Vieh *n*; **~ breed·er** Viehzüchter *m*; **~ breed·ing** Viehzucht *f*; **~ dealer** Viehhändler *m*; **~ mar·ket** Viehmarkt *m*
ca(u)l·dron großer Kessel
cau·li·flow·er BOT Blumenkohl *m*
cause 1. Ursache *f*; Grund *m*; Sache *f* **2.** verursachen; veranlassen
cause·less grundlos
cau·tion 1. Vorsicht *f*; Warnung *f*; Verwarnung *f* **2.** warnen; verwarnen; JUR

belehren
cau·tious behutsam, vorsichtig
cav·al·ry HIST MIL Kavallerie *f*
cave **1.** Höhle *f* **2.** *v/i*: **~ in** einstürzen
cav·ern (große) Höhle
cav·i·ty Höhle *f*; MED Loch *n*
caw ZO **1.** krächzen **2.** Krächzen *n*
CD *abbr of* ***compact disk*** CD *f*; **~ bur·ner** CD-Brenner *m*; **~ play·er** CD-Spieler *m*; **~-ROM** *abbr of* ***compact disk read-only memory*** CD-ROM; **~-ROM drive** CD-ROM-Laufwerk *n*; **~ vid·e·o** CD-Video *n*; **~ wri·ter** CD-Brenner *m*
cease aufhören; beenden
cease·fire MIL Feuereinstellung *f*; Waffenruhe *f*
cease·less unaufhörlich
cei·ling (Zimmer)Decke *f*; ECON Höchstgrenze *f*, oberste Preisgrenze
cel·e·brate feiern; **cel·e·brat·ed** gefeiert, berühmt (***for*** für, wegen)
cel·e·bra·tion Feier *f*
ce·leb·ri·ty Berühmtheit *f*
cel·e·ry BOT Sellerie *m*, *f*
ce·les·ti·al himmlisch
cel·i·ba·cy Ehelosigkeit *f*
cell BIOL Zelle *f*, ELECTR *a.* Element *n*
cel·lar Keller *m*
cel·list MUS Cellist(in)
cel·lo MUS (Violon)Cello *n*
cel·lo·phane® Cellophan® *n*
cel·lu·lar BIOL Zell(en)…
cel·lu·lar phone Handy *n*
Cel·tic keltisch
ce·ment **1.** Zement *m*; Kitt *m* **2.** zementieren; (ver)kitten
cem·e·tery Friedhof *m*
cen·sor **1.** Zensor *m* **2.** zensieren
cen·sor·ship Zensur *f*
cen·sure **1.** Tadel *m*, Verweis *m* **2.** tadeln
cen·sus Volkszählung *f*
cent Hundert *n*; Cent *m* (*1/100 Dollar*); ***per*** **~** Prozent *n*
cen·te·na·ry Hundertjahrfeier *f*, hundertjähriges Jubiläum
cen·ten·ni·al **1.** hundertjährig **2.** → ***centenary***
cen·ter **1.** Zentrum *n*, Mittelpunkt *m*; *soccer*: Flanke *f* **2.** (sich) konzentrieren; zentrieren; **~ back** *soccer*: Vorstopper *m*; **~ for·ward** SPORT Mittelstürmer(in); **~ of grav·i·ty** PHYS Schwerpunkt *m*
cen·ti·grade: ***10 degrees*** **~** 10 Grad Celsius
cen·ti·me·ter, *Br* **cen·ti·me·tre** Zentimeter *m*, *n*
cen·ti·pede ZO Tausendfüß(l)er *m*
cen·tral zentral; Haupt…, Zentral…; Mittel…; **~ heat·ing** Zentralheizung *f*
cen·tral·ize zentralisieren
cen·tral| lock·ing MOT Zentralverriegelung *f*; **~ res·er·va·tion** *Br* MOT Mittelstreifen *m*
cen·tre *Br* → ***center***
cen·tu·ry Jahrhundert *n*
ce·ram·ics Keramik *f*, keramische Erzeugnisse *pl*
ce·re·al **1.** Getreide… **2.** BOT Getreide *n*; Getreidepflanze *f*; GASTR Getreideflocken *pl*, Frühstückskost *f*
cer·e·bral ANAT Gehirn…
cer·e·mo·ni·al **1.** zeremoniell **2.** Zeremoniell *n*
cer·e·mo·ni·ous zeremoniell; förmlich
cer·e·mo·ny Zeremonie *f*; Feier *f*, Feierlichkeit *f*; Förmlichkeit(en *pl*) *f*
cer·tain sicher, gewiss; zuverlässig; bestimmt; gewisse(r, -s); **cer·tain·ly** sicher, gewiss; *int* sicherlich, bestimmt, natürlich; **cer·tain·ty** Sicherheit *f*, Bestimmtheit *f*, Gewissheit *f*
cer·tif·i·cate Zeugnis *n*; Bescheinigung *f*; **~ *of* (*good*) *conduct*** Führungszeugnis *n*; ***General Certificate of Education advanced level*** (***A level***) *Br* PED *appr* Abitur(zeugnis) *n*; ***General Certificate of Education ordinary level*** (***O level***) *Br* PED *appr* mittlere Reife; ***medical*** **~** ärztliches Attest
cer·ti·fy *et.* bescheinigen; beglaubigen
cer·ti·tude Sicherheit *f*, Bestimmtheit *f*, Gewissheit *f*
CET *abbr of* ***Central European Time*** MEZ, mitteleuropäische Zeit
cf (*Latin* ***confer***) *abbr of* ***compare*** vgl., vergleiche
CFC *abbr of* ***chlorofluorocarbon*** FCKW, Fluorchlorkohlenwasserstoff *m*
chafe *v/t* warm reiben; aufreiben, wund reiben; *v/i* (sich durch)reiben, scheuern
chaff AGR Spreu *f*; Häcksel *n*
chaf·finch ZO Buchfink *m*
chag·rin **1.** Ärger *m* **2.** ärgern
chain **1.** Kette *f*; *fig* Fessel *f* **2.** (an)ket-

ten; fesseln
chain re·ac·tion Kettenreaktion *f*
chain-smoke F Kette rauchen
chain-smok·er Kettenraucher(in)
chain-smok·ing Kettenrauchen *n*
chain store Kettenladen *m*
chair Stuhl *m*; UNIV Lehrstuhl *m*; ECON *etc* Vorsitz *m*; ***be in the ~*** den Vorsitz führen; **~ lift** Sessellift *m*
chair·man Vorsitzende *m*, Präsident *m*; Diskussionsleiter *m*; ECON *Br* Generaldirektor *m*
chair·man·ship Vorsitz *m*
chair·wom·an Vorsitzende *f*, Präsidentin *f*; Diskussionsleiterin *f*
chal·ice REL Kelch *m*
chalk 1. Kreide *f* **2.** mit Kreide schreiben *or* zeichnen
chal·lenge 1. Herausforderung *f* **2.** herausfordern
chal·len·ger Herausforderer *m*
cham·ber TECH, PARL *etc* Kammer *f*
cham·ber·maid Zimmermädchen *n*
cham·ber of com·merce ECON Handelskammer *f*
cham·ois ZO Gämse *f*
cham·ois (leath·er) Fensterleder *n*
champ F SPORT → ***champion***
cham·pagne Champagner *m*
cham·pi·on 1. Verfechter(in), Fürsprecher(in); SPORT Meister(in) **2.** verfechten, eintreten für; **cham·pi·on·ship** SPORT Meisterschaft *f*
chance 1. Zufall *m*; Chance *f*, (günstige) Gelegenheit; Aussicht *f* (***of*** auf *acc*); Möglichkeit *f*; Risiko *n*; ***by ~*** zufällig; ***take a ~*** es darauf ankommen lassen; ***take no ~s*** nichts riskieren (wollen) **2.** zufällig **3.** F riskieren
chan·cel·lor Kanzler(in)
chan·de·lier Kronleuchter *m*
change 1. Veränderung *f*, Wechsel *m*; Abwechslung *f*; Wechselgeld *n*; Kleingeld *n*; ***for a ~*** zur Abwechslung; ***~ for the better*** (***worse***) Bess(e)rung *f* (Verschlechterung *f*); **2.** *v/t* (ver)ändern, umändern; (aus)wechseln; (aus-, ver-) tauschen (***for*** gegen); umbuchen; MOT, TECH schalten; ***~ over*** umschalten; umstellen; ***~ trains*** umsteigen; *v/i* sich (ver)ändern, wechseln; sich umziehen
change·a·ble veränderlich
change ma·chine Münzwechsler *m*
change·o·ver Umstellung *f* (***to*** auf *acc*)
chang·ing room *esp* SPORT Umkleidekabine *f*, Umkleideraum *m*
chan·nel 1. Kanal *m* (*a. fig*); (*Fernseh-etc*)Kanal *m*, (*Fernseh- etc*)Programm *n*; *fig* Weg *m* **2.** *fig* lenken
Chan·nel Tun·nel Kanaltunnel *m*, Eurotunnel *m*
chant 1. (Kirchen)Gesang *m*; Singsang *m* **2.** in Sprechchören rufen
cha·os Chaos *n*
chap[1] **1.** Riss *m* **2.** rissig machen *or* werden; aufspringen
chap[2] *Br* F Bursche *m*, Kerl *m*
chap·el ARCH Kapelle *f*; REL Gottesdienst *m*
chap·lain REL Kaplan *m*
chap·ter Kapitel *n*
char verkohlen
char·ac·ter Charakter *m*; Ruf *m*, Leumund *m*; Schriftzeichen *n*, Buchstabe *m*; *novel etc*: Figur *f*, Gestalt *f*; THEA Rolle *f*; **char·ac·ter·is·tic 1.** charakteristisch (***of*** für); **2.** Kennzeichen *n*;
char·ac·ter·ize charakterisieren
char·coal Holzkohle *f*
charge 1. *v/t* ELECTR (auf)laden; *Gewehr etc* laden; *j-n* beauftragen (***with*** mit); *j-n* beschuldigen *or* anklagen (***with*** *e-r Sache*) (*a.* JUR); ECON berechnen, verlangen, fordern (***for*** für); MIL angreifen; stürmen; ***~ s.o. with s.th.*** ECON j-m et. in Rechnung stellen; *v/i*: ***~ at s.o.*** auf j-n losgehen **2.** Ladung *f* (*a.* ELECTR *etc*); (Spreng)Ladung *f*; Beschuldigung *f*, *a.* JUR Anklage(-punkt *m*) *f*; ECON Preis *m*; Forderung *f*; Gebühr *f*; *a. pl* Unkosten *pl*, Spesen *pl*; Verantwortung *f*; Schützling *m*, Mündel *n*, *m*; ***free of ~*** kostenlos; ***be in ~ of*** verantwortlich sein für; ***take ~ of*** die Leitung *etc* übernehmen, die Sache in die Hand nehmen
char·ger Aufladegerät *n*
char·i·ot HIST Streit-, Triumphwagen *m*
cha·ris·ma Charisma *n*, Ausstrahlung *f*, Ausstrahlungskraft *f*
char·i·ta·ble wohltätig
char·i·ty Nächstenliebe *f*; Wohltätigkeit *f*; Güte *f*, Nachsicht *f*; milde Gabe
char·la·tan Scharlatan *m*; Quacksalber *m*, Kurpfuscher *m*
charm 1. Zauber *m*; Charme *m*, Reiz *m*; Talisman *m*, Amulett *n* **2.** bezaubern, entzücken

C

charm·ing charmant, bezaubernd
chart (*See-, Himmels-, Wetter*)Karte *f*; Diagramm *n*, Schaubild *n*; *pl* MUS Charts *pl*, Hitliste(n *pl*) *f*
char·ter 1. Urkunde *f*; Charta *f*; Chartern *n* **2.** chartern, mieten
char·ter flight Charterflug *m*
char·wom·an Putzfrau *f*, Raumpflegerin *f*
chase 1. Jagd *f*; Verfolgung *f* **2.** *v/t* jagen, hetzen; Jagd machen auf (*acc*); TECH ziselieren; *v/i* rasen, rennen
chasm Kluft *f*, Abgrund *m*
chaste keusch; schlicht
chas·tise züchtigen
chas·ti·ty Keuschheit *f*
chat 1. Geplauder *n*, Schwätzchen *n*, Plauderei *f*; IT Chat *m* **2.** plaudern; IT chatten
chat show *Br* TV Talkshow *f*
chat show host *Br* TV Talkmaster *m*
chat·ter 1. plappern; schnattern; klappern **2.** Geplapper *n*; Klappern *n*
chat·ter·box F Plappermaul *n*
chat·ty gesprächig
chauf·feur Chauffeur *m*
chau·vi F Chauvi *m*
chau·vin·ist Chauvinist *m*; F ***male ~ pig*** Chauvi *m*; *contp* Chauvischwein *n*
cheap billig; *fig* schäbig, gemein
cheap·en (sich) verbilligen; *fig* herabsetzen
cheat 1. Betrug *m*, Schwindel *m*; Betrüger(in) **2.** betrügen; F schummeln
check 1. Schach(stellung *f*) *n*; Hemmnis *n*, Hindernis *n* (***on*** für); Einhalt *m*; Kontrolle *f* (***on*** *gen*); Kontrollabschnitt *m*, -schein *m*; Gepäckschein *m*; Garderobenmarke *f*; ECON Scheck *m* (***for*** über); Häkchen *n* (*on a list etc*); ECON Kassenzettel *m*, Rechnung *f*; karierter Stoff **2.** *v/i* (plötzlich) innehalten; ***~ in*** sich (*in e-m Hotel*) anmelden; einstempeln; AVIAT einchecken; ***~ out*** (*aus e-m Hotel*) abreisen; ausstempeln; ***~ up*** (***on***) F (*e-e Sache*) nachprüfen, (*e-e Sache, j-n*) überprüfen; *v/t* hemmen, hindern, aufhalten; zurückhalten; checken, kontrollieren, überprüfen; *auf e-r Liste* abhaken; *Mantel etc* in der Garderobe abgeben; *Gepäck* aufgeben
check card ECON Scheckkarte *f*
checked kariert
check·ers Damespiel *n*
check-in Anmeldung *f*; Einstempeln *n*; AVIAT Einchecken *n*
check-in| coun·ter, ~ desk AVIAT Abfertigungsschalter *m*
check·ing ac·count ECON Girokonto *n*
check·list Check-, Kontrollliste *f*
check·mate 1. (Schach)Matt *n* **2.** (schach)matt setzen
check-out Abreise *f*; Ausstempeln *n*
check-out coun·ter Kasse *f*
check·point Kontrollpunkt *m*
check·room Garderobe *f*; Gepäckaufbewahrung *f*
check·up Überprüfung *f*; MED Check-up *m*, Vorsorgeuntersuchung *f*
cheek ANAT Backe *f*, Wange *f*; *Br* Unverschämtheit *f*; **cheek·y** *Br* frech
cheer 1. Stimmung *f*, Fröhlichkeit *f*; Hoch *n*, Hochruf *m*, Beifall *m*, Beifallsruf *m*; *pl* SPORT Anfeuerungsrufe *pl*; ***three ~s!*** dreimal hoch!; ***~s!*** prost! **2.** *v/t* mit Beifall begrüßen; *a.* ***~ on*** anspornen; *a.* ***~ up*** aufheitern; *v/i* hoch rufen, jubeln; *a.* ***~ up*** Mut fassen; ***~ up!*** Kopf hoch!; **cheer·ful** vergnügt
cheer·i·o *int Br* F tschüs(s)!
cheer·lead·er SPORT Einpeitscher *m*, Cheerleader *m*
cheer·less freudlos; unfreundlich
cheer·y vergnügt
cheese Käse *m*
chee·tah ZO Gepard *m*
chef Küchenchef *m*; Koch *m*
chem·i·cal 1. chemisch **2.** Chemikalie *f*
chem·ist Chemiker(in); Apotheker(in); Drogist(in)
chem·is·try Chemie *f*
chem·ist's shop Apotheke *f*; Drogerie *f*
chem·o·ther·a·py MED Chemotherapie *f*
cheque *Br* ECON Scheck *m*; ***crossed ~*** Verrechnungsscheck *m*; ***~ ac·count*** *Br* Girokonto *n*; ***~ card*** *Br* Scheckkarte *f*
cher·ry BOT Kirsche *f*
chess Schach(spiel) *n*; ***a game of ~*** e-e Partie Schach
chess·board Schachbrett *n*
chess·man, chess·piece Schachfigur *f*
chest Kiste *f*; Truhe *f*; ANAT Brust *f*, Brustkasten *m*; ***get s.th. off one's ~*** F sich et. von der Seele reden
chest·nut 1. BOT Kastanie *f* **2.** kastanienbraun
chest of drawers Kommode *f*

C

chew (zer)kauen
chew·ing gum Kaugummi *m*
chic schick, *Austrian* fesch
chick zo Küken *n*, junger Vogel; F Biene *f*, Puppe *f* (*girl*)
chick·en zo Huhn *n*; Küken *n*; GASTR (*Brat*)Hähnchen *n*, (*Brat*)Hühnchen *n*
chick·en·heart·ed furchtsam, feige
chick·en pox MED Windpocken *pl*
chic·o·ry BOT Chicorée *m*, *f*
chief **1.** oberste(r, -s), Ober…, Haupt…, Chef…; wichtigste(r, -s) **2.** Chef *m*; Häuptling *m*
chief·ly hauptsächlich
chil·blain MED Frostbeule *f*
child Kind *n*; ~ **a·buse** JUR Kindesmisshandlung *f*; ~ **ben·e·fit** *Br* Kindergeld *n*; ~**birth** Geburt *f*, Niederkunft *f*; ~**hood** Kindheit *f*; ***from*** ~ von Kindheit an; ~**ish** kindlich; kindisch; ~**like** kindlich; ~**mind·er** Tagesmutter *f*; ~**seat** Kindersitz *m*, Babysitz *m*
chill **1.** kalt, frostig, kühl (*a. fig*) **2.** Frösteln *n*; Kälte *f*, Kühle *f* (*a. fig*); MED Erkältung *f* **3.** abkühlen; *j-n* frösteln lassen; kühlen
chill·y kalt, frostig, kühl (*a. fig*)
chime **1.** Glockenspiel *n*; Geläut *n* **2.** läuten; schlagen (*clock*)
chim·ney Schornstein *m*
chim·ney sweep Schornsteinfeger *m*
chimp F, **chim·pan·zee** zo Schimpanse *m*
chin ANAT Kinn *n*; ~ ***up!*** Kopf hoch!, halt die Ohren steif!
chi·na Porzellan *n*
Chi·na China *n*
Chi·nese **1.** chinesisch **2.** Chinese *m*, Chinesin *f*; LING Chinesisch *n*; ***the*** ~ die Chinesen *pl*
chink Ritz *m*, Spalt *m*
chip **1.** Splitter *m*, Span *m*, Schnitzel *n*, *m*; dünne Scheibe; Spielmarke *f*; IT Chip *m* **2.** *v/t* schnitzeln; anschlagen, abschlagen; *v/i* abbröckeln
chips (Kartoffel)Chips *pl*; *Br* Pommes frites *pl*, F Fritten *pl*
chi·rop·o·dist Fußpfleger(in), Pediküre *f*
chirp zo zirpen, zwitschern, piepsen
chis·el **1.** Meißel *m* **2.** meißeln
chit-chat Plauderei *f*
chiv·al·rous ritterlich
chive(s) BOT Schnittlauch *m*
chlo·ri·nate *Wasser etc* chloren
chlo·rine CHEM Chlor *n*
chlo·ro·fluo·ro·car·bon (*abbr* ***CFC***) CHEM Fluorchlorkohlenwasserstoff *m* (*abbr* ***FCKW***)
chlor·o·form MED **1.** Chloroform *n* **2.** chloroformieren
choc·o·late Schokolade *f*; Praline *f*; *pl* Pralinen *pl*, Konfekt *n*
choice **1.** Wahl *f*; Auswahl *f* **2.** auserlesen, ausgesucht, vorzüglich
choir ARCH, MUS Chor *m*
choke **1.** *v/t* (er)würgen, (*a. v/i*) ersticken; ~ ***back*** *Ärger etc* unterdrücken, *Tränen* zurückhalten; ~ ***down*** hinunterwürgen; *a.* ~ ***up*** verstopfen **2.** MOT Choke *m*, Luftklappe *f*
cho·les·te·rol MED Cholesterin *n*
choose (aus)wählen, aussuchen
choos·(e)y *esp Br* wählerisch
chop **1.** Hieb *m*, (Handkanten)Schlag *m*; GASTR Kotelett *n* **2.** *v/t* (zer)hacken, hauen; ~ ***down*** fällen; *v/i* hacken
chop·per Hackmesser *n*, Hackbeil *n*; F Hubschrauber *m*
chop·py unruhig (*sea*)
chop·stick Essstäbchen *n*
cho·ral MUS Chor…
cho·rale MUS Choral *m*
chord MUS Saite *f*; Akkord *m*
chore schwierige *or* unangenehme Aufgabe; *pl* Hausarbeit *f*
cho·rus MUS Chor *m*; Kehrreim *m*, Refrain *m*; Tanzgruppe *f*
Christ REL Christus *m*
chris·ten REL taufen
chris·ten·ing REL **1.** Taufe *f* **2.** Tauf…
Chris·tian REL **1.** christlich **2.** Christ(in)
Chris·ti·an·i·ty REL Christentum *n*
Chris·tian name Vorname *m*
Christ·mas Weihnachten *n and pl*; ***at*** ~ zu Weihnachten; ~ **Day** erster Weihnachtsfeiertag; ~ **Eve** Heiliger Abend
chrome Chrom *n*
chro·mi·um CHEM Chrom *n*
chron·ic chronisch; ständig, (an)dauernd
chron·i·cle Chronik *f*
chron·o·log·i·cal chronologisch
chro·nol·o·gy Zeitrechnung *f*; Zeitfolge *f*
chub·by F rundlich, pumm(e)lig; pausbäckig
chuck F werfen, schmeißen; ~ ***out*** *j-n*

rausschmeißen; *et.* wegschmeißen; **~ up** *Job etc* hinschmeißen
chuck·le 1. ~ (***to o.s.***) (stillvergnügt) in sich hineinlachen **2.** leises Lachen
chum F Kamerad *m*, Kumpel *m*
chum·my F dick befreundet
chump Holzklotz *m*; F Trottel *m*
chunk Klotz *m*, Klumpen *m*
Chun·nel F → ***Channel Tunnel***
church 1. Kirche *f* **2.** Kirch…, Kirchen…
church ser·vice REL Gottesdienst *m*
church·yard Kirchhof *m*
churl·ish grob, flegelhaft
churn 1. Butterfass *n* **2.** buttern; *Wellen* aufwühlen, peitschen
chute Stromschnelle *f*; Rutsche *f*, Rutschbahn *f*; F Fallschirm *m*
ci·der *a.* ***hard*** ~ Apfelwein *m*; (***sweet***) ~ Apfelmost *m*, Apfelsaft *m*
ci·gar Zigarre *f*
cig·a·rette Zigarette *f*
cinch F todsichere Sache
cin·der Schlacke *f*; *pl* Asche *f*
Cin·de·rel·la Aschenbrödel *n*, Aschenputtel *n*
cin·der track SPORT Aschenbahn *f*
cin·e·cam·e·ra (Schmal)Filmkamera *f*
cin·e·film Schmalfilm *m*
cin·e·ma *Br* Kino *n*; Film *m*
cin·na·mon Zimt *m*
ci·pher Geheimschrift *f*, Chiffre *f*; Null *f* (*a. fig*)
cir·cle 1. Kreis *m*; THEA Rang *m*; *fig* Kreislauf *m* **2.** (um)kreisen
cir·cuit Kreislauf *m*; ELECTR Stromkreis *m*; Rundreise *f*; SPORT Zirkus *m*; ***short*** ~ ELECTR Kurzschluss *m*
cir·cu·i·tous gewunden; weitschweifig; ~ ***route*** Umweg *m*
cir·cu·lar 1. kreisförmig; Kreis… **2.** Rundschreiben *n*; Umlauf *m*; (Post-) Wurfsendung *f*
cir·cu·late *v/i* zirkulieren, im Umlauf sein; *v/t* in Umlauf setzen
cir·cu·lat·ing li·bra·ry Leihbücherei *f*
cir·cu·la·tion (*a.* Blut)Kreislauf *m*, Zirkulation *f*; ECON Umlauf *m*; *newspaper etc*: Auflage *f*
cir·cum·fer·ence (Kreis)Umfang *m*
cir·cum·nav·i·gate umschiffen, umsegeln
cir·cum·scribe MATH umschreiben; *fig* begrenzen
cir·cum·spect umsichtig, vorsichtig
cir·cum·stance Umstand *m*; *pl* (Sach-) Lage *f*, Umstände *pl*; Verhältnisse *pl*; ***in*** *or* ***under no ~s*** unter keinen Umständen, auf keinen Fall; ***in*** *or* ***under the ~s*** unter diesen Umständen
cir·cum·stan·tial ausführlich; umständlich; ~ **ev·i·dence** JUR Indizien *pl*, Indizienbeweis *m*
cir·cus Zirkus *m*
CIS *abbr of* ***Commonwealth of Independent States*** *die* GUS, *die* Gemeinschaft unabhängiger Staaten
cis·tern Wasserbehälter *m*; Spülkasten *m*
ci·ta·tion Zitat *n*; JUR Vorladung *f*
cite zitieren; JUR vorladen
cit·i·zen Bürger(in); Städter(in); Staatsangehörige *m, f*
cit·i·zen·ship Staatsangehörigkeit *f*
cit·y 1. (Groß)Stadt *f*; ***the City*** die (Londoner) City **2.** städtisch, Stadt…; ~ **cen·tre** *Br* Innenstadt *f*, City *f*; ~ **coun·cil·(l)or** Stadtrat *m*, Stadträtin *f*; ~ **hall** Rathaus *n*; Stadtverwaltung *f*
civ·ic städtisch, Stadt…
civ·ics PED Staatsbürgerkunde *f*
civ·il staatlich, Staats…; (staats)bürgerlich, Bürger…; zivil, Zivil…; JUR zivilrechtlich; höflich
ci·vil·i·an Zivilist *m*
ci·vil·i·ty Höflichkeit *f*
civ·i·li·za·tion Zivilisation *f*, Kultur *f*
civ·i·lize zivilisieren
civ·il rights (Staats)Bürgerrechte *pl*; ~ **ac·tiv·ist** Bürgerrechtler(in); ~ **move·ment** Bürgerrechtsbewegung *f*
civ·il| ser·vant Staatsbeamte *m*, -beamtin *f*; ~ **ser·vice** Staatsdienst *m*; ~ **war** Bürgerkrieg *m*
clad gekleidet
claim 1. Anspruch *m*; Anrecht *n* (***to*** auf *acc*); Forderung *f*; Behauptung *f*; Claim *m* **2.** beanspruchen; fordern; behaupten
clair·voy·ant 1. hellseherisch **2.** Hellseher(in)
clam·ber (mühsam) klettern
clam·my feuchtkalt, klamm
clam·o(u)r 1. Geschrei *n*, Lärm *m* **2.** lautstark verlangen (***for*** nach)
clamp TECH Zwinge *f*
clan Clan *m*, Sippe *f*
clan·des·tine heimlich

clang klingen, klirren; erklingen lassen
clank 1. Gerassel *n*, Geklirr *n* **2.** rasseln *or* klirren (mit)
clap 1. Klatschen *n*; Schlag *m*, Klaps *m* **2.** schlagen *or* klatschen (mit)
clar·et roter Bordeaux(wein); Rotwein *m*
clar·i·fy *v/t* (auf)klären, klarstellen; *v/i* sich (auf)klären, klar werden
clar·i·net MUS Klarinette *f*
clar·i·ty Klarheit *f*
clash 1. Zusammenstoß *m*; Konflikt *m* **2.** zusammenstoßen; *fig* nicht zusammenpassen *or* harmonieren
clasp 1. Haken *m*, Schnalle *f*; Schloss *n*, (Schnapp) Verschluss *m*; Umklammerung *f* **2.** einhaken, zuhaken; ergreifen, umklammern
clasp knife Taschenmesser *n*
class 1. Klasse *f*; (Bevölkerungs-) Schicht *f*; (Schul)Klasse *f*; (Unterrichts)Stunde *f*; Kurs *m*; Jahrgang *m* **2.** (in Klassen) einteilen, einordnen, einstufen
clas·sic 1. Klassiker *m* **2.** klassisch
clas·si·cal klassisch
clas·sic car Klassiker *m*
clas·si·fi·ca·tion Klassifizierung *f*, Einteilung *f*
clas·si·fied klassifiziert; MIL, POL geheim; ~ **ad** Kleinanzeige *f*
clas·si·fy klassifizieren, einstufen
class·mate Mitschüler(in)
class·room Klassenzimmer *n*
clat·ter 1. Geklapper *n* **2.** klappern (mit)
clause JUR Klausel *f*, Bestimmung *f*; LING Satz(teil *n*) *m*
claw 1. zo Klaue *f*, Kralle *f*; (*Krebs-*) Schere *f* **2.** (zer)kratzen; umkrallen, packen
clay Ton *m*, Lehm *m*
clean 1. *adj* rein; sauber, glatt, eben; *sl* clean **2.** *adv* völlig, ganz und gar **3.** reinigen, säubern, putzen; ~ ***out*** reinigen; ~ ***up*** gründlich reinigen; aufräumen
clean·er Rein(e)machefrau *f*, (*Fenster- etc*)Putzer *m*; Reinigungsmittel *n*, Reiniger *m*; ***take to the ~s*** *et.* zur Reinigung bringen; F *j-n* ausnehmen
clean·ing: ***do the ~*** sauber machen, putzen; ~ **la·dy**, ~ **wom·an** Putzfrau *f*
clean·li·ness Reinlichkeit *f*
clean·ly 1. *adv* sauber **2.** *adj* reinlich
cleanse reinigen, säubern
cleans·er Putzmittel *n*, Reinigungsmittel *n*, Reiniger *m*
clear 1. klar; hell; rein; deutlich; frei (***of*** von); ECON Netto…, Rein… **2.** *v/t* reinigen, säubern; *Wald* lichten, roden; wegräumen (*a.* ~ ***away***); *Tisch* abräumen; räumen, leeren; *Hindernis* nehmen; SPORT klären; ECON verzollen; JUR freisprechen; IT löschen; *v/i* klar *or* hell werden; METEOR aufklaren; sich verziehen (*fog*); ~ ***out*** aufräumen; ausräumen, entfernen; F abhauen; ~ ***up*** aufräumen; *Verbrechen etc* aufklären; METEOR aufklaren
clear·ance Räumung *f*; TECH lichter Abstand; Freigabe *f*; ~ **sale** ECON Räumungsverkauf *m*, Ausverkauf *m*
clear·ing Lichtung *f*
cleave spalten
cleav·er Hackmesser *n*
clef MUS Schlüssel *m*
cleft Spalt *m*, Spalte *f*
clem·en·cy Milde *f*, Nachsicht *f*
clem·ent mild (*a.* METEOR)
clench *Lippen etc* (fest) zusammenpressen; *Zähne* zusammenbeißen; *Faust* ballen
cler·gy REL Klerus *m*, *die* Geistlichen *pl*
cler·gy·man REL Geistliche *m*
clerk Verkäufer(in); (Büro- *etc*)Angestellte *m, f*, (Bank-, Post)Beamte *m*, (-)Beamtin *f*
clev·er klug, gescheit; geschickt
click 1. Klicken *n* **2.** *v/i* klicken; zu-, einschnappen; *mit der Zunge* schnalzen; *v/t* klicken *or* einschnappen lassen; mit *der Zunge* schnalzen; ~ ***on*** IT anklicken
cli·ent JUR Klient(in), Mandant(in); Kunde *m*, Kundin *f*, Auftraggeber(in)
cliff Klippe *f*, Felsen *m*
cli·mate Klima *n*
cli·max Höhepunkt *m*; Orgasmus *m*
climb klettern; (er-, be)steigen; ~ ***(up) a tree*** auf e-n Baum klettern
climb·er Kletterer *m*, Bergsteiger(in); BOT Kletterpflanze *f*
clinch 1. TECH sicher befestigen; (ver)nieten; *boxing*: umklammern (*v/i* clinchen); *fig* entscheiden; ***that ~ed it*** damit war die Sache entschieden **2.** *boxing*: Clinch *m*
cling (***to***) festhalten (an *dat*), sich klammern (an *acc*); sich (an)schmiegen (an

C

C

acc)
cling·film® *esp Br* Frischhaltefolie *f*
clin·ic Klinik *f*
clin·i·cal klinisch
clink 1. Klirren *n*, Klingen *n*; *sl* Knast *m* **2.** klingen *or* klirren (lassen); klimpern mit
clip[1] **1.** ausschneiden; *Schafe etc* scheren **2.** Schnitt *m*; Schur *f*; (*Film- etc*) Ausschnitt *m*; (*Video*)Clip *m*
clip[2] **1.** (Heft-, Büro- *etc*)Klammer *f*; (*Ohr*)Klipp *m* **2.** *a.* ~ ***on*** anklammern
clip·per: (***a pair of***) ~***s*** (e-e) (*Nagel- etc*)-Schere *f*, Haarschneidemaschine *f*
clip·pings Abfälle *pl*, Schnitzel *pl*; (*Zeitungs- etc*)Ausschnitte *pl*
clit·o·ris ANAT Klitoris *f*
cloak 1. Umhang *m* **2.** *fig* verhüllen
cloak·room *Br* Garderobe *f*; Toilette *f*
clock 1. (*Wand-, Stand-, Turm*)Uhr *f*; ***9 o'clock*** 9 Uhr **2.** SPORT Zeit stoppen; ~ ***in***, ~ ***on*** einstempeln; ~ ***out***, ~ ***off*** ausstempeln; ~ **ra·di·o** Radiowecker *m*
clock·wise im Uhrzeigersinn
clock·work Uhrwerk *n*; ***like*** ~ wie am Schnürchen
clod (Erd)Klumpen *m*
clog 1. (Holz)Klotz *m*; Holzschuh *m* **2.** *a.* ~ ***up*** verstopfen
clois·ter ARCH Kreuzgang *m*; REL Kloster *n*
close 1. *adj* geschlossen; knapp (*result etc*); genau, gründlich (*inspection etc*); eng (anliegend); stickig, schwül; eng (*friend*), nah (*relative*); ***keep a*** ~ ***watch on*** scharf im Auge behalten (*acc*) **2.** *adv* eng, nahe, dicht; ~ ***by*** ganz in der Nähe, nahe *or* dicht bei **3.** Ende *n*, (Ab)Schluss *m*; ***come or draw to a*** ~ sich dem Ende nähern; Einfriedung *f* **4.** *v/t* (ab-, ver-, zu)schließen, zumachen; ECON schließen; *Straße* (ab)sperren; *v/i* sich schließen; schließen, zumachen; enden, zu Ende gehen; ~ ***down*** *Geschäft etc* schließen, *Betrieb* stilllegen; *radio*, TV das Programm beenden, Sendeschluss haben; ~ ***in*** bedrohlich nahe kommen; hereinbrechen (*night*); ~ ***up*** (ab-, ver-, zu)schließen; aufschließen, aufrücken
closed geschlossen, F *pred* zu
clos·et (Wand)Schrank *m*
close-up PHOT, *film*: Großaufnahme *f*
clos·ing date Einsendeschluss *m*
clos·ing time Laden-, Geschäftsschluss *m*; Polizeistunde *f* (*of a pub*)
clos·ure Abschluss *m*; ***look for*** ~ *mit et.* abschließen wollen
clot 1. Klumpen *m*, Klümpchen *n*; ~ ***of blood*** MED Blutgerinnsel *n* **2.** gerinnen; Klumpen bilden
cloth Stoff *m*, Tuch *n*; Lappen *m*
cloth·bound in Leinen gebunden
clothe (an-, be)kleiden; einkleiden
clothes Kleider *pl*, Kleidung *f*; Wäsche *f*
clothes bas·ket Wäschekorb *m*
clothes·horse Wäscheständer *m*
clothes·line Wäscheleine *f*
clothes peg *Br*, **clothes·pin** Wäscheklammer *f*
cloth·ing (Be)Kleidung *f*
cloud 1. Wolke *f*; *fig* Schatten *m* **2.** (sich) bewölken; (sich) trüben
cloud·burst Wolkenbruch *m*
cloud·less wolkenlos
cloud·y bewölkt; trüb; *fig* unklar
clout F Schlag *m*; POL Einfluss *m*
clove[1] GASTR (Gewürz)Nelke *f*; ~ ***of garlic*** Knoblauchzehe *f*
clo·ven hoof ZO Huf *m* der Paarzeher
clo·ver BOT Klee *m*
clown Clown *m*, Hanswurst *m*
club 1. Keule *f*; Knüppel *m*; SPORT Schlagholz *n*; (*Golf*)Schläger *m*; Klub *m*; *pl card game*: Kreuz *n* **2.** einknüppeln auf (*acc*), niederknüppeln
club·foot MED Klumpfuß *m*
cluck ZO **1.** gackern; glucken **2.** Gackern *n*; Glucken *n*
clue Anhaltspunkt *m*, Fingerzeig *m*, Spur *f*
clump 1. Klumpen *m*; (*Baum- etc* -) Gruppe *f* **2.** trampeln
clum·sy unbeholfen, ungeschickt, plump
clus·ter 1. BOT Traube *f*, Büschel *n*; Haufen *m* **2.** sich drängen
clutch 1. Griff *m*; TECH Kupplung *f*; *fig* Klaue *f* **2.** (er)greifen; umklammern
clut·ter *fig* überladen
c/o *abbr of* ***care of*** c/o, (wohnhaft) bei
Co *abbr of* ***company*** ECON Gesellschaft *f*
coach 1. Reisebus *m*; *Br* RAIL (Personen)Wagen *m*; Kutsche *f*; ~ (***class***) Economyclass *f*; ~ ***party*** (*Bus*) Reisegruppe *f*; SPORT Trainer(in); PED Nach-

hilfelehrer(in) **2.** SPORT trainieren; PED *j-m* Nachhilfeunterricht geben
coach·man Kutscher *m*
co·ag·u·late gerinnen (lassen)
coal (Stein)Kohle *f*; ***carry ~s to Newcastle*** F *Br* Eulen nach Athen tragen
co·a·li·tion POL Koalition *f*; Bündnis *n*, Zusammenschluss *m*
coal·mine, coal·pit Kohlengrube *f*
coarse grob; rau; derb; ungeschliffen; gemein
coast 1. Küste *f* **2.** MAR die Küste entlangfahren; im Leerlauf (*car*) *or* im Freilauf (*bicycle*) fahren; rodeln
coast·er brake Rücktritt(bremse *f*) *m*
coast·guard (Angehörige *m* der) Küstenwache *f*
coast·line Küstenlinie *f*, -strich *m*
coat 1. Mantel *m*; ZO Pelz *m*, Fell *n*; (*Farb- etc*)Überzug *m*, Anstrich *m*, Schicht *f* **2.** (an)streichen, überziehen, beschichten
coat hang·er Kleiderbügel *m*
coat·ing (*Farb- etc*)Überzug *m*, Anstrich *m*; Schicht *f*; Mantelstoff *m*
coat of arms Wappen(schild *m*, *n*) *n*
coax überreden, beschwatzen
cob Maiskolben *m*
cob·bled: ***~ street*** Straße *f* mit Kopfsteinpflaster
cob·bler (Flick)Schuster *m*
cob·web Spinn(en)gewebe *n*
co·caine Kokain *n*
cock 1. ZO Hahn *m*; V Schwanz *m* **2.** aufrichten
cock·a·too ZO Kakadu *m*
cock·chaf·er ZO Maikäfer *m*
cock·eyed F schielend; (krumm und) schief
Cock·ney Cockney *m*, waschechter Londoner
cock·pit AVIAT Cockpit *n*
cock·roach ZO Schabe *f*
cock·sure F übertrieben selbstsicher
cock·tail Cocktail *m*
cock·y großspurig, anmaßend
co·co BOT Kokospalme *f*
co·coa Kakao *m*
co·co·nut BOT Kokosnuss *f*
co·coon (*Seiden*)Kokon *m*
cod ZO Kabeljau *m*, Dorsch *m*
COD *abbr of* ***collect*** (*Br* ***cash***) ***on delivery*** per Nachnahme
cod·dle verhätscheln, verzärteln
code 1. Kode *m* **2.** verschlüsseln, chiffrieren; kodieren
cod·fish → ***cod***
cod·ing Kodierung *f*
cod-liv·er oil Lebertran *m*
co·ed·u·ca·tion PED Gemeinschaftserziehung *f*
co·ex·ist gleichzeitig *or* nebeneinander bestehen *or* leben
co·ex·ist·ence Koexistenz *f*
cof·fee Kaffee *m*; ***black*** (***white***) **~** Kaffee ohne (mit) Milch; **~ bar** *Br* Café *n*; Imbissstube *f*; **~ bean** Kaffeebohne *f*; **~ grind·er** Kaffeemühle *f*; **~ machine** Kaffeeautomat *m*
cof·fee·mak·er Kaffeemaschine *f*
cof·fee| pot Kaffeekanne *f*; **~ shop** Café *n*; Imbissstube *f*; **~ ta·ble** Couchtisch *m*
cof·fin Sarg *m*
cog TECH (Rad)Zahn *m*; → **cog·wheel** TECH Zahnrad *n*
co·her·ence, co·her·en·cy Zusammenhang *m*
co·her·ent zusammenhängend
co·he·sion Zusammenhalt *m*
co·he·sive (fest) zusammenhaltend
coif·fure Frisur *f*
coil 1. *a.* **~ *up*** aufrollen, (auf)wickeln; sich zusammenrollen **2.** Spirale *f* (*a.* TECH, MED); Rolle *f*, Spule *f*
coin 1. Münze *f* **2.** prägen
co·in·cide zusammentreffen; übereinstimmen; **co·in·ci·dence** (zufälliges) Zusammentreffen; Zufall *m*
coin-op·e·rat·ed: **~** (***gas***, *Br* ***petrol***) ***pump*** Münztank(automat) *m*
coke Koks *m* (*a.* F *cocaine*)
Coke® F Coke *n*, Cola *n*, *f*, Coca *n*, *f*
cold 1. kalt **2.** Kälte *f*; MED Erkältung *f*; ***catch*** (***a***) **~** sich erkälten; ***have a ~*** erkältet sein
cold-blood·ed kaltblütig
cold cuts GASTR Aufschnitt *m*
cold-heart·ed kaltherzig
cold·ness Kälte *f*
cold sweat Angstschweiß *m*; ***he broke out in a ~*** ihm brach der Angstschweiß aus
cold war POL kalter Krieg
cold wave METEOR Kältewelle *f*
cole·slaw Krautsalat *m*
col·ic MED Kolik *f*
col·lab·o·rate zusammenarbeiten
col·lab·o·ra·tion Zusammenarbeit *f*; ***in***

C

~ ***with*** gemeinsam mit
col·lapse 1. zusammenbrechen (*a. fig*), einstürzen; umfallen; *fig* scheitern **2.** Einsturz *m*; *fig* Zusammenbruch *m*
col·lap·si·ble Klapp…, zusammenklappbar
col·lar 1. Kragen *m*; (*Hunde- etc*)Halsband *n* **2.** beim Kragen packen; *j-n* festnehmen, F schnappen
col·lar·bone ANAT Schlüsselbein *n*
col·league Kollege *m*, Kollegin *f*, Mitarbeiter(in)
col·lect *v/t* (ein)sammeln; *Daten* erfassen; *Geld* kassieren; *j-n or et.* abholen; *Gedanken etc* sammeln; *v/i* sich (ver)sammeln; **col·lect·ed** *fig* gefasst
col·lect·ing box Sammelbüchse *f*
col·lec·tion Sammlung *f*; ECON Eintreibung *f*; REL Kollekte *f*; Abholung *f*
col·lec·tive gesammelt; Sammel…; ~ ***bargaining*** ECON Tarifverhandlungen
col·lec·tive·ly insgesamt; zusammen
col·lec·tor Sammler(in); Steuereinnehmer *m*; ELECTR Stromabnehmer *m*
col·lege College *n*; Hochschule *f*; höhere Lehranstalt
col·lide zusammenstoßen, kollidieren (*a. fig*)
col·lie·ry Kohlengrube *f*
col·li·sion Zusammenstoß *m*, Kollision *f* (*a. fig*)
col·lo·qui·al umgangssprachlich
co·lon LING Doppelpunkt *m*
colo·nel MIL Oberst *m*
co·lo·ni·al·is·m POL Kolonialismus *m*
col·o·nize kolonisieren, besiedeln
col·o·ny Kolonie *f*
col·o(u)r 1. Farbe *f*; *pl* MIL Fahne *f*; MAR Flagge *f*; ***what ~ is …?*** welche Farbe hat …? **2.** *v/t* färben; anmalen, bemalen, anstreichen; *fig* beschönigen; *v/i* sich (ver)färben; erröten
col·o(u)r-blind farbenblind
col·o(u)red bunt; farbig
col·o(u)r·fast farbecht
col·o(u)r film PHOT Farbfilm *m*
col·o(u)r·ful farbenprächtig; *fig* farbig, bunt
col·o(u)r·ing Färbung *f*; Farbstoff *m*; Gesichtsfarbe *f*
col·o(u)r·less farblos
colt ZO (Hengst)Fohlen *n*
col·umn Säule *f*; PRINT Spalte *f*; MIL Kolonne *f*
col·umn·ist Kolumnist(in)
comb 1. Kamm *m* **2.** kämmen; striegeln
com·bat 1. Kampf *m*; ***single ~*** Zweikampf *m* **2.** kämpfen gegen, bekämpfen; **com·ba·tant** MIL Kämpfer *m*
com·bi·na·tion Verbindung *f*, Kombination *f*; **com·bine 1.** (sich) verbinden **2.** ECON Konzern *m*; AGR *a.* ~ ***harvester*** Mähdrescher *m*
com·bus·ti·ble 1. brennbar **2.** Brennstoff *m*, Brennmaterial *n*
com·bus·tion Verbrennung *f*
come kommen; ***to ~*** künftig, kommend; ~ ***and go*** kommen und gehen; ~ ***to see*** besuchen; ~ ***about*** geschehen, passieren; ~ ***across*** auf *j-n or et.* stoßen; ~ ***along*** mitkommen, mitgehen; ~ ***apart*** auseinanderfallen; ~ ***away*** sich lösen, ab-, losgehen (*button etc*); ~ ***back*** zurückkommen; ~ ***by s.th.*** zu et. kommen; ~ ***down*** herunterkommen (*a. fig*); einstürzen; sinken (*prices*); überliefert werden; ~ ***down with*** F erkranken an (*dat*); ~ ***for*** abholen kommen, kommen wegen; ~ ***forward*** sich melden; ~ ***from*** kommen aus; kommen von; ~ ***home*** nach Hause (*Austrian, Swiss a.* nachhause) kommen; ~ ***in*** hereinkommen; eintreffen (*news*); einlaufen (*train*); ~ ***in!*** herein!; ~ ***loose*** sich ablösen, abgehen; ~ ***off*** ab-, losgehen (*button etc*); ~ ***on!*** los!, vorwärts!, komm!; ~ ***out*** herauskommen; ~ ***over*** vorbeikommen (*visitor*); ~ ***round*** vorbeikommen (*visitor*); wieder zu sich kommen; ~ ***through*** durchkommen; *Krankheit etc* überstehen, überleben; ~ ***to*** sich belaufen auf (*acc*); wieder zu sich kommen; ~ ***up to*** entsprechen (*dat*), heranreichen an (*acc*)
come·back Come-back *n*
co·me·di·an Komiker *m*
com·e·dy Komödie *f*, Lustspiel *n*
come·ly attraktiv, gut aussehend
com·fort 1. Komfort *m*, Bequemlichkeit *f*; Trost *m*; ***cold ~*** schwacher Trost **2.** trösten
com·for·ta·ble komfortabel, behaglich, bequem; tröstlich
com·fort·er Tröster *m*; *esp Br* Schnuller *m*; Steppdecke *f*
com·fort·less unbequem; trostlos
com·fort sta·tion Bedürfnisanstalt *f*
com·ic komisch; Komödien…, Lust-

spiel…; **com·i·cal** komisch, spaßig
com·ics Comics *pl*, Comic-Hefte *pl*
com·ma LING Komma *n*
com·mand 1. Befehl *m*; Beherrschung *f*; MIL Kommando *n* **2.** befehlen; MIL kommandieren; verfügen über (*acc*); beherrschen
com·mand·er MIL Kommandeur *m*, Befehlshaber *m*; **~ in chief** MIL Oberbefehlshaber *m*
com·mand·ment REL Gebot *n*
com·mand mod·ule Kommandokapsel *f*
com·man·do MIL Kommando *n*
com·mem·o·rate gedenken (*gen*)
com·mem·o·ra·tion: ***in ~ of*** zum Gedenken *or* Gedächtnis an (*acc*)
com·mem·o·ra·tive Gedenk…, Erinnerungs…
com·ment 1. (***on***) Kommentar *m* (zu); Bemerkung *f* (zu); Anmerkung *f* (zu); ***no ~!*** kein Kommentar! **2.** *v/i* **~ *on*** e-n Kommentar abgeben zu, sich äußern über (*acc*); *v/t* bemerken (***that*** dass)
com·men·ta·ry Kommentar *m* (***on*** zu)
com·men·ta·tor Kommentator *m*, *radio*, TV *a.* Reporter *m*
com·merce ECON Handel *m*
com·mer·cial 1. ECON Handels…, Geschäfts…; kommerziell, finanziell **2.** *radio*, TV Werbespot *m*, Werbesendung *f*; **~ art** Gebrauchsgrafik *f*; **~ art·ist** Gebrauchsgrafiker(in)
com·mer·cial·ize kommerzialisieren
com·mer·cial tel·e·vi·sion Werbefernsehen *n*; kommerzielles Fernsehen
com·mis·e·rate: **~ *with*** Mitleid empfinden mit
com·mis·e·ra·tion Mitleid *n* (***for*** mit)
com·mis·sion 1. Auftrag *m*; Kommission *f*, Ausschuss *m*; ECON Kommission *f*, Provision *f*; Begehung *f* (*of a crime*) **2.** beauftragen; *et.* in Auftrag geben
com·mis·sion·er Beauftragte *m*, *f*; Kommissar(in)
com·mit anvertrauen, übergeben (***to*** *dat*); JUR *j-n* einweisen (***to*** in *acc*); *Verbrechen* begehen; *j-n* verpflichten (***to*** zu), *j-n* festlegen (***to*** auf *acc*)
com·mit·ment Verpflichtung *f*; Engagement *n*
com·mit·tal JUR Einweisung *f*
com·mit·tee Komitee *n*, Ausschuss *m*
com·mod·i·ty ECON Ware *f*, Artikel *m*
com·mon 1. gemeinsam, gemeinschaftlich; allgemein; alltäglich; gewöhnlich, einfach **2.** Gemeindeland *n*; ***in ~*** gemeinsam (***with*** mit)
com·mon·er Bürgerliche *m*, *f*
com·mon law (ungeschriebenes englisches) Gewohnheitsrecht
com·mon·place 1. Gemeinplatz *m* **2.** alltäglich; abgedroschen
Com·mons: ***the ~, the House of ~*** *Br* PARL das Unterhaus
com·mon sense gesunder Menschenverstand
Com·mon·wealth: ***the ~ (of Nations)*** das Commonwealth
com·mo·tion Aufregung *f*; Aufruhr *m*, Tumult *m*
com·mu·nal Gemeinde…; Gemeinschafts…; **com·mune** Kommune *f*
com·mu·ni·cate *v/t* mitteilen; *v/i* sich besprechen; sich in Verbindung setzen (***with s.o.*** mit j-m); (durch e-e Tür) verbunden sein
com·mu·ni·ca·tion Mitteilung *f*; Verständigung *f*, Kommunikation *f*; Verbindung *f*; *pl* Kommunikationsmittel *pl*; Verkehrswege *pl*
com·mu·ni·ca·tions sat·el·lite Nachrichtensatellit *m*
com·mu·ni·ca·tive mitteilsam, gesprächig
Com·mu·nion *a.* ***Holy ~*** REL (heilige) Kommunion, Abendmahl *n*
com·mu·nis·m POL Kommunismus *m*
com·mu·nist POL **1.** Kommunist(in) **2.** kommunistisch
com·mu·ni·ty Gemeinschaft *f*; Gemeinde *f*
com·mute JUR Strafe *mildernd* umwandeln; RAIL *etc* pendeln
com·mut·er Pendler(in); **~ train** Pendlerzug *m*, Nahverkehrszug *m*
com·pact 1. Puderdose *f*; MOT Kleinwagen *m* **2.** *adj* kompakt; eng, klein; knapp (*style*); **~ car** MOT Kleinwagen *m*; **~ disk** (*abbr* ***CD***) Compact Disc *f*, CD *f*; **~ disk play·er** CD-Player *m*, CD-Spieler *m*
com·pan·ion Begleiter(in); Gefährte *m*, Gefährtin *f*; Gesellschafter(in); Handbuch *n*, Leitfaden *m*
com·pan·ion·ship Gesellschaft *f*
com·pa·ny Gesellschaft *f*, ECON *a.* Firma

C

f; MIL Kompanie *f*; THEA Truppe *f*; ***keep s.o. ~*** j-m Gesellschaft leisten
com·pa·ra·ble vergleichbar
com·par·a·tive **1.** vergleichend; verhältnismäßig **2.** *a.* ***~ degree*** LING Komparativ *m*; **com·par·a·tive·ly** vergleichsweise; verhältnismäßig
com·pare **1.** *v/t* vergleichen; ***~d with*** im Vergleich zu; *v/i* sich vergleichen lassen **2.** ***beyond ~, without ~*** unvergleichlich
com·pa·ri·son Vergleich *m*
com·part·ment Fach *n*; RAIL Abteil *n*
com·pass Kompass *m*; ***pair of ~es*** Zirkel *m*
com·pas·sion Mitleid *n*
com·pas·sion·ate mitleidig
com·pat·i·ble vereinbar; ***be ~*** (***with***) passen (zu), zusammenpassen; IT *etc* kompatibel sein (mit)
com·pat·ri·ot Landsmann *m*, Landsmännin *f*
com·pel (er)zwingen
com·pel·ling bezwingend
com·pen·sate *j-n* entschädigen; *et.* ersetzen; ausgleichen
com·pen·sa·tion Ersatz *m*; Ausgleich *m*; Schadenersatz *m*, Entschädigung *f*; Bezahlung *f*, Gehalt *n*
com·pere *Br* Conférencier *m*
com·pete sich (mit)bewerben (***for*** um); konkurrieren; SPORT (am Wettkampf) teilnehmen
com·pe·tence Können *n*, Fähigkeit *f*
com·pe·tent fähig, tüchtig; fachkundig, sachkundig
com·pe·ti·tion Wettbewerb *m*; Konkurrenz *f*
com·pet·i·tive konkurrierend
com·pet·i·tor Mitbewerber(in); Konkurrent(in); SPORT (Wettbewerbs-)Teilnehmer(in)
com·pile kompilieren, zusammentragen, zusammenstellen
com·pla·cence, **com·pla·cen·cy** Selbstzufriedenheit *f*, Selbstgefälligkeit *f*;
com·pla·cent selbstzufrieden, selbstgefällig
com·plain sich beklagen *or* beschweren (***about*** über *acc*; ***to*** bei); klagen (***of*** über *acc*)
com·plaint Klage *f*, Beschwerde *f*; MED Leiden *n*, *pl* MED *a.* Beschwerden *pl*
com·ple·ment **1.** Ergänzung *f* **2.** ergänzen
com·ple·men·ta·ry (sich) ergänzend
com·plete **1.** vollständig; vollzählig **2.** vervollständigen; beenden, abschließen
com·ple·tion Vervollständigung *f*; Abschluss *m*; ***~ test*** PSYCH Lückentext *m*
com·plex **1.** zusammengesetzt; komplex, vielschichtig **2.** Komplex *m* (*a.* PSYCH)
com·plex·ion Gesichtsfarbe *f*, Teint *m*
com·plex·i·ty Komplexität *f*, Vielschichtigkeit *f*
com·pli·ance Einwilligung *f*; Befolgung *f*; ***in ~ with*** gemäß (*dat*)
com·pli·ant willfährig
com·pli·cate komplizieren
com·pli·cat·ed kompliziert
com·pli·ca·tion Komplikation *f* (*a.* MED)
com·plic·i·ty JUR Mitschuld *f*, Mittäterschaft *f* (***in*** an *dat*)
com·pli·ment **1.** Kompliment *n*; Empfehlung *f*; Gruß *m* **2.** *v/t j-m* ein Kompliment *or* Komplimente machen (***on*** über *acc*)
com·ply (***with***) einwilligen (in *acc*); (*e-e Abmachung etc*) befolgen
com·po·nent Bestandteil *m*; TECH, ELECTR Bauelement *n*
com·pose zusammensetzen, -stellen; MUS komponieren; verfassen; ***be ~d of*** bestehen *or* sich zusammensetzen aus; ***~ o.s.*** sich beruhigen
com·posed ruhig, gelassen
com·pos·er MUS Komponist(in)
com·po·si·tion Zusammensetzung *f*; MUS Komposition *f*; PED Aufsatz *m*
com·po·sure Fassung *f*, (Gemüts)Ruhe *f*
com·pound[1] Lager *n*; Gefängnishof *m*; (Tier)Gehege *n*
com·pound[2] **1.** Zusammensetzung *f*; Verbindung *f*; LING zusammengesetztes Wort **2.** zusammengesetzt; ***~ interest*** ECON Zinseszinsen *pl* **3.** *v/t* zusammensetzen; steigern, *esp* verschlimmern
com·pre·hend begreifen, verstehen
com·pre·hen·si·ble verständlich
com·pre·hen·sion Verständnis *n*; Begriffsvermögen *n*, Verstand *m*; ***past ~*** unfassbar, unfasslich
com·pre·hen·sive **1.** umfassend **2.** *a.* ***~ school*** *Br* Gesamtschule *f*
com·press zusammendrücken, -pres-

sen; **~ed air** Druckluft *f*
com·pres·sion PHYS Verdichtung *f*; TECH Druck *m*
com·prise einschließen, umfassen; bestehen aus
com·pro·mise **1.** Kompromiss *m* **2.** *v/t* bloßstellen, kompromittieren; *v/i* e-n Kompromiss schließen
com·pro·mis·ing kompromittierend; verfänglich
com·pul·sion Zwang *m*
com·pul·sive zwingend, Zwangs…; PSYCH zwanghaft
com·pul·so·ry obligatorisch; Pflicht…, Zwangs…
com·punc·tion Gewissensbisse *pl*; Reue *f*; Bedenken *pl*
com·pute berechnen; schätzen
com·put·er Computer *m*, Rechner *m*
com·put·er|-aid·ed computergestützt; **~-con·trolled** computergesteuert
com·put·er| game Computerspiel *n*; **~ graph·ics** Computergrafik *f*
com·put·er·ize (sich) auf Computer umstellen; computerisieren; mit Hilfe e-s Computers errechnen *or* zusammenstellen
com·put·er| pre·dic·tion Hochrechnung *f*; **~ sci·ence** Informatik *f*; **~ sci·en·tist** Informatiker *m*; **~ vi·rus** IT Computervirus *m*
com·rade Kamerad *m*; (Partei)Genosse *m*
con[1] → ***contra***
con[2] F reinlegen, betrügen
con·ceal verbergen; verheimlichen
con·cede zugestehen, einräumen
con·ceit Einbildung *f*, Dünkel *m*
con·ceit·ed eingebildet (***of*** auf *acc*)
con·cei·va·ble denkbar, begreiflich
con·ceive *v/i* schwanger werden; *v/t* *Kind* empfangen; sich *et.* vorstellen *or* denken
con·cen·trate (sich) konzentrieren
con·cept Begriff *m*; Gedanke *m*
con·cep·tion Vorstellung *f*, Begriff *m*; BIOL Empfängnis *f*
con·cern **1.** Angelegenheit *f*; Sorge *f*; ECON Geschäft *n*, Unternehmen *n* **2.** betreffen, angehen; beunruhigen
con·cerned besorgt; beteiligt (***in*** an *dat*)
con·cern·ing *prp* betreffend, hinsichtlich (*gen*), was … (*acc*) (an)betrifft
con·cert MUS Konzert *n*
con·cert hall Konzerthalle *f*, -saal *m*
con·ces·sion Zugeständnis *n*; Konzession *f*
con·cil·i·a·to·ry versöhnlich, vermittelnd
con·cise kurz, knapp
con·cise·ness Kürze *f*
con·clude schließen, beenden; *Vertrag etc* abschließen; *et.* folgern, schließen (***from*** aus); ***to be ~d*** Schluss folgt
con·clu·sion (Ab)Schluss *m*, Ende *n*; Abschluss *m* (*of a contract etc*); (Schluss)Folgerung *f*; → ***jump***
con·clu·sive schlüssig
con·coct (zusammen)brauen; *fig* aushecken, ausbrüten
con·coc·tion Gebräu *n*; *fig* Erfindung *f*
con·crete[1] konkret
con·crete[2] **1.** Beton *m* **2.** Beton… **3.** betonieren
con·cur übereinstimmen
con·cur·rence Zusammentreffen *n*; Übereinstimmung *f*
con·cus·sion MED Gehirnerschütterung *f*
con·demn verurteilen (*a.* JUR); verdammen; für unbrauchbar *or* unbewohnbar *etc* erklären; ***~ to death*** JUR zum Tode verurteilen; **con·dem·na·tion** Verurteilung *f* (*a.* JUR); Verdammung *f*
con·den·sa·tion Kondensation *f*; Zusammenfassung *f*
con·dense kondensieren; zusammenfassen
con·densed milk Kondensmilch *f*
con·dens·er TECH Kondensator *m*
con·de·scend sich herablassen
con·de·scend·ing herablassend, gönnerhaft
con·di·ment Gewürz *n*, Würze *f*
con·di·tion **1.** Zustand *m*; (*körperlicher or* Gesundheits)Zustand *m*; SPORT Kondition *f*, Form *f*; Bedingung *f*; *pl* Verhältnisse *pl*, Umstände *pl*; ***on ~ that*** unter der Bedingung, dass; ***out of ~*** in schlechter Verfassung, in schlechtem Zustand **2.** bedingen; in Form bringen
con·di·tion·al **1.** (***on***) bedingt (durch), abhängig (von) **2.** *a.* ***~ clause*** LING Bedingungs-, Konditionalsatz *m*; *a.* ***~ mood*** LING Konditional *m*
con·do → ***condominium***
con·dole kondolieren (***with*** *dat*)
con·do·lence Beileid *n*

C

con·dom Kondom *n*, *m*
con·do·min·i·um Eigentumswohnanlage *f*; Eigentumswohnung *f*
con·done verzeihen, vergeben
con·du·cive dienlich, förderlich (***to*** *dat*)
con·duct 1. Führung *f*; Verhalten *n*, Betragen *n* **2.** führen; PHYS leiten; MUS dirigieren; ***~ed tour*** Führung *f* (***of*** durch); **con·duc·tor** Führer *m*, Leiter *m*; (*Bus-*, *Straßenbahn*)Schaffner *m*; RAIL Zugbegleiter *m*; MUS Dirigent *m*; PHYS Leiter *m*; ELECTR Blitzableiter *m*
cone Kegel *m*; GASTR Eistüte *f*; BOT Zapfen *m*
con·fec·tion Konfekt *n*
con·fec·tion·er Konditor *m*
con·fec·tion·e·ry Süßigkeiten *pl*, Süß-, Konditoreiwaren *pl*; Konfekt *n*; Konditorei *f*; Süßwarengeschäft *n*
con·fed·e·ra·cy (Staaten)Bund *m*; ***the Confederacy*** HIST die Konföderation
con·fed·er·ate 1. verbündet **2.** Verbündete *m*, Bundesgenosse *m* **3.** (sich) verbünden
con·fed·er·a·tion Bund *m*, Bündnis *n*; (Staaten)Bund *m*
con·fer *v/t Titel etc* verleihen (***on*** *dat*); *v/i* sich beraten
con·fe·rence Konferenz *f*
con·fess gestehen; beichten
con·fes·sion Geständnis *n*; REL Beichte *f*
con·fes·sion·al REL Beichtstuhl *m*
con·fes·sor REL Beichtvater *m*
con·fi·dant(e) Vertraute *m* (*f*)
con·fide: ***~ s.th. to s.o.*** j-m et. anvertrauen; ***~ in s.o.*** sich j-m anvertrauen
con·fi·dence Vertrauen *n*; Selbstvertrauen *n*; **~man** → ***conman***; **~trickster** Trickbetrüger *m*
con·fi·dent überzeugt, zuversichtlich
con·fi·den·tial vertraulich
con·fine begrenzen, beschränken; einsperren; ***be ~d of*** entbunden werden von; **con·fine·ment** Haft *f*; Beschränkung *f*; MED Entbindung *f*
con·firm bestätigen; bekräftigen; REL konfirmieren, firmen
con·fir·ma·tion Bestätigung *f*; REL Konfirmation *f*, Firmung *f*
con·fis·cate beschlagnahmen
con·fis·ca·tion Beschlagnahme *f*
con·flict 1. Konflikt *m*, Zwiespalt *m* **2.** im Widerspruch stehen (***with*** zu)
con·flict·ing widersprüchlich, zwiespältig
con·form (sich) anpassen (***to*** *dat*, an *acc*)
con·found verwirren, durcheinanderbringen
con·front gegenübertreten, -stehen (*dat*); sich stellen (*dat*); konfrontieren
con·fron·ta·tion Konfrontation *f*
con·fuse verwechseln; verwirren; **confused** verwirrt; verlegen; verworren; **con·fu·sion** Verwirrung *f*; Verlegenheit *f*; Verwechslung *f*
con·geal erstarren (lassen); gerinnen (lassen)
con·gest·ed überfüllt; verstopft
con·ges·tion MED Blutandrang *m*; *a.* ***traffic ~*** Verkehrsstockung *f*, Verkehrsstörung *f*, Verkehrsstau *m*
con·grat·u·late beglückwünschen, *j-m* gratulieren
con·grat·u·la·tion Glückwunsch *m*; ***~s!*** ich gratuliere!, herzlichen Glückwunsch!
con·gre·gate (sich) versammeln
con·gre·ga·tion REL Gemeinde *f*
con·gress Kongress *m*; ***Congress*** PARL der Kongress
Con·gress·man PARL Kongressabgeordnete *m*; **Con·gress·wom·an** PARL Kongressabgeordnete *f*
con·ic, **con·i·cal** *esp* TECH konisch, kegelförmig
co·ni·fer BOT Nadelbaum *m*
con·jec·ture 1. Vermutung *f* **2.** vermuten
con·ju·gal ehelich
con·ju·gate LING konjugieren, beugen
con·ju·ga·tion LING Konjugation *f*, Beugung *f*
con·junc·tion Verbindung *f*; LING Konjunktion *f*, Bindewort *n*
con·junc·ti·vi·tis MED Bindehautentzündung *f*
con·jure zaubern; *Teufel etc* beschwören; ***~ up*** heraufbeschwören (*a. fig*)
con·jur·er *esp Br* → ***conjuror***
con·jur·ing trick Zauberkunststück *n*
con·jur·or Zauberer *m*, Zauberin *f*, Zauberkünstler(in)
con·man Betrüger *m*; Hochstapler *m*
con·nect verbinden; ELECTR anschließen, zuschalten; RAIL, AVIAT *etc* Anschluss haben (***with*** an *acc*)
con·nect·ed verbunden; (logisch) zu-

sammenhängend (*speech etc*); **be well ~** gute Beziehungen haben
con·nec·tion, *Br* **con·nex·ion** Verbindung *f*, Anschluss *m* (*a.* ELECTR, RAIL, AVIAT, TEL); Zusammenhang *m*; *mst pl* Beziehungen *pl*, Verbindungen *pl*; Verwandte *pl*
con·quer erobern; (be)siegen
con·quer·or Eroberer *m*
con·quest Eroberung *f* (*a. fig*); erobertes Gebiet
con·science Gewissen *n*
con·sci·en·tious gewissenhaft; Gewissens…; **con·sci·en·tious·ness** Gewissenhaftigkeit *f*
con·sci·en·tious ob·jec·tor MIL Wehrdienstverweigerer *m*
con·scious MED bei Bewusstsein; bewusst; **be ~ of** sich bewusst sein (*gen*)
con·scious·ness Bewusstsein *n* (*a.* MED)
con·script MIL **1.** einberufen **2.** Wehrpflichtige *m*; **con·scrip·tion** MIL Einberufung *f*; Wehrpflicht *f*
con·se·crate REL weihen; widmen
con·se·cra·tion REL Weihe *f*
con·sec·u·tive aufeinanderfolgend; fortlaufend
con·sent 1. Zustimmung *f* **2.** einwilligen, zustimmen
con·se·quence Folge *f*, Konsequenz *f*; Bedeutung *f*
con·se·quent·ly folglich, daher
con·ser·va·tion Erhaltung *f*; Naturschutz *m*; Umweltschutz *m*; **~ area** (Natur)Schutzgebiet *n*
con·ser·va·tion·ist Naturschützer(in); Umweltschützer(in)
con·ser·va·tive 1. erhaltend; konservativ; vorsichtig **2. *Conservative*** POL Konservative *m, f*
con·ser·va·to·ry Treibhaus *n*, Gewächshaus *n*; Wintergarten *m*
con·serve erhalten
con·sid·er *v/t* nachdenken über (*acc*); betrachten als, halten für; sich überlegen, erwägen; in Betracht ziehen, berücksichtigen; *v/i* nachdenken, überlegen
con·sid·e·ra·ble ansehnlich, beträchtlich; **con·sid·e·ra·bly** bedeutend, ziemlich, (sehr) viel
con·sid·er·ate rücksichtsvoll
con·sid·e·ra·tion Erwägung *f*, Überlegung *f*; Berücksichtigung *f*; Rücksicht (-nahme) *f*; ***take into ~*** in Erwägung *or* in Betracht ziehen
con·sid·er·ing in Anbetracht (der Tatsache, dass)
con·sign ECON *Waren* zusenden
con·sign·ment ECON (Waren)Sendung *f*; Zusendung *f*
con·sist ~ *in* bestehen in (*dat*); **~ *of*** bestehen aus
con·sis·tence, **con·sis·ten·cy** Konsistenz *f*, Beschaffenheit *f*; Übereinstimmung *f*; Konsequenz *f*
con·sis·tent übereinstimmend, vereinbar (***with*** mit); konsequent; SPORT *etc*: beständig
con·so·la·tion Trost *m*
con·sole trösten
con·sol·i·date festigen; *fig* zusammenschließen, -legen
con·so·nant LING Konsonant *m*, Mitlaut *m*
con·spic·u·ous deutlich sichtbar; auffallend
con·spi·ra·cy Verschwörung *f*
con·spi·ra·tor Verschwörer *m*
con·spire sich verschwören
con·sta·ble *Br* Polizist *m*
con·stant konstant, gleichbleibend; (be)ständig, (an)dauernd
con·stant-care pa·tient MED Pflegefall *m*
con·ster·na·tion Bestürzung *f*
con·sti·pat·ed MED verstopft
con·sti·pa·tion MED Verstopfung *f*
con·sti·tu·en·cy POL *Br* Wählerschaft *f*; Wahlkreis *m*
con·sti·tu·ent (wesentlicher) Bestandteil; POL Wähler(in)
con·sti·tute ernennen, einsetzen; bilden, ausmachen
con·sti·tu·tion POL Verfassung *f*; Konstitution *f*, körperliche Verfassung
con·sti·tu·tion·al konstitutionell; POL verfassungsmäßig
con·strained gezwungen, unnatürlich
con·strict zusammenziehen
con·stric·tion Zusammenziehung *f*
con·struct bauen, errichten, konstruieren
con·struc·tion Konstruktion *f*; Bau *m*, Bauwerk *n*; ***under ~*** im Bau (befindlich); **~ site** Baustelle *f*
con·struc·tive konstruktiv

C

con·struc·tor Erbauer *m*, Konstrukteur *m*
con·sul Konsul *m*
con·su·late Konsulat *n*; **~ gen·e·ral** Generalkonsulat *n*
con·sul gen·e·ral Generalkonsul *m*
con·sult *v/t* konsultieren, um Rat fragen; in *e-m Buch* nachschlagen; *v/i* (sich) beraten
con·sul·tant (fachmännischer) Berater; *Br* Facharzt *m*
con·sul·ta·tion Konsultation *f*, Beratung *f*, Rücksprache *f*
con·sult·ing beratend; **~ hours** *Br* MED Sprechstunde *f*; **~ room** *Br* MED Sprechzimmer *n*
con·sume *v/t Essen etc* zu sich nehmen, verzehren (*a. fig*); verbrauchen, konsumieren; zerstören, vernichten
con·sum·er ECON Verbraucher(in); **~ so·ci·e·ty** Konsumgesellschaft *f*
con·sum·mate **1.** vollendet **2.** vollenden; *Ehe* vollziehen
con·sump·tion Verbrauch *m*
cont *abbr of* ***continued*** Forts., Fortsetzung *f*; fortgesetzt
con·tact **1.** Berührung *f*; Kontakt *m*; Ansprechpartner(in), Kontaktperson *f* (*a.* MED); ***make ~s*** Verbindungen anknüpfen *or* herstellen **2.** sich in Verbindung setzen mit, Kontakt aufnehmen mit; **~ lens** Kontaktlinse *f*, -schale *f*, Haftschale *f*
con·ta·gious MED ansteckend (*a. fig*)
con·tain enthalten; *fig* zügeln, zurückhalten; **con·tain·er** Behälter *m*; ECON Container *m*; **con·tain·er·ize** ECON auf Containerbetrieb umstellen; in Containern transportieren
con·tam·i·nate verunreinigen; infizieren, vergiften; (*a.* radioaktiv) verseuchen; ***radioactively ~d*** verstrahlt; ***~d soil*** Altlasten *pl*; **con·tam·i·na·tion** Verunreinigung *f*; Vergiftung *f*; (*a.* radioaktive) Verseuchung
contd *abbr of* ***continued*** (→ ***cont***)
con·tem·plate (nachdenklich) betrachten; nachdenken über (*acc*); erwägen, beabsichtigen
con·tem·pla·tion (nachdenkliche) Betrachtung; Nachdenken *n*
con·tem·pla·tive nachdenklich
con·tem·po·ra·ry **1.** zeitgenössisch **2.** Zeitgenosse *m*, Zeitgenossin *f*
con·tempt Verachtung *f*
con·temp·ti·ble verachtenswert
con·temp·tu·ous geringschätzig, verächtlich
con·tend kämpfen, ringen (***for*** um; ***with*** mit); **con·tend·er** *esp* SPORT Wettkämpfer(in)
con·tent[1] Gehalt *m*, Aussage *f*, *pl* Inhalt *m*; (***table of***) ***~s*** Inhaltsverzeichnis *n*
con·tent[2] **1.** zufrieden **2.** befriedigen; ***~ o.s.*** sich begnügen
con·tent·ed zufrieden
con·tent·ment Zufriedenheit *f*
con·test **1.** (Wett)Kampf *m*; Wettbewerb *m* **2.** sich bewerben um; bestreiten, *a.* JUR anfechten
con·tes·tant Wettkämpfer(in), (Wettkampf)Teilnehmer(in)
con·text Zusammenhang *m*
con·ti·nent Kontinent *m*, Erdteil *m*; ***the Continent*** *Br* das (europäische) Festland; **con·ti·nen·tal** kontinental, Kontinental...
con·tin·gen·cy Möglichkeit *f*, Eventualität *f*; ***~ plan*** Notplan *m*
con·tin·gent **1.** ***be ~ on*** abhängen von **2.** Kontingent *n* (*a.* MIL)
con·tin·u·al fortwährend, unaufhörlich
con·tin·u·a·tion Fortsetzung *f*; Fortbestand *m*, Fortdauer *f*
con·tin·ue *v/t* fortsetzen, fortfahren mit; beibehalten; ***to be ~d*** Fortsetzung folgt; *v/i* fortdauern; andauern, anhalten; fortfahren, weitermachen
con·ti·nu·i·ty Kontinuität *f*
con·tin·u·ous ununterbrochen; **~ form** LING Verlaufsform *f*
con·tort verdrehen; verzerren
con·tor·tion Verdrehung *f*; Verzerrung *f*
con·tour Umriss *m*
con·tra wider, gegen
con·tra·band ECON Schmuggelware *f*
con·tra·cep·tion MED Empfängnisverhütung *f*
con·tra·cep·tive MED **1.** empfängnisverhütend **2.** Verhütungsmittel *n*
con·tract **1.** Vertrag *m* **2.** (sich) zusammenziehen; sich *e-e Krankheit* zuziehen; e-n Vertrag abschließen; sich vertraglich verpflichten
con·trac·tion Zusammenziehung *f*
con·trac·tor *a.* ***building ~*** Bauunternehmer *m*
con·tra·dict widersprechen (*dat*)

con·tra·dic·tion Widerspruch *m*
con·tra·dic·to·ry (sich) widersprechend
con·tra·ry **1.** entgegengesetzt (***to*** *dat*); gegensätzlich; **~ *to expectations*** wider Erwarten **2.** Gegenteil *n*; ***on the* ~** im Gegenteil
con·trast **1.** Gegensatz *m*; Kontrast *m* **2.** *v/t* gegenüberstellen, vergleichen; *v/i* sich abheben (***with*** von, gegen); im Gegensatz stehen (***with*** zu)
con·trib·ute beitragen, beisteuern; spenden (***to*** für)
con·tri·bu·tion Beitrag *m*; Spende *f*
con·trib·u·tor Beitragende *m, f*; Mitarbeiter(in)
con·trib·u·to·ry beitragend
con·trite zerknirscht
con·trive zustande bringen; es fertig bringen
con·trol **1.** Kontrolle *f*, Herrschaft *f*, Macht *f*, Gewalt *f*, Beherrschung *f*; Aufsicht *f*; TECH Steuerung *f*; *mst pl* TECH Steuervorrichtung *f*; ***get*** (***have, keep***) ***under* ~** unter Kontrolle bringen (haben, halten); ***get out of* ~** außer Kontrolle geraten; ***lose* ~ *of*** die Herrschaft *or* Gewalt *or* Kontrolle verlieren über **2.** beherrschen, die Kontrolle haben über (*acc*); *e-r Sache* Herr werden, (erfolgreich) bekämpfen; kontrollieren, überwachen; ECON (staatlich) lenken, *Preise* binden; ELECTR, TECH steuern, regeln, regulieren; **~ desk** ELECTR Schalt-, Steuerpult *n*; **~ pan·el** ELECTR Schalttafel *f*; **~ tow·er** AVIAT Kontrollturm *m*, Tower *m*
con·tro·ver·sial umstritten
con·tro·ver·sy Kontroverse *f*, Streit *m*
con·tuse MED sich *et.* prellen *or* quetschen; **con·tu·sion** MED Prellung *f*, Quetschung *f*
con·va·lesce gesund werden, genesen
con·va·les·cence Rekonvaleszenz *f*, Genesung *f*
con·va·les·cent **1.** genesend **2.** Rekonvaleszent(in), Genesende *m, f*
con·vene (sich) versammeln; zusammenkommen; *Versammlung* einberufen
con·ve·ni·ence Annehmlichkeit *f*, Bequemlichkeit *f*; *Br* Toilette *f*; ***all*** (***modern***) **~*s*** aller Komfort; ***at your earliest* ~** möglichst bald; **con·ve·ni·ent** bequem; günstig, passend
con·vent REL (Nonnen)Kloster *n*
con·ven·tion Zusammenkunft *f*, Tagung *f*, Versammlung *f*; Abkommen *n*; Konvention *f*, Sitte *f*; **con·ven·tion·al** herkömmlich, konventionell
con·verge konvergieren; zusammenlaufen, -strömen
con·ver·sa·tion Gespräch *n*, Unterhaltung *f*
con·ver·sa·tion·al Unterhaltungs…; **~ *English*** Umgangsenglisch *n*
con·verse sich unterhalten
con·ver·sion Umwandlung *f*, Verwandlung *f*; Umbau *m*; Umstellung *f* (***to*** auf *acc*); REL Bekehrung *f*, Übertritt *m*; MATH Umrechnung *f*; **~ ta·ble** Umrechnungstabelle *f*
con·vert (sich) umwandeln *or* verwandeln; umbauen (***into*** zu); umstellen (***to*** auf *acc*); REL *etc* (sich) bekehren; MATH umrechnen
con·vert·er ELECTR Umformer *m*
con·ver·ti·ble **1.** umwandelbar, verwandelbar; ECON konvertierbar **2.** MOT Kabrio(lett) *n*
con·vey befördern, transportieren, bringen; überbringen, übermitteln; *Ideen etc* mitteilen, vermitteln
con·vey·ance Beförderung *f*, Transport *m*; Übermittlung *f*; Verkehrsmittel *n*
con·vey·or belt TECH Förderband *n*
con·vict **1.** Verurteilte *m, f*; Strafgefangene *m, f* **2.** JUR (***of***) überführen (*gen*); verurteilen (wegen)
con·vic·tion Überzeugung *f*; JUR Verurteilung *f*
con·vince überzeugen
con·voy **1.** MAR Geleitzug *m*, Konvoi *m*; MOT (Wagen)Kolonne *f*; (Geleit-)Schutz *m* **2.** Geleitschutz geben (*dat*), eskortieren
con·vul·sion MED Zuckung *f*, Krampf *m*; **con·vul·sive** MED krampfhaft, krampfartig, konvulsiv
coo ZO gurren (*a. fig*)
cook **1.** Koch *m*; Köchin *f* **2.** kochen
cook·book Kochbuch *n*
cook·er *Br* Ofen *m*, Herd *m*
cook·e·ry Kochen *n*; Kochkunst *f*
cook·e·ry book *Br* Kochbuch *n*
cook·ie (süßer) Keks, Plätzchen *n*
cook·ing GASTR Küche *f*
cook·y → ***cookie***
cool **1.** kühl; *fig* kalt(blütig), gelassen;

abweisend; gleichgültig; F klasse, prima, cool **2.** Kühle *f*; F (Selbst)Beherrschung *f* **3.** (sich) abkühlen; ~ ***down***, ~ ***off*** sich beruhigen
coon F zo Waschbär *m*
coop 1. Hühnerstall *m* **2.** ~ ***up***, ~ ***in*** einsperren, einpferchen
co-op F Co-op *m*
co·op·e·rate zusammenarbeiten; mitwirken, helfen
co·op·e·ra·tion Zusammenarbeit *f*; Mitwirkung *f*, Hilfe *f*
co·op·e·ra·tive 1. zusammenarbeitend; kooperativ, hilfsbereit; ECON Gemeinschafts..., Genossenschafts... **2.** *a.* ~ ***society*** Genossenschaft *f*; Co-op *m*, Konsumverein *m*; *a.* ~ ***store*** Co-op *m*, Konsumladen *m*
co·or·di·nate 1. koordinieren, aufeinander abstimmen **2.** koordiniert, gleichgeordnet; **co·or·di·na·tion** Koordinierung *f*, Koordination *f*; harmonisches Zusammenspiel
cop F Bulle *m*
cope: ~ ***with*** gewachsen sein (*dat*), fertigwerden mit
cop·i·er Kopiergerät *n*, Kopierer *m*
co·pi·ous reich(lich); weitschweifig
cop·per 1. MIN Kupfer *n*; Kupfermünze *f* **2.** kupfern, Kupfer...
cop·pice, **copse** Gehölz *n*
cop·y 1. Kopie *f*; Abschrift *f*; Nachbildung *f*; Durchschlag *m*; Exemplar *n*; (*Zeitungs*)Nummer *f*; PRINT Satzvorlage *f*; ***fair*** ~ Reinschrift *f* **2.** kopieren; abschreiben, e-e Kopie anfertigen von; IT *Daten* übertragen; nachbilden; nachahmen
cop·y·book Schreibheft *n*
cop·y·ing Kopier...
cop·y·right Urheberrecht *n*, Copyright *n*
cor·al zo Koralle *f*
cord 1. Schnur *f* (*a.* ELECTR), Strick *m*; Kordsamt *m* **2.** ver-, zuschnüren
cor·di·al[1] Fruchtsaftkonzentrat *n*; MED Stärkungsmittel *n*
cor·di·al[2] herzlich
cor·di·al·i·ty Herzlichkeit *f*
cord·less schnurlos
cord·less phone schnurloses Telefon
cor·don 1. Kordon *m*, Postenkette *f* **2.** ~ ***off*** abriegeln, absperren
cor·du·roy Kord *m*; (***a pair of***) ~***s*** (e-e) Kordhose
core 1. Kerngehäuse *n*; Kern *m*, *fig a. das* Innerste **2.** entkernen
core time ECON Kernzeit *f*
cork 1. Kork(en) *m* **2.** *a.* ~ ***up*** zu-, verkorken; **cork·screw** Korkenzieher *m*
corn[1] **1.** Korn *n*, Getreide *n*; *a.* ***Indian*** ~ Mais *m* **2.** pökeln
corn[2] MED Hühnerauge *n*
cor·ner 1. Ecke *f*; Winkel *m*; *esp* MOT Kurve *f*; *soccer*: Eckball *m*, Ecke *f*; *fig* schwierige Lage, Klemme *f* **2.** Eck... **3.** in die Ecke (*fig* Enge) treiben; ~ **kick** *soccer*: Eckball *m*, Eckstoß *m*; ~ **shop** *Br* Tante-Emma-Laden *m*
cor·net MUS Kornett *n*; *Br* GASTR Eistüte *f*
corn·flakes Cornflakes *pl*
cor·nice ARCH Gesims *n*, Sims *m*
cor·o·na·ry 1. ANAT Koronar... **2.** F MED Herzinfarkt *m*
cor·o·na·tion Krönung *f*
cor·o·net Adelskrone *f*
cor·po·ral MIL Unteroffizier *m*
cor·po·ral pun·ish·ment körperliche Züchtigung
cor·po·rate gemeinsam; Firmen...
cor·po·ra·tion JUR Körperschaft *f*; Stadtverwaltung *f*; ECON (Aktien)Gesellschaft *f*
corpse Leichnam *m*, Leiche *f*
cor·pu·lent beleibt
cor·ral 1. Korral *m*, Hürde *f*, Pferch *m* **2.** *Vieh* in e-n Pferch treiben
cor·rect 1. korrekt, richtig, *a.* genau (*time*) **2.** korrigieren, verbessern, berichtigen
cor·rec·tion Korrektur *f*, Verbess(e)rung *f*; Bestrafung *f*
cor·rect·ness Richtigkeit *f*
cor·re·spond (***with***, ***to***) entsprechen (*dat*), übereinstimmen (mit); korrespondieren (***with*** mit)
cor·re·spon·dence Übereinstimmung *f*; Korrespondenz *f*, Briefwechsel *m*; ~ **course** Fernkurs *m*
cor·re·spon·dent 1. entsprechend **2.** Briefpartner(in); Korrespondent(in)
cor·re·spon·ding entsprechend
cor·ri·dor Korridor *m*, Gang *m*
cor·rob·o·rate bekräftigen, bestätigen
cor·rode zerfressen; CHEM korrodieren; rosten; **cor·ro·sion** CHEM Korrosion *f*; Rost *m*; **cor·ro·sive** CHEM ätzend; *fig*

nagend, zersetzend
cor·ru·gat·ed i·ron Wellblech *n*
cor·rupt 1. korrupt, bestechlich, käuflich; *moralisch* verdorben **2.** bestechen; *moralisch* verderben
cor·rupt·i·ble korrupt, bestechlich, käuflich
cor·rup·tion Verdorbenheit *f*; Unredlichkeit *f*; Korruption *f*; Bestechlichkeit *f*; Bestechung *f*
cor·set Korsett *n*
cos·met·ic 1. kosmetisch, Schönheits... **2.** kosmetisches Mittel, Schönheitsmittel *n*
cos·me·ti·cian Kosmetiker(in)
cos·mo·naut Kosmonaut *m*, (Welt-) Raumfahrer *m*
cos·mo·pol·i·tan 1. kosmopolitisch **2.** Weltbürger(in)
cost 1. Preis *m*; Kosten *pl*; Schaden *m* **2.** kosten
cost·ly kostspielig; teuer erkauft
cost of liv·ing Lebenshaltungskosten *pl*
cos·tume Kostüm *n*, Kleidung *f*, Tracht *f*
co·sy *Br* → ***cozy***
cot Feldbett *n*; *Br* Kinderbett *n*
cot·tage Cottage *n*, (kleines) Landhaus; Ferienhaus *n*, Ferienhäuschen *n*
cot·ton 1. Baumwolle *f*; Baumwollstoff *m*; (Baumwoll)Garn *n*, (Baumwoll-) Zwirn *m*; (Verband)Watte *f* **2.** baumwollen, Baumwoll...
cot·ton·wood BOT *e-e* amer. Pappel
cot·ton wool *Br* (Verband)Watte *f*
couch Couch *f*, Sofa *n*; Liege *f*
cou·chette RAIL Liegewagenplatz *m*; *a.* ~ ***coach*** Liegewagen *m*
cou·gar ZO Puma *m*
cough 1. Husten *m* **2.** husten
coun·cil Rat *m*, Ratsversammlung *f*; ~ **house** *Br* gemeindeeigenes Wohnhaus
coun·cil·(l)or Ratsmitglied *n*, Stadtrat *m*, Stadträtin *f*
coun·sel 1. Beratung *f*; Rat(schlag) *m*; *Br* JUR (Rechts)Anwalt *m*; ~ ***for the defense*** (*Br* ***defence***) Verteidiger *m*; ~ ***for the prosecution*** Anklagevertreter *m* **2.** *j-m* raten; zu *et.* raten; ~***ing center*** (*Br* ~***ling centre***) Beratungsstelle *f*
coun·sel·(l)or (*Berufs- etc*)Berater(in); JUR (Rechts)Anwalt *m*
count[1] Graf *m*
count[2] **1.** Zählung *f*; JUR Anklagepunkt *m* **2.** *v/t* (ab-, auf-, aus-, nach-, zusammen)zählen; aus-, berechnen; *fig* halten für, betrachten als; *v/i* zählen; gelten; ~ ***down*** *Geld* hinzählen; den Count-down durchführen für, letzte (Start)Vorbereitungen treffen für; ~ ***on*** zählen auf (*acc*), sich verlassen auf (*acc*), sicher rechnen mit
count·down Count-down *m*, *n*, letzte (Start)Vorbereitungen *pl*
coun·te·nance Gesichtsausdruck *m*; Fassung *f*, Haltung *f*
count·er[1] TECH Zähler *m*; *Br* Spielmarke *f*
coun·ter[2] Ladentisch *m*; Theke *f*; (Bank-, Post®)Schalter *m*
coun·ter[3] **1.** (ent)gegen, Gegen... **2.** entgegentreten (*dat*), entgegnen (*dat*), bekämpfen; abwehren
coun·ter·act entgegenwirken (*dat*); neutralisieren
coun·ter·bal·ance 1. Gegengewicht *n* **2.** ein Gegengewicht bilden zu, ausgleichen
coun·ter·clock·wise entgegen dem Uhrzeigersinn
coun·ter·es·pi·o·nage Spionageabwehr *f*
coun·ter·feit 1. falsch, gefälscht **2.** Fälschung *f* **3.** *Geld, Unterschrift etc* fälschen; ~ **mon·ey** Falschgeld *n*
coun·ter·foil Kontrollabschnitt *m*
coun·ter·mand *Befehl etc* widerrufen; *Ware* abbestellen
coun·ter·pane Tagesdecke *f*
coun·ter·part Gegenstück *n*; genaue Entsprechung
coun·ter·sign gegenzeichnen
coun·tess Gräfin *f*
count·less zahllos
coun·try 1. Land *n*, Staat *m*; Gegend *f*, Landschaft *f*; ***in the*** ~ auf dem Lande **2.** Land..., ländlich
coun·try·man Landbewohner *m*; Bauer *m*; *a.* ***fellow*** ~ Landsmann *m*
coun·try road Landstraße *f*
coun·try·side (ländliche) Gegend; Landschaft *f*
coun·try·wom·an Landbewohnerin *f*; Bäuerin *f*; *a.* ***fellow*** ~ Landsmännin *f*
coun·ty (Land)Kreis *m*; *Br* Grafschaft *f*; ~ **seat** Kreis(haupt)stadt *f*; ~ **town** *Br* Grafschaftshauptstadt *f*
coup Coup *m*; Putsch *m*

cou·ple **1.** Paar *n*; ***a ~ of*** F ein paar **2.** (zusammen)koppeln; TECH kuppeln; zo (sich) paaren
cou·pon Gutschein *m*; Kupon *m*, Bestellzettel *m*
cour·age Mut *m*
cou·ra·geous mutig, beherzt
cou·ri·er Kurier *m*, Eilbote *m*; Reiseleiter *m*
course AVIAT, MAR Kurs *m* (*a. fig*); SPORT (*Renn*)Bahn *f*, (*Renn*)Strecke *f*, (*Golf*)-Platz *m*; Verlauf *m*; GASTR Gang *m*; Reihe *f*, Zyklus *m*; Kurs *m*, Lehrgang *m*; ***of ~*** natürlich, selbstverständlich; ***the ~ of events*** der Gang der Ereignisse, der Lauf der Dinge
court **1.** Hof *m*; kleiner Platz; SPORT Platz *m*, (Spiel)Feld *n*; JUR Gericht *n*, Gerichtshof *m*; ***go to ~*** JUR prozessieren; ***take s.o. to ~*** JUR gegen j-n prozessieren; j-m den Prozess machen **2.** *j-m* den Hof machen; werben um
cour·te·ous höflich; **cour·te·sy** Höflichkeit *f*; ***by ~ of*** mit freundlicher Genehmigung von (*or gen*)
court·house Gerichtsgebäude *n*
court·ier Höfling *m*
court·ly höfisch; höflich
court mar·tial MIL Kriegsgericht *n*
court-mar·tial MIL vor ein Kriegsgericht stellen
court·room Gerichtssaal *m*
court·ship Werben *n*
court·yard Hof *m*
cous·in Cousin *m*, Vetter *m*; Cousine *f*, Kusine *f*
cove kleine Bucht
cov·er **1.** Decke *f*; Deckel *m*; Buchdeckel *m*, Einband *m*; Umschlag *m*; Titelseite *f*; Hülle *f*; Überzug *m*, Bezug *m*; Schutzhaube *f*, Schutzplatte *f*; Abdeckhaube *f*; Briefumschlag *m*; GASTR Gedeck *n*; Deckung *f*; Schutz *m*; *fig* Tarnung *f*; ***take ~*** in Deckung gehen; ***under plain ~*** in neutralem Umschlag; ***under separate ~*** mit getrennter Post **2.** (be-, zu)decken; einschlagen, einwickeln; verbergen; decken, schützen; ECON (ab)decken; versichern; *Thema* erschöpfend behandeln; *radio*, TV berichten über (*acc*); sich über *e-e Fläche etc* erstrecken; *Strecke* zurücklegen; SPORT *Gegenspieler* decken; *j-n* beschatten; ***~ up*** ab-, zudecken; *fig* verheimlichen, vertuschen; ***~ up for s.o.*** j-n decken
cov·er·age Berichterstattung *f* (***of*** über *acc*)
cov·er girl Covergirl *n*, Titelblattmädchen *n*
cov·er·ing Decke *f*; Überzug *m*; Hülle *f*; (*Fußboden*)Belag *m*
cov·er sto·ry Titelgeschichte *f*
cow[1] zo Kuh *f*
cow[2] einschüchtern
cow·ard **1.** feig(e) **2.** Feigling *m*
cow·ard·ice Feigheit *f*
cow·ard·ly feig(e)
cow·boy Cowboy *m*
cow·er kauern; sich ducken
cow·herd Kuhhirt *m*
cow·hide Rind(s)leder *n*
cow·house Kuhstall *m*
cowl Mönchskutte *f*; Kapuze *f*; TECH Schornsteinkappe *f*
cow·shed Kuhstall *m*
cow·slip BOT Schlüsselblume *f*; Sumpfdotterblume *f*
cox, **cox·swain** Bootsführer *m*; *rowing*: Steuermann *m*
coy schüchtern, scheu
coy·ote zo Kojote *m*, Präriewolf *m*
co·zy **1.** behaglich, gemütlich **2.** → ***egg cosy, tea cosy***
CPU *abbr of* ***central processing unit*** IT Zentraleinheit *f*
crab zo Krabbe *f*, Taschenkrebs *m*
crack **1.** Knall *m*; Sprung *m*, Riss *m*; Spalt(e *f*) *m*, Ritze *f*; (heftiger) Schlag **2.** erstklassig **3.** *v/i* krachen, knallen, knacken; (zer)springen; überschnappen (*voice*); *a.* ***~ up*** zusammenbrechen; F ***~ up*** überschnappen; ***get ~ing*** F loslegen; *v/t* knallen mit (*Peitsche*), knacken mit (*Fingern*); zerbrechen; *Nuss*, F *Kode*, *Safe etc* knacken; ***~ a joke*** e-n Witz reißen; **crack·er** GASTR Cracker *m*, Kräcker *m*; Schwär-mer *m*, Knallfrosch *m*, Knallbonbon *m*, *n*
crack·le knattern, knistern, prasseln
cra·dle **1.** Wiege *f* **2.** wiegen; betten
craft[1] Boot(e *pl*) *n*, Schiff(e *pl*) *n*; Flugzeug(e *pl*) *n*; (Welt)Raumfahrzeug(e *pl*) *n*
craft[2] Handwerk *n*, Gewerbe *n*; Schlauheit *f*, List *f*
crafts·man (Kunst)Handwerker *m*
craft·y gerissen, listig, schlau

C

crag Klippe *f*, Felsenspitze *f*
cram *v/t* (voll)stopfen; nudeln, mästen; mit *j-m* pauken; *v/i* pauken, büffeln (***for*** für)
cramp **1.** MED Krampf *m*; TECH Klammer *f*; *fig* Fessel *f* **2.** einengen, hemmen
cran·ber·ry BOT Preiselbeere *f*
crane[1] TECH Kran *m*
crane[2] **1.** ZO Kranich *m* **2.** den Hals recken; ~ ***one's neck*** sich den Hals verrenken (***for*** nach)
crank **1.** TECH Kurbel *f*; TECH Schwengel *m*; F Spinner *m*, komischer Kauz **2.** (an)kurbeln
crank·shaft TECH Kurbelwelle *f*
crank·y wack(e)lig; verschroben; schlecht gelaunt
cran·ny Riss *m*, Ritze *f*
crape Krepp *m*, Flor *m*
crash **1.** Krach *m*, Krachen *n*; MOT Unfall *m*, Zusammenstoß *m*; AVIAT Absturz *m*; ECON Zusammenbruch *m*, (Börsen)Krach *m* **2.** *v/t* zertrümmern; e-n Unfall haben mit; AVIAT abstürzen mit; *v/i* krachend einstürzen, zusammenkrachen; *esp* ECON zusammenbrechen; krachen (***against, into*** gegen); MOT zusammenstoßen, verunglücken; AVIAT abstürzen **3.** Schnell…, Sofort…; ~ **bar·ri·er** MOT Leitplanke *f*; ~ **course** Schnell-, Intensivkurs *m*; ~ **di·et** radikale Schlankheitskur; ~ **hel·met** Sturzhelm *m*
crash-land AVIAT e-e Bruchlandung machen (mit); **crash land·ing** AVIAT Bruchlandung *f*
crate (Latten)Kiste *f*
cra·ter Krater *m*; Trichter *m*
crave sich sehnen (***for, after*** nach)
crav·ing heftiges Verlangen
craw·fish → ***crayfish***
crawl **1.** Kriechen *n* **2.** kriechen; krabbeln; kribbeln; wimmeln (***with*** von); *swimming*: kraulen; ***it makes my skin*** ~ F mir läuft e-e Gänsehaut über den Rücken
cray·fish ZO Flusskrebs *m*
cray·on Zeichen-, Buntstift *m*
craze Verrücktheit *f*, F Fimmel *m*; ***be the*** ~ Mode sein
cra·zy verrückt (***about*** nach)
creak knarren, quietschen
cream **1.** GASTR Rahm *m*, Sahne *f*; Creme *f*; *fig* Auslese *f*, Elite *f* **2.** creme (-farben); **cream·y** sahnig; weich
crease **1.** (Bügel)Falte *f* **2.** (zer)knittern
cre·ate (er)schaffen; hervorrufen; verursachen
cre·a·tion Schöpfung *f*
cre·a·tive schöpferisch
cre·a·tor Schöpfer *m*
crea·ture Geschöpf *n*; Kreatur *f*
crèche (Kinder)Krippe *f*; (Weihnachts)Krippe *f*
cre·den·tials Beglaubigungsschreiben *n*; Referenzen *pl*; Zeugnis *n*; Ausweis *m*, Ausweispapiere *pl*
cred·i·ble glaubwürdig
cred·it **1.** Glaube(n) *m*; Ruf *m*, Ansehen *n*; Verdienst *n*; ECON Kredit *m*; Guthaben *n*; ~ (***side***) Kredit(seite *f*) *n*, Haben *n*; ***on*** ~ auf Kredit **2.** *j-m* glauben; *j-m* trauen; ECON gutschreiben; ~ ***s.o. with s.th.*** j-m et. zutrauen; j-m et. zuschreiben
cred·i·ta·ble achtbar, ehrenvoll (***to*** für)
cred·it card ECON Kreditkarte *f*
cred·i·tor ECON Gläubiger *m*
cred·its *film*: Vorspann *m*, Nachspann *m*
cred·it·wor·thy ECON kreditwürdig
cred·u·lous leichtgläubig
creed REL Glaubensbekenntnis *n*
creek Bach *m*; *Br* kleine Bucht
creep kriechen; schleichen (*a. fig*); ~ ***in*** (sich) hinein- *or* hereinschleichen; sich einschleichen (*mistake etc*); ***it makes my flesh*** ~ mir läuft e-e Gänsehaut über den Rücken
creep·er BOT Kriech-, Kletterpflanze *f*
creep·y unheimlich
cre·mate verbrennen, einäschern
cres·cent Halbmond *m*
cress BOT Kresse *f*
crest ZO Haube *f*, Büschel *n*; (*Hahnen-*)Kamm *m*; Bergrücken *m*, Kamm *m*; (*Wellen*)Kamm *m*; Federbusch *m*; ***family*** ~ Familienwappen *n*
crest·fal·len niedergeschlagen
cre·vasse GEOL (Gletscher)Spalte *f*
crev·ice GEOL Riss *m*, Spalte *f*
crew AVIAT, MAR Besatzung *f*, Crew *f*, MAR Mannschaft *f*
crib **1.** (Futter)Krippe *f*; Kinderbettchen *n*; *esp Br* (Weihnachts)Krippe *f*; F PED Spickzettel *m* **2.** F abschreiben, spicken
crick: ***a*** ~ ***in one's back*** (***neck***) ein stei-

C

fer Rücken (Hals)
crick·et[1] zo Grille *f*
crick·et[2] SPORT Kricket *n*
crime JUR Verbrechen *n*; *coll* Verbrechen *pl*; ~ **nov·el** Kriminalroman *m*
crim·i·nal 1. kriminell; Kriminal…, Straf… **2.** Verbrecher(in), Kriminelle *m*, *f*
crimp kräuseln
crim·son karmesinrot; puterrot
cringe sich ducken
crin·kle 1. Falte *f*, Fältchen *n* **2.** (sich) kräuseln; knittern
crip·ple 1. Krüppel *m* **2.** zum Krüppel machen; *fig* lähmen
cri·sis Krise *f*
crisp knusp(e)rig, mürbe; frisch, knackig (*vegetable*); scharf, frisch (*air*); kraus (*hair*)
crisp·bread Knäckebrot *n*
crisps *a.* ***potato*** ~ *Br* (Kartoffel)Chips *pl*
criss-cross 1. Netz *n* sich schneidender Linien **2.** kreuz und quer ziehen durch; kreuz und quer (ver)laufen
cri·te·ri·on Kriterium *n*
crit·ic Kritiker(in)
crit·i·cal kritisch; bedenklich
crit·i·cis·m Kritik *f* (***of*** an *dat*)
crit·i·cize kritisieren; kritisch beurteilen; tadeln
cri·tique Kritik *f*, Besprechung *f*, Rezension *f*
croak zo krächzen; quaken (*both a. fig*)
cro·chet 1. Häkelei *f*; Häkelarbeit *f* **2.** häkeln
crock·e·ry Geschirr *n*
croc·o·dile zo Krokodil *n*
cro·ny F alter Freund
crook 1. Krümmung *f*; Hirtenstab *m*; F Gauner *m* **2.** (sich) krümmen *or* biegen; **crook·ed** gekrümmt krumm; F unehrlich, betrügerisch
croon schmachtend singen; summen
croon·er Schnulzensänger(in)
crop 1. AGR (Feld)Frucht *f*; Ernte *f*; zo Kropf *m*; kurzer Haarschnitt; kurz geschnittenes Haar **2.** zo abfressen, abweiden; *Haar* kurz schneiden; ~ ***up*** *fig* plötzlich auftauchen
cross 1. Kreuz *n* (*a. fig*); BIOL Kreuzung *f*; *soccer*: Flanke *f* **2.** böse, ärgerlich **3.** (sich) kreuzen; *Straße* überqueren; *Plan etc* durchkreuzen; BIOL kreuzen; ~ ***off***, ~ ***out*** ausstreichen, durchstreichen; ~ ***o.s.*** sich bekreuzigen; ~ ***one's arms*** die Arme verschränken; ~ ***one's legs*** die Beine übereinanderschlagen; ***keep one's fingers ~ed*** den Daumen drücken
cross·bar SPORT Tor-, Querlatte *f*
cross·breed Mischling *m*, Kreuzung *f*
cross-coun·try Querfeldein…, Gelände…; ~ ***skiing*** Skilanglauf *m*
cross-ex·am·i·na·tion JUR Kreuzverhör *n*; **cross-ex·am·ine** JUR ins Kreuzverhör nehmen
cross-eyed: ***be*** ~ schielen
cross·ing (*Straßen- etc*)Kreuzung *f*; Straßenübergang *m*; *Br* Fußgängerüberweg *m*; MAR Überfahrt *f*
cross·road Querstraße *f*
cross·roads (Straßen)Kreuzung *f*; *fig* Scheideweg *m*
cross-sec·tion Querschnitt *m*
cross·walk Fußgängerüberweg *m*
cross·wise kreuzweise
cross·word (puz·zle) Kreuzworträtsel *n*
crotch ANAT Schritt *m*
crotch·et MUS *Br* Viertelnote *f*
crouch 1. sich ducken **2.** Hockstellung *f*
crow 1. zo Krähe *f*; Krähen *n* **2.** krähen
crow·bar TECH Brecheisen *n*
crowd 1. (Menschen)Menge *f*; Masse *f*; Haufen *m* **2.** sich drängen; *Straßen etc* bevölkern; vollstopfen
crowd·ed überfüllt, voll
crown 1. Krone *f* **2.** krönen; *Zahn* überkronen; ***to ~ it all*** zu allem Überfluss
cru·cial entscheidend, kritisch
cru·ci·fix REL Kruzifix *n*
cru·ci·fix·ion REL Kreuzigung *f*
cru·ci·fy REL kreuzigen
crude roh, unbearbeitet; *fig* roh, grob
crude (oil) Rohöl *n*
cru·el grausam; roh, gefühllos
cru·el·ty Grausamkeit *f*; ~ ***to animals*** Tierquälerei *f*; ***society for the prevention of ~ to animals*** Tierschutzverein *m*; ~ ***to children*** Kindesmisshandlung *f*
cru·et Essig-, Ölfläschchen *n*
cruise 1. Kreuzfahrt *f*, Seereise *f* **2.** kreuzen, e-e Kreuzfahrt *or* Seereise machen; AVIAT, MOT mit Reisegeschwindigkeit fliegen *or* fahren; ~ **mis·sile** MIL Marschflugkörper *m*
cruis·er Kreuzfahrtschiff *n*; MIL MAR

Kreuzer *m*; (Funk)Streifenwagen *m*
crumb Krume *f*, Krümel *m*
crum·ble zerkrümeln, zerbröckeln
crum·ple *v/t* zerknittern; *v/i* knittern; zusammengedrückt werden; ~ **zone** MOT Knautschzone *f*
crunch geräuschvoll (zer)kauen; knirschen
cru·sade HIST Kreuzzug *m* (*a. fig*)
crush 1. Gedränge *n*; ***have a ~ on s.o.*** für j-n schwärmen, F in j-n verknallt sein **2.** *v/t* zerquetschen, zermalmen, zerdrücken; TECH zerkleinern, zermahlen; auspressen; *fig* nieder-, zerschmettern, vernichten; *v/i* sich drängen; ~ **bar·ri·er** Barriere *f*, Absperrung *f*
crust (Brot)Kruste *f*, (Brot)Rinde *f*
crus·ta·cean ZO Krebs-, Krusten-, Schalentier *n*
crust·y krustig
crutch Krücke *f*
cry 1. Schrei *m*, Ruf *m*; Geschrei *n*; Weinen *n* **2.** schreien, rufen (***for*** nach); weinen; heulen, jammern
crypt Gruft *f*, Krypta *f*
crys·tal Kristall *m*; Uhrglas *n*
crys·tal·line kristallen
crys·tal·lize kristallisieren
cub ZO Junge *n*
cube Würfel *m* (*a.* MATH); PHOT Blitzwürfel *m*; MATH Kubikzahl *f*
cube root MATH Kubikwurzel *f*
cu·bic, cu·bi·cal würfelförmig; kubisch; Kubik...
cu·bi·cle Kabine *f*
cuck·oo ZO Kuckuck *m*
cu·cum·ber BOT Gurke *f*; (***as***) ***cool as a ~*** F eiskalt, kühl und gelassen
cud AGR wiedergekäutes Futter; ***chew the ~*** wiederkäuen; *fig* überlegen
cud·dle *v/t* an sich drücken; schmusen mit; *v/i*: ~ ***up*** sich kuscheln *or* schmiegen (***to*** an *acc*)
cud·gel 1. Knüppel *m* **2.** prügeln
cue[1] THEA *etc* Stichwort *n* (*a. fig*); *fig* Wink *m*
cue[2] *billiards*: Queue *n*
cuff[1] Manschette *f*; (Hosen-, *Br* Ärmel-) Aufschlag *m*
cuff[2] **1.** Klaps *m* **2.** *j-m* e-n Klaps geben
cuff link Manschettenknopf *m*
cui·sine GASTR Küche *f*
cul·mi·nate gipfeln (***in*** in *dat*)
cu·lottes (***a pair of*** ein) Hosenrock
cul·prit Schuldige *m*, *f*, Täter(in)
cul·ti·vate AGR anbauen, bebauen; kultivieren; *Freundschaft etc* pflegen
cul·ti·vat·ed AGR bebaut; *fig* gebildet, kultiviert
cul·ti·va·tion AGR Kultivierung *f*, Anbau *m*; *fig* Pflege *f*
cul·tu·ral kulturell; Kultur...
cul·ture Kultur *f* (*a.* BIOL); ZO Zucht *f*
cul·tured kultiviert; gezüchtet, Zucht...
cum·ber·some lästig, hinderlich; klobig
cu·mu·la·tive sich (an)häufend, anwachsend; Zusatz...
cun·ning 1. schlau, listig **2.** List *f*, Schlauheit *f*
cup 1. Tasse *f*; Becher *m*; Schale *f*; Kelch *m*; SPORT Cup *m*, Pokal *m* **2.** *die Hand* hohl machen; ***she ~ped her chin in her hand*** sie stützte das Kinn in die Hand
cup·board (Geschirr-, Speise-, *Br a.* Wäsche-, Kleider)Schrank *m*
cup·board bed Schrankbett *n*
cup fi·nal SPORT Pokalendspiel *n*
cu·po·la ARCH Kuppel *f*
cup tie SPORT Pokalspiel *n*
cup win·ner SPORT Pokalsieger *m*
cur Köter *m*; Schurke *m*
cu·ra·ble MED heilbar
cu·rate REL Hilfsgeistliche *m*
cu·ra·tive heilkräftig; ~ ***power*** Heilkraft *f*
curb 1. Kandare *f* (*a. fig*); Bordstein *m* **2.** an die Kandare legen (*a. fig*); *fig* zügeln
curd *a. pl* Dickmilch *f*, Quark *m*
cur·dle *v/t Milch* gerinnen lassen; *v/i* gerinnen, dick werden; ***the sight made my blood ~*** bei dem Anblick erstarrte mir das Blut in den Adern
cure 1. MED Kur *f*; (Heil)Mittel *n*; Heilung *f* **2.** MED heilen; GASTR pökeln; räuchern; trocknen
cur·few MIL Ausgangsverbot *n*, -sperre *f*
cu·ri·o Rarität *f*
cu·ri·os·i·ty Neugier *f*; Rarität *f*
cu·ri·ous neugierig; wissbegierig; seltsam, merkwürdig
curl 1. Locke *f* **2.** (sich) kräuseln *or* locken; **curl·er** Lockenwickler *m*; **curl·y** gekräuselt; gelockt, lockig
cur·rant BOT Johannisbeere *f*; GASTR Korinthe *f*
cur·ren·cy ECON Währung *f*; ***foreign ~*** Devisen *pl*
cur·rent 1. laufend; gegenwärtig, aktu-

ell; üblich, gebräuchlich; **~ events** Tagesereignisse *pl* **2.** Strömung *f*, Strom *m* (*both a. fig*); ELECTR Strom *m*; **~ account** *Br* ECON Girokonto *n*
cur·ric·u·lum Lehr-, Stundenplan *m*; **~ vi·tae** Lebenslauf *m*
cur·ry[1] GASTR Curry *m, n*
cur·ry[2] *Pferd* striegeln
curse **1.** Fluch *m*, Verwünschung *f* **2.** (ver)fluchen, verwünschen
curs·ed verflucht
cur·sor IT Cursor *m*
cur·so·ry flüchtig, oberflächlich
curt knapp; barsch, schroff
cur·tail *Ausgaben etc* kürzen; *Rechte* beschneiden
cur·tain **1.** Vorhang *m*, Gardine *f*; **draw the ~s** die Vorhänge auf- *or* zuziehen **2.** **~ off** mit Vorhängen abteilen
curt·s(e)y **1.** Knicks *m* **2.** knicksen (**to** vor *dat*)
cur·va·ture Krümmung *f*
curve **1.** Kurve *f*; Krümmung *f*, Biegung *f* **2.** (sich) krümmen *or* biegen
cush·ion **1.** Kissen *n*, Polster *n* **2.** polstern; *Stoß etc* dämpfen
cuss **1.** Fluch *m* **2.** (ver)fluchen
cus·tard Eiercreme *f*, Vanillesoße *f*
cus·to·dy JUR Haft *f*; Sorgerecht *n*
cus·tom Brauch *m*, Gewohnheit *f*; ECON Kundschaft *f*
cus·tom·a·ry üblich
cus·tom-built nach Kundenangaben gefertigt
cus·tom·er Kunde *m*, Kundin *f*, Auftraggeber(in)
cus·tom house Zollamt *n*
cus·tom-made maßgefertigt, Maß…
cus·toms Zoll *m*; **~ clear·ance** Zollabfertigung *f*; **~ of·fi·cer**, **~ of·fi·cial** Zollbeamte *m*
cut **1.** Schnitt *m*; MED Schnittwunde *f*; GASTR Schnitte *f*, Stück *n*; (Zu)Schnitt *m* (*clothes*); TECH Schnitt *m*, Schliff *m*; Haarschnitt *m*; *fig* Kürzung *f*, Senkung *f*; *cards*: Abheben *n* **2.** schneiden; ab-, an-, auf-, aus-, be-, durch-, zer-, zuschneiden; *Edelstein etc* schleifen; *Gras* mähen, *Bäume* fällen, *Holz* hacken; MOT *Kurve* schneiden; *Löhne etc* kürzen; *Preise* herabsetzen, senken; *Karten* abheben; **~ one's teeth** Zähne bekommen, zahnen; **~ s.o. (dead)** *fig* F j-n schneiden; **~ s.o. *or* s.th. short** j-n *or* et. unterbrechen, j-m ins Wort fallen; **~ across** quer durch … gehen; **~ back** *Pflanze* beschneiden, stutzen; einschränken; **~ down** *Bäume* fällen; verringern, einschränken, reduzieren; **~ in** F sich einmischen, unterbrechen; **~ in on s.o.** MOT j-n schneiden; **~ off** abschneiden; unterbrechen, trennen; *Strom etc* sperren; **~ out** (her)ausschneiden; *Kleid etc* zuschneiden; **be ~ out for** wie geschaffen sein für; **~ up** zerschneiden
cut·back Kürzung *f*
cute F schlau; niedlich, süß
cu·ti·cle Nagelhaut *f*
cut·le·ry (Ess)Besteck *n*
cut·let GASTR Kotelett *n*; (*Kalbs-, Schweine*)Schnitzel *n*; Hacksteak *n*
cut·off date Stichtag *m*
cut-price, **cut-rate** ECON herabgesetzt, ermäßigt; Billig…
cut·ter Zuschneider *m*; (*Glas-, Diamant*)Schleifer *m*; Schneidemaschine *f*, -werkzeug *n*; *film*: Cutter(in); MAR Kutter *m*
cut·throat **1.** Mörder *m*; Killer *m* **2.** mörderisch
cut·ting **1.** schneidend; scharf; TECH Schneid(e)…, Fräs… **2.** Schneiden *n*; BOT Steckling *m*; *esp Br* Ausschnitt *m*
cut·tings Schnipsel *pl*; Späne *pl*
cut·ting torch TECH Schneidbrenner *m*
Cy·ber·space → ***virtual reality***
cy·cle[1] Zyklus *m*; Kreis(lauf) *m*
cy·cle[2] **1.** Fahrrad *n* **2.** Rad fahren
cy·cle| path, **~ track** (Fahr)Radweg *m*
cy·cling Radfahren *n*
cy·clist Radfahrer(in); Motorradfahrer(in)
cy·clone Wirbelsturm *m*
cyl·in·der Zylinder *m*, TECH *a.* Walze *f*, Trommel *f*
cyn·ic Zyniker(in); **cyn·i·cal** zynisch; **cyn·i·cism** Zynismus *m*
cy·press BOT Zypresse *f*
cyst MED Zyste *f*
czar → ***tsar***
Czech **1.** tschechisch; **~ Republic** Tschechien *n*, Tschechische Republik **2.** Tscheche *m*, Tschechin *f*; LING Tschechisch *n*

D

D, d D, d *n*
d *abbr of* ***died*** gest., gestorben
dab 1. Klecks *m*, Spritzer *m* **2.** betupfen, abtupfen
dab·ble bespritzen; ***~ at, ~ in*** sich oberflächlich *or contp* in dilettantischer Weise beschäftigen mit
dachs·hund zo Dackel *m*
dad F, **dad·dy** F Papa *m*, Vati *m*
dad·dy long·legs zo Schnake *f*; Weberknecht *m*
daf·fo·dil BOT gelbe Narzisse
dag·ger Dolch *m*; ***be at ~s drawn*** *fig* auf Kriegsfuß stehen (***with*** mit)
dai·ly 1. täglich; ***the ~ grind*** *or* ***rut*** das tägliche Einerlei **2.** Tageszeitung *f*; Putzfrau *f*
dain·ty 1. zierlich, reizend; wählerisch **2.** Leckerbissen *m*
dair·y Molkerei *f*; Milchwirtschaft *f*; Milchgeschäft *n*
dai·sy BOT Gänseblümchen *n*
dal·ly: ***~ about*** herumtrödeln
dam 1. (Stau)Damm *m* **2.** *a.* ***~ up*** stauen, eindämmen
dam·age 1. Schaden *m*, (Be)Schädigung *f*; *pl* JUR Schadenersatz *m* **2.** (be)schädigen
dam·ask Damast *m*
damn 1. verdammen; verurteilen; ***~ (it)!*** F verflucht!, verdammt! **2.** *adj and adv* F → ***damned*** **3.** ***I don't give a ~*** F das ist mir völlig gleich(gültig) *or* egal
dam·na·tion Verdammung *f*; REL Verdammnis *f*
damned F verdammt
damn·ing vernichtend, belastend
damp 1. feucht, klamm **2.** Feuchtigkeit *f* **3.** *a.* **damp·en** an-, befeuchten; dämpfen; **damp·ness** Feuchtigkeit *f*
dance 1. Tanz *m*; Tanzveranstaltung *f* **2.** tanzen
danc·er Tänzer(in)
danc·ing 1. Tanzen *n* **2.** Tanz…
dan·de·li·on BOT Löwenzahn *m*
dan·druff (Kopf)Schuppen *pl*
Dane Däne *m*, Dänin *f*
dan·ger Gefahr *f*; ***be out of ~*** außer Lebensgefahr sein; ***~ ar·e·a*** Gefahrenzone *f*, Gefahrenbereich *m*
dan·ger·ous gefährlich
dan·ger zone → ***danger area***
dan·gle baumeln (lassen)
Da·nish 1. dänisch **2.** LING Dänisch *n*
dank feucht, nass(kalt)
dare *v/i* es wagen, sich (ge)trauen; ***I ~ say*** ich glaube wohl; allerdings; ***how ~ you!*** was fällt dir ein!; untersteh dich!; *v/t et.* wagen
dare·dev·il Draufgänger *m*
dar·ing 1. kühn, verwegen, waghalsig **2.** Mut *m*, Kühnheit *f*, Verwegenheit *f*
dark 1. dunkel; finster; *fig* düster, trüb(e); geheim(nisvoll) **2.** Dunkel *n*, Dunkelheit *f*; ***before (at, after) ~*** vor (bei, nach) Einbruch der Dunkelheit; ***keep s.o. in the ~ about s.th.*** j-n über et. im Ungewissen lassen
Dark Ag·es *das* frühe Mittelalter
dark·en (sich) verdunkeln *or* verfinstern
dark·ness Dunkelheit *f*, Finsternis *f*
dark·room PHOT Dunkelkammer *f*
dar·ling 1. Liebling *m* **2.** lieb; F goldig
darn stopfen, ausbessern
dart 1. Wurfpfeil *m*; Sprung *m*, Satz *m*; ***~s*** Darts *n* **2.** *v/t* werfen, schleudern; *v/i* schießen, stürzen
dart·board Dartsscheibe *f*
dash 1. Schlag *m*; Klatschen *n*; GASTR Prise *f* (*of salt*), Schuss *m* (*of rum etc*), Spritzer *m* (*of lemon etc*); Gedankenstrich *m*; SPORT Sprint *m*; *fig* Anflug *m*; ***a ~ of blue*** ein Stich ins Blaue; ***make a ~ for*** losstürzen auf (*acc*) **2.** *v/t* schleudern, schmettern; *Hoffnung etc* zerstören, zunichtemachen; *v/i* stürmen; ***~ off*** davonstürzen
dash·board MOT Armaturenbrett *n*
dash·ing schneidig, forsch
da·ta Daten *pl* (*a.* IT), Angaben *pl*; ***~ base*** IT Datenbank *f*; ***~ car·ri·er*** Datenträger *m*; ***~ in·put*** Dateneingabe *f*; ***~ me·di·um*** Datenträger *m*; ***~ mem·o·ry*** Datenspeicher *m*; ***~ output*** Datenausgabe *f*; ***~ pro·cess·ing*** Datenverarbeitung *f*; ***~ pro·tec·tion*** JUR Datenschutz *m*; ***~ stor·age*** Datenspeicher *m*; ***~ trans·fer*** Datenübertragung *f*
date[1] BOT Dattel *f*
date[2] **1.** Datum *n*; Zeit *f*, Zeitpunkt *m*;

Termin *m*; Verabredung *f*; F (Verabredungs)Partner(in); ***out of ~*** veraltet, unmodern; ***up to ~*** zeitgemäß, modern, auf dem Laufenden **2.** datieren; F sich verabreden mit, (aus)gehen mit
dat·ed veraltet, überholt
D
da·tive *a.* ***~ case*** LING Dativ *m*, dritter Fall
daub (be)schmieren
daugh·ter Tochter *f*
daugh·ter-in-law Schwiegertochter *f*
daunt entmutigen
dav·en·port Sofa *n*
daw zo Dohle *f*
daw·dle F (herum)trödeln
dawn 1. (Morgen)Dämmerung *f*; ***at ~*** bei Tagesanbruch **2.** dämmern; ***~ on*** *fig j-m* dämmern
day Tag *m*; *often pl* (Lebens)Zeit *f*; ***any ~*** jederzeit; ***these ~s*** heutzutage; ***the other ~*** neulich; ***the ~ after tomorrow*** übermorgen; ***the ~ before yesterday*** vorgestern; ***open all ~*** durchgehend geöffnet; ***let's call it a ~!*** machen wir Schluss für heute!, Feierabend!
day·break Tagesanbruch *m*
day care cen·ter (*Br* **cen·tre**) → ***day nursery***
day·dream 1. Tag-, Wachtraum *m* **2.** (mit offenen Augen) träumen
day·dream·er Träumer(in)
day·light Tageslicht *n*; ***in broad ~*** am helllichten Tag
day nur·se·ry (Kinder)Tagesstätte *f*
day off freier Tag
day re·turn *Br* Tagesrückfahrkarte *f*
day·time: ***in the ~*** am Tag, bei Tage
daze 1. blenden; betäuben **2.** ***in a ~*** benommen, betäubt
dead 1. tot; unempfindlich (***to*** für); matt; blind (*window etc*); erloschen; ECON flau; tot (*capital etc*); völlig, total; ***drop ~*** tot umfallen **2.** *adv* völlig, total; plötzlich, abrupt; genau, direkt; ***~ slow*** MOT Schritt fahren!; ***~ tired*** todmüde **3.** ***the ~*** die Toten *pl*
dead·en abstumpfen; (ab)schwächen; dämpfen
dead end Sackgasse *f* (*a. fig*)
dead heat SPORT totes Rennen
dead·line letzter (Ablieferungs)Termin; Stichtag *m*
dead·lock *fig* toter Punkt
dead·locked *fig* festgefahren
dead·ly tödlich
deaf 1. taub **2.** ***the ~*** die Tauben *pl*
deaf-and-dumb taubstumm
deaf·en taub machen; betäuben
deaf-mute Taubstumme *m, f*
deal 1. F Geschäft *n*, Handel *m*; Menge *f*; ***it's a ~!*** abgemacht!; ***a good ~*** ziemlich viel; ***a great ~*** sehr viel **2.** *v/t* (aus-, ver-, zu)teilen; *j-m Karten* geben; *j-m e-n Schlag* versetzen; *v/i* handeln (***in*** mit *e-r Ware*); *sl* dealen; *cards*: geben; ***~ with*** sich befassen mit, behandeln; ECON Handel treiben mit, Geschäfte machen mit; **deal·er** ECON Händler(in); *cards*: Geber(in); *sl* Dealer *m*; **deal·ing** *mst pl* Umgang *m*, Beziehungen *pl*
dean REL, UNIV Dekan *m*
dear 1. teuer; lieb; ***Dear Sir*** Sehr geehrter Herr … **2.** Liebste *m, f*, Schatz *m*; ***my ~*** m-e Liebe, mein Lieber **3.** *int* (***oh***) ***~!, ~ me!*** F du liebe Zeit!, ach herrje!; **dear·est** sehnlichst; **dear·ly** innig, von ganzem Herzen; ECON teuer
death Tod *m*; Todesfall *m*
death·bed Sterbebett *n*
death cer·tif·i·cate Totenschein *m*
death·ly tödlich; ***~ still*** totenstill
death war·rant JUR Hinrichtungsbefehl *m*; *fig* Todesurteil *n*
de·bar: ***~ s.o. from*** j-n ausschließen aus
de·base erniedrigen; mindern
de·ba·ta·ble umstritten
de·bate 1. Debatte *f*, Diskussion *f* **2.** debattieren, diskutieren
deb·it ECON **1.** Soll *n*; (Konto)Belastung *f*; ***~ and credit*** Soll und Haben *n* **2.** *j-n, ein Konto* belasten
deb·ris Trümmer *pl*, Schutt *m*
debt Schuld *f*; ***be in ~*** Schulden haben, verschuldet sein; ***be out of ~*** schuldenfrei sein; ***get into ~*** sich verschulden, Schulden machen
debt·or Schuldner(in)
de·bug TECH, IT Fehler beseitigen
de·but Debüt *n*
Dec *abbr of* ***December*** Dez., Dezember *m*
dec·ade Jahrzehnt *n*
dec·a·dent dekadent
de·caf·fein·at·ed koffeinfrei
de·camp F verschwinden
de·cant abgießen; umfüllen
de·cant·er Karaffe *f*
de·cath·lete SPORT Zehnkämpfer *m*

de·cath·lon SPORT Zehnkampf *m*
de·cay **1.** zerfallen; verfaulen; kariös *or* schlecht werden (*tooth*) **2.** Zerfall *m*; Verfaulen *n*
de·cease *esp* JUR Tod *m*, Ableben *n*
de·ceased *esp* JUR **1.** ***the ~*** der *or* die Verstorbene; die Verstorbenen *pl* **2.** verstorben
de·ceit Betrug *m*; Täuschung *f*
de·ceit·ful betrügerisch
de·ceive betrügen; täuschen
de·ceiv·er Betrüger(in)
De·cem·ber (*abbr* ***Dec***) Dezember *m*
de·cen·cy Anstand *m*
de·cent anständig; F annehmbar, (ganz) anständig; F nett
de·cep·tion Täuschung *f*
de·cep·tive trügerisch; ***be ~*** täuschen, trügen
de·cide (sich) entscheiden; bestimmen; beschließen, sich entschließen
de·cid·ed entschieden; bestimmt; entschlossen
dec·i·mal MATH **1.** *a.* ***~ fraction*** Dezimalbruch *m* **2.** Dezimal…
de·ci·pher entziffern
de·ci·sion Entscheidung *f*; Entschluss *m*; Entschlossenheit *f*; ***make a ~*** e-e Entscheidung treffen; ***reach*** *or* ***come to a ~*** zu e-m Entschluss kommen
de·ci·sive entscheidend; ausschlaggebend; entschieden
deck **1.** MAR Deck *n*; Spiel *n*, Pack *m* (Spiel)Karten **2.** ***~ out*** schmücken
deck·chair Liegestuhl *m*
dec·la·ra·tion Erklärung *f*; Zollerklärung *f*; **de·clare** erklären; deklarieren, verzollen
de·clen·sion LING Deklination *f*
de·cline **1.** abnehmen, zurückgehen; fallen; verfallen; (höflich) ablehnen; LING deklinieren **2.** Abnahme *f*, Rückgang *m*, Verfall *m*
de·cliv·i·ty (Ab)Hang *m*
de·clutch MOT auskuppeln
de·code entschlüsseln
de·com·pose zerlegen; (sich) zersetzen; verwesen
de·con·tam·i·nate entgasen, entgiften, entseuchen, entstrahlen
de·con·tam·i·na·tion Entseuchung *f*
dec·o·rate verzieren, schmücken; tapezieren; (an)streichen; dekorieren
dec·o·ra·tion Verzierung *f*, Schmuck *m*, Dekoration *f*; Orden *m*
dec·o·ra·tive dekorativ; Zier…
dec·o·ra·tor Dekorateur *m*; Maler *m* und Tapezierer *m*
dec·o·rous anständig
de·co·rum Anstand *m*
de·coy **1.** Lockvogel *m* (*a*, *fig*); Köder *m* (*a. fig*) **2.** ködern; locken (***into*** in *acc*); verleiten (***into*** zu)
de·crease **1.** Abnahme *f* **2.** abnehmen; (sich) vermindern
de·cree **1.** Dekret *n*, Erlass *m*, Verfügung *f*; *esp* JUR Entscheid *m*, Urteil *n* **2.** verfügen
ded·i·cate widmen
ded·i·cat·ed engagiert
ded·i·ca·tion Widmung *f*; Hingabe *f*
de·duce ableiten; folgern
de·duct *Betrag* abziehen (***from*** von); **de·duct·i·ble** ***tax-~*** steuerlich absetzbar; **de·duc·tion** Abzug *m*; (Schluss)Folgerung *f*, Schluss *m*
deed Tat *f*; Heldentat *f*; JUR (Übertragungs)Urkunde *f*
deep **1.** tief (*a. fig*) **2.** Tiefe *f*
deep·en (sich) vertiefen, *fig a.* (sich) verstärken
deep freeze **1.** tiefkühlen, einfrieren **2.** Tiefkühl-, Gefriertruhe *f*
deep-fro·zen tiefgefroren
deep fry frittieren
deep·ness Tiefe *f*
deer ZO Hirsch *m*; Reh *n*
de·face entstellen; unleserlich machen; ausstreichen
def·a·ma·tion Verleumdung *f*
de·fault **1.** JUR Nichterscheinen *n* vor Gericht; SPORT Nichtantreten *n*; ECON Verzug *m* **2.** s-n Verpflichtungen nicht nachkommen, ECON *a.* im Verzug sein; JUR nicht vor Gericht erscheinen; SPORT nicht antreten
de·feat **1.** Niederlage *f* **2.** besiegen, schlagen; vereiteln, zunichtemachen
de·fect Defekt *m*, Fehler *m*; Mangel *m*
de·fec·tive mangelhaft; schadhaft, defekt
de·fence *Br* → ***defense***
de·fence·less *Br* → ***defenseless***
de·fend (***from, against***) verteidigen (gegen), schützen (vor *dat*, gegen)
de·fen·dant Angeklagte *m*, *f*; Beklagte *m*, *f*
de·fend·er Verteidiger(in); SPORT Ab-

wehrspieler(in)
de·fense Verteidigung *f* (*a.* MIL, JUR, SPORT), Schutz *m*; SPORT Abwehr *f*; ***witness for the ~*** Entlastungszeuge *m*
de·fense·less schutzlos, wehrlos
de·fen·sive **1.** Defensive *f*, Verteidigung *f*, Abwehr *f* **2.** defensiv; Verteidigungs…, Abwehr…
de·fer aufschieben, verschieben
de·fi·ance Herausforderung *f*; Trotz *m*
de·fi·ant herausfordernd; trotzig
de·fi·cien·cy Unzulänglichkeit *f*; Mangel *m*
de·fi·cient mangelhaft, unzureichend
def·i·cit ECON Defizit *n*, Fehlbetrag *m*
de·file beschmutzen
de·fine definieren; erklären, bestimmen
def·i·nite bestimmt; endgültig, definitiv
def·i·ni·tion Definition *f*, Bestimmung *f*, Erklärung *f*
de·fin·i·tive endgültig, definitiv
de·flect *v/t* ablenken; *Ball* abfälschen; *v/i* abweichen
de·form entstellen, verunstalten
de·formed deformiert, verunstaltet; verwachsen
de·for·mi·ty Missbildung *f*
de·fraud betrügen (***of*** um)
de·frost *v/t Windschutzscheibe etc* entfrosten; *Kühlschrank etc* abtauen, *Tiefkühlkost etc* auftauen; *v/i* ab-, auftauen
deft geschickt, gewandt
de·fy herausfordern; trotzen (*dat*)
de·gen·e·rate **1.** entarten **2.** entartet
deg·ra·da·tion Erniedrigung *f*
de·grade erniedrigen, demütigen
de·gree Grad *m*; Stufe *f*; (akademischer) Grad; ***by ~s*** allmählich; ***take one's ~*** e-n akademischen Grad erwerben, promovieren
de·hy·drate austrocknen; TECH das Wasser entziehen (*dat*)
de·i·fy vergöttern; vergöttlichen
deign sich herablassen
de·i·ty Gottheit *f*
de·jec·ted niedergeschlagen, mutlos, deprimiert
de·jec·tion Niedergeschlagenheit *f*
de·lay **1.** Aufschub *m*; Verzögerung *f*; RAIL *etc* Verspätung *f* **2.** ver-, aufschieben; verzögern; aufhalten; ***be ~ed*** sich verzögern; RAIL *etc* Verspätung haben
del·e·gate **1.** abordnen, delegieren; *Vollmachten etc* übertragen **2.** Delegierte *m*, *f*, bevollmächtigter Vertreter
del·e·ga·tion Übertragung *f*; Abordnung *f*, Delegation *f*
de·lete (aus)streichen; IT löschen
de·lib·e·rate absichtlich, vorsätzlich; bedächtig, besonnen
de·lib·e·ra·tion Überlegung *f*; Beratung *f*; Bedächtigkeit *f*
del·i·ca·cy Delikatesse *f*, Leckerbissen *m*; Zartheit *f*; Feingefühl *n*, Takt *m*
del·i·cate delikat (*a. fig*), schmackhaft; zart; fein; zierlich; zerbrechlich; heikel; empfindlich
del·i·ca·tes·sen Delikatessen *pl*, Feinkost *f*; Feinkostgeschäft *n*
de·li·cious köstlich
de·light **1.** Vergnügen *n*, Entzücken *n* **2.** entzücken, erfreuen; ***~ in*** (große) Freude haben an (*dat*)
de·light·ful entzückend
de·lin·quen·cy Kriminalität *f*
de·lin·quent **1.** straffällig **2.** Straffällige *m*, *f*; → ***juvenile*** *1*
de·lir·i·ous MED im Delirium, fantasierend; **de·lir·i·um** MED Delirium *n*
de·liv·er ausliefern, (ab)liefern; *Briefe* zustellen; *Rede etc* halten; befreien, erlösen; ***be ~ed of*** MED entbunden werden von
de·liv·er·ance Befreiung *f*
de·liv·er·er Befreier(in)
de·liv·er·y (Ab-, Aus)Lieferung *f*; *post* Zustellung *f*; Halten *n* (*e-r Rede*); Vortrag(sweise *f*) *m*; MED Entbindung *f*
de·liv·er·y van *Br* MOT Lieferwagen *m*
dell kleines Tal
de·lude täuschen
del·uge Überschwemmung *f*; *fig* Flut *f*
de·lu·sion Täuschung *f*; Wahn(vorstellung *f*) *m*
de·mand **1.** Forderung *f* (***for*** nach); Anforderung *f* (***on*** an *acc*); Nachfrage *f* (***for*** nach), Bedarf *m* (***for*** an *dat*); ***on ~*** auf Verlangen **2.** verlangen, fordern; (*fordernd*) fragen nach; erfordern
de·mand·ing anspruchsvoll
de·men·ted wahnsinnig
dem·i… Halb…, halb…
de·mil·i·ta·rize entmilitarisieren
dem·o F Demo *f*
de·mo·bi·lize demobilisieren
de·moc·ra·cy Demokratie *f*
dem·o·crat Demokrat(in)

dem·o·crat·ic demokratisch
de·mol·ish demolieren; ab-, ein-, niederreißen; zerstören
dem·o·li·tion Demolierung *f*; Niederreißen *n*, Abbruch *m*
de·mon Dämon *m*; Teufel *m*
dem·on·strate demonstrieren; beweisen; zeigen; vorführen
dem·on·stra·tion Demonstration *f*, *a.* Kundgebung *f*, *a.* Vorführung *f*; **~ car** *Br* Vorführwagen *m*
dem·on·stra·tor Demonstrant(in); Vorführer(in); MOT Vorführwagen *m*
de·mor·al·ize demoralisieren
de·mote degradieren
de·mure ernst, zurückhaltend
den zo Höhle *f* (*a. fig*); F Bude *f*
de·ni·al Ablehnung *f*; Leugnen *n*; Verweigerung *f*; ***official* ~** Dementi *n*
den·ims Jeans *pl*
Den·mark Dänemark *n*
de·nom·i·na·tion REL Konfession *f*; ECON Nennwert *m*
de·note bezeichnen; bedeuten
de·nounce (öffentlich) anprangern
dense dicht; *fig* beschränkt, begriffsstutzig; **den·si·ty** Dichte *f*
dent 1. Beule *f*, Delle *f* **2.** ver-, einbeulen
den·tal Zahn...; **~ plaque** Zahnbelag *m*; **~ plate** (Zahn)Prothese *f*; **~ surgeon** Zahnarzt *m*, Zahnärztin *f*
den·tist Zahnarzt *m*, Zahnärztin *f*
den·tures (Zahn)Prothese *f*, (künstliches) Gebiss
de·nun·ci·a·tion Denunziation *f*
de·nun·ci·a·tor Denunziant(in)
de·ny abstreiten, bestreiten, dementieren, (ab)leugnen; *j-m et.* verweigern, abschlagen
de·o·do·rant De(s)odorant *n*, Deo *n*
de·part abreisen; abfahren, abfliegen; abweichen (***from*** von)
de·part·ment Abteilung *f*, UNIV *a.* Fachbereich *m*; POL Ministerium *n*
De·part·ment| of De·fense Verteidigungsministerium *n*; **~ of State** *a.* ***State Department*** Außenministerium *n*; **~ of the En·vi·ron·ment** *Br* Umweltministerium *n*; **~ of the In·te·ri·or** Innenministerium *n*
de·part·ment store Kaufhaus *n*, Warenhaus *n*
de·par·ture Abreise *f*; RAIL *etc* Abfahrt *f*; AVIAT Abflug *m*; *fig* Abweichung *f*; **~s** AVIAT, RAIL *etc* 'Abfahrt' (*timetable*); ***day of* ~** Abreisetag *m*; **~ gate** AVIAT Flugsteig *m*; **~ lounge** AVIAT Abflughalle *f*
de·pend: **~ *on*** sich verlassen auf (*acc*); abhängen von; angewiesen sein auf (*acc*); ***that* ~s** das kommt darauf an
de·pend·a·bil·i·ty Zuverlässigkeit *f*
de·pend·a·ble zuverlässig
de·pen·dant Angehörige *m*, *f*
de·pen·dence Abhängigkeit *f*; Vertrauen *n*
de·pen·dent 1. (***on***) abhängig (von); angewiesen (auf *acc*); **2.** → ***dependant***
de·plor·a·ble bedauerlich, beklagenswert; **de·plore** beklagen, bedauern
de·pop·u·late entvölkern
de·port ausweisen, *Ausländer a.* abschieben; deportieren
de·pose *j-n* absetzen; JUR unter Eid erklären
de·pos·it 1. absetzen, abstellen; CHEM, GEOL (sich) ablagern *or* absetzen; deponieren, hinterlegen; ECON *Betrag* anzahlen **2.** CHEM Ablagerung *f*, GEOL *a.* (*Erz- etc*)Lager *n*; Deponierung *f*, Hinterlegung *f*; ECON Anzahlung *f*; ***make a* ~** e-e Anzahlung leisten (***on*** für)
dep·ot Depot *n*; Bahnhof *m*
de·prave *moralisch* verderben
de·pre·ci·ate an Wert verlieren
de·press (nieder)drücken; deprimieren, bedrücken
de·pressed deprimiert, niedergeschlagen; ECON flau (*market*); Not leidend (*industry*); **~ ar·e·a** ECON Notstandsgebiet *n*
de·press·ing deprimierend, bedrückend
de·pres·sion Depression *f*, Niedergeschlagenheit *f*; ECON Depression *f*, Flaute *f*; Senke *f*, Vertiefung *f*; METEOR Tief(druckgebiet) *n*
de·prive: **~ *s.o. of s.th.*** j-m et. entziehen *or* nehmen; **de·prived** benachteiligt
dept, **Dept** *abbr of* ***department*** Abt., Abteilung *f*
depth 1. Tiefe *f* **2.** Tiefen...
dep·u·ta·tion Abordnung *f*
dep·u·tize: **~ *for s.o.*** j-n vertreten
dep·u·ty (Stell)Vertreter(in); PARL Abgeordnete *m*, *f*; *a.* **~ *sheriff*** Hilfssheriff *m*
de·rail: ***be* ~*ed*** entgleisen
de·ranged geistesgestört

D

der·by F Melone *f*
der·e·lict heruntergekommen, baufällig
de·ride verhöhnen, verspotten
de·ri·sion Hohn *m*, Spott *m*
de·ri·sive höhnisch, spöttisch
de·rive herleiten (***from*** von); (sich) ableiten (***from*** von); abstammen (***from*** von); ~ ***pleasure from*** Freude finden *or* haben an (*dat*)
der·ma·tol·o·gist Dermatologe *m*, Hautarzt *m*
de·rog·a·to·ry abfällig, geringschätzig
der·rick TECH Derrickkran *m*; MAR Ladebaum *m*; TECH Bohrturm *m*
de·scend herab-, hinabsteigen, herunter-, hinuntersteigen, -gehen, -kommen; AVIAT niedergehen; abstammen, herkommen (***from*** von); ~ ***on*** herfallen über (*acc*); überfallen (*acc*) (*visitor etc*)
de·scen·dant Nachkomme *m*
de·scent Herab-, Hinuntersteigen *n*, -gehen *n*; AVIAT Niedergehen *n*; Gefälle *n*; Abstammung *f*, Herkunft *f*
de·scribe beschreiben
de·scrip·tion Beschreibung *f*, Schilderung *f*; Art *f*, Sorte *f*; **de·scrip·tive** beschreibend; anschaulich
des·e·crate entweihen
de·seg·re·gate die Rassentrennung aufheben in (*dat*); **de·seg·re·ga·tion** Aufhebung *f* der Rassentrennung
des·ert[1] **1.** Wüste *f* **2.** Wüsten…
de·sert[2] *v/t* verlassen, im Stich lassen; *v/i* MIL desertieren
de·sert·er MIL Deserteur *m*
de·ser·tion (JUR *a.* böswilliges) Verlassen; MIL Fahnenflucht *f*
de·serve verdienen
de·serv·ed·ly verdientermaßen
de·serv·ing verdienstvoll
de·sign 1. Design *n*, Entwurf *m*, (TECH Konstruktions)Zeichnung *f*; Design *n*, Muster *n*; (*a.* böse) Absicht **2.** entwerfen, TECH konstruieren; gestalten; ausdenken; bestimmen, vorsehen (***for*** für)
des·ig·nate *et. or j-n* bestimmen
de·sign·er Designer(in); TECH Konstrukteur *m*; (*Mode*)Schöpfer(in)
de·sir·a·ble erwünscht, wünschenswert; begehrenswert
de·sire 1. Wunsch *m*, Verlangen *n*, Begierde *f* (***for*** nach); **2.** wünschen; begehren
de·sist Abstand nehmen (***from*** von)
desk Schreibtisch *m*; Pult *n*; Empfang *m*, Rezeption *f*; Schalter *m*
desk·top| com·put·er Desktop-Computer *m*; ~ **pub·lish·ing** (*abbr* ***DTP***) IT Desktop-Publishing *n*
des·o·late einsam, verlassen; trostlos
de·spair 1. Verzweiflung *f*; ***drive s.o. to*** ~ j-n zur Verzweiflung bringen **2.** verzweifeln (***of*** an *dat*)
de·spair·ing verzweifelt
de·spatch → ***dispatch***
des·per·ate verzweifelt; F hoffnungslos, schrecklich
des·per·a·tion Verzweiflung *f*
des·pic·a·ble verachtenswert, verabscheuungswürdig
de·spise verachten
de·spite trotz (*gen*)
de·spon·dent mutlos, verzagt
des·pot Despot *m*, Tyrann *m*
des·sert Nachtisch *m*, Dessert *n*
des·ti·na·tion Bestimmung *f*; Bestimmungsort *m*
des·tined bestimmt; MAR *etc* unterwegs (***for*** nach)
des·ti·ny Schicksal *n*
des·ti·tute mittellos
de·stroy zerstören, vernichten; *Tier* töten, einschläfern; **de·stroy·er** Zerstörer(in); MAR MIL Zerstörer *m*
de·struc·tion Zerstörung *f*, Vernichtung *f*; **de·struc·tive** zerstörend, vernichtend; zerstörerisch
de·tach (ab-, los)trennen, (los)lösen
de·tached einzeln, frei *or* allein stehend; unvoreingenommen; distanziert; ~ ***house*** Einzelhaus *n*
de·tach·ment (Los)Lösung *f*, (Ab-) Trennung *f*; MIL (Sonder)Kommando *n*
de·tail 1. Detail *n*, Einzelheit *f*; MIL (Sonder)Kommando *n*; ***in*** ~ ausführlich **2.** genau schildern; MIL abkommandieren
de·tailed detailliert, ausführlich
de·tain aufhalten; JUR in (Untersuchungs)Haft behalten
de·tect entdecken, (heraus)finden
de·tec·tion Entdeckung *f*
de·tec·tive Kriminalbeamte *m*, Detektiv *m*; ~ **nov·el**, ~ **sto·ry** Kriminalroman *m*
de·ten·tion JUR Haft *f*; PED Nachsitzen *n*
de·ter abschrecken (***from*** von)
de·ter·gent Reinigungs-, Wasch-, Ge-

schirrspülmittel *n*
de·te·ri·o·rate (sich) verschlechtern, nachlassen; verderben
de·ter·mi·na·tion Entschlossenheit *f*, Bestimmtheit *f*; Entschluss *m*; Feststellung *f*, Ermittlung *f*; **de·ter·mine** *et.* beschließen, bestimmen; feststellen, ermitteln; (sich) entscheiden; sich entschließen; **de·ter·mined** entschlossen
de·ter·rence Abschreckung *f*
de·ter·rent 1. abschreckend **2.** Abschreckungsmittel *n*
de·test verabscheuen
de·throne entthronen
de·to·nate *v/t* zünden; *v/i* detonieren, explodieren
de·tour Umweg *m*; Umleitung *f*
de·tract ~ ***from*** ablenken von; schmälern (*acc*)
de·tri·ment Nachteil *m*, Schaden *m*
deuce *cards etc*: Zwei *f*; *tennis*: Einstand *m*
de·val·u·a·tion Abwertung *f*
de·val·ue abwerten
dev·a·state verwüsten
dev·a·stat·ing verheerend, vernichtend; F umwerfend, toll
de·vel·op (sich) entwickeln; *Naturschätze*, *Bauland* erschließen, *Altstadt etc* sanieren; **de·vel·op·er** PHOT Entwickler *m*; (Stadt)Planer *m*
de·vel·op·ing Entwicklungs…; ~ **coun·try**, ~ **na·tion** Entwicklungsland *n*
de·vel·op·ment Entwicklung *f*; Erschließung *f*, Sanierung *f*
de·vi·ate abweichen (***from*** von)
de·vi·a·tion Abweichung *f*
de·vice Vorrichtung *f*, Gerät *n*; Plan *m*, Trick *m*; ***leave s.o. to his own ~s*** j-n sich selbst überlassen
dev·il Teufel *m* (*a. fig*)
dev·il·ish teuflisch
de·vi·ous abwegig; gewunden; unaufrichtig; ~ ***route*** Umweg *m*
de·vise (sich) ausdenken
de·void ~ ***of*** ohne (*acc*)
de·vote widmen (***to*** *dat*); **de·vot·ed** ergeben; hingebungsvoll; eifrig, begeistert; **dev·o·tee** begeisterter Anhänger; **de·vo·tion** Ergebenheit *f*; Hingabe *f*; Frömmigkeit *f*, Andacht *f*
de·vour verschlingen
de·vout fromm; sehnlichst, innig
dew Tau *m*; **dew·y** taufeucht, taufrisch
dex·ter·i·ty Gewandtheit *f*
dex·ter·ous, **dex·trous** gewandt
di·a·bol·i·cal teuflisch
di·ag·nose diagnostizieren
di·ag·no·sis Diagnose *f*
di·ag·o·nal 1. diagonal **2.** Diagonale *f*
di·a·gram Diagramm *n*, grafische Darstellung
di·al 1. Zifferblatt *n*; TEL Wählscheibe *f*; Skala *f* **2.** TEL wählen; ~ ***direct*** durchwählen (***to*** nach); ***direct ~(l)ing*** Durchwahl *f*
di·a·lect Dialekt *m*, Mundart *f*
di·al·ling code *Br* TEL Vorwahl (-nummer) *f*
di·a·log, *Br* **di·a·logue** Dialog *m*, (Zwie)Gespräch *n*
di·am·e·ter Durchmesser *m*; ***in*** ~ im Durchmesser
di·a·mond Diamant *m*; Raute *f*, Rhombus *m*; *cards*: Karo *n*
di·a·per Windel *f*
di·a·phragm ANAT Zwerchfell *n*; OPT Blende *f*; TEL Membran(e) *f*
di·ar·rh(o)e·a MED Durchfall *m*
di·a·ry Tagebuch *n*
dice 1. Würfel *m* **2.** GASTR in Würfel schneiden; würfeln
dic·tate diktieren; *fig* vorschreiben
dic·ta·tion Diktat *n*
dic·ta·tor Diktator *m*
dic·ta·tor·ship Diktatur *f*
dic·tion Ausdrucksweise *f*, Stil *m*
dic·tion·a·ry Wörterbuch *n*
die[1] sterben; zo eingehen, verenden; ~ ***of hunger*** verhungern; ~ ***of thirst*** verdursten; ~ ***away*** sich legen (*wind*); verklingen (*sound*); ~ ***down*** nachlassen; herunterbrennen; schwächer werden; ~ ***out*** aussterben (*a. fig*)
die[2] Würfel *m*
di·et 1. Diät *f*; Nahrung *f*, Kost *f*; ***be on a ~*** Diät leben; ***put s.o. on a ~*** j-m e-e Diät verordnen **2.** Diät leben
di·e·ti·cian Diätassistent(in)
dif·fer sich unterscheiden; anderer Meinung sein (***with, from*** als); abweichen
dif·fe·rence Unterschied *m*; Differenz *f*; Meinungsverschiedenheit *f*
dif·fe·rent verschieden; andere(r, -s); anders (***from*** als)
dif·fe·ren·ti·ate (sich) unterscheiden
dif·fi·cult schwierig

D

dif·fi·cul·ty Schwierigkeit *f*, *pl* Unannehmlichkeiten *pl*
dif·fi·dence Schüchternheit *f*
dif·fi·dent schüchtern
dif·fuse **1.** *fig* verbreiten **2.** diffus; *esp* PHYS zerstreut; weitschweifig
dif·fu·sion CHEM, PHYS (Zer)Streuung *f*
dig **1.** graben; **~** (***up***) umgraben; **~** (***up*** *or* ***out***) ausgraben (*a. fig*); **~** ***s.o. in the ribs*** j-m e-n Rippenstoß geben **2.** F Puff *m*, Stoß *m*; Seitenhieb *m* (***at*** auf *acc*)
di·gest **1.** verdauen; **~** ***well*** leicht verdaulich sein **2.** Abriss *m*; Auslese *f*, Auswahl *f*; **di·gest·i·ble** verdaulich; **di·ges·tion** Verdauung *f*; **di·ges·tive** verdauungsfördernd; Verdauungs…
dig·ger (*esp* Gold)Gräber *m*
di·git Ziffer *f*; ***three-~ number*** dreistellige Zahl
di·gi·tal digital, Digital…; **~ camera** Digitalkamera *f*; **~ clock** Digitaluhr *f*; **~ television**, **~ TV** Digitalfernsehen *n* **~ watch** Digitaluhr *f*
dig·ni·fied würdevoll, würdig
dig·ni·ta·ry Würdenträger(in)
dig·ni·ty Würde *f*
di·gress abschweifen
dike **1.** Deich *m*, Damm *m*; Graben *m* **2.** eindeichen, eindämmen
di·lap·i·dat·ed verfallen, baufällig, klapp(e)rig
di·late (sich) ausdehnen *or* (aus)weiten; *Augen* weit öffnen
dil·a·to·ry verzögernd, hinhaltend; langsam
dil·i·gence Fleiß *m*
dil·i·gent fleißig, emsig
di·lute **1.** verdünnen; *fig* verwässern **2.** verdünnt; *fig* verwässert
dim **1.** (halb)dunkel, düster; undeutlich, verschwommen; schwach, trüb(e) (*light*) **2.** (sich) verdunkeln *or* verdüstern; (sich) trüben; undeutlich werden; **~** ***one's headlights*** MOT abblenden
dime Zehncentstück *n*
di·men·sion Dimension *f*, Maß *n*, Abmessung *f*; *pl a.* Ausmaß *n*
di·min·ish (sich) vermindern *or* verringern
di·min·u·tive klein, winzig
dim·ple Grübchen *n*
din Getöse *n*, Lärm *m*
dine essen, speisen; **~** ***in*** zu Hause essen; **~** ***out*** auswärts essen, essen gehen
din·er Speisende *m*, *f*; Gast *m*; Speiselokal *n*; RAIL Speisewagen *m*
din·ghy MAR Jolle *f*; Dingi *n*; Beiboot *n*; Schlauchboot *n*
din·gy schmutzig, schmudd(e)lig
din·ing car RAIL Speisewagen *m*
din·ing room Ess-, Speisezimmer *n*
din·ner (Mittag-, Abend)Essen *n*; Diner *n*, Festessen *n*; **~ jack·et** Smoking *m*; **~ par·ty** Dinnerparty *f*, Abendgesellschaft *f*; **~ ser·vice**, **~ set** Speiseservice *n*, Tafelgeschirr *n*
din·ner·time Essens-, Tischzeit *f*
di·no F → ***dinosaur***
di·no·saur ZO Dinosaurier *m*
dip **1.** *v/t* (ein)tauchen; senken; schöpfen; **~** ***one's headlights*** *Br* MOT abblenden; *v/i* (unter)tauchen; sinken; sich neigen, sich senken **2.** (Ein-, Unter-)Tauchen *n*; F kurzes Bad; Senkung *f*, Neigung *f*, Gefälle *n*; GASTR Dip *m*
diph·ther·i·a MED Diphtherie *f*
di·plo·ma Diplom *n*
di·plo·ma·cy Diplomatie *f*
dip·lo·mat Diplomat *m*
dip·lo·mat·ic diplomatisch
dip·per Schöpfkelle *f*
dire schrecklich; höchste(r, -s), äußerste(r, -s)
di·rect **1.** *adj* direkt; gerade; unmittelbar; offen, aufrichtig **2.** *adv* direkt, unmittelbar **3.** richten; lenken, steuern; leiten; anordnen; *j-n* anweisen; *j-m* den Weg zeigen; *Brief* adressieren; Regie führen bei; **~ cur·rent** ELECTR Gleichstrom *m*; **~ train** durchgehender Zug
di·rec·tion Richtung *f*; Leitung *f*, Führung *f*; *film etc*: Regie *f*; *mst pl* Anweisung *f*, Anleitung *f*; ***~s for use*** Gebrauchsanweisung *f*; ***sense of ~*** Ortssinn *m*; **~ in·di·ca·tor** MOT Fahrtrichtungsanzeiger *m*, Blinker *m*
di·rec·tive Anweisung *f*
di·rect·ly **1.** *adv* sofort **2.** *cj* F sobald, sowie
di·rec·tor Direktor *m*; *film etc*: Regisseur(in)
di·rec·to·ry Adressbuch *n*
di·rect speech LING wörtliche Rede
di·rect train durchgehender Zug
dirt Schmutz *m*; (lockere) Erde

dirt cheap F spottbillig
dirt·y 1. schmutzig (*a. fig*) **2.** *v/t* beschmutzen; *v/i* schmutzig werden, schmutzen
dis·a·bil·i·ty Unfähigkeit *f*
dis·a·bled 1. arbeitsunfähig, erwerbsunfähig, invalid(e); MIL kriegsversehrt; *körperlich or geistig* behindert **2. the ~** die Behinderten *pl*
dis·ad·van·tage Nachteil *m*; Schaden *m*; **dis·ad·van·ta·geous** nachteilig, ungünstig
dis·a·gree nicht übereinstimmen; uneinig sein; nicht bekommen (**with s.o.** j-m); **dis·a·gree·a·ble** unangenehm; **dis·a·gree·ment** Verschiedenheit *f*, Unstimmigkeit *f*, Uneinigkeit *f*; Meinungsverschiedenheit *f*
dis·ap·pear verschwinden
dis·ap·pear·ance Verschwinden *n*
dis·ap·point *j-n* enttäuschen; *Hoffnungen etc* zunichtemachen
dis·ap·point·ing enttäuschend
dis·ap·point·ment Enttäuschung *f*
dis·ap·prov·al Missbilligung *f*
dis·ap·prove missbilligen; dagegen sein
dis·arm *v/t* entwaffnen (*a. fig*); *v/i* MIL, POL abrüsten; **dis·ar·ma·ment** Entwaffnung *f*; MIL, POL Abrüstung *f*
dis·ar·range in Unordnung bringen
dis·ar·ray Unordnung *f*
di·sas·ter Unglück *n*, Unglücksfall *m*, Katastrophe *f*; **~ ar·e·a** Katastrophen-, Notstandsgebiet *n*; **~ con·trol** Katastrophenschutz *m*
di·sas·trous katastrophal, verheerend
dis·be·lief Unglaube *m*; Zweifel *m* (**in** an *dat*); **dis·be·lieve** *et.* bezweifeln, nicht glauben
disc *Br* → ***disk***
dis·card *Karten* ablegen, *Kleidung etc a.* ausrangieren; *Freund etc* fallen lassen
di·scern wahrnehmen, erkennen
di·scern·ing kritisch, scharfsichtig
di·scern·ment Scharfblick *m*
dis·charge 1. *v/t* entladen, ausladen; *j-n* befreien, entbinden; *j-n* entlassen; *Gewehr etc* abfeuern; von sich geben, ausströmen, -senden, -stoßen; MED absondern; *Pflicht etc* erfüllen; *Zorn etc* auslassen (**on** an *dat*); *v/i* ELECTR sich entladen; sich ergießen, münden (*river*); MED eitern **2.** MAR Entladung *f*; MIL Abfeuern *n*; Ausströmen *n*; MED Absonderung *f*, Ausfluss *m*; Ausstoßen *n*; ELECTR Entladung *f*; Entlassung *f*; Erfüllung *f* (*e-r Pflicht*)
di·sci·ple Schüler *m*; Jünger *m*
dis·ci·pline 1. Disziplin *f* **2.** disziplinieren; ***well ~d*** diszipliniert; ***badly ~d*** disziplinlos, undiszipliniert
dis·claim abstreiten, bestreiten; *Verantwortung* ablehnen; JUR verzichten auf (*acc*)
dis·close bekannt geben *or* machen; enthüllen, aufdecken
dis·clo·sure Enthüllung *f*
dis·co Disko *f*
dis·col·o(u)r (sich) verfärben
dis·com·fort 1. Unbehagen *n*; Unannehmlichkeit *f* **2.** *j-m* Unbehagen verursachen
dis·con·cert aus der Fassung bringen
dis·con·nect trennen (*a.* ELECTR); TECH auskuppeln; ELECTR *Gerät* abschalten; *Gas, Strom, Telefon* abstellen; TEL *Gespräch* unterbrechen
dis·con·nect·ed zusammenhang(s)los
dis·con·so·late untröstlich
dis·con·tent Unzufriedenheit *f*
dis·con·tent·ed unzufrieden
dis·con·tin·ue aufgeben, aufhören mit; unterbrechen
dis·cord Uneinigkeit *f*, Zwietracht *f*, Zwist *m*; MUS Missklang *m*
dis·cord·ant nicht übereinstimmend; MUS unharmonisch, misstönend
dis·co·theque Diskothek *f*
dis·count ECON Diskont *m*; Preisnachlass *m*, Rabatt *m*, Skonto *m*, *n*
dis·cour·age entmutigen; abschrecken, abhalten, *j-m* abraten (**from** von)
dis·cour·age·ment Entmutigung *f*; Abschreckung *f*
dis·course 1. Unterhaltung *f*, Gespräch *n*; Vortrag *m* **2.** e-n Vortrag halten (**on** über *acc*)
dis·cour·te·ous unhöflich
dis·cour·te·sy Unhöflichkeit *f*
dis·cov·er entdecken; ausfindig machen, (heraus)finden
dis·cov·e·ry Entdeckung *f*
dis·cred·it 1. Zweifel *m*; Misskredit *m*, schlechter Ruf; ***bring ~*** **(*up*)*on*** in Verruf bringen **2.** nicht glauben; in Misskredit bringen
di·screet besonnen, vorsichtig; diskret, verschwiegen

di·screp·an·cy Diskrepanz *f*, Widerspruch *m*
di·scre·tion Ermessen *n*, Gutdünken *n*; Diskretion *f*, Verschwiegenheit *f*
di·scrim·i·nate unterscheiden; **~ *against*** benachteiligen, diskriminieren; **di·scrim·i·nat·ing** kritisch, urteilsfähig; **di·scrim·i·na·tion** unterschiedliche (*esp* nachteilige) Behandlung; Diskriminierung *f*, Benachteiligung *f*; Urteilsfähigkeit *f*
dis·cus SPORT Diskus *m*
di·scuss diskutieren, erörtern, besprechen; **di·scus·sion** Diskussion *f*, Besprechung *f*
dis·cus| throw SPORT Diskuswerfen *n*; **~ throw·er** SPORT Diskuswerfer(in)
dis·ease Krankheit *f*
dis·eased krank
dis·em·bark von Bord gehen (lassen); MAR *Waren* ausladen
dis·en·chant·ed ***be ~ with*** sich keine Illusionen mehr machen über (*acc*)
dis·en·gage (sich) frei machen; losmachen; TECH auskuppeln, loskuppeln
dis·en·tan·gle entwirren; (sich) befreien
dis·fa·vo(u)r Missfallen *n*; Ungnade *f*
dis·fig·ure entstellen
dis·grace 1. Schande *f*; Ungnade *f* **2.** Schande bringen über (*acc*), *j-m* Schande bereiten
dis·grace·ful schändlich; skandalös
dis·guise 1. verkleiden (***as*** als); *Stimme etc* verstellen; *et.* verbergen, verschleiern **2.** Verkleidung *f*; Verstellung *f*; Verschleierung *f*; ***in ~*** maskiert, verkleidet; *fig* verkappt; ***in the ~ of*** verkleidet als
dis·gust 1. Ekel *m*, Abscheu *m* **2.** (an)ekeln; empören, entrüsten
dis·gust·ing ekelhaft
dish 1. flache Schüssel; (Servier)Platte *f*; GASTR Gericht *n*, Speise *f*; ***the ~es*** das Geschirr; ***wash*** *or* ***do the ~es*** abspülen, abwaschen **2. *~ out*** F austeilen; *often* ***~ up*** *Speisen* anrichten, auftragen; F *Geschichte etc* auftischen
dish·cloth Geschirrtuch *n*
dis·heart·en entmutigen
di·shev·el(l)ed zerzaust
dis·hon·est unehrlich, unredlich
dis·hon·est·y Unehrlichkeit *f*; Unredlichkeit *f*
dis·hon·o(u)r 1. Schande *f* **2.** Schande bringen über (*acc*); ECON *Wechsel* nicht honorieren *or* einlösen
dis·hon·o(u)·ra·ble schändlich, unehrenhaft
dish·wash·er Tellerwäscher *m*, Spüler(in); TECH Geschirrspülmaschine *f*, Geschirrspüler *m*
dish·wa·ter Spülwasser *n*
dis·il·lu·sion 1. Ernüchterung *f*, Desillusion *f* **2.** ernüchtern, desillusionieren; ***be ~ed with*** sich keine Illusionen mehr machen über (*acc*)
dis·in·clined abgeneigt
dis·in·fect MED desinfizieren
dis·in·fec·tant Desinfektionsmittel *n*
dis·in·her·it JUR enterben
dis·in·te·grate (sich) auflösen; verfallen, zerfallen
dis·in·terest·ed uneigennützig, selbstlos; objektiv, unvoreingenommen
disk Scheibe *f*; (Schall)Platte *f*; Parkscheibe *f*; IT Diskette *f*; ANAT Bandscheibe *f*; ***slipped ~*** MED Bandscheibenvorfall *m*
disk drive IT Diskettenlaufwerk *n*
disk·ette IT Floppy *f*, Diskette *f*
disk jock·ey Diskjockey *m*
disk park·ing MOT Parken *n* mit Parkscheibe
dis·like 1. Abneigung *f*, Widerwille *m* (***of, for*** gegen); ***take a ~ to s.o.*** gegen j-n e-e Abneigung fassen **2.** nicht leiden können, nicht mögen
dis·lo·cate MED sich *den Arm etc* verrenken *or* ausrenken
dis·loy·al treulos, untreu
dis·mal trüb(e), trostlos, elend
dis·man·tle TECH demontieren
dis·may 1. Schreck(en) *m*, Bestürzung *f*; ***in ~, with ~*** bestürzt; ***to my ~*** zu m-r Bestürzung **2.** *v/t* erschrecken, bestürzen
dis·miss *v/t* entlassen; wegschicken; ablehnen; *Thema etc* fallen lassen; JUR abweisen; **dis·miss·al** Entlassung *f*; Aufgabe *f*; JUR Abweisung *f*
dis·mount *v/i* absteigen, absitzen (***from*** von); *v/t* demontieren; TECH auseinandernehmen
dis·o·be·di·ence Ungehorsam *m*
dis·o·be·di·ent ungehorsam
dis·o·bey nicht gehorchen, ungehorsam sein (gegen)
dis·or·der Unordnung *f*; Aufruhr *m*; MED Störung *f*

dis·or·der·ly unordentlich; ordnungswidrig; unruhig; aufrührerisch
dis·or·gan·ize durcheinanderbringen; desorganisieren
dis·own nicht anerkennen; *Kind* verstoßen; ablehnen
di·spar·age verächtlich machen, herabsetzen; gering schätzen
di·spar·i·ty Ungleichheit *f*; ~ ***of*** *or* ***in age*** Altersunterschied *m*
dis·pas·sion·ate leidenschaftslos; objektiv
di·spatch 1. schnelle Erledigung; Sendung *f*; Abfertigung *f*; Eile *f*; Botschaft *f*; Bericht *m* **2.** schnell erledigen; absenden, abschicken, *Telegramm etc* aufgeben, abfertigen
di·spel *Menge etc* zerstreuen (*a. fig*), *Nebel* zerteilen
di·spen·sa·ble entbehrlich
di·spen·sa·ry Werks-, Krankenhaus-, Schul-, MIL Lazarettapotheke *f*
dis·pen·sa·tion Austeilung *f*; Befreiung *f*; Dispens *m*; *göttliche* Fügung
di·spense austeilen; *Recht* sprechen; *Arzneien* zubereiten und abgeben; ~ ***with*** auskommen ohne; überflüssig machen; **di·spens·er** Spender *m*, *a.* Abroller *m* (*for adhesive tape etc*), (*Briefmarken- etc*)Automat *m*
di·sperse verstreuen; (sich) zerstreuen
di·spir·it·ed entmutigt
dis·place verschieben; ablösen, entlassen; *j-n* verschleppen; ersetzen; verdrängen
dis·play 1. Entfaltung *f*; (Her)Zeigen *n*; (protzige) Zurschaustellung; IT Display *n*, Bildschirm *m*, Datenanzeige *f*; ECON Display *n*, Auslage *f*; ***be on*** ~ ausgestellt sein **2.** entfalten; zur Schau stellen; zeigen
dis·please *j-m* missfallen
dis·pleased ungehalten
dis·plea·sure Missfallen *n*
dis·pos·a·ble Einweg…; Wegwerf…
dis·pos·al Beseitigung *f*, Entsorgung *f*; Endlagerung *f*; Verfügung(srecht *n*) *f*; ***be*** (***put***) ***at s.o.'s*** ~ j-m zur Verfügung stehen (stellen)
dis·pose *v/t* (an)ordnen, einrichten; geneigt machen, bewegen; *v/i*: ~ ***of*** verfügen über (*acc*); erledigen; loswerden; wegschaffen, beseitigen; *Abfall*, *a. Atommüll etc* entsorgen
dis·posed geneigt; …gesinnt
dis·po·si·tion Veranlagung *f*
dis·pos·sess enteignen, vertreiben; berauben (***of*** *gen*)
dis·pro·por·tion·ate(**·ly**) unverhältnismäßig
dis·prove widerlegen
di·spute 1. Disput *m*, Kontroverse *f*; Streit *m*; Auseinandersetzung *f* **2.** streiten (über *acc*); bezweifeln
dis·qual·i·fy unfähig *or* untauglich machen; für untauglich erklären; SPORT disqualifizieren
dis·re·gard 1. Nichtbeachtung *f*; Missachtung *f* **2.** nicht beachten
dis·rep·u·ta·ble übel; verrufen
dis·re·pute schlechter Ruf
dis·re·spect Respektlosigkeit *f*; Unhöflichkeit *f*
dis·re·spect·ful respektlos; unhöflich
dis·rupt unterbrechen
dis·sat·is·fac·tion Unzufriedenheit *f*
dis·sat·is·fied unzufrieden (***with*** mit)
dis·sect MED sezieren, zerlegen, zergliedern (*a. fig*)
dis·sen·sion Meinungsverschiedenheit(en *pl*) *f*, Differenz(en *pl*) *f*; Uneinigkeit *f*
dis·sent 1. abweichende Meinung **2.** anderer Meinung sein (***from*** als)
dis·sent·er Andersdenkende *m*, *f*
dis·si·dent Andersdenkende *m*, *f*; POL Dissident(in), Regime-, Systemkritiker(in)
dis·sim·i·lar (***to***) unähnlich (*dat*); verschieden (von)
dis·sim·u·la·tion Verstellung *f*
dis·si·pate (sich) zerstreuen; verschwenden
dis·si·pat·ed ausschweifend, zügellos
dis·so·ci·ate trennen; ~ ***o.s.*** sich distanzieren (***from*** von)
dis·so·lute → ***dissipated***
dis·so·lu·tion Auflösung *f*
dis·solve (sich) auflösen
dis·suade *j-m* abraten (***from*** von)
dis·tance 1. Abstand *m*; Entfernung *f*; Ferne *f*; Strecke *f*; *fig* Distanz *f*, Zurückhaltung *f*; ***at a*** ~ von weitem; in einiger Entfernung; ***keep s.o. at a*** ~ j-m gegenüber reserviert sein **2.** hinter sich lassen; ~ **race** SPORT Langstreckenlauf *m*; ~ **run·ner** SPORT Langstreckenläufer(in), Langstreckler(in)

D

D

dis·tant entfernt; fern, Fern…; distanziert
dis·taste Widerwille *m*, Abneigung *f*
dis·taste·ful ekelerregend; unangenehm; ***be ~ to s.o.*** j-m zuwider sein
dis·tem·per VET Staupe *f*
dis·tend (sich) (aus)dehnen; (auf)blähen; sich weiten
dis·til(l) destillieren
dis·tinct verschieden; deutlich, klar
dis·tinc·tion Unterscheidung *f*; Unterschied *m*; Auszeichnung *f*; Rang *m*
dis·tinc·tive unterscheidend; kennzeichnend, bezeichnend
dis·tin·guish unterscheiden; auszeichnen; ***~ o.s.*** sich auszeichnen
dis·tin·guished berühmt; ausgezeichnet; vornehm
dis·tort verdrehen; verzerren
dis·tract ablenken; **dis·tract·ed** beunruhigt, besorgt; (***by, with*** vor *dat*) außer sich, wahnsinnig; **dis·trac·tion** Ablenkung *f*; Zerstreuung *f*; Wahnsinn *m*; ***drive s.o. to ~*** j-n wahnsinnig machen
dis·traught → ***distracted***
dis·tress **1.** Leid *n*, Kummer *m*, Sorge *f*; Not(lage) *f* **2.** beunruhigen, mit Sorge erfüllen
dis·tressed Not leidend; ***~ ar·e·a*** Notstandsgebiet *n*
dis·tress·ing besorgniserregend
dis·trib·ute ver-, aus-, zuteilen; ECON *Waren* vertreiben, absetzen; *Filme* verleihen; **dis·tri·bu·tion** Ver-, Aus-, Zuteilung *f*; ECON Vertrieb *m*, Absatz *m*; *film*: Verleih *m*
dis·trict Bezirk *m*; Gegend *f*
dis·trust **1.** Misstrauen *n* **2.** misstrauen (*dat*); **dis·trust·ful** misstrauisch
dis·turb stören; beunruhigen
dis·turb·ance Störung *f*; Unruhe *f*; ***~ of the peace*** JUR Störung *f* der öffentlichen Sicherheit und Ordnung; ***cause a ~*** für Unruhe sorgen; ruhestörenden Lärm machen
dis·turbed geistig gestört; verhaltensgestört
dis·used nicht mehr benutzt (*machinery etc*), stillgelegt (*colliery etc*)
ditch Graben *m*
di·van Diwan *m*; ***~ bed*** Bettcouch *f*
dive **1.** (unter)tauchen; *vom Sprungbrett* springen; e-n Hecht- *or* Kopfsprung machen; hechten (***for*** nach); e-n Sturzflug machen **2.** *swimming*: Springen *n*; Kopfsprung *m*, Hechtsprung *m*; *soccer*: Schwalbe *f*; AVIAT Sturzflug *m*; F Spelunke *f*; **div·er** Taucher(in); SPORT Wasserspringer(in)
di·verge auseinanderlaufen; abweichen; **di·ver·gence** Abweichung *f*; **di·ver·gent** abweichend
di·verse verschieden; mannigfaltig
di·ver·si·fy verschieden(artig) *or* abwechslungsreich gestalten
di·ver·sion Ablenkung *f*; Zeitvertreib *m*; *Br* MOT Umleitung *f*
di·ver·si·ty Verschiedenheit *f*; Mannigfaltigkeit *f*
di·vert ablenken; *j-n* zerstreuen, unterhalten; *Br Verkehr* umleiten
di·vide **1.** *v/t* teilen; ver-, aus-, aufteilen; trennen; MATH dividieren, teilen (***by*** durch); *v/i* sich teilen; sich aufteilen; MATH sich dividieren *or* teilen lassen (***by*** durch); **2.** GEOGR Wasserscheide *f*
di·vid·ed geteilt; ***~ highway*** Schnellstraße *f*
div·i·dend ECON Dividende *f*
di·vid·ers (***a pair of ~*** ein) Stechzirkel *m*
di·vine göttlich
di·vine ser·vice REL Gottesdienst *m*
div·ing **1.** Tauchen *n*; SPORT Wasserspringen *n* **2.** Taucher…
div·ing·board Sprungbrett *n*
div·ing·suit Taucheranzug *m*
di·vin·i·ty Gottheit *f*; Göttlichkeit *f*; Theologie *f*
di·vis·i·ble teilbar
di·vi·sion Teilung *f*; Trennung *f*; Abteilung *f*; MIL, MATH Division *f*
di·vorce **1.** (Ehe)Scheidung *f*; ***get a ~*** sich scheiden lassen (***from*** von); **2.** JUR *j-n*, *Ehe* scheiden; ***get ~d*** sich scheiden lassen; **di·vor·cee** Geschiedene *m*, *f*
DIY ABBR → ***do-it-yourself***
DIY store Baumarkt *m*
diz·zy schwind(e)lig
do *v/t* tun, machen; (zu)bereiten; *Zimmer* aufräumen; *Geschirr* abwaschen; *Wegstrecke* zurücklegen, schaffen; ***~ you know him? no, I don't*** kennst du ihn? nein; ***what can I ~ for you?*** was kann ich für Sie tun?, womit kann ich (Ihnen) dienen?; ***~ London*** F London besichtigen; ***have one's hair done*** sich die Haare machen *or* frisieren las-

sen; ***have done reading*** fertig sein mit Lesen; *v/i* tun, handeln; sich befinden; genügen; ***that will ~*** das genügt; ***how ~ you ~?*** guten Tag!; ***~ be quick*** beeil dich doch; ***~ you like New York? I ~*** gefällt Ihnen New York? ja; ***she works hard, doesn't she?*** sie arbeitet viel, nicht wahr?; ***~ well*** s-e Sache gut machen; gute Geschäfte machen; ***~ away with*** beseitigen, weg-, abschaffen; ***do s.o. in*** F j-n umlegen; ***I'm done in*** F ich bin geschafft; ***~ up*** *Kleid etc* zumachen; *Haus etc* instand setzen; *Päckchen* zurechtmachen; ***~ o.s. up*** sich zurechtmachen; ***I could ~ with ...*** ich könnte ... brauchen *or* vertragen; ***~ without*** auskommen *or* sich behelfen ohne

doc F → ***doctor***

do·cile gelehrig; fügsam

dock[1] stutzen, kupieren

dock[2] **1.** MAR Dock *n*; Kai *m*, Pier *m*; JUR Anklagebank *f* **2.** *v/t* MAR (ein)docken; *Raumschiff* koppeln; *v/i* MAR anlegen; andocken, ankoppeln (*Raumschiff*)

dock·er Dock-, Hafenarbeiter *m*

dock·ing Docking *n*, Ankopp(e)lung *f*

dock·yard MAR Werft *f*

doc·tor Doktor *m* (*a.* UNIV), Arzt *m*, Ärztin *f*

doc·tor·al: ***~ thesis*** UNIV Doktorarbeit *f*

doc·trine Doktrin *f*, Lehre *f*

doc·u·ment **1.** Urkunde *f* **2.** (urkundlich) belegen; **doc·u·men·ta·ry** **1.** urkundlich; *film etc*: Dokumentar... **2.** Dokumentarfilm *m*

dodge (rasch) zur Seite springen, ausweichen; F sich drücken (vor *dat*)

dodg·er Drückeberger *m*

doe zo (Reh)Geiß *f*, Ricke *f*

dog **1.** zo Hund *m* **2.** *j-n* beharrlich verfolgen

dog-eared mit Eselsohren (*book*)

dog·ged verbissen, hartnäckig

dog·ma Dogma *n*; Glaubenssatz *m*

dog·mat·ic dogmatisch

do-it-your·self **1.** Heimwerken *n* **2.** Heimwerker...

do-it-your·self·er Heimwerker *m*

dole **1.** milde Gabe; *Br* F Stempelgeld *n*; ***go*** *or* ***be on the ~*** *Br* F stempeln gehen **2.** ***~ out*** sparsam ver- *or* austeilen

dole·ful traurig, trübselig

doll Puppe *f*

dol·lar Dollar *m*

dol·phin zo Delphin *m*

dome Kuppel *f*

do·mes·tic **1.** häuslich; inländisch, einheimisch; zahm **2.** Hausangestellte *m, f*; **~ an·i·mal** Haustier *n*

do·mes·ti·cate *Tier* zähmen

do·mes·tic| flight AVIAT Inlandsflug *m*; **~ mar·ket** ECON Binnenmarkt *m*; **~ trade** ECON Binnenhandel *m*; **~ vi·olence** häusliche Gewalt

dom·i·cile Wohnsitz *m*

dom·i·nant dominierend, (vor)herrschend

dom·i·nate beherrschen; dominieren

dom·i·na·tion (Vor)Herrschaft *f*

dom·i·neer·ing herrisch, tyrannisch

do·nate schenken; stiften; spenden (*a.* MED); **do·na·tion** Schenkung *f*

done getan; erledigt; fertig; GASTR gar

don·key zo Esel *m*

do·nor Spender(in) (*a.* MED)

do-noth·ing F Nichtstuer *m*

doom **1.** Schicksal *n*, Verhängnis *n* **2.** verurteilen, verdammen

Dooms·day der Jüngste Tag

door Tür *f*; Tor *n*; ***next ~*** nebenan

door·bell Türklingel *f*

door han·dle Türklinke *f*

door·keep·er Pförtner *m*

door·knob Türknauf *m*

door·mat (Fuß)Abtreter *m*

door·step Türstufe *f*

door·way Türöffnung *f*

dope **1.** F Stoff *m* (*Rauschgift*); Betäubungsmittel *n*; SPORT Dopingmittel *n*; *sl* Trottel *m* **2.** F *j-m* Stoff geben; SPORT dopen; **~ test** SPORT Dopingkontrolle *f*

dor·mant schlafend, ruhend; untätig

dor·mi·to·ry Schlafsaal *m*; Studentenwohnheim *n*

dor·mo·bile® Campingbus *m*, Wohnmobil *n*

dor·mouse zo Haselmaus *f*

dose **1.** Dosis *f* **2.** *j-m* e-e Medizin geben

dot **1.** Punkt *m*; Fleck *m*; ***on the ~*** F auf die Sekunde pünktlich **2.** punktieren; tüpfeln; *fig* sprenkeln; ***~ted line*** punktierte Linie

dote: ***~ on*** vernarrt sein in (*acc*)

dot·ing vernarrt

doub·le **1.** doppelt; Doppel...; zweifach **2.** Doppelte *n*; Doppelgänger(in); *film*, TV Double *n* **3.** (sich) verdoppeln; *film*,

D

TV *j-n* doubeln; *a.* **~ up** falten; *Decke* zusammenlegen; **~ back** kehrtmachen; **~ up with** sich krümmen vor (*dat*)
dou·ble-breast·ed zweireihig
dou·ble-check genau nachprüfen
dou·ble chin Doppelkinn *n*
dou·ble-cross ein doppeltes *or* falsches Spiel treiben mit
dou·ble-deal·ing 1. betrügerisch **2.** Betrug *m*
dou·ble-deck·er Doppeldecker *m*
dou·ble-edged zweischneidig (*a. fig*); zweideutig
dou·ble fea·ture *film*: Doppelprogramm *n*
dou·ble-park MOT in zweiter Reihe parken
dou·bles *esp tennis*: Doppel *n*; **men's ~** Herrendoppel *n*; **women's ~** Damendoppel *n*
dou·ble-sid·ed IT zweiseitig
doubt 1. *v/i* zweifeln; *v/t* bezweifeln; misstrauen (*dat*) **2.** Zweifel *m*; **be in ~ about** Zweifel haben an (*dat*); **no ~** ohne Zweifel
doubt·ful zweifelhaft
doubt·less ohne Zweifel
douche 1. Spülung *f* (*a.* MED); Spülapparat *m* **2.** spülen (*a.* MED)
dough Teig *m*
dough·nut *appr* Krapfen *m*, Berliner Pfannkuchen, Schmalzkringel *m*
dove zo Taube *f*
dow·dy unelegant; unmodern
dow·el TECH Dübel *m*
down[1] Daunen *pl*; Flaum *m*
down[2] **1.** *adv* nach unten, herunter, hinunter, herab, hinab, abwärts; unten **2.** *prp* herab, hinab, herunter, hinunter; **~ the river** flussabwärts **3.** *adj* nach unten gerichtet; deprimiert, niedergeschlagen; **~ platform** Abfahrtsbahnsteig *m* (*in London*); **~ train** Zug *m* (von London fort) **4.** *v/t* niederschlagen; *Flugzeug* abschießen; F *Getränk* runterkippen; **~ tools** die Arbeit niederlegen, in den Streik treten
down·cast niedergeschlagen
down·fall Platzregen *m*; *fig* Sturz *m*
down·heart·ed niedergeschlagen
down·hill 1. *adv* bergab **2.** *adj* abschüssig; *skiing*: Abfahrts… **3.** Abhang *m*; *skiing*: Abfahrt *f*
down pay·ment ECON Anzahlung *f*
down·pour Regenguss *m*, Platzregen *m*
down·right 1. *adv* völlig, ganz und gar, ausgesprochen **2.** *adj* glatt (*lie etc*); ausgesprochen
downs Hügelland *n*
down·stairs die Treppe herunter *or* hinunter; (nach) unten
down·stream stromabwärts
down-to-earth realistisch
down·town 1. *adv* im *or* ins Geschäftsviertel **2.** *adj* im Geschäftsviertel (gelegen *or* tätig); **3.** Geschäftsviertel *n*, Innenstadt *f*, City *f*
down·ward(s) abwärts, nach unten
down·y flaumig
dow·ry Mitgift *f*
doze 1. dösen, ein Nickerchen machen **2.** Nickerchen *n*
doz·en Dutzend *n*
drab trist; düster; eintönig
draft 1. Entwurf *m*; (Luft)Zug *m*; Zugluft *f*; Zug *m*, Schluck *m*; MAR Tiefgang *m*; ECON Tratte *f*, Wechsel *m*; MIL Einberufung *f*; **beer on ~, ~ beer** Bier *n* vom Fass, Fassbier *n* **2.** entwerfen; *Brief etc* aufsetzen; MIL einberufen
draft·ee MIL Wehr(dienst)pflichtige *m*
drafts·man TECH Zeichner *m*
drafts·wom·an TECH Zeichnerin *f*
draft·y zugig
drag 1. Schleppen *n*, Zerren *n*; *fig* Hemmschuh *m*; F *et.* Langweiliges **2.** schleppen, zerren, ziehen, schleifen; *a.* **~ behind** zurückbleiben, nachhinken; **~ on** weiterschleppen; *fig* sich dahinschleppen; *fig* sich in die Länge ziehen
drag lift Schlepplift *m*
drag·on MYTH Drache *m*
drag·on·fly zo Libelle *f*
drain 1. Abfluss(kanal) *m*, Abflussrohr *n*; Entwässerungsgraben *m* **2.** *v/t* abfließen lassen; entwässern; austrinken, leeren; *v/i*: **~ off, ~ away** abfließen, ablaufen; **drain·age** Abfließen *n*, Ablaufen *n*, Entwässerung *f*; Entwässerungsanlage *f*, -system *n*
drain·pipe Abflussrohr *n*
drake zo Enterich *m*, Erpel *m*
dram Schluck *m*
dra·ma Drama *n*; **dra·mat·ic** dramatisch; **dram·a·tist** Dramatiker *m*; **dram·a·tize** dramatisieren
drape 1. drapieren; in Falten legen **2.**

mst **~s** Vorhänge *pl*
drap·er·y *Br* Textilien *pl*
dras·tic drastisch, durchgreifend
draught *Br* → ***draft***
draughts *Br* Damespiel *n*
draughts·man *etc* → ***draftsman*** *etc*
draugh·ty *Br* → ***drafty***
draw 1. *v/t* ziehen; *Vorhänge* auf-, zuziehen; *Atem* holen; *Tee* ziehen lassen; *fig Menge* anziehen; *Interesse* auf sich ziehen; zeichnen; *Geld* abheben; *Scheck* ausstellen; *v/i* ziehen; SPORT unentschieden spielen; **~ *back*** zurückweichen; **~ *near*** sich nähern; **~ *out*** *Geld* abheben; *fig* in die Länge ziehen; **~ *up*** *Schriftstück* aufsetzen; MOT (an)halten; vorfahren **2.** Ziehen *n*; *lottery*: Ziehung *f*; SPORT Unentschieden *n*; Attraktion *f*, Zugnummer *f*
draw·back Nachteil *m*, Hindernis *n*
draw·bridge Zugbrücke *f*
draw·er[1] Schublade *f*, Schubfach *n*
draw·er[2] Zeichner(in); ECON Aussteller(in)
draw·ing Zeichnen *n*; Zeichnung *f*; **~ board** Reißbrett *n*; **~ pin** *Br* Reißzwecke *f*, Reißnagel *m*, Heftzwecke *f*; **~ room** → ***living room***; Salon *m*
drawl gedehnt sprechen
drawn abgespannt; SPORT unentschieden
dread 1. (große) Angst, Furcht *f* **2.** (sich) fürchten
dread·ful schrecklich, furchtbar
dream 1. Traum *m* **2.** träumen
dream·er Träumer(in)
dream·y träumerisch, verträumt
drear·y trübselig; trüb(e); langweilig
dredge 1. (Schwimm)Bagger *m* **2.** (aus)baggern
dredg·er (Schwimm)Bagger *m*
dregs Bodensatz *m*; *fig* Abschaum *m*
drench durchnässen
dress 1. Kleidung *f*; Kleid *n* **2.** (sich) ankleiden *or* anziehen; schmücken, dekorieren; zurechtmachen; GASTR zubereiten, *Salat* anmachen; MED *Wunde* verbinden; *Haare* frisieren; ***get ~ed*** sich anziehen; **~ *s.o. down*** F j-m e-e Standpauke halten; **~ *up*** (sich) fein machen; sich kostümieren *or* verkleiden
dress cir·cle THEA erster Rang
dress de·sign·er Modezeichner(in)
dress·er Anrichte *f*; Toilettentisch *m*
dress·ing An-, Zurichten *n*; Ankleiden *n*; MED Verband *m*; GASTR Dressing *n*, Füllung *f*
dressing-down F Standpauke *f*
dress·ing| gown *esp Br* Morgenrock *m*, -mantel *m*; SPORT Bademantel *m*; **~ room** THEA *etc* (Künstler)Garderobe *f*; SPORT (Umkleide)Kabine *f*; **~ ta·ble** Toilettentisch *m*
dress·mak·er (Damen)Schneider(in)
dress re·hears·al THEA *etc* Generalprobe *f*
drib·ble tröpfeln (lassen); sabbern, geifern; *soccer*: dribbeln
dried getrocknet, Dörr…
dri·er → ***dryer***
drift 1. (Dahin)Treiben *n*; (Schnee)Verwehung *f*; Schnee-, Sandwehe *f*; *fig* Tendenz *f* **2.** (dahin)treiben; wehen; sich häufen
drill 1. TECH Bohrer *m*; MIL Drill *m* (*a. fig*), Exerzieren *n* **2.** bohren; MIL drillen (*a. fig*); **drill·ing site** TECH Bohrgelände *n*, Bohrstelle *f*
drink 1. Getränk *n* **2.** trinken; **~ *to s.o.*** j-m zuprosten *or* zutrinken
drink-driv·ing *Br* Trunkenheit *f* am Steuer
drink·er Trinker(in)
drinks ma·chine Getränkeautomat *m*
drip 1. Tröpfeln *n*; MED Tropf *m* **2.** tropfen *or* tröpfeln (lassen); triefen
drip-dry bügelfrei
drip·ping Bratenfett *n*
drive 1. Fahrt *f*; Aus-, Spazierfahrt *f*; Zufahrt(sstraße) *f*; (private) Auffahrt; TECH Antrieb *m*; IT Laufwerk *n*; MOT (*Links- etc*)Steuerung *f*; PSYCH Trieb *m*; *fig* Kampagne *f*; *fig* Schwung *m*, Elan *m*, Dynamik *f* **2.** *v/t* treiben; *Auto etc* fahren, lenken, steuern; (im Auto *etc*) fahren; TECH (an)treiben; *a.* **~ *off*** vertreiben; *v/i* treiben; (Auto) fahren; **~ *off*** wegfahren; ***what are you driving at?*** F worauf wollen Sie hinaus?
drive-in 1. Auto…; **~ *cinema*** *Br*, **~ *motion-picture theater*** Autokino *n* **2.** Autokino *n*; Drive-in-Restaurant *n*; Autoschalter *m*, Drive-in-Schalter *m*
driv·el 1. faseln **2.** Geschwätz *n*, Gefasel *n*
driv·er MOT Fahrer(in); (*Lokomotiv-*) Führer *m*
driv·er's li·cense Führerschein *m*

driv·ing (an)treibend; TECH Antriebs…, Treib…, Trieb…; MOT Fahr…
driv·ing force *fig* Triebkraft *f*
driv·ing li·cence *Br* Führerschein *m*
driv·ing test Fahrprüfung *f*
driz·zle 1. Sprühregen *m* **2.** sprühen, nieseln

D

drone 1. ZO Drohne *f* (*a. fig*) **2.** summen; dröhnen
droop (schlaff) herabhängen
drop 1. Tropfen *m*; Fallen *n*, Fall *m*; *fig* Fall *m*, Sturz *m*; Bonbon *m*, *n*; ***fruit ~s*** Drops *pl* **2.** *v/t* tropfen (lassen); fallen lassen(*a. fig*); *Brief* einwerfen; *Fahrgast* absetzen; senken; ***~ s.o. a few lines*** j-m ein paar Zeilen schreiben; *v/i* tropfen; herab-, herunterfallen; umsinken, fallen; ***~ in*** (kurz) hereinschauen; ***~ off*** abfallen; zurückgehen, nachlassen; F einnicken; ***~ out*** herausfallen; aussteigen (***of*** aus); *a.* ***~ out of school*** (***university***) die Schule (das Studium) abbrechen
drop·out Drop-out *m*, Aussteiger *m*; (Schul-, Studien)Abbrecher *m*
drought Trockenkeit *f*, Dürre *f*
drown *v/t* ertränken; überschwemmen; *fig* übertönen; *v/i* ertrinken
drow·sy schläfrig; einschläfernd
drudge sich (ab)placken, schuften, sich schinden; **drudg·e·ry** (stumpfsinnige) Plackerei *or* Schinderei *or* Schufterei
drug 1. Arzneimittel *n*, Medikament *n*; Droge *f*, Rauschgift *n*; ***be on ~s*** drogenabhängig *or* drogensüchtig sein; ***be off ~s*** clean sein **2.** *j-m* Medikamente geben; *j-n* unter Drogen setzen; ein Betäubungsmittel beimischen (*dat*); betäuben (*a. fig*); **~ a·buse** Drogenmissbrauch *m*; Medikamentenmissbrauch *m*; **~ ad·dict** Drogenabhängige *m*, *f*, Drogensüchtige *m*, *f*; ***be a ~*** drogenabhängig *or* drogensüchtig sein
drug·gist Apotheker(in); Inhaber(in) e-s Drugstores
drug·store Apotheke *f*; Drugstore *m*
drug vic·tim Drogentote *m*, *f*
drum 1. MUS Trommel *f*; ANAT Trommelfell *n*; *pl* MUS Schlagzeug *n* **2.** trommeln; **drum·mer** MUS Trommler *m*; Schlagzeuger *m*
drunk 1. *adj* betrunken; ***get ~*** sich betrinken **2.** Betrunkene *m*, *f*; → ***drunkard***
drunk·ard Trinker(in), Säufer(in)
drunk driv·ing Trunkenheit *f* am Steuer
drunk·en betrunken; **~ driv·ing** *Br* Trunkenheit *f* am Steuer
dry 1. trocken, GASTR *a.* herb; F durstig **2.** trocknen; dörren; ***~ out*** trocknen; e-e Entziehungskur machen, F trocken werden; ***~ up*** austrocknen; versiegen
dry-clean chemisch reinigen
dry clean·er's chemische Reinigung
dry·er TECH Trockner *m*
dry goods Textilien *pl*
du·al doppelt, Doppel…; **~ carriageway** *Br* Schnellstraße *f*
dub *Film* synchronisieren
du·bi·ous zweifelhaft
duch·ess Herzogin *f*
duck 1. ZO Ente *f*; Ducken *n*; F Schatz *m* **2.** (unter)tauchen; (sich) ducken
duck·ling ZO Entchen *n*
due 1. zustehend; gebührend; angemessen; ECON fällig; ***~ to*** wegen (*gen*); ***be ~ to*** zurückzuführen sein auf (*acc*) **2.** *adv* direkt, genau (*nach Osten etc*)
du·el Duell *n*
dues Gebühren *pl*; Beitrag *m*
du·et MUS Duett *n*
duke Herzog *m*
dull 1. dumm; träge, schwerfällig; stumpf; matt (*eyes etc*); schwach (*hearing*); langweilig; abgestumpft, teilnahmslos; dumpf; trüb(e); ECON flau **2.** stumpf machen *or* werden; (sich) trüben; mildern, dämpfen; *Schmerz* betäuben; *fig* abstumpfen
du·ly ordnungsgemäß; gebührend; rechtzeitig
dumb stumm; sprachlos; F doof, dumm, blöd
dum(b)·found·ed verblüfft, sprachlos
dum·my Attrappe *f*; Kleider-, Schaufensterpuppe *f*; MOT Dummy *m*, Puppe *f*; *Br* Schnuller *m*
dump 1. *v/t* (hin)plumpsen *or* (hin)fallen lassen; auskippen; *Schutt etc* abladen; *Schadstoffe in e-n Fluss etc* einleiten, *im Meer* verklappen (***into*** in); ECON *Waren* zu Dumpingpreisen verkaufen **2.** Plumps *m*; Schuttabladeplatz *m*, Müllkippe *f*, Müllhalde *f*, (Müll)Deponie *f*; **dump·ing** ECON Dumping *n*, Ausfuhr *f* zu Schleuderpreisen
dune Düne *f*

dung AGR **1.** Dung *m* **2.** düngen
dun·geon (Burg)Verlies *n*
dupe betrügen, täuschen
du·plex **1.** doppelt, Doppel… **2.** *a.* ~ ***apartment*** Maisonette *f*, Maisonettewohnung *f*; *a.* ~ ***house*** Doppel-, Zweifamilienhaus *n*
du·pli·cate **1.** doppelt; ~ ***key*** Zweit-, Nachschlüssel *m* **2.** Duplikat *n*; Zweit-, Nachschlüssel *m* **3.** doppelt ausfertigen; kopieren, vervielfältigen
du·plic·i·ty Doppelzüngigkeit *f*
dur·a·ble haltbar; dauerhaft
du·ra·tion Dauer *f*
du·ress Zwang *m*
dur·ing während
dusk (Abend)Dämmerung *f*
dusk·y dämmerig, düster (*a. fig*); schwärzlich
dust **1.** Staub *m* **2.** *v/t* abstauben; (be)streuen; *v/i* Staub wischen, abstauben
dust·bin *Br* Abfall-, Mülleimer *m*; Abfall-, Mülltonne *f*; ~ **lin·er** *Br* Müllbeutel *m*
dust·cart *Br* Müllwagen *m*
dust cov·er, dust jack·et Schutzumschlag *m*
dust·er Staubtuch *n*
dust·man *Br* Müllmann *m*
dust·pan Kehrichtschaufel *f*
dust·y staubig
Dutch **1.** *adj* holländisch, niederländisch **2.** *adv*: ***go*** ~ getrennte Kasse machen **3.** LING Holländisch *n*, Niederländisch *n*; ***the*** ~ die Holländer *pl*, die Niederländer *pl*
Dutch·man Holländer *m*, Niederländer *m*; **Dutch·wom·an** Holländerin *f*, Niederländerin *f*
du·ti·a·ble ECON zollpflichtig
du·ty Pflicht *f*; Ehrerbietung *f*; ECON Abgabe *f*; Zoll *m*; Dienst *m*; ***on*** ~ diensthabend; ***be on*** ~ Dienst haben; ***be off*** ~ dienstfrei haben; **du·ty-free** zollfrei
DVD *abbr of* ***Digital Versatile Disk*** DVD; ~ **player** DVD-Player *m*; ~ **recorder** DVD-Rekorder *m*
dwarf **1.** Zwerg(in) **2.** verkleinern, klein erscheinen lassen
dwell wohnen; *fig* verweilen (***on*** bei)
dwell·ing Wohnung *f*
dwin·dle (dahin)schwinden, abnehmen
dye **1.** Farbe *f*; ***of the deepest*** ~ *fig* von der übelsten Sorte **2.** färben
dy·ing **1.** sterbend; Sterbe… **2.** Sterben *n*; ~ ***of forests*** Waldsterben *n*
dyke → ***dike***[1, 2]
dy·nam·ic dynamisch, kraftgeladen
dy·nam·ics Dynamik *f*
dy·na·mite **1.** Dynamit *n* **2.** (mit Dynamit) sprengen
dys·en·te·ry MED Ruhr *f*
dys·pep·si·a MED Verdauungsstörung *f*

E

E, e E, e *n*
each jede(r, -s); ~ ***other*** einander, sich; je, pro Person, pro Stück
ea·ger begierig; eifrig
ea·ger·ness Begierde *f*; Eifer *m*
ea·gle ZO Adler *m*; HIST Zehndollarstück *n*; **ea·gle-eyed** scharfsichtig
ear BOT Ähre *f*; ANAT Ohr *n*; Öhr *n*; Henkel *m*
ear·ache Ohrenschmerzen *pl*
ear·drum ANAT Trommelfell *n*
earl *englischer* Graf
ear·lobe ANAT Ohrläppchen *n*
ear·ly früh; Früh…; Anfangs…, erste(r, -s); bald(ig); ***as*** ~ ***as May*** schon im Mai; ***as*** ~ ***as possible*** so bald wie möglich; ~ ***on*** schon früh, frühzeitig
ear·ly bird Frühaufsteher(in)
ear·ly warn·ing sys·tem MIL Frühwarnsystem *n*
ear·mark **1.** Kennzeichen *n*; Merkmal *n* **2.** kennzeichnen; zurücklegen (***for*** für)
earn verdienen; einbringen
ear·nest **1.** ernst, ernstlich, ernsthaft; ernst gemeint **2.** Ernst *m*; ***in*** ~ im Ernst; ernsthaft
earn·ings Einkommen *n*
ear·phones Ohrhörer *pl*; Kopfhörer *pl*
ear·piece TEL Hörmuschel *f*
ear·ring Ohrring *m*
ear·shot: ***within*** (***out of***) ~ in (außer) Hörweite

earth 1. Erde *f*; Land *n* **2.** *v/t* ELECTR erden
earth·en irden
earth·en·ware Steingut(geschirr) *n*
earth·ly irdisch, weltlich; F denkbar
earth·quake Erdbeben *n*
earth·worm zo Regenwurm *m*
ease 1. Bequemlichkeit *f*; (Gemüts)Ruhe *f*; Sorglosigkeit *f*; Leichtigkeit *f*; ***at (one's) ~*** ruhig, entspannt; unbefangen; ***be or feel ill at ~*** sich (in s-r Haut) nicht wohlfühlen **2.** *v/t* erleichtern; beruhigen; *Schmerzen* lindern; *v/i mst* ***~ off, ~ up*** nachlassen; sich entspannen (*situation etc*)
ea·sel Staffelei *f*
east 1. Ost, Osten *m* **2.** *adj* östlich, Ost… **3.** *adv* nach Osten, ostwärts
Eas·ter Ostern *n*; Oster…; **~bun·ny** Osterhase *m*; **~ egg** Osterei *n*
eas·ter·ly östlich, Ost…
east·ern östlich, Ost…
east·ward(s) östlich, nach Osten
eas·y leicht; einfach; bequem; gemächlich, gemütlich; ungezwungen; ***go ~ on*** schonen, sparsam umgehen mit; ***go ~, take it ~*** sich Zeit lassen; ***take it ~!*** immer mit der Ruhe!
eas·y chair Sessel *m*
eas·y·go·ing gelassen; ungezwungen
eat essen; (zer)fressen; ***~ out*** essen gehen; ***~ up*** aufessen
eat·a·ble essbar, genießbar
eat·er Esser(in)
eaves Dachrinne *f*, Traufe *f*
eaves·drop (heimlich) lauschen *or* horchen; ***~ on*** belauschen
ebb 1. Ebbe *f* **2.** zurückgehen; ***~ away*** abnehmen; **~ tide** Ebbe *f*
eb·o·ny Ebenholz *n*
ec·cen·tric 1. exzentrisch **2.** Exzentriker *m*, Sonderling *m*
ec·cle·si·as·tic, ec·cle·si·as·ti·cal geistlich, kirchlich
ech·o 1. Echo *n* **2.** widerhallen; *fig* echoen, nachsprechen
e·clipse ASTR (*Sonnen-*, *Mond*)Finsternis *f*; *fig* Niedergang *m*
e·co·cide Umweltzerstörung *f*
e·co·lo·gi·cal ökologisch, Umwelt…
e·col·o·gist Ökologe *m*
e·col·o·gy Ökologie *f*
ec·o·nom·ic Wirtschafts…, wirtschaftlich; ***~ growth*** Wirtschaftswachstum *n*
e·co·nom·i·cal wirtschaftlich, sparsam
e·co·nom·ics Volkswirtschaft(slehre) *f*
e·con·o·mist Volkswirt *m*
e·con·o·mize sparsam wirtschaften (mit)
e·con·o·my 1. Wirtschaft *f*; Wirtschaftlichkeit *f*, Sparsamkeit *f*; Einsparung *f* **2.** Spar…
e·co·sys·tem Ökosystem *n*
ec·sta·sy Ekstase *f*, Verzückung *f*
ec·stat·ic verzückt
ed·dy 1. Wirbel *m* **2.** wirbeln
edge 1. Schneide *f*; Rand *m*; Kante *f*; Schärfe *f*; ***be on ~*** nervös *or* gereizt sein **2.** schärfen; (um)säumen; (sich) drängen
edge·ways, edge·wise seitlich, von der Seite
edg·ing Einfassung *f*; Rand *m*
edg·y scharf(kantig); F nervös; F gereizt
ed·i·ble essbar, genießbar
e·dict Edikt *n*
ed·i·fice Gebäude *n*
ed·it *Text* herausgeben, redigieren; IT editieren; *Zeitung* als Herausgeber leiten; **e·di·tion** (*Buch*)Ausgabe *f*; Auflage *f*; **ed·i·tor** Herausgeber(in); Redakteur(in); **ed·i·to·ri·al 1.** Leitartikel *m* **2.** Redaktions…
EDP *abbr of* ***electronic data processing*** EDV, elektronische Datenverarbeitung
ed·u·cate erziehen; unterrichten
ed·u·cat·ed gebildet
ed·u·ca·tion Erziehung *f*; (Aus)Bildung *f*; Bildungs-, Schulwesen *n*; ***Ministry of Education*** *appr Unterrichtsministerium*
ed·u·ca·tion·al erzieherisch, pädagogisch, Erziehungs…; Bildungs…
ed·u·ca·tion·(al·)ist Pädagoge *m*
eel zo Aal *m*
ef·fect (Aus)Wirkung *f*; Effekt *m*, Eindruck *m*; *pl* ECON Effekten *pl*; ***be in ~*** in Kraft sein; ***in ~*** in Wirklichkeit; ***take ~*** in Kraft treten; **ef·fec·tive** wirksam; eindrucksvoll; tatsächlich
ef·fem·i·nate verweichlicht; weibisch
ef·fer·vesce brausen, sprudeln
ef·fer·ves·cent sprudelnd, schäumend
ef·fi·cien·cy Leistung *f*; Leistungsfähigkeit *f*; ***~ measure*** ECON Rationalisierungsmaßnahme *f*; **ef·fi·cient** wirksam; leistungsfähig, tüchtig

ef·flu·ent Abwasser *n*, Abwässer *pl*
ef·fort Anstrengung *f*, Bemühung *f* (***at*** um); Mühe *f*; ***without ~*** → **ef·fort·less** mühelos, ohne Anstrengung
ef·fron·te·ry Frechheit *f*
ef·fu·sive überschwänglich
egg[1] Ei *n*; ***put all one's ~s in one basket*** alles auf eine Karte setzen
egg[2]: **~ *on*** anstacheln
egg co·sy *Br* Eierwärmer *m*
egg·cup Eierbecher *m*
egg·head F Eierkopf *m*
egg·plant BOT Aubergine *f*
egg·shell Eierschale *f*
egg tim·er Eieruhr *f*
e·go·is·m Egoismus *m*, Selbstsucht *f*
e·go·ist Egoist(in)
E·gypt Ägypten *n*; **E·gyp·tian 1.** ägyptisch **2.** Ägypter(in)
ei·der·down Eiderdaunen *pl*; Daunendecke *f*
eight 1. acht **2.** Acht *f*
eigh·teen 1. achtzehn **2.** Achtzehn *f*
eigh·teenth achtzehnte(r, -s)
eight·fold achtfach
eighth 1. achte(r, -s) **2.** Achtel *n*
eighth·ly achtens
eigh·ti·eth achtzigste(r, -s)
eigh·ty 1. achtzig; ***the eighties*** die Achtzigerjahre **2.** Achtzig *f*
ei·ther jede(r, -s) (*von zweien*): eine(r, -s) (*von zweien*); beides; ***~ ... or*** entweder ... oder; ***not ~*** auch nicht
e·jac·u·late *v/t Samen* ausstoßen; *v/i* ejakulieren, e-n Samenerguss haben
e·jac·u·la·tion Samenerguss *m*
e·ject *j-n* hinauswerfen; TECH ausstoßen, auswerfen
eke: **~ *out*** *Vorräte etc* strecken; *Einkommen* aufbessern; ***~ out a living*** sich (mühsam) durchschlagen
e·lab·o·rate 1. sorgfältig (aus)gearbeitet; kompliziert **2.** sorgfältig ausarbeiten
e·lapse verfließen, verstreichen
e·las·tic 1. elastisch, dehnbar; ***~ band*** *Br* → **2.** Gummiring *m*, Gummiband *n*
e·las·ti·ci·ty Elastizität *f*
e·lat·ed begeistert (***at, by*** von)
el·bow 1. Ellbogen *m*; (scharfe) Biegung; TECH Knie *n*; ***at one's ~*** bei der Hand **2.** mit dem Ellbogen (weg)stoßen; ***~ one's way through*** sich (mit den Ellbogen) e-n Weg bahnen durch
el·der[1] **1.** ältere(r, -s) **2.** der, die Ältere; (Kirchen)Älteste(r) *m*
el·der[2] BOT Holunder *m*
el·der·ly ältlich, ältere(r, -s)
el·dest älteste(r, -s)
e·lect 1. gewählt **2.** (aus-, er)wählen
e·lec·tion Wahl *f*; **~ vic·to·ry** POL Wahlsieg *m*; **~ win·ner** POL Wahlsieger *m*
e·lec·tor Wähler(in); POL Wahlmann *m*; HIST Kurfürst *m*; **e·lec·to·ral** Wähler…, Wahl…; ***~ college*** POL Wahlmänner *pl*; ***~ district*** POL Wahlkreis *m*; **elec·to·rate** POL Wähler(schaft *f*) *pl*
e·lec·tric elektrisch, Elektro…
e·lec·tri·cal elektrisch; Elektro…; **~ en·gi·neer** Elektroingenieur *m*, Elektrotechniker *m*; **~ en·gi·neer·ing** Elektrotechnik *f*
e·lec·tric chair elektrischer Stuhl
e·lec·tri·cian Elektriker *m*
e·lec·tri·ci·ty Elektrizität *f*
e·lec·tric ra·zor Elektrorasierer *m*
e·lec·tri·fy elektrifizieren; elektrisieren (*a. fig*)
e·lec·tro·cute auf dem elektrischen Stuhl hinrichten; durch elektrischen Strom töten
e·lec·tron Elektron *n*
e·lec·tron·ic elektronisch, Elektronen…; **~ da·ta pro·cess·ing** elektronische Datenverarbeitung
e·lec·tron·ics Elektronik *f*
el·e·gance Eleganz *f*; **el·egant** elegant; geschmackvoll; erstklassig
el·e·ment CHEM Element *n*; Urstoff *m*; (Grund)Bestandteil *m*; *pl* Anfangsgründe *pl*, Grundlage(n *pl*) *f*; Elemente *pl*, Naturkräfte *pl*
el·e·men·tal elementar; wesentlich
el·e·men·ta·ry elementar; Anfangs…; **~ school** Grundschule *f*
el·e·phant ZO Elefant *m*
el·e·vate erhöhen; *fig* erheben
el·evat·ed erhöht; *fig* gehoben, erhaben
el·e·va·tion Erhebung *f*; Erhöhung *f*; Höhe *f*; Erhabenheit *f*
el·e·va·tor TECH Lift *m*, Fahrstuhl *m*, Aufzug *m*
e·lev·en 1. elf **2.** Elf *f*
e·leventh 1. elfte(r, -s) **2.** Elftel *n*
elf Elf *m*, Elfe *f*; Kobold *m*
e·li·cit *et.* entlocken (***from*** *dat*); ans (Tages)Licht bringen
el·i·gi·ble infrage kommend, geeignet, annehmbar, akzeptabel

e·lim·i·nate entfernen, beseitigen; ausscheiden; **e·lim·i·na·tion** Entfernung *f*, Beseitigung *f*; Ausscheidung *f*
é·lite Elite *f*; Auslese *f*
elk zo Elch *m*; Wapitihirsch *m*
el·lipse MATH Ellipse *f*
elm BOT Ulme *f*
e·lon·gate verlängern
e·lope (mit s-m *or* s-r Geliebten) ausreißen *or* durchbrennen
el·o·quent redegewandt, beredt
else sonst, weiter; andere(r, -s)
else·where anderswo(hin)
e·lude geschickt entgehen, ausweichen, sich entziehen (*all*: *dat*); *fig* nicht einfallen (*dat*)
e·lu·sive schwer fassbar
e·ma·ci·at·ed abgezehrt, ausgemergelt
em·a·nate ausströmen; ausgehen (***from*** von); **em·a·na·tion** Ausströmen *n*; *fig* Ausstrahlung *f*
e·man·ci·pate emanzipieren
e·man·ci·pa·tion Emanzipation *f*
em·balm (ein)balsamieren
em·bank·ment (Bahn-, Straßen-) Damm *m*; (Erd)Damm *m*; Uferstraße *f*
em·bar·go ECON Embargo *n*, (Hafen-, Handels)Sperre *f*
em·bark AVIAT, MAR an Bord nehmen *or* gehen, MAR *a.* (sich) einschiffen; *Waren* verladen; ~ ***on*** *et.* anfangen, *et.* beginnen
em·bar·rass in Verlegenheit bringen, verlegen machen, in e-e peinliche Lage bringen; **em·bar·rass·ing** unangenehm, peinlich; verfänglich
em·bar·rass·ment Verlegenheit *f*
em·bas·sy POL Botschaft *f*
em·bed (ein)betten, (ein)lagern
em·bel·lish verschönern; *fig* ausschmücken, beschönigen
em·bers Glut *f*
em·bez·zle unterschlagen
em·bez·zle·ment Unterschlagung *f*
em·bit·ter verbittern
em·blem Sinnbild *n*; Wahrzeichen *n*
em·bod·y verkörpern; enthalten
em·bo·lis·m MED Embolie *f*
em·brace 1. (sich) umarmen; einschließen **2.** Umarmung *f*
em·broi·der (be)sticken; *fig* ausschmücken; **em·broi·der·y** Stickerei *f*; *fig* Ausschmückung *f*
em·broil verwickeln (***in*** in *acc*)
e·mend *Texte* verbessern, korrigieren
em·e·rald 1. Smaragd *m* **2.** smaragdgrün
e·merge auftauchen; sich herausstellen *or* ergeben
e·mer·gen·cy 1. Not *f*, Notlage *f*, Notfall *m*, Notstand *m*; ***state of*** ~ POL Ausnahmezustand *m* **2.** Not…; ~ **brake** Notbremse *f*; ~ **call** Notruf *m*; ~ **ex·it** Notausgang *m*; ~ **land·ing** AVIAT Notlandung *f*; ~ **num·ber** Notruf(nummer *f*) *m*; ~ **room** MED Notaufnahme *f*
em·i·grant Auswanderer *m*, *esp* POL Emigrant(in)
em·i·grate auswandern, *esp* POL emigrieren
em·i·gra·tion Auswanderung *f*, *esp* POL Emigration *f*
em·i·nence Berühmtheit *f*, Bedeutung *f*; ***Eminence*** REL Eminenz *f*
em·i·nent hervorragend, berühmt; bedeutend; **~ly** ganz besonders, äußerst
e·mis·sion Ausstoß *m*, Ausstrahlung *f*, Ausströmen *n*; **~-free** abgasfrei
e·mit aussenden, ausstoßen, ausstrahlen, ausströmen; von sich geben
e·mo·tion (Gemüts)Bewegung *f*, Gefühl *n*, Gefühlsregung *f*; Rührung *f*
e·mo·tion·al emotional; gefühlsmäßig; gefühlsbetont
e·mo·tion·al·ly emotional, gefühlsmäßig; ~ ***disturbed*** seelisch gestört
e·mo·tion·less gefühllos
e·mo·tive word PSYCH Reizwort *n*
em·pe·ror Kaiser *m*
em·pha·sis Gewicht *n*; Nachdruck *m*
em·pha·size nachdrücklich betonen
em·phat·ic nachdrücklich; deutlich; bestimmt
em·pire Reich *n*, Imperium *n*; Kaiserreich *n*
em·pir·i·cal erfahrungsgemäß
em·ploy 1. beschäftigen, anstellen; anwenden, gebrauchen **2.** Beschäftigung *f*
em·ploy·ee Angestellte *m*, *f*, Arbeitnehmer(in)
em·ploy·er Arbeitgeber(in)
em·ploy·ment Beschäftigung *f*, Arbeit *f*; ~ **ad** Stellenanzeige *f*; ~ **a·gen·cy** *Br* Arbeitsagentur *f*; ~ **of·fice** Arbeitsamt *n*
em·pow·er ermächtigen; befähigen
em·press Kaiserin *f*

emp·ti·ness Leere *f* (*a. fig*)
emp·ty **1.** leer (*a. fig*) **2.** leeren, ausleeren, entleeren; sich leeren
em·u·late wetteifern mit; nacheifern (*dat*); es gleichtun (*dat*)
e·mul·sion Emulsion *f*
en·a·ble befähigen, es *j-m* ermöglichen; ermächtigen
en·act *Gesetz* erlassen; verfügen
e·nam·el **1.** Email *n*, Emaille *f*; ANAT (Zahn)Schmelz *m*; Glasur *f*, Lack *m*; Nagellack *m* **2.** emaillieren; glasieren; lackieren
en·cased: **~ *in*** gehüllt in (*acc*)
en·chant bezaubern; **en·chant·ing** bezaubernd; **en·chant·ment** Bezauberung *f*; Zauber *m*
en·cir·cle einkreisen, umzingeln; umfassen, umschlingen
en·close einschließen, umgeben; beilegen, beifügen
en·clo·sure Einzäunung *f*; Anlage *f*
en·code verschlüsseln, chiffrieren; kodieren
en·com·pass umgeben
en·coun·ter **1.** Begegnung *f*; Gefecht *n* **2.** begegnen (*dat*); auf *Schwierigkeiten etc* stoßen; mit *j-m feindlich* zusammenstoßen
en·cour·age ermutigen; fördern
en·cour·age·ment Ermutigung *f*; Anfeuerung *f*; Unterstützung *f*
en·cour·ag·ing ermutigend
en·croach (***on***) eingreifen (in *j-s Recht etc*), eindringen (in *acc*); über Gebühr in Anspruch nehmen (*acc*)
en·croach·ment Ein-, Übergriff *m*
en·cum·ber belasten; (be)hindern
en·cum·brance Belastung *f*
en·cy·clo·p(a)e·di·a Enzyklopädie *f*
end **1.** Ende *n*; Ziel *n*, Zweck *m*; ***no ~ of*** unendlich viel(e), unzählige; ***at the ~ of May*** Ende Mai; ***in the ~*** am Ende, schließlich; ***on ~*** aufrecht; ***stand on ~*** zu Berge stehen (*hair*); ***to no ~*** vergebens; ***go off the deep ~*** F *fig* in die Luft gehen; ***make*** (***both***) ***~s meet*** durchkommen, finanziell über die Runden kommen **2.** enden; beend(-ig)en
en·dan·ger gefährden
en·dear beliebt machen (***to s.o.*** bei j-m); **en·dear·ing** gewinnend; liebenswert; **en·dear·ment**: ***words of ~, ~s*** zärtliche Worte *pl*
en·deav·o(u)r **1.** Bestreben *n*, Bemühung *f* **2.** sich bemühen
end·ing Ende *n*; Schluss *m*; LING Endung *f*
en·dive BOT Endivie *f*
end·less endlos, unendlich; TECH ohne Ende
en·dorse ECON *Scheck etc* indossieren; *et.* vermerken (***on*** auf der Rückseite); billigen; **en·dorse·ment** Vermerk *m*; ECON Indossament *n*, Giro *n*
en·dow *fig* ausstatten; ***~ s.o. with s.th.*** j-m et. stiften; **en·dow·ment** Stiftung *f*; *mst pl* Begabung *f*, Talent *n*
en·dur·ance Ausdauer *f*; ***beyond ~, past ~*** unerträglich; **en·dure** ertragen
end us·er Endverbraucher *m*
en·e·my **1.** Feind *m* **2.** feindlich
en·er·get·ic energisch; tatkräftig
en·er·gy Energie *f*
en·er·gy cri·sis Energiekrise *f*
en·er·gy-sav·ing energiesparend
en·er·gy sup·ply Energieversorgung *f*
en·fold einhüllen; umfassen
en·force (mit Nachdruck, *a.* gerichtlich) geltend machen; *Gesetz etc* durchführen; durchsetzen, erzwingen
en·force·ment ECON, JUR Geltendmachung *f*; Durchsetzung *f*, Erzwingung *f*
en·fran·chise *j-m* das Wahlrecht verleihen
en·gage *v/t j-s Aufmerksamkeit* auf sich ziehen; TECH einrasten lassen; MOT *e-n Gang* einlegen; *j-n* einstellen, anstellen, *Künstler* engagieren; *v/i* TECH einrasten, greifen; ***~ in*** sich einlassen auf (*acc*) *or* in (*acc*); sich beschäftigen mit
en·gaged verlobt (***to*** mit); beschäftigt (***in, on*** mit); besetzt (*a. Br* TEL); ***~ tone or signal*** *Br* TEL Besetztzeichen *n*
en·gage·ment Verlobung *f*; Verabredung *f*; MIL Gefecht *n*
en·gag·ing einnehmend; gewinnend
en·gine Maschine *f*; Motor *m*; RAIL Lokomotive *f*; **~ driv·er** *Br* RAIL Lokomotivführer *m*
en·gi·neer **1.** Ingenieur *m*, Techniker *m*, Mechaniker *m*; RAIL Lokomotivführer *m*; MIL Pionier *m* **2.** bauen; *fig* (geschickt) in die Wege leiten
en·gi·neer·ing Technik *f*, Ingenieurwesen *n*, Maschinen- und Gerätebau *m*
En·gland England *n*
En·glish **1.** englisch **2.** LING Englisch *n*;

the ~ die Engländer *pl*; ***in plain ~*** *fig* unverblümt
Eng·lish·man Engländer *m*
Eng·lish·wom·an Engländerin *f*
en·grave (ein)gravieren, (ein)meißeln, (ein)schnitzen; *fig* einprägen
en·grav·er Graveur *m*
en·grav·ing (Kupfer-, Stahl)Stich *m*; Holzschnitt *m*
en·grossed ***~ in*** (voll) in Anspruch genommen von, vertieft *or* versunken in (*acc*)
en·hance erhöhen, verstärken, steigern
e·nig·ma Rätsel *n*
en·ig·mat·ic rätselhaft
en·joy sich erfreuen an (*dat*); genießen; ***did you ~ it?*** hat es Ihnen gefallen?; ***~ o.s.*** sich amüsieren, sich gut unterhalten; ***~ yourself!*** viel Spaß!; ***I ~ my dinner*** es schmeckt mir; **en·joy·a·ble** angenehm, erfreulich; **en·joy·ment** Vergnügen *n*, Freude *f*; Genuss *m*
en·large (sich) vergrößern *or* erweitern, ausdehnen; PHOT vergrößern; sich verbreiten *or* auslassen (***on*** über *acc*)
en·large·ment Erweiterung *f*; Vergrößerung *f* (*a.* PHOT)
en·light·en aufklären, belehren
en·light·en·ment Aufklärung *f*
en·list MIL *v/t* anwerben; *v/i* sich freiwillig melden
en·liv·en beleben
en·mi·ty Feindschaft *f*
en·no·ble adeln; veredeln
e·nor·mi·ty Ungeheuerlichkeit *f*
e·nor·mous ungeheuer
e·nough genug
en·quire, **en·qui·ry** → ***inquire, inquiry***
en·rage wütend machen
en·raged wütend (***at*** über *acc*)
en·rap·ture entzücken, hinreißen
en·rap·tured entzückt, hingerissen
en·rich bereichern; anreichern
en·rol(l) (sich) einschreiben *or* eintragen; UNIV (sich) immatrikulieren
en·sign MAR *esp* (National)Flagge *f*; MIL Leutnant *m* zur See
en·sue (darauf-, nach)folgen
en·sure sichern
en·tail mit sich bringen, zur Folge haben
en·tan·gle verwickeln
en·ter *v/t* hinein-, hereingehen, -kommen, -treten in (*acc*), eintreten, einsteigen in (*acc*), betreten; einreisen in (*acc*); MAR, RAIL einlaufen, einfahren in (*acc*); eindringen in (*acc*); *Namen etc* eintragen, einschreiben; SPORT melden, nennen (***for*** für); *fig* eintreten in (*acc*), beitreten (*dat*); IT eingeben; *v/i* eintreten, herein-, hineinkommen, herein-, hineingehen; THEA auftreten; sich eintragen *or* einschreiben *or* anmelden (***for*** für); SPORT melden, nennen (***for*** für)
en·ter key IT Eingabetaste *f*
en·ter·prise Unternehmen *n* (*a.* ECON); ECON Unternehmertum *n*; Unternehmungsgeist *m*; **en·ter·pris·ing** unternehmungslustig; wagemutig; kühn
en·ter·tain unterhalten; bewirten
en·ter·tain·er Entertainer(in), Unterhaltungskünstler(in)
en·ter·tain·ment Unterhaltung *f*; Entertainment *n*; Bewirtung *f*
en·thral(l) fesseln, bezaubern
en·throne inthronisieren
en·thu·si·asm Begeisterung *f*, Enthusiasmus *m*; **en·thu·si·ast** Enthusiast(in); **en·thu·si·as·tic** begeistert, enthusiastisch
en·tice (ver)locken
en·tice·ment Verlockung *f*, Reiz *m*
en·tire ganz, vollständig; ungeteilt
en·tire·ly völlig; ausschließlich
en·ti·tle betiteln; berechtigen (***to*** zu)
en·ti·ty Einheit *f*
en·trails ANAT Eingeweide *pl*
en·trance Eintreten *n*, Eintritt *m*; Eingang *m*, Zugang *m*; Zufahrt *f*; Einlass *m*, Eintritt *m*, Zutritt *m*
en·trance| ex·am(·i·na·tion) Aufnahmeprüfung *f*; **~ fee** Eintritt *m*, Eintrittsgeld *n*; Aufnahmegebühr *f*
en·treat inständig bitten, anflehen
en·trea·ty dringende *or* inständige Bitte
en·trench MIL verschanzen (*a. fig*)
en·tre·pre·neur ECON Unternehmer(in); **en·tre·pre·neu·ri·al** ECON unternehmerisch
en·trust anvertrauen (***s.th. to s.o.*** j-m et.); *j-n* betrauen (***with*** mit)
en·try Eintreten *n*, Eintritt *m*; Einreise *f*; Beitritt *m* (***into*** zu); Einlass *m*, Zutritt *m*; Zugang *m*, Eingang *m*, Einfahrt *f*; Eintrag(ung *f*) *m*; Stichwort *n*; SPORT Nennung *f*, Meldung *f*; ***no ~!*** Zutritt verboten!, MOT keine Einfahrt!

en·try per·mit Einreiseerlaubnis *f*, -genehmigung *f*
en·try·phone Türsprechanlage *f*
en·try vi·sa Einreisevisum *n*
en·twine ineinander schlingen
e·nu·me·rate aufzählen
en·vel·op (ein)hüllen, einwickeln
en·ve·lope Briefumschlag *m*
en·vi·a·ble beneidenswert
en·vi·ous neidisch
en·vi·ron·ment Umgebung *f*, *a.* Milieu *n*; Umwelt *f*; **en·vi·ron·men·tal** Milieu…; Umwelt…; **en·vi·ron·mental·ist** Umweltschützer(in)
en·vi·ron·men·tal| law Umweltschutzgesetz *n*; **~ pol·lu·tion** Umweltverschmutzung *f*
en·vi·ron·ment friend·ly umweltfreundlich
en·vi·rons Umgebung *f*
en·vis·age sich *et.* vorstellen
en·voy Gesandte *m*, Gesandtin *f*
en·vy 1. Neid *m* **2.** beneiden
ep·ic 1. episch **2.** Epos *n*
ep·i·dem·ic MED **1.** seuchenartig; ***~ disease*** → **2.** Epidemie *f*, Seuche *f*
ep·i·der·mis ANAT Oberhaut *f*
ep·i·lep·sy MED Epilepsie *f*
ep·i·log, *Br* **ep·i·logue** Epilog *m*, Nachwort *n*
e·pis·co·pal REL bischöflich
ep·i·sode Episode *f*
ep·i·taph Grabinschrift *f*
e·poch Epoche *f*, Zeitalter *n*
eq·ua·ble ausgeglichen (*a.* METEOR)
e·qual 1. gleich; gleichmäßig; ***~ to*** *fig* gewachsen (*dat*); ***~ opportunities*** Chancengleichheit *f*; ***~ rights for women*** Gleichberechtigung *f* der Frau **2.** Gleiche *m*, *f* **3.** gleichen (*dat*)
e·qual·i·ty Gleichheit *f*
e·qual·i·za·tion Gleichstellung *f*; Ausgleich *m*; **e·qual·ize** gleichmachen, gleichstellen, angleichen; SPORT ausgleichen; **e·qual·iz·er** SPORT Ausgleich *m*, Ausgleichstor *n*, -treffer *m*
eq·ua·nim·i·ty Gleichmut *m*
e·qua·tion MATH Gleichung *f*
e·qua·tor Äquator *m*
e·qui·lib·ri·um Gleichgewicht *n*
e·quip ausrüsten
e·quip·ment Ausrüstung *f*, Ausstattung *f*; TECH Einrichtung *f*; *fig* Rüstzeug *n*
e·quiv·a·lent 1. gleichwertig, äquivalent; gleichbedeutend (***to*** mit); **2.** Äquivalent *n*, Gegenwert *m*
e·ra Zeitrechnung *f*; Zeitalter *n*
e·rad·i·cate ausrotten
e·rase ausradieren, ausstreichen, löschen (*a.* IT); *fig* auslöschen
e·ras·er Radiergummi *m*
e·rect 1. aufrecht **2.** aufrichten; *Denkmal etc* errichten; aufstellen
e·rec·tion Errichtung *f*; MED Erektion *f*
er·mine zo Hermelin *n*
e·rode GEOL erodieren
e·ro·sion GEOL Erosion *f*
e·rot·ic erotisch
err (sich) irren
er·rand Botengang *m*, Besorgung *f*; ***go on an ~, run an ~*** e-e Besorgung machen
er·rat·ic sprunghaft, unstet, unberechenbar
er·ro·ne·ous irrig
er·ror Irrtum *m*, Fehler *m* (*a.* IT); ***in ~*** irrtümlicherweise; ***~ of judg(e)ment*** Fehleinschätzung *f*; ***~s excepted*** ECON Irrtümer vorbehalten; **~ mes·sage** IT Fehlermeldung *f*
e·rupt ausbrechen (*volcano etc*); durchbrechen (*teeth*); **e·rup·tion** (*Vulkan-*) Ausbruch *m*; MED Ausschlag *m*
ESA *abbr of* ***European Space Agency*** Europäische Weltraumbehörde
es·ca·late eskalieren; ECON steigen, in die Höhe gehen
es·ca·la·tion Eskalation *f*
es·ca·la·tor Rolltreppe *f*
es·ca·lope GASTR (*esp* Wiener) Schnitzel *n*
es·cape 1. entgehen (*dat*); entkommen, entrinnen (*both dat*); entweichen; *j-m* entfallen **2.** Entrinnen *n*; Entweichen *n*, Flucht *f*; ***have a narrow ~*** mit knapper Not davonkommen
es·cape chute AVIAT Notrutsche *f*
es·cape key IT Escape-Taste *f*
es·cort 1. MIL Eskorte *f*; Geleit(schutz *m*) *n* **2.** MIL eskortieren; AVIAT, MAR Geleit(schutz) geben; geleiten
es·cutch·eon Wappenschild *m*, *n*
es·pe·cial besondere(r, -s);
es·pe·cial·ly besonders
es·pi·o·nage Spionage *f*
es·pla·nade (*esp* Strand)Promenade *f*
es·say Aufsatz *m*, kurze Abhandlung, Essay *m*, *n*

es·sence Wesen *n*; Essenz *f*; Extrakt *m*
es·sen·tial 1. wesentlich; unentbehrlich **2.** *mst pl das* Wesentliche
es·sen·tial·ly im Wesentlichen, in der Hauptsache
es·tab·lish einrichten, errichten; **~ o.s.** sich etablieren *or* niederlassen; beweisen, nachweisen; **es·tab·lish·ment** Einrichtung *f*, Errichtung *f*; ECON Unternehmen *n*, Firma *f*; ***the Establishment*** das Establishment, die etablierte Macht, die herrschende Schicht
es·tate (großes) Grundstück, Landsitz *m*, Gut *n*; JUR Besitz *m*, (Erb)Masse *f*, Nachlass *m*; ***housing ~*** (Wohn)Siedlung *f*; ***industrial ~*** Industriegebiet *n*; ***real ~*** Liegenschaften *pl*; **~ a·gent** *Br* Grundstücks-, Immobilienmakler *m*; **~ car** *Br* MOT Kombiwagen *m*
es·teem 1. Achtung *f*, Ansehen *n* (***with*** bei); **2.** achten, (hoch) schätzen
es·thet·ic ästhetisch
es·thet·ics Ästhetik *f*
es·ti·mate 1. (ab-, ein)schätzen; veranschlagen **2.** Schätzung *f*; (Kosten)Voranschlag *m*; **es·ti·ma·tion** Meinung *f*; Achtung *f*, Wertschätzung *f*
es·tranged entfremdet
es·trange·ment Entfremdung *f*
es·tu·a·ry weite Flussmündung
etch ätzen; radieren
etch·ing Radierung *f*; Kupferstich *m*
e·ter·nal ewig
e·ter·ni·ty Ewigkeit *f*
e·ther Äther *m*
e·the·re·al ätherisch (*a. fig*)
eth·i·cal sittlich, ethisch
eth·ics Sittenlehre *f*, Ethik *f*
eu·ro Euro *m*
Eu·rope Europa *n*
Eu·ro·pe·an 1. europäisch **2.** Europäer(in); **~ Union** (*abbr* ***EU***) Europäische Union (*abbr* EU)
e·vac·u·ate entleeren; evakuieren; *Haus etc* räumen
e·vade (geschickt) ausweichen (*dat*); umgehen
e·val·u·ate schätzen; abschätzen, bewerten, beurteilen
e·vap·o·rate verdunsten, verdampfen (lassen); **~d milk** Kondensmilch *f*
e·vap·o·ra·tion Verdunstung *f*, Verdampfung *f*
e·va·sion Umgehung *f*, Vermeidung *f*; (*Steuer*)Hinterziehung *f*; Ausflucht *f*
e·va·sive ausweichend; ***be ~*** ausweichen
eve Vorabend *m*; Vortag *m*; ***on the ~ of*** unmittelbar vor (*dat*), am Vorabend (*gen*)
e·ven 1. *adj* eben, gleich; gleichmäßig; ausgeglichen; glatt; gerade (*Zahl*); ***get ~ with s.o.*** es j-m heimzahlen **2.** *adv* selbst, sogar, auch; ***not ~*** nicht einmal; ***~ though, ~ if*** wenn auch **3. *~ out*** sich einpendeln; sich ausgleichen
eve·ning Abend *m*; ***in the ~*** am Abend, abends; **~ class·es** Abendkurs *m*, Abendunterricht *m*; **~ dress** Gesellschaftsanzug *m*; Frack *m*, Smoking *m*; Abendkleid *n*
e·ven·song REL Abendgottesdienst *m*
e·vent Ereignis *n*; Fall *m*; SPORT Disziplin *f*; SPORT Wettbewerb *m*; ***at all ~s*** auf alle Fälle; ***in the ~ of*** im Falle (*gen*)
e·vent·ful ereignisreich
e·ven·tu·al(·ly) schließlich
ev·er immer (wieder); je(mals); ***~ after, ~ since*** seitdem; ***~ so*** F sehr, noch so; ***for ~*** für immer, auf ewig; ***Yours ~, ..., Ever yours, ...*** Viele Grüße, dein(e) *or* Ihr(e), ...; ***have you ~ been to Boston?*** bist du schon einmal in Boston gewesen?
ev·er·green 1. immergrün; unverwüstlich, *esp* immer wieder gern gehört **2.** immergrüne Pflanze; MUS Evergreen *m*, *n*
ev·er·last·ing ewig
ev·er·more: (***for***) **~** für immer
ev·ery jede(r, -s); alle(r, -s); ***~ now and then*** von Zeit zu Zeit, dann und wann; ***~ one of them*** jeder von ihnen; ***~ other day*** jeden zweiten Tag, alle zwei Tage
ev·ery·bod·y jeder(mann)
ev·ery·day Alltags...
ev·ery·one jeder(mann)
ev·ery·thing alles
ev·ery·where überall(hin)
e·vict JUR zur Räumung zwingen; *j-n* gewaltsam vertreiben
ev·i·dence Beweis(material *n*) *m*, Beweise *pl*; (Zeugen)Aussage *f*; ***give ~*** (als Zeuge) aussagen; **ev·i·dent** augenscheinlich, offensichtlich
e·vil 1. übel, schlimm, böse **2.** Übel *n*; *das* Böse; **e·vil-mind·ed** bösartig
e·voke (herauf)beschwören; *Erinnerungen* wachrufen

ev·o·lu·tion Entwicklung *f*; BIOL Evolution *f*
e·volve (sich) entwickeln
ewe ZO Mutterschaf *n*
ex *prp* ECON ab; ~ ***works*** ab Werk
ex... Ex..., ehemalig
ex·act **1.** exakt, genau **2.** fordern, verlangen; **ex·act·ing** streng, genau; aufreibend, anstrengend; **ex·act·ly** exakt, genau; ~! ganz recht!, genau!
ex·act·ness Genauigkeit *f*
ex·ag·ge·rate übertreiben
ex·ag·ge·ra·tion Übertreibung *f*
ex·am F Examen *n*
ex·am·i·na·tion Examen *n*, Prüfung *f*; Untersuchung *f*; JUR Vernehmung *f*, Verhör *n*; **ex·am·ine** untersuchen; JUR vernehmen, verhören; PED *etc* prüfen (***in*** in *dat*; ***on*** über *acc*)
ex·am·ple Beispiel *n*; Vorbild *n*, Muster *n*; ***for*** ~ zum Beispiel
ex·as·pe·rate wütend machen
ex·as·pe·rat·ing ärgerlich
ex·ca·vate ausgraben, ausheben, ausschachten
ex·ceed überschreiten; übertreffen
ex·ceed·ing übermäßig
ex·ceed·ing·ly außerordentlich, überaus
ex·cel *v/t* übertreffen; *v/i* sich auszeichnen
ex·cel·lence ausgezeichnete Qualität
Ex·cel·lency Exzellenz *f*
ex·cel·lent ausgezeichnet, hervorragend
ex·cept **1.** ausnehmen, ausschließen **2.** *prp* ausgenommen, außer; ~ ***for*** abgesehen von, bis auf (*acc*)
ex·cept·ing *prp* ausgenommen
ex·cep·tion Ausnahme *f*; Einwand *m* (***to*** gegen); ***make an*** ~ e-e Ausnahme machen; ***take*** ~ ***to*** Anstoß nehmen an (*dat*); ***without*** ~ ohne Ausnahme, ausnahmslos; **ex·cep·tion·al** außergewöhnlich; **ex·cep·tion·al·ly** ungewöhnlich, außergewöhnlich
ex·cerpt Auszug *m*
ex·cess **1.** Übermaß *n*; Überschuss *m*; Ausschweifung *f* **2.** Mehr...; ~ **baggage** AVIAT Übergepäck *n*; ~ **fare** (Fahrpreis)Zuschlag *m*
ex·ces·sive übermäßig, übertrieben
ex·cess| lug·gage → ***excess baggage***; ~ **post·age** Nachgebühr *f*
ex·change **1.** (aus-, ein-, um)tauschen (***for*** gegen); wechseln **2.** (Aus-, Um-) Tausch *m*; (*esp* Geld)Wechsel *m*; ECON *a.* ***bill of*** ~ Wechsel *m*; Börse *f*; Wechselstube *f*; TEL Fernsprechamt *n*; ECON ***foreign*** ~(***s***) Devisen *pl*; ***rate of*** ~ → ***exchange rate***; ~ **of·fice** Wechselstube *f*; ~ **rate** Wechselkurs *m*; ~ **student** Austauschschüler(in), Austauschstudent(in)
Ex·cheq·uer: ***Chancellor of the*** ~ *Br* Finanzminister *m*
ex·cise Verbrauchssteuer *f*
ex·ci·ta·ble reizbar, (leicht) erregbar
ex·cite erregen, anregen; reizen
ex·cit·ed erregt, aufgeregt
ex·cite·ment Aufregung *f*, Erregung *f*
ex·cit·ing erregend, aufregend, spannend
ex·claim (aus)rufen
ex·cla·ma·tion Ausruf *m*, (Auf)Schrei *m*; ~ **mark** *Br*, ~ **point** Ausrufe-, Ausrufungszeichen *n*
ex·clude ausschließen
ex·clu·sion Ausschließung *f*, Ausschluss *m*; **ex·clu·sive** ausschließlich; exklusiv; Exklusiv...; ~ ***of*** abgesehen von, ohne
ex·com·mu·ni·cate REL exkommunizieren; **ex·com·mu·ni·ca·tion** REL Exkommunikation *f*
ex·cre·ment Kot *m*
ex·crete MED ausscheiden
ex·cur·sion Ausflug *m*
ex·cu·sa·ble entschuldbar
ex·cuse **1.** entschuldigen; ~ ***me*** entschuldige(n Sie) **2.** Entschuldigung *f*
ex-di·rec·to·ry num·ber *Br* TEL Geheimnummer *f*
ex·e·cute ausführen; vollziehen; MUS vortragen; hinrichten; JUR *Testament* vollstrecken; **ex·e·cu·tion** Ausführung *f*; Vollziehung *f*; JUR (Zwangs-) Vollstreckung *f*; Hinrichtung *f*; MUS Vortrag *m*; ***put*** *or* ***carry a plan into*** ~ e-n Plan ausführen *or* verwirklichen
ex·e·cu·tion·er JUR Henker *m*, Scharfrichter *m*
ex·ec·u·tive **1.** vollziehend, ausübend, POL Exekutiv...; ECON leitend **2.** POL Exekutive *f*, vollziehende Gewalt; ECON *der*, *die* leitende Angestellte; ~ **board** Geschäftsleitung *f*;
ex·em·pla·ry vorbildlich

ex·em·pli·fy veranschaulichen
ex·empt 1. befreit, frei **2.** ausnehmen, befreien
ex·er·cise 1. Übung *f*; Ausübung *f*; PED Übung(sarbeit) *f*, Schulaufgabe *f*; MIL Manöver *n*; (körperliche) Bewegung; ***do one's ~s*** Gymnastik machen; ***take ~*** sich Bewegung machen **2.** üben; ausüben; (sich) bewegen; sich Bewegung machen; MIL exerzieren
ex·er·cise book Schul-, Schreibheft *n*
ex·ert *Einfluss etc* ausüben; ***~ o.s.*** sich anstrengen *or* bemühen; **ex·er·tion** Ausübung *f*; Anstrengung *f*, Strapaze *f*
ex·hale ausatmen; *Gas, Geruch etc* verströmen; *Rauch* ausstoßen
ex·haust 1. erschöpfen; *Vorräte* ver-, aufbrauchen **2.** TECH Auspuff *m*; *a.* ***~ fumes*** TECH Auspuff-, Abgase *pl*
ex·haust·ed erschöpft, aufgebraucht (*supplies*), vergriffen (*book*)
ex·haus·tion Erschöpfung *f*
ex·haus·tive erschöpfend
ex·haust pipe TECH Auspuffrohr *n*
ex·hib·it 1. ausstellen; vorzeigen; *fig* zeigen, zur Schau stellen **2.** Ausstellungsstück *n*; JUR Beweisstück *n*
ex·hi·bi·tion Ausstellung *f*; Zurschaustellung *f*
ex·hil·a·rat·ing erregend, berauschend
ex·hort ermahnen
ex·ile 1. Exil *n*; im Exil Lebende *m, f* **2.** ins Exil schicken
ex·ist existieren; vorhanden sein; leben; bestehen; **ex·ist·ence** Existenz *f*; Vorhandensein *n*, Vorkommen *n*; Leben *n*, Dasein *n*; **ex·ist·ent** vorhanden
ex·it 1. Abgang *m*; Ausgang *m*; (Autobahn)Ausfahrt *f*; Ausreise *f* **2.** *v/i* verlassen; IT (das Programm) beenden; ***~ Macbeth*** THEA Macbeth (geht) ab
ex·o·dus Auszug *m*; Abwanderung *f*; ***general ~*** allgemeiner Aufbruch
ex·on·e·rate entlasten, entbinden, befreien
ex·or·bi·tant übertrieben, maßlos; unverschämt (*price etc*)
ex·or·cize *böse Geister* beschwören, austreiben (***from*** aus); befreien (***of*** von)
ex·ot·ic exotisch; fremd(artig)
ex·pand ausbreiten; (sich) ausdehnen *or* erweitern; ECON *a.* expandieren
ex·panse weite Fläche, Weite *f*
ex·pan·sion Ausbreitung *f*; Ausdehnung *f*, Erweiterung *f*
ex·pan·sive mitteilsam
ex·pat·ri·ate *j-n* ausbürgern, *j-m* die Staatsangehörigkeit aberkennen
ex·pect erwarten; F annehmen; ***be ~ing*** in anderen Umständen sein
ex·pec·tant erwartungsvoll; ***~ mother*** werdende Mutter
ex·pec·ta·tion Erwartung *f*; Hoffnung *f*, Aussicht *f*
ex·pe·dient 1. zweckdienlich, zweckmäßig; ratsam **2.** (Hilfs)Mittel *n*, (Not)Behelf *m*
ex·pe·di·tion Expedition *f*, (Forschungs)Reise *f*
ex·pe·di·tious schnell
ex·pel (***from***) vertreiben (aus); ausweisen (aus); ausschließen (von, aus)
ex·pen·di·ture Ausgaben *pl*, (Kosten-)Aufwand *m*
ex·pense Ausgaben *pl*; *pl* ECON Unkosten *pl*, Spesen *pl*, Auslagen *pl*; ***at the ~ of*** auf Kosten (*gen*)
ex·pen·sive kostspielig, teuer
ex·pe·ri·ence 1. Erfahrung *f*; (Lebens-)Praxis *f*; Erlebnis *n* **2.** erfahren, erleben; **ex·pe·rienced** erfahren
ex·per·i·ment 1. Versuch *m* **2.** experimentieren; **ex·per·i·men·tal** Versuchs…
ex·pert 1. erfahren, geschickt; fachmännisch **2.** Fachmann *m*; Sachverständige *m, f*
ex·pi·ra·tion Ablauf *m*, Ende *n*; Verfall *m*
ex·pire ablaufen, erlöschen; verfallen
ex·plain erklären
ex·pla·na·tion Erklärung *f*
ex·pli·cit ausdrücklich; ausführlich; offen, deutlich; (***sexually***) ***~*** freizügig (*film etc*)
ex·plode *v/t* zur Explosion bringen; *v/i* explodieren; *fig* ausbrechen (***with*** in *acc*), platzen (***with*** vor); *fig* sprunghaft ansteigen
ex·ploit 1. (Helden)Tat *f* **2.** ausbeuten; *fig* ausnutzen
ex·ploi·ta·tion Ausbeutung *f*, Auswertung *f*, Verwertung *f*, Abbau *m*
ex·plo·ra·tion Erforschung *f*
ex·plore erforschen
ex·plor·er Forscher(in); Forschungsreisende *m, f*

ex·plo·sion Explosion *f*; *fig* Ausbruch *m*; *fig* sprunghafter Anstieg
ex·plo·sive 1. explosiv; *fig* aufbrausend; *fig* sprunghaft ansteigend **2.** Sprengstoff *m*
ex·po·nent MATH Exponent *m*, Hochzahl *f*; Vertreter(in), Verfechter(in)
ex·port ECON **1.** exportieren, ausführen **2.** Export *m*, Ausfuhr *f*; *mst pl* Export-, Ausfuhrartikel *m*
ex·por·ta·tion ECON Ausfuhr *f*
ex·port·er ECON Exporteur *m*
ex·pose aussetzen; PHOT belichten; *Waren* ausstellen; *j-n* entlarven, bloßstellen, *et.* aufdecken
ex·po·si·tion Ausstellung *f*
ex·po·sure Aussetzen *n*, Ausgesetztsein *n* (**to** *dat*); *fig* Bloßstellung *f*, Aufdeckung *f*, Enthüllung *f*, Entlarvung *f*; PHOT Belichtung *f*; PHOT Aufnahme *f*; ***die of ~*** an Unterkühlung sterben; **~ me·ter** PHOT Belichtungsmesser *m*
ex·press 1. ausdrücklich, deutlich; Express..., Eil... **2.** Eilbote *m*; Schnellzug *m*; ***by ~*** → **3.** *adv* durch Eilboten; als Eilgut **4.** äußern, ausdrücken
ex·pres·sion Ausdruck *m*
ex·pres·sion·less ausdruckslos
ex·pres·sive ausdrucksvoll; ***be ~ of*** *et.* ausdrücken
ex·press let·ter *Br* Eilbrief *m*
ex·press·ly ausdrücklich, eigens
ex·press train Schnellzug *m*
ex·press·way Schnellstraße *f*
ex·pro·pri·ate JUR enteignen
ex·pul·sion (***from***) Vertreibung *f* (aus); Ausweisung *f* (aus)
ex·pur·gate reinigen
ex·qui·site erlesen; fein
ex·tant noch vorhanden
ex·tem·po·re aus dem Stegreif
ex·tem·po·rize aus dem Stegreif sprechen *or* spielen
ex·tend (aus)dehnen, (aus)weiten; *Hand etc* ausstrecken; *Betrieb etc* vergrößern, ausbauen; *Frist, Pass etc* verlängern; sich ausdehnen *or* erstrecken
ex·tend·ed fam·i·ly Großfamilie *f*
ex·ten·sion Ausdehnung *f*; Vergrößerung *f*, Erweiterung *f*; (Frist)Verlängerung *f*; ARCH Erweiterung *f*, Anbau *m*; TEL Nebenanschluss *m*, (-)Apparat *m*; *a.* ***~ cord*** (*Br* ***lead***) ELECTR Verlängerungskabel *n*, -schnur *f*
ex·ten·sive ausgedehnt, umfassend
ex·tent Ausdehnung *f*; Umfang *m*, (Aus)Maß *n*, Grad *m*; ***to some ~, to a certain ~*** bis zu e-m gewissen Grade; ***to such an ~ that*** so sehr, dass
ex·ten·u·ate abschwächen, mildern; beschönigen; ***extenuating circumstances*** JUR mildernde Umstände *pl*
ex·te·ri·or 1. äußerlich, äußere(r, -s), Außen... **2.** *das* Äußere; Außenseite *f*; äußere Erscheinung
ex·ter·mi·nate ausrotten (*a. fig*), vernichten, *Ungeziefer, Unkraut a.* vertilgen
ex·ter·nal äußere(r, -s), äußerlich, Außen...
ex·tinct erloschen; ausgestorben
ex·tinc·tion Erlöschen *n*; Aussterben *n*, Untergang *m*; Vernichtung *f*, Zerstörung *f*
ex·tin·guish (aus)löschen; vernichten
ex·tin·guish·er (*Feuer*)Löscher *m*
ex·tort erpressen (***from*** von)
ex·tra 1. *adj* zusätzlich, Extra..., Sonder...; ***be ~*** gesondert berechnet werden **2.** *adv* extra, besonders; ***charge ~ for*** *et.* gesondert berechnen **3.** Sonderleistung *f*; *esp* MOT Extra *n*; Zuschlag *m*; Extrablatt *n*; THEA, *film*: Statist(in)
ex·tract 1. Auszug *m* **2.** (heraus)ziehen; herauslocken; ableiten, herleiten
ex·trac·tion (Heraus)Ziehen *n*; Herkunft *f*
ex·tra·dite ausliefern; *j-s* Auslieferung erwirken;
ex·tra·di·tion Auslieferung *f*
extra·or·di·na·ry außerordentlich; ungewöhnlich; Sonder...
ex·tra pay Zulage *f*
ex·tra·ter·res·tri·al außerirdisch
ex·tra time SPORT (Spiel)Verlängerung *f*
ex·trav·a·gance Übertriebenheit *f*; Verschwendung *f*; Extravaganz *f*
ex·trav·a·gant übertrieben, überspannt; verschwenderisch; extravagant
ex·treme 1. äußerste(r, -s), größte(r, -s), höchste(r, -s); außergewöhnlich; ***~ right*** POL rechtsextrem(istisch); ***~ right wing*** POL rechtsradikal **2.** *das* Äußerste; Extrem *n*; höchster Grad
ex·treme·ly äußerst, höchst
ex·trem·ism POL Extremismus *m*
ex·trem·ist POL Extremist(in)

ex·trem·i·ties Gliedmaßen *pl*, Extremitäten *pl*
ex·trem·i·ty *das* Äußerste; höchste Not; äußerste Maßnahme
ex·tri·cate herauswinden, herausziehen, befreien
ex·tro·vert Extrovertierte *m*, *f*
ex·u·be·rance Fülle *f*; Überschwang *m*; **ex·u·be·rant** reichlich, üppig; überschwänglich; ausgelassen
ex·ult frohlocken, jubeln
eye 1. ANAT Auge *n*; Blick *m*; Öhr *n*; Öse *f*; ***see ~ to ~ with s.o.*** mit j-m völlig übereinstimmen; ***be up to the ~s in work*** bis über die Ohren in Arbeit stecken; ***with an ~ to s.th.*** im Hinblick auf et. **2.** ansehen; mustern
eye·ball ANAT Augapfel *m*
eye·brow ANAT Augenbraue *f*
eye-catch·ing ins Auge fallend, auffallend
eye doc·tor F Augenarzt *m*, -ärztin *f*
eye·glass·es *a.* ***pair of ~*** Brille *f*
eye·lash ANAT Augenwimper *f*
eye·lid ANAT Augenlid *n*
eye·lin·er Eyeliner *m*
eye-o·pen·er: ***that was an ~ to me*** das hat mir die Augen geöffnet
eye shad·ow Lidschatten *m*
eye·sight Augen(licht *n*) *pl*, Sehkraft *f*
eye·sore F Schandfleck *m*
eye spe·cial·ist Augenarzt *m*, -ärztin *f*
eye·strain Ermüdung *f or* Überanstrengung *f* der Augen
eye·wit·ness Augenzeuge *m*, -zeugin *f*

F

F, f F, f *n*
fa·ble Fabel *f*; Sage *f*
fab·ric Gewebe *n*, Stoff *m*; Struktur *f*
fab·ri·cate fabrizieren (*mst fig*)
fab·u·lous sagenhaft, der Sage angehörend; fabelhaft
fa·cade, fa·çade ARCH Fassade *f*
face 1. Gesicht *n*; Gesichtsausdruck *m*, Miene *f*; (Ober)Fläche *f*; Vorderseite *f*; Zifferblatt *n*; ***~ to ~ with*** Auge in Auge mit; ***save*** (***lose***) ***one's ~*** das Gesicht wahren (verlieren); ***on the ~ of it*** auf den ersten Blick; ***pull a long ~*** ein langes Gesicht machen; ***have the ~ to do s.th.*** die Stirn haben, et. zu tun **2.** *v/t* ansehen; gegenüberstehen (*dat*); (hinaus)gehen auf (*acc*); die Stirn bieten (*dat*); einfassen; ARCH bekleiden; *v/i*: ***~ about*** sich umdrehen
face·cloth, *Br* **face flan·nel** Waschlappen *m*
face·lift Facelifting *n*, Gesichtsstraffung *f*; *fig* Renovierung *f*, Verschönerung *f*
fa·ce·tious witzig
fa·cial 1. Gesichts… **2.** Gesichtsbehandlung *f*
fa·cile leicht; oberflächlich
fa·cil·i·tate erleichtern
fa·cil·i·ty Leichtigkeit *f*; Oberflächlichkeit *f*; *mst pl* Erleichterung(en *pl*) *f*; Einrichtung(en *pl*) *f*, Anlage(n *pl*) *f*
fac·ing TECH Verkleidung *f*; *pl* Besatz *m*
fact Tatsache *f*, Wirklichkeit *f*, Wahrheit *f*; Tat *f*; *pl* Daten; ***in ~*** in der Tat, tatsächlich
fac·tion *esp* POL Splittergruppe *f*; Zwietracht *f*
fac·ti·tious künstlich
fac·tor Faktor *m*
fac·to·ry Fabrik *f*
fac·ul·ty Fähigkeit *f*; Kraft *f*; *fig* Gabe *f*; UNIV Fakultät *f*; Lehrkörper *m*
fad Mode *f*, Modeerscheinung *f*, -torheit *f*; (vorübergehende) Laune
fade (ver)welken (lassen); verschießen, verblassen (*color*); schwinden; immer schwächer werden (*person*); *film, radio*, TV ***~ in*** auf- *or* eingeblendet werden; auf- *or* einblenden; ***~ out*** aus- *or* abgeblendet werden; aus- *or* abblenden; ***~d jeans*** ausgewaschene Jeans *pl*
fail 1. *v/i* versagen; misslingen, fehlschlagen; versiegen; nachlassen; durchfallen (*candidate*); *v/t* im Stich lassen; *j-n in e-r Prüfung* durchfallen lassen **2.** ***without ~*** mit Sicherheit, ganz bestimmt; **fail·ure** Versagen *n*; Fehlschlag *m*, Misserfolg *m*; Versäumnis *n*; Versager *m*, F Niete *f*
faint 1. schwach, matt **2.** ohnmächtig

werden, in Ohnmacht fallen (***with*** vor); **3.** Ohnmacht *f*

faint-heart·ed verzagt

fair[1] gerecht, ehrlich, anständig, fair; recht gut, ansehnlich; schön (*weather*); klar (*sky*); blond (*hair*); hell (*skin*); ***play ~*** fair spielen; *fig* sich an die Spielregeln halten

fair[2] (Jahr)Markt *m*; Volksfest *n*; Ausstellung *f*, Messe *f*

fair game *fig* Freiwild *n*

fair·ground Rummelplatz *m*

fair·ly gerecht; ziemlich

fair·ness Gerechtigkeit *f*, Fairness *f*

fair play SPORT *and fig* Fair Play *n*, Fairness *f*

fai·ry Fee *f*; Zauberin *f*; Elf *m*, Elfe *f*

fai·ry·land Feen-, Märchenland *n*

fai·ry| sto·ry, ~ tale Märchen *n* (*a. fig*)

faith Glaube *m*; Vertrauen *n*; **faith·ful** treu (***to*** *dat*); ***Yours ~ly*** Hochachtungsvoll (*letter*); **faith·less** treulos

fake 1. Schwindel *m*; Fälschung *f*; Schwindler *m* **2.** fälschen; imitieren, nachmachen; vortäuschen, simulieren **3.** gefälscht; fingiert

fal·con zo Falke *m*

fall 1. Fallen *n*, Fall *m*; Sturz *m*; Verfall *m*; Einsturz *m*; Herbst *m*; ECON Sinken *n* (*of prices etc*); Gefälle *n*; *mst pl* Wasserfall *m* **2.** fallen, stürzen; ab-, einfallen; sinken; sich legen (*wind*); *in e-n Zustand* verfallen; ***~ ill, ~ sick*** krank werden; ***~ in love with*** sich verlieben in (*acc*); ***~ short of*** *den Erwartungen etc* nicht entsprechen; ***~ back*** zurückweichen; ***~ back on*** *fig* zurückgreifen auf (*acc*); ***~ for*** hereinfallen auf (*acc*); F sich in *j-n* verknallen; ***~ off*** zurückgehen (*business, demand etc*), nachlassen; ***~ on*** herfallen über (*acc*); ***~ out*** sich streiten (***with*** mit); ***~ through*** durchfallen (*a. fig*); ***~ to*** reinhauen, tüchtig zugreifen

fal·la·cious trügerisch

fal·la·cy Trugschluss *m*

fall guy F *der* Lackierte, *der* Dumme

fal·li·ble fehlbar

fall·ing star Sternschnuppe *f*

fall·out Fall-out *m*, radioaktiver Niederschlag

fal·low zo falb; AGR brach(liegend)

false falsch

false·hood, **false·ness** Falschheit *f*; Unwahrheit *f*

false start Fehlstart *m*

fal·si·fi·ca·tion (Ver)Fälschung *f*

fal·si·fy (ver)fälschen

fal·si·ty Falschheit *f*, Unwahrheit *f*

fal·ter schwanken; stocken (*voice*); stammeln; *fig* zaudern

fame Ruf *m*, Ruhm *m*

famed berühmt (***for*** wegen)

fa·mil·i·ar 1. vertraut; gewohnt; familiär **2.** Vertraute *m, f*

fa·mil·i·ar·i·ty Vertrautheit *f*; (plumpe) Vertraulichkeit

fa·mil·i·ar·ize vertraut machen

fam·i·ly 1. Familie *f* **2.** Familien…, Haus…; **~ al·low·ance** → ***child benefit***; **~ doc·tor** Hausarzt *m*; **~ name** Familien-, Nachname *m*; **~ plan·ning** Familienplanung *f*; **~ tree** Stammbaum *m*

fam·ine Hungersnot *f*; Knappheit *f* (***of*** an *dat*)

fam·ished verhungert; ***be ~*** F am Verhungern sein

fa·mous berühmt

fan[1] **1.** Fächer *m*; Ventilator *m* **2.** (zu)fächeln; anfachen; *fig* entfachen

fan[2] (*Sport- etc*)Fan *m*

fa·nat·ic Fanatiker(in)

fa·nat·i·cal fanatisch

fan belt TECH Keilriemen *m*

fan·ci·er BOT, zo Liebhaber(in), Züchter(in)

fan·ci·ful fantastisch

fan club Fanklub *m*

fan·cy 1. Fantasie *f*; Einbildung *f*; plötzlicher Einfall, Idee *f*; Laune *f*; Vorliebe *f*, Neigung *f* **2.** ausgefallen; Fantasie… **3.** sich vorstellen; sich einbilden; ***~ that!*** stell dir vor!, denk nur!; sieh mal einer an!

fan·cy| ball Kostümfest *n*, Maskenball *m*; **~ dress** (Masken)Kostüm *n*

fan·cy-free → ***footloose***

fan·cy goods Modeartikel *pl*, -waren *pl*

fan·cy·work Stickerei *f*

fang zo Reiß-, Fangzahn *m*; Hauer *m*; Giftzahn *m*

fan mail Fanpost *f*, Verehrerpost *f*

fan·tas·tic fantastisch

fan·ta·sy Fantasie *f*

far 1. *adj* fern, entfernt, weit **2.** *adv* fern; weit; (sehr) viel; ***as ~ as*** bis; ***in so ~ as*** insofern als

far·a·way weit entfernt

fare 1. Fahrgeld *n*; Fahrgast *m*; Verpflegung *f*, Kost *f* 2. *gut* leben; ***he ~d well*** es (er)ging ihm gut
fare dodg·er Schwarzfahrer(in)
fare·well 1. *int* lebe(n Sie) wohl! 2. Abschied *m*, Lebewohl *n*
far·fetched *fig* weit hergeholt, gesucht
farm 1. Bauernhof *m*, Gut *n*, Gehöft *n*, Farm *f* 2. *Land, Hof* bewirtschaften
farm·er Bauer *m*, Landwirt *m*, Farmer *m*
farm·hand Landarbeiter(in)
farm·house Bauernhaus *n*

F

farm·ing 1. Acker…, landwirtschaftlich 2. Landwirtschaft *f*
farm·stead Bauernhof *m*, Gehöft *n*
farm·yard Wirtschaftshof *m*
far-off entfernt, fern
far right POL rechtsgerichtet
far·sight·ed weitsichtig, *fig a.* weitblickend
fas·ci·nate faszinieren
fas·ci·nat·ing faszinierend
fas·ci·na·tion Zauber *m*, Reiz *m*, Faszination *f*
fas·cism POL Faschismus *m*
fas·cist POL 1. Faschist *m* 2. faschistisch
fash·ion Mode *f*; Art *f* und Weise *f*; ***be in ~*** in Mode sein; ***out of ~*** unmodern; **fash·ion·a·ble** modisch, elegant; in Mode
fash·ion| pa·rade, ~ show Modenschau *f*
fast[1] 1. Fasten *n* 2. fasten
fast[2] schnell; fest; treu; echt, beständig (*color*); flott; ***be ~*** vorgehen (*watch*)
fast·back MOT (Wagen *m* mit) Fließheck *n*
fast breed·er (re·ac·tor) PHYS Schneller Brüter
fas·ten befestigen, festmachen, anheften, anschnallen, anbinden, zuknöpfen, zu-, verschnüren; *Blick etc* richten (***on*** auf *acc*); sich festmachen *or* schließen lassen; **fas·ten·er** Verschluss *m*
fast food Schnellgericht(e *pl*) *n*
fast-food res·tau·rant Schnellimbiss *m*, Schnellgaststätte *f*
fas·tid·i·ous anspruchsvoll, heikel, wählerisch, verwöhnt
fast lane MOT Überholspur *f*
fat 1. fett; dick; fettig, fetthaltig 2. Fett *n*; ***be low in ~*** fettarm sein
fa·tal tödlich; verhängnisvoll, fatal (***to*** für); **fa·tal·i·ty** Verhängnis *n*; tödlicher Unfall; (Todes)Opfer *n*
fate Schicksal *n*; Verhängnis *n*
fa·ther Vater *m*
Fa·ther Christ·mas *esp Br* der Weihnachtsmann, der Nikolaus
fa·ther·hood Vaterschaft *f*
fa·ther-in-law Schwiegervater *m*
fa·ther·less vaterlos
fa·ther·ly väterlich
fath·om 1. MAR Faden *m* 2. MAR loten; *fig* ergründen
fath·om·less unergründlich
fa·tigue 1. Ermüdung *f*; Strapaze *f* 2. ermüden
fat·ten dick *or contp* fett machen *or* werden; mästen; **fat·ty** fett; fettig
fau·cet TECH (Wasser)Hahn *m*
fault Fehler *m*; Defekt *m*; Schuld *f*; ***find ~ with*** et. auszusetzen haben an (*dat*); ***be at ~*** Schuld haben
fault·less fehlerfrei, fehlerlos
fault·y fehlerhaft, TECH *a.* defekt
fa·vo(u)r 1. Gunst *f*; Gefallen *m*; Begünstigung *f*; ***in ~ of*** zu Gunsten von (*or gen*); ***do s.o. a ~*** j-m e-n Gefallen tun 2. begünstigen; bevorzugen, vorziehen; wohlwollend gegenüberstehen; SPORT favorisieren; **fa·vo(u)r·a·ble** günstig; **fa·vo(u)r·ite** 1. Liebling *m*; SPORT Favorit *m* 2. Lieblings…
fawn 1. ZO (Reh)Kitz *n*; Rehbraun *n* 2. rehbraun
fax 1. Fax *n* 2. faxen; ***~ s.th. (through) to s.o.*** j-m et. faxen
fax (ma·chine) Faxgerät *n*
fear 1. Furcht *f* (***of*** vor *dat*); Befürchtung *f*; Angst *f* 2. (be)fürchten; sich fürchten vor (*dat*)
fear·ful furchtsam; furchtbar
fear·less furchtlos
fea·si·ble durchführbar
feast 1. REL Fest *n*, Feiertag *m*; Festessen *n*; *fig* Fest *n*, (Hoch)Genuss *m* 2. *v/t* festlich bewirten; *v/i* sich gütlich tun (***on*** an *dat*), schlemmen
feat große Leistung; (Helden)Tat *f*
fea·ther 1. Feder *f*; *a. pl* Gefieder *n*; ***birds of a ~*** Leute vom gleichen Schlag; ***birds of a ~ flock together*** Gleich und Gleich gesellt sich gern; ***that is a ~ in his cap*** darauf kann er stolz sein 2. mit Federn polstern *or* schmücken; *Pfeil* fiedern
feath·er·bed verhätscheln

feath·er·brained F hohlköpfig
feath·ered zo gefiedert
feath·er·weight SPORT Federgewicht *n*, Federgewichtler *m*; Leichtgewicht *n* (*person*)
feath·er·y gefiedert; federleicht
fea·ture 1. (Gesichts)Zug *m*; (charakteristisches) Merkmal; *radio*, TV *etc* Feature *n*; Haupt-, Spielfilm *m* **2.** groß herausbringen; *film*: in der Hauptrolle zeigen; **~ film** Haupt-, Spielfilm *m*
Feb *abbr of* ***February*** Febr., Februar *m*
Feb·ru·a·ry (*abbr* ***Feb***) Februar *m*
fed·e·ral POL Bundes…
Fed·e·ral Re·pub·lic of Ger·man·y *die* Bundesrepublik Deutschland (*abbr* ***BRD***)
fed·e·ra·tion POL Bundesstaat *m*; Föderation *f*, Staatenbund *m*; ECON, SPORT *etc* (Dach)Verband *m*
fee Gebühr *f*; Honorar *n*; (Mitglieds-) Beitrag *m*; Eintrittsgeld *n*
fee·ble schwach
feed 1. Futter *n*; Nahrung *f*; Fütterung *f*; TECH Zuführung *f*, Speisung *f* **2.** *v/t* füttern; ernähren; TECH *Maschine* speisen; IT eingeben; AGR weiden lassen; ***be fed up with s.o.*** (***s.th.***) j-n (et.) satthaben; ***well fed*** wohlgenährt; *v/i* (fr)essen; sich ernähren; weiden
feed·back ELECTR Feed-back *n*, Rückkoppelung *f*; *radio*, TV Reaktion *f*
feed·er Esser *m*
feed·er road Zubringer(straße *f*) *m*
feed·ing bot·tle (Saug)Flasche *f*
feel 1. (sich) fühlen; befühlen; empfinden; sich anfühlen; ***~ sorry for s.o.*** j-n bedauern *or* bemitleiden **2.** Gefühl *n*; Empfindung *f*; **feel·er** zo Fühler *m*; **feel·ing** Gefühl *n*
feign *Interesse etc* vortäuschen, *Krankheit a.* simulieren
feint Finte *f*
fell niederschlagen; fällen
fel·low 1. Gefährte *m*, Gefährtin *f*, Kamerad(in); Gegenstück *n*; F Kerl *m*; ***old ~*** F alter Knabe; ***the ~ of a glove*** der andere Handschuh **2.** Mit…; **~ be·ing** Mitmensch *m*; **~ cit·i·zen** Mitbürger *m*; **~ coun·try·man** Landsmann *m*
fel·low·ship Gemeinschaft *f*; Kameradschaft *f*
fel·low trav·el·(l)er Mitreisende *m, f*, Reisegefährte *m*, -gefährtin *f*; POL Mitläufer(in)
fel·on JUR Schwerverbrecher *m*
fel·o·ny JUR (schweres) Verbrechen, Kapitalverbrechen *n*
felt Filz *m*; **~ pen**, **~ tip**, **~-tip(ped) pen** Filzstift *m*, Filzschreiber *m*
fe·male 1. weiblich **2.** *contp* Weib *n*, Weibsbild *n*; zo Weibchen *n*
fem·i·nine weiblich, Frauen…; feminin
fem·i·nism Feminismus *m*
fem·i·nist 1. Feminist(in) **2.** feministisch
fen Fenn *n*, Sumpf-, Marschland *n*
fence 1. Zaun *m*; *sl* Hehler *m* **2.** *v/t*: ***~ in*** einzäunen, umzäunen; einsperren; ***~ off*** abzäunen; *v/i* SPORT fechten; **fenc·er** SPORT Fechter *m*; **fenc·ing 1.** Einfriedung *f*; SPORT Fechten *n* **2.** Fecht…
fend: ***~ off*** abwehren; ***~ for o.s.*** für sich selbst sorgen
fend·er Schutzvorrichtung *f*; Schutzblech *n*; MOT Kotflügel *m*; Kamingitter *n*, Kaminvorsetzer *m*
fen·nel BOT Fenchel *m*
fer·ment 1. Ferment *n*; Gärung *f* **2.** gären (lassen)
fer·men·ta·tion Gärung *f*
fern BOT Farn(kraut *n*) *m*
fe·ro·cious wild; grausam
fe·ro·ci·ty Wildheit *f*
fer·ret 1. zo Frettchen *n*; *fig* Spürhund *m* **2.** herumstöbern; ***~ out*** aufspüren, aufstöbern
fer·ry 1. Fähre *f* **2.** übersetzen
fer·ry·boat Fährboot *n*, Fähre *f*
fer·ry·man Fährmann *m*
fer·tile fruchtbar; reich (***of, in*** an *dat*)
fer·til·i·ty Fruchtbarkeit *f* (*a. fig*)
fer·ti·lize fruchtbar machen; befruchten; AGR düngen; **fer·ti·liz·er** AGR (*esp* Kunst)Dünger *m*, Düngemittel *n*
fer·vent glühend, leidenschaftlich
fer·vo(u)r Glut *f*; Inbrunst *f*
fes·ter MED eitern
fes·ti·val Fest *n*; Festival *n*, Festspiele *pl*
fes·tive festlich
fes·tiv·i·ty Festlichkeit *f*
fes·toon Girlande *f*
fetch holen; *Preis* erzielen; *Seufzer* ausstoßen; **fetch·ing** F reizend
fete, **fête 1.** Fest *n*; ***village ~*** Dorffest *n* **2.** feiern
fet·id stinkend
fet·ter 1. Fessel *f* **2.** fesseln
feud Fehde *f*

F

feud·al Feudal…, Lehns…
feu·dal·ism Feudalismus *m*, Feudal-, Lehnssystem *n*
fe·ver MED Fieber *n*; **fe·ver·ish** MED fieb(e)rig, fieberhaft (*a. fig*)
few wenige; ***a ~*** ein paar, einige; ***no fewer than*** nicht weniger als; ***quite a ~, a good ~*** e-e ganze Menge
fi·an·cé Verlobte *m*
fi·an·cée Verlobte *f*
fi·as·co Fiasko *n*
fib F **1.** Flunkerei *f*, Schwindelei *f* **2.** schwindeln, flunkern
fi·ber, *Br* **fi·bre** Faser *f*
fi·ber·glass TECH Fiberglas *n*, Glasfaser *f*
fi·brous faserig
fick·le wankelmütig; unbeständig
fic·tion Erfindung *f*; Prosaliteratur *f*, Belletristik *f*; Romane *pl*
fic·tion·al erdichtet; Roman…
fic·ti·tious erfunden, fiktiv
fid·dle 1. Fiedel *f*, Geige *f*; ***play first*** (***second***) ***~*** *esp fig* die erste (zweite) Geige spielen; (***as***) ***fit as a ~*** kerngesund **2.** MUS fiedeln; *a.* ***~ about*** *or* ***around*** (***with***) herumfingern (an *dat*), spielen (mit)
fid·dler Geiger(in)
fi·del·i·ty Treue *f*; Genauigkeit *f*
fid·get F nervös machen; (herum)zappeln; **fid·get·y** zapp(e)lig, nervös
field Feld *n*; SPORT Spielfeld *n*; Arbeitsfeld *n*; Gebiet *n*; Bereich *m*; ***~ of vision*** OPT Gesichtsfeld *n*; **~ e·vents** SPORT Sprung- und Wurfdisziplinen *pl*; **~ glass·es** *a.* ***pair of ~*** Feldstecher *m*, Fernglas *n*; **~ mar·shal** MIL Feldmarschall *m*
field·work praktische (wissenschaftliche) Arbeit, *a.* Arbeit *f* im Gelände; ECON Feldarbeit *f*
fiend Satan *m*, Teufel *m*; F (*Frischluft- etc*)Fanatiker(in)
fiend·ish teuflisch, boshaft
fierce wild; scharf; heftig; **fierce·ness** Wildheit *f*, Schärfe *f*; Heftigkeit *f*
fi·er·y feurig; hitzig
fif·teen 1. fünfzehn **2.** Fünfzehn *f*
fif·teenth fünfzehnte(r, -s)
fifth 1. fünfte(r, -s) **2.** Fünftel *n*
fifth·ly fünftens
fif·ti·eth fünfzigste(r, -s)
fif·ty 1. fünfzig **2.** Fünfzig *f*
fif·ty-fif·ty F halbe-halbe
fig BOT Feige *f*
fight 1. Kampf *m*; MIL Gefecht *n*; Schlägerei *f*; *boxing*: Kampf *m*, Fight *m* **2.** *v/t* bekämpfen; kämpfen gegen *or* mit, SPORT *a.* boxen gegen; *v/i* kämpfen, sich schlagen; SPORT boxen
fight·er Kämpfer *m*; SPORT Boxer *m*, Fighter *m*; *a.* ***~ plane*** MIL Jagdflugzeug *n*
fight·ing Kampf *m*
fig·u·ra·tive bildlich
fig·ure 1. Figur *f*; Gestalt *f*; Zahl *f*, Ziffer *f*; Preis *m*; ***be good at ~s*** ein guter Rechner sein **2.** *v/t* abbilden, darstellen; F meinen, glauben; sich *et.* vorstellen; ***~ out*** *Problem* lösen, F rauskriegen; verstehen; ***~ up*** zusammenzählen; *v/i* erscheinen, vorkommen; ***~ on*** rechnen mit; **~ skat·er** Eiskunstläufer(in); **~ skat·ing** Eiskunstlauf *m*
fil·a·ment ELECTR Glühfaden *m*
filch F klauen, stibitzen
file[1] **1.** Ordner *m*; Karteikasten *m*; Akte *f*, Akten *pl*; Ablage *f*; IT Datei *f*; Reihe *f*; MIL Rotte *f*; ***on ~*** bei den Akten **2.** *v/t* *Briefe etc* ablegen, zu den Akten nehmen, einordnen; *Antrag* einreichen, *Berufung* einlegen; *v/i* hintereinander marschieren
file[2] TECH **1.** Feile *f* **2.** feilen
file| man·age·ment IT Dateiverwaltung *f*; **~ pro·tec·tion** IT Schreibschutz *m*
fil·et GASTR Filet *n*
fi·li·al kindlich, Kindes…
fil·ing Ablegen *n*
fil·ing cab·i·net Aktenschrank *m*
fill 1. (sich) füllen; an-, aus-, erfüllen, vollfüllen; *Pfeife* stopfen; *Zahn* füllen, plombieren; ***~ in*** einsetzen; ***~ out*** (*Br* ***in***) *Formular* ausfüllen; ***~ up*** vollfüllen; sich füllen **2.** Füllung *f*
fil·let → ***filet***
fill·ing Füllung *f*; MED (Zahn)Füllung *f*, Plombe *f*; **~ sta·tion** Tankstelle *f*
fil·ly ZO Stutenfohlen *n*
film 1. Häutchen *n*; Membran(e) *f*; Film *m* (*a.* PHOT); ***take*** *or* ***shoot a ~*** e-n Film drehen **2.** (ver)filmen; sich verfilmen lassen; **~ star** *esp Br* Filmstar *m*
fil·ter 1. Filter *m* **2.** filtern
fil·ter tip Filter *m*; Filterzigarette *f*
fil·ter-tipped: ***~ cigarette*** Filterzigarette *f*

filth Schmutz *m*
filth·y schmutzig; *fig* unflätig
fin ZO Flosse *f*; SPORT Schwimmflosse *f*
fi·nal 1. letzte(r, -s); End…, Schluss…; endgültig **2.** SPORT Finale *n*; *mst pl* Schlussexamen *n*, -prüfung *f*
fi·nal dis·pos·al Endlagerung *f*
fi·nal·ist SPORT Finalist(in)
fi·nal·ly endlich, schließlich; endgültig
fi·nal whis·tle SPORT Schlusspfiff *m*, Abpfiff *m*
fi·nance 1. Finanzwesen *n*; *pl* Finanzen *pl* **2.** finanzieren
fi·nan·cial finanziell
fi·nan·cier Finanzier *m*
finch ZO Fink *m*
find 1. finden; (an)treffen; herausfinden; JUR *j-n* für (*nicht*) *schuldig* erklären; beschaffen, besorgen; **~ out** *v/t et.* herausfinden; *v/i* es herausfinden **2.** Fund *m*, Entdeckung *f*; **find·ings** Befund *m*; JUR Feststellung *f*, Spruch *m*
fine[1] **1.** *adj* fein; schön; ausgezeichnet, großartig; ***I'm ~*** mir geht es gut **2.** *adv* F sehr gut, bestens
fine[2] **1.** Geldstrafe *f*, Bußgeld *n* **2.** zu e-r Geldstrafe verurteilen
fin·ger 1. ANAT Finger *m*; → ***cross*** *3* **2.** betasten, (herum)fingern an (*dat*)
fin·ger·nail ANAT Fingernagel *m*
fin·ger·print Fingerabdruck *m*
fin·ger·tip Fingerspitze *f*
fin·i·cky pedantisch; wählerisch
fin·ish 1. (be)enden, aufhören (mit); *a.* ***~ off*** vollenden, zu Ende führen, erledigen, *Buch etc* auslesen; *a.* ***~ off, ~ up*** aufessen, austrinken **2.** Ende *n*, Schluss *m*; SPORT Endspurt *m*, Finish *n*; Ziel *n*; Vollendung *f*, letzter Schliff
fin·ish·ing line SPORT Ziellinie *f*
Fin·land Finnland *n*
Finn Finne *m*, Finnin *f*
Finn·ish 1. finnisch **2.** LING Finnisch *n*
fir *a.* ***~ tree*** BOT Tanne *f*
fir cone BOT Tannenzapfen *m*
fire 1. Feuer *n*; ***be on ~*** in Flammen stehen, brennen; ***catch ~*** Feuer fangen, in Brand geraten; ***set on ~, set ~ to*** anzünden **2.** *v/t* anzünden, entzünden; *fig* anfeuern; abfeuern; *Ziegel etc* brennen; F *j-n* rausschmeißen; heizen; *v/i* Feuer fangen (*a. fig*); feuern
fire a·larm Feueralarm *m*; Feuermelder *m*
fire·arms Schusswaffen *pl*
fire bri·gade *Br* Feuerwehr *f*
fire·bug F Feuerteufel *m*
fire·crack·er Knallfrosch *m*; Knallbonbon *m, n*
fire de·part·ment Feuerwehr *f*
fire en·gine *Br* Löschfahrzeug *n*
fire es·cape Feuerleiter *f*, -treppe *f*
fire ex·tin·guish·er Feuerlöscher *m*
fire fight·er Feuerwehrmann *m*
fire·guard *Br* Kamingitter *n*
fire hy·drant *Br* Hydrant *m*
fire·man Feuerwehrmann *m*; Heizer *m*
fire·place (offener) Kamin
fire·plug Hydrant *m*
fire·proof feuerfest
fire-rais·ing *Br* Brandstiftung *f*
fire·screen Kamingitter *n*
fire ser·vice *Br* Feuerwehr *f*
fire·side (offener) Kamin
fire sta·tion Feuerwache *f*
fire truck Löschfahrzeug *n*
fire·wood Brennholz *n*
fire·works Feuerwerk *n*
fir·ing squad MIL Exekutionskommando *n*
firm[1] fest; hart; standhaft
firm[2] Firma *f*
first 1. *adj* erste(r, -s); beste(r, -s) **2.** *adv* erstens; zuerst; ***~ of all*** an erster Stelle; zu allererst **3.** Erste(r, -s); ***at ~*** zuerst, anfangs; ***from the ~*** von Anfang an
first aid MED Erste Hilfe; **~ box, ~ kit** Verband(s)kasten *m*
first·born erstgeborene(r, -s), älteste(r, -s)
first class RAIL *etc* 1. Klasse
first-class erstklassig
first floor Erdgeschoss *n*, *Br* erster Stock; → ***second floor***
first·hand aus erster Hand
first leg SPORT Hinspiel *n*
first·ly erstens
first name Vorname *m*
first-rate erstklassig
firth Förde *f*, Meeresarm *m*
fish 1. ZO Fisch *m* **2.** fischen, angeln
fish·bone Gräte *f*
fish·er·man Fischer *m*
fish·e·ry Fischerei *f*
fish fin·ger *Br* GASTR Fischstäbchen *n*
fish·hook Angelhaken *m*
fish·ing Fischen *n*, Angeln *n*; **~ line** Angelschnur *f*; **~ rod** Angelrute *f*; **~ tack-**

le Angelgerät *n*
fish·mon·ger *esp Br* Fischhändler *m*
fish stick GASTR Fischstäbchen *n*
fish·y Fisch…; F verdächtig
fis·sion PHYS Spaltung *f*
fis·sure GEOL Spalt *m*, Riss *m*
fist Faust *f*
fit[1] **1.** geeignet, passend; tauglich; SPORT fit, (gut) in Form; ***keep ~*** sich fit halten **2.** *v/t* passend machen (***for*** für), anpassen; TECH einpassen, einbauen; anbringen; ***~ in*** *j-m* e-n Termin geben, *j-n*, *et.* einschieben; *a.* ***~ on*** anprobieren; *a.* ***~ out*** ausrüsten, ausstatten, einrichten (***with*** mit); *a.* ***~ up*** einrichten (***with*** mit); montieren, installieren; *v/i* passen, sitzen (*dress etc*) **3.** Sitz *m*
fit[2] MED Anfall *m*; ***give s.o. a ~*** F j-n auf die Palme bringen; j-m e-n Schock versetzen
fit·ful unruhig (*sleep etc*)
fit·ness Tauglichkeit *f*; *esp* SPORT Fitness *f*, (gute) Form; ***~ cen·ter*** (*Br* ***cen·tre***) Fitnesscenter *n*
fit·ted zugeschnitten; ***~ carpet*** Spannteppich *m*, Teppichboden *m*; ***~ kitchen*** Einbauküche *f*
fit·ter Monteur *m*; Installateur *m*
fit·ting 1. passend; schicklich **2.** Montage *f*, Installation *f*; *pl* Ausstattung *f*; Armaturen *pl*
five 1. fünf **2.** Fünf *f*
fix 1. befestigen, anbringen (***to*** an *dat*); *Preis* festsetzen; fixieren; *Blick etc* richten (***on*** auf *acc*); *Aufmerksamkeit etc* fesseln; reparieren, in Ordnung bringen (*a. fig*); *Essen* zubereiten **2.** F Klemme *f*; *sl* Fix *m*
fixed fest; starr
fix·ings GASTR Beilagen *pl*
fix·ture Inventarstück *n*; ***lighting ~*** Beleuchtungskörper *m*
fizz zischen, sprudeln
flab·ber·gast F verblüffen; ***be ~ed*** F platt sein
flab·by schlaff
flac·cid schlaff, schlapp
flag[1] **1.** Fahne *f*, Flagge *f* **2.** beflaggen
flag[2] **1.** (Stein)Platte *f*, Fliese *f* **2.** mit (Stein)Platten *or* Fliesen belegen, fliesen
flag[3] nachlassen, erlahmen
flag·pole, **flag·staff** Fahnenstange *f*
flag·stone (Stein)Platte *f*, Fliese *f*
flake 1. Flocke *f*; Schuppe *f* **2.** *mst* ***~ off*** abblättern; F ***~ out*** schlappmachen
flak·y flockig; blätt(e)rig
flak·y pas·try GASTR Blätterteig *m*
flame 1. Flamme *f* (*a. fig*); ***be in ~s*** in Flammen stehen **2.** flammen, lodern
flam·ma·ble TECH brennbar, leicht entzündlich, feuergefährlich
flan GASTR Obst-, Käsekuchen *m*
flank 1. Flanke *f* **2.** flankieren
flan·nel Flanell *m*; *Br* Waschlappen *m*; *pl Br* Flanellhose *f*
flap 1. Flattern *n*, (Flügel)Schlag *m*; Klappe *f* **2.** mit *den Flügeln etc* schlagen; flattern
flare 1. flackern; sich weiten; ***~ up*** aufflammen; *fig* aufbrausen **2.** Lichtsignal *n*
flash 1. Aufblitzen *n*, Aufleuchten *n*, Blitz *m*; *radio etc*: Kurzmeldung *f*; PHOT F Blitz *m*; F Taschenlampe *f*; ***like a ~*** wie der Blitz; ***in a ~*** im Nu; ***a ~ of lightning*** ein Blitz **2.** (auf)blitzen *or* aufleuchten (lassen); zucken; rasen, flitzen
flash·back *film*: Rückblende *f*
flash freeze GASTR schnell einfrieren
flash·light PHOT Blitzlicht *n*; Taschenlampe *f*
flash·y protzig; auffallend
flask Taschenflasche *f*
flat[1] **1.** flach, eben, platt; schal; ECON flau; MOT platt (*tire*) **2.** *adv* ***fall ~*** danebengehen; ***sing ~*** zu tief singen **3.** Fläche *f*, Ebene *f*; flache Seite; Flachland *n*, Niederung *f*; MOT Reifenpanne *f*
flat[2] *Br* Wohnung *f*
flat-foot·ed plattfüßig
flat·mate *Br* Mitbewohner(in)
flat·ten (ein)ebnen; abflachen; *a.* ***~ out*** flach(er) werden
flat·ter schmeicheln (*dat*)
flat·ter·er Schmeichler(in)
flat·ter·y Schmeichelei *f*
fla·vo(u)r 1. Geschmack *m*; Aroma *n*; Blume *f*; *fig* Beigeschmack *m*; Würze *f* **2.** würzen
fla·vo(u)r·ing Würze *f*, Aroma *n*
flaw Fehler *m*, TECH *a.* Defekt *m*
flaw·less einwandfrei, tadellos
flax BOT Flachs *m*
flea ZO Floh *m*
flea mar·ket Flohmarkt *m*
fleck Fleck(en) *m*; Tupfen *m*

fledged zo flügge
fledg(e)·ling zo Jungvogel *m*; *fig* Grünschnabel *m*
flee fliehen; meiden
fleece **1.** Vlies *n*, *esp* Schafsfell *n* **2.** F *j-n* neppen
fleet MAR Flotte *f*
flesh Fleisch *n*; **flesh·y** fleischig; dick
flex[1] *esp* ANAT biegen
flex[2] *esp Br* ELECTR (Anschluss-, Verlängerungs)Kabel *n*, (-)Schnur *f*
flex·i·ble flexibel, biegsam; *fig* anpassungsfähig; *~ **working hours*** Gleitzeit *f*
flex·i·time *Br*, **flex·time** Gleitzeit *f*
flick schnippen; schnellen
flick·er **1.** flackern; TV flimmern **2.** Flackern *n*; TV Flimmern *n*
fli·er AVIAT Flieger *m*; Reklamezettel *m*
flight Flucht *f*; Flug *m* (*a. fig*); zo Schwarm *m*; *a. ~ **of stairs*** Treppe *f*; ***put to** ~* in die Flucht schlagen; ***take** (**to**) ~* die Flucht ergreifen; *~* **at·tend·ant** AVIAT Flugbegleiter(in); *~* **con·nec·tion** AVIAT Flugverbindung *f*
flight·less zo flugunfähig
flight| num·ber AVIAT Flugnummer *f*; *~* **re·cord·er** AVIAT Flugschreiber *m*
flight·y flatterhaft
flim·sy dünn; zart; *fig* fadenscheinig
flinch (zurück)zucken, zusammenfahren; zurückschrecken (***from*** vor *dat*)
fling **1.** werfen, schleudern; *~ **o.s.*** sich stürzen; *~ **open** (**to**) Tür etc* aufreißen (zuschlagen) **2.** ***have a** ~* sich austoben; ***have a** ~ **at*** es versuchen *or* probieren mit
flint Feuerstein *m*
flip schnippen, schnipsen; *Münze* hochwerfen
flip·pant respektlos, F schnodd(e)rig
flip·per zo Flosse *f*; Schwimmflosse *f*
flirt **1.** flirten **2.** ***be a** ~* gern flirten
flir·ta·tion Flirt *m*
flit flitzen, huschen
float **1.** *v/i* (auf dem Wasser) schwimmen, (im Wasser) treiben; schweben; *a.* ECON in Umlauf sein; *v/t* schwimmen *or* treiben lassen; MAR flottmachen; ECON *Wertpapiere etc* in Umlauf bringen; *Währung* floaten, den Wechselkurs (*gen*) freigeben **2.** Festwagen *m*
float·ing **1.** schwimmend, treibend; ECON umlaufend; frei (*exchange rate*); frei konvertierbar (*currency*) **2.** ECON Floating *n*
float·ing vot·er POL Wechselwähler(in)
flock **1.** zo Herde *f* (*a.* REL); Menge *f*, Schar *f* **2.** *fig* strömen
floe (treibende) Eisscholle
flog prügeln, schlagen
flog·ging Tracht *f* Prügel
flood **1.** *a. ~ **tide*** Flut *f*; Überschwemmung *f* **2.** überfluten, überschwemmen
flood·gate Schleusentor *n*
flood·lights ELECTR Flutlicht *n*
floor **1.** (Fuß)Boden *m*; Stock *m*, Stockwerk *n*, Etage *f*; Tanzfläche *f*; → ***first floor, second floor***; ***take the** ~* das Wort ergreifen **2.** e-n (Fuß)Boden legen in; zu Boden schlagen; *fig* F *j-n* umhauen
floor·board (Fußboden)Diele *f*
floor cloth Putzlappen *m*
floor·ing (Fuß)Bodenbelag *m*
floor lamp Stehlampe *f*
floor lead·er PARL Fraktionsführer *m*
floor-length bodenlang
floor show Nachtklubvorstellung *f*
floor·walk·er Aufsicht *f*
flop **1.** sich (hin)plumpsen lassen; F durchfallen, danebengehen, ein Reinfall sein **2.** Plumps *m*; F Flop *m*, Reinfall *m*, Pleite *f*; Versager *m*
flop·py (disk) IT Floppy Disk *f*, Diskette *f*
flor·id rot, gerötet
flor·ist Blumenhändler(in)
floun·der[1] zo Flunder *f*
floun·der[2] zappeln; strampeln; *fig* sich verhaspeln
flour (feines) Mehl
flour·ish **1.** Schnörkel *m*; MUS Tusch *m* **2.** *v/i* blühen, gedeihen; *v/t* schwenken
flow **1.** fließen, strömen; wallen **2.** Fluß *m*, Strom *m* (*both a. fig*)
flow·er **1.** Blume *f*; Blüte *f* (*a. fig*) **2.** blühen
flow·er·bed Blumenbeet *n*
flow·er·pot Blumentopf *m*
flu F MED Grippe *f*
fluc·tu·ate schwanken
fluc·tu·a·tion Schwankung *f*
flue Rauchfang *m*, Esse *f*
flu·en·cy Flüssigkeit *f*; (Rede)Gewandtheit *f*; **flu·ent** flüssig; gewandt; ***speak** ~ **French*** fließend Französisch sprechen
fluff **1.** Flaum *m*; Staubflocke *f* **2.** zo auf-

plustern; **fluff·y** flaumig
flu·id **1.** flüssig **2.** Flüssigkeit *f*
flunk F durchfallen (lassen)
flu·o·res·cent fluoreszierend
flu·o·ride CHEM Fluor *n*
flu·o·rine CHEM Fluor *n*
flur·ry Windstoß *m*; (*Regen-*, *Schnee-*) Schauer *m*; *fig* Aufregung *f*, Unruhe *f*
flush **1.** (Wasser)Spülung *f*; Erröten *n*; Röte *f* **2.** *v/t a.* **~ *out*** (aus)spülen; **~ *down*** hinunterspülen; **~ *the toilet*** spülen; *v/i* erröten, rot werden; spülen **3.** ***be* ~** F gut bei Kasse sein
flus·ter **1.** nervös machen *or* werden **2.** Nervosität *f*
flute MUS **1.** Flöte *f* **2.** (auf der) Flöte spielen
flut·ter **1.** flattern **2.** Flattern *n*; *fig* Erregung *f*
flux *fig* Fluss *m*
fly[1] zo Fliege *f*
fly[2] Hosenschlitz *m*; Zeltklappe *f*
fly[3] fliegen (lassen); stürmen, stürzen; flattern, wehen; (ver)fliegen (*time*); *Drachen* steigen lassen; **~ *at s.o.*** auf j-n losgehen; **~ *into a passion*** *or* ***rage*** in Wut geraten; **fly·er** → ***flier***
fly·ing fliegend; Flug…; **~ sau·cer** fliegende Untertasse; **~ squad** Überfallkommando *n*; **~ time** AVIAT Flugzeit *f*; **~ vis·it** F Stippvisite *f*
fly·o·ver *Br* (Straßen-, Eisenbahn-) Überführung *f*
fly·screen Fliegenfenster *n*
fly·weight *boxing*: Fliegengewicht *n*, Fliegengewichtler *m*
fly·wheel TECH Schwungrad *n*
foal zo Fohlen *n*
foam **1.** Schaum *m* **2.** schäumen; **~ ex·tin·guish·er** Schaumlöscher *m*, -löschgerät *n*; **~ rub·ber** Schaumgummi *m*
foam·y schaumig
fo·cus **1.** Brennpunkt *m*, *fig a.* Mittelpunkt *m*; OPT, PHOT Scharfeinstellung *f* **2.** OPT, PHOT scharf einstellen; *fig* konzentrieren (***on*** auf *acc*)
fod·der AGR (Trocken)Futter *n*
foe POET Feind *m*, Gegner *m*
fog (dichter) Nebel
fog·gy neb(e)lig; *fig* nebelhaft
foi·ble (kleine) Schwäche
foil[1] Folie *f*; *fig* Hintergrund *m*
foil[2] vereiteln
foil[3] *fencing*: Florett *n*
fold[1] **1.** Falte *f*; Falz *m* **2.** …fach, …fältig **3.** (sich) falten; falzen; *Arme* verschränken; einwickeln; *often* **~ *up*** zusammenfalten, -legen, -klappen
fold[2] AGR Schafhürde *f*, Pferch *m*; REL Herde *f*
fold·er Aktendeckel *m*; Schnellhefter *m*; Faltprospekt *m*, -blatt *n*, Broschüre *f*
fold·ing zusammenlegbar; Klapp…; **~ bed** Klappbett *n*; **~ bi·cy·cle** Klapprad *n*; **~ boat** Faltboot *n*; **~ chair** Klappstuhl *m*; **~ door(s)** Falttür *f*
fo·li·age BOT Laub *n*, Laubwerk *n*
folk **1.** Leute *pl*; *pl* F *m-e etc* Leute *pl* **2.** Volks…
folk·lore Volkskunde *f*; Volkssagen *pl*; Folklore *f*
folk mu·sic Volksmusik *f*
folk song Volkslied *n*; Folksong *m*
fol·low folgen (*dat*); folgen auf (*acc*); befolgen; verfolgen; *s-m Beruf etc* nachgehen; **~ *through*** *Plan etc* bis zum Ende durchführen; **~ *up*** *e-r Sache* nachgehen; *e-e Sache* weiterverfolgen; ***as* ~*s*** wie folgt; **fol·low·er** Nachfolger(in); Verfolger(in); Anhänger(in); **fol·low·ing** **1.** Anhängerschaft *f*, Anhänger *pl*; Gefolge *n*; ***the* ~** das Folgende; die Folgenden *pl* **2.** folgende(r, -s) **3.** im Anschluss an (*acc*)
fol·ly Torheit *f*
fond zärtlich; vernarrt (***of*** in *acc*); ***be* ~ *of*** gernhaben, lieben
fon·dle liebkosen; streicheln; (ver)hätscheln
fond·ness Zärtlichkeit *f*; Vorliebe *f*
font REL Taufstein *m*, Taufbecken *n*
food Nahrung *f*, Essen *n*; Nahrungs-, Lebensmittel *pl*; AGR Futter *n*
fool **1.** Narr *m*, Närrin *f*, Dummkopf *m*; ***make a* ~ *of s.o.*** j-n zum Narren halten; ***make a* ~ *of o.s.*** sich lächerlich machen **2.** zum Narren halten; betrügen (***out of*** um); **~ *about***, **~ *around*** herumtrödeln; Unsinn machen, herumalbern
fool·har·dy tollkühn
fool·ish dumm, töricht; unklug
fool·ish·ness Dummheit *f*
fool·proof kinderleicht; todsicher
foot **1.** ANAT Fuß *m* (*a. linear measure* = *30,48 cm*); Fußende *n*; ***on* ~** zu Fuß **2.** F *Rechnung* bezahlen; ***have to* ~ *the bill*** die Zeche bezahlen müssen; **~ *it*** zu Fuß

gehen

foot·ball Football(spiel *n*) *m*; *Br* Fußball(spiel *n*) *m*; Football-Ball *m*; *Br* Fußball *m*

foot·bal·ler *Br* Fußballer *m*

foot·ball| hoo·li·gan *Br* Fußballrowdy *m*; ~ **play·er** *Br* Fußballspieler *m*

foot·bridge Fußgängerbrücke *f*

foot·fall Tritt *m*, Schritt *m*

foot·hold fester Stand, Halt *m*

foot·ing Halt *m*, Stand *m*; *fig* Grundlage *f*, Basis *f*; ***be on a friendly ~ with s.o.*** ein gutes Verhältnis zu j-m haben; ***lose one's ~*** den Halt verlieren

foot·lights THEA Rampenlicht(er *pl*) *n*

foot·note Fußnote *f*

foot·path (Fuß)Pfad *m*, (Fuß)Weg *m*

foot·print Fußabdruck *m*, *pl a.* Fußspur(en *pl*) *f*

foot·sore: ***be ~*** wunde Füße haben

foot·step Tritt *m*, Schritt *m*; Fußstapfe *f*

foot·wear Schuhwerk *n*, Schuhe *pl*

fop Geck *m*, F Fatzke *m*

for 1. *prp mst* für; *purpose*, *direction*: zu; nach; *warten*, *hoffen etc* auf (*acc*); *sich sehnen etc* nach; *cause*: aus, vor (*dat*), wegen; *time*: ***~ three days*** drei Tage (lang); seit drei Tagen; *distance*: ***I walked ~ a mile*** ich ging eine Meile (weit); *exchange*: (an)statt; als; ***I ~ one*** ich zum Beispiel; ***~ sure*** sicher!, gewiss! **2.** *cj* denn, weil

for·age *a.* ***~ about*** (herum)stöbern, (herum)wühlen (***in*** in *dat*; ***for*** nach)

for·ay MIL Einfall *m*, Überfall *m*; *fig* Ausflug *m* (***into*** *politics* in *die Politik*)

for·bid verbieten; hindern

for·bid·ding abstoßend

force 1. Stärke *f*, Kraft *f*, Gewalt *f*, Wucht *f*; ***the (police) ~*** die Polizei; ***(armed) ~s*** MIL Streitkräfte *pl*; ***by ~*** mit Gewalt; ***come** or **put into ~*** in Kraft treten *or* setzen **2.** *j-n* zwingen; *et.* erzwingen; zwängen; drängen; *Tempo* beschleunigen; ***~ s.th. on s.o.*** j-m et. aufzwingen *or* aufdrängen; ***~ o.s. on s.o.*** sich j-m aufdrängen; ***~ open*** aufbrechen

forced erzwungen; gezwungen, gequält; ~ **land·ing** AVIAT Notlandung *f*

force·ful energisch, kraftvoll; eindrucksvoll, überzeugend

for·ceps MED Zange *f*

for·ci·ble gewaltsam; eindringlich

ford 1. Furt *f* **2.** durchwaten

fore 1. vorder, Vorder…; vorn **2.** Vorderteil *m*, Vorderseite *f*, Front *f*

fore·arm ANAT Unterarm *m*

fore·bear *mst pl* Vorfahren *pl*, Ahnen *pl*

fore·bod·ing (böses) Vorzeichen; (*böse*) (Vor)Ahnung

fore·cast 1. voraussagen, vorhersehen; *Wetter* vorhersagen **2.** Voraussage *f*; METEOR Vorhersage *f*

fore·fa·ther Vorfahr *m*

fore·fin·ger ANAT Zeigefinger *m*

fore·foot ZO Vorderfuß *m*

fore·gone con·clu·sion ausgemachte Sache; ***be a ~*** *a.* von vornherein feststehen

fore·ground Vordergrund *m*

fore·hand SPORT **1.** Vorhand *f*, Vorhandschlag *m* **2.** Vorhand…

fore·head ANAT Stirn *f*

for·eign fremd, ausländisch, Außen…, Auslands…; ~ **af·fairs** Außenpolitik *f*; ~ **aid** Auslandshilfe *f*

for·eign·er Ausländer(in)

for·eign| lan·guage Fremdsprache *f*; ~ **min·is·ter** POL Außenminister *m*

For·eign Of·fice *Br* POL Außenministerium *n*

for·eign pol·i·cy Außenpolitik *f*

For·eign Sec·re·ta·ry *Br* POL Außenminister *m*

for·eign trade ECON Außenhandel *m*

for·eign work·er Gastarbeiter(in)

fore·knowl·edge vorherige Kenntnis

fore·leg ZO Vorderbein *n*

fore·man TECH Vorarbeiter *m*, Polier *m*; Werkmeister *m*; JUR Sprecher *m*

fore·most vorderste(r, -s), erste(r, -s)

fore·name Vorname *m*

fo·ren·sic JUR Gerichts…; ~ **me·di·cine** Gerichtsmedizin *f*

fore·run·ner Vorläufer(in)

fore·see vorhersehen, voraussehen

fore·see·a·ble vorhersehbar

fore·shad·ow ahnen lassen, andeuten

fore·sight Weitblick *m*; (weise) Voraussicht

for·est Wald *m* (*a. fig*); Forst *m*

fore·stall *et.* vereiteln; *j-m* zuvorkommen

for·est·er Förster *m*

for·est·ry Forstwirtschaft *f*

fore·taste Vorgeschmack *m*

fore·tell vorhersagen

for·ev·er, for ev·er für immer
fore·wom·an TECH Vorarbeiterin *f*
fore·word Vorwort *n*
for·feit verwirken; einbüßen
forge 1. Schmiede *f* **2.** fälschen; schmieden
forg·er Fälscher *m*
for·ge·ry Fälschen *n*; Fälschung *f*
for·ge·ry-proof fälschungssicher
for·get vergessen
for·get·ful vergesslich
for·get-me-not BOT Vergissmeinnicht *n*
for·give vergeben, verzeihen
for·give·ness Verzeihung *f*; Vergebung *f*
for·giv·ing versöhnlich; nachsichtig
fork 1. Gabel *f* **2.** (sich) gabeln
fork·lift truck MOT Gabelstapler *m*
form 1. Form *f*; Gestalt *f*; Formular *n*, Vordruck *m*; *Br* (Schul)Klasse *f*; Formalität *f*; Kondition *f*, Verfassung *f*; ***in great*** ~ gut in Form **2.** (sich) formen, (sich) bilden, gestalten
for·mal förmlich; formell
for·mal dress Gesellschaftskleidung *f*
for·mal·i·ty Förmlichkeit *f*; Formalität *f*
for·mat 1. Aufmachung *f*; Format *n* **2.** IT formatieren
for·ma·tion Bildung *f*
form·a·tive bildend; gestaltend; ~ ***years*** Entwicklungsjahre *pl*
for·mat·ting IT Formatierung *f*
for·mer 1. früher; ehemalig **2.** ***the*** ~ der *or* die *or* das Erstere
for·mer·ly früher
for·mi·da·ble furchterregend; gewaltig, riesig, gefährlich, schwierig
form teach·er *Br* Klassenlehrer(in), Klassenleiter(in)
for·mu·la Formel *f*; Rezept *n*
for·mu·late formulieren
for·sake aufgeben; verlassen
for·swear abschwören, entsagen (*dat*)
fort MIL Fort *n*, Festung *f*
forth weiter, fort; (her)vor; ***and so*** ~ und so weiter
forth·com·ing bevorstehend, kommend; in Kürze erscheinend (*book*) *or* anlaufend (*film*)
for·ti·eth vierzigste(r, -s)
for·ti·fi·ca·tion Befestigung *f*
for·ti·fy MIL befestigen; *fig* (ver)stärken
for·ti·tude (innere) Kraft *or* Stärke
fort·night *esp Br* vierzehn Tage
for·tress MIL Festung *f*
for·tu·i·tous zufällig
for·tu·nate glücklich; ***be*** ~ Glück haben;
for·tu·nate·ly glücklicherweise
for·tune Vermögen *n*; (glücklicher) Zufall, Glück *n*; Schicksal *n*
for·tune-tell·er Wahrsager(in)
for·ty 1. vierzig **2.** Vierzig *f*
for·ward 1. *adv* nach vorn, vorwärts **2.** *adj* Vorwärts…; fortschrittlich; vorlaut, dreist **3.** *soccer*: Stürmer *m* **4.** befördern, (ver)senden, schicken; *Brief etc* nachsenden
for·ward·ing a·gent Spediteur *m*
fos·sil GEOL Fossil *n* (*a.* F), Versteinerung *f*
fos·ter-child Pflegekind *n*
fos·ter-par·ents Pflegeeltern *pl*
foul 1. stinkend, widerlich; verpestet, schlecht (*air*, *water*); GASTR verdorben, faul; schmutzig, verschmutzt; METEOR stürmisch, schlecht; SPORT regelwidrig; *esp Br* F mies **2.** SPORT Foul *n*, Regelverstoß *m*; ***vicious*** ~ böses *or* übles Foul **3.** beschmutzen, verschmutzen; SPORT foulen
found[1] gründen; stiften
found[2] TECH gießen
foun·da·tion ARCH Grundmauer *f*, Fundament *n*; *fig* Gründung *f*, Errichtung *f*; (gemeinnützige) Stiftung; *fig* Grundlage *f*, Basis *f*
found·er[1] Gründer(in); Stifter(in)
foun·der[2] MAR sinken; *fig* scheitern
found·ling JUR Findelkind *n*
foun·dry TECH Gießerei *f*
foun·tain Springbrunnen *m*; (*Wasser-*) Strahl *m*; ~ **pen** Füllfederhalter *m*
four 1. vier **2.** Vier *f*; *rowing*: Vierer *m*; ***on all*** ~***s*** auf allen vieren
four star *Br* F Super *n*
four-star pet·rol *Br* Superbenzin *n*
four-stroke en·gine Viertaktmotor *m*
four·teen 1. vierzehn **2.** Vierzehn *f*
four·teenth vierzehnte(r, -s)
fourth 1. vierte(r, -s) **2.** Viertel *n*
fourth·ly viertens
four-wheel drive MOT Vierradantrieb *m*
fowl ZO Geflügel *n*
fox ZO Fuchs *m*
fox·glove BOT Fingerhut *m*
fox·y schlau, gerissen
frac·tion Bruchteil *m*; MATH Bruch *m*
frac·ture MED **1.** (Knochen)Bruch *m* **2.**

brechen
fra·gile zerbrechlich
frag·ment Bruchstück *n*
fra·grance Wohlgeruch *m*, Duft *m*
fra·grant wohlriechend, duftend
frail gebrechlich; zerbrechlich; zart, schwach; **frail·ty** Zartheit *f*; Gebrechlichkeit *f*; Schwäche *f*
frame 1. Rahmen *m*; (*Brillen- etc*)Gestell *n*; Körper(bau) *m*; **~ of mind** (Gemüts)Verfassung *f*, (-)Zustand *m* **2.** (ein)rahmen; bilden, formen, bauen; *a.* **~ up** F *j-m* et. anhängen
frame-up F abgekartetes Spiel; Intrige *f*
frame·work TECH Gerüst *n*; *fig* Struktur *f*, System *n*
franc Franc *m*; Franken *m*
France Frankreich *n*
fran·chise POL Wahlrecht *n*; ECON Konzession *f*
frank 1. frei(mütig), offen; **~ly (speaking)** offen gesagt **2.** *Brief* freistempeln
frank·fur·ter GASTR Frankfurter (Würstchen *n*) *f*
frank·ness Offenheit *f*
fran·tic hektisch; **be ~** außer sich sein
fra·ter·nal brüderlich
fra·ter·ni·ty Brüderlichkeit *f*; Vereinigung *f*, Zunft *f*; UNIV Verbindung *f*
frat·er·ni·za·tion Verbrüderung *f*
frat·er·nize sich verbrüdern
fraud Betrug *m*; F Schwindel *m*
fraud·u·lent betrügerisch
fray ausfransen, (sich) durchscheuern
freak 1. Missgeburt *f*; Laune *f*; *in cpds* F …freak *m*, …fanatiker *m*; Freak *m*, irrer Typ; **~ of nature** Laune *f* der Natur **2.** F *a.* **~ out** durchdrehen, die Nerven verlieren
freck·le Sommersprosse *f*
freck·led sommersprossig
free 1. frei; ungehindert; ungebunden; kostenlos, zum Nulltarif; freigebig; **~ and easy** zwanglos; sorglos; **set ~** freilassen **2.** befreien; freilassen
free climb·ing Freeclimbing *n*
free·dom Freiheit *f*
free fares Nulltarif *m*
free·lance frei, freiberuflich tätig, freischaffend
Free·ma·son Freimaurer *m*
free skat·ing Kür *f*
free·style SPORT Freistil *m*
free time Freizeit *f*
free trade ECON Freihandel *m*; **~ ar·e·a** ECON Freihandelszone *f*
free·way Schnellstraße *f*
free·wheel im Freilauf fahren
freeze 1. *v/i* (ge)frieren; erstarren; *v/t* gefrieren lassen; GASTR einfrieren (*a.* ECON), tiefkühlen **2.** Frost *m*, Kälte *f*; ECON, POL Einfrieren *n*; **wage ~, ~ on wages** ECON Lohnstopp *m*
freeze-dried gefriergetrocknet
freeze-dry gefriertrocknen
freez·er Gefriertruhe *f*, Tiefkühl-, Gefriergerät *n*; Gefrierfach *n*
freez·ing eisig; Gefrier…; **~ compartment** Gefrierfach *n*; **~ point** Gefrierpunkt *m*
freight 1. Fracht *f*; Frachtgebühr *f* **2.** Güter… **3.** beladen; verfrachten
freight car RAIL Güterwagen *m*
freight·er MAR Frachter *m*, Frachtschiff *n*; AVIAT Transportflugzeug *n*
freight train Güterzug *m*
French 1. französisch **2.** LING Französisch *n*; **the ~** die Franzosen *pl*
French doors Terrassen-, Balkontür *f*
French fries GASTR Pommes frites *pl*
French·man Franzose *m*
French win·dows → ***French doors***
French·wom·an Französin *f*
fren·zied wahnsinnig, rasend (**with** vor *dat*); hektisch; **fren·zy** Wahnsinn *m*; Ekstase *f*; Raserei *f*
fre·quen·cy Häufigkeit *f*; ELECTR Frequenz *f*
fre·quent 1. häufig **2.** (oft) besuchen
fresh frisch; neu; unerfahren; frech; **fresh·en** auffrischen (*wind*); **~ (o.s.) up** sich frisch machen
fresh·man UNIV Student(in) im ersten Jahr
fresh·ness Frische *f*; Frechheit *f*
fresh wa·ter Süßwasser *n*
fresh·wa·ter Süßwasser…
fret sich Sorgen machen;
fret·ful verärgert, gereizt; quengelig
FRG *abbr of* ***Federal Republic of Germany*** Bundesrepublik *f* Deutschland
Fri *abbr of* ***Friday*** Fr., Freitag *m*
fri·ar REL Mönch *m*
fric·tion TECH *etc* Reibung *f* (*a. fig*)
Fri·day (*abbr* ***Fri***) Freitag *m*; **on ~** (am) Freitag; **on ~s** freitags
fridge F Kühlschrank *m*
friend Freund(in); Bekannte *m, f*; ***make***

~s with sich anfreunden mit, Freundschaft schließen mit
friend·ly 1. freund(schaft)lich **2.** *esp Br* SPORT Freundschaftsspiel *n*
friend·ship Freundschaft *f*
fries F GASTR Fritten *pl*
frig·ate MAR Fregatte *f*
fright Schreck(en) *m*; ***look a ~*** F verboten aussehen; **fright·en** erschrecken; ***be ~ed*** erschrecken (***at, by, of*** vor *dat*); Angst haben (***of*** vor *dat*)
fright·ful schrecklich, fürchterlich
fri·gid PSYCH frigid(e); kalt, frostig
frill Krause *f*, Rüsche *f*
fringe 1. Franse *f*; Rand *m*; Pony *m* **2.** mit Fransen besetzen; **~ ben·e·fits** ECON Gehalts-, Lohnnebenleistungen *pl*; **~ e·vent** Randveranstaltung *f*; **~ group** *soziale* Randgruppe *f*
frisk herumtollen; F *j-n* filzen, durchsuchen; **frisk·y** lebhaft, munter
friz·zle F GASTR verbrutzeln
frizz·y gekräuselt, kraus
fro: ***to and ~*** hin und her
frock REL Kutte *f*
frog ZO Frosch *m*
frog·man Froschmann *m*, MIL *a.* Kampfschwimmer *m*
frol·ic herumtoben, herumtollen
from von; aus; von ... aus *or* her; von ... (an), seit; aus, vor (*dat*); ***~ 9 to 5*** (***o'clock***) von 9 bis 5 (Uhr)
front 1. Vorderseite *f*; Front *f* (*a.* MIL); ***at the ~, in ~*** vorn; ***in ~ of*** vor; ***be in ~*** in Führung sein **2.** Vorder... **3.** *a.* ***~ on, ~ to(wards)*** gegenüberstehen, gegenüberliegen
front·age ARCH (Vorder)Front *f*
front cov·er Titelseite *f*
front door Haustür *f*, Vordertür *f*
front en·trance Vordereingang *m*
fron·tier 1. (Landes)Grenze *f*; HIST Grenzland *n*, Grenze *f* **2.** Grenz...
front-page F wichtig, aktuell
front-wheel drive MOT Vorderradantrieb *m*
frost 1. Frost *m*; *a.* ***hoar ~, white ~*** Reif *m* **2.** mit Reif überziehen; *Glas* mattieren; GASTR glasieren, mit Zuckerguss überziehen; mit (Puder)Zucker bestreuen
frost·bite MED Erfrierung *f*
frost·bit·ten MED erfroren
frost·ed glass Matt-, Milchglas *n*
frost·y eisig, frostig (*a. fig*)
froth 1. Schaum *m* **2.** schäumen; zu Schaum schlagen
froth·y schäumend; schaumig
frown 1. Stirnrunzeln *n*; ***with a ~*** stirnrunzelnd **2.** *v/i* die Stirn runzeln
fro·zen *adj* (eis)kalt; (ein-, zu)gefroren; Gefrier...
fro·zen foods Tiefkühlkost *f*
fru·gal sparsam; bescheiden; einfach
fruit Frucht *f*; Früchte *pl*; Obst *n*
fruit·er·er Obsthändler *m*
fruit·ful fruchtbar
fruit juice Fruchtsaft *m*
fruit·less unfruchtbar; erfolglos
fruit·y fruchtartig; fruchtig (*wine*)
frus·trate vereiteln; frustrieren
frus·tra·tion Vereitelung *f*; Frustration *f*
fry braten; ***fried eggs*** Spiegeleier *pl*; ***fried potatoes*** Bratkartoffeln *pl*
fry·ing pan Bratpfanne *f*
fuch·sia BOT Fuchsie *f*
fuck V ficken, vögeln; ***~ off!*** verpiss dich!; ***get ~ed!*** der Teufel soll dich holen!; **fuck·ing** V Scheiß..., verflucht; ***~ hell!*** verdammte Scheiße!
fudge GASTR Fondant *m*
fu·el 1. Brennstoff *m*; MOT Treib-, Kraftstoff *m* **2.** MOT, AVIAT (auf)tanken
fu·el in·jec·tion en·gine MOT Einspritzmotor *m*
fu·gi·tive 1. flüchtig (*a. fig*) **2.** Flüchtling *m*
ful·fil *Br*, **ful·fill** erfüllen; vollziehen; **ful·fil·(l)ing** befriedigend; **ful·fil(l)·ment** Erfüllung *f*, Ausführung *f*
full 1. voll; ganz; Voll...; ***~ of*** voll von, voller; **~ (*up*)** (voll) besetzt (*bus etc*); F voll, satt; ***house ~!*** THEA ausverkauft!; ***~ of o.s.*** (ganz) von sich eingenommen **2.** *adv* völlig, ganz **3.** ***in ~*** vollständig, ganz; ***write out in ~*** *Wort etc* ausschreiben
full board Vollpension *f*
full dress Gesellschaftskleidung *f*
full-fledged ZO flügge; *fig* richtig
full-grown ausgewachsen
full-length in voller Größe; bodenlang; abendfüllend (*film etc*)
full moon Vollmond *m*
full stop LING Punkt *m*
full time SPORT Spielende *n*
full-time ganztägig, Ganztags...; **~ job** Ganztagsbeschäftigung *f*

ful·ly voll, völlig, ganz
ful·ly-fledged *Br* → ***full-fledged***
ful·ly-'grown *Br* → ***full-grown***
fum·ble tasten; fummeln
fume wütend sein
fumes Dämpfe *pl*, Rauch *m*; Abgase *pl*
fum·ing wutschnaubend
fun Scherz *m*, Spaß *m*; ***for ~*** aus *or* zum Spaß; ***make ~ of*** sich lustig machen über (*acc*), verspotten
func·tion 1. Funktion *f*; Aufgabe *f*; Veranstaltung *f* **2.** funktionieren
func·tion·a·ry Funktionär *m*
func·tion key IT Funktionstaste *f*
fund ECON Fonds *m*; Geld(mittel *pl*) *n*
fun·da·men·tal 1. Grund…, grundlegend **2. *~s*** Grundlage *f*, Grundbegriffe *pl*
fun·da·men·tal·ist Fundamentalist *m*
fu·ne·ral Begräbnis *n*, Beerdigung *f*; **~ march** MUS Trauermarsch *m*; **~ o·ration** Trauerrede *f*; **~ pro·ces·sion** Trauerzug *m*; **~ ser·vice** Trauerfeier *f*
fun·fair Rummelplatz *m*
fun·gus BOT Pilz *m*, Schwamm *m*
fu·nic·u·lar *a.* ***~ railway*** (Draht)Seilbahn *f*
funk·y F irre, schräg, schrill
fun·nel Trichter *m*; MAR, RAIL Schornstein *m*
fun·nies F Comics *pl*
fun·ny komisch, lustig, spaßig; sonderbar
fur Pelz *m*, Fell *n*; MED Belag *m*; TECH Kesselstein *m*
fu·ri·ous wütend
furl *Fahne*, *Segel* aufrollen, einrollen; *Schirm* zusammenrollen
fur·nace TECH Schmelzofen *m*, Hochofen *m*; (Heiz)Kessel *m*
fur·nish einrichten, möblieren; liefern; versorgen, ausrüsten, ausstatten (***with*** mit)
fur·ni·ture Möbel *pl*; ***sectional ~*** Anbaumöbel *pl*
furred MED belegt, pelzig
fur·ri·er Kürschner *m*
fur·row 1. Furche *f* **2.** furchen
fur·ry pelzig; flauschig
fur·ther 1. weiter **2.** fördern, unterstützen; **~ ed·u·ca·tion** *Br* Fortbildung *f*, Weiterbildung *f*
fur·ther·more *fig* weiter, überdies
fur·ther·most entfernteste(r, -s), äußerste(r, -s)
fur·tive heimlich, verstohlen
fu·ry Wut *f*, Zorn *m*
fuse 1. Zünder *m*; ELECTR Sicherung *f*; Zündschnur *f* **2.** schmelzen; ELECTR durchbrennen
fuse box ELECTR Sicherungskasten *m*
fu·se·lage (Flugzeug)Rumpf *m*
fu·sion Verschmelzung *f*, Fusion *f*; PHYS ***nuclear ~*** Kernfusion *f*
fuss 1. (unnötige) Aufregung; Wirbel *m*, F Theater *n* **2.** sich (unnötig) aufregen; viel Aufhebens machen (***about*** um, von); **fuss·y** aufgeregt, hektisch; kleinlich, pedantisch; heikel, wählerisch
fus·ty muffig; *fig* verstaubt
fu·tile nutzlos, zwecklos
fu·ture 1. (zu)künftig **2.** Zukunft *f*; LING Futur *n*, Zukunft *f*; ***in ~*** in Zukunft, künftig
fuzz feiner Flaum
fuzz·y kraus, wuschelig; unscharf, verschwommen; flaumig, flauschig

G

G, g G, g *n*
gab F Geschwätz *n*; ***have the gift of the ~*** ein gutes Mundwerk haben
gab·ble 1. Geschnatter *n*, Geschwätz *n* **2.** schnattern, schwatzen
ga·ble ARCH Giebel *m*
gad·fly ZO Bremse *f*
gad·get TECH Apparat *m*, Gerät *n*, Vorrichtung *f*; *often contp* technische Spielerei
gag 1. Knebel *m* (*a. fig*); F Gag *m* **2.** knebeln; *fig* mundtot machen
gage 1. Eichmaß *n*; TECH Messgerät *n*, Lehre *f*; TECH Stärke *f*, Dicke *f*; RAIL Spur(weite) *f* **2.** TECH eichen; (ab-, aus)messen
gai·e·ty Fröhlichkeit *f*
gain 1. gewinnen; erreichen, bekom-

men; zunehmen an (*dat*); vorgehen (um) (*watch*); ~ ***speed*** schneller werden; ~ ***5 pounds*** 5 Pfund zunehmen; ~ ***in*** zunehmen an (*dat*) **2.** Gewinn *m*; Zunahme *f*; ~ ***of time*** Zeitgewinn *m*
gait Gang *m*, Gangart *f*; Schritt *m*
gai·ter Gamasche *f*
gal F Mädchen *n*
ga·la **1.** Festlichkeit *f*; Gala (-veranstaltung) *f* **2.** Gala…
gal·ax·y ASTR Milchstraße *f*, Galaxis *f*
gale Sturm *m*
gall[1] Frechheit *f*
gall[2] **1.** wund geriebene Stelle **2.** wund reiben *or* scheuern; *fig* (ver)ärgern
gal·lant tapfer; galant, höflich
gal·lan·try Tapferkeit *f*; Galanterie *f*
gall blad·der ANAT Gallenblase *f*
gal·le·ry Galerie *f*; Empore *f*
gal·ley MAR Galeere *f*; Kombüse *f*; *a.* ~ ***proof*** PRINT Fahne *f*, Fahnenabzug *m*
gal·lon Gallone *f* (*3,79 l*, *Br 4,55 l*)
gal·lop **1.** Galopp *m* **2.** galoppieren (lassen)
gal·lows Galgen *m*
gal·lows hu·mo(u)r Galgenhumor *m*
ga·lore in rauen Mengen
gam·ble **1.** (um Geld) spielen **2.** Glücksspiel *n*
gam·bler (Glücks)Spieler(in)
gam·bol **1.** Luftsprung *m* **2.** (herum-) tanzen, (herum)hüpfen
game (Karten-, Ball- *etc*)Spiel *n*; (einzelnes) Spiel (*a. fig*); HUNT Wild *n*; Wildbret *n*; *pl* Spiele *pl*; PED Sport *m*
game·keep·er Wildhüter *m*
game| park, ~ **re·serve** Wildpark *m*; Wildreservat *n*
gan·der ZO Gänserich *m*
gang **1.** (Arbeiter)Trupp *m*; Gang *f*, Bande *f*; Clique *f*; Horde *f* **2.** ~ ***up*** sich zusammentun, *contp* sich zusammenrotten
gan·gling schlaksig
gang·ster Gangster *m*
gang| war, ~ **war·fare** Bandenkrieg *m*
gang·way Gang *m*; AVIAT, MAR Gangway *f*
gaol, **gaol·bird**, **gaol·er** *Br* → ***jail*** *etc*
gap Lücke *f*; Kluft *f*; Spalte *f*
gape gähnen; klaffen; gaffen
gar·age **1.** Garage *f*; (Reparatur)Werkstatt *f* (und Tankstelle *f*); **2.** *Auto* in e-r Garage ab- *or* unterstellen; *Auto* in die Garage fahren
gar·bage Abfall *m*, Müll *m*; ~ **bag** Müllbeutel *m*; ~ **can** Abfalleimer *m*, Mülleimer *m*; Abfalltonne *f*, Mülltonne *f*; ~ **truck** Müllwagen *m*
gar·den Garten *m*
gar·den·er Gärtner(in)
gar·den·ing Gartenarbeit *f*
gar·gle gurgeln
gar·ish grell, auffallend
gar·land Girlande *f*
gar·lic BOT Knoblauch *m*
gar·ment Kleidungsstück *n*; Gewand *n*
gar·nish GASTR garnieren
gar·ret Dachkammer *f*
gar·ri·son MIL Garnison *f*
gar·ter Strumpfband *n*; Sockenhalter *m*; Strumpfhalter *m*, Straps *m*
gas Gas *n*; F Benzin *n*, Sprit *m*
gas·e·ous gasförmig
gash klaffende Wunde
gas·ket TECH Dichtung(sring *m*) *f*
gas me·ter Gasuhr *f*, Gaszähler *m*
gas·o·lene, **gas·o·line** Benzin *n*; ~ **pump** Zapfsäule *f*
gasp **1.** keuchen, röcheln; ~ (***for breath***) nach Atem ringen, F nach Luft schnappen **2.** Keuchen *n*, Röcheln *n*
gas sta·tion Tankstelle *f*
gas stove Gasofen *m*, Gasherd *m*
gas·works TECH Gaswerk *n*
gate Tor *n*; Pforte *f*; Schranke *f*, Sperre *f*; AVIAT Flugsteig *m*
gate·crash F uneingeladen kommen (zu); sich ohne zu bezahlen hineinschmuggeln (in *acc*)
gate·post Tor-, Türpfosten *m*
gate·way Tor(weg *m*) *n*, Einfahrt *f*
gate·way drug Einstiegsdroge *f*
gath·er *v/t* sammeln, *Informationen* einholen, einziehen; *Personen* versammeln; ernten, pflücken; zusammenziehen, kräuseln; *fig* folgern, schließen (***from*** aus); ~ ***speed*** schneller werden; *v/i* sich (ver)sammeln; sich (an)sammeln; **gath·er·ing** Versammlung *f*; Zusammenkunft *f*
gau·dy auffällig, bunt, grell; protzig
gauge *Br* → ***gage***
gaunt hager; ausgemergelt
gaunt·let Schutzhandschuh *m*
gauze Gaze *f*; MED Bandage *f*, Binde *f*
gav·el Hammer *m*
gaw·ky linkisch

gay 1. lustig, fröhlich; bunt, (farben-) prächtig; F schwul **2.** F Schwule *m*
gaze 1. (starrer) Blick **2.** starren; **~ *at*** starren auf (*acc*), anstarren
ga·zelle ZO Gazelle *f*
ga·zette Amtsblatt *n*
gear TECH Getriebe *n*; MOT Gang *m*; *mst in cpds* Vorrichtung *f*, Gerät *n*; F Kleidung *f*, Aufzug *m*; ***shift*** (*esp Br* ***change***) **~(*s*)** MOT schalten; ***shift*** (*esp Br* ***change***) ***into second* ~** MOT in den zweiten Gang schalten
gear·box MOT Getriebe *n*
gear le·ver *Br*, **gear shift**, **gear stick** *Br* MOT Schalthebel *m*
Gei·ger count·er PHYS Geigerzähler *m*
geld·ing ZO Wallach *m*
gem Edelstein *m*
Gem·i·ni ASTR Zwillinge *pl*; ***he*** (***she***) ***is*** (***a***) **~** er (sie) ist (ein) Zwilling
gen·der LING Genus *n*, Geschlecht *n*
gene BIOL Gen *n*, Erbfaktor *m*
gen·e·ral 1. allgemein; Haupt…, General… **2.** MIL General *m*; ***in* ~** im Allgemeinen; **~ de·liv·er·y**: (***in care of***) **~** postlagernd; **~ e·lec·tion** *Br* POL Parlamentswahlen *pl*
gen·e·ral·ize verallgemeinern
gen·er·al·ly im Allgemeinen, allgemein
gen·e·ral prac·ti·tion·er (*abbr* ***GP***) *appr* Arzt *m or* Ärztin *f* für Allgemeinmedizin
gen·e·rate erzeugen; **gen·e·ra·tion** Erzeugung *f*; Generation *f*
gen·e·ra·tor ELECTR Generator *m*; MOT Lichtmaschine *f*
gen·e·ros·i·ty Großzügigkeit *f*
gen·e·rous großzügig; reichlich
ge·net·ic genetisch; **~ code** BIOL Erbanlage *f*; **~ en·gin·eer·ing** Gentechnologie *f*; **~ fin·ger·print** genetischer Fingerabdruck
ge·net·ics BIOL Genetik *f*, Vererbungslehre *f*
ge·ni·al freundlich
gen·i·tive *a.* **~ *case*** LING Genitiv *m*, zweiter Fall
ge·ni·us Genie *n*
gen·o·cide Völkermord *m*
gent F *esp Br* Herr *m*; ***gents*** *Br* F Herrenklo *n*
gen·tle sanft, zart, sacht; mild
gen·tle·man Gentleman *m*; Herr *m*
gen·tle·man·ly gentlemanlike, vornehm
gen·tle·ness Sanftheit *f*, Zartheit *f*; Milde *f*
gen·try *Br* niederer Adel; Oberschicht *f*
gen·u·ine echt; aufrichtig
ge·og·ra·phy Geografie *f*
ge·ol·o·gy Geologie *f*
ge·om·e·try Geometrie *f*
germ BIOL, BOT Keim *m*; MED Bazillus *m*, Bakterie *f*, (Krankheits)Erreger *m*
Ger·man 1. deutsch **2.** Deutsche *m*, *f*; LING Deutsch *n*; **~ shep·herd** ZO Deutscher Schäferhund
Ger·man·y Deutschland *n*
ger·mi·nate BIOL, BOT keimen (lassen)
ger·und LING Gerundium *n*
ges·tic·u·late gestikulieren
ges·ture Geste *f*, Gebärde *f*
get *v/t* bekommen, erhalten; sich *et.* verschaffen *or* besorgen; erwerben, sich aneignen; holen; bringen; F erwischen; F kapieren, verstehen, checken; *j-n* dazu bringen (***to do*** zu tun); *with pp*: lassen; **~ *one's hair cut*** sich die Haare schneiden lassen; **~ *going*** in Gang bringen; **~ *s.th. ready*** et. fertig machen; ***have got*** haben; ***have got to*** müssen; *v/i* kommen, gelangen; *with pp or adj*: werden; **~ *tired*** müde werden, ermüden; **~ *going*** in Gang kommen; *fig* in Schwung kommen; **~ *home*** nach Hause kommen; **~ *ready*** sich fertig machen; **~ *about*** herumkommen; sich herumsprechen *or* verbreiten (*rumor etc*); **~ *ahead of*** übertreffen (*acc*); **~ *along*** vorwärts-, vorankommen; auskommen (***with*** mit *j-m*); zurechtkommen (***with*** mit *et.*); **~ *at*** herankommen an (*acc*); ***what is he getting at?*** worauf will er hinaus?; **~ *away*** loskommen; entkommen; **~ *away with*** davonkommen mit; **~ *back*** zurückkommen; *et.* zurückbekommen; **~ *in*** hinein-, hereinkommen; einsteigen (in *acc*); **~ *off*** aussteigen (aus); davonkommen (***with*** mit); **~ *on*** einsteigen (in *acc*); → ***get along***; **~ *out*** herausgehen, hinausgehen; aussteigen (***of*** aus); *et.* herausbekommen; **~ *over s.th.*** über et. hinwegkommen; **~ *to*** kommen nach; **~ *together*** zusammenkommen; **~ *up*** aufstehen
get·a·way Flucht *f*; **~ *car*** Fluchtauto *n*
get-up Aufmachung *f*
gey·ser GEOL Geysir *m*; *Br* TECH Durchlauferhitzer *m*

G

ghast·ly grässlich; schrecklich; (toten-) bleich
gher·kin Gewürzgurke *f*
ghet·to Getto *n*
ghost Geist *m*, Gespenst *n*; *fig* Spur *f*
ghost·ly geisterhaft
gi·ant **1.** Riese *m* **2.** riesig
gib·ber·ish Kauderwelsch *n*
gib·bet Galgen *m*
gibe **1.** spotten (***at*** über *acc*); **2.** höhnische Bemerkung, Stichelei *f*
gib·lets GASTR Hühner-, Gänseklein *n*
gid·di·ness MED Schwindel(gefühl *n*) *m*;
gid·dy schwindelerregend; ***I feel ~*** mir ist schwind(e)lig
G
gift Geschenk *n*; Talent *n*
gift·ed begabt
gift| vouch·er Geschenkgutschein *m*; **~ wrap** Geschenkpapier *n*
gig F MUS Gig *m*, Auftritt *m*, Konzert *n*
gi·gan·tic gigantisch, riesenhaft, riesig, gewaltig
gig·gle **1.** kichern **2.** Gekicher *n*
gild vergolden
gill ZO Kieme *f*; BOT Lamelle *f*
gim·mick F Trick *m*; Spielerei *f*
gin Gin *m*
gin·ger **1.** Ingwer *m* **2.** rötlich *or* gelblich braun;
gin·ger·bread Lebkuchen *m*, Pfefferkuchen *m*
gin·ger·ly behutsam, vorsichtig
gip·sy *Br* → ***gypsy***
gi·raffe ZO Giraffe *f*
gir·der TECH Tragbalken *m*
gir·dle Hüfthalter *m*, Hüftgürtel *m*
girl Mädchen *n*
girl·friend Freundin *f*
girl guide *Br* Pfadfinderin *f*
girl·hood Mädchenjahre *pl*, Jugend *f*, Jugendzeit *f*
girl·ish mädchenhaft; Mädchen...
girl scout Pfadfinderin *f*
girth (Sattel)Gurt *m*; (*a.* Körper)Umfang *m*
gist *das* Wesentliche, Kern *m*
give geben; schenken; spenden; *Leben* hingeben, opfern; *Befehl etc* geben, erteilen; *Hilfe* leisten; *Schutz* bieten; *Grund etc* angeben; THEA *etc* geben, aufführen; *Vortrag* halten; *Schmerzen* bereiten, verursachen; *Grüße etc* übermitteln; ***~ her my love*** bestelle ihr herzliche Grüße von mir; ***~ birth to*** zur Welt bringen; ***~ s.o. to understand that*** j-m zu verstehen geben, dass; ***~ way*** nachgeben; *Br* MOT die Vorfahrt lassen (*dat*); ***~ away*** hergeben, weggeben, verschenken; *j-n, et.* verraten; ***~ back*** zurückgeben; ***~ in*** *Gesuch etc* einreichen; *Prüfungsarbeit etc* abgeben; nachgeben; aufgeben; ***~ off*** *Geruch* verbreiten; ausstoßen; ausströmen, verströmen; ***~ on(to)*** führen auf *or* nach, gehen nach; ***~ out*** aus-, verteilen; *esp Br* bekannt geben; zu Ende gehen (*supplies, strength etc*); F versagen (*engine etc*); ***~ up*** aufgeben; aufhören mit; *j-n* ausliefern; ***~ o.s. up*** sich (freiwillig) stellen (***to the police*** der Polizei)
give-and-take beiderseitiges Entgegenkommen, Kompromiss(bereitschaft *f*) *m*
giv·en: ***be ~ to*** neigen zu (*dat*)
giv·en name Vorname *m*
gla·cial eisig; Eis...
gla·ci·er Gletscher *m*
glad froh, erfreut; ***be ~ of*** sich freuen über (*acc*); **glad·ly** gern(e)
glam·o(u)r Zauber *m*, Glanz *m*
glam·o(u)r·ous bezaubernd, reizvoll
glance **1.** (schneller *or* flüchtiger) Blick (***at*** auf *acc*); ***at a ~*** auf e-n Blick **2.** (schnell *or* flüchtig) blicken (***at*** auf *acc*)
gland ANAT Drüse *f*
glare **1.** grell scheinen *or* leuchten; wütend starren; ***~ at s.o.*** j-n wütend anstarren **2.** greller Schein, grelles Leuchten; wütender Blick
glar·ing *fig* schreiend
glass **1.** Glas *n*; (Trink)Glas *n*; Glas (-gefäß) *n*; (Fern-, Opern)Glas *n*; *Br* F Spiegel *m*; *Br* Barometer *n*; (***a pair of***) ***~es*** (e-e) Brille **2.** gläsern; Glas... **3.** ***~ in, ~ up*** verglasen
glass case Vitrine *f*; Schaukasten *m*
glass·ful *ein* Glas (voll)
glass·house Gewächs-, Treibhaus *n*
glass·ware Glaswaren *pl*
glass·y gläsern; glasig
glaze **1.** *v/t* verglasen; glasieren; *v/i*: *a.* ***~ over*** glasig werden (*eyes*) **2.** Glasur *f*
gla·zi·er Glaser *m*
gleam **1.** schwacher Schein, Schimmer *m* **2.** leuchten, schimmern
glean *v/t* sammeln; *v/i* Ähren lesen
glee Fröhlichkeit *f*
glee club Gesangverein *m*

glee·ful ausgelassen, fröhlich
glen enges Bergtal *n*
glib gewandt; schlagfertig
glide 1. gleiten; segeln **2.** Gleiten *n*; AVIAT Gleitflug *m*; **glid·er** Segelflugzeug *n*; **glid·ing** Segelfliegen *n*
glim·mer 1. schimmern **2.** Schimmer *m*
glimpse 1. (nur) flüchtig zu sehen bekommen **2.** flüchtiger Blick
glint 1. glitzern, glänzen **2.** Glitzern *n*, Glanz *m*
glis·ten glitzern, glänzen
glit·ter 1. glitzern, funkeln, glänzen **2.** Glitzern *n*, Funkeln *n*, Glanz *m*
glo·bal Welt…, global, weltumspannend; umfassend; **~ warm·ing** Erwärmung *f* der Erdatmosphäre
globe (Erd)Kugel *f*; Globus *m*
gloom Düsterkeit *f*; Dunkelheit *f*; düstere *or* gedrückte Stimmung
gloom·y düster; hoffnungslos; niedergeschlagen; trübsinnig, trübselig
glo·ri·fi·ca·tion Verherrlichung *f*
glo·ri·fy verherrlichen
glo·ri·ous ruhmreich, glorreich; herrlich, prächtig
glo·ry Ruhm *m*; Herrlichkeit *f*, Pracht *f*
gloss 1. Glanz *m*; LING Glosse *f* **2. ~ over** beschönigen, vertuschen
glos·sa·ry Glossar *n*
gloss·y glänzend
glove Handschuh *m*; **~ com·part·ment** MOT Handschuhfach *n*
glow 1. glühen **2.** Glühen *n*; Glut *f*
glow·er finster blicken
glow-worm zo Glühwürmchen *n*
glu·cose Traubenzucker *m*
glue 1. Leim *m* **2.** kleben
glum bedrückt
glut·ton *fig* Vielfraß *m*
glut·ton·ous gefräßig, unersättlich
gnarled knorrig; knotig (*hands etc*)
gnash knirschen (mit)
gnat zo (Stech)Mücke *f*
gnaw (zer)nagen; (zer)fressen
gnome Gnom *m*; Gartenzwerg *m*
go 1. gehen, fahren, reisen (***to*** nach); (fort)gehen; gehen, führen (***to*** nach) (*road etc*); sich erstrecken, gehen (***to*** bis zu); verkehren, fahren (*bus etc*); TECH gehen, laufen, funktionieren; vergehen (*time*); harmonieren (***with*** mit), passen (***with*** zu); ausgehen, ablaufen, ausfallen; werden (***~ mad***; ***~ blind***); ***be ~ing to*** *inf* im Begriff sein zu *inf*, *tun* wollen, *tun* werden; ***~ swimming*** schwimmen gehen; ***it is ~ing to rain*** es gibt Regen; ***I must be ~ing*** ich muss gehen; ***~ for a walk*** e-n Spaziergang machen, spazieren gehen; ***~ to bed*** ins Bett gehen; ***~ to school*** zur Schule gehen; ***~ to see*** besuchen; ***let ~*** loslassen; ***~ after*** nachlaufen (*dat*); sich bemühen um; ***~ ahead*** vorangehen; vorausgehen, vorausfahren; ***~ ahead with*** beginnen mit; fortfahren mit; ***~ at*** losgehen auf (*acc*); ***~ away*** weggehen; ***~ between*** vermitteln zwischen (*dat*); ***~ by*** vorbeigehen, vorbeifahren; vergehen (*time*); *fig* sich halten an (*acc*), sich richten nach; ***~ down*** untergehen (*sun*); ***~ for*** holen; ***~ in*** hineingehen; ***~ in for an examination*** e-e Prüfung machen; ***~ off*** fortgehen, weggehen; losgehen (*gun etc*); ***~ on*** weitergehen, weiterfahren; *fig* fortfahren (***doing*** zu tun); *fig* vor sich gehen, vorgehen; ***~ out*** hinausgehen; ausgehen (***with*** mit); ausgehen (*light etc*); ***~ through*** durchgehen, durchnehmen; durchmachen; ***~ up*** steigen; hinaufgehen, -steigen; ***~ without*** sich behelfen ohne, auskommen ohne **2.** F Schwung *m*, Schmiss *m*; *esp Br* F Versuch *m*; ***it's my ~*** *esp Br* F ich bin dran *or* an der Reihe; ***it's a ~!*** F abgemacht!; ***have a ~ at s.th.*** *Br* F et. probieren
goad *fig* anstacheln
go-a·head[1]: ***get the ~*** grünes Licht bekommen; ***give s.o. the ~*** j-m grünes Licht geben
go-a·head[2] *Br* zielstrebig; unternehmungslustig
goal Ziel *n* (*a. fig*); SPORT Tor *n*; ***keep ~*** im Tor stehen; ***score a ~*** ein Tor schießen *or* erzielen; ***consolation ~*** Ehrentreffer *m*; ***own ~*** Eigentor *n*, Eigentreffer *m*; ***shot at ~*** Torschuss *m*
goal·ie F, **goal·keep·er** SPORT Torwart *m*, Torhüter *m*
goal kick *soccer*: Abstoß *m*
goal line SPORT Torlinie *f*
goal·mouth SPORT Torraum *m*
goal·post SPORT Torpfosten *m*
goat zo Ziege *f*, Geiß *f*
gob·ble schlingen; *mst* ***~ up*** verschlingen (*a. fig*)
go-be·tween Vermittler(in), Mittels-

mann *m*
gob·lin Kobold *m*
god REL ***God*** Gott *m*; *fig* Abgott *m*
god·child Patenkind *n*
god·dess Göttin *f*
god·fa·ther Pate *m* (*a. fig*), Taufpate *m*
god·for·sak·en *contp* gottverlassen
god·head Gottheit *f*
god·less gottlos
god·like gottähnlich; göttlich
god·moth·er (Tauf)Patin *f*
god·pa·rent (Tauf)Pate, (Tauf)Patin *f*
god·send Geschenk *n* des Himmels
gog·gle glotzen
gog·gle box *Br* F TV Glotze *f*
gog·gles Schutzbrille *f*
go·ings-on F Treiben *n*, Vorgänge *pl*
gold 1. Gold *n* **2.** golden
gold·en *mst fig* golden, goldgelb
gold·finch ZO Stieglitz *m*
gold·fish ZO Goldfisch *m*
gold·smith Goldschmied *m*
golf 1. Golf(spiel) *n* **2.** Golf spielen
golf club Golfschläger *m*; Golfklub *m*
golf course, golf links Golfplatz *m*
gon·do·la Gondel *f*
gone *adj* fort; F futsch; vergangen; tot; F hoffnungslos
good 1. gut; artig; gütig; gründlich; ***~ at*** geschickt *or* gut in (*dat*); ***real ~*** F echt gut **2.** Nutzen *m*, Wert *m*; *das* Gute; ***do (no) ~*** (nichts) nützen; ***for ~*** für immer; F ***what ~ is …?*** was nützt …?
good·by(e) 1. *wish s.o. ~, say ~ to s.o.* j-m Auf Wiedersehen sagen **2.** *int* (auf) Wiedersehen!
Good Fri·day REL Karfreitag *m*
good-hu·mo(u)red gut gelaunt; gutmütig
good·look·ing gut aussehend
good·na·tured gutmütig
good·ness Güte *f*; ***thank ~!*** Gott sei Dank!; ***(my) ~!, ~ gracious!*** du meine Güte!, du lieber Himmel!; ***for ~' sake*** um Himmels willen!; ***~ knows*** weiß der Himmel
goods ECON Waren *pl*, Güter *pl*
good·will gute Absicht, guter Wille; ECON Firmenwert *m*
good·y F Bonbon *m*, *n*
goose ZO Gans *f*
goose·ber·ry BOT Stachelbeere *f*
goose·flesh, goose pim·ples *fig* Gänsehaut *f*
go·pher ZO Taschenratte *f*; Ziesel *m*
gore durchbohren, aufspießen
gorge 1. ANAT Kehle *f*, Schlund *m*; GEOGR enge (Fels)Schlucht **2.** verschlingen; schlingen, (sich) vollstopfen
gor·geous prächtig
go·ril·la ZO Gorilla *m*
gor·y F blutrünstig
gosh *int* F Mensch!, Mann!
gos·ling ZO junge Gans
go-slow *Br* ECON Bummelstreik *m*
Gos·pel REL Evangelium *n*
gos·sa·mer Altweibersommer *m*
gos·sip 1. Klatsch *m*, Tratsch *m*; Klatschbase *f* **2.** klatschen, tratschen
gos·sip·y geschwätzig; voller Klatsch und Tratsch (*letter etc*)
Goth·ic ARCH **1.** gotisch; ***~ novel*** Schauerroman *m* **2.** Gotik *f*
gourd BOT Kürbis *m*
gout MED Gicht *f*
gov·ern *v/t* regieren; lenken, leiten; *v/i* herrschen
gov·ern·ess Erzieherin *f*
gov·ern·ment Regierung *f*; Staat *m*
gov·er·nor Gouverneur *m*; Direktor *m*, Leiter *m*; F Alte *m*
gown Kleid *n*; Robe *f*, Talar *m*
grab 1. packen, (hastig *or* gierig) ergreifen, fassen **2.** (hastiger *or* gieriger) Griff; TECH Greifer *m*
grace 1. Anmut *f*, Grazie *f*; Anstand *m*; ECON Frist *f*, Aufschub *m*; Gnade *f*; REL Tischgebet *n* **2.** zieren, schmücken
grace·ful anmutig
grace·less ungraziös
gra·cious gnädig
gra·da·tion Abstufung *f*
grade 1. Grad *m*, Rang *m*; Stufe *f*; ECON Qualität *f*; RAIL *etc* Steigung *f*, Gefälle *n*; PED Klasse *f*; Note *f*, Zensur *f* **2.** sortieren, einteilen; abstufen
grade cross·ing RAIL schienengleicher Bahnübergang
grade school Grundschule *f*
gra·di·ent *Br* RAIL *etc* Steigung *f*, Gefälle *n*
grad·u·al stufenweise, allmählich
grad·u·al·ly nach und nach; allmählich
grad·u·ate 1. UNIV Hochschulabsolvent(in), Akademiker(in); Graduierte *m*, *f*; PED Schulabgänger(in) **2.** abstufen, staffeln; UNIV graduieren; PED die Abschlussprüfung bestehen

grad·u·a·tion Abstufung *f*, Staffelung *f*; UNIV Graduierung *f*; PED Absolvieren *n* (***from*** *gen*)
graf·fi·ti Graffiti *pl*, Wandschmierereien *pl*
graft 1. MED Transplantat *n*; AGR Pfropfreis *n* **2.** MED *Gewebe* verpflanzen, transplantieren; AGR pfropfen
grain (Samen-, *esp* Getreide)Korn *n*; Getreide *n*; (*Sand- etc*)Körnchen *n*, (-)Korn *n*; Maserung *f*
gram Gramm *n*
gram·mar Grammatik *f*
gram·mar school Grundschule *f*; *Br appr* (humanistisches) Gymnasium
gram·mat·i·cal grammatisch, Grammatik…
gramme → ***gram***
gra·na·ry Kornspeicher *m*
grand 1. *fig* großartig; erhaben; groß; Groß…, Haupt… **2.** F Riese *m* (*1000 dollars or pounds*)
grand·child Enkel *m*, Enkelin *f*
grand·daugh·ter Enkelin *f*
gran·deur Größe *f*, Erhabenheit *f*; Großartigkeit *f*
grand·fa·ther Großvater *m*
gran·di·ose großartig
grand·moth·er Großmutter *f*
grand·par·ents Großeltern *pl*
grand·son Enkel *m*
grand·stand SPORT Haupttribüne *f*
gran·ny F Oma *f*
grant 1. bewilligen, gewähren; *Erlaubnis etc* geben; *Bitte etc* erfüllen; *et.* zugeben; ***take s.th. for ~ed*** et. als selbstverständlich betrachten *or* hinnehmen **2.** Stipendium *n*; Bewilligung *f*, Unterstützung *f*
gran·u·lat·ed körnig, granuliert; ***~ sugar*** Kristallzucker *m*
gran·ule Körnchen *n*
grape BOT Weinbeere *f*, Weintraube *f*
grape·fruit BOT Grapefruit *f*, Pampelmuse *f*
grape·vine BOT Weinstock *m*
graph grafische Darstellung
graph·ic grafisch; anschaulich; ***~ arts*** Grafik *f*; **graph·ics** IT Grafik *f*
grap·ple: ***~ with*** kämpfen mit, *fig a.* sich herumschlagen mit
grasp 1. (er)greifen, packen; *fig* verstehen, begreifen **2.** Griff *m*; Reichweite *f* (*a. fig*); *fig* Verständnis *n*
grass Gras *n*; Rasen *m*; Weide(land *n*) *f*; *sl.* Grass *n* (*marijuana*)
grass·hop·per ZO Heuschrecke *f*
grass roots POL Basis *f*
grass wid·ow Strohwitwe *f*
grass wid·ow·er Strohwitwer *m*
gras·sy grasbedeckt, Gras…
grate 1. (Kamin)Gitter *n*; (Feuer)Rost *m* **2.** reiben, raspeln; knirschen (mit); ***~ on s.o.'s nerves*** an j-s Nerven zerren
grate·ful dankbar
grat·er Reibe *f*
grat·i·fi·ca·tion Befriedigung *f*; Freude *f*; **grat·i·fy** erfreuen; befriedigen
grat·ing[1] kratzend, knirschend, quietschend; schrill; unangenehm
grat·ing[2] Gitter(werk) *n*
grat·i·tude Dankbarkeit *f*
gra·tu·i·tous unentgeltlich; freiwillig
gra·tu·i·ty Abfindung *f*; Gratifikation *f*; Trinkgeld *n*
grave[1] ernst; (ge)wichtig; gemessen
grave[2] Grab *n*
grave·dig·ger Totengräber *m*
grav·el 1. Kies *m* **2.** mit Kies bestreuen
grave·stone Grabstein *m*
grave·yard Friedhof *m*
grav·i·ta·tion PHYS Gravitation *f*, Schwerkraft *f*
grav·i·ty PHYS Schwerkraft *f*; Ernst *m*
gra·vy Bratensaft *m*; Bratensoße *f*
gray 1. grau **2.** Grau *n* **3.** grau machen *or* werden
gray·hound ZO Windhund *m*
graze[1] *Vieh* weiden (lassen); (ab)weiden; (ab)grasen
graze[2] **1.** streifen; schrammen; *Haut* (ab-, auf)schürfen, (auf)schrammen **2.** Abschürfung *f*, Schramme *f*; Streifschuss *m*
grease 1. Fett *n*; TECH Schmierfett *n*, Schmiere *f* **2.** (ein)fetten; TECH schmieren; **greas·y** fett(ig), ölig; speckig; schmierig
great groß; Ur(groß)…; F großartig, super
Great Brit·ain Großbritannien *n*
great-grand·child Urenkel(in)
great-grand·par·ents Urgroßeltern *pl*
great·ly sehr
great·ness Größe *f*
Greece Griechenland *n*
greed Gier *f*; **greed·y** gierig (***for*** auf *acc*, nach); habgierig; gefräßig

Greek 1. griechisch **2.** Grieche *m*, Griechin *f*; LING Griechisch *n*
green 1. grün; *fig* grün, unerfahren **2.** Grün *n*; Grünfläche *f*, Rasen *m*; *pl* grünes Gemüse, Blattgemüse *n*
green·back F Dollar *m*
green belt Grüngürtel *m*
green card Arbeitserlaubnis *f*
green·gro·cer *esp Br* Obst- und Gemüsehändler(in)
green·horn F Greenhorn *n*, Grünschnabel *m*
green·house Gewächs-, Treibhaus *n*; **~ ef·fect** Treibhauseffekt *m*
green·ish grünlich
greet grüßen; **greet·ing** Begrüßung *f*, Gruß *m*; *pl* Grüße *pl*
gre·nade MIL Granate *f*
grey *Br* → ***gray***
grid Gitter *n*; ELECTR *etc* Versorgungsnetz *n*; Gitter(netz) *n* (*map etc*)
grid·i·ron Bratrost *m*
grief Kummer *m*
griev·ance (Grund *m* zur) Beschwerde *f*; Missstand *m*
grieve *v/t* betrüben, bekümmern; *v/i* bekümmert sein; **~ *for*** trauern um
griev·ous schwer, schlimm
grill 1. grillen **2.** Grill *m*; Bratrost *m*; GASTR *das* Gegrillte *n*
grim grimmig; schrecklich; erbittert; F schlimm
gri·mace 1. Fratze *f*, Grimasse *f* **2.** Grimassen schneiden
grime Schmutz *m*; Ruß *m*
grim·y schmutzig; rußig
grin 1. Grinsen *n* **2.** grinsen
grind 1. *v/t* (zer)mahlen, zerreiben, zerkleinern; *Messer etc* schleifen; *Fleisch* durchdrehen; **~ *one's teeth*** mit den Zähnen knirschen; *v/i* F schuften; pauken, büffeln **2.** Schinderei *f*, F Schufterei *f*; ***the daily ~*** das tägliche Einerlei
grind·er (Messer- *etc*)Schleifer *m*; TECH Schleifmaschine *f*; TECH Mühle *f*
grind·stone Schleifstein *m*
grip 1. packen (*a. fig*) **2.** Griff *m*; *fig* Gewalt *f*, Herrschaft *f*; Reisetasche *f*
grip·ping spannend
gris·ly grässlich, schrecklich
gris·tle GASTR Knorpel *m*
grit 1. Kies *m*, (grober) Sand; *fig* Mut *m* **2.** streuen; **~ *one's teeth*** die Zähne zusammenbeißen
griz·zly (bear) zo Grislibär *m*, Graubär *m*
groan 1. stöhnen, ächzen **2.** Stöhnen *n*, Ächzen *n*
gro·cer Lebensmittelhändler *m*
gro·cer·ies Lebensmittel *pl*
gro·cer·y Lebensmittelgeschäft *n*
grog·gy F groggy, schwach *or* wackelig (auf den Beinen)
groin ANAT Leiste *f*, Leistengegend *f*
groom 1. Pferdepfleger *m*, Stallbursche *m*; Bräutigam *m* **2.** *Pferde* versorgen, striegeln; pflegen
groove Rinne *f*, Furche *f*; Rille *f*, Nut *f*
grope tasten; F *Mädchen* befummeln
gross 1. dick, feist; grob, derb; ECON Brutto… **2.** Gros *n*
gro·tesque grotesk
ground[1] gemahlen (*coffee etc*); **~ *meat*** Hackfleisch *n*
ground[2] **1.** (Erd)Boden *m*, Erde *f*; Boden *m*, Gebiet *n*; SPORT (*Spiel*)Platz *m*; ELECTR Erdung *f*; (Boden)Satz *m*; *fig* Beweggrund *m*; *pl* Grundstück *n*, Park *m*, Gartenanlage *f*; ***on the ~(s) of*** aufgrund (*gen*); ***hold*** *or* ***stand one's ~*** sich behaupten **2.** MAR auflaufen; ELECTR erden; *fig* gründen, stützen; **~ crew** AVIAT Bodenpersonal *n*; **~ floor** *esp Br* Erdgeschoss *n*; **~ forc·es** MIL Bodentruppen *pl*, Landstreitkräfte *pl*
ground·hog zo Amer. Waldmurmeltier *n*
ground·ing ELECTR Erdung *f*; Grundlagen *pl*, Grundkenntnisse *pl*
ground·keep·er SPORT Platzwart *m*
ground·less grundlos
ground·nut *Br* BOT Erdnuss *f*
grounds·man *Br* SPORT Platzwart *m*
ground| staff *Br* AVIAT Bodenpersonal *n*; **~ sta·tion** Bodenstation *f*
ground·work *fig* Grundlage *f*, Fundament *n*
group 1. Gruppe *f* **2.** (sich) gruppieren
group·ie F Groupie *n*
group·ing Gruppierung *f*
grove Wäldchen *n*, Gehölz *n*
grov·el (am Boden) kriechen
grow *v/i* wachsen; (allmählich) werden; **~ *up*** aufwachsen, heranwachsen; *v/t* BOT anpflanzen, anbauen, züchten; **~ *a beard*** sich e-n Bart wachsen lassen
grow·er Züchter *m*, Erzeuger *m*
growl knurren, brummen

grown-up 1. erwachsen 2. Erwachsene *m, f*
growth Wachsen *n*, Wachstum *n*; Wuchs *m*, Größe *f*; *fig* Zunahme *f*, Anwachsen *n*; MED Gewächs *n*, Wucherung *f*
grub 1. ZO Larve *f*, Made *f*; F Futter *n* 2. graben
grub·by schmudd(e)lig
grudge 1. missgönnen (***s.o. s.th.*** j-m et.); 2. Groll *m*
grudg·ing·ly widerwillig
gru·el Haferschleim *m*
gruff grob, schroff, barsch, unwirsch
grum·ble murren, F meckern (***über*** *acc* about, at); **~ *at*** schimpfen über (*acc*)
grump·y F schlecht gelaunt, mürrisch, missmutig, verdrießlich, verdrossen
grun·gy F schmudd(e)lig-schlampig; MUS schlecht und laut
grunt 1. grunzen; brummen; stöhnen 2. Grunzen *n*; Stöhnen *n*
guar·an·tee 1. Garantie *f*; Kaution *f*, Sicherheit *f* 2. (sich ver)bürgen für; garantieren
guar·an·tor JUR Bürge *m*, Bürgin *f*
guar·an·ty JUR Garantie *f*; Sicherheit *f*
guard 1. Wache *f*, (Wacht)Posten *m*, Wächter *m*; Wärter *m*, Aufseher *m*; Wache *f*, Bewachung *f*; *Br* Zugbegleiter *m*; Schutz(vorrichtung *f*) *m*; Garde *f*; ***be on ~*** Wache stehen; ***be on*** (***off***) ***one's ~*** (nicht) auf der Hut sein 2. *v/t* bewachen, (be)schützen (***from*** vor *dat*); *v/i* sich hüten *or* in Acht nehmen *or* schützen (***against*** vor *dat*)
guard·ed vorsichtig, zurückhaltend
guard·i·an 1. JUR Vormund *m* 2. Schutz…
guard·i·an·ship JUR Vormundschaft *f*
gue(r)·ril·la MIL Guerilla *m*
gue(r)·ril·la war·fare Guerillakrieg *m*
guess 1. (er)raten; vermuten; schätzen; glauben, meinen 2. Vermutung *f*
guess·work (reine) Vermutung(en *pl*)
guest Gast *m*
guest·house (Hotel)Pension *f*, Fremdenheim *n*
guest·room Gäste-, Fremdenzimmer *n*
guf·faw 1. schallendes Gelächter 2. schallend lachen
guid·ance Führung *f*; (An)Leitung *f*
guide 1. (Reise-, Fremden)Führer(in); (Reise- *etc*)Führer *m* (*book*); Handbuch (***to*** *gen*); ***a ~ to London*** ein London-Führer 2. leiten; führen; lenken
guide·book (Reise- *etc*)Führer *m*
guid·ed tour Führung *f*
guide·lines Richtlinien *pl* (***on*** *gen*)
guild HIST Gilde *f*, Zunft *f*
guile·less arglos
guilt Schuld *f*
guilt·less schuldlos, unschuldig (***of*** an *dat*)
guilt·y schuldig (***of*** *gen*); schuldbewusst
guin·ea pig ZO Meerschweinchen *n*; *fig* Versuchsperson *f*, F Versuchskaninchen *n*
guise *fig* Gestalt *f*, Maske *f*
gui·tar MUS Gitarre *f*
gulch GEOGR tiefe Schlucht, Klamm *f*
gulf GEOGR Golf *m*; *fig* Kluft *f*
gull ZO Möwe *f*
gul·let ANAT Speiseröhre *f*; Gurgel *f*, Kehle *f*
gulp 1. (großer) Schluck 2. *often* ***~ down*** *Getränk* hinunterstürzen, *Speise* hinunterschlingen
gum[1] ANAT *mst pl* Zahnfleisch *n*
gum[2] 1. Gummi *m, n*; Klebstoff *m*; Kaugummi *m*; (Frucht)Gummi *m* 2. kleben
gump·tion F Grips *m*; Schneid *m*
gun 1. Gewehr *n*; Pistole *f*, Revolver *m*; Geschütz *n*, Kanone *f* 2. ***~ down*** niederschießen
gun·fight Feuergefecht *n*, Schießerei *f*
gun·fire Schüsse *pl*; MIL Geschützfeuer *n*
gun li·cence *Br*, **gun li·cense** Waffenschein *m*
gun·man Bewaffnete *m*
gun·point: ***at ~*** mit vorgehaltener Waffe, mit Waffengewalt
gun·pow·der Schießpulver *n*
gun·run·ner Waffenschmuggler *m*
gun·run·ning Waffenschmuggel *m*
gun·shot Schuss *m*; ***within*** (***out of***) ***~*** in (außer) Schussweite
gur·gle 1. gurgeln, gluckern, glucksen 2. Gurgeln *n*, Gluckern *n*, Glucksen *n*
gush 1. strömen, schießen (***from*** aus); 2. Schwall *m*, Strom *m* (*a. fig*)
gust Windstoß *m*, Bö *f*
gust F Eingeweide *pl*; Schneid *m*, Mumm *m*
gut·ter Gosse *f* (*a. fig*), Rinnstein *m*; Dachrinne *f*

guy F Kerl *m*, Typ *m*
guz·zle F saufen; fressen
gym F Fitnesscenter *n*; → ***gymnasium***; → ***gymnastics***
gym·na·si·um Turn-, Sporthalle *f*
gym·nast Turner(in)
gym·nas·tics Turnen *n*, Gymnastik *f*
gym shirt Turnhemd *n*
gym shorts Turnhose *f*
gy·n(a)e·col·o·gist Gynäkologe *m*, Gynäkologin *f*, Frauenarzt *m*, -ärztin *f*
gy·n(a)e·col·o·gy Gynäkologie *f*, Frauenheilkunde *f*
gyp·sy Zigeuner *m*, Zigeunerin *f*
gy·rate kreisen, sich (im Kreis) drehen, (herum)wirbeln

H

H, h H, h *n*
hab·it (An)Gewohnheit *f*; *esp* (Ordens-)Tracht *f*; ***get into*** (***out of***) ***the ~ of smoking*** sich das Rauchen angewöhnen (abgewöhnen); **ha·bit·u·al** gewohnheitsmäßig, Gewohnheits…
hack[1] hacken
hack[2] *contp* Schreiberling *m*
hack[3] *contp* Klepper *m*
hack·er IT Hacker *m*
hack·neyed abgedroschen
had·dock zo Schellfisch *m*
h(a)e·mor·rhage MED Blutung *f*
hag hässliches altes Weib, Hexe *f*
hag·gard abgespannt; verhärmt, abgehärmt; hager
hag·gle feilschen, handeln
hail 1. Hagel *m* **2.** hageln
hail·stone Hagelkorn *n*
hail·storm Hagelschauer *m*
hair *einzelnes* Haar; *coll* Haar *n*, Haare *pl*; ***let one's ~ down*** F aus sich herausgehen; ***without turning a ~*** ohne mit der Wimper zu zucken
hair·breadth → ***hair's breadth***
hair·brush Haarbürste *f*
hair·cut Haarschnitt *m*
hair·do F Frisur *f*
hair·dress·er Friseur(in)
hair·dri·er, hair·dry·er Trockenhaube *f*; Haartrockner *m*, Föhn *m*
hair·grip *Br* Haarklammer *f*, Haarklemme *f*
hair·less ohne Haare, kahl
hair·pin Haarnadel *f*; **~ bend** MOT Haarnadelkurve *f*
hair-rais·ing haarsträubend
hair's breadth: ***by a ~*** um Haaresbreite
hair slide *Br* Haarspange *f*
hair-split·ting Haarspalterei *f*
hair·spray Haarspray *m*, *n*
hair·style Frisur *f*
hair styl·ist Hair-Stylist *m*, Damenfriseur *m*
hair·y behaart, haarig
half 1. Hälfte *f*; ***go halves*** halbe-halbe machen, teilen **2.** halb; ***~ an hour*** e-e halbe Stunde; ***~ a pound*** ein halbes Pfund; ***~ past ten*** halb elf (Uhr); ***~ way up*** auf halber Höhe
half-breed Halbblut *n*
half-broth·er Halbbruder *m*
half-caste *esp contp* Mischling *m*
half-heart·ed halbherzig
half time SPORT Halbzeit *f*; **~ score** SPORT Halbzeitstand *m*
half·way halb; auf halbem Weg, in der Mitte; **~ line** *soccer*: Mittellinie *f*
half-wit·ted schwachsinnig
hal·i·but zo Heilbutt *m*
hall Halle *f*, Saal *m*; Flur *m*, Diele *f*; *esp Br* Herrenhaus *n*; *Br* UNIV Speisesaal *m*; *Br* ***~ of residence*** Studentenheim *n*
hall·mark *fig* Kennzeichen *n*
Hal·low·e'en Abend *m* vor Allerheiligen
hal·lu·ci·na·tion Halluzination *f*
hall·way Halle *f*, Diele *f*; Korridor *m*
ha·lo ASTR Hof *m*; Heiligenschein *m*
halt 1. Halt *m* **2.** (an)halten
hal·ter Halfter *m*, *n*
halt·ing zögernd, stockend
halve halbieren
ham Schinken *m*; ***~ and eggs*** Schinken mit (Spiegel)Ei
ham·burg·er GASTR Hamburger *m*; Rinderhack *n*
ham·let Weiler *m*
ham·mer 1. Hammer *m* **2.** hämmern
ham·mock Hängematte *f*

ham·per[1] (Deckel)Korb *m*; Präsentkorb *m*; Wäschekorb *m*
ham·per[2] (be)hindern
ham·ster zo Hamster *m*
hand 1. Hand *f* (*a. fig*); Handschrift *f*; (Uhr)Zeiger *m*; *often in cpds* Arbeiter *m*; Fachmann *m*; *card game*: Blatt *n*, Karten *pl*; ***change ~s*** den Besitzer wechseln; ***give*** *or* ***lend a ~*** mit zugreifen, *j-m* helfen (***with*** by); ***shake ~s with*** *j-m* die Hand schütteln *or* geben; ***at ~*** in Reichweite; nahe; bei der *or* zur Hand; ***at first ~*** aus erster Hand; ***by ~*** mit der Hand; ***on the one ~*** einerseits; ***on the other ~*** andererseits; ***on the right ~*** rechts; ***~s off!*** Hände weg!; ***~s up!*** Hände hoch! **2.** aushändigen, (über)geben, (über)reichen; ***~ around*** herumreichen; ***~ down*** weitergeben, überliefern; ***~ in*** *Prüfungsarbeit etc* abgeben; *Bericht, Gesuch etc* einreichen; ***~ on*** weiterreichen, weitergeben; überliefern; ***~ out*** austeilen, verteilen; ***~ over*** übergeben, aushändigen (***to*** *dat*); ***~ up*** hinauf-, heraufreichen; **~·bag** Handtasche *f*; **~ bag·gage** Handgepäck *n*; **~·ball** SPORT Handball *m*; *soccer*: Handspiel *n*; **~·bill** Handzettel *m*, Flugblatt *n*; **~·book** Handbuch *n*; **~·brake** TECH Handbremse *f*; **~·cart** Handwagen *m*; **~·cuffs** Handschellen *pl*; **~·ful** Handvoll *f*; F Plage *f*
hand·i·cap 1. Handikap *n*, MED *a.* Behinderung *f*, SPORT *a.* Vorgabe *f*; → ***mental handicap, physical handicap*** **2.** behindern, benachteiligen; **hand·i·capped 1.** gehandikapt, behindert, benachteiligt; → ***mental, physical*** **2.** ***the ~*** MED die Behinderten *pl*
hand·ker·chief Taschentuch *n*
han·dle 1. Griff *m*; Stiel *m*; Henkel *m*; Klinke *f*; ***fly off the ~*** F wütend werden **2.** anfassen, berühren; hantieren *or* umgehen mit; behandeln; **~·bar(s)** Lenkstange *f*
hand| lug·gage Handgepäck *n*; **~·made** handgearbeitet; **~·out** Handzettel *m*; Hand-out *n*, Informationsmaterial *n*; **~·rail** Geländer *n*; **~s-free·kit** Freisprechanlage *f*; **~·shake** Händedruck *m*
hand·some gut aussehend; *fig* ansehnlich, beträchtlich (*sum etc*)
hands-on praktisch
hand|·spring Handstandüberschlag *m*; **~·stand** Handstand *m*; **~·writ·ing** Handschrift *f*; **~·writ·ten** handgeschrieben
hand·y zur Hand; geschickt; handlich, praktisch; nützlich; ***come in ~*** sich als nützlich erweisen; (sehr) gelegen kommen; **~·man** Handwerker *m*; ***be a ~*** *a.* handwerklich geschickt sein
hang (auf-, be-, ein)hängen; *Tapete* ankleben; *j-n* (auf)hängen; ***~ o.s.*** sich erhängen; ***~ about, ~ around*** herumlungern; ***~ on*** sich klammern (***to*** an *acc*) (*a. fig*), festhalten (***to*** *acc*); TEL am Apparat bleiben; ***~ up*** TEL einhängen, auflegen; ***she hung up on me*** sie legte einfach auf
han·gar Hangar *m*, Flugzeughalle *f*
hang·er Kleiderbügel *m*
hang glid·er SPORT (Flug)Drachen *m*; Drachenflieger(in)
hang glid·ing SPORT Drachenfliegen *n*
hang·ing 1. Hänge… **2.** (Er)Hängen *n*
hang·ings Tapete *f*, Wandbehang *m*, Vorhang *m*
hang·man Henker *m*
hang·nail MED Niednagel *m*
hang·o·ver Katzenjammer *m*, Kater *m*
han·ker F sich sehnen (***after, for*** nach)
han·kie, han·ky F Taschentuch *n*
hap·haz·ard willkürlich, planlos, wahllos
hap·pen (zufällig) geschehen; sich ereignen, passieren, vorkommen
hap·pen·ing Ereignis *n*, Vorkommnis *n*; Happening *n*
hap·pi·ly glücklich(erweise)
hap·pi·ness Glück *n*
hap·py glücklich; erfreut
hap·py-go-luck·y unbekümmert, sorglos
ha·rangue 1. (Straf)Predigt *f* **2.** *v/t j-m* e-e Strafpredigt halten
har·ass ständig belästigen; schikanieren; aufreiben, zermürben
har·ass·ment ständige Belästigung; Schikane(n *pl*) *f*; → ***sexual harassment***
har·bo(u)r 1. Hafen *m*; Zufluchtsort *m* **2.** *j-m* Zuflucht *or* Unterschlupf gewähren; *Groll etc* hegen
hard hart (*a. fig*); fest; schwer, schwierig; heftig, stark; streng (*a. winter*); *fig* nüchtern (*facts etc*); ***give s.o. a ~ time***

j-m das Leben schwer machen; **~ *of hearing*** schwerhörig; ***be ~ on s.th.*** et. strapazieren; **~ *up*** F in (Geld)-Schwierigkeiten, knapp bei Kasse; F ***the ~ stuff*** die harten Sachen (*alcohol, drugs*)
hard·back gebundene Ausgabe
hard-boiled GASTR hart (gekocht); F *fig* hart, unsentimental, nüchtern
hard cash Bargeld *n*; klingende Münze
hard core harter Kern; **hard-core** zum harten Kern gehörend; hart
hard court *tennis*: Hartplatz *m*
hard·cov·er 1. gebunden **2.** Hard Cover *n*, gebundene Ausgabe
hard cur·ren·cy ECON harte Währung
hard disk IT Festplatte *f*
hard·en härten; hart machen *or* werden; (sich) abhärten
hard hat Schutzhelm *m*
hard-head·ed nüchtern, praktisch; starrköpfig, dickköpfig
hard-heart·ed hartherzig
hard la·bo(u)r JUR Zwangsarbeit *f*
hard line *esp* POL harter Kurs
hard-line *esp* POL hart, kompromisslos
hard·ly kaum
hard·ness Härte *f*; Schwierigkeit *f*
hard·ship Not *f*; Härte *f*; Strapaze *f*
hard shoul·der *Br* MOT Standspur *f*
hard·top MOT Hardtop *n, m*
hard·ware Eisenwaren *pl*; Haushaltswaren *pl*; IT Hardware *f*
hard·wear·ing strapazierfähig
har·dy zäh, robust, abgehärtet; BOT winterhart, winterfest
hare ZO Hase *m*
hare·bell BOT Glockenblume *f*
hare·brained verrückt
hare·lip MED Hasenscharte *f*
harm 1. Schaden *m* **2.** verletzen; schaden (*dat*)
harm·ful schädlich
harm·less harmlos
har·mo·ni·ous harmonisch
har·mo·nize harmonieren; in Einklang sein *or* bringen
har·mo·ny Harmonie *f*
har·ness 1. (*Pferde- etc*)Geschirr *n* **2.** anschirren; anspannen (***to*** an *acc*)
harp 1. MUS Harfe *f* **2.** MUS Harfe spielen
har·poon 1. Harpune *f* **2.** harpunieren
har·row AGR **1.** Egge *f* **2.** eggen
har·row·ing quälend, qualvoll, erschütternd
harsh rau; grell; streng; schroff, barsch
hart ZO Hirsch *m*
har·vest 1. Ernte(zeit) *f*; (Ernte)Ertrag *m* **2.** ernten
har·vest·er MOT Mähdrescher *m*
hash[1] GASTR Haschee *n*
hash[2] F Hasch *n*
hash browns GASTR Brat-, Röstkartoffeln *pl*
hash·ish Haschisch *n*
hasp TECH Haspe *f*
haste Eile *f*, Hast *f*
has·ten *j-n* antreiben; (sich be)eilen; *et.* beschleunigen
hast·y eilig, hastig, überstürzt; voreilig
hat Hut *m*
hatch[1]: *a.* **~ *out*** ZO ausbrüten; ausschlüpfen
hatch[2] Durchreiche *f*; AVIAT, MAR Luke *f*
hatch·back MOT (Wagen *m* mit) Hecktür *f*
hatch·et Beil *n*; ***bury the ~*** das Kriegsbeil begraben
hate 1. Hass *m* **2.** hassen
hate·ful verhasst; abscheulich
ha·tred Hass *m*
haugh·ty hochmütig, überheblich
haul 1. ziehen, zerren; schleppen; befördern, transportieren **2.** Ziehen *n*; Fischzug *m*, *fig* F *a.* Fang *m*; Beförderung *f*, Transport *m*; Transportweg *m*
haul·age Beförderung *f*, Transport *m*
haul·er, *Br* **haul·i·er** Transportunternehmer *m*
haunch ANAT Hüfte *f*, Hüftpartie *f*, Hinterbacke *f*; GASTR Keule *f*
haunt 1. spuken in (*dat*); häufig besuchen; *fig* verfolgen, quälen **2.** häufig besuchter Ort; Schlupfwinkel *m*
haunt·ing quälend; unvergesslich, eindringlich
have *v/t* haben; erhalten, bekommen; essen, trinken; **~ *breakfast*** frühstücken; **~ *a cup of tea*** e-n Tee trinken; *with inf*: müssen (***I ~ to go now*** ich muss jetzt gehen); *with object and pp*: lassen (***I had my hair cut*** ich ließ mir die Haare schneiden); **~ *back*** zurückbekommen; **~ *on*** *Kleidungsstück* anhaben, *Hut* aufhaben; *v/aux* haben; *v/i often* sein; ***I ~ come*** ich bin gekommen
ha·ven Hafen *m* (*mst fig*)
hav·oc Verwüstung *f*, Zerstörung *f*; ***play***

~ with verwüsten, zerstören; *fig* verheerend wirken auf (*acc*)
hawk[1] zo Habicht *m*, Falke *m*
hawk[2] hausieren mit; auf der Straße verkaufen; **hawk·er** Hausierer(in); Straßenhändler(in); Drücker(in)
haw·thorn BOT Weißdorn *m*
hay Heu *n*
hay fe·ver MED Heuschnupfen *m*
hay·loft Heuboden *m*
hay·stack Heuhaufen *m*
haz·ard Gefahr *f*, Risiko *n*
haz·ard·ous gewagt, gefährlich, riskant; **~ waste** Sonder-, Giftmüll *m*
haze Dunst(schleier) *m*
ha·zel **1.** BOT Hasel(nuss)strauch *m* **2.** (hasel)nussbraun
ha·zel·nut BOT Haselnuss *f*
haz·y dunstig, diesig; *fig* unklar, verschwommen
H-bomb H-Bombe *f*, Wasserstoffbombe *f*
he **1.** er **2.** Er *m*; zo Männchen *n*; **~-goat** Ziegenbock *m*
head **1.** Kopf *m*; (Ober)Haupt *n*; Chef *m*; (An)Führer(in), Leiter(in); Spitze *f*; Kopf(ende *n*) *m*; Kopf *m* (*of a page, nail etc*); Vorderseite *f*; Überschrift *f*; **20 dollars a ~** *or* **per ~** zwanzig Dollar pro Kopf *or* Person; **40 ~ (of cattle)** 40 Stück (Vieh); **~s or tails?** Kopf oder Zahl?; **at the ~ of** an der Spitze (*gen*); **~ over heels** kopfüber; bis über beide Ohren (*verliebt sein*); **bury one's ~ in the sand** den Kopf in den Sand stecken; **get it into one's ~ that ...** es sich in den Kopf setzen, dass; **lose one's ~** den Kopf *or* die Nerven verlieren **2.** Ober..., Haupt..., Chef..., oberste(r, -s), erste(r, -s) **3.** *v/t* anführen, an der Spitze stehen von (*or gen*); voran-, vorausgehen (*dat*); (an)führen, leiten; *soccer*: köpfen; *v/i* (**for**) gehen, fahren (nach); lossteuern, losgehen (auf *acc*); MAR Kurs halten (auf *acc*)
head·ache Kopfweh *n*
head·band Stirnband *n*
head·dress Kopfschmuck *m*
head·er Kopfsprung *m*; *soccer*: Kopfball *m*
head·first kopfuber, mit dem Kopf voran; *fig* ungestüm, stürmisch
head·gear Kopfbedeckung *f*
head·ing Überschrift *f*, Titel(zeile *f*) *m*
head·land Landspitze *f*, Landzunge *f*
head·light MOT Scheinwerfer *m*
head·line Schlagzeile *f*; **news ~s** *radio*, TV *das* Wichtigste in Schlagzeilen
head·long kopfüber; *fig* ungestüm
head·mas·ter *Br* PED Direktor *m*, Rektor *m*
head·mis·tress *Br* PED Direktorin *f*, Rektorin *f*
head-on frontal, Frontal...; **~ collision** MOT Frontalzusammenstoß *m*
head·phones Kopfhörer *pl*
head·quar·ters (*abbr* **HQ**) MIL Hauptquartier *n*; Zentrale *f*
head·rest MOT Kopfstütze *f*
head·set Kopfhörer *pl*
head start SPORT Vorgabe *f*, Vorsprung *m* (*a. fig*)
head·strong halsstarrig
head teach·er → ***headmaster, headmistress, principal***
head·wa·ters GEOGR Quellgebiet *n*
head·way Fortschritt(e *pl*) *m*; **make ~** (gut) vorankommen
head·word Stichwort *n*
head·y zu Kopfe steigend, berauschend
heal heilen; **~ over, ~ up** (zu)heilen
heal·ing Heilung *f*; **~ power** Heilkraft *f*
health Gesundheit *f*; **~ cer·tif·i·cate** Gesundheitszeugnis *n*; **~ club** Fitnessklub *m*, Fitnesscenter *n*; **~ food** Reform-, Biokost *f*; **~ food shop** *Br*, **~ food store** Reformhaus *n*, Bioladen *m*
health·ful gesund; heilsam
health| in·su·rance Krankenversicherung *f*; **~ re·sort** Kurort *m*; **~ service** Gesundheitsdienst *m*
health·y gesund
heap **1.** Haufe(n) *m* **2.** *a.* **~ up** aufhäufen, *fig a.* anhäufen
hear hören; anhören, *j-m* zuhören; *Zeugen* vernehmen; *Lektion* abhören
hear·er (Zu)Hörer(in)
hear·ing Gehör *n*; Hören *n*; JUR Verhandlung *f*; JUR Vernehmung *f*; *esp* POL Hearing *n*, Anhörung *f*; **within (out of) ~** in (außer) Hörweite
hear·ing aid Hörgerät *n*
hear·say Gerede *n*; **by ~** vom Hörensagen *n*
hearse Leichenwagen *m*
heart ANAT Herz *n* (*a. fig*); Kern *m*; *card games*: Herz(karte *f*) *n*, *pl* Herz *n*; **lose ~** den Mut verlieren; **take ~** sich ein

Herz fassen; ***take s.th. to ~*** sich et. zu Herzen nehmen; ***with a heavy ~*** schweren Herzens
heart·ache Kummer *m*
heart at·tack MED Herzanfall *m*; Herzinfarkt *m*
heart·beat Herzschlag *m*
heart·break Leid *n*, großer Kummer
heart·break·ing herzzerreißend
heart·brok·en gebrochen, verzweifelt
heart·burn MED Sodbrennen *n*
heart·en ermutigen
heart fail·ure MED Herzversagen *n*
heart·felt innig, tief empfunden
hearth Kamin *m*
heart·less herzlos
heart·rend·ing herzzerreißend
heart trans·plant MED Herzverpflanzung *f*, Herztransplantation *f*
heart·y herzlich; gesund; herzhaft
heat 1. Hitze *f*; PHYS Wärme *f*; Eifer *m*; ZO Läufigkeit *f*; SPORT (Einzel)Lauf *m*; ***preliminary ~*** Vorlauf *m* **2.** *v/t* heizen; *a.* ***~ up*** erhitzen, aufwärmen; *v/i* sich erhitzen (*a. fig*); **heat·ed** geheizt; heizbar; erhitzt, *fig a.* erregt
heat·er Heizgerät *n*, Heizkörper *m*
heath Heide *f*, Heideland *n*
hea·then REL **1.** Heide *m*, Heidin *f* **2.** heidnisch
heath·er BOT Heidekraut *n*; Erika *f*
heat·ing 1. Heizung *f* **2.** Heiz…
heat·proof hitzebeständig
heat shield Hitzeschild *m*
heat·stroke MED Hitzschlag *m*
heat wave Hitzewelle *f*
heave *v/t* (hoch)stemmen, (hoch)hieven; *Anker* lichten; *Seufzer* ausstoßen; *v/i* sich heben und senken, wogen
heav·en Himmel *m*
heav·en·ly himmlisch
heav·y schwer; stark (*rain, smoker, drinker, traffic etc*); hoch (*fine, taxes etc*); schwer (verdaulich); drückend, lastend; Schwer…
heav·y cur·rent ELECTR Starkstrom *m*
heav·y-du·ty TECH Hochleistungs…; strapazierfähig
heav·y-hand·ed ungeschickt
heav·y·weight *boxing*: Schwergewicht *n*, Schwergewichtler *m*
He·brew 1. hebräisch **2.** Hebräer(in); LING Hebräisch *n*
heck·le *Redner* durch Zwischenrufe *or* Zwischenfragen stören; **heck·ler** Zwischenrufer *m*; **heck·ling** Zwischenrufe
hec·tic hektisch
hedge 1. Hecke *f* **2.** *v/t*: *a.* ***~ in*** mit e-r Hecke einfassen; *v/i fig* ausweichen
hedge·hog ZO Stachelschwein *n*; *Br* Igel *m*
hedge·row Hecke *f*
heed 1. beachten, Beachtung schenken (*dat*) **2.** ***give** or **pay ~ to, take ~ of*** → 1
heed·less: ***be ~ of*** nicht beachten, *Warnung etc* in den Wind schlagen
heel 1. ANAT Ferse *f*; Absatz *m*; ***down at ~*** *fig* abgerissen; heruntergekommen **2.** Absätze machen auf (*acc*)
hef·ty kräftig, stämmig; mächtig (*blow etc*), gewaltig; F saftig (*prices, fine etc*)
heif·er ZO Färse *f*, junge Kuh
height Höhe *f*; (Körper)Größe *f*; Anhöhe *f*; *fig* Höhe(punkt *m*) *f*
height·en erhöhen; vergrößern
heir Erbe *m*; ***~ to the throne*** Thronerbe *m*, Thronfolger *m*
heir·ess Erbin *f*
heir·loom Erbstück *n*
hel·i·cop·ter AVIAT Hubschrauber *m*, Helikopter *m*
hel·i·port AVIAT Hubschrauberlandeplatz *m*
hell 1. Hölle *f*; ***a ~ of a noise*** F ein Höllenlärm; ***what the ~ …?*** F was zum Teufel …? **2.** Höllen… **3.** *int* F verdammt!, verflucht!; **hell·ish** F höllisch
hel·lo *int* hallo!
helm MAR Ruder *n*, Steuer *n*
hel·met Helm *m*
helms·man MAR Steuermann *m*
help 1. Hilfe *f*; Hausangestellte *f*; ***a call** or **cry for ~*** ein Hilferuf, ein Hilfeschrei **2.** helfen; ***~ o.s.*** sich bedienen, zulangen; ***I cannot ~ it*** ich kann es nicht ändern; ***I could not ~ laughing*** ich musste einfach lachen
help·er Helfer(in)
help·ful hilfreich; nützlich
help·ing Portion *f*
help·less hilflos
help·less·ness Hilflosigkeit *f*
help men·u IT Hilfemenü *n*
hel·ter-skel·ter 1. *adv* holterdiepolter, Hals über Kopf **2.** *adj* überstürzt
helve Stiel *m*, Griff *m*
Hel·ve·tian Schweizer …
hem 1. Saum *m* **2.** säumen; ***~ in*** ein-

schließen
hem·i·sphere GEOGR Halbkugel *f*, Hemisphäre *f*
hem·line Saum *m*
hem·lock BOT Schierling *m*
hemp BOT Hanf *m*
hem·stitch Hohlsaum *m*
hen zo Henne *f*, Huhn *n*; Weibchen *n*
hence daher; ***a week ~*** in e-r Woche
hence·forth von nun an
hen house Hühnerstall *m*
hen·pecked hus·band Pantoffelheld *m*
her sie; ihr; ihr(e); sich
her·ald **1.** HIST Herold *m* **2.** ankündigen
her·ald·ry Wappenkunde *f*, Heraldik *f*
herb BOT Kraut *n*; Heilkraut *n*
her·ba·ceous BOT krautartig; ***~ plant*** Staudengewächs *n*
herb·al BOT Kräuter…, Pflanzen…
her·bi·vore zo Pflanzenfresser *m*
herd **1.** Herde *f* (*a. fig*), Rudel *n* **2.** *v/t Vieh* hüten; *v/i*: *a.* ***~ together*** in e-r Herde leben; sich zusammendrängen
herds·man Hirt *m*
here hier; hierher; ***~ you are*** hier (bitte); ***~'s to you!*** auf dein Wohl!
here·a·bout(s) hier herum, in dieser Gegend
here·af·ter **1.** künftig **2.** *das* Jenseits
here·by hiermit
he·red·i·ta·ry BIOL erblich, Erb…
he·red·i·ty BIOL Erblichkeit *f*; ererbte Anlagen *pl*, Erbmasse *f*
here·in hierin
here·of hiervon
her·e·sy REL Ketzerei *f*
her·e·tic REL Ketzer(in)
here·up·on hierauf, darauf(hin)
here·with hiermit
her·i·tage Erbe *n*
her·maph·ro·dite BIOL Zwitter *m*
her·met·ic TECH hermetisch
her·mit Einsiedler *m*
he·ro Held *m*
he·ro·ic heroisch, heldenhaft, Helden…
her·o·in Heroin *n*
her·o·ine Heldin *f*
her·o·is·m Heldentum *n*
her·on zo Reiher *m*
her·ring zo Hering *m*
hers ihrs, ihre(r, -s)
her·self sie selbst, ihr selbst; sich (selbst); ***by ~*** von selbst, allein, ohne Hilfe
hes·i·tant zögernd, zaudernd, unschlüssig; **hes·i·tate** zögern, zaudern, unschlüssig sein, Bedenken haben; **hes·i·ta·tion** Zögern *n*, Zaudern *n*, Unschlüssigkeit *f*; ***without ~*** ohne zu zögern, bedenkenlos
heterosexual heterosexuell
hew hauen, hacken; ***~ down*** fällen, umhauen
hey *int* F he!, heda!
hey·day Höhepunkt *m*, Gipfel *m*; Blüte (-zeit) *f*
hi *inf* F hallo!
hi·ber·nate zo Winterschlaf halten
hic·cough, hic·cup **1.** Schluckauf *m* **2.** den Schluckauf haben
hide¹ (sich) verbergen, verstecken; verheimlichen
hide² Haut *f*, Fell *n*

hide-and-seek Versteckspiel *n*
hide·a·way F Versteck *n*
hid·e·ous abscheulich, scheußlich
hide·out Versteck *n*
hid·ing¹ F Tracht *f* Prügel
hid·ing²: ***be in ~*** sich versteckt halten; ***go into ~*** untertauchen
hid·ing place Versteck *n*
hi-fi Hi-Fi *n*, Hi-Fi-Gerät *n*, -Anlage *f*
high **1.** hoch; groß (*hopes etc*); GASTR angegangen; F blau; F high; ***be in ~ spirits*** in Hochstimmung sein; ausgelassen *or* übermütig sein **2.** METEOR Hoch *n*; Höchststand *m*; High School *f*
high·brow F **1.** Intellektuelle *m*, *f* **2.** (betont) intellektuell
high-cal·o·rie kalorienreich
high-class erstklassig
high·er ed·u·ca·tion Hochschulausbildung *f*
high fi·del·i·ty High Fidelity *f*
high·grade hochwertig; erstklassig
high-hand·ed anmaßend, eigenmächtig
high-heeled hochhackig
high jump SPORT Hochsprung *m*
high jump·er SPORT Hochspringer(in)
high·land Hochland *n*
high·light **1.** Höhe-, Glanzpunkt *m* **2.** hervorheben
high·ly *fig* hoch; ***think ~ of*** viel halten von; **high·ly-strung** reizbar, nervös
high·ness *mst fig* Höhe *f*; ***Highness*** Hoheit *f* (*title*)
high-pitched schrill; steil (*roof*)

high-pow·ered TECH Hochleistungs…; *fig* dynamisch
high-pres·sure METEOR, TECH Hochdruck…
high-rank·ing hochrangig
high rise Hochhaus *n*
high road *esp Br* Hauptstraße *f*
high school High School *f*
high sea·son Hochsaison *f*
high so·ci·e·ty High Society *f*
high-spir·it·ed übermütig, ausgelassen
high street *Br* Hauptstraße *f*
high tea *Br* frühes Abendessen
high tech·nol·o·gy Hochtechnologie *f*
high ten·sion ELECTR Hochspannung *f*
high tide Flut *f*
high time: ***it is ~*** es ist höchste Zeit
high wa·ter Hochwasser *n*
high·way Highway *m*, Haupt(verkehrs)-straße *f*; **High·way Code** *Br* Straßenverkehrsordnung *f*
hi·jack 1. *Flugzeug* entführen; *j-n*, *Geldtransport etc* überfallen **2.** (Flugzeug-)Entführung *f*; Überfall *m*
hi·jack·er Räuber *m*; (Flugzeug)Entführer(in)
hike 1. wandern **2.** Wanderung *f*
hik·er Wanderer *m*, Wanderin *f*
hik·ing Wandern *n*
hi·lar·i·ous ausgelassen
hi·lar·i·ty Ausgelassenheit *f*
hill Hügel *m*, Anhöhe *f*
hill·bil·ly *contp* Hinterwäldler *m*
hill·ock kleiner Hügel
hill·side (Ab)Hang *m*
hill·top Hügelspitze *f*
hill·y hügelig
hilt Heft *n*, Griff *m*
him ihn; ihm; F er; sich
him·self er *or* ihm *or* ihn selbst; sich; sich (selbst); ***by ~*** von selbst, allein, ohne Hilfe
hind[1] ZO Hirschkuh *f*
hind[2] Hinter…
hin·der hindern (***from*** an *dat*); hemmen
hind·most hinterste(r, -s), letzte(r, -s)
hin·drance Hindernis *n*
Hin·du Hindu *m*
Hin·du·ism Hinduismus *m*
hinge 1. TECH (Tür)Angel *f*, Scharnier *n* **2.** ***~ on*** *fig* abhängen von
hint 1. Wink *m*, Andeutung *f*; Tipp *m*; Anspielung *f*; ***take a ~*** e-n Wink verstehen **2.** andeuten; anspielen (***at*** auf *acc*)
hip[1] ANAT Hüfte *f*
hip[2] BOT Hagebutte *f*
hip·po F → **hip·po·pot·a·mus** ZO Flusspferd *n*, Nilpferd *n*
hire 1. *Br Auto etc* mieten, *Flugzeug etc* chartern; *j-n* anstellen; *j-n* engagieren, anheuern; ***~ out*** *Br* vermieten **2.** Miete *f*; Lohn *m*; ***for ~*** zu vermieten; frei
hire car *Br* Leih-, Mietwagen *m*
hire pur·chase: ***on ~*** *Br* ECON auf Abzahlung, auf Raten
his sein(e); seins, seine(r, -s)
hiss 1. zischen; fauchen (*cat*); auszischen **2.** Zischen *n*; Fauchen *n*
his·to·ri·an Historiker(in)
his·tor·ic historisch, geschichtlich (bedeutsam); **his·tor·i·cal** historisch, geschichtlich (belegt *or* überliefert); Geschichts…; ***~ novel*** historischer Roman
his·to·ry Geschichte *f*; ***~ of civilization*** Kulturgeschichte *f*; ***contemporary ~*** Zeitgeschichte *f*
hit 1. schlagen; treffen (*a. fig*); MOT *etc* *j-n*, *et.* anfahren, *et.* rammen; F ***~ it off*** (***with s.o.***) sich (mit j-m) gut vertragen; ***~ on*** (zufällig) auf *et.* stoßen, *et.* finden **2.** Schlag *m*; *fig* (Seiten)Hieb *m*; (Glücks)Treffer *m*; Hit *m*
hit-and-run: ***~ driver*** (unfall)flüchtiger Fahrer; ***~ offense*** (*Br* ***offence***) Fahrerflucht *f*
hitch 1. befestigen, festmachen, festhaken, anbinden, ankoppeln (***to*** an *acc*); ***~ up*** hochziehen; ***~ a ride*** *or* ***lift*** im Auto mitgenommen werden **2.** Ruck *m*, Zug *m*; Schwierigkeit *f*, Haken *m*; ***without a ~*** glatt, reibungslos;
hitch·hike per Anhalter fahren, trampen; **hitch·hik·er** Anhalter(in), Tramper(in)
hi-tech → ***high tech***
HIV: ***~ carrier*** HIV-Positive *m, f*; ***~ negative*** HIV-negativ; ***~ positive*** HIV-positiv
hive Bienenstock *m*; Bienenschwarm *m*
hoard 1. Vorrat *m*, Schatz *m* **2.** *a.* ***~ up*** horten, hamstern; **hoard·ing** Bauzaun *m*; *Br* Reklametafel *f*
hoar·frost (Rau)Reif *m*
hoarse heiser, rau
hoax 1. Falschmeldung *f*; (übler) Scherz **2.** *j-n* hereinlegen
hob·ble humpeln, hinken

hob·by Hobby *n*, Steckenpferd *n*
hob·by·horse Steckenpferd *n* (*a. fig*)
hob·gob·lin Kobold *m*
ho·bo F Landstreicher *m*
hock[1] weißer Rheinwein
hock[2] ZO Sprunggelenk *n*
hock·ey SPORT Eishockey *n*; *esp Br* Hockey *n*
hodge·podge Mischmasch *m*
hoe AGR **1.** Hacke *f* **2.** hacken
hog ZO (Haus-, Schlacht)Schwein *n*
hoist 1. hochziehen; hissen **2.** TECH Winde *f*, (Lasten)Aufzug *m*
hold 1. halten; festhalten; *Gewicht etc* tragen, aushalten; zurück-, abhalten (***from*** von); *Wahlen*, *Versammlung etc* abhalten; *Stellung* halten; SPORT *Meisterschaft etc* austragen; *Aktien*, *Rechte etc* besitzen; *Amt* bekleiden; *Platz* einnehmen; *Rekord* halten; fassen, enthalten; Platz bieten für; der Ansicht sein (***that*** dass); halten für; *fig* fesseln, in Spannung halten; (sich) festhalten; anhalten, andauern (*a. fig*); ***~ one's ground, ~ one's own*** sich behaupten; ***~ the line*** TEL am Apparat bleiben; ***~ responsible*** verantwortlich machen; ***~ still*** still halten; ***~ s.th. against s.o.*** j-m et. vorhalten *or* vorwerfen; j-m et. übel nehmen *or* nachtragen; ***~ back*** (sich) zurückhalten; *fig* zurückhalten mit; ***~ on*** (sich) festhalten (***to*** an *dat*); aus-, durchhalten; andauern; TEL am Apparat bleiben; ***~ out*** aus-, durchhalten; reichen (*supplies etc*); ***~ up*** hochheben; hochhalten; hinstellen (***as*** als); aufhalten, verzögern; *j-n*, *Bank etc* überfallen **2.** Griff *m*, Halt *m*; Stütze *f*; Gewalt *f*, Macht *f*, Einfluss *m*; MAR Laderaum *m*, Frachtraum *m*; ***catch*** (***get, take***) ***~ of s.th.*** et. ergreifen, et. zu fassen bekommen
hold·er TECH Halter *m*; *esp* ECON Inhaber(in)
hold·ing Besitz *m*; **~ com·pa·ny** ECON Holding-, Dachgesellschaft *f*
hold·up (Verkehrs)Stockung *f*; (bewaffneter) (Raub)Überfall
hole 1. Loch *n*; Höhle *f*, Bau *m*; *fig* F Klemme *f* **2.** durchlöchern
hol·i·day Feiertag *m*; freier Tag; *esp Br mst pl* Ferien *pl*, Urlaub *m*; ***be on ~*** im Urlaub sein, Urlaub machen; **~ home** Ferienhaus *n*, Ferienwohnung *f*
hol·i·day·mak·er Urlauber(in)
hol·i·ness Heiligkeit *f*; ***His Holiness*** Seine Heiligkeit
hol·ler F schreien
hol·low 1. hohl **2.** Hohlraum *m*, (Aus)Höhlung *f*; Mulde *f*, Vertiefung *f* **3.** ***~ out*** aushöhlen
hol·ly BOT Stechpalme *f*
hol·o·caust Massenvernichtung *f*, Massensterben *n*, (*esp* Brand)Katastrophe *f*; ***the Holocaust*** HIST der Holocaust
hol·ster (Pistolen)Halfter *m*, *n*
ho·ly heilig
ho·ly wa·ter REL Weihwasser *n*
Ho·ly Week REL Karwoche *f*
home 1. Heim *n*; Haus *n*; Wohnung *f*; Zuhause *n*; Heimat *f*; ***at ~*** zu Hause; ***make oneself at ~*** es sich bequem machen; ***at ~ and abroad*** im In- und Ausland **2.** *adj* häuslich, Heim… (*a.* SPORT); inländisch, Inlands…; Heimat… **3.** *adv* heim, nach Hause; zu Hause; daheim; *fig* ins Ziel, ins Schwarze; ***return ~*** heimkehren; ***strike ~*** sitzen, treffen
home ad·dress Privatanschrift *f*
home com·put·er Heimcomputer *m*
home·less heimatlos; obdachlos; ***~ person*** Obdachlose *m*, *f*; ***shelter for the ~*** Obdachlosenasyl *n*
home·ly einfach; unscheinbar, reizlos
home·made selbst gemacht, Hausmacher…
home mar·ket ECON Binnenmarkt *m*
Home| Of·fice *Br* POL Innenministerium *n*; **~ Sec·re·ta·ry** *Br* POL Innenminister *m*
home·sick: ***be ~*** Heimweh haben
home·sick·ness Heimweh *n*
home team SPORT Gastgeber *pl*
home·ward *adj* Heim…, Rück…
home·ward(s) *adv* nach Hause
home·work Hausaufgabe(n *pl*) *f*; ***do one's ~*** s-e Hausaufgaben machen (*a. fig*)
hom·i·cide JUR Mord *m*; Totschlag *m*; Mörder(in)
hom·i·cide squad Mordkommission *f*
ho·mo·ge·ne·ous homogen, gleichartig
ho·mo·sex·u·al 1. homosexuell **2.** Homosexuelle *m*, *f*
hone TECH fein schleifen
hon·est ehrlich, rechtschaffen; aufrichtig; **hon·es·ty** Ehrlichkeit *f*, Rechtschaffenheit *f*; Aufrichtigkeit *f*

hon·ey Honig *m*; Liebling *m*, Schatz *m*
hon·ey·comb (Honig)Wabe *f*
hon·eyed *fig* honigsüß
hon·ey·moon 1. Flitterwochen *pl*, Hochzeitsreise *f* 2. ***be ~ing*** auf Hochzeitsreise sein
hon·ey·suck·le BOT Geißblatt *n*
honk MOT hupen
hon·or·ar·y Ehren…; ehrenamtlich
hon·o(u)r 1. Ehre *f*; Ehrung *f*, Ehre(n *pl*) *f*; *pl* besondere Auszeichnung(en *pl*); ***Your Hono(u)r*** JUR Euer Ehren 2. ehren; auszeichnen; ECON *Scheck etc* honorieren, einlösen
hon·o(u)r·a·ble ehrenvoll, ehrenhaft; ehrenwert
hood Kapuze *f*; MOT Verdeck *n*; (Motor)Haube *f*; TECH (Schutz)Haube *f*
hood·lum F Rowdy *m*; Ganove *m*
hood·wink *j-n* hinters Licht führen
hoof ZO Huf *m*
hook 1. Haken *m*; Angelhaken *m* 2. an-, ein-, fest-, zuhaken; angeln (*a. fig*)
hooked krumm, Haken…; F süchtig (***on*** nach) (*a. fig*); ***~ on heroin*** (***television***) heroinsüchtig (fernsehsüchtig)
hook·er F Nutte *f*
hoo·li·gan Rowdy *m*
hoo·li·gan·ism Rowdytum *n*
hoop Reif(en) *m*
hoot 1. ZO Schrei *m* (*a. fig*); MOT Hupen *n* 2. *v/i* heulen; johlen; ZO schreien; MOT hupen; *v/t* auspfeifen, auszischen
Hoo·ver® *Br* 1. Staubsauger *m* 2. *mst* ***hoover*** (staub)saugen
hop¹ 1. hüpfen, hopsen; hüpfen über (*acc*); ***be ~ping mad*** F e-e Stinkwut haben 2. Sprung *m*
hop² BOT Hopfen *m*
hope 1. Hoffnung *f* (***of*** auf *acc*); 2. hoffen (***for*** auf *acc*); ***~ for the best*** das Beste hoffen; ***I ~ so, let's ~ so*** hoffentlich
hope·ful: ***be ~ that*** hoffen, dass
hope·ful·ly hoffnungsvoll; hoffentlich
hope·less hoffnungslos; verzweifelt
horde Horde *f* (*often contp*)
ho·ri·zon Horizont *m*
hor·i·zon·tal horizontal, waag(e)recht
hor·mone BIOL Hormon *n*
horn ZO Horn *n*, *pl* Geweih *n*; MOT Hupe *f*
hor·net ZO Hornisse *f*
horn·y schwielig; V geil
hor·o·scope Horoskop *n*
hor·ri·ble schrecklich, furchtbar, scheußlich
hor·rid *esp Br* grässlich, abscheulich; schrecklich
hor·rif·ic schrecklich, entsetzlich
hor·ri·fy entsetzen
hor·ror Entsetzen *n*; Abscheu *m*, Horror *m*; F Gräuel *m*
horse ZO Pferd *n*; Bock *m*, Gestell *n*; ***wild ~s couldn't drag me there*** keine zehn Pferde bringen mich dort hin
horse·back: ***on ~*** zu Pferde, beritten
horse chest·nut BOT Rosskastanie *f*
horse·hair Rosshaar *n*
horse·man (geübter) Reiter
horse·pow·er TECH Pferdestärke *f*
horse race Pferderennen *n*
horse rac·ing Pferderennen *n or pl*
horse·rad·ish BOT Meerrettich *m*
horse·shoe Hufeisen *n*
horse·wom·an (geübte) Reiterin
hor·ti·cul·ture Gartenbau *m*
hose¹ Schlauch *m*
hose² Strümpfe *pl*, Strumpfwaren *pl*
ho·sier·y Strumpfwaren *pl*
hos·pice Sterbeklinik *f*
hos·pi·ta·ble gastfreundlich
hos·pi·tal Krankenhaus *n*, Klinik *f*; ***in the ~*** im Krankenhaus
hos·pi·tal·i·ty Gastfreundschaft *f*
hos·pi·tal·ize ins Krankenhaus einliefern *or* einweisen
host¹ 1. Gastgeber *m*; BIOL Wirt *m*; *radio*, TV Talkmaster *m*, Showmaster *m*, Moderator(in); ***your ~ was …*** durch die Sendung führte Sie … 2. *radio*, TV F *Sendung* moderieren
host² Menge *f*, Masse *f*
host³ REL *often* ***Host*** Hostie *f*
hos·tage Geisel *m*, *f*; ***take s.o. ~*** j-n als Geisel nehmen
hos·tel *esp Br* UNIV (Wohn)Heim *n*; *mst* ***youth ~*** Jugendherberge *f*
host·ess Gastgeberin *f*; Hostess *f* (*a.* AVIAT); AVIAT Stewardess *f*
hos·tile feindlich; feindselig (***to*** gegen); ***~ to foreigners*** ausländerfeindlich
hos·til·i·ty Feindseligkeit *f* (***to*** gegen); ***~ to foreigners*** Ausländerfeindlichkeit *f*
hot heiß (*a. fig and sl*); GASTR scharf; warm (*meal*); *fig* hitzig, heftig; ganz neu *or* frisch (*news etc*); ***I am or feel ~*** mir ist heiß
hot·bed Mistbeet *n*; *fig* Brutstätte *f*

hotch·potch *Br* → ***hodgepodge***
hot dog GASTR Hot Dog *n*, *m*
ho·tel Hotel *n*
hot·head Hitzkopf *m*
hot·house Treib-, Gewächshaus *n*
hot line POL heißer Draht; TEL Hotline *f*
hot·plate Kochplatte *f*
hot spot *esp* POL Unruhe-, Krisenherd *m*
hot spring Thermalquelle *f*
hot-tem·pered jähzornig
hot-wa·ter bot·tle Wärmflasche *f*
hound ZO Jagdhund *m*
hour Stunde *f*; *pl* (*Arbeits*)Zeit *f*, (*Geschäfts*)Stunden *pl*; **hour·ly** stündlich
house 1. Haus *n* **2.** unterbringen
house·bound ans Haus gefesselt
house·break·ing Einbruch *m*
house·hold 1. Haushalt *m* **2.** Haushalts…
house hus·band Hausmann *m*
house·keep·er Haushälterin *f*
house·keep·ing Haushaltung *f*, Haushaltsführung *f*
house·maid Hausangestellte *f*, Hausmädchen *n*
house·man *Br* MED Assistenzarzt *m*, -ärztin *f*
House of Lords *Br* PARL Oberhaus *n*
house plant Zimmerpflanze *f*
house-warm·ing Hauseinweihung *f*, Einzugsparty *f*
house·wife Hausfrau *f*
house·work Hausarbeit *f*
hous·ing Wohnung *f*; **~ de·vel·opment**, *Br* **~ es·tate** Wohnsiedlung *f*
hov·er schweben; herumlungern; *fig* schwanken
hov·er·craft Hovercraft *n*, Luftkissenfahrzeug *n*
how wie; ***~ are you?*** wie geht es dir?; ***~ about…?*** wie steht's mit …?, wie wäre es mit …?; ***~ do you do?*** guten Tag!; ***~ much?*** wie viel?; ***~ many*** wie viele?
how·ev·er 1. *adv* wie auch (immer) **2.** *cj* jedoch
howl 1. heulen; brüllen, schreien **2.** Heulen *n*; **howl·er** F grober Schnitzer
hub TECH (Rad)Nabe *f*; *fig* Mittelpunkt *m*, Angelpunkt *m*
hub·bub Stimmengewirr *n*; Tumult *m*
hub·by F (Ehe)Mann *m*
huck·le·ber·ry BOT amerikanische Heidelbeere
hud·dle: ***~ together*** (sich) zusammendrängen; ***~d up*** zusammengekauert
hue[1] Farbe *f*; (Farb)Ton *m*
hue[2]: ***~ and cry*** *fig* großes Geschrei, heftiger Protest
huff: ***in a ~*** verärgert, verstimmt
hug 1. (sich) umarmen; an sich drücken **2.** Umarmung *f*
huge riesig, riesengroß
hulk F Koloss *m*; sperriges Ding
hull 1. BOT Schale *f*, Hülse *f*; MAR Rumpf *m* **2.** enthülsen, schälen
hul·la·ba·loo Lärm *m*, Getöse *n*
hul·lo *int* hallo!
hum summen; brummen
hu·man 1. menschlich, Menschen… **2.** *a.* ***~ being*** Mensch *m*
hu·mane human, menschlich
hu·man·i·tar·i·an humanitär, menschenfreundlich
hu·man·i·ty die Menschheit, die Menschen *pl*; Humanität *f*, Menschlichkeit *f*; *pl* Geisteswissenschaften *pl*; Altphilologie *f*
hu·man·ly: ***~ possible*** menschenmöglich
hu·man rights Menschenrechte *pl*
hum·ble 1. demütig; bescheiden **2.** demütigen; **hum·ble·ness** Demut *f*
hum·drum eintönig, langweilig
hu·mid feucht, nass
hu·mid·i·ty Feuchtigkeit *f*
hu·mil·i·ate demütigen, erniedrigen
hu·mil·i·a·tion Demütigung *f*, Erniedrigung *f*
hu·mil·i·ty Demut *f*
hum·ming·bird ZO Kolibri *m*
hu·mor·ous humorvoll, komisch
hu·mo(u)r 1. Humor *m*; Komik *f* **2.** *j-m* s-n Willen lassen; eingehen auf (*acc*)
hump ZO Höcker *m*; MED Buckel *m*
hump·back(ed) → ***hunchback(ed)***
hunch 1. → ***hump***; dickes Stück; (Vor)Ahnung *f* **2.** *a.* ***~ up*** krümmen; ***~ one's shoulders*** die Schultern hochziehen
hunch·back Buckel *m*; Bucklige *m*, *f*
hunch·backed buck(e)lig
hun·dred 1. hundert **2.** Hundert *f*
hun·dredth 1. hundertste(r, -s) **2.** Hundertstel *n*
hun·dred·weight *appr* Zentner *m* (= *50,8 kg*)
Hun·ga·ri·an 1. ungarisch **2.** Ungar(in); LING Ungarisch *n*

Hun·ga·ry Ungarn *n*
hun·ger 1. Hunger *m* (*a. fig* **for** nach); **2.** *fig* hungern (***for, after*** nach)
hun·ger strike Hungerstreik *m*
hun·gry hungrig
hunk dickes *or* großes Stück
hunt 1. jagen; Jagd machen auf (*acc*); verfolgen; suchen (***for, after*** nach); ~ ***down*** zur Strecke bringen; ~ ***for*** Jagd machen auf (*acc*); ~ ***out***, ~ ***up*** aufspüren **2.** Jagd *f* (*a. fig*), Jagen *n*; Verfolgung *f*; Suche *f* (***for, after*** nach)
hunt·er Jäger *m*; Jagdpferd *n*
hunt·ing 1. Jagen *n* **2.** Jagd…
hunt·ing ground Jagdrevier *n*
hur·dle SPORT Hürde *f* (*a. fig*)
hur·dler SPORT Hürdenläufer(in)
hur·dle race SPORT Hürdenrennen *n*
hurl schleudern; ~ ***abuse at s.o.*** j-m Beleidigungen ins Gesicht schleudern
hur·rah, hur·ray *int* hurra!
hur·ri·cane Hurrikan *m*, Wirbelsturm *m*; Orkan *m*
hur·ried eilig, hastig, übereilt
hur·ry 1. *v/t* schnell *or* eilig befördern *or* bringen; *often* ~ ***up*** *j-n* antreiben, hetzen; *et.* beschleunigen; *v/i* eilen, hasten; ~ (***up***) sich beeilen; ~ ***up!*** (mach) schnell! **2.** (große) Eile, Hast *f*; ***be in a*** ~ es eilig haben
hurt verletzen, verwunden (*a. fig*); schmerzen, wehtun; schaden (*dat*)
hurt·ful verletzend
hus·band (Ehe)Mann *m*
hush 1. *int* still! **2.** Stille *f* **3.** zum Schweigen bringen; ~ ***up*** vertuschen, totschweigen
hush mon·ey Schweigegeld *n*
husk BOT **1.** Hülse *f*, Schote *f*, Schale *f* **2.** enthülsen, schälen
hus·tle 1. (*in aller Eile*) *wohin* bringen *or* schicken; hasten, hetzen; sich beeilen **2.** ~ ***and bustle*** Gedränge *n*; Gehetze *n*; Betrieb *m*, Wirbel *m*
hut Hütte *f*
hutch Stall *m*
hy·a·cinth BOT Hyazinthe *f*
hy·(a)e·na ZO Hyäne *f*
hy·brid BIOL Mischling *m*, Kreuzung *f*
hy·drant Hydrant *m*
hy·draul·ic hydraulisch
hy·draul·ics hydraulik *f*
hy·dro... Wasser…
hy·dro·car·bon CHEM Kohlenwasserstoff *m*
hy·dro·chlor·ic ac·id CHEM Salzsäure *f*
hy·dro·foil MAR Tragflächenboot *n*, Tragflügelboot *n*
hy·dro·gen CHEM Wasserstoff *m*; ~ **bomb** Wasserstoffbombe
hy·dro·plane AVIAT Wasserflugzeug *n*; MAR Gleitboot *n*
hy·dro·plan·ing MOT Aquaplaning *n*
hy·e·na ZO Hyäne *f*
hy·giene Hygiene *f*
hy·gien·ic hygienisch
hymn Kirchenlied *n*, Choral *m*
hype F **1.** *a.* ~ ***up*** (übersteigerte) Publicity machen für **2.** (übersteigerte) Publicity; ***media*** ~ Medienrummel *m*
hy·per... hyper…, übermäßig
hy·per·mar·ket *Br* Groß-, Verbrauchermarkt *m*
hy·per·sen·si·tive überempfindlich (***to*** gegen)
hy·phen Bindestrich *m*
hy·phen·ate mit Bindestrich schreiben
hyp·no·tize hypnotisieren
hy·po·chon·dri·ac Hypochonder *m*
hy·poc·ri·sy Heuchelei *f*
hyp·o·crite Heuchler(in); **hyp·o·criti·cal** heuchlerisch, scheinheilig
hy·poth·e·sis Hypothese *f*
hys·te·ri·a MED Hysterie *f*
hys·ter·i·cal hysterisch
hys·ter·ics hysterischer Anfall; ***go into*** ~ hysterisch werden

I

I, i I, i *n*
I ich; ***it is*** ~ ich bin es
ice 1. Eis *n* **2.** *Getränke etc* mit *or* in Eis kühlen; GASTR glasieren, mit Zuckerguss überziehen; ~***d over*** zugefroren (*lake etc*); ~***d up*** vereist (*road*)
ice age Eiszeit *f*
ice·berg Eisberg *m* (*a. fig*)

ice·bound eingefroren
ice cream (Speise)Eis *n*
ice-cream par·lo(u)r Eisdiele *f*
ice cube Eiswürfel *m*
iced eisgekühlt
ice floe Eisscholle *f*
ice hock·ey SPORT Eishockey *n*
ice lol·ly *Br* Eis *n* am Stiel
ice rink (Kunst)Eisbahn *f*
ice show Eisrevue *f*
ice skate Schlittschuh *m*
ice-skate Schlittschuh laufen
i·ci·cle Eiszapfen *m*
ic·ing GASTR Glasur *f*, Zuckerguss *m*; ***the ~ on the cake*** das Tüpfelchen auf dem i
i·con REL Ikone *f*; IT Icon *n*, (Bild)Symbol *n*
i·cy eisig; vereist
ID *abbr of* ***identity*** Identität *f*; ***ID card*** (Personal)Ausweis *m*
i·dea Idee *f*, Vorstellung *f*, Begriff *m*; Gedanke *m*, Idee *f*; ***have no ~*** keine Ahnung haben
i·deal 1. ideal **2.** Ideal *n*
i·deal·ism Idealismus *m*
i·deal·ize idealisieren
i·den·ti·cal identisch (***to, with*** mit); **~ twins** eineiige Zwillinge *pl*
i·den·ti·fi·ca·tion Identifizierung *f*; **~ (pa·pers)** Ausweis(papiere *pl*) *m*
i·den·ti·fy identifizieren; ***~ o.s.*** sich ausweisen
i·den·ti·kit® pic·ture *Br* JUR Phantombild *n*
i·den·ti·ty Identität *f*; **~ card** (Personal)Ausweis *m*
i·de·o·log·i·cal ideologisch
i·de·ol·o·gy Ideologie *f*
id·i·om Idiom *n*, idiomatischer Ausdruck, Redewendung *f*
id·i·o·mat·ic idiomatisch
id·i·ot Idiot(in), *contp a.* Trottel *m*
id·i·ot·ic idiotisch, F *a.* blödsinnig, schwachsinnig
i·dle 1. untätig; faul, träge; nutzlos; leer, hohl (*talk*); TECH stillstehend, außer Betrieb; MOT leerlaufend, im Leerlauf **2.** faulenzen; MOT leerlaufen; *mst* ***~ away*** *Zeit* vertrödeln
i·dol Idol *n* (*a. fig*); Götzenbild *n*
i·dol·ize abgöttisch verehren, vergöttern
i·dyl·lic idyllisch
if wenn, falls; ob; ***~ I were you*** wenn ich du wäre
ig·loo Iglu *m, n*
ig·nite anzünden, (sich) entzünden; MOT zünden; **ig·ni·tion** MOT Zündung *f*
ig·ni·tion key MOT Zündschlüssel *m*
ig·no·rance Unkenntnis *f*, Unwissenheit *f*; **ig·no·rant**: ***be ~ of s.th.*** et. nicht wissen *or* kennen, nichts wissen von et.
ig·nore ignorieren, nicht beachten
ill krank; schlimm, schlecht; ***fall ~*** krank werden, erkranken
ill-ad·vised schlecht beraten; unklug
ill-bred schlecht erzogen; ungezogen
il·le·gal verboten; JUR illegal, ungesetzlich; ***~ parking*** Falschparken *n*
il·le·gi·ble unleserlich
il·le·git·i·mate unehelich; unrechtmäßig
ill feel·ing Verstimmung *f*; ***cause ~*** böses Blut machen
ill-hu·mo(u)red schlecht gelaunt
il·li·cit unerlaubt, verboten
il·lit·e·rate ungebildet
ill-man·nered ungehobelt, ungezogen
ill-na·tured boshaft, bösartig
ill·ness Krankheit *f*
ill-tem·pered schlecht gelaunt
ill-timed ungelegen, unpassend
ill-treat misshandeln
il·lu·mi·nate beleuchten
il·lu·mi·nat·ing aufschlussreich
il·lu·mi·na·tion Beleuchtung *f*; *pl* Illumination *f*, Festbeleuchtung *f*
il·lu·sion Illusion *f*, Täuschung *f*
il·lu·sive, il·lu·so·ry illusorisch, trügerisch
il·lus·trate illustrieren; bebildern; erläutern, veranschaulichen
il·lus·tra·tion Erläuterung *f*; Illustration *f*; Bild *n*, Abbildung *f*
il·lus·tra·tive erläuternd
il·lus·tri·ous berühmt
ill will Feindschaft *f*
im·age Bild *n*; Ebenbild *n*; Image *n*; bildlicher Ausdruck, Metapher *f*
im·age·ry Bildersprache *f*, Metaphorik *f*
i·ma·gi·na·ble vorstellbar, denkbar
i·ma·gi·na·ry eingebildet, imaginär
i·ma·gi·na·tion Einbildung(skraft) *f*; Vorstellungskraft *f*, -vermögen *n*
i·ma·gi·na·tive ideenreich, einfallsreich; fantasievoll
i·ma·gine sich *j-n or et.* vorstellen; sich *et.* einbilden
im·bal·ance Unausgewogenheit *f*; POL *etc* Ungleichgewicht *n*

I

im·be·cile Idiot *m*, Trottel *m*
im·i·tate nachahmen, nachmachen, imitieren; **im·i·ta·tion 1.** Nachahmung *f*, Imitation *f* **2.** nachgemacht, unecht, künstlich, Kunst…
im·mac·u·late unbefleckt, makellos; tadellos, fehlerlos
im·ma·te·ri·al unwesentlich, unerheblich (***to*** für)
im·ma·ture unreif
im·mea·su·ra·ble unermesslich
im·me·di·ate unmittelbar; sofortig, umgehend; nächste(r, -s) (*family*)
im·me·di·ate·ly unmittelbar; sofort
im·mense riesig, *fig a.* enorm, immens
im·merse (ein)tauchen; ***~ o.s. in*** sich vertiefen in (*acc*)
im·mer·sion Eintauchen *n*
im·mer·sion heat·er Tauchsieder *m*
im·mi·grant Einwanderer *m*, Einwanderin *f*, Immigrant(in); **im·mi·grate** einwandern, immigrieren (***into*** in *dat*); **im·mi·gra·tion** Einwanderung *f*, Immigration *f*
im·mi·nent nahe bevorstehend; ***~ danger*** drohende Gefahr
im·mo·bile unbeweglich
im·mod·e·rate maßlos
im·mod·est unbescheiden; schamlos, unanständig
im·mor·al unmoralisch
im·mor·tal 1. unsterblich **2.** Unsterbliche *m, f*
im·mor·tal·i·ty Unsterblichkeit *f*
im·mo·va·ble unbeweglich; *fig* unerschütterlich; hart, unnachgiebig
im·mune MED immun (***to*** gegen); geschützt (***from*** vor, gegen); **~ sys·tem** MED Immunsystem *n*
im·mu·ni·ty MED Immunität *f*
im·mu·nize MED immunisieren, immun machen (***against*** gegen)
imp Kobold *m*; F Racker *m*
im·pact Zusammenprall *m*, Anprall *m*; Aufprall *m*; Wucht *f*; *fig* (Ein)Wirkung *f*, (starker) Einfluss (***on*** auf *acc*)
im·pair beeinträchtigen
im·part (***to*** *dat*) mitteilen; vermitteln
im·par·tial unparteiisch, unvoreingenommen; **im·par·ti·al·i·ty** Unparteilichkeit *f*, Objektivität *f*
im·pass·a·ble unpassierbar
im·passe *fig* Sackgasse *f*; ***reach an ~*** in e-e Sackgasse geraten
im·pas·sioned leidenschaftlich
im·pas·sive teilnahmslos; ungerührt; gelassen
im·pa·tience Ungeduld *f*
im·pa·tient ungeduldig
im·peach JUR anklagen (***for, of, with*** *gen*); JUR anfechten; infrage stellen, in Zweifel ziehen
im·pec·ca·ble untadelig, einwandfrei
im·pede (be)hindern
im·ped·i·ment Hindernis *n* (***to*** für); Behinderung *f*
im·pel antreiben; zwingen
im·pend·ing nahe bevorstehend, drohend
im·pen·e·tra·ble undurchdringlich; *fig* unergründlich
im·per·a·tive 1. unumgänglich, unbedingt erforderlich; gebieterisch; LING Imperativ… **2.** *a.* ***~ mood*** LING Imperativ *m*, Befehlsform *f*
im·per·cep·ti·ble nicht wahrnehmbar, unmerklich
im·per·fect 1. unvollkommen; mangelhaft **2.** *a.* ***~ tense*** LING Imperfekt *n*, 1. Vergangenheit
im·pe·ri·al·ism POL Imperialismus
im·pe·ri·al·ist POL Imperialist *m*
im·per·il gefährden
im·pe·ri·ous herrisch, gebieterisch
im·per·me·a·ble undurchlässig
im·per·son·al unpersönlich
im·per·so·nate *j-n* imitieren, nachahmen; verkörpern, THEA *etc* darstellen
im·per·ti·nence Unverschämtheit *f*, Frechheit *f*
im·per·ti·nent unverschämt, frech
im·per·tur·ba·ble unerschütterlich, gelassen
im·per·vi·ous undurchlässig; *fig* unzugänglich (***to*** für)
im·pe·tu·ous ungestüm, heftig; impulsiv; vorschnell
im·pe·tus TECH Antrieb *m*, Impuls *m*
im·pi·e·ty Gottlosigkeit *f*; Pietätlosigkeit *f*, Respektlosigkeit *f* (***to*** gegenüber)
im·pinge: ***~ on*** sich auswirken auf (*acc*), beeinflussen (*acc*)
im·pi·ous gottlos; pietätlos, respektlos (***to*** gegenüber)
im·plac·a·ble unversöhnlich
im·plant MED implantieren, einpflanzen; *fig* einprägen

im·plau·si·ble unglaubwürdig
im·ple·ment **1.** Werkzeug *n*, Gerät *n* **2.** ausführen
im·pli·cate *j-n* verwickeln, hineinziehen (***in*** in *acc*); **im·pli·ca·tion** Verwicklung *f*; Folge *f*; Andeutung *f*
im·pli·cit vorbehaltlos, bedingungslos; impliziert, (stillschweigend *or* mit) inbegriffen
im·plore *j-n* anflehen; *et.* erflehen
im·ply implizieren, einbeziehen, mit enthalten; andeuten; bedeuten
im·po·lite unhöflich
im·pol·i·tic unklug
im·port ECON **1.** importieren, einführen **2.** Import *m*, Einfuhr *f*
im·por·tance Wichtigkeit *f*, Bedeutung *f*; **im·por·tant** wichtig, bedeutend
im·por·ta·tion → ***import*** *2*
im·port du·ty ECON Einfuhrzoll *m*
im·port·er ECON Importeur *m*
im·pose auferlegen, aufbürden (***on*** *dat*); *Strafe* verhängen (***on*** gegen); *et.* aufdrängen, aufzwingen (***on*** *dat*); ***~ o.s. on s.o.*** sich j-m aufdrängen
im·pos·ing imponierend, eindrucksvoll, imposant
im·pos·si·bil·i·ty Unmöglichkeit *f*
im·pos·si·ble unmöglich
im·pos·ter, *Br* **im·pos·tor** Betrüger(in), *esp* Hochstapler(in)
im·po·tence Unvermögen *n*, Unfähigkeit *f*; Hilflosigkeit *f*; MED Impotenz *f*
im·po·tent unfähig; hilflos; MED impotent
im·pov·e·rish arm machen; ***be ~ed*** verarmen; verarmt sein
im·prac·ti·ca·ble undurchführbar; unpassierbar
im·prac·ti·cal unpraktisch; undurchführbar
im·preg·na·ble uneinnehmbar
im·preg·nate imprägnieren, tränken; BIOL schwängern
im·press aufdrücken, einprägen (*a. fig*); *j-n* beeindrucken; ***be ~ed with*** beeindruckt sein von
im·pres·sion Eindruck *m*; Abdruck *m*; ***under the ~ that*** in der Annahme, dass
im·pres·sive eindrucksvoll
im·print **1.** (auf)drücken (***on*** auf *acc*); ***~ s.th. on s.o.'s memory*** j-m et. ins Gedächtnis einprägen **2.** Abdruck *m*, Eindruck *m*; PRINT Impressum *n*
im·pris·on JUR inhaftieren
im·pris·on·ment Freiheitsstrafe *f*, Gefängnis(strafe *f*) *n*, Haft *f*
im·prob·a·ble unwahrscheinlich
im·prop·er ungeeignet, unpassend; unanständig, unschicklich; unrichtig
im·pro·pri·e·ty Unschicklichkeit *f*
im·prove *v/t* verbessern; *Wert etc* erhöhen, steigern; ***~ on*** übertreffen; *v/i* sich (ver)bessern, besser werden, sich erholen; **im·prove·ment** (Ver)Bess(e)rung *f*; Steigerung *f*; Fortschritt *m* (***on*** gegenüber *dat*)
im·pro·vise improvisieren
im·pru·dent unklug
im·pu·dence Unverschämtheit *f*
im·pu·dent unverschämt
im·pulse Impuls *m* (*a. fig*); Anstoß *m*, Anreiz *m*; **im·pul·sive** impulsiv
im·pu·ni·ty: ***with ~*** straflos, ungestraft
im·pure unrein (*a.* REL), schmutzig; *fig* schlecht, unmoralisch
im·pu·ri·ty Unreinheit *f*
im·pute: ***~ s.th. to s.o.*** j-n e-r Sache bezichtigen; j-m et. unterstellen
in **1.** *prp place*: in (*dat or acc*), an (*dat*), auf (*dat*): ***~ New York*** in New York; ***~ the street*** auf der Straße; ***put it ~ your pocket*** steck es in deine Tasche; *time*: in (*dat*), an (*dat*): ***~ 1999*** 1999; ***~ two hours*** in zwei Stunden; ***~ the morning*** am Morgen; *state, manner*: in (*dat*), auf (*acc*), mit; ***~ English*** auf Englisch; *activity*: in (*dat*), bei, auf (*dat*): ***~ crossing the road*** beim Überqueren der Straße; *author*: bei: ***~ Shakespeare*** bei Shakespeare; *direction*: in (*acc, dat*), auf (*acc*), zu: ***have confidence ~*** Vertrauen haben zu; *purpose*: in (*dat*), zu, als: ***~ defense of*** zur Verteidigung *or* zum Schutz von; *material*: in (*dat*), aus, mit: ***dressed ~ blue*** in Blau (gekleidet); *amount etc*: in, von, aus, zu: ***three ~ all*** insgesamt *or* im Ganzen drei; ***one ~ ten*** eine(r, -s) von zehn; nach, gemäß: ***~ my opinion*** m-r Meinung nach **2.** *adv* innen, drinnen; hinein, herein; da, (an)gekommen; da, zu Hause **3.** *adj* F in (Mode)
in·a·bil·i·ty Unfähigkeit *f*
in·ac·ces·si·ble unzugänglich, unerreichbar (***to*** für *or dat*)
in·ac·cu·rate ungenau
in·ac·tive untätig

I

in·ac·tiv·i·ty Untätigkeit *f*
in·ad·e·quate unangemessen; unzulänglich, ungenügend
in·ad·mis·si·ble unzulässig, unstatthaft
in·ad·ver·tent unbeabsichtigt, versehentlich; **~ly** *a.* aus Versehen
in·an·i·mate leblos; langweilig
in·ap·pro·pri·ate unpassend, ungeeignet (***for, to*** für)
in·apt ungeeignet, unpassend
in·ar·tic·u·late unartikuliert, undeutlich (ausgesprochen), unverständlich; unfähig(, deutlich) zu sprechen
in·at·ten·tive unaufmerksam
in·au·di·ble unhörbar
in·au·gu·ral **1.** Eröffnungs…, Antritts…; **~ *speech*** → **2.** Antrittsrede *f*
in·au·gu·rate *j-n* (feierlich) (in sein Amt) einführen; einweihen, eröffnen; einleiten; **in·au·gu·ra·tion** Amtseinführung *f*; Einweihung *f*, Eröffnung *f*; Beginn *m*; ***Inauguration Day*** Tag *m* der Amtseinführung des neu gewählten Präsidenten der USA
in·born angeboren
in·cal·cu·la·ble unberechenbar; unermesslich
in·can·des·cent (weiß) glühend
in·ca·pa·ble unfähig (***of*** zu *inf or gen*), nicht imstande (***of doing*** zu tun)
in·ca·pa·ci·tate unfähig *or* untauglich machen; **in·ca·pac·i·ty** Unfähigkeit *f*, Untauglichkeit *f*
in·car·nate leibhaftig; personifiziert
in·cau·tious unvorsichtig
in·cen·di·a·ry Brand…; *fig* aufwiegelnd, aufhetzend
in·cense[1] REL Weihrauch *m*
in·cense[2] in Wut bringen, erbosen
in·cen·tive Ansporn *m*, Anreiz *m*
in·ces·sant ständig, unaufhörlich
in·cest Inzest *m*, Blutschande *f*
inch **1.** Inch *m* (*2,54 cm*), Zoll *m* (*a. fig*); ***by ~es, ~ by ~*** allmählich; ***every ~*** durch und durch **2.** (sich) zentimeterweise *or* sehr langsam bewegen
in·ci·dence Vorkommen *n*
in·ci·dent Vorfall *m*, Ereignis *n*; POL Zwischenfall *m*
in·ci·den·tal nebensächlich, Neben…; beiläufig; **in·ci·den·tal·ly** nebenbei bemerkt, übrigens
in·cin·e·rate verbrennen
in·cin·e·ra·tor TECH Verbrennungsofen *m*; Verbrennungsanlage *f*
in·cise einschneiden; aufschneiden; einritzen, einschnitzen
in·ci·sion (Ein)Schnitt *m*
in·ci·sive schneidend, scharf; *fig* treffend
in·ci·sor ANAT Schneidezahn *m*
in·cite anstiften; aufwiegeln, aufhetzen
in·cite·ment Anstiftung *f*; Aufhetzung *f*, Aufwieg(e)lung *f*
in·clem·ent rau
in·cli·na·tion Neigung *f* (*a. fig*)
in·cline **1.** *v/i* sich neigen (***to, towards*** nach); *fig* neigen (***to, towards*** zu); *v/t* neigen; *fig* veranlassen **2.** Gefälle *n*; (Ab)Hang *m*
in·close, in·clos·ure → ***enclose, enclosure***
in·clude einschließen, enthalten; aufnehmen (***in*** in *e-e Liste etc*); ***the group ~d several …*** zu der Gruppe gehörten einige …; ***tax ~d*** inklusive Steuer
in·clud·ing einschließlich
in·clu·sion Einschluss *m*, Einbeziehung *f*; **in·clu·sive** einschließlich, inklusive (***of*** *gen*); ***be ~ of*** einschließen (*acc*)
in·co·her·ent unzusammenhängend, unklar, unverständlich
in·come ECON Einkommen *n*, Einkünfte *pl*; **~ tax** ECON Einkommensteuer *f*
in·com·ing hereinkommend; ankommend; nachfolgend, neu; **~ *mail*** Posteingang *m*
in·com·mu·ni·ca·tive verschlossen
in·com·pa·ra·ble unvergleichlich; unvergleichbar
in·com·pat·i·ble unvereinbar; unverträglich; inkompatibel
in·com·pe·tence Unfähigkeit *f*; Inkompetenz *f*; **in·com·pe·tent** unfähig; nicht fachkundig *or* sachkundig; unzuständig, inkompetent
in·com·plete unvollständig; unvollendet
in·com·pre·hen·si·ble unbegreiflich, unfassbar
in·com·pre·hen·sion Unverständnis *n*
in·con·cei·va·ble unbegreiflich, unfassbar; undenkbar
in·con·clu·sive nicht überzeugend; ergebnislos, erfolglos
in·con·gru·ous nicht übereinstimmend; unvereinbar
in·con·se·quen·tial unbedeutend

in·con·sid·e·ra·ble unbedeutend
in·con·sid·er·ate unüberlegt; rücksichtslos
in·con·sis·tent unvereinbar; widersprüchlich; inkonsequent
in·con·so·la·ble untröstlich
in·con·spic·u·ous unauffällig
in·con·stant unbeständig, wankelmütig
in·con·test·a·ble unanfechtbar
in·con·ti·nent MED inkontinent
in·con·ve·ni·ence 1. Unbequemlichkeit *f*; Unannehmlichkeit *f*, Ungelegenheit *f* **2.** *j-m* lästig sein; *j-m* Umstände machen; **in·con·ve·ni·ent** unbequem; ungelegen, lästig
in·cor·po·rate (sich) vereinigen *or* zusammenschließen; (mit) einbeziehen; enthalten; eingliedern; *Ort* eingemeinden; ECON, JUR als Aktiengesellschaft eintragen (lassen)
in·cor·po·rat·ed com·pa·ny ECON Aktiengesellschaft *f*
in·cor·po·ra·tion Vereinigung *f*, Zusammenschluss *m*; Eingliederung *f*; Eingemeindung *f*; ECON, JUR Eintragung *f* als Aktiengesellschaft
in·cor·rect unrichtig, falsch; inkorrekt
in·cor·ri·gi·ble unverbesserlich
in·cor·rup·ti·ble unbestechlich
in·crease 1. zunehmen, (an)wachsen; steigen; vergrößern, vermehren, erhöhen **2.** Vergrößerung *f*, Erhöhung *f*, Zunahme *f*, Zuwachs *m*, (An)Wachsen *n*, Steigerung *f*; **in·creas·ing·ly** immer mehr; **~ *difficult*** immer schwieriger
in·cred·i·ble unglaublich
in·cre·du·li·ty Ungläubigkeit *f*
in·cred·u·lous ungläubig, skeptisch
in·crim·i·nate *j-n* belasten
in·cu·bate ausbrüten; **in·cu·ba·tor** Brutapparat *m*; MED Brutkasten *m*
in·cur sich *et.* zuziehen, auf sich laden; *Schulden* machen; *Verluste* erleiden
in·cu·ra·ble unheilbar
in·cu·ri·ous nicht neugierig, gleichgültig, uninteressiert
in·cur·sion (feindlicher) Einfall; Eindringen *n*
in·debt·ed (zu Dank) verpflichtet; ECON verschuldet
in·de·cent unanständig, anstößig; JUR unsittlich, unzüchtig; **~ *assault*** JUR Sittlichkeitsverbrechen *n*
in·de·ci·sion Unentschlossenheit *f*
in·de·ci·sive unentschlossen; unentschieden; unbestimmt, ungewiss
in·deed 1. *adv* in der Tat, tatsächlich, wirklich; allerdings; ***thank you very much ~!*** vielen herzlichen Dank! **2.** *int* ach wirklich?
in·de·fat·i·ga·ble unermüdlich
in·de·fen·si·ble unhaltbar
in·de·fi·na·ble undefinierbar, unbestimmbar
in·def·i·nite unbestimmt; unbegrenzt
in·def·i·nite·ly auf unbestimmte Zeit
in·del·i·cate taktlos; unfein, anstößig
in·dem·ni·fy *j-n* entschädigen, *j-m* Schadenersatz leisten (***for*** für)
in·dem·ni·ty Entschädigung *f*
in·dent (ein)kerben, auszacken; PRINT *Zeile* einrücken
in·de·pen·dence Unabhängigkeit *f*; Selbstständigkeit *f*; ***Independence Day*** Unabhängigkeitstag *m*
in·de·pen·dent unabhängig; selbstständig
in·de·scri·ba·ble unbeschreiblich
in·de·struc·ti·ble unzerstörbar; unverwüstlich
in·de·ter·mi·nate unbestimmt; unklar, vage
in·dex Index *m*, (Inhalts-, Namens-, Stichwort)Verzeichnis *n*, (Sach)Register *n*; (An)Zeichen *n*; ***cost of living ~*** Lebenshaltungsindex *m*
in·dex card Karteikarte *f*
in·dex fin·ger ANAT Zeigefinger *m*
In·di·a Indien *n*
In·di·an 1. indisch; *neg!* indianisch, Indianer… **2.** Inder(in); ***American ~*** Indianer(in); **~ corn** BOT Mais *m*; **~ *file: in ~*** im Gänsemarsch; **~ sum·mer** Altweibersommer *m*, Nachsommer *m*
in·di·a rub·ber Gummi *n*, *m*; Radiergummi *m*
in·di·cate deuten *or* zeigen auf (*acc*); TECH anzeigen; MOT blinken; *fig* hinweisen *or* hindeuten auf (*acc*); andeuten; **in·di·ca·tion** (An)Zeichen *n*, Hinweis *m*, Andeutung *f*, Indiz *n*
in·dic·a·tive *a.* **~ *mood*** LING Indikativ *m*
in·di·ca·tor TECH Anzeiger *m*; MOT Richtungsanzeiger *m*, Blinker *m*
in·dict JUR anklagen (***for*** wegen)
in·dict·ment JUR Anklage *f*
in·dif·fer·ence Gleichgültigkeit *f*
in·dif·fer·ent gleichgültig (***to*** gegen);

I

mittelmäßig
in·di·gent arm
in·di·ges·ti·ble unverdaulich
in·di·ges·tion MED Verdauungsstörung *f*, Magenverstimmung *f*
in·dig·nant entrüstet, empört, ungehalten (***about, at, over*** über *acc*)
in·dig·na·tion Entrüstung *f*, Empörung *f* (***about, at, over*** über *acc*)
in·dig·ni·ty Demütigung *f*, unwürdige Behandlung
in·di·rect indirekt; ***by ~ means*** *fig* auf Umwegen
in·dis·creet unbesonnen, unbedacht; indiskret; **in·dis·cre·tion** Unbesonnenheit *f*; Indiskretion *f*
in·dis·crim·i·nate kritiklos; wahllos
in·di·spen·sa·ble unentbehrlich, unerlässlich
in·dis·posed indisponiert, unpässlich; abgeneigt; **in·dis·po·si·tion** Unpässlichkeit *f*; Abneigung *f* (***to do*** zu tun)
in·dis·pu·ta·ble unbestreitbar, unstreitig
in·dis·tinct undeutlich; unklar, verschwommen
in·dis·tin·guish·a·ble nicht zu unterscheiden(d) (***from*** von)
in·di·vid·u·al **1.** individuell, einzeln, Einzel…; persönlich **2.** Individuum *n*, Einzelne *m, f*
in·di·vid·u·al·ism Individualismus *m*
in·di·vid·u·al·ist Individualist(in)
in·di·vid·u·al·i·ty Individualität *f*, (persönliche) Note
in·di·vid·u·al·ly einzeln, jede(r, -s) für sich; individuell
in·di·vis·i·ble unteilbar
in·dom·i·ta·ble unbezähmbar, nicht unterzukriegen(d)
in·door Haus…, Zimmer…, Innen…, SPORT Hallen…
in·doors im Haus, drinnen; ins Haus (hinein); SPORT in der Halle
in·dorse → ***endorse*** *etc*
in·duce *j-n* veranlassen; verursachen, bewirken; **in·duce·ment** Anreiz *m*
in·duct einführen, -setzen; **in·duc·tion** Herbeiführung *f*; Einführung *f*, Einsetzung *f*; ELECTR Induktion *f*
in·dulge nachsichtig sein gegen; *e-r Neigung etc* nachgeben; ***~ in s.th.*** sich et. gönnen *or* leisten; **in·dul·gence** Nachsicht *f*; Luxus *m*; REL Ablass *m*
in·dul·gent nachsichtig, nachgiebig
in·dus·tri·al industriell, Industrie…, Gewerbe…, Betriebs…
in·dus·tri·al ar·e·a Industriegebiet *n*
in·dus·tri·al·ist Industrielle *m, f*
in·dus·tri·al·ize industrialisieren
in·dus·tri·ous fleißig
in·dus·try Industrie(zweig *m*) *f*; Gewerbe(zweig *m*) *n*; Fleiß *m*
in·ed·i·ble ungenießbar, nicht essbar
in·ef·fec·tive, in·ef·fec·tu·al unwirksam, wirkungslos; unfähig, untauglich
in·ef·fi·cient ineffizient; unfähig, untauglich; unrationell, unwirtschaftlich
in·el·e·gant unelegant
in·el·i·gi·ble nicht berechtigt
in·ept unpassend; ungeschickt; albern, töricht
in·e·qual·i·ty Ungleichheit *f*
in·ert PHYS träge (*a. fig*); inaktiv
in·er·tia PHYS Trägheit *f* (*a. fig*)
in·es·cap·a·ble unvermeidlich
in·es·sen·tial unwesentlich, unwichtig (***to*** für)
in·es·ti·ma·ble unschätzbar
in·ev·i·ta·ble unvermeidlich
in·ev·i·ta·bly zwangsläufig
in·ex·act ungenau
in·ex·cu·sa·ble unverzeihlich, unentschuldbar
in·ex·haus·ti·ble unerschöpflich; unermüdlich
in·ex·o·ra·ble unerbittlich
in·ex·pe·di·ent unzweckmäßig; nicht ratsam
in·ex·pen·sive billig, preiswert
in·ex·pe·ri·ence Unerfahrenheit *f*
in·ex·pe·ri·enced unerfahren
in·ex·pert unerfahren; ungeschickt
in·ex·plic·a·ble unerklärlich
in·ex·pres·si·ble unaussprechlich, unbeschreiblich
in·ex·pres·sive ausdruckslos
in·ex·tri·ca·ble unentwirrbar
in·fal·li·ble unfehlbar
in·fa·mous berüchtigt; schändlich, niederträchtig; **in·fa·my** Ehrlosigkeit *f*; Schande *f*; Niedertracht *f*
in·fan·cy frühe Kindheit; ***be in its ~*** *fig* in den Kinderschuhen stecken
in·fant Säugling *m*; kleines Kind, Kleinkind *n*; **in·fan·tile** kindlich; Kindes…, Kinder…; infantil, kindisch
in·fan·try MIL Infanterie *f*

in·fat·u·at·ed vernarrt (***with*** in *acc*)
in·fect MED *j-n*, *et.* infizieren, *j-n* anstecken (*a. fig*); verseuchen, verunreinigen; **in·fec·tion** MED Infektion *f*, Ansteckung *f* (*a. fig*); **in·fec·tious** MED infektiös, ansteckend (*a. fig*)
in·fer folgern, schließen (***from*** aus)
in·fer·ence (Schluss)Folgerung *f*, (Rück)Schluss *m*
in·fe·ri·or **1.** untergeordnet (***to*** *dat*), niedriger (***to*** als); weniger wert (***to*** als); minderwertig; ***be ~ to s.o.*** j-m untergeordnet sein; j-m unterlegen sein **2.** Untergebene *m*, *f*
in·fe·ri·or·i·ty Unterlegenheit *f*; Minderwertigkeit *f*; **~ com·plex** PSYCH Minderwertigkeitskomplex *m*
in·fer·nal höllisch, Höllen…
in·fer·no Inferno *n*, Hölle *f*
in·fer·tile unfruchtbar
in·fest verseuchen, befallen; *fig* überschwemmen (***with*** mit)
in·fi·del·i·ty (*esp* eheliche) Untreue
in·fil·trate einsickern in (*acc*); einschleusen (***into*** in *acc*); POL unterwandern
in·fi·nite unendlich
in·fin·i·tive *a.* ***~ mood*** LING Infinitiv *m*, Nennform *f*
in·fin·i·ty Unendlichkeit *f*
in·firm schwach, gebrechlich
in·fir·ma·ry Krankenhaus *n*; PED *etc* Krankenzimmer *n*
in·fir·mi·ty Schwäche *f*, Gebrechlichkeit *f*
in·flame entflammen (*mst fig*); erregen; ***become ~d*** MED sich entzünden
in·flam·ma·ble brennbar, leicht entzündlich; feuergefährlich
in·flam·ma·tion MED Entzündung *f*
in·flam·ma·to·ry MED entzündlich; *fig* aufrührerisch, Hetz…
in·flate aufpumpen, aufblasen, aufblähen (*a. fig*); ECON *Preise etc* in die Höhe treiben
in·fla·tion ECON Inflation *f*
in·flect LING flektieren, beugen
in·flec·tion LING Flexion *f*, Beugung *f*
in·flex·i·ble unbiegsam, starr (*a. fig*); *fig* inflexibel, unbeweglich, unbeugsam
in·flex·ion *Br* → ***inflection***
in·flict (***on***) *Leid*, *Schaden etc* zufügen (*dat*); *Wunde etc* beibringen (*dat*); *Strafe* auferlegen (*dat*), verhängen (über *acc*); aufbürden, aufdrängen (*dat*)
in·flic·tion Zufügung *f*; Verhängung *f*; Plage *f*
in·flu·ence **1.** Einfluss *m* **2.** beeinflussen; **in·flu·en·tial** einflussreich
in·flux Zustrom *m*, Zufluss *m*, (*Waren-*) Zufuhr *f*
in·form benachrichtigen, unterrichten (***of*** von), informieren (***of*** über *acc*); ***~ against*** *or* ***on s.o.*** j-n anzeigen; j-n denunzieren
in·for·mal formlos, zwanglos
in·for·mal·i·ty Formlosigkeit *f*; Ungezwungenheit *f*
in·for·ma·tion Auskunft *f*, Information *f*; Nachricht *f*
in·for·ma·tive informativ; lehrreich; mitteilsam
in·form·er Denunziant(in); Spitzel *m*
in·fra·struc·ture Infrastruktur *f*
in·fre·quent selten
in·fringe: ***~ on*** *Rechte*, *Vertrag etc* verletzen, verstoßen gegen
in·fu·ri·ate wütend machen
in·fuse *Tee* aufgießen
in·fu·sion Aufguss *m*; MED Infusion *f*
in·ge·ni·ous genial; einfallsreich; raffiniert; **in·ge·nu·i·ty** Genialität *f*; Einfallsreichtum *m*
in·gen·u·ous offen, aufrichtig; naiv
in·got (*Gold- etc*)Barren *m*
in·gra·ti·ate: ***~ o.s. with s.o.*** sich bei j-m beliebt machen
in·grat·i·tude Undankbarkeit *f*
in·gre·di·ent Bestandteil *m*; GASTR Zutat *f*
in·hab·it bewohnen, leben in (*dat*)
in·hab·it·a·ble bewohnbar
in·hab·i·tant Bewohner(in); Einwohner(in)
in·hale einatmen, MED *a.* inhalieren
in·her·ent innewohnend, eigen (***in*** *dat*)
in·her·it erben; **in·her·i·tance** Erbe *n*
in·hib·it hemmen (*a.* PSYCH), (ver)hindern; **in·hib·it·ed** PSYCH gehemmt; **in·hi·bi·tion** PSYCH Hemmung *f*
in·hos·pi·ta·ble ungastlich; unwirtlich (*region etc*)
in·hu·man unmenschlich
in·hu·mane inhuman, menschenunwürdig
in·im·i·cal feindselig (***to*** gegen); nachteilig (***to*** für)
in·im·i·ta·ble unnachahmlich
i·ni·tial **1.** anfänglich, Anfangs… **2.** Initi-

ale *f*, (großer) Anfangsbuchstabe
i·ni·tial·ly am *or* zu Anfang, anfänglich
i·ni·ti·ate in die Wege leiten, ins Leben rufen; einführen
i·ni·ti·a·tion Einführung *f*
i·ni·tia·tive Initiative *f*, erster Schritt; ***take the ~*** die Initiative ergreifen; ***on one's own ~*** aus eigenem Antrieb
in·ject MED injizieren, einspritzen
in·jec·tion MED Injektion *f*, Spritze *f*
in·ju·di·cious unklug, unüberlegt
in·junc·tion JUR gerichtliche Verfügung
in·jure verletzen, verwunden; schaden (*dat*); kränken; **in·jured 1.** verletzt **2.** ***the ~*** die Verletzten *pl*
in·ju·ri·ous schädlich; ***be ~ to*** schaden (*dat*); ***~ to health*** gesundheitsschädlich
in·ju·ry MED Verletzung *f*; Kränkung *f*; **~ time** *Br esp soccer*: Nachspielzeit *f*
in·jus·tice Ungerechtigkeit *f*; Unrecht *n*; ***do s.o. an ~*** j-m unrecht tun
ink Tinte *f*
ink·ling Andeutung *f*; dunkle *or* leise Ahnung
ink pad Stempelkissen *n*
ink·y Tinten...; tinten-, pechschwarz
in·laid eingelegt, Einlege...; ***~ work*** Einlegearbeit *f*
in·land 1. *adj* inländisch, einheimisch; ECON Binnen... **2.** *adv* landeinwärts
In·land Rev·e·nue *Br* Finanzamt *n*
in·lay Einlegearbeit *f*; MED (Zahn)Füllung *f*, Plombe *f*
in·let GEOGR schmale Bucht; TECH Eingang *m*, Einlass *m*
in-line skate Inliner *m*, Inline Skate *m*
in·mate Insasse *m*, Insassin *f*; Mitbewohner(in)
in·most innerste(r, -s) (*a. fig*)
inn Gasthaus *n*, Wirtshaus *n*
in·nate angeboren
in·ner innere(r, -s); Innen...; verborgen
in·ner·most → ***inmost***
in·nings *cricket*, *baseball*: Spielzeit *f*
inn·keep·er Gastwirt(in)
in·no·cence Unschuld *f*; Harmlosigkeit *f*; Naivität *f*; **in·no·cent** unschuldig; harmlos; arglos, naiv
in·noc·u·ous harmlos
in·no·va·tion Neuerung *f*
in·nu·en·do (versteckte) Andeutung *f*
in·nu·me·ra·ble unzählig, zahllos
i·noc·u·late MED impfen
i·noc·u·la·tion MED Impfung *f*
in·of·fen·sive harmlos
in·op·e·ra·ble MED inoperabel, nicht operierbar; undurchführbar (*plan etc*)
in·op·por·tune inopportun, unangebracht, ungelegen
in·or·di·nate unmäßig
in·pa·tient MED stationärer Patient, stationäre Patientin
in·put Input *m*, *n*, IT *a.* (Daten)Eingabe *f*, ELECTR *a.* Eingangsleistung *f*
in·quest JUR gerichtliche Untersuchung
in·quire fragen *or* sich erkundigen (nach); ***~ into*** *et.* untersuchen, prüfen
in·quir·ing forschend; wissbegierig
in·quir·y Erkundigung *f*, Nachfrage *f*; Untersuchung *f*; Ermittlung *f*; ***make inquiries*** Erkundigungen einziehen
in·qui·si·tion (amtliche) Untersuchung; Verhör *n*; ***Inquisition*** REL HIST Inquisition *f*
in·quis·i·tive neugierig, wissbegierig
in·roads (***in[to]***, ***on***) Eingriff *m* (in *acc*), Übergriff *m* (auf *acc*)
in·sane geisteskrank, wahnsinnig
in·san·i·ta·ry unhygienisch
in·san·i·ty Geisteskrankheit *f*, Wahnsinn *m*
in·sa·tia·ble unersättlich
in·scrip·tion Inschrift *f*, Aufschrift *f*; Widmung *f*
in·scru·ta·ble unerforschlich, unergründlich
in·sect ZO Insekt *n*; **in·sec·ti·cide** Insektenvertilgungsmittel *n*, Insektizid *n*
in·se·cure unsicher; nicht sicher *or* fest
in·sen·si·ble unempfindlich (***to*** gegen); bewusstlos; unempfänglich (***of, to*** für), gleichgültig (***of, to*** gegen); unmerklich
in·sen·si·tive unempfindlich (***to*** gegen); unempfänglich (***of, to*** für), gleichgültig (***of, to*** gegen)
in·sep·a·ra·ble untrennbar; unzertrennlich
in·sert 1. einfügen, einsetzen, einführen, (hinein)stecken, *Münze* einwerfen; inserieren **2.** (Zeitungs)Beilage *f*, (Buch)Einlage *f*
in·ser·tion Einfügen *n*, Einsetzen *n*, Einführen *n*, Hineinstecken *n*; Einfügung *f*; Einwurf *m*; Anzeige *f*, Inserat *n*
in·sert key IT Einfügetaste *f*
in·shore an *or* nahe der Küste; Küsten...

in·side 1. Innenseite *f*; *das* Innere; ***turn ~ out*** umkrempeln; auf den Kopf stellen 2. *adj* innere(r, -s), Innen…; Insider… 3. *adv* im Inner(e)n, innen, drinnen; ***~ of*** F innerhalb (*gen*) 4. *prp* innerhalb, im Inner(e)n
in·sid·er Insider(in), Eingeweihte *m, f*
in·sid·i·ous heimtückisch
in·sight Einsicht *f*, Einblick *m*; Verständnis *n*
in·sig·ni·a Insignien *pl*; Abzeichen *pl*
in·sig·nif·i·cant bedeutungslos; unbedeutend
in·sin·cere unaufrichtig
in·sin·u·ate andeuten, anspielen auf (*acc*); unterstellen; ***~ that s.o. …*** j-m unterstellen, dass er …
in·sin·u·a·tion Anspielung *f*, Andeutung *f*, Unterstellung *f*
in·sip·id geschmacklos, fad
in·sist bestehen, beharren (***on*** auf *dat*)
in·sis·tence Bestehen *n*, Beharren *n*; Beharrlichkeit *f*
in·sis·tent beharrlich, hartnäckig
in·sole Einlegesohle *f*; Brandsohle *f*
in·so·lent unverschämt
in·sol·u·ble unlöslich (*substance etc*); unlösbar (*problem etc*)
in·sol·vent ECON zahlungsunfähig, insolvent
in·som·ni·a Schlaflosigkeit *f*
in·spect untersuchen, prüfen, nachsehen; besichtigen, inspizieren
in·spec·tion Prüfung *f*, Untersuchung *f*, Kontrolle *f*; Inspektion *f*
in·spec·tor Aufsichtsbeamte *m*, Inspektor *m*; (Polizei)Inspektor *m*, (Polizei)-Kommissar *m*
in·spi·ra·tion Inspiration *f*, (plötzlicher) Einfall; **in·spire** inspirieren, anregen; *Gefühl etc* auslösen
in·stall TECH installieren, einrichten, aufstellen, einbauen, *Leitung* legen; *j-n in ein Amt etc* einsetzen
in·stal·la·tion TECH Installation *f*, Einrichtung *f*, Einbau *m*; TECH *fertige* Anlage *f*; *fig* Einsetzung *f*, Einführung *f*
in·stall·ment, in·stal·ment *Br* ECON Rate *f*; (Teil)Lieferung *f*; Fortsetzung *f*; *radio*, TV Folge *f*
in·stall·ment plan: ***buy on the ~*** ECON auf Abzahlung *or* Raten kaufen
in·stance Beispiel *n*; (besonderer) Fall; JUR Instanz *f*; ***for ~*** zum Beispiel
in·stant 1. Moment *m*, Augenblick *m* 2. sofortig, augenblicklich
in·stan·ta·ne·ous sofortig, augenblicklich; ***death was ~*** der Tod trat sofort ein
in·stant| cam·e·ra PHOT Sofortbildkamera *f*; **~ cof·fee** GASTR Pulver-, Instantkaffee *m*
in·stant·ly sofort, augenblicklich
in·stead stattdessen, dafür; ***~ of*** anstelle von, (an)statt
in·step ANAT Spann *m*, Rist *m*
in·sti·gate anstiften; aufhetzen; veranlassen; **in·sti·ga·tor** Anstifter(in); (Auf)Hetzer(in)
in·stil *Br*, **in·still** beibringen, einflößen (***into*** *dat*)
in·stinct Instinkt *m*
in·stinc·tive instinktiv
in·sti·tute Institut *n*
in·sti·tu·tion Institution *f*, Einrichtung *f*; Institut *n*; Anstalt *f*
in·struct unterrichten, -weisen; ausbilden, schulen; informieren; anweisen
in·struc·tion Unterricht *m*; Ausbildung *f*, Schulung *f*, Unterweisung *f*; Anweisung *f*, Instruktion *f*; IT Befehl *m*; ***~s for use*** Gebrauchsanweisung *f*; ***operating ~s*** Bedienungsanleitung *f*
in·struc·tive instruktiv, lehrreich
in·struc·tor Lehrer *m*; Ausbilder *m*
in·struc·tress Lehrerin *f*; Ausbilderin *f*
in·stru·ment Instrument *n* (*a.* MUS); Werkzeug *n* (*a. fig*)
in·stru·men·tal MUS Instrumental…; behilflich
in·sub·or·di·nate aufsässig
in·sub·or·di·na·tion Auflehnung *f*, Aufsässigkeit *f*
in·suf·fe·ra·ble unerträglich, unausstehlich
in·suf·fi·cient unzulänglich, ungenügend
in·su·lar Insel…; *fig* engstirnig
in·su·late isolieren; **in·su·la·tion** Isolierung *f*; Isoliermaterial *n*
in·sult 1. Beleidigung *f* 2. beleidigen
in·sur·ance Versicherung *f*; Versicherungssumme *f*; Absicherung *f* (***against*** gegen); **~ com·pa·ny** Versicherungsgesellschaft *f*; **~ pol·i·cy** Versicherungspolice *f*
in·sure versichern (***against*** gegen)
in·sured: ***the ~*** der *or* die Versicherte
in·sur·gent 1. aufständisch 2. Aufstän-

dische *m*, *f*
in·sur·moun·ta·ble *fig* unüberwindlich
in·sur·rec·tion Aufstand *m*
in·tact intakt, unversehrt, unbeschädigt, ganz
in·take (*Nahrungs- etc*)Aufnahme *f*; (Neu)Aufnahme(n *pl*) *f*, (Neu)Zugänge *pl*; TECH Einlass(öffnung *f*) *m*
in·te·gral ganz, vollständig; wesentlich
in·te·grate (sich) integrieren; zusammenschließen; eingliedern, einbeziehen; ***~d circuit*** ELECTR integrierter Schaltkreis
in·te·gra·tion Integration *f*
in·teg·ri·ty Integrität *f*; Vollständigkeit *f*; Einheit *f*
in·tel·lect Intellekt *m*, Verstand *m*
in·tel·lec·tual **1.** intellektuell, Verstandes…, geistig **2.** Intellektuelle *m*, *f*
in·tel·li·gence Intelligenz *f*; nachrichtendienstliche Informationen *pl*
in·tel·li·gent intelligent, klug
in·tel·li·gi·ble verständlich (***to*** für)
in·tem·per·ate unmäßig
in·tend beabsichtigen, vorhaben, planen; ***~ed for*** bestimmt für *or* zu
in·tense intensiv, stark, heftig
in·ten·si·fy intensivieren; (sich) verstärken
in·ten·si·ty Intensität *f*
in·ten·sive intensiv, gründlich; **~ care unit** MED Intensivstation *f*
in·tent **1.** gespannt, aufmerksam; ***~ on*** fest entschlossen zu (*dat*); konzentriert auf (*acc*) **2.** Absicht *f*, Vorhaben *n*
in·ten·tion Absicht *f*; JUR Vorsatz *m*
in·ten·tion·al absichtlich, vorsätzlich
in·ter bestatten
in·ter... zwischen, Zwischen…; gegenseitig, einander
in·ter·act aufeinander (ein)wirken, sich gegenseitig beeinflussen
in·ter·ac·tion Wechselwirkung *f*
in·ter·cede vermitteln, sich einsetzen (***with*** bei; ***for*** für)
in·ter·cept abfangen
in·ter·ces·sion Fürsprache *f*
in·ter·change **1.** austauschen **2.** Austausch *m*; MOT Autobahnkreuz *n*
in·ter·com Sprechanlage *f*
in·ter·course Verkehr *m*; *a.* ***sexual ~*** (Geschlechts)Verkehr *m*
in·terest **1.** Interesse *n* (***in*** an *dat*, für); Wichtigkeit *f*, Bedeutung *f*; Vorteil *m*, Nutzen *m*; ECON Anteil *m*, Beteiligung *f*; ECON Zins(en *pl*) *m*; ***take an ~ in*** sich interessieren für **2.** interessieren (***in*** für *et*); **in·terest·ed** interessiert (***in*** an *dat*); ***be ~ in*** sich interessieren für
in·terest·ing interessant
in·terest rate ECON Zinssatz *m*
in·ter·face IT Schnittstelle *f*
in·ter·fere sich einmischen (***with*** in *acc*); stören; **in·ter·fer·ence** Einmischung *f*; Störung *f*
in·te·ri·or **1.** innere(r, -s), Innen…; Binnen…; Inlands… **2.** *das* Innere; Interieur *n*; POL innere Angelegenheiten *pl*; → ***Department of the Interior***; **~ dec·o·ra·tor** Innenarchitekt(in)
in·ter·ject *Bemerkung* einwerfen
in·ter·jec·tion Einwurf *m*; Ausruf *m*; LING Interjektion *f*
in·ter·lace (sich) (ineinander) verflechten
in·ter·lop·er Eindringling *m*
in·ter·lude Zwischenspiel *n*; Pause *f*; ***~s of bright weather*** zeitweilig schön
in·ter·me·di·a·ry Vermittler(in), Mittelsmann *m*
in·ter·me·di·ate in der Mitte liegend, Mittel…, Zwischen…; PED für fortgeschrittene Anfänger
in·ter·ment Beerdigung *f*, Bestattung *f*
in·ter·mi·na·ble endlos
in·ter·mis·sion Unterbrechung *f*; THEA *etc* Pause *f*
in·ter·mit·tent mit Unterbrechungen, periodisch (auftretend); ***~ fever*** MED Wechselfieber *n*
in·tern[1] internieren
in·tern[2] Assistenzarzt *m*, -ärztin *f*
in·ter·nal innere(r, -s); einheimisch, Inlands…
in·ter·nal-com·bus·tion en·gine Verbrennungsmotor *m*
in·ter·na·tion·al **1.** international; Auslands… **2.** SPORT Internationale *m*, *f*, Nationalspieler(in); internationaler Wettkampf; Länderspiel *n*; **~ call** TEL Auslandsgespräch *n*; **~ law** JUR Völkerrecht *n*
In·ter·net Internet *n*; **~ ac·cess** Internetzugang *m*; **~ auc·tion** Internetauktion *f*; **~ caf·é** Internetcafé *n*; **~ con·nec·tion** Internetanschluss *m*
in·tern·ist MED Internist *m*
in·ter·per·son·al zwischenmenschlich

in·ter·pret interpretieren, auslegen, erklären; dolmetschen
in·ter·pre·ta·tion Interpretation *f*, Auslegung *f*
in·ter·pret·er Dolmetscher(in)
in·ter·ro·gate verhören, vernehmen; (be)fragen; **in·ter·ro·ga·tion** Verhör *n*, Vernehmung *f*; Frage *f*
in·ter·rog·a·tive LING Interrogativ…, Frage…
in·ter·rupt unterbrechen
in·ter·rup·tion Unterbrechung *f*
in·ter·sect (durch)schneiden; sich schneiden *or* kreuzen; **in·ter·sec·tion** Schnittpunkt *m*; (Straßen)Kreuzung *f*
in·ter·sperse einstreuen, hier und da einfügen
in·ter·state **1.** zwischenstaatlich **2.** *a.* *~ highway* Autobahn *f*
in·ter·twine (sich ineinander) verschlingen, sich verflechten
in·ter·val Intervall *n* (*a.* MUS), Abstand *m*; *Br* Pause *f* (*a.* THEA *etc*); ***at regular ~s*** in regelmäßigen Abständen
in·ter·vene eingreifen, einschreiten, intervenieren; dazwischenkommen
in·ter·ven·tion Eingreifen *n*, Einschreiten *n*, Intervention *f*
in·ter·view **1.** Interview *n*; Einstellungsgespräch *n* **2.** interviewen; ein Einstellungsgespräch führen mit
in·ter·view·ee Interviewte *m, f*
in·ter·view·er Interviewer(in)
in·ter·weave (miteinander) verweben
in·tes·tate: ***die ~*** JUR ohne Hinterlassung e-s Testaments sterben
in·tes·tine ANAT Darm *m*; *pl* Eingeweide *pl*; ***large ~*** Dickdarm *m*; ***small ~*** Dünndarm *m*
in·ti·ma·cy Intimität *f*, Vertrautheit *f*; (*a. plumpe*) Vertraulichkeit; intime (*sexuelle*) Beziehungen *pl*
in·ti·mate **1.** intim (*a. sexually*); vertraut, eng (*friends etc*); (*a.* plump)vertraulich; innerste(r, -s); gründlich, genau (*knowledge etc*) **2.** Vertraute *m, f*
in·tim·i·date einschüchtern
in·tim·i·da·tion Einschüchterung *f*
in·to in (*acc*), in (*acc*) … hinein; gegen (*acc*); MATH in (*acc*); ***4 ~ 20 goes five times*** 4 geht fünfmal in 20
in·tol·e·ra·ble unerträglich
in·tol·e·rance Intoleranz *f*, Unduldsamkeit (***of*** gegen)
in·tol·e·rant intolerant, unduldsam (***of*** gegen)
in·to·na·tion MUS Intonation *f*, LING *a.* Tonfall *m*
in·tox·i·cat·ed berauscht, betrunken
in·tox·i·ca·tion Rausch *m* (*a. fig*)
in·trac·ta·ble eigensinnig; schwer zu handhaben(d)
in·tran·si·tive LING intransitiv
in·tra·ve·nous MED intravenös
in tray: ***in the ~*** im Posteingang *etc*
in·trep·id unerschrocken
in·tri·cate verwickelt, kompliziert
in·trigue **1.** Intrige *f* **2.** faszinieren, interessieren; intrigieren
in·tro·duce vorstellen (***to*** *dat*), *j-n* bekannt machen (***to*** mit); einführen
in·tro·duc·tion Vorstellung *f*; Einführung *f*; Einleitung *f*, Vorwort *n*; ***letter of ~*** Empfehlungsschreiben *n*
in·tro·duc·to·ry Einführungs…; einleitend, Einleitungs…
in·tro·spec·tion Selbstbeobachtung *f*
in·tro·vert PSYCH introvertierter Mensch; **in·tro·vert·ed** PSYCH introvertiert, in sich gekehrt
in·trude (sich) aufdrängen; stören; ***am I intruding?*** störe ich?; **in·trud·er** Eindringling *m*, Störenfried *m*
in·tru·sion Störung *f*
in·tru·sive aufdringlich
in·tu·i·tion Intuition *f*
in·tu·i·tive intuitiv
In·u·it *a.* ***Innuit*** Inuit *m*, Eskimo *m*
in·un·date überschwemmen, überfluten (*a. fig*)
in·vade eindringen in (*acc*), einfallen in (*acc*), MIL *a.* einmarschieren in (*acc*); *fig* überlaufen, überschwemmen
in·vad·er Eindringling *m*
in·va·lid[1] **1.** krank; invalid(e) **2.** Kranke *m*; *f*; Invalide *m, f*
in·val·id[2] (rechts)ungültig
in·val·i·date JUR für ungültig erkären
in·val·u·a·ble *fig* unschätzbar, unbezahlbar
in·var·i·a·ble unveränderlich
in·var·i·a·bly ausnahmslos
in·va·sion Invasion *f* (*a.* MIL), Einfall *m*, MIL *a.* Einmarsch *m*; *fig* Eingriff *m*, Verletzung *f*
in·vec·tive Schmähung(en *pl*) *f*, Beschimpfung(en *pl*) *f*
in·vent erfinden

in·ven·tion Erfindung *f*
in·ven·tive erfinderisch; einfallsreich
in·ven·tor Erfinder(in)
in·ven·tory Inventar *n*, Bestand *m*; Bestandsliste *f*; Inventur *f*
in·verse 1. umgekehrt **2.** Umkehrung *f*, Gegenteil *n*; **in·ver·sion** Umkehrung *f*; LING Inversion *f*; **in·vert** umkehren
in·ver·te·brate ZO **1.** wirbellos **2.** wirbelloses Tier
in·vert·ed com·mas LING Anführungszeichen *pl*
in·vest ECON investieren, anlegen
in·ves·ti·gate untersuchen; überprüfen; Untersuchungen *or* Ermittlungen anstellen (***into*** über *acc*), nachforschen
in·ves·ti·ga·tion Untersuchung *f*; Ermittlung *f*, Nachforschung *f*
in·ves·ti·ga·tor: ***private* ~** Privatdetektiv *m*
in·vest·ment ECON Investition *f*, (Kapital)Anlage *f*
in·ves·tor ECON Anleger *m*
in·vet·e·rate unverbesserlich; hartnäckig
in·vid·i·ous gehässig, boshaft, gemein
in·vig·o·rate stärken, beleben
in·vin·ci·ble unbesiegbar; unüberwindlich
in·vi·o·la·ble unantastbar
in·vis·i·ble unsichtbar
in·vi·ta·tion Einladung *f*; Aufforderung *f*
in·vite einladen; auffordern; *Gefahr etc* herausfordern; ***~ s.o. in*** j-n hereinbitten; **in·vit·ing** einladend, verlockend
in·voice ECON **1.** (Waren)Rechnung *f* **2.** in Rechnung stellen, berechnen
in·voke flehen um; *Gott etc* anrufen; beschwören
in·vol·un·ta·ry unfreiwillig; unabsichtlich; unwillkürlich
in·volve verwickeln, hineinziehen (***in*** in *acc*); *j-n*, *et.* angehen, betreffen; zur Folge haben, mit sich bringen
in·volved kompliziert, verworren
in·volve·ment Verwicklung *f*; Beteiligung *f*
in·vul·ne·ra·ble unverwundbar; *fig* unanfechtbar
in·ward 1. *adj* innere(r, -s), innerlich **2.** *adv mst* ***~s*** einwärts, nach innen
i·o·dine CHEM Jod *n*
i·on PHYS Ion *n*
IOU (= ***I owe you***) Schuldschein *m*
IQ *abbr of* ***intelligence quotient*** IQ, Intelligenzquotient *m*
I·ran Iran *m*; **I·ra·ni·an 1.** iranisch **2.** Iraner(in); LING Iranisch *n*
I·raq Irak *m*; **I·ra·qi 1.** irakisch **2.** Iraker(in); LING Irakisch *n*
i·ras·ci·ble jähzornig
i·rate zornig, wütend
Ire·land Irland *n*
ir·i·des·cent schillernd
i·ris ANAT Regenbogenhaut *f*, Iris *f*; BOT Schwertlilie *f*, Iris *f*
I·rish 1. irisch **2.** LING Irisch *n*; ***the* ~** die Iren *pl*
I·rish·man Ire *m*
I·rish·wom·an Irin *f*
i·ron 1. Eisen *n*; Bügeleisen *n*; ***strike while the ~ is hot*** *fig* das Eisen schmieden, solange es heiß ist **2.** eisern (*a. fig*), Eisen..., aus Eisen **3.** bügeln; ***~ out*** ausbügeln
I·ron Cur·tain POL HIST Eiserner Vorhang
i·ron·ic, i·ron·i·cal ironisch, spöttisch
i·ron·ing board Bügelbrett *n*
i·ron·mon·ger *Br* Eisenwarenhändler *m*
i·ron·works TECH Eisenhütte *f*
i·ron·y Ironie *f*
ir·ra·tion·al irrational, unvernünftig
ir·rec·on·ci·la·ble unversöhnlich; unvereinbar
ir·re·cov·e·ra·ble unersetzlich; unwiederbringlich
ir·re·fut·a·ble unwiderlegbar
ir·reg·u·lar unregelmäßig; ungleichmäßig; regelwidrig, vorschriftswidrig
ir·rel·e·vant irrelevant, unerheblich, belanglos (***to*** für)
ir·rep·a·ra·ble irreparabel, nicht wieder gutzumachen(d)
ir·re·place·a·ble unersetzlich
ir·re·pres·si·ble nicht zu unterdrücken(d); unbezähmbar
ir·re·proach·a·ble einwandfrei, untadelig
ir·re·sist·i·ble unwiderstehlich
ir·res·o·lute unentschlossen
ir·re·spec·tive: ***~ of*** ohne Rücksicht auf (*acc*); unabhängig von
ir·re·spon·si·ble unverantwortlich; verantwortungslos
ir·re·trie·va·ble unwiederbringlich, unersetzlich
ir·rev·e·rent respektlos

ir·rev·o·ca·ble unwiderruflich, endgültig
ir·ri·gate bewässern
ir·ri·ga·tion Bewässerung *f*
ir·ri·ta·ble reizbar
ir·ri·tant Reizmittel *n*
ir·ri·tate reizen; (ver)ärgern
ir·ri·tat·ing ärgerlich
ir·ri·ta·tion Reizung *f*; Verärgerung *f*; Ärger *m* (***at*** über *acc*)
is *er, sie, es* ist
Is·lam der Islam
is·land Insel *f*; *a.* ***traffic ~*** Verkehrsinsel *f*; **is·land·er** Inselbewohner(in)
isle POET Insel *f*
i·so·late absondern; isolieren
i·so·lat·ed isoliert, abgeschieden; einzeln; ***become ~*** vereinsamen
i·so·la·tion Isolierung *f*, Absonderung *f*; **~ ward** MED Isolierstation *f*
Is·rael Israel *n*
Is·rae·li **1.** israelisch **2.** Israeli *m, f*
is·sue **1.** Streitfrage *f*, Streitpunkt *m*; Ausgabe *f*; Erscheinen *n*; JUR Nachkommen(schaft *f*) *pl*; *fig* Ausgang *m*, Ergebnis *n*; ***be at ~*** zur Debatte stehen; ***point at ~*** strittiger Punkt **2.** *v/t Zeitung etc* herausgeben; *Banknoten etc* ausgeben; *Dokument etc* ausstellen; *v/i* herauskommen, hervorkommen; herausfließen, herausströmen
it es; *s.th. previously mentioned*: es, er, ihn, sie
I·tal·i·an **1.** italienisch **2.** Italiener(in); LING Italienisch *n*
i·tal·ics PRINT Kursivschrift *f*
It·a·ly Italien *n*
itch **1.** Jucken *n*, Juckreiz *m* **2.** jucken, kratzen; ***I ~ all over*** es juckt mich überall; ***be ~ing for s.th.*** F et. unbedingt (haben) wollen; ***be ~ing to*** *inf* F darauf brennen zu *inf*
itch·y juckend; kratzend
i·tem Punkt *m* (*on the agenda etc*), Posten *m* (*on a list*); Artikel *m*, Gegenstand *m*; (*Presse-, Zeitungs*)Notiz *f*, (*a. radio*, TV) Nachricht *f*, Meldung *f*
i·tem·ize einzeln angeben *or* aufführen
i·tin·e·ra·ry Reiseweg *m*, Reiseroute *f*; Reiseplan *m*
its sein(e), ihr(e)
it·self sich; sich selbst; selbst; ***by ~*** (für sich) allein; von selbst; ***in ~*** an sich
i·vo·ry Elfenbein *n*
i·vy BOT Efeu *m*

J

J, j J, j *n*
jab **1.** (hinein)stechen, (hinein)stoßen **2.** Stich *m*, Stoß *m*
jab·ber F (daher)plappern
jack **1.** TECH Hebevorrichtung *f*; MOT Wagenheber *m*; *cards*: Bube *m* **2.** ***~ up*** *Auto* aufbocken
jack·al ZO Schakal *m*
jack·ass ZO Esel *m* (*a. fig*)
jack·daw ZO Dohle *f*
jack·et Jacke *f*, Jackett *n*; TECH Mantel *m*; (Schutz)Umschlag *m*; (*Platten*)Hülle *f*; ***~ potatoes, potatoes (boiled) in their ~s*** Pellkartoffeln *pl*
jack knife **1.** Klappmesser *n* **2.** zusammenklappen, zusammenknicken
jack-of-all-trades Hansdampf *m* in allen Gassen
jack·pot Jackpot *m*, Haupttreffer *m*; ***hit the ~*** F den Jackpot gewinnen; *fig* das große Los ziehen
jade MIN Jade *m, f*; Jadegrün *n*
jag Zacken *m*
jag·ged gezackt, zackig; schartig
jag·u·ar ZO Jaguar *m*
jail **1.** Gefängnis *n* **2.** einsperren
jail·bird F Knastbruder *m*
jail·er Gefängnisaufseher *m*
jail·house Gefängnis *n*
jam[1] Konfitüre *f*, Marmelade *f*
jam[2] **1.** *v/t* (hinein)pressen, (hinein-) quetschen, (hinein)zwängen, *Menschen a.* (hinein)pferchen; (ein)klemmen, (ein)quetschen; *a.* ***~ up*** blockieren, verstopfen; *Funkempfang* stören; ***~ on the brakes*** MOT voll auf die Bremse treten; *v/i* sich (hinein)drängen *or* (hinein-) quetschen; TECH sich verklemmen, *brake*: blockieren **2.** Gedränge *n*; TECH Blockierung *f*; Stauung

f, Stockung *f*; ***traffic ~*** Verkehrsstau *m*; ***be in a ~*** F in der Klemme stecken
jamb (Tür-, Fenster)Pfosten *m*
jam·bo·ree Jamboree *n*, Pfadfindertreffen *n*; Fest *n*
Jan *abbr of* ***January*** Jan., Januar *m*
jan·gle klimpern *or* klirren (mit)
jan·i·tor Hausmeister *m*
Jan·u·a·ry (ABBR *of* ***Jan***) Januar *m*
Ja·pan Japan *n*; **Jap·a·nese 1.** japanisch **2.** Japaner(in); LING Japanisch *n*; ***the ~*** die Japaner *pl*
jar[1] Gefäß *n*, Krug *m*; (Marmelade- *etc*)-Glas *n*
jar[2]: ***~ on*** wehtun (*dat*)
jar·gon Jargon *m*, Fachsprache *f*
jaun·dice MED Gelbsucht *f*
jaunt 1. Ausflug *m*, MOT Spritztour *f* **2.** e-n Ausflug *or* e-e Spritztour machen
jaun·ty unbeschwert, unbekümmert; flott
jav·e·lin SPORT Speer *m*; ***~ (throw)***, ***throwing the ~*** SPORT Speerwerfen *n*
jav·e·lin throw·er SPORT Speerwerfer(in)
jaw ANAT Kiefer *m*; *pl* ZO Rachen *m*, Maul *n*; TECH Backen *pl*; ***lower ~*** ANAT Unterkiefer *m*; ***upper ~*** ANAT Oberkiefer; **jaw·bone** ANAT Kieferknochen *m*
jay ZO Eichelhäher *m*
jay·walk·er unachtsamer Fußgänger
jazz MUS Jazz *m*
jazz·y F poppig
jeal·ous eifersüchtig (***of*** auf acc); neidisch; **jeal·ous·y** Eifersucht *f*; Neid *m*
jeans Jeans *pl*
jeer 1. (***at***) höhnische Bemerkung(en) machen (über *acc*); höhnisch lachen (über *acc*); ***~ (at)*** verhöhnen **2.** höhnische Bemerkung; Hohngelächter *n*
jel·lied GASTR in Aspik, in Sülze
jel·ly Gallert(e *f*) *n*; GASTR Gelee *n*; Aspik *m*, *n*, Sülze *f*; Götterspeise *f*; **~ ba·by** *Br* Gummibärchen *n*; **~ bean** Gummi-, Geleebonbon *m*, *n*
jel·ly·fish ZO Qualle *f*
jeop·ar·dize gefährden
jerk 1. ruckartig ziehen an (*dat*); (zusammen)zucken; sich ruckartig bewegen **2.** (plötzlicher) Ruck; Sprung *m*, Satz *m*; MED Zuckung *f*
jerk·y ruckartig; holprig; rüttelnd
jer·sey Pullover *m*
jest 1. Scherz *m*, Spaß *m* **2.** scherzen, spaßen; **jest·er** HIST (Hof)Narr *m*
jet 1. (Wasser-, Gas- *etc*)Strahl *m*; TECH Düse *f*; AVIAT Jet *m* **2.** (heraus-, hervor)-schießen (***from*** aus); AVIAT F jetten; **~ en·gine** AVIAT Düsen-, Strahltriebwerk *n*; **~ plane** AVIAT Düsenflugzeug *n*, Jet *m*
jet-pro·pelled AVIAT mit Düsenantrieb, Düsen…
jet pro·pul·sion AVIAT Düsen-, Strahlantrieb *m*
jet·ty MAR (Hafen)Mole *f*
Jew Jude *m*, Jüdin *f*
jew·el Juwel *n*, *m*, Edelstein *m*
jew·el·er, *Br* **jew·el·ler** Juwelier *m*
jew·el·lery *Br*, **jew·el·ry** Juwelen *pl*; Schmuck *m*
Jew·ess Jüdin *f*
Jew·ish jüdisch
jif·fy: F ***in a ~*** im Nu, sofort
jig·saw Laubsäge *f*; → **jig·saw puz·zle** Puzzle(spiel) *n*
jin·gle 1. klimpern (mit), bimmeln (lassen) **2.** Klimpern *n*, Bimmeln *n*; Werbesong *m*, Werbespruch *m*
jit·ters: F ***the ~*** Bammel *m*, e-e Heidenangst; **jit·ter·y** F nervös; ängstlich
job 1. (*einzelne*) Arbeit; Beruf *m*, Beschäftigung *f*, Stellung *f*, Stelle *f*, Arbeit *f*, Job *m* (*a.* IT); Arbeitsplatz *m*; Aufgabe *f*, Sache *f*, Angelegenheit *f*; *a.* ***~ work*** Akkordarbeit *f*; ***by the ~*** im Akkord; ***out of a ~*** arbeitslos **2.** ***~ around*** jobben; **~ ad**, **~ ad·ver·tise·ment** Stellenanzeige *f*
job·ber *Br* ECON Börsenspekulant *m*
job cen·tre *Br* Arbeitsamt *n*
job hop·ping häufiger Arbeitsplatzwechsel
job·hunt·ing Arbeitssuche *f*; ***be ~*** auf Arbeitssuche sein
job·less arbeitslos
jock·ey Jockei *m*
jog 1. stoßen an (*acc*) *or* gegen, *j-n* anstoßen; *mst* ***~ along***, ***~ on*** dahintrotten, dahinzuckeln; SPORT joggen **2.** (leichter) Stoß, Stups *m*; Trott *m*; SPORT Trimmtrab *m*
jog·ger SPORT Jogger(in)
jog·ging SPORT Joggen *n*, Jogging *n*
join 1. *v/t* verbinden, vereinigen, zusammenfügen; sich anschließen (*dat or* an *acc*), sich gesellen zu; eintreten in (*acc*), beitreten; teilnehmen *or* sich beteiligen an (*dat*), mitmachen bei; ***~ in*** ein-

stimmen in; *v/i* sich vereinigen *or* verbinden; **~ in** teilnehmen *or* sich beteiligen (an *dat*), mitmachen (bei) **2.** Verbindungsstelle *f*, Naht *f*
join·er Tischler *m*, Schreiner *m*
joint 1. Verbindungs-, Nahtstelle *f*; ANAT, TECH Gelenk *n*; BOT Knoten *m*; *Br* GASTR Braten *m*; F Laden *m*; Bude *f*, Spelunke *f*; *sl* Joint *m*; ***out of*** **~** MED ausgerenkt; *fig* aus den Fugen **2.** gemeinsam, gemeinschaftlich; Mit…
joint·ed gegliedert; Glieder…
joint-stock com·pa·ny *Br* ECON Kapital- *or* Aktiengesellschaft *f*
joint ven·ture ECON Gemeinschaftsunternehmen *n*
joke 1. Witz *m*; Scherz *m*, Spaß *m*; ***practical*** **~** Streich *m*; ***play a*** **~** ***on s.o.*** j-m e-n Streich spielen **2.** scherzen, Witze machen; **jok·er** Spaßvogel *m*, Witzbold *m*; *cards*: Joker *m*
jol·ly 1. *adj* lustig, fröhlich, vergnügt **2.** *adv Br* F ganz schön; **~ *good*** prima
jolt 1. e-n Ruck *or* Stoß geben; durchrütteln, durchschütteln; rütteln, holpern (*vehicle*); *fig* aufrütteln **2.** Ruck *m*, Stoß *m*; *fig* Schock *m*
joss stick Räucherstäbchen *n*
jos·tle (an)rempeln; dränge(l)n
jot 1. ***not a*** **~** keine Spur **2.** **~ *down*** sich schnell *et.* notieren
joule PHYS Joule *n*
jour·nal Journal *n*; (Fach)Zeitschrift *f*; Tagebuch *n*
jour·nal·ism Journalismus *m*
jour·nal·ist Journalist(in)
jour·ney 1. Reise *f* **2.** reisen
jour·ney·man Geselle *m*
joy Freude *f*; ***for*** **~** vor Freude
joy·ful freudig; erfreut
joy·less freudlos, traurig
joy·stick AVIAT Steuerknüppel *m*; IT Joystick *m*
jub·i·lant jubelnd, überglücklich
ju·bi·lee Jubiläum *n*
judge 1. JUR Richter(in); SPORT Kampf-, Schieds-, Preisrichter(in); *fig* Kenner(in) **2.** JUR *Fall* verhandeln; urteilen, ein Urteil fällen; beurteilen, einschätzen
judg·ment JUR Urteil *n*; Urteilsvermögen *n*; Meinung *f*, Ansicht *f*; göttliches (Straf)Gericht; ***the Last Judgment*** REL das Jüngste Gericht
Judgment Day, *a.* ***Day of Judgment*** REL Tag *m* des Jüngsten Gerichts, Jüngster Tag
ju·di·cial JUR gerichtlich, Justiz…; richterlich
ju·di·cia·ry JUR Richter *pl*
ju·di·cious klug, weise
ju·do SPORT Judo *n*
jug Krug *m*; Kanne *f*, Kännchen *n*
jug·gle jonglieren (mit); ECON *Bücher etc* frisieren; **jug·gler** Jongleur *m*
juice Saft *m*; MOT F Sprit *m*
juic·y saftig; F pikant (*story etc*); F gepfeffert (*price etc*)
juke·box Musikbox *f*, Musikautomat *m*
Jul *abbr of* ***July*** Juli *m*
Ju·ly (*abbr* ***Jul***) Juli *m*
jum·ble 1. *a.* **~ *together*, ~ *up*** durcheinanderbringen *or* durcheinanderwerfen **2.** Durcheinander *n*; **~ sale** *Br* Wohltätigkeitsbasar *m*
jum·bo 1. riesig, Riesen… **2.** AVIAT F Jumbo *m*; **~ jet** AVIAT Jumbo-Jet *m*
jum·bo-sized riesig
jump 1. *v/i* springen; hüpfen; zusammenzucken, -fahren, hochfahren (***at*** bei); **~ *at the chance*** mit beiden Händen zugreifen; **~ *to conclusions*** voreilige Schlüsse ziehen; *v/t* (hinweg)springen über (*acc*); überspringen; **~ *the queue*** *Br* sich vordränge(l)n; **~ *the lights*** bei Rot über die Kreuzung fahren **2.** Sprung *m*
jump·er[1] SPORT (*Hoch- etc*)Springer(in)
jump·er[2] Trägerrock *m*, Trägerkleid *n*; *Br* Pullover *m*
jump·ing jack Hampelmann *m*
jump·y nervös
Jun *abbr of* ***June*** Juni *m*
junc·tion (Straßen)Kreuzung *f*; RAIL Knotenpunkt *m*
junc·ture: ***at this*** **~** zu diesem Zeitpunkt
June (*abbr* ***Jun***) Juni *m*
jun·gle Dschungel *m*
ju·ni·or 1. junior; jüngere(r, -s); untergeordnet; SPORT Junioren…, Jugend… **2.** Jüngere *m, f*; **~ school** *Br* Grundschule *f* (*for children aged 7 to 11*)
junk[1] MAR Dschunke *f*
junk[2] F Trödel *m*; Schrott *m*; Abfall *m*; *sl* Stoff *m*
junk food F Junk-Food *n*
junk·ie, junk·y *sl* Junkie *m*, Fixer(in)
junk·yard Schuttabladeplatz *m*;

Schrottplatz *m*
jur·is·dic·tion JUR Gerichtsbarkeit *f*; Zuständigkeit(sbereich *m*) *f*
ju·ris·pru·dence Rechtswissenschaft *f*
ju·ror JUR Geschworene *m, f*
ju·ry JUR *die* Geschworenen *pl*; SPORT *etc* Jury *f*, Preisrichter *pl*
ju·ry·man JUR Geschworene *m*
ju·ry·wom·an JUR Geschworene *f*
just 1. *adj* gerecht; berechtigt; angemessen **2.** *adv* gerade, (so)eben; genau, eben; gerade (noch), ganz knapp; nur, bloß; **~ *about*** ungefähr, etwa; **~ *like that*** einfach so; **~ *now*** gerade (jetzt), (so)eben
jus·tice Gerechtigkeit *f*; JUR Richter *m*; ***Justice of the Peace*** Friedensrichter *m*; ***court of*~** Gericht *n*, Gerichtshof *m*
jus·ti·fi·ca·tion Rechtfertigung *f*
jus·ti·fy rechtfertigen
just·ly mit *or* zu Recht
jut: **~ *out*** vorspringen, herausragen
ju·ve·nile 1. jugendlich; Jugend... **2.** Jugendliche *m, f*; **~ court** JUR Jugendgericht *n*; **~ de·lin·quen·cy** JUR Jugendkriminalität *f*; **~ de·lin·quent** JUR straffälliger Jugendlicher, jugendlicher Straftäter

K

K, k K, k *n*
kan·ga·roo ZO Känguru *n*
ka·ra·te SPORT Karate *n*
keel MAR **1.** Kiel *m* **2. ~ *over*** umschlagen, kentern
keen scharf (*a. fig*); schneidend (*cold*); heftig, stark; lebhaft (*interest*); groß (*appetite etc*); begeistert, leidenschaftlich; **~ *on*** versessen *or* scharf auf (*acc*)
keep 1. *v/t* (auf-, fest-, zurück)halten; (bei)behalten, bewahren; *Gesetze etc* einhalten, befolgen; *Ware* führen; *Geheimnis* für sich behalten; *Versprechen, Wort* halten; ECON *Buch* führen; aufheben, aufbewahren; abhalten, hindern (***from*** von); *Tiere* halten; *Bett* hüten; ernähren, erhalten, unterhalten; **~ *early hours*** früh zu Bett gehen; **~ *one's head*** die Ruhe bewahren; **~ *one's temper*** sich beherrschen; **~ *s.o. company*** j-m Gesellschaft leisten; **~ *s.th. from s.o.*** j-m et. vorenthalten *or* verschweigen *or* verheimlichen; **~ *time*** richtig gehen (*watch*); MUS Takt halten; *v/i* bleiben; sich halten; **~ *going*** weitergehen; **~ *smiling*** immer nur lächeln!; **~ (*on*) *talking*** weitersprechen; **~ (*on*) *trying*** es weiterversuchen, es immer wieder versuchen; **~ *s.o. waiting*** j-n warten lassen; **~ *away*** (sich) fernhalten (***from*** von); **~ *back*** zurückhalten (*a. fig*); **~ *from doing s.th.*** et. nicht tun; **~ *in*** *Schüler(in)* nachsitzen lassen; **~ *off*** (sich) fern halten; **~ *off!*** Betreten verboten!; **~ *on*** *Kleidungsstück* anbehalten, anlassen, *Hut* aufbehalten; *Licht* brennen lassen; ***keep on doing*** fortfahren zu tun; **~ *out*** nicht hinein- *or* hereinlassen; **~ *out!*** Zutritt verboten!; **~ *to*** sich halten an (*acc*); **~ *up*** *fig* aufrechterhalten; *Mut* nicht sinken lassen; fortfahren mit, weitermachen; **~ *s.o. up*** j-n nicht schlafen lassen; **~ *it up*** so weitermachen; **~ *up with*** Schritt halten mit; **~ *up with the Joneses*** nicht hinter den Nachbarn zurückstehen (wollen) **2.** (Lebens)Unterhalt *m*; ***for*~*s*** F für immer
keep·er Wärter(in), Wächter(in), Aufseher(in); *mst in cpds*: Inhaber(in), Besitzer(in); **keep·ing** Verwahrung *f*; Obhut *f*; ***be in (out of)*** **~ *with ...*** (nicht) übereinstimmen mit ...
keep·sake Andenken *n*
keg Fässchen *n*, kleines Fass
ken·nel Hundehütte *f*; **~*s*** Hundezwinger *m*; Hundepension *f*
kerb *Br* → ***curb***
ker·chief (Hals-, Kopf)Tuch *n*
ker·nel BOT Kern *m* (*a. fig*)
ker·o·sene Petroleum *n*
ket·tle Kessel *m*
ket·tle·drum MUS (Kessel)Pauke *f*
key 1. Schlüssel *m* (*a. fig*); (*Schreibmaschinen-, Klavier- etc*)Taste *f*; MUS Tonart *f* **2.** Schlüssel... **3.** anpassen (***to*** an *acc*); **~ *in*** IT *Daten* eingeben; **~*ed up*** nervös, aufgeregt, überdreht

key·board Tastatur *f*
key·hole Schlüsselloch *n*
key·note MUS Grundton *m*; *fig* Grundgedanke *m*, Tenor *m*
key ring Schlüsselring *m*
key·stone ARCH Schlussstein *m*; *fig* Grundpfeiler *m*
key·word Schlüssel-, Stichwort *n*
kick 1. (mit dem Fuß) stoßen, treten, e-n Tritt geben *or* versetzen (*dat*); *soccer*: schießen, treten, kicken; strampeln; ausschlagen (*horse*); **~ off** von sich schleudern; *soccer*: anstoßen; **~ out** F rausschmeißen; **~ up** hochschleudern; **~ up a fuss** *or* **row** F Krach schlagen **2.** (Fuß)Tritt *m*; Stoß *m*; *soccer*: Schuss *m*; **free ~** Freistoß *m*; **for ~s** F zum Spaß; **they get a ~ out of it** es macht ihnen e-n Riesenspaß
kick·off *soccer*: Anstoß *m*
kick·out *soccer*: Abschlag *m*
kid[1] ZO Zicklein *n*, Kitz *n*; Ziegenleder *n*; F Kind *n*; **~ brother** F kleiner Bruder
kid[2] *v/t j-n* auf den Arm nehmen; **~ s.o.** j-m et. vormachen; *v/i* Spaß machen; **he is only ~ding** er macht ja nur Spaß; **no ~ding!** im Ernst!
kid gloves Glacéhandschuhe *pl* (*a. fig*)
kid·nap entführen, kidnappen
kid·nap·(p)er Entführer(in), Kidnapper(in)
kid·nap·(p)ing Entführung *f*, Kidnapping *n*
kid·ney ANAT Niere *f*; **~ bean** BOT Kidneybohne *f*, rote Bohne; **~ ma·chine** MED künstliche Niere
kill töten (*a. fig*), umbringen, ermorden; vernichten; ZO schlachten; HUNT erlegen, schießen; **be ~ed in an accident** tödlich verunglücken; **~ time** die Zeit totschlagen; **kill·er** Mörder(in), Killer(in); **kill·ing** mörderisch, tödlich
kill·joy Spielverderber *m*
kiln TECH Brennofen *m*
ki·lo F Kilo *n*
kil·o·gram(me) Kilogramm *n*
kil·o·me·ter, *Br* **kil·o·me·tre** Kilometer *m*
kilt Kilt *m*, Schottenrock *m*
kin Verwandtschaft *f*, Verwandte *pl*; **next of ~** *der*, *die* nächste Verwandte, *die* nächsten Angehörigen *pl*
kind[1] freundlich, liebenswürdig, nett; herzlich
kind[2] Art *f*, Sorte *f*; Wesen *n*; **all ~s of** alle möglichen, allerlei; **nothing of the ~** nichts dergleichen; **~ of** F ein bisschen
kin·der·gar·ten Kindergarten *m*
kind-heart·ed gütig
kin·dle anzünden, (sich) entzünden; *Interesse etc* wecken
kind·ly 1. *adj* freundlich, liebenswürdig, nett **2.** *adv* → 1; freundlicherweise, liebenswürdigerweise, netterweise
kind·ness Freundlichkeit *f*, Liebenswürdigkeit *f*; Gefälligkeit *f*
kin·dred verwandt; **~ spirits** Gleichgesinnte *pl*
king König *m*
king·dom Königreich *n*; REL Reich *n* Gottes; *fig* Reich *n*; **animal ~** Tierreich *n*; **vegetable ~** Pflanzenreich *n*
king·ly königlich
king-size(d) Riesen…
kink Knick *m*; *fig* Tick *m*, Spleen *m*
kink·y spleenig; pervers
ki·osk Kiosk *m*; *Br* Telefonzelle *f*
kip·per GASTR Räucherhering *m*
kiss 1. Kuss *m* **2.** (sich) küssen
kit Ausrüstung *f*; Arbeitsgerät *n*, Werkzeug(e *pl*) *n*; Werkzeugtasche *f*, -kasten *m*; Bastelsatz *m*; **kit bag** Seesack *m*
kitch·en 1. Küche *f* **2.** Küchen…
kitch·en·ette Kleinküche *f*, Kochnische *f*
kitch·en gar·den Küchen-, Gemüsegarten *m*
kite Drachen *m*; ZO Milan *m*; **fly a ~** e-n Drachen steigen lassen
kit·ten ZO Kätzchen *n*
knack Kniff *m*, Trick *m*, F Dreh *m*; Geschick *n*, Talent *n*
knave *card games*: Bube *m*, Unter *m*
knead kneten; massieren
knee ANAT Knie *n*; TECH Knie(stück) *n*
knee·cap ANAT Kniescheibe *f*
knee-deep knietief, bis an die Knie (reichend)
knee joint ANAT Kniegelenk *n* (*a.* TECH)
kneel knien (**to** vor *dat*)
knee-length knielang
knell Totenglocke *f*
knick·er·bock·ers Knickerbocker *pl*, Kniehosen *pl*
knick·ers *Br* F (Damen)Schlüpfer *m*
knick-knack Nippsache *f*
knife 1. Messer *n* **2.** mit e-m Messer ste-

chen *or* verletzen; erstechen

knight 1. Ritter *m*; *chess*: Springer *m* **2.** zum Ritter schlagen

knight·hood Ritterwürde *f*, -stand *m*

knit *v/t* stricken; *a.* **~ together** zusammenfügen, verbinden; **~ one's brows** die Stirn runzeln; *v/i* stricken; MED zusammenwachsen

knit·ting 1. Stricken *n*; Strickzeug *n* **2.** Strick...; **~ nee·dle** Stricknadel *f*

knit·wear Strickwaren *pl*

knob Knopf *m*, Knauf *m*, *runder* Griff; GASTR Stück(chen) *n*

knock 1. schlagen, stoßen; pochen, klopfen; **~ at the door** an die Tür klopfen; **~ about, ~ around** herumstoßen; F sich herumtreiben; F herumliegen; **~ down** *Gebäude etc* abreißen; umstoßen, umwerfen; niederschlagen; anfahren, umfahren; überfahren; mit *dem Preis* heruntergehen; *auction*: *et.* zuschlagen (**to s.o.** j-m); **be ~ed down** überfahren werden; **~ off** herunter-, abschlagen; F *et.* hinhauen; F aufhören (mit); F Feierabend *or* Schluss machen; **~ out** herausschlagen, -klopfen, *Pfeife* ausklopfen; *j-n* bewusstlos schlagen; *boxing*: k.o. schlagen; *fig* betäuben (*drug etc*); *fig* F umhauen, schocken; **~ over** umwerfen, umstoßen; überfahren; **be ~ed over** überfahren werden **2.** Schlag *m*, Stoß *m*; Klopfen *n*; **there is a ~ (on** [*Br* **at**] **the door)** es klopft

knock·er Türklopfer *m*

knock-kneed x-beinig

knock·out *boxing*: K.o. *m*

knoll Hügel *m*

knot 1. Knoten *m*; BOT Astknoten *m*; MAR Knoten *m*, Seemeile *f* **2.** (ver-)knoten, (ver)knüpfen; **knot·ty** knotig; knorrig; *fig* verwickelt, kompliziert

know wissen; können; kennen; erfahren, erleben; (wieder) erkennen; verstehen; **~ French** Französisch können; **~ one's way around** sich auskennen in (*a place etc*); **~ all about it** genau Bescheid wissen; **get to ~** kennenlernen; **~ one's business, ~ the ropes, ~ a thing or two, ~ what's what** F sich auskennen, Erfahrung haben; **you ~** wissen Sie

know-how Know-how *n*, (Sach-, Spezial)Kenntnis(se *pl*) *f*

know·ing klug, gescheit; schlau; verständnisvoll; **know·ing·ly** wissend; wissentlich, absichtlich, bewusst

knowl·edge Kenntnis(se *pl*) *f*; Wissen *n*; **to my ~** meines Wissens; **have a good ~ of** viel verstehen von, sich gut auskennen in (*dat*)

knowl·edge·a·ble: **be very ~ about** viel verstehen von

knuck·le 1. ANAT (Finger)Knöchel *m* **2. ~ down to work** sich an die Arbeit machen

Krem·lin: POL **the ~** der Kreml

L

L, l L, l *n*

L *abbr of* **large (size)** groß

lab F Labor *n*

la·bel 1. Etikett *n*, (Klebe- *etc*)Zettel *m*, (-)Schild(chen) *n*; (Schall)Plattenfirma *f* **2.** etikettieren, beschriften; *fig* abstempeln als

la·bor 1. (schwere) Arbeit; Mühe *f*; Arbeiter *pl*, Arbeitskräfte *pl*; MED Wehen *pl* **2.** (schwer) arbeiten; sich bemühen, sich abmühen, sich anstrengen

la·bor·a·to·ry Labor(atorium) *n*; **~ assis·tant** Laborant(in)

la·bored schwerfällig (*style etc*); mühsam (*breathing etc*)

la·bor·er (*esp* Hilfs)Arbeiter *m*

la·bo·ri·ous mühsam; schwerfällig

la·bor u·ni·on Gewerkschaft *f*

la·bour *Br* → **labor**

Labour *Br* POL die Labour Party

la·boured, la·bour·er *Br* → **labored, laborer**

La·bour Par·ty *Br* POL Labour Party *f*

lace 1. Spitze *f*; Borte *f*; Schnürsenkel *m* **2. ~ up** (zu-, zusammen)schnüren; *Schuh* zubinden; **~d with brandy** mit e-m Schuss Weinbrand

la·ce·rate zerschneiden, zerkratzen, aufreißen; *j-s Gefühle* verletzen

lack 1. (of) Fehlen *n* (von), Mangel *m* (an

dat); **2.** *v/t* nicht haben; ***he ~s money*** es fehlt ihm an Geld; *v/i* ***be ~ing*** fehlen; ***he is ~ing in courage*** ihm fehlt der Mut

lack·lus·ter, *Br* **lack·lus·tre** glanzlos, matt

la·con·ic lakonisch, wortkarg

lac·quer 1. Lack *m*; Haarspray *m*, *n* **2.** lackieren

lad Bursche *m*, Junge *m*

lad·der Leiter *f*; *Br* Laufmasche *f*

lad·der·proof (lauf)maschenfest

la·den (schwer) beladen

la·dle 1. (Schöpf-, Suppen)Kelle *f*, Schöpflöffel *m* **2.** ***~ out*** *Suppe* austeilen

la·dy Dame *f*; ***Lady*** Lady *f*; ***~ doctor*** Ärztin *f*; ***Ladies' room***, *Br* ***Ladies(')*** Damentoilette *f*

la·dy·bird zo Marienkäfer *m*

la·dy·like damenhaft

lag 1. *mst* ***~ behind*** zurückbleiben **2.** → ***time lag***

la·ger Lagerbier *n*

la·goon Lagune *f*

lair zo Lager *n*, Höhle *f*, Bau *m*

la·i·ty Laien *pl*

lake See *m*

lamb zo **1.** Lamm *n* **2.** lammen

lame 1. lahm (*a. fig*) **2.** lähmen

la·ment 1. jammern, (weh)klagen; trauern **2.** Jammer *m*, (Weh)Klage *f*

lam·en·ta·ble beklagenswert; kläglich

lam·en·ta·tion (Weh)Klage *f*

lam·i·nat·ed laminiert, geschichtet, beschichtet; **~ glass** Verbundglas *n*

lamp Lampe *f*; Laterne *f*

lamp·post Laternenpfahl *m*

lamp·shade Lampenschirm *m*

lance Lanze *f*

land 1. Land *n*, AGR *a.* Boden *m*, POL *a.* Staat *m*; ***by ~*** auf dem Landweg **2.** landen, MAR *a.* anlegen; *Güter* ausladen, MAR *a.* löschen

land a·gent AGR Gutsverwalter *m*

land·ed Land…, Grund…; ***~ gentry*** Landadel *m*; ***~ property*** Grundbesitz *m*

land·ing AVIAT Landung *f*, Landen *n*, MAR *a.* Anlegen *n*; Treppenabsatz *m*; **~ field** AVIAT Landeplatz *m*; **~ gear** AVIAT Fahrgestell *n*; **~ stage** MAR Landungsbrücke *f*, -steg *m*; **~ strip** AVIAT Landeplatz *m*

land·la·dy Vermieterin *f*; Wirtin *f*

land·lord Vermieter *m*; Wirt *m*; Grundbesitzer *m*

land·lub·ber MAR *contp* Landratte *f*

land·mark Wahrzeichen *n*; *fig* Meilenstein *m*

land·own·er Grundbesitzer(in)

land·scape Landschaft *f* (*a. paint*)

land·slide Erdrutsch *m* (*a.* POL); ***a ~ victory*** POL ein überwältigender Wahlsieg

land·slip (kleiner) Erdrutsch

lane (Feld)Weg *m*; Gasse *f*, Sträßchen *n*; MAR Fahrrinne *f*; AVIAT Flugschneise *f*; SPORT (*einzelne*) Bahn; MOT (Fahr-) Spur *f*; ***change ~s*** MOT die Spur wechseln; ***get in ~*** MOT sich einordnen

lan·guage Sprache *f*

lan·guid matt; träg(e)

lank glatt

lank·y schlaksig

lan·tern Laterne *f*

lap[1] Schoß *m*

lap[2] SPORT **1.** Runde *f*; ***~ of hono(u)r*** Ehrenrunde *f* **2.** *Gegner* überrunden; e-e Runde zurücklegen

lap[3] *v/t*: ***~ up*** auflecken, aufschlecken; *v/i* plätschern

la·pel Revers *n*, *m*, Aufschlag *m*

lapse 1. Versehen *n*, (kleiner) Fehler *or* Irrtum; Vergehen *n*; Zeitspanne *f*; JUR Verfall *m*; ***~ of memory, memory ~*** Gedächtnislücke *f* **2.** verfallen; JUR verfallen, erlöschen

lar·ce·ny JUR Diebstahl *m*

larch BOT Lärche *f*

lard 1. Schweinefett *n*, Schweineschmalz *n* **2.** *Fleisch* spicken

lar·der Speisekammer *f*, -schrank *m*

large groß; beträchtlich, reichlich; umfassend, weitgehend; ***at ~*** in Freiheit, auf freiem Fuß; *fig* (sehr) ausführlich; in der Gesamtheit

large·ly großenteils, größtenteils

large-mind·ed aufgeschlossen, tolerant

large·ness Größe *f*

lar·i·at Lasso *n*, *m*

lark[1] zo Lerche *f*

lark[2] F Jux *m*, Spaß *m*

lark·spur BOT Rittersporn *m*

lar·va zo Larve *f*

lar·yn·gi·tis MED Kehlkopfentzündung *f*; **lar·ynx** ANAT Kehlkopf *m*

las·civ·i·ous geil, lüstern

la·ser PHYS Laser *m*; **~ beam** PHYS Laserstrahl *m*; **~ print·er** IT Laserdrucker *m*; **~ tech·nol·o·gy** Lasertechnik *f*

L

lash 1. Peitschenschnur *f*; (Peitschen-) Hieb *m*; Wimper *f* 2. peitschen (mit); (fest)binden; schlagen; **~ out** (wild) um sich schlagen

las·so Lasso *n*, *m*

last[1] 1. *adj* letzte(r, -s); vorige(r, -s); **~ but one** vorletzte(r, -s); **~ night** gestern Abend; letzte Nacht 2. *adv* zuletzt, an letzter Stelle; **~ but not least** nicht zuletzt, nicht zu vergessen 3. *der, die, das* Letzte; **at ~** endlich; **to the ~** bis zum Schluss

last[2] (an-, fort)dauern; (sich) halten; (aus)reichen

last[3] (Schuhmacher)Leisten *m*

last·ing dauerhaft; beständig

last·ly zuletzt, zum Schluss

latch 1. Schnappriegel *m*; Schnappschloss *n* 2. einklinken, zuklinken

latch·key Haus-, Wohnungsschlüssel *m*

late spät; jüngste(r, -s), letzte(r, -s), frühere(r, -s), ehemalig; verstorben; **be ~** zu spät kommen, sich verspäten; RAIL *etc* Verspätung haben; **as ~ as** noch, erst; **of ~** kürzlich; **later on** später

late·ly kürzlich

lath Latte *f*, Leiste *f*

lathe TECH Drehbank *f*

la·ther 1. (Seifen)Schaum *m* 2. *v/t* einseifen; *v/i* schäumen

Lat·in LING 1. lateinisch; südländisch 2. Latein(isch) *n*; **~ A·mer·i·ca** Lateinamerika *n*; **~ A·mer·i·can** 1. lateinamerikanisch 2. Lateinamerikaner(in)

lat·i·tude GEOGR Breite *f*

lat·ter Letztere(r, -s)

lat·tice Gitter(werk) *n*

lau·da·ble lobenswert

laugh 1. lachen (**at** über *acc*); **~ at s.o.** *a.* j-n auslachen 2. Lachen *n*, Gelächter *n*

laugh·a·ble lächerlich, lachhaft

laugh·ter Lachen *n*, Gelächter *n*

launch[1] 1. MAR vom Stapel lassen; MIL abschießen, *Rakete a.* starten; *fig Projekt etc* in Gang setzen, starten 2. MAR Stapellauf *m*; MIL Abschuss *m*, Start *m*

launch[2] MAR Barkasse *f*

launch·ing → **launch**[1] 2; **~ pad** Abschussrampe *f*; **~ site** Abschussbasis *f*

launch pad → **launching pad**

laun·der *Wäsche* waschen (und bügeln); F *esp Geld* waschen

laun·der·ette, **laun·drette** *esp Br*, **laun·dro·mat**® Waschsalon *m*

laun·dry Wäscherei *f*; Wäsche *f*

laur·el BOT Lorbeer *m* (*a. fig*)

la·va GEOL Lava *f*

lav·a·to·ry Toilette *f*, Klosett *n*; **public ~** Bedürfnisanstalt *f*

lav·en·der BOT Lavendel *m*

lav·ish 1. sehr freigebig, verschwenderisch 2. **~ s.th. on s.o.** j-n mit et. überhäufen *or* überschütten

law Gesetz(e *pl*) *n*; Recht *n*, Rechtssystem *n*; Rechtswissenschaft *f*, Jura; F Bullen *pl* (*police*); F Bulle *m* (*policeman*); Gesetz *n*, Vorschrift *f*; **~ and order** Recht *or* Ruhe und Ordnung

law-a·bid·ing gesetzestreu

law·court Gericht *n*, Gerichtshof *m*

law·ful gesetzlich; rechtmäßig, legitim; rechtsgültig

law·less gesetzlos; gesetzwidrig; zügellos

lawn Rasen *m*

lawn·mow·er Rasenmäher *m*

law·suit JUR Prozess *m*

law·yer JUR (Rechts)Anwalt *m*, (Rechts)Anwältin *f*

lax locker, schlaff; lax, lasch

lax·a·tive MED 1. abführend 2. Abführmittel *n*

lay[1] REL weltlich; Laien…

lay[2] *v/t* legen; *Teppich* verlegen; belegen, auslegen (**with** mit); *Tisch* decken; zo *Eier* legen; vorlegen (**before** *dat*), bringen (**before** vor *acc*); *Schuld etc* zuschreiben, zur Last legen (*dat*); *v/i* zo (Eier) legen; **~ aside** beiseitelegen, zurücklegen; **~ off** *Arbeiter* (*esp* vorübergehend) entlassen; *Arbeit* einstellen; **~ open** darlegen; **~ out** ausbreiten, auslegen; *Garten etc* anlegen; entwerfen, planen; PRINT das Layout (*gen*) machen; **~ up** anhäufen, (an)sammeln; **be laid up** das Bett hüten müssen

lay-by *Br* MOT Parkbucht *f*, Parkstreifen *m*; Parkplatz *m*, Rastplatz *m*

lay·er Lage *f*, Schicht *f*; BOT Ableger *m*

lay·man Laie *m*

lay-off ECON (*esp* vorübergehende) Entlassung

lay·out Grundriss *m*, Lageplan *m*; PRINT Layout *n*, Gestaltung *f*

la·zy faul, träg(e)

LCD *abbr of* **liquid crystal display** Flüssigkristallanzeige *f*

lead[1] 1. *v/t* führen; (an)führen, leiten; dazu bringen, veranlassen (***to do*** zu tun); *v/i* führen; vorangehen; SPORT an der Spitze *or* in Führung liegen; **~ *off*** anfangen, beginnen; **~ *on*** *j-m* et. vormachen *or* weismachen; **~ *to*** *fig* führen zu; **~ *up to*** *fig* (allmählich) führen zu **2.** Führung *f*; Leitung *f*; Spitzenposition *f*; Vorbild *n*, Beispiel *n*; THEA Hauptrolle *f*; Hauptdarsteller(in); (Hunde)Leine *f*; Hinweis *m*, Tipp *m*, Anhaltspunkt *m*; SPORT *and fig* Führung *f*, Vorsprung *m*; ***be in the* ~** in Führung sein; ***take the* ~** in Führung gehen, die Führung übernehmen

lead[2] CHEM Blei *n*; MAR Lot *n*

lead·ed verbleit, bleihaltig

lead·en bleiern (*a. fig*), Blei…

lead·er (An)Führer(in), Leiter(in); Erste *m, f*; *Br* Leitartikel *m*

lead·er·ship Führung *f*, Leitung *f*

lead-free bleifrei

lead·ing leitend; führend; Haupt…

leaf 1. BOT, PRINT Blatt *n*; (*Tür- etc*)Flügel *m*; (*Tisch*)Klappe *f*, Ausziehplatte *f* **2.** **~ *through*** durchblättern

leaf·let Hand-, Reklamezettel *m*; Prospekt *m*

league POL Bund *m*; SPORT Liga *f*

leak 1. lecken, leck sein; tropfen; **~ *out*** auslaufen; *fig* durchsickern **2.** Leck *n*, undichte Stelle (*a. fig*)

leak·age Auslaufen *n*

leak·y leck, undicht

lean[1] (sich) lehnen; (sich) neigen; **~ *on*** sich verlassen auf (*acc*)

lean[2] **1.** mager (*a. fig*) **2.** GASTR das Magere; **~ *man·age·ment*** ECON schlanke Unternehmensstruktur

leap 1. springen; **~ *at*** *fig* sich stürzen auf (*acc*) **2.** Sprung *m*

leap·frog Bockspringen *n*

leap year Schaltjahr *n*

learn (er)lernen; erfahren, hören

learn·ed gelehrt

learn·er Anfänger(in); Lernende *m, f*; **~ *driver*** *Br* MOT Fahrschüler(in)

learn·ing Gelehrsamkeit *f*

lease 1. Pacht *f*, Miete *f*; Pacht-, Mietvertrag *m* **2.** pachten, mieten; leasen; **~ *out*** verpachten, vermieten

leash (Hunde)Leine *f*

least 1. *adj* geringste(r, -s), mindeste(r, -s), wenigste(r, -s) **2.** *adv* am wenigsten; **~ *of all*** am allerwenigsten **3.** *das* Mindeste, *das* wenigste; ***at* ~** wenigstens; ***to say the* ~** gelinde gesagt

leath·er 1. Leder *n* **2.** ledern; Leder…

leave 1. *v/t* (hinter-, über-, ver-, zurück)lassen, übrig lassen; liegen *or* stehen lassen, vergessen; vermachen, vererben; ***be left*** übrig bleiben, übrig sein; *v/i* (fort-, weg)gehen, abreisen, abfahren, abfliegen; **~ *alone*** allein lassen; *j-n, et.* in Ruhe lassen; **~ *behind*** zurücklassen; **~ *on*** anlassen; **~ *out*** draußen lassen; auslassen, weglassen **2.** Erlaubnis *f*; Urlaub *m*; Abschied *m*; ***on* ~** auf Urlaub

leav·en Sauerteig *m*

leaves BOT Laub *n*

leav·ings Überreste *pl*

lech·er·ous geil, lüstern

lec·ture 1. UNIV Vorlesung *f* (***über*** *acc* on); Vortrag *m*; Strafpredigt *f* **2.** *v/i* UNIV e-e Vorlesung *or* Vorlesungen halten (***über*** *acc* on; ***vor*** *dat* to); e-n Vortrag *or* Vorträge halten; *v/t j-m* e-e Strafpredigt halten

lec·tur·er UNIV Dozent(in); Redner(in)

ledge Leiste *f*, Sims *m, n*

leech ZO Blutegel *m*

leek BOT Lauch *m*, Porree *m*

leer 1. anzüglicher *or* lüsterner Seitenblick **2.** anzüglich *or* lüstern blicken *or* schielen (***at*** nach)

left 1. *adj* linke(r, -s), Links… **2.** *adv* links; ***turn* ~** (sich) nach links wenden; MOT links abbiegen **3.** *die* Linke (*a.* POL, *boxing*), linke Seite; ***on the* ~** links, auf der linken Seite; ***to the* ~** (nach) links; ***keep to the* ~** sich links halten; links fahren

left-hand linke(r, -s)

left-hand drive MOT Linkssteuerung *f*

left-hand·ed linkshändig; für Linkshänder; ***be* ~** Linkshänder(in) sein

left lug·gage of·fice *Br* RAIL Gepäckaufbewahrung *f*

left·o·vers (Speise)Reste *pl*

left-wing POL dem linken Flügel angehörend, links…, Links…

leg ANAT Bein *n*; GASTR Keule *f*; MATH Schenkel *m*; ***pull s.o.'s* ~** F j-n auf den Arm nehmen; ***stretch one's*** sich die Beine vertreten

leg·a·cy *fig* Vermächtnis *n*, Erbe *n*

le·gal legal, gesetzmäßig; gesetzlich, rechtlich; juristisch, Rechts…

le·gal·i·za·tion Legalisierung *f*
le·gal·ize legalisieren
le·gal pro·tec·tion Rechtsschutz *m*
le·ga·tion POL Gesandtschaft *f*
le·gend Legende *f*, Sage *f*
le·gen·da·ry legendär
le·gi·ble leserlich
le·gis·la·tion Gesetzgebung *f*
le·gis·la·tive POL **1.** gesetzgebend, legislativ **2.** Legislative *f*, gesetzgebende Gewalt
le·gis·la·tor POL Gesetzgeber *m*
le·git·i·mate legitim; gesetzmäßig, rechtmäßig; ehelich
lei·sure freie Zeit; Muße *f*; ***at ~*** ohne Hast; **~ cen·tre** *Br* Freizeitzentrum *n*
lei·sure·ly gemächlich
lei·sure time Freizeit *f*
lei·sure-time ac·tiv·i·ties Freizeitbeschäftigung *f*, -gestaltung *f*
lei·sure·wear Freizeitkleidung *f*
lem·on BOT **1.** Zitrone *f* **2.** Zitronen…
lem·on·ade Zitronenlimonade *f*
lend *j-m et.* (ver-, aus)leihen
length Länge *f*; Strecke *f*; (Zeit)Dauer *f*; ***at ~*** ausführlich
length·en verlängern, länger machen; länger werden
length·ways, **length·wise** der Länge nach
length·y sehr lang
le·ni·ent mild(e), nachsichtig
lens ANAT, PHOT, PHYS Linse *f*; PHOT Objektiv *n*
Lent REL Fastenzeit *f*
len·til BOT Linse *f*
Le·o ASTR Löwe *m*; ***he*** (***she***) ***is*** (***a***) ***~*** er (sie) ist (ein) Löwe
leop·ard ZO Leopard *m*
le·o·tard (Tänzer)Trikot *n*
lep·ro·sy MED Lepra *f*
les·bi·an 1. lesbisch **2.** Lesbierin *f*, F Lesbe *f*
less 1. *adj and adv* kleiner, geringer, weniger **2.** *prp* weniger, minus, abzüglich
less·en (sich) vermindern *or* verringern; abnehmen; herabsetzen
less·er kleiner, geringer
les·son Lektion *f*; (Unterrichts)Stunde *f*; *fig* Lehre *f*; *pl* Unterricht *m*
let lassen; *esp Br* vermieten, verpachten; ***~ alone*** *j-n, et.* in Ruhe lassen; geschweige denn; ***~ down*** hinunterlassen, herunterlassen; *Kleider* verlängern; *j-n* im Stich lassen, F *j-n* sitzen lassen; enttäuschen; ***~ go*** loslassen; ***~ o.s. go*** sich gehenlassen; ***~'s go*** gehen wir!; ***~ in*** (her)einlassen; ***~ o.s. in for s.th.*** sich et. einbrocken, sich auf et. einlassen
le·thal tödlich; Todes…
leth·ar·gy Lethargie *f*
let·ter Buchstabe *m*; PRINT Type *f*; Brief *m*
let·ter·box *esp Br* Briefkasten *m*
let·ter car·ri·er Briefträger *m*
let·tuce BOT (*esp* Kopf)Salat *m*
leu·k(a)e·mia MED Leukämie *f*
lev·el 1. *adj* eben; gleich (*a. fig*); ausgeglichen; ***be ~ with*** auf gleicher Höhe sein mit; ***my ~ best*** F mein Möglichstes **2.** Ebene *f* (*a. fig*), ebene Fläche; Höhe *f* (*a.* GEOGR), (*Wasser- etc*)Spiegel *m*, (-)Stand *m*, (-)Pegel *m*; Wasserwaage *f*; *fig* Niveau *n*, Stufe *f*; ***sea ~*** Meeresspiegel *m*; ***on the ~*** F ehrlich, aufrichtig **3.** (ein)ebnen, planieren; dem Erdboden gleichmachen; ***~ at*** *Waffe* richten auf (*acc*); *Beschuldigungen* erheben gegen (*acc*) **4.** *adv*: ***~ with*** in Höhe (*gen*)
lev·el cross·ing *Br* schienengleicher Bahnübergang
lev·el-head·ed vernünftig, nüchtern
le·ver Hebel *m*
lev·y 1. Steuer *f*, Abgabe *f* **2.** *Steuern* erheben
lewd geil, lüstern; unanständig, obszön
li·a·bil·i·ty ECON, JUR Verpflichtung *f*, Verbindlichkeit *f*; ECON, JUR Haftung *f*, Haftpflicht *f*; Neigung *f* (***to*** zu), Anfälligkeit *f* (***to*** für); **li·a·ble** ECON, JUR haftbar, haftpflichtig; ***be ~ for*** haften für; ***be ~ to*** neigen zu, anfällig sein für
li·ar Lügner(in)
li·bel JUR **1.** (*schriftliche*) Verleumdung *or* Beleidigung **2.** (*schriftlich*) verleumden *or* beleidigen
lib·e·ral 1. liberal (*a.* POL), aufgeschlossen; großzügig; reichlich **2.** Liberale *m*, *f* (*a.* POL)
lib·e·rate befreien; **lib·e·ra·tion** Befreiung *f*; **lib·e·ra·tor** Befreier *m*
lib·er·ty Freiheit *f*; ***take liberties with*** sich Freiheiten gegen *j-n* herausnehmen; willkürlich mit *et.* umgehen; ***be at ~*** frei sein
Li·bra ASTR Waage *f*; ***he*** (***she***) ***is*** (***a***) ***~*** er (sie) ist (eine) Waage

li·brar·i·an Bibliothekar(in)
li·bra·ry Bibliothek *f*; Bücherei *f*
li·cence **1.** *Br* → ***license*** *1* **2.** e-e Lizenz *or* Konzession erteilen (*dat*); *behördlich* genehmigen
li·cense **1.** Lizenz *f*, Konzession *f*; (*Führer-*, *Jagd-*, *Waffen- etc*)Schein *m* **2.** *Br* → ***licence*** *2*
li·cense plate MOT Nummernschild *n*
li·chen BOT Flechte *f*
lick **1.** Lecken *n*; Salzlecke *f* **2.** *v/t* ab-, auflecken; F verdreschen, verprügeln; F schlagen, besiegen; *v/i* lecken; züngeln (*flames*)
lic·o·rice Lakritze *f*
lid Deckel *m*; ANAT (Augen)Lid *n*
lie[1] **1.** lügen; ***~ to s.o.*** j-n belügen, j-n anlügen **2.** Lüge *f*; ***tell ~s, tell a ~*** lügen; ***give the ~ to*** *j-n*, *et.* Lügen strafen
lie[2] **1.** liegen; ***let sleeping dogs ~*** schlafende Hunde soll man nicht wecken; ***~ behind*** *fig* dahinter stecken; ***~ down*** sich hinlegen **2.** Lage *f* (*a. fig*)
lie-down *Br* F Nickerchen *n*
lie-in: ***have a ~*** *esp Br* F sich gründlich ausschlafen
lieu: ***in ~ of*** anstelle von (*or gen*)
lieu·ten·ant MIL Leutnant *m*
life Leben *n*; JUR lebenslängliche Freiheitsstrafe; ***all her ~*** ihr ganzes Leben lang; ***for ~*** fürs (ganze) Leben; *esp* JUR lebenslänglich
life as·sur·ance *Br* → ***life insurance***
life belt Rettungsgürtel *m*
life·boat Rettungsboot *n*
life·guard Bademeister *m*; Rettungsschwimmer *m*
life im·pris·on·ment JUR lebenslängliche Freiheitsstrafe
life in·sur·ance Lebensversicherung *f*
life jack·et Schwimmweste *f*
life·less leblos; matt, schwung-, lustlos
life·like lebensecht
life·long lebenslang
life pre·serv·er Schwimmweste *f*; Rettungsgürtel *m*
life sen·tence JUR lebenslängliche Freiheitsstrafe
life·time Lebenszeit *f*
lift **1.** *v/t* (hoch-, auf)heben; erheben; *Verbot etc* aufheben; *Gesicht etc* liften, straffen; F klauen; *v/i* sich heben, steigen (*a. fog*); ***~ off*** starten (*rocket*), AVIAT abheben **2.** (Hoch-, Auf)Heben *n*; PHYS, AVIAT Auftrieb *m*; *Br* Lift *m*, Aufzug *m*, Fahrstuhl *m*; ***give s.o. a ~*** j-n (im Auto) mitnehmen; F j-n aufmuntern, j-m Auftrieb geben
lift-off Start *m*, Abheben *n*
lig·a·ment ANAT Band *n*
light[1] **1.** Licht *n* (*a. fig*); Beleuchtung *f*; Schein *m*; Feuer *n*; *fig* Aspekt *m*; *Br mst pl* (Verkehrs)Ampel *f*; ***do you have*** (*Br* ***have you got***) ***a ~?*** haben Sie Feuer? **2.** *v/t* beleuchten, erleuchten; *a.* ***~ up*** anzünden; *v/i* sich entzünden; ***~ up*** *fig* aufleuchten **3.** hell, licht
light[2] leicht (*a. fig*); ***make ~ of s.th.*** et. leichtnehmen; et. bagatellisieren
light·en[1] *v/t* erhellen; aufhellen; *v/i* hell(er) werden, sich aufhellen
light·en[2] leichter machen *or* werden; erleichtern
light·er Anzünder *m*; Feuerzeug *n*
light-head·ed (leicht) benommen; leichtfertig, töricht
light-heart·ed fröhlich, unbeschwert
light·house Leuchtturm *m*
light·ing Beleuchtung *f*
light·ness Leichtheit *f*; Leichtigkeit *f*
light·ning Blitz *m*; ***like ~*** wie der Blitz; (***as***) ***quick as ~*** blitzschnell
light·ning| con·duc·tor *Br*, **~ rod** ELECTR Blitzableiter *m*
light·weight SPORT Leichtgewicht *n*, Leichtgewichtler *m*
like[1] **1.** *v/t* gernhaben, mögen; ***I ~ it*** es gefällt mir; ***I ~ her*** ich kann sie gut leiden; ***how do you ~ it?*** wie gefällt es dir?, wie findest du es?; ***I ~ that!*** *iro* das hab ich gern!; ***I should*** *or* ***would ~ to know*** ich möchte gern wissen; *v/i* wollen; (***just***) ***as you ~*** (ganz) wie du willst; ***if you ~*** wenn du willst **2.** ***~s and dislikes*** Neigungen und Abneigungen *pl*
like[2] **1.** gleich; wie; ähnlich; ***~ that*** so; ***feel ~*** Lust haben auf (*acc*) *or* zu; ***what is he ~?*** wie ist er?; ***that is just ~ him!*** das sieht ihm ähnlich! **2.** *der*, *die*, *das* Gleiche; ***his ~*** seinesgleichen; ***the ~*** dergleichen; ***the ~s of you*** Leute wie du
like·li·hood Wahrscheinlichkeit *f*
like·ly **1.** *adj* wahrscheinlich; geeignet **2.** *adv* wahrscheinlich; ***not ~!*** F bestimmt nicht!
like·ness Ähnlichkeit *f*; Abbild *n*
like·wise ebenso

lik·ing Vorliebe *f*
li·lac 1. lila **2.** BOT Flieder *m*
lil·y BOT Lilie *f*
lil·y of the val·ley BOT Maiglöckchen *n*
limb ANAT (*Körper*)Glied *n*; BOT Ast *m*
lime[1] Kalk *m*
lime[2] BOT Linde *f*; Limone *f*
lime·light *fig* Rampenlicht *n*
lim·it 1. Limit *n*, Grenze *f*; ***within ~s*** in Grenzen; ***off ~s*** Zutritt verboten (***to*** für); ***that is the ~!*** F das ist der Gipfel!, das ist (doch) die Höhe!; ***go to the ~*** bis zum Äußersten gehen **2.** beschränken (***to*** auf *acc*)
lim·i·ta·tion Beschränkung *f*; *fig* Grenze *f*; JUR Verjährung *f*
lim·it·ed beschränkt, begrenzt; ***~ (liability) company*** *Br* ECON Gesellschaft *f* mit beschränkter Haftung
lim·it·less grenzenlos
limp[1] **1.** hinken, humpeln **2.** Hinken *n*, Humpeln *n*
limp[2] schlaff, schlapp, F lappig
line[1] **1.** Linie *f*, Strich *m*; Zeile *f*; Falte *f*, Runzel *f*; Reihe *f*; (Menschen-, *a.* Auto)Schlange *f*; (Abstammungs)Linie *f*; (*Verkehrs-*, *Eisenbahn- etc*)Linie *f*, Strecke *f*; (*Flug- etc*)Gesellschaft *f*; *esp* TEL Leitung *f*; MIL Linie *f*; Fach *n*, Gebiet *n*, Branche *f*; SPORT (*Ziel- etc*)Linie *f*; Leine *f*; Schnur *f*; Linie *f*, Richtung *f*; *fig* Grenze *f*; *pl* THEA Rolle *f*, Text *m*; ***the ~*** der Äquator; ***draw the ~*** Halt machen, die Grenze ziehen (***at*** bei); ***the ~ is busy*** *or* ***engaged*** TEL die Leitung ist besetzt; ***hold the ~*** TEL bleiben Sie am Apparat; ***stand in ~*** anstehen, Schlange stehen (***for*** um, nach); **2.** lin(i)ieren; *Gesicht* zeichnen, (zer)furchen; *Straße etc* säumen; ***~ up*** (sich) in e-r Reihe *or* Linie aufstellen, SPORT sich aufstellen; sich anstellen (***for*** um, nach)
line[2] *Kleid etc* füttern; TECH auskleiden, ausschlagen; MOT *Bremsen etc* belegen
lin·e·ar linear; Längen…
lin·en 1. Leinen *n*; (*Bett-*, *Tisch- etc* -) Wäsche *f* **2.** leinen, Leinen…
lin·en| clos·et *Br* **~ cup·board** Wäscheschrank *m*
lin·er MAR Linienschiff *n*; AVIAT Verkehrsflugzeug *n*
lines·man SPORT Linienrichter *m*
lines·wom·an SPORT Linienrichterin *f*
line-up SPORT Aufstellung *f*; Gegenüberstellung *f* (zur Identifizierung)
lin·ger verweilen, sich aufhalten; *a.* ***~ on*** dahinsiechen; ***~ on*** noch dableiben; *fig* fortleben
lin·ge·rie Damenunterwäsche *f*
lin·ing Futter(stoff *m*) *n*; TECH Auskleidung *f*; MOT (*Brems- etc*)Belag *m*
link 1. (Ketten)Glied *n*; Manschettenknopf *m*; *fig* (Binde)Glied *n*, Verbindung *f* **2.** *a.* ***~ up*** (sich) verbinden
links → ***golf links***
link·up Verbindung *f*
lin·seed BOT Leinsamen *m*
lin·seed oil Leinöl *n*
li·on ZO Löwe *m*
li·on·ess ZO Löwin *f*
lip ANAT Lippe *f*; (*Tassen- etc*)Rand *m*; F Unverschämtheit *f*
lip·stick Lippenstift *m*
liq·ue·fy (sich) verflüssigen
liq·uid 1. Flüssigkeit *f* **2.** flüssig; ***~ soap*** Flüssigseife *f*
liq·ui·date liquidieren (*a.* ECON); *Schulden* tilgen
liq·uid·ize zerkleinern, pürieren
liq·uid·iz·er Mixgerät *n*, Mixer *m*
liq·uor *Br* alkoholische Getränke *pl*, Alkohol *m*; Schnaps *m*, Spirituosen *pl*
liq·uo·rice *Br* → ***licorice***
lisp 1. lispeln **2.** Lispeln *n*
list 1. Liste *f*, Verzeichnis *n*; MAR Schlagseite *f* **2.** (in e-e Liste) eintragen, erfassen; MAR ***be ~ing*** Schlagseite haben
lis·ten hören; ***~ in*** Radio hören; ***~ in to*** *et.* im Radio (an)hören; ***~ in on*** *Telefongespräch etc* abhören *or* mithören; ***~ to*** anhören (*acc*), zuhören (*dat*); hören auf (*acc*)
lis·ten·er Zuhörer(in); (Rundfunk)Hörer(in)
list·less teilnahmslos, lustlos
li·ter Liter *m*, *n*
lit·e·ral (wort)wörtlich; genau; prosaisch
lit·e·ra·ry literarisch, Literatur…
lit·e·ra·ture Literatur *f*
lithe geschmeidig, gelenkig
li·tre *Br* → ***liter***
lit·ter 1. (*esp Papier*)Abfall *m*; AGR Streu *f*; ZO Wurf *m*; Trage *f*; Sänfte *f* **2.** *et.* herumliegen lassen in (*dat*) *or* auf (*dat*); ***be ~ed with*** übersät sein mit
lit·ter| bas·ket ~ bin Abfallkorb *m*
lit·tle 1. *adj* klein; wenig; ***the ~ ones*** die

Kleinen *pl* **2.** *adv* wenig, kaum **3.** Kleinigkeit *f*; ***a ~*** ein wenig, ein bisschen; ***~ by ~*** (ganz) allmählich, nach und nach; ***not a ~*** nicht wenig
live[1] leben; wohnen (***with*** bei); ***~ to see*** erleben; ***~ on*** leben von; weiterleben; ***~ up to*** *s-n Grundsätzen etc* gemäß leben; *Erwartungen etc* entsprechen; ***~ with*** mit *j-m* zusammenleben; mit *et.* leben
live[2] **1.** *adj* lebend, lebendig; richtig, echt; ELECTR Strom führend; *radio*, TV Direkt…, Live-… **2.** *adv* direkt, original, live
live·li·hood (Lebens)Unterhalt *m*
live·li·ness Lebhaftigkeit *f*
live·ly lebhaft, lebendig; aufregend
liv·er ANAT Leber *f* (*a.* GASTR)
liv·e·ry Livree *f*
live·stock Vieh *n*, Viehbestand *m*
liv·id bläulich; F fuchsteufelswild
liv·ing **1.** lebend; ***the ~ image of*** das genaue Ebenbild (*gen*) **2.** Leben *n*, Lebensweise *f*; Lebensunterhalt *m*; ***the ~*** die Lebenden *pl*; ***standard of ~*** Lebensstandard *m*; ***earn*** *or* ***make a ~*** (sich) s-n Lebensunterhalt verdienen
liv·ing room Wohnzimmer *n*
liz·ard ZO Eidechse *f*
load **1.** Last *f* (*a. fig*); Ladung *f*; Belastung *f* **2.** *j-n* überhäufen (***with*** mit); *Schusswaffe* laden; *a.* ***~ up*** (auf-, be-, ein)laden
loaf[1] Laib *m* (Brot); Brot *n*
loaf[2] *a.* ***~ about, ~ around*** F herumlungern
loaf·er Müßiggänger(in)
loam Lehm *m*; **loam·y** lehmig
loan **1.** (Ver)Leihen *n*; ECON Kredit *m*, Darlehen *n*; Leihgabe *f*; ***on ~*** leihweise **2.** ***~ s.o. s.th., ~ s.th. to s.o.*** j-m et. (aus)leihen; et. an j-n verleihen
loath ***be ~ to do s.th.*** et. nur (sehr) ungern tun
loathe verabscheuen, hassen
loath·ing Abscheu *m*
lob *esp tennis*: Lob *m*
lob·by **1.** Vorhalle *f*; THEA, *film*: Foyer *n*; Wandelhalle *f*; POL Lobby *f*, Interessengruppe *f* **2.** POL *Abgeordnete etc* beeinflussen
lobe ANAT, BOT Lappen *m*
lob·ster ZO Hummer *m*
lo·cal **1.** örtlich, Orts…, lokal, Lokal… **2.** Ortsansässige *m, f*, Einheimische *m, f*; *Br* F Stammkneipe *f*; ***~ call*** TEL Ortsgespräch *n*; ***~ e·lec·tions*** POL Kommunalwahlen *pl*; ***~ gov·ern·ment*** Gemeindeverwaltung *f*; ***~ time*** Ortszeit *f*; ***~ traf·fic*** Orts-, Nahverkehr *m*
lo·cate ausfindig machen; orten; ***be ~d*** gelegen sein, liegen, sich befinden
lo·ca·tion Lage *f*; Standort *m*; Platz *m* (***for*** für); *film*, TV Gelände *n* für Außenaufnahmen; ***on ~*** auf Außenaufnahme
lock[1] **1.** (*Tür-, Gewehr- etc*)Schloss *n*; Schleuse(nkammer) *f*; Verschluss *m*; Sperrvorrichtung *f* **2.** *v/t* zu-, verschließen, zu-, versperren (*a.* ***~ up***); umschlingen, umfassen; TECH sperren; *v/i* schließen; abschließbar *or* verschließbar sein; MOT *etc* blockieren; ***~ away*** wegschließen; ***~ in*** einschließen, einsperren; ***~ out*** aussperren; ***~ up*** abschließen; wegschließen; einsperren
lock[2] (Haar)Locke *f*
lock·er Spind *m*, Schrank *m*; Schließfach *n*; ***~ room*** *esp* SPORT Umkleidekabine *f*, Umkleideraum *m*
lock·et Medaillon *n*
lock·out ECON Aussperrung *f*
lock·smith Schlosser *m*
lock·up Arrestzelle *f*
lo·cust ZO Heuschrecke *f*
lodge **1.** Portier-, Pförtnerloge *f*; (*Jagd-, Ski- etc*)Hütte *f*; Sommer-, Gartenhaus *n*; (*Freimaurer*)Loge *f* **2.** *v/i* logieren, (*esp* vorübergehend *or* in Untermiete) wohnen; stecken (bleiben) (*bullet etc*); *v/t* aufnehmen, beherbergen, (für die Nacht) unterbringen; *Beschwerde etc* einreichen; *Berufung, Protest* einlegen
lodg·er Untermieter(in); **lodg·ing** Unterkunft *f*; *pl esp* möbliertes Zimmer
loft (Dach)Boden *m*; Heuboden *m*; Empore *f*; (***converted***) ***~*** Loft *m*, Fabriketage *f*
loft·y hoch; erhaben; stolz, hochmütig
log (Holz)Klotz *m*; (*gefällter*) Baumstamm; (Holz)Scheit *n*; → **log·book** MAR Logbuch *n*; AVIAT Bordbuch *n*; MOT Fahrtenbuch *n*
log cab·in Blockhaus *n*, Blockhütte *f*
log·ger·heads ***be at ~*** sich streiten, sich in den Haaren liegen (***with*** mit)
lo·gic Logik *f*; **lo·gic·al** logisch
loin GASTR Lende(nstück *n*) *f*; *pl* ANAT Lende *f*

loi·ter trödeln; herumlungern
loll hängen (*head*), heraushängen (*tongue*); ~ ***around*** *or* ***about*** F sich rekeln *or* lümmeln
lol·li·pop GASTR Lutscher *m*; *esp Br* Eis *n* am Stiel; ~ ***man*** *Br* Schülerlotse *m*; ~ ***woman***, ~ ***lady*** *Br* Schülerlotsin *f*
lol·ly GASTR F Lutscher *m*; ***ice*** ~ Eis *n* am Stiel
lone·li·ness Einsamkeit *f*
lone·ly einsam; ***become*** ~ vereinsamen
lone·some einsam
long[1] **1.** *adj* lang; weit; langfristig **2.** *adv* lang(e); ***as*** *or* ***so*** ~ ***as*** solange wie; vorausgesetzt, dass; ~ ***ago*** vor langer Zeit **3.** (e-e) lange Zeit; ***for*** ~ lange; ***take*** ~ lange brauchen *or* dauern
long[2] sich sehnen (***for*** nach)
long-dis·tance Fern..., Langstrecken...; ~ **call** TEL Ferngespräch *n*; ~ **run·ner** SPORT Langstreckenläufer(in)
long·hand Schreibschrift *f*
long·ing **1.** sehnsüchtig **2.** Sehnsucht *f*, Verlangen *n*
lon·gi·tude GEOGR Länge *f*
long johns lange Unterhose
long jump SPORT Weitsprung *m*
long-life milk *esp Br* H-Milch *f*
long-range MIL, AVIAT Fern..., Langstrecken...; langfristig
long·shore·man Dock-, Hafenarbeiter *m*
long·sight·ed *esp Br* weitsichtig, *fig a.* weitblickend
long-stand·ing seit langer Zeit bestehend; alt
long-term langfristig, auf lange Sicht
long wave ELECTR Langwelle *f*
long·wear·ing strapazierfähig
long·wind·ed langatmig
look **1.** sehen, blicken, schauen (***at***, ***on*** auf *acc*, nach); nachschauen, nachsehen; *krank etc* aussehen; nach *e-r Richtung* liegen, gehen (*window etc*); ~ ***here!*** schau mal (her); hör mal (zu)!; ~ ***like*** aussehen wie; ***it*** ~***s as if*** es sieht (so) aus, als ob; ~ ***after*** aufpassen auf (*acc*); sich kümmern um, sorgen für, *den Haushalt etc* versehen; ~ ***ahead*** nach vorne sehen; *fig* vorausschauen; ~ ***around*** sich umsehen; ~ ***at*** ansehen; ~ ***back*** sich umsehen; *fig* zurückblicken; ~ ***down*** herab-, heruntersehen (*a. fig* ***on s.o.*** auf j-n); ~ ***for*** suchen; ~ ***forward to*** sich freuen auf (*acc*); ~ ***in*** F hereinschauen (***on*** bei); ~ ***into*** untersuchen, prüfen; ~ ***on*** zusehen, zuschauen (*dat*); betrachten, ansehen (***as*** als); ~ ***onto*** liegen zu, (hinaus)gehen auf (*acc*) (*window etc*); ~ ***out*** hinaus-, heraussehen; aufpassen, sich vorsehen; ausschauen *or* Ausschau halten (***for*** nach); ~ ***over*** *et.* durchsehen; *j-n* mustern; ~ ***round*** sich umsehen; ~ ***through*** *et.* durchsehen; ~ ***up*** aufblicken, aufsehen; *et.* nachschlagen; *j-n* aufsuchen **2.** Blick *m*; Miene *f*, (Gesichts)Ausdruck *m*; (***good***) ~***s*** gutes Aussehen; ***have a*** ~ ***at s.th.*** sich et. ansehen; ***I don't like the*** ~ ***of it*** es gefällt mir nicht
look·ing glass Spiegel *m*
look·out Ausguck *m*; Ausschau *f*; *fig* F Aussicht(en *pl*) *f*; ***be on the*** ~ ***for*** Ausschau halten nach
loom[1] Webstuhl *m*
loom[2] *a.* ~ ***up*** undeutlich sichtbar werden *or* auftauchen
loop **1.** Schlinge *f*, Schleife *f*; Schlaufe *f*; Öse *f*; AVIAT Looping *m*, *n*; IT Schleife *f* **2.** (sich) schlingen
loop·hole MIL Schießscharte *f*; *fig* Hintertürchen *n*; ***a*** ~ ***in the law*** e-e Gesetzeslücke
loose **1.** los(e); locker; weit; frei; ***let*** ~ loslassen; freilassen **2.** ***be on the*** ~ frei herumlaufen
loos·en (sich) lösen *or* lockern; ~ ***up*** SPORT Lockerungsübungen machen
loot **1.** Beute *f* **2.** plündern
lop *Baum* beschneiden, stutzen; ~ ***off*** abhauen, abhacken
lop·sid·ed schief; *fig* einseitig
lord Herr *m*, Gebieter *m*; *Br* Lord *m*; ***the Lord*** REL Gott *m* (der Herr); ***the Lord's Prayer*** REL das Vaterunser; ***the Lord's Supper*** REL das (heilige) Abendmahl; ***House of Lords*** *Br* POL Oberhaus *n*
Lord Mayor *Br* Oberbürgermeister *m*
lor·ry *Br* MOT Last(kraft)wagen *m*, Lastauto *n*, Laster *m*
lose verlieren; verpassen, versäumen; nachgehen (*watch*); ~ ***o.s.*** sich verirren; sich verlieren; **los·er** Verlierer(in); **loss** Verlust *m*; Schaden *m*; ***at a*** ~ ECON mit Verlust; ***be at a*** ~ in Verlegenheit sein (***for*** um); **lost** verloren; ***be*** ~ sich verirrt haben, sich nicht mehr zurecht-

finden (*a. fig*); ***be ~ in thought*** in Gedanken versunken sein; ***get ~*** sich verirren; ***get ~!*** *sl* hau ab!

lost-and-found (of·fice), *Br* **lost prop·er·ty of·fice** Fundbüro *n*

lot Los *n*; Parzelle *f*; Grundstück *n*; ECON Partie *f*, Posten *m*; Gruppe *f*, Gesellschaft *f*; Menge *f*, Haufen *m*; Los *n*, Schicksal *n*; ***the ~*** alles, das Ganze; ***a ~ of*** F, ***~s of*** F viel, e-e Menge; ***a bad ~*** F ein übler Kerl; ***cast*** *or* ***draw ~s*** losen

loth → ***loath***

lo·tion Lotion *f*

lot·te·ry Lotterie *f*

loud laut; *fig* schreiend, grell

loud·mouth *contp* Schwätzer *m*

loud·speak·er Lautsprecher *m*

lounge 1. Wohnzimmer *n*; Aufenthaltsraum *m*, Lounge *f* (*a.* AVIAT); Wartehalle *f* **2.** F *contp* sich flegeln; ***~ about, ~ around*** herumlungern

louse zo Laus *f*

lou·sy verlaust; F miserabel, saumäßig

lout Flegel *m*, Lümmel *m*, Rüpel *m*

lov·a·ble liebenswert; reizend

love 1. Liebe *f* (***of, for, to, towards*** zu); Liebling *m*, Schatz *m*; *tennis*: null; ***be in ~ with s.o.*** in j-n verliebt sein; ***fall in ~ with s.o.*** sich in j-n verlieben; ***make ~*** sich lieben, miteinander schlafen; ***give my ~ to her*** grüße sie herzlich von mir; ***send one's ~ to*** *j-n* grüßen lassen; ***~ from ...*** herzliche Grüße von ... **2.** lieben; gern mögen

love af·fair Liebesaffäre *f*

love·ly (wunder)schön; nett, reizend; F prima

lov·er Liebhaber *m*, Geliebte *m, f*; (*Musik- etc*)Liebhaber(in), (-)Freund(in); *pl* Liebende *pl*, Liebespaar *n*

lov·ing liebevoll, liebend

low 1. *adj* niedrig (*a. fig*); tief (*a. fig*); knapp (*supplies etc*); gedämpft, schwach (*light*); tief (*sound*); leise (*sound, voice*); *fig* gering(schätzig); ordinär; niedergeschlagen, deprimiert **2.** *adv* niedrig; tief (*a. fig*); leise **3.** METEOR Tief(druckgebiet) *n*; *fig* Tief(punkt *m*) *n*

low·brow F **1.** geistig Anspruchslose *m, f*, Unbedarfte *m, f* **2.** geistig anspruchslos, unbedarft

low-cal·o·rie kalorienarm, -reduziert

low-e·mis·sion schadstoffarm

low·er 1. niedriger; tiefer; untere(r, -s), Unter... **2.** niedriger machen; herab-, herunterlassen; *Augen, Stimme, Preis etc* senken; *Standard* herabsetzen; *fig* erniedrigen

low-fat fettarm

low-fly·ing plane AVIAT Tiefflieger *m*

low·land Tief-, Flachland *n*

low·ly niedrig

low-necked (tief) ausgeschnitten

low-pitched MUS tief

low-pres·sure METEOR Tiefdruck...; TECH Niederdruck...

low-rise ARCH niedrig (gebaut)

low-spir·it·ed niedergeschlagen

low tide Ebbe *f*

low wa·ter Niedrigwasser *n*

loy·al loyal, treu

loy·al·ty Loyalität *f*, Treue *f*

loz·enge MATH Raute *f*, Rhombus *m*; GASTR Pastille *f*

lu·bri·cant TECH Schmiermittel *n*

lu·bri·cate TECH schmieren, ölen

lu·bri·ca·tion TECH Schmieren *n*, Ölen *n*

lu·cid klar

luck Schicksal *n*; Glück *n*; ***bad ~, hard ~, ill ~*** Unglück *n*, Pech *n*; ***good ~*** Glück *n*; ***good ~!*** viel Glück!; ***be in (out of) ~*** (kein) Glück haben

luck·i·ly glücklicherweise, zum Glück

luck·y glücklich, Glücks...; ***be ~*** Glück haben; ***~ day*** Glückstag *m*; ***~ fellow*** Glückspilz *m*

lu·cra·tive einträglich, lukrativ

lu·di·crous lächerlich

lug zerren, schleppen

luge SPORT Rennrodeln *n*; Rennrodel *m*, Rennschlitten *m*

lug·gage *esp Br* (Reise)Gepäck *n*; ***~ rack*** *esp Br* RAIL *etc* Gepäcknetz *n*, Gepäckablage *f*; ***~ van*** *Br* RAIL Gepäckwagen *m*

luke·warm lau(warm); *fig* lau, mäßig, halbherzig

lull 1. beruhigen; sich legen (*storm*); *mst* ***~ to sleep*** einlullen **2.** Pause *f*; MAR Flaute *f* (*a. fig*)

lul·la·by Wiegenlied *n*

lum·ba·go MED Hexenschuss *m*

lum·ber[1] schwerfällig gehen; (dahin-) rumpeln (*vehicle*)

lum·ber[2] **1.** Bau-, Nutzholz *n*; *esp Br* Gerümpel *n* **2.** *v/t* ***~ s.o. with s.th.*** *Br* F j-m et. aufhalsen

lum·ber·jack Holzfäller *m*, -arbeiter *m*

lum·ber mill Sägewerk *n*

lum·ber room *esp Br* Rumpelkammer *f*

lum·ber·yard Holzplatz *m*, Holzlager *n*

lu·mi·na·ry *fig* Leuchte *f*, Koryphäe *f*

lu·mi·nous leuchtend, Leucht…

lu·mi·nous di·splay Leuchtanzeige *f*

lu·mi·nous paint Leuchtfarbe *f*

lump 1. Klumpen *m*; Schwellung *f*, Beule *f*; MED Geschwulst *f*, Knoten *m*; GASTR Stück *n*; ***in the ~*** in Bausch und Bogen, pauschal **2.** *v/t*: ***~ together*** *fig* zusammenwerfen; in e-n Topf werfen; *v/i* Klumpen bilden, klumpen

lump sug·ar Würfelzucker *m*

lump sum Pauschalsumme *f*

lump·y klumpig

lu·na·cy Wahnsinn *m*

lu·nar ASTR Mond…

lu·nar mod·ule Mond(lande)fähre *f*

lu·na·tic *fig* **1.** wahnsinnig, verrückt **2.** Wahnsinnige *m, f*, Verrückte *m, f*

lunch, *formal* **lun·cheon 1.** Lunch *m*, Mittagessen *n* **2.** zu Mittag essen

lunch hour, **lunch time** Mittagszeit *f*, Mittagspause *f*

lung ANAT Lungenflügel *m*; *pl* die Lunge

lunge sich stürzen (***at*** auf *acc*)

lurch 1. taumeln, torkeln **2.** ***leave s.o. in the ~*** j-n im Stich lassen, F j-n sitzen lassen

lure 1. Köder *m*; *fig* Lockung *f* **2.** ködern, (an)locken

lu·rid grell; grässlich, schauerlich

lurk lauern; ***~ about, ~ around*** herumschleichen

lus·cious köstlich, lecker; üppig; F knackig

lush saftig, üppig

lust 1. sinnliche Begierde, Lust *f*; Gier *f* **2.** ***~ after, ~ for*** begehren; gierig sein nach

lus·ter, *Br* **lus·tre** Glanz *m*, Schimmer *m*; **lus·trous** glänzend, schimmernd

lust·y kräftig, robust, vital

lute MUS Laute *f*

Lu·ther·an REL lutherisch

lux·u·ri·ant üppig

lux·u·ri·ate schwelgen (***in*** in *dat*)

lux·u·ri·ous luxuriös, Luxus…

lux·u·ry 1. Luxus *m*; Komfort *m*; Luxusartikel *m* **2.** Luxus…

lye Lauge *f*

ly·ing lügnerisch, verlogen

lymph MED Lymphe *f*

lynch lynchen; **~ law** Lynchjustiz *f*

lynx ZO Luchs *m*

lyr·ic 1. lyrisch **2.** lyrisches Gedicht; *pl* Lyrik *f*; (Lied)Text *m*

lyr·i·cal lyrisch, gefühlvoll; schwärmerisch

M

M, **m** M, m *n*

M *abbr of* ***medium*** (***size***) mittelgroß

ma F Mama *f*, Mutti *f*

ma'am → ***madam***

ma·cad·am Asphalt *m*

mac·a·ro·ni Makkaroni *pl*

ma·chine 1. Maschine *f* **2.** maschinell herstellen

ma·chine·gun Maschinengewehr *n*

ma·chine-read·a·ble IT maschinenlesbar

ma·chin·e·ry Maschinen *pl*; Maschinerie *f*

ma·chin·ist TECH Maschinist *m*

mach·o *contp* Macho *m*

mack·e·rel ZO Makrele *f*

mac·ro… Makro…, (sehr) groß

mad wahnsinnig, verrückt; VET tollwütig; F wütend; *fig* ***be ~ about*** wild *or* versessen sein auf (*acc*), verrückt sein nach; ***drive s.o. ~*** j-n verrückt machen; ***go ~*** verrückt werden; ***like ~*** wie verrückt

mad·am gnädige Frau

mad·cap verrückt

mad cow dis·ease VET Rinderwahn (-sinn) *m*

mad·den verrückt *or* rasend machen

mad·den·ing unerträglich; verrückt *or* rasend machend

made: ***~ of gold*** aus Gold

made-to-meas·ure maßgeschneidert

made-up geschminkt; erfunden

mad·house *fig* F Irrenhaus *n*

mad·ly wie verrückt; F wahnsinnig, schrecklich
mad·man Verrückte *m*
mad·ness Wahnsinn
mad·wom·an Verrückte *f*
mag·a·zine Magazin *n* (*a.* PHOT, MIL), Zeitschrift *f*; Lagerhaus *n*
mag·got ZO Made *f*
Ma·gi: ***the*** (***three***) ~ die (drei) Weisen aus dem Morgenland, die Heiligen Drei Könige
ma·gic 1. Magie *f*, Zauberei *f*; Zauber *m*; *fig* Wunder *n* **2.** *a.* ***magical*** magisch, Zauber…
ma·gi·cian Magier *m*, Zauberer *m*; Zauberkünstler *m*
ma·gis·trate (Friedens)Richter(in)
mag·na·nim·i·ty Großmut *f*
mag·nan·i·mous großmütig
mag·net Magnet *m*
mag·net·ic magnetisch, Magnet…
mag·nif·i·cent großartig, prächtig
mag·ni·fy vergrößern
mag·ni·fy·ing glass Vergrößerungsglas *n*, Lupe *f*
mag·ni·tude Größe *f*; Wichtigkeit *f*
mag·pie ZO Elster *f*
ma·hog·a·ny Mahagoni(holz) *n*
maid (Dienst)Mädchen *n*, Hausangestellte *f*; ~ ***of hono***(***u***)***r*** Hofdame *f*; (erste) Brautjungfer
maid·en Jungfern…, Erstlings…
maid·en name Mädchenname *m*
mail 1. Post(sendung) *f*; ***by*** ~ mit der Post® **2.** mit der Post® (zu)schicken, aufgeben, *Brief* einwerfen
mail·bag Postsack *m*; Posttasche *f*
mail·box Briefkasten *m*
mail car·ri·er, **mail·man** Briefträger *m*, Postbote *m*
mail or·der Bestellung *f* bei e-m Versandhaus
mail-or·der| firm, ~ **house** Versandhaus *n*
maim verstümmeln
main 1. Haupt…, wichtigste(r, -s); hauptsächlich; ***by*** ~ ***force*** mit äußerster Kraft **2.** *mst pl* Hauptleitung *f*, Hauptgas-, Hauptwasser-, Hauptstromleitung *f*; (Strom)Netz *n*; ***in the*** ~ in der Hauptsache, im Wesentlichen
main·frame IT Großrechner *m*
main·land Festland *n*
main·ly hauptsächlich
main mem·o·ry IT Hauptspeicher *m*; Arbeitsspeicher *m*
main men·u IT Hauptmenü *n*
main road Haupt(verkehrs)straße *f*
main·spring TECH Hauptfeder *f*; *fig* (Haupt)Triebfeder *f*
main·stay *fig* Hauptstütze *f*
main street Hauptstraße *f*
main·tain (aufrecht)erhalten, beibehalten; instand halten, pflegen, TECH *a.* warten; *Familie etc* unterhalten, versorgen; *et.* behaupten
main·te·nance (Aufrecht)Erhaltung *f*; Instandhaltung *f*, Pflege *f*, TECH *a.* Wartung *f*; Unterhalt *m*
maize *esp Br* BOT Mais *m*
ma·jes·tic majestätisch
ma·jes·ty Majestät *f*; ***His*** (***Her, Your***) ***Majesty*** Seine (Ihre, Eure) Majestät
ma·jor 1. größere(r, -s), *fig a.* bedeutend, wichtig; JUR volljährig; ***C*** ~ MUS C-Dur *n* **2.** MIL Major *m*; JUR Volljährige *m, f*; UNIV Hauptfach *n*; MUS Dur *n*; ~ **gen·e·ral** MIL Generalmajor *m*
ma·jor·i·ty Mehrheit *f*, Mehrzahl *f*; JUR Volljährigkeit *f*
ma·jor league *baseball*: oberste Spielklasse
ma·jor road Haupt(verkehrs)straße *f*
make 1. machen; anfertigen, herstellen, erzeugen; (zu)bereiten; (er)schaffen; ergeben, bilden; machen zu; ernennen zu; *Geld* verdienen; sich erweisen als, abgeben (*person*); schätzen auf (*acc*); *Geschwindigkeit* erreichen; *Fehler* machen; *Frieden etc* schließen; *e-e Rede* halten; F *Strecke* zurücklegen; *with inf*: *j-n* lassen, veranlassen zu, bringen zu, zwingen zu; ~ ***it*** es schaffen; ~ ***do with s.th.*** mit et. auskommen, sich mit et. behelfen; ***what do you*** ~ ***of it?*** was halten Sie davon?; ~ ***believe*** vorgeben; ~ ***friends with*** sich anfreunden mit; ~ ***good*** wieder gutmachen; *Versprechen etc* halten; ~ ***way*** Platz machen; ~ ***for*** zugehen auf (*acc*); sich aufmachen nach; ~ ***into*** verarbeiten zu; ~ ***off*** sich davonmachen, sich aus dem Staub machen; ~ ***out*** *Rechnung, Scheck etc* ausstellen; ausmachen, erkennen; aus *j-m, e-r Sache* klug werden; ~ ***over*** *Eigentum* übertragen; ~ ***up*** *et.* zusammenstellen; sich *et.* ausdenken, *et.* erfinden; (sich) zurechtma-

chen *or* schminken; **~ *it up*** sich versöhnen *or* wieder vertragen (***with*** mit); **~ *up one's mind*** sich entschließen; ***be made up of*** bestehen aus, sich zusammensetzen aus; **~ *up for*** nachholen, aufholen; für *et.* entschädigen **2.** Machart *f*, Bauart *f*; Fabrikat *n*, Marke *f*
make-be·lieve Schein *m*, Fantasie *f*
mak·er Hersteller *m*; ***Maker*** REL Schöpfer *m*
make·shift 1. Notbehelf *m* **2.** behelfsmäßig, Behelfs…
make-up Make-up *n*, Schminke *f*; Aufmachung *f*; Zusammensetzung *f*
mak·ing Erzeugung *f*, Herstellung *f*, Fabrikation *f*; ***be in the*** **~** noch in Arbeit sein; ***have the*** **~*s of*** das Zeug haben zu
mal·ad·just·ed nicht angepasst, verhaltensgestört, milieugestört
mal·ad·min·i·stra·tion schlechte Verwaltung; POL Misswirtschaft *f*
mal·con·tent 1. unzufrieden **2.** Unzufriedene *m, f*
male 1. männlich **2.** Mann *m*; ZO Männchen *n*
male nurse (Kranken)Pfleger *m*
mal·for·ma·tion Missbildung *f*
mal·ice Bosheit *f*; Groll *m*; JUR böse Absicht, Vorsatz *m*
ma·li·cious boshaft; böswillig
ma·lign verleumden
ma·lig·nant bösartig (*a.* MED); boshaft
mall Einkaufszentrum *n*
mal·le·a·ble TECH verformbar; *fig* formbar
mal·let Holzhammer *m*; (Krocket-, Polo)Schläger *m*
mal·nu·tri·tion Unterernährung *f*; Fehlernährung *f*
mal·o·dor·ous übel riechend
mal·prac·tice Vernachlässigung *f* der beruflichen Sorgfalt; MED falsche Behandlung, (ärztlicher) Kunstfehler
malt Malz *n*
mal·treat schlecht behandeln; misshandeln
mam·mal ZO Säugetier *n*
mam·moth 1. ZO Mammut *n* **2.** Mammut…, Riesen…, riesig
mam·my F Mami *f*
man 1. Mann *m*; Mensch(en *pl*) *m*; Menschheit *f*; F (Ehe)Mann *m*; F Geliebte *m*; (*Schach*)Figur *f*; (*Dame*)Stein *m*; ***the*** **~ *on*** (*Br* ***in***) ***the street*** der Mann auf der Straße **2.** (*Raum*)*Schiff etc* bemannen; *Büro etc* besetzen
man·age *v/t Betrieb etc* leiten, führen; *Künstler, Sportler etc* managen; *et.* zustande bringen; es fertigbringen (***to do*** zu tun); umgehen (können) mit; mit *j-m, et.* fertigwerden; F *Arbeit, Essen etc* bewältigen, schaffen; *v/i* auskommen (***with*** mit; ***without*** ohne); F es schaffen, zurechtkommen; F es einrichten, es ermöglichen
man·age·a·ble handlich; lenksam
man·age·ment Verwaltung *f*; ECON Management *n*, Unternehmensführung *f*; Geschäftsleitung *f*, Direktion *f*
man·ag·er Verwalter *m*; ECON Manager *m* (*a.* THEA *etc*); Geschäftsführer *m*, Leiter *m*, Direktor *m*; SPORT (Chef-) Trainer *m*; ***be a good*** **~** gut *or* sparsam wirtschaften können
man·a·ge·ri·al ECON geschäftsführend, leitend; **~ *position*** leitende Stellung; **~ *staff*** leitende Angestellte *pl*
man·ag·ing ECON geschäftsführend, leitend; **~ di·rec·tor** Generaldirektor *m*, leitender Direktor
man·date Mandat *n*; Auftrag *m*; Vollmacht *f*
man·da·to·ry obligatorisch, zwingend
mane ZO Mähne *f* (*a.* F)
ma·neu·ver *a. fig* **1.** Manöver *n* **2.** manövrieren
mange VET Räude *f*
man·ger AGR Krippe *f*
man·gle 1. (Wäsche)Mangel *f* **2.** mangeln; *j-n* übel zurichten, zerfleischen; *fig Text* verstümmeln
mang·y VET räudig; *fig* schäbig
man·hood Mannesalter *n*; Männlichkeit *f*
ma·ni·a Wahnsinn *m*; *fig* (***for***) Sucht *f* (nach), Leidenschaft *f* (für), Manie *f*, Fimmel *m*; **ma·ni·ac** F Wahnsinnige *m, f*, Verrückte *m, f*; *fig* Fanatiker(in)
man·i·cure Maniküre *f*, Handpflege *f*
man·i·fest 1. offenkundig **2.** *v/t* offenbaren, manifestieren
man·i·fold mannigfaltig, vielfältig
ma·nip·u·late manipulieren; (geschickt) handhaben
ma·nip·u·la·tion Manipulation *f*
man·kind die Menschheit, die Menschen *pl*
man·ly männlich

man-made vom Menschen geschaffen, künstlich; **~ *fiber*** Kunstfaser *f*
man·ner Art *f* (und Weise *f*); Betragen *n*, Auftreten *n*; *pl* Benehmen *n*, Umgangsformen *pl*, Manieren *pl*; Sitten *pl*
ma·noeu·vre *Br* → ***maneuver***
man·or *Br* (Land)Gut *n*; → **man·or house** Herrenhaus *n*
man·pow·er menschliche Arbeitskraft; Arbeitskräfte *pl*
man·sion (herrschaftliches) Wohnhaus
man·slaugh·ter JUR Totschlag *m*, fahrlässige Tötung
man·tel·piece, man·tel·shelf Kaminsims *m*
man·u·al 1. Hand…; mit der Hand (gemacht) **2.** Handbuch *n*
man·u·fac·ture 1. erzeugen, herstellen **2.** Herstellung *f*, Fertigung *f*; Erzeugnis *n*, Fabrikat *n*
man·u·fac·tur·er Hersteller *m*, Erzeuger *m*
man·u·fac·tur·ing Herstellungs…
ma·nure AGR **1.** Dünger *m*, Mist *m*, Dung *m* **2.** düngen
man·u·script Manuskript *n*
man·y 1. viel(e); **~ *a*** manche(r, -s), manch eine(r, -s); **~ *times*** oft; ***as* ~** ebenso viel(e) **2.** viele; ***a good* ~** ziemlich viel(e); ***a great* ~** sehr viele
map 1. (Land- *etc*)Karte *f*; (Stadt- *etc*)-Plan *m* **2.** e-e Karte machen von; auf e-r Karte eintragen; **~ *out*** *fig* (bis in die Einzelheiten) (voraus)planen
ma·ple BOT Ahorn *m*
mar beeinträchtigen; verderben
Mar *abbr of* ***March*** März *m*
mar·a·thon SPORT **1.** *a.* **~ *race*** Marathonlauf *m* **2.** Marathon… (*a. fig*)
ma·raud plündern
mar·ble 1. Marmor *m*; Murmel *f* **2.** marmorn
march 1. marschieren; *fig* fortschreiten **2.** Marsch *m*; *fig* (Fort)Gang *m*; ***the* ~ *of events*** der Lauf der Dinge
March (*abbr* ***Mar***) März *m*
mare ZO Stute *f*
mar·ga·rine, *Br* F **marge** Margarine *f*
mar·gin Rand *m* (*a. fig*); Grenze *f* (*a. fig*); *fig* Spielraum *m*; (*Gewinn-, Verdienst*)Spanne *f*; ***by a wide* ~** mit großem Vorsprung; **mar·gin·al** Rand…; **~ *note*** Randbemerkung *f*
mar·i·hua·na, mar·i·jua·na Marihuana *n*
ma·ri·na Boots-, Jachthafen *m*
ma·rine Marine *f*; MIL Marineinfanterist *m*
mar·i·ner Seemann *m*
mar·i·tal ehelich, Ehe…
mar·i·tal sta·tus Familienstand *m*
mar·i·time See…; Küsten…; Schifffahrts…
mark[1] **1.** Marke *f*, Markierung *f*; (Kenn)-Zeichen *n*, Merkmal *n*; (Körper)Mal *n*; Ziel *n* (*a. fig*); Spur *f* (*a. fig*); Fleck *m*; (*Fabrik-, Waren*)Zeichen *n*, (*Schutz-, Handels*)Marke *f*; ECON Preisangabe *f*; PED Note *f*, Zensur *f*, Punkt *m*; SPORT Startlinie *f*; *fig* Zeichen *n*; *fig* Norm *f*; ***be up to the* ~** den Anforderungen gewachsen sein (*person*) *or* genügen (*performance etc*); *gesundheitlich* auf der Höhe sein; ***be wide of the* ~** weit danebenschießen; *fig* sich gewaltig irren; weit danebenliegen (*estimate etc*); ***hit the* ~** (das Ziel) treffen; *fig* ins Schwarze treffen; ***miss the* ~** danebenschießen, das Ziel verfehlen (*a. fig*) **2.** markieren, anzeichnen; anzeigen; kennzeichnen; *Waren* auszeichnen; *Preis* festsetzen; Spuren hinterlassen auf (*dat*); Flecken machen auf (*dat*); PED benoten, zensieren; SPORT *Gegenspieler* decken, markieren; **~ *my words*** denk an m-e Worte; ***to* ~ *the occasion*** zur Feier des Tages; **~ *time*** auf der Stelle treten (*a. fig*); **~ *down*** notieren, vermerken; *im Preis* herabsetzen; **~ *off*** abgrenzen; *auf e-r Liste* abhaken; **~ *out*** *durch Striche etc* markieren; bestimmen (***for*** für); **~ *up*** *im Preis* heraufsetzen
mark[2] *hist* (*former monetary unit of Germany*) (Deutsche) Mark
marked deutlich, ausgeprägt
mark·er Markierstift *m*; Lesezeichen *n*; SPORT Bewacher(in)
mar·ket 1. Markt *m*; Marktplatz *m*; (Lebensmittel)Geschäft *n*, Laden *m*; ECON Absatz *m*; (***for***) Nachfrage *f* (nach), Bedarf *m* (an *dat*); ***on the* ~** auf dem Markt *or* im Handel; ***put on the* ~** auf den Markt *or* in den Handel bringen; (zum Verkauf) anbieten **2.** *v/t* auf den Markt *or* in den Handel bringen; verkaufen, vertreiben
mar·ket·a·ble ECON marktgängig

mar·ket gar·den *Br* Gemüse- und Obstgärtnerei *f*
mar·ket·ing ECON Marketing *n*
mark·ing Markierung *f*; zo Zeichnung *f*; SPORT Deckung *f*; ***man-to-man ~*** Manndeckung *f*
marks·man guter Schütze
mar·ma·lade *esp* Orangenmarmelade *f*
mar·mot zo Murmeltier *n*
ma·roon 1. kastanienbraun **2.** *auf e-r einsamen Insel* aussetzen **3.** Leuchtrakete *f*
mar·quee Festzelt *n*
mar·quis Marquis *m*
mar·riage Heirat *f*, Hochzeit *f* (***to*** mit); Ehe *f*; ***civil ~*** standesamtliche Trauung
mar·ria·ge·a·ble heiratsfähig
mar·riage cer·tif·i·cate Trauschein *m*, Heiratsurkunde *f*
mar·ried verheiratet; ehelich, Ehe…; ***~ couple*** Ehepaar *n*; ***~ life*** Ehe(leben *n*) *f*
mar·row ANAT (Knochen)Mark *n*; *fig* Kern *m*, *das* Wesentliche
mar·ry *v/t* heiraten; *Paar* trauen; ***be married*** verheiratet sein (***to*** mit); ***get married*** heiraten; sich verheiraten (***to*** mit); *v/i* heiraten
marsh Sumpf(land *n*) *m*, Marsch *f*
mar·shal 1. MIL Marschall *m*; Bezirkspolizeichef *m* **2.** ordnen; führen
marsh·y sumpfig
mar·ten zo Marder *m*
mar·tial kriegerisch; Kriegs…, Militär…; ***~ arts*** asiatische Kampfsportarten *pl*; ***~ law*** Kriegsrecht *n*
mar·tyr REL Märtyrer(in) (*a. fig*)
mar·vel 1. Wunder *n* **2.** sich wundern, staunen; **mar·vel·(l)ous** wunderbar; fabelhaft, fantastisch
mar·zi·pan Marzipan *n*, *m*
mas·ca·ra Wimperntusche *f*
mas·cot Maskottchen *n*
mas·cu·line männlich; Männer…; maskulin (*a.* LING)
mash zerdrücken, zerquetschen
mashed po·ta·toes Kartoffelbrei *m*
mask 1. Maske *f* (*a.* IT); **2.** maskieren; *fig* verbergen, verschleiern
masked maskiert; ***~ ball*** Maskenball *m*
ma·son Steinmetz *m*; *mst* ***Mason*** Freimaurer *m*; **ma·son·ry** Mauerwerk *n*
masque THEA HIST Maskenspiel *n*
mas·que·rade 1. Maskerade *f* (*a. fig*); Verkleidung *f* **2.** sich ausgeben (***as*** als, für)
mass 1. Masse *f*; Menge *f*; Mehrzahl *f*; ***the ~es*** die (breite) Masse **2.** (sich) (an)sammeln *or* (an)häufen **3.** Massen…
Mass REL Messe *f*
mas·sa·cre 1. Massaker *n* **2.** niedermetzeln
mas·sage 1. Massage *f* **2.** massieren
mas·seur Masseur *m*
mas·seuse Masseurin *f*, Masseuse *f*
mas·sif (Gebirgs)Massiv *n*
mas·sive massiv; groß, gewaltig
mass me·di·a Massenmedien *pl*
mass-pro·duce serienmäßig herstellen
mass pro·duc·tion Massen-, Serienproduktion *f*
mast MAR Mast *m*; *Br* ELECTR Sendemast *m*
mas·ter 1. Meister *m* (*a.* PAINT); Herr *m*; *esp Br* Lehrer *m*; Original(kopie *f*) *n*; UNIV Magister *m*; ***Master of Arts*** (*abbr* ***MA***) Magister *m* Artium; ***~ of ceremonies*** Conférencier *m* **2.** Meister…; Haupt…; ***~ copy*** Originalkopie *f*; ***~ tape*** TECH Mastertape *n*, Originaltonband *n* **3.** Herr sein über (*acc*); *Sprache etc* beherrschen; *Aufgabe etc* meistern
mas·ter key Hauptschlüssel *m*
mas·ter·ly meisterhaft, virtuos
mas·ter·piece Meisterstück *n*, -werk *n*
mas·ter·y Herrschaft *f*; Oberhand *f*; Beherrschung *f*
mas·tur·bate masturbieren, onanieren
mat¹ 1. Matte *f*; Untersetzer *m* **2.** sich verfilzen
mat² mattiert, matt
match¹ Streichholz *n*, Zündholz *n*
match² 1. *der, die, das* Gleiche; (dazu) passende Sache *or* Person, Gegenstück *n*; (*Fußball- etc*)Spiel *n*, (*Box- etc* -) Kampf *m*, (*Tennis- etc*)Match *n*, *m*; Heirat *f*; *gute etc* Partie (*person*); ***be a*** (***no***) ***~ for s.o.*** j-m (nicht) gewachsen sein; ***find*** *or* ***meet one's ~*** s-n Meister finden **2.** *v/t j-m, e-r Sache* ebenbürtig *or* gewachsen sein, gleichkommen; *j-m, e-r Sache* entsprechen, passen zu; *v/i* zusammenpassen, übereinstimmen, entsprechen; ***gloves to ~*** dazu passende Handschuhe
match·box Streichholz-, Zündholzschachtel *f*

M

match·less unvergleichlich, einzigartig
match·mak·er Ehestifter(in)
match point *tennis etc*: Matchball *m*
mate[1] → ***checkmate***
mate[2] **1.** (Arbeits)Kamerad *m*, (-)Kollege *m*; zo Männchen *n*, Weibchen *n*; MAR Maat *m* **2.** zo (sich) paaren
ma·te·ri·al 1. Material *n*, Stoff *m*; ***writing ~s*** Schreibmaterial(ien *pl*) *n* **2.** materiell; leiblich; wesentlich
ma·ter·nal mütterlich, Mutter…; mütterlicherseits
ma·ter·ni·ty 1. Mutterschaft *f* **2.** Schwangerschafts…, Umstands…
ma·ter·ni·ty| leave Mutterschaftsurlaub *m*; **~ ward** Entbindungsstation *f*
math F Mathe *f*
math·e·ma·ti·cian Mathematiker(in)
math·e·mat·ics Mathematik *f*
maths *Br* F Mathe *f*
mat·i·née THEA *etc* Nachmittagsvorstellung *f*
ma·tric·u·late (sich) immatrikulieren
mat·ri·mo·ni·al ehelich, Ehe…
mat·ri·mo·ny Ehe *f*, Ehestand *m*
ma·trix TECH Matrize *f*
ma·tron *Br* MED Oberschwester *f*; Hausmutter *f*; Matrone *f*
mat·ter 1. Materie *f*, Material *n*, Substanz *f*, Stoff *m*; MED Eiter *m*; Sache *f*, Angelegenheit *f*; ***printed ~*** Drucksache *f*; ***what's the ~ (with you)?*** was ist los (mit dir)?; ***no ~ who*** gleichgültig, wer; ***for that ~*** was das betrifft; ***a ~ of course*** e-e Selbstverständlichkeit; ***a ~ of fact*** e-e Tatsache; ***as a ~ of fact*** tatsächlich, eigentlich; ***a ~ of form*** e-e Formsache; ***a ~ of time*** e-e Frage der Zeit **2.** von Bedeutung sein (***to*** für); ***it doesn't ~*** es macht nichts
mat·ter-of-fact sachlich, nüchtern
mat·tress Matratze *f*
ma·ture 1. reif (*a. fig*) **2.** (heran)reifen, reif werden
ma·tu·ri·ty Reife *f* (*a. fig*)
maud·lin rührselig
maul übel zurichten; *fig* verreißen
Maun·dy Thurs·day Gründonnerstag *m*
mauve malvenfarbig, mauve
mawk·ish rührselig
max·i… Maxi…, riesig, Riesen…
max·im Grundsatz *m*
max·i·mum 1. Maximum *n* **2.** maximal, Maximal…, Höchst…
May Mai *m*
may *v/aux ich* kann / mag / darf *etc*, *du* kannst / magst / darfst etc
may·be vielleicht
may·bug zo Maikäfer *m*
May Day der 1. Mai
may·on·naise Mayonnaise *f*
mayor Bürgermeister(in)
may·pole Maibaum *m*
maze Irrgarten *m*, Labyrinth *n* (*a. fig*)
me mich; mir; F ich
mead·ow Wiese *f*, Weide *f*
mea·ger, *Br* **mea·gre** mager (*a. fig*), dürr; dürftig
meal[1] Mahl(zeit *f*) *n*; Essen *n*
meal[2] Schrotmehl *n*
mean[1] gemein, niederträchtig; geizig, knauserig; schäbig
mean[2] meinen; sagen wollen; bedeuten; beabsichtigen, vorhaben; ***be meant for*** bestimmt sein für; ***~ well (ill)*** es gut (schlecht) meinen
mean[3] **1.** Mitte *f*, Mittel *n*, Durchschnitt *m* **2.** mittlere(r, -s), Mittel…, durchschnittlich, Durchschnitts…
mean·ing 1. Sinn *m*, Bedeutung *f* **2.** bedeutungsvoll, bedeutsam
mean·ing·ful bedeutungsvoll; sinnvoll
mean·ing·less sinnlos
means Mittel *n or pl*, Weg *m*; ECON Mittel *pl*, Vermögen *n*; ***by all ~*** auf alle Fälle, unbedingt; ***by no ~*** keineswegs, auf keinen Fall; ***by ~ of*** durch, mit

mean·time 1. inzwischen **2.** ***in the ~*** inzwischen
mean·while inzwischen
mea·sles MED Masern *pl*
mea·sur·a·ble messbar
mea·sure 1. Maß *n* (*a. fig*); TECH Messgerät *n*; MUS Takt *m*; *fig* Maßnahme *f*; ***beyond ~*** über alle Maßen; ***in a great ~*** großenteils; ***take ~s*** Maßnahmen treffen *or* ergreifen **2.** (ab-, aus-, ver)messen; *j-m* Maß nehmen; ***~ up to*** den Ansprüchen (*gen*) genügen; **measured** gemessen; wohlüberlegt; maßvoll
mea·sure·ment (Ver)Messung *f*; Maß *n*; **~ of ca·pac·i·ty** Hohlmaß *n*
mea·sur·ing tape → ***tape measure***
meat GASTR Fleisch *n*; ***cold ~*** kalter Braten
meat·ball GASTR Fleischklößchen *n*
me·chan·ic Mechaniker(in)

me·chan·i·cal mechanisch; Maschinen…
me·chan·ics PHYS Mechanik *f*
mech·a·nism Mechanismus *m*
mech·a·nize mechanisieren
med·al Medaille *f*; Orden *m*
med·al·(l)ist SPORT Medaillengewinner(in)
med·dle sich einmischen (***with, in*** in *acc*); **med·dle·some** aufdringlich
me·di·a Medien *pl*
med·i·ae·val → ***medieval***
me·di·an *a.* ~ ***strip*** MOT Mittelstreifen *m*
me·di·ate vermitteln
me·di·a·tion Vermittlung *f*
me·di·a·tor Vermittler *m*
med·ic MIL Sanitäter *m*
med·i·cal 1. medizinisch, ärztlich **2.** ärztliche Untersuchung
med·i·cal cer·tif·i·cate ärztliches Attest
med·i·cated medizinisch
me·di·ci·nal medizinisch, heilkräftig, Heil…
medi·cine Medizin *f*, *a.* Arznei *f*, *a.* Heilkunde *f*
med·i·e·val mittelalterlich
me·di·o·cre mittelmäßig
med·i·tate *v/i* (***on***) nachdenken (über *acc*); meditieren (über *acc*); *v/t* erwägen
med·i·ta·tion Nachdenken *n*; Meditation *f*
med·i·ta·tive nachdenklich
Med·i·ter·ra·ne·an Mittelmeer…
me·di·um 1. Mitte *f*; Mittel *n*; Medium *n* **2.** mittlere(r, -s), Mittel…, *a.* mittelmäßig; GASTR medium, halb gar
med·ley Gemisch *n*; MUS Medley *n*, Potpourri *n*
meek sanft(mütig), bescheiden
meet *v/t* treffen, sich treffen mit; begegnen (*dat*); *j-n* kennenlernen; *j-n* abholen; zusammentreffen mit, stoßen *or* treffen auf (*acc*); *Wünschen* entgegenkommen, entsprechen; *e-r Forderung, Verpflichtung* nachkommen; *v/i* zusammenkommen, -treten; sich begegnen, sich treffen; (*feindlich*) zusammenstoßen; SPORT aufeinandertreffen; sich kennenlernen; ~ ***with*** zusammentreffen mit; sich treffen mit; stoßen auf (*Schwierigkeiten etc*); erleben, erleiden
meet·ing Begegnung *f*, (Zusammen-)Treffen *n*; Versammlung *f*, Konferenz *f*, Tagung *f*; ~ **place** Tagungs-, Versammlungsort *m*; Treffpunkt *m*
mel·an·chol·y 1. Melancholie *f*, Schwermut *f*, Trübsinn *m* **2.** melancholisch, traurig, trübsinnig, wehmütig
mel·low 1. reif, weich; sanft, mild (*light*), zart (*colors*); *fig* gereift (*person*) **2.** reifen (lassen) (*a. fig*); weich *or* sanft werden
me·lo·di·ous melodisch
mel·o·dra·mat·ic melodramatisch
mel·o·dy MUS Melodie *f*
mel·on BOT Melone *f*
melt (zer)schmelzen; ~ ***down*** einschmelzen
mem·ber Mitglied *n*, Angehörige *m, f*; ANAT Glied *n*, Gliedmaße *f*; (männliches) Glied; ***Member of Parliament*** *Br* Mitglied *n* des Unterhauses, Unterhausabgeordnete *m, f*; **mem·ber·ship** Mitgliedschaft *f*; Mitgliederzahl *f*
mem·brane Membran(e) *f*
mem·o Memo *n*
mem·oirs Memoiren *pl*
mem·o·ra·ble denkwürdig
me·mo·ri·al Denkmal *n*, Ehrenmal *n*, Gedenkstätte *f* (***to*** für); Gedenkfeier *f* (***to*** für)
mem·o·rize auswendig lernen, sich *et.* einprägen
mem·o·ry Gedächtnis *n*; Erinnerung *f*; Andenken *n*; IT Speicher *m*; ***in*** ~ ***of*** zum Andenken an (*acc*)
men·ace 1. (be)drohen **2.** (Be)Drohung *f*
mend 1. *v/t* (ver)bessern; ausbessern, reparieren, flicken; ~ ***one's ways*** sich bessern; *v/i* sich bessern **2.** ausgebesserte Stelle; ***on the*** ~ auf dem Wege der Bess(e)rung
men·di·cant REL Bettelmönch *m*
me·ni·al niedrig, untergeordnet
men·in·gi·tis MED Meningitis *f*, Hirnhautentzündung *f*
men·o·pause MED Wechseljahre *pl*
men·stru·ate menstruieren
men·stru·a·tion Menstruation *f*
men·tal geistig, Geistes…; seelisch, psychisch; ~ **a·rith·me·tic** Kopfrechnen *n*; ~ **hand·i·cap** geistige Behinderung; ~ **hos·pi·tal** psychiatrische Klinik
men·tal·i·ty Mentalität *f*
men·tal·ly: ~ ***handicapped*** geistig behindert; ~ ***ill*** geisteskrank
men·tion 1. erwähnen; ***don't*** ~ ***it!*** keine

Ursache! **2.** Erwähnung *f*
men·u Speise(n)karte *f*; IT Menü *n*
me·ow ZO miauen
mer·can·tile Handels…
mer·ce·na·ry **1.** geldgierig **2.** MIL Söldner *m*
mer·chan·dise **1.** Ware(n *pl*) *f* **2.** vermarkten
mer·chan·dis·ing Vermarktung *f*
mer·chant **1.** (Groß)Händler *m*, (Groß)Kaufmann *m* **2.** Handels…
mer·ci·ful barmherzig, gnädig
mer·ci·less unbarmherzig, erbarmungslos
mer·cu·ry CHEM Quecksilber *n*
mer·cy Barmherzigkeit *f*, Erbarmen *n*, Gnade *f*
mere, mere·ly bloß, nur
merge verschmelzen (***into, with*** mit); ECON fusionieren
merg·er ECON Fusion *f*
me·rid·i·an GEOGR Meridian *m*; *fig* Gipfel *m*, Höhepunkt *m*
mer·it **1.** Verdienst *n*; Wert *m*; Vorzug *m* **2.** verdienen
mer·maid Meerjungfrau *f*, Nixe *f*
mer·ri·ment Fröhlichkeit *f*; Gelächter *n*, Heiterkeit *f*
mer·ry lustig, fröhlich, ausgelassen; ***Merry Christmas!*** fröhliche *or* frohe Weihnachten
mer·ry-go-round Karussell *n*
mesh **1.** Masche *f*; *fig often pl* Netz *n*, Schlingen *pl*; ***be in ~*** TECH (ineinander)greifen **2.** TECH (ineinander)greifen; *fig* passen (***with*** zu), zusammenpassen
mess **1.** Unordnung *f*, Durcheinander *n*; Schmutz *m*, F Schweinerei *f*; F Patsche *f*, Klemme *f*; MIL Messe *f*, Kasino *n*; ***make a ~ of*** F *fig* verpfuschen, ruinieren, *Pläne etc* über den Haufen werfen **2.** ***~ about, ~ around*** F herumspielen, herumbasteln (***with*** an *dat*); herumgammeln; ***~ up*** in Unordnung bringen, durcheinanderbringen; *fig* F verpfuschen, ruinieren, *Pläne etc* über den Haufen werfen
mes·sage Mitteilung *f*, Nachricht *f*; Anliegen *n*, Aussage *f*; ***can I take a ~?*** kann ich etwas ausrichten?; ***get the ~*** F kapieren; **mes·sen·ger** Bote *m*
mess·y unordentlich; unsauber, schmutzig
me·tab·o·lis·m MED Stoffwechsel *m*
met·al Metall *n*
me·tal·lic metallisch; Metall…
met·a·mor·pho·sis Metamorphose *f*, Verwandlung *f*
met·a·phor Metapher *f*
me·tas·ta·sis MED Metastase *f*
me·te·or Meteor *m*
me·te·or·o·log·i·cal meteorologisch, Wetter…, Witterungs…; **~ of·fice** Wetteramt *n*
me·te·o·rol·o·gy Meteorologie *f*, Wetterkunde *f*
me·ter[1] TECH Messgerät *n*, Zähler *m*
me·ter[2] Meter *m*, *n*; Versmaß *n*
meth·od Methode *f*, Verfahren *n*; System *n*; **me·thod·i·cal** methodisch, systematisch, planmäßig
me·tic·u·lous peinlich genau, übergenau
me·tre *Br* → ***meter***[2]
met·ric metrisch; **~ sys·tem** metrisches (Maß- und Gewichts)System
me·trop·o·lis Weltstadt *f*
met·ro·pol·i·tan … der Hauptstadt
met·tle Eifer *m*, Mut *m*, Feuer *n*
mew ZO miauen
Mex·i·can **1.** mexikanisch **2.** Mexikaner(in)
Mex·i·co Mexiko *n*
mi·aow ZO miauen
mi·cro… Mikro…, (sehr) klein
mi·cro·chip Mikrochip *m*
mi·cro·e·lec·tron·ics Mikroelektronik *f*
mi·cro·film Mikrofilm *m*
mi·cro·or·gan·ism BIOL Mikroorganismus *m*
mi·cro·phone Mikrofon *n*
mi·cro·pro·ces·sor Mikroprozessor *m*
mi·cro·scope Mikroskop *n*
mi·cro·scop·ic mikroskopisch
mi·cro·wave Mikrowelle *f*; **~ ov·en** Mikrowellenherd *m*
mid mittlere(r, -s), Mitt(el)…
mid·air: ***in ~*** in der Luft
mid·day **1.** Mittag *m* **2.** mittägig, Mittag(s)…
mid·dle **1.** mittlere(r, -s), Mittel… **2.** Mitte *f*
mid·dle-aged mittleren Alters
Mid·dle Ag·es HIST Mittelalter *n*
mid·dle class(·es) Mittelstand *m*
mid·dle·man ECON Zwischenhändler *m*; Mittelsmann *m*

M

mid·dle name zweiter Vorname *m*
mid·dle-sized mittelgroß
mid·dle·weight *boxing*: Mittelgewicht *n*, Mittelgewichtler *m*
mid·dling F mittelmäßig, Mittel…; leidlich
mid·field *esp soccer*: Mittelfeld *n*
mid·field·er, **mid·field play·er** *esp soccer*: Mittelfeldspieler *m*
midge ZO Mücke *f*
midg·et Zwerg *m*, Knirps *m*
mid·night Mitternacht *f*; ***at ~*** um Mitternacht
midst: ***in the ~ of*** mitten in (*dat*)
mid·sum·mer Hochsommer *m*; ASTR Sommersonnenwende *f*
mid·way auf halbem Wege
mid·wife Hebamme *f*
mid·win·ter Mitte *f* des Winters; ASTR Wintersonnenwende *f*; ***in ~*** mitten im Winter
might Macht *f*, Gewalt *f*; Kraft *f*
might·y mächtig, gewaltig
mi·grate (aus)wandern, (fort)ziehen (*a.* ZO)
mi·gra·tion Wanderung *f* (*a.* ZO)
mi·gra·to·ry Wander…; ZO Zug…
mike F Mikrofon *n*
mild mild, sanft, leicht
mil·dew BOT Mehltau *m*
mild·ness Milde *f*
mile Meile *f* (*1,6 km*)
mile·age zurückgelegte Meilenzahl *or* Fahrtstrecke; Meilenstand *m*; *a.* ***~ allowance*** Meilengeld *n*, *appr* Kilometergeld *n*
mile·stone Meilenstein *m* (*a. fig*)
mil·i·tant militant; streitbar, kriegerisch
mil·i·ta·ry **1.** militärisch, Militär… **2.** ***the ~*** das Militär; ***~ gov·ern·ment*** Militärregierung *f*; ***~ po·lice*** (*abbr* ***MP***) Militärpolizei *f*
mi·li·tia Miliz *f*, Bürgerwehr *f*
milk **1.** Milch *f*; ***it's no use crying over spilt ~*** geschehen ist geschehen **2.** *v/t* melken; *v/i* Milch geben; ***~ choc·olate*** Vollmilchschokolade *f*
milk·man Milchmann *m*
milk pow·der Milchpulver *n*, Trockenmilch *f*
milk shake Milchmixgetränk *n*
milk tooth ANAT Milchzahn *m*
milk·y milchig; Milch…
Milky Way ASTR Milchstraße *f*
mill **1.** Mühle *f*; Fabrik *f* **2.** *Korn etc* mahlen; *Metall* verarbeiten; *Münze* rändeln
mil·le·pede → ***millipede***
mill·er Müller *m*
mil·let BOT Hirse *f*
mil·li·ner Hutmacherin *f*, Putzmacherin *f*, Modistin *f*
mil·lion Million *f*
mil·lion·aire Millionär(in)
mil·lionth **1.** millionste(r, -s) **2.** Millionstel *n*
mil·li·pede ZO Tausendfüß(l)er *m*
mill·stone Mühlstein *m*; ***be a ~ round s.o.'s neck*** *fig* j-m ein Klotz am Bein sein
milt ZO Milch *f*
mime **1.** Pantomime *f*; Pantomime *m* **2.** (panto)mimisch darstellen; **mim·ic** **1.** mimisch; Schein… **2.** Imitator *m* **3.** nachahmen; nachäffen; **mim·ic·ry** Nachahmung *f*; ZO Mimikry *f*
mince **1.** *v/t* zerhacken, (zer)schneiden; ***he does not ~ matters*** *or* ***his words*** er nimmt kein Blatt vor den Mund; *v/i* tänzeln, trippeln **2.** *a.* ***~d meat*** Hackfleisch *n*; **minc·er** Fleischwolf *m*
mind **1.** Sinn *m*, Gemüt *n*, Herz *n*; Verstand *m*, Geist *m*; Ansicht *f*, Meinung *f*; Absicht *f*, Neigung *f*, Lust *f*; Erinnerung *f*, Gedächtnis *n*; ***be out of one's ~*** nicht (recht) bei Sinnen sein; ***bear*** *or* ***keep in ~*** (immer) denken an (*acc*), *et.* nicht vergessen; ***change one's ~*** es sich anders überlegen, s-e Meinung ändern; ***enter s.o.'s ~*** j-m in den Sinn kommen; ***give s.o. a piece of one's ~*** j-m gründlich die Meinung sagen; ***have*** (***half***) ***a ~ to*** *inf* (nicht übel) Lust haben zu *inf*; ***lose one's ~*** den Verstand verlieren; ***make up one's ~*** sich entschließen, e-n Entschluss fassen; ***to my ~*** meiner Ansicht nach **2.** *v/t* achtgeben auf (*acc*); sehen nach, aufpassen auf (*acc*); et. haben gegen; ***~ the step!*** Vorsicht, Stufe!; ***~ your own business!*** kümmere dich um deine eigenen Angelegenheiten!; ***do you ~ if I smoke?, do you ~ my smoking?*** haben Sie et. dagegen *or* stört es Sie, wenn ich rauche?; ***would you ~ opening the window?*** würden Sie bitte das Fenster öffnen?; ***would you ~ coming*** würden Sie bitte kommen?; *v/i* aufpassen; et. dage-

M

gen haben; **~ (you)** wohlgemerkt, allerdings; ***never ~!*** macht nichts!, ist schon gut!; ***I don't ~*** meinetwegen, von mir aus

mind·less gedankenlos, blind; unbekümmert (**of** um), ohne Rücksicht (**of** auf *acc*)

mine[1] meins; ***that's ~*** das gehört mir

mine[2] **1.** Bergwerk *n*, Mine *f*, Zeche *f*, Grube *f*; MIL Mine *f*; *fig* Fundgrube *f* **2.** *v/i* schürfen, graben (**for** nach); *v/t Erz, Kohle* abbauen; MIL verminen

min·er Bergmann *m*, Kumpel *m*

min·e·ral 1. Mineral *n*; *pl Br* Mineralwasser *n* **2.** Mineral…; **~ oil** Mineralöl *n*; **~ wa·ter** Mineralwasser *n*

min·gle *v/t* (ver)mischen; *v/i* sich mischen *or* mengen (**with** unter)

min·i… Mini…, Klein(st)…; → ***miniskirt***

min·i·a·ture 1. Miniatur(gemälde *n*) *f* **2.** Miniatur…; Klein…; **~ cam·e·ra** Kleinbildkamera *f*

min·i·mize auf ein Mindestmaß herabsetzen; herunterspielen, bagatellisieren

min·i·mum 1. Minimum *n*, Mindestmaß *n* **2.** minimal, Mindest…

min·ing 1. Bergbau *m* **2.** Berg(bau)…, Bergwerks…; Gruben…

min·i·skirt Minirock *m*

min·is·ter POL Minister(in); Gesandte *m*; REL Geistliche *m*; **min·is·try** POL Ministerium *n*; REL geistliches Amt

mink ZO Nerz *m*

mi·nor 1. kleinere(r, -s), *fig a.* unbedeutend, geringfügig; JUR minderjährig; ***A ~*** MUS a-Moll *n*; **~ *key*** MUS Moll(tonart *f*) *n* **2.** JUR Minderjährige *m, f*; UNIV Nebenfach *n*; MUS Moll *n*; **mi·nor·i·ty** Minderheit *f*; JUR Minderjährigkeit *f*

min·ster *Br* Münster *n*

mint[1] **1.** Münze *f*, Münzanstalt *f* **2.** prägen

mint[2] BOT Minze *f*

min·u·et MUS Menuett *n*

mi·nus 1. *prp* minus, weniger; F ohne **2.** *adj* Minus… **3.** Minus *n*, *fig a.* Nachteil *m*

min·ute[1] Minute *f*, Augenblick *m*; ***in a ~*** sofort; ***just a ~!*** Moment mal!

mi·nute[2] winzig; sehr genau

min·utes Protokoll *n*; ***take*** (*or* ***keep***) ***the ~*** (das) Protokoll führen

mir·a·cle Wunder *n*

mi·rac·u·lous wunderbar

mi·rac·u·lous·ly wie durch ein Wunder

mi·rage Luftspiegelung *f*, Fata Morgana *f*

mire Schlamm *m*; ***drag through the ~*** *fig* in den Schmutz ziehen

mir·ror 1. Spiegel *m* **2.** (wider)spiegeln (*a. fig*)

mis… miss…, falsch, schlecht

mis·ad·ven·ture Missgeschick *n*; Unglück *n*, Unglücksfall *m*

mis·an·thrope, mis·an·thro·pist Menschenfeind(in)

mis·ap·ply falsch an- *or* verwenden

mis·ap·pre·hend missverstehen

mis·ap·pro·pri·ate unterschlagen, veruntreuen

mis·be·have sich schlecht benehmen

mis·cal·cu·late falsch berechnen; sich verrechnen (in *dat*)

miscar·riage MED Fehlgeburt *f*; Misslingen *n*, Fehlschlag(en *n*) *m*; ***~ of justice*** JUR Fehlurteil *n*

mis·car·ry MED e-e Fehlgeburt haben; misslingen, scheitern

mis·cel·la·ne·ous gemischt, vermischt; verschiedenartig

mis·cel·la·ny Gemisch *n*; Sammelband *m*

mis·chief Schaden *m*; Unfug *m*; Übermut *m*

mis·chie·vous boshaft, mutwillig; schelmisch

mis·con·ceive falsch auffassen, missverstehen

mis·con·duct schlechtes Benehmen; schlechte Führung; Verfehlung *f*

mis·con·strue falsch auslegen, missdeuten

mis·de·mea·no(u)r JUR Vergehen *n*

mis·di·rect fehlleiten, irreleiten; *Brief etc* falsch adressieren

mise-en-scène THEA Inszenierung *f*

mi·ser Geizhals *m*

mis·e·ra·ble erbärmlich, kläglich, elend; unglücklich

mi·ser·ly geizig, F knick(e)rig

mis·e·ry Elend *n*, Not *f*

mis·fire versagen (*gun*); MOT fehlzünden, aussetzen; *fig* danebengehen

mis·fit Außenseiter(in)

mis·for·tune Unglück *n*, Unglücksfall *m*; Missgeschick *n*

mis·giv·ing Befürchtung *f*, Zweifel *m*
mis·guid·ed irregeleitet, irrig, unangebracht
mis·hap Unglück *n*; Missgeschick *n*; ***without*** ~ ohne Zwischenfälle
mis·in·form falsch unterrichten
mis·in·ter·pret missdeuten, falsch auffassen *or* auslegen
mis·lay *et.* verlegen
mis·lead irreführen, täuschen; verleiten
mis·man·age schlecht verwalten *or* führen *or* handhaben
mis·place *et.* an e-e falsche Stelle legen *or* setzen; *et.* verlegen; ***~d*** *fig* unangebracht, deplatziert
mis·print **1.** verdrucken **2.** Druckfehler *m*
mis·read falsch lesen; falsch deuten, missdeuten
mis·rep·re·sent falsch darstellen; entstellen, verdrehen
miss **1.** *v/t* verpassen, versäumen, verfehlen; übersehen, nicht bemerken; überhören; nicht verstehen *or* begreifen; vermissen; *a.* ~ ***out*** auslassen, übergehen, überspringen; *v/i* nicht treffen; missglücken; ~ ***out on*** *et.* verpassen **2.** Fehlschuss *m*, Fehlstoß *m*, Fehlwurf *m etc*; Verpassen *n*, Verfehlen *n*
Miss Fräulein *n*
mis·shap·en missgebildet
mis·sile **1.** Geschoss *n*; Rakete *f* **2.** Raketen…
miss·ing fehlend; ***be*** ~ fehlen, verschwunden *or* weg sein; (MIL *a.* ~ ***in action***) vermisst; ***be*** ~ MIL vermisst sein *or* werden
mis·sion (*Militär- etc*)Mission *f*; *esp* POL Auftrag *m*, Mission *f* (*a.* REL); MIL, AVIAT Einsatz *m*
mis·sion·a·ry REL Missionar *m*
mis·spell falsch buchstabieren *or* schreiben
mis·spend falsch verwenden; vergeuden
mist **1.** (feiner *or* leichter) Nebel **2.** ~ ***over*** sich trüben; ~ ***up*** (sich) beschlagen
mis·take **1.** verwechseln (***for*** mit); verkennen, sich irren in (*dat*); falsch verstehen, missverstehen **2.** Irrtum *m*, Versehen *n*, Fehler *m*; ***by*** ~ aus Versehen, irrtümlich; **mis·tak·en** irrig, falsch (verstanden); ***be*** ~ sich irren
mis·tle·toe BOT Mistel *f*
mis·tress Herrin *f*; *esp Br* Lehrerin *f*; Geliebte *f*
mis·trust **1.** misstrauen (*dat*) **2.** Misstrauen *n* (***of*** gegen)
mis·trust·ful misstrauisch
mist·y (leicht) neb(e)lig; *fig* unklar, verschwommen
mis·un·der·stand missverstehen; *j-n* nicht verstehen; **mis·un·der·standing** Missverständnis *n*
mis·use **1.** missbrauchen; falsch gebrauchen **2.** Missbrauch *m*
mite ZO Milbe *f*; kleines Ding, Würmchen *n*; ***a*** ~ F ein bisschen
mi·ter, *Br* **mi·tre** REL Mitra *f*, Bischofsmütze *f*
mitt *baseball*: Fanghandschuh *m*; → **mitten** Fausthandschuh *m*
mix **1.** (ver)mischen, vermengen; *Getränke* mixen; sich (ver)mischen; sich mischen lassen; verkehren (***with*** mit); ~ ***well*** kontaktfreudig sein; ~ ***up*** zusammenmischen, durcheinander mischen; (völlig) durcheinanderbringen; verwechseln (***with*** mit); ***be ~ed up*** verwickelt sein *or* werden (***in*** in *acc*); (*geistig*) ganz durcheinander sein **2.** Mischung *f*
mixed gemischt (*a. fig*); vermischt, Misch…
mix·er Mixer *m*; TECH Mischmaschine *f*; *radio*, TV *etc*: Mischpult *n*
mix·ture Mischung *f*; Gemisch *n*
mix-up F Verwechs(e)lung *f*
moan **1.** Stöhnen *n* **2.** stöhnen
moat (Burg-, Stadt)Graben *m*
mob **1.** Mob *m*, Pöbel *m* **2.** herfallen über (*acc*); *j-n* bedrängen, belagern
mo·bile **1.** beweglich; MIL mobil, motorisiert; *fig* lebhaft **2.** → ***mobile phone*** *or* ***telephone***; ~ **home** Wohnwagen *m*; ~ **phone**, ~ **tel·e·phone** Mobiltelefon *n*, Handy *n*
mo·bil·ize mobilisieren, MIL *a.* mobil machen
moc·ca·sin Mokassin *m*
mock **1.** *v/t* verspotten; nachäffen; *v/i* sich lustig machen, spotten (***at*** über *acc*); **2.** nachgemacht, Schein…
mock·e·ry Spott *m*, Hohn *m*; Gespött *n*
mock·ing·bird ZO Spottdrossel *f*
mode (Art *f* und) Weise *f*; IT Modus *m*,

Betriebsart *f*

mod·el 1. Modell *n*; Muster *n*; Vorbild *n*; Mannequin *n*; Model *n*, (Foto)Modell *n*; TECH Modell *n*, Typ *m*; ***male ~*** Dressman *m* **2.** Modell…, Muster… **3.** *v/t* modellieren, *a. fig* formen; *Kleider etc* vorführen; *v/i* Modell stehen *or* sitzen; als Mannequin *or* (Foto)Modell *or* Dressman arbeiten

mo·dem IT Modem *m*, *n*

mod·e·rate 1. (mittel)mäßig; gemäßigt; vernünftig, angemessen **2.** (sich) mäßigen

mod·e·ra·tion Mäßigung *f*

mod·ern modern, neu

mod·ern·ize modernisieren

mod·est bescheiden

mod·es·ty Bescheidenheit *f*

mod·i·fi·ca·tion (Ab-, Ver)Änderung *f*

mod·i·fy (ab-, ver)ändern

mod·u·late modulieren

mod·ule TECH Modul *n*, ELECTR *a.* Baustein *m*; (*Kommando- etc*)Kapsel *f*

moist feucht

moist·en *v/t* anfeuchten, befeuchten; *v/i* feucht werden

mois·ture Feuchtigkeit *f*

mo·lar ANAT Backenzahn *m*

mo·las·ses Sirup *m*

mold[1] Schimmel *m*; Moder *m*; Humus (-boden) *m*

mold[2] TECH **1.** (Gieß-, Guss-, Press-) Form *f* **2.** gießen; formen

mol·der *a.* ***~ away*** vermodern; zerfallen

mold·y verschimmelt, schimm(e)lig; mod(e)rig

mole[1] ZO Maulwurf *m*

mole[2] Muttermal *n*, Leberfleck *m*

mole[3] Mole *f*, Hafendamm *m*

mol·e·cule Molekül *n*

mole·hill Maulwurfshügel *m*; ***make a mountain out of a ~*** aus e-r Mücke e-n Elefanten machen

mo·lest belästigen

mol·li·fy besänftigen, beschwichtigen

mol·lusc *Br*, **mol·lusk** ZO Weichtier *n*

mol·ly·cod·dle F verhätscheln, verzärteln

molt (sich) mausern; *Haare* verlieren

mol·ten geschmolzen

mom F Mami *f*, Mutti *f*

mom-and-pop store Tante-Emma-Laden *m*

mo·ment Moment *m*, Augenblick *m*; Bedeutung *f*; PHYS Moment *n*

mo·men·ta·ry momentan, augenblicklich

mo·men·tous bedeutsam, folgenschwer

mo·men·tum PHYS Moment *n*; Schwung *m*

Mon *abbr of* ***Monday*** Mo., Montag *m*

mon·arch Monarch(in), Herrscher(in)

mon·ar·chy Monarchie *f*

mon·as·tery REL (Mönchs)Kloster *n*

Mon·day (*abbr* ***Mon***) Montag *m*; ***on ~*** (am) Montag; ***on ~s*** montags

mon·e·ta·ry ECON Währungs…; Geld…

mon·ey Geld *n*

mon·ey·box *Br* Sparbüchse *f*

mon·ey·chang·er (Geld)Wechsler *m*; TECH Wechselautomat *m*

mon·ey or·der Post- *or* Zahlungsanweisung *f*

mon·grel ZO Bastard *m*, *esp* Promenadenmischung *f*

mon·i·tor 1. Monitor *m*; Kontrollgerät *n*, -schirm *m* **2.** abhören; überwachen

monk REL Mönch *m*

mon·key 1. ZO Affe *m*; F (kleiner) Schlingel; ***make a ~ (out) of s.o.*** F j-n zum Deppen machen **2.** ***~ about, ~ around*** F (herum)albern; ***~ about*** *or* ***around with*** F herumspielen mit *or* an (*dat*) herummurksen an (*dat*); ***~ wrench*** TECH Engländer *m*, Franzose *m*; ***throw a ~ into s.th.*** F et. behindern

mon·o 1. Mono *n*; F Monogerät *n* **2.** Mono…

mon·o… ein…, mono…

mon·o·log, *esp Br* **mon·o·logue** Monolog *m*

mo·nop·o·lize monopolisieren; *fig* an sich reißen

mo·nop·o·ly Monopol *n* (***of*** auf *acc*)

mo·not·o·nous monoton, eintönig

mo·not·o·ny Monotonie *f*

mon·soon Monsun *m*

mon·ster 1. Monster *n*, Ungeheuer *n* (*a. fig*); Monstrum *n* **2.** Riesen…

mon·stros·i·ty Ungeheuerlichkeit *f*; Monstrum *n*; **mon·strous** ungeheuer; *mst contp* ungeheuerlich; scheußlich

month Monat *m*; **month·ly 1.** monatlich, Monats… **2.** Monatsschrift *f*

mon·u·ment Monument *n*, Denkmal *n*

mon·u·ment·al monumental; F kolossal, Riesen…; Gedenk…

moo ZO muhen

M

mooch F schnorren
mood Stimmung *f*, Laune *f*; ***be in a good*** (***bad***) ~ gute (schlechte) Laune haben, gut (schlecht) aufgelegt sein
mood·y launisch; schlecht gelaunt
moon 1. ASTR Mond *m* **2.** ~ ***about***, ~ ***around*** F herumtrödeln; F ziellos herumstreichen
moon·light Mondlicht *n*, -schein *m*
moon·lit mondhell
moor[1] (Hoch)Moor *n*
moor[2] MAR vertäuen, festmachen
moor·ings MAR Vertäuung *f*; Liegeplatz *m*
moose ZO *nordamerikanischer* Elch
mop 1. Mopp *m*; F (Haar)Wust *m* **2.** wischen; ~ ***up*** aufwischen
mope Trübsal blasen
mo·ped *Br* MOT Moped *n*
mor·al 1. moralisch; Moral…, Sitten… **2.** Moral *f*, Lehre *f*; *pl* Moral *f*, Sitten *pl*
mo·rale Moral *f*, Stimmung *f*
mor·al·ize moralisieren (***about, on*** über *acc*)
mor·bid morbid, krankhaft
more 1. *adj* mehr; noch (mehr); ***some*** ~ ***tea*** noch etwas Tee **2.** *adv* mehr; noch; ~ ***and*** ~ immer mehr; ~ ***or less*** mehr oder weniger; ***once*** ~ noch einmal; ***the*** ~ ***so because*** umso mehr, da; ~ ***important*** wichtiger; ~ ***often*** öfter **3.** Mehr *n* (***of*** an *dat*); ***a little*** ~ etwas mehr
mo·rel BOT Morchel *f*
more·o·ver außerdem, weiter, ferner
morgue Leichenschauhaus *n*; F (Zeitungs)Archiv *n*
morn·ing Morgen *m*; Vormittag *m*; ***good*** ~***!*** guten Morgen!; ***in the*** ~ morgens, am Morgen; vormittags, am Vormittag; ***tomorrow*** ~ morgen früh *or* Vormittag
mo·rose mürrisch, verdrießlich
mor·phi·a, **mor·phine** PHARM Morphium *n*
mor·sel Bissen *m*, Happen *m*; ***a*** ~ ***of*** ein bisschen
mor·tal 1. sterblich; tödlich; Tod(es)… **2.** Sterbliche *m, f*
mor·tal·i·ty Sterblichkeit *f*
mor·tar[1] Mörtel *m*
mor·tar[2] Mörser *m*
mort·gage 1. Hypothek *f* **2.** mit e-r Hypothek belasten, e-e Hypothek aufnehmen auf (*acc*)
mor·ti·cian Leichenbestatter *m*
mor·ti·fi·ca·tion Kränkung *f*; Ärger *m*, Verdruss *m*
mor·ti·fy kränken; ärgern, verdrießen
mor·tu·a·ry Leichenhalle *f*
mo·sa·ic Mosaik *n*
Mos·lem → ***Muslim***
mosque Moschee *f*
mos·qui·to ZO Moskito *m*; Stechmücke *f*
moss BOT Moos *n*
moss·y BOT moosig, bemoost
most 1. *adj* meiste(r, -s), größte(r, -s); die meisten; ~ ***people*** die meisten Leute **2.** *adv* am meisten; ~ ***of all*** am allermeisten; *before adj*: höchst, äußerst; ***the*** ~ ***important point*** der wichtigste Punkt **3.** *das* meiste, *das* Höchste; das meiste, der größte Teil; die meisten *pl*; ***at*** (***the***) ~ höchstens; ***make the*** ~ ***of*** *et.* nach Kräften ausnutzen, das Beste herausholen aus
most·ly hauptsächlich, meist(ens)
mo·tel Motel *n*
moth ZO Motte *f*
moth-eat·en mottenzerfressen
moth·er 1. Mutter *f* **2.** bemuttern
moth·er coun·try Vaterland *n*, Heimatland *n*; Mutterland *n*
moth·er·hood Mutterschaft *f*
moth·er-in-law Schwiegermutter *f*
moth·er·ly mütterlich
moth·er-of-pearl Perlmutter *f, n*, Perlmutt *n*
moth·er tongue Muttersprache *f*
mo·tif Motiv *n*
mo·tion 1. Bewegung *f*; PARL Antrag *m*; ***in quick*** ~ *film*: im Zeitraffer; ***in slow*** ~ *film*: in Zeitlupe; ***put*** *or* ***set in*** ~ in Gang bringen (*a. fig*), in Bewegung setzen **2.** *v/t j-n* durch e-n Wink auffordern, *j-m* ein Zeichen geben; *v/i* winken
mo·tion·less bewegungslos, unbeweglich
mo·tion pic·ture Film *m*
mo·ti·vate motivieren, anspornen
mo·ti·va·tion Motivation *f*, Ansporn *m*
mo·tive 1. Motiv *n*, Beweggrund *m* **2.** treibend (*a. fig*)
mot·ley bunt
mo·to·cross SPORT Motocross *n*
mo·tor 1. Motor *m*, *fig a.* treibende Kraft **2.** Motor…

mo·tor·bike Moped *n*; *Br* F Motorrad *n*
mo·tor·boat Motorboot *n*
mo·tor·cade Auto-, Wagenkolonne *f*
mo·tor·car *Br* Kraftfahrzeug *n*
mo·tor car·a·van *Br* Wohnmobil *n*
mo·tor·cy·cle Motorrad *n*
mo·tor·cy·clist Motorradfahrer(in)
mo·tor home Wohnmobil *n*
mo·tor·ing Autofahren *n*; ***school of ~*** Fahrschule *f*
mo·tor·ist Autofahrer(in)
mo·tor·ize motorisieren
mo·tor launch Motorbarkasse *f*
mo·tor·way *Br* Autobahn *f*
mot·tled gefleckt, gesprenkelt
mould[1] *Br* → ***mold***[1]
mould[2] *Br* → ***mold***[2]
moul·der *Br* → ***molder***
mould·y *Br* → ***moldy***
moult *Br* → ***molt***
mound Erdhügel *m*, Erdwall *m*
mount 1. *v/t Pferd etc* besteigen, steigen auf (*acc*); montieren; anbringen, befestigen; *Bild etc* aufziehen, aufkleben; *Edelstein* fassen; ***~ed police*** berittene Polizei; *v/i* aufsitzen (*rider*); steigen, *fig a.* (an)wachsen; ***~ up to*** sich belaufen auf (*acc*) **2.** Gestell *n*; Fassung *f*; Reittier *n*, Reitpferd *n*
moun·tain 1. Berg *m*, *pl a.* Gebirge *n* **2.** Berg..., Gebirgs...
moun·tain bike Mountainbike *n*
moun·tain·eer Bergsteiger(in)
moun·tain·eer·ing Bergsteigen *n*
moun·tain·ous bergig, gebirgig
mourn *v/i* trauern (***for, over*** um); *v/t* betrauern, trauern um
mourn·er Trauernde *m, f*
mourn·ful traurig
mourn·ing Trauer *f*; Trauerkleidung *f*
mouse ZO Maus *f* (*a.* IT)
mous·tache → ***mustache***
mouth Mund *m*; ZO Maul *n*, Schnauze *f*; GEOGR Mündung *f*; Öffnung *f*
mouth·ful *ein* Mundvoll; Bissen *m*
mouth or·gan F Mundharmonika *f*
mouth·piece Mundstück *n*; *fig* Sprachrohr *n*
mouth·wash Mundwasser *n*
mo·va·ble beweglich
move 1. *v/t* (weg)rücken; transportieren; bewegen, rühren (*both a. fig*); *chess etc*: e-n Zug machen mit; PARL beantragen; ***~ house*** umziehen; ***~ heaven and earth*** Himmel und Hölle in Bewegung setzen; *v/i* sich (fort)bewegen; sich rühren; umziehen (***to*** nach); *chess etc*: e-n Zug machen; ***~ away*** weg-, fortziehen; ***~ in*** einziehen; ***~ off*** sich in Bewegung setzen; ***~ on*** weitergehen; ***~ out*** ausziehen **2.** Bewegung *f*; Umzug *m*; *chess etc*: Zug *m*; *fig* Schritt *m*; ***on the ~*** in Bewegung; auf den Beinen; ***get a ~ on!*** F Tempo!, mach(t) schon!, los!
move·a·ble → ***movable***
move·ment Bewegung *f* (*a. fig*); MUS Satz *m*; TECH Werk *n*
mov·ie 1. Film *m*; Kino *n* **2.** Film..., Kino...; **~ cam·e·ra** Filmkamera *f*; **~ star** Filmstar *m*; **~ thea·ter** Kino *n*
mov·ing sich bewegend, beweglich; *fig* rührend; **~ stair·case** Rolltreppe *f*; **~ van** Möbelwagen *m*
mow mähen
mow·er Mähmaschine *f*, *esp* Rasenmäher *m*
MP3 player MP3–Player *m*
Mr. *abbr of* ***Mister*** Herr *m*
Mrs. Frau *f*
Ms. Frau *f*
much 1. *adj* viel **2.** *adv* sehr; viel; ***~ better*** viel besser; ***very ~*** sehr; ***I thought as ~*** das habe ich mir gedacht **3.** große Sache; ***nothing ~*** nichts Besonderes; ***make ~ of*** viel Wesens machen von; ***think ~ of*** viel halten von; ***I am not ~ of a dancer*** F ich bin kein großer Tänzer
muck F *Br* AGR Mist *m*, Dung *m*; *fig* Dreck *m*, Schmutz *m*; F *contp* Fraß *m*
mu·cus (Nasen)Schleim *m*
mud Schlamm *m*, Matsch *m*; Schmutz *m* (*a. fig*)
mud·dle 1. Durcheinander *n*; ***be in a ~*** durcheinander sein **2.** *a.* ***~ up*** durcheinanderbringen; ***~ through*** F sich durchwursteln
mud·dy schlammig, trüb; schmutzig; *fig* wirr
mud·guard Kotflügel *m*; Schutzblech *n*
mues·li Müsli *n*
muff Muff *m*
muf·fle *Ton etc* dämpfen; *often* ***~ up*** einhüllen, einwickeln
muf·fler (dicker) Schal; MOT Auspufftopf *m*
mug[1] Krug *m*; Becher *m*; große Tasse; F

Visage *f*; V Fresse *f*
mug[2] F überfallen und ausrauben
mug·ger F (Straßen)Räuber *m*
mug·ging F Raubüberfall *m*, *esp* Straßenraub *m*
mug·gy schwül
mul·ber·ry BOT Maulbeerbaum *m*; Maulbeere *f*
mule ZO Maultier *n*; Maulesel *m*
mulled: ~ ***wine*** Glühwein *m*
mul·li·on ARCH Mittelpfosten *m*
mul·ti... viel..., mehr..., Mehrfach..., Multi...
mul·ti·cul·tur·al multikulturell
mul·ti·far·i·ous mannigfaltig, vielfältig
mul·ti·lat·e·ral vielseitig; POL multilateral, mehrseitig
mul·ti·me·di·a multimedial
mul·ti·na·tion·al ECON multinationaler Konzern, F Multi *m*
mul·ti·ple **1.** vielfach, mehrfach **2.** MATH Vielfache *n*
mul·ti·pli·ca·tion Vermehrung *f*; MATH Multiplikation *f*; ~ **table** Einmaleins *n*
mul·ti·pli·ci·ty Vielfalt *f*; Vielzahl *f*
mul·ti·ply (sich) vermehren, (sich) vervielfachen; MATH multiplizieren, malnehmen (***by*** mit)
mul·ti·pur·pose Mehrzweck...
mul·ti·sto·rey *Br* mehrstöckig; ~ **car park** *Br* Park(hoch)haus *n*
mul·ti·tude Vielzahl *f*
mul·ti·tu·di·nous zahlreich
mum[1] *Br* F Mami *f*, Mutti *f*
mum[2] **1.** *int*: ***~'s the word*** Mund halten!, kein Wort darüber! **2.** *adj*: ***keep ~*** nichts verraten, den Mund halten
mum·ble murmeln, F nuscheln; mümmeln
mum·mi·fy mumifizieren
mum·my[1] Mumie *f*
mum·my[2] *Br* F Mami *f*, Mutti *f*
mumps MED Ziegenpeter *m*, Mumps *m*
munch mampfen
mun·dane alltäglich; weltlich
mu·ni·ci·pal städtisch, Stadt..., kommunal, Gemeinde...; ~ ***council*** Stadt-, Gemeinderat *m*
mu·ni·ci·pal·i·ty Kommunalbehörde *f*; Stadtverwaltung *f*
mu·ral Wandgemälde *n*
mur·der **1.** Mord *m*, Ermordung *f* **2.** Mord... **3.** ermorden; F verschandeln
mur·der·er Mörder *m*
mur·der·ess Mörderin *f*
mur·der·ous mörderisch
murk·y dunkel, finster
mur·mur **1.** Murmeln *n*; Gemurmel *n*; Murren *n* **2.** murmeln; murren
mus·cle Muskel *m*
mus·cu·lar Muskel...; muskulös
muse[1] (nach)sinnen, (nach)grübeln (***on, over*** über *acc*)
muse[2] *a.* ***Muse*** Muse *f*
mu·se·um Museum *n*
mush Brei *m*, Mus *n*; Maisbrei *m*
mush·room **1.** BOT Pilz *m*, *esp* Champignon *m* **2.** rasch wachsen; ~ ***up*** *fig* (wie Pilze) aus dem Boden schießen
mu·sic Musik *f*; Noten *pl*; ***put or set to ~*** vertonen
mu·sic·al **1.** musikalisch; Musik... **2.** Musical *n*; ~ **box** *esp Br* Spieldose *f*; ~ **in·stru·ment** Musikinstrument *n*
mu·sic| box Spieldose *f*; ~ **cen·ter** (*Br* **cen·ter**) Kompaktanlage *f*; ~ **hall** *Br* Varietee(theater) *n*
mu·si·cian Musiker(in)
mu·sic stand Notenständer *m*
musk Moschus *m*
musk·rat ZO Bisamratte *f*; Bisampelz *m*
Mus·lim **1.** Muslim *m*, Moslem *m* **2.** muslimisch, moslemisch
mus·sel ZO (Mies)Muschel *f*
must[1] **1.** *v/aux ich* muss, *du* musst *etc*; ***you ~ not*** (F ***mustn't***) du darfst nicht **2.** Muss *n*
must[2] Most *m*
mus·tache Schnurrbart *m*
mus·tard Senf *m*
mus·ter **1.** ~ ***up*** *s-e Kraft etc* aufbieten; *s-n Mut* zusammennehmen **2.** ***pass ~*** *fig* Zustimmung finden (***with*** bei); den Anforderungen genügen
must·y mod(e)rig, muffig
mu·ta·tion Veränderung *f*; BIOL Mutation *f*
mute **1.** stumm **2.** Stumme *m, f*; MUS Dämpfer *m*
mu·ti·late verstümmeln
mu·ti·la·tion Verstümmelung *f*
mu·ti·neer Meuterer *m*
mu·ti·nous meuternd; rebellisch
mu·ti·ny **1.** Meuterei *f* **2.** meutern
mut·ter **1.** murmeln; murren **2.** Murmeln *n*; Murren *n*
mut·ton GASTR Hammel-, Schaffleisch *n*; ***leg of ~*** Hammelkeule *f*

mut·ton chop GASTR Hammelkotelett *n*
mu·tu·al gegenseitig; gemeinsam
muz·zle 1. ZO Maul *n*, Schnauze *f*; Mündung *f* (*of a gun*); Maulkorb *m* **2.** e-n Maulkorb anlegen (*dat*), *fig a. j-n* mundtot machen
my mein(e)
myrrh BOT Myrrhe *f*
myr·tle BOT Myrte *f*
my·self ich, mich *or* mir selbst; mich; mich (selbst); ***by ~*** allein
mys·te·ri·ous rätselhaft, unerklärlich; geheimnisvoll, mysteriös
mys·te·ry Geheimnis *n*, Rätsel *n*; REL Mysterium *n*; ***~ tour*** Fahrt *f* ins Blaue
mys·tic 1. Mystiker(in) **2.** → **mystic·al** mystisch
mys·ti·fy verwirren, vor ein Rätsel stellen; ***be mystified*** vor e-m Rätsel stehen
myth Mythos *m*, Sage *f*
my·thol·o·gy Mythologie *f*

N

N, n N, n *n*
nab F schnappen, erwischen
na·dir ASTR Nadir *m*; *fig* Tiefpunkt *m*
nag[1] 1. nörgeln; **~ (*at*)** herumnörgeln an (*dat*) **2.** Nörgler(in)
nag[2] F Gaul *m*, Klepper *m*
nail 1. ANAT, TECH Nagel *m* **2.** (an-)nageln (***to*** an *acc*); **~ pol·ish** Nagellack *m*; **~ scis·sors** Nagelschere *f*; **~ var·nish** *Br* Nagellack *m*
na·ive, na·ïve naiv (*a. art*)
na·ked nackt, bloß; kahl; *fig* ungeschminkt; **nak·ed·ness** Nacktheit *f*
name 1. Name *m*; Ruf *m*; ***by ~*** mit Namen, namentlich; ***by the ~ of …*** namens …; ***what's your ~?*** wie heißen Sie?; ***call s.o. ~s*** j-n beschimpfen **2.** (be)nennen; erwähnen; ernennen zu
name·less namenlos; unbekannt
name·ly nämlich
name·plate Namens-, Tür-, Firmenschild *n*
name·sake Namensvetter *m*, Namensschwester *f*
name tag Namensschild *n*
nan·ny Kindermädchen *n*
nan·ny goat ZO Geiß *f*, Ziege *f*
nap 1. Schläfchen *n*; ***have or take a ~*** → **2.** ein Nickerchen machen
nape *mst* ***~ of the neck*** ANAT Genick *n*, Nacken *m*
nap·kin Serviette *f*
nap·py *Br* Windel *f*
nar·co·sis MED Narkose *f*
nar·cot·ic 1. narkotisch, betäubend, einschläfernd; Rauschgift…; ***~ addiction*** Rauschgiftsucht *f* **2.** Narkotikum *n*, Betäubungsmittel *n*; *often pl* Rauschgift *n*; ***~s squad*** Rauschgiftdezernat *n*
nar·rate erzählen; berichten, schildern
nar·ra·tion Erzählung *f*
nar·ra·tive 1. Erzählung *f*; Bericht *m*, Schilderung *f* **2.** erzählend
nar·ra·tor Erzähler(in)
nar·row 1. eng, schmal; beschränkt; knapp **2.** enger *or* schmäler werden *or* machen, (sich) verengen; beschränken, einschränken; **nar·row·ly** mit knapper Not; **nar·row-mind·ed** engstirnig, beschränkt; **nar·row·ness** Enge *f*; Beschränktheit *f*
na·sal nasal; Nasen…
nas·ty ekelhaft, eklig, widerlich (*smell, sight etc*); abscheulich (*weather etc*); böse, schlimm (*accident etc*); hässlich (*character, behavior etc*); gemein, fies; schmutzig, zotig (*language*)
na·tal Geburts…
na·tion Nation *f*, Volk *n*
na·tion·al 1. national, National…, Landes…, Volks… **2.** Staatsangehörige *m, f*; **~ an·them** Nationalhymne *f*
na·tion·al·i·ty Nationalität *f*, Staatsangehörigkeit *f*
na·tion·al·ize ECON verstaatlichen
na·tion·al| park Nationalpark *m*; **~ so·cial·ism** HIST POL Nationalsozialismus *m*; **~ so·cial·ist** HIST POL Nationalsozialist *m*; **~ team** SPORT Nationalmannschaft *f*
na·tion-wide landesweit
na·tive 1. einheimisch, Landes…; heimatlich, Heimat…; eingeboren, Eingeborenen…; angeboren **2.** Eingebo-

rene *m*, *f*; Einheimische *m*, *f*; **~ language** Muttersprache *f*; **~ speak·er** Muttersprachler(in)
Na·tiv·i·ty REL *die* Geburt Christi
nat·ty F schick, *Austrian* fesch
nat·u·ral natürlich; angeboren; Natur…; **~ gas** Erdgas *n*
nat·u·ral·ize naturalisieren, einbürgern
nat·u·ral·ly natürlich; von Natur (aus)
nat·u·ral| re·sourc·es Boden- u. Naturschätze *pl*; **~ sci·ence** Naturwissenschaft *f*
na·ture Natur *f*; **~ con·ser·va·tion** Naturschutz *m*; **~ re·serve** Naturschutzgebiet *n*; **~ trail** Naturlehrpfad *m*
naugh·ty unartig; unanständig
nau·se·a Übelkeit *f*, Brechreiz *m*
nau·se·ate: ***~ s.o.*** j-m Übelkeit verursachen; *fig* j-n anwidern
nau·se·at·ing ekelerregend, widerlich
nau·ti·cal nautisch, See…
na·val MIL Flotten…, Marine…; See…; **~ base** MIL Flottenstützpunkt *m*; **~ officer** MIL Marineoffizier *m*; **~ pow·er** MIL Seemacht *f*
nave ARCH Mittel-, Hauptschiff *n*
na·vel ANAT Nabel *m* (*a. fig*)
nav·i·ga·ble schiffbar
nav·i·gate MAR befahren; AVIAT, MAR steuern, lenken
nav·i·ga·tion Schifffahrt *f*; AVIAT, MAR Navigation *f*
nav·i·ga·tor AVIAT, MAR Navigator *m*
na·vy (Kriegs)Marine *f*; Kriegsflotte *f*
na·vy blue Marineblau *n*
nay PARL Gegen-, Neinstimme *f*
Na·zi HIST POL *contp* Nazi *m*
Na·zism HIST POL *contp* Nazismus *m*
near 1. *adj* nahe; kurz; nahe (verwandt); ***in the ~ future*** in naher Zukunft; ***be a ~ miss*** knapp scheitern **2.** *adv* nahe, in der Nähe (*a.* ***~ at hand***); nahe (bevorstehend) (*a.* ***~ at hand***); beinahe, fast; ***~ the station*** *etc* in der Nähe des Bahnhofs *etc*; ***~ you*** in deiner Nähe **3.** *prp* nahe (*dat*), in der Nähe von (*or gen*) **4.** sich nähern, näher kommen (*dat*)
near·by 1. *adj* nahe (gelegen) **2.** *adv* in der Nähe
near·ly beinahe, fast; annähernd
near·sight·ed kurzsichtig
neat ordentlich; sauber; gepflegt; pur (*whisky etc*)
neb·u·lous verschwommen
ne·ces·sar·i·ly notwendigerweise; ***not ~*** nicht unbedingt
ne·ces·sa·ry notwendig, nötig; unvermeidlich
ne·ces·si·tate *et.* erfordern, verlangen
ne·ces·si·ty Notwendigkeit *f*; (dringendes) Bedürfnis; Not *f*
neck 1. ANAT Hals *m* (*a. of bottle etc*); Genick *n*, Nacken *m*; ***be ~ and ~*** F Kopf an Kopf liegen (*a. fig*); ***be up to one's ~ in debt*** F bis zum Hals in Schulden stecken **2.** F knutschen, schmusen
neck·er·chief Halstuch *n*
neck·lace Halskette *f*
neck·let Halskettchen *n*
neck·line Ausschnitt *m*
neck·tie Krawatte *f*, Schlips *m*
née: ***~ Smith*** geborene Smith
need 1. (***of, for***) (dringendes) Bedürfnis (nach), Bedarf *m* (an *dat*); Notwendigkeit *f*; Mangel *m* (***of, for*** an *dat*); Not *f*; ***be in ~ of s.th.*** et. dringend brauchen; ***in ~*** in Not; ***in ~ of help*** hilfs-, hilfebedürftig **2.** *v/t* benötigen, brauchen; *v/aux* brauchen, müssen
nee·dle 1. Nadel *f* (*a.* BOT, MED); Zeiger *m* **2.** F *j-n* aufziehen, hänseln
need·less unnötig, überflüssig
nee·dle·wom·an Näherin *f*
nee·dle·work Handarbeit *f*
need·y bedürftig, arm
ne·ga·tion Verneinung *f*
neg·a·tive 1. negativ; verneinend **2.** Verneinung *f*; PHOT Negativ *n*; ***answer in the ~*** verneinen
ne·glect 1. vernachlässigen; es versäumen (***doing, to do*** zu tun); **2.** Vernachlässigung *f*; Nachlässigkeit *f*
neg·li·gence Nachlässigkeit *f*, Unachtsamkeit *f*; **neg·li·gent** nachlässig, unachtsam; lässig, salopp
neg·li·gi·ble unbedeutend
ne·go·ti·ate verhandeln (über *acc*)
ne·go·ti·a·tion Verhandlung *f*
ne·go·ti·a·tor Unterhändler(in)
neigh ZO **1.** wiehern **2.** Wiehern *n*
neigh·bo(u)r Nachbar(in)
neigh·bo(u)r·hood Nachbarschaft *f*, Umgebung *f*
neigh·bo(u)r·ing benachbart, Nachbar…, angrenzend
neigh·bo(u)r·ly (gut)nachbarlich
nei·ther 1. *adj and pron* keine(r, -s) (von beiden) **2.** *cj* ***~ … nor*** weder … noch

ne·on CHEM Neon *n*; **~ lamp** Neonlampe *f*; **~ sign** Neon-, Leuchtreklame *f*
neph·ew Neffe *m*
nep·o·tism *contp* Vetternwirtschaft *f*
nerd F Trottel *m*; Computerfreak *m*
nerve Nerv *m*; Mut *m*, Stärke *f*, Selbstbeherrschung *f*; F Frechheit *f*; ***get on s.o.'s ~s*** j-m auf die Nerven gehen *or* fallen; ***lose one's ~*** den Mut *or* die Nerven verlieren; ***you've got a ~!*** F Sie haben Nerven!; **nerve·less** kraftlos; mutlos; ohne Nerven, kaltblütig
ner·vous nervös; Nerven…
ner·vous·ness Nervosität *f*
nest 1. Nest *n* **2.** nisten
nes·tle (sich) schmiegen *or* kuscheln (***against, on*** an *acc*); *a.* ***~ down*** sich behaglich niederlassen, es sich bequem machen (***in*** in *dat*)
net[1] **1.** Netz *n*; ***~ curtain*** Store *m* **2.** mit e-m Netz fangen *or* abdecken
net[2] **1.** netto, Netto…, Rein… **2.** netto einbringen
Neth·er·lands *die* Niederlande *pl*
net·tle 1. BOT Nessel *f* **2.** F *j-n* ärgern
net·work Netz *n* (*a.* IT), Netzwerk *n*; (*Straßen- etc*)Netz *n*; *radio*, TV Sendernetz *n*; ***be in the ~*** IT am Netz sein
neu·ro·sis MED Neurose *f*; **neu·rot·ic** MED **1.** neurotisch **2.** Neurotiker(in)
neu·ter 1. LING sächlich; geschlechtslos **2.** LING Neutrum *n*
neu·tral 1. neutral **2.** Neutrale *m, f*; *a.* ***~ gear*** MOT Leerlauf(stellung *f*) *m*
neu·tral·i·ty Neutralität *f*
neu·tral·ize neutralisieren
neu·tron PHYS Neutron *n*
nev·er nie, niemals; **nev·er-end·ing** endlos, nicht enden wollend, unendlich
nev·er·the·less nichtsdestoweniger, dennoch, trotzdem
new neu; frisch; unerfahren; ***nothing ~*** nichts Neues
new·born neugeboren
new·com·er Neuankömmling *m*; Neuling *m*
new·ly kürzlich; neu
news Neuigkeit(en *pl*) *f*, Nachricht(en *pl*) *f*
news·a·gent Zeitungshändler(in)
news·boy Zeitungsjunge *m*, Zeitungsausträger *m*
news bul·le·tin Kurznachricht(en *pl*) *f*
news·cast *radio*, TV Nachrichtensendung *f*; **news·cast·er** *radio*, TV Nachrichtensprecher(in)
news deal·er Zeitungshändler(in)
news·flash *radio*, TV Kurzmeldung *f*
news·let·ter Rundschreiben *n*
news·pa·per Zeitung *f*
news·print Zeitungspapier *n*
news·read·er *esp Br* → ***newscaster***
news·reel *film*: Wochenschau *f*
news·room Nachrichtenredaktion *f*
news·stand Zeitungskiosk *m*, -stand *m*
news·ven·dor *esp Br* Zeitungsverkäufer(in)
new year Neujahr *n*, *das* neue Jahr; ***New Year's Day*** Neujahrstag *m*; ***New Year's Eve*** Silvester(abend *m*) *m, n*
next 1. *adj* nächste(r, -s); (***the***) ***~ day*** am nächsten Tag; ***~ door*** nebenan; ***~ but one*** übernächste(r, -s); ***~ to*** gleich neben *or* nach; beinahe, fast *unmöglich etc* **2.** *adv* als Nächste(r, -s); demnächst, das nächste Mal **3.** *der, die, das* Nächste; → ***kin***
next-door (von) nebenan
nib·ble *v/i* knabbern (***at*** an *dat*); *v/t Loch etc* nagen, knabbern (***in*** in *acc*)
nice nett, freundlich; hübsch, schön; *fig* fein (*detail etc*)
nice·ly gut, fein; genau, sorgfältig
ni·ce·ty Feinheit *f*; Genauigkeit *f*
niche Nische *f*
nick 1. Kerbe *f* **2.** (ein)kerben; *j-n* streifen (*bullet*); *Br* F *et.* klauen; *Br* F *j-n* schnappen
nick·el 1. MIN Nickel *n*; Fünfcentstück *n* **2.** TECH vernickeln
nick·el-plate TECH vernickeln
nick-nack → ***knick-knack***
nick·name 1. Spitzname *m* **2.** *j-m* den Spitznamen … geben
niece Nichte *f*
nig·gard Geizhals *m*
nig·gard·ly geizig, knaus(e)rig; schäbig, kümmerlich
night Nacht *f*; Abend *m*; ***at ~, by ~, in the ~*** in der Nacht, nachts
night·cap Schlummertrunk *m*
night·club Nachtklub *m*, Nachtlokal *n*
night·dress (Damen-, Kinder)Nachthemd *n*
night·fall: ***at ~*** bei Einbruch der Dunkelheit
night·gown → ***nightdress***

night·ie F → ***nightdress***
nigh·tin·gale zo Nachtigall *f*
night·ly (all)nächtlich; (all)abendlich; jede Nacht; jeden Abend
night·mare Albtraum *m* (*a. fig*)
night school Abendschule *f*
night shift Nachtschicht *f*
night·shirt (Herren)Nachthemd *n*
night·time: ***in the ~, at ~*** nachts
night watch·man Nachtwächter *m*
night·y F → ***nightdress***
nil Nichts *n*, Null *f*; ***our team won two to ~*** *or* ***by two goals to ~*** (***2-0***) unsere Mannschaft gewann zwei zu null (2:0)
nim·ble flink, gewandt; geistig beweglich
nine 1. neun; ***~ to five*** normale Dienststunden (von 9-5); ***a ~-to-five job*** e-e (An)Stellung mit geregelter Arbeitszeit **2.** Neun *f*
nine·pins Kegeln *n*
nine·teen 1. neunzehn **2.** Neunzehn *f*
nine·teenth neunzehnte(r, -s)
nine·ti·eth neunzigste(r, -s)
nine·ty 1. neunzig **2.** Neunzig *f*
ninth 1. neunte(r, -s) **2.** Neuntel *n*
ninth·ly neuntens
nip[1] **1.** kneifen, zwicken; F flitzen, sausen; ***~ off*** F abknipsen; ***~ in the bud*** *fig* im Keim ersticken **2.** Kneifen *n*, Zwicken *n*; ***it was ~ and tuck*** F es war ganz knapp; ***there's a ~ in the air today*** heute ist es ganz schön kalt
nip[2] Schlückchen *n* (*of brandy etc*)
nip·per: (***a pair of***) ***~s*** (e-e) (Kneif)Zange *f*
nip·ple ANAT Brustwarze *f*; (Gummi-)Sauger *m*; TECH Nippel *m*
ni·ter, *Br* **ni·tre** CHEM Salpeter *m*
ni·tro·gen CHEM Stickstoff *m*
no 1. *adv* nein; nicht **2.** *adj* kein(e); ***~ one*** keiner, niemand; ***in ~ time*** im Nu, im Handumdrehen **3.** Nein *n*
no·bil·i·ty (Hoch)Adel *m*; *fig* Adel *m*
no·ble adlig; edel, nobel; prächtig
no·ble·man Adlige *m*
no·ble·wom·an Adlige *f*
no·bod·y 1. niemand, keiner **2.** *fig* Niemand *m*, Null *f*
no-cal·o·rie di·et Nulldiät *f*
noc·tur·nal nächtlich, Nacht…
nod 1. nicken (mit); ***~ off*** einnicken; ***have a ~ding acquaintance with s.o.*** j-n flüchtig kennen **2.** Nicken *n*

N

node BOT, MED Knoten *m*
noise 1. Krach *m*, Lärm *m*; Geräusch *n* **2.** ***~ about*** (***abroad, around***) *Gerücht etc* verbreiten; **noise·less** geräuschlos; **nois·y** laut, geräuschvoll
no·mad Nomade *m*, Nomadin *f*
nom·i·nal nominell; ***~ value*** ECON Nennwert *m*
nom·i·nate ernennen; nominieren, (zur Wahl) vorschlagen; **nom·i·na·tion** Ernennung *f*; Nominierung *f*
nom·i·na·tive *a.* ***~ case*** LING Nominativ *m*, erster Fall
nom·i·nee Kandidat(in)
non… nicht…, Nicht…, un…
non·al·co·hol·ic alkoholfrei
non·a·ligned POL blockfrei
non·com·mis·sioned of·fi·cer MIL Unteroffizier *m*
non·com·mit·tal unverbindlich
non·con·duc·tor ELECTR Nichtleiter *m*
non·de·script nichtssagend; unauffällig
none 1. *pron* keine(r, -s), niemand **2.** *adv* in keiner Weise, keineswegs
non·en·ti·ty *fig* Null *f*
none·the·less nichtsdestoweniger, dennoch, trotzdem
non·ex·ist·ence Nichtvorhandensein *n*, Fehlen *n*
non·ex·ist·ent nicht existierend
non·fic·tion Sachbücher *pl*
non·flam·ma·ble, non·in·flam·mable nicht brennbar
non·in·ter·fer·ence, non·in·ter·vention POL Nichteinmischung *f*
non·i·ron bügelfrei
no-non·sense nüchtern, sachlich
non·par·ti·san POL überparteilich; unparteiisch
non·pay·ment ECON Nicht(be)zahlung *f*
non·plus verblüffen
non·pol·lut·ing umweltfreundlich
non·prof·it, *Br* **non-prof·it·mak·ing** gemeinnützig
non·res·i·dent 1. nicht (orts)ansässig; nicht im Hause wohnend **2.** Nichtansässige *m, f*; nicht im Hause Wohnende *m, f*
non·re·turn·a·ble Einweg…; ***~ bot·tle*** Einwegflasche *f*
non·sense Unsinn *m*, dummes Zeug
non·skid rutschfest, rutschsicher
non·smok·er Nichtraucher(in)
non·smok·ing Nichtraucher…

non·stick mit Antihaftbeschichtung
non·stop nonstop, ohne Unterbrechung; RAIL durchgehend; AVIAT ohne Zwischenlandung; **~ *flight*** *a.* Nonstop-Flug *m*
non·u·nion nicht (gewerkschaftlich) organisiert
non·vi·o·lence (Politik *f* der) Gewaltlosigkeit *f*
non·vi·o·lent gewaltlos
noo·dle Nudel *f*
nook Ecke *f*, Winkel *m*
noon Mittag(szeit *f*) *m*; ***at* ~** um 12 Uhr (mittags)
noose Schlinge *f*
nope F ne(e), nein
nor → ***neither*** *2*; auch nicht
norm Norm *f*
nor·mal normal
nor·mal·ize (sich) normalisieren
north 1. Nord, Norden *m* **2.** *adj* nördlich, Nord… **3.** *adv* nach Norden, nordwärts
north·east 1. Nordost, Nordosten *m* **2.** *a.* ***northeastern*** nordöstlich
nor·ther·ly, nor·thern Nord…, nördlich
North Pole Nordpol *m*
north·ward(s) *adv* nördlich, nach Norden
north·west 1. Nordwest, Nordwesten *m* **2.** *a.* ***northwestern*** nordwestlich
Nor·way Norwegen *n*
Nor·we·gian 1. norwegisch **2.** Norweger(in); LING Norwegisch *n*
nose 1. Nase *f*; zo Schnauze *f*; *fig* Gespür *n* **2.** *Auto etc* vorsichtig fahren; *a.* **~ *about*, ~ *around*** *fig* F herumschnüffeln (in *dat*) (***for*** nach)
nose·bleed Nasenbluten *n*; ***have a* ~** Nasenbluten haben
nose·dive AVIAT Sturzflug *m*
nos·ey → ***nosy***
nos·tal·gia Nostalgie *f*
nos·tril ANAT Nasenloch *n*, *esp* zo Nüster *f*
nos·y F neugierig
not nicht; **~ *a*** kein(e)
no·ta·ble bemerkenswert; beachtlich
no·ta·ry *mst* **~ *public*** Notar *m*
notch 1. Kerbe *f*; GEOL Engpass *m* **2.** (ein)kerben
note (*mst pl*) Notiz *f*, Aufzeichnung *f*; Anmerkung *f*; Vermerk *m*; Briefchen *n*, Zettel *m*; (diplomatische) Note; Banknote *f*, Geldschein *m*; MUS Note *f*; *fig* Ton *m*; ***take* ~*s*** (***of***) sich Notizen machen (über *acc*); **note·book** Notizbuch *n*; IT Notebook *n*
not·ed bekannt, berühmt (***for*** wegen)
note·pa·per Briefpapier *n*
note·wor·thy bemerkenswert
noth·ing nichts; **~ *but*** nichts als, nur; **~ *much*** F nicht viel; ***for* ~** umsonst; ***to say* ~ *of*** ganz zu schweigen von; ***there is* ~ *like*** es geht nichts über (*acc*)
no·tice 1. Ankündigung *f*, Bekanntgabe *f*, Mitteilung *f*, Anzeige *f*; Kündigung(sfrist) *f*; Beachtung *f*; ***give or hand in one's* ~** kündigen (***to*** bei); ***give s.o.* ~** j-m kündigen; ***give s.o.* ~ *to quit*** j-m kündigen; ***at six months'* ~** mit halbjährlicher Kündigungsfrist; ***take*** (***no***) **~ *of*** (keine) Notiz nehmen von, (nicht) beachten; ***at short* ~** kurzfristig; ***until further* ~** bis auf Weiteres; ***without* ~** fristlos **2.** (es) bemerken; (besonders) beachten *or* achten auf (*acc*)
no·tice·a·ble erkennbar, wahrnehmbar; bemerkenswert
no·tice·board *Br* schwarzes Brett
no·ti·fy *et.* anzeigen, melden, mitteilen; *j-n* benachrichtigen
no·tion Begriff *m*, Vorstellung *f*; Idee *f*
no·tions Kurzwaren *pl*
no·to·ri·ous berüchtigt (***for*** für)
not·with·stand·ing trotz (*gen*)
nought *Br*: ***0.4*** (**~ *point four***) 0,4
noun LING Substantiv *n*, Hauptwort *n*
nour·ish (er)nähren; *fig* hegen
nour·ish·ing nahrhaft
nour·ish·ment Ernährung *f*; Nahrung *f*
Nov *abbr of* ***November*** Nov., November *m*
nov·el 1. Roman *m* **2.** (ganz) neu(artig)
nov·el·ist Romanschriftsteller(in)
no·vel·la Novelle *f*
nov·el·ty Neuheit *f*
No·vem·ber (*abbr* ***Nov***) November *m*
nov·ice Anfänger(in), Neuling *m*; REL Novize *m*, Novizin *f*
now 1. *adv* nun, jetzt; **~ *and again***, (***every***) **~ *and then*** von Zeit zu Zeit, dann und wann; ***by* ~** inzwischen; ***from* ~** (***on***) von jetzt an; ***just* ~** gerade eben **2.** *cj a.* **~ *that*** nun da; **now·a·days** heutzutage
no·where nirgends
nox·ious schädlich
noz·zle TECH Schnauze *f*; Stutzen *m*; Düse *f*; Zapfpistole *f*

N

nu·ance Nuance *f*
nub springender Punkt
nu·cle·ar Kern…, Atom…, atomar, nuklear, Nuklear…; **~ en·er·gy** PHYS Atomenergie *f*, Kernenergie *f*; **~ fission** PHYS Kernspaltung *f*
nu·cle·ar-free atomwaffenfrei
nu·cle·ar| fu·sion PHYS Kernfusion *f*; **~ phys·ics** Kernphysik *f*; **~ pow·er** PHYS Atomkraft *f*, Kernkraft *f*
nu·cle·ar-pow·ered atomgetrieben
nu·cle·ar| pow·er plant ELECTR Atomkraftwerk *n*, Kernkraftwerk *n*; **~ re·actor** PHYS Atomreaktor *m*, Kernreaktor *m*; **~ war** Atomkrieg *m*; **~ war·head** MIL Atomsprengkopf *m*; **~ waste** Atommüll *m*; **~ weap·ons** MIL Atomwaffen *pl*, Kernwaffen *pl*
nu·cle·us BIOL, PHYS Kern *m* (*a. fig*)
nude 1. nackt **2.** *art*: Akt *m*
nudge 1. *j-n* anstoßen, (an)stupsen **2.** Stups(er) *m*
nug·get (*esp* Gold)Klumpen *m*
nui·sance Plage *f*, Ärgernis *n*; Nervensäge *f*, Quälgeist *m*; ***what a ~!*** wie ärgerlich!; ***be a ~ to s.o.*** j-m lästig fallen, F j-n nerven; ***make a ~ of o.s.*** den Leuten auf die Nerven gehen *or* fallen
nukes F Atom-, Kernwaffen *pl*
null: ***~ and void*** *esp* JUR null und nichtig
numb 1. starr (***with*** vor), taub; *fig* wie betäubt (***with*** vor); **2.** starr *or* taub machen
num·ber 1. Zahl *f*, Ziffer *f*; Nummer *f*; (An)Zahl *f*; Ausgabe *f*; (*Bus- etc*)Linie *f*; ***sorry, wrong ~*** TEL falsch verbunden! **2.** nummerieren; zählen; sich belaufen auf (*acc*)
num·ber·less zahllos
num·ber·plate *esp Br* MOT Nummernschild *n*
nu·me·ral Ziffer *f*; LING Zahlwort *n*
nu·me·ra·tor MATH Zähler *m*
nu·me·rous zahlreich
nun REL Nonne *f*
nun·ne·ry REL Nonnenkloster *n*
nurse 1. (Kranken-, Säuglings)Schwester *f*; Kindermädchen *n*; (Kranken-)Pflegerin *f*; → ***male nurse***; *a.* ***wet ~*** Amme *f* **2.** stillen; pflegen; hegen; als Krankenschwester *or* -pfleger arbeiten; ***~ s.o. back to health*** j-n gesund pflegen
nur·se·ry Tagesheim *n*, Tagesstätte *f*; Baum-, Pflanzschule *f*; **~ rhyme** Kinderlied *n*, Kinderreim *m*; **~ school** *Br* Vorschule *f*; **~ slope** *skiing*: F Idiotenhügel *m*
nurs·ing Stillen *n*; (Kranken)Pflege *f*; **~ bot·tle** (Saug)Flasche *f*; **~ home** Pflegeheim *n*
nut BOT Nuss *f*; TECH (Schrauben)Mutter *f*; F verrückter Kerl; F Birne *f* (*head*)
nut·crack·er(s) Nussknacker *m*
nut·meg BOT Muskatnuss *f*
nu·tri·ent 1. Nährstoff *m* **2.** nahrhaft
nu·tri·tion Ernährung *f*
nu·tri·tious, nu·tri·tive nahrhaft
nut·shell Nussschale *f*; ***(to put it) in a ~*** F kurz gesagt, mit e-m Wort
nut·ty voller Nüsse, nussig; Nuss…; F verrückt
ny·lon® Nylon® *n*; **~ stock·ings** Nylonstrümpfe® *pl*
nymph Nymphe *f*

O

O, o O, o *n*
o Null *f*
oaf Lümmel *m*, Flegel *m*
oak BOT Eiche *f*
oar Ruder *n*
oars·man SPORT Ruderer *m*
oars·wom·an SPORT Ruderin *f*
o·a·sis Oase *f* (*a. fig*)
oath Eid *m*, Schwur *m*; Fluch *m*; ***take an ~*** e-n Eid leisten *or* schwören; ***be on*** *or* ***under ~*** JUR unter Eid stehen; ***take the ~*** JUR schwören
oat·meal Hafermehl *n*, Hafergrütze *f*
o·be·di·ence Gehorsam *m*
o·be·di·ent gehorsam
o·bese fett, fettleibig
o·bes·i·ty Fettleibigkeit *f*
o·bey gehorchen (*dat*), folgen (*dat*); *Befehl etc* befolgen
o·bit·u·a·ry Nachruf *m*; *a.* **~ *notice*** To-

desanzeige *f*
ob·ject **1.** Objekt *n* (*a.* LING); Gegenstand *m*; Ziel *n*, Zweck *m*, Absicht *f* **2.** einwenden; et. dagegen haben
ob·jec·tion Einwand *m*, Einspruch *m* (*a.* JUR); **ob·jec·tion·a·ble** nicht einwandfrei; unangenehm; anstößig
ob·jec·tive **1.** objektiv, sachlich **2.** Ziel *n*; **ob·jec·tive·ness** Objektivität *f*
ob·li·ga·tion Verpflichtung *f*; ***be under an ~ to s.o.*** j-m (zu Dank) verpflichtet sein; ***be under an ~ to do*** verpflichtet sein, *et.* zu tun; **ob·lig·a·to·ry** verpflichtend, verbindlich
o·blige nötigen, zwingen; (zu Dank) verpflichten; ***~ s.o.*** j-m e-n Gefallen tun; ***much ~d*** besten Dank
o·blig·ing entgegenkommend, gefällig
o·blique schief, schräg; *fig* indirekt
o·blit·er·ate auslöschen; vernichten, völlig zerstören; verdecken
o·bliv·i·on Vergessen(heit *f*) *n*; ***fall into ~*** in Vergessenheit geraten
o·bliv·i·ous: ***be ~ of*** *or* ***to s.th.*** sich e-r Sache nicht bewusst sein; et. nicht bemerken *or* wahrnehmen
ob·long rechteckig; länglich
ob·nox·ious widerlich
ob·scene obszön, unanständig
ob·scure **1.** dunkel, *fig a.* unklar; unbekannt **2.** verdunkeln, verdecken
ob·scu·ri·ty Unbekanntheit *f*; Unklarheit *f*
ob·se·quies Trauerfeier(lichkeiten *pl*) *f*
ob·ser·va·ble wahrnehmbar, merklich; **ob·ser·vance** Beachtung *f*, Befolgung *f*; **ob·ser·vant** aufmerksam; **ob·ser·va·tion** Beobachtung *f*, Überwachung *f*; Bemerkung *f* (***on*** über *acc*); **ob·ser·va·to·ry** Observatorium *n*, Sternwarte *f*; **ob·serve** beobachten; überwachen; *Vorschrift etc* beachten, befolgen, einhalten; bemerken, äußern; **ob·serv·er** Beobachter(in)
ob·sess: ***be ~ed by*** *or* ***with*** besessen sein von; **ob·ses·sion** PSYCH Besessenheit *f*, fixe Idee, Zwangsvorstellung *f*; **ob·ses·sive** PSYCH zwanghaft
ob·so·lete veraltet
ob·sta·cle Hindernis *n*
ob·sti·na·cy Starrsinn *m*
ob·sti·nate hartnäckig; halsstarrig, eigensinnig, starrköpfig
ob·struct verstopfen, versperren; blockieren; behindern
ob·struc·tion Verstopfung *f*; Blockierung *f*; Behinderung *f*
ob·struc·tive blockierend; hinderlich
ob·tain erhalten, bekommen, sich *et.* beschaffen; **ob·tain·a·ble** erhältlich
ob·tru·sive aufdringlich
ob·vi·ous offensichtlich, klar, einleuchtend
oc·ca·sion Gelegenheit *f*; Anlass *m*; Veranlassung *f*; (festliches) Ereignis; ***on the ~ of*** anlässlich (*gen*)
oc·ca·sion·al gelegentlich; vereinzelt
oc·ca·sion·al·ly gelegentlich, manchmal
Oc·ci·dent *der* Westen, *der* Okzident, *das* Abendland
oc·ci·den·tal abendländisch, westlich
oc·cu·pant Bewohner(in); Insasse *m*, Insassin *f*
oc·cu·pa·tion Beruf *m*; Beschäftigung *f*; MIL, POL Besetzung *f*, Besatzung *f*, Okkupation *f*
oc·cu·py in Besitz nehmen, MIL, POL besetzen; *Raum* einnehmen; in Anspruch nehmen; beschäftigen; ***be occupied*** bewohnt sein; besetzt sein (*seat*)
oc·cur sich ereignen; vorkommen; ***it ~red to me that*** es fiel mir ein *or* mir kam der Gedanke, dass
oc·cur·rence Vorkommen *n*; Ereignis *n*; Vorfall *m*
o·cean Ozean *m*, (Welt)Meer *n*
o'clock: (***at***) ***five ~*** (um) fünf Uhr
Oct *abbr of* ***October*** Okt., Oktober *m*
Oc·to·ber (*abbr* ***Oct***) Oktober *m*
oc·u·lar Augen…
oc·u·list Augenarzt *m*, Augenärztin *f*
OD F *v/i*: ***~ on heroin*** an e-r Überdosis Heroin sterben
odd sonderbar, seltsam, merkwürdig; einzeln, Einzel…; ungerade (*number*); gelegentlich, Gelegenheits…; ***~ jobs*** Gelegenheitsarbeiten *pl*; F ***30 ~*** (et.) über 30, einige 30
odds (Gewinn)Chancen *pl*; ***the ~ are 10 to 1*** die Chancen stehen 10 zu 1; ***the ~ are that*** es ist sehr wahrscheinlich, dass; ***against all ~*** wider Erwarten, entgegen allen Erwartungen; ***be at ~*** uneins sein (***with*** mit); ***~ and ends*** Krimskrams *m*; **odds-on** hoch, klar (*favorite*), aussichtsreichst (*candidate*

O

etc); F ***it's ~ that*** es sieht ganz so aus, als ob …
ode Ode *f*
o·do(u)r Geruch *m*
o·do(u)r·less geruchlos
of *prp* von; *origin*: von, aus; *material*: aus; um (***cheat s.o. ~ s.th.*** j-n um et. betrügen); *cause*: an (*dat*) (***die ~*** sterben an); aus (***~ charity*** aus Nächstenliebe); vor (*dat*) (***be afraid ~*** Angst haben vor); auf (*acc*) (***be proud ~*** stolz sein auf); über (*acc*) (***be glad ~*** sich freuen über); nach (***smell ~*** riechen nach); von, über (*acc*) (***speak ~ s.th.*** von *or* über et. sprechen); an (*acc*) (***think ~ s.th.*** an et. denken); ***the city ~ London*** die Stadt London; ***the works ~ Dickens*** Dickens' Werke; ***your letter ~ …*** Ihr Schreiben vom …; ***five minutes ~ twelve*** fünf Minuten vor zwölf
off 1. *adv* fort(…), weg(…); ab(…), ab, abgegangen (*button etc*); weg, entfernt (***3 miles ~***); ELECTR *etc* aus(…), aus-, abgeschaltet; TECH zu; aus(gegangen), alle; aus, vorbei; verdorben (*food*); frei; ***I must be ~*** ich muss gehen *or* weg; ***~ with you!*** fort mit dir!; ***be ~*** ausfallen, nicht stattfinden; ***10% ~*** ECON 10% Nachlass; ***~ and on*** ab und zu, hin und wieder; ***take a day ~*** sich e-n Tag freinehmen; ***be well*** (***badly***) ***~*** gut (schlecht) d(a)ran *or* gestellt *or* situiert sein **2.** *prp* fort von, weg von, von (…, ab, weg, herunter); abseits von (*or gen*), von … weg; MAR vor *der Küste etc*; ***be ~ duty*** nicht im Dienst sein, dienstfrei haben; ***be ~ smoking*** nicht mehr rauchen **3.** *adj* frei, arbeits-, dienstfrei; *fig* ***have an ~ day*** e-n schlechten Tag haben
of·fal GASTR Innereien *pl*
off-col·o(u)r schlüpfrig, zweideutig
of·fence *Br* → ***offense***
of·fend beleidigen, kränken; verstoßen (***against*** gegen); **of·fend·er** (Übel-, Misse)Täter(in); ***first ~*** JUR nicht Vorbestrafte *m, f*, Ersttäter(in)
of·fense Vergehen *n*, Verstoß *m*; JUR Straftat *f*; Beleidigung *f*, Kränkung *f*; ***take ~*** Anstoß nehmen (***at*** an *dat*)
of·fen·sive 1. beleidigend, anstößig; widerlich (*smell etc*); MIL Offensiv…, Angriffs… **2.** MIL Offensive *f* (*a. fig*)
of·fer 1. *v/t* anbieten (*a.* ECON); *Preis, Möglichkeit etc* bieten; *Preis, Belohnung* aussetzen; sich bereit erklären (***to do*** zu tun); *Widerstand* leisten; *v/i* es *or* sich anbieten **2.** Angebot *n*
off·hand 1. *adj* lässig; Stegreif…; ***be ~ with s.o.*** F mit j-m kurz angebunden sein **2.** *adv* auf Anhieb, so ohne weiteres
of·fice Büro *n*, Geschäftsstelle *f*, (*Anwalts*)Kanzlei *f*; (*esp* öffentliches) Amt, Posten *m*; *mst* ***Office*** *esp Br* Ministerium *n*; **~ block** *Br*, **~ build·ing** Bürohaus *n*; **~ hours** Dienstzeit *f*; Geschäfts-, Öffnungszeiten *pl*
of·fi·cer MIL Offizier *m*; (*Polizei- etc*)Beamte *m*, (-)Beamtin *f*
of·fi·cial 1. Beamte *m*, Beamtin *f* **2.** offiziell, amtlich, dienstlich
of·fi·ci·ate amtieren
of·fi·cious übereifrig
off-licence *Br* Wein- und Spirituosenhandlung *f*
off·line IT offline, Offline…, rechnerunabhängig
off-peak: ***~ electricity*** Nachtstrom *m*; ***~ hours*** verkehrsschwache Stunden *pl*
off sea·son Nebensaison *f*
off·set ECON ausgleichen; verrechnen (***against*** mit)
off·shoot BOT Ableger *m*, Spross *m*
off·shore vor der Küste
off·side SPORT abseits; ***~ position*** Abseitsposition *f*, Abseitsstellung *f*; ***~ trap*** Abseitsfalle *f*
off·spring Nachkomme *m*, Nachkommenschaft *f*
off-the-peg *Br*, **off-the-rack** Konfektions…, … von der Stange
off-the-rec·ord inoffiziell
of·ten oft(mals), häufig
oh *int* oh!
oil 1. Öl *n*; Erdöl *n* **2.** (ein)ölen, schmieren (*a. fig*)
oil change MOT Ölwechsel *m*
oil·cloth Wachstuch *n*
oil·field Ölfeld *n*
oil paint·ing Ölmalerei *f*; Ölgemälde *n*
oil pan MOT Ölwanne *f*
oil plat·form → ***oilrig***
oil pol·lu·tion Ölpest *f*
oil-pro·duc·ing coun·try Ölförderland *n*
oil pro·duc·tion Ölförderung *f*
oil re·fin·e·ry Erdölraffinerie *f*

O

oil·rig (Öl)Bohrinsel *f*
oil·skins Ölzeug *n*
oil slick Ölteppich *m*
oil well Ölquelle *f*
oil·y ölig; *fig* schmierig, schleimig
oint·ment Salbe *f*
OK, o·kay F **1.** *adj and int* okay(!), o.k.(!), in Ordnung(!) **2.** genehmigen, *e-r Sache* zustimmen **3.** Okay *n*, O.K. *n*, Genehmigung *f*, Zustimmung *f*
old 1. alt **2.** ***the ~*** die Alten *pl*
old age (hohes) Alter; **~ pen·sion** Rente *f*, Pension *f*; **~ pen·sion·er** Rentner(in), Pensionär(in)
old-fash·ioned altmodisch
old·ish ältlich
old peo·ple's home Altersheim *n*, Altenheim *n*
ol·ive BOT Olive *f*; Olivgrün *n*
O·lym·pic Games SPORT Olympische Spiele *pl*
om·i·nous unheilvoll
o·mis·sion Auslassung *f*; Unterlassung *f*; Versäumnis *n*
o·mit auslassen, weglassen; unterlassen
om·nip·o·tent allmächtig
om·nis·ci·ent allwissend
on 1. *prp* auf (*acc or dat*) (***~ the table*** auf dem *or* den Tisch); an (*dat*) (***~ the wall*** an der Wand); in (***~ TV*** im Fernsehen); *direction*, *target*: auf (*acc*) … (hin), an (*acc*), nach (*dat*) … (hin); *fig* auf (*acc*) … (hin) (***~ demand*** auf Anfrage); *time*: an (*dat*) (***~ Sunday*** am Sonntag; ***~ the 1st of April*** am 1. April); (gleich) nach, bei (***~ his arrival***); *gehörig* zu, *beschäftigt* bei (***be ~ a committee*** e-m Ausschuss angehören; ***be ~ the „Daily Mail"*** bei der "Daily Mail" beschäftigt sein); *state*: in (*dat*), auf (*dat*) (***~ duty*** im Dienst; ***be ~ fire*** in Flammen stehen); *subject*: über (*acc*) (***talk ~ a subject*** über ein Thema sprechen); nach (*dat*) (***~ this model*** nach diesem Modell); von (*dat*) (***live ~ s.th.*** von et. leben); ***~ the street*** auf der Straße; ***~ a train*** in e-m Zug; ***~ hearing it*** als ich *etc* es hörte; ***have you any money ~ you?*** hast du Geld bei dir? **2.** *adj and adv* an (-geschaltet) (*light etc*), eingeschaltet (*radio etc*), auf (*faucet etc*); (dar)auf(*legen*, *-schrauben etc*); an(*haben*, *-ziehen*) (***have a coat ~*** e-n Mantel anhaben); auf(*behalten*) (***keep one's hat ~*** den Hut aufbehalten); weiter(*gehen*, *-sprechen etc*); ***and so ~*** und so weiter; ***~ and ~*** immer weiter; ***from this day ~*** von dem Tage an; ***be ~*** THEA gegeben werden; *film*: laufen; *radio*, TV gesendet werden; ***what's ~?*** was ist los?
once 1. einmal; einst; ***~ again, ~ more*** noch einmal; ***~ in a while*** ab und zu, hin und wieder; ***~ and for all*** ein für alle Mal; ***not ~*** kein einziges Mal, keinmal; ***at ~*** sofort; auf einmal, gleichzeitig; ***all at ~*** plötzlich; ***for ~*** diesmal, ausnahmsweise; ***this ~*** dieses eine Mal; ***~ upon a time there was …*** es war einmal … **2.** sobald
one ein(e); einzig; man; Eins *f*, eins; ***~'s*** sein(e); ***~ day*** eines Tages; ***~ another*** sich (gegenseitig), einander; ***~ by ~, ~ after another, ~ after the other*** e-r nach dem andern; ***I for ~*** ich zum Beispiel; ***the little ~s*** die Kleinen *pl*
one-horse town F *contp* Nest *n*
one·self sich (selbst); sich selbst; ***(all) by ~*** ganz allein; ***to ~*** ganz für sich (allein)
one-sid·ed einseitig
one·time ehemalig, früher
one-track mind: ***have a ~*** immer nur dasselbe im Kopf haben
one-two *soccer*: Doppelpass *m*
one-way Einbahn…; **~ street** Einbahnstraße *f*; **~ tick·et** RAIL *etc* einfache Fahrkarte, AVIAT einfaches Ticket; **~ traf·fic** MOT Einbahnverkehr *m*
on·ion BOT Zwiebel *f*
on·line IT online, Online…, rechnerabhängig
on·look·er Zuschauer(in)
on·ly 1. *adj* einzige(r, -s) **2.** *adv* nur, bloß; erst; ***~ yesterday*** erst gestern **3.** *cj* F nur, bloß
on·rush Ansturm *m*
on·set Beginn *m*; MED Ausbruch *m*
on·slaught (heftiger) Angriff (*a. fig*)
on·to auf (*acc*)
on·ward(s) *adv* vorwärts, weiter; ***from now ~*** von nun an
ooze *v/i* sickern; ***~ away*** *fig* schwinden; *v/t* absondern; *fig* ausstrahlen, verströmen
o·paque undurchsichtig; *fig* unverständlich
o·pen 1. offen, *a.* geöffnet, *a.* frei (*country etc*); öffentlich; *fig* offen, *a.* unentschieden, *a.* freimütig; *fig* zugänglich,

aufgeschlossen (***to*** für *or dat*); ***~ all day*** durchgehend geöffnet; ***in the ~ air*** im Freien **2.** *golf, tennis*: offenes Turnier; ***in the ~*** im Freien; ***come out into the ~*** *fig* an die Öffentlichkeit treten **3.** *v/t* öffnen, aufmachen, *Buch etc a.* aufschlagen; eröffnen; *v/i* sich öffnen, aufgehen; öffnen, aufmachen (*store*); anfangen, beginnen; ***~ into*** führen nach *or* in (*acc*); ***~ onto*** hinausgehen auf (*acc*)

o·pen-air im Freien

o·pen-end·ed zeitlich unbegrenzt

o·pen·er (*Dosen- etc*)Öffner *m*

o·pen-eyed mit großen Augen, staunend

o·pen-hand·ed freigebig, großzügig

o·pen-heart·ed offenherzig

o·pen·ing 1. Öffnung *f*; ECON freie Stelle; Eröffnung *f*, Erschließung *f*, Einstieg *m* **2.** Eröffnungs…; Öffnungs…

o·pen-mind·ed aufgeschlossen

o·pen·ness Offenheit *f*

op·e·ra Oper *f*; **~ glass·es** Opernglas *n*; **~ house** Opernhaus *n*, Oper *f*

op·e·rate *v/i* wirksam sein *or* werden; TECH arbeiten, in Betrieb sein, laufen (*machine etc*); MED operieren (***on s.o.*** j-n); *v/t Maschine* bedienen, *Schalter etc* betätigen; *Unternehmen*, *Geschäft* betreiben, führen

op·e·rat·ing| room MED Operationssaal *m*; **~ sys·tem** IT Betriebssystem *n*; **~ thea·tre** *Br* MED Operationssaal *m*

op·e·ra·tion TECH Betrieb *m*, Lauf *m*; Bedienung *f*; ECON Tätigkeit *f*, Unternehmen *n*; MED, MIL Operation *f*; ***in ~*** TECH in Betrieb; ***have an ~*** MED operiert werden

op·e·ra·tive wirksam; MED operativ

op·e·ra·tor TECH Bedienungsperson *f*; IT Operator *m*; TEL Vermittlung *f*

o·pin·ion Meinung *f*, Ansicht *f*; Gutachten *n* (***on*** über *acc*); ***in my ~*** meines Erachtens

op·po·nent Gegner(in)

op·por·tune günstig, passend; rechtzeitig

op·por·tu·ni·ty (günstige) Gelegenheit

op·pose sich widersetzen (*dat*)

op·posed entgegengesetzt; ***be ~ to*** gegen … sein

op·po·site 1. Gegenteil *n*, Gegensatz *m* **2.** *adj* gegenüberliegend; entgegengesetzt **3.** *adv* gegenüber (***to*** *dat*); **4.** *prp* gegenüber (*dat*)

op·po·si·tion Widerstand *m*, Opposition *f* (*a.* PARL); Gegensatz *m*

op·press unterdrücken

op·pres·sion Unterdrückung *f*

op·pres·sive (be)drückend; hart, grausam; schwül (*weather*)

op·tic Augen…, Seh…; → **op·ti·cal** optisch; **op·ti·cian** Optiker(in)

op·ti·mism Optimismus *m*

op·ti·mist Optimist(in)

op·ti·mis·tic optimistisch

op·tion Wahl *f*; ECON Option *f*, Vorkaufsrecht *n*; MOT Extra *n*

op·tion·al freiwillig; Wahl…; ***be an ~ extra*** MOT gegen Aufpreis erhältlich sein; **~ sub·ject** PED *etc* Wahlfach *n*

or oder; ***~ else*** sonst

o·ral mündlich; Mund…

or·ange 1. BOT Orange *f*, Apfelsine *f* **2.** orange(farben)

or·ange·ade Orangenlimonade *f*

o·ra·tion Rede *f*, Ansprache *f*

or·a·tor Redner(in)

or·bit 1. Kreisbahn *f*, Umlaufbahn *f*; ***get*** *or* ***put into ~*** in e-e Umlaufbahn gelangen *or* bringen **2.** *v/t die Erde etc* umkreisen; *v/i* die Erde *etc* umkreisen, sich auf e-r Umlaufbahn bewegen

or·chard Obstgarten *m*

or·ches·tra MUS Orchester *n*; THEA Parkett *n*

or·chid BOT Orchidee *f*

or·dain: ***~ s.o.*** (***priest***) j-n zum Priester weihen

or·deal Qual *f*, Tortur *f*

or·der 1. Ordnung *f*; Reihenfolge *f*; Befehl *m*, Anordnung *f*; ECON Bestellung *f*, Auftrag *m*; PARL *etc* (Geschäfts)Ordnung *f*; REL *etc* Orden *m*; ***~ to pay*** ECON Zahlungsanweisung *f*; ***in ~ to*** *inf* um zu *inf*; ***out of ~*** TECH nicht in Ordnung, defekt; außer Betrieb; ***make to ~*** auf Bestellung *or* nach Maß anfertigen **2.** *v/t j-m* befehlen (***to do*** zu tun), *et.* befehlen, anordnen; *j-n* schicken, beordern; MED *j-m et.* verordnen; ECON bestellen; *fig* ordnen, in Ordnung bringen; *v/i* bestellen (*in restaurant*)

or·der·ly 1. ordentlich; *fig* gesittet, friedlich **2.** MED Hilfspfleger *m*

or·di·nal *a.* ***~ number*** MATH Ordnungszahl *f*

or·di·nary üblich, gewöhnlich, normal
ore MIN Erz *n*
or·gan ANAT Organ *n* (*a. fig*); MUS Orgel *f*; **~ do·nor** MED Organspender *m*
or·gan·ic organisch
or·gan·ism Organismus *m*
or·gan·i·za·tion Organisation *f*
or·gan·ize organisieren; sich (gewerkschaftlich) organisieren
or·gan·iz·er Organisator(in)
or·gan recip·i·ent MED Organempfänger(in) *m*(*f*)
or·gasm Orgasmus *m*
o·ri·ent 1. ***Orient*** *der* Osten, *der* Orient, *das* Morgenland **2.** orientieren
o·ri·en·tal 1. orientalisch, östlich **2.** ***Oriental*** Orientale *m*, Orientalin *f*
o·ri·en·tate orientieren
or·i·gin Ursprung *m*, Abstammung *f*, Herkunft *f*
o·rig·i·nal 1. ursprünglich; Original…; originell **2.** Original *n*
o·rig·i·nal·i·ty Originalität *f*
o·rig·i·nal·ly ursprünglich; originell
o·rig·i·nate *v/t* schaffen, ins Leben rufen; *v/i* zurückgehen (***from*** auf *acc*), (her)stammen (***from*** von, aus)
or·na·ment 1. Ornament(e *pl*) *n*, Verzierung(en *pl*) *f*, Schmuck *m*; *fig* Zier(de) *f* (***to*** für *or gen*); **2.** verzieren, schmücken (***with*** mit)
or·na·men·tal dekorativ, schmückend, Zier…
or·nate *fig* überladen
or·phan 1. Waise *f*, Waisenkind *n* **2.** ***be ~ed*** Waise werden
or·phan·age Waisenhaus *n*
or·tho·dox orthodox
os·cil·late PHYS schwingen; *fig* schwanken (***between*** zwischen *dat*)
os·prey ZO Fischadler *m*
os·ten·si·ble angeblich, vorgeblich
os·ten·ta·tion (protzige) Zurschaustellung; Protzerei *f*, Prahlerei *f*
os·ten·ta·tious protzend, prahlerisch
os·tra·cize ächten
os·trich ZO Strauß *m*
oth·er andere(r, -s); ***the ~ day*** neulich; ***the ~ morning*** neulich morgens; ***every ~ day*** jeden zweiten Tag, alle zwei Tage
oth·er·wise anders; sonst
ot·ter ZO Otter *m*
ought *v/aux ich* sollte, *du* solltest *etc*; ***you ~ to have done it*** Sie hätten es tun sollen
ounce Unze *f* (*28,35 g*)
our unser
ours unsere(r, -s)
our·selves wir *or* uns selbst; uns (selbst)
oust verdrängen, hinauswerfen (***from*** aus); *j-n s-s Amtes* entheben
out 1. *adv*, *adj* aus; hinaus(*gehen*, *-werfen etc*); heraus(*kommen etc*); aus(*brechen etc*); draußen, im Freien; nicht zu Hause; SPORT aus, draußen; aus, vorbei; aus, erloschen; ausverkauft; F out, aus der Mode; ***~ of*** aus (… heraus); zu … hinaus; außerhalb von (*or gen*); außer *Reichweite etc*; außer *Atem*, *Übung etc*; (hergestellt) aus; aus *Furcht etc*; ***be ~ of bread*** kein Brot mehr haben; ***in nine ~ of ten cases*** in neun von zehn Fällen **2.** *prp* F aus (… heraus); zu … hinaus **3.** outen
out·bal·ance überwiegen
out·bid überbieten
out·board mo·tor Außenbordmotor *m*
out·break MED, MIL Ausbruch *m*
out·build·ing Nebengebäude *n*
out·burst *fig* Ausbruch *m*
out·cast 1. ausgestoßen **2.** Ausgestoßene *m*, *f*, Verstoßene *m*, *f*
out·come Ergebnis *n*
out·cry Aufschrei *m*, Schrei *m* der Entrüstung
out·dat·ed überholt, veraltet
out·dis·tance hinter sich lassen
out·do übertreffen
out·door *adj* im Freien, draußen
out·doors *adv* draußen, im Freien
out·er äußere(r, -s)
out·er·most äußerste(r, -s)
out·er space Weltraum *m*
out·fit Ausrüstung *f*, Ausstattung *f*; Kleidung *f*; F (Arbeits)Gruppe *f*
out·fit·ter Ausstatter *m*; ***men's ~*** Herrenausstatter *m*
out·go·ing (aus dem Amt) scheidend
out·grow herauswachsen aus (*dat*); *Angewohnheit etc* ablegen; größer werden als
out·house Nebengebäude *n*
out·ing Ausflug *m*; Outing *n*
out·land·ish befremdlich, sonderbar
out·last überdauern, überleben
out·law HIST Geächtete *m*, *f*
out·lay (Geld)Auslagen *pl*, Ausgaben *pl*
out·let Abfluss *m*, Abzug *m*; *fig* Ventil *n*

out·line 1. Umriss *m*; Überblick *m* **2.** umreißen, skizzieren
out·live überleben
out·look (Aus)Blick *m*, (Aus)Sicht *f*; Einstellung *f*, Auffassung *f*
out·ly·ing abgelegen, entlegen
out·num·ber in der Überzahl sein; ***be ~ed by s.o.*** j-m zahlenmäßig unterlegen sein
out-of-date veraltet, überholt
out-of-the-way abgelegen, entlegen; *fig* ungewöhnlich
out·pa·tient MED ambulanter Patient, ambulante Patientin
out·post Vorposten *m*
out·pour·ing (Gefühls)Erguss *m*
out·put ECON Output *m*, Produktion *f*, Ausstoß *m*, Ertrag *m*; IT (Daten)Ausgabe *f*
out·rage 1. Gewalttat *f*, Verbrechen *n*; Empörung *f* **2.** grob verletzen; *j-n* empören; **out·ra·geous** abscheulich; empörend, unerhört
out·right 1. *adj* völlig, gänzlich, glatt (*lie etc*) **2.** *adv* auf der Stelle, sofort; ohne Umschweife
out·run schneller laufen als; *fig* übersteigen, übertreffen
out·set Anfang *m*, Beginn *m*
out·shine überstrahlen, *fig a.* in den Schatten stellen
out·side 1. Außenseite *f*; SPORT Außenstürmer(in); ***at the*** (***very***) ***~*** (aller)höchstens; ***~ left*** (***right***) SPORT Linksaußen (Rechtsaußen) *m* **2.** *adj* äußere(r, -s), Außen… **3.** *adv* draußen; heraus, hinaus **4.** *prp* außerhalb
out·sid·er Außenseiter(in)
out·size 1. Übergröße *f* **2.** übergroß
out·skirts Stadtrand *m*, Außenbezirke *pl*
out·spo·ken offen, freimütig
out·spread ausgestreckt, ausgebreitet
out·stand·ing hervorragend; ECON ausstehend; ungeklärt (*problem*); unerledigt (*work*)
out·stay länger bleiben als; → ***welcome*** *4*
out·stretched ausgestreckt
out·strip überholen; *fig* übertreffen
out tray: ***in the ~*** im Postausgang *etc*
out·vote überstimmen
out·ward 1. äußere(r, -s); äußerlich **2.** *adv mst* ***outwards*** auswärts, nach außen; **out·ward·ly** äußerlich
out·weigh *fig* überwiegen
out·wit überlisten, F reinlegen
out·worn veraltet, überholt
o·val 1. oval **2.** Oval *n*
o·va·tion Ovation *f*; ***give s.o. a standing ~*** j-m stehende Ovationen bereiten, j-m stehend Beifall klatschen
ov·en Backofen *m*, Bratofen *m*
ov·en-read·y bratfertig
o·ver 1. *prp* über; über (*acc*), über (*acc*) … (hin)weg; über (*dat*), auf der anderen Seite von (*or gen*); über (*acc*), mehr als **2.** *adv* hinüber, herüber (***to*** zu); drüben; darüber, mehr; zu Ende, vorüber, vorbei; über…, um…: *et.* über(*geben etc*); über(*kochen etc*); um(*fallen, -werfen etc*); herum(*drehen etc*); von Anfang bis Ende, durch(*lesen etc*); (gründlich) über(*legen etc*); (***all***) ***~ again*** noch einmal; ***all ~*** ganz vorbei; ***~ and ~*** (***again***) immer wieder; ***~ and above*** obendrein, überdies
o·ver·age zu alt
o·ver·all 1. gesamt, Gesamt…; allgemein; insgesamt **2.** *Br* Arbeitsmantel *m*, Kittel *m*; (*Br* ***~s***) Overall *m*, Arbeitsanzug *m*; Arbeitshose *f*
o·ver·awe einschüchtern
o·ver·bal·ance umstoßen, umkippen; das Gleichgewicht verlieren
o·ver·bear·ing anmaßend
o·ver·board MAR über Bord
o·ver·bur·den *fig* überlasten
o·ver·cast bewölkt, bedeckt
o·ver·charge überlasten, ELECTR *a.* überladen; ECON *j-m* zu viel berechnen; *Betrag* zu viel verlangen
o·ver·coat Mantel *m*
o·ver·come überwinden, überwältigen; ***be ~ with emotion*** von s-n Gefühlen übermannt werden
o·ver·crowd·ed überfüllt; überlaufen
o·ver·do übertreiben; GASTR zu lange kochen *or* braten; ***overdone*** *a.* übergar
o·ver·dose Überdosis *f*
o·ver·draft ECON (Konto)Überziehung *f*; *a.* ***~ facility*** Überziehungskredit *m*
o·ver·draw ECON *Konto* überziehen (***by*** um)
o·ver·dress (sich) zu fein anziehen; ***~ed*** overdressed, zu fein angezogen
o·ver·drive MOT Overdrive *m*, Schongang *m*

O

o·ver·due überfällig
o·ver·eat zu viel essen
o·ver·es·ti·mate zu hoch schätzen *or* veranschlagen; *fig* überschätzen
o·ver·ex·pose PHOT überbelichten
o·ver·feed überfüttern
o·ver·flow 1. *v/t* überfluten, überschwemmen; *v/i* überlaufen, überfließen; überquellen (***with*** von); **2.** TECH Überlauf *m*; Überlaufen *n*, -fließen *n*
o·ver·grown BOT überwachsen, überwuchert
o·ver·hang *v/t* über (*dat*) hängen; *v/i* überhängen
o·ver·haul *Maschine* überholen
o·ver·head 1. *adv* oben, droben **2.** *adj* Hoch…, Ober…; ECON **~ *expenses*** *or* ***costs*** Gemeinkosten *pl*; SPORT Überkopf…; **~ *kick*** *soccer*: Fallrückzieher *m* **3.** ECON *esp Br a. pl* Gemeinkosten *pl*
o·ver·hear (zufällig) hören
o·ver·heat·ed überhitzt, überheizt; TECH heiß gelaufen
o·ver·joyed überglücklich
o·ver·lap (sich) überlappen; sich überschneiden
o·ver·leaf umseitig, umstehend
o·ver·load überlasten (*a.* ELECTR), überladen
o·ver·look übersehen; ***~ing the sea*** mit Blick aufs Meer
o·ver·night 1. über Nacht; ***stay* ~** über Nacht bleiben, übernachten **2.** Nacht…, Übernachtungs…; **~ *bag*** Reisetasche *f*
o·ver·pass (Straßen-, Eisenbahn-) Überführung *f*
o·ver·pay zu viel (be)zahlen
o·ver·pop·u·lat·ed übervölkert
o·ver·pow·er überwältigen; ***~ing*** *fig* überwältigend
o·ver·rate überbewerten, überschätzen
o·ver·reach: **~ *o.s.*** sich übernehmen
o·ver·re·act überreagieren, überzogen reagieren (***to*** auf *acc*)
o·ver·re·ac·tion Überreaktion *f*, überzogene Reaktion
o·ver·ride sich hinwegsetzen über (*acc*)
o·ver·rule *Entscheidung etc* aufheben, *Einspruch etc* abweisen
o·ver·run länger dauern als vorgesehen; *Signal* überfahren; ***be* ~ *with*** wimmeln von
o·ver·seas 1. *adj* überseeisch, Übersee… **2.** *adv* in *or* nach Übersee
o·ver·see beaufsichtigen, überwachen
o·ver·shad·ow *fig* überschatten, in den Schatten stellen
o·ver·sight Versehen *n*
o·ver·size(d) übergroß, überdimensional, in Übergröße(n)
o·ver·sleep verschlafen
o·ver·staffed (personell) überbesetzt
o·ver·state übertreiben
o·ver·state·ment Übertreibung *f*
o·ver·stay länger bleiben als; → ***welcome 4***
o·ver·step *fig* überschreiten
o·ver·take überholen; *j-n* überraschen
o·ver·tax zu hoch besteuern; *fig* überbeanspruchen, überfordern
o·ver·throw 1. *Regierung etc* stürzen **2.** (Um)Sturz *m*
o·ver·time ECON Überstunden *pl*; SPORT (Spiel)Verlängerung *f*; ***do* ~, *work* ~** Überstunden machen
o·ver·tired übermüdet
o·ver·ture MUS Ouvertüre *f*; Vorspiel *n*
o·ver·turn *v/t* umwerfen, umstoßen; *Regierung etc* stürzen; *v/i* umkippen, MAR kentern
o·ver·view *fig* Überblick *m* (***of*** über *acc*)
o·ver·weight 1. Übergewicht *n* **2.** übergewichtig (*person*), zu schwer (***by*** um); ***be five pounds* ~** fünf Pfund Übergewicht haben
o·ver·whelm überwältigen (*a. fig*)
o·ver·whelm·ing überwältigend
o·ver·work sich überarbeiten; überanstrengen
o·ver·wrought überreizt
o·ver·zeal·ous übereifrig
owe *j-m et.* schulden, schuldig sein; *et.* verdanken
ow·ing: **~ *to*** infolge, wegen
owl ZO Eule *f*
own 1. eigen; ***my* ~** mein Eigentum; (***all***) ***on one's* ~** allein **2.** besitzen; zugeben, (ein)gestehen
own·er Eigentümer(in), Besitzer(in)
own·er-oc·cu·pied *esp Br* eigengenutzt; **~ *flat*** Eigentumswohnung *f*
own·er·ship Besitz *m*; Eigentum *n*; Eigentumsrecht *n*
ox ZO Ochse *m*
ox·ide CHEM Oxid *n*, Oxyd *n*
ox·i·dize CHEM oxidieren

ox·y·gen CHEM Sauerstoff *m*; **~ ap·pa·ra·tus** MED Sauerstoffgerät *n*; **~ tent** MED Sauerstoffzelt *n*

oy·ster ZO Auster *f*

o·zone CHEM Ozon *n*

o·zone-friend·ly FCKW-frei, ohne Treibgas

o·zone| hole Ozonloch *n*; **~ lay·er** Ozonschicht *f*; **~ lev·els** Ozonwerte *pl*; **~ shield** Ozonschild *m*

P

P, p P, p *n*

pace 1. Tempo *n*, Geschwindigkeit *f*; Schritt *m*; Gangart *f* (*of a horse*) **2.** *v/t Zimmer etc* durchschreiten; *a.* **~ *out*** abschreiten; *v/i* (einher)schreiten; **~ *up and down*** auf und ab gehen

pace·mak·er SPORT Schrittmacher(in); MED Herzschrittmacher *m*

pace·set·ter SPORT Schrittmacher(in)

Pa·cif·ic *a.* **~ *Ocean*** *der* Pazifik, *der* Pazifische *or* Stille Ozean

pac·i·fi·er Schnuller *m*

pac·i·fist Pazifist(in)

pac·i·fy beruhigen, besänftigen

pack 1. Pack(en) *m*, Paket *n*, Bündel *n*; Packung *f*, Schachtel *f*; ZO Meute *f*; Rudel *n*; *contp* Pack *n*, Bande *f*; MED *etc* Packung *f*; (Karten)Spiel *n*; ***a* ~ *of lies*** ein Haufen Lügen **2.** *v/t* ein-, zusammenpacken, abpacken, verpacken (*a.* **~ *up***); zusammenpferchen; vollstopfen; *Koffer etc* packen; **~ *off*** F fort-, wegschicken; *v/i* packen; (sich) drängen (***into*** in *acc*); **~ *up*** zusammenpacken; ***send s.o.* ~*ing*** j-n fort- *or* wegjagen

pack·age Paket *n*; Packung *f*; ***software* ~** IT Software-, Programmpaket *n*

pack·age| deal F Pauschalangebot *n*, -arrangement *n*; **~ hol·i·day** Pauschalurlaub *m*; **~ tour** Pauschalreise *f*

pack·et Päckchen *n*; Packung *f*, Schachtel *f*

pack·ing Packen *n*; Verpackung *f*

pact Pakt *m*, POL *a.* Vertrag *m*

pad 1. Polster *n*; SPORT (*Knie- etc*)Schützer *m*; (*Schreib- etc*)Block *m*; (*Stempel*)Kissen *n*; ZO Ballen *m*; (*Abschuss-*) Rampe *f* **2.** (aus)polstern, wattieren

pad·ding Polsterung *f*, Wattierung *f*

pad·dle 1. Paddel *n*; MAR (Rad)Schaufel *f* **2.** paddeln; plan(t)schen

pad·dock (Pferde)Koppel *f*

pad·lock Vorhängeschloss *n*

pa·gan 1. Heide *m*, Heidin *f* **2.** heidnisch

page[1] **1.** Seite *f* **2.** paginieren

page[2] **1.** (Hotel)Page *m* **2.** *j-n* ausrufen (lassen)

pag·eant (*a.* historischer) Festzug

pa·gin·ate paginieren

pail Eimer *m*, Kübel *m*

pain 1. Schmerz(en *pl*) *m*; Kummer *m*; *pl* Mühe *f*, Bemühungen *pl*; ***be in*** (***great***) **~** (große) Schmerzen haben; ***be a* ~** (***in the neck***) F e-m auf den Wecker gehen; ***take* ~*s*** sich Mühe geben **2.** *esp fig* schmerzen; **pain·ful** schmerzhaft, schmerzend; *fig* schmerzlich; peinlich

pain·kill·er Schmerzmittel *n*

pain·less schmerzlos

pains·tak·ing sorgfältig, gewissenhaft

paint 1. Farbe *f*; Anstrich *m* **2.** *v/t* anmalen, bemalen; (an)streichen; *Auto etc* lackieren; *v/i* malen

paint·box Malkasten *m*

paint·brush (Maler)Pinsel *m*

paint·er (*a.* Kunst)Maler(in), Anstreicher(in)

paint·ing Malerei *f*; Gemälde *n*, Bild *n*

pair 1. Paar *n*; ***a* ~ *of …*** ein Paar …, ein(e) …; ***a* ~ *of scissors*** e-e Schere **2.** *v/i* ZO sich paaren; *a.* **~ *off*, ~ *up*** Paare bilden; *v/t a.* **~ *off*, ~ *up*** paarweise anordnen; **~ *off*** *zwei Leute* zusammenbringen, verkuppeln

pa·ja·ma(s) (***a pair of***) **~*s*** (ein) Schlafanzug *m*, (ein) Pyjama *m*

pal Kamerad *m*, F Kumpel *m*, Spezi *m*

pal·ace Palast *m*, Schloss *n*

pal·a·ta·ble schmackhaft (*a. fig*)

pal·ate ANAT Gaumen *m*; *fig* Geschmack *m*

pale[1] **1.** blass, *a.* bleich, *a.* hell (*color*) **2.** blass *or* bleich werden

pale[2] Pfahl *m*; *fig* Grenzen *pl*
pale·ness Blässe *f*
Pal·es·tin·i·an 1. palästinensisch **2.** Palästinenser(in)
pal·ings Lattenzaun *m*
pal·i·sade Palisade *f*; *pl* Steilufer *n*
pal·let TECH Palette *f*
pal·lid blass; **pal·lor** Blässe *f*
palm[1] *a.* ~ ***tree*** BOT Palme *f*
palm[2] **1.** ANAT Handfläche *f* **2.** *et.* in der Hand verschwinden lassen; ~ ***s.th. off on s.o.*** F j-m et. andrehen
pal·pa·ble fühlbar, greifbar
pal·pi·tate MED klopfen, pochen
pal·pi·ta·tions MED Herzklopfen *n*
pal·sy MED Lähmung *f*
pal·try armselig
pam·per verwöhnen
pam·phlet Broschüre *f*
pan Pfanne *f*; Topf *m*
pan·a·ce·a Allheilmittel *n*
pan·cake Pfannkuchen *m*
pan·da ZO Panda *m*
pan·da car *Br* (Funk)Streifenwagen *m*
pan·de·mo·ni·um Hölle *f*, Höllenlärm *m*, Tumult *m*, Chaos *n*
pan·der Vorschub leisten (***to*** *dat*)
pane (*Fenster*)Scheibe *f*
pan·el 1. (*Tür*)Füllung *f*, (*Wand*)Täfelung *f*; ELECTR, TECH Instrumentenbrett *n*, (*Schalt-*, *Kontroll-* *etc*)Tafel *f*; JUR Liste *f* der Geschworenen; Diskussionsteilnehmer *pl*, Diskussionsrunde *f*; Rateteam *n* **2.** täfeln
pang stechender Schmerz; ~***s of hunger*** nagender Hunger; ~***s of conscience*** Gewissensbisse *pl*
pan·han·dle 1. Pfannenstiel *m*; GEOGR schmaler Fortsatz **2.** F betteln
pan·ic 1. panisch **2.** Panik *f* **3.** in Panik versetzen *or* geraten
pan·ick·y F ***be*** ~ in Panik sein
pan·ic-strick·en von Panik erfasst *or* erfüllt
pan·o·ra·ma Panorama *n*, Ausblick *m*
pan·sy BOT Stiefmütterchen *n*
pant keuchen, schnaufen, nach Luft schnappen
pan·ther ZO Panther *m*; Puma *m*; Jaguar *m*
pan·ties (Damen)Schlüpfer *m*, Slip *m*; Höschen *n*
pan·to·mime THEA Pantomime *f*; *Br* F Weihnachtsspiel *n*
pan·try Speisekammer *f*
pants Hose *f*; *Br* Unterhose *f*; *Br* Schlüpfer *m*
pant·suit Hosenanzug *m*
pan·ty·hose Strumpfhose *f*
pan·ty·lin·er Slipeinlage *f*
pap Brei *m*
pa·pal päpstlich
pa·per 1. Papier *n*; Zeitung *f*; (Prüfungs)Arbeit *f*; UNIV Klausur(arbeit) *f*; Aufsatz *m*; Referat *n*; Tapete *f*; *pl* (Ausweis)Papiere *pl* **2.** tapezieren
pa·per·back Taschenbuch *n*, Paperback *n*
pa·per bag (Papier)Tüte *f*
pa·per·boy Zeitungsjunge *m*
pa·per clip Büro-, Heftklammer *f*
pa·per cup Pappbecher *m*
pa·per·hang·er Tapezierer *m*
pa·per knife *Br* Brieföffner *m*
pa·per mon·ey Papiergeld *n*
pa·per·weight Briefbeschwerer *m*
par: ***at*** ~ zum Nennwert; ***be on a ~ with*** gleich *or* ebenbürtig sein (*dat*)
par·a·ble Parabel *f*, Gleichnis *n*
par·a·chute Fallschirm *m*
par·a·chut·ist Fallschirmspringer(in)
pa·rade 1. Umzug *m*, *esp* MIL Parade *f*; *fig* Zurschaustellung *f*; ***make a ~ of*** *fig* zur Schau stellen **2.** ziehen (***through*** durch); MIL antreten (lassen), vorbeimarschieren (lassen); zur Schau stellen; ~ (***through***) stolzieren durch
par·a·dise Paradies *n*
par·af·fin *Br* Petroleum *n*
par·a·glid·er SPORT Gleitschirm *m*; Gleitschirmflieger(in); **par·a·glid·ing** SPORT Gleitschirmfliegen *n*
par·a·gon Muster *n* (***of*** an *dat*)
par·a·graph Absatz *m*, Abschnitt *m*; (Zeitungs)Notiz *f*
par·al·lel 1. parallel (***to, with*** zu); **2.** MATH Parallele *f* (*a. fig*); ***without*** ~ ohne Parallele, ohnegleichen **3.** entsprechen (*dat*), gleichkommen (*dat*)
par·a·lyse *Br*, **par·a·lyze** MED lähmen, *fig a.* lahmlegen, zum Erliegen bringen; ~***d with*** *fig* starr *or* wie gelähmt vor (*dat*)
pa·ral·y·sis MED Lähmung *f*, *fig a.* Lahmlegung *f*
par·a·med·ic MED Sanitäter *m*
par·a·mount größte(r, -s), übergeordnet; ***of ~ importance*** von (aller)größter

P

Bedeutung *or* Wichtigkeit
par·a·pet Brüstung *f*
par·a·pher·na·li·a (persönliche) Sachen *pl*; Ausrüstung *f*; *esp Br* F Scherereien *pl*
par·a·phrase 1. umschreiben **2.** Umschreibung *f*
par·a·site Parasit *m*, Schmarotzer *m*
par·a·troop·er MIL Fallschirmjäger *m*; *pl* Fallschirmjägertruppe *f*
par·boil halb gar kochen, ankochen
par·cel 1. Paket *n*; Parzelle *f* **2.** *~ out* aufteilen; *~ up* (als Paket) verpacken
parch ausdörren, austrocknen; vertrocknen
parch·ment Pergament *n*
par·don 1. JUR Begnadigung *f*; ***I beg your ~*** Entschuldigung!, Verzeihung!; erlauben Sie mal!, ich muss doch sehr bitten!; *a.* ***~?*** F (wie) bitte? **2.** verzeihen; vergeben; JUR begnadigen; ***~ me*** → ***I beg your pardon***; F (wie) bitte?
par·don·a·ble verzeihlich
pare sich *die Nägel* schneiden; *Apfel etc* schälen
par·ent Elternteil *m*, Vater *m*, Mutter *f*; *pl* Eltern *pl*; **par·ent·age** Abstammung *f*, Herkunft *f*; **pa·ren·tal** elterlich
pa·ren·the·ses (runde) Klammer
par·ents-in-law Schwiegereltern *pl*
par·ent-teach·er meet·ing PED Elternabend *m*
par·ings Schalen *pl*
par·ish REL Gemeinde *f*
par·ish church REL Pfarrkirche *f*
pa·rish·ion·er REL Gemeindemitglied *n*
park 1. Park *m*, (Grün)Anlage(n *pl*) *f* **2.** MOT parken; ***look for somewhere to ~ the car*** e-n Parkplatz suchen
par·ka Parka *m, f*
park·ing MOT Parken *n*; ***no ~*** Parkverbot, Parken verboten; **~ disk** Parkscheibe *f*; **~ fee** Parkgebühr *f*; **~ garage** Park(hoch)haus *n*; **~ lot** Parkplatz *m*; **~ lot at·tend·ant** Parkwächter *m*; **~ me·ter** Parkuhr *f*; **~ of·fend·er** Parksünder(in); **~ space** Parkplatz *m*, Parklücke *f*; **~ tick·et** Strafzettel *m*
par·ley *esp* MIL Verhandlung *f*
par·lia·ment Parlament *n*
par·lia·men·tar·i·an Parlamentarier(in)
par·lia·men·ta·ry parlamentarisch, Parlaments…
par·lo(u)r *mst in cpds* Salon *m*
pa·ro·chi·al REL Pfarr…, Gemeinde…; *fig* engstirnig, beschränkt
par·o·dy 1. Parodie *f* **2.** parodieren
pa·role JUR **1.** Hafturlaub *m*; bedingte Haftentlassung **2.** ***~ s.o.*** j-m Hafturlaub gewähren; j-n bedingt entlassen
par·quet Parkett *n* (*a.* THEA)
par·quet floor Parkett(fuß)boden *m*
par·rot 1. ZO Papagei *m* (*a. fig*) **2.** *et.* (wie ein Papagei) nachplappern
par·ry abwehren, parieren
par·si·mo·ni·ous geizig
pars·ley BOT Petersilie *f*
par·son REL Pfarrer *m*
par·son·age REL Pfarrhaus *n*
part 1. Teil *m*; TECH Teil *n*, Bau-, Ersatzteil *n*; Anteil *m*; Seite *f*, Partei *f*; THEA, *fig* Rolle *f*; MUS Stimme *f*, Partie *f*; GEOGR Gegend *f*, Teil *m*; (Haar)Scheitel *m*; ***for my ~*** was mich betrifft; ***for the most ~*** größtenteils; meistens; ***in ~*** teilweise, zum Teil; ***on the ~ of*** vonseiten, seitens (*gen*); ***on my ~*** von m-r Seite; ***take ~ in s.th.*** an e-r Sache teilnehmen; ***take s.th. in good ~*** et. nicht übel nehmen **2.** *v/t* trennen; (ab-, zer)teilen; einteilen; *Haar* scheiteln; ***~ company*** sich trennen (***with*** von); *v/i* sich trennen (***with*** von); **3.** *adj* Teil… **4.** *adv*: ***~ …, ~*** teils …, teils
par·tial Teil…, teilweise; parteiisch, voreingenommen (***to*** für)
par·ti·al·i·ty Parteilichkeit *f*, Voreingenommenheit *f*; Schwäche *f*, besondere Vorliebe (***for*** für)
par·tial·ly teilweise, zum Teil
par·tic·i·pant Teilnehmer(in)
par·tic·i·pate teilnehmen, sich beteiligen (*both*: ***in*** an *dat*)
par·tic·i·pa·tion Teilnahme *f*, Beteiligung *f*
par·ti·ci·ple LING Partizip *n*, Mittelwort *n*
par·ti·cle Teilchen *n*
par·tic·u·lar 1. besondere(r, -s), speziell; genau, eigen, wählerisch **2.** Einzelheit *f*; *pl* nähere Umstände *pl or* Angaben *pl*; Personalien *pl*; ***in ~*** insbesondere; **par·tic·u·lar·ly** besonders
part·ing 1. Trennung *f*, Abschied *m*; *esp Br* (Haar)Scheitel *m* **2.** Abschieds…
par·ti·san 1. Parteigänger(in); MIL Partisan(in) **2.** parteiisch
par·ti·tion 1. Teilung *f*; Trennwand *f* **2.** ~

P

off abteilen, abtrennen

part·ly teilweise, zum Teil

part·ner Partner(in), ECON *a.* Teilhaber(in); **part·ner·ship** Partnerschaft *f*, ECON *a.* Teilhaberschaft *f*

part-own·er Miteigentümer(in)

par·tridge ZO Rebhuhn *n*

part-time 1. *adj* Teilzeit…, Halbtags…; ***~ worker*** → ***part-timer*** **2.** *adv* halbtags

part-tim·er F Teilzeitbeschäftigte *m, f*, Halbtagskraft *f*

par·ty Partei *f* (*a.* POL); (*Arbeits-, Reise-*) Gruppe *f*; (*Rettungs- etc*)Mannschaft *f*; MIL Kommando *n*, Trupp *m*; Party *f*, Gesellschaft *f*; Teilnehmer(in), Beteiligte *m, f*; **~ line** POL Parteilinie *f*; **~ pol·i·tics** Parteipolitik *f*

pass 1. *v/i* vorbeigehen, -fahren, -kommen, -ziehen *etc* (***by*** an *dat*); übergehen (***to*** auf *acc*), fallen (***to*** an *acc*); vergehen (*pain etc, time*); durchkommen, (die Prüfung) bestehen; gelten (***as, for*** als), gehalten werden (***as, for*** für); PARL Rechtskraft erlangen; unbeanstandet bleiben; SPORT (den Ball) abspielen *or* passen (***to*** zu); *card game*: passen (*a. fig*); ***let s.o. ~*** j-n vorbeilassen; ***let s.th. ~*** et. durchgehen lassen; *v/t* vorbeigehen, -fahren, -fließen, -kommen, -ziehen *etc* an (*dat*); überholen; *Prüfung* bestehen; *Prüfling* durchkommen lassen; (*mit der Hand*) streichen (***over*** über *acc*); *j-m et.* reichen, geben, *et.* weitergeben; SPORT *Ball* abspielen, passen (***to*** zu); *Zeit* verbringen; PARL *Gesetz* verabschieden; *Urteil* abgeben, fällen, JUR *a.* sprechen (***on*** über *acc*); *fig* hinausgehen über (*acc*), übersteigen, übertreffen; ***~ away*** sterben; ***~ off*** *j-n, et.* ausgeben (***as*** als); *gut etc* verlaufen; ***~ out*** ohnmächtig werden **2.** Passierschein *m*; Bestehen *n* (*examination*); SPORT Pass *m*, Zuspiel *n*; (*Gebirgs*)Pass *m*; ***free ~*** Frei(fahr)karte *f*; ***things have come to such a ~ that*** F die Dinge haben sich derart zugespitzt, dass; ***make a ~ at*** F Annäherungsversuche machen bei

pass·a·ble passierbar, befahrbar; passabel, leidlich

pas·sage Passage *f*, Korridor *m*, Gang *m*; Durchgang *m*; (See-, Flug)Reise *f*; Durchfahrt *f*, Durchreise *f*; Passage *f* (*a.* MUS), Stelle *f*; ***bird of ~*** Zugvogel *m*

pass·book ECON Sparbuch *n*

pas·sen·ger Passagier *m*, Fahrgast *m*, Fluggast *m*, Reisende *m, f*, MOT Insasse *m*, Insassin *f*

pass·er·by Passant(in)

pas·sion Leidenschaft *f*; Wut *f*, Zorn *m*; ***Passion*** REL Passion *f*; ***~s ran high*** die Erregung schlug hohe Wellen

pas·sion·ate leidenschaftlich

pas·sive passiv; LING passivisch

Pass·o·ver REL Passah(fest) *n*

pass·port (Reise)Pass *m*

pass·word Kennwort *n* (*a.* IT), MIL *a.* Parole *f*, Losung *f*

past 1. *adj* vergangen; frühere(r, -s); ***be ~*** *a.* vorüber sein; ***for some time ~*** seit einiger Zeit; ***~ tense*** LING Vergangenheit *f*, Präteritum *n* **2.** *adv* vorüber, vorbei; ***go ~*** vorbeigehen **3.** *prp time*: nach, über (*acc*); über … (*acc*) hinaus; an … (*dat*) vorbei; ***half ~ two*** halb drei; ***~ hope*** hoffnungslos **4.** Vergangenheit *f* (*a.* LING)

pas·ta Teigwaren *pl*

paste 1. Paste *f*; Kleister *m*; Teig *m* **2.** kleben (***to, on*** an *acc*); ***~ up*** ankleben

paste·board Karton *m*, Pappe *f*

pas·tel Pastell(zeichnung *f*) *n*

pas·teur·ize pasteurisieren

pas·time Zeitvertreib *m*, Freizeitbeschäftigung *f*

pas·tor REL Pastor *m*, Pfarrer *m*, Seelsorger *m*; **pas·tor·al** REL seelsorgerisch, pastoral; ***~ care*** Seelsorge *f*

pas·try GASTR (*Blätter-, Mürbe*)Teig *m*; Feingebäck *n*; **~ cook** Konditor *m*

pas·ture 1. Weide(land *n*) *f* **2.** *v/t* weiden (lassen); *v/i* grasen, weiden

pas·ty[1] *esp Br* GASTR (Fleisch)Pastete *f*

past·y[2] blass, F käsig

pat 1. Klaps *m*; GASTR Portion *f* **2.** tätscheln; klopfen

patch 1. Fleck *m*; Flicken *m*; kleines Stück Land; ***in ~es*** stellenweise **2.** flicken

pa·tent 1. offenkundig; patentiert; Patent… **2.** Patent *n*; ***take out a ~ for s.th.*** (sich) et. patentieren lassen **3.** *et.* patentieren lassen

pa·tent·ee Patentinhaber(in)

pa·tent leath·er Lackleder *n*

pa·ter·nal väterlich; väterlicherseits

pa·ter·ni·ty JUR Vaterschaft *f*

path Pfad *m*; Weg *m*

pa·thet·ic mitleiderregend; kläglich, miserabel
pa·tience Geduld *f*; *esp Br* Patience *f*
pa·tient[1] geduldig
pa·tient[2] MED Patient(in)
pat·i·o Terrasse *f*; Innenhof *m*, Patio *m*
pat·ri·ot Patriot(in)
pat·ri·ot·ic patriotisch
pa·trol **1.** Patrouille *f* (*a.* MIL), Streife *f*, Runde *f*; ***on ~*** auf Patrouille, auf Streife **2.** abpatrouillieren, auf Streife sein in (*dat*), s-e Runde machen in (*dat*)
pa·trol car (Funk)Streifenwagen *m*
pa·trol·man Streifenpolizist *m*; *Br* motorisierter Pannenhelfer
pa·tron Schirmherr *m*; Gönner *m*, Förderer *m*; (Stamm)Kunde *m*; Stammgast *m*; **pat·ron·age** Schirmherrschaft *f*; Förderung *f*; **pat·ron·ess** Schirmherrin *f*; Gönnerin *f*, Förderin *f*; **pat·ron·ize** fördern; (Stamm)Kunde *or* Stammgast sein bei *or* in (*dat*); gönnerhaft *or* herablassend behandeln
pa·tron saint REL Schutzheilige *m*, *f*
pat·ter prasseln (*rain*); trappeln (*feet*)
pat·tern **1.** Muster *n* (*a. fig*); Schema *n* **2.** bilden, formen (***after, on*** nach)
paunch (dicker) Bauch
pau·per Arme *m*, *f*
pause **1.** Pause *f* **2.** innehalten, e-e Pause machen
pave pflastern; ***~ the way for*** *fig* den Weg ebnen für
pave·ment Fahrbahn *f*; Belag *m*, Pflaster *n*; *Br* Bürgersteig *m*, Gehsteig *m*
pave·ment ca·fé *Br* Straßencafé *n*
paw **1.** ZO Pfote *f*, Tatze *f* **2.** *v/t Boden* scharren; scharren an (*dat*); F betatschen; *v/i* scharren (***at*** an *dat*)
pawn[1] *chess*: Bauer *m*; *fig* Schachfigur *f*
pawn[2] **1.** verpfänden, versetzen **2.** ***be in ~*** verpfändet *or* versetzt sein
pawn·bro·ker Pfandleiher *m*
pawn·shop Leihhaus *n*, Pfandhaus *n*
pay **1.** *v/t et.* (be)zahlen; *j-n* bezahlen; *Aufmerksamkeit* schenken; *Besuch* abstatten; *Kompliment* machen; ***~ attention*** achtgeben auf (*acc*); PED aufpassen; ***~ cash*** bar bezahlen; *v/i* zahlen; *fig* sich lohnen; ***~ for*** (*fig* für) *et.* bezahlen; *fig* büßen; ***~ in*** einzahlen; ***~ into*** einzahlen auf (*acc*); ***~ off*** *et.* ab(be)zahlen; *j-n* auszahlen **2.** Bezahlung *f*, Gehalt *n*, Lohn *m*
pay·a·ble zahlbar, fällig
pay·day Zahltag *m*
pay·ee Zahlungsempfänger(in)
pay en·ve·lope Lohntüte *f*
pay·ing lohnend
pay·mas·ter MIL Zahlmeister *m*
pay·ment (Be)Zahlung *f*
pay pack·et *Br* Lohntüte *f*
pay phone *Br* Münzfernsprecher *m*
pay·roll Lohnliste *f*
pay·slip Lohn-, Gehaltsstreifen *m*
PC *abbr of* ***personal computer*** PC *m*, Personal Computer *m*; ***PC user*** PC--Benutzer *m*
pea BOT Erbse *f*
peace Friede(n) *m*; Ruhe *f*; JUR öffentliche Ruhe und Ordnung; ***at ~*** in Frieden
peace·a·ble friedlich, friedfertig
peace·ful friedlich
peace·lov·ing friedliebend
peace move·ment Friedensbewegung *f*
peace·time Friedenszeiten *pl*
peach BOT Pfirsich(baum) *m*
pea·cock ZO Pfau *m*, Pfauhahn *m*
pea·hen ZO Pfauhenne *f*
peak Spitze *f*, Gipfel *m*; Schirm *m*; *fig* Höhepunkt *m*, Höchststand *m*
peaked cap Schirmmütze *f*
peak hours Hauptverkehrszeit *f*, Stoßzeit *f*; ELECTR Hauptbelastungszeit *f*
peak| time, ~ viewing hours *Br* TV Haupteinschaltzeit *f*, Hauptsendezeit *f*, beste Sendezeit
peal **1.** (*Glocken*)Läuten *n*; (*Donner-*)Schlag *m*; ***~s of laughter*** schallendes Gelächter **2.** *a.* ***~ out*** läuten; krachen
pea·nut BOT Erdnuss *f*; *pl* F lächerliche Summe
pear BOT Birne *f*; Birnbaum *m*
pearl **1.** Perle *f*; Perlmutter *f*, Perlmutt *n* **2.** Perlen…
pearl·y perlenartig, Perlen…
peas·ant Kleinbauer *m*
peat Torf *m*
peb·ble Kiesel(stein) *m*
peck picken, hacken; ***~ at one's food*** im Essen herumstochern
pe·cu·li·ar eigen, eigentümlich, typisch; eigenartig, seltsam
pe·cu·li·ar·i·ty Eigenheit *f*; Eigentümlichkeit *f*
ped·a·go·gic pädagogisch
ped·al **1.** Pedal *n* **2.** das Pedal treten;

P

(mit dem Rad) fahren, strampeln

pe·dan·tic pedantisch

ped·es·tal Sockel *m*

pe·des·tri·an 1. Fußgänger(in) **2.** Fußgänger…; **~ cross·ing** Fußgängerübergang *m*; **~ mall**, *esp Br* **~ pre·cinct** Fußgängerzone *f*

ped·i·cure Pediküre *f*

ped·i·gree Stammbaum *m* (*a.* ZO)

ped·lar *Br* → ***peddler***

pee F **1.** pinkeln **2.** ***have*** (*or* ***go for***) ***a ~*** pinkeln (gehen)

peek 1. kurz *or* verstohlen gucken (***at*** auf *acc*); **2.** ***have*** *or* ***take a ~ at*** e-n kurzen *or* verstohlenen Blick werfen auf (*acc*)

peel 1. *v/t* schälen; *a.* **~ *off*** abschälen, *Folie, Tapete etc* abziehen, ablösen; *Kleid* abstreifen; *v/i a.* **~ *off*** sich lösen (*wallpaper etc*), abblättern (*paint etc*), sich schälen (*skin*) **2.** BOT Schale *f*

peep[1] **1.** kurz *or* verstohlen gucken (***at*** auf *acc*); *mst* **~ *out*** (her)vorschauen **2.** ***take a ~ at*** e-n kurzen *or* verstohlenen Blick werfen auf (*acc*)

peep[2] **1.** Piep(s)en *n*; F Piepser *m* **2.** piep(s)en

peep·hole Guckloch *n*; (Tür)Spion *m*

peer angestrengt schauen, spähen; **~ *at s.o.*** j-n anstarren

peer·less unvergleichlich, einzigartig

peev·ish verdrießlich, gereizt

peg 1. (Holz)Stift *m*, Zapfen *m*, Pflock *m*; (Kleider)Haken *m*; *Br* (*Wäsche-*) Klammer *f*; (*Zelt*)Hering *m*; ***take s.o. down a ~*** (***or two***) F j-m e-n Dämpfer aufsetzen **2.** anpflocken; *Wäsche* anklammern, festklammern

pel·i·can ZO Pelikan *m*; **~ cross·ing** *Br* Ampelübergang *m*

pel·let Kügelchen *n*; Schrotkorn *n*

pelt[1] *v/t* bewerfen, *v/i*: ***it's ~ing*** (***down***), *esp Br* ***it's ~ing with rain*** es gießt in Strömen

pelt[2] ZO Fell *n*, Pelz *m*

pel·vis ANAT Becken *n*

pen[1] (*Schreib*)Feder *f*; Füller *m*; Kugelschreiber *m*

pen[2] **1.** Pferch *m*, (*Schaf*)Hürde *f* **2. ~ *in*, ~ *up*** *Tiere* einpferchen, *Personen* zusammenpferchen

pe·nal JUR Straf…; strafbar

pe·nal code JUR Strafgesetzbuch *n*

pe·nal·ize bestrafen

pen·al·ty Strafe *f*, SPORT *a.* Strafpunkt *m*; *soccer*: Elfmeter *m*; **~ ar·e·a**, **~ box** F *soccer*: Strafraum *m*; **~ goal** *soccer*: Elfmetertor *n*; **~ kick** *soccer*: Elfmeter *m*, Strafstoß *m*; **~ shoot-out** *soccer*: Elfmeterschießen *n*; **~ spot** *soccer*: Elfmeterpunkt *m*

pen·ance REL Buße *f*

pen·cil 1. Bleistift *m* **2.** (mit Bleistift) markieren *or* schreiben *or* zeichnen; *Augenbrauen* nachziehen

pen·cil case Federmäppchen *n*

pen·cil sharp·en·er Bleistiftspitzer *m*

pen·dant, **pen·dent** (Schmuck)Anhänger *m*

pend·ing 1. *prp* bis zu **2.** *adj esp* JUR schwebend

pen·du·lum Pendel *n*

pen·e·trate *v/t* eindringen in (*acc*); dringen durch, durchdringen; *v/i* eindringen (***into*** in *acc*); **pen·e·trat·ing** durchdringend; *fig* scharf; scharfsinnig; **pen·e·tra·tion** Durchdringen *n*, Eindringen *n*; *fig* Scharfsinn *m*

pen friend *Br* Brieffreund(in)

pen·guin ZO Pinguin *m*

pe·nin·su·la Halbinsel *f*

pe·nis ANAT Penis *m*

pen·i·tence Buße *f*, Reue *f*

pen·i·tent 1. reuig, bußfertig **2.** REL Büßer(in)

pen·i·ten·tia·ry (Staats)Gefängnis *n*, Strafanstalt *f*

pen·knife Taschenmesser *n*

pen name Schriftstellername *m*, Pseudonym *n*

pen·nant Wimpel *m*

pen·ni·less (völlig) mittellos

pen·ny *Br* Penny *m*

pen pal Brieffreund(in)

pen·sion 1. Rente *f*, Pension *f* **2. ~ *off*** pensionieren, in den Ruhestand versetzen

pen·sion·er Rentner(in), Pensionär(in)

pen·sive nachdenklich

pen·tath·lete SPORT Fünfkämpfer(in)

pen·tath·lon SPORT Fünfkampf *m*

Pen·te·cost REL Pfingsten *n*

pent·house Penthouse *n*, Penthaus *n*

pent-up auf-, angestaut (*emotions*)

pe·o·ny BOT Pfingstrose *f*

peo·ple 1. Volk *n*, Nation *f*; die Menschen *pl*, die Leute *pl*; Leute *pl*, Personen *pl*; man; ***the ~*** das (*gemeine*) Volk

2. besiedeln, bevölkern (***with*** mit)
peo·ple's re·pub·lic Volksrepublik *f*
pep F **1.** Pep *m*, Schwung *m* **2.** *mst* ~ ***up*** *j-n or et.* in Schwung bringen, aufmöbeln
pep·per 1. Pfeffer *m*; BOT Paprikaschote *f* **2.** pfeffern
pep·per cast·er Pfefferstreuer *m*
pep·per·mint BOT Pfefferminze *f*; Pfefferminz *n*
pep·per·y pfeff(e)rig; *fig* hitzig
pep·pill F Aufputschpille *f*
per per, durch; pro, für, je
per·ceive (be)merken, wahrnehmen; erkennen
per cent, per·cent Prozent *n*
per·cen·tage Prozentsatz *m*; F Prozente *pl*, (An)Teil *m*
per·cep·ti·ble wahrnehmbar, merklich; **per·cep·tion** Wahrnehmung *f*; Auffassung *f*, Auffassungsgabe *f*
perch[1] **1.** (Sitz)Stange *f* **2.** (***on***) sich setzen (auf *acc*), sich niederlassen (auf *acc*, *dat*); F hocken (***on*** auf *dat*); ~ ***o.s.*** F sich hocken (***on*** auf *acc*)
perch[2] ZO Barsch *m*
per·co·la·tor Kaffeemaschine *f*
per·cus·sion Schlag *m*; Erschütterung *f*; MUS Schlagzeug *n*; ~ **drill** TECH Schlagbohrer *m*; ~ **in·stru·ment** MUS Schlaginstrument *n*
pe·remp·to·ry herrisch
pe·ren·ni·al ewig, immer während; BOT mehrjährig
per·fect 1. perfekt, vollkommen, vollendet; gänzlich, völlig **2.** vervollkommnen **3.** *a.* ~ ***tense*** LING Perfekt *n*
per·fec·tion Vollendung *f*; Vollkommenheit *f*, Perfektion *f*
per·fo·rate durchbohren, -löchern
per·form *v/t* verrichten, durchführen, tun; *Pflicht etc* erfüllen; THEA, MUS aufführen, spielen, vortragen; *v/i* THEA *etc* e-e Vorstellung geben, auftreten, spielen; **per·form·ance** Verrichtung *f*, Durchführung *f*; Leistung *f*; THEA, MUS Aufführung *f*, Vorstellung *f*, Vortrag *m*; **per·form·er** THEA, MUS Darsteller(in), Künstler(in)
per·fume 1. Duft *m*; Parfüm *n* **2.** parfümieren; **per·fum·er·y** Parfümerie *f*
per·haps vielleicht
per·il Gefahr *f*; **per·il·ous** gefährlich
pe·ri·od Periode *f*, Zeit *f*, Zeitdauer *f*, Zeitraum *m*, Zeitspanne *f*; (Unterrichts)Stunde *f*; MED Periode *f*; LING Punkt *m*; ~ **fur·ni·ture** Stilmöbel *pl*
pe·ri·od·ic periodisch
pe·ri·od·i·cal 1. periodisch **2.** Zeitschrift *f*
pe·riph·e·ral IT Peripheriegerät *n*; ~ **e·quip·ment** IT Peripheriegeräte *pl*
pe·riph·e·ry Peripherie *f*, Rand *m*
per·ish umkommen; GASTR schlecht werden, verderben; TECH verschleißen
per·ish·a·ble leicht verderblich
per·ish·a·bles leicht verderbliche Lebensmittel
per·jure: ~ ***o.s.*** JUR e-n Meineid leisten
per·ju·ry JUR Meineid *m*; ***commit*** ~ e-n Meineid leisten
perk: ~ ***up*** *v/i* aufleben, munter werden; *v/t j-n* munter machen, F aufmöbeln
perk·y F munter, lebhaft; keck, selbstbewusst
perm 1. Dauerwelle *f*; ***get a*** ~ → **2.** ***get one's hair*** ~***ed*** sich e-e Dauerwelle machen lassen
per·ma·nent 1. (be)ständig, dauerhaft, Dauer… **2.** *a.* ~ ***wave*** Dauerwelle *f*
per·me·a·ble durchlässig (***to*** für)
per·me·ate durchdringen; dringen (***into*** in *acc*; ***through*** durch)
per·mis·si·ble zulässig, erlaubt
per·mis·sion Erlaubnis *f*
per·mis·sive liberal; (sexuell) freizügig; ~ **so·ci·e·ty** tabufreie Gesellschaft
per·mit 1. erlauben, gestatten **2.** Genehmigung *f*
per·pen·dic·u·lar senkrecht; rechtwink(e)lig (***to*** zu)
per·pet·u·al fortwährend, ständig, ewig
per·plex verwirren
per·plex·i·ty Verwirrung *f*
per·se·cute verfolgen
per·se·cu·tion Verfolgung *f*
per·se·cu·tor Verfolger(in)
per·se·ver·ance Ausdauer *f*, Beharrlichkeit *f*
per·se·vere beharrlich weitermachen
per·sist beharren (***in*** auf *dat*); anhalten
per·sis·tence Beharrlichkeit *f*
per·sis·tent beharrlich; anhaltend
per·son Person *f* (*a.* LING)
per·son·al persönlich (*a.* LING); Personal…; Privat…; ~ **com·pu·ter** (*abbr* ***PC***) Personal Computer *m*; ~ **da·ta** Personalien *pl*

per·son·al·i·ty Persönlichkeit *f*; *pl* anzügliche *or* persönliche Bemerkungen *pl*
per·son·al| or·ga·ni·zer Notizbuch *n*, Adressbuch *n* und Taschenkalender *m etc* (*in einem*); ~ **pro·noun** LING Personalpronomen *n*; ~ **ster·e·o** Walkman® *m*
per·son·i·fy personifizieren, verkörpern
per·son·nel Personal *n*, Belegschaft *f*; die Personalabteilung; ~ **de·part·ment** Personalabteilung *f*; ~ **man·ager** Personalchef *m*
per·spec·tive Perspektive *f*; Fernsicht *f*
per·spi·ra·tion Transpirieren *n*, Schwitzen *n*; Schweiß *m*
per·spire transpirieren, schwitzen
per·suade überreden; überzeugen
per·sua·sion Überredung(skunst) *f*; Überzeugung *f*
per·sua·sive überzeugend
pert keck, kess; schnippisch
per·tain: ~ ***to s.th.*** et. betreffen
per·ti·nent sachdienlich, relevant, zur Sache gehörig
per·turb beunruhigen
per·vade durchdringen, erfüllen
per·verse pervers; eigensinnig
per·ver·sion Verdrehung *f*; Perversion *f*
per·ver·si·ty Perversität *f*; Eigensinn *m*
per·vert **1.** pervertieren; verdrehen **2.** perverser Mensch
pes·sa·ry MED Pessar *n*
pes·si·mism Pessimismus *m*
pes·si·mist Pessimist(in)
pes·si·mis·tic pessimistisch
pest zo Schädling *m*; F Nervensäge *f*; F Plage *f*; ~ **con·trol** Schädlingsbekämpfung *f*
pes·ter F *j-n* belästigen, *j-m* keine Ruhe lassen
pes·ti·cide Pestizid *n*, Schädlingsbekämpfungsmittel *n*
pet **1.** (zahmes) (Haus)Tier; *often contp* Liebling *m* **2.** Lieblings…; Tier… **3.** streicheln; F Petting machen
pet·al BOT Blütenblatt *n*
pet food Tiernahrung *f*
pe·ti·tion **1.** Eingabe *f*, Gesuch *n*, (schriftlicher) Antrag **2.** ersuchen; ein Gesuch einreichen (***for*** um), e-n Antrag stellen (***for*** auf *acc*)
pet name Kosename *m*
pet·ri·fy versteinern
pet·rol *Br* Benzin *n*
pe·tro·le·um Erdöl *n*, Mineralöl *n*
pet·rol| pump *Br* Zapfsäule *f*; ~ **station** *Br* Tankstelle *f*
pet shop Tierhandlung *f*, Zoogeschäft *n*
pet·ti·coat Unterrock *m*
pet·ting F Petting *n*
pet·tish launisch, gereizt
pet·ty belanglos, unbedeutend, JUR *a.* geringfügig; engstirnig; ~ **cash** Portokasse *f*; ~ **lar·ce·ny** JUR einfacher Diebstahl
pet·u·lant launisch, gereizt
pew (Kirchen)Bank *f*
pew·ter Zinn *n*; *a.* ~ ***ware*** Zinn(-geschirr) *n*
phan·tom Phantom *n*; Geist *m*
phar·ma·cist Apotheker(in)
phar·ma·cy Apotheke *f*
phase Phase *f*
pheas·ant zo Fasan *m*
phe·nom·e·non Phänomen *n*, Erscheinung *f*
phi·lan·thro·pist Philanthrop(in), Menschenfreund(in)
phil·is·tine F *contp* **1.** Spießer *m* **2.** spießig
phi·lol·o·gist Philologe *m*, Philologin *f*
phi·lol·o·gy Philologie *f*
phi·los·o·pher Philosoph(in)
phi·los·o·phy Philosophie *f*
phlegm MED Schleim *m*
phone **1.** Telefon *n*; ***answer the*** ~ ans Telefon gehen; ***by*** ~ telefonisch; ***on the*** ~ am Telefon; ***be on the*** ~ Telefon haben; am Telefon sein **2.** telefonieren, anrufen; ~ **book** Telefonbuch *n*; ~ **booth**, *Br* ~ **box** Telefonzelle *f*; ~ **call** Anruf *m*, Gespräch *n*
phone·card Telefonkarte *f*
phone-in *radio*, TV Sendung *f* mit telefonischer Zuhörer- *or* Zuschauerbeteiligung
phone num·ber Telefonnummer *f*
pho·net·ics Phonetik *f*
pho·n(e)y F **1.** Fälschung *f*; Schwindler(in) **2.** falsch, gefälscht, unecht; Schein…
phos·pho·rus CHEM Phosphor *m*
pho·to F Foto *n*, Bild *n*; ***in the*** ~ auf dem Foto; ***take a*** ~ ein Foto machen (***of*** von)
pho·to·cop·i·er Fotokopiergerät *n*
pho·to·cop·y **1.** Fotokopie *f* **2.** fotokopieren

pho·to·graph **1.** Fotografie *f* **2.** fotografieren

pho·tog·ra·pher Fotograf(in)

pho·tog·ra·phy Fotografie *f*

phras·al verb LING Verb *n* mit Adverb (und Präposition)

phrase **1.** (Rede)Wendung *f*, Redensart *f*, idiomatischer Ausdruck **2.** ausdrücken; **phrase·book** Sprachführer *m*

phys·i·cal **1.** physisch, körperlich; physikalisch; ***~ly handicapped*** körperbehindert **2.** ärztliche Untersuchung; **~ ed·u·ca·tion** Leibeserziehung *f*, Sport *m*; **~ ex·am·i·na·tion** ärztliche Untersuchung; **~ hand·i·cap** Körperbehinderung *f*; **~ train·ing** Leibeserziehung *f*, Sport *m*

phy·si·cian Arzt *m*, Ärztin *f*

phys·i·cist Physiker(in)

phys·ics Physik *f*

phy·sique Körper(bau) *m*, Statur *f*

pi·a·nist MUS Pianist(in)

pi·an·o MUS Klavier *n*

pick **1.** (auf)hacken; (auf)picken; auflesen, aufnehmen; pflücken; *Knochen* abnagen; bohren *or* stochern in (*dat*); F *Schloss* knacken; aussuchen, auswählen; ***~ one's nose*** in der Nase bohren; ***~ one's teeth*** in den Zähnen (herum)stochern; ***~ s.o.'s pocket*** j-n bestehlen; ***have a bone to ~ with s.o.*** mit j-m ein Hühnchen zu rupfen haben; ***~ out*** (sich) *et.* auswählen; ausmachen, erkennen; ***~ up*** aufheben, auflesen, aufnehmen; aufpicken; *Spur* aufnehmen; *j-n* abholen; *Anhalter* mitnehmen; F *Mädchen* aufreißen; *Kenntnisse, Informationen etc* aufschnappen; sich *e-e Krankheit etc* holen; *a.* ***~ up speed*** MOT schneller werden **2.** (Spitz)Hacke *f*, Pickel *m*; (Aus)Wahl *f*; ***take your ~*** suchen Sie sich etwas aus

pick-a-back huckepack

pick·ax *Br* **pick·axe** (Spitz)Hacke *f*, Pickel *m*

pick·et **1.** Pfahl *m*; Streikposten *m* **2.** Streikposten aufstellen vor (*dat*), mit Streikposten besetzen; Streikposten stehen; **~ fence** Lattenzaun *m*; **~ line** Streikpostenkette *f*

pick·le GASTR **1.** Salzlake *f*; Essigsoße *f*; Essig-, Gewürzgurke *f*; *mst pl esp Br* Pickles *pl*; ***be in a (pretty) ~*** F (ganz schön) in der Patsche sitzen *or* stecken **2.** einlegen

pick·lock Einbrecher *m*; TECH Dietrich *m*

pick·pock·et Taschendieb(in)

pick-up Tonabnehmer *m*; Kleintransporter *m*; F (Zufalls)Bekanntschaft *f*

pick·y F wählerisch (***in*** *dat* about)

pic·nic **1.** Picknick *n* **2.** ein Picknick machen, picknicken

pic·ture **1.** Bild *n*; Gemälde *n*; PHOT Aufnahme *f*; Film *m*; *pl esp Br* Kino *n* **2.** darstellen, malen; *fig* sich *j-n, et.* vorstellen; **~ book** Bilderbuch *n*; **~ post·card** Ansichtskarte *f*

pic·tur·esque malerisch

pie (*Fleisch- etc*)Pastete *f*; (*mst* gedeckter) (*Apfel- etc*)Kuchen

piece **1.** Stück *n*; Teil *n* (*of a machine etc*); Teil *m* (*of a set etc*); *chess*: Figur *f*; *board game*: Stein *m*; (Zeitungs)Artikel *m*, (-)Notiz *f*; ***by the ~*** stückweise; ***a ~ of advice*** ein Rat; ***a ~ of news*** e-e Neuigkeit; ***give s.o. a ~ of one's mind*** j-m gründlich die Meinung sagen; ***go to ~s*** F zusammenbrechen; ***take to ~s*** auseinandernehmen **2.** ***~ together*** zusammensetzen, zusammenstückeln; *fig* zusammenfügen

piece·meal schrittweise

piece·work Akkordarbeit *f*; ***do ~*** im Akkord arbeiten

pier MAR Pier *m*, Landungsbrücke *f*; TECH Pfeiler *m*

pierce durchbohren, durchstechen, durchstoßen; durchdringen

pierc·ing durchdringend, (*Kälte etc a.*) schneidend, (*Schrei a.*) gellend, (*Blick, Schmerz etc a.*) stechend

pi·e·ty Frömmigkeit *f*

pig ZO Schwein *n* (*a.* F); F Ferkel *n*; *sl contp* Bulle *m*

pi·geon ZO Taube *f*

pi·geon·hole **1.** Fach *n* **2.** ablegen

pig·gy F Schweinchen *n*

pig·gy·back huckepack

pig·gy bank Sparschwein(chen) *n*

pig·head·ed dickköpfig, stur

pig·let ZO Ferkel *n*

pig·sty Schweinestall *m*, F *contp* Saustall *m*

pig·tail Zopf *m*

pike[1] ZO Hecht *m*

pike[2] → ***turnpike***

pile[1] **1.** Stapel *m*, Stoß *m*; F Haufen *m*,

Menge *f*; (***atomic***) ~ Atommeiler *m* **2.** ~ ***up*** (an-, auf)häufen, (auf)stapeln, aufschichten; sich anhäufen; MOT F aufeinander auffahren
pile[2] Flor *m*
pile[3] Pfahl *m*
piles *Br* F MED Hämorrhoiden *pl*
pile·up MOT Massenkarambolage *f*
pil·fer stehlen, klauen
pil·grim Pilger(in)
pil·grim·age Pilgerfahrt *f*, Wallfahrt *f*
pill PHARM Pille *f*; ***the*** ~ F die (*Antibaby*)-Pille; ***be on the*** ~ die Pille nehmen
pil·lar Pfeiler *m*; Säule *f*
pil·li·on MOT Soziussitz *m*
pil·lo·ry **1.** HIST Pranger *m* **2.** *fig* anprangern
pil·low (Kopf)Kissen *n*
pil·low·case **pil·low slip** (Kopf)Kissenbezug *m*
pi·lot **1.** AVIAT Pilot *m*; MAR Lotse *m* **2.** Versuchs…, Pilot… **3.** lotsen; steuern; ~ **film** TV Pilotfilm *m*; ~ **scheme** Versuchs-, Pilotprojekt *n*
pimp Zuhälter *m*
pim·ple MED Pickel *m*, Pustel *f*
pin **1.** (Steck)Nadel *f*; (*Haar-, Krawatten- etc*)Nadel *f*; Brosche *f*; TECH Bolzen *m*, Stift *m*; *bowling*: Kegel *m*; Pin *m*; (*Wäsche*)Klammer *f*; *Br* (*Reiß*)Nagel *m*, (-)Zwecke *f* **2.** (an)heften, anstecken (***to*** an *acc*), befestigen (***to*** an *dat*); pressen, drücken (***against, to*** gegen, an *acc*)
PIN *a.* ~ ***number*** *abbr of* ***personal identification number*** PIN, persönliche Geheimzahl
pin·a·fore Schürze *f*
pin·ball Flippern *n*; ***play*** ~ flippern
pin·ball ma·chine Flipper(automat) *m*
pin·cers (***a pair of*** ~ e-e) (Kneif)Zange
pinch **1.** *v/t* kneifen, zwicken; F klauen; *v/i* drücken **2.** Kneifen *n*, Zwicken *n*; Prise *f*; *fig* Not(lage) *f*
pin·cush·ion Nadelkissen *n*
pine[1] BOT Kiefer *f*, Föhre *f*
pine[2] sich sehnen (***for*** nach)
pine·ap·ple BOT Ananas *f*
pine cone BOT Kiefernzapfen *m*
pine·tree BOT Kiefer *f*, Föhre *f*
pin·ion ZO Schwungfeder *f*
pink **1.** rosa(farben) **2.** Rosa *n*; BOT Nelke *f*
pint Pint *n* (*0,47 l*, *Br 0,57 l*); *Br* F Halbe *f*
pi·o·neer **1.** Pionier *m* **2.** den Weg bahnen (für)
pi·ous fromm, religiös
pip[1] *Br* (*Apfel-, Orangen- etc*)Kern *m*
pip[2] (Piep)Ton *m*
pip[3] *on cards etc*: Auge *n*, Punkt *m*
pipe **1.** TECH Rohr *n*, Röhre *f*; (*Tabaks*)-Pfeife *f*; MUS (*Orgel*)Pfeife *f*; *pl Br* F Dudelsack *m* **2.** (durch Rohre) leiten
pipe·line Rohrleitung *f*; Pipeline *f*
pip·er MUS Dudelsackpfeifer *m*
pip·ing **1.** Rohrleitung *f*, Rohrnetz *n* **2.** ~ ***hot*** kochend heiß, siedend heiß
pi·quant pikant (*a. fig*)
pique **1.** ***in a fit of*** ~ gekränkt, verletzt, pikiert **2.** kränken, verletzen; ***be*** ~***d*** *a.* pikiert sein
pi·rate **1.** Pirat *m*, Seeräuber *m* **2.** unerlaubt kopieren *or* nachdrucken *or* nachpressen
pi·rate ra·di·o Piratensender *m or pl*
Pis·ces ASTR Fische *pl*; ***he*** (***she***) ***is*** (***a***) ~ er (sie) ist (ein) Fisch
piss V **1.** Pisse *f*; ***take the*** ~ ***out of s.o.*** j-n verarschen **2.** pissen; ~ ***off!*** verpiss dich!
pis·tol Pistole *f*
pis·ton TECH Kolben *m*
pit[1] **1.** Grube *f* (*a.* ANAT), MIN *a.* Zeche *f*; *esp Br* THEA Parkett *n*; *a.* ***orchestra*** ~ THEA Orchestergraben *m*; MED (*esp* Pocken)Narbe *f*; *car racing*: Box *f*; ~ ***stop*** Boxenstopp *m* **2.** mit Narben bedecken
pit[2] **1.** BOT Kern *m*, Stein *m* **2.** entkernen, entsteinen
pitch[1] **1.** *v/t Zelt, Lager* aufschlagen; werfen, schleudern; MUS (an)stimmen; *v/i* stürzen, fallen; MAR stampfen; sich neigen (*roof etc*); ~ ***in*** F sich ins Zeug legen; kräftig zulangen **2.** *esp Br* SPORT (Spiel)Feld *n*; MUS Tonhöhe *f*; *fig* Grad *m*, Stufe *f*; *esp Br* Stand(platz) *m*; MAR Stampfen *n*; Neigung *f* (*of a roof etc*)
pitch[2] Pech *n*
pitch-black **pitch-dark** pechschwarz; stockdunkel
pitch·er[1] Krug *m*
pitch·er[2] *baseball*: Werfer *m*
pitch·fork Heugabel *f*, Mistgabel *f*
pit·e·ous kläglich
pit·fall Fallgrube *f*; *fig* Falle *f*
pith BOT Mark *n*; weiße innere Haut; *fig* Kern *m*; **pith·y** markig, prägnant
pit·i·a·ble → ***pitiful***

P

pit·i·ful mitleiderregend, bemitleidenswert; erbärmlich, jämmerlich
pit·i·less unbarmherzig, erbarmungslos
pit·ta bread Fladenbrot *n*
pit·y 1. Mitleid *n* (***on*** mit); ***it is a*** (***great***) ~ es ist (sehr) schade; ***what a*** ~! wie schade! **2.** bemitleiden, bedauern
piv·ot 1. TECH Drehzapfen *m*; *fig* Dreh- und Angelpunkt *m* **2.** sich drehen; ~ ***on*** *fig* abhängen von
pix·el IT Pixel *m*
piz·za Pizza *f*
plac·ard 1. Plakat *n*; Transparent *n* **2.** mit Plakaten bekleben
place 1. Platz *m*, Ort *m*, Stelle *f*; Stätte *f*; Haus *n*, Wohnung *f*; Wohnort *m*; (*Arbeits-, Lehr*)Stelle *f*; ***in the first*** ~ erstens; ***in third*** ~ SPORT *etc* auf dem dritten Platz; ***in*** ~ ***of*** anstelle von (*or gen*); ***out of*** ~ fehl am Platz; ***take*** ~ stattfinden; ***take s.o.'s*** ~ j-s Stelle einnehmen **2.** stellen, legen, setzen; *Auftrag* erteilen (***with*** *dat*), *Bestellung* aufgeben (***with*** bei); ***be*** ~***d*** SPORT sich platzieren (***second*** an zweiter Stelle)
place mat Platzdeckchen *n*, Set *n*, *m*
place·ment test Einstufungsprüfung *f*
place name Ortsname *m*
plac·id ruhig; gelassen
pla·gia·rize plagiieren
plague 1. Seuche *f*; Pest *f*; Plage *f* **2.** plagen
plaice ZO Scholle *f*
plaid Plaid *n or m*
plain 1. *adj* einfach schlicht; klar (und deutlich); offen (und ehrlich); unscheinbar, wenig anziehend; rein, völlig (*nonsense etc*) **2.** *adv* F (ganz) einfach **3.** Ebene *f*, Flachland *n*
plain choc·olate *Br* (zart)bittere Schokolade
plain-clothes … in Zivil
plain·tiff JUR Kläger(in)
plain·tive traurig, klagend
plait *esp Br* **1.** Zopf *m* **2.** flechten
plan 1. Plan *m* **2.** planen; beabsichtigen
plane[1] Flugzeug *n*; ***by*** ~ mit dem Flugzeug; ***go by*** ~ fliegen
plane[2] **1.** flach, eben **2.** MATH Ebene *f*; *fig* Stufe *f*, Niveau *n*
plane[3] **1.** Hobel *m* **2.** hobeln; ~ ***down*** abhobeln
plan·et ASTR Planet *m*
plank Planke *f*, Bohle *f*; ~ **bed** Pritsche *f*
plank·ing Planken *pl*
plant 1. BOT Pflanze *f*; ECON Werk *n*, Betrieb *m*, Fabrik *f* **2.** (an-, ein)pflanzen; bepflanzen; *Garten etc* anlegen; aufstellen, postieren; ~ ***s.th. on s.o*** F j-m et. (*Belastendes*) unterschieben
plan·ta·tion Plantage *f*, Pflanzung *f*; Schonung *f*
plant·er Plantagenbesitzer(in), Pflanzer(in); Pflanzmaschine *f*; Übertopf *m*
plaque Gedenktafel *f*; MED Zahnbelag *m*
plas·ter 1. MED Pflaster *n*; (Ver)Putz *m*; *a.* ~ ***of Paris*** Gips *m*; ***have one's leg in*** ~ MED das Bein in Gips haben **2.** verputzen; bekleben; ~ **cast** Gipsabguss *m*, Gipsmodell *n*; MED Gipsverband *m*
plas·tic 1. plastisch; Plastik… **2.** Plastik *n*, Kunststoff *m*; → ~ **mon·ey** F Plastikgeld *n*, Kreditkarten *pl*; ~ **wrap** Frischhaltefolie *f*
plate 1. Teller *m*; Platte *f*; (*Namens-, Nummern- etc*)Schild *n*; (Bild)Tafel *f*; (Druck)Platte *f*; Gegenstände *pl* aus Edelmetall; Doublé *n*, Dublee *n* **2.** ~***d with gold, gold-plated*** vergoldet
plat·form Plattform *f*; RAIL Bahnsteig *m*; (Redner)Tribüne *f*, Podium *n*; POL Plattform *f*; MOT Pritsche *f*; ***party*** ~ POL Parteiprogramm *n*; ***election*** ~ POL Wahlprogramm *n*
plat·i·num CHEM Platin *n*
pla·toon MIL Zug *m*
plat·ter (Servier)Platte *f*
plau·si·ble plausibel, glaubhaft
play 1. Spiel *n*; Schauspiel *n*, (Theater)Stück *n*; TECH Spiel *n*; *fig* Spielraum *m*; ***at*** ~ beim Spiel(en); ***in*** ~ im Spiel (*ball*); ***out of*** ~ im Aus (*ball*) **2.** *v/i* spielen (*a.* SPORT, THEA *etc*); *v/t Karten, Rolle, Stück etc* spielen, SPORT *Spiel* austragen; ~ ***s.o.*** SPORT gegen j-n spielen; ~ ***the guitar*** Gitarre spielen; ~ ***a trick on s.o.*** j-m e-n Streich spielen; ~ ***back*** *Ball* zurückspielen (***to*** zu); *Tonband* abspielen; ~ *s.th.* ***down*** verharmlosen, herunterspielen; ~ ***off*** *fig* ausspielen (***against*** gegen); ~ ***on*** *fig j-s Schwächen* ausnutzen
play·back Play-back *n*, Wiedergabe *f*, Abspielen *n*
play·er MUS, SPORT Spieler(in)

P

play·fel·low *Br* → ***playmate***
play·ful verspielt; scherzhaft
play·go·er Theaterbesucher(in)
play·ground Spielplatz *m* (*a. fig*); Schulhof *m*
play·group *Br* Spielgruppe *f*
play·house THEA Schauspielhaus *n*; Spielhaus *n* (*for children*)
play·ing card Spielkarte *f*
play·ing field Sportplatz *m*, Spielfeld *n*
play·mate Spielkamerad(in)
play·pen Laufgitter *n*, Laufstall *m*
play·thing Spielzeug *n*
play·wright Dramatiker(in)
plc, PLC *Br econ abbr of* ***public limited company*** AG, Aktiengesellschaft *f*
plea: ***enter a ~ of*** (***not***) ***guilty*** JUR sich schuldig bekennen (s-e Unschuld erklären)
plead *v/i* (dringend) bitten (***for*** um); ~ (***not***) ***guilty*** JUR sich schuldig bekennen (s-e Unschuld erklären); *v/t a.* JUR zu s-r Verteidigung *or* Entschuldigung anführen, geltend machen; ~ ***s.o.'s case*** sich für j-n einsetzen; JUR j-n vertreten
pleas·ant angenehm, erfreulich; freundlich; sympathisch
please 1. *j-m* gefallen; *j-m* zusagen, *j-n* erfreuen; zufriedenstellen; ***only to ~ you*** nur dir zuliebe; ~ ***o.s.*** tun, was man will; ~ ***yourself!*** mach, was du willst! **2.** *int* bitte; (***yes***,) ~ (ja,) bitte; (oh ja,) gerne; ~ ***come in!*** bitte, treten Sie ein!
pleased erfreut, zufrieden; ***be ~ about*** sich freuen über (*acc*); ***be ~ with*** zufrieden sein mit; ***I am ~ with it*** es gefällt mir; ***be ~ to do s.th.*** et. gern tun; ~ ***to meet you!*** angenehm!
pleas·ing angenehm
plea·sure Vergnügen *n*; ***at*** (***one's***) ~ nach Belieben
pleat (Plissee)Falte *f*
pleat·ed skirt Faltenrock *m*
pledge 1. Pfand *n*; *fig* Unterpfand *n*; Versprechen *n* **2.** versprechen, zusichern
plen·ti·ful reichlich
plen·ty 1. Überfluss *m*; ***in ~*** im Überfluss, in Hülle und Fülle; ~ ***of*** e-e Menge, viel(e), reichlich **2.** F reichlich
pleu·ri·sy MED Brustfell-, Rippenfellentzündung *f*
pli·a·ble, pli·ant biegsam; *fig* flexibel; *fig* leicht beeinflussbar
pli·ers (***a pair of ~*** e-e) Beißzange *f*
plight Not *f*, Notlage *f*
plim·soll *Br* Turnschuh *m*
plod *a.* ~ ***along*** sich dahinschleppen; ~ ***away*** sich abplagen (***at*** mit), schuften
plop F **1.** Plumps *m*, Platsch *m* **2.** plumpsen, (*ins Wasser*) platschen
plot 1. Stück *n* Land, Parzelle *f*, Grundstück *n*; THEA, *film etc*: Handlung *f*; Komplott *n*, Verschwörung *f*; IT grafische Darstellung **2.** *v/i* sich verschwören (***against*** gegen); *v/t* planen; einzeichnen
plot·ter IT Plotter *m*
plough *Br*, **plow** AGR **1.** Pflug *m* **2.** (um)pflügen; **plough·share** *Br*, **plowshare** AGR Pflugschar *f*
pluck 1. *v/t Geflügel* rupfen; *mst* ~ ***out*** ausreißen, ausrupfen, auszupfen; MUS *Saiten* zupfen; ~ ***up*** (***one's***) ***courage*** Mut *or* sich ein Herz fassen; *v/i* zupfen (***at*** an *dat*); **2.** F Mut *m*, Schneid *m*
pluck·y F mutig
plug 1. Stöpsel *m*; ELECTR Stecker *m*, F Steckdose *f*; F MOT (*Zünd*)Kerze *f* **2.** *v/t* F für *et.* Schleichwerbung machen; *a.* ~ ***up*** zustöpseln; zustopfen, verstopfen; ~ ***in*** ELECTR anschließen, einstecken
plug·ging F Schleichwerbung *f*
plum BOT Pflaume *f*; Zwetsch(g)e *f*
plum·age Gefieder *n*
plumb 1. (Blei)Lot *n* **2.** ausloten, *fig a.* ergründen; ~ ***in*** *esp Br Waschmaschine etc* anschließen **3.** *adj* lotrecht, senkrecht **4.** *adv* F (haar)genau
plumb·er Klempner *m*, Installateur *m*
plumb·ing Klempner-, Installateurarbeit *f*; Rohre *pl*, Rohrleitungen *pl*
plume (Schmuck)Feder *f*; Federbusch *m*; (*Rauch*)Fahne *f*
plump 1. *adj* drall, mollig, rund(lich), F pumm(e)lig **2.** ~ ***down*** fallen *or* plumpsen (lassen)
plum pud·ding *Br* Plumpudding *m*
plun·der 1. plündern **2.** Plünderung *f*; Beute *f*
plunge 1. (ein-, unter)tauchen; (sich) stürzen (***into*** in *acc*); MAR stampfen **2.** (Kopf)Sprung *m*; ***take the ~*** *fig* den entscheidenden Schritt wagen
plu·per·fect *a.* ~ ***tense*** LING Plusquam-

perfekt *n*, Vorvergangenheit *f*
plu·ral LING Plural *m*, Mehrzahl *f*
plus 1. *prp* plus, und, *esp* ECON zuzüglich **2.** *adj* Plus…; **~ sign** MATH Plus *n*, Pluszeichen *n* **3.** MATH Plus *n* (*a.* F), Pluszeichen *n*; F Vorteil *m*
plush Plüsch *m*
ply[1] *regelmäßig* verkehren, fahren (**between** zwischen *dat*)
ply[2] *mst in cpds* TECH Lage *f*, Schicht *f*; **three-~** dreifach (*thread etc*); dreifach gewebt (*carpet*)
ply·wood Sperrholz *n*
pm, PM *abbr of* **after noon** (*Latin* **post meridiem**) nachm., nachmittags, abends
pneu·mat·ic Luft…, pneumatisch; TECH Druck…, Pressluft…
pneu·mat·ic drill Presslufthohrer *m*
pneu·mo·ni·a MED Lungenentzündung *f*
poach[1] GASTR pochieren; **~ed eggs** verlorene Eier *pl*
poach[2] wildern
poach·er Wilddieb *m*, Wilderer *m*
PO Box Postfach *n*; **write to ~ 225** schreiben Sie an Postfach 225
pock MED Pocke *f*, Blatter *f*
pock·et 1. (Hosen- *etc*)Tasche *f* **2.** *adj* Taschen… **3.** einstecken, in die Tasche stecken; *fig* in die eigene Tasche stecken; **pock·et·book** Notizbuch *n*; Brieftasche *f*
pock·et| cal·cu·la·tor Taschenrechner *m*; **~ knife** Taschenmesser *n*; **~ money** Taschengeld *n*
pod BOT Hülse *f*, Schote *f*
po·di·a·trist Fußpfleger(in)
po·em Gedicht *n*
po·et Dichter(in)
po·et·ic dichterisch
po·et·i·cal dichterisch
po·et·ic jus·tice *fig* ausgleichende Gerechtigkeit
po·et·ry Gedichte *pl*; Poesie *f* (*a. fig*), Dichtkunst *f*, Dichtung *f*
poi·gnant schmerzlich; ergreifend
point 1. Spitze *f*; GEOGR Landspitze *f*; LING, MATH, PHYS, SPORT *etc* Punkt *m*; MATH (Dezimal)Punkt *m*; Grad *m*; MAR (*Kompass*)Strich *m*; *fig* Punkt *m*, Stelle *f*, Ort *m*; Zweck *m*; Ziel *n*, Absicht *f*; springender Punkt; Pointe *f*; **two ~ five** (**2.5**) 2,5; **~ of view** Stand-, Gesichtspunkt *m*; **be on the ~ of doing s.th.** im Begriff sein, et. zu tun; **to the ~** zur Sache gehörig; **off** *or* **beside the ~** nicht zur Sache gehörig; **come to the ~** zur Sache kommen; **that's not the ~** darum geht es nicht; **what's the ~?** wozu?; **win on ~s** SPORT nach Punkten gewinnen; **winner on ~s** SPORT Punktsieger *m* **2.** *v/t* (zu)spitzen; *Waffe etc* richten (**at** auf *acc*); **~ one's finger at s.o.** (mit dem Finger) auf j-n zeigen; **~ out** zeigen; *fig* hinweisen *or* aufmerksam machen auf (*acc*); *v/i* (mit dem Finger) zeigen (**at, to** auf *acc*); **~ to** nach *e-r Richtung* weisen *or* liegen; *fig* hinweisen auf (*acc*)
point·ed spitz; Spitz…; *fig* scharf (*remark etc*); ostentativ
point·er Zeiger *m*; Zeigestock *m*; ZO Pointer *m*, Vorstehhund *m*
point·less sinnlos, zwecklos
points *Br* RAIL Weiche *f*
poise 1. (Körper)Haltung *f*; *fig* Gelassenheit *f* **2.** balancieren; **be ~d** schweben
poi·son 1. Gift *n* **2.** vergiften
poi·son·ous giftig (*a. fig*)
poke 1. *v/t* stoßen; *Feuer* schüren; stecken; *v/i* **~ about, ~ around** F (herum-) stöbern, (-)wühlen (**in** in *dat*); **2.** Stoß *m*
pok·er Schürhaken *m*
pok·y F eng; schäbig
Po·land Polen *n*
po·lar polar; **~ bear** ZO Eisbär *m*
pole[1] GEOGR Pol *m*
pole[2] Stange *f*; Mast *m*; Deichsel *f*; SPORT (Sprung)Stab *m*
Pole Pole *m*, Polin *f*
pole·cat ZO Iltis *m*; F Skunk *m*, Stinktier *n*
po·lem·ic, po·lem·i·cal polemisch
pole star ASTR Polarstern *m*
pole vault SPORT Stabhochsprung *m*, Stabhochspringen *n*
pole-vault SPORT stabhochspringen
pole vault·er SPORT Stabhochspringer(in)
po·lice 1. Polizei *f* **2.** überwachen
po·lice car Polizeiauto *n*
po·lice·man Polizist *m*
po·lice| of·fi·cer Polizeibeamte *m*, -beamtin *f*, Polizist(in); **~ sta·tion** Polizeiwache *f*, Polizeirevier *n*
po·lice·wom·an Polizistin *f*

P

pol·i·cy Politik *f*; Taktik *f*; Klugheit *f*; (Versicherungs)Police *f*
po·li·o MED Polio *f*, Kinderlähmung *f*
pol·ish 1. polieren; *Schuhe* putzen; ~ ***up*** aufpolieren (*a. fig*) **2.** Politur *f*; (*Schuh*)Creme *f*; *fig* Schliff *m*
Pol·ish 1. polnisch **2.** LING Polnisch *n*
po·lite höflich
po·lite·ness Höflichkeit *f*
po·lit·i·cal politisch
pol·i·ti·cian Politiker(in)
pol·i·tics Politik *f*
pol·ka MUS Polka *f*
pol·ka-dot gepunktet, getupft
poll 1. (*Meinungs*)Umfrage *f*; Wahlbeteiligung *f*; *a. pl* Stimmabgabe *f*, Wahl *f* **2.** befragen; *Stimmen* erhalten
pol·len BOT Pollen *m*, Blütenstaub *m*
poll·ing Stimmabgabe *f*; Wahlbeteiligung *f*; ~ **booth** *esp Br* Wahlkabine *f*; ~ **day** Wahltag *m*; ~ **place**, *esp Br* ~ **station** Wahllokal *n*
polls Wahl *f*; Wahllokal *n*
poll·ster Demoskop(in), Meinungsforscher(in)
pol·lut·ant Schadstoff *m*; **pol·lute** beschmutzen, verschmutzen; verunreinigen; **pol·lut·er** *a.* ***environmental*** ~ Umweltsünder(in); **pol·lu·tion** (*Luft-*, *Wasser- etc*)Verschmutzung *f*; Verunreinigung *f*
po·lo SPORT Polo *n*
po·lo neck *a.* ~ ***sweater*** *esp Br* Rollkragenpullover *m*
pol·yp ZO, MED Polyp *m*
pol·y·sty·rene® Styropor® *n*
pom·mel (Sattel- *etc*)Knopf *m*
pomp Pomp *m*, Prunk *m*
pom·pous aufgeblasen, wichtigtuerisch; schwülstig (*speech*)
pond Teich *m*, Weiher *m*
pon·der *v/i* nachdenken (***on, over*** über *acc*); *v/t* überlegen
pon·der·ous schwerfällig; schwer
pon·toon Ponton *m*
pon·toon bridge Pontonbrücke *f*
po·ny ZO Pony *n*
po·ny·tail Pferdeschwanz *m*
poo·dle ZO Pudel *m*
pool[1] Teich *m*, Tümpel *m*; Pfütze *f*, (*Blut- etc*)Lache *f*; (*Schwimm*)Becken *n*, (*Swimming*)Pool *m*
pool[2] **1.** (*Arbeits-*, *Fahr*)Gemeinschaft *f*; (*Mitarbeiter- etc*)Stab *m*; (*Fuhr*)Park *m*; (*Schreib*)Pool *m*; ECON Pool *m*, Kartell *n*; *card games*: Gesamteinsatz *m*; Poolbillard *n* **2.** *Geld*, *Unternehmen etc* zusammenlegen; *Kräfte etc* vereinen
pool hall, **pool·room** Billardspielhalle *f*
pools *a.* ***football*** ~ *Br* (Fußball)Toto *n*, *m*
poor 1. arm; dürftig, mangelhaft, schwach **2.** ***the*** ~ die Armen *pl*
poor·ly 1. *adj esp Br* F kränklich, unpässlich **2.** *adv* ärmlich, dürftig, schlecht, schwach
pop[1] **1.** *v/t* zerknallen; F schnell *wohin* tun *or* stecken; *v/i* knallen; (zer)platzen; ~ ***in*** F auf e-n Sprung vorbeikommen; ~ ***up*** (plötzlich) auftauchen **2.** Knall *m*; F Limo *f*
pop[2] MUS **1.** Pop *m* **2.** Schlager…; Pop…
pop[3] F Paps *m*, Papa *m*
pop[4] *abbr of* ***population*** Einw., Einwohner *pl*; Einwohnerzahl *f*
pop con·cert MUS Popkonzert *n*
pop·corn Popcorn *n*, Puffmais *m*
Pope REL Papst *m*
pop-eyed F glotzäugig
pop group MUS Popgruppe *f*
pop·lar BOT Pappel *f*
pop mu·sic Popmusik *f*
pop·py BOT Mohn *m*
pop·u·lar populär, beliebt; volkstümlich; allgemein
pop·u·lar·i·ty Popularität *f*, Beliebtheit *f*; Volkstümlichkeit *f*
pop·u·late bevölkern, besiedeln; bewohnen
pop·u·la·tion Bevölkerung *f*
pop·u·lous dicht besiedelt, dicht bevölkert
porce·lain Porzellan *n*
porch überdachter Vorbau; Portal *n*; Veranda *f*
por·cu·pine ZO Stachelschwein *n*
pore[1] Pore *f*
pore[2]: ~ ***over*** vertieft sein in (*acc*), *et.* eifrig studieren
pork GASTR Schweinefleisch *n*
porn F → ***porno***
por·no F **1.** Porno *m* **2.** Porno…
por·nog·ra·phy Pornografie *f*
po·rous porös
por·poise ZO Tümmler *m*
por·ridge Porridge *m*, *n*, Haferbrei *m*
port[1] Hafen *m*; Hafenstadt *f*

port² AVIAT, MAR Backbord *n*
port³ IT Port *m*, Anschluss *m*
port⁴ Portwein *m*
por·ta·ble tragbar
por·ter (Gepäck)Träger *m*; *esp Br* Pförtner *m*, Portier *m*; RAIL Schlafwagenschaffner *m*
port·hole MAR Bullauge *n*
por·tion 1. (An)Teil *m*; GASTR Portion *f* **2.** *~ out* aufteilen, verteilen (***among, between*** unter *acc*)
port·ly korpulent
por·trait Porträt *n*, Bild *n*, Bildnis *n*
por·tray porträtieren; darstellen; schildern; **por·tray·al** THEA Verkörperung *f*, Darstellung *f*; Schilderung *f*
Por·tu·gal Portugal *n*
Por·tu·guese 1. portugiesisch **2.** Portugiese *m*, Portugiesin *f*; LING Portugiesisch *n*; ***the ~*** die Portugiesen *pl*
pose 1. *v/t* aufstellen; *Problem*, *Frage* aufwerfen, *Bedrohung*, *Gefahr etc* darstellen; *v/i* Modell sitzen *or* stehen; ***~ as*** sich ausgeben als *or* für **2.** Pose *f*
posh *esp Br* F schick, piekfein
po·si·tion 1. Position *f*, Lage *f*, Stellung *f* (*a. fig*); Stand *m*; *fig* Standpunkt *m* **2.** (auf)stellen
pos·i·tive 1. positiv; bestimmt, sicher, eindeutig; greifbar, konkret; konstruktiv **2.** PHOT Positiv *n*
pos·sess besitzen; *fig* beherrschen
pos·sessed *fig* besessen
pos·ses·sion Besitz *m*; *fig* Besessenheit *f*
pos·ses·sive besitzergreifend; LING possessiv, besitzanzeigend
pos·si·bil·i·ty Möglichkeit *f*
pos·si·ble möglich
pos·si·bly möglicherweise, vielleicht; ***if I ~ can*** wenn ich irgend kann; ***I can't ~ do this*** ich kann das unmöglich tun
post¹ 1. (*Tür-*, *Tor-*, *Ziel- etc*)Pfosten *m*; Pfahl *m* **2.** *a.* ***~ up*** *Plakat etc* anschlagen, ankleben; ***be ~ed missing*** AVIAT, MAR als vermisst gemeldet werden
post² *esp Br* **1.** Post® *f*; Postsendung *f*; ***by ~*** mit der Post® **2.** mit der Post® (zu-) schicken, aufgeben, *Brief* einwerfen
post³ 1. Stelle *f*, Job *m*; Posten *m* **2.** aufstellen, postieren; *esp Br* versetzen, MIL abkommandieren (***to*** nach)
post... nach..., Nach...

post·age Porto *n*; **~ stamp** Postwertzeichen *n*, Briefmarke *f*
post·al postalisch, Post®...; **~ or·der** *Br* ECON Postanweisung *f*; **~ vote** POL Briefwahl *f*
post·bag *esp Br* Postsack *m*
post·box *esp Br* Briefkasten *m*
post·card Postkarte *f*; *a.* ***picture ~*** Ansichtskarte *f*
post·code *Br* Postleitzahl *f*
post·er Plakat *n*; Poster *n*, *m*
poste res·tante *Br* **1.** Abteilung *f* für postlagernde Sendungen **2.** postlagernd
pos·te·ri·or HUMOR Hinterteil *n*
pos·ter·i·ty die Nachwelt
post-free *esp Br* portofrei
post·hu·mous post(h)um
post·man *esp Br* Briefträger *m*, Postbote *m*
post·mark 1. Poststempel *m* **2.** stempeln, abstempeln
post of·fice Post® *f*; Postamt *n*, -filiale *f*
post of·fice box → ***PO Box***
post-paid portofrei
post·pone verschieben, aufschieben
post·pone·ment Verschiebung *f*, Aufschub *m*
post·script Postskript(um) *n*, Nachschrift *f*
pos·ture 1. (Körper)Haltung *f*; Stellung *f* **2.** *fig* sich aufspielen
post·war Nachkriegs...
post·wom·an *esp Br* Briefträgerin *f*, Postbotin *f*
po·sy Sträußchen *n*
pot 1. Topf *m*; Kanne *f*; Kännchen *n* (*Tee etc*); SPORT F Pokal *m* **2.** *Pflanze* eintopfen
po·tas·si·um cy·a·nide CHEM Zyankali *n*
po·ta·to Kartoffel *f*; → ***chips, crisps***
pot·bel·ly Schmerbauch *m*
po·ten·cy Stärke *f*; Wirksamkeit *f*, Wirkung *f*; MED Potenz *f*
po·tent PHARM stark; MED potent
po·ten·tial 1. potenziell, möglich **2.** Potenzial *n*, Leistungsfähigkeit *f*
pot·hole MOT Schlagloch *n*
po·tion Trank *m*
pot·ter¹ *Br*: ***~ about*** herumwerkeln
pot·ter² Töpfer(in)
pot·ter·y Töpferei *f*; Töpferware(n *pl*) *f*
pouch Beutel *m* (*a.* ZO); ZO (*Backen*)Tasche *f*

poul·tice MED (warmer) Umschlag *m*
poul·try Geflügel *n*
pounce 1. sich stürzen (***on*** auf *acc*); **2.** Satz *m*, Sprung *m*
pound[1] Pfund *n* (*453,59 g*); **~ (*sterling*)** (*abbr* **£**) Pfund *n*
pound[2] Tierheim *n*; Abstellplatz *m* für (polizeilich) abgeschleppte Fahrzeuge
pound[3] *v/t* zerstoßen, zerstampfen; trommeln *or* hämmern auf (*acc*) *or* an (*acc*) *or* gegen; *v/i* hämmern (***with*** vor *dat*)
pour *v/t* gießen, schütten; **~ *out*** ausgießen, ausschütten; *Getränk* eingießen; *v/i* strömen (*a. fig*)
pout *v/t Lippen* schürzen; *v/i* e-n Schmollmund machen; schmollen
pov·er·ty Armut *f*
pow·der 1. Pulver *n*; Puder *m* **2.** pulverisieren; (sich) pudern; **~ puff** Puderquaste *f*; **~ room** (Damen)Toilette *f*
pow·er 1. Kraft *f*; Macht *f*; Fähigkeit *f*, Vermögen *n*; Gewalt *f*; JUR Befugnis *f*, Vollmacht *f*; MATH Potenz *f*; ELECTR Strom *m*; ***in* ~** POL an der Macht **2.** TECH antreiben; **~ cut** ELECTR Stromsperre *f*; **~ fail·ure** ELECTR Stromausfall *m*, Netzausfall *m*
pow·er·ful stark, kräftig; mächtig
pow·er·less kraftlos; machtlos
pow·er| plant Elektrizitäts-, Kraftwerk *n*; **~ pol·i·tics** Machtpolitik *f*; **~ sta·tion** *Br* Elektrizitäts-, Kraftwerk *n*
prac·ti·ca·ble durchführbar
prac·ti·cal praktisch; **~ joke** Streich *m*
prac·ti·cal·ly so gut wie
prac·tice 1. Praxis *f*; Übung *f*; Gewohnheit *f*, Brauch *m*; ***it is common* ~** es ist allgemein üblich; ***put into* ~** in die Praxis umsetzen **2.** *v/t* (ein)üben; *als Beruf* ausüben; **~ *law* (*medicine*)** als Anwalt (Arzt) praktizieren; *v/i* praktizieren; üben
prac·ticed geübt (***in*** in *dat*)
prac·tise *Br* → ***practice*** *2*
prac·tised → ***practiced***
prac·ti·tion·er: ***general* ~** praktischer Arzt
prai·rie Prärie *f*
prai·rie schoo·ner HIST Planwagen *m*
praise 1. loben, preisen **2.** Lob *n*
praise·wor·thy lobenswert
pram *Br* Kinderwagen *m*
prance sich aufbäumen, steigen (*horse*); tänzeln (*horse*); stolzieren
prank Streich *m*
prat·tle: **~ *on*** plappern (***about*** von)
prawn ZO Garnele *f*
pray beten (***to*** zu; ***for*** für, um)
prayer REL Gebet *n*; *often pl* Andacht *f*; ***the Lord's Prayer*** das Vaterunser
prayer book REL Gebetbuch *n*
preach predigen (***to*** zu, vor *dat*)
preach·er Prediger(in)
pre·am·ble Einleitung *f*
pre·ar·range vorher vereinbaren
pre·car·i·ous prekär, unsicher; gefährlich
pre·cau·tion Vorsichtsmaßnahme *f*; ***as a* ~** vorsorglich; ***take* ~*s*** Vorsichtsmaßnahmen treffen; **pre·cau·tion·a·ry** vorbeugend; vorsorglich
pre·cede voraus-, vorangehen (*dat*)
pre·ce·dence Vorrang *m*
pre·ce·dent Präzedenzfall *m*
pre·cept Regel *f*, Richtlinie *f*
pre·cinct (*Wahl*)Bezirk *m*; (*Polizei*)Revier *n*; *pl* Gelände *n*; *esp Br* (*Einkaufs*)-Viertel *n*; (*Fußgänger*)Zone *f*
pre·cious 1. *adj* kostbar, wertvoll; Edel… (*stone etc*) **2.** *adv*: **~ *little*** F herzlich wenig
pre·ci·pice Abgrund *m*
pre·cip·i·tate 1. *v/t* (hinunter-, herunter)schleudern; CHEM ausfällen; beschleunigen; stürzen (***into*** in *acc*); *v/i* CHEM ausfallen **2.** *adj* überstürzt **3.** CHEM Niederschlag *m*
pre·cip·i·ta·tion CHEM Ausfällung *f*; METEOR Niederschlag *m*; Überstürzung *f*, Hast *f*
pre·cip·i·tous steil (abfallend); überstürzt
pré·cis Zusammenfassung *f*
pre·cise genau, präzis
pre·ci·sion Genauigkeit *f*; Präzision *f*
pre·clude ausschließen
pre·co·cious frühreif; altklug
pre·con·ceived vorgefasst
pre·con·cep·tion vorgefasste Meinung
pre·cur·sor Vorläufer(in)
pred·a·to·ry ZO Raub…
pre·de·ces·sor Vorgänger(in)
pre·des·ti·na·tion Vorherbestimmung *f*; **pre·des·tined** prädestiniert, vorherbestimmt (***to*** für, zu)
pre·de·ter·mine vorherbestimmen; vorher vereinbaren

P

pre·dic·a·ment missliche Lage, Zwangslage *f*
pred·i·cate LING Prädikat *n*, Satzaussage *f*; **pre·dic·a·tive** LING prädikativ
pre·dict vorhersagen, voraussagen
pre·dic·tion Vorhersage *f*, Voraussage *f*; ***computer ~*** Hochrechnung *f*
pre·dis·pose geneigt machen, einnehmen (***in favor of*** für); *esp* MED anfällig machen (***to*** für)
pre·dis·po·si·tion: ***~ to*** Neigung *f* zu, *esp* MED *a.* Anfälligkeit *f* für
pre·dom·i·nant (vor)herrschend, überwiegend
pre·dom·i·nate vorherrschen, überwiegen; die Oberhand haben
pre·em·i·nent hervorragend, überragend
pre·emp·tive ECON Vorkaufs…; MIL Präventiv…
preen ZO *sich or das Gefieder* putzen
pre·fab F Fertighaus *n*
pre·fab·ri·cate vorfabrizieren, vorfertigen; ***~d house*** Fertighaus *n*
pref·ace **1.** Vorwort *n* (***to*** zu); **2.** *Buch, Rede etc* einleiten (***with*** mit)
pre·fect *Br* PED Aufsichts-, Vertrauensschüler(in)
pre·fer vorziehen (***to*** *dat*), lieber mögen (***to*** als), bevorzugen
pref·e·ra·ble: ***be ~*** (***to***) vorzuziehen sein (*dat*), besser sein (als)
pref·e·ra·bly vorzugsweise, lieber, am liebsten
pref·e·rence Vorliebe *f* (***for*** für); Vorzug *m*
pre·fix LING Präfix *n*, Vorsilbe *f*
preg·nan·cy MED Schwangerschaft *f*; ZO Trächtigkeit *f*
preg·nant MED schwanger; ZO trächtig
pre·heat *Backofen etc* vorheizen
pre·judge *j-n* vorverurteilen; vorschnell beurteilen
prej·u·dice **1.** Vorurteil *n*, Voreingenommenheit *f*, Befangenheit *f*; ***to the ~ of*** zum Nachteil *or* Schaden (*gen*) **2.** einnehmen (***in favo[u]r of*** für; ***against*** gegen); schaden (*dat*), beeinträchtigen
prej·u·diced (vor)eingenommen, befangen
pre·lim·i·na·ry **1.** vorläufig, einleitend, Vor… **2.** *pl* Vorbereitungen *pl*
prel·ude Vorspiel *n* (*a.* MUS)
pre·mar·i·tal vorehelich
pre·ma·ture vorzeitig, verfrüht; *fig* voreilig
pre·med·i·tat·ed JUR vorsätzlich
pre·med·i·ta·tion: ***with ~*** JUR vorsätzlich
prem·i·er POL Premier(minister) *m*
prem·i·ere, prem·i·ère THEA *etc* Premiere *f*, Ur-, Erstaufführung *f*
prem·is·es Gelände *n*, Grundstück *n*, (*Geschäfts*)Räume *pl*; ***on the ~*** an Ort und Stelle, im Haus, im Lokal
pre·mi·um Prämie *f*, Bonus *m*
pre·mi·um (gas·o·line) MOT Super *n*, Superbenzin *n*
pre·mo·ni·tion (böse) Vorahnung
pre·oc·cu·pa·tion Beschäftigung *f* (***with*** mit)
pre·oc·cu·pied gedankenverloren, geistesabwesend
pre·oc·cu·py (stark) beschäftigen
prep *Br* F PED Hausaufgabe(n *pl*) *f*
pre·packed, pre·pack·aged abgepackt
pre·paid *post* frankiert, freigemacht; **~ envelope** Freiumschlag *m*
prep·a·ra·tion Vorbereitung *f* (***for*** auf *acc*, für); Zubereitung *f*; CHEM, MED Präparat *n*
pre·par·a·to·ry vorbereitend
pre·pare *v/t* vorbereiten; GASTR zubereiten; *v/i*: ***~ for*** sich vorbereiten auf (*acc*); Vorbereitungen treffen für; sich gefasst machen auf (*acc*)
pre·pared vorbereitet; bereit
prep·o·si·tion LING Präposition *f*, Verhältniswort *n*
pre·pos·sess·ing einnehmend, anziehend
pre·pos·ter·ous absurd; lächerlich, grotesk
pre·pro·gram(me) vorprogrammieren
pre·req·ui·site Vorbedingung *f*, Voraussetzung *f*
pre·rog·a·tive Vorrecht *n*
pre·school Vorschule *f*
pre·scribe *et.* vorschreiben; MED *j-m et.* verschreiben; **pre·scrip·tion** Verordnung *f*, Vorschrift *f*; MED Rezept *n*
pres·ence Gegenwart *f*, Anwesenheit *f*; **~ of mind** Geistesgegenwart *f*
pres·ent[1] Geschenk *n*
pre·sent[2] präsentieren; (über)reichen, (über)bringen, (über)geben; schenken; vorbringen, vorlegen; zeigen, vorführen, THEA *etc* aufführen; schildern, darstellen; *j-n, Produkt etc* vorstellen;

P

Programm etc moderieren

pres·ent[3] **1.** anwesend; vorhanden; gegenwärtig, jetzig; laufend; vorliegend (*case etc*); **~ tense** LING Präsens *n*, Gegenwart *f* **2.** Gegenwart *f*, LING *a.* Präsens *n*; **at ~** gegenwärtig, zurzeit; **for the ~** vorerst, vorläufig

pre·sen·ta·tion Präsentation *f*; Überreichung *f*; Vorlage *f*; Vorführung *f*, THEA *etc* Aufführung *f*; Schilderung *f*, Darstellung *f*; Vorstellung *f*; *radio*, TV Moderation *f*

pres·ent-day heutig, gegenwärtig, modern

pre·sent·er *esp Br radio*, TV Moderator(in)

pre·sen·ti·ment (böse) Vorahnung

pres·ent·ly zurzeit, jetzt; *Br* bald

pres·er·va·tion Bewahrung *f*; Erhaltung *f*; GASTR Konservierung *f*

pre·ser·va·tive GASTR Konservierungsmittel *n*

pre·serve 1. bewahren, (be)schützen; erhalten; GASTR konservieren, *Obst etc* einmachen, einkochen **2.** (*Jagd*)Revier *n*; *fig* Ressort *n*, Reich *n*; *mst pl* GASTR *das* Eingemachte

pre·side den Vorsitz haben (**at, over** bei); **pres·i·den·cy** POL Präsidentschaft *f*; Amtszeit *f*; **pres·i·dent** Präsident *m*; ECON Generaldirektor *m*

press 1. *v/t* drücken, pressen; *Frucht* (aus)pressen; drücken auf (*acc*); bügeln; drängen; *j-n* (be)drängen; bestehen auf (*dat*); *v/i* drücken; drängen (*time etc*); (sich) drängen; **~ for** dringen *or* drängen auf (*acc*); **~ on** (zügig) weitermachen **2.** Druck *m* (*a. fig*); (Wein- *etc*)Presse *f*; Bügeln *n*; *die* Presse; *a.* **printing ~** Druckerpresse *f*

press a·gen·cy Presseagentur *f*

press box Pressetribüne *f*

press con·fe·rence Pressekonferenz *f*

press·ing dringend

press of·fice Pressebüro *n*, Pressestelle *f*; **press of·fi·cer** Pressereferent(in)

press re·lease Pressemitteilung *f*

press stud *Br* Druckknopf *m*

press-up *esp Br* SPORT Liegestütz *m*

pres·sure PHYS, TECH *etc* Druck *m* (*a. fig*); **~ cook·er** Dampfkochtopf *m*, Schnellkochtopf *m*

pres·tige Prestige *n*, Ansehen *n*

pre·su·ma·bly vermutlich

pre·sume *v/t* annehmen, vermuten; sich erdreisten *or* anmaßen (**to do** zu tun); *v/i* annehmen, vermuten; anmaßend sein; **~ on** *et.* ausnützen, *et.* missbrauchen

pre·sump·tion Annahme *f*, Vermutung *f*; Anmaßung *f*

pre·sump·tu·ous anmaßend, vermessen

pre·sup·pose voraussetzen

pre·sup·po·si·tion Voraussetzung *f*

pre·tence *Br* → **pretense**; **pre·tend** vortäuschen, vorgeben; sich verstellen; Anspruch erheben (**to** auf *acc*); **she is only ~ing** sie tut nur so; **pre·tend·ed** vorgetäuscht, gespielt; **pre·tense** Verstellung *f*, Vortäuschung *f*; Anspruch *m* (**to** auf *acc*); **pre·ten·sion** Anspruch *m* (**to** auf *acc*); Anmaßung *f*

pre·ter·it(e) LING Präteritum *n*

pre·text Vorwand *m*

pret·ty 1. *adj* hübsch **2.** *adv* ziemlich, ganz schön

pret·zel Brezel *f*

pre·vail vorherrschen, weit verbreitet sein; siegen (**over, against** über *acc*)

pre·vail·ing (vor)herrschend

pre·vent verhindern, verhüten, *e-r Sache* vorbeugen; *j-n* hindern (**from** an *dat*)

pre·ven·tion Verhinderung *f*, Verhütung *f*, Vorbeugung *f*

pre·ven·tive vorbeugend

pre·view *film*, TV Voraufführung *f*; Vorbesichtigung *f*; *film*, TV *etc*: Vorschau *f* (**of** auf *acc*)

pre·vi·ous vorhergehend, vorausgehend, vorherig, vorig; **~ to** bevor, vor (*dat*); **~ knowledge** Vorkenntnisse *pl*

pre·vi·ous·ly vorher, früher

pre-war Vorkriegs…

prey 1. zo Beute *f*, Opfer *n* (*a. fig*); **be easy ~ for** *or* **to** *fig* e-e leichte Beute sein für **2. ~ on** zo Jagd machen auf (*acc*); *fig* nagen an (*dat*); **~ on s.o.'s mind** j-m keine Ruhe lassen

price 1. Preis *m* **2.** den Preis festsetzen für; auszeichnen (**at** mit)

price·less unbezahlbar

price tag Preisschild *n*

prick 1. Stich *m*; V Schwanz *m*; **~s of conscience** Gewissensbisse *pl* **2.** *v/t* (auf-, durch)stechen, stechen in (*acc*); **her conscience ~ed her** sie hatte Ge-

wissensbisse; ~ ***up one's ears*** die Ohren spitzen; *v/i* stechen
prick·le BOT, ZO Stachel *m*, Dorn *m*
prick·ly stach(e)lig; prickelnd, kribbelnd
pride 1. Stolz *m*; Hochmut *m*; ***take*** **(*a*)** ~ ***in*** stolz sein auf (*acc*) **2.** ~ ***o.s. on*** stolz sein auf (*acc*)
priest REL Priester *m*
prig Tugendbold *m*
prig·gish tugendhaft
prim steif; prüde
pri·mae·val *esp Br* → ***primeval***
pri·ma·ri·ly in erster Linie, vor allem
pri·ma·ry 1. wichtigste(r, -s), Haupt…; grundlegend, elementar, Grund…; Anfangs…, Ur… **2.** POL Vorwahl *f*
pri·ma·ry school *Br* Grundschule *f*
prime 1. MATH Primzahl *f*; *fig* Blüte(zeit) *f*; ***in the*** ~ ***of life*** in der Blüte s-r Jahre; ***be past one's*** ~ s-e besten Jahre hinter sich haben **2.** *adj* erste(r, -s), wichtigste(r, -s), Haupt…; erstklassig **3.** *v/t* TECH grundieren; *j-n* instruieren, vorbereiten; ~ **min·is·ter** (*abbr* POL F ***PM***) Premierminister(in), Ministerpräsident(in); ~ **num·ber** MATH Primzahl *f*
prim·er Fibel *f*, Elementarbuch *n*
prime time TV Haupteinschaltzeit *f*, Hauptsendezeit *f*, beste Sendezeit
pri·me·val urzeitlich, Ur…
prim·i·tive erste(r, -s), ursprünglich, Ur…; primitiv
prim·rose BOT Primel *f*, *esp* Schlüsselblume *f*
prince Fürst *m*; Prinz *m*
prin·cess Fürstin *f*; Prinzessin *f*
prin·ci·pal 1. wichtigste(r, -s), hauptsächlich, Haupt… **2.** PED Direktor(in), Rektor(in); THEA Hauptdarsteller(in); MUS Solist(in)
prin·ci·pal·i·ty Fürstentum *n*
prin·ci·ple Prinzip *n*, Grundsatz *m*; ***on*** ~ grundsätzlich, aus Prinzip
print 1. PRINT Druck *m* (*a. art*); Gedruckte *n*; (*Finger- etc*)Abdruck *m*; PHOT Abzug *m*; bedruckter Stoff; ***in*** ~ gedruckt; ***out of*** ~ vergriffen **2.** *v/i* drucken; *v/t* (ab-, auf-, be)drucken; in Druckbuchstaben schreiben; *fig* einprägen (***on*** *dat*); *a.* ~ ***off*** PHOT abziehen; ~ ***out*** IT ausdrucken
print·ed mat·ter *post* Drucksache *f*
print·er Drucker *m* (*a.* TECH); ~***'s error*** Druckfehler *m*; ~***'s ink*** Druckerschwärze *f*; **print·ers** Druckerei *f*
print·ing Drucken *n*; Auflage *f*; ~ **ink** Druckerschwärze *f*; ~ **press** Druckerpresse *f*
print·out IT Ausdruck *m*
pri·or frühere(r, -s); vorrangig
pri·or·i·ty Priorität *f*, Vorrang *m*; MOT Vorfahrt *f*; ***give s.th.*** ~ et. vordringlich behandeln
prise *esp Br* → ***prize***[2]
prism Prisma *n*
pris·on Gefängnis *n*, Strafanstalt *f*
pris·on·er Gefangene *m*, *f*, Häftling *m*; ***hold*** ~, ***keep*** ~ gefangen halten; ***take*** ~ gefangen nehmen
pri·va·cy Intim-, Privatsphäre *f*; Geheimhaltung *f*
pri·vate 1. privat, Privat…; vertraulich; geheim; ~ ***parts*** Geschlechtsteile *pl* **2.** MIL gemeiner Soldat; ***in*** ~ privat; unter vier Augen
pri·va·tion Entbehrung *f*
priv·i·lege Privileg *n*; Vorrecht *n*
priv·i·leged privilegiert
priv·y: ***be*** ~ ***to*** eingeweiht sein in (*acc*)
prize[1] **1.** (Sieger-, Sieges)Preis *m*, Prämie *f*, Auszeichnung *f*; (*Lotterie*)Gewinn *m* **2.** preisgekrönt; Preis… **3.** (hoch) schätzen
prize[2]: ~ ***open*** aufbrechen, aufstemmen
prize·win·ner Preisträger(in)
pro[1] F Profi *m*
pro[2]: ***the*** ~***s and cons*** das Pro und Kontra, das Für und Wider
prob·a·bil·i·ty Wahrscheinlichkeit *f*; ***in all*** ~ höchstwahrscheinlich
prob·a·ble *adj* wahrscheinlich
prob·a·bly *adv* wahrscheinlich
pro·ba·tion Probe *f*, Probezeit *f*; JUR Bewährung *f*, Bewährungsfrist *f*
pro·ba·tion of·fi·cer JUR Bewährungshelfer(in)
probe 1. MED, TECH Sonde *f*; *fig* Untersuchung *f* (***into*** *gen*); **2.** sondieren; (gründlich) untersuchen
prob·lem Problem *n*; MATH *etc* Aufgabe *f*; **prob·lem·at·ic**, **prob·lem·at·i·cal** problematisch
pro·ce·dure Verfahren *n*, Verfahrensweise *f*, Vorgehen *n*
pro·ceed (weiter)gehen, (weiter)fahren; sich begeben (***to*** nach, zu); *fig* weitergehen; *fig* fortfahren; *fig* vorgehen;

P

~ from kommen *or* herrühren von; **~ to do s.th.** sich anschicken *or* daranmachen, et. zu tun
pro·ceed·ing Verfahren *n*, Vorgehen *n*
pro·ceed·ings Vorgänge *pl*, Geschehnisse *pl*; ***start*** *or* ***take*** **(*legal*) ~ *against*** JUR (gerichtlich) vorgehen gegen
pro·ceeds ECON Erlös *m*, Ertrag *m*, Einnahmen *pl*
pro·cess 1. Prozess *m*, Verfahren *n*, Vorgang *m*; ***in the* ~** dabei; ***be in* ~** im Gange sein; ***in ~ of construction*** im Bau (befindlich) **2.** TECH *etc* bearbeiten, behandeln; IT *Daten* verarbeiten; PHOT *Film* entwickeln
pro·ces·sion Prozession *f*
pro·ces·sor IT Prozessor *m*; (*Wort-*, *Text*)Verarbeitungsgerät *n*
pro·claim proklamieren, ausrufen
proc·la·ma·tion Proklamation *f*, Bekanntmachung *f*
pro·cure (sich) *et.* beschaffen *or* besorgen; verkuppeln
prod 1. stoßen; *fig* anstacheln, anspornen (***into*** zu); **2.** Stoß *m*
prod·i·gal 1. verschwenderisch **2.** F Verschwender(in)
pro·di·gious erstaunlich, großartig
prod·i·gy Wunder *n*; ***child* ~** Wunderkind *n*
pro·duce[1] ECON produzieren (*a. film*, TV), herstellen, erzeugen (*a. fig*); hervorholen (***from*** aus); *Ausweis etc* (vor)zeigen; *Beweise etc* vorlegen; *Zeugen etc* beibringen; *Gewinn etc* (er)bringen, abwerfen; THEA inszenieren; *fig* hervorrufen, *Wirkung* erzielen
prod·uce[2] *esp* (*Agrar*)Produkt(e *pl*) *n*, (*Agrar*)Erzeugnis(se *pl*) *n*
pro·duc·er Produzent(in) (*a. film*, TV), Hersteller(in); THEA Regisseur(in)
prod·uct Produkt *n*, Erzeugnis *n*
pro·duc·tion ECON Produktion *f* (*a. film*, TV), Erzeugung *f*, Herstellung *f*; Produkt *n*, Erzeugnis *n*; Hervorholen *n*; Vorzeigen *n*, Vorlegen *n*, Beibringung *f*; THEA Inszenierung *f*
pro·duc·tive produktiv (*a. fig*), ergiebig, rentabel; *fig* schöpferisch
pro·duc·tiv·i·ty Produktivität *f*
prof F Prof *m*
pro·fa·na·tion Entweihung *f*
pro·fane 1. (gottes)lästerlich; profan, weltlich **2.** entweihen
pro·fan·i·ty: ***profanities*** Flüche *pl*, Lästerungen *pl*
pro·fess vorgeben, vortäuschen; behaupten (***to be*** zu sein); erklären
pro·fessed erklärt (*enemy etc*); angeblich
pro·fes·sion (*esp akademischer*) Beruf; Berufsstand *m*
pro·fes·sion·al 1. Berufs…, beruflich; Fach…, fachlich; fachmännisch; professionell **2.** Fachmann *m*, Profi *m*; Berufsspieler(in), -sportler(in), Profi *m*
pro·fes·sor Professor(in); Dozent(in)
pro·fi·cien·cy Können *n*, Tüchtigkeit *f*
pro·fi·cient tüchtig (***at, in*** in *dat*)
pro·file Profil *n*; ***keep a low* ~** Zurückhaltung üben
prof·it 1. Gewinn *m*, Profit *m*; Vorteil *m*, Nutzen *m* **2. ~ *by*, ~ *from*** Nutzen ziehen aus, profitieren von
prof·it·a·ble gewinnbringend, einträglich; nützlich, vorteilhaft
prof·it·eer *contp* Profitmacher *m*, Schieber *m*
prof·it shar·ing ECON Gewinnbeteiligung *f*
prof·li·gate verschwenderisch
pro·found *fig* tief; tiefgründig; profund (*knowledge etc*)
pro·fuse (über)reich; verschwenderisch; **pro·fu·sion** Überfülle *f*; ***in* ~** in Hülle und Fülle
prog·e·ny Nachkommen(schaft *f*) *pl*
prog·no·sis MED Prognose *f*
pro·gram 1. Programm *n* (*a.* IT); *radio*, TV *a.* Sendung *f* **2.** (vor)programmieren; planen; IT programmieren
pro·gram·er IT Programmierer(in)
pro·gramme *Br* → ***program***
'**pro·gram·mer** *Br* → ***programer***
pro·gress 1. Fortschritt(e *pl*) *m*; ***make slow* ~** (nur) langsam vorankommen; ***be in* ~** im Gange sein **2.** fortschreiten; Fortschritte machen
pro·gres·sive progressiv, fortschreitend; fortschrittlich
pro·hib·it verbieten; verhindern
pro·hi·bi·tion Verbot *n*
pro·hib·i·tive Schutz… (*Zoll etc*); unerschwinglich
proj·ect[1] Projekt *n*, Vorhaben *n*
pro·ject[2] *v/i* vorspringen, vorragen, vorstehen; *v/t* werfen, schleudern; planen; projizieren

pro·jec·tile Projektil *n*, Geschoss *n*
pro·jec·tion Vorsprung *m*, vorspringender Teil; Werfen *n*, Schleudern *n*; Planung *f*; *film*: Projektion *f*
pro·jec·tion·ist Filmvorführer *m*
pro·jec·tor *film*: Projektor *m*
pro·le·tar·i·an **1.** proletarisch **2.** Proletarier(in)
pro·lif·ic fruchtbar
pro·log, *esp Br* **pro·logue** Prolog *m*
pro·long verlängern
prom·e·nade **1.** (Strand)Promenade *f* **2.** promenieren
prom·i·nent vorspringend, vorstehend; *fig* prominent
pro·mis·cu·ous sexuell freizügig
prom·ise **1.** Versprechen *n*; *fig* Aussicht *f* **2.** versprechen
prom·is·ing vielversprechend
prom·on·to·ry GEOGR Vorgebirge *n*
pro·mote *j-n* befördern; *Schüler* versetzen; ECON werben für; *Boxkampf*, *Konzert etc* veranstalten; *et.* fördern; ***be ~d*** SPORT *esp Br* aufsteigen (***to*** in *acc*)
pro·mot·er Promoter(in), Veranstalter(in); ECON Verkaufsförderer *m*
pro·mo·tion Beförderung *f*; PED Versetzung *f*; SPORT Aufstieg *m*; ECON Verkaufsförderung *f*, Werbung *f*
pro·mo·tion(·al) film Werbefilm *m*
prompt **1.** *j-n* veranlassen (***to do*** zu tun); führen zu, *Gefühle etc* wecken; *j-m* vorsagen; THEA *j-m* soufflieren **2.** prompt, umgehend, unverzüglich; pünktlich
prompt·er THEA Souffleur *m*, Souffleuse *f*
prone auf dem Bauch *or* mit dem Gesicht nach unten liegend; ***be ~ to*** *a.* MED neigen zu, anfällig sein für
prong Zinke *f*; (*Geweih*)Sprosse *f*
pro·noun LING Pronomen *n*, Fürwort *n*
pro·nounce aussprechen; erklären für; JUR *Urteil* verkünden
pro·nun·ci·a·tion Aussprache *f*
proof **1.** Beweis(e *pl*) *m*, Nachweis *m*; Probe *f*; PRINT Korrekturfahne *f*, *a.* PHOT Probeabzug *m* **2.** *adj in cpds* ...fest, ...beständig, ...dicht, ...sicher; → ***heatproof***, ***soundproof***, ***waterproof***; ***be ~ against*** geschützt sein vor (*dat*) **3.** imprägnieren
proof·read PRINT Korrektur lesen
proof·read·er PRINT Korrektor(in)
prop **1.** Stütze *f* (*a. fig*) **2.** *a.* ***~ up*** stützen; *sich or et.* lehnen (***against*** gegen)
prop·a·gate BIOL sich fortpflanzen *or* vermehren; verbreiten
prop·a·ga·tion Fortpflanzung *f*, Vermehrung *f*; Verbreitung *f*
pro·pel (an)treiben; **pro·pel·lant**, **pro·pel·lent** Treibstoff *m*; Treibgas *n*
pro·pel·ler AVIAT Propeller *m*, MAR *a.* Schraube *f*
pro·pel·ling pen·cil Drehbleistift *m*
pro·pen·si·ty *fig* Neigung *f*
prop·er richtig, passend, geeignet; anständig, schicklich; echt, wirklich, richtig; eigentlich; eigen(tümlich); *esp Br* F ordentlich, tüchtig, gehörig
prop·er| name, **~ noun** Eigenname *m*
prop·er·ty Eigentum *n*, Besitz *m*; Landbesitz *m*, Grundbesitz *m*; Grundstück *n*; *fig* Eigenschaft *f*
proph·e·cy Prophezeiung *f*
proph·e·sy prophezeien
proph·et Prophet *m*
pro·por·tion **1.** Verhältnis *n*; (An)Teil *m*; *pl* Größenverhältnisse *pl*, Proportionen *pl*; ***in ~ to*** im Verhältnis zu **2.** (***to***) in das richtige Verhältnis bringen (mit, zu); anpassen (*dat*)
pro·por·tion·al proportional; → ***proportionate***
pro·por·tion·ate (***to***) im richtigen Verhältnis (zu), entsprechend (*dat*)
pro·pos·al Vorschlag *m*; (Heirats)Antrag *m*; **pro·pose** *v/t* vorschlagen; beabsichtigen, vorhaben; *Toast* ausbringen (***to*** auf *acc*); ***~ s.o.'s health*** auf j-s Gesundheit trinken; *v/i*: ***~ to*** *j-m* e-n (Heirats)Antrag machen
prop·o·si·tion Behauptung *f*; Vorschlag *m*, ECON *a.* Angebot *n*
pro·pri·e·ta·ry ECON gesetzlich *or* patentrechtlich geschützt; *fig* besitzergreifend
pro·pri·e·tor Eigentümer *m*, Besitzer *m*, Geschäftsinhaber *m*
pro·pri·e·tress Eigentümerin *f*, Besitzerin *f*, Geschäftsinhaberin *f*
pro·pri·e·ty Anstand *m*; Richtigkeit *f*
pro·pul·sion TECH Antrieb *m*
pro·sa·ic prosaisch, nüchtern, sachlich
prose Prosa *f*
pros·e·cute JUR strafrechtlich verfolgen, (gerichtlich) belangen (***for*** wegen)
pros·e·cu·tion JUR strafrechtliche Verfolgung, Strafverfolgung *f*; ***the ~*** die

Staatsanwaltschaft, die Anklage (-behörde)
pros·e·cu·tor *a.* ***public ~*** JUR Staatsanwalt *m*, Staatsanwältin *f*
pros·pect **1.** Aussicht *f* (*a. fig*); Interessent *m*, ECON möglicher Kunde, potenzieller Käufer **2.** ***~ for*** *mining*: schürfen nach; bohren nach
pro·spec·tive voraussichtlich
pro·spec·tus (Werbe)Prospekt *m*
pros·per gedeihen; ECON blühen, florieren; **pros·per·i·ty** Wohlstand *m*; **pros·per·ous** ECON erfolgreich, blühend, florierend; wohlhabend
pros·ti·tute Prostituierte *f*, Dirne *f*; ***male ~*** Strichjunge *m*
pros·trate **1.** hingestreckt; *fig* am Boden liegend; erschöpft; ***~ with grief*** gramgebeugt **2.** niederwerfen; *fig* erschöpfen; *fig* niederschmettern
pros·y langweilig; weitschweifig
pro·tag·o·nist Vorkämpfer(in); THEA Hauptfigur *f*, Held(in)
pro·tect (be)schützen (***from*** vor *dat*; ***against*** gegen)
pro·tec·tion Schutz *m*; F Schutzgeld *n*; ***~ of animals*** Tierschutz; ***~ of endangered species*** Artenschutz *m*; **~ money** F Schutzgeld *n*; **~ rack·et** F Schutzgelderpressung *f*
pro·tec·tive (be)schützend; Schutz…; **~ cloth·ing** Schutzkleidung *f*; **~ custody** JUR Schutzhaft *f*; **~ du·ty**, **~ tar·iff** ECON Schutzzoll *m*
pro·tec·tor Beschützer *m*; (*Brust- etc* -) Schutz *m*
pro·tec·to·rate POL Protektorat *n*
pro·test **1.** Protest *m*; Einspruch *m* **2.** *v/i* protestieren (***against*** gegen); *v/t* protestieren gegen; beteuern
Prot·es·tant REL **1.** protestantisch **2.** Protestant(in)
prot·es·ta·tion Beteuerung *f*; Protest *m* (***against*** gegen)
pro·to·col Protokoll *n*
pro·to·type Prototyp *m*
pro·tract in die Länge ziehen, hinziehen
pro·trude herausragen, vorstehen (***from*** aus); **pro·trud·ing** vorstehend (*a. teeth*), vorspringend (*chin*)
proud stolz (***of*** auf *acc*)
prove *v/t* be-, er-, nachweisen; *v/i*: ***~ (to be)*** sich herausstellen *or* erweisen als
prov·en bewährt
prov·erb Sprichwort *n*
pro·vide *v/t* versehen, versorgen, beliefern; zur Verfügung stellen, bereitstellen; JUR vorsehen, vorschreiben (***that*** dass); *v/i*: ***~ against*** Vorsorge treffen gegen; JUR verbieten; ***~ for*** sorgen für; vorsorgen für; JUR *et.* vorsehen
pro·vid·ed: ***~ (that)*** vorausgesetzt(, dass)
pro·vid·er Ernährer(in)
prov·ince Provinz *f*; (Aufgaben-, Wissens)Gebiet *n*; **pro·vin·cial** **1.** Provinz…, provinziell, *contp* provinzlerisch **2.** *contp* Provinzler(in)
pro·vi·sion Bereitstellung *f*, Beschaffung *f*; Vorkehrung *f*, Vorsorge *f*; Bestimmung *f*, Vorschrift *f*; *pl* Proviant *m*, Verpflegung *f*; ***with the ~ that*** unter der Bedingung, dass
pro·vi·sion·al provisorisch, vorläufig
pro·vi·so Bedingung *f*, Vorbehalt *m*; ***with the ~ that*** unter der Bedingung, dass
prov·o·ca·tion Provokation *f*
pro·voc·a·tive provozierend, (*a. sexually*) aufreizend
pro·voke provozieren, reizen
prowl **1.** *v/i a.* ***~ about, ~ around*** herumschleichen, herumstreifen; *v/t* durchstreifen **2.** Herumstreifen *n*
prowl car (Funk)Streifenwagen *m*
prox·im·i·ty Nähe *f*
prox·y (Handlungs)Vollmacht *f*; (Stell)Vertreter(in), Bevollmächtigte *m, f*; ***by ~*** durch e-n Bevollmächtigten
prude: ***be a ~*** prüde sein
pru·dence Klugheit *f*, Vernunft *f*; Besonnenheit *f*
pru·dent klug, vernünftig; besonnen
prud·ish prüde
prune[1] BOT (be)schneiden
prune[2] Backpflaume *f*
prus·sic ac·id CHEM Blausäure *f*
pry[1] neugierig sein; ***~ about*** herumschnüffeln; ***~ into*** s-e Nase stecken in (*acc*)
pry[2] → ***prize***[2]
psalm REL Psalm *m*
pseu·do·nym Pseudonym *n*, Deckname *m*
psy·chi·a·trist Psychiater(in)
psy·chi·a·try Psychiatrie *f*
psy·cho·a·nal·y·sis Psychoanalyse *f*
psy·cho·log·i·cal psychologisch
psy·chol·o·gist Psychologe *m*, Psycho-

P

login *f*
psy·chol·o·gy Psychologie *f*
psy·cho·so·mat·ic psychosomatisch
pub *Br* Pub *n, m,* Kneipe *f*
pu·ber·ty Pubertät *f*
pu·bic hair Schamhaare *pl*
pub·lic 1. öffentlich; allgemein bekannt; ***make ~*** bekannt machen, an die Öffentlichkeit bringen **2.** *die* Öffentlichkeit, *das* Publikum; ***in ~*** öffentlich, in aller Öffentlichkeit
pub·li·ca·tion Bekanntgabe *f*, Bekanntmachung *f*; Publikation *f*, Veröffentlichung *f*
pub·lic| con·ve·ni·ence *Br* öffentliche Bedürfnisanstalt; **~ en·e·my** Staatsfeind *m*; **~ health** öffentliches Gesundheitswesen; **~ hol·i·day** gesetzlicher Feiertag
pub·lic·i·ty Publicity *f, a.* Bekanntheit *f*, ECON *a.* Reklame *f*, Werbung *f*; **~ depart·ment** Werbeabteilung *f*
pub·lic| li·bra·ry Leihbücherei *f*; **~ relations** (*abbr* ***PR***) Public Relations *pl*, Öffentlichkeitsarbeit *f*; **~ school** staatliche Schule; *Br* Public School *f*; **~ trans·port** *esp Br*, **~ trans·por·tation** öffentliche Verkehrsmittel *pl*
pub·lish bekannt geben *or* machen; publizieren, veröffentlichen; *Buch etc* verlegen, herausgeben
pub·lish·er Verleger(in), Herausgeber(in); Verlag *m*, Verlagshaus *n*
pub·lish·er's, pub·lish·ers, publishing house Verlag *m*, Verlagshaus *n*
puck·er *a.* **~ *up*** (sich) verziehen, (sich) runzeln
pud·ding *Br* GASTR Nachspeise *f*, Nachtisch *m*; (*Reis- etc*)Auflauf *m*; (*Art*) Fleischpastete *f*; Pudding *m*
pud·dle Pfütze *f*
pu·er·ile infantil, kindisch
puff 1. *v/i* schnaufen, keuchen; *a.* **~ *away*** paffen (***at*** an *dat*); **~ *up*** (an)schwellen; *v/t Rauch* blasen; **~ *out*** *Kerze etc* ausblasen; *Rauch etc* ausstoßen; *Brust* herausdrücken **2.** Zug *m*; (*Wind-*) Hauch *m*, (*Wind*)Stoß *m*; (*Puder*)Quaste *f*; F Puste *f*
puffed sleeve Puffärmel *m*
puff pas·try GASTR Blätterteig *m*
puff·y (an)geschwollen; aufgedunsen
pug ZO Mops *m*
puke F (aus)kotzen
pull 1. Ziehen *n*; Zug *m*, Ruck *m*; Anstieg *m*, Steigung *f*; Zuggriff *m*, Zugleine *f*; F Beziehungen *pl* **2.** ziehen; ziehen an (*dat*); zerren; reißen; *Pflanze* ausreißen; *esp Br Bier* zapfen; *fig* anziehen; **~ *ahead of*** vorbeiziehen an (*dat*), MOT überholen (*acc*); **~ *away*** anfahren (*bus etc*); **~ *down*** *Gebäude* abreißen; **~ *in*** einfahren (*train*); anhalten; **~ *off*** F *et.* zustande bringen, schaffen; **~ *out*** herausziehen (***of*** aus); *Tisch* ausziehen; RAIL abfahren; MOT ausscheren; *fig* sich zurückziehen, aussteigen (***of*** aus); **~ *over*** (s-n Wagen) an die *or* zur Seite fahren; **~ *round*** MED durchbringen; durchkommen; **~ *through*** *j-n* durchbringen; **~ *o.s. together*** sich zusammennehmen, F sich zusammenreißen; **~ *up*** MOT anhalten; (an)halten; **~ *up to,* ~ *up with*** SPORT *j-n* einholen
pull date Mindesthaltbarkeitsdatum *n*
pul·ley TECH Flaschenzug *m*
pull-in *Br* F Raststätte *f*, Rasthaus *n*
pull·o·ver Pullover *m*
pull-up SPORT Klimmzug *m*; ***do a ~*** e-n Klimmzug machen
pulp 1. Fruchtfleisch *n*; Brei *m* **2.** Schund…; **~ *novel*** Schundroman *m*
pul·pit Kanzel *f*
pulp·y breiig
pul·sate pulsieren, vibrieren
pulse Puls *m*; Pulsschlag *m*
pul·ver·ize pulverisieren
pu·ma ZO Puma *m*
pum·mel mit den Fäusten bearbeiten
pump 1. Pumpe *f*; (*Zapf*)Säule *f* **2.** pumpen; F *j-n* aushorchen; **~ *up*** aufpumpen; **~ at·tend·ant** Tankwart *m*
pump·kin BOT Kürbis *m*
pun 1. Wortspiel *n* **2.** Wortspiele *or* ein Wortspiel machen
punch[1] **1.** boxen, (mit der Faust) schlagen **2.** (Faust)Schlag *m*
punch[2] **1.** lochen; *Loch* stanzen (***in*** in *acc*); **~ *in*** einstempeln; **~ *out*** ausstempeln **2.** Locher *m*; Lochzange *f*; Locheisen *n*
punch[3] Punsch *m*
Punch *appr* Kasper *m*, Kasperle *n, m*; ***be as pleased*** *or* ***proud as ~*** sich freuen wie ein Schneekönig; **~ and Ju·dy show** Kasperletheater *n*
punc·tu·al pünktlich
punc·tu·al·i·ty Pünktlichkeit *f*

punc·tu·ate interpunktieren
punc·tu·a·tion LING Interpunktion *f*; ~ **mark** LING Satzzeichen *n*
punc·ture 1. (Ein)Stich *m*, Loch *n*; MOT Reifenpanne *f* **2.** durchstechen, durchbohren; ein Loch bekommen, platzen; MOT e-n Platten haben
pun·gent scharf, stechend, beißend (*smell, taste*); scharf, bissig (*remark etc*)
pun·ish *j-n* (be)strafen
pun·ish·a·ble strafbar
pun·ish·ment Strafe *f*; Bestrafung *f*
punk Punk *m* (*a.* MUS); Punk(er) *m*
pu·ny schwächlich
pup ZO Welpe *m*, junger Hund
pu·pa ZO Puppe *f*
pu·pil[1] Schüler(in)
pu·pil[2] ANAT Pupille *f*
pup·pet Handpuppe *f*; Marionette *f* (*a. fig*)
pup·pe·teer Puppenspieler(in)
pup·pet show Marionettentheater *n*, Puppenspiel *n*
pup·py ZO Welpe *m*, junger Hund
pur·chase 1. kaufen; *fig* erkaufen **2.** Kauf *m*; ***make ~s*** Einkäufe machen
pur·chas·er Käufer(in)
pure rein; pur
pure·bred ZO reinrassig
pur·ga·tive MED **1.** abführend **2.** Abführmittel *n*
pur·ga·to·ry REL Fegefeuer *n*
purge 1. *Partei etc* säubern (***of*** von); **2.** Säuberung *f*, Säuberungsaktion *f*
pu·ri·fy reinigen
pu·ri·tan (HIST ***Puritan***) **1.** Puritaner(in) **2.** puritanisch
pu·ri·ty Reinheit *f*
purl 1. linke Masche **2.** links stricken
pur·ple purpurn, purpurrot
pur·pose 1. Absicht *f*, Vorsatz *m*; Zweck *m*, Ziel *n*; Entschlossenheit *f*; ***on ~*** absichtlich; ***to no ~*** vergeblich **2.** beabsichtigen, vorhaben
pur·pose·ful entschlossen, zielstrebig
pur·pose·less zwecklos; ziellos
pur·pose·ly absichtlich
purr ZO schnurren; MOT summen, surren
purse[1] Geldbeutel *m*, Geldbörse *f*, Portemonnaie *n*; Handtasche *f*; SPORT Siegprämie *f*; *boxing*: Börse *f*
purse[2]: ***~ (up) one's lips*** die Lippen schürzen
purs·er MAR Zahlmeister *m*
pur·su·ance: ***in (the) ~ of his duty*** in Ausübung s-r Pflicht
pur·sue verfolgen; *s-m Studium etc* nachgehen; *Absicht, Politik etc* verfolgen; *Angelegenheit etc* weiterführen
pur·su·er Verfolger(in)
pur·suit Verfolgung *f*; Weiterführung *f*
pur·vey *Lebensmittel etc* liefern
pur·vey·or Lieferant *m*
pus MED Eiter *m*
push 1. stoßen, F schubsen; schieben; *Taste etc* drücken; drängen; (an)treiben; F *Rauschgift* pushen; *fig j-n* drängen (***to do*** zu tun); *fig* Reklame machen für; ***~ one's way*** sich drängen (***through*** durch); ***~ ahead with*** *Plan etc* vorantreiben; ***~ along*** F sich auf die Socken machen; ***~ around*** F herumschubsen; ***~ for*** drängen auf (*acc*); ***~ forward with → push ahead with***; ***~ o.s. forward*** *fig* sich in den Vordergrund drängen *or* schieben; ***~ in*** F sich vordrängeln; ***~ off!*** F hau ab!; ***~ on with → push ahead with***; ***~ out*** *fig j-n* hinausdrängen; ***~ through*** *et.* durchsetzen; ***~ up*** *Preise etc* hochtreiben **2.** Stoß *m*, F Schubs *m*; (*Werbe*)-Kampagne *f*; F Durchsetzungsvermögen *n*, Energie *f*, Tatkraft *f*
push but·ton TECH Druckknopf *m*, Drucktaste *f*
push·chair *Br* Sportwagen *m*
push·er F *contp* Rauschgifthändler *m*
push·o·ver F Kinderspiel *n*
push-up SPORT Liegestütz *m*
puss F ZO Mieze *f*
pus·sy *a.* ***~ cat*** F Miezekatze *f*
pus·sy·foot: F ***~ about, ~ around*** leisetreten, sich nicht festlegen wollen
put legen, setzen, stecken, stellen, tun; *j-n in e-e Lage etc, et. auf den Markt, in Ordnung etc* bringen; *et. in Kraft, in Umlauf etc* setzen; SPORT *Kugel* stoßen; unterwerfen, unterziehen (***to*** *dat*); *et.* ausdrücken, *in Worte* fassen; übersetzen (***into German*** ins Deutsche); *Schuld* geben (***on*** *dat*); ***~ right*** in Ordnung bringen; ***~ s.th. before s.o.*** *fig* j-m et. vorlegen; ***~ to bed*** ins Bett bringen; ***~ to school*** zur Schule schicken; ***~ about*** *Gerüchte* verbreiten, in Umlauf setzen; ***~ across*** *et.* verständlich machen; ***~ ahead*** SPORT in Führung bringen; ***~ aside*** beiseitelegen; *Ware* zu-

P

rücklegen; *fig* beiseiteschieben; ~ ***away*** weglegen, wegtun; auf-, wegräumen; ~ ***back*** zurücklegen, -stellen, -tun; *Uhr* zurückstellen (***by*** um); ~ ***by*** *Geld* zurücklegen; ~ ***down*** *v/t* hinlegen, niederlegen, hinsetzen, hinstellen; *j-n* absetzen, aussteigen lassen; (auf-, nieder-) schreiben, eintragen; zuschreiben (***to*** *dat*); *Aufstand* niederschlagen; (*a. v/i*) AVIAT landen; ~ ***forward*** *Plan etc* vorlegen; *Uhr* vorstellen (***by*** um); *fig* vorverlegen (***two days*** um zwei Tage; ***to*** auf *acc*); ~ ***in*** *v/t* hineinlegen, -stecken, -stellen, *Kassette etc* einlegen; installieren; *Gesuch etc* einreichen, *Forderung etc a.* geltend machen; *Antrag* stellen; *Arbeit, Zeit* verbringen (***on*** mit); *Bemerkung* einwerfen; *v/i* MAR einlaufen (***at*** in *acc*); ~ ***off*** *et.* verschieben (***until*** auf *acc*); *j-m* absagen; *j-n* hinhalten (***with*** mit), *j-n* vertrösten; *j-n* aus dem Konzept bringen; ~ ***on*** *Kleider etc* anziehen, *Hut, Brille* aufsetzen; *Licht, Radio etc* anmachen, einschalten; *Sonderzug* einsetzen; THEA *Stück etc* herausbringen; *et.* vortäuschen; F *j-n* auf den Arm nehmen; ~ ***on airs*** sich aufspielen; ~ ***on weight*** zunehmen; ~ ***out*** *v/t* hinauslegen, -setzen, -stellen; *Hand etc* ausstrecken; *Feuer* löschen; *Licht, Radio etc* ausmachen (*a. cigarette*), ab-, ausschalten; veröffentlichen, herausgeben; *radio*, TV bringen, senden; *j-n* aus der Fassung bringen; *j-n* verärgern; *j-m* Ungelegenheiten bereiten; *j-m* Umstände machen; sich *den Arm etc* verrenken *or* ausrenken; *v/i* MAR auslaufen; ~ ***over*** → ***put across***; ~ ***through*** TEL *j-n* verbinden (***to*** mit); durch-, ausführen; ~ ***together*** zusammenbauen, -setzen, -stellen; ~ ***up*** *v/t* hinauflegen, -stellen; *Hand* (hoch)heben; *Zelt etc* aufstellen; *Gebäude* errichten; *Bild etc* aufhängen; *Plakat, Bekanntmachung etc* anschlagen; *Schirm* aufspannen; *zum Verkauf* anbieten; *Preis* erhöhen; *Widerstand* leisten; *Kampf* liefern; *j-n* unterbringen, (bei sich) aufnehmen; *v/i* ~ ***up at*** absteigen in (*dat*); ~ ***up with*** sich gefallen lassen; sich abfinden mit

pu·tre·fy (ver)faulen, verwesen

pu·trid faul, verfault, verwest; F scheußlich, saumäßig

put·ty **1.** Kitt *m* **2.** kitten

put-up job F abgekartetes Spiel

puz·zle **1.** Rätsel *n*; Geduld(s)spiel *n* **2.** *v/t j-n* vor ein Rätsel stellen; verwirren; ***be ~d*** vor e-m Rätsel stehen; ~ ***out*** herausfinden, herausbringen, F austüfteln; *v/i* sich den Kopf zerbrechen (***about, over*** über *dat or acc*)

pyg·my **1.** Pygmäe *m*, Pygmäin *f*; Zwerg(in) **2.** *esp* ZO Zwerg...

py·ja·mas *Br* → ***pajamas***

py·lon TECH Hochspannungsmast *m*

pyr·a·mid Pyramide *f*

pyre Scheiterhaufen *m*

py·thon ZO Python(schlange) *f*

pyx REL Hostienbehälter *m*

Q

Q, q Q, q *n*

quack[1] ZO **1.** quaken **2.** Quaken *n*

quack[2] *a.* ~ ***doctor*** Quacksalber *m*, Kurpfuscher *m*; **quack·er·y** Quacksalberei *f*, Kurpfuscherei *f*

quad·ran·gle Viereck *n*

quad·ran·gu·lar viereckig

quad·ra·phon·ic quadrophon(isch)

quad·rat·ic MATH quadratisch

quad·ri·lat·er·al MATH **1.** vierseitig **2.** Viereck *n*

quad·ro·phon·ic → ***quadraphonic***

quad·ru·ped ZO Vierfüß(l)er *m*; Vierbeiner *m*

quad·ru·ple **1.** vierfach **2.** (sich) vervierfachen

quad·ru·plets Vierlinge *pl*

quads Vierlinge *pl*

quag·mire Morast *m*, Sumpf *m*

quail ZO Wachtel *f*

quaint idyllisch, malerisch

quake **1.** zittern, beben (***with, for*** vor *dat*; ***at*** bei); **2.** F Erdbeben *n*

Quak·er REL Quäker(in)

qual·i·fi·ca·tion Qualifikation *f*, Befähigung *f*, Eignung *f* (***for*** für, zu); Voraussetzung *f*; Einschränkung *f*
qual·i·fied qualifiziert, geeignet, befähigt (***for*** für); berechtigt; bedingt, eingeschränkt; **qual·i·fy** *v/t* qualifizieren, befähigen (***for*** für, zu); berechtigen (***to do*** zu tun); einschränken, abschwächen, mildern; *v/i* sich qualifizieren *or* eignen (***for*** für; ***as*** als); SPORT sich qualifizieren (***for*** für)
qual·i·ty Qualität *f*; Eigenschaft *f*
qualms Bedenken *pl*, Skrupel *pl*
quan·da·ry: ***be in a ~ about what to do*** nicht wissen, was man tun soll
quan·ti·ty Quantität *f*, Menge *f*
quan·tum PHYS **1.** Quant *n* **2.** Quanten…
quar·an·tine 1. Quarantäne *f* **2.** unter Quarantäne stellen
quar·rel 1. Streit *m*, Auseinandersetzung *f* **2.** (sich) streiten
quar·rel·some streitsüchtig, zänkisch
quar·ry[1] Steinbruch *m*
quar·ry[2] HUNT Beute *f*, *a. fig* Opfer *n*
quart Quart *n* (*abbr* ***qt***) (*0,95 l*, *Br 1,14 l*)
quar·ter 1. Viertel *n*, vierter Teil; Quartal *n*, Vierteljahr *n*; Viertelpfund *n*; Vierteldollar *m*; SPORT (Spiel)Viertel *n*; (Himmels)Richtung *f*; Gegend *f*, Teil *m*; (Stadt)Viertel *n*; GASTR (*esp* Hinter)Viertel *n*; Gnade *f*, Pardon *m*; *pl* Quartier *n*, Unterkunft *f* (*a.* MIL); ***a ~ of an hour*** e-e Viertelstunde; ***a ~ of*** (*Br* ***to***) ***five*** (ein) Viertel vor fünf (*4.45*); ***a ~ after*** (*Br* ***past***) ***five*** (ein) Viertel nach fünf (*5.15*); ***at close ~s*** in *or* aus nächster Nähe; ***from official ~s*** von amtlicher Seite **2.** vierteln; *esp* MIL einquartieren (***on*** bei)
quar·ter·deck MAR Achterdeck *n*
quar·ter·fi·nals SPORT Viertelfinale *n*
quar·ter·ly 1. vierteljährlich **2.** Vierteljahresschrift *f*
quar·tet(te) MUS Quartett *n*
quartz MIN Quarz *m*; **~ clock** Quarzuhr *f*; **~ watch** Quarz(armband)uhr *f*
qua·ver 1. *v/i* zittern; *v/t et.* mit zitternder Stimme sagen **2.** Zittern *n*
quay MAR Kai *m*
quea·sy: ***I feel ~*** mir ist übel *or* F mulmig
queen Königin *f*; *card game*, *chess*: Dame *f*; F Schwule *m*, Homo *m*
queen bee ZO Bienenkönigin *f*
queen·ly wie e-e Königin, königlich
queer komisch, seltsam; F wunderlich; F schwul
quench *Durst* löschen, stillen
quer·u·lous nörglerisch
que·ry 1. Frage *f*; Zweifel *m* **2.** infrage stellen, in Zweifel ziehen
quest 1. Suche *f* (***for*** nach); ***in ~ of*** auf der Suche nach **2.** suchen (***after, for*** nach)
ques·tion 1. Frage *f*, *a.* Problem *n*, *a.* Sache *f*, *a.* Zweifel *m*; ***only a ~ of time*** nur e-e Frage der Zeit; ***this is not the point in ~*** darum geht es nicht; ***there is no ~ that, it is beyond ~ that*** es steht außer Frage, dass; ***there is no ~ about this*** daran besteht kein Zweifel; ***be out of the ~*** nicht infrage kommen **2.** befragen (***about*** über *acc*); JUR vernehmen, verhören (***about*** zu); bezweifeln, in Zweifel ziehen, infrage stellen
ques·tion·a·ble fraglich, zweifelhaft; fragwürdig
ques·tion·er Fragesteller(in)
ques·tion| mark Fragezeichen *n*; **~ mas·ter** *esp Br* Quizmaster *m*
ques·tion·naire Fragebogen *m*
queue *esp Br* **1.** Schlange *f*; → ***jump*** **2.** *mst* **~ *up*** Schlange stehen, anstehen, sich anstellen
quib·ble sich herumstreiten (***with*** mit; ***about, over*** wegen)
quick 1. *adj* schnell, rasch; aufbrausend, hitzig (*temper*); ***be ~!*** mach schnell!, beeil dich! **2.** *adv* schnell, rasch **3.** ***cut s.o. to the ~*** *fig* j-n tief verletzen
quick·en (sich) beschleunigen
quick·sand Treibsand *m*
quick-tem·pered aufbrausend, hitzig
quick-wit·ted schlagfertig; geistesgegenwärtig
qui·et 1. ruhig, still; ***~, please*** Ruhe, bitte; ***be ~!*** sei still! **2.** Ruhe *f*, Stille *f*; ***on the ~*** F heimlich **3.** *v/t a.* **~ *down*** *j-n* beruhigen; *v/i a.* **~ *down*** sich beruhigen
qui·et·en *Br* → ***quiet*** *3*
qui·et·ness Ruhe *f*, Stille *f*
quill ZO (Schwung-, Schwanz)Feder *f*; Stachel *m*
quilt Steppdecke *f*; **quilt·ed** Stepp…
quince BOT Quitte *f*
quin·ine PHARM Chinin *n*
quint F Fünfling *m*
quin·tes·sence Quintessenz *f*; Inbegriff *m*

quin·tet(te) MUS Quintett *n*
quin·tu·ple 1. fünffach **2.** (sich) verfünffachen
quin·tu·plets Fünflinge *pl*
quip 1. geistreiche *or* witzige Bemerkung **2.** witzeln, spötteln
quirk Eigenart *f*, Schrulle *f*; ***by some ~ of fate*** durch e-e Laune des Schicksals, durch e-n verrückten Zufall
quit F *v/t* aufhören mit; ***~ one's job*** kündigen; *v/i* aufhören; kündigen
quite ganz, völlig; ziemlich; ***~ a few*** ziemlich viele; ***~ nice*** ganz nett, recht nett; ***~ (so)!*** *esp Br* genau, ganz recht; ***be ~ right*** völlig recht haben; ***she's ~ a beauty*** sie ist e-e wirkliche Schönheit
quits F quitt (***with*** mit); ***call it ~*** es gut sein lassen
quit·ter F ***be a ~*** schnell aufgeben
quiv·er[1] zittern (***with*** vor *dat*; ***at*** bei)
quiv·er[2] Köcher *m*
quiz 1. Quiz *n*; Prüfung *f*, Test *m* **2.** ausfragen (***about*** über *acc*)
quiz·mas·ter Quizmaster *m*
quiz·zi·cal spöttisch-fragend
quo·ta Quote *f*, Kontingent *n*
quo·ta·tion Zitat *n*; ECON Notierung *f*; Kostenvoranschlag *m*; **~ marks** LING Anführungszeichen *pl*
quote zitieren; *Beispiel etc* anführen; *Preis* nennen; ***be ~d at*** ECON notieren mit
quo·tient MATH Quotient *m*

R

R, r R, r *n*
rab·bi REL Rabbiner *m*
rab·bit ZO Kaninchen *n*
rab·ble Pöbel *m*, Mob *m*
rab·ble-rous·ing Hetz..., aufwieglerisch
rab·id VET tollwütig; *fig* fanatisch
ra·bies VET Tollwut *f*
rac·coon ZO Waschbär *m*
race[1] Rasse *f*, Rassenzugehörigkeit *f*; (*Menschen*)Geschlecht *n*
race[2] **1.** (Wett)Rennen *n*, (Wett)Lauf *m* **2.** *v/i* an (e-m) Rennen teilnehmen; um die Wette laufen *or* fahren *etc*; rasen, rennen; MOT durchdrehen; *v/t* um die Wette laufen *or* fahren *etc* mit; rasen mit
race car MOT Rennwagen *m*
race·course Rennbahn *f*
race·horse Rennpferd *n*
rac·er Rennpferd *n*; Rennrad *n*, Rennwagen *m*
race ri·ots Rassenunruhen *pl*
race·track Rennbahn *f*
ra·cial rassisch, Rassen...
rac·ing 1. Rennsport *m* **2.** Renn...
rac·ing car *Br* MOT Rennwagen *m*
ra·cism Rassismus *m*
ra·cist 1. Rassist(in) **2.** rassistisch
rack 1. Gestell *n*, (*Geschirr-*, *Zeitungs- etc*)Ständer *m*, RAIL (*Gepäck*)Netz *n*, MOT (*Dach*)Gepäckständer *m*; HIST Folter(bank) *f* **2.** ***be ~ed by*** *or* ***with*** geplagt *or* gequält werden von; ***~ one's brains*** sich das Hirn zermartern, sich den Kopf zerbrechen
rack·et[1] *tennis etc*: Schläger *m*
rack·et[2] F Krach *m*, Lärm *m*; Schwindel *m*, Gaunerei *f*; (*Drogen- etc*)Geschäft *n*; organisierte Erpressung
rack·et·eer Gauner *m*; Erpresser *m*
ra·coon → ***raccoon***
rac·y spritzig, lebendig; gewagt (*joke*)
ra·dar TECH Radar *m, n*; **~ screen** Radarschirm *m*; **~ speed check** MOT Radarkontrolle *f*; **~ sta·tion** Radarstation *f*; **~ trap** MOT Radarkontrolle *f*
ra·di·al 1. radial, Radial..., strahlenförmig **2.** MOT Gürtelreifen *m*
ra·di·al| tire, *Br* **~ tyre** → ***radial*** *2*
ra·di·ant strahlend, leuchtend (*a. fig* ***with*** vor *dat*)
ra·di·ate ausstrahlen; strahlenförmig ausgehen (***from*** von)
ra·di·a·tion Ausstrahlung *f*
ra·di·a·tor Heizkörper *m*; MOT Kühler *m*
rad·i·cal 1. radikal (*a.* POL); MATH Wurzel... **2.** POL Radikale *m, f*
ra·di·o 1. Radio(apparat *m*) *n*; Funk *m*; Funkgerät *n*; ***by ~*** über Funk; ***on the ~*** im Radio **2.** funken
ra·di·o·ac·tive radioaktiv; **~ waste**

R

Atommüll *m*, radioaktiver Abfall
ra·di·o·ac·tiv·i·ty Radioaktivität *f*
ra·di·o| ham Funkamateur *m*; **~ play** Hörspiel *n*; **~ set** Radioapparat *m*; **~ sta·tion** Funkstation *f*; Rundfunksender *m*, -station *f*; **~ ther·a·py** MED Strahlentherapie *f*, Röntgentherapie *f*; **~ tow·er** Funkturm *m*
rad·ish BOT Rettich *m*; Radieschen *n*
ra·di·us MATH Radius *m*
raf·fle 1. Tombola *f* **2.** *a.* ***~ off*** verlosen
raft Floß *n*
raf·ter (Dach)Sparren *m*
rag Lumpen *m*, Fetzen *m*; Lappen *m*; ***in ~s*** zerlumpt
rage 1. Wut *f*, Zorn *m*; ***fly into a ~*** wütend werden; ***the latest ~*** F der letzte Schrei; ***be all the ~*** F große Mode sein **2.** wettern (***against, at*** gegen); wüten, toben
rag·ged zerlumpt; struppig; *fig* stümperhaft
raid 1. (***on***) Überfall *m* (auf *acc*), MIL *a.* Angriff *m* (gegen); Razzia *f* (in *dat*); **2.** überfallen, MIL *a.* angreifen; e-e Razzia machen in (*dat*)
rail 1. Geländer *n*; Stange *f*; (*Handtuch*)-Halter *m*; (Eisen)Bahn *f*; RAIL Schiene *f*, *pl a.* Gleis *n*; ***by ~*** mit der Bahn **2.** ***~ in*** einzäunen; ***~ off*** abzäunen
rail·ing *often pl* (Gitter)Zaun *m*
rail·road Eisenbahn *f*; **~ line** Bahnlinie *f*; **~ sta·tion** Bahnhof *m*
rail·way *Br* → ***railroad***
rain 1. Regen *m*, *pl* Regenfälle *pl*; ***the ~s*** die Regenzeit **2.** regnen; ***it never ~s but it pours*** es kommt immer gleich knüppeldick, ein Unglück kommt selten allein
rain·bow Regenbogen *m*
rain·coat Regenmantel *m*
rain·fall Niederschlag(smenge *f*) *m*
rain for·est GEOGR Regenwald *m*
rain·proof regendicht, wasserdicht
rain·y regnerisch, verregnet, Regen…
raise 1. heben; hochziehen; erheben; *Denkmal etc* errichten; *Staub etc* aufwirbeln; *Gehalt*, *Miete etc* erhöhen; *Geld* zusammenbringen, beschaffen; *Kinder* aufziehen, großziehen; *Tiere* züchten; *Getreide etc* anbauen; *Frage* aufwerfen, *et.* zur Sprache bringen; *Blockade etc*, *a. Verbot* aufheben **2.** Lohn- *or* Gehaltserhöhung *f*
rai·sin Rosine *f*
rake 1. Rechen *m*, Harke *f* **2.** *v/t*: **~ (*up*)** (zusammen)rechen, (zusammen)harken; F ***~ in*** scheffeln; *v/i*: ***~ about, ~ around*** herumstöbern
rak·ish flott, keck, verwegen
ral·ly 1. (sich) (wieder) sammeln; sich erholen (***from*** von) (*a.* ECON); ***~ round*** sich scharen um **2.** Kundgebung *f*, (Massen)Versammlung *f*; MOT Rallye *f*; *tennis etc*: Ballwechsel *m*
ram 1. ZO Widder *m*, Schafbock *m*; TECH Ramme *f* **2.** rammen
ram·ble 1. wandern, umherstreifen; abschweifen **2.** Wanderung *f*; **ram·bler** Wanderer *m*; BOT Kletterrose *f*
ram·bling weitschweifig; weitläufig; **~ rose** BOT Kletterrose *f*
ramp Rampe *f*; MOT (Autobahn)Auffahrt *f*; (Autobahn)Ausfahrt *f*
ram·page 1. ***~ through*** (wild *or* aufgeregt) trampeln durch (*elephant etc*); → **2.** ***go on the ~ through*** randalierend ziehen durch
ram·pant ***be ~*** wuchern (*plant*); grassieren (***in*** in *dat*)
ram·shack·le baufällig (*building*); klapp(e)rig (*vehicle*)
ranch Ranch *f*; (*Geflügel- etc*)Farm *f*
ranch·er Rancher *m*; (*Geflügel- etc*) Züchter *m*
ran·cid ranzig
ran·co(u)r Groll *m*, Erbitterung *f*
ran·dom 1. *adj* ziellos, wahllos; zufällig, Zufalls…; ***~ sample*** Stichprobe *f* **2.** ***at ~*** aufs Geratewohl
range 1. Reich-, Schuss-, Tragweite *f*; Entfernung *f*; *fig* Bereich *m*, *a.* Spielraum *m*, *a.* Gebiet *n*; (*Schieß*)Stand *m*, (-)Platz *m*; (*Berg*)Kette *f*; offenes Weidegebiet; ECON Kollektion *f*, Sortiment *n*; Küchenherd *m*; ***at close ~*** aus nächster Nähe; ***within ~ of vision*** in Sichtweite; ***a wide ~ of …*** eine große Auswahl an … (*dat*) **2.** *v/i*: ***~ from … to …, ~ between … and …*** sich zwischen … und … bewegen (*prices etc*); *v/t* aufstellen, anordnen
range find·er PHOT Entfernungsmesser *m*
rang·er Förster *m*; Ranger *m*
rank[1] **1.** Rang *m* (*a.* MIL), (soziale) Stellung; Reihe *f*; (*Taxi*)Stand *m*; ***of the first ~*** *fig* erstklassig; ***the ~ and file***

R

fig die Basis; ***the ~s*** *fig* das Heer, die Masse **2.** *v/t* rechnen, zählen (***among*** zu); stellen (***above*** über *acc*); *v/i* zählen, gehören (***among*** zu); gelten (***as*** als)

rank[2] BOT (üppig) wuchernd; übel riechend, übel schmeckend; *fig* krass (*outsider*), blutig (*beginner*)

ran·kle *fig* nagen, wehtun, F wurmen

ran·sack durchwühlen, durchsuchen; plündern

ran·som 1. Lösegeld *n* **2.** freikaufen, auslösen

rap 1. Klopfen *n*; Klaps *m* **2.** klopfen (an *acc*, auf *acc*)

ra·pa·cious habgierig

rape[1] **1.** vergewaltigen **2.** Vergewaltigung *f*

rape[2] BOT Raps *m*

rap·id schnell, rasch

ra·pid·i·ty Schnelligkeit *f*

rap·ids GEOGR Stromschnellen *pl*

rapt: ***with ~ attention*** mit gespannter Aufmerksamkeit

rap·ture Entzücken *n*, Verzückung *f*; ***go into ~s*** in Verzückung geraten

rare[1] selten, rar; dünn (*air*); F Mords...

rare[2] GASTR blutig (*steak*)

rar·e·fied dünn (*air*)

rar·i·ty Seltenheit *f*; Rarität *f*

ras·cal Schlingel *m*

rash[1] voreilig, vorschnell, unbesonnen

rash[2] MED (Haut)Ausschlag *m*

rash·er dünne Speckscheibe

rasp 1. raspeln; kratzen **2.** Raspel *f*; Kratzen *n*

rasp·ber·ry BOT Himbeere *f*

rat ZO Ratte *f* (*a. contp*); F ***smell a ~*** Lunte *or* den Braten riechen

rate 1. Quote *f*, Rate *f*, (*Geburten-*, *Sterbe*)Ziffer *f*; (*Steuer-*, *Zins- etc*)Satz *m*; (*Wechsel*)Kurs *m*; Geschwindigkeit *f*, Tempo *n*; ***at any ~*** auf jeden Fall **2.** einschätzen, halten (***as*** für); *Lob etc* verdienen; ***be ~d as*** gelten als

rate of ex·change ECON (Umrechnungs-, Wechsel)Kurs *m*

rate of in·terest ECON Zinssatz *m*

ra·ther ziemlich; eher, vielmehr, besser gesagt; ***~!*** *esp Br* F und ob!; ***I would*** *or* ***had ~ go*** ich möchte lieber gehen

rat·i·fy POL ratifizieren

rat·ing Einschätzung *f*; *radio*, TV Einschaltquote *f*

ra·ti·o MATH Verhältnis *n*

ra·tion 1. Ration *f* **2.** *et.* rationieren; ***~ out*** zuteilen (***to*** *dat*)

ra·tion·al rational; vernunftbegabt; vernünftig; verstandesmäßig

ra·tion·al·i·ty Vernunft *f*

ra·tion·al·ize rational erklären; ECON rationalisieren

rat race F endloser Konkurrenzkampf

rat·tle 1. klappern; rasseln *or* klimpern (mit); prasseln (***on*** auf *acc*) (*rain etc*); rattern, knattern (*vehicle*); rütteln an (*dat*); F *j-n* verunsichern; ***~ at*** rütteln an (*dat*); ***~ off*** F *Gedicht etc* herunterrasseln; F ***~ on*** quasseln (***about*** über *acc*); F ***~ through*** *Rede etc* herunterrasseln **2.** Klappern *n* (*etc* → 1); Rassel *f*, Klapper *f*

rat·tle·snake ZO Klapperschlange *f*

rau·cous heiser, rau

rav·age verwüsten

rav·ag·es Verwüstungen *pl*, *a. fig* verheerende Auswirkungen *pl*

rave fantasieren, irrereden; toben; wettern (***against, at*** gegen); schwärmen (***about*** von)

rav·el (sich) verwickeln *or* verwirren

ra·ven ZO Rabe *m*

rav·e·nous ausgehungert, heißhungrig

ra·vine Schlucht *f*, Klamm *f*

rav·ing mad tobsüchtig

rav·ings irres Gerede, Delirien *pl*

rav·ish·ing *fig* hinreißend

raw GASTR roh, ECON, TECH *a.* Roh...; MED wund; METEOR nasskalt; *fig* unerfahren; ***~ vegetables and fruit*** Rohkost *f*

raw-boned knochig, hager

raw·hide Rohleder *n*

raw ma·te·ri·al Rohstoff *m*

ray Strahl *m*; *fig* Schimmer *m*

ray·on Kunstseide *f*

ra·zor Rasiermesser *n*; Rasierapparat *m*; ***electric ~*** Elektrorasierer *m*

ra·zor blade Rasierklinge *f*

ra·zor('s) edge *fig* kritische Lage; ***be on a ~*** auf des Messers Schneide stehen

re... wieder, noch einmal, neu

reach 1. *v/t* erreichen; reichen *or* gehen bis an (*acc*) *or* zu; ***~ down*** herunter-, hinunterreichen (***from*** von); ***~ out*** *Arm etc* ausstrecken; *v/i* reichen, gehen, sich erstrecken; *a.* ***~ out*** greifen, langen (***for*** nach); ***~ out*** die Hand ausstrecken **2.** Reichweite *f*; ***within*** (***out of***) ***~*** in (au-

R

ßer) Reichweite; ***within easy*** ~ leicht erreichbar

re·act reagieren (***to*** auf *acc*; CHEM ***with*** mit); **re·ac·tion** Reaktion *f* (*a.* CHEM)

re·ac·tor PHYS Reaktor *m*

read lesen; TECH (an)zeigen; *Zähler etc* ablesen; UNIV studieren; deuten, verstehen (***as*** als); sich *gut etc* lesen (lassen); lauten; ~ (***s.th.***) ***to s.o.*** j-m (et.) vorlesen

read·a·ble lesbar; leserlich; lesenswert

read·er Leser(in); Lektor(in); Lesebuch *n*

read·i·ly bereitwillig, gern; leicht, ohne weiteres

read·i·ness Bereitschaft *f*

read·ing 1. Lesen *n*; Lesung *f* (*a.* PARL); TECH Anzeige *f*, (*Thermometer- etc* -) Stand *m*; Auslegung *f* **2.** Lese…; ~ ***matter*** Lesestoff *m*

re·ad·just TECH nachstellen, korrigieren; ~ (***o.s.***) ***to*** sich wieder anpassen (*dat*) *or* an (*acc*), sich wieder einstellen auf (*acc*)

read·y bereit, fertig; bereitwillig; im Begriff (***to do*** zu tun); schnell, schlagfertig; ~ ***for use*** gebrauchsfertig; ***get*** ~ (sich) fertig machen

read·y cash → ***ready money***

read·y-made Konfektions…

read·y meal Fertiggericht *n*

read·y mon·ey Bargeld *n*

real echt; wirklich, tatsächlich, real; F ***for*** ~ echt, im Ernst

real es·tate Grundbesitz *m*, Immobilien *pl*; ~ **a·gent** Grundstücks-, Immobilienmakler *m*

re·a·lism Realismus *m*

re·al·ist Realist(in)

re·al·is·tic realistisch

re·al·i·ty Realität *f*, Wirklichkeit *f*

re·a·li·za·tion Erkenntnis *f*; Realisierung *f* (*a.* ECON), Verwirklichung *f*

re·al·ize sich klarmachen, erkennen, begreifen, einsehen; realisieren (*a.* ECON), verwirklichen

real·ly wirklich, tatsächlich; ***well,*** ~***!*** ich muss schon sagen!; ~***?*** im Ernst?

realm Königreich *n*; *fig* Reich *n*

real·tor Grundstücks-, Immobilienmakler *m*

reap *Getreide etc* schneiden; *Feld* abernten; *fig* ernten

re·ap·pear wieder erscheinen

rear 1. *v/t Kind, Tier* aufziehen, großziehen; *Kopf* heben; *v/i* sich aufbäumen (*horse*) **2.** Rückseite *f*, Hinterseite *f*, MOT Heck *n*; ***in*** (***Br at***) ***the*** ~ ***of*** hinter (*dat*); ***bring up the*** ~ die Nachhut bilden **3.** hinter, Hinter…, Rück…, MOT *a.* Heck…

rear-end col·li·sion MOT Auffahrunfall *m*

rear·guard MIL Nachhut *f*

rear light MOT Rücklicht *n*

re·arm MIL (wieder) aufrüsten

re·ar·ma·ment MIL (Wieder)Aufrüstung *f*

rear·most hinterste(r, -s)

rear·view mir·ror MOT Rückspiegel *m*

rear·ward 1. *adj* hintere(r, -s), rückwärtig **2.** *adv a.* ***rearwards*** rückwärts

rear-wheel drive MOT Hinterradantrieb *m*

rear win·dow MOT Heckscheibe *f*

rea·son 1. Grund *m*; Verstand *m*; Vernunft *f*; ***by*** ~ ***of*** wegen; ***for this*** ~ aus diesem Grund; ***it stands to*** ~ ***that*** es leuchtet ein, dass **2.** *v/i* vernünftig *or* logisch denken; vernünftig reden (***with*** mit); *v/t* folgern, schließen (***that*** dass); ~ ***s.o. into*** (***out of***) ***s.th.*** j-m et. einreden (ausreden); **rea·son·a·ble** vernünftig; günstig (*price*); ganz gut, nicht schlecht

re·as·sure beruhigen

re·bate ECON Rabatt *m*, (Preis)Nachlass *m*; Rückzahlung *f*

reb·el[1] **1.** Rebell(in); Aufständische *m, f* **2.** aufständisch

re·bel[2] rebellieren, sich auflehnen (***against*** gegen)

re·bel·lion Rebellion *f*, Aufstand *m*

re·bel·lious rebellisch, aufständisch

re·birth Wiedergeburt *f*

re·bound 1. abprallen, zurückprallen (***from*** von); *fig* zurückfallen (***on*** auf *acc.*); **2.** SPORT Abpraller *m*

re·buff 1. schroffe Abweisung, Abfuhr *f* **2.** schroff abweisen

re·build wieder aufbauen (*a. fig*)

re·buke 1. rügen, tadeln **2.** Rüge *f*, Tadel *m*

re·call 1. zurückrufen, abberufen; MOT (in die Werkstatt) zurückrufen; sich erinnern an (*acc*); erinnern an (*acc*) **2.** Zurückrufung *f*, Abberufung *f*; Rückrufaktion *f*; ***have total*** ~ das absolute Ge-

R

dächtnis haben; ***beyond ~, past ~*** unwiederbringlich *or* unwiderruflich vorbei

re·ca·pit·u·late rekapitulieren, (kurz) zusammenfassen

re·cap·ture wieder einfangen (*a. fig*); *Häftling* wieder fassen; MIL zurückerobern

re·cast TECH umgießen; umformen, neu gestalten; THEA *etc* umbesetzen, neu besetzen

re·cede schwinden; ***receding chin*** fliehendes Kinn

re·ceipt *esp* ECON Empfang *m*, Eingang *m*; Quittung *f*; *pl* Einnahmen *pl*

re·ceive bekommen, erhalten; empfangen; *j-n* aufnehmen (***into*** in *acc*); *radio*, TV empfangen; **re·ceiv·er** Empfänger(in); TEL Hörer *m*; JUR Hehler(in); *a.* ***official ~*** *Br* JUR Konkursverwalter *m*

re·cent neuere(r, -s); jüngste(r, -s)

re·cent·ly kürzlich, vor kurzem

re·cep·tion Empfang *m*; Aufnahme *f* (***into*** in *acc*); *radio*, TV Empfang *m*; *a.* ***~ desk*** *hotel*: Rezeption *f*, Empfang *m*

re·cep·tion·ist Empfangsdame *f*, -chef *m*; MED Sprechstundenhilfe *f*

re·cep·tive aufnahmefähig; empfänglich (***to*** für)

re·cess Unterbrechung *f*, (Schul)Pause *f*; PARL, JUR Ferien *pl*; Nische *f*

re·ces·sion ECON Rezession *f*

re·ci·pe (Koch)Rezept *n*

re·cip·i·ent Empfänger(in)

re·cip·ro·cal wechselseitig, gegenseitig

re·cip·ro·cate *v/i* TECH sich hin- und herbewegen; sich revanchieren; *v/t Einladung etc* erwidern

re·cit·al Vortrag *m*, (*Klavier- etc*)Konzert *n*, (*Lieder*)Abend *m*; Schilderung *f*; **re·ci·ta·tion** Aufsagen *n*, Hersagen *n*; Vortrag *m*; **re·cite** aufsagen, hersagen; vortragen; aufzählen

reck·less rücksichtslos

reck·on *v/t* (aus-, be)rechnen; glauben, schätzen; ***~ up*** zusammenrechnen; *v/i*: ***~ on*** rechnen mit; ***~ with*** rechnen mit; ***~ without*** nicht rechnen mit

reck·on·ing (Be)Rechnung *f*; ***be out in one's ~*** sich verrechnet haben

re·claim zurückfordern; *Gepäck etc* abholen; *dem Meer etc Land* abgewin-
…en; TECH wiedergewinnen

…**ne** sich zurücklehnen

re·cluse Einsiedler(in)

rec·og·ni·tion (Wieder)Erkennen *n*; Anerkennung *f*

rec·og·nize (wieder) erkennen; anerkennen; zugeben, eingestehen

re·coil **1.** zurückschrecken (***from*** vor *dat*); **2.** Rückstoß *m*

rec·ol·lect sich erinnern an (*acc*)

rec·ol·lec·tion Erinnerung *f* (***of*** an *acc*)

rec·om·mend empfehlen (***as*** als; ***for*** für)

rec·om·men·da·tion Empfehlung *f*

rec·om·pense **1.** entschädigen (***for*** für); **2.** Entschädigung *f*

rec·on·cile versöhnen, aussöhnen; in Einklang bringen (***with*** mit)

rec·on·cil·i·a·tion Versöhnung *f*, Aussöhnung *f* (***between*** zwischen *dat*; ***with*** mit)

re·con·di·tion TECH (general)überholen

re·con·nais·sance MIL Aufklärung *f*, Erkundung *f*

re·con·noi·ter, *Br* **re·con·noi·tre** MIL erkunden, auskundschaften

re·con·sid·er noch einmal überdenken

re·con·struct wieder aufbauen (*a. fig*); *Verbrechen etc* rekonstruieren

re·con·struc·tion Wiederaufbau *m*; Rekonstruktion *f*

rec·ord[1] Aufzeichnung *f*; JUR Protokoll *n*; Akte *f*; (Schall)Platte *f*; SPORT Rekord *m*; ***off the ~*** inoffiziell; ***have a criminal ~*** vorbestraft sein

re·cord[2] aufzeichnen, aufschreiben, schriftlich niederlegen; JUR protokollieren, zu Protokoll nehmen; *auf Schallplatte*, *Tonband etc* aufnehmen, *Sendung a.* aufzeichnen, mitschneiden

re·cord·er (*Kassetten*)Rekorder *m*; (*Tonband*)Gerät *n*; MUS Blockflöte *f*

re·cord·ing Aufnahme *f*, Aufzeichnung *f*, Mitschnitt *m*

rec·ord play·er Plattenspieler *m*

re·count erzählen

re·cov·er *v/t* wiedererlangen, wiederbekommen, wieder finden; *Kosten etc* wiedereinbringen; *Fahrzeug*, *Verunglückten etc* bergen; ***~ consciousness*** MED wieder zu sich kommen, das Bewusstsein wiedererlangen; *v/i* sich erholen (***from*** von); **re·cov·er·y** Wiedererlangen *n*; Wiederfinden *n*; Bergung *f*; Genesung *f*; Erholung *f*

rec·re·a·tion Entspannung *f*; Unterhaltung *f*, Freizeitbeschäftigung *f*

re·cruit **1.** MIL Rekrut *m*; Neue *m*, *f*, neues Mitglied **2.** MIL rekrutieren; *Personal* einstellen; *Mitglieder* werben

rec·tan·gle MATH Rechteck *n*

rec·tan·gu·lar rechteckig

rec·ti·fy ELECTR gleichrichten

rec·tor REL Pfarrer *m*

rec·to·ry REL Pfarrhaus *n*

re·cu·pe·rate sich erholen (***from*** von) (*a. fig*)

re·cur wiederkehren, wieder auftreten

re·cur·rence Wiederkehr *f*

re·cur·rent wiederkehrend

re·cy·cla·ble TECH recycelbar, wiederverwertbar; **re·cy·cle** TECH *Abfälle* recyceln, wieder verwerten; ***~d paper*** Recyclingpapier *n*, Umwelt(schutz)papier *n*; **re·cy·cling** TECH Recycling *n*, Wiederverwertung *f*

red **1.** rot **2.** Rot *n*; ***be in the ~*** ECON in den roten Zahlen sein

red·breast → ***robin***

Red Cres·cent Roter Halbmond

Red Cross Rotes Kreuz

red·cur·rant BOT Rote Johannisbeere

red·den röten, rot färben; rot werden

red·dish rötlich

re·dec·o·rate *Zimmer etc* neu streichen *or* tapezieren

re·deem *Pfand*, *Versprechen etc* einlösen; REL erlösen

Re·deem·er REL Erlöser *m*, Heiland *m*

re·demp·tion Einlösung *f*; REL Erlösung *f*

re·de·vel·op *Gebäude*, *Stadtteil* sanieren

red-faced verlegen, mit rotem Kopf

red-hand·ed: ***catch s.o. ~*** j-n auf frischer Tat ertappen

red·head F Rotschopf *m*, Rothaarige *f*

red-head·ed rothaarig

red her·ring *fig* falsche Fährte *or* Spur

red-hot rot glühend; *fig* glühend; F brandaktuell (*news etc*)

Red In·di·an *contp* Indianer(in)

red-let·ter day Freuden-, Glückstag *m*

red·ness Röte *f*

re·dou·ble verdoppeln

red tape Bürokratismus *m*, F Amtsschimmel *m*

re·duce verkleinern; *Geschwindigkeit*, *Risiko etc* verringern, *Steuern etc* senken, *Preis*, *Waren etc* herabsetzen, reduzieren (***from … to*** von … auf *acc*), *Gehalt etc* kürzen; verwandeln (***to*** in *acc*), machen (***to*** zu); reduzieren, zurückführen (***to*** auf *acc*); **re·duc·tion** Verkleinerung *f*; Verringerung *f*, Senkung *f*, Herabsetzung *f*, Reduzierung *f*, Kürzung *f*

re·dun·dant überflüssig

reed BOT Schilf(rohr) *n*

re·ed·u·cate umerziehen

re·ed·u·ca·tion Umerziehung *f*

reef (Felsen)Riff *n*

reek **1.** Gestank *m* **2.** stinken (***of*** nach)

reel[1] **1.** Rolle *f*, Spule *f* **2.** ***~ off*** abrollen, abspulen; *fig* herunterrasseln

reel[2] sich drehen; (sch)wanken, taumeln, torkeln; ***my head ~ed*** mir drehte sich alles

re·e·lect wieder wählen

re·en·ter wieder eintreten in (*acc*), wieder betreten; **re·en·try** Wiedereintreten *n*, Wiedereintritt *m*

ref F SPORT Schiri *m*

re·fer: ***~ to*** verweisen *or* hinweisen auf (*acc*); *j-n* verweisen an (*acc*); sich beziehen auf (*acc*); anspielen auf (*acc*); erwähnen (*acc*); nachschlagen in (*dat*)

ref·er·ee SPORT Schiedsrichter *m*, Unparteiische *m*; *boxing*: Ringrichter *m*

ref·er·ence Verweis *m*, Hinweis *m* (***to*** auf *acc*); Verweisstelle *f*; Referenz *f*, Empfehlung *f*, Zeugnis *n*; Bezugnahme *f* (***to*** auf *acc*); Anspielung *f* (***to*** auf *acc*); Erwähnung *f* (***to*** *gen*); Nachschlagen *n* (***to*** in *dat*); ***list of ~s*** Quellenangabe *f*; **~ book** Nachschlagewerk *n*; **~ li·bra·ry** Handbibliothek *f*; **~ num·ber** Aktenzeichen *n*

ref·e·ren·dum POL Referendum *n*, Volksentscheid *m*

re·fill **1.** wieder füllen, nachfüllen, auffüllen **2.** (*Ersatz*)Mine *f*; (*Ersatz*)Patrone *f*

re·fine TECH raffinieren; *fig* verfeinern, kultivieren; ***~ on*** verbessern, verfeinern

re·fined TECH raffiniert; *fig* kultiviert, vornehm

re·fine·ment TECH Raffinierung *f*; *fig* Verbess(e)rung *f*, Verfeinerung *f*; Kultiviertheit *f*, Vornehmheit *f*

re·fin·e·ry TECH Raffinerie *f*

re·flect *v/t* reflektieren, zurückwerfen, -strahlen, (wider)spiegeln; ***be ~ed in*** sich (wider)spiegeln in (*dat*) (*a. fig*);

v/i nachdenken (**on** über *acc*); **~ (badly) on** sich nachteilig auswirken auf (*acc*); ein schlechtes Licht werfen auf (*acc*)
re·flec·tion Reflexion *f*, Zurückwerfung *f*, -strahlung *f*, (Wider)Spiegelung *f* (*a. fig*); Spiegelbild *n*; Überlegung *f*; Betrachtung *f*; **on ~** nach einigem Nachdenken
re·flec·tive reflektierend; nachdenklich
re·flex Reflex *m*; **~ ac·tion** Reflexhandlung *f*; **~ cam·e·ra** PHOT Spiegelreflexkamera *f*
re·flex·ive LING reflexiv, rückbezüglich
re·form 1. reformieren, verbessern; sich bessern **2.** Reform *f* (*a.* POL), Besserung *f*; **ref·or·ma·tion** Reformierung *f*; Besserung *f*; ***the Reformation*** REL die Reformation; **re·form·er** *esp* POL Reformer *m*; REL Reformator *m*
re·fract *Strahlen etc* brechen
re·frac·tion (*Strahlen- etc*)Brechung *f*
re·frain[1]: **~ *from*** sich enthalten (*gen*), unterlassen (*acc*)
re·frain[2] Kehrreim *m*, Refrain *m*
re·fresh (***o.s.*** sich) erfrischen, stärken; *Gedächtnis* auffrischen
re·fresh·ing erfrischend (*a. fig*)
re·fresh·ment Erfrischung *f*
re·fri·ge·rate TECH kühlen
re·fri·ge·ra·tor Kühlschrank *m*
re·fu·el auftanken
ref·uge Zuflucht *f*, Zufluchtsstätte *f*; *Br* Verkehrsinsel *f*
ref·u·gee Flüchtling *m*
ref·u·gee camp Flüchtlingslager *n*
re·fund 1. Rückzahlung *f*, Rückerstattung *f* **2.** *Geld* zurückzahlen, zurückerstatten; *Auslagen* ersetzen
re·fur·bish aufpolieren (*a. fig*); renovieren
re·fus·al Ablehnung *f*; Weigerung *f*; Verweigerung *f*
re·fuse[1] *v/t* ablehnen; verweigern; sich weigern, es ablehnen (***to do*** zu tun); *v/i* ablehnen; sich weigern
ref·use[2] Abfall *m*, Abfälle *pl*, Müll *m*
ref·use dump Müllabladeplatz *m*
re·fute widerlegen
re·gain wieder-, zurückgewinnen
re·gale: **~ *s.o. with s.th.*** j-n mit et. erfreuen *or* ergötzen
re·gard 1. Achtung *f*; Rücksicht *f*; *pl* Grüße *pl*; ***in this ~*** in dieser Hinsicht; ***with ~ to*** im Hinblick auf (*acc*); hinsichtlich (*gen*); ***with kind ~s*** mit freundlichen Grüßen **2.** betrachten (*a. fig*), ansehen; **~ *as*** betrachten als, halten für; ***as ~s ...*** was ... betrifft
re·gard·ing bezüglich, hinsichtlich (*gen*)
re·gard·less: **~ *of*** ohne Rücksicht auf (*acc*), ungeachtet (*gen*)
regd *abbr of* ***registered*** ECON eingetragen; *post* eingeschrieben
re·gen·e·rate (sich) erneuern *or* regenerieren
re·gent Regent(in)
re·gi·ment 1. MIL Regiment *n*, *fig a.* Schar *f* **2.** reglementieren, bevormunden
re·gion Gegend *f*, Gebiet *n*, Region *f*
re·gion·al regional, örtlich, Orts...
re·gis·ter 1. Register *n*, Verzeichnis *n*, (*Wähler- etc*)Liste *f* **2.** *v/t* registrieren, eintragen (lassen); *Messwerte* anzeigen; *Brief etc* einschreiben lassen; *v/i* sich eintragen (lassen)
re·gis·tered let·ter Einschreib(e)brief *m*, Einschreiben *n*
re·gis·tra·tion Registrierung *f*, Eintragung *f*; MOT Zulassung *f*; **~ fee** Anmeldegebühr *f*; **~ num·ber** MOT (polizeiliches) Kennzeichen
re·gis·try Registratur *f*
re·gis·try of·fice *esp Br* Standesamt *n*
re·gret 1. bedauern; bereuen **2.** Bedauern *n*; Reue *f*; **re·gret·ful** bedauernd; **re·gret·ta·ble** bedauerlich
reg·u·lar 1. regelmäßig; geregelt, geordnet; richtig; normal; MIL Berufs...; **~ *gas*** (*Br* ***petrol***) MOT Normalbenzin *n* **2.** F Stammkunde *m*, Stammkundin *f*; Stammgast *m*; SPORT Stammspieler(in); MIL Berufssoldat *m*; MOT Normal(-benzin) *n*
reg·u·lar·i·ty Regelmäßigkeit *f*
reg·u·late regeln, regulieren; TECH einstellen, regulieren
reg·u·la·tion Reg(e)lung *f*, Regulierung *f*; TECH Einstellung *f*; Vorschrift *f*
reg·u·la·tor TECH Regler *m*
re·hears·al MUS, THEA Probe *f*
re·hearse MUS, THEA proben
reign 1. Regierung *f*, *a. fig* Herrschaft *f* **2.** herrschen, regieren
re·im·burse *Auslagen* erstatten, vergüten
rein 1. Zügel *m* **2.** **~ *in*** *Pferd etc* zügeln; *fig* bremsen

R

rein·deer zo Ren *n*, Rentier *n*
re·in·force verstärken
re·in·force·ment Verstärkung *f*
re·in·state *j-n* wieder einstellen (***as*** als; ***in*** in *dat*)
re·in·sure rückversichern
re·it·e·rate (ständig) wiederholen
re·ject *j-n*, *et.* ablehnen, *Bitte* abschlagen, *Plan etc* verwerfen; *j-n* ab-, zurückweisen; MED *Organ etc* abstoßen
re·jec·tion Ablehnung *f*; Verwerfung *f*; Zurückweisung *f*; MED Abstoßung *f*
re·joice sich freuen, jubeln (***at, over*** über *acc*); **re·joic·ing(s)** Jubel *m*
re·join[1] wieder zusammenfügen; wieder zurückkehren zu
re·join[2] erwidern
re·ju·ve·nate verjüngen
re·kin·dle *Feuer* wieder anzünden; *fig* wieder entfachen
re·lapse **1.** zurückfallen, wieder verfallen (***into*** in *acc*); rückfällig werden; MED e-n Rückfall bekommen **2.** Rückfall *m*
re·late *v/t* erzählen, berichten; in Verbindung *or* Zusammenhang bringen (***to*** mit); *v/i* sich beziehen (***to*** auf *acc*); zusammenhängen (***to*** mit)
re·lat·ed verwandt (***to*** mit)
re·la·tion Verwandte *m, f*; Beziehung *f* (***between*** zwischen *dat*; ***to*** zu); *pl diplomatische, geschäftliche* Beziehungen *pl*; ***in*** *or* ***with ~ to*** in Bezug auf (*acc*)
re·la·tion·ship Verwandtschaft *f*; Beziehung *f*, Verhältnis *n*
rel·a·tive[1] Verwandte *m, f*
rel·a·tive[2] relativ, verhältnismäßig; bezüglich (***to*** *gen*); LING Relativ…, bezüglich
rel·a·tive pro·noun LING Relativpronomen *n*, bezügliches Fürwort
re·lax *v/t Muskeln etc* entspannen; *Griff etc* lockern; *fig* nachlassen in (*dat*); *v/i* sich entspannen, *fig a.* ausspannen; sich lockern
re·lax·a·tion Entspannung *f*; Erholung *f*; Lockerung *f*
re·laxed entspannt, zwanglos
re·lay[1] **1.** Ablösung *f*; SPORT Staffel *f*; *radio*, TV Übertragung *f*; ELECTR Relais *n* **2.** *radio*, TV übertragen
re·lay[2] *Kabel, Teppich* neu verlegen
re·lay race SPORT Staffel *f*
re·lease **1.** entlassen, freilassen; loslassen; freigeben, herausbringen, veröffentlichen; MOT *Handbremse* lösen; *fig* befreien, erlösen **2.** Entlassung *f*, Freilassung *f*; Befreiung *f*; Freigabe *f*; Veröffentlichung *f*; TECH, PHOT Auslöser *m*; *film*: *often* ***first ~*** Uraufführung *f*
rel·e·gate verbannen; ***be ~d*** SPORT absteigen (***to*** in *acc*)
re·lent nachgeben; nachlassen
re·lent·less unbarmherzig; anhaltend
rel·e·vant relevant, erheblich, wichtig; sachdienlich, zutreffend
re·li·a·bil·i·ty Zuverlässigkeit *f*
re·li·a·ble zuverlässig
re·li·ance Vertrauen *n*; Abhängigkeit *f* (***on*** von)
rel·ic Relikt *n*, Überrest *m*; REL Reliquie *f*
re·lief Erleichterung *f*; Unterstützung *f*, Hilfe *f*; Sozialhilfe *f*; Ablösung *f*; Relief *n*; **~ map** GEOGR Reliefkarte *f*
re·lieve *Schmerz*, *Not* lindern, *j-n*, *Gewissen* erleichtern; *j-n* ablösen
re·li·gion Religion *f*
re·li·gious Religions…; religiös; gewissenhaft
rel·ish **1.** *fig* Gefallen *m*, Geschmack *m* (***for*** an *dat*); GASTR Würze *f*; Soße *f*; ***with ~*** mit Genuss **2.** genießen, sich *et.* schmecken lassen; Geschmack *or* Gefallen finden an (*dat*)
re·luc·tance Widerstreben *n*; ***with ~*** widerwillig, ungern
re·luc·tant widerstrebend, widerwillig
re·ly: ***~ on*** sich verlassen auf (*acc*)
re·main **1.** (ver)bleiben; übrig bleiben **2.** *pl* (Über)Reste *pl*
re·main·der Rest *m*; Restbetrag *m*
re·make **1.** wieder *or* neu machen **2.** Remake *n*, Neuverfilmung *f*
re·mand JUR **1.** ***be ~ed in custody*** in Untersuchungshaft bleiben **2.** ***be on ~*** in Untersuchungshaft sein; ***prisoner on ~*** Untersuchungsgefangene *m, f*
re·mark **1.** *v/t* bemerken, äußern; *v/i* sich äußern (***on*** über *acc*, zu); **2.** Bemerkung *f*
re·mark·a·ble bemerkenswert; außergewöhnlich
rem·e·dy **1.** (Heil-, Hilfs-, Gegen)Mittel *n*; (Ab)Hilfe *f* **2.** *Schaden etc* beheben; *Missstand* abstellen; *Situation* bereinigen

re·mem·ber sich erinnern an (*acc*); denken an (*acc*); ***please ~ me to her*** grüße sie bitte von mir
re·mem·brance Erinnerung *f*; ***in ~ of*** zur Erinnerung an (*acc*)
re·mind erinnern (***of*** an *acc*)
re·mind·er Mahnung *f*
rem·i·nis·cences Erinnerungen *pl* (***of*** an *acc*); **rem·i·nis·cent**: ***be ~ of*** erinnern an (*acc*)
re·mit *Schulden*, *Strafe* erlassen; *Sünden* vergeben; *Geld* überweisen (***to*** *dat or* an *acc*); **re·mit·tance** ECON Überweisung *f* (***to*** an *acc*)
rem·nant (Über)Rest *m*
re·mod·el umformen, umgestalten
re·morse Gewissensbisse *pl*, Reue *f* (***über*** *acc* for)
re·morse·ful zerknirscht, reumütig
re·morse·less unbarmherzig
re·mote fern, entfernt; abgelegen, entlegen; **~ con·trol** TECH Fernlenkung *f*, Fernsteuerung *f*; Fernbedienung *f*
re·mov·al Entfernung *f*; Umzug *m*
re·mov·al van Möbelwagen *m*
re·move *v/t* entfernen (***from*** von); *Hut*, *Deckel etc* abnehmen; *Kleidung* ablegen; beseitigen, aus dem Weg räumen; *v/i* (um)ziehen (***from*** von; ***to*** nach)
re·mov·er (*Flecken- etc*)Entferner *m*
Re·nais·sance *die* Renaissance
ren·der *berühmt*, *schwierig*, *möglich etc* machen; *Dienst* erweisen; *Gedicht*, *Musikstück* vortragen; übersetzen, übertragen (***into*** in *acc*); *mst* **~ *down*** *Fett* auslassen
ren·der·ing *esp Br* → ***rendition***
ren·di·tion MUS *etc* Vortrag *m*; Übersetzung *f*, Übertragung *f*
re·new erneuern; *Gespräch etc* wieder aufnehmen; *Kraft etc* wiedererlangen; *Vertrag*, *Pass* verlängern (lassen)
re·new·al Erneuerung *f*; Verlängerung *f*
re·nounce verzichten auf (*acc*); *s-m Glauben etc* abschwören
ren·o·vate renovieren
re·nown Ruhm *m*; **re·nowned** berühmt (***as*** als; ***for*** wegen, für)
rent[1] **1.** Miete *f*; Pacht *f*; Leihgebühr *f*; ***for ~*** zu vermieten, zu verleihen **2.** mieten, pachten (***from*** von); *a.* **~ *out*** vermieten, verpachten (***to*** an *acc*); **~*ed car*** Miet-, Leihwagen *m*
rent[2] Riss *m*
rent·al Miete *f*; Pacht *f*; Leihgebühr *f*; **~ *car*** Miet-, Leihwagen *m*
re·nun·ci·a·tion Verzicht *m* (***of*** auf *acc*); Abschwören *n*
re·pair 1. reparieren, ausbessern; *fig* wieder gutmachen **2.** Reparatur *f*; Ausbesserung *f*; *pl* Instandsetzungsarbeiten *pl*; ***beyond ~*** nicht mehr zu reparieren; ***in good*** (***bad***) **~** in gutem (schlechtem) Zustand; ***be under ~*** in Reparatur sein; ***the road is under ~*** an der Straße wird gerade gearbeitet
rep·a·ra·tion Wiedergutmachung *f*; Entschädigung *f*; *pl* POL Reparationen *pl*
rep·ar·tee Schlagfertigkeit *f*; schlagfertige Antwort(en *pl*) *f*
re·pay *et.* zurückzahlen; *Besuch* erwidern; *et.* vergelten; *j-n* entschädigen
re·pay·ment Rückzahlung *f*
re·peal *Gesetz etc* aufheben
re·peat 1. *v/t* wiederholen; nachsprechen; **~ *o.s.*** sich wiederholen; *v/i* F aufstoßen (***on s.o.*** j-m) (*food*) **2.** *radio*, TV Wiederholung *f*; **re·peat·ed** wiederholt; **re·peat·ed·ly** verschiedentlich
re·pel *Angriff*, *Feind* zurückschlagen; *Wasser etc*, *fig j-n* abstoßen
re·pel·lent abstoßend
re·pent bereuen
re·pent·ance Reue *f* (***for*** über *acc*)
re·pen·tant reuig, reumütig
re·per·cus·sion *mst pl* Auswirkungen *pl* (***on*** auf *acc*)
rep·er·toire THEA *etc* Repertoire *n*
rep·er·to·ry the·a·ter (*Br* **the·a·tre**) Repertoiretheater *n*
rep·e·ti·tion Wiederholung *f*
re·place an *j-s* Stelle treten, *j-n*, *et.* ersetzen; TECH austauschen, ersetzen
re·place·ment TECH Austausch *m*; Ersatz *m*
re·plant umpflanzen
re·play 1. SPORT *Spiel* wiederholen; *Tonband-*, *Videoaufname etc* abspielen **2.** SPORT Wiederholung *f*
re·plen·ish (wieder) auffüllen
re·plete satt; angefüllt, ausgestattet (***with*** mit)
rep·li·ca *art*: Originalkopie *f*; Kopie *f*, Nachbildung *f*
re·ply 1. antworten, erwidern (***to*** auf *acc*); **2.** Antwort *f*, Erwiderung *f* (***to*** auf *acc*); ***in ~ to*** (als Antwort) auf (*acc*)

R

re·ply cou·pon Rückantwortschein *m*
re·ply-paid en·ve·lope Freiumschlag *m*
re·port 1. Bericht *m*; Meldung *f*, Nachricht *f*; Gerücht *n*; Knall *m*; ***~ card*** PED Zeugnis *n* **2.** berichten (über *acc*); (sich) melden; anzeigen; ***it is ~ed that*** es heißt, dass; ***~ed speech*** LING indirekte Rede; **re·port·er** Reporter(in), Berichterstatter(in)
re·pose Ruhe *f*; Gelassenheit *f*
re·pos·i·to·ry (Waren)Lager *n*; *fig* Fundgrube *f*, Quelle *f*
rep·re·sent *j-n*, *Wahlbezirk* vertreten; darstellen; hinstellen (***as, to be*** als)
rep·re·sen·ta·tion Vertretung *f*; Darstellung *f*
rep·re·sen·ta·tive 1. repräsentativ (*a.* POL), typisch (***of*** für); **2.** (Stell)Vertreter(in); ECON (Handels)Vertreter(in); PARL Abgeordnete *m, f*; ***House of Representatives*** Repräsentantenhaus *n*
re·press unterdrücken; PSYCH verdrängen; **re·pres·sion** Unterdrückung *f*; PSYCH Verdrängung *f*
re·prieve JUR **1.** ***he was ~d*** er wurde begnadigt; s-e Urteilsvollstreckung wurde ausgesetzt **2.** Begnadigung *f*; Vollstreckungsaufschub *m*
rep·ri·mand 1. rügen, tadeln (***for*** wegen); **2.** Rüge *f*, Tadel *m*, Verweis *m*
re·print 1. neu auflegen *or* drucken, nachdrucken **2.** Neuauflage *f*, Nachdruck *m*
re·pri·sal Repressalie *f*, Vergeltungsmaßnahme *f*
re·proach 1. Vorwurf *m* **2.** vorwerfen (***s.o. with s.th.*** j-m et.); Vorwürfe machen; **re·proach·ful** vorwurfsvoll
rep·ro·bate verkommenes Subjekt
re·pro·cess NUCL wieder aufbereiten
re·pro·cess·ing TECH Wiederaufbereitung *f*; **~ plant** TECH Wiederaufbereitungsanlage *f*
re·pro·duce *v/t Ton etc* wiedergeben; *Bild etc* reproduzieren; ***~ o.s.*** → *v/i* BIOL sich fortpflanzen, sich vermehren
re·pro·duc·tion BIOL Fortpflanzung *f*; Reproduktion *f*; Wiedergabe *f*; PED Nacherzählung *f*
re·pro·duc·tive BIOL Fortpflanzungs…
re·proof Rüge *f*, Tadel *m*
re·prove rügen, tadeln (***for*** wegen)
rep·tile zo Reptil *n*
re·pub·lic Republik *f*
re·pub·li·can 1. republikanisch **2.** Republikaner(in)
re·pug·nant widerlich, abstoßend
re·pulse 1. *j-n*, *Angebot etc* zurückweisen; MIL *Angriff* zurückschlagen **2.** MIL Zurückschlagen *n*; Zurückweisung *f*
re·pul·sion Abscheu *m*, Widerwille *m*; PHYS Abstoßung *f*
re·pul·sive abstoßend, widerlich, widerwärtig; PHYS abstoßend
rep·u·ta·ble angesehen
rep·u·ta·tion (guter) Ruf, Ansehen *n*
re·pute (guter) Ruf
re·put·ed angeblich
re·quest 1. (***for***) Bitte *f* (um), Wunsch *m* (nach); ***at the ~ of s.o., at s.o.'s ~*** auf j-s Bitte hin; ***on ~*** auf Wunsch **2.** um *et.* bitten *or* ersuchen; *j-n* bitten, ersuchen (***to do*** zu tun)
re·quest stop *Br* Bedarfshaltestelle *f*
re·quire erfordern; benötigen, brauchen; verlangen; ***if ~d*** wenn nötig
re·quire·ment Erfordernis *n*, Bedürfnis *n*; Anforderung *f*
req·ui·site 1. erforderlich **2.** *mst pl* Artikel *pl*
req·ui·si·tion 1. Anforderung *f*; MIL Requisition *f*, Beschlagnahme *f*; ***make a ~ for*** *et.* anfordern **2.** anfordern; MIL requirieren, beschlagnahmen
re·sale Wieder-, Weiterverkauf *m*
re·scind JUR *Gesetz, Urteil etc* aufheben
res·cue 1. retten (***from*** aus, vor *dat*); **2.** Rettung *f*; Hilfe *f* **3.** Rettungs…
re·search 1. Forschung *f* **2.** forschen; *et.* erforschen
re·search·er Forscher(in)
re·sem·blance Ähnlichkeit *f* (***to*** mit; ***between*** zwischen *dat*)
re·sem·ble ähnlich sein, ähneln (*both*: *dat*)
re·sent übel nehmen, sich ärgern über (*acc*); **re·sent·ful** ärgerlich (***of, at*** über *acc*); **re·sent·ment** Ärger *m* (***against, at*** über *acc*)
res·er·va·tion Reservierung *f*, Vorbestellung *f*; Vorbehalt *m*; (*Indianer*)Reservat(ion *f*) *n*; (*Wild*)Reservat *n*
re·serve 1. (sich) *et.* aufsparen (***for*** für); sich vorbehalten; reservieren (lassen), vorbestellen **2.** Reserve *f* (*a.* MIL); Vorrat *m*; (*Naturschutz-, Wild*)Reservat *n*; SPORT Reservespieler(in); Reserviert-

heit *f*, Zurückhaltung *f*

re·served zurückhaltend, reserviert

res·er·voir Reservoir *n* (*a. fig* ***of*** an *dat*)

re·set *Uhr* umstellen; *Zeiger etc* zurückstellen (***to*** auf *acc*)

re·set·tle umsiedeln

re·side wohnen, ansässig sein, s-n Wohnsitz haben

res·i·dence Wohnsitz *m*, Wohnort *m*; Aufenthalt *m*; Residenz *f*; ***official ~*** Amtssitz *m*; **~ per·mit** Aufenthaltsgenehmigung *f*, -erlaubnis *f*

res·i·dent 1. wohnhaft, ansässig **2.** Bewohner(in), *in a town etc a.* Einwohner(in); (Hotel)Gast *m*; MOT Anlieger(in)

res·i·den·tial Wohn…; **~ ar·e·a** Wohngebiet *n*, Wohngegend *f*

re·sid·u·al übrig (geblieben), restlich, Rest…; **~ pol·lu·tion** Altlasten *pl*

res·i·due Rest *m*, CHEM A. Rückstand *m*

re·sign *v/i* zurücktreten (***from*** von); *v/t Amt etc* niederlegen; aufgeben; verzichten auf (*acc*); ***~ o.s. to*** sich fügen in (*acc*), sich abfinden mit

res·ig·na·tion Rücktritt *m*; Resignation *f*

re·signed ergeben, resigniert

re·sil·i·ence Elastizität *f*; *fig* Zähigkeit *f*;

re·sil·i·ent elastisch; *fig* zäh

res·in Harz *n*

re·sist widerstehen (*dat*); Widerstand leisten, sich widersetzen (*both*: *dat*)

re·sist·ance Widerstand *m* (*a.* ELECTR); MED Widerstandskraft *f*; (*Hitze- etc* -) Beständigkeit *f*, (*Stoß- etc*)Festigkeit *f*

re·sist·ant widerstandsfähig; (*hitze-etc*)beständig, (*stoß- etc*)fest

res·o·lute resolut, entschlossen

res·o·lu·tion Beschluss *m*, PARL *etc a.* Resolution *f*; Vorsatz *m*; Entschlossenheit *f*; Lösung *f*

re·solve 1. beschließen; *Problem etc* lösen; (sich) auflösen; ***~ on*** sich entschließen zu **2.** Vorsatz *m*; Entschlossenheit *f*

res·o·nance Resonanz *f*; voller Klang

res·o·nant voll(tönend); widerhallend

re·sort 1. Erholungsort *m*, Urlaubsort *m*; ***have ~ to*** → **2.** ***~ to*** Zuflucht nehmen zu

re·sound widerhallen (***with*** von)

re·source Mittel *n*, Zuflucht *f*; Ausweg *m*; Einfallsreichtum *m*; *pl* Mittel *pl*; (*natürliche*) Reichtümer *pl*, (*Boden-*, *Natur*)Schätze *pl*

re·source·ful einfallsreich, findig

re·spect 1. Achtung *f*, Respekt *m* (*both*: ***for*** vor *dat*); Rücksicht *f* (***for*** auf *acc*); Beziehung *f*, Hinsicht *f*; ***with ~ to …*** was … anbelangt *or* betrifft; ***in this ~*** in dieser Hinsicht; ***give my ~s to …*** e-e Empfehlung an … (*acc*) **2.** *v/t* respektieren, *a.* achten, *a.* berücksichtigen, beachten

re·spect·a·ble ehrbar, anständig, geachtet; F ansehnlich, beachtlich

re·spect·ful respektvoll, ehrerbietig

re·spec·tive jeweilig; ***we went to our ~ places*** jeder ging zu seinem Platz

re·spec·tive·ly beziehungsweise

res·pi·ra·tion Atmung *f*

res·pi·ra·tor Atemschutzgerät *n*

re·spite Pause *f*; Aufschub *m*, Frist *f*; ***without ~*** ohne Unterbrechung

re·splen·dent glänzend, strahlend

re·spond antworten, erwidern (***to*** auf *acc*; ***that*** dass); reagieren, MED *a.* ansprechen (***to*** auf *acc*)

re·sponse Antwort *f*, Erwiderung *f* (***to*** auf *acc*); *fig* Reaktion *f* (***to*** auf *acc*)

re·spon·si·bil·i·ty Verantwortung *f*; ***on one's own ~*** auf eigene Verantwortung; ***sense of ~*** Verantwortungsgefühl *n*; ***take (full) ~ for*** die (volle) Verantwortung übernehmen für

re·spon·si·ble verantwortlich; verantwortungsbewusst; verantwortungsvoll

rest[1] **1.** Ruhe(pause) *f*; Erholung *f*; TECH Stütze *f*; (*Telefon*)Gabel *f*; ***have or take a ~*** sich ausruhen; ***set s.o.'s mind at ~*** j-n beruhigen **2.** *v/i* ruhen; sich ausruhen; lehnen (***against, on*** an *dat*); ***let s.th. ~*** et. auf sich beruhen lassen; ***~ on*** ruhen auf (*dat*) (*a. fig*); *fig* beruhen auf (*dat*); *v/t* (aus)ruhen (lassen); lehnen (***against*** gegen; ***on*** an *acc*)

rest[2] Rest *m*; ***all the ~ of them*** alle Übrigen; ***for the ~*** im Übrigen

rest ar·e·a MOT Rastplatz *m*

res·tau·rant Restaurant *n*, Gaststätte *f*

rest·ful ruhig, erholsam

rest home Altenpflegeheim *n*; Erholungsheim *n*

res·ti·tu·tion ECON Rückgabe *f*, Rückerstattung *f*

res·tive unruhig, nervös

rest·less ruhelos, rastlos; unruhig

res·to·ra·tion Wiederherstellung *f*; Restaurierung *f*; Rückgabe *f*, Rückerstattung *f*; **re·store** wiederherstellen; restaurieren; zurückgeben, -erstatten; ***be ~d*** (***to health***) wieder gesund sein
re·strain (***from***) zurückhalten (von), hindern an (*dat*); ***I had to ~ myself*** ich musste mich beherrschen (***from doing s.th.*** um nicht et. zu tun)
re·strained beherrscht; dezent (*color*)
re·straint Beherrschung *f*, Zurückhaltung *f*; ECON Be-, Einschränkung *f*
re·strict ECON beschränken (***to*** auf *acc*), einschränken
re·stric·tion ECON Be-, Einschränkung *f*; ***without ~s*** uneingeschränkt
rest room Toilette *f*
re·struc·ture umstrukturieren
re·sult 1. Ergebnis *n*, Resultat *n*; Folge *f*; ***as a ~ of*** als Folge von (*or gen*); ***without ~*** ergebnislos **2.** folgen, sich ergeben (***from*** aus); ***~ in*** zur Folge haben (*acc*), führen zu
re·sume wieder aufnehmen; fortsetzen; *Platz* wieder einnehmen
re·sump·tion Wiederaufnahme *f*; Fortsetzung *f*
Res·ur·rec·tion REL Auferstehung *f*
re·sus·ci·tate MED wieder beleben
re·sus·ci·ta·tion MED Wiederbelebung *f*
re·tail ECON **1.** Einzelhandel *m*; ***by ~*** im Einzelhandel **2.** Einzelhandels… **3.** *adv* im Einzelhandel **4.** *v/t* im Einzelhandel verkaufen (***at, for*** für); *v/i* im Einzelhandel verkauft werden (***at, for*** für); **re·tail·er** ECON Einzelhändler(in)
re·tain (be)halten, bewahren; *Wasser, Wärme* speichern
re·tal·i·ate Vergeltung üben, sich revanchieren; **re·tal·i·a·tion** Vergeltung *f*, Vergeltungsmaßnahmen *pl*
re·tard verzögern, aufhalten, hemmen; (***mentally***) ***~ed*** (geistig) zurückgeblieben
retch würgen
re·tell nacherzählen
re·think *et.* noch einmal überdenken
re·ti·cent schweigsam, zurückhaltend
ret·i·nue Gefolge *n*
re·tire *v/i* in Rente *or* Pension gehen, sich pensionieren lassen; sich zurückziehen; ***~ from business*** sich zur Ruhe setzen; *v/t* in den Ruhestand versetzen, pensionieren; **re·tired** pensioniert, im Ruhestand (lebend); ***be ~*** *a.* in Rente *or* Pension sein; **re·tire·ment** Pensionierung *f*, Ruhestand *m*
re·tir·ing zurückhaltend
re·tort 1. (scharf) entgegnen *or* erwidern **2.** (scharfe) Entgegnung *or* Erwiderung
re·touch PHOT retuschieren
re·trace *Tathergang etc* rekonstruieren; ***~ one's steps*** denselben Weg zurückgehen
re·tract *v/t Angebot* zurückziehen; *Behauptung* zurücknehmen; *Geständnis* widerrufen; TECH, ZO einziehen; *v/i* TECH, ZO eingezogen werden
re·train umschulen
re·tread MOT **1.** *Reifen* runderneuern **2.** runderneuerter Reifen
re·treat 1. MIL Rückzug *m*; Zufluchtsort *m* **2.** sich zurückziehen; zurückweichen (***from*** vor *dat*)
ret·ri·bu·tion Vergeltung *f*
re·trieve zurückholen, wiederbekommen; *Fehler, Verlust etc* wieder gutmachen; HUNT apportieren
ret·ro·ac·tive JUR rückwirkend
ret·ro·grade rückschrittlich
ret·ro·spect: ***in ~*** im Rückblick
ret·ro·spec·tive rückblickend; JUR rückwirkend
re·try JUR *Fall* erneut verhandeln; neu verhandeln gegen *j-n*
re·turn 1. *v/i* zurückkehren, zurückkommen; zurückgehen; ***~ to*** auf *ein Thema etc* zurückkommen; in *e-e Gewohnheit etc* zurückfallen; in *e-n Zustand etc* zurückkehren; *v/t* zurückgeben (***to*** *dat*); zurückbringen (***to*** *dat*); zurückschicken, -senden (***to*** *dat or* an *acc*); zurücklegen, -stellen; erwidern; *Gewinn etc* abwerfen; → ***verdict*** **2.** Rückkehr *f*; *fig* Wiederauftreten *n*; Rückgabe *f*; Zurückbringen *n*; Zurückschicken *n*, -senden *n*; Zurücklegen *n*, -stellen *n*; Erwiderung *f*; (*Steuer*)Erklärung *f*; *tennis etc*: Return *m*, Rückschlag *m*; ECON *a. pl* Gewinn *m*; *Br* → ***return ticket***; *Br* ***many happy ~s*** (***of the day***) herzlichen Glückwunsch zum Geburtstag; ***by ~*** (***of post***) umgehend, postwendend; ***in ~ for*** (als Gegenleistung) für **3.** *adj* Rück…
re·turn·a·ble *in cpds* Mehrweg…; ***~ bot-***

tle Pfandflasche *f*
return| game, **~ match** SPORT Rückspiel *n*; **re·turn key** IT Eingabetaste *f*; **~ ticket** *Br* RAIL Rückfahrkarte *f*; AVIAT Rückflugticket *n*
re·u·ni·fi·ca·tion POL Wiedervereinigung *f*
re·u·nion Treffen *n*, Wiedersehensfeier *f*; Wiedervereinigung *f*
re·us·a·ble wieder verwendbar
rev F MOT **1.** Umdrehung *f*; ***~ counter*** Drehzahlmesser *m* **2.** *a.* ***~ up*** aufheulen (lassen)
re·val·ue ECON *Währung* aufwerten
re·veal den Blick freigeben auf (*acc*), zeigen; *Geheimnis etc* enthüllen, aufdecken; **re·veal·ing** aufschlussreich (*remark etc*); offenherzig (*dress etc*)
rev·el: ***~ in*** schwelgen in (*dat*); sich weiden an (*dat*)
rev·e·la·tion Enthüllung *f*; REL Offenbarung *f*
re·venge 1. Rache *f*; *esp* SPORT Revanche *f*; ***in ~ for*** aus Rache für; ***take ~ on s.o. for s.th.*** sich an j-m für et. rächen **2.** rächen; **re·venge·ful** rachsüchtig
rev·e·nue Staatseinkünfte *pl*, Staatseinnahmen *pl*
re·ver·be·rate nach-, widerhallen
re·vere (ver)ehren; **rev·e·rence** Verehrung *f*; Ehrfurcht *f* (***for*** vor *dat*)
Rev·e·rend REL Hochwürden *m*
rev·e·rent ehrfürchtig, ehrfurchtsvoll
rev·er·ie (Tag)Träumerei *f*
re·vers·al Umkehrung *f*; Rückschlag *m*
re·verse 1. *adj* umgekehrt; ***in ~ order*** in umgekehrter Reihenfolge **2.** *Wagen* im Rückwärtsgang fahren *or* rückwärtsfahren; *Reihenfolge etc* umkehren; *Urteil etc* aufheben; *Entscheidung etc* umstoßen **3.** Gegenteil *n*; MOT Rückwärtsgang *m*; Rückseite *f*, Kehrseite *f* (*of a coin*); Rückschlag *m*; **~ gear** MOT Rückwärtsgang *m*; **~ side** linke (*Stoff*)Seite
re·vers·i·ble doppelseitig (tragbar)
re·vert: ***~ to*** in *e-n Zustand* zurückkehren; in *e-e Gewohnheit etc* zurückfallen; auf *ein Thema* zurückkommen
re·view 1. Überprüfung *f*; Besprechung *f*, Kritik *f*, Rezension *f*; MIL Parade *f*; PED (Stoff)Wiederholung *f* (***for*** für *e-e Prüfung*); **2.** überprüfen; besprechen, rezensieren; MIL besichtigen, inspizieren; PED *Stoff* wiederholen (***for*** für *e-e Prüfung*)
re·view·er Kritiker(in), Rezensent(in)
re·vise revidieren, *Ansicht* ändern, *Buch etc* überarbeiten; *Br* PED *Stoff* wiederholen (***for*** für *e-e Prüfung*)
re·vi·sion Revision *f*, Überarbeitung *f*; überarbeitete Ausgabe; *Br* PED (Stoff-) Wiederholung *f* (***for*** für *e-e Prüfung*)
re·viv·al Wiederbelebung *f*; Wiederaufleben *n*
re·vive wieder beleben; wieder aufleben (lassen); *Erinnerungen* wachrufen; MED wieder zu sich kommen; sich erholen
re·voke widerrufen, zurücknehmen, rückgängig machen
re·volt 1. *v/i* sich auflehnen, revoltieren (***against*** gegen); Abscheu empfinden, empört sein (***against, at, from*** über *acc*); *v/t* mit Abscheu erfüllen, abstoßen **2.** Revolte *f*, Aufstand *m*
re·volt·ing abscheulich, abstoßend
rev·o·lu·tion Revolution *f*, Umwälzung *f*; ASTR Umlauf *m* (***round*** um); TECH Umdrehung *f*; ***number of ~s*** Drehzahl *f*; ***~ counter*** Drehzahlmesser *m*; **rev·o·lu·tion·a·ry 1.** revolutionär; Revolutions… **2.** POL Revolutionär(in)
rev·o·lu·tion·ize revolutionieren
re·volve sich drehen (***on, round*** um); ***~ around*** *fig* sich drehen um
re·volv·er Revolver *m*
re·volv·ing Dreh…; ***~ door(s)*** Drehtür *f*
re·vue THEA Revue *f*; Kabarett *n*
re·vul·sion Abscheu *m*
re·ward 1. Belohnung *f* **2.** belohnen
re·ward·ing lohnend
re·write neu schreiben, umschreiben
rhap·so·dy MUS Rhapsodie *f*
rhe·to·ric Rhetorik *f*
rheu·ma·tism MED Rheumatismus *m*, F Rheuma *n*
rhi·no F, **rhi·no·ce·ros** ZO Rhinozeros *n*, Nashorn *n*
rhu·barb BOT Rhabarber *m*
rhyme 1. Reim *m*; Vers *m*
rhyth·m Rhythmus *m*
rhyth·mic, **rhyth·mi·cal** rhythmisch
rib ANAT Rippe *f*
rib·bon (*a.* Farb-, Ordens)Band *n*; Streifen *m*; Fetzen *m*
rib cage ANAT Brustkorb *m*
rice BOT Reis *m*

rice pud·ding GASTR Milchreis *m*
rich 1. reich (***in*** an *dat*); prächtig, kostbar; GASTR schwer; AGR fruchtbar, fett (*soil*); voll (*sound*); satt (*color*); **~ (*in calories*)** kalorienreich **2. *the* ~** die Reichen *pl*
rick (Stroh-, Heu)Schober *m*
rick·ets MED Rachitis *f*
rick·et·y F *fig* gebrechlich; wack(e)lig
rid befreien (***of*** von); ***get ~ of*** loswerden
rid·den *in cpds* geplagt von
rid·dle[1] Rätsel *n*
rid·dle[2] **1.** grobes Sieb, Schüttelsieb *n* **2.** sieben; durchlöchern, durchsieben
ride 1. *v/i* reiten; fahren (***on*** auf *e-m Fahrrad etc*; ***on*** *or Br* ***in*** in *e-m Bus etc*); *v/t* reiten (auf *dat*); *Fahrrad, Motorrad* fahren, fahren auf (*dat*) **2.** Ritt *m*; Fahrt *f*; **rid·er** Reiter(in); (*Motorrad-, Rad*)Fahrer(in)
ridge GEOGR (*Gebirgs*)Kamm *m*, Grat *m*; ARCH (*Dach*)First *m*
rid·i·cule 1. Spott *m* **2.** lächerlich machen, spotten über (*acc*), verspotten
ri·dic·u·lous lächerlich
rid·ing Reit…
ri·fle[1] Gewehr *n*
ri·fle[2] durchwühlen
rift Spalt *m*, Spalte *f*; *fig* Riss *m*
rig 1. *Schiff* auftakeln; **~ *out*** *j-n* ausstaffieren; **~ *up*** F (behelfsmäßig) zusammenbauen (***from*** aus); **2.** MAR Takelage *f*; TECH Bohrinsel *f*; F Aufmachung *f*
rig·ging MAR Takelage *f*
right 1. *adj* recht; richtig; rechte(r, -s), Rechts…; ***all ~!*** in Ordnung!, gut!; ***that's all ~!*** das macht nichts!, schon gut!, bitte!; ***that's ~!*** richtig!, ganz recht!, stimmt!; ***be* ~** recht haben; ***put ~, set ~*** in Ordnung bringen; berichtigen, korrigieren **2.** *adv* (nach) rechts; richtig, recht; genau; gerade (-wegs), direkt; ganz, völlig; **~ *away*** sofort; **~ *now*** im Moment; sofort; **~ *on*** geradeaus; ***turn* ~** (sich) nach rechts wenden; MOT rechts abbiegen **3.** Recht *n*; *die* Rechte (*a.* POL, *boxing*), rechte Seite; ***on the* ~** rechts, auf der rechten Seite; ***to the* ~** (nach) rechts; ***keep to the* ~** sich rechts halten; MOT rechts fahren **4.** aufrichten; *et.* wieder gutmachen; in Ordnung bringen
right an·gle MATH rechter Winkel
right-an·gled MATH rechtwink(e)lig
right·eous gerecht (*anger etc*)
right·ful rechtmäßig
right-hand rechte(r, -s); **~ drive** MOT Rechtssteuerung *f*
right-hand·ed rechtshändig; für Rechtshänder; ***be* ~** Rechtshänder(in) sein
right·ly richtig; mit Recht
right of way MOT Vorfahrt *f*, Vorfahrtsrecht *n*; Durchgangsrecht *n*
right-wing POL dem rechten Flügel angehörend, Rechts…
rig·id starr, steif; *fig* streng, strikt
rig·or·ous streng; genau
rig·o(u)r Strenge *f*, Härte *f*
rile F ärgern, reizen
rim Rand *m*; TECH Felge *f*
rim·less randlos
rind (*Zitronen- etc*)Schale *f*; (*Käse*)Rinde *f*; (*Speck*)Schwarte *f*
ring[1] **1.** Ring *m*; Kreis *m*; Manege *f*; (Box)Ring *m*; (Spionage- *etc*)Ring *m* **2.** umringen, umstellen; *Vogel* beringen
ring[2] **1.** läuten; klingeln; klingen (*a. fig*); *Br* TEL anrufen; ***the bell is ~ing*** es läutet *or* klingelt; **~ *the bell*** läuten, klingeln; **~ *back*** *Br* TEL zurückrufen; **~ *for*** nach *j-m, et.* läuten; *Arzt etc* rufen; **~ *off*** *Br* TEL (den Hörer) auflegen, Schluss machen; **~ *s.o.* (*up*)** j-n *or* bei j-m anrufen **2.** Läuten *n*, Klingeln *n*; *fig* Klang *m*; *Br* TEL Anruf *m*; F ***give s.o. a* ~** j-n anrufen
ring bind·er Ringbuch *n*
ring fin·ger Ringfinger *m*
ring·lead·er Rädelsführer(in)
ring·let (Ringel)Löckchen *n*
ring road *Br* Umgehungsstraße *f*; Ringstraße *f*
ring·side: ***at the* ~** *boxing*: am Ring
rink (Kunst)Eisbahn *f*; Rollschuhbahn *f*
rinse *a.* **~ *out*** (aus)spülen
ri·ot 1. Aufruhr *m*; Krawall *m*; ***run* ~** randalieren; ***run ~ through*** randalierend ziehen durch **2.** Krawall machen, randalieren; **ri·ot·er** Aufrührer(in); Randalierer(in); **ri·ot·ous** aufrührerisch; randalierend; ausgelassen, wild
rip 1. *a.* **~ *up*** zerreißen; **~ *open*** aufreißen; F **~ *s.o. off*** j-n neppen **2.** Riss *m*
ripe reif; **rip·en** reifen (lassen)
rip-off F Nepp *m*
rip·ple 1. (sich) kräuseln; plätschern, rie-

seln **2.** kleine Welle; Kräuselung *f*; Plätschern *n*, Rieseln *n*

rise 1. aufstehen, sich erheben; REL auferstehen; aufsteigen (*smoke etc*); sich heben (*curtain, spirits*); ansteigen (*road, river etc*), anschwellen (*river etc*); (an)steigen (*temperature etc*), *prices etc*: *a.* anziehen; stärker werden (*wind etc*); aufgehen (*sun etc, bread etc*); entspringen (*river etc*); *fig* aufsteigen; *fig* entstehen (***from, out of*** aus); *a.* ***~ up*** sich erheben (***against*** gegen); ***~ to the occasion*** sich der Lage gewachsen zeigen **2.** (An)Steigen *n*; Steigung *f*; Anhöhe *f*; ASTR Aufgang *m*; *Br* Lohn- *or* Gehaltserhöhung *f*; *fig* Anstieg *m*; Aufstieg *m*; ***give ~ to*** verursachen, führen zu

ris·er: ***early ~*** Frühaufsteher(in)

ris·ing 1. Aufstand *m* **2.** aufstrebend

risk 1. Gefahr *f*, Risiko *n*; ***at one's own ~*** auf eigene Gefahr; ***at the ~ of doing s.th.*** auf die Gefahr hin, et. zu tun; ***be at ~*** gefährdet sein; ***run the ~ of doing s.th.*** Gefahr laufen, et. zu tun; ***run a ~, take a ~*** ein Risiko eingehen **2.** wagen, riskieren; **risk·y** riskant

rite Ritus *m*; Zeremonie *f*

rit·u·al 1. rituell; Ritual… **2.** Ritual *n*

ri·val 1. Rivale *m*, Rivalin *f*, Konkurrent(in) **2.** Konkurrenz…, rivalisierend **3.** rivalisieren *or* konkurrieren mit; **ri·val·ry** Rivalität *f*; Konkurrenz *f*; Konkurrenzkampf *m*

riv·er Fluss *m*; Strom *m*; **riv·er·side** Flussufer *n*; ***by the ~*** am Fluss

riv·et 1. TECH Niet *m, n*, Niete *f* **2.** TECH (ver)nieten; *fig Aufmerksamkeit, Blick* richten (***on*** auf *acc*)

road (Auto-, Land)Straße *f*; *fig* Weg *m*; ***on the ~*** auf der Straße; unterwegs; THEA auf Tournee

road ac·ci·dent Verkehrsunfall *m*

road·block Straßensperre *f*

road hog F Verkehrsrowdy *m*

road map Straßenkarte *f*

road safe·ty Verkehrssicherheit *f*

road·side Straßenrand *m*; ***at the ~, by the ~*** am Straßenrand

road toll Straßenbenutzungsgebühr *f*

road·way Fahrbahn *f*

road works Straßenarbeiten *pl*

road·wor·thi·ness Verkehrssicherheit *f*; **road·wor·thy** verkehrssicher

roam *v/i* (umher)streifen, (-)wandern; *v/t* streifen *or* wandern durch

roar 1. Brüllen *n*, Gebrüll *n*; Brausen *n*, Krachen *n*, Donnern *n*; ***~s of laughter*** brüllendes Gelächter **2.** brüllen; brausen; donnern (*truck, gun etc*)

roast GASTR **1.** *v/t* braten (*a. v/i*); *Kaffee etc* rösten **2.** Braten *m* **3.** *adj* gebraten

roast beef GASTR Rinderbraten *m*

rob *Bank etc* überfallen; *j-n* berauben

rob·ber Räuber *m*

rob·ber·y Raubüberfall *m*, (*Bank-*)Raub *m*, (*Bank*)Überfall *m*

robe *a. pl* Robe *f*, Talar *m*

rob·in ZO Rotkehlchen *n*

ro·bot Roboter *m*

ro·bust robust, kräftig

rock[1] schaukeln, wiegen; erschüttern (*a. fig*)

rock[2] Fels(en) *m*; Felsen *pl*; GEOL Gestein *n*; Felsbrocken *m*; Stein *m*; *Br* Zuckerstange *f*; *pl* Klippen *pl*; F ***on the ~s*** in ernsten Schwierigkeiten (*business etc*); kaputt (*marriage etc*); GASTR mit Eis

rock[3] *a.* ***~ music*** Rock(musik *f*) *m*; → ***rock 'n' roll***

rock·er Kufe *f*; Schaukelstuhl *m*; *Br* Rocker *m*; ***off one's ~*** F übergeschnappt

rock·et 1. Rakete *f* **2.** rasen, schießen; *a.* ***~ up*** hochschnellen, in die Höhe schießen (*prices*)

rock·ing chair Schaukelstuhl *m*

rock·ing horse Schaukelpferd *n*

rock 'n' roll MUS Rock 'n' Roll *m*

rock·y felsig; steinhart

rod Rute *f*; TECH Stab *m*, Stange *f*

ro·dent ZO Nagetier *n*

ro·de·o Rodeo *m, n*

roe ZO *a.* ***hard ~*** Rogen *m*; *a.* ***soft ~*** Milch *f*

roe·buck ZO Rehbock *m*

roe deer ZO Reh *n*

rogue Schurke *m*, Gauner *m*; Schlingel *m*, Spitzbube *m*

ro·guish schelmisch, spitzbübisch

role THEA *etc* Rolle *f* (*a. fig*)

roll 1. *v/i* rollen; sich wälzen; fahren; MAR schlingern; (g)rollen (*thunder*); *v/t et.* rollen; auf-, zusammenrollen; *Zigarette* drehen; ***~ down*** *Ärmel* herunterkrempeln; MOT *Fenster* herunterkurbeln; ***~ out*** ausrollen; ***~ up*** aufrollen; (sich) zusammenrollen; *Ärmel* hoch-

R

krempeln; MOT *Fenster* hochkurbeln **2.** Rolle *f*; GASTR Brötchen *n*, Semmel *f*; Namens-, Anwesenheitsliste *f*; (G)Rollen *n* (*of thunder*); (*Trommel*)-Wirbel *m*; MAR Schlingern *n*

roll call Namensaufruf *m*

roll·er (Locken)Wickler *m*; TECH Rolle *f*, Walze *f*

roll·er coast·er Achterbahn *f*

roll·er skate Rollschuh *m*

roll·er-skate Rollschuh laufen

roll·er-skat·ing Rollschuhlaufen *n*

roll·er tow·el Rollhandtuch *n*

roll·ing pin Nudelholz *n*

roll-on Deoroller *m*

Ro·man 1. römisch **2.** Römer(in)

ro·mance Abenteuer-, Liebesroman *m*; Romanze *f*; Romantik *f*

Ro·mance LING romanisch

Ro·ma·ni·a Rumänien *n*

Ro·ma·ni·an 1. rumänisch **2.** Rumäne *m*, Rumänin *f*; LING Rumänisch *n*

ro·man·tic 1. romantisch **2.** Romantiker(in)

ro·man·ti·cism Romantik *f*

romp *a.* **~ *about*, ~ *around*** herumtollen, herumtoben

romp·ers Spielanzug *m*

roof 1. Dach *n*; MOT Verdeck *n* **2.** mit e-m Dach versehen; **~ *in*, ~ *over*** überdachen

roof·ing felt Dachpappe *f*

roof-rack MOT Dachgepäckträger *m*

rook[1] ZO Saatkrähe *f*

rook[2] *chess*: Turm *m*

rook[3] F *j-n* betrügen (***of*** um)

room 1. Raum *m*, *a.* Zimmer *n*, *a.* Platz *m*; *fig* Spielraum *m* **2.** wohnen

room·er Untermieter(in)

room·ing-house Fremdenheim *n*, Pension *f*

room·mate Zimmergenosse *m*, -genossin *f*

room ser·vice Zimmerservice *m*

room·y geräumig

roost 1. (Hühner)Stange *f*; ZO Schlafplatz *m* **2.** auf der Stange *etc* sitzen *or* schlafen

roost·er ZO (Haus)Hahn *m*

root 1. Wurzel *f*; ***take* ~** Wurzeln schlagen (*a. fig*) **2.** *v/i* Wurzeln schlagen; wühlen (***for*** nach); **~ *about*** herumwühlen (***among*** in *dat*); *v/t* **~ *out*** *fig* ausrotten; **~ *up*** mit der Wurzel ausreißen

root·ed: ***deeply* ~** *fig* tief verwurzelt; ***stand* ~ *to the spot*** wie angewurzelt dastehen

rope 1. Seil *n*; MAR Tau *n*; Strick *m*; (*Perlen- etc*)Schnur *f*; ***give s.o. plenty of* ~** j-m viel Freiheit *or* Spielraum lassen; ***know the* ~*s*** F sich auskennen; ***show s.o. the* ~*s*** F j-n einarbeiten **2.** festbinden (***to*** an *dat or acc*); **~ *off*** (durch ein Seil) absperren *or* abgrenzen; **~ *ladder*** Strickleiter *f*

ro·sa·ry REL Rosenkranz *m*

rose 1. BOT Rose *f*; Brause *f* **2.** rosarot, rosenrot

ros·trum Redner-, Dirigentenpult *n*

ros·y rosig (*a. fig*)

rot 1. *v/t* (ver)faulen *or* verrotten lassen; *v/i a.* **~ *away*** (ver)faulen, verrotten, morsch werden **2.** Fäulnis *f*

ro·ta·ry rotierend, sich drehend; Rotations…, Dreh…; **ro·tate** rotieren (lassen), (sich) drehen; turnusmäßig (aus-) wechseln; **ro·ta·tion** Rotation *f*, Drehung *f*; Wechsel *m*

ro·tor TECH Rotor *m*

rot·ten verfault, faul; verrottet, morsch; *fig* miserabel; gemein; ***feel* ~** F sich mies fühlen

ro·tund rund und dick

rough 1. *adj* rau; uneben (*road etc*); stürmisch (*sea*, *crossing*, *weather*); grob; barsch; hart; grob, ungefähr (*estimate etc*); roh, Roh… **2.** *adv* ***sleep* ~** im Freien übernachten; ***play* ~** SPORT hart spielen **3.** *golf*: Rough *n*; ***write it out in* ~ *first*** zuerst ins Unreine schreiben **4.** **~ *it*** F primitiv *or* anspruchslos leben; **~ *out*** entwerfen, skizzieren; **~ *up*** F *j-n* zusammenschlagen

rough·age MED Ballaststoffe *pl*

rough·cast ARCH Rauputz *m*

rough| cop·y Rohentwurf *m*, Konzept *n*; **~ draft** Rohfassung *f*

rough·en rau werden; rau machen, anrauen, aufrauen

rough·ly grob, *fig a.* ungefähr

rough·neck F Schläger *m*

rough·shod: ***ride* ~ *over*** *j-n* rücksichtslos behandeln; sich rücksichtslos über *et.* hinwegsetzen

round 1. *adj* rund; ***a* ~ *dozen*** ein rundes Dutzend; ***in* ~ *figures*** aufgerundet, abgerundet, rund(e) … **2.** *adv* rund(her)um, rings(her)um; überall, auf *or* von

or nach allen Seiten; ***turn*** ~ sich umdrehen; ***invite s.o.*** ~ j-n zu sich einladen; ~ ***about*** F ungefähr; ***all*** (***the***) ***year*** ~ das ganze Jahr hindurch *or* über; ***the other way*** ~ umgekehrt **3.** *prp* (rund) um, um (*acc* … herum); in *or* auf (*dat*) … herum; ***trip*** ~ ***the world*** Weltreise *f* **4.** Runde *f*, *a.* Rundgang *m*, MED Visite *f*, *a.* Lage *f* (*beer etc*); Schuss *m*; *esp Br* Scheibe *f* (*bread etc*); MUS Kanon *m* **5.** rund machen, (ab)runden, *Lippen* spitzen; umfahren, fahren um, *Kurve* nehmen; ~ ***down*** *Zahl etc* abrunden (***to*** auf *acc*); ~ ***off*** *Essen etc* abrunden, beschließen (***with*** mit); *Zahl etc* auf- *or* abrunden (***to*** auf *acc*); ~ ***up*** *Vieh* zusammentreiben; *Leute etc* zusammentrommeln; *Zahl etc* aufrunden (***to*** auf *acc*)
round·a·bout **1.** *Br* MOT Kreisverkehr *m*; *Br* Karussell *n* **2.** ***take a*** ~ ***route*** e-n Umweg machen; ***in a*** ~ ***way*** *fig* auf Umwegen
round trip Hin- und Rückfahrt *f*; Hin- und Rückflug *m*
round-trip tick·et Rückfahrkarte *f*; Rückflugticket *n*
round·up Razzia *f*
rouse *j-n* wecken; *fig j-n* aufrütteln, wach rütteln; *j-n* erzürnen, reizen
route Route *f*, Strecke *f*, Weg *m*, (*Bus-etc*)Linie *f*
rou·tine **1.** Routine *f*; ***the same old*** (***daily***) ~ das (tägliche) ewige Einerlei **2.** üblich, routinemäßig, Routine…
rove (umher)streifen, (umher)wandern
row[1] Reihe *f*
row[2] **1.** rudern **2.** Kahnfahrt *f*
row[3] *Br* F **1.** Krach *m*; (lauter) Streit **2.** (sich) streiten
row·boat Ruderboot *n*
row·er Ruderer *m*, Ruderin *f*
row house Reihenhaus *n*
row·ing boat *Br* Ruderboot *n*
roy·al königlich, Königs…
roy·al·ty die königliche Familie; Tantieme *f* (***on*** auf *acc*)
rub **1.** *v/t* reiben; abreiben; polieren; ~ ***dry*** trocken reiben; ~ ***it in*** *fig* F darauf herumreiten; ~ ***shoulders with*** F verkehren mit; *v/i* reiben, scheuern (***against, on*** an *dat*); ~ ***down*** abreiben, trocken reiben; abschmirgeln, abschleifen; ~ ***off*** abreiben; abgehen (*paint etc*); ~ ***off on***(***to***) *fig* abfärben auf (*acc*); ~ ***out*** *Br* ausradieren **2.** ***give s.th. a*** ~ et. abreiben *or* polieren
rub·ber Gummi *n*, *m*; *esp Br* Radiergummi *m*; Wischtuch *n*; F Gummi *m*
rub·ber band Gummiband *n*
rub·ber din·ghy Schlauchboot *n*
rub·ber·neck F **1.** neugierig gaffen **2.** *a.* ***rubbernecker*** Gaffer(in), Schaulustige *m*, *f*
rub·ber·y gummiartig; zäh
rub·bish *Br* Abfall *m*, Abfälle *pl*, Müll *m*; F Schund *m*; Quatsch *m*, Blödsinn *m*; ~ **bin** *Br* Mülleimer *m*; ~ **chute** *Br* Müllschlucker *m*
rub·ble Schutt *m*; Trümmer *pl*
ru·by Rubin *m*; Rubinrot *n*
ruck·sack *esp Br* Rucksack *m*
rud·der AVIAT, MAR Ruder *n*
rud·dy frisch, gesund
rude unhöflich, grob; unanständig (*joke etc*); bös (*shock etc*)
ru·di·men·ta·ry elementar, Anfangs…; primitiv
ru·di·ments Anfangsgründe *pl*
rue·ful reuevoll, reumütig
ruff Halskrause *f* (*a.* ZO)
ruf·fle **1.** kräuseln; *Haar* zerzausen; *Federn* sträuben; ~ ***s.o.'s composure*** j-n aus der Fassung bringen **2.** Rüsche *f*
rug Vorleger *m*, Brücke *f*; *esp Br* dicke Wolldecke
rug·by *a.* ~ ***football*** SPORT Rugby *n*
rug·ged GEOGR zerklüftet, schroff; TECH robust, stabil; zerfurcht (*face*)
ru·in **1.** Ruin *m*; *mst pl* Ruine(n *pl*) *f*, Trümmer *pl* **2.** ruinieren, zerstören
ru·in·ous ruinös
rule **1.** Regel *f*; Spielregel *f*; Vorschrift *f*; Herrschaft *f*; Lineal *n*; ***against the*** ~***s*** regelwidrig; verboten; ***as a*** ~ in der Regel; ***as a*** ~ ***of thumb*** als Faustregel; ***work to*** ~ Dienst nach Vorschrift tun **2.** *v/t* herrschen über (*acc*); *esp* JUR entscheiden; *Papier* lin(i)ieren; *Linie* ziehen; ***be*** ~***d by*** *fig* sich leiten lassen von; beherrscht werden von; ~ ***out*** *et.* ausschließen; *v/i* herrschen (***over*** über *acc*); *esp* JUR entscheiden
rul·er Herrscher(in); Lineal *n*
rum Rum *m*
rum·ble rumpeln (*vehicle*); (g)rollen (*thunder*); knurren (*stomach*)
ru·mi·nant ZO Wiederkäuer *m*

ru·mi·nate zo wiederkäuen

rum·mage F **1.** *a.* **~ *about*** herumstöbern, herumwühlen (***among, in, through*** in *dat*); **2.** Ramsch *m*; **~ sale** Wohltätigkeitsbasar *m*

ru·mo(u)r 1. Gerücht *n*; **~ *has it that*** es geht das Gerücht, dass **2. *it is ~ed that*** es geht das Gerücht, dass; ***he is ~ed to be …*** man munkelt, er sei …

rump F Hinterteil *n*

rum·ple zerknittern, zerknüllen, zerwühlen; *Haar* zerzausen

run 1. *v/i* laufen (*a.* SPORT), rennen; fahren, verkehren, gehen (*train, bus etc*); laufen, fließen; zerfließen, zerlaufen (*butter, paint etc*); TECH laufen (*engine*), in Betrieb *or* Gang sein; verlaufen (*road etc*); *esp* JUR gelten, laufen (***for one year*** ein Jahr); THEA *etc* laufen (***for three months*** drei Monate lang); lauten (*text*); gehen (*melody*); POL kandidieren (***for*** für); **~ *dry*** austrocknen; **~ *low*** knapp werden; **~ *short*** knapp werden; **~ *short of gas*** (*Br* ***petrol***) kein Benzin mehr haben; *v/t Strecke, Rennen* laufen; *Zug, Bus* fahren *or* verkehren lassen; *Wasser, Maschine etc* laufen lassen; *Geschäft, Hotel etc* führen, leiten; *Zeitungsartikel etc* abdrucken, bringen; **~ *s.o. home*** F j-n nach Hause bringen *or* fahren; → ***errand***; **~ *across*** *j-n* zufällig treffen; stoßen auf (*acc*); **~ *after*** hinterherlaufen, nachlaufen (*dat*); **~ *along!*** F ab mit dir!; **~ *away*** davonlaufen (***from*** vor *dat*); **~ *away with*** durchbrennen mit; durchgehen mit (*feelings etc*); **~ *down*** MOT anfahren, umfahren; F schlechtmachen; ausfindig machen; ablaufen (*watch*); leer werden (*battery*); **~ *in*** *Wagen etc* einfahren; F *Verbrecher* schnappen; **~ *into*** laufen *or* fahren gegen; *j-n* zufällig treffen; *fig* geraten in (*acc*); *fig* sich belaufen auf (*acc*); **~ *off with*** → ***run away with***; **~ *on*** weitergehen, sich hinziehen (***until*** bis); F unaufhörlich reden (***about*** über *acc*, von); **~ *out*** ablaufen (*time etc*); ausgehen, zu Ende gehen (*supplies etc*); **~ *out of gas*** (*Br* ***petrol***) kein Benzin mehr haben; **~ *over*** MOT überfahren; überlaufen, überfließen; **~ *through*** überfliegen, durchgehen, durchlesen; **~ *up*** *Flagge* hissen; *hohe Rechnung, Schulden* machen; **~ *up against*** stoßen auf (*acc*) **2.** Lauf *m* (*a.* SPORT); Fahrt *f*; Spazierfahrt *f*; Ansturm *m*, ECON *a.* Run *m* (***on*** auf *acc*); THEA *etc* Laufzeit *f*; Laufmasche *f*; Gehege *n*; Auslauf *m*, (*Hühner*)Hof *m*; SPORT (*Bob-*, *Rodel-*) Bahn *f*; (*Ski*)-Hang *m*; **~ *of good*** (***bad***) ***luck*** Glückssträhne *f* (Pechsträhne *f*); ***in the long ~*** auf die Dauer; ***in the short ~*** zunächst; ***on the ~*** auf der Flucht

run·a·bout F MOT Stadt-, Kleinwagen *m*

run·a·way Ausreißer(in)

rung Sprosse *f*

run·ner SPORT Läufer(in); Rennpferd *n*; *mst in cpds* Schmuggler(in); (*Schlitten-*, *Schlittschuh*)Kufe *f*; Tischläufer *m*; TECH (Gleit)Schiene *f*; BOT Ausläufer *m*; **~ bean** *Br* BOT grüne Bohne

run·ning 1. Laufen *n*, Rennen *n*; Führung *f*, Leitung *f* **2.** fließend; SPORT Lauf…; ***two days ~*** zwei Tage hintereinander; **~ costs** ECON Betriebskosten *pl*, laufende Kosten *pl*

run·ny F flüssig; laufend (*nose*), tränend (*eyes*)

run-off POL Stichwahl *f*

run-up SPORT Zweite *m*, *f*, Vizemeister(in)

run·way AVIAT Start- und Landebahn *f*, Rollbahn *f*, Piste *f*

rup·ture 1. Bruch *m* (*a.* MED *and fig*), Riss *m* **2.** bersten, platzen; (zer)reißen; **~ *o.s.*** MED sich e-n Bruch heben *or* zuziehen

ru·ral ländlich

ruse List *f*, Trick *m*

rush[1] **1.** *v/i* hasten, hetzen, stürmen, rasen; **~ *at*** losstürzen *or* sich stürzen auf (*acc*); **~ *in*** hineinstürzen, hineinstürmen, hereinstürzen, hereinstürmen; **~ *into*** *fig* sich stürzen in (*acc*); *et.* überstürzen; *v/t* antreiben, drängen, hetzen; schnell bringen; *Essen* hinunterschlingen; losstürmen auf (*acc*); ***don't ~ it*** lass dir Zeit dabei **2.** Ansturm *m*; Hast *f*, Hetze *f*; Hochbetrieb *m*; ECON stürmische Nachfrage; ***what's all the ~?*** wozu diese Eile *or* Hetze?

rush[2] BOT Binse *f*

rush hour Rushhour *f*, Hauptverkehrszeit *f*, Stoßzeit *f*

rush-hour traf·fic Stoßverkehr *m*

rusk *esp Br* Zwieback *m*

Rus·sia Russland *n*

Rus·sian 1. russisch **2.** Russe *m*, Russin *f*; LING Russisch *n*
rust 1. Rost *m* **2.** *v/t* (ein-, ver)rosten lassen; *v/i* (ein-, ver)rosten
rus·tic ländlich, bäuerlich; rustikal
rus·tle 1. rascheln (mit), knistern; *Vieh* stehlen **2.** Rascheln *n*
rust·proof rostfrei, nicht rostend
rust·y rostig; *fig* eingerostet
rut[1] **1.** (Rad)Spur *f*, Furche *f*; *fig* (alter) Trott; ***the daily ~*** das tägliche Einerlei **2.** furchen; ***rutted*** ausgefahren
rut[2] ZO Brunft *f*, Brunst *f*
ruth·less unbarmherzig; rücksichtslos, skrupellos
rye BOT Roggen *m*

S

S, s S, s *n*
S *abbr of* ***small*** (***size***) klein
sa·ber, *Br* **sa·bre** Säbel *m*
sa·ble ZO Zobel *m*; Zobelpelz *m*
sab·o·tage 1. Sabotage *f* **2.** sabotieren
sack 1. Sack *m*; ***get the ~*** *Br* F rausgeschmissen werden; ***give s.o. the ~*** *Br* F j-n rausschmeißen; ***hit the ~*** F sich in die Falle *or* Klappe hauen **2.** in Säcke füllen, einsacken; *Br* F *j-n* rausschmeißen
sack·cloth, sack·ing Sackleinen *n*
sac·ra·ment REL Sakrament *n*
sa·cred geistlich (*music etc*); heilig
sac·ri·fice 1. Opfer *n* **2.** opfern
sac·ri·lege REL Sakrileg *n*; Frevel *m*
sac·ris·ty REL Sakristei *f*
sad traurig; schmerzlich; schlimm
sad·dle 1. Sattel *m* **2.** satteln
sa·dism Sadismus *m*
sa·dist Sadist(in)
sa·dis·tic sadistisch
sad·ness Traurigkeit *f*
sa·fa·ri Safari *f*; **~ park** Safaripark *m*
safe 1. sicher **2.** Safe *m, n*, Tresor *m*, Geldschrank *m*
safe con·duct freies Geleit
safe de·pos·it Tresor *m*
safe-de·pos·it box Schließfach *n*
safe·guard 1. Schutz *m* (***against*** gegen, vor *dat*); **2.** schützen (***against, from*** gegen, vor *dat*)
safe·keep·ing sichere Verwahrung
safe·ty 1. Sicherheit *f* **2.** Sicherheits…; **~ belt** → ***seat belt***; **~ is·land** Verkehrsinsel *f*; **~ lock** Sicherheitsschloss *n*; **~ mea·sure** Sicherheitsmaßnahme *f*; **~ pin** Sicherheitsnadel *f*
sag sich senken, absacken; durchhängen; (herab)hängen (*shoulders*); *fig* sinken (*morale*); nachlassen (*interest etc*)
sa·ga·cious scharfsinnig
sa·gac·i·ty Scharfsinn *m*
sage BOT Salbei *m, f*
Sa·git·tar·i·us ASTR Schütze *m*; ***he*** (***she***) ***is*** (***a***) **~** er (sie) ist (ein) Schütze
sail 1. Segel *n*; Segelfahrt *f*; (*Windmühlen*)Flügel *m*; ***set ~*** auslaufen (***for*** nach); ***go for a ~*** segeln gehen **2.** *v/i* MAR segeln, fahren; auslaufen (***for*** nach); gleiten, schweben; ***go ~ing*** segeln gehen; *v/t* MAR befahren; *Schiff* steuern, *Boot* segeln
sail·board Surfbrett *n*
sail·boat Segelboot *n*
sail·ing Segeln *n*; Segelsport *m*; ***when is the next ~ to …?*** wann fährt das nächste Schiff nach …?; **~ boat** *Br* Segelboot *n*; **~ ship** Segelschiff *n*
sail·or Seemann *m*, Matrose *m*; ***be a good*** (***bad***) **~** (nicht) seefest sein
sail·plane Segelflugzeug *n*
saint Heilige *m, f*
saint·ly heilig, fromm
sake: ***for the ~ of …*** um … (*gen*) willen; ***for my ~*** meinetwegen; ***for God's ~*** F um Gottes willen
sal·a·ble verkäuflich
sal·ad Salat *m*; **~ dress·ing** Dressing *n*, Salatsoße *f*
sal·a·ried: **~ *employee*** Angestellte *m, f*, Gehaltsempfänger(in)
sal·a·ry Gehalt *n*
sale Verkauf *m*; Absatz *m*, Umsatz *m*; (Saison)Schlussverkauf *m*; Auktion *f*, Versteigerung *f*; ***for ~*** zu verkaufen; ***not for ~*** unverkäuflich; ***be on ~*** verkauft werden, erhältlich sein
sale·a·ble → ***salable***

sales·clerk (Laden)Verkäufer(in)
sales·girl (Laden)Verkäuferin *f*
sales·man Verkäufer *m*; (Handels-) Vertreter *m*
sales rep·re·sen·ta·tive Handlungsreisende *m, f*; (Handels)Vertreter(in)
sales slip ECON Quittung *f*
sales tax ECON Umsatzsteuer *f*
sales·wom·an Verkäuferin *f*; (Handels)Vertreterin *f*
sa·line salzig, Salz…
sa·li·va Speichel *m*
sal·low gelblich
salm·on ZO Lachs *m*
sal·on (*Schönheits- etc*)Salon *m*
sa·loon *Br* MOT Limousine *f*; HIST Saloon *m*; MAR Salon *m*
sa·loon car *Br* MOT Limousine *f*
salt 1. Salz *n* **2.** salzen; (ein)pökeln, einsalzen (*a.* **~ *down***); *Straße etc* (mit Salz) streuen **3.** Salz…; gepökelt; salzig, gesalzen
salt·cel·lar *Br* Salzstreuer *m*
salt·pe·ter, *esp Br* **salt·pe·tre** CHEM Salpeter *m*
salt shak·er Salzstreuer *m*
salt wa·ter Salzwasser *n*
salt·y salzig
sal·u·ta·tion Gruß *m*, Begrüßung *f*; Anrede *f*; **sa·lute 1.** MIL salutieren; (be)grüßen **2.** Gruß *m*; MIL Ehrenbezeugung *f*; Salut *m*
sal·vage 1. Bergung *f*; Bergungsgut *n* **2.** bergen (***from*** aus); retten (*a. fig*)
sal·va·tion Rettung *f*; REL Erlösung *f*; (Seelen)Heil *n*
Sal·va·tion Ar·my Heilsarmee *f*
salve (Heil)Salbe *f*
same: ***the ~*** derselbe, dieselbe, dasselbe; ***all the ~*** trotzdem; ***it is all the ~ to me*** es ist mir ganz egal
sam·ple 1. Muster *n*, Probe *f* **2.** kosten, probieren
san·a·to·ri·um Sanatorium *n*
sanc·ti·fy heiligen
sanc·tion 1. Billigung *f*, Zustimmung *f*; *mst pl* Sanktionen *pl* **2.** billigen, sanktionieren
sanc·ti·ty Heiligkeit *f*
sanc·tu·a·ry Zuflucht *f*, Asyl *n*; ZO Schutzgebiet *n*
sand 1. Sand *m*; *pl* Sandfläche *f* **2.** *Straße etc* mit Sand (be)streuen; TECH schmirgeln
san·dal Sandale *f*
sand·bag Sandsack *m*
sand·bank GEOGR Sandbank *f*
sand·box Sandkasten *m*
sand·cas·tle Sandburg *f*
sand·man Sandmännchen *n*
sand·pa·per Sand-, Schmirgelpapier *n*
sand·pip·er ZO Strandläufer *m*
sand·pit *Br* Sandkasten *m*; Sandgrube *f*
sand·stone GEOL Sandstein *m*
sand·storm Sandsturm *m*
sand·wich 1. Sandwich *n* **2.** ***be ~ed between*** eingekeilt sein zwischen (*dat*); ***~ s.th. in between*** *fig* et. einschieben zwischen (*acc or dat*)
sand·y sandig; rotblond
sane geistig gesund; JUR zurechnungsfähig; vernünftig
san·i·tar·i·um → ***sanatorium***
san·i·ta·ry hygienisch; Gesundheits…; **~ nap·kin**, *Br* **~ tow·el** (Damen)Binde *f*
san·i·ta·tion sanitäre Einrichtungen *pl*; Kanalisation *f*
san·i·ty geistige Gesundheit; JUR Zurechnungsfähigkeit *f*
San·ta Claus der Weihnachtsmann, der Nikolaus
sap[1] BOT Saft *m*
sap[2] schwächen
sap·phire Saphir *m*
sar·casm Sarkasmus *m*
sar·cas·tic sarkastisch
sar·dine ZO Sardine *f*
sash[1] Schärpe *f*
sash[2] Fensterrahmen *m*
sash win·dow Schiebefenster *n*
sas·sy frech
Sat *abbr of* ***Saturday*** Sa., Samstag *m*, Sonnabend *m*
Sa·tan der Satan
satch·el (Schul)Ranzen *m*; Schultasche *f*
sat·ed *fig* übersättigt
sat·el·lite 1. Satellit *m*; ***by or via ~*** über Satellit **2.** Satelliten…; **~ *dish*** F Satellitenschüssel *f*
sat·in Satin *m*
sat·ire Satire *f*
sat·ir·ic, **sat·ir·i·cal** satirisch
sat·i·rist Satiriker(in)
sat·ir·ize verspotten
sat·is·fac·tion Befriedigung *f*; Genugtuung *f*, Zufriedenheit *f*
sat·is·fac·to·ry befriedigend, zufrieden-

stellend

sat·is·fy befriedigen, zufrieden stellen; überzeugen; ***be satisfied that*** davon überzeugt sein, dass

sat·u·rate (durch)tränken (***with*** mit); CHEM sättigen (*a. fig*)

Sat·ur·day Sonnabend *m*, Samstag *m*; ***on ~*** (am) Sonnabend *or* Samstag; ***on ~s*** sonnabends, samstags

sauce Soße *f*

sauce·pan Kochtopf *m*

sau·cer Untertasse *f*

sauc·y *Br* frech

saun·ter bummeln, schlendern

saus·age Wurst *f*; *a.* ***small ~*** Würstchen *n*

sav·age 1. wild; unzivilisiert **2.** Wilde *m, f*; **sav·ag·e·ry** Wildheit *f*; Rohheit *f*, Grausamkeit *f*

save 1. retten (***from*** vor *dat*); *Geld, Zeit etc* (ein)sparen; *et.* aufheben, aufsparen (***for*** für); *j-m et.* ersparen; IT (ab)speichern, sichern; SPORT *Schuss* halten, parieren, *Tor* verhindern **2.** SPORT Parade *f*

sav·er Retter(in); ECON Sparer(in)

sav·ings ECON Ersparnisse *pl*; **~ account** Sparkonto *n*; **~ bank** Sparkasse *f*; **~ de·pos·it** Spareinlage *f*

sa·vio(u)r Retter(in); ***the Savio(u)r*** REL der Erlöser, der Heiland

sa·vo(u)r mit Genuss essen *or* trinken; ***~ of*** *fig* e-n Beigeschmack haben von

sa·vo(u)r·y schmackhaft

saw 1. Säge *f* **2.** sägen

saw·dust Sägemehl *n*, Sägespäne *pl*

saw·mill Sägewerk *n*

Sax·on 1. (Angel)Sachse *m*, (Angel-) Sächsin *f* **2.** (angel)sächsisch

say 1. sagen; aufsagen; *Gebet* sprechen, *Vaterunser* beten; ***~ grace*** das Tischgebet sprechen; ***what does your watch ~?*** wie spät ist es auf deiner Uhr?; ***he is said to be …*** er soll … sein; ***it ~s*** es lautet (*letter etc*); ***it ~s here*** hier heißt es; ***it goes without ~ing*** es versteht sich von selbst; ***no sooner said than done*** gesagt, getan; ***that is to ~*** das heißt; ***(and) that's ~ing s.th.*** (und) das will was heißen; ***you said it*** du sagst es; ***you can ~ that again!*** das kannst du laut sagen!; ***I ~*** sag(en Sie) mal!; ich muss schon sagen!; ***I can't ~*** das kann ich nicht sagen **2.** Mitspracherecht *n* (***in*** bei); ***have one's ~*** s-e Meinung äußern, zu Wort kommen; ***he always has to have his ~*** er muss immer mitreden

say·ing Sprichwort *n*, Redensart *f*; ***as the ~ goes*** wie man so (schön) sagt

scab MED, BOT Schorf *m*; *contp* Streikbrecher(in)

scaf·fold (Bau)Gerüst *n*; Schafott *n*

scaf·fold·ing (Bau)Gerüst *n*

scald 1. sich *die Zunge etc* verbrühen; *Milch* abkochen; ***~ing hot*** kochend heiß **2.** MED Verbrühung *f*

scale[1] 1. Skala *f* (*a. fig*), Grad- *or* Maßeinteilung *f*; MATH, TECH Maßstab *m* (*a. fig*); Waage *f*; MUS Skala *f*, Tonleiter *f*; *fig* Ausmaß *n*, Umfang *m* **2.** erklettern; ***~ down*** *fig* verringern; ***~ up*** *fig* erhöhen

scale[2] Waagschale *f*; ***(a pair of) ~s*** (e-e) Waage

scale[3] 1. ZO Schuppe *f*; TECH Kesselstein *m*; ***the ~s fell from my eyes*** es fiel mir wie Schuppen von den Augen **2.** *Fisch* (ab)schuppen

scal·lop ZO Kammmuschel *f*

scalp 1. Kopfhaut *f*; Skalp *m* **2.** skalpieren

scal·y ZO schuppig (*a. fig*)

scamp F Schlingel *m*, (kleiner) Strolch

scam·per trippeln; huschen

scan 1. *et.* absuchen (***for*** nach); *Zeitung etc* überfliegen; IT, *radar*, TV abtasten, scannen **2.** MED *etc* Scanning *n*

scan·dal Skandal *m*; Klatsch *m*

scan·dal·ize: ***be ~d at s.th.*** über et. empört *or* entrüstet sein

scan·dal·ous skandalös; ***be ~*** *a.* ein Skandal sein (***that*** dass)

Scan·di·na·vi·a Skandinavien *n*

Scan·di·na·vi·an 1. skandinavisch **2.** Skandinavier(in)

scan·ner TECH Scanner *m*

scant dürftig, gering

scant·y dürftig, kärglich, knapp

scape·goat Sündenbock *m*

scar MED **1.** Narbe *f* (*a. fig*) **2.** e-e Narbe *or* Narben hinterlassen auf (*dat*) *or fig* bei *j-m*; ***~ over*** vernarben

scarce knapp (*food etc*); selten; ***be ~*** Mangelware sein (*a. fig*); **scarce·ly** kaum; **scar·ci·ty** Mangel *m*, Knappheit *f* (***of*** an *dat*)

scare 1. erschrecken; ***be ~d*** Angst ha-

ben (***of*** vor *dat*); **~ *away***, **~ *off*** verjagen, -scheuchen **2.** Schreck(en) *m*; Panik *f*
scare·crow Vogelscheuche *f* (*a. fig*)
scarf Schal *m*; Hals-, Kopf-, Schultertuch *n*
scar·let scharlachrot; **~ fe·ver** MED Scharlach *m*
scarred narbig
scath·ing bissig (*remark etc*); vernichtend (*criticism etc*)
scat·ter (sich) zerstreuen (*crowd*); ausstreuen, verstreuen; auseinanderstieben (*birds etc*)
scat·ter·brained F schusselig, schusslig
scat·tered verstreut; vereinzelt
scav·enge: **~ *on*** zo leben von; **~ *for*** suchen (nach)
scene Szene *f*; Schauplatz *m*; *pl* THEA Kulissen *pl*
sce·ne·ry Landschaft *f*, Gegend *f*; THEA Bühnenbild *n*, Kulissen *pl*
scent 1. Duft *m*, Geruch *m*; *esp Br* Parfüm *n*; HUNT Witterung *f*; Fährte *f*, Spur *f* (*a. fig*) **2.** wittern; *esp Br* parfümieren; **scent·less** geruchlos
scep·ter, *Br* **scep·tre** Zepter *n*
scep·tic, **scep·ti·cal** *Br* → ***skeptic*** *etc*
sched·ule 1. Aufstellung *f*, Verzeichnis *n*; (*Arbeits-*, *Stunden-*, *Zeit- etc*)Plan *m*; Fahr-, Flugplan *m*; ***ahead of ~*** dem Zeitplan voraus, früher als vorgesehen; ***be behind ~*** Verspätung haben; im Verzug *or* Rückstand sein; ***on ~*** (fahr-) planmäßig, pünktlich **2.** ***the meeting is ~d for Monday*** die Sitzung ist für Montag angesetzt; ***it is ~d to take place tomorrow*** es soll morgen stattfinden
sched·uled| de·par·ture (fahr)planmäßige Abfahrt; **~ flight** Linienflug *m*
scheme 1. *esp Br* Programm *n*, Projekt *n*; Schema *n*, System *n*; Intrige *f*, Machenschaft *f* **2.** intrigieren
schmaltz·y F schnulzig
schnit·zel GASTR Wiener Schnitzel *n*
schol·ar Gelehrte *m*, *f*; UNIV Stipendiat(in); **schol·ar·ly** gelehrt
schol·ar·ship Gelehrsamkeit *f*; UNIV Stipendium *n*
school[1] **1.** Schule *f* (*a. fig*); UNIV Fakultät *f*; Hochschule *f*; ***at ~*** auf *or* in der Schule; ***go to ~*** in die *or* zur Schule gehen **2.** *j-n* schulen, unterrichten; *Tier* dressieren
school[2] zo Schule *f*, Schwarm *m*
school·bag Schultasche *f*
school·boy Schüler *m*
school·child Schulkind *n*
school·fel·low → ***schoolmate***
school·girl Schülerin *f*
school·ing (Schul)Ausbildung *f*
school·mate Mitschüler(in), Schulkamerad(in)
school·teach·er (Schul)Lehrer(in)
school·yard Schulhof *m*
schoo·ner MAR Schoner *m*
sci·ence Wissenschaft *f*; *a.* ***natural ~*** Naturwissenschaft(en *pl*) *f*; **~ fic·tion** (*abbr* ***SF***) Sciencefiction *f*
sci·en·tif·ic (natur)wissenschaftlich; exakt, systematisch
sci·en·tist (Natur)Wissenschaftler(in)
sci-fi F Sciencefiction *f*
scis·sors: (***a pair of ~*** e-e) Schere
scoff 1. spotten (***at*** über *acc*); **2.** spöttische Bemerkung
scold schimpfen (mit)
scoop 1. Schöpfkelle *f*; (*Mehl- etc* -) Schaufel *f*; (*Eis- etc*)Portionierer *m*; Kugel *f* (*icecream*); *newspaper*, *radio*, TV Exklusivmeldung *f*, F Knüller *m* **2.** schöpfen, schaufeln; **~ *up*** aufheben, hochheben
scoot·er (Kinder)Roller *m*; (*Motor-*) Roller *m*
scope Bereich *m*; Spielraum *m*
scorch *v/t* ansengen, versengen, verbrennen; ausdörren; *v/i Br* MOT F rasen
score 1. SPORT (Spiel)Stand *m*, (-)Ergebnis *n*; MUS Partitur *f*; Musik *f*; 20 (Stück); *a.* **~ *mark*** Kerbe *f*, Rille *f*; ***what is the ~?*** wie steht es *or* das Spiel?; ***the ~ stood at*** *or* ***was 3-2*** das Spiel stand 3:2; ***keep*** (***the***) **~** anschreiben; ***~s of*** e-e Menge; ***four ~ and ten*** neunzig; ***on that ~*** deshalb, in dieser Hinsicht; ***have a ~ to settle with s.o.*** e-e alte Rechnung mit j-m zu begleichen haben **2.** *v/t* SPORT *Punkte*, *Treffer* erzielen, *Tor a.* schießen; *Erfolg*, *Sieg* erringen; MUS instrumentieren; die Musik schreiben zu *or* für; einkerben; *v/i* SPORT e-n Treffer *etc* erzielen, ein Tor schießen; erfolgreich sein
score·board SPORT Anzeigetafel *f*
scor·er SPORT Torschütze *m*, Torschützin *f*; Anschreiber(in)
scorn Verachtung *f*

scorn·ful verächtlich
Scor·pi·o ASTR Skorpion *m*; ***he*** (***she***) ***is*** (***a***) ~ er (sie) ist (ein) Skorpion
Scot Schotte *m*, Schottin *f*
Scotch **1.** schottisch **2.** Scotch *m*
scot-free: F ***get off*** ~ ungeschoren davonkommen
Scot·land Schottland *n*
Scots schottisch; **Scotsman** Schotte *m*; **Scots·wom·an** Schottin *f*
Scot·tish schottisch
scoun·drel Schurke *m*
scour[1] scheuern, schrubben
scour[2] *Gegend* absuchen, durchkämmen (***for*** nach)
scourge **1.** Geißel *f* (*a. fig*) **2.** geißeln, *fig a.* heimsuchen
scout **1.** *esp* MIL Kundschafter *m*; *Br* motorisierter Pannenhelfer; *a.* ***boy*** ~ Pfadfinder *m*; *a.* ***girl*** ~ Pfadfinderin *f*; *a.* ***talent*** ~ Talentsucher(in) **2.** ~ ***about***, ~ ***around*** sich umsehen (***for*** nach); *a.* ~ ***out*** MIL auskundschaften
scowl **1.** finsteres Gesicht **2.** finster blicken; ~ ***at s.o.*** j-n böse *or* finster anschauen
scram·ble **1.** klettern; sich drängeln (***for*** zu); **2.** Kletterei *f*; Drängelei *f*
scram·bled eggs Rührei(er *pl*) *n*
scrap[1] **1.** Stückchen *n*, Fetzen *m*; Altmaterial *n*; Schrott *m*; *pl* Abfall *m*, Speisereste *pl* **2.** verschrotten; ausrangieren; *Plan etc* aufgeben, fallen lassen
scrap[2] F **1.** Streiterei *f*; Balgerei *f* **2.** sich streiten; sich balgen
scrap·book Sammelalbum *n*
scrape **1.** (ab)kratzen, (ab)schaben; sich *die Knie etc* aufschürfen; *Wagen etc* ankratzen; scheuern (***against*** an *dat*); (entlang)streifen; scharren **2.** Kratzen *n*; Kratzer *m*, Schramme *f*; *fig* Klemme *f*
scrap heap Schrotthaufen *m*
scrap met·al Altmetall *n*, Schrott *m*
scrap pa·per *esp Br* Schmierpapier *n*
scrap val·ue Schrottwert *m*
scrap·yard Schrottplatz *m*
scratch **1.** (zer)kratzen; abkratzen; *s-n Namen etc* einkratzen; (sich) kratzen; scharren **2.** Kratzer *m*, Schramme *f*; Gekratze *n*; Kratzen *n*; ***from*** ~ F ganz von vorn **3.** (bunt) zusammengewürfelt
scratch·pad Notiz-, Schmierblock *m*
scratch pa·per Schmierpapier *n*
scrawl **1.** kritzeln **2.** Gekritzel *n*
scraw·ny dürr
scream **1.** schreien (***with*** vor *dat*); *a.* ~ ***out*** schreien; ~ ***with laughter*** vor Lachen brüllen **2.** Schrei *m*; ~***s of laughter*** brüllendes Gelächter; ***be a*** ~ F zum Schreien (komisch) sein
screech **1.** kreischen (*a. fig*), (gellend) schreien **2.** Kreischen *n*; (gellender) Schrei
screen **1.** Wand-, Ofen-, Schutzschirm *m*; *film*: Leinwand *f*; *radar*, TV, IT Bildschirm *m*; Fliegenfenster *n*, -gitter *n*; *fig* Tarnung *f* **2.** abschirmen; *film* zeigen, *Fernsehprogramm a.* senden; *fig j-n* decken; *fig j-n* überprüfen; ~ ***off*** abtrennen
screen·play Drehbuch *n*
screen sav·er IT Bildschirmschoner *m*
screw **1.** TECH Schraube *f*; ***he has a*** ~ ***loose*** F bei ihm ist e-e Schraube locker **2.** (an)schrauben (***to*** an *acc*); V bumsen, vögeln; ~ ***up*** *Gesicht* verziehen; *Augen* zusammenkneifen; ~ ***up one's courage*** sich ein Herz fassen
screw·ball F Spinner(in)
screw·driv·er Schraubenzieher *m*
screw top Schraubverschluss *m*
scrib·ble **1.** (hin)kritzeln **2.** Gekritzel *n*
scrimp: ~ ***and save*** jeden Cent zweimal umdrehen
script Manuskript *n*; film, TV Drehbuch *n*, Skript *n*; THEA Text *m*, Textbuch *n*; Schrift(zeichen *pl*) *f*; *Br* UNIV (schriftliche) Prüfungsarbeit
Scrip·ture *a.* ***the*** ~***s*** REL die Heilige Schrift
scroll **1.** Schriftrolle *f* **2.** ~ ***down*** (***up***) IT zurückrollen (vorrollen)
scro·tum ANAT Hodensack *m*
scrub[1] **1.** schrubben, scheuern **2.** Schrubben *n*, Scheuern *n*
scrub[2] Gebüsch *n*, Gestrüpp *n*
scru·ple **1.** Skrupel *m*, Zweifel *m*, Bedenken *pl* **2.** Bedenken haben
scru·pu·lous gewissenhaft
scru·ti·nize genau prüfen; mustern
scru·ti·ny genaue Prüfung; prüfender Blick
scu·ba div·ing (Sport)Tauchen *n*
scuf·fle **1.** Handgemenge *n*, Rauferei *f* **2.** sich raufen
scull **1.** Skull *n*; Skullboot *n* **2.** rudern, skullen

sculp·tor Bildhauer *m*
sculp·ture **1.** Bildhauerei *f*; Skulptur *f*, Plastik *f* **2.** hauen, meißeln, formen
scum Schaum *m*; *fig* Abschaum *m*
scurf (Kopf)Schuppen *pl*
scur·ri·lous beleidigend; verleumderisch
scur·ry huschen; trippeln
scur·vy MED Skorbut *m*
scut·tle: **~ away, ~ off** davonhuschen
scythe Sense *f*
sea Meer *n* (*a. fig*), See *f*; **at ~** auf See; **by ~** auf dem Seeweg; **by the ~** am Meer
sea·food GASTR Meeresfrüchte *pl*
sea·gull ZO Seemöwe *f*
seal[1] ZO Robbe *f*, Seehund *m*
seal[2] **1.** Siegel *n*; TECH Plombe *f*; TECH Dichtung *f* **2.** (ver)siegeln; TECH plombieren; abdichten; *fig* besiegeln; **~ed envelope** verschlossener Briefumschlag; **~ off** *Gegend etc* abriegeln
sea lev·el: **above** (**below**) **~** über (unter) dem Meeresspiegel
seal·ing wax Siegellack *m*
seam Naht *f*; Fuge *f*; GEOL Flöz *n*
sea·man Seemann *m*
seam·stress Näherin *f*
sea·plane Wasserflugzeug *n*
sea·port Seehafen *m*; Hafenstadt *f*
sea pow·er Seemacht *f*
search **1.** *v/i* suchen (**for** nach); **~ through** durchsuchen; *v/t j-n, et.* durchsuchen (**for** nach) **2.** Suche *f* (**for** nach); Fahndung *f* (**for** nach); Durchsuchung *f*; **in ~ of** auf der Suche nach; **search·ing** prüfend (*look*); eingehend (*examination*)
search·light (Such)Scheinwerfer *m*
search par·ty Suchmannschaft *f*
search war·rant JUR Haussuchungs-, Durchsuchungsbefehl *m*
sea·shore Meeresküste *f*
sea·sick seekrank
sea·side: **at** *or* **by the ~** am Meer; **go to the ~** ans Meer fahren
sea·side re·sort Seebad *n*
sea·son[1] Jahreszeit *f*; Saison *f*, THEA *etc a.* Spielzeit *f*, (*Jagd-*, *Urlaubs- etc*)Zeit *f*; **in** (**out of**) **~** in (außerhalb) der (Hoch)Saison; **cherries are now in ~** jetzt ist Kirschenzeit; **Season's Greetings!** Frohe Weihnachten!; **with the compliments of the ~** mit den besten Wünschen zum Fest
sea·son[2] *Speise* würzen (**with** mit); *Holz* ablagern
sea·son·al saisonbedingt, Saison…
sea·son·ing GASTR Gewürz *n*
sea·son tick·et RAIL *etc* Dauer-, Zeitkarte *f*; THEA Abonnement *n*
seat **1.** Sitz(gelegenheit *f*) *m*; (Sitz)Platz *m*; Sitz(fläche *f*) *m*; Hosenboden *m*; Hinterteil *n*; (*Geschäfts-*, *Regierungs- etc*)Sitz *m*; PARL Sitz *m*; **take a ~** Platz nehmen; **take one's ~** s-n Platz einnehmen **2.** *j-n* setzen; Sitzplätze bieten für; **be ~ed** sitzen; **please be ~ed** bitte nehmen Sie Platz; **remain ~ed** sitzen bleiben
seat belt AVIAT, MOT Sicherheitsgurt *m*; **fasten one's ~** sich anschnallen
sea ur·chin ZO Seeigel *m*
sea·ward(s) seewärts
sea·weed BOT (See)Tang *m*
sea·wor·thy seetüchtig
sec F Augenblick *m*, Sekunde *f*; **just a ~** Augenblick(, bitte)!
se·cede sich abspalten (**from** von)
se·ces·sion Abspaltung *f*, Sezession *f* (**from** von)
se·clud·ed abgelegen, abgeschieden (*place*); zurückgezogen (*life*)
se·clu·sion Abgeschiedenheit *f*; Zurückgezogenheit *f*
sec·ond[1] **1.** *adj* zweite(r, -s); **every ~ day** jeden zweiten Tag, alle zwei Tage; **~ to none** unerreicht, unübertroffen; **but on ~ thought** (*Br* **thoughts**) aber wenn ich es mir so überlege **2.** *adv* als Zweite(r, -s) **3.** *der, die, das* Zweite; MOT zweiter Gang; Sekundant *m*; *pl* F ECON Waren *pl* zweiter Wahl **4.** *Antrag etc* unterstützen
sec·ond[2] Sekunde *f*; *fig* Augenblick *m*, Sekunde *f*; **just a ~** Augenblick(, bitte)!
sec·ond·a·ry sekundär, zweitrangig; PED höher
sec·ond-best zweitbeste(r, -s)
sec·ond class RAIL *etc* zweiter Klasse
sec·ond-class zweitklassig
sec·ond floor erster (*Br* zweiter) Stock
sec·ond hand Sekundenzeiger *m*
sec·ond-hand aus zweiter Hand; gebraucht; antiquarisch
sec·ond·ly zweitens
sec·ond-rate zweitklassig
se·cre·cy Verschwiegenheit *f*; Geheimhaltung *f*

se·cret 1. geheim, Geheim…; heimlich; verschwiegen **2.** Geheimnis *n*; ***in ~*** heimlich, im Geheimen; ***keep s.th. a ~*** et. geheim halten (***from*** vor *dat*); ***can you keep a ~?*** kannst du schweigen?
se·cret a·gent Geheimagent(in)
sec·re·ta·ry Sekretär(in); POL Minister(in)
Sec·re·ta·ry of State POL Außenminister(in); *Br* Minister(in)
se·crete MED absondern; **se·cre·tion** MED Sekret *n*; Absonderung *f*
se·cre·tive verschlossen
se·cret·ly heimlich
se·cret ser·vice Geheimdienst *m*
sec·tion Teil *m*; Abschnitt *m*; JUR Paragraf *m*; Abteilung *f*; MATH, TECH Schnitt *m*
sec·tor Sektor *m*, Bereich *m*
sec·u·lar weltlich
se·cure 1. sicher (***against, from*** vor *dat*); **2.** *Tür etc* fest verschließen; *et.* sichern (***against, from*** vor *dat*)
se·cu·ri·ty Sicherheit *f*; *pl* ECON Wertpapiere *pl*; **~ check** Sicherheitskontrolle *f*; **~ mea·sure** Sicherheitsmaßnahme *f*; **~ risk** Sicherheitsrisiko *n*
se·dan MOT Limousine *f*
se·date ruhig, gelassen
sed·a·tive *mst* MED **1.** beruhigend **2.** Beruhigungsmittel *n*
sed·i·ment (Boden)Satz *m*
se·duce verführen
se·duc·er Verführer(in)
se·duc·tion Verführung *f*
se·duc·tive verführerisch
see[1] *v/i* sehen; nachsehen; ***I ~!*** (ich) verstehe!, ach so!; ***you ~*** weißt du; ***let me ~*** warte mal, lass mich überlegen; ***we'll ~*** mal sehen; *v/t* sehen; besuchen; *j-n* aufsuchen, *j-n* konsultieren; ***~ s.o. home*** j-n nach Hause bringen *or* begleiten; ***~ you!*** bis dann!, auf bald!; ***~ about*** sehen nach, sich kümmern um; ***~ off*** *j-n* verabschieden (***at*** am *Bahnhof etc*); ***~ out*** *j-n* hinausbringen, hinausbegleiten; ***~ through*** *j-n, et.* durchschauen; *j-m* hinweghelfen über (*acc*); ***~ to it that*** dafür sorgen, dass
see[2] REL Bistum *n*, Diözese *f*; ***Holy See*** *der* Heilige Stuhl
seed 1. BOT Same(n) *m*; AGR Saat *f*, Saatgut *n*; (*Apfel- etc*)Kern *m*; SPORT gesetzter Spieler, gesetzte Spielerin; ***go*** *or* ***run to ~*** BOT schießen; ***go to ~*** F herunterkommen, verkommen **2.** *v/t* besäen; entkernen; SPORT *Spieler* setzen; *v/i* BOT in Samen schießen
seedless BOT kernlos
seed·y F heruntergekommen
seek *Schutz*, *Wahrheit etc* suchen
seem scheinen; **seem·ing** scheinbar
seep sickern
see·saw Wippe *f*, Wippschaukel *f*
seethe schäumen (*a. fig*); *fig* kochen
see-through durchsichtig
seg·ment Teil *m*, *n*; Stück *n*; Abschnitt *m*; Segment *n*
seg·re·gate trennen
seg·re·ga·tion Rassentrennung *f*
seize *j-n*, *et.* packen, ergreifen; *Macht etc* an sich reißen; *et.* beschlagnahmen; *et.* pfänden; **sei·zure** Beschlagnahme *f*; Pfändung *f*; MED Anfall *m*
sel·dom *adv* selten
se·lect 1. (aus)wählen **2.** ausgewählt; exklusiv; **se·lec·tion** (Aus)Wahl *f*; ECON Auswahl *f* (***of*** an *dat*)
self Ich *n*, Selbst *n*
self-as·sured selbstbewusst, -sicher
self-cen·tered, *Br* **self-cen·tred** egozentrisch
self-col·o(u)red einfarbig
self-con·fi·dence Selbstbewusstsein *n*, Selbstvertrauen *n*
self-con·fi·dent selbstbewusst
self-con·scious befangen, gehemmt, unsicher
self-con·tained (in sich) abgeschlossen; *fig* verschlossen; ***~ flat*** *Br* abgeschlossene Wohnung
self-con·trol Selbstbeherrschung *f*
self-crit·i·cal selbstkritisch
self-de·fence *Br*, **self-de·fense** Selbstverteidigung *f*; ***in ~*** in *or* aus Notwehr
self-de·ter·mi·na·tion POL Selbstbestimmung *f*
self-em·ployed selbstständig
self-es·teem Selbstachtung *f*
self-ev·i·dent selbstverständlich; offensichtlich
self-gov·ern·ment POL Selbstverwaltung *f*
self-help Selbsthilfe *f*; **~ group** Selbsthilfegruppe *f*
self-im·por·tant überheblich
self-in·dul·gent nachgiebig gegen sich

selbst; zügellos
self-in·terest Eigennutz *m*
self·ish selbstsüchtig, egoistisch
self-knowl·edge Selbsterkenntnis *f*
self-pit·y Selbstmitleid *n*
self-por·trait Selbstportät *n*
self-pos·sessed selbstbeherrscht
self-re·li·ant selbstständig
self-re·spect Selbstachtung *f*
self-right·eous selbstgerecht
self-sat·is·fied selbstzufrieden
self-serv·ice 1. mit Selbstbedienung, Selbstbedienungs… **2.** Selbstbedienung *f*
self-stud·y Selbststudium *n*
self-suf·fi·cient ECON autark
self-sup·port·ing finanziell unabhängig
self-willed eigensinnig, eigenwillig
sell *v/t* verkaufen; *v/i* verkauft werden (***at, for*** für); sich *gut etc* verkaufen (lassen), gehen; **~ *by…*** mindestens haltbar bis …; **~ *off*** (*esp* billig) abstoßen; **~ *out*** ausverkaufen; ***be sold out*** ausverkauft sein; **~ *up*** *esp Br sein Geschäft etc* verkaufen; **sell-by date** Mindesthaltbarkeitsdatum *n*; **sell·er** Verkäufer(in); ***good* ~** ECON gut gehender Artikel
sem·blance Anschein *m* (***of*** von)
se·men MED Samen(flüssigkeit *f*) *m*, Sperma *n*
se·mes·ter UNIV Semester *n*
sem·i... halb…, Halb…
sem·i·cir·cle Halbkreis *m*
sem·i·co·lon LING Semikolon *n*, Strichpunkt *m*
sem·i·con·duc·tor ELECTR Halbleiter *m*
sem·i·de·tached (house) *Br* Doppelhaushälfte *f*
sem·i·fi·nals SPORT Semi-, Halbfinale *n*
sem·i·nar·y Priesterseminar *n*
sem·i·pre·cious: **~ *stone*** Halbedelstein *m*
sem·i·skilled angelernt
sem·o·li·na Grieß *m*
sen·ate POL Senat *m*
sen·a·tor POL Senator *m*
send *et., a. Grüße, Hilfe etc* senden, schicken (***to*** *dat or* an *acc*); *Ware etc* versenden, verschicken (***to*** an *acc*); *j-n* schicken (***to*** ins *Bett etc*); *with adj or pp*: machen; **~ *word to s.o.*** j-m Nachricht geben; **~ *away*** fort-, wegschicken; *Brief etc* absenden, abschicken; **~ *down*** *Preise etc* fallen lassen; **~ *for*** nach *j-m* schicken, *j-n* kommen lassen; sich *et.* kommen lassen, *et.* anfordern; **~ *in*** einsenden, einschicken, einreichen; **~ *off*** fort-, wegschicken; *Brief etc* absenden, abschicken; SPORT *j-n* vom Platz stellen; **~ *on*** *Brief etc* nachsenden, nachschicken (***to*** an *acc*); *Gepäck etc* vorausschicken; **~ *out*** hinausschicken; *Einladungen etc* verschicken; **~ *up*** *Preise etc* steigen lassen
send·er Absender(in)
se·nile senil; **se·nil·i·ty** Senilität *f*
se·ni·or 1. senior; älter (***to*** als); dienstälter; rangälter; Ober… **2.** Ältere *m, f*; UNIV Student(in) im letzten Jahr; ***he is my* ~ *by a year*** er ist ein Jahr älter als ich; **~ cit·i·zens** ältere Mitbürger *pl*, Senioren *pl*
se·ni·or·i·ty (höheres) Alter; (höheres) Dienstalter; (höherer) Rang
se·ni·or part·ner ECON Seniorpartner *m*
sen·sa·tion Empfindung *f*; Gefühl *n*; Sensation *f*
sen·sa·tion·al F großartig, fantastisch; sensationell, Sensations…
sense 1. Sinn *m*; Verstand *m*; Vernunft *f*; Gefühl *n*; Bedeutung *f*; ***bring s.o. to his* ~*s*** j-n zur Besinnung *or* Vernunft bringen; ***come to one's* ~*s*** zur Besinnung *or* Vernunft kommen; ***in a* ~** in gewisser Hinsicht; ***make* ~** e-n Sinn ergeben; vernünftig sein; **~ *of duty*** Pflichtgefühl *n*; **~ *of security*** Gefühl *n* der Sicherheit **2.** fühlen, spüren
sense·less bewusstlos; sinnlos
sen·si·bil·i·ty Empfindlichkeit *f*; *a. pl* Empfindsamkeit *f*, Zartgefühl *n*
sen·si·ble vernünftig; spürbar, merklich; *esp Br* praktisch (*clothes etc*)
sen·si·tive empfindlich; sensibel, empfindsam, feinfühlig
sen·sor TECH Sensor *m*
sen·su·al sinnlich
sen·su·ous sinnlich
sen·tence 1. LING Satz *m*; JUR Strafe *f*, Urteil *n*; ***pass or pronounce* ~** das Urteil fällen (***on*** über *acc*); **2.** JUR verurteilen (***to*** zu)
sen·ti·ment Gefühle *pl*; Sentimentalität *f*; *a. pl* Ansicht *f*, Meinung *f*
sen·ti·ment·al sentimental; gefühlvoll
sen·ti·men·tal·i·ty Sentimentalität *f*
sen·try MIL Wache *f*, (Wach[t])Posten *m*

sep·a·ra·ble trennbar; **sep·a·rate 1.** (sich) trennen; (auf-, ein-, zer)teilen (***into*** in *acc*); **2.** getrennt, separat; einzeln; **sep·a·ra·tion** Trennung *f*; (Auf-, Ein-, Zer)Teilung *f*

Sept *abbr of* ***September*** Sept., September *m*

Sep·tem·ber September *m*

sep·tic MED vereitert, septisch

se·quel Nachfolgeroman *m*, -film *m*, Fortsetzung *f*; *fig* Folge *f*; Nachspiel *n*

se·quence (Aufeinander-, Reihen)Folge *f*; *film*, TV Sequenz *f*, Szene *f*; ***~ of tenses*** LING Zeitenfolge *f*

ser·e·nade MUS **1.** Serenade *f*, Ständchen *n* **2.** *j-m* ein Ständchen bringen

se·rene klar; heiter; gelassen

ser·geant MIL Feldwebel *m*; (Polizei-) Wachtmeister *m*

se·ri·al 1. Fortsetzungsroman *m*; (*Rundfunk-*, *Fernseh*)Serie *f* **2.** serienmäßig, Serien..., Fortsetzungs...

se·ries Serie *f*, Reihe *f*, Folge *f*; (*Buch*)-Reihe *f*; (*Rundfunk-*, *Fernseh*)Serie *f*, Sendereihe *f*

se·ri·ous ernst, ernsthaft; ernstlich; schwer (*illness*, *damage*, *crime etc*); ***be ~*** es ernst meinen (***about*** mit)

se·ri·ous·ness Ernst *m*, Ernsthaftigkeit *f*; Schwere *f*

ser·mon REL Predigt *f*; F Moral-, Strafpredigt *f*

ser·pen·tine gewunden, kurvenreich

ser·rat·ed zackig, gezackt

se·rum MED Serum *n*

ser·vant Diener(in) (*a. fig*); Dienstmädchen *n*; → ***civil servant***

serve 1. *v/t j-m*, *s-m Land etc* dienen; *Dienstzeit* (*a.* MIL) ableisten, *Amtszeit etc* durchlaufen; *j-n*, *et.* versorgen (***with*** mit); *Essen* servieren; *Alkohol* ausschenken; *j-n* (*im Laden*) bedienen; JUR *Strafe* verbüßen; *e-m Zweck* dienen; *e-n Zweck* erfüllen; JUR *Vorladung etc* zustellen (***on s.o.*** j-m); *tennis etc*: aufschlagen; ***are you being ~d?*** werden Sie schon bedient?; (***it***) ***~s him right*** F (das) geschieht ihm ganz recht; *v/i esp* MIL dienen; servieren; dienen (***as, for*** als); *tennis etc*: aufschlagen; ***XY to ~*** *tennis etc*: Aufschlag XY; ***~ on a committee*** e-m Ausschuss angehören **2.** *tennis etc*: Aufschlag *m*

serv·er *tennis etc*: Aufschläger(in); GASTR Servierlöffel *m*

ser·vice 1. Dienst *m* (***to*** an *dat*); Dienstleistung *f*; (*Post-*, *Staats-*, *Telefon- etc-*) Dienst *m*; (*Zug- etc*)Verkehr *m*; ECON Service *m*, Kundendienst *m*; Bedienung *f*; Betrieb *m*; REL Gottesdienst *m*; TECH Wartung *f*, MOT *a.* Inspektion *f*; (*Tee- etc*)Service *n*; JUR Zustellung *f* (*e-r Vorladung*); *tennis etc*: Aufschlag *m*; *pl* MIL Streitkräfte *pl* **2.** TECH warten

ser·vice·a·ble brauchbar; strapazierfähig

ser·vice| ar·e·a MOT (Autobahn)Raststätte *f*; **~ charge** Bedienung *f*, Bedienungszuschlag *m*; **~ sta·tion** Tankstelle *f*; (Reparatur)Werkstatt *f*

ser·vi·ette *esp Br* Serviette *f*

ser·vile sklavisch (*a. fig*); servil, unterwürfig

serv·ing Portion *f*

ser·vi·tude Knechtschaft *f*; Sklaverei *f*

ses·sion Sitzung *f*; Sitzungsperiode *f*; ***be in ~*** JUR, PARL tagen

set 1. *v/t* setzen, stellen, legen; *in e-n Zustand* versetzen; veranlassen (***doing*** zu tun); TECH einstellen, *Uhr* stellen (***by*** nach), *Wecker* stellen (***for*** auf *acc*); *Tisch* decken; *Preis*, *Termin etc* festsetzen, festlegen; *Rekord* aufstellen; *Edelstein* fassen (***in*** in *dat*); *Ring etc* besetzen (***with*** mit); *Flüssigkeit* erstarren lassen; *Haar* legen; *Knochen* einrenken, einrichten; MUS vertonen; PRINT absetzen; *Aufgabe*, *Frage* stellen; ***~ at ease*** beruhigen; ***~ an example*** ein Beispiel geben; ***~ s.o. free*** j-n freilassen; ***~ going*** in Gang setzen; ***~ s.o. thinking*** j-m zu denken geben; ***~ one's hopes on*** s-e Hoffnung setzen auf (*acc*); ***~ s.o.'s mind at rest*** j-n beruhigen; ***~ great*** (***little***) ***store by*** großen (geringen) Wert legen auf (*acc*); ***the novel is ~ in*** der Roman spielt in (*dat*); *v/i* ASTR untergehen; fest werden, erstarren; HUNT vorstehen; ***~ about doing s.th.*** sich daranmachen, et. zu tun; ***~ about s.o.*** F über j-n herfallen; ***~ aside*** beiseitelegen; JUR *Urteil etc* aufheben; ***~ back*** verzögern; *j-n*, *et.* zurückwerfen (***by two months*** um zwei Monate); ***~ in*** einsetzen; ***~ off*** aufbrechen, sich aufmachen; hervorheben, betonen; *et.* auslösen; ***~ out*** arrangieren, herrichten; aufbrechen, sich aufmachen; ***~***

out to do s.th. sich daranmachen, et. zu tun; ~ ***up*** errichten; *Gerät etc* aufbauen; *Firma etc* gründen; *et.* auslösen, verursachen; *j-n* versorgen (***with*** mit); sich niederlassen; ~ ***o.s. up as*** sich ausgeben für **2.** *adj* festgesetzt, festgelegt; F bereit, fertig; starr (*smile etc*); ~ ***lunch or meal*** *Br* Menü *n*; ~ ***phrase*** feststehender Ausdruck; ***be ~ on doing s.th.*** (fest) entschlossen sein, et. zu tun; ***be all ~*** F startklar sein **3.** Satz *m*; (*Möbel- etc*)Garnitur *f*, (*Tee- etc*)Service *n*; (*Fernseh-*, *Rundfunk-*)Apparat *m*, (-)Gerät *n*; THEA Bühnenbild *n*; *film*, TV Set *n*, *m*; *tennis etc*: Satz *m*; (Personen)Kreis *m*, Clique *f*; (*Kopf- etc*)Haltung *f*; ***have a shampoo and ~*** sich die Haare waschen und legen lassen

set·back Rückschlag *m* (***to*** für)

set·square *Br* Winkel *m*, Zeichendreieck *n*

set·tee Sofa *n*

set the·o·ry MATH Mengenlehre *f*

set·ting ASTR Untergang *m*; TECH Einstellung *f*; Umgebung *f*; *film etc*: Schauplatz *m*; (*Gold- etc*)Fassung *f*

set·ting lo·tion Haarfestiger *m*

set·tle *v/i* sich niederlassen (***on*** auf *acc or dat*), sich setzen (***on*** auf *acc*) (*a.* ~ ***down***); sich niederlassen (***in*** in *dat*); sich legen (*dust*); sich setzen (*coffee etc*); sich senken (*building etc*); sich beruhigen (*person*, *stomach etc*), sich legen (*a.* ~ ***down***); sich einigen; *v/t j-n*, *Nerven etc* beruhigen; vereinbaren; *Frage etc* klären, entscheiden; *Streit etc* beilegen; *Land* besiedeln; *Leute* ansiedeln; *Rechnung* begleichen, bezahlen; *Konto* ausgleichen; *Schaden* regulieren; *s-e Angelegenheiten* in Ordnung bringen; ~ ***o.s.*** sich niederlassen (***on*** auf *acc or dat*), sich setzen (***on*** auf *acc*); ***that ~s it*** damit ist der Fall erledigt; ***that's ~d then*** das ist also klar; ~ ***back*** sich (gemütlich) zurücklehnen; ~ ***down*** → *v/i*; sesshaft werden; ~ ***down to*** sich widmen (*dat*); ~ ***for*** sich zufriedengeben *or* begnügen mit; ~ ***in*** sich einleben *or* eingewöhnen; ~ ***on*** sich einigen auf (*acc*); ~ ***up*** (be)zahlen; abrechnen (***with*** mit)

set·tled fest (*ideas etc*); geregelt (*life*); beständig (*weather*)

set·tle·ment Vereinbarung *f*; Klärung *f*; Beilegung *f*; Einigung *f*; Siedlung *f*; Besiedlung *f*; Begleichung *f*, Bezahlung *f*; ***reach a ~*** sich einigen

set·tler Siedler(in)

sev·en 1. sieben **2.** Sieben *f*

sev·en·teen 1. siebzehn **2.** Siebzehn *f*

sev·en·teenth siebzehnte(r, -s)

sev·enth 1. siebente(r, -s), siebte(r, -s) **2.** Siebentel *n*, Siebtel *n*

sev·enth·ly siebentens, siebtens

sev·en·ti·eth siebzigste(r, -s)

sev·en·ty 1. siebzig **2.** Siebzig *f*

sev·er durchtrennen; abtrennen; *Beziehungen* abbrechen; (zer)reißen

sev·er·al mehrere

sev·er·al·ly einzeln, getrennt

se·vere schwer (*injuries*, *setback etc*); stark (*pain*); hart, streng (*winter*); streng (*person*, *discipline etc*); scharf (*criticism etc*); **se·ver·i·ty** Schwere *f*; Stärke *f*; Härte *f*; Strenge *f*; Schärfe *f*

sew nähen

sew·age Abwasser *n*

sew·age works Kläranlage *f*

sew·er Abwasserkanal *m*

sew·er·age Kanalisation *f*

sew·ing 1. Nähen *n*; Näharbeit *f* **2.** Näh...; ~ **ma·chine** Nähmaschine *f*

sex Geschlecht *n*; Sexualität *f*; Sex *m*; Geschlechtsverkehr *m*

sex·ism Sexismus *m*

sex·ist 1. sexistisch **2.** Sexist(in)

sex·ton Küster *m* (und Totengräber *m*)

sex·u·al sexuell, Sexual..., geschlechtlich, Geschlechts...; ~ **har·ass·ment** sexuelle Belästigung; ~ **in·ter·course** Geschlechtsverkehr *m*

sex·u·al·i·ty Sexualität *f*

sex·y F sexy, aufreizend

shab·by schäbig

shack Hütte *f*, Bude *f*; F *contp* Schuppen *m*

shack·les Fesseln *pl*, Ketten *pl* (*both a. fig*)

shade 1. Schatten *m* (*a. fig*); (*Lampen-*)Schirm *m*; Schattierung *f*; Rouleau *n*; *fig* Nuance *f*; ***a ~*** *fig* ein kleines bisschen, e-e Spur **2.** abschirmen (***from*** gegen); schattieren; ~ ***off*** allmählich übergehen (***into*** in *acc*)

shad·ow 1. Schatten *m* (*a. fig*); ***there's not a*** *or* ***the ~ of a doubt about it*** daran besteht nicht der geringste Zweifel **2.** *j-n* beschatten

S

shad·ow·y schattig, dunkel; verschwommen, vage, schemenhaft
shad·y schattig; Schatten spendend; F zwielichtig, fragwürdig
shaft (*Pfeil- etc*)Schaft *m*; (*Hammer- etc*)Stiel *m*; TECH Welle *f*; (*Aufzugs-, Bergwerks- etc*)Schacht *m*; (*Sonnen- etc*)Strahl *m*
shag·gy zottig, struppig
shake 1. *v/t* schütteln; rütteln an (*dat*); erschüttern; **~ *hands*** sich die Hand geben *or* schütteln; *v/i* zittern, beben, wackeln (***with*** vor *dat*); **~ *down*** herunterschütteln; durchsuchen, F filzen; *Br* F kampieren; **~ *off*** abschütteln; *Erkältung etc* loswerden; **~ *up*** *Kissen etc* aufschütteln; *Flasche*, *Flüssigkeit* (durch-) schütteln; *fig* erschüttern **2.** Schütteln *n*; F Milchshake *m*; **~ *of the head*** Kopfschütteln *n*
shake·down F Erpressung *f*; Durchsuchung *f*, Filzung *f*; *Br* (Not)Lager *n*
shak·en *a.* **~ *up*** erschüttert
shak·y wack(e)lig; zitt(e)rig
shall *v/aux future*: *ich* werde, *wir* werden; *in questions*: soll *ich* ...?, sollen *wir* ...?; **~ *we go?*** gehen wir?
shal·low seicht, flach, *fig a.* oberflächlich; **shal·lows** seichte *or* flache Stelle, Untiefe *f*
sham 1. Farce *f*; Heuchelei *f* **2.** unecht, falsch; vorgetäuscht, geheuchelt **3.** *v/t* *Mitgefühl etc* vortäuschen, heucheln; *Krankheit etc* simulieren; *v/i* sich verstellen, heucheln; ***he's only ~ming*** er tut nur so
sham·bles F Schlachtfeld *n*, wüstes Durcheinander, Chaos *n*
shame 1. Scham *f*, Schamgefühl *n*; Schande *f*; **~*!*** pfui!; **~ *on you!*** pfui!; schäm dich!; ***put to* ~** → **2.** beschämen; Schande machen (*dat*)
shame·faced betreten, verlegen
shame·ful beschämend; schändlich
shame·less schamlos
sham·poo 1. Shampoo *n*, Schampon *n*, Schampun *n*; Haarwäsche *f*; → ***set*** *3* **2.** *Haare* waschen; *j-m* die Haare waschen; *Teppich etc* schamponieren
shank TECH Schaft *m*; GASTR Hachse *f*
shan·ty[1] Hütte *f*, Bude *f*
shan·ty[2] Shanty *n*, Seemannslied *n*
shan·ty·town Elendsviertel *n*
shape 1. Form *f*; Gestalt *f*; Verfassung *f*, Zustand *m*; ***in good*** (***bad***) **~** in gutem (schlechtem) Zustand; ***in*** (***out of***) **~** SPORT (nicht) gut in Form; ***take* ~** *fig* Gestalt annehmen **2.** *v/t* formen; gestalten; *v/i a.* **~ *up*** sich *gut etc* machen
shape·less formlos; ausgebeult
shape·ly wohlgeformt
share 1. Anteil *m* (***in, of*** an *dat*); *esp Br* ECON Aktie *f*; ***go* ~*s*** teilen; ***have a*** (***no***) **~ *in*** (nicht) beteiligt sein an (*dat*) **2.** *v/t* (sich) *et.* teilen (***with*** mit); *a.* **~ *out*** verteilen (***among, between*** an *acc*, unter *acc*); *v/i* teilen; **~ *in*** sich teilen in (*acc*)
share·hold·er *esp Br* ECON Aktionär(in)
shark ZO Hai(fisch) *m*
sharp 1. *adj* scharf (*a. fig*); spitz; abrupt; schneidend (*wind*, *frost*, *command*, *voice*, *etc*); beißend (*cold*, *smell etc*); stechend, heftig (*pain*); gescheit; MUS (*um e-n Halbton*) erhöht; ***C* ~** MUS Cis *n* **2.** *adv* scharf, abrupt; MUS zu hoch; pünktlich, genau; ***at eight o'clock* ~** Punkt 8 (Uhr)
sharp·en *Messer etc* schärfen, schleifen; *Bleistift etc* spitzen
sharp·en·er (*Messer- etc*)Schärfer *m*; (*Bleistift*)Spitzer *m*
sharp·ness Schärfe *f* (*a. fig*)
sharp·shoot·er Scharfschütze *m*
sharp-sight·ed scharfsichtig
sharp-wit·ted scharfsinnig
shat·ter *v/t* zerschmettern, zerschlagen; *Hoffnungen etc* zerstören; *v/i* zerspringen, zersplittern
shat·ter·ing vernichtend; erschütternd
shat·ter·proof splitterfrei
shave 1. (sich) rasieren; (glatt) hobeln; *j-n*, *et.* streifen **2.** Rasur *f*; ***have a* ~** sich rasieren; ***that was a close* ~** das war knapp, das ist gerade noch einmal gut gegangen!; **shav·en** kahl geschoren
shav·er (*esp* elektrischer) Rasierapparat *m*
shav·ing 1. Rasieren *n* **2.** Rasier...; **~ *bag*** Kulturbeutel *m*; **~ *brush*** Rasierpinsel *m*; **~ *cream*** Rasiercreme *f*
shav·ings Späne *pl*
shawl Umhängetuch *n*; Kopftuch *n*
she 1. *pron* sie **2.** Sie *f*; ZO Weibchen *n* **3.** *adj in cpds* ZO ...weibchen *n*; **~*-bear*** Bärin *f*
sheaf Bündel *n*; AGR Garbe *f*
shear 1. scheren **2.** (***a pair of***) **~*s*** (e-e)

S

große Schere
sheath (*Schwert- etc*)Scheide *f*; Hülle *f*; *Br* Kondom *n, m*; **sheathe** *Schwert etc* in die Scheide stecken; TECH umhüllen, verkleiden, ummanteln
shed[1] Schuppen *m*; Stall *m*
shed[2] *Tränen etc* vergießen; *Blätter etc* verlieren; *fig Hemmungen etc* ablegen; ***~ its skin*** sich häuten; ***~ a few pounds*** ein paar Pfund abnehmen
sheen Glanz *m*
sheep zo Schaf *n*
sheep·dog zo Schäferhund *m*
sheep·ish verlegen
sheep·skin Schaffell *n*
sheer rein, bloß; steil, (fast) senkrecht; hauchdünn
sheet Betttuch *n*, (Bett)Laken *n*, Leintuch *n*; (*Glas-*, *Metall- etc*)Platte *f*; Blatt *n*, Bogen *m*; weite (*Eis- etc*)Fläche; ***the rain was coming down in ~s*** es regnete in Strömen
sheet light·ning Wetterleuchten *n*
shelf (Bücher-, Wand- *etc*)Brett *n*, (-)Bord *n*; GEOGR Riff *n*; *pl* Regal *n*; ***off the ~*** gleich zum Mitnehmen
shell **1.** (*Austern-*, *Eier-*, *Nuss- etc*) Schale *f*; BOT (*Erbsen- etc*)Hülse *f*; zo Muschel *f*; (*Schnecken*)Haus *n*; zo Panzer *m*; MIL Granate *f*; (Geschoss-, Patronen)Hülse *f*; Patrone *f*; TECH Rumpf *m*, Gerippe *n*, ARCH *a.* Rohbau *m* **2.** schälen, enthülsen; mit Granaten beschießen
shell·fish zo Schal(en)tier *n*
shel·ter **1.** Zuflucht *f*, Schutz *m*; Unterkunft *f*, Obdach *n*; MIL Unterstand *m*; ***run for ~*** Schutz suchen; ***take ~*** sich unterstellen (***under*** unter *dat*); ***bus ~*** Wartehäuschen *n* **2.** *v/t* schützen (***from*** vor *dat*); *v/i* sich unterstellen
shelve *v/t Bücher* in ein Regal stellen; *Plan etc* aufschieben, zurückstellen; *v/i* sanft abfallen (*garden etc*)
shep·herd **1.** Schäfer *m*, Hirt *m* **2.** *j-n* führen
sher·iff Sheriff *m*
shield **1.** Schild *m* **2.** *j-n* (be)schützen (***from*** vor *dat*); *j-n* decken
shift **1.** *v/t et.* bewegen, schieben, *Möbelstück a.* (ver)rücken; *Schuld etc* (ab-) schieben (***onto*** auf *acc*); ***~ gear(s)*** MOT schalten; *v/i* sich bewegen; umspringen (*wind*); *fig* sich verlagern *or* verschieben *or* wandeln; MOT schalten (***into, to*** in *acc*); ***~ from one foot to the other*** von e-m Fuß auf den anderen treten; ***~ on one's chair*** auf s-m Stuhl *ungeduldig etc* hin und her rutschen **2.** *fig* Verlagerung *f*, Verschiebung *f*, Wandel *m*; ECON Schicht *f*; **~ key** TECH Umschalttaste *f*; **~ work·er** Schichtarbeiter(in)
shift·y F verschlagen
shim·mer schimmern; flimmern
shin **1.** *a.* ***~bone*** ANAT Schienbein *n* **2.** ***~ up*** hinaufklettern; ***~ down*** herunterklettern
shine **1.** *v/i* scheinen; leuchten; glänzen (*a. fig*); *v/t Schuhe etc* polieren **2.** Glanz *m*
shin·gle[1] grober Strandkies
shin·gle[2] (Dach)Schindel *f*
shin·gles MED Gürtelrose *f*
shin·y blank, glänzend
ship **1.** Schiff *n* **2.** verschiffen; ECON verfrachten, versenden
ship·ment ECON Ladung *f*; Verschiffung *f*, Verfrachtung *f*, Versand *m*
ship·own·er Reeder *m*; Schiffseigner *m*
ship·ping Schifffahrt *f*; Schiffsbestand *m*; ECON Verschiffung *f*, Verfrachtung *f*, Versand *m*
ship·wreck Schiffbruch *m*
ship·wrecked **1.** ***be ~*** Schiffbruch erleiden **2.** schiffbrüchig
ship·yard (Schiffs)Werft *f*
shirk sich drücken (vor *dat*)
shirk·er Drückeberger(in)
shirt Hemd *n*
shirt·sleeve **1.** Hemdsärmel *m*; ***in (one's) ~s*** in Hemdsärmeln, hemdsärmelig **2.** hemdsärmelig
shish ke·bab GASTR Schaschlik *m, n*
shit V **1.** Scheiße *f* (*a. fig*); *fig* Scheiß *m* **2.** (voll)scheißen
shiv·er **1.** zittern (***with*** vor *dat*); **2.** Schauer *m*; *pl* MED F Schüttelfrost *m*; ***the sight send ~s (up and) down my spine*** bei dem Anblick überlief es mich eiskalt
shoal[1] Untiefe *f*; Sandbank *f*
shoal[2] zo Schwarm *m*
shock[1] **1.** Schock *m* (*a.* MED); Wucht *f*; ELECTR Schlag *m*, (*a.* MED Elektro-) Schock *m*; ***be in (a state of) ~*** unter Schock stehen **2.** schockieren, empören; *j-m* e-n Schock versetzen

shock[2] (**~ of hair** Haar)Schopf *m*
shock ab·sorb·er TECH Stoßdämpfer *m*
shock·ing schockierend, empörend, anstößig; F scheußlich
shod·dy minderwertig (*goods*); gemein, schäbig (*trick etc*)
shoe 1. Schuh *m*; Hufeisen *n* **2.** *Pferd* beschlagen
shoe·horn Schuhanzieher *m*, -löffel *m*
shoe·lace Schnürsenkel *m*
shoe·mak·er Schuhmacher *m*, Schuster *m*
shoe·shine boy Schuhputzer *m*
shoe store (*Br* **shop**) Schuhgeschäft *n*
shoe·string Schnürsenkel *m*
shoot 1. *v/t* schießen, HUNT *a.* erlegen; abfeuern, abschießen; erschießen; *Riegel* vorschieben; *j-n* fotografieren, aufnehmen, *Film* drehen; *Heroin etc* spritzen; **~ *the lights*** MOT bei Rot fahren; *v/i* schießen (***at*** auf *acc*); jagen; *fig* schießen, rasen; *film*, TV drehen, filmen; BOT sprießen, treiben **2.** BOT Trieb *m*; Jagd *f*; Jagdrevier *n*
shoot·er F Schießeisen *n*
shoot·ing 1. Schießen *n*; Schießerei *f*; Erschießung *f*; Anschlag *m*; Jagd *f*; *film*, TV Dreharbeiten *pl*, Aufnahmen *pl* **2.** stechend (*pain*); **~ gal·le·ry** Schießbude *f*; **~ range** Schießstand *m*; **~ star** ASTR Sternschnuppe *f*
shop 1. *Br* Laden *m*, Geschäft *n*; Werkstatt *f*; Betrieb *m*; ***talk* ~** fachsimpeln **2.** *mst* ***go shopping*** einkaufen gehen
shop as·sis·tant *Br* Verkäufer(in)
shop·keep·er *Br* Ladenbesitzer(in), Ladeninhaber(in)
shop·lift·er Ladendieb(in)
shop·lift·ing Ladendiebstahl *m*
shop·per Käufer(in)
shop·ping 1. Einkauf *m*, Einkaufen *n*; Einkäufe *pl* (*items bought*); ***do one's* ~** *Br* einkaufen, (s-e) Einkäufe machen **2.** Einkaufs...; **~ bag** Einkaufsbeutel *m*, -tasche *f*; **~ cart** Einkaufswagen *m*; **~ cen·ter** (*Br* **cen·tre**) Einkaufszentrum *n*; **~ list** Einkaufsliste *f*, -zettel *m*; **~ mall** Einkaufszentrum *n*; **~ precinct** *Br* Fußgängerzone *f*; **~ street** Geschäfts-, Ladenstraße *f*
shop stew·ard ECON gewerkschaftlicher Vertrauensmann
shop·walk·er *Br* Aufsicht(sperson) *f*
shop win·dow Schaufenster *n*
shore[1] Küste *f*; (*See*)Ufer *n*; ***on* ~** an Land
shore[2]: **~ *up*** (ab)stützen
short 1. *adj* kurz; klein (*person*); kurz angebunden, barsch, schroff (***with*** zu); GASTR mürbe; ***be* ~ *for*** die Kurzform sein von; ***be* ~ *of ...*** nicht genügend ... haben **2.** *adv* plötzlich, abrupt; **~ *of*** außer; ***cut* ~** plötzlich unterbrechen; ***fall* ~ *of*** *et.* nicht erreichen; ***stop* ~** plötzlich innehalten, stutzen; ***stop* ~ *of or at*** zurückschrecken vor (*dat*); → ***run 1*** **3.** F Kurzfilm *m*; ELECTR Kurze *m*; ***called ... for* ~** kurz ... genannt; ***in* ~** kurz(um)
short·age Knappheit *f*, Mangel *m* (***of*** an *dat*)
short·com·ings Unzulänglichkeiten *pl*, Mängel *pl*, Fehler *pl*
short cut Abkürzung *f*; ***take a* ~** (den Weg) abkürzen
short·en *v/t* (ab-, ver)kürzen; *v/i* kürzer werden
short·hand Kurzschrift *f*, Stenografie *f*
short·ly bald; barsch, schroff; mit wenigen Worten
short·ness Kürze *f*; Schroffheit *f*
shorts *a.* ***pair of* ~** Shorts *pl*; (Herren)Unterhose *f*
short·sight·ed *esp Br* kurzsichtig (*a. fig*)
short sto·ry Kurzgeschichte *f*
short-tem·pered aufbrausend, hitzig
short-term ECON kurzfristig
short time ECON Kurzarbeit *f*
short wave ELECTR Kurzwelle *f*
short-wind·ed kurzatmig
shot Schuss *m*; Schrot(kugeln *pl*) *m*, *n*; SPORT Kugel *f*; *guter etc* Schütze *m*; *soccer etc*: Schuss *m*; *basketball etc*: Wurf *m*; *tennis*, *golf*: Schlag *m*; PHOT Schnappschuss *m*, Aufnahme *f*; *film*, TV Aufnahme *f*, Einstellung *f*; MED F Spritze *f*; F Schuss *m* (*of drugs*); *fig* F Versuch *m*; ***a* ~ *of rum*** ein Schluck Rum; ***I'll have a* ~ *at it*** ich probier's mal; ***not by a long* ~** F noch lange nicht; → ***big shot***
shot·gun Schrotflinte *f*
shot·gun wed·ding F Mussheirat *f*
shot put SPORT Kugelstoßen *n*
shot put·ter SPORT Kugelstoßer(in)
shoul·der 1. ANAT Schulter *f*; MOT Standspur *f* **2.** schultern; *Kosten*, *Verantwortung etc* übernehmen; (mit der Schul-

ter) stoßen; **~ bag** Schulter-, Umhängetasche *f*; **~ blade** ANAT Schulterblatt *n*; **~ strap** Träger *m*; Tragriemen *m*
shout 1. *v/i* rufen, schreien (***for*** nach; ***for help*** um Hilfe); ***~ at s.o.*** j-n anschreien; *v/t* rufen, schreien **2.** Ruf *m*, Schrei *m*
shove 1. stoßen, F schubsen; *et.* schieben, stopfen **2.** Stoß *m*, F Schubs *m*
shov·el 1. Schaufel *f* **2.** schaufeln
show 1. *v/t* zeigen, vorzeigen, anzeigen; *j-n* bringen, führen (***to*** zu); ausstellen; zeigen, *film etc a.* vorführen, TV *a.* bringen; *v/i* zu sehen sein; ***be ~ing*** gezeigt werden, laufen; ***~ around*** herumführen; ***~ in*** herein-, hineinführen, herein-, hineinbringen; ***~ off*** angeben *or* protzen (mit); vorteilhaft zur Geltung bringen; ***~ out*** heraus-, hinausführen, heraus-, hinausbringen; ***~ round*** herumführen; ***~ up*** *v/t* herauf-, hinaufführen, herauf-, hinaufbringen; sichtbar machen; *j-n* entlarven, bloßstellen; *et.* aufdecken; *j-n* in Verlegenheit bringen; *v/i* zu sehen sein; F aufkreuzen, auftauchen **2.** THEA *etc* Vorstellung *f*; Show *f*; *radio*, TV Sendung *f*; Ausstellung *f*; Zurschaustellung *f*, Demonstration *f*; *fig leerer* Schein; ***be on ~*** ausgestellt *or* zu besichtigen sein; ***steal the ~ from s.o.*** *fig* j-m die Schau stehlen; ***make a ~ of*** *Anteilnahme*, *Interesse etc* heucheln; ***put up a poor ~*** F e-e schwache Leistung zeigen; ***be in charge of the whole ~*** F den ganzen Laden schmeißen **3.** Muster…
show·biz F, **show busi·ness** Showbusiness *n*, Showgeschäft *n*, Unterhaltungsindustrie *f*
show·case Schaukasten *m*, Vitrine *f*
show·down Kraft-, Machtprobe *f*
show·er 1. (Regen- *etc*)Schauer *m*; (*Funken*)Regen *m*; (*Wasser-*, *Wort-etc*)Schwall *m*; Dusche *f*; (Geschenk-) Party *f*; ***have*** *or* ***take a ~*** duschen **2.** *v/t j-n mit et.* überschütten *or* überhäufen; *v/i* duschen; ***~ down*** niederprasseln
show jump·er SPORT Springreiter(in)
show jump·ing SPORT Springreiten *n*
show-off F Angeber(in)
show·room Ausstellungsraum *m*
show tri·al JUR Schauprozess *m*
show·y auffallend
shred 1. Fetzen *m* **2.** zerfetzen; in (schmale) Streifen schneiden, schnitzeln, schnetzeln; in den Papier- *or* Reißwolf geben; **shred·der** Schnitzelmaschine *f*; Papier-, Reißwolf *m*
shrewd scharfsinnig; schlau
shriek 1. (gellend) aufschreien; ***~ with laughter*** vor Lachen kreischen **2.** (schriller) Schrei
shrill schrill; *fig* heftig, scharf, lautstark
shrimp ZO Garnele *f*; *fig contp* Knirps *m*
shrine Schrein *m*
shrink 1. (ein-, zusammen)schrumpfen (lassen); einlaufen; *fig* abnehmen **2.** F Klapsdoktor *m*
shrink·age Schrumpfung *f*; Einlaufen *n*; *fig* Abnahme *f*
shrink-wrap einschweißen
shriv·el schrumpfen (lassen); runz(e)lig werden (lassen)
shroud 1. Leichentuch *n* **2.** *fig* hüllen
Shrove Tues·day Fastnachts-, Faschingsdienstag *m*
shrub Strauch *m*, Busch *m*
shrub·be·ry BOT Strauch-, Buschwerk *n*, Gebüsch *n*
shrug 1. *a.* ***~ one's shoulders*** mit den Achseln *or* Schultern zucken **2.** Achselzucken *n*, Schulterzucken *n*
shuck BOT **1.** Hülse *f*, Schote *f*; Schale *f* **2.** enthülsen; schälen
shud·der 1. schaudern **2.** Schauder *m*
shuf·fle 1. *v/t Karten* mischen; *Papiere etc* umordnen, hierhin oder dorthin legen; ***~ one's feet*** schlurfen; *v/i* schlurfen; *Karten* mischen **2.** Schlurfen *n*, schlurfender Gang; Mischen *n*
shun *j-n*, *et.* meiden
shunt *Zug etc* rangieren, verschieben; *a.* ***~ off*** F *j-n* abschieben (***to*** in *acc*, nach)
shut (sich) schließen; zumachen; ***~ down*** *Fabrik etc* schließen; ***~ off*** *Wasser*, *Gas*, *Maschine etc* abstellen; ***~ up*** einschließen; einsperren; *Geschäft* schließen; ***~ up!*** F halt die Klappe!
shut·ter Fensterladen *m*; PHOT Verschluss *m*
shut·tle 1. Pendelverkehr *m*; (*Raum-*) Fähre *f*, (-)Transporter *m*; TECH Schiffchen *n* **2.** hin- und herbefördern
shut·tle·cock SPORT Federball *m*
shut·tle ser·vice Pendelverkehr *m*
shy 1. scheu; schüchtern **2.** scheuen (***at*** vor *dat*); ***~ away from*** *fig* zurückschrecken vor (*dat*)

shy·ness Scheu *f*; Schüchternheit *f*
sick 1. krank; ***be ~*** *esp Br* sich übergeben; ***she was*** *or* ***felt ~*** ihr war schlecht; ***get ~*** krank werden; ***be off ~*** krank (geschrieben) sein; ***report ~*** sich krank melden; ***be ~ of s.th.*** F et. satthaben; ***it makes me ~*** F mir wird schlecht davon, *a. fig* es ekelt *or* widert mich an **2.** ***the ~*** die Kranken *pl*
sick·bed Krankenbett *n*
sick·en *v/t j-n* anekeln, anwidern; *v/i esp Br* krank werden
sick·le ['sɪkl] Sichel *f*
sick leave: ***be on ~*** krank (geschrieben) sein, wegen Krankheit fehlen
sick·ly kränklich; ungesund; matt; widerlich (*smell etc*)
sick·ness Krankheit *f*; Übelkeit *f*; **~ ben·e·fit** *Br* Krankengeld *n*
side 1. Seite *f*; *esp Br* SPORT Mannschaft *f*; ***~ by ~*** nebeneinander; ***take ~s*** Partei ergreifen (***with*** für; ***against*** gegen); **2.** Seiten…; Neben… **3.** Partei ergreifen (***with*** für; ***against*** gegen)
side·board Anrichte *f*, Sideboard *n*
side·car MOT Bei-, Seitenwagen *m*
side dish GASTR Beilage *f*
side·long seitlich; Seiten…; **~ glance** Seitenblick *m*
side street Nebenstraße *f*
side·swipe Seitenhieb *m*
side·track *j-n* ablenken; F *et.* abbiegen; RAIL *etc* rangieren, verschieben
side·walk Bürgersteig *m*, Gehsteig *m*
side·walk ca·fé Straßencafé *n*
side·ways seitlich; seitwärts, nach der *or* zur Seite
sid·ing RAIL Nebengleis *n*
si·dle: ***~ up to s.o.*** sich an j-n heranschleichen
siege MIL Belagerung *f*; ***lay ~ to*** belagern (*a. fig*)
sieve 1. Sieb *n* **2.** (durch)sieben
sift (durch)sieben; *a.* ***~ through*** *fig* sichten, durchsehen, prüfen
sigh 1. seufzen **2.** Seufzer *m*
sight 1. Sehvermögen *n*, Sehkraft *f*, Augenlicht *n*; Anblick *m*; Sicht(weite) *f*; *pl* Visier *n*; Sehenswürdigkeiten *pl*; ***at ~, on ~*** sofort; ***at the ~ of*** beim Anblick von (*or gen*); ***at first ~*** auf den ersten Blick; ***catch ~ of*** erblicken; ***know by ~*** vom Sehen kennen; ***lose ~ of*** aus den Augen verlieren; ***be*** (***with***)***in ~*** in Sicht sein (*a. fig*) **2.** sichten
sight-read MUS vom Blatt singen *or* spielen
sight·see·ing Sightseeing *n*, Besichtigung *f* von Sehenswürdigkeiten; ***go ~*** sich die Sehenswürdigkeiten anschauen; **~ tour** Sightseeingtour *f*, Besichtigungstour *f*, (Stadt)Rundfahrt *f*
sight·se·er Tourist(in)
sight test Sehtest *m*
sign 1. Zeichen *n*; (*Hinweis-*, *Warn- etc*)-Schild *n*; *fig* (An)Zeichen *n* **2.** unterschreiben, unterzeichnen; *Scheck* ausstellen; ***~ in*** sich eintragen; ***~ out*** sich austragen
sig·nal 1. Signal *n* (*a. fig*); Zeichen *n* (*a. fig*) **2.** (ein) Zeichen geben; signalisieren
sig·na·to·ry Unterzeichner(in)
sig·na·ture Unterschrift *f*; Signatur *f*; **~ tune** *radio*, TV Kennmelodie *f*
sign·board (Aushänge)Schild *n*
sign·er Unterzeichnete *m*, *f*
sig·net Siegel *n*
sig·nif·i·cance Bedeutung *f*, Wichtigkeit *f*; **sig·nif·i·cant** bedeutend, bedeutsam, wichtig; bezeichnend
sig·ni·fy bedeuten; andeuten
sign·post Wegweiser *m*
si·lence 1. Stille *f*; Schweigen *n*; ***~!*** Ruhe!; ***in ~*** schweigend; ***reduce to ~*** → **2.** zum Schweigen bringen
si·lenc·er TECH Schalldämpfer *m*; *Br* MOT Auspufftopf *m*
si·lent still; schweigend; schweigsam; stumm; **~ part·ner** ECON stiller Teilhaber
sil·i·con CHEM Silizium *n*
sil·i·cone CHEM Silikon *n*
silk 1. Seide *f* **2.** Seiden…
silk·worm ZO Seidenraupe *f*
silk·y seidig; samtig (*voice*)
sill (*Fenster*)Brett *n*
sil·ly 1. albern, töricht, dumm **2.** F Dummerchen *n*
sil·ver 1. Silber *n* **2.** silbern, Silber… **3.** versilbern
sil·ver-plat·ed versilbert
sil·ver·ware Tafelsilber *n*
sil·ver·y silberglänzend; *fig* silberhell
sim·i·lar ähnlich (***to*** *dat*)
sim·i·lar·i·ty Ähnlichkeit *f*
sim·i·le Gleichnis *n*, Vergleich *m*
sim·mer leicht kochen, köcheln; ***~ with***

S

fig kochen vor (*rage etc*), fiebern vor (*excitement etc*); ~ ***down*** F sich beruhigen, F sich abregen
sim·per albern *or* affektiert lächeln
sim·ple einfach, schlicht; leicht; dumm, einfältig; naiv; ***the ~ fact is that ...*** es ist einfach e-e Tatsache, dass ...
sim·ple-mind·ed dumm; naiv
sim·pli·ci·ty Einfachheit *f*, Schlichtheit *f*; Dummheit *f*; Naivität *f*
sim·pli·fi·ca·tion Vereinfachung *f*
sim·pli·fy vereinfachen
sim·ply einfach; bloß, nur
sim·u·late vortäuschen; MIL, TECH simulieren
sim·ul·ta·ne·ous simultan, gleichzeitig
sin 1. Sünde *f* **2.** sündigen
since 1. *adv a.* ***ever*** ~ seitdem, seither **2.** *prp* seit (*dat*) **3.** *cj* seit(dem); da
sin·cere aufrichtig, ehrlich, offen
sin·cer·i·ty Aufrichtigkeit *f*; Offenheit *f*
sin·ew ANAT Sehne *f*
sin·ew·y sehnig; *fig* kraftvoll
sin·ful sündig, sündhaft
sing singen; ~ ***s.th. to s.o.*** j-m et. vorsingen
singe (sich *et.*) ansengen *or* versengen
sing·er Sänger(in)
sing·ing Singen *n*, Gesang *m*
sin·gle 1. einzig; einzeln, Einzel...; einfach; ledig, unverheiratet; ***in ~ file*** im Gänsemarsch **2.** *Br* RAIL *etc* einfache Fahrkarte, AVIAT einfaches Ticket (*both a.* ~ ***ticket***); Single *f*; Single *m*, Unverheiratete *m*, *f* **3.** ~ ***out*** sich herausgreifen
sin·gle-breast·ed einreihig
sin·gle-en·gined AVIAT einmotorig
sin·gle fam·i·ly home Einfamilienhaus *n*
sin·gle fa·ther allein erziehender Vater
sin·gle-hand·ed eigenhändig, allein
sin·gle-lane MOT einspurig
sin·gle-mind·ed zielstrebig, -bewusst
sin·gle moth·er allein erziehende Mutter
sin·gle pa·rent Alleinerziehende *m*, *f*
sin·gle room Einzelzimmer *n*
sin·gles *esp tennis*: Einzel *n*; ***a ~ match*** ein Einzel; ***men's ~*** Herreneinzel *n*; ***women's ~*** Dameneinzel *n*
sin·glet *Br* ärmelloses Unterhemd *or* Trikot
sin·gle-track eingleisig, einspurig
sin·gu·lar 1. einzigartig, einmalig **2.** LING Singular *m*, Einzahl *f*
sin·is·ter finster, unheimlich
sink 1. *v/i* sinken, untergehen; sich senken; ~ ***in*** eindringen (*a. fig*); *v/t* versenken; *Brunnen etc* bohren; *Zähne etc* vergraben (***into*** in *acc*); **2.** Spülbecken *n*, Spüle *f*; Waschbecken *n*
sin·ner Sünder(in)
sip 1. Schlückchen *n* **2.** *v/t* nippen an (*dat*) *or* von; schlückchenweise trinken; *v/i* nippen (***at*** an *dat or* von)
sir mein Herr; ***Dear Sir or Madam*** Sehr geehrte Damen und Herren (*address in letters*)
sire ZO Vater *m*, Vatertier *n*
si·ren Sirene *f*
sis·sy F Weichling *m*
sis·ter Schwester *f*; *Br* MED Oberschwester *f*; REL (Ordens)Schwester *f*
sis·ter·hood Schwesternschaft *f*
sis·ter-in-law Schwägerin *f*
sis·ter·ly schwesterlich
sit *v/i* sitzen; sich setzen; tagen; *v/t j-n* setzen; *esp Br Prüfung* ablegen, machen; ~ ***down*** sich setzen; ~ ***for*** *Br Prüfung* ablegen, machen; ~ ***in*** ein Sit-in veranstalten; an e-m Sit-in teilnehmen; ~ ***in for*** *j-n* vertreten; ~ ***in on*** als Zuhörer teilnehmen an (*dat*); ~ ***on*** sitzen auf (*dat*) (*a. fig*); ~ ***on a committee*** e-m Ausschuss angehören; ~ ***out*** das Ende (*gen*) abwarten; *Krise etc* aussitzen; ~ ***up*** sich *or j-n* aufrichten *or* aufsetzen; aufrecht sitzen; aufbleiben
sit·com → ***situation comedy***
sit-down *a.* ~ ***strike*** Sitzstreik *m*; *a.* ~ ***demonstration*** *or* F ***demo*** Sitzblockade *f*
site Platz *m*, Ort *m*, Stelle *f*; (*Ausgrabungs*)Stätte *f*; Baustelle *f*
sit-in Sit-in *n*, Sitzstreik *m*
sit·ting Sitzung *f*
sit·ting room *esp Br* Wohnzimmer *n*
sit·u·at·ed: ***be ~*** liegen, gelegen sein
sit·u·a·tion Lage *f*, Situation *f*; ~ **com·e·dy** TV *etc* Situationskomödie *f*
six 1. sechs **2.** Sechs *f*
six·teen 1. sechzehn **2.** Sechzehn *f*
six·teenth sechzehnte(r, -s)
sixth 1. sechste(r, -s) **2.** Sechstel *n*
sixth·ly sechstens
six·ti·eth sechzigste(r, -s)

six·ty 1. sechzig **2.** Sechzig *f*
size 1. Größe *f*, *fig a.* Ausmaß *n*, Umfang *m* **2. ~ up** F abschätzen
siz(e)·a·ble beträchtlich
siz·zle brutzeln
skate 1. Schlittschuh *m*; Rollschuh *m* **2.** Schlittschuh laufen, eislaufen; Rollschuh laufen
skate·board Skateboard *n*
skat·er Eisläufer(in), Schlittschuhläufer(in); Rollschuhläufer(in)
skat·ing Eislaufen *n*, Schlittschuhlaufen *n*; Rollschuhlaufen *n*; ***free ~*** Kür *f*, Kürlauf *m*; **~ rink** (Kunst)Eisbahn *f*; Rollschuhbahn *f*
skel·e·ton Skelett *n*, Gerippe *n*
skep·tic Skeptiker(in)
skep·ti·cal skeptisch
sketch 1. Skizze *f*; THEA *etc* Sketch *m* **2.** skizzieren
skew·er 1. (Brat)Spieß *m* **2.** (auf)spießen
ski 1. Ski *m* **2.** Ski… **3.** Ski fahren *or* laufen
skid 1. MOT rutschen, schleudern **2.** MOT Rutschen *n*, Schleudern *n*; TECH Kufe *f*
skid mark(s) MOT Bremsspur *f*
ski·er Skifahrer(in), Skiläufer(in)
ski goggles Skibrille *f*
ski·ing Skifahren *n*, Skilaufen *n*, Skisport *m*
ski jump (Sprung)Schanze *f*
ski jump·er Skispringer *m*
ski jump·ing Skispringen *n*
skil·ful *Br* → ***skillful***
ski lift Skilift *m*
skill Geschicklichkeit *f*, Fertigkeit *f*
skilled geschickt (***at, in*** in *dat*)
skilled work·er Facharbeiter(in)
skill·ful geschickt
skim *Fett etc* abschöpfen (*a.* ***~ off***); *Milch* entrahmen; (hin)gleiten über (*acc*); *a.* ***~ over, ~ through*** *Bericht etc* überfliegen
skim(med) milk Magermilch *f*
skimp *a.* ***~ on*** sparen an (*dat*)
skimp·y dürftig; knapp
skin 1. ANAT Haut *f*; ZO Fell *n*; BOT Schale *f* **2.** *Tier* abhäuten; *Zwiebel etc* schälen; sich *das Knie etc* aufschürfen
skin-deep (nur) oberflächlich
skin div·ing Sporttauchen *n*
skin·flint Geizhals *m*
skin·ny F dürr, mager
skin·ny-dip F nackt baden
skip 1. *v/i* hüpfen, springen; seilhüpfen, seilspringen; *v/t et.* überspringen, aus lassen **2.** Hüpfer *m*
skip·per MAR, SPORT Kapitän *m*
skir·mish Geplänkel *n*
skirt 1. Rock *m* **2.** *a.* ***~ (a)round*** umgeben; *Problem etc* umgehen
skirt·ing board *Br* Scheuerleiste *f*
ski| run Skipiste *f*; **~ tow** Schlepplift *m*
skit·tle Kegel *m*
skulk sich herumdrücken, herumschleichen
skull ANAT Schädel *m*
skul(l)·dug·ge·ry F fauler Zauber
skunk ZO Skunk *m*, Stinktier *n*
sky *a.* ***skies*** Himmel *m*
sky·jack *Flugzeug* entführen
sky·jack·er Flugzeugentführer(in)
sky·lark ZO Feldlerche *f*
sky·light Dachfenster *n*
sky·line Skyline *f*, Silhouette *f*
sky·rock·et F hochschnellen, in die Höhe schießen
sky·scrap·er Wolkenkratzer *m*
slab (*Stein- etc*)Platte *f*; dickes Stück
slack 1. locker; ECON flau; *fig* lax, lasch, nachlässig **2.** bummeln; ***~ off, ~ up*** *fig* nachlassen, (*person a.*) abbauen
slack·en *v/t* lockern; verringern; ***~ speed*** langsamer werden; *v/i* locker werden; *a.* ***~ off*** nachlassen
slacks F Hose *f*
slag TECH Schlacke *f*
sla·lom SPORT Slalom *m*
slam 1. *a.* ***~ shut*** zuschlagen, F zuknallen; *a.* ***~ down*** F *et.* knallen (***on*** auf *acc*); ***~ on the brakes*** F MOT auf die Bremse steigen **2.** Zuschlagen *n*; Knall *m*
slan·der 1. Verleumdung *f* **2.** verleumden; **slan·der·ous** verleumderisch
slang 1. Slang *m*; Jargon *m* **2.** *esp Br* F *j-n* wüst beschimpfen
slant 1. schräg legen *or* liegen; sich neigen **2.** schräge Fläche; Abhang *m*; *fig* Einstellung *f*; ***at*** *or* ***on a ~*** schräg
slant·ing schräg
slap 1. Klaps *m*, Schlag *m* **2.** e-n Klaps geben (*dat*); schlagen; klatschen (***down on*** auf *acc*; ***against*** gegen)
slap·stick THEA Slapstick *m*, Klamauk *m*; **~ com·e·dy** Slapstickkomödie *f*
slash 1. auf-, zerschlitzen; *Preise* drastisch herabsetzen; *Ausgaben etc* dras-

S

tisch kürzen; ~ ***at*** schlagen nach **2.** Hieb *m*; Schlitz *m*
slate 1. Schiefer *m*; Schiefertafel *f*; POL Kandidatenliste *f* **2.** mit Schiefer decken; *j-n* vorschlagen (***for, to be*** als); *et.* planen (***for*** für)
slaugh·ter 1. Schlachten *n*; *fig* Blutbad *n*, Gemetzel *n* **2.** schlachten; *fig* niedermetzeln; **slaugh·ter·house** Schlachthaus *n*, Schlachthof *m*
Slav 1. Slawe *m*, Slawin *f* **2.** slawisch
slave 1. Sklave *m*, Sklavin *f* (*a. fig*) **2.** *a.* ~ ***away*** sich abplagen, F schuften
slav·er geifern, sabbern
sla·ve·ry Sklaverei *f*
slav·ish sklavisch
sleaze unsaubere Machenschaften; Kumpanei *f*; F POL Filz *m*
slea·zy schäbig, heruntergekommen; anrüchig
sled 1. (*a.* Rodel)Schlitten *m* **2.** Schlitten fahren, rodeln
sledge *Br* → ***sled***
sledge·ham·mer TECH Vorschlaghammer *m*
sleek 1. glatt, glänzend; geschmeidig; MOT schnittig **2.** glätten
sleep 1. Schlaf *m*; ***I couldn't get to*** ~ ich konnte nicht einschlafen; ***go to*** ~ einschlafen (F *a. leg etc*); ***put to*** ~ *Tier* einschläfern **2.** *v/i* schlafen; ~ ***late*** lang *or* länger schlafen; ~ ***on*** *Problem etc* überschlafen; ~ ***with s.o.*** mit j-m schlafen; *v/t* Schlafgelegenheit bieten für
sleep·er Schlafende *m, f*, Schläfer(in); *Br* RAIL Schwelle *f*; RAIL Schlafwagen *m*
sleep·ing bag Schlafsack *m*
Sleep·ing Beau·ty Dornröschen *n*
sleep·ing| car RAIL Schlafwagen *m*; ~ **part·ner** *Br* ECON stiller Teilhaber; ~ **pill** PHARM Schlaftablette *f*, -mittel *n*; ~ **sick·ness** MED Schlafkrankheit *f*
sleep·less schlaflos
sleep·walk·er Schlafwandler(in)
sleep·y schläfrig, müde; verschlafen
sleep·y·head F Schlafmütze *f*
sleet 1. Schneeregen *m*; Graupelschauer *m* **2.** ***it's*** ~***ing*** es gibt Schneeregen; es graupelt
sleeve Ärmel *m*; TECH Manschette *f*, Muffe *f*; *esp Br* (*Platten*)Hülle *f*
sleeve·less ärmellos
sleigh (*esp* Pferde)Schlitten *m*
sleight of hand Fingerfertigkeit *f*; *fig* (Taschenspieler)Trick *m*
slen·der schlank; *fig* mager, dürftig; schwach (*hope etc*)
slice 1. Scheibe *f*, Stück *n*; *fig* Anteil *m* (***of*** an *dat*); **2.** *a.* ~ ***up*** in Scheiben *or* Stücke schneiden; ~ ***off*** *Stück* abschneiden (***from*** von)
slick 1. gekonnt; geschickt, raffiniert; glatt (*road etc*) **2.** F (*Öl*)Teppich *m* **3.** ~ ***down*** *Haar* glätten, F anklatschen
slick·er Regenmantel *m*
slide 1. gleiten (lassen); rutschen; schlüpfen; schieben; ***let things*** ~ *fig* die Dinge schleifenlassen **2.** Gleiten *n*, Rutschen *n*; Rutsche *f*, Rutschbahn *f*; TECH Schieber *m*; PHOT Dia *n*; Objektträger *m*; (*Erd- etc*)Rutsch *m*; *Br* (*Haar*)Spange *f*; ~ **rule** Rechenschieber *m*; ~ **tack·le** *soccer*: Grätsche *f*
slid·ing door Schiebetür *f*
slight 1. leicht, gering(fügig), unbedeutend **2.** beleidigen, kränken **3.** Beleidigung *f*, Kränkung *f*
slim 1. schlank; *fig* gering **2.** *a.* ***be slimming, be on a slimming diet*** e-e Schlankheitskur machen, abnehmen
slime Schleim *m*
slim·y schleimig (*a. fig*)
sling 1. aufhängen; F schleudern **2.** Schlinge *f*; Tragriemen *m*; Tragetuch *n*; Schleuder *f*
slip[1] **1.** *v/i* rutschen, schlittern; ausgleiten, ausrutschen; schlüpfen; *v/t* sich losreißen von; ~ ***s.th. into s.o.'s hand*** j-m et. in die Hand schieben; ~ ***s.o. s.th.*** j-m et. zuschieben; ~ ***s.o.'s attention*** j-m *or* j-s Aufmerksamkeit entgehen; ~ ***s.o.'s mind*** j-m entfallen; ***she has*** ~***ped a disk*** MED sie hat e-n Bandscheibenvorfall; ~ ***by***, ~ ***past*** verstreichen (*time*); ~ ***off***, ~ ***out of*** schlüpfen aus; ~ ***on*** überstreifen, schlüpfen in (*acc*) **2.** Ausgleiten *n*, (Aus)Rutschen *n*; Versehen *n*; Unterrock *m*; (*Kissen*)-Bezug *m*; ~ ***of the tongue*** Versprecher *m*; ***give s.o. the*** ~ F j-m entwischen
slip[2] *a.* ~ ***of paper*** Zettel *m*
slip·case Schuber *m*
slip-on 1. *adj* ~ ***shoe*** → **2.** Slipper *m*
slipped disk MED Bandscheibenvorfall *m*
slip·per Hausschuh *m*, Pantoffel *m*
slip·per·y glatt, rutschig, glitschig
slip road *Br* MOT → ***ramp***

slip·shod schlampig
slit **1.** Schlitz *m* **2.** schlitzen; ~ ***open*** aufschlitzen
slith·er gleiten, rutschen
sliv·er (*Glas- etc*)Splitter *m*
slob·ber sabbern
slo·gan Slogan *m*
sloop MAR Schaluppe *f*
slop **1.** *v/t* verschütten; *v/i* überschwappen; schwappen (***over*** über *acc*); **2.** *a. pl* schlabb(e)riges Zeug; (*Tee-*, *Kaffee-*) Rest(e *pl*) *m*; *esp Br* Schmutzwasser *n*
slope **1.** (Ab)Hang *m*; Neigung *f*, Gefälle *n* **2.** sich neigen, abfallen
slop·py schlampig; F gammelig; F rührselig
slot Schlitz *m*, (Münz)Einwurf *m*; IT Steckplatz *m*
sloth ZO Faultier *n*
slot ma·chine (Waren-, Spiel)Automat *m*
slouch **1.** krumme Haltung; F latschiger Gang **2.** krumm dasitzen *or* dastehen; F latschen
slough[1]: ~ ***off*** *Haut* abstreifen, ZO sich häuten
slough[2] Sumpf *m*, Sumpfloch *n*
Slo·vak **1.** slowakisch **2.** Slowake *m*, Slowakin *f*; LING Slowakisch *n*
Slo·va·ki·a Slowakei *f*
slov·en·ly schlampig
slow **1.** *adj* langsam; begriffsstutzig; ECON schleppend; ***be*** (***ten minutes***) ~ (zehn Minuten) nachgehen **2.** *adv* langsam **3.** *v/t often* ~ ***down,*** ~ ***up*** *Geschwindigkeit* verringern; *v/i often* ~ ***down,*** ~ ***up*** langsamer fahren *or* gehen *or* werden
slow·coach *Br* → ***slowpoke***
slow·down ECON Bummelstreik *m*
slow lane MOT Kriechspur *f*
slow mo·tion Zeitlupe *f*
slow-mov·ing kriechend (*traffic*)
slow·poke Langweiler(in)
slow·worm ZO Blindschleiche *f*
sludge Schlamm *m*
slug[1] ZO Nacktschnecke *f*
slug[2] F (*Gewehr- etc*)Kugel *f*; Schluck *m* (*whisky etc*)
slug[3] F *j-m* e-n Faustschlag versetzen
slug·gish träge; ECON schleppend
sluice TECH Schleuse *f*
slum *a. pl* Slums *pl*, Elendsviertel *n or pl*
slum·ber POET **1.** schlummern **2.** *a. pl* Schlummer *m*
slump **1.** ECON stürzen (*prices*), stark zurückgehen (*sales etc*); ***sit*** ~***ed over*** zusammengesunken sitzen über (*dat*); ~ ***into a chair*** sich in e-n Sessel fallen lassen **2.** ECON starker Konjunkturrückgang; ~ ***in prices*** Preissturz *m*
slur[1] **1.** MUS *Töne* binden; ~ ***one's speech*** undeutlich sprechen; lallen **2.** undeutliche Aussprache
slur[2] **1.** verleumden **2.** ~ ***on s.o.'s reputation*** Rufschädigung *f*
slurp F schlürfen
slush Schneematsch *m*; F Kitsch *m*
slush·y F kitschig
slut Schlampe *f*; Nutte *f*
sly gerissen, schlau, listig; ***on the*** ~ heimlich
smack[1] **1.** *j-m* e-n Klaps geben; ~ ***one's lips*** sich (geräuschvoll) die Lippen lecken; ~ ***down*** F *et.* hinklatschen **2.** klatschendes Geräusch, Knall *m*; F Schmatz *m* (*kiss*); F Klaps *m*
smack[2]: ~ ***of*** *fig* schmecken *or* riechen nach
small **1.** *adj and adv* klein; ~ ***wonder*** (***that***) kein Wunder, dass; ***feel*** ~ *fig* sich klein (und hässlich) vorkommen **2.** ~ ***of the back*** ANAT Kreuz *n*; ~ **ad** Kleinanzeige *f*; ~ **arms** Handfeuerwaffen *pl*; ~ **change** Kleingeld *n*; ~ **hours**: ***in the*** ~ in den frühen Morgenstunden
small-mind·ed engstirnig; kleinlich
small·pox MED Pocken *pl*
small print *das* Kleingedruckte
small talk Small Talk *m*, *n*, oberflächliche Konversation; ***make*** ~ plaudern
small-time F klein, unbedeutend; *in cpds* Schmalspur…
small town Kleinstadt *f*
smart **1.** schick, fesch; smart, schlau, clever **2.** wehtun; brennen **3.** (brennender) Schmerz; ~ **al·eck** F Besserwisser(in), Klugscheißer(in)
smart·ness Schick *m*; Schlauheit *f*, Cleverness *f*
smash **1.** *v/t* zerschlagen (*a.* ~ ***up***); schmettern (*a. tennis etc*); *Aufstand etc* niederschlagen, *Drogenring etc* zerschlagen; ~ ***up one's car*** s-n Wagen zu Schrott fahren; *v/i* zerspringen; ~ ***into*** prallen an (*acc*) *or* gegen, krachen gegen **2.** Schlag *m*; *tennis etc*: Schmetterball *m*; → ***smash hit, smash-up***

S

smash hit Hit *m*
smash-up MOT, RAIL schwerer Unfall
smear 1. Fleck *m*; MED Abstrich *m*; Verleumdung *f* **2.** (ein-, ver)schmieren; (sich) verwischen; verleumden
smell 1. *v/i* riechen (**at** an *dat*); duften; stinken; *v/t* riechen (an *dat*); **2.** Geruch *m*; Gestank *m*; Duft *m*
smell·y übel riechend, stinkend
smelt *Erz* schmelzen
smile 1. Lächeln *n* **2.** lächeln; **~ at** *j-n* anlächeln, *j-m* zulächeln; *j-n, et.* belächeln, lächeln über (*acc*); **~ to o.s.** schmunzeln
smiley Smiley *n*
smirk (selbstgefällig *or* schadenfroh) grinsen
smith Schmied *m*
smith·e·reens: ***smash (in)to ~*** F in tausend Stücke schlagen *or* zerspringen
smith·y Schmiede *f*
smit·ten verliebt, F verknallt (***with*** in *acc*); ***be ~ by*** *or* ***with*** *fig* gepackt werden von
smock Kittel *m*
smog Smog *m*
smoke 1. Rauch *m*; ***have a ~*** eine rauchen **2.** rauchen; räuchern
smok·er Raucher(in); RAIL Raucher *m*, Raucherabteil *n*
smoke·stack Schornstein *m*
smok·ing Rauchen *n*; ***no ~*** Rauchen verboten; **~ com·part·ment** RAIL Raucher *m*, Raucherabteil *n*
smok·y rauchig; verräuchert
smooch F schmusen
smooth 1. glatt (*a. fig*); ruhig (*a. journey etc*); mild (*wine*); *fig* (aal)glatt **2.** *a.* ***~ out*** glätten, glatt streichen; ***~ away*** *Falten etc* glätten; *Schwierigkeiten etc* aus dem Weg räumen; ***~ down*** glatt streichen
smoth·er ersticken
smo(u)l·der glimmen, schwelen
smudge 1. Schmutzfleck *m* **2.** (be-, ver)schmieren; (sich) verwischen
smug selbstgefällig
smug·gle schmuggeln (***into*** nach; in *acc*); **smug·gler** Schmuggler(in)
smut Rußflocke *f*; Schmutz *m* (*a. fig*)
smut·ty *fig* schmutzig
snack Snack *m*, Imbiss *m*; ***have a ~*** e-e Kleinigkeit essen
snack bar Snackbar *f*, Imbissstube *f*
snag 1. *fig* Haken *m* **2.** mit *et.* hängen bleiben (***on*** an *dat*)
snail ZO Schnecke *f*
snake ZO Schlange *f*
snap 1. *v/i* (zer)brechen, (zer)reißen; *a.* ***~ shut*** zuschnappen; ***~ at*** schnappen nach; *j-n* anschnauzen; ***~ out of it!*** F Kopf hoch!, komm, komm!; ***~ to it!*** mach fix!; *v/t* zerbrechen; PHOT F knipsen; ***~ one's fingers*** mit den Fingern schnalzen; ***~ one's fingers at*** *fig* keinen Respekt haben vor (*dat*), sich hinwegsetzen über (*acc*); ***~ off*** abbrechen; ***~ up*** *et.* schnell entschlossen kaufen; ***~ it up!*** mach fix! **2.** Krachen *n*, Knacken *n*, Knall *m*; PHOT F Schnappschuss *m*; Druckknopf *m*; F Schwung *m*; ***cold ~*** Kälteeinbruch *m*
snap fas·ten·er Druckknopf *m*
snap·pish *fig* bissig
snap·py modisch, schick; ***make it ~!*** F mach fix!
snap·shot PHOT Schnappschuss *m*
snare 1. Schlinge *f*, Falle *f* (*a. fig*) **2.** in der Schlinge fangen; F *et.* ergattern
snarl 1. knurren; ***~ at s.o.*** j-n anknurren **2.** Knurren *n*
snatch 1. *v/t et.* packen; *Gelegenheit* ergreifen; *ein paar Stunden Schlaf etc* ergattern; ***~ s.o.'s handbag*** j-m die Handtasche entreißen; *v/i* ***~ at*** (schnell) greifen nach; *Gelegenheit* ergreifen **2.** ***make a ~ at*** (schnell) greifen nach; ***~ of conversation*** Gesprächsfetzen *m*
sneak 1. *v/i* (sich) schleichen; *Br* F petzen; *v/t* F stibitzen **2.** *Br* F Petze *f*
sneak·er Turnschuh *m*
sneer 1. höhnisch *or* spöttisch grinsen (***at*** über *acc*); spotten (***at*** über *acc*); **2.** höhnisches *or* spöttisches Grinsen; höhnische *or* spöttische Bemerkung
sneeze 1. niesen **2.** Niesen *n*
snick·er kichern (***at*** über *acc*)
sniff 1. *v/i* schniefen; schnüffeln (***at*** an *dat*); ***~ at*** *fig* die Nase rümpfen über (*acc*); *v/t Klebstoff etc* schnüffeln, *Kokain etc* schnupfen **2.** Schniefen *n*
snif·fle 1. schniefen **2.** Schniefen *n*; ***she's got the ~s*** F ihr läuft dauernd die Nase
snig·ger *esp Br* → ***snicker***
snip 1. Schnitt *m* **2.** durchschnippeln; ***~ off*** abschnippeln

snipe[1] zo Schnepfe *f*
snipe[2] aus dem Hinterhalt schießen (***at*** auf *acc*)
snip·er Heckenschütze *m*
sniv·el greinen, jammern
snob Snob *m*; **snob·bish** versnobt
snoop: ***~ about, ~ around*** F herumschnüffeln
snoop·er F Schnüffler(in)
snooze F **1.** ein Nickerchen machen **2.** Nickerchen *n*
snore 1. schnarchen **2.** Schnarchen *n*
snor·kel 1. Schnorchel *m* **2.** schnorcheln
snort 1. schnauben **2.** Schnauben *n*
snot·ty nose F Rotznase *f*
snout zo Schnauze *f*, Rüssel *m*
snow 1. Schnee *m* (*a. sl cocaine*) **2.** schneien; ***be ~ed in*** *or* ***up*** eingeschneit sein
snow·ball Schneeball *m*; **~ fight** Schneeballschlacht *f*
snow·board Snowboard *n*; **~ing** Snowboardfahren *n*
snow·bound eingeschneit
snow-capped schneebedeckt
snow·drift Schneewehe *f*
snow·drop BOT Schneeglöckchen *n*
snow·fall Schneefall *m*
snow·flake Schneeflocke *f*
snow line Schneegrenze *f*
snow·man Schneemann *m*
snow·mo·bile Schneemobil *n*
snow·plough *Br*, **snow·plow** Schneepflug *m*
snow·storm Schneesturm *m*
snow-white schneeweiß
Snow White Schneewittchen *n*
snow·y schneereich; verschneit
snub *j-n* brüskieren, *j-n* vor den Kopf stoßen
snub nose Stupsnase *f*
snuff[1] Schnupftabak *m*
snuff[2] *Kerze* ausdrücken, löschen; ***~ out*** *Leben* auslöschen
snuf·fle schnüffeln, schniefen
snug gemütlich, behaglich; *clothing*: gut sitzend; eng (anliegend)
snug·gle: ***~ up to s.o.*** sich an j-n kuscheln; ***~ down in bed*** sich ins Bett kuscheln
so so; deshalb; → ***hope*** 2, ***think***; ***is that ~?*** wirklich?; ***an hour or ~*** etwa e-e Stunde; ***she is tired - ~ am I*** sie ist müde - ich auch; ***~ far*** bisher

soak *v/t* einweichen (***in*** in *dat*); durchnässen; ***~ up*** aufsaugen; *v/i* sickern
soak·ing *a.* ***~ wet*** völlig durchnässt, F klatschnass
soap 1. Seife *f*; F → ***soap opera*** **2.** (sich) einseifen
soap op·e·ra *radio*, TV Seifenoper *f*
soap·y Seifen…; seifig; *fig* F schmeichlerisch
soar (hoch) aufsteigen; hochragen; zo, AVIAT segeln, gleiten; *fig* in die Höhe schnellen (*prices etc*)
sob 1. schluchzen **2.** Schluchzen *n*
so·ber 1. nüchtern (*a. fig*) **2.** ernüchtern; ***~ up*** nüchtern machen *or* werden
so-called sogenannt
soc·cer Fußball *m*
soc·cer hoo·li·gan Fußballrowdy *m*
so·cia·ble gesellig
so·cial sozial, Sozial…; gesellschaftlich, Gesellschafts…; zo gesellig; **~ democrat** POL Sozialdemokrat(in); **~ insurance** Sozialversicherung *f*
so·cial·ism Sozialismus *m*
so·cial·ist 1. Sozialist(in) **2.** sozialistisch
so·cial·ize *v/i* gesellschaftlich verkehren (***with*** mit); *v/t* sozialisieren
so·cial| sci·ence Sozialwissenschaft *f*; **~ se·cu·ri·ty** *Br* Sozialhilfe *f*; ***be on ~*** Sozialhilfe beziehen; **~ ser·vic·es** *esp Br* Sozialeinrichtungen; **~ work** Sozialarbeit *f*; **~ work·er** Sozialarbeiter(in)
so·ci·e·ty Gesellschaft *f*; Verein *m*
so·ci·ol·o·gy Soziologie *f*
sock Socke *f*
sock·et ELECTR Steckdose *f*; Fassung *f*; (Anschluss)Buchse *f*; ANAT (*Augen-*)Höhle *f*
so·da Soda(wasser) *n*; (*Orangen- etc*)Limonade *f*
sod·den aufgeweicht (*ground*); durchweicht (*clothes*)
so·fa Sofa *n*
soft weich; sanft; leise; gedämpft (*light etc*); F leicht, angenehm, ruhig (*job etc*); alkoholfrei (*drink*); F verweichlicht
soft drink Soft Drink *m*, alkoholfreies Getränk
soft·en *v/t* weich machen; *Wasser* enthärten; *Ton*, *Licht*, *Stimme etc* dämpfen; ***~ up*** F *j-n* weich machen; *v/i* weich(er) *or* sanft(er) *or* mild(er) werden
soft·heart·ed weichherzig
soft land·ing weiche Landung

S

soft·ware IT Software *f*; ~ **pack·age** IT Softwarepaket *n*
soft·y F Softie *m*, Weichling *m*
sog·gy aufgeweicht, matschig
soil[1] Boden *m*, Erde *f*
soil[2] beschmutzen, schmutzig machen
so·lar Sonnen…; ~ **en·er·gy** Solar-, Sonnenenergie *f*; ~ **pan·el** Sonnenkollektor *m*; ~ **sys·tem** Sonnensystem *n*
sol·der TECH (ver)löten
sol·dier Soldat *m*
sole[1] **1.** (Fuß-, Schuh)Sohle *f* **2.** besohlen
sole[2] ZO Seezunge *f*
sole[3] einzig; alleinig, Allein…
sole·ly (einzig und) allein, ausschließlich
sol·emn feierlich; ernst
so·lic·it bitten um
so·lic·i·tous besorgt (***about, for*** um)
sol·id **1.** fest; stabil; massiv; MATH körperlich; gewichtig, triftig (*reason etc*), stichhaltig (*argument etc*); solid(e), gründlich (*work etc*); einmütig, geschlossen; ***a ~ hour*** F e-e geschlagene Stunde **2.** MATH Körper *m*; *pl* feste Nahrung
sol·i·dar·i·ty Solidarität *f*
so·lid·i·fy fest werden (lassen); *fig* (sich) festigen
so·lil·o·quy Selbstgespräch *n*, *esp* THEA Monolog *m*
sol·i·taire Solitär *m*; Patience *f*
sol·i·ta·ry einsam, (*Leben a.*) zurückgezogen, (*Ort etc a.*) abgelegen; einzig; ~ **con·fine·ment** JUR Einzelhaft *f*
so·lo MUS Solo *n*; AVIAT Alleinflug *m*
so·lo·ist MUS Solist(in)
sol·u·ble CHEM löslich; *fig* lösbar
so·lu·tion CHEM Lösung *f*; *fig* (Auf)Lösung *f*
solve *Fall etc* lösen
sol·vent **1.** ECON zahlungsfähig **2.** CHEM Lösungsmittel *n*
som·ber, *Br* **som·bre** düster, trüb(e); *fig* trübsinnig
some (irgend)ein; *pl* einige, ein paar; manche; etwas, ein wenig, ein bisschen; ungefähr; ***~ 20 miles*** etwa 20 Meilen; ***~ more cake*** noch ein Stück Kuchen; ***to ~ extent*** bis zu e-m gewissen Grade
some·bod·y jemand
some·day eines Tages
some·how irgendwie
some·one jemand
some·place irgendwo, irgendwohin
som·er·sault **1.** Salto *m*; Purzelbaum *m*; ***turn a ~*** → **2.** e-n Salto machen; e-n Purzelbaum schlagen
some·thing etwas; ***~ like*** ungefähr
some·time irgendwann
some·times manchmal
some·what ein bisschen, ein wenig
some·where irgendwo(hin)
son Sohn *m*; ***~ of a bitch*** V Scheißkerl *m*
so·na·ta MUS Sonate *f*
song MUS Lied *n*; Gesang *m*
song·bird ZO Singvogel *m*
son·ic Schall…; ~ **bang** *Br*, ~ **boom** Überschallknall *m*
son-in-law Schwiegersohn *m*
son·net Sonett *n*
so·nor·ous sonor, volltönend
soon bald; ***as ~ as*** sobald; ***as ~ as possible*** so bald wie möglich
soon·er eher, früher; ***~ or later*** früher oder später; ***the ~ the better*** je eher, desto besser; ***no ~ … than*** kaum … als; ***no ~ said than done*** gesagt, getan
soot Ruß *m*
soothe beruhigen, beschwichtigen (*a.* ***~ down***); *Schmerzen* lindern, mildern
sooth·ing beruhigend; lindernd
soot·y rußig
sop[1] Beschwichtigungsmittel *n* (***to*** für)
sop[2]: ***~ up*** aufsaugen
so·phis·ti·cat·ed anspruchsvoll, kultiviert; intellektuell; TECH raffiniert, hoch entwickelt
soph·o·more Student(in) im zweiten Jahr
sop·o·rif·ic einschläfernd
sop·ping *a.* ***~ wet*** F klatschnass
sor·cer·er Zauberer *m*, Hexenmeister *m*, Hexer *m*
sor·cer·ess Zauberin *f*, Hexe *f*
sor·cer·y Zauberei *f*, Hexerei *f*
sor·did schmutzig; schäbig
sore **1.** weh, wund (*a. fig*); entzündet; F *fig* sauer; ***I'm ~ all over*** mir tut alles weh; ***~ throat*** Halsentzündung *f*; ***have a ~ throat*** *a.* Halsschmerzen haben **2.** wunde Stelle, Wunde *f*
sor·rel[1] BOT Sauerampfer *m*
sor·rel[2] **1.** ZO Fuchs *m* (*horse*) **2.** rotbraun
sor·row Kummer *m*, Leid *n*, Schmerz *m*, Trauer *f*

sor·row·ful traurig, betrübt
sor·ry **1.** *adj* traurig, jämmerlich; ***be** or **feel ~ for s.o.*** j-n bedauern *or* bemitleiden; ***I'm ~ for her*** sie tut mir leid; ***I am ~ to say*** ich muss leider sagen; ***I'm ~*** → **2.** *int* (es) tut mir leid!; Entschuldigung!, Verzeihung!; ***~?*** *esp Br* wie bitte?
sort **1.** Sorte *f*, Art *f*; ***~ of*** F irgendwie; ***of a ~, of ~s*** F so etwas Ähnliches wie; ***all ~s of things*** alles Mögliche; ***nothing of the ~*** nichts dergleichen; ***what ~ of (a) man is he?*** wie ist er?; ***be out of ~s*** F nicht auf der Höhe *or* auf dem Damm sein; ***be completely out of ~s*** SPORT F völlig außer Form sein **2.** sortieren; ***~ out*** aussortieren; *Problem etc* lösen, *Frage etc* klären
SOS SOS *n*; ***send an ~*** ein SOS funken; ***~ call** or **message*** SOS-Ruf *m*
soul Seele *f* (*a. fig*); MUS Soul *m*
sound[1] **1.** Geräusch *n*; Laut *m*; PHYS Schall *m*; *radio*, TV Ton *m*; MUS Klang *m*, Sound *m* **2.** *v/i* (er)klingen, (er)tönen; sich *gut etc* anhören; *v/t* LING (aus)sprechen; MAR (aus)loten; MED abhorchen; ***~ one's horn*** MOT hupen
sound[2] gesund; intakt, in Ordnung; solid(e), stabil, sicher; klug, vernünftig (*person, advice etc*); gründlich (*training etc*); gehörig (*beating*); vernichtend (*defeat*); fest, tief (*sleep*)
sound| bar·ri·er Schallgrenze *f*, Schallmauer *f*; **~ film** Tonfilm *m*
sound·less lautlos
sound·proof schalldicht
sound·track Filmmusik *f*; Tonspur *f*
sound wave Schallwelle *f*
soup **1.** Suppe *f* **2.** ***~ up*** F *Motor* frisieren
sour **1.** sauer; *fig* mürrisch **2.** sauer werden (lassen); *fig* trüben, verbittern
source Quelle *f*, *fig a.* Ursache *f*, Ursprung *m*
south **1.** Süd, Süden *m* **2.** *adj* südlich, Süd… **3.** *adv* nach Süden, südwärts
south·east **1.** Südost, Südosten *m* **2.** *a.* **south·east·ern** südöstlich
south·er·ly, **south·ern** südlich, Süd…
south·ern·most südlichste(r, -s)
South Pole Südpol *m*
south·ward(s) südlich, nach Süden
south·west **1.** Südwest, Südwesten *m* **2.** *a.* **south·west·ern** südwestlich
sou·ve·nir Souvenir *n*, Andenken *n* (***of*** an *acc*)
sove·reign **1.** Monarch(in), Landesherr(in) **2.** POL souverän
sove·reign·ty Souveränität *f*
So·vi·et HIST POL sowjetisch, Sowjet…
sow[1] (aus)säen
sow[2] ZO Sau *f*
soy bean BOT Sojabohne *f*
spa (Heil)Bad *n*
space **1.** Raum *m*, Platz *m*; (Welt-)Raum *m*; Zwischenraum *m*; Zeitraum *m* **2.** *a.* ***~ out*** in Abständen anordnen; PRINT sperren
space age Weltraumzeitalter *n*
space bar TECH Leertaste *f*
space cap·sule Raumkapsel *f*
space cen·ter (*Br* **cen·tre**) Raumfahrtzentrum *n*
space·craft (Welt)Raumfahrzeug *n*
space flight (Welt)Raumflug *m*
space·lab Raumlabor *n*
space·man F Raumfahrer *m*; Außerirdische *m*
space probe (Welt)Raumsonde *f*
space re·search (Welt)Raumforschung *f*
space·ship Raumschiff *n*
space shut·tle Raumfähre *f*, Raumtransporter *m*
space sta·tion (Welt)Raumstation *f*
space·suit Raumanzug *m*
space walk Weltraumspaziergang *m*
space·wom·an F (Welt)Raumfahrerin *f*; Außerirdische *f*
spa·cious geräumig
spade Spaten *m*; *card game*: Pik *n*, Grün *n*; ***king of ~s*** Pikkönig *m*; ***call a ~ a ~*** das Kind beim (rechten) Namen nennen
Spain Spanien *n*
span **1.** Spanne *f*; Spannweite *f* **2.** *Fluss etc* überspannen; *fig* sich erstrecken über (*acc*)
span·gle **1.** Flitter *m*, Paillette *f* **2.** mit Flitter *or* Pailletten besetzen; *fig* übersäen (***with*** mit)
Span·iard Spanier(in)
span·iel ZO Spaniel *m*
Span·ish **1.** spanisch **2.** LING Spanisch *n*; ***the ~*** die Spanier *pl*
spank *j-m* den Hintern versohlen
spank·ing Tracht *f* Prügel
span·ner *esp Br* Schraubenschlüssel *m*; ***put** or **throw a ~ in the works*** F j-m in die Quere kommen

S

spar *boxing*: sparren (***with*** mit); *fig* sich ein Wortgefecht liefern (***with*** mit)
spare 1. *j-n, et.* entbehren; *Geld, Zeit etc* übrig haben; *keine Kosten, Mühen etc* scheuen; ***~ s.o. s.th.*** j-m et. ersparen **2.** Ersatz…, Reserve…; überschüssig **3.** MOT Ersatz-, Reservereifen *m*; *esp Br* → **~ part** TECH Ersatzteil *n, m*
spare room Gästezimmer *n*
spare time Freizeit *f*
spar·ing sparsam; ***use ~ly*** sparsam umgehen mit
spark 1. Funke(n) *m* (*a. fig*) **2.** Funken sprühen
spark·ing plug *Br* → ***spark plug***
spar·kle 1. funkeln, blitzen (***with*** vor *dat*); perlen (*drink*) **2.** Funkeln *n*, Blitzen *n*; **spar·kling** funkelnd, blitzend; (geist)sprühend, spritzig; ***~ wine*** Sekt *m*, Schaumwein *m*
spark plug MOT Zündkerze *f*
spar·row ZO Spatz *m*, Sperling *m*
spar·row·hawk ZO Sperber *m*
sparse spärlich, dünn
spasm MED Krampf *m*; Anfall *m*
spas·mod·ic MED krampfartig; *fig* sporadisch, unregelmäßig
spas·tic MED **1.** spastisch **2.** Spastiker(in)
spa·tial räumlich
spat·ter (be)spritzen
spawn 1. ZO laichen; *fig* hervorbringen **2.** ZO Laich *m*
speak *v/i* sprechen, reden (***to, with*** mit; ***about*** über *acc*); sprechen (***to*** vor *dat*; ***about, on*** über *acc*); ***so to ~*** sozusagen; ***speaking!*** TEL am Apparat!; ***~ up*** lauter sprechen; *v/t* sprechen, sagen; *Sprache* sprechen
speak·er Sprecher(in), Redner(in)
spear 1. Speer *m* **2.** aufspießen; durchbohren
spear·head Speerspitze *f*; MIL Angriffsspitze *f*; SPORT (Sturm-, Angriffs)Spitze *f*
spear·mint BOT Grüne Minze
spe·cial 1. besondere(r, -s); speziell; Sonder…; Spezial… **2.** Sonderbus *m*, Sonderzug *m*; *radio*, TV Sondersendung *f*; ECON F Sonderangebot *n*; ***be on ~*** ECON im Angebot sein
spe·cial·ist Spezialist(in), MED *a.* Facharzt *m*, Fachärztin *f* (***in*** für)
spe·ci·al·i·ty *Br* → ***specialty***
spe·cial·ize sich spezialisieren (***in*** auf *acc*)
spe·cial·ty Spezialgebiet *n*; GASTR Spezialität *f*
spe·cies Art *f*, Spezies *f*
spe·cif·ic konkret, präzis; spezifisch, speziell, besondere(r, -s); eigen (***to*** *dat*)
spe·ci·fy genau beschreiben *or* angeben *or* festlegen
spe·ci·men Exemplar *n*; Probe *f*, Muster *n*
speck kleiner Fleck, (*Staub*)Korn *n*; Punkt *m* (***on the horizon*** am Horizont)
speck·led gefleckt, gesprenkelt
spec·ta·cle Schauspiel *n*; Anblick *m*; (***a pair of***) ***~s*** (e-e) Brille
spec·tac·u·lar 1. spektakulär **2.** große (*Fernseh- etc*)Show
spec·ta·tor Zuschauer(in)
spec·ter (*fig a. Schreck*)Gespenst *n*
spec·tral geisterhaft, gespenstisch
spec·tre *Br* → ***specter***
spec·u·late spekulieren, Vermutungen anstellen (***about, on*** über *acc*); ECON spekulieren (***in*** mit); **spec·u·la·tion** Spekulation *f* (*a.* ECON), Vermutung *f*; **spec·u·la·tive** spekulativ, ECON *a.* Spekulations…; **spec·u·la·tor** ECON Spekulant(in)
speech Sprache *f*; Rede *f*, Ansprache *f*; ***make a ~*** e-e Rede halten
speech day *Br* PED (Jahres)Schlussfeier *f*
speech·less sprachlos (***with*** vor *dat*)
speed 1. Geschwindigkeit *f*, Tempo *n*, Schnelligkeit *f*; TECH Drehzahl *f*; PHOT Lichtempfindlichkeit *f*; *sl* Speed *n*; MOT *etc* Gang *m*; ***five-speed gearbox*** Fünfganggetriebe *n*; ***at a ~ of*** mit e-r Geschwindigkeit von; ***at full*** *or* ***top ~*** mit Höchstgeschwindigkeit **2.** *v/i* rasen; ***be ~ing*** MOT zu schnell fahren; ***~ up*** beschleunigen, schneller werden; *v/t* rasch bringen *or* befördern; ***~ up*** *et.* beschleunigen
speed·boat Rennboot *n*
speed·ing MOT zu schnelles Fahren, Geschwindigkeitsüberschreitung *f*
speed lim·it MOT Geschwindigkeitsbegrenzung *f*, Tempolimit *n*
speed·om·e·ter MOT Tachometer *m, n*
speed trap MOT Radarfalle *f*
speed·y schnell, (*reply etc a.*) prompt
spell[1] *a.* ***~ out*** buchstabieren; (*orthographisch* richtig) schreiben

spell[2] Weile *f*; (*Husten- etc*)Anfall *m*; ***for a ~*** e-e Zeit lang; ***a ~ of fine weather*** e-e Schönwetterperiode; ***hot ~*** Hitzewelle *f*
spell[3] Zauber *m* (*a. fig*)
spell·bound wie gebannt
spell·er IT Speller *m*, Rechtschreibsystem *n*; ***be a good*** (***bad***) ***~*** in Rechtschreibung gut (schlecht) sein
spell·ing Buchstabieren *n*; Rechtschreibung *f*; Schreibung *f*, Schreibweise *f*; **~ mis·take** (Recht)Schreibfehler *m*
spend *Geld* ausgeben (***on*** für); *Urlaub, Zeit* verbringen
spend·ing Ausgaben *pl*
spend·thrift Verschwender(in)
spent verbraucht
sperm BIOL Sperma *n*, Samen *m*
sphere Kugel *f*; *fig* (*Einfluss- etc*)Sphäre *f*, (*Einfluss- etc*)Bereich *m*, Gebiet *n*
spher·i·cal kugelförmig
spice 1. Gewürz *n*; *fig* Würze *f* **2.** würzen
spick-and-span blitzsauber
spic·y gut gewürzt, würzig; *fig* pikant
spi·der ZO Spinne *f*
spike 1. Spitze *f*; Dorn *m*; Stachel *m*; SPORT Spike *m*, Dorn *m*; *pl* Spikes *pl*, Rennschuhe *pl* **2.** aufspießen
spill 1. *v/t* ausschütten, verschütten; ***~ the beans*** F alles ausplaudern, singen; → ***milk*** *1*; *v/i fig* strömen (***out of*** aus); ***~ over*** überlaufen; *fig* übergreifen (***into*** auf *acc*); **2.** F Sturz *m*
spin 1. *v/t* drehen; *Wäsche* schleudern; *Münze* hochwerfen; *Fäden, Wolle etc* spinnen; ***~ out*** *Arbeit etc* in die Länge ziehen; *Geld etc* strecken; *v/i* sich drehen; spinnen; ***my head was ~ning*** mir drehte sich alles; ***~ along*** MOT dahinrasen; ***~ round*** herumwirbeln **2.** (schnelle) Drehung; SPORT Effet *m*; TECH Schleudern *n*; AVIAT Trudeln *n*; ***be in a*** (***flat***) ***~*** *esp Br* F am Rotieren sein; ***go for a ~*** MOT F e-e Spritztour machen
spin·ach BOT Spinat *m*
spin·al ANAT Rückgrat...; **~ col·umn** ANAT Wirbelsäule *f*, Rückgrat *n*; **~ cord**, **~ mar·row** ANAT Rückenmark *n*
spin·dle Spindel *f*
spin·dri·er (Wäsche)Schleuder *f*
spin-dry *Wäsche* schleudern
spin-dry·er → ***spin-drier***
spine ANAT Wirbelsäule *f*, Rückgrat *n*; ZO Stachel *m*, BOT *a.* Dorn *m*; (*Buch-*) Rücken *m*
spin·ning| mill TECH Spinnerei *f*; **~ top** Kreisel *m*; **~ wheel** Spinnrad *n*
spin·ster ältere unverheiratete Frau, *contp* alte Jungfer, spätes Mädchen
spin·y ZO stach(e)lig, BOT *a.* dornig
spi·ral 1. spiralförmig, Spiral... **2.** (*a.* ECON *Preis- etc*)Spirale *f*
spi·ral stair·case Wendeltreppe *f*
spire (*Kirch*)Turmspitze *f*
spir·it Geist *m*; Stimmung *f*, Einstellung *f*; Schwung *m*; Elan *m*; CHEM Spiritus *m*; *mst pl* Spirituosen *pl*
spir·it·ed energisch; erregt (*debate etc*)
spir·it·less temperamentlos; mutlos
spir·its Laune *f*, Stimmung *f*; ***be in high ~*** in Hochstimmung sein; ausgelassen *or* übermütig sein; ***be in low ~*** niedergeschlagen sein
spir·i·tu·al 1. geistig; geistlich **2.** MUS Spiritual *n*
spit[1] **1.** spucken; knistern (*fire*), brutzeln (*meat etc*); *a.* ***~ out*** ausspucken; ***~ at s.o.*** j-n anspucken; ***it is ~ting*** (***with rain***) es tröpfelt **2.** Spucke *f*
spit[2] (Brat)Spieß *m*; GEOGR Landzunge *f*
spite 1. Bosheit *f*, Gehässigkeit *f*; ***out of*** *or* ***from pure ~*** aus reiner Bosheit; ***in ~ of*** trotz (*gen*) **2.** *j-n* ärgern
spite·ful boshaft, gehässig
spit·ting im·age Ebenbild *n*; ***she is the ~ of her mother*** sie ist ihrer Mutter wie aus dem Gesicht geschnitten
spit·tle Speichel *m*, Spucke *f*
splash 1. (be)spritzen; klatschen; plan(t)schen; platschen; ***~ down*** wassern **2.** Klatschen *n*, Platschen *n*; Spritzer *m*, Spritzfleck *m*; *esp Br* GASTR Spritzer *m*, Schuss *m*
splash·down Wasserung *f*
splay *a.* ***~ out*** *Finger, Zehen* spreizen
spleen ANAT Milz *f*
splen·did großartig, herrlich, prächtig
splen·do(u)r Pracht *f*
splice miteinander verbinden, *Film etc* (zusammen)kleben
splint MED Schiene *f*; ***put in a ~, put in ~s*** schienen
splin·ter 1. Splitter *m* **2.** (zer)splittern; ***~ off*** absplittern; *fig* sich abspalten (***from*** von)
split 1. *v/t* (zer)spalten; zerreißen; *a.* ***~ up*** aufteilen (***between*** unter *acc*; ***into*** in *acc*); sich *et.* teilen; ***~ hairs*** Haarspal-

terei treiben; ~ ***one's sides*** F sich vor Lachen biegen; *v/i* sich spalten; zerreißen; sich teilen (***into*** in *acc*); *a.* ~ ***up*** (***with***) Schluss machen (mit), sich trennen (von) **2.** Riss *m*; Spalt *m*; Aufteilung *f*; *fig* Bruch *m*; *fig* Spaltung *f*

split·ting heftig, rasend (*headache etc*)

splut·ter stottern (*a.* MOT); zischen

spoil 1. *v/t* verderben; ruinieren; *j-n* verwöhnen, *Kind a.* verziehen; *v/i* verderben, schlecht werden **2.** *mst pl* Beute *f*

spoil·er MOT Spoiler *m*

spoil·sport F Spielverderber(in)

spoke TECH Speiche *f*

spokes·man Sprecher *m*

spokes·wom·an Sprecherin *f*

sponge 1. Schwamm *m*; Schnorrer(in); *Br* → ***sponge cake*** **2.** *v/t a.* ~ ***down*** (mit e-m Schwamm) abwaschen; ~ ***off*** weg-, abwischen; ~ (***up***) aufsaugen, aufwischen (***from*** von); *et.* schnorren (***from, off, on*** von, bei); *v/i* schnorren (***from, off, on*** bei)

sponge cake Biskuitkuchen *m*

spong·er Schnorrer(in)

spong·y schwammig; weich

spon·sor 1. Bürge *m*, Bürgin *f*; Sponsor(in), Geldgeber(in); Spender(in) **2.** bürgen für; sponsern

spon·ta·ne·ous spontan

spook F Geist *m*

spook·y F gespenstisch, unheimlich

spool Spule *f*; ~ ***of thread*** Garnrolle *f*

spoon 1. Löffel *m* **2.** löffeln

spoon-feed *Kind etc* füttern

spoon·ful (*ein*) Löffel (voll)

spo·rad·ic sporadisch, gelegentlich

spore BOT Spore *f*

sport 1. Sport *m*; Sportart *f*; F feiner Kerl; *pl* Sport *m* **2.** herumlaufen mit; protzen mit

sports Sport…; ~ **car** MOT Sportwagen *m*; ~ **cen·ter** (*Br* **cen·tre**) Sportzentrum *n*

sports·man Sportler *m*

sports·wear Sportkleidung *f*

sports·wom·an Sportlerin *f*

spot 1. Punkt *m*, Tupfen *m*; Fleck *m*; MED Pickel *m*; Ort *m*, Platz *m*, Stelle *f*; *radio*, TV (Werbe)Spot *m*; F Spot *m*; ***a*** ~ ***of*** *Br* F ein bisschen; ***on the*** ~ auf der Stelle, sofort; zur Stelle; an Ort und Stelle, vor Ort; auf der Stelle; ***soft*** ~ *fig* Schwäche *f* (***for*** für); ***tender*** ~ empfindliche Stelle; ***weak*** ~ schwacher Punkt; Schwäche *f* **2.** entdecken, sehen

spot check Stichprobe *f*

spot·less tadellos sauber; *fig* untad(e)lig

spot·light Spotlight *n*, Scheinwerfer *m*; Scheinwerferlicht *n*

spot·ted getüpfelt; fleckig

spot·ter Beobachter *m*

spot·ty pick(e)lig

spouse Gatte *m*, Gattin *f*, Gemahl(in)

spout 1. *v/t Wasser etc* (heraus)spritzen; *v/i* spritzen (***from*** aus); **2.** Schnauze *f*, Tülle *f*; (*Wasser- etc*)Strahl *m*

sprain MED **1.** sich *et.* verstauchen **2.** Verstauchung *f*

sprat ZO Sprotte *f*

sprawl ausgestreckt liegen *or* sitzen (*a.* ~ ***out***); sich ausbreiten

spray 1. (be)sprühen; spritzen; sich *die Haare* sprayen; *Parfüm etc* versprühen, zerstäuben **2.** Sprühnebel *m*; Gischt *m*, *f*; Spray *m*, *n*; → ***sprayer***

spray can → **spray·er** Sprüh-, Spraydose *f*, Zerstäuber *m*

spread 1. *v/t* ausbreiten, *Arme a.* ausstrecken, *Finger etc* spreizen (*all a.* ~ ***out***); *Furcht, Krankheit, Nachricht etc* verbreiten, *Gerücht a.* ausstreuen; *Butter etc* streichen (***on*** auf *acc*); *Brot etc* (be)streichen (***with*** mit); *v/i* sich ausbreiten (*a.* ~ ***out***); sich erstrecken (***over*** über *acc*); sich verbreiten, übergreifen (***to*** auf *acc*); sich streichen lassen (*butter etc*) **2.** Ausbreitung *f*, Verbreitung *f*; Ausdehnung *f*; Spannweite *f*; GASTR Aufstrich *m*

spread·sheet IT Tabellenkalkulation *f*, Tabellenkalkulationsprogramm *n*

spree: ***go*** (***out***) ***on a*** ~ F e-e Sauftour machen; ***go on a buying*** (*or* ***shopping, spending***) ~ wie verrückt einkaufen

sprig BOT kleiner Zweig

spright·ly lebhaft; rüstig

spring 1. *v/i* springen; ~ ***from*** herrühren von; ~ ***up*** aufkommen (*wind*); aus dem Boden schießen (*building etc*); *v/t*: ~ ***a leak*** ein Leck bekommen; ~ ***a surprise on s.o.*** j-n überraschen **2.** Frühling *m*, Frühjahr *n*; Quelle *f*; TECH Feder *f*; Elastizität *f*; Federung *f*; Sprung *m*, Satz *m*; ***in*** (***the***) ~ im Frühling

spring·board Sprungbrett *n*

spring-clean gründlich putzen, Früh-

jahrsputz machen (in *dat*)
spring tide Springflut *f*
spring·time Frühling *m*, Frühlingszeit *f*, Frühjahr *n*
spring·y elastisch, federnd
sprin·kle 1. *Wasser etc* sprengen (***on*** auf *acc*); *Salz etc* streuen (***on*** auf *acc*); *et.* (be)sprengen *or* bestreuen (***with*** mit); ***it is sprinkling*** es tröpfelt **2.** Sprühregen *m*
sprin·kler (*Rasen*)Sprenger *m*; Sprinkler *m*, Berieselungsanlage *f*
sprin·kling: ***a ~ of*** ein bisschen, ein paar
sprint SPORT **1.** sprinten; spurten **2.** Sprint *m*; Spurt *m*
sprint·er SPORT Sprinter(in)
sprite Kobold *m*
sprout BOT **1.** sprießen (*a. fig*), keimen; wachsen lassen **2.** Spross *m*; (***Brussels***) ***~s*** Rosenkohl *m*
spruce[1] BOT Fichte *f*; Rottanne *f*
spruce[2] adrett
spry rüstig, lebhaft
spur 1. Sporn *m* (*a.* ZO); *fig* Ansporn *m* (***to*** zu); ***on the ~ of the moment*** spontan **2.** *e-m Pferd* die Sporen geben; *often* ***~ on*** *fig* anspornen (***to*** zu)
spurt[1] **1.** spurten, sprinten **2.** plötzliche Aktivität, (*Arbeits*)Anfall *m*; Spurt *m*, Sprint *m*
spurt[2] **1.** spritzen (***from*** aus); **2.** (*Wasser-etc*)Strahl *m*
sput·ter stottern (*a.* MOT); zischen
spy 1. Spion(in) **2.** spionieren, Spionage treiben (***for*** für); ***~ into*** *fig* herumspionieren in (*dat*); ***~ on*** *j-m* nachspionieren
spy·hole (Tür)Spion *m*
squab·ble (sich) streiten (***about, over*** um, wegen)
squad Mannschaft *f*, Trupp *m*; (*Überfall- etc*)Kommando *n*; Dezernat *n*
squad car (Funk)Streifenwagen *m*
squad·ron MIL, AVIAT Staffel *f*; MAR Geschwader *n*
squal·id schmutzig, verwahrlost, verkommen, armselig
squall Bö *f*
squan·der *Geld*, *Zeit etc* verschwenden, *Chance* vertun
square 1. Quadrat *n*; Viereck *n*; *öffentlicher* Platz; MATH Quadrat(zahl *f*) *n*; *board game*: Feld *n*; TECH Winkel(maß *n*) *m* **2.** quadratisch, Quadrat…; viereckig; rechtwink(e)lig; eckig (*shoulders etc*); *fig* fair, gerecht; ***be*** (***all***) ***~*** quitt sein **3.** quadratisch *or* rechtwink(e)lig machen (*a.* ***~ off*** *or* ***up***); in Quadrate einteilen (*a.* ***~ off***); MATH *Zahl* ins Quadrat erheben; *Schultern* straffen; *Konto* ausgleichen; *Schulden* begleichen; *fig* in Einklang bringen *or* stehen (***with*** mit); ***~ up*** F abrechnen; ***~ up to*** sich *j-m*, *e-m Problem etc* stellen
square root MATH Quadratwurzel *f*
squash[1] **1.** zerdrücken, zerquetschen; quetschen, zwängen (***into*** in *acc*); ***~ flat*** flach drücken, F platt walzen **2.** Gedränge *n*; SPORT Squash *n*
squash[2] BOT Kürbis *m*
squat 1. hocken, kauern; *leer stehendes Haus* besetzen; ***~ down*** sich (hin)kauern *or* (hin)hocken **2.** gedrungen, untersetzt; **squat·ter** Hausbesetzer(in)
squaw Squaw *f*
squawk kreischen, schreien; F lautstark protestieren (***about*** gegen)
squeak 1. piep(s)en (*mouse etc*); quietschen (*door etc*) **2.** Piep(s)en *n*; Piep(s) *m*; Quietschen *n*; **squeak·y** piepsig (*voice*); quietschend (*door etc*)
squeal 1. kreischen (***with*** vor *dat*); ***~ on s.o.*** *fig* F j-n verpfeifen **2.** Kreischen *n*; Schrei *m*
squeam·ish empfindlich, zart besaitet
squeeze 1. drücken; auspressen, ausquetschen; (sich) quetschen *or* zwängen (***into*** in *acc*); **2.** Druck *m*; GASTR Spritzer *m*; Gedränge *n*
squeez·er (Frucht)Presse *f*
squid ZO Tintenfisch *m*
squint schielen; blinzeln
squirm sich winden
squir·rel ZO Eichhörnchen *n*
squirt 1. (be)spritzen **2.** Strahl *m*
stab 1. *v/t* niederstechen; ***be ~bed in the arm*** e-n Stich in den Arm bekommen; *v/i* stechen (***at*** nach); **2.** Stich *m*
sta·bil·i·ty Stabilität *f*; *fig* Dauerhaftigkeit *f*; Ausgeglichenheit *f*
sta·bil·ize (sich) stabilisieren
sta·ble[1] stabil; *fig* dauerhaft; ausgeglichen
sta·ble[2] Stall *m*
stack 1. Stapel *m*, Stoß *m*; ***~s of, a ~ of*** F jede Menge *Arbeit etc* **2.** stapeln; voll stapeln (***with*** mit); ***~ up*** aufstapeln
sta·di·um SPORT Stadion *n*

S

staff 1. Stab *m*; Mitarbeiter(stab *m*) *pl*; Personal *n*, Belegschaft *f*; Lehrkörper *m*; MIL Stab *m* **2.** besetzen (***with*** mit)
staff room Lehrerzimmer *n*
stag ZO Hirsch *m*
stage 1. THEA Bühne *f* (*a. fig*); Etappe *f* (*a. fig*), (Reise)Abschnitt *m*; Teilstrecke *f*, Fahrzone *f* (*bus etc*); *fig* Stufe *f*, Stadium *n*, Phase *f* **2.** THEA inszenieren; veranstalten
stage·coach Postkutsche *f*
stage| di·rec·tion THEA Regieanweisung *f*; **~ fright** Lampenfieber *n*; **~ man·ag·er** THEA Inspizient *m*
stag·ger 1. *v/i* (sch)wanken, taumeln, torkeln; *v/t j-n* sprachlos machen, F umhauen; *Arbeitszeit etc* staffeln **2.** Wanken *n*, Schwanken *n*, Taumeln *n*
stag·nant stehend (*water*); *esp* ECON stagnierend
stag·nate *esp* ECON stagnieren
stain 1. *v/t* beflecken; (ein)färben; *Holz* beizen; *Glas* bemalen; *v/i* Flecken bekommen, schmutzen **2.** Fleck *m*; TECH Färbemittel *n*; (*Holz*)Beize *f*; Makel *m*
stained glass Bunt-, Farbglas *n*
stain·less nicht rostend, rostfrei
stair (Treppen)Stufe *f*; *pl* Treppe *f*
stair·case, stair·way Treppe *f*; Treppenhaus *n*
stake[1] **1.** Pfahl *m*, Pfosten *m*; HIST Marterpfahl *m* **2. ~ *off*, ~ *out*** abstecken
stake[2] **1.** Anteil *m*, Beteiligung *f* (***in*** an *dat*) (*a.* ECON); (Wett- *etc*)Einsatz *m*; ***be at ~*** *fig* auf dem Spiel stehen **2.** *Geld etc* setzen (***on*** auf *acc*); *Ruf etc* riskieren, aufs Spiel setzen
stale alt(backen); abgestanden, *beer etc*: *a.* schal, *air etc*: *a.* verbraucht
stalk[1] BOT Stängel *m*, Stiel *m*, Halm *m*
stalk[2] *v/t* sich heranpirschen an (*acc*); verfolgen, hinter *j-m*, *et.* herschleichen; *v/i* stolzieren
stall[1] **1.** (*Obst- etc*)Stand *m*, (*Markt- etc*) Bude *f*; AGR Box *f*; *pl* REL Chorgestühl *n*; *Br* THEA Parkett *n* **2.** *v/t Motor* abwürgen; *v/i* MOT absterben
stall[2] *v/i* Ausflüchte machen; Zeit schinden; *v/t j-n* hinhalten; *et.* hinauszögern
stal·li·on ZO (Zucht)Hengst *m*
stal·wart kräftig, robust; *esp* POL treu
stam·i·na Ausdauer *f*; Durchhaltevermögen *n*, Kondition *f*
stam·mer 1. stottern, stammeln **2.** Stottern *n*, Stammeln *n*
stamp 1. *v/i* sta(m)pfen, trampeln; *v/t Pass etc* (ab)stempeln; *Datum etc* aufstempeln (***on*** auf *acc*); *Brief etc* frankieren; *fig j-n* abstempeln (***as*** als, zu); **~ *one's foot*** aufstampfen; **~ *out*** *Feuer* austreten; TECH ausstanzen **2.** (Brief-) Marke *f*; (*Steuer- etc*)Marke *f*; Stempel *m*; ***~ed addressed envelope*** Freiumschlag *m*
stam·pede 1. ZO wilde Flucht; wilder Ansturm, Massenansturm *m* (***for*** auf *acc*); **2.** *v/i* ZO durchgehen; *v/t* in Panik versetzen
stanch treu, zuverlässig
stand 1. *v/i* stehen; aufstehen; *fig fest- etc* bleiben; **~ *still*** still stehen; *v/t* stellen (***on*** auf *acc*); aushalten, ertragen; *e-r Prüfung etc* standhalten; *Probe* bestehen; *Chance* haben; *Drink etc* spendieren; ***I can't ~ him*** (*or **it***) ich kann ihn (*or* das) nicht ausstehen *or* leiden; **~ *around*** herumstehen; **~ *back*** zurücktreten; **~ *by*** danebenstehen; *fig* zu *j-m* halten; zu *et.* stehen; **~ *idly by*** tatenlos zusehen; **~ *down*** verzichten; zurücktreten; JUR den Zeugenstand verlassen; **~ *for*** stehen für, bedeuten; sich *et.* gefallen lassen, *et.* dulden; *esp Br* kandidieren für; **~ *in*** einspringen (***for*** für); **~ *in for s.o.*** *a.* j-n vertreten; **~ *on*** (*fig* be)stehen auf (*dat*); **~ *out*** hervorstechen; sich abheben (***against*** gegen, von); **~ *over*** überwachen, aufpassen auf (*acc*); **~ *together*** zusammenhalten, -stehen; **~ *up*** aufstehen, sich erheben; **~ *up for*** eintreten *or* sich einsetzen für; **~ *up to*** *j-m* mutig gegenübertreten, *j-m* die Stirn bieten **2.** (*Obst-, Messe- etc*)Stand *m*; (*Schirm-, Noten- etc*)Ständer *m*; SPORT *etc* Tribüne *f*; (*Taxi*)Stand(platz) *m*; JUR Zeugenstand *m*; ***take a ~*** *fig* Position beziehen (***on*** zu)
stan·dard[1] **1.** Norm *f*, Maßstab *m*; Standard *m*, Niveau *n*; **~ *of living, living ~*** Lebensstandard *m* **2.** normal, Normal…; durchschnittlich, Durchschnitts…; Standard…
stan·dard[2] Standarte *f*, MOT Stander *m*; HIST Banner *n*
stan·dard·ize vereinheitlichen, *esp* TECH standardisieren, normen

S

stan·dard lamp *Br* Stehlampe *f*
stand·by 1. Reserve *f*; AVIAT Stand-by *n*; ***be on ~*** in Bereitschaft stehen **2.** Reserve..., Not...; AVIAT Stand-by...
stand-in *film*, TV Double *n*; Ersatzmann *m*; Vertreter(in)
stand·ing 1. stehend; *fig* ständig; → ***ovation* 2.** Rang *m*, Stellung *f*; Ansehen *n*, Ruf *m*; Dauer *f*; ***of long ~*** alt, seit langem bestehend; **~ or·der** ECON Dauerauftrag *m*; **~ room**: **~ *only*** nur noch Stehplätze
stand·off·ish F (sehr) ablehnend, hochnäsig
stand·point *fig* Standpunkt *m*
stand·still Stillstand *m*; ***be at a ~*** stehen (*car etc*); ruhen (*production etc*); ***bring to a ~*** *Auto etc* zum Stehen bringen; *Produktion etc* zum Erliegen bringen
stand-up Steh...; **~ *fight*** Schlägerei *f*
stan·za Strophe *f*
sta·ple[1] 1. Hauptnahrungsmittel *n*; ECON Haupterzeugnis *n* **2.** Haupt...; üblich
sta·ple[2] 1. Heftklammer *f*; Krampe *f* **2.** heften
sta·pler TECH (Draht)Hefter *m*
star 1. ASTR Stern *m*; PRINT Sternchen *n*; THEA, SPORT *etc* Star *m* **2.** *v/t* PRINT mit e-m Sternchen kennzeichnen; ***~ring ...*** in der Hauptrolle *or* in den Hauptrollen ...; ***a film ~ring ...*** ein Film mit ... in der Hauptrolle *or* den Hauptrollen; *v/i* die *or* e-e Hauptrolle spielen (***in*** in *dat*)
star·board AVIAT, MAR Steuerbord *n*
starch 1. (*Kartoffel- etc*)Stärke *f*; stärkereiches Nahrungsmittel; (*Wäsche-*) Stärke *f* **2.** *Wäsche* stärken
stare 1. starren; **~ *at*** *j-n* anstarren **2.** (starrer) Blick, Starren *n*
stark 1. *adj fig* nackt; ***be in ~ contrast to*** in krassem Gegensatz stehen zu **2.** *adv*: F **~ *naked*** splitternackt; **~ *raving mad***, **~ *staring mad*** total verrückt
star·light ASTR Sternenlicht *n*
star·ling ZO Star *m*
star·lit stern(en)klar
star·ry Stern..., Sternen...
star·ry-eyed F blauäugig, naiv
start 1. *v/i* anfangen, beginnen (*a.* **~ *off***); aufbrechen (***for*** nach) (*a.* **~ *off*, ~ *out***); RAIL *etc* abfahren, MAR ablegen, AVIAT abfliegen, starten; MOT anspringen; TECH anlaufen; SPORT starten; zusammenfahren, -zucken (***at*** bei); ***to ~ with*** anfangs, zunächst; erstens; **~ *from scratch*** ganz von vorn anfangen; *v/t* anfangen, beginnen (*a.* **~ *off***); in Gang setzen *or* bringen, *Motor etc a.* anlassen, starten **2.** Anfang *m*, Beginn *m*, (*esp* SPORT) Start *m*; Aufbruch *m*; Auffahren *n*, Aufschrecken *n*; ***at the ~*** am Anfang; SPORT am Start; ***for a ~*** erstens; ***from ~ to finish*** von Anfang bis Ende
start·er SPORT Starter(in); MOT Anlasser *m*, Starter *m*; *esp Br* GASTR F Vorspeise *f*; ***for ~s*** zunächst einmal
start·le erschrecken; überraschen, bestürzen
starv·a·tion Hungern *n*; ***die of ~*** verhungern; **~ *diet*** F Fasten-, Hungerkur *f*, Nulldiät *f*
starve hungern (lassen); **~ (*to death*)** verhungern (lassen); ***I'm starving!*** *Br* F, ***I'm ~d!*** F ich komme um vor Hunger!
state 1. Zustand *m*; Stand *m*, Lage *f*; POL (Bundes-, Einzel)Staat *m*; *often* **State** POL Staat *m* **2.** Staats..., staatlich **3.** angeben, nennen; erklären, JUR aussagen (***that*** dass); festlegen, festsetzen
State De·part·ment POL Außenministerium *n*
state·ly gemessen, würdevoll; prächtig
state·ment Statement *n*, Erklärung *f*; Angabe f; JUR Aussage *f*; ECON (*Bank-, Konto*)Auszug *m*; ***make a ~*** e-e Erklärung abgeben
state-of-the-art TECH neuest, modernst
states·man POL Staatsmann *m*
stat·ic statisch
sta·tion 1. (*a. Bus-, U-*)Bahnhof *m*, Station *f*; (*Forschungs-, Rettungs- etc*)Station *f*; Tankstelle *f*; (*Feuer*)Wache *f*; (*Polizei*)Revier *n*; (*Wahl*)Lokal *n*; *radio*, TV Sender *m*, Station *f* **2.** aufstellen, postieren; MIL stationieren
sta·tion·ar·y stehend
sta·tion·er Schreibwarenhändler(in); **sta·tion·er's (shop)** Schreibwarenhandlung *f*; **sta·tion·er·y** Schreibwaren *pl*; Briefpapier *n*
sta·tion·mas·ter RAIL Stations-, Bahnhofsvorsteher *m*
sta·tion wag·on MOT Kombiwagen *m*
sta·tis·ti·cal statistisch
stat·is·ti·cian Statistiker *m*
sta·tis·tics Statistik(en *pl*) *f*
stat·ue Statue *f*, Standbild *n*
sta·tus Status *m*, Rechtsstellung *f*; (*Fa-*

milien)Stand *m*; Stellung *f*, Rang *m*, Status *m*; **~ line** IT Statuszeile *f*
stat·ute Gesetz *n*; Statut *n*, Satzung *f*
stat·ute of lim·i·ta·tions JUR Verjährungsfrist *f*; ***come under the ~*** verjähren
staunch[1] *Br* → ***stanch***
staunch[2] *Blutung* stillen
stay 1. bleiben (***with s.o.*** bei j-m); wohnen (***at*** in *dat*; ***with s.o.*** bei j-m); **~ *put*** F sich nicht (vom Fleck) rühren; **~ *away*** wegbleiben, sich fernhalten (***from*** von); **~ *up*** aufbleiben **2.** Aufenthalt *m*; JUR Aussetzung *f*, Aufschub *m*
stead·fast treu, zuverlässig; fest
stead·y 1. *adj* fest; stabil; ruhig (*hand*), gut (*nerves*); gleichmäßig **2.** (sich) beruhigen **3.** *int a.* **~ *on!*** *Br* F Vorsicht! **4.** *adv*: ***go ~ with s.o.*** (fest) mit j-m gehen **5.** feste Freundin, fester Freund
steak GASTR Steak *n*; (*Fisch*)Filet *n*
steal stehlen (*a. fig*); sich stehlen, (sich) schleichen (***out of*** aus)
stealth: ***by ~*** heimlich, verstohlen
stealth·y heimlich, verstohlen
steam 1. Dampf *m*; Dunst *m*; ***let off ~*** Dampf ablassen, *fig a.* sich Luft machen **2.** Dampf… **3.** *v/i* dampfen; **~ *up*** beschlagen (*mirror etc*); *v/t* GASTR dünsten, dämpfen
steam·boat Dampfboot *n*, Dampfer *m*
steam·er Dampfer *m*, Dampfschiff *n*; Dampf-, Schnellkochtopf *m*
steam·ship Dampfer *m*, Dampfschiff *n*
steel 1. Stahl *m* **2. ~ *o.s. for*** sich wappnen gegen
steel·work·er Stahlarbeiter *m*
steel·works Stahlwerk *n*
steep[1] steil; *fig* stark (*rise etc*); F happig
steep[2] eintauchen (***in*** in *acc*); *Wäsche* (ein)weichen
stee·ple Kirchturm *m*
stee·ple·chase *horse racing*: Hindernisrennen *n*; SPORT Hindernislauf *m*
steer[1] ZO (junger) Ochse
steer[2] steuern, lenken
steer·ing col·umn MOT Lenksäule *f*
steer·ing wheel MOT Lenkrad *n*, *a.* MAR Steuerrad *n*
stein Maßkrug *m*
stem 1. BOT Stiel *m* (*a. of a wine glass etc*), Stängel *m*; LING Stamm *m* **2. ~ *from*** stammen *or* herrühren von
stench Gestank *m*
sten·cil Schablone *f*; PRINT Matrize *f*
ste·nog·ra·pher Stenotypistin *f*
step 1. Schritt *m* (*a. fig*); Stufe *f*; Sprosse *f*; (***a pair of***) **~*s*** (e-e) Tritt- *or* Stufenleiter; ***mind the ~!*** Vorsicht, Stufe!; **~ *by* ~** Schritt für Schritt; ***take ~s*** Schritte *or* et. unternehmen **2.** gehen; treten (***in*** in *acc*; ***on*** auf *acc*); **~ *on it*, ~ *on the gas*** MOT F Gas geben, auf die Tube drücken; **~ *aside*** zur Seite treten; *fig* Platz machen; **~ *down*** *fig* Platz machen; **~ *up*** *Produktion etc* steigern
step-by-step *fig* schrittweise
step·fa·ther Stiefvater *m*
step·lad·der Tritt-, Stufenleiter *f*
step·moth·er Stiefmutter *f*
steppes GEOGR Steppe *f*
step·ping-stone *fig* Sprungbrett *n* (***to*** für)
ster·e·o 1. Stereo *n*; Stereogerät *n*, Stereoanlage *f* **2.** Stereo…; **~ sys·tem** MUS Kompaktanlage *f*
ster·ile steril (*a. fig*), *a.* unfruchtbar, MED *a.* keimfrei
ste·ril·i·ty Sterilität *f* (*a. fig*), Unfruchtbarkeit *f*
ster·il·ize MED sterilisieren
ster·ling das Pfund Sterling
stern[1] streng
stern[2] MAR Heck *n*
stew 1. *Fleisch, Gemüse* schmoren, *Obst* dünsten; ***~ed apples*** Apfelkompott *n* **2.** Eintopf *m*; ***be in a ~*** in heller Aufregung sein
stew·ard Ordner *m*; AVIAT, MAR Steward *m*
stew·ard·ess AVIAT, MAR Stewardess *f*
stick[1] trockener Zweig; Stock *m*; ([*Eis*]-*Hockey*)Schläger *m*; (*Besen- etc-*) Stiel *m*; AVIAT (*Steuer*)Knüppel *m*; Stück *n*, Stange *f*, (*Lippen- etc*)Stift *m*, Stäbchen *n*
stick[2] *v/t* mit *e-r Nadel etc* stechen (***into*** in *acc*); *et.* kleben (***on*** auf, an *acc*); an-, festkleben (***with*** mit); stecken; F tun, stellen, setzen, legen; ***I can't ~ him*** (*or **it***) *esp Br* F ich kann ihn (*or* das) nicht ausstehen *or* leiden; *v/i* kleben; kleben bleiben (***to*** an *dat*); stecken bleiben; **~ *at nothing*** vor nichts zurückschrecken; **~ *by*** F bleiben bei; F zu *j-m* halten; **~ *out*** vorstehen; abstehen; *et.* ausstrecken *or* vorstrecken; **~ *to*** bleiben bei

S

stick·er Aufkleber *m*
stick·ing plas·ter *Br* Heftpflaster *n*
stick·y klebrig (***with*** von); F heikel, unangenehm
stiff 1. *adj* steif; F stark (*drink etc*); schwer, hart (*task, penalty etc*); hartnäckig (*resistance*); F happig, gepfeffert, gesalzen (*price*); ***keep a ~ upper lip*** *fig* Haltung bewahren **2.** *adv* äußerst; höchst; ***be bored ~*** F sich zu Tode langweilen; ***be scared ~*** e-e wahnsinnige Angst haben; ***be worried ~*** sich furchtbare Sorgen machen
stiff·en *v/t Wäsche* stärken; versteifen; verstärken; *v/i* steif werden; sich verhärten *or* versteifen
sti·fle ersticken; *fig* unterdrücken
stile Zauntritt *m*
sti·let·to Stilett *n*; **~ heel** Bleistift-, Pfennigabsatz *m*
still[1] **1.** *adv* (immer) noch, noch immer; *with comparative*: noch **2.** *cj* dennoch, trotzdem
still[2] **1.** *adj* still; ruhig; GASTR ohne Kohlensäure **2.** *film*, TV Standfoto *n*
still·born MED tot geboren
still life PAINT Stillleben *n*
stilt Stelze *f*; **stilt·ed** *fig* gestelzt
stim·u·lant MED Stimulans *n*, Anregungs-, Aufputschmittel *n*; *fig* Anreiz *m*, Ansporn *m* (***to*** für)
stim·u·late MED stimulieren (*a. fig*), anregen, *fig a.* anspornen
stim·u·lus Reiz *m*; *fig* Anreiz *m*, Ansporn *m* (***to*** für)
sting 1. stechen (*insect*); brennen (auf *or* in *dat*); **2.** Stachel *m*; Stich *m*; Brennen *n*, brennender Schmerz
stin·gy F knaus(e)rig, knick(e)rig (*person*); mick(e)rig (*meal etc*)
stink 1. stinken (***of*** nach); ***~ up*** (*Br* ***out***) verpesten **2.** Gestank *m*
stint: ***~ o.s.*** (***of s.th.***) sich einschränken (mit et.); ***~*** (***on***) ***s.th.*** sparen mit et.
stip·u·late zur Bedingung machen; festsetzen, vereinbaren; **stip·u·la·tion** Bedingung *f*; Vereinbarung *f*
stir 1. (um)rühren; (sich) rühren *or* bewegen; *j-n* aufwühlen; ***~ up*** *Unruhe* stiften; *Streit* entfachen; *Erinnerungen* wachrufen **2.** ***give s.th. a ~*** et. umrühren; ***cause*** (*or* ***create***) ***a ~*** für Aufsehen sorgen
stir·rup Steigbügel *m*
stitch 1. Stich *m*; Masche *f*; MED Seitenstechen *n* **2.** zunähen, *Wunde* nähen (*a.* ***~ up***); heften
stock 1. Vorrat *m* (***of*** an *dat*); GASTR Brühe *f*; *a.* ***live~*** Viehbestand *m*; (*Gewehr*)Schaft *m*; *fig* Abstammung *f*, Herkunft *f*; ECON Aktie(n *pl*) *f*; *pl* Aktien *pl*, Wertpapiere *pl*; ***have s.th. in ~*** ECON et. vorrätig *or* auf Lager haben; ***take ~*** ECON Inventur machen; ***take ~ of*** *fig* sich klar werden über (*acc*) **2.** ECON *Ware* vorrätig haben, führen; ***~ up*** sich eindecken *or* versorgen (***on, with*** mit); **3.** Serien…; Standard…; stereotyp
stock·breed·er AGR Viehzüchter *m*
stock·breed·ing AGR Viehzucht *f*
stock·brok·er ECON Börsenmakler *m*
stock ex·change ECON Börse *f*
stock·hold·er ECON Aktionär(in)
stock·ing Strumpf *m*
stock mar·ket ECON Börse *f*
stock·pile 1. Vorrat *m* (***of*** an *dat*); **2.** e-n Vorrat anlegen an (*dat*)
stock·still regungslos
stock·tak·ing ECON Inventur *f*; *fig* Bestandsaufnahme *f*
stock·y stämmig, untersetzt
stol·id gleichmütig
stom·ach 1. ANAT Magen *m*; Bauch *m*; *fig* Appetit *m* (***for*** auf *acc*); **2.** vertragen (*a. fig*)
stom·ach·ache MED Magenschmerzen *pl*, Bauchschmerzen *pl*, Bauchweh *n*
stom·ach up·set MED Magenverstimmung *f*
stone 1. Stein *m*, BOT *a.* Kern *m*; (*Hagel*)Korn *n* **2.** mit Steinen bewerfen; steinigen; entkernen, entsteinen
stone·ma·son Steinmetz *m*
stone·ware Steingut *n*
ston·y steinig; steinern (*face etc*), eisig (*silence*)
stool Hocker *m*, Schemel *m*; MED Stuhl *m*, Stuhlgang *m*
stool·pi·geon F (Polizei)Spitzel *m*
stoop 1. *v/i* sich bücken (*a.* ***~ down***); gebeugt gehen; ***~ to*** *fig* sich herablassen *or* hergeben zu **2.** gebeugte Haltung
stop 1. *v/i* (an)halten, stehen bleiben (*a. watch etc*), stoppen; aufhören; *esp Br* bleiben; ***~ dead*** plötzlich *or* abrupt stehen bleiben; ***~ at nothing*** vor nichts zurückschrecken; ***~ short of doing***, ***~***

S

short at *s.th.* zurückschrecken vor (*dat*); *v/t* anhalten, stoppen; aufhören mit; ein Ende machen *or* setzen (*dat*); *Blutung* stillen; *Arbeiten*, *Verkehr etc* zum Erliegen bringen; *et.* verhindern; *j-n* abhalten (***from*** von), hindern (***from*** an *dat*); *Rohr etc* verstopfen (*a.* ~ ***up***); *Zahn* füllen, plombieren; *Scheck* sperren (lassen); ~ ***by*** vorbeischauen; ~ ***in*** vorbeischauen (***at*** bei); ~ ***off*** F kurz Halt machen; ~ ***over*** kurz Halt machen; Zwischenstation machen **2.** Halt *m*; (*Bus*)Haltestelle *f*; PHOT Blende *f*; *mst* ***full*** ~ LING Punkt *m*

stop·gap Notbehelf *m*

stop·light MOT Bremslicht *n*; rotes Licht

stop·o·ver Zwischenstation *f*; AVIAT Zwischenlandung *f*

stop·page Unterbrechung *f*, Stopp *m*; Verstopfung *f*; Streik *m*; *Br* (Gehalts-, Lohn)Abzug *m*

stop·per Stöpsel *m*

stop sign MOT Stoppschild *n*

stop·watch Stoppuhr *f*

stor·age ECON Lagerung *f*; Lagergeld *n*; IT Speicher *m*

store 1. (ein)lagern; *Energie* speichern; IT (ab)speichern, sichern; *a.* ~ ***up*** sich e-n Vorrat anlegen an (*dat*) **2.** Vorrat *m*; Lager *n*, Lagerhalle *f*, Lagerhaus *n*; Laden *m*, Geschäft *n*, *esp Br* Kaufhaus *n*, Warenhaus *n*

store·house Lagerhaus *n*; *fig* Fundgrube *f*

store·keep·er Ladenbesitzer(in)

store·room Lagerraum *m*

sto·rey *Br* → ***story***[2]

...sto·reyed *Br*, **...sto·ried** mit ... Stockwerken, ...stöckig

stork zo Storch *m*

storm 1. Unwetter *n*; Gewitter *n*; Sturm *m* **2.** *v/t* MIL *etc* stürmen; *v/i* stürmen, stürzen; **storm·y** stürmisch

sto·ry[1] Geschichte *f*; Märchen *n* (*a. fig*); Story *f*, *a.* Handlung *f*, *a.* Bericht *m* (***on*** über *acc*)

sto·ry[2] Stock *m*, Stockwerk *n*, Etage *f*

stout korpulent, vollschlank; *fig* unerschrocken; entschieden

stove Ofen *m*, Herd *m*

stow *a.* ~ ***away*** verstauen

stow·a·way AVIAT, MAR blinder Passagier

strad·dle rittlings sitzen auf (*dat*)

strag·gle verstreut liegen *or* stehen; BOT *etc* wuchern; ~ ***in*** F einzeln eintrudeln

strag·gler Nachzügler(in)

strag·gly verstreut (liegend); BOT *etc* wuchernd; struppig (*mustache etc*)

straight 1. *adj* gerade; glatt (*hair*); pur (*whisky etc*); aufrichtig, offen, ehrlich; *sl* hetero(*sexuell*); *sl* clean, sauber; ***put*** ~ in Ordnung bringen **2.** *adv* gerade; genau, direkt; klar; ehrlich, anständig; ~ ***ahead*** geradeaus; ~ ***off*** F sofort; ~ ***on*** geradeaus; ~ ***out*** F offen, rundheraus **3.** SPORT (*Gegen-*, *Ziel*)Gerade *f*

straight·en *v/t* gerade machen, (gerade) richten; ~ ***out*** in Ordnung bringen; *v/i a.* ~ ***out*** gerade werden; ~ ***up*** sich aufrichten

straight·for·ward aufrichtig; einfach

strain 1. *v/t Seil etc* (an)spannen; *sich*, *Augen etc* überanstrengen; sich *e-n Muskel etc* zerren; *Gemüse*, *Tee etc* abgießen; *v/i* sich anstrengen; ~ ***at*** zerren *or* ziehen an (*dat*) **2.** Spannung *f*; Anspannung *f*; Strapaze *f*; *fig* Belastung *f*; MED Zerrung *f*; **strained** MED gezerrt; gezwungen (*smile etc*); gespannt (*relations*); ***look*** ~ abgespannt aussehen

strain·er Sieb *n*

strait GEOGR Meerenge *f*, Straße *f*; *pl fig* Notlage *f*

strait·ened: ***live in*** ~ ***circumstances*** in beschränkten Verhältnissen leben

strand Strang *m*; Faden *m*; (*Kabel-*) Draht *m*; (*Haar*)Strähne *f*

strand·ed: ***be*** ~ MAR gestrandet sein; ***be*** (***left***) ~ *fig* festsitzen (***in*** in *dat*)

strange merkwürdig, seltsam, sonderbar; fremd; **strang·er** Fremde *m*, *f*

stran·gle erwürgen

strap 1. Riemen *m*, Gurt *m*; (*Uhr*)Armband *n*; Träger *m* **2.** festschnallen; anschnallen

stra·te·gic strategisch

strat·e·gy Strategie *f*

stra·tum GEOL Schicht *f* (*a. fig*)

straw Stroh *n*; Strohhalm *m*

straw·ber·ry BOT Erdbeere *f*

stray 1. (herum)streunen; sich verirren; *fig* abschweifen (***from*** von); **2.** verirrtes *or* streunendes Tier **3.** verirrt (*bullet*, *dog etc*); streunend (*dog etc*); vereinzelt

streak 1. Streifen *m*; Strähne *f*; (Charakter)Zug *m*; ***a*** ~ ***of lightning*** ein Blitz; ***lucky*** ~ Glückssträhne *f* **2.** flitzen;

streifen
streak·y streifig; GASTR durchwachsen
stream 1. Bach *m*; Strömung *f*; *fig* Strom *m* **2.** strömen; flattern, wehen
stream·er Luft-, Papierschlange *f*; Wimpel *m*; IT Streamer *m*
street 1. Straße *f*; ***on*** (*esp Br* ***in***) ***the ~*** auf der Straße **2.** Straßen…
street·car Straßenbahn(wagen *m*) *f*
street sweep·er Straßenkehrer *m*
strength Stärke *f*, Kraft *f*, Kräfte *pl*
strength·en *v/t* (ver)stärken; *v/i* stärker werden
stren·u·ous anstrengend, strapaziös; unermüdlich
stress 1. *fig* Stress *m*; PHYS, TECH Beanspruchung *f*, Belastung *f*, Druck *m*; LING Betonung *f*; *fig* Nachdruck *m* **2.** betonen
stress·ful stressig, aufreibend
stretch 1. *v/t* strecken; (aus)weiten, dehnen; spannen; *fig* es nicht allzu genau nehmen mit; ***~ out*** ausstrecken; ***be fully ~ed*** *fig* richtig gefordert werden; voll ausgelastet sein; *v/i* sich dehnen, *a.* länger *or* weiter werden; sich dehnen *or* recken *or* strecken; sich erstrecken; ***~ out*** sich ausstrecken **2.** Dehnbarkeit *f*, Elastizität *f*; Strecke *f*; SPORT (*Gegen-*, *Ziel*)Gerade *f*; Zeit *f*, Zeitraum *m*, Zeitspanne *f*; ***have a ~*** sich dehnen *or* recken *or* strecken
stretch·er Trage *f*
strick·en schwer betroffen; ***~ with*** befallen *or* ergriffen von
strict streng, strikt; genau; ***~ly*** (***speaking***) genau genommen
strict·ness Strenge *f*
stride 1. schreiten, mit großen Schritten gehen **2.** großer Schritt
strife Streit *m*
strike 1. *v/t* schlagen; treffen; einschlagen in (*acc*) (*lightning*); *Streichholz* anzünden; MAR auflaufen auf (*acc*); streichen (***from, off*** aus *dat*, von); stoßen auf (*acc*); *j-n* beeindrucken; *j-m* einfallen, in den Sinn kommen; *Münze* prägen; *Saite etc* anschlagen; *Lager*, *Zelt* abbrechen; *Flagge*, *Segel* streichen; ***~ out*** (aus)streichen; ***~ up*** *Lied etc* anstimmen; *Freundschaft etc* schließen; *v/i* schlagen; einschlagen; ECON streiken; ***~*** (***out***) ***at s.o.*** auf j-n einschlagen **2.** ECON Streik *m*; (*Öl- etc*)Fund *m*; MIL Angriff *m*; *soccer*: Schuss *m*; ***be on ~*** streiken; ***go on ~*** streiken, in den Streik treten; ***a lucky ~*** ein Glückstreffer
strik·er ECON Streikende *m*, *f*; *soccer*: Stürmer(in)
strik·ing apart; auffallend
string 1. Schnur *f*, Bindfaden *m*; (*Schürzen-*, *Schuh- etc*)Band *n*; (*Puppenspiel*) Faden *m*, Draht *m*; (*Perlen- etc*)Schnur *f*; MUS, SPORT Saite *f*; (*Bogen*)Sehne *f*; BOT Faser *f*; IT Zeichenfolge *f*; *fig* Reihe *f*, Serie *f*; ***the ~s*** MUS die Streichinstrumente *pl*, die Streicher *pl*; ***pull a few ~s*** *fig* ein paar Beziehungen spielen lassen; ***with no ~s attached*** *fig* ohne Bedingungen **2.** *Perlen etc* aufreihen; *Gitarre etc* besaiten, *Tennisschläger etc* bespannen; *Bohnen* abziehen **3.** MUS Streich…; **string bean** BOT grüne Bohne
strin·gent streng
string·y fas(e)rig
strip 1. *v/i*: *a.* ***~ off*** sich ausziehen (***to*** bis auf *acc*); *v/t* ausziehen; *Farbe etc* abkratzen, *Tapete etc* abreißen (***from, off*** von); *a.* ***~ down*** TECH zerlegen, auseinandernehmen; ***~ s.o. of s.th.*** j-m et. rauben *or* wegnehmen **2.** (*Land-*, *Papier- etc*)Streifen *m*; Strip *m*
stripe Streifen *m*; **striped** gestreift
strive: ***~ for*** *or* ***after*** streben nach
stroke 1. streicheln; streichen über (*acc*) **2.** Schlag *m* (*a.* SPORT); MED Schlag(-anfall) *m*; (*Pinsel*)Strich *m*; *swimming*: Zug *m*; TECH Hub *m*; → ***four-stroke engine***; ***~ of lightning*** Blitzschlag *m*; ***a ~ of luck*** *fig* ein glücklicher Zufall, ein Glücksfall
stroll 1. bummeln, spazieren **2.** Bummel *m*, Spaziergang *m*
stroll·er Bummler(in), Spaziergänger(in); Sportwagen *m*
strong stark (*a.* GASTR, PHARM); kräftig; mächtig; stabil; fest; robust
strong·box (Geld-, Stahl)Kassette *f*
strong·hold Festung *f*; Stützpunkt *m*; *fig* Hochburg *f*
strong-mind·ed willensstark
strong room Tresor(raum) *m*
struc·ture Struktur *f*; (Auf)Bau *m*, Gliederung *f*; Bau *m*, Konstruktion *f*
strug·gle 1. kämpfen, ringen (***with*** mit; ***for*** um); sich abmühen; sich winden, zappeln; ***~ against*** sich sträuben gegen

2. Kampf *m*
strum klimpern auf (*dat*) (*or* ***on*** auf *dat*)
strut[1] stolzieren
strut[2] TECH Strebe *f*; Stütze *f*
stub 1. (*Bleistift-*, *Zigaretten- etc*)Stummel *m*; Kontrollabschnitt *m* **2.** sich *die Zehe* anstoßen; ***~ out*** *Zigarette* ausdrücken
stub·ble Stoppeln *pl*
stub·bly stoppelig
stub·born eigensinnig, stur; hartnäckig
stub·born·ness Starrsinn *m*
stuck-up F hochnäsig
stud[1] **1.** (*Kragen-*, *Manschetten*)Knopf *m*; *soccer*: Stollen *m*; Beschlagnagel *m*; Ziernagel *m*; *pl* MOT Spikes *pl* **2.** ***be ~ded with*** besetzt sein mit; übersät sein mit; ***~ded tires*** Spikesreifen *pl*
stud[2] Gestüt *n*
stu·dent Student(in); Schüler(in)
stud farm Gestüt *n*
stud horse ZO Zuchthengst *m*
stud·ied wohlüberlegt; gesucht
stu·di·o Studio *n*; Atelier *n*; *a.* ***~ apartment***, *Br* ***~ flat*** Studio *n*, Einzimmerappartement *n*; **~ couch** Schlafcouch *f*
stu·di·ous fleißig
stud·y 1. Studium *n*; Studie *f*, Untersuchung *f*; Arbeitszimmer *n*; *pl* Studium *n* **2.** studieren; lernen (***for*** für)
stuff 1. Zeug *n* **2.** (aus)stopfen, stopfen, vollstopfen; füllen (*a.* GASTR); ***~ o.s.*** F sich vollstopfen; **stuff·ing** Füllung *f* (*a.* GASTR)
stuff·y stickig; spießig; prüde
stum·ble 1. stolpern (***on, over***, *fig* ***at, over*** über *acc*); ***~ across, ~ on*** stoßen auf (*acc*) **2.** Stolpern *n*
stump 1. Stumpf *m*; Stummel *m* **2.** stampfen, stapfen
stump·y F kurz und dick
stun betäuben; *fig* sprachlos machen
stun·ning fantastisch; unglaublich
stunt[1] (das Wachstum *gen*) hemmen; ***~ed*** BIOL verkümmert; ***become ~ed*** BIOL verkümmern
stunt[2] (*Film*)Stunt *m*; (*gefährliches*) Kunststück; (*Reklame*)Gag *m*
stunt| man *film*, TV Stuntman *m*, Double *n*; **~ wom·an** *film*, TV Stuntwoman *f*, Double *n*
stu·pid dumm; F blöd
stu·pid·i·ty Dummheit *f*
stu·por Betäubung *f*; ***in a drunken ~*** im Vollrausch
stur·dy kräftig, stämmig; *fig* entschlossen, hartnäckig
stut·ter 1. stottern (*a.* MOT); stammeln **2.** Stottern *n*, Stammeln *n*
sty[1] → ***pigsty***
sty[2], **stye** MED Gerstenkorn *n*
style 1. Stil *m*; Ausführung *f*; Mode *f* **2.** entwerfen; gestalten
styl·ish stilvoll; modisch, elegant
styl·ist Stilist(in)
Sty·ro·foam® Styropor® *n*
suave verbindlich
sub·con·scious Unterbewusstsein *n*; ***~ly*** im Unterbewusstsein
sub·di·vi·sion Unterteilung *f*; Unterabteilung *f*
sub·due unterwerfen; *Ärger etc* unterdrücken; **sub·dued** gedämpft (*light*, *voice etc*); ruhig, still (*person*)
sub·ject 1. Thema *n*; PED, UNIV Fach *n*; LING Subjekt *n*, Satzgegenstand *m*; Untertan(in); Staatsangehörige *m*, *f*, -bürger(in) **2.** *adj*: ***~ to*** anfällig für; ***be ~ to*** *a.* neigen zu; ***be ~ to*** unterliegen (*dat*); abhängen von; ***prices ~ to change*** Preisänderungen vorbehalten **3.** unterwerfen; ***~ to*** *e-m Test etc* unterziehen; *der Kritik etc* aussetzen
sub·jec·tion Unterwerfung *f*; Abhängigkeit *f* (***to*** von)
sub·ju·gate unterjochen, unterwerfen
sub·junc·tive LING *a.* ***~ mood*** Konjunktiv *m*
sub·lease, **sub·let** untervermieten, weitervermieten
sub·lime großartig; *fig* total
sub·ma·chine gun Maschinenpistole *f*
sub·ma·rine 1. unterseeisch **2.** Unterseeboot *n*, U-Boot *n*
sub·merge tauchen; (ein)tauchen (***in*** in *acc*)
sub·mis·sion Einreichung *f*; *boxing etc*: Aufgabe *f*; Unterwerfung *f* (***to*** unter);
sub·mis·sive unterwürfig
sub·mit *Gesuch etc* einreichen (***to*** *dat or* bei); sich fügen (***to*** *dat or* in *acc*); *boxing etc*: aufgeben
sub·or·di·nate 1. untergeordnet (***to*** *dat*); **2.** Untergebene *m*, *f* **3.** ***~ to*** unterordnen (*dat*), zurückstellen (hinter *acc*); **~ clause** LING Nebensatz *m*
sub·scribe *v/t Geld* gegen, spenden (***to*** für); *v/i*: ***~ to*** *Zeitung etc* abonnieren;

S

sub·scrib·er Abonnent(in); TEL Teilnehmer(in); **sub·scrip·tion** Abonnement *n*; (Mitglieds)Beitrag *m*
sub·se·quent später
sub·side sich senken (*building*, *road etc*); zurückgehen (*flood*, *demand etc*), sich legen (*storm*, *anger etc*)
sub·sid·i·a·ry 1. Neben...; ~ ***question*** Zusatzfrage *f* **2.** ECON Tochtergesellschaft *f*
sub·si·dize subventionieren
sub·si·dy Subvention *f*
sub·sist leben, existieren (***on*** von)
sub·sis·tence Existenz *f*
sub·stance Substanz *f* (*a. fig*), Stoff *m*; *das* Wesentliche, Kern *m*
sub·stan·dard minderwertig
sub·stan·tial solid (*furniture etc*); beträchtlich (*salary etc*), (*changes etc a.*) wesentlich; reichlich, kräftig (*meal*)
sub·stan·ti·ate beweisen
sub·stan·tive LING Substantiv *n*, Hauptwort *n*
sub·sti·tute 1. Ersatz *m*; Stellvertreter(in), Vertretung *f*; SPORT Auswechselspieler(in), Ersatzspieler(in) **2.** ~ ***s.th. for s.th.*** et. durch et. ersetzen, et. gegen et. austauschen *or* auswechseln; ~ ***for*** einspringen für, *j-n* vertreten
sub·sti·tu·tion Ersatz *m*; SPORT Austausch *m*, Auswechslung *f*
sub·ter·fuge List *f*
sub·ter·ra·ne·an unterirdisch
sub·ti·tle Untertitel *m*
sub·tle fein (*differences etc*); raffiniert (*plan etc*); scharf (*mind*); scharfsinnig
sub·tract MATH abziehen, subtrahieren (***from*** von); **sub·trac·tion** MATH Abziehen *n*, Subtraktion *f*
sub·trop·i·cal subtropisch
sub·urb Vorort *m*, Vorstadt *f*
sub·ur·ban Vorort..., vorstädtisch, Vorstadt...
sub·ver·sive umstürzlerisch, subversiv
sub·way Unterführung *f*; U-Bahn *f*
suc·ceed *v/i* Erfolg haben, erfolgreich sein, (*plan etc a.*) gelingen; ~ ***to*** in *e-m Amt* nachfolgen; ~ ***to the throne*** auf dem Thron folgen; *v/t*: ~ ***s.o. as*** j-s Nachfolger werden als
suc·cess Erfolg *m*
suc·cess·ful erfolgreich
suc·ces·sion Folge *f*; Erb-, Nach-, Thronfolge *f*; ***five times in*** ~ fünfmal hintereinander; ***in quick*** ~ in rascher Folge; **suc·ces·sive** aufeinanderfolgend; **suc·ces·sor** Nachfolger(in); Thronfolger(in)
suc·cu·lent GASTR saftig
such solche(r, -s); derartige(r, -s); so; derart; ~ ***a*** so ein(e)
suck 1. *v/t* saugen; lutschen (an *dat*); *v/i* saugen (***at*** an *dat*); **2.** ***have*** *or* ***take a*** ~ ***at*** saugen *or* lutschen an (*dat*)
suck·er ZO Saugnapf *m*, Saugorgan *n*; TECH Saugfuß *m*; BOT Wurzelschössling *m*, Wurzelspross *m*; F Trottel *m*, Simpel *m*; Lutscher *m*
suck·le säugen, stillen
suc·tion (An)Saugen *n*; Saugwirkung *f*; ~ **pump** TECH Saugpumpe *f*
sud·den plötzlich, unvermittelt; ***all of a*** ~ F ganz plötzlich
sud·den·ly plötzlich
suds Seifenschaum *m*
sue JUR *j-n* verklagen (***for*** auf *acc*, wegen); klagen (***for*** auf *acc*)
suede, **suède** Wildleder *n*, Velours (-leder) *n*
su·et GASTR Nierenfett *n*, Talg *m*
suf·fer *v/i* leiden (***from*** an *dat*, unter *dat*); darunter leiden; *v/t* erleiden; *Folgen* tragen; **suf·fer·er** Leidende *m*, *f*; **suf·fer·ing** Leiden *n*; Leid *n*
suf·fi·cient genügend, genug, ausreichend; ***be*** ~ genügen, (aus)reichen
suf·fix LING Suffix *n*, Nachsilbe *f*
suf·fo·cate ersticken
suf·frage POL Wahl-, Stimmrecht *n*
suf·fuse durchfluten (*light etc*); überziehen (*color etc*)
sug·ar 1. Zucker *m* **2.** zuckern
sug·ar beet BOT Zuckerrübe *f*
sug·ar bowl Zuckerdose *f*
sug·ar·cane BOT Zuckerrohr *n*
sug·ar tongs Zuckerzange *f*
sug·ar·y süß; *fig* süßlich
sug·gest vorschlagen, anregen; hindeuten *or* hinweisen auf (*acc*), schließen lassen auf (*acc*); andeuten
sug·ges·tion Vorschlag *m*, Anregung *f*; Anflug *m*, Spur *f*; Andeutung *f*; PSYCH Suggestion *f*
sug·ges·tive zweideutig (*remark etc*), vielsagend (*look etc*)
su·i·cide Selbstmord *m*; Selbstmörder(in); ***commit*** ~ Selbstmord begehen
suit 1. Anzug *m*; Kostüm *n*; *card game*:

Farbe *f*; JUR Prozess *m*; ***follow ~*** *fig* dem Beispiel folgen, dasselbe tun **2.** *v/t j-m* passen (*date etc*); *j-n* kleiden, *j-m* stehen; *et.* anpassen (***to*** *dat*); ***~ s.th., be ~ed to s.th.*** geeignet sein *or* sich eignen für; ***~ yourself!*** mach, was du willst!
sui·ta·ble passend, geeignet (***for, to*** für)
suit·case Koffer *m*
suite (*Möbel-, Sitz*)Garnitur *f*; Suite *f*, Zimmerflucht *f*; MUS Suite *f*; Gefolge *n*
sul·fur CHEM Schwefel *m*
sul·fu·ric ac·id CHEM Schwefelsäure *f*
sulk schmollen, F eingeschnappt sein
sulk·y schmollend, F eingeschnappt
sul·len mürrisch, verdrossen
sul·phur *Br* → ***sulfur***
sul·phu·ric ac·id *Br* → ***sulfuric acid***
sul·try schwül; aufreizend (*look etc*)
sum 1. Summe *f*; Betrag *m*; (einfache) Rechenaufgabe; ***do ~s*** rechnen **2.** ***~ up*** zusammenfassen; *j-n, et.* abschätzen
sum·mar·ize zusammenfassen
sum·ma·ry Zusammenfassung *f*, (kurze) Inhaltsangabe
sum·mer Sommer *m*; ***in (the) ~*** im Sommer; ***~ camp*** Ferienlager *n*; ***~ hol·i·days*** *Br* Sommerferien *pl*; ***~ school*** Ferienkurs *m*
sum·mer·time Sommer *m*, Sommerszeit *f*; ***in (the) ~*** im Sommer
sum·mer| time *esp Br* Sommerzeit *f*; ***~ va·ca·tion*** Sommerferien *pl*
sum·mer·y sommerlich, Sommer…
sum·mit Gipfel *m* (*a.* ECON, POL, *fig*); ***~ con·fe·rence*** POL Gipfelkonferenz *f*; ***~ meet·ing*** POL Gipfeltreffen *n*
sum·mon auffordern; *Versammlung etc* einberufen; JUR vorladen; ***~ up*** *Kraft, Mut etc* zusammenehmen
sum·mons JUR Vorladung *f*
sump *Br* MOT Ölwanne *f*
sump·tu·ous luxuriös, aufwändig
sun 1. Sonne *f* **2.** Sonnen… **3.** ***~ o.s.*** sich sonnen
Sun *abbr of* ***Sunday*** So., Sonntag *m*
sun·bathe sich sonnen, ein Sonnenbad nehmen
sun·beam Sonnenstrahl *m*
sun·bed Sonnenbank *f*
sun·burn Sonnenbrand *m*
sun cream Sonnencreme *f*
sun·dae GASTR Eisbecher *m*
Sun·day (*abbr* ***Sun***) Sonntag *m*; ***on ~*** (am) Sonntag; ***on ~s*** sonntags
sun·dial Sonnenuhr *f*
sun·dries Diverses, Verschiedenes
sun·dry diverse, verschiedene
sun·glass·es (***a pair of ~*** e-e) Sonnenbrille *f*
sunk·en MAR gesunken, versunken; versenkt; tief liegend; eingefallen (*cheeks*), (*a. eyes*) eingesunken
sun·light Sonnenlicht *n*
sun·lit sonnenbeschienen
sun·ny sonnig
sun·rise Sonnenaufgang *m*; ***at ~*** bei Sonnenaufgang
sun·roof Dachterrasse *f*; MOT Schiebedach *n*
sun·set Sonnenuntergang *m*; ***at ~*** bei Sonnenuntergang
sun·shade Sonnenschirm *m*
sun·shine Sonnenschein *m*
sun·stroke MED Sonnenstich *m*
sun·tan (Sonnen)Bräune *f*; ***~ lo·tion*** Sonnenschutz *m*, Sonnencreme *f*; ***~ oil*** Sonnenöl *n*
su·per F super, spitze, klasse
su·per… Über…, über…
su·per·a·bun·dant überreichlich
su·per·an·nu·at·ed pensioniert, im Ruhestand
su·perb ausgezeichnet
su·per·charg·er MOT Kompressor *m*
su·per·cil·i·ous hochmütig, F hochnäsig
su·per·fi·cial oberflächlich
su·per·flu·ous überflüssig
su·per·hu·man übermenschlich
su·per·im·pose überlagern; *Bild etc* einblenden (***on*** in *acc*)
su·per·in·tend die (Ober)Aufsicht haben über (*acc*), überwachen; leiten
su·per·in·tend·ent Aufsicht *f*, Aufsichtsbeamter *m*, -beamtin *f*; *Br* Kriminalrat *m*
su·pe·ri·or 1. ranghöher (***to*** als); überlegen (***to*** *dat*), besser (***to*** als); ausgezeichnet, hervorragend; überheblich, überlegen; ***Father Superior*** REL Superior *m*; ***Mother Superior*** REL Oberin *f* **2.** Vorgesetzte *m, f*; **su·peri·or·i·ty** Überlegenheit *f* (***over*** gegenüber)
su·per·la·tive 1. höchste(r, -s), überragend **2.** *a.* ***~ degree*** LING Superlativ *m*
su·per·mar·ket Supermarkt *m*
su·per·nat·u·ral übernatürlich

su·per·nu·me·ra·ry zusätzlich
su·per·sede ablösen, ersetzen, verdrängen
su·per·son·ic AVIAT, PHYS Überschall…
su·per·sti·tion Aberglaube *m*
su·per·sti·tious abergläubisch
su·per·store Großmarkt *m*
su·per·vene dazwischenkommen
su·per·vise beaufsichtigen, überwachen; **su·per·vi·sion** Beaufsichtigung *f*, Überwachung *f*; ***under s.o.'s ~*** unter j-s Aufsicht; **su·per·vi·sor** Aufseher(in), Aufsicht *f*
sup·per Abendessen *n*; ***have ~*** zu Abend essen; → ***lord***
sup·plant verdrängen
sup·ple gelenkig, geschmeidig, biegsam
sup·ple·ment 1. Ergänzung *f*; Nachtrag *m*, Anhang *m*; Ergänzungsband *m*; (*Zeitungs- etc*)Beilage *f* **2.** ergänzen; **sup·ple·men·ta·ry** ergänzend, zusätzlich
sup·pli·er ECON Lieferant(in), *a. pl* Lieferfirma *f*
sup·ply 1. liefern; stellen, sorgen für; *j-n, et.* versorgen, ECON beliefern (***with*** mit); **2.** Lieferung *f* (***to*** an *acc*); Versorgung *f*; ECON Angebot *n*; *mst pl* Vorrat *m* (***of*** an *dat*), *a.* Proviant *m*, MIL Nachschub *m*; ***~ and demand*** ECON Angebot und Nachfrage
sup·port 1. (ab)stützen, *Gewicht etc* tragen; *Währung* stützen; unterstützen; unterhalten, sorgen für **2.** Stütze *f*; TECH Träger *m*; *fig* Unterstützung *f*
sup·port·er Anhänger(in) (*a.* SPORT), Befürworter(in)
sup·pose 1. annehmen, vermuten; ***be ~d to …*** sollen; ***what is that ~d to mean?*** was soll denn das?; ***I ~ so*** ich nehme es an, vermutlich **2.** *cj* angenommen; wie wäre es, wenn
sup·posed angeblich, vermeintlich
sup·pos·ing → ***suppose*** *2*
sup·po·si·tion Annahme *f*, Vermutung *f*
sup·pos·i·to·ry PHARM Zäpfchen *n*
sup·press unterdrücken
sup·pres·sion Unterdrückung *f*
sup·pu·rate MED eitern
su·prem·a·cy Vormachtstellung *f*
su·preme höchste(r, -s), oberste(r, -s), Ober…; größte(r, -s)
sur·charge 1. Nachporto *or* e-n Zuschlag erheben (***on*** auf *acc*); **2.** Aufschlag *m*, Zuschlag *m* (***on*** auf *acc*); Nach-, Strafporto *n* (***on*** auf *acc*)
sure 1. *adj* sicher; ***~ of o.s.*** selbstsicher; ***~ of winning*** siegessicher; ***~ thing!*** F (aber) klar!; ***be*** *or* ***feel ~*** sicher sein; ***be ~ to …*** vergiss nicht zu …; ***for ~*** ganz sicher *or* bestimmt; ***make ~ that*** sich (davon) überzeugen, dass; ***to be ~*** sicher(lich) **2.** *adv* F sicher, klar; ***~ enough*** tatsächlich
sure·ly sicher(lich)
sur·e·ty JUR Bürge *m*, Bürgin *f*; Bürgschaft *f*, Sicherheit *f*; ***stand ~ for s.o.*** für j-n bürgen
surf 1. Brandung *f* **2.** SPORT surfen
sur·face 1. Oberfläche *f*; (*Straßen*)Belag *m* **2.** auftauchen; *Straße* mit e-m Belag versehen **3.** Oberflächen…; *fig* oberflächlich; ***~ mail*** gewöhnliche Post
surf·board Surfboard *n*, Surfbrett *n*
surf·er Surfer(in), Wellenreiter(in)
surf·ing Surfen *n*, Wellenreiten *n*
surge 1. *fig* Welle *f*, Woge *f*, (*Gefühls*)-Aufwallung *f* **2.** (vorwärts-)drängen; ***~ (up)*** aufwallen
sur·geon MED Chirurg(in)
sur·ge·ry MED Chirurgie *f*; operativer Eingriff, Operation *f*; *Br* Sprechzimmer *n*; *Br* Sprechstunde *f*; *a.* ***doctor's ~*** Arztpraxis *f*; ***~ hours*** MED *Br* Sprechstunde(n *pl*) *f*
sur·gi·cal MED chirurgisch
sur·ly mürrisch, unwirsch
sur·name Familienname *m*, Nachname *m*, Zuname *m*
sur·pass *Erwartungen etc* übertreffen
sur·plus 1. Überschuss *m* (***of*** an *dat*); **2.** überschüssig
sur·prise 1. Überraschung *f*, Verwunderung *f*; ***take s.o. by ~*** j-n überraschen **2.** überraschen; ***be ~d at*** *or* ***by*** überrascht sein über (*acc*)
sur·ren·der 1. *v/i* ***~ to*** MIL, *a. fig* sich ergeben (*dat*), kapitulieren vor (*dat*); ***~ to the police*** sich der Polizei stellen; *v/t et.* übergeben, ausliefern (***to*** *dat*); aufgeben, verzichten auf (*acc*); ***~ o.s. to the police*** sich der Polizei stellen **2.** MIL Kapitulation *f* (*a. fig*); Aufgabe *f*, Verzicht *m*
sur·ro·gate Ersatz *m*
sur·ro·gate moth·er Leihmutter *f*
sur·round umgeben; umstellen
sur·round·ing umliegend

sur·round·ings Umgebung *f*
sur·vey **1.** (sich) *et.* betrachten (*a. fig*); *Haus etc* begutachten; *Land* vermessen **2.** Umfrage *f*; Überblick *m* (***of*** über *acc*); Begutachtung *f*; Vermessung *f*
sur·vey·or Gutachter *m*; Land(ver)-messer *m*
sur·viv·al Überleben *n* (*a. fig*); Überbleibsel *n*; **~ in·stinct** Selbsterhaltungstrieb *m*; **~ kit** Überlebensausrüstung *f*; **~ train·ing** Überlebenstraining *n*
sur·vive überleben; *Feuer etc* überstehen; erhalten bleiben *or* sein
sur·vi·vor Überlebende *m*, *f* (***from, of*** *gen*)
sus·cep·ti·ble empfänglich, anfällig (*both*: ***to*** für)
sus·pect **1.** *j-n* verdächtigen (***of*** *gen*); *et.* vermuten; *et.* anzweifeln, *et.* bezweifeln **2.** Verdächtige *m*, *f* **3.** verdächtig, suspekt
sus·pend *Verkauf*, *Zahlungen etc* (vorübergehend) einstellen; JUR *Verfahren*, *Urteil* aussetzen; *Strafe* zur Bewährung aussetzen; *j-n* suspendieren; vorübergehend ausschließen (***from*** aus); SPORT *j-n* sperren; (auf)hängen; ***be ~ed*** schweben; **sus·pend·er** *Br* Strumpfhalter *m*, Straps *m*; Sockenhalter *m*; (*a.* ***a pair of***) **~s** Hosenträger *pl*
sus·pense Spannung *f*; ***in ~*** gespannt, voller Spannung
sus·pen·sion (vorübergehende) Einstellung; Suspendierung *f*; vorübergehender Ausschluss; SPORT Sperre *f*; MOT *etc* Aufhängung *f*; **~ bridge** Hängebrücke *f*; **~ rail·way** *esp Br* Schwebebahn *f*
sus·pi·cion Verdacht *m*; Verdächtigung *f*; Argwohn *m*, Misstrauen *n*; *fig* Hauch *m*, Spur *f*; **sus·pi·cious** verdächtig; argwöhnisch, misstrauisch; ***become ~*** Verdacht schöpfen
sus·tain *j-n* stärken; *Interesse etc* aufrechterhalten; *Schaden*, *Verlust* erleiden; JUR *e-m Einspruch etc* stattgeben
swab MED **1.** Tupfer *m*; Abstrich *m* **2.** *Wunde* abtupfen
swad·dle *Baby* wickeln
swag·ger stolzieren
swal·low[1] **1.** schlucken (*a.* F); hinunterschlucken; **~ *up*** *fig* schlucken, verschlingen **2.** Schluck *m*
swal·low[2] zo Schwalbe *f*
swamp **1.** Sumpf *m* **2.** überschwemmen; ***be ~ed with*** *fig* überschwemmt werden mit; **swamp·y** sumpfig
swan zo Schwan *m*
swank **1.** F *esp Br* angeben **2.** F *esp Br* Angeber(in); Angabe *f* **3.** F piekfein
swank·y F piekfein; *esp Br* angeberisch
swap F **1.** (ein)tauschen **2.** Tausch *m*
swarm **1.** zo Schwarm *m* (*a. fig*) **2.** zo schwärmen, *fig a.* strömen; *a. fig* wimmeln (***with*** von)
swar·thy dunkel (*skin*), dunkelhäutig (*person*)
swas·ti·ka Hakenkreuz *n*
swat *Fliege etc* totschlagen
sway **1.** *v/i* sich wiegen, schaukeln; **~ *between*** *fig* schwanken zwischen (*dat*); *v/t* hin- und herbewegen, schwenken, *s-n Körper* wiegen; beeinflussen **2.** Schwanken *n*, Schaukeln *n*
swear fluchen; schwören; **~ *at s.o.*** j-n wüst beschimpfen; **~ *by*** *fig* F schwören auf (*acc*); **~ *s.o. in*** JUR j-n vereidigen
sweat **1.** *v/i* schwitzen (***with*** vor *dat*); v/t: **~ *out*** *Krankheit* ausschwitzen; **~ *blood*** F sich abrackern (***over*** mit); **2.** Schweiß *m*; F Schufterei *f*; ***get in(to) a ~*** *fig* F ins Schwitzen geraten *or* kommen
sweat·er Pullover *m*
sweat·shirt Sweatshirt *n*
sweat·y schweißig, verschwitzt; nach Schweiß riechend, Schweiß…; schweißtreibend
Swede Schwede *m*, Schwedin *f*
Swe·den Schweden *n*
Swe·dish **1.** schwedisch **2.** LING Schwedisch *n*
sweep **1.** *v/t* kehren, fegen; *fig* fegen über (*acc*) (*storm etc*); *Horizont etc* absuchen (***for*** nach); *fig Land etc* überschwemmen; **~ *along*** mitreißen; *v/i* kehren, fegen; rauschen (*person*) **2.** Kehren *n*, Fegen *n*; Hieb *m*, Schlag *m*; F Schornsteinfeger *m*, Kaminkehrer *m*; ***give the floor a good ~*** den Boden gründlich kehren *or* fegen; ***make a clean ~*** gründlich aufräumen; SPORT gründlich abräumen
sweep·er (*Straßen*)Kehrer *m*; Kehrmaschine *f*; *soccer*: Libero *m*
sweep·ing durchgreifend (*changes etc*); pauschal, zu allgemein
sweep·ings Kehricht *m*

S

sweet 1. süß (*a. fig*); lieblich; lieb; **~ *nothings*** Zärtlichkeiten *pl*; ***have a ~ tooth*** gern naschen **2.** *Br* Süßigkeit *f*, Bonbon *m*, *n*; *Br* Nachtisch *m*; **~ corn** *esp Br* BOT Zuckermais *m*
sweet·en süßen
sweet·heart Schatz *m*, Liebste *m*, *f*
sweet pea BOT Gartenwicke *f*
sweet shop *esp Br* Süßwarengeschäft *n*
swell 1. *v/i a.* **~ *up*** MED (an)schwellen; *a.* **~ *out*** sich blähen; *v/t fig Zahl etc* anwachsen lassen; *a.* **~ *out*** *Segel* blähen **2.** MAR Dünung *f* **3.** F klasse
swell·ing MED Schwellung *f*
swel·ter vor Hitze fast umkommen
swerve 1. schwenken (***to the left*** nach links), e-n Schwenk machen; *fig* abweichen (***from*** von); **2.** Schwenk *m*, Schwenkung *f*, MOT *etc a.* Schlenker *m*
swift schnell
swim 1. *v/i* schwimmen; *fig* verschwimmen; ***my head was ~ming*** mir drehte sich alles; *v/t Strecke* schwimmen; *Fluss etc* durchschwimmen **2.** Schwimmen *n*; ***go for a ~*** schwimmen gehen
swim·mer Schwimmer(in)
swim·ming Schwimmen *n*; **~ bath(s)** *Br* Schwimmbad *n*, *esp* Hallenbad *n*; **~ cap** Badekappe *f*, Bademütze *f*; **~ costume** Badeanzug *m*; **~ gear** Badezeug *n*; **~ pool** Swimmingpool *m*, Schwimmbecken *n*; **~ things** Badesachen *pl*; **~ trunks** Badehose *f*
swim·suit Badeanzug *m*
swin·dle 1. *j-n* beschwindeln (***out of*** um); **2.** Schwindel *m*
swine ZO Schwein *n* (*a.* F *fig*)
swing 1. *v/i* (hin- und her)schwingen; sich schwingen; einbiegen, -schwenken (***into*** in *acc*); MUS schwungvoll spielen (*band etc*); Schwung haben (*music*); **~ *round*** sich ruckartig umdrehen; **~ *shut*** zuschlagen (*door etc*); *v/t* et., *die Arme etc* schwingen **2.** Schwingen *n*; Schaukel *f*; *fig* Schwung *m*; *fig* Umschwung *m*; ***in full ~*** in vollem Gang
swing door Pendeltür *f*
swin·ish ekelhaft
swipe 1. Schlag *m* **2.** schlagen (***at*** nach)
swirl 1. wirbeln **2.** Wirbel *m*
swish[1] 1. *v/i* sausen, zischen; rascheln (*silk etc*); *v/t* mit *dem Schwanz* schlagen **2.** Sausen *n*, Zischen *n*; Rascheln *n*; Schlagen *n*
swish[2] *Br* feudal, schick
Swiss 1. schweizerisch, eidgenössisch, Schweizer… **2.** Schweizer(in); ***the ~*** die Schweizer *pl*
switch 1. ELECTR, TECH Schalter *m*; RAIL Weiche *f*; Gerte *f*, Rute *f*; *fig* Umstellung *f* **2.** ELECTR, TECH (um)schalten (*a.* **~ *over***) (***to*** auf *acc*); RAIL rangieren; wechseln (***to*** zu); **~ *off*** abschalten, ausschalten; **~ *on*** anschalten, einschalten
switch·board ELECTR Schalttafel *f*; (Telefon)Zentrale *f*
Swit·zer·land die Schweiz
swiv·el (sich) drehen
swiv·el chair Drehstuhl *m*
swoon in Ohnmacht fallen
swoop 1. *fig* F zuschlagen (*police etc*); *a.* **~ *down*** ZO herabstoßen (***on*** auf *acc*); **~ *on*** F herfallen über (*acc*) **2.** Razzia *f*
swop F → ***swap***
sword Schwert *n*
syc·a·more BOT Bergahorn *m*; Platane *f*
syl·la·ble Silbe *f*
syl·la·bus PED, UNIV Lehrplan *m*
sym·bol Symbol *n*
sym·bol·ic symbolisch
sym·bol·is·m Symbolik *f*
sym·bol·ize symbolisieren
sym·met·ri·cal symmetrisch
sym·me·try Symmetrie *f*
sym·pa·thet·ic mitfühlend; verständnisvoll; wohlwollend
sym·pa·thize mitfühlen; sympathisieren
sym·pa·thiz·er Sympathisant(in)
sym·pa·thy Mitgefühl *n*; Verständnis *n*
sym·pho·ny MUS Sinfonie *f*; **~ orchestra** MUS Sinfonieorchester *n*
symp·tom Symptom *n*
syn·chro·nize *v/t* aufeinander abstimmen; *Uhren*, *Film* synchronisieren; *v/i* synchron gehen *or* sein
syn·o·nym Synonym *n*
sy·non·y·mous synonym; gleichbedeutend
syn·tax LING Syntax *f*, Satzlehre *f*
syn·the·sis Synthese *f*
syn·thet·ic CHEM synthetisch; **~ fi·ber** (*Br* **fi·bre**) Kunstfaser *f*
Syr·i·a Syrien *n*
sy·ringe MED Spritze *f*
syr·up Sirup *m*

sys·tem System *n*; (*Straßen- etc*)Netz *n*; Organismus *m*

sys·te·mat·ic systematisch

sys·tem er·ror IT Systemfehler *m*

T

T, t T, t *n*

tab Aufhänger *m*, Schlaufe *f*; Lasche *f*; Etikett *n*, Schildchen *n*; Reiter *m*; F Rechnung *f*

ta·ble 1. Tisch *m*; (Tisch)Runde *f*; Tabelle *f*, Verzeichnis *n*; MATH Einmaleins *n*; ***at ~*** bei Tisch; ***at the ~*** am Tisch; ***turn the ~s*** (***on s.o.***) *fig* den Spieß umdrehen **2.** *fig* auf den Tisch legen; *esp fig* zurückstellen

ta·ble·cloth Tischdecke *f*, Tischtuch *n*

ta·ble·land GEOGR Tafelland *n*, Plateau *n*, Hochebene *f*

ta·ble lin·en Tischwäsche *f*

ta·ble·mat Untersetzer *m*

ta·ble·spoon Esslöffel *m*

tab·let PHARM Tablette *f*; Stück *n*; (*Stein- etc*)Tafel *f*

ta·ble ten·nis SPORT Tischtennis *n*

ta·ble·top Tischplatte *f*

ta·ble·ware Geschirr *n* und Besteck *n*

tab·loid Boulevardblatt *n*, -zeitung *f*

tab·loid press Boulevardpresse *f*

ta·boo 1. tabu **2.** Tabu *n*

tab·u·lar tabellarisch

tab·u·late tabellarisch (an)ordnen

tab·u·la·tor Tabulator *m*

tach·o·graph MOT Fahrtenschreiber *m*

ta·chom·e·ter MOT Drehzahlmesser *m*

ta·cit stillschweigend

ta·ci·turn schweigsam, wortkarg

tack 1. Stift *m*, (Reiß)Zwecke *f*; Heftstich *m* **2.** heften (***to*** an *acc*); ***~ on*** anfügen (***to*** *dat*)

tack·le 1. *Problem etc* angehen; *soccer etc*: *ballführenden Gegner* angreifen; *j-n* zur Rede stellen (***about*** wegen); **2.** TECH Flaschenzug *m*; (*Angel*)Gerät(e *pl*) *n*; *soccer etc*: Angriff *m*

tack·y klebrig; F schäbig

tact Takt *m*, Feingefühl *n*

tact·ful taktvoll

tac·tics Taktik *f*

tact·less taktlos

tad·pole ZO Kaulquappe *f*

taf·fe·ta Taft *m*

taf·fy Sahnebonbon *m*, *n*, Toffee *n*

tag 1. Etikett *n*; (*Namens-*, *Preis*)Schild *n*; (Schnürsenkel)Stift *m*; stehende Redensart *f*; *a.* ***question ~*** LING Frageanhängsel *n* **2.** etikettieren; *Waren* auszeichnen; anhängen; ***~ along*** F mitgehen, mitkommen; ***~ along behind s.o.*** F hinter j-m hertrotten

tail 1. Schwanz *m*; Schweif *m*; hinterer Teil; F Schatten *m*, Beschatter(in); *pl* Rück-, Kehrseite *f*; Frack *m*; ***put a ~ on*** *j-n* beschatten lassen; ***turn ~*** *fig* sich auf dem Absatz umdrehen; ***with one's ~ between one's legs*** *fig* mit eingezogenem Schwanz **2.** F *j-n* beschatten; ***~ back*** *esp Br* MOT sich stauen (***to*** bis zu); ***~ off*** schwächer werden, abnehmen, nachlassen

tail·back *esp Br* MOT Rückstau *m*

tail·coat Frack *m*

tail end Ende *n*, Schluss *m*

tail·light MOT Rücklicht *n*

tai·lor 1. Schneider *m* **2.** schneidern

tai·lor-made Maß…; maßgeschneidert (*a. fig*)

tail pipe TECH Auspuffrohr *n*

tail·wind Rückenwind *m*

taint·ed GASTR verdorben

take 1. *v/t* nehmen; (weg)nehmen; mitnehmen; bringen; MIL, MED einnehmen; *chess etc*: *Figur*, *Stein* schlagen; *Gefangene*, *Prüfung etc* machen; UNIV studieren; *Preis etc* erringen; *Scheck etc* (an)nehmen; *Rat* annehmen; *et.* hinnehmen; fassen, Platz bieten für; *et.* aushalten, ertragen; PHOT *et.* aufnehmen, *Aufnahme* machen; *Temperatur* messen; *Notiz* machen, niederschreiben; *ein Bad*, *Zug*, *Bus*, *Weg etc* nehmen; *Gelegenheit*, *Maßnahmen* ergreifen; *Mut* fassen; *Zeit*, *Geduld etc* erfordern, brauchen; *Zeit* dauern; ***it took her four hours*** sie brauchte vier Stunden; ***I ~ it that*** ich nehme an, dass; ***~ it or leave it*** F mach, was du willst; ***~n all in all*** im Großen (und) Ganzen; ***this seat***

is ~n dieser Platz ist besetzt; ***be ~n by*** or ***with*** angetan sein von; ***be ~n ill*** or ***sick*** erkranken, krank werden; ***~ to bits*** or ***pieces*** *et.* auseinandernehmen, zerlegen; ***~ the blame*** die Schuld auf sich nehmen; ***~ care*** vorsichtig sein, aufpassen; ***~ care!*** F mach's gut!; → ***care*** *1*; ***~ hold of*** ergreifen; ***~ part*** teilnehmen (***in*** an *dat*); → ***part*** *1*; ***~ pity on*** Mitleid haben mit; ***~ a walk*** e-n Spaziergang machen; ***~ my word for it*** verlass dich drauf; → ***advice, bath*** *1*, ***break*** 1, ***lead***[1] 2, ***message, oath, offense, place*** 1, ***prisoner, risk*** 1, ***seat*** 1, ***step*** 1, ***trouble*** 1, ***turn*** 2, *etc*; *v/i* MED wirken, anschlagen; ***~ after*** *j-m* nachschlagen, ähneln; ***~ along*** mitnehmen; ***~ apart*** auseinandernehmen (*a. fig* F), zerlegen; ***~ away*** wegnehmen (***from s.o.*** j-m); ***... to ~ away*** *Br* ... zum Mitnehmen; ***~ back*** zurückbringen; zurücknehmen; bei *j-m* Erinnerungen wachrufen; *j-n* zurückversetzen (***to*** in *acc*); ***~ down*** herunternehmen, abnehmen; *Hose* herunterlassen; auseinandernehmen, zerlegen; (sich) *et.* aufschreiben *or* notieren; sich *Notizen* machen; ***what do you ~ me for?*** wofür hältst du mich eigentlich?; ***~ from*** *j-m et.* wegnehmen; MATH abziehen von; ***~ in*** *j-n* (bei sich) aufnehmen; *fig et.* einschließen; *Kleidungsstück* enger machen; *et.* begreifen; *j-n* hereinlegen, F *j-n* aufs Kreuz legen; ***be ~n in by*** hereinfallen auf (*acc*); ***~ off*** *Kleidungsstück* ablegen, ausziehen, *Hut etc* abnehmen; *et.* ab-, wegnehmen; abziehen; AVIAT abheben; SPORT abspringen; F sich davonmachen; ***~ a day off*** sich e-n Tag freinehmen; ***~ on*** *j-n* einstellen; *Arbeit etc* annehmen, übernehmen; *Farbe, Ausdruck etc* annehmen; sich anlegen mit; ***~ out*** herausnehmen, *Zahn* ziehen; *j-n* ausführen, ausgehen mit *j-m*; *Versicherung* abschließen; *s-n Frust etc* auslassen (***on*** an *dat*); ***~ over*** *Amt, Macht, Verantwortung etc* übernehmen; die Macht übernehmen; ***~ to*** Gefallen finden an (*dat*); ***~ to doing s.th.*** anfangen, et. zu tun; ***~ up*** *Vorschlag etc* aufgreifen; *Zeit etc* in Anspruch nehmen, *Platz* einnehmen; *Erzählung etc* aufnehmen; ***~ up doing s.th.*** anfangen, sich mit et. zu beschäftigen; ***~ up with*** sich einlassen mit **2.** *film*, TV Einstellung *f*; F Einnahmen *pl*

take·a·way *Br* **1.** Essen *n* zum Mitnehmen **2.** Restaurant *n* mit Straßenverkauf

take·off AVIAT Abheben *n*, Start *m*; SPORT Absprung *m*

tak·ings Einnahmen *pl*

tale Erzählung *f*; Geschichte *f*; Lüge *f*, Lügengeschichte *f*, Märchen *n*; ***tell ~s*** petzen

tal·ent Talent *n*, Begabung *f*

tal·ent·ed talentiert, begabt

tal·is·man Talisman *m*

talk 1. *v/i* reden, sprechen, sich unterhalten (***to, with*** mit; ***about*** über *acc*; ***of*** von); ***~ about s.th.*** *a.* et. besprechen; ***s.o. to ~ to*** Ansprechpartner(in); *v/t Unsinn etc* reden; reden *or* sprechen *or* sich unterhalten über (*acc*); ***~ s.o. into s.th.*** j-n zu et. überreden; ***~ s.o. out of s.th.*** j-m et. ausreden; ***~ s.th. over*** *Problem etc* besprechen (***with*** mit); ***~ round*** *j-n* bekehren (***to*** zu), umstimmen **2.** Gespräch *n*, Unterhaltung *f* (***with*** mit; ***about*** über *acc*); Vortrag *m*; Sprache *f*, Sprechweise *f*; Gerede *n*, Geschwätz *n*; ***give a ~*** e-n Vortrag halten (***to*** vor *dat*; ***about, on*** über *acc*); ***be the ~ of the town*** Stadtgespräch sein; ***baby ~*** Babysprache *f*, kindliches Gebabbel; → ***small talk***

talk·a·tive gesprächig, redselig

talk·er: ***be a good ~*** gut reden können

talk·ing-to F Standpauke *f*; ***give s.o. a ~*** j-m e-e Standpauke halten

talk show TV Talkshow *f*

talk-show host TV Talkmaster *m*

tall groß (*person*), hoch (*building etc*)

tal·low Talg *m*

tal·ly[1] SPORT *etc* Stand *m*; ***keep a ~ of*** Buch führen über (*acc*)

tal·ly[2] übereinstimmen (***with*** mit); *a.* ***~ up*** zusammenrechnen, -zählen

tal·on zo Kralle *f*, Klaue *f*

tame 1. zo zahm; *fig* fad(e), lahm **2.** zo zähmen (*a. fig*)

tam·per: ***~ with*** sich zu schaffen machen an (*dat*)

tam·pon MED Tampon *m*

tan 1. *Fell* gerben; bräunen; braun werden **2.** Gelbbraun *n*; (Sonnen)Bräune *f* **3.** gelbbraun

tang (scharfer) Geruch *or* Geschmack
tan·gent MATH Tangente *f*; ***fly** or **go off at a ~*** plötzlich (vom Thema) abschweifen
tan·ge·rine BOT Mandarine *f*
tan·gi·ble greifbar, *fig a.* handfest, klar
tan·gle **1.** (sich) verwirren *or* verheddern, durcheinanderbringen; durcheinanderkommen **2.** Gewirr *n*, *fig a.* Wirrwarr *m*, Durcheinander *n*
tank MOT *etc* Tank *m*; MIL Panzer *m*
tank·ard (Bier)Humpen *m*
tank·er MAR Tanker *m*, Tankschiff *n*; AVIAT Tankflugzeug *n*; MOT Tankwagen *m*
tan·ner Gerber *m*
tan·ne·ry Gerberei *f*
tan·ta·lize *j-n* aufreizen
tan·ta·liz·ing verlockend
tan·ta·mount: ***be ~ to*** gleichbedeutend sein mit, hinauslaufen auf (*acc*)
tan·trum Wut-, Tobsuchtsanfall *m*
tap[1] **1.** TECH Hahn *m*; ***beer on ~*** Bier *n* vom Fass **2.** *Naturschätze etc* erschließen; *Vorräte etc* angreifen; *Telefon (-leitung)* abhören, F anzapfen; *Fass* anzapfen, anstechen
tap[2] **1.** mit *den Fingern*, *Füßen* klopfen, mit *den Fingern* trommeln (***on*** auf *acc*); antippen; ***~ s.o. on the shoulder*** j-m auf die Schulter klopfen; ***~ on*** (leicht) klopfen an (*acc*) *or* auf (*acc*) *or* gegen **2.** (leichtes) Klopfen; Klaps *m*
tap dance Stepptanz *m*
tape **1.** (schmales) Band; Kleb(e)streifen *m*; (Magnet-, Video-, Ton)Band *n*; (*Video- etc*)Kassette *f*; (Band)Aufnahme *f*; TV Aufzeichnung *f*; SPORT Zielband *n*; → ***red tape*** **2.** (auf Band) aufnehmen; TV aufzeichnen; *a.* ***~ up*** (mit Klebeband) zukleben
tape deck Tapedeck *n*
tape meas·ure Bandmaß *n*, Maßband *n*, Messband *n*
ta·per *a.* ***~ off*** spitz zulaufen, sich verjüngen; *fig* langsam nachlassen
tape re·cord·er Tonbandgerät *n*
tape re·cord·ing Tonbandaufnahme *f*
ta·pes·try Gobelin *m*, Wandteppich *m*
tape·worm ZO Bandwurm *m*
taps MIL Zapfenstreich *m*
tap wa·ter Leitungswasser *n*
tar **1.** Teer *m* **2.** teeren
tare ECON Tara *f*
tar·get (Schieß-, Ziel)Scheibe *f*; MIL Ziel *n* (*a. fig*), ECON *a.* Soll *n*; *fig* Zielscheibe *f*; **~ ar·e·a** MIL Zielbereich *m*; **~ group** Zielgruppe *f*
tar·iff ECON Zoll(tarif) *m*; *esp Br* Preisverzeichnis *n*
tar·mac Asphalt *m*; AVIAT Rollfeld *n*, Rollbahn *f*
tar·nish *v/i* anlaufen; *v/t Ansehen etc* beflecken
tart[1] *esp Br* Obstkuchen *m*; Obsttörtchen *n*; F Flittchen *n*, *sl* Nutte *f*
tart[2] herb, sauer; scharf (*a. fig*)
tar·tan Tartan *m*; Schottenstoff *m*; Schottenmuster *n*
tar·tar MED Zahnstein *m*; CHEM Weinstein *m*
task Aufgabe *f*; ***take s.o. to ~*** *fig* j-n zurechtweisen (***for*** wegen); **~ force** MIL *etc* Sonder-, Spezialeinheit *f*
tas·sel Troddel *f*, Quaste *f*
taste **1.** Geschmack *m* (*a. fig*), Geschmackssinn *m*; Kostprobe *f*; Vorliebe *f* (***for*** für); **2.** *v/t* kosten, probieren; schmecken; *v/i* schmecken (***of*** nach)
taste·ful *fig* geschmackvoll
taste·less geschmacklos (*a. fig*)
tast·y schmackhaft
tat·tered zerlumpt
tat·ters Fetzen *pl*; ***in ~*** zerfetzt, in Fetzen; *fig* ruiniert
tat·too[1] **1.** Tätowierung *f* **2.** (ein)tätowieren
tat·too[2] MIL Zapfenstreich *m*
taunt **1.** verhöhnen, verspotten **2.** höhnische *or* spöttische Bemerkung
Tau·rus ASTR Stier *m*; ***he*** (***she***) ***is*** (***a***) ***~*** er (sie) ist (ein) Stier
taut straff; *fig* angespannt
taw·dry (billig und) geschmacklos
taw·ny gelbbraun
tax **1.** Steuer *f* (***on*** auf *acc*); **2.** besteuern; *j-s Geduld etc* strapazieren
tax·a·ble steuerpflichtig
tax·a·tion Besteuerung *f*
tax e·va·sion Steuerhinterziehung *f*
tax·i **1.** Taxi *n*, Taxe *f* **2.** AVIAT rollen
tax·i driv·er Taxifahrer(in)
tax·i rank, tax·i stand Taxistand *m*
tax of·fi·cer Finanzbeamte *m*
tax·pay·er Steuerzahler(in)
tax re·duc·tion Steuersenkung *f*
tax re·turn Steuererklärung *f*
T-bar Bügel *m*; *a.* ***~ lift*** Schlepplift *m*

tea Tee *m*; ***have a cup of ~*** e-n Tee trinken; ***make some ~*** e-n Tee machen *or* kochen
tea·bag Teebeutel *m*, Aufgussbeutel *m*
teach lehren, unterrichten (in *dat*); *j-m et.* beibringen; unterrichten (***at*** an *dat*)
teach·er Lehrer(in)
tea co·sy Teewärmer *m*
tea·cup Teetasse *f*; ***a storm in a ~*** *fig* ein Sturm im Wasserglas
team Team *n*, *a.* Arbeitsgruppe *f*, SPORT *a.* Mannschaft *f*, *soccer*: *a.* Elf *f*
team·ster MOT LKW-Fahrer *m*
team·work Zusammenarbeit *f*, Teamwork *n*; Zusammenspiel *n*
tea·pot Teekanne *f*
tear[1] Träne *f*; ***in ~s*** weinend, in Tränen (aufgelöst)
tear[2] **1.** *v/t* zerreißen; sich *et.* zerreißen (***on*** an *dat*); weg-, losreißen (***from*** von); *v/i* (zer)reißen; F rasen, sausen; ***~ down*** *Plakat etc* herunterreißen; *Haus etc* abreißen; ***~ off*** abreißen; sich *Kleidung* vom Leib reißen; ***~ out*** (her)ausreißen; ***~ up*** aufreißen; zerreißen **2.** Riss *m*
tear·drop Träne *f*
tear·ful weinend; tränenreich
tear·jerk·er F Schnulze *f*
tea·room Teestube *f*
tease necken, hänseln; ärgern
tea·spoon Teelöffel *m*
teat zo Zitze *f*; *Br* (Gummi)Sauger *m*
tech·ni·cal technisch; fachlich, Fach…
tech·ni·cal·i·ty technische Einzelheit; reine Formsache
tech·ni·cian Techniker(in)
tech·nique Technik *f*, Verfahren *n*
tech·nol·o·gy Technologie *f*; Technik *f*
ted·dy bear Teddybär *m*
te·di·ous langweilig, ermüdend
teem: ***~ with*** wimmeln von, strotzen von *or* vor (*dat*)
teen·age(d) im Teenageralter; für Teenager; **teen·ag·er** Teenager *m*
teens: ***be in one's ~*** im Teenageralter sein
tee·ny(-wee·ny) F klitzeklein, winzig
tee shirt → ***T-shirt***
teethe zahnen
tee·to·tal·(l)er Abstinenzler(in)
tel·e·cast Fernsehsendung *f*
tel·e·com·mu·ni·ca·tions Telekommunikation *f*, Fernmeldewesen *n*

T

tel·e·gram Telegramm *n*
tel·e·graph **1.** ***by ~*** telegrafisch **2.** telegrafieren
tel·e·graph·ic telegrafisch
te·leg·ra·phy Telegrafie *f*
tel·e·phone **1.** Telefon *n* **2.** telefonieren; anrufen; **~ booth**, **~ box** *Br* Telefonzelle *f*, Fernsprechzelle *f*; **~ call** Telefonanruf *n*, Telefongespräch *n*; **~ di·rec·to·ry** → ***phone book***; **~ number** Telefonnummer *f*
te·leph·o·nist *esp Br* Telefonist(in)
tel·e·pho·to lens PHOT Teleobjektiv *n*
tel·e·print·er Fernschreiber *m*
tel·e·scope Teleskop *n*, Fernrohr *n*
tel·e·text Teletext *m*, Videotext *m*
tel·e·type·writ·er Fernschreiber *m*
tel·e·vise im Fernsehen übertragen *or* bringen; **tel·e·vi·sion** **1.** Fernsehen *n*; *a.* ***~ set*** Fernsehapparat *m*, -gerät *n*, F Fernseher *m*; ***on ~*** im Fernsehen; ***watch ~*** fernsehen **2.** Fernseh…
tel·ex **1.** Telex *n*, Fernschreiben *n* **2.** telexen (***to*** an *acc*), ein Telex schicken (*dat*)
tell *v/t* sagen; erzählen; erkennen (***by*** an *dat*); *Namen etc* nennen; *et.* anzeigen; *j-m* sagen, befehlen (***to do*** zu tun); ***I can't ~ one from the other, I can't ~ them apart*** ich kann sie nicht auseinanderhalten; *v/i* sich auswirken (***on*** bei, auf *acc*), sich bemerkbar machen; ***who can ~?*** wer weiß?; ***you can never ~, you never can ~*** man kann nie wissen; ***~ against*** sprechen gegen; von Nachteil sein für; ***~ s.o. off*** F mit j-m schimpfen (***for*** wegen); ***~ on s.o.*** j-n verpetzen *or* verraten
tell·er Kassierer(in)
tell·ing aufschlussreich
tell·tale **1.** verräterisch **2.** F Petze *f*
tel·ly *Br* F Fernseher *m*
te·mer·i·ty Frechheit *f*, Kühnheit *f*
tem·per **1.** Temperament *n*, Wesen *n*, Wesensart *f*; Laune *f*, Stimmung *f*; TECH Härte(grad *m*) *f*; ***keep one's ~*** sich beherrschen, ruhig bleiben; ***lose one's ~*** die Beherrschung verlieren **2.** TECH *Stahl* härten
tem·pe·ra·ment Temperament *n*, Naturell *n*, Wesen *n*, Wesensart *f*
tem·pe·ra·men·tal launisch; von Natur aus
tem·pe·rate gemäßigt (*climate*, *region*)

tem·pe·ra·ture Temperatur *f*; ***have a ~*** MED erhöhte Temperatur *or* Fieber haben
tem·pest POET (heftiger) Sturm
tem·ple[1] Tempel *m*
tem·ple[2] ANAT Schläfe *f*
tem·po·ral weltlich; LING temporal, der Zeit
tem·po·ra·ry vorübergehend, zeiweilig
tempt *j-n* in Versuchung führen; *j-n* verführen (***to*** zu); **temp·ta·tion** Versuchung *f*, Verführung *f*; **tempt·ing** verführerisch
ten 1. zehn **2.** Zehn *f*
ten·a·ble *fig* haltbar
te·na·cious hartnäckig, zäh
ten·ant Pächter(in), Mieter(in)
tend neigen, tendieren (***to*** zu); ***~ upwards*** e-e steigende Tendenz haben
ten·den·cy Tendenz *f*; Neigung *f*
ten·der[1] empfindlich, *fig a.* heikel; GASTR zart, weich; sanft, zart, zärtlich
ten·der[2] RAIL, MAR Tender *m*
ten·der[3] ECON **1.** Angebot *n*; ***legal ~*** gesetzliches Zahlungsmittel **2.** ein Angebot machen (***for*** für)
ten·der·foot F Neuling *m*, Anfänger *m*
ten·der·loin GASTR zartes Lendenstück
ten·der·ness Zartheit *f*; Zärtlichkeit *f*
ten·don ANAT Sehne *f*
ten·dril BOT Ranke *f*
ten·e·ment Mietshaus *n*, *contp* Mietskaserne *f*
ten·nis Tennis *n*; **~ court** Tennisplatz *m*; **~ play·er** Tennisspieler(in)
ten·or MUS, JUR Tenor *m*, JUR *a.* Wortlaut *m*, Sinn *m*; Verlauf *m*
tense[1] LING Zeit(form) *f*, Tempus *n*
tense[2] gespannt, straff (*rope etc*), (an)gespannt (*a. fig*); (über)nervös, verkrampft (*person*)
ten·sion Spannung *f* (*a.* ELECTR)
tent Zelt *n*
ten·ta·cle ZO Tentakel *m*, *n*, Fangarm *m*
ten·ta·tive vorläufig; vorsichtig, zaghaft
tenth 1. zehnte(r, -s) **2.** Zehntel *n*
tenth·ly zehntens
ten·u·ous *fig* lose (*link*, *relationship etc*)
ten·ure Besitz *m*, Besitzdauer *f*; ***~ of office*** Amtsdauer *f*, Dienstzeit *f*
tep·id lau(warm)
term 1. Zeit *f*, Zeitraum *m*, Dauer *f*; JUR Laufzeit *f*; PED, UNIV Semester *n*, *esp Br* Trimester *n*; Ausdruck *m*, Bezeichnung *f*; ***~ of office*** Amtsdauer *f*, Amtsperiode *f*, Amtszeit *f*; *pl* Bedingungen *pl*; ***be on good*** (***bad***) ***~s with*** gut (schlecht) auskommen mit; ***they are not on speaking ~s*** sie sprechen nicht (mehr) miteinander; ***come to ~s*** sich einigen (***with*** mit); **2.** nennen, bezeichnen als
ter·mi·nal 1. End…; letzte(r, -s); MED unheilbar; im Endstadium; ***~ly ill*** unheilbar krank **2.** RAIL *etc* Endstation *f*; Terminal *m*, *n*; ELECTR Pol *m*; IT Terminal *n*, Datenendstation *f*
ter·mi·nate *v/t* beenden; *Vertrag* kündigen, lösen; MED *Schwangerschaft* unterbrechen; *v/i* enden; ablaufen (*contract*)
ter·mi·na·tion Beendigung *f*; Kündigung *f*, Lösung *f*; Ende *n*; Ablauf *m*
ter·mi·nus RAIL *etc* Endstation *f*
ter·race Terrasse *f*; Häuserreihe *f*; *mst pl esp Br* SPORT Ränge *pl*
ter·raced house *Br* Reihenhaus *n*
ter·res·tri·al irdisch; Erd…; esp BOT, ZO Land…
ter·ri·ble schrecklich
ter·rif·ic F toll, fantastisch; irre (*speed*, *heat etc*)
ter·ri·fy *j-m* schreckliche Angst einjagen
ter·ri·to·ri·al territorial, Gebiets…
ter·ri·to·ry Territorium *n*, (*a.* Hoheits-, Staats)Gebiet *n*
ter·ror Entsetzen *n*; Schrecken *m*; POL Terror *m*; F Landplage *f*; ***in ~*** in panischer Angst
ter·ror·is·m Terrorismus *m*
ter·ror·ist Terrorist(in)
ter·ror·ize terrorisieren
terse *fig* knapp, kurz (und bündig)
test 1. Test *m*, Prüfung *f*; Probe *f* **2.** testen, prüfen; probieren; *j-s Geduld etc* auf e-e harte Probe stellen
tes·ta·ment: ***last will and ~*** JUR Letzter Wille, Testament *n*
test an·i·mal Versuchstier *n*
test card TV Testbild *n*
test drive MOT Probefahrt *f*
tes·ti·cle ANAT Hoden *m*
tes·ti·fy JUR aussagen
tes·ti·mo·ni·al Referenz *f*
tes·ti·mo·ny JUR Aussage *f*; Beweis *m*
test pi·lot AVIAT Testpilot *m*
test tube CHEM Reagenzglas *n*
tes·ty gereizt

tet·a·nus MED Tetanus *m*, Wundstarrkrampf *m*
teth·er 1. Strick *m*; Kette *f*; ***at the end of one's ~*** *fig* mit s-n Kräften *or* Nerven am Ende sein **2.** *Tier* anbinden; anketten
text 1. Text *m*; TEL SMS *f*; Kurzmitteilung *f* **2.** eine SMS schicken / schreiben; ***I'll ~ you*** ich schicke dir eine SMS
text·book Lehrbuch *n*
tex·tile 1. Stoff *m*, *pl* Textilien *pl* **2.** Textil…
text message TEL SMS *f*; Kurzmitteilung *f*; ***I'll send you a ~*** ich schicke dir eine SMS
tex·ture Textur *f*, Gewebe *n*; Beschaffenheit *f*; Struktur *f*
than als
thank 1. *j-m* danken, sich bei *j-m* bedanken (***for*** für); ***~ you*** danke; ***~ you very much*** vielen Dank; ***no, ~ you*** nein, danke; (***yes,***) ***~ you*** ja, bitte **2.** ***~s*** Dank *m*; ***~s*** danke (schön); ***no, ~s*** nein, danke; ***~s to*** dank (*gen*), wegen (*gen*)
thank·ful dankbar
thank·less undankbar
that 1. *pron and adj* das; jene(r, -s), der, die, das, derjenige, diejenige, dasjenige **2.** *relative pron* der, die, das, welche(r, -s) **3.** *cj* dass **4.** *adv* F so, dermaßen; ***it's ~ simple*** so einfach ist das
thatch 1. mit Stroh *or* Reet decken **2.** (Dach)Stroh *n*, Reet *n*; Strohdach *n*, Reetdach *n*
thaw 1. (auf)tauen **2.** Tauwetter *n*; (Auf)Tauen *n*
the 1. der, die, das, *pl* die **2.** *adv*: ***~ … ~ …*** je … desto …; ***~ sooner ~ better*** je eher, desto besser
the·a·ter Theater *n*; UNIV (*Hör*)Saal *m*; MIL (Kriegs)Schauplatz *m*
the·a·ter·go·er Theaterbesucher(in)
the·a·tre *Br* → ***theater***; MED Operationssaal *m*
the·at·ri·cal Theater…; *fig* theatralisch
theft Diebstahl *m*
their ihr(e)
theirs der (die, das) ihrige *or* ihre
them sie (*acc pl*); ihnen (*dat*)
theme Thema *n*
them·selves sie (*acc pl*) selbst; sich (selbst)
then 1. *adv* dann; da; damals; ***by ~*** bis dahin; ***from ~ on*** von da an; → ***every, now 1, there 2.*** *adj* damalig
the·o·lo·gian Theologe *m*, Theologin *f*
the·ol·o·gy Theologie *f*
the·o·ret·i·cal theoretisch
the·o·rist Theoretiker *m*
the·o·ry Theorie *f*
ther·a·peu·tic therapeutisch; F wohltuend; gesund
ther·a·pist Therapeut(in)
ther·a·py Therapie *f*
there 1. da, dort; (da-, dort)hin; ***~ is, ~ are*** es gibt, es ist, *pl* es sind; ***~ and then*** auf der Stelle; ***~ you are*** hier bitte; siehst du!, na also! **2.** *int* so; siehst du!, na also!; ***~, ~*** ist ja gut!
there·a·bout(s) so ungefähr
there·af·ter danach
there·by dadurch
there·fore deshalb, daher; folglich
there·up·on darauf(hin)
ther·mal 1. thermisch, Thermo…, Wärme… **2.** Thermik *f*
ther·mom·e·ter Thermometer *n*
ther·mos® Thermosflasche® *f*
the·sis These *f*; UNIV Dissertation *f*, Doktorarbeit *f*
they sie *pl*; man
thick 1. *adj* dick, (*fog etc a.*) dicht; F dumm; F dick befreundet; ***be ~ with*** wimmeln von; ***~ with smoke*** verräuchert; ***that's a bit ~!*** *esp Br* F das ist ein starkes Stück! **2.** *adv* dick, dicht; ***lay it on ~*** F dick auftragen **3.** ***in the ~ of*** mitten in (*dat*); ***through ~ and thin*** durch dick und dünn; **thick·en** dicker werden, (*fog etc a.*) dichter werden; GASTR eindicken, binden
thick·et Dickicht *n*
thick·head·ed F strohdumm
thick·ness Dicke *f*; Lage *f*, Schicht *f*
thick·set gedrungen, untersetzt
thick-skinned *fig* dickfellig
thief Dieb(in)
thigh ANAT (Ober)Schenkel *m*
thim·ble Fingerhut *m*
thin 1. *adj* dünn; dürr; spärlich, dürftig; schütter (*hair*); schwach, (*excuse etc a.*) fadenscheinig **2.** *adv* dünn **3.** verdünnen; dünner werden, (*fog, hair a.*) sich lichten
thing Ding *n*; Sache *f*; *pl* Sachen *pl*, Zeug *n*; *fig* Dinge *pl*, Lage *f*, Umstände *pl*; ***I couldn't see a ~*** ich konnte überhaupt nichts sehen; ***another ~*** et. ande-

res; ***the right*** ~ das Richtige
thing·a·ma·jig F Dings(bums) *m, f, n*
think *v/i* denken (***of*** an *acc*); nachdenken (***about*** über *acc*); ***I ~ so*** ich glaube *or* denke schon; ***I'll ~ about it*** ich überlege es mir; ***~ of*** sich erinnern an (*acc*); ***~ of doing s.th.*** beabsichtigen *or* daran denken, et. zu tun; ***what do you ~ of*** *or* ***about ...?*** was halten Sie von ...?; *v/t* denken, glauben, meinen; *j-n, et.* halten für; ***~ over*** nachdenken über (*acc*), sich *et.* überlegen; ***~ up*** sich *et.* ausdenken
think tank Beraterstab *m*, Sachverständigenstab *m*, Denkfabrik *f*
third **1.** dritte(r, -s) **2.** Drittel *n*
third·ly drittens
third-rate drittklassig
Third World Dritte Welt
thirst Durst *m*
thirst·y durstig; ***be ~*** Durst haben, durstig sein
thir·teen **1.** dreizehn **2.** Dreizehn *f*
thir·teenth dreizehnte(r, -s)
thir·ti·eth dreißigste(r, -s)
thir·ty **1.** dreißig **2.** Dreißig *f*
this diese(r, -s); ***~ morning*** heute Morgen; ***~ is John speaking*** TEL hier (spricht) John
this·tle BOT Distel *f*
thong (Leder)Riemen *m*
thorn Dorn *m*
thorn·y dornig; *fig* schwierig, heikel
thor·ough gründlich, genau; fürchterlich (*mess etc*)
thor·ough·bred zo Vollblüter *m*
thor·ough·fare Hauptverkehrsstraße *f*; ***no ~!*** Durchfahrt verboten!
though **1.** *cj* obwohl; (je)doch; ***as ~*** als ob **2.** *adv* dennoch, trotzdem
thought Denken *n*; Gedanke *m* (***of*** an *acc*); ***on second ~*** wenn ich es mir (recht) überlege
thought·ful nachdenklich; rücksichtsvoll, aufmerksam
thought·les gedankenlos; rücksichtslos
thou·sand **1.** tausend **2.** Tausend *n*
thou·sandth **1.** tausendste(r, -s) **2.** Tausendstel *n*
thrash verdreschen, verprügeln; SPORT F *j-m* e-e Abfuhr erteilen; ***~ about, ~ around*** sich *im Bett etc* hin und her werfen; um sich schlagen; zappeln (*fish*); ***~ out*** *Problem etc* ausdiskutieren
thrash·ing Dresche *f*, Tracht *f* Prügel
thread **1.** Faden *m* (*a. fig*); Garn *n*; TECH Gewinde *n* **2.** *Nadel* einfädeln; *Perlen etc* auffädeln, aufreihen
thread·bare abgewetzt, abgetragen; *fig* abgedroschen
threat Drohung *f*; Bedrohung *f*, Gefahr *f* (***to*** *gen or* für)
threat·en (be)drohen
threat·en·ing drohend
three **1.** drei **2.** Drei *f*
three·fold dreifach
three-ply → ***ply²***
three·score sechzig
three-stage dreistufig
thresh AGR dreschen
thresh·ing ma·chine AGR Dreschmaschine *f*
thresh·old Schwelle *f*
thrift Sparsamkeit *f*
thrift·y sparsam
thrill **1.** prickelndes Gefühl; Nervenkitzel *m*; aufregendes Erlebnis **2.** *v/t* ***be ~ed*** (ganz) hingerissen sein (***at, about*** von)
thrill·er Thriller *m*, F Reißer *m*
thrill·ing spannend, fesselnd, packend
thrive gedeihen; *fig* blühen, florieren
throat ANAT Kehle *f*, Gurgel *f*; Rachen *m*; Hals *m*; ***clear one's ~*** sich räuspern; → ***sore*** *1*
throb **1.** hämmern (*machine*), (*heart etc a.*) pochen, schlagen; pulsieren (*pain*) **2.** Hämmern *n*, Pochen *n*, Schlagen *n*
throm·bo·sis MED Thrombose *f*
throne Thron *m*
throng **1.** Schar *f*, Menschenmenge *f* **2.** sich drängen (in *dat*)
throt·tle **1.** erdrosseln; ***~ down*** MOT, TECH drosseln, Gas wegnehmen **2.** TECH Drosselklappe *f*
through **1.** *prp* durch (*acc*); bis (einschließlich); ***Monday ~ Friday*** von Montag bis Freitag **2.** *adv* durch; ***~ and ~*** durch und durch; ***put s.o. ~ to*** TEL j-n verbinden mit; ***wet ~*** völlig durchnässt **3.** *adj* durchgehend (*train etc*); Durchgangs…
through·out **1.** *prp*: ***~ the night*** die ganze Nacht hindurch; ***~ the country*** im ganzen Land, überall im Land **2.** *adv* ganz, überall; die ganze Zeit (hindurch)

through traf·fic Durchgangsverkehr *m*
through·way *Br* → ***thruway***
throw 1. werfen; *Hebel etc* betätigen; *Reiter* abwerfen; *Party* geben, F schmeißen; ~ ***a four*** e-e Vier würfeln; ~ ***off*** *Jacke etc* abwerfen; *Verfolger* abschütteln; *Krankheit* loswerden; ~ ***on*** sich *e-e Jacke etc* (hastig) überwerfen; ~ ***out*** hinauswerfen; wegwerfen; ~ ***up*** *v/t* hochwerfen; F *Job etc* hinschmeißen; F (er)brechen; *v/i* F (sich er)brechen **2.** Wurf *m*
throw·a·way Wegwerf…, Einweg…; ~ **pack** Einwegpackung *f*
throw-in *soccer*: Einwurf *m*
thru F → ***through***
thrum → ***strum***
thrush zo Drossel *f*
thrust 1. *j-n, et.* stoßen (***into*** in *acc*); *et.* stecken, schieben (***into*** in *acc*); ~ ***at*** stoßen nach; ~ ***s.th. upon s.o.*** j-m et. aufdrängen **2.** Stoß *m*; MIL Vorstoß *m*; PHYS Schub *m*, Schubkraft *f*
thru·way Schnellstraße *f*
thud 1. dumpfes Geräusch, Plumps *m* **2.** plumpsen
thug Verbrecher *m*, Schläger *m*
thumb 1. ANAT Daumen *m* **2.** ~ ***a lift*** *or* ***ride*** per Anhalter fahren, trampen (***to*** nach); ~ ***through a book*** ein Buch durchblättern; ***well-thumbed*** abgegriffen
thumb·tack Reißzwecke *f*, Reißnagel *m*, Heftzwecke *f*
thump 1. *v/t j-m* e-n Schlag versetzen; ~ ***out*** *Melodie* herunterhämmern (***on the piano*** auf dem Klavier); *v/i* (heftig) schlagen *or* hämmern *or* pochen (*a. heart*); plumpsen; trampeln **2.** dumpfes Geräusch, Plumps *m*; Schlag *m*
thun·der 1. Donner *m*, Donnern *n* **2.** donnern
thun·der·bolt Blitz *m* und Donner *m*
thun·der·clap Donnerschlag *m*
thun·der·cloud Gewitterwolke *f*
thun·der·ous donnernd (*applause*)
thun·der·storm Gewitter *n*, Unwetter *n*
thun·der·struck wie vom Donner gerührt
Thur(s) *abbr of* ***Thursday*** Do., Donnerstag *m*
Thurs·day (*abbr* ***Thur, Thurs***) Donnerstag *m*; ***on*** ~ (am) Donnerstag; ***on*** ~***s*** donnerstags
thus so, auf diese Weise; folglich, somit; ~ ***far*** bisher
thwart durchkreuzen, vereiteln
thyme BOT Thymian *m*
thy·roid (gland) ANAT Schilddrüse *f*
tick[1] **1.** Ticken *n*; Haken *m*, Häkchen *n* **2.** *v/i* ticken; *v/t mst* ~ ***off*** ab-, anhaken
tick[2] zo Zecke *f*
tick[3]: ***on*** ~ *Br* F auf Pump
tick·er-tape pa·rade Konfettiparade *f*
tick·et 1. Fahrkarte *f*, Fahrschein *m*; Flugkarte *f*, Flugschein *m*, Ticket *n*; (*Eintritts-, Theater- etc*)Karte *f*; (*Gepäck*)Schein *m*; Etikett *n*, (*Preis- etc* -) Schild *n*; POL Wahl-, Kandidatenliste *f*; (*a.* ***parking*** ~) MOT Strafzettel *m* **2.** etikettieren; bestimmen, vorsehen (***for*** für)
tick·et-can·cel·(l)ing ma·chine (Fahrschein)Entwerter *m*
tick·et| col·lec·tor (Bahnsteig)Schaffner(in); ~ **machine** Fahrkartenautomat *m*; ~ **of·fice** RAIL Fahrkartenschalter *m*
tick·ing Inlett *n*; Matratzenbezug *m*
tick·le kitzeln
tick·lish kitz(e)lig, *fig a.* heikel
tid·al wave Flutwelle *f*
tid·bit Leckerbissen *m*
tide 1. Gezeiten *pl*; Flut *f*; *fig* Strömung *f*, Trend *m*; ***high*** ~ Flut *f*; ***low*** ~ Ebbe *f* **2.** ~ ***over*** *fig j-m* hinweghelfen über (*acc*); *j-n* über Wasser halten
ti·dy 1. sauber, ordentlich, aufgeräumt; F hübsch, beträchtlich (*Sum etc*) **2.** *a.* ~ ***up*** in Ordnung bringen, (*Zimmer a.*) aufräumen; ~ ***away*** wegräumen, aufräumen
tie 1. Krawatte *f*, Schlips *m*; Band *n*; Schnur *f*; Stimmengleichheit *f*; SPORT Unentschieden *n*; (*Pokal*)Spiel *n*; RAIL Schwelle *f*; *mst pl fig* Bande *pl* **2.** *v/t* an-, festbinden; (sich) *Krawatte etc* binden; *fig* verbinden; ***the game was*** ~***d*** SPORT das Spiel ging unentschieden aus; *v/i*: ***they*** ~***d for second place*** SPORT *etc* sie belegten gemeinsam den zweiten Platz; ~ ***down*** *fig* (an)binden; *j-n* festlegen (***to*** auf *acc*); ~ ***in with*** übereinstimmen mit, passen zu; verbinden *or* koppeln mit; ~ ***up*** *Paket etc* verschnüren; *et.* in Verbindung bringen (***with*** mit); *Verkehr etc* lahmlegen; ***be*** ~***d up*** ECON fest angelegt sein (***in*** in *dat*)

tie·break(·er) *tennis*: Tie-Break *m, n*
tie-in (enge) Verbindung, (enger) Zusammenhang; ECON Kopplungsgeschäft *n*; ***a book movie*~** *appr* das Buch zum Film
tie-on Anhänge…
tie·pin Krawattennadel *f*
tier (Sitz)Reihe *f*; Lage *f*, Schicht *f*; *fig* Stufe *f*
tie-up (enge) Verbindung, (enger) Zusammenhang; ECON Fusion *f*
ti·ger zo Tiger *m*
tight 1. *adj* fest (sitzend), fest angezogen; straff (*rope etc*); eng (*a. dress etc*); knapp (*a. fig*); F knick(e)rig; F blau; ***be in a ~ corner*** in der Klemme sein *or* sitzen *or* stecken **2.** *adv* fest; F gut; ***hold ~*** festhalten; ***sleep ~!*** F schlaf gut!
tight·en festziehen, anziehen; *Seil etc* straffen; ***~ one's belt*** *fig* den Gürtel enger schnallen; **~ *up* (*on*)** *Gesetz etc* verschärfen
tight·fist·ed F knick(e)rig
tights (*Tänzer-, Artisten*)Trikot *n*; *esp Br* Strumpfhose *f*
ti·gress zo Tigerin *f*
tile 1. (Dach)Ziegel *m*; Fliese *f*, Kachel *f* **2.** (mit Ziegeln) decken; fliesen, kacheln
til·er Dachdecker *m*; Fliesenleger *m*
till[1] → ***until***
till[2] (Laden)Kasse *f*
tilt 1. kippen; sich neigen **2.** Kippen *n*; ***at a ~*** schief, schräg; **(*at*) *full ~*** F mit Volldampf
tim·ber *Br* Bau-, Nutzholz *n*; Baumbestand *m*, Bäume *pl*; Balken *m*
time 1. Zeit *f*; Uhrzeit *f*; MUS Takt *m*; Mal *n*; ***~ after ~, ~ and again*** immer wieder; ***every ~ I …*** jedes Mal, wenn ich …; ***how many ~s?*** wie oft?; ***next ~*** nächstes Mal; ***this ~*** diesmal; ***three ~s*** dreimal; ***three ~s four equals*** *or* ***is twelve*** drei mal vier ist zwölf; ***what's the ~?*** wie spät ist es?; ***what ~?*** um wie viel Uhr?; ***all the ~*** die ganze Zeit; ***at all ~s, at any ~*** jederzeit; ***at the ~*** damals; ***at the same ~*** gleichzeitig; ***at ~s*** manchmal; ***by the ~*** wenn; als; ***for a ~*** e-e Zeit lang; ***for the ~ being*** vorläufig, fürs Erste; ***from ~ to ~*** von Zeit zu Zeit; ***have a good ~*** sich gut unterhalten *or* amüsieren; ***in ~*** rechtzeitig; ***in no ~ (at all)*** im Nu; ***on ~*** pünktlich; ***some ~ ago*** vor einiger Zeit; ***to pass the ~*** zum Zeitvertreib; ***take one's ~*** sich Zeit lassen **2.** *et.* timen (*a.* SPORT); (ab)stoppen; zeitlich abstimmen, den richtigen Zeitpunkt wählen *or* bestimmen für
time| card Stechkarte *f*; **~ clock** Stechuhr *f*; **~ lag** Zeitdifferenz *f*
time-lapse *film*: Zeitraffer…
time·less immer während, ewig; zeitlos
time lim·it Frist *f*
time·ly (recht)zeitig
time sheet Stechkarte *f*
time sig·nal *radio*: Zeitzeichen *n*
time·ta·ble *Br* Fahrplan *m*, Flugplan *m*; Stundenplan *m*; Zeitplan *m*
tim·id ängstlich, furchtsam, zaghaft
tim·ing Timing *n*
tin 1. Zinn *n*; *Br* (Blech-, Konserven)Dose *f*, (-)Büchse *f* **2.** verzinnen; *Br* einmachen, eindosen
tinc·ture Tinktur *f*
tin·foil Stanniol(papier) *n*; Alufolie *f*
tinge 1. tönen; ***be ~d with*** *fig* e-n Anflug haben von **2.** Tönung *f*; *fig* Anflug *m*, Spur *f* (***of*** von)
tin·gle prickeln, kribbeln
tink·er herumpfuschen, herumbasteln (***at*** an *dat*)
tin·kle bimmeln; klirren
tinned *Br* Dosen…, Büchsen…
tinned fruit *Br* Obstkonserven *pl*
tin o·pen·er *Br* Dosenöffner *m*, Büchsenöffner *m*
tin·sel Lametta *n*; Flitter *m*
tint 1. (Farb)Ton *m*, Tönung *f* **2.** tönen
ti·ny winzig
tip[1] **1.** Spitze *f*; Filter *m*; ***it's on the ~ of my tongue*** *fig* es liegt mir auf der Zunge **2.** mit e-r Spitze versehen
tip[2] **1.** *esp Br* (aus)kippen, schütten; kippen; **~ *over*** umkippen **2.** *esp Br* (*Schutt- etc*)Abladeplatz *m*, (-)Halde *f*; *Br fig* F Saustall *m*
tip[3] **1.** Trinkgeld *n* **2.** *j-m* ein Trinkgeld geben
tip[4] **1.** Tipp *m*, Rat(schlag) *m* **2.** tippen auf (*acc*) (***as*** als); ***~ s.o. off*** j-m e-n Tipp *or* Wink geben
tip·sy angeheitert
tip·toe 1. *on ~* auf Zehenspitzen **2.** auf Zehenspitzen gehen
tire[1] MOT Reifen *m*
tire[2] ermüden, müde machen *or* werden

tired müde; ***be ~ of*** *j-n, et.* satt haben
tire·less unermüdlich
tire·some ermüdend; lästig
tis·sue BIOL Gewebe *n*; Papier(taschen)-tuch *n*; → **~ pa·per** Seidenpapier *n*
tit[1] F *contp* Titte *f*
tit[2] ZO Meise *f*
tit·bit *esp Br* → ***tidbit***
tit·il·late *j-n* (*sexuell*) anregen
ti·tle Titel *m*; JUR (Rechts)Anspruch *m* (***to*** auf *acc*)
ti·tle·hold·er SPORT Titelhalter(in)
ti·tle page Titelseite *f*
ti·tle role THEA *etc* Titelrolle *f*
tit·mouse ZO Meise *f*
tit·ter 1. kichern **2.** Kichern *n*
to 1. *prp* zu; an (*acc*), auf (*acc*), für, in (*acc*), in (*dat*), nach; (im Verhältnis *or* im Vergleich) zu, gegen(über); *extent, limit, degree*: bis, (bis) zu, (bis) an (*acc*); *time*: bis, bis zu, bis gegen, vor (*dat*); ***from Monday ~ Friday*** von Montag bis Freitag; ***a quarter ~ one*** (ein) Viertel vor eins, drei viertel eins; ***go ~ Italy*** nach Italien fahren; ***go ~ school*** in die *or* zur Schule gehen; ***have you ever been ~ Rome?*** bist du schon einmal in Rom gewesen?; ***~ me*** *etc* mir *etc*; ***here's ~ you!*** auf Ihr Wohl!, prosit! **2.** *adv* zu; ***pull ~*** *Tür etc* zuziehen; ***come ~*** (wieder) zu sich kommen; ***~ and fro*** hin und her, auf und ab **3.** *with infinitive*: zu; *intention, aim*: um zu; ***~ go*** gehen; ***easy ~ learn*** leicht zu lernen; ***... ~ earn money*** ... um Geld zu verdienen
toad ZO Kröte *f*, Unke *f*
toad·stool BOT ungenießbarer Pilz; Giftpilz *m*
toad·y 1. Kriecher(in) **2.** ***~ to s.o.*** *fig* vor j-m kriechen
toast[1] **1.** Toast *m* **2.** toasten; rösten
toast[2] **1.** Toast *m*, Trinkspruch *m* **2.** auf *j-n or j-s* Wohl trinken
toast·er TECH Toaster *m*
to·bac·co Tabak *m*; **to·bac·co·nist** Tabak(waren)händler(in)
to·bog·gan 1. (Rodel)Schlitten *m* **2.** Schlitten fahren, rodeln
to·day 1. *adv* heute; heutzutage; ***a week ~, ~ week*** heute in e-r Woche, heute in acht Tagen **2. *~'s paper*** die heutige Zeitung, die Zeitung von heute; ***of ~, ~'s*** von heute, heutig
tod·dle auf wack(e)ligen *or* unsicheren Beinen gehen
to-do F *fig* Theater *n*
toe ANAT Zehe *f*; Spitze *f*
toe·nail ANAT Zehennagel *m*
tof·fee, tof·fy Sahnebonbon *m, n*, Toffee *n*
to·geth·er zusammen; gleichzeitig
toi·let Toilette *f*; **~ pa·per** Toilettenpapier *n*; **~ roll** *esp Br* Rolle *f* Toilettenpapier
to·ken Zeichen *n*; ***as a ~, in ~ of*** als *or* zum Zeichen (*gen*); zum Andenken an (*acc*); **~ strike** Warnstreik *m*
tol·e·ra·ble erträglich
tol·e·rance Toleranz *f*; Nachsicht *f*
tol·e·rant tolerant (***of, towards*** gegenüber)
tol·e·rate tolerieren, dulden; ertragen
toll[1] Benutzungsgebühr *f*, Maut *f*; ***heavy death ~*** große Zahl an Todesopfern; ***take its ~*** (***on***) *fig* s-n Tribut fordern (von); s-e Spuren hinterlassen (bei)
toll[2] läuten
toll-free TEL gebührenfrei
toll road gebührenpflichtige Straße, Mautstraße *f*
tom F → ***tomcat***
to·ma·to BOT Tomate *f*
tomb Grab *n*; Grabmal *n*; Gruft *f*
tom·boy Wildfang *m*
tomb·stone Grabstein *m*
tom·cat ZO Kater *m*
tom·fool·e·ry Unsinn *m*
to·mor·row 1. *adv* morgen; ***a week ~, ~ week*** morgen in e-r Woche, morgen in acht Tagen; ***~ morning*** morgen früh; ***~ night*** morgen Abend **2. *the day after ~*** übermorgen; ***of ~, ~'s*** von morgen
ton (*abbr* ***t, tn***) Tonne *f*
tone 1. Ton *m*; Klang *m*; (Farb)Ton *m*; MUS Note *f*; MED Tonus *m*; *fig* Niveau *n* **2. *~ down*** abschwächen; ***~ up*** *Muskeln etc* kräftigen
ton·er *for cleansing the face* Gesichtswasser *n*; PRINT Toner *m*
tongs (***a pair of ~*** e-e) Zange *f*
tongue ANAT, TECH Zunge *f*; (*Mutter*)-Sprache *f*; Klöppel *m* (*e-r Glocke*); ***hold one's ~*** den Mund halten
ton·ic Tonikum *n*, Stärkungsmittel *n*; Tonic *n*; MUS Grundton *m*
to·night heute Abend *or* Nacht
ton·sil ANAT Mandel *f*

T

ton·sil·li·tis MED Mandelentzündung *f*; Angina *f*
too zu; zu, sehr; auch (noch)
tool Werkzeug *n*, Gerät *n*; ~ **bag** Werkzeugtasche *f*; ~ **box** Werkzeugkasten *m*; ~ **kit** Werkzeug *n*
tool·mak·er Werkzeugmacher *m*
tool·shed Geräteschuppen *m*
toot *esp* MOT hupen
tooth Zahn *m*
tooth·ache Zahnschmerzen *pl*, Zahnweh *n*
tooth·brush Zahnbürste *f*
tooth·less zahnlos
tooth·paste Zahncreme *f*, Zahnpasta *f*
tooth·pick Zahnstocher *m*
top[1] **1.** oberer Teil; GEOGR Gipfel *m*, Spitze *f*; BOT Krone *f*, Wipfel *m*; Kopfende *n*, oberes Ende; Oberteil *n*; Oberfläche *f*; Deckel *m*; Verschluss *m*; MOT Verdeck *n*; MOT höchster Gang; ***at the ~ of the page*** oben auf der Seite; ***at the ~ of one's voice*** aus vollem Hals; ***on ~*** oben(auf); darauf, F drauf; ***on ~ of*** (oben) auf (*dat or acc*), über (*dat or acc*) **2.** oberste(r, -s); Höchst…, Spitzen…, Top… **3.** bedecken (***with*** mit); *fig* übersteigen, übertreffen; ***~ up*** *Tank etc* auffüllen; F *j-m* nachschenken
top[2] Kreisel *m* (*toy*)
top hat Zylinder *m*
top-heav·y kopflastig (*a. fig*)
top·ic Thema *n*; **top·ic·al** aktuell
top·ple: *mst* ***~ over*** umkippen; ***~ the government*** die Regierung stürzen
top·sy·tur·vy in e-r heillosen Unordnung
torch *Br* Taschenlampe *f*; Fackel *f*
torch·light Fackelschein *m*; ***~ procession*** Fackelzug *m*
tor·ment 1. Qual *f* **2.** quälen, peinigen, plagen
tor·na·do Tornado *m*, Wirbelsturm *m*
tor·pe·do MIL **1.** Torpedo *m* **2.** torpedieren (*a. fig*)
tor·rent reißender Strom; *fig* Schwall *m*
tor·ren·tial: ***~ rain*** sintflutartige Regenfälle *pl*
tor·toise ZO Schildkröte *f*
tor·tu·ous gewunden
tor·ture 1. Folter *f*, Folterung *f*; *fig* Qual *f*, Tortur *f* **2.** foltern; *fig* quälen
toss 1. *v/t* werfen; *Münze* hochwerfen; GASTR schwenken; ***~ off*** F *Bild etc* hinhauen; *v/i a.* ***~ about, ~ and turn*** sich *im Schlaf* hin und her werfen; *a.* ***~ up*** e-e Münze hochwerfen; ***~ for s.th.*** um et. losen; ***~ one's head*** den Kopf zurückwerfen **2.** Wurf *m*; Zurückwerfen *n*; Hochwerfen *n*
tot F Knirps *m*
to·tal 1. völlig, total; ganz, gesamt, Gesamt… **2.** Gesamtbetrag *m*, -menge *f* **3.** sich belaufen auf (*acc*); ***~ up*** zusammenrechnen, -zählen
tot·ter schwanken, wanken
touch 1. (sich) berühren; anfassen; *Essen etc* anrühren; *fig* herankommen an (*acc*); *fig* rühren; ***~ wood!*** toi, toi, toi!; ***~ down*** AVIAT aufsetzen; ***~ up*** ausbessern; PHOT retuschieren **2.** Tastempfindung *f*; Berührung *f*, MUS *etc* Anschlag *m*; (*Pinsel- etc*)Strich *m*; GASTR Spur *f*; Verbindung *f*, Kontakt *m*; *fig* Note *f*; *fig* Anflug *m*; ***a ~ of flu*** e-e leichte Grippe; ***get in ~ with s.o.*** sich mit j-m in Verbindung setzen
touch-and-go F kritisch, riskant, prekär; ***it was ~ whether*** es stand auf des Messers Schneide, ob
touch·down AVIAT Aufsetzen *n*, Landung *f*
touched gerührt; F leicht verrückt
touch·ing rührend
touch·line *soccer*: Seitenlinie *f*
touch·stone Prüfstein *m* (***of*** für)
touch·y empfindlich; heikel (*subject etc*)
tough zäh; widerstandsfähig; *fig* hart; schwierig (*problem, negotiations etc*)
tough·en *a.* ***~ up*** hart *or* zäh machen *or* werden
tour 1. Tour *f* (***of*** durch), (Rund)Reise *f*, (Rund)Fahrt *f*; Ausflug *m*; Rundgang *m* (***of*** durch); THEA Tournee *f* (*a.* SPORT); ***go on ~*** auf Tournee gehen; → ***conduct*** *2* **2.** bereisen, reisen durch
tour·is·m Tourismus *m*, Fremdenverkehr *m*
tour·ist 1. Tourist(in) **2.** Touristen…; ~ **class** AVIAT, MAR Touristenklasse *f*; ~ **in·dus·try** Tourismusgeschäft *n*; ~ **in·for·ma·tion of·fice**, ~ **of·fice** Verkehrsverein *m*; ~ **sea·son** Reisesaison *f*, Reisezeit *f*
tour·na·ment Turnier *n*
tou·sled zerzaust
tow 1. *Boot etc* schleppen, *Auto etc a.* abschleppen **2.** ***give s.o. a ~*** j-n abschlep-

T

pen; ***take in ~*** *Auto etc* abschleppen
to·ward, *esp Br* **to·wards** auf (*acc*) … zu, (in) Richtung, zu; *time*: gegen; *fig* gegenüber
tow·el 1. Handtuch *n*, (*Bade- etc*)Tuch *n* **2.** (mit e-m Handtuch) abtrocknen *or* abreiben
tow·er 1. Turm *m* **2. *~ above, ~ over*** überragen; **~ block** *Br* Hochhaus *n*
tow·er·ing turmhoch; *fig* überragend; ***in a ~ rage*** rasend vor Zorn
town Stadt *f*; Kleinstadt *f*; ***go into ~*** in die Stadt gehen; **~ cen·tre** *Br* Innenstadt *f*, City *f*; **~ coun·cil** *Br* Stadtrat *m*; **~ coun·ci(l)·lor** *Br* Stadtrat *m*, Stadträtin *f*; **~ hall** Rathaus *n*
town·ie F Städter(in), Stadtmensch *m*
town| plan·ner Stadtplaner(in); **~ plan·ning** Stadtplanung *f*
towns·peo·ple Städter *pl*, Stadtbevölkerung *f*
tow·rope MOT Abschleppseil *n*
tox·ic toxisch, giftig; Gift…
tox·ic waste Giftmüll *m*
tox·ic waste dump Giftmülldeponie *f*
toy 1. Spielzeug *n*, *pl a.* Spielsachen *pl*, ECON Spielwaren *pl* **2.** Spielzeug…; Miniatur…; Zwerg… **3. *~ with*** spielen mit (*a. fig*)
trace 1. (durch)pausen; *j-n*, *et.* ausfindig machen, aufspüren, *et.* finden; *a.* ***~ back*** *et.* zurückverfolgen (***to*** bis zu); ***~ s.th. to*** et. zurückführen auf (*acc*) **2.** Spur *f* (*a. fig*)
track 1. Spur *f* (*a. fig*), Fährte *f*; Pfad *m*, Weg *m*; RAIL Gleis *n*, Geleise *n*; TECH Raupe *f*, Raupenkette *f*; SPORT (Renn-, Aschen)Bahn *f*, (*Renn*)Strecke *f*; *tape etc*: Spur *f*; Nummer *f* (*on an LP etc*) **2.** verfolgen; ***~ down*** aufspüren; auftreiben
track and field SPORT Leichtathletik *f*
track e·vent SPORT Laufdisziplin *f*
track·ing sta·tion Bodenstation *f*
track·suit Trainingsanzug *m*
tract Fläche *f*, Gebiet *n*; ANAT (*Verdauungs*)Trakt *m*, (*Atem*)Wege *pl*
trac·tion Ziehen *n*, Zug *m*
trac·tion en·gine Zugmaschine *f*
trac·tor Traktor *m*, Trecker *m*
trade 1. Handel *m*; Branche *f*, Gewerbe *n*; (*esp* Handwerks)Beruf *m* **2.** Handel treiben, handeln; ***~ on*** ausnutzen; **~ a·gree·ment** Handelsabkommen *n*
trade·mark Warenzeichen *n*
trade name Markenname *m*, Handelsbezeichnung *f*
trade price Großhandelspreis *m*
trad·er Händler(in)
trades·man (Einzel)Händler *m*; Ladeninhaber *m*; Lieferant *m*
trade(*Br* **trades)| u·nion** Gewerkschaft *f*; **~ u·nion·ist** Gewerkschaftler(in)
tra·di·tion Tradition *f*; Überlieferung *f*
tra·di·tion·al traditionell
traf·fic 1. Verkehr *m*; (*esp* illegaler) Handel (***in*** mit); **2.** (*esp* illegal) handeln (***in*** mit); **~ cir·cle** MOT Kreisverkehr *m*; **~ in·struc·tion** Verkehrsunterricht *m*; **~ is·land** Verkehrsinsel *f*; **~ jam** (Verkehrs)Stau *m*, Verkehrsstockung *f*; **~ light(s)** Verkehrsampel *f*; **~ offend·er** Verkehrssünder(in); **~ of·fense** (*Br* **of·fence**) Verkehrsdelikt *n*; **~ reg·u·la·tions** Straßenverkehrsordnung *f*; **~ sign** Verkehrszeichen *n*, -schild *n*; **~ sig·nal** → ***traffic light(s)***; **~ war·den** *Br* Parküberwacher *m*, Politesse *f*
tra·ge·dy Tragödie *f*
tra·gic tragisch
trail 1. *v/t et.* nachschleifen lassen; verfolgen; SPORT zurückliegen hinter (*dat*) (***by*** um); *v/i* sich schleppen; BOT kriechen; SPORT zurückliegen (***by 3-0*** 0:3); ***~ (along) behind s.o.*** hinter j-m herschleifen **2.** Spur *f* (*a. fig*), Fährte *f*; Pfad *m*, Weg *m*; ***~ of blood*** Blutspur *f*; ***~ of dust*** Staubwolke *f*
trail·er MOT Anhänger *m*; Wohnwagen *m*, Caravan *m*; *film*, TV Trailer *m*, Vorschau *f*; **~ park** Standplatz *m* für Wohnwagen
train 1. RAIL Zug *m*; Kolonne *f*, Schlange *f*; Schleppe *f*; *fig* Folge*f*, Kette *f*; ***by ~*** mit der Bahn, mit dem Zug; ***~ of thought*** Gedankengang *m* **2.** *v/t j-n* ausbilden (***as*** als, zum), schulen; SPORT trainieren; *Tier* abrichten, dressieren; *Kamera etc* richten (***on*** auf *acc*); *v/i* ausgebildet werden (***as*** als, zum); SPORT trainieren (***for*** für)
train·ee Auszubildende *m*, *f*
train·er Ausbilder(in); zo Abrichter(in), Dompteur *m*, Dompteuse *f*; SPORT Trainer(in); *Br* Turnschuh *m*
train·ing Ausbildung *f*, Schulung *f*; Abrichten *n*, Dressur *f*; SPORT Training *n*
trait (Charakter)Zug *m*

trai·tor Verräter *m*
tram *Br* Straßenbahn(wagen *m*) *f*
tram·car *Br* Straßenbahnwagen *m*
tramp 1. sta(m)pfen *or* trampeln (durch) **2.** Tramp *m*, Landstreicher *m*, Vagabund *m*; Wanderung *f*; Flittchen *n*;
tram·ple (zer)trampeln
trance Trance *f*
tran·quil ruhig, friedlich
tran·quil·(l)i·ty Ruhe *f*, Frieden *m*
tran·quil·(l)ize beruhigen
tran·quil·(l)iz·er PHARM Beruhigungsmittel *n*
trans·act *Geschäft* abwickeln, *Handel* abschließen
trans·ac·tion Abwicklung *f*, Abschluss *m*; Geschäft *n*, Transaktion *f*
trans·at·lan·tic transatlantisch, Transatlantik…, Übersee…
tran·scribe abschreiben, kopieren; *Stenogramm etc* übertragen
tran·script Abschrift *f*, Kopie *f*
tran·scrip·tion Umschreibung *f*, Umschrift *f*; Abschrift *f*, Kopie *f*
trans·fer 1. *v/t* (**to**) *Betrieb etc* verlegen (nach); *j-n* versetzen (nach); SPORT *Spieler* transferieren (zu), abgeben (an *acc*); *Geld* überweisen (an *acc*, auf *acc*); JUR *Eigentum*, *Recht* übertragen (auf *acc*); *v/i* SPORT wechseln (***to*** zu); umsteigen (***from … to …*** von … auf … *acc*); **2.** Verlegung *f*; Versetzung *f*; SPORT Transfer *m*, Wechsel *m*; ECON Überweisung *f*; JUR Übertragung *f*; Umsteige(fahr)karte *f*
trans·fer·a·ble übertragbar
trans·fixed *fig* versteinert, starr
trans·form umwandeln, verwandeln
trans·for·ma·tion Umwandlung *f*, Verwandlung *f*
trans·form·er ELECTR Transformator *m*
trans·fu·sion MED Bluttransfusion *f*, Blutübertragung *f*
trans·gress verletzen, verstoßen gegen
tran·sient flüchtig, vergänglich
tran·sis·tor Transistor *m*
tran·sit Transit-, Durchgangsverkehr *m*; ECON Transport *m*; ***in ~*** unterwegs, auf dem Transport
tran·si·tion Übergang *m*
tran·si·tive LING transitiv
tran·si·to·ry → ***transient***
trans·late übersetzen (***from English into German*** aus dem Englischen ins Deutsche)
trans·la·tion Übersetzung *f*
trans·la·tor Übersetzer(in)
trans·lu·cent lichtdurchlässig
trans·mis·sion MED Übertragung *f*; *radio*, TV Sendung *f*; MOT Getriebe *n*
trans·mit *Signale* (aus)senden; *radio*, TV senden; PHYS *Wärme etc* leiten, *Licht etc* durchlassen; MED *Krankheit* übertragen
trans·mit·ter Sender *m*
trans·par·en·cy Durchsichtigkeit *f* (*a. fig*); *fig* Durchschaubarkeit *f*; Dia (-positiv) *n*; Folie *f*; **trans·par·ent** durchsichtig (*a. fig*); *fig* durchschaubar
tran·spire transpirieren, schwitzen; *fig* durchsickern; F passieren
trans·plant 1. umpflanzen, verpflanzen (*a.* MED); MED transplantieren **2.** MED Transplantation *f*, Verpflanzung *f*; Transplantat *n*
trans·port 1. Transport *m*, Beförderung *f*; Beförderungs-, Verkehrsmittel *n or pl*; MIL Transportschiff *n*, -flugzeug *n*, (*Truppen*)Transporter *m* **2.** transportieren, befördern
trans·port·a·ble transportabel, transportfähig
trans·por·ta·tion Transport *m*, Beförderung *f*
trap 1. Falle *f* (*a. fig*); ***set a ~ for s.o.*** j-m e-e Falle stellen; ***shut one's ~, keep one's ~ shut*** F die Schnauze halten **2.** (in *or* mit e-r Falle) fangen; *fig* in e-e Falle locken; ***be ~ped*** eingeschlossen sein
trap·door Falltür *f*; THEA Versenkung *f*
tra·peze Trapez *n*
trap·per Trapper *m*, Fallensteller *m*, Pelztierjäger *m*
trap·pings Rangabzeichen *pl*; *fig* Drum und Dran *n*
trash F Schund *m*; Quatsch *m*, Unsinn *m*; Abfall *m*, Abfälle *pl*, Müll *m*; Gesindel *n*
trash·can Abfall-, Mülleimer *m*; Abfall-, Mülltonne *f*
trash·y Schund…
trav·el 1. *v/i* reisen; fahren; TECH *etc* sich bewegen; *fig* sich verbreiten; *fig* schweifen, wandern; *v/t* bereisen; *Strecke* zurücklegen, fahren **2.** Reisen *n*; *pl* (*esp* Auslands)Reisen *pl*; **~ a·gen·cy** Reisebüro *n*; **~ a·gent** Reisebüroinha-

ber(in); Angestellte *m*, *f* in e-m Reisebüro; **~ a·gent's, ~ bu·reau** Reisebüro *n*
trav·el·(l)er Reisende *m*, *f*
trav·el·(l)er's check (*Br* **cheque**) Reise-, Travellerscheck *m*
trav·el·(l)ing| bag Reisetasche *f*; **~ expens·es** Reisekosten *pl*
trav·el sick·ness Reisekrankheit *f*
trav·es·ty Zerrbild *n*
trawl **1.** Schleppnetz *n* **2.** mit dem Schleppnetz fischen
trawl·er MAR Trawler *m*
tray Tablett *n*; Ablagekorb *m*
treach·er·ous verräterisch; tückisch
treach·er·y Verrat *m*
trea·cle *esp Br* Sirup *m*
tread **1.** treten (**on** auf *acc*; in *acc*); *Pfad etc* treten **2.** Gang *m*; Schritt(e *pl*) *m*; (Reifen)Profil *n*
tread·mill Tretmühle *f* (*a. fig*)
trea·son Landesverrat *m*
trea·sure **1.** Schatz *m* **2.** sehr schätzen; in Ehren halten
trea·sur·er Schatzmeister(in)
trea·sure trove Schatzfund *m*
Trea·su·ry *Br*, **~ De·part·ment** Finanzministerium *n*
treat **1.** *j-n*, *et.* behandeln; umgehen mit; *et.* ansehen, betrachten (***as*** als); MED *j-n* behandeln (***for*** gegen); *j-n* einladen (***to*** zu); ***~ s.o. to s.th.*** *a.* j-m et. spendieren; ***~ o.s. to s.th.*** sich et. leisten *or* gönnen; ***be ~ed for*** MED in ärztlicher Behandlung sein wegen **2.** (besondere) Freude *or* Überraschung; ***this is my ~*** das geht auf meine Rechnung, ich lade dich *etc* ein
trea·tise Abhandlung *f*
treat·ment Behandlung *f*
treat·y Vertrag *m*
tre·ble[1] **1.** dreifach **2.** (sich) verdreifachen
tre·ble[2] MUS Knabensopran *m*; *radio*: (Ton)Höhe *f*
tree BOT Baum *m*
tre·foil BOT Klee *m*
trel·lis BOT Spalier *n*
trem·ble zittern (***with*** vor *dat*)
tre·men·dous gewaltig, enorm; F klasse, toll
trem·or Zittern *n*; Beben *n*
trench Graben *m*; MIL Schützengraben *m*
trend Trend *m*, Entwicklung *f*, Tendenz *f*; Mode *f*
trend·y F **1.** modern, modisch; ***be ~*** als schick gelten, in sein **2.** *esp Br contp* Schickimicki *m*
tres·pass **1.** ***~ on*** *Grundstück etc* unbefugt betreten; *j-s Zeit etc* über Gebühr in Anspruch nehmen; ***no ~ing*** Betreten verboten! **2.** unbefugtes Betreten
tres·pass·er: ***~s will be prosecuted*** Betreten bei Strafe verboten!
tres·tle Bock *m*, Gestell *n*
tri·al **1.** JUR Prozess *m*, (Gerichts)Verhandlung *f*, (-)Verfahren *n*; Erprobung *f*, Probe *f*, Prüfung *f*, Test *m*; Plage *f*; ***on ~*** auf *or* zur Probe; ***be on ~*** erprobt *or* getestet werden; ***be on ~, stand ~*** vor Gericht stehen (***for*** wegen); ***by way of ~*** versuchsweise **2.** Versuchs…, Probe…
tri·an·gle Dreieck *n*; Winkel *m*, Zeichendreieck *n*
tri·an·gu·lar dreieckig
tri·ath·lon SPORT Triathlon *n*, *m*, Dreikampf *m*
trib·al Stammes…
tribe (Volks)Stamm *m*
tri·bu·nal JUR Gericht(shof *m*) *n*
trib·u·ta·ry GEOGR Nebenfluss *m*
trib·ute: ***be a ~ to*** *j-m* Ehre machen; ***pay ~ to*** *j-m* Anerkennung zollen
trick **1.** Trick *m*; (*Karten- etc*)Kunststück *n*; Streich *m*; *card game*: Stich *m*; (merkwürdige) Angewohnheit, Eigenart *f*; ***play a ~ on s.o.*** j-m e-n Streich spielen **2.** Trick…; ***~ question*** Fangfrage *f* **3.** überlisten, F reinlegen
trick·e·ry Tricks *pl*
trick·le **1.** tröpfeln; rieseln **2.** Tröpfeln *n*; Rinnsal *n*
trick·ster Betrüger(in), Schwindler(in)
trick·y heikel, schwierig; durchtrieben, raffiniert
tri·cy·cle Dreirad *n*
tri·dent Dreizack *m*
tri·fle **1.** Kleinigkeit *f*; Lappalie *f*; ***a ~*** ein bisschen, etwas **2.** ***~ with*** *fig* spielen mit; ***he is not to be ~d with*** er lässt nicht mit sich spaßen
tri·fling geringfügig, unbedeutend
trig·ger Abzug *m*; ***pull the ~*** abdrücken
trig·ger-hap·py F schießwütig
trill **1.** Triller *m* **2.** trillern
trim **1.** *Hecke etc* stutzen, beschneiden, sich *den Bart etc* stutzen; *Kleidungs-*

stück besetzen (***with*** mit); ***~med with fur*** pelzbesetzt, mit Pelzbesatz; ***~ off*** abschneiden **2.** ***give s.th. a ~*** et. stutzen, et. (be)schneiden; ***be in good ~*** F gut in Form sein **3.** gepflegt

trim·mings Besatz *m*; GASTR Beilagen *pl*

Trin·i·ty REL Dreieinigkeit *f*

trin·ket (*esp* billiges) Schmuckstück

trip 1. *v/i* stolpern (***over*** über *acc*); (e-n) Fehler machen; *v/t a.* ***~ up*** *j-m* ein Bein stellen (*a. fig*) **2.** (kurze) Reise; Ausflug *m*, Trip *m* (*a. sl*); Stolpern *n*, Fallen *n*

tripe GASTR Kaldaunen *pl*, Kutteln *pl*

trip·le 1. dreifach **2.** verdreifachen

trip·le jump SPORT Dreisprung *m*

trip·lets Drillinge *pl*

trip·li·cate 1. dreifach **2.** ***in ~*** in dreifacher Ausfertigung

tri·pod PHOT Stativ *n*

trip·per *esp Br* (*esp Tages*)Ausflügler(in)

trite abgedroschen, banal

tri·umph 1. Triumph *m*, *fig* Sieg *m* (***over*** über *acc*); **2.** triumphieren (***over*** über *acc*)

tri·um·phal Triumph…

tri·um·phant triumphierend

triv·i·al unbedeutend, bedeutungslos; trivial, alltäglich

trol·ley *esp Br* Einkaufswagen *m*; Gepäckwagen *m*, Kofferkuli *m*; (*Tee- etc*)-Wagen *m*; (***supermarket***) ***~*** Einkaufswagen *m*; ***shopping ~*** Einkaufsroller *m*

trol·ley·bus Oberleitungsbus *m*, Obus *m*

trom·bone MUS Posaune *f*

troop 1. Schar *f*; *pl* MIL Truppen *pl* **2.** (*herein- etc*)strömen; ***~ the colour*** *Br* MIL e-e Fahnenparade abhalten

troop·er MIL Kavallerist *m*; Panzerjäger *m*; Polizist *m*

tro·phy Trophäe *f*

trop·ic ASTR, GEOGR Wendekreis *m*; ***the ~ of Cancer*** der Wendekreis des Krebses; ***the ~ of Capricorn*** der Wendekreis des Steinbocks

trop·i·cal tropisch, Tropen…

trop·ics Tropen *pl*

trot 1. Trab *m*; Trott *m* **2.** traben (lassen); ***~ along*** F losziehen

trou·ble 1. Schwierigkeit *f*, Problem *n*, Ärger *m*; Mühe *f*; MED Beschwerden *pl*; *a. pl* POL Unruhen *pl*; *pl* Unannehmlichkeiten *pl*; ***be in ~*** in Schwierigkeiten sein; ***get into ~*** Schwierigkeiten *or* Ärger bekommen; *j-n* in Schwierigkeiten bringen; ***get*** *or* ***run into ~*** in Schwierigkeiten geraten; ***have ~ with*** Schwierigkeiten *or* Ärger haben mit; ***put s.o. to ~*** j-m Mühe *or* Umstände machen; ***take the ~ to do s.th.*** sich die Mühe machen, et. zu tun **2.** *v/t* *j-n* beunruhigen; *j-m* Mühe *or* Umstände machen; *j-n* bemühen (***for*** um), bitten (***for*** um; ***to do*** zu tun); ***be ~d by*** geplagt werden von, leiden an (*dat*); *v/i* sich bemühen (***to do*** zu tun), sich Umstände machen (***about*** wegen)

trou·ble·mak·er Störenfried *m*, Unruhestifter(in)

trou·ble·some lästig

trou·ble spot *esp* POL Krisenherd *m*

trough Trog *m*; Wellental *n*

trounce SPORT haushoch besiegen

troupe THEA Truppe *f*

trou·ser: (***a pair of***) ***~s*** (e-e) Hose *f*

trou·ser suit *Br* Hosenanzug *m*

trous·seau Aussteuer *f*

trout zo Forelle *f*

trow·el (Maurer)Kelle *f*

tru·ant Schulschwänzer(in); ***play ~*** *Br* (die Schule) schwänzen

truce MIL Waffenstillstand *m* (*a. fig*)

truck 1. MOT Lastwagen *m*; Fernlaster *m*; *Br* RAIL (offener) Güterwagen; Transportkarren *m* **2.** auf *or* mit Lastwagen transportieren

truck driv·er, truck·er MOT Lastwagenfahrer *m*; Fernfahrer *m*

truck farm ECON Gemüse- und Obstgärtnerei *f*

trudge (mühsam) stapfen

true wahr; echt, wirklich; treu (***to*** *dat*); ***be ~*** wahr sein, stimmen; ***come ~*** in Erfüllung gehen; wahr werden; ***~ to life*** lebensecht

tru·ly wahrheitsgemäß; wirklich, wahrhaft; aufrichtig

trump 1. Trumpf(karte *f*) *m*; *pl* Trumpf *m* **2.** mit e-m Trumpf stechen; ***~ up*** erfinden

trum·pet 1. MUS Trompete *f* **2.** trompeten; *fig* ausposaunen

trun·cheon (Gummi)Knüppel *m*, Schlagstock *m*

trun·dle *Karren etc* ziehen

trunk (Baum)Stamm *m*; Schrankkoffer *m*; zo Rüssel *m*; ANAT Rumpf *m*; MOT

Kofferraum *m*; **~ road** *Br* Fernstraße *f*
trunks (*a.* ***a pair of*** **~** e-e) (*Bade*)Hose *f*; SPORT Shorts *pl*
truss 1. *a.* **~ up** *j-n* fesseln; GASTR *Geflügel etc* dressieren **2.** MED Bruchband *n*
trust 1. Vertrauen *n* (***in*** zu); JUR Treuhand *f*; ECON Trust *m*; Großkonzern *m*; ***hold s.th. in*** **~** et. treuhänderisch verwalten (***for*** für); ***place s.th. in s.o.'s*** **~** j-m et. anvertrauen **2.** *v/t* (ver)trauen (*dat*); sich verlassen auf (*acc*); (zuversichtlich) hoffen; **~ *him!*** das sieht ihm ähnlich!; *v/i*: **~ *in*** vertrauen auf (*acc*); **~ *to*** sich verlassen auf (*acc*)
trust·ee JUR Treuhänder(in); Sachverwalter(in)
trust·ful, trust·ing vertrauensvoll
trust·wor·thy vertrauenswürdig, zuverlässig
truth Wahrheit *f*
truth·ful wahr; wahrheitsliebend
try 1. *v/t* versuchen; *et.* (aus)probieren; JUR (über) *e-e Sache* verhandeln; *j-m* den Prozess machen (***for*** wegen); *j-n, j-s Geduld, Nerven etc* auf e-e harte Probe stellen; **~** *s.th.* ***on*** *Kleid etc* anprobieren; **~** *s.th.* ***out*** et. ausprobieren; *v/i* es versuchen; **~ *for*** *Br*, **~ *out for*** sich bemühen um **2.** Versuch *m*; ***give*** *s.o., s.th.* ***a*** **~** es mit *j-m, et.* versuchen; ***have a*** **~** es versuchen; **try·ing** anstrengend
tsar HIST Zar *m*
T-shirt T-Shirt *n*
tub Bottich *m*, Zuber *m*, Tonne *f*; Becher *m*; F (Bade)Wanne *f*
tub·by F pumm(e)lig
tube Röhre *f* (*a.* ANAT), Rohr *n*; Schlauch *m*; Tube *f*; *Br* F U-Bahn *f* (*in London*); F Röhre *f*, Glotze *f*
tube·less schlauchlos
tu·ber BOT Knolle *f*
tu·ber·cu·lo·sis MED Tuberkulose *f*
tu·bu·lar röhrenförmig
tuck 1. stecken; **~ *away*** F wegstecken; **~ *in*** *esp Br* F reinhauen, zulangen; **~ *up*** (***in bed***) *Kind* ins Bett packen **2.** Biese *f*; Saum *m*; Abnäher *m*
Tue(s) *abbr of* ***Tuesday*** Di., Dienstag *m*
Tues·day (*abbr* ***Tue, Tues***) Dienstag *m*; ***on*** **~** (am) Dienstag; ***on*** **~*s*** dienstags
tuft (*Gras-, Haar- etc*)Büschel *n*
tug 1. zerren *or* ziehen (an *dat or* ***at*** an *dat*); **2.** ***give*** *s.th.* ***a*** **~** zerren *or* ziehen an (*dat*)
tug-of-war SPORT Tauziehen *n* (*a. fig*)
tu·i·tion Unterricht *m*; Unterrichtsgebühr(en *pl*) *f*
tu·lip BOT Tulpe *f*
tum·ble 1. fallen, stürzen; purzeln (*a. fig*) **2.** Fall *m*, Sturz *m*
tum·ble·down baufällig
tum·bler (Trink)Glas *n*
tu·mid MED geschwollen
tum·my F Bauch *m*, Bäuchlein *n*
tu·mo(u)r MED Tumor *m*
tu·mult Tumult *m*
tu·mul·tu·ous tumultartig, (*applause etc*) stürmisch
tu·na ZO Thunfisch *m*
tune 1. MUS Melodie *f*; ***be out of*** **~** verstimmt sein **2.** *v/t mst* **~ *in*** *Radio etc* einstellen (***to*** auf *acc*); *a.* **~ *up*** MUS stimmen; *a.* **~ *up*** *Motor* tunen; *v/i*: **~ *in*** (das Radio *etc*) einschalten; **~ *up*** MUS (die Instrumente) stimmen
tune·ful melodisch
tune·less unmelodisch
tun·er *radio*, TV Tuner *m*
tun·nel 1. Tunnel *m* **2.** *Berg* durchtunneln; *Fluss etc* untertunneln
tun·ny ZO Thunfisch *m*
tur·ban Turban *m*
tur·bid trüb (*water*); dick, dicht (*smoke etc*); *fig* verworren, wirr
tur·bine TECH Turbine *f*
tur·bo F, **tur·bo·charg·er** MOT Turbolader *m*
tur·bot ZO Steinbutt *m*
tur·bu·lent turbulent
tu·reen (Suppen)Terrine *f*
turf 1. Rasen *m*; Sode *f*, Rasenstück *n*; ***the*** **~** die (Pferde)Rennbahn; der Pferderennsport **2.** mit Rasen bedecken
tur·gid MED geschwollen
Turk Türke *m*, Türkin *f*
Tur·key die Türkei
tur·key ZO Truthahn *m*, Truthenne *f*, Pute *f*, Puter *m*; ***talk*** **~** F offen *or* sachlich reden
Turk·ish 1. türkisch **2.** LING Türkisch *n*
tur·moil Aufruhr *m*
turn 1. *v/t* drehen, herum-, umdrehen; (um)wenden; *Seite* umblättern; *Schlauch etc* richten (***on*** auf *acc*); *Antenne* ausrichten (***toward[s]*** auf *acc*); *Aufmerksamkeit* zuwenden (***to*** *dat*); verwandeln (***into*** in *acc*); *Laub etc* färben; *Milch* sauer werden lassen; TECH

formen, drechseln; ~ ***the corner*** um die Ecke biegen; ~ ***loose*** los-, freilassen; ~ ***s.o.'s stomach*** j-m den Magen umdrehen; → ***inside*** *1*, ***upside down, somersault*** 1; *v/i* sich (um)drehen; abbiegen; einbiegen (***onto*** auf *acc*; ***into*** in *acc*); MOT wenden; *blass*, *sauer etc* werden; sich verwandeln, *fig a.* umschlagen (***into, to*** in *acc*); → ***left*** 2, ***righ*** 2; ~ ***against*** *j-n* aufbringen *or* aufhetzen gegen; *fig* sich wenden gegen; ~ ***away*** (sich) abwenden (***from*** von); *j-n* abweisen, wegschicken; ~ ***back*** umkehren; *j-n* zurückschicken; *Uhr* zurückstellen; ~ ***down*** *Radio etc* leiser stellen; *Gas etc* klein(er) stellen; *Heizung etc* runterschalten; *j-n*, *Angebot etc* ablehnen; *Kragen* umschlagen; *Bettdecke* zurückschlagen; ~ ***in*** *v/t* zurückgeben; *Gewinn etc* erzielen, machen; *Arbeit* einreichen, abgeben; ~ ***o.s. in*** sich stellen; *v/i* F sich aufs Ohr legen; ~ ***off*** *v/t Gas, Wasser etc* abdrehen; *Licht*, *Radio etc* ausmachen, ausschalten; *Motor* abstellen; F *j-n* anwidern; F *j-m* die Lust nehmen; *v/i* abbiegen; ~ ***on*** *Gas*, *Wasser etc* aufdrehen; *Gerät* anstellen; *Licht*, *Radio etc* anmachen, an-, einschalten; F *j-n* antörnen, anmachen; ~ ***out*** *v/t Licht* ausmachen, ausschalten; *j-n* hinauswerfen; F *Waren* ausstoßen; *Tasche etc* (aus)leeren; *v/i* kommen (***for*** zu); sich erweisen *or* herausstellen als; ~ ***over*** (sich) umdrehen; *Seite* umblättern; wenden; *et.* umkippen; sich *et.* überlegen; *j-n*, *et.* übergeben (***to*** *dat*); *Waren* umsetzen; ~ ***round*** sich umdrehen; ~ ***one's car round*** wenden; ~ ***to*** sich an *j-n* wenden; sich zuwenden (*dat*); ~ ***up*** *Kragen* hochschlagen; *Ärmel*, *Saum etc* umschlagen; *Radio etc* lauter stellen; *Gas etc* aufdrehen; *fig* auftauchen **2.** (Um)Drehung *f*; Biegung *f*, Kurve *f*, Kehre *f*; Abzweigung *f*; *fig* Wende *f*, Wendung *f*; ***at every*** ~ auf Schritt und Tritt; ***by*** ~***s*** abwechselnd; ***in*** ~ der Reihe nach; abwechselnd; ***it is my*** ~ ich bin an der Reihe *or* F dran; ***make a left*** ~ (nach) links abbiegen; ***take*** ~***s*** sich abwechseln (***at*** bei); ***take a*** ~ ***for the better*** (***worse***) sich bessern (sich verschlimmern); ***do s.o. a good*** (***bad***) ~ j-m e-n guten (schlechten) Dienst erweisen

turn·coat Abtrünnige *m*, *f*, Überläufer(in); (***political***) ~ F Wendehals *m*

turn·er Drechsler *m*; Dreher *m*

turn·ing *esp Br* Abzweigung *f*

turn·ing cir·cle MOT Wendekreis *m*

turn·ing point *fig* Wendepunkt *m*

tur·nip BOT Rübe *f*

turn-off Abzweigung *f*

turn·out Besucher(zahl *f*) *pl*, Beteiligung *f*; Wahlbeteiligung *f*; F Aufmachung *f*

turn·o·ver ECON Umsatz *m*; Personalwechsel *m*, Fluktuation *f*

turn·pike (**road**) gebührenpflichtige Schnellstraße

turn·stile Drehkreuz *n*

turn·ta·ble Plattenteller *m*

turn-up *Br* (Hosen)Aufschlag *m*

tur·pen·tine CHEM Terpentin *n*

tur·quoise MIN Türkis *m*

tur·ret ARCH Ecktürmchen *n*; MIL (Panzer)Turm *m*; MAR Gefechtsturm *m*, Geschützturm *m*

tur·tle ZO (See)Schildkröte *f*

tur·tle·dove ZO Turteltaube *f*

tur·tle·neck Rollkragen(pullover) *m*

tusk ZO Stoßzahn *m*; Hauer *m*

tus·sle F Gerangel *n*

tus·sock Grasbüschel *n*

tu·te·lage (An)Leitung *f*; JUR Vormundschaft *f*

tu·tor Privat-, Hauslehrer(in); *Br* UNIV Tutor(in), Studienleiter(in)

tu·to·ri·al *Br* UNIV Tutorenkurs *m*

tux·e·do Smoking *m*

TV 1. TV *n*, Fernsehen *n*; Fernsehgerät *n*, F Fernseher *m*; ***on*** ~ im Fernsehen; ***watch*** ~ fernsehen **2.** Fernseh…

twang 1. Schwirren *n*; *mst* ***nasal*** ~ näselnde Aussprache **2.** schwirren (lassen)

tweak F zwicken, kneifen

tweet ZO piep(s)en

tweez·ers (***a pair of*** ~ e-e) Pinzette *f*

twelfth 1. zwölfte(r, -s) **2.** Zwölftel *n*

twelve 1. zwölf **2.** Zwölf *f*

twen·ti·eth zwanzigste(r, -s)

twen·ty 1. zwanzig **2.** Zwanzig *f*

twice zweimal

twid·dle (herum)spielen mit (*or* ***with*** mit); ~ ***one's thumbs*** Däumchen drehen

twig BOT dünner Zweig, Ästchen *n*

twi·light (*esp* Abend)Dämmerung *f*; Zwielicht *n*, Dämmerlicht *n*
twin 1. Zwilling *m*; *pl* Zwillinge *pl* **2.** Zwillings…; doppelt **3.** ***be ~ned with*** die Partnerstadt sein von
twin-bed·ded room Zweibettzimmer *n*
twin beds zwei Einzelbetten
twin broth·er Zwillingsbruder *m*
twine 1. Bindfaden *m*, Schnur *f* **2.** (sich) schlingen *or* winden (***round*** um); *a.* ***~ together*** zusammendrehen
twin-en·gined AVIAT zweimotorig
twinge stechender Schmerz, Stechen *n*; ***a ~ of conscience*** Gewissensbisse *pl*
twin·kle 1. glitzern (*stars*), (*a. eyes*) funkeln (***with*** vor *dat*); **2.** Glitzern *n*, Funkeln *n*; ***with a ~ in one's eye*** augenzwinkernd
twin sis·ter Zwillingsschwester *f*
twin town Partnerstadt *f*
twirl 1. (herum)wirbeln; wirbeln (***round*** über *acc*); **2.** Wirbel *m*
twist 1. *v/t* drehen; wickeln (***round*** um); *fig* verdrehen; ***~ off*** abdrehen, *Deckel* abschrauben; ***~ one's ankle*** (mit dem Fuß) umknicken, sich den Fuß vertreten; ***her face was ~ed with pain*** ihr Gesicht war schmerzverzerrt; *v/i* sich winden, (*river etc a.*) sich schlängeln **2.** Drehung *f*; Biegung *f*; (*überraschende*) Wendung; MUS Twist *m*
twitch 1. *v/t* zucken (mit); *v/i* zucken (***with*** vor); zupfen (***at*** an *dat*); **2.** Zucken *n*; Zuckung *f*
twit·ter 1. zwitschern **2.** Zwitschern *n*, Gezwitscher *n*; ***be all of a ~*** F ganz aufgeregt sein
two 1. zwei; ***the ~ cars*** die beiden Autos; ***the ~ of us*** wir beide; ***in ~s*** zu zweit, paarweise; ***cut in ~*** in zwei Teile schneiden; ***put ~ and ~ together*** zwei und zwei zusammenzählen **2.** Zwei *f*
two-edged zweischneidig
two-faced falsch, heuchlerisch
two·fold zweifach
two·pence *Br* zwei Pence *pl*
two·pen·ny *Br* F für zwei Pence
two-piece zweiteilig; ***~ dress*** Jackenkleid *n*
two-seat·er AVIAT, MOT Zweisitzer *m*
two-sid·ed zweiseitig
two-sto·ried, *Br* **two-sto·rey** zweistöckig
two-way traf·fic MOT Gegenverkehr *m*
ty·coon (*Industrie- etc*)Magnat *m*
type 1. Art *f*, Sorte *f*; Typ *m*; PRINT Type *f*, Buchstabe *m* **2.** *v/t et.* mit der Maschine schreiben, tippen; *v/i* Maschine schreiben, tippen
type·writ·er Schreibmaschine *f*
type·writ·ten maschine(n)geschrieben
ty·phoid (fe·ver) MED Typhus *m*
ty·phoon Taifun *m*
ty·phus MED Flecktyphus *m*, -fieber *n*
typ·i·cal typisch, bezeichnend (***of*** für)
typ·i·fy typisch sein für, kennzeichnen; verkörpern
typ·ing er·ror Tippfehler *m*
typ·ing pool ECON Schreibzentrale *f*
typ·ist Schreibkraft *f*; Maschinenschreiber(in)
ty·ran·ni·cal tyrannisch
tyr·an·nize tyrannisieren
tyr·an·ny Tyrannei *f*
ty·rant Tyrann(in)
tyre *Br* → ***tire***[1]
tzar → ***tsar***

U

U, u U, u *n*
ud·der zo Euter *n*
ug·ly hässlich (*a. fig*); bös(e), schlimm (*wound etc*)
ul·cer MED Geschwür *n*
ul·te·ri·or: ***~ motive*** Hintergedanke *m*
ul·ti·mate letzte(r, -s), End…; höchste(r, -s)
ul·ti·mate·ly letztlich; schließlich
ul·ti·ma·tum Ultimatum *n*; ***deliver an ~ to s.o.*** j-m ein Ultimatum stellen
ul·tra·high fre·quen·cy ELECTR Ultrakurzwelle *f*
ul·tra·ma·rine ultramarin
ul·tra·son·ic Ultraschall…
ul·tra·sound PHYS Ultraschall *m*
ul·tra·vi·o·let ultraviolett
um·bil·i·cal cord ANAT Nabelschnur *f*

um·brel·la (Regen)Schirm *m*; *fig* Schutz *m*
um·pire SPORT **1.** Schiedsrichter(in) **2.** als Schiedsrichter(in) fungieren (bei)
un·a·bashed unverfroren
un·a·bat·ed unvermindert
un·a·ble unfähig, außerstande, nicht in der Lage
un·ac·cept·a·ble unzumutbar
un·ac·count·a·ble unerklärlich
un·ac·cus·tomed ungewohnt
un·ac·quaint·ed: ***be ~ with s.th.*** et. nicht kennen, mit e-r Sache nicht vertraut sein
un·ad·vised unbesonnen, unüberlegt
un·af·fect·ed natürlich, ungekünstelt; ***be ~ by*** nicht betroffen sein von
un·aid·ed ohne Unterstützung, (ganz) allein
un·al·ter·a·ble unabänderlich
u·nan·i·mous einmütig; einstimmig
un·an·nounced unangemeldet
un·an·swer·a·ble unwiderlegbar; nicht zu beantworten(d)
un·ap·pe·tiz·ing unappetitlich
un·ap·proach·a·ble unnahbar
un·armed unbewaffnet
un·asked ungestellt (*question*); unaufgefordert, ungebeten (*guest etc*)
un·as·sist·ed ohne (fremde) Hilfe, (ganz) allein
un·as·sum·ing bescheiden
un·at·tached ungebunden, frei
un·at·tend·ed unbeaufsichtigt
un·at·trac·tive unattraktiv, wenig anziehend, reizlos
un·au·thor·ized unberechtigt, unbefugt
un·a·void·a·ble unvermeidlich
un·a·ware: ***be ~ of s.th.*** sich e-r Sache nicht bewusst sein, et. nicht bemerken
un·a·wares: ***catch*** *or* ***take s.o. ~*** j-n überraschen
un·bal·ance *j-n* aus dem (seelischen) Gleichgewicht bringen
un·bal·anced unausgeglichen, labil
un·bar aufriegeln, entriegeln
un·bear·a·ble unerträglich; *person*: unausstehlich
un·beat·a·ble unschlagbar
un·beat·en ungeschlagen, unbesiegt
un·be·com·ing unvorteilhaft
un·be·known(st): ***~ to s.o.*** ohne j-s Wissen
un·be·liev·a·ble unglaublich
un·bend gerade biegen; sich aufrichten; *fig* aus sich herausgehen, auftauen
un·bend·ing unbeugsam
un·bi·as(s)ed unvoreingenommen; JUR unbefangen
un·bind losbinden
un·blem·ished makellos
un·born ungeboren
un·break·a·ble unzerbrechlich
un·bri·dled *fig* ungezügelt, zügellos; ***~ tongue*** lose Zunge
un·bro·ken ununterbrochen; heil, unversehrt; nicht zugeritten (*horse*)
un·buck·le aufschnallen, losschnallen
un·bur·den: ***~ o.s. to s.o.*** j-m sein Herz ausschütten
un·but·ton aufknöpfen
un·called-for ungerechtfertigt; unnötig; unpassend
un·can·ny unheimlich
un·cared-for vernachlässigt
un·ceas·ing unaufhörlich
un·ce·re·mo·ni·ous brüsk, unhöflich; überstürzt
un·cer·tain unsicher, ungewiss, unbestimmt; vage; METEOR unbeständig
un·cer·tain·ty Unsicherheit *f*, Ungewissheit *f*
un·chain losketten
un·changed unverändert
un·chang·ing unveränderlich
un·char·i·ta·ble unfair
un·checked ungehindert; ungeprüft
un·chris·tian unchristlich
un·civ·il unhöflich
un·civ·i·lized unzivilisiert
un·cle Onkel *m*
un·com·fort·a·ble unbequem; ***feel ~*** sich unbehaglich fühlen
un·com·mon ungewöhnlich
un·com·mu·ni·ca·tive wortkarg, verschlossen
un·com·pre·hend·ing verständnislos
un·com·pro·mis·ing kompromisslos
un·con·cerned: ***be ~ about*** sich keine Gedanken *or* Sorgen machen über (*acc*); ***be ~ with*** uninteressiert sein an (*dat*)
un·con·di·tion·al bedingungslos
un·con·firmed unbestätigt
un·con·scious unbewusst; unbeabsichtigt; MED bewusstlos; ***be ~ of*** sich *e-r Sache* nicht bewusst sein, nicht bemerken; **un·con·scious·ness** MED Be-

wusstlosigkeit *f*
un·con·sti·tu·tion·al verfassungswidrig
un·con·trol·la·ble unkontrollierbar; nicht zu bändigen(d); unbändig (*rage etc*); **un·con·trolled** unkontrolliert
un·con·ven·tion·al unkonventionell
un·con·vinced: ***be ~*** nicht überzeugt sein (***about*** von)
un·con·vinc·ing nicht überzeugend
un·cooked ungekocht, roh
un·cork entkorken
un·count·a·ble unzählbar
un·coup·le abkoppeln
un·couth *fig* ungehobelt
un·cov·er aufdecken, *fig a.* enthüllen
un·crit·i·cal unkritisch; ***be ~ of s.th.*** e-r Sache unkritisch gegenüberstehen
unc·tion REL Salbung *f*
unc·tu·ous salbungsvoll
un·cut ungekürzt (*film, novel etc*); ungeschliffen (*diamond etc*)
un·dam·aged unbeschädigt, unversehrt, heil
un·dat·ed undatiert, ohne Datum
un·daunt·ed unerschrocken, furchtlos
un·de·cid·ed unentschieden, offen; unentschlossen
un·de·mon·stra·tive zurückhaltend, reserviert
un·de·ni·a·ble unbestreitbar
un·der 1. *prp* unter (*dat or acc*) **2.** *adv* unten; darunter
un·der·age minderjährig
un·der·bid unterbieten
un·der·brush → ***undergrowth***
un·der·car·riage AVIAT Fahrwerk *n*, Fahrgestell *n*
un·der·charge zu wenig berechnen; zu wenig verlangen
un·der·clothes, un·der·cloth·ing → ***underwear***
un·der·coat Grundierung *f*
un·der·cov·er: ***~ agent*** verdeckter Ermittler
un·der·cut *j-n* (im Preis) unterbieten
un·der·de·vel·oped unterentwickelt; ***~ country*** Entwicklungsland *n*
un·der·dog Benachteiligte *m, f*
un·der·done nicht durchgebraten
un·der·es·ti·mate zu niedrig schätzen *or* veranschlagen; *fig* unterschätzen
un·der·ex·pose PHOT unterbelichten
un·der·fed unterernährt
un·der·go erleben, durchmachen; MED sich *e-r Operation etc* unterziehen
un·der·grad F, **un·der·grad·u·ate** Student(in)
un·der·ground 1. *adv* unterirdisch, unter der Erde **2.** *adj* unterirdisch; *fig* Untergrund... **3.** *esp Br* Untergrundbahn *f*, U-Bahn *f*; ***by ~*** mit der U-Bahn
un·der·growth Unterholz *n*
un·der·hand, un·der·hand·ed heimlich; hinterhältig
un·der·line unterstreichen (*a. fig*)
un·der·ling *contp* Untergebene *m, f*
un·der·ly·ing zugrunde liegend
un·der·mine unterspülen; *fig* untergraben, unterminieren
un·der·neath 1. *prp* unter (*dat or acc*) **2.** *adv* darunter
un·der·nour·ished unterernährt
un·der·pants Unterhose *f*
un·der·pass Unterführung *f*
un·der·pay *j-m* zu wenig bezahlen, *j-n* unterbezahlen
un·der·priv·i·leged unterprivilegiert, benachteiligt
un·der·rate unterbewerten, -schätzen
un·der·sec·re·ta·ry POL Staatssekretär *m*
un·der·sell ECON *Ware* verschleudern, unter Wert verkaufen; ***~ o.s.*** *fig* sich schlecht verkaufen
un·der·shirt Unterhemd *n*
un·der·side Unterseite *f*
un·der·signed: ***the ~*** der *or* die Unterzeichnete, die Unterzeichneten *pl*
un·der·size(d) zu klein
un·der·staffed (personell) unterbesetzt
un·der·stand verstehen; erfahren *or* gehört haben (***that*** dass); ***make o.s. understood*** sich verständlich machen; ***am I to ~ that*** soll das heißen, dass; ***give s.o. to ~ that*** j-m zu verstehen geben, dass
un·der·stand·a·ble verständlich
un·der·stand·ing 1. Verstand *m*; Verständnis *n*; Abmachung *f*; Verständigung *f*; ***come to an ~*** e-e Abmachung treffen (***with*** mit); ***on the ~ that*** unter der Voraussetzung, dass **2.** verständnisvoll
un·der·state untertreiben, untertrieben darstellen; **un·der·state·ment** Understatement *n*, Untertreibung *f*
un·der·take *et.* übernehmen; sich verpflichten (***to do*** zu tun)

U

un·der·tak·er Leichenbestatter *m*; Beerdigungs-, Bestattungsinstitut *n*
un·der·tak·ing Unternehmen *n*; Zusicherung *f*
un·der·tone *fig* Unterton *m*; ***in an ~*** mit gedämpfter Stimme
un·der·val·ue unterbewerten
un·der·wa·ter **1.** *adj* Unterwasser… **2.** *adv* unter Wasser
un·der·wear Unterwäsche *f*
un·der·weight **1.** Untergewicht *n* **2.** untergewichtig, zu leicht (***by*** um); ***she is five pounds ~*** sie hat fünf Pfund Untergewicht
un·der·world Unterwelt *f*
un·de·served unverdient
un·de·sir·a·ble unerwünscht
un·de·vel·oped unerschlossen (*area*); unentwickelt
un·dies F (Damen)Unterwäsche *f*
un·dig·ni·fied würdelos
un·di·min·ished unvermindert
un·dis·ci·plined undiszipliniert
un·dis·cov·ered unentdeckt
un·dis·guised unverhohlen
un·dis·put·ed unbestritten
un·dis·turbed ungestört
un·di·vid·ed ungeteilt
un·do aufmachen, öffnen; *fig* zunichtemachen; **un·do·ing**: ***be s.o.'s ~*** j-s Ruin *or* Verderben sein; **un·done** unerledigt; offen; ***come ~*** aufgehen
un·doubt·ed unbestritten
un·doubt·ed·ly zweifellos, ohne (jeden) Zweifel
un·dreamed-of, un·dreamt-of ungeahnt
un·dress sich ausziehen; *j-n* ausziehen
un·due übermäßig
un·du·lat·ing sanft (*hills*)
un·dy·ing ewig
un·earned *fig* unverdient
un·earth ausgraben, *fig a.* ausfindig machen, aufstöbern
un·earth·ly überirdisch; unheimlich; ***at an ~ hour*** F zu e-r unchristlichen Zeit
un·eas·i·ness Unbehagen *n*
un·eas·y unruhig (*sleep*); unsicher (*peace*); ***feel ~*** sich unbehaglich fühlen; ***I'm ~ about*** mir ist nicht wohl bei
un·e·co·nom·ic unwirtschaftlich
un·ed·u·cat·ed ungebildet
un·e·mo·tion·al leidenschaftslos, kühl, beherrscht
un·em·ployed **1.** arbeitslos **2.** ***the ~*** die Arbeitslosen *pl*
un·em·ploy·ment Arbeitslosigkeit *f*; **~ a·gen·cy** *Am* Arbeitsagentur *f*; **~ ben·e·fit** *Br*, **~ com·pen·sa·tion** Arbeitslosengeld *n*
un·end·ing endlos
un·en·dur·a·ble unerträglich
un·en·vi·a·ble wenig beneidenswert
un·e·qual ungleich (*a. fig*), unterschiedlich; *fig* einseitig; ***be ~ to*** *e-r Aufgabe etc* nicht gewachsen sein
un·e·qual(l)ed unerreicht, unübertroffen
un·er·ring unfehlbar
un·e·ven uneben; ungleich(mäßig); ungerade (*number*)
un·e·vent·ful ereignislos
un·ex·am·pled beispiellos
un·ex·pec·ted unerwartet
un·ex·posed PHOT unbelichtet
un·fail·ing unerschöpflich; nie versagend
un·fair unfair, ungerecht
un·faith·ful untreu (***to*** *dat*)
un·fa·mil·i·ar ungewohnt; unbekannt; nicht vertraut (***with*** mit)
un·fas·ten aufmachen, öffnen; losbinden
un·fa·vo(u)r·a·ble ungünstig; unvorteilhaft (***for, to*** für); negativ, ablehnend
un·feel·ing gefühllos, herzlos
un·fin·ished unvollendet; unfertig; unerledigt
un·fit nicht fit, nicht in Form; ungeeignet, untauglich; unfähig
un·flag·ging unermüdlich, unentwegt
un·flap·pa·ble F nicht aus der Ruhe zu bringen(d)
un·fold auffalten, auseinanderfalten; darlegen, enthüllen; sich entfalten
un·fore·seen unvorhergesehen, unerwartet
un·for·get·ta·ble unvergesslich
un·for·got·ten unvergessen
un·for·tu·nate unglücklich; unglückselig; bedauerlich
un·for·tu·nate·ly leider
un·found·ed unbegründet
un·friend·ly unfreundlich (***to, towards*** zu)
un·furl *Fahne* aufrollen, entrollen, *Segel* losmachen
un·fur·nished unmöbliert

un·gain·ly linkisch, unbeholfen
un·god·ly gottlos; ***at an ~ hour*** F zu e-r unchristlichen Zeit
un·gra·cious ungnädig; unfreundlich
un·grate·ful undankbar
un·guard·ed unbewacht; unbedacht, unüberlegt
un·hap·pi·ly unglücklicherweise, leider; **un·hap·py** unglücklich
un·harmed unversehrt
un·health·y kränklich, nicht gesund; ungesund; *contp* krankhaft, unnatürlich
un·heard: ***go ~*** keine Beachtung finden, unbeachtet bleiben; **un·heard-of** noch nie da gewesen, beispiellos
un·hinge: ***~ s.o.*** (***'s mind***) *fig* j-n völlig aus dem Gleichgewicht bringen
un·ho·ly F furchtbar, schrecklich
un·hoped-for unverhofft, unerwartet
un·hurt unverletzt
u·ni·corn Einhorn *n*
un·i·den·ti·fied unbekannt, nicht identifiziert
u·ni·fi·ca·tion Vereinigung *f*
u·ni·form **1.** Uniform *f* **2.** gleichmäßig; einheitlich
u·ni·form·i·ty Einheitlichkeit *f*
u·ni·fy verein(ig)en; vereinheitlichen
u·ni·lat·e·ral *fig* einseitig
un·i·ma·gin·a·ble unvorstellbar
un·i·ma·gin·a·tive fantasielos, einfallslos
un·im·por·tant unwichtig
un·im·pressed: ***remain ~*** unbeeindruckt bleiben (***by*** von)
un·in·formed nicht unterrichtet *or* eingeweiht
un·in·hab·it·a·ble unbewohnbar
un·in·hab·it·ed unbewohnt
un·in·jured unverletzt
un·in·tel·li·gi·ble unverständlich
un·in·ten·tion·al unabsichtlich, unbeabsichtigt
un·in·terest·ed uninteressiert (***in*** an *dat*); ***be ~ in a.*** sich nicht interessieren für; **un·in·terest·ing** uninteressant
un·in·ter·rupt·ed ununterbrochen
u·nion Vereinigung *f*; Union *f*; Gewerkschaft *f*; **u·nion·ist** Gewerkschaftler(in); **u·nion·ize** (sich) gewerkschaftlich organisieren
u·nique einzigartig; einmalig
u·ni·son: ***in ~*** gemeinsam
u·nit Einheit *f*; PED Unit *f*, Lehreinheit *f*; MATH Einer *m*; TECH (Anbau)Element *n*, Teil *n*; ***~ furniture*** Anbaumöbel *pl*
u·nite verbinden, vereinigen; sich vereinigen *or* zusammentun
u·nit·ed vereinigt, vereint
U·nit·ed King·dom *das* Vereinigte Königreich (*England*, *Scotland*, *Wales and Northern Ireland*)
U·nit·ed States of A·mer·i·ca *die* Vereinigten Staaten von Amerika
u·ni·ty Einheit *f*; MATH Eins *f*
u·ni·ver·sal allgemein; universal, universell; Welt…
u·ni·verse Universum *n*, Weltall *n*
u·ni·ver·si·ty Universität *f*, Hochschule *f*; **~ grad·u·ate** Akademiker(in)
un·just ungerecht
un·kempt ungekämmt (*hair*); ungepflegt (*clothes etc*)
un·kind unfreundlich
un·known **1.** unbekannt (***to*** *dat*); **2.** *der*, *die*, *das* Unbekannte; **~ quan·ti·ty** MATH unbekannte Größe (*a. fig*), Unbekannte *f*
un·law·ful ungesetzlich, gesetzwidrig
un·lead·ed bleifrei
un·learn *Ansichten etc* ablegen, aufgeben
un·less wenn … nicht, außer wenn …, es sei denn …
un·like *prp* im Gegensatz zu; ***he is very ~ his father*** er ist ganz anders als sein Vater; ***that is very ~ him*** das sieht ihm gar nicht ähnlich
un·like·ly unwahrscheinlich
un·lim·it·ed unbegrenzt
un·list·ed: ***be ~*** nicht im Telefonbuch stehen; **~ num·ber** TEL Geheimnummer *f*
un·load entladen, abladen, ausladen; MAR *Ladung* löschen
un·lock aufschließen
un·loos·en losmachen; lockern; lösen
un·loved ungeliebt
un·luck·y unglücklich; ***be ~*** Pech haben
un·made ungemacht
un·manned unbemannt
un·marked nicht gekennzeichnet; SPORT ungedeckt, frei
un·mar·ried unverheiratet, ledig
un·mask *fig* entlarven
un·matched unübertroffen, unvergleichlich
un·men·tio·na·ble Tabu…; ***be ~*** tabu

sein
un·mis·tak·a·ble unverkennbar, unverwechselbar, untrüglich
un·mo·lest·ed unbehelligt
un·moved ungerührt; ***she remained ~ by it*** es ließ sie kalt
un·mu·si·cal unmusikalisch
un·named ungenannt
un·nat·u·ral unnatürlich; widernatürlich
un·ne·ces·sa·ry unnötig
un·nerve entnerven
un·no·ticed unbemerkt
un·num·bered unnummeriert
un·ob·tru·sive unauffällig, unaufdringlich
un·oc·cu·pied leer (stehend), unbewohnt; unbeschäftigt
un·of·fi·cial inoffiziell
un·pack auspacken
un·paid unbezahlt; *post* unfrei
un·par·al·leled einmalig, beispiellos
un·par·don·a·ble unverzeihlich
un·per·turbed gelassen, ruhig
un·pick *Naht etc* auftrennen
un·placed: ***be ~*** SPORT sich nicht platzieren können
un·play·a·ble SPORT unbespielbar
un·pleas·ant unangenehm, unerfreulich; unfreundlich
un·plug den Stecker (*gen*) herausziehen
un·pol·ished unpoliert; *fig* ungehobelt
un·pol·lut·ed sauber, unverschmutzt
un·pop·u·lar unpopulär, unbeliebt
un·pop·u·lar·i·ty Unbeliebtheit *f*
un·prac·ti·cal unpraktisch
un·prac·ticed, *Br* **un·prac·tised** ungeübt
un·pre·ce·dent·ed beispiellos, noch nie da gewesen
un·pre·dict·a·ble unvorhersehbar; unberechenbar (*person*)
un·prej·u·diced unvoreingenommen; JUR unbefangen
un·pre·med·i·tat·ed nicht vorsätzlich; unüberlegt
un·pre·pared unvorbereitet
un·pre·ten·tious bescheiden, einfach, schlicht
un·prin·ci·pled skrupellos, gewissenlos
un·prin·ta·ble nicht druckfähig *or* druckreif
un·pro·duc·tive unproduktiv, unergiebig
un·pro·fes·sion·al unprofessionell; unfachmännisch
un·prof·it·a·ble unrentabel
un·pro·nounce·a·ble unaussprechbar
un·pro·tect·ed ungeschützt
un·proved, un·prov·en unbewiesen
un·pro·voked grundlos
un·pun·ished unbestraft, ungestraft; ***go ~*** straflos bleiben
un·qual·i·fied unqualifiziert, ungeeignet (***for*** für); uneingeschränkt
un·ques·tion·a·ble unbestritten
un·ques·tion·ing bedingungslos
un·quote: ***quote ... ~*** Zitat ... Zitat Ende
un·rav·el (sich) auftrennen (*pullover etc*); entwirren
un·read·a·ble nicht lesenswert, unlesbar, *a.* unleserlich
un·re·al unwirklich
un·rea·lis·tic unrealistisch
un·rea·son·a·ble unvernünftig; übertrieben, unzumutbar
un·rec·og·niz·a·ble nicht wieder zu erkennen(d)
un·re·lat·ed: ***be ~*** in keinem Zusammenhang stehen (***to*** mit)
un·re·lent·ing unvermindert
un·re·li·a·ble unzuverlässig
un·re·lieved ununterbrochen, ständig
un·re·mit·ting unablässig, unaufhörlich
un·re·quit·ed: ***~ love*** unerwiderte Liebe
un·re·served uneingeschränkt; nicht reserviert
un·rest POL *etc* Unruhen *pl*
un·re·strained hemmungslos, ungezügelt
un·re·strict·ed uneingeschränkt
un·ripe unreif
un·ri·val(l)ed unerreicht, unübertroffen, einzigartig
un·roll (sich) aufrollen *or* entrollen; sich entfalten
un·ruf·fled gelassen, ruhig
un·ru·ly ungebärdig, wild; widerspenstig (*hair*)
un·sad·dle *Pferd* absatteln; *Reiter* abwerfen
un·safe unsicher, nicht sicher
un·said unausgesprochen
un·sal(e)·a·ble unverkäuflich
un·salt·ed ungesalzen
un·san·i·tar·y unhygienisch
un·sat·is·fac·to·ry unbefriedigend

un·sat·u·rat·ed CHEM ungesättigt
un·sa·vo(u)r·y anrüchig, unerfreulich
un·scathed unversehrt, unverletzt
un·screw abschrauben, losschrauben
un·scru·pu·lous skrupellos, gewissenlos
un·seat *Reiter* abwerfen; *j-n* s-s Amtes entheben
un·seem·ly ungebührlich
un·self·ish selbstlos, uneigennützig
un·set·tle durcheinanderbringen; beunruhigen; aufregen
un·set·tled ungeklärt, offen (*question etc*); unsicher (*situation etc*); METEOR unbeständig
un·shak(e)·a·ble unerschütterlich
un·shav·en unrasiert
un·shrink·a·ble nicht eingehend *or* einlaufend
un·sight·ly unansehnlich; hässlich
un·skilled: *~ worker* ungelernter Arbeiter
un·so·cia·ble ungesellig
un·so·cial: *work ~ hours* außerhalb der normalen Arbeitszeit arbeiten
un·so·lic·it·ed unaufgefordert ein- *or* zugesandt, ECON *a.* unbestellt
un·solved ungelöst (*problem etc*)
un·so·phis·ti·cat·ed einfach, schlicht; TECH unkompliziert
un·sound nicht gesund; nicht in Ordnung; morsch; unsicher, schwach; nicht stichhaltig (*argument etc*); ***of ~ mind*** JUR unzurechnungsfähig
un·spar·ing großzügig, freigebig, verschwenderisch; schonungslos, unbarmherzig
un·speak·a·ble unbeschreiblich, entsetzlich
un·spoiled, **un·spoilt** unverdorben; nicht verwöhnt *or* verzogen
un·sta·ble instabil; unsicher, schwankend; labil (*person*)
un·stead·y wack(e)lig, schwankend, unsicher; unbeständig; ungleichmäßig, unregelmäßig
un·stop *Abfluss etc* frei machen; *Flasche* entstöpseln
un·stressed LING unbetont
un·stuck: ***come ~*** abgehen, sich lösen; *fig* scheitern
un·stud·ied ungekünstelt, natürlich
un·suc·cess·ful erfolglos, ohne Erfolg; vergeblich
un·suit·a·ble unpassend, ungeeignet; unangemessen
un·sure unsicher; ***~ of o.s.*** unsicher
un·sur·passed unübertroffen
un·sus·pect·ed unverdächtig; unvermutet; **un·sus·pect·ing** nichts ahnend, ahnungslos
un·sus·pi·cious arglos; unverdächtig, harmlos
un·sweet·ened ungesüßt
un·swerv·ing unbeirrbar, unerschütterlich
un·tan·gle entwirren (*a. fig*)
un·tapped unerschlossen (*resource etc*)
un·teach·a·ble unbelehrbar (*person*); nicht lehrbar
un·ten·a·ble unhaltbar (*theory etc*)
un·think·a·ble undenkbar, unvorstellbar; **un·think·ing** gedankenlos
un·ti·dy unordentlich
un·tie aufknoten, *Knoten etc* lösen; losbinden
un·til *prp*, *cj* bis; ***not ~*** erst; erst wenn, nicht bevor
un·time·ly vorzeitig, verfrüht; unpassend, ungelegen
un·tir·ing unermüdlich
un·told *fig* unermesslich
un·touched unberührt, unangetastet
un·true unwahr, falsch
un·trust·wor·thy unzuverlässig, nicht vertrauenswürdig
un·used[1] unbenutzt, ungebraucht
un·used[2]: ***be ~ to s.th.*** an et. nicht gewöhnt sein, et. nicht gewohnt sein; ***be ~ to doing s.th.*** es nicht gewohnt sein, et. zu tun
un·u·su·al ungewöhnlich
un·var·nished *fig* ungeschminkt
un·var·y·ing unveränderlich, gleichbleibend
un·veil *Denkmal etc* enthüllen
un·versed unbewandert, unerfahren (***in*** in *dat*)
un·voiced unausgesprochen
un·want·ed unerwünscht, ungewollt
un·war·rant·ed ungerechtfertigt
un·washed ungewaschen
un·wel·come unwillkommen
un·well: ***be*** *or* ***feel ~*** sich unwohl fühlen *or* nicht wohlfühlen
un·whole·some ungesund (*a. fig*)
un·wield·y unhandlich, sperrig
un·will·ing widerwillig; ungern; ***be ~ to***

do s.th. et. nicht tun wollen
un·wind (sich) abwickeln; F abschalten, sich entspannen
un·wise unklug
un·wit·ting unwissentlich; unbeabsichtigt
un·wor·thy unwürdig; ***he*** (***she***) ***is ~ of it*** er (sie) verdient es nicht, er (sie) ist es nicht wert
un·wrap auswickeln, auspacken
un·writ·ten ungeschrieben
un·yield·ing unnachgiebig
un·zip den Reißverschluss (*gen*) aufmachen
up 1. *adv* herauf, hinauf, aufwärts, nach oben, hoch, in die Höhe; oben; ***~ there*** dort oben; ***jump ~ and down*** hüpfen; ***walk ~ and down*** auf und ab gehen, hin und her gehen; ***~ to*** bis zu; ***be ~ to s.th.*** F et. vorhaben, et. im Schilde führen; ***not to be ~ to s.th.*** e-r Sache nicht gewachsen sein; ***it's ~ to you*** das liegt bei dir **2.** *prp* herauf, hinauf; oben auf (*dat*); ***~ the river*** flussaufwärts **3.** *adj* nach oben (gerichtet), Aufwärts…; ASTR aufgegangen; ECON gestiegen; *time*: abgelaufen, um; aufgestanden, F auf; ***the ~ train*** der Zug nach London; ***be ~ and about*** F wieder auf den Beinen sein; ***what's ~?*** F was ist los? **4.** F *v/t Angebot, Preis etc* erhöhen **5.** ***the ~s and downs*** F die Höhen und Tiefen *pl* (***of life*** des Lebens)
up-and-com·ing aufstrebend, vielversprechend
up·bring·ing Erziehung *f*
up·com·ing bevorstehend
up·coun·try landeinwärts; im Landesinneren
up·date 1. auf den neuesten Stand bringen; aktualisieren **2.** Lagebericht *m*
up·end hochkant stellen
up·grade *j-n* befördern
up·heav·al *fig* Umwälzung *f*
up·hill aufwärts, bergan; bergauf führend; *fig* mühsam
up·hold *Rechte etc* schützen, wahren; JUR *Urteil* bestätigen
up·hol·ster *Möbel* polstern
up·hol·ster·er Polsterer *m*
up·hol·ster·y Polsterung *f*; Bezug *m*; Polsterei *f*
up·keep Instandhaltung(skosten *pl*) *f*; Unterhalt(ungskosten *pl*) *m*
up·land *mst pl* Hochland *n*
up·lift 1. *j-n* aufrichten, *j-m* Auftrieb geben **2.** Auftrieb *m*
up·on → ***on, once 1***
up·per obere(r, -s), Ober…;
up·per·most 1. *adj* oberste(r, -s), größte(r, -s), höchste(r, -s); ***be ~*** oben sein; *fig* an erster Stelle stehen **2.** *adv* nach oben
up·right aufrecht, *a.* gerade, *fig a.* rechtschaffen
up·ris·ing Aufstand *m*
up·roar Aufruhr *m*; **up·roar·i·ous** lärmend, laut; schallend (*laughter*)
up·root ausreißen, entwurzeln; *fig j-n* herausreißen (***from*** aus)
up·set umkippen, umstoßen, umwerfen; *Pläne etc* durcheinanderbringen, stören; *j-n* aus der Fassung bringen; ***the fish has ~ me*** *or* ***my stomach*** ich habe mir durch den Fisch den Magen verdorben; ***be ~*** aufgeregt sein; aus der Fassung *or* durcheinander sein; gekränkt *or* verletzt sein
up·shot Ergebnis *n*
up·side down verkehrt herum; *fig* drunter und drüber; ***turn ~*** umdrehen, *a. fig* auf den Kopf stellen
up·stairs 1. die Treppe herauf *or* hinauf, nach oben; oben **2.** im oberen Stockwerk (gelegen), obere(r, -s)
up·start Emporkömmling *m*
up·state im Norden (e-s Bundesstaats)
up·stream fluss-, stromaufwärts
up·take: F ***be quick*** (***slow***) ***on the ~*** schnell begreifen (schwer von Begriff sein)
up-to-date modern; aktuell, auf dem neuesten Stand
up·town in den Wohnvierteln; in die Wohnviertel
up·turn Aufschwung *m*
up·ward(s) aufwärts, nach oben
u·ra·ni·um CHEM Uran *n*
ur·ban städtisch, Stadt…
ur·ban·i·za·tion Verstädterung *f*
ur·chin Bengel *m*
urge 1. *j-n* drängen (***to do*** zu tun); drängen auf (*acc*); *a.* ***~ on*** *j-n* drängen, antreiben **2.** Drang *m*, Verlangen *n*
ur·gen·cy Dringlichkeit *f*
ur·gent dringend; ***be ~*** *a.* eilen
u·ri·nate urinieren; **u·rine** Urin *m*
urn Urne *f*

us uns; ***all of ~*** wir alle; ***both of ~*** wir beide
us·age Sprachgebrauch *m*; Behandlung *f*; Verwendung *f*, Gebrauch *m*
USB flash drive IT USB-Stick *m*
use 1. *v/t* benutzen, gebrauchen, anwenden, verwenden; (ver)brauchen; ***~ up*** auf-, verbrauchen; *v/i*: ***I ~d to live here*** ich habe früher hier gewohnt **2.** Benutzung *f*, Gebrauch *m*, Verwendung *f*; Nutzen *m*; ***be of ~*** nützlich *or* von Nutzen sein (***to*** für); ***it's no ~*** *doing* es ist nutzlos *or* zwecklos *zu inf*; → ***milk*** *1*
used[1]: ***be ~ to s.th.*** an et. gewöhnt sein, et. gewohnt sein; ***be ~ to doing s.th.*** es gewohnt sein, et. zu tun
used[2] gebraucht; ***~ car*** Gebrauchtwagen *m*; ***~ car deal·er*** Gebrauchtwagenhändler(in)
use·ful nützlich
use·less nutzlos, zwecklos
us·er Benutzer(in); Verbraucher(in)
us·er-friend·ly benutzer- *or* verbraucherfreundlich
us·er in·ter·face IT Benutzeroberfläche *f*
ush·er 1. Platzanweiser *m*; Gerichtsdiener *m* **2.** *j-n* führen, geleiten (***into*** in *acc*; ***to*** zu)
ush·er·ette Platzanweiserin *f*
u·su·al gewöhnlich, üblich
u·su·al·ly (für) gewöhnlich, normalerweise
u·sur·er Wucherer *m*
u·su·ry Wucher *m*
u·ten·sil Gerät *n*
u·te·rus ANAT Gebärmutter *f*
u·til·i·ty Nutzen *m*; *pl* Leistungen *pl* der öffentlichen Versorgungsbetriebe
u·til·ize nutzen
ut·most äußerste(r, -s), größte(r, -s), höchste(r, -s)
u·to·pi·an utopisch
ut·ter[1] total, völlig
ut·ter[2] äußern, *Seufzer etc* ausstoßen, *Wort* sagen
U-turn MOT Wende *f*; *fig* Kehrtwendung *f*
u·vu·la ANAT (Gaumen)Zäpfchen *n*

V

V, v V, v *n*
va·can·cy freie *or* offene Stelle; ***vacancies*** Zimmer frei; ***no vacancies*** belegt
va·cant leer stehend, unbewohnt; frei (*seat etc*); frei, offen (*job*); *fig* leer (*expression, stare etc*)
va·cate *Hotelzimmer* räumen; *Stelle etc* aufgeben
va·ca·tion 1. Ferien *pl*, Urlaub *m*; *esp Br* UNIV Semesterferien *pl*; JUR Gerichtsferien *pl*; ***be on ~*** im Urlaub sein, Urlaub machen **2.** Urlaub machen, die Ferien verbringen
va·ca·tion·er, **va·ca·tion·ist** Urlauber(in)
vac·cin·ate MED impfen
vac·cin·a·tion MED (Schutz)Impfung *f*
vac·cine MED Impfstoff *m*
vac·il·late *fig* schwanken
vac·u·um 1. PHYS Vakuum *n* **2.** F *Teppich, Zimmer etc* saugen; ***~ bot·tle*** Thermosflasche® *f*; ***~ clean·er*** Staubsauger *m*; ***~ flask*** *Br* Thermosflasche® *f*; ***~-packed*** vakuumverpackt
vag·a·bond Vagabund *m*, Landstreicher(in)
va·ga·ry *mst pl* Laune *f*; wunderlicher Einfall
va·gi·na ANAT Vagina *f*, Scheide *f*
va·gi·nal ANAT vaginal, Scheiden…
va·grant Nichtsesshafte *m, f*, Landstreicher(in)
vague verschwommen; vage; unklar
vain eingebildet, eitel; vergeblich; ***in ~*** vergebens, vergeblich
val·en·tine Valentinskarte *f*
va·le·ri·an BOT, PHARM Baldrian *m*
val·et (Kammer)Diener *m*
val·id stichhaltig, triftig; gültig (***for two weeks*** zwei Wochen); JUR rechtsgültig, rechtskräftig; ***be ~*** *a.* gelten
va·lid·i·ty (JUR Rechts)Gültigkeit *f*; Stichhaltigkeit *f*, Triftigkeit *f*
val·ley Tal *n*
val·u·a·ble 1. wertvoll **2.** *pl* Wertgegenstände *pl*, Wertsachen *pl*

val·u·a·tion Schätzung *f*; Schätzwert *m* (***on*** *gen*)

val·ue 1. Wert *m*; ***be of ~*** wertvoll sein (***to*** für); ***get ~ for money*** reell bedient werden **2.** *Haus etc* schätzen (***at*** auf *acc*); *j-n, j-s Rat etc* schätzen

val·ue-ad·ded tax *Br* ECON (*abbr* ***VAT***) Mehrwertsteuer *f*

val·ue·less wertlos

valve TECH, MUS Ventil *n*; ANAT (*Herz-etc*)Klappe *f*

vam·pire Vampir *m*

van MOT Lieferwagen *m*, Transporter *m*; *Br* RAIL (geschlossener) Güterwagen

van·dal Wandale *m*, Vandale *m*

van·dal·ism Wandalismus *m*, Vandalismus *m*

van·dal·ize mutwillig beschädigen *or* zerstören

vane TECH (*Propeller- etc*)Flügel *m*; (*Wetter*)Fahne *f*

van·guard MIL Vorhut *f*

va·nil·la Vanille *f*

van·ish verschwinden

van·i·ty Eitelkeit *f*; **~ bag** Kosmetiktäschchen *n*; **~ case** Kosmetikkoffer *m*

va·por·ize verdampfen; verdunsten (lassen)

va·po(u)r Dampf *m*, Dunst *m*; **~ trail** AVIAT Kondensstreifen *m*

var·i·a·ble 1. variabel, veränderlich; unbeständig, wechselhaft; TECH einstellbar, regulierbar **2.** MATH, PHYS Variable *f*, veränderliche Größe (*both a. fig*)

var·i·ance: ***be at ~ with*** im Gegensatz *or* Widerspruch stehen zu

var·i·ant 1. abweichend, verschieden **2.** Variante *f*; **var·i·a·tion** Abweichung *f*; Schwankung *f*; MUS Variation *f*

var·i·cose veins MED Krampfadern *pl*

var·ied unterschiedlich; abwechslungsreich

va·ri·e·ty Abwechslung *f*; Vielfalt *f*; ECON Auswahl *f*, Sortiment *n* (***of*** an *dat*); BOT, ZO Art *f*; Varietee *n*; ***for a ~ of reasons*** aus den verschiedensten Gründen

var·i·ous verschieden; mehrere, verschiedene

var·nish 1. Lack *m* **2.** lackieren

var·si·ty team SPORT Universitäts-, College-, Schulmannschaft *f*

var·y *v/i* sich (ver)ändern; variieren, auseinandergehen (*opinions etc*) (***on*** über *acc*); ***~ in size*** verschieden groß sein; *v/t* (ver)ändern; variieren

vase Vase *f*

vast gewaltig, riesig, (*area a.*) ausgedehnt, weit; **vast·ly** gewaltig, weitaus

vat (großes) Fass, Bottich *m*

VAT *abbr of* ***value-added tax*** ECON Mehrwertsteuer *f*

vau·de·ville Varietee(theater) *n*

vault[1] ARCH Gewölbe *n*; *a. pl* Stahlkammer *f*, Tresorraum *m*; (Keller)Gewölbe *n*; Gruft *f*

vault[2] **1. ~** (***over***) springen über (*acc*) **2.** *esp* SPORT Sprung *m*

vault·ing| horse *gymnastics*: Pferd *n*; **~ pole** SPORT Sprungstab *m*

VCR *abbr of* ***video cassette recorder*** Videorekorder *m*, Videogerät *n*

veal GASTR Kalbfleisch *n*; ***~ chop*** Kalbskotelett *n*; ***~ cutlet*** Kalbsschnitzel *n*; ***roast ~*** Kalbsbraten *m*

veer (sich) drehen; MOT ausscheren; ***~ to the right*** das Steuer nach rechts reißen

veg·e·ta·ble 1. *mst pl* Gemüse *n* **2.** Gemüse…; Pflanzen…

veg·e·tar·i·an 1. Vegetarier(in) **2.** vegetarisch

veg·e·tate (dahin)vegetieren

veg·e·ta·tion Vegetation *f*

ve·he·mence Vehemenz *f*, Heftigkeit *f*; **ve·he·ment** vehement, heftig

ve·hi·cle Fahrzeug *n*; *fig* Medium *n*

veil 1. Schleier *m* **2.** verschleiern (*a. fig*)

vein ANAT Vene *f*, Ader *f* (*a.* BOT, GEOL, *fig*); *fig* (*Charakter*)Zug *m*; Stimmung *f*

ve·loc·i·ty TECH Geschwindigkeit *f*

ve·lour(s) Velours *m*

vel·vet Samt *m*; **vel·vet·y** samtig

vend·er → ***vendor***

vend·ing ma·chine (Verkaufs-, Waren-)Automat *m*

vend·or (*Straßen*)Händler(in), (*Zeitungs- etc*)Verkäufer(in)

ve·neer 1. Furnier *n*; *fig* Fassade *f* **2.** furnieren

ven·e·ra·ble ehrwürdig

ven·e·rate verehren

ven·e·ra·tion Verehrung *f*

ve·ne·re·al dis·ease MED Geschlechtskrankheit *f*

Ve·ne·tian 1. Venezianer(in) **2.** venezianisch; **~ blind** (Stab)Jalousie *f*

ven·geance Rache *f*; ***take ~ on*** sich rächen an (*dat*); ***with a ~*** mächtig, F wie verrückt

ve·ni·al entschuldbar, verzeihlich; REL lässlich

ven·i·son GASTR Wildbret *n*

ven·om ZO Gift *n*, *fig a.* Gehässigkeit *f*

ven·om·ous giftig, *fig a.* gehässig

ve·nous MED venös

vent **1.** *v/t s-m Zorn etc* Luft machen, *s-e Wut etc* auslassen, abreagieren (***on*** an *dat*); **2.** Schlitz *m* (*in a coat etc*); TECH (Abzugs)Öffnung *f*; ***give ~ to*** *s-m Ärger etc* Luft machen

ven·ti·late (be)lüften; *fig* äußern

ven·ti·la·tion (Be)Lüftung *f*, Ventilation *f*

ven·ti·la·tor Ventilator *m*

ven·tri·cle ANAT Herzkammer *f*

ven·tril·o·quist Bauchredner(in)

ven·ture **1.** *esp* ECON Wagnis *n*, Risiko *n*; ECON Unternehmen *n*; → ***joint venture*** **2.** sich wagen; riskieren

ven·ue SPORT Austragungsort *m*

verb LING Verb *n*, Zeitwort *n*

verb·al mündlich; wörtlich, Wort…

ver·dict JUR (Urteils)Spruch *m*; *fig* Urteil *n*; ***bring in*** *or* ***return a ~ of*** (***not***) ***guilty*** JUR auf (nicht) schuldig erkennen

ver·di·gris Grünspan *m*

verge **1.** Rand *m* (*a. fig*); ***be on the ~ of*** kurz vor (*dat*) stehen; ***be on the ~ of despair*** (***tears***) der Verzweiflung (den Tränen) nahe sein **2.** ***~ on*** *fig* grenzen an (*acc*)

ver·i·fy bestätigen; nachweisen; (über-) prüfen

ver·i·ta·ble wahr

ver·mi·cel·li Fadennudeln *pl*

ver·mi·form ap·pen·dix ANAT Wurmfortsatz *m*, Blinddarm *m*

ver·mil·i·on **1.** zinnoberrot **2.** Zinnoberrot *n*

ver·min Ungeziefer *n*; Schädlinge *pl*; *fig* Gesindel *n*, Pack *n*

ver·min·ous voller Ungeziefer

ver·nac·u·lar Dialekt *m*, Mundart *f*; ***in the ~*** im Volksmund

ver·sa·tile vielseitig; vielseitig verwendbar

verse Versdichtung *f*; Vers *m*; Strophe *f*

versed: ***be*** (***well***) ***~ in*** beschlagen *or* bewandert sein in (*dat*)

ver·sion Version *f*; TECH Ausführung *f*; Darstellung *f* (*of an event*); Fassung *f* (*of a film etc*); Übersetzung *f*

ver·sus (*abbr* ***v., vs.***) SPORT, JUR gegen

ver·te·bra ANAT Wirbel *m*

ver·te·brate ZO Wirbeltier *n*

ver·ti·cal vertikal, senkrecht

ver·ti·go MED Schwindel *m*; ***suffer from ~*** an *or* unter Schwindel leiden

verve Elan *m*, Schwung *m*

ver·y **1.** *adv* sehr; aller…; ***I ~ much hope that*** ich hoffe sehr, dass; ***the ~ best*** das Allerbeste; ***for the ~ last time*** zum allerletzten Mal **2.** *adj* ***the ~*** genau der *or* die *or* das; ***the ~ opposite*** genau das Gegenteil; ***the ~ thing*** genau das Richtige; ***the ~ thought of*** schon der *or* der bloße Gedanke an (*acc*)

ves·i·cle MED Bläschen *n*

ves·sel ANAT, BOT Gefäß *n*; Schiff *n*

vest Weste *f*; *Br* Unterhemd *n*; *kugelsichere* Weste

ves·ti·bule (Vor)Halle *f*

ves·tige *fig* Spur *f*

vest·ment Ornat *n*, Gewand *n*, Robe *f*

ves·try REL Sakristei *f*

vet[1] F Tierarzt *m*, Tierärztin *f*

vet[2] *esp Br* F überprüfen

vet[3] MIL F Veteran *m*

vet·e·ran **1.** MIL Veteran *m* (*a. fig*) **2.** altgedient; erfahren; ***~ car*** *Br* Oldtimer *m* (*built before 1905*)

vet·e·ri·nar·i·an Tierarzt *m*, -ärztin *f*

vet·e·ri·na·ry tierärztlich; ***~ sur·geon*** *Br* Tierarzt *m*, Tierärztin *f*

ve·to **1.** Veto *n* **2.** sein Veto einlegen gegen

vexed ques·tion leidige Frage

vi·a über (*acc*), via

vi·a·duct Viadukt *m*, *n*

vi·al (*esp* Arznei)Fläschchen *n*

vibes F Atmosphäre *f*

vi·brant kräftig (*color etc*); pulsierend (*city etc*)

vi·brate *v/i* vibrieren, zittern; flimmern; *fig* pulsieren; *v/t* in Schwingungen versetzen; **vi·bra·tion** Vibrieren *n*, Zittern *n*; *pl* F Atmosphäre *f*

vic·ar REL Pfarrer *m*

vic·ar·age Pfarrhaus *n*

vice[1] Laster *n*

vice[2] *esp Br* Schraubstock *m*

vice… Vize…, stellvertretend

vice squad Sittendezernat *n*, Sittenpolizei *f*; Rauschgiftdezernat *n*

vi·ce ver·sa: ***and*** ~ und umgekehrt
vi·cin·i·ty Nähe *f*; Nachbarschaft *f*
vi·cious brutal; bösartig
vi·cis·si·tudes *das* Auf und Ab, *die* Wechselfälle *pl*
vic·tim Opfer *n*
vic·tim·ize (ungerechterweise) bestrafen, ungerecht behandeln; schikanieren
vic·to·ri·ous siegreich
vic·to·ry Sieg *m*
vid·e·o **1.** Video *n*; Videokassette *f*; F Videoband *n*; *esp Br* Videorekorder *m*, Videogerät *n*; ***on*** ~ auf Video **2.** Video... **3.** *esp Br* auf Video aufnehmen, aufzeichnen; ~ **cam·e·ra** Videokamera *f*; ~ **cas·sette** Videokassette *f*; ~ **cassette re·cord·er** → ***video recorder***; ~ **clip** Videoclip *m*
vid·eo·disk Bildplatte *f*
vid·e·o| game Videospiel *n*; ~ **li·brary** Videothek *f*; ~ **re·cord·er** Videorekorder *m*, Videogerät *n*; ~ **re·cord·ing** Videoaufnahme *f*, Videoaufzeichnung *f*; ~ **shop** *Br*, ~ **store** Videothek *f*
vid·e·o·tape **1.** Videokassette *f*; Videoband *n* **2.** auf Video aufnehmen, aufzeichnen
vid·e·o·text Bildschirmtext *m*
vie wetteifern (***with*** mit; ***for*** um)
Vi·en·nese **1.** Wiener(in) **2.** wienerisch, Wiener...
view **1.** Sicht *f* (***of*** auf *acc*); Aussicht *f*, (Aus)Blick *m* (***of*** auf *acc*); Ansicht *f* (*a.* PHOT), Meinung *f* (***about, on*** über *acc*); *fig* Überblick *m* (***of*** über *acc*); ***a room with a*** ~ ein Zimmer mit schöner Aussicht; ***be on*** ~ ausgestellt *or* zu besichtigen sein; ***be hidden from*** ~ nicht zu sehen sein; ***come into*** ~ in Sicht kommen; ***in full*** ~ ***of*** direkt vor *j-s* Augen; ***in*** ~ ***of*** *fig* angesichts (*gen*); ***in my*** ~ m-r Ansicht nach; ***keep in*** ~ et. im Auge behalten; ***with a*** ~ ***to*** *fig* mit Blick auf (*acc*) **2.** *v/t Haus etc* besichtigen; *fig* betrachten (***as*** als); *v/i* fernsehen
view·da·ta Bildschirmtext *m*
view·er Fernsehzuschauer(in), F Fernseher(in); TECH (*Dia*)Betrachter *m*
view·find·er PHOT Sucher *m*
view·point Gesichts-, Standpunkt *m*
vig·il (Nacht)Wache *f*
vig·i·lance Wachsamkeit *f*
vig·i·lant wachsam
vig·or·ous energisch; kräftig
vig·o(u)r Energie *f*
Vi·king **1.** Wikinger *m* **2.** Wikinger...
vile gemein, niederträchtig; F scheußlich
vil·lage Dorf *n*; ~ **green** Dorfanger *m*
vil·lag·er Dorfbewohner(in)
vil·lain Bösewicht *m*, Schurke *m*; *Br* F Ganove *m*
vin·di·cate *j-n* rehabilitieren; *et.* rechtfertigen; *et.* Bestätigen
vin·dic·tive rachsüchtig, nachtragend
vine BOT (Wein)Rebe *f*; Kletterpflanze *f*
vin·e·gar Essig *m*
vine·grow·er Winzer *m*
vine·yard Weinberg *m*
vin·tage **1.** Weinernte *f*, Weinlese *f*; GASTR Jahrgang *m* **2.** GASTR Jahrgangs...; *fig* hervorragend, glänzend; ***a 1999*** ~ ein 1999er Jahrgang *or* Wein
vin·tage car *esp Br* Oldtimer *m* (*built between 1919 and 1930*)
vi·o·la MUS Bratsche *f*
vi·o·late *Vertrag etc* verletzen, *a. Versprechen* brechen, *Gesetz etc* übertreten; *Ruhe etc* stören; *Grab etc* schänden; **vi·o·la·tion** Verletzung *f*, Bruch *m*, Übertretung *f*
vi·o·lence Gewalt *f*; Gewalttätigkeit *f*; Ausschreitungen *pl*; Heftigkeit *f*
vi·o·lent gewalttätig; gewaltsam; heftig
vi·o·let **1.** BOT Veilchen *n* **2.** violett
vi·o·lin MUS Geige *f*, Violine *f*
vi·o·lin·ist Geiger(in), Violinist(in)
VIP *abbr of* ***very important person*** VIP *f*
vi·per ZO Viper *f*, Natter *f*
VIP lounge AVIAT *etc* VIP-Lounge *f*; SPORT Ehrentribüne *f*
vir·gin **1.** Jungfrau *f* **2.** jungfräulich, unberührt (*both a. fig*)
Vir·go ASTR Jungfrau *f*; ***he*** (***she***) ***is*** (***a***) ~ er (sie) ist Jungfrau
vir·ile männlich; potent
vi·ril·i·ty Männlichkeit *f*; Potenz *f*
vir·tu·al eigentlich, praktisch
vir·tu·al·ly praktisch, so gut wie
vir·tu·al re·al·i·ty IT virtuelle Realität
vir·tue Tugend *f*; Vorzug *m*, Vorteil *m*; ***by*** *or* ***in*** ~ ***of*** aufgrund (*gen*), kraft (*gen*); ***make a*** ~ ***of necessity*** aus der Not e-e Tugend machen
vir·tu·ous tugendhaft
vir·u·lent MED (akut und) bösartig;

schnell wirkend (*poison*); *fig* bösartig, gehässig
vi·rus MED Virus *n*, *m*
vi·sa Visum *n*, Sichtvermerk *m*
vis·cose Viskose *f*
vis·cous dickflüssig, zähflüssig
vise TECH Schraubstock *m*
vis·i·bil·i·ty Sicht *f*, Sichtverhältnisse *pl*, Sichtweite *f*
vis·i·ble sichtbar; (er)sichtlich
vi·sion Sehkraft *f*; Weitblick *m*; Vision *f*
vi·sion·a·ry **1.** weitblickend; eingebildet, unwirklich **2.** Fantast(in), Träumer(in); Seher(in)
vis·it **1.** *v/t j-n* besuchen, *Schloss etc a.* besichtigen; *et.* inspizieren; *v/i*: ***be ~ing*** auf Besuch sein (***with*** bei) **2.** Besuch *m*, Besichtigung *f* (***to*** *gen*); Plauderei *f*; ***for*** *or* ***on a ~*** auf Besuch; ***have a ~ from*** Besuch haben von; ***pay a ~ to*** *j-n* besuchen, *j-m* e-n Besuch abstatten; *Arzt* aufsuchen
vis·it·ing hours MED Besuchszeit *f*
vis·it·or Besucher(in), Gast *m*
vi·sor Visier *n*; Schirm *m*; MOT (*Sonnen-*)Blende *f*
vis·u·al Seh…; visuell; **~ aids** PED Anschauungsmaterial *n*, Lehrmittel *pl*; **~ dis·play u·nit** IT Bildschirmgerät *n*, Datensichtgerät *n*; **~ in·struc·tion** PED Anschauungsunterricht *m*
vis·u·al·ize sich *et.* vorstellen
vi·tal vital, Lebens…; lebenswichtig; unbedingt notwendig; ***of ~ importance*** von größter Wichtigkeit
vi·tal·i·ty Vitalität *f*
vit·a·min Vitamin *n*; **~ de·fi·cien·cy** Vitaminmangel *m*
vit·re·ous Glas…
vi·va·cious lebhaft, temperamentvoll
viv·id hell (*light*); kräftig, leuchtend (*color*); anschaulich (*description*); lebhaft (*imagination*)
vix·en ZO Füchsin *f*
V-neck V-Ausschnitt *m*
V-necked mit V-Ausschnitt
vo·cab·u·la·ry Vokabular *n*, Wortschatz *m*; Wörterverzeichnis *n*
vo·cal Stimm…; F lautstark; MUS Vokal…, Gesang…; **~ cords** ANAT Stimmbänder *pl*
vo·cal·ist Sänger(in)
vo·ca·tion Begabung *f* (***for*** für); Berufung *f*
vo·ca·tion·al Berufs…; **~ ed·u·ca·tion** Berufsausbildung *f*; **~ guid·ance** Berufsberatung *f*; **~ train·ing** Berufsausbildung *f*
vogue Mode *f*; ***be in ~*** Mode sein
voice **1.** Stimme *f*; ***active ~*** LING Aktiv *n*; ***passive ~*** LING Passiv *n* **2.** zum Ausdruck bringen; LING (stimmhaft) aussprechen; **voiced** LING stimmhaft; **voice·less** LING stimmlos
void **1.** leer; JUR ungültig; ***~ of*** ohne **2.** (Gefühl *n* der) Leere *f*
vol *abbr of* ***volume*** Bd., Band *m*
vol·a·tile cholerisch (*person*); explosiv (*situation etc*); CHEM flüchtig
vol·ca·no Vulkan *m*
vol·ley **1.** Salve *f*; (*Geschoss- etc*)Hagel *m* (*a. fig*); *tennis*: Volley *m*, Flugball *m*; *soccer*: Volleyschuss *m* **2.** *Ball* volley schießen
vol·ley·ball SPORT Volleyball *m*
volt ELECTR Volt *n*
volt·age ELECTR Spannung *f*
vol·u·ble redselig; wortreich
vol·ume Band *m*; Volumen *n*, Rauminhalt *m*; Umfang *m*, große Menge; Lautstärke *f*
vo·lu·mi·nous bauschig (*dress etc*); geräumig; umfangreich (*notes etc*)
vol·un·ta·ry freiwillig; unbezahlt
vol·un·teer **1.** *v/i* sich freiwillig melden (***for*** zu) (*a.* MIL); *v/t Hilfe etc* anbieten; *et.* von sich aus sagen, F herausrücken mit **2.** Freiwillige *m*, *f*; freiwilliger Helfer
vo·lup·tu·ous sinnlich (*lips etc*); aufreizend (*gesture etc*); üppig (*body etc*); kurvenreich (*woman*)
vom·it **1.** *v/t* erbrechen; *v/i* (sich er)brechen, sich übergeben **2.** Erbrochene *n*
vo·ra·cious unersättlich (*appetite etc*)
vote **1.** Abstimmung *f* (***about, on*** über *acc*); (Wahl)Stimme *f*; Stimmzettel *m*; *a. pl* Wahlrecht *n*; ***~ of no confidence*** Misstrauensvotum *n*; ***take a ~ on s.th.*** über et. abstimmen **2.** *v/i* wählen; ***~ for*** (***against***) stimmen für (gegen); ***~ on*** abstimmen über (*acc*); *v/t* wählen; *et.* bewilligen; ***~ out of office*** abwählen
vot·er Wähler(in)
vot·ing booth Wahlkabine *f*
vouch: ***~ for*** (sich ver)bürgen für
vouch·er Gutschein *m*, Kupon *m*

vow 1. Gelöbnis *n*; Gelübde *n*; ***take a ~, make a ~*** ein Gelöbnis *or* Gelübde ablegen **2.** geloben, schwören (***to do*** zu tun)
vow·el LING Vokal *m*, Selbstlaut *m*
voy·age (See)Reise *f*
vul·gar vulgär, ordinär; geschmacklos
vul·ne·ra·ble *fig* verletzbar, verwundbar; verletzlich; anfällig (***to*** für)
vul·ture ZO Geier *m*

W

W, w W, w *n*
wad (*Watte- etc*)Bausch *m*; Bündel *n*; (*Papier- etc*)Knäuel *m, n*
wad·ding Einlage *f*, Füllmaterial *n*
wad·dle watscheln
wade *v/i* waten; ***~ through*** waten durch; F sich durchkämpfen durch, *et.* durchackern; *v/t* durchwaten
wa·fer (*esp* Eis)Waffel *f*; Oblate *f*; REL Hostie *f*
waf·fle[1] Waffel *f*
waf·fle[2] *Br* F schwafeln
waft *v/i* ziehen (*smell etc*); *v/t* wehen
wag 1. wedeln (mit) **2.** ***with a ~ of its tail*** schwanzwedelnd
wage[1] *mst pl* (Arbeits)Lohn *m*
wage[2]: ***~ (a) war against*** *or* ***on*** MIL Krieg führen gegen; *fig* e-n Feldzug führen gegen
wage| earn·er Lohnempfänger(in); Verdiener(in); **~ freeze** Lohnstopp *m*; **~ ne·go·ti·a·tions** Tarifverhandlungen *pl*
wa·ger Wette *f*
wage rise Lohnerhöhung *f*
wag·gle F wackeln (mit)
wag·gon *Br* → **wag·on** Fuhrwerk *n*, Wagen *m*; *Br* RAIL (offener) Güterwagen; (*Tee- etc*)Wagen *m*
wag·tail ZO Bachstelze *f*
wail 1. jammern; heulen (*siren, wind*) **2.** Jammern *n*; Heulen *n*
wain·scot (Wand)Täfelung *f*
waist Taille *f*
waist·coat *esp Br* Weste *f*
waist·line Taille *f*
wait 1. *v/i* warten (***for, on*** auf *acc*); ***~ for s.o.*** *a.* j-n erwarten; ***keep s.o. ~ing*** j-n warten lassen; ***~ and see!*** warte es ab!; ***~ on s.o.*** j-n bedienen; ***~ up*** F aufbleiben (***for*** wegen); *v/t*: ***~ one's chance*** auf e-e günstige Gelegenheit warten (***to do*** zu tun); ***~ one's turn*** warten, bis man an der Reihe ist **2.** Wartezeit *f*; ***have a long ~*** lange warten müssen; ***lie in ~ for s.o.*** j-m auflauern
wait·er Kellner *m*, Ober *m*; ***~, the check*** (*Br* ***bill***), ***please!*** (Herr) Ober, bitte zahlen!
wait·ing Warten *n*; ***no ~*** MOT Halt(e)verbot *n*; **~ list** Warteliste *f*; **~ room** MED *etc* Wartezimmer *n*; RAIL Wartesaal *m*
wait·ress Kellnerin *f*, Bedienung *f*; ***~, the check*** (*Br* ***bill***), ***please!*** Fräulein, bitte zahlen!
wake[1] *v/i a.* ***~ up*** aufwachen, wach werden; *v/t a.* ***~ up*** (auf)wecken; *fig* wachrufen, wecken
wake[2] MAR Kielwasser *n*; ***follow in the ~ of*** *fig* folgen auf (*acc*)
wake·ful schlaflos
wak·en *v/i a.* ***~ up*** aufwachen, wach werden; *v/t a.* ***~ up*** (auf)wecken
walk 1. *v/i* (zu Fuß) gehen, laufen; spazieren gehen; wandern; *v/t Strecke* gehen, laufen; *j-n* bringen (***to*** zu; ***home*** nach Hause); *Hund* ausführen; *Pferd* im Schritt gehen lassen; ***~ away*** → ***walk off***; ***~ in*** hineingehen, hereinkommen; ***~ off*** fort-, weggehen; ***~ off with*** F abhauen mit; F *Preis etc* locker gewinnen; ***~ out*** hinausgehen; (unter Protest) den Saal *etc* verlassen; ECON streiken, in (den) Streik treten; ***~ out on s.o.*** F j-n verlassen, j-n im Stich lassen; ***~ up*** hinaufgehen, heraufkommen; ***~ up to s.o.*** auf j-n zugehen; ***~ up!*** treten Sie näher! **2.** Spaziergang *m*; Wanderung *f*; Spazier-, Wanderweg *m*; ***go for a ~, take a ~*** e-n Spaziergang machen, spazieren gehen; ***an hour's ~*** e-e Stunde Fußweg *or* zu Fuß; ***from all ~s of life*** *Leute* aus allen Berufen *or* Schichten
walk·a·way F Spaziergang *m*, leichter Sieg

walk·er Spaziergänger(in); Wanderer *m*, Wand(r)erin *f*; SPORT Geher(in); ***be a good ~*** gut zu Fuß sein

walk·ie-talk·ie Walkie-Talkie *n*, tragbares Funksprechgerät

walk·ing Gehen *n*, Laufen *n*; Spazierengehen *n*; Wandern *n*; **~ pa·pers**: ***get one's ~*** F den Laufpass bekommen; **~ shoes** Wanderschuhe *pl*; **~ stick** Spazierstock *m*; **~ tour** Wanderung *f*

Walk·man® Walkman® *m*

walk·out Auszug *m* (***by, of*** *e-r Delegation etc*); ECON Ausstand *m*, Streik *m*

walk·over → ***walkaway***

walk-up F (Miets)Haus *n* ohne Fahrstuhl; Wohnung *f or* Büro *n etc* in e-m Haus ohne Fahrstuhl

wall 1. Wand *f*; Mauer *f* **2.** *a.* ***~ in*** mit e-r Mauer umgeben; ***~ up*** zumauern

wall cal·en·dar Wandkalender *m*

wall·chart Wandkarte *f*

wal·let Brieftasche *f*

wall·flow·er F Mauerblümchen *n*

wal·lop F *j-m* ein Ding verpassen; SPORT *j-n* erledigen, vernichten (***at*** in *dat*)

wal·low sich wälzen; *fig* schwelgen, sich baden (***in*** in *dat*)

wall·pa·per 1. Tapete *f* **2.** tapezieren

wall-to-wall: ***~ carpet(ing)*** Spannteppich *m*, Teppichboden *m*

wal·nut BOT Walnuss(baum *m*) *f*

wal·rus ZO Walross *n*

waltz 1. Walzer *m* **2.** Walzer tanzen

wand (*Zauber*)Stab *m*

wan·der (herum)wandern, herumlaufen, umherstreifen; *fig* abschweifen; fantasieren

wane 1. ASTR abnehmen; *fig* schwinden **2.** ***be on the ~*** *fig* im Schwinden begriffen sein

wan·gle F deichseln, hinkriegen; ***~ s.th. out of s.o.*** j-m et. abluchsen; ***~ one's way out of*** sich herauswinden aus

want 1. *v/t et.* wollen; *j-n* brauchen; *j-n* sprechen wollen; F *et.* brauchen, nötig haben; ***be ~ed*** (*polizeilich*) gesucht werden (***for*** wegen); *v/i* wollen; ***I don't ~ to*** ich will nicht; ***he does not ~ for anything*** es fehlt ihm an nichts **2.** Mangel *m* (***of*** an *dat*); Bedürfnis *n*, Wunsch *m*; Not *f*; **~ ad** Kleinanzeige *f*

want·ed (*polizeilich*) gesucht

wan·ton mutwillig

war Krieg *m* (*a. fig*); *fig* Kampf *m* (***against*** gegen)

war·ble ZO trillern

ward 1. MED Station *f*; *Br* POL Stadtbezirk *m*; JUR Mündel *n* **2.** ***~ off*** *Schlag etc* abwehren, *Gefahr etc* abwenden

war·den Aufseher(in); Heimleiter(in); (Gefängnis)Direktor(in)

ward·er *Br* Aufsichtsbeamte *m*, -beamtin *f*

war·drobe Kleiderschrank *m*; Garderobe *f*

ware·house Lager(haus) *n*

war·fare Krieg *m*; Kriegführung *f*

war·head MIL Spreng-, Gefechtskopf *m*

war·like kriegerisch; Kriegs…

warm 1. *adj* warm, *fig a.* herzlich; ***I am ~, I feel ~*** mir ist warm **2.** *v/t a.* ***~ up*** wärmen, sich *die Hände etc* wärmen; *Motor* warm laufen lassen; *v/i a.* ***~ up*** warm *or* wärmer werden, sich erwärmen;

warmth Wärme *f*

warm-up SPORT Aufwärmen *n*

warn warnen (***against, of*** vor *dat*); *j-n* verständigen

warn·ing Warnung *f* (***of*** vor *dat*); Verwarnung *f*; ***without ~*** ohne Vorwarnung; **~ sig·nal** Warnsignal *n*

warp sich verziehen *or* werfen

war·rant 1. JUR (Durchsuchungs-, Haft- *etc*)Befehl *m* **2.** *et.* rechtfertigen; **~ of ar·rest** JUR Haftbefehl *m*

war·ran·ty ECON Garantie(erklärung) *f*; ***it's still under ~*** darauf ist noch Garantie

war·ri·or Krieger *m*

war·ship Kriegsschiff *n*

wart MED Warze *f*

war·y vorsichtig

was *ich, er, sie, es* war; *passive*: *ich, er, sie, es* wurde

wash 1. *v/t* waschen, sich *die Hände etc* waschen; *v/i* sich waschen; sich *gut etc* waschen (lassen); ***~ up*** *v/i Br* abwaschen, (das) Geschirr spülen; *v/t* anschwemmen, anspülen; ***~ one's dirty linen*** schmutzige Wäsche waschen **2.** Wäsche *f*; MOT Waschanlage *f*, Waschstraße *f*; ***be in the ~*** in der Wäsche sein; ***give s.th. a ~*** et. waschen; ***have a ~*** sich waschen

wash·a·ble (ab)waschbar

wash-and-wear bügelfrei; pflegeleicht

wash·ba·sin *Br*, **wash·bowl** Waschbecken *n*

wash·cloth Waschlappen *m*
wash·er Waschmaschine *f*; TECH Unterlegscheibe *f*
wash·ing 1. Wäsche *f* **2.** Wasch…
wash·ing| ma·chine Waschmaschine *f*; **~ pow·der** Waschpulver *n*, -mittel *n*
washing-up *Br* Abwasch *m*; ***do the ~*** den Abwasch machen
wash·room Toilette *f*
wasp ZO Wespe *f*
waste 1. Verschwendung *f*; Abfall *m*; Müll *m*; ***~ of time*** Zeitverschwendung *f*; ***hazardous ~, special toxic ~*** Sondermüll *m*; ***special ~ dump*** Sondermülldeponie *f* **2.** *v/t* verschwenden, vergeuden; *j-n* auszehren; *v/i* ***~ away*** immer schwächer werden (*person*) **3.** überschüssig; Abfall…; brachliegend, öde; ***lay ~*** verwüsten
waste dis·pos·al Abfall-, Müllbeseitigung *f*; Entsorgung *f*; **~ site** Deponie *f*
waste·ful verschwenderisch
waste| gas Abgas *n*; **~ pa·per** Abfallpapier *n*; Altpapier *n*
waste·pa·per bas·ket Papierkorb *m*
waste pipe Abflussrohr *n*
watch 1. *v/i* zuschauen; ***~ for*** warten auf (*acc*); ***~ out!*** pass auf!, Vorsicht!; ***~ out for*** Ausschau halten nach; sich in Acht nehmen vor (*dat*); *v/t* beobachten; zuschauen bei, sich *et.* ansehen; → ***television*** **2.** (*Armband-*, *Taschen*)Uhr *f*; Wache *f*; ***keep ~*** Wache halten, wachen (***over*** über *acc*); ***be on the ~ for*** Ausschau halten nach; auf der Hut sein vor (*dat*); ***keep (a) careful*** *or* ***close ~ on*** genau beobachten, scharf im Auge behalten
watch·dog Wachhund *m*
watch·ful wachsam
watch·mak·er Uhrmacher(in)
watch·man Wachmann *m*, Wächter *m*
watch·tow·er Wach(t)turm *m*
wa·ter 1. Wasser *n* **2.** *v/t Blumen* gießen, *Rasen etc* sprengen; *Vieh* tränken; ***~ down*** verdünnen, verwässern; *fig* abschwächen; *v/i* tränen (*eyes*); ***make s.o.'s mouth ~*** j-m den Mund wässerig machen
wa·ter bird ZO Wasservogel *m*
wa·ter·col·o(u)r Wasser-, Aquarellfarbe *f*; Aquarellmalerei *f*; Aquarell *n*
wa·ter·course Wasserlauf *m*
wa·ter·cress BOT Brunnenkresse *f*
wa·ter·fall Wasserfall *m*
wa·ter·front Hafenviertel *n*; ***along the ~*** am Wasser entlang
wa·ter·hole Wasserloch *n*
wa·ter·ing can Gießkanne *f*
wa·ter jump SPORT Wassergraben *m*
wa·ter lev·el Wasserstand *m*
wa·ter lil·y BOT Seerose *f*
wa·ter·mark Wasserzeichen *n*
wa·ter·mel·on BOT Wassermelone *f*
wa·ter| pol·lu·tion Wasserverschmutzung *f*; **~ po·lo** SPORT Wasserball(spiel *n*) *m*
wa·ter·proof 1. wasserdicht **2.** *Br* Regenmantel *m* **3.** imprägnieren
wa·ters Gewässer *pl*; Wasser *pl*
wa·ter·shed GEOGR Wasserscheide *f*; *fig* Wendepunkt *m*
wa·ter·side Ufer *n*
wa·ter ski·ing SPORT Wasserskilaufen *n*
wa·ter·tight wasserdicht, *fig a.* hieb- und stichfest
wa·ter·way Wasserstraße *f*
wa·ter·works Wasserwerk *n*; ***turn on the ~*** F zu heulen anfangen
wa·ter·y wäss(e)rig
watt ELECTR Watt *n*
wave 1. *v/t* schwenken; winken mit; *Haar* wellen, in Wellen legen; ***~ one's hand*** winken; ***~ s.o. aside*** j-n beiseitewinken; *v/i* winken; wehen (*flag etc*); sich wellen (*hair*); ***~ at s.o., ~ to s.o.*** j-m zuwinken **2.** Welle *f* (*a. fig*); Winken *n*
wave·length PHYS Wellenlänge *f* (*a. fig*)
wa·ver flackern; schwanken
wav·y wellig, gewellt
wax[1] **1.** Wachs *n*; (*Ohren*)Schmalz *n* **2.** wachsen; bohnern
wax[2] ASTR zunehmen
wax·en wächsern
wax·works Wachsfigurenkabinett *n*
wax·y wächsern
way 1. Weg *m*; Richtung *f*, Seite *f*; Entfernung *f*, Strecke *f*; Art *f*, Weise *f*; ***~s and means*** Mittel und Wege *pl*; ***~ back*** Rückweg *m*, Rückfahrt *f*; ***~ home*** Heimweg *m*; ***~ in*** Eingang *m*; ***~ out*** Ausgang *m*; ***be on the ~ to, be on one's ~ to*** unterwegs sein nach; ***by ~ of*** über (*acc*), via; *esp Br* statt; ***by the ~*** übrigens; ***give ~*** nachgeben; *Br* MOT die Vorfahrt lassen; ***in a ~*** in gewisser Hinsicht; ***in no ~*** in keiner Weise;

lead the ~ vorangehen; ***let s.o. have his (own) ~*** j-m s-n Willen lassen; ***lose one's ~*** sich verlaufen *or* verirren; ***make ~*** Platz machen (***for*** für); ***no ~!*** F kommt überhaupt nicht in Frage!; ***out of the ~*** ungewöhnlich; ***this ~*** hierher; hier entlang **2.** *adv* weit

way·bill ECON Frachtbrief *m*

way·lay *j-m* auflauern; *j-n* abfangen, abpassen

way·ward eigensinnig, launisch

we wir *pl*

weak schwach (***at, in*** in *dat*), GASTR *a.* dünn; **weak·en** *v/t* schwächen (*a. fig*); *v/i* schwächer werden; *fig* nachgeben; **weak·ling** Schwächling *m*, F Schlappschwanz *n*; **weak·ness** Schwäche *f*

weal Striemen *m*

wealth Reichtum *m*; *fig* Fülle *f* (***of*** von)

wealth·y reich

wean entwöhnen; ***~ s.o. from*** *or* ***off s.th.*** j-m et. abgewöhnen

weap·on Waffe *f* (*a. fig*)

wear 1. *v/t Bart, Brille, Schmuck etc* tragen, *Mantel etc a.* anhaben, *Hut etc a.* aufhaben; abnutzen, abtragen; ***~ an angry expression*** verärgert dreinschauen; *v/i* sich abnutzen, verschleißen; sich gut *etc* halten; ***s.th. to ~*** et. zum Anziehen; ***~ away*** (sich) abtragen *or* abschleifen; ***~ down*** (sich) abtreten (*stairs*), (sich) ablaufen (*heels*), (sich) abfahren (*tires*); abschleifen; *j-n* zermürben; ***~ off*** nachlassen (*pain etc*); ***~ on*** sich hinziehen (***all day*** über den ganzen Tag); ***~ out*** (sich) abnutzen *or* abtragen; *fig j-n* erschöpfen **2.** *often in cpds* Kleidung *f*; *a.* ***~ and tear*** Abnutzung *f*, Verschleiß *m*; ***the worse for ~*** abgenutzt, verschlissen; F lädiert

wear·i·some ermüdend; langweilig; lästig

wear·y erschöpft, müde; ermüdend, anstrengend; ***be ~ of s.th.*** F et. satthaben

wea·sel zo Wiesel *n*

weath·er 1. Wetter *n*; Witterung *f* **2.** *v/t* dem Wetter aussetzen; *fig Krise etc* überstehen; *v/i* verwittern

weath·er-beat·en verwittert

weath·er| chart METEOR Wetterkarte *f*; **~ fore·cast** METEOR Wettervorhersage *f*; Wetterbericht *m*

weath·er·man *radio*, TV Wetteransager *m*

weath·er·proof 1. wetterfest **2.** wetterfest machen

weath·er| re·port METEOR Wetterbericht *m*; **~ sta·tion** METEOR Wetterwarte *f*; **~ vane** Wetterfahne *f*

weave weben; *Netz* spinnen; *Korb* flechten; ***~ one's way through*** sich schlängeln durch; **weav·er** Weber(in)

web Netz *n* (*a. fig*), Gewebe *n*; zo Schwimmhaut *f*

wed heiraten

Wed(s) *abbr of* ***Wednesday*** Mi., Mittwoch *m*

wed·ding 1. Hochzeit *f* **2.** Hochzeits…, Braut…, Ehe…, Trau…

wed·ding ring Ehering *m*, Trauring *m*

wedge 1. Keil *m* **2.** verkeilen, mit e-m Keil festklemmen; ***~ in*** einkeilen, einzwängen

Wednes·day (*abbr* ***Wed, Weds***) Mittwoch *m*; ***on ~*** (am) Mittwoch; ***on ~s*** mittwochs

wee[1] F klein, winzig; ***a ~ bit*** ein (kleines) bisschen

wee[2] F **1.** Pipi machen **2.** ***do*** *or* ***have a ~*** Pipi machen

weed 1. Unkraut *n* **2.** jäten

weed·kill·er Unkrautvertilgungsmittel *n*

weed·y voll Unkraut; F schmächtig; F rückgratlos

week Woche *f*; ***~ after ~*** Woche um Woche; ***a ~ today, today ~*** heute in e-r Woche *or* in acht Tagen; ***every other ~*** jede zweite Woche; ***for ~s*** wochenlang; ***four times a ~*** viermal die Woche; ***in a ~('s time)*** in e-r Woche

week·day Wochentag *m*

week·end Wochenende *n*; ***on*** (*Br* ***at***) ***the ~*** am Wochenende; **week·end·er** Wochenendausflügler(in)

week·ly 1. Wochen…; wöchentlich **2.** Wochenblatt *n*, Wochen(zeit)schrift *f*, Wochenzeitung *f*

weep weinen (***for*** um *j-n*; ***over*** über *acc*); MED nässen

weep·ing wil·low BOT Trauerweide *f*

weep·y F weinerlich; rührselig

wee-wee F → ***wee***[2]

weigh *v/t* (ab)wiegen; *fig* abwägen (***against*** gegen); ***~ anchor*** MAR den Anker lichten; ***be ~ed down with*** *fig* niedergedrückt werden von; *v/i … Kilo etc* wiegen; ***~ on*** *fig* lasten auf (*dat*)

weight 1. Gewicht *n*; Last *f* (*a. fig*); *fig* Bedeutung *f*; ***gain ~, put on ~*** zunehmen; ***lose ~*** abnehmen **2.** beschweren
weight·less schwerelos
weight·less·ness Schwerelosigkeit *f*
weight lift·er SPORT Gewichtheber *m*
weight lift·ing SPORT Gewichtheben *n*
weight·y schwer; *fig* schwerwiegend
weir Wehr *n*
weird unheimlich; F sonderbar, verrückt
wel·come 1. *int* ***~ back!, ~ home!*** willkommen zu Hause!; ***~ to England!*** willkommen in England! **2.** *v/t* begrüßen (*a. fig*), willkommen heißen **3.** *adj* willkommen; ***you are ~ to do it*** Sie können es gerne tun; ***you're ~!*** nichts zu danken!, keine Ursache!, bitte sehr! **4.** Empfang *m*, Willkommen *n*; ***outstay*** *or* ***overstay one's ~*** j-s Gastfreundschaft überstrapazieren *or* zu lange in Anspruch nehmen
weld TECH schweißen
wel·fare Wohl(ergehen) *n*; Sozialhilfe *f*; ***be on ~*** Sozialhilfe beziehen; **~ state** Wohlfahrtsstaat *m*; **~ work** Sozialarbeit *f*; **~ work·er** Sozialarbeiter(in)
well[1] 1. *adv* gut; gründlich; ***as ~*** ebenso, auch; ***as ~ as ...*** sowohl ... als auch ...; nicht nur ..., sondern auch ...; ***very ~*** also gut, na gut; ***~ done!*** bravo!; → ***off*** *1* **2.** *int* nun, also; ***~, ~!*** na so was! **3.** *adj* gesund; ***feel ~*** sich wohlfühlen
well[2] 1. Brunnen *m*; (*Öl*)Quelle *f*; (*Aufzugs- etc*)Schacht *m* **2.** *a.* ***~ out*** quellen (***from*** aus); ***tears ~ed (up) in their eyes*** die Tränen stiegen ihnen in die Augen
well-bal·anced ausgeglichen (*person*); ausgewogen (*diet*)
well-be·haved artig, gut erzogen
well-be·ing Wohl(befinden) *n*
well-dis·posed: ***be ~ towards s.o.*** j-m wohlgesinnt sein
well-done GASTR durchgebraten
well-earned wohlverdient
well-fed gut genährt
well-found·ed (wohl) begründet
well-in·formed gut unterrichtet; gebildet
well-known (wohl) bekannt
well-mean·ing wohlmeinend, gut gemeint; **well-meant** gut gemeint
well-off 1. wohlhabend, vermögend, bessergestellt; ***be ~ for*** gut versorgt sein mit **2.** ***the ~*** die Wohlhabenden *pl*
well-read belesen
well-timed (zeitlich) günstig, im richtigen Augenblick
well-to-do wohlhabend, reich
well-worn abgetragen; *fig* abgedroschen
Welsh 1. walisisch **2.** LING Walisisch *n*; ***the ~*** die Waliser *pl*
welt Striemen *m*
wel·ter Wirrwarr *m*, Durcheinander *n*
wel·ter·weight SPORT Weltergewicht *n*; Weltergewichtler *m*
were *du* warst, *Sie* waren, *wir, sie* waren, *ihr* wart
west 1. West, Westen *m*; ***the West*** POL der Westen; die Weststaaten *pl* **2.** *adj* westlich, West... **3.** *adv* nach Westen, westwärts; **west·er·ly** West..., westlich; **west·ern 1.** westlich, West... **2.** Western *m*; **west·ward(s)** westlich, nach Westen
wet 1. nass, feucht **2.** Nässe *f* **3.** nass machen, anfeuchten
weth·er ZO Hammel *m*
wet nurse Amme *f*
whack (knallender) Schlag; F Anteil *m*
whacked F fertig, erledigt
whack·ing 1. *Br* F Mords... **2.** (Tracht *f*) Prügel *pl*
whale ZO Wal *m*
wharf Kai *m*
what 1. *pron* was; ***~ about ...?*** wie wärs mit ...?; ***~ for?*** wozu?; ***so ~?*** na und?; ***know ~'s ~*** F wissen, was Sache ist **2.** *adj* was für ein(e), welche(r, -s); alle, die; alles, was
what·cha·ma·call·it F → ***whatsit***
what·ev·er 1. *pron* was (auch immer); alles, was; egal, was **2.** *adj* welche(r, -s) ... auch (immer); ***no ... ~*** überhaupt kein(e) ...
whats·it F Dings(bums, -da) *m, f, n*
what·so·ev·er → ***whatever***
wheat BOT Weizen *m*
whee·dle beschwatzen; ***~ s.th. out of s.o.*** j-m et. abschwatzen
wheel 1. Rad *n*; MOT, MAR Steuer *n* **2.** schieben, rollen; kreisen; ***~ about, ~ (a)round*** herumfahren, herumwirbeln
wheel·bar·row Schubkarre(n *m*) *f*
wheel·chair Rollstuhl *m*
wheel clamp MOT Parkkralle *f*
wheeled mit Rädern; fahrbar; *in cpds*

…räd(e)rig

wheeze keuchen, pfeifend atmen

whelp zo Welpe *m*, Junge *n*

when wann; als; wenn; obwohl; ***since ~?*** seit wann?

when·ev·er wann auch (immer); jedes Mal, wenn

where wo; wohin; ***~ … (from)?*** woher?; ***~ … (to)?*** wohin?; **where·a·bouts 1.** *adv* wo etwa **2.** Verbleib *m*; Aufenthalt *m*, Aufenthaltsort *m*

where·as während, wohingegen

where·by wodurch, womit; wonach

where·u·pon worauf, woraufhin

wher·ev·er wo *or* wohin auch (immer); ganz gleich wo *or* wohin

whet *Messer etc* schärfen; *fig Appetit* anregen

wheth·er ob

whey Molke *f*

which welche(r, -s); der, die, das; was; ***~ of you?*** wer von euch?

which·ev·er welche(r, -s) auch (immer); ganz gleich, welche(r, -s)

whiff Luftzug *m*; Hauch *m* (*a. fig* ***of*** von); Duft *m*, Duftwolke *f*

while 1. Weile *f*; ***for a ~*** e-e Zeit lang **2.** *cj* während; obwohl **3.** *mst* ***~ away*** sich *die Zeit* vertreiben (***by doing s.th.*** mit et.)

whim Laune *f*

whim·per 1. wimmern; zo winseln **2.** Wimmern *n*; zo Winseln *n*

whim·si·cal wunderlich; launisch

whine 1. zo jaulen; jammern (***about*** über *acc*); **2.** zo Jaulen *n*; Gejammer *n*

whin·ny zo **1.** wiehern **2.** Wiehern *n*

whip 1. Peitsche *f*; GASTR Creme *f* **2.** *v/t* (aus)peitschen; GASTR schlagen; *v/i* sausen, flitzen, (*wind*) fegen

whipped| cream Schlagsahne *f*, Schlagrahm *m*; **~ eggs** Eischnee *m*

whip·ping (Tracht *f*) Prügel *pl*

whip·ping boy Prügelknabe *m*

whip·ping cream Schlagsahne *f*, Schlagrahm *m*

whir → ***whirr***

whirl 1. wirbeln; ***my head is ~ing*** mir schwirrt der Kopf **2.** Wirbeln *n*; Wirbel *m* (*a. fig*); ***my head's in a ~*** mir schwirrt der Kopf

whirl·pool Strudel *m*; Whirlpool *m*

whirl·wind Wirbelsturm *m*

whirr schwirren

whisk 1. schnelle Bewegung; Wedel *m*; GASTR Schneebesen *m* **2.** GASTR schlagen; ***~ its tail*** zo mit dem Schwanz schlagen; ***~ away*** *Fliegen etc* verscheuchen *or* wegscheuchen; *et.* schnell verschwinden lassen *or* wegnehmen

whis·ker zo Schnurr- *or* Barthaar *n*; *pl* Backenbart *m*

whis·k(e)y Whisky *m*

whis·per 1. flüstern **2.** Flüstern *n*; ***say s.th. in a ~*** et. im Flüsterton sagen

whis·tle 1. Pfeife *f*; Pfiff *m* **2.** pfeifen

white 1. weiß **2.** Weiß(e) *n*; Weiße *m*, *f*; Eiweiß *n*; **~ bread** Weißbrot *n*; **~ coffee** *Br* Milchkaffee *m*, Kaffee *m* mit Milch

white-col·lar work·er (Büro)Angestellte *m*, *f*

white lie Notlüge *f*

whit·en weiß machen *or* werden

white·wash 1. Tünche *f* **2.** tünchen, anstreichen; weißen; *fig* beschönigen

whit·ish weißlich

Whit·sun Pfingstsonntag *m*; Pfingsten *n or pl*

Whit Sunday Pfingstsonntag *m*

Whit·sun·tide Pfingsten *n or pl*

whit·tle (zurecht)schnitzen; ***~ away*** *Gewinn etc* allmählich aufzehren; ***~ down*** *et.* reduzieren (***to*** auf *acc*)

whiz(z) F **1.** ***~ by, ~ past*** vorbeizischen, vorbeidüsen **2.** Ass *n*, Kanone *f* (***at*** in *dat*); **~ kid** F Senkrechtstarter(in)

who wer; wen; wem; welche(r, -s); der, die, das

who·dun·(n)it F Krimi *m*

who·ev·er wer *or* wen *or* wem auch (immer); egal, wer *or* wen *or* wem

whole 1. *adj* ganz **2.** *das* Ganze; ***the ~ of London*** ganz London; ***on the ~*** im Großen (und) Ganzen

whole-heart·ed ungeteilt (*attention*), voll (*support*), ernsthaft (*effort etc*)

whole-heart·ed·ly uneingeschränkt, voll und ganz

whole·meal Vollkorn…; ***~ bread*** Vollkornbrot *n*

whole·sale ECON **1.** Großhandel *m* **2.** Großhandels…; **~ mar·ket** ECON Großmarkt *m*

whole·sal·er ECON Großhändler *m*

whole·some gesund

whole wheat → ***wholemeal***

whol·ly gänzlich, völlig

whoop 1. schreien, *esp* jauchzen; ***~ it up*** F auf den Putz hauen **2.** (*esp* Freuden)-

Schrei *m*
whoop·ee: F ***make ~*** auf den Putz hauen
whoop·ing cough MED Keuchhusten *m*
whore Hure *f*
why warum, weshalb; ***that's ~*** deshalb
wick Docht *m*
wick·ed gemein, niederträchtig
wick·er·work Korbwaren *pl*
wick·et *cricket*: Tor *n*
wide 1. *adj* breit; weit offen, aufgerissen (*eyes*); *fig* umfangreich (*knowledge etc*), vielfältig (*interests etc*) **2.** *adv* weit; ***go ~*** danebengehen; ***go ~ of the goal*** SPORT am Tor vorbeigehen
wide-an·gle lens PHOT Weitwinkelobjektiv *n*
wide-a·wake hellwach; *fig* aufgeweckt, wach
wide-eyed mit großen *or* aufgerissenen Augen; naiv
wid·en verbreitern; breiter werden
wide-o·pen weit offen, aufgerissen (*eyes*)
wide·spread weit verbreitet
wid·ow Witwe *f*
wid·owed verwitwet; ***be ~*** verwitwet sein; Witwe(r) werden
wid·ow·er Witwer *m*
width Breite *f*; Bahn *f*
wield *Einfluss etc* ausüben
wife (Ehe)Frau *f*, Gattin *f*
wig Perücke *f*
wild 1. *adj* wild; stürmisch (*wind, applause etc*); außer sich (***with*** vor *dat*); verrückt (*idea etc*); ***make a ~ guess*** einfach drauflosraten; ***be ~ about*** (ganz) verrückt sein nach **2.** *adv*: ***go ~*** ausflippen **3.** ***in the ~*** in freier Wildbahn; ***the ~s*** die Wildnis
wild·cat ZO Wildkatze *f*
wild·cat strike ECON wilder Streik
wil·der·ness Wildnis *f*
wild·fire: ***spread like ~*** sich wie ein Lauffeuer verbreiten
wild·life Tier- und Pflanzenwelt *f*
wil·ful *Br* → ***willful***
will[1] *v/aux ich, du* will(st) *etc*; *ich* werde ... *etc*
will[2] Wille *m*; Testament *n*; ***of one's own free ~*** aus freien Stücken
will[3] durch Willenskraft erzwingen; JUR vermachen
will·ful eigensinnig; absichtlich, *esp* JUR vorsätzlich
will·ing bereit (***to do*** zu tun); (bereit)willig
will-o'-the-wisp Irrlicht *n*
wil·low BOT Weide *f*
wil·low·y *fig* gertenschlank
will·pow·er Willenskraft *f*
wil·ly-nil·ly wohl oder übel
wilt verwelken, welk werden
wi·ly gerissen, raffiniert
wimp F Schlappschwanz *m*
win 1. *v/t* gewinnen; ***~ s.o. over*** *or* ***round to*** j-n gewinnen für; *v/i* gewinnen, siegen; ***OK, you ~*** okay, du hast gewonnen **2.** *esp* SPORT Sieg *m*
wince zusammenzucken (***at*** bei)
winch TECH Winde *f*
wind[1] **1.** Wind *m*; Atem *m*, Luft *f*; MED Blähungen *pl*; ***the ~*** MUS die Bläser *pl* **2.** *j-m* den Atem nehmen *or* verschlagen; HUNT wittern
wind[2] **1.** *v/t* drehen (an *dat*); *Uhr etc* aufziehen; wickeln (***round*** um); *v/i* sich winden *or* schlängeln; ***~ down*** *Autofenster etc* herunterdrehen, -kurbeln; *Produktion etc* reduzieren; sich entspannen; ***~ up*** *v/t Autofenster etc* hochdrehen, -kurbeln; *Uhr etc* aufziehen; *Versammlung etc* schließen (***with*** mit); *Unternehmen* liquidieren, auflösen; *v/i* F enden, landen; (*esp* s-e Rede) schließen (***by saying*** mit den Worten); **2.** Umdrehung *f*
wind·bag F Schwätzer(in)
wind·fall BOT Fallobst *n*; unverhofftes Geschenk; unverhoffter Gewinn
wind·ing gewunden
wind·ing stairs Wendeltreppe *f*
wind in·stru·ment MUS Blasinstrument *n*
wind·lass TECH Winde *f*
wind·mill Windmühle *f*
win·dow Fenster *n*; Schaufenster *n*; Schalter *m*; ***~ clean·er*** Fensterputzer *m*; ***~ dress·er*** Schaufensterdekorateur(in); ***~ dress·ing*** Schaufensterdekoration *f*; *fig* F Mache *f*
win·dow·pane Fensterscheibe *f*
win·dow seat Fensterplatz *m*
win·dow shade Rouleau *n*
win·dow-shop: ***go window-shopping*** e-n Schaufensterbummel machen
win·dow·sill Fensterbank *f*, -brett *n*
wind·pipe ANAT Luftröhre *f*
wind·screen *Br* MOT Windschutzschei-

be *f*; ~ **wip·er** *Br* MOT Scheibenwischer *m*
wind·shield MOT Windschutzscheibe *f*; ~ **wip·er** MOT Scheibenwischer *m*
wind·surf·ing SPORT Windsurfing *n*, Windsurfen *n*
wind·y windig; MED blähend
wine Wein *m*; ~ **cel·lar** Weinkeller *m*; ~ **list** Weinkarte *f*; ~ **mer·chant** Weinhändler *m*
win·er·y Weinkellerei *f*
wine tast·ing Weinprobe *f*
wing zo Flügel *m*, Schwinge *f*; *Br* MOT Kotflügel *m*; AVIAT Tragfläche *f*; AVIAT MIL Geschwader *n*; *pl* THEA Seitenkulisse *f*
wing·er SPORT Außenstürmer(in), Flügelstürmer(in)
wink 1. zwinkern; ~ ***at*** *j-m* zuzwinkern; *et.* geflissentlich übersehen; ~ ***one's lights*** *Br* MOT blinken **2.** Zwinkern *n*; ***I didn't get a ~ of sleep last night, I didn't sleep a ~ last night*** ich habe letzte Nacht kein Auge zugetan; → ***forty*** *1*
win·ner Gewinner(in), *esp* SPORT Sieger(in)
win·ning 1. einnehmend, gewinnend **2.** *pl* Gewinn *m*
win·ter 1. Winter *m*; ***in*** (***the***) ~ im Winter **2.** überwintern; den Winter verbringen; ~ **sports** Wintersport *m*
win·ter·time Winter *m*; Winterzeit *f*; ***in*** (***the***) ~ im Winter
win·try winterlich; *fig* frostig
wipe (ab-, auf)wischen; ~ ***off*** ab-, wegwischen; ~ ***out*** auswischen; auslöschen, ausrotten; ~ ***up*** aufwischen
wip·er MOT (*Scheiben*)Wischer *m*
wire 1. Draht *m*; ELECTR Leitung *f*; Telegramm *n* **2.** Leitungen verlegen in (*dat*) (*a.* ~ ***up***); *j-m* ein Telegramm schicken; *j-m et.* telegrafieren
wire·less drahtlos, Funk…
wire net·ting Maschendraht *m*
wire-tap *j-n*, *j-s Telefon* abhören
wir·y *fig* drahtig
wis·dom Weisheit *f*, Klugheit *f*
wis·dom tooth Weisheitszahn *m*
wise weise, klug
wise·crack F **1.** Witzelei *f* **2.** witzeln
wise guy F Klugscheißer *m*
wish 1. wünschen; wollen; ~ ***s.o. well*** j-m alles Gute wünschen; ***if you ~*** (***to***) wenn du willst; ~ ***for s.th.*** sich et. wünschen **2.** Wunsch *m* (***for*** nach)
wish·ful think·ing Wunschdenken *n*
wish·y-wash·y F labb(e)rig, wäss(e)rig; *fig* lasch (*person*); verschwommen
wisp (*Gras-*, *Haar*)Büschel *n*
wist·ful wehmütig
wit Geist *m*, Witz *m*; geistreicher Mensch; *a. pl* Verstand *m*; ***be at one's ~s' end*** mit s-r Weisheit am Ende sein
witch Hexe *f*
witch·craft Hexerei *f*
with mit; bei; vor (*dat*)
with·draw *v/t Geld* abheben (***from*** von); *Angebot etc* zurückziehen, *Anschuldigung etc* zurücknehmen; MIL *Truppen* zurückziehen, abziehen; *v/i* sich zurückziehen; zurücktreten (***from*** von)
with·draw·al Rücknahme *f*; *esp* MIL Abzug *m*, Rückzug *m*; Rücktritt *m* (***from*** von), Ausstieg *m* (***from*** aus); MED Entziehung *f*, Entzug *m*; ***make a ~*** Geld abheben (***from*** von); ~ **cure** MED Entziehungskur *f*; ~ **symp·toms** MED Entzugserscheinungen *pl*
with·er eingehen *or* verdorren *or* (ver)welken (lassen)
with·hold zurückhalten; ~ ***s.th. from s.o.*** j-m et. vorenthalten
with·in innerhalb (*gen*)
with·out ohne (*acc*)
with·stand *e-m Angriff etc* standhalten; *Beanspruchung etc* aushalten
wit·ness 1. Zeuge *m*, Zeugin *f*; ~ ***for the defense*** (*Br* ***defence***) JUR Entlastungszeuge *m*, -zeugin *f*; ~ ***for the prosecution*** JUR Belastungszeuge *m*, -zeugin *f* **2.** Zeuge sein von *et.*; *et.* bezeugen, *Unterschrift* beglaubigen; ~ ***box*** *Br*, ~ **stand** JUR Zeugenstand *m*
wit·ti·cis·m geistreiche *or* witzige Bemerkung; **wit·ty** geistreich, witzig
wiz·ard Zauberer *m*; *fig* Genie *n* (***at*** in *dat*)
wiz·ened verhutzelt
wob·ble *v/i* wackeln, zittern (*a. voice*), schwabbeln; MOT flattern; *fig* schwanken; *v/t* wackeln an (*dat*)
woe·ful traurig; bedauerlich
wolf 1. zo Wolf *m*; ***lone ~*** *fig* Einzelgänger(in) **2.** *a.* ~ ***down*** F *Essen* hinunterschlingen
wom·an Frau *f*; ~ **doc·tor** Ärztin *f*; ~ **driv·er** Frau *f* am Steuer

wom·an·ish weibisch
wom·an·ly fraulich; weiblich
womb ANAT Gebärmutter *f*
women's| lib·ber F Emanze *f*; **~ move·ment** Frauenbewegung *f*; **~ ref·uge** *Br*, **~ shel·ter** Frauenhaus *n*
won·der 1. neugierig *or* gespannt sein, gern wissen mögen; sich fragen, überlegen; sich wundern, erstaunt sein (***about*** über *acc*); ***I ~ if you could help me*** vielleicht können Sie mir helfen **2.** Staunen *n*, Verwunderung *f*; Wunder *n*; ***do*** *or* ***work ~s*** wahre Wunder vollbringen, Wunder wirken (***for*** bei)
won·der·ful wunderbar, wundervoll
wont 1. ***be ~ to do s.th.*** et. zu tun pflegen **2.** ***as was his ~*** wie es s-e Gewohnheit war
woo umwerben, werben um
wood Holz *n*; Holzfass *n*; *a. pl* Wald *m*, Gehölz *n*; ***touch ~!*** unberufen!, toi, toi, toi!; ***he can't see the ~ for the trees*** er sieht den Wald vor lauter Bäumen nicht
wood·cut Holzschnitt *m*
wood·cut·ter Holzfäller *m*
wood·ed bewaldet
wood·en hölzern (*a. fig*), aus Holz, Holz…
wood·peck·er ZO Specht *m*
wood·wind: ***the ~*** MUS die Holzblasinstrumente *pl*, die Holzbläser *pl*; ***~ instrument*** Holzblasinstrument *n*
wood·work Holzarbeit *f*
wood·y waldig; BOT holzig
wool Wolle *f*
wool·(l)en 1. wollen, Woll… **2.** *pl* Wollsachen *pl*, Wollkleidung *f*
wool·(l)y 1. wollig; *fig* schwammig **2.** *pl* F Wollsachen *pl*
word 1. Wort *n*; Nachricht *f*; Losung *f*, Losungswort *n*; Versprechen *n*; Befehl *m*; *pl* MUS *etc* Text *m*; ***have a ~*** *or* ***a few ~s with s.o.*** mit j-m sprechen **2.** *et.* ausdrücken, *Text* abfassen, formulieren; **word·ing** Wortlaut *m*
word| or·der LING Wortstellung *f*; **~ pro·cess·ing** IT Textverarbeitung *f*; **~ pro·ces·sor** IT Textverarbeitungsgerät *n*
word·y wortreich, langatmig
work 1. Arbeit *f*; Werk *n*; *pl* TECH Werk *n*, Getriebe *n*; ECON Werk *n*, Fabrik *f*; ***at ~*** bei der Arbeit; ***be in ~*** Arbeit haben; ***be out of ~*** arbeitslos sein; ***go*** *or* ***set to ~*** an die Arbeit gehen **2.** *v/i* arbeiten (***at, on*** an *dat*); TECH funktionieren (*a. fig*); wirken; ***~ to rule*** Dienst nach Vorschrift tun; *v/t j-n* arbeiten lassen; *Maschine etc* bedienen, *et.* betätigen; *et.* bearbeiten; bewirken, herbeiführen; ***~ one's way*** sich durcharbeiten *or* durchkämpfen; ***~ off*** *Schulden* abarbeiten; *Wut etc* abreagieren; ***~ out*** *v/t* ausrechnen; *Aufgabe* lösen; *Plan etc* ausarbeiten; *fig* sich *et.* zusammenreimen; *v/i* gut gehen, F klappen; aufgehen; F SPORT trainieren; ***~ up*** *Zuhörer etc* aufpeitschen, aufwühlen; *et.* ausarbeiten (***into*** zu); ***be ~ed up*** aufgeregt *or* nervös sein (***about*** wegen)
work·a·ble formbar; *fig* durchführbar
work·a·day Alltags…
work·a·hol·ic F Arbeitssüchtige *m, f*
work·bench TECH Werkbank *f*
work·book PED Arbeitsheft *n*
work·day Arbeitstag *m*; Werktag *m*; ***on ~s*** werktags
work·er Arbeiter(in); Angestellte *m, f*
work ex·pe·ri·ence Erfahrung *f*
work·ing werktätig; Arbeits…; ***~ knowledge*** Grundkenntnisse *pl*; ***in ~ order*** in betriebsfähigem Zustand; **~ class** Arbeiterklasse *f*; **~ day** → ***workday***; **~ hours** Arbeitszeit *f*
work·ings Arbeits-, Funktionsweise *f*
work·man Handwerker *m*
work·man·like fachmännisch
work·man·ship fachmännische Arbeit
work of art Kunstwerk *n*
work·out F SPORT Training *n*
work·place Arbeitsplatz *m*; ***at the ~*** am Arbeitsplatz
works coun·cil Betriebsrat *m*
work·sheet PED *etc* Arbeitsblatt *n*
work·shop Werkstatt *f*; Workshop *m*
work·shy arbeitsscheu
work·sta·tion IT Bildschirmarbeitsplatz *m*
work-to-rule *Br* Dienst *m* nach Vorschrift
world 1. Welt *f*; ***all over the ~*** in der ganzen Welt; ***bring into the ~*** auf die Welt bringen; ***do s.o. a*** *or* ***the ~ of good*** j-m unwahrscheinlich guttun; ***mean all the ~ to s.o.*** j-m alles bedeuten; ***they are ~s apart*** zwischen ihnen liegen Welten; ***think the ~ of*** große Stücke halten von; ***what in the ~ …?*** was um alles in

der Welt …? **2.** Welt…; **~ cham·pi·on** SPORT Weltmeister *m*; **~ cham·pi·onship** SPORT Weltmeisterschaft *f*
World Cup Fußballweltmeisterschaft *f*; *skiing*: Weltcup *m*
world-fa·mous weltberühmt
world lit·er·a·ture Weltliteratur *f*
world·ly weltlich; irdisch
world·ly·wise weltklug
world| mar·ket ECON Weltmarkt *m*; **~ pow·er** POL Weltmacht *f*; **~ rec·ord** SPORT Weltrekord *m*; **~ trip** Weltreise *f*; **~ war** Weltkrieg *m*
world·wide weltweit; auf der ganzen Welt
worm 1. ZO Wurm *m* **2.** *Hund etc* entwurmen; ***~ one's way through*** sich schlängeln *or* zwängen durch; ***~ o.s. into s.o.'s confidence*** sich in j-s Vertrauen einschleichen; ***~ s.th. out of s.o.*** j-m et. entlocken
worm-eat·en wurmstichig
worm's-eye view Froschperspektive *f*
worn-out abgenutzt, abgetragen; *fig* erschöpft
wor·ried besorgt, beunruhigt
wor·ry 1. beunruhigen; (sich) Sorgen machen; ***don't ~!*** keine Angst!, keine Sorge! **2.** Sorge *f*
worse schlechter, schlimmer; ***~ still*** was noch schlimmer ist; ***to make matters ~*** zu allem Übel
wors·en schlechter machen *or* werden, (sich) verschlechtern
wor·ship 1. Verehrung *f*; Gottesdienst *m* **2.** *v/t* anbeten, verehren; *v/i* den Gottesdienst besuchen
wor·ship·(p)er Anbeter(in), Verehrer(in); Kirchgänger(in)
worst 1. *adj* schlechteste(r, -s), schlimmste(r, -s) **2.** *adv* am schlechtesten, am schlimmsten **3.** *der, die, das* Schlechteste *or* Schlimmste; ***at (the) ~*** schlimmstenfalls
wor·sted Kammgarn *n*
worth 1. wert; ***~ reading*** lesenswert **2.** Wert *m*; **worth·less** wertlos
worth·while lohnend; ***be ~*** sich lohnen
worth·y würdig
would-be Möchtegern…
wound 1. Wunde *f*, Verletzung *f* **2.** verwunden, verletzen
wow *int* F wow!, Mensch!, toll!
wran·gle 1. (sich) streiten **2.** Streit *m*
wrap 1. *v/t a.* ***~ up*** (ein)packen, (ein)wickeln (***in*** in *dat*); *et.* wickeln (***[a]round*** um); *v/i*: ***~ up*** sich warm anziehen **2.** Umhang *m*
wrap·per (Schutz)Umschlag *m*
wrap·ping Verpackung *f*; **~ pa·per** Einwickel-, Pack-, Geschenkpapier *n*
wrath Zorn *m*
wreath Kranz *m*
wreck 1. MAR Wrack *n* (*a. fig*) **2.** *Pläne etc* zunichtemachen; ***be ~ed*** MAR zerschellen; Schiffbruch erleiden
wreck·age Trümmer *pl* (*a. fig*), Wrackteile *pl*
wreck·er MOT Abschleppwagen *m*
wreck·ing| com·pa·ny Abbruchfirma *f*; **~ ser·vice** MOT Abschleppdienst *m*
wren ZO Zaunkönig *m*
wrench 1. MED sich *das Knie etc* verrenken; ***~ s.th. from*** *or* ***out of s.o.'s hands*** j-m et. aus den Händen winden, j-m et. entwinden; ***~ off*** *et.* mit e-m Ruck abreißen *or* wegreißen; ***~ open*** aufreißen **2.** Ruck *m*; MED Verrenkung *f*; *Br* TECH Schraubenschlüssel *m*
wrest: ***~ s.th. from*** *or* ***out of s.o.'s hands*** j-m et. aus den Händen reißen, j-m et. entreißen *or* entwinden
wres·tle *v/i* SPORT ringen (***with*** mit), *fig a.* kämpfen (***with*** mit); *v/t* SPORT ringen gegen; **wres·tler** SPORT Ringer *m*; **wres·tling** SPORT Ringen *n*
wretch *often* HUMOR Schuft *m*, Wicht *m*
wretch·ed elend; (tod)unglücklich; scheußlich; verdammt, verflixt
wrig·gle *v/i* sich winden; zappeln; ***~ out of*** *fig* F sich herauswinden aus; F sich drücken vor (*dat*); *v/t* mit *den Zehen* wackeln
wring *j-m die Hand* drücken; *die Hände* ringen; *den Hals* umdrehen; ***~ out*** *Wäsche etc* auswringen; ***~ s.o.'s heart*** j-m zu Herzen gehen
wrin·kle 1. Falte *f*, Runzel *f* **2.** runzeln; *Nase* krausziehen, rümpfen; faltig *or* runz(e)lig werden
wrist ANAT Handgelenk *n*
wrist·band Bündchen *n*, (Hemd)Manschette *f*; Armband *n*
wrist·watch Armbanduhr *f*
writ JUR Befehl *m*, Verfügung *f*
write schreiben; ***~ down*** auf-, niederschreiben; ***~ off*** *j-n*, ECON *et.* abschreiben; ***~ out*** *Namen etc* ausschreiben;

Bericht etc ausarbeiten; *j-m e-e Quittung etc* ausstellen; ~ **pro·tec·tion** IT Schreibschutz *m*

writ·er Schreiber(in), Verfasser(in), Autor(in); Schriftsteller(in)

writhe sich krümmen *or* winden (***in, with*** vor *dat*)

writ·ing 1. Schreiben *n*; (Hand)Schrift *f*; Schriftstück *n*; *pl* Werke *pl*; ***in*** ~ schriftlich **2.** Schreib…; ~ **case** Schreibmappe *f*; ~ **desk** Schreibtisch *m*; ~ **pad** Schreibblock *m*; ~ **pa·per** Briefpapier *n*, Schreibpapier *n*

writ·ten schriftlich

wrong 1. *adj* falsch; unrecht; ***be*** ~ falsch sein, nicht stimmen; unrecht haben; falsch gehen (*watch*); ***be on the*** ~ ***side of forty*** über 40 (Jahre alt) sein; ***is anything*** ~? ist et. nicht in Ordnung?; ***what's*** ~ ***with her?*** was ist los mit ihr?, was hat sie? **2.** *adv* falsch; ***get*** ~ *j-n, et.* falsch verstehen; ***go*** ~ e-n Fehler machen; kaputtgehen; *fig* F schiefgehen **3.** Unrecht *n*; ***be in the*** ~ im Unrecht sein **4.** *j-m* unrecht tun

wrong·ful ungerechtfertigt; gesetzwidrig

wrong-way driv·er MOT F Geisterfahrer(in)

wrought i·ron Schmiedeeisen *n*

wrought-i·ron schmiedeeisern

wry süßsauer (*smile*); ironisch, sarkastisch (*humor etc*)

wt *abbr of* ***weight*** Gew., Gewicht *n*

WWF *abbr of* ***World Wide Fund for Nature*** WWF *m*

WYSIWYG *abbr of* ***what you see is what you get*** IT was du (*auf dem Bildschirm*) siehst, bekommst du (*auch ausgedruckt*)

X

X, x X, x *n*

xen·o·pho·bi·a Fremdenhass *m*; Ausländerfeindlichkeit *f*

XL *abbr of* ***extra large*** (***size***) extragroß

X·mas F → ***Christmas***

X-ray MED **1.** röntgen **2.** Röntgenstrahl *m*; Röntgenaufnahme *f*, -bild *n*; Röntgenuntersuchung *f*

xy·lo·phone MUS Xylophon *n*

Y

Y, y Y, y *n*

yacht MAR **1.** (Segel)Boot *n*; Jacht *f* **2.** segeln; ***go*** ~***ing*** segeln gehen

yacht club Segelklub *m*, Jachtklub *m*

yacht·ing Segeln *n*, Segelsport *m*

Yan·kee F Yankee *m*, Ami *m*

yap kläffen; F quasseln

yard[1] (*abbr* ***yd***) Yard *n* (*91, 44 cm*)

yard[2] Hof *m*; (*Bau-, Stapel- etc*)Platz *m*; Garten *m*

yard·stick *fig* Maßstab *m*

yarn Garn *n*

yawn 1. gähnen **2.** Gähnen *n*

yeah F ja

year Jahr *n*; ***all the*** ~ ***round*** das ganze Jahr hindurch; ~ ***after*** ~ Jahr für Jahr; ~ ***in*** ~ ***out*** jahraus, jahrein; ***this*** ~ dieses Jahr; ***this*** ~***'s*** diesjährige(r, -s)

year·ly jährlich

yearn sich sehnen (***for*** nach; ***to do*** danach, zu tun); **yearn·ing 1.** Sehnsucht *f* **2.** sehnsüchtig

yeast Hefe *f*

yell 1. schreien, brüllen (***with*** vor *dat*); ~ ***at s.o.*** j-n anschreien *or* anbrüllen; ~ (***out***) *et.* schreien, brüllen **2.** Schrei *m*

yel·low 1. gelb; F feig(e) **2.** Gelb *n*; ***at*** ~ MOT bei Gelb **3.** (sich) gelb färben; gelb werden; vergilben

yel·low fe·ver MED Gelbfieber *n*

yel·low·ish gelblich

Yel·low Pag·es® TEL *die* Gelben Seiten *pl*, Branchenverzeichnis *n*

yel·low press Sensationspresse *f*

yelp 1. (auf)jaulen; aufschreien **2.** (Auf)Jaulen *n*; Aufschrei *m*
yes 1. ja; doch **2.** Ja *n*
yes·ter·day gestern; **~ *morning* (*afternoon*)** gestern Morgen (Nachmittag); ***the day before ~*** vorgestern
yet 1. *adv in questions*: schon; noch; (doch) noch; doch, aber; ***as ~*** bis jetzt, bisher; ***not ~*** noch nicht **2.** *cj* aber, doch
yew BOT Eibe *f*
yield 1. *v/t Früchte* tragen; *Gewinn* abwerfen; *Resultat etc* ergeben, liefern; *v/i* nachgeben; **~ *to*** MOT *j-m* die Vorfahrt lassen **2.** Ertrag *m*
yip·pee *int* F hurra!
yo·del 1. jodeln **2.** Jodler *m*
yo·ga Joga *m*, *n*, Yoga *m*, *n*
yog·h(o)urt, yog·urt Jog(h)urt *m*, *n*
yoke Joch *n* (*a. fig*)
yolk (Ei)Dotter *m*, *n*, Eigelb *n*
you du, ihr, Sie; (*dat*) dir, euch, Ihnen; (*acc*) dich, euch, Sie; man
young 1. jung **2.** zo Junge *pl*; ***with ~*** zo trächtig; ***the ~*** die jungen Leute *pl*, die Jugend
young·ster Junge *m*
your dein(e); *pl* euer, eure; Ihr(e) (*a. pl*)
yours deine(r, -s); *pl* euer eure(s); Ihre(r, -s) (*a. pl*); ***a friend of ~*** ein Freund von dir; ***Yours, Bill*** Dein Bill
your·self selbst; dir, dich, sich; ***by ~*** allein
youth Jugend *f*; Jugendliche *m*
youth club Jugendklub *m*
youth·ful jugendlich
youth hos·tel Jugendherberge *f*
yuck·y F *contp* scheußlich
Yu·go·slav HIST **1.** jugoslawisch **2.** Jugoslawe *m*, Jugoslawin *f*; **Yu·go·sla·vi·a** HIST Jugoslawien *n*
yup·pie, yup·py *abbr of* ***young upwardly-mobile*** *or* ***urban professional*** junger, aufstrebender *or* städtischer Karrieremensch, Yuppie *m*

Z

Z, z Z, z *n*
zap F *esp computer game etc*: abknallen, fertigmachen; MOT beschleunigen (***from … to …*** von … auf *acc* …); jagen, hetzen; TV *Fernbedienung* bedienen; TV zappen, umschalten; **~ *off*** abzischen; **~ *to*** düsen *or* jagen *or* hetzen nach
zap·per TV F Fernbedienung *f*
zap·py *Br* F voller Pep, schmissig, fetzig
zeal Eifer *m*
zeal·ot Fanatiker(in), Eiferer *m*, Eiferin *f*; **zeal·ous** eifrig; ***be ~ to do s.th.*** eifrig darum bemüht sein, et. zu tun
ze·bra zo Zebra *n*
ze·bra cross·ing *Br* Zebrastreifen *m*
zen·ith Zenit *m* (*a. fig*)
ze·ro 1. Null *f*; Nullpunkt *m*; ***20 degrees below ~*** 20 Grad unter Null **2.** Null…; **~ growth** Nullwachstum *n*; **~ op·tion** POL Nulllösung *f*
zest *fig* Würze *f*; Begeisterung *f*; **~ *for life*** Lebensfreude *f*
zig·zag 1. Zickzack *m* **2.** Zickzack… **3.** im Zickzack fahren, laufen *etc*, zickzackförmig verlaufen
zinc CHEM Zink *n*
zip[1] 1. Reißverschluss *m* **2. ~ *the bag open* (*shut*)** den Reißverschluss der Tasche aufmachen (zumachen); **~ *s.o. up*** j-m den Reißverschluss zumachen
zip[2] 1. Zischen *n*, Schwirren *n*; F Schwung *m* **2.** zischen, schwirren; **~ *by*, ~ *past*** vorbeiflitzen
zip code Postleitzahl *f*
zip fas·ten·er *esp Br* → ***zipper***
zip·per Reißverschluss *m*
zo·di·ac ASTR Tierkreis *m*; ***signs of the ~*** Tierkreiszeichen *pl*
zone Zone *f*
zoo Zoo *m*, Tierpark *m*
zo·o·log·i·cal zoologisch; **~ gar·dens** Tierpark *m*, zoologischer Garten
zo·ol·o·gist Zoologe *m*, Zoologin *f*
zo·ol·o·gy Zoologie *f*
zoom 1. surren; F sausen; F *fig* in die Höhe schnellen; PHOT zoomen; **~ *by*, ~ *past*** F vorbeisausen; **~ *in on*** PHOT *et.* heranholen **2.** Surren *n*; *a.* **~ *lens*** PHOT Zoom *n*, Zoomobjektiv *n*

APPENDICES

States of the Federal Republic of Germany

Baden-Württemberg ['ba:dən'vʏrtəmbɛrk] Baden-Württemberg
Bayern ['baɪɐn] Bavaria
Berlin [bɛr'li:n] Berlin
Brandenburg ['brandənbʊrk] Brandenburg
Bremen ['bre:mən] Bremen
Hamburg ['hambʊrk] Hamburg
Hessen ['hɛsən] Hesse
Mecklenburg-Vorpommern ['me:klənbʊrk'fo:ɐpɔmɐn] Mecklenburg-Western Pomerania
Niedersachsen ['ni:dɐzaksən] Lower Saxony
Nordrhein-Westfalen ['nɔrtraɪnvɛst'fa:lən] North Rhine-Westphalia
Rheinland-Pfalz ['raɪnlant'pfalts] Rhineland-Palatinate
Saarland ['za:ɐlant]: ***das*** ~ the Saarland
Sachsen ['zaksən] Saxony
Sachsen-Anhalt ['zaksən'anhalt] Saxony-Anhalt
Schleswig-Holstein ['ʃle:svɪç'hɔlʃtaɪn] Schleswig-Holstein
Thüringen ['ty:rɪŋən] Thuringia

States of the Republic of Austria

Burgenland ['bʊrgənlant]: ***das*** ~ the Burgenland
Kärnten ['kɛrntən] Carinthia
Niederösterreich ['ni:dɐˀø:stəraɪç] Lower Austria
Oberösterreich ['o:bɐˀø:stəraɪç] Upper Austria
Salzburg ['zaltsbʊrk] Salzburg
Steiermark ['ʃtaɪɐmark]: ***die*** ~ Styria
Tirol [ti'ro:l] Tyrol
Vorarlberg ['fo:ɐˀarlbɛrk] Vorarlberg
Wien [vi:n] Vienna

Cantons of the Swiss Confederation

Aargau ['a:ɐgaʊ]: ***der*** ~ the Aargau
Appenzell [apən'tsɛl] Appenzell
Basel ['ba:zəl] Basel, Basle
Bern [bɛrn] Bern(e)
Freiburg ['fraɪbʊrk], *French* **Fribourg** [fri'bu:r] Fribourg
Genf [gɛnf], *French* **Genève** [ʒə'nɛ:v] Geneva
Glarus ['gla:rʊs] Glarus
Graubünden [graʊ'bʏndən] Graubünden, Grisons
Jura ['ju:ra]: ***der*** ~ the Jura
Luzern [lu'tsɛrn] Lucerne
Neuenburg ['nɔʏənbʊrk], *French* **Neuchâtel** [nøʃa'tɛl] Neuchâtel
St. Gallen [zaŋkt 'galən] St Gallen, St Gall
Schaffhausen [ʃaf'haʊzən] Schaffhausen
Schwyz [ʃvi:ts] Schwyz
Solothurn ['zo:lotʊrn] Solothurn
Tessin [tɛ'si:n]: ***der*** ~ the Ticino, *Italian* **Ticino** [ti'tʃi:no]: ***das*** ~ the Ticino
Thurgau ['tu:ɐgaʊ]: ***der*** ~ the Thurgau
Unterwalden ['ʊntɐvaldən] Unterwalden
Uri ['u:ri] Uri
Waadt [va(:)t], *French* **Vaud** [vo] Vaud
Wallis ['valɪs], *French* **Valais** [va'lɛ]: ***das*** ~ the Valais, Wallis
Zug [tsu:k] Zug
Zürich ['tsy:rɪç] Zurich

European currency

Germany and Austria

1 euro (€) = 100 cent (ct)

coins

1 ct
2 ct
5 ct
10 ct
20 ct
50 ct
€ 1
€ 2

bills (*Br* **bank notes**)

€ 5
€ 10
€ 20
€ 50
€ 100
€ 200
€ 500

Switzerland

1 Swiss franc (Sfr) = 100 Rappen (Rp) / centimes (c)

coins

1 Rp
5 Rp
10 Rp
20 Rp
½ Sfr (50 Rp)
1 Sfr
2 Sfr
5 Sfr

bills (*Br* **bank notes**)

10 Sfr
20 Sfr
50 Sfr
100 Sfr
200 Sfr
1000 Sfr

Numbers

Cardinal numbers

0 null *nought, zero*
1 eins *one*
2 zwei *two*
3 drei *three*
4 vier *four*
5 fünf *five*
6 sechs *six*
7 sieben *seven*
8 acht *eight*
9 neun *nine*
10 zehn *ten*
11 elf *eleven*
12 zwölf *twelve*
13 dreizehn *thirteen*
14 vierzehn *fourteen*
15 fünfzehn *fifteen*
16 sechzehn *sixteen*
17 siebzehn *seventeen*
18 achtzehn *eighteen*
19 neunzehn *nineteen*
20 zwanzig *twenty*
21 einundzwanzig *twenty-one*
22 zweiundzwanzig *twenty-two*
30 dreißig *thirty*
31 einunddreißig *thirty-one*
40 vierzig *forty*
41 einundvierzig *forty-one*
50 fünfzig *fifty*
51 einundfünfzig *fifty-one*
60 sechzig *sixty*
61 einundsechzig *sixty-one*
70 siebzig *seventy*
71 einundsiebzig *seventy-one*
80 achtzig *eighty*
81 einundachtzig *eighty-one*
90 neunzig *ninety*
91 einundneunzig *ninety-one*
100 hundert *a* or *one hundred*
101 hunderteins *a hundred and one*
200 zweihundert *two hundred*
300 dreihundert *three hundred*
572 fünfhundertzweiundsiebzig *five hundred and seventy-two*
1000 tausend *a / one thousand*
1999 neunzehnhundertneunundneunzig *nineteen (hundred and) ninety-nine*
2000 zweitausend *two thousand*
2010 *as year*: zweitausendzehn *two thousand (and) ten*
5044 TEL fünfzig vierundvierzig *five O* (or *zero*) *double four*
1,000,000 eine Million *one million*
2,000,000 zwei Millionen *two million*
1,000,000,000 eine Milliarde *a / one billion*

Ordinal numbers

1. erste *first* (*1st*)
2. zweite *second* (*2nd*)
3. dritte *third* (*3rd*)
4. vierte *fourth* (*4th*)
5. fünfte *fifth* (*5th*) *etc*.
6. sechste *sixth*
7. siebente *seventh*
8. achte *eighth*
9. neunte *ninth*
10. zehnte *tenth*
11. elfte *eleventh*
12. zwölfte *twelfth*
13. dreizehnte *thirteenth*
14. vierzehnte *fourteenth*
15. fünfzehnte *fifteenth*
16. sechzehnte *sixteenth*
17. siebzehnte *seventeenth*
18. achtzehnte *eighteenth*
19. neunzehnte *nineteenth*
20. zwanzigste *twentieth*
21. einundzwanzigste *twenty-first*
22. zweiundzwanzigste *twenty-second*
23. dreiundzwanzigste *twenty-third*
30. dreißigste *thirtieth*
31. einunddreißigste *thirty-first*
40. vierzigste *fortieth*
41. einundvierzigste *forty-first*
50. fünfzigste *fiftieth*
51. einundfünfzigste *fifty-first*
60. sechzigste *sixtieth*
61. einundsechzigste *sixty-first*
70. siebzigste *seventieth*
71. einundsiebzigste *seventy-first*
80. achtzigste *eightieth*
81. einundachtzigste *eighty-first*
90. neunzigste *ninetieth*
100. hundertste (*one*) *hundredth*
101. hundert(und)erste (*one*) *hundred and first*
200. zweihundertste *two hundredth*
300. dreihundertste *three hundredth*
572. fünfhundert(und)zweiundsiebzigste *five hundred and seventy-second*
1000. tausendste (*one*) *thousandth*
1970. neunzehnhundert(und)siebzigste *nineteen hundred and seventieth*
500 000. fünfhunderttausendste *five hundred thousandth*
1 000 000. millionste (*one*) *millionth*

Fractions, decimals and mathematical calculation methods

$^{1}/_{2}$ halb *one / a half*
$^{1}/_{2}$ eine halbe Meile *half a mile*
$1^{1}/_{2}$ anderthalb / eineinhalb *one and a half*
$2^{1}/_{2}$ zweieinhalb *two and a half*
$^{1}/_{3}$ ein Drittel *one / a third*
$^{2}/_{3}$ zwei Drittel *two thirds*
$^{1}/_{4}$ ein Viertel *one fourth, one / a quarter*
$^{3}/_{4}$ drei Viertel *three fourths, three quarters*
$1^{1}/_{4}$ ein und eine viertel Stunde *one hour and a quarter*
$^{1}/_{5}$ ein Fünftel *one / a fifth*
$3^{4}/_{5}$ drei vier Fünftel *three and four fifths*
0,4 null Komma vier *point four* (*.4*)
2,5 zwei Komma fünf *two point five* (*2.5*)

einfach *single*
zweifach *double, twofold*
dreifach *threefold, treble, triple*
vierfach *fourfold, quadruple*
fünffach *fivefold, quintuple*

einmal *once*
zweimal *twice*
dreimal *three times*
viermal *four times*
fünfmal *five times*
zweimal so viel (so viele) *twice as much* (*many*)

erstens *first*(*ly*), *in the first place*
zweitens *secondly; in the second place*
drittens *thirdly; in the third place*

2 × 3 = 6 zwei mal drei ist sechs, zwei multipliziert mit drei ist sechs *two threes are six, two multiplied by three is six*

7 + 8 = 15 sieben plus acht ist fünfzehn *seven plus eight is fifteen*

10 – 3 = 7 zehn minus drei ist sieben *ten minus three is seven*

20 : 5 = 4 zwanzig (dividiert) durch fünf ist vier *twenty divided by five is four*

German weights and measures

I linear measure

1 mm ***Millimeter*** millimeter, *Br* millimetre
= $^1/_{1000}$ meter (*Br* metre)
= 0.003 feet
= 0.039 inches

1 cm ***Zentimeter*** centimeter, *Br* centimetre
= $^1/_{100}$ meter (*Br* metre)
= 0.39 inches

1 dm ***Dezimeter*** decimeter, *Br* decimetre
= $^1/_{10}$ meter (*Br* metre)
= 3.94 inches

1 m ***Meter*** meter, *Br* metre
= 1.094 yards
= 3.28 feet
= 39.37 inches

1 km ***Kilometer*** kilometer, *Br* kilometre
= 1,000 meters (*Br* metres)
= 1,093.637 yards
= 0.621 (statute) miles

1 sm ***Seemeile*** nautical mile
= 1,852 meters (*Br* metres)

II square measure

1 mm² ***Quadratmillimeter*** square millimeter (*Br* millimetre)
= 0.0015 square inches

1 cm² ***Quadratzentimeter*** square centimeter (*Br* centimetre)
= 0.155 square inches

1 m² ***Quadratmeter*** square meter (*Br* metre)
= 1.195 square yards
= 10.76 square feet

1 a ***Ar*** are
= 100 square meters (*Br* metres)
= 119.59 square yards
= 1,076.40 square feet

1 ha ***Hektar*** hectare
= 100 ares
= 10,000 square meters (*Br* metres)
= 11,959.90 square yards
= 2.47 acres

1 km² ***Quadratkilometer*** square kilometer (*Br* kilometre)
= 100 hectares
= 1,000,000 square meters (*Br* metres)
= 247.11 acres
= 0.386 square miles

III cubic measure

1 cm³ ***Kubikzentimeter*** cubic centimeter (*Br* centimetre)
= 1,000 cubic millimeters (*Br* millimetres)
= 0.061 cubic inches

1 dm³ ***Kubikdezimeter*** cubic decimeter (*Br* decimetre)
= 1,000 cubic centimeters (*Br* centimetres)
= 61.025 cubic inches

1 m³ ***Kubikmeter***
1 rm ***Raummeter***
1 fm ***Festmeter***
} cubic meter (*Br* metre)
= 1,000 cubic decimeters (*Br* decimetres)
= 1.307 cubic yards
= 35.31 cubic feet

1 RT ***Registertonne*** register ton
= 2.832 m³
= 100 cubic feet

IV measure of capacity

1 l ***Liter*** liter, *Br* litre
= 10 deciliters (*Br* decilitres)
= 2.11 pints (*Am*)
= 8.45 gills (*Am*)
= 1.06 quarts (*Am*)
= 0.26 gallons (*Am*)
= 1.76 pints (*Br*)
= 7.04 gills (*Br*)
= 0.88 quarts (*Br*)
= 0.22 gallons (*Br*)

1 hl ***Hektoliter*** hectoliter, *Br* hectolitre
= 100 liters (*Br* litres)
= 26.42 gallons (*Am*)
= 2.84 bushels (*Am*)
= 22.009 gallons (*Br*)
= 2.75 bushels (*Br*)

V weight

1 mg ***Milligramm*** milligram(me)
= 1/1000 gram(me)
= 0.015 grains

1 g ***Gramm*** gram(me)
= 1/1000 kilogram(me)
= 15.43 grains

1 Pfd ***Pfund*** pound (German)
= 1/2 kilogram(me)
= 500 gram(me)s
= 1.102 pounds (1b)

1 kg ***Kilogramm**, **Kilo*** kilogram(me)
= 1,000 gram(me)s
= 2.204 pounds (1b)

1 Ztr. ***Zentner*** centner
= 100 pounds (German)
= 50 kilogram(me)s
= 110.23 pounds (1b)
= 1.102 US hundredweights
= 0.98 British hundredweights

1 t ***Tonne*** ton
= 1,000 kilogram(me)s
= 1.102 US tons
= 0.984 British tons

Conversion tables for temperatures

°C (Celsius)	°F (Fahrenheit)
100	212
95	203
90	194
85	185
80	176
75	167
70	158
65	149
60	140
55	131
50	122
45	113
40	104
35	95
30	86
25	77
20	68
15	59
10	50
5	41
0	32
– 5	23
–10	14
–15	5
–17.8	0
–20	– 4
–25	–13
–30	–22
–35	–31
–40	–40
–45	–49
–50	–58

Clinical thermometer

°C (Celsius)	°F (Fahrenheit)
42.0	107.6
41.8	107.2
41.6	106.9
41.4	106.5
41.2	106.2
41.0	105.8
40.8	105.4
40.6	105.1
40.4	104.7
40.2	104.4
40.0	104.0
39.8	103.6
39.6	103.3
39.4	102.9
39.2	102.6
39.0	102.2
38.8	101.8
38.6	101.5
38.4	101.1
38.2	100.8
38.0	100.4
37.8	100.0
37.6	99.7
37.4	99.3
37.2	99.0
37.0	98.6
36.8	98.2
36.6	97.9

How to convert Celsius into Fahrenheit and vice versa

To convert Celsius into Fahrenheit multiply by 9, divide by 5 and add 32.

To convert Fahrenheit into Celsius subtract 32, multiply by 5 and divide by 9.

German irregular verbs

infinitive – 3rd person singular – past tense – past participle

backen – backt/bäckt – backte – gebacken
bedingen – bedingt – bedang (bedingte) – bedungen (*conditional*: bedingt)
befehlen – befiehlt – befahl – befohlen
beginnen – beginnt – begann – begonnen
beißen – beißt – biss – gebissen
bergen – birgt – barg – geborgen
bersten – birst – barst – geborsten
bewegen – bewegt – bewog – bewogen
biegen – biegt – bog – gebogen
bieten – bietet – bot – geboten
binden – bindet – band – gebunden
bitten – bittet – bat – gebeten
blasen – bläst – blies – geblasen
bleiben – bleibt – blieb – geblieben
bleichen – bleicht – blich – geblichen
braten – brät – briet – gebraten
brauchen – braucht – brauchte – gebraucht (*v/aux* brauchen)
brechen – bricht – brach – gebrochen
brennen – brennt – brannte – gebrannt
bringen – bringt – brachte – gebracht
denken – denkt – dachte – gedacht
dreschen – drischt – drosch – gedroschen
dringen – dringt – drang – gedrungen
dürfen – darf – durfte – gedurft (*v/aux* dürfen)
empfangen – empfängt – empfing – empfangen
empfehlen – empfiehlt – empfahl – empfohlen
empfinden – empfindet – empfand – empfunden
erlöschen – erlischt – erlosch – erloschen
erschrecken – erschrickt – erschrak – erschrocken
essen – isst – aß – gegessen
fahren – fährt – fuhr – gefahren
fallen – fällt – fiel – gefallen
fangen – fängt – fing – gefangen
fechten – ficht – focht – gefochten
finden – findet – fand – gefunden
flechten – flicht – flocht – geflochten
fliegen – fliegt – flog – geflogen
fliehen – flieht – floh – geflohen
fließen – fließt – floss – geflossen
fressen – frisst – fraß – gefressen
frieren – friert – fror – gefroren
gären – gärt – gor (*esp fig* gärte) – gegoren (*esp fig* gegärt)
gebären – gebärt (gebiert) – gebar – geboren
geben – gibt – gab – gegeben
gedeihen – gedeiht – gedieh – gediehen
gehen – geht – ging – gegangen
gelingen – gelingt – gelang – gelungen
gelten – gilt – galt – gegolten
genesen – genest – genas – genesen
genießen – genießt – genoss – genossen
geschehen – geschieht – geschah – geschehen
gewinnen – gewinnt – gewann – gewonnen
gießen – gießt – goss – gegossen
gleichen – gleicht – glich – geglichen
gleiten – gleitet – glitt – geglitten
glimmen – glimmt – glomm – geglommen
graben – gräbt – grub – gegraben
greifen – greift – griff – gegriffen
haben – hat – hatte – gehabt
halten – hält – hielt – gehalten
hängen – hängt – hing – gehangen
hauen – haut – haute (hieb) – gehauen
heben – hebt – hob – gehoben
heißen – heißt – hieß – geheißen
helfen – hilft – half – geholfen
kennen – kennt – kannte – gekannt
klingen – klingt – klang – geklungen
kneifen – kneift – kniff – gekniffen
kommen – kommt – kam – gekommen
können – kann – konnte – gekonnt (*v/aux* können)
kriechen – kriecht – kroch – gekrochen
laden – lädt – lud – geladen
lassen – lässt – ließ – gelassen (*v/aux* lassen)
laufen – läuft – lief – gelaufen
leiden – leidet – litt – gelitten
leihen – leiht – lieh – geliehen

lesen – liest – las – gelesen
liegen – liegt – lag – gelegen
lügen – lügt – log – gelogen
mahlen – mahlt – mahlte – gemahlen
meiden – meidet – mied – gemieden
melken – melkt – melkte (molk) – gemolken (gemelkt)
messen – misst – maß – gemessen
misslingen – misslingt – misslang – misslungen
mögen – mag – mochte – gemocht (*v/aux* mögen)
müssen – muss – musste – gemusst (*v/aux* müssen)
nehmen – nimmt – nahm – genommen
nennen – nennt – nannte – genannt
pfeifen – pfeift – pfiff – gepfiffen
preisen – preist – pries – gepriesen
quellen – quillt – quoll – gequollen
raten – rät – riet – geraten
reiben – reibt – rieb – gerieben
reißen – reißt – riss – gerissen
reiten – reitet – ritt – geritten
rennen – rennt – rannte – gerannt
riechen – riecht – roch – gerochen
ringen – ringt – rang – gerungen
rinnen – rinnt – rann – geronnen
rufen – ruft – rief – gerufen
salzen – salzt – salzte – gesalzen (gesalzt)
saufen – säuft – soff – gesoffen
saugen – saugt – sog – gesogen
schaffen – schafft – schuf – geschaffen
schallen – schallt – schallte (scholl) – geschallt (*for* ***erschallen*** *a.* erschollen)
scheiden – scheidet – schied – geschieden
scheinen – scheint – schien – geschienen
scheißen – scheißt – schiss – geschissen
scheren – schert – schor – geschoren
schieben – schiebt – schob – geschoben
schießen – schießt – schoss – geschossen
schinden – schindet – schund – geschunden
schlafen – schläft – schlief – geschlafen
schlagen – schlägt – schlug – geschlagen
schleichen – schleicht – schlich – geschlichen
schleifen – schleift – schliff – geschliffen
schließen – schließt – schloss – geschlossen
schlingen – schlingt – schlang – geschlungen
schmeißen – schmeißt – schmiss – geschmissen
schmelzen – schmilzt – schmolz – geschmolzen
schneiden – schneidet – schnitt – geschnitten
schreiben – schreibt – schrieb – geschrieben
schreien – schreit – schrie – geschrie(e)n
schreiten – schreitet – schritt – geschritten
schweigen – schweigt – schwieg – geschwiegen
schwellen – schwillt – schwoll – geschwollen
schwimmen – schwimmt – schwamm – geschwommen
schwinden – schwindet – schwand – geschwunden
schwingen – schwingt – schwang – geschwungen
schwören – schwört – schwor – geschworen
sehen – sieht – sah – gesehen
sein – ist – war – gewesen
senden – sendet – sandte – gesandt
sieden – siedet – sott – gesotten
singen – singt – sang – gesungen
sinken – sinkt – sank – gesunken
sinnen – sinnt – sann – gesonnen
sitzen – sitzt – saß – gesessen
sollen – soll – sollte – gesollt (*v/aux* sollen)
spalten – spaltet – spaltete – gespalten (gespaltet)
speien – speit – spie – gespie(e)n
spinnen – spinnt – spann – gesponnen
sprechen – spricht – sprach – gesprochen
sprießen – sprießt – spross – gesprossen
springen – springt – sprang – gesprungen
stechen – sticht – stach – gestochen
stecken – steckt – steckte (stak) – gesteckt
stehen – steht – stand – gestanden
stehlen – stiehlt – stahl – gestohlen
steigen – steigt – stieg – gestiegen
sterben – stirbt – starb – gestorben
stinken – stinkt – stank – gestunken

stoßen – stößt – stieß – gestoßen
streichen – streicht – strich – gestrichen
streiten – streitet – stritt – gestritten
tragen – trägt – trug – getragen
treffen – trifft – traf – getroffen
treiben – treibt – trieb – getrieben
treten – tritt – trat – getreten
trinken – trinkt – trank – getrunken
trügen – trügt – trog – getrogen
tun – tut – tat – getan
überwinden – überwindet – überwand – überwunden
verderben – verdirbt – verdarb – verdorben
verdrießen – verdrießt – verdross – verdrossen
vergessen – vergisst – vergaß – vergessen
verlieren – verliert – verlor – verloren
verschleißen – verschleißt – verschliss – verschlissen
verschwinden – verschwindet – verschwand – verschwunden
verzeihen – verzeiht – verzieh – verziehen
wachsen – wächst – wuchs – gewachsen
wägen – wägt – wog (*rare* wägte) – gewogen (*rare* gewägt)
waschen – wäscht – wusch – gewaschen
weben – webt – wob – gewoben
weichen – weicht – wich – gewichen
weisen – weist – wies – gewiesen
wenden – wendet – wandte – gewandt
werben – wirbt – warb – geworben
werden – wird – wurde – geworden (worden*)
werfen – wirft – warf – geworfen
wiegen – wiegt – wog – gewogen
winden – windet – wand – gewunden
wissen – weiß – wusste – gewusst
wollen – will – wollte – gewollt (*v/aux* wollen)
wringen – wringt – wrang – gewrungen
ziehen – zieht – zog – gezogen
zwingen – zwingt – zwang – gezwungen

* only in connection with the past participles of other verbs, *e.g.* ***er ist gesehen worden*** he has been seen.

English irregular verbs

infinitive – past tense – past participle

arise – arose – arisen
awake – awoke – awoke*
be – was – been
bear – bore – *getragen*: borne – *geboren*: born
beat – beat – beaten, beat
become – became – become
beget – begot – begotten
begin – began – begun
bend – bent – bent
bereave – bereft* – bereft*
beseech – besought – besought
bet – bet * – bet*
bid – bade, bid – bidden, bid
bide – bode* – bided
bind – bound – bound
bite – bit – bitten
bleed – bled – bled
bless – blest* – blest*
blow – blew – blown
break – broke – broken
breed – bred – bred
bring – brought – brought
build – built – built
burn – burnt* – burnt*
burst – burst – burst
buy – bought – bought
cast – cast – cast
catch – caught – caught
choose – chose – chosen
cleave – cleft, clove* – cleft, cloven*
cling – clung – clung
clothe – clad* – clad*
come – came – come
cost – cost – cost
creep – crept – crept
crow – crew* – crowed
cut – cut – cut
deal – dealt – dealt
dig – dug – dug
dive – dived, *a.* dove – dived
do – did – done
draw – drew – drawn
dream – dreamt* – dreamt*
drink – drank – drunk
drive – drove – driven
dwell – dwelt* – dwelt*
eat – ate – eaten
fall – fell – fallen
feed – fed – fed
feel – felt – felt
fight – fought – fought
find – found – found
fit – fitted, *a.* fit – fitted, *a.* fit
flee – fled – fled
fling – flung – flung
fly – flew – flown
forbid – forbade – forbidden
forget – forgot – forgotten
forsake – forsook – forsaken
freeze – froze – frozen
get – got – got, *a.* gotten
give – gave – given
go – went – gone
grind – ground – ground
grow – grew – grown
hang – hung – hung
have – had – had
hear – heard – heard
heave – hove* – hove*
hew – hewed – hewn*
hide – hid – hidden
hit – hit – hit
hold – held – held
hurt – hurt – hurt
keep – kept – kept
kneel – knelt* – knelt*
knit – knit* – knit*
know – knew – known
lay – laid – laid
lead – led – led
lean – leant* – leant*
leap – leapt* – leapt*
learn – learnt* – learnt*
leave – left – left
lend – lent – lent
let – let – let
lie – lay – lain
light – lit* – lit*
lose – lost – lost
make – made – made
mean – meant – meant
meet – met – met
mow – mowed – mown*
pay – paid – paid
plead – pleaded, *a.* pled – pleaded, *a.* pled

put – put – put
read – read – read
rid – rid – rid
ride – rode – ridden
ring – rang – rung
rise – rose – risen
run – ran – run
saw – sawed – sawn*
say – said – said
see – saw – seen
seek – sought – sought
sell – sold – sold
send – sent – sent
set – set – set
sew – sewed – sewn*
shake – shook – shaken
shave – shaved – shaven*
shear – sheared – shorn
shed – shed – shed
shine – shone – shone
shit – shit – shit
shoe – shod – shod
shoot – shot – shot
show – showed – shown*
shrink – shrank – shrunk
shut – shut – shut
sing – sang – sung
sink – sank – sunk
sit – sat – sat
slay – slew – slain
sleep – slept – slept
slide – slid – slid
sling – slung – slung
slink – slunk – slunk
slit – slit – slit
smell – smelt* – smelt*
sow – sowed – sown*
speak – spoke – spoken
speed – sped* – sped*
spell – spelt* – spelt*
spend – spent – spent
spill – spilt* – spilt*
spin – spun – spun
spit – spat – spat
split – split – split
spoil – spoilt* – spoilt*
spread – spread – spread
spring – sprang, *a.* sprung – sprung
stand – stood – stood
stave – stove* – stove*
steal – stole – stolen
stick – stuck – stuck
sting – stung – stung
stink – stank, stunk – stunk
strew – strewed – strewn*
stride – strode – stridden
strike – struck – struck
string – strung – strung
strive – strove – striven
swear – swore – sworn
sweat – sweat* – sweat*
sweep – swept – swept
swell – swelled – swollen
swim – swam – swum
swing – swung – swung
take – took – taken
teach – taught – taught
tear – tore – torn
tell – told – told
think – thought – thought
thrive – throve* – thriven*
throw – threw – thrown
thrust – thrust – thrust
tread – trod – trodden, trod
wake – woke* – woke(n)*
wear – wore – worn
weave – wove – woven
wed – wedded, wed – wedded, wed
weep – wept – wept
wet – wet* – wet*
win – won – won
wind – wound – wound
wring – wrung – wrung
write – wrote – written

Irregular forms marked with asterisks (*)
can be exchanged for the regular forms.

German declension and conjugation

A. Declension

Order of cases: *nom*, *gen*, *dat*, *acc*, *sg* and *pl*. – Compound nouns and adjectives (e.g. *Eisbär*, *Ausgang*, *abfällig* etc.) inflect like their last elements (*Bär*, *Gang*, *fällig*). *dem* = demonstrative, *imp* = imperative, *ind* = indicative, *perf* = perfect, *pres* = present, *pres p* = present participle, *rel* = relative, *su* = substantive.

I. Nouns

1	Bild	~(e)s[1]	~(e)	~
	Bilder[2]	~	~n	~

[1] **es *only*:** Geist, Geistes.
[2] **a, o, u > ä, ö, ü:** Rand, Ränder; Haupt, Häupter; Dorf, Dörfer; Wurm, Würmer.

2	Reis*	~es ['-zəs]	~(e)	~
	Reiser[1] ['-zɐ]	~	~n	~

[1] **a, o > ä, ö:** Glas, Gläser ['glɛːzɐ]; Haus, Häuser ['hɔʏzɐ]; Fass, Fässer; Schloss, Schlösser.
* Fass, Fasse(s).

3	Arm	~(e)s[1, 2]	~(e)[1]	~
	Arme[3]	~	~n	~

[1] ***without* e:** Billard, Billard(s).
[2] **es *only*:** Maß, Maßes.
[3] **a, o, u > ä, ö, ü:** Gang, Gänge; Saal, Säle; Gebrauch, Gebräuche [gəˈbrɔʏçə]; Sohn, Söhne; Hut, Hüte.

4	Greis[1]*	~es ['-zəs]	~(e)	~
	Greise[2] ['-zə]	~	~n	~

[1] **s > ss:** Kürbis, Kürbisse(s).
[2] **a, o, u > ä, ö, ü:** Hals, Hälse; Bass, Bässe; Schoß, Schöße; Fuchs, Füchse; Schuss, Schüsse.
* Ross, Rosse(s).

5	Strahl	~(e)s[1, 2]	~(e)[2]	~
	Strahlen[3]	~	~	~

[1] **es *only*:** Schmerz, Schmerzes.
[2] ***without* e:** Juwel, Juwel(s).
[3] Sporn, Sporen.

6	Lappen	~s	~	~*
	Lappen[1]	~	~	~

[1] **a, o > ä, ö:** Graben, Gräben; Boden, Böden.
* ***Infinitives used as nouns have no*** *pl*: Geschehen, Befinden etc.

7	Maler	~s	~	~
	Maler[1]	~	~n	~

[1] **a, o, u > ä, ö, ü:** Vater, Väter; Kloster, Klöster; Bruder, Brüder.

8	Untertan	~s	~	~
	Untertanen[1, 2]	~	~	~

[1] ***with change of accent*:** Pro'fessor, Profes'soren [-'soːrən]; 'Dämon ['dɛːmɔn], Dä'monen [dɛ'moːnən].
[2] *pl* **ien** [-jən]: Kolleg, Kollegien [-'leːgjən]; Mineral, Mineralien.

9	Studium	~s	~	~
	Studien[1, 2] ['-djən]	~	~	~

[1] **a *and* o(n) > en:** Drama, Dramen; Stadion, Stadien.
[2] **on *and* um > a:** Lexikon, Lexika; Neutrum, Neutra.

10 Auge ~s ~ ~
Augen ~ ~ ~

11 Genie ~s[1*] ~ ~
Genies[2*] ~ ~ ~

[1] ***without inflection***: Bouillon etc.

[2] *pl* **s** ***or*** **ta:** Komma, Kommas ***or*** Kommata; ***but***: 'Klima, Klimate [kli'maːtə] (3).

* **s *is pronounced***: [ʒe'niːs].

12 Bär* ~en[1] ~en[1] ~en[1]
Bären ~ ~ ~

[1] Herr, *sg mst* Herrn; Herz, *gen* Herzens, *acc* Herz.

* **...'log *as well as* ... 'loge** (13), e.g. Biolog(e).

13 Knabe ~n[1] ~n ~n
Knaben ~ ~ ~

[1] **ns:** Name, Namens.

14 Trübsal ~ ~ ~
Trübsale[1, 2, 3] ~ ~n ~

[1] **a, o, u > ä, ö, ü:** Hand, Hände; Braut, Bräute; Not, Nöte; Luft, Lüfte; Nuss, Nüsse; ***without*** **e:** Tochter, Töchter; Mutter, Mütter.

[2] **s > ss:** Kenntnis, Kenntnisse; Nimbus, Nimbusse.

[3] **is *or* us > e:** Kultus, Kulte; ***with change of accent***: Di'akonus, Dia'kone [-'koːnə].

15 Blume ~ ~ ~
Blumen ~ ~ ~

...ee: eː, *pl* eːən, *e.g.* I'dee, I'deen.

...ie { ***stressed syllable***: iː, *pl* iːən, *e.g.* Batte'rie(n).
unstressed syllable: jə, *pl* jən, *e.g.* Ar'terie(n).

16 Frau ~ ~ ~
Frauen[1, 2, 3] ~ ~ ~

[1] **in > innen:** Freundin, Freun – dinnen.

[2] **a, is, os *and* us > en:** Firma, Firmen; Krisis, Krisen; Epos, Epen; Genius, Genien; ***with change of accent***: 'Heros, He'roen [he'roːən]; Di'akonus, Dia'konen [-'koːnən].

[3] **s > ss:** Kirmes, Kirmessen.

II. Proper nouns

17 ***In general proper nouns have no*** *pl*.

The following form the *gen sg* ***with*** **s:**

1. ***Proper nouns without a definite article***: Friedrichs, Paulas, (Friedrich von) Schillers, Deutschlands, Berlins;
2. ***Proper nouns, masculine and neuter*** (***except the names of countries***) ***with a definite article and an adjective***: des braven Friedrichs Bruder, des jungen Deutschlands (Söhne).

After **s, sch, ß, tz, x, *and* z *the*** *gen sg* ***ends in* -ens** *or* **'(*instead of* ' *it is more advisable to use the definite article or* von)**, e.g. die Werke des [*or* von] Sokrates, Voß *or* Sokrates', Voß' [***not*** Sokratessens, ***seldom*** Vossens] Werke; ***but***: die Umgebung von Mainz.

Feminine names ending in a consonant or the vowel* e *form the *gen sg* ***with*** **(en)s *or* (n)s; *in the*** *dat* ***and*** *acc sg* ***such names may end in* (e)n** (*pl* = **a**).

If a proper noun is followed by a title, only the following forms are inflected:

1. ***the title when used*** with ***a definite article***:
der Kaiser Karl (der Große)
des ~s ~ (des ~n)
etc.

2. ***the*** (***last***) ***name when used*** with-out ***an article:***	Kaiser Karl (der Große) ~ **~s** (des **~n**) etc. (***but:*** Herrn Lehmanns Brief).

III. Adjectives and participles (also used as nouns*), pronouns, etc.

18

	m	*f*	*n*	*pl*	
a) gut	er[1,2]	~e	~es	~e°	***without article, after prepositions, personal pronouns, and invariables***
	en**	~er	~en**	~er	
	em	~er	~em	~en	
	en	~e	~es	~e	
b) gut	e[1,2]	~e	~e	~en	***with definite article*** (22) ***or with pronoun*** (21)
	en	~en	~en	~en	
	en	~en	~en	~en	
	en	~e	~e	~en	
c) gut	er[1,2]	~e	~es	~en	***with indefinite article or with pronoun*** (20)
	en	~en	~en	~en	
	en	~en	~en	~en	
	en	~e	~es	~en	

[1] krass, krasse(r, ~s, ~st etc.).

[2] **a, o, u > ä, ö, ü *when forming the*** *comp* ***and*** *sup*: alt, älter(e, ~es etc.), ältest (der ~e, am ~en); grob, gröber(e, ~es etc.), gröbst (der ~e, am ~en); kurz, kürzer(e, ~es etc.), kürzest (der ~e, am ~en).

* e.g. Böse(r) *su*: der (die, eine) Böse, ein Böser; Böse(s) *n*: das Böse, ***without article*** Böses; ***in the same way*** Abgesandte(r) *su*, Angestellte(r) *su* etc.; ***in some cases the use varies.***

** ***Sometimes the*** *gen sg* ***ends in ~es instead of ~en:*** gutes (***or*** gut**en**) Mutes sein.

° ***In*** böse, böse(r, ~s, ~st etc.) ***one* e *is dropped.***

The grades of comparison

The endings of the *comparative* ***and*** *superlative* ***are:***

	reich	schön	***inflected according to*** (18[2]).
comp	reicher	schöner	
sup	reichst	schönst	

After vowels (***except*** e [18°]) ***and after*** d, s, sch, ß, st, t, tz, x, y, z ***the*** *sup* ***ends in ~est, but in unstressed syllables after* d, sch *and* t *generally in ~st:*** blau, 'blau**est**; rund, 'rund**est**; rasch, 'rasch**est** etc.; ***but:*** 'dringend, 'dringend**st**; 'närrisch, 'närrisch**st**; ge'eignet, ge'eignet**st**.

Note. – ***The adjectives ending in ~el, ~en*** (***except*** **~nen**) ***and ~er*** (e.g. dunk**el**, eb**en**, heit**er**), ***and also the possessive adjectives*** unser ***and*** euer ***generally drop* e.**

Inflection:	**~e**	**~em**	**~en**	**~er**	**~es, and**
~el >	~le	~lem*	~len*	~ler	~les
~en >	~(e)ne	~(e)nem	~(e)nen	~(e)ner°	~(e)nes
~er >	~(e)re	~rem*	~ren*	~(e)rer°	~(e)res

* ***or*** ~elm, ~eln, ~erm, ~ern; e.g. **dunk|el:** ~le, ~lem (***or*** ~elm), ~len (***or*** ~eln), ~ler, ~les; **eb|en:** ~(e)ne, ~(e)nem etc.; **heit|er:** ~(e)re, ~rem (***or*** ~erm) etc.

° ***The inflected*** *comp* ***ends in*** ~ner ***and*** ~rer ***only*:** eben, ebnere(r, ~s etc.); heiter, heitrere(r, ~s etc.); ***but*** *sup* ebenst, heiterst.

19

	1st pers.	**2nd pers.**	**3rd pers.**		
	m, f, n	*m, f, n*	*m*	*f*	*n*
sg	ich	du	er	sie	es
	meiner*	deiner*	seiner*	ihrer	seiner*
	mir	dir	ihm	ihr	ihm°
	mich	dich	ihn	sie	es°
pl	wir	ihr	sie	(Sie)	
	unser	euer	ihrer	(Ihrer)	
	uns	euch	ihnen	(Ihnen)°	
	uns	euch	sie	(Sie)°	

* ***In poetry sometimes without inflection*:** gedenke mein!; ***also*** **es** ***instead of*** seiner *n* (= *e-r Sache*): ich bin es überdrüssig.

° ***Reflexive form*:** sich.

20

m		*f*	*n*	*pl*
mein		~e	~	~e*
dein	es	~er	~es	~er
sein	em	~er	~em	~en
(k)ein	en	~e	~	~e

* ***The indefinite article*** ein ***has no*** *pl*. – ***In poetry*** mein, dein ***and*** sein ***may stand behind the*** *su* ***without inflection*:** die Mutter (Kinder) mein, ***or as predicate*:** *der Hut* [*die Tasche, das Buch*] *ist* mein; ***without*** *su*: meiner *m*, meine *f*, mein(e)s *n*, meine *pl* etc.: *wem gehört der Hut* [*die Tasche, das Buch*]*? es ist* meiner (meine, mein[e]s); ***or with definite article*:** der (die, das) meine, *pl* die meinen (18b). ***Regarding*** unser ***and*** euer ***see note*** (18).

[1] **welche(r, s)** ***as*** *rel pron*: *gen sg* dessen, deren, *gen pl* deren, *dat pl* denen (23).

* ***Used as*** *su*, dies ***is preferable to*** dieses.

** manch, solch, welch ***frequently are uninflected*:**

manch	gut**er**	(ein gut**er**)	Mann
solch	**~en**	(**~es** **~en**)	**~es**
welch	**~em**	(**~em** **~en**)	**~e**
		etc. (18)	

Similarly all:

all der	(dies**er,** mein)	Schmerz
~ des	(**~es,** **~es**)	**~es**

21

m		*f*	*n*	*pl*
dies	er	~e	~es*	~e**
jen	es	~er	~es	~er[1]
manch	em	~er	~em	~en[1]
welch	en	~e	~es*	~e

22

m	*f*	*n*	*pl*	
der	die	das	die[1]	***definite article***
des	der	des	der	
dem	der	dem	den	
den	die	das	die	

[1] derjenige, derselbe – desjenigen, demjenigen, desselben, demselben etc. (18b).

23 ***Relative pronoun***

m	*f*	*n*	*pl*
der	die	das	die
dessen*	deren	dessen*	deren[1]
dem	der	dem	denen
den	die	das	die

[1] ***also*** derer, ***when used as*** *dem pron*

* ***also*** des.

24

wer	was	jemand, niemand
wessen*	wessen	~(e)s
wem	–	~(em°)
wen	was	~(en°)

* ***also*** wes.

° ***preferably without inflection.***

B. Conjugation

In the conjugation tables (25–30) only the simple verbs may be found; in the alphabetical list of the German irregular verbs compound verbs are only included when no simple verb exists (e.g. **beginnen;** *ginnen* does not exist). In order to find the conjugation of any compound verb (with separable or inseparable prefix, regular or irregular) look up the respective simple verb.

Verbs with separable and stressed prefixes such as **'ab-, 'an-, 'auf-, 'aus-, 'bei-, be'vor-, 'dar-, 'ein-, em'por-, ent'gegen-, 'fort-, 'her-, he'rab-** etc. and also *'klar-*[*legen*], *'los-*[*schießen*], *'sitzen* [*bleiben*], *über'hand* [*nehmen*] etc. (but not the verbs derived from compound nouns as *be'antragen* or *be'ratschlagen* from *Antrag* and *Ratschlag* etc.) take the preposition **zu** (in the *inf* and the *pres p*) and the syllable **ge** (in the *pp* and in the passive voice) between the stressed prefix and their root.

Verbs with inseparable and unstressed prefixes such as **be-, emp-, ent-, er-, ge-, ver-, zer-** and generally **miss-** (in spite of its being stressed) take the preposition **zu** before the prefix and drop the syllable **ge** in the *pp* and in the passive voice. The prefixes **durch-, hinter-, über-, um-, unter-, voll-, wi(e)der-** are separable when stressed and inseparable when unstressed, e.g.

geben: *zu geben, zu gebend; gegeben; ich gebe, du gibst* etc.;

'abgeben: *'abzugeben, 'abzugebend; 'abgegeben; ich gebe* (*du gibst* etc.) *ab;*

ver'geben: *zu ver'geben, zu ver'gebend; ver'geben; ich ver'gebe, du ver'gibst* etc.;

'umgehen: *'umzugehen, 'umzugehend; 'umgegangen; ich gehe* (*du gehst* etc.) *um;*

um'gehen: *zu um'gehen, zu um'gehend; um'gangen; ich um'gehe, du um'gehst* etc.

The same rules apply to verbs with two prefixes, e.g.

zu'rückbehalten [see *halten*]: *zu'rückzubehalten, zu'rückzubehaltend; zu'rückbehalten; ich behalte* (*du be-hältst* etc.) *zurück;*

wieder 'aufheben [see *heben*]: *wieder 'aufzuheben, wieder 'aufzuhebend; wieder 'aufgehoben; ich hebe* (*du hebst* etc.) *wieder auf.*

The forms in parentheses ( ) follow the same rules.

a) 'Weak' conjugation

25 **loben**

pres ind	lobe	lobst	lobt
	loben	lobt	loben
pres subj	lobe	lobest	lobe
	loben	lobet	loben
pret ind	lobte	lobtest	lobte
and *subj*	lobten	lobtet	lobten

imp sg lob(e), *pl* lob(e)t, loben Sie; *inf pres* loben; *inf perf* gelobt haben; *pres p* lobend; *pp* gelobt (18; 29**).

26 **reden**

pres ind	rede	redest	redet
	reden	redet	reden
pres subj	rede	redest	rede
	reden	redet	reden
pret ind	redete	redetest	redete
and *subj*	redeten	redetet	redeten

imp sg rede, *pl* redet, reden Sie; *inf pres* reden; *inf perf* geredet haben; *pres p* redend; *pp* geredet (18; 29**).

27 **reisen**

pres ind	reise	rei(se)st*	reist
	reisen	reist	reisen
pres subj	reise	reisest	reise
	reisen	reiset	reisen
pret ind	reiste	reistest	reisten
and *subj*	reisten	reistet	reisten

imp sg reise, *pl* reist, reisen Sie; *inf pres* reisen; *inf perf* gereist sein *or now rare* haben; *pres p* reisend; *pp* gereist (18; 29**).

* **sch:** naschen, nasch(e)st; **ß:** spaßen, spaßt (spaßest); **tz:** ritzen, ritzt (ritzest); **x:** hexen, hext (hexest); **z:** reizen, reizt (reizest); faulenzen, faulenzt (faulenzest).

28 **fassen**

pres ind	fasse	fasst (fassest)	fasst
	fassen	fasst	fassen
pres subj	fasse	fassest	fasse
	fassen	fasset	fassen
pret ind	fasste	fasstest	fasste
and *subj*	fassten	fasstet	fassten

imp sg fasse (fass), *pl* fasst, fassen Sie; *inf pres* fassen; *inf perf* gefasst haben; *pres p* fassend; *pp* gefasst (18; 29**).

29 **handeln**

	pres ind	
handle*	handelst	handelt
handeln	handelt	handeln
	pres subj	
handle*	handelst	handle*
handeln	handelt	handeln
	pret ind and *subj*	
handelte	handeltest	handelte
handelten	handeltet	handelten

imp sg handle, *pl* handelt, handeln Sie; *inf pres* handeln; *inf perf* gehandelt haben; *pres p* handelnd; *pp* gehandet (18).

* ***Also*** handele; wandern, wand(e)re; bessern, bessere (bessre); donnern, donnere.

** ***Without*** **ge*****, when the first syllable is unstressed,*** e.g. be'grüßen, be'grüßt; ent'stehen, ent'standen; stu'dieren, studiert (***not*** gestudiert); trom'peten, trom'petet (***also when preceded by a stressed prefix*****:** 'austrompeten, 'austrompetet, ***not*** 'ausgetrompetet). ***In some weak verbs the*** *pp* ***ends in en instead of*** **t,** e.g. mahlen, gemahlen. ***With the verbs*** brauchen, dürfen, heißen, helfen, hören, können, lassen, lehren, lernen, machen, mögen, müssen, sehen, sollen, wollen ***the*** *pp* ***is replaced by*** *inf* (***without*** ge), ***when used in connection with another*** *inf*, e.g. ich habe ihn singen hören, du hättest es tun können, er hat gehen müssen, ich hätte ihn laufen lassen sollen.

b) 'Strong' conjugation

30 **fahren**

pres ind	fahre	fährst	fährt
	fahren	fahrt	fahren
pres subj	fahre	fahrest	fahre
	fahren	fahret	fahren
pret ind	fuhr	fuhr(e)st	fuhr
	fuhren	fuhrt	fuhren

pres subj	führe	führest	führe
	führen	führet	führen

imp sg fahr(e), *pl* fahr(e)t, fahren Sie; *inf pres* fahren; *inf perf* gefahren haben **or** sein; *pres p* fahrend; *pp* gefahren (18; 29**).

Proper names

Aachen ['aːxən] Aachen, Aix-la-Cha - pelle
Adler ['aːdlɐ] *Austrian psychologist*
Adria ['aːdria]: ***die*** ~ the Adriatic (Sea)
Afrika ['aːfrika] Africa
Ägäis[ɛ'gɛːɪs]: ***die*** ~ the Aegean (Sea)
Ägypten [ɛ'gʏptən] Egypt
Albanien [al'baːnjən] Albania
Algerien [al'geːrjən] Algeria
Algier ['alʒiːɐ] Algiers
Allgäu ['algɔʏ]: ***das*** ~ the Al(l)gäu (*region of Bavaria, Germany*)
Alpen ['alpən]: ***die*** ~ *pl* the Alps
Amerika [a'meːrika] America
Anden ['andən]: ***die*** ~ *pl* the Andes
Antillen [an'tɪlən]: ***die*** ~ *pl* the Antilles
Antwerpen [ant'vɛrpən] Antwerp
Apenninen [ape'niːnən]: ***die*** ~ *pl* the Apennines
Argentinien [argɛn'tiːnjən] Argentina, the Argentine
Ärmelkanal ['ɛrməlkanaːl]: ***der*** ~ the English Channel, the Channel
Asien ['aːzjən] Asia
Athen [a'teːn] Athens
Äthiopien [ɛ'tjoːpjən] Ethiopia
Atlantik [at'lantɪk]: ***der*** ~ the Atlantic (Ocean)
Australien [aʊs'traːljən] Australia

Bach [bax] *German composer*
Barlach ['barlax] *German sculptor*
Basel ['baːzəl] Basel, Basle
Bayern ['baɪɐn] Bavaria
Beethoven ['beːthoːfən] *German composer*
Belgien ['bɛlgjən] Belgium
Berlin [bɛr'liːn] *German city*
Bern [bɛrn] Bern(e)
Bloch [blɔx] *German philosopher*
Böcklin ['bœkliːn] *German painter*
Bodensee ['boːdənzeː]: ***der*** ~ Lake Constance
Böhm [bøːm] *Austrian conductor*
Böhmen ['bøːmən] *hist* Bohemia
Böll [bœl] *German author*
Bonn [bɔn] *German city*
Brahms [braːms] *German composer*
Brasilien [bra'ziːljən] Brazil
Braunschweig ['braʊnʃvaɪk] Braun - schweig, Brunswick
Brecht [brɛçt] *German dramatist*
Bremen ['breːmən] *German city*
Bruckner ['brʊknɐ] *Austrian composer*
Brüssel ['brʏsəl] Brussels
Budapest ['buːdapɛst] *Hungarian city*
Bukarest ['buːkarɛst] Bucharest
Bulgarien [bʊl'gaːrjən] Bulgaria

Calais [ka'lɛː]: ***die Straße von*** ~ the Straits of Dover
Calvin [kal'viːn] *Swiss religious reform - er*
Chile ['tʃiːle] Chile
China ['çiːna] China

Daimler ['daɪmlɐ] *German inventor*
Dänemark ['dɛːnəmark] Denmark
Deutschland ['dɔʏtʃlant] Germany
Diesel ['diːzəl] *German inventor*
Döblin ['døːbliːn] *German author*
Dolomiten [dolo'miːtən]: ***die*** ~ *pl* the Dolomites
Donau ['doːnaʊ]: ***die*** ~ the Danube
Dortmund ['dɔrtmʊnt] *German city*
Dresden ['dreːsdən] *German city*
Dünkirchen ['dyːnkɪrçən] Dunkirk
Dürer ['dyːrɐ] *German painter*
Dürrenmatt ['dʏrənmat] *Swiss dramatist*
Düsseldorf ['dʏsəldɔrf] *German city*

Egk [ɛk] *German composer*
Eichendorff ['aɪçəndɔrf] *German poet*
Eiger ['aɪgɐ] *Swiss mountain*
Einstein ['aɪnʃtaɪn] *German physicist*
Elbe ['ɛlbə]: ***die*** ~ (*German river*)
Elsass ['ɛlzas]: ***das*** ~ Alsace
England ['ɛŋlant] England
Essen ['ɛsən] *German city*
Europa [ɔʏ'roːpa] Europe

Finnland ['fɪnlant] Finland
Florenz [flo'rɛnts] Florence
Fontane [fɔn'taːnə] *German author*
Franken ['fraŋkən] Franconia
Frankfurt am Main ['fraŋkfʊrt am 'maɪn] Frankfurt on the Main
Frankfurt an der Oder ['fraŋkfʊrt an

de:ɐ 'o:dɐ] Frankfurt on the Oder
Frankreich ['fraŋkraɪç] France
Freud [frɔʏt] *Austrian psychologist*
Frisch [frɪʃ] *Swiss author*

Garmisch ['garmɪʃ] *health resort in Bavaria, Germany*
Genf [gɛnf] Geneva; ***~er See*** Lake Geneva
Genua ['ge:nua] Genoa
Goethe ['gø:tə] *German poet*
Grass [gras] *German author*
Griechenland ['gri:çənlant] Greece
Grillparzer ['grɪlpartsɐ] *Austrian dramatist*
Grönland ['grø:nlant] Greenland
Gropius ['gro:pjʊs] *German architect*
Großbritannien [gro:sbri'tanjən] (Great) Britain
Großglockner ['gro:sglɔknɐ]: ***der ~*** (*Austrian mountain*)
Grünewald ['gry:nəvalt] *German painter*

Haag [ha:k]: ***Den ~*** The Hague
Hahn [ha:n] *German chemist*
Hamburg ['hambʊrk] *German city*
Händel ['hɛndəl] Handel (*German composer*)
Hannover [ha'no:fɐ] Hanover
Harz [ha:ɐts]: ***der ~*** the Harz (Mountains)
Hauptmann ['haʊptman] *German dramatist*
Haydn ['haɪdən] *Austrian composer*
Hegel ['he:gəl] *German philosopher*
Heidegger ['haɪdɛgɐ] *German philosopher*
Heidelberg ['haɪdəlbɛrk] *German city*
Heine ['haɪnə] *German poet*
Heisenberg ['haɪzənbɛrk] *German physicist*
Heißenbüttel ['haɪsənbʏtəl] *German poet*
Helgoland ['hɛlgolant] Hel(i)goland
Helsinki ['hɛlzɪŋkɪ] *Finnish city*
Hesse ['hɛsə] *German poet*
Hindemith ['hɪndəmɪt] *German composer*
Hölderlin ['hœldɐli:n] *German poet*
Holland ['hɔlant] Holland

Indien ['ɪndjən] India
Inn [ɪn]: ***der ~*** (*affluent of the Danube*)
Innsbruck ['ɪnsbrʊk] *Austrian city*
Irak [i'ra:k]: ***der ~*** Iraq
Iran [i'ra:n]: ***der ~*** Iran
Irland ['ɪrlant] Ireland
Island ['i:slant] Iceland
Israel ['ɪsraɛl] Israel
Italien [i'ta:ljən] Italy

Japan ['ja:pan] Japan
Jaspers ['jaspɐs] *German philosopher*
Jordanien [jɔr'da:njən] Jordan
Jung [jʊŋ] *Swiss psychologist*
Jungfrau ['jʊŋfraʊ]: ***die ~*** (*Swiss mountain*)

Kafka ['kafka] *Czech author*
Kanada ['kanada] Canada
Kant [kant] *German philosopher*
Karlsruhe ['karlsru:ə] *German city*
Kärnten ['kɛrntən] Carinthia
Kästner ['kɛstnɐ] *German author*
Kiel [ki:l] *German city*
Klee [kle:] *Swiss-born painter*
Kleist [klaɪst] *German poet*
Koblenz ['ko:blɛnts] Koblenz, Coblenz
Kokoschka [ko'kɔʃka] *Austrian painter*
Köln [kœln] Cologne
Kolumbien [ko'lʊmbjən] Colombia
Kolumbus [ko'lʊmbʊs] Columbus
Konstanz ['kɔnstants] Constance
Kopenhagen [ko:pən'ha:gən] Copenhagen
Kordilleren [kɔrdɪl'je:rən]: ***die ~*** *pl* the Cordilleras
Kreml ['kre:məl]: ***der ~*** the Kremlin

Leibniz ['laɪbnɪts] *German philosopher*
Leipzig ['laɪptsɪç] Leipzig, Leipsic
Lessing ['lɛsɪŋ] *German poet*
Libanon ['li:banɔn]: ***der ~*** (the) Lebanon
Liebig ['li:bɪç] *German chemist*
Lissabon ['lɪsabɔn] Lisbon
London ['lɔndɔn] London
Lothringen ['lo:trɪŋən] Lorraine
Lübeck ['ly:bɛk] *German city*
Luther ['lʊtɐ] *German religious reformer*
Luxemburg ['lʊksəmbʊrk] Luxemb(o)urg
Luzern [lu'tsɛrn] Lucerne

Maas [ma:s]: ***die ~*** the Meuse, the Maas
Madrid [ma'drɪt] Madrid
Mahler ['ma:lɐ] *Austrian composer*

Mailand ['maɪlant] Milan
Main [maɪn]: ***der*** ~ (*German river*)
Mainz [maɪnts] *German city*
Mann [man] *name of three German authors*
Marokko [ma'rɔko] Morocco
Matterhorn ['matɐhɔrn]: ***das*** ~ (*Swiss mountain*)
Meißen ['maɪsən] Meissen
Menzel ['mɛntsəl] *German painter*
Mexiko ['mɛksiko] Mexico
Mies van der Rohe ['miːs fan deːɐ 'roːə] *German architect*
Mittelmeer ['mɪtəlmeːɐ]: ***das*** ~ the Mediterranean (Sea)
Moldau ['mɔldaʊ]: ***die*** ~ the Vltava; *hist* the Moldau (*Bohemian river*)
Mörike ['møːrɪkə] *German poet*
Mosel ['moːzəl]: ***die*** ~ the Moselle
Mössbauer ['mœsbaʊɐ] *German physicist*
Moskau ['mɔskaʊ] Moscow
Mozart ['moːtsart] *Austrian composer*
München ['mʏnçən] Munich

Neapel [ne'aːpəl] Naples
Neiße ['naɪsə]: ***die*** ~ (*German river*)
Neufundland [nɔʏ'fʊntlant] Newfoundland
Neuseeland [nɔʏ'zeːlant] New Zea – land
Niederlande ['niːdɐlandə]: ***die*** ~ *pl* the Netherlands
Nietzsche ['niːtʃə] *German philosopher*
Nil [niːl]: ***der*** ~ the Nile
Nordamerika ['nɔrtʔa'meːrika] North America
Nordsee ['nɔrtzeː]: ***die*** ~ the North Sea
Normandie [nɔrman'diː]: ***die*** ~ Normandy
Norwegen ['nɔrveːgən] Norway
Nürnberg ['nʏrnbɛrk] Nuremberg

Oder ['oːdɐ]: ***die*** ~ (*German river*)
Orff [ɔrf] *German composer*
Oslo ['ɔslo] Oslo
Ostende [ɔst'ʔɛndə] Ostend
Österreich ['øːstəraɪç] Austria
Ostsee ['ɔstzeː]: ***die*** ~ the Baltic (Sea)

Palästina [palɛs'tiːna] Palestine
Paris [pa'riːs] Paris
Pfalz [pfalts]: ***die*** ~ the Palatinate
Philippinen [fɪlɪ'piːnən]: ***die*** ~ *pl* the Philippines
Planck [plaŋk] *German physicist*
Polen ['poːlən] Poland
Porsche ['pɔrʃə] *German inventor*
Portugal ['pɔrtugal] Portugal
Prag [praːk] Prague
Preußen ['prɔʏsən] *hist* Prussia
Pyrenäen [pyre'nɛːən]: ***die*** ~ *pl* the Pyrenees

Rhein [raɪn]: ***der*** ~ the Rhine
Rilke ['rɪlkə] *Austrian poet*
Rom [roːm] Rome
Röntgen ['rœntgən] *German physicist*
Ruhr [ruːɐ]: ***die*** ~ (*German river*); **Ruhrgebiet** ['ruːɐgəbiːt]: ***das*** ~ (*industrial center of Germany*)
Rumänien [ru'mɛːnjən] Rumania, Ro(u)mania
Russland ['rʊslant] Russia

Saale ['zaːlə]: ***die*** ~ (*German river*)
Saar [zaːɐ]: ***die*** ~ (*affluent of the Moselle*)
Salzburg ['zaltsbʊrk] *Austrian city*
Schiller ['ʃɪlɐ] *German poet*
Schönberg ['ʃøːnbɛrk] *Austrian composer*
Schottland ['ʃɔtlant] Scotland
Schubert ['ʃuːbɐt] *Austrian composer*
Schumann ['ʃuːman] *German composer*
Schwaben ['ʃvaːbən] Swabia
Schwarzwald ['ʃvartsvalt]: ***der*** ~ the Black Forest
Schweden ['ʃveːdən] Sweden
Schweiz [ʃvaɪts]: ***die*** ~ Switzerland
Sibirien [zi'biːrjən] Siberia
Siemens ['ziːməns] *German inventor*
Sizilien [zi'tsiːljən] Sicily
Skandinavien [skandi'naːvjən] Scandinavia
Slowakei [slova'kai]: ***die*** ~ Slovakia
Sofia ['zɔfja] Sofia
Spanien ['ʃpaːnjən] Spain
Spitzweg ['ʃpɪtsveːk] *German painter*
Spranger ['ʃpraŋɐ] *German philosopher*
Stifter ['ʃtɪftɐ] *Austrian author*
Stockholm ['ʃtɔkhɔlm] Stockholm
Storm [ʃtɔrm] *German poet*
Straßburg ['ʃtraːsbʊrk] Strasbourg
Strauß [ʃtraʊs] *Austrian composer*
Strauss [ʃtraʊs] *German composer*
Südamerika ['zyːtʔa'meːrika] South America

Syrien ['zyːrjən] Syria

Themse ['tɛmzə]: ***die*** ~ the Thames
Tirol [ti'roːl] (the) Tyrol
Tschechien ['tʃɛçjən] Czech Republic
Türkei [tʏr'kaɪ]: ***die*** ~ Turkey

Ungarn ['ʊŋgarn] Hungary
Ural [u'raːl]: ***der*** ~ the Urals

Venedig [ve'neːdɪç] Venice
Vereinigte Staaten (von Amerika) [fɛr'ʔaɪnɪçtə 'ʃtaːtən (fɔn a'meːrika)]: ***die Vereinigten Staaten*** (***von Amerika***) the United States (of America)
Vierwaldstätter See [fiːɐ'valtʃtɛtɐ 'zeː]: ***der*** ~ Lake Lucerne

Wagner ['vaːgnɐ] *German composer*
Wankel ['vaŋkəl] *German inventor*
Warschau ['varʃaʊ] Warsaw
Weichsel ['vaɪksəl]: ***die*** ~ the Vistula
Weiß [vaɪs] *German dramatist*
Werfel ['vɛrfəl] *Austrian author*
Weser ['veːzɐ]: ***die*** ~ (*German river*)
Wien [viːn] Vienna
Wiesbaden ['viːsbaːdən] German city

Zuckmayer ['tsʊkmaɪɐ] *German dramatist*
Zweig [tsvaɪk] *Austrian author*
Zürich ['tsyːrɪç] Zurich
Zypern ['tsyːpɐn] Cyprus

German abbreviations

Abb. ***Abbildung*** illustration

Abf. ***Abfahrt*** departure, *abbr* dep.

Abt. ***Abteilung*** department, *abbr* dept.

a. D. ***außer Dienst*** retired

ADAC ***Allgemeiner Deutscher Automobil-Club*** General German Automobile Association

AG ***Aktiengesellschaft*** (stock) corporation, joint-stock company

allg. ***allgemein*** general

Ank. ***Ankunft*** arrival

atü ***Atmosphärenüberdruck*** atmospheric excess pressure

Bd. ***Band*** volume, *abbr* vol.; **Bde.** ***Bände*** volumes, *abbr* vols.

Betr. ***Betreff, betrifft*** *letter* : subject, re

BRD ***Bundesrepublik Deutschland*** Federal Republic of Germany

CDU ***Christlich-Demokratische Union*** Christian Democratic Union

CSU ***Christlich-Soziale Union*** Christian Social Union

DB ***Deutsche Bahn*** *Germany's main railway operator*

DDR *hist* ***Deutsche Demokratische Republik*** German Demoratic Republic

DGB ***Deutscher Gewerkschaftsbund*** Federation of German Trade Unions

d. h. ***das heißt*** that is, *abbr* i. e.

DIN ***Deutsche Industrie-Norm(en)*** German Industrial Standards

DM *hist* ***Deutsche Mark*** German Mark(s)

dpa ***Deutsche Presse-Agentur*** German Press Agency

Dr. ***Doktor*** Doctor, *abbr* Dr.

DRK ***Deutsches Rotes Kreuz*** German Red Cross

EDV ***Elektronische Datenverarbeitung*** electronic data processing, *abbr* EDP

EM ***Europameisterschaft*** European championship(s)

EU ***Europäische Union*** European Union, *abbr* EU

e. V. ***eingetragener Verein*** registered association, incorporated, *abbr* inc.

FDP ***Freie Demokratische Partei*** Liberal Democratic Party

Forts. ***Fortsetzung*** continuation

geb. ***geboren*** born; ***geborene ...*** née; ***gebunden*** bound

Ges. ***Gesellschaft*** association, company; society

gez. ***gezeichnet*** signed, *abbr* sgd

GmbH ***Gesellschaft mit beschränkter Haftung*** private limited liability company

h. c. ***honoris causa*** = ehrenhalber; *academic title* : honorary

Hrsg. ***Herausgeber*** editor, *abbr* ed.

i. A. ***im Auftrage*** for, by order, under instruction

Ing. ***Ingenieur*** engineer

Inh. ***Inhaber*** proprietor

inkl. ***inklusive, einschließlich*** inclusive

'Interpol ***Internationale Kriminalpolizeiliche Organisation*** International Criminal Police Commission

IOK ***Internationales Olympisches Komitee*** International Olympic Committee, *abbr* IOC

ISBN ***Internationale Standardbuchnummer*** international standard book number, *abbr* ISBN

i. V. ***in Vertretung*** by proxy, as a substitute

jr., jun. ***junior, der Jüngere*** junior *abbr* jr, jun.

Kat ***Katalysator*** catalytic converter, catalyst, *abbr* cat.

Kfz. ***Kraftfahrzeug*** motor vehicle

KG ***Kommanditgesellschaft*** limited